中国精神文明年鉴

1993·1994

中国精神文明年鉴编辑部编

学习出版社

弘揚中華民族優秀傳統
建設社會主義精神文明

祝中國精神文明年鑒出版

丁關根

精神文明
重在建设

祝賀中国精神文明年鉴首卷出版

雷洁琼

加強精神文明建设造就

社会主义新人

祝中国精神文明年鉴出版

王平

物质变精神
精神变物质

張平化

三月六日

改革开放建設
精神文明

祝賀中国精神文明年鉴首卷发行

曹禺

《中国精神文明年鉴》编辑委员会

《中国精神文明年鉴》编辑部

撰稿、供稿、资料：（以姓氏笔划为序）

卜茂生	万德梅	卫道治	马　恳	于文俊	王　欢
王文森	王秀英	王茂智	王泽华	王金燕	毛玉兰
邓方庆	邓作民	邓锦文	艾金凤	艾常英	丘金昌
代诗湘	白德明	卢启申	卢昌宁	田　娟	田为勇
叶　青	叶永青	史宝元	孙　平	孙新刚	朱世荣
朱佩俊	朱福斌	刘全旺	刘际幸	刘俊英	刘润华
刘盛华	刘晓敏	许永健	纪鸿鸣	李　华	李　泽
李　勇	李　涛	李　皓	李尤斌	李永铭	李兴业
李兆雄	李快森	李建平	李洛川	李桂芳	李捍城
李爱珍	李慧敏	杨　斌	杨学仁	杨家壁	杨锡俊
杨黎星	何少红	邱金昌	余士珍	吴　莉	吴江皓
沈卡利	吴厚智	吴维明	吴德安	肖建华	肖厚智
汪国静	沈有先	张　杨	张孝武	张作波	张硕园
张学知	张梅华	张登义	张婷婷	张锡林	张德伟
张儒珍	陈　阳	陈　荫	陈广胜	陈允洁	陈安珍
陈志宏	陈明义	陈明道	陈焕章	陈裕安	林　坚
林　娜	林光强	林向东	林志华	林高兴	林淑英
周延商	周益川	金　虎	罗国亮	罗治平	郑　锐
宗良瑶	胡正信	胡宜光	胡春芳	胡爱群	思　逊
洪秀丽	骆振超	骆隆森	秦汉沧	袁文友	袁宏范
袁尚华	高　宏	郭　军	郭廷建	郭宜兰	郭学海
郭美松	钱　澄	唐雄兴	唐道钧	徐　志	徐惟诚
黄守勇	黄春姣	董亦频	彭国亮	彭建成	彭贵生
谢　政	谢　新	曾瑞芝	鲁　帆	阙宁南	蔡世骥
裴小青	谭仁杰	潘杏英			

红装素裹见精神

四海炎黄赤子心

	2	3
1	4	5
	6	7

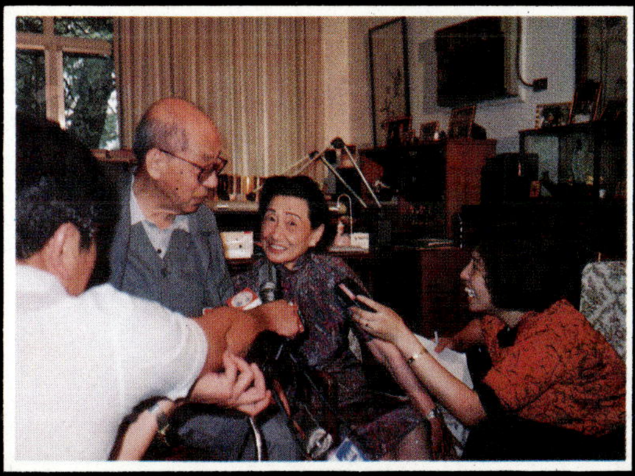

1. 国旗在晨曦中冉冉升起
2. 万余名海内外华夏儿女公祭黄帝陵
3. 世界华人学子归国参加智能控制与智能自动化学术交流大会
4. 中国藏族登山队员征服了南迦巴瓦峰
5. 萨马兰奇在第25届奥运会上亲自给邓亚萍戴上金牌
6. 常香玉在中国航空博物馆第一次看到她捐献的飞机——常香玉号
7. 张学良夫妇半个世纪以来首次在台北接受大陆记者的采访

前赴后继红旗举

1	2
3	4
5	6

1. 中共中央、全国人大常委会、国务院、中央军委、全国政协隆重集会纪念毛泽东诞辰 100 周年
2. 毛新宇到毛主席纪念堂祭祀爷爷
3. 邓小平在南方视察
4. 《邓小平文选》第三卷发行
5. 中国共产党第十四次全国代表大会
6. 第八届全国人大、全国政协第一次会议一致赞成推进社会主义市场经济体制改革

改革开放日日新

1. 宝钢之夜
2. 中国十大港口之一的湛江港与80多个国家和地区有通航贸易往来
3. 富裕的华西村,一次购进250辆轿车
4. 海南省政府与港商签订合同
5. 珠海市科技人员迟斌元发明获奖百平米住宅一套、奥迪轿车一辆、人民币26万元
6. 郑州亚细亚商场的琴声
7. 中国个体经营者达两千多万人,这是温州私营企业主方崇钿

1		4	5
2	3	6	7

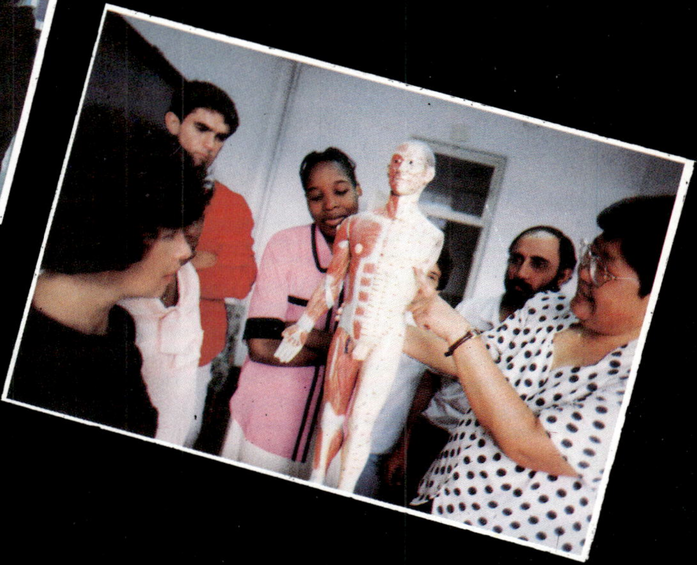

1. 江泽民、李鹏等中央领导人看望中国大百科全书编纂人员
2. 水稻专家的"魔稻"
3. 清华大学博士生、硕士生喜着新装
4. 田径健儿"马家军"
5. 本溪市环境治理
6. 胡万春开书店
7. 中国传统医药国际学院

自强不息天地惊

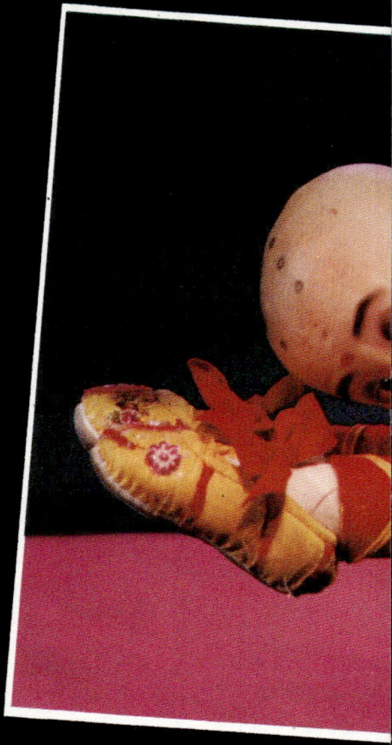

1 | 2 | 3
4 | 5 | 6

1. 102 岁老人钱立坤是武汉老年大学最年长的学员
2. 广州军区战士杂技团 6 岁演员唐彬彬获杂技最高奖
3. 5 岁的陈晓彦出版书法作品集
4. 94 岁著名作家冰心仍在坚持定期为几家报刊写专栏文章
5. 天津市“无臂人”张英明(中)在赛场上冲刺
6. 上海癌症俱乐部的成员们

见义勇为留青史

1. 厦门"捐资兴学、尊师重教荣誉牌坊"
2. 兰州女会计任义平护公款勇斗歹徒
3. 浙江大学硕士生跳入钱塘江救人
4. 军官与士兵在野外训练中
5. 江苏省第一人民医院护士长宗荷琴与当副主任医师的丈夫龚志煊在家中办起"托老所"
6. 朱果喜捐资800万元助公益事业
7. 在上海开往西安的133次列车上抢救突发心脏病的乘客

1	4	5	
2	3	7	6

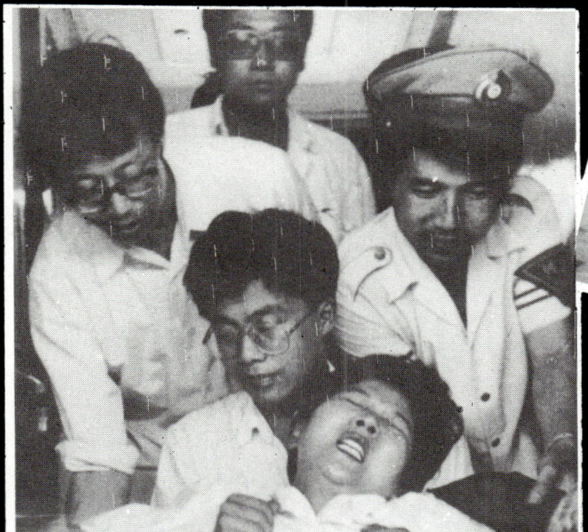

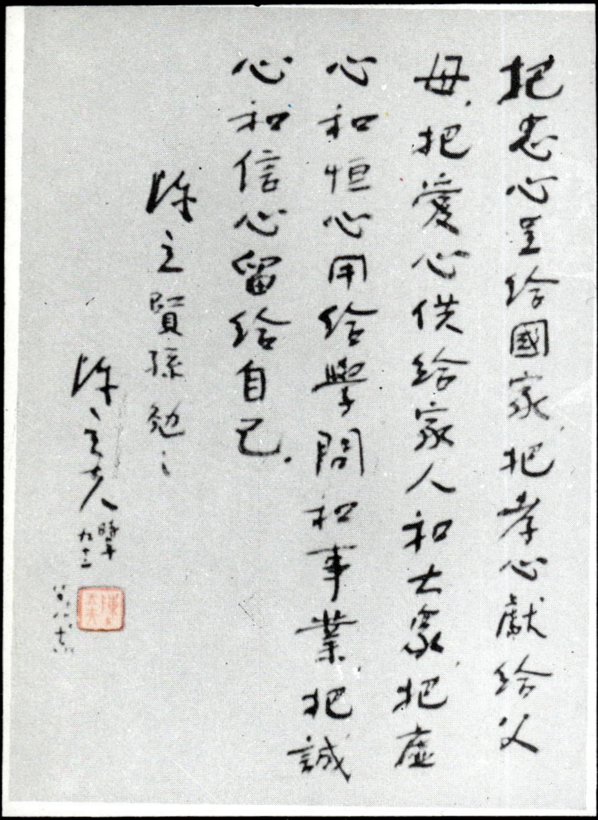

1. 陈立夫给大陆忘年交的陈立(女)送来了题词
2. 牧师为一对青年主持婚礼
3. 在广西举行的民族文化艺术节上几个少数民族代表喜迎贵宾
4. 人大代表、香港影视剧三栖明星汪明荃
5. 在杭州西湖的公园里，游人躺在松树参天的吊床上消闲
6. 周长兴的微雕精品——大小 19 把石壶，最大的如面盆，最小的如花生米
7. 世界独轮车长城行

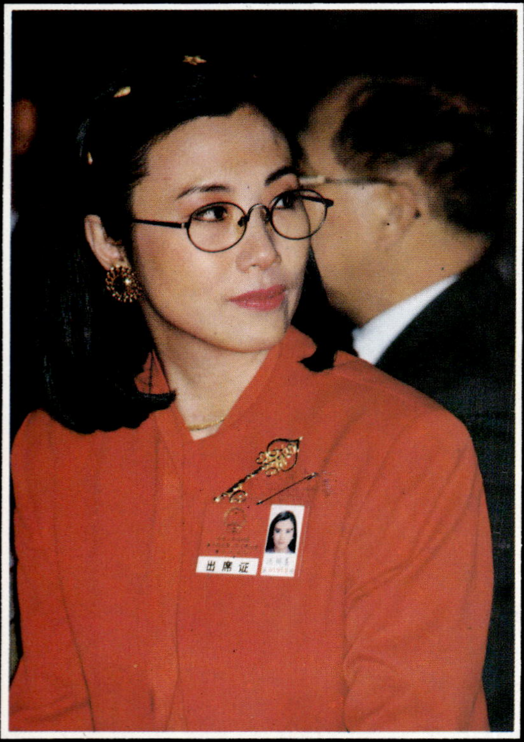

1 | 2 | 3

4 | 5 | 6 | 7

居安思危警钟鸣

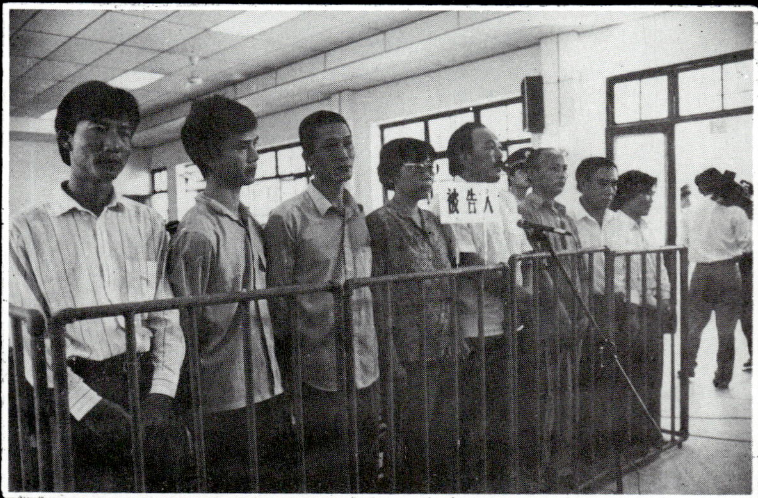

1. 全国最大的贪污案在海口宣判。此案共贪污公款 3311 万元,主犯薛根和(右一)等 5 人被判处死刑;从犯张德全(右六)等 3 人被判有期徒刑 15 年、6 年和 3 年

2. 一座小城的拥挤人潮,中国的计划生育取得很大成绩,但每年净增人口仍达 1700 万左右

编辑说明

1.《中国精神文明年鉴》(1993—1994)是全面系统地记述1992—1993年期间我国各地区各行各业有关思想道德建设和科学文化建设新情况、新经验、新人、新事、新问题、新著述的大型资料性工具书。全书160万字,包括彩色图片50幅,118个统计表。

2.《中国精神文明年鉴》(1993—1994)以马克思列宁主义、毛泽东思想和邓小平建设有中国特色社会主义理论为指导,坚持"一个中心、两个基本点"的基本路线,紧紧围绕经济建设中心,为加快改革开放和现代化建设步伐,夺取有中国特色社会主义事业的更大胜利服务。

3.《中国精神文明年鉴》(1993—1994)设以下18个类目:图片集锦、文献选载、专辑特写、思想道德建设、科学文化建设、精神文明建设活动与精神文明学研究、双文明单位巡礼、台港澳精神文明信息、海外华人在精神文明方面的贡献、国际交流活动、专题调查报告与典型案例、有关精神文明的篇目辑览、有关精神文明的统计资料、1992—1993年精神文明大事记、附录、彩色形象宣传、人名索引、英文要目。

4.《中国精神文明年鉴》(1993—1994)是一部资料、知识、信息高度密集的全国性年刊。它为各级领导、各界人士了解我国精神文明建设新情况、新事物、新经验、新问题提供翔实资料;为教育、科学、文化等部门和企、事业单位进行科学决策提供可靠信息;为科研工作者、教育工作者、宣传工作者、理论工作者提供全面丰富的资料和数据;为广大读者提供爱国主义、社会主义、集体主义和文化修养的生动教材;也为海外炎黄子孙和国外有关人士了解我国人民在思想道德和科学文化上的新奉献提供一个"案头的资料信息库"。

5.本年鉴采用分类编辑法,由类目、分目、条目组成。条目是资料信息的基本单元。

6.本年鉴资料来源于全国300余种主要报刊,概述稿多由中央有关部委或省、市、自治区精神文明委(办)提供。新闻图片主要由新华社供给。涉及全面的统计数据,均以国家统计局提供的资料为准。

7.《中国精神文明年鉴》(1993—1994)由年鉴编辑委员会编辑,学习出版社出版。它是在中央领导和许多老革命家、教育家、科学家的关怀下,由中央有关部委、科研院所、大专院校、新闻出版部门以及各省、市领导和广大作者共同努力所取得的成果。谨向关怀和参与这项工程的所有单位和同志表示衷心的感谢。

中国精神文明年鉴编辑部

1994年10月

总　目

题　词

编辑说明

图片集锦

专辑特写 ………………………………………………………… (1)

1. 龙头高昂太平洋 ………………………………………… (1)

——上海"交出两份满意答卷"的启示

2. 华西，中国农民的骄傲 ………………………………… (6)

思想道德建设 …………………………………………………… (9)

1. 理论建设 …………………………………………………… (9)

2. 爱国主义、社会主义、集体主义教育与伦理学研究 ……… (22)

3. 国情与基本路线教育和思想政治工作 ……………… (32)

4. 民主、法制和纪律 ………………………………………… (39)

5. 民族团结与宗教 ………………………………………… (49)

6. 反腐防腐勤政廉政 ……………………………………… (56)

7. 社会公德 ………………………………………………… (63)

8. 职业道德 ………………………………………………… (68)

9. 家庭婚姻恋爱道德 ……………………………………… (76)

10. 关心下一代 ……………………………………………… (82)

11. 养老爱老与老有所为 …………………………………… (88)

12. 助残与残疾人自强精神 ………………………………… (97)

13. 文明生活方式与移风易俗 ……………………………… (107)

14. 五爱之花 ………………………………………………… (112)

科技文化建设 …………………………………………………… (127)

1. 教　育 …………………………………………………… (127)

2. 科学技术 ………………………………………………… (139)

3. 社会科学 ………………………………………………… (148)

4. 文化事业 ………………………………………………… (156)

5. 文学艺术 ………………………………………………… (164)

6. 新闻出版 ………………………………………………… (172)

7. 广播影视 ………………………………………………… (183)

8. 体　育 …………………………………………………… (195)

9. 卫　生 …………………………………………………… (205)

10. 环境保护 …………………………………………………… (213)
11. 人口与计划生育 ……………………………………………… (219)
12. 人才管理与人才开发 ………………………………………… (228)
13. 美育与美学研究 ……………………………………………… (238)
14. 社会福利与社区服务 ………………………………………… (248)
15. 旅游与闲暇生活 ……………………………………………… (259)
精神文明建设活动 ……………………………………………… (269)
1. 中央单位精神文明建设活动 ………………………………… (269)
2. 省、市、自治区精神文明建设活动 …………………………… (273)
3. 经济特区精神文明建设活动 ………………………………… (293)
4. 企业精神文明建设活动 ……………………………………… (297)
5. 城区精神文明建设活动 ……………………………………… (308)
6. 县乡精神文明建设活动 ……………………………………… (321)
7. 校园精神文明建设活动 ……………………………………… (332)
8. 军警精神文明建设活动 ……………………………………… (343)
9. 精神文明建设的理论研究 …………………………………… (353)
双文明单位巡礼 ……………………………………………… (367)
台港澳精神文明信息 ………………………………………… (382)
海外华人的贡献 ……………………………………………… (392)
国际交流活动 ………………………………………………… (403)
专题调查报告 ………………………………………………… (410)
精神文明篇目辑览 …………………………………………… (427)
精神文明建设统计资料 ……………………………………… (476)
精神文明建设活动大事记 …………………………………… (546)
附　　录 ……………………………………………………… (569)
英模及获奖者名单 ……………………………………………… (569)
徐惟诚考察新加坡观感 ………………………………………… (601)
国外思想道德和科学文化信息 ………………………………… (608)
世界各国有关指标比较 ………………………………………… (629)
英文要目 ……………………………………………………… (635)
编 后 记 ……………………………………………………… (637)

目　录

题　　词

编辑说明

图片集锦

专辑特写

(一)龙头高昂太平洋 …………………… (1)

——上海“交出两份满意答卷”的启示

(二)华西,中国农民的骄傲 ………………… (6)

思想道德建设

1. 理论建设

1992—1993 年理论建设概述 …………… (9)
江泽民全面阐述建设有中国特色社会主义理论 ………………………… (10)
李鹏谈中共十四大的重要意义 ………… (11)
乔石强调学习理论是党的建设的头等大事 ………………………………… (11)
胡锦涛谈党的建设工作 ………………… (11)
胡锦涛谈举办高干理论研讨班的意义 ………………………………… (11)
丁关根阐述中共十四大报告的理论意义 ………………………………… (12)
首都理论界座谈十四大报告 …………… (12)
田纪云谈防“左” ………………………… (12)
毛泽东生平和思想研讨会在京举行 …… (12)
毛泽东思想与邓小平理论贡献研讨会 ……………………………… (13)
毛泽东国防科技思想座谈会 …………… (13)
毛泽东军事思想理论研讨会 …………… (13)
毛泽东外交思想研讨会 ………………… (13)
专家学者研讨毛泽东民族理论 ………… (13)
全总座谈毛泽东工运思想 ……………… (14)
团中央举行“毛泽东与青年”座谈会 …… (14)
“毛泽东妇女解放思想”研讨会召开 …… (14)
体育界座谈毛泽东体育思想 …………… (14)
拉萨举行报告会重温毛泽东民族宗教政策 ………………………… (14)
毛泽东国际战略思想座谈会举行 ……… (14)
首都新闻界座谈毛泽东新闻思想 ……… (15)
毛泽东与科学研讨会在京举行 ………… (15)
全军纪念毛泽东 100 周年诞辰理论研讨会 ……………………………… (15)
农业部座谈毛泽东重视农村和农业的思想 ……………………………… (15)
中共中央隆重举行学习《邓小平文选》第三卷报告会 ………………………… (15)
各地踊跃购买《邓小平文选》第三卷 …… (15)
乔石强调学习《邓小平文选》第三卷关键是转变思想 ………………………… (16)
刘华清强调军队干部要带头学好《邓小平文选》第三卷 ………………… (16)

宋平发表专文《中国特色社会主义和中国共产党》……（16）
郑必坚、龚育之、逄先知论《邓小平文选》第三卷的政治意义和理论意义……（16）
周大仁谈邓小平的理论是马克思主义发展史上的新里程碑……（17）
中央宣传部召开建设有中国特色社会主义理论讨论会……（17）
薄一波新著座谈会……（17）
《光明日报》五论“解放思想实事求是”……（17）
纪念邓小平南方谈话发表一周年座谈会在长春召开……（17）
中国社会科学院建设有中国特色社会主义理论研究中心成立……（18）
中国社科院专家学者座谈社会主义市场经济……（18）
刘国光谈计划与市场的几个提法问题……（18）
马洪认为向市场经济过渡要做好10个方面的转变……（18）
龚育之谈解放思想、解放生产力……（19）
吴敬琏论计划与市场经济理论探索14年……（19）
王珏论市场经济的属性……（19）
马克思主义哲学与社会主义市场经济体制研讨会……（20）
中直机关召开党建理论研讨会……（20）
社科院等8单位联合召开“改革开放与社会发展”理论研讨会……（20）
“中国市场经济新体制与开创当代马克思主义研究新局面”研讨会……（20）
“改革开放与政治稳定”研讨会……（21）
“改革15年理论与实践研讨会”召开……（21）
首都部分专家学者纪念马克思逝世110周年……（21）
上海资助出版马克思主义学术著作……（21）
大学生中出现学马列理论热……（21）
40多个自发的马列自学小组遍布西安冶金建筑学院……（22）
罗国杰撰文谈改革开放与雷锋精神……（22）
抚顺军民加强学雷锋的理论研究……（22）
《毛泽东选集大辞典》出版……（22）
《毛泽东思想研究系统》问世……（22）
《邓小平著作学习大辞典》受欢迎……（22）
《著名学者论社会主义市场经济》出版……（22）
《有中国特色社会主义理论在哪些方面继承和发展了马克思主义》简介……（22）

2. 爱国主义、社会主义、集体主义教育与伦理学研究

1992—1993年爱国主义、集体主义、社会主义教育及伦理学研究概况……（22）
共青团中央提出开展农村社会主义思想教育的意见……（23）
农村社会主义思想教育扎实开展……（23）
中央宣传部举行爱国主义教育座谈会……（24）
“岗位学雷锋、行业树新风”座谈会在京召开……（24）
刘华清希望青年一代做到“四爱”……（24）
胡锦涛在纪念为雷锋题词30周年大会上讲话……（24）
全军学雷锋事迹展览……（25）
团中央号召青少年进一步学习和弘扬雷锋精神……（25）
全国公安系统学雷锋成绩斐然……（25）
“雷锋精神与现时代”理论座谈会……（25）
抚顺学雷锋与三个教育相结合……（25）
沈阳军区雷锋纪念馆落成……（25）
关广富与朱伯儒、胡建平座谈学雷锋……（25）
湖南实施“学雷锋送温暖工程”……（26）
吉林教育出版社重视出版学雷锋的书……（26）
“老外”学雷锋……（26）
张彦明舍己救人……（26）
“雷锋爷爷”曾昭武……（26）
南京无线电厂学雷锋既育人又出效益……（26）
海军授予刘洪峰“雷锋式好战士”称号……（26）
全国中小学运用优秀影视片开展爱国主义教育……（27）
林则徐纪念馆已成爱国主义教育基地……（27）
圆明园遗址成为爱国主义教育大课堂……（27）
抗日航空烈士纪念碑在南京奠基……（27）
抗美援朝纪念馆在丹东落成……（27）
茂陵博物馆发挥文物优势开展爱国主义教育……（27）
北大学生扬起“爱心”旗帜……（28）
江苏省盐城中学开展爱国主义教育……（28）
“新中国第一”——弘扬爱国主义精神的大型活动……（28）

高校校史是爱国主义教材 …………………… (28)
对幼儿进行爱国主义教育 …………………… (28)
上海市爱国主义教育结硕果 ………………… (29)
深圳各校引导学生热爱祖国
立志成才 ………………………………… (29)
黑龙江孙吴县建立爱国主义
教育基地 ………………………………… (29)
广州军区爱国主义教育有声有色 ………… (29)
解放军“潍县团”爱国主义教育扎实
有效 ……………………………………… (29)
上海向明中学德育重实效 ………………… (29)
山海关对应征入伍青年进行爱国
主义教育 ………………………………… (30)
深圳举办德育大观园 ……………………… (30)
北京东城区首创“德育实验室” ………… (30)
《爱我中华》丛书出版 ……………………… (30)
全国伦理学理论讨论会 …………………… (30)
大港石油管理局开展伦理
道德教育 ………………………………… (30)
天津社科院召开“道德俗文化”
研讨会 …………………………………… (30)
湖北省医学伦理学研究会举行 …………… (30)
全国毛泽东伦理思想研讨会召开 ………… (30)
首次国际大型东方伦理道德研讨会
在京举行 ………………………………… (31)
河南省伦理学会召开年会 ………………… (31)
跨越国界的价值理论对话 ………………… (31)
“伦理学与市场经济”研讨会 ……………… (31)
儒家伦理与现代法律的八大冲突 ………… (31)
改革开放中的伦理道德建设 ……………… (31)
比较经济伦理学的特性及对象 ………… (31)

3. 国情与基本路线教育和思想政治工作

江泽民强调必须坚持党的
基本路线不动摇 ………………………… (32)
乔石要求用中国特色社会主义
理论武装全党 …………………………… (32)
李瑞环说新时期思想政治工作
要在求实上下功夫 ……………………… (32)
丁关根提出,宣传思想工作要面向
群众面向实际 …………………………… (32)
全国企业思想政治工作经验交流会
在沪召开 ………………………………… (33)
全国农村宣传思想工作座谈会召开 …… (33)
全军深入进行党的基本路线教育 ……… (33)
某集团军建立基本路线教育
营外课堂 ………………………………… (34)
中央三部委提出加强和改进高校
思想政治工作 …………………………… (34)
中国职工思想政治工作研究会
成立 10 周年 …………………………… (34)
上海召开三资企业和乡镇企业
思想政治工作会议 ……………………… (34)
王重农强调要坚定不移地贯彻执行
党的基本路线 …………………………… (34)
武汉市提出切实搞好思想政治工作 …… (35)
航空工业总公司设思想政治工作
理论成果奖 ……………………………… (35)
北京工商联做好非公有制经济代表
人士的思想政治工作 …………………… (35)
甘肃白银公司王槐青等提出政工干部
要过好“五关” ………………………… (35)
辽宁丹东化纤公司试行思想政治工作
承包制 …………………………………… (35)
安徽大学思想政治教育注重
5 个结合 ………………………………… (35)
铁十六局培养“复合型”政工干部 ……… (36)
太原铁路分局开展全方位
思想政治工作 …………………………… (36)
襄樊铁路局金志申谈先进典型
的宣传 …………………………………… (36)
中国农业银行重视行业
思想政治工作 …………………………… (36)
燕山石化公司思想政治工作实现
7 个转变 ………………………………… (36)
费孝通谈怎样认识中国国情 …………… (36)
陈炎兵谈关于国情与国情学的思考 …… (37)
中国国情研究会等单位举办
中国国情知识竞赛 ……………………… (37)
湖北大学组织“两史一情”
巡回演讲团 ……………………………… (37)
北京宝华里小学运用 4 种方法
进行国情教育 …………………………… (37)
上海思南路幼儿园做游戏知国情 ……… (38)
第五届“半月谈思想政治工作创新奖”
在京颁奖 ………………………………… (38)
第六届“半月谈思想政治工作创新奖”
在京揭晓 ………………………………… (38)
中国职工思想政治工作研究会给 96 位
老同志颁发“创业开拓荣誉证书” …… (39)
韩庆全创立合力导向政工论 …………… (39)
骆荣芝被誉为“思想政治工作专家” …… (39)
企业政工职务评聘转入经常化 ………… (39)

4. 民主、法制和纪律

**1992—1993 年民主与法制
建设概况** ……………………………… (39)
中共中央就重大问题与各民主党派
协商已形成制度 ………………………… (40)
首都举行纪念《宪法》颁布
10 周年大会 …………………………… (40)
全国人大对“一府两院”监督
形成制度 ………………………………… (41)

人大常委会5年办理信访46万件 …… (41)
全国人大重视法律实施监督 ………… (41)
国务院作出加强政府法制
工作的决定 ………………………… (41)
1993年国家公布的重要法律法规 …… (41)
《全民所有制工业企业转换经营机制
条例》配套规章日趋完善 ………… (42)
江泽民谈加强政法工作，
促进改革开放 ……………………… (42)
全国打击走私工作会议在京召开 …… (43)
万里强调加强社会主义民主和法制
建设 ………………………………… (43)
乔石要求抓好反盗窃和
治安综合治理 ……………………… (43)
《关于实行社会治安综合治理领导
责任制的若干规定》公布 ………… (43)
全国纪检机关支持保护改革开放 …… (43)
监察部发布三个监察规章 ………… (44)
最高人民法院要求严惩车匪路霸 …… (44)
中国法学会重建10年 ……………… (44)
我国公证事业发展迅速 …………… (44)
居民身份证制度发挥重要作用 ……… (44)
《中国改造罪犯的状况》白皮书发表 …… (45)
军事法规汇编发至全军各部队 ……… (45)
最高人民检察院发出坚决制止
乱收费、乱罚款的通知 …………… (45)
全国56个城市警察上街巡逻 ……… (45)
我国严厉打击毒品犯罪活动 ……… (46)
国务院发布归侨侨眷权益保护法
实施办法 …………………………… (46)
国家外专局发布暂行办法规范
外国文教专家来华管理工作 ……… (46)
全国检察机关严查假冒商标案和
骗税案 ……………………………… (46)
全国公安机关查禁、取缔卖淫嫖娼 …… (46)
农业部推出一系列乡镇企业
政策法规 …………………………… (47)
中央宣传部召开加快文化法规
建设等理论问题研讨会 ………… (47)
布赫强调建立与市场经济体制相适应
的民族法律体系 ………………… (47)
司法部长肖扬向中外记者谈
中国律师制度改革 ………………… (47)
北京法院成立知识产权审判庭 ……… (47)
天津重视法律监督和舆论监督 ……… (47)
天津实施《关于追究错案责任的暂行
规定》 ……………………………… (48)
江苏法院系统普建经济纠纷
调解中心 …………………………… (48)
广东成立维护社会治安基金会 ……… (48)
四川法院运用行政审判维护
农民合法权益 ……………………… (48)
西藏普法成绩显著 ………………… (48)
黄石市法院房地产审判庭
应运而生 …………………………… (48)

5. 民族团结与宗教

**1992—1993年民族团结与
宗教工作概况** ……………………… (49)
江泽民在中央民族工作会议上
的讲话 ……………………………… (49)
李瑞环在宗教团体领导人座谈
会上的讲话 ………………………… (49)
胡锦涛强调高度重视培养选拔
少数民族干部 ……………………… (50)
我国民族法规体系初步形成 ……… (50)
国务院提出"加速发展民族地区
经济文化事业"的11条措施 ……… (50)
《西藏的主权归属与人权状况》
白皮书发表 ………………………… (51)
国务院宗教局颁发活佛
《认定批准书》 …………………… (51)
《民族乡行政工作条例》、《城市民族
工作条例》发布实施 ……………… (51)
我国少数民族干部逾200万 ……… (51)
我国少数民族在校大学生逾15万 …… (52)
全国民族理论研讨会 ……………… (52)
全国政协民族委员会座谈"毛泽东
与民族工作" ……………………… (52)
第二届民族文化博览会 …………… (52)
我国少数民族文化艺术走向世界 …… (52)
宁夏积极培养少数民族妇女参政 …… (53)
四川民族古籍整理结硕果 ………… (53)
辽宁蒙古族少年军校诞生 ………… (53)
拉祜族史首次研讨会 ……………… (53)
维吾尔族第一位女副博士 ………… (53)
西藏民院建校35周年培养干部
15 000名 …………………………… (53)
苗族女鼓王石顺民继续焕发
艺术青春 …………………………… (53)
普米族两兄弟同获少数民族
文学创作奖 ………………………… (54)
羌族农民李建昌又获一项国家专利 …… (54)
一对赫哲族夫妻兴办的博物馆 ……… (54)
中国道教协会第5届全国代表会议 …… (54)
中国伊斯兰教第6次全国代表会议 …… (54)
中国佛协召开第6届代表会议 ……… (54)
十世班禅灵塔祀殿落成开光 ……… (55)
首都宗教界一批先进单位和
个人受表彰 ………………………… (55)
中国道教界表彰爱国爱教者 ……… (55)
青海抢修加固塔尔寺古建筑群 …… (55)
西藏10年维修宗教场所1 400多座 … (55)
岭东佛学院在潮州重建 …………… (55)

龙华寺庆祝建寺 1750 周年 …………… (56)
开封重建大相国寺 ………………………… (56)
第一部《满族通史》出版 ………………… (56)
《中国少数民族文化史》出版发行 ……… (56)
《中国少数民族哲学史》出版发行 ……… (56)

6. 反腐防腐勤政廉政

1992—1993 年反腐防腐、勤政廉政概述 …… (56)
中共中央国务院作出关于反腐败斗争要抓好三项工作的决定 …………… (57)
全国检察机关举报工作会议在深圳召开 ………………………… (58)
中纪委通知切实制止用公款吃喝送礼 ………………………… (58)
尉健行提出反腐败是监察工作的重点 ………………………… (58)
任建新要求从严治院，从严治"干" …… (58)
中央军委作出发扬优良传统加强廉政建设的决定 ……………… (58)
中共中央和各民主党派共商反腐倡廉大计 ……………………… (59)
反腐倡廉理论与实践座谈会在京召开 ………………………… (59)
中纪委监察部召开中央国家机关纪检监察座谈会 ……………… (59)
严禁公费变相出国(境)旅游 …………… (59)
关于党政机关县(处)以上领导干部廉洁自律"五条规定"的实施意见 ………… (60)
中办国办发出通知严禁在公务活动中接受和赠送礼金有价证券 …………… (60)
惩治腐败与法制建设研讨会在京召开 ………………………………… (60)
丁关根强调坚决刹住"有偿新闻"不正之风 ……………………………… (60)
纠风专项治理工作座谈会召开 ………… (61)
天津市采取有力措施保护举报人 ……… (61)
上海市举办勤政廉政先进事迹演讲赛 ……………………………… (61)
安徽省依靠群众反贪惩腐 ……………… (61)
福建社教促进廉政建设 ………………… (61)
湖北省党外人士为反腐倡廉出谋献策 ……………………………… (62)
河南省对党员干部约法八章 …………… (62)
海南省"纠风办"纠风有方 ……………… (62)
四川党风和廉政建设从省级机关抓起 ………………………… (62)
黑龙江佳木斯市选用干部实行"三票一单" ……………………………… (62)
呼和浩特纠正不正之风的新招 ………… (63)
郑州街头的"市长信箱" ………………… (63)
衡水立规倡廉 …………………………… (63)
中共乐山市委"约法三章" …………… (63)
东阳市纪委善抓违纪苗头 ……………… (63)
深圳市人大代表评议"一府两院"机关作风 ……………………………… (63)

7. 社会公德

全国 119 位见义勇为者受表彰 ………… (63)
团中央召开见义勇为先进青年座谈会 ………………………… (64)
中华见义勇为基金会成立 ……………… (64)
首都连续两年表彰见义勇为好市民 …… (64)
上海 37 名市民获见义勇为奖 ………… (64)
亳州群众追刁贼，万金撒地不迷眼 …… (64)
战士徐洪刚浴血斗歹徒 ………………… (64)
劳改人员刘汉光斗歹徒献生命 ………… (64)
售票员董志好勇斗歹徒英勇献身 ……… (65)
佟顺利父子勇擒逃犯获重奖 …………… (65)
徐志宇、刘益良获"爱民勇士"称号 …… (65)
硕士生李艳军抢救遇险群众 …………… (65)
独腿青年跃入珠江救少女 ……………… (65)
李运钊为救战友光荣牺牲 ……………… (65)
江西三民兵为保护国家森林捐躯 ……… (66)
战士杨金才烈火中救人荣立二等功 …… (66)
张环礼舍身救人名扬中原大地 ………… (66)
呼仁巴拉奋力救人英勇献身 …………… (66)
包含芳在沙暴中救出 5 名儿童 ………… (66)
战士骆廷刚解救 4 名被拐少女 ………… (66)
杨世俊跃入深潭救记者英勇献身 ……… (66)
维族女列车长热依汗为保护旅客身负重伤 ……………………… (67)
边陲女战士破冰救儿童 ………………… (67)
留学生邵辉患白血病获社会各界关怀 ……………………………… (67)
痛失爱子的父母为白血病基金捐款 …… (67)
社会的爱心唤回天才少年江筱茜的生命 …………………………………… (67)
蛇口海关将百万巨款完璧归赵 ………… (67)
刘廷兵挖出白银 40 公斤交国家 ……… (67)
潘贵财拾得 60 万元巨款归还失主 …… (68)
战士刘其军拾金不昧受表彰 …………… (68)
千名小学生捐钱助智力工程 …………… (68)

8. 职业道德

1992—1993 年职业道德建设概述 …… (68)
国务院召开"狠刹利用职权、行业垄断谋取私利"纠风座谈会 ………………… (68)
国务院纠风办强调建立行为规范加强职业道德建设 ……………………… (69)
国务院决定严厉打击制售假冒伪劣商品行为 ……………………… (69)

中央宣传部等三单位要求制止
报刊征订中的不正之风 …………………… (69)
商业部要求严把进货关，不准假冒
伪劣商品进入市场 …………………… (69)
全国“窗口行业”学雷锋先进代表
交流经验 …………………………… (69)
我国十大杰出民警选出 ……………… (70)
全国饮食服务业优秀服务员受表彰 …… (70)
宝钢职业道德教育有新招 …………… (70)
上海锦江集团加强职工职业
道德教育 …………………………… (70)
海南省个体劳协职业道德
教育抓得好 ………………………… (70)
北京市电信管理局纠正行业
不正之风 …………………………… (71)
广州图书馆热情为郊区读者服务 ……… (71)
上海市设立医德医风监督员 ………… (71)
山西省孝义市人民医院分配与
医风挂钩 …………………………… (71)
上海市百家商店悬赏捉“差” ………… (71)
师德高尚的山区女教师王琴 ………… (71)
同济医大附一医院建立医德档案 ……… (72)
首任“雷锋班”班长张兴吉转业后
本色不变 …………………………… (72)
天津市政府的为民热线电话连万家 …… (72)
无锡市抓职业道德建设结硕果 ……… (72)
肥城强化职业道德教育 ……………… (73)
大连企业政工人员的敬业精神 ……… (73)
上海新闻界禁止“有偿新闻”见成效 …… (73)
陈淑娴 32 年呕心沥血育新苗 ……… (73)
民办教师贾成庚热心山区教育 ……… (74)
安徽医大附院讨伐“红包”“回扣” ……… (74)
中国民航北京售票处聘请
社会监督员 ………………………… (74)
上海火车站注重优质服务 …………… (74)
人民的好列车员任凤英 ……………… (74)
滇东电业局情系贫困山区 …………… (74)
成都人民商场请“上帝”评店 ………… (75)
太原煤气公司造一方净土 …………… (75)
北京市公安局东城分局等 100 个
公安系统基层单位受表彰 …………… (75)
沈阳大东区工商局行风好 …………… (75)
四平市税务局行风获全省第一 ……… (75)
人民怀念的税收员陈孝明 …………… (75)
模范乡邮员余国印 ………………… (76)
疏通下水道的劳动英雄李学奎 ……… (76)
《企业职工基本行为规范及其实施
要略》出版 ………………………… (76)

9. 家庭婚姻恋爱道德

90 年代中国婚姻家庭大趋势 …………… (76)
国际家庭年亚太筹备会举行 ………… (76)
首届海峡两岸妇女事业与发展
交流会在京举行 …………………… (77)
婚姻家庭、妇女问题理论研讨会在
黑龙江举行 ………………………… (77)
我国农村妇女六个方面的变化 ……… (77)
我国城市家庭生活新趋向 …………… (77)
第三届全国“美好家庭”评选揭晓 …… (77)
沈阳开展“十面红旗新风户”活动 …… (78)
鹤北林业局评选“十星级”家庭 ……… (78)
上海评出十佳现代好丈夫 …………… (78)
宁河县赵庄乡表彰 18 位好媳妇 …… (78)
创评“五好家庭”面临新课题 ………… (78)
首家家政礼仪学校在沪成立 ………… (78)
家庭股份制在农村应运而生 ………… (78)
一家人也不吃“大锅饭” …………… (78)
郧西农村家庭格局发生可喜变化 ……… (79)
莱西市农村涌现两万个父母拜
子女为师的家庭 …………………… (79)
爷爷喜发“家庭奖” ………………… (79)
王秀云 8 年如一日照料儿媳 ………… (79)
家庭代际关系——接力模式和
反馈模式 …………………………… (79)
荣高棠著文吁请父母要和孩子
成为朋友 …………………………… (79)
城市女青年择偶价值标准 …………… (80)
莱阳农家女择偶新动向 ……………… (80)
军人再度成为姑娘心目中的
“白马王子” ………………………… (80)
牡丹江成立第一所婚育学校 ………… (80)
安徽农村进行婚姻教育 ……………… (80)
鄂州市大力倡导婚姻道德风尚 ……… (80)
浦东出现第一家征婚茶室 …………… (80)
婚前财产公证在天津兴起 …………… (81)
黔江县 500 多青年新婚签订
养老协议书 ………………………… (81)
上海青年的婚礼消费 ……………… (81)
我国农村通婚半径仅 12.5 公里 …… (81)
海南成立涉外婚姻服务公司 ………… (81)
广东涉外婚姻数量骤增 ……………… (81)
天津“洋媳妇”日益增多 …………… (81)
我国婚龄期男人比女人多
5 200 万人 ………………………… (81)
北京市离婚者近半数协议分手 ……… (81)
天津时尚离异不成仇，有难相互助 …… (82)
当今复婚现象面面观 ……………… (82)
老年学学者提出对老人再婚的
新看法 ……………………………… (82)
上海老人再婚率呈上升趋势 ………… (82)
《中国妇女法律实用全书》出版 ……… (82)

10. 关心下一代

《90 年代中国儿童发展规划纲要》公布 …………………… (82)
第三届全国“十佳少先队员”评出 ……… (82)
全国“十佳少先队员”举行报告会 ……… (83)
我国评出十佳健康儿童 ………………… (83)
江泽民李鹏分别题词写信勉励少年儿童奋发向上 ………………… (83)
邓小平两次为“希望工程”捐款 ………… (83)
李岚清指出政府要帮助推动“希望工程”实施 …………………… (83)
彭珮云强调为儿童健康成长创造良好环境 …………………… (83)
万里与少先队员共度“生日” …………… (83)
关心下一代工作座谈会举行 …………… (83)
关心下一代工作委员会专家委员会成立 ……………………… (84)
城市街道关心下一代工作经验交流会举行 ………………… (84)
国家教委召开《未成年人保护法》座谈会 ………………………… (84)
中国青少年发展基金会发起“希望工程”百万爱心行动 ……………… (84)
“春蕾计划”为失学女童设立助学金 …… (84)
全国高校举行关心下一代工作座谈会 ………………………… (84)
我国少年法庭制度日趋成熟 …………… (84)
我国首次开展儿童情况抽样调查 ……… (85)
专家在京探讨儿童发展问题 …………… (85)
专家学者研讨青少年犯罪和道德建设 ……………………… (85)
中国儿童发展中心举办《儿童发展知识展览》 ……………………… (85)
中国少先队队报宣传工作会议召开 …… (85)
中国儿童少年基金会积极筹集资金 …… (85)
城市儿童媒介接触与儿童道德发展课题研究 …………………… (85)
义务社工联合会热心为青少年服务 …… (85)
“双有”活动使 4 000 万儿童受益 ……… (85)
“华龄杯”青少年书画大奖赛揭晓 ……… (86)
儿童“王码电脑杯”赛揭晓 ……………… (86)
北京少管所学员得赠书 ………………… (86)
我国首家青少年心理、行为门诊部开办 ……………………… (86)
全国首家青少年事务署在沪开办 ……… (86)
沈阳市苏家屯区制订少儿消费教育法 ……………………… (86)
江苏关心下一代工作形成网络 ………… (86)
南昌 SOS 儿童村两户家庭成立 ……… (87)
北京通县设立未成年人保护基金 ……… (87)
胡曼莉创办中华绿荫儿童村 …………… (87)
为孤残儿创办的真禅学校在沪开学 …… (87)
复旦大学学生设立希望基金 …………… (87)
在宋庆龄幼儿园里 ……………………… (87)
杨慎吉被追授为“赖宁式好少年” ……… (87)
陈芙生义务为上千名学生防治近视眼 ……………………… (87)
“知心电话”为孩子们排忧解难 ………… (88)
3 000 人续写“援孤大行动” …………… (88)
寻找 6 名少女牵动万人心 ……………… (88)
聋哑儿童用上电脑 ……………………… (88)

11. 养老爱老与老有所为

1992—1993 年敬老爱老与老有所为概述 ……………………… (88)
中共中央国务院关心在乡红军老战士 ……………………… (89)
江泽民祝全国老年人健好 ……………… (89)
老年工作“双奖”表彰会在北京举行 …… (89)
中国老龄问题对策研讨会在京召开 …… (89)
全军老干部表彰会在京举行 …………… (89)
我国农村已建立敬老院 4 万余所 ……… (89)
中国百岁寿星座次排定 ………………… (90)
全国老年报年会在沪举行 ……………… (90)
《退休生活》杂志喜庆 10 岁生日 ……… (90)
北京年满 70 岁老人享受 10 项优待 …… (90)
天津市积极探索家庭养老社会化新路 ……………………… (90)
上海市老龄委与莱福(集团)联袂共建“晚霞工程” ………………… (90)
浙江积极推动老年社会保障工作 ……… (90)
四川省 500 万农民投保养老 …………… (91)
哈尔滨市建有 2000 平方米的老年公寓 ………………………… (91)
牡丹江老干部局认真做好信访工作 …… (91)
南京孤寡老人与亲友订立遗赠赡养协定 ………………………… (91)
江苏启东市把敬老作为社会工程 ……… (91)
成都市邮局为退休职工祝寿形成制度 ………………………… (91)
鸡西市检察院为老人排忧解难 ………… (91)
厦门为百岁寿星发保健补贴 …………… (92)
“红色娘子军连”老战士晚年生活幸福 ………………………… (92)
湖北枝江拽车村办起“托老所” ………… (92)
江苏泰州市城中街评选十大孝星 ……… (92)
泰安市发挥老干部作用的 6 条经验 …… (92)
文坛寿星冰心 …………………………… (92)
李淑一安度晚年 ………………………… (92)
孙越崎百岁寿辰 ………………………… (92)
百岁画家朱屺瞻 ………………………… (93)

74 岁的校外辅导员 …………………………（93）
王淑芳的"希望工程"…………………………（93）
退休教授办起私营翻译公司 ………………（93）
邮票设计师孙传哲 …………………………（93）
《寸草集》的作者吴良佐 …………………（93）
熊朝元一人创编《南山报》…………………（94）
八旬老翁重放艺彩 …………………………（94）
赵扬离休 17 年译文 100 万字 ……………（94）
年迈孝子张元良 ……………………………（94）
海外游子助老人 ……………………………（94）
董大娘舍身救儿童全社会
捐款救大娘 ………………………………（94）
肇源 2 000 多名农村老人栽树养老 ……（94）
致富带头老人丁长寿 ………………………（95）
红军老战士陈春林为家乡营造
"聚宝盆" …………………………………（95）
老农王润生捐赠 20 万元养老金
办教育 ……………………………………（95）
离休军医朱玛洪自办"家庭病房"………（95）
"老头队"办公司 …………………………（95）
王兴华《论精神养老》……………………（95）
退休老工人的"一人乐队"………………（95）
古稀老人骑车游历 7 省 100 多个县 ……（96）
老教师离休献余热 …………………………（96）
太行山下新愚公 ……………………………（96）
燃烧的晚霞 …………………………………（96）
陈宝珑退居二线后获"金牛奖"…………（96）
盐阜地区的"焦裕禄"……………………（97）
14 位老同志被司法部聘为特邀
教育顾问 …………………………………（97）
老院长余热温暖万人心 ……………………（97）

12. 助残与残疾人自强精神

**1992—1993 助残与残疾人自强
精神概述** …………………………………（97）
中残联第二次全国代表大会 ………………（98）
首届中国残疾少年儿童成才奖 ……………（98）
中国残联设立"奋发文明进步奖"………（98）
第二届中国残疾人事业好新闻评选 ……（98）
全国宣传实施《残疾人保障法》
工作座谈会 ………………………………（98）
残疾人按职工比例就业工作研讨会 ……（98）
第三次全国助残日座谈会 …………………（99）
中国聋儿康复研究中心开业 ………………（99）
中国首家弱智儿康复中心建成 ……………（99）
新疆残疾人中等职业学校工程
破土动工 …………………………………（99）
上海浦东新区残联办实事 …………………（99）
西藏残疾人合法权益有保障 ………………（99）
南京重视残疾人劳动就业 …………………（99）
绍兴县对残疾人特困户实行
定期补助 …………………………………（99）
长沙县落实残疾人优惠政策 ……………（100）
季岭村残疾人有了"三免田" …………（100）
安阳市拓宽安残渠道 ……………………（100）
长春市郊区为农村残疾人
铺垫脱贫之路 …………………………（100）
兴安盟创办残疾人蒙医职业学校 ……（100）
大观区为残疾人排忧解难 ………………（100）
南昌市西湖区助残工作成绩斐然 ……（101）
宝鸡市为残疾人办技术培训班 ………（101）
济源市助残出台新举措 …………………（101）
县委书记与盲人夫妇 ……………………（101）
罗奶奶枯木逢春 …………………………（101）
海军教导大队被称作"盲人眼睛" ……（101）
残疾人的贴心人杨洪武 …………………（102）
梁丽红青春献给弱智人 …………………（102）
残疾人的知音李振明 ……………………（102）
残疾老人的第 10 封感谢信 ……………（102）
爱心使盲人三姊妹重获新生命 …………（103）
李嘉诚捐巨款支持发展残疾人事业 …（103）
上海百名残疾人自学成才 ………………（103）
上海 16 名中小学生获"身残志坚
好少年"称号 …………………………（103）
独臂兵器专家祝榆生 ……………………（103）
残疾人季叶克载入《世界名人录》 ……（103）
"状元师傅"——独手坦克兵 …………（103）
三位残疾人在京办书画展 ………………（104）
笔走人生的司宝昌 ………………………（104）
残臂生辉的书法家 ………………………（104）
武钢残疾女工段善琦贴画作品展览 …（104）
用心灵感知多彩世界的朱闽 ……………（104）
残疾人发明家李建刚 ……………………（104）
盲人画家沈冰山 …………………………（105）
哑女谢玲的"红舞鞋" …………………（105）
尹小星手摇轮椅周游全国 ………………（105）
见义勇为的残疾青年杨清泉 ……………（105）
残疾人艺术团团长周晓红 ………………（105）
残疾青年诗人林霖 ………………………（105）
盲人作曲家陈君恩 ………………………（106）
陈雪妮的文学之路 ………………………（106）
荣获国际制陶金牌的残疾姑娘 …………（106）
盲人张瑞富与他的致富果园 ……………（106）
丁铁军与他的康复中心 …………………（106）
盲人按摩医院蜚声武汉 …………………（107）
残疾人中的博士生和硕士 ………………（107）
济南聋哑人涉足电脑业 …………………（107）

13. 文明生活方式与移风易俗

全国职工读书自学活动先进集体、
个人评出 ………………………………（107）
民政部全国妇联等倡议破除
婚姻陋俗 ………………………………（107）
中国消费层次出现几大类型 ……………（107）

“太平杯”全国首届乡镇企业征歌评选活动揭晓 …… (108)
“诗歌卡拉 OK”问世 …… (108)
都市流行储蓄礼仪卡 …… (108)
国际殡葬科学研讨会在京举行 …… (108)
《性从愚昧到文明》展览在京举行 …… (108)
北京人休息日娱乐内容开支的调查 … (108)
上海举行民俗文化庙会 …… (108)
上海兴起“餐桌革命” …… (108)
电话拜年、明信片贺节 …… (109)
回归自然的新葬仪 …… (109)
家政教育步入市民生活 …… (109)
山东省寿光市深入开展移风易俗活动 …… (109)
山东农村涌现 4 万余个文化大院 …… (109)
山东荣成市出现居室文化消费热 …… (110)
哈尔滨家庭室内设计大奖赛 …… (110)
武汉有家单身俱乐部 …… (110)
广州家庭文化味道浓 …… (110)
羊城开始风行 AA 制消费方式 …… (110)
深圳建立职工集邮度假村 …… (110)
广西恭城县出现“书籍银行” …… (110)
徐州矿务局邀请“织女”来矿过年 …… (111)
泌阳县破除封建迷信活动 …… (111)
大丰县大中镇 10 年坚持殡葬改革 …… (111)
遵义市殡葬改革卓有成效 …… (111)
西华县集体婚礼蔚然成风 …… (111)
求情趣赶新潮的婚礼 …… (111)
自学成才农民出巨资委培大学生 …… (111)
集报大王任菲菲 …… (111)
李光远老汉修渠祝寿 …… (112)
战士廖信举办大西北植物标本展览 … (112)
赵文科两次支持母亲改嫁 …… (112)
农家书屋 …… (112)
不要彩礼要学费 …… (112)
“崖葬”节约耕地 …… (112)

14. 五爱之花

世界最高雷达站举行首次升国旗仪式 …… (112)
留学生 400 余人应聘回国 …… (112)
解放军总医院 300 余名出国人员学成归国 …… (113)
子弟兵救援 600 名大学生脱险 …… (113)
叶乔波的爱国情 …… (113)
杰出民警王立军 …… (113)
优秀警官许德华 …… (114)
新时代的“王铁人”陈祥 …… (114)
关润国和他的掏粪伙伴们 …… (114)
山东省新长征突击手标兵姜巨文 …… (114)
程丽花 11 次摘取操作比武桂冠 …… (115)
姊妹劳模李芳女、李芳龄 …… (115)
“留洋”“恋土”的教授辜胜阻 …… (115)
当今世界科技名将台震林 …… (115)
工人发明家关广生 …… (116)
农民林纪功获 11 项专利 …… (116)
青年工程师郑忠堂取得 13 项科研成果 …… (116)
优秀青年科学家陈肇雄 …… (116)
勇攀科研高峰的白春礼 …… (116)
山东农民王廷江的无私奉献 …… (117)
育种能手苗晋义 …… (117)
民办科技发明家刘长兴 …… (117)
交税大户石掌雄 …… (117)
塔里木的“粮王”蒋玲芝 …… (117)
创办“共青林场”的杨志贵 …… (118)
王仁斋百万资财献集体 …… (118)
谱写奉献之歌的护理员齐艳华 …… (118)
新一代国际金融家刘金宝 …… (118)
创造“亚细亚”现象的商界明星——王遂舟 …… (119)
肖长生 27 年义务献血 …… (119)
刘怡昕——燃烧的红烛 …… (119)
报国情深的韩忠朝 …… (119)
青年经济学家林毅夫 …… (120)
“大豆王”杨德馨 …… (120)
创造“懒棉花”的曹生吉 …… (120)
共和国的“昆仑卫士” …… (120)
宋涛——生命的涛声 …… (121)
钟情“国粹”的焦志军 …… (121)
刘保卫毁家兴学 …… (121)
德才兼备的总护士长吴欣娟 …… (122)
机械“美容师”熊正亚 …… (122)
“神耳”黄德鑫 …… (122)
争当“京九明星”的突击队员们 …… (122)
优秀民警孔军 …… (122)
神奇的铁鹰姜战林 …… (123)
京都神捕王忠义 …… (123)
许金生帮助全村致富 …… (123)
依法办案的律师张典礼 …… (124)
善于化解矛盾的江家生 …… (124)
公仆与民两相知 …… (124)
史桂泉变瘠地为聚宝盆 …… (124)
庹明利带领贫困户致富 …… (125)
余德聪心里燃烧一把“火” …… (125)
全才企业家刘汉元 …… (125)
企业新星曹和平 …… (125)
“精神万元户”熊志华 …… (125)
热心助人的女老板刘丽华 …… (126)

科技文化建设

1. 教育

1992—1993 年教育事业发展概况 …… (127)

江泽民同首都大学毕业生座谈 ………(128)
李岚清邀请党外人士座谈教育工作 … (128)
中共中央、国务院颁布《中国教育改革和发展纲要》……………………(128)
全国人大常委会审议通过《中华人民共和国教师法》……………………(129)
国家教委召开毛泽东教育思想研讨会 ……………………………(129)
中国全民教育国家级大会 …………(129)
国务院批转国家教委"意见",改革国家包办大学单一体制 ………………(129)
高等教育重点建设项目"211 工程"立项 ……………………………(129)
国家教委跨世纪优秀人才计划启动 … (130)
国务院办公厅转发国家教委《关于进一步改革和发展成人高等教育的意见》……………(130)
义务教育法实施细则颁布 …………(130)
国家教委实施"源泉工程" …………(130)
国家教委颁布《中等职业技术学校职业道德教学大纲》………………(130)
国家教委发出通知,坚决纠正中小学乱收费 ……………………(130)
国家教委采取措施减轻中小学生课业负担 ……………………………(131)
国家教委、人事部、财政部联合发出通知,要求迅速兑现教师工资 ………………………………(131)
电大办学 15 年成绩斐然 ……………(131)
全国扫盲及农村成人教育工作会议 … (131)
全国民族教育工作会议 ……………(131)
国家教委召开全国初中工作会议 ……(132)
全国中小学德育工作会议 …………(132)
国际职业技术教育研讨会在京召开 … (132)
中国教育学研究会举行学术年会 ……(132)
四部委向全国中小学推荐 100 部优秀影视片 ……………………………(132)
贯彻实施《学校体育工作条例》优秀中学受表彰 ……………………(133)
我国教育对外开放成果显著 …………(133)
我国积极利用外资发展教育 …………(133)
国家加强留学人员回国工作 …………(133)
1992—1993 学年来华留学生人数达历史之最 ……………………(133)
包氏奖学金创建 10 年有成效 …………(133)
我国近 3 000 名残疾人进高校深造 … (134)
北京率先提前实现"两基" ……………(134)
上海紧缺人才培训工程启动 …………(134)
天津首创国有民办大学 ………………(134)
广西通过我国第一部地方综合性教育法规 ……………………………(134)
江苏掀起教师"练功"热潮 ……………(134)
湖南开展大学生"五心"教育 …………(134)
宁夏农民教育结硕果 …………………(134)
山东卫星电视教育事业领先全国 ……(135)
新疆少数民族教育基金会在京成立 … (135)
教育支援西藏工作会议召开 …………(135)
西藏教育事业迅速发展 ………………(135)
广东东莞成人教育发展迅速 …………(135)
上海高校试行双专科教育 ……………(135)
复旦大学围绕创世界一流大学找差距 ……………………………(136)
张学良出任东北大学名誉校长 ………(136)
云南大学推出"一校两制"新举措 ……(136)
北京农业大学评聘"推广教授" ………(136)
世界第一所水土保持学院在京诞生 … (136)
北京市 21 世纪实验学校成立 …………(137)
全国中小学 1993 年秋季开始使用新教材 ………………………………(137)
我国中学生在 1992 年国际物理、数学、化学和信息学奥林匹克大赛中分获团体总分第一 ………………(137)
我国中学生在 1993 年国际数、理、化和生物奥林匹克竞赛中获得 19 块奖牌 ……………………………(137)
哈尔滨出现大型私立幼儿园 …………(137)
国家教委号召向"人民教师"王成海、叶立勋学习 ………………(137)
我国最年轻的博士生李劲 ……………(138)
从教 65 年的朱物华教授 ……………(138)
巴东人民为有功山区教师覃遵荣立纪念碑 ……………………………(138)
《邓小平教育思想研究》出版 …………(138)
《全国学生音乐欣赏曲库》出版 ………(138)
新一代文盲产生的原因 ………………(138)

2. 科学技术

1992 年科学技术事业发展概述 ………(139)
1993 年科学技术事业发展概述 ………(139)
江泽民在中共十四大报告中要求加速科技进步 …………………………(140)
江泽民强调深化科技体制改革,推动科技进步 ………………………(140)
朱镕基在全国科技工作会议上讲话 … (140)
1992 年全国十大科技成就 …………(141)
1992 年中国十大科技新闻 …………(141)
1993 年中国十大科技新闻 …………(141)
1992 年度国家科技奖揭晓 …………(142)
1993 年国家发明奖评出 ……………(142)
1993 年"中国青年科学家奖"评选揭晓 ……………………………(142)
"七五"科技攻关取得丰硕成果 ………(142)
科学基金制实施十周年 ………………(142)
全国科技工作会议举行 ………………(142)

中科院第六次学部委员大会召开 ……（143）
中国科学院学部新领导机构成立 ……（143）
国家科委颁布中长期科技发展纲领和两个纲要 ……（143）
周光召提出，要充分认识和发挥科学技术的革命性作用 ……（143）
钱学森建议组建科技业公司，促进科技成果转化 ……（143）
第三世界科学院执委会选定中科院三单位为高级研究中心 ……（144）
“产学研工程”工作会议召开 ……（144）
“三峡工程”列入国民经济和社会发展10年规划 ……（144）
大力推进“绿色证书工程” ……（144）
我国建成52个高新技术开发区 ……（144）
国家科委表彰有突出贡献的“863”专家 ……（144）
国家科学基金资助25名中青年科学工作者 ……（144）
中国科研机构数据库在京建成 ……（145）
我国农业科技攻关获得丰硕成果 ……（145）
全国科技兴市会议在石家庄召开 ……（145）
全国农民技术协会达12万个 ……（145）
中国生物工程学会成立 ……（145）
中国—海外计算机科技交流中心成立 ……（145）
大学生实用科技发明大奖赛成果展 ……（145）
“银河”10亿次计算机研制成功 ……（146）
中央军委给西昌卫星发射中心测试站记一等功 ……（146）
第三届全国科技实业家创业奖揭晓 ……（146）
首届中华绿色科技奖特别奖颁奖 ……（146）
海峡两岸科学家聚会南京 ……（146）
钱浚发明银膜获国际金奖 ……（146）
陈章良、李登海、关广生被授予“全国青年科技先锋”称号 ……（147）
张本仁创立区域地球化学理论体系 ……（147）
黄金钟提出新板块构造理论 ……（147）
李后强3年解决4个国际难题 ……（147）
方开泰、王元首创“均匀设计”法 ……（147）
珠海重奖有突出贡献的科技人员 ……（147）
我国第一部科技黄皮书《中国科学技术指标（1992）》出版 ……（147）
《中国软科学》蓝皮书出版 ……（148）

3. 社会科学

丁关根要求社会科学工作者为伟大实践提供精神动力 ……（148）
全国哲学社会科学“八五”重点课题及1992年度课题评审会述要 ……（148）
“让中国社会科学在世纪之交放出异彩”学术讨论会召开 ……（149）
马克思主义哲学应用研讨会举行 ……（149）
第8届国际中国哲学会在北京举行 ……（149）
全国第8次社会主义社会辩证法研讨会召开 ……（150）
山东哲学界座谈“市场经济与哲学发展” ……（150）
《中国社会科学》和《哲学研究》联合举办“社会科学与发展问题”征文活动 ……（150）
宋代哲学与中华文化国际学术研讨会在开封召开 ……（150）
跨学科研讨会在北京举行 ……（150）
中国社会科学院成立STS研究中心 ……（151）
“改革开放与人生价值观”研讨会召开 ……（151）
全国第2次真理问题研讨会在安徽举行 ……（151）
社会主义市场经济和价值观研讨会在深圳举行 ……（151）
中国城市经济学会第2届年会在太原市召开 ……（151）
“长江中游开放—开发带研讨会”召开 ……（151）
“传统农业与小农经济”学术讨论会召开 ……（152）
民族传统思想文化与社会主义市场经济研讨会召开 ……（152）
“中国股票市场发展战略研讨会”在京举行 ……（152）
海峡两岸市场经济法学研讨会在京举行 ……（152）
社科院日本市场经济研究中心成立 ……（152）
中国政治文化学术研讨会在天津召开 ……（152）
海峡两岸学者联合举办“传统中国文化与未来文化发展”学术研讨会 ……（153）
地理环境和中国历史文化专题讨论会召开 ……（153）
中国墨子学会成立 ……（153）
“广东中华民族凝聚力研究会”成立 ……（153）
“中日交流史上的友好使者”国际学术讨论会在京举行 ……（153）
中国史学界第5次代表大会在京举行 ……（153）
第8届全国史学理论研讨会在广东召开 ……（153）
第1届中国近代秘密社会史国际学术讨论会在南京举行 ……（153）
中国世界近现代史研究会西北区研讨会在兰州举行 ……（153）

美国现代化历史经验国际学术讨论会召开 …………………… (154)
“东方历史研究出版基金”设立 ……… (154)
中国社会学学会1992年年会述要 …… (154)
全国人权理论研讨会在京召开 ……… (154)
西藏历史与现状研讨会在京举行 …… (154)
新形势下人民内部矛盾研讨会在京召开 ……………………………… (154)
工农关系研讨会在京召开 ………… (155)
海峡两岸学者共同研讨发展社会学理论问题 ………………… (155)
中国社会学会人口与环境专业会成立 ……………………… (155)
中国都市人类学会在京成立 ……… (155)
中国犯罪学研究会在京成立 ……… (155)
《社会科学争鸣大系》在上海出版 …… (155)
社科领域增设博士后流动站 ……… (155)
易杰雄被选为“1992年度世界杰出人物” ……………………… (156)

4. 文化事业

江泽民谈语言文字工作 …………… (156)
李瑞环强调文物工作要把抢救放在首位 …………………………… (156)
中宣部召开文化工作理论研讨会 …… (156)
文化部提出深化文艺体制改革10点意见 ……………………………… (156)
文化部第2届“群星奖”评出 ……… (157)
文化部表彰12个文化先进县 ……… (157)
全国文化市场工作会议召开 ……… (157)
1992年全国十大考古新发现 ……… (157)
1993年全国十大考古发现 ……… (157)
中国历史博物馆成立80周年 ……… (157)
北京图书馆庆祝建馆80周年 ……… (158)
中国钱币博物馆开馆 …………… (158)
遵义建成酒文化博物馆 …………… (158)
河姆渡遗址博物馆开放 …………… (158)
中国文化名人手稿室开放 ………… (158)
闻一多纪念馆开馆 ……………… (158)
各地隆重纪念郭沫若诞辰100周年 … (158)
第5届斯诺学术研讨会 …………… (159)
宝鸡建成最大的炎帝祠 …………… (159)
世界最大的孔子塑像落成 ………… (159)
中国人口文化促进会成立 ………… (159)
中华文化交流与合作促进会成立 ……………………… (159)
中华民族文化促进会在京成立 ……… (159)
东方文化研究会丝绸之路工作委员会成立 ………………… (159)
山顶洞文化推前1.6万年 ………… (159)
中国文字史提前800年 …………… (160)
河南发现两座5 000年前的大型宫殿基址 …………………… (160)
河南发现罕见恐龙蛋化石群 ……… (160)
郑州出土的汉代画像和陶磨弥足珍贵 ……………………… (160)
南京汤山溶洞发掘出早期人类头骨化石 ……………………… (160)
内蒙古首次发现大夏国墓群 ……… (160)
湖南又发现西汉长沙王室古墓 ……… (161)
隋代龙窑在江西出土 …………… (161)
武汉发现万年前水杉木化石 ……… (161)
湖北英山发现毕昇墓碑 ………… (161)
西安发掘玄奘任住持的西明寺遗址 … (161)
青海发现纯金书写的大藏经 ……… (161)
中国食文化博览会 ……………… (161)
侗族文化展在京展出 …………… (161)
中国民族婚礼表演在京举行 ……… (161)
首届全国服饰文化博览会 ………… (161)
西安古文化艺术节 ……………… (162)
沈阳举办第2届国际秧歌节 ……… (162)
贵州举办首届蜡染艺术节 ………… (162)
中国豆腐文化节在淮南举行 ……… (162)
中国木卡姆系列活动在京举行 ……… (162)
明代“状元卷”首次发表 ………… (162)
北京为文化历史街巷挂标志牌 ……… (162)
李蕴创破译甲骨文新方法 ………… (162)
《国学，在燕园又悄然兴起》引起反响 ……………………… (162)
山西群众文化活动丰富多彩 ……… (162)
蓬勃发展的西藏群众文化事业 ……… (163)
内蒙古军区文工团送戏边关 ……… (163)
广东人竟说普通话 ……………… (163)
西藏整理保护雪域文化成效显著 …… (163)
西藏建立民族文化“标本库” ……… (163)
文物专家谈三峡库区重点文物保护 … (164)

5. 文学艺术

1992年文学艺术发展概况 ………… (164)
1993年文学艺术发展概况 ………… (164)
江泽民看望人民艺术家 ………… (165)
纪念毛泽东《在延安文艺座谈会上的讲话》发表50周年首都艺术家赴基层演出 ………………………… (165)
文艺界隆重纪念毛泽东诞辰100周年 ……………………………… (165)
毛泽东与中国现当代文艺研讨会召开 ……………………………… (166)
毛泽东手书《长恨歌》碑廊在周至落成 ……………………………… (166)
毛泽东诗词墨迹碑林在天津揭幕 …… (166)
邓小平肖像画《我们的总设计师》发行 ……………………………… (166)

反映毛泽东光辉形象的大型画册《怀念》出版 …… (166)
文化部表彰一批在国际艺术比赛中的获奖者 …… (166)
中华文学基金会成立5年成绩斐然 …… (166)
第9届戏剧"梅花奖"揭晓 …… (167)
第10届戏剧"梅花奖"揭晓 …… (167)
第2届"文华奖"揭晓 …… (167)
第3届"文华奖"评出 …… (167)
首届"百戏奖"评选揭晓 …… (167)
首届"中华诗词大赛"在京举行 …… (168)
第2届"全国优秀儿童文学奖"评出 …… (168)
1992年中国杂技金牌丰收 …… (168)
1992年"散文热" …… (168)
"王朔热"的出现 …… (168)
域外题材文学作品成为热门读物 …… (169)
巴金获"资深作家敬慰奖" …… (169)
张洁获美国文学艺术院荣誉院士称号 …… (169)
高冠华获国际书画最高荣誉奖 …… (169)
中国姑娘谭元元获巴黎国际舞蹈比赛头奖 …… (169)
首届国际老舍学术讨论会在京召开 …… (169)
冰心研究会在福建成立 …… (169)
曹禺国际学术研讨会在武汉举行 …… (169)
丁玲文学创作国际研讨会在湖南召开 …… (170)
陈荒煤文艺生涯60年研讨会 …… (170)
首都文艺界庆祝林默涵从事文艺活动60年 …… (170)
祝贺贺绿汀音乐生涯70年暨90诞辰活动在沪举行 …… (170)
首都文化界祝贺张君秋艺术生涯60年 …… (170)
"20世纪·中国"美术大展 …… (170)
20世纪华人音乐经典系列活动 …… (170)
第2届中国国际民间艺术节在京举行 …… (171)
第3届中国艺术节在昆明举行 …… (171)
中国武汉国际杂技艺术节 …… (171)
首届乌兰牧骑艺术节 …… (171)
总政歌舞团庆祝建团40周年 …… (171)
中国农民文艺晚会在京举行 …… (171)
首届中国农民书画展 …… (172)
阿尔泰山岩画进京展出 …… (172)
齐白石纪念馆开馆 …… (172)
中国硬笔书法协会成立 …… (172)
王昆兴办东方华夏艺术中心 …… (172)
著名作家陈国凯维护精神产品质量主动撤稿 …… (172)
《毛泽东文艺思想全书》出版 …… (172)
《中国解放区文学书系》出版 …… (172)

6. 新闻出版

1992年新闻出版工作综述 …… (172)
1993年我国公开发行的报纸达2 039种 …… (173)
第三、四届"中国新闻奖"分别揭晓 …… (173)
丁关根强调新闻宣传要以建设有中国特色的社会主义理论为指针 …… (174)
中央宣传部召开新闻工作座谈会 …… (174)
中央宣传部、新闻出版署发出《关于加强新闻队伍职业道德建设，禁止"有偿新闻"的通知》 …… (174)
中央宣传部、新闻出版署联合发出关于禁止买卖书号的通知 …… (175)
新闻出版署发出《关于禁止在大陆出卖港、台书号的通知》 …… (175)
新闻出版署、广播电影电视部、文化部联合发出《关于查处非法音像出版物的通知》 …… (175)
全国新闻职称改革工作座谈会在穗举行 …… (175)
《中国大百科全书》全部出齐 …… (176)
书报刊市场管理研讨会在京召开 …… (176)
中国报刊业发展成就博览会在京举行 …… (176)
全国首次新闻出版系统表彰先进大会在京召开 …… (176)
1992年6项全国性新闻奖揭晓 …… (176)
第6届中国图书奖颁奖 …… (177)
我国设立"国家图书奖"并进行首次评选 …… (177)
首届科技期刊奖揭晓 …… (177)
首届中国民族图书奖颁奖 …… (177)
全国十佳经济读物评选揭晓 …… (177)
中国加入2个世界性版权公约 …… (177)
中国版权制度国际研讨会在京举行 …… (178)
中国新闻史学会成立 …… (178)
中国编辑学会在京成立 …… (178)
中国期刊协会在京成立 …… (178)
全国部分报纸周末版研讨会在大连召开 …… (178)
"十佳"青年报刊记者评选揭晓 …… (178)
《中文核心期刊要目总览》编制完成 …… (178)
《图书质量管理规定》颁布 …… (179)
《毛泽东手书选集》出版 …… (179)
《邓小平文选》第三卷发行近2 000万册 …… (179)
599名中外记者采访中共十四大 …… (179)
《深圳特区报》"猴年新春评论"被授予重奖 …… (179)
百县市图书发行单位受表彰 …… (179)

出版界人士聚会共贺中华书局
80 华诞 …………………………… (179)
四川组建出版集团 ……………………… (180)
首都新闻界为民解“六难” …………… (180)
首都新闻界开展“中国质量万里行”
采访活动 …………………………… (180)
广西新闻界为老区脱贫致富出力 …… (180)
南宁市新闻界奋力救助江筱茜 ……… (180)
农民王柏柱举办全国医药书展销 …… (181)
范丽青获“巾帼建功”、全国
“三八红旗手”称号 ………………… (181)
“校对王”白以坦 ……………………… (181)
李延良万里找错字 …………………… (181)
“无私奉献优秀新闻工作者”张根昌 … (181)
郭梅尼获“巾帼建功”标兵称号 ……… (182)
海峡两岸记者联合采访三峡工程 …… (182)
大陆记者首次组团访问台湾 ………… (182)
我国首次文稿竞价活动在深圳举行 … (182)
《中国医学百科全书》出齐 …………… (182)
《爱我中华》丛书受称赞 ……………… (182)
《中国出版社名录》出版 ……………… (183)
《中华大家唱(卡拉OK)曲库》
出版发行 …………………………… (183)
我国集报爱好者达 100 万 …………… (183)

7. 广播影视

1992 年我国广播影视事业
发展综述 …………………………… (183)
1993 年广播影视事业发展概况 ……… (184)
’92 电影政府奖 ……………………… (185)
’92 电影金鸡、百花奖 ……………… (185)
第12 届全国电视剧飞天奖 …………… (185)
第10 届大众电视金鹰奖 ……………… (186)
首届中国电视节目展播评选揭晓 …… (186)
’93 国内影视大奖 …………………… (186)
第3 届全国电视十佳演员 …………… (186)
1992 年我国获国际奖影片 …………… (186)
首届奋发文明进步电影奖 …………… (186)
首届上海国际电影节 ………………… (187)
中国长春电影节 ……………………… (187)
丁关根谈广播工作 …………………… (187)
全国电影工作会议 …………………… (187)
全国省级、计划单列市电视台
台长会议 …………………………… (188)
1992 年度全国电视剧
题材规划会议 ……………………… (188)
1993 年全国电视剧
题材规划会议 ……………………… (188)
首都纪念左翼电影运动 60 周年 ……… (188)
重大革命历史题材影视创作研讨会 … (188)
全国故事片厂厂长会议 ……………… (189)
首次全国广播电视研究工作会议 …… (189)
爱国主义影视教育研讨会 …………… (189)
全国影视教育研讨会 ………………… (189)
改革开放题材电视剧创作座谈会 …… (190)
全国室内剧生产方式研讨会 ………… (190)
喜剧电影学术研讨会 ………………… (190)
全国儿童电视剧研讨会 ……………… (190)
中央电视台召开电视工作座谈会 …… (190)
电影发行体制改革方案出台 ………… (191)
电影业首家股份制企业成立 ………… (191)
我国第一家民办影视企业诞生 ……… (191)
我国 20 多家经济电台联合录制
《你好！韶山》 ………………………… (191)
再现邓小平视察南方情景的
大型纪录片摄制完成 ……………… (191)
中央电台加强反腐倡廉宣传 ………… (191)
徐州举办“反腐倡廉”汇映活动 ……… (192)
《’93 质量万里行》电视宣传活动
展开 ………………………………… (192)
中国亚洲电视艺术中心坚持正确
方向赢得观众 ……………………… (192)
空中架起“警民桥” …………………… (192)
中国国际广播电台春节与全球
华人同欢 …………………………… (192)
大陆电影代表团访问台湾 …………… (193)
首届海峡两岸暨国际电影展 ………… (193)
首届海峡两岸暨香港电影
导演研讨会 ………………………… (193)
首家科教台开播 ……………………… (193)
广东电台英语台首播 ………………… (193)
我国首家县级中波电台开播 ………… (193)
新疆实现电视节目卫星传输 ………… (193)
’92 中外老年题材电视展播 ………… (193)
《中华成语故事会》开播 ……………… (194)
武汉推出电视片《凯丽阿姨
讲科学》……………………………… (194)
驻藏某部电影组电影慰民 …………… (194)
山东积极解决农民看电影难问题 …… (194)
江西举办新时期影视创作成果展 …… (194)
八一电影制片厂庆祝建厂 40 周年 …… (194)
新影庆祝建厂 40 年 ………………… (194)
中文图文电视广播系统通过鉴定 …… (194)
我国第一部水幕电影 ………………… (194)
谢晋创办影视明星学校 ……………… (194)
我国首部“扫黄”纪实电视片
摄制 ………………………………… (195)

8. 体育

1993 年体育事业的发展与改革 ……… (195)
1992 年中国 10 大体育新闻 ………… (196)
1993 年中国 10 大体育新闻 ………… (196)
787 名体坛功臣获奥林匹克
纪念章 ……………………………… (196)

中共中央国务院盛会欢迎从巴塞罗那凯旋的中国体育代表团 ……………… (196)
第25届奥运会中国健儿奖牌榜 ……… (197)
江泽民接见载誉归来的田径健儿 …… (197)
邓小平万里获世界桥联“主席最高荣誉奖” ………………… (197)
全国体委主任会议在京召开 ………… (197)
1992年全国十佳运动员评出 ………… (197)
1993年全国十佳运动员评出 ………… (197)
国家体委召开全国农村体育工作座谈会 …………………………… (197)
第4届全国体育科学大会 …………… (198)
体育科技进步奖评审揭晓 …………… (198)
全国群众体育理论研讨会在大连召开 ………………………… (198)
首届东亚运动会在上海举行 ………… (198)
第七届全国运动会 …………………… (198)
第2届全国农民运动会 ……………… (199)
第4届全国大学生运动会 …………… (199)
第3届全国残疾人运动会 …………… (199)
第五届全国中学生运动会 …………… (199)
何振梁升任国际奥委会第一副主席 … (199)
我国兴奋剂检测获满分 ……………… (199)
国家体委表彰优秀科研攻关人员 …… (199)
少数民族体协在京成立 ……………… (200)
我国登山事业社会效益和经济效益双丰收 ……………………………… (200)
萨马兰奇称赞中国最重视群众体育 …………………………… (200)
福建引进外资建体育场 ……………… (200)
大连成立职业足球俱乐部 …………… (200)
长春市30万人坚持晨练 ……………… (200)
新疆与周边国家广泛进行体育交流 … (200)
哈尔滨冬季群体活动丰富多彩 ……… (201)
包头农民投资兴建现代游泳馆 ……… (201)
15单位获七运会“体育道德风尚奖” ………………………… (201)
群众体育英豪受表彰 ………………… (201)
我国第一批大众体育纪录确认 ……… (201)
台北——北京长跑活动圆满结束 …… (201)
“马家军”屡破世界纪录 …………… (202)
中国在第4届世界田径锦标赛上夺得4枚金牌 ……………………………… (202)
中国运动员首次夺得北京国际马拉松赛冠军 ……………………… (202)
中国队夺得世界杯跳水赛全部金牌 … (202)
全国春季蹼泳赛超8项世界纪录 …… (202)
中国两姑娘在世界杯游泳系列赛总决赛中搏得五金 ………………… (202)
伏明霞荣获世界最佳运动员奖 ……… (202)
叶乔波再获短距离速滑世界全能冠军 ……………………………… (203)
邓亚萍获7次世界冠军 ……………… (203)
谢军卫冕成功 ………………………… (203)
中国女子乒乓球队第10次夺得“考比伦”杯 ………………………… (203)
中国羽毛球女队在“尤伯杯”赛中实现“五连冠” ……………………… (203)
中国运动员在第6届世界女子举重锦标赛上名列团体总分第一 ……… (203)
中国队在亚洲女足锦标赛中卫冕成功 …………………………… (203)
残奥会上我国选手获11枚金牌 ……… (204)
中日勇士征服世界最高处女峰——南迦巴瓦峰 ……………………… (204)
弱奥会上中国队人均奖牌居首 ……… (204)
残疾人欧亚民30天翻越10座大雪山 ……………………… (204)
王广虎获体育理论博士学位 ………… (204)
钱建国体育论文受国际体科界好评 … (204)
我国老年体育热 ……………………… (204)
八旬老翁零下23度冬泳松花江 ……… (205)
柯受良驾车凌空越长城 ……………… (205)

9. 卫生

1992—1993年卫生改革与发展概况 ……………………………… (205)
江泽民、李鹏等为卫生防疫站40周年题词 ………………………… (206)
1992年中国医药科技10大新闻 …… (207)
1993年中国医药科技10大新闻 …… (207)
1992年度全国城市卫生检查评比结果公布 ……………………… (207)
1992年全国卫生工作会议 ………… (207)
1993年全国卫生工作会议 ………… (207)
纪念毛泽东为护士题词发表50周年 ……………………………… (208)
纪念爱国卫生运动40周年 ………… (208)
我国30年援外医疗成就举世瞩目 …… (208)
1993年妇幼卫生工作迈出五大步 …… (208)
我国公民义务献血事业有长足发展 ……………………… (209)
卫生部推出“十年百项计划”第二批面向农村推广科技成果 ………… (209)
卫生部重申医务工作者不得收取红包 ……………………… (209)
“人人享有健康”计划使群众受益 …… (209)
卫生部确定全国卫生改革试点 ……… (209)
《中药品种保护条例》颁布 ………… (209)
《药品广告管理办法》实施 ………… (210)
《卫生监督员管理办法》颁布 ……… (210)
《医疗广告管理办法》颁布 ………… (210)
新的《消毒管理办法》颁布 ………… (210)
中国救灾防病学术讨论会举行 ……… (210)

全国卫生系统先进事迹报告团在京作报告 …………………………… (210)
全国打击制售假劣药斗争成果展览 …………………………………… (210)
华夏基金会10年向卫生部捐资430万美元 ………………………… (211)
中国卫生法学会成立 ……………………… (211)
河南省净化药品食品市场收到实效 … (211)
深圳市改革医疗制度实行医疗保险 … (211)
21家医院成为中国首批符合国际标准的“爱婴医院” …………………… (211)
北京医院全心全意为人民健康服务 … (212)
中日友好医院提高医院整体水平 …… (212)
四平市中心人民医院被誉为群体活雷锋 ……………………………… (212)
北医大等医疗单位千人报名献骨髓 … (213)
百名模范乡村医生受表彰 …………… (213)
1992年度“马海德奖”颁发 …………… (213)
林佳楣获第2届“诸福棠奖” ………… (213)
张振坤获国际主义人道主义服务奖 … (213)
卫生系统11位青年学者获第3届青年科技奖 ……………………………… (213)

10. 环境保护

1992—1993年环境保护工作综述 …… (213)
江泽民谈环境保护 ……………………… (214)
宋健在联合国环境与发展大会上阐述建立“新的全球伙伴关系”的基本原则 ………………………… (215)
国家环保局发布《1992年中国环境状况公报》…………………………… (215)
国家环保局发布《1993年中国环境状况公报》…………………………… (215)
中国环保产业协会成立 ……………… (215)
中华环境保护基金会成立 …………… (215)
我国环境教育形成全方位的新格局 … (216)
国务院颁布陆生野生动物保护实施条例 ………………………… (216)
国务院颁布《城市绿化条例》 ………… (216)
中央组织部、国家环保局举办环境管理政策高级研究班 ……………………… (216)
中国环境与发展国际合作委员会在京成立 ……………………………… (216)
世界环境日纪念大会暨1993年度“全球500佳”颁奖仪式在京举行 … (216)
联合国国际环境奖获得者曲格平 …… (216)
我国3个生态农业典型被评上“全球500佳” …………………………………… (217)
花园之乡上李家村 …………………… (217)
一批环保先进个人和集体受表彰 …… (217)
首届中华绿色科技奖颁发 …………… (217)
“中华环保世纪行”宣传活动展开 …… (217)
全国环保执法大检查 ………………… (217)
我国从1993年起推行环境标志制度 ………………………………………… (218)
我国保护野生动物取得成效 ………… (218)
青藏高原上的大自然保护调查队为环保作贡献 ………………………… (218)
浙江农村兴起:“拜年送树苗”新风 …… (218)
皖南泾县野生动物保护形成风尚 …… (218)
祝怀新谈环境教育 …………………… (219)
彭天杰提出民族环境学 ……………… (219)
《生态伦理学》出版 …………………… (219)
专家评出中国环境保护十大科技难题 ………………………………………… (219)
我国环保执法存在五大问题 ………… (219)

11. 人口与计划生育

1992—1993年人口与计划生育概况 ………………………………………… (219)
江泽民、李鹏强调计划生育基本国策决不动摇 ……………………………… (220)
江泽民强调党政一把手亲自抓计划生育工作各地积极贯彻执行 ……… (220)
李鹏强调要落实控制人口的法规政策 ……………………………… (221)
李铁映谈计划生育工作主要经验 …… (221)
彭珮云谈“我国人口面临的问题” …… (221)
国家计生委负责人就流动人口计划生育管理问题答记者问 …………… (221)
我国计划生育工作的基本经验 ……… (221)
全国2亿对育龄夫妇实行避孕 ……… (222)
计划生育工作改革的新思路 ………… (222)
国家计生委表彰少数民族计划生育先进集体和个人 ………………… (222)
我国优生科学事业喜获进展 ………… (222)
计划生育系统思想政治工作研究会成立 ………………………………… (222)
全国计划生育工作会议和全国计生协会会长会议分别在京召开 ……… (222)
全国计生协会基层工作经验交流会召开 ………………………… (222)
首届优生优育优教展览观众踊跃 …… (222)
城市计划生育工作新情况新问题新经验 ……………………………… (223)
全国流动人口计划生育工作经验交流会 ……………………………… (223)
中国人口国情知识竞赛颁奖会在京举行 ……………………………… (223)
“中华人口奖”颁发 …………………… (223)
一批人口普查先进单位受表彰 ……… (224)
首都集会纪念“世界人口日” ………… (224)
青年人口学家辜胜阻荣获“中国十大杰出青年”称号 ………………… (224)

计划生育"基层百星"评选揭晓 ……… (224)
国家计生委通知认真学习推广吉林"三结合"经验 ……… (224)
全国首届基层计划生育技术人员学术研讨会召开 ……… (224)
海峡两岸中国人口研讨会 ……… (225)
当前人口理论研究的几点思考 ……… (225)
全国市场经济与人口学术研讨会 ……… (225)
全国计划生育工作"三为主"经验交流会暨先进县表彰大会召开 ……… (225)
《陕西省禁止早婚早育规定》出台 ……… (225)
江苏省注意人口与经济社会协调发展 ……… (225)
黑龙江省公布党政一把手对计划生育工作亲自抓负总责标准 ……… (226)
山东省省长赵志浩抓计划生育工作 ……… (226)
青海省副省长白玛检查流动人员计划生育管理工作 ……… (226)
计划生育部门深入调查研究切实加强基层建设 ……… (226)
天津市下发《企事业单位计划生育工作职责》……… (226)
浙江省连续4年成为全国计划生育"状元省" ……… (227)
连云港军民共建计划生育精神文明 ……… (227)
苏州人口与经济发展进入良性循环 ……… (227)
北京军区计划生育工作常抓不懈 ……… (227)
江西推出计划生育"一票否决权"制度 ……… (227)
朱伯儒将军抓计划生育工作 ……… (227)
常久将军下矿讲"国策" ……… (227)
海上国策宣传队 ……… (228)
10大妈国策宣传队 ……… (228)
"女儿能不能传宗接代"大讨论 ……… (228)

12. 人才管理与人才开发

1992—1993年人才管理与开发概况 ……… (228)
我国人才市场发展状况 ……… (229)
我国50万科技人员投入科技兴农行列 ……… (229)
25 000名回国专家贡献突出 ……… (229)
26万中青年干部走上县以上领导岗位 ……… (229)
宋健要求科技人员勇敢走向市场 ……… (230)
宋德福谈深化人事制度改革和人才交流 ……… (230)
程连昌撰文谈深化企业人事制度改革 ……… (230)
首次全国毛泽东人才思想研讨会在韶山举行 ……… (230)
周恩来人才思想研讨会在淮阴市举行 ……… (230)
中国人才研究会理事长扩大会议在京召开 ……… (231)
我国人才管理的10大新趋势 ……… (231)
我国人才流动工作的10大变化 ……… (231)
国家增加政府特殊津贴名额 ……… (231)
中组部召开用人之道座谈会 ……… (232)
国家自然科学基金会评发优秀中青年人才科研基金 ……… (232)
我国正加紧人才流动立法 ……… (232)
人事部专家司竭诚为知识分子服务 ……… (232)
我国人才流动服务网络基本形成 ……… (232)
人事厅局长会议召开 ……… (232)
国家教委实施跨世纪人才计划 ……… (232)
各地重奖做出重大贡献的知识分子 ……… (233)
中组部邀请一批著名学者休养 ……… (233)
全国第10届人才学讲习班暨企业人事制度改革研讨会 ……… (233)
部分省市企业人事制度改革研讨会召开 ……… (233)
全国干部退休工作会议强调在经济建设中发挥退休干部作用 ……… (233)
我国市长培训工作取得丰硕成果 ……… (234)
全国首届科技人才技术交流会 ……… (234)
全国人才市场首届人才技术交流大会 ……… (234)
中国国际名人研究院成立 ……… (234)
全国市场经济与人才开发讨论会 ……… (234)
北京开通全国首家人才流动热线咨询电话 ……… (234)
首家明星人才评价中心在京成立 ……… (234)
上海市国际人才交流活跃 ……… (235)
上海在全国率先建立人才市场会员制 ……… (235)
上海10万军转干部贡献突出 ……… (235)
上海浦东实行新的人才管理体制 ……… (235)
辽宁省提出建立人才市场的目标模式 ……… (235)
辽宁省引进人才出新招 ……… (235)
齐齐哈尔对优秀专家和拔尖人才实行双向目标管理 ……… (235)
山东省出台人才市场管理办法 ……… (236)
山东省鼓励科技人员到亏损企业建功立业 ……… (236)
烟台市实施"三三三"人才支乡工程 ……… (236)
新乡市红旗区建立知识分子联系制度 ……… (236)
湖北人才市场新趋向 ……… (236)
枣阳受训农民倍受青睐 ……… (236)
湖北省石花镇舍得花钱广揽人才 ……… (237)
深圳市在美招聘留学生 ……… (237)

新疆实行鼓励人才合理流动新政策 …（237）
第一汽车制造厂在工人中造就大批人才 ……（237）
《人才学论纲》简介 ……（237）
《当代中国人才问题》出版 ……（237）
《中华人民共和国职官志》出版 ……（237）
关于人才立法的探讨 ……（237）
国营企业人才使用环境有待改善 ……（238）
经济落后地区人才流失的忧虑 ……（238）

13. 美育与美学研究

严昭柱谈坚持和发展毛泽东美学思想 ……（238）
郑国铨撰文谈毛泽东美学思想的特点和生命力 ……（238）
我国学者参加第12届国际美学会议 ……（238）
全国当代美学学术研讨会在河南举行 ……（238）
文化变革与90年代美学学术研讨会在青岛召开 ……（239）
“市场经济下审美趋势”研讨会在京举行 ……（239）
全国首届企业美育研讨会在上海召开 ……（239）
高校美育研究会第一届年会在山东召开 ……（239）
涂途谈美育 ……（240）
陈建翔论美育是教育的一种境界 ……（240）
吴云生论大学美育 ……（240）
吴加才论高校校园文化的美育功能 …（241）
邢益强论审美教育与精神文明建设 …（241）
蒋冰梅论民族审美意识与社会主义现代化 ……（241）
苏富忠提出“美的主体历史发展观” …（241）
王启民论审美教育的地位与功能 ……（241）
李范论审美教育与社会改革 ……（242）
邹广文论审美教育的当代课题 ……（242）
杨恩寰论审美与人生 ……（242）
审美心理要素新论 ……（243）
审美生理机制 ……（243）
科学美感的心理机制 ……（243）
胎教的美学因素 ……（243）
华夏文化与审美意识的民族特色 ……（243）
中国古代美学“自然为真”论 ……（244）
劳承万的审美中介学 ……（244）
傅其三论生活美学 ……（244）
李欣复论环境美学 ……（244）
李范论企业美学 ……（245）
王世德探索商业美学 ……（245）
新时期文艺美学的建设 ……（245）
中国文学美学的精神结构 ……（245）
邹华论茅盾的美学思想 ……（245）
田志伟论述艾青诗歌美学观 ……（246）
中国当代小说美学研究的现状 ……（246）
乌兰察布岩画的审美历程 ……（246）
谢云飞论人体艺术审美 ……（246）
中国健美协会在京成立 ……（246）
’92全国健美(操)冠军赛在京举行 …（247）
’92首届中国健美先生、小姐出台 ……（247）
’93中国健美先生、小姐评出 ……（247）
全国职工健美操赛在京举行 ……（247）
娄琢玉荣获国际健美界4项殊荣 ……（247）
《科学美学》出版 ……（247）
《中国古典美学辞典》出版 ……（248）
《自然美学系统》出版 ……（248）
《美学散论》出版 ……（248）
《风格美学》出版 ……（248）
《衣妆美——专家谈穿衣打扮的艺术》出版 ……（248）

14. 社会福利与社区服务

1992年我国社会福利与社区服务发展概述 ……（248）
1993年我国社会福利与社区服务发展概述 ……（249）
民政部发表1992年中国社会福利事业发展白皮书 ……（250）
我国民政事业5年间获得全面发展 …（250）
1993年我国自然灾害及抗灾救灾情况 ……（250）
中国残疾人事业“八五”计划纲要 ……（251）
中国残疾人福利基金会已募集4 000万元 ……（251）
退伍军人安置工作改革迈出新步伐 …（251）
各地安置首批军队自愿复员干部 ……（251）
我国保险体制改革步伐加快 ……（251）
14部委要求加快发展社区服务建设 ……（252）
我国农村敬老院蓬勃发展 ……（252）
民政部成立中国收养事务中心 ……（252）
司法部民政部联合颁布外国人在我国收养子女实施办法 ……（253）
我国孤儿助养助学计划开始实施 ……（253）
2.4万位革命老人在“光荣院”安度晚年 ……（253）
临终关怀事业在我国悄然兴起 ……（253）
中国老年基金会设临终关怀基金 ……（253）
北京成立首家临终关怀医院 ……（253）
中国第一家地方社会工作者协会成立 ……（253）
我国一些城市相继建成家务服务公司 ……（253）

北京市社区服务蓬勃发展 …………… (254)
北京市社区服务中心向产业化经营型方向转变 ……………………………… (254)
入户计时服务在北京兴起 …………… (254)
上海市社区服务有新发展 …………… (254)
上海浦东新区强化社区服务建设 …… (254)
石家庄市长安区社区服务迈向高层次实体化 ……………………… (255)
山西省提出农村社会养老保险新思路 …………………………… (255)
山西省厂办福利企业一枝独秀 ……… (255)
吉林省社区服务初步形成网络 ……… (255)
吉林省建立农村基层社会保障体系 … (256)
佳木斯市为流浪儿童创办“温暖学校” …………………………… (256)
南京市自费寄养老人增多 …………… (256)
山东省农村社会保障获突破性发展 … (256)
山东省泰安市帮助优抚对象解三难 … (256)
河南省走社会化救灾之路 …………… (257)
河南省进一步完善“五保”工作 ……… (257)
湖北省城乡社会福利事业稳步发展 … (257)
湖北省襄樊市建立系列救灾救济模式 ……………………………… (257)
湖北省洪湖市形成五大民政服务体系 ……………………………… (258)
广东省大幅度提高优抚待遇标准 …… (258)
广东省中山市举行“慈善万人行”活动 ……………………………………… (258)
西安市城乡敬老院福利院星罗棋布 … (258)
青海省“扶贫治盲”9 000 余人复明 …… (258)
四川省优抚安置工作取得长足发展 … (258)
贵州省江口县千余户优抚对象脱贫 … (259)
西藏发展残疾人事业成绩显著 ……… (259)
农村老人有“四盼” ………………… (259)

15. 旅游与闲暇生活

1992—1993 年旅游事业概况 ………… (259)
邓小平等“关于旅游业的讲话”公开发表 ……………………………… (260)
李鹏接见出席国际旅行社集团首届导游翻译工作会议代表 …………… (260)
国务院正式批准建立 11 个国家旅游度假区 ………………………………… (260)
全国旅游工作会议 ………………… (260)
全国旅游安全工作会议 …………… (260)
中国旅游研讨会在京举行 ………… (260)
全国旅游局长研讨班 ……………… (261)
中国旅游协会第 3 届会员代表大会 …………………………… (261)
中国国内旅游协会成立 …………… (261)
中国旅游报刊协会成立 …………… (261)
首届中国修学旅行研讨会 ………… (261)
九寨沟、黄龙和武陵源风景区被列为世界级风景区 ……………………… (261)
北京评选出 10 项旅游世界之最 ……… (261)
北京旅游业 4 项指标居 17 城市榜首 ………………………… (262)
北京隆重欢迎 1993 年第 200 万个海外来客 ……………………………… (262)
“世界最受欢迎饭店组织”在华举行年会 ……………………………………… (262)
中国山水风光旅游节 ……………… (262)
桂林举办首届山水旅游节 ………… (262)
’92 中国旅游交易会 ……………… (262)
’93 中国旅游购物节 ……………… (262)
首届中国山海关长城节 …………… (263)
长江三峡游首游式在武汉举行 ……… (263)
’93“炎黄杯”世界华侨华人龙舟系列赛 ……………………………… (263)
“中华民族故土园”主园奠基 ……… (263)
全国唯一的满族民俗馆建成 ……… (263)
中国国际旅行社 20 年接待日本游客近百万 ……………………………… (264)
青少年修学旅行首游式在京举行 …… (264)
首届世界独轮车长城行在京举行 …… (264)
中尼联合行动抢救一以色列游客 …… (264)
新加坡游客爱中国 ………………… (264)
’92 中国友好观光年旅游电视片获国际一等奖 …………………………… (264)
海南大东海旅游中心荣获“国际最佳旅游金杯奖” ………………………… (264)
海峡两岸旅游研讨会在北戴河举行 … (264)
大陆派员首次赴台参加海峡两岸旅游研讨会 ……………………………… (265)
云南省决心建成旅游省 …………… (265)
海南建设旅游大省 ………………… (265)
河北加快旅游基础设施建设 ……… (265)
河南兴建 10 大文物旅游景点 ……… (265)
开封大力开发历史文化资源 ……… (266)
安徽省以旅游为振兴全省经济的支柱产业 ……………………………… (266)
安徽开设热线电话为国内外旅游客人免费提供法律咨询服务 …………… (266)
陕西旅游创历史最高水平 ………… (266)
临潼县以旅游带动第三产业快速发展 …………………………………… (266)
5 省旅游部门携手推出三国蜀汉之旅 …………………………………… (266)
三峡推出古栈道徒步游 …………… (267)
南戴河游乐城建成开放 …………… (267)
苏州建成我国首座园林博物馆 ……… (267)
舟山建成我国最大的海洋群岛暨旅游度假区 ……………………………… (267)
湖南云山新辟为国家森林公园 ……… (267)

中华奇石馆在南京落成 …………………(267)
宜昌市举办首届中国赏石展 ……………(267)
奇石收藏家李广岭 ………………………(267)
上海新辟民间收藏陈列馆 ………………(267)
沈建国论闲暇对人的个性发展的价值 ……………………………………(268)

精神文明建设活动

1. 中央单位精神文明建设活动

中央军委作出发扬优良传统加强廉政建设决定 ……………………………(269)
中央军委授予苏宁模范干部称号 ………(269)
江泽民、刘华清、张震为“南京路上好八连”题词 ……………………………(270)
中央国家机关向贫困地区捐书 …………(270)
“五个一工程”在京颁奖 ………………(270)
中央宣传部召开全国文明办主任座谈会 ……………………………(270)
中央宣传部等要求运用优秀影视片对中小学生进行爱国主义教育 ……(271)
最高检察院要求各级检察机关加强廉政取信于民 …………………………(271)
全国政协举行精神文明建设研讨会 ……(271)
民主党派工商联智力扶贫硕果累累 ……(271)
民进为发展教育献力献策 ………………(272)
中华全国台湾同胞联谊会为两岸交流架桥梁 ……………………………………(272)
建设部城建司等举办10城市公共(电)汽车优秀线路活动 ……………………(272)
农业部实施“绿色证书工程” …………(272)
航天部重奖有突出贡献的知识分子 ……(272)
建设部表彰28个文明住宅小区 ………(273)
中华见义勇为基金会首次颁奖 …………(273)
共青团中央、青联组织智力支边 ………(273)

2. 省、市、自治区精神文明建设活动

北京开展群众性精神文明建设活动，增强市民首都意识 ……………………(273)
北京市创建文明居民区 …………………(274)
北京市实施“同心工程” ………………(274)
北京市政府将抗战纪念馆定为爱国主义教育基地 ……………………(274)
首都大力表彰见义勇为好市民 …………(275)
天津市办实事、重实效不断提高精神文明建设水平 …………………………(275)
天津设立“见义勇为奖励基金” ………(275)
天津市发起回报母爱义举 ………………(275)
上海市举行精神文明建设动员大会 ……(276)
上海在改革开放中坚持两个文明一起抓 ……………………………………(276)
上海市推出精神文明建设系统工程 ……(276)
河北省精神文明建设活动选择新的着力点 ……………………………………(277)
内蒙古切实保护农牧民利益 ……………(277)
内蒙古重视发展民族教育 ………………(277)
辽宁省开展“窗口”行业规范服务活动 ……………………………………(278)
辽宁学雷锋活动经常化 …………………(278)
吉林省开展“创建文明窗口，争当岗位明星”活动成效显著 ………………(278)
黑龙江省采取多种形式加强思想教育，发挥道德力量的评判作用 …………(279)
黑龙江恢复8单位省级文明单位荣誉称号 ……………………………………(279)
江苏省双拥工作跨上新台阶 ……………(280)
浙江省开展创建文明城市竞赛 …………(280)
浙江省全面实施“科教兴省”战略 ……(280)
山东省精神文明建设工作已形成全方位、立体交叉的格局 ……………(280)
山东省开展家庭文化建设活动 …………(281)
山东省评出57名“红嫂” ………………(281)
安徽省突出思想道德建设，为发展经济服务 ……………………………………(281)
江西省制定精神文明建设规划突出本省特点 ……………………………………(282)
江西1992年精神文明建设扎实有效 ……………………………………(282)
福建省加快精神文明建设，树立改革开放形象 ……………………………………(282)
河南省精神文明建设在创新上做文章求实上下功夫 ……………………………(283)
湖南省开展群众性思想教育，提高人的素质 ……………………………………(284)
湖南加强文化市场管理 …………………(284)
广东省成立精神文明建设研究中心 ……(285)
广东省大力推广普通话 …………………(285)
广西两个文明建设同步发展 ……………(285)
海南扎实开展精神文明建设 ……………(286)
贵州省改善农村精神文明基础设施建设 ……………………………………(286)
四川省委召开精神文明建设座谈会 ……(287)
四川省开展评选最佳文明单位活动 ……(287)
四川农村三户评选活动普遍开展 ………(287)
云南创建文明单位重在人的素质 ………(288)
云南省精神文明建设工作在“建设”上下功夫 ……………………………………(288)
云南省寓思想教育于文明建设活动中 ……………………………………(288)
云南成立智力支边扶贫基金会 …………(289)
陕西省以城带乡促进精神文明建设 ……………………………(289)
陕西省开展“创佳评差”活动加强行业精神文明建设 ……………………………(289)

陕西省群众性精神文明创建活动不断深入、持续发展 ……………………… (290)
陕西国防教育经常化 ………………… (290)
甘肃省精神文明建设有5个特点 …… (290)
宁夏把创建任务落实到基层 ………… (291)
宁夏民族团结互助各项事业蓬勃发展 …………………………………… (291)
宁夏设立扶贫经济开发区 …………… (292)
青海少数民族党员队伍不断壮大 …… (292)
新疆维吾尔自治区精神文明建设活动成效显著 ……………………………… (292)
新疆军政军民团结呈现新局面 ……… (293)
新疆获国际扫盲奖 …………………… (293)
西藏双拥工作成绩显著 ……………… (293)

3. 经济特区精神文明建设活动

海南省精神文明建设迈上新台阶 …… (293)
海南省表彰先进典型，弘扬创业精神 …………………………………… (294)
《海南日报》等单位举办"见义勇为赞"有奖征文 …………………………… (294)
海南召开双拥工作现场观摩会 ……… (294)
海南省以"一票否决权制"强化社会治安综合治理 ……………………… (294)
深圳市文明市民评选和奖励办法 …… (294)
深圳市检察院被誉为特区建设"保护神" …………………………………… (294)
深圳市雷锋塑像落成 ………………… (295)
深圳市兴建天下名人馆 ……………… (295)
深圳市获联合国住房荣誉奖 ………… (295)
深圳市人才市场培育成熟 …………… (295)
深圳中华自行车厂向希望工程捐车 ………………………… (295)
珠海市举办《小平，您好》大型文艺晚会 ……………………… (295)
珠海市开展三化三清三优活动 ……… (295)
珠海市妇联召开家庭教育现场会 …… (295)
珠海市重奖科技与文教体卫功臣 …… (296)
珠海市召开双"十佳"座谈会 ……… (296)
珠海市表彰一批"最佳文明经营档店" ………………………………… (296)
珠海市"金銮宝座"轰动京华 ……… (296)
厦门市创建文明特区走了4步棋 …… (296)
厦门塑造特区新风貌 ………………… (297)
厦门市为教育事业办6件实事 ……… (297)
汕头市开展向四勇士学习活动 ……… (297)
汕头市委市府制定反腐自律8项规定 …………………………… (297)

4. 企业精神文明建设活动

1992—1993年企业精神文明建设活动概述 ………………………………… (297)
《邓小平文选》第三卷发行在首钢引起强烈反响 ………………………… (298)
首钢8名工人状元双喜临门 ………… (298)
北京起重机器厂征联活动越办越红火 ………………………………… (298)
北京城建一公司倡导敬业精神 ……… (298)
南口机车车辆厂为能工巧匠著书立说 …………………………………… (299)
中煤总公司为英模塑像 ……………… (299)
"京九"筑路工精心保护古墓文物 …… (299)
天津动力机厂自拍录相片揭短 ……… (299)
天津华旗集团公司员工捐资50万元装修天安门 ………………………… (299)
上钢五厂"三文明"活动效果显著 …… (300)
宝钢出资千万设立振兴高雅艺术基金 …………………………………… (300)
上海豫园商城"打假"与"纠风"相结合 ………………………………… (300)
冀东水泥厂全方位加强精神文明建设 …………………………………… (300)
太原钢铁公司三文明结硕果 ………… (300)
太原轨枕厂完善双文明双百分考核承包责任制 …………………………… (301)
大同工人写出800余篇学术论文 …… (301)
长春客车工厂工人技师与科技人员联袂著书 …………………………… (301)
牡丹江铁路分局青工学理论 ………… (301)
齐齐哈尔钢厂狠抓职工培训 ………… (302)
南京金陵饭店弘扬雷锋精神坚持一流服务 ……………………………… (302)
丹阳市农行注重"家庭文化"建设 …… (302)
常熟针对合资企业特点开展创文明单位活动 ……………………………… (302)
杭州铁路分局建起千里铁道文化长廊 ……………………………… (302)
杭州解放路百货商店躬待"上帝" …… (303)
狮子山铜矿设"四种精神"奖 ……… (303)
郝建秀小组40年保持荣誉不停步 …… (303)
山东地矿局第六地质队获"英雄地质队"称号 ……………………………… (303)
双星集团公司"9换脑筋"大讨论 …… (303)
武汉石化厂职工主动上交6万多元"红包" ………………………………… (304)
武钢一个班组10年出了7位国家级焊接能手 ……………………………… (304)
武汉江岸机务段用"二七"精神造就一代新人 ……………………………… (304)
长沙卷烟厂将廉政建设纳入政绩考核 ……………………………… (304)
株洲电力机车厂10项科技奖励政策全部兑现 ……………………………… (305)
怀化铁路分局开展八好摆谈活动 …… (305)

安钢先进人物吃香不吃亏 …………… (305)
许昌卷烟厂实施"人才工程" ………… (305)
河南省人民银行被省命名为"文明单位建设先进系统" …………………… (305)
洛阳拖拉机厂能工巧匠争献绝招 …… (306)
平顶山一矿涌现800"技术大拿" …… (306)
河南省汤阴工商行连续9年开展立志达标读书活动 ………………… (306)
桂林机床厂建立"终身荣誉职工"制度 ………………………… (306)
绵阳市保险公司系统单位全部命名为"文明单位" ……………………… (306)
昆明钢铁公司劳动竞赛创效益 ……… (307)
赵梦桃小组9青工拜名师学艺 ……… (307)
西安煤矿百名"状元"晋升工资 ……… (307)
西安火车站始终坚持为人民服务的宗旨 ………………………… (307)
宝鸡桥梁厂被授予"全国部门造林绿化300佳单位"称号 ……………… (307)
全国首列"军民共建双拥文明列车" … (308)
延安发电厂在职工中开展一流的教育活动 ………………………… (308)
乌鲁木齐铁路局"树碑工程"硕果累累 ………………………… (308)

5. 城区精神文明建设活动

1992—1993年城区精神文明建设活动概述 ……………………… (308)
北京市北太平庄街道承办全国首届街道城市管理研讨会 …………… (309)
天津市河西区社区文化繁荣 ………… (309)
天津市红桥区大力推进文明小区建设 ……………………… (309)
上海虹口区以首届东亚运动会为契机推进精神文明建设 ………………… (310)
唐山设立见义勇为基金会 ………… (310)
沈阳市沈河区被列为社会发展综合实验区 ……………………… (310)
本溪市平山区的"六进家庭" ………… (310)
大连市为建设"北方香港"创良好环境 ……………………… (310)
大连市创建文明住宅小区活动 ……… (311)
四平市探索职业道德建设规律 ……… (311)
辽源市虚功实做促精神文明建设 …… (311)
哈尔滨市评选勇敢市民 …………… (311)
齐齐哈尔市民捐资修缮烈士陵园 …… (312)
太原市开展"双十佳"评选活动 ……… (312)
南京市组织精神文明建设调查活动 … (312)
无锡市精神文明"拳头产品"成龙配套 ……………………… (312)
苏州市沧浪区家庭文化活动健康发展 ……………………… (312)
杭州街头正气歌 ………………… (313)
宁波市连续3年评选精神文明建设10件新事 …………………… (313)
济南市精神文明建设有章可循 ……… (313)
威海市优化四大环境推动对外开放 … (313)
枣庄市市中区注重精神文明硬件设施建设 ……………………… (314)
福州市创建"全国双拥模范城"和"卫生城市" ………………… (314)
福安市努力创建成闽东繁荣开放进步的文明城市 ……………… (314)
石狮市树立一个目标构筑五大系统 … (314)
黄山市举办精神文明知识竞赛活动 … (315)
九江市以"双杯龙舟赛"为载体促进文明城市建设 ……………… (315)
吉安市举办文明单位建设成果图片展 ……………………… (315)
武汉市以连线成片滚动发展的方式推动精神文明建设 ……………… (315)
武汉各界讨论"如何做父母" ………… (315)
宜昌开展"服务大三峡、建设新宜昌"活动 ………………………… (316)
长沙市采取措施稳定教师队伍 ……… (316)
株洲市发挥城市辐射功能,工农共建文明村镇 ……………………… (316)
开封市开展市民文明意识教育 ……… (317)
广东召开创建文明城镇现场会 ……… (317)
广州精神文明建设成果多 ………… (317)
广州市华林街道塑造新型人际关系 … (317)
柳州市创建文明城市活动见成效 …… (318)
海南省三亚市推出精神文明建设8项新举措 ……………………… (318)
西安市爱国主义教育形式多样 ……… (318)
西安市大力开展都市意识教育 ……… (319)
宝鸡市优化社会细胞建设文明小区 ………………… (319)
兰州市深化创"三优"建"三城"活动 … (319)
兰州市西固区办好市民学校扬社会公德 ………………… (319)
成都市扎实抓好文明城市竞赛促精神文明建设 ……………………… (320)
成都市首获国家卫生城市殊荣 ……… (320)
昆明市吸引群众投身助人为乐见义勇为活动 ………………… (320)
拉萨市城关区居民学习《白皮书》 …… (320)

6. 县乡精神文明建设活动

1992—1993年县乡精神文明建设活动概况 ………………………… (321)
全国103个县级农村图书发行单位受表彰 ……………………… (321)
我国"绿色证书"试点工作全面展开 … (321)

天津农村开展社会主义思想教育促进两个文明建设 …………………（321）
天津市宝坻县“两户”评出时代精神 …（321）
河北省张家口市柳树屯村出版《柳树屯报》…………………………（322）
河北省辛集市实施“雨露工程”提高农民素质 ……………………（322）
河北磁县为致富能人插上“法律翅膀” ………………………（322）
河北唐山市开平区半壁店村农民奖励“澳星”发射功臣 ………………（322）
山西盂县乌玉村为全县各村赠订农民日报 ……………………………（323）
山西朔州城区委评选“十佳文明农户” ……………………………（323）
内蒙古达拉特旗精神文明建设动真格 ………………………………（323）
内蒙古通辽市东风村大力抓两个文明建设 …………………………（323）
内蒙古哲里木盟开展“十星级文明户”评比工作 ……………………………（323）
沈阳市北陵乡实行“科教兴乡”发展战略 ……………………………（323）
吉林东辽县山沟里出了时装表演队 …（324）
黑龙江绥化农村开展“讲、比、建”活动 ………………………………（324）
江苏文明村逾 3 000 ……………（324）
江苏建起千座农民公园 …………（324）
苏州群众性精神文明建设活动进村进厂入户到人 ……………………………（324）
江苏东海县开展“月度新人新事”评选活动 ………………………………（325）
江苏淮安为乡镇灾民送精神食粮 ……（325）
安徽界首县开展评选“三户一村”活动 ………………………………（325）
安徽砀山县于楼村有个“众议院” ……（325）
安徽灵璧县尤集镇 200 农家妇女争做“文明丈母娘” …………………………（326）
山东农村涌现 4 万个文化大院 ………（326）
山东寿光县农民出资办国际学术会议 …………………………（326）
山东沂水县山村农民奖励教师 ………（326）
山东平度市麻兰镇开办农民大学 ……（326）
山东安丘县宋官疃乡 300 农民进京瞻仰毛主席纪念堂 …………………（326）
山东省牟平县抓好文化建设，努力提高农民素质 （326）
浙江浦江县建立起 366 个公德评议会 ……………………………（327）
浙江鄞县发起科技扶贫“曙光工程” …（327）
浙江东阳市十万建筑大军重视精神文明建设 ……………………………（327）
江西乐安县千余山民跨省当“科技顾问” …………………………………（327）
江西赣州地区普及“两德”知识服务经济建设 ………………………（327）
江西乐安县上罗村农民文化技术学校 41 年灯不灭 ……………………（328）
江西奉新县磉下乡农家争聘家庭教师 ……………………………（328）
福建表彰一批“明星乡村” ……………（328）
福建百万农村妇女营造“三八”绿色工程 ………………………………………（328）
湖北宜昌县争建“十星”文明村 ………（328）
湖北兴山县水月寺镇投入人力物力抓两个文明建设 ………………………（328）
湖北洪湖市 56 位村民出资重奖村委会 ……………………………………（329）
湖北罗田县农村党支部开展“创建小康村”竞赛 …………………………（329）
湖北钟祥市山乡打工者掀起学习电脑热 ……………………………………（329）
湖北孝感市开展创十星级文明农户活动，出现五大新气象 ……………（329）
湖北大冶县时兴“科技嫁妆” …………（329）
湖南隆回县 6 000 农民报考全国成人大中专 ……………………………………（329）
湖南绥宁县两个文明建设搞得好 ……（330）
湖南岳阳县组织进城农民建设文明县城 ……………………………………（330）
河南宝丰县商酒务乡石占兴自筹资金创办婚姻介绍所 ……………………（330）
广东东莞市厦岗管理区着力提高农民的现代文明素质 ……………………（330）
深圳市宝安县南岭村农民出钱奖励国防科技英才 ……………………………（330）
广西柳城县乡乡有图书馆 ……………（331）
贵州思南县农村文化经营热 …………（331）
贵州长顺县农民时兴“效益嫁妆” ……（331）
四川荥经县考核文明单位赏罚分明 …（331）
陕西咸阳农民登上市委演讲台 ………（331）
陕西黄龙县创办文明学校 68 所 ………（331）
陕西勉县—唐家坝乡时兴“民管官” …（331）
甘肃武威地区实施“精神温饱”工程 …（331）
兰州市西固村建立发展教育奖学金制度 ……………………………………（332）
西藏江孜县抓精神文明建设，维护祖国统一 ……………………………（332）

7. 校园精神文明建设活动

1992—1993 年校园精神文明建设活动概述 …………………………………（332）
大学生参加社会实践活动喜获丰收 …（332）
首都高校建设“文明校园”见成效 ……（333）

首都大学生科技服务月活动 …………… (333)
首都十万大学生暑期投身社会实践 … (333)
首都高校开展校园售书活动 …………… (333)
北京高校学生社团活动多姿多彩 …… (333)
清华大学6位博士、硕士组成青年
　科技服务团 ………………………… (334)
北大涌起"爱心潮" ……………………… (334)
中国人民大学新闻系发起自愿
　为老师捐献骨髓的登记活动 ……… (334)
北京理工大学学生党员带出良好
　学风 ………………………………… (334)
北京师范学院中文系以宿舍为整体
　资助失学儿童 ……………………… (334)
中央民族学院与北京武警二支队
　"共建"结硕果 ……………………… (334)
上海高校探讨90年代大学生形象 …… (335)
复旦大学精神文明建设结硕果 ……… (335)
天津大学学生暑期智力打工 ………… (335)
南京大学与东北某部队携手
　"重塑理想" ………………………… (336)
山东大学生的新追求 ………………… (336)
山西师大抓宿舍文化建设 …………… (336)
苏州大学3 000名大学生组成学习
　马列毛泽东著作小组 ……………… (336)
东北财大文化活动进宿舍 …………… (336)
抚顺石油学院被命名为"学雷锋先进
　学校" ………………………………… (336)
曲阜师范大学再拂文明校风 ………… (337)
北方工业大学荣获"文明校园"称号 … (337)
湖北高校千余毕业生自愿到
　边远地区 …………………………… (337)
湖北大学生深入乡镇社会实践 ……… (337)
江汉大学开展读史明志教育活动 …… (337)
湖南财院1/10学生是党员 …………… (338)
湘潭40万学生建设"温暖工程" ……… (338)
长沙炮兵学院开展"雷锋在我们
　身边"的活动 ………………………… (338)
四川高校"无暑假",师生直奔
　"主战场" …………………………… (338)
郑州大学师生开展理想与奉献
　的讨论 ……………………………… (338)
广东万名大学生申请入党 …………… (339)
百名延大老校友喜回延安 …………… (339)
东南大学举行"健雄院"命名仪式 …… (339)
59所高校发起大学生课外学术科技
　作品赛 ……………………………… (339)
北京百万名红领巾参加"小能手"
　比赛活动 …………………………… (339)
北京126中学学雷锋变新貌 ………… (339)
北京育民小学学生用零花钱支持
　"智力工程" ………………………… (340)
清华二附中用优秀音乐作品充实学生
　精神世界 …………………………… (340)
上海向明中学开展爱国主义教育 …… (340)
南京二中优化德育环境 ……………… (340)
霸州市一中精神文明建设的
　三条经验 …………………………… (340)
东北师大附中寒假活动寓教于乐 …… (341)
西柏坡用小朋友的压岁钱建起希望
　小学 ………………………………… (341)
民权实验小学少先队员为见义勇为
　基金会捐款 ………………………… (341)
青海师大附中搞智力拥军 …………… (341)
岳阳县康王乡中小学生爱鸟护鸟
　活动经常化 ………………………… (341)
云南师大附小校园里办起书刊
　交易会 ……………………………… (341)
武汉市花山中学师生开展"地球
　誓词"签名活动 ……………………… (342)
深圳中小学立足开展爱国主义
　教育 ………………………………… (342)
海南文昌中学素质教育抓得好 ……… (342)
北京第一实验小学开展艰苦朴素
　教育 ………………………………… (342)
北京中小学出现英文打字热 ………… (343)
杭州上城区少先队员开展互赠
　"七彩礼"活动 ……………………… (343)

8. 军警精神文明建设活动

全军官兵努力实践雷锋精神促进
　部队建设 …………………………… (343)
军人成为捐助"希望工程"人数
　最多的群体之一 …………………… (343)
全军1992年度参加地方工程建设
　1.9万多项 ………………………… (343)
北京军区某仓库开展"当三年兵
　读百本书"活动 ……………………… (344)
北京军区某部千里拉练受到各族
　群众厚爱 …………………………… (344)
沈阳军区雷锋纪念馆落成 …………… (344)
沈阳军区某师基层文化活动
　丰富多采 …………………………… (344)
沈阳军区某师开展"读书育人成才"
　活动 ………………………………… (345)
沈阳空军直升机紧急营救"冰岛"
　遇险渔民 …………………………… (345)
广州军区某部以驻地史实为教材
　开展爱国教育 ……………………… (345)
西沙驻岛官兵靠"一把土"精神
　守岛建岛 …………………………… (345)
三峡驻军协助移民建家园 …………… (345)
数十万官兵在江西遭灾地区
　奋力抢险 …………………………… (346)

南京军区某集团军举办百名奉献人物事迹报告会 ………………………（346）
南京军区某集团军开展学习邓小平新时期军队建设思想活动 …………（346）
南京军区某高炮旅为残疾人献爱心 …（346）
大别山驻军扶贫成绩显著 ……………（347）
西安驻军帮助秦岭山区建立乡镇医院 ………………………………（347）
西安卫星测控中心喀什站获集体一等功 ………………………………（347）
驻延安某部弘扬延安精神建功立业 …………………………………（347）
兰州军区绿化西北造福人民 …………（347）
兰州军区某给水团为700万各族群众解决用水困难 ……………………（347）
兰州军区某团把戈壁建成“军中乐园” …………………………（348）
阿坝军分区建功雪山草地享誉藏羌回汉 ……………………………（348）
青海驻军支援牧区群众抗雪救灾 ……（348）
数千军民救援川藏线 …………………（348）
驻陇官兵10年不懈支援当地脱贫致富 ……………………………（348）
驻烟台某团学习涉外法律知识 ………（349）
好八连14任连队主官聚会话传统……（349）
某团八连官兵帮助农家兄弟上大学 …（349）
“喀喇昆仑钢铁哨卡”再创戍边佳绩 …（349）
新疆军区某团开展“当好昆仑卫士”活动 ……………………………………（349）
成都军区某红军团学军事科技蔚然成风 ……………………………………（350）
“英雄测绘大队”又立新功 ……………（350）
天涯哨兵艰苦创业再建殊勋 …………（350）
武警南阳支队情系伏牛山区 …………（350）
石家庄陆军学院帮驻地办农民科技学校 ……………………………………（350）
海司教导大队照顾百余盲人11年不间断 …………………………………（351）
海军工程学院让新科技与市场接轨 …（351）
303医院设立医学科研精神鼓励奖 …（351）
第四军医大学支援延安发展医疗卫生事业 ……………………………（351）
20医院帮助民族地区培训医生 ………（351）
黑龙江森警金山屯大队驻村33年保平安 …………………………………（352）
武警成都支队为旅游风景区创造良好环境 ………………………………（352）
武警武汉支队积极参与治理社会治安 ………………………………（352）
二炮某部建特色“山沟文化长廊” ……（352）
武警上海总队一支队十中队被誉为“霓虹灯下新一代” ………………（352）
武警内蒙古总队为民族团结进步作贡献 ……………………………………（353）
武警延安地区支队缅怀毛泽东 ………（353）
杜凤瑞生前所在团用烈士精神铸“团魂” ……………………………………（353）
邱少云烈士塑像落成 …………………（353）

9. 精神文明建设的理论研究

1992—1993年精神文明学研究概述 ……………………………（353）
中国老一辈革命家对精神文明建设理论的贡献 ……………………………（354）
论精神文明重在建设 …………………（355）
理论建设应成为精神文明建设的先导 …………………………………（355）
社会主义市场经济与精神文明 ………（355）
社会主义精神文明三题 ………………（356）
社会主义精神文明的二重物质基础 …（356）
精神文明建设的时代特征 ……………（356）
精神文明建设与改革开放 ……………（356）
论市场经济与精神文明“一体化”发展 ……………………………………（357）
精神文明：市场经济另一只看不见的手 …………………………（357）
社会意识的结构、矛盾和精神文明的发展 ……………………………………（357）
增强精神文明建设的投入产出意识 …（357）
精神文明——现代人的素质 …………（358）
儒道文化影响与现代精神文明 ………（358）
传统哲学与市场经济条件下的精神文明建设 ……………………………（358）
公民文化：精神文明建设的重要内容 ……………………………（359）
国内旅游与精神文明 …………………（359）
家风与社会精神文明 …………………（359）
城市精神文明建设的实践与思考 ……（359）
精神文明建设是城市之魂 ……………（360）
论三明经验——贵在坚持、好在共建、重在建设 ……………………………（360）
切实加强沿边开放地带的精神文明建设 ……………………………………（360）
广东召开精神文明建设理论研讨会 …（361）
文明单位的六种属性 …………………（361）
加强企业精神文明建设三议 …………（361）
机关的精神文明建设 …………………（361）
农村精神文明建设的几种方式 ………（362）
精神消费“贫穷”与国民终身教育 ……（362）
精神产品生产三题 ……………………（362）
对精神财富创造者也应重奖 …………（363）
精神文明建设与精神文明学 …………（363）
精神文明学的几个基本问题 …………（363）
精神文明理论研究的几种模型 ………（363）

关于精神文明内容的新思考 …………（364）
社会主义精神文明学理论体系新探 …（364）
社会主义精神文明的立体式结构 ……（365）
构筑崭新的社会主义精神文明大厦 …（365）
《中国精神文明年鉴》创刊 …………（365）
评《精神文明学》 ……………………（365）
评《精神文明学论纲》 ………………（366）
《精神文明知识宝库》出版 …………（366）
读《精神文明与社会发展》 …………（366）
《新加坡的精神文明》出版 …………（366）

双文明单位巡礼

北大方正聚集人才创造一流科技水平 ……………………………（367）
窦店——社会主义新农村的雏型 ……（367）
文明在旗忠 ……………………………（368）
上钢五厂开展三文明活动 …………（368）
上海二纺机注重精神文明建设 ………（368）
合资企业耀华皮尔金顿的文明建设 …………………………………（368）
铁道部第十七工程局的精神文明建设 …………………………………（369）
郑铁分局"两手抓"见成效 …………（369）
湘黔铁路建成文明铁道运输线 ………（369）
江阴精神文明建设获 15 项全国先进称号 …………………………………（369）
文明的杨舍镇 …………………………（370）
芜湖医药系统两个文明双丰收 ………（370）
奔小康的滕头村 ………………………（370）
南昌飞机制造公司精神文明建设常抓不懈 ……………………………（371）
东风集团育"四有"新人 ……………（371）
集安——鸭绿江畔文明城 …………（372）
淄博市张店区精神文明建设结硕果 ………………………………（372）
陵城镇精神文明建设舍得硬投入 ……（373）
中原文明村——刘庄 ………………（373）
平顶山矿务局坚持两手抓 …………（374）
京华人创造"乡村都市" ……………（374）
中共宝鸡市委机关的"廉政、高效、热情、奉献"之风 ………………（374）
渭北高原保宁村奔致富路 …………（375）
白银公司改革图强二次创业 ………（375）
银川供电局双文明建设"两手抓、两手硬" ……………………………（375）
银川市第一人民医院加强医德建设创建文明医院 ……………………（376）
"白天鹅"——传播社会主义精神文明的窗口 ……………………………（376）
南华西街不断把两个文明建设推上新台阶 ……………………………（376）
三九：特区精神文明之花 ……………（377）
长城特殊钢公司创精神文明建设新路 …………………………………（378）
成都钢铁厂变软任务为硬指标 ………（378）
玉溪卷烟厂育精神文明之花 结物质文明之果 …………………………（379）
昆明福保农工商联合公司抓两个文明建设 走共同富裕道路 …………（379）
晴隆县医院两个文明建设同步发展 …（380）
阳泉市工商银行具有特色的"工作法" ……………………………（380）
太原市交通征费稽查处"四抓"文明建设 ……………………………（380）
三明市列东街被誉为"披在文明城胸前耀眼的绶带" ……………………（381）

台港澳精神文明信息

大陆台港澳中学生同台竞赛航天知识 …………………………………（382）
"毛泽东热"感染宝岛 ………………（382）
台湾出版《毛泽东诗词全集》 …………（382）
海峡两岸合作出版《中华文库》 ………（382）
海峡两岸学者研讨《周易》 …………（383）
海峡两岸在京举行文化学术研讨会 …（383）
首届台湾史学术研讨会在京召开 ……（383）
海峡两岸妇女在京座谈交流家庭文化问题 ……………………………（383）
海峡两岸电影交流升温 ……………（383）
海峡两岸儿童水墨画展在京展出 ……（383）
台湾农民参加全国农运会 …………（383）
大陆港台学者研讨中医现代化 ………（384）
中央芭蕾舞团赴台演出 ……………（384）
台湾著名物理学大师吴大猷来京 ……（384）
台湾著名编舞家林怀民来大陆交流 …（384）
台湾通过两岸学生双向交流规定 ……（384）
北京特殊才艺儿童访问团抵台演出 …（384）
大连两民乐家在台湾获奖 …………（385）
宝岛台湾掀起京剧热 ………………（385）
台北图书馆举行"好书交换"活动 ……（385）
1992 年香港十大新闻 ……………（385）
1993 年香港十大新闻 ……………（385）
《邓小平文选》第三卷在港澳发行 ……（386）
香港与内地教科交流深化 …………（386）
大陆奥运功臣访港 …………………（386）
《红楼梦》文化艺术展在港举办 ………（386）
华语电视国际研讨会在港举行 ………（386）
"希望工程"在香港 …………………（386）
香港举办国际儿童艺术节 …………（387）
香港举办第 16 届国际电影节 ………（387）
香港艺术节隆重举行 ………………（387）
李嘉诚促进汕大改革再次捐款 ………（387）
邵逸夫又捐亿元港币支持内地教育事业 …………………………………（387）

曾宪梓富裕不忘桑梓 ……………………（387）
沈炳麟捐款4 000万办教育 ………………（388）
“陈嘉庚国际学会”在港成立 ………………（388）
“神州艺术节”在港举行 ……………………（388）
香港教授饶宗颐获法国文学艺术
荣誉勋位 ……………………………………（388）
香港著名女作家梁凤仪 ……………………（388）
香港“一代笛王”郑济民 ……………………（388）
香港学者吴大琪荣获亚洲物理
成就奖 ………………………………………（389）
香港选出“模范母亲” ………………………（389）
港人首次征服珠峰 …………………………（389）
1992年香港花卉展览 ………………………（389）
港环保会举行“救救海洋”活动 ……………（389）
香港环保工作出成效 ………………………（389）
香港市民积极参加义务植树 ………………（390）
马万祺向教师基金会捐款 …………………（390）
澳门政府推广中文 …………………………（390）
澳门中华教育会向“希望工程”捐款 ………（390）
澳门大学增设中国法律课程 ………………（390）
澳门举办“最绿化窗户”比赛 ………………（390）
澳门开展城市清洁运动 ……………………（390）
澳门艺术节举行 ……………………………（390）
澳门话剧界在羊城联合献演《钦差
大臣》…………………………………………（391）
澳门举办第7届国际音乐节 ………………（391）
澳门开展反贪污宣传 ………………………（391）

海外华人的贡献

诺贝尔奖获得者著名物理学家
杨振宁 ………………………………………（392）
诺贝尔奖获得者著名物理学家
李政道 ………………………………………（392）
诺贝尔奖获得者著名物理学家
李远哲 ………………………………………（392）
诺贝尔奖获得者著名物理学家
丁肇中 ………………………………………（393）
美国华人专家多 ……………………………（393）
三华裔学者出任美国国家
科学院院士 …………………………………（393）
美籍著名物理学家吴健雄 …………………（393）
美籍华人卓以和攀上科学高峰 ……………（393）
美籍著名数学家陈省身 ……………………（394）
美籍华裔著名建筑学家贝聿铭 ……………（394）
“民间大使”靳羽西 …………………………（394）
华裔女建筑艺术家林璎 ……………………（394）
世界著名华裔造桥专家邓文中 ……………（395）
华裔著名电脑专家王安 ……………………（395）
贝尔实验室的华人贡献卓著 ………………（395）
简悦威获美医学界最高荣誉奖 ……………（395）
美籍华人唐鑫源获美国
“太空实践奖” ………………………………（395）
著名华裔太空科学家、宇航员
王赣骏 ………………………………………（395）
第三位华裔太空科学家陈翔 ………………（396）
应仪如获“美国总统青年科学家奖” ………（396）
闻名美国的人工智能工程专家
华云生 ………………………………………（396）
华裔精英硅谷创业成绩斐然 ………………（396）
杨骏勇夺全美数学竞赛冠军 ………………（396）
孙士杰发明数学游戏风行美国 ……………（396）
黄炳镠研制成人造净血 ……………………（397）
华裔中学生詹哲明获西屋科学奖 …………（397）
12名华裔学生获美总统学者奖 …………（397）
著名美籍华人女政治家陈香梅 ……………（397）
著名英籍华人女作家韩素音 ………………（397）
美国文坛的3位新华裔作家 ………………（397）
瑞士华人女作家赵淑侠 ……………………（398）
华裔女作家张琼获英NCR书籍奖 ………（398）
马来西亚华文作协主席云里风 ……………（398）
热心推广华文教育的海外游子 ……………（398）
英国华人社团发起为“希望工程”
捐款 …………………………………………（398）
华侨教育基金会在巴黎成立 ………………（399）
美一华裔残疾青年向宁波大学
捐巨款 ………………………………………（399）
华人在欧洲创办法文报纸
《丝绸之路》…………………………………（399）
瑞典华侨创办华文刊物
《北欧华人》…………………………………（399）
老华侨陈彬编写《荷兰华侨史》……………（399）
姚美良为内地科技文化教育发展捐
巨资 …………………………………………（399）
旅泰华人领袖组建中华民族文化
促进会 ………………………………………（399）
弘扬中国传统艺术的
美华艺术协会 ………………………………（400）
华裔女主播于小玲享誉美国 ………………（400）
老艺人伍尚炽获美“国家传统奖” …………（400）
菲律宾电影业“女王”杨莉华 ………………（400）
好莱坞著名华裔女演员赵家玲 ……………（400）
旅日青年歌唱家周冰倩获日本最优秀
新人奖 ………………………………………（401）
美籍华人钢琴家黄立明 ……………………（401）
美籍著名音乐指挥家兼艺术
总监董麟 ……………………………………（401）
华裔青年古家安创作乐曲获
国际大赛冠军 ………………………………（401）
旅日青年女画家娄正纲 ……………………（401）
旅泰著名画家林耀 …………………………（401）
美华裔网坛名将张德培 ……………………（402）
热心公益事业的泰国杰出华人银行家
陈有汉 ………………………………………（402）
拾金不昧的美籍华人邝雅伦 ………………（402）

国际交流活动

国际汉民族学术讨论会在昆明举行 …(403)
国际孔子文化节 ……(403)
中华炎黄文化与河洛文明国际学术研讨会召开 ……(403)
国际徐福文化交流协会成立 ……(403)
第3届《孙子兵法》国际研讨会 ……(403)
中国—犹太文化国际研讨会举行 ……(403)
'92中国国际《红楼梦》学术研讨会 …(404)
王船山国际学术研讨会在衡阳召开 …(404)
第4届朝鲜学国际学术讨论会在北京举行 ……(404)
汨罗江国际龙舟节 ……(404)
海上丝绸之路国际学术团来访 ……(404)
第6次中日实践伦理学讨论会 ……(404)
中日佛教学术交流会 ……(404)
首届中美教育研讨会在北京举行 ……(404)
'93中国四川国际电视节 ……(404)
巴基斯坦《黎明报》出版纪念毛泽东诞辰100周年专刊 ……(405)
"中国城"在法国落成 ……(405)
秦兵马俑真品在法国首展 ……(405)
俄举办艾青诗歌朗诵会 ……(405)
李光耀会见中国精神文明考察团 ……(405)
汉城艺术团来华演出 ……(405)
蒙古话剧艺术家首演《雷雨》 ……(405)
中国歌舞剧团在新加坡演出成功 ……(405)
中国文化展在吉隆坡举行 ……(405)
意大利出版《郭沫若诗集》 ……(406)
乌克兰钢琴家在汉口举办音乐会 ……(406)
澳大利亚芭雷舞团来京演出 ……(406)
埃中文化交流活动在华举行 ……(406)
中国古代青铜器首次在芬展出 ……(406)
韩国国立艺术团在北京演出 ……(406)
《我的父亲邓小平》在泰国刮起"旋风" ……(406)
中国残疾人艺术团迷住印尼观众 ……(406)
匈牙利举办中国工艺品和摄影展 ……(407)
中国邮展在华沙举行 ……(407)
保加利亚举办中国艺术讲座 ……(407)
中国农民画展在丹麦举行 ……(407)
《马来西亚女作家短篇小说选》在京发行 ……(407)
福建民间美术享誉马尼拉 ……(407)
费城交响乐团访华首演 ……(407)
摩洛哥举办"中国文化周" ……(407)
中奥开展"北京—维也纳之夜"活动 ……(407)
中国国画在墨西哥展出 ……(408)
阿根廷举办中国文化日 ……(408)
"中国五千年文明史展"在智利举行 …(408)
古巴国家艺术团访华 ……(408)
裘宗沪荣获爱尔特希国家奖 ……(408)
费孝通获日本亚洲文化奖大奖 ……(408)
巴金和中国作协获"蒙得罗国际文学特别奖" ……(408)
一个探寻京剧意蕴的英国人 ……(408)
挪威易德波女士成为扬州评话专家 …(409)
中国气功在柏林 ……(409)

专题调查报告

陈俊生关于河南省林县自力更生、艰苦创业精神的调查报告 ……(410)
马传辉关于学雷锋的调查与思考 ……(412)
广东农民思想状况调查 ……(415)
万县地区老年人精神卫生状况的调查 ……(417)
上海万名青年思想状况调查报告 ……(419)
浙江省传统伦理道德与青少年教育调查报告 ……(424)

精神文明篇目辑览

(1)总论 ……(427)
(2)思想道德理论建设 ……(430)
(3)爱国主义、集体主义、社会主义教育与伦理学研究 ……(430)
(4)国情、基本路线与思想政治工作 ……(436)
(5)民主、法制和纪律 ……(439)
(6)民族团结与宗教 ……(442)
(7)反腐防腐廉政勤政 ……(444)
(8)社会公德 ……(446)
(9)职业道德 ……(447)
(10)家庭、婚姻、恋爱道德 ……(448)
(11)关心下一代 ……(450)
(12)养老爱老及老有所为 ……(452)
(13)文明生活方式与移风易俗 ……(452)
(14)教育 ……(453)
(15)科学技术 ……(455)
(16)文化事业 ……(457)
(17)新闻出版与广播影视 ……(460)
(18)体育 ……(461)
(19)卫生 ……(462)
(20)环境保护 ……(463)
(21)人口与计划生育 ……(464)
(22)人才开发与人才管理 ……(467)
(23)美化、美育与美学研究 ……(470)
(24)社会福利与社区服务 ……(472)
(25)旅游与闲暇生活 ……(473)

精神文明建设统计资料

1. 主要社会统计指标 ……(476)
2. 人口与劳动力 ……(479)

3. 居民收入、消费、住房与生活服务 …… (480)
4. 劳动保险与社会福利 …… (482)
5. 教育 …… (485)
6. 科学研究 …… (510)
7. 卫生 …… (516)
8. 环境保护 …… (525)
9. 文化 …… (528)
10. 体育 …… (537)
11. 社会秩序与安全 …… (541)
12. 社会活动参与 …… (543)

精神文明建设活动大事记

附录

英模及获奖者名单 …… (569)

获1992年“五一劳动奖状”先进集体名单 …… (569)
获1993年“五一劳动奖状”先进集体名单 …… (573)
1992年“五一劳动奖章”获得者名单 …… (577)
1993年“五一劳动奖章”获得者名单 …… (580)
1992年全国优秀共青团员名单 …… (582)
1993年全国学雷锋活动先进集体名单 …… (582)
1993年全国学雷锋活动先进个人名单 …… (583)
1992年度精神文明建设“五个一工程”获奖名单 …… (584)
1993年度精神文明建设“五个一工程”获奖名单 …… (584)
1992年全国“巾帼建功”标兵名单 …… (585)
1992年全国“双学双比”竞赛活动先进女能手名单 …… (586)
1993年全国“巾帼建功”标兵名单 …… (586)
1993年全国“双学双比”竞赛活动先进女能手名单 …… (587)
1992年评出的全国思想政治工作优秀企业名单 …… (587)
1992年全国双拥模范城(县)名单 …… (588)
1993年全国双拥模范城(县)名单 …… (588)
第三届“中国十大杰出青年”名单 …… (588)
第四届“中国十大杰出青年”名单 …… (588)
首届“中国青年科学家奖”获得者名单 …… (588)
中国十大杰出民警名单(1992年) …… (588)
中国十大杰出检察官名单(1993年) …… (589)
1993年全国教育系统表彰先进名单 …… (589)
国际奥林匹克学科竞赛中获奖的中国中学生名单(1992、1993年) …… (600)

徐惟诚考察新加坡观感 …… (601)

国外思想道德和科学文化信息 …… (608)

当前国外道德教育发展趋势 …… (608)
1992年诺贝尔奖获得者 …… (608)
1993年诺贝尔奖获得者 …… (608)
世界教育经费与军费开支对比之最 …… (609)
世界最具竞争力国家排行 …… (609)
1992年联合国环发大会 …… (609)
1992年世界科技新成就 …… (609)
1992年世界十大科技潮流 …… (610)
1993年世界十大科技新闻 …… (611)
1993年世界科学报告 …… (611)
世界各国调整变革科技政策 …… (612)
世界科技格局趋向多极 …… (612)
世界高科技开发区方兴未艾 …… (613)
1992年国际空间年 …… (613)
世界“信息高速公路”方兴未艾 …… (614)
发达国家调整科研方向突出应用项目 …… (614)
世界八大科学公园 …… (615)
修复哈勃太空望远镜成功 …… (615)
’92塞维利亚世界博览会 …… (615)
“太阳伞”照亮地球 …… (615)
当前世界高等教育改革趋势 …… (615)
发达国家教育改革新思路 …… (616)
当前外国师范教育改革趋势 …… (616)
外国教师节 …… (617)
发展中国家强调教育民族化 …… (617)
风靡世界的老年教育 …… (617)
世界十大报纸 …… (618)
世界最大产业——国际旅游业 …… (618)
国外志愿者 …… (618)
生活方式:世界青年问题研究热点 …… (618)
’92国际禁毒日 …… (619)
西欧国家限制吸烟 …… (619)
亚洲人才回流新趋势 …… (619)
国外兴起“汉语热” …… (619)
新加坡东西方文化观 …… (620)
1993年日本重大科技进展 …… (620)
当今日本的“心的教育” …… (620)
日本城市重视绿化 …… (621)
韩国:消除腐败、完善纲纪 …… (621)
韩国吸引外流人才回归有方 …… (621)
越南高教改革 …… (621)
巴基斯坦关心青年教育 …… (622)
首届法国科学节 …… (622)

法国高教改革与市场经济 ……………（622）
英国强化学校纪律 ……………………（622）
新西兰学校德育教育的发展与改革 …（623）
德国五路并举上大学 …………………（623）
德国盖尔森基兴专科大学开设环保后
处理课程 ……………………………（623）
德国人的业余生活 ……………………（623）
意大利改革职业技术教育 ……………（623）
澳大利亚发展高技术产业 ……………（624）
俄罗斯宇航员操纵载货飞船
实验成功 ……………………………（624）
俄罗斯青年现状 ………………………（624）
俄罗斯人才流失 ………………………（624）
埃及教育发展新战略 …………………（625）
以色列人的科技意识 …………………（625）
以色列注重教育 ………………………（625）
美国大学的道德教育 …………………（626）
90 年代美国企业教育及发展趋势 ……（626）
90 年代美国科技战略大转变 …………（626）
1993 年美国科学之最 …………………（627）
美国大学重视学生搜集情报能力 ……（627）
美日法重视提高农民
文化科技素质 ………………………（627）
哥伦布首航美洲 500 周年 ……………（628）

世界各国有关指标比较……………………（629）

英文要目 ……………………………（635）

编后记 ……………………………（637）

专辑特写

龙头高昂太平洋

——上海“交出两份满意答卷”的启示

《中国精神文明年鉴》编辑部 李 泽

时机来了，来了，中国巨龙又一次腾飞的时机来了！

世界经济发展的重心，向亚洲太平洋地区转移。世界看亚太，亚太看中国，了解中国经济的钥匙在上海。

1992年，江泽民总书记在中共第十四次全国代表大会上明确宣布：“以上海浦东开发开放为龙头，进一步开放长江沿岸城市，尽快把上海建成国际经济、金融、贸易中心之一，带动长江三角洲和整个长江流域经济的新飞跃。”邓小平同志在视察上海时更提出：希望上海在建设“一个龙头、三个中心”的过程中，“一年一个样，三年大变样”，并且在物质文明建设和精神文明建设上“交出两份满意的答卷”。上海人民欢欣雀跃，向这一宏伟目标奋进。如今，迎着国际风云，“龙头”呼啸而起，带动广大腹地，注视着亚洲太平洋地区，注视着世界，注视着21世纪的未来。

上海·浦东——亚洲的明珠和骄傲

上海，在我国一百多年来翻天覆地的近现代史中，一直处于举足轻重的地位，并为举世所瞩目。

1953年，一位名叫罗兹·墨菲的美国学者，在他所写的《上海——现代中国的钥匙》一书中说道：“上海，连同它在近百年来成长发展的格局，一直是现代中国的缩影。就在这个城市，中国第一次接受和吸取了十九世纪欧洲的治外法权、炮舰外交、外国租界和侵略精神的经验教训。”然而，西方侵略者种瓜得豆。“就在这个城市，胜过任何其他地方……现代中国就在这里诞生了”。到1933年，上海的工人总数占全国43%，工业总产值占全国50%。对外贸易总值也长期占全国一半以上。这里不但崛起了许多著名的财团，还诞生了改变中国之命运的中国共产党。

新中国成立后，上海继续对全国作出巨大的贡献。上海调往各地的工业日用品，占全国调拨量的将近一半；上海上交国家的利税，占到中央财政支出的1/3。由于长期的计划经济体制和“平均主义”等原因，上海曾一度掉后。进入90年代，在深化改革、扩大开放的浪潮中，上海又重振雄风，并且跃到了最前沿。如今，上海的国民生产总值增长率高于全国平均水平，财政收入的增长高于国民生产总值的增长。全市的企业基本实现经营机制的转换。轿车、通信、电站、计算机、生物工程和医药、家用电器6大新支柱产业优先发展。上海率先在全国建立了大市场机制，证券、金融等11个国家级交易所已陆续开业。其中仅各类证券交易量，1993年即突破5000亿元，比上年增加6倍；上海作为全国最主要的证券交易中心，地位已经确立。

熟悉上海的人会记得：黄浦江边的那座外白渡桥和上海大厦，曾是上海的特色标志。如今矗立在黄浦江东岸的“东方明珠”电视塔，已成为上海城市的新标志。这座高达468米的亚洲第一塔，位在宛如两条长龙的杨浦大桥和南浦大桥之间，从空中或远处看去，恰似“双龙戏珠”，气势十分雄伟。那游人最喜欢去的黄浦江外滩，防水墙已经加高，并且向江中拓宽外移了数十米。滨江大道绿带蜿蜒，喷泉、灯柱、平台、花坛、雕塑相间，造型美观，情趣别致，与外滩号称为“万国建筑博览群”的景观融为一体，令人目不暇接。这里新辟的陈毅广场，每周都举行令人心旷神怡的《美的旋律·外滩音乐会》。许多著名的文艺团体和艺术家到这儿来普及高雅艺术，许多工厂、学校、商店、机关等单位来这儿表演自己的精彩节目，一些外国文艺团体也要到这儿来“露一手”。这种固定的、免费的、经常性、群众性的“广场文化”，成为90年代上海人的又一创举，成为展示大上海精神风貌的特殊人文景观。还有那穿过黄浦江的水底隧道，和克服重重困难修建的地下铁道，以及那长达48公里的内环线工程，是上海有史以来规模最大、技术最复杂的市政工程，对于疏解中心地区的交通拥挤状况，对于开发浦东、振兴上海，发挥着日益重要的作用。上海，作为我国最大的国际大都市，她是越来越有魅力了。

当然，最令人瞩目的还是浦东新区的开发开放。这是中国90年代改革开放的重点和标志，是实践邓小平建设中国特色社会主义的综合试验区，是我国社会主义市场经济体制率先与国际经济接轨的示范区。它采取了基础设施先行、金融贸易先行、高新技术产业化先行的发展战略。它花150亿元进行十大基础设施建设。紧靠外滩的陆家咀金融区已有50幢综合大楼开工建设。张江高科技园区已有10多个高科技项目签约，“东上海科技城”项目已经开工。外高桥保税区已形成“自由贸易”区的框架，进区中外企业800多家。高桥出口加工区已进项目200余个，平均项目投资规模1500万美元，居全国各开发区之首。“浦东开发潮”已成为全国乃至世界的热点。外商来此投资者络绎不绝，投资额已达64亿多美元。一些实力雄厚的跨国公司如美国的杜邦、IBM、庄臣、福特、日本的伊藤忠、三井、三菱、夏普、德国的西门子、英国的皮尔金顿、泰国的正大、台湾的汤臣等都在浦东新区投资。这是跨世纪的开放。它的一切规划和建设活动，面向21世纪，紧紧瞄准世界一流水平。正像中共中央政治局委员、原上海市市长黄菊对中外投资者常说的一句话：“浦东开发开放，对国内打‘中华牌’，对外打的是‘世界牌’。”陈香梅女士率美国、韩国、台湾的企业家访问团来浦东考察后，兴奋地说：“浦东新区是亚洲的明珠与骄傲，也是中国的明天。”汤臣有限公司总经理伍克定先生更鲜明地表示：“世界上最好的投资场所在亚洲，而亚洲一个成长中心在中国，中国的开发中心又在浦东。我们看好浦东，抱定一个决心，在浦东至少奋斗20年！”

“龙头战略”与“机遇意识”

上海·浦东的这种高起点、高速度、高效益的局面，是怎么来的？上海人“交出两份满意答卷”的成功实践，对我们有何启示呢？

首先，“龙头战略”的提出，决策非凡。放眼前段世界经济，西方国家从全球性衰退中转向复苏，主要靠的两个办法：一是进行结构调整，二是依靠科技进步。展望未来世界经济，究竟谁主沉浮，仍要看这两方面的发展。当我国的经济改革，在创办深圳、珠海、汕头、厦门、海南经济特区和沿海14个经济技术开发区上取得显著成绩和经验以后，高层决策者经过对中外形势的深刻分析，当机立断，在我国前一段以南带北的基础上，又以东带西；特别是在结构调整上，迈出了加快第三产业的关键性步伐，并且把目光转向了上海。

上海原先就是太平洋西岸的金融中心和贸易中心。她在我国经济发展的总格局中，有着十分重要的地位。正像有人形容的那样，如果说深圳面对香港，珠海面对澳门，厦门面对台湾，而上海·浦东则面对的是全世界。通过开放开发浦东，恢复和加强上海现代国际大都市的功能，可为我国的第三产业特别是金融、证券贸易、商业、信息业的改革开放进行综合实验，并且尽快地与世界经济接轨。这是邓小平同志和党中央、国务院综观全局后，下的一着妙棋。小平反复强调说：“上海在人才、技术和管理方面有明显的优势，辐射面宽”；“浦东如果像深圳经济特区那样，早几年开发就好了。”“希望思想更解放一点，胆子更大一点，步子更快一点。”“我相信浦东开发可以后来居上。”为了加快浦东的开发开放，中央领导人江泽民、李鹏、乔石、李瑞环、朱镕基、刘华清、胡锦涛等都曾来到上海，并且给予浦东新区10大优惠政策和5项比特区还特的独有政策，以便通过浦东龙头的开发开放，带动长江龙、中国龙腾飞太平洋、翱翔全世界。

期盼已久的上海党政军民，如今喜从天降，决心抓住机遇，大干一场。市委、市政府向世界庄严宣布：在中央和全国人民的大力支持下，上海1300万人民将用20年左右时间，把上海基本建成国际经济、金融、贸易中心之一，浦东基本建成具有世界一流水平的、外向型、多功能、现代化的城区。上海要成为商品流、资金流、技术流、人才流、信息流的交汇点和集散地，成为长江三角洲以至整个长江流域与国际经济接轨的接口。这项跨世纪的战略计划分三步走：1995年奠定基础，2000年形成框架，2010年基本实现。

为了落实邓小平同志要求“交出两份满意答卷”的指示，中共中央政治局委员、原上海市委书记吴邦国带领市委、市政府的一班人马，深入到各条战线，进行70多天的系统调查研究，召开30多个座谈会，摸清了上海各阶层人民要求开发开放改变面貌的强烈愿望，又摸清了必须下功夫解决的四个问题：一是信心与信念问题；二是精神状态问题；三是社会风气问题，包括“六害”等社会丑恶现象，也包括大量的社会公德、职业道德方面的问题；四是精神产品和文化设施建设问题。在深入调查研究的基础上，提出了《上海市委关于当前加强社会主义精神文明建设的若干实施意见》。1992年3月，上海市委、市政府又抓住发表邓小平同志视察南方重要谈话的契机，隆重召开了全市精神文明建设万人动员大会。吴邦国同志在大会讲话中激动地说：开发浦东、振兴上海，使上海崛起腾飞，是上海人民的一大夙愿。这一历史性机遇，不但为上海的改革和发展提供了前所未有的有利条件，也为上海大力加强精神文明建设创造了大有可为的广阔天地。新形势比以往任何时候都需要精神文明建设为它提供精神动力和智力支持，为它的正确发展方向提供有力的思想保证。全市各级党政组织和广大干部群众，都要增强抓好精神文明建设的紧迫感，切实地把它作为建设有中国特色社会主义的一项战略任务，在把物质文明建设推上新台阶的同时，把精神文明建设提高到一个新水平。

可以这样说，上海得天独厚的地理优势和多年积聚起来的人才、技术和管理等综合优势，一旦有了高瞻远瞩的“龙头战略”，有了敏锐强烈的“机遇意识”，就为“龙头高昂”创造了无可替代的先决条件。

“头道工序”和系统工程

当然，上海的负责人知道：要使领导者的“龙头战略”和“机遇意识”，真正变为1300万人民的统一认识和自觉行动，必须下一番大功夫，必须深入细致地做好思想政治工作，解放思想，更新观念。用市委机关报《解放日报》社论的说法，这是深化改革、扩大开放的“头道工序”。用群众的话来说，就是要“换脑筋”。

众所周知：多年来，上海在许多方面都曾处于全国领先的地位。“蚂蚁啃骨头”、“芦席棚下闹革新”、“草窝里飞出金凤凰”等等，都曾是上海工业的创造。上海的技术第一流，产品也是第一流的。上海人民为此感到很光荣很骄傲。可是改革开放以来的一段时间中，许多兄弟省市跑到前面去了。1991年，上海的座次更排在广东、山东、江苏、辽宁、浙江之后，由“老大”退居“老六”。上海人对此很不服气，迫切要求改变现状；也有人埋怨上头统得太死，“鞭打快牛”；也有人松下来，“等、靠、要”、“混、泡、跳”，甚至说“上海搞弗好啦！”

上海市委十分理解上海人的思想感情，并且从那种“不服气”的劲头中看到巨大的希望。“牵牛要牵牛鼻子”，市委以科学的理论武装人，首先抓各级干部的学习，放下包袱，开动机器。市委召开全市干部大会进行学习动员。市委宣传部、组织部发出了《关于在全市干部党员中深入进行建设有中国特色社会主义理论学习的意见》。市委中心组带头学习讨论，最后形成“换脑筋，探路子，转机制，调班子”的12字工作思路，明确了上海两个文明建设的战略目标。一级带一级，一把手带一把手，全市2000多名局级以上干部和2万多名处级干部都进行了轮训。上海市社科院还成立了邓小平理论研究中心和精神文明研究中心。过去有人说，精神文明建设这一手软，是个“老大难”。上海的实践再次说明：“老大难，老大难，只要‘老大’真正重视起来，亲自动手抓，也就不难了。”经过狠抓学习，干部从思想上发动起来，很快地出现了新的局面。人们说：“如果毛泽东思想是指引中国人民在世界上昂首挺胸‘站起来’的理论，那么邓小平理论就是指引社会主义中国在惊涛骇浪中‘站住了’的理论。‘站起来’很了不得，‘站住了’也很了不起。”“我们只有在理论上学得更扎实一些，运用得更自如一些，才能不断地作到‘思想更解放一点，胆子更大一点，步子更快一点’，完成我们肩负的历史重任。”有些局级干部在学习中联系自己的思想和工作说：局级干部在当前改革大潮中要学会两件事。第一要学会做个“巧媳妇”，善于在婆婆管束下干一番事业来；第二更要学会当一个“开明婆婆”。既然我们有过当小媳妇难熬的体会，为什么在今天我们不能给手下的媳妇更多的自主性呢！

在各级领导的带动下，在一些科研院所，在复旦大学、华东师大、交通大学、华东理工大学等许多院校，也掀起了学习的热潮。许多科技人员和青年学生表示：决心用有中国特色社会主义理论武装自己，迎接21世纪，决不辜负老一辈无产阶级革命家的期望和嘱托。

与此同时，各级党组织和工会、妇联、共青团、民主党派、各新闻媒体，协力发挥了舆论的引导作用。全市开展了声势浩大的《上海·浦东·未来》的宣传教育活动。一是在党员和基层干部中进行“三大讲”，大讲上海面临的有利时机和有利条件，大讲加快上海改革开放和经济建设的紧迫性和重要性，大讲上海当前的主要任务，增强大家的责任感和紧迫感。二在广大群众和中小学生中开发“四知道”的教育，让大家知道全国、全市在90年代奋斗目标和美好前景，知道上海当年要做的大事实事，知道上海“八五”期间的主要目标和重大工程，知道本单位当年的主要任务。这些宣传教育活动，在广大党员、干部和群众中形成了“人人为开发浦东振兴上海作贡献”的良好社会氛围。

必须说到的是：这期间，在市委副书记陈至立、宣传部以及上海市精神文明建设活动委员会办公室的关心指导下，上海的新闻出版界十分出色地开展了一场“90年代上海人的形象”的大讨论，从1991年底至1992年底整整延续了一年，为上海人“换脑筋”作出了重要的贡献。解放日报在头版头条地位发表读者魏澜建议开展讨论的来信以后，分别召开了工人、妇女、青年学生、机关干部、劳模标兵、专家学者、上海驻各特区的厂长经理、外国商社驻沪的首席代表等各方面人士参加的座谈会，连续发表28组专栏讨论的发言和文章。上海电视台先后拍摄和播出18集专题讨论片。文汇报、新民晚报、劳动报、青年报和上海人民广播电台也举办了有关的征文活动，真是声势浩大，深入人心。我逐月翻阅了这些时日的报纸，深深感到上海各阶层群众参与的这些活动，有个鲜明的特点：既善于总结提炼上海人的优长之处，更勇敢地剖析自己的弱点，又满怀激情地提出“怎样树立90年代上海人新形象”。我从采访笔记中摘抄了以下几段发言：

“上海早在100年前就是开放城市，移民城市，四面八方来了许多宁波人、湖北人、广东人、苏北人……后来还有许多外国人。上海人在多年的开放中，形成了善于容纳、吸收、汇总、开拓、创新的特点，因此人才辈出、经济发达。但是传统的市民社会，遗留下来旧的小市民意识、老大意识、官本位意识，使得许多人‘精明而不高明’，‘有能力而无魄力’，条条框框太多，制约了上海的发展。”

“上海人要赶快换脑筋，从传统的计划经济意识转变为社会主义市场经济的观念，从小市民、小作坊、小儿科式的小生产意识，变为大思路想大问题，大手笔做大文章，大动作搞大经济。”

“旧上海是‘冒险家的乐园’，那是历史的屈辱；现在应成为‘创业者的乐园’，这是历史的新召唤。每个上海人都应该认清自己的历史责任，提倡新的‘三从四德’，即从我做起，从现在做起，从小事做起，加强社会公德、职业道德、家庭道德和性道德。上海人要重塑新的形象，豪迈地走向21世纪。”

“青年人仅仅追求穿名牌、跑宾馆、赶时髦，那不算真正的潇洒。到开发浦东、振兴上海的风口浪尖上去抖擞精神，那才是时代的弄潮儿，那才叫真潇洒！”

透过以上这些发言，我们大致上可看到上海人精神面貌的变化。用群众中一些“评论家”的说法：“上海的民心民气起来啦！”

到1993年，上海的精神文明建设进入到一个新的阶段。市委、市政府从市民素质和城市文明程度的实际出发，把一些最迫切需要解决又最符合群众利益的精神文明建设项目，列入整体建设规划，既当作实事来抓，又当作系统工程来抓。市委、市政府作出了《上海市提高市民素质、提高城市文明程度系统工程1993年实施计划》。这个“两提高”系统工程涉及面很广，包括了：一、“我为东亚运作贡献”活动，以东亚运动会为契机，把宣传上海、加强城市建设管理、精神文明建设等各项工作带动起来。二、开展以爱国主义教育为主旋律的“讲道德、树新风”活动。三、开展“三学”(学知识、学科学、学技术)活动，尽快提高上海劳动者的整体素质，帮助广大干部群众在社会主义市场经济中走自立自强、勤奋致富之路。四、开展百万市民健身活动。五、开展繁荣群众文化活动。六、开展建设优美环境活动，体现上海作为国际性大都市的崭新面貌，使精神文明建设上到一个新的台阶。除系统工程建设之外，市委还明确地从反面提出了五个“不”，即不搞跑马场，不搞博彩公司，不搞供外国人使用的赌场，不搞陪酒女郎，不搞任何形式的色情场所，把各种丑恶现象降到最低的限度。

上海的实践说明：抓好“头道工序”的思想政治工作，把民心民气振奋起来；又把群众的这种热情组织到“系统工程”的建设中去，而且令行禁止，是“龙头高昂”的关键环节。

“标兵引导”与合力共建

为了“交出两份满意答卷”，上海还特别重视用先进的标兵榜样来启迪和引导人，鼓舞广大群众投入开发浦东、振兴上海的伟大斗争。

1992年，上海市委、市政府在全市精神文明建设动员大会上，发出了命名上海第二纺织机械厂、上海铁路分局上海站、上海船舶运输科研所、上海第一师范学校附属小学、陕西北路菜场、曹杨新村街道等“十面红旗”和宝钢总工程师曾乐、杨浦大桥建设指挥部总指挥朱志豪、华山医院手外科研究所所长顾玉东、市百货一店营业员马桂宁、上海轻工业品进出口公司驻外干部许元堂等为“十大标兵”的决定。这些红旗单位和标兵，既保持了优良的革命传统，又充分体现90年代改革开放的时代精神。比如十大标兵之一的原上海第二纺织机械厂厂长黄关从，是个顶着风浪上的改革闯将。面对着延续30年之久的僵化管理体制，和工厂效益低下、人员流失的困难局面，他在1987年就带领4800多名职工，在这家有1.5亿元固定资产的大型国营企业，连续推行了“全员综合承包”、“自营外贸”、“放开经营”、“内部分配制度”、“全员劳动合同制”等五大改革。他说：“搞活国营大中型企业，探索比‘三资’企业发展更快的道路，是我义不容辞的责任。”经过一年一个兴奋点的重大改革，工厂经济效益连年提高，产品冲向国际市场，作到利润年均递增19.8%，上交利税年均递增23.36%，出口总值年均弟增190%，实现了“国家多收、企业多留、职工多得”的目标。当纺织机械厂效益越来越好的时候，黄关从和厂里的领导层看到市场经济体制不健全、漏洞多的情况，又自觉处理好改革开放与自我制约的关系，先后推出《开放经营后的自我制约条例》、《厂长自我制约守则》、《中层干部保持廉洁的若干规定》、《涉外人员守则》、《经营、外协、采购、服务人员工作守则》，从上到下都按廉洁勤政的标准“对号入座”，受到广大职工的由衷赞佩和拥护。他们制订的条例，有些还被上海市经委和国家体改委转发推广。第二纺织机械厂成了全国纺织机械行业的首家一级企业，黄关从也成了全国闻名的企业改革排头兵。上级曾考虑让黄关从担任纺管局副局长，他坚决推辞地说：“我想再调到一家新的企业试试。因为搞活国有大中型企业，意义不仅仅在于企业本身啊！”当上级宣布黄关从调任中国纺织机械厂厂长时，原工厂的职工都舍不得他走，人们自发地守候在厂门口欢送，一边鼓掌、握手，一边热泪直流。

标兵、红旗单位的事迹突出：为国强、为民富；勇改革、干实事；当公仆、不谋私；顺民心而振民气，在群众中产生了巨大的影响。各级组织因势利导，不断培养、总结、评比新的模范标兵。后来还评“十佳好事”以至“百件好事”，使精神文明建设更加广泛，深入人心。

与此同时，市委、市政府又组织各地区、各部门因地制宜，互相配合，突出重点，合力共建精神文明。

上海驻军多，经过多年共建活动，全市已有1400多个军(警)民共建点，有143个部队单位被授予“上海市军民共建共育先进集体”称号。随着军民共建活动的深入，还出现了厂街共建、厂校共建、港航共建、工农共建等新形式，为建设文明城市打下了坚实基础。位于长江口和黄浦江口的宝山区，是城乡结合、工农结合、海陆结合的三合地区。区委、区政府发挥当地驻军多、大中型企业多的优势，建立各种共建点300多个。他们突出思想共建，共同开展学习好八连、学习雷锋、拥军爱民、稳定社会治安秩序等方面的活动，取得明显效果。73936部队团支部坚持十多年照顾台胞两代孤老，武警七支队卫生员杨中奕用祖传中医技术为群众义务询诊6000多人次，83505部队帮助马桥村转变村风成为全乡首富村，以及地方支持部队改善生活条件、培训军地两用人才、优抚安置军烈属、解决子女入学就业，许多动人事迹传为美谈。

合力共建精神文明的高尚风格，还表现在许多企业不仅关心自身的精神文明建设，而且大力支持社会上的精神文明建设。上海石化股份有限公司和中国石化上海金山实业公司，为上海市精神文明建设活动设立500万元基金。上海航空公司拨款300万元，设立“学知识、学科学、学技术”奖励基金。上海锦江集团联营公司职工合捐100万元，建立全市学雷锋基金。上海宝钢(集团)公司更出资1000万元，设立上海高雅艺术奖励基金，对优秀作品和优秀艺术工作者进行奖励。有人问他们为什么要这样干?宝钢的党委书记朱尔沛说：“人民建设了宝钢，支持了宝钢；宝钢要报效祖国，反馈社会。宝钢坚持企业不办社会，但坚持履行应尽的社会职责!”

上海的精神文明建设，还鲜明地体现出勇于对外开放的时代特点。比如：文汇报、新民晚报、上海电视台、上海电台、东方电台、东方电视台等单位，就与日本读卖新闻、美国华声电视台、华纳影视公司、欧洲二台、法国电视二台等建立了互派记者采访、互相提供节目、共同制作电视片的关系。在1992年举办的第4届国际电视节上，美国、日本、法国、巴西、墨西哥等30多个国家的400多个影视公司派出代表团来参加优片评选、学术交流、节目交易、设备展销等活动。此外，还有上海国际广播音乐节、国际电影节、国际哑剧节、国际少年儿童文化艺术节等，吸引了来自世界各地的大批艺术团体和艺术家们。这些活动，既大大丰富了上海人民的文化生活，开阔了眼界，又扩大了上海在国际上的影响，有利于上海、浦东的开发与开放。朋友告诉我说，浦东新区的4个开发小区，曾联合邀请台湾《联合报》等几家新闻单位派员来访。这些见多识广的台湾记者们来浦东后，亲见亲闻，惊叹不已，他们连写了十几篇共数万字的报道。《联合报》记者王玉燕还当场表示：她有些亲戚在新西兰，那儿的华人圈里，手中有2000万美元以上的人不下几百个，有的人不知道这些钱该往哪儿放。她说：“我将把浦东开发开放的情况和详细资料介绍给他们，让他们把钱投到浦东来，这是一块最理想的投资热土!”

从面上的问题和需要出发找点，抓典型，树标兵；又不断地以点带面，推陈出新；并且把优秀传统和时代精神结合起来，把内部改革和对外开放结合起来。上海在“交出两份满意答卷”的实践中，又为我们提供了既是传统的又是新鲜的经验。

文明单位——“最佳结合点”与“最高的荣耀”

在我以往的采访中，常看到有些地方两个文明建设都很出色；但也有些地方和单位是“两张皮”，结合得不够好；有的则是“说起来重要，做起来次要，忙起来不要”。上海市经过多年探索，找到了“创建文明单位”这一最佳载体和主要抓手，增强了可操作性。市委要求：以经济建设为中心，以提高队伍素质、培训“四有”新人为目标，以吸引广大群众积极参与为动力，以开展经常性的创建活动为抓手，以规范化、制度化、经常化为保证，逐步形成全方位、多层次、大面积同创共建社会主义精神文明的新局面。各部门和单位将自己的各项工作，主次有序地纳入到“双文明建设”的规划与活动中去，并且把“文明单位”的称号看作是“最高荣誉”。现在，创建文明单位的活动已遍及城乡各地的各行各业。各委、办、区、县、局、驻沪部队、武警总队已涌现出7000余家文明单位。在此基础上，又评出652家市级文明单位；其中如中国船舶工业总公司711研究所等39个单位，还连续6年获得了市级文明单位的荣誉称号。

我怀着巨大的兴趣，访问了锦江集团联营公司。这家公司创文明单位的活动，是上海的一个缩影和突出典型。初期阶段，他们开展“五讲四美”活动，停留在“治理脏、乱、差”的较低水平上，没有把两个文明建设有机结合起来。1989年以后，他们对加强精神文明建设，克服“一手硬、一手软”的重要性有了进一步认识，于是把创建活动作为加强两个文明建设的最好形式和最佳结合部，把基层各项工作都纳入到创建的轨道上来。他们根据市委、市政府关于创建文明单位的6条要求，结合本集团饭店业和其他第三产业的实际，制订了本集团创建文明单位的6条标准：一、政治思想好；二、经营管理好；三、服务质量好；四、安全保卫好；五、干群关系好；六、整洁卫生好。单位下面又有评选文明部室、文明班组、文明职工的基本条件，做到“千斤担子众人挑，人人身上有指标”。近年来，随着改革开放的进一步扩大和深入，他们创建文明单位的活动，又跨入到一个更高的阶段。面对着国内豪华型饭店几乎全由外国人管理的局面，集团总裁钱学中、党委书记赵恒灿、副书记陆方正等领导人，更感到自己肩负有一项重要的历史使命，决心走出一条有中国特色的社会主义饭店管理道路来。他们集中大家的智慧和饭店数十年的管理经验，创立了融国际水准、中国特色、锦江风格于一体的“锦江饭店管理模式”，编辑成书，作为指导集团内部各方面工作的法典。一系列扎扎实实的创建活动，使集团各企业的工作全面发展，好人好事层出不穷。仅1991—1992年，集团就收到表扬信2万多封。1993年，全国表彰的103个学雷锋先进集体中，锦江集团就占了2个。1993年，锦江集团的营业额已是创建初期的14.5倍，利润达13.8倍。在世界200家著名饭店管理集团中，锦江集团的名次也由1989年的153位前移到1992年的第75位。在五星级新锦江大酒店里，我参观了国宾及皇族下榻的中、西式总统套房和其他客室，登上了可以环观全市的41楼蓝天旋宫——远东最大的旋转餐厅，看到了来沪的各国首脑和中外人士对服务工作的赞语，也频添自豪和高兴。一位仪态大方的小姐微笑地对我说："我们创文明单位的活动已经规范化、生活化了。在外国人面前，我代表中国人；在外地人面前，我代表上海人；在上海人面前，我代表锦江人！"

目前，上海创建文明单位的活动，又出现了新的发展势头。一是创建面明显扩大，创建意识普遍增强。市机电局有400家基层单位，申报创建文明单位的已有380多家。黄浦区原有543家创建单位，现已发展到1400家进入同创共建行列。二是创建活动与开发开放浦东接轨，一些地处浦东的文明单位积极参与开发，大胆引进外资兴办合资企业，充分显示了文明单位在浦东开发的"龙头"作用。三是由于文明单位的社会知名度大，商业信誉好，三资企业中越来越多的单位也参与了创建文明单位的活动，并且有21家三资企业跻身于市级文明单位的行列。企业家们说："有些别的称号我们可以不要，但是'文明单位'这个最高荣誉一定要争取。别看它只有一块铜牌子，它的含金量高啊！"

您听见了吗？龙头在仰天长啸

千百年来，"龙"在东方民族中是顶礼膜拜的图腾，也是中华民族的象征。而今，这个象征性的说法，又用到了上海浦东和长江之龙、长江流域之龙的身上，给上海和长江流域乃至全国人民以巨大的鼓舞。现在，上海人民正为"交出两份满意答卷"而继续努力，龙头已经高昂起来。巨大的龙身也在呼应滚动。江苏、浙江、安徽、江西、湖北、湖南、四川、贵州、云南等省特别是长江沿岸各城市，都在从各自的实际出发，深化改革，扩大开放，发挥各地的优势；同时通过多种渠道与形式，积极与浦东开发接轨，与世界经济接轨。令人欣喜的是：由上海、南京、武汉、重庆等沿江38个城市政府、交通银行总行及沿江28家分支行、沿江地区386家大中型企业，已联合创建了"长江经济联合发展（集团）股份有限公司"。这是一家横跨8省市、东起上海西至四川泸州的特大型集团公司，形成了一个覆盖长江流域主要地区的物资、资金、信息网络，为6000公里长江走廊的东中西联动奠定了基础。中央各部委也纷纷派人南下，已有几十个部委办加盟浦东开发。中宣部在上海召开了"建设有中国特色社会主义理论研讨会"。中央和各地的许多宣传、理论、新闻、广播、影视部门、文艺团体也纷纷来沪调查、访问和交流。

当然，事物发展总是不平衡的。上海·浦东还有它自身的种种困难和问题，各地也有各自的特殊问题和情况。更何况我们还有许多"老、少、边、穷"地区不应该忘记，还要解决好群众关心的控制物价、反对腐败、改善治安等问题。我们肩上的担子是不轻的。当我结束半个月的上海之行，站在黄浦滩头，再次眺望高耸入云的杨浦大桥和亚洲第一塔，又回眸那已不太显眼的外白渡桥时，猛然感到：时间过得真快；上海由昔日的辉煌、中间的徘徊、到今天的龙头高昂，不正是伟大中国发展的一个缩影么？"两岸猿声啼不住，轻舟已过万重山。"人类文明在经历了地中海时代和大西洋时代之后，迎来了太平洋时代。日本赶超美国，"四小龙"赶超日本，东南亚小虎赶超"四小龙"，中国赶超世界先进水平，形成了环太平洋群龙争雄的壮丽奇观。

此时此刻，我们再听听世纪老人邓小平的告诫吧："要坚持两手抓……不仅经济要上去，社会秩序、社会风气也要搞好，两个文明建设都要超过他们，这才是有中国特色的社会主义。""要抓住机会，现在就是好机会。我就担心丧失机会，不抓啊，看到机会就丢掉了，时间一晃就过去了。""我们……要努力干啊！"朋友们，同志们，您听见了吗？让我们伸开双臂，迎接21世纪亚太辉煌的到来。让我们都为"交出两份满意答卷"而加倍努力吧！

华西，中国农民的骄傲

人民日报记者　孙　健

华西，0.96平方公里，江南水乡一个普普通通的村庄。但华西人却在这袖珍般的土地上，描绘出一幅社会主义新农村的壮丽画卷。

村西，绿树簇拥巍巍烟囱、排排厂房；村中，空中商业长廊宛若游龙；村东，红瓦白墙别墅式的住宅楼掩映在香樟浓荫中；村南，平展展的农田，稻浪滚滚……

李鹏总理1992年5月来华西村视察后，欣然命笔："华西村，中国农村的希望所在"。

社会主义富华西

1993年3月3日下午5时15分，是华西人兴高采烈的时刻。50辆"大众捷达"轿车浩浩荡荡地驶进了华西村，这是华西村订下的250辆轿车中的第一批。从此，中国农民有了第一个"轿车村"，华西农民成了中国第一批"轿车农民"。

华西组织300余名农民去泰国、新加坡、马来西亚和香港自费旅游。当人们参照美国、日本或亚洲"四小龙"来比较先进落后的时候，华西农民会潇洒地扳着指头告诉你两件事：华西人均住房面积超过了日本；华西人均拥有轿车超过了新加坡。

记者信步来到村东头的张仁龙家。一辆崭新的红色"捷达"停放在车库里，一辆高级摩托车停放在门前，主人家装有两台壁挂式空调，客堂中间长条桌上放着一张李鹏总理与主人等合影的大彩照，笑意溢满画面。

客堂后边的灶间，土灶与煤气同室。主人告诉我们："平常用管道煤气，有时外国人住家里好玩，才用柴草焖锅乡下饭请他们吃"。漱洗室里有搪瓷大浴缸、抽水马桶、全自动洗衣机，龙头一开就是村里集中供应的冷热水。二楼三楼的卧室、会客室地上铺地毯，室内的装潢和摆设，再也找不到昔日农家的痕迹。

"楼上楼下，电灯电话；家家户户都是这样"。陪同的小沈颇有几分得意地说："不同的只是，穷一点的家庭5万元存款，富一点的50万元存款。"

华西，向对中国农村怀有浓厚兴趣的外人打开了一扇"充满吸引力的神圣之窗"。村党委书记吴仁宝说："人们可以从这儿看到邓小平关于建设有中国特色社会主义理论的伟大和正确"。1961年建村以来，华西始终坚持党的领导，坚持走社会主义共同富裕的道路，集体经济不断壮大，农民生活日益富裕，党的十一届三中全会以来，华西的经济发展每年以翻番的速度递增。目前，华西拥有13个分公司，38家企业，形成了纺织、机械、冶金、化工等六大工业体系。1993年，三业总产值已达到10.55亿元，利税总额1.22亿元，固定资产3.5亿元，自有流动资金1.25亿元。

艰苦求实创新业

华西的富裕，华西的巨变，是勤劳的华西农民实实在在地干出来的。当年，华西村由12个最穷的生产队组建起来，集体资产仅有2万元。33年来，华西人在老书记吴仁宝的带领下，实事求是，艰苦创业，使华西发生了天翻地覆的变化。华西人60年代是苦干，在困难最大的时期，制定了15年发展规划，靠吃萝卜、红花草，改变了"一穷二白"的面貌。70年代大干。他们头昏肚痛不算病，腰酸肩痛不松劲，硬是拼出了一个全国农业生产先进典型。80年代实干加巧干。他们坚持以经济建设为中心，用好党的富民政策，高效率、快节奏地发展集体经济，建设社会主义新华西。村长吴协东告诉记者，华西干部、群众不讲8小时，没有星期天，忘记节假日，33年如一日。他说："我们的家底不算富，历史决定我们这一代人要多付出！"

大干社会主义不是蛮干，华西人坚持在华西"特色"上作文章。早在六七十年代，在"以粮为纲"的时期，华西就偷偷地办起了第一家五金厂，当年收入5万元，等于当时5年农业生产利润的总和，同时也为华西今天的村办工业点燃了一把火种。

党的十一届三中全会以后，华西走上了改革的道路，大胆调整产业结构：全村600亩田由7名种田能手集体承包，其余农业劳动力转移到工业上去。

1985年各地掀起一股"毛纺热"，村里准备圈出60亩地，投资2500万元上一个粗毛纺厂。但他们反复权衡，觉得资金、技术等条件尚不成熟，就决定"退一步"，砍掉了这个项目。3年后，华西经济实力壮大，毛纺产品市场好转了，他们就抓住机遇，一鼓作气，上了万锭精纺毛纺，规格、档次、水平都比原计划的高，产品、市场都比原来的好。

华西人有一个曾引以为自豪的口号，就是既无内债、又无外债，完全靠自身积累发展集体经济。1992年，小平同志视察南方发表谈话后，他们又加深了对"实事求是、解放思想"的理解，果断决策，由多年来依靠自有资产经营转变为敢于负债经营，加速经济发展的步伐，去年新上的一批项目，总投资达1.5亿元，现在多数已投产，取得效益。

华西精神的写照

走进华西村，主建筑物上"爱党爱国爱华西，爱亲爱友爱自己"的巨大条幅会立即跃入你的眼帘，这"六爱"是华西人精神境界的写照。党的十一届三中全会前，华西仅60多名党员，现在发展到157名，1985年建立了党总支，1989年7月1日，成立了村党委。华西党组织的力量在集体经济大发展的过程中得到了充实和提高，集体经济的发展又增强了党组织的战斗力和号召力。

华西建立了中国独家的"精神文明开发公司"，专门抓精神文明建设，举办思想教育和法制教育轮训班，形成了家家学法、人人守法的良好风气，全村出现了无赌博、无迷信活动、无刑事犯罪和尊老爱幼、家庭和睦、邻里团结的新风貌。

华西人永远不会忘记，没有共产党，就没有社会主义的新中国，就没有文明富裕的新华西。华西过去为国多缴爱国粮，多售爱国猪；现在是多缴爱国税。近三年，华西人均上缴国家税金3.4万多元。

"一家、一村富不算富，家家村村富才算富"。华西富了，不忘左邻右舍，不忘革命老区。华西与中国扶贫基金会合作，免费举办第一期贫困地区干部培训班，来自甘肃、宁夏、陕西、山西的100名乡镇长在华西接受培训。同时，华西还制定了一揽子计划，在2000年以前帮助贫困地区扶贫10万人。华西采取以干代培的办法，让贫困地区的农民到华西一边打工一边接受培训，华西给予报酬，这些人在华西学到了一定的技能，有了一笔钱后回去再在本地发展。

近几年来，华西先后拿出3000多万元，扶持省内外一些乡村发展集体经济，帮助选上项目20多个，培训各种技术人才数百人次，为多家单位担保借款1000多万元。1988年，年收入仅几万元、十几万元的经济弱村——三余巷村、前进村、华明村，通过华西的扶持和帮助，现在年收入已分别达到178万元、398万元、500万元，一跃进入了江阴市骨干村的行列。

对华西人来说，并不是华西富才爱华西，过去为粮食打翻身仗，开沟挖渠，平田挑河，插秧比赛，哪样都不愿落人后，甚至打篮球也要争第一。华西人正是在自己的变化中，认识了共产党，认识了社会主义，才更加珍惜华西的今天。"六爱"是华西人的精神支柱，吴仁宝就是"六爱"的标兵。在他的带动下，尽管村干部中不乏一年挣几十万的能人，但他们都踏踏实实地为建设华西而奉献。他们为一个"没有贫困户，没有暴发户，家家都是超万元户"的华西而自豪。

华西人30多年的奋斗历程，告诉我们这样一个事实：社会主义就是让大家富，依靠集体才能保证共同富，物质精神两富有才算真正富。这就是建设有中国特色的社会主义新农村的光明之路，这就是中国农村的希望之所在。

（1994年9月25日《人民日报》）

思想道德建设

1. 理论建设

1992—1993 年理论建设概述

1992—1993 年是我国思想理论建设大突破、马列主义毛泽东思想大发展的两年，是邓小平有中国特色社会主义理论进一步形成、广泛宣传和深入人心的两年。在这期间，中共中央高度重视思想理论建设工作。思想理论界也以极大的热情，结合中国的国情和各项工作的具体实际，在更广阔的范围和更深的层次上，刻苦学习马列主义毛泽东思想，对建设有中国特色社会主义的理论和实践问题，进行卓有成效的研究和探索，产生了一批重大的理论成果。这两年思想理论战线的主要成就和基本特点是：

1. 邓小平视察南方重要谈话，为建设有中国特色社会主义指明了方向，也为十四大报告奠定了思想和理论基础。1992 年初，邓小平视察南方并发表重要讲话，对社会主义的本质，判断改革成败的是非标准，改革也是解放生产力，计划与市场的关系，抓住机遇发展经济，基本路线一百年不动摇，要警惕右但主要是防止"左"等一系列问题，作了精辟的论述，对全党深入学习马列主义、毛泽东思想起了极大的促进和推动作用。广大干部和人民群众以饱满的热情，学习邓小平视察南方重要谈话。党政高级干部学习的成效比较显著，有的省采取整风的形式进行学习，有的地区把学习理论与参观考察改革开放先进地区经验，探讨本地区经济发展战略结合起来，加深对邓小平谈话精神的理解。广大理论工作者在学习、宣传马列主义、毛泽东思想和邓小平建设有中国特色社会主义理论方面，起了骨干和带头作用。这阶段全党集中学习邓小平视察南方重要谈话的热潮，为党的十四大召开作了思想和舆论准备。

2. 党的十四大对建设有中国特色社会主义理论作了更高层次的、科学的概括，并决定用这一理论武装全党。1992 年 10 月 12 日至 19 日，党的十四大召开。大会关于《加快改革开放和现代化建设步伐，夺取有中国特色社会主义事业的更大胜利》的报告，全面阐述了建设有中国特色社会主义的主要内容：在社会主义的发展道路问题上，强调走自己的路；在社会主义的发展阶段问题上，指出我国还处在社会主义初级阶段；在社会主义的根本任务问题上，强调必须把发展生产力摆在首要位置，以经济建设为中心，推动社会全面进步；在社会主义的发展动力问题上，强调改革也是一场革命，也是解放生产力；在社会主义建设的外部条件问题上，指出和平与发展是当代世界两大主题，必须坚持独立自主的和平外交政策；在社会主义建设的政治保证问题上，强调坚持四项基本原则是立国之本，是改革开放和现代化建设健康发展的保证；在社会主义建设的战略步骤问题上，提出基本实现现代化分三步走；在社会主义的领导力量和依靠力量问题上，强调作为工人阶级先锋队的共产党，是社会主义事业的领导核心，依靠广大工人、农民、知识分子，依靠各民族人民的团结；在祖国统一问题上，提出"一个国家、两种制度"的创造性构想，按照这个原则，推进祖国和平统一大业的完成。建设有中国特色社会主义的理论，是马克思列宁主义基本原理与当代中国实际和时代特征相结合的产物，是毛泽东思想的继承和发展，是全党全国人民集体智慧的结晶，邓小平对这个理论的创立做出了历史性的贡献，必须用这一理论武装全党。

3. 党的十四届三中全会勾画了到本世纪末初步建立起社会主义市场经济的宏伟蓝图。十四大报告指出，我国经济体制改革确定什么样的目标模式，是关系整个社会主义现代化建设全局的重大问题。这也是我国改革和现代化建设的重大理论和实践问题。十四大闭幕后仅仅一年时间里，在1993年11月11日至14日召开的十四届三中全会上，就明确地把我国经济体制改革的目标，确定为建立和完善社会主义市场经济体制，这是90年代改革和建设的主要任务，是邓小平经济理论的核心内容，是对马克思主义的重大发展。会议通过的《中共中央关于建立社会主义市场经济体制若干问题的决定》，把十四大关于建立社会主义市场经济体制的目标和原则具体化、系统化。把市场经济的一般规律同社会主义制度和中国国情有机地结合起来，体现了公有制和市场经济的内在统一；市场经济的一般规则和我国国情的内在统一；市场经济的原则与我国优良思想、政治、文化传统的内在统一。因而在对社会主义市场经济体制的设计上，具有鲜明的中国特色和独到的开创性。《决定》全面勾画出了新经济体制的基本框架，对于实现从旧经济体制向新经济体制的转换，对于进一步解放和发展生产力，推进改革开放和现代化建设，在本世纪末实现国民经济和社会发展第二步战略目标，具有深远的意义。

4. 毛泽东思想和邓小平理论的宣传和研究形成了新的高潮。1993年是毛泽东诞辰100周年，也是辑录了邓小平从1982年9月至1992年2月这10年间重要著作的《邓小平文选》第三卷公开发行的年度。以这两项重大活动为契机，毛泽东思想和邓小平理论的宣传和研究形成一个新的高潮。在纪念毛泽东诞辰100周年之际，从中央到地方，各行各业，各条战线，纷纷举行各种形式的纪念会和研讨会，缅怀毛泽东的丰功伟绩，弘扬他的理论建树。12月26日，中共中央举行毛泽东诞辰100周年纪念大会和毛泽东生平和思想研究会，江泽民在纪念大会上发表讲话，薄一波、钱其琛、胡绳等在研究会上发言。江泽民的讲话高度评价了毛泽东一生的丰功伟绩，强调毛泽东思想永远是中国共产党人的理论宝库和中华民族的精神支柱，阐述了邓小平继承、丰富、发展毛泽东思想，创立建设有中国特色社会主义理论的重大意义；号召全党同志和全国各族人民更加紧密地团结起来，抓住机遇，加快发展，改革创新，艰苦奋斗，朝着既定的伟大目标奋勇前进。薄一波等人的发言分别就怎样纪念毛泽东、毛泽东的外交思想和实践、毛泽东的一生追求等问题作了阐述。在此前后，全国各省、市、自治区分别举行了报告会、纪念会和研讨会，中央军委、总政治部、外交部和外交学会，全国总工会、妇联、共青团中央、中央党校、国务院各部以及北京部分高等院校，都先后举行毛泽东思想、毛泽东各科学术研究会和讨论会，从政治、经济、军事、外交、哲学、社会等广泛的领域，研究和宣传了马列主义、毛泽东思想，加深了人们对毛泽东个人和毛泽东思想历史地位的认识，以及对建设有中国特色社会主义理论的理解。1993年11月2日，《邓小平文选》第三卷在全国发行，中共中央作出了学习《邓选》第三卷的决定。同日中共中央举行学习报告会，江泽民发表重要讲话，指出《邓选》第三卷的出版，为我们进一步用建设有中国特色社会主义理论武装全党提供了最好的教材和最有力的武器。中央的决定要求把学习《邓选》第三卷摆在党的思想建设和理论教育的重要地位，切实加强领导，提高全党学习马克思主义的水平。《人民日报》就《邓选》第三卷的出版发行发表《光辉的旗帜，科学的指南》的社论。乔石、刘华清等发表讲话，强调学习《邓选》第三卷，关键是转变思想，要求广大干部要带头学好。全党和全国人民以及思想理论界学习和研究马列主义、毛泽东思想和邓小平理论，进入到一个新的阶段，推动了思想理论建设的发展。

5. 哲学、经济学、科学社会主义、社会学、政治学、法学、环境学等学科，有了新的进展。社会主义市场经济理论的建立、完善和发展，为经济学理论的繁荣和发展，开辟了广阔的天地。有中国特色的社会主义理论，推动了多个社会科学学科的发展，社会科学工作者多年所追求的为社会主义现代化建设和改革开放提供理论支持，以实现党和政府决策科学化的宿愿，这两年在许多领域和相当程度上得以实现。

6. 研究建设有中国特色社会主义理论的队伍逐步扩大，全国除了中央党校、国家教委、中国社会科学院、解放军国防大学和上海社会科学院组建的建设有中国特色社会主义理论研究基地以外，许多省市相继建立了建设有中国特色社会主义理论研究中心、研究小组或理论研究会，这标志着研究建设有中国特色社会主义理论队伍已经组织起来。

江泽民全面阐述建设有中国特色社会主义理论 1992年10月12日，中共中央总书记江泽民在中国共产党第十四次全国代表大会上全面阐述了建设有中国特色社会主义理论的主要内容：在社会主义的发展道路问题上，强调走自己的路，不把书本当教条，不照搬外国模式，以马克思主义为指导，以实践作为检验真理的唯一标准，解放思想，实事求是，尊重群众的首创精神，建设有中国特色的社会主义。在社会主义的发展阶段问题上，作出了我国还处在社会主义初级阶段的科学论断，强调这是一个至少上百年的很长的历史阶段，制定一切方针政策都必须以这个基本国情为依据，不能脱离实际，超越阶段。在社会主义的根本任务问题上，指出社会主义的本质是解放生产力，发展生产力，消灭剥削，消除两极分化，最终达到共同富裕。强调现阶段我国社会的主要矛盾是人民日益增长的物质文化需要同落后的社会生产之间的矛盾，必须把发展生产力放在首要位置，以经济建设为中心，推动社会全面进步。判断各方面工作的是非得失，归根结底，要以是否有利于发展社会主义社会的生产力，是否有利于增强社会主义国家的综合国力，是否有利于提高人民的生活水平为标准。科学技术是第一生产力，经济建设必须依靠科技进步和劳动者素质的提高。在社会主义的发展动力问题上，强调改革也是一场革命，也是解放生产力，是中国现代化的必由之路，僵化停滞是没有出路的。经济体制改革的目标，是在坚持公有制和按劳分配为主体、其他经济成分和分配方式为补充的基础上，建立和完善社会主义市场经济体制。政治体制改革的目标，是以完善人民代表大会制度，共产党领导的多党合作和政治协商制度为主要内容，发展社会主义民主政治。同经济、政治的改革和发展相适应，以"有理想、有道德、有文化、有纪律"为目标，建设社会主义精神文明。在建设社会主义的外部条件问题上，指出和平与发展是当代世界两大主题，必须坚持独立自主的和平外交政策，为我国现代化建设争取有利的国际环境。强调实行对外开放是改革和建设必不可少的，应当吸收和利用世界各国包括资本主义发达国家所创造的一切先进文明成果来发展社会主义，封闭只能导致落后。在社会主义建设的政治保证问题上，强调坚持社会主义道路、坚持人民民主专政、坚持中国共产党的领导、坚持马克思列宁主义毛泽东思想。这四项基本原则是立国之本，是改革开放和现代化建设健康发展的保证，又从改革开放和现代化建设获得新的时代内容。在社会主义建设的战略步骤问题上，提出基本实现现代化分三步走。在现代化建设的过程中要抓住时机，争取出现若干个发展速度比较快、效益又比较好的阶段，每隔几年上一个台阶。贫穷不是社会主义，同步富裕又是不可能的，必须允许和鼓励一部分地区一部分人先富起来，以带动越来越多的地区和人们逐步达到共同富裕。在社会主义的领导力量和依靠力量问题上，强调作为工人阶级先锋队的共产党是社会主义事业的领导核心，党必须适应改革开放和现代化建设的需要，不断改善和加强对各方面工作的领导，改善和加强自身建设。执政党的党风，党同人民群众的联系，是关系党生死存亡的问题。必须依靠广大工人、农民、知识分子，必须依靠各族人民的团结，必须依靠全体社会主义劳动者、拥护社会主义的爱国者和拥护祖国统一的爱国者的最广泛的统一战线。党领导的人民军队是社会主义祖国的保卫者和建设社会主义的重要力量。在祖国统一的问题上，提出"一个国家、两种制度"的创造性构想。在一个中国的前提下，国家的主体坚持社会主义制度，香港、澳门、台湾保持原有的资本主义制度长期不变，按照这个原则来推进祖国和平统一大业的完成。江泽民指出，建设有中国特色的社会主义的理论，是马克思列宁主义基本原理与当代中国实际和时代特征相结合的产物，是毛泽东思想的继承和发展，是全党全国人民集体智慧的结晶，邓小平同志对这个理论的创立做出了历史性的重大贡献。

李鹏谈中共十四大的重要意义 国务院总理李鹏在1992年10月21日会见芬兰外交部长帕沃·韦于吕宁时说：中国共产党第十四次全国代表大会的重要意义是多方面的，其中最重要的有两条：第一，是把邓小平同志提出的建设有中国特色的社会主义的理论确定为我国长期坚持的一项建设方针。建立社会主义市场经济的体制是理论上的一个重大突破，是我国今后改革开放的目标。第二，选举了新的中央领导机构，既保持了连续性，又增加了新的力量。以江泽民总书记为核心的新的中央领导机构将在我国和我党历史上发挥着重要的承前启后的作用。

乔石强调学习理论是党的建设的头等大事 1993年2月23日，中共中央政治局常委、中央党校校长乔石在中央党校1993年春季开学典礼上强调，用建设有中国特色社会主义理论武装全党，是我们党贯穿于整个社会主义初级阶段、贯穿于我国改革开放和现代化建设全过程的一项根本任务，也是我们夺取社会主义现代化事业更大胜利的重要保证。能不能正确贯彻十四大精神，把改革开放和社会主义现代化建设搞得更快一些，关键也在于我们党特别是各级领导干部能不能正确理解和掌握运用建设有中国特色社会主义的理论、把党的路线方针政策同本地区、本部门的实际情况结合起来，创造性地开展工作。乔石指出，各级党委一定要把学习建设有中国特色的社会主义的理论作为党的建设的头等大事来抓，长期坚持下去，抓出成效。

胡锦涛谈党的建设工作 1993年1月8日胡锦涛在一次重要会议上说：新时期党的建设，最重要的是坚持在邓小平同志建设有中国特色社会主义理论指导下，遵循党的基本路线，紧紧围绕经济建设这个中心来进行，抓住这一条，就抓住了加强和改进党建工作的根本。党建工作主要应抓好十四大提出的各项任务的贯彻落实，特别要紧紧抓住解放思想、实事求是这个精髓，在观念上除旧布新，开拓前进。胡锦涛还强调，按照党的基本路线要求，建设好各级领导班子是加强和改进党的组织建设的关键。

胡锦涛谈举办高干理论研讨班的意义 1993年10月4日胡锦涛在省部级主要领导干部学习邓小平同志建设有中国特色社会主义理论研讨班上指出，用建设有中国特色社会主义理论武装全党，首先就要武装党的各级领导干部特别是高级干部。中央举办省部级主要领导干部理论研讨班，就是要给大家创造一个集中精力深入学习理论和研究思考问题的条件；同时进一步引起各级党组织和领导干部对学习理论的高度重视，在全党形成认真学习、研究理论的浓厚空气，把用建设有中国特色社会主义理论武装全党进一步落到实处。

丁关根阐述中共十四大报告的理论意义 《人民日报》1992年11月12日报道丁关根从七个方面阐述了十四大报告的理论意义：一、关于建设有中国特色社会主义理论，它既具有中国特色，又具有一定的普遍意义；既凝结了我们14年社会主义实践的经验，也包含了前29年的经验；它已初步形成系统，又需继续丰富、完善和发展；这个理论既是全党智慧的结晶，又是邓小平同志的杰出贡献。二、关于坚持党的基本路线一百年不动摇，党的基本路线是关系全局、指引全局、决定全局的，有了正确路线就必须贯彻始终。坚持一百年是根据社会主义初级阶段的长期性确定的，其含义是基本路线要贯穿整个社会主义初级阶段。三、关于改革是我们领导的又一次伟大革命。四、关于社会主义市场经济。建立社会主义市场经济体制，必须抓好4个环节：搞好国有企业经营机制的转换，从根本上解决政企不分的问题；建立统一开放的社会主义市场体系，加强市场制度建设、法规建设；深化分配制度和社会保障制度的改革；转变政府职能。五、关于加快发展经济，力争隔几年上一个台阶。必须有一个积极的发展速度，否则，经济建设就不能隔几年上一个新台阶；我们需要的速度是在提高质量、优化结构、增进效益基础上的速度；既要抓住时机，又要从实际出发，注意量力而行；要搞好综合平衡，不能搞小而全和搞重复建设。六、关于坚持两手抓、两手都要硬，这是社会主义的本质决定的，是全面贯彻党的基本路线的客观要求；它是建立在对发展商品经济、实行改革开放的双重效应清醒认识基础上的；坚持两手抓、两手都要硬，就是坚持两点论，按辩证法办事。七、关于用邓小平同志建设有中国特色社会主义的理论武装全党。丁关根提出了5条要求：认真学习建设有中国特色社会主义的理论，增强贯彻执行党的基本路线的自觉性和坚定性；加强领导班子建设，培养社会主义事业接班人；密切党同群众的联系，坚决克服消极腐败现象；加强基层党组织建设，充分发挥党员的先锋模范作用；坚持和健全民主集中制，维护党的团结和统一。

首都理论界座谈十四大报告 1992年10月26日，《文汇报》在北京举行"首都理论界人士学习十四大报告座谈会"，著名学者龚育之、邢贲思、汝信、林子力、吴敬琏、刘国光、董辅礽、吴树青、厉以宁、卫兴华等在会上发了言。于光远、高尚全、苏星、童大林、沈宝祥等人作了书面发言。大家热情赞扬、高度评价中共十四大作出的重大贡献，要求理论工作者以高度的责任感，大力宣传和研究邓小平同志有中国特色社会主义理论，宣传和研究关于建立社会主义市场经济体制的理论，从而使理论宣传与研究工作上一个新台阶。汝信特别强调理论工作者在贯彻十四大精神中的责任。林子力则从理论与实践的结合上阐述了社会主义市场经济理论。他认为，社会主义市场经济体制应体现劳动者的解放，体现社会公平与效率的高度统一，以达到共同富裕。吴敬琏认为，要把十四大的重大理论成果巩固下来，理论界要做许多艰苦细致的宣传与研究工作，领导机关也急需提高认识水平和转变工作作风。

田纪云谈防"左" 中共中央政治局委员、国务院副总理田纪云1992年4月25日在中央党校作报告，着重强调加快改革开放必须冲破"左"的禁锢和束缚。他说，我们不清理一下"左"的东西，不认真执行邓小平同志关于要警惕右，但主要是防止"左"的指示，光空喊加快改革步伐，实质上是加不快的。"左"的积习根深蒂固，它的表现很多：例如，你说要多利用点外资，他会说多一个外资企业，就多一份资本主义，威胁我们国家的社会主义性质；你要划出一块地方包给外商搞承包开发，他就会说这是出卖国家主权，丧权辱国；你要多发展一些乡镇企业，他就说乡镇企业是不正之风的风源，会腐蚀我们的干部；你要多发展一些私营企业、个体户，他就说这会改变社会主义性质；你讲要搞厂长负责制，他就说这是削弱党的领导；你讲家庭联产承包责任制不能动摇，他就说这是走单干的道路，不利于集体经济的发展和共同富裕。这些人把改革开放以来最基本、最实质的东西几乎全部否定了。还有些人，一面吃着改革开放的饭，享受着改革开放的成果，一面大骂改革开放。他们对改革开放看不惯，看不顺眼，端起碗来吃肉，放下筷子骂娘，还是留恋50年代、60年代的那种短缺经济。有人至今还那么留恋"以阶级斗争为纲"那一套。总之，"左"的积习对改革开放的阻力不能低估。在领导层摆脱"左"的思想的束缚，是一个重大的课题。如果不敢动它，不去触动它，改革开放就是空谈一阵子。

毛泽东生平和思想研讨会在京举行 毛泽东生平和思想研讨会于1993年12月30日在北京结束。中共中央文献研究室主任逄先知在发言中提出：今后要把毛泽东和毛泽东思想的研究提到一个新的水平。他着重地阐述了邓小平建设有中国特色社会主义理论是对毛泽东思想的继承和发展。又在新的时代和新的历史条件下，把毛泽东思想发展到一个新阶段。逄先知从以下几个方面进行了阐述：一、建设有中国特色社会主义理论在哪些方面继承和发展了毛泽东思想；一是实事求是的思想路线，二是一切为了人民群众、尊重群众首创精神的群众路线，三是坚持独立自主，走自己的道路的指导思想，四是关于社会主义的发展阶段，五是社会主义社会的主要矛盾和根本任务，六是关于社会主义建设的发展战略目标，七是社会主义的发展动力，八是中国与外部世界的关系，九是四项基本原则。二、建设有中国特色社会主义理论是在总结历史经验中继承和发展毛泽东思想；三、建设有中国特色社会主义理论是在概括新的实践经验的基础上继承和发展毛泽东思想；四、建设有中国特色社会主义理论是在新的时代和新的国际条件下对毛泽东思想的继承和发展。与会者一致认为江泽民总书记在毛泽东诞辰100周年纪念大会上的讲话，进一步全面系统地高度评价了毛泽东同志和毛泽东思想的历史地位，科学地阐述了邓小平建设有中国特色社会主义理论对毛泽东思想的继承、丰富和发展。这对统一全党、全军和全国人民的思想，具有十分重要的现实指导意义。

毛泽东思想与邓小平理论贡献研讨会 《毛泽东思想与邓小平的理论贡献》学术研讨会于1993年5月5日在湖南韶山召开。会议以坚持和发展毛泽东思想，建设有中国特色社会主义为主题，着重讨论邓小平有中国特色社会主义理论对毛泽东思想的继承和发展。与会者认为：半个世纪以前，毛泽东同志成功地找到了适合中国国情的中国革命的正确道路，继承和发展了马克思主义，实现了马列主义基本原理同中国实际相结合的第一次飞跃；半个世纪后的今天，邓小平同志又成功地找到了解放和发展生产力，建设有中国特色社会主义的正确道路，为马克思主义、毛泽东思想注入了新的内容与活力，从而实现了马列主义基本原理与中国实际相结合的第二次飞跃。全国90余位理论界人士还向大会提交了154篇论文。

毛泽东国防科技思想座谈会

在纪念毛泽东诞辰100周年之际，国防科工委1993年12月20日在京举行毛泽东国防科技思想座谈会。刘华清到会并作了重要讲话。刘华清说，毛泽东同志是新中国国防科技事业的奠基人。毛泽东国防科技思想是毛泽东思想体系的组成部分。毛泽东关于发展国防科技事业的战略思想、决策和指示是指引我们胜利前进的强大思想武器。刘华清强调说，十一届三中全会以来，邓小平同志对我国国防科技工业改革与发展作出了许多新的决策。他提出的"军民结合，平战结合，军品优先，以民养军"的十六字方针，使我国国防科技工业在国民经济建设中发挥了重大作用。他关于加强集中统一领导和高层决策的论述，深刻地体现了国防科技工业的战略地位和发展规律。

毛泽东军事思想理论研讨会

经中央军委同意召开的毛泽东军事思想在中国的胜利与发展理论研讨会于1993年10月7—9日在北京举行。会议旨在通过对毛泽东军事思想指引我军从胜利走向胜利的历史回顾，深刻领会毛泽东军事思想在中国产生、胜利、发展的根本原因、历史条件和科学体系及邓小平对毛泽东军事思想作出的巨大历史性贡献，并重点探讨如何运用毛泽东军事思想和邓小平关于新时期军队建设思想指导我军的现代化建设，回答了我军面临高技术条件下现代战争的新问题。与会代表回顾我军在毛泽东军事思想指引下所走过的光辉历程，对邓小平在新的历史条件下继承和发展毛泽东军事思想作出的卓越贡献有了更深的理解。一致认为，邓小平关于新时期军队建设的思想是毛泽东军事思想发展的一个新阶段，是指导我军现代化建设的基本依据。在新的历史条件下，必须像邓小平和以江泽民为核心的第三代领导集体所要求的那样，在坚决维护毛泽东军事思想基本原理的同时，从业已变化的客观实际出发，灵活运用和不断丰富毛泽东军事思想。李德生、王平、廖汉生、余秋里、伍修权、陈锡联等老红军同130多位高级将领、专家学者参加了研讨会。

毛泽东外交思想研讨会 为纪念毛泽东诞辰100周年，外交部毛泽东外交思想研讨会1993年12月7日在京开幕。国务院副总理兼外交部长钱其琛主持了开幕式并宣读了江泽民主席的贺词。李鹏到会发表了重要讲话。李鹏说，毛泽东同志是我国各族人民敬爱的伟大领袖，无论在当代中国的历史上，还是在马克思主义、社会主义的发展史上，他都占有不可磨灭的地位。外交工作是毛泽东历史功绩的一个非常重要的方面，为我国外交战略的确立和外交方针政策的制定进行了大量的开创性工作，作出了巨大贡献。毛泽东外交思想是极为丰富的。主要有：在建国初期提出站在和平、民主和社会主义阵营一边的方针；关于中国的事情应该由中国人民自己作主的主张；关于自力更生为主，争取外援为辅的主张；关于国际关系应遵循和平共处五项原则的主张；关于把国际主义和爱国主义正确结合起来的主张；关于中国反对霸权主义，中国永远不称霸的方针；关于国家不分大小一律平等的思想，等等。回顾和研究毛泽东外交思想，目的是为了做好新时期的外交工作，从而为我国的现代化建设争取一个长期的和平国际环境。李鹏强调，邓小平同志继承和发展了毛泽东思想，提出了一系列重要的外交战略、方针和政策，这些思想和论断，是我们在新的历史时期从事外交工作必须认真学习和贯彻执行的。钱其琛在会上作了题为《学习毛泽东外交思想，做好新时期外交工作》的开幕词。

专家学者研讨毛泽东民族理论 为纪念毛泽东诞辰100周年，中国社会科学院民族研究所和中国民族理论学会于1993年12月14日联合召开了毛泽东民族理论研讨会。与会学者探讨了毛泽东关于民族问题的理论在中国革命和建设中的历史地位和作用。大家一致认为，毛泽东关于民族平等团结、民族区域自治、民族进步与共同繁荣、民族问题发展规律等方面的论述，都创造性地运用和发展了马克思主义理论原则，对中国共产党在革命和建设时期制定民族政策起了指导作用。这些具有中国特色的民族理论，已成为毛泽东思想的重要组成部分。与会同志指出，邓小平同志继承和发展了毛泽东同志关于民族问题的理论，在改革开放的新时期，这些理论具有重大的现实意义。

全总座谈毛泽东工运思想 中华全国总工会1993年12月22日在北京召开纪念毛泽东诞辰100周年座谈会，尉健行和50多位工会干部及劳动模范出席了会议。与会同志指出，毛泽东同志十分关心和重视我国的工人运动。毛泽东工人运动思想是毛泽东思想的重要内容。毛泽东高度评价我国工人阶级的先进性，始终强调中国工人阶级是中国共产党的阶级基础。毛泽东提出的全心全意依靠工人阶级的思想成为我们党的一贯思想和根本指导方针。与会者认为，各级工会组织和广大工会干部都应认真学习毛泽东工运思想，开创工会工作的新局面。

团中央举行“毛泽东与青年”座谈会 1993年12月22日，共青团中央在京召开“毛泽东与青年”座谈会，纪念毛泽东诞辰100周年。与会者怀着崇敬的心情，缅怀毛泽东同志对青年的关心和爱护，重温毛泽东同志关于青年和青年工作的教诲。大家认为，毛泽东同志关于青年的特点，青年在革命和建设中的地位和作用、青年成才的方向、青年成才的途径以及共青团工作原则的论述，至今仍有重要的现实指导意义。毛泽东始终如一地热爱青年，向青年倾注了无限的关怀和希望。他说：“世界是你们的，也是我们的，但是归根结底是你们的。你们青年人朝气蓬勃，正在兴旺时期，好像早晨八、九点钟的太阳。希望寄托在你们身上”。它给予我们青年人的激励和力量以及我们成长道路的影响是难以言表的。邓小平同志在新的历史时期继承和发展了毛泽东关于青年和青年工作的思想、观点。他说：“二十一世纪靠你们年轻人”。他和毛泽东同志在这方面的论述，是指导青年健康成长和做好青年工作的基本原则。

“毛泽东妇女解放思想”研讨会召开 为纪念毛泽东同志诞辰100周年，全国妇联1993年12月20日在北京召开“毛泽东妇女解放思想”研讨会。与会专家学者就毛泽东妇女解放思想的特征和方法，毛泽东的婚恋观和参政观、妇女权利观、妇女人才观、毛泽东妇女解放道路的思想、毛泽东关于开发妇女人力资源的思想及就业观等专题进行了研讨。与会同志认为，毛泽东是我党关注中国妇女解放问题的先行者，他成功地将马克思主义妇女观与中国妇女运动相结合，提出了中国革命和中国妇女运动必须发动农工妇女的力量。1933年，毛泽东在《长冈乡调查》中指出：“每个乡苏维埃，都应该把领导女工农妇会的工作，放在自己的日程上。”毛泽东历来关心妇女和妇女工作，曾多次提出具体可行的建议，指出妇女彻底解放必须全面参与社会活动，特别是政治活动。1948年12月，经毛泽东亲自审订的中共中央《关于目前解放农村妇女工作的决定》中指出：要贯彻实现妇女的权利，首先必须使妇女获得与男子一样平等的经济权利与地位，在农村获得并保有同样的一份土地和财产。男女干部同等能力者，应当分配同等工作，给予同等培养和教育的机会。毛泽东关于妇女解放的光辉论述和保障妇女权益的思想，不仅在过去，而且在现在和将来都是妇女解放的指路明灯。

体育界座谈毛泽东体育思想 中国体育界知名人士1993年12月25日在京举行纪念毛泽东诞辰100周年座谈会，赞颂这位伟人对发展体育事业所作的巨大贡献。与会者谈到：毛泽东早年发表的《体育之研究》一文，系统、全面、精辟地论述了体育的地位、作用和意义，在理论上武装了全国体育工作者；“发展体育运动，增强人民体质”的题词，为中国体育事业指明了为人民服务的方向；70年代初抓住机遇运用“乒乓外交”，打破了中美关系的僵局，被誉为“小球转动了地球”。毛泽东同志的体育实践和体育思想在中国体育事业的发展中起了巨大作用。

拉萨举行报告会重温毛泽东民族宗教政策 西藏自治区1993年12月中下旬在拉萨举行纪念毛泽东诞辰100周年学术报告会，各族军民共同回顾和探讨了毛泽东同志40年前对西藏和平解放的有关重要指示和精辟论述。毛泽东对西藏问题提出的重大方针、政策有数十个之多，主要有和平解放西藏，西藏现行政治制度不予变更，进军西藏、不吃地方，上层统战工作首先以达赖集团为主，6年不改，边平叛边革命，对农奴主及其代理人实行赎买政策，稳定发展个体所有制和个体经济，对宗教采取保护政策。所有这些方针政策，对西藏的民族、宗教工作指明了方向。与会人士认为，西藏和平解放，民主改革的胜利进行，表明了毛泽东思想在民族、宗教工作中的正确性。这些思想仍然是西藏进一步搞好新时期统战工作，维护祖国统一，加强民族团结的有力武器。

毛泽东国际战略思想座谈会举行 为纪念毛泽东同志诞辰100周年，国际战略研究基金会1993年12月8日在京举行《环球同此凉热——一代领袖们的国际战略思想》出版座谈会。国务院副总理兼外交部长钱其琛出席座谈会并发表讲话。钱其琛说,毛泽东同志的国际战略思想是一个内容非常丰富的思想宝库,直至今天,我们所作的外交工作也都是建立在这个基础上的。正是依靠这一战略思想,中国在世界形势发生巨变后不仅站住了脚,而且有了很大发展。

首都新闻界座谈毛泽东新闻思想 为纪念毛泽东诞辰100周年,首都新闻界1993年12月21日举行学习毛泽东新闻思想座谈会。与会同志满怀深情地缅怀了毛泽东同志对新闻工作的关怀指导,探讨了毛泽东新闻思想在中国革命和建设中的历史地位和作用。毛泽东同志是中国新闻事业的开拓者和奠基人,为党的新闻事业的发展倾注了毕生心血。毛泽东的新闻思想不仅在过去,而且在现在和将来,对我党新闻事业的发展都具有极其重要的指导意义。与会者认为,毛泽东的新闻思想继承和发展了马克思主义新闻观,是毛泽东思想的一个组成部分。他所提出的新闻工作的党性原则,实事求是、坚持真实性,全心全意为人民服务和反对党八股、改进文风的观点,都是经受了历史检验的正确观点。在改革开放的新形势下,要继承和发扬毛泽东的新闻思想,学习邓小平同志建设有中国特色的社会主义理论,使新闻更好地为建立和发展社会主义市场经济服务,为精神文明建设服务。

毛泽东与科学研讨会在京举行 由中国管理科学研究院、《科技日报》社和《中国科学报》社主持召开的"毛泽东与科学"学术讨论会,1993年12月16日在北京召开。这次会议旨在纪念毛泽东诞辰100周年,学习和研讨毛泽东的科学观,弘扬毛泽东的科学精神,研究毛泽东的科学思想在中国共产党科技政策形成过程中的地位和作用,论述了毛泽东科学技术思想产生的条件及历史发展过程,探讨了毛泽东科学技术思想的逻辑体系,展现了毛泽东科学技术思想的基本内容。毛泽东认为,科学在本质上是与迷信对立的,科学是对事物本质的认识,是知识的结晶。阐述了他关于"自然科学是人们争取自由的一种武装"的精辟见解。研讨会还就毛泽东的科学发展观,阐述了毛泽东以下几个基本观点:科学理论与科学实践的矛盾是推动科学发展的根本原因;学术"争鸣"是科学发展的重要动力;社会的需要是促进科学发展的基本动力;上述诸因素的有机结合,现实地推动科学发展。会议进一步加深了对邓小平同志"科学技术是第一生产力"论断的理解,提高全民的科学意识。

全军纪念毛泽东100周年诞辰理论研讨会 为缅怀毛泽东的丰功伟绩,推动全军学习毛泽东著作和邓小平同志建设有中国特色的社会主义理论,全军纪念毛泽东同志100周年诞辰理论研讨会1993年八一前夕在京举行。中央军委委员、总政治部主任于永波到会讲话。他说,毛泽东同志是伟大的马克思主义者,他为创立中国共产党和人民军队、为缔造中华人民共和国和发展社会主义事业建立了不可磨灭的功勋。毛泽东思想是中国共产党集体智慧的结晶,在世界上有着重大影响。于永波指出,邓小平同志继承和发展毛泽东思想,做出了历史性的贡献,在改革、开放的伟大实践中,集中全党智慧创立了建设有中国特色社会主义理论。邓小平同志关于新时期军队建设的思想是新的历史条件下军队建设和改革的根本依据和指导思想。坚持用这些思想武装全军,是我军沿着现代化道路不断前进的根本保证。于永波最后强调,把对毛泽东同志的纪念落实到实际行动上,就是更加紧密地团结在党中央、中央军委周围,全面提高部队的战斗力。

农业部座谈毛泽东重视农村和农业的思想 1993年12月中旬,农业部举行座谈会,纪念毛泽东诞辰100周年。农业部原部长林乎加等3位同志回忆了毛泽东当年亲自主持制定《全国农业发展纲要》(即"四十条")的过程,参加座谈的同志重温"四十条",重新学习毛泽东同志几十年如一日地重视我国农业、农民、农村问题的思想。这些思想主要包括:农业是国民经济的基础,建立巩固的工农联盟,依靠农民自己的力量来振兴农村经济,农民当家作主,在政治、经济、文化教育上有平等的权利,农民的利益不受侵犯,保护农民的合法权益,保护农民生产经营自主权,保护农民的生产积极性。这些思想,既是他过去对中国农民问题的科学总结,又是新时期面临的现实问题。座谈会向与会同志赠送了《纪念毛泽东诞辰100周年论文集》,这些文章,回顾了毛泽东同志生前的许多重要论述和决策,反映了毛泽东同志对解决我国农民、农业、农村问题的宝贵思想和不懈的探索精神。

中共中央隆重举行学习《邓小平文选》第三卷报告会 1993年11月2日,中共中央在人民大会堂隆重举行学习《邓小平文选》第三卷报告会。中共中央总书记江泽民发表重要讲话,他说,党中央号召全党在改革开放和社会主义现代化建设的新形势下,努力学习新一卷《邓小平文选》,把十四大提出的用建设有中国特色社会主义理论武装全党的任务认真落到实处,进一步加强党的建设,充分发挥党对社会主义现代化建设事业的核心指导作用。报告会由李鹏主持。胡锦涛宣读了《中共中央关于学习〈邓小平文选〉第三卷的决定》。中共中央政治局常委乔石、李瑞环、朱镕基、刘华清,国家副主席荣毅仁以及首都党政军各部门和各省、自治区、直辖市的主要负责同志也出席了报告会。

各地踊跃购买《邓小平文选》第三卷 《邓小平文选》第三卷从1993年11月2日开始在全国各地发行,受到广大读者的欢迎。各地群众踊跃购买。在北京，王府井新华书店从2日上午开始营业的一个小时内就售出《邓小平文选》第三卷1000余册。在上海，各新华书店准备的3万册平装本和1.2万册精装本已不能满足供应，他们又向出版社订了20万册《邓小平文选》第三卷。在天津，60多家新华书店门市部开辟专柜，出售《邓小平文选》第三卷，还派车将书送到一些机关、企业和学校。在广州、成都以及许多省会城市，前往购买《邓小平文选》第三卷的读者排起了长龙，成都新华书店不到3小时就售出1000多册。

乔石强调学习《邓小平文选》第三卷关键是转变思想 1993年11月21日至27日，中共中央政治局常委、全国人大常委会委员长乔石在福建考察时指出，学习《邓小平文选》第三卷，最关键的是思想上要有个根本的转变，要深刻领会邓小平同志建设有中国特色社会主义理论，进一步解放思想，抓住机遇，深化改革，扩大开放，更快更好地把经济建设搞上去。他说，如果囿于已过时的经济模式，深化改革就没有思想基础，没有内在动力。如果思想没有一个根本的转变，改革开放的事业就难以推进。因此，我们对《邓小平文选》第三卷，要学得深一些，理解得透一些，要认真阅读原著，理论联系实际，真正在行动上切实按照小平同志的思想路线办事。

刘华清强调军队干部要带头学好《邓小平文选》第三卷 1993年11月上旬，中共中央政治局常委、中央军委副主席刘华清在军队的一次会议上指出，各级领导干部，特别是高级干部，必须带头学好《邓小平文选》第三卷，做学习和实践邓小平同志理论的模范。要用邓小平同志建设有中国特色社会主义理论武装全军，增强贯彻执行党的基本路线的自觉性、坚定性和创造性；用邓小平同志新时期军队建设思想指导部队的建设与改革，全面提高部队的战斗力。各级党委要切实把组织部队特别是各级领导干部学习《邓小平文选》第三卷，作为加强军队思想建设和干部教育的首要任务，精心组织，抓好落实。

宋平发表专文《中国特色社会主义和中国共产党》 宋平在中央组织部主办的《党建研究》杂志1993年第7期上发表题为《中国特色的社会主义和中国共产党》专论。文章提出，实现十四大提出的奋斗目标，夺取有中国特色社会主义事业的更大胜利，关键在于建设好我们的党。文章指出，十一届三中全会以来，我们党坚持和发展马列主义、毛泽东思想，形成并不断完善建设有中国特色社会主义的理论，比较系统地初步回答了在中国这样的经济文化比较落后的国家如何建设、巩固和发展社会主义的一系列基本问题，形成了党在社会主义初级阶段的基本路线。坚持以马列主义、毛泽东思想作为党的指导思想，就要用邓小平同志建设有中国特色社会主义的理论武装全党，这是我们事业能够经受各种风浪的考验，胜利达到目标的最可靠保证。文章认为，党的工作重心转移以后，首先要领导经济建设，各级党委集中精力抓经济建设，经常讨论经济建设和社会发展中的大问题，是完全必要的。但这决不是说党只管经济建设，不要管党了。为了领导好经济建设和各项事业，党自身的建设不仅不能削弱，而且应该进一步全面加强。特别是在坚持民主集中制方面，必须坚持民主基础上的集中和集中指导下的民主相结合，重大的决策必须充分发扬民主，集体讨论决定，以实现决策科学化，尽可能地减少失误。当前在政治生活中也好，经济生活中也好，都必须坚决贯彻执行以江泽民同志为核心的党中央领导集体所作出的各项决策，维护党的纪律和政策的严肃性，不能有令不行，有禁不止，阳奉阴违，各行其是，搞本位主义、分散主义。文章强调，能不能继续保持党的优良作风，保持党同人民群众的密切联系，是对党的一个严峻考验。严重的官僚主义，不倾听群众呼声，不关心群众疾苦，作风粗暴，甚至利用手中掌握的权力谋取私利，刁难群众，敲诈勒索，腐化堕落等等，都严重损害了党群关系和干群关系，急需切实加以解决。在整个社会主义现代化建设的全过程中，都必须自觉坚持"两手抓"，一手抓物质文明建设，一手抓精神文明建设；一手抓建设，一手抓法制，抓惩治腐败，真正做到"两手都要硬"。

郑必坚、龚育之、逄先知论《邓小平文选》第三卷的政治意义和理论意义 郑必坚、龚育之、逄先知于1993年12月13日在人民日报上发表专文，就《邓小平文选》第三卷的政治意义和理论意义作了深入阐述。作者指出：《邓小平文选》第三卷关系到在新中国成立44年，十一届三中全会15年，拥有11.7亿人口大国执政的共产党对中国如何建设社会主义的规律的认识究竟已经达到何种程度和水平。围绕这一问题，分五个部分论述：一、教育人民、统一思想的最好教材和最有力武器。二、艰难地但是成功地认识中国社会主义现代化建设规律的十年历程。三、艰难地但是成功地认识中国社会主义现代化建设规律的理论成果。作者指出，在把握社会主义的若干理论问题上，我们党的认识有了新的重大发展。概括起来，就是围绕"什么是社会主义，怎么样建设和发展社会主义"这个首要的基本理论问题，推进了三项重大理论突破。一是确立了社会主义初级阶段论，破除了那种追求"纯而又纯"、"一大二公"的社会主义传统观念，强调我国社会将在相当时间内（直到下世纪中叶）处在社会主义初级阶段。二是确立了社会主义商品经济和社会主义市场经济论，破除了那种一说市场就是资本主义，认为只有计划才是社会主义的传统观念。三是在社会主义本质和判断是非的标准问题上，破除了对社会主义的种种扭曲和错误的理解，确认社会主义的本质是“解放生产力，发展生产力，消灭剥削，消除两极分化，最终达到共同富裕”，相应地把三个“有利于”，即是否有利于社会主义社会生产力的发展，是否有利于社会主义国家综合国力的提高，是否有利于改善人民的生活，作为判断是非得失的标准。这三大突破，是科学社会主义的深层次的理论突破。四、共产党人从斗争中不断创造新局面的思想路线。五、坚持党的基本路线一百年不动摇。

周大仁谈邓小平的理论是马克思主义发展史上的新里程碑 十四大代表、湖北省委党校校长周大仁认为：在马克思主义发展史上，有过四次历史性的飞跃。第一次是1848年《共产党宣言》的问世，标志着马克思主义的创立。第二次是1871年马克思、恩格斯总结巴黎公社的经验，比较完整地提出了无产阶级专政的理论。第三次是1917年列宁领导俄国十月革命取得胜利，首次把科学社会主义理论变为现实，创立了列宁主义。第四次是1945年我们党的七大肯定了毛泽东思想是马克思主义基本原理与中国实际相结合的产物，正式确立了毛泽东思想在全党的指导地位。党的十四大对邓小平建设有中国特色社会主义的理论作出了郑重的结论，明确指出这是中国当代的马克思主义。这是第五次历史性飞跃。这个理论，第一次比较系统地初步回答了中国这样的经济文化比较落后的国家如何建设社会主义、如何巩固和发展社会主义的一系列基本问题，用新的思想、观点，继承和发展了马克思主义。

中央宣传部召开建设有中国特色社会主义理论讨论会 中共中央宣传部6月15日在上海召开了建设有中国特色社会主义理论讨论会。这次研讨会是中宣部关于1993年理论工作的整个部署的一部分，主要研讨邓小平同志建设有中国特色社会主义理论的形成过程、主要内容、本质特征和武装全党的意义。参加这次会议的同志都是在这一方面研究有素并且有所建树的理论工作者。上海市市长黄菊出席了这次会议，中宣部副部长白克明主持了会议，有关部门负责人逄先知、龚育之、邢贲思、刘国光、汝信、刘吉、周瑞金、金炳华等出席了会议。在会议的开幕式上中宣部常务副部长郑必坚强调，党的十四大作出的用邓小平同志建设有中国特色社会主义理论武装全党的历史性决定，应当成为我们理论工作的根本方针。他希望理论队伍要在党的基本理论和基本路线基础上更加团结；在理论联系实际的原则下更加务实；在百家争鸣的方针下更加活跃，为社会主义改革开放和社会主义建设事业而开拓创新。

薄一波新著座谈会 中共中央宣传部、中央组织部、中央党校、中央党史研究室1993年7月13日举行薄一波同志新著《若干重大决策与事件的回顾》(下卷)座谈会。这部新著记述了1957年至1966年上半年党中央关于政治、经济、文化等方面的一些重大决策与事件。这10年，是我们党为探索适合中国国情的社会主义建设道路而经历的一个艰难曲折的时期。作为这一历史过程的见证人和若干重大决策的参与者，作者采用把个人的回忆和历史文献档案资料结合起来的研究方法，对这一时期的阶级斗争和党内斗争、经济建设、生产关系的变革、党的建设等多侧面，作了实事求是的阐述和分析；在充分肯定成绩的基础上，如实地指出了工作中的失误；尤其对一些重大失误是怎样发生的，党和人民为纠正这些失误又作了哪些艰苦的努力和巨大的工作，以及未能从根本上纠正指导思想上“左”的失误，终于导致“文化大革命”悲剧的原因，作了认真的探讨和令人信服的评说，把一些重要的历史经验经过深刻分析留给了后人。党和国家领导人乔石、朱镕基、刘华清、胡锦涛、丁关根和杨尚昆、宋平、薄一波、宋任穷、刘澜涛、余秋里等老同志出席了座谈会。出席座谈会的还有中央和国务院有关部门的负责人及专家、学者。李鹏总理写了贺信。

《光明日报》五论“解放思想实事求是” 《光明日报》在1993年2月11日、19日、22日及3月4日、11日第一版上相继发表评论员文章，五论“解放思想实事求是”。文章提出，解放思想，实事求是，既是建设有中国特色社会主义理论的精髓，更是建设有中国特色社会主义实践不断取得新胜利的可靠保证。我们学习邓小平同志建设有中国特色社会主义的理论，并以这一科学理论指导建设有中国特色社会主义理论的伟大实践，就应该首先理解好、把握好它的精髓，让解放思想、实事求是的观念在头脑中深深扎根。首先，要把握好解放思想同实事求是的内在统一与一致，而决不能将它们分割开来，对立起来；其次，要深入实际，了解实情，把握实情，注重调查研究；再次，要牢牢把握三个“有利于”，坚持实践是检验真理的唯一标准；第四，解放思想、实事求是的过程，既是唯物的，又是辩证的，我们坚持解放思想与实事求是的统一，就要学习唯物辩证法，掌握唯物辩证法，用唯物辩证法指导我们的行动，力戒主观片面性。

纪念邓小平南方谈话发表一周年座谈会在长春召开 为纪念邓小平同志视察南方发表重要谈话一周年，《光明日报》记者部与吉林省委《新长征》杂志社，1993年4月在长春联合召开“深入学习建设有中国特色社会主义理论——纪念邓小平同志视察南方发表重要谈话一周年座谈会”。与会者就以下几方面的问题进行了深入的探讨研究：1. 用建设有中国特色的社会主义理论武装全党和全国人民是思想理论战线的根本任务。2. 科学地理解建设有中国特色社会主义理论的精神实质。

3. 自觉地在实践中坚持和运用建设有中国特色社会主义的理论。4. 围绕经济建设，把社会主义精神文明建设搞上去。

中国社会科学院建设有中国特色社会主义理论研究中心成立 为了系统地研究有中国特色社会主义理论的形成、发展及其在马克思主义发展史上的地位和贡献；总结十一届三中全会以来我国改革开放的丰富实践经验，研究和阐述有中国特色社会主义理论体系及其在政治、经济、文化和社会发展等方面的丰富内涵；研究当前建立社会主义市场经济体制所涉及的各种重大理论问题和实际问题，努力为党和国家进行重大决策提供科学依据，中国社会科学院成立有中国特色社会主义理论研究中心。"中心"以中国社会科学院现有的众多有关学科为基本依托，以组织和协调为其主要职能。主要工作内容是：负责制订研究计划和课题，落实课题承担者和课题经费，检查督促课题的实施。"中心"还将充分开展学术讨论和资料信息交流，重视青年人才的培养，注重组织协调跨研究所以及院内外协作进行的综合性研究，在普及和宣传有中国特色社会主义理论方面承担一部分工作。

中国社科院专家学者座谈社会主义市场经济 1992年11月17日，中国社会科学院经济研究所邀请部分专家学者，就社会主义市场经济问题举行了座谈会。与会同志认为：我国经济体制改革的目标模式，历经14年的实践探索，从计划经济发展到有计划的商品经济，而今党的十四大报告把中国经济体制改革的目标确定为社会主义市场经济。这在我国经济体制改革的理论发展上是一个飞跃，这不仅丰富了马克思主义的理论宝库，而且极大地推动了社会主义改革的实际进程。社会主义市场经济是对我国社会主义建设实践，特别是14年改革开放实路经验的科学概括和总结。座谈会上，专家们对社会主义市场经济的特征进行讨论，认为社会主义市场经济，是在社会主义公有制为主体的基础上的、有社会主义国家政策计划宏观调控下的、市场在资源配置上起基础性作用的市场经济。它同资本主义市场经济的本质区别在于所有制的基础，社会主义市场经济是与公有制相联系的，是公有制基础上的市场经济；资本主义市场经济是与私有制相联系的，是私有制基础上的市场经济。社会主义市场经济的另一特征是要体现按劳分配为主体，其他分配形式并存，要实现效率与公平之间的平衡。专家们认为建立社会主义市场经济将对我国的经济改革和发展起巨大的作用：将大力推进改革开放的深入发展，进一步解决深层次的矛盾和问题；将有力地推动企业合理地配置生产要素，提高企业经济效益；将自动地调节供给结构、需求结构以及总供给和总需求结构的大致平衡；将有利于合理地配置社会资源和利用社会资源；将有利于推动企业的技术革新和进步。

刘国光谈计划与市场的几个提法问题 1992年6月24日《解放日报》报道，刘国光撰文谈计划与市场的几个提法问题。他认为，商品经济与市场经济是一回事而又有区别。前者是与自然经济、产品经济相对而言的，讲的是人类经济活动的交换方式是否采取商品等价交换的方式。后者是与计划经济相对应，作为一种资源配置的方式来说的。市场经济作为资源配置的方式不是区别社会制度的标志。怎样看待"市场取向"这一概念？刘国光认为，十多年来改革的成果首先表现在我国经济在市场取向上的进步。在改革以前，经济运行机制主要是实行指令性计划管理和直接的行政控制。这种体制在建国初期相当时期是必要的，而且起了积极作用。但这种体制在本质上是排斥市场和市场机制作用的。改革以后，我国所有制出现了以公有制为主体的多元所有制结构，公有制内部企业自主权有了扩大，这为企业能按市场规律进行活动提供了一定的条件。同时，我们的市场体系、市场机制也逐步地发育成长，宏观经济管理开始注重间接管理。所谓"间接管理"说到底无非是通过市场，利用市场机制和价值规律进行管理。经济体制改革的这些变化，处处表现为改革的进程就是市场取向不断扩大和深化的过程。当然，市场取向是以公有制为基础的，是取向到宏观控制、计划管理的市场体系中去。刘国光还指出，对计划和市场都要破除迷信，应当重视价值规律。但不要认为价值规律自己能把一切事情管好。至少以下几件事不能完全交给价值规律去管。第一是经济总量的平衡——总需求、总供给的调控。第二是大的结构调整。第三是公平竞争问题。第四是有关生态平衡、环境保护等问题。第五是公正与效率关系问题。可见，我们在实行市场取向改革的时候，不能迷信市场和忽视政府管理和计划指导的作用。另外，我们要坚持"计划调控"，但也不能迷信计划。社会主义经济只是在公有制的基础上提供了自觉地按比例发展的可能性，但不能保证经济按比例发展的必然性。若不考虑客观规律特别是市场供求、价值规律等，计划同样会出现失控、失误。总之，要通过计划与市场的结合，扬长避短，逐步解决好这一问题。

马洪认为向市场经济过渡要做好10个方面的转变 1992年10月13日，中共十四大代表、国务院发展研究中心主任马洪在十四大小组讨论江泽民同志报告的时候说，由现在的社会主义有计划商品经济向社会主义市场经济过渡，需做好10个方面的转变。1. 所有制将由单一的国家所有或集体所有的公有制形式向以公有制经济为基础的混合型所有制(股份制)转变。2. 经济运营形式将由政府为主体向企业和个人为主体的格局转变。3. 企业经营的决策风险从由政府和社会承担，转变为由企业和个人承担。4. 企业的经营战略由依赖型向自我发展型转变。5. 企业同政府的关系将由以往的政企不分向无行政上级隶属的企业转变。6. 政府管理经济由实物的、直接的、一对一的管理，转变为价值的、间接的、行业性的管理。7. 国有资产的管理将由实物化向价值化、货币化、证券化转变。8. 劳动用工制度将由国家包就业向职工自主择业转变。9. 竞争的机制将由目前的不同所有制企业采取不同标准向各企业实行同一竞争规则转变。10. 价格制度将由行政性定价向市场定价转变。

龚育之谈解放思想、解放生产力 龚育之在1992年4月15日《文汇报》上发表《解放思想、解放生产力》的文章，从4个方面谈了学习邓小平视察南方重要讲话的体会：1. 解放思想的再讨论。他认为，14年前关于真理标准的大讨论，冲破了长期以来个人迷信和“两个凡是”的思想束缚，重新恢复了实事求是、一切从实际出发的思想路线。这是思想路线的拨乱反正，成为建设有中国特色社会主义路线和理论的历史起点和逻辑起点。这次学习邓小平重要讲话，是又一次解放思想的再讨论、基本路线的再教育。2. 要害是姓“资”姓“社”问题。改革迈不开步子，不敢闯，说来说去就是怕姓“资”。如果没有解放思想、实事求是的思想路线，对办特区这样的创议，一律不允许试验，先问清姓“社”姓“资”，那么，我们的对外开放又不知要耽误多少个10年？从根本方向、目标而言，我们必须坚持社会主义，但我们头脑中的社会主义、资本主义观念，必须拿到实践中去检验。对那些已被实践证明为阻碍生产力发展的体制、形式和手段，不能因为它们曾被认定为姓“社”就加以固守，对于那些反映人类社会文明成果、有利于发展经济和科技的体制、形式和手段，不能因为是在资本主义社会中形成的就认定它姓“资”而加以拒绝。在改革的试验中，判断的标准就是邓小平提出的：应该主要看是否有利于发展社会主义社会的生产力，是否有利于增强社会主义国家的综合国力，是否有利于提高人民的生活水平。3. 计划经济和市场经济。长期以来，市场经济被等同于资本主义，邓小平从1979年开始，就对这个问题有精辟的论述。他说，社会主义也可以搞市场经济。1985年10月23日他又说，应该把计划经济和市场经济结合起来，这样才能进一步解放生产力，发展生产力。龚育之认为，对邓小平的一系列论述，可以作这样的理解：如果以资本主义私有制为基础，那就是资本主义市场经济；在以多种社会主义公有制为主体的基础上搞市场经济，那就是社会主义的市场经济。4. 改革也是解放生产力，是又一场革命。龚育之认为理解邓小平这句话需要几个方面划清界限：一个方面是，我们的改革绝不是改变我们制度的社会主义性质的“革命”；我们的改革也不是“文化大革命”那样的“革命”。另一方面的界限是：我们的改革不只是细枝末节的、日常性质的变革，而是带有某种程度的根本性质的变革，是机制的转换，是体制的革命，所以称之为“革命”。因为这场革命是要扫除目前存在的障碍生产力发展的体制，所以，改革也有解放生产力的任务。

吴敬琏论计划与市场经济理论探索14年 吴敬琏在《瞭望》1992年第46期中撰文指出：社会主义经济中的计划与市场关系问题，是在1978年7～9月国务院的务虚会上最早提出的。当时的提法是“计划经济与市场经济相结合”，但理论界却认为不如“计划调节与市场调节相结合的商品经济”准确。1980年9月，国务院经济体制改革办公室在《关于经济体制改革的初步意见》中提出：“把单一的计划调节，改为在计划指导下充分发挥市场调节的作用”。这一说法受到经济学家普遍赞成，它在理论上是一个很大的进步。但1981年4月以后，报刊对“社会主义经济是商品经济”的观点提出批评，认为“社会主义经济只能是计划经济”等等，直到这年7月末，由中国社会科学院几位研究人员撰写的论文中，批评了“把计划经济同商品经济对立起来的认识”，指出：应当重新肯定“社会主义经济是有计划的商品经济”的提法。随后，邓小平、陈云等同志批示：“社会主义经济是以公有制为基础的有计划的商品经济，计划要通过价值规律来实现”。同时，一批经济学家也向党中央提出，恢复社会主义有计划商品经济的提法。十二届三中全会《关于经济体制改革的决定》提出：“要突破把计划经济同商品经济对立起来的传统观念，明确认识社会主义计划经济必须自觉依据和运用价值规律，是在公有制基础上的有计划的商品经济。商品经济的充分发展，是社会经济发展不可逾越的阶段，是实现我国经济现代化的必要条件”。十三大报告进一步提出：“社会主义商品经济的发展离不开市场的发育和完善，利用市场调节决不等于搞资本主义”。这样，就把对计划与市场的认识从旧观念中解放出来，在干部群众中达成了对于改革的实质和目标的共识。

王珏论市场经济的属性 1992年11月14日《光明日报》报道，中央党校经济学教授王珏说：要理解市场经济，关键要搞清楚两个关系，一是市场经济与资本主义制度的关系；二是市场经济与商品经济的关系。前者解决市场经济的社会属性问题；后者表明市场经济的自然属性。资本主义市场经济的主要特点是：资产阶级是市场经济的主体，市场经济运行的目的是实现资产阶级的剥削收入。社会主义市场经济与资本主义市场经济不同之处主要是：市场经济的主体是社会主义公有制的代表，市场经济运行的目的是扩大公有制经济和提高人民的生活水平，最终使人民共同富裕起来。可见,市场经济并非资本主义所独有,而是商品经济条件下资源配置的一般方式。商品经济和市场、市场机制是统一体。当一切社会经济活动通过市场,市场机制成为资源配置的调节机制时,商品经济表现为市场经济,市场经济就成为商品经济必然的自我表现形式。在当今世界上,无论其社会制度的性质如何,只要它的经济形式是商品经济,那么它就必然是市场经济,并把宏观调控、计划指导作为其有机组成部分。所不同的是,社会主义条件下的市场经济从一开始就有可能积极、自觉地运用宏观调控手段,消除盲目自发的无政府状态,消除两极分化,弥补市场不足,使社会资源配置更加有效合理。

马克思主义哲学与社会主义市场经济体制研讨会 中国人民大学哲学系与中国辩证唯物主义研究会于1993年元月上旬联合举办了“马克思主义哲学与社会主义市场经济体制”研讨会。会议围绕党的十四大提出的思想,就它们的哲学基础,它们对哲学提出的时代要求等展开了讨论。有的同志指出,在当前的社会条件下,哲学研究必须认真关注市场经济,研究新问题。有的同志指出,市场的本质和功能究竟是否仅仅在于资源配置?有的同志指出,马克思主义哲学应该回答有特色的社会主义的理论问题。不同的意见争论,应该以生产力和实践的标准来衡量。邓小平同志对社会主义的理解既反映了马克思主义的唯物史观,又体现了时代的要求。

中直机关召开党建理论研讨会 1993年6月25日,为期三天的中直机关党的建设理论研讨会在北京结束。与会同志曾就机关党的思想、组织、作风、制度建设以及思想政治工作、党性锻炼、干部建设等问题,进行了探讨和交流,认为在当前的新形势下,要以邓小平同志建设有中国特色社会主义理论为指导,进一步研究加强和改进机关党的建设,充分发挥机关党组织的作用,协助行政领导努力完成本单位所担负的任务,更好地围绕经济建设这个中心,为经济建设和改革开放服务。与会同志还认为,随着深化改革、扩大开放和社会主义市场经济的发展,机关党的建设面临着许多新情况和新问题,需要机关党的工作者,在邓小平建设有中国特色社会主义理论指导下,遵循党的基本路线,努力研究,积极探索,以进一步推进机关党的建设。中共中央办公厅主任、中直机关工委书记曾庆红等同志向在中直机关党建理论研讨征文活动中获得优秀论文奖的16位同志发了奖。

社科院等8单位联合召开“改革开放与社会发展”理论研讨会 1992年8月13日至17日,由中国社会科学院、山东大学、吉林大学等8单位联合发起的“全国改革开放与社会发展研讨会”在烟台召开。研讨会围绕以下4个问题从社会发展和认识社会发展规律与趋势的角度,探讨了改革开放的理论与实践问题:第一个问题:十年改革开放的成就与下一步面临的问题。一些发言者认为,十年改革开放取得举世瞩目的成就,最大贡献是解决了3个理论问题,一是明确了中国共产党当前的中心任务是发展经济;二是社会主义国家必须超脱意识形态处理国与国关系,参与世界经济活动的运行;三是由计划经济向市场经济转轨是不可避免的选择。谈到下一步改革面临的问题,有人认为,在众多问题中,首先是经济的不平衡性更加突出;农业发展后劲不足,此外,人口问题、通货膨胀形势等都十分严峻。有人认为,要完成现代化进程,就要解决避免实现工业化的负效应、提高人口素质、经济发展与人的发展的统一等3个问题。第二个问题,从传统发展观到多元发展观的转变问题。许多同志认为,经济的增长与社会发展并不完全同步,这里有一个发展观念的变革问题。有人认为,在发展概念中,可从哲学、社会学等层次进行研究。有的把社会发展理解为两个相互联系的方面:一是硬的方面,即物质财富的增长和社会制度的变化;二是软的方面,即社会心理结构的演变和民族文化风气的形成。有的强调要面向新的社会发展趋势,大力破除传统理性主义的社会发展观,代之以体现20世纪精神的马克思主义的社会发展观。第三个问题,现代社会发展的趋势与中国发展道路的选择问题。从传统发展观到多元发展观的转变,意味着人类意识的再次觉醒。与会学者认为,正确的观念构架使我们有可能全面认识现代社会发展的特点,把握这些特点所体现的总体趋势,选择适合自身特点的发展道路。有的从环境问题着眼,把环境发展看成社会发展理论在新的历史条件下的新拓展。有的认为,现代化本质上是一个生长的社会整体性概念,我们必须把中国走向现代化的进程作为一个系统工程。第四个问题,哲学如何为改革开放服务的问题。许多专家学者明显感到在改革开放实践中,理论明显满足不了现实的要求。哲学应该以哲学的方式为改革服务,为改革提供一种理想和信念。第一,哲学为改革开放政策的制定和实施提供观念框架和逻辑基础;第二,哲学应当倡导和提炼一种时代精神、民族精神,以激励人们的改革精神。

“中国市场经济新体制与开创当代马克思主义研究新局面”研讨会 1993年5月3日,首都的部分理论工作者在北京大学举行了“中国市场经济新体制与开创当代马克思主义研究新局面”研讨会。会议围绕在发展社会主义市场经济体制的新形势下,如何加强马克思主义哲学的研究工作这个主题,展开了讨论,发表了诸多意见:(1)要继续解放思想。有的经典理论,已被实践证明是没有根据的,要敢于否定;而有的新思想,只要有根据,就应该提出来。(2)以马克思主义哲学为指导,分析社会主义市场经济理论问题、市场的本质、矛盾等,以对现实问题的研究带动和促进基础理论的研究。(3)把哲学卖给市场,或者让市场按照哲学指导运行,都是各执一偏。在现实中,两者应有新的整合。(4)强调研究经济发展和人本身发展的关系问题,注意现代经济价值取向中人的尺度。(5)哲学工作者处在世纪之交,应充分认识哲学在21世纪参与决策的前景。哲学家不能满足于提出一般性口号,而应具体地参与决策思维,例如,研究如何从塑造民族的未来高度来攻克当前教育问题的难点。(6)加强对"西方马克思主义"的研究。在这方面的研究中也要解放思想,坚持实事求是,以实践为检验真理的标准。(7)关注国外对马克思主义的研究。从总的情况来说,这次研讨会的气氛是积极向上的,在会上发表的许多见解也是富有启发性的。

"改革开放与政治稳定"研讨会 由中国政治学会和中国社科院政治学所等单位主办的"改革开放与政治稳定"研讨会于1992年12月中旬在江苏无锡举行。60余位专家和具体工作部门的同志参加了会议。与会同志认为,政治稳定是任何一个国家在实行改革开放走向现代化过程中必然会遇到的重大课题,必须认真处理好。一种意见认为,改革和稳定是矛盾的两个方面,既有对立性,又有统一性。改革会打破旧的平衡,触发甚至强化某些不稳定因素;而稳定则会在一定程度上限制改革的手脚,放慢改革的速度。但二者又有同一性,改革是手段,稳定是条件,两者目的都是发展。另一种意见认为,就改革开放对政治稳定的影响和作用而言,既要看到通过改革开放建立优化的富有生机和活力的新体制,使社会系统的结构更为科学和合理;又要看到改革开放的具体措施和步骤的实施,打破了旧体制的相对平衡,社会矛盾更为复杂和尖锐。就政治稳定对改革开放的影响和作用而言,既要看到改革开放总政策的稳定,无疑是实行改革开放最根本的保障;又要看到现行的各方面具体政策不能不随着客观环境和实际条件的变化而经常地进行补充、修正和完善、调整。还有的认为,政治是经济的集中体现,其作为上层建筑对经济有反作用,但经济对政治则最终具有决定作用。因而,政治稳定的基础是经济,没有经济的发展,实现政治稳定是不可能的。

"改革15年理论与实践研讨会"召开 由国家体改委与管理研究所等单位联合召开的全国中青年学者、企业家"改革15周年理论与实践研讨会"1993年11月上旬在湖南召开。主要围绕以下几个问题进行了探讨。关于所有制问题。与会代表一致认为,应以邓小平同志提出的"三个有利于"为标准,选择适合我国国情的所有制的形式和结构。关于协调体制改革、经济发展与总量平衡三者之间的关系问题。与会者认为,妥善处理好上述三者之间的关系,是保持中国经济稳定、健康与高速增长的关键。关于加强经济理论研究推动经济体制改革的问题。与会代表一致认为,改革开放15年来,经济理论研究工作取得可喜的进展,对我国的经济体制改革起到了巨大的促进作用。但也存在经济理论研究严重滞后的状况。此外,与会者还就企业产权、建立劳动力市场、企业行为的所有权约束等问题进行了广泛研讨。

首都部分专家学者纪念马克思逝世110周年 1993年3月12日,北京地区近40位专家学者在中央党校举行纪念马克思逝世110周年理论座谈会。与会者回顾了马克思辉煌的一生,高度评价了他对人类作出的划时代的贡献。与会者指出:我们应根据自己的国情,坚定不移走自己的路,推进建设有中国特色的社会主义的事业,并在实践中丰富和发展马克思主义。与会者特别指出,由邓小平同志和我们党创立的建设有中国特色的社会主义的理论,是当代中国的马克思主义,是对马克思主义的捍卫、继承和重大发展,在马克思主义发展史和国际共产主义运动史上具有极为重要的意义。

上海资助出版马克思主义学术著作 建立3年的上海马克思主义学术著作出版资助基金,结出丰硕成果:96部马克思主义学术著作获其资助出版,有效地促进了上海马克思主义理论的研究。由上海市委宣传部拨款设立的这项出版基金,每年有200万元资金,全部用于资助马克思主义学术著作的出版。

大学生中出现学马列理论热 中央宣传部、国家教委、共青团中央1992年1月21日在京召开高校青年师生课余学习马克思主义经验交流会。来自全国各地的高校学马列先进师生代表参加了4天的座谈讨论。宋德福作了《用马克思主义照耀青年学生前进道路》的报告,学生代表介绍了他们的经验体会。1989年下半年以来,高校校园中出现了学习马克思主义的积极现象。许多学校校有党校、团校,系有中心小组,班有马列学习小组,层层深入。据对北京、河南、陕西的调查,参加学马列活动的学生约占学生总数的15～30%。一位老教授说:"近10余年来,马克思主义从来没有像今天这样在大学生中表现出如此大的魅力。"为了推动学生学马列活动积极发展,各高校建立了辅导队伍,发动、组织干部和教师参加到学马列活动中去,有针对性地进行指导。不少学校的党委书记、团委书记给学生辅导。一些学校还把学马列活动同政治理论课教学、社会实践活动结合起来。这些措施使大学生学马列活动得到更好的发展。大学生通过学马列理论取得了良好的效果,不少学生自觉用马克思主义指导自己的行动,带头学雷锋,模范遵守校纪校规，积极参加抗洪救灾，在专业学习上名列前茅，展现了当代青年学生奋发向上的精神风貌。

40多个自发的马列自学小组遍布西安冶金建筑学院 西安冶金建筑学院在全院40多个学生马列自学小组、2000多名成员的基础上成立学生业余党校，从1989年到1993年，该校已有300多名马列自学小组成员加入了中国共产党。马列自学小组的成员都是自愿联合组成的，人数从十几人到五六十人不等，每周活动一次，以自学讨论为主，其他同学也可自由参加。马列主义理论的学习和讨论，极大地激发了同学们的爱国主义热情，爱国、爱校、爱集体成为同学们的自觉行动，南方水灾募捐、校园建设，他们积极参与；也极大地提高了同学们的学习积极性，促进了良好校风学风的形成，据统计，马列自学小组成员的学习成绩在各班普遍比较好，自控系上一学年各种奖项获得者中有70%是自学小组的正式成员。

罗国杰撰文谈改革开放与雷锋精神 《光明日报》1993年3月21日第3版刊登了罗国杰论述《改革开放与雷锋精神》的文章。文章认为，雷锋精神的实质和核心，就是一种全心全意为人民服务的献身精神，一种为社会、国家、民族的集体主义精神，一种为社会主义和共产主义而奋斗的主人翁精神，概括为一句话，就是一种为社会主义和共产主义而奋斗的无私奉献精神。在改革开放的新形势下，大力发扬雷锋精神，有利于协调社会上的人际关系，改善社会风气，有利于反对资产阶级的腐朽思想，提高广大人民群众的道德水平，有利于加强社会主义精神文明建设，有利于培养广大青年的共产主义理想和信念。

抚顺军民加强学雷锋的理论研究 1993年3月10日《光明日报》报道：在雷锋的第二故乡——抚顺，是最早兴起学雷锋的地方。30年来，抚顺军民认真总结经验，探索规律，加强学雷锋的理论研究，推动学雷锋活动不断向更深层次发展，使雷锋精神在改革开放和现代化建设中更加发扬光大。望花区于1988年首创学雷锋研究会，并创办了会刊《学雷锋研究》。抚顺市委根据这一经验，成立了抚顺市学雷锋研究会。几年来，它积极引导全市各系统各阶层开展有关学雷锋的理论研究，推广研究成果。研究会还创办了全国第一个学雷锋刊物《学雷锋论坛》，至今已出版了13期，印发10万多册。各县区、各系统也相继建立了理论研究组织，使学雷锋理论研究活动在全市蓬勃开展起来。抚顺市委大力推动学雷锋活动，有力地促进了各项工作上质量、上水平，取得了明显成效。

《毛泽东选集大辞典》出版 由百余名专家学者通力合作的大型工具书《〈毛泽东选集〉大辞典》，由山西人民出版社推出。该书内容分为三大类：一、著作题解，介绍了《毛泽东选集》一至四卷中每一篇文章的写作背景、版本情况、主要内容、历史意义和现实意义。二、名词解释。三、附录，包括《毛泽东选集》版本索引等。

《毛泽东思想研究系统》问世 由中国人民解放军总后勤部专家教授组成的“毛泽东思想研究系统”的研制组，成功地研制了由400多万字和大量图表、照片等资料组成的电脑软件系统。这套系统将毛泽东思想的主要内容进行科学分类归纳，每个论点，可以按体裁、内容、篇名、发表时间等各种索引方法查阅，十分方便，为有关专家进行学术研究提供了先进的方法。

《邓小平著作学习大辞典》受欢迎 由山西经济出版社出版的大型工具书《邓小平著作学习大辞典》，自1992年秋天出版发行以来，受到了全国理论界和广大读者的热烈欢迎，短短半年多时间销售近3万册。广大读者反映，这部巨著为广大读者系统学习有中国特色的社会主义理论提供了方便。

《著名学者论社会主义市场经济》出版 日山编的《著名学者论社会主义市场经济》一书已由人民出版社出版，1992年9月在全国新华书店发行。该书收录了我国著名专家学者薛暮桥、马洪、龚育之、董辅礽等人关于社会主义市场经济的论述，集中、系统地介绍了人们关心的社会主义市场经济问题各方面的内容。

《有中国特色社会主义理论在哪些方面继承和发展了马克思主义》简介 《党建》杂志1993年第3期刊登了邢贲思《有中国特色社会主义理论在哪些方面继承和发展了马克思主义》的文章。文章指出，有中国特色社会主义理论的主要内容包括：社会主义发展阶段、根本任务、改革、政治和经济的关系、所有制、分配、市场经济、产业结构和产业政策、物质文明和精神文明、国内建设和国际环境。该文分析了马克思和恩格斯的论述，毛泽东同志的思想，以及邓小平同志的探索，从而论证了具有中国特色社会主义的理论，是在新的时代背景下，邓小平同志把马克思列宁主义的普遍原理同中国社会主义的具体实践相结合而形成的。

2. 爱国主义、社会主义、集体主义教育与伦理学研究

1992—1993年爱国主义、集体主义、社会主义教育及伦理学研究概况 两年来，我国爱国主义、集体主义、社会主义教育在全国城乡、部队、学校广泛开展。1993年4月在中宣部召开的爱国主义教育座谈会上，全国人大副委员长雷洁琼、卢嘉锡、吴阶平以

及各民主党派负责人在会上发言指出：开展爱国主义教育是时代的召唤、民族的召唤。同时表述了改革开放带来的负面影响对青少年的危害不容忽视的观点。说明在当前大力进行爱国主义、集体主义、社会主义教育的重要性和迫切性。与会者建议：从幼儿园、小学、中学到大学，应当有系统的爱国主义教学大纲和计划；报刊、电视、广播等各种传播媒体，都应把爱国主义作为自己的神圣职责，并应相应地设立能激发爱国主义热情的博物馆、展览馆、纪念馆等，使整个社会成为陶冶爱国情操的大学校。在中央及有关各方的积极倡导下，加强爱国主义教育，动员和鼓舞全国人民团结奋斗，加快建设有中国特色社会主义的步伐，日益成为各界人士的共识。它表现在：一、许多地方新建了一批进行爱国主义教育的基地，如南京树起了抗日航空烈士纪念碑、黑龙江设立孙吴县日本侵华罪行陈列馆、丹东修建抗美援朝纪念馆。在虎门销烟场、三元里抗英纪念碑、圆明园遗址、黄花岗烈士陵园、山海关老龙头海防遗址、茂陵博物馆等处，经常举行对战士、青少年的爱国主义的教育活动。二、中共中央宣传部、国家教委、广播电影电视部和文化部联合发出了《关于运用优秀影片在全国中、小学开展爱国主义教育的通知》。《通知》发出后，全国各中、小学立即行动起来，将组织学生观看100部优秀爱国主义教育影视片，列入教学计划，激励学生树立为中华崛起而学习和建功的抱负。三、由人民日报社、新华社、全国记者协会、中央人民广播电台等20家新闻单位主办的弘扬爱国主义精神的大型活动——“新中国第一”，展示新中国成立以来，祖国社会主义事业所取得的辉煌成就，以鼓励广大群众投身于改革开放大潮。四、许多单位、部队、学校利用演讲比赛、知识赛、出版系列丛书的方式让大家了解祖国的大好河山、悠久的历史文化和近现代的历史国情，培养人们热爱家乡、热爱祖国、热爱人民、热爱事业的美好情操。上述种种活动，使爱国主义精神，深入人心，取得了良好的效果。

1993年3月5日是毛主席等老一辈无产阶级革命家为雷锋同志题词30周年纪念日，中共中央政治局常委胡锦涛在纪念大会上发表了重要讲话，指出雷锋精神对于我们民族和社会过去具有，现在仍然具有重大价值和时代意义，希望全国人民发扬光大雷锋精神。中共中央宣传部、共青团中央、国家教委等分别举办了一系列报告会、座谈会。一些单位邀请英模作报告，提出了弘扬雷锋精神必须从我做起，从现在做起的要求，在部队掀起了“奉献在军营”活动。两年间，在雷锋精神的鼓舞下，祖国各地涌现了刘洪峰、曾昭武等众多的以助人为乐，为群众义务服务，在金钱面前一尘不染，舍己救人得到人们景仰的模范人物。雷锋精神成为群众反对拜金主义、个人主义、享乐主义的锐利思想武器。

在建立社会主义市场经济体制的改革大潮中，如何建构新的伦理道德，是摆在当代伦理学面前的极具现实意义的课题。1992至1993年间，在我国举行了全国伦理学讨论会、全国毛泽东伦理思想研讨会、伦理学与市场经济研讨会、首次国际大型东方伦理道德研讨会等一系列的规模宏大的研究会。这些会议对诸如按劳分配与无私奉献、经济效益与为人民服务、自然生态平衡的道德问题、中国传统道德的批判继承、西方资产阶级道德的借鉴以及建设有中国特色的社会主义道德、儒家伦理与现代法律的矛盾冲突、社会公平与经济正义、市场关系与非市场关系、如何对待个人的功利追求、中国传统道德的主要规范及其当前的改造等与现实紧密结合的课题，开展了具有一定深度的探讨，推动了我国伦理学研究的进程，为构建具有中国特色社会主义的道德模式，在理论准备上做了很有价值的工作。

共青团中央提出开展农村社会主义思想教育的意见 1992年2月13日《农民日报》载：共青团中央发出关于深入开展农村社会主义思想教育的意见，要求全团各级组织认真学习、贯彻党的十三届八中全会精神，把农村青年社会主义思想教育更加广泛、深入地抓下去。“意见”指出，农村青年社会主义思想教育的主要任务是贯彻党中央关于农村社会主义思想教育的要求，深入开展爱国主义、集体主义和社会主义教育；全面贯彻党的基本路线和党在农村的方针政策，推动农村经济发展；努力解决青年工作和青年关心的突出问题，协助党组织完成农村社会主义思想教育的各项任务。“意见”要求各级团组织充分发挥团员青年在深化农村改革、发展农村经济中的主力军作用，要利用农村社会主义思想教育的有利时机，把团的建设和党的建设相衔接，结合党建进一步抓好团的基层建设，提高团员素质，增强团组织的凝聚力、战斗力。根据各地实际情况，建立和完善乡镇“青年文化活动中心”、“青年之家”、“团员活动室”等场所，创建团组织活动经费基地和团员青年培训基地，为活跃团的工作，提供物质保证。

农村社会主义思想教育扎实开展 1993年1月14日《人民日报》载：用党的十四大精神武装农村党员干部和广大群众，是当前农村社会主义思想教育工作的一个突出特点。河北、山西、内蒙古等省、区，以十四大报告为主要教材，用邓小平同志建设有中国特色社会主义的理论武装基层干部和群众，以“三个有利于”作为衡量工作是非得失的标准，认真落实党的农业和农村政策，进一步调动农民群众的积极性。与此同时，坚持以经济建设为中心，认真帮助农村基层和群众解决影响当地深化改革和发展经济的突出问题。安徽省委机关派驻滁州、天长、固镇等市县的工作队，积极发展村、组企业和第三产业，抓商业网点建设,把科技知识、市场信息传给农户,解决农副产品销售难的问题。海南琼中黎族苗族自治县在农村教育活动中,针对农村土地、财务、承包合同管理混乱,搞了"三清三建",完善了有统有分的双层经营管理机制。在农村社会主义思想教育工作中,各地继续把加强基层组织建设作为重点,把懂得党的路线政策、有商品经济意识、能带领群众致富奔小康的人选进领导班子,选好支部书记,建立目标管理制度,留下"不走的工作队",为农村深化改革、发展经济,加快奔小康步伐提供组织保证。

中央宣传部举行爱国主义教育座谈会 1993年4月28—29日,中宣部举行爱国主义教育座谈会。全国人大常委会副委员长雷洁琼、卢嘉锡、吴阶平以及各民主党派、全国工商联的负责人,在会上先后发言,大家认为:"爱国主义教育要立足于唤起爱国主义真情"。他们提出,改革开放带来的负面影响对青少年的危害不容忽视,因此,在全社会广泛深入开展爱国主义教育成为时代的召唤、民族的召唤。与会者认为,爱国主义教育应密切结合人们的思想状况,结合现实生活的实际,让人们了解祖国辉煌灿烂历史和改革开放获得硕果的同时,知道国家尚存在着落后的方面,并激励大家为国家兴旺、民族振兴而奋斗。与会者还就如何使爱国主义教育持久、有效地开展下去提出了建议。他们说:从幼儿园、小学、中学到大学,应当有系统的爱国主义教材大纲和教学计划。报刊、电视、广播等各种传播媒体都应该把爱国主义教育作为自己的神圣职责。学校、剧院、公园、旅游景点等的环境布置应突出爱国主义格调,寓教于乐,激发人们的民族自豪感;应设立能激发爱国主义热情的博物馆、展览馆、纪念馆等,并向青少年免费开放,使整个社会成为陶冶爱国主义情操的大学校。

"岗位学雷锋、行业树新风"座谈会在京召开 1992年3月4日由中共中央宣传部、国务院办公厅、共青团中央在北京联合召开"岗位学雷锋、行业树新风"座谈会,在座谈会上发言的先进集体代表有:北京市百货大楼集团党委副书记刘冰、武汉长江轮船公司党委副书记沈光汉、辽宁鞍山市公用事业管理局局长梁墨林、郑州铁路局武汉客运段37/38次车队副车长刘晓玉、长春电业局局长刘亚钦、民航云南省局运输科党支部书记王永生、中共河南信阳地区金融党组副书记车迎新、河南安阳县税务局钢冶税务所所长段天顺、江苏南京金陵饭店客房部经理吕菁英等。他们发言的共同特点是,结合本行业、本单位的具体特点,立足本职岗位,以职业道德建设为突破口,使自己的服务面貌焕然一新,赢得了群众的高度赞誉。中宣部副部长徐惟诚在讲话中总结了一年来"岗位学雷锋、行业树新风"活动的情况。他说,今后学雷锋活动要在坚持开展社会公益服务活动的同时,把活动的重点转在立足本职、在岗位上体现出奉献精神。

刘华清希望青年一代做到"四爱" 中共中央政治局常委、中央军委副主席刘华清,在1993年5月9日写给团十三大湖北代表团的信中,热情鼓励家乡的年轻人,并对青年一代提出殷切希望。信中写道:"荆楚大地,资源丰富,地灵人杰,特别是中国共产党诞生之后,千千万万仁人志士为其奋斗不息,几代人的努力才换来今日之繁荣昌盛。希望你们,也希望全国的青年们:爱家乡、爱祖国、爱人民、爱事业,时时处处坚持实践的观点,坚持辩证的观点,坚持群众的观点,为建设有中国特色的社会主义贡献青春和才华!"

胡锦涛在纪念为雷锋题词30周年大会上讲话 1993年3月4日中共中央政治局常委胡锦涛在纪念毛主席等老一辈无产阶级革命家为雷锋同志题词30周年大会上发表了重要讲话。他在代表中共中央和国务院向大会表示热烈祝贺后,总结了30年学雷锋的经验。30年来,在题词精神的鼓舞下,亿万人民群众自觉参加学雷锋活动,促进了整个社会道德风尚的提高。特别是党的十一届三中全会以来,我们的国家在邓小平同志建设有中国特色社会主义理论指导下,坚持党的"一个中心,两个基本点"的基本路线,坚持"两个文明"一起抓的方针,改革开放和现代化建设事业蓬勃发展,为群众性的学雷锋活动注入了新的内容和活力。党的十三届四中全会后,江泽民等党和国家领导人又发出了学习雷锋同志,弘扬雷锋精神的号召,使学雷锋活动更加深入发展。并指出:雷锋精神对于我们民族和社会过去具有,现在仍然具有重大价值和时代意义。他要求全国人民发扬光大雷锋精神,像他那样把有限的生命投入到无限的为人民服务中去;像他那样发扬爱国主义精神,树立集体主义思想,坚定社会主义信念;像雷锋那样艰苦奋斗,勤俭创业。加快改革开放和经济发展,为满足人民日益增长的物质文化需要;像雷锋那样发扬"钉子"精神,努力学习,刻苦钻研,用马克思主义理论和现代科学文化知识武装自己、提高自己、完善自己;像雷锋那样立足本职,忠于职守,在现代化建设事业中做一颗永不生锈的螺丝钉。胡锦涛强调:弘扬雷锋精神,应从实际出发,把先进性和群众性结合起来,让每一个人都能参与学雷锋活动,共青团、少先队要把学雷锋活动贯穿到经常性工作中去,引导广大青少年坚持不懈地学、踏踏实实地做,使他们锻炼成为合格的社会主义事业的接班人。每一个有志于为中华民族的振兴作出贡献的中国公民,都应当不负时代的重望,在学习雷锋的实践中谱写新的篇章,在建设有中国特色社会主义的伟大事业中创造新的成绩,做出更大的贡献!

全军学雷锋事迹展览 1993年3月3日下午,《雷锋精神谱新歌》全军学雷锋大型展览在中国人民革命军事博物馆开幕。刘华清、张震、迟浩田、张万年、于永波、傅全有等领导同志观看了展览。此次展览以30年前毛泽东同志发出"向雷锋同志学习"的号召为起点,通过大量的实物和图像,系统、形象地展示了雷锋的生平事迹和伟大精神,展示了30年来特别是改革开放以来全军学雷锋的丰硕成果和经验,并展出了一批具有较高价值和鲜为人知的展品,有雷锋日记原稿(9本)、雷锋使用过的冲锋枪以及新发现的雷锋生前唯一的一张彩照。展览厅中播放雷锋生前作报告的录音,使观众能亲耳听到雷锋那浓重的湖南口音,有一种亲切的感受。

团中央号召青少年进一步学习和弘扬雷锋精神 团中央1993年1月13日发出通知,号召全国各级团组织,带领团员青年进一步学习和弘扬雷锋精神,更加深入扎实地开展学雷锋活动,为我国90年代改革开放和经济建设迈上新台阶做出新贡献。通知要求,各级团组织紧密围绕经济建设和改革开放,继续突出"学雷锋,做'四有'青年"的主题,把学雷锋活动同业余工作和行业风气建设结合起来,深入开展以"爱岗争优、岗上奉献、岗位成才"为主要内容的岗位学雷锋活动。树立良好的职业道德,促进本行业、本单位工作的发展。要进一步搞好以"服务社会、树立新风"为主要内容的社会性学雷锋活动,普及和发展各种形式的青年学雷锋组织,扩大和完善各种共青团学雷锋责任区,建立行之有效的活动机制,使社会性学雷锋更为经常,更有实效,使雷锋精神在改革开放和现代化建设中更加发扬光大。

全国公安系统学雷锋成绩斐然 1993年3月1日,公安部召开全国电话会议,纪念毛泽东等老一辈无产阶级革命家为雷锋题词30周年,表彰全国公安系统、武警部队雷锋先进集体和先进个人。北京市延庆县公安局八达岭分驻所等34个单位、天津市公安局和平区交警支队吴聚祥等44名干警被授予学雷锋先进集体、先进个人荣誉称号。公安部副部长俞雷在会上要求广大公安干部和武警官兵认清自己在新的条件下所肩负的重任,增强责任感和全心全意为人民服务的自觉性,坚持岗位学雷锋,在公安机关和武警部队中造成人人学雷锋,人人争当雷锋式干警的良好风气。

"雷锋精神与现时代"理论座谈会 1993年3月5日《中国教育报》与中国伦理学会在北京召开了"雷锋精神与现时代"理论座谈会。与会同志认为,雷锋精神的实质是全心全意为人民服务。雷锋精神是反对拜金主义、个人主义、享乐主义的锐利思想武器。建设社会主义市场经济,更要提倡雷锋精神,重视职业道德。

抚顺学雷锋与三个教育相结合 《中国教育报》1993年2月25日报道,雷锋第二故乡辽宁省抚顺市教委坚持用雷锋精神建校育人,30年不辍。近几年抓了三方面教育。一是学习雷锋与爱国主义教育相结合:编写新旧对比的乡土教材,使学生了解家乡、热爱家乡。开展国情知识竞赛,通过讲传统报告,对学生进行党的优良传统和光辉业绩教育。二是学雷锋与中小学生日常行为规范教育相结合:市教委制定了《校风基本要求》,开展了评选"学雷锋优秀班"活动。各中小学还制定了《一日常规》、《文明礼貌须知》。市教委还录制了《中小学生日常行为规范教育训练系列片》,在电视台播放。三是学雷锋与劳动教育相结合,使学生在学校有值日岗位,在家庭有劳动岗位,在社会有为人民服务岗位。目前抚顺市学雷锋小组有6.8万多个,中小学生89%都是小组成员,他们定点、定时、定对象服务已形成了制度。他们还编写出《学雷锋读本》,作为思想政治课的补充教材,在全市初高中普遍使用,并供全省选用。实践表明,这套教材注重对雷锋成长道路、思想发展轨迹以及精神境界的分析,内容适合中学生的程度,因其效果好而受到师生的欢迎。同学们说,这套读本使政治课内容更加形象、具体,学起来生动、有趣,懂得如何做一个社会主义的好公民,树立共产主义人生观。抚顺市的这项政治课创新受到了国家教委的肯定。

沈阳军区雷锋纪念馆落成 一尊半身雷锋塑像坐落在沈阳军区新建成的雷锋纪念馆中。1992年9月28日沈阳军区和有关方面的领导为纪念馆剪了彩。中共中央总书记、中央军委主席江泽民为纪念馆题写了馆名。这个纪念馆坐落在抚顺市雷锋生前所在团。展厅第一部分是"伟大的号召,亲切的关怀",展示了毛泽东等几代党和国家领导人为雷锋题词并倡导学雷锋的概貌。第二部分是"平凡而伟大的共产主义战士",展出了130多幅雷锋当年生活工作照片和200多件遗物。第三部分是"高擎雷锋的旗帜前进",反映了部队开展学雷锋活动的丰硕成果。总政治部和共青团中央赠送了挂匾并发来了贺信。

关广富与朱伯儒、胡建平座谈学雷锋 做好事出了名以后怎么办?1992年1月6日在武汉交流思想时朱伯儒、胡建平回答说:"还要继续做好事,以净化自己的灵魂,净化社会风气,振奋民族精神"。稍后赶来看望他们的中共湖北省委书记关广富称赞朱伯儒每次到湖北,都要留下雷锋精神。他说:"湖北近年出现了'两兰'、李伯照等一批英模,也与朱伯儒的榜样作用分不开"。这个评价,得到了胡建平上校的赞同。在武汉当了28年兵的胡建平,曾在长江里救起20多名群众,挽救过10多个失足少年,默默地为群众做过许多好事,1991年成为"全国武警学雷锋标兵"。他对身边的朱伯儒说:"您是我学习的榜样,早在1984年我就听过您的报告"。现在成都空军任职的朱伯儒少将，曾长期在驻汉某部任职。他热情为群众做好事、关心挽救失足少年的事迹闻名遐迩，激励和教育了许多人。朱伯儒认为，学雷锋对个人人格也是一种锤炼。人出了名还做好事难免有风言风语，能正确对待也是一种考验。

湖南实施“学雷锋送温暖工程” 共青团湖南省委计划实施5年的“学雷锋送温暖工程”于1992年3月1日拉开序幕。近年来社会上流传着一句话：“雷锋叔叔没户口，三月来，四月走”。这从一个方面反映了群众对学雷锋活动走过场的不满。为了让雷锋精神长驻，共青团湖南省委号召全省各级团组织带领青少年实施为期5年的“学雷锋送温暖工程”，为最困难最需要帮助的人服务。1992年湖南“学雷锋送温暖工程”的两项重要活动是，为“五保户”提供经常性服务和为老、少、边、穷地区青少年捐献书刊。湘潭团市委已对全市1.2万名孤寡老人进行了调查，并采取专人承包的方式，要求服务者定期去看望照顾老人。

吉林教育出版社重视出版学雷锋的书 吉林教育出版社坚持把学习和宣传雷锋精神作为出版工作的一项任务，从1991年至1993年间，他们以最大的热情、最快的速度、最好的质量和最低的价格出版了4种宣传雷锋的书，发行达5万册。如：李鹏总理题写书名的《雷锋精神永恒》，总结抚顺市雷锋小学学雷锋经验的《踏着雷锋的足迹》，再现雷锋当年教育孩子茁壮成长的《雷锋和孩子们》等。其中《雷锋精神永恒》一书，受到社会各界普遍好评，先后3次被评为全国和吉林省的优秀图书。

“老外”学雷锋 在山西忻州师专校园内，传颂着外籍教师马克、瑞尼夫妇学习雷锋的新鲜事儿。1993年马克夫妇来到中国。中国的天安门、古长城、延安的窑洞、中国人民的好客、朴实……都给他们留下了美好的印象。而最使马克夫妇感动的还是校内师生们坚持学雷锋的事迹。由此夫妇俩知道了谁是雷锋，为什么学雷锋。于是他们自己也开始学雷锋，为别人做好事。1993年3月开学以来，他们要求上午、下午都排课，工作量比有些中国教师多一倍；晚上还不休息，深入阅览室、教室耐心辅导学生学英语。课余时间，瑞尼教学生织毛衣，贴毛线画。星期日，他们把师生朋友邀到家里听音乐，交流学习方法。随学生深入山乡时，他俩应邀演唱了当地民歌二人转。在人们的赞扬声中，两双蓝眼睛闪动着泪光，他们说：“我们也要像雷锋那样，热爱中国，热爱中国人民。”

张彦明舍己救人 1993年7月19日，黑龙江省漠河地区连日暴雨，山洪暴发。战士张彦明和朱保进这天正在马尼契村附近的连队蔬菜生产点拔草，洪水突然涌来，很快就把菜地淹没了。他俩正准备撤离，忽然想到村头的几户菜农肯定也被洪水包围了。他们迅速找来3根两米多长的圆木，捆绑成一个简易的木筏，先把华正武一家护送到安全地带，又去把泡在没腰深水中的杨忠玉夫妻转移到远处的路旁。随后他们又返回挨家挨户检查，确信都安全转移之后，才撑着木筏撤离。此时，一个洪峰袭来，将小朱冲走，小张奋力救他，当小朱脱离危险时，张彦明已被无情的洪水卷走。人们找到小张遗体时，个个失声痛哭。

“雷锋爷爷”曾昭武 湖北省麻城市龟山茶场老红军、离休干部曾昭武，从1976年起坚持义务为群众治疗烫伤，人们亲切地称他“雷锋爷爷”。曾昭武现年77岁，1933年参加红军，经历了长征。1976年离休。当他看到不少农家孩子因烧伤、烫伤，要到乡卫生所和市医院治疗，既费时又花钱时，便发挥自己在部队学到的治疗烫伤技术，义务为烫伤患者治疗。没有药，他拄着拐杖上山采挖，精心煎制。龟尾村有一个村民3个小孩先后烫伤5次，曾老往返跑了几十回，治好了烫伤，为农家节约医疗费近千元。10多年间，曾昭武共为群众义务治疗烫伤1100余人次。若按一般收费，他早该成为万元户了，可他仍过着清贫的生活。他助人为乐无私奉献的精神，深受当地干部群众称赞。

南京无线电厂学雷锋既育人又出效益 1992—1993两年来，南京无线电厂坚持把“创一流电子企业、出一流熊猫产品、建一流青工队伍”作为学雷锋活动的整体目标。成立了近千人服务队，长年服务社会，足迹遍布全国20多个省市。与此同时，该厂不断探索学雷锋活动的新形式。厂团委先后开展了“为熊猫添光彩、为青春增价值”、“学雷锋责任区”等活动，激发青年敬业成才的自觉性。青工施宁为自参加学雷锋活动后，刻苦自学无线电理论，认真钻研无线电技术，先后为群众和厂里修理收录机20600多台，被破格晋升为技师。学雷锋标兵邱路结合本职工作，大胆创新，设计出了3631A、3631B型彩电，成为厂里的“看家”产品，两年内累计投产13.85万台，销售收入达3.294亿元，获利4657万元。据统计，两年中该厂在学雷锋旗帜下成长的技术骨干、生产能手、革新能手达3000多人，有300多位青年入党。厂团委因此获得全国、省、市“学雷锋先进集体”的荣誉称号，还受到团中央的通报表彰。

海军授予刘洪峰“雷锋式好战士”称号 1993年2月26日，中共海军党委授予刘洪峰“雷锋式好战士”荣誉称号。刘洪峰是海军后勤部驻九江市湖口某仓库给养员。今年春节前，湖口轮渡码头车流量陡增，为了加强渡口警卫力量，从1月8日开始，仓库每天派战士协助公交干警疏导车辆维持秩序。1月15日傍晚，刘洪峰乘上准备过渡的个体户经营的中型面包车，去替换在渡口警卫的战友。晚6点25分，渡轮鸣着汽笛，向渡口靠来，岸上等急的大小车辆一齐发动了起来。中型面包车在尾随车流下坡时，突然刹车失灵，车的左前方撞在一辆卡车上，失控的车疾速向湖中冲去。车上的乘客被突如其来的险情吓呆了。这时坐在车门口的刘洪峰站起来，拉开车门大声喊："大家不要慌，赶快跳出去！"身高1.80米的刘洪峰死死抵住车门，将周围乘客连拉带拽推出门外，使7人死里逃生，而他却走完了自己21岁的人生途程。

全国中小学运用优秀影视片开展爱国主义教育 1993年10月，中共中央宣传部、国家教委、广播电影电视部和文化部联合发出《关于运用优秀影片在全国中小学开展爱国主义教育的通知》。全国各中小学积极贯彻该通知，将100部优秀爱国主义教育影视片，列入教学计划，作为对中小学生进行德育的重要内容。如：北京市各中小学切实加强管理，将爱国主义影视片教育活动按各年级相应层次将影视片列入课表，形成制度，督促检查。北京电视台每周六下午4—6时之间，播放爱国主义影视片。上海建立了市、区县和学校三级影视教育网络，并培养了一支以师生为主的群众影评队伍，让200万中小学生更好地从优秀影视片中吸取营养。市教育局还建立中小学影视教育管理站，便于定期放映。实践证明：优秀的爱国主义影视片蕴藏着丰富的思想、艺术内涵，具有形象、直观、生动、可信、感染力强的特点，深受广大中小学生的欢迎，并取得了弘扬爱国主义的效果。

林则徐纪念馆已成爱国主义教育基地 林则徐纪念馆全面向社会开放7年来，已成为对人们进行爱国主义教育的基地。林则徐1785年生于福州，成为中国近代史上主张"放眼看世界"又高举反对外国侵略大旗的民族英雄。在西方殖民者利用鸦片走私侵略和欺诈中国人民的关头，他在广东虎门主持了气吞山河的"销烟"壮举，沉重打击了西方殖民者的侵略活动。为了培育新一代的爱国精神，福州市委和市政府正式把林则徐纪念馆列为全市的德育基地，开展经常性爱国主义教育。1988年以来，全市共有15万余名各界群众和青少年、解放军战士，在林则徐纪念馆内接受过爱国主义精神的熏陶。在鸦片战争150周年纪念时，福建省、福州市有关部门还发起成立了林则徐基金会，一年间就筹资40多万元。市委、市政府决定进一步修缮林则徐故居和闽江口炮台，让更多的人从这里受到弘扬民族气节的再教育。

圆明园遗址成为爱国主义教育大课堂 被誉为"万园之园"的圆明园，曾相继惨遭英法联军和八国联军的劫掠、焚毁。如今，历尽沧桑的圆明园已成为爱国主义教育的大课堂。一批批新党员在遗址前宣誓，一批批团员青年来此重温民族的忧患。遗址公园对社会开放4年来，共接待各界人士1500万人次。江泽民题写片名的大型文献记录片《圆明沧桑》，在全国放映后反响强烈，拷贝发行达14C多部。1980年，以国家名誉主席宋庆龄为首的1500多名各界人士发出保护、整修及利用圆明园遗址的倡议，得到社会的支持。经过整修，遗址公园于1988年正式向社会开放。为使圆明园更好地发挥爱国主义教育的特殊功能，在加紧继续整修的同时，公园管理处主动配合学校、工厂、机关开展多种形式的活动。他们利用大学新生入学、工读学校的专题教育、团员青年参加遗址整修义务劳动等各种机会，以实地导游、录像、电影、图书资料等方式，有针对性地对青少年进行爱国主义教育。一位参观者在留言簿上写道："圆明园的兴建，是中国封建社会政治、经济、文化发展的象征；而圆 明园的毁灭，是中国沦为半殖民地半封建社会的历史见证。它所遭受的劫难，从一个侧面反映了鸦片战争以来中华民族备受欺凌的历史。"一位大学生写道："中国人民被欺侮了100多年，只是有了中国共产党的领导，建立了社会主义新中国，中国人民才站了起来，随着我国综合国力的增强，我们的国际地位将日益提高。"

抗日航空烈士纪念碑在南京奠基 抗日航空烈士纪念碑于1993年5月6日在南京奠基。这一纪念碑建在紫金山北麓南京航空烈士公墓的最上方，由20块碑石组成。前方为15米高的主碑，后方19块碑石上将镌刻中国、美国、原苏联和韩国等国家3000多名抗日烈士的名字。

抗美援朝纪念馆在丹东落成 1993年7月25日，新扩建的抗美援朝纪念馆开馆典礼在丹东市隆重举行。纪念塔上镌刻着邓小平题写的"抗美援朝纪念塔"七个大字。中共中央总书记、国家主席江泽民，国务院总理李鹏，中央军委副主席刘华清分别为纪念馆题词。江泽民的题词是：中国人民志愿军的爱国主义、国际主义和革命英雄主义精神永放光芒。李鹏的题词是：纪念抗美援朝保家卫国的伟大胜利！刘华清的题词是：在抗美援朝战争中光荣牺牲的烈士永垂不朽！胡锦涛在开馆典礼上发表了重要讲话并剪彩。胡锦涛指出，抗美援朝战争过去已经40年。但是，它留给我们的宝贵精神财富是永存的。不论过去、现在和将来，都是鼓舞我国人民为振兴中华而奋斗的强大精神力量。纪念馆序厅里屹立着毛泽东和彭德怀的塑像。12个展厅以上千件展品全面展现了抗美援朝的历史画卷。

茂陵博物馆发挥文物优势开展爱国主义教育 茂陵是汉武帝刘彻的陵墓，位于陕西省兴平市东北的渭北原上。座落在茂陵东侧霍去病墓前的茂陵博物馆，是陕西省十大博物馆之一。多年来，该馆依靠群众征集文物，其中错金银铜犀尊、玉雕铺首、鎏金马、鎏金银高擎竹节薰炉等被视为国宝。这批文物连同馆内的成组大型石刻，在进行历史唯物主义和爱国主义教育中，发挥了重要作用。他们根据江泽民有关讲话精神和国家文物局等6部门联合发出的《关于充分运用文物进行爱国主义和革命传统教育》的通知，积极与附近厂矿、学校联系，利用文物优势，开展爱国主义思想教育活动。该馆先后与茂陵机校、西吴初中、茂陵中学、三〇二部队等建立教育基地关系。据统计，1993年，共接待大、中、小学生约一万多人次，通过采取票价优惠的办法，使学生们丰富了课堂上的历史知识，使爱国主义思想进一步增强。

北大学生扬起“爱心”旗帜

“不要问别人能为自己做什么，而要问自己能为别人做什么，不要问社会能为我们做什么，而要问自己能为社会做什么。”1993年12月1日，由北京大学地质系研究生马洪恩等6名同学发起的“爱心社”宣告成立，他们以“向别人和社会奉献爱心”的实际行动，高扬了一面“友爱、善良、诚实、互助”的旗帜。“爱心社”成立的第三天，十多名新入社的同学，便冒着寒风把学校第二教学楼窗缝糊上，扶起被风吹倒了的一辆辆自行车、拧上没关紧的水龙头……“爱心社”的举动在校内外产生了热烈反响，不到一星期，就有120多名同学报名入社。北大广播站的张继洲等7位老师得知“爱心社”成立的消息后，捐款200元作为启动资金；一位70多岁的老人专门为爱心社送来了自己精心设计并篆刻的带有“心”形图案的社章；机械部仪器仪表所的冯士永为“爱心社”设计了社徽；方正集团送来了500把“爱心伞”；12月6日，远在河北保定的金笛生物制品有限公司致电马洪恩，表示愿和“爱心社”共同发起“爱心活动”，在企业界拉起一面“爱心”大旗。有人问马洪恩为什么要成立“爱心社”？他说：“最近一段时间，新闻传媒报道多起‘社会冷漠’事件，强烈的责任感促使我们下决心，以实际行动唤醒人们的良知，为社会献出一份自己的爱心。我相信，终有一天，爱心社撒下的爱心火花会成燎原之势，温暖你我、温暖大家。”

江苏省盐城中学开展爱国主义教育 1993年，江苏省盐城中学以爱国主义教育为主线，改进学校德育工作。具体做法是：第一，区别年级层次，由浅入深，增强爱国主义教育的系统性。对初中一、二、三年级分别进行“爱我中华国宝”、“知我中华国耻”、“明我中华国策”的教育，帮助学生了解中华民族的瑰宝，了解中华民族遭受帝国主义列强侵略的屈辱史，了解民族英雄为拯救祖国不屈不挠的斗争史，使学生增强民族自豪感、自尊心和民族气节。对高中三个年级分别进行“强我中华国力”、“固我中华国本”、“为我中华效力”的教育，使学生认识到要振兴中华，必须增强国力。树立为国效力，为国争光 的思想。第二，选择最佳渗透点，将课堂作为爱国主义教育的主渠道。该校抽调骨干教师，专题研究如何在12门学科的教学中强化爱国主义思想，激发学生树立“为中华崛起而读书”的抱负。第三，运用多种形式，积极开发和利用本地爱国主义教育资源，开展爱国主义教育活动。由于德育抓得具体实在，效果明显，该校被评为“江苏省德育工作先进集体”。

“新中国第一”——弘扬爱国主义精神的大型活动 1993年10月1日，由人民日报社、新华社、全国记者协会、经济日报社、解放军报社、光明日报社、中央人民广播电台等20家新闻单位主办，协办单位有北京北辰实业集团公司、昆明钢铁公司、第一汽车集团公司、广东佛山润华陶瓷有限公司等。举办这个大型系列活动的目的，是回顾和纪念新中国成立44年来的光辉发展历程，展示社会主义事业取得的巨大成就，歌颂新中国千千万万创业者的伟大功绩，弘扬爱国主义精神、激励广大群众投身于改革开放大潮，搜集和整理有关“新中国第一”的资料档案和实物。这个大型活动的主要内容：“新中国第一”征文及史料征集，编辑出版征文优秀作品集《共和国的记忆》和大型辞书《新中国第一》；举办“新中国第一”知识竞赛；摄制发行“新中国第一”系列影视片；举办“新中国第一”大型展览；筹建永久性“新中国第一”纪念馆。

高校校史是爱国主义教材

在1993年5月召开的第三届高校校史研讨会上，与会同志认为，高等学校校史是对我国青年学生进行爱国主义、革命传统和优良学风教育，增强民族凝聚力的重要教科书。同时，高等学校校史是我国教育史的一个分支学科，其基本任务应是“存史”、“教化”、“资治”，即揭示近百年来我国高等学校创办、发展的历史，总结经验和教训，为当前与未来建设有中国特色的社会主义高等教育提供依据。

对幼儿进行爱国主义教育

1993年9月13日《中国教育报》发表文章，就如何“对幼儿开展爱国主义教育”进行了探讨。文章指出：爱国主义教育是思想品德教育的重要组成部分。对处于启蒙阶段的幼儿，也应进行爱国主义教育。首先要以具体形象为主，从爱爸爸、妈妈、爱老师、小伙伴，逐步扩大到爱英雄人物、爱劳动、爱人民。引导幼儿了解家乡的自然风景、名胜古迹、历史事件和人物、建设和变化，使他们产生爱家乡和祖国的思想感情。其次，要利用日常教学活动，如利用音乐课，教唱“我爱北京天安门”、“国旗多美丽”等爱祖国为主题的歌曲；利用美术课，激发、诱导幼儿用图画形式表现对祖国的爱。如教画“祖国真美好”、“家乡新貌”等。第三，要利用庆祝节日及参观、游览等活动，对幼儿进行爱国主义教育。如在国庆节时，向幼儿进行我国建国以来取得的巨大成就的教育，增强幼儿的自豪感和责任感。在清明节时，请老红军、老干部讲革命故事，祭扫烈士墓，让他们知道新中国、新生活来之不易。组织春游、秋游，让幼儿欣赏祖国的美丽风光。

上海市爱国主义教育结硕果

1992年至1993年，中共上海市委坚持把爱国主义教育作为一项基本工作来抓，着重开展了“上海‘浦东’未来”宣传教育活动。在职工中突出“四知道”教育：知道全市及全国90年代的奋斗目标和前景；知道当前上海要做的大事、实事；知道上海“八五”期间要实现的目标及完成的重大工程；知道本单位的主要任务。市委、市政府还命名表彰了10个红旗集体，10位先进标兵。为了弘扬爱国主义精神他们组织拍摄了《时代英雄》、《中华之最》、《华夏一奇》、《情系浦江》专题片，主办了《见了你们格外亲》大型文艺晚会，并开展了“万名职工看上海、看市场大型参观活动”。团市委组织了纪念五四运动74周年大型报告会，命名和表彰了48名市新长征突击手，确定全市94个革命遗址为“上海市青少年教育基地”，并与上海电视台联合，邀请学成归来报效祖国的青年讲艰苦创业、岗位成才的体会。还在市郊区各县展开“谈乡情、看国情”活动。

深圳各校引导学生热爱祖国立志成才 据《人民日报》报道，1992年以来，深圳各学校对学生加强了爱国主义教育。各中学普遍运用虎门抗英斗争史迹和东江游击纵队旧址，及纪念鸦片战争150周年的活动来进行爱国和革命传统教育，使师生们深深感到今天的幸福生活来之不易。深圳还把爱国主义教育渗透到各科教学之中，深圳中学由于加强了爱国主义教育，学生“知国情，明使命”，政治热情空前高涨，先后有30多名学生参加了党章学习小组，有的已经入了党。在爱国主义教育中，还注意运用生动活泼的形式，以适应少年儿童的特点。如让学生与武警战士同台演出《我们心中的旗》，组织学生进行社会调查，了解各条战线的巨大变化，开展“祖国我爱您”的诗歌朗诵和“祖国知多少”的智力竞赛活动等。深圳市中小学还采用《特区知识》、《深圳地理》、《深圳史话》等乡土教材，使爱国主义教育和党的基本路线教育具体化。还有计划组织学生参加社会考察和社会实践。在参观著名的都市化村庄南岭村后，学生们说：通过比较，还是社会主义好。

黑龙江孙吴县建立爱国主义教育基地 在1993年里，黑龙江孙吴县致力于地方近代史研究，发掘整理日军侵华遗址、建立爱国主义教育基地，形象、生动地对干部群众、特别是青少年进行近代史和爱国主义教育。在本世纪30年代至40年代中期，孙吴县曾是日本关东军重兵盘踞的军事要地。有近20处日军侵略遗址，其中包括日军“731”细菌部队孙吴支队和日军用毒气弹秘密屠杀中国劳工的遗址等。孙吴县还设立了“孙吴县日本侵华罪行陈列馆”，作为对群众与中小学生进行爱国主义的教育阵地。

广州军区爱国主义教育有声有色 广州军区领导机关1993年元月发出通知，要求各部队结合训练、战备、生产等任务，紧密联系指战员的思想实际，进行一次系统的爱国主义教育。各驻穗部队结合学习中国近代史，参观虎门鸦片战争历史博物馆、三元里抗英英雄纪念碑、黄埔军校旧址、黄花岗烈士墓等革命纪念地。广东省军区和人武系统结合爱国主义教育，开展了“中国近代史知识竞赛”、“国防知识竞赛”等活动，观看了《林则徐》等电影和录像片。通过爱国教育，广大官兵增进了热爱祖国的感情，练兵热情空前高涨，有力地推动了部队的全面建设。

解放军“潍县团”爱国主义教育扎实有效 “潍县团”在发展社会主义市场经济条件下，宣扬了16名无私奉献的先进典型，使爱国主义教育开展得既扎实又有效。如某部班长朱勇明可以到国外分得姑妈的巨额财产，当上大公司的老板，但他为了部队需要，继续留队工作；当国家举办亚运会时，“学雷锋模范”李志军把自己的积蓄和残废金悉数捐出，成为“全国残疾人捐款之最”。他们的模范行动激励着全团官兵，在华东遭水灾时，全团官兵最先把钱和衣物捐给灾区。1993年，该团被北京军区评为“军事训练先进团”，1992、1993年连续被集团军评为“全面建设先进团”。

上海向明中学德育重实效

向明中学是上海市的重点中学，也是一所有近百年历史的完全中学。近年来，这所中学针对青少年学生的思想实际，以道德规范教育为基础，教导学生学会怎样做人，做怎样的人。学校在一次班会上，发现学生不懂得爱护与体贴父母，就抓住典型事例，引导学生学雷锋要从尊敬、孝顺父母开始，在全校开展“爱”的系列活动：从身边开始，爱父母、爱老师、爱集体、爱同学、爱祖国、爱人民、爱党、爱社会主义。推动了全校内外，家庭与周围社会精神文明的建设。涌现出一批建设精神文明的好学生。学校在开展“国情与我”及“当五星红旗升起时”的演讲比赛、征文、论文评比中，把国情教育与德育相结合，组织校外德育讲师团来校对学生进行传统教育，让学生了解国家的历史、现状、未来，明确自己的责任。从而把爱国主义教育与国情教育结合起来。在高中组织了“青年共产主义学校”，在初中成立“少年团校”，对学生进行比较系统的马克思主义的哲学教育，党的基本知识教育。与此同时，学校党支部结合“青年共产主义学校”的教育，对学生中的先进分子进行前期考察，积极吸收符合条件的青年学生加入中国共产党组织。从1985年以来，向明中学党支部一共吸收了22名学生党员。1992年上半年，就有5名学生加入了中国共产党，在学生中起到了极大的推动与教育作用。

山海关对应征人伍青年进行爱国主义教育 1993年11月11日，河北省中共山海关区委和区武装部组织100名应征入伍青年到万里长城入海处山海关老龙头，进行爱国主义教育。山海关老龙头在清朝末年为海防要地。1900年八国联军进犯山海关，老龙头的炮台、将台、登海楼、海神庙被毁之一炬。历史的回顾，使青年们感到自己肩负的历史重任，他们纷纷表示：要用自己的鲜血和生命保家卫国，使伟大的祖国繁荣昌盛，永远屹立于世界之林。

深圳举办德育大观园 1993年5月30日，深圳举办“德育大观园”大型庆祝六一活动。德育大观园设有普法一条街、合家欢游园、少年儿童展厅、百名小画家现场表演、少年科技制作展等活动，展示了深圳少年儿童健康向上的精神风貌。

北京东城区首创“德育实验室” 北京市东城区教育工作者落实“三个面向”的指导方针，把职业指导教育作为德育内容，拓宽中小学德育的内涵；通过计算机分析、电化教学等现代化手段，使德育方法、途径更加科学化、现代化。1993年10月23日，“德育实验室”在京揭幕。现已有德育资料库，为学校开展生动活泼的爱国主义教育、“两史一情”教育、基本路线教育、职业准备教育提供录像片；有一座多功能厅，可以用来听课、咨询、放录像、办展览；还有4个心理测量室。试办期间对北京164中初三学生进行职业人格能力测试，其信度、效度都达到较高水平，深受广大师生的欢迎。

《爱我中华》丛书出版 1993年5月江苏少年儿童出版社推出了《爱我中华》丛书。这套丛书，分《中华国耻》、《中华国恨》、《中华国宝》、《中华国魂》、《中华国威》5卷20册，共300多万字，1100多幅照片。是一套融知识传播与爱国主义教育于一体的优秀读物。1993年5月26日《爱我中华》丛书获得中宣部授予的“五个一工程”入选作品奖。

全国伦理学理论讨论会 由中国伦理学会和上海市伦理学会联合主办的第六次全国伦理学理论讨论会于1992年11月24日至29日在上海召开。来自全国近20个省市的100多名代表参加了会议，提交论文60多篇。会议回顾总结了1990年长春会议以来伦理学会的工作，修改并通过了《中国伦理学会章程》。此次会议，正值中共第十四次代表大会结束后不久，广大代表就如何贯彻十四大的精神，使我国的道德建设上新台阶，为社会主义市场经济服务，展开了讨论。讨论会集中讨论的主要内容是：(一)社会主义市场经济需不需要道德。(二)社会主义市场经济与集体主义道德。(三)总结近现代伦理思想发展的规律，为当前市场经济条件下伦理学理论建设服务。(四)改进道德教育的内容和方法，使伦理学在建设两个文明中发挥更大的作用。(五)伦理学研究要适应社会主义市场经济的需要。

大港石油管理局开展伦理道德教育 为了适应改革开放、发展社会主义商品经济的新形势，全面提高干部的素质，大港石油管理局从1987年开始在局党校开设了伦理道德课，作为提高干部思想道德素质的重要途径之一。五年多来，先后在52个班次，讲授了500多学时，总共有2300多名处级干部、专职党群干部和其他方面的干部听过伦理道德课。通过这方面的学习教育，在干部中对伦理道德获得了越来越多的共识，提高了干部的道德觉悟，促进了油田的两个文明建设。其效果主要表现在以下几个方面：一、形成了“经济要发展上台阶，少不了道德的推动和保证”的共识，提高了加强道德建设的自觉性。二、进一步认识了干部道德人格的巨大影响力，提高了加强道德修养的自觉性。三、进一步树立了为人民服务思想，增强公仆意识，促进了油田的勤政廉政建设。四、自觉地把伦理道德理论和方法引入思想政治工作中，使其更具体深入，更有成效。

天津社科院召开“道德俗文化”研讨会 天津社会科学院伦理学研究所于1992年9月29日召开“道德俗文化”研讨会。南开大学哲学系、政治学系及该院文学所、哲学所有关人员参加。会议重点讨论了以下几方面的问题：1.道德俗文化的含义、特征及表现形式。2.研究道德俗文化的理论意义和实践意义。3.道德俗文化与现代社会生活的关系。与会者还就道德俗文化的运行机制、中华民族的道德俗文化的优点缺陷以及建设和发展现代社会生活中的道德俗文化等问题作了分析和探讨。

湖北省医学伦理学研究会举行 湖北省医学伦理学研究会第三次学术讨论会于1992年5月19日至22日在襄樊市召开，来自全省各地从事医学伦理学教学研究的理论工作者和卫生行政部门、各级医院的实际工作者共105名代表参加了会议。大会收到论文83篇。湖北省医学伦理学研究会会长、湖北医学院党委书记张志善教授作了《影响卫生管理人员医德品质的两个问题》的学术报告。这次讨论会的主题是“卫生政策和医院管理中的道德导向”，有28名代表在大会上发言，分组进行了讨论。

全国毛泽东伦理思想研讨会召开 毛泽东伦理思想研讨会暨第七次全国伦理学术讨论会于1993年12月10日至14日在济南召开。来自全国各地的150多位专家、学者和实际工作者参加了会议，提交论著6部、论文81篇。会议围绕着“坚持和发展毛泽东伦理思想，加强社会主义精神文明建设”这一主题，从六个大的方面作了专题发言和讨论。一、毛泽东伦理思想的基本框架。二、毛泽东伦理思想的提法和历史分期。三、毛泽东伦理思想与传统民族伦理文化。四、毛泽东伦理思想与党风廉政建设。五、邓小平对毛泽东伦理思想的坚持和发展。六、市场经济与道德建设。

首次国际大型东方伦理道德研讨会在京举行 “东方传统伦理道德与当代青少年”国际研讨会于1993年5月20—24日在京举行。会议主题是弘扬东方优秀传统道德。中共中央政治局委员、国务院副总理李岚清到会讲话，他强调在对青少年进行马克思主义教育的同时，要把我们五千年文化、道德、伦理的优秀传统集中起来，教育我们的青少年，形成有中国特色的价值观，形成有中国特色的伦理道德规范。与会学者围绕青少年道德教育在现代化建设中的作用、如何利用优秀的传统道德对青少年及全体国民进行道德及法制教育、中国传统道德的主要规范及其当前的改造等问题展开了热烈的讨论，并就世界面临的共同的道德问题及各国德育如何互相取长补短进行了交流。来自中、日、韩、美、英、新加坡、瑞士及港、澳的一百余名学者参加了会议。

河南省伦理学会召开年会

1993年4月4日至8日，河南省伦理学会在郑州召开了第三届年会。与会同志围绕社会主义市场经济与集体主义的价值导向这一主题展开了讨论。会议邀请了我国伦理学界的著名学者许征帆、魏英敏、陈瑛、宋希仁、唐凯麟、温克勤等作了学术报告。

跨越国界的价值理论对话

1993年9月2—4日，由日本大阪经济法科大学哲学研究室与中国社会科学院哲学研究所共同组织的“中日唯物史观和价值观的统一”学术研讨会在北京举行。出席会议的日方代表团团长为大阪经济法科大学岩崎允胤教授等人，中方代表团团长为中国社会科学院哲学所所长陈筠泉教授等人。中国人民大学教授李德顺、北京师范大学教授袁贵仁应邀与会。会议期间，中、日两国学者就唯物史观视野中的价值理论研究所面临的许多重大课题充分地交换了意见：一、唯物史观与价值观；二、历史必然性与价值；三、实践与价值；四、文化发展与价值。会议开得热烈、友好而又富有成效。正如岩崎允胤团长和陈筠泉团长在总结会议成果时所指出的那样，研讨会增进了中、日两国马克思主义哲学界的交流、理解和友谊，在许多重大理论问题上双方达成了共识，这为以后进一步的合作打下了良好的基础。

“伦理学与市场经济”研讨会

1993年11月27日，上海伦理学会举行了题为“伦理学与市场经济”的学术研讨会。会议从宏观和微观两个层面讨论了伦理学与社会主义市场经济的关系，并从道德价值论的高度，论证社会主义市场经济的正当性和合理性，认为伦理学应探讨适应于社会主义市场经济健康发展的道德原则和道德规范。对“社会公平与经济正义”、“市场关系与非市场关系”、“如何对待个人的功利追求”以及“政府干预的道义确证”等问题也进行深入的研究。会议提出在企业伦理建设中，干部的道德建设是重点，利益分配的公正、公开是热点，完善企业自我约束机制是难点，职业道德建设是突破口，在方法手段上应采取教育、交换和强制三者配合，其中“交换”是主要手段。

儒家伦理与现代法律的八大冲突 谢晖、姜艳君在《学习与探索》1993年第3期撰文认为，儒家伦理与现代法律虽然有相协调的方面，但至少有八个方面的冲突，表现在“人性善”与“人性恶”的建立基础，贤人政治与法制政治的治国方式，圣人规则与常人规则的社会规则，内心操作与行为操作的操作过程，等级（身份）制度与平等（契约）制度的主体地位，家族归责与个人归责的归责原则，义务本位与权利本位的规范内容，家族基点与个体基点的规范目的等方面。这八大冲突之间是相互联系的。各种冲突归根结蒂是血缘社会与地缘社会、自然经济与商品经济、人格依附与人格独立的冲突。在大力发展商品经济的今天，儒家伦理中与现代法律相冲突的方面必须彻底清除，从而为推进中国的民主化、法制化进程提供根本的文化保障。

改革开放中的伦理道德建设

1992年9月3日上海市伦理学会在沪召开“深化改革，扩大开放，加强道德建设”的讨论会，会上提出的观点主要有：1. 应重视企业改革中的道德建设。与会者认为，企业深化改革，集中的一点就是确立企业的自主权，这就改变了原来国家、企业、职工三者利益关系的格局。从三者利益关系格局的现实，从伦理关系来考察：第一要确立“企业本位伦理原则”；第二，要确立企业法人人格或法人独立人格；第三，要确立“企业集体主义”；第四，要实行公正原则；第五，必须加强职业道德建设。2. 从国情出发，加强社会主义道德建设。与会者认为，从国情出发，就是要正视现阶段社会性质及主要矛盾，进一步深化改革开放。对当前感到困惑的道德问题，如按劳分配与无私奉献的关系，经济效益与为人民服务的关系，自然生态平衡中的道德问题，中国传统道德的批判继承，西方资产阶级道德的借鉴以及建设有中国特色的社会主义道德等等，需在理论和实践上进一步探讨。3. 全面坚持共产主义道德体系基本原则导向。与会者认为，这是深化改革，扩大开放的客观要求。

比较经济伦理学的特性及对象 乔洪武、龙静云在《江汉论坛》1993年第3期撰文认为，仅仅从经济制度的一般特质来把握社会道德是不够的，还应该深入到经济体制的层面来进行经济体制与道德之间的相关分析。这就是提出比较经济伦理学的动因。比较经济伦理学是关于不同经济体制及其运行机制与社会道德之间相关关系的理论。作为一门学科,它是伦理和比较经济体制学交叉性的学科,属于应用伦理学的范畴。比较经济伦理学具有自己的特殊性。首先,经济体制与社会基本制度的相对可分性决定了经济体制所蕴含的价值准则和道德观念也具有一定的相对独立性。这一点,正是比较经济伦理学特有的生存和发展空间。比较经济伦理学不仅弥补了以往仅仅从社会制度的一般去推导社会道德的不足,而且是我们在构建社会主义市场经济体制及其运行机制过程中,加强社会主义精神文明建设系统工程不可或缺的重要一环。其次,不同的经济体制所蕴含的道德观点也是有差异的。不同的经济体制道德基础是不同的。最后,比较经济伦理学认为,经济体制通过经济利益为杠杆,能够在一定范围和程度上影响社会的道德意识、道德规范和人们的道德实践。

3. 国情与基本路线教育和思想政治工作

江泽民强调必须坚持党的基本路线不动摇 江泽民在1992年10月12日,中国共产党第十四次全国代表大会上的报告中说:“十四年来,我们从事的事业,就是坚持党的基本路线,通过改革开放,解放和发展生产力,建设有中国特色的社会主义。”“在建设有中国特色社会主义理论的指导下,我们党形成了社会主义初级阶段的基本路线,这就是:领导和团结全国各族人民,以经济建设为中心,坚持四项基本原则,坚持改革开放,自力更生,艰苦创业,为把我国建设成为富强、民主、文明的社会主义现代化国家而奋斗。‘一个中心、两个基本点’是这条路线的简明概括。”“十四年伟大实践的经验,集中到一点,就是要毫不动摇地坚持以建设有中国特色社会主义理论为指导的党的基本路线。这是我们事业能够经受风险考验,顺利达到目标的最可靠的保证。”“坚持党的基本路线不动摇,关键是坚持以经济建设为中心不动摇。”“坚持党的基本路线不动摇,必须把改革开放同四项基本原则统一起来。”“坚持党的基本路线不动摇,必须巩固和发展团结稳定的政治局面。”1993年12月26日江泽民同志在毛泽东同志诞辰一百周年纪念大会上的讲话中强调“今后无论发生什么情况,我们都要坚定不移地贯彻执行党的基本路线,一百年不动摇。”

乔石要求用中国特色社会主义理论武装全党 中共中央政治局常委、全国人大常委会委员长、中央党校校长乔石,1993年5月23日在中央党校省部级干部进修班第14期毕业典礼上讲话时指出,建立社会主义市场经济体制是我们面临的新课题,也是前人没有走过的道路。因此,用邓小平同志建设有中国特色社会主义的理论武装全党、武装自己,是各级领导干部的一项根本任务和共同责任。中央要求各级领导干部能够系统地而不是零碎地、实际地而不是空洞地学习和掌握建设有中国特色社会主义的理论,要有计划地分批组织干部学习。各级干部领导水平的高低,取决于学习、掌握和运用这个理论的程度。如果对当前经济、政治、军事、文化战线上的实际问题,能够依据马克思主义立场观点和方法,给予科学的解释、理论的说明,用有中国特色社会主义的理论提出解决问题的对策,这才是真正适应需要的好干部。乔石在谈到在社会主义市场经济条件下如何加强党的建设,发挥党员的先锋模范作用时指出:共产党员要当人民的公仆,全心全意为人民服务,这个不能动摇。共产党员要带头发展社会主义市场经济,但不能利用职权,损公肥私,搞权钱交易;共产党员要学会市场经济,懂经营,善管理,带领群众共同致富,而不能只顾个人发财。

李瑞环说新时期思想政治工作要在求实上下功夫 1993年4月29日,中共中央政治局常委、全国政协主席李瑞环会见中国职工思想政治工作研究会负责人时说:做好新形势下的思想政治工作,要讲两句话。一句是坚持不懈,另一句是求实创新。首先是坚持,没有这一条其他一切无从谈起。同时也要重视改进。没有改进,也就不能更好地坚持。如何在加强的前提下改进,在继承的基础上创新,是一篇刚刚破题的大文章,确有许多亟待我们去研究去认识的“必然王国”。他还建议大家注意研究“变”,适应“变”,并据此不断改进思想政治工作。必须看到,在十四大确定建立社会主义市场经济体制之后,这方面的任务是更加繁重、迫切了。10年来,研究会联系和团结了一大批有志于做好新时期思想政治工作的同志。他们是我国整个思想政治工作队伍中一支很重要、很有生气的力量。希望大家在坚持不懈、求实创新上下功夫,为搞好新形势下的思想政治工作作出贡献。

丁关根提出,宣传思想工作要面向群众面向实际 中共中央政治局委员、书记处书记兼中宣部长丁关根1993年3月19日就党的宣传工作发表谈话:宣传思想工作必须始终坚持以邓小平同志建设有中国特色社会主义的理论为指导,要坚持抓好建设有中国特色社会主义理论和党的基本路线的宣传教育;加强爱国主义、集体主义、社会主义的宣传教育;加强正确的理想、信念、人生观、价值观的宣传教育,要反对大吃大喝、大手大脚、讲排场、摆阔气、慷国家之慨的不良风气,提倡艰苦奋斗、勤俭建国的优良传统。他说：宣传工作要全心全意为人民服务，一切从人民的利益出发，要面向群众，面向实际，面向基层，认真倾听群众的意见，反映群众的愿望，回答群众最关心的实际问题。他强调，宣传思想工作要不断为改革开放和现代化建设提供精神动力、智力支持、思想保证和良好的舆论环境。在改革开放和现代化建设中要大力培育和发扬符合时代发展特点的社会道德和风尚，培养有理想、有道德、有文化、有纪律的一代新人。

全国企业思想政治工作经验交流会在沪召开 全国企业思想政治工作经验交流会1993年12月18日在上海召开。会议目的是适应新形势的要求，以邓小平同志建设有中国特色社会主义的理论为指导，在认真总结经验的基础上，研究加强改进企业思想政治工作的思路、途径、方法，以更好地宣传贯彻十四届三中全会精神。会议交流了用邓小平同志建设有中国特色社会主义的理论武装企业干部、党员和职工队伍的好做法、好经验，以及今后深化学习的设想和安排；研究在转换企业经营机制、建立社会主义市场经济体制和现代企业制度过程中，如何针对干部、职工的思想实际及热点问题，加强和改进思想政治工作，推动企业改革顺利进行；交流企业开展爱国主义、集体主义、社会主义教育的做法和体会。在20日的会上中宣部常务副部长徐惟诚讲话，阐述了在建立社会主义市场经济体制的重大变革中，企业思想政治工作不是可有可无，而是大有作为，他指出企业思想政治工作要坚定不移地以邓小平同志建设有中国特色社会主义的理论为根本方针，全面贯彻党的“一个中心，两个基本点”的基本路线，按照党的十四届三中全会的精神，为深化改革、转换经营机制、建立现代企业制度提供精神动力、思想保证、智力支持。把广大干部、职工的积极性引导好、保护好、发挥好，促进生产力的发展和社会的全面进步。徐惟诚指出，坚持用邓小平同志建设有中国特色社会主义的理论武装党员、教育职工，是企业思想政治工作的首要任务。要注意突出社会主义市场经济理论这个重点，帮助职工了解社会主义市场经济的一般规律和基本知识。要按照邓小平同志提出培养“四有”新人的目标，把着力点放在培养人、提高人的素质上。要结合企业的实际，继续在职工中进行爱国主义、集体主义、社会主义教育。要切实加强公共道德和职业道德教育，树立和保持企业在市场竞争中的良好形象与优势。要大力宣传和弘扬江泽民总书记倡导的新时期“64字”企业精神，树立正确的理想、观念、人生观、价值观。在这次会上，中共上海市委宣传部部长金炳华介绍了上海在探索适应社会主义市场经济体制需要的企业思想政治工作新路子中取得的经验和体会。还有上海二纺机股份有限公司、锦江集团联营公司、首钢总公司、洛阳浮法集团公司、兰州铁路局西宁分局、胜利石油管理局、江苏仪征化纤联合工业公司等15家单位，在会上作了交流发言。

全国农村宣传思想工作座谈会召开 1993年11月1日中宣部在杭州召开全国农村宣传思想工作座谈会。这次会议主要是研究社会主义市场经济条件下加强和改进农村宣传思想工作的思路、途径和方式方法，保证中央农村工作会议所确定和重申的各项方针政策的贯彻落实，进一步推动党的十四大精神全面贯彻，促进农村两个文明建设发展。会议认为：用邓小平同志建设有中国特色社会主义的理论武装农村党员，教育农民，深入宣传贯彻中央农村工作会议精神，进一步推动党的十四大精神全面贯彻落实，进一步促进和保证农村改革开放和现代化建设事业更加蓬勃地发展，是当前农村宣传思想工作的根本任务。在宣传中要重点把握：(1)加强农业基础地位的宣传，坚持把农业放在一切经济工作的首位；(2)进一步加强深化农村改革的宣传，使中央新出台的一系列重大政策措施落到实处；(3)突出发展生产力的宣传，使干部和群众懂得，社会主义的本质是解放生产力，发展生产力；(4)搞好扶贫工作和社会保障事业的宣传；(5)加强农村社会发展趋势的研究和宣传。会上，对新旧体制转换中，农业、农村工作和农民思想上出现的热点、疑点、难点等问题以及如何切实加强和改进农村宣传工作进行了认真的交流和研讨。

全军深入进行党的基本路线教育 中国人民解放军坚持把系统深入地进行党的基本路线教育，作为政治建设的“基础工程”和思想建设的中心环节，每年根据形势的发展变化突出一个重点，不断把教育引向深入。在进行党的基本路线教育中，全军各部队着重抓了理论灌输和实践教育两个方面。总政治部专门制定了团以上干部在职学习的七项制度，要求把邓小平关于有中国特色的社会主义理论和新时期军队建设的思想作为基本课，反复学习，深刻领会。1992年上半年，全军先后有300多名军以上干部和4000多名师团领导深入部队讲课，帮助官兵加深对建设有中国特色社会主义的一系列重大问题的认识。1992年初，经中央军委批准，总政分三批组织各大单位领导同志到深圳、珠海特区和珠江三角洲参观学习，实地了解特区建设的成就。各部队普遍请地方同志介绍改革开放的大好形势，带领官兵到驻地工厂、农村、市场和开发区考察、参观，使大家从丰富生动的实践成果中，更强烈地感到改革开放给社会主义事业带来的强大推动力。“政治信念要坚定，干部队伍要坚强”，这是部队贯彻执行党的基本路线的两点基本经验。几年来，全军不断加强干部队伍的思想建设和组织建设，尤其是认真落实军委提出的“学习、团结、廉洁、求实”的要求，使团以上领导班子成为部队贯彻执行党的基本路线的坚强领导核心。

某集团军建立基本路线教育营外课堂 沈阳军区某集团军适应改革开放新形势，积极开拓政治教育新路，先后在驻地160余个改革开放先进单位建起了党的基本路线教育课堂。1992年3月，地方深化改革，官兵中反映出了一些思想问题，在军营里上课很难讲清楚。于是，集团军便组织部分官兵到附近经济开发区考察参观，使大家眼界大开，原来一些争论不清的问题迎刃而解，收到了预想不到的效果。这件事使集团军领导认识到：为官兵敞开一扇了解改革开放大好形势的窗口，势在必行。党委的想法，得到了地方政府和企业界人士的积极支持。到10月底，仅半年多时间，他们就建立起160余个基本路线教育课堂，聘请100多名厂长、经理作为兼职教员，基本上做到了团以上单位有教育基地，营连有教育点。这些教育课堂建立的时间虽不长，但已显示出了良好的教育效果。直观的教育说服力强。驻地一个村庄，过去人均年收入38元。改革开放后，该村冲破单一的农业模式，成立了农工商联合体，人均年收入增至3200元。活生生的事实，使官兵更加坚信改革开放是富民之路。

中央三部委提出加强和改进高校思想政治工作 中组部、中宣部和国家教委1993年9月联合印发《关于新形势下加强和改进高等学校党的建设和思想政治工作的若干意见》，要求各地各高校结合实际，认真贯彻执行。《意见》共分七部分：一、大力加强和改进新形势下高等学校党的建设和思想政治工作；二、坚持用建设有中国特色社会主义的理论武装全体党员和教育师生员工；三、进一步加强党对高等教育改革和发展的领导；四、进一步加强校级领导班子建设；五、加强和改进马克思主义理论课和思想政治教育课建设；六、进一步加强党总支和党支部的建设；七、进一步加强政工干部队伍建设。《意见》提出高校党建和思想政治工作在新形势下的基本任务是：以建设有中国特色社会主义的理论为指导，坚定、全面地贯彻党的基本路线和教育方针，积极落实《中国教育改革和发展纲要》，围绕高教的改革与发展，结合教学、科研和其他业务工作实际，开展党的建设和思想政治工作，动员和团结广大党员、师生员工努力完成高校肩负的培养社会主义现代化建设高级专门人才、发展科技文化、促进现代化建设的重大任务。

中国职工思想政治工作研究会成立10周年 中国职工思想政治工作研究会是在党的领导下，顺应改革开放的历史潮流，为加强和改进思想政治工作服务而创建的，面向企业、植根基层的群众性研究团体。到1993年正好成立10年，在各级党委、政府的关怀和支持下，研究会逐步形成了遍及全国、上下贯通的思想政治工作研究网络，开展了一系列有成效的研究活动，涌现出一大批理论研究骨干和优秀研究成果，受到普遍重视和支持。研究会在加强和改进企业职工思想政治工作、为改革开放和现代化建设服务方面，发挥了积极的作用。在为党政领导提供决策依据，稳定企业政工队伍，培养和提高政工干部和研究骨干等方面都作出了成绩。《思想政治工作研究》杂志及其他政工报刊，在引导舆论、活跃研究、服务基层、指导工作方面，也做了许多工作。由研究会组织编写的《新时期思想政治工作丛书》、企业政工培训教材和其他理论专著的出版，使思想政治工作的学科建设前进了一步，促进了思想政治工作的科学化。在成立10周年之际，中国职工思想政治工作研究会于1993年9月22日至26日，在长春第一汽车集团公司召开了第三次思想政治工作基础理论研讨会，围绕邓小平新时期思想政治工作重要论述进行了研讨。与会同志认为，邓小平关于新时期思想政治工作的一系列重要论述，是建设有中国特色社会主义理论的重要组成部分，是对我国改革开放和社会主义现代化建设过程中思想政治工作实践经验的科学概括，是对毛泽东政治工作理论的继承和发展。会议讨论了邓小平新时期政治思想工作理论的主要内容以及思想政治工作的地位作用、指导方针、任务目标、基本原则、教育内容、形式方法、队伍建设、组织领导等。与会同志还对邓小平新时期思想政治工作论述的基本特征进行了探讨，认为这些特征是：强烈的时代性；鲜明的党性；注重实践、讲求实效的务实性和具有鲜明的战斗风格及创造精神。

上海召开三资企业和乡镇企业思想政治工作会议 1993年7月15日中共上海市委宣传部召开"三资"、乡镇企业思想政治工作专题研讨交流会。与会者认为：三资企业和乡镇企业的思想政治工作必须坚持"实事求是，一切从实际出发"的原则，根据自身的发展规律和行业特点，注重实效，精选载体，形成特色。在指导思想上，要充分认识合资企业思想政治工作只能加强，不能削弱；在教育内容上，要贴近经济工作实际，贴近职工思想实际，针对员工存在的雇佣思想，突出加强爱国主义、集体主义和社会主义教育，强化职工主人翁意识，及时调整价值取向；在教育方法和手段上，要精选好活动载体，繁荣企业文化，通过各种丰富多采的精神文化活动，陶冶职工情操，让职工在潜移默化中受到教育和启发。

王重农强调要坚定不移地贯彻执行党的基本路线 1992年5月23日，湖北省委党校举行地厅级干部班、高校领导干部班、宣传部长班和司法干部班结业典礼。省委常委、省委宣传部长王重农到会表示祝贺并发表讲话，强调党员领导干部到党校学习，要提高马列主义水平，增强党性锻炼，增强贯彻执行党的基本路线的自觉性。他说，邓小平同志最近的重要讲话，又一次强调党的基本路线一百年不动摇，具有十分重要的意义。党的基本路线是我们国家和社会稳定的基础，是发展社会主义中国，有效抵御西方敌对势力和平演变战略的根本保证。我们一定要坚定不移地贯彻邓小平同志的谈话精神，贯彻党的基本路线。当前，首要的任务，是要进一步解放思想，要突出解决好以下几个问题：一是要继续深化对建设有中国特色的社会主义的认识；二是要增强改革开放、发展社会主义商品经济的观念和意识，凡不利于经济发展的条条框框都要摒弃，凡有利于经济发展的各种管理经验、管理方法，无论国内国外的，都可以拿过来为我所用。湖北尤其要破除“内陆意识”和甘居中游的思想；三是要树立社会主义生机和活力来源于广大群众的创造、来源于改革开放的实践的观念；四是要增强全局观念，要有牺牲精神，破除各自为政、以我为中心的狭隘观念。

武汉市提出切实搞好思想政治工作 武汉市职工思想政治工作研究会与江岸区职工思想政治工作研究会 1993 年 3 月联合举办了“社会主义市场经济与企业思想政治工作”专题研究会。会上探讨了进一步改进工作的思路。首先，要把握好企业思想政治工作的切入点。切入点就是研究从哪里入手的问题。其次，要切实转换企业思想政治工作的运行机制。在市场经济条件下，企业思想政治工作机制的构成要素应包括五个方面：以市场经济为导向，党政工团齐抓共管的决策机制；以调动职工积极性为主要任务，由专职政工干部为主，行政业务干部、党团员骨干等参与配合形成的工作机制；以推动生产经营发展为重点，由各项具体活动形成的动力机制；以市场和工作对象为目标，由各种渠道建立的信息反馈处理机制；以调动政工干部积极性推动思想政治工作不断发展为目的，由各种制度建立起来的激励机制。第三，要不断改进企业思想政治工作的方式方法，努力寻求新的载体。要加强和改进企业思想政治工作的宏观指导。要努力提高政工干部自身素质，使之尽快成为“复合型”人才。

航空工业总公司设思想政治工作理论成果奖 中国航空工业总公司为促进思想政治工作的理论和实践探索，设立了思想政治工作理论成果奖。该公司在 1992 年评定实践成果的基础上，于 1993 年国庆前夕又评定理论成果。评定范围包括调查报告、论文和论著。共评出 90 项成果，其中一等奖 2 项，二等奖 29 项，三等奖 59 项。该公司将对这批理论成果进行奖励，并在全行业大力宣传、推广。

北京工商联做好非公有制经济代表人士的思想政治工作 据《思想政治教育》1993 年第 2 期载：北京市工商联以“爱国、敬业、守法”为主要内容做非公有制经济代表人士的思想政治工作。他们首先摆正工商联自身位置，积极争取、主动接受中共北京市委的领导；协调与政府有关部门的工作关系；培养与非公有制经济代表人士的朋友关系。在此基础上加强服务工作，把思想政治工作渗透在日常接触中去，深入了解非公有制经济代表人士的思想状况，通过参政议政的渠道反映他们的意见和要求。工商联还充分利用自身优势筹办为非公有制经济服务的金融信用社和法律事务所，举办系列讲座；加强宣传活动，并为非公有制经济人员及其家属提供聚会、联谊场所。以工作交流、业务交流、信息交流、情感交流的形式开展对他们的思想政治工作。

甘肃白银公司王槐青等提出政工干部要过好“五关” 甘肃白银有色金属公司王槐青等在《思想政治工作研究》1993 年第 1 期上提出：在发展社会主义市场经济的历史条件下，思想政治工作者应当解放思想，革故鼎新，努力树立自己的新形象。必须过好“五个关”：一是转变观念关。长期以来，我们习惯于提一些超越现实的理论和观点，如宣传社会主义是纯而又纯的公有制，思维习惯和判断是非标准总离不开姓“社”姓“资”。这些观念不转变，思想政治工作的改革创新就迈不开步子。二是再学习关。要掌握市场经济条件下思想政治工作的主动权，必须努力学习与市场经济相关的知识和技能。三是探索创新关。在市场经济条件下，需要探索研究的问题很多。要转变作风，深入实际，深入职工群众，掌握职工思想的新变化和各种需求，努力探索思想政治工作的新途径，创造新方法。四是与经济工作结合关。在全心全意为经济建设服务时，也要在实践中寻找“结合点”，把思想政治工作做到生产经营的全过程中去。要用“三个有利于”来检验、衡量思想政治工作的成效。五是精神状态关。思想政治工作是建设有中国特色社会主义的重要保证，任何怀疑、取消思想政治工作的观点都是错误的。

辽宁丹东化纤公司试行思想政治工作承包制 从 1993 年开始，辽宁丹东化纤公司党委与党委各职能部门实行思想政治工作内部承包制。承包内容包括：①包：包经费、包工作指标。即每年公司下达各部门一定经费和工作指标，每一项都有质和量两个方面的具体要求，超过者受奖，达不到者受罚。②挂：挂工资总额。完成承包合同可保证工资兑现；完不成合同，不能保证工资完全兑现。③考：各部门要接受各专业线考核。实行思想政治工作内部承包，调动了政工干部的积极性。

安徽大学思想政治教育注重 5 个结合 安徽大学在思想政治教育中，改进教育方法，选准结合点，在“5 个结合”上下功夫，使思想政治教育变得生动活泼。1993 年该校被中组部、中宣部、国家教委联合授予“党的建设和思想政治工作先进普通高等学校”称号。

5个结合是：①系统教育与专题教育结合。不回避现实生活中的新问题、新矛盾，有针对性开展专题教育。②理论教育与实践教育结合。着重在实践教育上做文章。如组织学生开展社会调查、参加抗洪救灾、进行科技咨询、科技支农、科技扶贫活动等。③教书与育人结合。把教书育人寓于教学的各个环节中，要求教师坚持在课堂教学、实习、社会实践、论文指导中注重培养大学生的品格、精神。④思想政治教育与校园文化、基础文明建设结合。每年定期举办“文化艺术节”、“科技巡礼周”、“纵横杯论辩赛”、体育运动会等，让大学生充分按自己的爱好，表现自己的价值。平时，注意培养学生良好的文明习惯，提高自身修养。学校自编专题片《校园忧喜录》，让学生进行自我教育。⑤思想政治教育与严格管理结合。安徽大学制定了一系列制度。从严治校，奖惩分明，对违反纪律者严格查处，对优秀毕业生优先分配较好单位，同时实行浮动学制，5年有74位专科生经严格筛选升入本科，15位本科生降入专科分配就业。

铁十六局培养“复合型”政工干部 施工企业被推向市场之后，政工干部如何发挥自己应有的作为？铁道部十六工程局的体会是：政工做“内行”、施工当“里手”，克服单打一，追求“复合型”。1993年该局党委通过办班轮训、以会代训，办党校、夜校、送校代培等多种途径，提高政工干部的政治理论素质，使他们逐渐成为政治工作的“内行”；另一方面，积极倡导政工干部学文化技术、企业管理、市场经济知识，改善知识结构，扩大知识面。这些作法使政工干部在思想上、工作能力上都有明显提高，因而工作也搞得有声有色、富有成效。

太原铁路分局开展全方位思想政治工作 《思想政治工作研究》1993年第11期载：随着改革开放的深入，特别是在发展社会主义市场经济的过程中，思想政治工作要不要坚持、如何正确地坚持？太原铁路分局创立了全方位思想政治工作法。他们的基本做法可以概括为“四全”：全过程的融合、全员化的参与、全面性的教育、全环境的激励，即思想政治工作贯穿生产全过程，吸引全体职工积极参与，提高职工队伍整体素质，创造催人奋进的良好环境。朱镕基同志对此先后作了三次重要批示，提出要“学习他们的好经验”。推行这一工作法6年来，他们创建了部局、省市文明单位44个，分局级文明单位53个；有3310人获得全国、全路、省、部、局、分局以上劳动模范、先进生产（工作）者称号；分局连续6年被评为省级先进企业、思想政治工作优秀企业。

襄樊铁路局金志申谈先进典型的宣传 如何搞好典型宣传？襄樊铁路局党委副书记金志申在《思想政治工作研究》1993年第11期上撰文提出：首先，坚持求实的观点，发现典型，确认典型。一是坚持从典型的一贯表现出发，看典型的群众基础；二是坚持对典型的突出事迹分析，看典型是否具有群体活动的代表性、示范性；三是从典型所展示的精神着眼，看典型是否有时代的特征。其次，坚持发展的观点培养典型，典型是动态的，发展的，要在典型培养过程中，很好地把握典型发展的规律，及时做好引导工作，使典型不断焕发出生气。第三，坚持两点论的观点宣传典型，典型是客观存在的，有其光彩照人的一面，也会有不足的一面，要如实地宣传。

中国农业银行重视行业思想政治工作 早在1989年，中国农行副行长王景师在一次政工会议上，代表党组明确提出了农行思想政治工作“一到位、四落实”的模式，即领导到位，思想落实、组织落实、制度落实、政策落实。规定各级农行配备专管政工的行长，基层所社配备专职政工主任；各级行设立思想政治工作办公室，配备专职干部；在指导思想上，明确农行政治思想工作必须与业务工作紧密结合，并作为各级领导布置、考核、总结工作的一项主要内容；在工作制度上，要求建立和完善各级民主生活、领导与职工对话、定期分析职工思想动态、思想政治工作检查考核等制度；在各种待遇上，规定政工干部与行政业务干部一视同仁。到1993年，基本实行了各级领导亲自抓思想政治工作，思想政治工作所需要的机构、人员、载体、经费等问题得到了较好的解决。

燕山石化公司思想政治工作实现7个转变 1993年2月北京燕山石化公司党委认真贯彻落实党的十四大精神，在发展社会主义市场经济的新形势下，努力加强和改进思想政治工作，使思想政治工作实现了7个转变：即在指导思想上，由过去不同程度存在的政治和经济“两张皮”、“自我服务”，向全面贯彻党的基本路线、更好地为经济建设服务转变；在活动方式上，由以往习惯于开会作报告、脱产办班和整齐划一、轰轰烈烈的运动方式为主，向小型多样、点滴渗透、一人一事日常思想工作为主转变；在思想政治工作的主体上，由依靠专职政工干部为主，向全员思想政治工作转变；在评价标准上，由只注重工作任务、偏重思想认识标准，向注重工作效果，坚持生产力标准转变；在领导方式上，由指令性为主向自主性为主转变；在方法上，由纯灌输为主向自我教育为主转变；在政工干部的素质要求上，由单纯政工型向复合开拓型转变。

费孝通谈怎样认识中国国情

费孝通在《中国国情国力》1992年第1期上谈怎样认识国情，他说，国情的内容很丰富，实际上它包含了我们中国的一切情况，经济的、社会的、民族的、文化的……，一草一木都可以被认为是中国的国情。我们建设中国的现代化，必须了解和认识中国的国情。怎样认识中国的国情呢?对于我们研究者来说,要根据自已的特点。毛主席曾说:"要有的放矢",就是讲要根据自己的问题,去观察、去思考有关情况,去了解一个问题有关的各种情况,它的形成、经过、过程,以及它与其他问题的关系。要解决具体问题,必须从认识具体事物出发,对中国社会的正确认识应是怎样建设中国的必要前提。科学的认识来自实际的观察和系统的分析,也就是现在所说的实事求是。调查研究国情应有一个科学的态度。研究者应当避免先入为主。不要在不了解情况之前就发表自己的看法。一个问题、一个地区,你看都不看,不做深入研究就发表意见,这是不行的。主观的先入为主会把事情办坏。研究者深入到实际中去,要全面了解情况,不能偏听偏看,只见树木、不见森林,以偏概全,以点代面。客观的社会现象处于变化之中,一切都在变,一切现实都是历史的发展结果,在研究问题时,我们不能割断历史,应当从历史的发展来看现实的地位和作用,来看它的意义。要把自己的社会生活作为客观存在的事物,加以科学的观察和分析,以取得对它正确如实的认识,然后据此认识中国社会的发展。

陈炎兵谈关于国情与国情学的思考 中国国情研究会副秘书长陈炎兵在《中国国情国力》杂志1992年第3期上,谈国情与国情学的若干思考,他说,国情学是一门新学科。国情学的研究对象,就是国情。国情是一个复杂、深邃的系统。国情包括一个国家的政治、经济、资源、人口、自然状况、科技、教育、国防、历史、文化、社会、民俗等许多方面。国情学作为一门独立、专门的科学,具有领域宽、容量大的特点,研究方法上就要注意和其他专门学科有所不同。国情学不同于政治学,虽然也研究政治,角度却有所不同:国情学从国家的社会性质、基本特点、发展阶段等方面入手,研究其内在的发展变化规律。要注意五个统一:一、自然和社会的统一。任何一个国家的国情,都是自然因素和社会因素的统一体,二者的相互作用,构成了一个国家的基本国情。不能只强调社会国情,无视自然国情;也不能只研究自然国情,不注意社会国情。二、历史和现实的统一。国家的政治形式、经济状况、科学水平、国防能力、民俗文化乃至人口、地理、资源状况,都不是凭空出现的,都有其历史由来。研究现状,切不可割断历史。历史知识不够,看问题容易片面。三、静态和动态的统一。一个国家的国情,既有相对稳定、变化较慢的因素,又有比较活跃,易逝多变的因素。只注意国情的静态因素,就会出现片面性和主观性;只注意国情的动态性和变化性,就会陷入盲目性和虚无主义。四、诸系统和各要素之间的辩证统一。国情的各个系统之间,不是绝对隔离封闭的,而是相互影响,相互渗透,相互作用,有着千丝万缕的联系。看问题,分析矛盾,特别要注意多系统、各要素之间的联系。五、国内因素和国际因素的统一。国家的生存和发展,要密切注意世界范围内发生的变化,如科学、政治、经济、军事乃至自然方面的如气候、灾害等各方面的因素。总之,国情学的研究,要有整体的观点,辩证的观点,联系的观点,全面的观点。

中国国情研究会等单位举办中国国情知识竞赛 为了积极响应党中央、国务院关于加强中国国情教育的号召,进一步对我国广大人民群众进行国情教育,加快改革开放的步伐,使我国广大人民群众知国情、爱中华,为建设有中国特色的社会主义贡献力量,中国国情研究会、《光明日报》、中央人民广播电台等9单位在全国范围内举办"中国国情知识竞赛"活动。竞赛历时5个月,共收到全国各地集体、个人有效答卷120100张。竞赛结果于1992年10月7日揭晓,河北省承德市税务局的刘玉英获特等奖;孙寿喜(北京)、尹玉安(江苏)、王冬红(浙江)、宋世平(江西)、杨云清(四川)获一等奖;白雪尘等20人获二等奖;石稳林等100人获三等奖。另外5500人分别获四等、五等奖。徐州矿务局等20个单位获集体组织将。

湖北大学组织"两史一情"巡回演讲团 从1992年4月3日起,湖北大学组织"两史一情"巡回演讲团,在武汉市的中学及厂矿企事业单位进行演讲,受到了广大师生和职工的热烈欢迎。"两史一情"巡回演讲活动是湖北大学根据共青团中央和国家教委关于在青年和学生中进行中国近、现代史和国情教育的指示精神,发挥本校专业优势开展的。演讲以"两史一情"为主线,把对历史的反思和对现实的思考紧密结合起来,以激发青年和学生爱党爱国热情,坚定改革开放的信心,增强其使命感和责任感。

北京宝华里小学运用4种方法进行国情教育 北京宝华里小学运用科学方法,持之以恒地抓爱国主义教育。1992年6月26日,北京市教育局在该校召开报告会,对他们的经验予以推广。全校1700名学生初步学习了中国近、现代史和国情基本知识,开始具有对社会主义祖国的尊严感、自豪感,对人民的热爱感,对学习、劳动的热衷感,对集体的荣誉感,对同学的友爱感。该校探索运用了一套行之有效的爱国主义教育方法:一是教学渗透法。充分挖掘、利用教材,让学生通过课堂教学潜移默化地接受教育。以一年级思想品德课《我爱祖国》为例,老师在课堂上教同学们通过中国地图、地球仪找到祖国在世界上的位置。这时老师指着地球仪亲切地对孩子们说:"同学们,这就是我们祖国在世界上的位置,都要记住我们是中国人。"简单几句话,短短一节课,在小学生的心中留下深刻印象。二是活动激情法。通过开展多种活动,创造机会去激发学生的爱国情感。他们开展的活动,可分为"三·五"学雷锋,清明追怀先烈等纪念性活动:学赖宁、支援灾区等实践性活动。三是环境陶冶法。学校精心创设爱国主义教育环境,祖国版图、英雄画像、标语口号都布置在醒目位置,每天提醒同学重温、牢记。他们还根据低、中、高年级学生的知识水平,布置了宣传画廊。四是榜样示范法。学校为学生树立的榜样包括老一辈革命家、英雄模范、自己身边的同学、老师、家长中的先进典型,让学生感到先进人物就在生活之中,随时都可学习。

上海思南路幼儿园做游戏知国情 幼儿园如何开展“两史一情”教育?1992年4月15日《文汇报》报道的上海市卢湾区思南路幼儿园的“各民族娃娃在一起”活动,使人们受到启迪。报道说:幼儿园中空地上临时布置的儿童“民族村”里,头顶彩色小方帽的“维吾尔族”小男孩请“客人”坐下,递上“马奶茶”和葡萄干,自豪地说:“我们新疆葡萄多着呢!”旁边几位扎头帕的“维吾尔小姑娘”,正在麻布上用彩笔制作新疆“挂毯”,地摊上几幅图案鲜艳的“挂毯”很快被观摩的老师争“购”一空。在“朝鲜村”里,席地而坐的主人请客人吃苹果和朝鲜凉面、海鲜,欣赏朝鲜舞。一座小巧的蒙古包前,小姑娘跳起了“奔马舞”,扎头巾、缠腰带的“小伙子”在边做边卖马鞭。“你们为什么做马鞭卖?”“因为蒙古的马很多,他们都骑马。”那边,“高山族”的小朋友正在请弟弟妹妹们吃甘蔗、乘摇船游览阿里山;“藏族”小朋友在银光闪闪的“喜玛拉雅山”下,制作姑娘们穿的五彩横条裙,请“客人”品尝“青稞糌粑”和“酥油茶”。各教室里,还布置着各民族的生活环境。使小朋友在游戏中,初步知道了我国有多少兄弟民族,他们的风俗习惯以及当地的主要风貌、土特产。他们把国情教育和幼儿园的常识教育有机结合起来。

第五届“半月谈思想政治工作创新奖”在京颁奖 半月谈思想政治工作创新奖(1992年度)颁奖大会于1993年10月14日在北京举行。陈俊生、袁宝华、穆青等同志到会向获奖者表示祝贺。这次共评出获奖者46名,其中特等奖获得者10名,创新奖获得者36名,沈阳商业城总经理、党委副书记王云峰,武汉商场股份集团公司总经理、党委书记毛冬声,北京市房山区窦店村党委书记仉振亮,广州白天鹅宾馆党委书记、总经理杨小鹏,铁道部副部长(原北京铁路局局长)国林,中国神马帘子布集团公司党委书记张学仁,上海市锦江(集团)公司党委书记、副总裁赵恒灿,重庆长江轮船公司党委书记袁奕尧,中国纺织机械有限公司董事长、总经理黄关从,浙江大学校长路甬祥获特等奖。这次评奖的特点是:①获奖者的事迹和论文水平胜过往年;②有高级干部获奖;③中外合资企业、股份制企业、旅游企业的总经理和党委书记,无党派人士,首次登上光荣榜。

第六届“半月谈思想政治工作创新奖”在京揭晓 本届“创新奖”评委会是7月28日在北京举行的。中共中央政策研究室主任、“创新奖”评委会主任王维澄主持了这次会议。

评委会经过认真评议,一致通过了初评小组提交的47位同志为“创新奖”获奖者,并以无记名投票方式,又从中评选出10名特等奖获奖者。

本届评出的特等奖获得者,代表性比往年更为广泛。今年首次评出少数民族同志获特等奖,即广西半宙制药集团公司董事长、总经理、党委书记梁卫;首次评出研究马克思主义与教学实践相结合的教育界代表、中山大学教授张孝宜(女)获特等奖;首次评出文化艺术界代表、哈尔滨话剧院党委书记刘庆义获特等奖;首次评出边远地区的代表,即新疆阿克苏地区石油公司经理关英奎获特等奖。

本届“创新奖”获得者名单如下:

特等奖获得者:(10名)

吴仁宝 江苏华西集团总公司董事长 江阴市华西村党委书记、戴华 辽宁抚顺钢厂党委书记、张继东 解放军某部八连指导员、姜玉玲(女) 青岛国货股份有限公司董事长兼总经理、吴海标 江苏吴江市副市长(原盛泽镇党委书记)、梁卫 广西半宙制药集团公司董事长 总经理 党委书记、刘长顺 天津市市政工程局党委副书记、刘庆义 黑龙江哈尔滨话剧院党委书记、张孝宜(女) 中山大学马克思主义理论教学研究部主任 教授、关英奎 新疆阿克苏地区石油公司经理。

“创新奖”获得者:(37名)

马忠朴 甘肃酒泉钢铁公司党委书记、王志刚 西安饮食服务(集团)股份有限公司董事长 党委书记、王继多 内蒙古包头钢铁稀土公司党委副书记、孙志安 山西大同市南郊区委书记、孙彦彬 大庆石油学院党委副书记、乔丽娟(女) 天津师范大学党委副书记、陈杰 北京牡丹电子集团公司总经理、陈志兴 福建拖拉机厂党委书记、李少成 国防科工委某部副主任、李永芳 北京市林业局局长 党组书记、李智廉 黑龙江大庆市委书记、李景喜 吉林省浑江发电厂党委书记、何兆寿 云南省烟草专卖局局长 党组书记、张健 贵州省贵阳市委副书记、张明达 武汉钢铁(集团)公司党委副书记、张树山 河北涉县县委书记、宋春祥 南方通用电气集团公司(湘潭电机厂)党委书记、严鸿华 上海市第一市政工程公司党委书记、杨殿坤 山东临沂电业局党委书记、吴翠英 陕西南郑县县委常委 宣传部长、周大兵 中国水利水电长江葛洲坝工程局党委书记、茆家培 安徽马鞍山市委常委 宣传部长、胡修广 大连化学工业公司党委宣传部长、施雄伟 中国汽车工业总公司副总经理(原南京汽车制造厂党委书记)、宫喜福 吉林省松江河林业局党委副书记、高元秀 沈阳风动工具厂厂长、唐永恩 中国科学院京区党委副书记、唐苏宁 海南金盘实业股份有限公司董事长 总裁 党委书记、袁宗杰 宁夏回族自治区精神文明建设委员会副主任、徐炳文 上海工业缝纫机股份有限公司党委书记、秦信龙 浙江宁波市自来水公司党委书记、梁桂强 广东南海市大沥镇党委书记、程广丽(女) 四川泸州天然气化学工业公司党委书记、谢应森 重庆市电信局党委书记、游炳堃 青海省电力工业局政治处主任、雷仁义 陕西渭南市五里铺农工商总公司党委书记、魏桂云 河南驻马店市教委主任兼市二中校长。

中国职工思想政治工作研究会给 96 位老同志颁发“创业开拓荣誉证书” 1993 年 9 月中国职工思想政治工作研究会在其成立 10 周年之际,为了进一步推动各级研究会的建设,扎扎实实地组织好研究工作,把思想政治工作的科学研究向前推进,经与各省、自治区、直辖市研究会和国务院有关部委主管部门协商,中国职工思想政治工作研究会决定:向多年为研究会的建设和发展做出较大贡献的 96 名老同志颁发研究会“创业、开拓荣誉证书”。他们是:郝真、阿龙、杨慧洁、王玉春、袁敏、梁茂林、张玉书、王西、吴慧琴、任远明、扎拉嘎胡、宋善聚、王洪波、徐元存、尹元玄、马世禾、陈烈民、刘洪林、戴耀荣、吴依群、张皓亮、沈池洲、柏美林、马村应、赵易、陈凤章、江家俊、黄杰、励承国、陈凤、王文勇、蓝师洋、王衡之、徐崇安、孙喜茂、赵硕、张殿选、赵大维、朱德成、杨振兴、周特新、刘思平、施芝华、徐国骥、刘思炳、张如兰、杨旭、陈介昌、周迁正、刘坤银、郝岗竹、冯敏、张秀桂、王立柏、吴鹤松、张筱伯、郑兴国、王裕桂、张江一、马明、凌华椿、李润桐、郑祖英、于清云、刘学安、徐义复、唐永恩、齐谋甲、卢文祥、刘汉卿、舒家骥、花家晋、朱慧、郭安智、郝士钊、杨珍、王玉江、何祥、王剑颖、凌光启、李昌凡、周沂、刘世方、赵希珠、盛明奇、王都、孙孝先、李飞、王树人、韩西雅、郭景辉、胡敏政、周道非、过克昌、顾江、吴素娟。

韩庆全创立合力导向政工论 河南省郸城县公路段青年干部、政工师韩庆全,探索改革开放新形势下思想政治工作的新途径,取得了重大突破,创立了合力导向政工论。合力导向政工论就是对思想政治工作要总体把握,统筹兼顾,隐形策动,适度突破。表现为从输入目的始,经主体、客体、源体、合体、环体、场体,层层递进,环环相扣,又经信息(效果)反馈,回到目的的重新认识上来,经调整改进,再进入下一轮运作的循环回路型系统。它要求把思想政治工作融会到平常的工作和生活之中,从完善全社会各个环节、各个方位入手,缩小各正向分力与思想政治工作方向线的夹角,最大限度地找出、划分和界定影响思想政治工作效果的相关因素,经整合使诸元趋同,与实现思想政治工作目的的路线相交或重叠。《合力导向政工论》曾获 1990 年全国企业思想政治工作心理学研讨会二等奖,并被收入《中国当代思想教育艺术精华丛书》。韩庆全还因此被吸收为中华教育艺术家协会、中国行为科学学会会员,共青团河南省委授予他“青年良师益友”称号。

骆荣芝被誉为“思想政治工作专家” 骆荣芝从 60 年代起就在解放军 261 医院任政工协理员,一干就是 25 个年头。一位常和领导顶撞的护士被认为是“包袱”,她找到这位护士说:“你不是‘包袱’,你是人才。”一年之后,这位护士在骆荣芝的帮助下,考入解放军艺术学院。骆荣芝说:“任何人身上都有闪光点,要想办法挖掘它。”两位刚毕业的女医生、女护士分配到精神病科,让她们和男精神病人打交道,她们死活不去。谁去做工作也不行。骆荣芝找到她们,谈了半天话,她们竟愉快地上班了。当问及其中奥秘时,骆回答:“都是同志嘛,没有不通情达理的人,只有不通情达理的工作方法。”令医护人员感动的是,无论谁有什么事,都瞒不过协理员的眼睛。一个护士因母亲摔了一跤而要求请假,护士长不想批。骆荣芝听说后,立即叫护士长批假,让那位护士同母亲见了最后一面。可骆荣芝也有心硬的时候:一位上级机关领导的家属原在科里表现一般,却托人找骆荣芝想入党,骆荣芝快人快语:这不行,得按党章办事,硬是顶着没办。

企业政工职务评聘转人经常化 全国首次企业思想政治工作人员专业职务评聘工作 1993 年 10 月已经基本结束,今后企业政工专业职务评聘工作将转入经常化。全国企业政工专业职务评定工作领导小组就这项工作经常化后的有关问题提出意见,要求经常性的评聘工作,应严格按照中央办公厅、国务院办公厅批转的《企业思想政治工作人员专业职务试行条例》、国务院颁布的《全民所有制工业企业转换经营机制条例》及国务院职称改革工作领导小组的有关规定,结合企业深化改革的实际,认真、审慎地进行。评聘工作实行专业职务资格评定和专业职务聘任分开的原则,并按全国规定的统一政策、统一条件、统一标准和统一评审程序评定。

4. 民主、法制和纪律

1992—1993 年民主与法制建设概况 1992—1993 年,我国的民主法制建设进入了一个新的发展阶段。以“适应社会主义市场经济需要,为经济建设保驾护航”为主要内容的民主、法制建设呈现出新的发展态势:1. 进一步健全和完善了人民代表大会制度。1992 年我国制定的《中华人民共和国全国人民代表大会和地方各级人民代表大会代表法》，对于护宪、保证各级人民代表依法行使权利、履行义务、有效执行人民代表职务，得到充分的法律保障。1992年，七届全国人大五次会议期间，30名以上代表联名和代表团共提出的议案472件，代表的建议、批评和意见2934件，已分别由有关部门办理完毕。人大对“一府两院”的监督已形成了制度。同时，对个别非法拘禁人民代表案，依法作了严肃查处。2. 各民主党派、无党派民主人士积极参政议政，开展多项活动服务经济建设，1992—1993两年里，各民主党派、无党派人士、工商联应邀参加了历次重大问题的讨论与国家大政方针的制定、决策和执行。他们在重大建议领域，积极开展调查研究，有针对性地提出了许多建设性意见，受到党中央国务院的重视，被有关部门采纳。许多党外人士还担任了国家、各省市、各部门的重要领导职务。我国的民主政治协商已经成为我国政治制度的一大特色。3. 广泛实施“二五”普法教育，增强了全民族的法制意识。各地党政机关、部队把普法教育列入一级管理目标。广大干部、群众知法、懂法、用法、守法的水平得到了提高。4. 人大、国务院陆续颁布一系列法律、法规，法律制度日臻健全。法制建设进入了一个新阶段，市场经济就是法制经济的观点得到了社会的共识。国家最高立法机关加快了立法步伐。1993年通过法律和有关法律问题的决定33件。诸多的涉法领域有法可依、有章可循。《中华人民共和国反不正当竞争法》、《中华人民共和国公司法》、《中华人民共和国产品质量法》、《中华人民共和国消费者权益保护法》等若干法律纷纷出台，规范市场主体行为，维护市场公平竞争。初步建立形成了社会主义市场经济的法律框架，特别是，近年来，我国在对知识产权的三大领域即商标、专利、著作权方面都实施了一系列法规和保护条例，使其运作更加符合国际惯例。在1992—1993年间，我国在开展打“假、冒、劣”活动中，严肃查处了一批商标假冒及专利著作的侵权案，此举获得中外知识产权界的好评。我国在法学领域也正积极开展与各国的学术交流活动，我国的法律秩序进一步走向成熟。5. 各地纪检、监察、司法部门深入实际、探索特点，为改革开放保驾护航。1993年1月中共中央决定中央纪委与监察部合署办公，是我国党政监督体制的一项重大改革，进一步加强了党的纪律检查工作和强化了行政监督机关的职能。1992—1993两年时间里，许多地方纪检、监察部门深入经济工作第一线，熟悉新问题，研究新情况，使纪检监察工作紧密联系改革开放后发展的实际，在办案的实践中提高纪检、监察、司法执法水平和应变能力，把支持保护改革开放、促进经济建设作为工作的出发点和立足点。1993年，纪检、监察司法部门在反贪污贿赂斗争中也取得了阶段性成果，查出了河南汝州市原市长徐中和、广东省惠州市原公安局长洪永林、深圳市原房产局长陈炳根三起重大、巨额受贿贪污案，三名案犯被处以极刑，再一次表明了我国坚决反对腐败、惩治贿赂犯罪的决心。6. 贯彻“两手抓”方针，开展以围歼“车匪路霸”、清除社会丑恶现象为重点内容的综合治理打击刑事犯罪。社会治安状况有好转。1993年，中央综治委等五部门作出“实行社会治安综合治理领导责任制，把确保一方平安，作为各级党委、政府和各部门党政领导干部的任期目标之一，并同党政领导的政绩考核、晋职晋级和奖惩直接挂钩”。各项综合治理措施得以全面的贯彻落实，强有力地抑止了社会丑恶现象的蔓延。

中共中央就重大问题与各民主党派协商已形成制度 为了充分发挥各民主党派和无党派人士的参政议政作用，共同把国家的事情办好，每当有重大方针政策、重要文件出台，全国人大、国务院、全国政协等领导人选变更，中共中央总要事先与各民主党派和无党派人士充分协商，征求他们的意见，有重大问题及时向他们通报。据统计，中共十三届四中全会以来，截至1992年，中共中央召开与各民主党派中央领导人、无党派人士的谈心会、协商会、座谈会、情报通报会共51次；其中中共中央领导同志出面主持的10次，委托有关部门主持的9次。中共十三届六中全会通过的《中共中央关于加强党同人民群众的联系的决定》、1989年中共中央制定的《中共中央关于坚持和完善中国共产党领导的多党合作和政治协商制度的意见》等重要文件，事先多次征求非中共人士的意见。中共十三届七中全会通过的《中共中央关于制定国民经济和社会发展十年规划和“八五”计划的建议》，事先四次征求他们的意见。1992年，江泽民等中共中央领导同志再次在中南海怀仁堂与各民主党派中央、全国工商联及无党派代表人士坦诚相见，征求他们对中共十四大报告《征求意见稿》的意见。在此之前，中共中央委托中央统战部连续几天请非中共人士阅读讨论中共十四大报告(征求意见稿)。各民主党派中央领导人，无党派人士在各次协商会、座谈会上认真地提出了许多好的意见和建议。他们认为，中共中央在重大问题上事先进行广泛而充分的协商，反复征求各方意见，体现了中共与各民主党派、无党派人士肝胆相照、荣辱与共的精神，是我国社会主义民主的具体表现。

首都举行纪念《宪法》颁布10周年大会 1992年12月4日首都纪念《中华人民共和国宪法》颁布10周年大会在人民大会堂举行。江泽民、万里、李瑞环等与首都各界人士3000多人出席。大会由全国人大常委会委员长万里主持，中共中央政治局常委乔石在大会上发表讲话。乔石说，1982年12月4日五届全国人大五次会议通过的《中华人民共和国宪法》颁布实施已经整整10年了。今天，我们在这里隆重集会，纪念宪法颁布10周年，是为了在全社会进一步树立宪法的权威，保证宪法的实施，更好地贯彻落实中国共产党第十四次代表大会提出的各项任务，加快改革开放的步伐，促进社会主义现代化建设和民主法制建设，努力把我国建设成为富强、民主、文明的社会主义强国。

全国人大对“一府两院”监督形成制度 七届全国人大及其常委会认真履行宪法赋予的职权，对国务院和最高人民法院、最高人民检察院进行工作监督，基本形成制度。5年中全国人大及其常委会共听取国务院的工作汇报43次，听取最高人民法院、最高人民检察院的工作汇报10次。除每年第一季度举行全国人民代表大会，听取和审议国务院政府工作报告和高法、高检的工作报告外，每两个月一次的人大常委会，也要听取和审议国务院及其有关部委的工作汇报。根据人大代表的意见，每年一次的政府工作报告都要作几十处或百余处修改。5年来，七届人大常委会围绕改革开放和经济建设及人民群众普遍关心的重大问题，分别听取和审议了国务院有关部门作的关于物价、工资改革、社会治安、廉政建设、国际形势、清理整顿公司、亚运会准备、抗洪救灾等工作汇报。对委员们的意见和建议，国务院及有关部委都给予了充分重视和落实。审查和批准国民经济和社会发展计划及国家财政预算、决算，是全国人大及其常委会的一项重要职权。每年第一季度，全国人民代表大会都要对国民经济和社会发展计划以及财政预算进行审查批准；第二季度，全国人大常委会要对国家财政决算进行审查；第三季度，全国人大常委会要对计划和预算执行情况进行审查，这已形成制度。此外，七届全国人大专门委员会还经常听取有关部门的工作汇报。

人大常委会5年办理信访46万件 到1993年初的5年来，七届人大常委会信访部门共受理人民来信394036件次，接待人民来访67665人次，重点立案发函处理4494件，处理结案2452件。经过信访部门和各方面的工作，共纠正冤假错案793件，纠正违法违纪404件。其中比较突出的有闻名全国的辽宁台安县三律师“包庇案”；安徽蚌埠市人大代表周家良被长春市公安局干警非法绑架案。在此期间，万里委员长非常重视人民来信来访工作，并亲自过问信访工作，强调认真督办。信访部门充实了干部，恢复了来访接待室。在积极办理来信来访的同时，还编发了各种信访简报1108期，及时反映了人民群众对当前社会问题的意见和建议。这些意见和建议都得到中央、国务院领导的重视。

全国人大重视法律实施监督 1993年2月10日《人民日报》报道，在加快立法步伐的同时，全国人大及其常委会把对法律实施的监督放在同样重要的位置，有计划地检查法律执行情况。七届全国人大5年来，其常委会和各专门委员会曾组成检查组，分别对森林法等15部法律以及关于社会治安综合治理等决定的实施情况进行了检查。全国人大常委会对这些检查结果都进行了讨论。在检查中，参加检查的人大代表和委员深入工厂、农村、学校、机关、家庭，听取有关汇报，实地了解有关法律的执行情况，召开各种座谈会，广泛接触各界人士，并督促有关部门严肃执法。执法检查工作的开展，不仅维护了法律的尊严，增强了最高权力机关的权威，同时也促进了执法部门严肃执法，提高了各方面遵纪守法的自觉性。

国务院作出加强政府法制工作的决定 国务院于1993年10月发出加强政府法制工作的决定，要求进一步加强政府法制工作，以推动和保障社会主义市场经济体制的建立和逐步完善。“决定”强调以下几点：一、各级政府和政府各部门要充分认识做好政府法制工作的重要性。二、要明确今后一个时期政府法制工作的指导思想和目标。三、要把做好经济立法作为政府立法工作的重点，加快有关社会主义市场经济的立法工作。四、要正确处理政府立法工作与改革的关系。五、要切实加强行政执法工作。六、各级政府要自觉地接受党的领导，接受同级人大及其常委会的监督，依法接受司法监督，接受政协及民主党派的民主监督，接受舆论和人民群众的监督和加强行政机关内部的监督。七、要加强政府法制工作机构和队伍的建设。八、各级政府和政府各部门都要重视并加强对政府法制工作的领导。

1993年国家公布的重要法律法规 1993年全国人大常委会、国务院及其有关部门先后通过、公布以下法律法规：《中华人民共和国消费者权益保护法》、《中华人民共和国注册会计师法》、《中华人民共和国公司法》、《中华人民共和国个人所得税法》、《中华人民共和国产品质量法》、《中华人民共和国澳门特别行政区法》、《中华人民共和国教师法》、《中华人民共和国安全法》、《中华人民共和国农业法》、《中华人民共和国农业推广法》、《中华人民共和国科技进步法》、《中华人民共和国反不正当竞争法》、《全国人大常委会关于惩治生产、销售伪劣商品犯罪的决定》、《中华人民共和国企业劳动争议处理条例》、《禁止证券欺诈行为暂行办法》、《中华人民共和国企业所得税暂行条例》、《中华人民共和国增值税暂行条例》、《卫星电视广播地面接收设施管理规定》、《电网调度管理条例》、《外国人在中华人民共和国收养子女实施办法》、《演出法定可付酬标准暂行规定》、《录音法定许可付酬标准暂行规定》、《卖淫嫖娼人员收容教育办法》、《中华人民共和国海商法》、《中华人民共和国消费税暂行条例》、《中华人民共和国营业税暂行条例》。

《全民所有制工业企业转换经营机制条例》配套规章日趋完善 《法制日报》1993年7月28日报道，在国务院《全民所有制工业企业转换经营机制条例》发布一周年之际，有关《条例》的配套规章的制定与实施工作取得明显进展。这项工作的总进度情况是：地方政府的实施办法已全部出台，国务院行业和工业主管部门好于经济综合部门。国务院各部门正在加快《条例》的配套规章的制定工作，为了加快《条例》配套规章出台的进展，国家体改委、国家经贸委、国务院法制局已联合召开了制定《条例》配套规章的工作协调会。主持会议的国家体改委副主任洪虎在谈到今后这项工作的开展时提出三项要求：一是要按照党中央和国务院领导同志对制定《条例》配套规章的指示精神，积极主动、认真负责地抓好这项工作。要全面、深刻、正确地理解和贯彻《条例》的各项规定，对前一段配套规章起草过程中遇到的问题，要按协调会的精神办理，不能在《条例》的基础上后退，更不能和《条例》的规章相抵触。二是个别未送审就自行发布的配套规章，凡是有与《条例》规定不符合的内容，有关部门要采取补救措施；至今尚未送审的部门，要加快进度，抓紧送审协调。三是各地已经出台的实施办法和国务院有关部门已经出台的配套规章，要抓紧贯彻落实工作，要转变政府职能、调整企业组织结构、提高经济效益等深层次问题结合起来，使企业转换经营机制、深化改革上一个新台阶。

江泽民谈加强政法工作，促进改革开放 中共中央总书记江泽民、中共中央政治局常委乔石，1992年12月16日在人民大会堂与出席全国政法工作会议的部分代表，就当前政法战线的形势和加强政法工作的重要任务等问题进行了座谈。江总书记说：党的十四大对政法工作提出了新的更高的要求，各级党委、政府和政法部门一定要充分认识加强社会主义法制建设，搞好社会治安工作，对于保障经济建设和改革开放的顺利进行的极其重大的作用，以高度的责任感承担起维护社会稳定的光荣政治任务。他说，坚持“两手抓”的战略方针，维护政治安定和社会稳定，是顺利进行改革开放和现代化建设，集中力量把经济建设搞上去的政治保证，是建设有中国特色的社会主义的一个重要内容。没有团结稳定的政治局面，什么事情也搞不成。如果一个地方社会秩序、社会治安状况不好，人民群众缺乏安全感，怎么能集中力量搞经济建设呢？江泽民说，社会主义市场经济体制的建立和运行，要求加强培育市场，充分发挥市场的作用，同时要运用经济的、法律的以及必要的行政手段加强国家宏观调控。无论是市场调节，还是国家宏观调控，都要不断总结经验，逐步纳入法制轨道。没有健全的社会主义法制，也就没有良好的社会主义市场经济秩序。当前，打击破坏市场经济秩序的犯罪活动，加强经济司法，搞好法律咨询服务，完善对人财物流动和各种市场的治安管理等任务，更加突出地摆在政法部门面前，需要把法律服务和法律保障工作提到更加重要的位置。江泽民在谈到严格执法，加强执法监督问题时说，十四大提出的重要任务之一，就是要使社会主义民主和法制建设有一个较大的发展。除了需要加快立法进程外，当前的突出任务是要严格执法，树立社会主义法制的权威。各级党委、政府都要模范地执行宪法和法律，防止和纠正以言代法、以权压法、干扰执法的现象。同时，要采取有效措施支持和监督法院、检察院依法独立行使职权，坚持秉公执法。要坚决清除执法中的地方保护主义，促进全国统一的开放的市场的形成。江泽民提出，政法部门和广大干警要严格依法办事，坚持法律面前人人平等的原则，公正清廉，铁面无私，坚决纠正有法不依，执法不严，违法不究的问题。把执行党的路线方针政策，服从党委的领导同严格执法统一起来。加强各级党委、政府、人大常委会对执法工作的监督检查并逐步制度化。同时，政法部门也要建立和完善内部监督制约机制。要逐步使群众监督、舆论监督法制化。政法各部门必须从大局出发，从党和人民的根本利益出发，在工作中加强合作，密切配合，相互支持，依法制约，形成一个拳头，发挥强有力的人民民主专政机器的作用。江泽民强调，对社会治安实行综合治理，是解决我国治安问题，预防和减少违法犯罪的根本途径。它是我国人民的一大创造。各地区各部门要坚持不懈地抓下去，真正做到把打击、防范、教育等综合治理的各项措施落实到基层。在维护社会治安中，一定要坚持实行专门机关和广大群众相结合的原则。谈到政法工作改革时，江泽民说，政法部门要在党委统一领导下，进一步解放思想，更新观念，认真总结推广我们自己的经验，同时注意吸取世界上一切可以为我所用的先进成果，逐步推进政法体制、机构设置、政策法律、规章制度、工作方法等方面的改革，以利于提高工作水平和整体素质，更好地保障、促进改革开放和现代化建设的顺利进行。江泽民最后强调，要从严治警，提高政法队伍的政治业务素质。他说，我们的政法队伍永远是一支忠于党、忠于人民、不畏艰苦、不怕牺牲，有战斗力的好队伍。在发展社会主义市场经济的新形势下，将会出现许多新情况，甚至我们过去没有处理过的新问题，政法队伍无论是政治素质，还是业务素质，都要大大提高，否则，就无法更好地为改革开放和经济建设服务。除要大力加强教育培训外，还必须严格组织纪律。要始终注意保持政法队伍的纯洁性。要认真查处少数干警中的严重违法乱纪问题，绝不允许执法犯法、徇私枉法的行为存在。要伸张正义、打击犯罪分子、保护人民群众的安全和利益，多为群众办好事、办实事，增进与群众之间的鱼水之情。

全国打击走私工作会议在京召开 国务院召开的全国打击走私工作会议1993年8月4日在京举行。国务院副总理李岚清就全国打击走私斗争的形势、切实加强反走私斗争的领导、搞好综合治理、加强执法队伍建设等问题作了重要讲话。8月6日,中共中央总书记、国家主席江泽民、中共中央常委、国务院副总理朱镕基在中南海会见了全体与会代表,并进行座谈。江泽民指出:走私是逃避国家管理、非法牟取暴利的严重犯罪活动。近半年来,我国一些地区特别是沿海地区走私日趋猖獗,对国家和人民利益,对深化改革加快发展速度造成极大危害。各级党委和政府必须统一思想,统一步调,加强领导,依靠执法部门和群众相结合,坚决、迅速地刹住这股歪风。在坚持改革开放的过程中,抓好打击经济犯罪和惩治腐败行为,是小平同志的一贯思想,也是我们进行现代化建设的必要保证,一定要常抓不懈,务求必胜。

万里强调加强社会主义民主和法制建设 1992年3月21日,全国人大常委会委员长万里在参加七届全国人大五次会议北京和辽宁代表团讨论时指出,加强社会主义民主和法制建设是我国政治体制改革的重要内容,务必把这件事办好,使我国成为高度民主、高度法制的社会主义国家,以达到长治久安。他说,没有高度的法制,社会就不稳定。民主与法制是社会稳定的重要手段。就是要依法办事,不能靠人治,不能以言代法。

乔石要求抓好反盗窃和治安综合治理 1992年8月15日在大连举行的全国反盗窃斗争座谈会上,中共中央政治局常委、中央社会治安治理委员会主任乔石在讲话中提出,深入开展反盗窃斗争,是加强和改革政法工作,搞好社会治安综合治理,为加快改革开放和经济发展提供保障的一项很重要的工作。座谈会提供的材料表明,在我国各种犯罪活动中,80%左右是盗窃犯罪。乔石说,盗窃犯罪活动对社会秩序的危害十分严重,同样会对生产力的发展产生消极影响。打击盗窃犯罪,就是保护生产力的发展。乔石要求各级党委、政府和中央各部门的主要负责同志,对开展反盗窃斗争、对整个社会治安综合治理工作,要按照中央确定的原则继续抓紧抓好,当前,看我们的领导同志对邓小平同志"一手抓改革开放,一手抓打击各种犯罪","两手都要硬"的思想理解是否深刻,贯彻是否认真,这是重要的一条。党政主要领导同志一定要抓社会治安综合治理,一年抓几次,解决一些关键问题,把工作推动起来,并逐步引向深入。

《关于实行社会治安综合治理领导责任制的若干规定》公布 中央社会治安综合治理委员会、中纪委、中组部和国家人事部、监察部五个部门1993年11月14日联合作出《关于实行社会治安综合治理领导责任制的若干规定》。《规定》共分六条:一、各级党委、政府都要建立社会治安综合治理的领导责任制。二、各级党委、政府在研究决定各地区、各部门党政干部的任免、奖惩等问题时,要把干部本人抓社会治安综合治理工作的能力和实绩作为一个重要条件。三、各级组织、人事部门在考察党政主要领导干部和分管治安工作的领导干部政绩,办理他们晋职晋级工作时,须征求所在地区、部门社会治安综合治理领导机构的意见。四、各级纪检、监察机关对严重失职,导致治安秩序长期混乱或发生影响当地社会稳定的重大治安事件的地区、部门的党政领导干部,应根据其应承担的责任,按有关规定,给予相应的党纪、政纪处分。五、县级以上(含县级)各级社会治安综合治理领导机构要定期检查下一级党政主要领导干部和分管治安工作的领导干部抓治安综合治理的情况,及时向党委、政府报告。六、各省、自治区、直辖市社会治安综合治理委员会和对干部实行垂直领导的部门,可根据此规定,并参照《中央社会治安综合治理委员会关于实行社会治安综合治理一票否决权制的规定(试行)》,会同有关部门,制定实施细则。

全国纪检机关支持保护改革开放 几年来,全国各级纪检机关和广大纪检干部经常深入改革开放和经济建设第一线,采取多种形式加强同经济部门的联系,探索企业加强党风党纪和廉政建设的途径,实现了纪检机关同经济部门的双向交流。黑龙江省各级纪检机关几年来建立联络点700多个,把纪律检查工作和经济工作有机地结合起来,呈现出经济战线的同志与纪检干部和衷共济、齐心改革、振兴经济的局面。根据改革开放新形势下出现的新情况和新问题,中央纪委在调查研究的基础上,广泛同有关部门协商,颁布了《关于全民所有制工业企业纪律检查工作暂行规定》。各级纪检机关也从实际出发,普遍制定了一些具体的措施和办法,并会同有关部门研究明确了一些与改革开放有关的政策界限和有关规定,促使广大党员干部解放思想,锐意改革,大胆实验,并为他们解除后顾之忧。同时,各级纪检机关严肃慎重地处理了发生在改革开放过程中的问题。对于确属工作失误的,帮助他们总结经验教训;对于受到错告和诬告的,在追究诬告者责任的同时,为被诬告者澄清是非,消除顾虑,撑腰壮胆。据四川、广东、江苏等省的不完全统计,1991、1992两年纪检机关为8200多名受到错告、诬告的党员干部澄清了是非,保护了他们勇于改革的积极性和主动性。各地纪检机关还积极配合有关部门总结企业廉洁经营的经验,协助解决亏损企业存在的问题。江苏省纪检系统1990年至1992年,剖析非正常亏损企业1672个,协助主管部门调查领导班子960个,已有813个企业改变了亏损面貌。辽宁、山东、贵州、内蒙古等省、区纪委还先后召开企业党风党纪和廉政建设座谈会，听取企业厂长、经理的意见和要求，交流搞活企业、加强党风党纪和廉政建设的体会。通过刹风整纪和执纪办案，为改革开放和经济建设顺利发展创造良好的环境。1991年全国各级纪检机关查处党员违纪案件20多万件，处分党员17万人。另据20多个省区市统计，纪检机关协助政府部门对用公款大吃大喝、游山玩水、摆花架子、搞形式主义，以及乱收费、乱罚款、乱摊派等歪风，进行了专项管理。仅1991年就清理“三乱”项目5万多个，大大减轻了企业和群众的负担。

监察部发布三个监察规章

《人民日报》1992年1月3日报道，监察部部长尉健行近日签署第一、第二、第三号监察部令，发布施行《监察机关调查处理政纪案件办法》、《监察机关处理不服行政处分申诉的办法》和《监察机关举报工作办法》。这是监察机关为配合行政监察条例实施而制定的一系列配套性规章中的三个。监察部有关负责人指出，这些规章的施行，将进一步推动我国行政监察工作的正规化、法制化建设。

最高人民法院要求严惩车匪路霸 自1991年10月以来，“车匪路霸”犯罪活动又有所抬头。最高人民法院在1992年1月发出通知，要求全国法院系统加强打击力度，严惩“车匪路霸”。通知强调，在审理这类犯罪案件时，必须坚决贯彻执行依法从重从快的方针，加强打击力度，对于应按全国人大常委会《关于迅速审判严重危害社会治安的犯罪分子的程序的决定》处理的犯罪分子，都应当严格依法迅速及时审判。对于“车匪路霸”犯罪案件中集团犯罪的首犯、共同犯罪中的主犯以及累犯、惯犯，该重判的要重判，罪当处死的，要坚决判处死刑；对于长期在铁路、公路等交通沿线流窜作案的犯罪分子，一般不适用缓刑。通过集中、公开审判一些罪恶重大的车匪路霸，大造声势，以震慑犯罪，教育群众坚决与这类犯罪作斗争。

中国法学会重建10年

1992年，拥有10万多会员的中国法学会在重建10周年之际，不举行纪念活动，而是号召全体会员进一步增强改革意识、法制意识，为我国改革开放和经济建设创造良好的法制环境。中国法学会聚集了我国法学界、法律界的人才精华，它所属的地方法学会多达523个，遍布全国。它所属的学科研究会、专门研究会和专业研究会14个，覆盖法学研究的各个领域。该会重建10年来，坚持马克思主义法学与我国社会主义实践相结合，组织和推动多学科、多层次的法学研究，先后举办全国性学术讨论会445次，地区性学术讨论会2303次，撰写专著论文、调查报告6.8万篇。这一学术团体所属组织的法律专家、学者还积极参与立法的起草、咨询论证工作，参与司法、执法的检查，参与社会治安综合治理的研究。全国普及法律常识工作开展以来，编辑出版普法读物331种，发行500多万册，举办各种法律培训班934次，举办法律知识竞赛96次。重视国际联络工作，加强同国际法学界、法律界的交往与合作，截至1992年已参加多个国际法学、法律组织，与30多个国家和地区的法学界、法律界建立了联系。先后在我国举办过16次国际学术会议，有60多个国家、地区的1300多位法学专家、学者出席。该会在重建10周年之际，还表彰了30个先进集体和73名先进个人。

我国公证事业发展迅速 据《人民日报》1992年3月20日报道：我国公证已进入千家万户，越来越多的公民注意用公证这一法律手段来保护自己的人身、财产权利；越来越多的企业通过公证来完善法律行为，获得法律保障；越来越多的政府部门开始运用公证来管理社会，调整经济和民事行为。1982年，国务院颁发了《中华人民共和国公证暂行条例》。到1992年，全国各地公证机关累计办理各类公证3888.7万件，公证书发往100多个国家和地区，为国家调回贸易外汇15亿元。这10年中，我国的公证工作在为改革开放服务的过程中实现了三大转变，即由单纯办理涉外民事公证向涉外、国内公证并举方向转变；由以民事公证为主向以经济公证为主的转变；由简单的证明向为社会提供多样化的法律服务的转变。在农村，如安徽、四川、河北等地公证机关帮助农民订立联产承包合同公证，及时办理了大量农村承包合同公证，为推行农村联产承包责任制提供法律服务，促进了农村改革的顺利进行。在城市，如沈阳、北京、重庆等地公证机关开办了企业租赁，承包经营合同公证，招标公证，拍卖公证，企业兼并合同、股份公司章程公证等业务，运用公证这一法律手段，为城市经济体制改革保驾护航。据抽样调查，经公证的经济合同履约率在98%以上。1991年全国公证机关制止违法行为为8912起，涉及金额上亿元。据司法部统计，至1991年底全国已设立公证处2932个，拥有公证人员1.59万人；年办理各类公证976.7万件，其中国内经济公证417.4万件，国内民事公证465.5万件，涉外及涉港澳台公证93.8万件，与1982年相比，年办证量增长11.9倍。

居民身份证制度发挥重要作用 公安部组织召开的居民身份证使用、查验、核查工作协调会，于1992年5月28日结束。此项工作从1989年9月15日开始在全国范围内开展以来，有关部门已把居民身份证作为具有法律效力的证明公民身份的主要证件，在办理涉及公民权益事务需要证明公民身份时，坚持把核查居民身份证作为必要的工作程序，收效颇佳。目前，全国已发放居民身份证近八亿，民航系统居民身份证的使用率最高，核查制度也最严。

从订票、购票、确认座位到安全检查都需凭居民身份证办理有关手续，基本达到预期目的。金融系统近年来坚持凭身份证办理取款、存款和挂失手续，避免冒领金额达200余万元。在旅馆饭店行业，全国绝大多数地方实行了旅客凭居民身份证登记住宿的制度，有力地加强了旅馆饭店的治安管理。在劳动、教育、工交、民政等部门，也普遍实行了核查居民身份证制度。截至1992年的近三年，全国各级公安机关通过查验身份证，在预防打击犯罪活动，维护治安秩序和社会安定，在管理暂住、流动人口，查处、打击卖淫嫖娼和其他社会丑恶现象，为社会提供服务等方面发挥了重要作用。据不完全统计，各地通过居民身份证为有关部门、国内群众及港澳同胞提供查询等社会服务40余万次，受到广大群众称赞。随着居民身份证使用、查验和核查工作的深入开展，居民身份证的伪造与反伪造的斗争也日益尖锐。公安部一方面坚持打击伪造，并从技术防伪上采取有力措施加以防范；另一方面积极协调社会有关部门，希望他们通过行政管理手段指导和协调本系统下属单位，建立健全核查居民身份证的具体规章制度，继续配合公安机关抓好这一工作。

《中国改造罪犯的状况》白皮书发表 国务院新闻办公室1992年8月11日在北京发表《中国改造罪犯的状况》白皮书。全文共16000余字，包括前言和八个部分。它通过大量事实，系统介绍和阐述了中国对罪犯改造的基本原则和基本实践。其内容：1. 人是可以改造的。中国对于罪犯不是单纯进行惩罚，而是着重于改造和转化。2. 罪犯在服刑期间应有的权利受到保护。如包括对人民法院的判决有申诉权利，人格不受污辱，人身安全不受侵犯的权利，没有被剥夺政治权利者依法行使选举的权利等11种权利。为了保障这些合法权利，中国的立法机关和政府制定了相应的法律和规定，如果发生体罚虐待罪犯的违法行为，要严肃处理直至追究刑事责任。3. 组织罪犯从事有益于社会的生产劳动，把罪犯的劳动同法制、道德、文化、技术教育结合起来，是中国对罪犯实行惩办与改造相结合原则的重要内容。4. 对罪犯进行生活、思想各方面的感化。并且独创了判处死刑缓期两年的制度，尽可能给罪犯改造机会。5. 中国政府十分重视刑满释放人员回归社会的公民权利。帮助他们获得学习、工作、劳动的机会。白皮书援引大量事例和统计数据说明中国劳改机关改造罪犯的实际工作成效。中国改造罪犯的成绩受到了国际社会中有识之士客观公正的评价和称赞。最后，白皮书指出，中国是发展中国家，中国改造罪犯的条件和环境还受到经济和社会发展水平的限制，随着中国社会主义现代化建设的发展和法制建设的不断完善，中国改造罪犯的工作将达到新的水平。

军事法规汇编发至全军各部队 根据中央军委的决定，由军委法制局主编、中国民主法制出版社出版的军事法规汇编和军事规章汇编，已有50多万册发到了全军团以上部队，受到了广大官兵的普遍欢迎。《汇编》不仅为广大官兵学法、用法、执法提供了规范，同时也填补了建国以来我国无军事法规汇编的空白。中央军委法制局副局长朱阳明在1992年9月14日召开的《中华人民共和国军事法规汇编》座谈会上介绍说，建国以来，国家和军队在不同时期相继定出了许多军事法规，对加强国防起过重要的促进作用。在新的历史时期，根据邓小平同志的军事法制思想，中央军委明确提出了依法治军的方针。军委法制局集中了2000多名专门人员，查阅卷宗5万多卷，对建国以来的13万多件规范性文件进行了全面清查，从中筛选出军事法规和规章1.8万多件，为出版汇编奠定了很好的基础。《汇编》分为军事卷、政治卷、后勤卷、国防科技卷及其他卷，收录继续有效的军事法规500余件。

最高人民检察院发出坚决制止乱收费、乱罚款的通知 1993年7月20日《法制日报》报道，最高人民检察院发出通知，要求坚决制止利用检查职权乱收费、乱罚款。通知指出，1992年下半年以来，发现个别基层检查机关及少数检察人员，利用职权，违背法律、政策规定，在检察工作的某些环节上，巧立名目，乱收费、乱罚款，有的收取“初查办案费”、“协查办案费”，有的收申诉案件“受理费”，有的对不起诉、免予起诉或保外就医人员收取“手续费”、“帮教费”或“保证金”，还有极个别的甚至将应逮捕、起诉的案件作罚款处理。这些乱收费、乱罚款的行为，严重地损害了检查机关秉公执法、清正廉明的形象，造成了恶劣的影响，必须坚决制止和纠正。凡存在乱收费、乱罚款的，先要进行自查、自报、自纠，认真清理，尽快予以清退；对一时不能清退的，要作出计划，逐步清退。通知强调指出，各级检查机关，要加强监督检查，对隐瞒不报或上报不实，甚至坚持不改的，要严肃查处，情节严重的，要追究领导者的责任。

全国56个城市警察上街巡逻 1993年6月23日在天津召开了全国城市人民警察巡逻工作会议。会议报道，全国已有56个城市初步建立了人民警察巡逻体制，45000名公安干警走上街头，维护社会治安，为群众排忧解难。在大中城市建立和完善人民警察巡逻体制，是城市公安工作适应深化改革，建立市场经济新形势，使治安管理工作做到“静”、“动”结合，以动态管理为主的一项重大举措。民警巡逻体制的建立，使公安机关的快速反应能力有所提高，既使街头治安问题得到及时处理，又使群众报警和民警赶赴现场时间大为缩短。天津市自建立巡逻制10个月来，当场查获的各类现行违法犯罪人员4000多名，现场查破治安、刑事案件3800多件。公安部副部长牟新生在此间指出：为切实提高动态环境下对城市治安的控制能力，各省、自治区、直辖市公安厅、局务必在今年内，把地级以上城市的警察巡逻体制建立起来，发挥起应有的作用。

我国严厉打击毒品犯罪活动 在1993年“6.26”国际禁毒日前夕，国家禁毒委员会负责人、公安部副部长白景富，介绍了当前毒品问题形势和中国禁毒工作情况。1992年全国共查破毒品案件14701起，缴获海洛因4489公斤、鸦片2660公斤、大麻910公斤、甲基安非他明655公斤，企图走私出境的醋酸酐等剧毒化学品58.8吨。查出涉案者28292名。缴获的海洛因数量比1991年增加1.4倍。1993年第一季度，全国又破获毒品案件2984起，缴获海洛因725公斤，鸦片988公斤，比1992年同期有所上升。查出涉案者4724名。过境贩毒问题仍是中国禁毒斗争面临的首要问题。国际贩毒集团和贩毒犯罪分子假道中国进行贩毒犯罪活动的势头有增无减。1992年至1993年第一季度，共抓获外国毒贩561人。随着假道中国贩毒活动的增加，中国受害的程度也越来越严重。自从80年代中期以来，不仅边境地区吸毒人数增加，内地有过境贩毒的地方也逐渐出现了吸毒问题。据1992年底调查统计表明，我国已有登记的吸毒人数为25万人。1992年以来，中国禁毒工作在各方面都有很大进展。除破案、缴获数量明显增加外，还表现在：①严厉打击了走私、贩卖、运输、制造毒品的犯罪活动。②大力加强禁毒宣传和吸毒预防工作。③进一步加强戒毒工作，努力控制吸毒的发展蔓延。④坚决查处出现的零星种植毒品的问题。⑤加强对制毒化学品管制工作。⑥积极开展禁毒国际合作。

国务院发布归侨侨眷权益保护法实施办法 1993年7月22日国务院发布《中华人民共和国归侨侨眷权益保护法实施办法》。这个《实施办法》共31条，其主旨是通过法律的形式更好地保护归侨、侨眷的合法权益。《实施办法》规定，国家对安置归侨的农场、林场等企业，采取适当措施给予扶持；归侨、侨眷可以依法以各种形式投资兴办工商企业，其合法权益受法律保护；他们在国内兴办公益事业，地方人民政府和有关部门应当给予支持；归侨侨眷的私房，任何组织或个人不得侵犯；归侨学生、归侨子女和华侨在国内的子女报考义务教育后的各类学校，地方招生部门应当按照国家有关规定给予适当照顾；国家工作人员损害归侨、侨眷权益的，要责令改正或者给予行政处分，情节严重、构成犯罪的，要追究刑事责任。

国家外专局发布暂行办法规范外国文教专家来华管理工作 为进一步促进文化、教育和科技事业国际交流活动的发展，加强国际人才交流，国家外国专家局发布了《关于对介绍外国文教专家来华工作的境外组织和境内中介机构管理的暂行办法》。从1993年10月1日起实行。《暂行办法》规定，凡批量介绍外国文教专家来华工作的境外组织和境内中介机构须分别办理登记和资格认可手续。未办理登记或资格认可手续的境外组织和境内中介机构，开展此项业务均属非法活动。今后对外国文教专家本人自荐、经人介绍来华和已在华聘用期满要求变更工作的求职者，聘请单位不得直接聘用，均须在中国境内中介机构办理求职手续后方可聘用。对于通过政府间协定、友好城市和校际交流等渠道派遣来的外国文教专家，由签约部门和单位负责办理，须向国家外国专家局备案。国家外国专家局是办理登记和资格认可手续的归口管理部门。《暂行办法》中的外国文教专家系指在中华人民共和国境内从事教育、新闻、出版、文化、艺术、卫生和体育等工作的境外工作人员。

全国检察机关严查假冒商标案和骗税案 1993年1至8月，全国检察机关共受理假冒商标案3982件，立案侦查骗取出口退税案25件，查获用于骗税的假发票金额达35亿元，骗取税款1亿余元。最高人民检察院确定：今后的“打假”重点：一是假冒伪劣商品、生产和销售伪劣商品，情节严重的犯罪案件，特别是生产、销售危害人身健康和农业生产的商品等犯罪案件；二是假冒商标、生产和销售伪劣商品的犯罪团伙；三是利用行贿受贿等手段推销、采购伪劣商品的犯罪案件；四是暴力对付执行人员依法查抄假冒伪劣商品，打击报复举报人的违法犯罪案件。骗取国家出口退税犯罪，是在国家税收和外贸体制改革后出现的一种新的犯罪形式。犯罪分子与海关、税务、外贸等部门的一些工作人员相勾结，伪造单据，利用国家奖励出口政策，从国库中骗取大量款项。他们开具假发票动辄上亿元，骗取的出口退税额成百万甚至上千万元。此类案件牵涉面广，多种犯罪相互交织，少数海关、税务干部直接参与作案。在1993年查处的骗税案中，涉及包括各级税务正副局长在内的税务干部20余人。许多骗税犯罪案件的发生还同一些地方的党政领导有直接关系。

全国公安机关查禁、取缔卖淫嫖娼 1993年上半年，全国公安机关共查获卖淫嫖娼人员104624人，打掉卖淫团伙2009个、成员9792人。年初以来，各地公安机关结合本地实际，采取一系列措施，适时开展打击、取缔卖淫嫖娼斗争，稳、准、狠地打击强迫、引诱、容留、介绍卖淫的违法犯罪分子。公安部要求各地公安机关结合治安工作，积极开展禁娼斗争，只要基本证据确凿，基本事实清楚，该逮捕的要逮捕，该劳教的要送劳教。对组织、强迫妇女卖淫的犯罪分子要坚决打击，决不手软。对明知自己有性病而继续卖淫的要以传播性病罪追究刑事责任。

农业部推出一系列乡镇企业政策法规 1993年3月1日《法制日报》报道：农业部向全国新推出了一系列政策、法规。这些政策、法规主要包括：《关于推行和完善乡镇企业股份合作制的通知》、《乡镇企业深化改革的要点》、《乡镇企业集团示范章程》、《乡镇企业职工养老保险办法》等。这些政策、法规明确了乡镇企业改革的目标与内容，要求各地乡镇企业不断完善和发展企业的运行机制，进一步调整和优化企业组织机构；努力建立健全社会化服务体系；保护职工合法的劳动权益，调动从业人员的积极性，增强企业的生机和活力。

中央宣传部召开加快文化法规建设等理论问题研讨会 中宣部于1993年5月27日举办加快文化法规建设等理论问题研讨会。会议期间中共中央政治局委员、书记处书记兼中宣部部长丁关根听取了讨论并讲了话。中宣部副部长、文化部部长刘忠德也到会讲话，他说："文化体制改革要用是否有利于充分调动和发挥广大文艺工作者的积极性和创造性，是否有利于出作品、出人才，繁荣社会主义文化事业，满足人民群众日益增长的文化生活需求，是否有利于促进经济发展和社会全面进步这三条标准衡量其得失成败。"与会者围绕在新形势下如何改革我国的文化体制，如何看待精神产品的商品属性和特性、怎样看待和对待高雅文艺和通俗文艺，怎样更好地处理精神生产的社会效益和经济效益之间的关系，如何加强和改善文化市场管理，怎样进一步完善文化经济政策，加快文化法规建设等议题展开了充分讨论。

布赫强调建立与市场经济体制相适应的民族法律体系 1993年12月17日全国各省、自治区、直辖市民委座谈会在贵阳闭幕，全国人大常委会副委员长布赫在会上讲话说，我国颁布民族区域自治法近10年来，贯彻落实工作取得了很大成就。当前，建立与社会主义市场经济体制相适应的民族法律体系，是一项全新的事业。需要以邓小平同志建设有中国特色的社会主义理论为指导，解放思想、更新观念，以改革的精神解决问题。他说，目前许多尚未脱贫的人口中，很大一部分是少数民族。因此，国家通过行政的、法律的宏观调控手段，使民族地区的经济发展逐步与全国的发展相适应。而建立适应社会主义市场体制的法律体系，是培育和发展社会主义市场经济的必备条件。这就要求我们从国家的总体利益和各族人民的根本利益出发，进一步完善民族区域自治法律体系，抓紧制定自治区的地方自治条例，并着手民族教育、民族语言文字问题的立法工作，加强对这些法律法规实施的监督，建立和完善民族法律法规的监督机制。

司法部长肖扬向中外记者谈中国律师制度改革 肖扬在1993年10月16日国务院新闻办公室举行的中外记者会上宣布，"八五"期间，中国律师制度将进行一系列重大改革，以发展律师队伍，从业律师将从目前的5万人发展到7.5万人，本世纪末将达到15万人。他指出，中国律师事业的发展还很不适应中国加快改革开放和建立社会主义市场经济体制新形势。突出的问题是律师队伍数量不足，质量亟待提高。肖扬介绍了今后几年内中国律师制度的一系列改革措施，其中包括加快进行律师组织形式的改革，逐步建立起适应社会主义市场经济需要的律师工作机构，鼓励由律师组建各种不同类型的律师事务所，使律师事务所逐步成为不占国家编制，不要国家经费的自律性机构，以适应律师职业的特点。对律师在工作中出现失误，给当事人造成损失，是否应向当事人作出赔偿的问题，肖扬回答说，律师赔偿制度是一项重要制度，目前正在研究建立之中，不久将出台。在有些领域，如证券业务方面，律师已开始因其服务不当给客户造成的损失作出赔偿。肖扬还说，司法部正在讨论律师法，在律师法中增加了保护律师合法权益的条款。

北京法院成立知识产权审判庭 北京市高级人民法院和中级人民法院于1993年8月5日宣布成立知识产权审判庭。北京市高级法院副院长唐占蕴就此专门作了介绍。这两个审判庭受理范围包括，涉及专利权纠纷、商标权纠纷、著作权纠纷以及发明权和发现权等科技成果纠纷案件，涉及技术合同纠纷、涉外与港澳台各类知识产权纠纷案件。北京市高、中级法院根据《中华人民共和国人民法院组织法》建立保护知识产权的专门审判庭，在全国各级人民法院中是第一家。它的目的是为了运用法律手段加强知识产权的保护，对知识产权的权属关系进行调整，对一切假冒、剽窃行为予以制裁，以保障国内外经济和科技、文艺的交流、协作与发展。

天津重视法律监督和舆论监督 1993年2月5日《人民日报》报道：天津市1992年3500件人大代表建议和政协委员提案，1516件经新闻媒介披露的群众批评意见，均于1993年2月上旬全部办理完毕，重视法律监督和舆论监督已成为天津市各级政府贯彻"一切为了人民、一切依靠人民"基本工作思路的重要途径。1992年，天津市办理人民代表建议和政协委员提案工作动手早、抓得紧，代表、委员满意率高。各承办单位围绕经济建设这个中心，在办好办实上下功夫，天津市近年在城郊结合地带兴建了10个居民小区，由于小区行政隶属关系不明确，网点配套等生活服务设施跟不上，由市区迁入的居民不愿把户口转来，"人户分离"的现象越来越多，给群众生活和城市管理带来诸多不便，人大代表据此提出意见,希望迅速改变这一状况。天津市政府立即召集有关方面研究解决方案,决定将10个居民小区全部划归市内6个区,由划入区负责各类网点配套。经过多年办理议案的实践,天津市已形成了交办、承办、催办、审核、答复、查办、总结的一条龙工作程序。市政府提案处理办公室每15天向市政府领导和各承办单位通报一次办复进度,提高了办事效率。

天津实施《关于追究错案责任的暂行规定》 天津市高级人民法院制定的《关于追究错案责任的暂行规定(试行)》已于1992年在全市法院系统实施。《暂行规定》确定,凡审判人员在审理案件中,因诉讼程序、认定事实、确定性质、适用法律、处理结果等方面有严重错误,给国家、集体和公民造成损失或不良社会影响,须依法改判纠正的案件,以及执行中严重违法的案件均属错案。该规定强调,凡因吃请、受礼、索贿受贿,以及为自己或为他人谋取其他私利而办"人情案"、"关系案",甚至徇私舞弊等违法行为造成错案的;凡与当事人无牵连,只因业务水平低、经验不足;或责任心不强、工作疏漏;主观臆断和失职造成错案的,根据错案的原因、程序和造成的后果等情况,分别给予降职免职开除、扣发奖金等处分;后果特别严重的,应依法追究刑事责任。

江苏法院系统普建经济纠纷调解中心 江苏省各级法院大力推广经济纠纷调解中心这一审判组织形式,为转变审判职能更好地为经济建设服务走出一条新路。现在,全省已有10个市的中级法院和70多个基层法院建立了这类中心,1992年上半年审结的案件1268件,诉讼标的额达1亿多元,解决标的额近6000万元。1992年2月,江苏省法院院长会议提出建立经济纠纷调解中心后,全省各市县普遍建起了调解中心,并配备专职审判员近400名。实践证明,调解中心是为经济部门提供优质服务的一种好形式,它主要表现在办案灵活、简便、快速、高效。对属法院管辖的各种纠纷案件,无论诉前、诉后,只要当事人愿意都可调解,并即告即收,即收即调,程序简便,一般审理一个案件只要几天。1992年7月,扬州市中级法院收到一起数额达128万元的经济纠纷案件。中心接待后,当即让原告写出诉状,然后一起去被告单位进行调解,结果不到一小时就审结了此案。由于中心办案立足于双方自愿,往往在融洽的气氛中办了大案,有利于纠纷双方继续保持业务往来。

广东成立维护社会治安基金会 广东省维护社会治安基金会1993年2月11日在广州成立。这个基金会,广泛接受国内外社会团体、组织及个人自愿捐赠的资金,用于奖励在维护社会治安中作出贡献的人员和单位;慰问在斗争中英勇牺牲的人员和家属;支持和鼓励社会人员同各种犯罪行为作斗争。港商邹锡昌先生率先捐赠100万元。

四川法院运用行政审判维护农民合法权益 四川省江津市法院1993年4月间受理了一起25户农民起诉乡政府乱收费、乱摊派的案件后,引起该市市委、市政府的高度重视,立即废止和修改了与国务院《农民承担费用和劳务管理条例》以及四川省人大常委会《四川省农民负担条例》相悖的5个文件,并采取了一系列措施,把减轻农民负担落到实处。这是四川省法院系统为减轻农民负担,及时审理好有关案件而产生好效果的一个实例。自1992年下半年以来,四川省法院系统受理农民因负担过重而对乡(镇)政府提起行政诉讼案189件;已审结95件,其中农民胜诉的37件,部分胜诉的22件,乡(镇)政府改变具体行政行为后农民撤诉的36件。在审理这类案件中,法院本着积极的态度,凡符合行政诉讼法规定的起诉案件都依法予以受理,不因这类案件审理难度大,存在一些阻力而推诿,并做到快审、快结、不贻误农时;对不符合起诉案件的,也不一推了之,而是积极为农民搭桥引路,告知群众解决的途径和方法。四川省委、人大和政府对法院积极受理农民负担案件予以肯定。

西藏普法成绩显著 1992年8月20日《法制日报》报道:西藏自治区"一五"普法工作,紧紧抓住以宪法为核心,以民族区域自治法为重点,全国学习"十二法一条例"顺利结束,全区各族公民有96万人接受了普法教育,法律意识普遍提高,有力地推动了全区民主与法制建设。西藏的普法工作本着先干部后群众、先城镇后农牧区、先交通沿线后边远地区的原则,开展普法工作。各地区、各部门牢牢把握重点,坚持标准,严格要求,分级负责,层层落实。针对地域广、人员分散、交通不便、地区差异大等情况,普遍实行了辖区包干、分片包干的办法,坚持以面授为主,采取办培训班,建立学法日制度和普法宣传队,开展法律知识竞赛以及利用广播、电视等多种形式进行法制宣传教育。在巩固"一五"普法成果的基础上,自治区司法厅及时提出了"二五"普法的安排意见,要求紧紧围绕经济建设、改革开放和维护政治稳定、社会稳定的大局,抓住重点对象和重点领域,继续以宪法为核心,以民族区域自治法和专业法为重点,本着"一要少而精,二要学用结合"的原则,扎扎实实地把"二五"普法引向深入。

黄石市法院房地产审判庭应运而生 1993年来临之际,湖北省法院系统第一个房地产审判庭在黄石市中级人民法院宣告成立。近几年来,随着住宅商品化和土地使用权有偿出让、转让制度的建立,房屋开发、经营、管理和土地开发经营等房地产纠纷日趋增多,这些纠纷涉及面广、专业性强,历来被喻为"骨头案件"。黄石市中级人民法院房地产审判庭的立案范围是：受理一、二审房屋确权、析产、继承、买卖、互易、租赁、典当、代管、借用、赠与、拆迁，维修、建设承包承揽、综合开发和房屋侵权等纠纷案件；受理一、二审土地使用权出让、转让、出租、抵押、土地权属和侵权等纠纷案件。

5. 民族团结与宗教

1992—1993 年民族团结与宗教工作概况 1992—1993 年，我国各族人民同心同德，开拓奋进，民族宗教工作取得了巨大的成绩。1992 年，江泽民在中央民族工作会议上发表了重要讲话。胡锦涛出席全国培养选拔少数民族干部座谈会时强调，应高度重视培养选拔少数民族干部。国务院为加速发展民族地区经济文化事业提出了 11 条措施。1993 年 8 月 29 日，经国务院批准发布实施《民族乡行政工作条例》、《城市民族工作条例》。国务院新闻办公室发表白皮书《西藏的主权归属与人权状况》。文化部召开了全国民族文化工作经验交流会。中共中央总书记江泽民邀请宗教团体领导人座谈。全国政协召开宗教委员会座谈会。这些活动充分体现了党和国家对民族宗教工作的重视，也是近两年来民族宗教工作取得成绩的重要保证。两年来民族工作着重点转移，坚持以经济建设为中心，使民族工作服从和服务于民族地区和整个国家的现代化建设事业，促进各民族的发展进步和共同繁荣。如内蒙古各族人民共建开放带；国外藏胞回国探亲定居增多；援助西藏发展基金会在京成立，我国少数民族地区近半数贫困人口脱贫，出现了少数民族地区的第一个亿元村等等。这两年少数民族干部队伍进一步壮大，素质有很大提高。少数民族在校大学生已逾 15 万。少数民族职工达 1000 多万。为了推动各民族的全面进步，促进科技、教育、文化、医疗卫生等各项事业的发展，举办了第二届民族文化博览会，建立民族文化“标本库”。成立了中国少数民族对外交流协会。不少地区注重提高少数民族的文化素质和培养建设人才，贵州 10 年培养少数民族建设人才数百万，上海首次培训藏族管理干部、宁夏积极培养少数民族妇女参政。甘肃有 5 万少数民族妇女摘掉了文盲帽子，维吾尔族出现第一位女副博士，普米族两兄弟同获少数民族文学创作奖。羌族农民李建昌又获一项国家专利。两年来，由于积极争取和组织少数民族、宗教人士和广大群众的支持，民族、宗教工作以自身的功能，参与和促进了民族地区改革开放的历史进程，如首都 10 个少数民族共庆“尔代节”，延边举行庆祝建州 40 年纪念活动，拉祜族史研讨会首次召开，清宫佛事活动史料首次展出。一些关于民族、宗教问题的学术研讨会陆续举行。1992 年我国民族法规体系初步形成，国务院宗教局颁发活佛认定批准书。各级党政组织和宗教部门认真贯彻了党的宗教政策。国家拨巨资修复寺庙；全国开放宫、观已达 400 余处，接待来自五大洲的 30 多个国家和地区的访问团、组 140 多个、29000 余人。西藏 10 年维修宗教场所 1400 多座，基督教界在上海集会纪念吴耀宗百年诞辰，海内外宗教界、学术界人士在沪研讨纪念圆瑛法师圆寂 40 周年。中国道教表彰爱国爱教者，宗教界一批先进单位和个人受表彰。由于各爱国宗教团体同党和政府真诚合作，使我国宗教工作在维护祖国统一，维护社会稳定和民族团结，促进经济建设发展，尊重和保护公民宗教信仰自由权利、保护正常宗教活动和保护宗教界合法权益等方面，都发挥了积极的作用。

江泽民在中央民族工作会议上的讲话 中共中央总书记江泽民于 1992 年 1 月 14 日在中央民族工作会议上作了题为《加强各民族大团结，为建设有中国特色的社会主义携手前进》的重要讲话，共分四部分：一、我国民族工作的巨大成就，主要表现在彻底废除了一切民族压迫制度，实现了各民族一律平等；经过民主改革和社会主义改造，解决了少数民族内部的阶级压迫、阶级剥削问题，确立了社会主义制度；把国家的集中统一与少数民族聚居地区的区域自治有机结合起来，全面推行了民族区域自治制度；民族地区经济面貌发生了巨大变化，大部分人已经开始过上比较宽裕的生活；少数民族地区的教育、科技、文化、卫生、体育等事业有了很大发展。二、充分认识民族工作的长期性、复杂性、重要性。三、90 年代是我国社会主义现代化建设的关键时期，这是促进各民族共同进步、共同繁荣的关键时期。应着重抓好五项工作：(一)加快少数民族和民族地区经济发展，逐步与全国的发展相适应。(二)大力发展少数民族和民族地区的社会事业，促进各民族的全面进步；(三)坚持改革开放，不断增强少数民族和民族地区的自我发展活力；(四)坚持与完善民族区域自治制度，全面贯彻落实《民族区域自治法》；(五)进一步加强各民族的大团结，坚决维护祖国的统一。四、进一步加强党对民族工作的领导。首先要坚定不移地全面贯彻执行党的基本路线，坚持实事求是，一切从实际出发，解决好我国的民族问题，在各民族干部群众中，要大力加强马克思主义民族观和党的民族政策的教育。共产党员特别是党员干部，不论出身于哪个民族，都要牢固树立马克思主义的世界观，通过自己的模范作用，影响和带领本民族和各民族群众，沿着有中国特色的社会主义道路奋勇前进。

李瑞环在宗教团体领导人座谈会上的讲话 1993 年 1 月 19 日，中共中央政治局常委李瑞环邀请全国性宗教团体十位领导人到中南海作客，共迎新春。李瑞环说，在过去的一年中，各级党政组织和宗教部门认真贯彻党的宗教政策，各爱国宗教团体同党和政府真诚合作，使我国宗教工作在维护社会稳定和民族团结、推进祖国统一、促进经济建设方面，在尊重和保护公民宗教信仰自由权利、保护正常宗教活动和保护宗教界合法权益方面，都发挥了积极的作用。宗教问题是一个重大的问题，也是一个复杂的问题。它涉及到千百万群众的信仰。在许多地方与民族问题交织在一起，在一定条件下还受到某些国际因素的影响。处理好这个问题，对于维护广大人民群众的切身利益，对于保证国家的长治久安，对于巩固和提高我国的国际地位都具有重要意义。各级党政组织，都必须重视宗教问题。把它提到重要议事日程上来。积极、慎重、细致、稳妥地把工作做好。正确处理好宗教问题，最重要的是正确理解和全面贯彻党的宗教政策，在处理我们同宗教界朋友之间的关系时，坚持“政治上团结合作、信仰上互相尊重”的原则。建设有中国特色的社会主义，振兴中华，完成祖国统一，是我们与宗教界朋友们的共同目标和共同利益。这既是我们之间在政治上实现团结合作的基础，也是我们在信仰上互相理解、互相尊重的基础。实践证明，只有在政治上真诚团结合作，才能真正做到在信仰上互相尊重；而只有在信仰上互相尊重，才能有效巩固和加强政治上的团结合作。只要我们坚定不移地执行这个原则，我们就一定能够团结宗教界爱国人士和广大信教群众，不断巩固和扩大新时期的爱国统一战线。

胡锦涛强调高度重视培养选拔少数民族干部 1993年6月8日中共中央政治局常委、书记处书记胡锦涛在中南海怀仁堂与出席全国培养选拔少数民族干部座谈会代表座谈时强调，培养选拔少数民族干部，事关现代化建设目标能否实现的大局，事关民族问题能否正确解决的大局，事关社会稳定、国家长治久安的大局，是一件具有战略意义的大事，必须高度重视，采取有效措施，努力取得新的进展和新的成绩。胡锦涛指出，要把我们这个多民族的社会主义大国，建设成为富强、民主、文明的社会主义国家。中华民族的振兴，离不开少数民族的振兴；少数民族地区实现不了小康，全国就实现不了小康。大力培养选拔少数民族干部，是我们党的一贯方针，是党的民族政策的重要内容，是党的干部工作的重要组成部分。坚持干部队伍“四化”方针和德才兼备原则，坚持任人唯贤的干部路线，从民族地区实际出发，深化改革，完善制度，改进方法，努力创造有利于少数民族干部健康成长和脱颖而出的良好环境，把培养选拔少数民族干部工作提高到一个新的水平。要加强少数民族地区乡镇基层干部队伍建设，下决心拓宽基层干部的来源。要牢固树立“少数民族离不开汉族，汉族离不开少数民族”的思想，加强少数民族干部和汉族干部的团结合作，要加强领导，各方协力，狠抓落实。各级党委和各有关部门，对培养选拔少数民族干部工作要真抓实干，加强调查研究，制定规划，持之以恒，一步一个脚印地把工作做好。

我国民族法规体系初步形成

第二次全国民委政法工作会议在京召开。会议认为，我国民族法制建设取得显著成就。一个以《宪法》为基础，以《民族区域自治法》为主干，包括各项调整国家民族关系的法律、法规、规章以及地方性法规、自治条例、单行条例和有关规范性文件在内的社会主义民族法规体系已初步形成。1992年全国159个民族自治地方中，已有25个自治州、85个自治县经过法定程序批准、颁布实施了自治条例。民族自治地方制定的关于选举、财产继承、婚姻、计划生育等方面的单行条例已达70多个，地方性民族法规已达数百件。但是，我国的民族法规体系还很不完备，其内容、结构和数量同我国民族工作的实际需要还不适应。建立和健全比较完备的社会主义民族法规体系和监督机制是一项庞大的系统工程，需要各方面和各部门共同努力，互相支持和协作配合才能完成。这次会议提出了90年代中、长期的民族立法规划和总体设想，其中包括《城市民族工作条例》、《民族乡工作条例》、《民族教育工作条例》、《关于民族地区对外开放的规定》等31个条例和规定，内容涉及少数民族地区的政治、经济、教育、文化、干部、语言文字、风俗习惯等方面。

国务院提出“加速发展民族地区经济文化事业”的11条措施

1992年1月13日，国务院就进一步贯彻落实《中华人民共和国民族区域自治法》中有关经济和社会发展的一些问题发出通知，提出了11条措施和要求：一、国家要根据经济计划和资源开发的需要，适当增加对民族自治地方的投入，加快民族地区经济建设步伐，“八五”计划期间全民所有制单位固定资产投资总额应高于“七五”或“六五”计划的实际水平。二、国家对民族地区已实行的特殊措施和优惠政策，在“八五”计划期间均保持不变，中央财政预算已列的“支援经济不发达地区发展资金”，“八五”计划 期间由目前每年8亿元逐步增加到每年11亿元。新增资金大部分用于民族地区基层的经济和社会发展。三、民族自治地方要根据法律规定的权限，制定优惠政策，吸引、支持发达地区到本地开发资源、兴办企业。四、民族自治地方要坚持改革开放方针，积极发展对外贸易和经济技术合作，进一步改善投资环境，按照国家政策和有关规定，吸引国外企业到本地投资办厂，开发资源，发展生产，推动当地经济技术的发展。国家鼓励、支持边境民族地区积极开展多种形式的边境贸易。五、国家各级各类银行确定对民族地区的固定资产和流动资金的信贷规模，要与民族自治地方的经济增长水平相适应，对民族自治地方固定资产投资项目贷款和符合国家产业政策的行业的流动资金贷款，可给予适当照顾。六、尽快解决民族贫困地区群众温饱问题。争取“八五”计划期间基本解决、“九五”计划期间根本解决民族贫困地区群众的温饱问题。七、民族地区要注重科技进步，以科技振兴工业、农业、牧业和林业，推动社会经济发展，不断提高劳动生产率和经济效益。八、各级地方人民政府和国家各有关部门，要加强对少数民族教育事业的领导和支持，要坚持社会主义的教育方向，加强民族团结和爱国主义的教育。要采取有力措施，帮助民族自治地方办好各级各类学校。九、国家采取各项措施，支持民族地区发展文化、卫生、体育等事业。十、民族自治地方在国家规定的编制内，根据精简、效能的原则设立工作机构，努力提高工作效率。十一、各级人民政府要经常、广泛地进行马克思主义民族观和爱国主义、社会主义教育。通知最后强调，在社会生活各方面，各民族要互相团结，互相尊重，互相帮助，和睦相处。要教育各民族干部和群众牢固树立法制观念，对破坏民族团结的事件，要依法严肃处理。

《西藏的主权归属与人权状况》白皮书发表　为了帮助海内外人士了解所谓“西藏问题”真实情况，国务院新闻办公室于1992年9月21日发表《西藏的主权归属与人权状况》白皮书。用大量完整、系统、翔实的资料，客观、真实地提供了事实真相，澄清了达赖集团与国际反华势力的造谣歪曲，它是帮助海内外人士真实了解西藏的重要文献。白皮书分为前言和两个部分，共十二节。第一部分有“西藏的主权归属”，“所谓‘西藏独立’的由来”，“达赖集团的分裂活动和中央政府的政策”。第二部分有“旧西藏的封建农奴制”，“人民获得了人身自由”，“人民享有的政治权利”，“经济的发展和人民生活的改善”，“宗教信仰自由”，“教育和文化的发展”，“人民健康和人口发展状况”，“生存环境的保护”，“国家对西藏发展的特殊支持”。用大量的无可辩驳的事实，说明西藏自古以来就是中国不可分割的一部分，西藏各族人民在社会主义祖国的怀抱里享有广泛的人权。中国是一个由56个民族组成的统一的社会主义国家。藏族人民以及各少数民族人民同汉族人民一样，平等地享有宪法和法律规定的全部公民权利，同时还依据法律享有少数民族特有的权利，戳穿了达赖集团一再声称的西藏“曾经一向是独立的”谎言，从法律和理论上维护了祖国的独立和统一。统一和分裂关系着藏族、汉族和国内其他民族的兴衰成败，合则共荣，分则两伤，任何企图把西藏从中国分裂出去的作法，都将遭到西藏各族人民的坚决反对。西藏独立不行，半独立不行，变相独立也不行，西藏只有在中国共产党领导下，只有在社会主义祖国大家庭里，才能繁荣昌盛，西藏各族人民才能真正成为主宰自己命运的主人。

国务院宗教局颁发活佛《认定批准书》　藏传佛教噶玛噶举派第十七世活佛噶玛巴坐床典礼1992年9月27日在楚布寺隆重举行。国务院宗教事务局局长任务之代表国务院宗教局向十六世噶玛巴的转世灵童伍金卓堆·赤列多杰颁发了国务院宗教局的《认定批准书》，正式批准他为第十七世噶玛巴活佛。噶举教派创始于十一世纪中期，它的支系噶玛噶举派是藏传佛教中的重要教派。噶玛巴曾先后得到元、明两代中央政府的册封。距拉萨70多公里的楚布寺是藏传佛教噶玛噶举派的主寺。根据十六世噶玛巴圆寂前立下的遗嘱，遵照宗教仪轨和传统作法，楚布寺民管会顺利寻访到了第十六世噶玛巴·日贝多杰的转世灵童，经中国佛教协会西藏分会和各位活佛审核无误，报中国佛教协会认定。1992年6月27日国务院宗教局正式批准转世灵童继任噶玛巴活佛。国务院办公厅、国务院宗教事务局、中国佛教协会、西藏自治区政府和全国人大常委会副委员长阿沛·阿旺晋美向坐床典礼发来贺电和贺辞，并赠送了礼品。八蚌·司徒活佛和楚布·杰遭活佛专程从国外前来参加典礼，10多个国家和地区的噶玛巴教派学会代表和信徒也参加了庆典活动。西藏各地和青海、甘肃、四川、云南等省区各大寺庙代表和近3万名信教群众前来祝贺、朝拜。

《民族乡行政工作条例》、《城市民族工作条例》发布实施　为我国散杂居少数民族群众所关注的《民族乡行政工作条例》和《城市民族工作条例》，1993年8月29日经国务院批准。9月15日由国家民族事务委员会发布施行。这两个条例对我国城乡散杂居少数民族的平等权利、民主权利等作出了明确规定，对民族乡和城市少数民族经济、文化、教育、科技、卫生事业及少数民族干部的培养等也都作了具体规定，成为各级人民政府贯彻执行党的民族政策的重要法律依据。

我国少数民族干部逾200万

我国已拥有一支219万人的少数民族干部队伍，他们活跃在祖国边疆党政、经济、科技、文化、教育、卫生等各个领域，为增进民族团结、发展民族经济作贡献。中组部和国家民委1992年提供的资料表明，到1990年底，全国少数民族干部已达219万人，有相当副县（处）级以上少数民族干部4.5万人，副厅（局）长以上少数民族干部3000多人。这些被选拔到党和政府各级领导岗位上的少数民族干部，在当地的政治、经济生活中发挥着重要的领导作用。各地十分重视对少数民族专业技术人才的培养，少数民族干部队伍的结构正发生着可喜的变化。截至1990年底止，少数民族各类专业技术人员共有140万，占少数民族干部总数的64%。少数民族专业技术人员占全国专业技术人员的5.7%。干部素质的提高，是加快民族地区建设的重要保障。近年来，中央和地方各级有关部门采取了多种形式加强对少数民族干部的培训。如选送少数民族干部进党校、干校、民族大专院校学习等。1988年，国家成立了中国少数民族培训中心，为少数民族培养专业人才。1989年以来，中央又分批安排少数民族干部对口到国家机关有关部门带职锻炼。我国少数民族干部队伍的文化素质有了很大提高，一批有知识、懂技术、会管理的少数民族青年干部不断地被补充到边疆干部队伍中，成为建设边疆的新力量。

我国少数民族在校大学生逾15万 《人民日报》1993年9月23日报道，党的十一届三中全会以来，党和国家十分重视发展少数民族的教育事业，制定了一系列特殊政策和措施。在人力、物力、财力等方面给予大力扶持和帮助。截至1992年底，我国民族自治地方已有高等院校105所，全国独立设置少数民族中学2748所，小学23468所。全国高等院校少数民族在校生达15万多人，少数民族中学生达300多万人，小学生达1000多万，分别是改革开放前的4.09倍、1.56倍和1.5倍。全国大中小学校中少数民族专任教师近70万。目前，全国已有蒙古、藏、朝鲜、维吾尔等24个少数民族使用本民族语言文字进行教学，全国每年出版的中小学民族文字教材1800余种，总印数达5000万册以上。1993年3月，国家召开教育支援西藏工作会议，50年代中期以来，全国各省市选派援藏教师达6640余人次，国家为西藏教育投资累计达11亿元。西藏的教育事业，特别是现代学校教育从无到有，从小到大，已形成从小学、中学到大学的完整的教育体系。到1992年底，西藏区内各级各类学校在校生数已达22.3万人，适龄儿童入学率达60.4%。

全国民族理论研讨会 国家民委于1992年11月25日至29日在北京召开了全国民族理论研讨会。参加会议的有各省、市、自治区、直辖市、中央和国家有关部委和民族院校的领导、专家、学者共100余人。全国人大副委员长费孝通、赛福鼎·艾则孜，全国政协副主席司马义·艾买提、程思远出席了会议。提交会议的论文共60余篇。会议以邓小平同志建设有中国特色社会主义理论为指导，学习贯彻十四大精神，研讨进一步落实中央民族工作会议提出的各项任务，围绕少数民族地区的改革开放，建立社会主义市场经济体制，巩固和发展社会主义民族关系，建设有中国特色社会主义历史进程中民族问题的特点等问题。总结实践经验，发展民族理论研究。司马义·艾买提在会上作了题为《加强民族理论研究，为建设有中国特色社会主义和各民族的团结进步服务》的主旨讲话。总结了我国民族理论研究所取得的重大成就，确立了有中国特色的民族理论体系及其基本内容，提出了今后民族理论研究的任务。全国人大副委员长、著名社会学家费孝通教授向会议提交的《对民族地区发展的思考》论文中，论述了少数民族发展的一些观点和设想。中国企业家协会会长袁宝华和国务院发展研究中心副总干事王郁昭在会上分别作了《全民所有制企业如何适应建立社会主义市场经济新体制的需要》和《加强乡镇企业的发展是振兴民族地区经济的一项战略选择》的报告。这次座谈会认为，民族理论研究面临许多问题，即研究的方向和主要任务、队伍建设、宗教、民族教育、民族意识、计划生育、流动人口等问题。

全国政协民族委员会座谈“毛泽东与民族工作” 为纪念毛泽东同志诞辰100周年，全国政协民族委员会1993年11月16日在政协礼堂举行“毛泽东与民族工作”座谈会。全国政协副主席阿沛·阿旺晋美深情地回忆了毛主席民族工作思想对西藏和平解放、民主改革和社会主义建设所做的卓越贡献。赛福鼎·艾则孜副主席回忆了从1949年到1976年的27年里向毛主席汇报、请示工作和在毛主席家作客中的难忘情景。安士伟、多杰才旦、黄光学、李学智等也在座谈会上发言。全国政协副主席吴学谦在座谈会上说，今天我们纪念毛泽东同志诞辰100周年，就是要认真学习毛主席关于民族问题的理论，学习党关于民族问题的方针政策，不断加强各民族的平等、互助、团结、合作，促进共同繁荣。

第二届民族文化博览会 由中国少数民族文化艺术基金会主办的、特色鲜明的第二届中国民族文化博览会于1992年10月1日至14日在北京中国国际贸易中心和工人体育馆举行。这次大型综合性的各民族文化展演活动，共设民族之花大选，歌王歌后大赛，民间美术大展，民间珍藏大观，民族风情集锦，民族商品荟萃六大项内容。最有创新之意的是“民族之花”大选，从仪态、修养、服饰、歌舞诸方面，分别评选出56个民族女青年中的金花、银花、宝石花。台湾也有代表前来参加此次博览会。

我国少数民族文化艺术走向世界 据《解放军报》1993年8月28日报道，近年来，我国绚丽多彩的少数民族文化艺术，在对外文化交流中发挥了重要作用，并以其独特的艺术感染力，受到世界各国人民的欢迎。随着我国对外开放的不断扩大，少数民族文化团体的出国演出、展览越来越多，影响日益扩大。据不完全统计，自1988年以来由文化部、文联、对外友协及各省、市、自治区派出去的文化团体有300多个、5000余人次，蒙、藏、维吾尔、哈萨克、壮、水、朝鲜、白、土家、傣、侗、回、满等20多个民族的艺术家足迹遍及60多个国家和地区。这些少数民族文化团体的出国演出和展览，使世界人民更加了解中国，对宣传我国民族政策起到了积极作用。

宁夏积极培养少数民族妇女参政 据《中国妇女报》1992年4月20日报道，宁夏回族自治区采取多渠道输送并有重点培养的方法加强对女干部，尤其是回族女干部的培养选拔工作。他们积极吸收回族女干部参加少数民族预科班、回族领导干部读书班、文化补习班学习，以提高自身素质。据不完全统计，从1988年到1991年底，全区共提拔科级以上女干部848名，其中回族女干部占24.7%。银川郊区县级四套班子中有女干部48名，其中回族女干部18名，占县级女领导干部数的37%，银南地区县(市)级四套班子中，回族女干部占女干部总数的50%。在培养选拔回族妇女干部方面，由妇联牵头，组织、人事、科干、人才信息组织等单位也做了大量的工作，使一定数量的优秀民族女干部得以走向各级领导岗位。

四川民族古籍整理结硕果 四川有计划、有目的地开展少数民族古籍整理工作。从1984年开始，全省各地州县有关单位做了大量工作。到1992年，凉山州依托州、县语委，已搜集彝文古籍500余种，逾1000卷，指定专人完成初步整理，全部归档上架。他们与省民委民族古籍办一起搞的3个合作项目，列入全国民族古籍“七五”计划重点项目。已有些单项成果，如《古彝文单字汇集》、《指路经》、《彝文古籍目录(选要)》等。在木里县，还发现了藏文手抄本历史典籍《木里大事记》。峨边县普查到散存民间的100多种、500多卷彝文古籍，迄今已搜集到其中的75种、77卷，已整理好16种、18卷。马边县也搜集了彝文古籍112卷。甘孜州对文物古籍作了普查，搜集到散存于民间的1.3万余块藏文木刻印版及1万余件藏文典籍、2100余幅唐卡画及其他大量藏族历史文物。州编译局已搜集藏文古籍3000多卷，并整理出版了《藏族远古史》、《知识总汇细目》、《黄莺故事》、《藏族族源及文字小考》、《西藏与苯波》、《观音的传说》等有价值的藏文典籍。德格县藏医院还发掘出不少藏医古方，搜集了藏医典籍180多部。已经整理或出版的典籍有《验方百篇》、《宗萨群则医著》等。四川省民研所与省民委民族古籍办公室合作整理的6个藏文古籍项目，均列入了全国或省民族古籍“七五”计划重点项目，并已全部完成整理和出版任务。四川民族出版社近年来有计划地出版了不少珍贵的藏文、彝文典籍，如《青史》、《妈妈的女儿》、《勒俄特衣》、《多仁班支达传》、《波罗蒲传》、《康区史著举要》、《雅砻政教史》、《汉藏史籍》等。

辽宁蒙古族少年军校诞生 一所蒙古族少年业余军校，1992年在辽宁省阜新蒙古族自治县驻军某部开学。这所由驻军某部同县蒙初中联合举办的业余军校，吸收新生为少年军校学员，学制一年。教学内容包括：军事训练、学习军营内务三大条令、参观武器装备、军教表演，以及爱国主义、共产主义、革命传统教育，中国人民解放军性质、宗旨、任务和建军史的教育。每期业余军校学员结业时，要进行考核与考试，颁发证书。

拉祜族史首次研讨会 拉祜族史首次研讨会1991年底在云南澜沧拉祜族自治县举行。83名专家、学者及知名人士讨论了29篇论文，对其传统文化、经济形态、宗教信仰、政治制度、风俗习惯以及族源族称等问题进行了研究，并成立了编委会，结束了拥有41万人口的拉祜族没有一部完整的文字记载的历史。

维吾尔族第一位女副博士 坚强、勤奋好学的柯孜，1992年取得了原全苏肿瘤研究中心的医学副博士学位，成为维吾尔族第一位女副博士。柯孜是在一所中学教书时考上上海第二医科大学的。1985年以全国俄语类出国留学人员考试第一名的优异成绩，被派往原全苏肿瘤研究中心攻读副博士学位。1986年她只身一人去了莫斯科学习，1987年她在做论文研究课题时，导师劝她留在条件一流的研究中心做实验，只需两年时间即可完成，但她坚决要求回到故乡去做。她知道，新疆一些农村属于肿瘤疾病多发区，到苏联攻读副博士学位不就是为了天山南北的各族人民吗！她想通过自己的努力来证明，在设备比较落后的新疆，也能做出成果。她说服导师，回到了她原来执教的新疆医学院口腔科，边上班边抽时间几乎跑遍南疆北疆的肿瘤发病率较高的乡村，第一次完整、翔实地研究了新疆农村面部肿瘤发病和治疗的有关问题。直到1990年9月她才满意地带着研究成果返回莫斯科，继续攻读学位。6年艰辛化作成功的喜悦，1992年柯孜带着丰硕的成果回到了祖国。

西藏民院建校35周年培养干部15 000名 《西藏日报》1993年7月6日报道，被誉为“西藏干部摇篮”的西藏民族学院自1958年建校以来，为西藏培养了大批的民族干部及各类专业人才。据不完全统计，这个学院共培养合格毕业生15000余人，其中藏族和其他少数民族学生13000余人，占西藏民族干部的1/3强。这些学生遍布于西藏的各个地方，成为西藏自治区建设的骨干。

苗族女鼓王石顺民继续焕发艺术青春 石顺民出生于湘西州吉首市，从小与苗鼓结成不解之缘。40多年身不离鼓，鼓舞造诣不断升华，形神交融，日臻其美，曾六上北京，受到毛泽东、周恩来的接见，还先后三次荣获全国苗族鼓舞冠军。1992年，她继续焕发艺术青春，手把手教出了一批苗族女鼓手。不少港澳同胞看了她们的表演，都连赞：“真是难得一见的东方古老艺术！”

普米族两兄弟同获少数民族文学创作奖 《人民日报》1993年10月22日报道，由中国作家协会和国家民族事务委员会举办的第四届全国少数民族文学创作评奖活动揭晓，云南怒江州普米族同胞兄弟尹善龙、尹秀龙榜上有名。为发展和繁荣少数民族文学创作而设立的全国少数民族文学创作奖，是中国少数民族文学创作的最高奖，每4年举行一次。普米族总人口仅2.9万余人，祖祖辈辈居住在滇西北高原深山密林中。普米族同胞兄弟尹善龙、尹秀龙的获奖作品是发表在云南《边疆文学》上的短篇小说《多情的独龙河》。在国内文坛上，同胞兄弟获同一殊荣的屈指可数。

羌族农民李建昌又获一项国家专利 《人民日报》1993年12月17日报道，四川省茂县凤仪镇南桥村羌族农民李建昌继1993年2月从国家专利局获得一项苹果采粉授粉器发明专利权证书后，最近他发明的果树花药取粉恒温箱经国家专利局审查，再次获得了国家专利权。只上过三年小学的李建昌，是一位热心追求农业科学技术的新型农民。近两年来，李建昌不断奋进，刻苦钻研农业科学技术，他研制的苹果采粉授粉器提高了果园的挂果量，被农民称之为“财神爷”。在他迈出第一步的同时，他又把眼光放在了提高花药取粉工序上。李建昌经过反复试验，提出了一种不受气候和温度影响、大大提高花药的取粉率和花粉质量，且造价低，制造简单，使用方便的花药取粉辅助装置。经试验证明，使用这一装置对花药处理后进行取粉，完全不受气候及环境温度对花药的影响，花粉的活力得到大大提高，授粉后果树挂果率高达95%，提高了水果的产量和质量。

一对赫哲族夫妻兴办的博物馆 《人民日报》1993年12月17日报道，黑龙江省同江市街津口赫哲民族乡一对农家夫妻致富后开办了一座赫哲族民俗博物馆。馆址设在黑龙江边美丽的渔村街津口，20多平方米的展室粉刷一新，四壁玻璃柜里整整齐齐地摆放着展品；从当地特产“三花五罗”等鱼类标本到6000多年前古人使用的石器，从鱼钩、鱼叉等生产工具到赫哲族人老辈穿的鱼皮衣服、住的“撮罗子”模型，应有尽有。那一件件用鱼骨粘就的塑像，造型各异，引人入胜。博物馆的男主人叫徐国，女主人叫孙玉芳。徐国60年代流浪到这个边境渔村时，是玉芳的父亲收留了他。在玉芳父女俩的熏陶下，徐国也渐渐迷上了赫哲人独特的风俗和文化，也试着搞起了收藏。村民们捕到的珍奇鱼类或是家传的“宝贝”，夫妻俩都想方设法，哪怕借债，都要弄到手。近年来赫哲人的日子越过越红火。他俩也开了一家经营赫哲风味的夫妻店。在摆弄收藏的“宝贝”时，萌生了开一个博物馆的想法。1993年6月，夫妻俩凑足了4万多元，使这个小小的民俗博物馆正式开张了。消息传开，慕名而来的人络绎不绝。一位学者特为它题词：“集造化神奇，为民族作传。”

中国道教协会第5届全国代表会议 中国道教协会第五届代表会议1992年3月6日在北京结束。会议号召全国道教界人士和信教群众全面正确地贯彻执行宗教信仰自由政策，努力发扬道教优良传统，爱国爱教，同心同德，为弘扬道教事业，为祖国社会主义建设事业贡献力量。中国道教界积极开展国际友好往来，从1986年第四届代表会议以来，共接待来自五大洲的30多个国家和地区的团、组140多个，29000余人，加强了同海外道教界交流，广结了朋友，加深了相互了解，增进了友谊。目前，全国有开放宫观约400余处，成立各级地方道协组织80多个，住观道士5000余人。近年来，各地宫观根据自身条件和特点，兴办了一些企业以及旅社等服务业，为宫观自养开辟了门路。不少宫观和道教人士还积极从事植树造林、修桥补路，支持地方办学和残疾人事业以及各种社会公益事业，许多宫观和个人为社会主义建设事业作出了贡献，受到当地政府表彰。代表大会产生了新一届理事会，选举了新的常务理事、会长、副会长、秘书长，傅元天被推选为中国道教协会会长。代表会议还就有关事项通过了相应的《决议》。

中国伊斯兰教第6次全国代表会议 中国伊斯兰教第六次全国代表会议暨中国伊斯兰教协会成立40周年庆祝大会1993年12月13日在北京举行。全国各省、市、自治区的10个少数民族的伊斯兰教界人士和穆斯林代表300余人出席了会议，王兆国、赛福鼎·艾则孜到会致贺。第五届中国伊斯兰教协会会长沈遐熙主持了会议，副会长安士伟作了《中国伊斯兰教协会40年》的报告。他说，40年来，中国伊斯兰教事业有了巨大发展。中共十一届三中全会以来，中国伊斯兰教事业日新月异，广大穆斯林的宗教生活、民族风俗习惯受到全社会广泛尊重，各民族之间、教派之间的相互关系得到了显著改善，对外友好工作也相应得到了开展。信仰伊斯兰教的少数民族地区的经济建设和文化教育事业都有很大的发展。中共中央统战部、国务院宗教局的有关领导出席会议，各全国性宗教团体的负责人到会祝贺。安士伟当选为中国伊斯兰教协会第六届委员会会长，阿不都拉大毛拉等15人当选为副会长。

中国佛协召开第6届代表会议 中国佛教协会第六届全国代表会议暨中国佛协成立40周年纪念大会1993年10月15日在北京召开。全国30个省、自治区、直辖市均有代表参加。中共中央统战部长王兆国出席会议。全国人大常委会副委员长、中国佛教协会副会长帕巴拉·格列朗杰致开幕词，全国政协副主席、中国佛教协会会长赵朴初在开幕式上作了题为《中国佛教协会40年》的报告。国务院宗教事务局局长张声作在会上讲话。各全国性宗教团体负责人到会祝贺。会前,参加本届大会的汉传佛教、藏传佛教、南传佛教等全国佛教三大语系的代表及在京四众弟子1000多人,在广济寺举行了庆祝法会。赵朴初、帕巴拉·格列朗杰等248人当选为新一届理事,赵朴初当选为第六届理事会会长,帕巴拉·格列朗杰等22人当选为副会长。刀述仁为秘书长。会议还选举产生了中国佛协第六届理事会咨议委员会,通过设立藏传佛教工作委员会、上座部佛教工作委员会等5个专门委员会。

十世班禅灵塔祀殿落成开光

举世注目的十世班禅大师灵塔祀殿落成开光典礼,1993年9月4日在历世班禅的驻锡地——日喀则扎什伦布寺隆重举行。代表全国人大、政协、国务院专程前来参加庆典的国务委员、国务院秘书长罗干与全国人大常委会副委员长帕巴拉·格列朗杰,全国政协副主席杨汝岱,西藏自治区党政领导陈奎元、热地、江村罗布等出席了开光典礼。这天日喀则全城披上了节日的盛装,金碧辉煌的扎什伦布寺挂满五彩经幡,举行大典的“格桑恰木热”诵经大院,搭起了七层供塔“嘎波德嘎”。伴着阵阵法号、法鼓声,以两个头戴黄冠的大喇嘛辩经,开始了庄严而隆重的开光大典。扎什伦布寺民管会主任恰扎·强巴赤列活佛主持。宗教仪式结束后,罗干发表了讲话。他说,十世班禅大师继承和发扬历世班禅光荣的爱国主义传统,在新的历史条件下,建立不可磨灭的功绩。班禅灵塔祀殿的落成,体现了党和国家对十世班禅大师爱国业绩的尊重和推崇,体现了党和国家对扎什伦布寺和藏传佛教界爱国人士的关怀和鼓励。罗干说,在社会主义现代化建设的新时期,维护祖国统一、民族团结、社会安定,仍然始终是西藏改革开放、繁荣发展的根本保证。党中央、国务院将一如既往地关怀和帮助西藏,实现各民族的共同发展、共同繁荣。西藏自治区党委书记陈奎元号召广大僧俗人民缅怀十世班禅大师的光辉业绩,继承大师的遗志,把大师的爱国主义精神发扬光大,维护祖国统一,增强民族团结,建设社会主义新西藏。庆典收到了全国政协副主席阿沛·阿旺晋美及国务院宗教局等部门的贺信。2000多名西藏各族干部、僧俗群众和来自四川、青海、甘肃、云南、新疆、内蒙古的僧俗代表参加了庆典。

首都宗教界一批先进单位和个人受表彰 北京市政府于1993年4月7日召开表彰会,表彰宗教界做出贡献的先进单位和个人。他们有的积极协助政府宣传宗教政策,有的为促进民族团结努力工作,有的为首都经济建设做出了突出贡献。这次受表彰的有15个先进单位和129位先进个人。

中国道教界表彰爱国爱教者

中国道教界爱国爱教先进集体、先进个人表彰会1993年6月10～12日在北京白云观举行。国务委员兼国家民委主任司马义·艾买提出席讲话:我国宗教界有爱国爱教的光荣传统,在建设有中国特色的社会主义新时期,要为两个文明和国家的安定团结作出新的贡献。这次表彰会是中国道教史上的首次盛会,会上表彰了53个先进集体和159名先进个人。

青海抢修加固塔尔寺古建筑群 1992年6月9日塔尔寺古建筑群抢修加固工程正式开工。修缮塔尔寺是我国抢救藏族文化遗产、保护藏传佛教名寺的重大措施,国家拨出2000万元专款,限期于1993年完工。地处青海省湟中县鲁沙尔镇的塔尔寺,是为纪念藏传佛教格鲁派(黄教)创始人宗喀巴于1379年建立的。塔尔寺古建筑群,由于地基长期遭受水浸,特别是1990年青海省塘格木地区发生强烈地震,使古建筑群受到不同程度破坏,许多殿堂墙基开裂,梁柱错位,木质构件腐朽开裂。国务院决定大规模抢修、加固塔尔寺古建筑群,维修小金瓦殿、大经堂、班禅行宫、释迦佛殿、大吉哇等6大主要殿堂,拆除已开裂、倾斜的墙体,按原貌重建,同时进行地基护坡、文物保护措施等附属设施建设。

西藏10年维修宗教场所1400多座 《人民日报》1993年4月24日报道,10年来,国务院和西藏自治区先后拨出专款2.1亿多元,维修寺庙等宗教场所1400余座,其中仅投入布达拉宫维修的款额已达6000万元,预计明年6、7月份,这一维修工程将全部完工。具有1300多年历史的大昭寺,1973年,在周恩来总理的关怀下,曾经进行大规模的维修。近年来,这个寺祖拉康北侧出现严重裂缝,政府再次拨出专款300万元抢修。西藏几乎所有教派的主要寺庙都得到重建或修复。藏传佛教格鲁派闻名中外的班禅驻锡地扎什伦布寺,从80年代初期就一直受到精心保护。1993年,自治区又决定投资2000万元,对甘丹寺进行大规模修复。此外,噶当派祖庭热振寺、萨迦派祖庭萨迦寺、噶玛噶举派祖庭噶玛丹萨寺及其主寺楚布寺、直贡噶举派祖庭直贡帖寺、达垅噶举派祖庭达垅寺及其主寺昌都类乌齐寺、香巴噶举派主寺桑顶寺、夏鲁派祖庭夏鲁寺、宁玛派敦炯活佛驻锡的喇嘛林寺、各教派共处的白居寺、苯波教祖寺墨如寺以及帕巴拉呼图克驻锡的昌都强巴林寺和以南藏为主要传承的敏珠林寺、以北藏为主要传承的多杰扎寺等一大批寺庙也都已翻修一新。西藏2000余名穆斯林的宗教活动场所拉萨大小清真寺和600余名天主教徒的宗教活动场所芒康天主教堂也得到维修。

岭东佛学院在潮州重建 停办了57年的岭东佛学院1992年3月22日在粤东古寺——开元寺复办,举行了开学典礼。这座佛学院是近代高僧太虚大师于1933年9月在潮州开元寺创办的。复办的岭东佛学院是广东省目前唯一的一所佛学院。

龙华寺庆祝建寺1750周年 千年古寺龙华寺，1992年10月14日庆祝建寺1750周年，同时举行了千手观音开光典礼。龙华寺方丈明旸法师主持了两项庆典活动。龙华寺建于东吴赤乌五年(公元242年)。中共十一届三中全会以来，政府落实宗教政策，拨款帮助龙华寺整修。目前，寺内殿堂和佛像都已按传统格式得以基本修复并向信教群众开放。最近修复的千手观音殿，是龙华寺的主要佛殿，正中新塑就的千手千眼观世音菩萨，妙相庄严，金碧辉煌，殿旁南北西三侧还塑有如意轮观音等佛像。

开封重建大相国寺 位于河南开封的大相国寺，是举世闻名的佛教寺院。据文献记载，大相国寺在战国时为魏公子信陵君的故宅，北齐天保六年(公元555年)在这里创立建国寺，后毁于兵火。唐睿宗为相王时重建，改名大相国寺。明清两代曾二次重建，1927年又被毁。千年古刹就此成为历史遗迹。1991年，中国佛教协会和河南省佛教协会在有关部门支持下，决定重建大相国寺。经过几个月的努力，大相国寺的恢复工程进展甚快，大雄宝殿的三尊铜铸佛像即将铸成，所有殿宇也已整修一新。经全国政协副主席赵朴初举荐，河南省佛教协会暨诸山长老的礼请，上海市佛教协会会长真禅大和尚出任大相国寺方丈。1992年7月，真禅法师来到开封大相国寺。他表示一定要把大相国寺办成一个佛、法、僧融为一体的，名扬海内外的大寺院。

第一部《满族通史》出版 《民族团结》1992年6月报道，李燕光、关捷教授主编的我国第一部满族史专著《满族通史》，已由辽宁民族出版社出版。《满族通史》系统阐述了满族历史的政治、经济、文化等方面的内容，对满族新民族共同体的形成，八旗制度、满族与其他民族关系等重大问题的研究，取得了突破性的成果。本书从清史中分离出来，突出了满族本身的特点，"上三旗"与"下五旗"分列专题论述，为满族史研究开辟了道路。本书与国内外满族史相比，具有开创性和完整性的特点，填补了满族史研究的空白，率先进入对满族的综合研究阶段，同时对国际文化交流也将产生十分有益的作用。

《中国少数民族文化史》出版发行 《民族团结》1993年12月报道，由中国少数民族对外文化交流协会会长李德洙主编，张儒、徐亦亭任副主编的《中国少数民族文化史》，作为辽宁省新闻出版局、辽宁人民出版社重点书目，已于11月出版发行。这部300万字的文化史专著，首次对中国境内55个少数民族文化作亘古贯今的全面描述，展示了中国少数民族独特的灿烂文化及其发展轨迹；阐述每个少数民族文化在整个中华民族文化中的地位、作用和贡献。从而增进各民族相互了解，提高民族自尊心、自信心和自豪感，弘扬优秀的少数民族传统文化，为建设有中国特色的社会主义新文化服务。全国有64位专家学者参加了该书的编著工作。全书的结构是除序言外，按东北、华北篇，西北篇，西南篇和中南、东南篇为序，分别介绍55个少数民族的文化史及文化特征。对大河流域农业礼仪文化、东南沿海百越稻作文化、南方山地游耕农业文化、北部和西部游猎游牧文化均做了具体描述。费孝通、司马义·艾买提、王兆国、阿沛·阿旺晋美、赛福鼎·艾则孜、杨静仁等为该书题了词。

《中国少数民族哲学史》出版发行 《民族团结》1993年1月报道：由肖万源、伍雄武、阿不都秀库尔主编的《中国少数民族哲学史》于1992年10月由安徽人民出版社出版发行。这部85万余字的巨著，是国家社会科学"七五"科研规划重点项目、中国社会科学院"七五"科研规划重点项目。它的出版发行，是学术界、出版界的一件盛事，填补了中国少数民族哲学史的空白。《中国少数民族哲学史》论述了蒙古、回、藏、维吾尔、壮、拉祜、纳西等24个少数民族哲学思想发展的历史，标志着我国哲学史研究已由过去单纯研究汉民族哲学思想转而深入研究中华各民族哲学思想的阶段，具有重要的历史意义和积极的现实意义。

6. 反腐防腐 勤政廉政

1992—1993年反腐防腐、勤政廉政概述 来自纪检、监察机关的分析表明：1992—1993年间，腐败问题在部分党政机关、党政干部中仍较严重，其表现形式也趋多样化：首先是贪污、受贿等经济违法案件十分突出；二是徇私舞弊、执法犯法问题时有发生；三是敲诈勒索、吃拿卡要搞得企业和人民群众疲于应付、苦不堪言；四是挥霍公款、铺张浪费，用公款请客送礼，争购高级小轿车，超标准装修住房；五是一些干部腐化堕落，道德败坏，严重影响了党群、干群关系。腐败问题的突出，随之而来的是违法违纪金额在不断增大。过去贪污受贿的金额多在几百元、几千元，现在已发展到几万元、几十万元乃至更多。听任这种腐败现象发展下去，改革将难以继续，经济将无法腾飞。针对上述种种问题，中共中央、国务院坚持开展反腐倡廉工作。党的十四大指出，坚持反腐败斗争，是密切党同人民群众联系的重大问题。要充分认识这个斗争的紧迫性、长期性和艰巨性。在改革开放的整个过程中都要反腐败，把端正党风和加强廉政建设作为一件大事，下决心抓出成效，取信于民。十四大之后，特别是1993年8月以来，中共中央十分重视反腐防腐、勤政廉政建设。中纪委先后召开了两次全会，中共中央和国务院作出了专门的决定，江泽民总书记、李鹏总理先后作了三次讲话，中央和国务院出台了一系列政策性文件，反腐败工作总的方针政策、工作思路、目标任务、要求措施都很明确，各地加强了对反腐败斗争的领导，加大了工作力度，取得了一定成绩，发展势头较好。

据统计，截至1992年底，五年间全国各级纪律检查机关共查处中国共产党内各类违法案件874000多件，处分党员733000多人，其中开除党籍154000多人，受刑事处分的党员42000多人，县团级党员干部16000多人，地师级干部1430人，省军级干部110人。1993年全国法院又受理经济犯罪案件27463件，审结27323件，全年共判决人犯22106人。其中判处五年以上有期徒刑、无期徒刑和死刑的6863人，判处五年以下有期徒刑和拘役、管制的14351人。全国法院共审结犯罪金额万元以上的案件7872件，其中犯罪金额在30万元以上的案件443件。在判处的犯罪分子中，县级干部69人，司局级干部7人。全国检察机关向人民法院起诉上述各类案犯19357名，县处级干部201名，厅局级干部16名，追缴赃款赃物折合人民币22亿元。全国查办党政机关工作人员6011名，查办构成犯罪的司法人员1804名。立案侦察行政执法人员犯罪案件1000余件。查处金融系统百万元以上大案72件；查办了11起机关单位走私犯罪大案；捕获600余名携款潜逃的案犯，其中19名是犯罪金额在百万元以上的重大案犯。

两年中查处的大案要案比较典型的案例如：原国家科委副主任李效时利用职权，支持北京长城机电科技产业公司的非法集资活动，收受公司总裁沈太福贿赂5.2万元，贪污2万元，被判处有期徒刑20年。沈太福与其妻共同贪污100万元，个人贪污200万元，行贿25万元，被判处死刑。全国各地与长城公司非法集资案有关的罪案35件，受到查办处理的党政干部、新闻记者、会计师等20余人。辽宁省昌图县粮食系统购销物资材料特大违法犯罪案，四名案犯受到法律严惩：原昌图县粮食局长桂秉权利用职权贪污公款2.7万元，受贿25.8万元，违反储运计划，为亲属和他人向25个粮库滥批资材条子67张，总金额1761万元，使国家造成经济损失1059万元；原昌图县大兴粮库主任赵福与农行大兴营业所主任胡玉章勾结，套取农贷60万元共同私分，两人还伪造单据，骗取大兴粮库10.5万元巨款，赵个人受贿126万元；原昌图县政协副主席许连忠离休后，向粮库推销高价、劣质资材，本人非法获利31万元。经辽宁省铁岭市中级人民法院审理，判处桂秉权、赵福、胡玉章死刑，判处许连忠无期徒刑。原贵州省公安厅厅长郭政民，利用职权非法批准他人办理出境通行证从中受贿10万元；北京市原昌平县检察院检察长陈志文利用职务之便受贿2万元，原湖北省高级法院刑一庭庭长李开甫，收受一死刑犯亲属贿赂1万元等案，均受到查处，维护了国家法律的严肃、公正性。

两年来在勤政廉政方面主要是贯彻中共中央关于党政机关县（处）以上领导干部廉洁自律的“五条规定”；严禁在公务活动中接受赠送礼金、有价证券；专项治理公费出国旅游；坚决刹住“有偿新闻”的不正之风，提倡领导干部廉洁自律，总结推广这方面做得好的地区和单位的经验等，把反腐倡廉的重点，放在加强领导机关和领导班子的廉政建设上。不少地方已经把是否廉洁作为考核各级领导干部素质的重要标准和提拔重用的重要依据，并实行了“不廉洁一票否决制”。一些地方通过加强法律和制度建设，用法律和纪律的手段，规范和监督党员、干部的行为，建立健全了权力制约机制，把反腐败和加强廉政的关口前移，取得了较好的效果。对改革中出现的问题，通过改革的深化和经济的发展加以解决，通过放开物价、改革住房制度、转变政府职能等措施，使利用职权谋取私利的不正之风大为减少。

中共中央国务院作出关于反腐败斗争要抓好三项工作的决定

1993年10月5日，中共中央国务院作出关于反腐败斗争要抓好三项工作的决定：一、党政机关领导干部要带头廉洁自律。领导干部要严于律己，以身作则，自觉执行中央在加强党风廉政建设方面已经作出的各项规定，带头同腐败现象作斗争。为此，对党政机关县（处）级以上领导干部重申和提出以下要求：(1)不准经商办企业；不准从事有偿的中介活动；不准利用职权为配偶、子女和其他亲友经商办企业提供任何优惠条件。(2)不准在各类经济实体中兼职（包括名誉职务）；个别经批准兼职的，不得领取任何报酬；不准到下属单位和其他企业事业单位报销应由个人支付的各种费用。(3)不准买卖股票。(4)不准在公务活动中接受礼金和各种有价证券；不准接受下属单位和其他企业事业单位赠送的信用卡，也不准把本单位用公款办理的信用卡归个人使用。(5)不准用公款获取各种形式的俱乐部会员资格，也不准用公款参与高消费的娱乐活动。二、查办一批大案要案。重点查党政领导机关领导干部和司法部门、行政执法部门、经济管理部门及工作人员的违纪违法案件。各有关部门要密切配合，采取发动和依靠群众检举、揭发与专门机关依法处理相结合，集中力量在近期内查办一批大案要案。对腐败分子，必须依照党纪、政纪、国法坚决惩处。对严重干扰、阻碍查办案件工作的，不管是谁，都必须坚决处理。三、狠刹几股群众反映强烈的不正之风。要在全国范围内集中力量基本刹住乱收费的不正之风，重点治理国家机关及其所属部门擅自把职权范围内的业务变成收费项目；擅自立项和扩大收费范围、提高收费标准；将一部分职能转移到下属的经济实体,搞有偿服务;利用职权和行业垄断强行"服务",收取高额费用;只收费不服务,明目张胆地敲诈勒索。各地、各部门、各行业都要从实际出发,解决几个群众反映强烈的问题。必须重申:①各级党政机关一律不准经商办企业,已经兴办的经济实体要按规定与原单位彻底脱钩。②"实行收支两条线"。任何地方和部门不准下达收费、罚款的指标,不准把法定的应上缴的收费、罚款没收等与本地区、本部门的经费划拨、职工奖金福利挂钩,坚决禁止上缴提成。

全国检察机关举报工作会议在深圳召开 1992年2月13日在深圳召开的全国检察机关第二次举报工作会议,研究总结了深圳首先成立举报中心以来的全国检察机关举报工作。5年来,全国监察系统接受群众来信来访、举报电话261万件(次),受理行政监察对象的违法违纪问题71.9万件,立案检查19.5万件,结案15.5万件。给予行政处分的16.2万人,其中县处以上干部5778人,移送司法机关处理的13599人。为国家挽回经济损失约16亿元。无锡市的举报工作已能为经济建设提供全方位服务,他们作到了查处举报与稳定生产并举,清除"蛀虫"与保护企业并举,治理防范与激励改革并举。江西萍乡市检察院与公安机关相互配合,发现了几名党政机关工作人员有受贿、泄密等问题,他们顺藤摸瓜,步步深入,从而侦破了贪污受贿罪犯陈艳洪残忍地杀害了举报人柳坤的大案,为了保护人民群众经济生活中的合法权益,高检举报中心根据举报假冒商标的电话,1991年受理立案数就有近30000件。

中纪委通知切实制止用公款吃喝送礼 1992年1月31日,中央纪律检查委员会发出通知,要求各级党委、纪委切实把制止用公款吃喝送礼等不正之风,提高到从严治党,加强党风、廉政建设,惩治腐败,保证经济建设和改革开放顺利进行的高度来对待,把这项工作列入党的建设和党风、廉政建设的重要内容抓紧抓好。做到常抓不懈、一抓到底、决不半途而废。各级纪检机关要加强督促检查,对贯彻落实中办、国办《关于认真检查对严禁用公款吃喝送礼等有关规定执行情况的通知》得力并取得明显成效的部门、单位和个人,要大力宣传和表彰,以弘扬正气。对于无视《通知》规定要求、仍然我行我素,用公款吃喝送礼、挥霍浪费的,要发现一起,查处一起,在经济上要如数退赔;对顶风违纪者,要从严从重处分,决不宽容。

尉健行提出反腐败是监察工作的重点 监察部部长尉健行在1992年1月16日召开的全国监察厅局长会议上指出,反腐败仍然是今年监察工作的重点。对严重以权谋私、贪污受贿、腐化堕落、奢侈浪费、失职渎职的少数腐败分子,必须严肃查处。要注意抓部分干部在从政中带倾向的问题和群众反映强烈的"热点"问题,有重点地一类一类地解决,教育和挽救一批干部。既要重视办案,又要加强调查研究,从体制、政策、管理上提出根本上遏制腐败现象的建议和对策,推动反腐败的综合治理工作。"纠风"工作要深入、切实抓出成果。

任建新要求从严治院,从严治"干" 最高人民法院院长任建新1992年2月27日在全国纪检监察工作座谈会和人事工作座谈会上说,法院系统必须抓紧廉政建设,从严治院,从严治"干",将法院队伍进一步建设成为一支政治坚定、业务精通、作风过硬、纪律严明、秉公执法、有坚强战斗力的队伍。任建新说,一定要对法院干部严格要求、严格管理、严肃纪律、严肃执法,增强广大干警拒腐防变的能力。不廉洁的干部一律不能进领导班子,确保法院领导权牢牢掌握在忠于马克思主义的人手中。加强法院后备干部工作,努力培养和造就一大批跨世纪的优秀青年干部,确保党的事业后继有人。

中央军委作出发扬优良传统加强廉政建设的决定 中央军委于1992年11月7日作出《关于发扬优良传统加强廉政建设的决定》。《决定》首先强调全国的改革开放和现代化建设正处在一个关键时期。党和人民对我军寄予厚望。军委认为,发扬优良传统、加强廉政建设,是关系到我军无产阶级性质、履行我军根本职能的重大问题,务必引起全军高度重视。《决定》指出,发扬优良传统、加强廉政建设,要从广大干部战士反应大的问题入手,切实抓出成效。要坚决纠正选拔使用干部中的不正之风;坚决刹住以权谋私、权钱交易的歪风;坚决克服经济工作中的违法乱纪现象;坚决制止讲排场、摆阔气、挥霍浪费等奢侈之风;坚决纠正官僚主义、形式主义等不良倾向。《决定》要求各级党委必须把发扬优良传统、加强廉政建设摆上议事日程,并列为党委民主生活会的一项重要内容。主要领导要亲自抓,定期组织检查。《决定》要求大力加强思想教育。认真学习老一辈无产阶级革命家特别是邓小平关于发扬优良传统、加强廉政建设的论述,学习党中央、中央军委的有关指示。在全军深入开展我军优良传统和法纪教育,激励干部战士树立共产主义世界观、人生观和遵纪守法的观念。引导干部战士把坚持改革开放、建立社会主义市场经济体制和严守纪律、保持廉洁统一起来,提高拒腐防变的自觉性。大张旗鼓地宣扬先进人物和事迹,在全军形成恪尽职守、廉洁奉公的良好风尚。要求抓好法规制度建设。要坚持从严治军,有法必依,违法必究,严惩违法乱纪行为。切实纠正失之于宽、失之于软的问题,树立令行禁止的良好军风。《决定》强调,发扬优良传统、加强廉政建设,关键在于高级干部和领导机关的模范带头作用。党员干部要教育好、管理好家属子女和身边的工作人员。要把自身的本单位的廉政状况，作为领导干部述职的一项重要内容。

中共中央和各民主党派共商反腐倡廉大计　中共中央1993年8月18日下午在中南海怀仁堂召开党外人士情况通报会，向各民主党派、全国工商联负责人和无党派人士通报中央关于反腐败斗争的部署和意见。座谈会由中共中央总书记江泽民主持。江泽民指出，加强廉政建设，同各种腐败现象作斗争，以保证改革开放和经济建设的顺利进行，是邓小平同志和我们党的一贯思想，也是密切党同人民群众联系的重要问题。他希望党外人士发扬肝胆相照、荣辱与共的优良传统，积极献计献策，共商反腐倡廉的大计，把反腐败斗争坚决有效地开展起来，为深化改革和加强发展，创造良好的社会环境。在尉健行通报了中共中央决定于近期在全国开展反腐败斗争的部署和意见后，各民主党派负责人及无党派民主人士费孝通、李沛瑶、孙起孟、卢嘉锡、雷洁琼、吴阶平、孙孚凌、钱伟长、蔡子民、程思远、董寅初先后发言。他们一致认为，中共中央的这一决定和部署非常及时、大得人心，表示完全赞同和拥护，他们建议，反腐败斗争要治标治本相结合，在开展反腐败斗争的同时，要大张旗鼓地进行廉洁奉公、勤俭建国、爱国主义和全心全意为人民服务的教育，以保证改革开放和现代化建设的健康发展。

反腐倡廉理论与实践座谈会在京召开　中国国情研究会、中国政策科学研究所和《人民日报》理论部、《光明日报》理论部、《中国青年报》理论部等有关单位共同举办的反腐倡廉理论与实践座谈会于1993年9月4日—5日在北京召开。来自中央有关党政机关、首都各高校及研究单位的数十名学者和专家参加了这次座谈会。与会者认真学习和讨论了江泽民总书记在中纪委二次会议上的讲话精神，并从理论同实践相结合的角度对目前反腐败斗争的形势和任务以及反腐败的重大意义和紧迫性等一系列理论与实践问题进行了深入的研究和讨论。与会者认为，能否把反腐败斗争当作关系到我们党和国家生死存亡的一件大事来抓，能否摆正反腐败斗争与经济建设的关系问题，能否统一思想，上下一致，下大决心，真抓实干，是这次反腐败斗争能否取得预期效果，能否得到广大人民群众的真心支持和拥护的一个根本性的问题。当前我国反腐败斗争的形势是十分严峻的，任务也十分艰巨。虽然我党自建国以来，从来就没有放松反腐败斗争，但在新的社会经济形势下，各种腐败现象正以愈演愈烈的趋势向社会蔓延，并危害我们党的肌体，因此反腐败斗争目前已经到了刻不容缓的地步。腐败现象的存在既有历史的、社会的、经济的、文化的根源，同时也有政策法规不健全，体制改革不配套，监督机制不得力，政治思想工作放松等方面的根源，但最直接最现实的根源是政策法规不健全，体制改革不配套，监督机制不得力。当前反腐败首先要“两手硬”，其次是加强法制建设，加强配套改革，完善监督机制。最根本的还是要不断深化改革，加强建设和完善社会主义经济体制的步代，从根本体制上堵住滋生腐败现象的漏洞。专家学者们还提出了反腐倡廉的一些具体办法和措施，如建议尽快制定“财产申报法”、“反腐败法”等。

中纪委监察部召开中央国家机关纪检监察座谈会　中纪委、监察部于1993年7月13日在北京召开中央国家机关纪检监察工作座谈会，强调中央各部门纪检监察机关要带头抓好监督检查工作，坚决惩治腐败，搞好党风廉政建设，以确保政令畅通，特别是中央宏观调控决策的贯彻落实。会议认为，当前，纪律松弛、有令不行、有禁不止的情况相当严重，加强监督检查，对维护党中央、国务院的权威，保证全国政令畅通，推动改革开放和经济建设的稳步健康发展，具有十分重要的现实意义。会议提出了四项要求：一是在抓监督检查工作方面，中央各部门纪检监察机关要走在前面，起好带头作用；二是要注意抓重点，针对本部门、本系统影响、干扰中央决策措施贯彻落实的重要问题监督检查；三是要把加强监督检查工作同查处违法违纪案件、纠正部门和行业不正之风、建立和完善规章制度、加强思想教育等有机地结合起来；四是要向中央纪委、监察部报告开展监督检查工作的情况，今后每半年报告一次形成制度。会议指出，中央各部门纪检监察机关要继续把查处违法违纪案件，作为惩治腐败的一项经常性工作抓紧抓好。首先抓好部、委机关内部发生的案件，同时抓本系统内有影响的典型案件，加强信访举报工作，不断扩大案件线索，建立完善办案责任制，努力提高办案水平，抓紧纠正部门和行业不正之风，进一步搞好党风廉政建设。中纪委常委、监察部正、副部长和中央各部门纪检监察机关的负责人共130多人出席了会议。

严禁公费变相出国（境）旅游

中共中央国务院针对过多过滥的出国活动，特别是假借各种名义用公费出国旅游的问题，多次作过决定、严加制止。鉴于有些单位仍然有令不行、有禁不止，且有愈演愈烈之势，中共中央办公厅和国务院办公厅于1993年10月又发出通告，作出八项规定：一是严格控制用公费出国（境）活动；二是审批公务出国（境）经费要严格把关；三是严禁党政机关干部索要、挤占事业单位名额搭车出国（境）；四是除享有派遣临时出国审批权单位外，任何单位不得组织跨地区、跨部门的团体等出国（境）；五是凡因公出国（境）必须严格按规定渠道程序报批；六是公务组团出访单位不准超标收费、从中牟利；七是各地区、各部门、各单位要对1991年7月1日以来公费出国（境）情况进行清理，发现问题要认真处理；八是纠正用公费出国（境）旅游的不正之风，由各级党委、政府统一领导，各部门、各单位负责整顿，各级纪检、监察机关要加强监督检查用公费出国（境）旅游案件，对继续弄虚作假、顶风违犯的要从严惩处。

关于党政机关县（处）以上领导干部廉洁自律“五条规定”的实施意见 新华社北京1993年10月23日电：中纪委、中组部、监察部制定的《关于党政机关县（处）级以上领导干部廉洁自律“五条规定”的实施意见》已经中央同意。《意见》称：《中共中央、国务院关于反腐败斗争近期抓好几项工作的决定》重申了党政机关县（处）级以上领导干部廉洁自律的《五条规定》。为促使各级领导干部严格遵守《五条规定》，使执行纪律有所依据，保证《五条规定》的正确实施，提出如下实施意见。《实施意见》第一部分，对什么是党政机关县（处）级以上领导干部作了明确的解释，除了在职的此类干部，也包括已到离（退）年龄但尚未办手续的此类干部，在有行政职能的公司与事业单位和工、青、妇、文、科等人民团体的县（处）级领导干部也包括在内。《实施意见》第二部分明确提出：对违反《五条规定》的行为，凡党和国家有规定的按规定处理，没有规定的按此《实施意见》处理，对于经商办企业，利用职权为配偶、子女、亲友经商办企业提供优惠条件，在各类经济实体中兼职领取报酬，到下属单位和其他企事业单位报销应由个人支付的各种费用，在各种公务活动中接受礼金和各种有价证券，买卖股票或无偿获取股票，接受下属单位信用卡，用公款取得各种形式俱乐部会员资格，用公款参与高消费娱乐活动等，在反腐斗争《决定》发表前和在《决定》发表后都有不同规定。本《实施意见》由各级党委、政府组织实施，同级纪检监察机关、组织部门负责监督检查。

中办国办发出通知严禁在公务活动中接受和赠送礼金有价证券 1993年5月中共中央办公厅、国务院办公厅发出通知，严禁党政机关及其工作人员在公务活动中接受和赠送礼金、有价证券。通知说：一、各级党政机关及其工作人员（包括离休、退休干部和受党政机关委托、聘任从事公务的人员），特别是领导机关和领导干部，在公务活动中不得以任何名义和变相形式接受礼金和有价证券。凡违反规定者要坚决追究，给予处分。对索要或暗示对方赠送礼金和有价证券的，要从重处分。二、各地区、各部门、各单位（包括企业、事业单位）不得以业务会、招待会、定货展销会、新闻发布会等各种会议和礼仪、庆典、纪念、商务等各种活动及其他的形式或名义，向党政机关及其工作人员赠送礼金和有价证券。凡违反规定的，要追究有关领导的责任。三、各级党政机关及其工作人员在涉外活动中，由于难以谢绝而接受的礼金和有价证券，必须在一个月内全部交出并上缴国库。凡不按期交出的，以贪污论处。四、各地区、各部门、各单位对上述规定必须坚决贯彻执行。各级领导不但自己要带头贯彻执行，并须监督下属执行，绝不允许敷衍塞责。各级财政部门、审计机关、银行对礼金和有价证券的有关活动都要按照本身职能严加监督管理。各级党的纪律检查机关和行政监察机关，要认真受理群众举报，严肃查处党政机关及其工作人员在公务活动中接受和赠送礼金、有价证券的案件，对于情节严重、影响恶劣的典型案件，要公开处理，以儆效尤。通知最后说：各地区、各部门、各单位过去制定的有关规定，凡与本通知精神不一致的，一律以本通知为准。

惩治腐败与法制建设研讨会在京召开 由监察部、纪检监察研究所、中国社科院法学所、首钢总公司等单位举办的“惩治腐败与法制建设”研讨会于1993年9月22—23日在北京召开。与会代表围绕着体制转轨时期腐败的成因、特点、规律和对策、如何运用法律手段遏制权力经济、加强廉政立法等方面，进行了广泛而认真的探讨。与会者认为，要狠刹腐败之风，必须在坚持、深化改革的前提下，高度重视各项制度措施的建立，要从体制和法制上解决问题。首先，要加强对权力的有效制约，充分发挥人民代表大会的监督作用，要增强监督、纪检、监察、司法部门的独立性和权威性。要尽快建立以高级公职人员为对象的弹劾制度，加强廉政立法，尽快制定《监督法》、《反贪污贿赂法》及《公职人员财产申报法》等。要特别重视新闻舆论监督的作用，扩大新闻公开，对腐败现象敢于进行新闻曝光。其次，要加强对公职人员的职业道德规则建设。对全体公职人员进行广泛的职业道德教育，使他们树立起正确的人生观和权力观；狠抓公务员职业道德规则的落实，尽快制定公务员制度所需要的各种具体条例，尽快建立和实行公职人员的财产申报制度和交流、回避制度，要充实和加强纪检、监察部门的力量，使其在反腐倡廉中发挥更大的作用。

丁关根强调坚决刹住“有偿新闻”不正之风 1993年8月4日，中宣部在北京中南海举行加强新闻职业道德建设座谈会。这次座谈会的主要议题是贯彻中宣部、新闻出版署联合发布的《关于加强新闻队伍职业道德建设、禁止“有偿新闻”的通知》。中共中央政治局委员、书记处书记、中宣部部长丁关根在讲话中指出，在充分肯定成绩和主流的同时，必须正视当前新闻队伍中存在的违背职业道德、搞“有偿新闻”的问题。他说，“有偿新闻”的出现，是拜金主义在新闻工作中的表现，是当前社会不正之风和腐败现象在新闻队伍中的反映。“有偿新闻”实质是一种以职权谋私、假公济私的行为。“出钱就报道，不好也说好”，这就完全违背了新闻必须真实、客观、公正的原则，背离了新闻的党性原则。它腐蚀新闻队伍，损害新闻事业声誉，影响社会主义新闻工作的性质，干扰社会主义市场经济新秩序的建立。丁关根要求，各新闻单位都要认真贯彻《通知》，并结合实际制定贯彻《通知》的具体措施和实施细则，公之于众，接受监督。新闻单位的负责同志要严以律己，以身作则。要把解决“有偿新闻”问题作为新闻改革的一项重要内容。各新闻单位要不断完善各项规章制度，建立责任制，使新闻职业道德建设制度化、规范化。要把新闻职业道德作为考核干部、评定职称的重要依据。要从机制运行的各个环节上，消除可能产生“有偿新闻”的弊端，加强社会各界对新闻工作的监督。要大力表彰和宣传模范遵守职业道德的新闻单位和新闻工作者。对那些严重违背职业道德而坚持不改的，必须严肃处理，触犯刑律的，要依法处置。

纠风专项治理工作座谈会召开 国务院纠正行业不正之风办公室召开的纠风专项治理工作座谈会于1993年5月21日结束。会议认为，当前纠风专项治理要着力抓好以下两个重点问题：一是围绕贯彻落实党中央、国务院关于切实减轻农民负担的政策措施，狠抓政府机关向农民乱收费、乱集资、乱摊派和基层行业站、所吃、拿、卡、要等加重农民负担的不正之风；二是狠抓垄断行业和执法部门以权谋私，特别在机构改革中，采用以权经商、强行推销商品、摊派钱物、搞有偿服务等手段，为小团体和个人谋取私利的腐败现象。除此之外，各地区、各部门对利用职权，敲诈勒索，不给好处不办事、给了好处乱办事；违背中央有关规定，对企业转换经营机制设置障碍，侵占企业的人、财、物的问题；假借名义、变相公费出国旅游；党政机关工作人员在公务活动中大吃大喝、挥霍浪费、收受礼金和有价证券；公路检查中擅自上路设卡、乱收费、乱罚款等群众反映强烈的行业不正之风问题，要从各自的实际出发，开展专项治理。

天津市采取有力措施保护举报人 天津市人民检察院1993年9月15日发布信息说，该市依靠群众，采取有力措施保护举报人的积极性，反腐败斗争呈现出深入发展的好势头。据不完全统计，1—8月份，共受理群众举报1600多件，已立案侦查万元以上的各类经济犯罪案件232件，其中10万元以上的47件、100万元以上的5件。9月4日重新公布反腐举报专线电话以后，在一周之内，仅市检察院举报中心就受理群众举报线索110余件，不少系大案要案，有的直接涉及到处、局级以上党政领导干部。天津市紧紧抓住当前全国反腐败斗争的有利时机，大张旗鼓地宣传受理举报的意义，同时采取具体措施支持群众的积极性。增强了群众反腐败斗争必胜的信心。在依靠、支持和鼓励群众积极参加反腐败斗争中，天津市检察机关特别注意做好对举报人的保护工作。一方面，对举报有功人员进行重奖和表彰，另一方面，补充完善了保护举报人的有关规定和措施，一旦发现对举报人有打击报复行为者，坚决严肃处理。同时，做好举报人和知情证人的思想工作，解除其思想包袱，轻装上阵。

上海市举办勤政廉政先进事迹演讲赛 1993年11月6日，上海市纪委、市委组织部和市委宣传部在展览中心举办上海市勤政廉政先进事迹演讲比赛。闸北区法院助理审判员杜鸣演讲的《我——一个法官的追求》获一等奖；长宁区武装部吴蕊芝、浦东新区东沟文化站尤佩华、东方电视台卜凡的演讲分获二等奖。市委常委、市纪委书记张惠新在会上讲话说，12位同志讲演的勤政廉政的先进事迹，展现了不同岗位上共产党员、人民公仆的崇高形象，为党员、干部树立了学习的榜样。今后这样的教育活动要坚持不懈地抓下去，靠教育、靠法制推进两个文明建设。

安徽省依靠群众反贪惩腐 据《人民日报》1993年8月22日载：安徽省各级检查机关依靠群众举报，揭露、惩罚贪污、贿赂等各种犯罪行为，收到显著效果。安徽省举报中心建立五年来，各级检察机关共受理群众举报案件线索65615件，是举报中心成立前的3.2倍。其中贪污贿赂等犯罪线索50698件，在立案侦查的贪污贿赂等经济案件中，有70%来自群众举报，其中万元以上大案2515件，5万以上特大案件518件，涉及地厅级干部143人，县处级以上干部1646人。通过对举报案件的查处，为国家和集体挽回经济损失1.32亿元。举报中心广泛开展宣传举报工作，在城乡广为设置举报箱、举报站，经常组织举报“宣传周”、“宣传月”等活动，群众举报十分踊跃。挖出了一批隐藏很深的犯罪分子。原省机械厅副厅长刘玉山贪污7.5万元案和阜阳市工商银行顾荣胜贪污49万元，挪用公款680万元案，以及省电力局干部李津贪污49万元案等特大案件都是通过群众举报而侦破的。芜湖市一周就收到群众举报70件，破获一起偷税21万元大案，还有5名贪污万元以上的案犯投案自首。五年来，全省共查处打击报复案件144件，追究刑事责任17人。对阜阳市颍河闸管所负责人赵传忠报复杀害举报人陆秀芬，依法判处其死刑。全省在五年中共奖励举报有功人员101人，奖金额8万余元。

福建社教促进廉政建设 1992年，福建省组织一批干部到城乡各地各部门基层所、站（如工商所、税务所等）进行社教。社教干部注意引导职工针对基层所、站“门难进、脸难看、话难听、事难办”的不良现象，改进工作作风，落实各项便民利民措施，使不少所、站改变面貌，变“四难”为“四个一”，即一张笑脸相迎，一张凳子让坐，一杯清茶请喝，一句文明话暖心头。并组织5400多人的便民利民服务队，为民办实事、好事

8.4万多件次，接待农民咨询6.8万人次。不仅如此，社教工作还促进了基层所、站不正之风的整改工作和业务建设。许多所、站开展了清理财产管理、票证管理、经费开支等项活动。对118个基层所、站进行全面清查，查出问题，及时处理。在清查中追回各种欠款884多万元。纠正行业不正之风，使广大干部职工勤政为民、拒腐倡廉形成风气。

湖北省党外人士为反腐倡廉出谋献策 1993年10月28日，湖北省委统战部邀请各民主党派、工商联负责人，就反腐倡廉问题座谈。省民进副主委杨再隋，省农工民主党副主委吕继绍、秘书长袁继成，省九三学社副主委周用权，省台盟副主委林春水，省工商联副主委郑隆辉、汪振超，先后在座谈会上发言。他们提出：要把反腐败斗争贯穿于整个社会主义市场经济建设的始终。要深化改革，建立健全廉政制度和反腐败法规。要建立科学的监督体系，强化监督机制。要切实保障人民群众检举揭发的权利。他们建议，在当前开展的反腐败斗争中，要注重舆论宣传的导向，大力提倡艰苦奋斗、勤俭建国的精神，大力宣传勤政廉政的典型，深入持久地开展人生观、价值观和为人民服务的公仆意识教育，密切党和人民群众的联系。

河南省对党员干部约法八章 1993年9月河南省委省政府向各级党政领导部门和省直单位发出进一步加强党风和廉政建设的通知，对广大党员干部实行"约法八章"。通知规定，严禁党政机关及其工作人员在公务活动中接受或赠送礼金、有价证券。对违反规定的，以贪污、受贿或行贿论，并根据情节轻重，给予党纪、政纪处分，触犯刑律的要依法追究刑事责任；严禁党政机关经商办企业，不准搞"翻牌公司"；严禁党政机关工作人员在经济活动中，利用工作之便收取回扣和提成，也不准充当经纪人收取佣金；各级党政机关不准搞有偿服务；各级党政机关不准以任何理由和方式用公款和贷款买卖股票、股权证，党政干部不准买卖股票；禁止党政机关干部从事第二职业；严禁用公款大吃大喝、公费旅游和违反规定配车；各级党政机关，特别是领导干部，要严以律己，率先垂范，自觉接受群众监督。通知还要求各级党的纪律检查机关、行政监察机关和人民检察机关，要加强监督检查，严肃查处各种腐败行为和违纪违法案件。

海南省"纠风办"纠风有方

海南省纠风办公室1992年在全省范围内开展了清收个人欠款、承包和逾期贷款的专项治理。他们规定期限，对逾期仍不还款者实行停工、停职、停薪，必要时运用法律手段强制还款。现已收回欠款2000多万元，省金融系统已收回逾期贷款16亿元。结合专项治理，"纠风办"协助有关部门整章建制，提高工作效率。还会同监察厅，对省计划、经济合作、贸易、公安、建设、工商等委办厅局履行职责情况进行了调查，重点加强外引内联项目的立项、办证办照、去港出国签证等环节的监督检查。

四川党风和廉政建设从省级机关抓起 四川省委、省政府在党风廉政建设中，首先从省委常委、副省长做起，从省级机关和厅局领导干部做起。他们在解决多占住房、公款吃喝、公款旅游、收受下级钱物、克服"文山会海"等问题时，都提出了要求，省委书记带头，省委、省政府领导同志身体力行。省纪委先后对省委常委、副省长的住房、配车、出国情况以及配偶子女的情况进行了了解，有不符合规定的，及时作了纠正。1989年至1992年，省纪委、省监察厅共查处涉及省级机关违纪案件1225件，处分党员1206人，其中开除党籍354人，受处分党员中有副省级干部1人，厅局级干部25人，处级干部133人。有的未给纪律处分，调离了领导岗位。3年中，他们还直接检查纠正了省级机关、特别是涉及领导干部的一些问题，包括收受下面送的礼品、农副产品、"购物券"，大吃大喝，到下属单位报销个人开支，省级机关乱发奖金、实物，违背政策搞创收，利用职权将子女自费变公费读书，用公款超标准装修住房，违反规定出国旅游、乱收费、乱设检查站、乱罚款，等等。他们还以11个与经济发展、群众生活、农民利益密切相关的省级部门为重点，集中力量查处和纠正行业不正之风，先后在省级机关召开4次动员部署会，各厅局主要负责同志参加，省委、省府领导同志两次检查监督省级各部门纠正行业不正之风的情况，省纠风办深入到省级部门调查了解行业之风问题达600多次。省纪委、省监察厅还协助省委、省府结合省级机关的实际，先后制定了《党政干部党风和廉政建设九项注意》、《关于省直属机关加强党内监督的规定》等十多项规章制度，使省级机关和干部在党风、廉政、勤政建设等方面既有所遵循，又便于接受各方面的监督检查。

黑龙江省佳木斯市选用干部实行"三票一单" 黑龙江省佳木斯市采取"三票一单"选用干部的办法，重新任用53名政绩突出、群众满意的市政府各委、办、局"一把手"。这个市在深刻反思经验教训的基础上制定并实行了"三票一单"选用干部的新办法。1.政绩公认票。1993年1月8日，佳木斯组成了以"五大 委"主要成员参加的七个考核组，深入53个委、办、局，进行了为期两个月透明度很高的公开考核。各局、办、委"一把手"向最了解他们政绩的干部述职，由这些干部填写政绩公认票。政绩公认票没有获得50%以上的认可，决不提拔。2.公开竞争票。为了使想明白、说明白、干明白的领导干部脱颖而出，这个市摆下"擂台"，让获得第一张"政绩公认票"、"入场券"的干部们登台亮相，进行演说。并"约法三章"：不许秘书代笔，不许"照本宣科”,不许超过30分种。全市200名高层次决策人物当场对他们的理论水平、决策能力、领导艺术等八个方面进行综合判定。3.社会监督票。为在任用干部中确保有效的社会监督,利用报纸、广播、电视等把推选干部置于市民的监督之下。他们将社会监督票发给工人、农民、民主党派等各界人士。市领导和群众都给每位干部打分。市人大常委对5名没有获得社会监督票的给予免职。4.任用干部责任单。为了避免任人唯亲、不负责任和用人中的腐败现象的发生,制定了严格的、具有很强操作性的干部任用责任填写制度。单上明确显示了推荐人姓名、考核人意见、主要领导态度和纪委、监察局对选用干部廉政方面的评价。市人大常委会依据责任单来任命干部,并对推荐失误者追究责任。

呼和浩特纠正不正之风的新招 内蒙古呼和浩特市政府为纠正行业不正之风推出新举措。1992年6月,该市市长与各旗、县、区和市直机关共71个单位的负责人签订了1992年“纠风”工作责任书。责任书包括加强领导、建章立制、查办案件和宣传教育等8个方面的内容,并把“纠风”工作作为评先创优、考核领导班子政绩的一项重要内容。责任书签订后,各单位都采取相应的具体措施,分解目标,逐项落实,使全市纠正行业不正之风工作出现了良好态势。

郑州街头的“市长信箱” 河南郑州街头1987年设立“市长信箱”以来,5年中收到6713封热情洋溢的各界群众来信。1992年,“市长信箱”先后收到揭发举报信288件。信中涉及城市建设,管理、干部廉政及群众利益等6个方面的问题。不论涉及哪一级干部,市领导见信后都一一作出指示,要求认真严肃处理。

衡水立规倡廉 河北衡水地区为了刹住用公款大吃大喝以及印刷、汽车修理和工程建设中吃回扣等不正之风,于1991年8月制定了“三定点一招标”制度,规定:凡党政机关、事业单位接待来客和开会一律到定点单位就餐;有印刷业务的一律到定点厂家印刷;公用车辆一律到定点企业修理;凡工程造价在10万元以上或建筑面积在1000平方米以上的基建、技术改造项目一律由招标办公室统一公开招标,选择施工单位。违反上述规定视为违纪,财会人员有权拒绝报销,严重者还将给予党纪、政纪处分,并追究其领导责任。从制度出台到1992年底,“三定点一招标”制度的实施,取得了明显的经济效益和社会效益。该区党政机关、事业单位的招待费与制度出台前同期相比下降了59.5%,印刷费下降了29.2%,公用车辆修理费下降了35.3%,实行定点招标,节省了招待费近200万元,并使公开招标的68个工程项目,合格率由招标前的40%提高到100%。

中共乐山市委“约法三章” 1992年3月,中共四川省乐山市委负责人宣布了对党委一班人的“约法三章”。一、积极支持企业深化改革,转换经营机制,不准为子女、亲友谋私利。坚决防止和纠正给企业设置人为障碍的作法。二、带头参加房改,作出表率。常委们不仅自己参加房改,还要求有工作的子女、亲友和身边工作人员积极购房。对干扰、阻碍房改的人和事,不论涉及到谁,态度鲜明、严肃查处。三、不准为分管部门的局部利益扯皮,影响改革大局。要带头理顺分管部门与企业之间的关系,该下放的权力,不允许抓住不放。对阻碍改革的事,分管领导要做到不护短、不遮丑、支持新闻单位曝光。

东阳市纪委善抓违纪苗头 浙江省东阳市纪委在1992年注重抓苗头性和倾向性的问题,防患于未然,有力地促进了该市党风和廉政建设。该市凤山乡在民主评议党员期间,乡党政主要负责同志擅作主张,先后两次用公款让参加会议的干部到饭店酒家用餐。市纪委及时组织人员进行调查,向全市各级党组织发出通报批评,责成负有主要责任的领导向市纪委写出书面检讨。这一通报,有效地遏制了吃喝风的蔓延。东阳市纪委还对党政干部公费安装住宅电话、公费旅游、公费着装和公费钓鱼等群众反映的问题,及时进行清理,使歪风得到及时制止,受到干部群众的好评。

深圳市人大代表评议“一府两院”机关作风 1992年2月至4月,深圳市103名人大代表对“一府两院”(市政府、市法院、市检察院)机关工作作风进行了评议。代表们走访了579个单位,召开了915次座谈会,充分听取意见。在此基础上,采取无记名填表评议的方式,对“一府两院”39个单位的廉政建设、工作作风、服务态度、工作效率和服务质量几个方面进行评议。共收回评议表693份,其中,评议结果为作风好的单位8个,中间的27个,较差的有4个。代表们的评议对深圳市各机关震动很大。

7. 社会公德

全国119位见义勇为者受表彰 由中央宣传部和公安部联合召开的第三次全国人民群众见义勇为与犯罪分子作斗争先进分子表彰大会,于1993年8月25日在京举行。会上,授予张惠萍等104人、追授周景涛等15人“全国见义勇为先进分子”称号;中华见义勇为基金会对受到表彰的同志分别给予2万元、1万元的奖金;全国妇联授予张惠萍等23位见义勇为先进人物“全国三八红旗手”荣誉称号。受到表彰的119位同志,年龄最大的70岁,最小的仅16岁;既有汉族,也有藏族、朝鲜族、维吾尔族等少数民族。他们在国家财产和人民生命安全受到严重威胁的紧急关头,见义勇为,挺身而出,同行凶作恶的违法犯罪分子进行了坚决斗争,用鲜血甚至生命维护了国家、集体和群众的利益,为社会治安作出了突出贡献。

团中央召开见义勇为先进青年座谈会 由团中央主持召开的全国见义勇为先进青年座谈会于1993年8月26日在京举行。参加座谈会的33位青年都是在"第三次全国人民群众见义勇为与犯罪分子作斗争先进分子表彰大会"上获得表彰的模范青年。共青团中央书记处书记刘鹏、袁纯清、巴音朝鲁出席了座谈会。共青团中央书记处第一书记李克强在会上作了发言,并代表团中央向见义勇为的青年模范致以崇高的敬意。他指出,各级团组织要采取有力措施大力倡导见义勇为的崇高行为,使之成为全体团员青年的自觉行动。

中华见义勇为基金会成立 中华见义勇为基金会于1993年6月29日在北京成立。这个基金会是为表彰和奖励在与违法犯罪及灾害事故的斗争中涌现出的先进人物而建立的。乔石、李瑞环、任建新等同志来函、来电,对基金会的成立表示祝贺。陈丕显、彭冲、刘复之为基金会名誉会长,马万祺为顾问。基金会选举王芳为会长,蒋先进、廖井丹、潘友河、苑骅为副会长。在基金会的筹建过程中,得到了许多热心社会公益人士和团体的帮助,截至成立之日,已得到1000多万元的捐赠。这个基金会向深圳清水河仓库区大火中灭火救灾的勇士们提供了人民币20万元,作为奖励、抚恤、治疗之用。

首都连续两年表彰见义勇为好市民 首都见义勇为好市民评选揭晓表彰大会,于1992年3月和1993年4月连续举行。1992年20人、1993年21人分别获得"首都见义勇为好市民"荣誉证书和奖杯、奖章;1992年每人还各获一台18吋彩色电视机的奖品,1993年北京市保险公司向21名好市民分别付给500～13000元不等的人身意外保险费,还为每人投保5年期每年2万元的人身保险。这些获奖者有的是奋不顾身、勇斗歹徒;有的是从烈火中抢救群众生命财产;他们中有年逾古稀的老红军、有退休工人、离休干部,还有中学生、大学生、售票员、一般工人和农民等。

上海37名市民获见义勇为奖 上海市社会治安见义勇为先进人物表彰会于1992年1月4日在市府礼堂举行。37位市民荣获"上海市社会治安见义勇为先进分子"荣誉称号。这些先进人物中有工人、农民、干部、学生,还有曾经失足过的待业青年。他们有的面对手持利刃的狂徒毫不畏惧,挺身而出进行斗争;有的机智地将窃贼引到家中将其擒获;有的不受重金诱惑,使抢劫钱财的歹徒落入法网;有的识破伪装,协助公安机关将其抓获归案。

亳州群众追刀贼,万金撒地不迷眼 1993年10月25日上午,一歹徒于安徽省亳州市街头用暴力手段劫得某个体户刚从银行中提出的20000元现金逃跑,被害人大声求助于过路群众,路过的十几个人立即向逃犯逃跑的方向追去,很快,追赶的群众增加到百余名。歹徒见难以脱身,慌忙从包中抓出一捆钞票,沿街抛撒,企图转移人们视线,群众不为所动,继续追赶,跑在最前面的双沟镇青年农民张彬和其他几个人对后面的群众大喊:快帮忙把钱拾起来。他身后的群众有的继续猛追歹徒;有的则弯腰帮忙拣钱。追出八百多米后,张彬与歹徒越来越近,歹徒狗急跳墙,用匕首刺伤张彬,然后继续逃窜。张彬不顾自己左颈骨被刺伤,血流如注,忍着剧痛继续追赶。就在他因体力不支正要倒下时,附近的汤陵派出所的公安干警及时赶到并将歹徒擒获,此时距发案时间仅40分钟,犯罪分子沿途抛撒的10000元现金被过路的群众拾起后送到派出所,经清点分文不少。张彬立即被送到医院治疗,亳州汤陵街道办事处主动承担张彬的一切医疗费用。亳州市委、市人民政府和市见义勇为基金会向他颁发奖金。

战士徐洪刚浴血斗歹徒 1993年8月17日,济南军区驻豫西某"红军团"通信连战士徐洪刚于探亲归队途中,乘坐从云南彝良开往四川筠连的公共汽车,车上有4名歹徒对青年妇女吴某恣意侮辱。徐洪刚挺身制止歹徒作恶,与歹徒展开殊死搏斗。由于寡不敌众,徐洪刚胸、腹、腿、臂部被歹徒用匕首刺伤14处,肠子流出体外近60厘米。驾驶员唐向洪停车抢夺歹徒手中的匕首,歹徒跳车逃窜。徐洪刚用手捂着腹部,顽强地跳下车追赶歹徒,终因伤势过重,跌倒在公路上。筠连县税务局干部占本方、陈万彬等人乘车路过,将徐洪刚扶上车,赶紧将他送到当地医院。徐洪刚受伤住院后,四川宜宾地区各级领导及社会各界人士纷纷前往医院慰问。宜宾地区和徐洪刚家乡彝良县以及部队驻地渑池县,先后授予他"见义勇为标兵"、"爱民模范"、"人民卫士"等荣誉称号。徐洪刚所在部队为他记了一等功,济南军区和共青团中央分别授予他"见义勇为的英雄战士"、"见义勇为青年英雄"荣誉称号。

劳改人员刘汉光斗歹徒献生命 1993年4月27日凌晨4时许,在福州市连江路附近劳改工地值班的林昭增见一人带着电视机等物件骑车沿堤道飞驶,行迹可疑,便拦住查问,对方意欲骑车溜走。林昭增急呼"抓住他",在隔壁工地看守仓库的刘汉光和倪天赐听见喊声,立即冲上去,按住歹徒的车把,歹徒见势不妙,弃车逃跑。刘汉光又与林昭增一起猛追,眼看追上了,刘汉光狠扑上去扭住歹徒不放,歹徒拔出匕首朝刘汉光臀部、腹部捅了两刀,刘汉光被刺倒在地。林昭增欲上前扶他,他连声大叫:“不要管我,赶快抓歹徒!”自己又向歹徒扑去。林昭增趁势将歹徒踢倒,使他跌下路边河沟。刘汉光对林说:“看住歹徒,我去叫人!”当他跑到离宿舍20米处,终因支持不住倒在地上,最后抢救无效死去。刘汉光的事迹在当地引起强烈反响,福州市劳改支队做出了《关于在服刑人员中开展学习刘汉光等人见义勇为事迹的决定》,并发给见义勇为奖3000元;福州市鼓楼区社会治安综合治理委员会也做出表彰刘汉光见义勇为的决定,发给奖金500元;福州市保险公司根据刘汉光的事迹,也发给见义勇为奖1000元。

售票员董志好勇斗歹徒英勇献身 1993年11月22日晚7时,江苏灌云汽车运输公司的一辆客车,满载乘客和近10万元的货物,进入江苏赣榆东朱范村时,一位旅客惊呼:“车上有人卸货。”司机停车后,车上的歹徒迅速跳下车,扛起一包服装就跑。驾驶员王统年跳下车便追,售票员董志好来不及打开车门,便从车窗跃出向歹徒追去。相距只有50米远,歹徒眼见即将被擒,他拔刀刺来,王统年三处受伤。这时又来了两个歹徒,手无寸铁的董志好面对3个歹徒的闪闪刀光毫无畏惧,但终因寡不敌众,太阳穴被刺重伤。歹徒拔腿而逃,血流如注的董志好竭力追赶,当他奋力夺下被抢劫去的货物时,便倒在地上。当乘客赶到救他时,他吃力地说:“别管我,抓歹徒。”之后他再也没有苏醒过来。

佟顺利父子勇擒逃犯获重奖

1993年5月14日,鞍山市、鞍钢公司召开大会,表彰勇擒逃犯的职工佟顺利父子3人。1993年春季的一天,当地一居民停放在院内的一台摩托车被盗,经公安派出所调查后,确认此案是一无业青年吴旭生所为。当传讯吴犯时,吴已潜逃。“五一”节前夕,鞍钢矿山机械厂职工佟顺利和儿子佟凯、女儿佟雪3人,乘车到市郊办事,在车厢内发现了案犯吴旭生。车刚到站,吴犯突然跳下车去,佟顺利父子3人见状,连忙下车追赶并将吴犯擒住。吴犯立即跪地求饶,并愿出1万元求脱。佟氏父子严辞拒绝,并将吴犯押送到当地派出所。鞍山市和鞍钢公司为此授予佟顺利一家“维护社会治安模范家庭”荣誉称号,并奖励父子3人人民币5000元,佟顺利所在单位鞍山矿山机械厂授予他“见义勇为模范职工”称号,并为其晋升两级固定工资。鞍山市公安局为表彰佟凯、佟雪两兄妹见义勇为精神,特批他们的户口农转非。

徐志宇、刘益良获“爱民勇士”称号 1992年1月15日零时30分,广东省汕头市达壕公司夜班客车行至海丰县梅陇镇南山路段时,翻车起火。在36名乘客生命安全受到严重威胁的紧急关头,乘坐这辆车回乡探亲的海军南海舰队专业军士徐志宇、刘益良、傅树林和下士谢春山立即击碎车窗玻璃,打开两个出口,帮助乘客迅速脱离险境。在客车即将爆炸的危急时刻,他们置自己生死于不顾,仍奋力抢救尚未脱险的群众,直至客车爆炸。31名乘客获救了,徐志宇、刘益良却献出了年轻的生命,傅树林、谢春山身体多处负伤。中共汕头市委、南澳县委分别作出了向徐志宇等四勇士学习的决定。南海舰队批准徐志宇、刘益良为革命烈士,追认徐志宇为中共正式党员。1992年3月2日,海军树立傅树林、谢春山为“学雷锋标兵”;4月15日,海军司令员张连忠、政委魏金山发布命令,授予徐志宇、刘益良“爱民勇士”荣誉称号,给傅树林、谢春山分别记一等功。

硕士生李艳军抢救遇险群众

1992年4月28日晚,湖北省武汉市建设大道上,一辆客货两用车与一辆长途客运班车迎面相撞,车内一人已昏迷,5人身负重伤。路经此处的海军工程学院硕士研究生李艳军立即投入救人战斗。车门扭曲变型打不开,他急中生智,拦住过往的4名司机,一起用木棍撬开客货两用汽车的车盖和客车车门,钻进去将一个个伤员背出来送进医院。由于抢救及时,次日凌晨除一人外,其余伤员全部脱险。

独腿青年跃入珠江救少女

广州铁路分局广州水电段工人郭志成,原在电力大修班工作,在一次意外事故中失去一条腿,但他身残志坚,乐于助人。1992年4月25日晚,郭志成参加广州市“残友会”活动后,返家途中经沙面附近,得知有人失足落水,落水者的亲人不会游泳,急得跪在地上大声呼救。郭志成不顾自己身残之躯,跳入江中,一次又一次地潜入水下摸寻,终于摸到落水少女。由于救人心切,郭志成跃入水中时未脱下假肢,江水灌入假肢后增加了他在水中活动的难度,他渐感体力不支,他边游边呼救,两个过路青年听到后跳入江中与郭志成一起将少女救上岸,又及时给她做人工呼吸。待少女醒后,他们三人已悄然离去。5月8日,广州铁路分局做出决定,给郭志成记大功一次,并晋升一级工资。

李运钊为救战友光荣牺牲

1992年6月18日,沈阳军区某集团军战士李运钊和战友一起执行伐树任务。当伐一棵大树时,因树下乱石多,断树没倒下。战士们用钢丝绳拴在装载车上牵拉,却将伐倒的一棵大树带起。战士崔昆、郎海忠正全神贯注组织装载,在树木向他们砸去的一瞬间,李运钊奋不顾身,用尽全力将他们推开。郎海忠只受轻伤,崔昆安然无恙,但李运钊却被倒木砸中,造成心脏、脾脏破裂,因抢救无效光荣牺牲。李运钊1990年3月从河南泌阳县入伍,入伍一年便加入了党组织。沈阳军区某部追认抢救战友牺牲的战士李运钊为革命烈士,并追记一等功。

江西三民兵为保护国家森林捐躯 1993年1月29日上午，分宜县双林镇鲤鱼背山林失火。火势迅速蔓延，威胁一山之隔的姜坡林场成材林区。民兵李洪根、李苟根、李苟珠3兄弟闻讯后，立即带上救火工具直奔失火地带，哪里最危险便在哪里打火。经过3个多小时的奋战，他们和众人扑灭了朝东面村落方向蔓延的大火，又沿山路火速驰援西面姜坡林场。李洪根、李苟根、李苟珠依次排列在近山顶防火道纵深，用松枝、树棍扑火，用镰刀开辟防火道，经众人奋力拼搏，千余亩成材林保住了，可李家三兄弟却献出了宝贵的生命。

战士杨金才烈火中救人荣立二等功 1993年2月24日上午，山东沾化县齐鄌乡丰民四村个体运输专业户杨保平出车前在自家院内用火烤冷冻柴油车时，不慎造成油桶爆炸起火，倾刻间杨保平和在场玩耍的两个小孩被大火包围，情况万分危急。正在家休假的北海舰队某部志愿兵杨金才听到爆炸声后，凭多年经验，立即意识到出事了，他急忙赶到杨家，见三个人正在火中挣扎，他立即冲入大火，先将6岁的晓云抱出，扑灭了孩子身上的火，接着又冲入火中，救出4岁的雪芳，第三次冲进大火，将杨保平救出，此时，被火烧的摇摇晃晃的杨金才忍着剧痛，一边指挥乡亲们灭火，一边用一床湿棉被奋力捂住油箱，随后又带领乡亲将6桶柴油运到安全地带，及时扑灭了房上及地面的火，可自己却带着伤，悄悄地从医院回到家里，直到因烧伤没及时治疗，伤口感染无法按时归队，才同意村中出证明给部队请假。事后海军北海舰队直属队隆重召开大会表彰杨金才，给他记了二等功，并号召所属部队官兵向他学习。

张环礼舍身救人名扬中原大地 1993年3月26日下午2时，一辆拉煤卡车翻落在河南宁陵县沙河桥下3米多深的河心。这时，正在上班的宁陵县阳驿乡西张坡楼村农民、县抽纱工艺厂临时工张环礼听到呼救后，拔腿疾跑到出事地点，纵身跃入寒冷刺骨的河水中，把挣扎在水中的司机拽到安全地方。一位前来相助的人刚下水，就被河水冻得直往下沉。张环礼见状，赶忙游过去把他推回岸边。然而，当他看到水中还有气泡冒出，知道水下还有人时，便使尽全力游向河心，潜入水中。时间一分一秒过去了，可张环礼却再也没有露出水面。张环礼的死，在当地引起前所未有的震动，安葬他的那天，3000多父老乡亲不约而同来为他送行。4月30日，中共宁陵县委授予张环礼"优秀共产党员"称号；6月28日中共商丘地委授予他"雷锋式好青年"称号；商丘和宁陵有关部门还解决了烈士离去后家属的困难。中共河南省委、省人民政府也授予他"优秀共产党员"称号，追认他为革命烈士，并决定在全省展开向张环礼学习的活动。

呼仁巴拉奋力救人英勇献身 1993年4月6日上午9时，内蒙古兴安盟科尔沁右翼前旗察森尔镇的4名少年在水库冰面上玩耍时，突然冰面断裂，冰排载着他们向水库深处漂去。科尔沁右翼前旗察森尔镇的民兵排长、蒙古族青年呼仁巴拉闻迅赶到现场后，带领退伍军人金海龙奋力相救。经过两小时的奋战，4名少年全部获救，可呼仁巴拉因体力不支，被恶浪涌起的冰排砸倒，献出了年轻的生命。为了表彰呼仁巴拉的见义勇为的行为，内蒙古自治区党委、政府和内蒙古军区联合作出向呼仁巴拉烈士学习的决定。内蒙古军区为他追记一等功。

包含芳在沙暴中救出5名儿童 甘肃武威市二坝乡农民包含芳，在"5·5"特大沙暴灾害中冒着生命危险救出5名落水儿童。甘肃省委书记顾金池专程登门慰问，赞扬他舍己救人的精神。1993年5月5日下午5时左右，一场"毁屋拔木"的特大沙暴袭击了包含芳所在的新中村，当时新中小学13名已放学的小学生正沿着水渠边的大道回家。突然而至的10级大风把孩子们全都卷进水渠，他们吓得大声哭叫。正从渠旁经过的包含芳，在伸手不见五指的黑暗中，忙循着声音走去，当他听出哭声来自水渠中时，便不顾自身安危跳进水渠。黑暗里几个孩子的手同时抱住他的大腿，他连拖带抱，把3个孩子扶上渠岸，又顺渠水摸到10多米外的水闸口，在闸口的泥水中，接连救起了两个孩子。上岸后，他又把一名因溺水昏迷的孩子用自行车推往乡医院抢救。等他回到家中，才发现自己7岁的女儿已被沙暴卷进麦田积水中淹死。

战士骆廷刚解救4名被拐少女 《人民日报》1993年5月6日报道，北京军区某坦克师党委作出决定，给见义勇为，一年内两次共解救4名被拐骗少女的炊事班长骆廷刚记二等功。1992年春季的一天，在西安开往包头的列车上，骆廷刚发现身边有3位姑娘是被人贩子拐骗来的。骆廷刚迅速向乘警报案，并积极配合乘警一起将人贩子擒获。1993年春节，骆廷刚在山西大同火车站又发现一名被拐卖的少女，他又一次机智地将少女营救出来。

杨世俊跃人深潭救记者英勇献身 1993年8月17日中午，甘肃省成县林产品经销公司青年职工杨世俊陪同甘肃省《新一代》杂志社两名记者前往距县城13公里的鱼窍峡考察汉代《西峡颂》摩崖刻石时，由于连日阴雨，坡陡路滑，女记者崔燕不慎失足跌入5米多深的黄龙潭中，情况十分危急。这时杨世俊毫不犹豫地跳入险潭，奋力与漩流搏斗，终于救出了崔燕，而他自己却因为体力耗尽再也没能起来。杨世俊牺牲后，中共成县县委追认他为中共党员，共青团甘肃省委和省青联追授他为"青年楷模"，甘肃省委宣传部和省新闻出版局等单位决定，在全省新闻单位深入开展学习杨世俊英勇事迹的活动。

维族女列车长热依汗为保护旅客身负重伤 1993年10月15日，乌鲁木齐铁路局召开表彰大会，表彰为保护旅客生命安全身负重伤的维吾尔族女列车长热依汗·依米提，铁道部总工会、新疆维吾尔自治区总工会分别授予她"火车头奖章"和"开发建设新疆奖章"。1993年8月9日，由乌鲁木齐开往成都的114次旅客列车驶出酒泉车站后，正在10号车厢为旅客办理补票手续的热依汗突然发现，一名男性精神病患者手持匕首在车厢里乱刺，旅客们惊恐万分，四处躲藏，在危急时刻，热依汗拚力将他紧紧抱住。搏斗中，热依汗被刺7刀，胸腔穿透，脾脏受伤，浑身是血。在列车员罗世强的帮助下，这名精神病发作的旅客才被制服。

边陲女战士破冰救儿童 1993年11月28日下午，几名男孩子正在丹东市锦江山公园的湖面上滑冰玩耍，突然七岁的赵晓东因冰破落入水中，情况十分危急，在场的孩子惊呆了。围观的人群急喊救人，却不见人应。这时只见两名女战士顾不得脱去棉衣、鞋帽，纵步跃进齐肩深的冰水中。浸透冰水的棉衣使她俩行动艰难，经过一番拚搏，终于把孩子救出水面，在周围群众的帮助下，将冻僵的孩子拉上岸边，她们不顾自己冻得发抖，抱起小孩向公园派出所跑去，同派出所指导员一起将冻得发紫的孩子脱去结冰的衣服，放进被窝里，使小孩转危为安。当派出所领导及孩子父母安顿好孩子去询问两位战士姓名时，她们已经穿着冰衣悄悄地离去。后经多方查找，才得知她们是驻丹东空军某医院的战士孙芳、张淑敏。

留学生邵辉患白血病获社会各界关怀 邵辉是我国一名自费留美学生，1989年赴美，1991年患了急性淋巴白血病。这种病只有进行骨髓移植才可能根治。可在美国未能找到合适的供者。中国红十字会得知这一情况后，在全国各地查找了5000多人的骨髓资料，在民航、海关、卫生等部门的帮助下，多次将血样运往美国化验，终于在邵辉的亲属中找到了合适的骨髓捐献者邵辉的堂姐邵彩荣。1992年5月9日，北京新世纪饭店工会主席赶到机场将一面签有778人姓名的店旗送给邵辉的父亲和他的堂姐，祝邵辉战胜疾病、早日康复。此前该店职工为邵辉捐款1.8万多元。国际航空公司为邵辉的父亲、堂姐免费提供赴美机票。

痛失爱子的父母为白血病基金捐款 阎乃颐、杜新丽分别是北京农林科学院畜牧兽医研究所研究人员和中国政法大学教师，其子阎一鹜5岁半时不幸患恶性淋巴瘤并发白血病，他们为给儿子治病倾家荡产，债台高筑，万般无奈，向社会紧急求助。经《人民日报》、中央电视台等首都十几家新闻媒体相继报道后，海内外人士纷纷解囊相助，共捐款9万余元。阎一鹜与疾病顽强抗争3年多后，终因病情恶化于1993年7月病逝。阎乃颐、杜新丽虽因丧子悲痛万状，但他们并未因此忘记那些曾伸出热情之手的人们和那些正备受病魔折磨的孩子们。他们于1993年12月1日，将剩余的3万多元社会捐款全部捐献给中国癌症基金会儿童白血病专项基金筹委会，以表达让更多患儿摆脱厄运的愿望，并作为对自己孩子的最好纪念。

社会的爱心唤回天才少年江筱茜的生命 南宁少年江筱茜3岁随父习书法，7岁在北京作书法表演，国家主席李先念亲切同他交谈并与他合影；11岁赴新加坡举行个人书法展览引起轰动。他的书法作品先后在20多个国家和地区展览。不幸的是，在1993年他在17岁的时候患了脑瘤病，10月23日，他被送进广西医科大学附属医院，但是，筱茜的父母却付不出昂贵的医疗费用，望着病危的孩子，父母心都要碎了，这时，具有职业敏感和社会良知的新闻记者捐出了3000多元，并向社会发出呼吁。几天内，新闻界的捐款逾万元，接着，全国各地集体、个人纷纷寄来捐款，有的表示专门派人前去护理。筹办中的广西北海育才学校校长专程送来一万元捐款，并授予江筱茜为该校"荣誉学员"的证书。正在北京学习的自治区党委宣传部正副部长、南宁市人大常委会主任都捐款相助。自治区副主席在手术前夕托人送去200元，手术后又前去探望。南京市某小学的小学生凑起来一大包角票——显然是他们省下的零用钱……1993年11月中午，江筱茜突然停止呼吸，当即进行开颅手术抢救，手术持续4个小时，切除下来的脑瘤体达9×9×7cm。手术后，江筱茜迅速康复。人们的崇高爱心从死神手里夺回了一个年轻的生命。

蛇口海关将百万巨款完璧归赵 1992年2月17日，一个装有巨款的皮包，被一名粗心的入境旅客遗失在蛇口海关旅检现场。海关工作人员发现后，多方寻找失主，终于完璧归赵。2月17日中午，当最后一班来自香港的旅客全部办妥手续出关后，关员谭大年发现检查台上放着一个黑色小皮包，他马上拿起皮包向领导汇报。皮包内装有香港汇丰银行存折3本和广东银行存折一本，共计存款120多万港元，另有汇丰银行空白支票簿一本等物。他们决定把提包送往蛇口海关人保科。该科根据户主姓名及香港地址打电话联系，几经周折，终于找到了身在蛇口的失主李先生。

刘廷兵挖出白银40公斤交国家 四川省大足县金山乡红旗村青年民兵刘廷兵，于1992年2月25日将一罐重40多公斤的白银主动献给国家。这罐白银是刘廷兵在承包地内挖到的，计有光绪年间的银元1060枚，大小银锭44锭，价值4万多元。经有关部门鉴定，这批白银成色纯正，图案、字迹清晰可辨。大足县有关部门已给予刘廷兵奖励。

潘贵财拾得 60 万元巨款归还失主 1992 年 4 月 5 日上午 10 时，从北京开往南宁的 5 次特快列车途经柳州站时，3 号车厢列车员潘贵财在软卧车厢南头厕所拾到一个黑皮包。他立即把包交给列车长徐桂兰。把包打开一看，内装 3 张共 625800 元银行汇票及人民币 4560 元，还有美金、泰币、港币、澳币等数千元和出国护照、身份证等重要证件。半小时后，失主急冲冲地找到列车长报案。经列车长认真核对，认为失主准确无误后，便将皮包还给失主，失主许敬言十分激动，马上拿出 1000 元人民币酬谢全体乘务员，并表示要重谢潘贵财。这些都被他们婉言谢绝了。

战士刘其军拾金不昧受表彰 济南军区某团班长刘其军，表现出人民战士的高尚品德。1993 年 10 月 11 日，回乡探亲的刘其军借了 1200 元钱，从村里赶往临沂市为重病的父亲买药。途中，他拣到一个大信封，里面装着 1.6 万元现金。他想，失主丢了这么多钱，肯定很着急。于是他决意留在原地等失主。约 1 个小时左右，江苏省沭阳县阴平供销社来此地进货的采购员宋云琪，满头大汗地奔来。刘其军上前问清了情况，就将钱交给了他。宋云琪感动万分。当即抽出厚厚一沓钱往小刘手中塞。刘其军笑着说："要是为了酬谢，我就不等你了。"说完转身就走。后来宋云琪经多方打听，终于找到刘其军，送上一块写有"拾金不昧风格高，人民军队育雷锋"的大匾。刘其军所在部队党委根据刘其军入伍 4 年的一贯表现和这次拾金不昧的行为，决定给他记三等功一次，并号召部队向他学习。

千名小学生捐钱助智力工程 1993 年 11 月 8 日，北京市西城区育民小学 1220 名小学生将这一天的零花钱共 2158.67 元郑重地送到中国医学基金会智力工程执委会副主任陶斯亮手中。这是育民小学开展"爱心工程"活动中的庄严一幕。1993 年 9 月 20 日，中国医学基金会向社会推出"智力工程"之后，育民小学主动将"爱心工程"与"智力工程"相联系，通过支持"智力工程"，让小朋友将爱心献给所有受碘缺乏病威胁的病区小朋友，并从小培养他们关心他人的美好情感。

8. 职业道德

1992—1993 年职业道德建设概述 职业道德是社会主义精神文明的重要内容，是社会道德生活的一个重要领域。近年来，一些行业出现缺乏职业道德，吃拿卡要，贪污索贿等问题，败坏了社会风气，影响了党和政府的声誉。这种状况，受到党中央的高度重视，江泽民曾指示要坚持"两手抓"的方针，不仅物质文明要上新台阶，精神文明也要上新台阶。

1992 年，中央有关领导部门为使行业不正之风得到有效遏制，并纳入有章可循、有法可依的轨道，对一些行业特别是商业等服务行业发布一系列规章和制度。7 月，国务院发布了严厉打击和销售假冒伪劣商品的决定；8 月，中宣部、邮电部和新闻出版署通知全国，提出具体要求在报纸征订中制止不正之风。3 月，商业部要求把好进货关，不许伪劣假冒商品流入市场。

1993 年，中央领导更把狠刹行业不正之风提到议事日程上来。1993 年 7 月 12 日国务院召开了"狠刹利用职权、行业垄断谋取私利"纠风会。1993 年 4 月 17 日和 12 月 12 日，国务院纠正行业不正之风办公室分别在太原和西安召开了部分省市部门建立行为规范加强职业道德建设试点工作交流汇报会，会上决定 1994 年将扩大职业道德建设工作的试点范围，使其形成一定的规模，要紧紧围绕经济建设这个中心，更注重建设和树立职业道德的法规化、实体化和科学化上下功夫。

1992 年，在纠正行业不正之风中，上海宝钢和山西孝义人民医院各有新招，颇见成效。1993 年，全国范围内狠刹行业不正之风和职业道德建设又都取得了一定效果。天津市政府一班人在为人民服务上做出了表率，上海宣传系统端正行风，禁止"有偿新闻"取得成效。无锡市抓职业道德建设结出了丰硕成果。群众意见较多的电业部门，也出现了滇东电业局那样情系山区人民的好典型。广大人民在各行各业中恪守道德规范、执行道德要求已蔚然成风：有对事业执着追求的科学家林兰英；有牺牲在工作岗位上的列车员任凤英、税收员陈孝明；有在平凡岗位上默默奉献的乡邮员余国印、疏管道工李学奎；有呕心沥血培育下一代的教师王琴、陈淑娴；有不顾自身安危保护国家巨款的储蓄员史小萍、傅江洪等等。他（她）们在各自的岗位上尽职、尽责、敬业、爱业，遵守道德规范，为社会主义精神文明谱写着时代的颂歌。但目前在市场经济新形势下也有不少人对职业道德的认识模糊不清，认为搞市场经济只要"向钱看"，可以不要职业道德。其实，职业道德与市场经济是相辅相成的，哪里的职业道德抓得好，那里的经济效益就上去了。无数事实使人们逐渐认清了这个道理。

国务院召开"狠刹利用职权、行业垄断谋取私利"纠风座谈会 1993 年 7 月 12 日，国务院所属部分部门纠正行业不正之风专项治理工作座谈会在中南海举行。国务委员、国务院秘书长罗干在讲话中指出，切实纠正部门和行业不正之风，是人民群众极为关心、事关改革大业成败的重大问题。他分析了当前中央国家机关各部门、各行业不正之风的表现后说,特别是利用职权和行业垄断地位巧立名目乱收费,加重企业和群众的负担,为小团体和个人谋取私利等现象,如不采取断然措施坚决纠正,势必贻害无穷。会上,铁道部副部长屠由瑞、公安部纪委书记胡之光就本部门纠正行业不正之风专项治理的情况作了重点发言,卫生部、国家税务局、中国人民银行、国家工商局、电力部的主要负责人也分别发了言,决心率先垂范,抓出实效。会议由中纪委副书记、国务院纠风办主任徐青主持,国务院副秘书长李世忠,中纪委副书记、监察部部长曹庆泽以及国家经贸委、国家教委、交通部、邮电部、农业部、国内贸易部、中国民航总局等部门的有关负责人出席了会议。

国务院纠风办强调建立行为规范加强职业道德建设 1993年12月12—15日,由国务院纠风办公室主持,在西安召开了纠正行业不正之风职业道德建设试点工作汇报会,会议强调指出,职业道德建设必须在探索中不断深化,要在搞好教育和建设的基础上,加快向职业道德行为和职业道德习惯转化,使职业道德变成每个干部职工的自觉行动。与会代表一致认为,开展职业道德建设的关键,一是必须领导亲自抓,有关部门密切配合;二是发动和依靠群众,干部职工积极参与;三是坚持以教育为基础,把教育贯穿于职业道德建设的始终;四是紧紧抓住建立行为规范这个核心,把建立行为规范和监督制约机制为核心内容。这次会议是继4月份国务院纠风办太原会议后又一次重要会议。参加会议的有6个试点省和卫生部、工商银行、民航总局3个试点部门以及铁道部、建设部、邮电部、电力部等部门的代表。

国务院决定严厉打击制售假冒伪劣商品行为 国务院于1992年7月14日发出了《关于严厉打击生产和经销假冒伪劣商品违法行为的通知》,通知规定,打击重点应包括:生产或经销假冒他人注册商标的商品或擅自生产、经销他人注册商标标志,生产或经销使用虚假产地、假冒其他企业名称或代号商品,伪造或冒用优质产品、认证产品、许可证标志;违反国家有关规定,生产或经销危及人身安全、健康商品,生产或经销伪劣农药、种子、化肥、饲料等农业生产资料和其他伪劣商品的违法行为;用“回扣”、“好处费”等手段经销假冒伪劣商品或收受“回扣”、“好处费”等采购假冒伪劣商品的违法行为;国家工作人员支持、包庇、纵容生产或经销假冒伪劣商品的违法行为。

中央宣传部等三单位要求制止报刊征订中的不正之风 中共中央宣传部、邮电部和新闻出版署1992年8月向全国发出通知,要求在报纸征订工作中制止不正之风。通知说,近年来,我国报刊发行工作有了很大发展,主要报刊的发行量比较稳定或有所增长,收到了很好的社会效益。但同时也应该看到,有的地方、部门和单位在发行工作中不同程度地存在强行摊派、强迫征订、搞回扣等不正之风。通知提出:(一)为防止不正之风的发生,不论是邮发部门,还是实行自办发行的报刊社,都要坚决执行报刊发行的有关规定,并制定出切实有效的措施。(二)要严格掌握政策,正确区分必要的奖励与搞回扣的界限;宣传动员与强迫征订的界限。报刊发行部门不得利用行政管理权力搞硬性摊派,不得颁发文件下达订阅指标。任何部门都不得利用职权强行扣款征订,不得以附加条件强迫征订。(三)应严格执行国家对内部报刊的管理规定,内部报刊的发放和交换范围不得超越本行业、本系统,不得公开征订、发行,不得定价出售,只可收取成本费。

商业部要求严把进货关,不准假冒伪劣商品进入市场 1992年3月5日,商业部要求国营商业企业发挥流通主渠道的表率作用,严把进货质量关,坚决抵制假冒伪劣商品进入市场。为了严把进货关,商业部决定在各地有重点地再组建一批专业商品质量检测中心。继续坚持开展市场柜台商品质量抽查工作,扩大抽查地区和商品品种范围,由一年一次增加到一年两次,使这项活动产生更大的影响和威慑作用。总结、推广各地商业企业在商品收购、进货、保管、销售和售后服务等环节保证商品质量的经验,制定流通领域商品质量管理规范,使市场商品质量规范化、制度化。同时,推广定牌、监制生产、统购分销、总经销等商品经营方式,密切产销联系,明确质量责任,保证进货商品质量。对经营假冒伪劣商品的国、合商业企业要严加查处,特别是要认真查处内外勾结和拿回扣坑害企业和消费者的违法犯罪行为。进一步清理整顿国、合商业企业中的出租柜台;加强对进口商品的质量检验,严格控制进货渠道,防止冒牌劣质水货进入国、合商业主渠道;国营批发商业和供销社要制止把假冒伪劣商品转嫁到农村的恶劣行径;商办工业企业要严把产品出厂质量关,尤其是曾获国家或部级优质产品奖及国家二级企业称号的企业和产品,出现质量问题的要给予严厉警告,限期改进,如仍然达不到要求,要坚决摘牌,饮食服务业也要努力改进服务态度,提高服务质量。

全国“窗口行业”学雷锋先进代表交流经验 1992年3月4日,全国“岗位学雷锋、行业树新风”座谈会在北京中日青年交流中心召开。来自全国各地13个窗口行业的30多位学雷锋先进集体的代表相聚在一起,交流经验。座谈会由中共中央宣传部、国务院办公厅和共青团中央联合召开,由国务院副秘书长徐志坚主持。北京百货大楼集团、武汉长江轮船公司51号轮、辽宁鞍山市公用事业管理局、郑州铁路局武汉客运段37/38次车队、吉林省长春市电业局、民航云南省局运输科、中共河南省信阳地区金融党组、河南省安阳县税务局钢冶税务所、江苏省南京金陵饭店客房部等9个行业学雷锋先进单位的代表在座谈会上发言。参加这次座谈会的30多个行业学雷锋先进单位都是面向社会、直接为群众服务的窗口单位。他们的共同特点是结合本行业、本单位的具体情况,立足本职岗位,以职业道德建设为突破口,抵制行业不正之风,长期坚持扎扎实实地学雷锋,既送温暖也育新人,使自己服务的窗口面貌焕然一新,赢得了群众的高度赞誉。在他们中间,有的是在商品出售服务中维护消费者利益,打击抵制假冒伪劣商品;有的是在交通行业服务中传播文明之风;有的是在城市公用事业服务中以雷锋全心全意为人民服务的精神为动力,推进行业作风建设;有的是在公安、税务、工商等工作中廉洁奉公、勤政为民。这些先进集体的涌现,表明自1991年3月以来,中宣部、国务院办公厅、团中央等在全国倡导的“岗位学雷锋、行业树新风”的活动取得了可喜的成绩。

我国十大杰出民警选出 1992年1月10日,我国首批十大杰出民警在北京受奖,获得这一优秀称号的是:福建铁路公安处政治处副主任陈善珉、黑龙江省东宁县公安局局长刘平、西藏自治区聂拉木公安边防检查站站长拉吉、天津市公安局五处副处长周云彪、山东省淄博市公安局淄川分局刑警队副队长鞠俊瑞、河北省保定市公安局交警支队副队长汤敏增、湖北省武汉市公安局户政管理处副处长邓泽顺、辽宁省铁法市公安局大明派出所所长王立军、陕西省西安市公安局碑林分局户政科科长梁春芳、云南省施甸县公安局副局长陈新民。中国十大杰出民警评选活动是公安部、中共中央宣传部和新华社、人民日报社、中央人民广播电台、中央电视台、光明日报社、经济日报社、法制日报社、中国青年报社、人民公安报社等9单位联合举办的。公安部于是日作出向十大杰出民警学习活动的决定。

全国饮食服务业优秀服务员受表彰 来自全国饮食服务行业的餐厅服务员、客房服务员、浴池修脚工等200名优秀服务员,1992年9月17日在京受到商业部表彰。中共中央总书记江泽民为表彰会题词:“平凡的工作,崇高的事业”。国务院总理李鹏发来贺信,信中说,“商业战线服务业的广大职工,多年如一日,以全心全意为人民服务的精神,默默奉献,热心服务工作,为满足人民群众的基本生活需要,在普通的岗位上作出了不平凡的业绩。”“我们要加快发展第三产业,发展服务业,要在全社会弘扬为人民服务和尊重服务人员劳动的新风尚。”李鹏希望这些优秀服务员戒骄戒躁,在深化改革扩大开放和经济发展中,努力提高工作质量和服务水平,为社会主义物质文明和精神文明建设作出新的贡献。据介绍,对全国饮食服务业的优秀服务员进行表彰,这在建国以来还是第一次。王基华、王怀萍、吴建欣、粟炳珍、梁振杰、曹锋、韩卫卫、温卫民、马小珍、佘习琼获全国最佳服务员称号,杨德才等190人获全国优秀服务员称号。在这些受表彰的优秀服务员中,饮食业95人,旅店业81人,浴池业24人,年轻人占57.5%,平均年龄为34.2岁。陈丕显、严济慈等领导同志为优秀服务员颁发了荣誉证书和奖章。

宝钢职业道德教育有新招 1992年宝山钢铁总厂职业道德教育以“规范”为核心,落实到每一个岗位、每一个人。宝钢下属有20多个处级部门,全厂有几千个工种岗位。他们的职业道德规范被提炼成一二句最简洁的话,比如话务班的职业道德规范就是一句话:“三声铃响,必有应答”。钢管厂设备车间机修工的职业道德规范叫做“1010”,意思是遇有修理任务10分种就到现场,修复件一次合格,周期内返修为零。由于这些规范都是同本工种、本岗位密切相关,针对性强,不仅一说就能记住,而且容易往心里去。宝钢职业道德建设的全称是:“体现岗位特色和创一流量化要求的职业道德规范”。核心是特色和一流,落脚点是岗位。规范尽管言词简短,可内涵却十分丰富。钢管厂成品仓库的职业道德规范是:行车工,“3分钟行车起动”;仓库管理工,“3分钟回答查询”;挂吊工,“5分钟完工清料”。虽然每一个岗位都只有一句话,真要做到却不容易。由于群众乐意接受规范,因此效果很好。现在各工种、各岗位的生产和业务工作涌现出许多“中国一流”、“世界一流”,而且人的精神面貌也与以往大不一样。“‘一流’在我岗位”已成为宝钢群体意识的主旋律,并和深入开展的“学曾乐”活动汇聚在一起,构成了精神文明建设的新局面。

上海锦江集团加强职工职业道德教育 上海锦江(集团)联营公司抓好精神文明建设,提高服务质量,促进了生产经营的发展。1991年利税增长90.6%,创汇达2600多万美元。锦江集团坚持把加强职业道德建设作为创建文明单位活动的突破口,提出“人人都是投资环境”的口号,对万名员工进行职业道德轮训,并把职业道德的要求融化到各个操作程序之中,对员工进行严格训练。截至1992年的3年来,全集团共收到宾客表扬信2万多封,拾金不昧金额360余万元。集团所属的振华汽车服务公司设立“救死扶伤奖”,在出租汽车行业中首创救死扶伤不收车费的先例。5年来,司机途中救死扶伤近千人。

海南省个体劳协职业道德教育抓得好 海南省个体劳动者协会从抓职业道德入手,提高个体户的法律意识,端正经营思想,取得了初步成效。近年来,海南省个体工商户发展到近10万户,从业人员达15万余人。在个体经营者中,坑蒙拐骗等不法行为屡有发生,消费者投诉事件逐年增多。为刹住这股风，省工商局个体私营处和个体劳动者协会1992年在个体工商户中开展了以“文明经营”为主要内容的职业道德教育和法规知识竞赛，同时，还系统地组织个体经营者学习市场经济管理知识，提高经营能力。在职业道德教育中，坚持从严治理。1992年5月21日，海口市维也纳卡拉OK歌舞厅诈取外宾新加坡币1520元(合人民币5472元)，个体劳协配合有关部门追回1300新加坡币，勒令该舞厅停业整顿。结合这一事件，在个体经营者中进行了自查清理，并结合年度验证登记，对130户违章违法经营者进行了处理，市场经济秩序有了好转，消费者投诉案件明显下降。

北京市电信管理局纠正行业不正之风　装电话“吃、拿、卡、要”，服务态度“冷、硬、顶、拖”，这是北京人对北京市电信管理局行业不正之风的“八字评语”。为了重树企业形象，全心全意为用户服务，北京市电信管理局领导以身作则，身体力行，坚决纠正这股歪风。对于“索吃索要”的，“发现一个，查处一个，严惩一个”，决不姑息。截至1992年的一年多时间里，先后查处了内外勾结、利用电话安装谋取私利的违法违纪案件30起，涉及几十人，全部公开处理，有的送法院判刑，有的开除，有的给予记过处分，起了惩一儆百的作用。北京市电信管理局为了满足用户需要，提出“打一场企业信誉翻身仗，为北京电信添光彩”的口号。从1991年3月至年底，分三步为待装电话用户装机5万余台。在全体职工的努力下胜利完成任务，受到广泛赞扬。还得到了邹家华副总理的勉励和赞许。北京电信管理局采取了以下措施：1. 发布《首都电信服务实行社会监督的通告》，把办事程序公之于众。2. 制定了《厅台服务工作10项标准》，张贴公告。3. 建立了电信服务质量监督站，规定琅处理投诉、申告事件的期限。4. 聘请了社会监督员，监督查阅各项工作原始记录、工单、登记本，询问业务有关情况。5. 规定了局领导接待日，直接听取用户和职工的意见，以“法治”的精神，纠正行业不正之风。

广州图书馆热情为郊区读者服务　1992年元旦刚过，广州图书馆专为郊区农民和职工服务而创办的汽车图书馆就出发了。当他们来到了广州市郊芳村的借书点，等待借书的读者早已排成长队了。这个汽车图书馆自1981年初创办以来，不管是盛夏还是隆冬，都在广州市郊无偿巡回服务。到1991年底，已出车770次，行程4万多公里，接待读者6万多人次，借阅书刊12万多册次。汽车图书馆流动服务，解决了郊区农民“看书难、借书难”的问题，深受群众欢迎。

上海市设立医德医风监督员　1992年4月17日，上海市卫生局局长王道民向100名社会各界人士颁发了“上海市医院医德医风监督员”聘书。受聘人员中有人大代表、政协委员、机关干部、社会团体代表、新闻记者以及卫生系统离退休干部等。监督员按照卫生部颁发的《医务人员医德规范》、《医务人员守则》和上海市卫生局颁发的廉洁行医规定《上海市医院服务公约》等有关文件精神对医院进行监督。

山西省孝义市人民医院分配与医风挂钩　几年前，山西省孝义市人民医院出现过“开大方、收钱物”现象，引起广大干部群众的强烈不满。院领导在分析原因时发现，院里给各科室下达经济指标，并把指标的完成情况和奖金直接挂钩，虽然调动了医务人员的积极性，但因没有同时强调医德医风，容易诱发一些人用不正当手法追求高额奖金。于是，院长梁瑞龙从“深化分配制度改革，使经济效益与医德医风建设有机统一”的原则出发，提出了工资结构改革方案。具体内容是：医护人员的工资由三块构成，第一块是出勤工资，以科室为单位，职工月平均出勤达25天以上者，领全科室人员档案工资的50%；第二块是经济效益工资，以科室为单位下达经济指标，指标内收入科室与医院二八分成，超额部分四六分成；第三块是社会效益工资，院里成立考核委员会，对每个科室的医德医风进行考核，不达百分者，每少一分，扣科室经济效益工资的1%。医院按上述三块给科室下达工资总额，每个医护人员得多少，由科室自行分配。这个改革方案得到医院大多数人的赞同，并已付诸实施。医德医风与工资挂钩，首先使医护人员认识到：要领高工资，须有好医风。还培养了医护人员的集体主义精神。同时，也为医院带来了巨大的经济效益。据1992年公布的统计资料，全院年收入已由改革前的30多万元，上升到270万元。医护人员的个人收入也随之增加了。

上海市百家商店悬赏捉“差”　从1992年1月27日起，上海市百家商店推出了服务质量“悬赏捉差”的措施。市百一店实行了服务质量“有偿监督”，组织了热心顾客、退休工人和街道居民三支社会监督队伍来店监督服务质量。黄浦区理发业为整治乱收费、硬搭配现象，59家理发店同时“悬赏捉劣”。四川北路立新酱油店推出了服务质量12个方面“捉差有奖”的规定。豫园商场时美金银珠宝行等12家商店试行内外结合的“五奖”：对外有“商品捉劣奖”、“服务捉差奖”，对内有“为顾客排难奖”、“营业员委屈奖”和“拾金不昧奖”。杨浦区平凉路沪东工人文化宫路段上有8家商店实行了服务质量“悬赏捉差”。上海市百家商店的悬赏捉差活动，得到了广大顾客的广泛支持，促进了商店服务质量的改善，同时也提高了商店的经济效益。

师德高尚的山区女教师王琴　1963年，王琴从安庆师范学校毕业后，来到安徽省望江县莲洲乡中心小学。这里是洪泛区，洪水到时，连路都没了，每天放学，王琴把学生们一个个背过校旁的小河，踩进水里，淤泥一下就陷到大腿，她硬是咬着牙把学生送完。王琴在这儿干了十几年，每年都使这个原来基础较差学校的学生成绩在全乡名列前茅。上级要把她调走，大队书记和群众都急了，他们怎么能舍得下她呢？尤其是那个患小儿麻痹症的胡根之，是王老师在她父母双亡之后把她接到家里；脚烂了，是王老师替她洗脚、上药，毕业后，是王老师把她送去学裁缝；还有那个五保户王老太太，在她每次生活有困难的时候，王琴就像女儿一样出现在她面前。在王琴心目中，学生永远是她最可珍贵的财富。当母亲病危时，她心急如焚地赶回家，但没呆上几天，却整日挂念着正在复习迎考的学生。母亲知道她的心事，劝她赶快回校。刚一到校，就收到母亲去世的电报。大家劝她回家奔丧，她含泪说，"相信妈妈会理解我的"，仍然把全部心血放到学生身上。王琴没有自己的孩子，但她把所有的学生都视为自己的亲骨肉，把人世间最高尚的母爱都无私地给予了这些孩子们。她知道乡下有好多孩子没钱读书，每学期，他都要从自己微薄的工资里拿出一部分资助他们。她积劳成疾，得了肩周炎，晚上疼得睡不着觉，上课写两个字就写不下去了，但还强忍着，用左手托着右臂继续写，就这样坚持了两年，后来连生活都无法自理了。到医院求诊，医生告诉她："你再不能上讲台了。"她一听急了，整整一个暑假，关在家里锻炼自己的手臂，暑假过去了，她又欣喜地回到孩子中间。王琴在平凡的岗位上作出了不平凡的贡献，1992 年，她光荣地出席了党的十四大。

同济医大附一医院建立医德档案 1993 年 3 月 8 日《文汇报》载：武汉同济医科大学附属同济医院建立医德档案专柜，里面保存着 1408 位医生、护士、技术人员的医德档案袋，每人的档案袋中，装有各种表格，从各方面反映着他们的医德医风。该院将医德分成 5 个档次，即高尚、优良、一般、较差、差。医护人员属何种档次，先自我评价，再由所在科室作出评价。国际外科学学会会员、中医学会外科学会顾问裘德祖的所在科室普通外科，全科同志用无记名方式给他投了"高尚"的全票。他们对裘老的评价是：一丝不苟地查房，热忱关心农村病人的生活，拒收患者礼物和现金，严格要求医护人员，所有的事例都体现了他的崇高风范。全国各地许多素不相识的病人和医生，出于对裘教授的信赖，写信向他咨询病情和求教，每月平均达 60—70 封，对这位 80 高龄的老人来说，仅是读完这些信件，就是一个繁重的负担。但裘老坚持一一亲笔复信，而且多是利用业余时间。他的学生们要求代笔，均被谢绝，经常回信由当天晚上写到翌日凌晨，而且年复一年地坚持这样做。薛德麟教授对自己的医德评价是"一般"；而科室的 22 位同志的无记名投票，全都写的是"高尚"。一个患者家属写来的感谢信，感谢薛教授像亲人一样热情接待病人，感谢他的成功手术治好了患者先天性智力低下的病，颂扬他不收送去的礼物，硬扔在他家的 500 元钱又如数汇回。在同济医院，具有这样优良医德的教授，不是一个两个，而是一个"教授群"。1991 年全院 76 位正教授，科室对他们的评价都是"高尚"和"优良"。

首任"雷锋班"班长张兴吉转业后本色不变 曾任雷锋班首任班长的张兴吉，转业后在四川省南充地区土产公司担任科室领导。后来他申请停薪留职，贷款购买了一台"中巴"，当上了出租车个体户。张兴吉当年与雷锋一个班，同一天入党。1963 年，国防部给"雷锋班"命名时，担任班长的张兴吉从军区司令员手中接过班旗。从此，他以弘扬雷锋精神为己任，转业回乡后仍然是学雷锋的"排头兵"。而今，张兴吉开上了出租车，大家难免对他的行动打上了问号。张兴吉则认为，学雷锋不在于干什么职业，关键是如何付诸行动。每逢出车，他总是把雷锋画像端端正正地挂在车门前的窗口上，挡风玻璃上贴着毛泽东"向雷锋同志学习"的题词，售票处贴着服务守则：老人、孕妇优先，残疾人免费，并要求大家监督。张兴吉的出租车随叫随到，招手就停，跑得勤，开得稳，收价低。赶集的大爷，探亲的小伙，出差的旅客，结婚的新娘新郎，都愿坐他的车。南充丝绸节吸引了国内外众多的观光者。一天中午，张兴吉拉着两个外宾游览北湖公园。返回时，他发现后排座位上有个黑色钱包，里面装着护照和几百美金。于是，他又把车开回北湖公园门口。那两个外宾正在焦急。当张兴吉把钱包交还给他们时，外国客人望着车上的雷锋画像，用生硬的中国话说："中国，雷锋，OK！OK！"从转业后到 1992 年，他始终不忘发扬雷锋精神，坚持做好事，深受群众赞扬。

天津市政府的为民热线电话连万家 1993 年《人民日报》和《光明日报》先后报道了天津市政府早在前几年就建立了"市长与人民代表对话"、"领导同志接待日"等系列联系群众的制度。1993 年 7 月 20 日，市政府在当地报纸上公布了为人民服务专线电话 187 条。专线电话公布不到一周就受理大大小小的难题数百个，包括环卫、房修、供热、供电、电话故障、市场扰民等问题。对反映的问题，天津市府的做法是"大事不过三（天），小事不过夜"，能解决的解决，该答复的答复、解释，件件有着落。涉及面广、难度大的，市领导亲赴现场解决。天津市已经形成了一个上下贯通，运行灵活的三级为民服务网络系统，各专线建立了电话记录、分类、承办、转办、催办的工作程序和制度，办结率达 96%。

无锡市抓职业道德建设结硕果 1993 年 6 月《工人日报》两次报道了无锡市在改革开放和经济建设取得了巨大成就的同时，在职业道德和社会主义精神文明建设方面都在全国前列。

1986年9月，在党的“关于大力加强职业道德建设”的精神指引下，无锡市就拉开了职业道德建设的序幕：商业单位开展了以“物价、计量信得过和优质服务信得过”为内容的双信活动。接着这一活动又在公用事业、文教、卫生单位及厂矿机关全面铺开，内容也由单项的物价、计量信得过，扩展为全方位的、旨在提高群体和职工个体素质方面来，使全市争当“信得过单位”和“信得过职工”形成风气。1988到1990年两三年间，制订了能够体现行业特点的12大类、34个行业、3000多个工种岗位的职业道德规范，使职工干部的行为有了准则，全市职业道德文明程度大大提高。经过6年的努力，职业道德建设已结出硕果。如1991年无锡合成纤维厂搞扩建，厂方不用疏通关系，供电局一路绿灯，使扩建工程提前70天完成，多创利100多万；市港务局把文明装卸作业视为本职职业道德所在；政府部门及公检法部门都以高尚的职业道德规范来约束自己，“小天鹅”洗衣机厂由濒于倒闭到获得全国唯一获金质奖，就是它的产品信得过，达到运行5000次无故障的国际水平；无锡饮事机械公司由利润3000元到创107万元也是讲究职业道德带来的。职业道德在无锡已成为新风尚。

肥城强化职业道德教育 1993年6月4日《工人日报》载：山东省肥城市在企业转换经营机制过程中，采用多种形式大力加强职工职业道德教育，全市出现了争当学雷锋标兵和岗位技术能手的新气象。这几年，随着企业经营机制的转换和市场经济体制的建立，人们的价值观念发生了明显变化，部分职工思想道德水准下降，拜金主义一度出现。把奉献和助人为乐视为过时。对此，肥城市采取措施，强化职工思想道德教育。一是强化舆论导向，形成弘扬正气的舆论氛围；二是开展职业道德教育培训。1992年以来已有5600人参加了职业道德培训；三是根据各行各业的职业特点，分别制定了商业、销售人员服务规范、工矿企业职工守则等条文，把职工应遵守的规范用制度和法规的形式确定下来。通过这些措施，增强了职工热爱本职、钻研业务的自觉性，全市涌现出学雷锋标兵200多人，岗位技术能手100多人，受到社会的好评。

大连企业政工人员的敬业精神 1993年5月20日《人民日报》载：辽宁大连国有企业政工人员在建立社会主义市场经济体制的新形势下，坚持发扬“敬业、创新、奉献”精神。拥有4447家国有企业的综合性工业城市大连，绝大多数企业政工人员忠于职守，为企业改革呕心沥血，呐喊助威；数百家国有大中型企业的政工人员为宣传企业转换机制而努力工作；大连造船厂党委宣传部配合新闻单位采访报道企业改革中的典型人物，广泛宣传模范党员干部陈文松厂长的事迹；华能大连电厂政工人员总结的“企业转换机制，争创国际一流电厂”的经验，促进了全国电子系统的企业改革；大连机车车辆工厂二分厂党总支和工会，把企业日常政治思想工作做得有声有色，厂里的几辆职工通勤班车上常年有他们办的“小小广播站”。大连市委、市委宣传部为支持政工人员的创新和贡献，特与有关单位联办“企业改革最佳宣传奖”活动，使全市国有企业的改革不断向前发展。

上海新闻界禁止“有偿新闻”见成效 自1993年7月31日中宣部和新闻出版署联合发出《关于加强新闻队伍职业道德建设，禁止“有偿新闻”的通知》公布以来，上海市委行动快，在抓新闻队伍建设，禁止“有偿新闻”的工作上取得成效。市委宣传部先后举办了新闻单位党政负责人学习班、全市新闻系统加强职业道德建设经验交流会，与此同时制定下发了《上海市关于加强新闻队伍职业道德，禁止“有偿新闻”的规定》。坚决禁止违反职业道德准则，利用采访和报道搞“有偿新闻”。要刹住这股歪风。《解放日报》、《文汇报》、《新民晚报》党委及各新闻单位率先分析了行业不正之风的表现，针对目前在职业道德方面出现的新情况、新问题，相应强化内部机制，领导带头自律；为禁止“有偿新闻”，报社、电台、电视台还将各自制定的《规定》公布于众，并设立监督电话，接受社会监督。1993年9月1日起，《解放日报》和《文汇报》率先纠正了下属部门利用“题花”广告收费得利的做法，4家电台、电视台坚决制止了“关系片”、“广告新闻”、“有偿新闻”。对广告活动统一管理。《新民晚报》、《劳动报》每天评报时，将捉拿“有偿新闻”作为重要内容，一经论定，就给责任者以处罚。上海新闻界还把禁止“有偿新闻”作为新闻改革的一项重要内容，并通过机构设置和运行方面的改革，使新闻职业道德建设制度化、规范化。

陈淑娴32年呕心沥血育新苗 1993年全国“五一劳动奖章”获得者、哈尔滨市东风小学教师陈淑娴，32年来，在教学和教育工作上硕果累累，桃李芳香。她在语文阅读教学、作文教学及教法与学法同步改革中积累了经验，形成了特色。到1993年5月，省、市及全国各地同行求教听课人员已逾2000人，受到高度评价。32年来，她一直担任班主任，所教毕业班优秀率在90%以上。在德育教育上也作出了榜样。她带领学生，几十年以“接力式”为孤寡老人丁淑轩等上门服务。她所带的班级多次被评为省、市学雷锋先进集体。她的生活重心总在事业和学生一边：孩子和爱人生病住院，她请亲友护理，自己仍然早走晚归去上班，没误一节课。有一次，不慎脚部骨折，肿得不能行走，她硬是架着双拐登上讲台……陈老师在32年中积累了丰富的教育教学经验，她撰写的10多篇论文均在杂志上发表或获省、市优秀论文奖。

民办教师贾成庚热心山区教育 1993年4月23日《人民日报》载：吕梁山的支脉马首山脚下，有一个40多户人家的小河村，这里的孩子祖祖辈辈都没处上学，可是从1975年以来，全村没有一名学龄儿童失学，这是因为有了贾成庚老师！1961年，18岁的初中毕业生贾成庚回到了家乡小河村当上了民办教师，从此在一眼旧窑洞里传出了琅琅读书声，结束了小河村没有学校的历史。1964年他为了磨炼自己，参了军，把教书的任务托付给初中毕业的弟弟。1975年，他又回到了他梦牵魂绕的亲手创建的小河小学。又开始了超负荷的工作。从学前班到小学五年级共30多门课贾成庚全包了，教学质量在全镇一直名列榜首。由于他教学质量好，附近村有10多名学生先后慕名来小河小学就读。而且从1975年以来，小河村没有一名学龄儿童失学。为搞好教学，他还想尽办法勤工俭学，在每年只有150元教育经费的情况下，他自己动手粉刷教室，安装门窗。1991年，贾成庚积劳成疾，要住院治疗，为不耽误学生学习，他把床铺搬到教室，自己挖草药治病，这样坚持了8个月之久。好心的亲友曾介绍他到商场当会计，劝他“下海”办焦化厂，都没有动摇他当山区教师的决心，他说：“我干教育的瘾谁也戒不了。”如今他还在清贫的教育岗位上辛勤耕耘。

安徽医大附院讨伐“红包”“回扣” 1993年4月下旬，《人民日报》和《光明日报》都报道了安徽医大附属医院抓医风医德建设，狠刹行业不正之风的事。安徽医大附院是安徽省最大的一所医院，近几年来，由于不正之风的侵袭，医院里出现了一些违反医德的现象。如挂着“专家门诊”的牌子，病人却得不到相应的服务；介绍病人转院看病捞“介绍费”；少数医务人员变法子要“红包”收“回扣”等。医院领导认为，这同伪劣商品一样坑害人民，“国家队”的医院决不允许，于是采取一系列措施：首先发表致病员公开信，鼓励病员监督举报；设院长书记轮班监督台；建立医务人员医德档案，将医德表现与晋级晋升挂钩，发现“红包”“回扣”一查到底，对违纪人员给予严肃处理，还对几个经查实确有违纪行为的医师作出处理。

中国民航北京售票处聘请社会监督员 1993年11月5日中国国际航空公司北京售票处举行仪式，为该处聘请的社会监督员颁发聘书和证书。国航北京售票处为了不断提高工作质量，从首都新闻界和有关客户中聘请了12名社会监督员。他们的主要职责是监督检查售票处的业务管理和销售服务，广泛收集社会各界对售票服务及行业风气的反映，并将了解的信息和目睹的客观情况综合归纳后，定期填写《社会监督提案表》，定期公布，以便售票处对职业道德和行业风气进行改进。

上海火车站注重优质服务
1993年3月18日《光明日报》载：上海火车站不断把优质服务推向更高层次。全站职工认为：上海火车站的“窗口”地位是“在社会面前代表铁路，在外埠人面前代表上海，在外宾面前代表中国。”为使“窗口”亮亮堂堂，他们推行旅客来信和旅客意见“定期清”制度；完善了“外有监督、内有控制”的服务质量管理体系。为确保旅客意见和建议的落实，该站建立了一个有效的工作程序，定期向新闻界、路风监督员汇报工作，定期召开旅客货主座谈会和填写意见征询表，定期组织有关人员进行实地检查指导。为加强监督机制，对旅客投诉电话及其受理部门、作业程序、作业纪律和纠风规定、服务标准、客运人员服务工号等实行“六公开”，并每季度公开全站旅客意见处理情况。这一系列管理办法有效地遏制了车站服务中的一些“常见病”、“多发病”。1992年该站收到的表扬信大幅度上升，批评信仅12封，比上年减少55.6%，上海火车站以严密的管理，优质的服务，赢得了顾客的信赖。

人民的好列车员任凤英 牡丹江铁路分局女列车员任凤英勇斗歹徒牺牲在岗位上，成为她人生之歌里最辉煌的乐段。1993年3月1日19时50分，由大连开往佳木斯的275次直快客车运行在普兰店至瓦房店区间，一歹徒（名王宏利，23岁，杀人在逃犯）对女青年乘客满口污言秽语，遭到同伴孙乃华的斥责。歹徒恼羞成怒，一拳将孙打倒在地，然后抽出袖中尖刀，将那女青年胸部猛刺一刀，又将身旁的另一女客腹部刺穿。车厢里一时大乱，歹徒杀红了眼，见人就刺。“放下凶器，不准伤人！”本节车厢的女列车员任凤英一边高喊，一边扑向歹徒，她一手紧紧抓住歹徒拿刀的右手，一手狠狠拽住歹徒脖领子，把他从车厢拉到洗脸间，凶狠的歹徒竟朝任凤英连刺三刀，等其他列车员赶来，任凤英已倒在血泊之中，献出自己43岁的生命。任凤英干列车员已26年了，她热爱自己的工作，热心为旅客服务，对旅客胜似亲人。她从不利用工作之便办谋私之事，自己的儿子女儿求她捎两条烟都被她拒绝，1993年4月，黑龙江省妇联追认她为省“三八”红旗手，佳木斯铁路局授予她“人民的好列车员”称号。

滇东电业局情系贫困山区
1993年8月26日《工人日报》载：云南省滇东电业局切实端正行风，为贫困山区用电提供优质服务。这个局1991、1992年连续获得云南省政府“支农先进单位”奖，被靖江市委、市政府授予“为区域经济社会发展作贡献先进单位”称号。滇东电业局担负着曲靖地区七县一市的供电任务，山区面积占87.3%。由于地理位置偏僻，一些农村一直没有用上电而制约了经济的发展，为使农民尽早脱贫致富，他们专门成立了农电科。经过他们两年的努力，已使20多个自然村寨，1万多户农民用上了电。对特困乡村，他们采取优惠服务，马龙县一个穷乡小龙乡缺电，他们立即派人前往指导，验收了线路和变压器，没有收一分服务费。他们为旧县镇架线，10多位工程技术人员用了一个月时间，从勘测设计直到完工，不仅没有收工钱，还少收了材料费。电业局出资5000元为农村电工举办了两期培训班，使他们懂得安全经济用电。山区干部和农民翘起大拇指说："滇东电业局不仅为我们办了实实在在的好事，还出钱请我们来学习，真是好样的。"

成都人民商场请"上帝"评店

如今顾客被称为"上帝"，请顾客评店已成为一种时尚，《工人日报》1993年7月28日介绍了成都人民商场在这方面的经验。"人民商场为人民"和"顾客第一、信誉第一"是成都人民商场的服务宗旨。他们在搞好内部责任制的同时，特别重视顾客的监督作用。除认真处理来信来访外，坚持开展"顾客评店活动"。他们的作法是：定期以各经营部为单位，向顾客发放评议卡，以商场职工服务态度、仪容仪表、文明用语、柜台纪律、服务技能、售后服务及品种多少、质量优劣、物价、计量等职业道德方面为主要内容，请顾客分别提出意见。评议结果还向全场职工通报。这样一来，职工服务方式和态度大为改观。1992年以来，他们曾6次开展顾客评店活动。监督机制的引进，带来经济效益的提高，1993年上半年商品销售额达3.6亿元，实现利税1592万元，分别比1992年同期增长56%和59%。

太原煤气公司造一方净土

《工人日报》1993年7月26日在"树行业新风"栏目中，详细介绍了太原煤气公司行业新风的情况。近3年该公司获得锦旗、金匾和奖状达940面(个)，还收到无法统计的表扬信。公司领导为了整治行业歪风，制定的规定、方法在100条以上，而且都很严格。一次某区段气源不足，影响用户烧饭，9名职工闻讯后即赶往调压站检修，为使用户吃上中午饭，他们一刻没休息，用户为了表示感激留他们在机关食堂吃了顿便饭，结果被扣了月奖，班组检查，通报批评。并责成他们补交饭钱和烟钱200元，给用户上门赔礼。在公司"纠行风"的书面材料上，记载着某管理站站长因参与请吃受礼，被罚款120元，撤销职务；某修理工营私舞弊，造成数千元损失，收受用户实物，被开除党籍。公司还设有举报奖，进行监督。在这种严密的管理制度下，全公司上下克己奉公，使太原煤气公司这一方土得到了净化。

北京市公安局东城分局等100个公安系统基层单位受表彰

1993年4月2日全国公安系统电话表彰会议，授予北京市公安局东城分局等100个单位"全国优秀县(市)公安局、城市公安分局"荣誉称号。会议表扬了各级公安机关依法严厉打击各种严重刑事犯罪活动，积极预防和处置各种治安灾害事故，为维护社会稳定作出了突出的贡献。1992年有31名人民警察荣获一、二级英雄模范称号，有1.3万多个集体和10万多名人民警察立功受奖，这次有31个单位连续两次获奖。公安干警时时刻刻把党的事业、国家安全和人民的安危放在心上，用生命和鲜血保护了人民的安全，为确保一方平安作出了奉献。

沈阳大东区工商局行风好

1993年6月沈阳大东区工商局再次被评为市廉政建设先进单位，500多名工商干部中有半数以上被评为市、区先进个人。这个局把反对行业歪风当作一件大事来抓，对有可能发生钱权交易的岗位实行约法三章，并开展群众监督活动。近年来大东区工商局拒礼拒贿达400多人次，折合人民币5万多元，收到表扬信、锦旗300多封(面)。为了防止权钱交易，在分配个体摊点上，搞张榜公布，公开招标。小东行市场是全国闻名的小商品市场，大东区工商局为个体户办营业执照和摊位5000多个，许多人给工商干部送礼，有人一次送7000元，都被工商干部谢绝了。大东区工商局在收费方面实行三方会审，并每月公布收费情况，还聘请了60多名义务监督员。几年来，大东区工商局为全区1.3万个工商户、7800多个第三产业、172家私营企业和8331个个体户办照收管理费4000多万元，没有发现一起搞钱权交易的。他们在教育干部端正行风中，坚持局长与科长，科长与管理员签订互监公约，规定了不准乱罚款7条，对违纪人员制定了处理规定。一些个体户说："工商局重职业道德，真是我们的好管家，共产党的好干部"。

四平市税务局行风获全省第一

1993年10月3日《人民日报》载：吉林省四平市税务局在省纠风办组织的对全省窗口行业的行风测评活动中，满意率和综合满意率名列全省第一。1993年以来，这个局与1000余户企业签订了税企督廉行风建设达标责任书，明确规定了税户互守公约和奖惩措施，并对落实情况进行"三监督"，一是领导干部对基层落实情况进行抽查考核监督；二是职能部门开展专项监督；三是调动社会各界进行广泛监督。

人民怀念的税收员陈孝明

1993年1月4日，湖北兴山县委、县政府作出关于开展向优秀共产党员、模范税务工作者陈孝明学习的决定。随后，中共湖北省委、湖北省政府也作了同样的决定。1991年陈孝明被乡政府选派到最贫困的天池村搞税收工作，他牢记税务员收税重任，并千方百计帮助群众发展生产、培育税源。酿酒个体户王昌华夫妇由于煮酒设备和技术不行，产酒量低还不了税，他请来了酒厂技师作指导，并帮老王贷款800元添置设备，使年产酒量增加了2.3倍，年缴税款由原来的150元上升到1600

元，家中存款也上了万元。陈孝明经过考查分析，认为天池村必须发展经济作物才能脱贫致富。他找亲友筹借2500元作抵押，在信用社为天池村34户农户贷款5000元发展烤烟。他承担减产赔偿的风险，动员农户签订种烟合同，全村种烟由320亩增加到504亩。为了烟叶质量高，卖个好价，他着魔似的学习烤烟生产技术。当烘烤烟叶时，他又没日没夜地帮东家忙西家，为烟农把握关键火口，功夫没负热心人，1991和1992两年，天池村烤烟平均价在全乡最高，烤烟收入和人均收入都翻了一番，过去每年只能交1600元屠宰税的天池村，这两年共向国家缴纳税收104400元。农民的致富路铺开了，国家税收增加了，可是陈孝明却在1992年11月7日清晨不幸因车祸遇难，年仅29岁。1000多人为他的逝去而痛哭失声，150多人连夜翻山越岭赶来为他守灵。陈孝明走了，但他却把一个共产党员全心全意为人民服务的形象留在人们心中。

模范乡邮员余国印 1993年8月3日《工人日报》载：乡邮员余国印1976年脱下军装，穿上了邮电制服，在湖北省郧县山区艰苦而平凡的岗位上干出了成绩，成为邮电特等劳模。余国印跑的邮路，位于秦岭余脉，山路崎岖，行走不便。原来邮件的投递法主要是请人捎带，不问收件人是否收到，余国印则改为亲自投到组和户。按邮电部的规定山路步班乡邮员日行27公里，他却超标准一倍，每天背20多公斤的邮包，淌6条河，过15道梁，翻11座山，路长44公里，17年来，他月月出满勤，一年一个“二万五千里长征”，累计行程21万多公里，投递件达354万多件，每年穿破70多双鞋。热心为人民服务的余国印还为邮路上的261户军烈属义务代写信、发电报、代寄出、代购生活日用品等，山民们看到他像见到久别的亲人。在余国印的眼中，邮件就是命令，一年仲夏，后山滑坡，他的房屋有倒塌的危险，妻子要他请两天假，他不同意，连夜扒开一条防洪沟，第二天拿出包内的几份部队来电给妻子看，说：“这是军令，误不得！”便大步踏上了邮路。他曾三次被郧阳地委命名为“拥军优属模范”；1989年被评为“全国劳模”；1991年被树为“全国邮电特等劳模”和“全国模范退伍军人”。

疏通下水道的劳动英雄李学奎 1993年5月初，《人民日报》报道了天津市汉沽区市政工程管理处排水队下水道疏浚工李学奎，在默默无闻的岗位上尽职尽责，无私奉献的事迹。城市的下水道连接着千家万户和各个单位，各种脏物、污水混流一起，常使水道发生堵塞，给人们带来烦恼。下水道疏浚工，每天要在不足$1m^2$的检查井里爬上爬下，从井里掏出几十公斤重的污泥，有时还有有害气体的威胁，所有这些，李学奎都习以为常了。有一次寨上花园南侧居民区的一段旧下水道堵塞，污水外溢，由于此地离排水主管道远，只能把旧管道打通。60cm直径的管道，正常的疏通工具不能施展，大家正发愁，李学奎二话没说，脱掉外衣钻进狭窄的管道里，用手一点一点地往外清掏脏物，这样干了6个小时，终于疏通了这段旧水道。最后一次爬出来的李学奎，浑身上下已有多处被管壁划破。无论酷暑严冬，或白天黑夜，只要他知道哪里下水道堵塞，他就出现在哪里。在全区200多公里的排水道中到处都有他的足迹。参加工作13年来，李学奎还利用业余时间为居民义务疏通下水道1000余次，为群众做好事580多件次，义务奉献公休日640个，当有人问他为啥干劲这么大，他说：“我是管疏通下水道的，全区下水道畅通是我的职责。”

《企业职工基本行为规范及其实施要略》出版 湖南科学技术出版社1992年推出《企业职工基本行为规范及其实施要略》一书。该书以长岭炼油化工厂的实践为基础，综合运用马克思主义伦理学和社会学、心理学以及新兴的企业文化等学科思想，从理论的高度总结、概括和提高，有一定的理论深度和指导性。

9. 家庭婚姻恋爱道德

90年代中国婚姻家庭大趋势

1993年2月9日《光明日报》载：研究中国婚姻家庭的学者调查认为，90年代中国婚姻家庭的发展大趋势是：1. 家庭将继续朝着小型化、核心化、松散化和多元化方向发展，同时，“分而不离”的网络型家庭将逐渐普遍化；2. 离婚率稳步提高，协议离婚将成为时尚，随之而来的单亲家庭将越来越多；3. 随着家庭轴心从亲子关系转到夫妻关系，孩子已不再成为维系家庭的“纽带”，不要子女的“J克家庭”将逐渐增加；4. 独身作为一种生活方式将得到社会的确认；5. 家庭人口的老龄化和家庭中“代沟”日益突出，传统的家庭将受到有力冲击；6. 再婚率增长，重组家庭不断增多，导致一些家庭关系复杂化；7. 计划生育，只生一个小孩，导致独生子女家庭所占的比例愈来愈大；8. 择偶征婚上更加注意精神文化因素；9. 非法同居、试婚、婚前婚外性行为等现象大量增加，“情人——婚外恋”问题更加严重；10. 涉外婚姻和异地通婚愈来愈多。

国际家庭年亚太筹备会举行

“国际家庭年”亚太区域筹备会1993年5月24—28日在北京举行。到会中外人士近百人。中国代表团团长、国务院妇女儿童工作协调委员会副主任、全国妇联副主席、“国际家庭年”中国协调委员会主任黄启璪被选为大会主席。国务委员彭珮云作为东道国的政府领导人出席会议并致开幕词。1994年为“国际家庭年”，这是1989年第44届联合国大会宣布的。其宗旨是提高各国政府、决策者和公众对于家庭问题的认识，加强各国制定、执行和监督家庭政策的政府机构，并提高其执行有关家庭综合性方案能力。

首届海峡两岸妇女事业与发展交流会在京举行 由全国妇联与中国科协联合举办的首届海峡两岸妇女事业与发展交流会于1993年10月4～8日在北京举行。来自海峡两岸的各界妇女300余人，其中台湾代表180多人。她们就妇女就业和事业发展、科学技术、家庭教育与儿童发展、女性文学和女性管理等专题进行广泛交流与探讨。陈慕华、雷洁琼、钱正英等出席了开幕式。会前，全国政协副主席王兆国会见了与会代表。

婚姻家庭、妇女问题理论研讨会在黑龙江举行 在当前市场经济形势下，我国社会生活中原有的封闭式家庭关系受到巨大冲击，现代的婚姻、家庭正在发生着裂变。这一状况成为1993年9月16日召开的"黑龙江省婚姻家庭、妇女问题理论研讨会"上的热门话题。会上，叶乃滋、祝福恩、董鸿阳等婚姻家庭问题专家，围绕市场经济下爱情、女人商品化，家庭中的暴力问题，市场经济下婚姻、家庭的走向，婚外恋的是非等问题各抒己见。与会者认为，市场经济大潮对婚姻、家庭的冲击势不可当。个人对生活方式多元化的选择越来越得到社会尊重，其正效应，使人们对婚姻更加执着，而其负效应却使婚姻与爱情受到拜金主义的干扰，造成性与爱的分离。

我国农村妇女六个方面的变化 1993年10月9日《解放军报》报道我国农村妇女呈现六方面变化：①劳动力参与方面。农村女劳动力已有21.2%转入非农产业，其中52.4%转向工业、加工业生产，16.5%致力于商业、服务业劳动，4.7%加入了建筑业大军，2.8%专营运输业，23.6%投向其它行业。在农村，以女性为主的专业户的比例已占到40.8%；有农业技术员及以上职称的农民中，女性已占到27.6%。②教育培训方面。全国46.3%的农村妇女参加各种农业技术培训；和上一代相比，与文化知识无缘的人要少得多。据统计，18—30岁的农村妇女中只有15%没有上过学，而30岁以上的则有28%的没上过学。③婚姻家庭方面。首先，妻子对家庭重大事务已有一定的决策意见，对家中从事何种生产已由过去丈夫一人说了算，转变为由夫妻双方共同决定。其次，家庭暴力事件减少，夫妻互敬互让的新风尚正在发扬光大。④社会参与方面。广大农村妇女对外界事物有着很大的参与热情，有的走出家门，到大中城市获取更多的致富信息；对社会现象、社会问题也给予极大的关切和重视。⑤生育保健方面。农村妇女对生育保健越来越重视，目前农村中66.5%的村已经有了经培训合格的接生员。⑥社会观念方面。农村妇女的自我意识正在逐渐被唤醒。66%的人对"男性天生比女性强"的观点持怀疑和否定态度，有71%的人赞同"如果一事无成，我会很恨自己"的说法。

我国城市家庭生活新趋向 《光明日报》1993年9月25日载文称：随着物质生活水平的不断提高，人们在家庭生活中注重精神需求已成为一种趋势。1. 居室文化方兴未艾：越来越多的人已不满足于多年来那种石灰墙、水泥地的标准格局，几乎90%的家庭搬迁之前都对新居室进行一番装修。少则花千把元做彩色水泥地面，在厨房、卫生间铺马赛克和瓷砖；多则花几万元，把居室装扮得富丽堂皇；有的还把自然美引进居室，使人仿佛置身于大自然之中，使居室充满了生机和活力。在追求居室美的同时，追求舒适、卫生也成为目标。各种橱具、炊具、卫生设备的换代升级，使人从烟熏火燎中解脱出来；每天冲个澡也不再是奢望；空调步入家庭，"使夏天成为窗外的风景"。出现了以装饰为主要内容的居室文化。2. 娱乐健身悄然兴起：卡拉OK、电子游戏机、集邮、集币、气功、武术、健身操、琴棋书画、吹拉弹唱等悄然兴起，每个家庭成员都可根据自己的口味选择喜爱的活动。从文化品味看，出现了雅俗共存的局面。多数家庭天天或经常收听、收看电视节目；有的家庭成员喜爱港台娱乐片、外国译制片，有的喜爱国产片和综合性文艺节目。喜爱轻音乐、流行歌曲的和喜爱外国名曲、民族音乐的几乎平分秋色。在阅读兴趣上，实用性较强的拼盘式报刊杂志尤受青睐，啃读经典名著和钻研业务书籍的也不乏其人。对体育活动，人们既被新兴的健身舞吸引，又对古老的气功、武术兴趣不减。3. 求知学技已成时尚：在家庭文化消费中，用于子女教育费用数额最高，有的家长缩衣节食，为子女买钢琴、家用电脑，有的不惜花钱择师、择校送子女就读；有的不顾辛劳，送子女到各种辅导班学习班就训，有的干脆请家庭教师辅导子女学习。对子女进行智力投资已成为一种时尚。与此同时，越来越多的成年人也不满足于已有的知识，通过参加各种学习重新丰富自己。此外，郊游旅行也成为许多家庭乐此不疲的文化活动项目。

第三届全国"美好家庭"评选揭晓 由全国妇联、中央电视台、《家庭》杂志社、《家庭生活指南》联合主办、广东裕华实业集团公司协办的"美好家庭"评选活动历时2年，采取群众自荐和各级妇联推荐相结合的方式，从众多各具特色的家庭中产生了40个"美好家庭"。其中获金奖的有：数十年扎根长白山、坚持搞科研并获重大成果的吉林省杜尔逊一家；扎根苗寨，为普及教育呕心沥血的海南省陈业珍一家；鼓励并支持失去双臂的丈夫勇夺13枚体育比赛金牌的天津杨文琴一家。河南的高好文、广东的盘石、大庆的王启民、陕西的周桂莲、杭州的陈国强、河北的武祥生和济南的丁凤兰的家庭荣获银奖。1992年12月16日在人民大会堂为40个"美好家庭"举行了颁奖大会。陈慕华、雷洁琼、黄启璪等出席了大会。

沈阳开展"十面红旗新风户"活动 辽宁省沈阳市1992—1993年,在全市农村开展了弘扬社会主义新风尚为主要内容的"十面红旗新风户"活动,把精神文明建设落实到社会最基本的细胞家庭中去。通过抓家庭建设促进社会的稳定和农村经济的发展。在这次活动中,沈阳市改变了"抓两头,带中间"的传统做法,着眼于大多数,走一条"抓大多数促少数"的新路子。根据广泛性的要求确定标准。在评选过程中,采取"自报公议"的方法,凡是自认为符合"新风户"标准的农户,均可自我申报,经群众评议后,上报到村,由村委会(或村支部)审核批准,然后张榜公布,最后,主管部门敲锣打鼓将"新风户"标牌挂到"新风户"家门上。这样既体现了听取群众意见的民主作风,同时,又是对少数"榜上无名"家庭的一种鞭策。沈阳市开展这一活动中能够结合本地实际,解决农村社会生活中的难点、热点问题。在农民家庭收入基本达到小康水平的富裕地区,着眼点放在正确处理国家、集体和个人三者利益关系、遵守社会公德上。在社会风气较差、社会治安环境不好的地区,着重在社会治安综合治理上开展评选活动,着眼点放在遵纪守法,移风易俗上。

鹤北林业局评选"十星级"家庭 1993年鹤北林业局继续在局址和山上各林场的家庭住户之间开展"十星"文明家庭竞赛活动。其标准包括:爱党爱国、尊重知识、热爱集体、遵章守纪、移风易俗、计划生育、家庭和睦、勤俭持家、邻里团结、讲究卫生。1992年全局有230户被评为十星文明家庭,占全局总户数的5%。此竞赛活动的开展,促进了鹤北林业局家庭成员综合素质的不断提高。

上海评出十佳现代好丈夫

经过3万多名市民的投票评选,历时半年多的上海"飞人杯"现代十佳好丈夫的评选工作于1992年2月结束。10名好丈夫从几百名自荐及推荐的好丈夫中脱颖而出,成为上海历史上自开埠以来首次十佳好丈夫的荣誉获得者。

宁河县赵庄乡表彰18位好媳妇 1992年河北省宁河县赵庄乡在妇女中开展评选尊老敬老好媳妇活动,乡党委为评选出的18位好媳妇登光荣榜和送匾,给予表彰。近年来,赵庄乡农民生活水平不断提高,但却出现不赡养老人、虐待老人的情况。为此,乡党委决定在妇女中开展尊老敬老,评选好媳妇活动。乡和村都指定专人负责,发现不赡养老人和虐待老人的就登门做工作,限期不改就通过广播进行批评;同时对敬老爱老的好媳妇典型用图片、板报、广播等多种形式进行表彰宣传。这样从教育批评、表彰鼓励两方面做工作收到了良好效果。

创评"五好家庭"面临新课题

1993年6月4日《文汇报》载:在上海开展已满10年的"五好家庭"创评活动面临新课题,即在经济体制转换过程中如何正确引导市民家庭去实现求富、求知、求乐的愿望,更好地调动市民建设两个文明的积极性。过去10年,评比的重点已从当初注重表彰三代同堂、尊老爱幼的和睦型大家庭,发展为注重推出一批具有时代特色、为大多数家庭推崇的两代同堂小家庭。这类家庭大多追求生活的丰富多彩和事业的兴旺发达,夫妻双方互相支持,共同进步。在注重融洽家庭内部关系的同时,还注重协调家庭外部关系。一些五好家庭比以前更注意与邻居和睦相处。随着改革开放和经济建设步伐的加快,"五好家庭"创评活动在新形势下面临拓宽思路的任务。当前人们的利益关系、生活方式、心理状态都发生了新的变化,并在家庭生活中有所反映,比如如何看待现在出现的一些高水准消费家庭、炒股致富家庭、个体户或私营企业主家庭等。如果忽视这部分家庭,创评活动就很难进一步贴近生活、具有吸引力。同时,文化知识、技术技能学习已成为许多家庭的需要,有57%的家庭闲暇时间最爱做的事情是读书看报、业余学习。因此,创评活动也要顺应群众的需求,以吸引更多的市民参加。

首家家政礼仪学校在沪成立

由九三学社上海市妇委会主办的第一家"家政礼仪进修学校"于1993年8月31日在沪挂牌成立。学校由九三学社上海市妇委会主任、中科院学部委员尹文英担任校长,20多位任课教师都是大学教授或妇女问题专家。

家庭股份制在农村应运而生

随着农村经济的发展,农民逐步认识到家庭经济也需要科学管理。过去经营大权全由父辈掌管,什么事都是家长说了算。近几年来,一种"家庭股份制"的模式应运而生。在一家人中,父子、兄弟之间平等入股,共同参与管理,遇到风险合理负担,盈利后按股分红。谁入股多、懂技术、会管理,谁就有经营权。采取了这种股份制后,一般生产都有了发展,有的在一年内就获得了赢利。到1993年,河南省尉氏县已有上千户这样的股份制家庭,黑龙江虎林县也有这样的家庭近500家,山东安丘温泉乡的"股份家庭"也有近百家。

一家人也不吃"大锅饭" 生产承包责任制的做法,如今已走进了山东安丘县温泉乡农民的家庭。到1993年4月,全乡已有500多家农户实行了家庭成员承包责任制。温泉乡第一个实行家庭成员承包的,是大桃元村的刘焕仁老汉。1990年春,他与大儿子分管责任田,任务是生产小麦1000公斤、玉米800公斤、花生200公斤、瓜干1000公斤,并种植一些烤烟。14 只仔猪由女儿承包放养，年底须出栏生猪 1400 公斤。小儿子年轻力壮，搞劳务输出。老伴负责做饭等家务杂事。与此同时，实行一定的奖惩办法。这样一来，调动了家人的劳动积极性，当年经济收入近万元。

郧西农村家庭格局发生可喜变化 湖北省郧西县农村家庭格局发生可喜变化，截至 1992 年底，全县有 3.8 万多对青年夫妇自立门户过日子，并向小康迈步。过去，这个县农村由于受旧的传统观念束缚，片面认为家庭人口越多越好，越有名气，而把分家看成是不光彩的事，不少农户“三世同堂”、“四世同堂”。兄弟之间、妯娌之间、婆媳之间难免产生这样或那样矛盾，生产积极性受到压抑。近几年来，随着农村市场经济的发展，这种旧的观念逐渐破除。青年人结婚后，不愿依赖父母，和和气气分家过日子。青年夫妇自立门户后，大多数都能学习科学技术，努力发展生产。许多地方出现了兄弟之间、妯娌之间比钻研技术、比谁富得快、比谁孝敬老人的动人景象，成了当地两个文明建设的带头人，奔小康的示范户。据不完全统计，全县已有 1500 户青年夫妇达到了小康水平。

莱西市农村涌现两万个父母拜子女为师的家庭 据 1993 年 4 月 8 日《光明日报》载：在市场经济的大潮中，山东省莱西市农村已涌现出 2 万个“父母拜子女为师”的家庭，他们靠先进的科学技术，走上致富之路，人均收入比一般农户高出一到两倍。这几年，一些有知识，有文化的回乡中学毕业生，用先进的科学技术种田，创造了令年长者服气的致富本领。而凭老经验种田的长辈们，深感自己缺文化，少技术，难以适应商品经济的发展，纷纷放下架子，虚心请教身边的明白人——自己的子女。莱西市望城镇南龙庄村李好芝，承包了三亩红富士，拜自己在职专农学班毕业的大女儿为师，科学管理，获得了红富士苹果亩产 6007 公斤的好收成，摘掉一家人的穷帽子，类此事例，不胜枚举。

爷爷喜发“家庭奖” 64 岁的陈世元是湖南安仁县的基层干部。退休后十分关心子女们在改革开放中的成长。1992 年到 1993 年，他和老伴用省吃俭用的钱设立了“家庭进步奖”，规定凡是子女们在自己的岗位上获得优秀党员、先进工作者等荣誉的，家里都给予奖励，使其子女和媳妇中出现了创优争先的好风气。他还在家里主持召开“家庭进步奖”兑现会。陈老汉说：“大儿子 1992 年被选为县政协常委，还被单位推选为地区劳动模范，发奖金 500 元”，紧接着宣读了“家庭进步奖”获奖者名单，大儿子、二女儿、大女婿在掌声中分别来到陈老汉面前领取家庭进步奖荣誉证书和奖金。

王秀云 8 年如一日照料儿媳 江苏省盐城市斗龙渔业乡，有一位王秀云婆婆 8 年如一日照料儿媳，被当地群众誉为善婆慈母。1983 年 6 月，她的大儿媳刘凤产后感染，引起病毒性脑炎，留下了神经性瘫痪的后遗症，完全失去了自理生活的能力。王秀云一年四季为儿媳端茶、送药、喂饭，还帮儿媳洗脸、洗澡、梳头、洗衣、照料大小便，天热给买电扇，天冷便将自己的电热毯给媳妇用。媳妇看婆婆为自己整日操劳，心中难过，为了不连累婆婆，刘凤曾三次绝食，想一死了之。王秀云亲切的劝导，耐心做工作，再次打动了刘凤的心。到 1992 年，王秀云这样日复一日照料儿媳已有 8 年之久。刘凤说婆婆比她的亲娘还要亲。

家庭代际关系——接力模式和反馈模式 1993 年 3 月 10 日《解放军报》载：接力模式和反馈模式是就家庭中代际关系而言的。西方家庭实行的是接力模式，每一代人只对下一代人负责，而不必对上一代人负责。中国家庭实行的是反馈模式，每一代人不仅对下一代人负责，而且要对上一代人负责。两种模式表现为两种不同的家庭文化传统和价值取向。中国人在“反馈模式”中的反馈行为包括三个方面：第一方面是经济上的，既有子女给父母的赡养费，也有父母给子女的各种资助，包括给钱、送物，还有其他形式的各种给予。第二方面是生活上的，主要是家务和日常生活中的互相帮助。第三方面是精神上的，主要是情感交流，心理上互相慰藉等。西方“接力模式”简化了家庭人际关系，使不同代际层次的人各自独立生活，减少了家庭中的矛盾，其最大的优点是，使青年人增强自立意识。

荣高棠著文吁请父母要和孩子成为朋友 荣高棠就数起殴打孩子致死事件在 1992 年 12 月 11 日的《人民日报》上发表文章，指出：怎样教育孩子是关系到国家未来、社会主义命运的大事情，近来发生的夏斐被母亲棒打致死，夏辉被父亲绑吊致死，王小川被父亲踢死等悲剧从数量上讲虽是少数，但存有“不打不成材”错误思想的人却绝非少数。不少父母受封建思想影响，信奉“学而优则仕”、“光宗耀祖”，拚命对孩子施加压力。还有的家长娇惯溺爱孩子，这实际上都残害了儿童。我们要培养的是“四有”新人，在教育思想上要来个革命：1. 父母不仅是父母，还要和孩子成为朋友，了解他们，尊重他们的自尊心。如果凡事都强迫孩子，就会使他们产生逆反心理。家里毫无温暖，把孩子逼得离家出走，最终使孩子形成抑郁、压抑、不正常的性格。2. 诱导孩子的好奇心，使他们的智力、德育更好地发展，不能只按你自己的观念模式去教育孩子。3. 教育要以鼓励为主，不能以惩罚为主。4. 孩子模仿力强，家庭、学校、社会要给予孩子一个优良的环境。5. 要像陶行知先生所说的那样，“解放他们的头脑，让他们自己想；解放他们的双手，让他们自己干；解放他们的眼睛，让他们看；解放他们的嘴，让他们说；解放他们的空间，让他们到大自然大社会取得更丰富的学问；解放他们的时间，让他们干自己喜欢干的事情。"他希望全社会都来关心下一代的教育。

城市女青年择偶价值标准 《生活报》1992年通过对《中国妇女》等刊物的征婚者的统计分析，得出城市女青年择偶价值标准如下：1. 生理价值标准。包括身高、年龄、健康三方面。身高条件往往在征婚中占有突出位置，多数要在1.75米以上。也有不限身高的，但在其他方面要求苛刻。择偶年龄标准方面的统计结果是，城市女青年择偶年龄差平均为6岁，差距最大17岁。择偶年龄差偏大，说明征婚者越来越讲求现实主义。健康标准统计显示，在征婚的38个综合统计指标中，要求男士必须健康的名列榜首。2. 心理价值标准有三个特点，一是多样性，根据自己的实际情况和对生活的理解，确定择偶标准。二是继承性，同传统文化价值标准一致。三是积极性，即择偶心理价值标准总取向是积极进取，健康向上。3. 职业价值标准。57.2%的城市女青年在择偶时并不看重职业。但选择脑力劳动者和干部的则占56.1%，个体劳动者仅占2.2%。4. 婚史及子女价值标准：婚否不限的约占50%。这类女青年多是事业型、大龄型和以出国为目的型。在接受对方子女条件中多数以一个人为限，多数愿接受女孩，还有一类是以对方有突出成就为限，其他条件一概不论。

莱阳农家女择偶新动向 1993年7月13日《人民日报》载：据对山东省莱阳市100名农村青年进行择偶心态调查，发现有5种类型的小伙子受姑娘的青睐。一是作股东的小伙子。莱阳市现有8.3万多户农民成为股份合作企业的股东，占全市总农户的1/3以上。调查显示，几乎100%的农家女倾向于嫁给作股东的小伙子。二是有科技致富本领的小伙子。95%的农家女认为，同以科技致富的新式农民结为连理，婚后过日子心情顺，有奔头。三是不吸烟的小伙子。吸烟有害健康的观念，通过新闻媒介的宣传，已被越来越多的农家女接受。因而选择对象条件之一，必须是不吸烟。四是孝敬老人的小伙子。83%的女青年认为，孝敬父母的人心眼好，涵养高，信得过，靠得住。五是只要一个孩子的小伙子。80%的农家女认为，不愿实行计划生育的家庭，不仅矛盾多，而且很难致富。结婚后要想心情舒畅地过日子，就得找一个只要一个孩子的对象。

军人再度成为姑娘心目中的"白马王子" 1993年5月5号《中国妇女》载：随着改革形式的发展，人们的思想观念、特别是婚恋态度也有所转变，军人再度成为姑娘心目中的"白马王子"。以南通市市纺织系统为例，1992年共有82名女性与军人办理了结婚登记手续，接近1988年至1990年3年的总和。军人之所以再度成为当今女青年择偶的主要对象，归纳起来有6方面的原因：①军人品行良好，作风正派，在婚烟家庭问题上态度严肃慎重；②军人重感情，疼妻子；③军人的经济收入比较稳定，不会大起大落；④军人有一定的政治地位；⑤转业、退伍军人在地方工作中大有作为，为军人赢得了良好声誉；⑥军人家庭比较稳固。

牡丹江成立第一所婚育学校 黑龙江省牡丹江市第一所婚育学校在1992年9月开学，为当地青年系统地学习青春期生理知识开辟了一条新途径。到11月，已有165名未婚男女通过该校学习受到了婚育知识的教育。长期以来，由于教育偏差，许多青年人对生理特征和身体发育情况了解不够，早恋、早婚现象较为普遍，有的生理残疾不适合结婚的却结了婚，给有关部门带来不少麻烦。这所婚育学校教员由卫生、民政等部门派任，数名妇科专家也到此任课。教材挑选了国家卫生部统一监制的录像片《口号的风波》、《生理结构》、《人口与经济》等，声像结合，教学效果很好。

安徽农村进行婚姻教育 安徽省充分发挥民政部门负责婚姻登记的职能作用，做深入细致的宣传教育工作，主动把好结婚登记关，认真克服农村"鞭炮夫妻"、"酒席夫妻"等违法现象。1992年，全省有60多个市、县分别开展了结婚登记大检查，对1万多对早婚人员分别进行了教育查处。通过这些活动，广大农村青年依法登记结婚、组建合法家庭的明显增多。有些结婚登记率在90%以上的县，把住了早婚等违法婚姻关，人口出生率明显降低。

鄂州市大力倡导婚姻道德风尚 1992年12月，鄂州市婚庆宫正式开业，向群众提供婚姻咨询、介绍、体检、登记、教育、照相、婚宴舞会、蜜月新房、新婚旅游等一条龙服务。专程来此参加开业典礼的民政部副部长范宝俊赞叹鄂州的婚姻系列服务堪称全国第一流。近几年来，鄂州市以加强婚姻管理为突破口，大力提倡喜事新办，在全市逐步树立了新的婚姻道德风尚。他们出动宣传车巡回宣传，在报纸上办专版、搞讲座，印发各种宣传材料。鄂城区村村办起了宣传栏，长港农场组织了《婚姻法》知识有奖竞赛，并在新庙乡召开了移风易俗现场会。他们还加强查处工作，杜绝违法婚姻，制止早婚早育，狠刹大操大办风。全市婚姻登记率达99.8%，登记合格率提高到98%。如今，文明、高雅、节俭的婚礼在鄂州市城乡蔚然成风。

浦东出现第一家征婚茶室 1992年7月22日《生活报》载：半年前上海大龄知识型未婚青年联谊会的朱国鑫自筹资金2.5万元，在浦东开发区开设了上海第一家"征婚茶室"，为徘徊在爱情十字路口的大龄青年觅知音寻伴侣提供了一个文化氛围圈。这家茶室一改过去上海街头出现的婚姻介绍所死板深沉不自在的气氛，设置了卡拉OK、图书等文化娱乐设备，前来征婚的大龄青年一边品茶、聊天，一边唱卡拉OK。同时茶室还举办音乐欣赏、书评交流活动，不仅格调高雅，而且使征婚者处于愉快舒坦的氛围之中，并可使他们能充分发挥自己的长处。

婚前财产公证在天津兴起

据天津公证处同志介绍，在1992年的民事公证中，结婚男女双方的“婚前财产公证”日渐增多。前来咨询、办理婚前个人财产公证的人中再婚夫妇居多。他们多数认为，虽然将要结婚的男女双方都有感情基础，但谁也不能保证没有离婚的可能，如果婚前将各自的财产进行公证，就不会出现在生活中因财产纷争使双方大动干戈的现象。公证部门的同志认为，这是夫妻之间文明处理双方权益的较好形式，是社会文明进步的一种表现。

黔江县500多青年新婚签订养老协议书　1992年四川省黔江土家族苗族自治县开展签订养老协议书活动，给老人们吃了“定心丸”。截至1992年7月20日，全县已有500多对土家族、苗族新婚农村青年签订了赡养老人的协议书。这项活动是在黔江县各级党团委、政府和老龄组织联合倡导下进行的。活动开展后，青年们在领取结婚证的同时，自觉签订了养老协议书，并表示，如有歧视虐待老人行为，甘愿接受政府的批评处罚。这一活动，使敬老光荣、不孝可耻风气在全县形成。

上海青年的婚礼消费　1993年2月4日《文汇报》载：据调查，1983年上海青年的婚礼费用为3000多元，到1992年，已上升到27820元，十年中增长了9倍。婚礼费用的增长，主要是青年表现出对个人生活和物质享受的注重。青年中代表性的想法是，既然双方真正相爱，结婚时就应该多花些钱，为了把婚事办得像样、热闹、风光，许多青年夫妇不惜花费巨资操办婚宴。上海青年调查网络1983年的调查显示，青年夫妇结婚时办酒席的占90%，而1992年对1000对登记结婚的青年夫妇所作的调查发现，办酒席的高达95%。另一方面，高档生活消费品已成为青年结婚时的必需品，进口彩电、音响、录像机等已占新婚费用的53.4%以上，家具、服装、床上用品及室内装璜等方面也日趋高档化，平均支出8419元，占总支出的30%。许多青年夫妇在购置结婚用品时共有的心态是：“要买就买最好的。”1000名被调查者中，87%的认为，结婚是人生最重要的一件事，花上几万元钱值得。有一份调查材料说，沪上青年男女的结婚费用，近5成是靠父母资助的，而10年前只占3成，这只能看作一种退步。

我国农村通婚半径仅12.5公里　近距离通婚是造成农村人口素质低的重要原因。1992年社会科学工作者向六个省市的农户发出通婚状况问卷调查，收回问卷1441份，统计结果是：同乡村通婚的占56.89%；同县不同乡通婚的占26.95%；同省和异省间通婚者仅占16.06%。平均农村通婚半径仅为12.5公里。在一个人口只有几百人或千余人的村组中间，男婚女嫁长期在这个圈子里进行，人口的血缘关系必将越来越近，这种状况带来的后果是遗传病和残疾人多。

海南成立涉外婚姻服务公司

海南省出现了提供涉外婚姻专项服务的公司——海南涉外婚姻家庭服务公司。这家由海南省妇联创办的自主经营、独立核算的集体所有制企业，专门为海南省及大陆青年、中老年和台港澳同胞，以及东南亚华侨和各国（地区）青年朋友提供涉外婚姻介绍服务。很多华侨老年丧偶之后希望回家乡安居，有的华侨希望自己的下一代与大陆青年联姻。据介绍，公司自1992年底成立以来，每日电话、来访不断，有时一上午就有20几个电话。

广东涉外婚姻数量骤增　广东省多年来涉外婚姻登记均超过万余对，有40多个国家和地区的人与广东公民通婚。1992年该省涉外婚姻呈现出“四增加”趋势：（一）涉外婚姻登记数量增加。（二）来广东择偶的海外年轻人增加，仅35岁以下的就占78.6%，男女平均年龄只相差6岁。（三）来广东找对象结婚的海外女青年增加。（四）自由恋爱结婚的增加。过去那种“闪电式”结婚大大减少。另外广东省民政部门也简化审批涉外婚姻手续，在市、县民政部门婚姻登记处直接办理涉外婚姻登记。

天津“洋媳妇”日益增多

1992年，天津男士娶回“洋媳妇”的比例剧增。在这类婚姻中“洋媳妇”大多来自日本、韩国和俄罗斯等国家。中国夫婿则多在三资企业、旅行社等涉外单位中从事翻译、职员等工作。此外，还有一些来自欧美国家的女留学生在天津的高等学府中找到如意郎君，她们认为中国丈夫最大特色和魅力在于对家庭、感情具有责任感，对事业执着追求。

我国婚龄期男人比女人多5200万人　1993年10月27日《生活报》载：《中华文摘》在“社会写真”栏里，以《中国，不能只剩下男人》的醒目标题披露，截至1992年底的统计，中国内地男性为5.93945252亿人，比女性多出约3447万人。由于老年人口中女性多于男性，有人据此推算，正值婚龄期的男性人口约比女性多4900多万人，若再加上现役军人数字，那么中国婚龄期的男性比女性多出约5200万人。造成这种严峻现象的根本原因，是传统的“重男轻女”观念和各种经济因素。

北京市离婚者近半数协议分手　北京在1993年全市1.5万余件离婚案中，走进人民法院解决的不足8000件，其余均是协议分手。1990年以前，协议离婚还占不到全部离婚案中的1/3，现在已近半数。而被迫依靠法律解决的也多数是为了孩子的扶养权问题，所不同的是，从前是双方争着要孩子，现在却是相互推卸孩子。“打离婚、闹离婚”今后极有可能被不打不闹的协议离婚所取代。

天津时尚离异不成仇，有难相互助 近年来，天津市文明离婚的现象增多，离异的双方一方有难，另一方伸手“帮一把”的现象已时有所闻。天津河西区1992年对100对夫妻离异后的生活状况调查表明：一方有困难时，另一方主动相助的有12对，相助形式以经济资助为主。还有的帮助对方调换工作、照管孩子、重觅知音，或帮助对方照料年迈的老人。他们都是协议离婚的，年龄多在30至45岁之间，职业以教师、干部、医生居多。据分析，离异后主动相助，其主要原因有三条：一是“看在孩子面子上”；二是他们曾经相爱过；三是虽然分了手，但愿对方过得也不错。

当今复婚现象面面观 1993年12月《中国妇女报》载：据北京民政局的统计1990—1992年三年中，北京市的复婚率约占离婚率的4‰。在这些复婚家庭中，一般有以下几种情况：(1)婚后头5年是婚姻生命周期的“新婚阶段”，被认为是多事的岁月。一点矛盾的星星之火，往往导致“新巢”的解体。在城市离婚的行列里，婚龄不到5年的家庭高达48%。当他们孤影独吊时，从反思中逐渐悟出婚姻的真谛，摒弃不切现实的祈求，往往会毅然停止背向而行的脚步，转过身来向对方走去，重新结合。此类型的复婚家庭占28%。(2)一纸判决书宣告夫妇关系的终结，但孩子毕竟是双方灵肉的混生体。婚姻的解体并不意味着与子女血缘关系的断绝。孩子似一条剪不断的纽带仍联系着他和她。只要双方尚未找到归宿，对孩子的爱心又有增无减，在孩子小手的牵引下，双双会捐弃前嫌握手言欢。这类家庭在复婚家庭中比例最高，占38%。(3)一些外来因素，如婆媳关系的不协调，双方亲属的介入，第三者的诱惑等，都可能引起一方的“离心”倾向，导致家庭的解体。离异之后，随着外来因素的消失，“当事者”转化为“旁观者”，往往痛定思痛。只要一方伸出温暖的手，就会似磁铁把对方重新吸引到自己怀里。此类型的复婚家庭为17%。

老年学学者提出对老人再婚的新看法 1992年1月3日《老年报》刊登了中国老年学会理事、老年学者叶乃滋对老人再婚的新看法，叶乃滋说，现在许多孤寡老人都想找个伴，但是老人再婚的成功率很低。造成这种现象的原因很多。再婚后伦理关系复杂，老人各有子女和原配偶的亲属，重新组合后这些关系很难摆平。财产继承问题也给老人再婚投下了重重阴影。由于老人再婚不同于一般婚姻的特征，法律应该允许老人再婚有区别于一般婚姻的特殊方式。建议老人再婚可改变现行的单一层次为高、低两个层次，即实行依法结婚(依法离婚)与依法同居(依法解除同居)两种方式供当事人选择。这样，老人再婚就有可能绕过双方的财产继承、伦理关系、情感转移等问题，从而减少阻力，并将大大增加老人再婚的成功率和巩固率。老人再婚的目的是为了寻觅晚年伴侣与追求晚年的生活情趣，而不是为了生儿育女与继承财产，所以依法同居是可以被接受的。当然所谓依法，是法律上要对这种同居有一定的规定(如年龄限制等)，并要办理一定的手续。

上海老人再婚率呈上升趋势

据上海市有关部门统计，1992年在全市196万老人中，丧偶、离异或未婚老人有69万。近几年来上海老年人再婚增多，每年再婚老人近一万对。到1992年呈上升趋势。老人的再婚日益得到社会的理解和支持。1992年全市有20多家老年婚姻咨询介绍所，接受老年人的再婚登记，并通过举办旅游、舞会、音乐茶座等形式，为老人们搭桥牵线。

《中国妇女法律实用全书》出版 由全国妇联组织编写的我国第一部妇女法律实用性工具书《中国妇女法律实用全书》已由法律出版社于1993年6月出版。全书共分四部分：第一部分，保护妇女合法权益；第二部分，婚姻家庭知识；第三部分，与妇女权益有关的案例；第四部分，有关法律法规选编。本书从多角度采撷了有关爱情、婚姻、家庭、计划生育等方面的法律知识，具有选材新颖，知识性与操作性强的特点。

10. 关心下一代

《90年代中国儿童发展规划纲要》公布 1992年3月9日，国务院发出关于《90年代中国儿童发展规划纲要》的通知，要求各地认真贯彻执行，并结合本地区、本部门的实际情况制定实施方案。新华社全文播发了这个纲要。由国务院妇女儿童工作协调委员会编制的这个纲要共有前言，90年代我国儿童生存、保护和发展的主要目标，策略与措施，领导与监测四个部分，全文7500字。

第三届全国“十佳少先队员”评出 共青团中央、全国少工委和中央电视台联合举办的第三届全国“十佳少先队员”评选活动揭晓。荣获本届“十佳少先队员”荣誉的有：北京师范大学附属实验中学的苏进，山东省青岛市台东五路小学的杜瑶瑶，河南省信阳市第九中学的蔡建，吉林省长春市崇智路小学的宋涛，江苏省南京市丹凤街小学的周非，山西省大同矿务局大斗沟矿小学的张喜忠，天津市塘沽二中的崔美娜，黑龙江省大庆市龙凤乡久青小学的李文慧，新疆乌鲁木齐第四十三小学的贾力肯·阿合买提托拉（哈萨克族），辽宁省阜新市第十一中学的吴莉娜。“十佳少先队员”是新时期少先队员的优秀代表。全国少工委号召全体少先队员向他们学习，从小树立为建设祖国勤奋学习的爱国主义情感；不怕困难、勇于实践的顽强精神；谦虚、诚实、助人为乐的道德情操；热爱劳动、关心集体的优秀品质。

全国“十佳少先队员”举行报告会 首都少先队纪念建队44周年大会1993年10月13日在京举行。第三届全国“十佳少先队员”在会上介绍了他们的成长体会。“十佳”代表苏进、杜瑶瑶、宋涛向北京市的小伙伴们介绍了他们不平凡的事迹，他们的奋斗经历深深感染了在场的每一个少先队员。在大会上，北京市少先队员向全国少先队员发出倡议，以全国“十佳少先队员”为榜样，开展“学十佳，争做优秀少先队员”的活动；提议全国每个队员读一本“十佳少先队员”的书，会讲一个“十佳少先队员”的故事。

我国评出十佳健康儿童 由中国妇女报、中央电视台等单位主办的全国第三届十佳健康儿童评选活动1993年6月29日在京揭晓，来自9个省市的10位小朋友获“十佳健康儿童”称号。26个省、市的29万多名4—6岁的儿童参加了这次评选。

江泽民李鹏分别题词写信勉励少年儿童奋发向上 中共中央总书记江泽民、国务院总理李鹏在1993年“六一”国际儿童节到来之际，分别为少年儿童题词和给北海幼儿园写信，向少年儿童祝贺节日，勉励他们奋发向上，茁壮成长。江泽民的题词为：“少年儿童是国家的未来，从小要立下热爱祖国、奋发图强的志向，养成求知不懈、热爱劳动的习惯。”李鹏在贺信中说：“6月1日是小朋友们的节日。小朋友是祖国的花朵，社会的希望，衷心地祝愿你们在社会主义阳光的沐浴下茁壮成长。”

邓小平两次为“希望工程”捐款 1992年6月和10月，邓小平以“一个老共产党员”的名义，两次向“希望工程”捐款5000元。中国青少年发展基金会经多方了解，弄清了这位未透露姓名的“老共产党员”就是邓小平，于是决定将这笔捐款全部用于邓小平曾生活战斗过的广西百色革命老区，资助这片红土地上的孩子们。“希望工程”实施之后，百色地区已有2500名失学孩子得到救助重返校园。

李岚清指出政府要帮助推动“希望工程”实施 “贯彻《中国教育改革与发展纲要》，推进希望工程实施座谈会”1993年7月17日在北京召开，国务院副总理李岚清到会并作了重要讲话，中国关心下一代工作委员会主任康世恩等出席了座谈会。李岚清在强调了希望工程的意义之后指出，政府要帮助推动希望工程的实施，大力加强对希望工程的宣传，以争取更多人的理解和支持。李岚清还就加强青少年德育教育提出了要求，一是要改进马列主义教学的方法和内容，二是要利用我国优秀的文化传统和伦理道德观念教育下一代。

彭珮云强调为儿童健康成长创造良好环境 国务委员、国务院妇女儿童协调委员会主任彭珮云在1993年7月9日开幕的“中国儿童发展与国际研讨会”上发言，指出：青少年、儿童是我国未来的建设者，也是世界和平繁荣的一支重要力量，提高下一代素质，不仅对中国，而且对世界都具有重要的战略意义。中国政府一贯重视青少年和儿童事业的发展，积极为他们的健康成长创造良好的社会环境。关心下一代健康成长是我们神圣的历史责任，只有这样，才能使每个儿童有更加美好的未来。来自10多个国家和地区的300多名专家学者参加了这个由中国关心下一代工作委员会、联合国儿童基金会、中国科学院联合举办的国际研讨会。

万里与少先队员共度“生日” 1993年10月13日，万里同志在人民大会堂亲切接见了第三届全国“十佳少先队员”，与孩子们共度少先队第44个生日。万里在听取了十佳少先队员事迹的汇报后说，看到孩子们能够取得这样的成绩，他很高兴。他说，只有在我们的社会制度下，只有我们这样的教育，才能培养出这么出色的少先队员。当前我们国家国内安定团结、国际环境相对和平，正是建设有中国特色社会主义的黄金时期。国家建设最需要的是人才，而现在的少先队员将是各行各业未来的栋梁。他希望孩子们自强不息，勤奋学习，学好历史、科学、管理等知识，成为国家的有用之才。

关心下一代工作座谈会举行 全国关心下一代工作座谈会于1992年12月在广东茂名举行。与会代表结合各地实际，交流了关心下一代工作的经验，讨论了如何紧密结合经济建设这个中心，把关心下一代工作更有成效地开展起来。会议提出，越是深化改革，扩大开放，越要关心下一代的健康成长，抓紧青少年的思想教育，这是关系到社会主义事业兴衰成败和国家长治久安的大事。中国关心下一代工作委员会常务副主任王照华在会上传达了李瑞环对开好这次座谈会的意见。李瑞环说，关心下一代是千秋万代的事业。中国关心下一代工作委员会成立这几年做了大量工作，取得了成绩，积累了经验，希望各级党委和政府都来支持关心下一代的工作，把这一工作做得更好。中国关心下一代工作委员会主任康世恩在座谈会上就如何开展关心下一代工作讲了话，他指出要认真学习贯彻党的十四大精神，把十四大精神作为做好关心下一代工作的根本指导思想，继续抓好青少年的思想品德教育，充分发挥老同志多方面的才干，把关心下一代工作的路子开辟得更广泛一些。

关心下一代工作委员会专家委员会成立 中国关心下一代工作委员会专家委员会1992年4月7日在北京成立。这个工作委员会由生理、心理、教育、营养、法学、社会学等学科不同领域的27名专家组成。聘请于若木等5位同志为顾问，推举著名妇科专家严仁英教授为主任。该会成立一年来，为儿童和青少年的健康发展做了许多实事。为解决流浪儿给社会带来的问题，老专家们在上海郊区、安徽金寨、湖南浏阳等地开设了专门的职业培训班，一边对辍学孩子进行文化课教育，同时进行符合当地实际的职业培训，解决了许多人的就业问题。在云南楚雄少数民族地区，他们调研得知阻碍当地经济发展的因素是语言问题，便组织专家进行"双语教学"。

城市街道关心下一代工作经验交流会举行 由中国关心下一代工作委员会召开的全国城市街道关心下一代工作经验交流会1993年7月5—7日在天津举行。中国关心下一代工作委员会常务副主任王照华在闭幕式上说："街道工作联系千家万户，涉及方方面面，做好街道关心下一代工作对于社会的安定团结，培养全面发展的四化建设人才有着不可低估的作用，要动员更多的离退休老同志来做街道关心下一代工作。"会上，有18个省市的典型材料进行了交流。

国家教委召开《未成年人保护法》座谈会 1992年1月4日，国家教委召集有关方面的专家、学者及一线教师代表，畅谈《未成年人保护法》的贯彻实施。与会者指出，我国18岁以下的未成年人约有4亿，占总人口的1/3，他们将是社会主义建设的生力军。座谈会上，国家教委方堃、中国政法大学教授郭翔、中国儿童剧院院长方掬芬、北师大研究生院院长顾明远等，就《保护法》的宣传、执行问题，提出了许多建设性的意见。他们认为，要执行好《保护法》，首先要破除孩子私有的观念，要把他们看作全民族的财富。他们建议中小学开设《保护法》的课程，使未成年人了解这部法律与自己成长的关系，学会运用法律武器维护自己的合法权益。成立专门机构，监督《保护法》的贯彻实施。北京市的代表还介绍了《北京市未成年人保护条例》施行两年来的经验。

中国青少年发展基金会发起"希望工程"百万爱心行动 这项计划的基本内容是：通过中国青少年发展基金会和全国各级希望工程实施机构的牵线搭桥，使捐赠者与贫困地区的失学少年结对挂钩，建立直接联系，实行定向资助直至其小学毕业。这项利国利民的事业得到了党和政府的充分肯定，邓小平、江泽民、李鹏等亲自为"希望工程"题词。据《中国教育报》1993年2月3日载："希望工程"3年来累计接受海内外捐资折合人民币1亿余元，累计资助因贫困失学或即将失学的孩子32万余名。其资助范围目前已覆盖全国25个省、自治区的648个贫困县。与此同时，"希望小学"的建设也在迅速发展。3年来已批准立项设立的"希望小学"62所，其中21所已建成投入使用。又据中国青少年发展基金会1993年7月15日宣布："希望工程"救助规模再度飞跃。该年秋天新学年到来时，全国将新增20余万名受救助重返校园的儿童，从而使"希望工程"的救助规模达50万人。与此同时，"希望工程"特别助学金将资助品学兼优但家境贫寒的1000名中学生和100名大学生继续深造。100名贫困地区农村小学的优秀教师将进京受奖。据介绍，这项奖励基金是由中国青少年发展基金会和中国科学技术发展基金会共同设立的。

"春蕾计划"为失学女童设立助学金 1990年我国第四次人口普查10%抽样调查表明，全国有480万7至14岁学龄儿童不能入学，其中女性占83%，因此，只有提高女童的升学率，才能实现在全国普及初等义务教育的目标。为此，中国儿童少年基金会和香港周洁冰女士决定共同发起"春蕾计划"，为失学女童设立助学金。1992年9月，在北京钓鱼台国宾馆举行了共同发起"春蕾计划"仪式。周洁冰女士是香港东区民选议员，曾经当选为香港十大杰出青年，她十分关注我国失学女童的现状。会上，她向中国儿童少年基金会先期捐赠了100万港元。这笔捐款将全部用于广西、四川、湖南、广东四个试点地区开办女童班。

全国高校举行关心下一代工作座谈会 1992年8月关心下一代工作委员会和国家教委关心下一代工委共同在大连召开了高等学校关心下一代工作座谈会。会议认为，目前全国高等学校离退休的老同志达16万余人。他们威望高，懂教育，是高校里关心教育下一代工作中一支不可少的特殊队伍。自1990年以来，已有31所高校成立了关心下一代工作委员会。许多老校长、老书记、老教授结合自身的经验，言传身教，现身说法，对大学生健康成长起到了良好的作用。在这次会议上，中国关心下一代工委主任康世恩作了书面讲话，讨论修订了《关于加强高等学校关心下一代工作的意见》，交流了各地的工作经验，明确了如何做好今后的工作。王照华、李彦、张文松等领导同志参加了会议并讲了话。

我国少年法庭制度日趋成熟 我国法院由少年法庭专门审理未成年人刑事案件的制度日趋成熟，对预防和减少青少年犯罪发挥着日益重要的作用。据1992年11月26日《中国青年报》报道，我国已建立少年法庭2763个，共有7049名审判人员和11000多名特邀陪审员在从事少年法庭的工作,基本上实现了所有未成年人犯罪案件全部由少年法庭审理。我国少年法庭建立较晚,但发展速度较快。1984年上海市长宁区法院创立了我国第一个专门审理未成年人刑事案件的少年法庭,在未成年罪犯的矫治方面取得了较为显著的成果。在最高人民法院的关注下,少年法庭的经验、作法迅速在全国推广。1991年初,最高人民法院制定了《关于办理少年刑事案件的若干规定》,对审理未成年人刑事案件的程序作了统一规定,它是我国少年法庭工作规范化的重要标志。目前,有的法院在审理未成年人刑事案件的少年法庭基础上,成立了受理涉及未成年人的刑事、民事、经济、行政等各类案件的审判组织,以便更好地对未成年人实施全面的司法保护。

我国首次开展儿童情况抽样调查 自1992年6月1日零时起,我国首次开展儿童情况抽样调查,这是我国政府与联合国基金会合作项目的一部分,也是世界上规模最大的儿童情况抽样调查。这次调查在全国29个省、市、自治区的240座城市和840个县进行,抽选家庭达56万户,涉及人口近200万,其中儿童近70万名。此项调查的主要内容包括:儿童营养和生长状况、计划免疫、儿童出生、死亡状况、基础教育、青少年辍学和参加劳动情况,儿童生活的家庭环境情况及社区情况等。

专家在京探讨儿童发展问题 中国关心下一代委员会专家组1992年11月26日在北京举办了全国儿童发展与家庭社区工作研讨会,与会专家探讨了我国儿童发展问题。我国拥有3.7亿少年儿童,如何进一步倡导优教,开发他们的潜能和智力,将直接影响今后我国全民族的文化素质以及国家的命运。目前,我国儿童生活生存环境仍不尽如人意,家庭和社会仍重视不够;重男轻女的思想依然根深蒂固;望子成龙心切,甚至不惜棍棒交加,以致造成一些悲剧;忽视乃至侵犯儿童健康的现象仍很普遍。面对上述种种问题,专家们呼吁抓紧儿童权利的法律保护工作。同时,还要运用教育学、心理生理学、营养学等多学科知识。研究少年儿童的发展规律,为他们的健康成长提供一个更为有利的环境条件。

专家学者研讨青少年犯罪和道德建设 中国当代社会研究中心与中国科技发展基金会中国当代社会研究基金管委会于1993年7月6日在北京科学会堂联合召开"青少年犯罪与道德建设座谈会"。会议对造成青少年犯罪的原因和如何治理等问题展开了热烈的讨论。会议主席田森教授还提出了中华民族道德规范十二条标准。

中国儿童发展中心举办《儿童发展知识展览》 在联合国儿童基金会的支持和各界人士的帮助下,中国儿童发展中心举办的《儿童发展知识展览》1993年6月3日在京开展。展览科学系统地展示了我国儿童发展的新水平与新成就。同时,形象生动地向家长介绍科学育儿的有关信息与评价标准,具有较强的可视性和可操作性。

中国少先队队报宣传工作会议召开 中国少年先锋队队报宣传工作会议1993年9月中旬在湖南长沙召开。这次会议旨在进一步办好共青团中央主办的《中国少年报》、《中国儿童报》、《中国初中生报》等三种中国少年先锋队队报。宣传即将创刊的《中国儿童画报》,扩大队报发行工作。

中国儿童少年基金会积极筹集资金 从1993年召开的中国儿童少年基金会理事会上获悉:过去的一年,中国儿童少年基金会为儿童福利事业共募集基金412.9万元,募集物质折合人民币1863.6万元。基金会开展了各种活动:与妇联儿童部等单位举行了"九二北京儿童城"活动。与海南京城实业公司、法国巴黎欧洲利道出入口公司合作,举办了"我爱祖国山山水水百万儿童少年冬令营"活动。基金会还先后设立了"优秀儿童读物专项奖励基金"、"优秀儿童电视节目专项奖励基金"和"贫困地区女童升学的助学金"。

城市儿童媒介接触与儿童道德发展课题研究 由中国青少年研究中心等单位共同研究的"我国城市儿童媒介接触与儿童道德发展"的课题研究已在1993年10月结束。这项研究对16个抽样城市的3337名儿童问卷调查和考察的结果表明,儿童的媒介接触与儿童的道德观念和行为的形成很有关系。从调查中还发现我国儿童过分偏爱刺激性娱乐内容,表明他们有成人化的趋势。

义务社工联合会热心为青少年服务 深圳出现全国第一支自愿义务为青少年服务的群众组织——义务社工联合会。该会是由一群平均年龄26岁、学历皆为大专以上的干部、教师、记者、律师、经理、演员、警察、翻译、工程师、研究生等组成。他们不要报酬,利用业余时间,以一种渴望交往、提高自己的强烈愿望和帮助青少年、服务于社会的奉献精神,走到了一起。他们开展热线电话活动,为青少年答疑解难;设立青少年咨询信箱,给年轻人提供心理、生理方面的咨询服务;组织调查研究活动,了解青少年权益受侵的典型,据此向有关部门呼吁,以反映青少年的心声;开凿参政议政渠道,给青年们创造发表高见、显露才华的正当讲坛,让他们敞开心扉谈出自己的意见、建议,等等。他们这种关心青年、尽力维护青年利益的行为,赢得了青少年的信任。

"双有"活动使4000万儿童受益 由国家教委基础教育司、团中央少工委、中国儿童少年活动中心在全国少年儿童中共同发起的“心中有祖国、心中有他人”主题思想教育系列活动(简称“双有”活动),到1993年,已在全国开展了6年,100个城市的4 000万少年儿童参加了这一有意义的活动,收到了十分显著的效果。6年来,各地教育部门和团队组织通过演讲、广播、朗诵、知识竞赛等丰富多彩的系列活动,对孩子们进行热爱党、热爱祖国等革命传统教育。在纪念毛泽东诞生100周年的日子里,全国100个城市中小学生中开展了“五个一”活动,即:讲一个毛泽东故事,读一首毛泽东诗词,唱一首歌颂毛泽东的歌曲,作一次社会变革调查,写一篇缅怀毛泽东文章。同时举行了纪念毛泽东诞辰100周年知识竞赛、纪念毛泽东诞生100周年大会等活动。这些活动使孩子们学到了课本上学不到的东西,收到了良好的社会效果,日益受到全社会的关心和支持,也受到孩子们的欢迎。

“华龄杯”青少年书画大奖赛揭晓 为纪念毛泽东诞辰一百周年,宣传毛泽东思想,弘扬中华民族文化,对青少年一代进行爱国主义教育,中国关心下一代工作委员会、全国老龄委、华龄出版社等十七个单位举办的“华龄杯”青少年书画大赛于1993年12月17日举行了发奖大会。刘志坚、徐斌、王照华同志及毛泽东的亲属和身边工作人员等100多人参加了发奖大会。

儿童“王码电脑杯”赛揭晓 首届全国少年儿童“王码电脑杯”计算机知识暨汉字录入大赛决赛1993年12月11日在中国少年儿童活动中心举行。全国人大常委会副委员长卢嘉锡等领导同志为优胜者颁奖。山西省代表队以平均每分钟录入193个汉字的成绩获得团体赛第一名;山西省长治市梅辉坡小学的10岁学生张浩,以每分钟录入227个汉字的成绩获得个人第一名;山西省、北京市等省、市、自治区少工委获组织工作奖。

北京少管所学员得赠书 1993年5月28日上午,北京市关心青少年教育研究会、中国少年儿童出版社和北京市东城区少儿图书馆在北京市少年犯管教所举办了《党哺育我成长》读书报告会,会上向少管所的学员们赠送了300册中国少儿出版社出版的图书《党哺育我成长》。该书介绍了9位在各个领域取得了突出成就的人士青少年时期的成长历程。

我国首家青少年心理、行为门诊部开办 我国首家对轻微违法犯罪青少年进行心理诊断、治疗及行为纠偏的“青少年心理、行为门诊部”,1993年元月在上海开诊。据有关部门对全国22个省、市21241名少年儿童行为问题调查,心理、行为问题的发生率为10—20%。上海市少管所曾用统一的心理、行为测量工具对72名16岁的犯罪少年与在校同龄少年进行对照研究,发现犯罪少年心理、行为问题是对照组的4—5倍,说明心理、行为长期得不到有效矫治就走上违法犯罪的道路。这个青少年心理、行为门诊部由法学、医学、教育等部门的专家、学者担任“主治医生”,并配置先进设备,每周三至日下午向社会开放,主要对12—22岁青少年的逃学、逃夜、交友不良、不良嗜好、早恋、赌、偷等不良行为进行甄别、咨询、治疗,同时向监护人提供相应的矫治、教育方法。

全国首家青少年事务署在沪开办 全国首家青少年事务署——上海浦东新区青少年事务署1993年10月在浦东新区正式成立。该机构是新区团工委承担政府委托的部分有关青少年教育、管理、服务、保护等事务的专门机构,将承担保护青少年合法权益,加强对青少年学习、生活、工作、就业等方面的指导和服务,对16周岁的居民进行成人资格的测试、检查和训练等工作。

沈阳市苏家屯区制订少儿消费教育法 据1992年1月25日《人民日报》报道,面对越来越让人担忧的少年儿童过分消费问题,沈阳市苏家屯区在国内率先制订出少儿消费教育法,并获得可喜成功。少儿消费教育法分三个层次:幼儿层——区教工幼儿园的保教人员针对孩子的不良习惯,先后编写出《不偏食》、《节约用水》等25首儿歌。1年中,这家幼儿园还举办9次幼儿消费知识讲座,给孩子家长讲科学安排膳食,讲合理购置玩具等知识。小学层——湖西小学编写了《消费新三字经》、《消费》、《消费者权利》等内容的教材发给学生,利用班会、队会、晨会和品德课进行教育。学校还组织学生开展“零花钱、压岁钱怎样用”的大讨论,自编自演活报剧、快板、三句半等节目,宣传勤俭节约,合理消费。又带领学生走上社会,参观造纸厂等生产日用品的企业,让学生们切实了解一纸一笔来之不易。中学层——第46中学把消费知识和消费法规作为重点课,组织学生进行社会调查。学生们先后写出了《我们应当比什么?》、《中学生应树立正确消费观》、《生命与粮食》等调查报告。一年的消费教育给少年儿童的心灵注入了健康剂。比吃比穿变成了比学习、比做好事,讲节俭蔚然成风。现在,苏家屯区已经将成功的少儿消费教育在全区312所幼儿园、34所小学和27所中学里全面推开。

江苏关心下一代工作形成网络 江苏关心下一代工作不断向深度和广度发展,到1993年,全省11个省辖市都建立了关心下一代工作委员会,正在向城区的街道、居委会和农村的乡镇、村委会延伸,有近20万老同志参与这项“跨世纪工程”。江苏各级关心下一代组织,采取理论联系实际、生动形象的教育方法,取得了良好的效果。扬州、南通、苏州市的关心下一代工委还编印了地方革命史,作为向青少年进行爱国主义、革命传统教育的教材。各级关心下一代工委配合学校、妇联,举办了各种类型的家长学校,提高家庭教育水平,收到了"抓一代,管两代"的成效。南京市关心下一代工委会同有关部门成立了中小学生科技活动基金会,现已募集基金150万元,目前正在进行中小学生小发明、小创造、小制作、小论文的评选活动,不仅推动了全市中小学生爱科学、学科学、用科学,也为关心下一代工作开拓了新领域。对在校的差生、后进生和社会上的失足青少年,各地关心下一代工委尤为关注,南京配合政法部门,组织老同志组成帮教小组,对3000多名失足青少年经常给予耐心帮助教育,引导他们改邪归正,并帮助他们解决就业等实际困难,使半数以上的失足青少年有了明显转变。

南昌SOS儿童村两户家庭成立 由国际SOS儿童村组织总部捐资兴建的中国南昌SOS儿童村前期工程两户家庭成立仪式1993年9月下旬在南昌举行,10名孤儿在两位妈妈的抚养下,开始了全新的家庭生活。南昌SOS儿童村占地60亩,全部工程将于1994年5月竣工。

北京通县设立未成年人保护基金 旨在用于救济特殊困难、支付意外事故、突发严重病症住院治疗费用的"未成年人保护基金",1993年4月在北京通县诞生,受到社会各界支持和称道。募集的资金已为两名白血症小患者支付医疗费,发挥了作用。这个"未成年人保护基金",在北京市尚属首创。

胡曼莉创办中华绿荫儿童村 我国第一个由民间创办的,具有中国特色的现代儿童福利机构——中华绿荫儿童村,1993年5月8日在湖北省武汉市倒口湖举行奠基仪式。它是由曾经先后收养教育了20多名孤儿的全国先进女职工标兵胡曼莉创办的。这个儿童村将接纳50名14岁以下的孤儿和孤寡老人进村,向社会招聘愿为孤儿们献爱心的父母一起组成25个3代同堂的家庭,共享天伦之乐。这个村占地50亩,村内建有儿童宫、住宅、保健室、游泳池等设施,形成一个自然村落。儿童村的资金来源,主要靠社会资助。整个儿童村在1994年全部建成。

为孤残儿创办的真禅学校在沪开学 1993年上海市办了一所以静安寺方丈真禅法师的法名命名的真禅学校;办学宗旨是使那些不能或不便到普通小学接受教育的孤儿和残疾儿童,能够和普通孩子一样获得受教育的权利。该校共设12个班级,其中4个为学龄前启蒙普通教育班,4个为弱智儿童特殊教育班,另外4个是聋哑儿童语言训练班,总共容纳学生200多名。

复旦大学学生设立希望基金 1993年底,复旦大学计算机系91级学生捐献近2000元,建立希望基金,每年资助5名失学儿童复学。1993年暑期,复旦大学计算机系91级同学组成"希望之旅"考察队,带着价值3000多元的文化学习用品赴四川巴中考察,与巴中县团委签订了意向书,表示每年要资助5名当地的失学儿童,直到他们小学毕业。返校后,同学们即寄去了本学期的学习费用。接着,他们又决心建立希望基金。获得该校特等奖和联合利华两项大奖的朱李平同学,从奖学金中拿出1000元捐给希望基金,全年级的139名同学,还从市"三好"集体的奖金中拿出139元,捐给希望基金。许多同学和教师在得知此事后,纷纷解囊,支持"希望基金"。目前,"希望工程"在复旦大学已形成较大声势。计算机系91级同学建立"希望基金"的行动已经入选上海市1993年精神文明百件好事,并被评为十佳好事之一。

在宋庆龄幼儿园里 1993年1月18日《文汇报》载:宋庆龄幼儿园是上海市规模最大、设备最先进的幼儿园。迷宫似的长廊连结起保育楼、服务楼、室内体操房、模拟商业街、游泳池和人工构筑的大土山,中间环抱三个矮树丛的大草坪。每个班级还有一块小"自留地",让孩子们种植蚕豆、萝卜、鸡毛菜,自己浇水、施肥、捉虫。这所寄宿制幼儿园,实行保育与科研相结合。41名教师与科研人员学历层次是全市最高的。他们强调在学习过程中注重每个孩子在原有基础上的发展。除语言、计算、常识和音体美六门幼儿园规定的课程外,还开展了电子琴、外语、电脑、舞蹈、水墨画等兴趣小组活动,让孩子们发展自己的个性爱好。幼儿园教师向来是女性的一统天下,这里却有两位大学毕业的男教师。他们不仅给孩子们演示有趣的实验,而且带领孩子踢球、拳击、摔跤、溜冰、黑夜爬山,以锻炼孩子的意志和适应外界环境的能力。园内还专设了儿童病院,医生每天三次巡视各教室。园里的儿童身长、体重、血色素等都超过国家规定指标,发病率极低。来此参观者对这具有国际一流设施的幼儿园赞不绝口。

杨慎吉被追授为"赖宁式好少年" 1993年10月8日,共青团湖北省枣阳市委和中国少年先锋队枣阳市委联合作出决定,追授为抢救5名落水小学生而献出宝贵生命的女少先队员杨慎吉为"赖宁式好少年"。中共枣阳市委号召全市党员干部、群众和青少年学习杨慎吉的事迹,在本职岗位建功立业。

陈芙生义务为上千名学生防治近视眼 据1992年6月1日《人民日报》报道,解放军驻山东兖州"91"医院眼科医生陈芙生,利用业余时间义务为驻地上千名学生防治近视。"六一"儿童节前夕,一些学生家长和老师来医院为这位热心关怀下一代健康成长的女军医请功。陈芙生今年68岁,是全军有名的眼科专家,她看到近年来学生中近视眼呈上升趋势，决心为改变这一状况做贡献。从1990年7月开始，她利用业余时间到驻地附近的军民小学、兖州六中义务开展防治近视眼的工作。她编写介绍防治近视病的文章，自费打印发给学生，进行讲课辅导，她对学生的眼睛进行了逐个的检查，建立病案，跟踪治疗，有时还到学生家中具体指导。在陈芙生的热情帮助下，这两个学校的近视眼发病率得到了控制，上百名视力较差的学生视力有了较大提高。

“知心电话”为孩子们排忧解难 “401·6161”——成千上万的孩子通过《中国少年报》提供的这个电话号码，向他们的“知心姐姐”吐露秘密，倾诉心声。1993年3月6日，“知心姐姐”邀请在京的大、小朋友，共庆“知心电话”开通5周年。5年来，“知心姐姐”共接到近3万次电话，并在24个省、市、自治区的33个城市开办了短期“知心电话”，为中小学生解除学习、生活、人际关系、情感等方面的问题，还为老师、家长提供了不少帮助。

3000人续写“援孤大行动” 自从《杭州日报》报道杭州开展“援孤大行动”以来，成千上万的杭州市民、港澳台胞和国外留学生向杭州儿童福利院的孤儿伸出了援助之手。截止1993年12月，捐款人数超过3000人，捐款额达80余万元，有100多人要求认养或领养孤儿，有50多个家庭、企业已经办妥了认养手续；上海市也有不少市民与杭州儿童福利院联系，捐款捐物或要求认养、领养孤儿。最早给孤儿捐款的杭州市民倪建萍在认养活动开始后，又最早来到福利院认养了患有先天性心脏病的周川小朋友，并将小周川带回家中小住，为她买了衣服。浙江康乃特实业有限公司董事长兼总经理李大鹏先后向孤儿捐款6万元，并买了2000多元食品到儿童福利院探望孤儿。在与福利院签下了认养18名孤儿的协议后，又带着13位有行动能力的孤儿来到杭州市区商场选购童装。并表示要一直培养成人，然后安排他们到公司去工作。

寻找6名少女牵动万人心 沈阳市沈飞第四中学初一(2)班6名离家出走的少女1993年5月13日在广州找到，20多天来一直为寻找6名少女而牵肠挂肚的沈阳市民总算松了一口气。4月22日，6名少女出走，引起了社会各界的极大关注。辽宁省沈阳市有关部门和单位立即采取措施，帮助寻找她们的下落。5月4日，《辽沈晚报》披露了这一事件，并用特快专递向全国70家晚报发出求援信，《羊城晚报》、《新民晚报》等全国许多晚报迅速刊出了寻找6名出走少女的消息。这事牵动着无数人的心，在社会各界通力协作和在广东、辽宁两省公安机关大力协同下，6名出走少女在5月13日已全部找到。她们在有关部门的安排下，于5月16日和亲人从广州飞回沈阳。中国北方航空公司为她们免费提供了机票。

聋哑儿童用上电脑 1992年6月16日下午，北京第三聋哑学校一间电脑操作室里，挤满了前来参观的客人。看着聋哑孩子也像健康人一样熟练地使用电脑，人们无不感到惊讶与欣慰。一位男同学通过电脑告诉来访者：“这学期我们班开始‘团式输入法’，这使我们很容易地接受了高科技的知识和技术。多了一门技术，为工作就业拓宽了路子。”有人递过一张纸条：“你每分种能输入多少汉字？”这位同学回答道：“54个。”科协一位同志介绍说，聋哑儿童离开哑语，通过电脑与人交谈，这在我国是破天荒的。有的聋哑儿童第一次接触电脑时，激动得哭了起来，那连成线的泪珠在向人们诉说：历来残疾人只能做一些糊纸盒、编竹筐之类的简单活儿，如今也能像正常人一样使用电脑。中国科协两个月前实施的“科技助残工程”，现在见到了效果。今天，他们又向该校捐赠了10台PC教学机和1台打印机。

11. 养老爱老与老有所为

1992—1993年敬老爱老与老有所为概述 赡养父母，孝敬老人，是中华民族的传统美德。我国人口正在走向老龄化。据《人民日报》1993年8月4日的报道，全国60岁以上的老年人已近一亿人，并以每年300万的数字增加。如何积极稳妥地解决人口老年化带来的一系列社会问题，使那些曾为共和国的开创和建设做出重大贡献的老一代晚年幸福、福寿安康，并不断分享社会发展进步的成果，这些一直是党和政府及社会各界包括老年群体自身关心和努力解决的问题。据统计，到1993年底，农村养老保险金总额已达14.79亿元。城乡各种福利院、敬老院已达43681个，共有床位92.7万张，收养72.4万人，床位利用率78.2%。其中社会办福利院、敬老院41599个，床位76.6万张。城镇社区服务有固定场所、人员、经费的设施已达8.9万个，其中综合性的城镇社区服务中心4376个，各种便民利民网点16.9万个。老人是个宝，几十年的工作实践中，他们积累了丰富的经验。发挥老年人的作用，对于建设祖国、振兴中华，具有重要的意义。广大老年人围绕中共十四大确定的中心任务，为推进我国两个文明建设发挥了积极作用，全国涌现了一批敬老爱老和老有所为的先进集体、先进个人，受到党和人民的充分肯定和高度赞扬。当前，我国的改革开放和经济建设正处于一个蓬勃发展的新阶段，社会各部门正在为老年人创造更好的生活环境和社会环境，确实保证老年人安度晚年，老有所为。近年来，为进一步发挥老年人的政治优势和智慧才能，鼓励离退休人员积极参与社会发展事业，创办了老有所为服务中心。其主要任务是对老年人参与社会发展和社会工作提供必要的指导、管理、协调、监督和服务，开展老年人才交流，做好咨询服务工作，为他们发挥作用创造条件。如：组织离退休老教师成立“关心下一代协会”，担任校外辅导员，帮助失足青少年改邪归正，进行法制教育；推荐介绍离退休科技干部、技术人员到乡镇企业当顾问、做指导；组织机关行政离退休干部协助街道和乡村抓好各项工作；组织广大离退休职工从事社会公益活动，如义务栽树、修路、清扫街道等。据初步统计，几年来，应聘到乡镇企业作技术业务指导的离退休职工约10万余人。许多人担任了街道和乡镇企业的党政领导职务，还有许多人义务担任了民事调解员、校外辅导员、法制宣传员。有近万人服务在社会公益事业的各个岗位上。同时，各地社会保险机构还注意引导和鼓励离退休职工继续为经济建设作奉献。

中共中央国务院关心在乡红军老战士 全国现有在乡红军老战士约16万人，其中包括退伍回乡的老红军7500人，西路红军老战士3500人，红军失散人员14.8万人。中共中央、国务院在建国初期，就想尽办法帮助红军老战士安家，解决他们生产、生活上的实际困难。党的十一届三中全会以后，经国务院批准，总政治部、民政部、财政部、商业部、卫生部又联合就在乡红军老战士待遇问题发出通知，规定了这些红军老战士生活费定期补助标准。1989年，民政部、财政部又拿出2100多万元调整了对他们的生活费补助标准。随着人民生活水平的不断提高，1992年，民政部、财政部再次拨款2655万元用于提高他们生活费补助标准。1993年中共中央、国务院要求各级政府根据当地情况进一步采取措施，照顾好他们的晚年生活。

江泽民祝全国老年人健好 1993年国庆节前夕，中共中央总书记、国家主席江泽民为《老人天地》杂志创刊十周年题词：“祝全国老年人健好”。一个“健”字，一个“好”字，代表着党和国家对全国各族老年人的关怀、爱护和良好祝愿。这是对老年人最大的鼓舞和支持。

老年工作“双奖”表彰会在北京举行 1992年12月5日，全国“重视老年工作领导者功勋奖”、“老有所为先进集体创新奖”表彰大会在北京举行，200名“双奖”代表受到表彰。中共中央政治局常委胡锦涛接见了全体代表并和代表们合影留念。会上宣读了“双奖”评选指导委员会名誉主任薄一波的贺信和陈丕显的贺电。国务委员陈俊生代表党中央、国务院讲了话。全国政协副主席、“双奖”评选指导委员会主任王光英也讲了话。经过自下而上近两年时间的推荐与评选，全国共评出“功勋奖”1000名，老有所为先进集体1000个。获奖者中，既有省部级的高级干部，也有在基层单位的同志。这些先进代表和先进集体，率领着50多万老年人在离退休之后仍然发挥余热，为祖国的繁荣富强作贡献，他们代表着1亿老年人的方向，充分展示了当代中国老年人勇于在市场经济中有所作为的时代风貌。王平、王首道、陈锡联、陈慕华、雷洁琼、谷牧等参加了表彰大会。

中国老龄问题对策研讨会在京召开 中国老龄问题对策研讨会1993年11月26—30日在京召开，来自全国各地代表以及有关专家、学者出席了会议。目前我国60岁以上的老年人已超过1亿，到2000年将超过1.3亿。人口老龄化问题已成为我国重要的社会问题。这次会议就这一问题提出相应的对策。国务委员李贵鲜代表国务院祝贺这次会议的召开，并发表了重要讲话。他说，到2000年我国就要成为老年型国家，发展老龄事业，对于我国经济的发展，社会的稳定，都是至关重要的。各级政府都要从实际出发，进一步理顺老龄工作机构，使老龄工作再上一个新台阶。全国老龄委主任王照华主持了这次会议，全国老龄委名誉主任陈丕显在会上发表了题为“全面推进具有中国特色的老龄事业”的书面讲话。就如何发挥老年人的作用；建立和完善社会养老保障制度；搞好社区服务，推进老年立法工作；加强老龄组织机构建设等问题发表了重要讲话。

全军老干部表彰会在京举行

全军老干部表彰会于1993年9月21—22日在京举行。全军先进干休所、先进离退休干部、先进老干部工作者的代表作了大会发言。中央军委委员、总政治部主任于永波说，我军老干部是党和国家的宝贵财富，是人民的功臣，理应受到尊重和爱戴。这些年来，各级党委和机关对老干部工作都很重视，建立了一套较完整的政策制度，妥善安置了一大批离退休干部。广大老干部老有所为，为国家和军队的建设做出了新的贡献。于永波恳切希望老同志按照江泽民同志要求的“继续关心党和军队的事业，特别是在继承和发扬我党我军优良传统方面，发挥积极作用，对年轻的同志搞好传帮带，使老红军传统一代一代传下去”。继续为军队的改革和建设献计献策，为党和人民的事业做出新的贡献。

我国农村已建立敬老院4万余所 改革开放以来，我国农村敬老院持续稳定发展。据统计，从1978年至1993年，全国敬老院由7175所发展到4万余所，入院供养人员由10.43万人增加到52万多人。办院水平不断提高，老人生活条件显著改善。老年人人均生活费已达680多元，比1978年增加5倍多。大多数敬老院实现了环境绿化美化、房屋砖瓦化、管理服务规范化。院内一般设有餐厅、浴室、会议室、医务室、康复室、娱乐室，配有彩电、冰箱、洗衣机、收录机、电风扇和棋、牌、书、报等。老人吃、穿、住、医、乐各得其所。

敬老院向社会开放，取得了明显效益。全国建立起以敬老院为依托的乡镇五保服务中心 2.7 万个，覆盖面达 48.3%，有 1127 个县（市）普及了乡镇五保服务中心。为散居五保对象提供全面服务。全国敬老院开展“以副养院”活动，院办经济迅速发展。1992 年全国院办经济产值达 8.3 亿元，创利润 1.3 亿元。江苏、山东等省院办经济年产值突破亿元。不少敬老院的肉、蛋、禽、菜基本实现了自给或半自给，使敬老院由依靠集体供养向自我保障方向发展。目前，全国已有 23 个省、区、市 1000 多所敬老院开展自费收养，取得较好的经济效益和社会效益。

中国百岁寿星座次排定 全国老龄委，1993 年中国爱老行动组委会的调查表明，131 岁的贵州仡佬族老人龚来发是“中国长寿之王”，122 岁的广东省怀集县怀城镇苍龙管理区红旗村村民孔英，是“中国长寿王后”。龚来发生于 1862 年 3 月，身高 1.4 米，体重 30 多公斤。他半岁时父亲去世，因家庭贫穷，被送到姓向的人家。现在赡养他的已是第七代人了。龚来发一生务农，不喝酒，不服药，每天只吃两餐大米和玉米做的混合饭。孔英生于 1871 年 11 月 18 日。她虽然头发银白，却依然精神矍铄。老人从小喜爱劳动，现在还经常上山采摘松枝，还经常帮助操持家务。河北肃宁县颐春茶厂和北京仁和酒厂分别作出决定：对龚来发和孔英奉送终身养老金。

全国老年报年会在沪举行 全国省、市、自治区 20 家老年报第二届年会历时 4 天，于 1993 年 9 月 9 日在上海圆满结束。会议期间，代表们从不同侧面，以自己的切身感受交流了各自办报的经验。在深化新闻改革、加强职业道德建设、杜绝“有偿新闻”、搞好经营管理、办出老年报纸的特色等方面取得了共识。为了把竞争机制、激励机制引进老年报纸，会议对各报今年以来的头条好新闻进行了认真的评选。获一等奖的有《老年报》、《安徽老年报》、《辽宁老年报》、《天津老年时报》和《上海老年报》分别刊载的 5 篇稿件。第三届年会拟定 1994 年在西安市召开。

《退休生活》杂志喜庆 10 岁生日 全国首家老年期刊《退休生活》杂志，1993 年 8 月 23 日在哈尔滨市隆重召开纪念创刊 10 周年大会。黑龙江省委、省政府领导参加了庆祝大会。省委副书记马国良在讲话中充分肯定了 10 年来《退休生活》对宣传党和国家的离退休政策，宣传党的优良传统和作风，促进两个文明建设所发挥的积极作用。

北京年满 70 岁老人享受 10 项优待 从 1993 年元旦开始，北京市年满 70 岁的老人将享受社会敬老 10 项优待服务。市政府已陆续向高龄老人颁发优待证。老人们得到的这份新年礼物，内容包括：在公园、影院、体育场馆、文化馆、博物馆、图书馆，老人们享受门票（或借阅证）半价优惠；乘车、医疗、洗澡、理发、购粮、购煤等方面享受优先服务，居委会、各行业敬老义务组织及相关部门对孤老和行动不便的老年人开展上门服务；收费的公共厕所一律免费；在世界敬老日，博物馆和文物点对老人们免费开放。适合这些优待范围的老年人还包括外省市临时来京、外籍来华人员中满 70 岁者。

天津市积极探索家庭养老社会化新路 儿女都上班，老人谁照管？天津市采取家庭养老与社会化服务相结合的方式，有效地解决了这一难题。1992 年天津市在友谊路街文明里第五居委会建立了全市第一家老年服务社，之后又推广到全街、全区和市内其他区。服务社有一支以居委会干部、楼（院）长、共产党员、邻里互助组织成员为骨干的服务队伍，并吸收粮、煤、副食店和房管站、卫生院等驻街单位参加。他们帮助老人买粮、买煤、换煤气、拆洗被褥、加工服装、打扫卫生、送老人看病，为老人做饭或买饭，代请保姆，照顾生病老人等。服务社为 60 岁以上的老人建有家庭及本人情况的档案，对有特殊困难和需要长期提供服务的老人都配备了专门助老工作者，并实行挂牌服务制度。老人家里有了困难，或预约登记，或临时通知，服务社就会服务上门。天津市在家庭养老社会化方面，还进行了其它一些尝试，如兴办“统一管理，分散居住，因人而宜，入户服务”的家庭养老院、流动养老院，成立社区服务志愿者协会，组织独身老人俱乐部等。

上海市老龄委与莱福（集团）联袂共建“晚霞工程” 上海市老龄问题委员会和上海莱福（集团）股份有限公司，于 1993 年 8 月签订协议，共建“晚霞工程”。莱福集团还当场通过市老龄委向本市老人捐赠了 2000 盒“赐寿康”口服液。“晚霞工程”计划每年为本市老人办几件实事。1993 年“国际老年节”和重阳“敬老日”前后，两家主办单位将和中国人民保险公司上海市分公司联合举办评选“上海首届赐寿康特色老人”、建立“赐寿康老年保障体系”等系列活动。评出的 75 名“特色老人”享受人身意外伤害保险，并加入“赐寿康老年保障体系”。

浙江积极推动老年社会保障工作 浙江省采取多种形式积极推动老年社会保障工作的开展。浙江现有 60 岁以上的老年人 430 万，占全省总人口的 10.38%。几年来，全省的各级老龄组织把搞好“老有所养”作为重点，配合有关部门开展工作，取得了明显成效。在城市，他们狠抓职工退休费统筹。到 1993 年，全省已有 76 个市、县的 251 万在职职工和 62 万合同制工人参加退休费的统筹。已享受退休费统筹的职工有 56 万人，占总数的 66.04%。农村养老保险试点工作已在杭州、宁波等55个市、县进行。仅杭州市就有8个县、市、区的18万余人参加养老保险,收取养老金1000余万元。经济比较发达的地区,还建立了"发放退休金"、"合作养老基金"、"养老储蓄"、"老年基金会"等制度,老人退休后即可得到养老金。此外,浙江还兴办1500多个老人公寓、敬老院和托老所,给170多名百岁以上的老人每月发放25元生活补助费。一些城市还对70岁以上老人在乘车、看病等方面实行优惠。

四川省500万农民投保养老 四川省到1993年已有500万农民投保养老,晚年的生活从此有了一定保障。四川全省70%的老人生活在农村。人口老龄化的趋势增加。为使丧失劳力后的农村老人老有所养,从1991年10月起,开始设立政府性质的农村社会保险业。农民对此很欢迎,认为这是"没有围墙的敬老院"。

哈尔滨市建有2000平方米的老年公寓 建于1989年的哈尔滨老年公寓总建筑面积2000平方米,除51间住宿房间外,还有医务室、浴室、健身房、娱乐室、理发室、老年大学分校等。到1993年,已收住114位老人,大部分70岁以上。这里的房间都经过精心装饰。床铺、写字台、床头柜、壁橱、家用电器等生活日用品一应俱全。公寓每天为老人准备两菜一汤的三餐食谱,老人可以根据自己的口味进行选择。医务室、老年大学、理发室的服务人员定期为老人检查身体、上课、理发,遇上哪位老人身体不适,公寓的服务人员及时将其送往医院治疗。这里设专人值班,以保证老人在夜间出现意外时有人帮助。一位80多岁的老人一开始就在这里居住不愿离去,后来他身体衰弱,半身不遂,大小便失禁,公寓的服务人员每天给他喂水、喂饭、擦洗身子,无微不至地照料他,老人临终前,握住服务员的手,嗫嚅着说,这里比家还好……

牡丹江老干部局认真做好信访工作 牡丹江市老干部局重视老干部信访工作,以政策、制度为依据,以考核奖惩为动力,把竞争机制纳入本局目标管理和全市老干部工作百分竞赛考核体系。自1992年初建立老干部局长年接待日制度后,共接待来访198人次,使老干部提出的许多问题,得到较好、较快的解决。1993年初,该局又在全市实行了老干部信访问题限期解决通知书和通报制度。对久拖不落实的单位下发通知书,明确要求,规定反馈时间,对通知无效的单位及人员进行全市通报,这样做很有效果。他们还努力搞好上下部门的协调工作,切实将信访工作落到实处。1992年市包装公司一名老干部家属因住房问题上访。这名老干部长年瘫痪,老伴无工作,儿子待业,岳父80多岁,住房条件太差,而包装公司是全行业亏损企业。老干部局多次回访并做耐心工作,会同这个单位找到房产局、财政局、总工会,经多方努力,终于解决了一户暖气楼,使老干部全家深受感动。1992年8月,酿酒厂一名老干部去世,由于该厂拖欠工资、医药费等费用,家属不让火化。但该厂业已停产,市领导得知后,由市委副书记召集老干部局、财政局和原工厂主管部门共同解决。书记一锤定音,由市财政拿出1.9万元,老干部家属非常满意。

南京孤寡老人与亲友订立遗赠赡养协定 随着城市人口的不断老龄化,南京市的鳏寡孤独老人越来越多。他们虽然可进养老院或由单位、居委会负责赡养,但都想有个家庭。因而,1993年,越来越多的老人采取同亲朋好友订遗赠赡养协定的办法。这些老人与愿意赡养的人约定了生养死葬的条件,并一起去公证处进行公证。被赡养人去世后财产归赡养人,如果赡养人不按协议或虐待老人,就得不到财产。但不少订遗赠赡养协定的人并不是冲着老人的财产来的。某局有一位电工,他的师傅去世了,师母只有20多元生活费。他们夫妻俩商议后,同师母订了赡养协议。南京市公证处高级公证员孙青山说:"那些订了遗赠赡养协定的人,虽然能得到一点财产补偿,但大多数是不等值的,以精神互助为主。"

江苏启东市把敬老作为社会工程 素有"棉乡"美称的江苏省启东市,如今又多了一个别称:"长寿之乡"。这里的百岁老人1993年已达52位;全市人均寿命近74岁,高于全国平均水平4岁。随着百岁老人的逐年增多,启东中共市委、市政府把关心百岁老人们的生活当作一项社会工程来抓。每增加一位百岁老人,市民政局等部门都要在他100岁生日的那一天,为其举办隆重的庆贺仪式,并送上丰厚的寿礼。每年的春节、重阳节,老人们还会得到政府发给的慰问礼品及"寿星津贴"。启东市近年来社会经济发展迅速,是"百岁工程"逐年扩大的物质保证。遍布全市的初级卫生保健网络的形成,也大大改善了老人们的就医条件,保证了全市长寿水平的不断提高。该市滨江临海、空气新鲜也是百岁老人日益增多的重要原因。目前启东市尚有90岁以上的"候补寿星"100多位,"百岁工程"呈现出前所未有的兴旺势头。

成都市邮局为退休职工祝寿形成制度 成都市邮政局现有退休职工735人,其中70岁以上的退休职工169人。1984年,该局就决定为70岁以上的退休职工开展祝寿活动。开始由于退休职工住地分散,联络不便;有时上门祝寿老人却不在家,效果不理想。1989年将原来分散单个祝寿改为每季度集体祝寿。在祝寿活动中,局领导都亲临祝贺,并讲解形势听取意见,效果较好。

鸡西市检察院为老人排忧解难 辽宁鸡西市检察院注重群众来信来访工作,以老年人投诉案为重点接待户,积极开拓接待方位,采取上门、下乡接待等走出去的接待措施，极大地方便了老年人。1993年麻山镇工商局老干部李守梅诉其女儿被矿务局技工校非法拘禁8天，造成精神失常，久诉未果。鸡西市检察院受理该起申诉后，蔡景新副检察长先后驱车6次去距市区近百公里的麻山调查取证，终于息诉了这起上访5年的申诉案，对责任者进行了行政处理，技工校给予受害人经济赔偿。最近该检察院接待室被评为省级"文明接待室"。

厦门为百岁寿星发保健补贴 厦门市老年基金会拨出专款，为全市百岁寿星发放长寿保健补贴费。从1993年元月起，该市每位百岁以上老人每月将享受30元的长寿保健补贴，每半年发放一次。

"红色娘子军连"老战士晚年生活幸福 昔日英姿飒爽的"红色娘子军连"的女战士现都已是80岁左右的老太太，尚在人世的有60余人，她们分散各地，与家人一起安度晚年。海南省琼海市政府每月给她们补助40—50元不等的生活医疗费；市保险公司专门为她们免费办理了长寿保险。1992年10月，海南一家大公司决定给她们每人每月100元的生活费。平时，不少人不远千里专程来慰问她们，使老战士们倍感幸福。

湖北枝江拽车村办起"托老所" 湖北省枝江县马家店镇拽车村是县城关郊区村。近年来，随着城镇建设的发展，从外地迁往该村的人口大量增加，这些村民，大多都在乡镇企业做工或从事个体经营。白天，他们做生意，无暇照顾自家的老人，一些生活不能自理的高龄、病残老人，便成了这些村民的一块心病。为帮助他们解除后顾之忧，拽车村委会投资两万多元，于1992年上半年建成了"托老所"，该所内设50个床位，托养费每月只收50元。到1993年，长期托养的老人有17人，临时托养的39人。

江苏泰州市城中街评选十大孝星 江苏省泰州市城中街十大孝星评选活动总结表彰大会1993年10月18日隆重举行。伴随着"爱的奉献"的悠扬乐曲，10位尊老、敬老、爱老、助老的孝星走上主席台，由被她们孝敬的公婆、养母、婶娘、孤寡老人、三无对象为她们披绶带、发证书、给奖品。年初以来，这个街道在辖区内36000多居民群众中普遍进行了尊老敬老的宣传教育活动，在此基础上由居民小组提名，居委会推荐，办事处组织走访、座谈、整理成事迹材料，再经投票评选出了10名孝敬长辈、孝敬老人的孝星。组织这次表彰会的城中街街道办事处主任赵寿宽在会上说："十大孝星评选活动有利于弘扬尊老敬老的传统美德，有利于街道的精神文明建设，通过这一活动，让居民群众明白我们在支持什么，倡导什么。"

泰安市发挥老干部作用的6条经验 1993年3月，在山东省老干部工作会议上，泰安市老干部发挥作用的6条经验，引起与会者的关注。他们的经验是：聘请老干部出谋献策，为领导决策提供依据；成立离退休科技工作者协会，以此为龙头，开办实体；开发庭院经济；组织他们参加政治思想教育、关心下一代及编史修志工作等。据统计，近年老干部帮助市里引进17个项目，使8个企业扭亏为盈，增加利税230万元。

文坛寿星冰心 1993年，与世纪同龄的冰心老人也步入93岁的高龄。这些年，冰心一直与潜心教学的女儿、女婿一起居住于中央民族学院教授楼。儿女们对她的孝顺与精心照应，使老人的日常生活很有规律。每天清晨起身，梳洗、饮食，由一位阿姨扶助伺候。上午9时到11时是她看书、读文件、写字的时间。老人不是满首银白，鬓角间还生有不少黑发，端方的脸型，红润的气色，丝毫没有龙钟老态之感，而是神采奕奕，别具一种端庄。午后，老人打个盹或睡个午觉。傍晚女儿、女婿相继下班，她最宠爱的外孙陈钢，24岁的青年摄影家，回家了，就向姥姥讲述社会上的许多故事，老人一边听一边笑。一家老小聚在一起的晚餐是最愉悦的，老人家喜欢清淡的菜，不喜欢大鱼大肉。每天晚饭后，老人坚持收看中央电视台的《新闻联播》，对国际国内发生的大事，她都是关心的，晚上她要求绝对清静，谢绝接待外客来访。

李淑一安度晚年 1993年，李淑一92岁。她的卧室里，挂着毛泽东主席1959年在长沙与她合影的大照片。客厅的正墙上挂着她与柳直荀烈士的结婚照片。老人与在京工作的女儿、女婿住在一起，身体一直很好。前两年还经常练书法。去年春节前，还为西城区的双拥工作题字：军民鱼水情深。字写得清秀有力。西城区民政局和街道办事处的干部每年春节都要去看望慰问老人。这位饱经沧桑的革命老人，在党、政府和她女儿的关心照顾下，过着幸福的晚年生活。

孙越崎百岁寿辰 1993年10月13日下午，中共中央统战部礼堂灯火辉煌。人们早早在这里等候，等候一位世纪老人的到来。5时，一代工矿业泰斗、我国能源工业的奠基人孙越崎老人准时来了。中共中央政治局常委、全国政协主席李瑞环和全国政协副主席、中央统战部部长王兆国迎了上去，紧紧握住孙越崎老人的手，"祝贺您的百岁寿辰！"李瑞环捧上一盒梅花鹿茸，王兆国献上了一个花篮，作为寿礼。孙越老从青年时代的工业救国梦说到辞去国民党政府经济部长职务，从"五四"运动中被捕和邓颖超的营救说到抗日战争和解放战争中的保护并转移民族工矿业，从国民党的"通缉"说到1976年唐山大地震中的死里逃生。"那年我在唐山，地震中被压在倒塌的房子下4个多小时，幸亏救灾人员把我挖出来。所以，我还是个出土文物。”休息室里，人们欢声笑语；孙越老笑得更甜：因为自己为之苦苦追求一生的强国梦实现了；因为自己为之辛勤奋斗的工矿、能源业正蓬勃发展；因为自己还拥有一个完整而幸福的家：91岁高龄的夫人王代孟身体健康，两个儿子和一个女儿在科技和教育领域有所成就，侄子孙孚凌是全国政协副主席兼全国工商联副主席。宴会厅里，李瑞环端着酒杯站起来祝酒：“江泽民总书记、李鹏总理和乔石委员长委托向您转达他们对您百岁寿辰的祝贺，并祝您健康长寿。孙越老所经历的100年是中国历史上极不平凡的100年。在重大的历史转折关头，孙越老都作出了正确的选择，毅然决然地站到党和人民大众一边，为新中国的经济建设和发展留下了一笔宝贵的财富。孙越老的历史功绩，党和人民是永远不会忘记的。希望您能健康长寿，和我们一起为实现社会主义现代化建设第二步战略目标和祖国统一而奋斗。”

百岁画家朱屺瞻 我国著名画家朱屺瞻，1891年出生于江苏太仓。擅长中国画、油画。1913年任教于上海图画美术院。1917年东渡日本。随日本著名画家藤岛武二等学习素描、油画。后任中华艺专教授、上海中国画院画师。为中国美术家协会顾问。他的作品兼采中西艺术之长，大胆吸收“印象派”画家的色、光技法、融入青绿山水传统，而以豪放的写意表现出来自己的风格。他多次举办画展，出版有画册。朱老从小就迷恋绘画。在漫长的岁月中，他的绘画艺术形成了独具的特点。他在85岁高龄之后，竟焕发出蓬勃的艺术生机，这在中国画史乃至世界画坛皆称奇迹。1993年朱老已102岁，已经连续举办了3次画展。现在正准备105岁画展，是世界上独一无二的百岁画家。

74岁的校外辅导员 1993年，74岁的田力健老人，担任长春市南关区大岭小学校外辅导员已有5年了。他说：每当我听到或看到孩子们尊老敬老、互助互爱、拾金不昧时，我的心中就充满了喜悦与希望。5年来，我到各个中队讲伟大领袖毛泽东童年的故事及其丰功伟绩，讲民族英雄林则徐、抗日英雄杨靖宇；讲少年英雄赖宁，更讲时代标兵雷锋。如今人人学雷锋在这里已蔚然成风。有一名同学父亲生病入院，生活困难。同学们知道后，便把家长给的零花钱凑到一起送给他，学校领导、大队、中队辅导员也都捐了款。三年级的小学生杨国慧、张影冒雨送老人回家，胡喆拾到高档手表还失主。看到雷锋精神在孩子们心中成长，令我无限欣慰。

王淑芳的“希望工程” 山东省蓬莱市登州镇干部王淑芳离休后，发现家属大院里几个刚上小学的孩子，因放学早没人管常误了学业，就在家里办起一个“业余辅导班”，从1989年春起，坚持在每天下午5点到6点半的时间，辅导这些小学生的功课。邹世男上了两个一年级，还不会算加减，王淑芳根据他的实际情况，运用实物进行教学，使他赶上学程进度，当年就升入二年级。王淑芳采用因材施教的方法，不仅使孩子们学业上有很大的进步，思想品德方面也有较大提高。王淑芳家庭负担重，90多岁的婆母生活不能自理。她白天照料婆母，晚上辅导孩子、深夜备课，一天到晚连轴转，却毫无怨言，有的人劝她收取合理报酬，王淑芳也没有答应。

退休教授办起私营翻译公司 一家私办翻译公司“华联翻译公司”，1993年3月在黑龙江省同江市挂牌营业。该公司是杭州大学外语系俄语教研组几位退休教授自筹资金创办的，属私营股份制企业。该公司将向国内外客户提供俄、日、朝三种文字的口译、笔译服务；帮助培训俄语翻译人才；代办联系国外贸易客户；代签合同；代拟外贸文书；开展对独联体国家的政治、经济、风俗民情的咨询服务等。

邮票设计师孙传哲 77岁的孙传哲，离休前是邮电部邮票设计室主任，我国唯一的联合国邮票设计师。他设计了新中国第一套纪念邮票，第一套特种邮票，第一套普通邮票，第一套欠资邮票和第一套航空邮票。1981年，国外最成功的邮票设计师个人总量还不足40套，孙传哲的总量则已达到153套。1992年，孙老将他设计的邮票作品汇编成集，由浙江人民出版社出版。由于孙老在邮票设计事业上的卓越贡献，他曾被评为“全国先进工作者”，荣获“全国劳动模范”银质奖章，受到过毛泽东、周恩来的亲切接见。离休之后，孙老应邀参加奥地利维也纳国际邮票展览会，接受了大会授予的荣誉证书。年逾古稀的孙老不辞劳苦，于1991、1992年先后三次来到西施故乡诸暨，游五泄，爬斗岩，踏遍山山水水，精心设计出《西施故里》风光明信片，充分表达了他对故乡浙江人民的一片炽热爱心。

《寸草集》的作者吴良佐 吴良佐是江苏省常州市的一名退休工人，今年85岁。当年，他和他的女儿吴文英“父女劳模”的动人事迹曾在常州工业战线传为佳话。如今，吴良佐老人从古稀之年开始学诗，呕心沥血十几年，一部集360首诗作的《寸草集》已出版问世。作者老而好学的精神，坚韧不拔的毅力以及《寸草集》表现出的对中国共产党，对人民深厚的感情受到文学评论界的高度赞扬。吴良佐老人生于农家，幼年时仅读了几年私塾，虽然喜爱诗书，可解放前忙于养家糊口，解放后献身纺织工业，学诗练笔无法得以实现。老人退休时已是66岁，为了抒发对党、对祖国无限热爱的情怀，他开始了诗作上的艰苦耕耘并获得丰收的硕果。《集》名见肺腑，诗言吐真情。他的女儿担任纺织工业部长后，他以诗赠言告诫：“全心全意为人民，于国于家必躬亲。”让人们看到了一个老共产党员的无私胸怀。

熊朝元一人创编《南山报》 陕西省紫阳县退休干部熊朝元，用县老干部局给的200元钱，创办了安康地区唯一的一份县级老年报纸。从编辑到发行，全部工作由他一人承担，7年时间从不间断。报纸从开始时的月刊，变成半月刊、旬刊，对当地的老年事业和两个文明建设起到了很好的促进作用。老熊是个诗人，经历过1957年的坎坷。恢复工作后，1987年从县人大常委会退休。他为了奉献余热，创办这张报纸，一个人组稿、筹款、跑印刷厂，忙得不亦乐乎。“日趋长街觅胜景，夜描画稿绘新图”，这既是他的诗句，也是他工作的写照。1993年7月，在北戴河举行的“全国首届内部报纸研讨会”上，《南山报》被评为综合类一等奖。为进一步开拓老年事业，熊朝元又以贫困山区一个小报的力量，举办了“南山杯”全国老年古典诗词大奖赛，历时一年获得成功，并编辑出版了获奖诗词《银潮风流》一书，受到广大老年和诗词界的欢迎。1993年为纪念毛泽东诞辰一百周年，熊朝元又征集海内外400家优秀诗词1000首，编辑出版了《中国当代诗选》（第1集）。他将把《南山报》和当代诗选的浩大工程持续下去。

八旬老翁重放艺彩 离休老干部李又人年近八旬，他的个人油画、根雕艺术展览在1992年展出之后，许多熟悉他的老同事惊讶地说：“想不到你还有这一手！”有关专家也对李又人的艺术水平给予了极高评价。李又人虽然早年毕业于上海美术专科学校西洋画系，但抗日战争爆发后投身革命，后来又转业到工业部门，紧张的战争，繁忙的建设，几十年未能拿起画笔。1979年离休时，他已65岁了，为了使离休后的生活丰富和充实，也为了在有生之年对社会作些贡献，老人时隔40年又恢复了油画创作，并搞起根雕。12年过去了，他的劳动喜结硕果。他的作品不仅表现出纯朴的自然美，更蕴藏着丰富的思想内涵。著名老画家田零评价说：“李老的油画，继承着写实主义的严谨，又吸取了印象派光影色彩对比的强烈，具有中华民族雄浑磅礴的格调。”

赵扬离休17年译文100万字 赵扬17年前离休时，到军事科学院外军部主动要求给些工作，先后义务为部里翻译了近70万字的资料。1980年，他为《中国建设》英文版搞中译英的工作，1983—1986年又在中国文联出版公司任外国文学编辑。在此期间，编辑出版了若干英、美文学书籍以及部分法国、日本和波斯文学书籍。离开文联出版公司后，他又翻译了诺贝尔文学奖获得者的传记《圣殿中的情网——小说家福克纳传》。1993年赵扬已76岁了。他说：“在我有生之年，我想翻译些外国长诗，或把中国一些文学著作译成外文介绍到外国去，为增强中外文化交流作一点贡献。”

年迈孝子张元良 1993年12月，在北京西郊机场空军干休所，67岁的离休干部张元良坚持16年悉心照顾瘫痪在床的老父亲，成为当地人人称赞的孝子。张元良的子女远在外地，老伴因患癌症做过手术，身体一直不好，家里内外都靠老张支撑。老张96岁的父亲从80岁起患中风和脑萎缩，生活完全不能自理。他虽然上了年纪，可是吃、喝都和正常人一样，最不好办的是他睡觉昼夜颠倒，晚上还要人陪他说话。老人的大小便经常弄到床上、沙发上、地上。张元良不怕脏和累，耐心地一遍遍擦洗，为老人换上干净、舒服的衣服、被褥。他变换着花样让老人吃上可口的饭菜，保证老人有足够的营养。

海外游子助老人 1993年3月，吉林市旅居日本的青年惠宝玉和他的母亲两年多来慷慨解囊帮助邻居老人，受到邻里称赞。惠宝玉前年回家探亲时，看到邻居退休老人田景河因患脑血栓瘫痪，家中生活困难，于是他慷慨解囊相助100元。临走时告诉他母亲每月资助20元。按着儿子的意见，每月初，他母亲孙玉英就把钱送上门，每逢节日，还给送些食品及布料等。给了老人精神上莫大安慰。

董大娘舍身救儿童全社会捐款救大娘 1993年3月2日下午2时左右，山东省寿光县稻田镇崔西村3岁的婷婷和4岁的蓓蓓，在街边柴草堆边玩火引燃柴垛，由于风大，相连的几个柴垛转眼间成为一片火海。67岁的董翠云老大娘发现火情后，奋不顾身冲进火海，用力拖出了一个浑身是火的孩子。当听说火里还有一个小孩时，董大娘转身再次冲进火海。她的眼睛被大火烤的睁不开，接着又被一股浓烟呛倒，为了保全孩子，她趴在了孩子身上。等村里人闻讯赶来把大火扑灭，董大娘已奄奄一息。被她保护的孩子安然无恙。董翠云大娘舍身救儿童的事迹在全社会引起强烈反响，县、市民政局拨款3.5万元作为董大娘医药费。全县已收到来自社会各界的捐款2.5万元。为了表彰董翠云舍己救人的精神，1993年4月1日，寿光县委、县政府授予董翠云“雷锋式的好母亲”光荣称号。

肇源2 000多名农村老人栽树养老 黑龙江省肇源县农村有2000多名有劳动能力的老年人，不靠子女供养，不靠集体补养，靠自己栽树自养。他们当中，有的利用房前屋后的空场栽上葡萄树，有的栽李子树，有的栽几亩树苗，还有的承包土地栽果树。据1993年调查，这些栽树的老年人，每人每年平均收入1500多元。永利乡后永利村62岁的杨德凤老人，1985年同老伴开始承包土地，栽500棵黄太平果树，由于精心栽培，科学管理，1990年开始产果，当年收入4000多元，1992年纯收入13000多元。

致富带头老人丁长寿 黑龙江黑河市有个上二公村挺出名，那里的老人们很幸福。这得感谢退休老村长丁长寿，没他这几年带头紧扑腾富不了。丁长寿62岁，当了36年村干部。1991年从村长位置上退下来就挑起了村老年协会会长的担子。他是个干将，又得到现任村书记和村长的大力相助，1992年他带领老年人种下8垧小麦，20垧黄豆，到秋后获小麦30万斤、大豆5万多斤，再加上养牛收入的3000多元，还完贷款，净剩1.5万元。有了经济收入，全村92位老年人立即提高了生活待遇。逢生日协会送寿糕，遇有病协会带礼品去看望，生活困难给补助，想娱乐有老年人活动室，春游租车租船游江上饭店。丁长寿抓住黑河地区内外贸大市场，使村老协走向市场经济。1993年他们不仅扩大了种植业，接管了饲料厂，建立了预制构件厂，还成立了“复春经贸公司”，吸引内蒙、双鸭山等地投资，加上自筹共计230万元，兴建全封闭储存库2个，半封闭储存库2个。仅此一项，年收入可达150万元。丁长寿还计划办个老年医院，再建上个敬老院，让全村老年人过得更好。

红军老战士陈春林为家乡营造“聚宝盆” 83岁的红军老战士陈春林带领群众连续9年植树造林，为家乡营造了560亩的绿色“聚宝盆”。1993年国庆节前夕，陈春林出席全军老干部工作创“三先”表彰大会，并被评为全军“先进离休干部”。陈春林1965年从南疆军区副政委岗位上离休，1973年回到阔别41年的家乡江西省莲坊楼乡田垄村，带领群众建水库、修公路、搞科学种田，使群众年人均收入由60多元上升到400多元。1985年冬，他又瞄上了距村3公里的560亩山地，并出资近万元，亲自带领30多名青壮劳力进山。次年春，山上长出了13万株杉树和油茶树。陈春林省吃俭用，把全部积蓄用来购买化肥和作为帮工人员的开支。他一年四季肩扛锄头，腰系砍刀上山护林。如今陈春林精心营造的山林已是一片林海。再过3年，这片山林每年至少可为村里增加10万元收入。

老农王润生捐赠20万元养老金办教育 1993年8月初，湖南省攸县菜花坪乡老农王润生在台湾的儿子给他寄来了20万元人民币养老金，一生清贫的王老汉陡然成了富翁。可他没有将此款浪费一分钱，而在8月13日他85岁寿诞之际，将这20万元取款单送到该县6中校长的手里，作为资助贫困家庭孩子读书，奖励优秀教师及学生的奖励基金。

离休军医朱玛洪自办“家庭病房” 哈萨克族离休军医朱玛洪自办“家庭病房”，热心为各族牧民义务治病，受到赞誉和表彰。朱玛洪原是新疆军区15医院副院长，擅长内科，在北疆军营行医40多年，足迹遍及驻地各个农牧场。1985年，他离职休息后，看到不少远道而来的患者因家庭生活困难，常常为食宿和住院难而犯愁，便和老伴阿木娜商量，将自家的4间房腾出3间，办起“家庭病房”，专门接待来自偏远地区的农牧民，免费为他们治病。一些生活特别困难的病人，他们管吃管住。一天深夜，年过7旬的维吾尔族老人伊玛拉洪因左腿骨折，在孙子的搀扶下前来求医。朱玛洪让老伴为他们做饭，安排老人住下。他每天为老人推拿、打针、敷药。老人大小便失禁，生活不能自理，阿木娜每天为他换洗擦身。一个月后，老人迈着稳健的步子返回家乡。到1993年，8年来朱玛洪的“家庭病房”共接待病人2 100多人。各族牧民都把他当作最亲的亲人。

“老头队”办公司 人称“老头队”的哈尔滨锅炉厂退休职工服务队自1987年成立以来不断发展壮大，1993年已办起哈尔滨锅炉铆焊分公司，由劳务性协作生产升级为以定型产品为主的生产，由厂内走向市场。这个“老头队”虽然只有66个人，净产值却达到160万，成为哈尔滨市老年企业中的佼佼者。哈尔滨锅炉铆焊分公司是哈尔滨锅炉厂退休办公室组建的退休职工老年福利企业。起初他们没用一分钱的贷款，设备和厂房都是租借锅炉厂的。开始主要为锅炉厂生产配套部件，提供维修安装、技术改造等劳务协作。后来逐步积累资金，扩大生产。现在已拥有设备53台件，厂地2000多平方米。不再单纯依附锅炉厂，而是走出厂门，进入市场，参与市场竞争。这个公司在内部实行劳务合同制，变固定工资为承包工资，增强竞争机制。充分发挥退休职工的能量，所获收入主要用于退休职工的福利事业。

王兴华《论精神养老》 1993年7月上旬在匈牙利布达佩斯召开的第15届国际老年学大会上，中国代表团成员之一、黑龙江省老年学会会长王兴华发表的《论精神养老》一文，受到与会者的赞许。在论文发布大厅里，王兴华与与会老年学者在谈论中一致认为，只有建立强大的精神养老支柱，才能战胜种种困难，开创人生的第二个春天。

退休老工人的“一人乐队” 据1992年1月7日《中国老年报》报道，年近7旬的上海玩具十五厂工人张丹永，退休之后别出心裁地建立了一支独特的“一人乐队”。经过他几年的精心设计，反复练习，张丹永终于练得一手绝技，一人可同时演奏18种乐器。演出时，张丹永嘴里吹着口琴，左手按动二胡琴弦，右膝盖处绑着琴弓，右手弹着电子琴，右肘敲击吊钹，左右脚前后踩动着手鼓、小铜铃、三角铃、串铃、大中小木鱼、碰钹、船型击片、双联击片、元舞板、双音筒和多音棒等。18种乐器由他一人奏出，发出欢快、和谐的共鸣，中外观众莫不拍手叫绝。张丹永的“一人乐队”已多次应邀在上海少年宫、大世界和电视台为观众表演，引起了轰动。

古稀老人骑车游历7省100多个县 山东省高密县柏城镇小河崖村73岁的农民王善言是一位当了30年村中共支部书记的老共产党员。退休后担任镇党校的兼职教员和邻近4个村办小学的校外辅导员。为了丰富讲课内容,了解绚丽的外部世界和掌握改革开放中的第一手资料,1990年和1991年他由近及远,两次骑自行车游历了山东半岛、鲁西南和豫北,总行程近2000公里。1992年春节过后,他带上修车工具和一张地图,以及平日省吃俭用攒下的900元钱,骑上自行车一路南下。老人坚持每天行程100公里,住简陋旅社,吃便宜饭食,每晚找人座谈,整理日记。六月底他返回家乡,总行程已达6500公里,途经山东、江苏、安徽、湖北、四川、陕西、河南七省一百多县,游览了长江大桥、葛洲坝、都江堰、峨嵋山、武侯祠等重大工程和名胜古迹,瞻仰了台儿庄、泸定桥和当年的长征路。王善言老人虽然沿途吃了不少苦,受了许多累,但收获十分丰富,还打算继续更远的游程。

老教师离休献余热 河北省肥乡县第一中学老教师程万里,在教育战线辛勤耕耘了30多个春秋之后,于1983年离休回到故乡张达村。当他耳闻目睹乡政府投资几十万新建的中学教学楼是全县第一流的,而教学质量却是全县倒数第一时,一种强烈的责任感使他主动提出义务帮助这所乡中学提高教学质量。乡领导立即聘请他担任乡中学名誉校长。上任之后,他自带干粮和路费三下邯郸,走访了几所重点中学,多次向石家庄等地工作在教育战线上的老同事、老同学恳求教学良方,并结合自已多年来的教学实践,制定了一套科学的教学方案。征得学校领导、教师和乡领导人同意后,他把铺盖搬到学校,一头扎进了改变落后面貌的艰苦工作。白天,他亲自上课,对青年教师进行言传身教;夜晚,他批改学生作业,修改老师的教案;节假日,他走访学生,听取教学对象的反馈。功夫不负有心人,在程万里和全校师生的努力下,这所中学的校风发生了很大变化,教学质量不断提高。自1987年以来,已连续5年升学率为全县第一名,被师生和家长们称为"五连冠"。1992年,该校被地区教委命名为地区重点中学和教改示范中学,老程也受到省教委的奖励。

太行山下新愚公 《中国老年》1992年第4期报道:河北省元氏县原供销社副主任武正基1988年离休后回到他的家乡南吴会村,通过调查、走访,他发现一些老人,特别是孤寡老人的生活和医疗困难重重。解决这些问题需要钱,钱从哪儿来?他想到带领村里的离退休干部开发村旁的北沙河河滩。武正基的想法得到3个离退休老汉的支持,他们认为这种做法一是增加了耕地,为后人造福;二是为老同志提供发挥余热的场所;三是可以通过创收改善老年人的生活。开发河滩的资金是4个老汉自筹的,每人4000元。1989年5月4日,4位当代"愚公"带着简陋的工具踏上了沉寂多年、乱石成堆的河滩。他们在河滩搭起窝棚,埋下锅灶,立下誓言:"吃在河滩,住在河滩,干在河滩,死后葬在河滩。"河滩上一锹下去铲不起二斤砂石,一镢头下去刨不了两寸深,十几天才开出几块锅台大的地盘。二等甲级残废退休干部李江娄向石家庄铁道兵学院求援,学院的人被感动了,派出一台推土机支援。76岁的王其清老汉负责给推土机运水,一担水要走二三里坑坑洼洼的乱石路,一天十几担,他瘦弱的身体硬是撑了下来。经过300多个日日夜夜的奋战,一条长590米、宽19米、深4米的河沟被填平了,累计动用土石达9万立方米,营造了300亩良田。1991年秋季,累计收获小麦30吨,绿豆1.3吨,西瓜20吨,蔬菜23吨,毛收入达7万元,还养了120只羊,30头猪,上市鲤鱼近万尾。1992年,中共河北省委书记邢崇智到那儿视察后,称赞武正基和其他几位老汉"干了一番功垂于世的事业"。

燃烧的晚霞 在1992年全国"双奖"表彰会上,山东省莒南县大峪崖村中共党支部书记阎维深的发言赢得了与会代表的阵阵掌声,这位1982年离休的原县水利局移民办公室主任回到家乡后,为了改变这个村子的贫穷落后面貌,毅然挑起了村支书的重担,带领乡亲们开山辟水,广开财源。先是仅用18天时间建起了一座长45米,宽2米,高8米多的水泥大坝,后又带头自筹资金建起了两座水库和5处电灌站,使全村90%的农田得以旱涝保收,粮食平均亩产由不足50公斤猛增到200公斤以上。随后他又带领群众在荒山上奋战了三个冬春,在山岗上开出了1300亩果园,使4万多颗果树在山上安家落户。短短的10年,火峪崖村总产值由20万元增加到640万元,公共积累上升到217万元,人均收入由112元猛增到1200元。大峪崖村终于成为"省级文明村",村党支部也被授予"全国先进基层党组织"称号。

陈宝珑退居二线后获"金牛奖" 天津电力试验研究所所长陈宝珑退居二线后,挑起了天津电力学会副理事长和电力科技咨询中心总经理的重担。他按照党的改革开放政策,敢为别人所不为,甘冒风险:杨柳青发电厂一台5万千瓦的发电机因转子过热严重损伤而被迫停止运行,更新没有时间,修复又无技术力量,在这个节骨眼上,陈宝珑置个人风险而不顾,迎难而上。他邀请了11个科研院所、大专院校、生产制造部门的42名专家、教授和工程技术人员对修复的可行性进行论证,订出具体措施,终于使这台"死机"比原定计划提前半年并网发电。在帮扶中小企业进行技术开发、提高产品质量,使其产品定型走向市场方面,陈宝珑和他领导的科技咨询中心做了出色的工作。如帮助市继电器厂提高产品质量和工艺水平，使其年增产值150万元，年增利税30多万元，年全员生产率达万元。可以移动的箱式变配电站的生产定型和推广使用也凝聚了陈宝珑的大量心血，这个产品曾经受到李瑞环的高度赞扬，已被推荐参加国际展览。陈宝珑从1986到1992年，连续6年被评为天津市科协积极分子，中国科协连续两届“金牛奖”先进个人。他领导的科技咨询中心也荣获第二届中国科协“金牛奖”先进集体。

盐阜地区的“焦裕禄” 罗云华离休前是江苏省盐城地区农业局局长。由于为盐城地区的农业发展作出过重大贡献，曾受到毛泽东的接见。1982年离休之后，他不是到农业学校无偿讲授农业技术课，就是深入到各地农村指导农民科学种棉，被市里评为“老有所为”先进个人。1991年初，他用“一个共产党员就要离而不休，永远出击!”的誓言主动请缨到贫困地区芦蒲乡袁惠村蹲点三年。罗云华到田头、河边、农舍摸情况后，决定扶贫先扶老，治穷先治愚。很快，村里的农技夜校开学了；示范种棉开始了。为了打消顾虑，他对示范户说：“技术我负责、损失我包赔，赚钱归你们。”由于他的精心指导，尽管示范田三次受涝，但亩产皮棉仍由过去的70多斤猛增到180多斤。老罗在芦蒲的400个日日夜夜，天天为集体办事，时时为群众操劳，不花集体一分钱，倒垫出自己的工资达1000多元。他蹲点的袁惠村在1991年大灾之年，皮棉单产首次闯过百斤大关，粮食单产达1500斤，超过历史水平，一年之内人均收入增加70元。1992年5月30日，老罗由于年老体弱，劳累过度，栽倒在一条小沟里。乡亲们发现时，他已经起不来了。6月4日，袁惠村等十几个村几千名群众怀着无限崇敬和极度悲痛的心情为这位焦裕禄式的好干部送葬。

14位老同志被司法部聘为特邀教育顾问 1992年5月15日，国家司法部在北京举行隆重授聘大会，陈野苹、曾志、池必卿、乔晓光、李启明、李运昌、刘建章、王定国、王照华、何光、曾德林、杨蕴玉、李琦涛、张之松等14位党内外德高望重的离休老同志庄严地从司法部长蔡诚手中接受了红色的聘书，成为我国首批“改造罪犯、劳教人员特邀教育顾问”。这14位老同志早年投身革命，曾经为人民共和国的创建和新中国的建设进行过艰苦卓绝的斗争。

老院长余热温暖万人心 老红军刘克东1963年从解放军军事电讯工程学院副院长的职位上离休。虽说患有多种疾病，两次脑血栓和压缩性骨折导致过偏瘫、右眼失明，左眼视力只有0.01，仍义务担任西安交通大学等15所大中小学校的校外辅导员。离休29年来，他带着病痛奔走于青少年之中，言传身教，诲人不倦，成为许多青少年学生的知心朋友，解开了许多青年学生的思想之结。到1992年，他义务为师生作革命传统报告近千场，听众累计达30万人次。为了给后人留下精神财富，他左手拿放大镜，右手颤抖地握笔，有时一小时只能写十几个字，但他一写就是十几个小时，好几次竟累得伏在稿纸上昏睡过去。目前，刘克东已写出60多万字的回忆录，出版和发表了40多万字。鉴于他在离休之后的特殊贡献，先后荣获陕西省军区、兰州军区和全国三级“老有所为精英奖”，1992年又被评为全国“关心下一代先进个人”。

12. 助残与残疾人自强精神

1992—1993年助残与残疾人自强精神概述 1992年4月联合国亚太经社会在北京通过了33个成员国的共同提案，宣布1993—2002年为“亚洲及太平洋残疾人十年”，同年11月25日李鹏总理在京举行的残疾人国际亚太区第三届大会上说，中国在进一步改革开放、加速现代化建设的过程中，将努力解决好残疾人问题，并承担与我国发展水平相应的国际责任和义务，与亚太各国一道，为残疾人的“平等、参与、共享”，为本地区经济、社会的协调发展作出贡献。我国从本国国情出发，采取了切实可行的措施，保障残疾人的权益。颁布了《残疾人保障法》，设立了残疾人工作协调机构，支持残疾人组织的建设并充分发挥其作用，制定并实施国家关于残疾人事业的两个五年计划，规定了对残疾人的优惠政策和扶持措施，开展国际交流与合作，使残疾人的康复、教育、就业和生活状况有了明显改善，残疾人的文化、体育活动也日趋活跃。据1993年10月5日在京举行的中国残疾人事业5年工作纲要总结大会介绍，近5年来，在党和政府的领导下，我国残疾人事业取得了历史性的成就，其中“三项康复”工程已使90余万白内障患者重见光明，3.8万聋儿开口说话，32万小儿麻痹后遗症患者得到矫治，总共有126万残疾人得到康复，超额52%完成5年任务；残疾儿童、少年义务教育入学率大幅度提高，普通中小学普遍接收肢体残废学生入学，特殊教育学校增加一倍多，达1108所，普通学校附设特教班增加5倍，达3568个，盲、聋、弱智儿童随班就读的人数大幅度增长，接受特殊教育的在校学生增加6倍多，达到37万人；分散按比例安排残疾人就业迈出了开拓性的一步，已有140多万残疾人分散在各单位就业，占全国职工总数1%，上海、福建、广州等省市和其它一批市县已根据《残疾人保障法》规定，要求各单位按1.5%至2%的比例安排残疾人就业。目前，全国已有80余万残疾人在4.9万个各类福利企业就业，去年实现产值618亿元，创利税65亿元。我国残疾人事业的发展得到海内外的普遍赞誉，荣获联合国“和平使者奖”与“联合国残疾人十年特别奖”。残疾人事业的发展与残疾人自强精神是分不开的。1992—1993年以来，我国残疾人中涌现出了许多先进人物，其事迹感人肺腑。应该清醒地看到，我国残疾人事业起点低，基础薄弱，残疾人生活状况与社会平均水平存在差距，需要全社会向他们伸出友爱之手，扶助他们跟上社会发展的步伐，这是各级政府和全社会义不容辞的责任。同时，残疾人也要提高自身素质，树立乐观进取的人生态度，为社会主义建设贡献力量。

中残联第二次全国代表大会 中国残疾人联合会第二次全国代表大会于1993年10月6—9日在北京人民大会堂隆重举行。全国各地残疾人代表和残疾人工作者代表465人出席了会议。6日下午，江泽民、李鹏、乔石、李瑞环、朱镕基、刘华清、胡锦涛等中央党政领导人出席了大会开幕式。中共中央政治局委员、国务院副总理李岚清代表党中央、国务院向大会致祝词，中国残联主席邓朴方向大会做了题为《为祖国的繁荣昌盛和残疾人事业的发展而奋斗》的报告。在这个报告中，邓朴方回顾了5年残疾人事业取得的历史性成就：三项康复工作取得巨大成效；残疾人义务教育入学率大幅度提高；残疾人按比例就业迈出了开拓性的一步，残疾人各种形式的就业机会大幅度增加；国家设立了“康复扶贫”专项贴息贷款；颁布了《残疾人保护法》及有关配套法规。我国残疾人事业的做法和发展受到国际社会高度赞扬。这次会议还修改通过了中国残疾人联合会章程，选举产生了中国残联第二届主席团和执行理事会。

首届中国残疾少年儿童成才奖 1993年7月21日，首届“中国残疾少年儿童成才奖”颁奖大会在北京举行。由中国儿童少年基金、中国少年报、北京肯德基有限公司主办并得到中国残疾人联合会大力支持的这次“残疾少年儿童成才奖”评选活动，旨在宣传残疾少年儿童的优秀事迹，让所有的孩子们学习残疾小伙伴自立自强、拼搏成才的精神。这次有10名残疾少年儿童获最佳奖，30名获优秀奖。他们当中有：用双膝走出人生路的四川小姑娘王荔；有用双脚写出美的字的广西少年汤展中；有盲童演奏家山东的金元辉；有聋儿小舞蹈家北京的李铮；有独臂书法家上海的魏清……中国残联主席邓朴方、团中央书记处书记袁纯清、全国妇联书记处书记关涛等到会为获奖者颁奖。

中国残联设立“奋发文明进步奖” 中国残疾人联合会1992年5月11日在厦门宣布：为鼓励残疾人事业，中国残联设立“奋发(FUN)文明进步奖”。从1993年5月起，每年将评选一次奋发文明进步影视奖、艺术奖、文学奖、新闻奖、体育奖、美术摄影奖。凡为促进残疾人事业发展作出突出贡献的集体和个人均可申报。奋发(FUN)文明进步奖的活动基金由新加坡AMK集团奋发公司独家提供，总额为500万元人民币。

第二届中国残疾人事业好新闻评选 1993年9月10日，第二届“中国残疾人事业好新闻”评选揭晓，并同时举行了颁奖仪式。本届获奖作品突出了在建立和完善社会主义市场经济新体制下中国残疾人事业的发展，以及在弘扬人道主义精神，建立新型人际关系，继承中华民族传统美德方面社会各界所作出的努力。相当比例的获奖作品生动地反映了两年来中国残疾人事业的重大活动和事件，如全国助残活动先进集体，个人暨自强模范表彰活动，第九届国际伤残人奥运会，第三届全国残疾人运动会，两次全国助残日，残疾人职业技能比赛等等。从这些作品中不仅可以清晰地看到两年来我国残疾人事业发展的轨迹，还充分说明残疾人事业已经日益深入人心，成为全国文明进步的一个重要标志，反映出广大新闻工作者对残疾人事业的深刻理解和热情关注。

全国宣传实施《残疾人保障法》工作座谈会 首次“全国宣传、实施残疾人保障法工作座谈会”1993年9月初在北京召开。研讨在新形势下如何宣传、实施残疾人保障法，切实维护残疾人合法权益，进一步促进我国残疾人事业沿着法制轨道更快、更好地发展。国务委员彭珮云就宣传实施残疾人保障法工作的意义、任务、要求作了讲话，座谈会上，与会者回顾了残疾人保障法颁布实施两年多来取得的令人瞩目的成绩。目前白内障手术复明人数比两年前平均增长28%；实施儿麻矫治手术人数比两年前平均增长68%；训练聋儿3.8万人，比两年前平均增长2倍；特殊教育学校数量和在校人数比两年前平均增长20%；城镇残疾人就业率达51%；农村残疾人在业率达61%；基本上落实了盲人免费乘车、免费邮寄盲人读物等规定。会议还对新形势下残疾人工作存在的问题作了认真的分析，提出了解决这些问题的建议和方法。

残疾人按职工比例就业工作研讨会 国家劳动部和中国残联1993年5月19日在北京联合召开《全国残疾人按比例就业工作研讨会》。国际劳工组织、国家计委、全国总工会、中国企业家协会和部分省市有关负责人50多人参加了会议。劳动部副部长朱家甄在开幕式上表示，要在发展市场经济的新形势下，切实加强残疾人就业的立法和服务，搞好残疾人按职工比例就业的试点工作，推动残疾人就业健康发展。朱家甄还说，随着改革的深化，劳动就业将实行市场竞争机制，残疾人在就业竞争中处于劣势。因此，国家应在法律保障、政策扶持、广开门路、就业服务等方面给予残疾人必要帮助，以维护社会公平。中国残联主席邓朴方也在开幕式上强调，抓好残疾人劳动就业，符合国家整体利益，体现社会进步和文明，是解决残疾人问题的根本出路。这次会议就残疾人按比例就业工作的必要性及对策和措施，如何加强残疾人劳动服务工作，按比例就业和多渠道就业的关系，残疾职工的效益保障等问题进行了深入的研讨并取得共识。

第三次全国助残日座谈会

第三次全国助残日座谈会1993年5月15日在北京人民大会堂举行。国务委员彭珮云在会上讲话强调：动员全社会弘扬社会主义、人道主义精神，从政策措施、实际工作、社会风尚等方面给残疾人以切实的扶助，使他们平等地、充分地参与社会生活，共享社会物质、文化成果，和健全人一样感受到社会主义制度的优越性，是各级政府和全社会义不容辞的责任，也是举办全国助残日活动的目的。中国残联主席邓朴方代表中国残联和全国残疾人向一切关心、支持残疾人事业，帮助残疾人的同志们和朋友们表示诚挚感谢。6名首都助残先进集体和先进个人代表也在大会上作了典型发言。

中国聋儿康复研究中心开业

中国聋儿康复研究中心1993年5月25日在北京落成开业，这个中心业务大楼占地面积1万平米，包括听力检测，助听器适配，聋儿语训、科研、师资培训、聋儿家长函授等业务区。建设投资来自政府拨款与海内外友好团体、个人的捐赠，其中107万美元是英国前首相希思于1987年在北京举办的义演音乐会募集的。中心目前有150余名聋儿康复工作者，除对百余名聋儿进行康复训练外，还对全国的聋儿康复工作进行指导和服务。

中国首家弱智儿康复中心建成 由北京市红十字会主办的“秋存弱智儿童康复培训中心”于1993年6月15日在北京建成并正式投入运转，张爱萍等领导同志参加了揭幕仪式。这所康复中心是我国首家为弱智儿童免费提供住院、康复、护理、培训的一所民办慈善机构，它由著名慈善家、实业家李秋存医师每年提供20万元做经济保障，并亲自出任该中心主任。中心设有病房、食堂、浴室、治疗室、健身房、教室及游戏室。治疗方法以推拿、按摩、点穴为主，教育培训为辅。

新疆残疾人中等职业学校工程破土动工 1993年6月3日，由国家投资600余万元的新疆残疾人中等职业学校在乌鲁木齐破土动工。全国人大常委会副委员长铁木尔·达瓦买提，新疆维吾尔自治区党委副书记克尤木·巴吾东为这个工程奠基剪了彩。

上海浦东新区残联办实事

上海市浦东新区残疾人联合会1993年12月刚一成立即作出决定，近期内将在新区主干道的交叉路口设置便于盲人识别的交通音响设备；在文登路商业街铺设盲人专用道；建立残疾人用品用具服务站；筹建一所康复、教育、文化体育活动等多功能残疾人活动中心；开办残疾人职业技术培训班和中等专业学校，增设弱智辅读班。所有这些，都是在上海市委、市政府支持下为残疾人所办的实事。

西藏残疾人合法权益有保障

1993年8月5日《人民日报》载，残疾人的合法权益在西藏得到充分保障。理解、尊重、关心、帮助残疾人的社会风尚已在西藏初步形成，残疾人的社会地位正不断提高。西藏残联成立5年来，积极开拓残疾人就业门路，扩大残疾人就业范围，目前，全区集中安置在民政福利企业中的残疾人有数百人；在部门、行业中安置的残疾人近2000人；另有大批残疾人子女被安置在厂矿、企业、街道和劳动服务公司兴办的各类福利企业中。对失去劳动能力、生活不能自理、无依无靠的残疾人及其家庭，民政部门采取长期救济、生产扶持和五保等办法，保证他们的基本生活。西藏残疾人受教育的权利也得到充分保障，全区随班就读的残疾儿童现有2867人，在有关部门的支持和帮助下，一批少数民族残疾青少年入中专、大学深造。此外，西藏还着手开展特教工作，全区第一所特教学校正在拉萨筹建。

南京重视残疾人劳动就业

江苏省南京市各级民政部门依靠社会力量，多渠道兴办企业，把发展社会福利企业、安排有劳动能力的残疾人劳动就业，作为每年全市社会发展奋斗目标之一。1993年，各级民政部门在资金十分困难的情况下，充分运用国家给予的扶持保护政策，采取与国营大中型厂矿和科研院校联办、协办的形式，又兴办福利企业30个，优先安置了500多名残疾人就业。这样，全市除了市属18家福利企业外，各区、县、街道、乡镇都办有福利企业，使总数达到300个，全市有劳动能力的4万多残疾人中已有近3万人就业，创造经济效益8000多万元。而且，为了保证残疾人同健全人一样同工同酬，稳定其上岗率，各民政企业还在政治上关心、工作上支持、生活上照顾残疾职工，并且都成立了残疾人协会，定期开展“助残”活动，对生活自理条件差的残疾人给予特殊照顾。南京市民政局还通过大力发展第三产业解决残疾人就业。他们会同工商、税务等部门对残疾人在申办营业执照、划摊位上给予优先，对从事个体工商业的残疾人减免管理费，对从事修理、劳务等服务行业的残疾人减免营业税等。已有近万名残疾人经营第三产业，到1993年，有80%的经营第三产业的残疾人步入万元行列。南京市民政部门重视残疾人劳动就业，为社会稳定作出了显著贡献。

绍兴县对残疾人特困户实行定期补助 经济发展较快的浙江绍兴县，有劳动能力的残疾人基本上都到福利企业工作，但无劳动力、无经济来源、无法定抚养人的“三无”残疾人生活相当困难。在县领导的支持下，县残联摸清了全县残疾人特困户的基本情况，提出了解决办法，即从1993年11月起，“三无”残疾人所在乡镇政府，应定期补助他们每人每月40元。这项经费由乡镇政府从三方面筹集：70%从福利企业中列支；20%从本年度财政预算外资金中列支；10%从民政部门切块的社救款中列支。绍兴县的这种落到实处的助残作法，受到各方好评。

长沙县落实残疾人优惠政策 湖南长沙县在县委、县政府的重视关怀下，相继组建了县、乡、村三级残疾人组织网络，大力宣传《残疾人保障法》，到1993年，建成了全省第一所县级特教学校，在康复医疗，普查发证，就业安置等方面制定和实施了一系列优惠政策，并在实践中收到明显的效果。全县共减免残疾人义务工4万多个；减免残疾人子女及残疾少儿学杂费2万多元；减免工商管理费5万余元；减免各项税收（不包括福利企业的免税部分）15万元；减免和补助残疾人康复治疗费10余万元。县、乡、村每年还给无依无靠、丧失劳动能力的残疾人生活补助费达30万元左右。农忙季节给残疾人义务帮工1、2万人次，安排有劳动能力的残疾人进福利企业共1000余人。

季岭村残疾人有了“三免田” 山东省临沭县季岭村在完善土地承包中，1993年秋后特意为本村25名残疾人每人安排了一亩免集资、免集粮、免义务工的“三免田”。残疾人高兴地称：“这是幸福田。”以往村里残疾人的生计一直令村委会为难。集体养着他们，村里负担太大，撒手不管更不是办法。为免去残疾人在农业生产中的困难，体现社会对残疾人的关怀，向残疾人开辟一亩“三免田”，由村里组织劳力为他们耕种、浇水、防治病虫害。同时村委会还在种、养、庭院致富等方面优先为残疾人提供信息、技术、资金等服务，千方百计增加他们的收入。由于季岭村在政策上认真落实扶残助残，村里的残疾人年收入达600—800元之间。

安阳市拓宽安残渠道 河南省安阳市政府1993年12月中旬召开全市大中型企业厂长、经理座谈会，专题研究如何利用大中型企业优势，大力兴办福利企业，妥善安置有劳动能力的残疾人就业问题。参加会议的40多位大、中型企业的厂长、经理实地考察、学习了安阳钢铁公司依靠自身优势，创建福利厂，安置公司137名残疾人就业的做法。一致赞扬安阳钢铁公司等单位上为政府分忧，下为百姓解愁的精神，纷纷表示要学习先进单位的先进经验，为残疾人谋利益，为社会作贡献。副市长高福生更对大家的积极态度表示肯定。座谈会后，安阳市一些企业已开始或正在筹办福利企业，安排更多的残疾人就业。

长春市郊区为农村残疾人铺垫脱贫之路 吉林省长春市郊区区委、区政府针对农村贫困人口中残疾人家庭占半数以上的实际情况，把扶助农村残疾人脱贫作为各级党政部门与社会各界义不容辞的责任。到1993年底，经过3年的努力，全区312户残疾人困难户，已有1/3摆脱贫困，走上了富裕之路。他们在扶助残疾人工作上主要采取了3条措施。一是领导包户。区委和区政府作出了区、乡、村各级领导层层包扶残疾人困难户脱贫制度，每人包一户，不变不脱钩。原区人大主任孙传库包扶的邓发，由负债累累到年收入万元就是很有代表性的事例。二是部门帮扶。区领导发动每个部、办、局各包1户，做到有钱出钱，有力出力，有点子出点子。各单位利用各自优势，使残疾人得到具体帮助。三是邻里帮扶。由于领导带头，这个区的扶贫助残形成风气，邻里之间对残疾人的帮助开展得扎扎实实，助残活动遍及村村镇镇，照顾残疾人孩子，帮助残疾人料理家务，助耕代种，传授致富技术的事层出不穷。

兴安盟创办残疾人蒙医职业学校 内蒙古兴安残疾人蒙医职业学校到1993年已创办7年，这所学校把一批蒙古族残疾青年培养成为有用之才，为蒙古族残疾人自强自立开辟了新途径，并为研究发展传统的蒙医、蒙药事业做出了贡献。兴安盟是革命老区，被称为内蒙古的“小延安”。由于地处祖国边陲，经济文化落后，交通不便，缺医少药，不少残疾青年初中毕业后受身体和经济条件的影响和制约，既不能继续学习，又不能从事繁重的农牧业生产，不少人成为家庭和社会的负担。本身肢残并对蒙医蒙药研究有很深造诣的兴安盟政协委员阿日木扎副主任医师四处奔波求助，于1987年创办了全国首家残疾人蒙医职业学校，招收残疾蒙古族青年学员，以传授蒙医蒙药知识为主，采用蒙文蒙语授课。学员来自农牧区，毕业后又返回农牧区为农牧民服务。截止1993年暑期，这所学校毕业的42名学员已有22名被乡卫生院录用，20名成为“乡村医生”。他们往来于农牧区、为广大农牧民防病治病，每年诊治患者达8万多人次。由于有了一技之长，毕业生中已有28人建立了幸福家庭。学校在办学中也得到发展。

大观区为残疾人排忧解难 安徽省安庆市大观区连续3年把宣传、贯彻《残疾人保障法》作为重点来抓，广泛动员社会力量为残疾人排忧解难，受到残疾人及其家属的热情称赞。区残联一成立就配齐了工作人员，并在全区7个街道办事处，55个居委会分别建立了残疾人联合会和扶残助残工作小组，为残疾人服务活动提供了组织保证。区政府于1992年9月制定了《关于贯彻残疾人保障法的八条具体措施》，在劳动就业、入学、入托、就医、购物、困难救济和办理农转非等方面对残疾人特殊照顾。为解决弱智儿童的教育问题，区政府建校舍，配教师，购用具，办起了两个弱智儿童辅读班，既教文化知识又学一技之长。该区特、重残疾人均由扶残助残小组和居委会民政委员定人定时上门服务。每逢“助残日”，区、街道、居委会都要分级慰问，普遍走访辖区残疾人家庭。通过走访，结合平时掌握的情况，先后为22人解决了住房、就业和农转非方面的困难。1993年，该区有劳动能力的残疾人就业率已达95%以上。

南昌市西湖区助残工作成绩斐然 江西省南昌市西湖区重视残疾人事业，健全组织机构，关心残疾人生活，努力为他们排忧解难，使残疾人工作有着落，生活有保障，娱乐有去处。截止1993年5月，这个区通过残疾人就业服务所拨款30多万元，兴办福利企业50多个，安排残疾人就业千余人。区办的育智学校开办8个班，对弱智儿童进行文化、体育、美育和劳动技能的教育，通过开办弱智儿童家长培训班，指导家长正确对待生活，帮助弱智儿童健康成长。西湖区领导经常走访育智学校、福利工厂和残疾人家庭，主动帮助残疾人解决生活上的实际困难。西湖区残疾人服务体系已初步形成，全区建成区、街、居委会三级残联组织300多个和两个康复医疗点，近二年还拨款4万余元为残疾人进行康复治疗和特殊教育。

宝鸡市为残疾人办技术培训班 陕西省宝鸡市残联经过多方筹划，购买和租用了6台毛衣编织机和针织横机，为残疾人义务开办了两期培训班。对参加学习的学员，除了不厌其烦地讲授之外，还专门对5名半身瘫痪靠单手操作的学员增开“小灶”，直到每个学员学懂弄通，能够独立操作而后已。有的学员结业后就办起了毛衣编织门市部，对外承接加工业务。有个半身瘫痪的青年杨平因掌握了过硬的技术，1993年初已被一家手套厂招聘就业。

济源市助残出台新举措 河南省济源市为帮助农村众多残疾人脱贫致富，共奔小康之路，1993年11月出台了6项新举措：(1)凡是纳入奔小康的村都要有扶助残疾人奔小康的具体办法，对残疾人实行优惠的政策，并要张榜上墙，村里要有人负责。(2)村里的残疾人实行干部包一个，党团员帮一个，致富户帮一个，乡村企业安置一批，不致富不脱钩；对无劳动能力的残疾人实行供养。(3)根据残疾人的不同特点帮其学一技，创千元，鼓励和帮助残疾人个体开业。(4)有条件的村要积极创办福利企业，安排残疾人就业，努力提高社会效益和经济效益。(5)对能手术治疗的残疾人给予治疗；让7岁以下聋儿参加市语训中心的语言训练；9—15岁的聋儿到特教学校学习文化；对成年残疾人，村里要为他们办夜校。(6)村村都要办文化活动室，开展文化活动，活跃残疾人文化生活。济源市已在4个村进行试点，1994年将在全市铺开。

县委书记与盲人夫妇 1993年1月3日《人民日报》刊登山西省五寨县盲人医师徐志力给编辑部的信，表示了他对五寨县委书记李高山由衷感激的心情。徐志力和妻子秦润英都是盲人，家里还有83岁的老母和两个上小学的孩子，全家生活仅靠徐志力86元的月工资维持生活，处境之难可想而知。徐志力抱着试一试的心情找到县委书记李高山，向他提出了户口农转非的要求。李高山听了徐志力的诉说后，回答说：“一个外乡人，又是一对盲人夫妇，当了20多年的按摩临时工，有条件申请解决农转非。”过了不久，徐志力听人说县委大门口公布的农转非栏目中有他的名字，又过了几天，政府派人把转户口的通知书送到他手上，他感动的眼泪夺眶而出。他的户口农转非后，工作也由临时工转为合同工，工资由86元增加到130多元。他在信中激动地说：“虽然我看不见，但党给我的生活送来了光明，我求党报替我说说心里话，让社会上更多的领导干部像李高山书记一样为我们这些可怜人多办好事。”

罗奶奶枯木逢春 1993年春节的前一天，广西柳州市副市长，市红十字会会长陈明贵带队到柳江县穿山乡慰问优抚对象时，得知了瞎罗奶家的不幸遭遇：罗奶奶76岁了，6年前两个儿子先后病逝，媳妇丢下4个从7岁到12岁的孙子孙女不辞而别，孙子孙女要吃要喝，罗奶奶贫病交加，又因伤心过度而失明，全家靠政府的救济过日子。陈明贵心里很不平静，他马上把身上仅有的50元钱塞到老奶奶手中。春节还没过完，他便找市卫生局的领导商量，希望尽最大努力治好罗奶奶的眼疾，同时责成有关部门解决好4个孩子的生活问题。市红十字会医院接受任务后，院长吴联元当即带领医疗组赶赴罗奶奶家，诊断病因是老年性白内障，决定把罗奶奶接到医院免费手术治疗。罗奶奶到达医院的第二天，市委副书记、副市长、市人大副主任等领导同志亲临医院，听取了医院治疗方案汇报，并给老人送去了许多营养品。手术时，吴院长亲自督阵，手术获得了满意的效果。病房的护士们对老人尽心尽力地照顾，医师和院领导一天几次观察病情；陈明贵副市长多次打电话询问情况；市民委和同病房的病友送来水果和奶粉；充分体现了社会主义制度下的人间温暖。手术后第6天，医师解开绷带，罗奶奶惊喜地喊道：“我看见啦！我看见啦！”在黑暗中摸行了近5年的老人，终于又重见光明。

海军教导大队被称作“盲人眼睛” 北京卢沟桥畔有一所盲人院，院内的盲人说：我们有一双明亮的眼睛。被称作“盲人眼睛”的就是到1993年为止，已连续10年被上级部门评为“精神文明先进单位”的海军司令部教导大队的官兵们。10年前，当教导大队的官兵们首次来到盲人院时，看到的是院内外凸凹不平的路面，下雨时多处积水，盲人们深一脚、浅一脚地在雨雪中困难地摸索，不少人摔得一身泥水。于是官兵们自筹材料，在盲人院内铺设了130余米长的排水管道，整修了院内和盲人们去福利厂上班的马路总长近400米，如今路面平坦、干净，盲人摔伤的事故再也没有发生。教导大队的女学员经常主动帮盲人洗被子，许多盲人的被子从缝上就没洗过，有一床被子竟用了4个小时才洗净。教导大队的领导对助残工作做到年年计划，月月安排，坚持为盲人们买粮、买煤、买菜，定期为盲人们整修房屋、理发、打扫卫生，还派出医务人员上门为盲人及其家属诊治疾病，使他们的工作和生活都感方便。盲人院里的10多名小学生学习成绩差，大队投资了千余元为他们建立了“少儿活动室”，把这些孩子集中起来辅导文化学习和开展有益的文体活动，并教育他们怎样做人。在教导大队的热情帮助下，盲人院的孩子们学习成绩普遍有了较大提高，有的人考上了中专，有的人当上了民警。

残疾人的贴心人杨洪武 吉林省长春市南关区残联干部、共产党员杨洪武被人们称为残疾人的贴心人。辖区有位吴少荣老人，85岁了，因患白内障失明多年，十分苦闷。杨洪武为帮助老人进行白内障复明手术，用自行车推着老人上医院，背着老人登上医院的二楼、三楼、四楼，又联系眼科主任亲自动手术，使尽了自己的气力。在老人住院期间，杨洪武每天探望两次，同房病人都羡慕吴少荣老人有个“孝顺的儿子！”聋儿林诚是被人收养的弃婴女，4岁仍不会说话，杨洪武多次带着林诚到省聋儿康复中心治疗。有一次，在预约检查的前一天，他自己的孩子得了病，爱人又在郊外上班，是给自己的孩子看病还是如期带林诚去做检查？结果给自己的孩子吃了几片药，托付邻居照管，就匆匆上路送林诚去省聋儿康复中心。由于医师的精心治疗，老杨反复的指导，终使林诚走出了无声世界。

梁丽红青春献给弱智人 广州市荔湾区金花街工疗站管理人员梁丽红从1980年起，坚持献身社区服务事业，把温暖带给成千上万个弱智人，1993年被评为广东省民政系统劳动模范。14年前，街道上让梁丽红组织一个弱智人生产小组，寻找解决弱智人生活的出路。她接受任务后四处奔走，八方求援，好不容易才找到了适合弱智人做的拆纱和穿扣针工作，开拓了对弱智人的精神康复和职业康复。小梁除了要为解决生产上的许多困难操心，更要在生活上照料那些弱智人。他们病情有时发作，大小便失禁，随便打骂人，有时突然口吐白沫，手脚瘫痪。小梁想到自己肩负的责任，便自学医学知识，努力克服年轻姑娘的胆小和害臊，使自己对病人从怕到不怕，从难为情到敢于亲手处理，经常为发病弄脏身体的病员洗擦身体和衣物，及时与医疗单位配合，共同开展防治工作，使一些病员病情得到部分控制。在梁丽红怀孕期间，不少人劝她趁机要求街道安排其它工作，但梁丽红想起几年来花在工疗站的心血和汗水，想到需要她关心体贴的20多位弱智人，想到弱智人家属对她的请求和期望，她下定决心：留在工疗站，为弱智人多做贡献。10多年来，她组织弱智青年多次参加残疾人运动会、游园会、夏令营和文艺联欢，带领他们逛花市和郊游，使工疗站的工作做得有声有色。小梁以站为家、热心为弱智人服务的精神，深受弱智人及其家属、街道干部群众的好评，大家夸她是“工疗站的好管家，弱智人的贴心人！”

残疾人的知音李振明 1993年4月15日上午，30多名残疾职工摇着轮椅、拄着拐杖，将一个有“残疾人知音”字样的横匾挂在济南军区某团五金加工厂厂长李振明的门前。1992年，李振明到泰安、东平等地商谈联营事项，从当地民政部门了解到有一部分伤残退伍军人和社会上的残疾人工作得不到安置，生活相当困难。李振明想，部队工厂经济效益好了，有责任为社会减轻一些负担。他的想法得到团党委和地方民政部门的大力支持。根据残疾人的特点厂里办起了编织加工车间，招收了9名伤残退伍军人，21名社会残疾人，并根据他们的特点，安排做力所能及的工作。伤残人中有11人不能来厂上班，李振明就定期派人把材料送上门，让他们在家加工。加工好了，就把工资送上门。李振明积极助残行动，受到政府和部队的奖励，他曾两度被山东省政府和济南军区评为“助残爱民先进个人”，最近又被树为“学雷锋先进个人”，荣立二等功。

残疾老人的第10封感谢信

1993年1月18日，一封用大红纸抄写的感谢信张贴到武汉市公汽76路任家路车站上。这是残疾老人刘凤桃写来的第10封感谢信。刘凤桃老人是武昌区黄鹤楼街劳动服务公司的一名普通干部，自幼因小儿麻痹症留下残疾。1987年2月从武昌搬家到青山任家路后，开始了跑月票的生涯，上下班往返一次20余公里，下雨下雪，乘车高峰期对这个残疾老人成了一件最困难的事。公汽76路车的司乘人员了解到这一情况后，把老人列为重点照顾对象，上班时让老人直接到停车场乘待发车，下班时让老人在方便的地方下车。好几次下大雨，停车场内积水近膝盖，调度员吴俊英淌着水把老人背上车子。6年来，尽管76路汽车的司乘人员换了好几茬，但关心、照顾刘凤桃老人的人和事却接连不断。1993年1月16日，武汉大雪纷飞，乘务员、公司标兵刘尧正从车上下来刚把老人扶上车，自己却一下跌倒，票包正好顶住阑尾炎手术后刚刚愈合的伤口，顿时痛得泪流满面。这天夜里，刘凤桃老人激动地拿起笔来写起了给76路汽车的第10封感谢信。

爱心使盲人三姊妹重获新生命 山东省青岛市25中学退休教师李忠诚有三个女儿，由于幼发性白内障，三姊妹都是在七八岁时双眼失明。全国开展残疾人三项康复工作后，在青岛市"三康办"的安排下，三姊妹得到了著名眼科专家谢立信教授的诊治。谢教授先后三次亲自为她们进行了高难度的白内障摘除联合人工晶体植入手术。这种手术格外困难，谢教授高明的医术和炽热的爱心使手术一次又一次地获得成功，视力达到了1.0—1.5，最差的也有0.8。眼睛复明后，就业问题又随之而来。三姊妹原来学的是盲文，不识汉字，文化水平不高，达不到劳务市场的招工要求。青岛市俞正声市长得知这一情况后，责成劳动、民政、残联方面协助解决。1992年底，22岁的李严被安排到市针织工厂。20岁的李含当上了学校招待所的服务员；小妹李宇已到福利工厂上班。

李嘉诚捐巨款支持发展残疾人事业 李嘉诚先生向中国残疾人福利基金会捐赠1亿元港币仪式，1993年10月5日在人民大会堂隆重举行。李瑞环、李岚清等出席了捐赠仪式，并对李嘉诚先生慷慨捐巨款支持发展残疾人事业表示衷心感谢。1991年8月，李嘉诚先生及其属下多个公司曾捐赠1亿港元支持《中国残疾人事业"八五"计划纲要（1991—1995）》实施，用于白内障复明手术、小儿麻痹后遗症矫治手术、聋儿听力语言训练、低视力者配用助视器、智力残疾的防治与康复及30个省级残疾人综合服务设施建设等8个项目。这些项目计划已顺利实施两年，取得了显著成效。在捐赠仪式上，李嘉诚先生和中国残联主席邓朴方发表了热情洋溢的讲话。国务委员彭珮云在讲话中对李嘉诚先生爱国爱乡、助残济困、一向热心公益事业的高尚品德倍加赞赏。

上海百名残疾人自学成才

上海市高等教育自学考试委员会1992年5月7日召开表彰会，表彰获得全国优秀残疾人自学成才奖的王忘卫等9名残疾人。会议还肯定了上海教育学院等17所主考学校的助残、助学活动。10年来上海先后有1000多名残疾人加入自学考试行列，其中已有近百人从专科毕业，10人从本科毕业，5人获得学士学位证书。共有36名本、专科毕业生获全国优秀残疾人自学成才奖。

上海16名中小学生获"身残志坚好少年"称号 1992年5月1日"上海市身残志坚好少年"评选揭晓，16名中小学生获此殊荣。5月4日，获奖学生与10多位儿童作家、记者进行了座谈。这些作家、记者将为他们撰写报告文学并结集出书。上海共有4000名聋、哑、盲、弱智少年在特殊学校就读，此外还有一大批在普通中小学就读的残疾少年。为了向社会展示残疾少年身残志坚，顽强拼搏的精神，激励全市少年儿童勤奋好学，积极进取，有关单位举办了这次有意义的评选活动。这16名好少年是席德玲、林岗、金美心、胡国强、全琳、朱闽、魏清、陈娟华、罗建锋、蔡静、朱家懿、毛华、张征宇、胡驰骏、詹佳、杨希。

独臂兵器专家祝榆生 兵器科学院副院长、兵器科技委员会副主任祝榆生虽然年过7旬，又是独臂，但为了中国兵器工业的现代化，仍执著地工作在他毕生为之奋斗的岗位上。继1989年他荣获"全国老有所为精英奖"之后，1992年又荣获"兵器工业功勋奖"。祝榆生从1938年投身革命起，半个多世纪担任的职务都与兵器相关。抗日战争时期，他带领战士用炸药爆破敌坦克成功，荣立一等功。解放战争时期，为了战友安全，自己抢着去处理炮弹故障，不幸失去了右臂。解放后，他顽强拼搏在兵器教学、科研岗位上。80年代，他已肩负兵器科学院副院长的重任，面对新技术革命的挑战，他涉猎的学科不仅广泛，而且进入了高档次。他对于坦克、高炮及反坦克武器，理论上有高深见解，许多重要数据记忆非常准确。离休后，他仍刻苦研究，在兵器设计上取得很大成绩，荣获国家技术进步特等奖，受到军委领导同志的高度赞扬。

残疾人季叶克载入《世界名人录》 残疾人季叶克是福建省泉州大学图书馆期刊部青年助理馆员，《福建日报》特邀翻译。1992年年初被英国剑桥国际传记中心搜集编入《世界名人录》丛书。季叶克自幼患小儿麻痹后遗症，导致双腿严重残疾、行动极为困难。他以顽强的毅力读完了高中，用刻苦的拼搏精神寻师求教；听广播录音自学英语、日语和世界语。在《国外激光》、《兵器激光》等国内外学术刊物上发表85篇译文和论文。为教学、科研、生产等部门翻译了科技资料120多万字，深得学术界的好评。

"状元师傅"——独手坦克兵

据《解放军报》1992年3月23日报道：沈阳军区某坦克团五连副连长张玉在1985年一场演习事故中失去了右臂。坦克的档位在右侧，只有左臂的张玉要重新驾驶坦克，难以想象。可是，张玉回团后，二话没说就飞身跳上一辆坦克，钻进了驾驶室，一阵轰鸣过后，行进中的坦克变速、转弯、爬坡、越坎……出现了奇迹。于是，我军第一个独手装甲兵副连长开始了他不寻常的奋斗生涯。副连长要组织训练、负责设备维修和保养，张玉从来没有喊过难。一次，连队有辆坦克在回场路上熄了火，本该送修理所，为了不耽误第二天的战术演习，张玉一头钻进车里，10个小时过去了，一直到半夜两点，故障彻底排除。为了用假肢进行设备维修，张玉用一个小工具袋装满他自己设计的形状奇特的各类工具，固定在右膀上代手。他带着战士们精心保养器械，使设备完好率保持在100%，这个连也因而成为总参树立的设备管理先进连。为了组织教学，他用左手练习写字，一分钟写不了几个，几年来却积累了5万多字的教案。驾驶示范，假肢要当真肢用，腕上的皮肉不知磨破多少回，每次示范下来，假肢里都浸满血水。一个假肢一般人要用10年，张玉7年就换了3个，而他的坦克连在团以上技术比武中夺魁当状元的就有20多人，因此人们称他为“状元师傅”。

三位残疾人在京办书画展 刘京生、李云龙、周德利三位残疾人书画展于1993年6月27日至7月11日在首都博物馆举行。乔石为书画展题词，李瑞环打电话表示祝贺，王光英为书画展剪彩。刘京生是“无臂画家”；李云龙自幼患小儿麻痹，近年又患尿毒症；周德利患有腰疾。他们在十分艰苦的条件下，一直执著地研究书画艺术。这次书画展共展出近年来他们的书画作品80余幅，深受广大书画爱好者的欢迎。他们的作品曾多次在全国美展中获奖。

笔走人生的司宝昌 蒙古族青年司宝昌从1986年起就因残酷的疾病瘫倒在病床上，就是这么一个连坐着都十分痛苦的残疾人，却通过多年来趴在炕上练书法、搞篆刻而在艺术的殿堂里苦苦求索。近几年来，他的篆刻作品多次被《新闻业务研究》、《兴安日报》等报刊采用，他的书法作品又于1993年9月获得全国“王羲之杯”书画大赛三等奖。司宝昌自幼酷爱书法艺术，由于家境贫寒，初中辍学后即担负起养家糊口的重任。尽管农活很累，但他一有空就用树枝、草棍在田头地角练习写字。24岁那年他瘫在床上之后，也曾产生过痛苦、悲观和失望，甚至有过自杀的念头。后来他悔悟过来，发誓要用笔走完这人生的旅程。司宝昌弄来许多关于书法理论的书籍和各类字帖，潜心研究。他练字不能坐，只能趴在炕上，汗水不断流淌。他家没有电灯，晚上练字就靠煤油灯。有时煤油也没有，他就趴在窗台上借朦胧的月光练习。他就是在这条充满荆棘和艰难艺术之路上不停地奋斗、前进。

残臂生辉的书法家 1967年，段明哲任黑龙江省合江林业局党委书记时，为抗拒“造反派”的残酷迫害，只身逃进冰天雪地的山林，冻坏了双手，被迫齐腕截断。双手截残之后，段老在无手的情况下用双腕捧笔练字。截残后的20余年，段明哲以坚韧不拔的毅力和一丝不苟的精神，不分春夏秋冬，不顾严寒酷暑，拜师学艺，持之以恒，终于练就了一手雄浑有力的好字。1992年，72岁的段明哲的名字已被收入《中国现代书法界人名辞典》。他的书法和他钟情书法的精神被人们广为传颂。

武钢残疾女工段善琦贴画作品展览 1992年1月25日，武汉钢铁公司女职工段善琦的400多幅个人布贴画作品展览在武钢工人文化宫举办。许多作品中栩栩如生的人物、花鸟，雄伟的高炉，色彩斑烂的山水赢得观众的交口称赞。段善琦1987年不幸患了脑瘤，手术后下肢瘫痪。根据她的病情，医生说她活不过半年，可她不仅奇迹般地活了下来，而且在人生的道路上另辟了一条新径——用艺术创作来实现自身的价值。5年多来，她用惊人的毅力和刻苦的精神从用蛋壳、药瓶制作小工艺品入手，兢兢业业，锐意进取，逐步学会了剪纸和布贴画，最终走出了一条独特的艺术创作之路。她已有数以千计的作品问世，不少作品在全国职工艺术展览中获奖，还曾应邀在美国、德国和俄罗斯等国展出。

用心灵感知多彩世界的朱闽 1992年年初，在上海工艺博览会的展厅里，上海盲童学校六年级学生朱闽在半个小时之内用泥团搓捏的小熊获得了绝招表演一等奖。朱闽9岁时就因先天性青光眼失明。他没有绝望，而是以张海迪、海伦·凯勒为榜样：“要掌握知识和技能，向命运挑战”！从此之后，他借来《钢铁是怎样炼成的》、《把一切献给党》，请家人给他讲，请同学给他读。英雄的榜样，成为他力量的源泉。学习盲文，读、写都达到了100分；学习计算机，他首批入选市全盲计算机训练班；学习钢琴，他的四手联弹在首届学生艺术节上获得二等奖；他自学中医，针灸、按摩、推拿都有了相当基础；他在学校的各科成绩一直名列前茅，还参加了美国海德里盲人函授学校学习。小朱闽眼睛虽然失明了，但他正用心灵感知多彩的世界。

残疾人发明家李建刚 李建刚是河南周口市电视接收天线研究所所长，今年39岁，是1992年烟台《中国首届专利新技术、新产品博览会》电视天线系列唯一的银奖得主，他所发明的十多种电视接收天线，已有8项获得国家专利，是河南省获国家专利最多的人之一。李建刚4岁时下肢致残，15岁时又因文革浩劫辍学，艰难和不幸炼成他自强自立、百折不挠的性格。在广播站工作期间，他以锲而不舍的精神，硬是用两年时间学完了中国电子学会电子技术进修班的全部课程，为他的研究打下了坚实的理论基础。多年以来，不论是三九严寒还是酷暑盛夏，人们都会看到李建刚那简陋小屋里的灯光通宵达旦的闪亮。缺少研究经费，李建刚曾经卖掉自己的房子，全家人挤到他爱人不足10平米的小屋；在他完成一个设计后，忽然觉得饥肠辘辘，可他却怎么也想不起最后一顿饭是什么时候吃的，他对天线研究到了“如醉如痴”的地步。李建刚最新研制成功的远距离强增益室外天线在技术性能和款式结构上开创了电视接收天线的新纪元。专家们一致推荐这项发明参加了1993年国家科委在新加坡举办的《中国高新技术展览会》。

盲人画家沈冰山 沈冰山是福建韶安县人。1992年9月在沪举办《盲人沈冰山书画展》,轰动艺术界。沈冰山幼年丧父,勉强读完小学,就因家贫辍学。解放后,他潜心学习绘画,却不料在24岁那年因病在一夜之间双眼失明。沈冰山不肯向厄运低头,他锲而不舍地学画。功夫不负有心人,终于能够凭记忆想象下笔了。他的精益求精精神是十分令人感动的。有一天蹲在卖虾摊边,一只一只地摸着对虾,他对摊主说:"你放心,我摸过的虾全买下。"事后他高兴地说:"齐白石家不在沿海,他所画的虾是五节的河虾,而海虾有七节,我要画七节的海虾。"有一年夏天,他让孩子们带他下池塘,他用手一寸一寸地摸量荷花的茎杆,弄清荷花的形状。而后站在塘边阡陌上,静听周围杨树随风摇摆,池塘中鸭鹅戏水,树枝上禽鸟对舞的声音,这样使他作画的素材更加丰富。一旦作画,便能挥洒自如。1989年3月他的一幅荷花和一幅葫芦同时入选北京《全国残疾人艺术作品展览》,1990年10月,世界残疾人康复大会第15届年会特邀沈冰山到会先后4次现场绘画,一时名噪京城,引起中外来宾极大兴趣和深深的敬意。中残联理事长邓朴方看了沈冰山的现场作画后说:"为中国残疾人争了光。"会后,沈冰山的《荷花图》被毛主席纪念堂珍藏。沈冰山不仅能作画,而且对琴棋书艺无所不学,学而必通。他的棋艺在广州、香港、新加坡、菲律宾等地都小有名气,为我国残疾人赢得了荣誉,1991年他被评为"全国自强模范",1988年和1993年连任福建省残联第一、二届主席团委员。

哑女谢玲的"红舞鞋" 15岁的哑女谢玲是安徽芜湖人,曾在市、省乃至全国舞蹈大赛中取得优异成绩。1993年2月中旬,她入选中国残疾人艺术团,参加了4月份举办的亚太地区残疾人艺术节,成为安徽省第一位获得出国访问机会的残疾人。谢玲4岁时因药物过敏致哑,她以学习舞蹈的艰苦磨砺来医治痛苦的心灵:每次训练,脚趾一层层脱皮,往往是旧伤未好,新伤又至。可以想象在她带伤跳舞时,需要怎样的毅力和勇气。1989年,她与正常人角逐芜湖市十大舞星。年龄最小却名列第一。芭蕾舞《心中的旋律》反映了哑女的心态和自立精神,谢玲的这个独舞在合肥和外地刮起一阵旋风:无数的观众都争着来观看谢玲的红舞鞋有什么秘密。《心中的旋律》夺得安徽省第一届残疾人调演一等奖,全国残疾人艺术调演华东赛区一等奖。1992年10月,全国部分省市盲聋哑学生艺术调演在南京举行,谢玲的芭蕾舞《北风吹》夺得了二等奖。中国残疾人艺术团,中国残疾人大学的领导均当场表达了招收谢玲的意向。

尹小星手摇轮椅周游全国

尹小星是江苏省新沂县炮车镇果园村人,身患一级综合性残疾。1991年12月8日,他手摇轮椅从江苏徐州出发,准备用5年时间周游全国各省及港澳地区。1993年初,他已途经上海、浙江、福建、广东、海南、广西,预计七八月间抵达西藏。尹小星说他此行目的是沿途宣传《中华人民共和国残疾人保障法》和向全国5000万残疾人证明:健全人能做到的,残疾人也能做到,健全人做不到的,残疾人通过努力也能做到。激励残疾人热爱、珍惜自己的生命和青春,让残疾人也和健全人一样拥有一个美好的人生。一个残疾人在万里征途上的艰辛是可想而知的,但他以坚强毅力战胜了一个个困难,并且还获得了许多好心人的帮助。他在深圳的一次即兴讲演中,受到逾千的听众热烈的鼓掌与欢呼:他的自强精神给人以深思和震动。

见义勇为的残疾青年杨清泉

1993年12月22日,辽宁宽甸满族自治县残联发出通报,表彰残疾青年杨清泉见义勇为、制止恶性殴斗,维护社会治安的事迹。1993年11月4日,杨清泉所在村里的一个青年人与外村青年李勇争执殴斗,李勇掏出水果刀开始行凶。围观的人见李勇手中有刀,都不敢靠前劝阻。杨清泉得知此事,立即赶到现场,奋不顾身地摁住凶手,并在众人帮助下夺下他的刀子,制止了一场恶性流血事件。事后有人问杨清泉:"有没有想过,歹徒手里有刀,情急之中他会捅着你呢?"杨清泉说:"那时候只是向歹徒抢刀,没有想到自己的死活。我认为他是邪的,他压不倒正气。"杨清泉左腿因小儿麻痹后遗症落下残疾,他曾经三次从柴刀斧头下救过人,还参与扑救了四次较大的火灾。

残疾人艺术团团长周晓红

周晓红是个年已40岁,左眼失明,右眼只有0.04视力的残疾人。"上山下乡"时,她曾经是滇南南溪农场文工队的主要演员,返城后当过护士。眼睛失明退职后,开过冷饮店。1990年她下决心要创办一个残疾人艺术团。当亲人和朋友得知她的想法之后无不极力反对。但她绝不动摇,先后找省文化厅、市文化局、税务局、工商局……终于,由10多个多才多艺的残疾人组成的"春城残疾人艺术团"于1992年9月成立了。到1993年9月,这个艺术团已在昆明的星火剧院、昆明剧院、春城剧院等大型表演场所演出多场,观众反映强烈,轰动了昆明。艺术团的钟文林,有"昆明阿炳"之称,他用手风琴演奏的《江河水》曾使许多观众为之倾倒。他说:"我愿意随周团长走天涯,为残疾人树榜样!"在昆明市第二届残疾人文艺调演中,由周晓红创作的《残疾人之歌》获创作奖和特别奖。周晓红说:"我要走遍中国甚至世界,去探访残疾朋友,让众多的残疾人树立起自尊、自爱、自立、自强的信心。"

残疾青年诗人林霖 林霖的诗曾让无数诗友为之心折;他在中国残疾人丛书《走向人间》里"要努力做一个普通人"的呐喊曾

使许多残疾人为之振奋;他独架双拐走遍大江南北创办《同人》杂志和创办福州第一家残疾人活动中心的豪气,令许多健全人也为之汗颜。林霖从8岁上小学开始,就是靠着双手撑地,一步一步地向前挪动而勤奋地坚持到高中毕业。毕业时他以福建闽侯县"文科状元"的优异成绩考取了北京大学,由于身体原因未能入学。然而他并没有因此而消沉。他一边卖冰棍、摆书摊,一边自学汉语文学专业的课程,终于获得了大专文凭。并在县委领导的帮助下,成了闽侯二中的语文教师。为了推动残疾人事业的发展,他在福州市民政局的帮助下成立了福州第一家残疾人活动中心。到1993年,活动中心为残疾人开办了多种形式、多种专业的职业培训班,创办了《同人》报,多次举办残疾人集体旅游活动,活动中心已发展到60多名会员,加强了互勉互助。近年来,林霖又走上文学创作之路。他在《青春潮》、《诗神》等刊物上发表了100多首自强不息的诗作,作品多次在全国诗赛中获奖,他本人也荣获国家"残疾人自学成才奖"。

盲人作曲家陈君恩 1993年2月18日上午,福州盲聋哑学校礼堂举行施文丘音乐奖颁奖仪式:当世界知名的音乐指挥家、福建社会音乐学院董事长蔡继锟教授将1000元奖金奖给福建第一个盲人作曲家陈君恩时,场内响起了阵阵掌声。1977年,14岁的陈君恩因眼球萎缩而双目失明了。他在黑暗中,开始了艰难的探索,最终选择了音乐创作的道路。作为一个没有经过正规训练的盲人,遇到的困难是难以想象的。由于各方面的帮助,他得以顺利学完了中专4年制全部音乐课程,并在1985年考入中国函授音乐学院作曲系。1988年,长春大学特教部首次向全国招收残疾学生,陈君恩以对音乐理论的对答如流,对钢琴音节的一清二楚和自弹自唱的歌曲惊动四座而被顺利录取。1992年毕业前夕,长春大学为他专门举办了"陈君恩创作歌曲演唱会"。1991年7月,陈君恩的第一本歌曲选《强者之歌》出版,他将稿酬所得全部献给福建省残联和扶残促进会。同年10月,福建省新闻界、音乐界为陈君恩举办"爱心"音乐聚会,获得良好的社会效益。中央电台、中国国际广播电台、《福建日报》为此专门报导过陈君恩的动人事迹。

陈雪妮的文学之路 中共安徽省濉溪县委和濉溪县人民政府1993年9月授予陈雪妮"新长征突击手"的光荣称号,并号召全县人民向她学习。陈雪妮出生后的第二年就双腿萎缩而致残。1985年,尽管她中考的成绩可以进入淮北任何一所重点中学,但由于身体原因,她被挡在高中教育的门坎之外。她战胜了失望和轻生之后,踏上了一条布满荆棘的文学创作之路。2年过后,她的处女作《松树给我的启示》在《淮北日报》上发表了。怀着强烈的求知欲望,她向远在省城合肥的安徽大学提出上大学深造的要求。安徽大学中文函授学院副院长张立光被这个年轻人的顽强意志和强烈的求知欲所震撼,在审看了她的哲理性散文《青春的誓言》后,决定安排陈雪妮住到自己家中,亲自承担起照顾她求学的工作。1991年5月,在陈雪妮已在《淮北日报》发表27篇散文和1部近20万字的小说时,她顺利通过了严格的考试,获得了大学毕业证书。她深知读万卷书还不够,还要行万里路扩大自己的境界,1991年10月开始,陈雪妮执意到外部世界去闯荡。两年间足迹遍布江苏、辽宁、吉林、山东、内蒙等8个省市,行程近2万公里。1993年7月,她3部新著已告完成。已发表的作品2次获全国性大奖,本人也被吸收为省作家协会会员。

荣获国际制陶金牌的残疾姑娘 江苏省宜兴残疾姑娘夏淑君曾在1991年香港举办的第三届国际残疾人技能比赛中荣获制陶金牌。这是她初中毕业后到宜兴紫砂工艺厂工作12年,以其精湛的艺术获得的荣誉。十几年来,她深感没有高水准的科学文化知识,就不可能创作出高水平的艺术作品。因此,她忍受着双腿行动不便带来的折磨,硬是坚持完成了业余成人高中的学习。1993年3月又参加了中央工艺美术学院设计班在紫矿厂开设的大专班,凭着没日没夜地刻苦学习,半年多时间内达到了大专水平。教授的评价是"学习刻苦,艺术求精,成绩优异。工艺造型、审美制作有理论基础。"为了创作一把上档次的茶具"梅桩壶",她撑着双拐爬山越岭去实地考察梅桩的造型。在陡峭的山路上滑倒了又爬起来,身上好几次跌得青一块、紫一块。经过半个多月的考察,终于设计制作出深受外商青睐的"梅桩壶"。1993年,夏淑君被评聘为助理工程师,她设计制作的高水平茶具品种已达10多个,制品远销东南亚地区,每年为国家创汇10多万美元。

盲人张瑞富与他的致富果园

河北省宽城县西李丈子村58岁的张瑞富夫妇都是盲人,全家生活一直很贫困,是当地政府的长期救济对象。从1986年春开始,张瑞富带领大女儿和大女婿到离家好几里外的乱石沟、闸河沟安营扎寨,开荒种树。浇树用的水都要到3里之外的水溪去挑。山路崎岖,张瑞富不知吃了多少苦,跌了多少跤,但他没有打过退堂鼓。到1993年,张瑞富营造的果园内共栽植红果、苹果、栗子树3000多株,收获果实2万多斤,仅水果收入就达1.2万元。他的家庭也从全村出名的困难户变成了富裕户,如今不仅盖起了新瓦房,还购买了电视机等家用电器。

丁铁军与他的康复中心 北京市朝阳区三里屯"爱康社区康复中心"是由残疾青年丁铁军自筹资金于1993年初创办的,在不到一年的时间内,已为全国17个省市的残疾人及其家属提供了康复咨询服务;它的作用引起世界卫生组织西亚太康复官员穆恩的极大关注;《人民日报》、国际广播电台、《中国日报》等数十家新闻单位介绍了丁铁军的事迹。今年23岁的丁铁军患脑性瘫痪,行为和语言都有障碍。虽然他从未进过正式学校念书,却通过刻苦自学,获得了中医大专毕业证书,掌握了西医、心理和康复的基础知识。为创办康复中心,他冒酷暑、顶严寒,四处奔波,终于争取到有关部门的支持和帮助。1993年5月,国务委员彭珮云专门看望了丁铁军和他的康复中心,并留下了"学习丁铁军自强不息的精神,积极推进残疾人事业"的题词。

盲人按摩医院蜚声武汉 武汉市按摩医院的盲医们用灵巧的双手开辟出了一条自强不息的道路。到1993年,盲人按摩医院已度过了30个春秋。1963年刚建立医院时,只是一间2张病床、5名医师的小诊所。目前已成为拥有1栋8层大楼、90余名职工、100张床位、年创收90余万元的正规医院,能为患者提供中西医治疗、光检、心电图、针灸、理疗等多项医疗服务。建院以来,已先后接诊病人300多万人次,治疗有效率达96%,治愈率达76%以上。这个按摩医院的盲医们追求的是"朴实无华,奉献不休"。共产党员、盲医蔡斌臣年过半百,每天工作13个小时以上,被同志们誉为"一年当做五年过"的"蔡铁人"。他精湛的医术和高尚的医德解除了不少病人的苦痛。作为回报,病友们把56面锦旗赠给了这位全国"五一"劳动奖章获得者。1991年蔡斌臣作为全国自强不息模范,受到江泽民、李鹏的亲切接见。盲医黄凤仁被武汉市授予"女能人"称号。

残疾人中的博士生和硕士 江苏省丹阳市访仙乡残疾青年吴耀军,通过顽强自学,于1989年考取宁波大学硕士研究生,毕业后任江苏省华东船舶工学院助教,1993年12月18日,他以优良成绩被南京航空航天大学录取为测试计量技术及仪器专业博士研究生,成为江苏省首位自学考取就读博士学位的残疾青年。闻名全国的残疾人张海迪1992年9月正式向吉林大学申请硕士学位,在她本人不懈的努力和导师孟宪忠的辛勤培育下,仅用半年多的时间,通过了吉林大学硕士生的考试,并于1993年4月2日出色地通过了题为《文化哲学视野里的残疾人问题》的硕士论文答辩。次日下午,吉林大学为她颁发了硕士证书。

济南聋哑人涉足电脑业 1993年3月24日,山东省济南市高普电脑公司和市聋哑学校为首期进入电脑培训班的12名聋哑学生举行了开学典礼。这一举措,为残疾人今后就业拓宽了新路子,更有利于展示残疾人的能力和价值。高普公司率先在全国推出此项举措,一方面是出于助残的满腔热诚,一方面是有其独到见解。他们认为,聋哑人的大脑、视力、四肢健全,不仅具备微机数据处理的基本条件,而且从某种意义上说,聋哑人听力丧失,不容易受干扰,可能正是他们从事录入工作的长处。

13. 文明生活方式与移风易俗

全国职工读书自学活动先进集体、个人评出 我国职工读书自学活动广泛开展。据《工人日报》1993年6月11日载:1993年全国职工读书自学活动先进个人、先进集体评出。北京平谷县塑料厂刘德芳等获自学成才奖。天津市总工会宣教部等单位获先进集体称号。河北省秦皇岛港务局李中元等获优秀组织者称号。

民政部、全国妇联等倡议破除婚姻陋俗 1992年春节前夕,民政部、司法部、共青团中央、全国妇联等联合向全国广大青年发出倡议,开展破除婚姻陋俗,树立文明新风活动。《倡议书》说,按照中国人民的传统习惯,春节前后是青年举办婚事比较集中的日子。为了更好地贯彻执行婚烟法,在社会上广泛开展破除旧婚俗、树立新风尚活动,特向全国青年发出如下倡议:1.严格执行《中华人民共和国婚烟法》,依法缔结婚烟关系,反对包办、买卖婚姻和转亲、换亲等干涉他人婚姻自由的行为,杜绝早婚和不登记结婚。2.大力提倡婚事俭办,婚事新办,自觉抵制旧婚俗、旧习惯,反对结婚索要高额彩礼和讲排场、比阔气、盲目攀比、铺张浪费等不良风气。3.积极响应党和国家号召,自觉实行晚婚晚育和计划生育。破除男尊女卑、重男轻女的封建思想,鼓励男到女家落户。

中国消费层次出现几大类型 据《工人日报》1993年8月11日载:有关经济专家经过调查指出,目前我国消费层次差距颇大,可分为五大类型:最高的层次是富豪型和超富豪型,主要是私营企业和中外合资企业的老板,这类人在经营上获得成功,有千万甚至数亿家财。他们吃饭上酒楼,洗衣送洗烫店,购买商品以喜欢与否为准,不问其价钱多少,崇尚洋货,讲求名牌。其次是富裕型。主要是中外合资企业的高级管理人员与技术人员、高级知识分子、走穴演员、有海外富有亲戚者、中小企业承包主等,经济收入颇为丰厚,这类人逢年过节、星期天必上饭馆。购物以是否喜欢为第一标准,其次再问价钱多少,常购一些豪华时装及名贵精品以显示自己的经济实力和身份。第三类是小康型。包括中外合资企业中的中层管理人员,有第二职业的知识分子,个体工商户、包工头等,家有数万元或十余万元的存款,日子过得坦然,一日三餐有鱼有肉,高档家电样样俱全,偶尔上饭馆享受一番,过节换季也买得起超过百元的服装赶赶时髦,购物时既追赶潮流也讲实惠。第四类为温饱型。主要是企业经营状况良好的工薪阶层，这些人靠工资度日，无额外收入，家中略有存款，购买大件商品要经过数年积蓄，消费心里追求价廉物美，以实惠为第一标准，逛商场看得多买得少，对商品质量、售后服务要求颇高。最后一种为贫困型。这类人员基本没有存款，挣钱只够养家糊口，多见于经营状况不佳的国营企业职工，多子女家庭，一般只限于购置家庭日用品，对商品牌子、款式、色彩不大挑剔，只求便宜。

“太平杯”全国首届乡镇企业征歌评选活动揭晓 由中华全国总工会宣教部、中国音乐家协会、文化部群众文化司联合主办，《工人音乐报》、《中国音乐信息报》、《中国乡镇企业报》共同承办的“太平杯”全国首届乡镇企业征歌活动于1993年12月6日在北京揭晓。这次征歌活动共收到参赛作品1945首，选出优秀乡镇企业行业歌曲和非行业歌曲各60首。这次活动，展示了乡镇企业在经济建设中所取得的丰硕成果和广大乡镇企业职工的创业精神，活跃了乡镇企业职工的文化生活。

“诗歌卡拉OK”问世 1993年由广东利海影视制作公司和深圳恩德实业有限公司共同推出的“诗歌卡拉OK”，在广州颇受欢迎。“诗歌卡拉OK”是一种新的文化娱乐形式，它把普通卡拉OK和影视技术结合在一起。娱乐者点好诗篇后，影视设备即播出事先录制的由著名播音员朗诵的诗歌，并配以相应的音乐，同时播映出相应的场景画面，造成一种浓郁的气氛与真切的意境。接着，娱乐者可以自己吟，尽情抒发感情。这种娱乐形式文化层次高，适应性广，男女老幼皆可运用。

都市流行储蓄礼仪卡 1993年春节前后，银行储蓄礼仪卡成了热门货，仅南京的几家银行统计，两个月内已发售近1000万元，有些面值较高的礼仪卡曾多次脱销。发放储蓄礼仪卡，既能祝贺新年，又显得新潮和不落俗套。许多经商者也越发注重社交礼仪，赠送“礼仪卡”已闯进了公关领域。

国际殡葬科学研讨会在京举行 93’北京国际殡葬科学研讨会和国际殡葬协会执委会1993年9月6—8日在北京举行。出席科学研讨会的有15个国家和地区的近200名代表。他们围绕殡葬事业发展趋势、技术进步、殡仪服务、基地规划、建设与管理以及丧葬心理学研究等题目进行了探讨、交流。中国殡葬协会负责人樊璧田在会上介绍了改革开放中的中国殡葬事业称：1992年中国火化遗体占死亡人数的35%。1978年至1992年的15年，全国推行火葬节省土地45万亩，节约木材1 333万立方米。目前全国有经营性公墓200多个，乡村公益性公墓10万多个，基本上克服了乱葬现象；我国殡仪职工队伍素质在逐步提高，殡仪法规正在完善。

《性从愚昧到文明》展览在京举行 1993年7月11日，由中国计划生育宣传教育中心主办，河南辉县豫丰医疗器械有限公司协办的《性从愚昧到文明》展览，在北京中山公园拉开了帷幕。这一天也正好是“世界人口日”。这个第一次由国家计划生育系统主办的有关性的展览，在首都新闻界、性医学界，以及广大群众中引起了较大的反响。国家计生委副主任杨魁孚、刘汉彬以及中国性学研究会会长、性学专家王效道教授等出席了开幕式，并就此次展览接受了记者采访。杨魁孚说：展览会的目的是把性纳入科学的轨道。王效道说：这次展览与过去那种为了哗众取宠，为了赚钱不同，它有深度，而且观点明确。自古以来，爱是人们所歌颂的。而性是人们所不敢歌颂的。此次展览目的在于使观众对既有生物特征又有社会特征的性活动有个正确的认识，弄清科学与愚昧，高尚与低级趣味的分界，使性行为更文明，更符合社会发展需要。

北京人休息日娱乐内容开支的调查 1993年3月18日《中国青年报》发表的北京人休息日娱乐调查表表明：北京人每月娱乐开支20—50元的为32%，50—100元为26%，100—200元的为13%，20元以下的为18%；平常星期天的娱乐内容：看电视的为57%，听音乐的为32%，逛大街的为22%，看电影的17%；在延长每周休息日后准备郊游的为39%，与朋友聚会的为25%，逛大街的为23%。

上海举行民俗文化庙会 上海市第六届民俗文化庙会，于1993年2月4日在南市文庙内开幕。近70项推陈出新的民间艺术节目令游人乐而忘返。中央大院举行金鸡报晓系列活动，嘹亮的雄鸡啼鸣吸引着游人。200多名少年儿童铺展白纸，挥毫画鸡写鸡。来自山东济宁的斗鸡节目引起观众的极大兴趣。辽宁海城高跷队充满活力的姑娘和小伙子跳起粗犷奔放的东北大秧歌，赢得了观众的阵阵掌声。吉林通化的杂技，江苏南通的民间舞蹈，以及上海京剧院的《十八罗汉斗悟空》等民俗节目，也吸引了无数观众。还有湖北随州市的编钟演出队在演奏着2000多年前的楚国宫廷舞乐，再现了楚文化的神奇魅力。

上海兴起“餐桌革命” 据1993年元月7日《文汇报》载：一向以吃得节俭著称的上海市民，现在不惜为“吃”投资，改变了传统的膳食结构。以早餐为例，“糕点＋牛奶”模式已逐渐替代了几代上海人习惯的泡饭。微波炉、三明治炉等小家电渐渐涌入家庭，为上海人早餐的营养化提供了便捷条件。“餐桌革命”还体现在上海人主副食比例的改变上。上海市民月均计划口粮供应为14.5公斤，现在实际销量仅为8公斤。一些市民说：“现在吃得比以前讲究，追求营养和口味，其它东西装多了，饭自然就减下来了。”上海人对副食品的要求也越来越高。

水产品和蔬菜等鲜活副食品有一半以上来自集市，以求新鲜、优质。作为当家主菜的猪肉，曾为80年代初上海人渴望"天天吃"的佳肴，如今人们还想多尝尝家禽、水产品以及各种珍禽野味。以往在宾馆、餐厅才能尝到的鹌鹑、基围虾、斑鸡和牛蛙等，现在也端上了寻常百姓的餐桌。

电话拜年、明信片贺节　除夕夜零点电话拜年，年初一明信片贺年，已成为1992年上海市市民拜年活动的新时尚。上海市邮政部门对市民元月31日起投寄的有奖贺年明信片，一律放到农历年初一"拜年专送"。明信片既可带去寄信人的新春贺词、一片情意，又可让收信人等待正月十五幸运抽奖，平添不少情趣。据上海市电话局介绍，全市已有20万家庭拥有电话，运用电话拜年，可以节省大量时间，尤其在除夕夜零点新年钟声敲响之际，及时通过电话向亲朋好友致以新年问候是最佳时刻。电话拜年，新颖、亲切，可以减轻公交压力、节省能源，又能方便一些出行困难的老人、孩子、病人，还可以省去不必要的人情客套和礼品往来。

回归自然的新葬仪　据《中国青年报》1993年4月6日报道：近几年，上海殡葬改变传统旧俗，推崇回归大自然的丧葬形式。据上海市殡葬管理处介绍，上海每年的死亡人数已突破8万。尽管16年前已全面实行火葬，但沿习多年的骨灰存放习俗仍给上海土地添了日益沉重的负担。从1990年起，上海殡葬管理部门推出了一系列新的丧葬形式，引导人们移风易俗，得到了市民的广泛响应。骨灰撒海是由上海首倡的。这种骨灰处理方式庄重而喻意深远，且不占一分土地。这一活动已在上海举行了5次，参加的丧家近600户。而报名者仍络绎不绝。1992年，市殡葬管理处试行骨灰入穴，以树代碑的"植树新葬仪"，受到众多丧家的欢迎。殡葬管理处准备物色几处交通方便的植树葬址，提供易活长青的树种，并专人代管，以达到"人去树在，情留人间"之效。另外，在沪郊的卫家角息园，一种仿效古代岩葬的安葬形式——壁葬，也吸引了很多丧家。仅1992年就售出1000多穴，且供不应求。凉亭假山、小桥流水环绕之中，一条琉璃瓦长廊四壁，嵌着一只只壁龛。上下分5层或6层，外面配上镌有亡故者姓名的大理石板，典雅肃穆。社会舆论认为，骨灰撒海、植树而葬、以壁为墓，不仅节省了宝贵的土地，同时反映出上海人的丧葬观念正逐步走向开放和文明。

家政教育步入市民生活　据1993年元月29日《文汇报》载，上海文化生活技艺学校、上海市家长学校和鲁迅文化业余进修学校联合办学，他们开办的非学历性家政培训班，教授社交与礼仪、饮食与营养、服饰与仪表、优生与优育、住宅与环境等课程，报名人数超过招生名额8倍之多。随着社会经济文化的发展，人们已不仅仅满足于家庭物质生活水平的提高，而更注重家庭文化建设、家庭伦理、家庭保健、家庭经济管理、社交与礼仪、居室与美化等内容的教育。这有利于优化家庭这一社会细胞，促进社会文明程度的提高。如今社会商品日益丰富，人们的消费思想及消费品味日趋活跃和高雅，诸如消费指南、消费品的鉴别等家政教育也倍受人们青睐。

山东省寿光市深入开展移风易俗活动　山东省寿光市把移风易俗工作列入了国民经济和社会发展十年规划及精神文明建设"八五"计划，建立了组织领导机构，落实了责任制，做到了长期规划、年度目标与奖惩措施落实，摆正了移风易俗工作的位置，实现了移风易俗工作有人抓、有人管、有人问。他们除了抓好各项经常性的思想教育外，重点开展了移风易俗宣传教育。利用报刊、电视等进行经常教育，利用节日或重大活动进行集中教育，对从事封建迷信活动的人，则进行个别教育。这样的宣传教育收效较好。这个市开展文明建设活动，引导群众自觉树立新的道德风尚。一是围绕职业道德与社会公德建设抓好经常性的"学、讲、树"活动。关心集体、助人为乐、扶贫济困的新人新事不断涌现。二是围绕市的中心工作和带有倾向性的社会问题，重点组织抵制拜金主义大讨论和建设经济强市大讨论活动，提高干部群众的全局观念、奉献精神和革命斗志。三是广泛开展学科技、用科技活动，不断提高广大干部群众的科技意识，进一步增强抵御封建迷信和陈规陋习的能力。他们特别把移风易俗工作纳入市委、市政府《关于农村规范化管理的规定》，制定完善了《计划生育工作的规定》、《改革婚嫁丧葬陋习的意见》、《文化市场管理制度》、《红白理事会工作章程》等规章制度，使移风易俗工作得到规范化的管理。为了搞好移风易俗工作的综合协调，市里主要领导及各职能部门分工把关，形成了"带、把、教、禁、打"管理体系。工会、青年团、妇联负责"带"，引导青年婚事新办；民政部门负责"把"，把住结婚登记和丧葬改革关；科技教育部门负责"教"，教育干部群众提高科学文化素质，抵制旧观念的侵袭；工商部门负责"禁"，加强市场管理，严禁封建迷信品的生产、上市；政法及文化市场管理部门负责"打"，严厉打击从事封建迷信的犯罪分子及各种社会丑恶现象。

山东农村涌现4万余个文化大院　山东绝大多数农民在摆脱贫困的同时，正在把求乐长知识作为他们新的精神追求。到1993年全省已涌现出4万多个"文化大院"，"文化大院"集过去村办的青年、妇女、民兵之家和科技夜校、计划生育宣传站于一体，经常举行"爱党爱国爱我家"、"忆改革、看家庭文化"、"讲文明树新风"等演唱会、报告会。围绕学文化科学技术、结合"双学双比"、"巾帼建功"活动，抓扫盲和技术培训，普及科学知识，主办妇女法律、卫生讲座，开展“家庭文化艺术节”、“家庭文化周”、“家庭文艺会演”等活动；通过这些活动，已经扫盲40多万人，科技示范户发展到20多万户，评出五好家庭1100多万户。此外，山东全省县以上妇女儿童活动中心有68处，大众读书会和读书网点，发展到两万多个。不少地方还创办了新婚夫妇学校、幸福工程学校、家政广播学校等，建立了老年人聊天站、卫生知识咨询站、家庭新书导购站。不少地方成立了红白理事会和为民便民义务服务小组，喜事新办，丧事简办，旧风俗得到了改变。“多子多福”的传统观念开始扭转，促进了全省计划生育工作的开展。

山东荣成市出现居室文化消费热 1993年4月12日《中国消费报》载：随着生活水平的不断提高，住房条件的不断改善，山东荣成市民已不满足于住得下、睡得暖的状况，开始追求居室的高雅清新及独特的风格和情调。特别是一些中青年家庭，墙上贴壁纸，窗上安窗盒，地上铺地毯，家具、灯具、电器等也都追求名牌高档。70年代末的“旧三大件”和80年代中的“组合柜”等已逐渐被淘汰，就连工艺装饰品、床上日用品等也都讲究质优美观，而一些经济条件较好、居住条件优越的家庭，不仅有由电视、卡拉OK音响、录像机、电子游戏机、组合沙发、墙挂壁画等组合成的“会客娱乐厅”及写字台、书柜、文房四宝、报刊书籍等构成的“学习角”，就连寝室也讲究款式、色彩的搭配协调。有的家庭花费三四千元安上住宅电话，不少家庭还将一些著名书画家的作品装裱起来，以示主人高雅的情趣和爱好。另外，厨房用具、卫生洁具、灯具除注重经济实用外，也开始讲究造型美观、艺术。对一些新婚家庭来说，壁画、彩电、录像机、冰箱、沙发、洗衣机等已成为必备的消费品。

哈尔滨家庭室内设计大奖赛 由哈尔滨家具商场主办，黑龙江省展示协会、《生活报》协办的“哈尔滨家具商场”杯家庭室内设计大奖赛于1993年2月15日在哈尔滨拉开帷幕。该项大赛旨在美化空间、经济实用、构思巧妙、展示个性，引导人们走出家庭室内装修的误区，帮助人们创造出更加适合自己的家庭环境。大赛于4月25日闭幕，评出一等奖3人；二等奖4人；三等奖12人，有11名选手获佳作奖。

武汉有家单身俱乐部 据1993年5月8日《长江日报》载：武汉第六棉纺厂工人秦维宪在征得有关部门领导的同意后，将“武汉单身俱乐部”的牌子挂到武昌社会福利院的大门口。他说单身俱乐部的宗旨，是为单身人提供娱乐、消遣、交友、择偶的途径。这个俱乐部已有近百余名会员，会员文化素质较高，大专文化程度的占40%，从事的职业有教师、工程师、医生、营业员、工人、干部等。许多外地的单身汉、单身女纷纷去信希望加入俱乐部。一位63岁的退休高级教师报名加入单身俱乐部。他说自己虽然年岁大，但后半生仍然需要充实。汉口某厂一名青年工人，到武昌参加一次单身者的活动，单程需一个多小时，但他仍然乐此不疲，他认为虽然该俱乐部条件不特别好，但是它与到舞厅、卡拉OK玩有完全不同的意义。

广州家庭文化味道浓 1993年春季以来，广州不少家庭的生活方式逐渐趋向舒适、美化、温馨、求知的文化型。厅堂讲究现代气息，厨房厅堂化，家庭用具电器化，洗衣机、微波炉、电饭煲、电热水器、消毒碗柜等一应俱全，家务劳动减少，省出时间去阅读求知、娱乐消遣。生活节奏的加快和时间价值观念引起了饮食习惯的改变，许多人早午两餐都在外边吃快餐或搭伙，只有晚餐才在家中烹调。家庭夜生活也多姿多彩，电视机、音响、录像机、卡拉OK机、镭射唱碟、电子游戏机都进入了众多家庭。有条件的人家更不断追求家庭文化娱乐新品味。广州人需要社会各方信息。市内大小报刊杂志均增刊，激烈竞争，书报摊随处可见，报刊订户猛增。公共场所时常举办盆景、插花艺术、家庭环境美化、家庭音乐会、卡拉OK、儿童绘画、诗歌朗诵等各项比赛，也丰富了广州居民的家庭文化生活。

羊城开始风行AA制消费方式 据《文汇报》1992年8月3日报道，一种新型的“餐桌文化”——AA制消费，开始出现在广州人的日常交际中。“AA制”消费原是西方“快餐文化”的一种形式，意即“亲兄弟，明算帐”，朋友聚会，费用分摊。虽然表面上看来是“斤斤计较”，实际上却体现了一种独立精神与务实态度。近几年，这种消费方式从香港传入内地，成为现代人社交的一种时髦。最先引入“AA制”的是一些大学生和机关中的青年人，他们或是收入不高，或是开支不起，因而采取餐桌上的“自食其力”。一位青年干部说：“AA制没有负债感，也不用充大头，自在开心，何乐不为?!”

深圳建立职工集邮度假村 全国第一家职工集邮度假村溪冲集邮度假村1993年4月在深圳开放。这是深圳市总工会为鼓励职工采取健康向上的娱乐方式，推动职工集邮活动的发展而兴建的。度假村设有集邮博物馆、珍贵邮票展览等活动，深受职工集邮爱好者的欢迎。

广西恭城县出现“书籍银行” 广西恭城瑶族自治县一名停薪留职的工人，1993年3月初，在县城创办了第一家“书籍银行”。这是一个开展图书交流有偿服务的媒介机构，任何人都可以到这里存书、租书和借书，租书和借书需交租金，存书则不仅可享受租借书的优惠，还可以得到书款利息。

徐州矿务局邀请"织女"来矿过年 1992年春节前夕，徐州矿务局十几个矿区的职工宿舍里，陡然增加了3000多户"新家"，夫妻分居的矿工们正与远道而来的妻子共度佳节。这个局是一个拥有11万名职工的大型煤炭企业，1992年春节全局14个生产矿井有7万名职工要坚持节日生产，这些职工中相当一部分夫妻天各一方，为此，局领导决定请"织女"来矿过年。义安矿里把原单身宿舍的大间改造成小房间，并配上厨房。大黄山矿的住房本来就很紧张，然而挤出宿舍竟安排了266户探亲家属。庞庄矿把采矿一线探亲楼装修一新，配齐桌椅、灶具。各矿食堂准备了丰富多样的食品。娱乐场所免费。为了感谢矿、局领导的关怀，探亲家属们都鼓励自己的丈夫多出煤，出好煤。

泌阳县破除封建迷信活动 1992年春节，河南省泌阳县针对春节前后农村封建迷信容易抬头的现象，开展了一场破除封建迷信、移风易俗迎新春的活动。一是宣传粮食连年丰收，农民收入大大增加，物质文化水平迅速改善的事实，让农民感到党的富民政策好；二是宣传去年夏季家乡遭受历史上罕见的洪涝灾害，一方有难八方支援的事实，让农民感到还是社会主义好，共产党亲；三是选择一些相信科学、勤劳致富的正面典型和被封建迷信活动迫害致死的反面典型，教育引导群众相信科学，揭露那些指点风水、赶鬼驱病的封建迷信骗局。泌阳县还在全县范围内建立健全了1240个红白理事会，帮助筹办婚事3230起，简办丧事1014起，查禁赌博857起。

大丰县大中镇10年坚持殡葬改革 江苏省大丰县大中镇长期坚持殡葬改革，并始终注意把移风易俗教育与贯彻保护耕地政策相结合，效果显著。全镇村村无土葬，组组无坟头。从1982年到1992年的10年间，全镇共死亡800人，无一土葬，火化率达100%。全镇原有的180亩公墓都统一平了坟头，一律改作良田。这个镇先后多次受到市、县政府的表彰，1991年9月，曾被省民政厅等部门评为"江苏百家名镇"。

遵义市殡葬改革卓有成效 贵州遵义市委、市政府1985年以来先后制定了《遵义市殡葬管理实施办法》等法规，在加强思想教育的同时，用法制和行政手段规范人们的丧葬行为。该市殡葬管理处在各街乡建立了管理所，形成殡葬管理网络化。遵义死亡人口的火化率达95%(其中城区99.7%)，被评为全国殡葬行业的先进单位。遵义市在殡葬改革中，主动适应群众的心理需求，自筹资金，在非耕用地荒山上修建了园林式骨灰公墓。公墓设有骨灰塔、墙、廊、堂及墓穴，收费600—2700元不等。建有十二生肖石仪、休憩亭等。遵义市殡葬业从单纯的服务型向多功能的服务经营型转轨，力求提供较高层次的殡仪消费，以高雅文明的殡葬服务引导人们的丧葬活动。

西华县集体婚礼蔚然成风 1989年初，河南省西华县委、县政府针对农村存在的早婚、无证结婚和婚礼大操大办的陋习，在全县乡镇村普遍建起红白喜事理事会，并制订了《西华县移风易俗勤俭持家操办红白喜事》的规定，使集体婚礼逐渐为该县广大青年所接受，并形成风气。1992年元旦，西华县城乡有405对青年举办了集体婚礼。婚礼上，县乡有关领导热情的祝辞，丰富多彩的文艺表演，使新人笑在脸上、甜在心里。3年来，县里共举办集体婚礼36次，有1.7万对青年男女通过这一形式喜结良缘，占全县3年来结婚总数的90%，折算起来大约共节省费用180多万元。

求情趣赶新潮的婚礼 1992年，河南南阳地区农村婚礼仪式逐渐出现了新变化。许多青年情侣纷纷向过去那种讲排场、摆阔气的陈规陋习挑战，积极采用时尚新颖、活泼健康的婚礼形式：1.旅游婚礼。众多农村青年意识到在家中大操大办婚事，既挥霍钱财、消耗精力，又长不了知识、开不了眼界。外出旅游结婚却能饱览各地风光，增长一定的社会知识，捕捉商品经济信息，学习实用致富技术。2.娱乐婚礼。随着农民物质生活水平和文化素质的不断提高，青年们开始追求一种融娱乐、趣味为一体的时尚新颖的婚礼仪式。如举办"卡拉OK婚礼"，青年们称之为自娱自乐型婚礼。3.集体婚礼。一般由农村各级团组织、妇联出面举办，地方党政领导届时前来贺喜。青年们大都认为，这为婚礼增添了光彩，在爱情史上将留下永久的纪念。4.婚礼录像。在一些经济宽裕，置有录像、放像机的家庭，结婚之日的情景录在录像带上，婚后随时可以在电视荧屏上观看，又可作为永恒的纪念。

自学成才农民出巨资委培大学生 1993年9月9日，山东省郓城县郭庄乡梁东村自学成才青年农民梁胜昔，从全县高考落榜生中选拔出7名有志青年送到山东农业大学深造。他原计划出资10万元，选拔10名农村青年到大学深造。初中毕业的梁胜昔，自1978年努力自学致力于果树栽培，获得不少科技成果，并在全国、省级报刊发表了40多篇论文。他自学有成，更盼有更多的年轻人获得科技知识。

集报大王任菲菲 石家庄市汽车修配厂36岁的女工任菲菲，有长达10年的集报史，先后收藏全国各地报纸5000余种，从中搜集整理国内外名医姓名、各类药方和医疗信息上万条，曾两次被评为全国集报界"十大新闻人物"之一。任菲菲集报是从她母亲得病开始的，在投医无门的情况下，她想到报纸信息快，便常去报社、图书馆翻阅报纸，多方收集报纸。10年来，她经常跑县城、蹲报摊、逛邮局、钻废品站，尽可能地搜集报纸，如今，一箱箱报纸，一册册剪报，朝夕相伴着任菲菲，成了她的“百科全书”。几年来，她写的稿件被许多报刊刊登。还先后被《企业家报》、《厂长经理报》、《现代保健报》等报刊聘为特约记者。1993年，她又被招聘到河北省委宣传部主办的《决策参考报》工作。

李光远老汉修渠祝寿 1992年2月13日是河南省扶沟县韭园镇雁周村李光远老汉的80大寿。按当地习俗，李老汉的儿孙们为表孝敬之心，商量好这天要用800元钱为他做寿，热闹一番。老人得知后，对儿孙们说：“我不喜欢你们办酒席、放电影，把你们准备的钱交给我，由我自己安排，我心里会更高兴，你们也算尽了孝心。”李老汉拿到这些钱后，当天晚上就交给村委会。村委会主任在李老汉再三恳求下，含着热泪替乡亲们收下了这笔钱。这800元钱虽然没能给李老汉的生日带来热热闹闹的场面，却遂了老人的心愿。原来，在雁周村东坡地有一条能浇500亩地的水渠，但毁坏严重。遇到天旱，无水浇麦保苗。李老汉总想把这水渠修好，正好，儿孙们送来祝寿钱，就迫不及待交给了村里。村干部们被李老汉这种精神所感染，马上组织人力施工，很快，一条长600米的水渠修好了。

战士廖信举办大西北植物标本展览 1993年1月10日，驻守塔克拉玛干大沙漠的某部三连，举办了战士廖信个人收集的植物标本展览。共展出大西北植物标本4573种，使战士们开阔了眼界，丰富了知识，上了热爱大西北的生动的一课。

赵文科两次支持母亲改嫁 成都军区某部高机连战士赵文科，在母亲不幸又一次丧夫的情况下，冲破种种世俗偏见，支持母亲再次办了婚事。赵文科6岁丧父，入伍不久，姐姐来信说母亲准备和村里的曾大叔成亲。小赵收信后又惊又喜，他一面写信给亲友做思想工作，一面求助乡镇妇联，支持他母亲改嫁。不料1989年6月，继父又在一次车祸中丧生。1992年3月，在小赵的支持鼓励下，母亲在邻村物色了一个对象，此时，左邻右舍闲言碎语很多，姐姐也扬言要跟母亲断绝母女关系。6月中旬，赵文科请假回家耐心说服了亲友，再次使母亲喜结良缘。

农家书屋 据《人民日报》1992年7月4日报道：在四川省南川县土溪乡的山沟里，每当夜幕降临，农民陈廷树的家里格外热闹，村上的男女老少纷纷走进这个农家小院，有的读书，有的看报，有的相互交谈。这就是陈廷树专为乡亲们新建的农家书屋。陈廷树家一间30多平方米的屋子中央，放着一排组合式的大书柜，里面整齐地摆放着《农村青年》等图书资料2000多册；墙脚的报架上挂着《人民日报》等。党的十一届三中全会后，陈廷树家渐渐地富了起来，成为全村有名的万元户。但他深感农民文化素质低的痛苦，于是他从积蓄中拿出3000元钱，买来了马列著作、百科全书、科技资料、文学著作、文化娱乐等各类书籍，订阅了10多种报刊。从此，就有了这间农家书屋。

不要彩礼要学费 《中国青年报》1992年7月9日报道：河南省平舆县西洋店乡郭砦村有个叫郭银枝的姑娘，年方20已定了婚约，按当地风俗，男方要下彩礼打嫁妆，她却婉言拒绝。提出不要彩礼要学费。郭银枝只读过小学，这几年跟着父亲承包几亩责任田。随着经济改革的深入发展，她眼界开阔了，一心要走勤劳致富的道路，奔小康生活。她想发展养殖业，又想用科学管理责任田，可是，眼看着自己精心买回的一本本技术资料和科学书籍不能理解，甚感苦恼。一次次的教训，郭银枝才领悟到文化知识转换成物质财富的深刻道理。为了弥补文化不足，她向男方提出：不要彩礼，不讲嫁妆，不计房屋，要男方一年拿出200元钱，帮助她自费读中学，以提高文化水平，增强自身的生活能力。

“崖葬”节约耕地 湖北省来凤县桂花树村在殡葬改革中，根据山区地势起伏大的特点，利用山地土坎埋葬遗体，不占一寸土地，成为闻名的土葬不占耕地的村。桂花树村人均只有0.7亩耕地，在丧葬中，村民们利用土坎挖洞，将棺柩送入洞内，再用碑封穴，当地人称之为“崖葬”。该村“崖葬”始于1959年农业合作化时期，1969年以后，大搞农田基本建设，“崖葬”得到恢复和发展。80年代实行联产承包责任制后，“崖葬”逐步在全村普及和推广。到1992年，“崖葬”一直在桂花树村坚持下来，因为村民们都认为这种办法好处多，既减少了耕地浪费，又限制了丧葬中的封建迷信活动。桂花树村的群众称赞“崖葬”“远望是土坎，近看有碑牌，人知是墓地，不占地和田”。

14. 五爱之花

世界最高雷达站举行首次升国旗仪式 1992年的正月十五，驻藏空军在世界最高人控雷达站——海拔5374米的甘巴拉雷达站举行首次升国旗仪式，过了一个别开生面的元宵节。升旗仪式上，录音机奏出庄严的国歌，鲜红的五星红旗在巨大的雷达防风罩旁银白色的旗杆上冉冉升起。中尉连长刘世国带领阵地上的全体官兵，在国旗下举起右手向祖国庄严宣誓：“人在阵地在，人在天线转，人在国旗飘，做祖国的忠诚卫士！”铿锵的誓言在天地间回响，官兵们为此感到无尚光荣和无比自豪。

留学生400余人应聘回国 1992年11月，我国派6个招聘团,先后赴美国、日本、英国、德国、法国、比利时、瑞士等9个国家开展留学生招聘活动。招聘人员走了9个国家85座城市,与10400余名留学人员会见、洽谈,其中当即决定近期应聘回国的有466人,表达了今后回国服务意向的有1890人。还有一大批留学人员满怀为国服务的愿望,与招聘人员商定了短期回国开展学术交流、合作科研等事项。6个招聘团所到之处,均受到空前热烈的欢迎。在美国,两个团到达了20多个州的30多所大学,有6200多人踊跃前往参加招聘洽谈活动,不少留学生自发到机场迎接祖国来的亲人,许多留学生冒着雨雪驱车百里从外地赶到招聘现场。在明尼苏达州立大学,留学生们自发布置招聘会场,在横幅上书写着"今日万里求学,明日报效祖国"的鲜红大字。留学生们还把招聘人员接到自己公寓里吃"中国饭",有的到招聘团下榻的旅馆里与工作人员长谈至深夜。

解放军总医院300余名出国人员学成归国 1989年至1992年3年间,解放军总医院已有300多名出国人员从世界20多个国家和地区学成归来,以所学的新知识、新技术为我军的医学事业服务。国家的安定,经济的繁荣,使祖国变得更有吸引力。这是出国人员回国后的共同话题。在这种形势下,不仅近3年出国人员全部按期归来,连前几年因种种原因滞留国外的人员也在考虑早日归国效力。

子弟兵救援600名大学生脱险 1992年6月18日13时,河南财专向郑州信息工程学院门诊部打紧急求援电话:在财专第二食堂就餐的600多名学生全部食物中毒,学校卫生所无力同时抢救,请求援助!门诊部史茂昌主任立即通知病房做好接收病员准备,随即带领两名医生火速赶往河南财专卫生所,见到中毒学生有的在呻吟,有的在呕吐。史主任当即决定将中毒重者马上送学院门诊部。学院领导接到报告作出指示:要不惜一切代价,全力抢救中毒学生。学院门诊部各科、室的医生、护士包括在家休假的同志都积极参加抢救工作。从14时至18时30分,门诊部共接诊中毒学生600多人次,输液278人次。学院门诊部缺少抢救中毒的药品,当即派专人专车,跑遍郑州各大医院和药店,及时购回药品,保证了抢救工作的顺利进行。到19日上午9时,所有中毒学生都已转危为安,全部脱险。河南省政府为此专门致信郑州信息工程学院表示感谢。

叶乔波的爱国情 解放军冰上训练基地速滑队女运动员叶乔波,1964年出生,1977年入伍,1983年入党,体育三级,国家级运动健将。自1979年以来,叶乔波在34次国内外速度滑冰重大比赛中,顽强拼搏,奋勇争先,共夺得52枚金牌、36枚银牌、12枚铜牌,3次创造全国纪录,4次打破全国纪录。尤其是在近几年的国际大赛中,她不畏艰难,勇攀高峰,连续取得突破性成绩。1986年,她在日本举行的第一届冬季亚运会上,夺得两枚铜牌。1991年2月,在世界速度滑冰锦标赛上,获得500米金牌,成为我军历史上第一个速滑世界冠军。1991年11月以来,她连续参加了7次世界大赛,荣获7枚金牌、9枚银牌。其中,在1992年2月第16届冬季奥运会上,她奋力夺得500米、1000米两枚银牌,实现了我国在冬季奥运会奖牌零的突破;在1992年3月世界短距离速度滑冰锦标赛上,她一鼓作气,连获3枚金牌,夺取女子全能世界冠军,成为我国和亚洲第一个短距离速滑全能世界冠军。她曾先后3次荣立一等功,被评为全国"冰雪十佳"运动员,全国"体育十佳"运动员,全国"新长征突击手"和全军"优秀共产党员"、"巾帼建功"先进个人,被沈阳军区授予"勇攀高峰的运动员"荣誉称号。1992年5月,军委主席江泽民签发命令,授予她"体坛尖兵"荣誉称号。叶乔波对党和社会主义祖国无比热爱。她在冬季奥运会上获银牌后应邀为《欧洲时报》的题字是"炎黄子孙心连心,长城儿女爱祖国",表达了她强烈的爱国之情。

杰出民警王立军 1987年11月,辽宁省铁法市公安局治安队长王立军调到该市晓南镇派出所任所长。当时的晓南镇社会治安极其混乱,犯罪分子竟敢在光天化日之下到派出所哄抢人犯,公然杀害敢于制裁他们的公安干警,气焰十分嚣张。王立军上任后,带领全所干警走家串户,昼夜苦干,半月内处理积案21件,打掉27个犯罪团伙。有的犯罪分子几次打电话威胁王立军,恐吓他的妻子,并跟踪他上学的女儿。然而王立军的凛然正气压倒了邪气。在他和其他公安干警的积极努力下,晓南镇的社会治安发生了彻底变化。1990年管区未发生一起盗窃案件,几年中未发生重大刑事案件,被省委、省政府评为"省级文明镇"。1991年3月,当组织上决定调他到和晓南镇以前一样混乱,被称为"螃蟹窝"的大明镇任派出所所长时,群众依依不舍,王立军走了一个小时才走几十米远。王立军到任后,在短短的半年时间,将大明镇这个"螃蟹窝"变成了一个祥和、安乐的文明城镇。王立军爱憎分明,对需要帮助的人总是加以援助,他曾收养过一个弃儿,当孩子的父亲来认领时,孩子哭喊着叫王立军爸爸,硬是不肯离开;有一次他路遇两个被撞成重伤的农民,送他们入院后又权充他们的家属签了字以便抢救,还为伤者输了血。这样的事不知有多少。而对作奸犯科的罪犯,他从来毫不留情,有个驾驶员犯了强奸未遂罪,别人以为那人是王立军的战友,他会网开一面,但王立军硬是将那人捉拿归案,他那位沦为罪犯的战友被投入劳改那天,王立军还偕同妻子去看望他,使那人悔恨交加流下眼泪。王立军秉公执法,不为金钱所动。几年来,他拒礼拒贿2万元,而他把近几年立功受奖的奖金2700元全部捐给市教育基金会和残联福利院。当地的一位颇有名气的老中医端着上边放着一碗清水的镜子找到王立军说:"这是送给你的特殊礼物,寓意你为民执法要明如镜、清如水。"截止1992年,王立军先后被授予"中国十大杰出民警"、"全国优秀派出所所长"、"全国公安战线二级英雄模范"、"辽宁省优秀共产党员"等光荣称号。

优秀警官许德华 1992年8月10日,武警部队第一政委陶驷驹、司令员周玉书签署命令:授予许德华"生命不息、战斗不止的优秀警官"的荣誉称号,并颁发二级英模奖章。许德华为武警北京市总队二支队二大队副教导员。6年前,被确诊为"甲状腺癌弥散性肺转移",许德华经手术甲状腺被切除,但76%的肺部已癌变坏死。虽然病情暂时稳定,但在这种情况下,医生、领导、战友、亲人都劝他不要再拼命干了,要他保养好身体。他深知自己的生命火焰随时都可能熄灭,但他认为只有献身事业,生命才有意义。担任排长期间,为把排里工作做好,他付出了比常人多几倍甚至几十倍的努力。训练中和战士一样摸爬滚打,练擒拿格斗时,他不顾大家的劝阻,主动做示范动作,经常摔得腰酸腿疼,身上青一块紫一块。亚运会开幕时,他在中央电视台发射塔一连站哨6个小时,被评为"保卫亚运十佳青年"。被提升为指导员后,他经常早起晚睡,加班加点,有时工作到凌晨一二点钟,战士们都说他是"干工作不要命的人"。他积极做好思想工作,为每个战友的成长进步呕心沥血,先后使7名较后进的战士步入先进行列,其中有5人立功受奖,6人入党,5人当了骨干。他主动为战士排忧解难,先后拿出1150元支援家庭困难的9名同志,帮助128名战士解决了各种实际问题。许德华先后荣立三等功、二等功各一次,被团中央和武警总部树为"学雷锋标兵",1991年他荣获了北京市"五四"奖章,1992年7月,共青团北京市委以他的名字给北京四中高二五班命名为"许德华团支部"。

新时代的"王铁人"陈祥 陈祥是大庆油田钻井一公司32619队大班司钻。他参加工作10年,始终以铁人王进喜为榜样,随井队南征北战,打井96口,总进尺18万米,相当于钻透了20座珠穆朗玛峰。他参加全国石油系统青工技术大赛夺得司钻岗第三名。1991年陈祥被中国石化总公司聘为高级工人技师,1992年被黑龙江省授予"新长征突击手标兵"称号。10年来,陈祥有过成功的喜悦,也有过坎坷的心酸。他跳进过泥浆池,掉进过冰窟窿,陷进过大雪坑,受过三次失恋和妹妹失踪的打击,但他都能坚强地顶得住。陈祥的理想是钻透地球,钻出中国石油工人的威风来。钻工们称誉他是新时代的"王铁人"。

关润国和他的掏粪伙伴们

在山城辽宁本溪市,自谋职业的待业青年关润国带领19个青年伙伴冲破陈腐观念,靠掏大粪、疏通下水道,两年盈利4万元。既净化了城市环境,又走出了一条自谋职业的光彩之路。关润国中学毕业后,长期在家待业。1990年初,关润国断然选择了最令世俗鄙视、但又为社会很需要的工作:掏大粪、疏通下水道。他的想法得到了区领导的支持,很快办妥了执照,亮出本溪明山区教育局城肥疏通维修队的牌子,组织14名教师子女干起了当年掏粪工人时传祥干的活。刚开始掏厕所时,他们有的捂着鼻子躲得老远,有的低着头怕熟人看见。有的粪勺刚伸到粪池就呕吐不止。但关润国毫不却步,抡起粪勺带头干。休息时,关润国风趣地说:"要志气比要面子强得多。时传祥掏粪受到全国人民的尊敬,受到国家主席的接见,咱们就像他那么干,准行。"然而,前进的道路并不平坦。世俗的偏见就像一张无形的网,时刻都罩在他们的头上,但他们没有理会那些闲言碎语,继续坚定地走自己的路。1990年盛夏的一天,关润国带着伙伴们到本溪市玻璃制品厂掏厕所,厂领导和工人师傅们看着他们被臭气熏得泪水直流,但把厕所打扫得干干净净的情景,都十分感动,非请他们去厂食堂吃饭不可。经常受人白眼,几次上饭店都被人往外撵的关润国及其伙伴们,心里涌起一股股暖流,眼中溢出幸福的泪花。从此,他们更加热爱自己的工作,决心发扬"宁愿一人脏,换来万人洁"的精神,为社会造福。1991年11月的一天,本钢结核医院下水道堵塞,没有人愿到这里干,最后找到了关润国。关润国带人及时赶到后,掏完了下水井,紧接着就疏通下水道。他们的工作是那样认真。望着这些不怕脏累的小伙子,医护人员和患者们都称赞说:"这样的年轻人,太难得了。"关润国和他的伙伴们就是这样赢得了用户的赞扬,也赢得了人们的钦佩。1992年,他们为100多家单位提供了优质服务,建立了20多个长期服务点。他们的事迹在山城传为佳话,并在不断影响着山城青年择业观念的转变。

山东省新长征突击手标兵姜巨文 1992年10月,济南钢铁总厂新村采暖工程施工任务紧张,身患癌症长达8年多的姜巨文率轧钢分厂润滑班的3名队友承包新村22号楼暖气片安装任务。最苦、最累的活他全包下来。在试压、试水成功时,姜巨文由于过度劳累,被迫住进了山东省肿瘤医院。他身上的两根肋骨因钻背重压冲击断裂性骨折,其中一条肋骨作了摘除手术。除过去身上的50多个淋巴瘤外,癌细胞已扩散到了骨骼里。在医院里,他对前来看望的济钢总厂厂长马俊才说:"我是钢铁浇铸的骨架,看不到济钢实现年产200万吨钢的那一天,我姜巨文不能死。"1992年初,姜巨文的癌症复发,连续发低烧。他白天坚持上班,晚上住院治疗,这样坚持了7个月。1992年7月,250轧机修理结束后,他又带着大伙在报废的零部件堆里"淘金",

一干就是几个小时。连续两个月,手裂了,人瘦了。在全班努力下,1600多个零部件重新组合,派上了用场,为厂节约21.8万元。一次,持续50多天的大修,姜巨文为了节约时间,干脆睡在休息室不回家,姐姐、弟弟轮流给他送中药。活累,不想吃饭,他买了几斤牛肉,实在饿了,感到支持不住了,就吃上几片肉,灌半瓶中药汤。起初,班里的人以为他在喝咖啡,当人们了解到是治病的中药时,心灵受到了强烈的震撼。姜巨文担任润滑班长5年来,润滑班设备故障(停工)时间由原来的162小时降至1992年的0小时,吨钢油耗由原来的1.1千克/吨降至1992年的0.40千克/吨,共节油200多吨,修旧利废价值120多万元,并荣获总厂各种先进称号10多个。姜巨文还先后荣获山东省"富民兴鲁"劳动奖章,山东省新长征突击手标兵等20多个称号。

程丽花11次摘取操作比武桂冠 中共十四大代表、全国劳动模范程丽花,是河北省代表中最年轻的来自生产第一线的代表。作为邯郸国棉二厂细纱车间一名劳动合同制工人,她不嫌挡车艰苦,努力保优质,夺高产,超产的棉纱连接起来可绕地球两圈多。她14次参加操作比武,11次摘取省、市和厂级操作冠军桂冠,纺织部把她的操作法摄成录像在全国推广。到1992年她已带过300多名徒弟,有70%达到了一级和优级能手水平。

姊妹劳模李芳女、李芳龄

姐姐李芳女和妹妹李芳龄都是北京住宅开发建设集团总公司的油漆工,都是班长,又都是共产党员、劳动模范。李芳女自小个性倔强,刚参加工作时,和师傅一起割玻璃,师傅怕她干不好,不让她摸刀子,她急了,趁师傅午睡,从师傅兜里"偷"来刀子做活。师傅一觉醒来,看她手上满是血,既疼又恼,为她的干劲所感动,决定教她。1988年,芳女正式当上了油工班长。一次,为某工程装修运送50公斤重的桶装涂料。班里有个男青年,抬了两桶就喊累。芳女批评他几句,小伙子说:"你抬多少,我抬多少。"芳女心一横,忘了自己的腰伤,鼓足劲干了起来。一天上下6层楼54次,抬了54桶。使那位青工服了。芳女所在的油工班连续4年被评为总公司优秀青年突击队,连续两年成为北京市青年突击队。她个人也获得北京市"五一"劳动奖章。同姐姐豪爽的性格不同,芳龄却有些腼腆、害羞,很难让人相信她是统领43号人的大班长。当初,芳龄顶替父亲来到建筑公司时,领导对这个嫩丫头不知分配什么工种好,芳龄却主动表示:"我来就是和姐姐一样干油工!"一干就是14年。她当好班长的决窍就是带头干。她手巧,油工活样样干得好;她不怕苦,什么脏活、累活都能对付。工区主任说:遇到不好干的活,就得找芳龄。1992年5月1日,李芳龄作为全国"五一"劳动奖章获得者,在人民大会堂受到了党和国家领导人的接见。

"留洋"、"恋土"的教授辜胜阻 36岁的辜胜阻是武汉大学人口研究所所长、教授、经济学博士。1985年,年仅29岁的辜胜阻因在人口研究方面的突出贡献,由助教破格晋升为副教授。3年半后,他又因在人口学国际合作研究方面的突出成就,再次被破格提升为教授。他曾被国家教委、人事部授予"国家有突出贡献留学回国人员"的称号,被民建中央授予"优秀中国民主建国会会员"称号。他主持的人口研究所在1991年高校197个社科研究机构评估中,列同类研究所第一。1992年10月,辜胜阻被选为第三届"中国十大杰出青年"。辜胜阻曾多次赴美国、加拿大、德国、法国、印度、日本、韩国等国家和地区研修和考察,次次圆满完成任务,如期归来。在国外,他经常深入社会对外国人口问题进行艰苦细致的实地调查,通过国际比较认识中国人口问题和国情,他主编的《中国国情及其国际比较研究》、《老年人健康及其社会生活的国际比较研究》、《城市老年人生活国际比较研究》等多部国际比较学术著作,受到了美国、日本以及台湾同行的高度评价。在国内,他曾数十次带领科研人员跋山涉水,深入农村农户并获取了几十万个人口研究的重要数据。10多年来,辜胜阻在生育观与人口控制、人口城镇化发展战略、人口迁移与经济发展、劳动力非农化等领域的一些观点,不但为完善我国人口控制政策和建立科学的宏观社会经济发展战略做出了重要贡献,而且也引起了国外学者的高度关注,国外不少人口研究机构纷纷要求同武汉大学人口研究所合作。

当今世界科技名将台震林

1977年8月,台震林从青岛化工学院化工系毕业,分配到一家地市级化工研究所任职。他发誓要研制出中国自己的高效低毒新农药。搞农药费资金,又难出成果。单位领导不赞成,台震林只好业余干。他自费跑北京图书馆、情报检索中心,买仪器购药品,欠下6000多元的债。他还将自己拥挤的居室腾出一间做实验室。每天晚饭后,台震林就在自办的"实验室",一干就是五六个小时。常年与几十种带毒性的药品打交道,他的身体逐渐衰弱。由于居室内毒性挥发物长期污染,也影响了女儿的身体健康。但他坚持进行研究,终于获得了成功。他的"灭杀毙"农药与美国的"天王星"、英国的"功夫"、法国的"敌杀死"、日本的"灭扫利"进行对比试验,药效均优于这四项世界名牌农药。"灭杀毙"从1988年投产以来,累计产量达8260吨,新增利税8800万元,出口创汇860万美元。几年来,由于"灭杀毙"的问世,对我国农作物增产带来的经济效益已达14.45亿元。当人们正为很多农药难过"空播关"而叹息的时候,广东省林业厅、汕头森林病虫防治站,用飞机大面积喷洒"灭杀毙"28万亩森林,杀虫效果竟高达75%以上。台震林终于攀上了农药科学的高峰。1990年11月，在广州第二届国际专利及新技术展览会上，台震林一人荣获6项金奖。1991年11月，在布鲁塞尔举办的第40届世界发明博览会上，台震林一人独得8项尤里卡金奖和一枚比利时王国骑士勋章。1992年10月，台震林被选为第三届“中国十大杰出青年”。

工人发明家关广生 关广生是一个只有初中文化的普通工人，通过在生产实践中刻苦学习和积极探索，掌握了较为系统的文化知识和专业技术，成为辽宁本溪市半导体器件厂电子研究所副所长。1977年，初中毕业的关广生被分配到本溪市玻璃厂当配料工人。他从生产实践中认识到，只有采用新技术才能根本改变落后的生产状况。他全身心地扑在技术革新改进上。经过上百次实验，他终于发明了新型玻璃料道涂料，使工人摆脱了在浓烟和热浪环境下进行生产的恶劣条件，减轻了劳动强度，提高工效7.3倍，年节约原料1.8万元。关广生十分注意科学文化的学习和专业理论水平的提高。他经过14年如一日的刻苦自学，较全面地撑握了电子电器、仪器仪表、机械制造、化工原理等方面的专业知识。他先后已取得革新改造成果百余项，发明创造了有关汽车、电子技术等方面的科技成果7项，其中3项获得国家专利，两项居国内领先水平并替代了进口，一项成为辽宁省“七五”科技新产品重点开发项目。4年来，应用到生产中的科研成果共为企业创销售收入52万元。关广生从不计较个人得失。在一次生产事故中，为了仪器仪表免遭损失，他两次冲进火海，抢救出价值9000余元的设备，自己却因严重烫伤住进了医院。按规定，他至少可从企业产品销售收入中提取2万元的报酬，厂领导多次催他办理，但他却一分钱也没领。关广生被评为“辽宁省劳动模范”。1992年2月，又被团中央命名为“中国青年科技先锋”。

农民林纪功获11项专利 陕西省58岁的农民林纪功，7年来获得的技术专利达11项。林纪功的发明专利，获中国实用新技术赴泰国展览会金奖等大奖7项，获省级奖励3项。在11项专利中，已有4项被省内外6个厂家投入生产，其产品销往国内20个省市和东南亚地区。去年双螺旋挤砖机在新疆展出时，哈萨克等国有几十家企业提出订货。林纪功只上过2年初中，后来做过木工。他所在的党西村是个穷村。1968年，队上想办个砖瓦场，凑了3000元要他出去买砖瓦机。他跑了几个地方，空手回来了：钱不够，买不起。林纪功不甘心，他到附近的砖瓦场仔细观察、琢磨，终于仿造出砖瓦机，建成了砖瓦场。从此，他开始了砖瓦机械发明的历程。在村里办起工厂和机械研究所，专门研究开发新产品。这几年来，他年年都有新发明，每年都有一二项成果获得国家专利。由于有不断的创造发明，1992年林纪功被评为全国劳动模范和陕西省有突出贡献的专家。

青年工程师郑忠堂取得13项科研成果 年仅34岁的兰州军区某修理所青年工程师郑忠堂，4年取得13项科技成果，其中5项获国家专利，4项获全军科技进步奖。4年前，郑忠堂针对我军炮兵部队火炮射击中遇到的难题，研究发明了“快速通用退弹器”。这一成果获得全军“七五”成果选型会一等奖。他先后研究发明的集26项功能为一体的“多用医疗检查锤”、“多功能输液架”和“喷涂磁疗按摩美容器”等均获得国家专利。他研制的“重型武器支撑器”系列，大大减轻了炮兵操练中的劳动强度，速度提高近4倍。1992年，这一系列成果被评为军队科技进步二等奖。郑忠堂只有中专学历，他取得众多科研成果，全靠刻苦钻研、忘我拼搏的奉献精神。

优秀青年科学家陈肇雄 国家“863”高科技计划重点项目——智能型英汉机器翻译系统1992年通过国家鉴定以来，在国内外引起强烈反响；其成果中的一个商品化产物——“快译通EC1863A”更是风靡世界，正以一日千台的速度销往全球。年仅31岁的陈肇雄，就是这个“863”项目的总体设计师和主持人。他是中国科学院计算技术研究所研究员，也是目前中科院最年轻的研究员。陈肇雄是我国自己培养的博士研究生。1988年在匈牙利举行的第12届国际计算机语言大会上，他的论文《智能机器翻译系统》引起了国际学术界高度重视，国外专家称他“为机器翻译开辟了一个崭新的方向”。同年，这项研究被列入国家“863”计划，来自中科院计算所、中国科技信息研究所等全国十几个单位的几十位机译专家和科技人员加入这一课题组，与他联合攻关。在1992年成立中科院计算所智能机译研究开发中心。同年，陈肇雄选择香港权智公司作为合作伙伴，创建“科智语言信息处理有限公司”，由他担任董事长兼总经理。中方技术入股占总股份的50%，创下了该领域技术入股所占比例的世界第一。该中心于1992年成立以来，已5创世界第一。除了机译系统国际水平第一、技术入股比重第一外，该系统袖珍版技术使用权转让，为国家创汇444万美元，在国内外机译系统中效益第一。中科院机译中心与权智公司合作研制生产的“快译通EC/863A”，是目前世界上第一部实现全句翻译的袖珍电子翻译机，并且已创下机译领域产业规模的世界第一，已形成每月3000万元以上的销售总额。

勇攀科研高峰的白春礼 1987年10月，年轻的中国学者白春礼谢绝了美国某公司的高薪聘请，按期完成学业回国，投入国内刚刚起步的扫描隧道显微学研究领域。1988年4月，白春礼研制出由一台微机控制、有数据分析和图像处理的扫描隧道显微镜(STM),并在此仪器上对多种化合物进行了研究,均得到非常满意的结果。专家鉴定认为:该仪器的主要性能指标已达到目前国际上实验室研制仪器的最好水平。1989年初,白春礼领导的小组又研制出我国第一台原子力显微镜(AFM)。(1986年世界第一台AFM出自诺贝尔奖获得者之手,目前世界上仅有少数几个实验室研制的AFM能达原子级分辨率。)白春礼等人使用这台仪器稳定观察到石墨、金红石、有机铁磁和二氧化钛等具有原子级高分辨率的图像。1990年11月,白春礼和他领导的实验室的科学工作者,用自己研制的STM在世界上首次直接观察到脱氧核糖核酸(DNA)这种生命主要遗传物质的一种新结构——三链辫状缠绕结构。有关专家认为,这一发现拓宽了人们对DNA结构的认识,找到了研究DNA结构又一突破口,为生物信息、生命起源等问题的研究开辟了一条新路。白春礼是中国科学院化学研究所副所长、扫描隧道显微学实验室主任。近几年来,他在国内外学术刊物上发表论文90余篇,出版2本专著。他主持研究的4项科研项目分别获国家级成果二等奖和中科院院级成果一、二等奖,1989年9月,他被授予全国先进工作者称号,1990年被授予国家级有突出贡献的中青年专家称号。1992年10月,白春礼被选为第3届"中国十大杰出青年"。

山东农民王廷江的无私奉献

王廷江是山东省临沂市罗庄镇沈泉庄村党支部书记,他在自己先富起来之后,又带领全村致富。3年时间全村人均收入由300元猛增到4500元。沈泉庄富了,王廷江领着村民修路、盖学校、盖幼儿园,免除全村人的提留,"五保"老人由村里养起来,60岁以上的农民按月领津贴。接着,他又鼓动村民盖别墅式洋楼,2年多建起了256座,最后一座才是王廷江的。群众盖楼,王廷江拿出了自己的积蓄,每户补贴1万元。3年过去,一个"百万富翁"消失了,但他带出了一个家家富裕、集体强大、连洋人看了都羡慕的中国新农村!沈泉庄的群众说:"我们村巨变,上靠党中央,下靠王廷江!"1992年7月28日,江泽民到山东视察,在临沂地区听取汇报时见到了王廷江。王廷江将满腹的话汇成了三句:第一句:"我托党的福,就要报党的恩!"第二句:"我当家就一定要体现社会主义制度的优越性,要叫老百性都说共产党好!"第三句:"一个人活在世上,就要干一番事业,财富生不带来,死不带去,不能只为财富而活着!"总书记听了,大受感动,3次竖起大拇指,称赞王廷江:"你真是好样的!""了不起!""不简单!"离开临沂后,总书记念念不忘"山东的那个王廷江"。在济南,在北京,在中央机关会议上,在中央党校,他都一再提到王廷江,盛赞他的无私奉献精神。

育种能手苗晋义 河南省新乡市郊区良种繁育场场长苗晋义闯进了"育种王国"的大门。1983年,刚从部队转业回乡的苗晋义看到许多人想靠种蔬菜发家致富,可又因买不到合适的种子发愁。于是,他在蔬菜管理部门的支持下,和刘新平、邢培义等人承包了村里15亩荒地,建起了新乡市郊区第一个良种繁育场。为了搞试验,苗晋义几乎把家里的钱都用到场里。几年来,苗晋义和他的伙伴们先后引进"鲁白1号"等新品种,推广面积20余万亩,增加产值2000多万元,并培育成功抗病高产的大白菜新品种"新育1号",还完成多项星火科技攻关项目。他们由一座温室起家,发展成一个拥有3000多亩试验田、7万元固定资产的产、供、销服务性经济实体。1992年初,团中央和国家科委联合授予他"全国农民青年星火带头人"称号。

民办科技发明家刘长兴 毕业于清华大学计算机专业、多年在国家机关从事计算机引进和开发工作的刘长兴,得知北京新技术产业开发试验区宣布成立时,毅然辞去职务,带着5万元贷款,来到海淀注册成立龙兴公司。他在海淀租了一个旧院子,白天带领大家动手运沙搬砖砌墙填土,夜深人静之后埋头攻关。经过56天奋战,第一台光、机、电一体化的电脑红外光乳腺诊断仪问世了。刘长兴发明的乳腺诊断仪以无损、无痛、安全、快速、早期诊断乳腺癌的独特性能,引起了医务界的广泛关注。该诊断仪获得了发明专利,列入了国家"火炬"计划,在北京第一、第二届国际博览会上连获金奖,还多次参加在西欧、东南亚举行的展示会,产品打入国际市场。龙兴公司经过4年努力,到1992年已经发展成为拥有固定资产120万元,流动资金600万元的颇具实力的高科技公司。1992年5月15日,江泽民总书记、李鹏总理等党和国家领导人在视察北京新技术产业开发试验区时,肯定和赞扬了刘长兴和龙兴公司。

交税大户石掌雄 陕西府谷县西山村农民石掌雄1991年向国家上交税金123万元,是陕西上交税金最多的农民。1992年初他当选为府谷县政协副主席。在中共十一届三中全会后,石掌雄先靠保养汽车挣了好几万元,随后又利用本地资源优势建起了年产3000吨的电石厂。1988年,扩大到年产13000吨,年创利税达300万元,使该厂成为陕西省十大乡镇企业之一。他先后为本县教育投资27.3万元。1991年,他又投资15万元给村里办起焦化厂。

塔里木的"粮王"蒋玲芝 新疆生产建设兵团农一师二团一连的一位才步入而立之年的青年女工蒋玲芝,自1978年走上农业生产岗位起,种稻8年,总产粮食51万公斤,平均每年6.3万公斤;植棉3年,总产皮棉3000公斤。按每个农工管理定额计算,她13年干了20年的活,获得新疆建设兵团"新长征突击手"、"劳动模范"等称号，1992年5月又荣获共青团中央、国家科委授予的“全国农村青年星火带头人”荣誉称号。她还被誉为塔里木盆地的“青年粮王”。蒋玲芝18岁时当上了农业工人。每年3月，冰未化透，寒意逼人，她在百亩稻田里。白天平地，夜间放水，饿了啃块凉馍，渴了喝口冰水，累了裹上皮衣在地上躺一会。炎夏时节，蒋玲芝为了做到田间无杂草，一干十几个小时，拔得手指僵硬，难以伸屈。每年水稻播种，2500公斤种子，她硬是一袋袋往500多米远的田埂上扛，再一把把均匀地撒完。人累瘦了，脸晒黑了。她管理的田地成方，埂成线，苗满田，年年被评为田管一级红旗手。

创办“共青林场”的杨志贵
1988年下半年，共青团黔西南布依族苗族自治州委副书记杨志贵向州政府递交了申请书，申请到最艰苦的地方——册亨县双江区创办“共青林场”。州机关里一时哗然。“你有160平方米的私房，夫妻二人月工资500多元，你疯了，跑去吃这份苦?”在他递交的申请书上，分明写着“创办共青林场的目的，一是唤回绿色、恢复生态；二是造林助团，为团的活动经费寻求途径；三是育林的同时育人、探索树木与树人的经验。”1988年11月27日，“贵州省黔西南州共青林场”在册亨县双江区诞生了。册亨县双江区交通闭塞，环境艰苦，杨志贵用他心换心的真诚，吸住了职工的心；他的妻子也在他为贷款一筹莫展时奉上了2000元。杨志贵坚信，吃苦耐劳加上科技知识，就一定能绿满荒山。从建场到1992年的4年来，他多次聘请林业专家到林场授课，同时保送了3名团员到电视大学林业大专班深造。还先后举办了林业技术培训班46期，培训人员600余人次。1991年世界银行贷款造林检查组到该场检查，经测量，栽种1年的杉木生长最高达2.57米，刷新了贵州杉木生长的纪录。验收认定，该场杉木生长量为全省之冠。4年来，办林场共累计投资133万元，建成了一个拥有1.8万多亩林地和经济作物的立体开发型林场。1992年产值已达1000多万元，是投入的10倍。杨志贵并不以此为满足，他正为实现他8万亩林的计划而努力。

王仁斋百万资财献集体 上海退休老工人王仁斋，从15岁起一直在纺织厂当工人。1978年，由上海市勤奋纺织厂退休。1986年，他已年过古稀，不图安逸应邀从上海回乡，自筹资金18万元，与村委会合资办纺织厂，并担任厂长。1986年5月，王仁斋同村委会签订了两年的承包合同。合同规定：两年内上交承包利润1万元。王仁斋苦心经营，当年上交村利润15万元，其中14万元本是他个人应得的。他对村委会负责人说：“厂子是我包的，但钱是大伙挣的。我已年逾古稀，为家乡出力是我多年的夙愿……”承包期满后，村里将纺织厂以3年上交村委会5万元的底标公开招标承包，但时隔半月还无人投标。王仁斋又以3年上交村委会15万元签了承包合同。王仁斋为了乡亲致富操心尽力。几年来，他承包企业应得25万元，但是，他分文不取，甚至连工资都没要，全靠退休金生活。1988年，他投资3.5万元为村里建了办公楼；从企业利润中拿出5万元为村民支付上级提留；1989年，他又捐款1.3万元给村里建了敬老院、资助群众挖井，还投资为村里小学建了12间教室。1991年，承包期满的王仁斋，推荐村里一名年轻党员担任厂长，自己当厂里的顾问。1992年初，他已经80岁了，又把企业中属他的百余万元资产无偿转给村委会，完成了他为家乡出力的夙愿，表现了一位老退休工人高尚的道德情操。

谱写奉献之歌的护理员齐艳华 齐艳华是黑龙江省牡丹江市社会福利院的年青护理员，她护理的对象是30多个疯傻痴呆的人。就是在这平凡而又特殊的岗位上，用诚挚的爱，她创造了一个又一个人间奇迹。1986年春，齐艳华来到社会福利院，担当起呆傻病区的护理工作。她第一次走进呆傻病区，简直惊呆了：满院子乱七八糟，几个傻子在厮打；屋里，傻子们把一堆屎摆在门前地上，齐艳华一推门，正踏在上面，乐得傻子们狂欢乱舞。等到小齐收拾得窗明几净，已是日落黄昏。当她第二天早晨踏进呆傻病区时，一切又恢复了老样子，她又得重新干。齐艳华首先抓住早晚起床入睡等几个重要环节，对傻子们进行正规化训练。小齐干脆搬到院里来住。每天早晨她吹哨叫醒傻子们，然后教他们叠被、穿衣、上厕所、洗手洗脸、吃饭。她定期给傻子们洗衣服、洗头理发、剪指甲、抓虱子，给他们一个个地搓澡。有一个呆傻人患病卧床不起，她就天天守护在他的身边，给他接屎接尿，服药打针。几年来，她经受了无数艰辛、痛苦和委屈，顶住了来自各方面的压力。在护理过程中，她还为傻子制定了科学的教育计划，开始了正规教学。她结合教学实践，钻研学习了社会心理学、青年心理学、神经心理学、康复医学、弱智儿童教育学、脑瘫痪医学等科学知识，并在实践运用中，逐渐形成了一套比较系统、完整的特殊教育方法。现在，这些呆傻人在起居饮食上已基本做到自理，有的能参加简单的劳动，有的能唱歌、画画和写字，个别的文化程度甚至达到了小学三年级的水平，有的还参加了市级残疾人运动会。在黑龙江省牡丹江市铁岭河南山脚下那个四方小院中，齐艳华创造了人间奇迹。“呆傻病区”的字号已为“特教区”的牌匾所代替。她的成功，填补了国内医学教育学上的空白。

新一代国际金融家刘金宝
1992年10月，青年金融家刘金宝被全国青联、中国青少年发展基金会和《人民日报》等10家新闻单位联合评选为第三届“中国十大杰出青年”。他26岁被中国银行派往伦敦分行做外汇、黄金、股票买卖；27岁代表中国参加第32届世界银行大型研讨会；35岁被复旦大学世界经济系聘为兼职副教授；36岁出任中国银行上海市分行副行长，1991年5月，又任中国第一个国际财务公司——上海国际财务公司董事长。1985年，上海耀华玻璃厂和国内某金融机构与英国皮尔金顿玻璃有限公司合资生产浮法玻璃的项目谈判濒临中止和失败，当时刘金宝受命代表中国银行加入了这一十分艰巨的谈判。外方派出了强大的阵容：专业律师、会计师、翻译、法律顾问，而我方除了企业的谈判代表外，一切得由刘金宝一人兼任。本着实事求是、坚持原则、促进成功的方针，刘金宝他们一次又一次地同外方"交锋"，终于使谈判取得了成功。这是中国银行在改革开放以后为国家引进的第一笔外资，是零的突破。之后，刘金宝凭借他那厚实的金融知识和敏锐的判断力，在主持信托咨询公司的几年中，完成了许多次重大的国际经济合作项目的谈判，先后为上海大众汽车有限公司、上海展览中心新馆等20多个合资合作项目提供了资助。刘金宝在金融界的成功，得益于他在理论上的造诣。在海内外的专业报刊上，经常有他的专著；在高校的讲台上，他又能把自己的实践融化到书本知识中，每一堂课都取得了成功；他参加主编了我国第一套《国际金融与外汇业务丛书》；他还花了4年业余时间编著了我国第一部《英汉银行词典》，填补了国家空白。

创造"亚细亚现象"的商界明星——王遂舟 河南郑州亚细亚商场总经理王遂舟，带领干部职工，开拓创新，使亚细亚商场以其科学的经营机制与管理体制、鲜明独特的企业文化和迅速提高的经济效益而蜚声全国。1992年10月6日，王遂舟光荣当选第三届"中国十大杰出青年"。王遂舟的用人原则是：重人品，轻关系；重才能，轻资历；重专业，轻平庸。他敢于从新职工中直接选拔干部，也敢于重用有缺点、遭非议但一心为公、敢闯敢拼的年轻人。他不设"铁交椅"、打破"铁饭碗"、"铁工资"。开业三年，先后降免干部40人次，开除违纪职工74名。职工月收入最高达900余元，最低者分文没有。强烈的危机感、压力感，激励着每一个"亚细亚"人都竭尽全力地做好自己的工作。在郑州，"亚细亚"最早成立了售后服务车队，免费为顾客运送大件商品；最早设立了迎宾小姐、电梯小姐、顾客关系部等等，对顾客提供周到、满意的服务。"亚细亚"是河南省第一家禁烟商场和花园式商场，它也是全省第一家实行部分商品开架售货、免费开放儿童乐园、夏季开办夜市的大商场，这些措施都受到了广大顾客的欢迎和称赞。王遂舟对服务态度要求最高，营业员如果在大厅内与顾客吵架，不论有理没理，都要受到200元以上的重罚，还要当面向顾客赔礼道歉，有的甚至会被开除。在"亚细亚"，顾客真正体会到了当"上帝"的滋味。亚细亚的经营、管理及企业文化建设被称为"亚细亚现象"，受到全国商界的关注。王遂舟曾获河南省"五一劳动奖章"，并被全国青联授予"七五"建设出成果、作贡献竞赛活动优秀个人光荣称号。

肖长生27年义务献血 吉林省通化矿务局铁厂洗煤厂年过半百的兼职工会主席肖长生，到1992年已经27年义务献血共3000毫升，把10位垂危病人从死亡线上拉回来。他的事迹被人广为传诵。1963年的一天，厂广播站传出医院紧急通知：硅肺病患者杜师傅大咳血，请O型血的职工马上来为抢救患者献血。当时，担任团总支书记的肖长生第一次献出200毫升鲜血。从此，有了一串肖长生献血的纪录。1990年，贾师傅的儿子被雷管炸伤，急需输血。家长找到了54岁的肖长生。他二话没说，为孩子输了血，挽救了14岁少年的生命。对素不相识的人，他也一样奉献他的可贵的同情与热忱。一位农妇产前大流血，他毫不犹豫地伸出胳膊，保住了母女俩的生命。肖长生说：咱社会就是个大家庭，谁都有需要别人帮忙的时候。人不能见死不救！

刘怡昕——燃烧的红烛 南京炮兵学院教授刘怡昕原是研究炮兵武器的专家，到1993年已从教8年。他曾被评为全国优秀教师，并出席了中共十四次全国代表大会。为了提高教学效果，刘怡昕把百余人的合堂大课，改为30多人的小堂课，他的工作量因此增加了几倍。刘怡昕任教8年的授课时间，相当于别人18年甚至更长时间的授课量。刘怡昕认为，对学生毕业后的跟踪教育是育人工作在空间和时间上的延伸。有一次他到西藏看望在那里工作的学员，还对驻藏炮兵部队进行考察。虽因高原反应几次晕倒，但仍坚持到底。刘怡昕经常用自己的爱心温暖学员，以自身的人格力量影响学员。学员陈建洪入学不久便身患重病，由此心灰意懒。刘教授带着慰问品和教材来到了他的病床前，语重心长地说："生命应该燃烧、生命的价值不在于长短，而在于闪光。"小陈终于鼓起了生活的勇气，在病床上自学完全年的课程，期末考试名列前茅。刘怡昕并不富裕，却捐出立功受奖所得全部奖金2000元，与同事们一起设立了"教学科研奖励基金"。他还拿出上千元设立"弹道知识竞赛奖"，鼓励学员努力学习。长期快节奏、超负荷的工作，使刘怡昕患有严重的关节炎、气管炎和心脏病。但他经常在心率过速情况下，伏案工作至天明。他在日记里留下遗言："我死后，将大部分骨灰撒在靶场，让我随时看到后来者矫健的身影，听到隆隆的炮声……"

报国情深的韩忠朝 血液学博士韩忠朝已经在法国学习生活了7年，并在法国巴黎血管与血液研究所主持一个研究室工作。虽然他在国外有舒适的工作生活环境，但仍不断地往返于中法之间，促进中法两国科学文化交流。

韩忠朝主要从事造血细胞,特别是巨核细胞和血小板生长分化及其调节的分子机制等方面的研究。近年来,他与法国的同事们共同努力,首次发现了一个新的造血细胞生长因子的活性调节剂,可用来治疗临床上的血小板减少症;他们还发现了一个造血干细胞的保护剂,它能够保护骨髓细胞不受化疗药物的损害,可广泛用于各种癌症的治疗,大大减少并发症,促使癌症的治愈。7年中,韩忠朝已在国际一流杂志上发表了40多篇论文,并以第一发明者的身份,在法国申请了3项国际专利。1993年,为筹划在上海细胞所新建的血管和血液生物学研究室的工作,韩忠朝不辞辛苦,多次奔波于巴黎和上海之间,并从法国争取到了50万法郎,投入实验室的建设。韩忠朝说:“我以后每年回来三四次,在国内大约工作3个月。希望通过法国和上海两个实验室的往来合作,能够再搞一些更大的项目,在不久的将来申请属于自己的国际专利,为我国的科学事业发展尽一份力。”

青年经济学家林毅夫 1993年12月9日,林毅夫获得了国际粮食与农业政策研究中心的政策论文奖。他于1982年赴美留学,师从诺贝尔经济学奖获得者舒尔茨学经济。他用4年时间拿到了别人需要六七年甚至十来年才能拿到的博士文凭。1987年6月19日,就在妻子完成博士论文答辩后就迫不及待地携妻带子飞回了北京。回国6年来,林毅夫接连在美国有影响的经济学杂志上发表了18篇论文,另有16篇论文被收入英文论文集。他在1993年获奖的《中国农村改革和农业增长》一文中,第一次引入了监督和监督费用的概念,并通过实证量化研究,结果表明,在1978—1984年间的种植业增长中,46.9%是制度变革的结果,得益于化肥使用量的只占32.2%。首次指出了我国农业改革的量化效果,反驳了西方经济界认为中国实行联产承包是农业经营倒退的谬论。1993年6月,他在《集体化与中国1959—1961年的农业危机》的论文集中,第一个提出了博奕论的观点,指出自然灾害、规模不当、管理不善并非造成三年困难时期的根本原因。公社制既不允许农民退社,又不允许公社解散,农民和公社都不再有选择余地,生产失去了自我监督的条件,合作社向公社制的转化,正是为此才付出了沉重的代价。这一研究结论为三年困难时期的农业危机找出了较为合理的解释。林毅夫的研究范围涉及经济领域的各个方面。认为多年来各地重复建设和地区封锁积重难返,其原因有二:一是利率、汇率过低,只要能得到贷款和外汇的额度,生产某些商品所需的建厂投资就很低;二是这些产品的价格受到政策保护,利润极高。解决问题的关键在于发育市场,将推行重工业优先发展战略所造成的价格、利率和汇率等扭曲调整过来,让各地区企业在选择产品、产业和技术时有一个正确的价格信号。针对1993年粮食丰收而主产区粮价继续上扬的反常现象,中央有关领导同志请经济学家作出解释,林毅夫第一个交卷,建议建立全国统一的大市场,用调整粮食库存等手段来稳定粮食总供给量,以防止价格预期的波动。

“大豆王”杨德馨 曾有专家断言,大豆亩产不可能达到500公斤。但中原一位农民却把不可能变为现实。他就是被誉为“大豆王”的杨德馨,现任河南遂平县作物品种资源开发中心科技主任。杨德馨从1981年起开始培养高产豆种,20多万字的读书笔记,30多万字的试验记录是他艰苦创业的见证。他自费到北京中国农科院、农业大学等单位拜师求教,专家们为他的钻研精神所打动,给予了极大的支持。他培育的“巨丰大豆”全生育期仅120—125天,株高70—100厘米,单株产量一般为100—200克,最高达453克,亩产达250—400公斤,高水肥地可突破500公斤。1993年一些地方发生特大干旱,大豆普遍减产甚至绝收,“巨丰大豆”却一直高产。杨德馨率领开发中心工作人员在遂平县示范种植2500多亩“巨丰大豆”,已使800多户农民脱贫致富。1993年豫、鄂、皖、鲁等地出现了抢购、争销“巨丰”的盛况。

创造“懒棉花”的曹生吉

1993年9月份,国家科委农村科技司和中国农村技术开发中心组织专家,对以“懒”字命名的棉花简化栽培示范田进行实地考察、测产,得出结论:“这是中国植棉史上一次转折!”、“这是棉花栽培技术的大突破!”促成这一转折、实现这一突破的,竟是一位只有初中学历的农民——曹生吉,他是山西临猗县积善村人。1976年他从部队复员回乡务农。1983年他在承包的废弃土地上平整出30亩新棉田进行科学实验。但由于技术不到家,收摘的棉花只卖了250元,成了人们茶余饭后的笑料。作教师的妻子理解他,在曹生吉最困难的时候,干脆当了丈夫搞植棉试验的帮手。又经过2年的艰苦实践,曹生吉的栽培技术开始成熟了,播种后苗稀的看不上眼,而到秋后,每棵棉株都像一座塔,果枝桃多,营养枝也挂桃,桃多桃大,实现了亩产140公斤。曹生吉把他的种棉技术整理成《棉花简化栽培高产实验报告》,总结他对传统栽培技术进行种种探索的思考。乡亲们则亲切地给这种技术命名为“懒棉花”。曹生吉无私地把种棉技术推广给广大棉农。他传授种植技术的9个县2000多亩“懒棉花”,亩亩丰收。1989年有11个省200多个县的棉农同曹生吉签订了技术服务合同,种植面积为2.8万亩,1992年为70万亩,1993年达到近百万亩。

共和国的“昆仑卫士” 1990年盛夏,在昆仑山下解放军南疆军区作战室里,江泽民主席认真听取南疆军区领导的汇报。当听到某边防团在平均海拔5000米以上的喀喇昆仑山艰苦戍边的动人事迹时，他盯住地图上那片生命的禁区，深情地说："海拔那么高，是很艰苦的，你们不愧是共和国的'昆仑卫士'！"根据科学测定，在海拔 5000 米以上地区，哪怕是下棋玩扑克，也相当于北京、上海背负 20 公斤重荷。部队在险恶的气候、地理环境中，每年换防上山，适应期一过，便开始爬山、耐寒等各种科目训练。1990—1993 年，全团先后有 245 人练就"雪山飞毛腿"，186 人获得"高原特等射手"称号。1993 年 6 月，上级要求 7 天内打通天神大坂。这段路 8 年前废弃不用，早已被冰雪封堵得严严实实。道路工兵连的官兵凭着简单机械，6 天 6 夜，从四五米厚的积雪中，劈开了一条通道。电台台长沈国平，入伍时是个精壮的小伙子。年复一年地上山守防，使他患了高原心脏病、胃溃疡，最后又染上白血病。在生命的最后时刻，团政委询问他还有什么要求，他说："我死后，请把我的骨灰运回家乡，埋在父母亲承包的责任田里。我生前为国家守边防，死后帮老人守责任田吧！"边防三营营长徐锦元的家乡近年经济飞速发展，兄妹四个都盖起了小洋楼，银行存款近百万。家人都盼着他早日转业，一块"下海"致富。他却说："叫我离开昆仑山去'下海'我做不到，搞现代化建设需要'下海'的，也需要'上山'的。上山守防是边防军人的神圣职责！"

宋涛——生命的涛声 1981 年 9 月 16 日，宋涛降生在吉林省长春市一个普通工人家庭。1985 年，4 岁的宋涛患上了胰岛素依赖性糖尿病。从此，他将终日与药为伴，每天必须在三顿饭前打一针胰岛素，否则食物中的糖无法吸收，有生命危险。每次到医院，见到大夫，孩子总是抢先开口表态："给我打针吧，给我开刀吧！我不怕！"从七岁上学时起，小宋涛就一直自己练打针，妈妈为他准备了一个小针盒，与他日夜相伴。入学后的第一学期，尽管还住院一个月，期末考试却拿了个"双百"！宋涛却对着成绩单哭了，成绩里面隐藏的汗水也许只有小宋涛自己知道。因为得到太多的爱，小宋涛便时时刻刻想着去关怀别人。他在报纸上读到边远地区孩子们严重失学的报道，他和妈妈商量决定从长春新城开发公司刚刚捐给他的 1000 元钱中拿出 900 元，捐给"希望工程"，另外 100 元捐给长春市幸运学校的一对孤儿。当小宋涛用一双小手捧出这些钱时，有谁知道这 1000 元钱，对急需治疗款的小宋涛是多么需要啊！1991 年 1 月宋涛到上海太仓接受治疗。到太仓的第二天，宋涛发现了"太仓县雷锋文献资料馆"，他兴奋地拉上妈妈要参观，管理员破例让这位东北小朋友进馆阅览各种图书。从此，宋涛每天都抽时间去资料馆呆上几小时，3000 多件雷锋事迹资料磁石一般吸引着他。上海归来，宋涛产生了一个愿望，办一个少年英雄人物事迹馆！在妈妈支持下，他开始收集雷锋、高玉宝、赖宁等英模的事迹资料。消息传出后，全国许多少儿出版社都纷纷寄赠新书。不到两年时间，他的"嵩韬少年精英事迹资料馆"已经拥有有关少年英雄人物的图书、画册、报刊等各类资料近千件。宋涛把它们分类陈列，一到星期天，宋涛家就挤满了看书的小朋友。宋涛爱读童话，格林、安徒生……他都津津乐道。于是他想将来成为童话家，他就不停地练笔、投稿，作品多次刊登在《小学生阅读报》上。他还喜欢唱歌、绘画、书法和讲演。他的简笔画、图画天真烂漫、充满童趣，钢笔字获得长春市青少年书法比赛奖。几年来，宋涛的小箱里积攒了厚厚一叠鲜红的荣誉证书："全国学赖宁先进个人"、"中国好儿童"等。1993 年宋涛被评为"全国十佳少年"。

钟情"国粹"的焦志军 焦志军把中医药称为国粹，立志终生挖掘、发扬它，使之造福人民。26 年前，18 岁的焦志军赴山西插队，当了"赤脚医生"，后来参军又当了卫生员。这期间，他收集民间药方，治好了一些人的疑难病。复员后，焦志军在北京一家医院当牙医，几乎把所有的业余时间都用于阅读中医药书籍，学习北京中医函院的课程和收集、整理、研究民间验方。1981 年后，他发明了治疗冠心病等病症的丹田健心膏、治疗近视眼的外用药佛明丹等新药。经过大量的临床实验，国家专利局已批准了他申请的专利。有一次，世界卫生组织精神康复委员会副主席罗伯特及夫人访华时，自学了英语的焦志军担任翻译。一天，罗伯特夫人忽觉肩周疼痛，焦志军用自制的药膏敷在相关穴位上，第二天病痛消失了，对这位"身怀绝技"的中国医生，罗伯特说："对于你这样的人，美国是个天堂。我愿请你去美国发展。"焦志军说："中医药的宝藏在中国，我不能离开中国。"罗伯特回国后，专门给 14 个国家的驻华使馆写信，介绍推荐焦志军，同时写信告诉焦志军，这些国家都将为他出国开方便之门。这 14 条通往国外的路，焦志军至今连问都没去问过。1993 年初，泰国一财团的总经理找到焦志军，邀他举家迁往泰国办药厂，将为他提供住房、私人汽车。也被焦志军谢绝了。1993 年 12 月，焦志军"双喜临门"：第一，北京市批准中日合资的东方大合药业有限公司生产他的丹田健心膏；第二，在全国中医药新技术产品博览会上，丹田健心膏荣获一等奖。

刘保卫毁家兴学 河南省桐柏县程湾乡和湾小学校长刘保卫，今年 35 岁，已有 15 年教龄。为改善办学条件，他将自家的 20 多棵桐树，30 多根檩条和准备盖房的 2 万块砖无偿地献给了学校，使学校面貌焕然一新，而他全家仍住在破草房里。当刘保卫看到学校一些孩子因家境贫寒不得不离开校园时，决定以个人名义设立"希望工程"基金。他虽然负债 2000 元，仍说服妻子卖掉缝纫机、写字台和正下蛋的母鸡，多方筹资 1000 元，设立了"希望工程"基金，资助标准为一个学生每学期20元，根据不同情况可向上适当浮动，一直到这些贫困学生小学毕业。1992—1993年，已使25名辍学儿童重返校园，使该村儿童入学率和巩固率均达到100%。

德才兼备的总护士长吴欣娟 1979年，吴欣娟走进北京协和医院护士学校，转眼间14年过去了，如今35岁的吴欣娟，却已经成了北京协和医院管辖100多名护士、兼管胸外、脑外、普外、骨科、泌尿5大专科4大病房的外科副总护士长。她从干护士工作的第一天起，就认真地干好每一件护理工作。她除了打针、发药、处理医嘱，甚至为病人剪指甲、擦洗、端屎端尿这些基础护理工作之外，还认真揣摸医护知识，使自己的工作内容向高层次发展。吴欣娟说："一名称职的护士，要有更丰富的职业内容与更高的技术要求。比如，对实施脑外科开颅手术后的病人，护士每隔15分钟或半个小时就得认真观察患者的生命体征，时刻注意他瞳孔、血压、肢体的活动变化情况，稍有不慎或处置失当，就很可能会导致病人的死亡。而这一切都要靠护士的细心和辛苦去完成。"尽管具体的护理工作是如此繁琐而辛劳，但多年来，吴欣娟从没有放松学习知识、提高业务的努力。1989年4月，吴欣娟参与撰写了由黄人健主编、科普出版社出版的《护士工作手册》一书，并担任该书编委之一；同年9月，她去北京二外培训中心进修英语半年，1991年又赴美国进修了8个月外科护理专业；1993年，她又和协和医院的另一名护士马玉芬合作完成了一篇外科护理论文《枕大孔区畸形再手术护理》。

机械"美容师"熊正亚 据《工人日报》1993年9月1日报道，铁道部第二工程局四处第二机筑队的白铁工熊正亚有一手绝活——机械"美容术"，被大家喻为"美容师"。1991年，铁二局在跨行业竞争中，办挫国内外强劲对手，中标承建了由国际银行贷款兴建的特大导流洞——二滩水电站左岸导流洞。施工中，一台急需的高空作业车"容颜"被毁，有些外国人讥笑：这么烂了还要用。这时熊正亚带着几个伙伴给它刮、拆、敲、补、换，仅用7天时间，这台高空作业车就焕然一新。那些外国人不相信自己的眼睛：怎么这么快就买来新的啦！说起设备"美容"，最难对付的就是洋设备，它的外壳铁皮既薄又硬，变型后很难复原。一次，熊正亚硬是用手工敲打来取代模型制作，使2台进口汽车免交了五六万元的"洗脸费"。熊正亚不仅练就了一手高超的白铁技术，而且还搞了一些颇为实用的发明创造。在二滩工程进入最后冲刺阶段，一台洋设备凿岩台车交流接触器烧了，生产立即陷入瘫痪，而此配件只有到西安、北京等地方才能买到，往返最快也要半个月，延误一天就要付出几十万的巨额赔款。铁二局立即组织技术攻关。可几次试验都失败了。这时熊正亚自信地提出："用国产接触器改制代用。"2小时后，熊正亚改制的交热接触器换上试机，经测试比原配件动力还大。至此，熊正亚改制的替代件一直用到工程结束，使这项工程的合同工期提前完成。熊正亚经常这样说："我学技术搞革新不是想出风头，只是想为单位节约不必要的支出，因为我是共产党员。"

"神耳"黄德鑫 在江苏天生港发电厂，人们都夸电气主值班员黄德鑫有副"神耳"。因为他能在复杂的情况下，用耳朵辨别出各种机器、仪表中存在的隐患。1993年的一天下午，黄德鑫到电气升压站作交班前的重点检查。当来到一台负荷12.5万千瓦，正在运行中的发电机主变压器旁时，他听到一声轻微的"咔嗒"声。他赶忙抬头寻找可疑之处；此刻，只见运转中的12组冷却器48台风扇突然全部停了下来。可是，故障信号闪光报警牌却一如常态。他感到"不好"，急冲过去抓起了直通主控室的电话机……经过紧急处理，一次意外事故避免了。原来，这是由于冷却系统电力控制回路的中间继电器失常断开，导致动力电源无法自动切换，报警又发不出信号，从而发生故障的。若不是他及时报告，再运行10分钟，主变压器的冷却系统油温就会急剧上升，定会造成设备毁坏、无法送电的恶果。黄德鑫在14年的发电值班中，发现和处理的问题就达145项。从1990年起黄德鑫连续3年被评为厂先进生产者，优秀值班员标兵，江苏省电力局运行值班先进个人。他的无事故安全操作纪录已达2.4万多次。1993年，黄德鑫受到厂里的表彰和重奖。

争当"京九明星"的突击队员们 在京九铁路吉安南站施工现场，铁十六局机运处三队青年突击队开展着一场别开生面的争当"京九明星"的劳动竞赛。"当不上歌星影星，当个'京九明星'也光彩"。新颖有趣的竞赛活动，创造了一种"勇当摘星手，争做夺魁人"的氛围。施工中出现了上班抢头车，下班争尾车的现象。有的司机为抢装第一车土，啃着干面包早早地到现场排队等候。青年司机吴功务、袁伯清、滕居醒在工地连续干了4个多月，回北京休假连往返路途总共才12天。问他们为啥不休完假再来工地，他们说："工地上这么热乎，谁在家呆得住啊。"司机毕之林送生病的妻子回老家，到家的第二天便是万家团圆的中秋节，但他当晚就坐上火车返回工地。火热的施工现场，变成了突击队员们争当"明星"的竞技场。在这场竞赛中，司机一天运土最多达103车，创下了全局最高生产纪录。到1993年年底，吉安南站正站线路基已基本成型。

优秀民警孔军 1993年9月9日，武汉市公安局汉阳区分局翠微街派出所的治安民警孔军正在巡逻时，忽然听见汉阳平田小平北村121号楼前一位老汉在呼喊："有人打开煤气要自杀！"孔军忙向楼房冲去，尚未登楼，有人惊慌地往楼下跑，告诉孔军："4楼居民吴玉桥房内有放煤气的'哧哧'声。"孔军冲上4楼，只见吴玉桥家的卧室门关着，一股浓烈的液化气味从门缝里钻出来。孔军踢开门，见吴玉桥躺在床上奄奄一息，孔军伸手试了试，还有微弱呼吸。他感到还来得及抢救，就先去拧死液化气罐，他刚跨过床角去拧液化气罐阀门，突然，"轰"的一声巨响，放在阳台上的蜂窝煤炉火将充满房间的液化气引燃了。瞬间，一团高压火焰卷向孔军。孔军头发、眉毛、衣服被烧着，液化气罐吐着长长的蓝色火焰。孔军清醒地意识到，液化气一旦爆炸，势必酿成惨祸。他忍着巨痛，继续去拧滚烫的液化气阀门。室外的人大声疾呼，要他赶快出来。这时他的双手、双臂已被烧得焦糊。右手掌的皮肤烧脱了，他又换上左手……阀门拧紧了，但他全身的衣服还在燃烧，他就地一滚，从4楼滚下，摔倒在3楼的楼梯上。这时的孔军已是面目全非，双臂、双手血肉模糊，鲜血直往下滴。火终于扑灭了。孔军被迅速送往医院。他全身烧伤面积达75%，其中3度重伤为20%。经抢救，一个星期以后，处于昏迷状态的孔军才苏醒过来。省、市领导看望孔军，并高度赞扬了他舍生忘死的精神。称他是"公安干警的一面旗帜"！1993年9月18日，孔军实现了多年的夙愿，被批准为中共预备党员。公安部授予他二级英模光荣称号。

神奇的铁鹰姜战林 姜战林是北京铁路公安局副局长，他疾恶如仇，面对犯罪分子明晃晃的尖刀毫不畏惧。打车匪、擒路霸、抓票贩，战功赫赫。1993年，在京广线丰台到高碑店间、京包线康庄到沙城间的列车上，旅客财物被盗案件经常发生。姜战林带领由20名干警组成的追剿小分队，登上了北京开往银川的列车。他们化装成游客和商人，分散在各个车厢内，张开了围歼犯罪分子的法网。康庄车站到了，列车中部的车厢一下拥上了6个年轻人。小分队成员发觉来者不善，紧紧盯住他们。片刻，一个穿T恤衫的家伙一伸手从行李架上拽下一个黑皮包，转身要走，但他前脚迈出还没落地，便被便衣侦察员铐了起来。与他同伙的两个家伙见势不妙，故意扯着嗓门喊："我的包丢了，我的钱没啦！"想趁机溜走，他俩没迈2步，就被姜战林和侦察员们一拧胳膊，死死按住。当这帮为非作歹的家伙被威风凛凛的干警押下列车时，车厢内响起了掌声。姜战林带领侦察员顺藤摸瓜，捣毁了2个犯罪团伙。像这样的漂亮仗，姜战林打一个胜一个。5年来，姜战林指挥干警破获案件1760起，2100多名案犯落入法网，其中他亲手抓获的重大案犯有238名。1988年以来，他先后荣立一等功2次、二等功2次，荣获"全路见义勇为十大勇士"、北京市"五四"劳动奖章、北京市劳动模范、全国劳动模范等光荣称号。1993年，他又被评为全国"十大杰出青年"，1993年10月19日，铁道部、公安部分别授予姜战林"人民铁道卫士"和全国公安一级英雄模范光荣称号。姜战林还晋升为一级警督。

京都神捕王忠义 王忠义是北京市公安局公交分局的侦察员，他在反扒战线上战斗了31年，令"墙上君子"闻风丧胆。31年来，王忠义起早贪黑，每天常常工作在16小时以上，有时为盯目标，一天水米不沾。长年如此，他落下一身慢性病。反扒工作既辛苦又危险。一次，王忠义在106路电车上抓住一个贼。那贼膀大腰粗，身高1.80米以上，他将王忠义压在底下，死命掐住王忠义的脖子，凶狠地说："你放我一码，要不然我掐死你！"王忠义奋力搏斗，趁机铐住了贼手。又有一次，王忠义在4路汽车上抓住了3个东北来的贼。他们拔出弹簧刀向王忠义扎来，王忠义的手被刺得鲜血淋漓，牙也被打松，但他仍勇敢地夺下刀，在群众协助下将贼押送公安局。1993年9月11日，他在20路汽车上发现2个哑女刚上车但很快又下了车。这时有人喊叫丢失了钱包。王忠义迅速下车追赶，他把俩哑女推上车，从她们身上搜出偷窃的钱包。年近半百的王忠义生活一向俭朴。他平时抽的烟是最便宜的，他的儿女都已成人，但全家人还挤在2间小屋里。有人劝他向组织提要求，他总是笑笑说："连我自己都是组织培养的，哪还能向组织伸手？"1978年以来，王忠义抓获扒手近2000名，获得过全国"五一"劳动奖章，被评为全国公安战线二级英模，1993年又被评为北京市共产党员十杰。

许金生帮助全村致富 山东省乐陵市杨少白村的许金生担任党支部书记3年来，全村农民人均收入由1990年的800元增长到1993年的3500元，全村从欠外债17万元发展到拥有公共积累600万元。1990年，许金生当上了村支书，他提出了"依城致富，商贸兴村"的战略。许金生首先和村委会主任周存才一道把个人的建筑队无偿交给集体，并带头拿出自己的积蓄，动员群众集资为村里办起了预制件厂、运输队等5家企业。当年，5家企业实现利润除还清17万元外债外，还盈余了10万元。1990年底，许金生决定投资170万元在村西建一座综合楼。为了建楼，他吃住在工地，只用10个月时间建成这座楼。又经两年多的艰苦奋斗，实现了3年建成3幢综合楼、两条商贸街的诺言。三楼二街不仅美化了村容村貌，而且吸纳了全村90%以上的劳动力，成为全村人的摇钱树和聚宝盆。集体有了钱，许金生除用于扩大再生产外，还为群众办了一系列福利事业。3年来，除群众提留款、水电费全部由集体负担外，还为全村村民办了家庭财产保险，为15岁以下儿童办了人身和未来幸福保险，另外每月给每位村民免费供应15公斤面粉，给60岁以上老人每月发30元补助。许金生当党支书3年来，全村人的收入增加了，而他自己收入却大大下降了。以前他领着自己的建筑队,每年轻轻松松收入五六万元,如今他一年收入一万不到。但看到大家都过上好日子,他感到安然多了。

依法办案的律师张典礼 “依法办案不畏权,依法办案不怕难”,这是河北省平乡县律师事务所高级律师张典礼常说的一句话。一次,张典礼在一起宅基地纠纷案中发现,由于原告有权有势,个别执法人员徇私枉法,使被告含冤入狱。张典礼经过调查、取证、查清案情后,据理力争。官司从县法院打到邢台中级法院,再打到河北省高级法院,终于为受害者伸张了正义,使拖了3年之久的冤案得到昭雪。面对社会上出现的种种不正之风,张典礼一身正气,以实际行动维护法律的尊严。一次,平乡县一些不法分子趁机哄抢县工商局查获的200辆假冒自行车,并殴打了工商干部。有关执法部门错把前来寻找丈夫的梁改珍以妨碍公务罪予以逮捕,并向人民法院提起公诉。被告人委托张典礼进行辩护。张典礼经过多次取证调查,力陈自己的辩护理由,最后梁改珍被释放回家。张典礼自1981年任平乡县律师事务所主任以来,制定了严格的律师职业道德规定和最低的收费标准,对生活困难的当事人和咨询者一律分文不收,为事务所树立了良好的形象。1993年10月,不足100人的平乡变压器厂被河南一家皮包公司骗去19台变压器,价值20多万元。使这个小厂濒临破产倒闭。张典礼闻讯后,立即带领一名律师前往追款。路上由于汽车颠簸,张典礼腰部旧伤复发,疼得他脸色刷白,但他硬是支撑着病体,一连奔波了10多天,为这个厂追回全部被骗的货款。而张典礼却躺倒在医院的病床上。由于张典礼出色的工作业绩,使他连续12年荣获地、市先进工作者,3次荣获省、地、市司法战线标兵,1990年,还曾荣获全国司法战线劳动模范。

善于化解矛盾的江家生 湖北省荆门市官垱镇友好村江家生自1983年9月担任村民调主任以来,共帮助24对婆媳和好,8对夫妻破镜重圆,5位老人重归家园。调处各种民事纠纷131件,防止非正常死亡11人。江家生所在的村,连续8年无一刑事案件发生,无一人被判刑。江家生曾多次被评为省、市先进工作者。1993年10月,又获得“全国模范人民调解员”光荣称号。1993年9月上旬的一天下午,江家生与妻子正在禾场打稻谷。忽然,乌云翻滚,雷声大作,眼看一场大雨即将来临。可就在这节骨眼上,一个人气喘吁吁地跑过来,边跑边喊:“不得了啦,要出人命啦!”江家生赶忙丢下手中的活,随着来人直奔许志荣、许志军兄弟的家。只见许志军双手高高举起许志荣3岁的小孩准备往下摔,江家生一个箭步冲到许志军背后,猛地从他手中夺下小孩,随即喝令许志荣放下手中的铁叉,制止了事态的发展。江家生又分别找双方了解情况。当他弄清这场矛盾是因妯娌间拨弄是非而引起的,便耐心细致地开导、缓解了矛盾。当江家生赶回家时,满场稻谷都被大雨淋透了。1991年5月,老党员赵永银为了扩大自己责任田的面积,私自毁了田间道,给本村赵永忠下田干活带来许多不便。赵永忠为了报复,暗地里扒了过水涵道。赵永银发现田里水流干了,就去找赵永忠算帐。由此,两家闹得不可开交。江家生得知后,主动找赵永银做工作。可是,赵永银却指着他鼻子说:“你知道是谁培养你入党的吗?你不要吃了木耳,忘了树根!”但江家生没有气馁,又一次登门做工作。他同赵永银一起回忆组织上如何培养、教育自己入党、为人民服务的个人成长史,使赵永银承认了错误,主动向对方赔礼道歉,连夜修复了田间路,还在村党支部大会上作了检讨。这一切,使赵永忠很受感动,也修好了涵道,从此,两家和睦相处。

公仆与民两相知 出身贫困农家的李高山,1991年10月调任到山西五寨县,时年35岁,是山西省最年轻的县委书记之一。李高山从来把群众的疾苦当作自己的疾苦。1992年农历腊月二十三,年关将至,李高山放心不下县里的百姓。他来到全县有名的偏僻贫困的李家庄村,看到一个靠崖而凿、破旧不堪的窑洞,李高山猫腰钻了进去。身披破烂棉袄的侯蛟其正在发愁,老伴残疾不能动,小儿得了风湿病,全年收的粮只够吃半年。李高山得知后,拿出100元民政救济款给老侯,并把村干部找来,责令他们帮助买袋白面,割几斤肉,让老侯一家吃上饺子过个年。1993年,在李高山的帮助下,侯蛟其种上了卖价高的红芸豆,又外出打工,挣了一笔钱,生活已大为改善。李高山愁百姓之愁,愁地不产粮,愁粮丰收了又卖不出去。五寨盛产土豆和葵花籽。李高山亲自跑到太原找省城最大的天龙大夏的总经理,使五寨县用土豆加工的精淀粉第一次摆到特大商场的柜台上。1992年,为推销2000多万公斤的葵花籽,李高山两上大同铁路分局,而后又三番五次动员全县个体户和运输部门,终于把葵花籽全部推销出去。李高山爱下乡倾听群众的呼声和要求。东秀庄村沿县乡公路有一条排水渠,由于规划不合理,每到雨季,全村的1200亩平地就要受到洪水之害。几年来,交通部门要保路,村里要保地,多次交涉无结果。1993年初,李高山得知这一情况后,迅速与交通、水利部门协商,并亲自到现场了解情况,终于在雨季到来之前使问题圆满解决。李高山要求自己一辈子“先做人,后做官”。五寨人民从心里拥护这位谦和诚恳的好公仆。

史桂泉变瘠地为聚宝盆 江苏省吴县光福镇陈华村党支部书记史桂泉19年如一日,团结带领群众,坚定不移地走共同致富的道路,使昔日的“南大荒”变成今朝的“聚宝盆”,全村1993年农副工产值达到1.06亿元，人均收入3820元。现在的陈华村柏油路四通八达，户户用上自来水和液化气，村里办起了小学校、医院，儿童免费入托，看病不用出村，老年人安度晚年，计划生育连续10年达标，文明户普及率达98%……陈华村已成为吴中灿烂群星中的一颗新星。史桂泉是1974年10月担任村党支部书记的。当年冬天，他带领全村村民打响了平整山田、开山造林的攻坚战。整整5年，史桂泉带领村民平整山田480亩，山地590亩，种植了60万株林木果树，还办起了鸡、兔、猪、羊饲养场。史桂泉为了彻底摆脱全村的贫困，还致力发展村办工业。他们广开“才”路，招聘能人，在村里先后办起了五金厂、日用化工厂。村办丝绸领带厂的真丝领带、方巾等成为免捡产品，远销欧、美、亚30多个国家和地区。1992年，史桂泉又筹资1400万元，上了一个拥有16台纺丝机、年产涤纶长丝2000吨能力的大项目——吴县光华化纤厂。1993年，该厂实现产值3225万元，为集体经济的发展充实了后劲。19年来，史桂泉连选连任村支书，他先后被评为县、市劳动模范，当选为市政协委员、政协常委。陈华村也连续10年被评为县、市先进集体和文明单位。

庹明利带领贫困户致富 湖北省郧县五峰乡东风村共产党员庹明利10年承包3个绿色企业，带领46个贫困户奔上了小康。1982年，东风村5组有块杂草丛生的桔园无人承包。庹明利自告奋勇揭了榜。他带领3个贫困户，辛勤经营，当年盈利；第3年产桔6000多公斤，收入1万多元。原来的穷伙伴们，有的娶了媳妇，有的盖了新房。这时村办桔园因虫害、草害、畜害陷入困境，亩均产果仅20多公斤，承包人甩手不干了。庹明利再次揭榜。他找来5个贫困农民作助手，当年上交村里2000元。第2年，经过精心管理后，村办桔园成了集体的“聚宝盆”。1988年底，五峰乡党委决定兴建万亩林特产基地，庹明利第3次迎难而上。他挑选38位家庭贫寒的青年，挑起行李上山安营扎寨。4年多来，他们已开发荒山3000多亩，建起了全县闻名的林特产基地；1992年收入10余万元，1993年收入20万元。

佘德聪心里燃烧一把“火” 佘德聪和火有不解之缘：1974年，他去香港定居的时候，由卖打火机起了家。1984年，他回内地投资，也是办厂生产打火机起步。现在长城内外已有十几个厂子，投资达3亿元港币。10年前，在全世界的打火机市场中，日本产品占5成，韩国占4成，台湾的不到1成；10年后的1993年，则是中国大陆、日本、韩国平分秋色。在这个过程中，佘德聪的德辉集团是尽了力的。佘德聪说：“这不仅仅是德辉集团的成功，更是大陆开放政策的成功。”从1984年至1993年，佘德聪在广东东莞开设的工厂，已由最初300人增加到如今1200人，厂房面积由几百平方米，扩展到近6000平方米。东莞的生产已引进日本最先进的生产线，总投资约5000万港元。他的产品就是以成本低于日本、韩国的优势行销世界市场。佘家4兄弟的德辉集团与祖国现代化事业共荣。在短短的数年内，先后在天津、珠海等11个地、市独资或合资建了水泥、饮料、微电脑、化妆品等工厂10余家。1993年，他们又在家乡石狮市兴建一流的商业城——石狮商业城。商业城全部投资约人民币15亿元左右。佘德聪相信，祖国改革开放的基本政策不会改变的，祖国统一是不可逆转的。

全才企业家刘汉元 刘汉元是一位集发明和创业于一体的全才企业家，他的企业走的是以成果促生产的发展之路。1984年，20岁的刘汉元潜心研究，首创“渠道金属网箱式流水养鱼”的先进集约化养鱼方法，并通过专家鉴定，填补了我国的空白。1986年，刘汉元看准了大规模集约养鱼需要的饲料市场，辞去公职，创办了西南首家专业化饲料生产厂。现在饲料生产厂已发展成为拥有2个中外合资企业、一个在美国的独资企业、15个国内合作合资企业的通威集团公司，其年产值达2亿元，创利税2350万元，被誉为四川饲料行业“一霸”。1993年，刘汉元当选为“全国杰出青年企业家”。

企业新星曹和平 身兼董事长、总经理、党委书记数职的曹和平在长春算是一个鼎鼎有名的敢吃螃蟹的人。他先后开创了19个全市商业企业的第一：第一个兼并其它企业；第一个在外省市开设窗口；第一个对企业实行股份制改造；第一个搞店办工厂……长春汽车城百货股份有限公司在他接手时，只是长春百货公司四商店。9年时间，企业从四商店变成汽车城百货大楼，又变成今天的汽车城百货股份有限公司，荣获全国信誉“AAA企业”。曹和平呕心沥血办企业，公司飞速发展。1993年，曹和平当选为“全国杰出企业家”。

“精神万元户”熊志华 到1993年6月10日，武汉石油化工厂供电车间工人熊志华已先后向20多位病、残、特困者共捐款1万多元。有人问他为什么这样做？他说：“人活着不能光顾自己，还应多帮助别人。我每月收入用不完。我想做个‘精神万元户’，让病、残、特困者也能过得好一些。这比我一个人吃好、穿好更有意义。”在一起严重的交通车着火事故中，武汉市东西湖小学老师陈运胜和他的女儿陈玲被烧成重伤。虽经抢救保住了生命，但无钱继续治疗，病情恶化。看到自己的残腿和痛苦中的女儿，几次想和她一起跳楼自尽。熊志华得知后，立即给陈运胜父女寄去200元人民币。钱虽不多，情重如山。在熊志华的带动和影响下，陈老师得到了2万多元的捐款，他和女儿的疾病也很快得到了医治。四川省开县临江区明星乡农桥村民付明英和罗成芬结伴去广州做工，途中付明英为救罗成芬被火车压断了左大腿。付6岁丧父，母亲改嫁，与老奶奶相依为命。这次又失去一条左腿，更感前途茫茫。熊志华得知后也向她寄去了200元人民币，使痛苦中的付明英感到了人间的温暖，鼓起了生活的勇气。安徽省合肥市长丰县罗集乡农村姑娘陈金梅6年如一日，精心伺候合肥市中区80多岁双目失明的孤寡老人蔡世萍，直到老人安然离开人间。被当地新闻单位誉为“雷锋姑娘”。但陈金梅服侍老人一场，分文报酬未取，反落下几百元债务。为了帮助“雷锋姑娘”摆脱困境，熊志华又向陈金梅寄去了500元人民币，在合肥市引起了强烈的反响。

热心助人的女老板刘丽华

刘丽华是天津市私营企业春阳木器厂的女厂长。1993年的一天，刘丽华出差到哈尔滨，她从当地报纸上得知哈尔滨工业大学学生郑铁民的“窝心事”：郑铁民家在河南的穷乡僻壤，家里接连病死3位亲人，负债累累。铁民上大学后顿顿是白饭、咸菜。冬天连棉袄都没有着落。看到这里，刘丽华眼睛湿润了。她想起自己当年上中学时就经历过同样的艰难。由于家里弟兄姐妹七八个，连吃饭都困难，放学后要搞家务，带弟妹，学习落后了。是班主任王德芬老师每天放学后把她带回自己家中辅导作业，吃完饭再让爱人把她送回家。这才使她获得好成绩。从那时起，刘丽华就下了一个决心：什么时候我要有了钱，一定帮助为难的人上好学！刘丽华找到了郑铁民，把第一笔赞助费用2000元交在他的手里，她紧紧握着郑铁民的手说：“我决定赞助和负担你上大学的全部学习、生活费用。如果你大学毕业后愿考研究生或出国深造，我也支援到底！”刘丽华资助郑铁民上学的故事在哈尔滨和天津市引起强烈反响。刘丽华说：“钱要用到正根上！把教育搞好，国家才有希望。”前几年，春阳木器厂仅有3万元流动资金时，就出资1万元赞助教学展示活动。1993年，该厂共出资6万元在春阳小学设置“最佳园丁奖励基金”。

科技文化建设

1. 教育

1992—1993 年教育事业发展概况　1992 年和 1993 年，在邓小平建设有中国特色的社会主义理论和党的基本路线指引下，教育改革迈出了新步伐，教育事业呈现加快发展的势头。

一、90 年代教育改革和发展的大政方针、目标、任务更加明确。1992 年邓小平在视察南方的重要谈话中强调："经济发展得快一点，必须依靠科技、教育"。党的十四大再次明确，必须把教育摆在优先发展的战略地位，并把"大力发展教育"列为 90 年代改革和建设的主要任务之一。1993 年是我国教育史上非常重要的一年。年初，党中央、国务院颁布了《中国教育改革和发展纲要》，为建设有中国特色社会主义教育体系绘制了蓝图，成为推动我国 90 年代教育改革和发展的巨大动力。年末，全国人大审议通过了《中华人民共和国教师法》，使我国教师队伍建设开始走上法制化轨道。其间召开的党的十四届三中全会通过的《中共中央关于建立社会主义市场经济体制若干问题的决定》，为加快改革和发展教育进一步指明了方向。

二、各级各类教育事业有了新的发展。我国已在 90%以上人口的地区基本普及了初等教育，大城市和部分经济发达地区基本普及了初级中等教育，九年义务教育正在全国分步骤实施。1993 年全国初中在校学生 4 082 万人，小学在校学生 1.24 亿人。小学学龄儿童入学率达到 97.7%。小学毕业生升学率由 1992 年的 79.7%提高到 81.8%。普通初中和小学学生辍学率分别为 7.1%和 2.3%。国家教委建立了"两基"(基本普及九年义务教育、基本扫除青壮年文盲)评估验收制度，到 1993 年底，已有 26 个省、自治区、直辖市对 350 多个县(市、区)进行了"两基"评估验收。中等职业技术教育不断发展，1992 年各类中等职业技术教育招生人数占高中阶段教育的比例已超过 50%。1993 年在校生 762.3 万人（含技工学校学生 173.9 万人），占高中阶段在校学生总数 1419 万人的 53.7%，高中阶段职业教育在校生人数第一次超过普通高中。成人教育也有很大发展，成人高校本专科在校生 1993 年已达 190 万人。参加各类成人技术培训的人数明显增长。近几年每年扫除文盲 500 万人以上，青壮年文盲率已下降到 7%左右。普通高等教育规模继续扩大。1993 年全国招收研究生 4.2 万人，比 1992 年增加 0.9 万人；普通高校招收本、专科学生 92.4 万人，比 1992 年增长 22.5%，在校生 253.6 万人，比 1992 年增加 35.1 万人，为历史最高水平。为我国进入 21 世纪准备骨干人才和发展高新科技而设立的"211 工程"开始启动。经第五批博士、硕士学位评审，1993 年，全国新增博士学位授权学科专业 274 个，硕士学位授权学科专业 864 个，博士生指导教师 1945 人。

三、教育改革力度加大并取得明显进展。两年来，办学体制改革不断深化，正在向以政府办学为主体、社会各界共同办学的方向发展。基础教育继续完善地方负责、分级管理的体制。已普及初中教育的大、中城市逐步取消小学升初中的入学考试，实行就近入学。小学和初中开始全面实施九年义务教育新课程方案。高中会考制度从试点转入全面实施。高等学校管理体制改革和布局合理调整工作有了新的发展，校内管理体制改革普遍展开。招生、收费和毕业生就业制度改革步伐明显加快，国家教委颁发了普通高校本科专业设置规定，进一步下放了专业审批权限。职业教育、成人教育在政府统筹管理下，进一步加强与行业、事业单位及社会各方面的联合办学。学校与企业联合培养人才的"双元制"试点逐步扩大。国家和各省确定的农村教改实验县，"燎原计划"示范乡和城市、企业的教育综合改革试点都取得新的进展。在加快教育改革和发展过程中，也还存在一些亟待研究解决的问题，主要有：一是教育体制改革与经济体制改革相互衔接不够，要在加快适应上下功夫；二是教育经费困难加剧，教育投入机制不能适应教育事业发展及社会各方面的需求，公用经费不足，教师待遇偏低，一些地方和学校教师队伍不够稳定，辍学率有所回升的趋势；三是教育体制改革过程中，政府及其教育部门宏观调控的力度不够等。

江泽民同首都大学毕业生座谈 首都大学毕业生座谈会于1992年5月20日下午在中南海怀仁堂举行。参加座谈的有江泽民、李铁映、李锡铭，国家教委、北京市和清华、北大、北师大、北工大、北农大等大专院校的领导和应届高校毕业生的代表。毕业生代表在发言中一致认为，青年人要在改革开放中为社会主义建功立业，必须走扎根基层之路，在实践中煅炼成长。他们纷纷表示，愿意到祖国最需要的地方去，贡献自己的聪明才智。听了大家的发言后，江泽民作了重要讲话。他说，我们的现代化建设和改革开放事业已进入关键时期，迫切需要大量朝气蓬勃、有知识、有创造精神的人才。希望大家充分认识自己所肩负的历史责任和使命，更加自觉地学习，加倍工作，建功立业。他对同学们提出了三条要求：一是深入实际、深入群众，坚持理论与实践相结合，坚持与工农群众相结合，把个人的前途与祖国的前途命运紧密联系起来；二是要艰苦创业，自强不息；三是要在工作中加强学习，自觉克服弱点和缺点，使自己更快地成熟起来。江泽民还要求各级党委和政府以及社会各界，一方面满腔热忱地关怀大学毕业生，采取切实有效的措施，帮助他们解决实际困难，努力为他们提供必要的工作和生活条件，及时解决他们在思想上出现的问题，使他们更快地成长；另一方面，又要对他们严格要求，鼓励他们面向实际，在工作实践中经受锻炼，发挥才智，为建设有中国特色的社会主义做出更多的贡献。

李岚清邀请党外人士座谈教育工作 中共中央政治局委员、国务院副总理李岚清邀请各民主党派和部分无党派著名人士分别于1993年8月20日和21日下午到中南海举行座谈，共商如何更好地发展我国的教育工作。与会人士就教育在整个社会发展中的战略地位、教育体制改革、教育立法、教育如何适应与服务于建立社会主义市场经济的需要、教育投入、教学质量、教师待遇、教师队伍建设和加强对青少年德育教育等问题，提出了许多意见和建议。

中共中央、国务院颁布《中国教育改革和发展纲要》 中共中央、国务院1993年2月13日正式颁布了《中国教育改革和发展纲要》(以下简称《纲要》)。《纲要》总结了建国40多年来，特别是党的十一届三中全会以来教育改革和发展的经验，以建设有中国特色社会主义理论为指导，提出了90年代我国教育改革和发展的目标、方针、政策和措施，是指导我国90年代乃至下个世纪初教育改革和发展的纲领性文献。《纲要》共分六个部分。在第一部分关于教育面临的形势和任务中，明确提出了建设有中国特色社会主义教育体系的主要原则，即教育是社会主义现代化建设的基础，必须坚持把教育摆在优先发展的战略地位；必须坚持党对教育工作的领导，坚持教育的社会主义方向，培养德智体全面发展的建设者和接班人；必须坚持教育为社会主义现代化建设服务，与生产劳动相结合，自觉地服从和服务于经济建设这个中心，促进社会的全面进步；必须坚持教育的改革开放，努力改革教育体制、教育结构、教学内容和方法，大胆吸收和借鉴人类社会的一切文明成果，勇于创新，敢于试验，不断发展和完善社会主义教育制度；必须全面贯彻党和国家的教育方针，遵循教育规律，全面提高教育质量和办学效益；必须依靠广大教师，不断提高教师政治和业务素质，努力改善他们的工作、学习和生活条件；必须充分发挥各级政府、社会各方面和人民群众的办学积极性，坚持以财政拨款为主，多渠道筹措教育经费；必须从我国国情出发，根据统一性和多样性相结合的原则，实行多种形式办学，培养多种规格人才，走出符合我国和各地区实际的发展教育的路子。第二部分关于教育事业发展的目标、战略和指导方针。制定了基础教育、职业技术教育、高等教育、成人教育等各级各类教育发展的具体目标。中心是"两基"、"两重"，"两基"就是基本普及九年义务教育，基本扫除青壮年文盲；"两重"就是集中力量办好一批重点大学和一批重点学科。第三部分关于教育体制改革，目标是初步建立起与社会主义市场经济体制和政治体制、科技体制改革相适应的教育新体制。第四部分关于全面贯彻教育方针，全面提高教育质量，明确了教育方针是教育必须为社会主义现代化建设服务，必须与生产劳动相结合，培养德智体全面发展的建设者和接班人。第五部分关于教师队伍，提出了两个目标：第一个目标是逐步使教师的工资水平与全民所有制企业的同类人员大体持平；第二个目标是"八五"期间要使教育系统的平均工资高于当地全民所有制职工的平均水平，在国民经济12个行业中，居中等偏上水平。第六部分关于教育经费，明确了教育投资机制，即财——以国家财政拨款为主，税——要征收用于教育的税费，费

——收取学生的学杂费,集——社会集资和捐资,产——校办产业,基——设立教育基金。这六个字是指多渠道筹资办教育。提出了财政性教育经费的支出在本世纪末达到占国民生产总值的4%,到1995年,教育经费的支出占政府财政支出的比例不低于15%。《纲要》的颁布和实施,对于加快我国教育事业的改革发展,提高全民族的素质,推动社会主义现代化建设事业,将产生极其重要的影响。

全国人大常委会审议通过《中华人民共和国教师法》 1993年10月31日闭幕的全国人大常委会第四次会议,审议通过了《中华人民共和国教师法》等5个法律和关于法律问题的决定。国家主席江泽民分别签署主席令,公布了这5个法律和关于法律问题的决定。《中华人民共和国教师法》将于1994年1月1日起施行。《教师法》是新中国教育史上第一部有关教师的法律,是加强教师队伍建设、保障人民教师合法权益的根本大法。

国家教委召开毛泽东教育思想研讨会 在纪念毛泽东同志诞辰100周年之际,国家教委于1993年12月10日至11日在京召开了毛泽东教育思想研讨会。会议主题是:在新的历史时期,结合中国教育的实际,进一步认识毛泽东教育思想的伟大历史地位和现实指导意义,坚持和发展毛泽东教育思想,加深对建设有中国特色社会主义理论的理解,推动我国教育深入改革,加快发展,认真贯彻和执行《中国教育改革和发展纲要》,使教育为加快社会主义现代化建设步伐和社会主义市场经济体制的建立,培养更多合格人才,做出更大贡献。研讨会是由全国教育科学规划领导小组、中国教育学会和中央教育科学研究所联合筹备举办。200多名教育工作者出席了研讨会。与会同志就毛泽东教育思想的主要内容,比较全面、深入地进行了探讨。国家教委主任朱开轩同志在讲话中,深刻阐述了毛泽东教育思想。他指出,毛泽东教育思想是毛泽东思想的重要组成部分,其核心在于培养人,在于为中国的革命与社会主义建设事业培养生气勃勃的合格人才和接班人。

中国全民教育国家级大会 由联合国教科文组织和联合国儿童基金会倡议召开的中国全民教育国家级大会于1993年3月2日召开。国务院总理李鹏参加开幕式并致辞,联合国教科文组织总干事马约尔、联合国儿童基金会执行主席格兰特出席会议并讲话,国务委员兼国家教委主任李铁映主持大会。会议的主要议题是:总结回顾中国基础教育和扫盲教育的理论与实践,研讨、论证在本世纪末中国实现"两基"(基本普及九年义务教育、基本扫除青壮年文盲)、"两全"(全国贯彻教育方针、全面提高教育质量)的战略和措施,加强并扩大中国同世界各国和友好国际组织的教育交流与合作。李鹏在致辞中重申,要大力加强基础教育。马约尔在讲话中赞扬了中国政府为普及基础教育和扫除文盲所作出的努力。李铁映重申了《中国教育改革和发展纲要》中提出的建设有中国特色社会主义教育体系的八条原则。

国务院批转国家教委"意见",改革国家包办大学单一体制 据《人民日报》1993年1月31日载,国务院转发了国家教委《关于加快改革和积极发展普通高等教育的意见》,要求各地认真贯彻执行。《意见》中提出的高等教育改革和发展的主要任务是:坚持社会主义办学方向,改革学校内部管理体制和运行机制,转变政府管理部门职能,扩大学校办学自主权,深化教育和教学改革,探索高等教育发展的新路子。通过改革达到:规模有较大发展,结构更加合理,质量上一个台阶,效益有明显提高。到本世纪末,初步建立起有中国特色的社会主义高等教育体系。《意见》提出,要改革原有的由国家包办高等教育的单一体制和模式,逐步形成多种办学形式,有的以国家投资为主,学生缴费和社会集资为辅;有的以学生缴费和社会集资为主,国家资助为辅;有的完全为民办自费办学;还有由企业办学等,并欢迎和鼓励境外机构和个人在华办学。《意见》同时指出,高等教育的发展要坚持走内涵发展为主的道路,首先使现有的学校达到合理的办学规模,发挥潜力,提高整体效益。《意见》强调提高办学质量,要在全国重点办好100所大学,力争在21世纪初有一批高校和学科、专业能与国际著名大学相比拟。在管理体制方面,《意见》提出,逐步实行中央与省(自治区)、直辖市两级管理、两级负责的体制。中央主要负责大政方针、宏观规划和监督检查,对地方所属高校的具体政策、制度、计划的制订和实施以及对学校的领导和管理,责任和权力均交给地方。学校的办学自主权将扩大。关于高校的招生和毕业分配实行国家任务计划和调节性计划相结合的办法。国家任务计划保证国家重点项目、国防建设、文化教育、基础学科和高技术研究,以及边远地区、某些艰苦行业所需专门人才。在保证完成国家重点任务计划的前提下,逐步扩大调节性计划,扩大自费生和委托培养生的比重。与此同时,要改变高校毕业生"包当干部"和由国家"统包统配"的就业制度,逐步实行大多数学生自主择业的就业制度。

高等教育重点建设项目"211工程"立项 我国高等教育重点建设项目"211工程"(即面向21世纪重点建设100所左右的高等学校和一批重点学科点)已正式立项。国家已成立"211工程"协调小组,负责工程的宏观决策和指导;国家教委已成立"211工程"领导小组,下设"211工程"办公室,具体负责工程的规划实施以及有关事项的协调和管理工作。这一工程的实施，将有力地推动高等教育体制的改革，提高我国高等教育的质量、科研和管理水平，保证我国现代化建设的第二、第三步战略目标的实现，并使我国高等教育在国际上占有重要位置。国家教委就“211工程”建设的目标、中心任务、实施办法以及重点学科点的选择原则、重点建设高校的遴选条件、工程建设资金的筹措等都作了确定。

国家教委跨世纪优秀人才计划启动 为促进优秀年轻人才成长，迅速培养造就一批高水平的学科带头人与骨干，国家教委采取一项新举措：结合“211工程”建设，组织实施“跨世纪优秀人才计划”，其主要目标是：到2000年，在全国范围内培养造就一批具有较高学术水平和良好思想品德、事业心强、有组织能力的优秀的年轻学科带头人，其中一部分将成为杰出人才。1993年度该项计划的评审工作已结束，首批入选人员是来自农业、能源、材料等8个领域的42名优秀青年专家，他们大多30多岁，在科研和教学上已有相当成就。

国务院办公厅转发国家教委《关于进一步改革和发展成人高等教育的意见》 据《人民日报》1993年1月27日报道：国务院办公厅转发了国家教委《关于进一步改革和发展成人高等教育的意见》。《意见》指出，党的十一届三中全会以来，成人高等教育事业有了很大发展，出现了成人高等教育与普通高等教育“两条腿走路”，共同发展的格局。成人高等教育为社会培养、培训了相当数量的各类专门人才，促进了社会进步和经济发展。但成人教育的基础还比较薄弱，布局、结构还存在着脱离实际、重复设置的问题，办学的质量和效益也有待提高；有关法规和制度尚不完善，宏观指导、协调和服务工作还有待加强；地方、主管部门和学校的办学自主权未得到充分保证。这些都需要进一步改革和完善。《通知》决定了成人高等教育今后一个时期的总目标是：社会多方办学，举办多种形式、多种层次、多种规格的高等教育，增加和拓宽社会成员接受高中后教育的机会；把高等层次岗位培训、大学后继续教育作为成人高等教育的重点，学历教育根据需要积极发展；建立分级管理、分级负责的管理体制，形成科学的管理、调控体制。《通知》提出以下政策措施：坚持社会主义办学方向，贯彻党的教育方针；高等层次岗位培训和考核制，要以行业为主，制定岗位分类和岗位规范；发展职业技术教育、专业证书教育，逐步建立职业资格培训证书与学历文凭并存、并用的制度。成人高等教育学历以专科为主，以招收在职人员为主；根据需要开办第二专业学历教育，试办以专科为起点的本科教育，开通在职人员攻读硕士、博士学位的渠道；大力推进成人高等教育管理体制的改革，扩大省、自治区、直辖市和国务院各部门管理成人高教的权限，调整学校布局，保证各学校的办学自主权。成人高等教育的设置和学历教育资格由国家教委审批和备案。

义务教育法实施细则颁布 《中华人民共和国义务教育法实施细则》，经国务院批准，于1992年3月14日颁布施行。《细则》包括：总则、实施步骤、就学、教育教学、实施保障、管理与监督、罚则、附则等8章，共46条。它根据《义务教育法》的规定，规范了政府、社会、家庭、学校为保障儿童、少年接受义务教育的有关行为和法律责任，是国务院批准的一部重要行政法规。地方各级人民政府、各级教育行政部门和政府其他有关部门、社会的各种经济组织、事业单位、人民团体和居民组织、实施义务教育的各类学校，以及儿童少年的家长和公民个人，都必须严格执行《义务教育法》及其《实施细则》，履行法律赋予的各项义务。

国家教委实施“源泉工程” “源泉工程”是由国家教委图书工作委员会、国家教委关心下一代工作委员会、国家教委电化教育司、中国大学出版社协会等单位组织实施的一项活动，旨在推动全国贫困地区教育事业发展，加强学校图书馆(室)建设，促使学生多读书、读好书，陶冶情操，丰富知识，开阔视野，改善知识结构。这是针对当前书价上涨，购书经费相对减少，新书购买率下降和有钱买不到好书的现象，为满足学生在摆脱升学的束缚之后迫切要求建立第二课堂而组织实施的一项长期工程。国家教委拟成立“源泉工程”组织委员会，并建立“源泉工程”基金，动员国内外企业、团体、个人捐资捐书，支援贫困地区的学校图书馆，为孩子们提供更多更好的精神食粮。

国家教委颁布《中等职业技术学校职业道德教学大纲》 国家教委1993年5月颁布了《中等职业技术学校职业道德教学大纲》(试用)，自1993—1994学年度开始，在各类中等职业技术学校试行。国家教委就此发出通知，指出各类职业技术学校必须把职业道德课作为各专业(工种)学生的必修课。职业道德课是中等职业技术学校对学生进行社会主义职业道德基本常识教育的课程。主要任务是帮助学生树立正确的职业观，养成良好的职业行为习惯。职业道德课教学要坚持理论联系实际的原则，结合课堂教学，安排时间进行职业道德规范化的训练，把理论教学与职业行为习惯的养成训练结合起来。职业道德课的考核要坚持知行统一。把职业道德开设的情况，作为考查评估中等职业技术学校的一项主要内容。职业技术学校的各门课程都应渗透职业道德教育。

国家教委发出通知，坚决纠正中小学乱收费 据《人民日报》1993年8月27日报道，国家教委就中小学存在的乱收费现象发出通知，要求在1993年新学年开学前后坚决予以纠正。《通知》重申了中小学收费管理权限。中小学收费应严格按照《义务教育法》的规定执行。高级中学可收学费和杂费,其它项目的收费,须由省、自治区、直辖市教育行政管理部门会商财政、物价部门提出意见,报省、自治区、直辖市人民政府审议批准后方可执行。经批准立项的收费,其标准须由县以上人民政府根据当地人民群众收入水平审议批准。中小学校收取费用的管理和使用,应按县一级教育行政管理部门会同当地财政部门做出规定执行。学费和杂费收入,应用于学校的公用经费和改善办学条件,不得用于发放教职工的补贴、奖金。严禁利用录取新生的权力乱收费,不得把捐资助学同录取新生挂钩。不准巧立名目滥收费。《通知》最后强调,凡继续违反规定乱收费的,应严肃处理。对违反规定的,轻者批评教育,情节严重的给予纪律处分,直至撤销领导职务。对触犯刑律的,要依法追究刑事责任。

国家教委采取措施减轻中小学生课业负担 为减轻中小学生课业负担,纠正滥编、滥印、乱用复习资料的歪风,国家教委多次采取措施:1991 年国家教委先后发布《关于加强中小学生用练习册、寒暑假作业、辅导材料编写和使用管理的规定》、《关于坚决制止中小学生滥用复习资料的紧急通知》。各地认真贯彻落实,取得初步成效,但此歪风还未得到有效制止。1992 年 5 月,国家教委办公厅又发出通知,要求各级教育行政部门严肃查处参与滥编、滥印、乱用复习资料的有关人员。国家教委条件装备司还就山西、浙江、湖南等省有关部门分别严肃查处几起滥编、滥印、乱用复习资料事件的情况进行了通报。国家教委办公厅 1992 年 5 月发出的通知明确规定:一、对无视国家教委上述《规定》、《通知》精神,继续参与非法编写、印发、组织动员学生订购和使用复习资料的教育行政部门、教育研究部门、学校的领导和干部,应视情节轻重,分别给予警告、记过、记大过、降级,直至撤职处分。对教师和其他具有职称的直接责任者,给予不评聘专业技术职务、不晋级的处分,情节严重者可降级或撤销专业技术职务,直至解聘,同时给予相应的行政处分。对触犯刑律者,应及时移交司法部门依法处理。二、通过滥编、滥印、乱用复习资料牟取的非法收入按有关规定报请工商行政管理部门没收,并视情节轻重予以罚款。三、对违反国家教委上述《规定》、《通知》,已经擅自为学生代订购的复习资料,限期清退,无法退货的就地封存。学生的经济损失由责任者赔偿。

国家教委、人事部、财政部联合发出通知,要求迅速兑现教师工资 国家教委、人事部、财政部 1993 年 1 月联合发出通知,要求各地教育、人事(劳动人事)、财政部门认真检查教师工资待遇落实情况,妥善解决拖欠教师工资问题。"通知"说,1981 年 8 月人事部、财政部、国家教委联合下发《关于认真检查教师工资待遇有关政策的通知》,要求各地检查落实国家规定的各项教师工资政策,坚决杜绝拖欠教师工资的现象。全国许多地方包括一些贫困地区,认真贯彻落实"通知"精神,检查督促工作取得了积极成效。但是,据了解,一些地方拖欠教师工资的问题仍然没有解决,甚至有增无减,教师不断投书上访,社会反映十分强烈。这一问题已影响教师生活和队伍的稳定,应该引起严重注意。春节前,请各地政府做一次认真检查,并迅速采取切实可行的措施,妥善解决拖欠问题。要切实保证教师工资按时发放,任何部门、单位、个人不能以任何理由滥用职权,擅自挪用或扣发教师工资,如有违犯,按违犯财经纪律进行严肃查处,并追究有关人员和领导的行政责任。

电大办学 15 年成绩斐然 到 1992 年,电大事业经过 15 年的艰苦奋斗,已形成了从中央到地方统筹规划、分级办学、分级管理的教育系统。除中央电大外,已有 43 所省市电大和 654 所地(市)级电大、1500 多所县级电大,有电大教学班 10000 多个。据统计,截至 1992 年底,各级电大已招收 200 多个专业的大专生 210 万人,有毕业生 157 万人,86%的用人单位对电大毕业生比较满意。各地电大普遍开展了以岗位培训和继续教育为重点的非学历教育,仅中央电大就培训学员 300 多万,地方已超过 1000 多万。1990 年国家教委在电大内设立中国燎原广播学校,两年来已有 2000 多万农民收看了燎原学校的农村实用技术教育节目。

全国扫盲及农村成人教育工作会议 1992 年 11 月 22 日,全国扫盲及农村成人教育工作会议在湖北召开。据统计,14 年来,全国已扫除文盲 4800 多万人;各级农民文化技术学校培训 2 亿多人次;全国有县级成人学校 2331 所,乡(镇)农民文化学校 36700 多所,初步形成了农村成人教育培训网络。我国现在还有 1.8 亿文盲,其中青壮年文盲 5000 多万,70%是妇女,主要在农村。会议要求,要进一步解放思想,真抓实干,加快扫盲和农村成人教育改革与发展的步伐,努力提高农村劳动者素质,到 2000 年使全国总人口中的文盲率下降到 10%以下,青壮年文盲率下降到 5%以下。会上,国家教委表彰了 1992 年度扫盲先进单位、先进个人和先进农村成人学校;国家教委和全国妇联联合表彰了第二届"巾帼扫盲奖"先进单位和先进个人。

全国民族教育工作会议 第四次全国民族教育工作会议 1992 年 3 月 15 日在京召开。会议的任务是:贯彻中央民族工作会议精神,总结交流民族教育工作经验,明确今后改革和发展民族教育的方针和任务。中共中央政治局委员、国务委员李铁映在会上作了《大力改革和发展民族教育,促进各民族的共同繁荣》的报告。会议认为，建国以来特别是党的十一届三中全会以来，党中央、国务院十分关心、重视民族教育工作，采取了一系列特殊政策和措施，使民族教育工作得到了前所未有的发展，取得了举世瞩目的成就。做好民族教育工作，必须与贯彻党和国家的民族政策有机地结合起来，坚持从少数民族的特点和民族地区的实际出发，发展民族教育事业。这是过去经验的总结，也是今后必须坚持的基本方针。全国政协副主席、国家民委主任司马义·艾买提也在会上讲了话。赛福鼎·艾则孜等领导同志出席会议并向国家教委、国家民委表彰的民族教育工作先进集体、先进个人颁了奖。

国家教委召开全国初中工作会议 历时5天的全国初中工作会议1993年4月2日在烟台结束。会议提出，要认真贯彻《纲要》精神，积极而扎实地推进九年义务教育的实施。会议研究了90年代基本普及九年义务教育工作应掌握的方针原则，就如何改革初中教育，大面积提高教育质量、实施九年义务教育课程方案、加强职业指导教育、渗透职业技术教育因素，进行分流教育，推广"成功教育"经验等问题，进行了深入研讨。国家教委副主任柳斌在会议总结中分析了当前我国初中教育的形势和任务，对90年代基本普及九年义务教育工作提出了5项原则：1.积极依法实施九年义务教育，力争于90年代在90%左右人口地区普及初中教育（包括初中阶段的职业和技术教育）。2.落实义务教育提高全民族素质的宗旨，全面贯彻教育方针，面向全体学生、大面积提高初中教育质量。3.初中办学水平逐步实现管理科学化、师资素质优良化、办学条件标准化。4.深化教育体制改革，落实以国家财政拨款为主，多渠道筹措教育经费的机制。5.普及初中要坚持分类指导，分区规划，注重办学效益。

全国中小学德育工作会议

1992年5月21日至30日，中共中央宣传部和国家教委在福建省三明市联合召开了全国中小学德育工作会议。会议认真学习了邓小平视察南方的重要谈话，交流并研究了新形势下加强和改进德育工作的新情况、新经验。国家教委和中宣部负责人在会上讲了话。讲话指出，现在的中小学生和以后一代人，将是实现第三步战略目标的主力军，应该用马列主义武装他们，使他们树立社会主义、共产主义信念。德育的内涵概括为四个方面：一是政治方向；二是马克思主义指导下的思想观点；三是社会主义的道德情操；四是健康向上的心理素质。在校内主要抓好干部和教师素质的全面提高，发挥党员和党组织的作用，加强学校党组织的领导，建设一支有较高政治思想水平，忠于教育事业、又有较高文化科学水平和教学能力的教师队伍。同时注意学校的文化环境，加强图书馆（室）建设，给教师、学生提供好的读物。会上还表彰了南京、潮州、抚顺、三明等四个全国中小学德育工作先进城市。

国际职业技术教育研讨会在京召开 由国家教委和中国联合国教科文组织全国委员会联合举办的以"现代化与职业技术教育"为主题的国际职业技术教育研讨会于1993年9月14日在北京召开。国务院副总理李岚清在讲话中强调，现代化是每个国家矢志追求的目标，而职业技术教育则是现代化建设的重要支柱之一。中国政府将进一步重视发展职业技术教育，并继续加强同国际组织和世界各国的交流与合作。国家教委副主任王明达向与会代表介绍了中国实行改革开放以来，职业技术教育获得的空前发展。来自五大洲20多个国家职教决策者及专家们认真介绍了本国职教发展的概况，充分反映了当前世界职业技术教育发展中的主要情况，对职业技术教育在国家经济和社会发展中的地位、作用、存在的困难和如何解决这些困难，提出了不少深刻的见解和有益的建议。

中国教育学研究会举行学术年会 1992年8月6日至9日，中国教育学研究会在沈阳举行第四届全体会员代表大会暨学术年会，以"面向21世纪的中国教育理论发展"为主题进行了广泛的探讨。与会同志认为，邓小平视察南方重要谈话发表以来，我国改革开放的规模、速度空前发展，教育界和教育理论界都必须进一步解放思想，跟上扩大改革开放的新形势。中国教育应办成现代化的、向世界开放的、着眼于国家民族乃至世界未来发展的新教育。面向21世纪的中国教育呼唤教育理论的指导，中国的教育科学应跟上时代的发展。近年来国内出版的教育学著作达178种之多，但整个教育学仍限制在过去的体系中，没有明显的突破。近年来我国教育理论界对国外教育理论研究收获欠佳，对国外教育理论研究的整体走向尚无真知。因此，我国教育理论界在科学研究中必须解放思想，敢于冲破传统的学科体系。一个国家的教育现代化，必须是博采众长和不断创新的结果。教育科学要获得长足发展，必须大胆吸收和借鉴人类社会创造的一切文明成果，继承和发扬古今中外一切有益的教育经验和传统，加强对世界各国包括西方国家教育思想和教育经验的研究。

四部委向全国中小学推荐100部优秀影视片 中共中央宣传部、国家教育委员会、广播电影电视部和文化部于1993年9月联合发出《关于运用优秀影视片在全国中小学开展爱国主义教育的通知》，内容包括：爱国主义教育是中小学德育工作的核心内容，运用影视形式对中小学生进行爱国主义教育，是行之有效的方法。针对中小学生的年龄特点，确定爱国主义教育的必（选）看影视片目。依据《中、小学德育大纲》

中有关爱国主义教育的要求，特推荐优秀爱国主义教育影视片100部，供各地中小学选用。此次推荐的影视片，以反抗帝国主义侵略题材为主，并选入了革命传统和社会主义教育、历史人物传记、锦绣中华、灿烂文化等内容。通知要求必须做到与学校教育教学工作有机结合，纳入学校教育教学计划，有选择，分层次，有指导地组织学生观看；要从实际出发，因地制宜，讲求实效；同时要切实做好组织领导和服务工作。

贯彻实施《学校体育工作条例》优秀中学受表彰 国家教委、国家体委1993年8月28日联合召开全国中学贯彻《学校体育工作条例》优秀学校表彰大会，向北京四中等160所中学颁发了奖牌。自1990年国务院颁发《学校体育工作条例》以来，各省、自治区、直辖市结合本地实际，积极地贯彻实施，极大地推动了学校体育工作的发展，取得了可喜成绩。学校体育工作有了很大进步，学生的体质、健康水平和运动竞技水平都有了明显提高。

我国教育对外开放成果显著

改革开放十多年来，我国先后与129个国家和地区建立了教育合作与交流关系。教育对外开放取得了显著成绩。截至1991年底，我国先后与112个国家签署了有关教育交流合作的协议；派出了860个教育代表团出访外国，接待了来自世界各国的1130个代表团(组)；派到国外任教的教师1260人，聘请外国长期专家7012人，短期专家11203人；派出专家学者出国参加5989个国际学术会议，邀请外国11300余名专家学者来华参加国际学术会议；自1978年底恢复派遣留学人员工作以来，我国先后向美国、日本、西欧等国派出各类留学人员16万多人，目前学成回国的有5万人，与此同时，我国接受了来自世界100多个国家和地区的3.5万多名来华留学生。在双边和多边教育合作中，我国先后接受加拿大、德国、英国、日本、欧共体以及联合国儿童基金会、联合国人口活动基金会、联合国开发署等国家和国际组织的援款1.6亿美元，建立了102个合作项目。广泛的交流与合作促进了我国教育事业的发展。

我国积极利用外资发展教育

自1980年我国恢复在世界银行的合法席位以来，至1991年底，在国家计委、财政部的支持下，由国家教委归口，共利用世界银行贷款8.27亿美元，供各级各类教育上了8个大中型贷款项目。其中，第一个大学发展项目与电大和短期职大项目已完成，第二个大学发展项目和地方大学发展项目即将完成。上述贷款项目受益单位包括中央和地方所属的高等院校、中等专业学校363所，其中高等院校达122所；受益领域涉及高等教育、师范教育、中等职业教育、广播电视教育和教材印刷出版等。这些贷款项目取得明显成效：改善了办学条件、培训了师资队伍、提高了教学与科研水平。

国家加强留学人员回国工作

为贯彻落实中共中央关于出国留学工作的指示精神，国务院办公厅1992年8月29日就进一步做好出国留学工作，更好地为我国社会主义建设事业服务的有关问题专门发出通知。《通知》指出：所有在外学习人员，不论过去的政治态度如何，都欢迎他们回来，包括短期回国进行学术交流合作以及探亲、休假；准许申请办理护照延期、换发新护照、因公普通护照换为因私普通护照，简免再次出境手续。《通知》要求各地各部门落实具体措施，方便留学人员回国，妥善解决留学人员工作、生活上的具体问题。

1992—1993学年来华留学生人数达历史之最 据国家教委国际合作司统计，1992年我国有近200所大学接受了来自126个国家的1.3万名留学生，超过了改革开放前30年我国接受外国留学生人数的总和。这是新中国成立以来我国接受外国留学生最多的一年，1993年，我国对高等院校接受留学生工作进行了一些政策性改革，突出高等学校作为法人地位的作用，奖学金人选的录取由我国的有关大学决定。高等院校有权处理在校外国留学生的教学、学籍、纪律、奖惩等各种问题。随着世界各国交往的不断加强和中国改革开放的持续发展，有越来越多的外国留学生来我国学习。据统计，1992/1993学年度我国按有关协议共接受外国留学生4000多人，其中本科生2100人，研究生400人，普通进修生1250人。高级进修生250人。在政府计划接受的外国留学生之外，我国各高等院校还自行接受了9000名外国留学生，其中长期生3000人、短期生6000人。而我国改革开放前的30年中，接受世界各国来华留学生的总数仅为9757人。我国去年接受外国留学生的各高等院校除按本校已有专业接受各类留学生外，多数院校还举办长、短期的汉语培训班，或举办短期学术研究。有66所高等院校接受外国奖学金生。从1993/1994学年度开始，凡有中国国家教委奖学金名额的国家，其奖学金新生的招生工作原则上由国家教委国际合作司和有关各国驻华使馆合作进行。

包氏奖学金创建10年有成效 包氏中国留学生奖学金理事会于1993年4月30日在浙江大学举行庆祝活动，纪念"包兆龙、包玉刚中国留学生奖学金"创建十周年。由香港著名爱国企业家包玉刚先生生前以他父亲和他本人名义设立的这笔奖学金共200万美元。10年来，已从上海、浙江等地派遣179人分赴14个国家攻读博士学位，进行高访和高修，其中21人获得博士学位。到1992年底，包氏奖学金已为出国留学人员支付奖学金112万美元，用于出国留学人员的生活费、学费、医疗保险费等。

我国近3 000名残疾人进高校深造 1989年至1993年，我国约有1.1万残疾考生报名参加高考，各类高校已招收本专科残疾考生近3000人。专门招收残疾考生的滨州医学院（特教部）、长春大学特殊教育学院每年毕业数百学生。天津大学机电分校招收残疾考生的试点工作，目前也颇有成效。由于国家教委等有关单位的关心和重视，参加高考的残疾考生达到录取分数线的，大多能被录取。但由于残疾学生的特殊状况，目前毕业生的分配问题还难以圆满解决。

北京率先提前实现"两基" 国家教委"两基"（基本普及九年义务教育、基本扫除青壮年文盲）评估验收工作抽查组经过对北京市13天的抽查验收，宣布北京市成为我国率先提前实现"两基"的直辖市。抽查组认为：北京市普及九年义务教育程度较高。从抽查的4个区县看，中小学入学率均在98%以上，残疾少年儿童入学率达到90%以上；15周岁人口初等教育完成率和17周岁人口初中教育完成率也都达到国家规定的验收标准，师资队伍在数量上和学科分布上能够基本满足九年制义务教育要求，小学公办教师学历合格率达到90%、初中达到80%以上，中小学校长100%参加了岗位培训。初中毕业生中考六科参考率均为100%；实现"两基"所需经费得到较充分的保证，普教经费增长率高于财政收入增长率12.28个百分点，实现了"两个增长"；办学条件得到很大改善，达到必备标准。抽查组对扫盲工作抽查后认为，五项指标均达到国家教委规定的评估标准，青壮年人口中非文盲率达到99.6%。

上海紧缺人才培训工程启动 据上海市一项调查表明，金融保险、房地产开发经营、涉外商务、涉外法律、旅游、城建和企业家后备力量等9类专业人才的紧缺，将成为上海90年代经济发展的"瓶颈"。为此，上海市教卫办、市成人教育委员会同有关部门共同制定了《90年代上海紧缺人才培训工程》。确定紧缺人才的培训实行通力协作、归口管理、面向社会。由市府各委、办与有关综合局共同承担相应任务，提高培训规格，制定考核标准，确定教育培训点，考核发证点，统一组织考核、发证，鼓励社会各界共同参与。社会各类成员，不受职业限制，参加培训，经考核合格，可获取政府部门认可的岗位职业资格证书。实行上海市民通用外语水平等级考核制与办公自动化应用能力考核制。建立和健全"紧缺人才培训中心"。其目标是在二三年内，通过社会各界的协作，培养和造就近万名紧缺专业人才。

天津首创国有民办大学 经天津市政府批准，天津师范大学应用文科学院自1993年起改为"国有民办"的独立大学，这种新型的办学体制在全国尚属首创。天津师大应用文科学院的前身是南开大学分校，成立于1978年，在校生规模700人。该校体制改革后，将实行校董事会领导下的校长负责制，在校生规模扩展为1600人，全部招收自费走读生，国家不包分配。在办学层次和专业设置上，以社会主义市场经济为导向，根据经济与社会的需求设置专业，以弹性专业为主，固定专业为辅，主要办专科，辅以本科，同时也开办不同层次、多种形式的培训班、进修班，并根据办学条件适度发展夜大学和函授教学。在经费上，实行包干办法，改制后前3年，每年国家拨经费200万元给予扶持，自1996年开始逐步减少。与此同时，有关部门取消对该校工资总额的限制，学校可根据教职工的贡献变更岗位津贴额度。改制后的天津师范大学应用文科学院仍归天津市高教局领导，市高教局有权按照国家、地方的有关政策，对该校的办学规模、教学质量、国有资产等进行监督和管理。

广西通过我国第一部地方综合性教育法规 《广西壮族自治区教育条例》于1992年6月27日经自治区七届人大常委会第29次会议通过。《条例》分12章85条，对广西的基础教育；职业技术教育；高等教育；成人教育；师范教育和少数民族教育的办学指导思想、办学方针、任务和发展规模等作了明确规定；还就社会如何参与和支持教育、教育经费来源和物质保障、教育行政管理和有关奖励与处罚分别作了明确规定。

江苏掀起教师"练功"热潮 据《中国教育报》1992年5月7日报道：江苏省为加强教师教学基本功训练，提高中小学教师素质，专门制定了《小学教师教学基本功要求》，掀起了教师"练功"热潮。在加强教师基本功训练的过程中，江苏各地坚持做到统筹考虑，调动多方面积极因素予以配合、支持，精心组织，采取多种形式，确保教师基本功训练工作落到实处。为调动广大教师积极投身基本功训练热潮，各地十分重视建立健全培训考核制度和激励机制。

湖南开展大学生"五心"教育 1993年国庆节前夕，湖南大学生"五心"教育在全省各高校全面铺开。"五心"即：忠心献给国家、热心献给社会、孝心献给父母、爱心献给家属、诚心献给朋友。这项活动由共青团湖南省委、省学联、湖南汽车贸易总公司联合举办。目的在于使大学生树立正确的价值观、人生观、世界观，从根本上提高大学生的整体素质。

宁夏农民教育结硕果 有人口480万的宁夏农村，14至40岁的青壮年文盲达40万，14至50岁的青壮年科盲达113万人。1990年9月自治区决定实施为期10年的农村成人教育培育工程，计划90年代全区每年至少扫除文盲5万人，科普教育和技术培训10万人，向农村输送初级农业技术人才1500名。为此，自治区组织编写了《文化知识课本》、《科学技术与经济管理》等系列教材，印刷70多万册送到农民手里，建立了1757所农民文化技术学校和21所农民函授大学、中专，成立了280个科普协会和223个农民专业技术协会，利用145个卫星电视地面站，动员和教育科技部门的20万教师和科技人员参加辅导，展开了规模空前的农民教育工作。两年来，共有24.2万农民参加了扫盲学习，其中12.4万人脱盲，举办了农村实用技术培训班3万多期，有103万人参加了培训，每个都掌握了1～2项实用技术；发展农业科技示范户3.9万多户，培养农民技术员450多人，推广实用技术1000多项。据不完全统计，仅科技推广增产粮食就达2亿多公斤。

山东卫星电视教育事业领先全国 山东省教育专用卫星地面接收站目前已达1200座，居全国首位。为了发展卫星电视教育，山东省财政、计划、人事、教育、广播电视和新闻出版等部门密切配合，使收转网络建设做到计划、资金和人员编制“三落实”。到1993年9月底，已有23家市、县教育电视台建成开播，并投资1亿多元，建成的教育专用卫星地面站，占全国建站总数的1/5，又设立放像教学点7000多处，形成了覆盖全省城乡的卫星电视教育网络。全省先后设立21个电视大学分校，56个专业、128个电大教学工作站和3000多个教学班。电大在校生已达5万多人，招生规模居全国第一位。1979年以来，共培养电大中专学生14万余人，相当于全省普通高校毕业生总数的1/3，学生培养费比普通高校低60%。同时，培养了大批教师和农村实用技术力量。

新疆少数民族教育基金会在京成立 据《中国教育报》1993年4月3日报道，为提高民族教育水平，促进各民族共同发展，新疆少数民族教育基金会1993年在京成立。基金会根据新疆少数民族地区教育经费严重紧缺现象，积极探索以政府办学为主体，社会各界共同办学的新体制和办学模式。依靠各族人民、国家机关、群众团体和工矿企业提供的精神上和物质上的支援；接受国内各省、市、自治区的对口支援；接受港澳台同胞、海外华侨，爱国人士的捐款。在以国家经费为主的前提下，努力开拓新疆少数民族教育资金来源。在基金会成立大会上，全国政协副主席赛福鼎·艾则孜、国家民委主任司马义·艾买提到会祝贺并讲了话。

教育支援西藏工作会议召开

受国务院委托，国家教委教育支援西藏工作会议1993年3月10日在北京召开。会议的主要任务是认真学习贯彻邓小平同志视察南方重要谈话和党的十四大精神，集中研究如何进一步搞好教育援藏工作，更多更好地为西藏培养人才。中共中央政治局委员、国务委员兼国家教委主任李铁映；西藏自治区政府副主席拉巴平措等出席开幕式并讲了话。李铁映主要讲了四个方面的问题：1.教育援藏工作要实行对口、定点、包干责任制；2.继续办好内地西藏班(校)；3.教育援藏工作必须从西藏的实际出发，培养适应当地经济、社会发展需要的人才；4.加强对教育援藏工作的管理和协调。拉巴平措认为，从现在起到本世纪末，西藏教育的重点是切实加强基础教育，调整优化教育结构，发展职业技术教育和成人教育，扩大大中专学校办学自主权，全面提高教育质量和办学效益，促进教育为经济建设服务。

西藏教育事业迅速发展 在国家巨资扶持和全国各省市的支援下，西藏教育事业发展迅速，藏族文化素质已有很大提高。自1954年首批1500名援藏教师进藏至1992年，来自全国各地进藏工作的教师已有6000多人，从1952年至1992年，国家用于西藏教育投资累计达11.54亿元。40年前旧西藏文盲、半文盲为95%，适龄儿童入学率不足2%。而今西藏现代学校从无到有，各级各类学校2557所，在校生18.5万人，其中少数民族占88.6%，适龄儿童入学率达到54.5%，15岁以上的文盲、半文盲下降至44.43%。从1985年起，中央决定每年补贴西藏200万元，在内地开办西藏班和西藏中学，以加快西藏人才的培养。现在，全国已有26个省市开办了西藏班，来自西藏高原的8800名少数民族学生，分别就读初中、高中和中专。1987年，中央再次制订9个教育援藏项目，拨专款6000万元用于西藏教育基建。目前西藏不仅形成了从幼儿教育到大学的现代教育体系，还建设成100座教育卫星接收站，形成了从自治区到县的电化教育网。

广东东莞成人教育发展迅速

广东省东莞市经济的迅速发展，促进了教育的腾飞，成人教育得到空前发展。1991年，全市参加各类培训学习人数达54.2万人，占全市劳动人口的53.7%，为1978年的22.9倍。东莞市成人教育由起点低、步子慢、规模小，发展到今天全省名列前茅，其主要经验是：坚持以“经济建设为中心”，形成发展成人教育与振兴经济的良性循环。在规划生产经营时，与成人教育统筹起来；把教育培训纳入领导的任期目标和承包经营合同，作为考核领导干部实绩的一项重要内容和企业上等级、评先进的重要条件等等，促进了成人教育与经济建设的紧密结合。从东莞市成人教育的现状和发展趋势看，有以下几个特点：一是随着城乡差别的缩小，城乡成人教育逐步趋于一体化；二是办学目的十分明确；三是学历教育与非学历教育并举；四是以岗位培训为重点；五是办学层次上移；六是办学形式不拘一格。

上海高校试行双专科教育

为适应改革开放需要，培养复合型人才，上海市于1992年开始在全市普通高校设置双专科教育，并在成人高等学校中扩大第二专科教育试点工作。他们率先对在读二年级以上优秀学生和具有大专以上学历的在职职工进行双专科和第二专科教育。凡设有当前社会急需的金融、房产、证券、法律、医学、外经贸、工商管理等专业的上海普通高校和成人高校，经主管部门同意，市高教局审批后，即可试行双专科和第二专科教育。双专科和第二专科教育全部实行自费或委托培养收费就读。普通高校双专科学习年限累计一般不少于四年；成人高校第二专科学制一般定为二至三年，试行全学分制管理。允许普通高校夜大学生、函授生进入日校插班听课，经考试合格，累计学分达标者，将颁发毕业证书并注明第二专业。

复旦大学围绕创世界一流大学找差距 1993年以来，复旦大学制订了《面向新世纪，建设世界一流大学——复旦大学改革和发展的纲要(1993－2005)》的宏伟计划。《纲要》指明了复旦大学的总体发展目标：面向新世纪，建成具有世界一流水平的有中国特色的社会主义综合大学。在这个大目标的激励下，学校的教学、科研、产业、服务、管理都在找差距，创一流，集中精力提高质量和水平，学校的精神文明工作也围绕着这一中心工作开展得蓬蓬勃勃，有声有色。一、学习、宣传建设有中国特色社会主义理论，加深对社会主义精神文明建设重要性的认识。结合《邓小平文选》(第三卷)的出版发行，学校认真组织师生学习邓小平建设有中国特色社会主义理论。1993年11月在全国高校系统率先成立了马克思主义研究中心，发挥复旦人文社会科学的优势，研究当代马克思主义的发展，研究如何以邓小平理论指导实践。二、狠抓教学、科研两大环节，已取得显著成效。学校在完善“学分制”的同时，进一步落实“通才教育”，制定了“按大类设置基础课程”的教学计划，使学生有广博的知识基础，有更强的适应能力；学校采取特殊政策鼓励一流的教授走上基础课讲坛，既提高教学质量，又教书育人，受到学生的普遍欢迎，上基础课的博士生导师人数已从开始的2人增加到1993年的22人；学校严格考试纪律，学风考风有明显好转，考试作弊现象已基本消除；学校于1993年12月在本科生、硕士生、博士生中选拔优秀学生组成“21世纪学会”，聘请苏步青、谢希德、谷超豪、杨福家等中科院院士、各学科知名教授组成专家指导团，给予精心辅导，以造就面向新世纪的新型优秀人才。这也促进了复旦科研工作迈上新台阶。纵向科研经费、科技论文排名榜地位都呈上升趋势。人文科学研究成绩显著。1993年初，学校集中全校人文社会科学力量，在全国率先成立了为政府和企业提供战略咨询的“思想库”——复旦发展研究院，并成功举办了“上海：面向新世纪国际化大都市”战略研讨会，受到上海市府和社会各界的充分肯定；1993年底复旦发展研究院又组织强干人员撰写《1993中国发展报告》(现已问世)，为高校和社会科学工作者如何面向社会，为经济建设服务，开辟了一条有益的途径和思路。

张学良出任东北大学名誉校长 昔日东北大学校长张学良先生，受聘出任今东北大学名誉校长和名誉董事长。张学良先生亲自题写校名，并为1993年4月22日在辽宁体育馆举行的复校庆典大会题词。原东北大学秘书长、代理校长宁恩承受张学良先生的委托参加庆典并为“东北大学”校牌揭幕。东北大学建校70年来已培养出各类人才6万多人，成为一所以理工为主，理、工、文和管理相结合的重点大学，在校生逾1.3万人。

云南大学推出“一校两制”新举措 云南大学为了适应社会主义市场经济的要求，面向市场培养人才。从1992年9月起，加大改革力度，深化内部管理体制改革，大胆实行“一校两制”，以逐步建立起内部管理的良性运行机制。他们的具体做法是：在教学、科研、党政人事的管理方面进一步完善事业管理体制的同时，对招生、毕业生分配、人才交流、科技开发、校办产业、后勤服务等方面，推行企业化、半企业化管理体制，建立事业编制和企业编制。云南大学1993年4月正式成立了包括海内外知名人士在内、有社会各方参与的校董事会，今后将由校董事会决定学校的发展规划、办学方向并进行管理。目前，通过董事会已筹集了1000多万元办学资金。学校还进行了人事制度和分配制度的改革以及办学管理机构的调整，相对打破现有系、所的部门壁垒，逐步建起校、院、系三级管理体制，以充分发挥现有师资、科研设备的力量，产生更大的管理效益。

北京农业大学评聘“推广教授” 1992年北京农业大学在全国率先评聘推广型教授，这一作法的重要意义在于把高校教学科研工作引导到面向经济建设的轨道上来。国家教委、农业部、人事部和全国20所农业院校的有关负责人参加了研讨评聘推广型教师职务工作的一系列理论和实践问题。大家认为，推广北京农大的经验，具有重要的现实意义。高校职称评定工作的政策导向应促进教学科研进一步适应国民经济建设的需要和加快改革的需要，通过政策导向鼓励教师面向经济建设的主战场，把科技成果尽快推广开来，转化为现实的生产力。北京农业大学首批评聘的3名推广型教授、5名推广型副教授，既有很高的学术成就，又在推广应用中做出了突出成绩，取得了令人瞩目的经济效益和社会效益。

世界第一所水土保持学院在京诞生 世界第一所水土保持学院于1992年在北京林业大学成立，这标志着我国水土保持教育科研事业已经进入国际先进行列。我国是世界上水土流失较严重的国家之一。为了根本改变这种状况，我国已把水土保持作为一项基本国策，并开展了大规模治理工作。

北京市21世纪实验学校成立 我国第一所企业与政府联合探索未来教育模式的新型学校"北京市21世纪实验学校"1993年5月20日在人民大会堂宣告成立。这所实验学校是由北京锡华电子有限公司投资与北京海淀区教育局联合创办的。21世纪实验学校是致力于探索21世纪基础教育模式的学校，以培养能够适应未来社会发展和变化的优秀人才为目标，是含小学、初中、高中，实行12年一贯制的寄宿学校，将实行弹性学制和学分制，逐年增加选修课比例，力争使学生学得生动、主动，以改革目前的应试教学，"做豪迈的中国人"是这所学校的校训，教育学生树立强烈的民族自尊心、自信心，以振兴中华为己任，学会关心他人、社会、国家，是学校德育工作的主旨。根据个人的特点和需要设置不同的课程体系，注重个性发展，走教学——科研——教育开发一体化的道路，努力把学校办成具有一流的师资、一流的科研、一流的管理、一流的质量的新型学校。

全国中小学1993年秋季开始使用新教材 经过5年的研究、编写和全国范围内的大量实验，九年义务教育"六三制"、"五四制"教材已全部审查通过，1993年秋季全国小学、初中一年级普遍使用义务教育新教材。新教材统计、收集了大量实验数据，经过科学评估，更具科学性；更有利于全体学生打好扎实的基础。新教材适应不同地区和不同师资水平、学生基础、办学条件，以及学生的不同爱好和特长，有利于因地、因校制宜和因材施教；新教材对教师提出了更高要求，强调素质教育，做到面向多数，注意全面发展。重视教学方法的改革。新教材的普及使用，对教学质量的提高、学生负担的减轻将有重要意义。

我国中学生在1992年国际物理、数学、化学和信息学奥林匹克大赛中分获团体总分第一 1992年7月12日，芬兰赫尔辛基，来自39个国家的277名少年物理好手参加了23届国际中学生物理奥林匹克竞赛。比赛结果：来自中国广东的小伙子陈涵雄居榜首，他的4名队友石长春、李翌、张霖涛、罗卫东也在金牌榜上题名，中国队名列团体总分第一。7月20日，第33届国际中学生数学奥林匹克竞赛在莫斯科落幕。中国队6名选手一个不漏地获得金牌，并以总分240分的绝对优势名列68个参赛队的第一。在4名获满分的选手中，我国队占3名，他们是：哈尔滨师大附中的罗炜，南京师大附中的沈凯和河南郑州一中的杨保中。7月20日，中国4名中学生在德国波恩第4届国际中学生信息学奥林匹克赛中再创奇迹，来自上海延吉中学的杨方和、武汉华中师大一附中的陈杲、福建师大附中的吴兴夺得金牌，北京十二中的孙燕峰获得银牌，团体总分名列第一。7月22日在美国华盛顿，4名中国少年又获得第24届国际中学生化学奥林匹克竞赛的团体总分第一名，其中，北京四中的郑页在132个参赛者中排名第一，华中师大二附中沈君（女）、合肥六中的汤志浩获金奖，山东实验中学的林熹晨获银奖。自1985年以来，我国共选派115名选手参加国际中学生学科奥林匹克竞赛，获金牌61枚、银牌30枚、铜牌20枚。

我国中学生在1993年国际数、理、化和生物奥林匹克竞赛中获得19块奖牌 第24届国际物理奥林匹克竞赛经过6天的紧张角逐，于1993年7月16日决出胜负。由5名高中三年级学生组成的中国代表队获得2枚金牌、2枚银牌和1枚铜牌，在参赛的40个国家的代表队中名列总分第二。第34届国际数学奥林匹克竞赛成绩7月22日在伊斯坦布尔揭晓，6名中国选手各获1枚金牌，同时以215分的总成绩夺得团体冠军。来自北京的高三学生周宏获得满分42分，是仅有的两名得满分的选手之一。中国4名中学生在意大利佩鲁贾举行的第25届中学生国际化学奥林匹克比赛中获得2枚金牌和2枚银牌。在我国本次参赛各队中，数学，6名选手全获金牌，列团体总分第一；物理，获2枚金牌、2枚银牌和1枚铜牌，列团体总分第二；化学和生物的团体总分均居各参赛队之首。自1985年我国开始参加国际中学生学科奥林匹克竞赛以来，各科共获12次团体总分第1名、130块奖牌，其中金牌71块。

哈尔滨出现大型私立幼儿园 一所取名"红苹果"的大型私立幼儿园，于1992年底在哈尔滨开办，有240名孩子入园。该幼儿园的创办者是28岁的女青年刘一立。她毕业于幼儿师范学校，一直从事幼儿教育工作，并连续被评为该省市幼儿教育先进工作者。在各级政府和政府部门的大力支持下，她筹资80万元，建成了这个面积6000平方米，设施先进的幼儿园。幼儿园设6个班，班班配有钢琴、手风琴和各种玩具。配备了具有幼儿教育经验的教师14名。幼儿的饮食安排、休息设施，均达到国家一级幼儿园标准。

国家教委号召向"人民教师"王成海、叶立勋学习 王成海、叶立勋均系青岛海洋大学青年教师，中共党员，在1991年10月22日执行海洋资源综合调查任务时，不幸以身殉职。国家教委在1992年5月14日决定授予他们"人民教师"光荣称号，号召全国各级各类学校教师和大学生广泛开展向王成海、叶立勋同志学习的活动。要求学习他们热爱党、热爱人民、热爱社会主义祖国，坚持坚定正确的政治方向；学习他们无限忠诚党和社会主义的教育事业，教书育人工作中无私奉献；学习他们为祖国科技事业奋力拼博，勇攀高峰；学习他们视党和人民的利益高于一切，在危急关头勇于献身；学习他们艰苦朴素、团结同志、助人为乐，努力培养共产主义的道德情操。

我国最年轻的博士生李劲 1984年4月8日，在熙熙攘攘的上海市展览馆，中央军委主席邓小平在参观十年科技成果展览时，抚摸着一个男孩的头，语重心长地说："计算机要从娃娃抓起。"这是一句日后对中国青少年计算机普及教育影响深远的话。而那位他摸过头的男孩，现在已成为清华大学最年轻的博士，他就是李劲，年仅20岁。李劲从小学五年级开始接受计算机训练。初中时，已是全国数学竞赛、上海物理学竞赛的冠军。1986年，他又以满分的成绩，摘取了全国青少年计算机竞赛的桂冠。1987年刚刚读完高中一年级，他就被清华大学电子工程系破格录取。从高中生到博士生，一般人要11年，而李劲只用了短短的4年半时间。按照学校的特殊培养方案：李劲三年内读完本科，两年拿到硕士学位。1991年3月，这位刚刚过完20岁生日的研究生，又搬进了博士生楼。李劲在确定博士论文课题时，选择了图像压缩编码，因为他考虑到图像压缩编码是一门国内尚未突破的核心技术。

从教65年的朱物华教授 1992年1月3日，中共中央总书记江泽民给当年的老师、上海交通大学朱物华教授发来贺信："欣悉您执教65周年，至为感奋。您为我国的教育事业辛勤耕耘，几十年如一日，为科学事业的发展作出了卓越的贡献。闻知您的文集即将出版，特写书名，以志祝贺。并颂健康长寿。"朱物华教授是我国杰出的科学家和教育家，著名的通信与电子系统专家，专长信息论与水声工程。65年前，他满怀兴国振邦之心从美国学成归来，投身我国的科学、教育事业。半个多世纪来，他呕心沥血，不但为祖国开拓了"电讯网络"和"水声工程"学科领域，而且培养了杨振宁、张维、马大猷等一大批国内外知名的优秀学者和科学家。时逢朱老90华诞和从教65周年，上海交通大学等单位于1992年1月4日为他举行了庆祝活动。

巴东人民为有功山区教师覃遵荣立纪念碑 1992年9月10日，鄂西自治州巴东县1000多干部群众，在金果坪乡为荣获"国家教育系统劳动模范"、"全国先进工作者"光荣称号的中学高级退休教师覃遵荣树碑。这座碑立在段德晶中学内，碑文为："一份耕耘，一份收获，满腔热情，满园芬芳"；"赤心办教育，桃李满天下"；"教书育人，誉满巴山"。覃遵荣参加教育工作40年来，先后有39个寒暑假和春节是在建设学校中度过的，他捐献1万多元，为10所学校修整校舍、做桌凳、劈山凿路、改善教学条件和救济贫困学生，使一批批辍学的儿童重返校园。他把毕生的精力和智慧奉献给了金果坪乡这偏僻山村的教育事业。他的事迹赢得人民的尊重，并获得党和政府授予的多种荣誉称号。

《邓小平教育思想研究》出版 国家"八五"规划重点图书《邓小平教育思想研究》由浙江教育出版社出版。邓小平关于教育的一系列重要论述，是建设有中国特色社会主义理论的重要内容，为中国社会主义建设新时期的教育改革和发展指明了方向。邓小平提出了一个科学的教育观，阐述了科学技术是第一生产力这一历史唯物主义命题，强调了教育是社会进步的基础，为中国教育的发展奠定了哲学基础。邓小平基于对历史的深刻反思和对中国国情实事求是的分析所提出的"教育要面向现代化、面向世界、面向未来"的战略构想，勾勒了中国教育的发展前景。

《全国学生音乐欣赏曲库》出版 国家教委组织编辑的《全国学生音乐欣赏曲库》于1993年出版。这是国家教委加强校园精神文明建设，全面贯彻党的教育方针，培养德、智、体、美、劳全面发展合格人才的一项重要基本建设。曲库精选了古今中外声乐、器乐、戏曲、曲艺名曲近800首。融欣赏和传播音乐知识为一体，并根据学生不同时期的年龄特点和欣赏层次，由易到难，逐步加深。为了便于学生熟悉曲目，在每首曲目开头都有乐曲名称和作者介绍。全套曲目还配有两本《音乐欣赏指南》，对乐曲的作者、曲目创作的时代背景，作品特色和曲式结构以及乐器种类、音乐名词等都作了介绍。曲库分三集：小学（上集）、初中（中集）、高中、中专和大学（下集），共62盘。其中上集和中集各16盘，下集30盘。为适应中小学生喜欢自唱自乐的特点，上集和中集各配有两盒音乐伴奏带，还录制了一盒庆典与礼仪歌曲带，以满足中小学校开展各类课外活动的需要。这套曲目上集和中集是由国家教委委托武汉音乐学院承办的，同时委托上海外语音像出版社和上海外语教育出版社分别出版和发行。

新一代文盲产生的原因 黄传会在《当代》杂志1993年第一期上撰文指出，我国有近两亿文盲，全世界每四个文盲中，就有一个是中国人。近十年来，我国平均每年至少有400万中小学生流失，这些不该成为文盲的孩子，涌进了本来就已触目惊心的文盲大军。新文盲的产生原因是多方面的：其一，教育投入仍然不足，使我国基础教育步履维艰，1992年，我国人均教育经费约合10美元，而发达的工业国家，目前的教育经费已以千美元计。其二，目前，我国有379个重点扶持的贫困县，尚有8000万人未解决温饱问题，据统计，每年约有100多万名学生由于家庭贫困而缀学。其三，"经商"热使不少中小学生过早地走进了"打工赚钱"的行业。其四，知识贬值，体脑倒挂的现象使得一些家长和学生对教育的认识出现了偏差，"读书无用论"的思想有所抬头。针对这些问题,各级政府和有关方面正在积极采取相应的措施。1992年,国家先后颁布了《九年制义务教育实施细则》,《未成年人保护法》;各地大力开展社会集资办学,办学条件有了明显改善;由中国青少年发展基金会开展的"希望工程"活动,三年来资助失学儿童重返校园共计32万余名。

2. 科学技术

1992年科学技术事业发展概述 1992年,我国科学技术事业呈现出快速发展的大好局面。

(1)党和国家领导人高度重视科技事业的发展对我国现代化建设的重要作用,把科技事业放到极其重要的位置,在各种场合一再强调抓紧抓好科技进步,促进经济发展。其中最具代表性和指导性意义的是,1992年10月江泽民总书记在中共十四大报告中有关科技的一段话,他明确指出:"科学技术是第一生产力。振兴经济首先要振兴科技。"1992年4月,国务院公开发表了《国家中长期科学技术发展纲要》,《纲要》阐明了我国中长期科技发展的战略目标、方针、政策和发展重点,是指导我国今后10年到30年科技发展的纲领性文件。

(2)科研机构的运行机制和体制改革有了新的发展,人才分流、组织结构调整开始起步,科研机构面向市场所承担的任务大量增加,收入和积累来源已主要取决于市场。1992年全国共缔结技术合同23.55万项,总成交金额达150.82亿元,分别比上年增长13.18%和59.08%。技术交易活动的活跃,说明科技体制改革在深化,科技成果向生产力转化的步伐在加快。1992年科技经费投入增长,全国科技机构、高等院校和大中型企业用于科技活动的经费支出为421亿元,比上年增长3.2%,其中研究与发展经费支出为169亿元,比上年增长19%。1992年,全国有县级以上国有独立研究开发机构5487个,高校办科研机构2230个,大中型国有企业办科研机构8522个,另有民办科研机构2.7万个。

(3)取得了一大批重大科技成果。1992年全国共取得省部级以上重大科技成果3.1万项,其中有银河—II型10亿次计算机,胜利二号极浅海步行坐底式钻井平台,新核素铂—202、汞—208、铪—185,J轻子质量的精确测定结果,大型火电机组仿真技术,双氢青蒿素及其片剂,大麦的性花叶病毒在禾谷多粘菌介体中的发现和增殖研究,白云鄂博大型多金属共生矿弱磁强磁浮选矿新技术,宝钢二号高炉工程,斯坦纳比猜想的解决等等。1992年获国家奖励的成果980项,其中170项国家发明奖、649项国家科技进步奖、161项国家"星火"奖。同1991年相比,具有技术水平高、难度大、经济效益和社会效益好的特点,已创造经济效益191.8亿元。1992年在航空、航天、电子、核技术等国防科技领域获得丰收,成功发射5颗国内外卫星,特别是把美国研制的澳大利亚卫星用长征2号运载火箭发射成功,标志着我国航天事业走向国际市场、卫星发射和测控技术跻身世界先进水平。

(4)几项重要科技计划有进展。1992年,国家"八五"科技攻关计划全面展开,共安排176个项目,签订专题合同已取得重要成果。1992年星火计划实施国家级项目700多个,重点支持了71个区域支柱产业和32个"星火"技术密集区,并且使"星火计划"开始向中西部地区转移。全国"星火计划"项目新增7000项,培训管理人员和技术人员130万人。1992年国家级高新技术开发区已增加到52个,另外还有上百个地方级开发区,技工贸总收入达200亿元。1992年高技术研究发展计划——863计划实施成效显著,在生物、信息、自动化、能源、新材料五个领域中,已取得研究成果550项,有的达到国际水平。1992年为加强基础性研究,正式实施攀登计划,遴选首批30个基础性研究重大关键项目,给予持续稳定的支持,每项研究经费每年100万元,5年共500万元。国家增拨自然科学基金5000万元,全国有108个重点基础性研究项目和3373个面上基础性研究项目获得国家自然科学基金资助,总金额达2.24亿元。1992年我国软科学研究发展迅速,研究机构已达1100多个,工作人员近3.4万人,取得研究成果7310项,获国家和省部级成果奖已达1998项。

1993年科学技术事业发展概述 在评价1993年中国科技事业成就时,国务委员兼国家科委主任宋健说:"过去的一年,是中国科技界加快体制改革、不断开拓市场的一年,是我国科技成就最为显著的一年。"

1993年是我国向社会主义市场经济体制全面转轨的第一年,以结构调整人才分流为主要内容的科研院所的机构改革全面展开,从事基础性研究、高技术研究、重大科技攻关和社会公益性研究的科技队伍正在向人员精干、结构合理的方向发展。

1993年我国民营科技企业发展迅速,全国新建民营科技企业1万多家,民营科技企业的总数已达4万多家。各地区、部门之间的壁垒正在被打破,一个开放统一的全国性大技术市场已显雏形。据统计,1993年全国技术交易额超过180亿元。

在保障科技体制改革正常进行的情况下,我国科技法制建设也取得重大进展。《科技进步法》的颁布实施,使科技工作步入了按照法制进行的轨道,有关保护知识产权法律、法规的制定和实施工作,也取得重大进展。

1993年,我国科技发展在面向经济建设主战场、发展高新技术及其产业,加强基础性研究等三个层次上都取得了引人注目的成就,引起世界科坛的震动。

在科技体制改革不断深化的形势下,我国高新技术及其产业的发展势头强劲,高技术发展研究计划(863计划)领域不断拓宽。曙光1号并行运算智能计算机通过专家鉴定,运算速度近20亿次/秒;研制成功达到国际先进水平的超导磁体;组建并验收了国家智能计算机实验中心和光电子工艺中心。

全国52个高新技术产业开发区的建设进展迅速,区内综合改革进一步深化,一批具有地方特色的高新技术产业形成气候。"火炬计划"的实施,加快了高新技术成果实现商品化、产业化、国际化的进展,实现了数千亿元的巨大经济效益和社会效益。高新技术产业产值和出口额比1992年翻了一番。

在基础研究领域,大力开展"攀登计划"的实施,我科技人员取得了数万项重大成果,如数学领域S^n上的极小曲面问题的突破,均匀设计法的发明;物理学领域合成和鉴别出了重量丰中子钍—237,研制成功了世界上首台超灵敏小型回旋加速器等等;生物学领域获得了具有天然组合及生物活性的人胰岛素,合成了全新蛋白质、藻胆蛋白、植物激素的研究重大突破;工程技术领域,研制成功了"银河仿真—2"型计算机、中国首台超导单极电机、超微型电机以及可擦重写磁光盘等。

1993年,农业科技攻关工作加快了向发展高产、优质、高效农业为主要目标的转轨。"星火计划"在引导乡镇企业提高技术和管理水平等方面发挥了重要作用。在我国各地农村,出现了一批产值超亿元、甚至几十亿元的"星火"企业或企业集团。1992年,我国新建国家级"星火"密集区6个,使总数达到43个。

全国39个工程技术研究发展中心,24个工程研究中心及21个技术中心等建设工作取得了巨大的进展。在技术市场和国家重点科技成果推广等计划的推动下,科技成果转化速度大大加快,成果转化率已达40%左右,技术成果应用的覆盖面也达到了60%以上。

与此同时,我国软科学计划工作作出突出成绩,图们江、澜沧江区域经济发展的研究和决策项目已通过专家论证。

江泽民在中共十四大报告中要求加速科技进步 中共中央总书记在党的十四大报告中指出:科学技术是第一生产力。振兴经济首先要振兴科技。只有坚定地推进科技进步,才能在激烈的竞争中取得主动。当前,尤其需要全社会提高科技意识,多方面增加科技投入,真正依靠科技进步。科技工作要面向经济建设主战场,在开发研究、高新技术及其产业、基础性研究这三个方面合理配置力量,确定各自攀登高峰的目标。在世界高科技领域中,中华民族要占有应有的位置。通过深化改革,建立和完善科技与经济有效结合的机制,加速科技成果的商品化和向现实生产力转化。不断完善保护知识产权的制度。认真抓好引进技术的消化、吸收和创新。努力提高科技进步的经济增长中所占的含量,促进整个经济由粗放经营向集约经营转变。

江泽民同志指出:为了科技进步,必须把教育摆在优先发展的战略地位,努力提高全民族的思想道德和科学文化水平,这是实现我国现代化的根本大计。

江泽民强调深化科技体制改革,推动科技进步 据《中国科学报》1993年5月21日载,中共中央总书记江泽民在京会见参加全国科技工作会议的全体代表时说,90年代已过去了3年,再过不到7年时间,人类将跨入21世纪。在这世纪之交的关键时期,如何把科学技术搞上去,是摆在我们面前的迫切任务。在这样一个历史时期,我国科技工作的指导方针就是要按照邓小平同志的伟大战略思想来深化科技体制改革,推动科技进步。这一战略思想是根据马克思主义原理提出来的,是发展我国科技和现代化建设的重要指导思想。他说,解放和发展科技第一生产力,必须深化科技体制改革和相应的各项配套改革,要培养和造就一大批能够进军当代科学前沿,赢得技术竞争,开拓和发展高新技术产业的各类人才。江泽民强调,要在干部特别是领导干部中普及现代科学技术知识。全党必须增强科技意识,加强对科技工作的领导,把这一工作切实放在优先发展的战略地位,统筹部署,真抓实干。各部门、各地方通力合作,协同作战,共同做好解放和发展科技第一生产力这篇大文章。作好这篇大文章,中国就大有希望。

朱镕基在全国科技工作会议上讲话 中共中央政治局常委、国务院副总理朱镕基在于1992年3月召开的全国科技工作会议上的讲话中提出:当前科技工作的基本任务是以经济建设为中心,加快科技改革步伐,逐步建立起适应社会主义市场经济发展、符合科技发展规律的新型科技体制和运行机制,充分发挥科技第一生产力的作用,为国民经济登上一个新台阶提供有力的支撑,为下个世纪初把我国建设成科技和经济强国奠定基础。朱镕基说,90年代我国经济和科技的发展,既逢难得的机遇,又面临严峻的挑战。在新形势下,关键在于真抓实干,创造性地开展工作,使科技工作率先跃上新台阶。要坚持"科学技术是第一生产力"的指导思想,经济建设必须依靠科学技术,科学技术工作必须面向经济建设,促使经济建设转移到依靠科技进步和提高劳动者素质的轨道上来,努力攀登科学高峰。这一重要方针的内涵在实践中会不断丰富,但其实质是促进科技与经济的一体化,在社会主义市场经济中建立起科技与经济有机结合的体制和机制。当前和今后一个时期,第一要继续面向经济建设主战场,在应用技术研究、发展高新技术及其产业和加强基础性研究这三个层次上,纵深部署科技工作，服务于国民经济近期和远期发展的需要；要优先解决发展高产优质高效农业的技术难题；要重点抓好工业和第三产业发展中技术改造和产品质量的提高，节能降耗和合理利用资源等经济建设中的迫切问题；要继续采取各种措施，加速科技成果转化，提高先进科技应用的覆盖率和规模效益。第二，高新技术研究要在追踪世界先进水平的同时，抓好引进技术的消化、吸收和创新，要切实把国务院批准的技术开发区办好，加快产业化步伐和对传统产业的改造，使其尽快发展和发挥作用。第三，基础研究是科技和经济发展的先导、源泉与后盾，要始终不渝地给予特殊扶持，要集中力量重点抓好一批国家级的研究机构和实验室，为未来支柱性产业的建设和发展提供科技储备。朱镕基强调，要进一步加快科技体制改革的步伐。使科技行政管理部门转变职能，建立起与社会主义市场经济和科技自身发展相适应的宏观科技管理体系。对科技队伍的建设，继续采取“稳住一头，放开一片”的做法，加快科研院所结构调整和人才分流的步伐。力争在90年代完成科技战线的结构调整、人才分流的改革任务，使科研机构重复设置、人才积压、资源浪费的现象得到根本改观。积极改善科技人员的工作、学习和生活条件，尊重和爱护科技人才，创造有利于充分发挥科技人员聪明才智的社会环境。对承担基础性研究、高技术研究、重大科技攻关等国家重点科技任务者应给予较高津贴，继续扩大享受国家特殊津贴范围。对长期在艰苦条件下工作的科技人员，在收入等方面应给予特殊的照顾和优惠。对有突出贡献的科技人员应给予重奖。在工资改革中，要考虑较大幅度地提高他们的工资水平，并优先解决他们的住房问题。

1992年全国十大科技成就

由国家科委、人民日报、光明日报、科技日报、中央电视台、中央人民广播电台联合主办的1992年度全国十大科技成就的评选活动，从1992年底开始，1993年1月7日北京举行了发布暨表彰大会。30多位著名专家经过对参评的43项在1992年内经过省部以上部门鉴定、评审过的重大成果进行严肃认真的评选，评出1992年度全国十大科技成就。(1)银河——II巨型计算机(国防科技大学)；(2)胜利二号极浅海步行坐底式钻井平台(胜利油田钻井工艺研究院)；(3)新核素铂—202、铪—185和汞—208的首次合成(中科院近代物理研究所、上海原子核所)；(4)τ轻子质量的精确测定结果(中科院高能物理研究所)；(5)大型火电机组仿真技术(华北电力学院、清华大学)；(6)“双氢青蒿素”及其片剂(中国中医研究院中药研究所)；(7)大麦的性花叶病毒在禾谷多粘菌介体内的发现和增殖研究(浙江省农业科学研究院)；(8)白云鄂博大型多金属共生矿弱磁—强磁—浮选矿新技术(长沙矿冶研究院、包头钢铁公司)；(9)宝钢二号高炉工程(宝钢工程总指挥部)；(10)斯坦纳比猜想的解决(中国科学院应用数学所)。

1992年中国十大科技新闻

根据400多名中国科学院学部委员和科技人员的推荐评审和投票，中国科学报、科技日报、新华社国内部、中央人民广播电台、人民日报教科文部和四通集团公司、北京中自技术公司等单位联合评出1992年中国十大科技新闻(按新闻报道时间先后为序)。(1)国务院批准210名新当选的中国科学院学部委员。他们的平均年龄61岁，60岁以下的占52.9%。学部委员总数达到509位。(2)珠海重奖科技人员。(3)高能物理研究获重要成果。我国科学家在北京正负电子对撞机上测得τ粒子质量最新数据，确认了一种被称为ξ的新粒子的存在。(4)台湾、大陆科学家互访。台湾著名物理学家吴大猷应中科院的邀请回大陆访问和参加学术活动，大陆著名科学家谈家桢、吴阶平、邹承鲁、李林、张存浩、卢良恕、华中一应吴大猷先生的邀请访问了台湾并进行了广泛的学术交流。(5)我国实施“攀登计划”。这是国家稳定和加强基础性研究的一项重大措施。“八五”期间设立30项重大关键项目，每项研究经费平均约100万元，实行首席科学家负责制。(6)高新技术成果走上拍卖台。深圳率先拍卖334项高新技术成果，拍卖起价合计2430万元。之后，在北京举行的中国大学生实用科技发明大奖赛上，拍卖7项大学生科技成果，成交总金额285万元。(7)“澳星”发射成功。我国自行研制的“长征二号E”捆绑式运载火箭成功地把美国研制的澳大利亚“澳赛特B”通信卫星送入预定轨道。(8)我国科学家在世界上首次合成三种新核素，即铂—202、汞—208和铪—185。这是基础性研究的重要发现。(9)党和政府期望留学人员回国建功立业。国务院办公厅发出关于在外留学人员有关问题的通知，实行“来去自由，双向选择”的政策。(10)“银河—II”10亿次巨型计算机研制成功。这表明我国巨型机技术有了新的重大进展，为我国工农业生产、科学研究和国防建设又提供了一个新的重要条件。

1993年中国十大科技新闻

据1994年1月5日《科技日报》报道，1993年中国十大科技新闻经由156位学部委员和300多位科技人员的投票推荐，科技日报、中国科学报、新华社国内部、中央人民广播电台、光明日报科技部和四通集团公司等单位联合参评，已经评出。(1)科技界揭露李富斌剽窃论文事件；(2)首批100家科研院所获科技产品对外经营权；(3)南京汤山溶洞发掘出早期人类头骨化石；(4)《中国大百科全书》全套出版发行；(5)银河全数字仿真II计算机研制成功；(6)红外自由电子激光诞生；(7)《中华人民共和国科学技术进步法》实施；(8)我国生物技术登上国际舞台；(9)101位学部委员联名呼吁保护恐龙蛋等化石;(10)何祚庥、郝柏林、钱学森等一批学部委员和科技人员对科技成果评审和鉴定提出意见,在科技界引起强烈反响。

1992年度国家科技奖揭晓 《中国科学报》1992年12月15日讯,1992年度国家科技奖评审揭晓,共评审出980项获奖科技成果,4474位获奖者。获奖成果包括:国家发明奖170项,其中二等奖10项,三等奖68项,四等奖92项;国家科技进步奖649项,其中特等奖3项,一等奖38项,二等奖195项,三等奖413项;国家"星火"奖161项,其中一等奖1项,二等奖33项,三等奖78项,四等奖49项。1992年国家科技进步奖和国家"星火"奖都增加了奖励项数。国家科技进步奖由前几年的500项左右增加至649项,国家"星火"奖由往年的平均100项增加到161项。在增加了奖励项数的同时,今年的国家科技奖获奖项目的总体水平仍较往年有所提高。

1993年度国家发明奖评出 新华社1993年12月29日讯:国家发明奖励评审委员会批准了1993年国家发明奖评审结果,共有175项发明成果获奖,其中二等奖16项,三等奖74项,四等奖85项。该年度国家发明奖申报受理工作于1992年12月31日截止,共受理了来自全国各省、市、自治区、计划单列市和中央各部、委、局的申报项目407项。这些项目主要分布在机械、电子、化工、医药、轻工、农林、国防和公安等二十几个专业技术领域。经预审,符合报奖条件的255项已于1993年4月11日公布。后经国家发明奖励评审委员会第二十八次会议评审、核准,最终批准授奖项目175项。

1993年"中国青年科学家奖"评选揭晓 1993年2月25日,首届"中国青年科学家奖"颁奖仪式在京举行。中科院数学研究所研究员堵丁柱、中科院科仪中心研究员张泽、清华大学化学系教授赵玉芬、中国科技大学天体物理中心教授卢炬甫、中科院动物研究所研究员盛承发、中国矿业大学教授谢和平分别获得该项奖的数学、物理、化学、天文学、生命科学、技术科学等学科奖,并各获得奖金人民币3万元。这次评选活动,得到了海内外著名科学家丁肇中、王淦昌、卢嘉锡、吴阶平、张存浩、杨振宇、陈省身、唐有祺、唐敖庆等的大力支持并任评审顾问。该奖所设八大学科奖均由中科院学部委员组成专家评审委员会,经过8个月的评审工作,推出了堵丁柱等在自然科学基础研究方面有显著成就的13名45岁以下的中青年学者获得"中国青年科学家奖"及"中国青年科学家奖提名奖"。获得提名奖的7名中青年学者彭实戈、杨卫、周其凤、李乃胜、邓子新、曾烈光、陈玉祥也分获5千元人民币的奖金

"七五"科技攻关取得丰硕成果 我国"七五"科技攻关共安排重点项目76项,签订专题合同4696个,参加攻关科技人员13万多人,投入资金67.6亿元。攻关结果,共完成合同4292个,获得科技成果10462项,其中达到80年代国际水平的6068项,占58%;填补国内空白的4112项,占39.3%;国内领先的4167项,占39.8%;获各类国家科技奖155个,部省级科技奖1127个,专利334件;已有80%的成果在生产建设中得到不同程度的应用,获得直接经济效益406.7亿元。通过攻关,为国民经济和社会发展解决了一大批关键性问题,改变了有关行业的技术面貌,增强了经济实力,对推动经济建设更好地依靠科技进步和提高劳动者素质具有重要作用。

科学基金制实施十周年 1992年,是科学基金制实施十周年。在1981年初召开的中国科学院第四次学部委员大会上,由89位学部委员联名写信给中共中央、国务院领导同志,倡议建立国家科学基金。这个倡议得到了党中央和国务院的高度重视,很快批复同意。中国科学基金于1982年初设立,到1986年成立了国家自然科学基金委员会。基金的宗旨是资助基础研究,鼓励新思想、新概念的提出。基础研究具有探索性和风险性,对应用基础研究应给予足够的重视。关于课题的审议与评定,以同行专家评审为依据,课题的申请,要注意到瞄准国际科学前沿的发展;与我国科技发展和社会经济需求的实际相结合。特别要防止一哄而起和低水平重复现象的发生。学科指南的制订,要发挥各行专家的作用;科学基金对青年的支持应放在重要的位置上;尽可能地避免行政干预。由国家拨款,设立科学基金,开展基础研究和应用基础研究,积极培养青年科学工作者,都起到了重要的作用。

全国科技工作会议举行 全国科技工作会议1992年3月10日在京召开。国务委员兼国家科委主任宋健主持会议,国家科委常务副主任李绪鄂作题为《高举科学技术是第一生产力的旗帜,深化改革,开创科技工作的新局面》的报告,要求当前和今后抓好以下10个方面的工作:科技工作要坚定不移地执行"经济建设必须依靠科学技术,科技工作必须面向经济建设"的战略方针和努力攀登科学技术高峰的总要求;要高度重视并切实增加科技投入;积极稳妥地引导科研机构合理分流各得其所;加强高新技术产业开发区的建设和改革,加快高新技术产业的形成和发展;贯彻落实中共十三届八中全会精神,进一步推动科教兴农向纵深发展;贯彻落实党的中央工作会议精神,努力推进企业科技进步;大力加强科技成果的转化工作;充分发挥科技人员的作用;扩大开放,积极开拓国际科技合作与交流工作的新局面;加强精神文明建设,坚定不移地执行党的基本路线。同年3月11日国家体改

委、国家科委在总结经验时,决定在"八五"期间把高新技术开发区的建设和改革,作为科技工作的重点,加快高新技术产业的形成和发展。3月14日上午李鹏总理与会议代表座谈。各省、自治区、直辖市、计划单列市、国务院有关部门主管科技工作的领导、科委主任300余人出席了会议。

中科院第六次学部委员大会召开 1992年4月20—25日,中国科学院第六次学部委员大会在北京隆重召开。中国科学院学部委员在增选210位学部委员之后,总数已达509位,出席此次大会的有456位。李鹏总理到会讲话,强调进一步加快科技体制改革步伐。宋平、温家宝、宋健等领导同志出席了大会。全国政协副主席胡绳、卢嘉锡、钱正英、苏步青以及新老学部委员、科技工作者和有关部门负责人共800多人出席了开幕大会。大会主席团执行主席严济慈宣布这次会议的主要议程是:听取并审议周光召院长的工作报告,讨论通过中科院学部委员试行条例,进行学部领导机构的换届选举,并进行学术活动。4月24日下午江泽民总书记邀请出席大会的部分学部委员在中南海怀仁堂座谈。在仔细听取了科学家们的意见和建议后,江泽民说,要使国民经济不断登上新的台阶,需要全国各族人民的共同奋斗。其中最关键的一条,是要把经济建设的重点切实转移到依靠科学技术进步和提高劳动者素质的轨道上来。要组织精干的科学力量,有计划地开展高科技研究,加强基础研究,增加科学储备,攀登新的高峰。

中国科学院学部新领导机构成立 1992年4月25日,在中科院第六次学部委员大会的闭幕式上宣布了新学部领导机构及人员名单。中科院学部主席团:王德宝、师昌绪、孙鸿烈、吴文俊、吴阶平、严东生、邹承鲁、张炳熹、宋健、李振声、闵恩泽、林兰英、周光召、涂光炽、高景德、钱令希、黄昆、黄维垣、谢希德。主席团执行主席:周光召。中科院学部主席团执行委员会:师昌绪、李振声、吴文俊、严东生、邹承鲁、周光召、涂光炽。秘书长:张玉台。中国科学院各学部常委会主任、副主任:数学物理学部常委会主任:吴文俊;副主任:王绶琯、冯端、胡济民、章综。化学部常委会主任:严东生;副主任:何炳林、闵恩泽、张存浩、梁晓天。生物学部常委会主任:邹承鲁;副主任:吴旻、张新时、杨雄里、洪孟民。地学部常委会主任:涂光炽;副主任:孙枢、苏纪兰、张宇祐。技术科学部常委会主任:师昌绪;副主任:林兰英、陈芳允、郑哲敏、高景德。

国家科委颁布中长期科技发展纲领和两个纲要 《中国科学报》1992年4月10日载,经国务院原则同意的《中长期科学技术发展纲领》、《中华人民共和国科学技术发展十年规划和"八五"计划纲要》已由国家科委正式颁布。此前,国务院曾正式下达《国家中长期科学技术发展纲领》,要求各地方和各部门认真贯彻执行。《纲领》阐明了我国中长期自然科学技术发展的战略、方针、政策和发展重点,指导我国到2000年以至2020年科学技术与经济、社会协调发展。我国曾在1956年、1962年、1978年和1983年先后四次制定过科技长期发展战略规划,对指导科技事业的发展起到了重要作用,这次《纲领》是在确定科技发展重点和重大项目的同时,强调科技发展的方针与战略,突出改革、开放中的方向性、政策性问题,是指导我国科学技术事业健康发展的纲领性文件。科技《计划纲要》则是《中华人民共和国国民经济和社会发展十年规划和第八个五年计划纲要》的配套文件。

周光召提出,要充分认识和发挥科学技术的革命性作用 中国科学院院长周光召在中科院1992年4月召开的第六次学部委员大会上提出,充分认识和发挥科学技术的革命性作用,对我国科技界有着十分重要的意义。社会变革节奏的加快是现代社会的一个重要特点。直接的原因是由于近代信息科学技术的快速发展。80年代计算机的速度和存储量都提高了1000倍以上。大型计算机的运转速度在80年代末已达到了100亿次左右,预计到1995年将达到1万亿次。信息处理和传输速度的大幅度提高,综合业务数字网络系统的普及,必然导致社会变化的快节奏。周光召认为:现代社会中政治、文化、思想以至人类的生活方式等诸多方面,都与科学系统发生越来越强的相互作用。其结果,有可能产生科学与经济之间的良性循环,成为人类社会进步的主要动力。今天科学技术作为最活跃的生产力。在相当大的程度上影响并改变着人类活动的战略、组织和方法。我们必须通过改革创造一个符合科技和社会发展规律,经济和科技相互促进、共同发展的良性循环机制。在尊重客观规律的基础上,加快科技体制改革的步伐,调动广大科技人员的积极性,为我国国民经济建设和社会发展以及科学技术的发展,在决定中华民族命运的关键时刻做出无愧于历史的贡献。

钱学森建议组建科技业公司,促进科技成果转化 据1992年2月26日《科技日报》报道:在中国科协四届二次全委会议上,中国科协名誉主席钱学森指出,从长远观点看,基础性研究很重要,一定要搞;但基础性研究也应有规划、有计划。钱学森说,基础性研究包括基础应用研究和基础研究两个方面。他主张建立专业技术公司(科技公司)、专业企业(科技企业)去抓某一个方面最重要、最有希望的科研项目,从而推动基础应用研究,并使其成果尽快进入产品开发阶段。在谈到如何对待基础研究时,钱学森说,由于它是探索对世界的认识,因此,最初尚不知应用在哪里;但并不意味着基础研究是盲目探索。

第三世界科学院执委会选定中科院三单位为高级研究中心 据《中国科学报》1993年7月14日报道，中国科学技术大学地球和空间科学系、中国科学院理论物理所和中科院上海生物所，最近被第三世界科学院执委会选定为高级研究中心。第三世界科学院为加强第三世界国家科学家间的交流合作，防止人才流失，培养第三世界国家的研究力量作了不懈的努力。他们在第三世界国家内挑选了16个单位，确定为高级研究中心，这16个单位是几经筛选挑出来的，中国占了3个。他们认为，中国上述3个单位基础研究力量雄厚，设备优良，研究环境好，更重要的是这些单位曾有过相当水平的成果，在国际上有较高的知名度和影响。

“产学研工程”工作会议召开 “产学研”工程工作会议1992年8月10日在北京召开。与会代表商讨了如何将高校、科研院所和企业组织起来，发挥其优势，调动各方面积极性，联合开拓新产业、新领域、新产品、新市场。国务院经贸办副主任杨昌基出席会议并讲话说，组织产学研联合开发工程的宗旨，是建立大中型企业与高等院校、科研院所之间密切稳定的交流、合作制度，逐步形成产学研共同发展的运行机制，加速科技成果转化和高新科技成果产业化，不断增强大中型企业的市场竞争能力。拟定第一期工程目标是：到1995年，在全国范围合作开发和转移5万项新技术、新产品；抓住若干项具有国际水平、成果比较成熟的高技术领域，把分散的产业和科技优势组织起来，形成2—5个年销售额在10亿元以上的示范性高新技术产业，开拓新市场；每个省、自治区、直辖市、计划单列市应拿出若干个年销售额在亿元以上的高新技术拳头产品。关于产学研工程的下一步工作，杨昌基提出以下五点要求：一、加强组织领导。二、抓好调查研究工作。三、要制定好规划、方案。四、加强协调工作。五、加强与金融等各部门的密切合作。

“三峡工程”列入国民经济和社会发展10年规划 1992年4月3日，全国七届人大五次会议通过了关于兴建长江“三峡工程”的决议，并将其列入国民经济和社会发展十年规划，由国务院根据国民经济发展的实际情况和国家财力、物力的可能，选择适当时机组织实施。修建“三峡工程”是几代中国人梦寐以求的愿望。经过长达近40年的“三峡工程”规划论证，现已确定：“三峡工程”坝址选在湖北省宜昌县三斗坪镇。工程的拦河大坝全长1983米，坝顶高程185米，最大坝高175米。水库正常蓄水位175米，水库总库容393亿立方米，其主防洪库容221.5亿立方米；水电站装机26台，总装机容量1768万千瓦，年平均发电量840亿千瓦时，工程静态总投资按1990年价格水平计算为570亿元。工程建设需准备三年；主体工程总工期预计15年，第一批机组在第九年开始发电。

大力推进“绿色证书工程” 1992年12月3日《科技日报》报道：在成都召开的全国农民技术资格证书（简称“绿色证书”）试点工作交流会上传出信息，我国近年来实施的“绿色证书工程”，已成为帮助广大农民致富奔小康的好办法。1990年农业部组织开展了“绿色证书工程”试点工作。国务院在《关于积极实行农科教结合推动农村经济发展的通知》中指出，“要逐步建立和完善农民技术员职称制度和农民技术资格证书（绿色证书）制度，对获得技术员资格和获得技术资格证书的农民，应优先安排项目承包和贷款，以及给予其他必要的支持。”“今后，农村基层干部的录用，要逐步做到从获得技术资格证书的优秀农民和回乡青年学生中选拔，以提高基层干部队伍的科技文化素质。”目前全国已有26个省、市、自治区和计划单列市在211个多县开展了试点工作，参加培训的农民达11万余人，经考核认定，其中3.6万多人获得了“绿色证书”。

我国建成52个高新技术开发区 据《中国科学报》1993年11月19日报道，目前我国已有52个高新技术开发区，占地面积共达213平方公里，区内企业已超过万家，其中中外合资企业约占一半，人均年劳动生产率近7万元。开发区大都集中在科研力量雄厚的大城市及开放条件较好的沿海城市，包括西安、兰州等一些西部重要城市。开发区内的企业主要包括电子信息、新材料技术、生物技术、机电一体化技术、新能源技术和环境保护技术、新医药工程、生物医学工程、核技术、海洋工程、航空航天技术、传统技术产业的新工艺和新技术等。

国家科委表彰有突出贡献的“863”专家 184位做出突出贡献的“863”专家、11个集体于1993年2月受到国家科委的表彰。“863”计划实施6年来，国家科委负责实施的生物、信息、自动化、能源、新材料5个领域，已取得研究成果550多项。其中达到国际80年代中后期水平的有300多项，还有些成果已达国际先进水平。国家科委主任宋健强调“发展高科技，实现产业化”是我们既定的方针，我们这代人不能变，下一代也得继续干。他希望科技工作者高举“863”这面大旗继续奋斗，把我国建设成真正的科技大国，在世界高科技领域占有一席之地。侯云德、顾建人、汪成为等11人获一等奖；陈章良、陈肇雄等27人获二等奖；郭三堆、刘宇明等116人获三等奖。

国家科学基金资助25名中青年科学工作者 据《中国科学报》1993年11月26日报道，1993年度国家自然科学基金优秀中青年人才专项基金人选已经审定，全国有25位优秀中青年科学工作者获得了总额达705万元科研经费的资助，每人一次获得资助的科研费一般学科为30万元，数学、管理学科为15万元。其科研课题、内容完全由受资助者自行安排。获得资助的25位优秀中青年科学家，全部具有高级职称，平均年龄37.6岁。他们是：中科院应用数学所研究员马志明，中科院金属所研究员卢柯，北京大学教授赵新生，中科院上海生化所副研究员李伯良，学部委员、清华大学教授赵玉芬，中科院地球化学研究所副研究员彭平安，复旦大学教授陈良尧，北京农业大学副教授张福锁，中科院水生所副研究员崔奕波，上海第二医大研究员陈竺，西安交大战略与决策研究所副所长、教授席西民，南开大学研究员龙以明，中科院近代物理所副研究员詹文龙，北京大学教授周其凤，中科院化工冶金研究所研究员李静海，华中农业大学教授邓子新，中科院植物所研究员李承森，成都地质学院教授黄润秋，中科院古生物所副研究员孙卫国，中科院大气物理所研究员穆穆，西北工业大学教授魏炳波，华中理工大学副教授吴雅，中科院系统科学所研究员郭雷，清华大学教授白净、罗毅。

中国科研机构数据库在京建成 据1992年5月8日《中国科学报》载：中国科学技术情报研究所最近开发完成"中国科研机构数据库(CSI)"。它收入了中国科学院、各部委、各省市自治区、大学及其它系统所属的科研机构5000余家。这种数据库全面反映了中国科研机构发展水平及研究动态，可为国内外科研机构科技合作提供信息服务。

我国农业科技攻关获得丰硕成果 于1992年11月27日在广州闭幕的"八五"国家科技攻关区域农业综合发展工作研讨会公布了自"六五"国家开始组织实施重点科技攻关计划以来，农业科技围绕农作物新品种选育、区域开发治理、畜禽水产品开发等项目，取得的丰硕成果。据不完全统计，"七五"期间通过鉴定的成果1100多项。其中120多项达国际先进水平。建立起完善的试验基地125个，科技攻关成果累计推广面积达9亿多亩，增产粮食173亿公斤，皮棉41亿公斤，新增效益180亿元。通过攻关，缩短了我国农业科技与国际水平的差距。如农作物品种资源研究，已贮存20万份质资源，品种资源拥有量已达30万份，居世界第三位。选育成功主要农作物新品种700多个。

全国科技兴市会议在石家庄召开 第二届全国科技兴市工作会议于1993年2月19日在河北省石家庄市召开。来自国家科委和全国30个省区、直辖市的70多个城市的领导和代表200余人出席了会议。科技兴市战略是在邓小平同志"科学技术是第一生产力"思想指导下提出来的，很快受到全国各地普遍重视。目前，全国已有300个城市实施这个战略，占全国城市的3/5。在全国12个科技兴市试点城市中，经济发展速度均在15%以上，有8个城市进入全国城市50强，7个城市建立了国家级高新技术产业开发区，科技进步因素在经济增长中比重普遍增长5～8%，依靠高新技术改造传统产业，发展高新技术产业的步伐明显加快。国家科委在会上提出，今后将本着"软投入、硬产出"的原则，着重促进实施科技兴市城市配套改革，发展高新技术产业和支柱性产业，发展优质、高产、高效农业，发展咨询、信息和技术服务业等第三产业。加强国际经济技术合作的人才培训，强化科技兴市资金支撑体系，使科技兴市在促进城市经济腾飞中发挥重要作用。

全国农民技术协会达12万个 据1992年9月为止的统计，我国数百万农民已自愿组织起12万个农村专业技术协会(研究会)，涉及种植、养殖、乡镇企业、服务业等140个专业门类，成为促进农村技术进步和商品经济发展的一支生力军。10个优秀农民专业技术协会被中国科协命名为"十佳"协会。农民专业技术协会是以专业科技能手为核心的经济实体。背靠大专院校、科研单位的技术专家，面向广大农民。

中国生物工程学会成立 生物工程在我国于70年代末开始起步，十几年来得到了很大发展，我国从事生物工程研究、开发、生产、教学的人员已超过一万人，机构超过300个，并取得了以乙型肝炎疫苗、cIJ干扰素为代表的一批高水平的生物工程科技成果。据《中国科学报》1993年6月23日报道，中国生物工程学会已应运而生。在成立大会暨首届学术讨论会上，代表们认真讨论通过了中国生物工程学会章程，并选举产生了由68位理事组成的中国生物工程学会第一届理事会。与会者认为，学会的成立标志着我国生物工程事业的发展进入了一个新阶段。今后学会将成为生物工程学术界和产业界的桥梁，推动我国生物工程研究成果转化为生产力，加速生物工程产业化过程，为我国经济腾飞做出贡献。

中国—海外计算机科技交流中心成立 旨在加强海内外计算机科技交流的组织：中国—海外计算机科技交流中心1993年7月在北京成立。为促进我国计算机发展，27位海外学者发出倡议，组建计算机科技国际合作交流常设组织。这一倡议立即得到计算机科技工作者及中国计算机学会的积极响应，并得到中科院、国务院外专局、国家基金委等部门的支持。中心已经举办和正在举办有关并行处理和计算机科学理论的研讨活动，有近20位海外学者作学术报告，并与100多位国内学者就前沿课题进行了半个月的交流讨论。

大学生实用科技发明大奖赛成果展 据1992年11月7日《人民日报》报道：470项科技成果荟萃北京中国科技馆，向社会展示中国大学生发明创造和科技攻关的热情和能力。由全国学联、四达技术开发中心主办的“中国大学生实用科技发明大奖赛”，共收到600多所高校申报的学生科技成果5000多项。这次在京展出的是进入评审委员会终审评比范围的科技成果。这些成果设计构思新颖、实用性和推广应用性强，技术分布涉及化工、机械、材料、电器、计算机与控制、生物、医药、食品、农业等领域。有的成果在技术上已达到国内外先进水平；有的可替代进口，实现国产化；其中相当一些成果工艺简单，投产成本低，效益显著，对中小企业技术进步有很强的针对性，引起了闻讯而来的千家企业和厂家的兴趣，仅3天预展中就实现成交额达532万元，协议成交额突破亿元。

“银河”10亿次计算机研制成功 1992年11月19日，国防科技大学传出令人振奋的喜讯：我国第一台面向大型科学研究、工程计算和大规模数据处理的通用10亿次并行巨型计算机“银河—II”研制成功。江泽民、李鹏、朱镕基、刘华清等中央领导同志分别题词、写信祝贺。国务院、中央军委向全体研制人员发了贺电。国务委员、国家科委主任、学部委员宋健出席了成果鉴定会并作了重要讲话。“银河—II”巨型机为共享主存紧耦合四处理机系统结构，主频50兆，基本字长64位，主存容量256MB，拥有2个独立的输入输出子系统，能进行每秒10亿次以上的运算操作。该机既适合作为超级计算中心的主机，又可作为大规模数据处理的中心处理机。经过试算表明，“银河—II”巨型机在气象、石油、地震、核能、航天航空等领域有广阔的应用前景。

中央军委给西昌卫星发射中心测试站记一等功 据《科技日报》1993年6月5日报道，中华人民共和国中央军事委员会发布通令，给国防科工委西昌卫星发射中心发射测试站记一等功。该站自1977年8月组建以来，全站官兵发扬艰苦奋斗、无私奉献、团结拼搏的精神，圆满完成了12次卫星、火箭的测试发射任务。特别是成功地完成了“亚洲Ⅰ号”通信卫星、长征2号E捆绑式火箭和两颗澳大利亚通信卫星的发射任务，并对发射场电测、通信和地面技术勤务保障系统进行了158项适应性改造，为发展我国航天事业作出了实出贡献。

第三届全国科技实业家创业奖揭晓 1992年12月4日《科技日报》报道：第三届全国科技实业家创业奖评选活动已评出10名金奖和30名银奖。经国家科委批准，由科技日报社和中创总公司联合举办的这项评奖活动，是我国科技界知名度较高、具有相当权威性的大奖。在全国加快改革开放的形势下，科技创业出现了大发展的趋势，民办科技实业一花独秀的局面已成历史，科研院所、高等院校、大中型企业、军工企业和乡镇企业的领导者们携手共创科技正成为时尚，高科技产业已成为科技实业发展的主流。此次评出的10名获金奖者是：于常友、王涛、吕道龙、陈兆初、陈庆振、周国泰、胡钢、陶笃纯、段永基、戴焕忠。

首届中华绿色科技奖特别奖颁奖 在中国环境保护事业开创20周年之际，中华绿色科技奖特别奖颁奖仪式于1993年8月6日举行，已故著名科学家马世骏、侯学煜获特别荣誉奖，曲格平、高德占、王茂林、陈述彭、刘东生获特别金奖。中科院院长周光召，林业部部长徐有芳，国家环保局局长解振华等出席了颁奖大会。中华绿色科技奖是科技日报社与林业部、国家环保局共同组织的首届中国绿色科技宣传月中发起设立的。由十几个领域的专家组成评议委员会。马世骏是我国生态学奠基人之一，国际著名环境专家。他提出了整体、协调、循环再生的生态原则，发展了系统生态学；提出了生态工程的概念，为生态学在人工系统中的应用开辟了广阔前景；提出了“社会—经济—自然复合生态系统”的新观点。侯学煜是我国著名植物生态学家，是中国植物生态学和地植物学的主要开拓者。他开创了世界农业植被制图的先例，对维护生态平衡和农业发展做出了重要贡献。曲格平是国际著名的环境专家，是我国环境保护事业的开拓者和奠基人之一。高德占是我国林业战线的功臣，他提出并领导实施了科技兴林的战略；提出以增加森林资源为目标的林业发展方针。王茂林是山西省环保的领导者和组织者，对山西环境污染的治理和改善做出了突出贡献。陈述彭是著名的地理学家，地图学家、遥感应用专家，是我国开展环境科学实验的先驱者之一。刘东生是国际著名环境地质学家，对我国环境科学的创立和发展、高山科学考察等做出了重要贡献。

海峡两岸科学家聚会南京 1992年4月10日《人民日报》报道：由德国洪堡基金会和中国科学院联合举办的这次洪堡学者南京聚会，共邀请中国大陆、台湾和香港曾获洪堡基金会奖学金的学者近300人参加。其中有33位来自台湾一些著名科研院所与大学的科学家。这是自海峡两岸开始学术交流以来，台湾来大陆参加高层次学术活动人数最多，涉及专业面最广的一次。海峡两岸学者与德国学者一道，就政治学、法学、哲学、历史学、生物医学、物理学、化学、机械工程学、地学、数学和计算机科学等领域进行学术交流。德国洪堡基金会主席吕斯特教授率领的一个德国高级科技代表团专程来宁出席了这次聚会。

钱浚发明银膜获国际金奖 《科技日报》1993年5月28日报道：在第21届日内瓦国际发明展览会上，我国的“可光降解银色塑料薄膜”赢得评委和观众一致赞许，一举获金奖。这是迄今为止世界上有关降解塑料发明成果所获得的唯一国际金奖。联合国环境署官员称该发明“对人类是一大贡献”。发明者是安徽农业大学副教授钱浚。他长期从事植保专业教学和科研，每年有一半时间在农村蹲点，开展烟草病毒防治研究，在实践中他由此及彼，触类旁通，先从防治危害烟草的黄瓜花叶病入手，研制成功银色塑料薄膜，大面积推广中取得了显著防病效果。继而他又以消除塑料公害为奋斗目标，经无数次配方试验终获成功。塑料垃圾被称为“白色灾害”，他研制成功的可光降解银色塑料薄膜，在同美国、加拿大、芬兰、日本及国内同类产品作降解对比试验后表明，是目前世界上降解性最好的塑料产品。大田作物覆盖银膜，60天内98%以上的畦面土壤可以裸露，无明显塑料碎片残留。银膜还具有反光性强、安全无害等特点，作为农用地膜比普通透明塑料膜的性能更优。有关人士认为，银膜的问世有可能导致一次新的“白色革命”，它不仅将遍布田野，还将进入包装世界。

陈章良、李登海、关广生被授予“全国青年科技先锋”称号 1992年2月21日共青团中央、全国青联作出决定，授予陈章良、李登海、关广生“全国青年科技先锋”称号，并号召全国青年向他们学习。陈章良是北京大学生物系教授，从事植物分子生物学和植物基因工程学的研究，1987年留美归来后，参加创建了国家蛋白质工程及植物基因工程重点实验室，1991年荣获联合国教科文组织颁发的“贾乌德·侯赛因青年科学家奖”。李登海是山东省莱州市玉米研究所所长、高级农艺师。初中毕业后回乡务农，长期致力于玉米育种、高产栽培研究，培育出“掖单系列”高产玉米良种，其中“掖单13”突破亩产1000公斤大关，创世界夏玉米单产最高纪录。自学成才的关广生是辽宁省本溪市半导体器件厂汽车电子研究所副所长、工程师。他共取得革新发明成果100多项，有3项获国家专利，是由一名只有初中文化程度的普通工人成长为汽车电子技术方面的专家。

张本仁创立区域地球化学理论体系 中国地质大学(武汉)地球化学研究所所长张本仁教授，运用自己创立的区域地球化学理论体系，完成了《秦巴岩石圈构造及成矿规律地球化学研究》，并通过了地矿部组织的专家鉴定。中国科学院地学部主任涂志炽教授、学部委员王鸿祯教授、宋叔和教授等14名著名专家认为，这套理论体系和研究方法达到国际领先水平。张本仁教授通过对自己多年研究实践的系统总结，提出了五个地球化学基本观点，即：地球化学系统的观点；地球化学运动同构造运动和地球物理运动相互依存、相互制约和相互转化的观点；元素再分配与再循环的观点；历史地球化学观点；各类地质体的地球化学资料或特征为地球物质化学运动记录的观点。

黄金钟提出新板块构造理论 福建省年仅35岁的科学工作者黄金钟，于1992年8月在日本举行的“第29届国际地质科学大会”上，宣读他提出的关于新板块构造理论的论文。从1915年至70年代，国外科学家先后提出大陆漂移说、海底扩张说、板块构造说。这些理论的创立，是地学史上划时代的革命。然而，关于板块构造成因及其运动的动力与驱动机制、地磁场起源等问题，至今仍悬而未解。黄金钟于1982年毕业于福建师大地理系，现在福建泉州市地震局从事太阳系演化、地震、地质等项科研工作。他经过10年艰苦的努力，在系统地分析研究了地球科学各学科的观测资料和理论研究成果的基础上，提出了“地球系统耗散结构与板块构造自组织进化理论。”他的这一理论引起世界各国科学家们的关注。

李后强3年解决4个国际难题 据《中国科学报》1992年10月6日讯，四川大学29岁的博士生李后强，在著名化学家赵华明教授的指导下，把分形理论应用于化学及生物大分子研究，在国际上首次提出“酶分形动力学”的新概念，并建立了相应的理论体系。仅用3年时间他就解决了国际生物有机化学界公认的4个著名难题，即：“酶和蛋白质表面分维计算问题”、“酶本体分维及活性中心分维孰大孰小问题”、“酶动力学希尔系数的本质及其计算问题”、“酶模型设计所遵循的一般性原理问题”。这些难题的解决，有助于生命现象的揭示。

方开泰、王元首创“均匀设计”法 《中国科学报》1993年11月24日报道：中国科学院应用数学所研究员方开泰和学部委员王元12年前将数论与多元统计相结合创立的一种全新的试验设计方法——“均匀设计”，现已在国内诸多领域应用，取得了丰硕成果和巨大效益，并得到国际数学界高度评价。10余年来，此方法已在国内外广泛应用于军事工程、医药工业、化学、纺织、冶金、电子等诸多工业领域。80年代，在几项航天工程的设计中由于采用此法和其它高技术，使其连续获得空前好成绩，先后荣获国家科技进步二等奖、三等奖和特等奖。在国际上，“均匀设计”法已得到承认和应用，并引起国际数学界的高度重视。

珠海重奖有突出贡献的科技人员 中共珠海市委、市政府对为推动该市科技进步做出贡献的科技人员实行重奖。1992年3月9日，5个科技项目首席获奖者迟斌元、沈定兴、徐庆中、查雁群、秦伟春和他们的助手分获奖励证书、房屋所有权证、小轿车和其它奖品及巨额奖金。

我国第一部科技黄皮书《中国科学技术指标(1992)》出版 第一部以科技指标的形式描述和分析我国科技活动的现状、发展及其作用的政府出版物《中国科学技术指标(1992)》，1993年8月正式出版。该书由国家科委组织有关科技管理部门共同编写。书中依据近年来我国的科技统计数据以及相关的社会、经济统计数据，从多个侧面对我国科学技术的基础与环境、科技资源、科技活动的规模与结构、科技的产出和影响以及中国公众的科学素养和对科学技术的态度等进行了定量分析和评估。该书不仅通过众多的科技指标系统地反映了中国科技活动的特点和发展情况，而且对一些主要指标进行了国际比较和分析。此书是一部以定量为主要方式反映科技活动状况的政府出版物，国家科委已决定将此书作为中国科学技术的黄皮书，每两年编写一本。

《中国软科学》蓝皮书出版 据《中国科学报》1993 年 10 月 28 日报道，随着改革开放而兴起的我国软科学事业迅速发展，取得了十分喜人的成绩。至 1990 年底，全国已有软科学研究机构 1100 多个，研究人员 3.3 万多人，完成研究课题 7310 项，已有 84 项成果分获国家级科技进步一、二、三等奖。这些成果为推进我国决策民主化、科学化和管理现代化作出了贡献。为推动软科学事业上一个新台阶，迎接第二次全国软科学研究工作座谈会的召开，国家科委近日发布国家科学技术蓝皮书第 8 号，书名为《中国软科学》。该书系统总结了中共十一届三中全会以来我国软科学事业的发展历程和成就；选择改革开放和社会主义现代化建设中的一些重大实践问题的研究成果为实例，阐明和展示了软科学事业的重要地位和作用；提出了近中期软科学工作的若干要点，展望了软科学事业的发展前景；汇集了软科学理论方法研究论述，以及计划立项、经费投入、成果奖励等方面的重要规章、资料与数据等。国务委员兼国家科委主任宋健为该书写了前言，题目是《论决策的民主化科学化》。

3. 社会科学

丁关根要求社会科学工作者为伟大实践提供精神动力 1993 年 2 月下旬，中国社会科学院召开了工作会议，这次会议就社科院继续落实党的十四大精神，深化体制改革等问题进行了讨论，围绕当前社会科学研究的主攻方向，部署了社科院 1993 年的工作。社科院院长胡绳在会上作了工作报告。他说，改革的深化和经济、社会的加速发展，向社会科学战线提出了双重任务。一面是实际生活正在层出不穷地提出新问题，社会科学必须研究和给予答复；另一方面是社会科学的管理体制如何与正在建立中的社会主义经济体制相适应的问题。中国社会科学院党委书记、副院长王忍之在总结中说，在新形势下，社会科学院大有作为，社科院的工作要有一个大的发展。为此，要解放思想，扎实稳妥地推进自身的体制改革。

中共中央政治局委员、书记处书记兼中宣部部长丁关根在这次会议上提出，当前哲学社会科学战线最根本、最主要的任务，就是学习、宣传、研究建设有中国特色社会主义的理论，用这一理论统一思想，指导社会科学的全部工作。他在讲话中说，社会科学工作者对邓小平的战略思想、理论观点、科学态度和创造精神，应该学习得更好，理解得更深刻，把握得更准确。社会科学工作者还要为干部群众学习理解有中国特色社会主义的理论，进行科学的、有说服力的阐述，回答人们在学习中提出的各种思想认识问题，给奋进中的建设者、开拓者以强大的理论支持和精神动力。他说，建立社会主义市场经济体制，发展社会主义民主政治，建设社会主义精神文明，是空前的创举，有一系列重大课题需要我们研究。社会科学工作者要运用马克思主义的世界观方法论，到生动的实践中去捕捉层出不穷的新问题、新情况、新矛盾，进行卓有成效的理论研究、应用研究和预测研究，总结新鲜经验，概括出有科学价值的新结论。他说，社会科学工作者应该以高水平的研究成果，为这场伟大的社会实践提供精神动力和智力支持，为党和国家的有关重大决策提供切合实际的思路和建议。

全国哲学社会科学“八五”重点课题及 1992 年度课题评审会述要 全国哲学社会科学“八·五”重点课题和 1992 年度中华社会科学基金和青年社会科学研究基金课题的评审工作于 5 月中旬胜利结束。1991 年 12 月全国哲学社会科学“八五”规划工作会议通过的《哲学社会科学“八五”国家重点课题规划》(《规划》同时指导 1992 年度社科基金课题的选题和申报)。主攻方向比较明确，即围绕建设有中国特色社会主义这一主题，多层次、多功能、多角度地研究它所涉及的经济、政治、文化、社会、国际等重大理论和现实问题，为社会主义现代化建设和改革开放提供理论支持，为党和政府决策科学化服务。在 1992 年 5 月份的课题评审工作会议上，中宣部副部长、全国哲学社会科学规划领导小组副组长聂大江代表领导小组在评审会上讲了话。他说，当前我国社会主义建设事业正面临一个繁荣与发展的大好时机，这对我们的哲学社会科学研究提出了新的更多、更高的要求。邓小平最近在视察南方时的讲话中提出了一系列重要思想理论观点，希望经济发展得更快一点，改革开放的步子迈得更大一些。这是对建设有中国特色社会主义理论的新的丰富和发展。聂大江在讲话中强调，哲学社会科学研究应当遵循党的“一个中心，两个基本点”的基本路线，把拓展和深化建设有中国特色的社会主义研究作为主攻方向，在实践中坚持并发展马克思主义。他说，马克思主义不是封闭、停滞的理论体系，需要在实践中不断丰富和发展，而坚持和发展马克思主义则是我们党的优良传统。当前出现的新情况、新问题，要求社会科学研究作出新的理论概括，拿出新对策、新办法和新成果。我们要进一步解放思想，从实际出发，大胆探索创新，为坚持发展马克思主义作出新贡献。重点课题和基金课题的立项及评审要体现以经济建设为中心，要加强对重大理论和实际问题的研究。社科研究课题的立项和评审具有很强的导向性，应积极引导广大社科工作者以马克思主义为指导，研究我国社会主义现代化建设和改革开放实践中提出的重大理论与实际问题。在突出重点的同时，也应兼顾一般。一些学科和课题虽然与经济建设这个中心不能直接挂钩，或与现实问题关系不密切，但有助于社会主义精神文明建设和对整个哲学社会科学发展起基础支撑作用，也应加以扶持。他指出，课题的评选、立项还要有利于社科科研力量的合理布局和科研优势的发挥，有利于学科建设以及人才培养和队伍建设，有利于学风的建设。社科基金的使用与分配，既要体现公平合理，又要突出重点，加大对重大课题的资助强度。全国哲学社会科学"八·五"规划课题和 1992 年度中华社科基金课题以及青年社科基金课题的申报从 1992 年 1 月 1 日—1992 年 3 月 30 日。从申报工作开始到截止的 3 个月时间，各地提交的申请书达 5500 多份。不仅数量多于往年，而且覆盖了全国除台湾外的 30 个省、自治区、直辖市和社会科学各个系统。5 月中旬，对全国申报的所有课题申请书进行了评审，其中有 270 多项社科研究课题通过了专家评审，被列为"八·五"期间哲学社会科学重点科研项目；420 项列为 1992 年度中华社科基金课题；160 项列为青年社科基金课题。

"让中国社会科学在世纪之交放出异彩"学术讨论会召开 1992 年 1 月 7—9 日，在上海社会科学院召开了"让中国社会科学在世纪之交放出异彩"的学术讨论会。中国社会科学院、吉林、湖北、安徽、上海等省、市的社科院和复旦大学、上海外贸学院，上海科协的部分专家、学者出席了讨论会。学者们认为，现在时值世纪之交，这个世纪之交将是全球性产业结构的调整时期和国际新旧秩序的交替时期，是东西方文化交流从单向偏重趋于双向大致平衡的变化时期，也是战争与和平转换的关键时期。各种矛盾的进一步展开、转换和复杂化，既凝聚了世纪之交社会科学研究的热点，又形成了世纪之交社会科学发展的特征，为世纪之交社会科学预示着美好的发展前景，同时也给社会科学的发展创造了极好的条件。专家们在讨论时认为，世纪之交的中国社会科学发展有着许多有利的条件：一是中国传统文化在世界上的突出地位，为中国社会科学的发展提供了良好的条件和基础；二是亚太地区在经济上的崛起，以东方文化为背景的中国社会科学走向世界提供了坚实的基础；三是东西方文化的互补性；四是马克思主义与中国文化背景的结合，形成了毛泽东思想，邓小平提出建设有中国特色的社会主义的理论，又进一步丰富和发展了毛泽东思想。中国社会科学在改革开放条件下，近十几年来有了长足的进步。世纪之交的中国社会科学具有了新的逻辑起点，具体体现为：一是社会科学的中国化和世界整合性；二是社会科学研究的新的"文化积淀"；三是新的认识工具的掌握；四是跨学科研究的理论探讨和实践的发展。在这种有利条件及新的逻辑起点之上，中国社会科学只要抓住契机，坚持以马克思主义为指导，立足于中国优秀文化和国情的坚实地基上，实行对外开放的方针，批判地吸取世界上各种文化和社会科学的精华，就一定能在世纪之交取得重大的、令人瞩目的成就，在世界社会科学界放出异彩。

马克思主义哲学应用研讨会举行 1992 年 6 月 4—6 日，安徽省哲学学会和合肥市社会科学界联合会在合肥市联合举办"马克思主义哲学应用研讨会"。省、市有关领导和哲学专业工作者及一些大中型企业的代表 60 余人与会，围绕马克思主义哲学在社会主义实践中的一系列实践性强、值得深入探讨的问题，如马克思主义哲学应用与解放思想、转换经营机制中的哲学依据、内因与外因原理与搞活大中型企业、承包制的哲学思考、哲学应用与系统管理、哲学应用与领导艺术、深化企业改革中"破"与"立"的关系等进行了热烈的讨论。代表们认为，在改革步伐加快、对外开放进一步扩大的社会主义建设大潮中，马克思主义哲学必须应用于建设有中国特色的社会主义的伟大实践。哲学和哲学工作者们，必须走出书斋，致力于研究、分析和解决现实生活提出的一系列实际问题和理论问题，以适应社会主义经济建设和当前改革开放对马克思主义哲学的呼唤，进一步为社会主义建设事业服务。

第 8 届国际中国哲学会在北京举行 以"中国传统哲学的现代意义及未来展望"为主题的第 8 届国际中国哲学会于 1993 年 8 月 10 日在北京举行。来自中国、日本、韩国、新加坡、澳大利亚、美国、加拿大、英国、德国、俄罗斯以及台湾、香港等 10 多个国家和地区的 100 多位学者出席了会议。本届会议主席、北京大学著名学者张岱年在开幕词中说，中国传统哲学对人类的精神文明作出了巨大贡献。在 20 世纪的最后 10 年，中国传统哲学将会有怎样的命运？它与马克思主义的关系如何？对于社会主义现代化能否有所贡献？中国哲学智慧与人类未来文明有何关系，都是值得深入研究的问题。国际中国哲学会是研究中国哲学的国际学术团体，中外学者深入研究中国哲学，对人类文化的进一步完善有重要的作用。

全国第8次社会主义社会辩证法研讨会召开 中国辩证唯物主义研究会、中国社会主义社会辩证法专业分会、中共湘潭市委和市政府，湖南、广东、广西、四川、江苏省区社联等26个单位，于1993年6月2日至8日在湖南省湘潭市联合举办纪念毛泽东诞辰100周年暨全国第8次社会主义社会辩证法研讨会。共有100余位理论和实际工作者参加了这次会议，并向大会提交了专著9部和论文80余篇。会议着重就毛泽东哲学思想与建设有中国特色社会主义理论这个命题进行探讨。与会者认为，毛泽东致力于马克思主义中国化，最重要的是致力于马克思主义哲学中国化、具体化和群众化，成为马克思主义哲学发展史上的一大创举。建设有中国特色社会主义理论的哲学基础就是毛泽东哲学思想具体体现：第一、“中国特色社会主义”这个命题的哲学基础是毛泽东关于矛盾普遍性与特殊性、共性与个性相统一的思想；第二、党的社会主义初级阶段基本路线“一个中心、两个基本点”的哲学基础是毛泽东“两点论”同“重点论”相统一的思想；第三、以经济建设为中心的哲学基础是实践标准和生产力标准相统一的思想；第四、改革开放的哲学基础是毛泽东关于社会主义社会基本矛盾运动学说；第五、贯穿于建设有中国特色社会主义理论始终和各个方面的是毛泽东关于实事求是的思想，等等。邓小平建设有中国特色社会主义理论与毛泽东思想的关系，是继承和发展的关系。中国有史以来的两次伟大革命，实现的两次伟大飞跃，都是在中国共产党领导下进行的。两次革命和飞跃是不能截然分开的，以邓小平为核心的第二代领导集体领导的这场新的革命，是在过去革命取得成功和社会主义建设取得巨大成就的基础上进行的。两个革命是继承与发展的关系，两次飞跃是源与流的关系，都与马列主义毛泽东思想有密切的关系。此外，会议还就社会主义辩证法研究的新领域进行了探讨，提出了向经济学领域开拓、向社会发展辩证法开拓等。

山东哲学界座谈“市场经济与哲学发展” 1993年5月25日，山东社会科学院哲学所的专家学者就建立、完善社会主义市场经济体制的过程中，哲学研究所面临的难题、挑战与发展前景举行了座谈。与会的同志深切地感到，当前，哲学研究面临着前所未有的冲击、挑战，但同时，改革的深化，恰恰又为哲学的发展提供了极好的机遇，向哲学提出了大量可资研究的课题。因此，时代的发展没有也不可能取消哲学。对此，哲学工作者应该保持足够清醒的头脑，认清时代特点，明确理论使命，努力把哲学研究提高到一个新的层次和水平。大多数同志认为，在由传统的计划经济体制向市场经济体制过渡的过程中，哲学的性质、特点和功能问题再次被突出了出来。在我国建立、完善社会主义市场经济体制的新时期，哲学要真正为改革实践排忧解难，进而丰富、发展马克思主义，切实、有效地加强对改革开放过程中的历史观、价值观问题的研究，已成为当务之急。

《中国社会科学》和《哲学研究》联合举办“社会科学与发展问题”征文活动 发展问题是当代世界两大主题（和平与发展）之一，它对于发展中国家实现现代化，对于我们的改革开放、建设有中国特色的社会主义，具有更为直接和突出的意义。世界形势的巨变，新旧格局的交替，使这个问题变得更为尖锐和严峻。在这种形势下，充分认识社会科学在社会发展中的重要地位和作用，根据时代的要求改善社会科学研究，促进我国社会科学大发展，以适应20世纪90年代和21世纪我国社会大发展的需要，已成为迫在眉睫的极为重要的课题。为此，《中国社会科学》和《哲学研究》编辑部于1993年上半年联合举办了“社会科学与发展问题”征文活动。这次活动征文所涉及的主要研究范围是：(1)现代发展理论和发展战略中的历史观、价值观和方法论问题；(2)从当代实践的特点和趋势看自然、社会和人的相互关系，科技进步、经济社会发展和人本身发展的关系；(3)社会发展和历史进步的评价尺度问题；(4)历史发展的普遍规律与各民族发展的特殊道路；(5)社会科学在社会发展中的地位和作用，社会科学与科技进步、经济社会发展、人本身发展的关系；(6)发展理论和发展战略研究为社会科学提出的新课题，如何适应这些新课题改善社会科学研究、发展与自然科学的联盟等。

宋代哲学与中华文化国际学术研讨会在开封召开 1993年4月12—14日，在河南省开封市召开了由河南省中原文化经济发展研究中心、河南省社联、河南省社科院、郑州大学、河南大学、河南师大以及开封市人民政府等单位联合主办的“宋代哲学与中华文化国际学术研讨会”，来自全国各地、港台和国外的专家学者近百人参加了会议。大会收到的论文和交流著作50余种。北京大学张岱年教授、中国人民大学罗国杰教授等，在大会上作了学术报告。与会代表围绕宋代哲学在中国传统思想文化中的地位这个中心议题进行了学术交流。

跨学科研讨会在北京举行 1993年3月15日至18日，中国社会科学院哲学所、中国科学技术协会中国自然辩证法研究会联合在北京召开了跨学科研讨会。会议讨论的中心议题就是当前中国社会普遍存在的、并且不得不引起人们高度重视的实际问题：“性传播疾病的蔓延及其防治对策”。这个问题涉及社会、伦理、法律等诸多领域，需要各方面的有关专家共同合作研究。来自全国各地医疗卫生、计划生育、社会学、哲学、伦理学、法学、公安、新闻媒介等学科、部门的80余位理论工作者和实际工作者参加了会议。会议介绍了性传播疾病的蔓延及其防治的新情况、新经验和新问题。并且在有效防止对策问题上交换了意见。

中国社会科学院成立STS研究中心 1993年中国社会科学院哲学研究所成立了科学、技术和社会(STS)研究中心,其目的是要适应科学技术和社会整体化发展趋势,促进多学科、跨学科的研究,以满足飞速发展的社会实践需要,为我国的改革开放和经济社会发展提供全面合理的决策思路。该中心以理论研究为主,兼顾资料的收集,采取多种形式,开展科研活动,为现实服务。

"改革开放与人生价值观"研讨会召开 1993年5月4—8日,在郑州市召开了由《人民日报》理论部、《高校理论战线》、《教学与研究》、河南省委党校、河南省社会科学院联合主办的"改革开放与人生价值观"研讨会,40余名专家学者参加了这次研讨会。与会者围绕着3个问题发表了各自不同的见解:(1)对人生价值观教育的历史反思。(2)人生价值观的现状与评价。(3)社会主义市场经济与集体主义价值导向。

全国第2次真理问题研讨会在安徽举行 1993年5月21—26日,全国第二次真理研讨会在安徽省歙县召开。这次会议是由中国辩证唯物主义研究会、安徽省委党校等9个单位共同发起的,来自全国各地的100余位专家、学者参加了会议,向会议提供了论文80余篇。会议回顾了近年来真理问题的研究状况,并就马克思主义真理论的一些根本问题进行了讨论。一、关于真理的本质属性问题。对此有三种不同的看法:第一种认为,马克思主义真理观的基本点是坚持真理的客观性,否定主观真理的存在。第二种观点认为,真理不仅是客观的,也是主观的,是主观性和客观性的统一。第三种观点认为真理具有客观性,也具有主观性,但真理即不是客观的,也不是主观的,而是主观与客观的融合和同一。二、关于真理与价值及真理的功能问题。我国哲学界有的同志把价值问题与真理问题看成是两个相互独立的领域;有的同志则把真理分成两类,一类是事实真理,另一类是价值真理。会议上,有的同志针对这种观点,认为可把价值真理看作是一种特殊的事实真理。有些同志认为,真理与价值都是标示主客体关系的范畴,真理是从认识内容正确与否上标示主客体关系,价值是从客体对主体的意义上标示主客体关系。与会学者指出,过去由于强调马克思主义真理观与实用主义真理观的区别,因而对真理的功能与效用问题一直采取回避态度。其实,由于马克思强调哲学家的任务不仅在于认识世界而且在于改造世界;这足以表明真理具有效用性和价值性。三、关于真理的检验标准问题。一些同志主张,实践只是检验真理性的必要途径,只有实践结果才能使主观与客观相对照,才能检验认识是否符合客观事物的发展规律;另一些同志认为,作为检验认识真理性标准的实践,应包括实践结果与实践过程两个方面。四、关于真理的发展规律。与会同志认为,真理发展的基本规律应当是"实践和认识辩证转化规律","主观和客观辩证统一规律"。五、关于真理问题探讨的新思路。有些同志认为,近年来哲学界实践问题研究的深化,对实践唯物主义和主体性的讨论,对价值问题的关注,为真理问题的研究开辟了一条新思路;另一些同志认为,自科学发展过程中提出的一系列新的理论,其中混沌理论的提出,对真理的研究具有重要的启发意义。

社会主义市场经济和价值观研讨会在深圳举行 1993年11月3—5日,在深圳市举行了"社会主义市场经济和价值观"研讨会,来自全国各地的哲学、社会科学界的70余位专家、学者参加了这次研讨会。著名哲学家、北京大学黄楠森教授、国家教委社科司司长杨瑞森教授、广东省社科联名誉主席张江明同志等与会并作了发言。与会学者就社会主义市场经济条件下价值观念的转变、人生价值的取向及社会主义道德、价值观建设等问题展开了热烈讨论。

中国城市经济学会第2届年会在太原市召开 1992年5月25—28日在太原市召开了中国城市经济学会第二届年会。这次年会是由中国城市经济学会、中国社会科学院财贸经济研究所、山西省城市经济学会、太原市人民政府共同举办的。来自全国各城市的领导、城市管理方面的实际工作者和科研机构、大专院校的专家、学者200多人参加了大会。会议的主要内容:一是讨论和交流城市土地房产经济的改革和发展问题;二是审议学会6年来的工作,并根据会章进行领导机构的换届和改选;三是公布《全国城市经济理论研究优秀成果》评选结果,举行发奖仪式。会议围绕我国城市经济发展、城市房地产经济改革与发展等问题进行了认真深入地探讨。

"长江中游开放一开发带研讨会"召开 为了更进一步促进我国中部地区的经济发展,使这一地区取得长足发展,早日实现经济腾飞,由武汉大学、安徽和湖北社会科学院等十几个单位发起,于1992年4月14—18日,在武汉大学召开了"长江中游开放一开发带研讨会"。参加会议的有鄂、豫、皖、赣、湘五省社科院、部分高等院校和中央有关部门的学者、领导和实际工作者130余人。与会者就长江中游地区开放开发问题进行了广泛深入的探讨,提出了许多颇有见地的建议和设想,其主要观点如下:关于长江中游地区的界定问题,与会者一致认为，地处我国中部内陆腹地的鄂、豫、皖、赣、湘五省，既不临海又不沿边，从广义上说，可称之为长江中游地区，由于有着共同的区域经济特征和区位优势，因此，有必要作为一个大地区制定战略，作为一个专门的区域经济研究对象。关于长江中游开放—开发的模式选择问题，与会者提出了一些具体的设想和方案：一种方案认为，在长江中游地区形成一带（长江中游开放开发带）、一区（综合经济开发区）、二群（安庆、宜昌保税仓库群）、四片（武汉、芜湖、九江、岳阳保税出口加工片）的格局；另一种方案是"一一四五"，模式设想，即一个中心（武汉市）、一条轴线（长江产业带）、四个农业开发片（江汉平原、洞庭湖平原、鄱阳湖平原、安徽沿江平原）、五个经济开发区（芜湖—安庆、九江—南昌、武汉—黄石、岳阳—常德、宜昌—沙市）。在选择长江中游开放开发的突破口问题上，一种意见认为要立足自身优势，利用该地区的自然资源；另一种意见认为，要以改变该地区劣势为突破口，因为不消除劣势就无法形成市场上的综合优势。关于长江中游地区开放—开发的启动和战略问题，与会者建议，要形成统一的领导和管理体制，组建长江中游经济区，由中央委派主要负责人，五省领导为副职，以便克服和改变一些不合理的现象，实现区内统一开发开放、合理分工，形成统一的力量，以期加速整个经济区的经济与社会发展。

"传统农业与小农经济"学术讨论会召开　1993年6月8日，在北京召开了由中国经济史学会和中国经济史研究编辑部联合组织的"传统农业和小农经济"研讨会。来自中国社会科学院历史所、近代史所、经济所、工经所、中国科学院自然科学研究所、中国农业科学院、北京农业大学、农业博物馆、农业部、首都师范大学、河北大学以及历史研究杂志社、光明日报社、中国史研究编辑部等单位的30余名历史学、经济史学、农史学和现代农学的专家学者们，对中国传统农业和小农经济问题展开了热烈的研讨。会议主要讨论了以下6个问题：(1)关于我国传统农业特点及其形成原因；(2)关于传统农业与传统文化；(3)关于小农经济的内外关系及运作机制；(4)关于自然经济与商品经济；(5)关于"增长"论与发展论；(6)在现代化中如何正确对待传统农业与小农经济。

民族传统思想文化与社会主义市场经济研讨会召开　1993年7月27—31日，在宁夏回族自治区首府银川市举行了"民族传统思想文化与社会主义市场经济研讨会"。这次会议是由中国少数民族哲学及社会思想史学会主办的，来自全国各地的专家、学者近50人出席了研讨会。会议共收到学术论文17篇，专著1本，论文集2本。这次会议的宗旨是弘扬民族优良传统思想文化，使之更好地为建设社会主义物质文明和精神文明服务，促进我国社会主义市场经济的发展。与会学者、专家就与会议主题相关的三个问题展开了讨论：一、民族传统思想文化在现代经济建设中的地位和作用；二、实现社会观念变革对促进改革开放、发展社会主义市场经济的重要意义。与会者认为，弘扬各民族的优良传统思想文化，使之与时代精神相融合，逐步改变不能适应社会主义市场经济的意识观念和风俗习惯，这是发展民族经济的思想前提，对于增强民族团结、维护祖国统一也具有重要的意义。三、就如何继承和发扬民族优良传统思想文化，使之融入社会主义市场经济体制的问题，与会者发表了各自的看法。

"中国股票市场发展战略研讨会"在京举行　1992年6月24—26日，《金融研究》编辑部和中国人民银行辽宁省分行联合在北京举办了"中国股票市场建设与发展战略研讨会"。40余位专家、学者出席了这次会议。会议就如何看待目前的"股票热"与相应对策、股票市场建设的布局及规范化等问题进行了热烈而深入的讨论。

海峡两岸市场经济法学研讨会在京举行　1993年9月14日至18日，在北京召开了由中国社会科学院法学研究所主办的"海峡两岸市场经济法学研讨会"。来自台湾大学、辅仁大学、东吴大学、政治大学的14位台湾学者和中国社会科学院法学研究所、北京大学、中国人民大学、中国政法大学、武汉大学、吉林大学、烟台大学、对外经贸大学、福建省社会科学院、最高人民法院、国家工商行政管理局等单位的20余位大陆专家学者参加了这次研讨会。会议共收到了代表提交的论文33篇，有33位学者在研讨会上作了专题学术报告。这次研讨会的主要议题是：市场经济与法律的关系；建立适应市场经济的各种法律制度及其经验与问题；市场经济法治发展的趋势；两岸经贸关系中各种问题及其解决途径。

社科院日本市场经济研究中心成立　据《人民日报》1993年1月20日报道，中国社会科学院日本市场经济研究中心已经成立。这个研究中心的研究任务是，致力于研究日本市场经济的运行机制、组织结构、管理方法、促进中日学者的交流与合作。该中心已组织、编纂了一套日本市场经济丛书。

中国政治文化学术研讨会在天津召开　1993年3月29日至4月1日，"中国政治文化学术研讨会"在天津南开大学召开。这次会议是由南开大学政治文化研究中心、南开大学政治学系、天津师范大学政法系、《天津社会科学》杂志社、天津市政治学会、北京大学政治学与行政学系、中国人民大学党史系、中国社会科学院历史研究所思想史研究室、吉林大学政治学系以及湖南大学岳麓书院文化研究所等单位共同发起。全国40余所高校和科研单位的专家学者参加了这次研讨会。与会学者对三个方面的问题进行了广泛的研讨：1. 关于政治文化的概念与研究方法；2. 关于中国的政治文化；3. 关于政治文化与中国社会的政治发展。

海峡两岸学者联合举办"传统中国文化与未来文化发展"学术研讨会 1993年5月14—16日，海峡两岸专家学者在台北聚集一堂，召开了"传统中国文化与未来文化发展"学术研讨会。这次会议是由台湾方面的联合报系文化基金会、台湾大学哲学系、政治大学哲学系和大陆方面的中国社会科学院哲学研究所、北京大学哲学系联合举办的，有11名大陆学者和250余名台湾学者参加了这次大会。会上，两岸学者就中国文化的传统、现状与未来走向等问题展开了热烈讨论，对与此有关的人文与科技的关系及中外文化关系问题、中西哲学比较问题、文化继承的选择等问题也进行了探讨。

地理环境和中国历史文化专题讨论会召开 由《历史地理》编辑部和复旦大学中国历史地理研究所"地理环境和中国历史文化"课题组联合主办的地理环境和中国历史文化专题讨论会，于1992年4月14—16日在复旦大学举行。来自全国近20所高校和科研机构的30多位代表参加了会议。会议以地理环境对中国历史和文化的影响为主题展开了热烈讨论。与会者认为，必须客观正确地评价地理环境的作用，不仅因为地理环境是我国历史和文化赖以产生和发展的大舞台，同时也由于地理环境是现代国情的一个重要组成部分，要全面准确地进行国情教育，必须正确认识并宣传地理环境作用。

中国墨子学会成立 1992年10月6—10日，首届墨学国际研讨会暨中国墨子学会成立大会在山东省滕州市举行。这次学术研讨会是由中国墨子学会、山东大学和滕州市联合举办的，中外专家、学者120余人出席了这次会议，向大会提交了7部专著及近80篇论文。全国人大常委会副委员长费孝通出席了会议并讲了话。6日下午，中国墨子学会正式宣告成立，推举费孝通为首席名誉会长，杨向奎、任继愈等著名的专家学者为名誉会长，陈之安为会长。

"广东中华民族凝聚力研究会"成立 1992年1月16—20日，在广州市召开了第2次增强中华民族凝聚力学术讨论会，并于会上正式成立了"广东中华民族凝聚力研究会"。这次会议是由广东省社会科学院、广东省社会主义学院、广东省社联和统一战线研究会等单位共同发起的。来自北京、广州等地的专家、学者和实际工作者157人参加了大会，提交论文80篇。

"中日交流史上的友好使者"国际学术讨论会在京举行 为了促进中日关系史的研究，推动中日友好事业的进一步发展，1992年7月27—30日，在北京中日青年交流中心（21世纪饭店）举行了"中日交流史上的友好使者"国际学术讨论会。这次讨论会是由中国日本史学会、中国国际文化交流中心、中国国际文化书院等六单位联合主办的，得到了中国社会科学院、日本国际交流基金、国际日本文化研究中心、日本国际文化会馆等单位的大力支持和协助。出席会议的中外学者100多人，其中日方学者25人，中方学者近80人。会议共收到论文95篇，内容涉及在各个时期、各个领域中日双方在中日交流史上作过积极贡献的历史人物。

中国史学界第5次代表大会在京举行 1993年11月13—15日，中国史学界第五次代表大会在北京举行，来自全国史学界的55位代表参加了会议。这次大会的中心议题是：1. 通过新的中国史学会章程；2. 选举新一届中国史学会理事会及其领导机构；3. 探讨新时期历史科学的任务。大会选举出了83位史学界人士为第五届中国史学会理事会理事。新一届理事会选举戴逸为会长，王庆成、张椿年、张磊、金冲、李侃、林甘泉、丁伟志、齐世荣等8人为副会长。

第8届全国史学理论研讨会在广东召开 1993年9月6—11日，在广东省江门市举行了第8届全国史学理论研讨会。这次会议是由中国社会科学院世界历史研究所、近代史研究所、历史研究所、《历史研究》编辑部和广东省社科院、中共广东省江门市委党校等6个单位联合召开的。参加会议的代表有全国各地的史学理论工作者80余人。这次会议的主题是"马克思主义史学理论今昔"，围绕这一主题会议着重讨论了以下三个方面的问题：中国马克思主义史学理论的历史和现状；关于毛泽东的史学思想；对马克思主义史学理论若干重要问题的探讨。

第1届中国近代秘密社会史国际学术讨论会在南京举行 1993年6月1—3日，在南京大学举行了由南京大学、江苏省社科联、中国第二历史档案馆、江苏省社会史学会、上海师大、中国人民大学、山东大学、湖南师大、福建人民出版社、江苏省公安专科学校、扬州大学等10余家单位共同发起的"第1届中国近代秘密社会史国际学术讨论会"。来自全国各地以及美国、日本、澳大利亚、德国、韩国的专家学者百余人出席了大会。这次会议共收到论文60余篇，内容涉及到中国秘密社会的产生、发展、特点、性质、社会功能及活动规律；秘密社会的历史作用，及其同清政府、国民党政府的关系等问题。

中国世界近现代史研究会西北区研讨会在兰州举行 1992年8月1—6日，在兰州市西北师范大学召开了中国世界近现代史研究会西北区研讨会。来自上海、天津、湖南、云南、安徽、贵州、四川、陕西、宁夏、新疆及甘肃等地的学者与中央、地方新闻单位的代表共55人参加了会议,向大会提交了论文20余篇。与会代表以马克思主义理论为指导,联系实际,围绕欧亚大陆桥的开通和对丝绸之路开发意义的再认识、19世纪末20世纪初世界经济政治特征产生原因之分析两大主题进行了认真的研究和探讨。

美国现代化历史经验国际学术讨论会召开 1993年8月1—5日,在山东大学威海分校举行了美国现代化历史经验国际学术讨论会暨中国美国史研究会第7届年会。有100余位中外学者、专家参加了这次会议,会议共收到论文、译文、资料等60余篇。会议围绕美国现代化与经济发展、现代化与政府决策、现代化与利益集团、现代化与社会生活、现代化与思想文化、现代化与外部世界等问题进行了广泛的交流与切磋。

"东方历史研究出版基金"设立 为促进史学研究的发展,使得更多的史学研究成果能早日出版发行,发挥更大的作用,在中国史学会的支持下,通过一些热心的社会人士的赞助,1993年中国史学会东方历史研究中心在北京设立了"东方历史研究出版基金",面向全国公开征集书稿,计划每年资助出版15部史学研究专著。基金特聘史学界著名专家组成评选委员会,主任为周一良,副主任戴逸、齐世荣,委员(按姓氏笔划)王庆成、王思治、刘桂生、刘家和、何兆武、李侃、金冲等。其资助条件是:1.书稿范围主要是研究中国、前苏联、东欧、日本及中国周边国家(包括东南亚各国)、地区历史和中外关系史的专著,以近现代、当代史为主,古代史侧重宏观研究。2.学术水平、内容有创见,在学科上居于领先地位和填补空白的研究专著(不包括文集、资料、工具书、译作),每部以20—30万字为宜。3.作者为55岁以下的史学工作者。

中国社会学学会1992年年会述要 中国社会学学会1992年年会于3月28日在杭州市举行。来自全国各地的社会学工作者和研究人员150余人参加了大会,向大会提交了128篇论文。会议围绕"当前中国社会变迁与小康社会研究"这一主题,从两个方面进行了广泛深入的讨论与研究:当前中国社会变迁的特征,与会代表认为,当前中国正经历着深刻的社会变迁,这种变迁,实际上是一个从传统社会向社会主义现代化社会转型的过程;与会者对小康、小康社会和建立小康指标体系的原则等问题进行了认真探讨。

全国人权理论研讨会在京召开 1992年10月6—9日,在北京召开了由北京大学、中国人民大学、中央党校、首都师大等9个大学和科研单位共同发起的全国人权理论研讨会。来自全国30多个高等院校、科研单位和实际工作部门的近百名专家学者参加了这次大会。会议共收到论文50余篇,涉及人权理论的各个方面。这次研讨会的指导思想是:贯彻邓小平视察南方时的重要谈话的精神,在人权研究中进一步解放思想,实事求是,紧密结合变化着的国际形势和国内改革开放的伟大实践,结合中国国情,深入研究有中国特色的社会主义人权理论。会议的主要议题是人权与主权的关系、生存权和发展权是基本和首要人权、各项人权的关系等。与会专家和学者分析了当前国际人权领域的形势,一致认为:人权问题是国际社会普遍关注的问题,也是强权政治对广大发展中国家施加压力、各种政治势力尖锐斗争的一个焦点。两极格局的终结和冷战的结束,使人权领域在世界范围内面临前所未有的机遇和挑战。我们在人权问题上的正确立场应该是:维护人权,尊重主权,反对霸权。

西藏历史与现状研讨会在京举行 1992年2月20日,"西藏的历史与现状研讨会"在北京召开,这次会议是由《中国西藏》杂志编辑部主办的。首都法学界、藏学界和理论界的30余位专家、学者和研究人员在会上作了学术报告,在拉萨的著名藏学家恰白·次旦平措等也向大会寄去了书面发言。这次会议从不同的侧面再次阐明:西藏是中国不可分割的一部分,西藏的历史就是藏民族在长期历史进程中同祖国大家庭其他兄弟民族共同缔造和发展统一的多民族的祖国的历史,西藏的现状就是西藏人民同兄弟民族在建设有中国特色社会主义道路上共同发展、共同进步的现实。

新形势下人民内部矛盾研讨会在京召开 1993年4月16日,中共中央党校哲学教研部和《理论动态》编辑部联合举办了新形势下人民内部矛盾研讨会。从事理论研究工作的专家学者和从事实际工作的领导干部30余人参加了会议。与会者围绕会议主题就以下几个方面的问题进行了热烈的讨论:1.研究新形势下人民内部矛盾的意义。与会同志认为,在建立社会主义市场经济体制的过程中,在深化改革开放、加快经济发展的新形势下,各种各样的人民内部矛盾的出现是难以避免的。在这种情况下,能否正确认识和处理人民内部矛盾,是关系到能否为改革和建设提供稳定的社会政治环境的大事,也是关系到能否调动一切积极性,团结一切可以团结的力量,把全党全国人民的注意力更好地引导到集中精力搞好社会主义现代化建设,实现"三步走"的伟大战略目标的大事。2.新形势下要继承和发展毛泽东的两类矛盾学说。与会者指出,在我国生产资料所有制的社会主义改造基本完成后的历史转变关头,毛泽东同志创造性地提出了社会主义社会的基本矛盾和两类矛盾的学说,指出工作重点变化了,正确处理人民内部矛盾已经成为我国政治生活的主题。这是对马克思主义的丰富和发展,它对于我们正确处理新形势下的人民内部矛盾,仍然具有重要的指导意义,我们应当继承这份珍贵的遗产。但是,这一光辉的理论并没有在实践中得到一贯的、正确的贯彻,从反右斗争的扩大化,到文化大革命的"打倒一切",恰恰背离了正确区分和处理两类不同性质的矛盾学说,出现了理论与实践的巨大反差。我们今天在处理新形势下人民内部矛盾时,一定要记住这一历史教训,坚定不移地坚持"一个中心,两个基本点"的基本路线,牢记正确处理人民内部矛盾是服务于经济建设这个中心的。3.新形势下人民内部矛盾的突出表现。与会者具体分析了新形势下人民内部矛盾的种种表现。4.正确处理新形势下人民内部矛盾的对策和方法。主要有以下几点:(1)处理新时期人民内部矛盾的总原则应是"三个有利于"和社会稳定。其中最根本的方法是深化改革,加快发展。生产力的提高是解决各种矛盾的根本途径。(2)要高度重视法制建设,用法制的手段解决大量的人民内部矛盾。(3)加强干部队伍建设,提高他们的思想水平。(4)高度重视农业生产,充分调动农民的积极性。(5)做好深入细致的思想工作。

工农关系研讨会在京召开

据《人民日报》1993年10月31日报道,唐山钢铁公司和农民日报在京联合召开工农关系研讨会。与会的首都理论界的部分专家、学者和一些来自国有大中型企业的厂长、经理以及县、乡、村的基层干部代表,围绕在市场经济条件下如何建立新型的工农关系这一议题,进行了深入探讨。

海峡两岸学者共同研讨发展社会学理论问题 1993年7月7日至14日,在吉林大学召开了由吉林大学社会发展研究所、山东大学哲学系、《哲学动态》编辑部、天津社科院等单位联合发起的"海峡两岸学者发展社会学理论研讨会"。这次会议共有海峡两岸哲学、社会学、经济学、政治学等学科的专家学者62人出席,其中大陆学者45人,台湾学者17人。会议就海峡两岸社会发展的现实问题展开了探讨:(1)关于发展理论。与会者普遍认为,无论就社会发展的全局而言,还是就社会发展的局部而言,社会发展问题都是总体性的,因此,发展理论应是整体的、综合的、内生的,它必须关注社会发展的本质和规律,从哲学高度把握和建立发展理论的体系。(2)关于当代中国社会发展。这个问题是本次会议的中心。与会者认为,中国改革15年,取得了举世公认的成就,究其原因,主要是坚定不移地坚持了以经济建设为中心。(3)关于社会主义市场经济问题。代表们一致认为,社会主义市场经济体制的建立,是特定历史阶段的必然,它将对我国社会发展产生重大影响。会上学者们论证了市场经济体制从目标取向和过程推进两个方面对中国现代社会建构产生的重要的、不可替代的锻造作用。会上还对拜金主义、急功近利、道德意识淡化、价值取向扭曲等市场经济的负面影响给予理性的审视,认为社会主义市场经济应在扼制乃至消除上述弊端方面走出一条便捷的道路。(4)关于台湾社会发展问题。会议认为,台湾目前存在的主要问题是,如何使政情稳定、如何使经济高速发展、如何使海峡两岸经贸关系稳定发展等。

中国社会学会人口与环境专业会成立 1992年7月15日,国家教委、国家环保局、国家科委、国家统计局、国家计生委、航天部701所、民政部等部门联合组成的中国社会学会人口与环境专业会在北京召开了成立大会。研究会的宗旨是从社会发展和社会学角度开研究人口与环境之间的矛盾、内在联系和规律,普及人口与环境的科学知识,积极参加国内外学术活动。会议推选了领导机构,世界银行和福特基金会派代表参加了该成立大会。全国人大常委会副委员长雷洁琼出席了会议。

中国都市人类学会在京成立

中国都市人类学会1992年6月27日在北京成立,国家民委副主任李德洙当选为该学会会长。都市人类学是人类学的一个新兴分支学科。中国都市人类学会的成立,对适应我国城市化进程的加速和城市多民族化趋势的发展,对促进我国民族学和都市人类学的研究,正确解决我国改革开放进程中的新情况、新问题,增强民族团结和巩固社会稳定,加速我国经济文化的发展和社会的进步都将起到良好的作用。

中国犯罪学研究会在京成立

中国犯罪学研究会1992年4月27日在北京正式成立,来自全国的200多名犯罪学专家、学者出席了在人民大会堂召开的成立大会。北京大学教授康树华担任该研究会会长,名誉会长雷洁琼在会上讲了话。

《社会科学争鸣大系》在上海出版 上海市哲学社会科学联合会组织600余名学者历时3年撰写的《社会科学争鸣大系(1949—1989)》由上海人民出版社正式出版。这是国内第一套比较全面、系统反映我国建国以来40年哲学社会科学争鸣情况的大型学术资料丛书。全书500万字。这套丛书力求以中共十一届三中全会确立的解放思想、实事求是的马列主义的思想路线为指导思想,在广泛搜集材料的基础上,对建国后40年哲学社会科学界在各个时期的重大学术讨论作简要的回顾和梳理。

社科领域增设博士后流动站

我国从1985年试行博士后制度。博士后流动站为设站单位提供了一条吸引优秀人才的新路,为年轻的博士后人员提供了一条脱颖而出的成才途径,因而日益受到科技界、教育界和国内外博士生们的重视和欢迎。据《人民日报》1992年12月8日报道，经全国博士后管委会第十三次会议审议，批准北京大学等13个单位在社会科学领域设立16个博士后流动站，至此，我国在社会科学领域已有17个博士后流动站，它进一步完善了我国的博士后制度。我国博士后流动站总数已达到299个，分布在全国29个城市的165个高等学校和科研机构中，设站学科涉及经济学、法学、文学、历史学、理学、工学、农学和医学8大门类的47个一级学科。

易杰雄被选为“1992年度世界杰出人物” 北京大学社会发展研究所副教授易杰雄，被美国传记研究所研究协会选为“1992年度世界杰出人物”。该协会还决定发给他“终生成就奖”。易杰雄是因为对具有重大理论和实践意义的马克思主义哲学的基本原理所做的创造性研究而引起国际社会的重视的。

4. 文化事业

江泽民谈语言文字工作

1992年12月16日在京开幕的全国语言文字工作先进集体先进个人表彰会上，国家语言文字工作委员会主任柳斌传达了中共中央总书记江泽民关于语言文字工作的三点意见：(1)继续贯彻国家现行的语言文字工作方针政策，汉字简化的方向不能改变。各种印刷品、宣传品，尤应坚持使用简化字。(2)海峡两岸的汉字，当前可各自维持现状，一些不同的看法可以留待将来去讨论。(3)书法是一种艺术创作，写繁体字，还是写简化字，应尊重作者的风格和习惯，可以悉听尊便。

李瑞环强调文物工作要把抢救放在首位 中共中央政治局常委、书记处书记李瑞环在全国文物工作会议上针对当前文物盗窃、盗掘、走私等犯罪活动猖獗的情况，强调文物工作要以保护为主，把抢救放在首位。李瑞环说，我国文物的显著特点一是年头久，二是数量多。许多文物经历了几百年、上千年，抵御自然侵蚀的能力很低，有些抢救一下就保存下来了，不抢救就没有了。文物是无法再生的，一时的延误就有可能造成千古遗恨。由于数量多，就需要按轻重缓急进行比较排队，本着“先救命后治病”的原则，抓住重点，急事先办，把有限的力量首先用于抢救那些快“断气”的孤品、珍品上去。他说，执行保护为主，把抢救放在首位的方针，要处理好与文物合理利用的关系。但是所有文物的利用，都要服从国家有关法规，在保护文物安全的前提下进行，都应当有助于保护。李瑞环强调，文物工作是搞好两个文明建设的重要组成部分，是各级党政领导进行四化建设和改革开放不可忽视的一项工作。各级党政领导和文物部门要认清形势，努力工作，务必做到一年办成几件实事，使文物抢救工作年年有新进展。要严格依法办事，把《文物保护法》等有关法令、法规宣传好，贯彻好，依法管理文物工作，制止文物破坏，打击文物犯罪。他要求公安司法机关、海关缉私部门和重点文物单位要紧密配合，协同作战，对犯罪分子依法严加惩处，特别是对那些破坏严重、危害极大的盗墓帮伙和走私集团，要坚决摧毁，严厉打击，以刹住各种破坏、盗窃、走私文物的歪风。

中宣部召开文化工作理论研讨会 由中共中央宣传部组织召开的文化工作理论研讨会于1993年5月27日在北京召开。中共中央政治局委员、书记处书记兼中宣部部长丁关根出席会议并作了重要讲话。这次会议旨在解决当前面临的一些新的理论问题和实践问题，为文化体制改革和繁荣文艺提供一些有启发、有帮助的意见。讨论的问题是：在建立社会主义市场经济的新形势下，如何改革我国的文化体制，怎样才能使我们的文化体制适应建立社会主义市场经济体制的要求，符合社会主义精神文明建设和文化艺术自身发展规律的要求；应当如何看待精神产品的商品属性和它的特性，如何看待精神产品与市场的关系，不同门类、档次和目标的精神生产的兴衰存亡能否完全由市场来选择；怎样看待高雅文艺作品和通俗文艺作品在市场运行中的不同状况与要求，应当采取怎样的对策；对精神生产部门和文化娱乐场所的经营在政策上应当如何对待，应当分别提出哪些不同的管理要求；应当怎样看待精神生产的社会效益和经济效益，如何更好地处理两个效益之间的关系；如何加强和改善对文化市场的管理，怎样进一步完善文化经济政策，加强文化法规建设。中宣部副部长、文化部部长刘忠德在研讨会上提出，我国的经济体制正经历着历史性的变革，文化体制也必然要有一个相应的变化，使之既适应市场经济的需要，又符合精神文明建设的需要和文化艺术发展的自身规律的需要。他强调指出：“文化体制要用是否有利于充分调动和发展广大文艺工作者的积极性和创造性；是否有利于出作品、出人才，繁荣社会主义文艺事业，满足广大群众日益增长的文化生活需要；是否有利于促进经济发展和社会全面进步的三个标准，来衡量其得失成败。”参加会议的文化部门、财经部门的工作者、理论家、艺术家和经济学家，就上述问题展开了热烈讨论。

文化部提出深化文艺体制改革10点意见 为了贯彻邓小平视察南方的重要谈话与中共中央政治局全体会议精神、深化文艺体制改革、加快文化事业发展步伐，文化部提出1992年10点改革意见：1. 进一步解放思想，实事求是，大胆探索，勇于实践，真心真意地贯彻邓小平同志视察南方重要谈话精神，集中精力，抓住当前有利时机，进一步深化改革、扩大开放，加快社会主义文化事业的繁荣和发展，力争文化工作迈上一个新的台阶，这是各级文化部门面临的战略任务。2. 强化文化事业的行业管理，积极推进文化事业管理体制的改革。3. 加快和深化艺术表演团体的体制改革。4. 以改革的精神繁荣文艺创作，推进各项文化事业的发展。5. 扩大开放，积极推进对外文化交流的改革。6. 大胆利用外资、侨资、台资发展文化事业。7. 依靠社会力量，抓好贫困地区和少数民族地区的文化扶贫工作。8. 完善文化经济政策，为文化事业建设提供必要的物质条件。9. 积极推进机构改革，转变文化行政部门的职能。10. 认真贯彻邓小平同志关于"要坚持两手抓"、"两手都要硬"的指示精神，为文化领域的改革开放保驾护航。

文化部第 2 届"群星奖"评出 文化部举办的以繁荣群众文化事业为主旨的"群星奖"，1992 年 12 月进行了第二届评选，共评出金奖 20 个、银奖 30 个、铜奖 48 个。浙江省胡小娥的独唱《送粮》、山西省的绛州鼓乐《秦王点兵》、河南省的古筝独奏《黄河魂》、江西省的摄影作品《春雨》、湖南省的三人舞《簸谷》等都是其中较精彩者。颁奖活动和获奖作品的演出于 12 月 26 日晚在北京工人俱乐部剧场举行。

文化部表彰 12 个文化先进县 全国文化先进县经验交流会 1992 年 5 月中旬在济南举行。在创建文化先进县活动中，工作突出、成绩显著的 12 个县(市、区)受到文化部表彰。这 12 个县(市、区)是：山东省临朐县、淄博市张店区、淄博市淄川区、长岛县、邹城市；江苏省张家港市、江阴市、邳州市；吉林省和龙县、抚松县；黑龙江省绥化市、鸡东县。创建文化县活动，旨在从整体上加强文化工作、推进基层社会主义精神文明建设。在文化部召开的这次全国文化先进县经验交流会上，与会代表除交流了各地的先进经验外，还实地考察了山东省部分地区的文化先进网点。

全国文化市场工作会议召开 全国文化市场工作会议 1993 年 10 月 30 日在北京召开，中央政治局委员、国务委员李铁映在会上指出，文化市场是我国社会主义市场经济体制的重要组成部分，是社会主义精神文明建设的重要领域。李铁映认为，只有通过深化改革，才能逐步建立适应社会主义市场经济体制的文化市场运行机制和管理体制。要加快文化市场的法规建设，依法管理文化市场；同时还要运用经济、行政、舆论等多种有效手段，对文化市场积极加以规范、调控和引导，以促进文化市场健康有序地发展。

1992 年全国十大考古新发现 中国文物报特邀国内一流考古专家，按时代顺序排出 1992 年全国十大考古新发现。它们是：1. 江陵鸡公山旧石器时代遗址，这是中国迄今首次发现的旧石器时代人类在平原上的活动遗迹。2. 兴隆洼原始聚落遗址，为中国目前时最早、保存完整的史前聚落遗址，时代为公元前六千纪初至五千纪初。3. 澧县城头山屈家岭文化城址，城址建筑年代为屈家岭文化中期，距今约 4700—4600 年，是中国目前发现的时代最早的城址之一。4. 昆山赵陵山良渚文化遗址，在江苏昆山赵陵山发掘出一面积近 3 000 平方米的良渚文化土筑高台，在土台南部和西北部外围发现一批以青少年为"杀殉"牺牲及人殉现象的墓葬，如此集中、规模较大、形式多样的集体杀殉现象尚属首次发现。5. 曲沃北赵村晋侯墓地，在山西曲沃县曲村镇北赵村，共清理西周至东周初不同时期的晋侯及夫人墓 7 座，确认墓地所在的天马——曲村遗址为西周至东周初期一处晋国都邑，并首次科学发掘出土带铭文的晋侯自作铜器。6. 丹江口水库楚国贵族墓，战国楚墓 50 余座，出土文物千余件。7. 天长汉墓群，在天长县祝涧村三角圩，一座战国墓和 24 座西汉早、中期墓葬出土有一套 28 件完整的木工工具，为稀世珍品。8. 江川李家山墓地，在江川县李家山，西汉中晚期至东汉初期滇文化墓葬 58 座，其中 6 座奴隶主贵族墓葬葬俗奇特，随葬品丰富。9. 辽耶律羽之墓，在阿鲁科尔沁旗朝克图山的辽墓。墓主人为辽代早期契丹族显贵耶律羽之。墓中有数千楷书文字的墓志可补史书之缺，价值极高。10. 洛阳北宋衙署庭园遗址，在洛阳中州路老城段南侧、隋唐洛阳东城东南部出土。

1993 年全国十大考古发现 1993 年全国十大考古发现于 1994 年 2 月 5 日评选揭晓。这是《中国文物报》受国家文物局委托，邀请中国社科院考古研究所、中科院古脊椎动物与古人类研究所、北京大学、中国历史博物馆、故宫博物院等单位的资深文物考古专家从 1993 年总计 500 余项考古发掘中评选出来的。1993 年全国十大考古发现(按出土文物年代排列是)1. 盘县大洞旧石器时代遗址；2. 高邮龙虬庄遗址；3. 莫角山良渚文化大型建筑基址；4. 晋侯邦义及其夫人墓；5. 长沙西汉长沙王墓；6. 丰城洪州窑窑址；7. 云岗第三窟窟前遗址；8. 扬州唐城遗址；9. 宣化下八里辽壁墓群；10. 绥中元代水下考古调查。

中国历史博物馆成立 80 周年 1992 年 7 月 9 日是中国历史博物馆成立 80 周年纪念日。江泽民、李鹏等中央领导题辞祝贺。江泽民的题词是："弘扬中华文明，振奋民族精神。"中国历史博物馆是 1912 年由中华民国临时政府教育总长蔡元培倡议成立的。当时在教育部供职的鲁迅负责寻觅馆址，于 1912 年 7 月 9 日在清代国子监旧址，成立了国立历史博物馆筹备处。1926 年 10 月 10 日，该馆陈列室正式开放。有金石、刻石、兵刑器、考古发掘品，明清档案等10个陈列室。1958年8月，中共中央政治局会议决定在天安门广场东侧建立中国历史博物馆新址。1959年8月新馆落成，10月1日"中国通史陈列"公开展出。目前，该馆藏品达30多万件，其中一级藏品2000多件，先后举办展览130多次。

北京图书馆庆祝建馆80周年 作为国家总书库和书目中心的北京图书馆，到1992年8月份已开馆80周年。该馆年接待读者能力达185万人次，服务于国家立法，经济建设、科技进步、文化发展，成为我国图书馆事业走向现代化的典范。北京图书馆80年间藏书量已从10万册增加到1677万余册，现存古籍250万册(件)，是当今世界最大的古籍、善本收藏馆。该馆所藏115种文字的外国文献也相当可观，占馆藏总数的60%。它开展国际图书交换业务40年，已与106个国家和地区的1292个单位建立了稳定的交换关系。它已成为亚洲最大的图书馆，也是世界五大图书馆之一。北京图书馆是收藏国内出版物的最终基地。近10年来，还编辑出版了30余种书目文献。该馆除履行国家图书馆的职能外，还担负着公共图书馆的重担，在新旧两馆共开设了40个阅览室，半数实行开架阅览。日平均接待读者6000人次，书刊资料年流通量达704万余册。在庆祝建馆80周年的活动中，该馆先后举办了文化名人笔会、读者座谈会、馆史陈列展、90年代图书馆现代技术图际研讨暨展示会。

中国钱币博物馆开馆 我国第一家国家级钱币专业博物馆——中国钱币博物馆1992年7月29日在北京中国人民银行总行大楼开馆。博物馆设有中华钱币陈列和银锭特展，展出了从古到今的2000多件钱币。展品中有大量钱币精品、珍品，不少展品是首次公开展出。

遵义建成酒文化博物馆 贵州省遵义市是历史文化名城，是"国酒"茅台的故乡，也是我国著名的酒乡。1992年9月22日，我国第一个省级酒文化博物馆在遵义建成开馆。贵州酒文化博物馆通过各种展品，追溯了贵州酒文化所包容的酿酒和饮酒的历史，再现了贵州各民族奇特的酒俗、酒礼，介绍了贵州数以百计的名酒。伴随酒文化博物馆的开馆，集经贸、旅游、文化艺术为一体的中国贵州酒文化节也同时在遵义开幕，并收到良好的经济效益。

河姆渡遗址博物馆开放 再现7000年前我国南方史前文明的河姆渡遗址博物馆，1993年5月14日在宁波余姚河姆渡镇开馆。中共中央总书记、国家主席江泽民题写馆名，全国人大常委会副委员长雷洁琼出席了开馆典礼。遗址发现于1973年，总面积约4万平方米，经两次发掘，出土骨石、木陶各种文物7000余件，还有大量栽培稻谷和木建筑遗迹，其中象牙雕刻、漆器、陶制艺术品等堪称国宝。河姆渡遗址的发现证明，长江流域同黄河流域一样，也是中华民族远古文明的摇篮之一。近年来，有19个国家、地区和联合国科教文组织的官员到此考察，河姆渡文化已受到世界学术界的广泛关注。河姆渡遗址博物馆是1991年国家和地方共同出资兴建的，占地24亩，总面积3200平方米。博物馆采用当年先民居住的干栏式建筑，用456根桩基把整个博物馆托离地面1.5米，整个造型像只展翅欲飞的巨鸟，表现了河姆渡文化对鸟的崇拜。有关方面现已着手准备对遗址进行第三次考古发掘，兴建发掘现场纪念馆和原始部落村等，使此遗址成为高科技保护和旅游开发为一体的中国南方史前文化研究中心和考古风景旅游区。

中国文化名人手稿室开放 "中国文化名人手稿室"于1992年7月22日正式对外开放。手稿室位于上海图书馆内，手稿室内，有巴金、夏衍、冰心、吴祖光、郁达夫、梁启超、章炳麟、蔡元培、康有为等近百人的部分手稿。巴金的手稿是《第四病室》、《李大海》和《随想录》第一、五卷；夏衍的是《懒寻旧梦录》日文"序言"和怀念胡愈之、杨度等11篇文章；冰心的是《幻醉及其它》等3篇小说；吴祖光的是《闯江湖》、《三打陶三春》等6部戏剧作品……。同时展出的一些三四十年代的签名也极为珍贵。"战后中国文学者之路座谈会"、"战后教育复兴与建设座谈会"、"日本问题座谈会"等都清楚地记着开会的时间、地点和出席者名单。其中，签名者有郭沫若、茅盾、郑振铎、夏衍等人。

闻一多纪念馆开馆 1993年5月中旬，闻一多纪念馆开馆暨闻一多铜像揭幕仪式在其故乡湖北省浠水县举行。中共中央总书记、国家主席江泽民为纪念馆题写馆名，全国人大常委会副委员长、民盟中央主席费孝通为纪念馆题词。纪念馆于1988年动工兴建，占地14亩，建筑面积1212平方米，馆内共展出闻一多遗物22件、复制品40多件、各种图片331幅。

各地隆重纪念郭沫若诞辰100周年 1992年11月16日，是郭沫若诞生100周年，国内外举行了一系列纪念活动。这一天，在首都各界举行的郭沫若诞生100周年纪念大会上，李鹏总理发表了重要讲话，他称赞郭沫若是我国杰出的作家、诗人和戏剧家，马克思主义的历史学家和古文字学家、革命的思想家、政治家和著名的社会活动家。他学识渊博、才华卓越，是继鲁迅之后我国文化战线上又一面光辉的旗帜。11月14日至18日，中国社会科学院主办了"郭沫若与中国现代文化的发展"国际学术讨论会，我国和来自美国、俄罗斯、意大利、德国、韩国、日本、越南、斯洛伐克等国和我国台湾地区的近百位学者出席。由郭沫若故居、中央电视台、中国新闻社联合摄制的专题文献电视片《郭沫若——时代之子》于11月上旬播映。首都文艺舞台组织了郭沫若文艺创作纪念演出。郭沫若的半身塑像在中国科学院研究生院落成并举行了揭幕仪式。上海市也举行了盛大的纪念会。四川省重庆市文化界举办了多项纪念活动。在风景秀丽的四川乐山市凌云山灵宝塔下,建成了一座郭沫若资料研究中心——沫若堂。此外,在日本东京、富山、冈山等地也举办了"郭沫若展——纪念中日邦交正常化20周年和郭沫若诞生100周年"等活动。

第5届斯诺学术研讨会

1992年是埃德加·斯诺逝世20周年。7月2日上午,中国国际友人研究会、美国埃德加·斯诺纪念基金会等单位在北京举办了第五届斯诺学术研讨会。斯诺生前好友、研究斯诺的专家学者以及首都文化新闻界近百人应邀出席。研讨会的主题是:"怎样以斯诺的精神来发展中美两国人民间的友谊"。黄华、韩叙、肖乾、陆璀、诺依斯夫人等在会上致词或发言。以美国埃德加·斯诺纪念基金会主席戴蒙德大夫为首的美国斯诺基金会一行40多人专程从美国赶来参加纪念活动。在斯诺学术研讨会上,刚出版的《埃德加·斯诺传》和《报春燕纪事——斯诺在中国的足迹》两书,同与会者见面。

宝鸡建成最大的炎帝祠 炎帝神农氏的故里陕西省宝鸡市最近建成国内规模最大的炎帝祠。炎帝祠为仿秦汉风格的建筑;祠区占地近万平方米,包括主殿、配殿、钟、鼓楼等。主殿三层高20多米,古铜色琉璃瓦覆顶,衬以回廊石柱,花岗岩护栏,更显巍峨肃穆。殿内正厅设炎帝坐像、"尝百草"壁画,同时配有文物展室。宝鸡市还在农历七月初七(1993年8月24日)炎帝忌日举办1993中国宝鸡炎帝节,开展大型祭祀、贸易洽谈、文化交流和国际炎帝研讨活动。

世界最大的孔子塑像落成

世界最大的孔子塑像于1993年8月初在浙江衢州市的孔氏南宗家庙落成,像高4.5米。

中国人口文化促进会成立

江泽民、李鹏、宋平、倪志福、彭珮云等为1993年7月9日在京成立的中国人口文化促进会题词。江泽民的题词是:"发展人口文化事业,促进社会文明进步"。李鹏的题词是:"提高人口素质,促进民族文化"。宋平的题词是:"发展中国人口文化,造福后代,振兴中华"。倪志福的题词是:"拓展人口文化,造福子孙后代"。彭珮云的题词是:"开创人口文化,促进社会文明"。为中国人口文化促进会题词的还有王首道、余秋里、廖汉生、杨成武等。中国人口文化促进会是由一批热心人口与计划生育宣传的艺术家、文化部门和计划生育部门的人士发起成立的全国性群众社会团体。其宗旨是通过文化艺术和计划生育宣传的有机结合,宣传党和国家的人口与计划生育政策,促进全民人口意识的确立,推动和发展中国人口文化建设。宋平任名誉会长,彭珮云任会长。

中华文化交流与合作促进会成立 旨在弘扬中华文化、促进祖国统一的中华文化交流与合作促进会1992年6月15日在北京人民大会堂成立。程思远在致词中希望海内外中华儿女携手共进,为振兴中华作贡献。中华文化交流与合作促进会是在香港、澳门回归祖国日渐临近,台湾与大陆的交往日渐密切的形势下成立的。这一民间组织将以文化为先导,联系海内外中华儿女,开展包括文化、科技和经济等各个领域的交流与合作,成为连结海内外、沟通两岸的桥梁。全国人大常委会副委员长廖汉生,全国政协副主席马文瑞任该促进会名誉理事长,钱信忠、庄炎林、余叔通任顾问,全国政协副主席程思远任理事长。

中华民族文化促进会在京成立 中华民族文化促进会1992年2月29日在北京成立。该会宗旨是联系海内外热心于振兴中华民族文化的团体和个人,继承民族文化精华,发展地方戏剧、民间音乐等,保护民族文物,弘扬中华民族文化。该会由全国政协副主席叶选平,泰籍华人、慈善家谢慧如,美籍华人、社会活动家陈香梅,泰籍华人、社会活动家陈世贤等30多名海内外贤达及知名人士发起、组织,其任务是争取捐助、筹集资金,以奖励对发展中华文化有贡献的团体、个人及优秀文艺作品;培养人才;帮助举办文化活动等。叶选平被推举为首任会长;阎玥复、于飞、陈世贤、萧秧为副会长,萧秧兼任秘书长。会址设在重庆。

东方文化研究会丝绸之路工作委员会成立 中国东方文化研究会丝绸之路工作委员会于1992年4月27日在北京成立。薄一波、严济慈、程思远等出席了成立大会。这个工作委员会的宗旨是研究、开发和利用丝绸之路的文化遗产,弘扬中华民族的优秀文化传统,促进并加强国际合作与交流。主要任务是:为中外学者开展多学科的综合研究创作条件,整理国内外丝绸之路学术研究成果。同时,促进开展形式多样的丝路文化旅游活动。

山顶洞文化推前1.6万年

北京大学陈铁梅、中国科学院古脊椎动物与古人类研究所袁振新和英国牛津大学的海吉斯三位人类学家,利用牛津大学的加速器质谱碳十四测定出,中国山顶洞文化的年代从原定的距今1.1万年,推前到2.7万年左右,把下窖底部的年代从1.9万年推前到3.4万年左右。人类学家根据这一新的年代数据推断,早在2.5万年前,中国人的祖先已缝衣御寒,用穿孔贝壳来满足审美要求,并实行埋葬死者、撒赤铁矿粉的原始宗教仪式。这项测定还回答了山顶洞动物群化石中为什么会有果子狸、似鬃猎狗等热带和亚热带林栖动物，而不含华北地区晚冰期常见的披毛犀、猛犸象等喜寒动物这一疑问。这一研究小组说，在距今4.4万至2.8万年，地球上出现了一个较为温暖的亚间冰期，而距今3万年则是这段亚间冰期的最高温期。这就解释了为什么山顶洞动物群中有好几个喜暖的成员，而未见喜寒动物。有关专家指出，这次测定是中国旧石器年代学研究上的重大突破。

中国文字史提前800年 山东大学考古实习队于1992年初在山东省邹平县苑城乡丁公村发现了一片龙山文化刻字陶片。经国内考古与文字专家鉴定确认，这是考古学上一个重大发现，它把我国有文字记载的历史提前了800年左右。这一陶片系刻在一件大平底盆底部残片内。陶片为泥质磨光灰陶，长4.6—7.7厘米，宽约3.2厘米，厚0.35厘米。陶片上现存文字计5行11个字，除右起第一行为3个字之外，其余4行每行均为2个字。综观这11个字，笔画比较流畅，个个独立成字，整体排列比较规则，刻字也有一定章法，显然已经脱离了刻画符号和文字画的阶段。全文很可能是一个短句或辞章。专家鉴定认为，其年代约在公元前2 300年前左右。

河南发现两座5000年前的大型宫殿基址 距今5000年前左右的大型宫殿建筑基址1993年11月上旬在河南偃师二里头遗址被发现。这是我国目前发现的年代最早、规模最大的大型建筑夯力基址。它标志着我国国家和文明史的起源年代可能向前推进1000年左右。

河南发现罕见恐龙蛋化石群 西峡是河南省南阳地区夹在伏牛山脉中的一个小县，早在1974年，原省地质局和中科院就曾在该县发现过零星的恐龙蛋化石，据此推测该地将会有新发现。1992年冬，西峡县三里庙村农民在山坡中挖龙须草时，于地下1至10米处发现了恐龙蛋化石。1993年雨季，西峡盆地许多沟坎坡崖经不住阴雨的浸泡，出现了小型塌方、滑坡现象，使一些长埋地下的珍宝初露尊容。经文物及考古专家在现场考察后已确认7个恐龙蛋化石埋藏地点。其中以西峡县丹水镇上田村西坡最为集中。另在该县阳城乡赵营村西南白垩纪地层中，除有大量恐龙蛋化石外，还发现恐龙骨化石。专家透露，该盆地发现的恐龙化石群特点：一是分布面积大，在西峡县丹水镇、阳城乡和内乡县赤眉乡的近40平方公里的范围内，均能找到恐龙活动的踪迹。二是埋藏集中，从局部的发掘剖面上可观察到3个化石层，化石呈窝状分布，排列有序，每窝十几到三十几枚不等。三是数量丰富，现已发现的即达数千枚，估计全部埋藏量不下数万枚，丰富程度举世罕见；其小者如鸡蛋，直径4至6厘米，大者如饭碗，直径40至50厘米，以扁圆形状居多，另有形如橄榄者，直径达50厘米以上。四是原始状态好，基本未遭后期扰乱和破坏，除少量蛋壳受岩层挤压表面略有凹陷外，大部分完整如初。

郑州出土的汉代画像和陶磨弥足珍贵 据《新华文摘》1993年第10期载，河南省文物研究所的考古工作者在郑州市发现一批汉代大、中型墓葬，发掘出丰富的文物珍品，这批汉代墓以4号墓和7号墓规模最大，出土随葬品计有壶、仓、灶、尊、铜、铁、骨、陶及器物。这次发掘特别为专家关注的是7号墓出土的汉代画像砖。其制作精美、内容丰富，许多画像题材首次见到，如虎啸图、狩猪图、骑行图、击刺图等。另外，驯虎图、骑射图及健鼓舞等内容的画像也为过去所少见。砖上的画像或纹饰为平面浅浮雕间阳线刻，轮廓清晰，立体感强，生动传神。这批汉画像对进一步研究郑州地区汉代的民俗、建筑、交通、武术、兵器、杂技、美术等弥足珍贵。这次出土的文物中还有汉墓中罕见的汉代陶磨，为研究当时的粮食加工及生产工具的进步提供了重要资料。

南京汤山溶洞发掘出早期人类头骨化石 1991年南京市江宁县汤山镇居民在汤山东北角山坡上采石时发现一个溶洞。一年后，中科院南京地质古生物研究所的专家在这个溶洞中发现大量的古脊椎动物化石。随即他们同中科院古脊椎动物与古人类研究所组成汤山溶洞研究组，对该溶洞的动物化石进行发掘研究，并于1993年3月13日在洞内发掘出一具早期人类头骨化石。这具头骨化石前额低平、眉脊硕大粗壮，左眼眶完整，骨壁比现代人厚得多。与著名的北京猿人头骨化石有不少相似处，专家初步推测，这具头骨化石的时代距今10多万年以前的中更新世。这一发现，被专家认定为继北京猿人、蓝田猿人、元谋猿人等之后，我国古人类研究的又一重大发现。它对人类起源、演化、迁徙和分布等的研究，具有十分重要的意义。

内蒙古首次发现大夏国墓群 我国考古工作者于1992年9月至10月在内蒙古毛乌素沙区南端乌审旗境内发掘到的匈奴大夏国时期文物，包括5座古墓葬，一方刻有53个隶书汉字的墓志铭。这是过去考古界一直没有发现的。古墓所在地西距大夏国都城16公里。此次发掘清理的5座墓葬均为大型洞室墓。以1号墓为例，内分墓道、通道、天井、前室、后室5部分。墓道长38米，墓室距地表深度为12.5米。墓的前后室均为长方形，顶部起脊呈两面坡形。墓室内均以白灰浆粉刷，四角新绘立柱，柱上绘横梁，梁上是新绘"山"字屋架椽子等多件。该墓中除了出土一批铜器、陶器等随葬品外，最重要的文物是出土于后室的，刻有大夏二年(公元420年)明确纪年的建威将军墓志铭。该墓志铭分为上下函，为边长54厘米的方砖制成。上函无字、下函阴刻隶书53字，每个字上均涂以朱砂，十分典雅，艺术价值很高。从第一句"唯大夏二年岁庚申正月戊朔二十八日癸丑"，考查陈垣编著的《二十四史朔闰表》，推算出其准确时间为公元420年2月27日，为赫速勃勃大夏国真兴二年。此前，中国尚未发现有铭文纪年的大夏国文物。

湖南又发现西汉长沙王室古墓 由长沙市文物管理委员会办公室和市文物工作队主持发掘的大型西汉长沙王室墓葬，第一期工程1993年4月上旬结束，已发掘3座陪葬坑，出土了陶器、陶牲俑、漆木器等200多件珍贵文物。该墓位于湘江西岸望城坡的古坟垸。经过清理的王室墓坑，全长39米，主墓室长15.5米，宽13.2米。据专家考证，这座古墓是西汉长沙王吴芮家族墓葬。其身份等级、葬制规模，都超过马王堆汉墓，其中陪葬坑出土文物数量，在我国长江以南汉代诸侯王墓葬中是最多的。

隋代龙窑在江西出土 中国瓷苑的一朵奇葩——唐代洪州窑，考古又有重要发现。1992年11月在江西丰城揭示出一座大型隋代龙窑，出土窑工具和青瓷器总计5000余件。洪州窑是唐代6大青瓷名窑之一，其青瓷器因达到"贡品瓷"标准而驰名天下。江西省文物考古研究所和北京大学考古系联合组队，在洪州窑遗址的中心地区丰城市曲江镇罗湖村寺前山准确无误地揭示出一座大型隋代龙窑。此窑床依山而建，平面呈长方形，窑体四壁采用青灰砖纵横错缝平砌，窑底采用黄泥夯筑，经釉汁渗透与高温焙烧，形成一层厚约3厘米的烧结面。窑底以下断面还发现一层厚约1厘米的烧结面，说明此窑曾经过两次改建与维修。

武汉发现万年前水杉木化石 据《人民日报》1992年2月6日报道，湖北大学地理系和中南勘察设计院在汉口发现距今一万一千年的水杉化石。经测定，这是我国首次发现的第四纪水杉木化石，其地质年代为晚更新世晚期。

湖北英山发现毕昇墓碑 湖北省文物工作者在对英山县发现的毕昇墓碑进行半年多的研究后，最近确认这块墓碑是北宋活字术发明者毕昇的墓碑，从而使这位我国古代"四大发明"之一的发明者的生平终于得到实证。据介绍，毕昇作为世界印刷史上的革新家，为传播世界文明作出了伟大的贡献。但是，关于他的生平事迹，在我国浩如烟海的史籍中，仅沈括《梦溪笔谈》中记载了274个字，而对毕昇的籍贯、家庭、生卒年月等均语焉不详。湖北省英山县文物工作者和史志工作者在1992年秋的一次文物普查中，于草盘地镇五桂墩村出土一墓碑，碑中间阳刻两行大字："故先考毕昇神主，故先妣李氏妙音墓"，两边阴刻有"孝子：毕嘉、毕文、毕成、毕荣。孙男：毕文显、毕文斌、毕文忠"和"年二月初七日"等字样。据有关专家当时初步分析，该墓碑的形制、碑周边饰纹、碑正中的阳刻书体等均为宋代风格。根据当时老人死后在家停柩数月入葬的丧葬习俗，判定毕昇辞世时间当在皇祐三年(公元1051年)。

西安发掘玄奘任住持的西明寺遗址 据《人民日报》1992年12月5日报道，在我国佛教史上居重要地位的唐代名刹西明寺，其规模宏伟的建筑遗址已被考古工作者发掘出来。西明寺位于西安市区西南的白庙村。中国社科院考古工作者在发掘的1.4万多平方米面积内，揭露出一座前后三进的完整院落基址及散水、窨井、水井、排水道等附属设施，说明这所寺院是以一个个庭院为单位的建筑群构成的，是迄今已发掘的诸多隋唐寺院中布局清楚、保存较好的一处遗址，对研究隋唐佛教及寺院的形制、布局具有重要意义。西明寺是唐高宗时修建的"国家大寺"玄奘为首任住持。

青海发现纯金书写的大藏经 青海省文化艺术研究所所长马吉祥等有关专家从玉树藏族自治州囊谦县达纳寺院附近藏经牧民德钦巴毛家中发现一部用纯金粉书写的藏文大藏经《甘珠尔》。经国家考古研究所测定断定，这部大藏经距今已有800多年历史，是我国宋代一部藏文佛经。据介绍，这部大藏经共计300卷，保存完好。

中国食文化博览会 首届中国食文化博览会1993年7月6日在北京中国国际展览中心开幕。在本届博览会上有100多个厂家推出名牌产品参展。在博览会期间还举行了茶道、食品工艺美术、书画表演和营养咨询、餐饮服务等食文化活动。博览会于7月13日闭幕。

侗族文化展在京展出 "侗族文化展示"于1992年4月18日在北京民族文化宫开幕。展览分图片、实物和表演三大部分，从自然环境、历史、民俗风情、建筑、服饰、织绣、音乐歌舞、民间工艺等方面，生动地展现了侗族文化的丰采。

中国民族婚礼表演在京举行 由中国民间文艺家协会和北京市朝阳区人民政府联合举办的中国民族婚礼表演于1992年9月21日在北京日坛公园举行。这次民族婚礼表演金秋游园会，首次汇集了我国汉族、蒙古族、回族、壮族、苗族、瑶族、哈尼族等13个民族的婚俗礼仪表演。各族表演队队员身着鲜艳的民族服装，借助实物道具，表演了各自民族的相恋、订情、迎亲、拜堂等婚俗习惯和婚俗礼仪。

首届全国服饰文化博览会 首届全国服饰文化博览会于1992年5月1日至10日在北京展览馆举办。博览会展出中华历代服饰艺术再现品160余套；依据历代古画立体复原，由著名工艺美术大师泥人张制作的彩塑着装人物

210件;中国56个民族有代表性的服饰200套;珍贵文物图片计200余幅。

西安古文化艺术节 1992年西安古文化艺术节于9月14日开幕。中共中央政治局委员、国务院副总理田纪云出席并观看了开幕式的精彩演出。观看演出的还有西北五省区以及日本、印度、巴基斯坦、韩国、美国、德国、法国、香港等30多个国家和地区的1000多名宾客。国内外共有15台优秀剧目、800余名艺术家献艺艺术节。乌兹别克斯坦、印度、孟加拉国、伊朗等国的文艺团体,也参加了本届古文化艺术节。节日期间,还举办了宫廷焰火、长安名吃月等数十项旅游观光活动。

沈阳举办第2届国际秧歌节 第2届沈阳国际秧歌节于1992年9月17日在沈阳五里河体育中心开幕。60支国内外优秀秧歌和民间舞蹈队的表演展现了不同风格的民族舞姿。与秧歌节同时举办的有1992沈阳国际经济技术合作洽谈会、1992沈阳商品博览会、第二届中华国产精品展销订货会。田纪云、李铁映等中央领导为秧歌节题词,国家旅游局局长刘毅参加了开幕式。

贵州举办首届蜡染艺术节 “中国贵州首届蜡染艺术节”于1992年4月28日至5月12日在贵州省安顺举办。艺术节设立的蜡染商品市场汇集了贵州省30多家蜡染企业生产的蜡染时装、面料、壁挂等500余个品种规格的蜡染商品。全国唯一的安顺蜡染博物馆展出了宋代蜡染文物和从全省各地收集的蜡、扎、绞、绣等数百件蜡染精品。

中国豆腐文化节在淮南举行 融文化、艺术、学术、经贸、食品、旅游于一体的第二届中国豆腐文化节暨安徽省第二届花鼓灯会,1992年9月15日在安徽省淮南市开幕。安徽省省长傅锡寿和商业部副部长张世尧代表主办单位在开幕式上讲话。美籍华人牛满江教授和首届豆腐文化节发起人之一的台湾睦田兴业股份有限公司董事长陈俊龙致词。来自美、日、新加坡、泰国、哥伦比亚等国,以及港、澳、台和大陆各地宾客3 000多人,出席了开幕式。本届豆腐文化节期间,进行豆腐文化研讨会,花鼓灯会,《淮南子》学术交流会,对外经贸技术洽谈会,名、优、特、新产品展销会和秋季订货会,中国豆制品和加工机械展览会等16项主要活动。

中国木卡姆系列活动在京举行 以弘扬民族文化为主旨的“中国维吾尔族、木卡姆系列活动”1992年11月17日在北京举行。此项活动由国家民委、文化部、中国文联、中国音协、新疆维吾尔族自治区等举办,内容包括“木卡姆国际学术研讨会”、“木卡姆成果展览”、“传统木卡姆乐舞晚会”和“木卡姆交响乐晚会”等部分。40多名来自新疆、北京、台湾、韩国等地的国内外专家、学者和几十名来自新疆的文艺工作者以及民间艺人参加演出和学术研究、交流活动。中共中央政治局委员李铁映到会讲话,全国人大常委会副委员长赛福鼎·艾则孜,全国政协副主席、国家民委主任司马义·艾买提以及有关部门负责人出席了开幕式。

明代“状元卷”首次发表 我国现存的唯一一份“状元卷”全文首次发表在《民主与法制》1992年第三期,这份明代万历年间状元赵秉忠的殿试卷,1983年在山东青州发现。我国科举制度正式形成于隋代,至明代达到完备,进入鼎盛。据统计,在中国历史上共出状元近800名。但由于改朝换代、战火连绵以及外国入侵者掠夺,存于宫廷的状元卷都已佚失。状元卷原属朝廷机要档案,携出宫廷者要灭门九族,而这份状元卷是如何流传至赵的后人手中并保存400余年,至今仍是未解之谜。这份状元卷为典型的八股文,赵秉忠在文中阐述了自己的政治主张,献出治国安邦的方略。作者时年25岁,后来官至礼部尚书。

北京为文化历史街巷挂标志牌 为弘扬北京文化,更好地宣传古都,北京市决定在具有突出历史文化意义的街巷悬挂标志牌。1992年12月22日举行了为王府井大街悬挂标志牌的揭牌仪式。标志牌上镌刻着中英文字,记述文化历史街巷的历史沿革、文化古迹,以及与其相关的重要历史人物与事迹。

李蕴创破译甲骨文新方法 辽宁省灯塔县李蕴,30多年来一直刻苦钻研甲骨文字,1993年12月23日在京推出专著——《隐农轩甲骨文字说解》。他在深入研究了汉代经学大家许慎的《说文解字》之后,发现古文字与“易”同源,二者均以大自然天造地设为本,且组织结构相似,说明古文字脱胎于“易”。他的这一理论从红山文化出土文物中得到了印证。“易”的组织结构以数字为基础,所以用数字值考证甲骨文字乃至所有古文字的新思路就此形成。

《国学,在燕园又悄然兴起》引起反响 《人民日报》1993年8月16日在第三版以整版篇幅刊出《国学,在燕园又悄然兴起——北京大学中国传统文化研究散记》一文之后,在社会上引起热烈反响。许多读者表示赞赏,并热切希望进一步加强社会主义精神文明建设的宣传报道。著名学者季羡林教授看到报纸当即建议,成立北京大学国学院,把传统文化的研究推进一步。原国家测绘局局长李曦沐说,此文所思也深,所见也大。像这样从大处着眼、以有说服力的材料来宣传一种重要的社会文化动向,是有极大意义的。

山西群众文化活动丰富多彩 随着经济体制改革的不断深入发展,山西省的群众文化出现繁荣发展的好势头。在12月初结束的“1992全国民间音乐舞蹈比赛”中,山西省获大奖两个、一等奖两个、优秀奖六个、繁荣奖一个。山西绛州农民鼓乐团演出的《秦王点兵》获大奖,得分为全国278个参赛节目之冠。山西省已形成省、地、县、乡四级群众文化活动网络。全省现有群众艺术馆、文化馆130个,公共图书馆110个,乡镇文化站(文化中心)1700多个。还有服务经营型的各类文化户10000多户。各级群众文化机构积极拓宽服务领域,变单纯的说说唱唱为文、教、科、体、宣五位一体的大文化活动,并积极为当地的科技兴农"星火计划"服务。山西省的群众文化资源丰富,民间艺术源远流长。如代县的"农民画之乡"、浮山县的"剪纸艺术之乡"、临汾的"威风锣鼓"、绛县的"绛州鼓乐"、定襄县的"高跷秧歌"、清徐县的"背棍"、翼城县的"花鼓"、朔州市"踢鼓子秧歌"、左权县的"小花戏"等。山西省的群众文化活动,由农民"自编、自导、自演、自娱"过渡到初具规模的多门类、多层次、多形式的群众文化娱乐体系。

蓬勃发展的西藏群众文化事业 为满足群众日益增长的文化需求,西藏自治区群众艺术馆在弘扬藏民族传统文化的基础上,面向基层,面向农牧区,先后举办了书画摄影、现代歌舞、健美操、传统踢踏舞等各种类型的培训班,培训近万余人次。同时,他们还克服西藏地广人稀、交通不便等困难,深入农牧区,辅导群众近2万人次,使基层群众文艺水平不断提高,在全国文艺汇演、比赛中,自治区群艺馆组织参赛10余次,就有54人次获奖。西藏传统民间艺术丰富多彩,形式多样。几年来自治区群艺馆收集、整理、抢救了各种民间音乐、舞蹈、戏曲、文学等200多个种类,约3000多件。已经编辑出版的有《八大传统藏戏》(上集)、《西藏民间谚语》、传统宫廷音乐《嘎尔》,还先后研究开发了"面具"、"牦牛"、"牛头装饰"、"唐卡"(挂画)和"嚓扎"(泥塑小佛像)等100多个传统民间工艺品。其中以"牛头装饰"、"唐卡"和"嚓扎"为主的"西藏民间美术系列产品"在北京举办的"七五"全国"星火计划"博览会上获金奖。

内蒙古军区文工团送戏边关 "骆驼精神"、"红柳特征"、"小草品格",被人们用来称誉内蒙古4000公里边防线上艰苦戍边的官兵,而内蒙古军区文工团的50余名文艺战士也正是以这种精神、特征、品格为边防官兵演出服务。最近3年来,他们走遍了内蒙古边防线上每个连队和哨卡,演出240多场,得到边关军民的厚爱,受到中央军委领导的称赞。这个团从1950年组建起,几十年如一日,牢记毛泽东《在延安文艺座谈会上的讲话》精神,坚定不移地为社会主义服务,为工农兵服务。文工团每次去边防线,解放牌卡车是唯一的交通工具。在沙漠里他们不怕风沙扑面;在草原上,他们经受过恶狼的袭击;在森林中,他们遭遇到黑熊的进攻。为了能多去一个哨所,多演一场,他们每到一处,下车便唱,演完又急匆匆赶赴另一个哨所,常常一天连续演出三四场。"反映边防生活,展示官兵心灵",是内蒙古军区文工团的创作演出的特色。3年来,他们先后创作了舞蹈70多个,歌曲30多首,曲艺节目10多个。这些节目参加过全军性和全国性调演或比赛,共获得编导、作曲、表演、创作等的50多个奖,还获得内蒙古自治区人民政府颁发的文艺最高奖"萨日娜"奖。

广东人竟说普通话 正当广东商业文化风行全国之时,南粤大地却掀起了学习推广普通话的热潮。中共中央政治局委员、广东省委书记谢非,是"推普热"的大声疾呼者与身体力行者。他多次在领导干部会议上强调,对外开放需要推广普通话,各级干部必须带头。现在广东从领导干部到普通群众,学普通话、讲普通话已蔚然成风。

西藏整理保护雪域文化成效显著 世居雪域高原的藏民族,在文学艺术、文物古迹、文献典籍、建筑、雕刻、绘画、医学等方面都拥有极为丰富的宝贵遗产,但过去缺乏系统整理。从1984年起,西藏文化部门组织了一支上百人的专业队伍,深入各地调查考证,搜集探寻,截止1993年,已行程10万公里,发掘了大量的第一手资料,取得了众多的研究成果。著名长篇英雄史诗《格萨尔王传》一直作为口头说唱艺术流传于民间,经整理,已出版藏文版60余部,发行量达300多万册。民间杂技《强堪》、《吉达吉姆》,鲜为人知的民间曲艺《吉尔鲁》《折嘎》等,都得以系统整理。据不完全统计,西藏文化部门已完成40余县的音乐普查,搜集到从劳动歌瑶到民间舞曲共18大类的珍贵遗产,完成整理37大曲艺品种中的60多个曲目,整理作品50多万字,并编辑出版《民间传说故事》、《颂词和谐钦》等20多部民间文化作品。标志西藏文化遗产整理成果的十大文艺集成志,已完成或接近完成民间器乐曲、民间故事集成、民间谚语集成、民歌集成4种,另6种集成志正加紧编纂。此外,西藏众多文物古迹得到精心有效的保护。国家将布达拉宫、大昭寺等一批寺庙列为全国重点文物保护单位,并拨巨款维修桑耶寺、哲蚌寺、甘丹寺等主要寺庙。1989年开始维修的布达拉宫,没有一件文物遭到损坏,并对一批年久损坏的珍贵壁画进行了有效的保护。

西藏建立民族文化"标本库" 据1992年3月9日《人民日报》报道,大量流传于西藏民间的民族音乐、舞蹈、戏曲被首次制作成音像、文字(标本)。从1986年起,国家陆续投资200万元,在西藏建立民族文化"标本库"。经过5年的努力,已形成了百万字的第一手文字资料、3 000余张图片资料以及320多小时的录音资料等。

文物专家谈三峡库区重点文物保护 《人民日报》1992 年 5 月 3 日报道：文物专家罗哲文说，据有关部门预测，三峡工程蓄水后，被淹没的文物古迹约有 40 多处。其中最重要的是被列为全国重点文物保护单位的涪陵石鱼。石鱼上的题刻对研究长江中上游枯水规律及生产建设、航运等均有重大的史料科学价值。这块石鱼，不仅在中国，而且在世界水文科学发展史上，都有着重要地位，应设法予以保护。

5. 文学艺术

1992 年文学艺术发展概况

1992 年，在邓小平同志视察南方的重要谈话和中共十四大精神的指引下，经过广大文艺工作者的共同努力，我国的文艺事业欣欣向荣、文艺创作的题材、主题、形式、风格、流派丰富多样，文艺体制改革迈出了新的步子，文化市场十分活跃。中共中央宣传部为了使文艺适应社会主义市场经济发展和精神文明建设的需要，找到一条适合自身繁荣发展的有效途径，在普遍调查的基础上，实地考察了一些文艺单位，召开了各种专题性座谈会、研讨会。举行了“五个一工程”评奖。文化部提出了《关于深化文艺体制改革十点意见》，主办了第三届中国艺术节、全国“天下第一团”优秀剧目展演、“文华奖”评选等。中国文联、中国作协分别在京召开了学习党的十四大精神座谈会，广大文艺工作者进一步解放了思想，一大批优秀文艺作品得到了人民的赞赏，一大批文艺新人正在成长。影、视、剧走在前面，报告文学、小说和散文创作也出现了好势头。与此同时，节日文艺、群众文艺迅速向深广方面发展，出现了前所未有的繁荣景象。1992 年是戏剧较为活跃的一年，全国戏曲稀有剧种汇演、全国戏曲小品汇演、全国木偶皮影戏汇演、黄河金三角戏曲交流演出、全国儿童剧录像评比等，都显示了我国戏剧创作提高到了一个新的水平。影视创作在内容和结构上正在悄悄地发生变化，其趋势呈多线条、多主题局面。既有背景广阔、题材重大的巨片，也有小题材、精制作的娱乐片；既有历史悠远、制作新颖可看性题材，也有贴近生活的现实题材。电视片则以可看性为主攻方向，既有神话历史题材，也有现实题材。1992 年的中国画坛的展览繁多。中国美协举办的全国美术作品展览，展品既突出了主旋律又坚持了多样化，显示了较多的整体艺术水平。该展与年初的中央美术学院主办的“20 世纪，中国”展和文化部举办的美术陈列展相映成趣，显示了中国当代美术的巨大成就和雄厚实力。1992 年还是中国杂技金牌丰收的一年。据统计，在摩洛哥、法国、意大利、比利时等 8 个国际杂技赛场上，我国参赛的 11 个杂技节目中，夺得最高奖和金奖共 6 个、银奖 3 个、特别奖 2 个，我国参赛的节目全部获奖。这些参赛节目，不仅在整体艺术构思上有长足的进步，技巧难度有显著提高，敢于向世界强项目挑战，而且参赛的演员更加年轻化。1992 年，音乐舞蹈创作上也有了明显进步，舞蹈方面不少作品所创造的具有民族风格、地方特色和时代风貌的舞蹈形象，生动地向人们显示了舞蹈创作已经步入了一个新的发展阶段。为纪念毛泽东《在延安文艺座谈会上的讲话》发表 50 周年，文艺界举办了各种座谈会、文艺演出等庆祝活动。

1993 年文学艺术发展概况

1993 年是我国文学艺术进一步发展和繁荣的一年。1 月 18 日，中国文联在北京举行首都文艺界人士迎春座谈会。400 余位老中青作家艺术家到会。文联主席曹禺致辞，中共中央政治局委员、书记处书记兼中宣部部长丁关根代表党中央向全国文艺工作者拜年，并希望广大文艺工作者创作出更多的为广大群众喜闻乐见的、讴歌改革开放和现代化建设的、具有艺术魅力的精神产品，从而拉开了 1993 年文艺创作与改革的序幕。在一些重大的文艺活动和重要会议上，江泽民、李鹏等中央领导同志作了重要讲话和题词，表达了党中央对文艺工作者的关怀和厚望。党和政府表彰了一批在文艺战线上作出突出贡献的单位和个人，使广大文艺工作者倍受鼓舞。这一年，文艺界坚持以党的十四大精神和邓小平同志建设有中国特色的社会主义理论为指针，坚持“一个中心，两个基本点”的基本路线，坚持“二为”方向和“双百”方针，坚持主旋律与多样化的统一，遵照中央提出的“团结、稳定、鼓劲”的要求，加强文艺队伍的团结，把精力集中到为人民提供更多更好的精神产品上来，为繁荣和发展社会主义文艺事业做出了新的贡献。1993 年，许多省、市、自治区采取挂职下放的形式，积极组织安排作家到建设和改革的第一线，创作了许多优秀的文艺作品。1993 年的文学热点是长篇小说和散文随笔。创作出了一批令人瞩目的长篇作品，在文艺界和社会上引起了普遍反响。散文创作已持续了 3 个年头，仍然方兴未艾，许多优秀的散文选本和个人作品集不断面市。儿童文学创作出现了可喜势头，荣获第 2 届全国儿童优秀文学作品奖的 29 部作品，体现了当前我国儿童文学创作在思想上、艺术上所达到的高度。同上届相比，这次获奖作品，无论在题材内容上，还是艺术形式、手法上，都有新的开拓、新的提高、新的突破。1993 年的留学生文学渐呈红火势头，体裁主要是纪实性很强的长篇传纪或小说，引起了人们普遍关注，激起了强烈社会反响。戏剧舞台上更是呈现出一派欣欣向荣的景象。文化部第 3 届新戏剧文华奖评出的 33 个综合奖和 87 个单项奖就是这方面的代表。这些获奖作品充分发挥了戏剧艺术的综合手段，在丰富舞台艺术表现力的同时，更多地注意到戏剧的社会效应。在弘扬民族文化，反映人民生活方面，都有了新的扩展。电视剧创作更是花团锦簇，多元多样，中长篇连续剧的题材开掘和驾驭能力正趋于成熟，《北京人在纽约》等剧引起了观众的广泛兴趣。1993年的中国美术，可以说是高原隆起。进入90年代的中国画坛，开始两年是夯筑平台，到今年则是整体上升，举行的几次全国性的大型油画评展，便是最好的说明。此外，我国青年表演艺术工作者，在国际杂技、音乐、舞蹈等比赛中连连获奖，取得十分可喜的成绩，国际艺术家不得不对中国艺术刮目相看。文化部首次为获奖的艺术家颁发了奖金。1993年的对外文化交流活动仍然十分活跃。3月2—6日召开了第3届全国文联外事工作会议，6月7日又召开了全国对外文化交流工作会议。会议强调要加快改革开放步伐，进一步扩大对外文化交流。一年来，全国各地的一些文化机构举办了各种演出、展览、访问等文化交流活动和文化交流研讨会。当前，在加快改革步伐和建立社会主义市场经济体制的新形势下，我国文化艺术事业的发展面临着前所未有的新的机遇，也面临着前所未有的新的挑战。广大的文艺工作者正肩负"振奋精神，团结奋斗，繁荣文艺"的重任，按照党中央和江总书记的要求，高扬主旋律，弘扬爱国主义、社会主义和集体主义精神，表现人民群众伟大的社会主义建设与改革实践，不断把最好的精神食粮奉献给人民。

江泽民看望人民艺术家 中共中央总书记江泽民1992年6月11日同北京人民艺术剧院的艺术家们亲切会面，推心置腹地攀谈，听取他们对繁荣话剧事业的意见和建议。江泽民一走进剧场大厅，就同人艺的院长、82岁高龄的著名戏剧大师曹禺和在人艺工作40年以上的老一辈表演艺术家们热情握手，互致问候。江泽民代表党中央、国务院对人艺40年的成就表示祝贺，并向老艺术家们表示敬意。他赞扬北京人艺40年来一直贯彻出好戏、出人才、走正路的方针，演出了许多产生良好社会效果的好戏。他说，一部优秀的文艺作品，总是要反映时代精神的，它给人的教育、鼓舞和鞭策是巨大的，常常能够影响一代人的思想感情。他说，作为社会主义精神文明建设的一个重要方面，特别是我们这样一个有着五千年文明的古国，应该有能够代表我们国家、我们民族文化水平的艺术团体。对此，国家要给予一定的扶持，同时要有相应的政策，以保证这些艺术团体更好地发挥国家级艺术殿堂的作用。

纪念毛泽东《在延安文艺座谈会上的讲话》发表50周年首都艺术家赴基层演出 为纪念毛泽东同志《在延安文艺座谈会上的讲话》发表50周年，文化部和解放军总政治部于1992年5月中下旬组织了49台剧(节)目和大批文艺团体和艺术家赴厂矿、农村、部队、学校和科研机构，为基层群众演出服务。这些剧(节)目集中了不同革命历史时期创作的优秀作品，如歌剧《白毛女》、《刘胡兰》、《洪湖赤卫队》片断、舞剧《红色娘子军》等；也有民族优秀传统节目，如京剧《三打祝家庄》、《白蛇传》、民族民间歌舞《跳云南》等；有反映当代现实生活的作品，如话剧《雨，还会下》、《雨夜》，大型歌舞《军魂》，评剧《女共产党员》等；也有外国优秀艺术作品，如歌剧《茶花女》、《卡门》、《蝴蝶夫人》片断。参加基层演出的有不少著名艺术家，其中有：盛中国、罗天婵、鲍惠荞、李世济、杨秋玲、李维康、高玉倩、刘长瑜、李光、杨春霞、李谷一、韦唯、成方圆、远征、牟玄甫、吴国松、任雁、李法曾、游本昌、李羚、伍宇娟、季小琴、姜嘉锵、孙丽英等。

文艺界隆重纪念毛泽东诞辰100周年 为纪念毛泽东诞辰100周年，全国各地纷纷举行各种形式的演出活动、展览会和座谈会。纪念活动期间，首都文艺舞台琳琅满目、异彩纷呈。中央歌剧院与湖南省长沙市艺术剧院联手推出大型声乐作品《风华正茂》，用声乐作品直接表现毛泽东的革命人生和思想境界，这在我国音乐创作史上尚属首次。中央民族乐团推出以毛泽东诗词为主要内容的专题音乐会《世纪之诗》。此外，东方歌舞团、中国歌剧舞剧院、中国儿童艺术剧团、中央芭蕾舞剧团分别推出了大型歌舞晚会《朋友，你好！》、《中国民族歌剧选曲音乐会》、《太阳颂》和《红色娘子军》。1993年12月24日，文化部、广电部、解放军总政治部、北京市政府、中国文联联合举办了大型文艺晚会《山高水长》。党和国家领导人江泽民、李鹏、乔石、李瑞环、朱镕基、刘华清、胡锦涛、荣毅仁等和首都万余名观众出席观看，把纪念活动推向了高潮。晚会以《山高水长》命名，意在赞颂毛泽东领导的中国革命和建设的功绩像高山一般雄伟、长河一般浩大。30余个文艺团体的800多位演员同台献艺。各种美术作品展览，构成了纪念活动的另一大景观。中国革命博物馆举办了油画展《历史巨人毛泽东》；中国美术馆推出了《纪念毛泽东诞辰100周年美术作品特展》；中国革命博物馆举办的《一代伟人——毛泽东诞辰100周年纪念展》，自7月1日起在全国巡回展出。中国文联于12月23日组织首都部分文艺界知名人士举行了座谈会，畅谈毛泽东同志的丰功伟绩和毛泽东的文艺思想。影视界推出一批力作。如故事片《秋收起义》、《井冈山》、《重庆谈判》，大型纪录片《中国出了个毛泽东》，电视连续剧《西行漫记》、《青年毛泽东》、《狂飚曲》等，都从不同侧面再现了毛泽东同志的伟大革命实践、非凡人格力量和丰富的情感世界。全国各地文艺界也运用多种形式缅怀一代伟人毛泽东：中国曲艺家协会在大连举行了座谈会。中国书法家协会、山东书法家协会在济南举行了毛泽东书法艺术研讨会。漳州市举行的"纪念毛泽东诞辰100周年书画艺术展览"中，

《毛泽东选集》1至4卷的微雕作品，受到观众热烈称赞。作者是漳州市南靖县文化馆的干部许通海。他精心挑选了100块大小、颜色、形状不同的寿山石，用了一年零四个月的时间，以行、楷、魏碑等字体，将《毛泽东选集》新版本1至4卷共107.2万字，精心雕刻在这100块寿山石上，每平方厘米约刻400多字。

毛泽东与中国现当代文艺研讨会召开　为纪念毛泽东诞辰100周年，中国社会主义文艺学会和北京电影学院音像出版社于1993年10月22日至24日在京联合召开“毛泽东与中国现当代文艺研讨会”。宋平、邓力群和林默涵、贺敬之、臧克家、姚雪垠、吕骥、草明、吴建国、张常海等一百多位著名文艺家、文艺评论家出席会议。马文瑞发来贺信，李琦作了书面发言，王凤生代表主办单位致欢迎词，程代熙代表主办单位致开幕词。与会代表热情颂扬毛泽东为中国革命及革命文艺事业建树的丰功伟绩。毛泽东在中国革命的伟大实践中十分重视文艺工作，把文艺工作当作整个革命事业不可缺少的重要组成部分。毛泽东文艺思想科学地揭示了无产阶级文艺的本质和规律，不仅在新民主主义时期，而且在社会主义革命和建设时期，都对文艺工作发挥了正确的指导作用，推动了革命文艺事业蓬勃发展，培养了一代又一代革命文艺工作者。与会代表指出，我们必须旗帜鲜明地长期地坚持毛泽东文艺思想，既要清除“左”的干扰，也要反对右的干扰。在新的历史条件下真正坚持和发展毛泽东文艺思想。研讨会还就当前文艺现状进行了讨论。与会代表认为，建设有中国特色社会主义理论是毛泽东思想的组成部分，是毛泽东思想在新的历史条件下的丰富和发展。认真学习和贯彻这个理论，对当前解决文艺现实问题、繁荣社会主义文艺具有指导作用。

毛泽东手书《长恨歌》碑廊在周至落成　在纪念毛泽东《在延安文艺座谈会上的讲话》发表50周年前夕，陕西省周至县在唐代著名诗人白居易当年构思创作千古绝唱《长恨歌》的仙游寺，将毛泽东书写的《长恨歌》刻石流芳，建成碑廊，供人们世世代代欣赏。《长恨歌》系白居易的成名之作，原诗共120句，通篇840字。毛泽东只书写了32句，224字。即从开头“汉皇重色思倾国”始，到“惊破霓裳羽衣曲”止。这件书法珍品，由于没有写完，因而没有署款和题名。新落成的毛泽东手书《长恨歌》碑廊，用琉璃瓦装顶，长5.28米，宽1.2米，高4米。毛泽东手书《长恨歌》的墨迹和臧克家补的题跋，一个在上，一个在下，刻名为记，镶砌在碑廊的向阳面。臧克家书写的题跋为：“毛泽东同志，是伟大革命家，卓越诗人。才高多能，致力书法，风格独具，为世所称。60年代，曾书写白居易名篇《长恨歌》，行云流水、疏朗有致，显系忙里偷闲，游目怡情之佳作，惜世人罕见，今刻石流芳，以供欣赏。原诗太长，未能终篇，缺陷之美，弥足珍重！谨缀数语于后，以表景仰之忱”。

毛泽东诗词墨迹碑林在天津揭幕　天津黄崖关古长城脚下又添胜景，毛泽东诗词墨迹碑林1992年9月25日举行了揭幕式并正式对游人开放。中共中央总书记江泽民为毛泽东诗词墨迹碑林题写了碑名。毛泽东诗词墨迹碑林坐落在天津市蓟县黄崖关长城的八卦村内，碑林占地1100平方米，坐北向南，廊长138米，由高1.4米、宽0.9米的99块青花岗岩分26组组成，放大镌刻了毛泽东同志从1923年至1964年间创作并手书的公开发表过的诗词26首。

邓小平肖像画《我们的总设计师》发行　由著名画家、中央美术学院教授李琦创作的邓小平肖像画——《我们的总设计师》，已于1992年10月由中央文献出版社出版发行。这幅肖像画，以精湛的中国水墨画技巧，展示了中国社会主义改革开放和现代化建设总设计师邓小平的非凡气质和卓越风采。画面上，邓小平头稍向左侧，眺望着远方的眼睛放射出深邃、睿智的目光，仿佛在运筹、勾画着改革开放的宏伟蓝图；那微微抿起的嘴角，显露出刚毅和自信的神情，表现出对社会主义的坚定信念。

反映毛泽东光辉形象的大型画册《怀念》出版　在毛泽东诞辰99周年前夕，中央文献出版社隆重推出大型画册《怀念》。该画册由毛泽东的亲属李敏、孔令华主编，分为“革命的家庭”、“温馨的父爱”、“真挚的乡情”、“深情的怀念”四个部分，收入130余幅历史照片，其中有大量从未发表过的珍品。画册通过真实、生动的瞬间影像，使人们从生活、情操等方面，对一代伟人毛泽东有了进一步的了解，对毛泽东一家那些为中国革命英勇献身的亲人形象有了新的认识。人们还能从画册中亲切地看到有着广泛爱好和普通人喜怒哀乐情感的毛泽东。

文化部表彰一批在国际艺术比赛中的获奖者　1992—1993年，我国文艺工作者，在国际杂技、音乐、舞蹈等重大艺术比赛中多次获奖，为国争光。由文化部举行的表彰、奖励，表彰颁奖仪式1993年5月14日晚在北京民族文化宫礼堂举行。这次受表彰的有广州军区战士杂技团孙鹏等12项金奖（第一名）获得者、上海音乐学院黄英等7项银奖获得者、沈阳音乐学院附属舞蹈学校马金宏等3项铜像获得者，以及8项特别奖、鼓励奖、专业奖获得者共66人。这些获奖者的28位教师、教练也同时获奖。广州军区战士杂技团和上海音乐学院附中因近3年中连获3个以上国际艺术比赛金奖（第一名），也受到表彰。

中华文学基金会成立5年成绩斐然　于1986年成立的中华

文学基金会，1991年岁末欢度了它的5岁生日。5年来，基金会已发展到流动资金和固定资产达数千万元，成为一个在海内外产生了广泛影响并具有相当经济实力的社会文化福利团体，为促进文学事业的发展作出了突出贡献。5年来，基金会把扶植文学刊物、资助文学教育事业和为作家排忧解难作为重要职责，先后向少数民族地区、边远地区的作协、文联和《收获》、“宁夏回族作家作品研讨会”、“解放区文学研讨会”等资助近30万元。基金会还先后4次举办“庄重文文学奖”，设立了“理解与友谊”国际文学奖，从1992年起，基金会设立了文学大奖——“华夏文学奖”，在深圳西丽湖、杭州灵隐等地设立了创作之家。基金会的基金除国家一次性拨款200万元之外，其余来源主要是靠热心中华文学事业的港澳著名爱国人士霍英东、马万祺、于之平、庄重文、黄廷方、郭鹤年、查济民等及国内外许多文学社团和个人的捐款。

第9届戏剧“梅花奖”揭晓 1992年10月5日在北京政协礼堂举行了第九届中国戏剧梅花奖颁奖大会，31名青年演员获奖。获得梅花奖的戏曲演员18名。他们是：王玉珍（云南省滇剧剧院）、邓沐玮（天津京剧团）、田蔓莎（四川省戏曲学校）、邢美珠（黑龙江省京剧团）、刘赵黔（湖南省花鼓戏剧院）、杜玉梅（山西大同市晋剧团）、李维铨（中国评剧院）、吴国华（山西晋城市上党梆子剧院一团）、邱玲（武汉市汉剧研究所实验剧团）、宋丽（沈阳评剧院）、张虹（江苏省江苏梆子剧团）、张爱珍（山西晋城市上党梆子剧院二团）、陈瑜（上海沪剧院）、陈巧茹（成都市川剧团）、陈淑敏（洛阳市豫剧二团）、黄小午（江苏省昆剧院）、黄新德（安徽省黄梅戏剧院）、崔连润（天津评剧院）。获得梅花奖的9位话剧演员是：宁才（内蒙古自治区话剧团）、李琦（陕西人民艺术剧院）、杨树田（大庆话剧团）、吴珊珊（成都话剧团）、宋丹丹（北京人民艺术剧院）、钟浩（中国儿童艺术剧院）、夏君（大连话剧团）、翟万臣（总政话剧团）、濮存昕（北京人民艺术剧院）。获奖的还有3名歌剧演员和1名滑稽戏演员，他们是：金曼（空政歌舞团）、顾欣（江苏省歌舞剧院）、唐德君（大连歌舞团）、顾芗（苏州市滑稽剧团）。

第10届戏剧“梅花奖”揭晓 第10届戏剧“梅花奖”于1993年5月8日在京揭晓，22名戏剧演员榜上有名。其中戏曲15名：小香玉（山西）、马惠民（黑龙江）、刘海波（吉林）、关静兰（北京）、李经文（天津）、李树建（河南）、张凤莲（内蒙古）、陈乃春（福建）、陈淑芳（中直）、杨仲义（山西）、周云娟（浙江）、侯丹梅（贵州）、贺小汉（湖南）、倪同芳（江苏）、章兰（山东）；话剧5名：王丽云（总政）、王学圻（空政）、王晓梅（黑龙江）、刘燕（辽宁）、贾玲珍（黑龙江）；歌剧2名：米东风（陕西）、秦鲁锋（总政）。第10届“梅花奖”评比，总结历届经验，对评比章程和程序进行适当改进和调整，强化了法制监督和公平竞争的原则。

第2届“文华奖”揭晓 由文化部主办的专业舞台艺术奖——第2届全国新剧目“文华奖”（1991年度）评奖结果1992年4月29日在京揭晓，9部优秀作品获“文华大奖”。儿童剧、舞剧、歌舞乐舞3个艺术门类大奖空缺。荣获“文华奖”最高奖“文华大奖”的9出新剧目是：沪剧《明月照母心》（上海）、京剧《法门众生相》（湖北）、京剧现代戏《高高的炼塔》（吉林）、黄梅戏《红楼梦》（安徽）、话剧《大桥》（上海）、话剧《抗天歌》（南京军区）、话剧《死水微澜》（成都）、歌剧《马可·波罗》（中央歌剧院）、歌剧《党的女儿》（总政）。获“文华新剧目奖”的有《快活的黄帽子》等22个剧目；获“文华新节目奖”的有《月牙五更》等3个节目。在7项文华单项奖中，共有137位文艺工作者获奖，其中郝国忱、郑振环、孙德民、阎肃等21人获“文华剧作奖”，赵越获“文华词作奖”，余笑予、李学忠、马科、张建军、陈明正、查丽芳、熊源伟等24人获“文华导演奖”，江宏向等6人获“文华编导奖”，沈利群等17人获“文华音乐创作奖”，周本义、金长烈等31人获“文华舞台美术奖”，马兰、胡庆树、彭丽媛等39人获“文华表演奖”。

第3届“文华奖”评出 文化部第3届“文华奖”颁奖仪式1993年11月20日在京隆重举行。“文华奖”是目前最具权威、最具号召力、影响力的部颁文艺大奖。本届获奖作品是从1992年文化部举办的各项专业艺术活动中上演的216台新剧、节目中评选出的。在获奖的33台剧目中，新编历史剧《铁血女真》、歌剧《张骞》、舞剧《丝海箫音》、《阿诗玛》获文华大奖；《石龙湾》等25台戏获文化新剧目奖；《洪湖的女儿》等4台戏获文化新节目奖。另外还有编剧、导演、舞剧及歌剧编导、音乐创作、舞台美术和表演等项87个。从总体情况看，本届获奖剧目在弘扬民族文化，反映人民生活方面，有了很大的扩展。4部获大奖剧目的主题都是表现民族团结、振奋民族精神的。在现代题材的选择上，编导者的视点已转向人的内心世界，多侧面地反映了当代人所面临的现实生活及观念的冲突。在新编的历史剧方面，许多剧目以当代观点，塑造了一批有个性有光彩的历史人物。尤其令人欣喜的是，本届获奖作品充分发挥了戏剧艺术的综合手段，在丰富了舞台艺术表现力的同时，更多地注意到戏剧的社会效应，一些轻松愉快、寓意深远而又使观众喜闻乐见的剧目明显增多。

首届“百戏奖”评选揭晓 经中共中央宣传部批准设立的“百戏奖”，1992年9月8日在武汉揭晓。首批得主共9位，他们是：中国杂技协会主席，一级演员夏菊花，上海杂技协会副主席、一级演员孙泰，广西杂技团一级演员周云鹏，广州军区战士杂技团顾问、一级演员王俊武，上海杂技团名誉团长，一级编导王峰，上海杂技协会副主席、一级演员潘素梅，济南杂技团一级演员邓宝金，长春杂技团一级演员、艺术指导张英杰。本届评委会还授予首次获得“金小丑”奖的李莉萍和第一个参加法国巴黎“明日”国际杂技比赛并获奖的戴文霞特殊贡献奖。“百戏奖”今后每两年评一次。

首届“中华诗词大赛”在京举行 由中华诗词学会、新华通讯社、中央电视台等单位共同举办的“首届中华诗词大赛”开赛式1992年6月29日在北京人民大会堂举行。中华诗词是我国辉煌的文化遗产。近10年来我国诗词创作群体遍及各行各业，迄今出版了800多种诗词刊物，涌现了上千个诗社。为顺应这股诗词文化的热潮，这次大赛以振兴华夏诗风、谱写时代强音为目标，凡能反映时代风采、河山胜景、爱国精神，符合格律的作品均可参赛，诗、词、散曲不限。此次大赛由周谷城、楚图南、赵朴初、马万祺、杨植霖等担任名誉主任，强晓初、孙铁青等18人为正副主任。

第2届“全国优秀儿童文学奖”评出 中国作协第2届（1986—1991）全国优秀儿童文学评选已于1993年2月14日结束。历时八个月的评奖工作，经历了初选，审议和无记名投票方式，评出获奖作品29部。获奖作品展示了六年来我国儿童文学创作成绩，尤以小说引人瞩目，获奖篇目占总获奖篇目的47%；童话、散文、报告文学、诗歌、幼儿文学也有新的进展。获奖作者中，有经验丰富的老作家，也有近几年涌现出的新人，而更多的是活跃在当代儿童文学文坛上的中年作家。评选期间，评委会曾向本届儿童文学评选委员会顾问冰心、严文井、陈伯吹、叶君健、袁鹰作了汇报，并征求他们的意见。这几位德高望重的儿童文学前辈，热忱关注本届儿童文学评奖，对我国儿童文学的繁荣与发展，寄予很大希望。

1992年中国杂技金牌丰收
1992年是中国杂技金牌丰收的一年。我国杂技健儿，在国际杂技赛场上，奋力拼搏，连连夺魁。重庆杂技团的3名女演员陈文秀、张艺和姜云联合表演的“蹬鼓”，在罗马举行的意大利第8届“金色马戏节”上荣获“艺术家”大奖；在第15届法国巴黎“明日”马戏节上，广州军区战士杂技团的《女子大跳板》获金奖第一名——法兰西共和国总统奖；沈阳杂技团的《顶碗》获第6届“未来”世界马戏节金奖第一——巴黎市奖；在意大利举行的第九届国际金小丑比赛中，中国铁道建筑文艺团刘全利、刘全和表演的节目《照镜子》夺得本届比赛唯一桂冠——金小丑奖；在中国武汉国际杂技艺术节上，武汉杂技团的《女子车技》、齐齐哈尔马戏团的《空中体操》获杂技节黄鹤金奖；在第五届摩纳哥“初登舞台”国际杂技比赛中，昆明杂技团12岁的女演员万静，以其技艺高超的《顶碗》节目，获本届比赛唯一的最高奖——《金K奖》。

1992年“散文热” 1992年在我国文坛上最引人注目的事情之一，就是散文的突破与变革，或称之为“散文热”。各出版社纷纷把出书重点押在散文上，相继推出了几十种散文专集和选本。陆续出版了好几种散文杂志。一般文学杂志也用较显著的篇幅刊登散文或出版专号。随后南方的几家报纸又率先办起了周末副刊和扩大版，给散文开辟了一条联通作者和读者更广泛的道路。原先寂寥的散文园地顿时成了文学的热点，各方英杰都到这里来大展才华，人数之众，作品之多，令人目不暇接。在此情况下，中国散文研讨会和当代散文研讨会分别在承德和武汉召开了会议，就当代散文繁荣的社会原因、创作特点、与现实生活的关系等问题交换了意见，取得了一些共识。散文的兴盛，从创作主体的结构来看，除了多年在这块园地上辛勤耕耘的散文作家之外，主要是增加了两支大军：一支是新军：近三年来出现的一大批五十年代初出生的散文作家，这是一支以女性为主的极为活跃的散文队伍，如苏叶、斯妤、唐敏、韩小蕙、冯秋子等。一支是友军：近两年转向或把相当一部分精力放在散文创作上的小说家、报告文学家、诗人、理论家、艺术家，如王蒙、陆文夫、余秋雨、洁民、从维熙、李国文、张洁、刘心武、谢冕、贾平凹、冯骥才、雷达等。上述三方力量的聚合，构成了当前散文创作的开放式格局。

“王朔热”的出现 王朔是一位专事写作的自由职业作家，1984年开始文学创作。自1978年发表第一篇小说《等待》以来，共计发表小说30余篇，其作品通常以市井小人物的日常小事及他们的喜怒哀乐来反映主题。王朔的作品在国内外文学界引起重视，并多次在国内获奖。在创作小说的同时，王朔还开始了电视剧本创作的尝试。1990年，他主笔的《渴望》电视剧在全范围内引起轰动，收视率居高不下；1991年，他又同北京海马影视剧作创作组的成员一道，创作了《编辑部的故事》，同样产生了轰动效应。之后，王朔又编写了长篇电视剧本《爱你没商量》。1992年，《王朔集》（短情篇、对谑篇、纯情篇）问世，在广大读者中，尤其是在广大青少年读者中产生了广泛影响，形成了一股“王朔热”。在鉴赏者中（包括理论界）也产生了赞赏和批判的两种截然不同的审美倾向。赞誉者认为，王朔的作品抛却了虚美的外套，向世人揭示了一个又一个构成社会整体的普通人物的真实灵魂，通过这些普通人物的喜怒哀乐，如实地反映了社会的现实，是艺术真实和艺术概括的结晶。批评者则以王朔作品中主人公的形象苍白、流于贫嘴、性格乖张、玩世不恭，主题的黯淡阴晦、消极低沉为批评基点，将王朔喻为“痞子文学”的代表人物，更有些文学评论家将“王朔热”的出现，归于中国文学事业的衰落，是“严肃文学被轻视后而形成的假繁荣”。

域外题材文学作品成为热门读物 当代文学创作中出现了一批以中国人在国外生活经历为内容的域外题材作品。这些作品不但在国内拥有众多读者，在海外特别是在海外华人中，也产生了强烈反响，成为热门读物。1992年12月22日至23日，中国作协创研部与中国社会科学院文学研究所当代室联合在京举办了“留学生文学暨域外题材作品研讨会”。与会者认为，这批域外题材作品构成了一种新的文学现象，为当代文学带来新的形象和信息。近两年来出版的有关留学生和涉外题材的作品不下数十种，其中比较有影响的有：《曼哈顿的中国女人》、《北京人在纽约》、《他乡明月》、《上海人在东京》、《我的财富在澳洲》、《中国留学生在日本》、《一夜风流》等。这些作品的基本主题是：描写华人海外生活，展示游子爱国情怀。

巴金获“资深作家敬慰奖” 著名作家巴金，1993年4月5日在上海获得亚洲华文作家文艺基金会颁发的“资深作家敬慰奖”。以董事长林忠民为团长的亚洲作家文艺基金会访问团，4月4日到达上海。巴金因病没有参加这一简朴而又充满亲情的授奖仪式。他的女儿李小林从林忠民的手中接下了奖牌。奖牌上写着：“巴金先生著作等身，作品广受读者喜爱，历久不替，堪称文坛瑰宝。”巴金以特有的方式表示自己的心情：向访问团每位成员赠送了一套签名的《家》、《春》、《秋》。

张洁获美国文学艺术院荣誉院士称号 美国文学艺术院院长雨果·韦斯格尔和秘书长杰克·莱维纳，致函我国著名女作家张洁，通知她已被选为该院荣誉院士。该称号授予有杰出成就的世界艺术家、作家和作曲家，限额75名，每辞世一位才能递补一位。此前，我国作家巴金和丁玲已享此殊荣。

高冠华获国际书画最高荣誉奖 中国书画社社长、中央美术学院教授高冠华，在日本举办的第一届国际书画展上，荣获唯一的一项“国际最高荣誉奖”。该展于1992年4月18日至5月5日在日本东京大规模展出。高冠华今年75岁，早年师从著名国画大师潘天寿，擅长写意花鸟。在这次书画展上，高冠华创作的中国画《飞雪落纷纷》，以其深厚的功底和奇巧的构思，艺压群雄，一举夺魁。参加这次书画展的有中、日、美、英、法、南朝鲜等国家的一些著名画家。

中国姑娘谭元元获巴黎国际舞蹈比赛头奖 在1992年12月10日结束的第五届巴黎国际舞蹈比赛中，我国选手、上海舞蹈学校16岁的独舞演员谭元元获古典芭蕾舞少年组女子第一大奖。巴黎国际舞蹈比赛是世界上最重要的舞蹈比赛之一，每两年举行一次。本届古典芭蕾舞比赛共有来自25个国家的125名选手参加。强手云集，角逐激烈。比赛所设的5项第一大奖中，有4项空缺。中国姑娘谭元元是唯一获头奖的选手。

首届国际老舍学术讨论会在京召开 由中国老舍研究会等单位联合举办的首届国际老舍学术讨论会1993年8月21日在北京召开。日本、美国、英国、法国、独联体、德国、新加坡、匈牙利等10多个国家的30余位学者和国内50位老舍研究专家参加了会议。巴金、冰心、阳翰笙、臧克家、高占祥等向大会表示祝贺，画家王金泰为老舍画像，赵朴初题了诗。老舍的作品属于世界，到会的国外学者中，有美国90高龄的宁恩承先生，他是老舍的挚友，20年代曾与老舍在伦敦组织“读书会”。美国斯坦福大学东亚语言系赖威廉教授是老舍长篇小说《猫城记》的译者。沃福拉教授出版有专著《老舍和中国革命》。贝勒大学的陶普义教授正在得克萨斯州建立北美第一个老舍著作陈列室。日本的中山时子教授是日本版《老舍小说全集》的主持人和《老舍事典》的主编；柴垣芳太郎教授是《老舍年谱》和《老舍篇目注释》的作者；伊藤敬一教授的老舍短篇小说研究曾引起日中老舍研究界的关注；藤井荣三郎教授是现任日本老舍研究会的代表委员；杉本达夫教授是老舍与抗战文学研究的权威人士；日下恒夫教授自费出版了三种老舍研究专著。法国的保罗·巴蒂教授则是欧洲老舍友人协会的发起人和联系人，是法国第一位因研究老舍获取博士学位的学者。新加坡的王润华教授从事老舍研究已多年。匈牙利的冒寿福博士是研究老舍语言的专家。自1992年我国第4届老舍学术讨论会以来，国内老舍研究专著又有9部新作陆续出版。一批中青年老舍研究者不断涌现。近年来，国内外老舍著作的出版也有新的进展。国内16卷本《老舍文集》已经出齐。在国外，老舍作品的日文、德文、俄文、朝文、世界语等文种又分别有新的译本问世。在讨论会上，中外学者就老舍文学的一系列研究专题及老舍著作的翻译问题，广泛交换了意见。会议期间，设在北京语言学院新建图书馆内的“中国老舍研究资料中心”举行了落成仪式。

冰心研究会在福建成立 冰心研究会于1993年1月在冰心故乡福州市成立。巴金任会长。巴金特从上海发来贺电，赞扬冰心大姐是五四新文化运动的最后一位元老，一生呕心沥血，为中国的文学事业做出了巨大的贡献。

曹禺国际学术研讨会在武汉举行 据《文艺报》1993年11月13日报道，由武汉大学、中国艺术研究院、湖北省作家协会、湖北省文联和华中师范大学联合举办的“曹禺国际学术研讨会”在武汉举行。来自全国各地以及日本、韩国的50多位曹禺研究者参加了研讨会。会议研讨的中心议题是曹禺和中外文化的关系。与会者认为，曹禺剧作独具一格的内在原因在于博采众长，既尊重民族传统，又坚持自己的个性，在对中外戏剧传统的继承中追求神似而非形似。还有人指出，应当把他的剧作放在新文学的时代背景和历史进程中来考察其内容和形式上的现代化和民族化，从而准确地认识曹禺在文学史上的地位。这次研讨会一方面深化了传统的曹禺研究，另一方探讨了以往曹禺研究的不足之处和今后提高曹禺研究学术水平的途径和目标。

丁玲文学创作国际研讨会在湖南召开 丁玲文学创作国际研讨会于1993年3月25日至28日在丁玲的故乡湖南省常德市桃花源召开。来自全国各地的百余名丁玲研究的专家和美国、日本、新加坡、菲律宾及香港地区的作家、学者参加了研讨会。中共中央宣传部副部长、文化部部长刘忠德在为大会写的贺信中说："希望更多的作家艺术家像丁玲同志那样自觉地坚持党的文艺方针，关注社会现实，积极地投身于改革开放和建立社会主义市场经济体制的伟大实践，团结奋进，潜心创作，不断用高格调的优秀作品来陶冶人们的情操，提高人们的精神境界，让文艺为社会主义精神文明的建设做出更大的贡献。"中国作家协会主席巴金特意请人打电话祝贺会议圆满成功。年过九旬的著名老作家冰心亲笔写下了"欣贺丁玲文学创作国际研讨会召开"。林默涵、阳翰笙、艾青、臧克家、张光年、陈荒煤、刘白羽、姚雪垠、周而复、陈沂等为会议写来贺信。中国作家协会副主席马烽在报告中称赞丁玲是我国现代文学史上最有影响的著名作家之一，是享有崇高国际声誉的革命作家。大家回顾了丁玲近60年的创作生涯，认为她走的是一条从民主主义到社会主义，从个性解放到阶级解放、民族解放的道路。这次会议，不但对于正确地认识和评价丁玲产生了积极的推动作用，而且对于正确地继承我国的革命文艺传统，建设有中国特色的社会主义文艺，对于贯彻党的十四大精神、建设社会主义精神文明，也将产生积极的影响。研讨会是由中国文联、中国作协、中国社会科学院文学研究所、中国丁玲研究会、常德市人民政府联合主办的。

陈荒煤文艺生涯60年研讨会 "荒煤文艺生涯六十年"研讨会1992年12月18日在北京举行，文艺界数百人出席了会议。"从书生到作家，从小说家到新中国电影事业的领导者，荒煤同志在文艺界辛勤工作了60年，作出了重大的贡献……"夏衍的贺词引起与会者的共鸣。冯牧、荣高棠、林默涵、王蒙、丁峤、石方禹、陈播、滕进贤、李准、汪洋、蒋子龙、凌子风等在会上先后发言，对陈荒煤的为人为文给予了高度评价。这次研讨会是由中国作家协会、中国电影家协会、中国电影艺术研究中心、北京电影学院、中国社会科学院文学研究所、中华文学基金会联合举办的。

首都文艺界庆祝林默涵从事文艺活动60年 1993年4月12日上午，首都文艺界350多人在全国政协礼堂聚会，庆祝林默涵从事文艺活动60年。林默涵同志是我国著名的文艺理论家、艺术教育家、政论散文作家，长期担任文艺界的领导工作。他曾先后主持编辑了《鲁迅全集》和《中国解放区文学书系》，出版了《林默涵劫后文集》等著作，参与制订了党的一系列文艺政策，为文艺事业作出了杰出贡献。

祝贺贺绿汀音乐生涯70年暨90诞辰活动在沪举行 1992年7月20日，上海为90高龄的杰出音乐家和教育家贺绿汀举行了音乐生涯70年暨90诞辰祝贺活动。庆祝会上，中共上海市委副书记陈至立在讲话中说"贺老为中国革命和音乐事业作出了不可磨灭的贡献。他的作品反映了时代旋律，是历史的见证，在他身上，人品与作品，革命与艺术，理论与实践得到完美的统一。"文化部、中国文联、中国音协发来贺信、贺电。上海文化界一些知名人士参加了祝贺活动。

首都文化界祝贺张君秋艺术生涯60年 1993年1月12日首都文化界在民族文化宫举行了祝贺著名京剧表演艺术家张君秋先生艺术生涯60年大会。乔石、李瑞环等出席了大会。在过去的60年里，张君秋在中华民族传统文化营养的滋润下，锐意进取，不断创新。以"娇、媚、脆、水"的华丽优美唱腔和端庄含蓄、自然率真的表演风格，创造了名扬海内外的京剧张派艺术，成为京剧艺术在新时代取得辉煌成就的标志，为中国京剧艺术事业的继承和发展做出了重大贡献。会上，文化部部长刘忠德向张君秋先生颁发了"艺高德劭，继往开来"的表彰奖状。

"20世纪·中国"美术大展 "20世纪·中国"大型美术展览1992年1月7日在北京中国美术馆开幕。展览分中国美术馆等单位馆藏的中央美术学院教师作品陈列和中央美院教师新作展两部分。近百件中国画、150多件油画、170多件版画、近140件雕塑与壁画参展，其中有齐白石的《红荷》、徐悲鸿的《愚公移山》、蒋兆和的《流民图》、叶浅予的《北平解放》、吴作人的《漠上图》、李苦禅的《盛夏图》、李可染的《石山红遍，层林尽染》、张仃的《老雪凝千古》、董希文的《开国大典》、王式廓的《血衣》、靳尚谊的《瞿秋白》、江丰的《码头工人》、李桦的《怒吼吧！中国》、古元的《刘志丹与赤卫军》、刘开渠的《妇女头像》等。

20世纪华人音乐经典系列活动 20世纪华人音乐经典系列活动于1993年6月5日至14日在北京举行。海内外数百名音乐家到人民大会堂参加了颁奖典礼并举行了12场系列音乐会，在音乐界引起轰动，在社会上也产生了极大的反响。由来自美国、台湾、香港及大陆的知名音乐家组成的艺委会一年来评出了124部(首)作品，其中歌曲44首，合唱曲17首，独奏曲18首，7部室内乐，9部协奏曲，6部民族管弦乐和16部管弦乐，7部歌剧和舞剧音乐。这次世纪华人的优秀音乐作品，堪称中华音乐成果的大检阅。在北京首场演出后，20世纪华人音乐经典先后在重庆、成都、上海、深圳、海口、香港、台湾、多伦多、纽约等地推出系列演出。这次活动是由中华民族文化促进会主办的。

第2届中国国际民间艺术节在京举行 第二届中国国际民间艺术节1992年8月15—18日在北京举行。16个参加国的国旗和节徽在首都体育馆交相辉映，构成一幅友谊和平的彩图。万里委员长宣布艺术节开幕。李鹏总理发了贺词。来自澳大利亚、玻利维亚、加拿大、朝鲜、法国、印度、印度尼西亚、意大利、以色列、日本、俄罗斯、西班牙、瑞典、坦桑尼亚、美国和中国的近500名民间艺术家在开幕式上表演荟萃世界五大洲民俗异彩的民族民间歌舞。8月18日晚，民间艺术家结束了在北京的演出活动。4天来，15个外国民间艺术团体同中国民间艺术家一道在工厂农村的剧场里进行了不同形式的演出，从澳洲的土著舞蹈到当今坦桑尼亚的马高舞，从北欧的瑞典纺织舞到南亚的印尼亚邦舞，各国民间艺术家多姿多彩的演出给数万名中国观众以新奇的艺术感受。

第3届中国艺术节在昆明举行 由文化部、国家民委、云南省政府联合兴办、云南省政府承办的中华民族盛会——第3届中国艺术节，于1992年2月18日至3月3日在昆明隆重举行。党和国家领导人江泽民、李鹏等为艺术节题了词。江泽民的题词是："建设有中国特色的社会主义文化。"李鹏的题词是："团结、繁荣、进步。"全国人大常委会委员长、第3届中国艺术节名誉主席万里、全国政协副主席、国家民委主任司马义·艾买提先后在开幕式和闭幕式上致词。历时15天的本届中国艺术节获得了全面丰收。它着重展现了我国各民族的文化艺术，融思想性、艺术性、民族性、群众性为一体，盛况空前，面貌一新。包括台湾省在内的全国各地及香港的文艺工作者欢聚一堂，56个民族的文化艺术争奇斗艳；文艺、经贸、旅游活动联为一体，专业演出和群众文化活动有机结合；还有来自朝鲜、泰国、缅甸、老挝、越南、墨西哥等国的文艺团体前来献艺。以40余台、168场文艺节目为主的各种文化艺术活动，气势恢宏，精彩纷呈，具有浓郁的民族特色、地方特色和强烈的时代气息，涌现出了一批优秀的戏剧、音乐、舞蹈、杂技等作品和优秀人才，展现了我国社会主义文艺百花园的繁荣昌盛，赢得了广大观众的普遍赞誉，观众达17万人次。

中国武汉国际杂技艺术节 中国武汉国际杂技艺术节1992年9月6～12日在武汉杂技厅举行这次由武汉市政府、文化部艺术局等单位共同主办的艺术节，以国际性杂技比赛为主体，集中开展文艺、体育、经贸、科技、旅游五大系列活动。加拿大、俄罗斯、英国、法国、德国、日本、中国等13个国家的21个杂技、马戏团高手云集；舞台杂技、高空杂技、驯兽、滑稽、魔术节目异彩纷呈。中国武汉杂技团的《女子车技》、朝鲜平壤杂技团的《空中飞人》、中国齐齐哈尔马戏团的《空中体操》荣获本届杂技节黄鹤金奖，6名演员获得黄鹤银奖，9名演员获得黄鹤铜奖。

首届乌兰牧骑艺术节 1992年8月3～10日，首届乌兰牧骑艺术节在内蒙古呼和浩特举办，来自全区的24支专业和业余乌兰牧骑聚会一堂，载歌载舞，欢度节日。乌兰牧骑，蒙古语意为红色文化工作队。乌兰牧骑以队伍短小精干，队员一专多能，节目小型多样，装备轻便，行动灵活的特点而闻名。诞生35年来，乌兰牧骑队伍已由1支发展到46支，观众累计达1.7亿人次，足迹遍及29个省市自治区，单独或组团出访过25个国家和地区，创作和演出了数以万计的各种类型的文艺节目。在艺术节闭幕式上，中共中央政治局常委李瑞环发表了重要讲话。他说，文艺的根本任务，是满足广大人民群众日益增长的文化生活的需要。因此，我们在提倡多创作健康有益作品的同时，也不反对政治思想上无害、艺术上较好、群众喜闻乐见的作品，只要不违反国家宪法和法律，就不要横加干涉。实践证明，对艺术作品简单地、片面地、过份地强调姓"社"姓"资"、强调思想政治教育的作用，就不能很好地坚持"二为"方向和"双百"方针，就很难做到"古为今用"，"洋为中用"，就不利于形成生动活泼、百花盛开的良好局面。文艺必须适应不断发展的大好形势，文艺界应该向广大群众提供更多更好的作品。

总政歌舞团庆祝建团40周年 中国人民解放军总政歌舞团1993年5月23日晚在中国剧院向首都观众奉献一台名为《军魂》的大型歌舞，以庆祝建团40周年。该团是一个综合性、高水准的大型歌舞团。建团以来，创作和演出了大量以军事题材为主的具有浓郁民族精神和时代精神的音乐舞蹈节目，形成了自己独特的艺术风格。40年来，总政歌舞团常年坚持到军营、哨所、海防、边疆前哨演出，深入全国240多个城市，总行程10万公里、共演出8970场，观众达1560万人次，深得广大官兵和全国人民的喜爱和赞誉。为纪念建国40周年，该团还开展了一系列演出活动，其中包括组队赴山东、河南和西沙群岛向广大官兵进行慰问演出。

中国农民文艺晚会在京举行 中央电视台、中国农民杂志社于1993年8月9日联合举办了《阳光、土地、庄稼汉——'93中国农民文艺晚会》。晚会富于浓郁的乡土气息、鲜明的民族特色和强烈的时代精神。百名来自全国农业战线的优秀干部、科研人员和乡镇企业家应邀来京参加了晚会。

首届中国农民书画展 首届中国农民书画展于1993年5月16日在北京中国美术馆展出。宋平、杨汝岱、余秋里、陈锡联等参加了开幕式,陈俊生、张爱萍、耿飚、杨成武等题词祝贺。由中国农民书画研究会主办的这次展览,展出除西藏外的大陆29个省市区和台湾省共398幅作品。

阿尔泰山岩画进京展出 由新疆阿尔泰地区文化处文管所和新疆博物馆联合举办的《中国阿尔泰山岩画》于1992年5月20日在中国历史博物馆展出。这次《阿尔泰山岩画》展出了百余件岩画拓片和图片,除岩画外,还附有草原石雕人像和草原鹿石。这些展品是从该地区文化博物工作人员在长达3年的时间内所收集的数千幅岩画中精选出来的。

齐白石纪念馆开馆 坐落在齐白石故乡——湖南省湘潭市白马湖风景区的湘潭齐白石纪念馆于1993年5月23日开馆。纪念馆占地10000平方米,建筑面积2000平方米,馆内收藏有齐白石国画原作和早期木、竹、石雕等艺术珍品40多件,当代名家书画作品数百件。

中国硬笔书法协会成立 我国唯一的全国性硬笔书法组织——中国硬笔书法协会1993年5月16日在北京成立。田纪云任名誉会长,王平、周谷城、启功等应邀担任协会顾问,庞中华、田英章任会长。

王昆兴办东方华夏艺术中心

据《人民日报》1993年1月9日报道,68岁的老艺术家王昆从东方歌舞团团长的职位上退下来后,创办了一所包括广告、影视制作、音像出版、旅游各项业务的文化经营实体——东方华夏艺术中心。王昆本人自任艺术中心理事长、艺术总监、总经理由周七月担任。该中心成立后的第一件工作,是编辑出版《难忘的歌》系列音像带。其中的第一辑"抗战篇"已经面世。这套作品歌声、图像并茂,不少镜头都来自历史的真实记录,是难得一见的珍贵资料。歌曲收有26首抗战时期的作品。据王昆介绍,"胜利篇"、"山河篇"、"祖国篇"、"母爱篇"亦将陆续出版。

著名作家陈国凯维护精神产品质量主动撤稿 广东省作协主席、著名作家陈国凯主动从《作品》杂志抽回该刊已定1992年12月号发表的一篇小说稿《糊涂》。其原因是他觉得没有写好,要推倒重来。陈国凯为维护精神产品质量,这样严肃对待自己的作品,使《作品》杂志编辑们深受感动。《作品》主编杨干华为此写了《陈国凯撤稿有感》一文。文章说:陈国凯"郑重其事,意恳情真,我们只好给他退稿"。陈国凯这样严肃对待自己的作品,表现出了强烈的超越精神。我们除了感动和钦佩之外,还能说什么呢?陈国凯在商讨中也没有摆名家派头,使我们当编辑的,一享平等的愉悦,如果文坛长盛此风,则不仅是编者幸甚,更是读者幸甚,文学幸甚!

《毛泽东文艺思想全书》出版

为纪念毛泽东《在延安文艺座谈会上的讲话》发表50周年,吉林人民出版社出版了《毛泽东文艺思想全书》。该书对毛泽东及党和国家其它领导人,老一辈无产阶级革命家的文艺论著、文艺思想观点和文艺创作成果收录甚详,并一一作了阐释和研究,同时对数以百计的文艺家、文艺理论家在各个历史时期学习、研究与实践毛泽东文艺思想的成果条分缕析,作了系统的归纳、整理、研究和介绍,充分展现了半个世纪以来毛泽东文艺思想的历史发展及辉煌成就。

《中国解放区文学书系》出版

据《文艺报》1992年12月12日报道:为隆重纪念毛泽东《在延安文艺座谈会上的讲话》发表50周年,重庆出版社推出9编22卷本《中国解放区文学书系》。编者在"总序"中指出:"我们呈现给读者的,是三四十年代我们自己苦难而不屈的黄土地生长的东西——中国解放区文学。作为人类创作新生活的又一历程的记录,其反抗侵略者、压迫者的战斗之艰辛,时间之长久,进程之曲折、酷烈和悲壮……,是人类历史所罕见。"这是中国几代作家与人民共命运同战斗,迎接中国黎明的真实记录,是小米加步枪,真理和热血浇铸起来的人民胜利的丰碑。该书总主编为林默涵,副总主编魏巍、张学新、沈世鸣。

6. 新闻出版

1992年新闻出版工作综述

邓小平同志视察南方的重要谈话和中国共产党的十四大确定的建立社会主义市场经济体制,对进一步解放和发展生产力是一个巨大的推动力。在此大背景下,全国的新闻出版工作出现了可喜的局面:

1. 报业的扩版潮。扩版的涛声虽在1991年即已耳闻,但形成浪潮则在1992年。《广州日报》继扩为8版之后,又推出12版大报。与此同时,《文汇报》、《福建日报》、《黑龙江日报》则扩为8版。《经济日报》、《光明日报》、《工人日报》以及《湖北日报》、《长江日报》、《贵州日报》、《南方日报》、《北京日报》、《大众日报》等一批省市报纸先是出版周末刊或星期刊,继之扩大为每日8版。扩版使报纸增加了信息量,增强了可读性,也增加了广告的版面。

2. 新闻评论增多，新闻的舆论导向作用和参政作用得到有效的发挥。《深圳特区报》新春8评开'92系列评论之先河；《经济日报》从《说"快"》、《论"胆"》到6评发展第三产业、4评珠海重奖冲击波等，气势夺人；《人民日报》以8字标题组论力述《抓住时机、加速发展》、《勇敢探索、大胆试验》，催人奋进。省报中如《四川日报》10评坚定不移地贯彻党的基本路线，《宁夏日报》系列呐喊《宁夏不能再误车》以及上海报纸《建立社会主义市场经济》的阐述，都以磅礴的气势、紧迫的情感产生了极大的影响力。

3. 新闻界的协同作战显示出巨大威力。在对1992年春天的"两会"，夏天的巴塞罗纳奥运会和秋天的中共第十四次全国代表大会的系列报道上，新闻界通力合作打了漂亮的三大战役。尤其值得称道的是新华社的奥运报道，以其集体合作，凭借机智、勤奋，使新华社重大奥运新闻英文快讯与西方四大通讯社相比领先率达89%，战绩可谓辉煌。"中国质量万里行"活动，以其少有的群体阵势和强烈的轰动效应在我国新闻史上写下了崭新的一章。"质量万里行"的新闻实践是新闻舆论的监督功能在特定历史时期的创造性发挥。同时，它也进一步开拓了新闻从业人员对新闻功能的认识范围，为我国新闻事业如何更好地介入现实生活、参与社会主义现代化建设，开辟了一条光辉的道路。

4. 反映社会热点问题的报道明显增多。被冠之以"社会速写"、"经济广角"或"大视野"的宏观社会新闻纷纷出现于报端。它与80年代中后期新闻界风行一时的深度报道的最大区别就在于它的取材较后者轻松，表述较后者活泼，而且长篇思辨色彩的语言明显减少。也就是说，现在的宏观新闻更重描述而非思辨，更重事实而较少作者一己之评介。这说明记者的报道方式与写作方法及认识事物的角度正悄然变化。

5. 新闻出版部门为适应市场经济体制，正逐步改革管理体制。政府对新闻出版事业按经济规律和新闻出版规律进行科学管理，加重了新闻出版单位和新闻出版工作者的社会责任；新闻出版单位内部的经营管理、优化组合以及奖惩机制、晋升机制、人才培训机制等管理制度正逐步建立和健全中。出版管理部门简政放权，转换职能。新闻出版署放宽了科技出版社的专业分工范围，以大力支持科技图书出版；对原实行专题报批管理的古旧小说、新武侠小说、人体美术等类图书，不再作专题报批，均可按一般图书出版；下放了用于向国外赠送的广告宣传挂历的审批权；废止了一些过时的规定。

6. 出版行业的结构出现新格局。新闻出版署于4月下旬召开的烟台会议，肯定了山东出版行业之间的企业联合，提出了自愿、互惠、互利的联合原则和紧密型、半紧密型、松散型3种主要模式。此后，为适应发展，增强竞争能力，有相当一部分出版行业之间组成或酝酿组成新的联合体。出版行业打破了多年来结构上的一贯制，出现新形式、新格局。以承包为主的各种形式的目标管理责任制也同时在出版系统全面铺开，为出版行业的发展注入了活力。

7. 为经济建设和生产实践服务的图书出版得到加强。经济类、实用技术类的图书出版受到出版界和社会的关注并成为热点。正在制定的《1991—1995年国家重点图书选题出版计划》（补编）中，为经济建设和生产实践服务的选题将达到90%以上，其中相当部分是属于国家科研成果转化为现实生产力的选题。中央和地方的出版社纷纷采取措施，以加强此类图书的出版。

8. 新闻出版的人才素质有了提高。以自我进修为特色的业务学习风气在一批有远见的记者编辑中滋长，学电脑、学金融、学市场知识、学以前课堂上没有学过的东西，主动接受变革时代的挑战，调整自己的知识技能结构，准备在即将到来的新闻出版竞争中进行新的搏击。新闻出版理论研究的层次在深化，内容在扩展，出现了一大批好论文。国际交往趋于密切。

9. 报纸的板式标题醒目，照片扩大，漫画增多。版画革新正在成为新闻出版改革思想和个性特色的外在表现。

1993年我国公开发行的报纸达2039种 新闻出版署报纸管理司负责人在1993年12月30日发表的书面谈话中指出，1993年，我国报纸行业得到迅速发展，国家注册的公开发行报纸已达2039种，上半年报纸总印数和总印张数分别比去年同期增长5%和18%，创历史最高纪录。全国各类报纸的信息传递量急剧扩大，中央各类综合性报纸、省和部分地方级机关报纷纷扩大为8个版，有的还办了12个版或16个版，并且出现了上百个版的专业性报纸。我国报纸品种繁多，专业分工细密，形式多样，琳琅满目。全国已有700多家报社采用激光照排技术，不但基本上在全国告别了"铅与火"的旧式印刷技术，而且纷纷采用彩色印刷，有的已告别了"纸与笔"，开始走上用微机撰写和编辑的现代化进程。报纸的广告业务也发展迅速，一年广告收入超过亿元的报社已有10家以上。

第三、四届"中国新闻奖"分别揭晓 检阅1992年、1993年我国新闻工作实绩的第三、四届"中国新闻奖"分别于1993年8月3日和1994年9月1日揭晓。第三届"中国新闻奖"评选中，计有154件佳作获奖。《深圳特区报》的通讯《东方风来满眼春》、《人民日报》的言论《千万不可忽视农业》、《解放日报》的消息《上海证券交易与国际市场接轨》、新华社的消息《大学生列车上见义勇为斗歹徒　乘警列车员闻警不动受指责》、中央电视台的消息《邓小平与中央领导同志一起同十四大代表亲切见面》、中央人民广播电台的消息《张学良接受大陆记者采访》、山西电视台的新闻专题《来自病床上的报道》、黑龙江人民广播电台的消息《江海联运货船首航》、《空军报》的摄影《勇战士急下水抢救亲人》、《常州日报》的消息《溧阳兴办开发区杜绝盲目乱圈地》、上海东方广播电台的广播专题《奉献一片爱心》等18件作品获一等奖，另有52件获二等奖，84件获三等奖。第四届“中国新闻奖”评选中，有16件作品获一等奖，它们是：新华社的消息《中国投巨资加快长江沿岸地区开发》、《长江日报》的消息《武钢近七万人不再吃钢铁饭》、《人民日报》的言论《加强和改善宏观控制　积极促进改革与发展》、《经济日报》的言论《为什么要整顿金融秩序》、《解放军报》的通讯《战士义勇非凡　人民恩重如山》、《新民晚报》的通讯《中国质量的一座丰碑》、《新民晚报》的通讯《三次上书总书记的普通农民》、新华社的摄影《花岗悲歌》、中国国际广播电台的消息《莫斯科流血事件报道》、中央人民广播电台的评论《拜金主义要不得》、中央人民广播电台的专题《人民崇尚这颗星》、河南省获嘉县广播站的专题《南街情》、北京人民广播电台专题《挖墙脚的人们》、中央电视台的消息《牡丹集团厂庆新办》、上海电视台的消息《邓小平同志和上海各界人士共度新春佳节》、山西电视台的评论《农民要减轻自身负担》。另有144件作品分获二等奖、三等奖。由中国记协主办的一年一度的“中国新闻奖”是我国综合性年度优秀新闻作品的最高奖。

丁关根强调新闻宣传要以建设有中国特色的社会主义理论为指针　1993年2月，《人民日报》召开了国内记者工作会议，这次会议由人民日报社社长、总编辑邵华泽主持。郑必坚、曾建徽、郭超人、徐惟诚以及首都新闻单位的负责人出席了这次会议。中共中央政治局委员、书记处书记、中宣部部长丁关根于2月19日到会，并就在新形势下如何办好人民日报、做好新闻宣传工作发表了重要意见。他指出，以建设有中国特色社会主义理论为根本方针，为人民服务、为社会主义服务，这是党对新闻宣传的根本要求，是新时期新闻宣传工作坚持党性原则、在政治上同党中央保持一致的集中体现，是做好新闻宣传工作最重要最核心的一条。新闻宣传工作要把宣传建设有中国特色社会主义理论作为最重要的任务。要坚持党的基本路线不动摇，服从和服务于经济建设这个中心。通过扎实有效的宣传，把全党和全国人民的注意力引导到搞好社会主义现代化建设上来，推动经济发展和社会全面进步。同时，要充分发挥党和政府同人民群众的纽带和桥梁作用，满足人民群众多方面、多层次的信息需求。

中央宣传部召开新闻工作座谈会　1993年6月9日，中宣部在北京召开了新闻工作座谈会，首都主要新闻单位负责人和部分编辑、记者、新闻出版署、全国记协等单位负责人，新闻研究和新闻教学工作者约50人参加了这次座谈会。座谈会由中宣部常务副部长徐惟诚主持。与会的新闻界人士认为，要继续推进新闻改革，加强队伍建设，贯彻新闻工作者职业道德准则，纠正新闻行业的不正之风，以适应当前形势发展的需要，进一步搞好当前经济工作和精神文明建设的宣传报道，使新闻工作提高到一个新的水平。大家在座谈中认为，我国新闻事业目前正处在蓬勃发展的时期，新闻工作从以阶级斗争为纲转到服务于经济建设这个中心，这是根本性的变革。新闻宣传对于促进经济发展和社会全面进步起着越来越大的作用。继续推进新闻改革，要在总结、肯定已经取得的成果基础上进行，新闻改革要从实际出发，从国情出发。徐惟诚在座谈会结束时讲了话。他指出，社会经济的发展对新闻工作的要求很高，新闻工作者要为整个民族的富强作贡献，当前要着力抓好四个方面的工作：一是理论武装，用邓小平建设有中国特色社会主义的理论帮助人们解放思想，实事求是，推进改革开放和社会主义现代化建设事业；二是要及时向群众提供大量的、可靠的、有用的信息；三是为读者、观众、听众提供更多有用的知识，特别是有关社会主义市场经济的基本知识；四是把握好社会主义市场经济条件下的价值导向，根据时代特点向人们宣传正确的人生观、价值观，以及艰苦奋斗的思想以振奋民族精神，为中华民族的繁荣富强团结奋斗。

中央宣传部、新闻出版署发出《关于加强新闻队伍职业道德建设，禁止“有偿新闻”的通知》　中共中央宣传部、国家新闻出版署于1993年7月31日发出通知说，党的十一届三中全会以来，我国新闻工作在党的领导下，坚持党的基本路线，坚持为人民服务、为社会主义服务的方针，为建设有中国特色的社会主义事业做出了重要贡献。我国新闻队伍的素质是好的，富有敬业、创业精神。但近年来，新闻队伍中出现了违反职业道德准则的问题，一些新闻单位和新闻工作者，利用采访和报道搞“有偿新闻”，甚至向被采访和报道的单位、个人索要财物。这种不正之风损害新闻工作信誉，腐蚀新闻队伍，必须坚决制止。通知要求：(1)新闻单位和新闻工作者要认清党和人民赋予的使命和职责，继承和发扬新闻工作的优良传统，坚持新闻工作为人民服务、为社会主义服务的方针，坚持新闻工作的党性原则和真实性原则，遵纪守法，廉洁奉公，恪尽职守，维护新闻工作的良好形象和信誉。(2)根据中共中央办公厅、国务院办公厅《关于严禁党政机关及其工作人员在公务活动中接受和赠送礼金、有价证券的通知》精神，新闻单位和新闻工作者不得接受被采访或被报道者以任何名义给的礼金和有价证券，不得向被采访或被报道者索要钱物;各单位不得以任何名义向新闻单位和新闻工作者赠送礼金和有价证券,也不得以重奖办法吸引新闻工作者到本地区、本单位采访报道。(3)新闻与广告必须严格分开,不得以新闻报道的形式为被报道单位做广告。凡属新闻报道,新闻单位不得向被报道者收取任何费用;凡收取费用而刊播的,应标明为“广告”。(4)新闻报道与经营活动必须严格分开。记者、编辑不得从事广告业务,从中牟利。(5)各新闻单位要在新闻工作人员中深入地开展新闻职业道德和法制纪律教育,制定自我监督自我约束的规定,接受社会监督。对新闻队伍中廉洁清正、模范遵守法纪和职业道德的集体和个人,要大力表彰,弘扬正气。对违纪者要严肃处理。

中央宣传部、新闻出版署联合发出关于禁止买卖书号的通知 中共中央宣传部、新闻出版署于1993年10月26日联合发出通知指出,党的十一届三中全会以来,出版工作坚持党的一个中心,两个基本点的基本路线,坚持为人民服务、为社会主义服务的方针,整个事业发展很快,出版了许多好书,为社会主义物质文明和精神文明建设做出了重要贡献。但是,近几年来,在发展中也出现了一些值得注意的问题。“买卖书号”是其中比较突出的问题之一。一些出版社以管理费、书号费或其他费用的名义收取费用,出让国家出版管理部门赋予的编辑、印刷、发行出版物的权力,给一些非出版单位或个人提供书号,使他们以出版社的名义出书牟利。“买卖书号”的行为,违反了国家关于出版管理的规定,背离了社会主义市场经济的发展要求和出版事业发展的规律,造成许多严重后果。一些出版单位放弃职责,使一批平庸的、粗制滥造的读物得以出版,损害了读者的利益,导致图书出版总量失衡,败坏了社会主义出版事业的形象。尤其是少数不法分子利用买到的书号,出版有严重政治错误、泄露国家机密、损害民族团结、违反外交政策、宣扬封建迷信以及色情淫秽内容的图书,造成了很坏的社会影响,损害了社会主义精神文明的建设。一些单位或个人利用书号,无照经营,偷税、漏税,牟取暴利,损害了国家的利益。“买卖书号”还严重腐蚀了出版队伍,一些出版单位和个人,为捞取经济上的好处,贪污受贿,以权谋私,甚至与不法书商内外勾结,走上犯罪的道路。为深化出版改革,繁荣出版事业,坚决禁止各种形式买卖书号的行为,《通知》作了7项具体规定,要求各出版社对“买卖书号”问题进行检查清理。

新闻出版署发出《关于禁止在大陆出卖港、台书号的通知》 新闻出版署于1993年7月31日发出通知说,近来,一些香港、台湾的出版单位或其代理人,在大陆出卖所谓“国际书号”。有人买了这种“国际书号”,从事图书的印刷发行活动。这些非法行为,扰乱了图书市场的正常秩序,严重违反了出版管理规定。通知指出,世界通用的“国际书号”是没有的。符合国际标准的书号,包含国家、地区的组号和出版单位的前缀号,只能由一定的国家、地区和一定的出版单位使用,任何其他的单位和个人都不能使用。更何况有些在大陆出卖“国际书号”的港、台出版单位只是空头机构,有名无实,实际上是一种诈骗活动。用这种“国际书号”在大陆印刷发行图书属于非法出版活动,在大陆图书市场要受到取缔,同时也进不了海外图书市场。通知要求,为了维护图书市场的正常秩序,严禁香港、台湾的出版单位或其代理人;或者是冒用香港、台湾出版单位名义,在大陆出卖香港、台湾出版单位的书号或“国际书号”。如有违反,由当地出版行政管理机关予以取缔,并对买卖双方均按非法出版活动追究责任。

新闻出版署、广播电影电视部、文化部联合发出《关于查处非法音像出版物的通知》 一个时期以来,一些部门、单位和个人,置国家法律、法规于不顾,采用各种手段从事非法音像出版发行活动,对社会主义物质文明建设和精神文明建设危害极大。为此,新闻出版署、广电部、文化部于1993年3月31日联合发出通知,要求对这种现象从快从严查处,坚决打击。通知强调,查处非法出版物的工作是“扫黄”工作的重要组成部分。各地区、各部门要加强领导,积极配合,协同作战,常抓不懈。既要采取有针对性的集中行动,又要注重加强经常性的管理。问题严重的地方每年都要集中打击几次。要把查处大案、要案与净化整个音像市场紧密结合起来,使非法音像出版物充斥市场的现象从根本上得到改善。通知明确了非法音像出版物的范围和查处办法。

全国新闻职称改革工作座谈会在穗举行 全国新闻职称改革工作领导小组办公室于1992年12月上旬在广州召开职改工作座谈会提出:新闻职称改革必须适应整个改革开放的大气候,应有利于单位行使用人的自主权,有利于对专业人员做出科学合理的评价。参加座谈会的有各省、自治区、直辖市及计划单列市新闻职改办负责人,中央及部分部委、部分省市新闻单位负责职改工作的同志共80余人。会议就新闻职称深化改革问题进行了讨论。与会者认为,根据中共十四大提出的建立社会主义市场经济的要求,新闻单位最终要走向经济自立的道路。因此,当前新闻职称改革一方面要同人事制度改革相适应,改变在专业职务聘任问题上管得过死过细的传统做法,扩大单位用人的自主权,使单位想用的人用得上;另一方面要认真抓好任职资格的评审工作,使资格的评审更具有学术性。权威性和社会性。真正评出水平,有利于调动专业人员的积极性。同时要加强专业职务岗位设置和聘后的考核管理等工作的宏观指导和协调工作。专业职务岗位设置和专业人员聘后的考核管理，是实行专业职务聘任制的基础和前提，通过合理设岗，明确各级专业人员的岗位职责、工作任务和上岗的具体条件，做到以岗选人，人尽其才。通过严格的考核制度，对专业人员聘后的工作做出公平的评价，做到优者上劣者下，解决好职责相符，专业职务不搞终身制的问题。

《中国大百科全书》全部出齐 大百科全书出版社于1993年8月出齐了我国第一部大型现代综合性巨著——《中国大百科全书》。全书共74卷，12.6亿字，共收条目77859个，2万多位专家、学者参加了编撰工作，历时15年。原马恩列斯编译局副局长姜椿芳于1978年倡议编撰《中国大百科全书》，得到邓小平的支持，经中共中央和国务院批准，当年组建了以胡乔木为主任的全书总编委会。此书是知识的总汇，是扼要概述人类的知识和历史，并着重反映现代科学文化成就的工具书。它的出版是对我国学术界的一次空前大检阅，它提供了我国各个领域丰富的研究成果，有创见的论述和首次发现的宝贵资料，其中有相当一部分是其他国家的百科全书所没有的。书中的大多数学科卷是我国在该学科中第一次问世的辞书，有的在国际上居于前列。

书报刊市场管理研讨会在京召开 1993年3月11日至13日，中宣部、新闻出版署联合在北京召开书报刊市场管理研讨会，研究在社会主义市场经济的条件下，如何加强书报刊市场的管理，更好地为改革开放和经济建设服务。会议认真研讨了当前书刊市场出现的新情况、新问题，强调在社会主义市场经济的建设中，政府机关要逐步简政放权，各新闻出版单位逐步地扩大自主权。但有关审批程序的改变，并不意味着对新闻出版物要求的降低，不意味着取消有关管理规定。新闻出版单位的自主权增大了，自身的责任也加重了，各新闻出版单位只有自觉地贯彻党的方针政策，自觉地把社会效益作为最高的准则，才能肩负起时代赋予我们的责任。与会者一致认为，邓小平南巡谈话和党的十四大之后，书报刊和音像出版事业取得了可喜的进步，新闻宣传、书刊出版为经济建设和改革开放服务的份量加大了，配合党的中心工作的自觉性增强了，新闻出版事业在积极宣传改革开放的同时，也加快了自身的改革。然而，目前书报刊市场上存在的问题也应引起各级领导和新闻出版主管部门的高度重视。有的新闻出版单位违反有关规定竞相发表不符合历史事实的关于党和国家领导人工作和生活的作品，并在一段时间形成热点，在政治上造成了不好影响；一些报刊随意改变办报、办刊宗旨，变相卖报号、刊号；有些出版社报刊社争相出版、刊登不健康的甚至夹杂淫秽色情内容的人体画册和裸体照片，背离了社会主义新闻出版事业的方向，广大读者十分不满。针对上述问题，许多与会者强调，在新闻出版战线工作的人员一定要强化阵地意识；在重大问题上，提倡什么，发扬什么，反对什么，限制什么，一定要旗帜鲜明、决不含糊。要牢牢把握社会主义书报刊的宗旨，使之沿着正确的方向健康发展。越是改革开放，越要加强对书报刊的行政管理；加强管理和促进新闻出版事业的繁荣是相辅相成的，没有严格的科学管理就不会有新闻出版事业真正的繁荣。

中国报刊业发展成就博览会在京举行 1993年9月27日至10月4日在中国人民革命军事博物馆举行。这个博览会，是由新闻出版署信息中心、中国报业经营管理协会和中国期刊协会联合举办的，旨在检阅改革开放以来我国报刊业的新发展，展示报刊为改革开放和经济建设服务的新成就，交流报刊经营管理和运行机制转变的新经验，以推进报刊改革的步伐，增强报刊服务的功能，扩大报刊的影响。博览会荟萃了全国3000多家具有代表性的报刊。整个展览占地8000多平方米，设标准摊位530多个。展厅布满了样报、样刊、照片、模型等实物和图表，从多侧面、多层次反映了报刊业15年来取得的发展成就。

全国首次新闻出版系统表彰先进大会在京召开 建国以来新闻出版系统第一次全国性表彰大会于1992年12月26日在北京人民大会堂举行。新闻出版署和人事部联合表彰了全国新闻出版界的97个先进集体和116名先进工作者并向他们颁发了证书、奖章或奖牌。这次评先的目的是为了认真贯彻"一个中心，两个基本点"的基本路线，坚持和发展社会主义新闻出版阵地，坚持新闻出版工作的"两为"方向，调动广大新闻出版工作者的积极性，促进新闻出版事业的发展。评选采取自下而上的办法，由基层讨论推荐，逐级审核上报。这次表彰被认为是新闻出版界的最高荣誉。

1992年6项全国性新闻奖揭晓 (1)第6届全国地市报优秀新闻作品评选于1992年7月20日在北京揭晓。从212家新闻单位选送的1134篇作品中评出45篇一等奖、100篇二等奖、170篇三等奖。(2)第2届中国新闻奖于1992年8月24日揭晓。参评的496件作品中评出152件获奖作品，其中17件获一等奖，51件获二等奖，83件获三等奖。(3)第2届"宣传人民代表大会制度好新闻"评选于1992年10月26日在北京揭晓，146篇作品获奖，其中14篇获一等奖，43篇获二等奖，89篇获三等奖。(4)第2届政协好新闻奖于1992年10月31日在北京颁奖。99件作品获奖，其中一等奖12件，二等奖31件，三等奖56件。(5)第3届全国现场短新闻奖于1992年11月2日揭晓，共有153件作品获奖，其中16件作品获一等奖，46件作品获二等奖，91件作品获三等奖。(6)首届全国

“繁荣出版好新闻”奖于1992年12月15日在北京揭晓，50篇作品获奖，其中一等奖10篇，二等奖和三等奖各20篇。

第6届中国图书奖颁奖 第6届中国图书奖1992年12月底在深圳揭晓。《中国共产党七十年图集》、《我的经济观》、《深圳的斯芬克思之谜》、《论竞争性市场体制》、《“九·一八”事变丛书》、《国学丛书》、《黄河防洪志》等30种图书获一等奖；《毛泽东军事思想发展史》、《希望在南方》、《战略性的突破》、《图像中国建设史》等62种图书获二等奖。中国图书奖是一项图书综合性大奖，由中宣部、新闻出版署领导，中国图书评论学会主办。

我国设立“国家图书奖”并进行首次评选 为了鼓励和表彰优秀图书的出版，新闻出版署于1992年11月决定设立“国家图书奖”。国家图书奖是全国图书评奖中的最高奖励，每两年举办一次。每次授奖额30个，不分档次。另设提名奖50个。获国家图书奖的图书必须坚持社会主义出版方针，在此原则下，还应具备以下5个条件之一：(1)对于中华民族的科学文化的发展有重要贡献；(2)对于宣传马克思主义及党和国家的重大方针政策有重要贡献；(3)对于国民经济、国防建设有重要贡献；(4)对于出版事业的发展有重要贡献；(5)有重要思想价值、科学价值、文化艺术价值或在思想界、学术界及社会上产生重大影响者。自1993年3月发出评奖通知后，共有400家出版社从1980年到1992年出版的50余万种新版书中推荐、申报1105种各类图书参评。此后，经过初评，又将入围的189种图书在《光明日报》和《新闻出版报》上公布，广泛听取各界读者意见。在半个多月的时间里，评奖办公室共接到100多位读者来信或电话，其中还包括台湾和香港的读者。最后，经过充分讨论，全体评委以无记名投票的方式，最终选出《中国大百科全书(74卷)》、《乾隆版大藏经(724函)》等8种获荣誉奖，《中国人民解放军战史》、《周恩来传》等45种获正式奖，《中国共产党七十年图集》、《中国少数民族文库(30册)》等82种获提名奖。参评的评委共72人，均系学术、文化、出版界著名的专家学者。此奖以后由国家新闻出版署举办。每届评奖，国家都拿出120万元作为评奖经费。其中奖励作者1万元，责任编辑6000元。第二届评奖将于1995年进行。

首届科技期刊奖揭晓 中宣部、国家科委和新闻出版署于1992年12月26日至28日联合召开首届科技期刊表彰大会，351种科技期刊受到表彰。其中一等奖50种、二等奖100种、三等奖201种。中共十一届三中全会以来，我国的科技期刊蓬勃发展，从400种增长到3600种，印数从2000万册增长到3.5亿册，已形成了学术、技术、普及、政策指导和检索五大类出版体系，在促进科研工作和经济建设的发展中发挥着日益重要的作用，在世界上的影响日益扩大。这次评比，是根据国家科委、新闻出版署颁布的《科技期刊管理办法》的有关规定进行的。全国30个省、自治区、直辖市和41个部委都有期刊获奖。获奖期刊基本上覆盖了各主要学科和专业。获奖期刊中，除中文版本外，还有英文、维文、蒙文版本。

首届中国民族图书奖颁奖 1992年11月22日，首届中国民族图书评选揭晓颁奖大会在北京举行。全国29家民族文字出版社18种文字(包括汉文)的52种图书获得了一、二、三等奖。这标志着我国民族出版事业取得了丰硕成果。全国现有36家民族文字出版社，每年用蒙、藏、维吾尔、哈萨克、朝鲜、纳西等18种民族文字出版图书3500种，4000万册左右。为更有力地促进民族出版工作，推动民族出版事业蓬勃发展，由中国出版工作者协会民族出版工作委员会申请，经国家民委和新闻出版署批准，正式设立了中国民族图书奖。全国14个省区的36家民族出版社参加了首届中国民族图书奖的评奖。获奖图书中，科技类图书8种，教育类图书7种，历史类图书11种，文学类图书7种，艺术类图书5种，语音类图书7种，其他类图书7种。另有19种图书分获提名奖。

全国十佳经济读物评选揭晓 1993年4月27日上午，《经济日报》评选出1992年全国十佳经济读物，并举行了颁奖仪式。这次的获奖读物是：《著名学者论社会主义市场经济》(人民出版社)、《关税与贸易总协定总论》(中国对外经济贸易出版社)、《宏观财务与会计准则》(经济科学出版社)、《中国经济法律百科全书》(中国政法大学出版社)、《中国期货市场》(广东高等教育出版社)、《中国通货膨胀形成的研究》(人民大学出版社)、《经济白皮书：中国经济形势与展望(1991—1992)》(中国发展出版社)、《中国著名经济学家论改革》(北京出版社)、《中国商品经济运行机制》(中国经济出版社)、《通俗证券知识(丛书)》(中国金融出版社)。

中国加入2个世界性版权公约 1992年10月14日，国家版权局副局长刘杲在京向中外记者通报：《伯尔尼公约》和《世界版权公约》分别于10月15日和30日在我国正式生效。自此，我国作品将在公约其他成员国受到保护，公约其他成员国的作品也将在我国受到保护。这标志着我国版权保护制度树立了新的里程碑。我国加入国际版权公约，改善了外国作品在我国投放的市场环境，同时也将提高我国作品在国际市场上的竞争力和促进国内著作权保护的完善。《世界版权公约》于1952年在日内瓦签订，1971年在巴黎又签署了修正文本，扩大了受保护作品的范围，目前共有85个成员国。该公约保护的作品版权主要包括文学、艺术和学术三个方面。

中国版权制度国际研讨会在京举行 由国家版权局主办的中国版权制度国际研讨会，1992年9月14日至15日在北京举行，主题是中国版权法和伯尔尼公约。国家版权局局长宋木文在开幕式致辞中说："中国版权法的制定与实施，中国加入《伯尔尼公约》和《世界版权公约》，是近10多年来我国执行改革开放政策的重要成果"。来宾有：世界知识产权组织的代表——总干事鲍格胥、版权局局长菲切尔和高级顾问李家浩；国际作家作曲家协会联合会亚太地区总监洪伟典、德国专利局局长豪依塞尔、美国版权局局长拉尔夫·奥曼、瑞典司法部顾问亨利·奥尔森、俄罗斯莫斯科大学法学教授伊琳娜·萨韦利耶夫、瑞士音乐版权协会前总干事乌里奇·乌腾哈根、香港作曲家作词家协会总经理杨展威等。鲍格胥在致辞中说：中国加入《伯尔尼公约》是极为重要的历史性事件。这对于中国的文化、科学及社会发展，对于希望在全世界实现对文学艺术作品给予合理及有效保护的整个国际社会而言都是一件好事。与会者最高人民法院院长任建新致辞说：对外开放的中国面临的是一个知识产权十分发达的世界。90年代，中国的版权保护和整个知识产权的保护将进入一个在更高水平上发展的新阶段。

中国新闻史学会成立 1992年6月11日举行了中国新闻史学会成立暨首届大型学术研讨会。海内外80余名学者与会。此会的成立，凝结着中国新闻史学界大批优秀工作者的心血，并得到海内外学者的赞助。学会的发起人有中国人民大学方汉奇教授，复旦大学宁树藩教授、丁淦林教授，北京广播学院赵玉明教授等国内知名专家学者。这次研讨会上，与会者介绍了国内外中国新闻史研究的现状，交流了党报史及各地新闻史志编写经验，并展览了研究成果。

中国编辑学会在京成立 1992年10月13日，中国编辑学会在北京成立。来自全国各地的书刊出版单位、高等院校、科研机构和学术团体的代表100余人出席了成立大会。新闻出版署副署长刘杲当选为学会会长。中国编辑学会是全国性、群众性的学术团体，任务是以马克思主义为指导，遵照中国共产党的基本路线和出版方针，开展编辑工作、编辑理论、编辑学和编辑史的研究，探讨实际工作中的重大问题，逐步建立编辑学学科的理论体系，促进出版事业的繁荣，更好地为我国社会主义现代化建设事业服务。它的成立使我国的编辑工作者有了自己的学术团体。

中国期刊协会在京成立 中国期刊协会1992年5月28日在北京成立，这是建国以来我国期刊业的第一个全国性行业组织。中共十一届三中全会后，随着改革开放，我国期刊出版事业呈现出前所未有的繁荣景象，各类期刊由1978年的900余种发展到现在的6539种，年发行总量近20亿册。期刊业已成为我国文化事业中不可缺少的重要组成部分。

全国部分报纸周末版研讨会在大连召开 大连日报社主办的部分报纸周末版研讨会于1993年9月7日至12日在大连召开。人民日报、光明日报等全国近20家省、市报纸负责周末版的编辑出席了会议。会议着重探讨了周末版的本质特征，分析了目前存在的问题和困难，提出了若干构想和对策，预测了周末版的发展趋势。与会代表对目前不少周末版脱离新闻性，走向杂志化的倾向表示担忧，提出批评。认为周末版当然不同于其他版，但它必须在新闻性这个大框架下，追求文学性、知识性、趣味性、可读性。

"十佳"青年报刊记者评选揭晓 经过严格评选，从全国逾百家青年报刊的1000多名记者中产生了"十佳"。1993年8月6日，马年华(《中国青年报》)，王建敏(上海《青年报》)、卢程(贵州《青年时代》杂志)，刘健(《中国青年报》)、张延平(《北京青年报》)、李国伟(广东《少男少女》杂志)、范庆锋(河南《青年导报》)、郑勇(《中国青年》杂志)、赵彬(宁夏《青年生活导报》)、温眉眉(广东《黄金时代》杂志)，来到北京，从中宣部常务副部长徐惟诚，团中央书记处书记袁纯清、新闻出版署副署长王强华、中国记协书记处书记唐非手中接过荣誉证书。举办这次活动的团中央和中国青年报刊协会对当选的"十佳"记者进行了表彰和奖励。

《中文核心期刊要目总览》编制完成 我国首次大规模使用文献计量学方法，对中文期刊进行统计分析的研究成果——《中文核心期刊要目总览》，于1992年1月全部编制完成。经过筛选，有2000余种期刊被列为核心期刊。期刊以其出版周期一般较短、方式灵活、内容广泛的特点成为人们传递知识、信息的极好载体。它的出版量随社会的发展而激增。目前全世界公开发行的期刊已达10万余种。期刊的巨大出版量，使图书情报机构购买资金及收藏空间有限的矛盾日益尖锐。因此世界各发达国家都采用科学方法，把那些水平高、质量好，最能反映各学科前沿研究状况及发展趋势的核心期刊筛选出来，为图书情报机构提供期刊质量评价标准。由于这项研究是涉及众多学科的庞大系统工程，在我国图书情报界酝酿多年而未能全面开展。经过治理整顿，我国中文期刊的出版趋于稳定，公开发行的期刊总数逾6500余种。研究确定各学科的核心期刊，并编制一个较为完整、系统的中文核心期刊表的时机已经成熟。从1990年11月起，北京高校图书馆期刊工作委员会和北京大学图书馆自筹经费，动员北京地区40多所高校的200多名研究人员联合攻关，并聘请400多名各学科的专家对核心期刊进行书面鉴定。历时一年，编制完成了中文核心期刊总表。这项研究全面反映了我国中文期刊的现状，是读者和中外各级图书馆中文期刊采购人员的重要的参考工具。

《图书质量管理规定》颁布 为了加强图书质量管理，全面提高图书质量，鼓励多出好书，新闻出版署制定的《图书质量管理规定》于1992年11月18日出台。此《规定》共7章24条，对图书出版过程质量分级、图书成品质量分级、图书质量检查管理机构、图书质量检查管理制度、奖励与处罚等均作了明确规定。《规定》要求，出版社出版图书必须坚持"一个中心，两个基本点"的基本路线，坚持出版方针和政策，坚持质量第一的原则，以社会效益为最高准则，注重社会效益与经济效益的统一。《规定》要求各省、自治区、直辖市、计划单列市新闻出版局和出版社主管部门，切实加强对质量工作的领导，健全质量管理机构；同时要建立经常性检查制度并负责图书质量检查工作，力争经过3至5年的努力，使图书质量有明显改观。

《毛泽东手书选集》出版 为纪念毛泽东诞辰100周年，中央档案馆编辑的《毛泽东手书选集》于1993年8月开始出版发行。江泽民总书记题写了书名。编者从浩繁的馆藏毛泽东手迹中，精选了2000多幅书法珍品，大部分属首次公开发表。全书共10卷，分别为：自作诗词、题词、题字、书信、文稿、电稿、批注、札记、古诗词。选集全面系统地展现了毛泽东书法艺术的发展历程、巨大魅力和光辉成就。为便于阅读，全部手迹都附印了释文，有的还作了考证和校订。

《邓小平文选》第三卷发行近2000万册 新华社于1993年12月30日报道，《邓小平文选》第三卷出版后，全国各族人民争相购买，在不到2个月的时间内，已发行近2000万册，成为近年来发行量最大的图书。

599名中外记者采访中共十四大 1992年10月12日至17日，中国共产党第十四次全国代表大会召开期间，599名中外记者参加采访，其数量超过历届采访党的代表大会记者的人数。他们之中，有204名国内记者，113名台、港、澳记者，279名外国记者。

《深圳特区报》"猴年新春评论"被授予重奖 深圳特区报于1992年2月20日至3月6日连续发表了8篇"猴年新春评论"，提出了一系列重要观点。这组评论指出：要扭住经济建设这个中心不放，其他工作服从并服务于这个中心；深圳成功的重要经验是敢闯，要敢闯不合时宜的政策法规的"禁区"，敢闯前人未曾涉足的"盲区"；敢闯矛盾错综复杂、令人望而却步的"难区"；实干兴邦，深圳发展这么快，不是靠讲话讲出来的，不是靠写文章写出来的，而是靠实干干出来的；社会主义的本质是解放生产力，发展生产力，消灭剥削，消除两极分化，最终达到共同富裕；深圳在改革开放中，敢于用他山之石，坚持社会主义、杀出一条血路，深圳经济特区姓"社"不姓"资"。这组评论一发表就引起了深圳市广大干部群众和海内外各界人士的强烈反响，起到了很好的作用。广东省新闻学会于1992年5月22日在深圳举行颁奖大会，授予《深圳特区报》猴年新春"八评"写作组7位同志特别奖，并颁发了荣誉证书和奖金1万元。在此之前，《深圳特区报》编委会已作出决定给予写作组奖励1万元。对新闻作品给予如此重奖在全国新闻界尚属首次。

百县市图书发行单位受表彰 1992年12月19日，中共中央宣传部和新闻出版署在人民大会堂联合举行表彰会，向10家荣获"全国百县农村图书发行红旗单位"称号和93家获先进单位称号的代表颁发了奖牌、锦旗和证书，以表彰他们在农村图书发行工作中作出的突出贡献。这种表彰会，是建国40多年来的第一次。这些受表彰单位的共同特点是：县委、县政府高度重视这项工作，将其纳入两个文明建设的总体规划中，列为科技兴农、智力富县的战略措施，不仅在具体工作中予以支持，还在财物、税收、基建等方面提供支持；二是新华书店和供销社等发行部门，坚持"两为"方针和送书上门的光荣传统，想方设法克服困难，长期为农村及时送好书，深受读者称赞；三是发行部门以经济建设为中心，追踪市场，根据农村生产及科技、教育、文化事业需要确定服务重点，促进了当地经济发展和农民致富；四是发行部门解放思想，深化改革，强化管理，改善经营，努力探索新形势下适合本地情况的各具特色的农村图书发行的新路子，取得了两个效益的统一。此次获得百县市图书发行红旗单位称号的有：北京市怀柔县新华书店，河北省徐水县委、县政府，辽宁省瓦房店市委、市政府，江苏省江阴市政府，山东省寿光县委、县政府，河南省正阳县新华书店，湖南省沅江市新华书店，广西壮族自治区蒲北县供销社，四川省泸县县委、县政府，陕西省眉县县委、县政府。

出版界人士聚会共贺中华书局80华诞 1992年4月21日，来自北京、香港、新加坡等地的500多位学术界、出版界人士聚会北京饭店，共贺中华书局80华诞，并对这一著名的专事整理、积累、弘扬文化古籍的出版机构所作的贡献给予高度评价。87岁的陈云题词祝贺："整理古籍，为社会主义建设服务"。中华书局成立于1912年，解放前出版图书5700多种，1958年2月成为整理出版文史哲古籍及研究著作的出版社。解放以来，中华书局共整理出版图书5000多种，其中包括《古今图书集成》、《二十四史》、《资治通鉴》、《太平御览》、《册府元龟》、《永乐大典》、《太平广记》、《全唐诗》、《全宋词》、《中华大藏经》(汉文部分)等煌煌巨著。北京、香港、新加坡、台湾四方中华书局在成立80周年之际共同印制了纪念文集《中华文化的过去、现在和未来》。

四川组建出版集团 1992年9月28日,经省政府批准成立的大型出版企业——四川出版集团宣告诞生。这个出版集团与四川省新闻出版局职能分开。省局负责对全省的新闻出版事业行使政府职能;出版集团负责原局直属的19个企事业单位的生产经营。集团将统一编制集团出版规划和年度出书计划,统一组织、安排、落实重点图书的编辑、印刷、发行;统一制定集团的生产经营、资金安排以及技改、基建等方面的计划,并落实重点基本建设项目的规划实施;做好成员单位的编、印、发、人、财、物方面的统一调度和协调。集团统一负责全省中小学课本、练习册、部分重点图书的租型印供和九年制义务教育教材的出版工作;并利用集团优势,开拓国内外图书市场。

首都新闻界为民解"六难" 维修难、就医难、旅行难、通讯难、租房难、求学难已成为我国城市居民街谈巷议的话题。从1993年4月起,首都新闻界对北京"六难"进行了广泛调查,发表了一批曝光报道,引起有关部门重视。北京市邮局明确表示接受新闻媒介的批评,不允许占用十分紧张的邮政场地卖百货。本次活动组委会主任薄一波于1993年8月1日为"中国服务质量大写真"活动撰文,从深化改革、转换机制、优化结构、提高效益的高度阐述了提高服务质量的重要意义。这次活动通过边调查边报道的形式,在全国范围内逐步形成提高服务质量的宣传高潮;通过揭示难点产生的原因,为决策部门提供依据。

首都新闻界开展"中国质量万里行"采访活动 由中国新闻文化促进会发起的"中国质量万里行"活动,于1992年2月11日由中央人民广播电台、中央电视台以头条消息播发,《人民日报》等大报在一版显著位置上刊出标题《抓质量促企业经营机制转换》。人民日报社编委、经济部主任、新促会常务副会长艾丰担任"万里行"组委会主任。薄一波为"万里行"题词,并担任"万里行"组委会名誉主任。国务院副总理朱镕基对这次活动给予支持和鼓励,并由财政部拨给活动经费。在第一次组委会全体会议上,艾丰就提出17个重点题目,由各新闻单位"定题、定人、定时"承包完成,包括"郎酒假冒案"、"热水器的质量事故"、"一次性注射器问题"、"鞋的诉说"、"巩义市的劣质电线"、"伪劣低压电器"等。这些都是质量的"老大难",长期得不到解决,群众怨气很大。这批报道陆续出台后,立刻激起群众强烈反响。中国消费者协会传来全国消费者的反应:质量万里行,大快人心事!2月22日,组委会召开第二次全体会议,再次讨论确定4个批评报道题目、29个表扬题目、6篇宏观看待质量问题的记者述评。自3月6日"万里行组委会公布热线电话后,从早到晚电话铃声不断,来信来电每天上百封,来访的人也络绎不绝。

广西新闻界为老区脱贫致富出力 为了支持老区、振兴老区,广西日报社长兼总编辑李明德率领记者,深入百色、东兰、巴马、凤山等9个老区县(市),广泛进行社会调查。在这个基础上,他们向自治区党委提出了对广西左右江革命老区进行专题报道的报告。广西日报、广西电台、电视台三家新闻单位共抽出记者50多人,分别组成赴老区采访组。记者们翻山越岭,行程2万多公里,跑遍了老区的村村寨寨。经过两个多月的紧张采访,《广西日报》从1992年2月24日起,在《宣传老区、支持老区、振兴老区》的栏目下,陆续发表了一批《来自左右江革命老区的报告》的稿件。广西电视台在只有15分钟的广西新闻时间里,拿出近一半的时间宣传老区。广西人民广播电台用4种民族语言播发通讯和人物专访42篇。这次专题系列报道针对性强,特点鲜明:一是宣传敢创敢冒的精神。鲜明地提出了老区要脱贫必须涉足改革开放大潮,使人们看到了振兴老区的希望。二是宣传老区人民发扬自力更生,艰苦奋斗的光荣传统。三是宣传老区人民脱贫致富的强烈愿望,探索老区脱贫的对策。四是加强舆论导向,动员全社会力量都来关心老区,支持老区经济建设。广西左右江革命老区的专题报道,在社会上引起强烈的反响。

南宁市新闻界奋力救助江筱茜 江筱茜,不幸的幸运儿。他3岁随父习书法,1983年7岁入京作书法表演,国家主席李先念看后亲切同他交谈并合影;8岁作为中国少年艺术代表团成员访问意大利;11岁赴新加坡兴办个人书展;他的书法作品先后在20多个国家和地区展览。不幸的是,17岁时身患脑瘤,于1993年10月23日住进广西医科大学附属医院,更为不幸的是,其弟(以画著名)因淋巴癌去世,他本人已作过两次开颅术,父母为此耗尽所有,他的医药费已无可交付。10月24日晚,南宁市15家新闻单位的18名记者聚在一起,讨论如何拯救一个天才少年的生命。记者们提出:让我们首先做出样子来。在座的记者各倾所有,捐出3000多元,救助江筱茜。第二天,参与捐资的新闻工作者迅速增多。在医院,前去采访的电视记者,先捐钱,后开机;《经贸时代报》副总编辑一上班,就传达头天座谈会精神,紧急动员捐款;《南宁晚报》的4个"老总"每人捐出100元,几天功夫,新闻界的捐款逾万元。新闻界的行动在社会上引起强烈反响。社会各界纷纷献出自己的爱心和真情。新闻界没有忘记自己的责任。11月1日午,在医院全力抢救江筱茜时,闻讯而来的30多名新闻记者,自觉地组成了一支特殊的队伍,两队男女记者分别守伴悲惊过度而又感激过度的病人父母，一队记者不断地向各个新闻媒介通报手术情况。手术后，江筱茜迅速康复。这是人们以崇高的爱心从死神手中夺回的一个年轻生命。

农民王柏柱举办全国医药书展销 1993年5月28日至31日，河北省承德市青年农民王柏柱个人出资50万元，成功地举办了全国医药卫生图书展销会。这位来自河北滦平县深山沟中的普通农民经销医药卫生图书已经3年有余，年最高经销额达200万元。1989年他在家乡办起了医药卫生书店，靠灵敏的信息和优良的信誉，小书店像滚雪球一样越滚越大，销售收入十分可观。家底厚实了，他把眼光便投向更广阔的空间。1991年他投资23万元，把书店办到风景秀丽的旅游名城承德市，业务辐射全国29个省、市、自治区。后来，他发现群众和基层书店购书难，出版社和发行单位销书难的矛盾十分突出，果断地决定以个人名义举办全国医药卫生图书展销会。为了确保成功，会前王柏柱赴全国各地购进医药图书3000多种。开会信息发出后，出版界和许多大书店表示赞许和支持。展销会开幕第一天，就吸引了来自天津、湖南、新疆、上海、河北等地的科技出版社及大专院校图书馆等50多个单位110多人。展销会共开4天，当场成交各种医药卫生图书4万余册，总值25万元。

范丽青获“巾帼建功”、全国“三八红旗手”称号 范丽青在新华社港台编辑室工作了9年。除了每日编发港、澳、台消息向大陆读者介绍外，她还先后报道了一系列涉及两岸关系的重要事件和新闻人物，为港台报道做了大量工作。台湾当局刚允许居民回大陆探亲时，她首先独家报道了第一位要回大陆的台湾人，文章写得声情并茂。她具有扎实的写作功底，文章往往一次成稿，且颇具文采。1991年7月，“闽狮渔事件”发生后，大陆将派两名红十字会代表和两名记者赴台。由于范丽青对港台情况熟悉，笔头快，又是福建人，懂闽南话，新华社领导在众多候选人中挑中了她。8月12日，范丽青和中新社记者郭伟峰飞抵台北。在台期间，范丽青每天写稿三四篇，共采写稿件20多篇，约3万字。香港《经济日报》曾以《新华社记者范丽青报道出色》为题评论她的报道。范、郭二人在台的出色表现，使两岸人民深感满意。1992年3月，她被选为全国“巾帼建功”标兵，同时被授予全国“三八红旗手”称号。秋天，她又被选为党的“十四大”代表。

“校对王”白以坦 据1992年7月20日《新闻出版报》载：白以坦自1944年参加革命，两年后调到山东鲁南军区《鲁南时报》社印刷厂任校对组长。他很快熟悉了业务，工作十分出色。1951年来到人民出版社至今，一直干校对。40多年来，凡经他校对的上百种图书的文字成品，还没有发现一字一点的错误。这是古今中外校对史上的一个完美记录、一个奇迹。50年代，《毛泽东选集》出版之后，人们惊喜地发现：密密麻麻100多万字里面，竟没有找出一个字、甚至是一个标点符号的错误。负责这部著作校对付印工作的就是白以坦。他站在每次付印前的最后一道关口上，并主持协调排字、改样、付印等工作环节。他沉着、冷静，有一套严密的工作程序。1956年，他光荣地出席了全国劳模及先进工作者代表大会。1991年他受到新闻出版署通报嘉奖。不久，他被国家批准为有突出贡献的专家、学者，享受到政府特殊津贴。现在，这位69岁的老人，仍不顾严重的心脏病，用那双已患白内障的眼睛，敏锐地在书稿与校样之间巡视。

李延良万里找错字 江苏常州市60岁的退休工程师李延良骑车万里行，专“挖”错别字，宣传文字规范化，被盛赞为“当代愚公”。李延良原是常州医药机械厂工程师，从事技术标准化工作。在长期的工作实践中，他发现了技术书籍中数以百计的符号、计量单位的用法错误。在社会上，他也发现了大量的错别字，光常州火车站广告牌的文字差错就让他“揪”出100多个。他为此焦虑万分，心急如焚。他说：“具有数千年历史的汉字，是中华民族之瑰宝。实现语言文字规范化、标准化，是普及教育、提高文化、发展科学技术的一项基本工程，对我国改革开放和社会主义建设具有重要的意义。”1991年他毅然申请停薪留职，随后又提前办理了退休手续。当年5月，不顾家人的反对和阻挡，千里走单骑，北上天津、北京，专“挖”错别字，宣传文字规范化。1992年，他又南下上海、广州、深圳……1993年4月，他又肩披写有“文字质量万里行”等字样的红色丝带，在其子李柏的陪同下，从常州出发，骑自行车穿越苏、皖、豫、鲁、津，于5月19日抵京，然后穿越冀、晋、陕、鄂、浙、沪，整个行程达万里。他的行动得到广大群众的欢迎、鼓励和支持。国家语言文字委员会负责人会见了李延良，对他宣传文字规范化的精神表示赞赏。

“无私奉献优秀新闻工作者”张根昌 张根昌是山西电视台的一名主任记者，他从事电视新闻工作16年来，共拍发5000多条新闻，其中近1000条被中央电视台采用，16条在全国获奖。1991年9月，他累倒在工作岗位上。他患的是肺癌，到了晚期，医生会诊时，都为他没有及早来看病而惋惜。大夫们后来才知道，张根昌一心想的是工作。病了可以拖一拖，房子可以不要，官也可以不要，但不能不工作；没有工作，对他来说是最大的痛苦。这位山西省劳动模范的家，只有两间房子，不足30平方米，住着夫妇俩和两个儿子。室内没有彩电、冰箱及高档家具。他多次采访过自行车厂，至今仍骑着辆旧车子。1992年2月24日，中共中央宣传部、广播影视部、中国记协联合举行报告会，号召新闻工作者向张根昌学习。同一天，中国记协作出《关于授予张根昌同志“无私奉献优秀新闻工作者”称号的决定》。

郭梅尼获“巾帼建功”标兵称号 曾获首批全国优秀新闻工作者称号(甲级)和全国“三八”红旗手称号的郭梅尼，在1992年3月7日，又被全国妇联授予“巾帼建功”标兵称号。这位知名女记者是湖北孝感人，1935年2月生，中共党员，历任中国青年报社地方记者、机动记者、记者部主任，以及科技日报社记者部主任等职，现任科技日报社编委、高级记者。她1953年开始从事新闻报道工作，在实践中自学、探索，在新闻人物通讯的采访写作方面，形成了自己的风格。从1979年至1989年，她撰写了张海迪、刘玲、钟铧、袁和等优秀青年人物和茅以升、钱三强、杨乐、张广厚等著名科学家的通讯20多篇，有的在国内或国际上获奖、有的作为范文被收入中学语文课本或被其它报刊书籍广泛转载。她的人物通讯注重刻画人物的灵魂，注意折射时代的精神，因此，不论是写著名科学家还是写青年人物的通讯，都常常引起社会的强烈反响和共鸣。她采访深入，作风平易，尤其擅长通过人物生动形象细节的描绘来表现人物的个性。这使她的人物通讯真实可读，具有感人的力量。她的代表作有:《生命的支柱——张海迪之歌》、《一个普通的灵魂能走多远》、《通往科学家之路——钱三强在居里实验室》等。由于工作成绩优异，她荣获首届范长江新闻奖，被美国传记研究会和英国剑桥国际名流中心列入《世界名人录》，并被聘为顾问委员会顾问。

海峡两岸记者联合采访三峡工程 1992年5月3日至13日，海峡两岸26家新闻单位的32位记者对三峡水利工程进行了为期13天的联合采访。如此规模的采访活动乃两岸分离40余年的第一次。此次活动由国务院台湾事务办公室新闻局主办。参加此次采访活动的台湾15家新闻单位的18位记者。大陆有11家新闻单位的14位记者参加，随行的还有5位三峡问题专家，负责解答记者们的提问。两岸记者就移民问题、文物古迹保护、环境保护、三峡两岸经济的发展、台商投资等问题进行了采访。从重庆到武汉历时10天的采访生活，使两岸记者彼此增加了了解。台湾同行认为，这是一个良好的开始，希望大陆记者对台湾的采访能早日成行。

大陆记者首次组团访问台湾 1992年9月5日上午，第一个大陆新闻采访团的18位记者登上了飞往台湾的班机，开始了为期8天的采访之行。他们是:人民日报社翟象乾、全国记协柏元宾、新华社端木来娣、中央人民广播电台王求、《瞭望》周刊社杨远虎、中新社周建敏、中央电视台张长明、景春寒、中国青年报社吴苾雯、光明日报社翟惠生、经济日报社赵兹、工人日报社董玉琴、《半月谈》杂志林双川、海峡之声电台刘武、《现代中国》杂志魏秀堂、团结报社卜林龙、《台声》杂志汪舟、福建日报社庄战成。在台湾的8天7夜中，他们走访了6个县市，33个单位和个人，接触了工、农、医、学、商、企、文化等各阶层人士，足迹遍及宝岛的东南西北。8天采访团共发稿100多篇。端木来娣一人发了各种体裁的通稿12篇。台湾海峡交流基金会(海基会)和中国时报社、联合报社、台湾华视制作室等单位热情接待了大陆采访团，并提供了发稿、制作等各种方便。

我国首次文稿竞价活动在深圳举行 1993年9月8日，我国首次文稿竞价活动在深圳市举行。这次活动是由深圳青年杂志社和广东省期刊实业发展公司共同举办的，举办这次活动的目的，在于建立一个体现精神产品价值的市场，从而激发广大作家、艺术家创作精品的积极性，促进我国文化事业的进一步繁荣，推动出版体制的改革。这次竞价文稿范围限定在纪实文学类，小说类，戏剧、电影、电视脚本类，散文类，杂文类，名人名家手稿类共6大类别，正在写作或计划写作的选题也可以参加竞价。竞价规程规定:所有参加竞价的作品，由作者标明竞价的最低起价，同时作者有权对自己作品的发表或出版提出具体要求。参加本次活动的竞买方为海内外出版社、报刊社、广播电影电视机构以及热心文化事业的企事业单位、社会团体和个人。竞买者一旦成交便可获得在中国大陆、港澳台地区及海外以中文简、繁体字出版此文稿的版权。但作品的改编、翻译、演出、播出等权利仍由作者保留。

《中国医学百科全书》出齐 受毛泽东委托编写的新中国第一套《中国医学百科全书》全部93个分卷及部分综合本的编辑、出版工作于1993年7月完成。这部巨著由国家卫生部从60年代初开始主持编著。参加编写的有医学专家、学者达4800余人，担任编委的150多人中，囊括了当代中国的全部医学权威。全书为4255万字，规模相当于《辞海》的3至4倍。它包括了现代医学的各门学科。反映了国内外最新成就和发展，反映了学科发展趋势，是中国科技出版10项重点工程之一，由上海科技出版社出版。它的出版，不仅填补了我国的空白，而且其学科门类之全、篇幅规模之大、知识覆盖面之广、内容质量之高、作者队伍之强，是当今世界少有的。

《爱我中华》丛书受称赞 江苏少年儿童出版社推出的《爱我中华》丛书，受到社会各界的好评。称赞它选题立意高、内容品位精、编辑质量好、印装水平佳，是一套融知识传播与爱国主义教育于一体的优秀读物。1993年5月，这套丛书获得中共中央宣传部授予的“五个一工程”入选作品奖。丛书分为《中华国宝》、《中华国魂》、《中华国威》、《中华国恨》、《中华国耻》5卷20册，共300多万字、1100多幅照片，都是请国内知名专家和有关负责同志审阅的。丛书的印刷、装帧也很考究。丛书一面世，立即受到热烈欢迎。南京军区派人到出版社洽购一万套，作为指战员的读物。

《中国出版社名录》出版 1992年10月由人民中国出版社出版。该书收录了截止1992年7月底全国505家图书出版单位的名称、出书范围、地址、邮政编码、电话以及由中国ISBN中心分配的ISBN出版者前缀。附录载有出版社更名、更号以及被撤销的有关资料。正文部分为中英文对照。该书的出版有利于广大读者及社会了解我国图书出版单位的基本情况。

《中华大家唱(卡拉OK)曲库》出版发行 《中华大家唱(卡拉OK)曲库》已收集歌曲1000首。它的出版发行受到广大群众的广泛欢迎和中央领导同志的称赞以及海外的关注。从1991年5月至1992年9月，共发行录像带39万盒，录音带280万盒，歌本67万册，达到了占领卡拉OK阵地，活跃群众文化生活的目的。1992年9月4日，中共中央宣传部、新闻出版署联合召开《中华大家唱(卡拉OK曲库)出版发行工作总结表彰会》，表彰有功人员。

我国集报爱好者达100万 继北京、上海、南京、呼和浩特、苏州等城市之后，石家庄集报协会于1992年年初成立。目前，我国的集报活动以其收藏的群众性和新闻资料的价值性快节奏地发展。集报在我国10大收藏品中仅次于集邮而位居第二。1984年，参加集报活动的不过20多人，至今已发展到百万之众，集报爱好者已遍及全国各地。不少地区建立了“集报角”，为会员们交换报纸、交流集报经验提供方便的场所；并已有各地集报爱好者自费办起的《集报界》、《集报知音》、《集报文萃》等上百种民间刊物，这些小报对宣传集报活动，扩大报纸在社会上的影响，起到了积极的作用。为推动群众性读报、评报、研报活动的开展，配合新闻单位搞好读者信息反馈，北京工人集报协会、南京职工集报协会分别举办了“我们最喜爱的北京报纸”、“全国报纸十佳”评选活动，在新闻界引起广泛的反响。《人民日报》、新华通讯社、《人民日报》(海外版)等报刊及通讯社也向国外读者介绍了我国群众性的集报活动。1986年版《中国新闻年鉴》收载了集报活动。在集报活动中，还涌现出一大批集报著书立说、集报成才者。如：利用集报资料出版10本书的朱光明(上海)；被誉为巾帼集报大王的任菲菲(河北)；为职工服务、自费创办阅报栏的李春海(北京)等。

7. 广播影视

1992年我国广播影视事业发展综述 我国的广播影视事业在新形势下继续发展。1992年末全国共有广播电台812座，比1991年增加88座；中短波广播发射台和转播台714座，比1991年增加11座。农村有线广播也有新的发展。一批台站站房和设备得到改造和更新，并新建了一批广播站，发展了调频广播。全国共生产电影故事片170部，比1991年增加40部；有16部(次)影片在国际电影节上获奖。1992年底全国共有电视台591座，比1991年增加50座；1千瓦以上电视发射台和转播台发展到1018座，比1991年增加48座，电视人口覆盖率达到81.2%。

1992年我国的广播影视在自身改革方面呈现出生动活泼的景象。广播电台以发挥整体优势，适应经济建设和改革开放新形势，以提高宣传质量、宣传艺术、宣传效果为中心，大幅度调整广播节目结构，中央台年初推出《经济生活》等6个板块节目；他们还以奥运为契机，对内部运行机制进行改革，实现了新闻广播的采编播一条龙，提高了时效，增加了信息量。国际电台在拓宽对外宣传的同时，利用丰富的海内外信息资源创办了《世界信息报》。在电影事业方面，广电部提出了《关于当前深化电影行业机制改革的若干意见》草案，将国产故事片由中影公司统一发行改由各制片单位直接对地方电影公司发行；建议各地放开电影票价。在电视事业方面，中央电视台年初提出“以宣传为中心，管理为重点，繁荣屏幕为目的，以改革为动力”的工作方针，抓了重点播出，黄金时间安排了高档次的文艺节目；他们与省级台合作推出全国“经济信息联播”，还就发挥系统优势办好有中国特色的电视，提出了加强同地方台合作的15项措施。

1992年的广播电视宣传，正确贯彻了邓小平视察南方重要谈话及党的“十四”大精神，始终突出了经济建设这个中心，加大改革开放的份量，掌握了舆论导向。如：中央电台的经济特区采访报道《深圳之路》、《珠海热流》，以浦东、大连为重点的沿海经济开发区的报道，以甘肃、宁夏、青海为主的内陆省份改革开放的报道，沿边地区改革开放的系列报道《边城行》；中央电视台与各地方台合作制作的50集系列报道《神州万象新》、16集系列报道《内陆行》、《神州风采》系列节目《在中国版图上》和《广东行》国际电台的沿海城市系列报道及其华语部每周一次的经济报道节目等，报道了全国改革开放的蓬勃景象。

1992年，广播电视运用各种形式出色完成了一系列重大宣传报道任务。其中包括：小平视察南方发表重要谈话，七届人大五次会议和政协七届五次会议，第25届奥运会，党的十四大，质量万里行，中日邦交正常化20周年，以及我国领导人出访和各国首脑来访等。据统计，“两会”期间，中央人民广播电台各类节目共播发新闻、专稿、录音报道等近 450 篇，现场直播了人大开幕、政府工作报告和外交部长举行中外记者招待会的实况；国际电台共发稿 258 篇，英语、华语普通话首次对人大开幕式进行了现场直播；中央电视台播出新闻 196 条，他们与 23 个省市电视台密切合作共同做好“两会”报道，这是 1992 年的一项开创性工作。党的十四大期间，在宣传规模上新闻多于十三大，人物专访大大增加，国际电台首次对大会开幕式用英语、汉语普通话和广州话进行现场直播；会议期间还向美国、加拿大、墨西哥和巴西 4 个国家的 6 家电视台（网）、电视台传送了大会新闻和时事报道。第 25 届奥运会期间，中央三台共派出 41 名记者，迅速、及时、真实、准确地报道了奥运会盛况和我国运动员的成绩，其中，中央电视台转播总量达 250 多小时，居世界各国之首。

1992 年，我国的广播电视在对外宣传方面取得了明显成绩。国际电台国内《时事报道》紧紧围绕经济问题，加强了我国改革开放的报道，开办了《中国见闻》、《中国杂谈》等 17 个新节目。这一年，国际电台英语广播 1 月 1 日向美国旧金山 KPLA 商业中波电台传送了半小时节目，使我国广播直接打入美国社会；华语部每天向美国纽约中国广播网传送 15 分钟的中国新闻和时事报道节目；年底开始向墨西哥特莱维萨电视台试传有关介绍中国的电视新闻。国际电台 1992 年的国外听众来信实现了历史性的突破，达到 328612 封；“中国华东水灾”获“亚广联”对外广播特别推荐 2 等奖。中央电视台开办了第 4 套节目，增加了对台港澳的播出，并为 1993 年进一步扩大宣传，开展对北美洲的卫星传送作好了准备。上海、广东、福建、山东等不少地方电视台也都与国外建立了联系。

1992 年，广播电视工作者在繁荣广播电视文艺，弘扬民族文化，丰富群众文化生活等方面做了大量有益的工作。如中央人民广播电台的《空中大舞台》、《音乐天地》、《海外乐坛》，中央电视台的《综艺大观》、《正大综艺》、《曲苑杂坛》等节目对广播电视手段的运用更娴熟，大受群众欢迎。

影视创作更富有时代精神，更加贴近生活、贴近现实、贴近群众，在艺术上也有新的探索和创新，为群众所喜闻乐见。1992 年是电影创作的又一个丰收年。故事片产量达 171 部，总体水平有显著提高，涌现出《蒋筑英》、《阙里人家》、《秋菊打官司》等一批优秀作品。重大革命历史题材创作也有新的收获，摄制出《毛泽东的故事》、《刘少奇的 44 天》等优秀作品。儿童故事片达 12 部，而且出现了《烛光里的微笑》、《人之初》等佳作。短片创作取得了好成绩，美术片、纪录片、科教片都有不少佳作。电视剧质量大面积提高。

1992 年的广播影视也存在着一些问题。广播电视宣传中有关精神文明建设的报道比较薄弱，艰苦奋斗、勤俭建国的教育不够，高消费的报道过多。文艺、专题、社教节目的质量还需进一步提高。一些电视台，主要是县以下的台节目不够健康。电影市场出现了全面滑坡现象，电影观众人次、放映收入、发行收入、映出场次都程度不同地下降。这些问题有待于在今后的工作中加以改进。

1993 年广播影视事业发展概况 1993 年，全国共有广播电台 983 座，比上一年增加 171 座；中、短波广播发射台和转播台 725 座，比上一年增加 11 座；电视台 683 座，比上一年增加 92 座；1 千瓦以上电视发射台和转播台 1085 座，比上一年增加 67 座；各类电影放映单位 11.3 万个。1993 年生产电影故事片 154 部，发行各种新（长）片 222 部，有 30 部（次）影片在国际电影节上获奖。

1993 年广播电视宣传工作取得了较大的进展。首先是较好地完成了重要的宣传任务，坚持了正面宣传为主的方针，以团结、稳定、鼓劲为基调。在贯彻党的十四大、八届一次人大和政协会议精神，经济领域加强宏观调控，学习宣传《邓小平文选》第三卷，党的十四届三中全会，纪念毛泽东诞辰 100 周年等重大宣传活动中坚持了正确的舆论导向。加强了反腐倡廉宣传，对一些社会热点问题进行了正确引导。对海外和港台的音乐，对歌星、选美等社会现象采取正确的态度，对“追星”、“炒星”进行了正确的引导，加强了对各行各业先进人物的正面报道。其次，为适应社会主义市场经济体制的建立，深化了广播电视的新闻改革。在广播电视新闻报道方面有很大的改进，加大了信息量，提高了时效。特别是一些重大活动的广播直播使一度被冷落的广播，在新闻界再领风骚，争取了听众，扩大了影响。中央台的新闻次数大大增加，加强了经济信息的报道，依靠地方台的共同努力推出了一些新栏目，如中央台的《东方时空》、北京台的《BTV 夜话》、各地方台的《市长热线》等。这些栏目增加了现实题材和热点问题的报道，使广播电视新闻更加贴近生活，报道的深度也有很大的提高。在加强社会主义精神文明建设，弘扬主旋律方面，广播电视文艺、专题节目都有很大的进展。在纪念毛泽东诞辰 100 周年的宣传中，中央台和地方台都推出了一些较好的文艺节目、广播剧、电视剧和专题片。中央电视台拍摄的反映武警战士保卫边疆的专题片《中华之门》得到了中央领导的赞扬。中央台和各地方电台、电视台推出的民族歌舞和世界名曲等高雅艺术节目深受广大群众的称赞。广播电视对外宣传取得了突破性进展。中国国际广播电台收到听众来信 554122 封，比上一年多出 225000 封。中央电视台和国际广播电台合作，向墨西哥“特莱维萨”电视公司每周 2 次传送西班牙语电视新闻，覆盖人口达 2 亿多。国际广播电台英语节目正式由华盛顿地区“新世界电台”向华盛顿及其周围地区播出，覆盖人口为 420 万。在各地方台的支持下，中央电视台开辟了"美洲东方卫星电视",每天在北美地区播出12小时节目。不少地方台对外宣传也取得了新的成绩。

1993年,由中宣部倡议、几个部委联合推荐的100部爱国主义影视片展播在社会各界引起强烈反响,受到教育界、新闻界、青少年及其家长的热烈欢迎,成为我国进行爱国主义教育的一项重大措施。

1993年是中国电影从计划经济转向市场经济的关键性一年,全国电影工作者努力克服经济压力和体制转轨带来的重重困难,坚持高扬主旋律、提倡多样化的导向,使全年创作呈现出数量多、题材广、总体质量有所提高的特点。全年共完成故事片154部,优秀和比较优秀的达44部,其中现实题材占65%。特别是一批弘扬爱国主义、集体主义和社会主义的力作,如为纪念毛泽东诞辰100周年拍摄的几部重大革命历史题材和一批讴歌改革开放和四化建设的作品:《重庆谈判》、《中国出了个毛泽东》、《凤凰琴》等产生了良好的社会效益,得到了中央领导和广大群众的好评。

1993年度的电视剧生产仍然保持了健康、平稳的发展势头,同时出现了一些内容积极向上、形式清新活泼,而且收视率相当高的好作品。1993年全国制作电视剧近6000集,中央电视台共播出了413部,1858集,播出的各类题材的电视剧都有可喜的进步:重大革命历史题材的质量有新的提高;现实题材在主题的开拓和表现形式的探索上都有新的进展;历史题材有新的进步;其他各类题材、样式在不同程度上有新的开拓。中央电视台黄金时间播出的电视剧汇集了全国电视剧的精华,像《唐明皇》、《北京人在纽约》、《情满珠江》等一批优秀剧目都很受观众欢迎。

1993年的广播影视事业虽然取得了可喜的成绩,但广播电视宣传与全国宣传思想工作会议提出的要求相比还有一定差距;频道多、节目少是电视发展中存在的一大矛盾;影视作品还存在制作粗糙、格调低下等多年未能根治的老问题。

'92电影政府奖 1992年全国电影政府奖于1993年4月5日至14日在京评出。获得10个"最佳"奖项的是:最佳故事片《蒋筑英》;最佳编剧王兴东(《蒋筑英》);最佳导演吴贻弓(《阙里人家》);最佳男演员朱旭(《阙里人家》饰孔令谭);最佳女演员奚美娟(《蒋筑英》饰路长琴);最佳儿童片《远山姐弟》(河北影厂、长影);最佳科教片《丰产沟——旱薄地的出路》(北科);最佳新闻纪录片《天界》(八一);最佳美术片《麻雀选大王》(北科);最佳外国译制片《月夜》(长影)。《阙里人家》、《刘少奇的44天》、《站直啰,别扒下》、《中国人》获优秀故事片奖;《礼赞中文电子出版系统》、《献给孩子的爱——乙型肝炎疫苗》、《花培育种》、《手足情——再造与移植》获优秀科教片奖;《宋庆龄》、《往事并非如烟》获优秀纪录片奖;《12只蚊子和5个人OK》、《方脸爷爷和圆脸奶奶》获优秀美术片奖。《秋菊打官司》、《香魂女》获特别荣誉奖。

'92电影金鸡、百花奖 第12届中国电影金鸡奖、第15届《大众电影》百花奖评选结果于1992年8月28日在京揭晓。八一影厂的《大决战》获金鸡、百花双项最佳故事片奖。周恩来的扮演者王铁成获金鸡、百花双重最佳男主角奖。获金鸡奖的影片和个人还有,特别奖:《周恩来》(八一)、《开天辟地》(上影);最佳纪录片奖:《我们走过的日子》(中央新闻纪录影片厂);最佳科教片奖:《低温核供热堆》(北科)、《企鹅大帝》(上科);最佳儿童片奖:《烛光里的微笑》(上影);最佳编剧奖:黄亚洲、汪天云(《开天辟地》);最佳导演奖:孙周(《心香》)、《大决战》导演创作集体;最佳女主角奖:宋晓英(《烛光里的微笑》饰王双玲);最佳女配角奖:丁嘉丽(《过年》饰王梅);最佳摄影奖:姚力(《心香》);最佳美术奖:《大决战》美术创作集体;最佳音乐奖:金复载(《风雨故园》)、《清凉寺钟声》。最佳美术片奖、最佳男配角奖、照明奖、导演处女作奖空缺。获百花奖的影片和个人是,最佳故事片奖:《周恩来》、《过年》、《大决战》;最佳男演员奖:王铁成(周恩来的扮演者);最佳女演员奖:赵丽蓉(《过年》饰母亲);最佳男配角奖:葛优(《过年》饰丁图);最佳女配角奖:吕丽萍(《青春无悔》饰郑加农前妻)。

第12届全国电视剧飞天奖

1992年9月12日,第12届全国电视剧"飞天奖"评选结果揭晓。73个优秀剧目分获一二三等奖和提名荣誉奖;获单项奖及其提名荣誉的个人30个。长篇电视连续剧:《中国神火》、《外来妹》获一等奖;《编辑部的故事》、《上海一家人》、《北洋水师》获二等奖;《大唐名相》等6部获三等奖;《孔子》获特别奖;《常香玉》等3部获提名荣誉。中篇电视连续剧:《南行记》获一等奖;《赵尚志》、《山不转水转》、《女人们》获二等奖;《未有终点的跑道》等7部获三等奖;《走出沼泽》等5部获提名荣誉。短片剧:《硝烟散后》获一等奖;《好人燕居谦》、《朱自清》获二等奖;《天神不怪罪人》等3部获三等奖;《朱自清》等6部获提名荣誉。戏曲电视连续剧:一等奖空缺;《桃花扇》、《曹雪芹》获二等奖;《汉武帝》获三等奖;《秦淮烟云》等3部获提名荣誉。戏曲短篇剧:《侯门之女》、《柯老二入党》、《楚女择婿》分获一、二、三等奖;《鸡毛蒜皮》等2部获提名荣誉。少儿电视连续剧:《棒棒真棒》、《还有一支春天的歌》分获一、二等奖;《初涉尘世》获提名荣誉。少儿短篇剧:《墨海新蕾》获一等奖;《夏天我九岁》、《我有一片辽阔的蓝天》获二等奖;《听到的世界》等2部获提名荣誉。短剧·小品:一等奖空缺;《红小豆·绿小豆》获二等奖;《太阳地》等2部获三等奖;《守桥人》获提名荣誉。译制片:《舐犊情深》、《逃离索比堡》、

《失踪之迷》获优秀译制片奖;《金色小提琴》等4部获提名荣誉。单项奖:优秀编剧奖《中国神火》;优秀导演奖《南行记》、《赵尚志》;优秀摄像奖《南行记》;优秀照明奖《朱自清》;优秀美术奖《孔子》;《编辑部的故事》获优秀剪辑奖和优秀音响奖;高强(《赵尚志》)获优秀男主角奖;吕丽萍(《编辑部的故事》)获优秀女主角奖;谢园(《上海一家人》)获优秀男配角奖;曹翠芳(《上海一家人》)获优秀女配角奖。

第10届大众电视金鹰奖
1992年9月22日,第10届大众电视金鹰奖在杭州揭晓。优秀电视连续剧奖:《上海一家人》、《编辑部的故事》、《外来妹》、《中国神火》;优秀电视单剧奖:《毛泽东和他的乡亲们》;优秀儿童电视剧奖:《少年毛泽东》;优秀戏曲片奖:《桃花扇》;最佳男主角奖:葛优(《编辑部的故事》饰李冬宝);最佳女主角奖:李羚(《上海一家人》饰若男);最佳男配角奖:谢园(《上海一家人》饰阿祥);最佳女配角奖:吴冕(《上海一家人》饰桂花)。

首届中国电视节目展播评选揭晓 由中央电视台主办的首届中国电视节目观摩展播、"CCTV"杯优秀节目评选于1992年6月上旬揭晓。全国115家电视台选送了尚未在中央电视台播出的408部节目参加此次展播评选。本次参展节目分专题和文艺两大类。文艺专题片《方荣翔》(山东台)获本届评选唯一特点奖。《王习三和他的内画艺术》(河北台)、《汲卤熬盐》(中央台)等87部作品分获一、二、三等奖。《南行记——人生哲学的一课》(中央、四川台)、《看苗岭》(湖南台)获电视剧、文艺一等奖。另有34部作品获专题片、电视剧优秀节目奖。23部作品获编剧、导演、摄像、解说等单项奖。部分获奖节目于7月陆续在中央电视台播出。

'93国内影视大奖 1993年电影政府奖:最佳故事片奖《凤凰琴》,优秀故事片奖《重庆谈判》、《东归英雄传》、《第一诱惑》、《炮兵少校》,最佳儿童片奖《燃烧的雪花》,最佳合拍片奖《股疯》,最佳编剧奖桔生、刘醒龙、卜炎贵(《凤凰琴》),最佳导演奖塞夫·麦丽丝(《东归英雄传》),最佳男、女演员奖李保田、潘虹,最佳美术片奖《三只小狐狸——收西瓜》,最佳科教片奖《防治堤坝白蚁》,最佳纪录片奖《中国出了个毛泽东》。第13届中国电影金鸡奖:最佳故事片奖《秋菊打官司》,最佳儿童片奖《三毛从军记》,最佳纪录片奖《天界》,最佳科教片奖《昼夜节律》,最佳导演奖夏钢(《大撒把》),最佳男、女主角奖葛优、巩俐,最佳男、女配角奖魏宗万、张力维,最佳编剧奖王兴东(《蒋筑英》)。第16届《大众电影》百花奖:最佳故事片奖《大红灯笼高高挂》、《秋菊打官司》、《杨贵妃》,最佳男、女演员奖古月和巩俐,最佳男、女配角奖冯巩和陈小艺。第13届全国电视剧"飞天奖":长篇剧特别奖《唐明皇》,一等奖《半边楼》,中篇剧一等奖《天梦》,短篇剧一等奖《神算子》,戏曲连续剧一等奖《大义夫人》,戏曲短剧一等奖《孔雀胆》,短剧·小品一等奖《太湖人家——清名桥的故事》,少儿长剧特别奖《小龙人》、一等奖《少年特工》,少儿短剧一等奖《金色轮船》,优秀导演奖《看不懂啦,女人们》,优秀编剧奖《半边楼》,优秀男、女主角高明、宋春丽,优秀男、女配角奖李如平、黄宗洛、金梦。第11届"大众电视金鹰奖":优秀长篇连续剧《唐明皇》、《风雨丽人》、《女人不是月亮》,优秀中篇连续剧《一村之长》、《野姑娘茉莉花》,优秀单剧《板桥轶事》,优秀儿童剧《少年特工》,优秀戏曲片《半把剪刀》,优秀合拍剧《戏说乾隆》,最佳男、女主角刘威、林芳兵,最佳男、女配角王志文、金梦。

第3届全国电视十佳演员
由《电视月刊》杂志联合全国60余家省市广播电视报和电视台等单位举办的全国第3届电视"十佳"演员评选于1992年3月7日在海口揭晓。张凯丽、李雪健、萨仁高娃、陈道明、李羚、吴玉华、孙启新、田成、陶慧敏、李媛媛获选。

1992年我国获国际奖影片
1992年,我国有10部故事片和6部科教、动画影片在国际电影节上获奖。获奖的10部故事片是:《双旗镇刀客》获第3届日本夕张国际探险与幻想电影节"最佳影片大奖";《来自火焰山的鼓手》获第42届柏林国际电影节"最佳儿童影片奖";《大红灯笼高高挂》获意大利大卫奖评选活动"最佳外语片奖";《四十不惑》获第45届瑞士洛迦国际电影节"最佳影片奖";《狂》获第3届不结盟国家电影节(朝鲜)"最佳摄影奖";《高朋满座》获蒙古第1届喜剧电影节一等奖;《秋菊打官司》获第49届威尼斯国际电影节"金狮奖"和"最佳女演员奖";《血色清晨》获法国南特三大洲国际电影节"金球奖";《留守女士》获第16届开罗国际电影节"金字塔金像大奖"和"最佳女演员奖";《心香》获夏威夷国际电影节"评委特别奖"。

首届奋发文明进步电影奖
经中宣部批准,由中国残疾人联合会、中国电影家协会主办,中影公司和中央电视台协办的首届奋发文明进步电影奖于1993年5月初在北京揭晓。《启明星》、《别哭,妈妈》、《同在蓝天下》分获故事片金、银、铜奖;《心灵随想曲》获短片金奖。《同在蓝天下》男主角的扮演者王家奎和《启明星》弱智儿童集体被评委会授予特别奖。这是建国以来首次举办的旨在弘扬人道主义精神,展示残疾人自强不息风貌,颂扬扶残助残的美好情操,表彰和奖励为残疾人事业作出贡献的电影工作者的电影评选活动。各电影制片厂推荐的30余部新时期以来摄制并放映的残疾人题材影片参加了这次评选。这些影片大都能准确而生动地表现残疾人生活,思想性强，艺术水平较高，对振奋民族精神，倡导建立新型人际关系都具有十分深远的意义。

首届上海国际电影节 由国务院批准、上海市人民政府主办的第一届上海国际电影节于1993年10月7日至14日在上海影城举行。这次中国电影史上的空前盛会，结束了我国没有国际电影节的历史。中国首次举办的电影节，按照国际惯例组织进行，并得了国际电影制片人协会的正式承认。这标志着我国电影事业在改革开放中走向了世界。本届电影节，迎来了全世界33个国家和地区的电影界朋友，共有164部代表世界影坛最新最高艺术成就的影片参展参赛。来自4个国家和地区的电影艺术家们捧走了本届电影节的"金爵奖"。我国台湾电影《无言的山丘》获最佳影片奖；比利时《达恩斯教士》中的男主角简·德克莱尔获最佳男演员奖；韩国《悲歌一曲》导演尹坤泰获最佳导演奖；韩国《悲歌一曲》中的女主角乌金海获最佳女演员奖；香港电影《笼民》获"评委会特别奖"。电影节期间，意大利与中国达成了共同拍片的协议，许多国家的导演、制片人都把下一个合作目标对准了中国或中国题材。在电影交易市场上，《启明星》、《双旗镇刀客》等影片分别被奥地利与巴西买走。中国电影将会走向世界并跻身国际市场。

中国长春电影节 首届中国长春电影节于1992年8月23日至28日举行。这是一次大规模的广泛的中外文化交流活动，有30个国家和地区的700多人参加。电视节展映中外影片55部。经过评选，《秋菊打官司》获"长春金杯"，《葛老爷子》、《阙里人家》、《人之初》获"长春银杯"，《毛泽东的故事》、《烛光里的微笑》获"特别奖"。电影节期间还举办了群众文艺表演、经贸科技交流、旅游观光等多项活动，充分体现了"团结、友谊、交流、发展"的电影节宗旨。

丁关根谈广播工作 6月10日、12日，中共中央政治局委员、中宣部部长丁关根先后到中央人民广播电台、中国国际广播电台，看望两台同志并同两台领导和编播部门负责人座谈。会上，丁关根就广播的地位和作用、改进广播宣传、体制改革、发展规模、队伍建设、人才培养等问题，同大家交换意见。丁关根说，中央电台和国际电台的同志们有强烈的责任心，热爱广播事业，积极完成党和国家交给的任务。两台的同志多年来兢兢业业做了大量工作，对国家、对人民、对广播事业做出了很好的贡献。希望两台同志继续努力，使我国的广播工作更上一层楼。丁关根指出，当前宣传工作的中心任务是学习贯彻邓小平同志建设有中国特色社会主义的理论，以这一理论为根本指针来指导新闻宣传工作。新闻工作要很好地宣传这一理论，认真落实用这一理论武装全党的任务，坚持党的基本路线一百年不动摇，鼓舞全党全国人民为建设有中国特色的社会主义努力奋斗。丁关根指出，广播有自己的优势。我国地域辽阔，广播时效快，覆盖面广，有很重要的地位。广播又是一项非常细致的工作，要改进宣传方法，讲求宣传艺术，注重宣传效果，认真总结经验。广播工作应当扬自己之长，取众家之精华，在发挥优势、办出特色上想办法，下功夫；同时，要同其他宣传媒体团结协作，相互支持，共同提高，相映生辉。丁关根还谈到文艺宣传要坚持主旋律、高品位，要促使人们振奋精神，鼓舞斗志，培养和陶冶人们的高尚情操，为国家的现代化建设做出贡献。当然也要多样化，给人们在工作之余带来欢乐，满足群众多层次文化生活的需要。谈到加强新闻队伍建设问题时，丁关根强调，我国新闻队伍素质是好的，富有敬业、创业精神。但近年来，新闻队伍中出现了违反职业道德准则的问题，一些新闻工作者和新闻单位，利用采访和报道搞"有偿新闻"，甚至向被采访和报道的单位、个人索要财物，这种不正之风损害新闻工作信誉，腐蚀新闻队伍，必须坚决制止。新闻工作者要树立正确的理想、信念，人生观和价值观，重视新闻职业道德建设，增强社会责任感。新闻单位要制定自律措施，接受社会监督。

全国电影工作会议 以"团结、鼓劲、务实"为指导思想的全国电影工作会议，1993年5月17日至19日在北京召开。中宣部、广播电影电视部有关领导、各省级以上电影主管部门的负责人、各制片厂厂长和发行放映公司经理出席了会议。这次会议，旨在进一步落实广播电影电视部《关于当前深化电影行业机制改革的若干意见》，讨论通过《电影行业机制改革方案实施细则》和《中国电影发行放映输出输入公司影片购销暂行办法》。会议指出，机制改革是一项比较复杂的系统工程，只有坚决推行电影行业机制改革方案，电影才有出路，才有希望。会议要求电影工作者团结一致、无私无畏，勇于排除各种困难，把握当前国内加快发展的好时机，狠抓实质性问题，使艰难的中国电影工作在1993年能迈出新的一步。会议在分析了当前电影总形势的基础上，告诫全行业电影工作者，摆在面前的首要任务和历史责任，一是坚决而有序地深化改革，从逐步适应社会主义市场经济体制目标出发，将行业内部的制片、发行、放映关系理顺，将电影及其延伸的各种磁带、激光视盘等的制作、管理、经营关系理顺，将上下左右的领导和管理体制理顺；在经营电影业的同时，逐步发展、扩大多种经营，使电影主业和多种经营相互促进，努力扩大社会、经济效益，支持电影业发展；二是全面坚持"二为"方向和"双百"方针，尽最大努力克服困难，不断创作出积极健康、为各族人民群众喜闻乐见的新作品。并在此基础上，努力扩大与世界各国电影界的交流与合作，不断增强我国电影在世界上的地位。

通过代表们的热烈讨论，会议认真修改了电影局、中影公司提出的两个改革方案实施细则，这两个细则将成为今后一段时期电影行业机制改革的指导方针。

全国省级、计划单列市电视台台长会议 全国省级、计划单列市电视台台长会议于1993年2月26日至3月1日在北京召开。广播电影电视部有关负责人，近80名会议代表和中央电视台各部处的负责人出席了会议。会议传达了1993年中央关于宣传工作的指示及对电视宣传的要求。电视有强大的影响力，要使电视节目有较大的改观，更加丰富多采、生动活泼，更为群众所喜爱。我国电视事业的发展速度是世界上少有的。但电视的繁荣还存在节目制作量跟不上的问题。电视台面临提高节目质量和制作量问题。这就需要加强中央与地方台协作，发挥好电视系统的整体优势，才能使屏幕形象有所改观。会议指出：1993年要努力争取使电视节目有较大的改观，从群众的需要出发，开辟新栏目，在形式上有所创新，要增大信息量，增加新闻播出次数，提高专栏和电视剧的质量，丰富节目的思想内涵。中央电视台要以出色的工作赢得权威并走向世界，努力建成与中国国际地位相适应的、具有世界水平的国家电视台。会议还就我国电视如何加强党的十四大精神的宣传，发挥系统优势，共同办好中国电视；如何探索一条适应社会主义市场经济体制发展电视的新路子，丰富人民群众文化生活，更好地为经济建设服务等方面提出了具体意见。代表们结合我国电视事业发展的现状进行了热烈的讨论。大家表示：一定要按照中央的要求做好电视宣传工作；进一步解放思想，开拓进取，扎扎实实地把电视事业推向前进；加强电视系统的合作，发挥系统优势，提高节目质量，丰富电视屏幕，更好地为人民服务。各省、市台代表还与中央台各编辑部门负责人进行了友好的洽谈，并协调落实了1993年合作节目的计划。

1992年度全国电视剧题材规划会议 广播电影电视部1992年3月13日至17日在石家庄召开1992年度全国电视剧题材规划会议。各省市自治区广播电视厅(局)、电视台、电影制片厂、音像出版管理部门和国务院有关部委的负责人近300人出席了会议。会议通过切实调整选题，清除题材"撞车"现象，加大了反映改革开放的现实题材的选题份量，使最终进入供中央电视台黄金时间里首播备选的全国重点剧目共461集中，改革开放的现实题材剧目占了40%以上。会议决定：今后只有列入规划的剧目(会后新增剧目须向中国电视艺委会和当地广播电视厅(局)补报并获准)才允许投拍、播出和参加评奖。会议研究了强化管理的问题，并决定成立"全国电视剧生产管理协调小组"，以加强对全国电视剧生产的管理。会议要求用改革的精神逐步解决创作思想、生产管理、生产力诸因素的优化组合等问题，进一步解放艺术生产力。会议认为，播出是一门艺术，必须做到优质优播。为确保国家电视台的电视剧首播质量，会议号召全国各制作单位树立全局观念，积极把优秀电视剧送往中央电视台黄金时间首播。会议强调要反对电视剧界的形式主义。要多做少说，真抓实干，把功夫下在提高电视剧创作的思想、艺术质量上，为进一步繁荣社会主义屏幕做出新的贡献。

1993年全国电视剧题材规划会议 1993年(第10届)全国电视剧题材规划会议于3月9日至12日在西安召开。来自全国各生产单位的250名代表出席了会议。会议就电视剧创作思想和生产管理问题号召大家积极、全面、正确地贯彻党的十四大精神，把电视剧创作推上一个新台阶。会议总结了1992年的工作成绩，提出了1993年要注意的三方面问题：1.正确处理经济效益和社会效益的关系；2.树立坚强的群众观点；3.坚决贯彻一手抓繁荣、一手抓扫黄的方针。会议就电视剧管理工作强调：1.要进一步明确电视剧创作思想，正确处理好"主旋律"与"多样化"的关系；2.在电视剧生产中有步骤地引进市场竞争机制，逐步实现良性循环；3.强化宏观调控、抓好题材规划，进一步完善"优质、优价、优播"的原则；4.抓好电视剧剧本的创作；5.推进生产制作的"专业化、基地化和电视化"；6.继续完善电视剧制作许可证制度。会议期间，代表们交流了信息，联络了感情，并就所报剧目作了协调。在此基础上，中央电视台就重点剧目进行了筛选，力求有更多、更好的剧目提供给全国广大观众。

首都纪念左翼电影运动60周年 为了总结左翼电影运动的历史经验，发扬其光荣传统，为社会主义电影事业续写新篇章，广播电影电视部、文化部等7单位1993年在京举办中国左翼电影运动60周年纪念会。一些参加过左翼电影运动的老同志和文艺界人士参加了这个隆重的聚会。会上，广电部部长艾知生作了题为"发扬左翼电影运动光荣传统，繁荣社会主义电影事业"的讲话。他说，左翼电影运动产生的一批中国电影经典之作和具有强烈战斗性、深刻哲理性的文献和论著，是中国电影工作者的宝贵财富。会上还宣读了给夏衍等参加过左翼电影运动的老同志的致敬信，并起立向已逝世的阳翰笙等左翼电影运动的先驱者致以深切的怀念。纪念会之后，还举办了中国左翼电影运动60年学术讨论会，播放纪念左翼电影运动60周年的历史纪录片和公演10部左翼电影片等一系列纪念活动。

重大革命历史题材影视创作研讨会 中央重大革命历史题材影视创作领导小组、中宣部文艺局、广电部电影局、中国电视艺委会等6单位1992年1月18日至24日在京联合召开重大革命历史题材影视创作研讨会。来自全国影视创作界代表和有关方面负责人130余人出席了会议。会议回顾了革命历史题材影视创作发展的历史，总结了近年来重大革命历史题材影视创作的特点，认为今后的创作实践既要坚持用马克思主义观点分析历史，也要用马克思主义观点分析现实；要提倡革命现实主义与革命浪漫主义相结合的创作方法；要重视艺术创作的目的性，更好地为人民服务、为社会主义服务。与会代表指出，要加强题材的宏观规划和影视双方的协调，切忌“一窝蜂”现象；加强质量意识，从剧本抓起，导演的二度创作、摄制组的建设、后期制作等每一个环节都不能忽视；抓好经济管理，杜绝“吃重点片”现象，提倡勤俭节约，严禁铺张浪费。大家还就重大革命历史题材的选材、领袖人物的塑造、历史真实与艺术真实的关系等问题进行了探讨。会议期间，李瑞环等党和国家领导人与代表进行座谈并发表了重要讲话。李瑞环要求影视界集中精力抓创作，抓繁荣，为人民群众提供更多影视佳作，这是时代赋予我们的重托，是影视工作者义不容辞的责任。

全国故事片厂厂长会议 全国故事片厂厂长会议于1992年9月7日至10日在京召开。会议通过认真学习中央领导关于文艺和电影工作的指示精神，密切联系电影创作出现的新情况、新问题，取得了共识，即：既要坚决贯彻党的“双百”方针，又要注意从根本上服从社会效果，使电影在建设有中国特色的社会主义事业中发挥更大的作用。会议指出，由于我们的电影市场还很不完善，市场信号的滞后性、盲目性和市场的一些萎缩现象是不可避免的，它必然传递给创作、生产部门以一些滞后的、盲目的、有时甚至是混乱的信号。对此，我们必须保持清醒的头脑，要积极捕捉、分析和利用准确的、积极的市场信号，以健康的创作去参加开发和培养健康的市场，这是制片业长远的利益所在。与会者指出，影片创作出问题，最直接的原因起码有两条：一是剧本的基础和主创人员基本水平不合适，我们决策有误；二是剧本和主创人员的基本条件可以，但我们的管理没跟上，而被一些外部的干扰因素钻了空子。针对这些新情况、新问题，会议强调指出，我们党的文艺思想、文艺方针和文艺政策是明确的，最集中的概括就是“二为”方向和“双百”方针，我们应该把党的文艺思想变成全体创作人员的自觉行动，这是一项长期的基本建设。电影创作人员，尤其是编、导、演人员，要认真学习新时期党的文艺思想和文艺方针政策的论述和十四大的有关精神。同时，要通过多种形式经常深入社会生活、深入群众，体验感受广大人民群众在实践中表现出来的巨大热情、激情和伟大的创造力，既积累创作资源，又提高精神境界的创作能力。会议强调，改革的趋势不可逆转，当前的任务首先是要继续根据广电部工作部署和各自的实际情况，扎扎实实抓落实。同时，要加强调查研究和试验，逐步将改革引向深入。

首次全国广播电视研究工作会议 广播电影电视部政策法规司和中国广播电视学会1992年3月8日至13日在常州联合召开第一次“全国广播电视研究工作会议”。全国20多个省、市、自治区和计划单列市广播电视学会系统的70余人参加了会议。交流总结以往研究工作的经验、探讨广播电视研究工作的改进，制定1992—1995年广播电视研究课题，讨论研究课题的组织落实，是这次会议的主要议题。本次会议确定了100多个1992—1995年全国广播电视研究课题，其中一些重点课题的研究与结构，关系到广播电视事业改革与发展的大局。

爱国主义影视教育研讨会 由中宣部教育局、国家教委基础教育司、广播电影电视部总编室委托中国儿童少年电影学会召开的“爱国主义影视教育研讨会”，于1993年9月21日至23日在京举行。来自北京、天津、上海影视和教育界的专业人员及有关部门负责人参加了会议。会议指出，为中小学生拍摄有益于德育培养的影视作品，也是一项“希望工程”。会议强调爱国主义教育十分重要，江泽民曾多次提出要对青少年进行“两史一情”教育。实际上爱国主义、社会主义、集体主义是时代的精神支柱，是奠定一个人的思想基础。与会者认为，如何在新时期对青少年提供更多更好的精神食粮，是个重要课题。中小学的德育工作要进一步突出爱国主义教育，希望文艺工作者创造出更好的影视作品。中国儿童少年电影学会负责人在会上表示，对中小学生的德育工作是很迫切需要解决的问题，而动用直观的形象的影视教育手段能起到潜移默化的作用。学会将尽最大努力推进这项工程实现。

全国影视教育研讨会 1992年7月21日至30日，国家教委有关部门委托北京师范大学影视教育专业召开全国学校影视教育研讨会。部分省市自治区教委、教育厅(局)有关干部，北京、华东、西南师大和中国青少年研究中心的有关教授学者，以及来自全国各地的代表参加了研讨会。会议期间，与会同志站在提高全民族特别是青少年文化素质的高度，研究了如何进一步贯彻国务院批转的《关于创造良好的社会教育环境，保证中小学健康成长的基本意见》文件精神，分析了目前我国学校影视教育的现状，交流了各地开展影视教育的经验，探讨了影视教育的目的意义及方式方法。与会者一致认为，随着影视文化对现代生活越来越广泛、越来越深入的影响，展开全国性的学校影视教育已迫在眉睫，中小学生应是学校影视教育的重点，各大专院校尤其是师范院校应该将影视艺术列为必修课程，以培养造就一大批影视教育的师资。会议希望各级领导高度重视影视教育，齐抓共管，建立健全的影视教育管理机构，采取多种形式，加强师资培养，成立相应的影视教育学会，编写多层次的书面和声像教材，创办影视教育刊物，利用电影电视对青少年进行素质教育，培养出德、智、体、美全面发展的一代健康的社会主义新人。

改革开放题材电视剧创作座谈会 中国经济体制改革研究会、中央电视台、广州电视台和人民日报文艺部1992年5月12日在京召开“改革开放题材电视剧创作座谈会”。呼吁电视艺术工作者深入生活，创造出更多无愧于变革时代的艺术精品。会议充分肯定了电视剧艺术在反映改革开放现实生活方面所作出的积极努力和取得的丰硕成果。与会者高度评价了电视片《外来妹》，认为它的问世，标志着改革开放题材电视剧创作进入了一个新阶段，达到了一个新水平。专家们指出，与改革开放的实践相比，当前改革开放题材的电视剧创作仍有很大差距。与会同志认为，为了提高改革开放题材电视剧创作的艺术质量，需要进一步解放思想，大胆探索，允许试验，允许失误。电视艺术家要更好地深入生活，在改革开放的洪流中去把握时代的历史底蕴。

全国室内剧生产方式研讨会 中国广播电视学会电视制片研究委员会1992年5月8日至12日在京召开了全国室内剧生产方式研讨会。来自全国25个省市自治区40个单位的71名代表出席了会议。与会者认为，我国室内剧的生产已经有了可喜的成果，一批优秀室内剧已经登上或即将登上屏幕，如：《家教》、《渴望》、《明天不是梦》、《编辑部的故事》等。《渴望》形成了全国性的罕见轰动效应。会议期间，代表们通过积极、认真的交流研讨，对室内剧发展的文化趋势、室内剧的最大优势、室内剧生产方式的特征、采用室内剧生产方式的必要条件等问题，取得了较为一致的认同。与会者指出，电视目前缺乏的是管理，如何把经营管理搞好是制片工作者的主要任务。会议提出并初步研讨了有待今后继续探索的5个问题：室内剧的艺术特征及其生产方式的基本规律；室内剧的经济、计划、合同、基础管理的特点和要求；如何适应室内剧的创作规律，培养形成一个比较健全与完善的制作群体；如何提高和发挥制片在室内剧管理中的地位和作用；室内剧本生产方式的变革与企业化、商品化的关系。

喜剧电影学术研讨会 《当代电影》编辑部、杭州大学影视戏剧所、浙江省影协等6单位于1992年12月上旬在杭州联合召开“喜剧电影学术研讨会”，来自电影界的专家学者40余人出席了这次会议。会议围绕我国喜剧创作的历史与现状、喜剧电影创作规律、喜剧电影理论研究展开了热烈的讨论。大家确认，在社会转型这一特殊时期，喜剧电影面临着新的机遇和新的挑战，时代呼唤出现更多、更好的喜剧影片。会议指出，要充分调动电影工作者的积极性，创作出更多的优秀喜剧影片，利用喜剧电影样式所特有的娱乐性、通俗性吸引更广泛的观众群，从而更好地贯彻文艺的“二为”方向和“双百”方针。创作者必须凭借对生活深刻的洞察力和高超的艺术表现功力，以丰富的想象，诙谐、幽默的风格，通俗、晓畅的内容形式影响观众，征服观众，并以健康的审美情趣潜移默化地引导观众，提高他们的欣赏品位。与会者一致认为，喜剧电影创作的繁荣发展，有待于进一步加强喜剧电影理论研究与评论工作，要善于研究和总结古今中外喜剧理论和创作经验，借鉴其它艺术门类如戏曲小品中具有规律性的表现手法和技巧。对喜剧影片的评论首先要立足于观众的反映，其次要帮助作者具体分析其得失，总结经验教训。

全国儿童电视剧研讨会 中国电视艺术家协会、中央电视台、海南经济报于1992年5月19日至21日在京召开全国儿童电视剧研讨会。与会的国内电视界专家、学者、编导和部分新闻、教育工作者观摩了近期创作的一批优秀儿童电视剧。会议审视了我国儿童电视剧的现状与发展走向。与会者一致认为，近年来我国儿童电视剧艺术质量虽然不断提高，但数量却日趋下降，这是一个应当引起全社会关注的严重问题：儿童电视剧的生产困难较多，如资金筹措不易；缺乏较好的剧本；编导队伍人材流失；后继乏人等。在改革开放时期，儿童电视剧在商品经济冲击下，如果单纯追求商品价值，势必难以立足。儿童作为祖国的未来，对下一代的精神消费品——儿童电视剧必须在文化经济政策上给予特殊照顾，急需采取有力措施，加以扶持。与会者强烈呼吁：给予儿童电视剧更多的关注和支持，否则，我国3亿儿童观众将患“精神营养不良症”，这对培养一代新人和提高民族素质将造成不可估量的损失。

中央电视台召开电视工作座谈会 为使电视节目有一个较大的改观，中央电视台于1993年5月5日、7日、18日，连续召开了3个电视工作座谈会，邀请社会各界的热心观众、中央、国务院有关部委的负责同志和电视工作者，征求改进电视宣传工作的意见。丁关根、李铁映和中宣部、广播影视部的有关负责人出席了会议。座谈会上，与会同志就如何提高电视节目质量，丰富电视屏幕发言，大家充分肯定了中央电视台在改革开放中取得的成绩，认为中央电视台的节目总体上思想性强，品位高，质量是第一流的，不仅有教育性，而且有知识性、艺术性和欣赏性。同时，大家还对进一步改进电视宣传提出了意见和建议。丁关根在座谈会上作了重要讲话，他高度评价了与会者的意见和建议。同时，对电视台请专家、学者和政府部门领导回答人们关心的热点、疑点问题，以及领导和群众一起讨论社会关心的实际问题；加强新闻职业道德建设，纠正新闻界不正之风等方面提出了要求。

电影发行体制改革方案出台 电影界呼唤多年的发行体制改革方案于1993年年初出台。该方案从制片、发行、放映的中间环节入手，将影片的发行权交给制片厂，使生产者的利益和由广大观众组成的电影市场联系起来。它打破了中国电影几十年一贯制的统购包销格局，向真正进入市场迈出了第一步。这次改革虽只是整个电影业体制改革中的初步举措，但它却是中国电影建立起良性循环的自我发展机制，为进一步繁荣中国电影打下坚实基础至关重要的第一步。

电影业首家股份制企业成立 以"永创人类文明乐园"为宗旨的上海永乐股份有限公司于1993年3月18日创立。它由上海市电影发行放映公司转制而成，是全国电影业中首家股份制企业，注册资本在1亿元以上。上海市电影发行放映公司由全民所有制转变股份制。其主要动因是要打破计划经济模式对电影业的深刻影响和现实束缚，在承认电影是商品的前提下，孕育和产生按经济规律办事、按市场需求经营的新型电影企业，并使之纳入社会大文化和现代化、国际化范畴。被认为是电影业落实党的十四大精神，加速改革，步入社会主义市场经济的有效举措。该公司下设音像出版、永乐旅游、永乐工贸、永乐房地产实业发展等10余家分公司。

我国第一家民办影视企业诞生 我国第一家民办的影视企业——珠海国际影视娱乐城1993年9月在珠海特区挂牌运转。这个由珠海经济特区开发总公司、澳门珠光公司、香港中银集团共同投资16.9亿元创办的单位，集影视摄制、生产、电影交流、电影文化旅游为一体，只有几个必要的行政人员和制片人，实行"制片人制"，由制片人根据拍片需要聘请导演，由导演组织摄制班子，影视娱乐城只一次性付给片酬。导演必须向影视娱乐城的投资者负责，经济效益与责任、权力结合在一起。这个国际影视娱乐城已聘凌子风、谢飞、李羚、吴海燕为特约工作人员。

我国20多家经济电台联合录制《你好！韶山》 为发挥广播系统的整体优势，1993年11月23日至26日，中国广播电视学会经济电台研究会组织中央人民广播电台和全国20多家经济广播电台的40多名记者、主持人赴韶山采访并联合录制《你好！韶山》特别节目，纪念毛泽东诞辰100周年。参加这项活动的各台记者、主持人发挥各自的特点和优势，深入韶山的企业、学校、家庭，以及国内外参观者中采访，以现场报道形式，从不同角度反映韶山在改革开放中的发展变化，说明邓小平建设有中国特色社会主义理论是毛泽东思想的继承和发展，以及用这一理论指导各项工作的重大意义。汇集各台风格和特色的《你好！韶山》特别节目，在各经济广播电台播出后，深受广大听众的欢迎。

再现邓小平视察南方情景的大型纪录片摄制完成 由深圳市新闻影视制作中心、光明日报社、中央新闻纪录电影制片厂联合摄制的大型纪录片《历史的决择》，真实地再现了邓小平1984、1992年两次视察深圳的情景。这部长达90分钟的影片以邓小平1992年视察南方活动为主线，全方位展示了深圳经济特区13年来的风雨历程，以深圳作为中国改革开放的试验场和排头兵，大胆探索建立社会主义市场经济新体制的成功经验，阐述了邓小平关于建设有中国特色社会主义理论和改革开放思想的正确性。片中有邓小平两次视察南方的不少珍贵镜头，融纪实性、文献性、政论性于一体，形象地揭示了中国社会主义现代化建设的辉煌前景。

中央电台加强反腐倡廉宣传 1993年，中央人民广播电台在新闻和专题节目中加强了反腐倡廉方面的报道。新闻节目注意坚持正面宣传，积极引导舆论，注意树立正面典型。如：根据中央有关反腐倡廉的精神，很快就播出了《四川整顿行业不正之风》、《福建省把反腐倡廉落到实处》等稿件。对社会关心的问题，有组织地发表言论，针砭时弊，弘扬正气。如"拜金主义要不得"等述评之后，又播出了"创业精神丢不得"、"高扬起理想的风帆"等记者采写的述评，在听众中引起了很好的反应。与此同时，还选用其他新闻单位的好言论，如光明日报的《市场经济呼唤职业道德》、《新时期腐败之风给社会的危害》，工人日报的《惩治腐败、加强廉政》、解放军报的《抵制拜金主义、提倡奉献精神》等等。推出了一批精神文明建设方面的典型，如胜利油田无私奉献的好党员王为民、为救落水旅客而献身的藏族战士、奋力救火的洪湖市5位党员、长沙铁路总公司主动退还礼金200多万元、河北中医学院拒收红包等。这些言论和典型播出之后，收到很好的社会效果，为反腐倡廉，树立正气，促进精神文明建设，起到了积极作用。对一些大案要案进行及时报道。宣传中既把握分寸，又大胆揭露，既注意以正面宣传为主，又注意加强舆论监督。较为突出的有《广东侦破一宗特大索贿受贿案》、《北京处理8名金融工作人员》、《衡水特大诈骗案主犯被逮捕》、《湖南破获一起特大贿赂案》等等。对社会上存在消极腐败现象和不正之风，专题节目做了一系列批评报道。如：用公款大吃大喝、宴席的档次越来越高，价钱越来越贵，甚至出现了"黄金宴"，对此，《午间半小时》结合我国的国情，谈了大吃大喝的弊端，指出目前我国还有很多贫困地区，还有上不起学的孩子，应该刹住这种不正风。对一些贫困县出现的"县穷车不穷"的现象；对一些地方存在的公车走穴问题；对有的地方搞地方保护主义，阻挠查处假冒伪劣产品等，都进行了曝光和批评。听众感到批评切中时弊，对纠正不正之风起到了积极作用。《经济生活》栏目对经济生活中的回扣现象，对“公费出国旅游热”等以权谋私的不正之风，以思考的形式发表了述评，也受到听众好评。《法制园地》着重宣传一些清正廉洁的正面典型，以及全国各地开展反腐败斗争取得的成绩。如：“大特区检察官”，介绍了海南检察机关认真查处贪污贿赂案件的情况和在条件十分困难的情况下办案的感人事迹；介绍各级检察机关开展举报工作8年来惩治贪污贿赂案件的成效，等等。同时，也有选择地报道了一些反面典型案例，如介绍检察机关挖出河南汝州市市长徐中和贪污贿赂特大案件的系列报道。这些报道都有一定深度。

徐州举办“反腐倡廉”汇映活动 为贯彻中纪委二次全会精神，配合反腐败斗争，由中共江苏省徐州市纪委、组织部、宣传部等单位联合举办的“反腐倡廉”电影汇映活动自1993年9月1日起以一个月的时间在全市城乡广泛展开。这次活动上映的《新中国大案》、《焦裕禄》、《龙年警官》、《在被告后面》、《廉政风暴》等20余部影片，从正反不同角度反映了“反腐倡廉”这一重大主题。为保证汇映活动产生良好的效果，该市还制订了切实可行的措施：要求各单位把组织观看汇映影片作为向党员群众，特别是党的领导干部进行反腐败教育的重要内容之一，保证每人能看到其中的2至3部影片；汇映期间，要结合影片中不同时期正反两方面的典型事例，结合当前反腐败斗争中查处的大案要案，联系本单位、本部门的实际，进行座谈，开展评论活动，深化放映效果，增强反和平演变和反腐败斗争的自觉性。为保证“反腐倡廉”电影活动取得良好的社会效益和经济效益，该市还要求计划排映的影片为汇映节目让路；团体包票、个人票价一律实行优惠。

《'93质量万里行》电视宣传活动展开 由国家经贸委、国家技术监督局、中央电视台联合各省市电视台、经委、技术监督局及有关执法部门组织的《'93质量万里行》电视宣传活动于7月中旬至9月间在全国范围展开。这次活动以宣传《中华人民共和国产品质量法》为核心，旨在提高全民族质量意识，规范社会主义市场经济秩序。其主要内容是“'93质量万里行”系列报道，由国家技术监督局、中央电视台、有关省市电视台组成4路采访分队，从7月中旬开始，分别从黑河、广州、南宁、成都出发，对23个省、市、自治区进行采访，所作节目每天在中央电视台有关栏目滚动播出。在活动期间，《中国图片报》等报刊联合组织了一次全国范围的《产品质量法》知识竞答活动。同时还举办了“'93中国质量意识高层论坛”以及《产品质量法》专题晚会。整个活动本着为经济服务、为人民服务、为地方服务、为企业服务的宗旨，坚持了正面宣传为主，表扬和批评相结合，实事求实地报道原则，达到了扶优治劣、宣传法规、规范市场的目的。

中国亚洲电视艺术中心坚持正确方向赢得观众 中国亚洲电视艺术中心在激烈的市场竞争中，坚持走正路，拍好戏，不仅以大量充满正气的电视片赢得了全国乃至海外观众，自己也发展成为拥有上亿元资产的文化企业集团。他们不要国家一分钱拨款，用自己的艺术产品参与市场竞争，既向社会提供高质量的精神食粮，又从社会大市场上赢得发展自己的经济效益。在他们拍摄的电视片中，反映老一辈无产阶级革命家丰功伟绩、反映革命战争、反映改革开放和社会主义精神文明的题材占了绝大多数。格调不高的剧目和题材，无论获利多高，他们都坚决不拍。他们拍摄的反映各条战线艰苦奋斗、无私奉献先进人物事迹的100集电视系列片《民魂》在全国130多家电视台播出后，受到了从中央到地方各方面人士的好评，称赞它是“既歌颂改革开放，又歌颂民族精神；既反映市场经济挑战，又宏扬高尚道德情操”的“难得的好节目”。在大都市，很难发现中国亚视工作人员的身影，他们每年有多半时间在边疆少数民族地区、贫困山区、建设工地、军营和边防创作和拍摄。正是扎根在基层，深入在人民群众之中，亚视才不断坚定自己走正路、拍好戏的方向，也是因为赢得了人民的信任，亚视才得到了长足的发展。

空中架起“警民桥” 公安部和北京人民广播电台经济台、天津人民广播电台经济台、上海东方广播电台于1993年1月1日至30日共同举办“警民桥”专题直播节目。在历时一个月的时间里，3家电台采取现场报道、电话采访、热点问题解答等多种形式，请听众来评价警察，让警察谈自己的感受。节目开播期间，公安部和京、津、沪三市公安局的高级警官接受了广播电台的采访，并对听众提出的问题进行了解答。3家电台于1月5日和30日两次联手组织长达45分钟的“警民桥”大联播。为了架好“警民桥”，公安部和京、津、沪3家电台联合向广大群众特别推出了“警民桥”征稿活动，主要围绕“我看警察这一行”和“我干警察这一行”的主题，请广大群众和公安干警根据自己亲身经历和目睹的真人真事，写出自己的感受、体会以及对公安工作的意见和建议。

中国国际广播电台春节与全球华人同欢 1993年春节，中国国际广播电台华语台同海内外8家电台联播，推出5台特别节目，为全球华人、华侨、驻外使领馆以及广大留学生贺岁、拜年。正月初一，华语台同香港向城广播劲歌台、澳门电台、美国纽约美加华语广播网、广州和佛山电台等联手举办6台《不分疆界华人大团拜'93》特别节目。这台长达3小时、6家电台用粤语直播的节目，着重反映了华人世界联谊、进步、合作的发展趋势和节目的欢乐气氛。内容包括：1992年国内外大事的回顾、全球华人社会的名人趣事、各地欢度春节的习俗与盛况、部分奥运明星向听众拜年，大陆与港台影视歌星的演唱，以及新春颂歌欣赏等等。同时在节目中还为海内外听众提供了互相拜年，互致问候的机会。华语台普通话广播与新加坡广播局合作，推出了一台2小时的节目《金鸡报春——93年春节联播》节目；同全国侨联联合举办了2小时的《跨越时空，环球同乐》春节特别节目，主要内容以文艺演出为主，同时还邀请了全国侨联负责人、华语台台长讲话，向全球华侨、华人恭贺新春，表达祖国人民对海外游子的祝福。正月初二，华语台普通话广播播出了一台《京韵、京腔、京味——同海外华人共度新春佳节》特别节目。该节目以“天桥乐”茶园演出的再现当年天桥技艺的节目为线索，介绍了北京民间艺术的由来与发展，让听众在欣赏富有地方风味的节目中，体会出北京民间艺术的精妙，以慰海外游子的思乡之情。此外，华语台的客家话、厦门话和潮州话广播，也播出了别具特色的节目，与海外乡亲共度鸡年新春。

大陆电影代表团访问台湾

应台湾金马奖执行委员会主席李行之邀，由谢晋为团长的大陆电影代表团一行10人于1992年12月17日至27日访问了台湾。这是大陆电影界第一次正式组团访问台湾，迈出了海峡两岸电影双向交流的第一步。代表团在台期间参观了“中影”、“台影”等电影企业和单位，参观游览了“国父纪念馆”等名胜古迹，广泛接触了台湾各电影团体和文学、导演、演员、制片等各界同行，并拜访了张学良将军。在台期间，代表团和台湾同行以“海峡两岸合拍电影的前瞻性”及“两岸导演风格”为题，两度举行学术座谈会，共同探讨两岸电影文化交流的基础和前景，以为包括大陆、台湾、香港电影在内的中国电影的发展群策群力。

首届海峡两岸暨国际电影展

中国电影家协会于1992年11月1日至7日在桂林首届中国金鸡百花电影节上举办“第一届海峡两岸和香港电影新作观摩展”和“第一届金鸡国际影展”。然后，“电影新作观摩展”于11月9日至12日在广州巡回展出，“金鸡影展”同时在北京巡回展出。参加“电影新作观摩展”的有大陆的《阙里人家》、《毛泽东的故事》、《秋菊打官司》、《大撒把》等13部故事片，香港的《阮玲玉》等6部影片以及台湾的《推手》、《暗恋桃花源》等6部影片。参加“金鸡映展”的有来自10个国家的23部影片。其中有日本的《新干线大爆破》，法国的《西塞隆乡间》，美国的《城市滑头》，俄罗斯的《白夜》、《鱼雷艇》，摩洛哥的《三王之战》，越南的《等到十月》，瑞士的《希望之旅》，西班牙的《蝴蝶的翅膀》。

首届海峡两岸暨香港电影导演研讨会　第一届“海峡两岸暨香港电影导演研讨会”于1993年1月10日至15日在香港举行。这不仅是42年来海峡两岸电影工作者的第一次大规模相聚，同时也是作为中国电影整体组成部分的大陆、台湾、香港三地导演的第一次完整的聚会。80多位电影导演、评论家就“海峡两岸和香港电影的回顾、交流与展望”、“制作形式”、“异乡拍摄的苦与乐”、“海外发行”等专题进行了交流和研讨。

首家科教台开播　经广播电影电视部批准建立的全国首家科技教育专业台——陕西科技教育广播电台，于1993年12月22日正式开播。陕西科技教育实力雄厚，综合科技实力位居全国第三，该台的建立，适应了陕西人才优势和经济发展需要。该台以传播科技、教育新闻信息为主导，兼顾社会生活其它领域，全天播音13小时10分钟，采用大时段板块结构、主持人直播形式。

广东电台英语台首播　广东电台英语台，于1992年2月28日正式开播。该台立足广东，面向海外，是一个集咨询性、服务性与地方性特点于一身的广播电台。它办有《新闻》、《经贸信息》、《经济漫谈》、《投资常识》、《旅游服务》、《街头漫步》、《音乐欣赏》等20多个栏目，全面报道改革开放以来广东在政治、经济、科技、文化教育、旅游等方面的成就，并为广大英语爱好者提供一个良好的语言学习环境。

我国首家县级中波电台开播

经广播电影电视部批准建立的全国第一家县级中波电台——安徽霍邱电台，经过6年多时间的筹建，于4月20日正式开始播音。霍邱台的建立，可使山区霍邱县150万人民和邻县、市部分地区清晰地收听到中央台、省台的广播节目。

新疆实现电视节目卫星传输

1993年8月1日起，新疆电视台的维吾尔、汉和哈萨克3种语言的电视节目开始了卫星播出，使新疆和全国各地以及地球上三分之一的地区均能收看到这些节目。新疆地域广大，电视的覆盖率过去只有72%。在卫星资源十分紧张的情况下，国家优先给新疆电视台一个转发器，启用“中星五号”卫星播发三种语言的电视节目，充分体现了党和政府对新疆各族人民的关怀，是党的民族政策的又一具体体现。新疆上星的3种语言的电视节目，全天共播出16小时。

’92中外老年题材电视展播

为纪念“国际老人节”，欢度九九重阳节，北京电视台与天津、上海、广东等13家省市电视台合作，于1992年10月4日至11日举办“’92中外老年题材影视片展播”活动。这次展播推出了30余部质量上乘的中外电视专题片，以及《怀恋的冬夜》等几部老年题材的中外优秀电视剧。

《中华成语故事会》开播 长达100集的木偶电视艺术片《中华成语故事会》于1992年"六一"儿童节起陆续与小观众见面。这部由吉林电视台和吉林电视服务中心联合摄制的系列片，注重弘扬中华民族精神，继承优秀文化遗产，挖掘中华成语故事的精华。

武汉推出电视片《凯丽阿姨讲科学》 武汉电视台于1992年"六一"儿童节推出一个新的电视片种——电视科普连环画《凯丽阿姨讲科学》。该片以10多年来北京出版社科普期刊《少年科学画报》上发表的优秀作品为素材，运用数字特技对原画稿进行电子技术处理，以原文字说明为解说词，配以适当的音乐。片中主持人是在《渴望》中扮演刘慧芳而博得众人喜爱的张凯丽。该片每集10分钟，内容包括数、理、化、天、地、生等所有科学门类，是一个知识的百花园。自6月1日在武汉地区开播以来，受到社会各界普遍欢迎。该片的拍摄成功，为科普工作开拓了一个新天地。

驻藏某部电影组电影慰民 解放军驻西藏某部电影组自组建到1993年，十年如一日坚持为驻地错那县开展"电影慰民"活动。他们定期组织革命历史、科教技术等意义重大、内容健康的影片，深入驻地乡村进行放映，并结合实际帮助藏、门巴、路巴等族群众掌握农用技术和欣赏审美情趣角度，做到电影放映一场，群众受益一场。前几年，少数分裂主义分子在拉萨蓄意制造了严重骚乱事件，部队电影组又及时组织电影在驻地巡回演出，使群众看清骚乱分子的反革命阴谋，从而更加坚定了热爱祖国、拥护党领导的信念。10年间，该电影组开展"电影慰民"活动以来，放映各类电影3000多场，既促进了精神文明建设，又为本地区的民族稳定做出了积极贡献。多次受到上级表彰奖励。

山东积极解决农民看电影难问题 为了充分发挥电影放映工作在农村的物质文明和精神文明建设中的作用，克服农村电影工作的停滞现象，解决好广大农民看电影难的问题，山东省文化厅和农业厅于1993年9月发出了《关于解决农村电影放映问题的意见》。这份文件指出，各级文化、农业主管部门要解决放映活动中遇到的实际困难，使停止活动的电影队恢复活动。要继续开展和完善农村放映人员合同制，办理好养老保险金。文件还就农村电影收费问题提出了5种办法。

江西举办新时期影视创作成果展 为纪念毛泽东《在延安文艺座谈会上的讲话》发表50周年，江西省电影家协会于1992年5月1日起举办新时期影视创作成果展。1979以来，江西省共创作并发表电影、电视文学剧本473个，其中拍摄并已公开发行上映的影片55部，居全国之冠；录制并在省以上电视台播出的电视剧178部。有20部影片先后获国际、国内电影奖19项，26部电视剧获省(部)级以上奖励32项。

八一电影制片厂庆祝建厂40周年 1992年7月28日，八一电影制片厂隆重庆祝建厂40周年。40年来，八一厂遵循文艺为人民服务、为社会主义服务、为巩固和提高部队战斗力服务的方针，共生产影片1773部。这些影片为我军的现代化建设起到了重要作用。有些影片曾多次在国内外获奖。尤其是革命战争历史巨片《大决战》，气势磅礴，标志着八一影厂的创作生产已达到了一个新高度。该厂经过40年的发展，已经建设起了具有一定规模、高质量的编导、摄影、舞美、演员队伍。

新影庆祝建厂40年 中央新闻纪录电影制片厂于1993年7月7日走过了它40年的风雨历程。40年来，新影厂艰苦创业，拍摄了一大批脍炙人口的优秀纪录片，为中国历史留下了极其珍贵和真实的形象资料。据不完全统计，新影建厂40年来，有36部影片获41项国际电影节奖；37部影片获"金鸡"、"百花"奖；另有107部长短记录片获国内外各项奖。

中文图文电视广播系统通过鉴定 由广播科研所开发的"中文图文电视广播系统于1992年9月在京通过鉴定。图文电视是一种新型的电视广播方式，它将文字和图形构成的信息以数字信号的形式叠加在广播电视信号中传送，用户可以利用电视机附加的图文电视解码器在电视机的屏幕上收看图文电视节目。图文电视信息也可通过插在微机中的图文电视接收卡来接收、显示、存储和打印。

我国第一部水幕电影 我国第一部水幕电影《爱在人间》1992年1月在上海首映。水幕电影是近几年在日、法、美等国新兴的一种新式电影，它将喷出的水加上一定的压力，使其雾化，形成代替银幕的水幕，然后在水幕上放映。《爱在人间》上映时采用的是上海和平双厅影院自行设计，经过几年摸索研究成功的水幕。它的放映机设在水幕前面，这比北京游乐园引进的放映机对着观众的法国水幕电影设施有了改进。

谢晋创办影视明星学校 著名电影导演谢晋创办的谢晋——恒通明星学校于1993年10月在上海成立，并开始向海内外招生。这是我国电影艺术家首次创办明星学校，开辟了一条在艺术院校之外培养影视演员的途径。谢晋在几十年的导演生涯中，曾发掘、培养过许多出色的演员。这次，他投资150万元创办影视学校并自任校长，目的是培养一批未来中国影视界年轻的新星。学校除了密集型的表演教学之外，特别强调实践以及各种技能的训练，由中外著名影星为学员面授技艺。

我国首部"扫黄"纪实电视片摄制 我国第一部全面反映扫黄工作成就的电视系列片《扫黄》1992年6月由公安部、司法部、卫生部、文化部和新闻出版署联合摄制完成。该片以大量现场拍摄的真实镜头，展示了黄祸的严重危害，反映中国共产党和人民政府为取缔卖淫嫖娼、打击非法出版物所做的大量工作。

8. 体 育

1993年体育事业的发展与改革 1993年，我国改革开放和现代化建设迅速发展，体育事业取得举世瞩目的成就。主要表现在：

1. 竞技体育水平出现重大突破。中国运动员在国内外赛场捷报频传，在田径、游泳、跳水、速度滑冰、短跑道速度滑冰、乒乓球、举重、技巧、射击、赛艇、摔跤、羽毛球、柔道、国际象棋、象棋、武术、航海模型、弓弩、射箭、蹼泳等项目中，1993年共获得103个世界冠军，有史以来首次突破"100"大关；这一年共创57项世界纪录，超过了世界纪录最多的1992年。特别是田径、游泳两个奥运会主要项目，创造了历史最好水平。田径从1983年首次获得世界冠军，到1992年10年间共获13个，而1993年1年就多达7个世界冠军；"马家军"的突起使女子中长跑一举进入世界领先地位，王军霞两破3000米世界纪录并大幅度刷新万米世界纪录，曲云霞创造了1500米世界新纪录，引起世界体坛的强烈反响。8名巾帼游泳新秀获10个世界冠军，创9项世界纪录。在第16届世界大学生冬季运动会上获6枚金牌(滑冰5枚、冬季两项1枚)，2枚银牌和4枚铜牌，居参赛国第3位；陈露获世界花样滑冰锦标赛女子单人滑铜牌。当然也不能忽视，个别优势项目出现"滑波"现象，如羽毛球在全英公开锦标赛上金榜无名，是近几年的最低水平。首届东亚运、七届全运会光彩夺目。1993年5月在上海举行的第一届东亚运动会，中国、日本、韩国、朝鲜、中国台北、蒙古、澳门、香港、关岛共9个代表团的1252名选手，参加了田径、游泳(含跳水)等12个项目的比赛。中国运动员在全部168个小项的角逐中，夺得105枚金牌。其中22枚金牌是由18岁以下的小将获得，年龄最小的金牌得主是14岁的女子跳台跳水冠军邓泳。赛艇、武术、保龄球等项目完全由地方优秀运动队参赛，在我获得的29枚田径金牌中，地方运动员占20枚。8月15日至9月15日分别在四川省、秦皇岛市、北京市举行的第七届全国运动会，30个省区市、解放军和14个行业体协共45个代表团的10510名运动员参赛，规模之大居历届之首。田径、游泳、射箭等奥运会项目在七运会上成绩大幅度提高。田径成绩尤为突出，超了3项世界纪录，8个小项超当年世界锦标赛冠军成绩，8个小项进入世界锦标赛前3名。28个省区市及解放军、前卫、邮电共31个代表团获得金牌，35个代表团获得奖牌，覆盖面超过往届，反映我国竞技体育水平的广泛提高。东亚运和七运会的圆满成功，标志着我国举办大型综合性运动会的能力显著提高，向世界展现了中国改革开放的巨大成就和文明进步、自强不息的中华民族光辉形象，推动了承办地区和全国的社会主义精神文明建设，得到党和国家领导人以及国际奥委会主席等世界体育著名人士的充分肯定与高度评价。

2. 群众体育更趋活跃。1993年群众体育较往年活跃。行业管体育进一步落实，职工锻炼热情提高；学校体育工作有所改善，体育达标学生增多；乡镇、社区的基层体育组织网络不断拓展。反映民族、地区、行业和不同人群特点的健身娱乐活动，受到广泛欢迎。人民群众的体育意识逐步增强，"群众体育群众办"、"为自己的健康投资"的观念为更多人所接受。体育社会化继续深入推进，单纯依赖行政组织手段开展体育工作的状况有较大转变，一个有生机活力的国家、集体、个人一齐办体育的格局正在形成。《体育社会指导员技术等级制度》颁布施行，我国第一个社会体育科学研究所在天津成立。特别是群众体育适应社会主义市场经济的需要，开始摸索出一条依托社会、自我发展、为经济建设服务的新路子。如举办世界华侨华人龙舟系列赛，国家体委只投入1万元，其它资金全部靠集资和广告经营收入筹集，同时进行了招商引资工作，仅九江市就引进28个项目，成交额达7000万美元。其它各项体育工作也都取得新的进展。体育科学研究成果显著，1993年评出国家体委科技进步奖31项，首次颁发了体育系统软科学优秀成果奖，北京体育学院批准改为北京体育大学。体育宣传进一步深入生活，增强了吸引力。体育外事工作围绕申办2000年奥运会和重大国际赛事，扩大了影响。对台体育交流以河北女篮、辽宁男篮访台成功为契机，实现了比赛队伍和体育官员入岛进行双向交流的突破。

3. 体育改革稳步推进。1993年体育改革迈出较大的步伐。在体育领导管理体制方面，国家体委和部分省区市体委按照政事分开和精简、统一、效能的原则，进一步扩大协会实体化范围，开始向运动项目纵向管理过渡。全国冬季运动项目管理中心、模型无线电运动管理中心作为试点，率先成立。行业体协由1992年的16个发展到20个。为加强宏观调控和政策指导，《全民健身计划纲要》和《奥运争光计划纲要》已拟就并付诸讨论。在训练体制方面，围绕"缩短战线，突出重点"和"奥运战略"的实施，国家体委加强了对运动项目的分类管理，调整了项目布局，进一步改革了国家队的组建方式，调动了中央和地方两个积极性。继续鼓励和扶持行业、企业、高校、社会团体办优秀运动队及高水平体育俱乐部，业余训练在越来越多的地区实行有偿训练和风险抵押办法。区域性的人才流动已经开始，并形成一定规模。职业化、半职业化和俱乐部制，继足球之后，又有乒乓球、篮球、网球等项目在进行探索。竞赛改革以全运会改革为中心，决定1997年第八届全运会设28项，除武术外全部为奥运会项目（包括两个冬季奥运会项目），各省区市据此进行了项目调整。全国单项竞赛开始按水平分级分类管理，改变只由行政区划代表队参加的办法，允许达到水平的城市、企业俱乐部参赛，并实行运动员资格证注册制度。在培育体育市场、加快体育产业开发方面，创办了一个流动市场——每年一届在各地轮流举办的“中国体育用品博览会”；计划筹建一个固定市场——“中国体育城”。《体育市场管理办法》已在拟订。体育界为之长期努力发行体育彩票和成立中国体育基金会的工作，取得了实质性的进展。改革是体育发展的动力。现有的体育体制与社会主义市场经济的要求尚有较大差距，深化体育改革，解决原有体制中一些深层次的矛盾，任务还十分艰巨。

1992年中国10大体育新闻

（1）中国体育健儿在第25届奥运会上顽强拼搏，夺得金牌16枚、银牌22枚、铜牌16枚，金牌榜位居第四名，实现了运动成绩与精神文明双丰收的目标。其中游泳和田径选手分别夺得4枚和1枚金牌，结束了中国人在这两个大项上未取得过奥运金牌的历史。（2）国家体委奖给每位奥运会金牌获得者8万元人民币；社会各界也纷纷出资奖励。（3）2月，中国选手在第16届冬季奥运会上实现了奖牌“零的突破”，获得3枚银牌。（4）6月，中国足球队首次聘请外国人担任主教练；11月，施拉普纳率中国队获得第10届亚洲杯足球赛第3名。（5）10月，中日联合登山队征服了世界最高处女峰——海拔7782米的南迦巴瓦峰。（6）第四届全国大学生运动会和第二届全国农民运动会9月和10月分别在湖北省举行。（7）6月，中央军委主席江泽民签署命令，授予速滑运动员叶乔波“体坛尖兵”荣誉称号；10月，叶乔波名列第三届“中国十大杰出青年”榜首。（8）10月，中国队在国际军体理事会军事五项锦标赛上创造了包揽团体、个人4枚金牌和男女个人两枚银牌的历史最佳成绩。（9）9月，时隔11年后，全国十名优秀体育教师暨十名最佳体育教师评选活动再次举行。（10）中国台北棒球队在第25届奥运会上勇夺亚军。

1993年中国10大体育新闻

（1）第七届全国运动会圆满成功，创4项世界纪录，超21项世界纪录；在中国体育史上留下光辉篇章。（2）北京申办2000年奥运会未获批准，但通过申办活动，宣传了中国，展示了中国改革开放的崭新风貌和巨大成就。（3）“马家军”崛起，中国田径健儿取得辉煌战绩。（4）以新人为主的中国游泳女将在首届世界短池游泳锦标赛上打破9项世界纪录，获10枚金牌。（5）全国体委主任会议推出体育界29项重大改革举措。（6）谢军卫冕国际象棋女子世界冠军成功。（7）第一届东亚运动会在上海成功举行。（8）中国男子速滑选手的成绩取得重大突破，宋臣获世界锦标赛500米冠军。（9）中国跳水健儿囊括第八届世界杯赛金牌，这在世界跳水三大赛事中是史无前例的。（10）施拉普纳执教的中国足球队未获世界杯外围赛小组出线权。

787名体坛功臣获奥林匹克纪念章 据《中国体育报》1993年8月7日报道，为了给参加过历届奥林匹克运动会的运动员留下永久纪念，国际奥委会1993年年初向全世界各奥林匹克成员国寄发了奥林匹克纪念章，我国787名曾经参加过奥运会的运动员获此殊荣。日前，国家体委在北京举行了颁发仪式，来自全国的40名运动员代表领取了奥林匹克纪念章。其中有我国体育界的老前辈牟作云和王上林，他们曾参加过1936年的柏林（11届）奥运会。领取纪念章的还有参加1952年、1984年、1988年和1992年奥运会的运动员代表，他们当中有为我国取得第一枚奥运会金牌的许海峰等优秀运动员。

中共中央国务院盛会欢迎从巴塞罗那凯旋的中国体育代表团

1992年8月16日晚，从巴塞罗那奥运会凯旋的我国优秀运动员，在人民大会堂受到了中共中央总书记江泽民、国务院总理李鹏、全国人大常委会委员长万里、中共中央政治局常委乔石、宋平、李瑞环等党和国家领导同志的亲切接见。江泽民总书记在中共中央、国务院举行的“热烈欢迎参加巴塞罗那第25届奥运会中国体育代表团凯旋”的招待会上说，你们所取得的成绩和进步，极大地鼓舞了全国各族人民更加艰苦奋斗、发愤图强，继续沿着建设有中国特色社会主义的道路，不断创造新成绩。会上宣读了杨尚昆主席发来的祝词：“向在巴塞罗那奥运会上创造优异成绩，为国争光的我国运动员、教练员表示热烈的祝贺和亲切的慰问。”国家体委主任、中国体育代表团团长伍绍祖代表体育战线全体同志表示：一定不辜负党中央、国务院和全国人民的嘱托，虚心学习兄弟战线的优点和经验，加快体育改革步伐，抓紧北京申办2000年奥运会的工作。运动员代表、射击双向飞碟金牌获得者张山表示，时刻不忘祖国和人民的培养和哺育，要加倍努力，再立新功。

招待会开始前，中央领导同志听取了中国体育代表团的汇报，亲切接见了在巴塞罗那奥运会上获得金牌、银牌和铜牌的运动员以及他们的教练员代表，并同中国体育代表团成员合影。

第25届奥运会中国健儿奖牌榜 金牌：游泳——女子100米自由泳庄泳、女子100米蝶泳钱红、女子200米个人混合泳林莉、女子50米自由泳杨文意。射击——双向飞蝶张山(女)，男子气手枪王义夫。跳水——女子跳台跳水伏明霞、女子跳板跳水高敏、男子跳台跳水孙淑伟。乒乓球——女子单打邓亚萍、女子双打邓亚萍、乔红、男子双打王涛、吕林。体操——女子高低杠陆莉、男子自由体操李小双、田径——女子10公里竞走陈跃玲。柔道——女子72公斤以上级庄晓岩。

银牌：游泳——女子400米个人混合泳林莉、女子200米蛙泳林莉、女子200米蝶泳王晓红、女子50米自由泳庄泳、女子4×100自由泳接力庄泳、杨文意、乐靖宜、吕彬。射击——男子自选手枪王义夫、女子运动手枪李对红。举重——52公斤级林启升、56公斤级刘寿斌。跳水——男子跳板跳水谭良德。体操——女子平衡木陆莉、男子吊环李敬、男子双杠李敬、男子团体李敬、李小双、国林耀、李大双、李舸。乒乓球——女子双打陈子荷、高军；女子单打乔红。羽毛球——女子双打关渭贞、农群华。帆船——女子390型张小冬。击剑——女子花剑个人王会凤。田径——女子铅球黄志红。射箭——女子团体——王红、王小竹、马湘君。篮球——女子篮球中国女篮柳青、李冬梅、郑海霞、丛学娣、郑秀琳、郑冬梅、王芳、李昕、展淑萍、何军、彭萍、刘军。

铜牌：举重——56公斤级罗建明、60公斤级何英强。摔跤——古典式57公斤级盛泽田。柔道——女子61公斤级张迪、女子52公斤级李忠云。赛艇——女子双人双桨顾晓黎、路华利。体操——男子吊环李小双、男子双杠国林耀。羽毛球——女子单打唐九红、女子单打黄华、男子双打李永波、田秉毅、女子双打姚芬、林燕芬。乒乓球——男子单打马文革。跳水——男子跳台跳水熊倪。田径——女子10公里竞走李春秀、女子1500米曲云霞。

江泽民接见载誉归来的田径健儿 1993年8月25日晚，正在大连市召开经济座谈会的江泽民总书记等领导，在棒棰岛国际会议厅接见了由团长朱章苓率领的参加第四届世界田径锦标赛中国田径代表团的成员。当听到李铁映介绍获女子3000米冠军的曲云霞、女子1万米冠军的王军霞、女子1500米冠军的刘冬都是大连姑娘时，江泽民向在场的辽宁省和大连市负责同志表示祝贺：“辽宁运动员为国家拿了这么多金牌，立了大功，可喜可贺！”江泽民称赞我国田径健儿的进步，并对马俊仁教练率领的女子中长跑队坚持科学选材、科学管理、科学训练的成功之道，给予高度评价。“胜不骄，败不馁。”江总书记向体育健儿们深情寄语：“祝愿你们继续努力，再创佳绩！”

邓小平万里获世界桥联“主席最高荣誉奖” 中国桥牌协会名誉主席万里于1993年6月4日晚在人民大会堂会见了来我国访问的世界桥牌联合会主席鲍比·沃尔夫及随行人员杨晓燕等。万里对沃尔夫先生的访问表示欢迎，并对世界桥联一贯支持中国桥牌运动的热情表示赞赏。沃尔夫此行的主要目的，是向中国桥协荣誉主席邓小平、名誉主席万里颁发“主席最高荣誉奖”，以感谢他们多年来为中国及世界桥牌运动所作的巨大贡献。颁奖仪式于6月4日晚在人民大会堂举行，万里本人并代表邓小平接受了这一来自国际桥联的荣誉。

全国体委主任会议在京召开 全国体委主任会议于1993年4月15日至19日在北京召开。来自30个省、自治区、直辖市，7个计划单列城市，18个体协及国家体委机关和直属单位的145名代表云集一堂，共商我国体育改革大计。这个为期5天的会议以十四大精神为指导，讨论研究如何推进体育体制和机制的改革，以适应建立社会主义市场经济体制和建设社会主义物质文明和精神文明的需要，并讨论研究1993年的体育工作和近期的一些体育战略部署。此外，还对训练体制改革方案，竞赛体制改革方案，群众体育改革方案以及关于运动项目管理实施协会制；关于培育体育市场；加快体育产业化进程；中国足球协会关于人才交流的若干规定；体育教练员职务条例及全国体育设施建设管理条例等展开了讨论。

1992年全国十佳运动员评出 邓亚萍再一次成为当今我国最走红的运动员。3月10日晚在北京长城饭店举行的由首都20家新闻单位主办的1992年全国十佳运动员彪马杯评选揭晓颁奖会上，邓亚萍以494247票位居十佳榜首，她同时获得“彪马体育之星”称号。获得十佳称号的还有：林莉(461027票)、高敏(457796票)、张山(454648票)、陈跃玲(448832票)、庄泳(447955票)、王义夫(443769票)、叶乔波(429230票)、陆莉(394463票)、李小双(381731票)。本届评选收到约50万张选票。为培养十佳运动员作出了突出贡献的教练员们，也相继登台接受嘉奖，他们是张燮林、张雄、徐益明、张恒、王魁、周明、刘继升、肖汉章、熊景斌、黄玉斌。

1993年全国十佳运动员评出 新华社体育新闻编辑部评出1993年国内体育十佳运动员如下：1. 王军霞，田径，女子。2. 谢军，国际象棋，女子。3. 戴国宏，游泳，女子。4. 曲云霞，田径，女子。5. 乐靖宜，游泳，女子。6. 叶乔波，速度滑冰，女子。7. 王涛，乒乓球，男子。8. 马玉芹，田径，女子。9. 黄志红，田径，女子。10. 谈舒萍，跳水，女子。

国家体委召开全国农村体育工作座谈会 1993年9月7日，国家体委在北京举行了全国农村体育工作座谈会。全国30个省市区的群体处长和来自全国129个县的主要领导和群体先进代表出席了座谈会。国家体委主任伍绍祖在讲话中强调说，无论采取什么形式，农村体育工作都要加强，都要把目标定在为中心工作服务，为九亿农民健康服务上，做到经费不能减，场地不能占，人员不能散，活动不能断。黑龙江省兰西县、江苏省江宁县、广东省鹤山县、四川省隆昌县的有关负责同志在会上介绍了开展农村体育的经验。

第4届全国体育科学大会

第四届全国体育科学大会，经过4天学术交流，于1992年12月11日在山东潍坊市胜利闭幕。本次大会共征集到论文1830篇，比上届多748篇；录取论文538篇，比上届多126篇。大会评选出的26篇优秀论文，无论是理论性研究，还是应用性研究，都更加注重联系实际。不少论文紧密结合我国体育改革，进行体育市场、体育产业、体育经济的研究，具有很强的实用性和可操作性。在研究方法上，采用了国际上先进的技术和方法，重视定性与定量研究的结合，定量研究的比重有所增加。国家体委主任伍绍祖还受国际奥委会委托，向北京市建筑设计研究院颁发了"体育建筑优秀设计奖"，该奖是国际奥委会主席萨马兰奇亲自签发的。

体育科技进步奖评审揭晓

1992年国家体委体育科技进步奖评审会于6月25日至30日在呼和浩特市召开。评审会共收到全国各地申报的体育科技成果100多项，经专家评审，评出一等奖2项，二等奖13项，三等奖20项，四等奖24项。国家体委体育科技进步奖是1985年设立的，目的是奖励做出重大贡献的体育科技工作者，推动体育科技进步，促进体育事业的发展。与前五届相比，这次评审会有几个显著的特点：一是申报项目突破了100项，比历届都多；二是直接为体育运动实践服务的科研成果增多，有效地解决了运动训练实践中的一些难题，如《血乳酸和运动训练（应用手册）》理论和实际操作结合，对推动血乳酸检测方法在运动训练中的应用发挥了重要作用；三是科研攻关和科技服务的水平迅速提高。例如，《叶乔波等优秀速滑运动员参加第16届冬季奥运会前全年训练的生物学监控》，就是一项高水平的科研攻关成果，为我国运动员在冬奥会上实现零的突破做出了重要贡献；四是正式采用定量评定方法，使评审工作更科学、准确、客观，为完善今后评审工作奠定了基础。

全国群众体育理论研讨会在大连召开　1992年1月在大连举行的全国群众体育理论研讨会上，45篇入选论文和工作研究文章，材料丰富翔实。体育社会化是此次研讨会的热门问题。来自全国各地的作者系统探讨了社区体育的由来、现状、未来、优势、功能、组织形式、原则和方法。体育经济、体育产业、体育在商品经济条件下的发展等也得以充分探讨。关系到民族体质百年大计的学校体育，受到与会代表的高度重视。江苏一份关于中小学体育工作的调查报告，以大量统计数字说明，重视和改进学校体育工作迫在眉睫，而片面追求升学率和金牌率是问题的症结所在。此外，论文还集中地涉及到竞技体育与群众体育协调发展战略；创建体育先进县的意义及其实施的可行性和实效性；企业体育功能的多面扩展；从"温饱型"向"小康型"发展中的体育工作等方面的理论问题。

首届东亚运动会在上海举行

1993年5月9日晚，第一届东亚运动会在上海虹口体育场燃烧起熊熊圣火。中华人民共和国主席江泽民和国际奥委会主席萨马兰奇出席了开幕式。亚奥理事会主席艾哈迈德亲王等贵宾也在主席台就座。江泽民主席庄严宣布："第一届东亚运动会开幕！"全场掌声雷动。东亚奥协会会旗在会歌声中徐徐升起。在全场3万多名观众的注视下，曾在世界体坛叱咤风云的朱建华和奥运会冠军庄泳、杨文意点燃了圣火，把开幕式推向了高潮。来自东亚地区的日本、中国台北、香港、朝鲜、韩国、蒙古、澳门、特邀代表关岛和东道主中国的1200多名运动员，展现了他们高超的技艺和良好的精神风貌。一台描绘古老的东亚山水人文的大型团体操《山美水美人更美》，把观众带入了一个绚丽多彩的世界。历时120分钟的开幕式在万众欢呼声中结束。经过9天的比赛，中国代表团获213枚奖牌，其中金牌105枚。奖牌和金牌总数均居第一位。

第七届全国运动会　第七届全国运动会于1993年9月4日至15日在北京举行。大会设43个比赛项目，共有45个代表团参加，是我国体坛规模最大的一次盛会。本届运动会在运动成绩上取得了大面积丰收。共有4人4次创4项世界纪录，18人4队43次超21项世界纪录，4人4次平3项世界纪录，54人1队93次创34项亚洲纪录，61人3队143次超66项亚洲纪录，130人14次273次创117项全国纪录。尤其令人可喜的是，我国田径运动实现了历史性的突破，使国际体坛震惊。辽宁代表团夺得金牌和团体总分第一名，广东和上海分居第二、三名。组委会主任伍绍祖在闭幕词中说："本届运动会是一次高标准、高质量、高水平的运动会，做到了组织好、赛风好、成绩好，取得了运动成绩和精神文明双丰收。"《人民日报》在评论大会成就时说："七运会是对我国体育事业的一次大检阅。现在我们可以自豪地说，中国体育如东升的旭日，显示出巨大的进步和发展势头。在女子中长跑项目上，我国体育健儿连连打破世界纪录。这些记录的创造者解放思想，破除迷信，压倒困难，争当第一的英雄气概极大地激励了体育健儿和广大人民。一批亚洲纪录被重新改写，国内纪录被大面积刷新。在一些长期比较落后的项目上，我们又有突破性进步。一大批新秀脱颖而出，表现令人鼓舞。”在闭幕式上，国家体委对于在本届运动会上创、超世界纪录的30名运动员，授予体育运动荣誉奖章。获得这一奖励的运动员是：田径：王军霞（女、辽宁）、曲云霞（女、辽宁）、张丽荣（女、辽宁）、张林丽（女、辽宁）、马丽艳（女、辽宁）、钟焕娣（女、云南）。射箭：吴逢波（四川）、曹灵（四川）、杨卫东（四川）、巴永善（新疆）、汝光（新疆）、何军（新疆）。蹼泳：赵晓莲（女、河北）、王辉（辽宁）、李泽（辽宁）、谢芳（女、上海）、王静（女、上海）、麦静（女、上海）、金凡（女、上海）、程超（女、湖北）、刘秋荣（广东）、符晓云（女、广东）、李少珍（女、广东）、陈连娇（女、广东）、吴笑慧（女、广东）。航海模型：周建明（上海）、浦海清（上海）、胡胜高（浙江）、黄兆林（广东）、杨伟明（广东）。

第2届全国农民运动会

1992年10月10日至18日第2届全国农民运动会在湖北孝感市举行。来自全国30个省、市、自治区和直辖市以及台湾民间的河洛农民体育队的1456名选手怀着丰收的喜悦欢聚在一起。中共中央政治局委员、国务院副总理、本届农运会组委会名誉主任田纪云在开幕词中，希望参加比赛和表演的全体运动员、教练员、裁判员发扬“团结、友谊、奋进”的精神，赛出风格，赛出水平，取得运动成绩和精神文明双丰收。此次为期9天的运动会，运动员们打破了10项农运会纪录。湖北获12枚金牌，总计36枚奖牌居首位。山东获金牌11枚，奖牌31枚，辽宁获金牌8枚，奖牌2枚，分居第二、三位。17个代表团获得了金牌，23个代表团获奖牌。在运动会期间宣布了对210名全国农民体育积极分子进行表彰的决定和农运十佳暨亚奥农运会双星评选在孝感揭晓。北京王连生（自行车）、广东何雁玲（篮球）、黑龙江孙志忠（民兵三项）、内蒙古敖特根巴特尔（摔跤）、福建邱金雄（武术）、湖北胡其珍（游泳）、浙江刘幼治（象棋）、河北徐润芝（象棋）、山西李永春（摔跤）、山东张磊（田径）被评为农运十佳。王连生和何雁玲还分获农运会双星。

第4届全国大学生运动会

1992年9月29日第四届全国大学生运动会在武汉开幕。运动会经过9天的角逐，东道主湖北获40枚金牌，总计88枚奖牌，排在30个代表团之首，北京获26枚金牌，共58枚奖牌，上海获15枚金牌，共37枚奖牌，分居第二、三位。除山西和西藏外，28个代表团获得了奖牌，其中得到金牌的有23家。获得体育道德风尚奖的有7个代表团和“校长杯”的有10所高校。在运动会召开之际，国家教委表彰了清华大学等106所全国普通高等学校体育课程评估优秀学校，和50位在高校工作的优秀老体育教师。

第3届全国残疾人运动会

第3届全国残疾人运动会于1992年3月18日晚在广州天河体育馆开幕。中共中央政治局委员、国务委员李铁映致开幕词。开幕式后，表演了大型团体操《生命之歌》。本届运动会由民政部、国家体委、中国残疾人联合会、中国残疾人体育协会主办，广州市人民政府承办。来自全国各省市区、东道主广州市及港澳共33个代表团的1100多名残疾人选手，经过6天角逐，共有22人44次超过28项世界纪录，136人238次超103项全国最高成绩。运动会上，有关方面评出了我国首批残疾人十佳运动员。他们是：赵继红（上海）、金永昌（广州）、赵体良（北京）、张辉（陕西）、刘玉坤（黑龙江）、赵斌（江苏）、李梅（云南）、肖海鹰（湖南）、叶瑞林（香港）、刘杰（天津）。

第五届全国中学生运动会

由国家教委、国家体委、共青团中央主办的第五届全国中学生运动会于1993年8月18日至28日在山东省青岛市举行。全国30个省、直辖市、自治区和香港地区的1000多名中学生参加了这一盛会。这是建国以来规模最大的一次中学生体育盛会。在田径比赛中，共有9队28人打破了17项中运会纪录。涌现出一批运动健将和一级运动员。经过10天激烈角逐，在三大球及田径比赛共77个项目中，山东队以24金、18银、2铜的成绩名列第一，奖牌总数榜首。广东队以11金、6银、8铜列第二，江苏队以9金、1银、4铜列第三，辽宁队以7金、7银、11铜列第四。本届运动会严肃参赛纪律，对运动员进行了骨龄检查及文化课考试。

何振梁升任国际奥委会第一副主席　第99届国际奥委会全体委员会议于1992年7月23日下午结束。会议期间通过了一系列决议，还进行了改选。原国际奥委会第一副主席、塞内加尔的姆巴依任满离任，由原第二副主席、中国的何振梁接任第一副主席。

我国兴奋剂检测获满分　由于在规定时间内准确无误地完成了尿样分析，发出了结果报告，提交了全面的技术资料，中国兴奋剂检测实验室顺利通过了国际奥委会1993年度资格考试。至此，中国兴奋剂检测中心自1989年建成以来，已连续4年保持了这一水平。1993年度的资格考试的难度比往年大。许多国家的实验室在考试中出现了不少问题。中国实验室则能保持100%的准确性，保持世界先进水平。

国家体委表彰优秀科研攻关人员　1993年1月18日下午，第25届奥运会优秀科研攻关组表彰大会在国家体委礼堂隆重召开。在第25届奥运会上我国运动员战绩卓著，可以说，每一个运动员成功的背后，都有一批科技人员在默默无闻的辛勤劳动；每一块奖牌都凝结着体育科技工作者的心血和汗水。为此，国家体委决定，对在为第25届奥运会中国体育代表团集训队科研攻关与科技服务工作中表现突出，为运动员创佳绩做出较大贡献的优秀科研组给予表彰。在激越的掌声中，36名获奖代表心情激动地从国家体委主任伍绍祖、副主任袁伟民、刘吉等手中接过了奖状、证书和奖金。获得一等奖的共有6个科研组，8个科研组获二等奖，22个科研组获三等奖。奖金分别为6000、5000和4000元。

少数民族体协在京成立

1993年2月20日，中国少数民族体育协会在北京成立。中国的55个少数民族中，曾涌现出世界冠军李宁、游泳名将穆祥雄以及贡布、潘多、宝玉等优秀体育人才。中国少数民族有悠久的民族体育传统，民族体育具有很高的文化价值。经过宣传推广，这些具有中国特色的民族体育项目有可能走向世界，成为献给世界人民的瑰宝。中国少数民族体育协会成立之后，将对推动民族体育事业的发展，弘扬中华民族体育文化，促进民族团结进步起到积极作用。中国少数民族体育协会的主要任务是：对少数民族传统体育进行调查研究、挖掘整理和推广，开展表演比赛，培养少数民族体育人才，开展国际民族体育文化交流，使少数民族传统体育项目规范化、科学化、竞技化。

我国登山事业社会效益和经济效益双丰收 据《中国体育报》1992年2月28日载：为期4天的第5届全国登山管理工作会议在北京怀柔登山基地闭幕。会议着重研究讨论了“外国人来华登山管理办法实施细则”以及我国登山事业发展规划。自1980年我国对外开放山峰的12年来，已陆续对外开放山峰60多座，接待600多支外国登山团队的6000余人来华登山，创收达6000多万元人民币，为减轻国家财政负担、自筹资金发展体育开辟了道路，取得了良好的社会、经济效益。这次会议提出了我国登山事业发展规划设想：在21世纪前的9年中，我国力争完成下列任务：(1)我国境内全部20座最高山脉中，目前有5座已被我国登山健儿征服，今后要组织力量攀登其余的高峰；(2)利用联合登山形式登完7大洲最高峰中尚未登达的4座山峰(北美麦金利山、南美阿空加瓜山、非洲乞力马扎罗山、大洋洲查亚峰)；(3)利用联合登山或自己组队形式攀登世界上14座8000米以上的高峰中尚未登过的11座。与此同时，中国还将继续开放一些山峰，以满足越来越多的国内外的登山爱好者的要求。

萨马兰奇称赞中国最重视群众体育 据《中国体育报》1993年1月5日报道，国际奥委会主席萨马兰奇在第四届世界群众体育活动代表大会上赞扬说，中国是世界上最重视群体活动的国家，数以亿计的人每天早晨从事体育锻炼。由国际奥委会赞助的这次代表大会，在保加利亚海滨城市瓦尔纳举行，来自42个国家和地区的群众体育组织及国际奥委会、国际群体协会等16个国际体育组织的166名代表出席了会议。大会的中心议题是现代社会里的群众体育活动，与会代表介绍了本国开展群体活动的情况、组织机构、方法、经验和科研成果，并宣读了群体研究的有关论文。大会最后发表了一份《瓦尔纳宣言》。由中国代表起草的这份宣言号召团结在国际奥委会旗帜下，为进一步促进世界群体活动的开展和为世界和平共同努力。

福建引进外资建体育场 在今后5年内，福建省将有相当于20亿元人民币的外资被用于体育设施的建设。在邓小平视察南方讲话的鼓舞下，福建省体委充分利用本省紧靠台湾、临近港澳、面向东南亚的优越地理位置，积极大胆引进外资，为增强体育自身发展的活力，作出更大的贡献。经过两年来的努力，福建省体委已获批准立项或签订协议的合同外资项目有5个。这5个项目是：1.引进台资2亿美元，在福州郊区长乐县文武砂兴建“奥林匹克城”，该城设有高尔夫球、马术、射击、海上及水上运动、钓鱼和棒球、网球等8个俱乐部。2.以1.35亿元将省体育馆出让给澳门客商，省体委兴建一座3000人的体育馆和7000人的多功能体育馆。3.与港商联合建一座38层大厦和28层的闽体大厦。4.由台商投资400多万美元扩大和完善省体委的冲浪游泳池，30年后归省体委所有。5.由台商投资5000多万元，与省体委合作兴建“体育康乐宫”，设有台球、保龄球、卡拉OK等文体项目。

大连成立职业足球俱乐部

自1992年5月3日国家体委批准大连成立足球特区以来，特区领导小组一直为组建职业足球俱乐部进行策划筹备。6月底召开全国足球工作会议，今后仅5天时间，大连市已率先完成了足球体制改革上的“一步到位”，从代表队制转变为职业足球俱乐部。7月3日我国第一职业足球俱乐部在大连市成立。9月18日，一家私营专业足球俱乐部——大连羽丰足球俱乐部也在大连正式挂牌。该俱乐部是由大连私营羽丰畜牧有限公司每年出资100—150万元和大连市沙河口区体委联合兴办。

长春市30万人坚持晨练

吉林省长春市的人民群众，从1977年始，日常生活增添了一个新内容——晨练。现在，长春市已拥有300多个晨练辅导站和600多位晨练辅导员，坚持每天参加晨练的人数逾30万。他们经常锻炼的项目有做操、练功、习武、打球、跳迪斯科和扭大秧歌等。

新疆与周边国家广泛进行体育交流 地处祖国西部边陲的新疆维吾尔自治区，充分利用相邻国家的体育优势，大胆改革训练方式，变“封闭型”为“全面开放型”，使各优秀运动队的整体水平有了显著提高。

与新疆相邻的哈萨克、吉尔吉斯、乌兹别克等国运动技术水平较高，尤其是哈萨克，在1992

年第25届奥运会上，曾有40名运动员参加前苏联代表团并取得10枚金牌。为取人之长，补己之短，1990年以来，新疆体委分别与他们签定了体育交流协议书，开始互派运动队、教练员和运动员，进行训练、比赛等交流活动。先后派往邻国进行冬训和夏训的已有十多队次，先后请进来10多名邻国教练员指导训练，并曾请来多名邻国优秀摔跤运动员共同参加对抗性训练。射箭、射击、航模等队还引进了一批先进器材。

通过这一改革，自治区运动队技术得到了更新，水平有了提高。原来默默无闻的新疆速滑队长期在邻国的冰上训练中心训练，有机会接触世界一流的速滑队，在原班人马、教练未换的情况下，1992年在北京"亚洲杯"国际速滑比赛中竟一举夺得两枚金牌（我国共获4金）。新疆田径队也由于"请进来""走出去"的开放训练，提高了整体水平，目前有16名运动员分别进入全国前14名行列。在每年一度的与哈、乌、吉田径对抗赛上，金牌数突破91年的"零"，1992年一举夺得6枚。

哈尔滨冬季群体活动丰富多彩 据《中国体育报》1993年2月4日报道，哈尔滨市参加晨练人数达20万。离休老干部王勇领着一支数百名晨练大军，每天清晨在儿童公园扭秧歌、做五禽戏、练气功、跳老年迪斯科。滑冰，是冰城青少年喜爱的活动。刚一入冬，许多中小学就在操场上浇好冰场，把滑冰作为冬季体育课的主要内容。拥有1400名学生的通江小学，参加滑冰的有1100人。据统计，去冬今春全市浇冰场300多处，滑冰人数达36万多人。冬泳，与蜚声中外的哈尔滨冰灯一样，已成为冰城的一大奇观。在封冰1米厚的松花江上破冰冬泳，参加人数已达500人。有益健康的哈尔滨冬练活动日益丰富多彩，据市体委提供的数字，全市参加冬练的人数已达124万，室外活动项目多达20多种。

包头农民投资兴建现代游泳馆 包头市新城乡农民进城投资兴建经营的银河游泳馆，以较好的经济效益和社会效益进入第一个夏季。位于包头西部的银河游泳馆投资达2600万元，1993年元月正式开业，是一个现代大型综合文化娱乐场所，由游泳池、嬉水池、歌舞厅、卡拉OK、餐厅、宾馆、四季夜总会、商贸厅、游艺厅等12个部分构成。此外，正在筹建保龄球室、健身房和蒸气浴。这里的管理人员全部从大中专毕业生中招聘，总经理是包头钢院的研究生。富丽堂皇的银河游泳馆标志着当代北方农民的创新意识和实力，在内蒙古引起轰动，至今已接待近4万客人。这里已成为包头城最繁华的文化中心，其经营方针是"以副养水"，盈利不多的游泳池已举办10期游泳培训班，有1000人通过了正规的游泳训练。乡党委书记兼董事长表示，今后还将培养游泳竞技人才。

15单位获七运会"体育道德风尚奖" 国家体委于1993年10月发出通知说，根据七运会"体育道德风尚奖"评选办法的要求，经组委会统一组织评选，北京、江苏、山东、湖北、解放军、浙江、广西、河北、江西、吉林、福建、贵州、云南、内蒙古、安徽代表团获得了七运会"体育道德风尚奖"。

群众体育英豪受表彰 1993年9月6日，全国群众体育先进单位和先进个人代表在北京人大会堂受到表彰。党和国家领导人及有关部门负责人李铁映、宋任穷、秦基伟、霍英东和伍绍祖、刘济民、袁伟民、徐寅生、刘吉接见了与会代表。自1988年以来在群体工作中做出突出成绩的2073个单位和1028名个人，分别被授予"全国群众体育先进单位"和"全国群众体育先进工作者"称号。辽、苏、沪、豫、鄂、湘、京、鲁、冀、吉、津获群众体育工作先进奖。川、粤、晋、新获群众体育工作进步奖。1992年国家体委命名的全国体育先进县的代表也参加了会议并受到表彰。

我国第一批大众体育纪录确认 1992年6月12日，中国有了第一批跳绳、踢毽、俯卧撑等群众喜闻乐见的锻炼项目的全国纪录。被称为"中国吉尼斯"的《中国大众体育纪录》，自1991年初在全国范围内征集以来，纪录评定委员会收到了大量的申报信件。以全国体总主席李梦华为主任的中国大众体育纪录评定委员会经认真评审，确认了1991年度产生的第一批正式纪录。评审的原则是健康有益，有可比性，易于推广，鼓励群众自创项目。本次确认的首批纪录中，有一些是《吉尼斯世界纪录》大全中未曾收录的，还有些纪录打破了吉尼斯世界纪录。这些项目包括有跳绳（一分钟274次）、立正（连续站立7小时08分）、单臂俯卧撑（826次）、仰卧起坐（6367次）、单手劈砖（一次劈断12块重叠在一起的标准砖块），倒立行走（325米）、双脚跳高（2米50）等。

台北——北京长跑活动圆满结束 1993年9月12日从台北中山纪念馆鸣枪起跑后，途经台中、高雄、上海、哈尔滨、长春、四平、沈阳、鞍山、锦州、秦皇岛、唐山、天津，于9月26日晚到达北京的首都体育馆。全程历时15天。两岸各12名选手并肩携手，每天跑10公里左右的路程。长跑队伍所经之处，先后有数万人陪跑，几十万人目睹健儿英姿。"为中国人的健康而跑"是这次活动的口号，这个口号深入人心，海峡两岸同胞的骨肉手足之情随处可见。选手们跑出了中华民族的民族精神，跑出了中国人的健康风貌。26日晚，在首都体育馆举行了盛大的闭幕仪式。闭幕式上，台湾民生报社社长黄年代表台湾联合报系董事长、中国台北田径协会名誉理事长王惕吾先生向在七运会上多次打破世界纪录的王军霞、曲云霞以及她们的教练马俊仁颁发了6万美元的奖金。中国台北田径协会理事长纪政向她们颁发了纪念品。海峡两岸首次接力长跑于1992年5月23日至6月5日，这是第二次举行这一活动。

"马家军"屡破世界纪录 1993年9月中旬，马俊仁教练率领的田径女将连连打破世界纪录，震惊了世界体坛。9月8日下午，20岁的王军霞在七运会田径比赛首日，以29分31秒78的成绩打破已沉寂7年由挪威"世界长跑皇后"克里斯蒂安森保持的女子万米世界纪录(30分13秒74)。王军霞将万米世界纪录缩短41秒96，创造了人间奇迹。获第二名的云南钟焕娣也以30分13秒37的成绩超过了世界纪录。9月11日，"马家军"再卷狂飚，在七运会女子1500米的决赛中，曲云霞以3分50秒46的成绩，打破由原苏联运动员卡赞金娜保持13年之久的世界纪录(3分52秒47)。王军霞也以3分51秒92超该项世界纪录。9月12日，在七运会女子3000米预赛中，"马家军"竟有5人两破世界纪录。在预赛第一组，张林丽和张丽荣分别跑出8分22秒06和8分22秒44，率先突破卡赞金娜保持9年之久的8分22秒62的世界纪录。之后，在第二组跑的王军霞、曲云霞和马丽艳又将张林丽创造的纪录刷新，三人成绩分别是8分12秒19、8分12秒27、8分19秒78。9月13日，王军霞、曲云霞在女子3000米决赛中，以8分6秒11和8分12秒18的成绩刷新了12日王军霞刚刚创造的8分12秒19的世界纪录。国际业余田径联合会主席内比奥洛在圣塞瓦斯蒂安体育场亲自为获得前三名的中国女选手颁发奖牌和奖状。在刚刚结束的第五届世界杯马拉松赛上，4名中国女选手包揽女子组个人前四名，并荣获团体冠军。共有62名选手参加了今天女子组的比赛。王军霞以2小时28分16秒荣获个人冠军，张林丽以2小时29分42秒得银牌，张丽荣以2小时29分45秒排第三名，马丽艳以2小时30分44秒获第四名。中国队还以总成绩7小时27分43秒的成绩获团体冠军。

中国在第4届世界田径锦标赛上夺得4枚金牌 第4届世界田径锦标赛于1993年8月22日晚在斯图加特闭幕。美国队以13金7银6铜的战绩高居榜首。中国队以4金2银2铜的有史以来的最好成绩，坐上了第二名的交椅。俄罗斯在金牌榜上位居第三。180多个国家的近2000名运动员在"公平竞赛"的乐曲声中联欢，相约两年后在瑞典哥德堡市再见。本次比赛是历届规模最大的一次，共有4项世界纪录被刷新。

中国运动员首次夺得北京国际马拉松赛冠军 在1993年10月17日举行的北京国际马拉松比赛中，23岁的内蒙古胡刚军力挫群雄，第一个冲过终点，这是13年来中国男运动员首次夺得这一赛事的桂冠。参加本届比赛的共有17个国家和地区的238名男女运动员。胡刚军的成绩为2小时10分57秒。日本的德永大辅获亚军，成绩为2小时11分09秒，埃塞俄比亚的第萨莫以2小时12分11秒获第三名。在女子比赛中，多次夺得全国马拉松赛冠军的黑龙江选手黎叶梅一直跑在最前头，并将这一优势保持至终点，成绩是2小时30分36秒，山东的王秀婷获亚军，第三名为英国的伊冯·丹森。

中国队夺得世界杯跳水赛全部金牌 1993年6月1日结束的第八届世界杯跳水赛最后一项决赛，臂缠绷带的熊倪以458分，夺得竞争最激烈的男子跳台桂冠。中国队还获得男团(288分)、女团(293分)、混合团体(581分)三项集体桂冠。在世界三大跳水赛事中，由一个国家包揽全部10枚金牌(包括一枚表演项目金牌)，是史无前例的。

全国春季蹼泳赛超8项世界纪录 1992年全国春季蹼泳锦标赛，以7人2队12次超8项世界纪录、11人2队16次破10项全国纪录的优异成绩，于1992年3月20日上午在广东省湛江市落下帷幕。广东女运动员符晓云在本次比赛中表现出极强的实力和良好的竞技状态。继17日游出超世界纪录的好成绩之后，19日上午她在女子100米蹼泳中又游出41秒50的成绩，超过由她本人保持的41秒78的世界纪录。20日上午，她同队友李兰爱、李少珍、陈连娇组成的广东队，在女子4×200米蹼泳接力赛中，游出6分29秒96，这个成绩也超过由广东队保持的6分30秒60的世界纪录。

中国两姑娘在世界杯游泳系列赛总决赛中搏得五金 1992年3月，在世界杯短池游泳系列赛总决赛中，只有2名选手参赛的中国队夺得5枚金牌、1枚铜牌，并平了一项世界纪录。总决赛是在西班牙帕尔马举行的，来自21个国家的数十名优秀选手参加了34个单项角逐。在此之前，已先后举行了7站系列赛，获单项总分前五名和全能总分前三名的运动员才有资格参赛。中国选手林莉和王晓红是以国际泳联特邀选手的身份参加比赛的。在这次强手如林的比赛中，21岁的林莉以1分1秒61的成绩平了女子100米个人混合泳世界纪录，并夺金牌。她还获得了女子200米和400米个人混合泳冠军。王晓红则分别以1分0秒04和2分10秒54的成绩获得女子100米和200米蝶泳冠军。她还获得女子50米蝶泳的铜牌。

伏明霞荣获世界最佳运动员奖 世界业余体育基金会授予6位奥运会冠军最佳运动员奖，中国的伏明霞榜上有名。这6人是中国跳水女选手伏明霞、阿尔及利亚中跑女选手阿·布尔梅卡、澳大利亚赛艇男选手詹·汤姆金斯、美国摔跤选手约翰·史密斯、巴西男排队员马·内格拉奥和奥地利滑雪女选手佩·克隆贝格。这6人均为奥运会金牌获得者，他们分别代表亚洲、非洲、大洋洲、北美洲、南美洲和欧洲。

叶乔波再获短距离速滑世界全能冠军 在日本群马县举行的世界短距离速滑锦标赛1993年2月28日进行了男女500米和1000米的第二轮比赛，我国名将叶乔波再次夺得500米冠军，并以165.925分的总成绩击败美国好手布莱尔，蝉联女子全能金杯。叶乔波今天的表演再一次向人们证实了她雄厚的实力。尽管今天她滑出的500米成绩(40秒46)较昨天(40秒23)略逊，但她今天1000米的排位由昨天的第12提到了第6。28岁的叶乔波赛后说："这次夺冠我并不很兴奋，因为今年对我并不重要。我的目标是在明年的冬奥会500米比赛中击败所有对手，那才是我的梦！"

邓亚萍获7次世界冠军 在1992年12月世界杯双打比赛上夺得女双冠军之后，19岁的邓亚萍已成为获得世界冠军最多的中国乒乓女将。邓亚萍16岁开始登上世界乒坛，每次世界大赛都获胜而归。如今，她已获得7个世界冠军：第40届世乒赛女双冠军、第1届世界杯团体赛女团冠军、第41届世乒赛女单冠军、第2届世界杯团体赛女团冠军、第25届奥运会女单和女双冠军、第2届世界杯双打比赛女双冠军。而她在各种国际公开赛、全国比赛中获得的冠军更是不胜枚举。

谢军卫冕成功 蒙特卡洛当地时间18点15分(北京时间1993年11月17日凌晨1点15分)在国际象棋女子世界冠军争夺战最后一盘中，谢军兵临城下，约谢莉阿妮投子认输。谢军以7胜3和1负，8.5对2.5的比分卫冕成功。今天进行的是双方第11盘较量。谢军执黑后走，开局与第9盘相似。为打开中心，第14回合白棋走象a5到c6。第19回合，谢军走g5兵，继续攻王翼，目的在于挑起复杂局面。至第25回合，谢军果断弃马，局势进一步复杂化，但黑棋在中心位置比较主动。此后，形成双方各攻一翼的局面。第31回合，约氏错走d5马，棋落下风。谢军抓住机会，第32回合冲h4兵，全盘占据主动。由于约氏费时较多，此时已计算不清，走子较乱。第37回合，谢军兵临城下，可随时将死对方，约氏无奈认输。此战，约氏耗时1小时59分36秒，谢军用时1小时45分24秒。

中国女子乒乓球队第10次夺得"考比伦"杯 1993年5月16日晚，中国乒乓球女队在哥德堡斯堪的纳维亚体育馆举行的第42届世界乒乓球锦标赛女子团体冠军争夺战中，以3比0战胜朝鲜队，重夺考比伦杯。这是中国女队第10次夺杯。这场决战，中国队乔红率先出阵，以两个21比17战胜了上届世乒赛拿中国队2分的俞顺福。邓亚萍第2个上场，先失一局后连扳2局，以2比1击败李粉姬。第3盘双打，邓亚萍、乔红以2比0挫败李粉姬、俞顺福。至此，中国女队以10场3比0的佳绩顺利夺得考比伦杯。

中国羽毛球女队在"尤伯杯"赛中实现"五连冠" 1992年5月中国女队在第14届尤伯杯决赛中，以3比2力克韩国队，自1984年首次登上尤杯赛场后连续第5次捧回代表世界羽坛最高荣誉的奖杯。从第12届尤伯杯赛起，韩国女队连续3次闯进决赛，欲从中国队手中夺走尤杯，但中国女将唐九江、黄华、叶钊颖又一次破灭了韩国队的梦想。这三位单打选手分别击败各自的对手，为中国队获尤伯杯"五连冠"立下战功。

中国运动员在第6届世界女子举重锦标赛上名列团体总分第一 第六届世界女子举重锦标赛1992年5月24日在保加利亚的瓦尔纳闭幕。中国女队以较大优势名列团体总分第一。中国运动员关虹、彭丽萍、刘秀华、李红云等成绩突出。在5月17日下午进行的44公斤级比赛中，初出茅庐的关虹刷新了3项世界纪录：抓举67.5公斤、73和75公斤，两破72.5公斤的世界纪录；挺举96和100公斤，两破95公斤的世界纪录；最后总成绩169.5和175公斤，也两次刷新165公斤的世界纪录。原三项世界纪录均为我国选手邢芬所保持。关虹的表演受到满场观众鼓掌喝彩，国际举联秘书长阿让仔细端详这个1.50米的"小不点儿"，连称"简直不可想象，这么小的姑娘有这么大的能量。"5月18日下午的女子48公斤级较量中，中国刘秀华以80和82.5公斤两度改写77.5公斤的抓举世界纪录。挺举中，她又以100、102.5、105公斤三破该级别98公斤的世界纪录；最后她以182.5、185、187.5公斤3次打破该级别总成绩172.5公斤的世界纪录。这样她先后8次打破该级别3项世界纪录，并以绝对优势夺得3枚金牌。在5月19日的女子52公斤级比赛中，中国彭丽萍未遇对手。她的抓、挺举开把重量均超过世界纪录。抓举3次成绩分别为82.5、85、87.5公斤，均破世界纪录；挺举分别以110、112.5、115公斤刷新世界纪录；最后她以197.5、200、202.5公斤3次破这个级别总成绩的世界纪录。这样她9次打破3项该级别世界纪录。在5月20日女子60公斤级比赛中，我国16岁小将李红云6破3项世界纪录，并夺得3项世界冠军。她的抓举成绩为97.5公斤，挺举125公斤，总成绩222.5公斤。此外，中国运动员孙彩艳、高丽娟、花菊、张晓丽、李亚娟分别在56公斤级、67.5公斤级、75公斤级、82.5公斤级和82.5公斤以上级的比赛中，也多次破世界纪录和获得金牌。

中国队在亚洲女足锦标赛中卫冕成功 第9届亚洲女足锦标赛经过10天16场较量，1993年12月12日晚在马来西亚古晋B体育场决出全部名次，中国队继连续3届获亚洲冠军之后又一次卫冕成功，朝鲜队获亚军，日本、中国台北队分列3、4名。中国和朝鲜队的冠亚军决赛，中国队打得主动积极，以3比0战胜朝鲜队。中国队的刘爱玲被评为本场比赛最佳球星；赵利红被评为本次比赛的最佳运动员并获得1000美元奖金；刘爱玲与日本队高仓马子同时被授予最佳射手奖。

残奥会上我国选手获11枚金牌 1992年9月15日，在巴塞罗那举办的第九届残疾人奥运会闭幕。本届赛会决出483枚金牌、481枚银牌和519枚铜牌。中国运动员在比赛中夺得11枚金牌。银牌和铜牌分别获得7枚。中国的金牌总数和丹麦、韩国相等，排在第11位，但奥牌总数排在第18位。香港运动员取得了3枚金牌，银牌和铜牌各4枚。中国台北队获得1枚铜牌。中国的姚振宇和郑培峰分别改写了男子THS4级和女子B1级的铅球世界纪录。刘玉坤也在女子THS2级铁饼世界纪录册上写下了自己的名字。孙长亭和赵学恩不负众望，创造了男子THS3的标枪和男子J4级跳高的世界纪录。

中日勇士征服世界最高处女峰——南迦巴瓦峰 “我们登上了南迦巴瓦顶峰！”1992年10月30日12时09分，加布激动不已的报告，打破了近一个半小时的无线电沉寂。在此之前几秒钟，中方攀登队长加布和队员次仁多吉、边巴扎西摘掉了这个海拔7782米高的世界最高处女峰之冠。时隔9分钟，日方攀登队长山本一夫，队员青田浩、山本笃也随后登上南峰顶峰。中日联合登山队A组全部安全顺利登顶。14时32分，凌晨4时从6号营地出发的B组中方登山队长桑珠、达琼、大其未和日方的左藤正伦、三谷统一郎也陆续到达顶峰。这是中日联合登山队继去年受阻之后第二次攀登南迦巴瓦山峰，在此之前，1984年中国登山队也曾攀登过此峰，当时到达的高度是海拔7043米。

弱奥会上中国队人均奖牌居首 在马德里举行的第一届弱智人奥运会1992年9月22日下午圆满闭幕。本届弱智人奥运会是由国际奥委会、国际弱智人联合会和西班牙政府联合举办的。来自世界75个国家和地区的2500名运动员和800名教练员及体育官员参加了这次世界最高水平的弱智人体育盛会。经过激烈角逐，共决出了68项比赛的奖牌。中国弱智人体育代表团共有8名男、女运动员参加了田径、乒乓球和游泳3项比赛。他们在比赛中努力拼搏，取得了优异成绩，共获金牌5块、银牌1块，列奖牌表第七位，人均获奖牌数列第一位。

残疾人欧亚民30天翻越10座大雪山 云南省残疾青年欧亚民自1993年5月1日骑自行车向西踏上环华之路以来，从5月10日翻越云南海拔4230米白茫雪山开始，到6月10日翻越海拔4767米昆仑山止，在30天的时间内共翻越10座海拔4000米以上雪山。在整个过程中，欧亚民以顽强意志，克服了缺氧和恶劣气候环境所带来的种种困难。5月13日翻越海拔4300米的红拉雪山进入西藏昌都地区；5月14日，翻越海拔4500米的左拉雪山和海拔5100米的东达拉雪山；5月16日，翻越海拔4800米的离拉雪山；5月18日，翻越4700米的安久拉雪山；5月20日，翻越4700米的色及拉雪山；5月26日，翻越4800米的未拉雪山；6月7日，翻越海拔5231米的唐古拉山口；6月10日，又迎着风雪登上海拔4767米的昆仑山口，进入柴达木盆地。至此，欧亚民已完成在青藏高原上翻越10座雪山的壮举。

王广虎获体育理论博士学位 据《中国体育报》1993年元月27日报道，日前，上海体院首次举行隆重的博士学位授予仪式。当王广虎从院学位委员会主任俞继英教授手里接过教育学博士学位证书时，会场内顿时响起了热烈掌声，向我国自己培养的第一个体育理论博士表示热烈祝贺。今年36岁的王广虎原是四川达县农学院的青年教师，后就读于苏州大学体育系，获教育学硕士学位。1989年考入上海体院，师从章钜林教授。他在这次博士论文答辩中通过的《运动技能探析》，是在三年学习时间里，多方搜集、阅读国内外大量资料，掌握大量信息和数据的基础上，以辩证唯物论为指导，应用生理学、解剖学、生物力学、心理学、遗传学和社会学等多学科的理论和方法，对运动技能进行多角度和多层次探析的重大成果。论文阐述了运动技能的本质和特征，并对素质训练、模式训练和运动技能评价等提出了不少新的见解。

钱建国体育论文受国际体科界好评 1992年春节前夕，荣获“全国优秀教师”称号的江苏省如皋市白蒲中学体育教师钱建国，喜接第八届国际社会比较体育和运动科学大会执行主席威尔克斯拉尔夫先生的来信。信中通知他：“你写的题为‘论体育暴力的形成和防范’一文，已被录用，将在全球运动村第八届两年一度国际社会比较体育和运动的会议上宣读。”钱建国多年来结合农村中学的体育教学实践，努力钻研体育理论，先后在全国性的报刊上发表体育论文30多篇。他撰写的《对高级运动员训练系统研究》一文，深得国际体育科学界专家们的赞赏，并于1991年8月下旬给钱建国正式发来邀请书，邀请他出席11月26日在巴塞罗那召开的第二届国际奥林匹克科学大会。

我国老年体育热 据1992年哈尔滨师大体育系、新疆师大体育系和乌鲁木齐师范学校共同组织的一项社会调查表明，全国已有2500万老年人卷入了体育热潮。各类各级老年体育组织达5000多个。这支庞大的老年体育队伍的锻炼内容广泛，归为10大类100多项。其中参加太极类、保健类、气功类、跑步类的老年人即有1500万，球类、棋类、体操类、水冰类及其他健身娱乐活动也深受青睐，人均活动项目有3项之多。这项调查对北京、上海、黑龙江、新疆等10个省、市、自治区的近万名60岁以上老人的体育活动进行了抽样分析，结果表明，我国老年体育有很强的针对性。64.45%的老人为强健体魄，27.86%为祛病体疗，7.69%为社交或消磨时间。调查还表明，老年体育具有季节性和地区性特点。华北地区流行保健和气功活动；东北地区则热衷"老年迪斯科"等舞蹈类活动；华东地区老人偏爱太极拳；新疆和内蒙古等地盛行富于民族特色运动。老年体育有明显的经济效益和社会效益。对长沙市的100名疾患者的调查证明，经两年的体育活动，他们的医疗费用由锻炼前的月平均1364元下降到332元，降低幅度为75.6%。多年来，我国重视老年体育，创编了数十套适合老年人的保健操和医疗操，并与世界老年长跑协会建立了联系，部分省市老年长跑队、门球队分赴美国、日本、英国等进行了访问比赛。

八旬老翁零下23度冬泳松花江 1993年2月7日晨，哈尔滨气温零下23摄氏度，四级北风。200余平方米的泳场，四周是坚冰，跳台也是由大冰块堆成的。近50名冬泳爱好者先后跃入冰水中，其中有17名女士。特别令人惊异的是一位81岁的老者身穿泳裤站在冰跳台上，在众多参观者的惊呼中，矫健地跃入池中，悠悠地戏游于冰水里。老先生上岸后，立刻被一群港澳和日本游客围了上来，疑惑地问："你真的不觉冷？"，老先生爽朗大笑："你看身上连鸡皮疙瘩都没有。"这位老先生叫陈品生，是位退休工人，参加冬泳始于10年前。他告诉记者，他冬泳后头脑特别清醒，浑身也格外有力。

柯受良驾车凌空越长城 台湾影视特技明星柯受良1992年11月15日上午11时半驾摩托车腾越长城。当时，他登上助跑道，驾车稍事测试，随即用10秒钟的时间完成了这次史无前例之举。飞越成功后，满山遍野响彻欢呼，柯受良亦激动不已。柯称此举"纯粹是为中国人争光，表现中国人的精神。"这一成功也使他成为驾车飞越长城的第一人。

9. 卫　生

1992—1993年卫生改革与发展概况 两年来，全国卫生系统广大医疗卫生人员认真学习贯彻邓小平建设有中国特色社会主义的理论，学习贯彻党的十四大精神，从卫生领域的实际出发，积极探索卫生发展与改革如何适应社会主义市场经济体制的新课题，全面贯彻新时期卫生工作的基本方针，推行"三保三放"的政策措施。1992年全国卫生改革与发展的主要表现在：

1. 卫生改革步伐加快，措施落实，效果显著。1992年9月卫生部正式发布《深化卫生改革的几点意见》，在此前后，许多省、市、自治区出台了一系列关于加快卫生改革的政策和措施，卫生改革出现了生机勃勃的新局面。在改革卫生事业管理体制方面，对区域内卫生资源的配置和卫生机构的布局逐步进行调整；在改革医疗卫生单位内部管理体制方面，扩大了医疗卫生单位的管理自主权；在改革医疗卫生单位运行机制方面，各地努力拓宽了服务领域；在改革医疗卫生服务价格体制方面取得了进展；在改革医学教育和医学科研体制方面，积极用好、用活国家关于教育科技改革的有关政策，把应用科技推向市场；在贯彻"以工助医，以副补主"方面出现了新势头；在改革医疗保障制度方面，已有29个省、自治区、直辖市、计划单列市进行职工医疗制度改革试点；在扩大对外开放方面，我国与世界卫生组织、联合国人口基金会、儿童基金会等国际组织的合作不断扩展，对外医疗卫生技术服务继续增长，利用外资发展我国卫生事业取得新成效。

2. 卫生工作的战略重点农村卫生、预防保健、继续振兴中医药，进一步加强，各项事业全面发展。农村卫生资源的投入得到全社会的重视，1992年全国共落实农村建设资金8亿元，其中大部分用于4530个乡镇卫生院建设，全国377个初级卫生保健试点县中，已有293个达标和基本达标。全国88.5%的行政村已设有卫生室或医疗点。计划免疫保偿制和农村合作医疗保健制度都有新发展。在加强农村卫生工作的同时，预防保健工作也有新的进展。各地贯彻实施传染病防治法，通过加强食品卫生、生活饮用水卫生管理，开展健康教育等措施，使重点传染病的发病率继续得到控制。计划免疫在"四苗"接种率以县为单位达到85%的基础上重点抓了消灭骨髓灰质炎工作。新生儿接种乙肝疫苗在全国普遍推开。全国已有21个省、市、自治区制定了儿童生存、保护和发展规划。1992年全国中医机构有了较大发展，中医技术队伍进一步壮大，中药生产经营稳定发展，中医药科技工作取得了一批新成果。在抓重点的同时，各项卫生工作都有一定的进展，如在全国范围内争创"十佳"和"卫生城市"活动，使城市卫生的整体水平较前有明显提高。

3. 卫生法制建设和精神文明建设取得新的成效。我国卫生执法队伍在监督执法实践中逐步壮大，整体素质正在不断提高。在药品监督方面，全国开展了大规模的打击制售假劣药品的专项斗争，1992年查处假劣药案17000多件，总值3亿元，配合司法部门查处了一批案犯，还举办了"全国查处假劣药品斗争成果展览会"。在深化改革和发展事业中，各级卫生部门坚持"两手抓"的精神，加强"医务人员道德规范"和"廉洁准则"教育，把思想教育与业务工作结合起来、把医院分级管理和综合目标管理结合起来。各地卫生部门结合当地的社会"热点",把人民群众反映强烈的服务态度和收费问题,作为专题治理的重点。浙江、江苏、河南、成都等省市分别把药品、仪器设备采购中的"回扣"问题,卫生执法、药品审批中的"吃、拿、要"现象,以及社会办医混乱等,专项治理,取得了一定的成效。1992年卫生工作中还存在不可忽视的问题:一是不少干部和群众对卫生事业如何适应社会主义市场经济体制的思想准备不足,仍然习惯于计划经济体制下的旧模式;二是各地卫生改革与发展很不平衡,地区之间、城乡之间卫生工作差距仍有扩大的趋势。农村卫生工作仍是薄弱环节。防保和卫生监督任务日益加重而投入仍然不足;三是多年来形成的卫生资源短缺和浪费并存的状况,尚未得到根本性的改变,这些都需要通过深化改革寻求解决问题的有效途径。

1993年是医疗卫生工作改革不断深化的一年,各项卫生工作都取得了较大的进展。

1.抓住有利时机,不断深化卫生改革。医疗卫生单位的内部管理体制改革,以质量、效益为中心,继续完善综合目标管理责任制。许多医疗卫生单位党、政主要干部交叉兼职,加强统一领导,提高工作效率。在人事制度与分配制度改革方面也有新的进展。广州市试行工资总额同综合效益挂钩的结构工资,职务级别工资或效绩工资制等多种形式的分配制度。在理顺医疗服务价格体系、调整医疗服务的收入结构方面,上海、江苏、湖南等省市对长期偏低的挂号费、住院费和手术费等进行了调整;黑龙江等省市实行了按医院等级收费,向医疗服务按成本收费迈进。在提供多层次医疗服务方面,各地各级医疗单位在满足基本医疗需求服务的同时,因地制宜地开展了特需服务、高档次服务和延伸服务。在探索医院经营模式的改革方面,广东省将医院分为福利型、经营型、混合型3种模式。经营型医院在低补贴和不补贴的情况下,实行自定价格、自主经营、自负盈亏。"以工助医,以副补主"政策进一步实施,各地利用自身资源优势,大力发展产业实体,全国卫生系统工副业的发展已形成了一定的规模。为了适应医疗制度改革的需要,开展了国家基本药物目录的制定工作,1993年已完成中成药品以及抗感染等11类化学药品的遴选与审定工作。公费医疗制度改革已纳入社会保障制度总体改革规划,各地积极试行医疗费用与个人适当挂钩的办法,同时推动医院直接参与医疗经费管理,既保证干部职工基本医疗,又从供、需两方面控制医疗费用的不合理增长。

2.确保战略重点,加强农村卫生和预防保健工作。各地坚定信心,因地制宜继续抓好农村卫生工作。新疆、西藏等边远地区还扩大了初保试点工作;许多地、市从5%的乡统筹、村提留经费中提取一定比例用于卫生事业,河北邯郸等地还建立了"卫生保健基金"。1993年全国农村乡镇卫生院、县防疫站、县妇幼保健院建设工作共筹集资金16.8亿元,完成改造项目4096个。各地在各种急、慢性传染病、地方病和慢性非传染性疾病的防治工作取得了新的进展。计划免疫工作的成果得到了进一步巩固和扩大,全国3/5左右的乡镇达到计划免疫覆盖率85%的目标,乙肝疫苗的免疫接种工作得以加强,并于1993年底在全国范围内进行了小儿脊髓灰质炎强化免疫活动。妇幼卫生工作围绕《九十年代中国儿童发展纲要》,大力提高妇幼保健服务质量,推广适宜技术,创建爱婴医院,宣传母乳喂养,加强计划生育技术指导和优生优育工作。医学科技和教育工作进一步发展,围绕农村卫生工作的战略重点,各地加强对农村卫生人员的培养工作,同时继续向农村推广适宜技术,提高农村医疗技术水平,1993年卫生部向全国农村和基层推广了"新生儿缺氧缺血性脑病的诊断与治疗"等10项科技成果。

3.反腐倡廉,纠正行业不正之风。根据中央关于反腐倡廉的精神,各地从卫生行业的实际出发,加强了对医疗卫生人员的职业道德教育,反对行业不正之风,通过改革疏导、行政管理、思想教育和群众监督等综合治理,认真解决群众意见较大的"红包"、回扣和乱收费现象,取得明显进展。

4.爱国卫生运动工作进入了新的发展时期。截止1993年底,全国已评出卫生城市102个,创建卫生城市工作推进了城市的市容市貌、绿化美化环境卫生、基层设施和健康教育的全面发展。在农村,坚持改厕与环境治理、改水、健康教育三位一体同步发展。河南省每年新增100万座双瓮偏斗式厕所,农村卫生厕所普及率达18.88%;四川省已建农村户用沼气池162万座,全省150个城市建成污水沼气净化池1万多处,当地居民的生活污水得到处理。

1993年卫生法制建设工作进一步加强,为了强化卫生监督执法工作,卫生部和国务院法制局在全国范围内开展了卫生监督执法大检查,有力地促进了公共卫生领域"一法五条例"的贯彻执行。

江泽民、李鹏等为卫生防疫站40周年题词 1993年11月3日,卫生部、铁道部、解放军总后勤部在北京人民大会堂隆重集会,纪念政务院批准在全国范围内普遍建立卫生防疫站40周年,表彰全国卫生防疫站的245个先进集体和1051名先进个人。江泽民、李鹏、张震、吴阶平、钱正英、彭珮云等党和国家领导人及有关部门负责人分别题词。江泽民总书记的题词是:"预防为主、防治结合,为人民健康服务。"李鹏总理的题词是:"坚持预防为主,保障人民健康。"军委副主席张震的题词是:"发展卫生防疫事业,提高军民健康水平。"全国人大常委会副委员长吴阶平题词:"预防为主成绩辉煌,任重道远再立新功。"全国政协副主席钱正英题词："伟大的事业，辉煌的成就。"国务委员彭珮云题词："认真执法，造福人民。"

1992年中国医药科技10大新闻 1992年中国医药科技十大新闻评选结果于12月30日揭晓。医药科技十大新闻是：1.我国从今年起分步骤推广乙肝疫苗接种，甲肝减毒活疫苗研制成功并投产。2.我国艾滋病研究获可喜进展，在国际上首次发现艾滋病病毒包含体；首先从Ⅷ因子制剂中分离出艾滋病病毒；中草药治疗艾滋病取得可喜苗头。3.我国胎肝、胎脑研究进入国际前列。4.阿霉素实现国产化，从而结束了该药长期完全依靠进口的局面。5.我国心脏移植取得重大进展。6.我国生殖医学研究上新台阶，首例宫腔配子移植婴儿诞生。7.生物高技术开发研究喜结硕果，人α型基因工程干扰素投产。8.重奖医学科技人才在国内形成势头。9.我国医学科技成果向农村、基层推广应用成绩斐然，卫生部推出第2个"十年百项计划"。10.上海中山医院运用胃肠外营养创奇迹：无小肠孕妇成功分娩。此次评选活动是由卫生部、国家科委、国家医药管理局、国家中医药管理局等单位共同主办和协办的。

1993年中国医药科技十大新闻 由国家科委、中国科协、总后卫生部、国家医药管理局、国家中医药管理局、中华医学会等联合评选的'93中国医药十大科技新闻评出，它们是：中国人类基因组研究启动，我国参与全球人类基因组计划；世界首例双下肢再植术在沪获成功；我国在心、肝、异种胰岛、异体胸腺及无血缘关系脐血混合等移植上获一系列成果；黄士昂发现人类骨髓共同干细胞；范清宇破解世界骨科难题；首例微波体内杀灭骨瘤保肢新方法；胃癌放射免疫导向术在国内首次成功；国际首例腹腔镜肝癌切除在第二军医大学东方肝胆外科医院获成功；"人表皮生长因子"诞生；中华民族女性骨盆模型建立；全国首届中青年医学科技之星评选揭晓。

1992年度全国城市卫生检查评比结果公布 1992年8—9月，经国务院批准，全国爱卫会同国家环保局等有关部委局，并邀请部分全国人大代表、全国政协委员参加，进行了1992年度全国城市卫生、环境综合整治检查评比。全国共组织了11个检查团对34个城市进行了检查；各省、自治区组织了104个检查团分别对149个地级市和289个县级市进行了检查。经过两个月严肃、认真的评比工作，在直辖市、省会市和计划单列市中共评出24个卫生城市，在地级市中共评出35个卫生城市，县级市中评出33个卫生城市。直辖市、省会市和计划单列市中的十佳卫生城市是：大连、成都、北京、天津、上海、广州、哈尔滨、南京、石家庄、济南，卫生城市是长春、杭州、青岛、重庆、武汉、合肥、厦门、西安、福州、海口、昆明、郑州、兰州、长沙。地级市中十佳卫生城市是：马鞍山、沙市、秦皇岛、丹东、中山、吉林、赤峰、岳阳、淄博、泸州，卫生城市是：苏州、蚌埠、佳木斯、洛阳、无锡、柳州、抚顺、宝鸡、铜陵、大同、枣庄、扬州、德阳、东莞、绍兴、咸阳、泰安、承德、株洲、濮阳、晋城、十堰、包头、大庆、新余。县级市中十佳卫生城市是：江阴、莱芜、老河口、辛集、萧山、永安、通辽、商丘、宜宾、延吉，卫生城市是：胶州、张家港、临夏、青州、仪征、赣州、忻州、阜阳、丹江口、番禺、海城、曲阜、昆山、绥化、南阳、龙岩、涿州、克拉玛依、曲靖、洪江、余姚、随州、汉中。太原、乌鲁木齐、沈阳、呼和浩特、贵阳获得"城市卫生进步奖"。深圳、珠海、佛山、三明、烟台、莱州、滨州通过"国家卫生城市"考核鉴定。

1992年全国卫生工作会议 1992年1月12日，全国卫生工作会议在京召开。出席这次会议的有各省、自治区、直辖市卫生厅(局)的厅局长，主管卫生工作的领导也应邀赴会。会议主要讨论了《中国卫生发展与改革纲要》，并在贯彻1991年中央工作会议和中共十三届八中全会精神的基础上，总结1991年的工作，部署1992年的工作。卫生部部长陈敏章在报告中提出，1992年卫生系统要在巩固治理整顿成果的基础上，加大改革的分量，坚决而有秩序地推进卫生管理体制、运行机制和医疗保健制度的改革。要继续贯彻国务院1989年10号文件精神，稳定已出台的各项改革政策，把着力点放在改善外部环境，转换内部机制上。改革卫生管理体制，调整卫生行业结构，提高卫生服务综合效益。进一步改革医疗服务价格体制，结合医院分级管理，合理确定技术劳务的收费标准，使医务劳动消耗得到合理补偿。由点到面、由易到难、逐步推开实行医疗费用由国家、企业、个人三方合理负担的医疗保健制度的改革。在闭幕会上，国务委员李铁映强调说，大力发展卫生事业，提高全国各族人民的健康水平，是各级政府的重要任务，各地政府要因地制宜，从实际出发，制定本地区的卫生规划，综合协调卫生发展与当地经济、社会发展的关系，组织有关部门，动员人民群众共同搞好卫生工作，努力实现"人人享有卫生保健"的规划目标。

1993年全国卫生工作会议 1993年1月15日至18日，全国卫生工作会议在北京召开。会议的主要议题是学习贯彻党的十四大精神，总结交流卫生改革与发展经验，进一步解放思想统一认识，研究部署1993年的卫生工作。会议充分肯定了1992年卫生工作在贯彻党的十四大精神中取得的成绩和几个显著特点：一是广大干部和群众破除姓"资"姓"社"的思想束缚，更新观念，大胆实践，大大加快了深化改革、扩大开放的步伐；二是认真总结前阶段改革开放与治理整顿的经验，全面理解和执行政策，改革的决心和力度加大了，同时改革的步子更稳健了；三是卫生改革与卫生发展紧密结合，发展中抓改革，改革中求发展，以改革为前导促进卫生事业全面发展。会议提出，医疗卫生服务必须适应社会主义市场经济体制的发展需要，理顺卫生事业深化改革的思路，实行“保”“放”结合。1993年各地要突出加强农村卫生、预防保健和振兴中医药三项战略重点，争取各项卫生工作全面、协调发展。

纪念毛泽东为护士题词发表50周年　1942年，毛泽东同志为护士写下了“尊重护士，爱护护士”的题词。1992年5月7日，中华护理学会在北京召开座谈会，隆重纪念毛泽东题词发表50周年。50年来，在毛泽东题词鼓舞及社会各界支持下，广大护士的社会地位逐步提高，护理事业蓬勃发展。截止1991年底，全国已有500多所卫、护校。101.19万在职护士在自己的岗位上无私奉献。中华护理学会名誉理事长王秀瑛激动地向参加座谈会的70多位护理干部、护理人员介绍了当年毛泽东主席为护士题词的情景。她建议护理工作要走向社区，开展家庭护理、地段保健，扩大护理范畴，随着护理模式的转变，开展临终护理，老年人护理。她希望新时代的护士要扩大知识面，努力开展护理科研，开展新技术新业务交流，跟上时代的发展。

纪念爱国卫生运动40周年

纪念爱国卫生运动40周年座谈会1992年12月21日在首都人民大会堂隆重举行。座谈会由国务院副秘书长徐志坚主持。全国爱卫会副主任、卫生部部长陈敏章在座谈会上讲了话。总后卫生部部长张立平，首都钢铁公司、山西稷山县太阳村、山东威海市的代表在会上介绍了开展爱国卫生运动的经验。40年前，毛泽东主席发出了“动员起来，讲究卫生，减少疾病，提高健康水平，粉碎敌人的细菌”的伟大号召。从此，全国开展了轰轰烈烈的爱国卫生群众运动，城乡卫生总体水平有了明显提高。特别是近十年来，通过开展爱国卫生运动，坚持社会大卫生观念，实行统一领导和统筹协调，明确量化标准，加强了社会卫生管理，逐步为群众生产、生活提供了整洁、优美、舒适的环境。1990年，经国务院批准，对近500个城市进行卫生检查评比，在全国掀起了创建卫生城市的热潮。农村环境卫生质量得到改善。十多年来，各地发动群众开展农村改水。全国已有79%的农村人口饮水卫生条件得到不同程度的改善。31%的农村人口吃上了自来水。全国已建成卫生先进村、镇6万多个，卫生先进乡5千多个。多种形式的农村卫生厕所正在广大农村逐步推广使用。除四害工作有了较大进展。全国400多个城市和70%以上的县城，坚持开展了大规模的灭鼠活动，已有33个省会城市和计划单列市达到了全国灭鼠先进市标准。有20个市、县和大中型企事业单位分别达到国家规定的灭蝇、灭蚊、灭蟑螂、灭臭虫的标准。全国有26个省、自治区、直辖市和部分市县，都建立了健康教育专业机构。1980年以来，在除四害，讲卫生方面开展多项科研，有6项荣获了国家级科技进步奖，63项荣获部委级科技进步奖。并得到及时推广应用。为纪念爱国卫生运动开展40周年，中共中央总书记江泽民、国务院总理李鹏和国务委员李铁映为爱国卫生运动题词。江泽民的题词是：“开展爱国卫生运动，提高全民族的卫生素质，促进两个文明建设。”李鹏的题词是：“移风易俗，改造家园，除害灭病，健康幸福。”李铁映的题词是：“深入持久地开展爱国卫生工作，不断提高人民健康水平。”

我国30年援外医疗成就举世瞩目　自从1963年4月6日，中国政府应邀向刚刚获得独立的阿尔及利亚派遣援外医疗队以来，到1993年已30年。30年来，我国已先后向亚洲、非洲、欧洲和拉丁美洲60多个国家或地区派出医务人员13000余人次，累计诊治各种疾病患者2亿人次，并为医疗队所在国家提供了1.3亿元人民币的药品器械。全国27个省、自治区、直辖市承担了援外医疗队派遣任务。至1993年4月，由25个省市承派的37支医疗队，近1200人正工作在亚洲、非洲37个国家或地区的90个医疗点上，派遣援外医疗队已成为一种重要的援外方式。30年来，广大援外医疗队员发扬白求恩精神，在困难的条件下，依靠集体的智慧和力量，为所在国人民治疗了大量的常见病和多发病，使许多生命垂危者化险为夷、多年双目失明者重见光明、长年瘫痪者神奇般地站立起来。不少医疗队在设备简陋、药械缺乏的情况下成功地开展了一些难度较大的手术，如完成了心脏、颅脑手术，进行了断肢再植和全鼻再造，治愈了大面积烧伤，用野猪皮进行大面积植皮，切除巨大肿瘤等。中国医疗队运用中西医两种方法治疗了大量慢性病和疑难病症，还积极向当地医务人员传授技术，共培训了各级卫生技术人员2000余名。援外医疗队员积极为病人献血、献皮，还有31名医疗队员因公在国外牺牲。他们精湛的医术和良好的医德受到所在国政府和人民的广泛赞扬，被誉为“白衣使者”和“最受欢迎的人”。

1993年妇幼卫生工作迈出五大步　1993年，我国妇幼卫生工作又获长足发展，在推广适宜技术、专业教育、机构建设、国际合作及创建爱婴医院方面尤其令国内外同行瞩目。为落实《九十年代中国儿童发展规划纲要》目标，卫生部组织专家拟定了《全国儿童急性呼吸道感染防治规划》、《全国母亲安全规划》、《城市高危妊娠管理办法》、《婚前保健工作管理办法》等，以便选择和推广适宜技术，开展群体保健和群体干预，解决妇女儿童健康中的主要问题。1993年，全国孕产妇死亡、5岁以下儿童死亡和出生缺陷等方面的监测网都得到进一步加强；城乡产科质量调查完成。“妇幼卫生专业”已经国家教委批准,成为我国医学教育中的正式专业。全国有一大批妇幼保健院完成了扩建改建任务。全国第二批186所医院于1993年9月被批准为爱婴医院。妇幼卫生领域的对外合作与交流进一步加强。在300个项目县的基础上,选定了1994—1995年度联合国儿童基金会过渡项目;协助世界银行贷款分别在四川、陕西、云南、广西开展了“妇幼卫生综合项目”的中央及省级预评估。

我国公民义务献血事业有长足发展 全国公民义务献血占血源的比例已由1988年的21.5%上升到1992年的45.4%,个体供血由78.5%下降到54.6%。自1978年我国开始实行公民义务献血制度以来,很多地方人民群众义务献血成为一种社会风尚。北京、上海、吉林等省市在国内率先将公民义务献血纳入法制化管理轨道。上海实行公民义务献血条例3年来,市民义务献血人数连年翻番,其中94%是首次献血,血液质量明显提高。在推行公民义务献血同时,我国积极鼓励公民无偿献血,无偿献血者占献血总人数的比例已由1988年的0.7%上升到1990年的1.6%。徐州、上海、北京等城市已成为年无偿献血超万人的城市。全国采、供血机构由1978年的40多所发展到160余所,其标准化、科学化、规范化管理跃上一个新的台阶。临床输血技术水平也有较大提高,成份输血知识逐渐为临床医生所接受,成份输血在临床应用的比例逐年上升,有的地方已超过60%。

卫生部推出“十年百项计划”第二批面向农村推广科技成果 1992年7月9日,卫生部推出“十年百项计划”第二批面向农村和基层推广的10项重大科技成果,它们分别是:农村围产期保健——高危妊娠筛选方法;15种常见病病毒的ELISA诊断方案;儿童弱视和斜视防治技术及双裂隙偏心摄影验光方法和器械;牙颌畸形的矫正技术;早期乳腺癌近红外线定量分析诊断技术及装置;血液血红蛋白测定;子宫颈癌早期诊断及治疗;骨折复位固定技术含:①单侧多功能外固定应用技术,②骨折复位固定器疗法,③苏氏正骨法;硝普钠、多巴胺治疗急性心肌梗塞技术;人工种植牙临床应用技术。

卫生部重申医务工作者不得收取红包 据《健康报》1993年6月29日报道,卫生部最近发出通知重申:严禁医务工作者在医疗活动中向患者收取“红包”。“通知”指出,医务工作者在医疗活动中应严守职业道德,发扬救死扶伤和全心全意为人民服务精神,积极治疗,精心护理。除按规定的收费标准收取费用外,不得以任何方式收受患者的“红包”。无法拒收的“红包”应上交医院。隐瞒不交不退者,按当地制定的行业不正之风处罚规定严肃处理。“通知”最后指出,各级医院的党政部门,要加强职业道德建设,严格执行《中华人民共和国医务人员医德规范及实施细则》。

“人人享有健康”计划使群众受益 我国正在组织实施一项宏大的“人人享有健康”计划。这项计划的基本内容是,到本世纪末建立健全基本适应社会主义经济发展和人民“小康”生活水平的医疗卫生服务、卫生监督体系和健康保障制度,实现人人享有基本的卫生保健服务。经过多年不懈的努力,到1993年3月,已使广大群众特别是农民受益。全国城乡卫生服务体系基本形成,医疗机构和住院床位已分别增至6.3万个和269万张,卫生资源的千人口占有水平有较大幅度提高。前些年老百姓反映比较强烈的“看病难、住院难”的矛盾进一步得到缓解。在农村地区,曾一度破损的三级医疗保健网、解体的合作医疗正在逐渐恢复,125万之众的乡村医生和卫生员战斗在防病治病第一线,绝大多数农民不出村即能得到基本的医疗保健服务。全国已有7万多个村实行了多种形式的合作医疗制度,有些地方引进医疗保险机制,使合作医疗增强了抗风险的能力,减少了因病致贫的发生。全国法定传染病呈逐年下降趋势,死亡率降至0.85/10万。人们的免疫屏障得到加强。全国1岁儿童计划免疫疫苗接种率在95%以上,孕产妇新法接生率达94%。农村改水受益人口占75%以上,全国210个县及市辖郊区农村自来水普及率达到80%以上,全国农村改水受益人口超过6亿,很多地区继改水之后又掀起了“厕所革命”。近3年来国家投资数千万装备食品卫生检验机构,提高了执法能力和技术水平,约2.8万名食品卫生监督员遍布全国各地,使食品合格率超过80%。

卫生部确定全国卫生改革试点 1993年新年伊始,卫生部确定一些地区和单位为全国卫生改革试点,以了解和掌握各地卫生改革动态,加强对卫生改革的宏观指导。这些改革试点是,城市:四川省成都市、吉林省四平市、广东省佛山市;农村:浙江省德清县;医院:中国协和医科大学北京协和医院、北京医科大学第一临床学院、上海医科大学附属华山医院;防疫、监督:吉林省吉林市、上海市嘉定县;科技:中国医学科学院药物研究所;教育:黑龙江省。卫生部要求各试点地区和单位结合实际,拟定改革方案,并积极组织实施。试点所在卫生行政或上级部门要积极协助并指导试点工作,加强调查研究,不断总结、推广试点的典型经验;同时各地也应确定一批卫生改革试点单位,以点带面,推动卫生改革的健康、深入发展。

《中药品种保护条例》颁布 1992年10月14日,国务院颁布《中药品种保护条例》,自1993年1月1日起施行。《条例》提出,国家鼓励研制开发临床有效的中药品种,对质量稳定、疗效确切的中药品种实行分级保护制度。在这方面作了明确具体规定。

《药品广告管理办法》实施 由国家工商行政管理局和卫生部联合制定的《药品广告管理办法》于1992年6月1日起正式颁布实施。《药品广告管理办法》规定，凡申请发布药品广告，必须向卫生行政部门办理《药品广告审批表》，未经批准，不得发布广告。广告承办单位经查验此表，未经批准者不得办理。国内药品广告须经地、省两级卫生行政部门批准，再核发药品宣传文号。国外药品广告直接向省级卫生部门申请。药品广告的语言、文字和画面含意均不得超过卫生部门批准的内容，必须将药品的批准文号与药品广告同时刊播。推荐给个人使用的药品，应在内容中标明“请在医生指导下使用”的词句。此外，《药品广告管理办法》还规定了对各种违法行为的处罚，特别是对虚假药品广告除处罚外，必须责令当事人发布更正广告。

《卫生监督员管理办法》颁布 1992年9月23日卫生部部长陈敏章签署卫生部令，发布《卫生监督员管理办法》。《办法》规定，国家实行卫生监督员资格考试、在职培训、工作考核和任免制度。县以上各级政府卫生行政部门依法对卫生监督员进行统一管理。各类卫生监督员由聘任机关发给全国统一证件、证章。各类卫生监督员必须熟练掌握和运用与本职工作有关的各项国家法律、法规、规章、国家标准、技术规范和工作程序等。各类卫生监督员必须做到遵纪守法，廉洁奉公，作风正派，实事求是；忠于职守，有法必依，执法必严，违法必究。各类卫生监督员的职权和人身安全依法受到保护，任何人不得干涉、阻挠和侵犯。

《医疗广告管理办法》颁布 1993年11月28日，国家工商行政管理局、卫生部联合颁布《医疗广告管理办法》，该“办法”规定：国家工商行政管理局是医疗广告的管理机关，医疗广告专业技术内容的出证者，是省、自治区、直辖市卫生行政部门。广告客户必须持有卫生行政部门出具的《医疗广告证明》，方可进行广告宣传。医疗广告的内容仅限于医疗机构名称、诊疗地点、从业医师姓名、技术职称、服务商标、诊断时间、诊断科目、诊疗方法、通信方式，必须真实、健康、科学、准确，不得以任何形式欺骗或误导公众。《医疗广告证明》的有效期为一年。在有效期内变更广告内容或者期满后继续进行广告宣传的，必须重新办理《医疗广告证明》。广告经营者承办或代理医疗广告，必须查验《医疗广告证明》，并按照核定的内容设计、制作、代理、发布医疗广告。未取得《医疗广告证明》的，广告经营者不得承办或者代理。此外还规定了违反有关规定的行政处罚，由工商行政管理机关负责实施，其中吊销《医疗广告证明》的决定，由卫生行政部门执行。《医疗广告管理办法》从1993年12月1日起施行。

新的《消毒管理办法》颁布 1992年8月31日，卫生部颁布新的《消毒管理办法》并开始实施。管理办法规定，各级政府卫生行政部门对消毒工作实施统一监督管理。军队、铁路、交通、民航卫生主管机构依照《消毒管理办法》负责本系统的消毒监督管理工作。各级卫生防疫机构根据国家有关卫生标准和消毒技术规范，对生产、经营和使用消毒药剂、消毒器械和一次性使用的医疗、卫生用品进行消毒效果的监督管理。军队、铁路、交通、民航的卫生防疫机构承担本系统内的消毒监督管理工作，并接受当地政府卫生行政部门指定的卫生防疫机构的业务指导。各级医疗保健、科研、教学及卫生防疫机构使用的消毒剂、器械和一次性使用的医疗用品，必须是获得省级以上卫生行政部门“卫生许可证”的产品，并定期监督消毒效果。管理办法还对甲类传染病、乙类传染病的消毒要求和消毒管理工作都作了具体规定。

中国救灾防病学术讨论会举行 根据国务院有关领导的提议，卫生部委托中华预防医学会举办的“中国救灾防病对策学术讨论会”1992年11月在苏州举行。参加讨论会的130余位专家、教授、卫生行政官员达成共识：为提高我国的救灾防病工作水平，国家应当制订、颁布有关法规和法令，使这项工作走向规范化、法制化。主要对策是：建立和完善各级灾害事故卫生救援组织；加强灾害事故卫生救援中的技能训练，使之达到实战要求；严格灾害事故报告制度；加强灾害现场卫生救援的指挥和现场急救工作；妥善安排好受伤人员的治送、转运工作；积极开展传染病防治工作。

全国卫生系统先进事迹报告团在京作报告 1992年5月29日，全国卫生系统先进事迹报告团在北京中日友好医院作报告。全国卫生系统先进集体的代表北京佑安医院院长郑东振，全国卫生系统先进人物安徽省霍邱县第一医院院长杜为忠，沈阳市防疫站主管医师王慧敏分别在报告会上发言。卫生部副部长孙隆椿在报告会上说，先进人物是全国卫生系统学习的楷模，是卫生系统千千万万个优秀医务工作者形象的缩影。他要求医务工作者以他们为榜样，加强医德医风建设，提高服务质量，努力培养和造就一支政治坚定、医德高尚、技术精良的卫生队伍。全国卫生系统先进事迹报告团由6人组成，分2组赴6个省巡回报告。

全国打击制售假劣药斗争成果展览 1992年11月7日，卫生部和国家技术监督局共同在北京民族文化宫主办全国打击制售假劣药专项斗争成果展览。这次展览历时17天，共展出图片480多张，涉及假劣药案150起，其中大要案26起，展出假劣药实物600余种，不法分子作案工具糖衣锅、压片机、制售假药流动车等200余件。《药品管理法》实施以来，全国各地深入持久地开展打击制售假劣药犯罪活动，取的显著成效。据不完全统计，一年多来，全国查处假劣药案17000多起，查处假劣药90余种，价值约3亿元。卫生部部长陈敏章指出，要从根本上消灭假药，还要进行长期的、艰苦的工作。制售假药劣药的违法犯罪活动屡禁不止，原因是有些地方执行药品监督管理法规不坚决，措施不得力，存在着严重的地方保护主义倾向。国务院副秘书长徐志坚在展览开幕式上要求各级人民政府采取果断措施，把查处假劣药的工作当作铲除社会公害、维护社会安定、保护改革开放成果、密切党群关系的大事来抓。国务院总理李鹏和国务委员李铁映分别为展览题词。李鹏总理的题词是：提高药品质量，保护人民健康和安全。李铁映的题词是：保障健康，造福人民。

华夏基金会10年向卫生部捐资430万美元 为发展国内医学教育事业，华夏基金会成立10年来共向卫生部捐资430万美元。这些资助分布于全国25个省、自治区、直辖市的许多少数民族地区。受益的高、中等医学院校43所，计47个专业受益点，推动了我国医学教育事业，特别是口腔、检验中专教育的迅速发展。在1992年12月5日举行的庆祝华夏基金会成立10周年会上，卫生部副部长顾英奇到会代表卫生部致辞表示祝贺和感谢。全国人大常委会副委员长雷洁琼，全国政协副主席、民盟中央副主席钱伟长，华夏基金会管理委员会主任鲁平等出席了庆典。

中国卫生法学会成立 1993年9月4日，中国卫生法学会在北京成立。这是我国第一个专业法学社团，由卫生部、国家计划生育委员会、国家医药管理局、国家中医药管理局、解放军总后卫生部、全国爱国卫生运动委员会等有关部门及所属单位以及卫生法学理论教学和实践工作的人员组成，其宗旨是团结全国有志于卫生法学研究的学术团体和个人，研讨中国社会主义卫生法制理论与实践问题，为建立健全我国卫生法制，维护公民健康权益服务。

河南省净化药品食品市场收到实效 由群众举报破获的周口地区第一兽药厂制售假药案，引起了河南省委、省政府的高度重视，按统一部署，从1993年3月下旬开始，省卫生厅组织各级卫生监督部门对药品及食品生产、经营和使用单位进行过滤性大检查，对药品监督管理明确提出了四不准：不准从个体经营者手中购药；不准使用未经批准的生物制品；不准使用不明药物成份的所谓"祖传秘方"；未获得《制剂许可证》的单位一律不准配制制剂。南阳地区各级药品监督人员全力参加大检查活动，查出无《药品经营企业许可证》而经销药品单位30个，发现假劣药品20种，均予依法查处。洛阳市从4月上旬起，组织市、区食品卫生监督机构对城市五区及关林、龙门、白马寺等游览区的食品市场进行巡回监督检查，没收销毁一批劣质假冒饮料，对卫生状况较差及严重违反《食品卫生法》的单位给予处罚。

深圳市改革医疗制度实行医疗保险 1992年8月1日，深圳开始实施职工医疗保险制度。市政府颁布的《社会保险暂行规定》和《职工医疗保险实施细则》明确规定，全市所有企业、事业、机关、团体等用人单位的各类职工，都必须参加职工医疗保险，由职工所在单位统一到医疗保险机构办理手续。企业缴交职工医疗保险金的标准，为职工本人月工资总额的8%；党政机关、事业单位的缴交标准，则为职工月工资总额的9.2%，按其财政渠道支付。参加医疗保险的职工根据划区医疗和就近就医的原则，可到本人选择的两家定点医院，以及专科医院和本单位的医务室、卫生所等约定医疗单位就医。职工每人每年的医疗费用定额依不同年龄段分别为工资总额的6%、7%、8%和10%，职工报销凡不超过医疗费用定额的由医疗保险基金支付。超过定额的费用，由职工本人自付10%，医疗保险基金支付90%。职工当年自付的医疗费用累计超过本单位职工上年平均工资总额的8%时不再自付医疗费用，该年内的其余医疗费用由医疗保险基金支付。

21家医院成为中国首批符合国际标准的"爱婴医院" 1992年11月19日至12月3日，我国进行了首批"爱婴医院"评估活动，由中外专家组成了4个评估组。按照联合国统一规定的促使母乳喂养成功的十点措施，逐条严格地对我国9个省、市申报"爱婴医院"的22家医院进行评估。12月26日，国务院妇女儿童协调委员会副主任阎颖代表国家"爱婴医院"最高审批委员会在北京宣布：哈尔滨市的南岗区妇产医院、红十字妇婴医院，北京市的妇产医院、东四妇幼保健院、海淀妇幼保健院、北京市第二医院、协和医院、西城区妇婴医院，天津市的第二医学院附属第一中心医院、河北区妇幼保健院、塘沽区妇幼保健院，牡丹江市妇幼保健院，成都市妇幼保健院，上海市的第一妇婴保健院、国际和平妇幼保健院、上医大妇产科医院，济南市妇幼保健院，浙江省的湖州市妇幼保健院、海宁市妇幼保健院、嘉兴市妇幼保健院，福建省妇幼保健院共21所妇幼保健院、妇产医院或综合医院，经过国内外评估人员全面评估，并得到国家"爱婴医院"最高审批委员会的确认批准，已经成为中国首批符合国际标准的"爱婴医院"。推行母乳喂养，是实现90年代所有健康和营养目标中的一项决定性的措施。并开展母婴同室、按需哺乳、早吸吮、禁止奶粉商的馈赠和不正确的宣传活动，改善了产科接生和住院条件，受到社会、家长的普遍赞扬。

北京医院全心全意为人民健康服务　北京医院是一所大型综合性医院，毛主席亲笔题写院名，周总理生前嘱附“一定要办好北京医院”；江总书记题词“优质服务，精益求精”。北京医院一直没有辜负老一辈无产阶级革命家和中央领导同志的殷切期望。他们在1993年团结奉献，开拓奋进，医院被评为中央国家机关文明单位、首都文明单位，通过了三级甲等医院的评审，荣获爱婴医院的光荣称号。北楼病区团支部，被评为全国巾帼立功先进集体。他们着重做了以下几项工作：1.培养“四有”新人。1993年2月，医院从召开全院电视会议开始，运用各种形式开展学雷锋、创“三优”、做“四有”新人的活动。他们组织职工学习了《邓小平关于建设有中国特色社会主义的论述》，举办了处以上干部《邓选》学习班。组织了团员青年赴延安进行革命传统教育。全体共产党员、医疗骨干在本职工作岗位上，发挥了模范带头作用。在获各级科技成果奖、科研成果推广运用奖、临床新技术奖的课题负责人中，党员占72%。2.自觉抵制行业不正之风。该院有组织、有计划地抓医德医风建设，落实了“院级领导干部廉政措施”；制定了严禁收受患者“红包”和严禁个人收受回扣的规定；为了接受患者和社会的监督，每个季度进行一次患者满意度调查，设立了意见箱和举报电话，聘请了社会监督员；职代会代表和院团委发出了自觉抵制行业不正之风的倡议书。1993年1月以来，该院拒收患者的“红包”300多人次，约50000余元，收到感谢信240多封。3.竭诚为人民服务。(一)方便患者就诊的措施共有97条。挂号室、收款处、药房提前开窗服务；开设了电话预约挂号的服务项目；为患者准备了饮用水、轮椅车和平车；开展了用药知识咨询和检验知识咨询。由机关处级干部轮流在门诊区担任值班主任，随时听取患者的意见，及时协调和解决门诊工作中的具体问题。团员青年利用个人休息时间开展“义务导医”活动，方便了患者就诊，门诊量不断上升。1993年，就诊人数68.8万人次，比1992年增长了16.6%。(二)加强医疗质量控制。在北京市卫生局组织的8所医院行业作风检查中，9个检查项目该院有6项居第一位，其中患者对该院的医疗质量信任度为98.8%。(三)积极开展临床新技术、新疗法。仅1993年就有48项，促进了医疗抢救质量的提高。(四)护理队伍一直保持着较高的职业道德素质和业务素质。在北京地区首届护理基本操作比赛中，该院获团体第一名。1993年，56名护士在接受北京地区医院等级评审委员会组织的理论考核和技术操作考核时，全部达到规定的标准和要求。

中日友好医院提高医院整体水平　1992年和1993年中日友好医院在抓精神文明建设中，结合医院中心工作提出任务和要求，促进了职工的思想道德建设和医、教、研工作的开展，从而提高了医院整体水平，全院共有11个科室的17项临床技术处于国内领先水平，在科研工作中，承担部以上课题74项，已完成50项，共获部级以上成果26项，由国家科委组织的“中国科技论文统计与分析年报”，1990年和1991年度送院论文发表数均居全国第三位，医疗水平稳步提高，在1992年和1993年中，几次重大的外宾意外事故抢救都获得成功，无一例死亡，医院的医德医风状况良好。1993年，全院拒收红包165人次，合计人民币16580元，外汇券800元，美元100元，尚未发现索要红包的。院党委引导职工积极参加各项公义活动，医院连续八年超额完成献血任务，被评为北京市“朝阳区先进单位”。连续多年被评为市、区“卫生先进单位”、“花园式单位”、国管局直属绿化先进单位，1992年获“全国城市计划生育先进集体”。为增加职工的凝聚力，医院经常开展群众性文体活动，成立了“职工文化娱乐中心”，建立了卡拉OK厅，在1993年5月鲜花歌咏比赛中，由百名职工组成的合唱团演出的大合唱受到了热烈的欢迎。在1993年度中央国家机关和首都精神文明建设评比中，中日友好医院荣获“中央国家机关文明单位”和“首都文明单位”的称号，受到了有关部门的表彰。

四平市中心人民医院被誉为群体活雷锋　吉林省四平市中心人民医院是1978年创建的一所综合性医院。现有职工856人，病床600张。十多年来，他们始终坚持“病人第一、患者至上，全心全意为人民健康服务”的办院宗旨，并将雷锋精神有机地贯穿其中，开展优质服务活动，强化行业作风建设，取得良好的社会效益和经济效益。1991年这个医院被卫生部、人事部授予“全国卫生系统先进集体”称号，1992年卫生部授予院长郭长水“全国卫生系统模范个人”称号。这家医院的主要经验是：一、在平凡的工作中树立雷锋精神。他们从学、做、树三方面入手，造就职工无私奉献的意识，激励职工发扬革命传统，达到提高群体素质的目的。他们常年为患者提供方便服务及无私援助。仅1992年，全院职工便为患者做好事600余件；收到表扬信510多封，锦旗、镜匾57面。二、在深化改革中体现雷锋精神。当初，他们针对医院存在的患者来院看病“不方便、不满意、不放心”问题，从最大限度满足患者需要出发，先后出台了：重危患者服务一条龙；两先两后(即急重症患者先检查抢救后挂号交款，先住院后办手续)；节假日照常开门诊；取消各种检查预约制等20余项便民措施，深受患者欢迎。该院提出了开展全程优质服务目标责任制。要求全院职工在保证措施上做到“三全”：即全员参加，全岗位实施，全过程体现；在目标上实行“三优”：即优良秩序，优质服务，优美环境；在效果上达到“三满意”：即患者满意，家属满意，社会满意。三、在行风建设中弘扬雷锋精神，他们针对医院存在的“吃、拿、卡、要”问题，广泛开展职业道德教育。树立行业新风。在这家医院，送礼不收，请吃不去，给红包不要已形成风气，仅近3年统计，他们平均每年距收红包款上万元。

北医大等医疗单位千人报名献骨髓 1992年6月18日，北医大第一附属医院举办的捐献骨髓活动，得到广泛的支持和响应。骨髓捐献活动已在北医大、北医大人民医院、积水潭医院、口腔医院等单位全面展开。截止当日中午，北医大等医疗单位共有1029人报名捐献骨髓。

百名模范乡村医生受表彰 建国以来首次全国模范乡村医生表彰大会1993年10月22日在北京怀柔举行。这次评选表彰活动是由中国农村卫生协会、卫生部医政司和健康报社联合举办的。从全国125万乡村医生中，经过逐级评选，共评选出5460名优秀乡村医生，对各省、自治区、直辖市推选出来的100名模范乡村医生进行表彰奖励。在表彰会上，国务委员彭珮云、原卫生部部长钱信忠等领导同志为百名模范乡村医生代表颁奖。目前全国约有乡村医生125万人，其中经过考试考核获得乡村医生证书的约90万人。这支农村卫生大军，在防治农村一般常见病，保护农村健康方面发挥了重要作用，是推进农村初级卫生保健工作的基本力量。

1992年度“马海德奖”颁发 1992年度“马海德奖”授于全国18个地区20名麻风病防治工作者。这20名获奖者是：山东省王振香，江苏省孙正德，浙江省庄炳谨，甘肃省张丰厚，西藏自治区江柏，安徽省张玉喜，云南省张世保，湖南省戴潜雄，江西省康芳芬、江民保，辽宁省郑希俊，四川省郑祖槐、刘清明，中国麻风防治研究中心郑逖生，海南省刘光嘉，广东省赵子山，福建省严绍绸，贵州省苏文义，广西壮族自治区李华金，河北省谭敦文。根据马海德博士生前愿望设立的“马海德奖”评奖活动始于1990年，1992年是第3届。

林佳楣获第2届“诸福棠奖” 曾任卫生部妇幼司司长的儿科医师、中国儿童发展中心顾问的林佳楣，1992年11月10日在人民大会堂从加拿大众议院议长、加中儿童健康基金会董事长约翰·弗雷泽手中接过第二届“诸福棠奖”获奖证书。全国人大常委会副委员长雷洁琼、卫生部长陈敏章、副部长顾英奇和有关人士500人向她祝贺。诸福棠教授是中国现代儿科事业的奠基人。加拿大——中国儿童健康基金会特设立“诸福棠奖”，以鼓励为我国儿童健康事业作出杰出贡献的专家。首届获奖者是协和医院儿科周华康教授。林佳楣以为全国妇女儿童卫生事业作出卓越成绩而获得本届奖。

张振坤获国际主义人道主义服务奖 1992年6月24日，中国红十字会会员，四川省内江市第一人民医院内科总护士长张振坤荣获国际人道主义服务奖。国际人道主义服务奖是美国红十字会专门为在人道主义服务中做出贡献的外国红十字志愿工作者设立的一种荣誉奖。张振坤是第二次荣获此奖的中国护士。

卫生系统11位青年学者获第3届青年科技奖 中国科协第三届青年科技奖评选于1992年12月24日公布，全国97名优秀青年科技工作者获奖，其中有11位来自卫生系统。他们是：湖南医科大学心血管生理研究室副教授丁小凌、上海医科大学附属中山医院超声诊断科主治医师王文平、第一军医大学解剖教研室讲师孔吉明、第二军医大学副教授曹雪涛、军事医学科学院助理研究员朱元晓、南京军区总医院肾脏病科主治医师刘志红、福建松溪县卫生进修学校副校长李良松、北京协和医院内科副主任医师杨嘉林、北京医科大学第一医院内科主治医师张启波、中国医学科学院基础学研究所副研究员陈实平、河北保定市第二医院主治医师郄增旺。

10. 环境保护

1992—1993年环境保护工作综述 1992—1993年，全国各地围绕经济建设这个中心，利用有利条件，深化和完善环境保护制度和措施，使环境保护工作取得新进展。

1. 环境污染防治水平进一步提高。1992年工业废气排放达标率和净化处理率都比上年提高或持平。工业废水处理量和外排达标率都比上年增加。全国新建烟控区566个，面积1341平方公里。新建环境噪声达标区532个，面积1084平方公里。全国已有7888万居民用上了燃气，城市居民气普率达51%，比上年提高3.9个百分点；农户用上沼气的有495万户，1.5亿农户用上了省柴节煤炉(灶)，占总农户的66%。城市卫生状况好转，全国工业防治污染的直接投资118.3亿元，比上年增加7.2亿元。1993年环境污染防治水平进一步提高。生产工艺废气净化处理率、工业锅炉、炉窑烟尘排放达标率、工业废水处理率、外排工业废水达标率等，都分别比上年提高1.1—3.4个百分点，全国新建烟尘控制区378个，面积1313平方公里；新建环境噪声达标区440个，面积927平方公里。全国防治工业污染的直接投资比上年增加26.6亿元。燃气供应稳步上升，城市居民用气普及率比上年提高4.5%。城市环境卫生状况有所好转。全年清送垃圾粪便12761万吨，无害化处理4152吨，处理率32.5%，比上年提高7.4%。

2. 保护生态环境成绩较大。

1992年全国人工造林508万公顷,全民义务植树24亿株。三北、长江中上游、沿海防护林体系工程造林分别为88.56和24万公顷,全国共治理水土流失面积200多万公顷,累计治理面积达5700万公顷,全国治沙造林面积87万公顷,使10%的沙漠化土地初步得到治理。全国人工种草和改良草地面积1200万公顷,建成草地类自然保护区11个。全国新建国家级自然保护区16个,使国家级保护区达77个,其中8个加入了国际人与生物圈保护区网,6个区被列入国际重要水禽湿地。物种保护有较大进展。建立了16处珍稀动物繁育或救护基地,使60多种珍稀动物得到保护、繁育。建立了400多处珍稀植物迁地保护繁育基地和种质资源库及100多处植物园和树木园,使1000多种珍稀植物得到保护繁育。1993年,国务院针对上年全国耕地占用面积增长势头,发布了一系列制止乱占、滥用耕地的通知,使用地势头得到控制,用地结构趋于合理。全国累计复垦利用土地达13万多公顷,土地复垦率达6%,增加社会经济效益20亿元。全国完成人工种草和改良草地253万多公顷,完成造林面积590万公顷,治理水土流失面积250万公顷。1993年,我国还积极开展了生物多样保护工作,编制了计划,发布了条例,到年底,全国自然保护区达766个。一批重点保护区和物种繁育基地的建设取得进展,已成功地将麋鹿引入湖北省石首天鹅洲自然保护区。四川、陕西、广东、广西等省(区)批准建立野生动物拯救中心4处;对华南虎、朱鹮及其栖息地保护工程进行了科学论证和国际合作行动。国务院批准下发了《关于禁止犀牛角和虎骨贸易的通知》。目前国家规定严禁猎捕97种国家一级保护野生动物和238种二级保护野生动物。

3.从法治与宣传教育两方面加强环境保护和环境管理。1992年,中共中央、国务院批准了国家环保局等提出的我国环境与发展领域的10大对策。本年环境保护年度计划指标首次纳入国民经济计划和社会发展计划。国务院先后颁布了环境法规条例6个,一些省市制定了执法程序规定,国家环保局进行了首次环境保护系统执法检查,还对全国37个重点城市环境综合整治进行了大检查,大连、北京等10个城市被评为1981—1991年城市环境综合整治"十佳城市"。环境保护教育和宣传工作大规模地开展,宣传点1.8万处。国家环保局和团中央联合部署在全国青少年中进行一次环保知识与法制教育。1992年,国家环保局局长曲格平获联合国"笹川"国际环境奖,3个农业生态村户获"全球500佳",103家企业获"全国环境保护先进企业"称号。1993年,全国人民代表大会设立了环境保护委员会,这是我国环保机构建设的重大举措。该会组织了6个检查团分赴黑龙江、山东、广东、云南、新疆、安徽、江苏等7省(区)的45个市、地、县,对环境保护执法情况进行了检查,其他各地普遍进行了自查,促进了环境法制建设。国家环保局和经贸委召开了第二次全国工业污染防治工作会议,进一步明确了防治工业污染的基本方针,即转变传统的发展战略,积极推行清洁生产,走持续发展的道路;适应市场新形势,不断深化政府的环境管理职能;工业污染防治的指导思想实行3个转变,即逐步变末端治理为工业生产全过程控制、污染物排放控制由浓度控制变为浓度与总量双轨控制,工业污染治理变分散治理为集中控制与分散治理相结合。10月,全国人大环保委员会、中宣部、广电部和国家环保局联合开展了"中华环保业纪行"活动,行程数万里,对19个省(区)的环境问题和违法行为进行了报道,引起社会各界的强烈反响。1993年,国家颁布各类环境标准60项,其中国家标准53项,行业标准7项。国家对重点城市环境综合整治定量考核的城市由32个增至37个,由各省(区)考核的城市超过300个。6月5日,联合国在北京举行了"六·五世界环境日"纪念大会暨"全球500佳"颁发仪式,我国浙江省奉化市滕头村获"全球500佳"称号。

4.进行国际交流与合作。1992年6月间,在巴西的联合国环发大会上,我国总理李鹏出席并发表重要讲话,会间签定了一些合作条约。中国环境与国际合作委员会成立并开始工作。另外,国家环保局派出了179个团组,307人出国参加国际合作会议和访问,与美国等7个国家开展了技术交流,签订合作协议,这一切都将使我国环境和发展工作取得新的进展。1993年,国家环保局派出216个团组、700多人次出国参加国际会议和访问;接待来华访团组212个、650人次,在我国召开5次国际会议。为落实联合国环境与发展大会精神,我国广泛开展了关于全球环境问题的国际合作,派团出席了多次国际会议,与加拿大、印度、韩国等国家和国际组织签署了多项双边合作协议。此外,中国环境与发展国际合作委员会第二次会议在杭州举行,会议就有关能源与环境、生物多样性等问题向中国政府提出了6条建议。

江泽民谈环境保护 1993年6月5日,国家主席江泽民在会见来京参加世界环境日活动的联合国副秘书长、环境规划署执行主任伊丽沙白·多德斯韦尔女士时说:中国的经济建设发展很快,但面临着环境等问题的挑战。我们下了很大决心,要使经济、社会和环境协调发展。对待环境问题,不仅要有政策和法规,还要有严格的监督。如果每个公民都成为环境的监督者,中国的环境建设就有希望了。几天前国务院发出通知禁止犀牛角和虎骨贸易。犀牛角和虎骨是中药材,除了行政命令,还应开展提高环境意识的宣传,还应研制西药的替代品。江泽民在同中国环发国际合作委员会的外方代表亲切交谈时还说:"杭州的环境保护应该搞好,当然中国其他城市的环境保护也应该搞好。""中国政府历来十分重视环境保护"。

宋健在联合国环境与发展大会上阐述建立"新的全球伙伴关系"的基本原则 出席1992年联合国环境与发展大会的中国政府代表团团长、国务委员、国务院环委会主任宋健，6月9日在大会发言中，着重阐述了在坚实、牢固的基础上建立"新的全球伙伴关系"必须坚持的基本原则：第一，"新的全球伙伴关系"的目标应是既推动国际社会在维护、保护和恢复地球生态系统方面的合作，又推动国际社会在经济发展方面的合作。第二，必须建立在尊重国家主权和领土完整、互不侵犯、互不干涉内政、平等互利、和平共处等国际关系准则的基础之上。第三，"新的全球伙伴关系"必须是公正的。第四，应妥善处理各环境领域中的问题，特别是资金、技术转让等问题。第五，只有在整个国际社会的积极、有效参与下才有意义。中国和许多发展中国家一贯主张，上述各项应作为整个环发大会及其筹备进程的指导原则。

国家环保局发布《1992年中国环境状况公报》 在世界环境日前夕，国家环保局发布了《1992年中国环境状况公报》。1992年我国在经济较快发展的情况下，环境状况相对稳定。《公报》说，1992年全国废气排放量为10.5万亿立方米(不包括乡镇工业，下同)。废气中烟尘排放量1414万吨，比上年增长7.6%；二氧化硫排放量1685万吨，比上年增长3.9%；工业粉尘排放量576万吨，比上年下降0.5%。酸雨仍限于南方城市。全国废水排放总量366.5亿吨，比上年增长9%。其中工业废水排放量233.9亿吨，比上年下降0.8%。全国大江大河水质状况良好，但流经城市的河段污染较重，淮河流域、辽河流域、海河流域各水系污染严重，主要污染物是氨氮、挥发酚和需氧有机物等。城市地表水污染普遍且严重，湖泊普遍受到氮、磷等营养物质的污染，富营养化令人担忧。近海大部分海域水质良好，但河口、港湾污染严重。全国城市环境噪声污染仍十分严重，据40个城市统计，平均等效声级均在55分贝(A)以上，其中34个城市高于60分贝(A)。据42个城市统计，有39个城市的道路交通噪声平均值超过70分贝(A)。全国工业固体废物产生量为6.2亿吨，比上年增长5.1%。全国共发生工业污染事故2667起，比上年下降12.2%，造成直接经济损失6715万元，比上年下降11.8%。在生态环境状况方面，全国森林覆盖率上升到13.63%，草原退化、沙化、盐碱化呈发展趋势，城市公共绿地面积由上年的6.1万公顷减少到5.9万公顷；占用耕地面积呈继续上升趋势；水土流失严重，水蚀面积达179万平方公里，风蚀面积达188万平方公里，土地沙化现象也很严重。

国家环保局发布《1993年中国环境状况公报》 在国家环保局发布《1993年中国环境状况公报》时，局长解振华作《公报》说明时说，1993年在经济发展较快的情况下，我国环境状况仍然相对较为稳定，环境污染与生态破坏仍在发展，少数地区污染较严重，局部地区的污染有所控制、生态环境有所改善。《公报》说，1993年我国城市的煤烟型大气污染，冬季春季重于夏秋季，北方重于南方，大中城市重于小城镇；二氧化硫和工业粉尘排放量有所增加，出现酸雨的城市多于上年。全国江河水质污染类型为有机污染，干流水质好于支流，流经城市的河流污染较重；工业废水中的重金属和石油类的排放量有所回升；城市地下水超采现象仍很普遍；渔业生态环境恶化的状况尚未得到有效控制。1993年，我国城市大气中烟尘排放量与上年持平；全国大江大河干流、内陆河、大型水库、城市地下水水质尚好；大部分海域水质良好；城市建设加速发展，市政公用设施进一步完善。由于多年不懈努力，我国森林面积和森林蓄积量呈"双增长"趋势。目前自然保护区面积占国土总面积的6.8%，物种保护亦取得新的进展。占用耕地势头得到控势，土地复垦进展明显。1993年全国用材林中可供采伐的成过熟林蓄积量仍呈减少趋势，草原退化、沙化、盐碱化在发展，水土流失严重。解振华介绍说，1993年在党中央、国务院领导下，各地各部门加强了环保工作，普遍开展了环保执法检查，各级人大和政协加强了对环保工作的指导和监督，新闻界加强了群众监督，环境法制建设等工作取得了较大进展。

中国环保产业协会成立

1992年3月5日，中国环保产业协会在北京友谊宾馆召开成立大会。来自全国各地的产业协会和环保厂家的代表共300余人参加。环保产业是一种新兴产业。全国现有环保产业固定资产30亿元，年产值60多亿元，而且每年增长近20%。虽然我国现在已开发出一批具有一定水平的环保技术和产品，但由于该产业过去没有一个统一的主管部门，处在盲目自发状态，规模较小，品种不全，缺乏质量监督，低水平重复生产现象严重。与此同时，国外环保产品将打入中国市场。因此，环保产业急需成立一个组织，来统一协调和指导，促进我国环保产业的发展。

国家环保局局长曲格平当选为中国环保产业协会会长。

中华环境保护基金会成立

经中国人民银行批准，在国家民政部注册登记的中华环境保护基金会，于1993年4月27日在北京人民大会堂召开成立大会。来自全国各地200多名有关人士参加了大会，由万里、黄华担任名誉理事长，曲格平任理事长。联合国于1992年6月在里约热内卢召开环境与发展大会期间，曾将联合国环境大奖及10万美元授予曲格平教授。曲格平教授把奖给他个人的10万美元捐献出来,建议以此为开端,建立中华环境保护基金会,以支持我国环保事业的发展。他的建议得到广泛支持,受到国家领导人的称赞。中华环境保护基金会是非盈利性的民间机构,它的宗旨是通过奖励和资助活动,促进我国环境保护事业的发展。基金会成立后,将充分利用国内外民间渠道,广泛筹集资金和资金合法的增值,资助各种环境保护活动的开展,奖励对环保事业有突出贡献的组织或个人,并设立"曲格平绿色中华环境奖"。

我国环境教育形成全方位的新格局 改革开放以来,我国的环境教育和环境保护事业共同发展,相互促进,形成了环境教育和环境保护的有机整体。环境教育的开展在社会教育、专业教育、在职干部教育和在校生的教育方面均取得了引人注目的成就。社会教育,增强了公众保护环境的自觉性。建设部和中组部联合举办的市长研讨班,每期都讲授《中国环境保护战略》、《城市环境综合整治》等课程。专业教育,为环境保护事业输送科技和管理人才,全国已有71所高等院校设置了15种环境保护类本科专业86个点,输送了上万专业毕业生到环保部门。在职干部培训方面,提高了环保干部队伍的素质。除成立中国环境管理干部学院外,国家环保局还在上海同济大学设立了县以上环境监测站长培训基地。此外,全国各地环保部门举办了各种类型的培训班、研讨班上万次,受训人数达40多万。在校学生的环境教育也抓得很紧,10多年来,各地的中小学校和幼儿园普遍开展了环境教育。潮州市对全市598所中小学和459所幼儿园的20万学生、儿童普及了环境教育。沈阳市有4/5的中学将环境教育纳入第一课堂进行,受教育者达10万人。

国务院颁布陆生野生动物保护实施条例 我国是世界上野生动物种类最多的国家之一,保护好野生动物资源,对生态环境的维护、国民经济的发展和人民物质生活的改善等都有密切关系。1992年2月12日颁布的《中华人民共和国陆生野生动物保护实施条例》,是与《野生动物保护法》相配套的法规。中共中央宣传部和司法部已决定将《野生动物保护法》纳入"二五"普法计划。

国务院颁布《城市绿化条例》 国务院批准发布的《城市绿化条例》1992年8月1日起在全国实施。条例将城市绿化这一积极有效的环境治理手段和一系列保证城市绿化的措施用法律的形式肯定下来,将有力地促进适合我国国情的城市环境建设特色的形成。条例规定各城市要根据当地的特点,利用原有的地形、地貌、水体、植被和历史文化遗址等自然、人文条件,以方便群众为原则,合理设置公共绿地、居住区绿地、防护区绿地、生产绿地和风景林地等。任何单位和个人都不得损坏城市树木花草和绿化设施。砍伐城市树木,必须经城市人民政府绿化行政主管部门批准,并按规定补植或补救。条例还规定,百年以上树龄的树木,稀有、珍贵树木以及具有历史价值或重要纪念意义的树木等,要实行统一管理,分别养护。条例还对违反该条例的各种行为制定了详细、严格的处罚条款。

中央组织部、国家环保局举办环境管理政策高级研究班 1992年7月20日至8月2日,中共中央组织部和国家环保局在北戴河联合举办了环境管理政策高级研究班。16个省、市的领导及环保局长参加了研究班。听取了曲格平关于联合国环发大会的情况介绍,对如何适应新形势开展环保工作进行了探讨。大家都认为:在高层次的领导中办这样的研究班很必要,能够使决策者增加环保方面的知识,了解国际环境新动向,提高环境意识。

中国环境与发展国际合作委员会在京成立 1992年4月21日,中国环境与发展国际合作委员会在北京成立。国务委员、国务院环委会主任宋健任主席,加拿大国际开发署署长马塞博士担任外方副主席,顾明任中方副主席。委员会由46名中外高级官员、著名专家组成。该委员会是开展国际合作的一种好形式,是一个高级咨询机构,在环境与经济协调发展方面向中国政府提出意见和建议。

世界环境日纪念大会暨1993年度"全球500佳"颁奖仪式在京举行 世界环境日20周年纪念大会暨1993年度"全球500佳"颁奖仪式于6月5日下午在人民大会堂隆重举行。国家副主席荣毅仁,国务委员、国务院环委会主任宋健以及专程来京的联合国副秘书长、环境规划署执行主任伊丽莎白·多德斯韦尔女士等出席了大会。多德斯韦尔女士宣读了联合国秘书长加利给大会的贺辞;国家环保局副局长解振华宣读了李鹏总理给大会的贺信;国家副主席荣毅仁代表中国政府讲话。大会举行了1993年度"全球500佳"颁奖仪式。多德斯韦尔女士在仪式上介绍了一些获奖者的动人事迹,呼吁人类"善待地球"。今年共有39位"全球500佳"新的获奖者,我国浙江省滕头村获此殊荣。

联合国国际环境奖获得者曲格平 曲格平于1930年6月出生在山东省肥城县,现任国务院环境保护委员会副主任、国家环境保护局局长,是清华大学、北京大学、武汉大学、同济大学和中国人民大学等院校的兼职教授,也是英国牛津大学、美国世界环境中心的客座教授并兼任中国环境科学学会理事长和中国环境管理干部学院院长等职务。曾荣获英国布莱德福大学工学博士荣誉称号。1989年被聘为"世界资源报告"编辑委员会委员,1991年被聘为香港"第三届城市污染与控制会议"国际咨询委员会委员,1992

年被聘为加拿大"全球'92国际环境大会"国际咨询委员会委员。曲格平先在山东大学文艺系学习，后又进修化学。1972年他作为中国政府代表团成员出席了在斯德哥尔摩召开的第一次人类环境会议，从此即献身于环保事业。1976年后历任中国常驻联合国环境规划署首任代表、国务院环境保护领导小组办公室副主任、城乡建设环境保护部环境保护局局长、国家环境保护局局长。曲格平是我国环境科学界著名理论家和开拓者。他在认真总结国内外环境保护经验的基础上，系统地提出了适合我国国情的、具有独创性的环境保护理论。他指出：只有发展经济才能创造出包括适宜的环境在内的高度物质文明和精神文明，强调在发展的同时保护环境，避免走西方国家"先污染，后治理"的弯路。他先后发表数百篇论文，并撰写了《中国的环境问题及对策》、《论环境与经济社会同步发展》、《中国的环境管理》(中、英文版)、《世界环境问题的发展》、《中国人口与环境》等著作。主编了《中国自然保护纲要》(中、英文版)、《2000年中国的环境》等书籍。其中《2000年中国》研究获国家科技进步一等奖(国家级)和国务院经济技术中心特等奖，《中国自然保护纲要》获国家科技进步三等奖(国家级)，《中国的环境管理》获"第四届中国图书奖"二等奖。他参与制定和实施了一系列环境保护方针、政策、法规、制度和措施。制定了"预防为主，防治结合"、"谁污染谁治理"和"强化环境管理"三大环境政策体系。为表彰他在制定、指导和执行具有中国特色的环境管理政策方面的献身精神和优异成就，1987年联合国环境规划署授予他"联合国环境规划署金质奖章"(世界上获此奖章的仅5人)。1992年6月又荣获联合国笹川国际环境奖，并获10万美元的奖金，这是目前世界上在环境领域里的最高荣誉。

我国3个生态农业典型被评上"全球500佳" 在1992年联合国环境规划署的"全球500佳"评选中，安徽颍上县小张庄张家顺村、辽宁大洼县西安生态养殖场、浙江宁波鄞县上李家村三个生态农业典型榜上有名。从1987年联合国环境规划署开展"全球500佳"评选活动以来，我国共有14个个人和单位获此殊荣，其中7个个人和单位是在生态农业方面有突出成绩的。他们发展生态农业的作法，符合自然界的发展规律，能够较好地协调经济建设与环境保护的矛盾，是具有中国特色的现代化农业的发展途径。它得到了联合国的充分肯定。

花园之乡上李家村 只有186户人家的江南小村——浙江省宁波市鄞县甲村乡上李家村，目前已拥有7个家庭农场、7个村办企业、两个集体畜牧场和一个桔园。1991年全村工农业总产值达到1850万元，集体积累800万元，人均收入1700元。1992年，被联合国环境规划署评为"全球500佳生态村"，它是浙江省有名的文明村。上李家村注重生态农业的发展，他们投资40万元兴建沼气罐和管道，把沼渣一物多用，既作肥料，又作饲料喂猪、鸡、鱼，还用来种养蘑菇；稻草还田，增加有机质。环境因此得到了改善，农业生态逐步形成了良性循环。

一批环保先进个人和集体受表彰 国家环保局和人事部，为奖励先进、推动环境保护工作开创新局面，于1993年6月4日在京联合召开表彰大会，授予曹金荣等15名同志"全国环境保护系统先进工作者"荣誉称号；授予北京市环境保护研究所等119个单位"全国环境保护系统先进集体"荣誉称号；同时国家环保局还授予105名同志"全国环境保护系统先进个人"荣誉称号。并分别为受表彰的单位和个人颁发了奖牌或奖章、证书。

首届中华绿色科技奖颁发 在中国环保事业开创20周年之际，科技日报社发起组织了中华绿色宣传月活动，并决定自1993年起设立中华绿色科技奖，表彰为我国环境保护事业做出突出贡献的人，每年评选一次，特别奖则每五年评选一次。这是我国也是国际上首家由新闻机构设立的非官方环境科技奖励，其宗旨是宣传绿色科技意识，强化科学技术在环境保护中的地位和作用，提高整个科技界对环保科研、技术开发和推广工作的重视和信心。中华绿色科技奖和中国绿色科技宣传月活动提出了一个鲜明的口号：靠人类智慧拯救地球环境。首届中华绿色科技奖特别奖颁奖仪式，于8月5日在京举行。已故著名科学家马世骏、侯学煜先生获特别荣誉奖；山西省省委书记王茂林、中国科学院环境科学委员会主任刘东生、全国人大环保委主任曲格平、中国科学院学部委员陈述彭、中共天津市委书记高德占获特别奖。国家环保局局长解振华、林业部部长徐有芳在颁奖仪式上发表了讲话，中国科学院院长周光召和国务院有关部委的领导出席了颁奖仪式。

"中华环保世纪行"宣传活动展开 由全国人大环保委、中宣部、广电部、国家环保局联合举办，人民日报等十家新闻单位参加的"中华环保世纪行"大型环境保护宣传活动，于1993年8月23日在京举行了组委会第一次全体会议后揭开序幕。这项活动是一项跨世纪的工程，宗旨在充分运用法律武器和舆论工具，宣传环境保护法律、法规，表扬严格遵守环保法律的先进典型，批评造成严重污染、破坏生态环境的违法行为，力争在社会上形成守法光荣、违法必究的强大舆论力量。通过这项宣传活动以推动我国环保事业的繁荣和进步。

全国环保执法大检查 全国人大环境保护委员会和国务院环境保护委员会1993年7月17日联合召开全国电话会议，动员和部署为期三年的全国环境保护执法检查工作，国务院副秘书长徐志坚主持会议，国务委员、国务院环委会主任宋健和全国人大环委会主任曲格平先后作了动员讲话。新任命的国家环保局局长解振华宣布了全国环保执法检查方案。执法检查内容主要是：政府协调环境与经济、社会发展的行为；政府在强化环境监督管理方面的表现；执行环境政策的情况；制止国家野生动物的经营和狩猎情况；对重大环保案件及群众反映问题的处理情况。各省、自治区、直辖市和计划单列市的人大和政府根据上述内容自查，将结果向全国人大环委会和国务院环委会汇报。从9月份起，由全国人大环委会、国务院环委会联合组成的执法检查团分赴7个省、区，进行检查。

全国环境保护执法检查总团团长，由人大常委会副委员长王丙乾和国务委员、国务院环委会主任宋健担任。

我国从1993年起推行环境标志制度 由国家环保局和国家技术监督局联合举办的'93首届中国国际环境标志交流活动10月23日至28日在北京举行。所谓环境标志，就是一种张贴在产品上的图形，标志该产品不但符合质量标准，而且在生产、使用和处置等过程中也符合规定的环境保护要求，使广大消费者能通过选择商品参与环境保护。国外称为"绿色标志"、"生态标志"、"环境标签"。实行环境标志，将经济发展与环境保护结合起来，是我国持续发展战略的重要组成部分，也是促进我国对外贸易发展，提高企业经济效益的一种较好方式。国家环保局及有关部门为此已进行了大量前期准备工作，中国环境标志图形已选定和公布；首批发放标志的6类产品的标准也已制定；有关标志的管理办法也在制定之中；国家技术监督局已授权国家环保局组建环境标志认证委员会。

我国保护野生动物取得成效 我国保护野生动物取得了明显成效。1993年5月29日，国务院发布《关于禁止犀牛角、虎骨贸易的通知》，全面禁止犀牛角和虎骨（包括含其成份的药品、工艺品）的进出境、出售、收购、运输、携带和邮寄。全国人大环保委、国务院环委会在执法检查时，特别将禁止犀牛角、虎骨贸易列入检查的重要内容，对倒卖走私的行为从速打击。广东吴川县药业集团公司倒买倒卖犀牛角已列为大案。同时，我国为有效地保护濒危物种，已建有森林、野生动物类型的自然保护区达451处，总面积约4600万公顷，国家投资建立了朱鹮、海南坡鹿、扬子鳄、麋鹿、高鼻羚羊、野马、大熊猫等保护工程，其中大熊猫的投资即达3亿元，人工繁殖成活30头。实施工程保护使濒危动物数量明显增加。朱鹮由7只增至30多只，海南坡鹿由26头增至300余头，扬子鳄由200条增至4000多条，东北虎人工种群由10多头增至60余头，麋鹿、野马、高鼻羚羊由过去在国土上绝迹发展到重返华夏大地，如10月30日在湖北武昌举行的"麋鹿重返家园"的交接仪式，把从英国引进到北京繁殖成功的30头麋鹿，投放到湖北石首天鹅洲湿地麋鹿自然保护区内。近几年来，我国林业公安部门，为保护野生动物，共查处破坏野生动物的案件3.5万余起，处罚罪犯6.2万余人，其中处死刑4人，无期徒刑数十人，有效地保护了我国的野生动物。

青藏高原上的大自然保护调查队为环保作贡献 创建于1984年的青海省大自然保护调查队，在极为艰苦的条件下，为青藏高原生态环境保护工作做出了突出贡献。几年来，这支调查队活跃在青海的广阔区域内，先后完成了阿尼玛卿山综合考察，青海省2000年生态环境发展趋势与对策研究，青海省乡镇工业主要污染行业污染源调查等科研课题。1991年还完成了青藏高原珍稀动植物繁育中心的总体规划和初步设计说明。成立大自然保护调查队是青海人民政府为保护生态环境而采取的有效措施。该队由植保、草原、水土保持、自然保护、动物等专业技术人员14人组成，像这种综合性的大自然保护调查队，截止1992年，全国仅此一家。

浙江农村兴起："拜年送树苗"新风 浙江省武义县是个"八山半水分半田"的典型山区县。近几年来，该县狠抓林业建设和宣传，使"要想富，多栽树"的思想观念深入广大农民群众之心，县领导因势利导，大搞山地开发，整治农业生态环境，数万农民群众尝到甜头，"绿色富翁"不断涌现。

果木树苗成为人见人爱的"抢手货"，一些育苗专业户改变过去拜年送烟酒钱物的旧习俗，带头搞起"树苗拜年"，很多农民竞相仿效，"给金给玉不如给片绿，送钱送物不如送棵树"，一股"树苗拜年热"在全县悄然兴起。1993年春节已有5000多棵树苗被当作拜年"礼物"。

皖南泾县野生动物保护形成风尚 泾县地处皖南山区，野生动物资源丰富。为宣传国家《野生动物保护法》，县环保部门采用形象生动的纸塑画制成各种飞禽走兽模型，在临街设立橱窗进行宣传；在每年的"爱鸟周"和"6·5"世界环境日上街举行野生动物知识咨询；在每年冬季猎期前，专门到野生动物资源丰富的乡、村进行宣传。通过宣传，使群众的环境意识大大增强，保护野生动物已形成一种社会风尚。汀溪乡、黄溪乡两农民分别拾得金钱豹、云豹幼仔各两只，带回去精心饲养，后来放回大自然；茂林镇山区一农民发现一只失散的大短尾猴，收取后主动送交林业部门处理；昌桥乡农民拾得一只受伤的大天鹅也送交环保、林业部门处理。像这样自觉保护野生珍稀动物的先进事例，该县每年都要发生好几起。由于生态环境的改善，一些重点野生保护动物如扬子鳄、梅花鹿、野猪大量繁殖。

祝怀新谈环境教育 《中国环境报》1993年连续刊载了杭州大学祝怀新关于环境教育的论述。作者提出"环境教育是以跨学科活动为特征,唤起受教育者的环境意识,理解人类与环境的关系、发展解决环境问题的技能,树立正确的环境价值观和态度的一门教育科学"。环境教育由意识、理解、技能、价值观与态度四个要素构成。所谓唤起环境意识,乃是帮助个人、社会群体对整个环境及其问题进行认识和感受,形成人们对当今世界经济、政治和生态之间相互依存的意识,从而提高各国共同的责任感。这是解决全球严重环境问题的先决条件。所谓对环境的理解是指人们了解各种环境问题的基本概念和基础知识,重视整体环境以及人类在环境中的角色和作用,理解不同环境问题发生的背景及有关知识。所谓技能就是指解决环境问题的技能。关于环境的价值观与态度,是指使受教育者认识环境的社会价值,产生对环境的关注,从而激发保护和改善环境的良知,探索道德、社会和政治价值的途径,包括环境审美观、主动参与自然保护工作,尊重与热爱生命等。

彭天杰提出民族环境学 中科院生态环境研究中心研究员、中国环境学会环境理论专业委员会副主任彭天杰,1993年连续在《中国环境报》发表文章,研讨民族地区环境与民族环境学问题。作者指出,当前无论是世界各国或我国民族地区的环境,都有这样几个特点:一是大多数少数民族都分布在地广人稀的地带,住地极为偏僻,生活条件较差,有的还过着半定居、游牧式的生活;二是大部分民族地区,虽然资源丰富,但总的来说开发不足,经济极为落后,有的甚至还是刀耕火种,在零星土地上从事原始农耕;三是民族地区的社会环境差,交通不便,文化落后,生活条件也相当差;四是环境污染不可忽视,生态破坏严重,自然灾害频繁。中华民族是以汉族为主体包括55个少数民族长期融合组成的有机整体。新中国成立后,少数民族人口已从1949年的3290万增至1990年的9120万,占全国人口比例由6%上升至8%。因此,民族地区的经济开发和环境协调发展的问题,显然有其特有的内容。作者指出,本世纪以来,民族科学和环境科学由于客观需要而兴起和发展了起来,产生了一系列交叉学科,如民族人口学,民族社会学,民族经济学等,这些学科的兴起,显然为民族环境学的产生孕育了条件。作者认为,民族环境学是民族科学与环境科学的交叉学科,它至少应包括这样一些内容:民族生存与发展的主客观条件,即少数民族地区的环境造成的影响;民族地区的环境结构特征及自然、经济、社会复合生态系统的研究和优化途径;民族地理学和生态遗传学的研究;民族社会经济学研究等。现在提出建立民族环境学,各方面条件已经成熟。

《生态伦理学》出版 国内第一部研究生态伦理的专著——《生态伦理学》1992年已由湖南师范大学出版社出版。此书最重要的理论建树,就是它率先提出了一个生态伦理学的框架体系。该书始终贯彻了系统方法的整体原则,提醒人们全面认识自然对人类所具有的经济资源价值、艺术娱乐价值、科学研究价值、医疗价值和生态价值及其内在联系,不能顾此失彼,反对用极端功利主义对待自然和对自然的经济资源价值作片面的追求。

专家评出中国环境保护十大科技难题 在1993年8月的首届中国绿色宣传月活动中,由近百位专家参与评选出来的"中国环境保护十大科技难题"是:①研制开发节能、降耗、无污染、低污染的清洁生产工艺和清艺产品;②研制开发适合我国国情的清洁、高效的燃煤技术;③研制开发城市饮用水源的综合保护技术;④研制开发中小型工业废水简便有效的治理技术;⑤研制开发城市生活垃圾的简便、有效、综合、无害化处理处置和利用技术;⑥研制开发工业固体废弃物的集约化、产业化、资源化综合利用技术;⑦研制开发破坏臭氧层物质替代生产技术;⑧开发推广低成本、高效立体生态农业技术;⑨综合治理局部水土流失和沙漠化的生态工程技术;⑩建立符合我国国情的环境资源价值体系和核算体系。

我国环保执法存在五大问题 国家环保局最近综合1993年全国环保执法大检查中各地自查的情况,提出了我国环保执法存在的五个带有普遍性的问题:一是为了发展经济,争项目,一些地方政府重发展轻环保,取消或简化建设项目的审批手续,不执行或抵制环保法律制度,要环保部门让权、放权;二是执法部门手软,执法不力。排污费远未达到足额征收的要求,而对违反规定应该加倍征收排污费和罚款的也未认真执行;三是一些企业的环保法制观念淡薄,擅自闲置环保设施,治理技术和工艺落后等;四是县(市)环保部门执法力量不足,工作任务重,使环境管理更为困难;五是立法工作跟不上需要。一些量大面广的污染防治问题还无法可依。

11. 人口与计划生育

1992—1993年人口与计划生育概况 1992年我国人口增长速度有所控制,各地完成了当年人口计划。1993年是计划生育工作稳步前进取得显著成效的一年。

根据国家统计局发布的有关统计公报,1992年和1993年人口出生率为18.24‰和18.09‰,死亡率均为6.64‰,自然增长率为11.6‰和11.45‰。以此推算,

1992年末和1993年末大陆总人口为11亿7171万人和11亿8517万人，分别比上年末增加1348万人和1346万人，分别比上一年度人口出生率、自然增长率下降1.44与0.15和1.38与0.15个千分点。1993年人口出生状况与1992年基本持平。出生率稳定在较低水平，计划生育工作的水平也有了提高。各地在控制人口增长方面取得了新成绩。北京、天津、上海、辽宁、吉林、黑龙江、江苏、浙江、山东和四川等10省市人口出生率平均水平已低于15‰。原来工作基础较差的11省经过近几年的努力，人口出生率明显下降。9个少数民族聚居的边远省区除内蒙古自治区多年来人口出生率稳定在较低水平外，其余8个省区的人口出生率近几年也明显下降。全国计划生育工作的新进展、新经验主要表现在：

1. 各级领导和干部对计划生育工作既要抓紧又要抓好的指导方针的重要性和必要性，在思想认识上更加明确，更加统一。许多地方进一步完善了人口与计划生育工作目标管理责任制。

2. 适应新的形势，取得了一些新的经验。在全国进一步总结、交流、推广"三为主"(宣传教育为主、避孕为主、经常工作为主)经验，吉林走"三结合"(在农村把计划生育工作与发展农村商品经济与农民勤劳致富奔小康、与建设文明幸福家庭相结合)之路，江苏盐城市实施"少生快富工程"，辽宁"中心户"提供生产、生活、生育多方面服务，陕西洛川市把计划生育与提高妇女地位、社区发展相结合，许多农村基层计生协会建立"帮助妇女增加收入、妇幼保健、计划生育三结合项目"，等等。这些经验正在全国逐渐传播开来。

3. 重视调查研究，力求搞清真实情况，为决策提供科学依据。

4. 进一步加强了基层基础工作、协会工作和人口理论研究工作。

5. 各有关部门积极支持计划生育工作，综合治理有新的进展。

但是，我们必须清醒地看到人口形势仍不容乐观。一是人口出生的绝对数依然很大，我国每年出生人数相当于澳大利亚和新西兰两个国家人口的总和；二是当前许多农民的生育意愿和现行生育政策有一定的差距，计划生育工作稍一放松，人口出生就会回升；三是地区之间不平衡的现象还很严重。因此，必须正确分析当前的人口形势，深入研究当前工作中存在的问题，认真贯彻落实既要抓紧又要抓好的指导方针，推动计划生育工作健康持续地向前发展。

江泽民、李鹏强调计划生育基本国策决不动摇 中共中央、国务院于1993年3月21日在中南海召开计划生育工作座谈会。江泽民总书记在肯定1992年我国计划生育工作成绩比较显著的同时，指出人口形势依然严峻，今后的计划生育工作任务更加艰巨。在集中精力加快经济发展的同时，必须严格控制人口增长。实行计划生育，是从我国基本国情出发所作出的正确决策，在确立社会主义市场经济体制以后，这一基本国策仍要长期坚持下去，不能有丝毫动摇。全国各地区、各单位都必须按照现行计划生育法规，认真完成人口计划。江泽民说，控制人口增长是实现我国第二步、第三步战略目标必不可少的重要条件；既要坚决把经济搞上去，又要坚决把人口出生率降下来，控制在合适范围内，这是时代赋予我们的历史使命；各级党政领导一把手亲自抓、负总责是多年实践总结出来的一条最重要的经验，必须继续坚持下去；计划生育关系亿万群众的切身利益，必须积极、慎重、稳妥地对待，既要抓紧，又要抓好。李鹏总理在会上说，中央重申现行的计划生育政策不变，对人口实行目标控制不变，党政一把手负总责抓计划生育不变。各级领导在抓农村经济发展的同时，一定要把人口问题纳入进去。同时，要加强企业的计划生育工作，认真落实流动人口的计划生育管理。中共中央政治局常委乔石、李瑞环、朱镕基、刘华清、胡锦涛参加了座谈会。

江泽民强调党政一把手亲自抓计划生育工作各地积极贯彻执行 中共中央总书记江泽民在1992年3月29日全国计划生育工作座谈会上强调指出："各级党委、政府要贯彻落实中共中央、国务院《关于加强计划生育工作严格控制人口增长的决定》，坚持党政一把手亲自抓，负总责，实行人口与计划生育目标管理责任制，坚决完成到本世纪末的人口控制计划"。"要进一步做好计划生育工作，必须坚持党的群众路线，深入持久地做好农民的思想教育工作。同时要关心群众的生产、生活，把思想教育与解决实际问题结合起来，多为群众办实事、办好事，帮助群众排难解忧"。许多省、市党政一把手为贯彻落实江泽民讲话精神，对计划生育工作做到：政治上撑腰，经济上支持，时间上倾斜，工作上关心。1992年，人民解放军各部队遵照党中央、国务院关于党政一把手亲自抓，负总责的要求，各级计划生育领导小组全部由党委书记或政治委员任组长。并且从总部到基层党支部逐级签订了计划生育目标责任书，从而把计划生育工作的担子压在了各级党委和军政领导的肩上。由于党政一把手亲自抓计划生育，上海市1992年人口出生率和自然增长率分别为7.28‰和0.54‰，全市的计划生育率保持在99.5%以上，一孩率在95%以上，在全国处于领先水平。山东省1992年自然增长率降到4.55‰，比1991年下降了4.31个千分点，比1991年少生20万人左右。1992年是吉林省连续完成国家下达人口计划的第七年。浙江省11个地市都把计划生育工作作为考察干部政绩的一项重要内容。全省各县(区)都签订了目标管理责任制。许多地方还与育龄夫妇签订了合同。辽宁省发放的1992年生育指标只有61%的人当年生育，有8000多人自愿献出生育指标。

天津市农村计划生育，在加强宣传教育的同时，逐步推行利益导向机制，在土地承包、扶贫贷款、生产资料供应、减免义务工、安排劳动就业等各项优惠政策尽量向独生子女户倾斜，促进了农民计划生育自觉性的提高。四川省广元市中区，5万多女青年自觉晚婚晚育，用科技文化成家立业。下西村已有183户独生子女家庭进入“小康”。黑龙江省黑河地区，地委和行署对计划生育干部高看一眼，厚爱一层，采取多种形式进行重点培养。5年中，有4名优秀中青年干部走上县处级领导岗位，有26名提为科级干部。北京市农办于1992年11月间召开的农口局、总公司一把手亲自抓计划生育的经验交流会议上，市农办主任白有光明确宣布在改革中，计划生育政策不变，计划生育机构不撤，计划生育经费不减，人员保持相对稳定，有条件的还要适当增加。

李鹏强调要落实控制人口的法规政策 李鹏总理在1992年3月20日七届全国人大五次会议的《政府工作报告》中指出：“计划生育和环境保护是我国的两项基本国策。去年由于各方面的努力，人口出生率有所降低。各级政府要继续加强领导，落实控制人口的法规政策。”有关人口和计划生育工作问题，是在报告第二部分“抓紧有利时机，加快经济发展”中提出的。

李铁映谈计划生育工作主要经验 1993年3月21日，中共中央和国务院召开第三次计划生育工作座谈会。中共中央政治局委员、国务委员李铁映主持了21日上午的会议并在讲话中指出，计划生育工作的主要经验概括起来至少包括以下三个方面：一是坚持“三个不变”，即现行的计划生育政策不变，既定的人口控制目标不变，党政第一把手亲自抓、负总责不变。这是计划生育工作的基本原则，也是最关键的一条；二是坚持“三为主”，即以宣传教育为主，避孕为主，经常性工作为主，这是计划生育工作的基本方法；三是坚持“三优”，即优生、优育、优教，这是计划生育工作要达到的要求。他还着重指出，计划生育工作的重点仍然在农村，难点也在农村，对此务必高度重视。一些地方把计划生育同发展农村经济、农民勤劳致富奔小康、建设文明幸福家庭结合起来，收到了好的效果，应该推广。加强和完善地方计划生育法规，是当前计划生育法制建设的主要工作。

彭珮云谈“我国人口面临的问题” 《中国人口报》1992年12月7日报道，国家计生委主任彭珮云日前在京指出，目前我国人口存在的问题是：人口规模过大，增长速度较快，人口质量不高，结构不尽合理。我国有一个庞大的育龄人群：1993年15—49岁育龄妇女将达到3.1978亿，处于20—29岁生育旺盛期的妇女将达到1.2179亿。因此，90年代平均每年净增人数仍将为1500万人。在人口方面我国还面临着提高人口质量的任务。全国15岁和15岁以上的人中还有1.8亿文盲半文盲，占总人口的15.88%，全国具有大专以上文化程度的只有1612万人，占总人口的1.4%。在人口结构方面，老年人口在总人口中的比重上升较快，1991年末，中国60岁及60岁以上的老年人口已达1亿人。彭珮云指出，建设有中国特色的社会主义，要求有一个与之相适应的良好的人口状态，否则会对经济和社会的发展产生直接的影响。

国家计生委负责人就流动人口计划生育管理问题答记者问 《流动人口计划生育管理办法》于1991年12月26日发布实施后，引起了普遍的关注。《中国人口报》1992年2月12日刊登了国家计生委副主任杨魁孚就《流动人口计划生育管理办法》答记者问。杨魁孚对为什么要制定这个《办法》以及怎样贯彻落实这个《办法》有关的16个问题，一一作了回答。在谈到对流动人口的计划生育工作怎样进行管理时，他说：流动人口计划生育管理总的原则是，在各级人民政府的统一领导和协调下，各地区、各有关部门分工协作，互相配合，共同管理。流动人口的计划生育由常住户口所在地和现住地人民政府共同管理。现居住地的乡(镇)人民政府、街道办事处的职责是：1.进行计划生育宣传教育；2.检查育龄人员的计划生育情况；3.组织有关部门提供避孕药具和节育技术服务；4.查验计划生育证明；5.记录生育情况并向流动人口的常住户口所在地的乡(镇)人民政府、街道办事处通报。常住户口所在地的乡(镇)人民政府、街道办事处的职责是：1.进行计划生育宣传教育；2.督促育龄人员落实节育措施并与其建立联系制度；3.为育龄人员出具计划生育证明。各地可以从实际情况出发做出具体规定。

我国计划生育工作的基本经验 1992年12月2日在北京召开的中国计生协三届三次理事会议把我国计划生育工作的基本经验概括为10条：①必须把计划生育工作摆到与经济建设同等重要的位置上，把人口计划纳入本地区国民经济和社会发展总体规划，列入重要议事日程；②党政一把手必须亲自抓负总责，实行和完善人口与计划生育目标管理责任制；③必须制定既坚定又可行的计划生育政策，并把计划生育工作逐步纳入法制轨道；④要坚持一切为了群众、一切依靠群众的群众路线，加强基层的计生工作；⑤很好发挥计生协的作用；⑥贯彻“三为主”方针，逐步实现计生工作经常化、科学化、制度化；⑦要在群众中进行基本国情和计划生育基本国策的教育；⑧要依靠科技进步，普及计生科技知识，提供优质技术服务；⑨坚持综合治理，动员全社会齐抓共管；⑩要关心群众，多办实事，帮助群众解决实际问题。

全国2亿对育龄夫妇实行避孕 我国2亿4千万对育龄夫妇中,采取各种方法避孕的已达2亿对,综合避孕率达83.4%。目前我国常用的避孕方法主要有绝育、上环、使用避孕药具等。政府实行"群众自愿和国家指导相结合"的原则,推广综合避孕措施。1982年,我国综合避孕率为69.7%,1988年为71.2%,1992年上升到83.4%,采取综合措施避孕的夫妇比1988年增加了5400万对。综合避孕率的提高,减少了计划外怀孕和计划外怀孕后不得已采取的补救手术,从而保障了妇女的身体健康。

计划生育工作改革的新思路 国家计生委党组认真学习中央政治局会议精神,提出计划生育工作改革的指导思想是:搞好计划生育工作,有效地控制人口增长就是对以经济建设为中心,加快改革开放步伐最有力的支持和实际的贡献。把人口问题与经济问题当作一个问题的两个方面来认识,走出一条有中国特色的人口与经济协调发展的道路。要努力形成新的计划生育工作机制,一是要把主要依靠行政手段转变为依法实行科学管理与优质服务紧密结合的新机制;二是要充分运用激励机制,调动群众实行计划生育的积极性。还要认真研究计划生育工作中的新情况、新问题,努力探索解决问题的新途径。在城市,要认真研究经济特区和三资企业中计划生育工作的新特点,加强流动人口的计划生育管理。在农村,要认真研究如何结合农村深化改革和农业经济发展,做好计划生育工作,把计划生育工作和扶贫开发、少数民族地区的经济发展有机地结合起来。

国家计生委表彰少数民族计划生育先进集体和个人 在1992年6月30日召开的首次全国少数民族计划生育工作会议上,国家计生委、国家民委授予吉林省延边朝鲜族自治州"全国少数民族计划生育模范自治州"称号。并对河北省丰宁满族自治县人民政府等31个全国少数民族计划生育先进集体,对姜淑琴等72名少数民族计划生育先进工作者予以表彰。在少数民族人口中实行计划生育是民族工作的一个重要组成部分,是关系到民族地区经济繁荣,社会稳定的大事。我国少数民族人口目前达到9120万人,比1953年增加1.58倍。据预测,到2000年,我国少数民族人口将达到1.32亿。

我国优生科学事业喜获进展 由中国优生科学协会、中国计划生育协会和中国人口学会于1992年11月20至23日在京召开的全国第三届优生科学大会上传出喜讯:近年来,我国优生科学工作又有了可喜的进展。在巩固、提高、普及优生科学技术的基础上,正在向更高水平的分子研究、基因探针、染色体切割和原位杂交等高新技术方面发展,有些已接近或达到国际先进水平。这次大会有600余人参加,收到论文744篇。大会呼吁,一切关心、热心优生事业的人士同心协力为普及优生科学,发展优生事业,提高中华民族人口素质,保障子孙后代健康,做出应有的贡献。江泽民总书记、李鹏总理分别为大会题词。江泽民的题词是:"发展优生科学事业,提高中华民族素质"。李鹏的题词是:"大力普及优生科学,提高我国人口素质"。中国计划生育协会会长宋平从外地给大会写来贺信。国家科委主任宋健及原中国计划生育协会会长王首道也为大会题了词。

计划生育系统思想政治工作研究会成立 1992年10月6日,全国计划生育系统思想政治工作研究会在北京成立。它是在国家计生委党组领导下,从事全国计划生育系统思想政治工作理论和实践研究的群众性学术团体。中心任务是围绕党的中心任务,紧密结合我国计划生育工作的实际,探索新形势下计生系统思想政治工作的内容、特点、规律和方法,开展全国计生系统思想政治工作的理论与实践研究,推动计划生育工作的深入开展。该研究会的工作方针是:"研究活动以基层为主,研究课题以当前为主,研究目的以应用为主。"

全国计划生育工作会议和全国计生协会会长会议分别在京召开 这两个会议分别于1993年3月21日和22日在北京召开。会议的指导思想是积极、全面、正确地贯彻中共十四大和中央计划生育工作座谈会精神,研究在新的形势下继续抓紧抓好计划生育工作。会议的主要议题是:总结1992年工作,部署1993年工作。彭珮云同志在工作会议上强调要努力把计划生育工作提高到一个新的水平。宋平会长在全国计生协会会长会议上说,协会工作要密切联系群众,通过深入细致的思想教育工作和服务工作,帮助群众自觉实行计划生育。

全国计生协会基层工作经验交流会召开 1993年10月5日在天津市召开的这次会议。交流了50余份经验材料,充分反映出广大基层协会在"带头、宣传、服务、监督"方面的突出贡献,他们不愧为一支协助政府动员广大群众参与计划生育工作的生力军。全国已有各级协会组织91.5万余个,会员5700余万名。全国计生协会分期培训了12个省、自治区、直辖市协会秘书长及部分地市县协会秘书长。有的省、自治区、直辖市组织专职工作人员和基层会员骨干进行培训,还在青年中开展青春期教育,创办"三优"学校。在广大农村,各级协会大力开展帮助妇女增加经济收入、妇幼保健与计划生育相结合活动。

首届优生优育优教展览观众踊跃 全国首届优生优育优教展览会1992年5月31日开幕后受到社会各界的普遍关注。宋平、李铁映在参观展览时,了解到我国"三优"事业40多年来取得了令人瞩目的成就，看到一批优生优育优教的新产品和新技术脱颖而出，感到非常满意，并希望全社会都来关心少年儿童事业，让他们健康幸福地成长。新中国成立以来，特别是近10多年来，我国的优生优育优教事业取得了很大的发展，人口自然增长率、孕妇产妇死亡率、婴幼儿死亡率、新生儿出生缺陷率等都逐年下降，文盲半文盲比例也有所降低，中国在优生优育优教事业中的许多指标接近发达国家。30个省、自治区、直辖市和中央有关部委以及台湾地区的38个参展团参加了这届展览会。每天有万余人前来参观，向专家咨询人数近2000人次。

城市计划生育工作新情况新问题新经验 1992年12月下旬，在全国城市基层计划生育工作经验交流会上，国家计生委负责人的报告中概括了城市计划生育工作的新情况，新问题，理论界人士发表了看法，到会代表交流了经验。据第4次人口普查数据：1990年全国共有456个市，9321个镇，比1982年分别增长了近1倍和2.5倍，市镇人口增加近1亿。改革开放使城市社会经济结构和职业构成日趋复杂，人口流动性越来越大；城市的计划生育服务目前还不能满足群众的需要，城市人流率长期居高不下，未婚先孕不断增多，城市老年人口比重上升；国有企业转换经营机制，实行政企分开，落实企业自主权以后，城市计划生育工作原来的一套管理体制有些已不适应新的情况，不少企业的计划生育工作已经出现组织网络和管理工作削弱的现象；城市计划生育工作发展不平衡，在一部分县城、镇和城乡结合部以及新兴城市、开发区，计划生育工作基础还比较薄弱。有的理论界人士发言说，发达国家是城市社会，城市计生工作就是全国计划生育工作的方向，现在最重要的是换脑筋，用新思路去适应改革开放的新情况。重庆市的经验是：以动治动，动定结合，纵向到底，横向到边，迅速建立起纵横交错的与流动人口管理紧密相关的工作网络。深圳市发挥经济利益导向作用，把计划生育管理与股份制经济管理挂钩。大连市则以行政管理为主，为在完善行政管理机制的同时，建立企业法人的科学管理。许多大中型企业把TQC（全面质量管理）运用到计划生育管理之中收到理想效果。

全国流动人口计划生育工作经验交流会 为抓紧抓好流动人口的计划工作，1992年5月21日至25日在深圳召开了经验交流会。会议分析了在深化改革、扩大开放的情况下流动人口计划生育管理工作面临的新形势和越来越繁重的任务，研究了如何更好地贯彻《流动人口计划生育管理办法》，讨论了实际工作中出现的问题，各地好的经验在会上得到了交流。几年来，各地在流动人口计划生育管理方面做了许多工作。根据会前统计，已有12个省、自治区和直辖市制定了流动人口计划生育管理的地方性法规，10个省、自治区和直辖市的《条例》中有专章规定，有的省正在或准备修订自己的法规。国家计生委主任彭珮云在会上讲了做好流动人口计划生育工作必须解决的6个问题：①要提高和统一各级党委、政府、计生委与各有关部门的认识；②要理顺管理体制，明确各有关部门和各地方的职责；③要建立严格的管理制度；④要摸清情况，分类管理，抓住重点，堵塞漏洞；⑤既要严格依法管理，又要做好宣传教育和各项服务工作；⑥必须切实解决好机构、队伍、经费等实际问题。

中国人口国情知识竞赛颁奖会在京举行 由国家计生委宣教司、中国人口学会、中国人口报社联合举办的“中国人口国情知识竞赛”颁奖大会于1992年3月4日在北京举行。这次知识竞赛自1991年5月3日开赛以来，受到广大读者的热烈欢迎，共收答卷34万余份，直接间接参赛人数达数千万之众。参赛人数之多，规模之大，参赛者热情之高，在类似竞赛中都是少有的。这次竞赛的第一个特点是集体参赛的单位多，许多地方政府和企业以及人民解放军所属单位大约数千家单位集体参加了竞赛，许多单位为此组织专门班子，层层动员。竞赛的第二个特点是，竞赛单位结合本地区本单位实际，层层组织人口国情知识竞赛，形成赛连赛、赛套赛的局面，真正达到了普及人口国情、省情、县情、乡情和厂情的目的。竞赛的第三个特点是，除了各级计划生育部门的干部群众参加竞赛以外，社会各界各系统各部门的干部群众和领导同志也加入了竞赛的行列。

“中华人口奖”颁发 首届“中华人口奖”颁奖大会，1993年9月11日晚在首都人民大会堂隆重举行。宋平、彭珮云、王首道等为获奖人颁奖，他们高度评价了“中华人口奖”的设立。“中华人口奖”是由中宣部、国家计生委、国家科委与中国计生协、中国人口福利基金会发起主办，中组部、国家教委、人事部、卫生部、人民日报社和中央电视台等6单位参办的，它是我国人口方面的最高常设大奖，每两年颁发一次。目前设有工作奖、科学奖和荣誉奖三项。首届评奖活动从1993年4月开始，经提名、初选、复选和遴选委员会投票表决，于8月19日评选出工作奖获得者7位。他们是：山东省省长赵志浩、原上海市计生委科研处处长（现离休）张德玮、山东省荣成市石岛镇南车村党总支副书记崔培华、浙江省计生委主任徐爱光、四川省广汉市市委书记叶文志、辽宁省计生协会会长张知远、江苏省计生委主任周海珍。科学奖获得者3位，他们是：北京医科大学妇幼保健中心教授严仁英、中国医学科学院名誉院长吴阶平、刚刚谢世的中国人口学会会长刘铮。特别荣誉奖授予已故的前北京大学名誉校长马寅初。

一批人口普查先进单位受表彰 在第四次全国人口普查工作中做出突出贡献的北京市西城区人口普查领导小组办公室等308个单位，于1993年8月5日被授予“人口普查先进单位”荣誉称号。这标志自1989年开始进行的，历时5年的第四次人口普查已圆满完成。国务委员李铁映向第四次人口普查先进单位表彰大会发来贺词。国务委员兼国家计生委主任彭珮云出席在北京召开的表彰大会并讲了话。她说，党的十一届三中全会以后，计划生育被列为基本国策，人口控制方面取得显著成就，今后控制人口增长的任务仍然十分艰巨。人口普查的结果对于检查人口计划的制定与执行情况、计划生育政策的落实情况、人口户籍的管理情况等都发挥了非常重要的作用。要及时开发利用第四次人口普查所掌握的丰富的人口数据，使之更好地服务于人民，充分发挥普查资料的社会效益。

首都集会纪念“世界人口日”

1992年7月11日，首都各界在北京游乐园举行了“世界人口日”集会。国家计生委主任彭珮云在集会上说，现在世界人口每年净增9700万。到本世纪末，总数将超过60亿。联合国从1987年开始，将每年的7月11日定为“世界人口日”，就是希望唤起各国政府和公众对人口问题的关注，通过各国不懈的努力，实现人口增长同社会经济发展相适应，同资源利用和生态环境相协调，提高人民的生活水平。我国政府根据本国国情，在经济建设的同时，认真推行了计划生育。经过20年的细致工作，少生了2亿多人口。联合国人口基金驻中国主任掘部伸子说，中国由于将卫生、教育、经济改革等社会经济方面的发展与计划生育结合起来，已显著地改善了人民的生活质量。中国是推行计划生育成功的一个范例。

1993年7月11日是第四个“世界人口日”，目前全球人口已达55.7亿。为此，首都各界人士举办了多种形式的宣传活动，以进一步唤起全社会对人口问题重要性的关注。7月10日下午，国家计生委、中国计生协、中国人口文化促进会、北京市计生委和联合国人口基金，在全国政协礼堂举行集会，拉开’93首都“世界人口日”宣传活动的帷幕。国务委员、国家计生委主任彭珮云在集会上发表讲话，她说，中国将继续为稳定世界人口做贡献。联合国人口基金驻华代表处官员宣读了为1993年“世界人口日”发表的公开信。会上还举行了“中国人口文化金爵奖”的颁发仪式；宣布了中国人口好新闻的评选结果和获奖名单。7月11日上午，首都各界人士在四个城区和四个郊区举办了以人口与计划生育咨询、人口知识问答、文艺演出等为内容的丰富多彩的宣传活动。

青年人口学家辜胜阻荣获“中国十大杰出青年”称号 1992年10月7日，第3届“中国十大杰出青年”评选在北京揭晓。36岁的青年人口学家、武汉大学人口研究所所长、教授、经济学博士辜胜阻因在人口学研究中取得突出成就，被评为“中国十大杰出青年”之一。辜胜阻曾先后多次赴美国、加拿大、德国、法国、印度、韩国、日本等国研修和考察，次次圆满完成任务，如期归来。他曾被国家教委、人事部授予“国家有突出贡献留学回国人员”的称号，被全国青联授予“‘七五’建设出成果、做贡献的优秀个人”的称号。几年来，他曾60多次带领科研人员和研究生跋山涉水，下基层搞调查研究，足迹遍及湖北省70%的县市，获取了几十万个人口研究的重要数据，共发表专著10部，在国际学术刊物上发表论文10多篇，在国内学术刊物上发表论文80余篇。特别是他在生育观与人口控制、人口城镇化发展战略、人口迁移与经济发展、劳动力非农化等领域的一些观点引起了国内外学者的关注。他已完成了由美国洛克菲勒基金会、美国老年研究基金会资助的国际合作项目。辜胜阻在经费不足的情况下，多方筹集资金，争取国际合作项目3个，国家级项目6个，省部级项目十几个，使武汉大学人口研究所的人均科研项目在同类研究机构中居于首位，大大改善了科研条件，使研究工作呈现兴旺景象。他们主持的人口研究所的工作不仅得到国家有关部门的重视，而且引起了美国、日本、法国、德国、韩国等国家和台湾地区人口学者的关注。

计划生育“基层百星”评选揭晓 由国家计生委宣教司和中国人口报社组织的全国计划生育“基层百星”评选活动，于1992年9月23日揭晓。评出的“基层百星”，是我国计划生育战线近30万干部中的佼佼者。他们所在单位的县、乡都是获得省级或全国、全军的计划生育先进单位。他们中有计划生育战线的老模范，有改革大潮中涌现出的新人，也有做两万例手术无事故的医生。百星中还有人被选为党的十四大代表。

国家计生委通知认真学习推广吉林“三结合”经验 据《中国人口报》1993年10月25日报道，国家计生委在近日发出的《通知》中指出，吉林省在新形势下走出了一条抓紧抓好农村计划生育工作的新路子，使农村计划生育工作与发展商品经济相结合，与农民勤劳致富奔小康相结合，与建设文明幸福家庭相结合；以帮助农民勤劳致富奔小康为目标开展生产服务，以帮助农民建设文明幸福家庭为目标开展生活服务，以指导农民少生优生为目标开展生育服务。吉林的“三结合”，既促进了计划生育各项方针政策的贯彻落实，又带动了农村工作的全面发展。《通知》要求各地认真学习推广吉林“三结合”经验，不断探索本地新经验，进一步抓紧抓好农村计划生育工作。

全国首届基层计划生育技术人员学术研讨会召开 由中华医

学会计划生育分会和国家计划生育科研所组织的这次学术研讨会，于1992年11月29日在北京举行。来自全国各地的学术论文有828篇。论文除涉及常规的节育技术外，还有节育新技术的探讨、节育术后并发症的防治、心理因素与节育手术的关系、计划生育流行病学调查、避孕药具使用及管理、染色体检查及优生咨询、计划生育技术服务的管理模式的研究等等。其中不少论文是对上千例节育手术的随访和调查分析。这些论文从一个侧面反映出我国计生技术和服务质量已达一定水平。

海峡两岸中国人口研讨会 1992年2月1日出版的《中国人口科学》杂志报道了国家计生委以中国计划生育协会名义召开的《海峡两岸中国人口研讨会》会议情况。台湾地区的论文有：刘克智博士的《人口政策》，介绍了台湾自70年代以来人口政策及实施的情况；陈肇男博士的《台湾对老年生活的安排》；张明正博士的《台湾家庭计划工作对人口素质的影响》，其中关于如何向居民进行计划生育宣传教育的内容值得借鉴；蔡宏进博士的论文是《关于从台湾到美国的学生迁移的研究》，对于作好出国留学生的工作很有参考价值。大陆学者的论文对全国和一些省的人口情况做了介绍。其中主要的论文有：《八十年代以来的中国人口增长》、《人口众多——我国的突出国情》、《关于大陆人口计划管理》、《中国人口预测》、《云南省妇女生育水平浅析》、《中国妇女哺乳现状初探》、《中国人口初婚概况》、《人口生育率双向极限》。美国东西方中心人口研究所研究员段纪宪先生就《中国人口社会与文化》发表了他对中国人口历史现象与社会变革方面的最新研究成果。这次研讨会是海峡两岸隔绝40余年来人口学界第一次专门讨论中国人口发展问题，与会者除进行学术交流外，希望两岸今后加强联系，盼望早日统一。

当前人口理论研究的几点思考 《中国人口报》于1992年2月10日发表了署名温大瑛、赵聪敏的文章。作者认为，近年来人口学研究呈现"内部繁荣"景象：人口学研究偏重于高层次理论分析，因而与社会各部门的实际工作和需要关系不够密切，使人口学尚未进入应有的社会市场；人口学者仍习惯于从认识论角度对人口问题的现状和因果进行定性分析，而不善于从方法论的角度对解决现实人口问题的方法和途径进行定量分析。对此，作者认为广大人口学者应对人口理论研究的方向、方法和重点实行战略转移：1.由认识论的研究转向方法论的研究；2.由定性分析转向定量分析；3.由对历史的研究转向对现实的研究；4.由研究国外转向研究国内；5.由基础研究转向应用研究；6.由研究长远性问题转向研究近期性问题；7.由事后研究转向事前研究。

全国市场经济与人口学术研讨会 1993年9月16日至19日，在海口召开的全国市场经济与人口学术研讨会上，来自国内外的71位人口学专家展示了他们的最新研究成果。其中最热门的主题是，人口学研究如何直接进入市场，为工商业服务。来自北京大学的曾毅教授、美国的李少民博士和香港科技大学的涂肇庆博士分别公布了实用人口学和人口分析技术如何为工商业服务的一系列重要成果和实例。人口现代化和人力资源开发是这次会议的另一个重要主题。会议认为，计划生育要适应新情况并与市场经济体制接轨，才能更有效地控制人口的过快增长。

全国计划生育工作"三为主"经验交流会暨先进县表彰大会召开 大会由国务院于1993年9月16日在北京召开。10年前，国家计生委在山东荣成召开推广"三为主"（计划生育工作以宣传教育为主、避孕为主、经常工作为主）现场会。山东省普遍实行"三为主"，大大增强了控制人口的能力。10年来平均出生率为16.91‰，计划生育率已达90%左右，累计少生200多万人，大大促进了社会和经济的发展。现在，"三为主"的方针在全国已逐步为广大干部和计划生育工作者所掌握，在实际工作中发挥了重要作用。全国已经有一些地方实现了"三为主"。这次受到隆重表彰的先进县（市、区），就是他们的出色代表。这个大会总结了我国推广"三为主"方针10年来所取得的成绩和基本经验，基本经验是：1.把宣传教育工作放在首位，充分发动群众，依靠群众，是做好计划生育工作的根本途径；2.坚持以避孕为主，搞好孕前的管理和服务，才能使计划生育落到实处，也有利于妇女的身心健康；3.下决心在基层建设一支计划生育工作队伍，依靠他们做好经常工作，计划生育工作才能深入、持久地开展；4.能不能很好地贯彻落实"三为主"方针，关键在于领导。大会要求全面落实"三为主"积极创造新经验，不断提高计划生育工作水平。大会宣读了国务院对49个计划生育工作先进县（市、区）的表彰决定、国家计生委对76个计划生育先进县（市、区）的表彰决定。

《陕西省禁止早婚早育规定》出台 陕西省政府于1992年4月6日颁布实施《陕西省禁止早婚早育规定》。多年来，早婚早育一直是陕西农村落后地区计划生育工作的重大难题之一。早婚早育不仅严重摧残了未成年人的身心健康、破坏了《婚姻法》的严肃性，也给人口计划的完成带来严重冲击。《规定》共23章，基本精神是：提倡晚婚晚育，禁止早婚早育。禁止早婚早育要以宣传教育为主，辅之以必要的行政、经济等措施，依法进行管理。同时，对如何限制早婚早育现象也作了明确规定。

江苏省注意人口与经济社会协调发展 计划生育工作走在全

国前列的江苏省,于1993年11月21日至23日在苏州召开"计划生育工作上新水平研讨会"。会议的内容有:省计生委领导同志关于江苏计划生育工作上新水平的思考,太仓市关于育龄妇女管理信息优质服务的尝试,张家港市关于处理抓紧与抓好关系的体会,如东县关于为群众全员全程优质服务的实践,常熟市关于拓宽服务领域的回顾与展望,常州市关于加强村级规范化建设的历程,盐城市关于少生快富文明工程的完善,等等。大家从不同角度交流和探讨了走人口与经济社会协调发展之路的收获与体会。国务委员、国家计生委主任彭珮云出席会议并作了题为"抓好基层,搞好服务,把计划生育工作提高到新水平"的讲话。

黑龙江省公布党政一把手对计划生育工作亲自抓负总责标准 据《中国人口报》1993年4月28日报道,黑龙江省委办公厅、省政府办公厅最近发出了《关于党政一把手对计划生育工作亲自抓、负总责的八条标准(试行)的《通知》。这八条标准的主要内容是:(1)亲自抓人口计划和人口目标管理责任制的实施与考核;(2)亲自抓党委中心组人口理论的学习和进一步强化对计划生育工作重要性、紧迫性、长期性、艰巨性的宣传;(3)亲自主持召开党委和政府的例会,专题研究计划生育工作,并形成制度,一年至少讨论两次,每次会议解决一至两个实际问题;(4)亲自协调和明确各有关部门在计划生育工作中的职责分工,确定年度工作目标,责成组织、人事部门把计划生育工作实绩作为考核各级领导干部的重要内容;(5)亲自抓计划生育经费的落实,提供必要的资金和物质保障;(6)亲自抓计划生育机构、队伍建设。帮助计划生育部门解决机构、编制、报酬、工作和生活条件问题。注重和加强对计划生育工作者的培养和提高。选派思想好、作风正、懂业务、会管理的干部充实计划生育队伍;(7)建立领导包联系点制度,亲自深入基层蹲点;(8)亲自抓计划生育政策法规的实施与落实。每年搞一次执法检查,及时解决存在的问题。

山东省省长赵志浩抓计划生育工作 《人民日报》1993年9月12日报道了我国人口方面的最高常设大奖——"中华人口奖",在11名获奖者名单里,赵志浩居于榜首。赵志浩自1988年2月以来先后担任山东省副省长,省委副书记,省长,一直分管计划生育工作,从1988年开始,全省层层实行了人口目标管理责任制,对执行情况,每年认真调查,严格考核。他主张,按人均水平考核经济工作实绩,计划生育不达标的县,不能给财政补贴,发现计生工作不好的干部,虽被提拔,也撤职降级。他写信赞扬农村妇女少生优生的实际行动。他亲自协调有关部门做好晚婚晚育工作。山东省各级党政一把手对计划生育工作真正做到了亲自抓,形成了全省上下齐心协力抓的局面。1987年全省人口自然增长率为16.28‰,高于全国平均水平,1988年以来,计划生育工作一直处于全国先进行列,人口增长率连年下降,1992年,全省人口自然增长率下降到4.55‰。1993年上半年全省"百村人口信息调查"人口自然增长率为0.37‰,计划生育率为92.42%。

青海省副省长白玛检查流动人员计划生育管理工作 1993年11月2日下午,在青海省计划生育宣传月活动开始之际,副省长白玛到西宁市城中区南滩办事处了解流动人口计划生育管理情况。听取汇报后,当面表扬了这个办事处,肯定他们工作成效是显著的,事迹是感人的。他随后又来到南山路市场,同流动人员个体摊点经营者交谈,看了他们的计划生育管理证和营业证,向一名来自山东的个体户询问蔬菜价格、收入情况、节育情况。白玛在体育巷市场和居委会了解流动人口计划生育情况时,还看望了计划生育工作干部,查看了计划生育台帐,鼓励他们进一步做好流动人口的计划生育管理工作。

计划生育部门深入调查研究切实加强基层建设 国家计生委于1993年10月组织力量对河北、湖北两个省的32个村的人口出生统计与计划生育工作情况进行了抽样调查,并及时召开省、区、市计生委主任会议通报了这次检查结果。会议强调冷静分析人口形势,防止盲目乐观情绪,切实加强村级基层建设。河北省计生委在1993年先后组织5个调查研究组,深入到工作基础较差的49个县(市)进行专题调查和具体帮助指导。安徽省计生委三名正副主任于1993年7月份,带领大批调查员到30个县,与2605名育龄妇女面对面交谈,掌握了第一手资料,对分析情况,指导工作起了重要作用。四川省计生委主任谢明道调查中有的放矢抓基层建设。浙江省计生委副主任徐八达下基层当场拍板促后进转化。

天津市下发《企事业单位计划生育工作职责》 据《中国人口报》1993年12月8日报道,天津市经济委员会、城乡建设委员会、商业委员会、交通委员会、对外经济贸易委员会和计划生育委员会在深入基层调查研究的基础上,依据《企业法》和《天津市计划生育条例》的有关规定和李鹏总理在全国第三次计划生育工作座谈会上明确提出的"应该明确企业的领导人,企业的法人代表,有责任做好本单位的计划生育工作"的要求,认真制定了《天津市企事业单位计划生育工作职责》,要求企事业单位必须认真贯彻执行国家及天津市有关计划生育的方针、政策和各项法规,指明企事业单位的法人代表是本单位计划生育工作的第一责任人,要坚持两种生产一起抓,要亲自抓,负总责,要保证计划生育方针、政策、法规和计划生育宣传、管理等日常工作在本单位的落实。还对计划生育工作人员、经费、管理等方面的问题都作了明确规定。

浙江省连续4年成为全国计划生育"状元"省 浙江省进入生育旺盛期的妇女每年以20多万递增，但人口自然增长率却连年下降。浙江1991年人口自然增长率控制在8.1‰以下，连续四年成为我国计划生育的"状元省"。1992年仍属于全国出生率稳定在比较低的水平的10个省、市之列。浙江省把计划生育工作作为考察干部政绩的一项重要内容，采取目标管理、签订合同、分类指导，注重对农村调查研究，采取措施制止多胎和计划外二胎。萧山市建立流动人口联系网，把众多的"信息触须"伸向各个角落，计划生育符合率保持在98%以上。

连云港军民共建计划生育精神文明 江苏省连云港警备区驻地周围的一些海岛、渔村、盐场计划生育工作比较落后。警备区主动与驻地有关部门联系，深入开展了军民共建计划生育精神文明的活动。他们从"五抓"入手。一是抓组织领导。警备区党委专门下发了通知，把挂钩共建单位和部队内部计生工作能否达标，作为部队基层建设达标的重要条件之一；二是抓宣传教育。建立并发挥舆论阵地的作用，以军地双方的计划生育指导站（室）为基础，建立了计划生育宣传站，定期对群众进行教育；三是抓基干民兵的骨干作用。1991年以来，连云港市4.7万名民兵无一计划外生育；四是抓示范点的创立。由于充分发挥了示范点的辐射作用，先后使河南村等9个计划生育落后单位跃入了当地计生工作先进行列；五是抓共建制度建设，克服共建计生文明活动的短期性、随意性，提高了活动效果。

苏州人口与经济发展进入良性循环 《人民日报》1992年6月15日报道，苏州市立足国情，促进现代人口转变。人口发展的历史表明，人类社会的人口发展，一般经历三个阶段：先是高出生、高死亡、低自然增长，然后向高出生、低死亡、高自然增长过渡，最后是向低出生、低死亡、低自然增长转变。一般认为，进入"三低"就进入了"现代人口增长"阶段。564.3万人口的苏州市，人口密度（656人/平方公里）为全国平均数5.8倍。早在1980至1986年间，人口出生率就下降到15‰至6‰（同期的发达国家人口出生率为15‰至10‰）。第四次全国人口普查反映出1989年苏州育龄妇女的总和生育率达到1.31。1991年，计划生育率达到99.77%的苏州市人口出生率为10.95‰，死亡率为6.51‰、自然增长率为4.44‰。欧美发达国家实现现代人口转变的时间，一般需要上百年，短的也需半个世纪，而苏州向现代人口转变却只用了10年。

北京军区计划生育工作常抓不懈 北京军区1992年下半年统计，已婚官兵平均婚龄提高到25.45岁，每对夫妇平均子女数下降到0.95个，13年来晚婚率、节育率、计划生育率一直保持在99%以上。北京军区计划生育工作各项指标连续多年保持先进，主要原因是军区和各级领导深刻认识到实行计划生育的重要意义。领导班子几度更替，抓计划生育工作的力度不减；编制调整，计划生育骨干队伍立足本职干好工作的劲头不松；各单位财力有强有弱，对计划生育的投入保证不少。军区团以上单位普遍建立了计划生育宣传和技术指导站，活动到连，教育到人，服务到家。

江西推出计划生育"一票否决权"制度 《光明日报》1992年11月25日报道，江西省委省政府最近决定，在全省实行计划生育一票否决权制度，推动计划生育工作朝着规范化、制度化的方向发展。实行计划生育"一票否决权"，是指在评选先进单位、先进个人及招工、招干、转干、提拔晋级、农转非、入党、入团等方面，把计划生育情况作为一项重要的考核标准。凡计划生育不合格的，予以一票否决。江西省规定，各级党政机关、群众团体及企事业单位，凡计划生育不合格的，当年一律不得评为综合性先进，党政一把手和分管计划生育工作的领导当年不得提拔使用。对连续两年没有完成人口控制计划的，要就地免职，不允许异地任职。对计划外生育的个人，除按有关政策法规处罚外，五年内不能评先评优、不能记功受奖、不能吸收其加入党团组织。

朱伯儒将军抓计划生育工作 据《中国人口报》1993年2月3日报道，成都军区空军政治部副主任朱伯儒少将，是成都军区空军政治部计划生育领导小组组长。他对计划生育工作很重视，亲自抓，经常抓，使该部队计划生育工作的"四率"都达到100%。他每月都要听取计划生育工作汇报，在深入云、贵、川、藏基层部队检查工作时，不忘检查计划生育，宣传计划生育。1993年元旦春节期间，他同爱人刘义文（计划生育专职干部）一起，在沿途几百公里的几个部队检查元旦春节探亲人员的节育措施落实情况。

常久将军下矿讲"国策" 山西清徐煤矿现有军队管理人员19人，雇请的临时工近500人。1992年7月6日，北京军区驻晋某集团军副政委常久将军，特地来到部队这个煤矿了解、宣传、落实计划生育工作。他率领集团军工作组挨家挨户走访军人家属。当他得知临时来矿的这些家属都已领取了《独生子女证》时，高兴地说："做得好哇！要使我们的计划生育工作走到全军、全社会的前列，需要每一位军人妻子的大力支持。"他握着一位军人妻子的手连声道谢："谢谢你们！谢谢你们的支持！"接着常久将军又来到以临时工为主体的采煤队。将军询问采煤工的家庭情况后，掏出一本《人口基础知识读本》，宣讲有关章节。他说："你们来到军办企业做工，就要严格遵守军地有关计划生育的规定，决不能把这偏僻的山沟沟煤矿当成超生的‘避风港’。不能今年生个‘长白山’，明年生个‘海南岛’，后年再生个‘清徐沟’……”。听了将军的宣讲，采煤工纷纷来到《晚婚优生》挂图前参观。不少持有婚育证明的采煤工，当即与集团军工作组签订了《计划生育承包责任合同书》。

海上国策宣传队 在福建省惠安县崇武岛的大海上，有一支武警泉州市支队海上缉私中队，他们不仅在反走私斗争中取得了丰硕战果，而且还是一支成绩卓著的海上“国策宣传队”。崇武岛有20多万人口，群众多以海上捕鱼为生，计划生育工作很难抓。武警泉州市支队海上缉私中队，成立海上“国策宣传队”，利用海上工作优势，向常年不上岸的渔民宣传国策协助地方计划生育部门抓好计生工作。中队把国家有关计生工作的方针政策刻印出来，并把计划生育的图片、书籍放在缉私艇上，每到一个海域、就向渔民散发。一天，一号缉私艇在平潭海域检查渔船时，卢指导员得知一对夫妇因担心去医院做补救手术会发生意外时，笑着说：“我送你们到医院，保你一百个放心。”这名妇女到医院不仅做了补救手术，而且还做了结扎手术。几年来，海上“国策宣传队”克服了许多困难，把国策送到海上渔民的船上。在他们的帮助下，先后有20多名妇女做了结扎手术，有5名主动去医院做了补救手术，并采取了长效避孕措施。海上国策宣传队也受到福建省有关部门的表彰。

10大妈国策宣传队 沈阳市于洪区北陵乡下坎子村有一支10大妈国策宣传队，对流动人口的计生工作采取管理与宣传齐头并进的方法。近年来，下坎子村有一大半农民当了工人，85%的土地由外地农民来经营，上百户外地人在地里盖塑料大棚种植蔬菜，搭窝棚长期居住，给这里的计划生育工作带来了很大困难。为此，下坎子村委会与下坎子农工商联合公司成立了“10大妈国策宣传队”，采取落实人头、分片包干的办法，管理与宣传齐头并进。10位大妈都是退休的老太太，她们经常深入“流动大军”之中，宣传计生工作的政策和规定。她们实行定期查孕制度，凡有申请生育二胎的人员必须回老家开生育指标证明。与此同时，还采取严格制裁措施，凡查孕不来或出现计划外生育的，立即清户处理，送回老家。不少农民不愿做被清户的对象，老老实实地服从规定。几年来这里没有发生一起计划外生育现象。这个村的计划生育工作受到上级主管部门的好评，连续12年荣获于洪区计生工作先进单位称号。

“女儿能不能传宗接代”大讨论 “女儿不能传宗接代”这一自古以来的中国传统观念，常常成为计划生育工作的阻力。1992年4月15日起，在《中国人口报》陆续发表了谈传宗接代、女儿能不能传宗接代等为题的署名文章，严肃地提出这一非常重要而又难以回避的问题，开展群众性的讨论。《中国人口报》编辑部期望通过讨论，在群众中树立科学、健康的生育观。

12. 人才管理与人才开发

1992—1993年人才管理与开发概况 1992—1993年，我国改革开放进入蓬勃发展的新阶段，在此期间，人才管理体制改革和人才资源开发利用取得了新的突破，人尽其才、才尽其用的环境有了进一步的改善，各类专业技术人员的积极性和创造性得到了进一步的发挥，其主要表现在以下几方面：

一是进行机构改革工作。江泽民总书记在1992年10月党的十四大报告中指出：“机构改革，精兵简政是政治体制改革的紧迫任务，也是深化经济改革，建立市场经济体制和加快现代化建设的重要条件。目前，党政机构臃肿，层次重叠，许多单位人浮于事，效率低下，脱离群众，障碍企业经营机制的转换，已经到了非改不可的地步。”这次机构改革的指导思想是，按照政企职责分开的原则，转变职能，提高效率，精简机构和人员，改革的模式是“小机构、大服务”，改革的办法是统筹规划，精心组织，上下结合，分步实施，3年内基本完成。1992年，全国县级机构改革试点县已达350多个，1993年机构改革已从研讨转入实施阶段，整个机构改革工作将在1995年完成。

二是推行公务员制度的试点工作取得了新的进展。在国家机关实行公务员制度是我国实现人才科学分类管理的重大步骤，是建立我国新的人才管理体制的一项基础性工作。1992年，除国务院原定6个试点部门外，各省、市、自治区、直辖市也都进行了推进公务员制度的试点工作。特别是在招考国家机关工作人员方面成效比较突出，据统计，截至1992年4月，全国地方各级机关通过考试补充工作人员6.7万人，报考人数达44万。1993年，公务员制度从试点到逐步展开，考试录用、考核奖惩等工作已按计划进行。

三是按照稳住一头、放开一片的原则，各省市制定优惠政策，采取多种措施，积极鼓励广大专业技术人员走出大专院校、科研院所，投身经济建设的主战场，进一步解放、发展了生产力。据国家人事部1993年7月提供的情况，近10年来，全国各级人事部门共为国家重点建设项目、重点工程输送人才10万人次，为国有大中型企业输送人才22万人次，为“三资”企业输送人才12万人次，为乡镇企业和农业生产第一线输送人才近80万人次。

四是我国新的人才激励机制正在形成。1992年10月，国家人事部下发了《全民所有制事业单位辞退专业技术人员和管理人员暂行规定》,与此前国家人事部下发的《全民所有制事业单位专业技术人员辞职暂行规定》是我国在人才管理上实现"双向选择"的两个重要文件。为了充分发挥各类专业人才的作用,切实做到人才自主择业,单位自主用人,到1992年底,全国30个省、自治区、直辖市都建立了人才流动服务机构,地县级人才交流机构约2000个,形成了全国性的人才交流网络。各级人才交流机构逐步建立起了包括信息发布、职业介绍、人事档案管理、合作签证、人才流动争议仲裁、待业保险、转岗培训等一整套管理制度和办法。人才市场的培育和发展方兴未艾,全国建立固定的人才交流场所500多个,组织举办了人才交流会上万次。到1993年底,全国各地共建立日常型人才市场1329个,其中省级29个,地区级300个,县级1000个。1993年10月,国家人事部在北京组织首届全国人才技术交流大会。我国的人才管理体制和制度已经出现"四个转变",即人才闲置与人才奇缺向市场交流、调剂余缺、合理使用转变,人才的单位、部门所有向互通有无、合理流动、社会所有转变,人才流动由单向选择向双向选择转变,"统包统配"的人才资源配置模式向国家宏观调控下充分发挥人才市场对人才资源配置起基础性作用的模式转变。此外,两年来我国在人才学研究方面作了有益的探索,取得了可喜的成果。总之,在邓小平同志视察南方重要谈话和党的十四大精神指引下,我国人才管理与开发的一个新的时代已经到来。当然我们也应看到,伴随新事物而来的许多旧的东西还没有完全消失,甚至还顽固地起着阻碍作用。坚持改革,开创未来,既是这两年人才管理与开发工作的集中体现,也是今后人才管理与开发工作不断取得更大成就的保证。

我国人才市场发展状况 经过10年的实践探索和理论研究上的突破,计划经济下的统包统配的人才管理格局已逐步被打破,我国人才市场正在蓬勃兴起,并初具规模。具体表现在以下几个方面:1.人才市场的调节作用不断扩大。仅据14个省市的不完全统计,1993年1—9月份就有86万名各类人才在各级人才交流中心等中介机构登记求职或参加各地人才集市应聘。2.人才市场不断得到培育和发展。截至1993年底,全国各地共建立日常型人才市场1329个,其中省级人才市场29个,地区级人才市场300个,县级人才市场1000个,少数地区还建立了民间人才市场。1993年10月,国家人事部在北京组织了首届全国人才技术交流大会。人才市场已有在全国全面开放的趋势,利用市场调节机制,来真正实现单位用人权、专业技术人员和管理人员择业权的"双向选择",已在实践中得到检验。3.人才市场的功能逐渐加强。目前,我国人才市场就总体而言已基本具备以下几种功能:①收集、发布、贮存人才供求信息;②组织人才交流,接受用人单位委托,负责人才流动的登记、推荐、洽谈、招聘、培训,办理流动手续、签订合同等;③组织智力交流,为技术协作,成果转让,难题招标等智力交流项目牵线搭桥,进行中介签证服务;④开展人才智力流动政策、法规、法律等咨询服务;⑤调解人才流动中发生的争议性问题;⑥承担机关、团体、事业单位的待业保险业务;⑦承担流动人员人事档案的传递、保管和出国(境)政审,向外商投资企业、民办企业提供人事档案管理方面的服务等等。4.人才流动的政策法规不断完善。各省市主要从以下4个方面初步建立了人才流动的政策法规体系:①关于人才市场管理的政策法规;②关于人才流动总的原则和规则;③关于社会化服务保障体系方面的政策法规;④争议仲裁办法。这些地方性政策法规的不断出台,为人才市场的正常运行提供了依据。

我国50万科技人员投入科技兴农行列 1992年我国有50多万科技人员活跃在农业生产第一线,积极开展多形式、全方位的科技服务,使我国科技兴农再掀热潮。据农业部统计,在春夏播中,全国技术承包面积达5.1亿亩,比1991年增加了2000万亩。紧紧围绕发展高效农业开展技术服务,是1992年科技兴农工作的一个突出特点。据统计,全国推广杂交玉米2.93亿亩,比1991年增加477万亩;间作套种面积达到2.54亿亩,比1991年增加4320万亩;模式化栽培面积6.46亿亩,比1991年增加7950万亩。众多科技人员投身农业生产第一线,大大加快了各项农业增产适用技术的推广步伐,促进了农村经济的发展。

25000名回国专家贡献突出 据《中国人才报》1992年1月26日载:建国以来,已有25000多名专家从海外回国定居。他们中的多数人成为我国许多领域的奠基人或学科带头人,其中有113人当选为中国科学院学部委员,占学部委员总数的1/3。有132人获得国家发明一等奖和国家自然科学二等奖以上奖励。到目前为止,全国已有1580名早期回国定居的专家享受生活津贴,200多名早期回国定居的专家提高了工资档次。

26万中青年干部走上县以上领导岗位 党的十一届三中全会以来,在党中央的重视和各级党组织的努力下,一大批德才兼备的优秀年轻干部在改革和建设的实践中成长起来。全国已有26万多名中青年干部走上了县以上领导岗位,45岁以下的干部已经占到干部队伍的70%以上,成为干部队伍的主体。他们中,具有大专以上文化程度的1991年底已占到71%,1981年党的十一届六中全会通过决议,决定废除干部领导职务终身制,在革命化的前提下逐步实现各级领导人员的年轻化、知识化和专业化。1982年党中央作出了建立老干部退休制度的决定，提出必须选拔和培训一大批德才兼备、年富力强的中青年干部，逐步从老干部手里接班。1983年7月，全国有23.8万名老干部离职休养。各地各部门有计划有步骤地大力培养选拔年轻干部，使领导班子结构不断改善。据1993年换届已经结束的20个省、自治区和直辖市的统计，省级政府班子成员50岁以下的已占34.7%，大专以上文化程度的比例已提高92.7%。

宋健要求科技人员勇敢走向市场 国务委员、国家科委主任宋健于1992年9月12日在中国四维测绘技术总公司成立大会上指出：科技工作者要按照邓小平同志视察南方重要谈话的思想，胆子再大一点，魄力再大一点，勇敢地走向市场，为更好地发展我国的科学技术事业，为改善人民的生活服务。我国科技事业发展很快，人才很多，这么大的队伍全部由政府来养是养不起的。国务院不久前决定，在国家财政继续支持基础性研究、稳定一头的同时，放开一片，大力鼓励科技人员到市场上去。这是我们在认真总结了国内外科技发展的经验教训后得出的结论，是我们必须走的道路。

宋德福谈深化人事制度改革和人才交流 国家人事部部长宋德福在1993年12月全国人事厅（局）长座谈会上指出，在机构改革的同时，要按照中央的统一部署，配套进行人事制度和工资制度改革。人事制度改革要以经济建设为中心，以邓小平同志建设有中国特色的社会主义理论和党的基本路线为指导，以建设社会主义市场经济为目标。深化人事制度改革，要围绕为经济服务、为用人单位服务、为人才发展服务作文章，出成果。宋德福指出，公务员制度是人事制度改革中的重要内容。推行公务员制度的目的，就是要通过在人事管理制度中建立勤政、廉政、人员合理流动、人才平等竞争的机制，建立一支精干、优化、高效的国家政府机关人员队伍，使政府的管理适应社会主义市场经济发展的需要。对事业单位人事制度改革的初步设想是：按照党的干部路线、方针、政策和对干部实行分类管理的要求，从经济建设和社会各项事业发展的实际需要出发，根据事业单位的性质、职能和特点以及人才成长规律，理顺政事职能，下放人事管理权限，引入竞争机制，实行分类管理，逐步建立适应不同类型特点的事业单位人事管理制度，即走脱钩、分类、放权、搞活的路子。

程连昌撰文谈深化企业人事制度改革 在《全民所有制工业企业转换经营机制条例》颁布一周年之际，国家人事部副部长程连昌在《中国人才》1993年第7期上撰文指出，各级人事部门，包括政府人事部门和企业主管单位的人事部门，要按照《条例》的规定，结合企业的实际需要，把人事管理权进一步下放给企业。一是让企业真正能够根据党和国家的人事政策、法规，制定并实施企业内部人事管理的各项规章；二是除了国家另有规定的部分大型特大型企业之外，企业可以任用和管理本企业的副厂级行政领导人员，企业的中层及以下管理人员和技术人员，完全由企业自主任用和管理；三是企业可以根据实际需要，自主设置在本企业内有效的专业技术职务，自主确定按照国家统一规定评定的具有专业技术职称的人员的职务和待遇；四是企业可以面向社会公开招聘管理人员和技术人员，经有关部门批准，企业可以招聘境外的管理人员和技术人员；五是企业可以自行安置未聘用或被解聘的管理人员和技术人员；六是企业可以决定本企业内部机构的设立、调整和撤销，决定本企业的人员编制；七是国家规定的其他企业人事管理权利。文章指出，当前，全面推行企业管理人员和技术人员聘用制的条件已基本具备。在全面推行聘用制的过程中，要处理好以下几个问题，一是要坚持不搞一刀切，要由企业根据自己的具体情况，逐步推行一些改革措施；二是必须打破企业干部和工人的界限，坚持平等竞争的原则，按照德才标准和企业实际需要，对管理人员和技术人员重新聘用上岗；三是在条件具备的地区和企业，对新分配的大中专毕业生，也要按照企业的用人标准，实行聘用制，择优任用，逐步做到企业用人上的双向选择。目前应着重做好以下几个方面的工作：一是进一步加快社会主义人才市场的建设，为企业转换经营机制创造良好的外部环境；二是发挥政府人事部门的职能优势，采取多渠道，多形式帮助企业解决急需人才和短缺人才；三是根据企业需要，组织培训企业人事管理人员，提高他们的素质；四是加快企业人事法规建设的步伐。

首次全国毛泽东人才思想研讨会在韶山举行 由中国人才研究会和湖南省人才研究会联合举办的'93全国毛泽东人才思想研究会于1993年6月11日至12日在毛泽东同志故乡——湖南省韶山市举行。这是我国第一次对毛泽东人才思想进行全国性的专题研究和学术交流。会议共收到论文135篇，其中16篇论文被评为优秀论文。与会同志围绕毛泽东人才思想与实践的有关问题进行了有益的探讨，其中包括毛泽东人才思想产生的历史条件和理论来源，毛泽东人才思想的科学体系和主要内容，毛泽东关于德才兼备的用人标准、任人唯贤的干部路线和知人善任的领导艺术，毛泽东对人才培养、选拔、使用、管理、教育的理论与实践，毛泽东本人成长之路、个性特征和成才心理轨迹，邓小平人才思想及我国新时期人才开发有关问题的研究。

周恩来人才思想研讨会在淮阴市举行 1992年10月13日到15日，周恩来的故乡淮阴市举行了全国首次周恩来人才思想研讨会。参加会议的有江苏省人才学会、淮阴市社科联和市人才与人事研究会的负责人共65人。会上有28位同志在大会上交流了论文。与会同志紧密围绕周恩来人才思想这个主题,从理论上、实践上进行深入的研讨。周恩来人才思想是在半个多世纪革命实践中形成的,是马克思主义的人才观和方法论,毛泽东人才思想的重要组成部分。今天认真学习和研究周恩来人才思想,对于促使我们重视人才开发,用好现有人才,搞好改革开放和加快社会主义现代化经济建设的进程有着深远的政治意义和现实意义。大家从不同的角度,引用了许多动人的事例,对周恩来重视人才、关心人才、培养人才、教育人才、聚集人才、爱护人才的思想、观点进行了深刻的阐述。

中国人才研究会理事长扩大会议在京召开 中国人才研究会理事长扩大会议于1992年3月24日在北京召开,人事部副部长、中国人才研究会副理事长兼秘书长蒋冠庄受人事部部长赵东宛委托主持了会议,并作了重要讲话。自1990年以来,该会召开了3次全国性大型学术研讨会,举办了两期人才学讲习班,创办了不定期内刊《人才研究动态》。在全国初步建立了一个人才学学术研究网络。1991年底,"人力资源开发管理与人才学"作为三级学科编入《学科分类与代码》。人事部还批准成立了中国人才科技开发社。

我国人才管理的10大新趋势 在逐步建立社会主义市场经济体制的新形势下,我国人才管理发生了一系列新的变化,出现了新的趋势。方大鹏、高晓塞、华国梁等在1992年12期《人才》上撰文阐述了这种新的趋势主要表现在10个方面:(1)人事管理工作重心下移。下放人事管理权限,人事管理以中央为重心变为以地方各级政府特别是基层企事业单位为重心;(2)科技与管理人才价值增值。科技和管理人才价值在经济建设的迫切需求中呈现增值的趋势,知识和人才在竞争环境中体现出价值与价格来;(3)统包统配的刚性就业体制逐步松动。经济竞争必然导致人才的竞争与流动,"统包统配"的体制在松动并越来越弱化,单位自主选择人才及人才自主选择单位的竞争型的"双向选择"的人才市场就业流动体制正在形成;(4)人才流动不只是"孔雀东南飞"。已不再是只向往大城市、追求安逸的生活,而更在于寻求发挥人的才干的机会和用武之地;(5)严格的身份级别制逐渐丧失吸引力。打破干部与工人的身份界限,取消国营企业及其领导的行政级别,代之以与工作绩效和效益相联系的新的激励机制势在必行;(6)"四平八稳"的人不再吃香。"无功即是过"新的用人观念已逐步被人接受,不拘一格,大胆提拔晋升富有开拓性、有创新精神的人;(7)市场工资分配机制正在形成之中。打破平均主义和大锅饭,新的分配机制的建立与完善是积极的探索;(8)人才"折旧"加快。人才个体和用人单位,都越来越重视观念和知识的更新,重视人才继续教育和再培训;(9)人才社会保障服务体系萌芽发育;(10)人事立法迫在眉睫。当前最为紧迫的是要推出对择业权、用人权、劳动者与用人单位双方权利与义务等重大原则性问题作出明确规定的劳动法。

我国人才流动工作的10大变化 邓小平同志视察南方重要谈话之后,随着市场经济的发展,我国的人才流动工作出现了一系列新的变化,这些变化是前所未有的,是十分喜人的。(1)由人事部主办的首届人才技术交流大会和全国人才流动工作会议的召开,人才流动工作开始得到各地党政领导前所未有的重视,许多党政一把手亲自过问人才市场的建设情况,把它作为市场经济中的要素市场加以关注,对进一步办好人才市场提出了意见,并从资金和场所等方面给予支持。(2)人才招聘大战方兴未艾。各地纷纷制定优惠政策吸引外地人才到当地工作,与重奖科技人员的政策一起,推动了新一轮的人才热的兴起和发展。(3)由原来的人才流动作为计划体制之下的调剂余缺或作为与计划调配并存的一种板块模式,开始转变为探索人才市场作为人才资源配置起基础作用的新机制上来,这是一个根本性的变革。(4)各地纷纷在建立人才市场固定场所上下功夫。各地固定的人才交流场所如雨后春笋般涌现,为人才交流提供政策、场所等全方位服务。(5)各地注意探索人才市场中的一些规律,按照市场经济运行的内在要求,注意运用价值规律和经济手段来管理市场,由行政手段向经济手段转变。(6)由人才流动的法规政策建设转移到围绕人才市场的规则建设来制定配套的法规和政策,规范人才市场主体行为和市场运行秩序。(7)由多干少说、光干不说到注意宣传媒介作用,积极与宣传部门配合,充分利用广播电视载体宣传报道人才市场情况,社会影响空前提高。(8)开始运用现代化手段管理市场,进行人才交流。如利用微机建立人才库,进行人才流动的登记、储存、交流、开发等。(9)在机构改革中,人才流动机构和人才市场起到了人事部门干部分流的作用,人才流动机构的编制、职数和职能得到了加强。(10)由管理、服务到开发,开展一条龙的工作,而且开始注重开发,各地成立了一些从事人才流动的经济实体,以开发养服务,以开发促进管理和服务。

国家增加政府特殊津贴名额 1992年,从全国各地选拔的47825名专家、学者、技术人员享受了政府特殊津贴。为了表彰在澳星发射、三峡工程勘证和奥运中作出突出贡献的专家、学者和优秀教练员,国家人事部于1993年为其增加了300个享受政府特殊津贴的名额。

中组部召开用人之道座谈会 1993年3月6日中组部在北京召开新时期用人之道座谈会暨《苏州崛起的足迹》一书的首发式。会议向全国推荐了苏州的用人之道。他们在选拔干部时，坚持不讲空德、空才，以实践论德才，凭政绩用干部，重点从经济建设主战场选拔能适应发展社会主义市场经济的要求，工作实绩突出的创业者和实干家。对干部坚持在竞争中优胜劣汰，是苏州用人之道的又一特色。他们根据工作实绩决定干部的任免去留。起用和保护开拓者，调整和更换平庸者，撤换和处理违纪者。

国家自然科学基金会评发优秀中青年人才科研基金 1993年国家自然科学基金优秀中青年人才专项基金获得者经专家会议综合复审评选产生，25名优秀中青年将获得15万元和30万元不等的科研资助基金。国家自然科学基金从1987年起开始设立青年科学基金项目，7年多来累计资助35岁以下的青年科技工作者已达1万多人，其中青年担任项目负责人的已达300人(次)，他们中不少人已脱颖而出。多年来不同程度地得到过科学基金资助的，还有大约5万多人(次)的硕士、博士生、博士后和归国留学生。优秀中青年人才专项基金，是为造就21世纪学术带头人而于1992年采取的新举措。它主要资助45岁以下的特别优秀的中青年科研工作者，1992年已资助了14名中青年科学家。这项基金可望到本世纪末能支持500—1000名高水平的科技人才。此次评选的25名获得资助的优秀中青年科学工作者，都是近年来在科学研究领域取得过突出成就的优秀人才。他们的平均年龄为37.6岁，最小的仅28岁。25人中，有博士学位者23名(其中国内培养的博士11名)，这一事实说明中国自己培养的科技人才已具有很强的竞争力。

我国正加紧人才流动立法 据《光明日报》1993年10月18日报道：我国有关部门针对人才流动立法这个薄弱环节，积极采取措施，加强这方面的工作。已制定的人才流动法规包括《关于培育和发展我国人才市场的意见》，机关、事业单位待业保险的有关规定，以及人才流动争议仲裁的有关调解和仲裁的具体办法等，此外在制定了关于进一步加强人才招聘工作的有关文件。近年我国在建立和完善人才流动政策法规方面迈出了重要步伐，有关部门先后下发和转发了辞职辞退、档案管理、招聘管理、争议仲裁、档案工资调整和服务机构收费等9个文件，这些政策法规的制定有力地指导和推动了人才流动工作的开展。

人事部专家司竭诚为知识分子服务 人事部专家司发挥政府职能部门的管理作用，竭诚为知识分子服务，为经济和社会发展服务，以廉洁、高效、求实、热情的工作作风，赢得了广大专家的赞誉。专家司承担着全国专业技术队伍建设，全国“享受政府特殊津贴的、作出突出贡献的专家、学者、技术人员”和全国“有突出贡献的中青年科学、技术、管理专家”的选拔工作以及来华定居专家、博士后管理工作等。专家司以认真负责的态度、严格审核、考评，到1993年上半年，已选拔出近六万名享受政府特殊津贴者，调动了广大知识分子的积极性。现在全国已设立博士后流动站299个，涉及理、工、农、医、经济、法学、文学、历史学八大门类的47个学科。专家司管理着高层次的专家队伍，他们提出对专家要管理好、使用好、服务好，并强调廉洁自律、勤政为民。专家司明确规定，能办的事马上办，不能办的事解释清楚，需要研究的限期答复。

我国人才流动服务网络基本形成 我国人才流动工作10年中取得了很大的成绩，全国性人才服务网络已基本形成。据1993年上半年的统计，各级人才交流机构共为全国重点建设项目、工程输送人才约10万人次，为国有大中型企业输送人才22万人次，为“三资”企业输送人才12万人次，为乡镇企业和农业生产第一线输送人才达80万人次。全国已有30个省、自治区、直辖市建立了人才交流机构，地县级人才交流机构达2000个，国务院15个部委也相继成立了人才交流机构，全国现有民间职业介绍机构约140个，形成固定人才市场近500个。人才服务机构也由原来的单纯牵线搭桥，发展成为人才流动工作进行管理、服务和开发成龙配套的服务体系，还在实践中逐步建立起包括信息发布、职业介绍、档案管理、合同鉴证、争议仲裁、待业保险、转岗培训等一整套管理办法。

人事厅局长会议召开 1993年12月22日召开的人事厅局长会议就如何改革人事工作达成共识，紧紧围绕经济建设这个中心，加大改革力度，加快改革步伐，逐步建立起与社会主义市场经济相配套的人事管理体制。1993年，我国的人事工作取得了较大进展；机构改革从研讨转入实施阶段；公务员制度从试点到逐步展开，考试录用、考核奖惩等工作正有计划地进行；企事业单位人事制度改革加快了步伐，人事分类管理制度正深入研讨。为尽快建立与社会主义市场经济体制相配套的人事管理体制，会上，人事部提出了1994年的主要任务。国务委员李贵鲜出席会议，并着重就建立和推行公务员制度问题讲了话。人事部长宋德福在会上作了关于建立与社会主义市场经济相配套的人事管理体制的报告。

国家教委实施跨世纪人才计划 跨世纪优秀人才计划是国家教委为促进优秀年轻人才成长，迅速培养造就一批高水平学科带头人与骨干，而组织实施的。其主要目标是，到2000年在全国范围内培养造就一批具有较高学术水平和思想品德、事业心强，有组织能力的优秀年轻学科带头人，其中一部分成为杰出人才，为我国培养高层次人才和开展高水平科研打下基础。经有关高校严格遴选推荐，国家教委科技委组织专家认真评议，国家教委审定，1993年度在能源、农业、材料、信息工程、生物技术、交通运输、化学化工和医药卫生等领域，已评出东南大学陆祖宏、清华大学罗毅等42位年轻专家列入首批计划，给予较多的经费资助，并将辅之以其他扶植措施。这些年轻专家在教学科研上已有相当成就，有31位是教授(其中19位已是博士生导师)，其余均为副教授。他们最大的是45岁，最小的才29岁，都是很有发展潜力的新秀。

各地重奖做出重大贡献的知识分子　1992年3月，珠海经济特区率先给做出重大贡献的科技人员颁发百万元重奖，此举有如迎春花，引来万花竞开。四川重奖著名土壤专家侯光炯10万元，安徽重奖发明"天杀毙"的吕霞林10万元，青岛重奖14名科技人员，最高奖额达17.97万元，湖南重奖"两系法利用小麦杂种优势课题组"10万元。辽宁、云南、贵州、北京、河北、天津等省市也相继推出重奖科技人员的政策和措施。人们从这种潮流中认识了知识的力量和价值。

中组部邀请一批著名学者休养　中共中央组织部为了加强与著名专家的联系、听取意见、改进工作，为知识分子办实事。1992年7月下旬和8月初，邀请部分著名科学家到我国著名风景区避暑胜地牡丹江镜泊湖休养，缓解他们长期处于紧张、超负荷状态。应邀参加这次休假活动的都是中科院学部委员。他们是地质学家马宗晋、放射化学家王方定、数学家王梓坤、农学家石元春、自动控制专家卢强、力学家白以龙、数学家杨乐、微电子专家吴德馨、信息处理专家李衍达、高能物理学家冼鼎昌、激光与光电技术专家周炳琨、超导专家赵忠贤、植物学家洪德元、火箭专家谢光选、分子生物学家程伯勤等。

全国第10届人才学讲习班暨企业人事制度改革研讨会　为促进企业间人事制度改革经验交流与推广，加大人才学研究的前进步伐，中国人才研究会、中国人事与人才科学研究所、四川省人才研究会、成都飞机工业公司联合主办的"全国第10届人才学讲习班暨企业人事制度改革研讨会"于1992年10月9日至10月13日在成都召开。来自全国31个省、自治区、直辖市、计划单列市的政府机关、人才研究会、国营大中型企业的80余名代表参加了会议。会议紧紧围绕如何配合企业经营机制转换进行企业人事制度改革这一主题，通过领导同志的报告、专家授课、论文交流、大会发言、小组讨论等多种形式，着重探讨了当前企业人事制度改革中出现的好做法、成功经验；存在的问题；解决的办法；政府机关在企业人事制度改革中的地位和作用、如何参与企业人事制度改革；人才学研究如何为企业人事制度改革服务等几个方面的内容。

部分省市企业人事制度改革研讨会召开　为落实中央关于认真贯彻党的十四大精神和《全民所有制工业企业转换经营机制条例》的指示精神，国家人事部中国人事与人才科学研究所、《中国人才》杂志社于1992年11月21日至24日在湖北省襄樊市举办了部分省市企业人事制度改革研讨会。来自13个省市的大中型企业的88名代表参加了会议。会议的主要目的是探讨社会主义市场经济体制下企业人事制度改革的新思路，交流各地企业人事制度改革的新经验和信息，研究改革中出现的新问题。与会代表认真讨论了人事部制订的《全民所有制工业企业人事管理暂行条例》。会议认为：转换企业经营机制难度很大，仅靠自身的努力是不够的，决定的因素在于政府部门转变职能，落实企业自主权，将《全民所有制工业企业转换经营机制条例》规定的企业应有的人事管理自主权不折不扣地还给企业。制定《企业人事管理暂行条例》，最主要的是应把政府的宏观管理和企业的自主权进一步划清楚。政府对企业人事管理的监督、对企业领导人的管理、对宏观人才流动、职称管理、新旧政策接轨等问题要有更明确的规定，对企业的人事自主权也需进一步细化。与会代表还分别介绍了各自单位在人事制度改革方面的好经验、好作法。

全国干部退休工作会议强调在经济建设中发挥退休干部作用

人事部副部长程连昌在1993年全国干部退休工作会议上指出，目前全国656万名离退休干部中，有专业技术干部179万，其中，具有高级技术职称的24万，中级技术职称的69万，初级技术职称的86万。他们受过长期的培养和教育，经受过各种考验和锻炼，有良好的政治素质、广博的专业技术知识和丰富的实践经验，是党和国家的宝贵财富，是现代化建设的一支重要力量。要充分发挥他们的政治优势、技术优势和经验优势，支持和鼓励他们参与经济建设。程连昌强调，发挥离退休干部的作用，要围绕经济建设这个中心来进行。首先，应该看到发挥离退休干部在经济建设中的作用，不仅可以为社会创造新的财富，还可以丰富他们的精神、物质生活，更好地实现老有所养。其次，要坚持从本地区、本部门实际情况出发，积极开拓离退休干部在经济建设中发挥作用的渠道，不仅要发挥他们的政治优势，还要发挥他们的智能优势、管理优势和经验优势，把他们的积极性引导到发展社会生产力，增强国家经济实力，为搞活生产、发展经济服务的方向上来。第三，离退休干部在经济建设中发挥作用，要坚持诚实劳动、合法经营、自负盈亏、照章纳税、合理分配的原则，兼顾国家、集体和个人三者利益，体现按劳分配。第四，各级人事部门要加强对离退休干部在经济建设中发挥作用的组织指导工作，要注意维护离退休干部的合法权益和身心健康。

我国市长培训工作取得丰硕成果 改革开放以来，我国城市数量迅速增加，到1992年5月底，全国大、中、小城市已达488个，在任市长、副市长达3600多名。为了尽快提高市长们的素质，搞好城市建设，进一步发挥城市的职能和作用，中组部、国家建设部、中国科协于1983年10月联合创办了"全国市长研究班"。9年来共举办了15期，全国30个省、自治区、直辖市的880多名学员接受了特殊培训。他们中，有市长156人、副市长584人、其他领导干部141人。现在"全国市长研究班"已更名为"全国市长培训中心"，教学基地也于1991年12月在北京兴建。

全国首届科技人才技术交流会 由国家科委、国防科工委、中国科学院、中国科协、北京市人民政府联合主办的全国首届科技人才技术交流会于1993年3月18日在北京中国国际展览中心隆重开幕。全国人大副委员长严济慈，全国政协副主席洪学智、卢嘉锡、邓兆祥出席了开幕式。李鹏总理为大会题词"重视科技、重视人才"。由大会组委会发起的把每年3月18日作为"全国科技人才活动日"的倡议书上，已有120多名学部委员、300多名著名科学家和一千多名各界知名人士签了名。洽谈会的内容有人才交流、成果转让、项目洽谈、科技精品产品展示展卖。参加交流会的有来自全国各市、地县的100多个招才引凤代表团和1000多个企事业单位。5月19日，"全国首届科技人才技术交流会"在人民大会堂举行总结表彰大会。严济慈、雷洁琼、程思远等领导到会祝贺。在总结表彰会上，36篇新闻报道受到表彰，68家参会企业获科技"金窗奖"和"银窗奖"，南京正大经济开发公司获"重视科技、重视人才"荣誉杯，《光明日报》获优秀协办奖。

全国人才市场首届人才技术交流大会 由人事部主办，国务院11个部委和中央电视台、北京市政府协办的这次大会，于1993年10月2日至10月5日在北京中国国际展览中心举行。全国40个省、自治区、直辖市、计划单列市和68个国务院部、委、局，组团率4000多家企事业单位参加了大会，摆下了942个人才招聘摊位。大会获得了巨大成功，受到广大求职者、招聘单位和社会舆论界的一致好评。大会期间，共有9万余人参加洽谈，达成流动意向3万余人，初步招聘成功1.2万余人，极大促进了全国范围内人才技术交流，很大程度上满足了全国各地社会经济发展对各类人才特别是一些紧缺专业人才的需要，同时也为众多人才才尽其用创造了条件。由人才流动最高主管部门国家人事部第一次出面主办的这次人才交流盛会，表现了我国建立和发展人才市场的坚定决心，为全国人才市场正规化建设积累了经验，正如宋德福部长在大会开幕式上说："这次探索性的大会将使我们的人事工作更好地为经济建设服务，为用人单位服务，为人才的培养和使用服务"，这次大会标志着我国人才流动和整个人事工作新时期的开始。

中国国际名人研究院成立

中国国际名人研究院于1993年5月在北京宣告成立。该研究院旨在开发各类人才资源，展示英模业绩，探讨与研究一切爱国人士的成长规律，为人类文明事业的发展作出贡献。中国国际名人研究院立足中华民族，广泛联系世界各国的同仁、专家、学者、爱国华侨和有关社会团体，开展国内外学术交流、研讨等活动；扶持名人、举荐名人、宣传名人，为名人搭桥铺路、创造条件、提供中介服务。该研究院隶属中国致公党北京市委员会。

全国市场经济与人才开发讨论会 面对社会主义市场经济对人才开发与管理提出的严峻课题，80名来自全国人才研究与人才管理机构的代表于1993年10月20日聚集桂林，研讨对策。这次会议是由中国人才研究会与中国电力企业联合会联合召开的。

来自广东的全方位智力流动振兴珠江三角洲的经验，来自山西等地竞赛选拔千里马（民主公开选拔厅局长）的经验得到了会议的一致赞同。这都是走向人才市场的有益尝试与成功范例。与会代表对发挥知识分子作用问题给予特别关注。

北京开通全国首家人才流动热线咨询电话 中国科协科技人才交流中心于1992年7月在北京开通全国首家面向国内外的免费人才流动，职业介绍咨询热线电话，它表明人才流动社会化服务工作又有了新的进展。这项服务的内容包括：存放档案、自费出国、国际技术劳务合作、公司实体挂靠、海外留学人员回国政策和就业咨询，解答人才流动中的问题，人才供求信息服务、专业人才兼职、技术开发、成果转让、承包企业等方面的咨询服务。

首家明星人才评价中心在京成立 全国首家明星人才评价中心由北京市海淀区人事局和中国人民大学主办并经半年多试运行，于1992年3月3日正式对社会服务。该中心是一种新型的人才选拔和人事咨询机构，可运用组织行为学、人事管理学、心理学等多学科原理和多种方法、技术，对各类人员的智力、能力、品德、个性和工作成效进行定性、定量的测量与评定。其方法包括工作考核结构式面谈，心理测验和情景模拟等。通过对大量的人才评价指标的科学设计，最大限度地排除人们的主观偏见，使各类人才的真实信息得以显示。这种与传统的人才选拔方式相区别的特点，将对完善人事管理制度，促进人才合理流动，起到积极的作用。

上海市国际人才交流活跃 1988年，上海市成立了国际人才交流协会，到1992年4月，共完成国外人才引进项目310项，从近20个国家和地区引进人才520人次。这些外国专家在上海各工业部门发挥了重要作用。上海轿车行业引进德国退休专家61人次，配合零部件的国产化工作，使国产化实施率达70.31%。此外还办理出国培训项目1090项，派出4445人次。上海国际人才交流协会宣布，在今后4年中，将再引进800名国外人才来沪工作，同时派遣100名局级干部、400名大中型企业厂长、经理，800名涉外人才去国外培训。并将在德国、日本等国设立协会联络点，在美国和香港建立培训基地。

上海在全国率先建立人才市场会员制 上海人才交流洽谈会于1993年10月31日正式启动建立的上海人才市场会员制。上海人才市场是在上海市人事局所属上海人才服务中心主持下发展起来的。1993年4月，该中心举办固定人才市场，在上海科学会堂设常设机构，每周规定一天开设市场，把每隔一定时期的交流洽谈变为经常性的交流洽谈。随着社会主义市场经济的发展，人才流动日趋频繁，用人单位需要人才市场与其建立密切的联系，要求市人才服务中心提供不间断的、配套而又扎实的服务。于是，会员制这种形式就应运而生。由160多个用人单位通过申请，成为上海人才市场的会员单位。市人才服务中心向会员单位提出22项服务项目，并且做到优先、优惠、重点服务。上海人才市场不仅在形式上从初级向高级发展，在参与人才市场活动的人员中，也从低层次向高层次发展，厂长、经理等高层次人员越来越多地来到人才市场要求交流，用人单位的这方面需求也日趋增多。此外，人才市场从无序走向有序，既有规则又有管理办法，人才交流范围从本市辐射到外地，上海人市部门已经办理“工作寄住证”，更多地引进外地人才。

上海10万军转干部贡献突出 据《光明日报》1992年4月20日载上海10万军转干部以其在改革开放中引人注目的实绩，成为上海各级人事部门的“抢手货”。目前在全市军转干部中，已有120多人担任厅局级领导，2700多人担任县处级领导，3000多人获得了高中级技术职称。1991年，在各条战线上有26人被评为上海市的标兵，783人被评为市级先进个人，其中149人是为企业扭亏为盈、增长效益做出突出贡献的厂长、经理。宝山钢铁总厂，近几年精简裁员，定员减少了1/4，但全厂733名军转干部没有一个落聘，相反，有142人被聘的职务超过了部队的原职级。由于军转干部在改革开放中大显身手，1992年上海继1991年之后又将出现军转干部“供不应求”的状况。

上海浦东实行新的人才管理体制 为了适应浦东开发区开放开发的需要，上海市人事局和浦东开发区办公室1992年8月共同制定了浦东新区新的人才管理体制和有关规定。其主要内容包括：企事业单位具有充分的用人自主权，个人具有充分择业自主权，企事业单位全部实行聘任制；按照各类人员的行业特点实行不同的工资制度，工资水平可略高于上海市区；凡浦东需要的人才要优先保证；建立回国留学人员中转站，开展申报户口、联系工作、落实家属子女安排、办再次出国手续等“一条龙”服务，建立留学人员公寓，为短期回国工作人员提供方便；多渠道、多形式地选聘外国专家来浦东短期或长期工作等。

辽宁省提出建立人才市场的目标模式 建立和发育人才市场是建立社会主义市场经济体制的要求。1993年6月，辽宁省提出了人才市场建设的基本思路：“大市场、大人才、大服务”。“大市场”是指人才市场要大容量、网络化。要建立健全覆盖全省、沟通全国乃至同国际相连的人才市场网络，使本省急需的人才能够随时找到并招引来，同时也能够及时把本省的富余人才输送到能充分发挥其作用的地区或岗位上。“大人才”是指人才市场现有的职责范围和服务对象要扩大，凡是有利于充分发挥人才作用的，社会各部门需求的，人才市场都可为其提供社会化服务。“大服务”是指人才市场的功能要齐全、配套，要具备为人才智力供求双方提供全方位社会化服务的功能，使人才市场成为与社会主义市场体系中的其他市场同步发展、相互配套、功能齐全、服务周到、设施完善、全面开放的新型产业。

辽宁省引进人才出新招 辽宁省为了引进高层次、高新技术和短线急需人才，从1992年开始，对人才引进采取新的办法，凡属引进人才，增干指标可单列，企业事业单位编制已满或超编的，允许先进人，后调整；允许本人在各市自找工作单位；具备高、中级专业技术职务任职资格的，不受接受单位岗位数额限制，可直接聘任；具有中级以上职称的，其配偶及子女可办理“农转非”手续；具有副高级以上技术职称者、归国留学生、海外华侨、高新技术急需的人才、离退休专业技术人员的工资、生活福利待遇可由本人与单位商定，对有特殊贡献的人才给予特殊的优惠。与此同时，在简化办事程序，提高引进效率方面也采取了新的措施。

齐齐哈尔对优秀专家和拔尖人才实行双向目标管理 据《中国人才报》1992年7月11日载：黑龙江省齐齐哈尔市有17万名知识分子，其中有国家、省及市命名的优秀专家141名，县区拔尖人才131名。为引导这些优秀人才为振兴地方经济施展才能，市委、市政府一方面要求他们依据专业特长，制定出在管理周期内的科研目标和实施方案；另一方面要求所在单位根据他们的需要制定出服务目标和保证措施。实行双向目标管理。三年来，这个市的优秀专家和拔尖人才承担的179项科研课题，已完成109项，有28项分别获得国际、国家、省、市级科研成果奖，经济效益达1711万元，参加集体攻关和推广项目208项，获国际、国家、省、市等各类奖励69项，创经济效益3853万元，社会效益2亿多元。

山东省出台人才市场管理办法 为适应社会主义市场经济发展需要，有利于实现人才资源的优化配置，经山东省人民政府同意，山东省人事局于1993年7月发布了《山东省人才市场管理办法》。该办法规定，山东省人才市场隶属山东省人事局，由山东省人才交流服务中心主办。人才市场的主要功能是在国家宏观调控和政策引导下，运用市场机制，沟通人才信息，调剂人才余缺，通过供求见面，平等竞争，双向选择，达到人才资源的合理配置。人才市场的服务宗旨是搞好人才流动，优化人才结构，开发人才资源，使各类人才更好地为改革开放和经济建设服务。该办法对人才市场的服务范围、人才市场的服务对象、人才市场的服务形式及各种手续做了具体规定。

山东省鼓励科技人员到亏损企业建功立业 为了充实和加强国营大中型亏损企业技术力量，鼓励各类专业技术人员到亏损企业建功立业，1992年3月，山东省委组织部和省人事局制订了优惠政策，并采取了一系列切实措施。其主要内容包括国营大中型亏损企业引进急需的高新技术人才，在聘任专业技术职务、家属子女农转非、子女入学就业、工资福利待遇、突出贡献奖励等方面给予特殊照顾，优于同类其他企业。

烟台市实施“三三三”人才支乡工程 烟台市乡村企业逐步成为农村经济的支柱。但人才短缺问题却严重制约其发展。为此，烟台市人事部门在制定鼓励科技人员为乡村企业服务的政策，建立人才市场为乡村企业调剂人才的同时，积极实施“三三三”人才支乡工程，收到了显著效果。至1993年，全市乡村企业已拥有各类专业技术人员27600多人，比1985年增长了50倍。“七五”期间共取得科研成果329项，1991年完成工业总产值157亿元，占全市工业总产值的52%。“三三三”人才支乡工程的具体内容是：建立“三个体系”。一是目标管理体系，把乡村企业人才开发工作纳入各级政府和市县两级有关部门的岗位责任目标和企业承包指标；二是社会化管理服务体系，建立了由市县两级人才交流机构、乡镇人才交流管理服务站(处)、村和企业人才交流工作联络员构成的四级管理服务体系；三是人才信息社会化网络体系，在市内外形成乡村企业人才技术信息反馈体系。坚持“三个结合”：一是结合乡村企业经济发展的速度要求，多渠道开发人才资源；二是结合乡村企业技术开发，开展多层次的技术交流；三是结合培养高新技术生长点，提供高层次的人才服务。完善“三个保障”：一是合同保障；二是待业退休保障；三是住房保障。

新乡市红旗区建立知识分子联系制度 河南省新乡市红旗区区委、区政府千方百计创造更加有利于知识分子施展聪明才智的良好环境，他们建立了知识分子工作联系制度，把各种待遇落到实处，积极为知识分子排忧解难。区领导联系了20多名高中级知识分子，同时还在16个知识分子比较集中的单位建立了联系点，选聘了26名知识分子工作联络员，定期联系。他们对知识分子落实政策，提高经济收入，改善住房条件，医疗实行“优诊”等，对有突出贡献的实施重奖，并上浮工资，配备住宅电话和工作用车。在企业的1480多名知识分子中，先后有39人受到嘉奖，仅1990年到1992年，先后有126名知识分子被提拔到各级领导岗位；110名优秀知识分子入党。他们还为各类专业技术人员评聘和续聘了专业技术职务，解决两地分居问题，并解决住房11036平方米。区委还广泛宣传有贡献的科研人员的事迹，增强知识分子的自豪感和使命感。红旗区已形成了尊重知识、尊重人才的大气候。科研人员的积极性得到了充分调动，近年来全区共开发出146个新产品，其中6项在国际上获金奖。

湖北人才市场新趋向 1992年，湖北人才市场的建设方兴未艾，在63个常设型人才市场中，属1992年新建立的有50个，人才市场的发展呈现出新的趋势：一是数量增多，正在形成与市场经济发展相吻合的人才市场网络体系；二是人才市场的社会化服务功能逐步增强，服务手段和方法更加灵活；三是服务对象和范围不断扩大，服务领域不断拓宽；四是在优化人才配置方面，人才市场的作用正在由辅助性作用向基础性作用转变。

枣阳受训农民倍受青睐 经过多种渠道培训的湖北枣阳市农民在农业技术顾问市场上倍受青睐。截至1993年底，已有800多名受过培训的农民“土专家”，被周围6个省市的农民高薪聘为技术顾问，成为农民致富路上的盏盏明灯。近年来，枣阳市同20多个大专院校和科研单位建立了联系，通过派出去学习，请进来培训的方式，利用260所农民夜校，对农民进行技术培训，使全市涌现出大批种植和养殖业能手，成为农业技术市场上外地农民争聘对象。1992年，新市镇126名被外聘果农，年人均获技术服务费1.3万元。杨垱镇代庄村植棉“土专家”，全国劳动模范赵久荣在河南带出了4个植棉大户，20多个植棉万元户。

湖北省石花镇舍得花钱广揽人才 湖北省谷城县石花镇先后从省内外引进285名专业技术人员参与镇办33家企业的生产经营，使这些企业1992年工业总产值达1.2亿元，实现利税1100万元。同5年前相比，产值增长2.8倍，利税增长5.7倍。靠引进人才，已有5家镇办工业产值逾千万，6家企业获省、部级先进企业称号，9个产品获省、部优奖。小厂产品挤进了国际大市场。石花镇每年引进人才的费用支出100万元，镇领导认为："市场竞争，归根到底是人才和技术的竞争。引进一个人才，就有一个好产品，就能搞活企业，再多花些钱也值得，我们石花人就是摸到这个门儿。"

深圳市在美招聘留学生 由中共深圳市市委副书记、市人大常委会主任厉有为率领的深圳市留学生招聘团，于1992年5月在美国的旧金山、华盛顿、纽约、休斯顿、洛杉矶等5个城市招聘中国留学生。有140多名留美学生愿意到深圳工作，并与招聘团签订了意向书、填写了申请安排工作表。在140多人中，都具有硕士或博士学位，其专业大部分集中在高科技产业和第三产业方面。招聘团在美期间，向留学人员大力宣传特区建设的大好形势和良好的发展远景，激发他们返回祖国建设特区的热情。许多留学生认为，深圳作为我国改革开放的窗口，备受留学生注目，只要招聘条件合适，我们都愿意到那里去大显身手，报效祖国。赴美招聘留学生只是深圳招聘海外中国留学生工作的一个环节。深圳市已收800多名留学生来信，表达了到深圳工作的愿望。其中，符合深圳招聘条件的有436人，仅留美学生就有342人。

新疆实行鼓励人才合理流动新政策 为推进改革开放、加速少数民族地区经济发展，充分调动专业技术人员积极性，更好地吸引全国各地人才参加边疆建设。新疆于1992年3月颁布施行鼓励专业技术人员合理流动的若干规定。这项新政策规定：党政机关、人民团体、企事业单位的专业技术人员要求到工农业生产第一线开展技术承包和技术服务的，保留全民公职身份，户粮关系可不迁移，继续使用原住房，其报酬与企业经济效益挂钩，按合同兑现。承包亏损企业、创办县乡集体企业的，可留职带薪三年。国家统配的毕业生到县以下企业工作可发给一次性安置费等。外省市区的专业技术人员，将享受更加优惠的待遇。

第一汽车制造厂在工人中造就大批人才 长春第一汽车制造厂注意在工人中培养科技人才，先后对全厂1/3的15000多名技术工人进行培训，使他们成为既有过硬实践技能，又懂一定科技理论知识的技工。到1992年3月，已培养出17300多名中高级技术工人，拥有652名工人技师、高级工人技师。自1986年以来，这支队伍解决生产技术难题1.4万项，发明创造、技术革新2.18万项、创经济效益3亿元。被工厂授予"优秀科技工作者"称号的9名技术工人共实现重大技术革新235项，攻克引进技术、设备难题48项，为工厂创造价值484万元。

《人才学论纲》简介 西南师大出版社1992年版的西南师大夏子贵、罗洪铁主编的《人才学论纲》是一本在人才学基本理论方面作了深入研讨的学术著作。该书的作者认为，人才学的对象是人才，并把人才学规定为"研究人才主体状态的内在变化，从而揭示人才产生和发展规律的科学"。把人才成长过程分为成才过程和展才过程，相应地把人才学的内容分为成才篇和用才篇。作者把影响人才成长的因素分为"先天因素"、"后天习得因素"，研究了"社会承认"这个关节点问题，这也正是该书的特色之一。

《当代中国人才问题》出版 由我国著名人才学家李新生教授任主编，上海交大程宝书教授、江苏社科院朱均侃研究员任副主编的《当代中国人才问题》一书已正式出版。该书系统地考察和分析了当代中国人才问题的总体特点，深入地探讨了社会主义现代化建设过程中人才选拔、考核、流动、保障的各个环节，全书分成九大部分：中国的现代化道路与人才现代化；当代中国人才的模式与特点；人才开发战略与人才资源开发；人才管理体制改革；建立和完善人才运行机制；人才的发现与选拔；人才的考核与使用；人才流动与人才市场；人才保障等。

《中华人民共和国职官志》出版 由北京档案、文献、科研、高校、新闻、解放军等单位和部分中央机关、省市自治区的同志集体撰写的《中华人民共和国职官志》已由中国社会科学出版社出版。这是国内第一部系统收录自中国共产党成立以来，特别是中华人民共和国建立后，中国共产党、全国人民代表大会、中华人民共和国政府、中国人民政治协商会议、中国人民解放军、各民主党派和工商联、各人民团体中央和地方主要领导机构、职务和人员的大型资料性工具书。全书分中央篇和地方篇两部分。内容翔实，资料丰富，编排合理，一册在手，即可全面了解自1920年以来直到目前我国党和国家主要领导机构设置、称谓变化、人员更迭的来龙去脉和发展规律。

关于人才立法的探讨 1992年10期《人才》上刊载了徐佑丙题为《关于人才立法的探讨》的文章。作者从人才立法的重要性、必要性，人才立法需要解决的问题，人才立法的指导原则及人才立法的包含内容四个方面进行了探讨。作者认为当前要通过人才立法来加强人才管理，合理使用人才，保护人才，培育人才，加强人才流动；人才立法应遵循如下四条指导原则：多出人才、出好人才的原则，择优选用和公平竞争的原则，合理流动的原则，按劳分配和奖励先进的原则。并且认为人才立法应包含的内容有：明确人才的法律概念，破除人才的部门所有制，加强人才的培养和合理使用以及搞活人才流动。

国营企业人才使用环境有待改善 据《光明日报》1992年6月4日载：中国科协管理科学研究中心在全国13所工科院校的几乎涉及所有工科专业的1000多名大学生中进行了调查，结果表明，68%的大学生选择“三资”企业，而选择国营企业的为22.3%。另一份对企业工程技术人员的调查表明，76.7%的工程技术人员认为企业“很需要”大学生，但其中有46.2%的人认为企业需要大学生，但不会重用大学生。这说明国营企业还有待改善人才使用环境。现在在校的工科大学生，几年后多数将进入企业界从事实际生产与开发，他们流动的趋向反映出国家产业发展的前景。因此，今后一个时期，国营企业应制定相应的措施，吸引人才。国家在改革上也应帮助国营企业改善人才使用环境。

经济落后地区人才流失的忧虑 《光明日报》1992年9月18日报道：据安徽省有关部门调查，1991年全省调出的知识分子达980人，其中有高级职称的83人、中级职称的263人，而同年调入的人员中，高级的仅24人，中级的110人。这种人才流动“赤字”前几年就已经开始。没有纳入统计范围流失的人才数量可能更大。已流失的人才有相当数量是去沿海。造成经济落后地区人才流失的原因是多方面的，比较突出的一是改革缓慢，开放度小，施才环境较差。据合肥人才交流中心调查，人才发挥作用率普遍不足50%，二是经济落后地区人才政策没有力度，出台的政策缺乏吸引力。因此，经济落后地区要留住人才，关键是加快改革开放步伐，创造人尽其才的环境，否则人才流失的趋势难以改变。

13. 美育与美学研究

严昭柱谈坚持和发展毛泽东美学思想 《文艺报》副主编严昭柱联系文艺的历史和现实在《河北学刊》1992年第3期上发表专文，论述坚持和发展毛泽东美学思想，他认为：1. 要坚持和发展毛泽东美学思想，必须研究和理解它的基本理论内容和科学体系。应该指出，生活美与艺术美的关系，是毛泽东美学思想深入探讨的一个基本的理论问题，在整个毛泽东美学思想中居于理论基础的地位。2. 毛泽东美学思想的理论重点，在于探索艺术美的创造。在这个重要课题上，毛泽东美学思想提出了一系列美学原则，并加以丰富的展开。这些美学原则，最主要的有三个：典型化的原则；革命的现实主义和革命的浪漫主义相结合的原则；内容与形色相统一的原则。3. 毛泽东美学思想还有一个极富创造性的重要内容，这就是“百花齐放，百家争鸣”的思想和方针。这个思想和方针，包含了在无产阶级和人民大众掌握政权的条件下认识和正确运用美的规律、促进艺术美的发展的理论原则。

郑国铨撰文谈毛泽东美学思想的特点和生命力 毛泽东美学思想从改造世界的实践出发，到阐明文艺改造世界的特殊途径，以至归结到按照什么人的面貌改造世界，形成了一个完整的美学思想体系。中国人民大学中文系郑国铨教授在《河北学刊》1992年第3期上发表专论，认为：1. 从改造世界的实践出发，重视审美目的，强调文艺的革命功利性，是毛泽东美学思想的核心和灵魂。这既是对马克思主义美学思想的继承和发展，又具有时代的民族的特色；2. 在文艺这种审美活动中，审美目的必须在艺术美的创造中体现出来。毛泽东关于艺术美的源泉、艺术美的特点、艺术美的创造和意义的论述，是他的审美观的又一重要内容；3. 毛泽东根据他的审美观的基础，运用对立统一这一根本规律来考察美，认为：“真的、善的、美的东西总是在同假的、恶的、丑的东西相比较而存在，相斗争而发展的。”这一审美观有丰富而深刻的内涵，揭示出了美的存在方式和发展规律。立足于这样的审美观，文艺实践的目的很重要的一个方面就体现为美与丑的斗争，他在《在延安文艺座谈会上的讲话》中指出：“只有真正革命的文艺家才能正确地解决歌颂和暴露的问题。一切危害人民群众的黑暗势力必须暴露之，一切人民群众的革命斗争必须歌颂之，这就是革命文艺家的基本任务。”

我国学者参加第12届国际美学会议 第十二届国际美学会议于1992年9月在西班牙首都马德里举行。这是国际美学会主办的规模最大的一次会议，包括中国学者在内的来自亚、非、澳、欧、北美和南美洲的近400位专家、学者出席了会议，大会收到200多篇论文和近年来出版的部分美学研究成果。会议的主题是“美学的现代性”，围绕主题提出的“当代世界美学应如何发展？怎样认识美学在现代文化发展中的意义和作用？在现代文化发展过程中美学作为独立的理论科学究竟怎样建构？”等问题成为本届会议讨论的重点。会议以全体会议和专门会议两种形式进行，全体会议还邀请一些专家作专题讲演。出席本届会议的中国学者共有4人（包括台湾学者一人）。彭立勋并在专门会议上宣读了《城市美学与城市现代化》的论文。

全国当代美学学术研讨会在河南举行 全国当代美学学术研讨会，1992年5月6日至9日在河南焦作市举行。来自全国各地的30多位专家学者出席了会议。

大家一致认为，改革开放为美学研究提供了大好时机，也对当代美学提出了新的课题与挑战，围绕着如何顺应改革开放大潮，建构有中国特色的当代美学体系，使美学为中华民族的精神文明建设和经济腾飞服务，是美学界亟待解决的一个大问题。与会学者集中讨论了六个方面的问题：1.当代美学大转型与突破口；2.建构中国当代形态的美学体系问题的提出；3.建构体系的思想基础、逻辑起点与必要条件；4.建构体系的文化背景、参照系和突破点；5.建构体系的方法论原则；6.建构体系的途径和道路。

文化变革与90年代美学学术研讨会在青岛召开　“文化变革与90年代美学学术研讨会”由中华美学学会青年学术委员会、青岛市美学会、青岛市青年文学学会共同主持，于1992年9月24日至29日在青岛召开。来自全国各地的50多位青年学者，围绕当前美学研究中的很多重要问题，从新的视角进行了全方位的探讨。讨论会上，当代中国美学如何在当前社会文化变革与经济大潮的冲击下走出“低谷”而求得生存与发展的这一问题，受到与会者的热切关注。大家认为，美学从以前的显赫地位跌入低谷，既有外在原因，但也是学术发展的正常现象，人们会逐渐适应由这种“式微”所造成的心理失衡，重新找到美学在社会中的位置。针对美学“低谷”的现状，与会者探讨了美学摆脱困境，获得理论发展的具体问题。童庆炳指出，当前美学研究中存在着肤浅化、表面化的毛病；美的问题与一个民族的文化、哲学、思维模式联系在一起，所以，研究中国美学必须在把握中国文化、哲学的基础上进行。邹华提出，中国当代美学深入生活走向现实的最重要、最紧迫的任务，是确立不同于古代客体美学的主体性原则和不同于古代和谐的矛盾对立原则，以此抗衡并取代古代美学。会议一致认为，在改革开放和商品经济条件下，既要肯定美学的应用性研究，又要强化美学基础理论研究的深度。

“市场经济下审美趋势”研讨会在京举行　北京市哲学学会美学专业委员会于1993年10月中旬在北京召开“市场经济下审美趋势”研讨会，就当前市场经济发展和美学诸问题进行了讨论。与会者认为，当前的市场经济必然引起审美趋势的变化，市场经济观念对观影审美有很强的影响；市场经济的冲击还对艺术选择造成困难，对传播文化带来危机，同样也由于它提供有更多传播，使人们的认识和行为无从选择。技术的发展使传播圈越来越见深广，使人们自觉不自觉地成为“追星族”，由此，这种传播偶像对当代艺术的选择带来了困难。1.艺术是自我认识的过程，受大众传播影响也就缺乏历史的深刻感，艺术家创造是平面的俗文化要求，结果使创作平庸。2.今天的大众艺术家要考虑艺术的传统过程，必然导致艺术创作过程走向一般化的展示性、表演性，从而导致艺术的停滞。3.艺术的选择以社会共识为社会基础，而造成艺术与批判的矛盾。与会者认为，市场经济的发展也为个体性艺术创造了条件。这说明并非循提倡就能发展了的，高贵未必能适应潮流、应当有自己的特色个性。因此，在市场经济条件下研究美学须多元化认知。美学要研究具体需要。纯美学研究对现实并非苍白乏力，研究审美趋势不是为了迎众，而是要引导人们健康地审美，走向更高级的审美，从产品中悟出更高、更丰富的文化内涵。社会生产的发展，发展逻辑要求审美艺术的发展形成审美系统。艺术的价值在生产创作过程中产生新的价值。市场经济的发展对艺术的冲击将不断产生正负值，因此要研究其新的发展规律。

全国首届企业美育研讨会在上海召开　据《社会科学报》1993年1月21日报道，全国首届企业美育研讨会在上海梅山冶金公司召开。会议期间，企业家和美学家共同研讨了企业美育问题。全国美育研究会长、上海社会科学院蒋冰梅教授认为，企业美育是企业文化的重要组成部分，它是从审美方面研究企业人的精神面貌、人际关系、企业管理、企业效应、企业行为、企业形象、企业文体生活及产品设计、产品质量等问题。企业美育能够为企业建立一种审美文化，这种审美文化正是沟通企业目标，企业价值观念与全体员工思想情感的桥梁，变外在东西为内心的信念。上海梅山冶金公司经理张思明指出，企业本身需要美育，企业环境要美、企业产品要美、企业的人际关系要美。上海宝山钢铁总厂宣传部长郦水潭介绍了宝钢以其先进的技术和设备赋予企业的时代美。南京东方玻璃总厂、南京汽车总装厂、柳州市美术陶瓷厂、深圳广厦文化实业公司、上海机床厂等单位的代表都从实际出发，探讨企业美育的特点和方法，一致认为，企业开展美育与否效果是大不一样的。企业美育是企业树立新形象的重要保证。上海社会科学院哲学所副研究员陈超南指出，企业美育要发展三个和谐：企业与社会的和谐，企业与内群体、外群体的和谐，企业与自然环境的和谐。

高校美育研究会第一届年会在山东召开　据《中国教育报》1992年6月13日登载：中国教育学会美育研究会第一届年会于1992年5月26日至30日在山东大学召开。来自全国各地的近百名代表参加了这次盛会，并就美育理论和实践等方面的许多问题展开了热烈的讨论。本届年会的中心议题是“审美教育和合格人才的培养”。围绕这一中心议题，代表们深入讨论了美育的性质、地位、作用和意义，交流了各地各校开展美育的情况和经验，取得了如下共识：许多革命导师、伟人都十分重视美育，马克思、恩格斯十分强调共产主义人才的全面发展。鲁迅、蔡元培也都是美育的积极倡导者；德育、美育各有独特的职能，但美育可为德育提供有感染力、吸引人的手段，从而履行部分德育的职能；以情感形象为特征的美育在促进学生认识世界、发展智力方面有着独特的作用；目前教育中存在着的填鸭式教学，单纯注重升学率等不良倾向，同轻视美育有关；当代大学生爱美求美之风盛行，这是精神文化需求日渐提高的反映，但美丑莫辨、以丑为美的现象时有发生，亟需加强审美教育；将美育列入教育方针的条件已经成熟。代表们指出，国家教委负责同志曾多次提出，没有美育的教育是不完全的教育。将美育列入教育方针，显然是同这一提法吻合一致的。与会者一致认为，应该把美育列入教育方针，只有德智体美全面发展，才能培养出适应社会主义革命和建设需要的合格人才。

涂途谈美育 《中国教育报》1992年3月3日发表了唐骅、赵一枫访涂途的访问记。著名美学家涂途，在回答访问时谈到：西方的美育历史源远流长，早在古希腊时期，爱美，追求美就已经成为当时的社会风尚。但“美育”一词的正式提出，却是18世纪德国启蒙主义哲学家、美学家席勒，他在《美育书简》中，第一次提出“美育”这个概念，并把它作为一个专门的理论问题加以探讨研究。而后，康德、黑格尔在美育理论上都有许多精辟论述，但从整体上看仍有许多不足和薄弱方面。马克思主义的诞生开辟了美育史上的新纪元，对美育理论的科学化起到纲领性的指导作用，提出了许多新见解。新中国建国以来，学术界就美育问题已有过二、三次大的讨论，曾产生过两种错误倾向：一种是对美育不够重视，另一种则是把美育看得过高甚至认为可以取代德育、智育。美育要以一定的社会教育为基础，才能发挥其独特的作用，而不能完全代替德育和知识教育。美育在社会主义教育中有着特殊地位。首先，美育的特点是寓教育于娱乐，它不是靠说理，而是靠形象去影响人、感染人。因此，对于文化程度不高的群众和青少年具有特殊的意义和吸引力。其次，美育是受教育者乐于受教、乐于接受的好形式。同时，受教育者可以在不知不觉中，潜移默化地受到熏陶。从现代社会看，社会文明程度越高，越发展，美育的作用越突出，而其特殊的作用和感染力也越被人们重视。

陈建翔论美育是教育的一种境界 江西省社联主办的《争鸣》1992年第2期刊登了陈建翔的专题研究文稿，提出：1.以往美育观的根本缺陷，是不考虑教育自身整体的美。把美育作为与德育、智育、体育和劳动教育在内容上相并列的一个特殊的教育领域。这种比较狭隘的美育观容纳不下教育对美的日益增长的巨大需求，因而受到了越来越多的非议。2.新美育观的实质是：教育按照“美的规律”来实施。教育遵循“美的规律”，就是要在实践中把社会目的性（善）与对象身心发展的规律性（真）高度统一起来，能够自由地掌握和驾驭规律，以此来规定主体的操作行为，引导主观的目的顺利地到达现实的彼岸。遵循“美的规律”的教育，能够创造出自身的美即“教育美”，它主要包括教育活动美和教育产品美。3.“教育美”的创造的特殊性现象是，它不象其他美的事物的创造一样，活动美与产品美属于同一个主体和同一个创造过程。在教育中，活动美与产品美的创造者分属不同的逻辑主体，活动美是教师的创造，产品美是学生的创造；活动美与产品美也不是在同一个过程中创造的，而是“离间”为各自相对独立的两个过程，它们都有从次一级的活动到次一级的产品的完整的创造形态，其中都有“美的规律”的完整实现。4.几点扩展的认识：(1)美育规律告诉我们，教育中存在着三个层次的美。第一个层次是教育手段美；第二个层次是教育活动美；第三个层次是教育产品美。(2)自觉地遵循教育中的“美的规律”即美育规律，教育工作就可以变成充满自由创造特性的实践活动。(3)认识到美育的本质是教育按照“美的规律”来实施，美育的特殊规律是“以美造美”，这使我们有可能比较清楚地看到“美育”与“艺术教育”、“美感教育”以及“审美教育”诸概念的联系和区别。

吴云生论大学美育 大学美育属于美育的较高层次。它包括美学原理教育、艺术鉴赏教育和审美实践教育。由于目前我国大学美育尚处于起步阶段，因此按照美育的特点和规律，对大学美育的内涵、实施及其与现代化，特别是与教育现代化的关系进行深入探讨，是很有实际意义的。对此，吴云生进行了深入研究，并在《江西大学学报》（社科版）1992年第3期发表专题研究文稿，作了具体论述。1.美育的内涵。美育，顾名思义，即审美教育。应如何把握大学审美教育的本质内涵呢？他认为审美教育是审美与教育的结晶，因此应从美学与教育学双重角度来理解美育的本质内涵。从美学的角度来说，大学美育就是通过美学理论和审美经验的传授，培养学生正确的审美观念和健康的审美情趣，并通过审美实践提高学生感受美、欣赏美和创造美的能力的一种教育活动。从教育学的角度来看，大学美育是塑造理想的人格和优美的灵魂，实现人的全面而自由的发展，从而使学生自身不断得到完善和美化的必由之路。2.美育与现代化。美育与现代化的关系密切，就社会范围来说是如此，就教育领域来说更是如此。在现代教育中，美育已越来越受到人们的青睐，这是同美育本身的特性分不开，具体表现在：(1)美育的形象性符合现代教育的直观性原则；(2)美育的动情性符合现代教育的愉悦性原则；(3)美育的自由性符合现代教育的创造性原则。3.美育的实施。美育与现代化的密切关系，对美育的实施提出了更高的要求，大学美育实施的实质内容是造就受教育者完善的健全的审美心理结构。包括:(1)审美意识。审美意识主要包括审美观念、审美趣味、审美理想等内容。健全的审美心理结构要求具有正确的审美观念、健康的审美趣味和崇高的审美理想。(2)审美能力。审美能力主要包括审美感知能力、审美想象能力和审美鉴赏能力。

吴加才论高校校园文化的美育功能 吴加才在《扬州师院学报》(社科版)1992年第3期上发表专题论述,指出:所谓校园文化的美育功能,是指校园文化通过文化活动,物质和精神,环境及其文化氛围对大学生(包括教师、职工这些校园文化的载体,但主要指大学生)产生影响,陶冶他们的情操、净化他们的心灵,使他们受到审美的教益,树立正确的审美价值观念,提高审美鉴赏和创造能力,从而实现完美的人格和灵魂的塑造,促进大学生的全面发展。校园文化的美育功能的内涵丰富,具有层次性:其一,通过校园文化活动,帮助大学生树立正确的审美观;其二,通过校园文化活动,培养大学生的审美鉴赏能力;其三,通过校园文化活动,提高大学生的审美创造能力,创造性是校园文化的重要特征。如何加强高校校园文化建设来实施美育呢?主要有下列几条途径:1.加强校风建设。2.建设优美的校园环境。3.精心组织课堂教学。4.大力开展课外文化活动。

邢益强论审美教育与精神文明建设 《海南大学学报》1992年第1期登载邢益强的研究文章,认为审美活动是人类文明进步的重要一环,审美教育在人类社会的文明进化中具有重要的地位和作用。概括地说,审美教育在精神文明建构中具有的积极作用主要有下列四个方面:1.个体修养功能;2.美化生活功能;3.社会进化功能;4.科技进步功能。现代社会的发展为人类文明的进步提供了更为广阔的前景。审美教育如何在未来的社会中发挥更大的作用?这是应该引起全社会重视的重要问题。人类社会越进步,它也必须在更大的程度和范围下发展人的各种潜能,实现人的价值,体现出社会文明的宏观进步尺度。健康的美育,会使人的精神世界极大地丰富起来,促其自觉地加强修养,成为一个外在美和内心美高度统一而具有高尚情操的人。一个民族有没有高尚的审美情趣和鉴赏能力,标志着这个民族是否开化和文明,决定着这个民族的精神风貌。因此,全社会都应该行动起来,提倡美育,加强美育,以提高整个民族的精神素质。

蒋冰梅论民族审美意识与社会主义现代化 上海社会科学院蒋冰梅在《学术论坛》1992年第3期上发表文章认为:每个民族都有自己的审美意识。民族审美意识是一个民族在长期的社会实践中形成的,是一定社会环境与生活条件的反映,是一种历史文化的积淀。民族审美意识是民族精神与民族文化的一种体现,也是一个民族走向更高的文明发展的再生之源。中国传统文化是中国各民族在长期的社会实践中所创造的物质财富与精神财富的结晶,社会主义现代化离不开传统文化,而且,只能在传统文化的基础上发展。否定传统文化,就否定了历史,否定自己民族特点,否定民族精神,人为地割断自己的"根",决不会有什么前途的。中华民族许多优良的审美传统值得大大发扬,它可更好地促进我国社会主义现代化建设的发展。中国的审美传统,非常重视人格美,注重人的内在素养,鄙视粗俗的物欲。中国传统的审美理想,非常重视现实人生,强调人定胜天,事在人为,并不把希望寄托于彼岸世界,也非常重视自然美,强调"天人合一",把人看为自然的一部分,重视自然美的陶冶作用。这些优良的审美传统,是各民族共同创造的,今天,我们要建设具有中国特色的社会主义,最重要的是按照马克思主义的要求,结合我国的社会实际,塑造我们的理想人格,就是努力培养真善美相统一的理想人格,就是要培养有理想、有道德、有文化、有纪律的一代社会主义新人。

苏富忠提出"美的主体历史发展观" 关于美的本质,美学界有主观论、客观论和关系论三种基本观点。苏富忠在《齐鲁学刊》1992年第4期发表的《论美》一文,提出了崭新的美学主体历史发展观。认为美是能引起主体(动物和人)主动感受,诱发其相应情感并唤起其积极行为,从而被主体所干预的对象的存在形态,美是一个实体——关系范畴,美作为实体的一种属性就存在于实体或对象上。但这种属性又与主体联系着,对象对于主体才有美的关系、美的价值。对象的美能引起主体的积极行为,使主体趋向美、选择美,以主动的行为干预、变革、发展对象的美。在生物自然界的进化过程中,动物对植物花、果的选择使其花、果更美,动物范畴的性选择使动物机体更加健美。人类则是更加自觉地感受美、体验美、创造美。正是在主体的积极感受、体验、干预和创造美的漫长过程中,生物自然界的美和社会美、艺术美才丰富多采地发展了起来。在当代的发展水平上,相对于人,美有四个特点(不同维度上的特殊规律):一、在存在形式的维度上,美有形象性的规律;二、在对人价值的维度上,美有以享受性为主导的享受性与教育性统一的规律;三、在美的主体审美价值维度上,美有以个体差异为主导的个体差异性与某种范畴的共性统一的规律;四、在美的历史延续维度上,美有以变异性为主导的变异性与相对稳定性统一的规律。

王启民论审美教育的地位与功能 王启民在《西北师大学报》1992年第5期上发表专题研究,认为:历史严正地表明,凡是一个社会处于上升时期,文化科学越繁荣进步,美育也愈受到重视。在改革开放,振兴中华的今天,发展审美教育是刻不容缓之举。德智体美是构成教育总体工程的四个主要部分,互相依存,互相作用,互相促进,紧密联系在一起,并在一定的条件下,可以互相转化,共同推动教育目的实现。据中外许多专家的研究表明,审美教育一方面对德、智、体育具有辅助、强化、促进的功能,另一方面在情感、想象、记忆、创造、美化等方面具有德智体不能代替的独特功能,审美教育以感性形象为手段,愉悦感受为方式,潜移默化为途径,感染心灵为目的,在沁人肺腑的情感陶冶中进行教育,以形感人,以情动人,净化心灵,充满爱心。美育的独特功能:1.深化德育,提高素质品率。审美教育是道德教育的有力手段和情感基础,没有情感的道德观念是难以付诸行动的。2.强化智育,开发聪明才华。历史上许多著名科学家的杰出成就,是在美的熏陶或激发下探索追求而发现的。3.净化情感,纯正功利意念。人生本性的"七情六欲",带有动物的本能,通过审美教育,可以使本能的理性人格化,使情感净化,精神脱俗,意念高尚,功利纯正,心灵升华。4.开掘潜能,协调生命机制。在德育、智育之外的其他方面,美育更有着它特具的功能,如注意力专注的智力或体力劳动引起的疲劳感,通过消遣娱乐的审美活动,可以转换大脑的兴奋中心,而使长时间兴奋的神经部分在愉悦的审美中,较快地得到缓冲和放松,迅速地解除疲劳,恢复精力,使之清醒。

李范论审美教育与社会改革 《北京师范大学学报》1993年第3期刊载了李范关于审美教育与社会改革的论文。该文认为,中共十一届三中全会以后,我国进入了以改革开放为鲜明特点的一个新的历史时期。全面的改革开放,必然引起人们行为规范、生活方式、价值观念、道德观念、是非标准、审美趋向等的转变,它对人们的精神生活和审美取向有着双重的效应。既有积极的作用,又产生某些消极影响。如何发挥改革开放,商品经济的积极作用,防止和克服它所带来的消极影响?最根本的在于提高民族素质,培养能胜任改革重任的一代新人。如何提高民族素质,促进社会改革的进程,增强我国的国力?审美教育将发挥其重要的、独特的作用。审美教育是情感教育,它的根本目的和宗旨是教导人们按照美的规律完善自身和美化世界,因此,它对社会主义的物质文明建设和精神文明建设以及社会的进步发展具有积极的促进作用。在当前改革开放的形势下,审美教育对净化人的思想情感和培养高尚的道德情操的功效主要表现在下列方面:1.提高道德素质;2.弘扬人生价值;3.丰富人的情感;4.引导消遣娱乐。总之,实行改革开放离不开审美教育,实现"四个现代化"离不开审美教育,培养社会主义建设所需要的全面发展的人才,离不开审美教育。加强和实施审美教育,提高全民族的审美素养和审美能力,不仅具有现实的迫切意义,而且具有长远的战略意义。

邹广文论审美教育的当代课题 审美教育不等于伦理教育,在目前的审美教育活动中却存在着把二者混同的现象。审美教育的目的是提高人们的审美文化素质,审美教育的过程是一个净化人的情感的过程,是一个引导人们从功利王国(必然王国)走入审美王国(自由王国)的过程,审美教育的这一特点,决定了它是一定社会精神文明建设的重要组成部分,因而具有强烈的现实性。审美价值尺度是审美教育的最高尺度,所以整个审美教育活动应围绕着如何实现审美价值来进行。对此,邹广文在《辽宁大学学报》1993年第4期发表专论,并指出:面对时代以审美价值的尺度来实施审美教育,这已成为一个十分紧迫的时代课题,就宏观的角度说,这一历史任务当然是中华民族文化现代化的重要组成部分,中华民族的审美文化要想真正走向现代化,则审美教育的实施就成为十分重要的一环。振兴我国的审美教育,需要从理论和实践两个方面着手,要解决的具体问题很多,当务之急是要重点注意下列问题:1.更新我们的现行审美教育理论,以适应时代发展的需要;2.我们的审美教育理论必须把培养人们健康向上的审美情趣和审美理想作为最主要的目标;3.面向时代与未来,我们的审美教育必须注意探索其新的形式与规律,以适应人们的审美需要。

杨恩寰论审美与人生 人生作为人的生命活动,是以意欲为基础动力,认知为机能工具,情感为价值意向组合而成的心理和行为的统一活动,其本质则是包含多层次需求而又呈现为自由创造的历史活动,从而派生出超功利的审美活动。审美是人生的必然产物,它依附于人生,是人生的一种超越形式,一种审美层面。审美又积极影响人生,促进人生。审美给予人生以一种自由创造形式的能力,赋予人生以一种超越境界(态度),激发和促进人生实现从心灵走向现实的自由。审美与人生的关系问题,作为一个极为重要的理论和实践问题,假如当代中国美学不把它放在理论视野和实践领域之内,不去做深层次的探索并给予某种回答,那么讲美学谈审美就没有落到实处。鉴于此,《辽宁大学学报》1993年第4期登载了杨恩寰的探索与回答,指出:1.审美是人生的一部分,一个层面,是人的生命活动的超越形式,创造形式。审美依附于人生,却又影响着人生,所以谈审美与人生的关系,就先从人生谈起……2.人生是一个动态过程,人的生命活动自身各因素、各系统总是由不平衡走向平衡,生命活动与外在条件又总是由不适应走向适应,因而人生必然始终处在矛盾、和解,又矛盾、又和解状态之中,处于痛苦与欢乐交替转换的情感体验之中;3.审美作为人的生命活动的超越功利的情感形式,它依附于功利人生,依附于生命活动，或是欣赏、创造，或是教育、修养，都可以直接导致个体审美心理结构的建立和不断完善，个体人性的完整、自由的发展和实现。审美之于人生，可以赋予人的生命以某种自由，由心灵生命走向现实生活的自由，审美人生，应该是自由的人生。

审美心理要素新论 关于审美心理要素的研究，一直面临着审美心理要素的定性问题：审美心理要素到底有哪些；审美心理要素具有什么样的品格和作用的难题，近几年来，价值哲学研究的崛起和拓深，使我们有可能较为令人信服地解决这些难题。山西师大政教系荆学民在《人文杂志》1992年第6期上发表专论，他以为：审美的主体与客体的关系是一种价值关系，审美活动是一种价值活动（二者是同步同质生成的），那么，审美心理活动本质上也只是一种价值心理活动。作为价值心理活动，第一，从本体结构的角度讲，所有的价值性心理要素如欲望、意志、信仰都有资格占一席之地（感知、想象、情感、理解更多地是一种认识性心理要素）；第二，从功能的角度上讲，它们发挥的作用本质上都是一种价值评价作用。与此同时，他认为情感是对人类整个审美心理活动的总括，是整个审美心理要素发挥作用的基础；感知、想象、悟解（理解）具有双重品格；强调价值性心理要素欲望兴趣、意志、信仰的作用。

审美生理机制 《山东师范大学学报》1992年第4期发表吴绍全的研究文稿，认为审美活动是人类的生理机能和文化心理结构相互作用的表现和结果，审美的发生是以人脑及感觉神经系统等生理机制为基础的，对审美活动的研究，也应以自然科学中的生理学为基础。可是，我国学术界多年来的美学研究，总是把审美作为一种纯粹精神现象，仅从社会科学的角度来说明它，有人虽然把美学研究推进到心理学的层次，但却很少有从自然科学，特别是从生理机制的角度来研究审美的，因而没有把人类审美活动的生成和历史进程同人类伴随着自身的发展而发展起来的感官及大脑生理机制联系起来，使美学研究总是在纯思辨研究的圈子内盘旋，很难有所突破和大的发展。现代神经生理学、脑科学、解剖学等学科的研究成果，已经向我们显示，审美生理机制研究具有广阔的前景。80年代以来，随着西方各种文化思潮的大量涌入并逐渐产生影响，我国学界对审美生理机制的研究趋于自觉，不少学者注意到审美与生理机制的关联，并试图对此作出解释，但投入研究的力量还很少，就目前已有的成果看，还缺少完整的体系建构；有些结论，还有待于作科学验证并作出定量分析。

科学美感的心理机制 武汉大学汪信砚在1992年第3期的《内蒙古社会科学》上提出：科学美感的心理机制，也就是科学美感触发和诱生的心理机制，它是科学审美活动过程中审美主体心理结构的功能，或者说是科学审美主体心理结构与功能的统一体。由于科学创造是“审美的创造”，科学鉴赏是“审美的再造”，科学鉴赏中所特有的理解活动同时也是对鉴赏对象的再创造，科学鉴赏中的美感体验也就是在理解的基础上对科学创造中的美感的再体验。因此，无论是科学创造中的美感还是科学鉴赏中的美感，其审美心理机制都是相同的。科学美感触发和诱生的过程，始于不和谐感的出现，终于和谐感的满足。从心理机制上看，这一过程大体上包括移情、同构和直觉三个相互联系的环节，即在科学审美活动中，审美主体为了解除由不和谐感而引起的心理上的压力，将自己的感情“移置”或“外射”到对象上去，进而与对象发生同构，最终产生美感直觉，由此获得和谐感的满足和审美快感，这就是科学美感的心理机制。

胎教的美学因素 胎教是中国传统文化的奇葩。可惜，时至今日，很多人不知道有胎教。为了弘扬中国传统文化精华，使胎教现代化、科学化，让胎教学说起到优生优育，改善民族素质的作用；为了开拓美学研究领域，让美学走向生活，为优化和美化人生贡献力量。姚全兴在《学术月刊》1992年第4期发表专题论述，他认为：从美学角度看，胎教是一种美育，是对胎儿和孕妇的美育。胎教主要是通过孕妇的审美心理对胎儿起作用的。审美心理中的审美感知、审美想象、审美情感、审美理解等因素，能有效地促使主客观统一、和谐和协调。对孕妇来说，审美主体通过审美感知，把良好的审美对象作为外来刺激，产生有益于心理平衡和情绪愉快的美感，能对胎儿潜移默化的熏陶。中国胎教学说强调品德修养、生活调理对孕妇和胎儿的重要性，也体现了胎教对精神美、生活美的美学要求。综观古代胎教和现代胎教各种因素，艺术美是影响最大的因素。1.艺术美能赋予胎儿良好的心理素质。2.艺术美能改善和促进孕妇身心健康。3.各种艺术美具有不同的胎教功能。如音乐使孕妇畅情抒志，调节体内各种生理系统的功能，使胎儿的性格、感情、感觉发育优化，胎儿出生后能反映快，语言能力强，动作协调快捷；绘画使孕妇心理平衡，内心安宁、愉快；书法调动孕妇全身气和力，促进新陈代谢等等。美的事物形态多姿多采，都能够给人以美的感受。人生需要各种美的形态。但孕妇生理心理的特殊，有些美的形态对她们就不太适宜，甚至不利。在美的崇高、悲剧、滑稽、优美和中和五种基本形态中，崇高、悲剧、滑稽中的过喜对孕妇不宜。

华夏文化与审美意识的民族特色 审美意识的形成是一个国家民族长期文化积淀的产物，它有时候表现为一种集体无意识在人们审美心理深层次中起作用，以至产生一种连审美主体也意识不到的奇特的审美心理活动，或者表现出一种为外国人所不能理解的审美情趣。华夏文化的多元性及其历史发展的特殊性，使得我国古代文艺美学具有多样化和多元结构的特点，其内容十分丰富，包容有各种民族、各种地域、各种文化思想所特有的审美观念、审美心态和审美趣味。云南大学中文系张文勋在《云南社会科学》1992 年第 4 期上发表专题文章，从“人文意识的渗透”、“国家民族意识的张扬”、“主体意识的强化”、“超越意识的升华”四个方面加以描述，宏观地探索华夏文化及审美意识的最基本的民族特色。

中国古代美学“自然为真”论 在中国古代哲学中，“自然”即为“真”（理），这反映着古代人的一种直觉眼界中的知识论思想，宇宙万物自身的原生形态即为自身的终极根据，现象与本质是同一的。这种知识论思想，在中国古代文艺审美活动中得到了鲜明的表达，并转换为古代美学的一个基本命题，“自然为美”，“自然”成为美的生命。从古代哲学与美学的互释方法看，“自然为真”反映着古代美学的文化希冀，即消解人与自然的分离，从而使人重返自然，“天人合一”，感化出一种“圣贤”式的道德人格。江苏省社会科学院吕方在《江海学刊》1992 年第 1 期上发表专论，他以为：为了理解“自然为真”的美学命题所包含的文化内涵，将它与西方美学的相关理论做比较，西方美学以本质为真，是在具有“时间之矢”（不可逆）的形象创造中，力图审美地表现“人是万物的尺度”，进而在激起主体复杂的身心张力中，使主体产生“天人相分”的美感体验，从而审美地确立人对于自然的主宰地位。而中国古代美学的“以自然为真”则是在瞬间起意，一挥而就的意象创作中力图表现心、物的原生性自然秩序，进而在消解主体的功利心态和身心张力中，使主体产生悠然自适的“天人合一”的“天乐”体验，从而使人重归自然，建构出符合“道德”的伦理人格品质。

劳承万的审美中介学 华南师大学报刘伟林在《学术研究》1992 年第 4 期上发表专题研究指出：劳承万钻研、揭示和运用了马克思主义的中介理论，审视了比较广泛的人类审美现象，为我国当代美学研究提供了新的思维方式和新的研究视向。他对审美中介学建构的内容和方法论，主要有下列四个方面。第一、从哲学领域引入“中介”范畴，建构了比较完整的“审美中介学”框架，从而更新了美学科学的思维方式；第二、运用审美中介论，对许多美学难题作出了新的解释，从而为当代美学研究指示了新的思维方法论；第三、审美中介论既是审美哲学论，也是审美心理学，劳承万运用心理学研究美学问题作出了示范；第四、在以马克思主义哲学思想作指导研究美学、文艺心理学，特别是正确地评价和吸取西方审美理论的科学成果方面，作出了成功的探索。

傅其三论生活美学 生活美学在我国是一门正在组建的新的应用美学学科，是研究人在现实生活中的审美活动的一门科学，它分为自然美学和社会美学两大部分。自然美学，以其具体的形象和形式存在于社会生活中，与人是密不可分的，是人的生活的一部分，它包括山水美学、园林美学、人体美学三个分支学科。社会美学，社会美就是社会现象之美，它是生活美学的主体内容，社会美构成了人类审美活动最基本的实体部分，它是生活美学整体构架的核心，它包括工艺美学、建筑美学、技术美学、服饰美学、烹调美学、精神文明美学六个分支学科。其中，技术美学又分为设计美学、劳动美学和商品美学三个分支学科。精神文明美学分为心灵美学、语言美学、行为美学、风度美学、人情美学、伦理美学和爱情美学七个分支学科。人的美是生活美学体系的中心环节，人除了形体美之外，同时具有精神文明美，形体美是人的自然形象和自然形式的美，精神文明美却是人的本质的美。精神文明和美在本质上是相通的，美学和生活相结合，能够推动精神文明建设，促进美化生活的历史进程，因此，生活美学应该积极关注精神文明美。对于“生活美学”，傅其三在《湘潭大学学报》1993 年第 2 期上发表了专论，探讨了构建生活美学体系的三个难点、生活美学的基本框架，对“人体美”、“建筑美”、“精神文明美”等生活美学的重大问题进行了辨析，并提出了他的见解。

李欣复论环境美学 时空环境是人类生存与活动的依托和前提，也是主客体进行审美信息交流活动的依托和前提。美和艺术创造离不开它，对美和艺术的鉴赏评价也在其中进行，故而它是美的发生、构成和价值的重要条件和因素之一。新学科环境美学，其个性特质是以研究时空环境在主客体审美交流活动中的地位作用和美的发生构成与价值中的身份角色为主要内容、任务和标志的，这是它与普通美学及其他美学学科的区界和分工。山东曲阜师范大学李欣复在《人文杂志》1993 年第 1 期上发表专论，他以为：“时空环境是由许多因素构成的复杂系统，但大体上可以把它划分为自然地理环境、文化社会环境与政治环境三个不同层次子系统，而由于它的性质特点和作用于美和艺术创造的方式内容各不相同，因此应区别地加以研究。”他通过三个子系统同美和艺术创造关系的分析论述，作出以下五个基本判断和初步结论：1.由多种因素和三个不同子系统综合构成的时空环境大系统，它是促成美的发生和价值构成的相对独立的重要要素之一；2.美和艺术不是先天具有而是随时空环境和人的历史发展变化而生成发展变化的；3.时空环境三大系统的性质内涵及存在方式不同，它们不但向主体提供的审美客体对象有别，而且对主体发生的作用及方式、结果也不同；4.人类进入文明时代以来，时空环境三大系统交叉共时地融为整体，审美和艺术由是也相应地表现出融三者为一体的特点；5.时空环境中的三大系统性质、功能、作用特点不同，审美和艺术创造必须遵循其个性，按不同的原则和方式进行。

李范论企业美学 李范在《北京师范大学学报》1993年第3期上发表的《审美教育与社会改革》专论中指出：企业美育是社会主义企业建设的重要组成部分，它的内容十分丰富，其根本任务是要求企业以审美的方式，按照美的规律进行生产建造，使物质文明建设符合美的要求。它包括：1.企业产品美。包括产品设计科学、合理、构思新颖；产品的功能齐全，质量优良；技艺高超，制作精巧；外观形式具有审美因素。2.企业环境美。企业的环境就物质方面来看，主要包括空间环境，色彩环境和声音环境。按照审美的要求，空间环境应该实现净化、绿化、美化，不管是厂区还是室内，都要做到宽敞、整洁、有序、美观。在色彩环境上，要求明亮、和谐、醒目。在声音环境上，要做到消除噪音，保持安静的工作环境，创造优美的环境，利于激发劳动者的劳动热情，提高劳动效率，并使劳动者从中得到美的熏陶。3.企业经营管理美。在企业管理中，也体现着审美的因素，它表现在劳动组织的有序性，群体劳动的和谐性，个体劳动的愉悦性，管理形式的艺术性等。在企业管理方法上的“审美方法”，即人们常说的“感情投资”，在企业管理中，要注意心理疏导和情感感染，领导者要有一颗爱心，待人处事要有人情味，关心职工的疾苦，倾听职工的心声，与职工进行情感的交流，心灵的勾通，互相信任和理解，创造一个宽松、和谐的工作环境和人际氛围，使企业不仅是一个经济实体，而且是一个情感实体，使职工心情舒畅，心甘情愿地为企业奋斗献身。

王世德探索商业美学 商业美学是从美学角度研究商业活动领域内文化现象的特点、内容、形式、功能及规律的学科。因为审美现象是文化现象之一，所以研究商业领域的审美现象的商业美学是商业文化学的组成部分。商业的最重要的美学性质，是商业在满足人们的物质实利需要的同时，还要满足人们的精神审美需要，能陶冶和激发人们优美的情感、趣味、升华和提高人们的精神境界和气质情操，使人不仅在理智上知道什么是善和恶，是与非，而且在情感上体验到什么是美和丑，使人在感情深处趋美背丑。真诚而不虚伪，无私而不贪欲，高尚而不鄙吝，援助而不陷害，互济而不倾轧，友好而不相恶，和谐而不杂乱，多彩而不单调，优美而不丑陋，美好而不丑恶，这是我们社会主义商业应有的文化精神和美学内涵。对商业美学作为一门新的学科，《天府新论》1993年第3期刊载了四川大学中文系教授王世德的探索文章。

新时期文艺美学的建设 在1980年全国首届美学会上被提出的“文艺美学”问题，经短期摸索和徘徊后，人们达到共识：文艺美学是一门具有自身独特的目的、任务、对象、范围，具有自身的逻辑起点和理论构架的独立学科。新时期文艺美学的建设经历了摸索期、自觉期和深化期三个阶段，逐步解决了学科性质、对象和范围、文艺的审美本质等问题，并以理论体系的创构实绩、方法论的革故鼎新、范畴体系的规模初具等诸多方面呈现出深化的趋势。今后文艺美学的建设将取何种走向？扬州师院中文系姚文放在《山东社会科学》1992年第6期上发表的专论中，认为：以下几个方面的动向都是有理由加以确认的，一是文艺美学将随着现代哲学、美学的深刻变革而得到进一步的发展；二是文艺美学的理论成果将与文艺创作和文艺欣赏的实践活动结合得更加紧密；三是文艺美学将形成不同的风格、流派，并在风格、流派的竞争中走向繁荣；四是将向文艺部门美学的各个领域继续扩展和深化。

中国文学美学的精神结构

中国美学精神是艺术化了的精神，而中国艺术又是诗歌化的精神，文学便成为中国美学的精神窗口——文学美学精神。《江海学刊》杂志社主编，研究员吴功正把中国文学美学的精神作为结构进行考察，并在《社会科学辑刊》1992年第5期上发表专论，认为它具有组合型特征。在结构现象体上，内外层的交融构成宏博的意识机制；在总体精神上，是人文、现实、玄远、天人合一、生命、宇宙精神的复合体；在表现形式上，区域体文化精神差异性显著；在具体形态上，具有雅俗两种类型；在审美理想上是“圆”的完美精神，在审美方式、思维上，是视觉思维的全幅展示，感觉经验的贯通，审美情调的典雅空灵。类型性情感结构与主体相关，有对应性物象，个人心态不断选择沉淀的意象，遂形成审美体验上沉淀式的经验回味和新感觉经验的移入，由此所规范的审美功能也是组合型的，这一切便使得美学精神繁富万态。

邹华论茅盾的美学思想 在中国现代客观论美学历史发展中，人们首先注意到的是茅盾的美学思想。茅盾的美学思想，客观论美学的主要范畴和理论原则处于一种素朴简略的状态，但在基本倾向上却异常明确地、典型地表现出客观论美学的特征。他对美和艺术的思考经历了60年漫长的过程，其基本观点始终如一，强调文艺对社会人生的全面的宏观考察和客观再现，以及对历史必然的深层的理性把握，这是他美学思想的主要特色。以真为美的观点是茅盾美学思想的核心，他对真的强调是服从于善的需求的，善作为目的要求是他思考美和艺术问题最基本的出发点。他否定中国古代美学偏重表现的传统。他强调审美意识中的理性认知因素，反对在思想的骨架上披一张形象之皮的概念化的做法。对茅盾的美学思想，青岛大学中文系邹华在《人文杂志》1992年第1期上以《社会宏观与理性探索》为题公开发表了研究意见。

田志伟论述艾青诗歌美学观　艾青的诗歌美学理论著述，对中国当代诗歌美学理论的建树功不可没，在中国当代诗歌美学史上，起到了拓荒和奠基的作用。抗战初期和抗战时期、建国初期、新历史时期里艾青的40余篇诗歌美学著述，建构了一座完整的、系统的诗歌美学理论大厦。他的诗歌美学理论博大而精深，既有高屋建瓴的宏观论述，又有钩深致远的微观阐释；既有生动形象的诗一般的韵味，又有辩证而明晰的哲理般的深邃；既有美学家的气度，又有诗人的风范。他的诗歌美学理论随着时代的发展，不断在自我完善、日臻完美，历史每向前跨进一步，都留有他诗歌美学理论向前发展的印记。他的诗歌美学理论的建树与历史进程几乎是同步的。对"艾青诗歌美学观"，《辽宁日报》文艺部主任编辑田志伟在《社会科学辑刊》1992年第二期发表了专门的论述。

中国当代小说美学研究的现状　上海师大中文系杨剑龙在《云南社会科学》1992年第3期上发表专题研究，认为新时期的小说创作再不是一种凝固的封闭的存在，而是一种流动的开放的现实，它既与中国传统小说血脉相连，又与世界小说潮流衔接。新时期小说家们对文体意识、人本意识、语言意识的重视，不仅使小说的叙事形式、艺术技巧等方面发生了变化，而且使小说观念、审美心理等方面受到了冲击。面对中国当代小说创作的纷繁多变的现状，处于困惑与不安中的理论界纷纷以拿来主义的态度，将西方的小说美学著作翻译介绍进国内。在外国小说美学理论和批评方法的影响下，当代小说理论家们从对当代小说实际的沉思逐渐转入对小说实践和理论的总结探索，一是回归传统，着力于对中国传统小说实践和理论的总结探索，二是面对现实，孜孜于对当代小说实践和理论的观照建构，形成当代小说美学研究的两股殊途同归的脉流。总之，近几年来的中国当代小说美学的研究，在引进借鉴西方的小说理论和研究方法中，在整理总结中国古典小说美学理论遗产中，在观照审视当代小说创作现实、对小说美学理论的探讨中，都有着令人瞩目的成就，小说的观念发生了变化，思维的模式发生了变化，理论的基础发生了变化，研究的方法发生了变化，从封闭到开放，从单调到丰富，从一元到多元，从沉闷到生动，当代中国小说美学研究已从传统的现实主义小说美学的格局中走出，走向多姿多采的现代小说美学研究的坦途。

乌兰察布岩画的审美历程　乌兰察布岩画分布在内蒙古乌兰察布和巴彦淖尔草原，创作时期大约在新石器时代早期，距今4000年前，是北方草原岩画艺术成熟期的集中代表，它的发现年代较晚，正式全面的考察是1980—1983年。内蒙古社会科学院哲学研究所吴楚克在《内蒙古社会科学》1992年第6期上发表专题文章，他认为：我们不能肯定每一幅岩画都一定含有某种审美意味，但可以肯定每一幅岩画都反映了当时的经济和社会生活，于是，从今天的审美观念出发，人们几乎都能从中挖掘出一种"积淀"。它除了记载了人类早期生活形态而具有无可替代的考古价值外，还反映了当时人们的一定范围的思维意识而令后人流连忘返，百思不解，显然，岩画是特定时代的特定产物。岩画作为原始艺术遗存，的确给我们留下了无数值得探索的奥秘，它们所反映的内容和透露出的审美意识永远具有不可替代的价值和魅力。乌兰察布岩画经历了直观象征和浪漫象征两个阶段，在浪漫象征阶段又走过了从场景描写到人物刻划的历程，最后在抽象符号化阶段结束了岩画的历程。

谢云飞论人体艺术审美　《江西社会科学》1992年第5期上刊登江西大学新闻系谢云飞的研究文稿，认为改革开放以后，西方的人体艺术也随着现代思潮一起涌入我国，广大群众开始接触、欣赏和创作人体艺术，出现了一股"人体艺术热"，人们对精神生活出现了多方位多层次多元化的追求，艺术创作出现了百花齐放的局面，这是社会进步的表现。人体艺术是以人体为摹本，但不是为描摹而描摹，而是通过描摹人体，达到表情的目的，是人类的一种精神创造。人体艺术应该是真善美的统一，作者是"以形写形"还是"以形传神"，是"以美画美"还是"以美传善"，是区分人体艺术美丑的试金石。人体艺术是唤起鉴赏者的美感，还是给鉴赏以官能刺激，唤起低级情感，也是鉴别人体艺术美丑的重要试金石。鉴赏人体艺术应具备下列条件：第一、要有丰富的社会经验和生活阅历。社会经验丰富，生活阅历深广的人才能在鉴别一个对象时一矢中的，入木三分，才能引发出更多的联想和想象，以便进行比较、辨别、判断，从而分清真伪美丑。第二、要有必要的文化艺术修养，文化艺术修养愈深，知识面愈宽，展现在你眼前的美的疆域就愈广阔，你鉴赏美的辨析力就愈强，你所获得的美感也就愈浓烈。第三、要有进步的审美观和健康的审美情趣。人的心灵是美的源泉，美的心灵会不断谱写出动听的乐章。培育一颗美的心灵，树立进步的审美观和健康的审美情趣，是能否辨别人体艺术美丑的关键所在。

中国健美协会在京成立　中国健美协会(缩写CBBA)于1992年9月8日在北京正式成立。该协会的宗旨是团结全国健美工作者，宣传和推动群众性健美运动的开展，增强我国健美运动的技术水平。协会下设教练、裁判、技术、腕力等分支机构，实行会员制，团体或个人均可按条件申请加入。

'92全国健美(操)冠军赛在京举行 全国健美(操)冠军赛于1992年10月8日至12日在北京光彩体育馆圆满落幕。参赛者都是获得92全国健美(操)锦标赛前10名和前6名的选手，煤矿体协代表队的王力劲和上海代表队的张萍分获男女全场冠军。本次大赛分健美和健美操两项赛事。健美设男子8个级别、女子4个级别、女双、混双和男、女全场冠军共16个比赛项目。健美操包括男子单人、女子单人、混合双人、混合3人、混合6人比赛。同时，健美还设四项特别奖，即最佳表演、最佳动作配乐、最佳小腿肌和最佳腹肌。健美操则设有最佳表演、最佳动作配乐、教练员编排奖等3项特别奖。本次冠军赛的目的，是为了促进我国健美(操)运动的发展，提高健美(操)竞技水平和审美情趣。

'92首届中国健美先生、小姐出台 '92"利斯杯"首届中国健美先生、小姐大赛于1992年11月28日揭晓，杨新民和张萍分别荣获"中国健美先生"和"中国健美小姐"称号。这次比赛由国家体委中国健美协会主办，海南省体育局、海南国际体育旅游开发公司和海口体育开发有限公司承办。大赛在充满热带风情的椰城海口市举行，参赛者均为1992年全国健美锦标赛各级别前三名获得者，与以前健美比赛不同的是，这次大赛依照国际奥林匹克先生(小姐)的比赛方式进行，运动员不分级别，同台角逐。"中国健美先生"杨新民，44岁，是烟台第二运输公司的工人，曾多次获得男子80公斤级全国冠军，四度出访，1991年在韩国举办的第27届亚洲男子健美锦标寒上夺得80公斤级第三名。"中国健美小姐"张萍，35岁，上海自行车前叉厂工人，现任上海台湾城康乐部主任，曾连续四年夺得全国健美锦标赛女子全场冠军，而且是亚洲女子健美锦标赛52公斤级的"三连冠"。

'93中国健美先生、小姐评出 1993年12月24日晚，在北京世纪剧院举行了'93"太阳神"杯中国健美先生、小姐大赛。山东老将杨新民和上海张萍分别获得中国健美先生、小姐称号。中国健美先生、小姐大赛是全国健美的最高级别比赛，参赛者必须是1992年度的各级别第一名、1993年度男子各级别第一名、女子各级别前两名。获得本次大赛二至六名的是：男子王力劲(煤矿体协)、曲智进(火车头体协)、甘清春(冶金体协)、秦成勇(煤矿体协)、陈佳民(沈阳)；女子许勤华(上海)、纪明丽(山东)、魏嫒(煤矿体协)、张海洪(天津)、翟美玲(陕西)。此外，山东老将杨新民还获最佳表演奖，天津张海洪获最佳动作配乐奖，煤矿体协王力劲获男子最佳小腿肌奖，上海许勤华获女子最佳腹肌奖，火车头体协曲智进、四川李静分获男女进步最快奖。

全国职工健美操赛在京举行 '93航天汽车杯全国职工健美操比赛，于1993年10月16日至18日在北京石景山体育馆举行。经过层层选拔的来自全国15个省、市企业代表队的150多名健美操好手，参加男女混双、三人、男女混合六人和团体四项目的角逐。与以往不同的是，本次比赛采取以预赛加决赛成绩总和的多少来决定名次。荣获男女混双前三名的运动员分别是：岳莹、李纯伟(天津轧钢一厂)；王丽君、伞西(火车头体协)；马鸿涛、夏威(北京四达减肥仪)。获三人操前三名的运动员是：徐胜、岳莹、张玲丽(天津轧钢一厂)；罗朝辉、伞西、贺锡田(火车头体协)；李大顺、张涛、石继武(辽宁锦州石化)。获男女混六前三名是：天津轧钢一厂、北京四达减肥仪厂和江苏仪征化纤厂。获团体总成绩前三名的是：天津轧钢一厂、火车头体协和江苏仪征化纤工业联合公司。此外，苏红获得最佳教练员奖，火车头体协三人操获最佳编排奖，江苏仪征化纤队获进步奖。这次赛事是由国家体委主办，北京市体委和石景山区体委承办，同时得到了中国江南航天工业集团公司的支持。

娄琢玉荣获国际健美界4项殊荣 1993年8月在新加坡举行的第10届亚洲女子健美锦标赛上，我国健美界望高资深的老前辈娄琢玉先生喜获四项殊荣：1.被国际健联批准为A级国际健美裁判；2.获亚洲健联授予的"亚洲杰出贡献奖"(亚洲地区接受此称号第一人)；3.获美国运动医学大学、国际健联医务委员会主席鲍勃·哥尔特曼博士授予的奖状；4.被聘为"美国运动医学大学"委员。载誉归来的娄琢玉对记者说：我没有把它看成是个人的，而是看成整个中国健美界的荣誉。

《科学美学》出版 "科学美学的开创之作"是湖南出版社1991年出版的徐纪敏著《科学美学》一书的责任编辑黄治正对该书的评价。科学与美学的关系问题，至今仍是学术研究领域一片待开垦的处女地。倡导科学与美学关系的研究，努力创建科学美学这门新兴边缘学科，是一项应当受到重视的工作。我国著名中年学者徐纪敏教授开了先河，他继1987年出版《科学美学思想史》后，又出版了《科学美学》，着重阐明科学美学的研究对象、任务、方法和学科特点，并对科学美学一系列重大理论问题提出了独特的见解，为科学美学这门新兴边缘学科建立了一个大致的理论框架。徐纪敏倡导的科学美学与过去已有的各种各样的"科学美学"无论在研究对象上还是在研究方法上都是迥然不同的。徐教授倡导的科学美学主要研究自然事物的内容美、自然科学理论中的理论美，以及自然科学创造活动和鉴赏活动中的美感问题，它实际上是自然科学中的美学，是一门独立性很强的新兴边缘学科，而不是美学的分支学科或应用学科。

《中国古典美学辞典》出版 广西教育出版社1992年推出了彭会资主编的《中国古典美学辞典》。《辞典》基本上涵盖了中国古典美学的各个领域，也突出了中国古典美学的基本特点，作为目前仅有的一部《辞典》，编者们做了一件很有意义的工作。《辞典》既注重辞条的书证尽量翔实和相对完整，又对一些重要概念的不同用法和不同含义尽可能全面地列举阐释。《辞典》在释义方面，注重概念的历史涵义和文化背景，有些条目从比较美学的角度解释辞义，也努力贯彻马克思主义美学立场，从而使许多辞条在释义方面体现出一定的现代性。《辞典》在总体结构和辞条的设立上注意日常生活中的审美问题，以及艺术在古代中国人日常生活中的地位、作用及其特殊关系。

《自然美学系统》出版 李丕显新著《自然美学系统》1992年由复旦大学出版社出版。作者以新的研究方法，新的理论视野，新的体系构架对自然美做出了不同他人的阐释，体现出新的特色。本书强调自然美是一个复杂的美的独立系统，它具有自身发生、发展、成熟的历史过程，具有系统的结构、功能和整体性质，并且和其他系统发生这样那样的联系。该书肯定每一学派的理论贡献及其合理因素，广泛汲取了美学各有关学科的丰富营养，借鉴了多学科的重要实证材料和权威结论，并消融化合于自然美的理论系统之中，使这一理论的建构表现出鲜明的当代色彩。

《美学散论》出版 张尔进的《美学散论》1992年，由甘肃人民出版社出版，这是近年来学术理论界的实绩之一。它选编了张尔进有影响的25篇论文，这些文章涉及我国传统美学、美学史、文学、文艺理论、马克思主义"人化自然"观、技术美学及书法、绘画、舞蹈等方面的理论和评价。

《风格美学》出版 王志强著的《风格美学》，1992年由青岛海洋大学出版社出版。该书分10章：风格的概念、风格的主观性、风格的客观性、风格的多层次结构、作家风格的多侧面、风格的分类、风格的描述与具象思维、风格与模仿、风格与流派、风格的分析与评价等。该书汲取了中国古代美学论著的营养，借鉴了西方文论中的精华，密切联系古今中外的作家作品，从理论和实践的结合上对风格美学作了相当系统而又深入的论述。

《衣妆美——专家谈穿衣打扮的艺术》出版 由衣妆美研究会秘书长贺亚生主编的新书《衣妆美——专家谈穿衣打扮的艺术》1992年8月由中国青年出版社出版。薄一波同志为该书题词："宏扬中华民族灿烂的衣妆文化"。书中，国内知名的衣妆专家联系实际，结合丰富的经验和体会，介绍了衣妆修饰的常识，阐述了着装打扮的科学和技巧。

14. 社会福利与社区服务

1992年我国社会福利与社区服务发展概述 1992年，是我国社会福利与社区服务工作加大改革力度、加快发展速度的一年。在这一年，广大社会福利与社区服务工作者，认真学习贯彻邓小平同志视察南方重要谈话和中共十四大精神，结合实际，解放思想，深化改革，各项工作取得了显著进展。据统计，截至1992年底，我国城乡拥有各类福利院43318个；社会福利企业49836个，安置了853494个残疾人就业；全国有14490个乡镇建立了社会保障网络，占全国乡镇总数的29.9%，建立社会保障基金会226750个，筹集社会保障资金20.1亿元；全国城镇已建立112171个社区服务设施。

1992年我国社会福利与社区服务的发展有以下几个特征：

——注重转变机制，深化内部改革。民政直属福利企业认真贯彻国务院颁发的《全民所有制工业企业转换经营机制条例》，重点抓住"事转企"，选择劳动、人事、分配三项制度改革为突破口，大胆探索转换企业经营机制的新路子，取得了可喜成绩。各地许多福利企业抓住有利时机，上规模、上水平、上效益，朝股份化、集团化、国际化方向发展。沿海、沿边、沿江地区，发挥地缘、资源优势，积极发展外向型福利企业，扩大对外贸易，建立了一批"三资"福利工厂。福利事业单位不断深化内部改革，许多单位开展了规范化管理，强化了竞争机制，增强了内在活力，提高了服务质量，社会效益和经济效益明显提高。

——社会化领域不断扩大。福利事业单位进一步改革旧的管理体制，在保证服务部分特殊对象的同时，面向社会，对外开放，搞活经营，延伸了服务领域。残疾人就业实行集中与分散并举，进一步依靠社会力量，从业状况不断改善。一部分城市开始探索分散残疾人就业的新路子，残疾人个体就业有了新发展。1992年，全国共有6.5万残疾人分散就业，有21857个残疾人个体就业。社会福利资金来源社会化也取得明显进展，集体集资渠道不断拓宽。在这一年里，集体向烈军属、孤老残幼、困难户等民政工作对象，进行优待或供给的资金达25.6亿元。社区服务专职、兼职和志愿者队伍不断扩大，已成为一支不可忽视的力量。

——产业化、实体化的发展态势趋强。各地民政部门积极贯彻国家大力发展第三产业的精神，发挥优势，挖掘潜力，以现有条件为依托，兴办了一批经济实体。一些纯供养型事业性单位，有的实行了经营或半经营性管理，有的一业为主,多种经营。在全国,实体性的社区服务中心不断涌现,有偿服务的思想进一步确立,初步形成了在社会主义市场经济条件下,以社区服务中心为骨干,以老年人、残疾人、优抚对象服务和便民利民服务为主要内容,以发展社区服务实体来增强自我积累、自我发展的新格局。

——制度化、法制化建设有了新发展。1992年,国务院正式将社区服务纳入国家国民经济和社会发展计划中,并从当年度起,以"社区服务站"列入国家计委的年度计划。各地分别制订了发展规划,许多地方政府还制订了发展社区服务的优惠政策和法规。福利生产方面,又出台了2个法规性文件。一个是民政部、国家物价局、财政部联合颁发的《征收社会福利生产管理费暂行规定》,另一个是民政部与国家税务局共同下发的《关于加强社会福利企业年检工作的通知》,这对于社会福利生产的健康发展将起到重要作用。

社会福利与社区服务事业的发展,有力地促进了我国社会主义精神文明建设。主要表现在:

1.把党和政府的关怀直接送到千家万户,体现了党和政府全心全意为人民服务的宗旨,提高了党和政府的威信,密切了同群众的联系。

2.增强了人们的团结互助意识,调节了人际关系,缓解了一部分社会问题,促进了社会安定,有力地配合了经济建设。

3.提高了我国国民整体社会保障水平,改善了群众的生活质量,老年人、残疾人、优抚对象、贫困户等社会上最需要关心的人,得到了社会的理解和支持,体现了社会主义制度的优越性。

1993年我国社会福利与社区服务发展概述 1993年,我国的社会福利工作加大改革力度,锐意开拓创新,获得全面发展。(1)我国社会福利向社会化推进。城乡各种福利院、敬老院已达43681个,共有床位92.7万张,收养72.4万人。各种福利院、敬老院床位利用率为78.2%,比1992年提高0.7个百分点。其中社会办福利院、敬老院41599个,床位76.6万张,分别比1992年增长0.8%和3.2%。城乡各种社会救济对象得到国家救助的达4051万人次。全国已有31.5%的乡镇建立了农村社会保障网络,城镇社会服务网络也有较快发展,已建立各种社区服务设施9.7万个。职工养老保险社会统筹面继续扩大。(2)福利企业稳步发展。全国有福利企业56843个,职工人数已达205.9万,其中残疾职工84.2万人,分别比上年增长14.2%、8.3%和8.2%。按新的统计方法,全国福利企业生产增加值为292.7亿元,根据其他资料显示,福利企业总产值约为890亿元,其中民政部门办福利企业为130亿元。在1993年,各级民政部门大胆探索福利企业转换经营机制的各种途径,推动了企业内部劳动、工资和人事制度的改革。据对28个省市的统计,到1993年底,民政直属福利企业中已实现转换经营机制的约占直属福利企业的78.8%,民政部门首次开展了全国福利企业"百强"排序活动,共评出年销售额达1500万元以上、年利税额在100万元以上的福利企业各500家。同时加强了对福利企业的行政管理。福利企业的技术改造工作更加规范化和制度化,经过多方争取,1993年经民政部审批列入国家专项的技改项目188个,共争取专项贷款5395万元,比上年增加1390万元,审批立项改造的农行贴息项目80个,共争取地方农行贴息贷款9089万元,并首次争取中国建设银行500万元贷款,从而进一步拓宽了技术改造贷款资金的筹措渠道,对巩固和发展福利企业起到了重要作用。民政部还首次组织全国9个省市的34名厂长、经理和民政厅、局长赴美招商引资,达成引进120个合资、合作项目共4.5亿美元的意向性协议。成功地举办了首届假肢矫形器国际博览会,共有14个国家的60多家公司参加,有力地促进了我国的假肢产品走向世界,同时使国际假肢界加深了对中国的了解。举办了4期社会主义市场经济培训班和1期技改专职人员培训班,共集训基层民政干部300多人。通过招商、引资和培训,转变了观念,开阔了眼界,扩大了影响,积累了经验,为提高福利企业管理人员的素质和水平打下了良好的基础。但是,民政部门办的福利企业亏损仍然严重,有1350个亏损企业,占福利企业总数的18.9%,亏损额15976万元,比上年增加了6847万元。1993年城镇街道分散安置20.9万人就业,其中有8万人从事个体经营。(3)福利设施得到改善。社会多渠道筹集资金,改建和新建了一批新型福利设施。全国多方筹资4403万元,用于改造福利事业的危旧房屋、购置医疗康复设备;各地民政部门也投入大量资金,积极创办老年公寓、老年医院、残疾儿童康复中心、临终关怀医院等新型福利设施;有近20个省、市成立了福利慈善组织,积极争取捐助,改善福利事业的条件。

1993年,民政部会同国家计委、国家体改委等14个部、委、局联合颁发了社区服务工作的第一个政策性文件——《关于加快发展社区服务业的意见》。这是在社会主义市场经济条件下加快建立健全社会保障体系和社会化服务体系的重大举措。这个《意见》的出台,标志着我国社区服务业的发展进入了一个新的阶段。目前,全国大、中城市社区服务工作普遍开展起来,社区服务已成为全国性的社会运动,进入普通百姓之家,深受社会各界的欢迎,并已形成社会性的共识。按照国家的产业政策,对社区服务开始实行行业管理,全国大、中城市社区服务设施、服务队伍和组织管理体制进一步向规范化方向发展。许多地方制定了社区服务业管理办法,开始实行《社区服务业证书制度》。社区服务的内容由少到多,范围由小到大,服务对象由特殊社会群体扩展到全社区的成员,服务水平由低到高，不少城市已建立起一支专兼职和志愿者相结合，街居干部、理论工作者、社区管理者、社区志愿工作者和社区居民共同参与的多样化服务队伍。许多社区服务单位坚持福利服务和经营服务、无偿服务和有偿服务相结合的原则，社区服务由大、中城市向小城镇和乡村社区延伸扩展，小城镇和乡村社区服务开始起步。1993年在推进社区服务向产业化和实体化方面又向前迈出了一步。各种方便群众的便民、利民的服务网点16.9万个，涌现出了一支300多万人参加的社区服务志愿者队伍。

民政部发表1992年中国社会福利事业发展白皮书 1992年10月，中华人民共和国民政部发布了中国社会福利事业发展报告(1992年白皮书)。报告说，发展社会福利事业，是中国社会主义制度的基本内容之一，是中国政府的基本社会政策。报告分发展状况和基本经验两大部分。报告从优抚安置、社会收养单位、城镇社区服务、社会福利企业和残疾人就业、救灾救济、农村社会保障制度及社会保险以及资金的来源等七个方面阐述了我国社会福利事业的发展状况。中国社会福利事业的发展成效是显著的，其基本经验：一是走中国特色的社会福利发展道路；二是深化社会福利事业改革，实行社会福利社会化，减轻国家负担；三是自觉围绕社会稳定的大局，配合经济建设这个中心开展工作；四是拓宽社会福利的新领域。白皮书最后阐述了中国社会福利事业面临的问题与改革的方向。面临的问题：一是体制不完善，关系不顺畅；二是农村是个薄弱环节；三是社会化水平低；四是社会福利资金国家、集体、个人合理负担方式尚未建立，数量不足；五是法制不健全。

我国民政事业5年间获得全面发展 从1989年第9次全国民政工作会议到1993年的5年间，我国民政工作紧紧围绕党的中心工作，解放思想，深化改革，使各项民政事业和社会保障事业获得了全面发展。救灾工作改变了由国家单一救济的局面，开创了组织群众、动员社会力量募集款物支援灾区的格局。5年来，共下拨特大自然灾害救济费64亿元，调拨救灾粮87亿公斤，争取国内外援助和捐赠23.5亿元，累计救济灾民2亿多人；创办救灾扶贫经济实体2.7万个，发展救灾扶贫基金会、储金会、储粮会12.1万个。在社会救济和扶贫工作方面，农村敬老院由5年前的3.7万所增加到4.1万所，收养五保对象58.6万人，农村基层社会保障网络已发展到1.4万个。各地把救济与扶贫结合起来，5年累计扶贫1893万户，其中62.9%以上的贫困户摆脱了困境。农村社会养老保险工作，近年来有突破性进展。已在全国1100多个县级单位全面展开，有4000万农民参加了保险，初步探索出一套适应我国农村实际的社会养老保险方法。城市社区服务业已在全国各大、中城市普遍开展。全国共建各类社区服务设施8.9万个，便民网点16.9万个，涌现出一支300多万人参加的社区服务志愿者队伍。社会福利生产得到了巩固和发展，全国福利企业已发展到5.7万家，就业职工205万人，其中安置残疾人就业84万人。此外，民政部门在优抚安置、基层政权和基层群众自治组织建设工作，以及社会行政管理等方面也都取得了进展。

1993年我国自然灾害及抗灾救灾情况 经民政部会同国家防汛抗旱办公室、国家统计局、中国气象局核定，1993年全国有7.3亿亩农作物受灾，其中减产30%以上的3.4亿亩，减产80%以上的近8200万亩。倒塌房屋271万间，损坏933万间，因灾死亡6000多人，伤1万多人，300万人遭洪水围困，被迫转移。部分地区的生命性工程、工矿企业、公共设施也遭到不同程度的破坏。各类灾害造成直接经济损失达993亿元人民币。经核定分析，1993年的自然灾害，从对农业生产的影响看，属中等偏轻灾年；从灾害造成的损失看，属中等偏重灾年。灾害的特点，一是种类多，各种灾害均有发生，其中沙尘暴是几十年没有过的。二是旱灾轻，对农业生产的影响较小；水灾重，造成的损失大；地震灾重于一般年份；风雹灾、冷冻灾波及的面广，危害重。三是连灾省份多，春旱严重的河北、山东、河南等地连旱数年；山东、江苏等地先旱后涝；湖南、江西连续受水灾；广东连遭6次台风袭击。四是重灾区多分布在老、少、边、山、穷困地区，如苏北、鲁西南、湘西、赣南等地区，灾民生活救济的任务繁重。党中央、国务院高度重视抗灾救灾工作。国务院及有关部门多次召开会议，做出工作部署，并派出工作组到灾区帮助工作，有关部门拨出柴油、钢材、水泥、汽车及大量木材、油毛毡等其他物资投入抗灾救灾。灾区各级政府的负责同志亲临灾害现场、视察灾情，慰问灾民，指挥抗灾救灾。人民解放军、武警部队、公安干警、民兵、预备役部队在抢险救灾中发挥了重要作用。据不完全统计，共出动兵力75万人(次)、飞机、舰艇1700多架、艘(次)，车辆14万余台(次)，参加各类抢险救灾2万多次，抢救转移遇险群众20多万人，抢运、抢救各种物资近400万吨。在抢险救灾中，全军300多个单位被授予“拥政爱民先进集体”，450多名官兵立功。为妥善解决灾区群众的生活困难，1993年民政部会同财政部共拨款11.9亿元，用于灾民的口粮、衣被、住房恢复、伤病治疗和临时安置救济。全国300余万受灾害直接威胁的群众得到安置，4000多万灾民得到政府在吃、穿、住、治病等方面的救济。各级民政部门在安排灾民生活的同时，积极组织群众开展多种形式的生产自救。非灾区群众在政府和群众团体的倡导下，积极支援灾区群众，募集资金、物资，增强了灾区经济实力。联合国有关机构、国际组织、一些外国政府和港澳台同胞、海外侨胞,也给予灾区很大的支持和援助,对帮助灾区恢复生产、重建家园,发挥了积极的作用。由于党中央、国务院高度重视,各级政府认真负责,抗灾救灾工作扎实有效,受灾害威胁的灾民及时得到抢救、转移、安置,因灾造成的灾民生活困难得到妥善解决。灾区人心稳定,社会安定。

中国残疾人事业"八五"计划纲要 在我国社会主义现代化建设进入实现第二步战略目标的新阶段,为使残疾人事业与经济、社会协调发展,依据《国民经济和社会发展十年规划和第八个五年计划纲要》,国家制定了《中国残疾人事业"八五"计划纲要(1991—1995年)》。这个"计划纲要"在"八五"期间总的目标是:进一步改善残疾人平等参与社会生活的物质条件和精神环境,缩小残疾人事业与国民经济和社会发展水平的差距,使残疾人参与机会增多,参与范围扩大,自身素质提高,生活状况改善。截至1993年的前3年,在全国各地、各部门和全社会的共同努力下,在康复、教育、劳动就业、文化生活、福利、环境等方面取得了显著成效;为后两年的进一步贯彻实施打下了良好的基础。

中国残疾人福利基金会已募集4000万元 中国残疾人福利基金会于1992年5月14日召开了第8次理事会议,公布了1991年捐款收支情况。1991年,中国残疾人福利基金会共募集资金折合人民币1127万元,其中个人捐款19.8万元,团体、单位捐款2.6万元,外汇捐款折合人民币1104.6万元。各地残疾人福利基金会因地制宜,多种形式募集资金共计3389万元。1991年,中国残疾人福利基金会共支出787万元。其中用于三项康复230万元,其它康复204.6万元,特殊教育300万元,职业技能培训5万元,奖励山东省盲童演员金元辉钢琴一架,价值4000元,向江苏、浙江、安徽、贵州、河南、湖北、四川、吉林、黑龙江九省灾区残疾人捐款47万元。所有基金支出全部按照《中国残疾人事业五年工作纲要》匹配投资的要求和捐赠者意愿用于残疾人事业,收到了良好的社会效益。

退伍军人安置工作改革迈出新步伐 1993年,全国安置工作为适应市场经济体制的要求,加强了调查研究,依靠法律、法规保障,适时调整、完善安置政策,疏通渠道,为各地开展安置工作积极创造条件,较好地完成了各项任务,使安置工作在改革中迈出了新的步伐。(1)适时调整城镇退伍安置政策。出台了城镇籍退伍军人安置的新政策,经国务院、中央军委批准,制定了《关于退伍义务兵随用工单位改革实行合同制的意见》,这是建国以来安置工作的重大改革,既保护了退伍兵的切身利益,又支持了企业转换经营机制。1993年基本完成了退伍军人的接收安置,落实了滞留部队多年的特、一等伤残义务兵的接收,开始接收成批复员干部,拓宽了工作的新领域。(2)两用人才开发向实体型发展。贯彻全国军地两用人才会议精神,指导10余个省成立了军地两用人才经济实体,部分省成立了军地两用人才开发使用促进会,使军地两用人才工作得到进一步发展。(3)军休所生产经营突飞猛进。积极发挥军队离休退休干部的作用,组织他们参加各种社会活动,大力开展生产经营,截至1992年底,全国有1097个干休所开展了生产经营,占总数的75.1%,经营项目达2023个。通过生产经营,不仅对两个文明建设起到了促进作用,而且为军队离休退休干部安置工作增添了生机和活力。(4)离退休干部生活待遇大幅度提高。经国务院、中央军委批转民政、公安等7个部门《关于军队离休退休干部安置中几个问题的通知》和民政、财政、总政、人事等部门关于军队离休退休干部生活待遇低有关问题的通知,解决了长期以来离退休干部反映最大的待遇低、政策不明确和离休干部待遇落实慢的问题,生活待遇大幅度提高。

各地安置首批军队自愿复员干部 1993年,800多名军队退役干部开始按照既不同于过去的复员,也不同于现今转业由政府安置工作的全新路子,步入地方,融入了经济建设的洪流。从1980年以来,部队退出现役的军官和文职干部,都由国家按转业政策安置,形成了雷打不动的常规和一项基本政策。1993年2月17日,国务院退伍军人和军队离休退休干部安置领导小组、民政部、总政治部等9单位联合发出《关于做好军队复员干部安置工作的通知》,明确军队退役干部作自愿复员安置将成为一种新的正常的退出现役干部的安置渠道。这一在军内外引起广泛关注和强烈反响的决策出台不久,全军800余名符合退出现役条件的干部,根据自己的意愿,脱下军装来到地方民政厅(局)的退伍安置部门快捷而果断地办理了手续。从而为军队退役干部的安置打开了一条新的路子。一是减轻了部队领导机关转业安置工作的压力;二是人尽其才,在职业选择上有利于更多的人如愿以偿;三是在落户和就业地域选择上较转业安排具有更大的灵活性;四是为一些急需某些专业人才的单位提供了难得的选择机会;五是退役后一次性安置费标准较高,生活有保障。此外,在住房分配、贷款、开办私营企业、从事个体经营、税收等诸多方面也有相应的优惠政策。这些对年轻的退役军官们来说,具有吸引力。无疑,这种双向选择的安置办法,既有利于减轻国家负担,又有利于部队干部的稳定,既能使地方得到急需的优秀人才,又能使退役干部各得其所,充分发挥聪明才智,实现自身价值。

我国保险体制改革步伐加快 1992年7月上旬,从中国人民保险公司获悉:我国保险体制改革步伐加快。保险公司通过深化内部改革，转换经营机制，走综合性、多元化、国际化发展的道路，正逐步建成集团公司。1992年1至6月，中国人民保险公司的保险业务总收入保持了较高的增长势头，达172.3亿元，比上年同期增长47.2%。其中国内业务收入156.3亿元，比上年同期增长49%。国外业务收入2.95亿美元，折合人民币16亿元，比上年同期增长23%。截至6月底，国内外业务赔款59.1亿元，发挥了重要的经济补偿作用。针对保险市场出现多家竞争的局面，该公司决定除继续发挥主渠道作用外，还拟进一步放开经营权限，允许各分公司自行决定开办区域性业务及灵活运用费率，建立系统内部分保机制等改革措施。为了更好地为保户和社会提供多方位的服务，该公司还将在主要经营保险业的基础上，积极兴办一些与改善服务有关的经济实体，这不仅可以灵活地运用保险资金、扩大资金收益，而且可以在竞争中降低费率或弥补承保亏损。

14部委要求加快发展社区服务建设 社区服务业是由社区福利服务业、便民利民服务业和职工社会保险管理服务业组成，是社会保障体系和社会化服务体系中的一个重要行业。自1987年民政部倡导这项事业以来，在全国大中城市已初具规模。截止1992年底，全国各类社区服务设施11.2万个，形成了以社区服务中心为骨干，以老年人、残疾人、优抚对象和便民利民服务为主要内容，以发展社区服务实体来增强自我发展能力的社区服务业格局。为进一步推动社会保障体系和社会化服务体系的建立与发展，民政部、国家计委、国家体改委、国家教委、财政部、人事部、劳动部、建设部、卫生部、国家体委、国家计生委、中国人民银行、国家税务总局和中国老龄委于1993年10月联合发出文件，要求各地加快发展社区服务业。文件要求有关部门把发展社区服务业作为与提高人民生活水平、提高人口素质密切相关的行业纳入第三产业发展规划及其他有关规划；按照社会化、产业化、法制化的社区服务的方向，积极支持和推动社区服务业的发展，就发展社区服务业的资金、劳动力、用地等列入当地计划，统筹安排。各级财政部门可将社区服务中心视为社会福利事业单位，并根据本地区的财政状况，在其开办期间给予适当补助。对效益好，有偿还能力的社区服务企业所需资金，各地银行按照银行信贷原则给予适当支持。对不具备法人条件的经营单位，依法办理营业执照；对具备法人条件的经济实体，依法办理企业法人登记。对符合国家卫生法规的社区服务卫生保健、康复单位，优先发给卫生或医疗许可证，并加强指导和管理。各级政府体育行政部门要重视、支持社区体育的发展，加强社区群众体育活动的管理和技术指导。各级政府要增加对社区服务业的投入，要广泛吸收社会资金和引进国外资金用于发展社区服务业。文件还就各项减免税优惠政策作了详细说明。并鼓励国有企事业单位、城镇集体经济、民办企业及个人以资金、房产、设备、技术、信息、劳务等形式投入社区服务业；鼓励港澳台同胞、海外侨胞和国外人士、团体、企业在中国兴办社区服务设施。各地要建立社区服务发展基金。依照社会主义市场经济法则，根据社区服务业的不同服务对象、项目采取无偿、低偿、有偿相结合，以有偿服务为主的形式，建立起标准有别的服务价格体系，改变社区服务业价格偏低、价值补偿不足的状况。文件还指出要建立充满活力的社区服务业的运行机制，根据社区服务业具有社会福利性的特点，实行不同的经营管理方式。各级民政部门要制定发展社区服务业的规划和政策，实行行业宏观管理，进行业务指导和提供服务，实行《社区服务证书》制度。要建立社区服务统计指标体系，抓紧制定各项法规，促进社区服务业走上法制化、产业化的道路。

我国农村敬老院蓬勃发展 改革开放14年来，我国农村敬老院在逐步普及的基础上不断巩固提高，出现了蓬勃发展的新局面。据统计，全国有敬老院4万余所，比1979年增加5倍多；收养52万多人，比1979年增加5倍。敬老院由传统的封闭式供养型向开放式服务经营型转变，逐步走上社会化的发展道路，成为农村社区服务和基层社会保障的重要组成部分。全国已有32000多个乡镇办起了敬老院，乡镇敬老院的覆盖面达58%。北京、天津、河北、辽宁、吉林、黑龙江、上海、江苏、山东、宁夏10个省、自治区、直辖市和1200多个县(市)普及了乡镇敬老院。敬老院的生活条件显著改善，院内人均生活费达680元，比1979年增加5倍多。五保对象入院率达14.5%，比1979年增加13个百分点。大多数敬老院实现了房屋标准化、环境绿化、美化、管理服务规范化。院内一般都配有彩电、冰箱、洗衣机、收录机、电风扇等，多数敬老院设有餐厅、医务室、康复室、娱乐室等。敬老院对外开放进一步扩大，以敬老院为依托，建立乡镇五保服务中心，为散居五保对象服务。全国已建立这样的中心28000多个，覆盖面达49%。全国已有23个省、自治区、直辖市的1000多所敬老院开展了自费收养，共收养3600多人，自费收养年收入达300万元，取得了较好的社会效益和经济效益。敬老院还因地制宜，开展多种生产经营活动，院办经济迅速发展，年产值达7.5亿元，创利润1.2亿元。

民政部成立中国收养事务中心 为了加强国内外收养工作的联系与合作，更好地维护我国儿童的合法权益，1992年8月民政部成立了中国收养事务中心。该中心的主要任务是，负责国内外收养工作的联络与交流；与国外合法的收养组织建立协作关系；组织协调各地民政部门做好收养工作；开展有关收养方面的咨询与服务。

司法部民政部联合颁布外国人在我国收养子女实施办法 1993年11月10日，司法部部长肖扬和民政部部长多吉才让签署经国务院批准的《外国人在中华人民共和国收养子女实施办法》的发布令，宣布即日起开始施行。根据《中华人民共和国收养法》制定的该《实施办法》共18条，明确规范了外国人在中华人民共和国境内收养中国公民子女的具体办法，包括收养人夫妻一方为外国人的，在中国境内收养中国公民的子女，也依照《实施办法》办理。《实施办法》规定，中国收养组织受国务院司法行政部门和民政部门的监督。还规定外国人在华收养子女，应当向登记机关、公证机关分别交纳登记费、公证费。中国收养组织可以收取服务费，收养人可以与送养人协商支付被收养人的抚育费。收养人向社会福利部门支付的抚育费，只能用于改善福利院施设。

我国孤儿助养助学计划开始实施 《中国大陆孤儿助养助学社会福利计划》于1993年10月23日在北京正式推出。这项计划由中国社会促进会和香港杰出青年协会联合发起并共同实施。在中国大陆约有7万余名孤儿，全国各级政府建的儿童福利院和社会福利院共收养孤儿近2万名，其中正在上学和即将上学的孤儿1万4千余名。此外，民间社会福利机构以及社会个人收养孤儿4万余名。各地福利机构本着人道主义精神，把这些孤儿收养起来，但由于经费困难，无法根本解决孤儿面临的许多问题。特别是随着社会主义市场经济体制的逐步建立，这些问题显得更加突出。“中国大陆孤儿助养助学社会福利计划”将以长期向海内外募捐的形式筹集资金，以改善中国大陆孤儿的生活和学习状况。这一活动计划的实施将促进孤儿问题的解决，并推动我国社会服务、社会救助和社会慈善事业的发展。

2.4万位革命老人在“光荣院”安度晚年 我国1992年共有2.4万革命老人在1100所光荣院里安度晚年。他们当中有参加过辛亥革命的老同盟会员，有为创建人民共和国而奉献年华岁月的老战士、老工运、老农运等。在光荣院里，老人们年人均费用2000多元，粮油由国家计划供应或集体供给，而且病有所医，乐有场所。各地民政部门还组织光荣院工作人员发展院办经济，使大部分光荣院油满缸、粮满仓，果木葱茏，六畜兴旺。对老人们的生活管理也由单纯供养型逐步向供养和康复相结合的方向发展。

临终关怀事业在我国悄然兴起 全国老龄委主任、中国老年基金会会长王照华1992年12月3日告诉记者：目前，在我国悄然兴起的临终关怀事业有望为千家万户送上爱意和帮助。临终关怀事业是伴随着人类社会进步与发展而兴起的慈善事业，其目的是发扬光大博爱精神，为身患绝症、急需救治、失去自理能力的患者（其中大部分是老年人）提供服务，使他们能够在人生之旅的最后一段岁月中得到社会充满温情的关怀和照顾。临终关怀事业造福千家万户，体现人道主义精神和高度的精神文明。在民政、卫生部门的支持下，北京、上海、天津、无锡、青岛等地先后办起了临终关怀研究和医疗护理机构，为老年病人提供医疗、护理、心理咨询、社会服务等帮助，受到欢迎。12月3日，中国老年基金会临终关怀基金募集部在北京成立。该组织将“从社会上筹集资金，辅助政府发展临终关怀事业”，并希望全社会都伸出友谊之手，发扬敬老爱老美德，为解除老年人后顾之忧献上爱心。

中国老年基金会设临终关怀基金 由中国红十字会总会、中国老年基金会主办发起的“临终关怀在中国”即中国老年基金会设立的临终关怀基金募集部1993年元月在北京成立。临终关怀事业是伴随着人类社会进步与发展而兴起的慈善事业，它充分体现了人道主义精神和高度的精神文明，现在已经得到整个国际社会愈来愈广泛的支持和重视。中国老年基金会临终关怀基金募集部衷心欢迎全社会都伸出友谊之手，为老年人老有所养、老有所医、老有所乐创造必要的物质条件，解除老年人晚年的后顾之忧做出奉献。

北京成立首家临终关怀医院 在中国老年基金会的支持和指导下，北京第一所“临终关怀”医院于1992年1月在香山红旗村建立。这家取名“松堂”的医院以洁净的灰墙红瓦建筑掩映在一大片高大挺拔的古松中，玉泉山上的溪水潺潺穿流而过，环境优美。它以“老年护理病房”为主的形式，从临终医疗、临终护理和临终心理关怀三方面入手，采取护理为主，及时积极治疗的原则，收到了很好的效果。82岁的陈旭宝患糖尿病、前列腺炎合并尿路感染。入院几个月来，老人在松堂医院得到精心治疗和生活护理，病情日渐好转。山东省龙口市农机局干部刘载亮，因患晚期肺癌而卧床不起，到松堂医院三个月后，癌灶已缩小了80%，身体和精神状态都很好，使他感到自己离生命的终点还远得很。

中国第一家地方社会工作者协会成立 陕西省社会工作者协会于1992年10月23日在西安成立，这是中国第一家地方社会工作者协会。中国社会工作者协会副会长、民政部副部长阎明复等到会祝贺，他称赞陕西省社会工作者协会为各省社会工作团体组建提供了经验，做出了榜样。

我国一些城市相继建成家务服务公司 1992年，全国诸多城市相继成立了一批家务服务公司，为家庭提供洗衣、做饭、照顾老人、接送小孩、电器维修、心理咨询、婚丧服务、搬家、家教等专门性服务，其中计时服务比较活跃。这类服务在一定程度上解决了居民日常生活中的急、难、烦事，取得了明显的社会效益，深受群众欢迎。1992年12月，全国妇联在北京召开座谈会，研讨家务劳动社会化的现状与发展。与会者认为，此项事业的发展还面临着一些问题，主要是社会效益好、经济效益差，而群众的需求有待于满足，因此需要劳动、税务、工商等有关部门制定相应政策，给予必要扶持。

北京市社区服务蓬勃发展 近10年来，北京社区服务在服务设施、服务项目和服务队伍等方面都有了长足的发展。到1993年，全市街道一级服务设施2500多个，总面积达8.5万平方米，其中社区服务中心91个，占街道总数的81%，居委会一级服务设施网点2.5万个，设施覆盖率达66%，有10项以上服务项目的居委会2700多个，占居委会总数的66%，全市先后成立社区服务志愿者协会150个，分会2935个，会员近11.7万人，基本上形成了以社区服务中心为骨干、以便民服务网点为基础，纵分层次、横结网络的基层社会服务体系。同时，全市社区服务逐步向第三产业发展，面向全体居民群众拓展，向物质生活、文化生活服务及社区综合建设方向拓展。全市91个社区服务中心均实现自收自支，略有盈余，还涌现一些年创利10万元以上的社区服务中心和收入万元以上的居委会。社区服务已走向实体化，全市相继成立了一些具有法人资格的社区服务协会或社区服务开发公司，逐步向市、区、街、居四级协调配套管理的方向发展。

北京市社区服务中心向产业化经营型方向转变 北京市从1986年开展社区服务以来的短短5年，已建成社区服务中心90余个，占街道数的80%。这些社区服务中心均已领取市民政局统一制定的“社区服务设施证书”，有的由区赋予法人地位，设有独立帐号；加之“中心”有一定管理人员、设施和资金，为开拓服务领域、兴办实体、注册登记、领取照证、开展经营、把服务推向市场提供了阵地，创造了条件。北京市社区服务中心首先是一个综合性、稳定性的多功能服务实体，每年为民政对象和社区居民提供各种服务，设施利用率达90%以上。另一方面，社区服务中心又是一个指导中心，对居委会微型社区服务发挥着指导、辐射、纽带作用。它还积极配合街道做好拥军优属、救灾救济、扶老助残、综合包户、婚丧管理等各项民政业务工作。北京市社区服务工作随改革开放的深入不断注入新的内容，把产业意识、商品意识、竞争意识和效益观念引入到社区服务中心的全部服务活动中来。本着“宏观要管好，微观要放开”的原则，民政部门和街道办事处对社区服务中心主要是实施宏观调节、指导，使其真正成为具有法人地位、自我管理、自我经营、自负盈亏的社会福利事业单位。既注重社会效益又注重经济效益。全市所有中心都实现了“收支平衡，略有盈余”的目标，整个事业开始走上“以服务养服务”的良性循环道路，增强了自我生存、发展的活力。

入户计时服务在北京兴起 “入户计时服务”是从邻里互助、学雷锋这些传统社区服务项目中诞生的。北京市东城区交道口北头条居委会的7个大妈率先办起“入户计时服务”，服务项目从粉刷房屋、油漆门窗、安装土暖气、换煤气、入户修脚、做儿童棉衣到洗抽油烟机、做饭、接送孩子，大小巨细，无所不包。她们把服务者和被服务者各列名册、具体要求一一写清。集中各路信息，牵线搭桥，协调服务和被服务，双方谈好价格，约好时间，等干完活儿，再在居委会结帐。居委会从双方各收10%的费用。由于收费合理，来居委会要求服务的居民越来越多，从本街道到外街道，甚至到外区，一时引起轰动。

上海市社区服务有新发展 上海市社区服务在各级党政领导的重视下越办越好，受益者越来越多。到1993年，上海市区街镇已建社区服务中心115个，比1992年增加15个；市区已有96%的居委会建立了社区服务志愿队伍，共有志愿者55.9万人，比1992年增加15.9万人；为47585名行动不便的老人解决了就医难，比1992年增加了15500余人；为独居老人安装求助电铃1969个；为3685名吃饭有困难的老人解决了吃饭难，比1992年增加了485人；为71169名老人提供了重体力劳动服务，比1992年增加45169人。曾经轰动上海的广场街道医疗大篷车，现已被崭新的面包车所代替，车上安装了“大哥大”，居民若要求医，只要拨通3585881号电话，这辆装有200多种药品的面包车就会很快出现在你面前。徐汇区的湖南街道、静安区的延中街道，还为老人建立了“人人健康俱乐部”，融医疗、保健于一体，由原来单纯上门为老人治病为主，逐步使保健防病与入户治病相结合。杨浦区四平、闸北区大宁、浦东新区陆家咀、周家渡等街道拓宽服务领域，组织下岗待业人员为社区单位开展后勤服务。比如大宁街道组织160多名退休和下岗待业人员，为本社区150多家企事业单位提供卫生保洁、疏通阴沟、承包食堂、灭害消毒、运送垃圾等服务。据不完全统计，到1993年底，上海市区已有3000多名下岗待业人员在从事社区服务工作，不仅解决了他们的生活来源，也为巩固和发展社区服务成果注入了新的活力。

上海浦东新区强化社区服务建设 上海是开展社区服务较早的城市。1992年开始，市政府连续两年将社区服务列入政府实事之中。浦东新区的社区服务在此推动下，也具备了一定基础，社区服务队伍增至4万多人。为了进一步推进社区服务建设，浦东新区于1993年8月26日以“跨世纪开发，需要跨世纪的社区服务”为主题召开社区服务工作会议，会议提出：依靠全社会，加强社会功能的开发，推进社区服务社会化、产业化、法制化，使浦东成为具有一流社会生活质量的新城区。会议强调把社区服务建设作为浦东开发的一个重要内容，并提出了新区社区服务的发展思路。新区社会发展局和工商行政、财政税务、城市建设局在会上宣布了《关于加强社区服务管理的若干规定》；并支持社区服务业实体成立了全国第一个社区服务业协会。

石家庄市长安区社区服务迈向高层次实体化 石家庄市长安区把社区服务作为城市经济体制改革的配套措施摆在突出位置，制定了《社区服务章程》和社区服务发展三年规划，区政府成立了“社区服务指导委员会”，街道办事处成立了“社区服务协调委员会”，居委会建立了“社区服务站”，形成了一个以长安社区服务中心为龙头，以街道办事处、居(家)委会为主体、以辖区单位为依托，纵横交错、条块结合的社区服务网络，使社区服务形成了层层有人管、事事有人抓、协调有领导、服务有组织的新局面。为引导社区服务向高层次发展，1991年区政府投资248万元建成了省会第一家社会福利大型综合设施——长安社区服务中心。两年多来，“中心”开办的婚姻系列服务、家庭服务、康复服务、文化服务、庇护服务、民俗服务及军烈属服务等7个方面30多个有偿和无偿服务项目，先后为10余万人提供了服务，赢得了社会的普遍赞誉。近年来，长安区充分发挥社区服务中心的龙头作用，根据本地区特点，先后采取“厂街结合型”、“群体联办型”、“军民结合型”、“小型、分散、多样型”等多种形式，共建联合社区6个，办事处级社区3个，居(家)委会微型社区60余个，专业服务设施606个，有偿服务项目404个，无偿服务项目600个，服务内容涉及优抚服务、治安联防、民事调解、孤老保护、婚姻介绍、文化服务、军烈属服务以及修理、缝纫、理发、副食等，服务覆盖率达90%以上，形成了全方位、多方式、多层次的社区服务新格局。

山西省提出农村社会养老保险新思路 1993年，山西省紧紧依托多层次的社会保障制度的建立同服务于农村社会主义市场经济相结合，抓住农村养老保险事业这块“主干基地”不放松，采取多种形式，为减轻农民及社会养老负担，引导农民入保延期消费。在完善各项法规制度的同时，会同民政养老办对养老办人员进行培训，使工作扎实有效地启动运转，涌现一批自愿入保、自我保障的样板。到1993年底，山西省已有71个县(市、区)开展农村养老保险，占全省县(市、区)总数的64%。在狠抓巩固提高的基础上，山西省形成“农村社会养老保险是促进农村经济体制改革和发展的重要配套工程”的共识，积极引导，重点发展。省民政厅提出要推进养老保险工作“有重点、分步骤、多层次”的发展，经过七八年的努力，在经济发达、次发达及一般发展的90个县、市、区与全省奔“小康”同步，力争有80%以上的适龄农民入保；加大步伐，尽快摸索出一条筹集——使用——保值增殖——确保兑付的资金良性循环的新路子。

山西省厂办福利企业一枝独秀 山西是全国能源、重化工基地，大中型企业多，职工人数多，子女中残疾青年相对也多，其就业问题成为各大企业面临的一大难题，严重地困扰着职工劳动积极性和企业生产力的提高。山西省民政部门发展福利生产的实践表明，依托大厂兴办福利企业是发展福利生产的一条便捷之路。比如，有着500多名职工残疾子女的太原钢铁公司于1984年8月首创一个千人规模的福利工厂，一次就安置残疾子女445人，为大企业解决职工残疾子女就业开创了一条新路。在这之后，其他企业纷纷仿效，厂办福利企业在全省蓬勃兴起。10年间，厂办福利企业不仅数量增加，规模扩大，其经营领域也日益扩展。现在，全省151个厂办福利企业已涉及到冶金、制造、加工、造纸、印刷、饮食、服装等几十个领域，并逐步成为山西经济建设的一支生力军。据调查，厂办福利企业效益普遍好于民政直属福利企业和乡镇福利企业。目前占全省福利企业总数13.3%的大企业办福利厂年产值1.109亿元，年利税2128万元，分别占全省社会福利企业总产值的22.1%和总利税的37.4%。其中太钢福利厂和经纬机电设备福利厂年利税分别达到319万元和226万元，双双跨入“全国明星福利企业”行列。

吉林省社区服务初步形成网络 1987年以来，吉林省各级民政部门和街镇针对人口老龄化、家庭小型化和消费结构多元化的情况，逐步恢复和建立了与此相适应的社区生活服务网点。经过6年多的努力，全省和街道(镇)、居委会已基本形成了老年人、残疾人、烈军属、困难户、婚丧改革、医疗康复、育婴托幼、治安调解、文体娱乐、群众生活服务等十大服务系列和与之相配套的服务设施，较好地满足了不同对象、不同层次的服务需求，形成了国家、集体、个体一起上，共同兴办社会福利事业的新格局。全省城市以街道、镇为主体、以居委会为依托的便民利民社区服务业初步形成网络，全省共有服务网点3万多个，项目50多种，平均每个居委会有社区服务便民网点4.9个，经营总收入1.36亿元，截至1993年9月，全省各类社区服务设施已达9614个，其中老年人服务设施4123个，残疾人服务设施2290个，优抚对象服务设施3201个，各级社区服务中心172个，城镇中各类福利院、敬老院、养老院、老人公寓、托老所已达379个，其中集体、个体办的359个，占总数的94.7%，集中收养社会孤老残幼4600人。建起老年活动中心

(站、室)2081个,孤老服务中心站507个,孤老包户服务组3780个,使散居在社会上的2万多名社会优抚孤老得到妥善照顾。各类社会福利工厂1555个,年产值8.9亿元,创利税1.3亿元,使城镇有劳动能力的人和困难户的就业分别达到93.6%和90.8%。残疾人活动室、康复医疗站、残疾儿童寄托所、弱智儿童特教班、精神病人工作站、看护组等各种残疾人康复设施已达1903个,比1987年增长了3.1倍,家务劳动服务站、居民事务代办所、便民利民服务网点比1987年增长了8.4倍。

吉林省建立农村基层社会保障体系　吉林省是个农业大省,民政工作的重心在农村。10多年来,吉林把构建农村基层社会保障体系作为工作重点和改革发展的目标,坚持社会保障社会化的方向,实行保障设施网络化、保障方式多样化,保障资金多元化。已建立和形成了“六个一”为框架的农村基层社会化保障体系,实现了各乡镇都有敬老院和五保中心服务站,村村都有救灾扶贫储金会和扶贫经济实体,有一批扶贫联户经济和已经实施的特困户保障制度,民政对象的社会保障覆盖率已达83%,并开始了救灾合作保险试点,启动和推广农民养老保险,向建立配套成型的农村社会保障制度过渡。

佳木斯市为流浪儿童创办“温暖学校”　1993年初,作为黑龙江省四大收容中转站之一的佳木斯市收容遣送站利用现有条件创办“温暖学校”,对流浪儿童采取边学习、边劳动、边教育、边安置的治本措施,取得突出成效。近三年来,该站通过针对日益严重的流浪儿童屡遣屡返问题进行调查分析,发现流浪儿童每年均占收遣人员总数的20%以上,其中14岁以下儿童每年以20%速度递增,这些儿童中的60%是因失去父母照管、缺乏家庭温暖等原因而流浪街头的,他们有的到处流浪,有的行窃,走上犯罪道路,成为社会潜在的不安定因素。为此,该站在市委、市政府的支持下,于1993年年初,抽调业务素质高的同志到学校兼任校长和辅导员,创办了“温暖学校”。他们亲自为学生理发、洗澡、更换衣裤,与流浪儿童促膝谈心、施以母爱,对他们进行流浪危害和后果的教育。学校还注意培养这些儿童的学习劳动技能。学员毕业后,学校派专人护送回家,并与其家长签定三方监护合同。目前,这所学校已培养两期学员,毕业后的儿童大都能在家安心学习、生活,重新流浪的儿童比过去下降了65%。

南京市自费寄养老人增多

江苏省南京市一些步入古稀之年的老人,尽管身边有儿有女,子女满堂,但依然愿意自费到老年公寓和敬老院颐养天年。据市民政部门统计,仅1993年1至9月,各老年公寓、敬老院空前爆满,自费到这里寄养的老人达800多人,比1992年同期增长了近2倍,另外还有500多人提前预约,等待床位。1989年,南京12所老年公寓、敬老院共接收寄养老人280名,其中自费寄养只占10%。1990至1992年,南京社会各界根据社会不同层次老年人的需求,又新建立了30所老年公寓、敬老院,先后收养老人1800多人次,其中自费寄养的老人1500多人次,占总寄养人数的85%。在改革开放的条件下,人们工作节奏加快,子女们一般都忙于工作,很少有时间照顾老人,加之老人爱唠叨,说多了子女不高兴,不如到老年公寓休养。一位自费寄养的老人说:“这里吃、住、用、医、乐不犯愁,还有人精心照料,既省心又省事,何乐而不为?”但老人自费寄养的原因仍然是多样的,仅据白下区的统计,因家庭矛盾自费寄养的占19.9%;因住房紧张的占19.2%;因子女不在身边的占16.7%;因不愿和子女生活在一起的占30.8%;其他原因的占13.4%。

山东省农村社会保障获突破性发展　近年来,山东省把发展农村社会保障事业作为民政工作改革的重点和建立社会主义市场经济体制的配套工程来抓,取得显著成效。截至1993年10月,全省有118个县市区、1547个乡镇、49436个村、4541个乡镇企业的1600万人参加了农村社会养老保险,占全省适龄投保人数的47%,共收保费5.2亿元;有67个县市区基本建起了农村养老保险制度,占全省县市区总数的57%,已基本形成了乡镇救灾扶贫、优抚安置、老年人保障、残疾人保障和婚丧改革5个保障网络和农村社会养老保险制度互补、同步发展的农村社会保障体系。山东省的农村社会保障事业大体经历了四个阶段。一是打基础,为解决传统民政工作对象的生产、生活问题,经过3年努力,全省每个乡镇普遍建立了“三个一”,即一个福利厂、一个敬老院、一个储金会。二是使社会保障网络化。以“三个一”为框架,90%乡镇普遍建立了5个保障网络。三是大力发展农村社会养老保险事业,从而把生活保障与养老保障有机结合起来。四是抓法规建设。近些年先后出台了优抚安置、五保供养、社会福利企业管理、农村养老保险费管理办法等法规条例,使社会保障向法制化方向发展。

山东省泰安市帮助优抚对象解三难　山东省泰安市自1988年以来,市委、市政府都明确表示:苦,不能苦了优抚对象;亏,不能亏了革命功臣。为此,泰安市把解决优抚对象“三难”列入党委、政府的议事日程,纳入农村发展的总体规划,普遍建立起由党委、政府领导为组长,有关部门负责人参加的“解三难、奔小康”领导小组,并建立起“解三难”责任制,把任务分解到人。对生活难,以落实上级优抚政策为主,对上级有明文规定的,不折不扣,认真落实;对有幅度要求的,就高不就低;对没有明文规定的,创造条件予以照顾。全市烈属、义务兵家属优待面已达100%,伤残军人优待面达76%,在乡复员军人优待面达73%，优待标准也有较大提高。对住房难，本着国家、群众、个人相结合的办法，采取财政补贴、集体资助、自筹等措施，共筹集资金1800多万元，帮助优抚对象建房、修房8.3万间。还筹集930万元解决优抚对象治病难问题，全市94%的优抚对象拿到了医疗证，各乡镇建起了优抚病房。5年来投资5200多万元，发展优抚经济实体134个，安排6700多名优抚对象及其子女就业，为他们奔小康奠定了坚实的基础。

河南省走社会化救灾之路 河南是一个自然灾害频繁发生的省份，正常年景缺粮人口1500万，救灾任务非常繁重。中共河南省委、省人民政府提出“救灾、恢复、发展”的方针，走出了一条社会化救灾工作的路子。其主要做法：一是条块结合，逐级分工负责。在重灾区，各级领导包片，省直机关包县，市直地机关包乡，县包村，在重灾县乡村派常驻工作组。二是建立灾情信息测报网。在52个县建立了灾情信息测报点，聘用了测报员，能及时、准确地反映灾情。三是广泛组织灾民开展生产自救。全省救灾扶贫福利企业和经济实体已发展到2353个，安置贫困户和残疾人6万多人，5年来生产自救收入23亿元。四是建立资金储备制度。省市县分级筹措，增加救灾的经济实力。5年来仅省级就安排资金7000多万元，其中1900万元无偿用于灾民生活。4000多万元周转使用。五是着力发展“三会”，提高灾民的互助互济能力。乡镇以上救灾扶贫基金会已发展到2258个，积累周转资金1.5亿元；村互助储金会发展到2.77万个，储金1.48亿元；1927个村办起了储粮会，共储粮3000万公斤。六是组织捐赠支援活动，提高参与意识。5年来各界为灾区捐款2.28亿元，物资折款1.9亿元，粮食粮票2000万公斤，衣被1199万件。还组织大型骨干企业对口支援灾区发展生产。

河南省进一步完善“五保”工作 河南省近年来对五保工作进行全面改革，使19万农村孤寡老人的衣、食、住、医疗、安葬以及日常生活照料等都得到妥善安排。河南省首先改革了五保户的供给办法，民政部门针对农村实行生产责任制后，五保户供给出现的新情况，及时采取组筹组管或村筹村管，较好地解决了五保户的粮款供给问题。这种做法受到了中央领导和民政部的肯定，并向全国推广。与此同时，河南有关部门对农村孤寡老人的供养形式进行改革，他们兴办敬老院，对五保户实行集中供养。这种办法得到各界支持，特别是一部分率先勤劳致富的农民积极为兴建敬老院捐款捐物。据1992年初步统计，参加捐资的总人数达500万人共捐款1200余万。上述义举，促进了河南敬老院的发展，在致力多种改革的同时，河南还努力建立五保服务网络。几年来，河南各地普遍建立了以敬老院为依托的五保服务中心，乡政府成立领导小组、村成立五保服务站，同时建立五保服务承包人制度，形成层层有人管、事事有人办的较完整的五保服务网络，使分散居住的五保户得到了妥善的照顾。

湖北省城乡社会福利事业稳步发展 湖北省城乡社会福利事业到1993年已形成了以国家办的福利事业单位为骨干，以集体办的社会福利单位为主体，以优抚对象为重点的面向全社会的福利服务体系。全省城乡福利事业单位共有3550个，床位81878张，收养6万多人，床位利用率达83%。大多数福利院、敬老院普遍实行养老、安残、托孤、康复等多功能一体化服务，还有相当一部分福利院成为老年人活动中心。全省福利院还普遍开展了以副养院、以实业养事业的活动，1992年共创收1.5亿元，获纯利3500万元，相当于预算拨款的一半。湖北省的城市福利院已打破了单一供养的旧格局，正在由救济供养型向自养与康复相结合的方向转变。比如占地23000平方米、建筑面积11000平方米的武汉市硚口区社会福利院，环境幽雅，四季常青，院内有完善的生活服务设施，诸如医疗康复设备、娱乐室、文化室、特护楼、呼叫系统、配餐间、餐厅等配套设施齐全，全院70%的职工受到过医疗护理及服务的专业训练。该院在深化改革中，基本实现由封闭型向开放型、救济型向福利型、供养型向康复型的转变。民政部调查组在湖北调查后评价说：“湖北是民政工作出经验的省，在过去的5年里，对于湖北来说，是改革的5年，开拓的5年，也是民政事业大发展的5年。”

湖北省襄樊市建立系列救灾救济模式 近年来，襄樊市各级民政部门在党政领导的支持下，迈开双脚，深入基层调查研究，积极探索救灾救济工作的改革新路，并针对不同地区的不同情况，逐步建立和完善各具特色的、有生命力的、系列救灾救济模式，值得各地借鉴。（一）建立救灾扶贫互助储粮储金会，实行群体自救。市民政局于1991年在枣阳市太平镇探索性地创办了救灾扶贫互助储金储粮会，继而在全市推广。截至1992年底，全市共兴办“双储会”1476个，其中储粮会407个，共储金685.58万元，储粮1399万斤，共有38.63万户、173.84万人入会。“双储会”是平原、丘陵地区模式，其组织形式是民办、民管、民用，储存方式主要采取国代民储。山区实行民间救灾储粮的自我保障方法，即所谓救灾救济的“山区模式”。民间储粮，调剂余缺度灾荒。截至1993年6月，谷城、南漳、保康三县已兴办民间储粮仓库260多个，储备粮食133万斤。同时，参与市场竞争，实行救灾粮食收购、加工、发放“一条龙”服务，这种救灾救济办法已在老河口、南漳等几个市县全面推广。这种办法一般是县、市民政局以局属企业或乡镇农村福利院为依托，兴办粮油加工厂和商行，作为局办救灾扶贫经济实体，实行收购、加工、发放服务一体化。

湖北省洪湖市形成五大民政服务体系 洪湖市民政部门立足为经济建设服务，制定了“发展三项重点工作，建成四个产业基地，健全五大服务体系”的三年规划。三项重点工作即社会福利有奖募捐、社会福利生产和农村社会养老保险迅速向前推进。1992年有奖募捐164万元，福利企业由1991年的18个增加到29个，完成产值1703.13万元，创利税86.4万元，分别比1991年同期翻一番，居全省同行业领先地位。在戴家场镇试点的农村社会养老保险收取保费86万元，受到农民欢迎。四大产业基地是集资近100万元兴建“洪光”商业基地，年底投入正常运营；投资30万元的“双龙”扶贫基地，年底已受益；筹资20万元建成荷花园，以及进行房地产基地开发。洪湖市以婚管所、殡管所、福利院、康复中心和福利企业公司为依托，已初步形成面向全社会开放、具有行业特色的婚姻、殡葬、养老、残疾人和福利企业等五大服务体系，从而把该市民政事业推向一条“依靠社会、服务群众”的社会化良性发展轨道。

广东省大幅度提高优抚待遇标准 广东省坚持做到抚恤优待标准与当地国民经济发展相适应，与当地人民生活水平同步提高，使抚恤优待事业费有了较大幅度的增长。据1993年统计，广东省定期抚恤对象达94801人，比1992年同期增加4857人；年开支定补定恤经费5005万元，比上一年度增加1300多万元，增长35.2%。烈属（含病故牺牲军人家属）月人均61元，其中孤老者月人均89元，定恤面达100%；在乡老复员军人月人均42元，其中孤老者人均68元，红军失散人员月均47元，定补面达73.6%。全省评定优待106204户，发放优待款8917万元，比上年增加1079万元，增长13.6%，户年均优待839元，比上年提高155元。其中，城市和农村的义务兵家属100%落实了优待。农村义务兵家属户年均优待973元，达到全省上年农民人均收入的74.4%；城市待业青年入伍的义务兵家属，户均优待727元；烈属户年均659元。

广东省中山市举行“慈善万人行”活动 广东省中山市是孙中山先生的故乡。1988年旧历正月初七，市文化局为组织健康而有特色的春节文化活动，发起了“敬老万人行”，上万人穿街走巷进行募捐，所得捐款全部用于建敬老院。次年便发展为由市红十字会牵头组织“慈善万人行”，并把每年这一天定为该市慈善日，所筹善款用于公益设施建设。此后每到这一天万人上街，彩旗烟花队列中伴有民间艺术表演。从1988年到1994年初，该活动已历7届，善款由第一年的6万多元增加到3938万元，行者由1万人增至4万人。

西安市城乡敬老院福利院星罗棋布 西安市各级政府十分重视敬老托老工作，经过数年的艰苦努力，到1993年，市敬老院、福利院已达百所，遍布城乡，有2000多名孤寡老人在此安度晚年。早在1988年，市政府就把兴建城区老年公寓作为要为群众办的十件好事之一；1992年，市政府又把兴建一批农村示范敬老院列为要为群众办的十件好事之一，各级政府先后投资800多万元用于开展这项工作。各区县、乡镇也都把做好此项工作作为为辖区群众办的好事之一。从而使全市1987名农村“五保”对象和城镇“三无”对象的基本生活得到了保证。不仅如此，而且全市城乡敬老院、福利院档次越来越高，设施越来越好。比如，户县示范敬老院投资300多万元，将成为陕西省首家高档次的集医疗、保健、养老于一体的县办敬老院。西安市社会福利院内，有初级医疗力量、救护车辆及其他交通工具、洗澡等卫生设施，宾馆式老年公寓，有专门医护人员及组织服务人员。草滩镇敬老院，每位老人有一个配有沙发、茶几、桌椅、多用途柜子和彩电的单间。有些敬老院开展了自费代养、兴办了经济实体，从而改善了办院条件，提高了老人的生活标准。

青海省“扶贫治盲”9000余人复明 1984年以来，青海省民政、残联、卫生、财政部门通力合作，采取集体、个人各分担一部分资金的办法，在全省有组织、有计划、分期分批地对白内障患者进行康复治疗，开展了“扶贫治盲”工作。8年来，在8个州、地、市，44个县（区）的438个乡镇中展开，所有的白内障患者都接受了治疗。到1993年，青海全省白内障患者手术复明达9581人。

四川省优抚安置工作取得长足发展 四川拥有优抚对象500万人，占全国优抚对象总数的十分之一。近年来，全省各级民政部门紧紧围绕经济建设这个中心，不断深化改革，使优抚安置工作取得长足发展。全省在涌现双拥模范城（县）38个（其中全国命名4个）、拥军优属模范乡镇587个之后，各地纷纷比学赶超，推动共建活动向更高层次发展，形成了多层次、多渠道、多形式的拥军优属新格局。对全省30万义务兵家属实行了普遍优待，有85个县市的优待标准达到当地农村人均收入的70%以上，对40万名老复员军人实行了定补，定补面已扩大到67.8%。定补经费由1985年1090万增加到6000多万元。全省已有1/3的县（市、区）采取三结合的办法建立了在乡三等伤残军人医疗基金，使他们治病难的问题得到了缓解。全省已有63个县对义务兵、三属、老复员军人进行家庭财产保险。加强了优抚法制建设，发布施行了《四川省军人抚恤优待办法》，有一半以上的县（市、区）已出台了县级优抚法规，有力地促进了各项优抚政策在基层的落实。近年来，四川省共接收退伍义务兵、转业志愿兵27万名，在安置任务重、困难大的情况下，为转业志愿兵和城镇退伍军人及时安排了工作，全省退伍军人两用人才开发使用率每年均在75%以上。全省还妥善安置了军队离退休干部5000余人，建成住房3100多套，131个干休所已有48个创办了经济实体，经营效益显著。军队离退休干部的待遇进一步得到落实。

贵州省江口县千余户优抚对象脱贫 江口县地处黔东地区，气候差异大，经济文化落后，居住在这里的优抚对象生活非常困难，年人均收入只能达到120至140元，有的甚至只有80元左右，大大低于全县农民年人均收入460元的水平。为了帮助他们摆脱困境，1988年以来，江口县民政局采取有效措施，结合当地资源优势，用18万元资金有偿扶持1274户优抚对象发展养殖业、种植业、加工业、运输业、服务业，收到显著效果，到1993年11月，不仅收回扶持资金，而且还使1082户走上富裕道路。

西藏发展残疾人事业成绩显著 据1987年全国残疾人抽样调查，西藏有各类残疾人约14.6万人，占西藏总人口的7.24%；有残疾人的家庭占抽样调查户数的30.7%，两项指数均居全国之首。西藏残疾人80%分布在农牧区。且文化素质普遍较低，加之各种因素的制约，西藏残疾人事业的开展和发展较之内地省市困难多，工作量大。面对西藏残疾人群体的实际困难和客观问题，西藏残联多形式、多渠道积极开展工作。在残疾人五年工作纲要实施期间，他们在舆论上通过新闻媒介广泛宣传，积极呼吁全社会关心支持残疾人事业，全区初步形成了理解、尊重、关心、帮助残疾人的社会风尚。残联根据中残联提出的三项康复任务，制定了《全区残疾人三项康复实施方案》，成立了自治区白内障、儿麻矫治和聋儿语训3个康复中心，7个地市的16个县设立了白内障复明手术康复点，5年间共完成白内障复明手术2583例，其中脱盲率达98%，脱残率达95%以上；完成小儿麻痹后遗症矫正手术154例，完成率为52.55%，聋儿语训13人，完成率14.4%，落实“三康”经费80多万元。同时，西藏残联还积极兴办福利企业，民政部门办的福利企业安置了225名残疾人，其他部门、行业安置残疾人1894人，并对残疾人开展职业培训，鼓励残疾人自谋职业，有5017人自谋职业，缓解了社会矛盾。全区绝大多数残疾人的基本生活得到保障，社会地位有所提高，参与社会生活的意识大大增强。

农村老人有“四盼” 据《中国社会报》1993年12月7日报道，当今农村老人有四盼：一盼老有所养。有的老人虽然子孙满堂，但有些子女互相“踢皮球”，谁也不愿赡养老人，以致有些老人吃饭还成问题。这些老人企盼与子女签订赡养老人的协议书，并受到法律保护，以解后顾之忧。二盼老有所为。一些农村老人很想在晚年发挥余热，干些力所能及的事。企盼有关方面能牵线搭桥，创造机遇和条件，使他们有用武之地，改善自己晚年的物质生活。三盼老有所乐。随着农村生活水平的逐步提高，老人们已不再满足解决温饱，也想追求丰富的文化娱乐活动和充实的精神生活。他们希望开办老年人活动室，打牌下棋，读书看报等。逢年过节，老人们企盼文艺演出队来农村演出。四盼老有所敬。在农村一些地方，特别是偏僻的山区，老人的合法权益有时得不到保障。无故虐待、污辱、打骂老人的事时有发生，老人们呼吁建立起老年保护组织保护其合法权益不受侵犯，并促进农村形成尊老敬老的社会风气。

15. 旅游与闲暇生活

1992—1993年旅游事业概况

1992年是中国友好观光年，1993年推出了中国山水风光游，两年中举办这两件盛事促进我国旅游业取得了可喜成绩。1992年，全国旅游外汇收入达39.5亿美元，比1991年净增11.05亿美元，增长幅度高达38.9%；来华旅游入境人数3811.61万人次，比1991年增长14.3%，其中外国人400.65万人次，比上年增长47.8%。1993年，全年旅游外汇收入达到46.7亿美元，比1992年增长18.3%；全年来华旅游入境人数4153万人次，比上年增长8.9%，其中外国人465万人次，比上年增长16.3%。

由国家旅游局和中国民航局联合举办的'92中国友好观光年是我国首次举办的国家级大型旅游活动，经过1991年的总体设计，认真筹备，1992年的系统组织，精心实施，出现了声势大、影响广、贯穿全年的好局面。在'92中国观光年里，我国向海外旅游市场推出了249处国家级旅游景点，14条旅游专线，各地组织了上百项专项旅游活动和民俗节庆活动。从年初到岁尾，大型活动不断，精彩节目纷呈，使来华旅游客源市场呈现出全面高速增长的态势。同时，各地区旅游外汇收入普遍大幅度增长：上海、湖北、湖南、贵州4个省、市的旅游外汇收入比上年增长7成以上；天津、河北、内蒙古、黑龙江、江西、四川、新疆等7个省、区、市比上年增长4至6成。这年，全国第一次出现了旅游年收汇突破10亿美元的地区（广东达10.81亿美元，北京达10.76亿美元）；年收汇超过1亿美元的省、市、自治区由1991年的4个扩大到7个，江苏、辽宁、广西首次突破旅游年创汇1亿美元大关。观光年的成功，标志着我国旅游业的整体实力跃上了一个新台阶，标志着我国在国际竞争中的主动意识和操作能力增强，也标志着一个新的发展局面正在形成。国际上普遍反映中国的观光年意味着中国旅游业开始成熟，按照符合市场需求、增强整体吸引力和竞争力的轨道运行，一个新兴的旅游大国的前景已经展现。

1993年，我国旅游业既面临大好形势，也面临着激烈的国际竞争。据此，这年旅游工作总的任务是：贯彻落实十四大精神，清醒认识形势，发扬观光年的真抓实干劲头，做出更加出色的成绩。围绕这个总任务，主要抓了抓住完善旅游产品、开拓客源市场、转换企业经营机制和扩大利用外资这四个重点，促进全面增长，促进质量提高，并为长远发展积蓄后劲。1993年旅游工作，在举办了大型观光年活动后的第一年，不仅避免了旅游业的“冷场”，而且有两位数的增长，这既反映了观光年的有力影响，又说明了这年的工作成效。回顾这一年，关键是各级旅游管理部门、旅游企业和广大职工，在各级党委、政府的直接领导和有关部门的积极支持下，坚持以质量和效益为中心，围绕旅游业的总任务和工作重点，抓住机遇，真抓实干，做了大量积极开拓性的工作。1993年旅游工作的发展主要表现为：宣传促销主题突出，合力增强；利用外资有所突破，成效显著；旅游产品和旅游商品开发加快；企业适应能力增强；国际合作在各层次积极推进。

邓小平等“关于旅游业的讲话”公开发表 1992年出版发行的《中国改革全书·旅游业体制改革卷》，第一次汇集和公开发表了邓小平、李鹏、万里、李先念、乔石、吴学谦、谷牧等中央领导人1978年以来关于旅游业发展和旅游业体制改革的文章和讲话26篇。这26篇讲话和文章形成于中国旅游业发展的各个时期，是旅游业发展的一次历史回顾和总览。在党的十四大胜利召开之时，公开发表这些重要文章和讲话，对加快改革开放和现代化建设的步伐，加快发展第三产业及旅游业，具有重大的现实指导意义。

李鹏接见出席国际旅行社集团首届导游翻译工作会议代表 1992年1月13日下午，国务院总理李鹏，在人民大会堂北大厅亲切接见了出席中国国际旅行社集团第一届导游翻译工作会议的代表，并合影留念。李鹏总理在讲话中高度评价了我国旅游事业取得的成绩。他指出，发展旅游事业是我国独立自主和平外交政策的一个组成部分。我国旅游业发展潜力很大。他勉励广大旅游工作者进一步提高素质，端正作风，为发展中国的旅游事业继续努力，取得更大的成就。

国务院正式批准建立11个国家旅游度假区 1992年11月3日《中国旅游报》载：为扩大对外开放，加快发展旅游业，下半年国务院下发文件，批准建立11个国家旅游度假区。即：大连金石滩国家旅游度假区、青岛石老人国家旅游度假区、江苏太湖国家旅游度假区、上海黄沙岛国家旅游度假区、杭州之江国家旅游度假区、福建武夷山国家旅游度假区、福建湄洲岛国家旅游度假区、广州南湖国家旅游度假区、北海银滩国家旅游度假区、昆明滇池国家旅游度假区、三亚亚龙湾国家旅游度假区。这11个国家旅游度假区，分布在我国国际旅游业比较发达的地区，都具有比较丰富的旅游度假资源，客源基础较好，交通比较便捷，对外开放工作已有一定基础。

全国旅游工作会议 全国旅游工作会议1992年11月21日至29日在广东省中山县温泉宾馆召开。吴学谦副总理在会上作了重要讲话。他着重讲了三个方面的问题：一是肯定了1992年的旅游工作。他说，1992年的旅游工作搞得很有生气，很有成效，一定要认真总结新鲜经验，把一些好的做法巩固下来，并进一步发展提高。他说，今年我们办旅游观光年碰上了好时机，小平同志今年初视察南方的重要谈话，在全国掀起了加快改革开放，加速经济发展的热潮，从而使我们加快对外招徕工作更加见效，一批批海外客人蜂涌而来。旅游业的发展同改革开放的扩大和深化是分不开的。二是旅游业联系实际的问题。他说，党的十四大提出了我国经济体制改革的目标是建立社会主义市场经济，这是认识上的一个大飞跃，旅游行业要联系实际，认真想一想，更加重视研究新情况，解决新问题。三是关于利用外资的问题。他说，旅游业在扩大利用外资方面要迈出新的步伐，这是加快旅游资源开发和旅游基础设施建设、积累旅游发展后劲的重要途径。国家旅游局刘毅局长总结了1992年的工作，并对1993年的工作安排谈了意见。

全国旅游安全工作会议 1993年12月2日至5日，国家旅游局在广西北海召开了第3次全国旅游安全工作会议。会议认真总结了近两年来的旅游安全管理工作，研究了旅游安全工作的新情况、新问题，部署了1994年旅游安全工作任务。孙钢副局长出席会议并讲了话。公安部、铁道部、交通部以及保险公司的代表出席了会议，介绍了有关方面的情况，孙钢强调旅游安全问题关系到我国旅游业的兴衰成败。他在谈到如何进一步抓好旅游安全工作时说，各级旅游局和旅游企业必须进一步提高对旅游安全工作的认识，明确工作任务，做到组织落实；抓好旅游安全工作，要把功夫下在基层，下在平时，下在防范上；各级旅游局和旅游企业要结合本地区、本单位旅游安全工作的实际，在1994年选准几个突出问题，重点加以治理，并要抓出明显成效来；同时，要大力推广先进经验，进一步加强旅游安全方面的法规建设，进一步加强与相关部门的协调配合。

中国旅游研讨会在京举行 国家旅游局和世界旅游理事会1992年10月在京共同举办了中国旅游研讨会。世界旅游理事会由世界上与旅游有关的50个大的企业集团总裁组成，其工作宗旨是通过深入的调查研究，形成研究报告，敦促有关国家的政府重视发展旅游业。这次中国旅游研讨会的主要议题有：政府发展旅游业的政策、旅游市场开发和促销、旅游投资和交通等问题。与会代表围绕以上议题展开了讨论。主办者希望通过这次研讨会探讨中国旅游业借鉴旅游发达国家的经验，以加快发展，使我国旅游业更快更好地与国际市场接轨，再上新台阶。

全国旅游局长研讨班 1993年11月11日至17日，国家旅游局在广东中山温泉宾馆举办了第7期全国旅游局长研讨班。参加研讨班的代表学习了十四届三中全会精神和钱其琛副总理的书面讲话，交流了工作经验。代表们通过研讨，加深了对社会主义市场经济的认识，总结了1993年的旅游工作，明确了1994年的工作任务。钱其琛的书面讲话说："旅游业是个外向型的经济产业，大家对市场经济有更多一些接触和了解，但对社会主义市场经济来说仍是新事物。大家要认真研究市场经济规律，结合我国实际，尽快建立和完善我国旅游市场，为旅游业的发展创造良好的环境"。他希望旅游行业的各级领导干部认真学习市场经济知识，并把它运用到旅游发展的实践中去。

中国旅游协会第3届会员代表大会 第三届中国旅游协会会员代表大会于1993年12月25日在北京开幕。国务院副总理钱其琛出席开幕式并讲了话。他说，当前的国际、国内形势，对发展我国旅游业来说，是大有可为的机遇，也面临着新的挑战；旅游行业的同志要意识到自己肩负的重任，把工作做得更好。他要求旅游行业认真学习贯彻党的十四大和十四届三中全会的精神，为进一步发展我国旅游业作贡献。27日下午，大会通过了中国旅游协会章程修改草案；推举全国政协副主席吴学谦为第三届中国旅游协会名誉会长，国家旅游局副局长何光暐当选为本届协会会长。吴学谦出席了27日的闭幕式并讲了话。他说："市场经济要求旅游工作者更新观念，不断改善经营管理，培养更多人才，使行业协会更好地发挥作用。中国旅游协会应当进一步加强自身的改革和建设，根据国家体制改革和进程，结合旅游业发展的实际情况，努力做好旅游行政主管部门和旅游企业服务的工作，推动我国旅游业更快、更好地发展，争取我国的旅游业早日成为世界先进旅游行业之一"。

中国国内旅游协会成立 中国国内旅游协会成立大会于1993年6月16日在北京召开。会议主要研究国内旅游的发展形势，讨论通过协会章程，选举产生协会领导成员，明确协会今后一段时间的工作任务和工作安排。全国人大常委会副委员长、中国国内旅游协会名誉会长陈慕华作了书面发言，谷牧同志出席了会议，国家旅游局刘毅局长到会讲话，原国家旅游局副局长、中国国内旅游协会筹备组长何若泉作了题为《适应改革形势，满足人民需要，为发展国内旅游做好服务工作》的报告。会议选举全国人大常委会副委员长陈慕华、全国政协常委王郁昭为名誉会长；原国家旅游局副局长何若泉为会长。

中国旅游报刊协会成立 1993年8月25日，中国旅游报刊协会第一届会员代表大会在贵阳市隆重开幕。来自全国各地旅游报刊、中央和地方综合性报刊的旅游版和旅旅专栏、各地旅游企业报刊的正式代表和特邀代表100余人参加了大会。会议选举产生了第一届理事会朱穆之任名誉会长，李先辉任会长。

首届中国修学旅行研讨会 由中国接待日本青少年修学旅行委员会和日本日中青少年旅行团共同主办的首届中国修学旅行研讨会，于1993年12月3日至4日在南京举行。来自日本日中青少年旅行财团、日本旅游界、航空界、教育界人士、中方旅游、教育、交通部门代表共80余人参加了研讨会。国家旅游局副局长程文栋代表国家旅游局和中国接待日本青少年修学旅行委员会对研讨会的召开表示祝贺，同时对日本日中青少年旅行财团、日本旅游界、航空界、教育界人士多年来为修学旅行所做的大量工作表示衷心感谢。国家旅游局国际联络司黄建东司长在会上介绍了中国接待日本修学旅行的基本情况。修学旅行研讨会上，中日双方学校代表分别发言，进行了广泛交流。

九寨沟、黄龙和武陵源风景区被列为世界级风景区 1992年12月中旬，经联合国科教文组织、世界自然遗产委员会124个成员国在美国旧金山举行全委会，投票通过并作出正式决定，将我国三大国家级著名自然风景区——九寨沟、黄龙和武陵源列为宝贵的世界自然遗产并载入《世界遗产名录》一书。

北京评选出10项旅游世界之最 北京有多少旅游世界之最？据《中国旅游报》1992年8月20日报道，33位有关专家在论证后通过了一个名单，对这个问题作了回答。第一批10项旅游世界之最入选者是：一、世界最长的防御城墙——万里长城；二、世界最大的宫殿群——故宫；三、世界最大的城市中心广场——天安门；四、世界最大的祭天建筑群——天坛；五、世界上造景丰富建筑集中保存最完整的皇家园林——颐和园；六、世界建园最早的皇家御园——北海；七、世界上保存完整、埋葬皇家最多的墓葬群——十三陵；八、世界上发现古人类遗存最丰富的文化遗址——周口店；九、世界上石刻经版收藏量最大的寺庙——云居寺；十、世界上铭文字数最多的大钟——永乐大钟。由北京市旅游事业管理局等单位共同发起的北京旅游世界之最评选，是对北京旅游资源的一个大检阅。22个申报项目中最后评定的10项人文景观，都具有一定的代表性。专家们认为：作为世界著名的文化古城、王朝故都，北京集聚着大量的人类文化遗产，许多文物古迹堪称世界独有。举办这一活动，对宣传我国历史悠久的灿烂文化、提高北京在世界旅游名城中的知名度、推动北京旅游业的发展，将产生积极的影响。

北京旅游业4项指标居17城市榜首 1993年1至6月北京市共接待海外游客88.26万人，收汇4.99亿美元，分别较1992年同期增长13.1%和9.7%；旅游饭店盈利1.7亿元，打破了持续数年负债经营的局面。在全国17个重点旅游城市中，北京1993年上半年接待境外游客人次、接待人均天数、外汇收入及饭店营业收入均居榜首。

北京隆重欢迎1993年第200万个海外来客 1993年12月18日，北京以其隆重的方式欢迎1993年来京的第200万个海外旅游者。有关方面负责人表示，今年能在这里欢迎第200万名海外旅游者，标志着北京市旅游业跃上了新台阶。作为本年第200万名海外游客的幸运者是美国东方旅行社组织的来华旅游团中的H·艾克森先生。他是个出版商，今年57岁，此次是第一次携妻带子来华旅游。傍晚，中共中央政治局委员、北京市委书记陈希同、国家旅游局副局长程文栋、北京市市长李其炎在北京贵宾楼饭店接见了艾克森先生及其所在的旅游团全体游客。

“世界最受欢迎饭店组织”在华举行年会 在国际上享有盛誉的“世界最受欢迎饭店组织”于7月19日至25日在北京王府饭店举行1992年年会，这是该组织成立26年来首次在中国举办活动。7月23日，国家旅游局在北京人民大会堂举行了欢迎宴会，国务院副总理吴学谦等出席了宴会，国家旅游局副局长何光暐在会上讲了话。来自20个国家和地区的100余位会员饭店代表出席了这次年会。年会制定和修订了协会章程和政策，讨论并发展了新会员，研究了市场开发和销售战略，加强了会员间的信息交流和合作。“世界最受欢迎饭店组织”总裁罗纳德·比尔蒙特说：“本届年会在中国北京举行，是一个最合时宜的选择，因为今年是中国的’92友好观光年和北京旅游黄金年，中国的旅游部门正以最佳姿态迎接世界各地的人士”。“世界最受欢迎饭店组织”成立于1966年，目前已拥有105家会员饭店，分布在北美、加勒比海地区、欧洲及亚太地区。北京王府饭店于1990年1月正式加入该组织，成为目前唯一的中国会员饭店。

中国山水风光旅游节 ’93中国山水旅游节暨黄山国际旅游节1993年6月21日在黄山市隆重举行。全国政协副主席吴学谦、国家旅游局局长刘毅、副局长何光暐、程文栋、安徽省省长傅锡寿及黄山市主要负责人出席了开幕式，驻京外国使节及来自海外的旅游客商和在黄山参加全国旅游局长座谈会的各省市旅游局长共600余名参加了开幕式。为了向世界充分地展示我国的观光资源，形成文化性观光系列产品，国家旅游局在1992年’92友好观光年推出249处国线景点和14条专项旅游线的基础上，1993年又推出’93中国山水风光游，将全国划分为五大区域，以黄山、桂林、拉萨、黄果树、长白山为汇合点，针对不同的客源市场向海外推出。汇合点黄山的延伸点为武夷山、千岛湖、西湖、太湖、庐山、郑州黄河。刘毅局长在开幕式上讲话说：“’93中国山水旅游节暨黄山国际旅游节是’93山水风光游的第一个大型活动，我们期望借此促进旅游业再跨新台阶，并促进接待设施和交通条件的进一步改善，提高旅游业的整体服务质量，使我国的山水风光产品更好地推向国际旅游市场。

桂林举办首届山水旅游节 1992年11月8日至16日，首届中国桂林山水旅游节以其独有的魅力和风采，展现在山水甲天下的旅游名城桂林，展现在令人魂牵梦绕的漓江。这是一个以桂林的奇山秀水为依托，广泛综合旅游、经贸、文化艺术和民族民情于一体的大型旅游节庆活动。首届桂林山水旅游节，是桂林市向海内外游客隆重推出的盛大旅游节日，也是’92中国友好观光年百项节庆活动之一。推出的特色旅游项目有沙滩烧烤、岩洞探奇、民族艺术表演、秋夜漓江灯会、鱼鹰夜捕观赏、篝火晚会以及桂林古文化游、桂西北温泉和少数民族风光游等。节庆期间，还举办规模盛大的山水节商品交易会，山水节艺术有奖大展、开设各种风味小吃摊点和桂林名优土特新产品展销等。

’92中国旅游交易会 1992年6月10日上午，’92中国旅游交易会在洋溢着欢乐、友好、祥和的气氛的中国国际贸易中心隆重开幕。国务院副总理吴学谦、全国人大副委员长陈慕华、全国政协副主席谷牧等国家领导人出席了开幕式。’92国际旅游交易会是由国家旅游局和北京市人民政府联合主办的大规模旅游交易活动，旨在加强对外促销，重点推出国家级旅游线路景点，第一批专项旅游线路和全国10多次节庆活动，反映中国交通、旅游饭店和旅游商品开发的新发展。

’93中国旅游购物节 ’93中国旅游购物节（主会场）暨第十四届全国旅游产品订货会于1993年9月1日在北京中国国际展览中心拉开帷幕，国务院副总理钱其琛、国家旅游局局长刘毅及中国轻工总会、国内贸易部、中国纺织总会、国家旅游局、北京市政府的领导同志出席了开幕式。钱其琛副总理为开幕式剪彩。刘毅局长在致辞中说：“旅游购物节的口号是：‘称心如意，美好回忆’，希望海内外人士在参观购物后，能有一点这方面的真实体会”。由国家旅游局、中国轻工总会、国内贸易部、中国纺织总会联合主办的'93中国旅游购物节，是国家旅游局今年推出的'93中国山水风光游的一项重要活动。除北京主会场外，上海、广州、四川、云南等重点旅游省市也将以地方为主举办购物节。本届购物节在北京国际展览中心9000多平方米的展厅内，设立了450余个国际标准的摊位，参展商品包括丝绸棉制品、皮革制品等37个大类、2万多个花色品种，本届购物节为期7天，除对公众开放外，还组织了全国2000多家涉外旅游饭店的6000多位采购人员到会看样订货。

首届中国山海关长城节 首届中国山海关长城节暨'92中国友好观光年"长城之旅"首游式6月23日在长城的东起点——秦皇岛市山海关隆重举行。国家旅游局副局长程文栋出席开幕式并致辞。'92中国友好观光年中，国家旅游局首次将分布于河北、北京、宁夏、甘肃等地、建于不同时期、各具特色、经过维修开发的长城景点，组成长城之旅专项旅游线路。沿着这条线路，海外旅游者不仅可以尽情欣赏万里长城的雄姿，而且可以充分领略长城脚下的文物古迹，浓郁风情。山海关长城节为期4天，以"友谊、繁荣、进步"为宗旨，融文化交流、旅游观光、经贸活动为一体。节日期间举办了长城长跑赛、长城灯会、长城焰火晚会、长城地方风味小吃、旅游观光、"长城"商品展销会、经济技术洽谈会和以长城为主题的文艺演出活动。

长江三峡游首游式在武汉举行 中国将在长江上修建三峡大坝，海内外旅行商(社)积极推出各种长江三峡游项目。1992年5月2日，国家旅游局在武汉晴川饭店举行了'92中国友好观光年长江三峡游首游式。长江是我国第一大河，是中华民族文化的发祥地。举世闻名的长江三峡，跨四川、湖北两省，西起四川奉节白帝城，东至宜昌南津关，由瞿塘峡、巫峡、西陵峡组成，是长江中上游最为雄伟壮观的峡谷，被誉为大自然的"山水画廊"，旅游热线上的"黄金水道"。三峡两岸众多的历史名胜古迹，也都是不可多得的旅游景点。首游式结束后，中外来宾分乘"扬子江乐园"、"长江明珠"号游船逆江而上，考察沿江旅游线。

'93"炎黄杯"世界华侨华人龙舟系列赛 '93"炎黄杯"世界华侨华人龙舟系列赛于1993年8月22日在湖南省岳阳市南湖龙舟赛场正式开幕。这次活动是经国务院批准，由全国侨联、国家体委、国家旅游局主办，融体育、文化、经贸、旅游于一体，跨越长江、黄河的一次大型国际龙舟盛会。派运动员参加竞赛的有：澳大利亚、法国、意大利、新加坡、香港、澳门、台湾等国家和地区。8月23日上午，开始参赛的国内外18支男子龙舟队按照古老的风俗习惯举行了别开生面的祭龙仪式，接着举行了1000米直道竞速龙舟比赛。8月27日在江西省九江市南湖举行了800米直道竞速比赛，8月31日在北京市九龙游乐园举行了600米直道竞速比赛。整个赛程历时11天。竞赛结果，中国广东顺德华宝队和中国共青城鸭鸭队分别摘取了本次龙舟系列赛男女总分第一的桂冠。这次活动，被联合国列为第五届中国"国际科学与和平周"系列活动之一。

"中华民族故土园"主园奠基 国家旅游局、建设局、国家土地局、国家科委、国家教委、国家体委、中国残疾人福利基金会和深圳海王集团等八单位经过磋商，决定共同举办一项超越意识形态的大型旅游工程——"拥有一片故土"。该工程旨在通过向海外炎黄子孙发售"中华民族故土园"证书及相应的宣传活动，深入发掘中华民族的历史和文化内蕴，增强中华民族的自豪感和凝聚力。此项工程在全国选择36个地点分别建设一处"中华民族故土园"，每个园占地10亩，合6600平方米，折约960万平方英寸，象征我国960万平方公里的国土面积。"中华民族故土园"选择在有特定意义和交通方便、接待海外旅游者较多、在海内外具有较高知名度并便于管理的风景区内或城市附近，36处"中华民族故土园"选址为：1.八达岭(北京)；2.海河(天津)；3.承德避暑山庄(河北)；4.五台山(山西)；5.格根塔拉草原(内蒙古)；6.沈阳辉山风景区(辽宁)；7.长白山(吉林)；8.哈尔滨太阳岛(黑龙江)；9.横沙岛(上海)；10.南京中山陵区(江苏)；11.杭州之江畔(浙江)；12.黄山风景区(安徽)；13.武夷山(福建)；14.庐山(江西)；15.威海(山东)；16.郑州黄河旅游区(河南)；17.长沙岳麓山(湖南)；18.宜昌三斗坪(湖北)；19.深圳"锦绣中华"(广东)；20.南宁青秀山(广西)；21.三亚市亚龙湾(海南)；22.成都熊猫城(四川)；23.红枫湖(贵州)；24.石林区(云南)；25.拉萨市郊区(西藏)；26.临潼骊山(陕西)；27.兰州市北山(甘肃)；28.西宁市郊区(青海)；29.银川宁夏王陵区(宁夏)；30.乌鲁木齐天池(新疆)；31.黄帝陵(陕西)；32.炎帝陵(湖南)；33.伏羲陵(河南)；34.(台湾)；35.(香港)；36.(澳门)。1993年4月26日，"中华民族故土园"主园奠基仪式在北京昌平县龙虎台隆重举行。

全国唯一的满族民俗馆建成 吉林省伊通满族自治县政府所在地伊通镇，新建了全国唯一的满族民俗馆——伊通满族民俗馆。伊通是满族的重要发祥地之一。其现有的区划大部是明末女真人所建的扈伦四部之一部——叶赫园的属地。这里民间珍藏许多传世文物。1991年9月筹措资金110万，开始动工兴建伊通满族民俗馆，1992年8月全部完工。这座民俗馆在建筑上突出了清代建筑的风格，主楼4层，建筑面积1320平方米，馆藏满族传世文物320种计1300件。其中清末爱国将领依克唐阿的家谱，为清史和北方史的研究提供了有价值的史料。伊通满族民俗馆的建成，为东北民俗旅游又添一景点。

中国国际旅行社20年接待日本游客近百万 1992年是中日邦交正常化20周年。两国邦交的正常化，极大地推动了两国旅游事业的发展。据现有数字统计，1972年至1992年8月，中国国际旅行社总社共接待日本旅游者95万多人。在增进中日两国人民的相互了解和友谊方面，做出了贡献。国旅总社从1963年开始就接待日本旅游者，是中国接待日本游客最多、最早的旅行社。中日两国邦交正常化以后，国旅总社接待日本游客人数逐年递增，年最高接待量曾达10万人，还接待过许多日本知名人士和中国人民的老朋友，以及一些日本议员访华团、行政官员访华团等等。在长期的业务交往中，国旅总社与日本交通会社、日本旅行、东急观光、农协观光、日中等50多家旅行社建立了良好的合作关系。

青少年修学旅行首游式在京举行 '92中国友好观光年青少年修学旅行首游式3月2日在北京人民大会堂举行。国家旅游局局长、中国接待日本青少年修学旅行委员会会长刘毅，日中青少年旅行财团事务局长村上司郎及日本旅行公司组织的浦和事业学园高中修学旅行团首批380名日本学生等出席了首游式。修学旅行是青少年开阔视野，增长知识，丰富阅历的重要方式，它超越语言、习俗的障碍，促进各国青少年之间的相互了解和交流。中国是充满东方文化魅力、自然风光秀丽的文明古国，是修学旅行的理想目的地。在'92中国友好观光年推出的这条修学旅行路线，是在近年修学旅行发展的基础上，针对青少年修学旅行的需求特点，将良好的旅游设施、各具特色的修学基地和具有参与性的修学项目相结合而形成的，包括北京、天津、山东、江苏、上海等地。修学内容有汉语、儒家学说、中国历史、书法、民俗、绘画等讲座。参观学校、街道、民俗村等，还与中国学生联欢与交流。并且可以根据旅游者的不同要求灵活调整，提供多种具体修学旅行产品。

首届世界独轮车长城行在京举行 由北京园梦独轮车发展有限公司、怀柔县人民政府、新华社摄影部、中国青年报青年参考编辑部等单位联合举办的首届世界独轮车长城行活动，1993年8月15日在北京怀柔县举行。来自日本、美国、西班牙、香港及中国等8个国家和地区的独轮车爱好者共200多人参加了这次活动。世界独轮车联盟理事长春编雀来先生（日本），担任这次活动的执行主席。举办这次大型活动，旨在促进中国人民与世界人民的文化交流，弘扬民族精神，宣传北京。8月15日，在怀柔县城举行了公路独轮车速度比赛。16日，在风景秀丽的慕田峪长城旅游区举行了独轮车越野赛和技巧表演。各国运动员首次骑独轮车登上古老的万里长城，显得十分兴奋，他们纷纷在长城上合影留念。比赛自始至终充满了热烈友好的气氛。

中尼联合行动抢救一以色列游客 1993年6月15日14时15分，在中国西藏自治区普兰县，一架尼泊尔皇家空军的"电梯"式直升机载着病重的以色列女公民德凡尼向着加德满都急速飞去。德凡尼是1993年5月来中国西藏旅游的以色列公民，因早产加上产后身体虚弱，生命垂危。普兰县政府得知这一情况后，积极进行抢救。在当地旅游部门的帮助下，很快同以色列驻中国大使馆取得了联系。经中、以、尼三国外交部门磋商，决定在靠近中尼边界中方一侧为尼空军提供降落地并负责导航和车辆保证，中尼双方经过两个多小时的紧急救援，终于将德凡尼顺利送到了加德满都，挽救了这位外国游客的生命。

新加坡游客爱中国 中国的名山大川和丰富的历史古迹文化，令很多好奇、好吃、好购物的经济条件富裕的新加坡人神往。这是新加坡全国旅行社协会在1992年的一项调查中得出的结论。近年来新加坡人出国旅游，最爱是中国，其次是欧洲，第三是美国。新加坡旅游界人士说，中国有壮丽的山河和悠久的文化历史，购物便宜，版图大；语言相通，饮食适宜，是国人最喜欢去旅游的原因；而且，'92是中国友好观光年，节庆活动多，比起前几年，基地的旅游基础设施也已经改善许多，促使人们决定到那里一游。

'92中国友好观光年旅游电视片获国际一等奖 由国家旅游局摄制的'92中国友好观光年旅游电视片荣获第10届哥本哈根国际旅游交易会各国旅游电视片竞赛一等奖。这一结果于1992年1月29日在交易会组委会召开的新闻发布会上宣布，有150多名丹麦和各国记者参加，中国驻伦敦旅游办事处主任吴济铭和市场经理胡丽丽代表国家旅游局领取了奖状和奖品。据交易会组委会总经理匈特罗布先生介绍，参加交易会的48个国家和地区中有21个国家选出各自近两年来制作的优秀旅游电视片共33部参加评选，经过评委会专家们的层层筛选，最后一致评定中国"92友好观光年"电视片为最优秀旅游电视片。

海南大东海旅游中心荣获"国际最佳旅游金杯奖" 海南省大东海旅游中心股份有限公司荣获法兰西委员会颁发的"国际最佳旅游金杯奖"，这是亚洲第一个获此殊荣的企业；公司总经理林维庆获"国际卓越成就金奖"，这也是亚洲第一人获此奖励。1993年12月5日在海口举行了庆祝获奖大会，海南省副省长毛志君、刘名启出席了大会，毛志君在祝词中说，这是海南省旅游走向世界迈出的第一步。

海峡两岸旅游研讨会在北戴河举行 由中国旅游协会与台湾文化观光研究发展协会共同举办

的'92海峡两岸旅游研讨会于9月3日—4日在北戴河金山宾馆举行。来自海峡两岸的130多位学者专家和旅游企业的负责人出席了研讨会。自1987年台湾当局作出允许部分台胞来大陆探亲的决定后，台胞到大陆的游客总数已达350万人次。在此期间，两岸旅游业进行了卓有成效的合作，促进了两岸旅游业的发展。但是，还存在着一些问题和障碍。主要表现在交通、两岸旅游界的交流、交易制度、大陆的接待设施和服务质量几个方面。为了寻求解决这些问题的途径，与会代表发表了30多篇论文，对两岸旅行社的交流与合作，改进航空交通，投资开发旅游资源，旅游教育与人才培训，旅游信息的沟通与运用等问题进行了热烈的讨论，提出了积极的建议和解决办法。希望实现两岸直航，允许大陆旅游业者去台湾开展业务，建立两岸旅游协调机构，推行交易合同制度，两岸骨干旅行社加强合作并发挥主导市场作用，引进台资，开展学术业务交流等。会议期间两家主办协会还就进一步加强合作进行了座谈，签署了"会议纪要"。根据纪要，双方将建立经常的业务联系，相互交换有关旅游方面的信息，提供两岸旅游业者的征信材料，研究如何防止和解决两岸间的业务纠纷，促进台湾企业家来大陆投资发展旅游业，促进旅游教育人才的交流，推动两岸旅游业界人士互访等。会议结束后，吴学谦副总理会见了台湾代表团全体成员并同台湾代表团主要负责人陈唐光、余钟骥、唐学斌等进行了亲切交流。

大陆派员首次赴台参加海峡两岸旅游研讨会 应台湾文化观光研究发展协会邀请，以中国旅游协会会长韩克华为团长的大陆代表团一行15人，于1993年6月18日离开北京，经香港赴台参加1993年海峡两岸旅游研讨会。这是大陆旅游界人士首次赴台。大陆代表团由旅游高等院校的院长、教授和文物、民航、旅行社、饭店等方面的专家学者组成。韩克华团长说："海峡两岸研讨会已在大陆举办过三次，都取得了圆满成功。这次研讨会在台北举行，台湾同行及有关人士十分重视。我相信，这次会议也一定会获得成功。我们一行15人是代表大陆旅游界人士首次赴台，我们将通过台湾同行向台湾同胞表达大陆旅游界人士的亲切问候，并欢迎台湾同胞到大陆观光、探亲、访友。我们要通过研讨和参观访问，加深对台湾旅游业的了解，增进和台湾同行的友谊，为进一步发展海峡两岸旅游业的友好合作关系尽绵薄之力。"

云南省决心建成旅游省

1992年7月4日，云南省政府第54次常务会议听取了云南省旅游局的工作汇报，专题研究加快云南旅游事业发展问题。和志强省长在会上强调，要上下动员，拓宽思路，齐心协力，把旅游业作为发展第三产业的重点来抓，争取把云南建成一个旅游省。会议认为，云南旅游业有十分明显的区位优势和资源优势，要努力把长期以来单纯的观光旅游，过渡到集观光、娱乐、度假为一体的多层次旅游。在两年内改变西双版纳傣族自治州旅游业的落后面貌，不上有损生态环境的项目，开展好神秘的热带雨林旅游，建设一个孔雀园，开发只有西双版纳才具有的旅游线路和旅游商品；要充分利用周边国家的开放形势，积极发展中缅、中老、中越边境旅游，开辟7天3国（缅甸、老挝、泰国）旅游，建立省内航空旅游网络，形成昆明——西双版纳——德宏——大理——昆明航空旅游环路。省政府决定建立1亿元的旅游发展基金，实行有偿使用，滚动发展，主要用于重点旅游区的景点建设。陆续出台一批政策，逐步理顺旅游行业的管理体制，改变国营旅游企业与合资企业目前不平等的竞争状况。

海南建设旅游大省 据《人民日报》1993年2月14日报道，海南岛是地球上仅存的几个未被污染的岛屿之一。海南省依靠政策与市场驱动，建设旅游大省。目前，海南一方面抓紧制定旅游发展规划，加强宏观调控；一方面放手利用大特区的市场经济机制，将境内外各大公司推向旅游开发的舞台。国内外的资金、技术与旅游资源，通过市场实现了最佳配置，兼顾规模、生态、经济效益的16个旅游成片开发区应运而生。1992年，仅海南新能源股份有限公司、香港秀峰集团、新加坡海联（私人）有限公司、海南物业发展公司用于旅游开发区的投资额，就达30多亿元。著名的亚龙湾国家旅游度假区，也正由6家公司联手开发。海南围绕旅游行业"行、游、住、吃、购、娱"的配套服务需要，大力兴建旅游基础设施，狠抓行业管理，目前已初步形成较为完整的接待体系。春华秋实。5年来，海南旅游创汇、接待游客人次的年递增速度比社会总产值、国民生产总值的指标要快4到5倍。1992年，全省接待国内外游客超过190万人次，旅游创汇突破1亿美元，占省非贸易创汇额的70%，是同期三资企业创汇数的1.5倍。

河北加快旅游基础设施建设

1992年，河北省旅游资源开发和基础设施的建设向深度和广度迈进。据不完全统计，全省落实、议定或协议的外来资金、自筹资金上百亿元。一批特大型旅游项目相继破土动工，从而大大增强了河北省旅游业的整体吸引力和综合接待能力。其中，一批新上的有特色的大项目堪称全省乃至全国之最，尤为引人瞩目。投资亿元以上的项目7个：白洋淀温泉城（30亿元）、中国影视城（20亿元）、海洋花园邨（30亿元）、绿色世界旅游城（2.2亿美元）、天下第一城（8.5亿元）、筑波科技城（5亿元）、中华五千年娱乐中心（1.5亿元）。

河南兴建10大文物旅游景点 河南省兴建十大文物旅游景

点。一、在郑州兴建黄河大观，并建黄河微缩景区和360度环幕电影院；二、在洛阳兴建反映河洛文化和中原民风民俗的河洛文化村；三、打通开封内水系，再现名画《清明上河图》描绘的北宋东京的繁荣景观；四、开发巩义市北宋皇帝陵区一座陵墓；五、丰富少林寺景区“拳以寺名，寺以拳显”的特色；六、在龙门景区增添水上景色；七、在三门峡开发建设虢国车马坑遗址群；八、在安阳充实殷墟博物苑观光内容，兴建岳飞纪念馆，修复《周易》的发源地，中国最早的国家监狱城；九、在濮阳修复春秋孔子城(遗址)；十、在济源开发“愚公移山”所在地王屋山和五龙口景区。

开封大力开发历史文化资源 开封是一座具有2700年历史的文化名城，拥有众多的名胜古迹和旅游资源，全市共有文物保护单位159个，其中国家和省级的保护单位11处。融汇了北宋名胜风情的宋都御街，全长400多米，53家店铺、酒楼，再现北宋年代的繁荣，吸引国内外众多的游客。开封市近年投入大批资金，整修了“龙亭”、“包公祠”、“山陕甘会馆”、“陈桥驿”、“七步村”等名胜，新建成集游玩、观赏、饮食、购物于一体的“东京大庙会”和我国最大的碑林——中国翰园碑林等新景观；举办了大相国寺的开寺大典、“黄河之旅”首游等活动。1993年又投资1亿多元兴建复原以“清明上河图”为蓝本的水系游乐工程。从1991年起，开封利用历史文化资源和民间文化活动招商引资，成交额已超50亿元。1993年5月举办的“93宋都文化节”，近万客商云集开封，为开封引进了大量外资。此外，开封已筹划利用外资加快历史文化资源开发的步伐，整修岳飞大破金兵的朱仙镇和汉代大文学家蔡邕、蔡文姬故里陈留郡等大型项目已纳入计划。

安徽省以旅游为振兴全省经济的支柱产业 1992年9月23—28日安徽省委、省政府分别在九华山和黄山召开的全省旅游经济座谈会上作出了扩大改革开放的战略举措：以邓小平视察南方重要讲话和1979年视察黄山时的讲话精神为指导，抓住机遇，发挥优势，将旅游作为振兴安徽经济的一大支柱产业大发展快发展。省委书记卢荣景指出，加快发展旅游经济，必须首先转变观念：一是要主动适应市场，而不是让市场来适应自己；二是要克服小农经济单打一的思想，树立大旅游大市场观念；三是要克服封闭保守怕吃亏的思想，只要有效益，就要舍得大投入。省长傅锡寿说，丰富的旅游资源是安徽的一大优势，但天然资源不开发成不了商品。全省旅游资源分三个层次：首先是黄山，这是全省旅游的中心；其次是皖南旅游区，其中九华山也具有发展国际旅游的实力；再一层是全省各地点多面广、千姿百态的旅游资源，如能开发出来形成网络，就能成为一个相当象样的支柱产业。

安徽开设热线电话为国内外旅游客人免费提供法律咨询服务 1992年3月7日，安徽省第三律师事务所，正式宣布该所开通国内外直拨热线电话(0551—240501)，积极为'92中国友好观光年拓宽律师工作服务领域。凡来安徽旅游观光的港澳台同胞、海外侨胞等国内外客人每天从8点至18点，均可通过热线电话免费咨询政策法律方面的问题，亦可委托该所律师办理家庭婚姻财产继承方面的法律事务(需交代理费)。

陕西旅游创历史最高水平 1992年，陕西省实现旅游人数和创汇指标双突破，全年共接待境外旅游者约43万人次，比上年增长34%，旅游创汇约4亿元外汇人民币，比上年增长37%，均创历史最高水平。在全国扩大开放的潮流推动下，陕西省旅游体现出一些前所未有的新气象。一是全省对旅游业的认识普遍提高，开始注意从改革开放和社会经济发展的大格局中部署旅游业；二是国际市场开发更加活跃和更有成效，先后有80多批共200多人次分赴20多个国家和地区进行外联促销，并向美、日、法等主要客源国派常驻代表；三是旅游业吸引外资的范围进一步扩大，从仅限于饭店投资向景点开发、旅游商品加工生产、娱乐设施、汽车、餐饮等方面延伸；四是行业管理开始走上轨道。

临潼县以旅游带动第三产业快速发展 秦兵马俑所在地的陕西省临潼县，充分发挥得天独厚的文物古迹资源优势，围绕文物办好旅游资源事业。1992年接待中外游客310万人次，全县旅游业总收入达到1.32亿元，创历史最高水平，居陕西省县级旅游业收入之首。

临潼有秀丽的自然景观和丰富的文化遗产，获得“文物甲天下”的美誉。改革开放以来，每年有数百万中外游人到此观光览胜、探古寻奇。全年兵马俑、华清池、鸿门宴和西安事变遗址等景点门票、交通食宿、游人购买纪念品及土特产等，总收入比上年增长10%以上。旅游使第三产业蓬勃发展。1992年第三产业产值达到2.27亿元，占全县国民生产总值的32%，已成为临潼经济的重要组成部分。

5省旅游部门携手推出三国蜀汉之旅 1992年10月10日，四川、陕西、河南、湖北、甘肃等省的专家学者及旅游业管理者，聚首在四川绵阳市，交流三国学术，研讨如何拓展海外游客来源市场，开发三国蜀汉跨省旅游的策略。三国蜀汉历史人物的活动、事绩和神奇传说，不仅国人知晓，而且传遍世界许多国家。近年来，海内外游客纷至沓来，出现了前所未有的三国蜀汉旅游热。但由于三国景点遍及长江南北，大河上下，这给旅游者带来了诸多不便。为此，三国遗迹集中的五省，面对旅游市场的新形势，成立了三国旅游协作区，以便从宏观上全方位拓展三国旅游线。协作区已开了两次年会，详细确定了跨省旅游的措施。除各省在省内开辟三国旅游线外，五省区打破区域束缚，联手开通三国旅游跨省热线。仅四川就开通了三条旅游主线：成都至绵阳、广元、陕西、甘肃的川北线；成都至重庆、万县、湖北的川东线；成都至西昌、攀枝花、云南的川南线。

三峡推出古栈道徒步游 据《旅游导报》1993年11月12日报道：最近，中国长江会议旅游服务公司宜昌分公司和香港的一家旅游公司于国内首家联合推出了“瞿塘峡古栈道荣誉徒步游”的全新旅游节目，它是集古文化、体育、旅游为一体的健身旅游活动，以全新的方式让你领略原始古朴的三峡风貌，使你置身于美丽的三峡画廊之中。这条古栈道徒步游8公里的新线，引起了国内外旅游界的广泛关注，纷纷要求组团参与。

南戴河游乐城建成开放 与避暑胜地河北省秦皇岛市北戴河一水之隔的南戴河旅游区，又建成一座欧洲古堡式建筑——游乐城，并已向游人开放。南戴河游乐城建筑面积7100平方米，城堡建有8个四面棱形的蓝色塔楼，高35米。城堡内分为游乐厅、影视厅和观赏厅，以声光电技术汇出一个超越时空的游乐世界。

苏州建成我国首座园林博物馆 据《旅游导报》1992年10月16日报道我国第一座园林专题博物馆——苏州园林博物馆在苏州建成并已对外开放。苏州园林有着悠久的历史。远在春秋时代，就出现过宫室、园苑等建筑。宋、元、明、清各代所建园林，惟苏州最多，达170余处。现存名园至少有十几处。建成的苏州园林博物馆，座落在我国四大名园之一的拙政园旁，占地2000多平方米，分园区、园史、园趣、园冶四个展厅，通过多种艺术手段和现代电子技术，多角度展示了苏州园林的历史变迁和造园艺术等，容纳着几十座古典园林的旖旎风光。它的建成使这座历史文化名城又增添了一处新的游览景点。

舟山建成我国最大的海洋群岛暨旅游度假区 1993年3月15日，位于全国著名的沈家门渔港南面7、8海里处，风景秀丽的桃花岛被浙江省政府列为省级风景名胜区。至此，舟山市已拥有普陀山、嵊泗列岛两个国家级风景名胜区和岱山岛、桃花岛两个省级风景名胜区，舟山正在成为我国最大的海洋群岛型风景旅游度假胜地，目前年游客接待量逾200万人次。素有千岛之城美称的舟山，拥有1339个岛屿，是我国最大的群岛。区域内气候宜人，景色优美。既有美丽的阳光、海洋、沙滩、岛礁等自然景观，又有独特的民俗、风情、渔火、宗教等人文景观，是中外游客观光、探奇、休闲、疗养和度假的理想之地。

湖南云山新辟为国家森林公园 位于湘西的武冈云山1992年10月被国家林业部批准正式建为国家森林公园。云山海拔1372.5米，距武冈县城5公里，东西狭长20公里，总面积3110公顷。云山经初步查明的植物就有147科计826种，其中属国家保护的珍贵植物13种，列为省重点保护的6种。发现动物209种，其中列为国家保护的19种。

中华奇石馆在南京落成 由国家旅游局投资兴建的亚洲规模最大的奇石收藏馆——中华奇石馆，1992年10月在南京清凉山公园内落成。该馆汇集并展出全国各地的100多个珍奇石种2000余枚。

宜昌市举办首届中国赏石展 1992年10月18日，由中国花卉盆景协会与宜昌市人民政府联合举办的首届中国赏石展在湖北宜昌市云集山庄隆重开幕。来自北京、上海、广东、广西、湖北、湖南、安徽、江苏、贵州、陕西等15个省、市、自治区的200多名藏石家的藏品参加了展览。参展的石品有灵璧石、鸡血石、绿松石、五彩石、冰洲石、太湖石、孔雀石、菲岩石、玛瑙石、彩霞石、王腊石及各种古生物化石等30多个类型100多个品种共2000余件。展品大者重达数吨，小者仅几克。宜昌市群众有幸参观了这个展览，大饱了眼福，他们特别对声、形、色、质俱佳的安徽灵璧石、五彩斑斓的云、贵彩霞石，以透、漏、瘦、皱见长的江、浙太湖石等表示兴趣，尤其对以奇特的形态和纹理一领风骚的三峡石倍感骄傲。宜昌市借这次赏石展，将经贸活动以及宣传宜昌新形象活动推向高潮。

奇石收藏家李广岭 据《武汉晚报》1993年11月2日载文称：李广岭是河南郑州人，曾经营过水晶石眼镜和宝石等商品。由于长年从事此类经营活动，他对收藏石头产生了浓厚的兴趣，现已成为名副其实的奇石收藏家。他搜集的石头来自除西藏、台湾外的全国各省、市、自治区。其中有卵石、山石、钟乳石、化石、形石、图案石、药石、矿物晶体等，重量数百吨，数量万余块。罕见的奇石有：2公斤重的全透明夜明石；重2800公斤的石膏体；直径只有3公分的恐龙蛋化石，直径50公分、重10公斤的恐龙蛋化石。还有清晰地标着“一亿”，自然形成的“笑”字、“工”字、“鸟”字的石头。各类奇石千姿百态。李广岭收藏的奇石引起国内外收藏者的广泛关注。在李广岭收藏的奇石中，有一个长3.5米、腰2.6米、重2800公斤的石膏晶体，是从湖南省一个500米深的矿井里耗资20多万元，费时3个月弄到的。一位韩国奇石收藏家见到后，愿出50万美元购买被他婉言谢绝了。

上海新辟民间收藏陈列馆 座落在举世瞩目的上海南浦大桥西首的“上海民间收藏陈列馆”，1992年10月7日正式对外开放。上海民间收藏历史悠久，实力雄厚，被誉为“中国收藏半壁江山”。为了更好地展示、欣赏珍藏在上海市民中的民间收藏精品，上海南市区人民政府和上海市旅游局联合投资近30万元，将一幢保存较好的晚清古建筑——上海三山会馆修葺一新，辟为“上海民间收藏陈列馆”。馆内陈列有古匣、钱币、蝴蝶、钥匙、家谱、钟表、戏服、微雕、历史明星照等130余种近万件收藏精品。上海收藏欣赏联谊会会长吴少华说：“陈列馆将每隔数月换一批展品，以满足纷至沓来的海内外收藏家和观赏者的要求。”

沈建国论闲暇对人的个性发展的价值 沈建国在《南京大学学报》1993年第1期撰文认为，作为时间——活动范畴的闲暇，是与工作、必要生活时间相对应的满足个人发展需要的方式。闲暇对人的个性发展的价值，首先在于它的时间价值，人的一生闲暇时间远远超过工作时间，大量的闲暇时间不仅使个人消除自身的疲劳，恢复自身的体力和精力，更重要的是“使每个人都有充分的闲暇时间从历史遗留下来的文化中间承受一切真正有价值的东西”。为个人的“自由活动和发展开辟了广阔的天地”。闲暇对人的个性发展的价值，其次是由闲暇活动的性质决定的，个人在闲暇活动中具有自主与创造性。第三，闲暇对人的个性价值，是由闲暇活动的丰富内容所决定的。娱乐活动是个人闲暇活动的重要内容之一。它的主要形式是审美活动。它可以培养高尚的道德情感，丰富人的知识，开发人的创造力。闲暇和教育一向有密切的联系。特别是现在的成人教育是许多人闲暇的主要内容。闲暇为个人的交往关系超越局限开辟了可能性，有助于人的个性的全面发展，有助于人的心理健康。闲暇中的体育活动同样展现了人的本质力量。

精神文明建设活动

1. 中央单位精神文明建设活动

中央军委作出发扬优良传统加强廉政建设决定 1992年11月，新组建的中央军委作出了《关于发扬优良传统加强廉政建设的决定》，号召全军指战员认真贯彻党的十四大精神，始终保持老红军本色，在党中央和中央军委的领导下，进一步开创军队建设的新局面。《决定》高度概括了我军的优良传统，这就是：军队必须接受党的绝对领导，坚持"党指挥枪"的原则，成为贯彻执行党的路线、方针、政策的模范；坚决反对和克服危害军队团结统一的错误倾向；执行严格的组织纪律，一切行动听指挥，顾全大局，不允许破坏纪律和纪律松弛的现象存在；坚持艰苦奋斗的作风；坚持实事求是的作风；坚持发扬民主，走群众路线的作风；加强政治教育和政治机关的工作，不断提高广大干部战士的思想政治觉悟；加强军事训练，通过勤学苦练，不断增强干部的指挥能力、管理能力，提高部队的作战本领；坚持党管干部的方针，在选拔使用干部上遵循德才兼备、任人唯贤、公道正派、"五湖四海"、干部交流，能上能下的原则和标准；领导干部和老同志要发挥好传、帮、带的作用。《决定》强调，在新的历史条件下，继承和发扬我军优良传统，永远保持老红军本色，具有十分重要的意义。《决定》要求发扬优良传统，加强廉政建设，当前应着力解决的问题是：1. 坚决纠正选拔使用干部中的不正之风。2. 坚决刹住以权谋私、权钱交易的歪风。3. 坚决克服经济工作中的违法乱纪现象。4. 坚决制止讲排场、摆阔气、挥霍浪费等奢侈之风。5. 坚决纠正官僚主义、形式主义等不良倾向。《决定》强调要在贯彻落实上狠下功夫。并指出，发扬优良传统、加强廉政建设，关键在于高级干部和领导机关的模范带头作用。高级干部和领导机关应有更高的觉悟、更严的要求，必须以身作则，做全军的表率。

中央军委授予苏宁模范干部称号 1993年2月，中央军委发布由主席江泽民签署的命令，授予沈阳军区某炮兵团原参谋长苏宁"献身国防现代化的模范干部"荣誉称号。中央军委的命令说，苏宁同志是山西省孝义县人，1953年出生，1969年入伍，1973年入党，入伍后历任班长、排长、连长、作训参谋、作训股长、营长等职，中校军衔。苏宁同志入伍22年，以对党对祖国对人民的无比忠诚，埋头苦干，在所工作过的岗位上，取得了出色成绩。当战士，他是训练尖子；当班长，他带领全班夺得全团训练比武第一名；当干部，被师树为基层干部标兵、优秀指挥员。在走上团的领导岗位后，他严以律己，廉洁奉公，勤奋工作，率先垂范，带领部队从难、从严、从实战出发，苦练军事技术，掌握过硬本领。他时刻把祖国的安危挂在心上，目光盯着世界军事科学的发展进步，在做好本职工作的同时，潜心钻研军事理论，挤时间写了70篇学术论文，其中有的理论观点受到专家的高度评价。他像雷锋那样，努力学习马克思主义理论，争做有理想、有道德、有文化、有纪律的新人，关心群众疾苦，同战士情同手足，曾先后3次冒着生命危险保护战友，为群众和战友做了大量的好事。1991年4月21日，他组织部队进行手榴弹实弹投掷，在发生意外情况的危急时刻，舍生忘死，奋勇排险，为保护战友的生命安全身负重伤，经抢救无效，于1991年4月29日牺牲。中央军委的命令说，苏宁同志是新时期我军干部队伍中的一个德才兼备、忠于职守、献身国防的突出典型,全军广大战士要向他学习。学习他忠于党、忠于国家、忠于社会主义、忠于人民,全心全意为人民服务的崇高思想;学习他恪尽职守,刻苦钻研军事科学知识,勇于进取的工作精神;学习他继承和发扬我党我军优良传统,严以律己,艰苦奋斗的优良作风;学习他关心同志,爱护士兵,舍己救人的高尚风格。

江泽民、刘华清、张震为"南京路上好八连"题词 1993年4月25日,《人民日报》等报纸刊登了中共中央总书记、中央军委主席江泽民,中央军委副主席刘华清、张震,分别为"南京路上好八连"题词。江泽民的题词是:"艰苦奋斗代代传,一尘不染三十年"。刘华清的题词是:"艰苦奋斗葆本色,拒腐防变铸长城"。张震的题词是:"发扬老红军传统,保持艰苦奋斗政治本色"。

中央国家机关向贫困地区捐书 共青团中央发起的旨在推动农村文化教育和科技事业进步、促进贫困地区经济发展,向贫困地区捐书活动,受到了党和国家领导同志的支持和关注。李鹏捐赠了一百余册图书,并在其中几十本书上签了名。姚依林、田纪云、吴学谦、宋健等也都捐送了书刊。中央国家机关系统的广大干部和青年团员,捐献图书共达125万册,内容涉及农村如何脱贫致富、文化教育、中小学教材、青少年科普教材、儿童读物等几十种。1992年6月30日,满载着各类图书的9辆卡车驶出中南海,开赴北京、河北、山西、内蒙古等省市区的8个贫困地区。

"五个一工程"在京颁奖 "五个一工程"是中宣部于1991年起主持开展的精神文明建设重点工程。这一工程的主旨是"要像抓重点建设工程那样,有计划有重点地组织精神产品的生产"。具体内容是要求各省、自治区、直辖市党委宣传部抓好精神产品的生产,力求从1991年起,每年度拿出"一本好书、一台好戏、一部优秀影片或电视剧、一篇或几篇有创见有说服力的文章"。获得1991年度"五个一工程""组织工作奖"的有上海、山东、吉林、浙江、江苏、河南、内蒙古、四川、陕西、广东10个省、市、自治区党委宣传部。在"五个一工程"的入选作品中,电视剧获奖的有《女人们》、《孔子》、《纪委书记》、《中国神火》、《红蜻蜓》、《焦裕禄》、《南行记:边寨人家的历史》、《铁市长》。戏剧获奖的有《大桥》、《海边有个男儿国》、《高高的炼塔》、《快活的黄帽子》、《吵闹亲家》、《旗长,您好》、《死水微澜》、《毛泽东的故事》、《情结》。图书获奖的有《中国共产党70年图集》、《科学世界观——新时期简明哲学读本》、《孙子兵法连环画》、《我的经济观》、《黄河防洪志》、《内蒙古大辞典》。文章获奖的有《邓小平的〈中国特色社会主义论〉》、《实现从"温饱"到"小康"的跨越》、《从全球角度看社会主义的历史命运》、《试论党建领域的几个重大关系》、《培养和建立社会主义市场体系的几点认识》、《坚定不移地扩大对外开放》。电影获奖的有《开天辟地》、《大城市1990》、《焦裕禄》、《决战之后》、《烈火金钢》。

1992年度"五个一工程"获奖名单是:获组织工作奖的有江苏、山东、河南、辽宁、上海、湖南、河北、浙江、黑龙江、内蒙古、广东、北京、吉林13个省市自治区党委宣传部。入选文章获奖的有《做好构建社会主义市场经济新体制的大文章》、《农村专业市场结构与发育的基本条件》、《论建设有中国特色社会主义理论的几个问题》、《马克思主义普遍真理同中国具体实际相结合的第二次历史性飞跃》、《马列主义、毛泽东思想和当代社会发展的大趋势》、《邓小平的管理思想与领导艺术》、《关于北京搞好国有大中型工业企业的若干情况和思考》、《让职工群众在企业改革中唱主角》、《为改革开放创造良好的社会环境——苏州市加强精神文明建设的情况调查》、《九十年代我国区域经济发展的战略选择》、《论我国扶贫攻坚阶段的宏观决策》、《九十年代中国西南与东南亚的经济合作》、《割裂的缪斯——中国现当代文学中现代主义思潮的内在矛盾》、《农村股份合作经济崛起的原因和条件》、《正确认识社会主义的本质》。图书获奖的有《社会主义市场经济探索》系列、《中国西北地区开发与向西开放》、《建立社会主义市场经济新体制》、《走出封闭》、《爱我中华》丛书、《邓小平生平、思想研究丛书》、《中国自然灾害灾情分析与减灾对策》、《民族团结教育读本》试用本、《早陨的将星》丛书、《首钢改革》、《经营谋略图画》、《百将传奇》、《中华魂》丛书、《敦煌古乐》。戏剧获奖的有歌剧《张骞》;舞剧《箫音》、《阿诗玛》;话剧《女大十八变》、《甲申纪事》、《OK,股票》;戏曲《铁血女真》、《养命儿子》、《契丹女》、《将军谣》、《藏王的使者》、《五福临门》、《石龙湾》、《抓阄村长》;儿童剧《潇洒女孩》。电视剧、片获奖的有电视剧《外来妹》、《半边楼》、《双桥故事》、《天梦》、《中国商人》、《擎天柱》、《净魂》、《古船·女人和网》、《山不转水转》、《挑花女》、《家族的荣誉》、《誓言》、《常香玉》;电视片《圆明沧桑》、《上下五千年》、《台湾行》。电影获奖的有《蒋筑英》、《中国人》、《走出地平线》、《刘少奇的四十四天》、《远山姐弟》、《毛泽东的故事》。

中央宣传部召开全国文明办主任座谈会 1993年11月6日至9日,全国精神文明办主任座谈会在"全国文明城市"福建省三明市召开。座谈会以邓小平建设有中国特色社会主义理论和党的基本路线为指导,按照精神文明重在建设的方针,总结交流,并认真研究精神文明建设如何进一步为经济建设和改革开放服务的思路、任务、方法和途径,以推动群众性精神文明建设活动健康、深入、扎实地开展,保证党的十四大提出的各项战略任务的全面贯彻落实。来自全国各地的百余名文明办主任经过4天的交流、研讨和实地考察，形成了这样的共识：社会主义市场经济越发展，越要加强精神文明建设。精神文明建设及其开展一切活动都必须适应社会主义市场经济发展的要求，并努力促进和保证社会主义市场经济体制的建立和完善。忽视或减弱精神文明建设，是对建设有中国特色社会主义事业有意无意的损害。代表们表示，要进一步学好《邓小平文选》第三卷，掌握好思想武器，振奋精神，坚定信心，开创精神文明建设的新局面。今后的工作要在“广泛参与，重在建设”上下功夫。

中央宣传部等要求运用优秀影视片对中小学生进行爱国主义教育 1993年10月，中共中央宣传部、国家教育委员会、广播电视部和文化部联合发出《关于运用优秀影视片在全国中小学开展爱国主义教育的通知》。通知指出：爱国主义教育是中小学德育教育工作的核心内容。近几年来，各级党委、政府和教育部门在加强对中小学生的爱国主义教育方面做了大量工作，创造和积累了许多好的经验。其中运用影视形式对中小学生进行爱国主义教育，是行之有效的方法。通知要求：(1)针对中小学生的年龄特点，确定爱国主义教育的必(选)看影视片目，依据《中学德育大纲》和《小学德育大纲》中有关爱国主义教育的要求，经有关专家认真筛选，广泛征求意见，特推荐教育影视片100部，供各地中小学选用；(2)必须做到与学校教育教学工作有机结合，开展爱国主义影视教育活动要自成系列，同时又要渗透到各科教学之中；(3)从实际出发，因地制宜，讲求实效；4. 利用优秀影视片对中小学生进行爱国主义教育是一项综合性的社会教育工作，各地有关部门必须提高认识，加强协作，做好组织和服务工作。通知明确指出，运用优秀影视片在全国中小学开展爱国主义教育活动，是一项长期、经常性的工作。国家教委和有关部门将适时对此项工作进行检查、评比和表彰，以调动社会各方面的积极性，使这项教育活动广泛、深入、持久地开展下去。

最高检察院要求各级检察机关加强廉政取信于民 1993年5月，最高人民检察院发出通知，要求各级检察机关认真贯彻执行中共中央办公厅、国务院办公厅《关于严禁党政机关及其工作人员在公务活动中接受和赠送礼金、有价证券的通知》。通知指出：1. 各级检察机关要通过学习中办、国办的《通知》，深刻领会《通知》的精神，充分认识党政机关及其工作人员在公务活动中接受和赠送礼金、有价证券行为的严重危害性和严禁此类行为的重要意义，把惩治贪污贿赂犯罪深入持久地开展下去，始终坚持“两手抓，两手都要硬”的方针，促进廉政勤政建设，取信于民。2. 各级检察机关要加强举报工作，认真受理群众举报，及时查办群众举报或其他机关移送的有关案件。3. 各地要认真分析本地区反贪污贿赂斗争形势，安排部署好当前工作。4. 各级检察机关和全体检察人员在执法活动和公务活动中要严于律己，严格执行《通知》精神，不得以任何名义和变相形式接受礼金和有价证券，如有违犯要严加查处，并追究有关领导的责任，绝不姑息。

全国政协举行精神文明建设研讨会 1993年10月，全国政协学习委员会在北京举行“精神文明建设”研讨会。会议指出在建设有中国特色社会主义过程中必须大力加强精神文明建设，要在广大人民群众，尤其是青少年中加强正确的世界观、人生观和价值观的教育，以真正实现邓小平同志提出的“两手都要硬”，做到“两个文明”同步发展。随着改革开放的不断深入，市场经济体制的逐步建立，人们的思想观念正在发生急剧的变化。对此委员们指出，这一巨大变化既有积极、进步的一面，又有消极落后的一面；对积极进步的东西要充分肯定，大加提倡。面对消极、落后和腐朽的东西，则要采取有力、有效措施，予以消除和防范。陆榕树委员指出，不正确的世界观、人生观和价值观，在当前的主要表现形式是拜金主义、享乐主义和极端个人主义。一些人为追求金钱，见利忘义，或以权谋私、权钱交易，或贪污受贿、贪赃枉法，有的甚至出卖人格和肉体；一些人为了追求享乐，大肆吃喝玩乐，讲究排场，炫耀豪华；一些人个人主义极度膨胀，只求索取，不讲奉献。这些消极、腐朽、落后的东西，如不予以纠正和消除，任其发展下去，对现代化建设和社会主义制度都是极大的危害。金开诚委员说，当前，社会主义精神文明建设既要适应社会主义市场经济发展的需要，又要根据不同的对象分层次进行。市场经济条件下的平等互利、公平竞争原则，各尽所能、按劳分配的社会主义分配原则以及大公无私的共产主义思想在今天都需要大力提倡；中华民族传统文化中的“己所不欲，勿施于人”和“敬业”精神在新形势下仍然是有益的，也需要发扬光大。李燕杰委员提出，社会主义精神文明建设要有一支强大的“志愿军”队伍，要动员并发挥全社会的力量，和现有的党政政工干部队伍一起来搞好精神文明建设。

民主党派工商联智力扶贫硕果累累 从1988年到1993年，各民主党派、工商联各级组织就贫困地区，特别是边疆少数民族地区发展的重大问题，向中共中央、国务院和有关部门提出重要建议意见4000多项，取得显著的经济效益和社会效益。民盟中央提出的《关于建立黄河上游民族经济开发区的建议》、费孝通提出的《关于建立攀西开发区重建丝绸之路开发大西南的设想》、九三学社中央提出的《大西南连片贫困岩溶地区脱贫与振兴经济建议报告》、民建中央、全国工商联提出的《关于少数民族地区当前经济发展中若干政策性问题的建议》等，都受到党中央和国务院的高度重视，其中很多建议已被采纳实施。各民主党派、工商联各级组织从1988年到1993年，为贫困地区和少数民族地区举办各类专业技术培训班、讲座6000多次，培训各类人才65万多人次，还兴办了一批各级各类学校，为贫困地区培训了一大批“落地式”人才，有力地促进了科技的普及和应用。各民主党派、工商联各级组织在智力支边扶贫工作中充分发挥人才荟萃、联系面广等优势，积极为贫困地区和边疆少数民族地区脱贫致富、共同富裕，加快改革开放和经济建设服务，在支边扶贫中创造了许多行之有效的方式方法和经验，涌现出一大批先进集体和个人。

民进为发展教育献力献策

民进党的已故领导人叶圣陶和现任领导雷洁琼、谢冰心等，曾一再呼吁要关心教育、尊重教师，并向中共中央和国务院提出了很多有见地的建议。自从民进六大以来，这个党先后向中共中央提出了《关于切实贯彻〈义务教育法〉、加强基础教育的几点建议》、《关于依法治教、大力推进义务教育的建议》以及《关于发展中等职业技术教育的建议》。这些建议的部分内容已被吸收到国家教委的有关文件和报告之中。民进充分发挥知识分子集中的优势，密切联系经济工作，开展多种形式的办学活动和咨询服务。在民进六大后的4年中，他们兴办各级各类学校和培训班169个，培训各类技术人才35万人；组织3500多人次，深入13个省、自治区的40多个贫困地区进行指导技术开发和医药卫生咨询活动；定点扶持贵州毕节地区和黔西南自治州脱贫致富也初见成效。

中华全国台湾同胞联谊会为两岸交流架桥梁 全国台联运用其民间团体的优势，通过乡亲情谊，为海峡两岸交流架起了一座座桥梁。在1992年中，台联通过岛内人士分别组织了台湾少数民族艺术团和台湾河洛农民体育代表团，参加了在云南昆明举行的第三届中国艺术节和在湖北孝感举行的第二届全国农民运动会。应全国台联的邀请，台北爱乐合唱团参加了’92上海艺术节后，又在北京与中央乐团合唱团同台演出。在台湾享有盛名的游好彦舞蹈团应邀来京演出，并与大陆舞蹈界同行切磋交流现代舞表演艺术。台湾和平小天使大陆访问团在京与大陆小朋友交流演出，倍受欢迎。9月下旬，应台湾“企划人协会”的邀请，全国台联和中国少儿活动中心组织了“大陆少儿艺术访问团”赴台访问演出，在台湾产生了轰动效应，所到之处都掀起了和平与亲情的热浪。这是两岸少年儿童第一次双向交流，台湾新闻媒体对此进行了集中、充分的报道。接着，应台北爱乐文教基金会的邀请，全国台联组织了中央少年儿童合唱团，于12月下旬，赴台湾访问演出。合唱团首次踏上宝岛，在6座城市演出7场，讲座演出2场，几乎所有的演出都出现了一票难求的盛况。两岸人员的双向交流取得了较大突破。全国台联会副会长梁泰平等一批大陆同胞的知名人士先后回台探亲或参加学术交流活动。截至1993年9月，已有1800位大陆台胞实现了返乡探亲的愿望。全国台联与岛内、海外各个领域中的团体和人士开展多种形式的交流活动。1993年国庆期间，全国台联邀请了岛内、海外的近百名台胞来大陆观光、交流。1993年，全国台联共接待岛内、海外各界人士近1600人次。

建设部城建司等举办10城市公共(电)汽车优秀线路活动

建设部城建司、人民日报国内政治部和《时代潮》杂志社从1992年12月下旬到1993年4月底，联合举办以倡导文明乘车和优质服务为内容的十大城市公共(电)汽车优秀线路活动。这十大城市是：北京、上海、天津、广州、西安、武汉、南京、哈尔滨、沈阳、成都。人民日报政治法律社会版为配合这一活动的进行，开辟专栏，向社会征文，就活动中的文明服务、文明乘车等发表新闻报道及各种文章。《时代潮》杂志也开辟同样栏目，发表同类文章。这期间报刊还组织记者赴十大城市采访。《时代潮》杂志随刊或单送问卷，广泛征求乘客意见，推进全社会都来关心和支持公共(电)汽车服务质量的提高和乘客文明乘车风气的好转。

农业部实施“绿色证书工程”

“绿色证书工程”就是通过教育培养农民队伍，进行实用技术培训，培养掌握致富实用技术的劳动者；通过实施农民技术资格证书(习惯上称为“绿色证书”)培训，培养一支农民技术骨干队伍。自农业部1990年提出开展“绿色证书”制度试点工作以来，全国已经有200多个县进行试点，11万多农民参加了培训，近4万农民取得了“绿色证书”。在此基础上，农业部决定在全国实施以提高农民科技文化素质为目的的“绿色证书工程”。到1993年4月，已为此筹措了100万元资金，并确定了首批50个全国“绿色证书工程”试点县。

航天部重奖有突出贡献的知识分子 1992年12月23日，航空航天部举行隆重的授奖仪式，向10名有突出贡献的专家颁发航空金质奖章，并授予荣誉证书，颁发10万元奖金。建国40多年来，我国航空专家们与一代又一代航空工业职工共同艰苦奋斗，为我国航空事业的发展做出了卓越贡献，研制生产出1.3万多架飞机、5万多台飞机发动机、5万多发战术导弹以及配套的大量机载设施，使从零起步的我国航空工业成为世界航空工业的一个重要部分。这次获国家“航空金奖”的专家是：歼8飞机的总设计师顾诵芬；著名飞机设计师、强5飞机的总设计师陆孝彭；我国第一代飞机制造管理专家陆颂善；我国第一代航空发动机制造管理专家程华明；国家重点工程机载204雷达总体方案论证主持人朱克昕；海防导弹总设计师彭历生；著名航空材料专家颜鸣皋；国际著名焊接专家关桥；国际知名铸造专家周尧和；我国知名工程热物理湍流应用专家高歌。当获奖代表讲话，表示国家给予他们太多了，愿将奖金捐献给航空设计部门时，航空航天部部长当场表态，对专家们的心意表示感谢，但不能接受捐献。为保证这笔奖金能全部归于获奖专家，部党组决定对这笔奖金一不准捐献，二不准在单位内分摊，请客。充分体现了党对知识分子的关怀。

建设部表彰28个文明住宅小区　截至1992年，在我国若干城市里已形成4000多个住宅小区。这些小区为我国城市现代化展现了无限的生机。为了发展住宅小区的精神文明建设，建设部在1992年组织了对优美整洁、生活方便、文明安定的模范文明住宅小区和文明住宅小区的评选，28个住宅小区受到了表彰。其中，被评为模范文明住宅小区的是：广州五羊小区、无锡沁园小区、大庆美葡小区、深圳莲花二村小区、大庆林源小区、深圳怡景小区、烟台民生小区、常州清潭小区。被评为文明住宅小区的是：深圳文华小区，沈阳泉园小区，牡丹江新荣小区，上海竹园小区、延吉小区、子长小区，福州宁化小区、王庄小区，常州红梅小区，北京团结湖小区、芙蓉里小区、西坝河东里小区、柳芳南里小区，天津的新兴小区、滨海小区，哈尔滨的王兆小区，合肥的西园小区，济南的燕子山小区，佳木斯的杏园小区，成都的青羊小区。另外，广州、无锡、大庆、深圳、烟台、常州的6位主管市政工作的副市长被授予"创建全国文明住宅小区优秀市长"称号。

中华见义勇为基金会首次颁奖　1993年7月3日下午，一歹徒身藏"五四"式手枪一支和60余发子弹，窜到云南昆明市吴井路顺兴商场五金机电门市部，以买摩托车为名持枪抢劫。正在现场的张建昆、吴立新、张涛、杨元洲4人奋不顾身与歹徒搏斗，在迅速赶来的公安干警的配合下将歹徒擒获。1993年8月，中华见义勇为基金会决定颁发1.5万元奖金，对张建昆等4位市民及参战干警进行奖励。这次颁奖，是中华见义勇为基金会自1993年6月29日成立后的第一次。基金会今后将积极募集资金，大力表彰奖励在与犯罪分子作斗争中涌现出来的先进人物，以促进社会治安的稳定和社会风气的好转。

共青团中央、青联组织智力支边　由共青团中央和全国青联组织实施的全国第一个"青年科技服务团"，于1992年5月下旬前往内蒙古赤峰地区开展科技服务、智力支边活动。服务团的团员都是有敬业精神和真才实学的专家。国家体改委试点局的陈立和中国企业管理协会的于武，为当地干部举办报告会，介绍经济改革的宏观势态，解惑释疑，提供政策咨询，积极鼓励企业家们把握良机建功立业。外贸部政策体制司刘燕杰与外贸干部们切磋研讨当地产品走向外部世界的课题。中国人民银行金融研究所的唐旭向当地同行传授各类证券的业务知识和经营技巧。在美国进修3年刚刚归国的北京阜外医院的心血管专家李一石，前往多家医院，授课传经，诊病示范。服务团的活动受到了当地各界的热情欢迎和高度评价。

2. 省、市、自治区精神文明建设活动

北京开展群众性精神文明建设活动，增强市民首都意识　1992年首都围绕经济建设这个中心，加强思想道德教育，不断深化爱国主义、集体主义和社会主义教育，开展"做文明市民、创文明单位、建文明城市"的活动。在此基础上，1993年，以举办全运会为契机，开拓创新，增强全市人民的首都意识，进一步树立了健康文明的社会风尚。

北京各区县和各系统1992年初就把学雷锋活动作为全年思想道德建设的主要内容作了安排部署。一些单位建立了常年学雷锋基地，举办雷锋学校；一些"窗口"服务单位，把学雷锋，树立首都意识与职业道德教育、规范化服务结合起来，做到了办实事，注重实效。全市350万人次参加了首都绿化美化等社会公益活动。1993年，全市评选出10名学雷锋先进集体，10名先进个人学雷锋标兵和学雷锋十佳活动，其中有3个先进集体和先进个人受到了中央联合表彰。

举办健康文明北京人大赛。1992年3月11日至4月11日，首都精神文明建设办公室与市体委、新闻单位等共同举办首届健康文明北京人大赛。大赛设有健美操和健身舞、体能测试、着装、礼仪、心理健康与精神文明知识5项内容。全市工人、学生、军人、教授、高级工程师、离退休老同志和个体劳动者共1.8万人参加竞赛，他们中年龄最大的75岁，最小的18岁。大赛通过群众喜闻乐见的竞赛形式，对市民进行思想道德、文明规范、身体健康的综合教育。

开展个体工商户达标创优竞赛活动。首都精神文明建设办公室与市工商局、税务局、个体劳动者协会共同开展的个体工商户达标创优竞赛活动，1992年评选出创优集体9个，达标集体9个，先进个协小组49个，信得过个体工商户224户。这一活动增强了个体劳动者的首都意识和荣誉感，也促进了个体劳动者整体素质的提高。1992年6月，市个协的"献一片爱心、筑希望工程"活动中，全市有10万余名个体劳动者踊跃捐款。

北京市连续两年为窗口行业的职工和个体工商户组织了职业

道德教育电视讲座，1992年11月开始的第一期，培训的各行各业人员达18万人。1993年有35万人参加。同时还组织了职业道德知识竞赛。

多年来，北京市始终把创建文明单位、文明居民区工作作为精神文明建设的重点来抓。1992年评选出953个首都文明单位。1993年重新修订了《文明单位管理办法（试行）》，提高了单位的整体文明素质，全市共评出文明单位标兵48个，文明单位928个。1992年推广了团结湖小区等地区从维护社会治安秩序入手，发挥离退休人员作用，创建文明居民区的经验，发动群众广泛参与创建文明居民区活动，1993年评选出18个首都文明居民区，27个首都共建文明居民区先进单位。坚持十年的首都军（警）民共建活动，到1992年止，共建点已发展到1354个，其中60%被评为区（县）或市级文明单位。1993年共建活动指导小组培养和总结了东城区府学小学与武警六支队共建少年军校，以及西长安街街道办事处与中央警卫团长期坚持培训军地两用人才等一批先进典型。一年来共建点增长了近百个。少年军校总数达300余所，一些区县还建立了中小学生军训基地。

北京市创建文明居民区 为迈向现代化国际城市创造条件，北京市创建文明居民区活动已成为全市精神文明活动的重要内容。到1993年11月，全市已有298个居民区开展了创建活动，收到了较好的效果。创建文明居民区的活动使居住环境有了改观。在创建活动中，首先把治理环境作为重点，各区县广泛开展义务劳动和社会公益活动，有191万人次参加了义务劳动，拆除违章建筑，植树、栽花、整修路面，建自行车棚。小区内清洁、整齐，令人赏心悦目。创建活动使社会治安秩序有了明显好转。在居民区建立了专职和业余巡逻队，坚持巡逻；有条件的居民区在周围建立了围墙和安全栅栏，实行封闭和半封闭管理；一些居民区还建立了治安岗亭或值班室，实行24小时昼夜值班，使居民有了安全感。创建活动使生活服务设施有了较大改善。根据群众的实际需要，居民区设立了理发、修理、裁剪、售货、送奶、送报等服务站点。居民不用走出小区，就能解决生活方面的许多需求。通过创建文明居民区，居民的文明素质有了进一步的提高。各部门、各单位始终把思想道德建设作为文明居民小区建设的一项重要内容来抓，广泛发动群众参与创建活动。一个"住小区、建小区、爱小区"的新风尚在各文明区已蔚然兴起。

北京市实施"同心工程" 为了城市居民间的沟通与理解，北京市从1988年下半年起开始策划"同心工程"。他们首先推出了38集系列专题片《同心曲》，以北京人的社会生活作题材，涉及肉蛋奶菜、水电气热、住房、交通、教育、环保、社会风气、文化生活等一系列群众普遍关心的问题。主题为"沟通理解、同心同德、昂扬斗志、建设首都"，帮助北京人纵观全局，弘扬无私奉献精神，同时也不回避各级政府工作的问题、矛盾与困难，启迪人们对深化各项改革的深层次思考。它以别开生面的新闻纪实手段和电视报告文学的形式，将政府机构的施政纲领、方针政策和人民群众的意见融会贯通，既反映北京市民的喜怒哀乐，又反映政府领导工作的酸甜苦辣。通过双向交流，达到政府与群众同心，群众与群众同心。1992年6月，北京人民广播电台经济公开办"星期三热线办公"专题节目，采取直播与热线电话相结合的形式，邀请一些区县局领导定期与该台主持人共同主持节目，并通过热线电话接受听众的咨询，回答听众的提问，当场拍板解决一些问题。在已播出的33次"热线办公"中，接到听众电话、来信来访1200人次，当场回答问题800多个，解决问题近千个，没有解决的问题也都给听众讲明原因。1993年4月，电台又开设了一个"市长电话热线追踪"节目，对每周"市长电话"值班室中群众反映较集中的问题进行追踪报道。1993年春，北京电视台陆续增加了《市府与市民》、《为您咨询》两个栏目，解决老百姓急需解决的问题。5月18日，北京市推出"逛北京、爱北京、建北京"大型旅游群众文化活动，选择近几年北京在市政建设、居民小区、文化体育、商业、旅游等方面30余个具有代表性的建筑设施为景点，开辟旅游专线。通过实物参观，使市民有机会走出城市"孤岛状态"，专心领略包括人类伟大创造力的城市景观，欣赏颇具匠心的城市总体轮廓线，品味城市管理者的气魄以及人们自己创造的奇迹。在"逛"的过程中，参观者由"本市人"更替为"本市的客人"；由"建设者"更替为"享受者"，甚至是"市政工作的评判者"。使市民获得了对这个城市，对管理这个城市的政府有了新感受、新认识，在不知不觉中增强了政府与市民的交流与理解。

北京市政府将抗战纪念馆定为爱国主义教育基地 由邓小平题写馆名的中国人民抗日战争纪念馆，位于"七七事变"的爆发地——卢沟桥畔的宛平城内，是我国第一座全面反映抗日战争历史的专门博物馆。为加深人们对抗日战争历史的认识，激发青少年的爱国热情，北京市政府将抗战纪念馆定为北京青少年爱国主义教育基地。北京市、中央和部队的机关、教育、共青团、工会、妇联、民兵及工矿企业等数百个单位定期在此举行活动，包括各种形式的队日、团日、入党入团宣誓仪式，新兵入伍、老兵退伍宣誓仪式等。国防大学的军级干部党建班、中央党校的部队干部读书班，都定期组织来馆参观。到1992年，五年间该馆不断丰富展览内容，先后推出《九一八事变史料陈列展》、《八路军办事处、新四军军部革命活动展览》、《战时延安》等七个各具特色的专题展览，起到了很好的宣传效果。特别是揭露日本法西斯残暴地用活人作实验的罪恶行径的《日军第七三一部队罪行展览》，反响强烈。

首都大力表彰见义勇为好市民 首都评选见义勇为好市民活动，表彰见义勇为积极分子，从1992年开始至现在已经评选3届，共评选出“好市民”61人、积极分子131人，其中5人荣获“全国见义勇为先进分子”称号。在61名“好市民”中有工人、农民、干部、学生，还有一位离休的老红军；不仅有北京市的普通市民，还有外地在京做临时工作的人员；有83岁高龄的老人，也有年仅9岁的少年儿童。他们的事迹件件英勇，个个感人，他们为保护国家和群众的生命财产，为维护首都的社会安定豁出了自己的血肉之躯，为建设文明的北京城谱写了新篇章。3届评选活动揭晓，都举行了隆重的颁奖大会，市委、市政府领导都亲自为“好市民”颁发奖杯，佩戴奖章。1993年还举办了专题文艺晚会《英雄交响曲》，讴歌英雄们临危不惧，见义勇为的感人事迹。这项活动在全市人民中引起很大反响，普遍受到好评。为了更好地弘扬社会正气，鼓励广大市民在国家、集体财产和人民群众的生命财产安全受到威胁的紧急关头，临危不惧，见义勇为，市政府每年从财政拨款20万元，设立“见义勇为活动基金”，用于评选活动，奖励“好市民”和为他们投人身意外伤害保险以及提供特殊困难补助费用。首都的众多单位和个人也踊跃捐助“见义勇为活动基金”。一位年近古稀不肯透露姓名的老人连续两年捐款2万元，并深情地说：“我人老了，与歹徒搏斗力不从心了，捐款是表达对见义勇为精神的支持。”人民的厚爱，政府的支持，更加激励了见义勇为者的涌现，促进了社会风气的好转。精神文明重在建设。见义勇为是精神文明建设的华彩乐章，为见义勇为者排忧解难，同样是精神文明交响乐中优美的旋律。当选的好市民中，有些人因见义勇为而受伤致残，事后在医疗、生活、工作等方面都出现了一定的困难。市委、市政府领导认为，这些问题解决不好，将影响很大，要求各区县及有关部门把为见义勇为者排忧解难当作大事来抓，积极主动为他们解决治病、住房等生活困难，以实际行动扶正祛邪、促进社会风气好转和精神文明建设。大兴县小学教师潘月兰，救护洪灾落水群众的怀柔县农民王桂芝，1978年退休后一直战斗在维护首都治安、联防的岗位上的首届见义勇为好市民马润锟，在首届评选出的20名“首都见义勇为好市民”中，朝阳区就有5名。其中有不惧危险、勇救坠楼儿童的任志庆；奋不顾身、勇扑烈火的王煜和田氏三兄弟。在青岛市为救井下工人而中毒牺牲的北京城建集团一公司职工郜三喜，他们的实际困难都得到了妥善的安排。市保险公司和东城区保险公司，积极努力开设了“见义勇为好市民人身意外伤害保险”这一新险种。这是一种在特定环境下不确定被保险人的控额保险，是具有赞助性质的优惠特殊保险。一旦市民在见义勇为过程中，遭受人身伤害，并被评为见义勇为好市民，可以得到2万元以内的保险金额。市保险公司的领导表示：要继续配合首都见义勇为评选委员会做好这项保险工作，并积极探索、开发新险种、新领域，为见义勇为好市民提供多方面的社会保险和保障，为促进首都精神文明建设尽一份力量。

天津市办实事、重实效不断提高精神文明建设水平 在开展精神文明建设活动中，天津市坚持年年办10件实事，坚持年年都有新发展。1992、1993两年，他们开展了多种形式的活动，如：创建文明家庭、文明单位、文明小区；“岗位学雷锋、行业树新风”；评选“学雷锋、树新风”典型事迹；评选文明工商户；军民共建等活动。还开展了以“迎接世乒赛、满意在天津”为主题的创建优美环境、搞好优质服务、发扬优良传统的“创三优”；农村争创遵纪守法户、文明户、文明标兵户的“创三户”；学习《市民守则》，争做文明市民；倡导科学、健康、文明的生活方式和移风易俗等活动。并在塘沽区海河入海处邓颖超同志撒放骨灰的地方，建起周恩来、邓颖超和孩子们在一起的大型青铜坐像，修复大沽口炮台、觉悟社旧址、周恩来青少年时期活动旧址、平津战役战场遗址等28处遗址遗迹、纪念地进行树碑挂牌等把爱国主义、集体主义、社会主义教育不断引向深入的活动。

他们在开展群众性精神文明建设活动中，本着坚决贯彻重在建设的方针，认真实行注重实效的原则，多干实事，不搞花架子，不搞形式主义，从本地区、本单位的实际出发的精神，搞出自己的特色。而且采用管理科学的一些办法，把任务、责任和奖惩结合起来，引起竞争机制，实行目标管理和过程管理，把精神文明建设活动一件事一件事、一项工作一项工作地落实到人，对上了帐的重点工作盯住不放，定了就干，干就干好，实事实办，一抓到底。从而把天津市群众性精神文明活动提高到了一个新的水平，为天津市的改革开放和现代化建设创造了良好的社会环境。

天津设立“见义勇为奖励基金” 1992年5月27日，天津市公共安全协会成立。在协会倡议下，天津社会各界自愿捐款，设立“见义勇为奖励基金”，以奖励和补偿同违法犯罪作斗争的有功及伤亡人员。“见义勇为奖励基金”对同犯罪分子作英勇斗争而致伤亡的人员，除按国家规定给予补助、抚恤外，根据其伤害程度和贡献大小，一次性发给2000元至4万元慰问金；凡举报重大案件线索、抓获重大案犯的发给1万元以下奖金；对于积极支持维护社会治安的企事业单位及机关、团体、协会也给予奖励。

天津市发起回报母爱义举 1993年重阳节之际，天津日报、电台、电视台与市妇联共同发起一个旨在唤起全社会对一生辛苦、步入夕阳的母亲们的尊崇，弘扬人类美好、真挚、无私的感情的“回报母爱”行动。活动一拉开序幕，旋即在津门激起层层波澜。上至耄耋老人，下到中小学生，各个阶层的人们都情不自禁地回想起母亲的呵护抚育。数百篇“我的母亲”的应征文章涌到报社、电台，那些极不寻常的母亲形象频频出现于报纸、广播、电视中。天津企业界得知这一行动后，纷纷慨解义囊，表达对天下慈母的一片孝心。太极行销策划总公司出资制作99层特大蛋糕，底座直径1.5米、高2.4米，状似常青树，上书“妈妈让我再爱您一次”，分送99户家庭。太平洋保险公司天津分公司向99位慈母赠送一份保额5000元、保期一年的人身意外伤害保险，祝愿老人祥和安康；还于重阳节推出“九九重阳孝顺年金”、“父母寿辰孝顺年金”、“新婚夫妇敬老年金”，当老人需要时，一次付给本金，推崇敬老、爱老的社会风尚。活动也触及到不尽回报之责的角落。人们对那些不道德的活动给以曝光，牵动了善良人们的心。很多人加入到照顾老人的行列，使那些不孝子女开始悔悟，愿意承担自己应尽之责。新闻单位策划了3个小时的新闻直播特别节目，人们纷纷给妈妈点歌、献花，送上洗衣机，送上自己最好的学习成绩。人们大声高唱：“热爱你的母亲，这是热爱你的生命；崇拜你的母亲，就是崇拜人类的伟大！”

上海市举行精神文明建设动员大会　1992年3月，上海市隆重举行社会主义精神文明建设工作动员大会。市委在会上重申：在新形势下，必须坚持两个文明一起抓，把上海的社会主义精神文明建设提高到一个新水平。万人动员大会召开之后，全市开展了“九十年代上海人形象”大讨论，各行各界坦诚评议当今上海人的高下短长，积极探讨建立90年代上海人的风格、效率、精神及形象的各种方法。市二轻局开展“深化企业改革好”的教育的经验，在全市得到了推广。上海市的“三大讲”（大讲当前上海面临的有利时机、有利条件；大讲加快上海经济建设、改革开放的紧迫性、重要性；大讲上海当前的主要任务）、“四知道”（使全市人民知道奋斗目标和美好前景；知道上海今年要做的大事实事；知道上海“八五”期间要实现的主要目标、重大工程；知道本单位今年的主要任务）宣传教育，使全市人民明白了形势、理解了任务、增强了主人翁责任感。在广泛推荐、层层把关的基础上，上海市各行各业树立了一批既保持优良传统又充分体现改革开放时代特点的先进集体、先进个人，引导全市人民学先进、争上游，为实现“振兴上海、开发浦东、服务全国、面向世界”的战略目标而奋斗。上海市有关部门还研究了全市26万个基层班组的建设问题，加强了对班组建设、班组学习的指导，推广了“王立章班组”、“邵学明班组”的经验，使精神文明建设和各项工作真正落实到基层。

上海在改革开放中坚持两个文明一起抓　上海市委十分重视加强精神文明建设，市委常委会至少每半年专题讨论一次精神文明建设工作，各级党组织由主要领导挂帅，一级抓一级，层层落实。市委还有针对性地举办了领导干部学习班，在全市基层党组织开展党员评议工作以及“我为党旗添光辉”、“社会主义在我心中”等教育活动，使广大党员在改革开放的大潮中开拓进取，在两个文明建设中起模范带头作用。他们注重思想道德和理想教育，将爱国主义、集体主义和社会主义教育贯穿其中，以增强干部群众特别是青少年的民族自尊、自信和自强精神。通过“振兴上海、爱我中华”系列教育，利用革命遗址和纪念地开展国情、传统教育，使更多的青年学生了解过去、热爱今天、充满信心奔向未来。各行各业也都开展了行之有效的教育活动。上海工业系统在百万职工中进行了“基本路线、基本国情”和社会主义好的教育，交通邮电部门结合提高服务质量，开展了“十大窗口文明竞赛”活动。到1993年，全市工交系统26万个班组中，90%恢复了班组生活。从全国第一个“文明礼貌月”开始，上海十年如一日坚持了“学雷锋”、“学好八连”的为民服务日活动；从上海自行车三厂建立全国第一支“青年服务队”以来，全市各类服务队发展到2万多个，农村帮困助耕小组超过8万个。全市性的“90年代上海人”大讨论、“振兴中华”读书活动，农村“谈乡情看国情”双情教育，以及遍布城乡的“新风户”、“五好家庭”活动，都极大振奋了上海人的精神，市民文明素质在提高，社会风气越来越好。

上海市推出精神文明建设系统工程　为提高上海市精神文明建设整体水平，1993年3月18日上海市推出由市精神文明建设活动委员会、市委宣传部和市委研究室共同制定的“上海市提高市民素质，提高城市文明程度系统工程”，重点围绕提高市民的思想道德、文化科学、生理体能、艺术审美水平和改善市容市貌，建设优美环境来进行。整顿系统工程实虚结合，实中有虚，虚中有实，每年有明确的目标和任务，并制定切实可行的实施计划。1993年的实施计划包括“我为东亚运作贡献活动”、“讲道德、树新风活动”、“学知识、学科学、学技术活动”、“百万市民健身活动”等六大部分。具体包括：开展迎东亚运创一流服务，推广礼貌用语、整治市容等系列活动；学雷锋、学“南京路上好八连”，树行业新风，当职业明星系列活动；进行文明市民、爱国主义、社会公德教育；建立健全九大紧缺人才培训中心、筹建上海教育电视台、建立岗位职业资格证书制度；开展群众性体育活动、体育竞赛，发展体育市场消费；举办国际电影节，开辟广场音乐会、公园民乐等文艺活动点；道路美化、绿化；评文明小区、文明庭院等39个具体活动内容。

河北省精神文明建设活动选择新的着力点 河北省在开展群众性精神文明建设活动中，注意根据改革开放的不断深入而出现的新情况，选择新的着力点和新的活动形式，取得新的成效。

首先，从1991年起就在各行各业中选择行政执法、经济管理和服务性较强的五大行业（工商、税务、交通、电力、商业），开展了以职业理想、职业道德、职业技能、职业纪律和纠正行业不正之风为内容的“四职一纠”竞赛活动。1992年又将活动范围扩大到有公安、卫生、供销参加的八大行业。在这些行业注意突出“四职”教育，提高职工素质，带动行业风气好转。同时在社会上动员群众广泛参与，每年向企业、街道、乡镇、村庄印发《群众评议卡》，论基层单位和服务对象对参赛行业的服务质量、队伍素质、纠风状况进行评议。这样促使各参赛单位下力气解决群众反映最强烈的问题，使吃、卡、拿、要、乱收费、乱罚款以及擅自提高电价，手术要红包等现象得到了一定程度的遏制。各行业还将“四职”内容具体量化到每个站所、班组和岗位，向社会公布，接受群众监督。根据群众的评议意见，给各行业打分排队，对名次领先行业的主管部门和基层单位予以表彰，1993年4月省精神文明建设委员会通报表扬了51个先进单位。10月底，为配合反腐工作，省文明委又组织各参赛系统在12市地，同时开展了较大规模的反腐纠风咨询投诉活动，省委书记、纪检委书记及各市地主要领导分别参加了所在地活动。此次活动共接待群众32万人，接受和处理咨询问题8万多个，投诉案件962件，赢得了社会各界的普遍欢迎。

其次，在城市，着眼于繁华路段，主要公共场所和规模较大的居民生活区。从1992年开始，在每个地级市选择了一条商业门店、公共场所集中的街道和火车站、长途汽车站，发动沿街和所在地的所有单位，组织开展了“一街两站”综合治理活动。并将街容站貌、职业道德、公共秩序分解为若干治理指标，落实到参与活动的各个单位，制定了具体的检查办法，由各地文明办牵头组织各有关部门组成综合治理办公室，检查督促执行情况，使“一街两站”面貌发生了可喜变化。从1993年起，又将创建文明城市活动扩展到一些规模较大的集贸市场、购物中心和居民小区。通过调查摸底，在全省10个地市城市重点选择了73个生活小区、32个集贸市场、55个大型商场、66个宾馆饭店、32个影剧院和歌舞厅开展文明竞赛活动。为了做到常抓不懈，还制定了为期三年的规划，对活动内容、治理标准、方法步骤做了明确规定。这些不仅有利于城市思想文化建设，而且有助于加强城市管理，引起了各市领导的高度重视，各有关部门的积极参与。

第三，在农村，关注商品经济带来的新的生长点。农村近年改革和建设的发展，带动了乡镇企业特别是二、三产业和小城镇的崛起，农村精神文明建设活动范围和重点，也跟着情况的变化作相应的调整，由原来的村、户扩展到村、户、乡镇企业和小城镇四个环节。在组织开展创建文明村、文明户等活动外，进一步加强了对乡镇企业和小城镇的工作，在乡镇企业中广泛开展文明单位建设活动；对近年来新兴起的小城镇，则根据其建设缺乏整体规划、治安管理薄弱、文化生活匮乏等问题，发动和引导群众治理脏乱差，开展群治群防和群众文化等活动，力争做到哪里有新的生长点，就把文明建设活动开展到哪里。

内蒙古切实保护农牧民利益

1993年，内蒙古出台一系列政策条文和有力措施，以保障农牧民利益。自治区政府要求各地各部门对以前有关农村牧区工作的文件进行一次彻底清理；明令禁止一切不利于农副产品流通及向农牧民乱摊派、乱收费、乱罚款、乱集资的文件。自治区成立由分管副主席牵头的监督管理领导小组，进行深入细致的调查，对于行动迟缓、清理不力，以及造成恶果者，视其情节轻重给予不同的查处。对定购粮金额随合同发放百分之二十的贷款。对“挂钩”化肥、柴油的兑现，把平、议差价折为现金随粮加价，将利益直接给农民。建立粮食收购保护价制度和建立、完善粮食风险基金制度。在粮食市价低于保护价时，按保护价收购。在粮食市价上涨时，按低价出售，稳定粮食市场。

内蒙古重视发展民族教育

内蒙古自治区把发展民族教育，提高少数民族整体素质作为发展少数民族地区经济的根本措施来抓。他们制定了一系列特殊政策和措施，在人、财、物等方面优先照顾民族教育事业，使自治区经济、文化、科技、教育等各个领域一批少数民族优秀人才脱颖而出，为自治区建设做出了贡献。为了提高少数民族的整体素质，内蒙古自治区从3个方面加强教育。

首先，在学校教育方面，狠抓基础，在牧区和少数民族散居山区创办“寄宿为主、助学金为主”的公办民族小学和中学，使全区少数民族适龄儿童入学率达97.2%，巩固率、合格率和普及率都保持在90%以上；高等及中等教育招生时，对少数民族的考生予以照顾，并规定了一定的招收比例。同时还在区内外的一些高等院校举办了民族班、民族预科班，拓宽了少数民族学生的入学面。到1992年上半年，内蒙古每万个蒙古族人口中普通高校在校生23.8人，大大高出了全国水平。

其次是注意从工人、农牧民中选拔青年干部并加强在岗干部的培训教育。1992年全区少数民族干部达14.9万人，占全区干部总数的23.6%，超过了少数民族人口比例。在少数民族干部中，自然科技人员达3.75万人，有大、中专以上文凭的干部占62%以上。

第三，采用各种办法普及科学、文化知识。他们利用广播电视覆盖率高的优势，向牧区干部、群众系统地介绍科学养牧的知识。每年都出版蒙古文图书近500种，蒙古文教材1000多种，10亿多册。为提高少数民族文化、知识水平，提高民族整体素质方面起了很好的作用。

辽宁省开展“窗口”行业规范服务活动 辽宁省从以往的一些精神文明活动，有着声势大、层次浅、效应短的不足的一面，从而确定活动载体必须充分考虑其适应性、针对性和实效性，为此，他们从辽宁省的实际出发，选择了规范服务活动，作为精神文明建设的载体。把点子打在规范上，功夫下在服务上，成果出在效益上。从活动的内容上来看，规范服务活动，重在基层基础工作，重在全方位，从基层抓起，从基础抓起，从基本的服务规范抓起，通过渐进的养成教育，久久为功，使商口行业的绝大多数职工成为有理想、懂业务、讲文明、守纪律的合格职工，进而建设一支适应现代企业发展要求的宏大的职工队伍。这项活动是广泛吸引群众参与，在参与中自我教育、自我提高的好办法，从业职工人人有岗位，人人有规范，天天在工作，天天在实践，较好地防止了运动突击式、行政命令式、空洞说教式等形式主义弊病。这个载体选到了结合点上，促进了企业改革和经济建设，得到的是精神文明和物质文明两个成果。选到了社会热点上，促进了窗口行业风气的好转，强化了为人民服务、对社会负责的氛围，解决人们密切关心的窗口服务问题，为群众办好事、办实事。选到了难点上，强化了养成教育，初步形成了规范服务体系和社会监督体系，以广泛持久的活动克服和防止服务质量上的反复和回生。

辽宁学雷锋活动经常化 辽宁是雷锋的第二故乡，是雷锋精神的发祥地。这里群众学雷锋活动始终不断，1992年，由9个先进典型组成的辽宁岗位学雷锋先进事迹报告团，分赴全省14个市作巡回报告16场，直接听众达2.4万多人。他们在学习活动中总结经验，认为要学出成效必须经常化、规范化、科学化，并坚持领导带头，正确导向。90年代人们不仅要听领导如何号召，还要看领导怎么行动。因此，各级领导干部在组织学雷锋活动中，改变过去“一级要求一级干”的方式，坚持“一级带动一级干”。营口市900多名各级领导干部学雷锋，深入到600多个企业办实事，解决1200个问题；大连市西岗区五大班子坚持2/3时间到基层帮助排忧解难，解决难题4700多个，提供经济信息300多条，引进外资7365万元；抚顺火车站一辆装着46吨剧毒液态氯的油罐车顶的安全阀门被挂掉，情况十分危险。市委书记刘振华带领机关干部赶到现场，公安干警、人民群众主动跟上，关上阀门，疏散居民，抢救中毒群众，做到无一人死亡。典型引路，学有榜样。1993年以来，各市共抓典型人物300多人、典型单位500多个。省委、省政府表彰典型人物64名，先进集体38个。这些典型中，有爱厂如家、忘我劳动的产业工人，有模范执行党的路线、方针、政策，带领农民致富的专业户，有忠于职守、长年工作在服务岗位的乘务员、话务员、邮递员、信贷员、储蓄员、营业员，有锐意改革、在建立市场经济体制中作出贡献的企业家，有刻苦钻研、勇攀高峰的科技工作者等等。这些典型带动了全省学雷锋活动。针对有人提出在建立市场经济体制中还要不要学雷锋的问题，辽宁各级党组织以抚顺市为榜样，纷纷成立学雷锋研究会，召开研讨会。到1993年3月，全省已成立100多个研究会，举办200多次研讨会。这些有力地促进了人们自觉学雷锋精神的实质，在竞争中互相帮助，在个人致富的同时帮助他人致富。辽宁省学雷锋活动逐渐实现经常化、规范化、科学化。

吉林省开展“创建文明窗口，争当岗位明星”活动成效显著 1993年10月22日，吉林省委宣传部、省政府办公厅召开了“创建文明窗口，争当岗位明星”双向电视动员会议，对这一活动做了部署。各地、省直各系统按照省里的要求开展了多种形式的“争创”活动，取得了明显的效果。

1.“争创”活动促进了改革开放和经济建设工作。各地、省直各系统在开展“争创”活动中，始终坚持以经济建设为中心和为改革开放服务的指导思想，把这项活动渗透、融汇到业务工作中去做，引导人们努力学习社会主义市场经济知识和建设有中国特色社会主义理论，不断更新观念。省政府接待办公室通过开展各种教育，使职工认识到自身的价值，把潜力变成动力，发挥最佳技能，创造最佳效益，据不完全统计，全系统经济效益普遍增长，平均幅度为44%，营业额达1.6亿多元。

2.“争创”活动强化了行业作风建设。在“争创”活动中，各地、省直各系统都把加强廉政建设和职业道德建设作为重要内容来抓，制定了廉政制度和措施，修定、完善了职业道德规范和文明服务公约，建立了各种便民、利民措施，公开了办事制度，加强了公众评议和民主监督，从而有力地促进了廉政建设和行业作风的转变。省电力局结合本局实际，在全系统开展了“供电服务千里行”活动，走访用户数万家，为用户解决用电困难千余个。

3.“争创”活动保障了社会稳定。各地、各系统针对干部群众对改革开放产生的这样那样的问题，加大思想道德教育的力度，通过报告会、演讲会、知识竞赛、文艺活动等群众喜闻乐见、易于接受的形式，大力宣传改革10几年来的伟大成就，利用先进典型，教育引导广大职工正确处理个人利益与国家、集体利益的关系，正确处理当前利益与长远利益的关系，把大家的积极性落实到“争创”活动上来。各地把抓社会治安综合治理和社会秩序的整顿作为

"争创"活动的一项重要内容，建立和完善了社会治安防范体系，狠抓了"严打"、"扫黄"、"除六害"斗争，狠狠打击各类刑事、经济犯罪。

4."争创"活动促进了人们思想道德水平的提高。职业道德、社会公德、家庭伦理道德、中华民族传统美德教育是这次"争创"活动的重要内容之一。各地、各系统在开展活动中，重视职业道德建设，逐步形成了适合自身特点的职业道德规范，纠正了利用职权谋取私利的不正之风，使行业形象有了较大改观；重视社会公德教育，从基层抓起，倡导见义勇为、助人为乐、扶危济困、尊老爱幼等中华民族的优良道德传统，表彰具有时代精神的先进模范人物，逐步建立起与发展社会主义市场经济相适应的新的道德准则和社会主义新型人际关系；注意反对拜金主义、性解放等腐朽思想，扫除了各种丑恶现象，建立起民主、平等、和睦、稳定的新型家庭伦理关系。开展活动以来，吉林市广大干部群众的精神面貌发生了很大变化，涌现出拾金不昧、助人为乐、见义勇为等好人好事4745件。

5."争创"活动促进了经常性的精神文明建设活动机制的形成。"争创"活动提高了各级领导对在建立社会主义市场经济形势下加强精神文明建设的认识。各市、州普遍重视了机制建设，在规划上做到了既有长远目标，又有年度安排，普遍制订和建立了《文明单位管理办法》、《文明市民守则》、《文明市民公约》、《精神文明建设任期目标责任制》等规章制度。

"争创"活动开展以来，各地、各系统领导挂帅，群众广泛参与，活动注重实效，发展势头很好，受到干部群众普遍欢迎。

黑龙江省采取多种形式加强思想教育，发挥道德力量的评判作用 1993年黑龙江省围绕经济建设这个中心，各种形式的文明建设活动蓬勃发展，促进了社会风气、社会秩序的好转和市场经济的发展，各地把开展爱国主义、集体主义和社会主义教育放在突出地位，对具有革命教育意义的文物、史迹等场所进行了维修，恢复了本来的面目和职能，哈尔滨市修缮、扩建了烈士陵园等大批有纪念、教育意义的场所，开放侵华日军"731"部队罪行展览馆，帮助苏宁生前所在部队整修苏宁烈士牺牲现场，创办苏宁事迹展览馆。佳木斯市以刘英俊事迹陈列馆，81160部队军史馆为主，建立了"十大教育基地"，年受教育者逾30多万人次。全省中小学普遍建立了校史室、荣誉室，基层单位都成立了思想工作或德育教育领导组织，各市(地)县创办了富有本地特点的教育场所，开展了各种形式的教育活动，组织广大群众尤其是青少年瞻仰、祭扫烈士陵园、参观革命历史遗址，组织新入党入团的青年在烈士纪念碑前举行宣誓仪式。各地还注重抓住有利时机开展教育活动，哈尔滨、齐齐哈尔、牡丹江、佳木斯等市结合洽谈会、观鹤节、金秋节、三江旅游节等活动，深入进行爱国主义、集体主义和社会主义教育。在对外交往中，注重树立社会主义国家和人民的形象。为期三年的全省全面职业道德基础知识培训，1993年上半年基本结束。各地在普遍开展职业道德培训的基础上，把职业道德同本行业和本岗位的具体职业规范结合起来，制定切实可行的职业守则，规范道德行为。多数"窗口"单位都实行了挂牌服务，公开办公，有效地抵制了行业不正之风。哈尔滨铁路局针对群众反映强烈的买票难，申请车皮难等问题，在全路持久地开展了打击以票以车谋私为主的不正之风。抓住大案要案公开处理，使路风得到明显好转。有些地方还通过教育引导，典型示范、舆论传播、集中培训、弘扬表彰等各种形式，宣传新的道德观念，使群众的道德取向发生重大变化。由于发挥道德力量在经济生活中的评判作用，大力倡导公平竞争、等价交换、信守合同等与市场经济相适应的道德规范和价值观念，使讲道德的人受到舆论的支持和奖励，不讲道德的人受到舆论的谴责和鞭挞。以毛泽东"向雷锋同志学习"题词30周年纪念为契机，黑龙江省把学雷锋和学苏宁、学赖宁结合起来，开展"月评十件好事"和"三文明"等活动。把创建文明城市、文明小区、文明单位和促进经济发展有机地结合起来。许多地、市和企事业单位，都注重选准切入点，通过各种有益活动，提高职工群众的思想道德素质和科学文化素质，促进经济的发展。佳木斯市坚持育人治本，在市区普遍开展"文明市民"、"勇敢市民"、文明单位的选评活动。职工的精神面貌和企业的经济效益都有明显的提高，亏损企业多数扭亏增盈。在农村，通过"讲、比、建"活动，把文明村、文明户建设同科技致富、奔小康紧密结合起来。通河县已建成的县以上文明村占总村数的63%，有43%的乡镇被地区命名为文明乡镇。全县无刑事案件、无治安案件、无重大事故的"三无村"已占总村数的82%，绝大多数村实现了无计划外生育。文明村建设是农村坚持两手抓的最佳切入点。全省军警民共建共育工作各市(地)县都作为重点工作来抓。1993年军警民共建共育点遍布城乡，大中城市的中小学建点率已达100%。有效地提高了学生的思想道德素质。在黑龙江第三届精神文明建设理论研讨会上，进一步探讨了在建立社会主义市场经济体制条件下，精神文明建设的地位作用以及做好精神文明建设工作的途径。

黑龙江恢复8单位省级文明单位荣誉称号 1992年12月12日，黑龙江省精神文明建设活动委员会，鉴于原被撤销省级文明单位荣誉称号的哈尔滨市第一专科医院等8个单位，能从发生的问题中认真吸取教训，制定了切实可行的整改措施，较好地克服了以往工作中的不足，并取得了新的进展，作出决定：恢复哈尔滨市第一专科医院、鸡西矿务局建井处、双鸭山市劳动教养管理所、七台河市矿务局洗煤厂、省农场总局853农场、哈尔滨客运段上海车队、省路桥公司公路二处、东北内蒙古煤炭总公司基本建设局机关8个单位的省级文明单位荣誉称号。决定希望这些单位接受教训，更加珍惜荣誉，建管结合，适应改革开放形势的需要，为不断提高文明单位建设水平而努力。

江苏省双拥工作跨上新台阶 1992年，江苏双拥工作出现了一个新特点，即“地方为科技强军排忧，部队为科技兴省解难”。据1992年7月的不完全统计，两年来，江苏各地为驻军部队提供各种技术服务2800多次，协助部队筹建大型综合性训练基地、自动化指挥中心140多所，优先向部队转让各种技术项目和科研成果260多项，培养了各类技术人才1100多名，有力地促进了部队的现代化、正规化建设。江苏一些驻军较集中的县、市，把部队建设的难点作为科技拥军的重点，制定和颁布了一系列促进军地在科技领域实行优势互补的政策措施，要求凡有助于国防现代化建设的各项科技任务和成果，要及时向驻军部队通报；凡部队需要的设备和技术，有关单位要优先安排，优惠转让；凡国防建设急需的产品，要优先生产，保证供应。驻军各部队和军事院校在致力于部队建设的同时，以“科技兴省”为己任，为地方的重点工程建设和大中型企业的技术改造分忧解愁。连云港警备区在支援港口扩建工程建设中，先后派出数百名工程技术骨干协助港务局完成了近百个项目的勘测、设计和定向爆破任务，受到港务局高度赞扬。南京通信工程学院、工程兵工程学院和国际关系学院先后抽调20多名工程技术专家参加了南京市10多项大型工程项目的设计和百家企业的技术改造，并为地方培训了700多名微电脑操作和外语人才。

浙江省开展创建文明城市竞赛 1993年创建文明城市竞赛活动，在浙江省11个市（地）普遍开展。他们把创建文明城市竞赛活动，作为加快改革开放、加速经济发展的重要保证和推动力。许多市（地）从书记、市长到职能部门领导和基层单位，层层签订责任书。城乡规划建设、环境卫生、公用事业和社会事业等职能部门积极参与。创建文明小区、文明街道、文明市场、文明楼院、五好家庭等活动在全省普遍开展，出现了“横向到边、纵向到底、全面起动”的态势。各市（地）还从实际出发，充分利用适合本地特点的活动载体，广泛吸引群众参与。宁波的“评选十件新事”、温州的“十杯竞赛”、衢州的“双十佳”、金华的“文明一条街”等活动，都开展得有声有色。全省11个市（地）全部制定并颁布了《市民守则》或《市民文明守则》，通过征曲、教歌和赛歌，印发《市民守则》，组织文艺宣传队，拍摄电视短剧，成立文明市民学校，编写《文明市民读本》等，分层次广泛深入地进行社会公德教育。创建文明城市竞赛活动，融思想建设、文明建设、环境建设、市政建设、商业服务和社会治安等诸多内容为一体，围绕改善环境卫生、社会公德教育，共建文明街路活动，同市政管理、环境保护、绿化美化等工作配套进行；围绕改进服务质量、开展“窗口”服务行业文明单位建设，同调整网点配置、改善服务环境等工作相互促进；围绕维护社会治安、军（警）民共建文明片区，同基层治安管理、青少年帮教、综合治理目标管理等工作互相推动。

浙江省全面实施“科教兴省”战略 浙江省委、省政府宣布，全面实施“科教兴省”新战略。要求从1992年起，3年内技术进步因素在经济增长中的比重提高到40%，2000年达到50%以上。到2000年，高技术产值分别占全省工业总产值和出口总额的10%以上，平均每万人口拥有科技人员达到115人，以此推进国民经济高起点，跳跃式发展。围绕实现“科教兴省”的目标，浙江省委、省政府采取资金和政策倾斜，加大科技教育投入，其中包括筹资3000万元，建设30个省级重点实验室和中试基地等。与此同时，浙江省委、省政府鼓励科技人员调动、应聘、辞职到生产第一线承包企业，创办实业，提供服务；允许科技人员业余时间从事科技咨询服务活动；重奖有突出贡献的科技人员，提倡让一部分科技人员先富起来。1992年6月29日浙江省14位贡献突出的“科技精英”身披红绸带，胸戴大红花，接受省委、省政府授予的6万或3万元奖金和证书，同时还有一批企业获得科技进步奖。这是浙江省迄今为止最高规格的科技嘉奖。

山东省精神文明建设工作已形成全方位、立体交叉的格局 1993年，山东省深入开展各种形式的群众性精神文明建设活动，为改革开放和经济建设创造了一个良好的思想舆论和社会环境。

1. 为深化改革和经济发展提供精神动力、思想保证和智力支持。一是组织多种形式的思想教育，加强舆论宣传，从而促使全省形成了扭住经济建设不放，想经济建设、搞经济建设的良好局面。二是组织全省干部群众深入学习邓小平关于建设有中国特色社会主义理论，学习十四大精神，大力宣传我国改革开放15年取得的重大成就。三是通过提高劳动者的科学文化素质，促进经济的发展。一方面进一步加大教育投资，改善教育条件，大力发展教育事业。同时，在农村广泛开展了“讲精神文明、以科技致富、建科普乡村”的活动。四是全省各地还举办了许多为经济建设服务的大型文化活动，如潍坊“国际风筝节”、曲阜“国际孔子文化节”、泰安“国际登山节”、淄博“陶瓷琉璃节”等等，在丰富群众文化生活的同时，收到了可观的经济效益。

2. 唱响“主旋律”，大力加强公民的思想道德教育。一年来，山东省在精神文明建设中，始终把加强思想教育，提高人民群众的道德素质放到重要位置。主要抓了三个方面的工作：一是加强爱国主义，集体主义和社会主义思想教育，唱响“主旋律”。二是在全省农村集中进行了社会主义思想教育。利用冬春农闲季节，用3个月左右的时间，在全省集中进行了以社会主义市场经济教育和正确处理国家、集体、个人三者利益关系为主要内容的社会主义思想教育活动。三是不间断地进行社会公德电视讲座，在往年的基础上又有十几万职工接受了教育。城市和农村普遍开展了社会公德，家庭伦理道德教育。各行各业特别是“窗口”行业，普遍开展了优质服务活动、创百佳活动等。大力宣扬、奖励了一批讲究社会公德、舍己为公、见义勇为和文明家庭的各种正面典型。

3. 多层次的精神文明创建活动有了新的发展。一是在基层进一步开展了创建文明单位活动。1993年，新评选出省级文明单位1430个。各市、地和县、市、区也都评出了一大批精神文明建设工作的先进单位。二是通过层层选拔评比。1993年12月，省委、省政府作出决定，对第二届评选出的35个精神文明建设工作先进县(市、区)进行了命名表彰。三是各种共建活动更趋活跃，如军民共建、厂企共建、厂校共建等，都取得了显著的成效。除全省统一组织的创建活动外，各地各行业还自行开展了一些适合本单位特点的创建活动，如企业的评“三优”、“创十佳”、“选明星”活动；农村中的评选文明乡镇、“十星级文明户”、“双文明户”活动；城市中创建文明居委会、文明小区，做文明市民活动等等。“创建活动”在山东全省范围内已形成全方位、立体交叉的创建格局。

4. 以立为本，推动精神文明建设工作的科学化、规范化。为了研究、总结新形势下加强精神文明建设的经验，先后召开了行业精神文明建设工作研讨会和精神文明建设工作先进县(市、区)现场会。与会者从理论和实践的结合上提出了一些很有价值的观点，对指导全省范围内开展了农村思想教育状况调查活动，最后形成《关于我省农村思想政治工作状况的调查报告》。他们还在调查研究的基础上，起草了《关于在全省城乡基层深入开展精神文明创建活动的意见》，为中宣部代拟了《关于加强农村社会主义精神文明建设的若干意见》，总结并向中宣部推荐了安丘市农村思想教育工作和寿光市开展移风易俗活动等典型经验，为领导和上级机关的工作决策，提供了依据。

山东省开展家庭文化建设活动 山东省妇联紧紧围绕经济建设这个中心，大力开展家庭文化建设，丰富、活跃了群众的文化生活，推动了社会主义精神文明建设。他们的具体做法是：(1)抓教育，提高家庭成员素质。全省各级妇联普遍开展了思想道德、科技文化、法律知识和计划生育基本国策教育进家庭活动。扫除文盲40多万人，农村新技术入户率达70%以上，农村科技示范户发展到20多万户，办专题讲座100多万次，咨询活动3500多次，教育入户率90%以上。(2)抓活动，倡导文明、健康、科学的生活方式。(3)抓评比，启动家庭争先创优的内部动力。(4)抓阵地，为家庭成员提供良好的活动场所。全省县以上妇女儿童活动中心有68处，大众读书会和读书网点发展到2万多个。家庭文化活动产生了良好的社会效果。群众的社会主义信念进一步增强，关心集体、扶贫帮困、助人为乐、尊老爱幼的社会公德更加深入人心。遵纪守法的风气越来越浓，不少地方成立了红白理事会和为民便民义务服务小组，喜事新办，丧事简办，旧风俗得到了改变。“多子多福”的传统观念开始扭转，促进了全省的计划生育工作的开展，依靠科学致富的意识明显增强。

山东省评出57名“红嫂” 1991年9月，山东省妇联、华龄出版社、《中国老年》杂志社联合发起组织了“山东红嫂”评选活动。1992年3月6日评选揭晓，57名齐鲁妇女被评为“红嫂”。在这些“红嫂”中，有55名是在抗日战争、解放战争中为革命作出贡献的妇女，有2名是在社会主义建设时期爱国拥军的新“红嫂”。91岁的沂南县马牧池乡明德英大娘，在抗日战争时期，用乳汁救活了生命垂危的八路军战士。革命现代戏《红嫂》就是以她为原型编写而成的。聂荣臻元帅挥笔为57名“山东红嫂”题词：“革命的先进妇女光辉形象”。中顾委常委王首道、总参谋长迟浩田也为“山东红嫂”题了词。

安徽省突出思想道德建设，为发展经济服务 1992年，安徽省群众性精神文明建设活动，坚持“两手抓”的方针，广泛吸引群众参与，突出思想道德建设，发展安徽经济，加快改革开放，为推动社会的全面进步起到了积极的作用。按照1990年全国精神文明建设活动工作会议关于进一步加强思想道德建设的要求，全省各地广泛开展学雷锋、树新风活动，要求全体公民遵守社会公德和职业道德，进一步树立为人民服务的思想。在这一活动中，全省各地都注意采取一些有效形式，以此来推动面上的工作，涌现出了一批独具特色的、不同类型的典型。如合肥、芜湖、马鞍山、黄山、铜陵等地每年举行一次的“精神文明十佳”的评选；马鞍山市每年3月都邀请全国著名的英雄模范人物在全市巡回作报告，讲先进事迹，持续深入地开展学雷锋、学先进活动；黄山市的“满意在黄山”活动，宣城、宿县地区的农村“评三户”活动，蚌埠、安庆市的文明市民教育活动，这些典型，不仅对各地而且对全省的精神文明建设起了很好的引导作用。在开展社会公德和职业道德教育的同时，针对一些行业存在的不正之风，动员广大群众积极参与“纠风治乱”、“打假保优”活动，为表彰先进，树立典型，省文明委会同省直12个厅局，共评选出45位行业标兵个人和 37 个行业标兵集体。下半年，为了探讨如何通过创建文明单位，促进整个行业两个文明建设的全面进步，省文明办在芜湖召开了全省地、市文明办主任会议，会上介绍了芜湖市医药系统十年来坚持两个文明一起抓，自觉抵制行业不正之风，建成全行业文明单位一片红的事迹。要求各地学习、借鉴芜湖医药局的经验，从而进一步推动了岗位学雷锋、行业树新风活动的开展。

江西省制定精神文明建设规划突出本省特点 江西是革命老区，有着艰苦奋斗的光荣革命传统，省文明办充分利用这一优势，围绕提高人的素质、培养“四有”新人这一根本任务，结合江西实际，突出本省特点，1992 年初精心设计和制订了全省精神文明建设活动“八五”规划。省文明办着眼于务实、创新，在规划中强调精神文明建设要以经济建设为中心，以思想道德建设为重点，以提高人的素质为根本；强调精神文明建设活动要以广泛持久地坚持多层次（城市、县城、乡村）创“三优”竞赛和深入开展创建文明城市（县、乡、村）、文明单位、文明系统、文明片区、文明楼院、文明职工、文明家庭为重点；同时在活动中要抓好载体，以办好文明市民学校和宣传文化作为两大阵地。规划还强调要突出江西特色，一是思想道德建设，以革命传统教育为主线，使它贯穿于社会主义、爱国主义、集体主义教育中，把它们有机统一起来，落到发扬革命传统，建设革命老区这一实处。二是创建活动与经济发展改革开放同时并举，突出抓好典型城市的精神文明建设，使之具有更强的辐射、示范、指导作用。三是开发革命传统教育基地，使之成为全国重要的革命传统教育基地。四是根据“文明之树常青，文明之花常开”的思想，精心设计独具江西特色的精神文明建设“映山红”工程，把“软件”、“硬件”建设有机结合起来，化虚为实，虚功实做。

江西省 1992 年精神文明建设扎实有效 1992 年，江西省群众性精神文明建设活动出现了新格局。“两德”教育更加生动活泼、扎实有效。各地通过大抓举办文明市民学校、开展职业道德和社会公德基本知识竞赛等形式，广泛组织人民群众学习和贯彻落实《文明市民公约》等基本行为规范，引导群众开展争做文明市民、争创文明单位活动。仅鹰潭市已开办文明市民学校 54 所。赣州地区连续两年在全区大抓了“两德”基本知识的宣传普及，各行各业，千家万户参与了“两德”基本知识竞赛。为了增强教育的针对性和实效性，各地继续以窗口行业为重点，通过开展“十佳窗口”竞赛、“优质服务月”等活动，引导职工在实践中自我教育，相互启迪，提高道德水准，养成文明习惯。特别是由于省政府各部门的带头，全省许多地、市、县机关相继开展了以“文明办公，当好公仆”为主题的机关文明礼貌活动，在群众中产生了较大反响。那种“门难进、脸难看、话难听、事难办”的现象已有明显改观。创“三优”活动继续广泛深入开展。吉安市为实现新形势下城市管理上档次、上水平、使“三优”活动更好地为经济发展服务，在全市开展了以“五赛五比”为主要内容的城市管理年竞赛活动，充分发挥各职能部门齐抓共管的优势，形成创“三优”的强大合力，不仅大大提高了城市的综合管理水平，而且城市的基础设施建设也进一步得到加强，为群众解决了许多实际问题，深受群众好评。九江市在连续几年开展“道路常洁、秩序常好、服务常优、市容常新”活动的基础上，以举办龙舟赛为契机，进一步对市容市貌进行大规模整治，并在各行各业广泛开展优质服务竞赛活动，使全市的整体文明水平和辐射功能都大为提高。宜丰县连续 8 年在各乡镇开展了创“三优”竞赛，并把这一活动与引导农民奔小康目标紧密结合起来，促进了农村社会、经济的全面发展，成为全省第一个乡乡镇镇财政收入超百万元的县。文明单位创建和管理取得新进展。到 1992 年底，全省共命名省级文明单位（村）496 个，地、市级文明单位 2655 个，县（市）级文明单位 11492 个。为充分发挥这些文明单位的示范、辐射作用，各地通过举办文明单位成果展览、在报纸上开辟《文明单位风采》专栏等形式，普遍加大了对文明单位的宣传力度。在积极开展创建文明单位的基础上，各地还积极引导一部分精神文明建设基础较好的先进行业在本系统内开展争创文明系统活动。全省邮电系统有 96.5%的单位已经建成文明单位。文明片区建设有了新发展，全省已有 30 多个县、市（区）由于较好地发挥片区内各单位共建的整体优势，使市民教育、社会治安、环境卫生、计划生育等工作得到了较好落实。结合创建“双拥模范城”活动，还从组织领导，具体措施等方面加强了对军（警）民共建活动的具体指导，出现了丰富多采的共建局面。学先进、树新风活动取得良好成效。1992 年首次在全省城乡广泛开展了评选“文明新风十件新事”活动，经过逐级评选、推荐，反复筛选，评出了新余市建设银行中山支行营业部电工厂储蓄所阮建红不畏强暴、勇斗歹徒，以身殉职等 10 个典型为全省 1992 年度“文明新风十件新事”，并通过新闻媒介大力进行了宣传表彰。这样做不仅进一步发挥了各种先进典型在各项工作中和社会生活各个方面的示范、导向作用，促进了社会风气的好转和经济发展，而且进一步丰富了群众性精神文明建设活动的内容，使开展向先进人物学习的活动更加生动活泼，扎实有效。

福建省加快精神文明建设，树立改革开放形象 1992 年福建省围绕经济建设中心，把精神文明建设当作树立改革开放形象的基础性建设工作，为全面建设提供良好的投资环境。

职业道德建设中的“满意在三明”、“温暖在榕城”、“文明在泉州”等群众性系列活动不断深化，形式更加多样，内容更加充实，群众的参与面不断扩大，把“福建建成内外辐射的文明窗口”的构想逐步变为群众的自觉行动；各地还持续开展“岗位学雷锋，行业树新风”活动，重点进行了“为基层服务，为民办实事”、“质量万里行”、“无伪劣商品一条街”等活动，为改革开放和经济建设创造了良好的社会风气。1992年初，组织“鼓浪屿好八连”代表到全省巡回演讲，听众达18万人次，树立了张奇、林永诚、陈巧声等各行各业先进典型。社会公德建设重点抓了文明公民的教育和移风易俗工作。全省共创办文明市民（村民）业余学校7750所，受教育人数达265万多人。以“六提倡六反对”为主要内容的移风易俗活动不断深化，“移风易俗理事会”、“青年新风促进会”等群众性组织发挥了很好的作用，良好社会风气正在形成。社会治安综合治理的达标县、市不断涌现，长泰县和台江区、厦门特区贸易有限公司被命名为全国社会治安综合治理先进单位。

全省广泛开展群众性的创建文明城市、县城、村镇、企业和基层文明单位活动，围绕经济建设中心，大力推进精神文明建设的“八大工程”建设。特别是省委确定的创建活动三明示范点和石狮实验点，以及福州创文明省城、厦门创文明特区活动，增强了中心意识，对全省起到了带动与辐射作用。创建文明县城与边界县“创文明促发展”活动，更加注意围绕经济中心，服务改革开放。该省还根据新形势的要求，注意加强文明村镇、文明企业、文明单位的建设，突出服务与促进改革开放和经济建设，对创建内容进行了调整，在全省沿海50个亿元镇开展了创“十好文明集镇”友谊竞赛活动，促进了沿海经济发达地区农村集镇两个文明建设的协调发展。

创建活动带动了精神文明“八大工程”的建设。特别是文明片区、军民共建、文明口岸、福厦文明路建设成效突出。军警民共建活动更加自觉地围绕和服务改革开放和经济建设这个中心，开始注重生产单位、商贸行业和直接为经济建设服务的地方、场所的共建，引起了社会的良好反响。

河南省精神文明建设在创新上做文章求实上下功夫 1993年是河南省群众性精神文明建设活动蓬勃发展并取得显著成效的一年。围绕经济建设这个中心，贯彻精神文明重在建设的方针，积极探索新形势下精神文明建设活动的新途径和新方法，在创新上做文章，求实上下功夫，有效地提高了精神文明建设活动的质量和水平，全省形成了以创建文明单位为基础，创建文明系统为纽带，创建文明城市为“龙头”的点、线、面相结合的精神文明建设活动的新格局。

城市“三优杯”竞赛活动实现了“大变”目标。自1991年起全省城市开展了以创优美环境、优良秩序、优质服务为主要内容的“三优杯”竞赛活动，经过三年的努力，省委省政府提出的“三年一大变”的预期目标基本实现，大大改善了城市面貌和投资环境，提高了市民群众的城市意识和文明素质，促进了城市的改革开放和两个文明建设的发展。这次活动有组织、有计划，目标明确，重点突出。其特点一是区分层次，量化标准。根据各个城市基础条件的差异，将全省27个城市划分成4组分别进行竞赛和评比。同时，制定了统一的竞赛标准和评分细则，使之量化，增强了竞赛和评比的可操作性。二是条块结合，检查评比。实行省直有关厅局委专项检查评比和省文明委综合检查评比相结合，职能部门根据自身业务和行业特点提出规范性要求，“条条”与“块块”分别进行指导督促和检查评比，促进了竞赛活动深入健康的发展。三是“软”、“硬”并重，育人治城。竞赛活动的着眼点始终放在了提高人的素质和为经济建设、改革开放提供实际有效的服务上。坚持软件与硬件建设并重，育人与治城相结合，建设与管理相结合，标本兼治。在软件建设方面，有针对性地开展了爱国主义、集体主义、社会主义教育和职业道德、社会公德教育及城市意识、开放意识、文明意识教育。同时，注重强化城市管理，建立健全城管制度与机制。在硬件建设方面，集中力量重点抓好城市道路、交通、通讯、市场、卫生、文化等基础设施建设，改善投资环境。各城市抓住竞赛活动的契机，广泛发动群众，动员各方面的力量，大干快上，使城市建设有了突飞猛进的发展，城市环境质量和基础设施建设有了明显改善。1993年度省政府表彰优胜城市7个，先进城市6个，进步城市4个。

创建文明单位活动更加广泛深入。首先，通过抓系统、抓创建意识，调动了“条条”创建文明单位的积极性，广大干部群众创建热情空前高涨，文明单位建设在广度和深度上不断发展。其次，抓共建，在自建和军、警民等共建形式广泛开展的基础上，创造性地开展了银企、审企、税企等共建活动，有力地推动了双方的两个文明建设。再次，抓管理，根据省《文明单位建设管理条例》，实行“分级管理，建档立卡，上下监督，年度复查”的办法，动态管理，不搞终身制，使创建活动经常化、制度化，不断巩固、提高，保持了先进性、示范性。目前，全省省级文明单位1088个，文明单位建设先进系统6个。形成了条块结合，齐抓共管；点线结合，上下促进的创建局面和由点到线，由线到面，纵向发展，横向辐射的好形势。为探索发展市场经济条件下文明单位建设活动服务于经济建设的新路子，4月在洛阳举办了全国文明单位名优产品展销订货会，有420个厂家到会，合同成交额2400万元，有效地扩大了文明单位的社会影响，产生了良好的经济效益和社会效益。

社会公德教育取得明显成效。由省委宣传部和省文明委统一组织，统一编写教材，对全省16岁以上的城市公民进行了社会公德教育。省、地、市、县区分别成立了公德教育办公室，培训了一大批师资骨干，采取集中培训，以会代训，建校办班、分期分批，统一考试的办法开展教育，取得了良好效果。目前全省受教育培训的人数已达80多万。为使公德教育不断深入，各市地还普遍进行了文明市民、最佳市民和季度新人新事评选等活动，树立了徐洪刚、张环礼、姚次会等一批先进典型，大张旗鼓地进行表彰和宣传，在社会上形成和强化了争先创优、扶正祛邪的舆论氛围。

湖南省开展群众性思想教育，提高人的素质 湖南省精神文明建设，1992年以更新观念为契机，依据邓小平南方重要谈话，开展了进一步解放思想的大讨论，为解放和发展生产力清除了思想障碍。1993年2月和5月分别召开了宣传部长会和精神文明建设工作会，总结了近年来群众精神文明建设活动的经验，全省以此为动力，精神文明建设又取得了新的进展。

1. 扎实地组织理论学习：各地进一步重视理论学习，特别是着力落实用邓小平建设有中国特色社会主义理论武装全党的战略任务，使广大干部群众明确了方向，增强了信心，鼓舞了斗志，提高了贯彻执行党的基本路线的自觉性和积极性。各级采取多种形式，激发学习热情，全省共发行《邓小平关于建设有中国特色社会主义的论述专题摘编》5万册，《邓小平文选》第三卷134万册，为全国发行最好省份之一，还组织编写了《建设有中国特色社会主义理论简明读本》等；仅全省宣传部门共办各类骨干培训班近1000期，受训人数9万余人次，县以上中心学习组普遍集中学习了4—5次、12—16天，农村90%以上党员参加了轮训；省委对14个地州市进行了督查，发了情况通报；全省理论工作会还表彰了一批先进理论工作者，并提出了加强理论工作的12条措施。

2. 弘扬主旋律。全省进一步开展爱国主义、集体主义、社会主义教育，引导干部群众，特别是青少年树立正确理想信念、人生观、价值观，增强民族自尊自强自信精神，自觉抵制腐朽丑恶东西的侵蚀，积极投入跻身全国十强的努力之中。为此全省举办了三大活动：一是纪念毛泽东同志诞生一百周年。湘潭等地市精心组织了"学伟人、干伟业、创伟绩"等主题鲜明、丰富多彩的系列纪念活动，省里与中央电视台联合举办了《人间正道是沧桑》大型文艺晚会，还拍摄了《东方巨人毛泽东》等影视片，录制了50集广播剧《毛泽东》，出版了《毛泽东与湖南》等多种图书，举办了"毛泽东生平与思想"研讨会和大型书法、美术、摄影、图片展览以及毛泽东铜像揭幕和纪念大会，江泽民专程前来参加了揭幕仪式，这些都极大激发了全省军民一定要把毛主席家乡建设好的热情和干劲。二是纪念学习雷锋题词30周年。以纪念毛泽东等老一辈无产阶级革命家向雷锋同志学习题词发表30周年为契机，全省深入开展了"岗位学雷锋，行业树新风"活动，促使主人翁意识增强，服务态度改善，工作质量提高，好人好事层出不穷。全省评比表彰了47个学雷锋先进集体、55个先进个人，其中中共望城县委、岳阳市一中、株洲冶金工校和林德意、蔺万桃、陈宗荣、夏为民分别被评为全国学雷锋先进集体和先进个人。三是开展了"知我湖南、爱我湖南、兴我湖南"教育。出版发行《可爱的湖南》102万册，举行了"爱我湖南"知识电视大奖赛。各地还编写了一些乡土教材，广泛进行国情、省情、县情、厂情等教育，层层举办知识竞赛，增强了干部群众建设家乡、振兴湖南的自豪感和责任感。

3. 把握舆论导向。各级在宣传教育中坚持团结、稳定、鼓劲和正面宣传的方针，着重从经济形势、深化企业改革、引导农民进市场奔小康、非公有制经济、重点建设工程、科技兴湘六个方面进行了引导宣传和典型报道，同时还从全局方向上狠抓了新闻舆论导向。省委宣传部先后发文，就加强新闻发布会管理、建立正常的报刊发行秩序、加强对广告和记者站的管理、禁止有偿新闻、买卖书号等作出严格规定，并组织评选湖南十大新闻事件、十大新闻人物，使"喉舌"意识得到加强，"喉舌"功效更加显著。

4. 精神生产进一步发展。全省继续坚持一手抓繁荣一手抓打击的方针，一是以"五个一工程"为龙头，着力重点作品生产：电影《秋收起义》、《凤凰琴》，戏剧《甲申祭》均获得好评。图书《中国农村大写意》被称为农村现实题材的一部力作，《杂交水稻育种栽培学》等两种图书获首届国家图书奖，全年共生产电影8部，电视剧122集，戏剧44台，长篇小说、散文集、报告文学集129部，图书近2000种。

5. 文明单位创建活动深入发展。全省继续把创建城乡文明单位作为群众性精神文明建设活动的重要形式，调动了各单位和干部群众争先创优的积极性与创造性。全省共评出了遵纪守法户320多万个，科技示范户18万多个，五好家庭210多万个，双文明户58万多个；受到省委省政府命名表彰的省级文明单位373个(1992年为286个)，双文明建设模范单位42个，军警民共建先进单位56个。

6. 双文明目标管理责任制继续推行和完善。怀化等地创立的双文明目标管理责任制，全省普遍推广已坚持4年，目前14个地、市已推行到85%的县。特别是怀化、衡阳、邵阳、岳阳、自治州等地市在常年坚持的基础上，不断根据自身条件和特点以及形势的新要求，积极改进完善这套融两手抓两手硬为一体的工作机制，使之立项更科学，评分更合理，效果更显著，有力地保障了精神文明建设的经常化、规范化，促进了两个文明建设的协调发展。

湖南加强文化市场管理 湖南省在文化市场发展迅猛的情况

下，积极加强文化市场管理，促进了文化市场的健康发展。到1993年10月，湖南全省有营业性舞厅、歌厅、卡拉OK厅共1502个，歌乐手5581个，录像放映点3065个，图书销售出租点4225个，每天在文化娱乐场所活动的人数在100万以上。省、地、县三级分别成立了文化市场管理的处、科、股，乡镇、街道由文化专干兼任文化市场稽查员。全省已形成一支有4000多人的文化市场管理队伍。他们十分重视文化市场管理的立规立法工作，使文化市场管理稳步走上了法制化的轨道。1990年1月，湖南省人大审议通过了《湖南省文化市场管理条例》。根据这个条例，省文化厅制定了《文化行政执法程序》、《湖南文化市场稽查管理暂行办法》等一系列法规，使文化市场管理有法可依，有章可循。

广东省成立精神文明建设研究中心 1992年4月8日至10日，中共广东省委在海南市召开广东省创建文明户、文明村镇经验交流会。会议的中心议题是：总结交流全省各地，特别是南海市开展创建文明户、文明村镇的经验。近几年，中共南海市委成功创造了“四个一”的经验，在农村广泛开展创建文明村、户的活动，取得了显著成效。“四个一”即：制定一个符合实际的创评标准；形成一个群众自我教育、自我约束、自我激励、自我管理的气候；建立一个常抓不懈的动态管理机制；实行一套自我申报，对号入座，群众评议，以多促少的创评方法。省委书记谢非到会作了重要讲话，号召全省进一步总结推广“两南”经验（城市街道精神文明建设学习广州市南华西街，农村精神文明建设学习南海市）。中共南海市委在会上介绍了他们努力推进农村社会主义精神文明的经验。在“南海会议”的推动下，全省各地群众性创建精神文明的活动发展到一个新的阶段，形成了以创建文明城镇为龙头，以创建文明村户、文明街道为重点，以创建文明路段、文明社区为纽带，以提高人的文明素质，创建优美环境，建设文明生活，推进改革开放和社会主义现代化建设为目标的多层次、多侧面、全方位共建文明，共促安宁，共促繁荣的新格局。一年来，全省各地共抓创建文明村镇示范点4600多个，评选文明村1.6万多个，文明户201万户。经中共广东省委、省精神文明建设委员会批准，1992年7月24日成立了广东省精神文明建设研究中心。“研究中心”的成立，标志着广东省精神文明建设的理论研究进入了一个更加有组织、有领导、有目标的新的发展阶段。“研究中心”成立后，围绕建立社会主义精神文明的理论框架，总结改革开放和发展社会主义市场经济条件下搞好精神文明建设的实践经验等课题，进行了一系列的研究探讨，取得较好的成果。

广东省大力推广普通话

1992年初，中共广东省委、广东省政府作出决定，要求广东省会、经济特区和沿海开放城市的机关团体，在年底前必须把普通话作为会议用语、宣传用语和接待外地人员的工作用语；其他市县的机关团体要在1993年底前达到这个要求。决定说，推广普通话是我国一项基本的语言政策，是社会主义物质文明和精神文明建设的重要组成部分。广东省是方言普遍流行、差异性很大的省份，是全国推广普通话的重点地区，目前有相当部分地区的学校教学和社会交际都未能使用普通话。这种状况，不利于广东省经济、教育、科技、文化等事业的发展，不利于改革开放的顺利进行。决定要求广东省今后机关团体录用、聘用和调入干部要考核普通话；干部培训和晋升应将学习和使用普通话情况列入考核内容；评选先进单位应将推广普通话情况作为条件之一，并建立推广普通话的评比通报制度。决定还提到广东省大中城市、县城、乡镇的中小学应分别在1993年底、1994年底、1995年底前，做到各科教学和集体活动都使用普通话。决定强调，学校推广普通话工作必须制度化。推广普通话工作应列为各级教育行政部门领导和校长的职责，作为对学校进行督导和评估的重要内容之一。能用普通话教学要成为合格教师和师范毕业生的必备条件，并作为教师职务晋升、民办教师转为公办教师的条件之一。

广西两个文明建设同步发展

广西自治区群众性精神文明建设活动，在提高民众的文明整体水平上下功夫，取得了较好的社会效益和经济效益。两年来自治区采取了两条措施，一是抓好职业道德和社会公德教育。在教育中，各部门、各地、市有自己的举措。1992年，南宁市开办文明市民学校，有35万市民受到了系统的教育；北海市要用3年时间把全市市民轮训一次，首先在143个文明单位中试行，系统地学习文明常识。1993年，由自治区文明委牵头，组织开展了一次系统性的职业道德培训，全区参加这次培训的职工达9.3万多人。懂得了本职业务中应遵循的道德规范。二是开展“优质服务”和10市创建文明城市等竞赛活动。全区通过“优质服务”竞赛活动，促进了服务质量的提高。桂林市在窗口行业中开展群众性评选最佳最差服务单位已5届。1992年有20万职工参加这项评选活动。评出最佳服务单位50个、最差的44个。全区这一年参加竞赛的单位有2420多个，参加的职工约有70多万人。1993年，从自治区到各地、市都把向雷锋同志学习题词30周年纪念活动与开展“两德”教育结合起来，与纠正行业不正之风结合起来，与学先进结合起来。全区参加这一活动的有100多万人，服务态度有较大改观。

为建设大西南出口通道创造良好的社会环境，全区开展创建文明单位、文明村镇活动的面，1992年分别达到85%和70%，文明单位已发展到9651个，其中自治区级289个；文明村镇4030个，其中自治区级202个。1993年创建活动的面分别提高到95%和80%。随着创建、共建文明单位(村镇)和"三城"(文明城、卫生城、双拥模范城)活动的开展，市政建设、市容卫生也得到进一步加强。环境的改善促进了全区经济以较快的速度发展。国内外客商和大财团纷纷来广西投资、合资建设项目。为了探索在社会主义市场经济体制下精神文明建设的路子，1993年初自治区文明委、区党委宣传部与区社科联等单位联合召开"社会主义市场与伦理道德研讨会"，"社会主义市场经济与精神文明建设专题讨论会"，部分地、市组织新形势下还要不要弘扬雷锋精神的大讨论。这些讨论会，从不同的角度探索了社会主义市场经济与精神文明建设的密切关系。各地市根据区党委的部署组织职工学习社会主义市场经济理论，并开展大讨论。玉林市职工经过学习讨论后体会到：玉林虽不沿海、不沿边、不沿江，但近海、近边、近江，只要抓住机遇，还是能够从"石缝"中钻出来，振兴玉林经济。全区干部群众经过大讨论，思想大解放，观念大转变，树立了"大生产、大市场、大流通"的新思路，促进了全区经济快速发展。

海南扎实开展精神文明建设 海南建省之初，部分群众生活习惯不文明，城乡环境"脏、乱、差"。海南省委把环境整治作为全省群众性精神文明建设的突破口，常抓不懈。1991年以前，海南以迎亚运为契机，在全省开展了多次环境治理活动。1992年，重点抓了全岛公路沿线城镇和各旅游单位的整治，初步做到了"环岛千里路，一路文明风"。几年中，海南累计投入10亿元资金治理环境，兴建了一大批美化环境的硬件设施，改善了投资环境。海南省委体会到，转变思想观念，树立特色意识，是进行精神文明建设的关键环节。省委要求各级干部在发展社会主义市场经济的过程中，按照客观要求，解放思想，转变观念，确立、强化以效率意识、法律意识、创新意识、竞争意识为代表的特区意识，向投资者展示自强不息的文明风貌。通过广泛开展"岗位学雷锋，行业树新风"活动、遵纪守法教育，广大干部群众的文明意识、思想水平有了较大提高。艰苦创业、开拓进取、惩恶扬善逐步成为海南人民的精神品格。精神文明建设的深入开展，为改革开放较好地发挥了"精神动力、智力支持、思想保证"的作用。到1993年，建省5年来，海南两个文明互相促进，健康发展，实现了赶上全国经济发展平均水平的第一步目标。

贵州省改善农村精神文明基础设施建设 贵州是个多山多民族的省分，高原山地占全省总面积的87%，少数民族人口占全省总人口的34.6%，经济文化比较落后，而农村尤为突出。为了改变落后面貌，省委、省政府在制订和实施"八五"计划中，强调要始终坚持两个文明一起抓，特别是对农村精神文明基础设施和活动阵地的建设，省里在财力相当困难的条件下，仍然逐年增加了投入。到1992年年末，这方面的建设取得了明显成效。(1)广播电视网络建设。贵州山大沟深，交通不便，广播电视难以进村入户。为了改变这种状况，省里作出两项规划：一是用3年时间(1990—1992)恢复与发展农村广播网；二是在"八五"期间解决全省有稳定电源的乡镇建设卫星广播电视收转站。对广播网的建设，到1992年末，全省除贵阳市两城区以外的84个县(市、区)，已建成78座县级调频转播站进行了设备更新或技术改造。与此同时，还抓了利用乡至村的广播线路开展了乡与村的"双向对讲"试点，解决了部分乡与村的通讯问题。对卫星电视收转站的建设，省里决定"八五"期间每年由省补助200万元，地、县、乡(镇)集资600万元，共800万元，在有稳定电源的乡镇，建设卫星广播电视收转站。到1992年末，已建成收转站412个，其中277个在少数民族地区。在412个收转站中，其中78个县有转播调频广播的功能，做到广播电视协调发展。计划在1993年再建481个站。上述两项计划实现后，全省乡村听广播、看电视难的问题将获得初步解决。(2)党员教育网络建设。在改革开放和建立市场经济体制的新形势下，党员教育阵地缺乏，手段落后，很不适应需要，严重妨碍农村经济的发展。为此，近几年来，特别是通过农村社教活动，全省普遍建立和健全了乡镇业余党校和村级党员活动室。据统计，到1992年底，全省已建乡镇党校1058所(占全省乡镇总数的72.5%)，基本做到有组织、有教室、有教材、有教员、有计划、有经费。已建村级党员活动室2.3万多个，占全省村级党支部总数的91.4%。在教育手段上，省、地、县三级均建立了党员电化教育室，全省1460个乡镇全部建立了电教传播点，有的村还建立了巡回播放点。这些阵地的建立，初步形成了农村党员教育网络，对改变以往那种"党员难集中、活动难开展、学习无场所"的状况产生了积极作用。(3)精神文明活动中心建设。在文化娱乐网络建设上，80年代，随着农村经济的发展，一部分先富起来的农民富而思文，富而思乐，全省出现了群众办文化的热潮。到90年代初，全省已涌现出7000多个群众业余文化组织，办起乡(镇)、村文化站1767个。但由于财力有限，场地狭窄，设施简陋，活动困难，仍不能满足农民对精神文化生活的需要，为此省里采取两条措施：一是巩固提高现有文化站，通过开展文化站检查评比活动、举办文化馆(站)长岗位培训，加强对基层文化站的工作指导，提高现有文化站的管理水平。除此以外，决定"八五"期间，在乡镇一级建设一批集宣传、科教、文化、体育、娱乐为一体的综合性的农村精神文明活动中心。采取每年由省补助100万元，地、县、乡(镇)集资200万元，分年实施。1991—1993的3年中，各级共投资约1409.3万元，当地群众投工投劳，分提高型和普及型两个档次，到1993年底，已建成投入使用的有65个活动中心，其中提高型10座，普及型55座，正在建的有63座。农村精神文明活动中心的建设，虽然不多，但影响较大，不少条件较好的乡镇开始仿效，对整个农村文明建设正起着示范和辐射的作用。

四川省委召开精神文明建设座谈会 1993年11月29日，中共四川省委召开了省属有关单位和省直机关的精神文明座谈会。会议传达了在福建三明市召开的“全国文明办主任座谈会”会议精神，总结了全省精神文明建设活动的情况，提出了今后工作的初步设想。与会者议论较多的问题是：(1)必须加强社会公德的教育，树立文明新风活动，支持、奖励见义勇为、助人为乐的先进人物，树立社会正气；(2)努力加强爱国主义、集体主义、社会主义教育，使它成为整个社会的主旋律，遏制拜金主义、享乐主义、极端个人主义的滋长。在这方面尤其要加强对青少年的教育，以确立正确的价值取向，不要狂热崇拜港台歌星；(3)加强文化市场管理，对出版单位卖书号、企业用公费给演员高额出场费等问题，要制定解决办法，创造一个好的文化氛围，不能让低级庸俗的文化腐蚀我们的社会；(4)新闻单位要把社会效益放在首位，有一个正确的舆论导向，加大精神文明宣传的力度，广播电视应推出严肃活泼的节目，多多弘扬传统文化；(5)对精神文明建设，社会各部门应积极创建、共建，落到实处；(6)精神文明建设应有载体，有一定的物质投入，否则还是软的。

四川省开展评选最佳文明单位活动 四川全省围绕“发展、巩固、提高”的六字方针，在建设文明单位时，着力抓了3件事：一是全年新命名省、市(地区)、县(市区)三级文明单位5500个，其中省级文明单位131个，比上年增长99%，增长幅度达到了四川省开展文明单位创建活动以来的最高水平。二是为了提高文明单位的层次，促使省级文明单位向更高目标奋进，首次在全省开展了评选全省最佳文明单位活动。在各地和省级有关部门评比、推荐的基础上，经考核和审定，四川省委、省政府共表彰命名了长城特殊钢公司、东方电机厂、剑南春酒厂等56个单位为1991年至1992年度省级最佳文明单位。此外，成都、自贡、广元、内江、泸州、涪陵，宜宾等市、地也开展了本地的最佳文明单位评选活动。三是为确保省级文明单位的质量，对1983年和1985年两次成批命名的439个省级文明单位进行了重新考核命名工作，有294个单位继续保持了省级文明单位称号，145个单位的省级文明单位称号自然消失处理。至1992年底，全省共有文明单位(仅指由县、市、省三级党委政府命名的)3.3万多个，其中：省级最佳文明单位56个，省级文明单位668个，市(地、州)级文明单位4621个，县(市、区)级文明单位2.8万多个。随着文明单位建设“六字”方针的落实，不仅进一步推动了文明单位建设的工作，还扩大了文明单位的覆盖面和影响，卓有成效地发挥了文明单位在经济建设和各条战线上的先进示范作用。1992年，全省军民、警民、工农等各类共建活动都有新的发展，特别是共建文明城市、文明片区、文明线路活动的快速发展，有力地增强了“群体共建”意识，改善了共建范围内的社会状况和人们的精神面貌。全国闻名的军民共建文明川藏线活动，取得了突出的成绩。经过川藏沿线20万汉藏军民10年的努力、奋斗，经四川省、西藏自治区和成都军区三方有关部门考核，报四川省和西藏自治区党委、政府批准，由两省区联合命名“军民共建文明川藏线”，并在庆祝川藏线通车38周年之际，于1992年12月25日在四川省雅安市召开命名大会。西藏、四川和成都军区的领导出席了会议，中央宣传部、解放军总政治部等发来贺电，新华社及两省区的13家新闻单位作了系列报道。此外，1992年还加强了精神文明建设活动的宣传工作。四川省文明办组织编写并发行了《农村精神文明建设知识讲座》一书；举办了旨在宣传基层先进典型《精神文明之花》有奖征文广播宣传活动；突出地宣传了全省表彰的97名人民群众见义勇为先进群众和个人。

四川农村三户评选活动普遍开展 四川省在广大农村普遍开展评选“遵纪守法户”、“五好家庭户”、“双文明户”的群众活动，经过几年的努力，全省2 580多万农户中，有1 840多万户评上“三户”，占总农户的71%以上，其中：遵纪守法户占65%，五好家庭户占26.3%，双文明户占8.7%。评选“三户”已成为四川农村思想政治工作和精神文明建设的重要形式。

四川省委宣传部人员通过调查研究，认为农村精神文明建设存在的问题突出反映在三方面：第一，经济结构变化大。农村经济由单一的种植业结构变为农、工、商等多种产业结构。经济结构变化较快。第二，社会分工加快。以当年农村总劳力计算，种植业和非农产业劳动比例是：1980年95∶5；1985年89∶11；1987年87∶13。第三，群众思想观念不断更新。有鉴于此，他们重点抓了方式方法的改进，力求使精神文明建设进村、入户、到人。从1991年起，将评选“三户”列入全省社教成果考核的一条标准。其具体做法为：

层层建立“三户”评审小组。群众讨论，评“三户”制订的三个条件具有三个不同等次，双文明户等次高，五好家庭户次之，遵纪守法户又次之。三个条件包括科学理论、方针、政策学习和各项工作任务落实，法律法规、爱国主义、集体主义和社会主义思想教育以及职业道德、社会公德和家庭美德、计划生育、社会治安、税收、合理负担、科技推广等物质文明和精神文明建设的任务，但各有侧重。有些地方还把“三户”条件编为易记易懂的顺口溜，如“遵章守纪又守法，税收提留按时纳，占地砍树有规矩，不搞赌博超生娃，家庭团结邻里好，重视科学和文化，勤劳致富爱集体，富了不要忘国家，经济收入超当地，思想政治人人夸”等。“三户”条件每年修订一次。各地农户参与争创“三户”一般都在95%以上。“三户”评选活动一年评两次，半年初评，年终总评。评选活动严格按规章制度开展，置于群众的监督之下。实践证明，自报公议，民主评选是保证“三户”评选质量，不搞形式主义的关键环节，是“三户”生命力所在。

张榜公布，隆重授牌。各地在春节前后，分别由乡、村、社干部带领一些共青团员和青年、少年先锋队员，敲锣打鼓挨户挂牌，有些村还带上业余文艺宣传队，载歌载舞，鸣放鞭炮。干部登门做工作，1992年崇庆县委宣传部邀请11位乡党委书记座谈。丰都县白鸽村党支部书记说：“解放后，农村思想政治工作方法，从没像评‘三户’这样明确、实在过。”

通过“三户”评选活动，使农村干部和群众的积极性充分调动起来。由于大多数农户评上了“三户”，落评户有压力，从而急起直追。评“三户”使农户勤劳致富的积极性得到极大提高。长宁县竹海镇塔沙二社大力发展蚕桑生产，1993年这项收入人年达250元。1993年全村纯收入增加到1373元。“三户”评选活动进一步密切了干群关系；减轻了干部工作量和工作难度。农村工作做到了“千斤重担人人挑，家家户户有指标”，尤其是基层干部感到难度大的计划生育工作、收缴农税和合理提留、社会治安、各种纠纷等都比过去容易解决了。评“三户”还促进了农村基层民主政治建设，推进了规范化管理。各地普遍建立了每月一次的“农民学习日”、“村民议事会”、“社日”活动制度。南充市高坪区在争创“三户”活动中，村社普遍建立了相关制度。1993年全区96.6%的农户被评为“三户”。

云南创建文明单位重在人的素质 云南省重视文明单位建设，1983年到1993年，全省县级以上党政机关命名的文明单位达1.4万多个。全省县县都有文明单位，绝大多数少数民族有本民族的先进典型，各行各业都有自己的代表进入文明单位的行列。云南省把创建文明单位的重点放在提高人的素质上，对文明单位不仅有精神文明的内容，也有物质文明的要求，各文明单位都是当地或本系统的排头兵。创建文明单位，突出思想道德和科学文化建设。把培养“四有”新人作为创建文明单位的目标来抓，普遍开展了爱党、国情、法律、道德等多种教育，涌现出一大批见义勇为、廉政、育人等先进模范。云南省从边疆多民族的实际出发，分类指导、严格复查，不搞一刀切。对农村、城市、不同行业及边远山区的创建活动分别提出不同的标准。他们省还加强命名的管理复查，坚持严要求，对44个已不符合文明单位条件或丧失示范作用的省级文明单位予以撤销。

云南省精神文明建设工作在“建设”上下功夫 1992年以来，云南省各地进一步加强对精神文明建设的领导，努力在“建设”上下功夫，各项创建活动都有新发展。

从1991年开始，开展了职业道德教育岗位培训、举办文明市民学校，制定了职业道德规范，开展“职业明星竞赛”、“优秀服务员”评选，“十佳窗口竞赛”等活动，扩大了“两德”教育的效果。同时把学雷锋作为德育教育工作的重要内容，把学雷锋同学当代英模、学赖宁、学当地青少年中的先进典型结合起来。

按照把精神文明建设落实到城乡基层的要求，文明单位的创建和管理日趋规范，创建文明系统铁路、文明运输线的活动，收效明显。农村精神文明建设在继续推广“六抓、六治、六变”评遵纪守法户、五好家庭户、双文明户，建文明村的基础上，从1991年开始，云南省文明办与省科协配合在全省农村部署开展“讲精神文明，比科技致富，建文明村”活动，经两年多的努力，一批创建科普文明村的是，经济丰裕，精神生活充实、公益事业发展，社会治安良好、环境整洁，成为大家学习的榜样。

云南省寓思想教育于文明建设活动中 云南省1992年的精神文明建设活动，紧紧围绕经济建设这个中心，突出思想道德建设，广泛吸引群众参与，寓教育于活动之中。为振兴云南创造了良好的社会环境。其主要工作：一是文明单位的创建活动走上制度化、系统化轨道。1992年3月，省委、省政府授予昆明市官渡区等13个县(市、区)为“云南省精神文明建设工作先进县(市、区)”，表彰了云南省精神文明建设活动优秀组织者110名，命名了第四批省级文明单位105个。对前三批共430个省级文明单位进行了复核考察，对复查合格的412个单位，准予继续保持省级文明单位的荣誉称号，对经复查不符合标准条件的18个单位，撤销其省级文明单位称号。到1992年底止，全省共有县级以上文明单位1.3万多个，其中省级文明单位517个，在各条战线上发挥模范带头作用。二是在全省主要“窗口”行业职工中，进行了职业道德岗位培训。一年多来通过电视教学，办班8期，培训33万人次。与此同时，昆明等城市举办了“文明公民学校”，对市民进行社会公德教育，仅昆明市开办的文明公民学校就达1633所，参学人数累计达到25万多人。三是抓住第三届中国艺术节在昆明举办契机，推动云南省精神文明建设。在全省33个县(市、区)广泛开展了“创三优迎国艺”，共建社会主义精神文明活动。各参赛城镇精神文明建设的基础设施有了较大的改善。四是结合农村社教，开展评三户(文明户、五好家庭户、遵纪守法户)创二村(文明村、科普文明村)活动。"讲精神文明,比科技致富,建文明村"是农村精神文明建设的新发展,经过1992年的试点,全省已建立了177个科普文明村。五是云南各地和驻军部队积极开展军(警)民共建社会主义精神文明活动,有力地促进了双拥工作,进一步加强了军政军民团结。到1992年底,全省已有军(警)民共建点2360多个,遍及城乡。驻滇部队热情主动支援地方的两个文明建设,先后20多次派出官兵11万人次,广泛开展为民服务活动。军地双方共学雷锋,成立了学雷锋小组3万多个,为各族群众做好事30多万件。部队还派出一大批官兵担任了2000多所中小学的校外辅导员。

云南成立智力支边扶贫基金会 为充分组织动员国内外各方面的社会力量,多方筹集智力支边扶贫资金,为云南边疆民族地区、贫困地区的智力开发和经济开发服务,云南省于1993年3月正式成立了"智力支边扶贫基金会"。在基金会筹建过程中,他们积极主动开展了各类联谊活动,同国内外友好团体和友好人士交往。截至1992年底,共接受国内外团体、企业、个人、海外侨胞和港澳台胞捐赠的资金、物资折合人民币340.2万元。这些资金、物资已按捐赠者的意愿使用。

陕西省以城带乡促进精神文明建设 陕西省社会主义精神文明建设从总体上讲有以下几个特点:第一,各级领导对精神文明建设真抓实干。中共陕西省委、省政府采取一系列措施,加强对精神文明建设工作的领导。首先召开了各地市主要领导人参加的全省精神文明建设工作会议,明确提出以培养"四有"新人为根本;以改革开放,吸引外商投资创造良好环境为目标,重点抓好城市,以城带乡,促进全社会精神文明建设的要求。会上,作出了《关于推广宝鸡市建设文明城市、西安市建设文明小区经验的决定》,并采取签订责任书的办法,推动各地坚持两手抓,在落实上下功夫。第二,着力引导开展岗位学雷锋活动,促使新道德新风尚不断形成。在抓好第3个学雷锋活动月中,着重抓了领导干部带头学雷锋,推动岗位学雷锋、行业树新风活动的开展。同时,全省进行表彰先进,树立典型活动。截止1992年底,全省各地县表彰树立的先进集体1583个,先进个人7438人。西安先后于4月和10月两次组织先进人物模范事迹报告团,巡回全市作报告,在干部和群众中,特别是在大学生中反响很好,赞声不绝。第三,突出"两德"教育,进一步抓好文明单位、文明小区建设,带动其他各项建设。采取各种形式办好文明市民学校,进行都市意识和社会公德教育,努力提高市民文明素质。到1992年年底,全省已建起文明市民学校2629所。到1993年3月,全省已建成县级文明单位16372个,地级文明单位1441个,省级文明单位268个,正在实施建设文明小区的地方有449个。文明小区的大批涌现,不仅使精神文明建设显示了新的生机和活力,为各地两个文明建设树立了典型,而且有效地扩大了社会主义精神文明的影响力、感召力和推动力。第四,"创佳评差"活动进一步深化,有力地加强了行业精神文明建设。1992年16厅局开展的"创佳评差"活动,有59万职工参加,成绩显著,影响深远。一是把竞争机制引入了行业,有力地促进了各厅局、各系统坚持两手抓。二是强化了职业道德教育,84%的职工参加了职业道德培训。例如,省新闻出版局从年初就组织人员编写了《新华书店职业道德》教材,发至全省书店人手1册,做到了学习有安排、进度有检查、效果有考核,并把成绩记入职工本人业务档案,作为今后晋级评定职称的依据。公安机关通过职业道德教育,结合本职工作变"四个难"为"四方便",城镇派出所实行24小时办公制度,农村派出所24小时接待群众。西安、咸阳、铜川、宝鸡等地市在干警中开展了登门办户口,登门办证件,登门发送被盗物品活动和进百家门,认百家人、知百家事、解百家忧、暖百家心的"五百"活动。三是有效地遏制了行业不正之风。各厅局通过建立廉政制度,发行业调查表,走访用户,明察暗访,重大问题公开曝光的办法,狠抓了行风中存在的突出问题的解决。据10个厅局不完全统计,重大问题公开曝光125件,处理违纪人数1122人,其中开除42人,交司法部门依法处理39人,其余人员受到党纪和经济处罚。有力促进了行风的好转,使行风中存在的突出问题得到了有效的遏制。四是有力地促使后进向先进转化。1992年初省里通报批评的10个最差单位,除1个取消涉外定点单位外,其他9个均发生了显著变化。五是行业两个文明建设做到了有效结合。例如省旅游局通过"创佳评差"活动,到年底完成接待外宾和港澳台胞游客43万人次,比下达任务超出7万人次,比1991年净增11万人次,是过去每年增长数4至5万人的两倍左右。第五,创建文明路活动初见成效,好路率明显高于往年。

陕西省开展"创佳评差"活动加强行业精神文明建设 1991年以来,陕西省在省委、省政府的正确领导下,按照党的十四大提出的"坚持两手抓,两手都要硬,把社会主义精神文明建设提高到新水平"的精神,连续三年在全省与人民生活及经济发展密切相关的省级17个厅局所属基层单位开展了以"强化职业道德建设,纠正行业不正之风,立足岗位学雷锋,争创两个文明最佳效益,建设文明单位"为主要内容的"创佳评差"活动。取得了一定的效果。

一是有力地提高了坚持"两手抓"的自觉性和主动性。二是找到了行业两个文明建设的最佳结合点,较好地解决了"两张皮"的问题。三是有效地把抓精神文明建设的各方面力量聚集在一起,形成了一股齐抓共管的强大合力。四是强化了职业道德教育,行业不正之风得到了遏制。五是较好地体现了"抓两头带中间"的工作方法,有效地促使后进向先进转化。

陕西省群众性精神文明创建活动不断深入、持续发展 1993年,陕西省以弘扬主旋律为主线,进一步深化了文明单位、文明城市、文明村(镇)、文明系统和文明路段建设以及军民共建、警民共建等活动,使精神文明建设工作继续保持了良好的发展态势。全省涌现出了一大批两手抓,两个文明建设都取得优异成绩的先进典型。省级文明单位由351个发展到426个;省级文明小区由1个发展到8个;在西安至宝鸡、西安至潼关、西安至榆林公路及宝鸡至孟塬铁路线开展的文明路建设活动,使全省的好路率明显提高,交通不畅的状况大为改观,已有5条路段被省委、省政府命名为文明路;5个集镇建成文明集镇。在文明城市建设中,各地都十分重视文明市民教育,以街道、居委会和基层单位为依托,创办文明市民教育学校,建立社会化的思想道德教育网络,普及社会公德基本常识,全省10个地市共举办文明市民学校4801所,仅西安市有1783所,210万职工参加了文明市民学校的学习。同时选择群众普遍关注的问题开展了社会公德大讨论,弘扬讲社会主义公德的先进典型,鞭挞缺乏公德的消极现象。全省还进一步开展了争创省级文明市、区、县的活动,各地、市对开展这项活动都十分重视;第一是做了大量的宣传;第二是召开专门会议认真安排部署,并提出了具体的奋斗目标,考核标准;第三是采取得力措施,狠抓落实,加强城市基础设施建设和城市市容市貌、交通秩序的整顿管理,继1992年命名9个省级文明市、区、县后又有新城、户县、岐山等6个县跨入省级文明城市行列。在创建活动中,以纪念毛泽东"向雷锋同志学习"题词为契机,继续深入开展了"岗位学先进,行业树新风"活动,新人新事不断涌现,全省受表彰的学雷锋先进个人3.5万多人,学雷锋先进集体4692个,学雷锋活动小组发展到14万个。有2个先进集体和4名先进个人受到全国表彰。由中共陕西省委、省人民政府主管领导与省级主管厅局领导签订责任书的办法继续在邮电、旅游、工商、公安等16个厅局开展了以强化职业道德教育、纠正行业不正之风为主要内容的"创佳评差"活动,有力地加强了行业精神文明建设,促进了职业道德教育的深化,干部职工的思想道德素质明显提高,行业作风上存在的一些突出问题得到遏制。据统计,15个行业系统仅1993年一年收到各类表扬信、奖牌4.9万多件(块),做好事728090件次,拒吃请3万多次,拒收礼品1.2万多人次,拒收现金4417万多元。既增强了职工凝聚力,又促进了生产经营效益的提高。省、地、县涌现出创佳单位1583个。

陕西国防教育经常化 在以经济建设为中心,加快改革开放的新形势下,陕西省坚持开展全民国防教育,扎扎实实抓好各项措施的落实。陕西省委和省军区有关部门明确提出,要把"结合各项工作,渗透具体活动"作为国防教育的基本指导思想,形成与实际工作相结合的国防教育格局。(1)与经济建设结合。全省有100多家国营大中型企业,把国防教育融入企业精神,抓住"岗位·国防·国家"这个主题,连续开展"在本职岗位为国防建设作贡献"等活动,先后完成技术革新项目2740多项,使国防教育与提高生产力挂上钩。(2)与拥军优属结合。各级始终坚持把国防教育作为拥军优属工作的基础,大力宣传人民军队的英雄业绩,倡导"固好身边这段长城,爱护身边这支军队"活动。浓厚的拥军气氛,进一步增强了人民群众的国防观念,促进了国防教育的深入。(3)与民兵工作结合。据1993年1月的统计,党政军通力合作,在全省107个县建起了民兵训练基地,10个地市建起了训练中心,省里还创建了人武干部学校。这些基地、中心、学校连同500多个"青年民兵之家",不仅是民兵训练教育的场所,而且成为当地国防教育的中心。基干民兵国防教育受教育面一直保持在95%以上。(4)与学校教育结合。全省大、中学校普遍做到国防教育上课表、讲课堂,每年接受教育的学生达10余万人。近20所大学还设立了军事研究室。(5)与干部培训结合。县以上各级党校都把国防教育纳入教学计划,作为领导干部的必修课。

甘肃省精神文明建设有5个特点 十四大以来,甘肃省委、省政府高度重视精神文明建设工作。概括起来,有5个特点:(1)各级党委、政府把精神文明建设工作提上了重要议事和工作日程,为精神文明建设工作提供了领导和组织保证。到1992年底,全省80%以上的地州市和60%以上的县区制定了精神文明"八五"规划,并颁布实施。使这项涉及面广、牵动面大的工作,由零敲碎打转入正常轨道。对文明单位的标准,文明单位的评选、命名,文明单位的管理和奖惩等,各地根据实际情况作出了明确的规定。在抓好各地精神文明建设工作时,省委、省政府十分注重抓好本机关的精神文明。在干部中牢固树立公仆意识和为人民服务、为经济建设服务的思想,变"门难进、脸难看、事难办"为"问一声好、倒一杯水、给一个满意的答复"。自觉维护党和人民政府在群众中的形象。(2)群众性的精神文明建设活动蓬勃发展。近几年来,各地紧紧围绕思想道德建设这个核心,组织群众开展了思想道德、职业道德、文明单位建设,军民共建和警民共建活动,开展了争先创优和优质服务的竞赛活动。突出抓了全民所有制大中型企业和各地骨干企业,抓了创建文明村镇、评"三户"(遵纪守法户、五好家庭户、双文明户)的活动,抓了军地两用人才的培育。到1992年底,全省已建成文明单位近10万个,文明村3000多个，双文明户、五好家庭30多万个，为部队培养两用人才5万多人，全省2500多个军民共建点已有1800多个跨入各地先进行列。被评为全国学雷锋先进个人4名，军民共建先进单位4个。(3)一批先进典型脱颖而出。省委、省政府很重视先进典型的发现和培养，充分发挥“典型”的示范效应，以此推动面上的工作。到1992年底，全省各地涌现出了一批各具特色的典型。如兰州市的建章立制以法治城；天水市的竞赛活动和科学管理；金昌市的“五三五一”工程；嘉峪关市的五项建设；武威地区的“精神温饱工程”；酒泉地区的机构建设；秦城区的基础工作；陇西县的“学英模、树新风、讲奉献”活动；徽县的大文化建设；榆中县的创“十星级文明户”活动；王门市的精神文明建设督察制度等等。都成效显著，有一套成功的经验。这些先进典型，不仅对全省的精神文明建设起了引导和推动作用，而且开拓了精神文明建设的新思路。为了把这些典型经验从实践提到理论高度，进一步指导全省精神文明建设工作的深入开展，省精神文明建设办公室编辑出版了35万字的甘肃省精神文明建设经验选编《河陇新歌》。(4)思想文化阵地和基础设施建设取得了可喜成绩。省里在资金比较困难的情况下，每年都投入一定的财力、物力用于思想文化阵地和基础设施的建设，并注意发挥它们的社会效益。天水近3年来，多渠道筹集资金4200万元，改善办学条件，建立科普组织。白银市建成了电台、电视台、群艺馆、图书馆、体育馆等文体设施。金昌市集资1200万元，建立了文化中心和文化站。武威市近两年集资3500万元，恢复健全了文化站和有线广播。张掖市投资近3000万元用于基础设施的建设。这些基础设施的建成和使用，大大加强了全省精神文明建设的物质基础。(5)城市精神文明建设上了一个新台阶。从1987年开始，在全省地级市和县级市分别开展了争创精神文明先进市的竞赛活动，并形成制度，每年评比一次。对搞得有特色的市，及时召开现场会，总结推广它们的经验。几年来召开过兰州市西固区“区域共建”、七里河区的“城市管理”、平凉市“治穷先治愚，兴市先育人”、酒泉市的中小学德育教育和爱国主义教育等一系列现场会。通过竞赛、评比和召开现场会，不仅提高了城市市民的思想道德素质和科学文化素质，而且带动了全省精神文明建设工作的蓬勃发展。与省委、省政府提出的“以城带乡、以大带小、整体推动”的经济发展战略相配套，两副担子一起挑，两项成果一起要。

宁夏把创建任务落实到基层

1992年是宁夏精神文明建设活动走出困境、出现转机、开拓局面的关键一年。该省以邓小平南方重要谈话和党的十四大精神为指针，从民族地区特点出发，以加强民族团结、提高民族素质、发展民族经济、促进两个文明建设同步发展为指导思想，开展了一系列卓有成效的精神文明建设活动，在活动领域、水平提高方面有较大突破。(1)广泛深入地开展创建文明单位活动，对坚持“两手抓、两手都要硬”的方针有明确的认识，并注重把任务落实到基层。1992年4月，宁夏区党委、政府首次命名表彰了31个自治区级文明单位，颁布了《宁夏回族自治区文明单位建设管理暂行规定》，决定把文明单位创建评选工作作为今后一项经常性的重要工作，明确文明单位是全区综合性的最高荣誉称号，并将激励机制引入评选工作，从而结束了以前工作中存在的下评上不评和只评不奖的不协调状况，在管理体制上迈上了一个新的台阶。自治区级文明单位评选工作的开展，充分地调动了基层创建文明单位活动的积极性，有力地促进了基层精神文明建设。文明单位建设工作已步入经常化、制度化、规范化的轨道，评选工作呈现出方向正、势头好、活力强的态势。在军民共建活动中，建成了民族团结乡、文明村、文明大中专院校、文明街道、文明医院、文明车站、文明商店、文明厂矿、文明集市、文明粮店各10个。(2)在全区各行各业广泛开展了端正党风和社会风气的工作，以“纠风”为重点，开展“岗位学雷锋，行业树新风”优质服务竞赛活动。自治区文明委(办)在3月份召开的现场会上，明确指出要从群众最关心的问题入手，以纠正行业不正之风、树立良好的行业形象为重点，在财贸、卫生、公安、邮电、电力等窗口行业，广泛开展优质服务竞赛活动。通过竞赛活动，各行业制定了竞赛方案，建立健全了各岗位优质服务规范。在服务态度、服务质量、服务环境、服务效益等方面有了较大改善。(3)在广大农村文明建设上以创建“十星级文明农户”为重点，推进农村精神文明建设。自治区文明委(办)总结推广了银川市、中卫县、吴忠市开展“十星级文明农户”活动的经验，提出从实际出发，分阶段、分层次地开展创建活动。在贫困山区重点是抓脱贫致富和实施自治区党委、政府提出的“231”工程(扫除文盲、扫除科盲、学文化、学技术、学经营管理、培养一代新型农民)，对比较富裕的地区和经济条件好的乡(镇)，则要求增加对精神文明建设基础设施的投入，把全面开展文明村镇活动同创建“十星级文明农户”活动结合起来，在创建中抓落实，抓提高。1992年宁夏在精神文明建设活动中注重了借鉴外省(市)的先进经验，成功地组织了到7省(市)进行考察的活动；注重了精神文明重在建设，坚持以特色理论为指导，培养“四有”新人；加强了调研工作；组织了精神文明建设研讨会，形成了专门的调查报告。

宁夏民族团结互助各项事业蓬勃发展 宁夏回族自治区坚持民族平等、民族团结和各民族共同发展的政策，制定了一大批地方法规，大力实施民族区域自治制度，使各项事业取得突出的成绩。1993年全区少数民族干部已发展到2.8万多人，比自治区成立时的1958年增长了7倍。一大批回族干部担任了各级领导职务。自治区政府组成人员中回族干部所占比例高于回族人口所占比例。全区已有高等院校7所，中等专业学校16所，中小学4000多所，各类在校生达100余万人。自治区宗教信仰自由政策得到进一步落实，开放清真寺等宗教活动场所，有阿訇2800多人，满足了信教群众进行宗教活动的需要。有200多名阿訇还当选为各级人民代表和政协委员，参与管理国家和本地区的事务。和谐的民族关系带来了安定的社会环境，促进了宁夏民族经济的发展和各民族的共同繁荣。

宁夏设立扶贫经济开发区 宁夏回族自治区政府1992年5月决定，设立"隆湖扶贫经济开发区"，以更加优惠的政策促进这个区域尽快发展。地处宁夏南部高寒阴湿山区的隆德县是全国最贫困的县之一。在多年扶持群众脱贫致富仍十分困难的情况下，自治区政府和国务院有关部门决定，在坚持群众自愿的原则下，从1983年起有计划地组织隆德县特困户向千里之外河套平原上的平罗县潮湖区吊庄移民。这个吊庄移民点历经5年的农业开发之后，又建成了以冶炼、建材、煤炭精加工为主体的各类企业48个。到1991年底实现产值1508万元，占隆德全县工业产值的43%。吊庄工业区内吸引香港金幸茂公司资金合作建成的隆湖铁合金有限公司自1990年5月投产以来创汇168万美元，为同期宁夏"三资"企业中创汇最多的一家。潮湖的工业开发解决农村剩余劳动力和待业青年1100多人，移居这里的1.2万人已稳定解决温饱，人均纯收入大大高于本县平均水平。

青海少数民族党员队伍不断壮大 地处青藏高原的青海省，重视发展少数民族党员，全省少数民族党员队伍不断发展壮大，到1992年，已达5.4万多人。青海是一个多民族聚居省份，民族自治区占全省总面积的98%。在30多个民族成分中，藏族、回族、土族、蒙古族和撒拉族为世居少数民族，少数民族占全省人口总数的42.1%。全省各级党组织把发展少数民族党员工作列于重要议事日程。各地通过办党校、建立流动党校和帐篷党校等各种培训组织机构，以及看党课宣传片、听专题报告、讨论、电化教育等多种方法，做好入党积极分子的培养教育工作。海东地区90%以上的乡镇建立了乡镇党校，环青海湖和青海牧区的一些乡镇也建立了党校。农牧民中的入党积极分子通过学习逐步掌握了党的基本知识，提高了思想觉悟。

新疆维吾尔自治区精神文明建设活动成效显著 1993年新疆维吾尔自治区精神文明建设广泛开展了以下活动：(1)突出"岗位学雷锋、行业树新风"主题，认真开展纪念学雷锋题词30周年活动。3月5日，自治区召开纪念学雷锋题词30周年大会，自治区党委副书记金云辉到会讲话。自治区党委宣传部、自治区团委联合表彰了75个学雷锋先进集体和83个学雷锋先进个人。在此基础上，向中央推荐了学雷锋先进集体：乌鲁木齐市沙依巴克区人民检察院、巴音郭楞蒙古自治州电力局，先进个人：哈密市城郊乡乡长再娜甫·艾买提、石河子宾馆专家楼服务班班长孔红岩，均受到中共中央宣传部和国务院办公厅的表彰。全区各地还积极采取各种形式，如开展"学雷锋活动月"、"学雷锋义务奉献周"、"共青团活动日"，举办文艺演出、召开座谈会、演讲等，宣传和弘扬雷锋精神，促进学雷锋活动的深入开展。(2)组织了自治区"中国近代史知识竞赛"活动。2月中旬至4月下旬，由自治区党委宣传部、自治区教委、自治区广播电视厅等部门联合举办了以爱国主义教育为主要内容的"中国近代史知识竞赛"活动，受到了全疆各族人民群众特别是青少年的热烈欢迎和积极响应。这次竞赛共回收试卷8.69万份，答题全部正确的3.29万份，占回收试卷的37.88%，共产生一等奖5人，二等奖20人，三等奖100人。(3)"树立新疆人形象"演讲比赛及巡回演讲获得圆满成功。为适应全区经济建设和改革开放新形势的需要，进一步提高全区各族群众的思想道德素质和文明水平，激发和鼓舞各族人民热爱新疆、建设新疆，1993年6月，自治区精神文明建设活动委员会、自治区党委宣传部作出决定，从7月初到9月底，用3个月时间，在全区范围开展"树立新疆人形象"演讲比赛活动。在3个月的演讲比赛中，全区共有3.1万人走上演讲台，开展演讲场次1.62万场，直接听众85万多人。10月5日至9日，从各地选拔出的89位选手在乌鲁木齐参加了自治区组织的"树立新疆人形象"演讲比赛复赛和决赛，共评出集体组织奖7名，个人一等奖3名，二等奖8名，三等奖11名。新疆电视台和新疆人民广播电台播放了决赛的实况。这次全区"树立新疆人形象"演讲活动参与的人数之多，引起的反响之大，收到的效果之好，在近几年自治区开展的同类活动中是少有的。演讲比赛结束后，从22名获奖选手中挑选出12名(汉语、维语各6名)组成自治区"树立新疆人形象"演讲团，赴全疆各地进行巡回演讲。巡回演讲自10月21日至11月26日，历时37天，在14个地、州、市进行了49场演讲(汉语25场、维语24场)，直接听众4.2万人。(4)1993年是自治区16城市开展"三优一学"创建文明城市竞赛活动的第8年。这一年各地、州、市加强了城市基础设施建设，狠抓了各行各业职业道德建设，深入进行民族团结教育，创建文明单位，争做文明市民活动，都有很大进展。有51个单位被自治区精神文明建设活动委员会命名为自治区级文明单位。

新疆军政军民团结呈现新局面 中国人民解放军驻疆部队是支援新疆经济建设的生力军，也是维护新疆稳定的重要力量。驻疆各部队把支援地方振兴边疆民族经济，作为保证社会稳定、推动民族团结和进步的一项重要工作。广大官兵积极参加驻地的经济建设，特别是承担和完成急难险重任务。从1989年到1993年的几年间，驻疆部队共承建和支援重点工程180多项，兴办公益事业410多项，并投入大批兵力、机械，支援和参加地方公路、铁路建设；积极参加地方水利建设，以"爱民渠"、"军民团结渠"等命名的引水工程遍布天山南北，为新疆农牧业连年丰收做出了贡献；军区还组织了扶贫小组4.5万个，帮助20多万农牧民走上富裕之路；先后出动15万人次参加抗洪、抗震、抗暴风雪等抢险救灾1200多次，最大限度地减少了各族人民群众的生命财产损失。在建设团结稳定、统一繁荣的边疆中，新疆军政军民团结出现崭新局面。全疆150个军民共建单位，85%以上被县以上机关评为精神文明先进单位，40个县(市)跃入民族团结、军民团结模范行列。

新疆获国际扫盲奖 改革开放以来，新疆维吾尔自治区下大力气抓成人教育、扫盲教育，取得了显著效果。经自治区人民政府检查验收，占新疆维吾尔自治区总县数78%的73个县(市、区)达到了基本扫除15—40周岁文盲的标准。全区15—40周岁青壮年文盲比例下降到7.8%。绝大部分脱盲学员参加了巩固提高学习，基本控制了复盲现象，扫盲工作跨入了全国的先进行列。1992年9月8日是国际扫盲日，也是联合国和联合国教科文组织荣誉日。在西班牙塞维利亚市'92国际博览会展览大厅举行的发奖仪式上，联合国教科文组织总干事马约尔将国际扫盲奖——野间奖(Noma Prize)授予我国新疆维吾尔自治区教委。我国自1984年以来，曾先后7次获得联合国教科文组织颁发的国际扫盲奖。1992年，新疆维吾尔自治区为我国赢得了第8枚奖牌。

西藏双拥工作成绩显著 40多年来，西藏驻军和地方为守卫边疆、建设边疆，携手努力，使西藏经济和国防建设得到促进和发展，各级地方政府支持部队建设，把驻军的困难当作自己的困难，每年组织慰问团对基层部队进行慰问。根据西藏的特点，西藏在双拥工作中，突出抓了军民共建、两个文明建设活动，到1993年11月，全自治区已有军民共建点508个，有10万余干部、群众和驻军官兵投入共建活动。仅1993年就有3万余解放军、武警、青年学生参加了学雷锋、树新风活动，做好事5.4万余件。西藏军民还互相开展了智力拥军，智力助民活动。西藏驻军多年来积极参加地方经济建设，帮助治穷致富，帮助群众收割庄稼、维修水渠、修理农机具和植树造林，还开展了"马背书箱"、"游艺活动箱"等活动，把科技知识送到农牧民家。在1993年召开的西藏第3批双拥模范县命名暨表彰大会上，又命名了7个双拥模范县、27个双拥先进集体和先进个人，使西藏已拥有15个双拥模范县，其中两个是全国双拥模范县。

3. 经济特区精神文明建设活动

海南省精神文明建设迈上新台阶 1992年，海南省以提高人的素质为根本，以环境建设为基础，以各项活动为载体，以创建文明家庭、文明单位、文明村镇活动为重点，吸引群众广泛参与，不断推进城乡群众性精神文明建设活动深入开展，使海南省精神文明建设迈上了新的台阶，有力地促进了经济发展和社会进步。(1)深入开展形式多样的思想教育活动。认真组织学习邓小平南方重要谈话和十四大文件，组织各种报告会150多场，举办理论学习班、培训班120多期，有7.8万多名党员、干部骨干接受了培训，收到较好的效果。在经常性的思想教育工作中，"两手抓、两手都要硬"形成了普遍的社会共识。人们的思想观念、精神面貌也发生了可喜的变化，服务意识、效率意识、市场意识、竞争意识、求新创优意识等形成时尚。改革、拼搏、开拓、进取、创新、求实成为海南人精神面貌的主流。(2)广泛开展文明家庭、文明单位、文明村镇创建活动。全省先后组织14700多名机关干部下基层帮助开展创建活动，创建活动在城市以"抓职业道德教育，创优质服务；抓社会公德教育，创优良秩序；抓市容整治，创优美环境"、"改善投资环境、让投资者满意"为重点；在农村以"讲精神文明，比科技致富，建科普村"为主要内容，与农村奔"小康"活动结合起来。全省共评选出各类文明单位1089个，文明家庭94768户，先进个人1748人。(3)城乡投资环境美化、优化目标初步实现。在1991年试点工作的基础上，1992年，海南省下大气力组织了海口、三亚、通什、琼海、儋州等中心城镇和东、中、西三条公路干线沿途各乡镇、自然村的环境整治工作，投入资金8.3亿元，新修硬化路面100多公里，拆迁各种违章建筑5000多间，并配套构建了绿化带、广告牌栏、交通标志、照明设备等设施，使海口、三亚等城市以及公路干线沿途各乡镇面貌焕然一新，环境质量明显提高。海口市还被评为全国环境整治工作"十佳城市"。(4)精神文明基础设施建设进一步得到了加强。据不完全统计，全省共投入资金1800多万元，解决了20多万人的饮用卫生水问题，全省农村通电率与1991年相比增长15%，农村广播覆盖率和喇叭入户率也有明显的提高。全省共恢复和新建村级综合性文化活动中心2000多个，篮球排球场1200多个，村级农民夜校200多间，较好地满足了广大农民日益增长的精神文化生活需要。与此同时，新闻、文化、出版、影视等事业更加繁荣，初步形成了“管而不死，放而不乱”的局面。

海南省表彰先进典型，弘扬创业精神 1993年海南省坚持精神文明“重在建设”的方针，开展思想教育活动，表彰和宣传先进事迹，发挥了“精神动力、智力支持、思想保证”的作用。以邓小平建设有中国特色的社会主义理论为指导，结合特区的实际，组织了“解放思想大家谈”、“特区形象”、“特区意识”大讨论，促进了人们思想观念的更新，改革、拼搏、开拓、进取、创新、求实已成为海南人民精神面貌的主流。1993年5月31日海南省首次召开精神文明建设表彰大会，表彰和命名了儋州市渔村南岸村、三亚市河西区、海南芙蓉农场等108个省级文明单位；授予海口市治安联防队员王余朝、定安县创办“知海书屋”的农民孙衍吾等48人为省精神文明建设活动积极分子。还表彰和宣传了为建立罗牛山综合型现代化农业示范区而艰苦创业的吴伟雄，勇攀世界数学高峰的海南师范学院教授黄国泰等，使创业精神成为海南人民的新时尚。在创建精神文明活动中，发挥文明单位的示范作用，抓点带面，创建活动，从文明村庄、文明单位发展到文明片区，全省已涌现出1622个文明单位和2259个先进个人。军民共建领域不断扩大。在各行各业中广泛开展学雷锋“创优美环境”、“满意在特区”等各种形式的教育活动，金融、邮电、旅游、工商、卫生等部门都制订文明服务公约，完善职业道德规范。运用革命历史文物对干部职工特别是青少年进行爱国主义、集体主义、社会主义教育。全省已建立国家级革命传统教育基地2个，省、市、县级的73个。海口、万宁、琼海、琼山、文昌等市县经常组织职工、青少年学生参观李硕勋烈士纪念亭、宋庆龄祖居、红色娘子军雕像等。毛泽东诞辰100周年之际，全省各地召开纪念会、座谈会、举办歌咏比赛、文艺晚会等各种活动200多场（次），参加活动人数达100多万。三亚市有4万多人同声高唱东方红，海口地区一台《红太阳颂》专题系列文艺演出，演员就有2000多名。

《海南日报》等单位举办“见义勇为赞”有奖征文 1993年12月，海南日报群众工作部与海南省维护社会治安基金会联合举办“见义勇为赞”有奖征文，促进海南社会治安和社会风气的好转。具体作法是，海南日报《读者来信》版增设“见义勇为赞”栏目，组织和发表一批信、稿，宣传和表彰那些在维护社会治安中见义勇为、扶正祛邪、无私无畏、英勇斗争的积极分子。征文活动第一轮到1994年5月底前告一段落。凡被征文选中的受表彰者和撰稿者，全部给予奖励，按其个人事迹和稿件质量不同的情况，分别评定为一、二、三等奖，发给奖金和荣誉证书。并优先推荐参加维护社会治安基金会组织的全省性评奖活动。

海南召开双拥工作现场观摩会 1993年10月6日至7日，海南省双拥工作现场观摩会在海口金盘工业开发区召开。会议期间，与会代表走出会议室，行程250公里，走遍了琼海、海口，琼山三个全国双拥模范城（县）的九个军民共建示范点。这些示范点以他们与当地驻军双拥共建的突出成绩得到省委、省政府、海南军区领导和驻岛军警部队的好评。

海南省以“一票否决权制”强化社会治安综合治理 中共海南省委和省政府强化《一票否决权制》的效能，把社会治安的好坏同责任人的政治荣誉、经济利益、职务升降紧紧挂钩。1992年，全省被否决单位取消评选综合性先进荣誉资格的43个，被否决单位的主要领导、治安责任人取消先进资格的21名，取消晋级的2名。实行“一票否决权制”，促进了领导干部“为官一任，保一方平安”的使命感和责任感，从而使社会治安综合治理中的“谁主管谁负责”原则具体化，进一步促进了治安目标责任制的落实。

深圳市文明市民评选和奖励办法 中共深圳市委和市政府印发了《深圳市文明市民评选和奖励办法》，要求全市市属和驻深各处以上单位遵照执行。《办法》共分六章十七条，对文明市民的性质、标准、评选程序及命名，文明市民的奖惩和管理工作作了明确的规定。文明市民的标准是：(1)坚持四项基本原则，拥护改革开放政策，爱祖国、爱深圳，在政治上、思想上和党中央保持一致。(2)模范执行党和国家的各项政策、法令，遵守深圳市各项规章制度。廉洁奉公，艰苦奋斗。(3)弘扬深圳精神，勤奋学习，努力工作，有高度的劳动热情和忘我的奉献精神，工作勇于创新，在本职岗位上作出突出贡献。(4)具有高尚的社会主义的公共道德、职业道德、家庭伦理道德，真诚友爱，助人为乐，有文明健康的生活方式。见义勇为，敢于同一切违法乱纪行为和腐败现象作斗争。在社会上享有较高的威信和较大的影响。文明市民的评选每两年进行一次。凡是深圳的正式居民或在深圳市有合法居住权、工作满三年以上的暂住人员，均可参加文明市民的评选。“文明市民”是市委、市政府授予的最高荣誉称号。对评选出来的文明市民，除了精神鼓励之外，还要给予一定的物质奖励。是干部、职工的，给予晋升一级工资的奖励；是暂住人员的，给予调进特区常住人口的奖励。

深圳市检察院被誉为特区建设“保护神” 深圳市检察院在办案过程中，根据实际经济活动情况，审慎评判是非，力排改革障碍。他们毫不手软地开展打击贪污贿赂、偷税漏税、生产和经销伪劣商品等经济犯罪活动。1992年头9个月，就立案侦查119件，查处县、处以上干部10人。对科技人员利用业余时间从事技术开发、转让、咨询服务等取得的报酬给予法律保护。对涉及企业技术骨干的犯罪案件则十分慎重。他们在依法办案的同时，处处为企业生产发展着想，为特区的繁荣和稳定作出了贡献，被深圳市的企业和群众誉为特区建设的“保护神”。

深圳市雷锋塑像落成 为纪念毛泽东等老一辈革命家为雷锋题词30周年，1993年3月5日，深圳市雷锋塑像落成。在雷锋塑像落成揭幕仪式上，中共深圳市委领导要求深圳市广大共产党员、共青团员带头学习和实践雷锋精神，把创建文明城市、文明街道、文明村、文明市民等活动与学雷锋活动结合起来，以形成良好的社会环境，促进学雷锋活动持续健康发展。会上，为建造雷锋塑像捐资的广东省学雷锋标兵、全国学雷锋先进代表、全国个体劳动模范傅天省介绍了自己30年如一日坚持学雷锋、努力做好本职工作，积极为社会、为人民做好事的体会。

深圳市兴建天下名人馆 1993年4月26日，《福建日报》报道，深圳市正在兴建天下名人馆。该馆投资约6亿人民币、建筑面积8万平方米。它共分五个馆：用于珍藏世界各界名人成名作和代表作的珍藏馆；反映名人最新成果的展示馆；对名人最新科学知识进行传播和交流的教育馆；供人们学习和研究世界名人理论和实践经验的研究馆；具备食宿行、旅游观光及娱乐功能的迎宾馆。

深圳市获联合国住房荣誉奖 深圳市在面临自然与社会、经济方面诸多困难的情况下，进行了大规模、高速度的住房与公共设施的建设，满足了人民生活快速增长的需求，同时，又保证了所建住房的质量。由于深圳市在改善人民居住条件方面作出了突出贡献，荣获联合国1992年住房荣誉奖。这项荣誉奖是1989年设立的。

深圳市人才市场培育成熟 深圳市委、市政府将培育人才市场当作改革开放的一项重要内容来抓。他们围绕人才问题，先后颁布了近10个文件，并成立了专门机构——市人才服务中心，从原始的处理求职信函着手，先后推出了为“三资”企业推荐人才、人才培训等20多个人才服务项目，有力地促进了特区人才市场的形成和成熟。据统计，仅深圳市人才服务中心，自1986年至1992年10月，便处理求职信函6万余封，向2000余家“三资”企业推荐专业技术人才近万名，直接向200余家“三资”企业、民办高科技企业输送高中级技术干部300余名，为特区和内地培训各类人才4万余人次。另外，他们还与全国10多个省市建立起人才网络，储备各类高级人才档案3000余份。他们还为市内的人才流动提供多项服务。近几年来，每年约有1000余名高中级专业人才通过他们提供的服务进行了合理流动。人才市场的形成、成熟，促进了深圳特区经济的发展，也为加强特区与内地的联系和发展，奠定了良好基础。

深圳中华自行车厂向希望工程捐车 1993年8月10日，深圳中华自行车（集团）有限公司将1000辆自行车捐给中国青少年发展基金会，以支持希望工程。公司还决定，在今后的两年中，继续捐赠2000辆自行车，使这批捐物的总价值超过300万元人民币。这些自行车将作为奖品奖给为希望工程做出突出贡献的集体和个人，以及受希望工程资助的优秀学生。

珠海市举办《小平，您好》大型文艺晚会 珠海市委宣传部、市文化局、市广播电视局和东方科技音像中心共同主办的《小平，您好》大型文艺晚会1992年10月17日在珠海影剧院举行。整场晚会，15个节目分为四个场次：一、人民的儿子；二、特区之光；三、太平洋作证；四、历史将会如是说。人们在歌舞、独唱、合唱、小品中，跟随小平同志的脚步，重温改革开放的历史进程，展望中国特色社会主义更加灿烂辉煌的明天。晚会用艺术的语言，表现了“歌改革之功、颂小平之德、赞特区之路、扬民族之魂”这样一个具有重大时代意义的主题。晚会邀请广州军区战士歌舞团、湛江市歌舞团和我国著名表演艺术家李默然、著名歌唱家彭丽媛、殷秀梅、杨洪基前来演出。珠海市也组织了近400名部队干部战士、少年儿童、群众合唱队员等参加演出。晚会的演出是珠海市建市以来阵容最强、规模最大的。

珠海市开展三化三清三优活动 1993年2月27日，珠海市召开城市管理扩大会议，拟定在全市开展“三化”（净化、绿化、美化）、“三清”（清垃圾、清水沟、清蚊蝇孳生地）、“三优”（优美环境、优良秩序、优质服务）活动，着重解决暴露垃圾污染环境问题、灭蚊达标问题、整治城市污水渠、清理违章建筑、违章占道、交通秩序等。此次活动的具体措施是，通过召开创建国家级卫生城市总结表彰大会，加强宣传教育，广泛发动群众参与。市有关部门组织5个调查组，通过调查了解存在问题，提出解决办法，由市爱委办制定，以街道为单位，开展全民性的灭蚊活动。组织大、中专、中学学生开展一条街活动，组织学生与就近街道单位、门店挂钩，开展力所能及的卫生、文明、礼貌等活动。组织群众性的检查队伍，配合专业队伍，加强城市管理、开展由城管办、文明办、共建办、财贸办制定的“三优”竞赛活动。

珠海市妇联召开家庭教育现场会 1993年3月5日，珠海市妇联在香洲区翠香街道办事处召开城区家庭教育现场会，介绍了翠香街道办积极探索家庭教育的经验。翠香街是市儿童协调委员会从 1992 年 7 月起办的家庭教育试点，街道成立了家庭教育领导小组，聘请武警部队指导员，派出所指导员和离退休老干部作为家庭教育的校外辅导员。通过召开座谈会、家庭走访，设计问卷对辖区每个家庭的经济收入，主要成员的文化程度及独生子女普遍存在的问题进行摸底调查，分类指导。他们还建起了儿童游乐园，在公共汽车公司办起了“家长学校”帮助家长分析孩子在不同环境中产生的不同心理状态，因地制宜，对症下药。还利用暑假组织学生义务劳动，开展有意义活动，收到了较好的社会效果。通过现场会，代表们认识到，家庭、学校、社会是教育少年儿童健康成长的三个紧密相关的组成部分，缺一不可。

珠海市重奖科技与文教体卫功臣 1993 年 6 月 26 日，珠海市在影剧院隆重举行“93 科技及文教体卫突出贡献奖励大会”，兑现了把重奖科技功臣制度化的承诺，并以敢为天下先的胆识，将一批社科及文教体卫奖出人才推上领奖台。游景玉、殷步九、史玉柱等三位民办和民营高科技企业的带头人获特等奖，分别得“奥迪”牌轿车一辆、住宅一套，并与助手分别得到 26.2 万元、26.3 万元、63.2 万元奖金；市体委陆上运动集体（包括女子举重、乒乓球、田径）和水上运动集体分别获二等奖，各得奖金 11 万元，市防疫站的脊髓灰质炎防治、高栏岛摩崖石刻崖画的发现和鉴定、市第一中学的电化教学及地理园建设分获三等奖，各得奖金 7 万元；珠海感光纸厂的“OKO 高级重氮晒图纸”获四等奖，得奖金 6.7 万多元。会议再次表明珠海两个文明建设要同步发展的决心。同时再一次表达了珠海大规模经济建设对人才的渴望。市委、市政府表示，凡是在珠海工作并作出了突出贡献的自然科学和社会科学人员，将一如既往地给予奖励，并把奖励形成制度坚持下去。

珠海市召开双“十佳”座谈会 1993 年 3 月 6 日，珠海市召开“十佳文明市民”（丁钦元、周友联、钟华生、张倩玲、杜志锭、陈西、许向阳、方异恒、黄乐夫、刘素英）和“十佳服务员”（叶筱薇、孙金凤、颜艳珍、张惠芳、罗振明、文宽强、许雯、容惠酬、李虹岚、周金锤）座谈会，市委书记、市长梁广大在会上讲到，全市学雷锋活动、巾帼立功活动应同学双“十佳”联系起来，让雷锋精神发扬光大，把好风气在全市推广开来，为珠海创造更好的投资环境。

珠海市表彰一批“最佳文明经营档店” 珠海市的个体经济已成为珠海国民经济中一个不可缺少的部分。同时广大个体工商户热心社会公益事业，积极为灾区人民、残疾人和希望工程捐款。市个体劳动者协会也注重加强对会员的思想教育及法制、职业道德教育。通过在会员中开展文明经营、优质服务、劳动竞赛活动，全市涌现出一批守法经营、热心服务、见义勇为、拾金不昧的先进人物。1992 年，全市个体劳动者被评为“信得过”和“文明经营档店”就有 757 户，并在其中评出了周耀兴、袁宝明、孙金凤、韦灿、卓国华、伍谷仍、赖礼泉、邝国华、朱华容、廖正昕、吴玉芳、周友联、谢贤杰等 13 位“最佳文明经营档店”。1993 年 5 月 21 日，珠海市在市影剧院隆重举行全市“最佳文明经营档店”表彰大会，向周友联等 13 位个体劳动者授予荣誉证书和挂匾，市委副书记李焕池代表市委、市政府到会表示祝贺。

珠海市“金銮宝座”轰动京华 1992 年 9 月中旬，珠海市翡翠宝石首饰有限公司在北京人民大会堂广东厅举行新闻发布会，宣布制作稀世珍宝“金銮宝座”。“金銮宝座”是个集珠宝大成和工艺精华为一体的罕世珠宝，它由曾一兵、王志喜等 20 多名工艺大师采用 36 公斤黄金和高档翡翠、红蓝宝石、夜明珠等各类宝石共万余粒制成，整个工程耗资 1800 万美元，计划 1993 年初完工。“金銮宝座”的制作，在海内外引起极大兴趣和广泛注意。新闻发布会后，中央电视台、中央人民广播电台、人民日报、中国日报等国内大新闻单位和新华社、中新社、美联社、合众社、路透社、法新社、共同社等多家中外通讯社纷纷从第一时间播发了这一消息。该工程对外宣布后，即有收藏家愿以 8000 万美元高价竞购这一珍宝。

厦门市创建文明特区走了 4 步棋 厦门市创办特区以来，把握改革开放之天时，发挥“港、景、侨、台、特”之地利，物质文明建设和精神文明建设都有很大的发展。福建省委、省政府提出，厦门市要在 1994 年前建成文明特区。按照这一要求，该市为创建文明特区扎扎实实走了 4 步棋：(1)大力倡导“先放后导”、“敢为天下先”的观念，努力铸造“开明、守信、竞争、开拓、奉献”的特区精神，并且运用各种方法把这种观念和精神真正贯注到广大干部群众的自觉行动中去，成为促进特区发展的强大精神动力；(2)加强社会公德教育，树立特区人的文明形象，制定和实施了《厦门市市民文明公约》，从最普通、最基本的行为规范和道德准则抓起，突出了爱国守法、文明礼貌、尊重科学、开拓奉献、自尊自爱、团结友好等教育内容，开展学习《公约》大讨论，履行《公约》教育，提高市民文明素质，为特区发展创造良好的社会风尚；(3)坚持“以智取胜、科技兴市”的方针，以教育和科技为两翼，不断提高特区经济建设的整体素质，努力把特区经济的发展转移到依靠科技进步和提高劳动者素质的轨道上；(4)开展“学习好八连、奉献在特区”活动，促进自建、共建、联建活动。驻扎在鼓浪屿的警备区某部八连长期以来坚持以雷锋为榜样，为驻地群众和海内外游客做了大量的好事，曾经 24 次英勇抢险，救出 38 名遇险群众和价值 20 多万元的物资，被中央军委授予“鼓浪屿好八连”荣誉称号，“学习好八连，奉献在特区"活动带来了共建内容上的三个转变：一是由单方面思想共建到思想和组织双方面共建的转变，二是由单项共建到多项共建的转变，三是由务虚到务实的转变。厦门市委、市政府始终清醒地认识到物质文明和精神文明"你中有我，我中有你"的辩证关系，自觉做到"两手抓、两手硬"，使特区经济建设出现了好势头。

厦门塑造特区新风貌 1993年3月，中央军委发出命令，授予厦门警备区某团八连"鼓浪屿好八连"光荣称号。厦门市委、市政府当即作出决定，号召全市市民进一步开展学习"鼓浪屿好八连"、学习雷锋的活动。3月份以来，全市干群立足本职工作，围绕经济建设中心，推进"学习好八连、奉献在特区"、"岗位学雷锋、行业树新风"活动持久进行。全市各种直接为群众服务和为生产经营服务的窗口单位，纷纷开展"百家窗口"优质服务竞赛，加强职业道德建设，纠正行业不正之风。厦门市邮电局实行市内电话装机、移机的"立即服务"，用户从申请装、移机至完成施工全过程只需20天，大大方便了用户。商业、粮食、供销、燃料、医药和煤气系统开展"温暖在窗口"活动，义务为孤寡老人、学校、解放军、烈军属送煤、送粮、修改炉灶、煤气灶、维修家用电器，并赠物捐款达数十万。火车站、轮渡公司等实行送票上门，登门办理行包托运，大大提高了服务质量。通过开展这些活动，厦门市民的道德观念增强了，关心他人、助人为乐的新风尚得到弘扬。同安六中陈清巍同学不幸患白血病。该校团委和校红十字会发出了"献上一片爱心，给他一点温暖"的捐款倡议，不到一个星期，全校师生便捐款6780元。接着，厦门电台在"千家万户"栏目中呼吁全社会伸出援助之手。于是，从厦门到全省、到全国，捐款慰问信纷纷寄来，至4月中已收到捐款5万元。

厦门市为教育事业办6件实事 1992年教师节(9月10日)到来之前，厦门市政府决定为教育事业办6件实事。一是进一步推进中小学幼儿教师奖励基金的筹集工作，力争年内完成1080万元预定捐款数额。二是市政府在下一批统建房中拨出100套专用于中小学教师住房困难户。三是给予校办企业税收优惠政策：对各类学校新办的校办企业，从生产之日起，除国家统一规定不予减免税的产品项目外，免征新产品税、增值税、营业税一年，免税期满后凡为本校教学科研提供产品和劳务的，继续免征；对校办工厂、农场生产经营所得和校办各类进修班、培训班的所得以及为校内服务的第三产业，免征所得税。四是在厦门岛外的县、区从教而生活基础在岛内的教师，退休后可在岛内定点就医，医药费按有关规定向原所在工作县、区报销。五是教师节期间，由市政府向近年来关心教育事业发展、为教育事业捐资数额较大的海内外人士颁发荣誉奖章。六是教师节期间的5天，为该市教师免费开放8个旅游景点。

汕头市开展向四勇士学习活动 1992年2月23日，汕头市委、市政府作出决定，在全市广泛开展学习徐志宇、刘益良、傅树林、谢春山四位勇士的活动。徐、刘、傅、谢是海军南海舰队某部战士，他们在1月15日的一次车祸中，为抢救遇难群众奋不顾身，徐志宇、刘益良光荣牺牲，傅树林严重烧伤，谢春山也受了伤。市委、市政府号召全市共产党员、共青团员、干部职工、人民群众要认真向四勇士学习。学习他们热爱党、热爱人民、热爱社会主义、全心全意为人民服务的坚定信念；学习他们舍己救人、勇于牺牲的精神；学习他们助人为乐、关心他人胜过关心自己的高尚品德；学习他们热爱本职、任劳任怨、脚踏实地的工作作风。

汕头市委市府制定反腐自律8项规定 1993年10月，汕头市委和市府对领导干部在反腐败斗争中廉洁自律问题制定了8项规定，其主要内容是：(1)不准以权谋私。不得利用职权索贿受贿，为个人或单位捞取好处；不得利用职权为子女、亲属批土地、批房子、批户口、批贷款、批工程等。(2)不准在公务活动中接受礼金和各种有价证券。按涉外惯例不便拒受的礼金、礼物，应在外事活动结束一周内交公处理。(3)不准经商办企业，不准从事有偿的中介活动。(4)不准在各类经济实体中兼职(包括名誉职务)。个别经批准兼职的，不得领取任何报酬。(5)不准买卖股票。不得利用职权在股票市场谋取"权力股"、"人情股"。(6)不得奢侈浪费。不得用公款获取各种形式的俱乐部会员资格；不得用公款参与高消费的娱乐活动。(7)不得参与各种不健康的娱乐活动。不得涉足异性按摩和其他不健康娱乐场所。(8)不得回避监督。必须自觉接受党组织、人大、政协、民主党派、人民团体、新闻舆论和纪检监察机关以及广大群众的监督。

4. 企业精神文明建设活动

1992—1993年企业精神文明建设活动概述 1992—1993年企业精神文明活动有如下几个特点。(1)适应加快社会主义现代化建设步伐的需要，广泛开展"岗位创一流，班组创先进，企业创效益"的社会主义劳动竞赛。在竞赛中，围绕提高效益这一中心，许多企业都把提高职工素质推动技术进步，摆到突出的位置。一方面，开展技术学习，技术培训，技术练兵、技术比赛，选拔技术能手，技术标兵、技术"状元"、技术"明星"，组织技术攻关、革新、提合理化建议等活动。另一方面，推行技师制、岗位技能工资制，重奖技术"状元"、技术"明星"、合理化建议"功臣"，把技术素质高低、劳动贡献大小与工资、奖励、技术职称直接挂钩。并且在晋级、分房等各方面优先照顾对企业作出突出贡献的先进模范人物。通过劳动、人事和分配制度的改革，建立起强有力的激励机制，促使职工从切身利益上关心自身素质的提高、推动企业技术的进步和效益的提高，进而推动职工读书活动更加广泛深入地开展，调动能工巧匠献绝招、传绝技和青年工人拜名师、练本领、学技艺的积极性。上述两方面活动的开展，极大地推动了这些企业经济的发展。(2)适应深化改革、扩大开放、建立社会主义市场经济体制的需要，广泛开展"岗位学雷锋，行业树新风"的活动。在这一活动中，一方面，把群众学雷锋的积极性引导到立足本职工作、坚持岗位奉献上来，使雷锋精神扎根于社会主义现代化建设的每一个平凡岗位上，渗透到人们为理想而奋斗的每一实践之中。另一方面，把端正行业作风，促进和带动整个社会风气的好转作为一项重要内容，用雷锋精神教育职工，增强职工为人民服务的观念和职业道德修养，使雷锋精神熔铸到各行各业的行业作风之中。(3)在加快社会主义现代化建设和改革开放步伐，建立社会主义市场经济体制的新形势下，许多企业都结合自身特点，积极探索和创造企业精神文明活动的新路子、新形式。如怀化铁路分局为强化安全教育而开展的"八好"摆谈活动；双星集团公司转变思想观念的"九换脑筋"讨论；常熟市针对合资企业特点开展的创文明单位活动；水利水电十一局铁路分局为加强基层党组织建设而开展的"入党纪念卡"活动，许昌卷烟厂为造就智力型职工队伍而实施的"人才工程"；等等。这些各具特色的活动，分别从不同的方面卓有成效地推进了企业的精神文明建设。

《邓小平文选》第三卷发行在首钢引起强烈反响 《邓小平文选》第三卷出版发行，在首钢引起强烈反响。1993年11月3日下午，总公司党委组织学习讨论，并决定：全体职工人手一册，认真学习，进一步用邓小平同志建设有中国特色的社会主义理论武装头脑，坚定不移地走好改革之路。3日，首钢各单位纷纷召开职工座谈会，畅谈在小平同志建设有中国特色社会主义理论指导下，首钢取得的巨大成就。座谈会上，大家满怀深情地回顾了首钢改革15年来的历程。职工们说，小平同志对首钢改革始终给予关心和支持，对首钢的改革寄予厚望，首钢人对邓小平同志有着特殊的感情，对邓小平同志思想和理论的正确性和科学性体会也最深。我们一定要联系首钢的改革实际，深入扎实地学好《邓小平文选》第三卷，提高我们的政治理论水平和对改革的认识，用新的更加优异的成绩，证明小平同志思想和理论的正确。

首钢8名工人状元双喜临门 首都钢铁公司组织了技术能手大赛。1992年2月27日，首钢总公司命名表彰3百名技术能手、百个最佳操作法和百项科技成果。其中，百名技术能手是在为一期一年、有10多万职工角逐的选状元技术大赛中涌现出来的佼佼者。他们当中，有8人成为技术状元，并将被评聘为首钢高级技师，标准工资将以200元为起限，已达到200元的，还可再升一至二级工资；另有18人成为一级技术能手，他们在职工升级增资时将被优先考虑。首钢在大赛一开始就重视比赛的质量。29个项目的状元赛每个项目都按照首钢高于国家部颁标准的内部技术业务最高等级标准来命题。状元得主，不仅要实际操作达标，理论知识、工作业绩、思想作风也均有考核，任何一项不合格均不能入选。29个工种项目，决出第1名的只有26个，达状元标准的只有8个。首钢选状元赛及对状元的优厚待遇，极大地激励了10多万一线职工学技术、攀高峰的热情，命名大会后，职工们纷纷向公司提出，这样的技术大赛要经常举办。

北京起重机器厂征联活动越办越红火 北京起重机器厂从1986年起，每年举办一次迎春征联活动。1992年2月初，春节临近，北京起重机器厂的迎春征联活动又起新高潮，200多名职工创作的400多幅春联，洋溢着工人阶级喜庆向上，当好主人翁的情怀，把节日气氛烘托得更加浓烈。"一日双春，三千英杰堆锦绣；普天同庆，各族兄弟举金樽"。电焊工吕家忠抓住今年2月4日既是春节又是立春的特点，用这幅对联表达了全厂3000职工同全国各族同胞共庆佳节的愿望。"火眼金睛美名扬，一身正气；钢筋铁骨宏业展，万世功勋"。是基建处的张从林抓住猴年的特点，赞颂美猴王孙悟空的品德，抒发起重机器厂职工为四化建设建功立业的豪情壮志。一位楹联专家了解了北京起重机厂的征联活动后兴奋不已，也用对联的形式表达了自己的感受："起笔生花世人莫弃小虫技；重情达意工厂已成大赛台。"的确，起重机器厂不仅成了春联创作的赛台，也成了职工为四化大显身手的擂台。

北京城建一公司倡导敬业精神 1992年初，北京城建一公司决定在全体职工中倡导敬业精神，开展"行行出状元，岗岗有标兵"活动，让每个工种，每个行业都涌现能工巧匠，都红火起来。为了使本职工作对工人产生"磁场"，公司拿出10多万元巨款，从3月份起，在全公司瓦工、混凝土工、木工、油漆工等10大主要工种和质量、安全、财务、政治工作等十大业务系统中开展评选"状元"活动。半年多时间里，公司1264名一线工人和864名业务管理人员踊跃参加了"夺冠"角逐。1992年11月16日，20名披红挂彩，像英模一样隆重接受献花的普通职工，作为北京城建一公司评选出来的10大工种和10大业务系统的“状元”,成了该公司4000多人敬仰的“明星”。他们除了获得奖杯、证书和奖金外,每人还晋升一级工资,优先分配住房,评选“状元”活动像滚雪球般带动了全公司4000多名职工学技、钻业务的热情。1992年已有436名一线工人经过自学和培训领取了高级、中级技术证书,49名业务、技术尖子获记功嘉奖。全公司的工人平均技术等级已达5.6级。1992年秋季在总公司举行的技术大比武中,设置的4枚“金牌”被城建一公司的选手摘走了3枚。捧回奖牌的“精兵”每人分别获得1000元奖金。

南口机车车辆厂为能工巧匠著书立说 在南口机车车辆机械厂工会和职工技术协会的组织下,一部达50万字的《南口工厂职工技术经验汇编》最近成书。这本书记载了该厂250多位长期在生产一线工作的能工巧匠经多年摸索总结出来的“绝招”。南口机车车辆机械厂已有86年历史。在7000多名职工中,不乏经验丰富的能工巧匠,许多生产中的难题,都是他们解决的。遗憾的是,这些“绝招”从未记录下来。随着时光的流逝,许多能工巧匠已临近退休。厂工会认为,他们的实践经验,是企业的一笔财富,不能让它失传。于是,工会拿出4.2万元,以职工技协的积极分子为主,组成了有工人技师、技术人员和管理干部参加的编委会,开始组织、整理、汇编能工巧匠的“绝招”。他们在广泛征集“绝招”的同时,还查阅了近10年来工厂技术革新成果的登记,从中选出有推广价值的项目。然后请当时完成这项革新的本人,将具体做法写出来。这本“经验汇编”中的268篇文章,是机械冷热加工、电气、计量、理化检测等30多个工种中的能工巧匠的智慧结晶。“汇编”成书后,工会送给全厂4000多名工作在一线的工人人手一册,以帮助他们解决生产中的难题。

中煤总公司为英模塑像 1992年3月2日中国统配煤矿总公司党组作出为英模塑像的决定。首批7名将被塑像的英模是:(1)带领一个掘进组,先后12次创全国记录的原大同矿务局掘进组组长马六孩;(2)退休后10年不取额外报酬,绿化矿山的“当代愚公”、开滦矿务局工人侯占有;(3)潞安矿务局退休采矿工郝晓明;(4)焦作矿务局掘进队副队长丁百元(已故);(5)阜新矿务局掘进队副支部书记李瑞(已故);(6)为我国煤炭地质科学作出重大贡献的中科院学部委员王竹泉(已故);(7)在抗日战争中英勇牺牲的节振国(原开滦赵各庄矿)。这7名英模的塑像将陈列于中国煤炭博物馆。中国统配煤矿总公司在关于为英模塑像的决定中指出,这些英模是煤矿工人的优秀代表,为他们塑像的目的是教育和激励煤炭战线广大职工,弘扬特别能战斗的光荣传统和艰苦奋斗、努力拼搏、无私奉献的精神,在新的历史时期建功立业;同时,在社会上树立煤矿工人的光荣形象,提高煤矿工人的社会政治地位。

“京九”筑路工精心保护古墓文物 1993年6—7月份,担负京九铁路南浔复线施工的铁道部第十一工程局三处机械二队,在江西德安县棺山、蚌壳山的取土施工中分别挖出了商代、西汉至近代的历代古墓群。其中尤以东汉、唐代、宋代文物居多。发现这一情况后,铁十一局三处南浔指挥部当即布置保护现场,清点物品件数,一一造册登记,并采取措施以防损坏。一名民工挖掘时私藏了4个陶罐,也被指挥长兰文建追回。与此同时,他们积极与德安县文物部门联系。德安博物馆闻讯后,会同江西省文物挖掘队及时赶到现场,相互配合,首批挖掘11座墓葬,使200多件珍贵历史文物重见天日。

天津动力机厂自拍录相片揭短 天津动力机厂是国家大型重点骨干企业,他们生产的柴油机是部优产品。1992年2月初,厂长进行例行月度质量抽查时,发现有些产品虽然技术性能指标达到部优标准,但个别外观漆皮脱落,外露零件磕伤,于是,当即决定对1月份入库的成品全部拆箱重验。结果发现类似美中不足的小毛病有几十处。厂里把这些都拍成录相片,定名为《生命》,在全厂4000名职工中反复播放,引起很大震动。全厂掀起一个查隐患、定措施、抓整改,让产品优中求优的活动。大家找出20多条差距,并提出259项提高产品质量的建议,现已落实了112项。他们还针对具体问题,召开了45个协作厂家的会议,并对重点零部件实行跟踪控制,派专人到厂里去负责检验,达不到高标准的零部件不放行。根据职工群众的意见,他们还在质量管理上加强了严格的考核,健全了奖罚制度,谁出了残次品,谁负责赔偿损失,最多的有人赔偿1700多元。厂里对一些工序的操作人员进行轮训,举办操作示范表演,并且以最高水平为厂里的质量标准。出现问题的油漆工接受教训,实行了规范操作,责任到人,油漆后的产品再没有发生质量问题。1992年,国家和市指定的柴油机质量监测部门,先后两次对该厂柴油机进行质量检测,均达到一等品水平。

天津华旗集团公司员工捐资50万元装修天安门 天津华旗集团公司是在党的改革开放政策指引下迅速崛起的众多乡镇企业中的佼佼者。1991年创办企业时,注册资金不足30万元。在短短的两年多时间里,经过全体员工的努力,目前已发展成为拥有7个分公司的大型企业集团,净资产近5000万元,年产值逾亿元,年上缴利税达1500万元。该公司的主要产品华旗果茶在京城的销售额,曾一度超过可口可乐。1993年国庆节前夕,天安门接受了华旗集团公司50万元捐款,用于城楼每年一度的粉刷工作和城楼上修建一处供党和国家领导人举办外事活动的休息厅。捐资的50万元中有不少是该公司员工志愿捐献。在9月28日的捐赠仪式上，华旗集团公司总经理霍洪敏女士满怀深情地告诉大家，他们这样做，一方面表达对祖国、对党、对社会主义的深情厚爱，另一方面，通过这一活动，对华旗全体员工进行一次振奋民族精神，强化民族意识的爱国主义教育，激励全体员工艰苦奋斗，奋发图强，为建设有中国特色的社会主义事业贡献力量。天安门城楼装修接受企业捐款这是建国以来的首例。

上钢五厂“三文明”活动效果显著 上钢五厂，是被首批命名为国家一级企业、荣获全国思想政治工作优秀企业、上海市文明单位“六连冠”等一系列荣誉称号的企业。

该厂认为，企业精神文明建设不仅要管好职工在厂内的八小时，而且要向家庭、社会延伸，贯穿于职工的全部行为；不仅要从表象上规范职工行为，更要以内在素质上提高职工队伍的文明意识、文明水准，使之自觉地争当文明新人。为此，开展了“三文明”活动，号召广大职工“在企业做文明职工，在社会做文明市民，在家庭做文明成员”。他们的做法是：(1)以“三文明”活动为抓手，建立、健全企业职工的行为规范。明确以自我约束，互相督促为特征的职工基本行为准则；强化以遵章守纪、文明处事为主导内容的教育制度；三是完善以重在预防、有效受控为目标的职工不文明行为信息反馈、处理网络。(2)以“三文明”活动为载体，努力营造企业职工文明形象的示范氛围。树立五钢榜样群体，典型引路；设立“精神文明新风奖”，弘扬新风尚；建立企业、家庭联系纽带，辐射企业精神文明。(3)以“三文明”活动为新起点，进一步完善提高职工队伍文明素质的激励机制。全面规划，以提高职工队伍素质为中心；加强培训，以提高职工文明素质；完善机制，激励职工岗位成才，争做文明新人。

宝钢出资千万设立振兴高雅艺术基金 近年来，宝钢曾多次出资支持高等教育事业和文化事业。宝钢的经济实力逐年增强，经济效益不断提高，可它也正面临着需要300亿元巨额投资的三期工程建设。但宝钢人没有忘记自己的责任。1993年12月，宝钢决定出资1000万元建立“宝钢振兴高雅艺术基金”，利用每年100万元的利息，支持和奖励那些为我国高雅艺术作出贡献的文艺团体和艺术家、表演家及演职人员。他们认为，社会主义市场经济越发展，就越要加强精神文明建设，包括城市文化事业和文艺事业的建设，与上海国际经济、金融、贸易中心地位相适应。上海作为国际性大城市，应该在高雅艺术方面有所发展。像宝钢这样的大企业，应当给予高雅艺术一定的帮助。他们准备成立一个基金会，由基金会研究如何使用基金。上海市委书记吴邦国对此事极为赞许，他指出，严肃艺术的发展状况反映城市的文明程度，上海不仅要有严肃艺术，而且要出第一流的作品和艺术家。希望上海有更多的企业关心、支持严肃艺术的发展。中共上海市委宣传部会同宝钢和有关方面，确定了“宝钢振兴高雅艺术基金”的奖励办法。

上海豫园商城“打假”与“纠风”相结合 1992年12月7日，上海豫园旅游商城股份有限公司与各分公司及119家基层商店签订了严禁经销假冒伪劣商品的责任书，将在年内把豫园商城率先建成无假货的“顾客购物放心城”。上海豫园商城开展“打假”以来，已建立了由公司、各分公司和基层店组成的三级质量监测网络，明文规定不进人情货，不进回扣货，不进关系货，同时还建立了进货管理、质量检测、入库验收及上柜销售等一系列制度，落实责任，明确奖惩措施，做到治假、治劣、治店、治人并重，从而建立起商品质量的保证体系。上海有关部门召开现场会，推广豫园商城“打假”与“纠风”相结合的做法。他们认为，不正之风是造成假冒伪劣商品屡禁不止的重要原因，大量假冒伪劣商品都是通过“回扣”、“好处费”等手段打入市场的，豫园商城的做法，有效地堵死了假冒伪劣商品利用不正之风进入市场的通道。

冀东水泥厂全方位加强精神文明建设 冀东水泥厂从建设有中国特色社会主义高度认识企业精神文明建设的战略地位出发，认为社会主义精神文明是社会主义社会统一体中的一个重要组成部分，关系到社会主义兴衰成败，可以说，没有社会主义精神文明，就不能建设社会主义。因此在实践中把“两手抓”“两手硬”落到实处，通过社会主义思想教育，调动了广大职工的积极性。并在市场经济条件下，以既讲竞争，又讲职业道德；既讲经济效益，又讲社会效益；既坚持改革开放，又坚持四项基本原则；既把经济搞上去，又提高道德水平来规范职工行为。该厂由于两个文明齐抓共举结出了丰硕成果：1987年至1992年连续六年经济效益居全国建材行业第一。东南亚一些国家对该厂生产的盾石牌水泥免检。企业呈现出职工团结奋进、生产蒸蒸日上、充满活力、效益成倍增长的局面。全厂精神文明建设进一步加强、自觉遵纪守法、处处讲文明讲道德蔚然成风，企业形成了文明的“小气候”，一直保持着“全国思想政治工作优秀企业”、“全国环境优美工厂”、“河北省文明单位”等荣誉称号。

太原钢铁公司三文明结硕果

山西太原钢铁公司，几年来，通过开展“创建文明单位，争当四有职工”活动，有力地促进了企业两个文明建设的发展，从1984年开始到1991年，连续八年七次获得全国思想政治工作优秀企业荣誉称号，1993年，为了适应形势发展的要求，又开展了“三文明”，即在社会争当文明市民，在单位争当文明职工，在家庭争当文明成员活动，把企业的精神文明建设进一步引向了深入。由于社会、单位和家庭，是密不可分的关系。是相互影响，相互作用，相互制约的，哪方面出了问题都可能影响全局，都对经济建设不利。因此，他们从第一，精神文明建设必须纳入与经济建设、改革开放同步发展的轨道；第二，精神文明建设必须拓宽四有职工活动的领域，把对职工教育和管理从单位延伸到社会和家庭；第三，精神文明建设必须引入竞争机制，优中选优，提高质量。在大力宣扬"三文明"职工的先进事迹时，得到职工群众强烈的共鸣，这是由于(1)导向性强，演讲颂扬了奉献精神，抨击了拜金主义；(2)先进事迹都是职工身边的人和事，听起来倍感亲切，贴近实际、贴近职工；(3)生活气息浓，使共产主义道德风尚寓教于情，起到了鼓舞人心，激励奋进的作用。"三文明"活动的深入开展，使"三文明"标准真正成为规范全厂职工行为的准则。

太原轨枕厂完善双文明双百分考核承包责任制 1978年以前，太原轨枕厂一直是亏损单位，1984年，该厂通过企业整顿，实行了以精神文明建设为内容的共同指标和以物质文明建设为内容的任务指标相结合的经济责任考核。1986年，在中央作出《关于社会主义精神文明建设指导方针的决议》之后，该厂将经济责任考核进一步完善，制定了以领导班子建设、执行党的路线方针政策、培育"四有"职工队伍等为主要内容的《精神文明百分考核责任制》和以安全、产量、质量、成本四大指标为主要内容的《物质文明百分考核责任制》，将各有关项目分解到这两个"百分"之中，实现了考核指标和工资奖金紧密挂钩的量化管理。这一管理模式对在发展社会主义市场经济过程中精神文明建设如何为经济建设服务作出了有益的尝试，该责任制实行以来，取得了明显成效，领导班子廉洁勤政、职工思想稳定，正气上升，主人翁责任感增强、热爱本职、积极工作、关心工厂发展的好人好事日益增多。1993年该项制度荣获铁道部"企业管理现代化创新成果"二等奖。该厂出产的轨枕、电杆产品的质量不断提高，工厂经济效益连年增加。该厂先后获山西省"文明单位"、太原市"文明单位标兵"、全铁"火车头奖杯"、"模范职工之家"称号，在该厂所属系统率先进入国家二级企业行列。

大同工人写出800余篇学术论文 从1982年起，山西大同市在生产一线工人中开展了多学科学术研究活动。市委、市政府对这一活动十分支持。每年都要挤出经费修建工人图书馆、工人科技活动中心，开办工人夜校；各企业工会也建起职工技协或职工技术培训部；不少单位还邀请高等院校、科研部门的专家教授莅临指导。与此同时，为交流学术成果，大同市科协、市总工会、大同矿务局等单位还创办了《大同科技》、《同煤科技》、《浪花》、《职工技术导报》等工人科技刊物，为生产一线工人学科学、用科学，搞学术研究和探讨创造良好的气氛。每年"五一"节前后，有关部门还要举办生产一线工人学术交流会和学术研究成果表彰大会，由专家评审工人撰写的论文，评出优秀论文向上级报刊和单位推荐，激发工人写论文的积极性。近10年来，大同市生产一线工人撰写了817篇有影响的学术论文，在市级以上报刊或学术交流会上发表。

长春客车工厂工人技师与科技人员联袂著书 长春客车工厂在30多年的造车实践中，许多老职工积累了丰富的技术与实践经验。近年来，随着老职工陆续退休，"留不住人留住艺"的问题被提了出来。厂里在开展"献绝招、攻难关、带高徒"活动的同时，倡导工人技师与科技人员合作著书立说，把宝贵的经验留下来，传下去。1991年，身怀绝技的23位工人技师与科技人员响应厂里这一号召，自愿结对，联袂总结，将各种绝技写成近10万字的《职工技术成果集》。以往，工人技师们的"绝活"之所以很难推广，症结就在于他们会干不会说，自己心里明白的东西不知道怎样让别人接受。在合作著书过程中，技师和科技人员都在使"绝活"由浅入深、明白易懂上下功夫。划线技师杨雨生干划线39年了，练成一手用钢板尺和圆规画任意角的"绝活"，高级工程师孙志远主动与杨雨生合作，和他一起划线，在弄清原理后，推导出科学的计算公式，用3个简图和不足600字的说明概括了杨雨生的"绝活"，使它具有了推广和应用的可能，工人们高兴地说，这一下我们也操作"绝活"了。1992年，《职工技术成果集》问世以后，厂工会技协马上组织职工学习推广本岗位技师的"绝活"，使这些"绝招"、"绝技"在新一代职工手里发扬光大。

牡丹江铁路分局青工学理论

随着改革开放和国际形势的风云变幻，牡丹江铁路分局的青工，思想变化多，波动大，情况复杂。因此，在新的形势下如何有效地加强青年职工的思想教育，便成了摆在分局团委面前不可回避的课题。经过深入细致的调查研究，他们深刻地认识到，传统的思想政治工作方法，如榜样教育、典型示范、关心体贴，寓教于乐等等，固然也能在一定程度上解决一些问题，但不是根本的解决方法。而要真正消除青工思想中存在的种种迷惑，就必须系统地学习马克思主义理论，从深层次上彻底解决问题。为此，他们决定在全分局青年中全面开展学理论活动，把它作为加强青工思想政治工作的主要内容和根本方法。从1989年8月开始在3.2万名团员青年中开展学理论活动，到1992年初，已建立青工学理论小组1094个，吸引组员达2万余人。分局团委形象地把这一活动称之为"重塑灵魂的工程"。通过两年多学理论活动，全分局没有团员违法犯罪；团员青年申请入党的达1606人，其中304人已被发展为党员；青年申请入团的达8656人,其中5219人已被批准,共涌现出局以上青年突击手516人,青年突击队336个,学雷锋先进小组212个。

齐齐哈尔钢厂狠抓职工培训 自1991年以来,齐钢工会在全厂2万余职工中开展岗位自学、岗位培训、岗位练兵等活动。(1)自学。全厂95%的单位建立了自学组织,有自学小组892个,有计划坚持岗位自学人员达6860人。1992年下半年又有5000多名职工与各级工会签定了自学合同。各基层工会都建立了自学辅导站,采取聘请兼职、专职教师分类指导、组织师徒对子,以老带新,工程技术人员任教实施导师制等措施,具体帮助职工自学。(2)培训。利用工会的学习阵地,采取工余、业余或脱产学习等方式,开展岗位培训。近两年来,全厂每年开办各种技术培训班6000余个,培训职工1.3万人次。对科技管理人员的知识更新教育年平均3900余人次。如厂中心试验室实行考工定级,持证上岗,100%的职工参加了岗位培训。(3)练兵。开展立足本岗,一专多能的技术练兵、技术比武活动。1992年参赛人员达1370人,有15人获"技术奖元"称号,150人被评为技术能手。通过练兵,二电炉分厂铸锭大班创造了电炉钢车铸3174盘无跑漏钢的全国新记录。(4)攻关。针对生产技术上的难点,厂工会组织职工选题定向,组成群专结合的攻关组。电炉分厂曾将31项技术难题张榜招贤,有18个岗位攻关小组主动请战,攻克了全部技术难关。

南京金陵饭店弘扬雷锋精神坚持一流服务 南京金陵饭店客房部深入开展"岗位学雷锋,行业树新风"活动,做出了成绩、他们的作法是:(1)学习雷锋热爱本职工作。公共洗手间服务员杨名峰把便池擦洗得干干净净,受到客人的称赞。他没有看不起自己的工作,反而说:"我们总经理要把饭店办成世界一流的,我就要把我的岗位洗手间创造成世界一流的!"(2)学习雷锋无私奉献精神。新员工小曹连续3天主动为客人擦洗皮鞋,这位客人2次给她小费,她都分文不取。这位客人深受感动,操着不太熟悉的汉语说:"谢谢!谢谢中国的'雷锋'小姐。"(3)学习雷锋团结友爱精神。客房部规定:凡员工病假3天以上,必须派一名管理人员上门探望。员工过生日,会收到一份洋溢着美好祝愿的生日卡。姚玉萍母亲去世,领导前往吊唁;王玉芬母亲病重,领导前去慰问。这些做法像春风温暖了员工的心田。饭店客房部由于其优质服务受到中外宾客的一致称赞,1991年获得国家旅游局、中国财贸工会授予的先进集体荣誉称号。截至1992年春,部门先后涌现出10多个先进班组,有100多人次先后获得国家和省旅游局以及饭店授予的"先进个人"、"最佳服务员"、"先进工作者"等光荣称号。

丹阳市农行注重"家庭文化"建设 1992年,丹阳市农行在加强企业文化建设的同时,开展职工"家庭文化"建设。他们的做法是:(1)建立职工家长、家属座谈会制度。通过每年一次的座谈会,融洽单位和职工家庭的关系。(2)注重形成"思想引导"的合力。通过单位和家长的"双向努力",共同做好职工的思想工作。该行所属的运河所社一青年职工犯了经济错误,受到纪律处分,一度心理压力很大,情绪消沉,所社领导争取他妻子的主动配合,做好了他的思想转化工作。(3)着力培养职工的道德素质。该行所属的访仙处社把"尊老、爱幼、禁赌"作为"家庭文化"建设的主题,在职工中开展"遵纪守法"、"廉洁奉公"、"尊老爱幼"、"勤劳致富"等家庭美德专题教育,在职工家庭中开展"最佳父母亲、公婆、子女、儿媳"的"四个最佳"评选活动,提高职工的道德素质。(4)发挥高层次的文化娱乐导向功能。为提高职工的文化素质,陶冶职工的思想情操,该行投资100多万元,建立支行文化娱乐中心;在职工家属中成立老年迪斯科队,定期活动,并在各所社巡回表演;定期邀请基层领导家属和支行职工家属到支行参加文娱联欢会;在普及中专教育基础上,开办业余电大班、自修大学考试辅导班等,将职工业余活动引导到高层次文化建设上来。

常熟针对合资企业特点开展创文明单位活动 1992年,江苏省常熟市针对合资企业特点开展创文明单位活动,现已建成73个市级文明单位,其中8个被评为苏州市级文明单位。合资企业的组织特点决定了开展创建文明单位活动必须充实新的内容,大胆吸收借鉴外方先进的管理方式和文明成果,洋为中用,提高企业整体素质。如吸收科学的管理经验,借鉴运用灵活的营销方式,树立快节奏的时效观念等等。合资企业在创建文明单位活动中,围绕加强思想政治工作,结合自身的工作特点,主要抓了:(1)党员教育经常化。针对合资企业人员分散,与外商接触多的情况,在教育形式上采取集中教育和分散学习相结合,外出党员建立思想汇报制度,使党员牢记党的纪律和国家规定,自觉抵制资产阶级腐朽思想的侵袭,在工作中发挥先锋模范作用。共产党员在工作中的表率作用受到外方老板的一致赞扬。(2)职工教育业余化。针对合资企业工作快节奏,生产满负荷的工作特点,职工教育一般安排在业余时间,运用小型、分散、多样的形式。不少单位结合思想教育,开展了"创汇达标、为国争光"主题活动和全员劳动竞赛,有效地调动了职工的生产积极性。(3)文化生活多样化。合资企业文明单位十分重视企业文化建设,通过丰富多彩的文化活动,陶冶职工的思想情操,增强企业的凝聚力。

杭州铁路分局建起千里铁道文化长廊 杭州铁路分局管辖内除杭州、宁波等一等站外,还有二三等站21个，四五等站93个，以及线路所、领工区和工作点，沿线职工有1.3万多人。为了活跃职工的文化生活，从1991年开始，杭州铁路分局便逐步在衢州车务段、绍兴车务段、新安江车务段管辖的三四五等小站，每站建起一室(文化室)一场(活动场所)的文化设施，室内陈列着书籍报刊，还配有彩电，放像机，收录机等，一二等站还要建设文化园和文化中心。使职工在工作之余，有了丰富文化生活的又一天地。通过种种努力，到1992年底，几十个站已联成一线，形成文化长廊。站与站之间，常常举行小型联欢会和各种体育比赛，活跃了职工生活，增强了企业的凝聚力，促进了铁路运输和安全生产。

杭州解放路百货商店躬待“上帝” 1992年，杭州市解放路百货商店销售额达4亿多元，利润2300多万元，经济效益居浙江全省同行业之首。对消费者负责，是该店取得良好经济效益的关键。该店诚心诚意听取消费者意见和建议，并多次举行消费者代表会议，根据群众意见，不断改进工作。一位顾客反映：该店针织部出售的广东某厂生产的运动袜，商标假冒香港的名牌尼奥格芙。商店领导经调查核实后，立即通知针织部停止销售，还要求生产厂家写出书面检讨，并专门派人到反映者家里感谢。该店还专门设立了消费者监督联络站，在20个商店部设有“三信”(物价、计量、质量信得过)检查员。总经理室专门聘请几位老同志值班，除对进店商品进行监督检查外，还接待消费者投诉。桐庐县三合镇一位顾客来信投诉：她在该店买了一件精纺羊毛女衫，穿后不久发现前襟比后面短6厘米左右，认襟起吊，有几处还起了球。商店接信后，即派羊毛衫组组长会同生产厂厂长，一起专程赶到几十公里之外的三合镇调查证实，当面向这位顾客赔礼道歉，退回全部货款，事后还对责任者作出处理。据《工人日报》1993年2月9日报道，仅1992年该店就处理了消费者投诉459件，件件落实，树立了良好的商业信誉。他们认为，“真正能吸引顾客的还是信誉和服务。”

狮子山铜矿设“四种精神”奖 安徽铜陵有色金属公司狮子山铜矿是全国有色金属系统“产铜大户”，共有职工4000余人。在深化企业改革中，矿党委为了促进职工自我教育活动，于1991年初开始设立了积极投身改革开放的“主人翁精神奖”、“奉献精神奖”、“拼搏精神奖”和“艰苦奋斗精神奖”，以此激励全矿职工立主人志，干主人事，在改革实践中争当“矿山功臣”。他们根据“四种精神”奖的评选原则，由工人们在每年4月22日本矿“矿工节”上提出候选人，最后按票数取前10名，授予“矿山功臣”称号，享受矿级劳模待遇。矿里还给这10名功臣拍电视专题片、载入矿山《群英谱》。在1991年和1992年的两次评选中，工人们从自己提出的48名候选人中已选出20名“矿山功臣”。这种“谁是企业功臣，工人自我评说”的做法在全矿引起强烈反响，激发了每一位职工“勇争人先”的进取心。有“矿山傻子”之称的高贵祥，默默无闻地为企业奉献12年，1991年他以最高得票被选为“矿山功臣”。当了功臣后，他又创出3200米的深孔进尺记录，刷新了全国劳模胡长对保持的全国有色深孔最高年进尺。

郝建秀小组40年保持荣誉不停步 郝建秀小组成立于1952年5月，40年来，小组的人换了一批又一批，但是热爱本职工作，献身纺织事业的崇高信念却始终不动摇。她们日复一日、年复一年地在细纱机旁辛勤劳动，献了青春献终身，使小组的火车头精神代代相传。她们月月年年超额完成生产任务，为国家生产棉纱累计达5.5万吨，节约原棉44吨，为国家创造财富6亿多元。同时，还向本厂和各级领导部门输送干部和各类专业管理人员36人，为本厂和全国各兄弟单位培养和输送熟练操作技术工人250余人。为此，党和人民也给予她们很高的荣誉。她们先后荣获“全国纺织标杆小组”、“全国三八红旗集体”、“全国纺织模范小组”等光荣称号。近年来，小组除荣获全国“五一劳动奖状”，还先后涌现出全国劳模1人，山东省劳模3人，青岛市劳模1人，全国“五一劳动奖章”获得者2人。1992年5月26日下午，青岛国棉六厂隆重举行郝建秀小组建组40周年庆祝大会。全国总工会向她们发来贺电，称赞她们40年来，“以其优异的劳动技能、生产成绩和丰富的小组建设经验，始终走在广大班组的最前列，是全国班组建设中的一面红旗”。

山东地矿局第六地质队获“英雄地质队”称号 1992年12月10日，国务院授予山东省地矿局地质六队“功勋卓著无私奉献的英雄地质队”命名大会在京举行。会上宣读了国务院关于表彰山东省地矿局第六地质队的决定，号召全国各条战线的广大职工向山东省地矿局地质六队学习，学习他们热爱祖国、热爱社会主义事业、全心全意为人民服务的崇高思想；学习他们解放思想、锐意改革，不断进取的开拓意识；学习他们依靠科技，勇于探索，求实创新的科学态度；学习他们艰苦创业，顽强拼搏，为国立功的奉献精神。山东省政府决定：奖励第六地质队科研楼一座，并要求有关方面为该队的生产生活创造良好的外部条件。同时，对该队先进模范人物、生产骨干家属“农转非”问题也根据情况由省政府特批解决。地矿部也宣布奖励六队3000平方米职工宿舍楼的决定。

双星集团公司“9换脑筋”大讨论 几年来，青岛市双星集团公司开展了一场持续不断的“9换脑筋”的大讨论。简言之，这“9换脑筋”是：换指导思想，做到：“不唯上、不唯书、只唯实”，“一切从企业实际出发，实事求是”，企业有问题,“不找市长找市场”;换计划观念,树立市场观念:“用户是上帝,市场夺金牌”,“市场如战场,竞争如战争”,“市场是企业的命脉,我们做市场的主人”;换守业思想为创业思想:“敢为天下先,勇创第一流”,“创造性思维、超前性探索”;换管理思想:“人是兴厂之本,管理以人为本”,树立人的主动性超过微机的思想,实施“超微机管理”;换经营思想:“有人就穿鞋,关键在工作”,“两眼盯在市场上,功夫下在管理上”;换政治工作思想:“以商品经济观念强化思想工作,以商品经济思想充实思想工作”;破凑合思想,树立新的质量观念:“只有疲软的产品,没有疲软的市场”,“市场是检验企业一切工作的标准”;破“铁交椅”思想,树立新的人才观念;“自己拿自己当骨干”,“无功即是过”,“企业竞争是人才的竞争”;换30年一贯制的保守思想,立新产品开发观念:“你无我有,你有我变,你变我新,你新我优,领导胶鞋新潮流”。通过“9换脑筋”的大讨论,双星集团实现了全员思想观念的转换。

武汉石化厂职工主动上交6万多元“红包” 石油、石油液化气是市场上俏销品,武汉石化厂常有向外采购和承包的任务,有些人为招揽该厂业务、或弄到石油与石油液化气就以金钱、物资“开路”,以达到牟利的目的。1991年前,该厂先后有3名干部和业务人员因受贿被判刑。厂党委抓住这些案例组织职工学习有关文件,从中吸取教训。与此同时,厂里还制定了《加强廉政建设、纠正行业不正之风的规定》、《关于自销液化气、汽油、柴油审批和销售的管理办法》等10种规章制度,明确规定在销售采购、承包,外联业务中,不得接受对方馈赠的物品、购货券和好处费。全厂职工认真执行这些规定,在纠正行业不正之风中,从我做起。1993年元月,有个用户为搞到石油液化气,塞给公司副经理桑其兰1300元,并低声说:“春节快到了,这是我们的一点心意。”桑经理拒收未成,便将此款交给组织。厂教育中心赵先波、李新峰、袁兰芳等同志,也自觉将购买教具得到的6000元回扣交给组织。仅1993年前8个月,先后有30多名干部和业务人员主动上交回扣、“红包”等,折合人民币6万多元,其中科以上领导干部就有20多人,上交金额达3万多元。

武锅一个班组10年出了7位国家级焊接能手 湖北武汉锅炉厂汽包容器分厂技术难度较大的活历来都由电焊一班承担。电焊一班的班长,几乎都是由技压群雄的好手担任。继第一代焊接师黄秋生之后,第二代传人陈兰君就曾在首届全国焊接大赛中获“优秀焊接能手”称号。他主持焊接一机部下达的军工产品,因焊接质量可靠,武锅受到部里的表彰。陈兰君特别注重新徒的“选苗”,第三代传人张海清、陈兆彰等,经过几年的勤奋努力加上师傅的指点,均在1983年全国十大锅炉厂焊接比赛中闯关入围,张海清还获得个人第三名。该班管理严是出了名的。班里规定,无论师傅还是徒弟,都必须在他的焊接产品上打上自己的代号钢印。师傅、徒弟、师徒之间,均在竞赛,看谁焊接的产品优等品多。在这种氛围中,这个班又先后涌现出周坚刚、杨富旺、张涛、涂威等焊接好手,在不锈钢焊接、异种钢对接、薄板焊接等技术难度大的施焊中,各自显示出超凡实力,先后在国家级焊接大赛中获得好成绩。其中,年仅21岁的张涛,还获得全国新长征突击手称号。到1993年,电焊一班在近10年内共出了7名国家级焊接能手,他们的名字已被输入国家人才库档案。

武汉江岸机务段用“二七”精神造就一代新人 武汉江岸机务段是“二七”大罢工的发源地之一,工人领袖林祥谦面对军阀的屠刀,发出了“头可断,肢可裂,工不可复”的浩歌。解放后,该段采取讲、看、议、赛等方式,坚持把“二七”传统教育贯彻始终,做到“‘二七’前后突出讲,日常活动经常讲,新工人到岗首先讲,关键时刻重点讲”,引导职工缅怀先烈业绩,继承先烈遗愿。江岸机务段职工用革命先辈无私奉献的精神要求自己,坚持做到“不让社会主义列车在咱这个班晚点”。司机长倪俊安家在农村,家里困难不少,他说:“先烈们为了革命,连生命都可献出,作为‘二七’的后代,我还有什么个人利益不能丢呢!”参加工作20多年来,他安全行车140多万公里,被铁道部授予“安全司机标兵”的光荣称号。江岸机务段2400多名职工,用“二七”精神激励自己,显示出新一代工人阶级的风貌,1992年全段完成运输任务250多亿吨公里。1993年,“二七”70周年前夕,这个段又先后举行“我是‘二七’传人”演讲,几代著名劳动模范火炬接力以及各种座谈会等活动,再次掀起“二七”传统教育高潮。

长沙卷烟厂将廉政建设纳人政绩考核 为了抵制社会不正之风的侵蚀,长沙卷烟厂在建立规章制度中突出了端正党风、厂风、廉洁经营的内容。厂销售经理部、原烟科、供应科等直接对外部门的工作制度中有一半是防止以权谋私的制约措施,严格规定了业务人员在销售、购买原材料,委托代购紧俏商品、发票管理以及验质核价等方面的管理细则。同时还规定了无论单位或个人,生产、业务工作做得再好,如果在廉政建设方面要求不严格,也不能算达标。对党风和廉政建设情况一月一小结,半年一考察,年终一总评。考评结果还与个人经济利益、政治荣誉、奖惩使用挂钩。一名党员在业务交往中收外单位20多元礼品,在目标考核时,他所在部门和党支部受到了扣分处罚。这名党员事后深有感触地说,自己作检查事小,影响集体荣誉,心里可真不是滋味。据不完全统计,近几年来,该厂党员干部拒礼拒贿310多人次,上交礼品、礼金折合金额14.5万元。

株洲电力机车厂10项科技奖励政策全部兑现 株洲电力机车厂为稳定科技队伍、加快科技兴厂宏伟目标的实现，先后制定了科技奖励10项政策。这些奖励政策的主要内容是：提高“科技成就奖”、“科技新秀奖”标准，分别由原来的800元、300元提高到5000元、2000元；对贡献突出的科技人员每月给予50元“特殊津贴”，一定4年，连续贡献突出者可连续享受；对各技术工种的能工巧匠实行技师聘任制，享受同级技术职务待遇；每3年对全厂科技人员进行一次全面体检；对有突出贡献的科技人员和国家分配的大学毕业生，婚后符合分房条件的，在结婚当年即安排住房和优先购房；对国家分配的应届大中专毕业生，见习期表现突出者，期满后高定0.5至1级工资；对有突出贡献的青年科技人员大胆使用，委以重任等。为了落实住房奖励政策，厂里1993年新建了3.7万平方米住宅，已有200名科技人员喜迁新居；按重用有突出贡献青年科技人员政策，全厂已有18名30岁左右的科技人员担任中层领导干部。10项奖励政策的出台和全部兑现，使工厂一度人才流失的现象得以遏制；一些“飞”走的“孔雀”主动要求或已经回到工厂。特别是应届大专毕业生在双向选择时，主动要求分配来厂的近两年都在100人以上。科技奖励政策调动了科技人员的积极性，也推动了生产的发展，到1993年11月底，全厂完成国家计划任务和实现销售收入两项指标均创该厂最高历史记录。

怀化铁路分局开展八好摆谈活动 1992年2月以来，怀化铁路分局党委为强化安全教育，开展了话说身边安全“好领导、好伙计、好师傅、好徒弟、好丈夫、好妻子、好父母、好儿女”的“八好”摆谈活动。到5月底，全分局共组织摆谈240场次，560名职工先后登台摆谈，直接听众达8600多人，有效地促进了全分局铁路安全生产。“八好”摆谈活动是一场让身边人讲身边事，让身边事教育身边人的群众性安全自我教育活动。新化工务段巡道工谢长春，在巡道工作岗位上默默工作了20个春秋，无一次漏巡漏检，多次防止了可能发生的行车事故。他的妻子叶秀园是一名普通的家庭妇女，丈夫每次出巡，不论是刮风下雨，白天黑夜，她都亲自为丈夫准备工具，再三叮嘱安全。在这次摆谈活动中，夫妻俩同台摆谈，从新化讲到怀化，从班组讲到分局，每一次声情并茂的讲述，都给人许多启示和教益。在一些班组、车间、站段，出现了领导赞群众，群众夸领导，父亲赞儿子，儿子夸父亲，师傅讲徒弟，徒弟夸师傅这样多年未见的动人场面。在班组人人摆，站段层层谈的基础上，分局组成巡回演讲团，先后在大庸、吉首、靖州、低庄、新化、冷东、涟源、怀化等8个铁路地区、站区，进行了11场巡回演讲，扩大了“八好”摆谈的影响面。

安钢先进人物吃香不吃亏

1985年以来，河南安阳钢铁公司第二冶炼厂一直从住房、晋级、奖金、子女入托与就业以及家属“农转非”和解决两地分居等方面给予模范先进人物以优待和照顾。为了保证模范先进人物的健康，逢有外出疗养机会，厂里总是让他们优先，并定期组织他们到外地旅游观光，使模范人物都有荣誉感、自豪感和不把生产搞好心不甘的责任感。厂里从各方面对先进人物给予优惠照顾，使职工们看到当先进人物吃香不吃亏，从而形成学习先进争当先进的热潮。近些年来，这家仅有2100多名职工的企业，模范先进人物却出了十几位。这里有全国“五一劳动奖章”获得者、八届全国人大代表姜黎安；有获得全国“五一劳动奖状”先进集体的领头人，安阳市十佳青年晁玉祥，还有13位公司和市劳模。学习先进争当先进气氛的形成，使这个厂生产蒸蒸日上。

许昌卷烟厂实施“人才工程”

河南许昌卷烟厂采取内培外引的做法，积极构筑“人才工程”。他们坚持厂校联姻造就高级人才，自己动手培养人才，创造条件支持职工自学成才。如向大中专院校发出求贤书上门择优招纳，先后有210名大、中专毕业生来厂安家落户；连续开办电大班，企业管理中专班等；厂里每年订阅5万多元的报纸杂志和购买大量专业技术书籍供职工自学；此外还抓紧操作人的技能训练，每年举行一次全员大比武。该厂“人才工程”还力求“深谋远虑”，培养一批，使用一批，储备一批，形成梯队阵势。近几年，该厂提出“造就人才从娃娃抓起”的方针。上中学的职工子女由厂里出资送到重点学校就读；同时设立“职工子女奖学金”，考取大中专院校者均可受奖；对于高考落榜的职工子女，择优资助到中等技工学校学习，结业后由厂里安排工作。“人才工程”实施7年，许昌卷烟厂助工以上职称专业人员发展到297人；中层干部大、中专毕业和具备同等学历的人员，占总人数的80%以上，造就出一支智力型职工队伍，使企业增强了后劲。到1993年8月底，他们的产品在7年里15次获得国优和省部优称号，企业税利保持着年均12.5%的增长速度，累计总额达17亿元。目前，这个厂的“八五”技改工程进展迅速，主要由本厂技术力量承担，1994年中期可望竣工投产。

河南省人民银行被省命名为“文明单位建设先进系统” 1993年，河南省人民银行根据新形势和行业特点，以发展社会主义市场经济为导向，及时调整文明单位建设的工作布局，加大“精神文明重在建设”的力度，使全系统的两个文明建设取得了新的发展和突破。截止年底，全系统省级文明单位已由1992年的27个增到69个，占所辖机构总数的50%，市地级文明单位达到76个。他们的作法是：牢固树立为河南省经济建设服务，确立了“思想建设为先导，经济建设为中心，队伍建设为基础，环境建设为重点”的创建思想。创建工作做到了组织落实、职责明确、任务到位。在创建中，他们注重机关自身的文明单位建设，抓出了成效，带动了全系统文明单位创建活动的开展。也带动了各项业务工作的顺利进行，取得了物质文明与精神文明双丰收。

洛阳拖拉机厂能工巧匠争献绝招 国家特大型企业河南洛阳第一拖拉机厂为了使数以万计的能工巧匠的技术绝招及时传授给青年工人，自1991年以来，在全厂职工中广泛开展了“献绝招”活动。首先由厂工会召开有能工巧匠、技术人员、管理人员参加的“三结合”恳谈会，引导那些身怀绝技的能工巧匠把“绝招”献出来，然后把这些“绝招”、“绝技”填入《先进操作法报表》，由鉴定评审小组根据“绝招”的先进性、使用价值、应用范围加以审定。对评上一、二、三等奖的颁发证书，作为年终评优、技师评聘的依据。对这些“绝招”的推广，他们采取了三种办法，并形成了制度：一是现场表演，当众示范。请献招人边讲、边演、边教，让青工边听、边看、边学。二是归纳整理，编入工艺。收集的“绝招”经专业技术人员归纳整理，打印成册，发给在岗职工。三是签订合同，以师带徒。一师献一招，一徒学一技，使“绝招”广为推广。到1992年夏，全厂确定推广应用的“绝招”有5大类86项。“献绝招”活动的深入开展，使职工技术素质明显提高。在洛阳市举办的职工技术选拔赛中，这个厂30人获市机械工种技术能手称号，占该市技术能手总数的70%，其中12人分别代表洛阳市和该厂参加了省技术选拔赛。

平顶山一矿涌现800“技术大拿” 河南平顶山一矿在工资分配上，过去单纯向一线倾斜，忽略了职工岗位技能的水平，影响了工人学技术的积极性。为了解决这一问题，自1992年5月起，他们在工人中推行了全员岗位技能工资制，采用个人申报，区队现场操作考核，矿上评定的办法，对生产工人的岗位技能重新进行审定，并按每个人的技术高低，在生产中所起作用的大小，贡献多少确定相应的工资收入。这样一来，同岗位、同级别的工人，由于技术高低的不同，工资收入相差100至400多元。岗位技能工资制调动了工人学技术的积极性。过去工人们业余时间打扑克、闲聊天的现象，现在大大减少，学技术、学文化的人越来越多。青工朱海栋过去认为只要有力气就能挣大钱，不愿学技术，队里讲技术课，他就打磕睡；矿上组织技术培训，“三请”他不到。实行技能工资制后，他自费买了上百本技术书籍，有空就学，终于成为一专多能的“技术大王”，被综采二队聘为工人技师，每月的岗位技能工资收入达600多元。实行岗位技能工资以来，金矿涌现出800多名“技术大拿”，事故率由万吨10小时下降到1小时，回采日工效翻了近两番。

河南省汤阴工商行连续9年开展立志达标读书活动 1984年初，汤阴县工商银行工会针对业务迅速发展，专业人才奇缺的情况，决定发动全行职工开展三年立志达标读书活动。参加自学的职工从政治理想、文化知识、业务技术、业余爱好等四个方面制定了符合本人实际情况的三年立志规划。工会为每个参加自学的职工建立了立志档案，制定和健全了学习制度，并实行了学习考勤、自学汇报、考核评比和奖罚制度。行里先后投资20多万元修建教室、图书阅览室、文化活动室，购置图书、教材、资料和电教设备，还聘请了指导教师，为职工自学创造了良好的环境。到1993年，该行120多名职工，通过读书自学，38人大学毕业，30人中专毕业，71人分别获中、初级技术职称。这是该行连续9年坚持开展立志达标读书活动取得的丰硕成果。由于职工岗位自学、立志成才活动的坚持开展，极大地提高了职工的思想、文化和业务技术水平，尽管这几年该行业务量增加了3倍到6倍，职工们仍能顺利、高效地完成各项任务。这个行先后被命名为“全国金融系统先进集体”。

桂林机床厂建立“终身荣誉职工”制度 1993年元月18日，广西桂林机床厂厂长在全厂1992年度工作总结表彰大会上郑重宣布：为激励职工立足本职岗位，努力为企业多作贡献，从1993年起建立“终身荣誉职工”制度，每年评选一次。凡全厂职工公认对本企业的建设和发展作出突出贡献的干部和工人，都可以评为“桂林机床厂终身荣誉职工”，并发给荣誉证书，获此殊荣者，将终身享受在职职工的一切待遇。李厂长在会上宣布：全厂第一个获此殊荣的是全国“五一劳动奖章”获得者、工人朱其南。当朱其南双手接过红彤彤的荣誉证书时，全场响起热烈的掌声。朱其南是八车间装配钳工班班长。1969年进厂以来，工作埋头苦干，技术精益求精。他原来负责组装零号铣床，工作任务是每月3台，他每月完成7至8台；1989年以后，他领导一个工班组装新产品滑枕铣床，装配周期要求一个半月完成一台，他一个月就能高标准。高质量地装好一台。据统计，他20年就干了30年的活，他所领导的小组为企业多创财富131万元。朱其南曾多次被评为桂林市和广西壮族自治区劳动模范，1990年荣获全国“五一”劳动奖章。

绵阳市保险公司系统单位全部命名为“文明单位” 四川省绵阳市保险系统近年来，既注重物质文明建设，又注重精神文明建设，不断拓宽服务领域，从为企业发展保驾护航，为群众解决后顾之忧出发，先后推出各类保险30多种。特别是1992年在全国首先创办和推广的适合全社会成员投保的《最佳养老保险》，更是受到了社会各界的关注和人民群众的欢迎。同时,他们还年年超额完成上级公司下达的计划任务和市(县)政府签订的目标责任管理任务,重合同,守信誉,积极发挥保险的经济补偿职能。近3年来,共处理各种损案23万多件,支付赔款和给付保险金1.3亿多元,稳定了企业的生产和经营,安定了人民群众的生活。到1992年11月5日,全公司系统的8个县支公司及分公司机关全部被当地党委、政府命名为"文明单位",分公司机关被市委、市政府命名为市级"文明单位",实现全公司系统"文明单位""满堂红"。

昆明钢铁公司劳动竞赛创效益 在转换经营机制的过程中,昆明钢铁公司各级劳动竞赛委员会一致认为:必须改变以往实行计划经济所形成的"一个指标赛一年,一个办法管几年"的传统竞赛模式,要"围绕市场搞竞赛,搞好竞赛保市场"。为适应云南钢材市场需求由大变小,由厚变薄,由粗变细,品种规格由少变多的情况,他们把竞赛周期由一年改为季、月、日及台班达标创水平竞赛,以班产保日产,以日产保月产,以竞争保市场。为增强企业在市场中的应变能力,他们把达标创水平竞赛细化到产品的规格品种中,使产品适销对路。对职工的考核奖励也改为按班考核,按日兑现,按月、季、半年、年记功的办法。这种"短、平、快","小、精、灵"式的竞赛方式,效果十分显著。1992年1至10月,全公司有3.8万多名职工参加了196项达标创水平竞赛,79次刷新班、日、月、季产历史记录,销售收入突破10亿元大关。为增强企业的市场竞争力,他们把开发新产品、开展技术革新、技术改造纳入"达标创水平竞赛"的范围,进行考核奖励,1992年以来,职工提出技术改造、技术革新建议共317件,采纳195件,实施30件,创效益79.6万元。昆钢围绕市场抓劳动竞赛所创造的综合经济效益已达2362万元。

赵梦桃小组9青工拜名师学艺 西北国棉一厂赵梦桃小组的平均技术水平,在有近7000职工的西北国棉一厂是名列前茅的。1991年,1020人的大车间技术测定,唯有她们小组的操作技术优一级率为100%。1991年,他们全组超产棉纱6000公斤,节约白花1300公斤,产品全是一档。但是她们不满足于这些成绩,而是把目标定在省、部直到国家一级的标准上。为此,她们带头响应全国总工会号召全国职工"岗位创一流,班组创先进,企业创效益"的号召,决心拜5位名师学艺。56岁的著名全国劳动模范翟福兰等5位老工人,已与9名青工确立了师徒关系,并签订拜师学艺,保教保学合同。创造"翟福兰化纤工作法"从而使换粗纱时间缩短8秒钟的翟福兰,是亲身接受过赵梦桃帮助的"真传弟子"。她年年超额完成生产任务,还先后培养出15名徒弟。其他几位师傅也经常向青工传作风,帮思想,教技术。签订合同后,5位技术精湛的老师傅穿起向围裙,在纺机旁当场向徒弟演示接断头等绝招。翟福兰等5位师傅表示:保证半年教出成果。

西安煤矿百名"状元"晋升工资 在市场经济大潮的冲击下,东煤集团辽源矿务局西安煤矿不少职工干起了第二职业,矿领导认为,必须采取措施,让职工安心本职工作,让第一职业更有凝聚力,让职工感到干好第一职业也同样有奔头。为此,他们制定了岗位技术练兵、比武竞赛方案,并决定拿出3%晋级指标奖励一线矿工"状元",以鼓励职工在第一职业上下功夫。竞赛当月兑现奖励政策。对竞赛中涌现出来的技术"状元",矿上不仅让他们上光荣榜,登台亮相,给他们披红戴花,而且还给每人一级奖励工资。据《工人日报》1993年1月29日报道,到1992年12月,全矿已有百名工人在竞赛中被评为技术"状元"。百名"状元"晋升工资,在工人中产生了较大反响。他们说:干第二职业虽然多挣钱,但干好第一职业更光荣。青工苏志过去对钻研技术不上心,看到矿上动了真格,他上班向师傅学,下班回家还让爱人出题考他,在全矿打眼工比武中终于一举夺魁。矿灯修理工王玉莲"巾帼不让须眉",由于苦练技术,她在全矿比武中连续两次夺魁,工资连升两级。

西安火车站始终坚持为人民服务的宗旨 西安火车站是我国八大客运特等站之一。现有职工1500人,其中共产党员379人。几年来,车站连续获得西安市、陕西省"文明单位"、西安铁路分局、郑州铁路局"先进单位"、"文明单位"、陕西省学雷锋先进集体、全国学雷锋先进集体以及全国"五·一劳动奖状"、铁道部文明车站、全国卫生先进单位、铁道部先进基层党委、郑州局基层标杆党组织等荣誉称号。全站几年来先后有4人获得省部级劳动模范称号。长期以来,西安火车站本着"不论社会上怎么变,车站为人民服务的宗旨高于一切不能变"的原则,经年累月,坚持育人带队伍;坚持学雷锋10年不变;坚持每年评选双文明标兵;坚持开展"文明职工"、"文明家庭"活动;坚持为旅客做好事;坚持每年春、暑运评选百件好事;坚持树立站级文明标兵。他们多次被上级评价为"风正、气顺、心齐";被新闻单位赞誉为"雷锋在这里有常驻户口",被旅客表扬为"沙漠上的绿洲"。仅1993年度,全站共为旅客做好事32万余件,收到表扬信、锦旗计345件。

宝鸡桥梁厂被授予"全国部门造林绿化300佳单位"称号 铁道部宝鸡桥梁厂是全国100家最大交通运输设备制造业企业。在工业总产值,销售收入和利润大幅提高的同时,他们把环境建设也当作同等重要的工作来抓。近年来,工厂投资了3000多万元,拓建厂前区"川陕公路"2公里;建起了省内一流水平的幼儿园、小学和中学;完成了俱乐部、图书馆、体育场,灯光球场等全套的文化体育设施的建设;建立了报社、有线电视台和大型电子显示屏等宣传机构和设施;办起了有200多个固定门面及摊位的集贸市场;开辟了面积为12亩的“宝桥公园”;修建了由“陵前区”、“祭祀区”和“墓冢区”组成的规模宏大的“炎帝陵园”。此外,工厂在小区内栽种了上百万棵花草树木,使“花园式工厂”名副其实。工厂绿化面积为21.2万平方米,覆盖率达50%。1993年,宝桥小区被陕西省委、省政府树为全省仅有的文明小区;二厂被授予“全国部门造林绿化300佳单位”称号,党委书记周连山获“全国绿化奖章”。

全国首列“军民共建双拥文明列车” 西安至延安319/320次列车从1992年8月1日运营以来,驻西延线两端的解放军323医院和34医院就与车队签订了“军民共建双拥文明列车”协议书,把“弘扬延安精神,传播文明新风”,作为这一活动的宗旨。双方商定:被兰州军区命名的34医院“爱民模范女兵班”,利用先进集体的优势为旅客提供各种优质服务;323医院则发挥医疗技术先进和老专家多的优势,为旅客医疗咨询送医送药,每次两家在乘上下行列车相迎的中间站——秦家川车站交接换乘。“军民共建双拥文明列车”活动开展一年多以来,旅客留言表扬达1500多条,赠送表扬锦旗、牌匾20多面。400多个日日夜夜,这趟列车没有发生过一起旅客被盗、被抢的问题,被郑州铁路局评为先进单位。1993年客运段3次综合大检查中,该车队次次名列榜首。解放军323医院和34医院也分别被当地政府评为“双拥先进单位”。

延安发电厂在职工中开展一流的教育活动 延安发电厂是一个有近40年历史的老企业。改革开放以来,特别是在发展社会主义市场经济的新形势下,他们在狠抓经济效益的同时,充分利用厂内党校、技校、文明职工学校和毛泽东在延安的革命旧址等阵地,聘请大学教授和老工人、“老延安”当教员,长期坚持对干部职工进行思想道德和业务技术教育活动。在职业道德教育中,制定了70个岗位的职业道德规范,编印下发了《职业道德知识80题》学习辅导材料和《延安发电厂职业道德规范》一书,制作了电视教学片,多次举办职业道德有奖答题、演讲和电视竞赛;每年清明、七一等节日,他们都要组织一批党团员和职工代表去王家坪、枣园等革命旧址参观学习,举行党团员宣誓仪式,进行革命传统教育和延安精神教育;推行文明礼貌用语,颁布实施《职工文明守则》和《文明职工考核章程》,开展文明班组、文明家庭等文明系列创建活动;配备专职教育干部、编制实施了优惠奖励政策和年度培训计划。全厂已有124人取得了专业技术职称,82人取得了大专文凭,188人取得了高中、中专文凭。此外,还成立了26个QC活动小组,组织技术比武476次,取得科研和技术发明成果32项,其中有三项获得了西北电管局和陕西省科技进步奖。1993年,该厂被陕西省委、省人民政府命名为省级“文明单位”。

乌鲁木齐铁路局“树碑工程”硕果累累 乌鲁木齐铁路局党委长期坚持“镜头对准群众,笔头描写一线”的宣传方针,为扎根艰苦岗位忘我奉献的一线职工树碑立传。1991年初,该局成立了由局党政工领导及有关部门负责人组成的采编领导小组和编辑委员会,计划三年中每年出一部书,集中宣传那些战斗在自然条件特别艰苦的柳园地区、戈壁风区和高寒站区职工们的英姿风采。12名从全局抽调的采编人员深入到地处戈壁滩的柳园地区沿线采访,采写了31篇报告文学、通讯和特写,1991年6月出版了《柳园人》。柳园人的事迹经广播、报告团报告和书报传播,在社会上引起强烈反响,不少有志青年来信要求到柳园艰苦地区工作。1993年8月7日,乌铁局党委在南疆铁路临管处隆重举行《高寒站区人》一书首发式,这是该局继组织编写出版《柳园人》、《风区人》之后又一部讴歌铁路一线职工精神风貌的英雄长卷,它以生动的笔触再现了近百名长年在南疆铁路高寒站区工作的一线工人的事迹。几年来,乌铁局投入“树碑工程”130余万元。使近千名一线工人的事迹上了电视,写进史册。

5. 城区精神文明建设活动

1992—1993年城区精神文明建设活动概述 城区是一个地区的经济、政治、文化、教育中心。城区人口密集,工商交通发达,人口流动量大,社会信息密度大,城区的示范作用强,精神辐射面广。城区的精神文明建设,关系重大。1992至1993年,我国改革开放进到一个崭新的时期,社会主义市场经济迅速发展,推动各地城区精神文明活动继续深入发展,其特点主要表现在:(1)各地城区认真抓好深入改革、扩大开放形势下的精神文明建设,并深刻认识到,改革开放与精神文明建设,二者不可偏废。越是改革开放,越是要重视精神文明建设。精神文明建设是城市建设之魂。精神文明建设抓得好的地方,改革开放的脚步才坚实,步子会迈得更大。按照市场经济的要求,一些城市正在刻意推出城市的新形象,企望以崭新的精神风貌走向世界。一批国际大都会城市正在形成。(2)改变一手硬、一手软的状况,一些城区的精神文明活动已做到有章可循、运行机制可行。《文明市民课本》、“文明市民守则”、“文明城市公约”纷纷问世,奖惩条例切实可行,执行条例措施得当有力,软工作有了硬手段。(3)一些城市、街区、居民委员会探讨在新时期搞好精神文明建设的方法。有的从“赞身边楷模”、“评本地新事”入手，树立典型，扭转社会风气；有的以市民学校、文娱场所为基地，弘扬社会公德；有的借社区服务，塑造新型人际关系；有的组建雷锋角，义务为市民提供多方面的服务；有的采取各种方式，促进文明生活方式的形成；还有的在建设文明小区、以点带面上，摸索出一套经验。(4)城区文化气息更浓。作为文化中心的城市，进一步提高群众的文化观念、文化素质、文化品位，成为各地认真考虑的重大问题。不少城区利用本地优厚丰硕的文化资源，举办文化节，建博物馆，开办展览，组织旅游观光，开展文化娱乐活动，评选各种文化表征、标志，逐渐形成各有特色的表现精神文明的象征。同时，采取文化搭台、科学、技术、经贸唱戏，将文化活动与市场经济联系起来，既满足了人民群众的文化需求，又直接促进了物质文明建设。(5)为正气上升创造良好的社会条件。不少城市狠刹邪气歪风，采取正面引导等措施，使正气不断上升，如评选见义勇为好市民、文明乘客、礼貌服务标兵、五好家庭等，设立见义勇为基金，为见义勇为者开办保险，兑现奖金等，大力扶植正气，使一些地方的社会风气、社会治安环境明显好转。总之，深入抓好城区精神文明建设，对于发展改革开放以来的大好局面，保持两个文明建设稳步发展的势头，建设优美的城区环境，都具有极重要的意义。但是，城区也有不尽如人意之处，精神文明建设的发展还很不平衡，城区精神文明建设还有很大的工作要做。

北京市北太平庄街道承办全国首届街道城市管理研讨会 为了研究街道城市小区管理、社区建设、街道改革等问题，并交流经验，全国首届街道城市管理工作研讨会1993年6月6日在北京召开。会议由全国街道工作委员会和海淀区人民政府共同主办、北太平庄街道办事处承办。来自广东、上海、天津、深圳等全国15省、市、自治区和特区的150多名街道工作者和专家学者出席了会议。与会者观摩了北太平庄街道、海淀区和北京市的城市管理。会议认为，街道工作在我国社会生活、政治生活、经济生活中占有很重要的位置。处理好城市管理对发展经济有着重大的意义。

天津市河西区社区文化繁荣 天津市河西区长期以来坚持社会文化网络建设，全区各街道以少年宫、青年宫、老干部活动中心为龙头和阵地，建立少、青、老年文化活动网。针对不同爱好，他们分别开展幼儿电子音乐演奏、青年篝火晚会、老年迪斯科等多种文化活动。连同以各单位为依托的职工、伤残人、军营、园林、普教等，一共16条文化网络覆盖全区，活动丰富多采。在321个居委会中，建有秧歌队、广角摄影学会、柳林文学社、昆仑诗社等20多个社团，业余文艺骨干2000多人。柳林文学社联系一大批业余作者，5年中创作、发表了上千万字文学作品。在参加各种文艺竞赛活动中，河西区有330多部作品获省级以上文艺大奖。在1993年国庆节，各种文化活动竞相推出。以《阿Q是否值得同情》为题的读书辩论会、140多户人家推出的两万多枚毛泽东像章展览会，还有戏迷演唱、书法观摩、歌舞专场等，给节日的天津增添了欢声笑语。

天津市红桥区大力推进文明小区建设 1992—1993年，天津市红桥区文明办在创建文明家庭、文明楼院、文明单位活动的基础上，积极开展了创建文明小区活动。(1)领导重视、真抓实干。一是明确指导思想及工作思路。区委、区政府坚持“立足实际、依靠群众、条保块包、创办特色”的原则，对小区文化建设，环境面貌、治安秩序和社区服务等方面的工作进行综合治理。二是制定了创建规划。从1993年起力争每年把现有小区的10—15%建成区一级文明小区；经过2—3年的努力，使40—50%以上的小区均达到区级文明小区标准。三是制定了区级文明小区标准。他们结合本区实际，制定了《文明小区标准》，并以区委、区政府办公室文件形式印发执行。四是建立了工作机构。成立了全区创建文明小区工作领导小组。全区15个街道办事处，相继建立了工作机构，制定了目标规划，完善了管理制度。(2)发挥各方优势，实行“条保块包”。实践中，他们摸索并实施了“发挥各方优势，实行条保块包”的运行机制，即将“标准”中所列的“6好、27条”进行分解，落实到条条(部门)和块块(街办事处)。在创建活动方面，以地区为主，由街道、居委会牵头，通过创建活动，吸引居民参与；在财力、物力和设施方面，以小区内产权单位或有关部门为主，实行“建、管、修”一条龙的管理方法。1993年以来，该区先后召开四次小区建设协调会，请有关方面参加，研究解决实际问题，检查落实情况。(3)突出重点，创办特色。一是突出教育。该区广泛开展了“住小区、爱小区、建小区、管小区”的教育活动。创建活动以来，707所小区利用闭路电视进行广泛宣传，并对市、区领导到小区检查指导工作进行了专题新闻报道。二是突出整治，搞好环境综合治理。按照小区建设标准，他们重点抓了各小区环境卫生、治安秩序的综合治理，清理卫生死角，整理楼区绿化。同时，调整充实了各类群众自治互助组织，建立完善了相关制度。三是突出办实事，尽量满足群众需要。(4)以点带面、滚动发展。1993年初，红桥区选择了基础较好、影响较大的西于庄街子牙里小区、城阳北路街707所职工家属宿舍小区和丁字沽街桃花南里等3个小区为试点小区，并进行了具体指导帮助：一是对于基本符合标准者抓巩固提高；对不具备标准者进行综合整治。二是组织试点小区的有关同志到兄弟市区学习先进经验，结合实际，制定创建规划，提出创建目标；三是对试点小区进行重点扶持。

上海虹口区以首届东亚运动会为契机推进精神文明建设　1993年5月，在上海举办了首届东亚运动会，此次运动会经费全部靠社会集资。各比赛项目又分散在全市各区、县进行。虹口区承担了开幕式主会场、组织田径竞赛以及为足球、篮球运动员提供比赛和训练场地等配套服务的任务。该区把它看作是一次机遇，以此为契机，在胜利完成各项任务的同时，使精神文明建设登上一个新的台阶。开始他们就以爱国主义、集体主义、社会主义教育为主要内容开展了“当好东道主，办好东亚运”的高潮迭起的宣传教育活动，多次形成万众欢腾的场面，使人油然产生一种光荣感，使命感和责任感。并大力倡导“讲奉献、献爱心”精神，为办好东亚运，全区各行各业、各个阶层，先后掀起了义卖、义演、义画、义诊、义务劳动等活动和“为东亚运捐款”的热潮，使全区集资额突破4000万元。区财贸系统开展了以“优良服务、优质产品、优美环境、优秀形象”的“四优”活动，迎接东亚运动会的召开。公交系统出现了“文明调度、规范服务；设施齐全，标志醒目；环境整洁，车辆干净；站风秩序好、文明好事多”的喜人景象。同时发动群众人人动手打扫卫生，让房屋披上新装，让街道换上新貌，让阳台布满鲜花，让围墙吐出芬芳。全区人民开拓进取，争创一流，奋力拼搏、无私奉献，为东亚运动会奉献了整洁、优美、有序的文明环境，为运动员创造了热情、礼貌、精采的比赛气氛。同时促进了市民素质和城市文明程度的提高。使精神文明建设水平上了一个台阶。

唐山设立见义勇为基金会　近年来，河北省唐山市涌现出不少见义勇为的先进人物，其中有些人不幸落下终身残疾，丧失生活能力。为了在社会上造成一种见义勇为的良好社会风气，唐山市经过一年的酝酿筹备，于1992年底正式设立见义勇为基金会。在筹集资金工作中，唐山市各厂矿、企业表现出极大的热情和支持，在基金会成立时，已筹集资金39.1万元。基金会决定，为奖励见义勇为的先进人物，广泛发动人民群众同各种违法犯罪行为作斗争，将给予见义勇为者100至20000元不等的奖金。

沈阳市沈河区被列为社会发展综合实验区　沈河区是沈阳市的中心城区，交通、商贸、科技十分发达。1991年，北京大学社会学系与沈河区合作，进行了“区街经济与社区发展”的软科学课题研究。1992年8月，国家科委、国家体改委和国家计委正式提出建立社会发展综合实验区的设想，目的是经过区域性改革实验，逐步建立新的社会事业管理运行机制，依靠科技进步，解决人口、资源、生存环境等方面的问题，促进经济与社会协调发展，使人民的综合生活由量的增加向提高质量转变。1993年秋，沈河区在全国各大城市的城区中第一个被确定为国家综合实验区后，制定了新的规划，力争在社会发展理论与实践的探索上取得成果。

本溪市平山区的“六进家庭”　辽宁省本溪市平山区在开展创建十星级文明家庭活动中，突出教育活动的思想性、丰富性、趣味性和实效性。他们深入开展了“六进家庭”活动，即：(1)思想教育进家庭。把爱祖国、爱社会主义、做文明市民作为家庭道德建设的主旋律，开展家庭读书活动、讲故事、议形势，了解国家和社会的大事，拓宽视野，提高思想素质。(2)文艺体育进家庭。本着自娱自乐原则，普遍开展了“楼院乘凉文艺演唱会”、“家庭演唱会”、“青年迪斯科表演赛”、“大秧歌舞”、“交谊舞”等活动，使群众在精神生活方面从欣赏走向参与。(3)科学技术进家庭。本着勤俭持家、适度消费、美化家庭的原则，让居民发挥聪明才智，因地制宜，美化生活。还举办全区文明家庭“手工制作展览”，调动群众美化家庭的积极性。(4)美好道德进家庭。通过“婆媳对夸会”、“热爱母亲”专题会、“美好道德在这里闪光”演讲会等形式，宣传一批典型；围绕怎样当好角色问题，开展“我为人人，人人为我”活动，促进和睦家风和团结互助的邻里风气的形成。(5)雷锋精神进家庭。把学雷锋作奉献作为人们之间行为的标杆。(6)法律知识进家庭。进行法律知识和社会主义婚姻家庭道德学习，抵制愚昧落后思想，达到懂法守法，形成良好的家风民风。到1992年初，已举办4次法律知识培训班，还进行了法律常识答卷、法律知识智力竞赛等，受教育者达98%。通过这些活动，全区初步形成了家庭和睦、邻里融洽、互帮互爱的良好社会风气。

大连市为建设“北方香港”创良好环境　大连市提出了用20年时间，把该市初步建成北方香港的目标，他们制定了《大连市经济上新台阶规划纲要》、《大连市社会主义精神文明建设规划》，使该市两个文明建设都有了规划和明确目标。他们提出该市最大的思想政治工作是动员全市人民齐心协力建设北方香港，并以此作为宣传工作的主调。组织了全市党员干部深入开展“站在大连看大连，跳出大连看大连”为主题的解放思想大讨论。又在全市开展了“大连人与大开放”的大讨论，增强了人们的改革、开放、竞争和市场意识，学会运用新的观点、思维方式和新的角度研究新情况，解决新问题。同时精心组织开展了为辽宁“第二次创业”、大连建设“北方香港”献计献策活动，广大干部群众提出了很多有价值的策略和建议，为大连经济建设提供了智力支持。大连市在精神文明建设中精心设计各种载体，广泛吸引群众参与。他们连续四年在全市党员中开展“讲理想、讲道德、讲纪律、讲宗旨，做合格共产党员”活动。在全体职工和广大青少年中开展“岗位学雷锋，行业树新风”活动。在党政机关干部中开展“勤政、廉政、学政、议政，做人民公仆”活动，在市政府机关中开展“岗位目标责任制”活动。在全体市民中开展了“学守则、讲道德、文明在大连”活动。同时开展创建文明小区竞赛活动。由于大连市两个文明建设目标一起下，两个文明建设成果一起要，使经济得到较快速度的发展。同时，全市政治安定，市民的政治素质和道德水平明显提高，先后有6个城区和一个县荣获省级文明称号；1992年该市荣获全国“双拥模范城”称号，全国十佳卫生城称号，1993年又荣获全国卫生城称号。

大连市创建文明住宅小区活动 大连市在建设现代化国际性城市过程中，始终把建设文明住宅小区作为一项基础性工作，自1982年开始创建文明城区以来，特别是1987年该市在制定了第一个精神文明建设规划以后，各区、街道即从抓优化“细胞”入手，在深入开展创建“文明家庭”、“文明楼院”活动的基础上，广泛开展了创建文明住宅小区活动。他们的基本作法是：(1)纳入规划，分步实施，搞好住宅小区电、气、水、道路、通邮、通车等的配套建设。(2)建立机构、健全制度，强化住宅小区的规范管理。(3)条块结合，联建共建，形成文明住宅小区建设的社会合力。(4)真抓实干，多办实事，为居民生活提供方便。(5)区分层次，开展活动，对居民实施有针对性的教育。(6)健全网络，加强防范，搞好住宅小区治安秩序的综合治理。经过常抓不懈的努力，使一些居民住宅小区初步取得：改善了市民的居住条件。创造了整洁优美的生活环境。方便了居民的日常生活。提高了居民的文明素质。增强了居民的安全感等可喜成果，为改革开放创造了良好的社会环境。

四平市探索职业道德建设规律 多年来，四平市始终把加强职业道德建设，优化行业作风放在突出位置，持之以恒，常抓不懈，初步摸索出了一条切实可行的新路子，全市上下一个树立职业理想，讲究职业道德，钻研职业技能，恪守职业纪律的良好风气正在形成。该市广泛开展了使广大职工群众易于参与的多种形式的竞赛活动，按照“规范——激励——养成”的路子进行职业道德建设，优化行业作风。首先他们在各种竞赛活动中，各行业、部门普遍结合本部门工作职能建章建制，形成了一系列职业道德规范。通过竞赛手段，包括经济的、政治的、精神的、行政的各种行之有效的措施，鼓励先进、鞭策后进。从而通过对职业对象的规范和激励形成良好的职业道德行为与习惯。他们认为以人为本、注重培植正确的道德价值取向，是职业道德建设的核心与根本。对此，他们着重强化了“四抓”：即抓理论导向，消除人们的模糊认识，为人们提供科学的道德价值标准，抓关键部位，集中力量对最易发生权钱交易的部位和与广大群众切身利益息息相关的部位，加以突破，取得效果。抓典型示范，做到不同层次、不同行业、不同侧面都有各自的典型，通过广泛深入地宣传，做到家喻户晓，人人皆知，全市形成了一个学有榜样，赶有目标，文明向上的好局面。抓舆论环境，抓住以大众传媒为主的现代传播工具，配之以其他各种有效形式，并坚持常流水不断线，一定时期相对形成一定声势，给人们的道德价值取向实施有效的引导和影响。同时为确保职业道德建设的连续性、经常性，必须注重建立以经常化为目标的保证体系。要随着经济社会的形势的发展而不断地深化认识；不断提出阶段性目标，常抓常新，这是职业道德建设的生命力所在；以制度化保证经常化。

辽源市虚功实做促精神文明建设 吉林省辽源市在1992年群众性精神文明建设活动中，抓住培育“四有”新人这个主旋律，立足服务于市场经济的发展，注重软件硬抓、虚事实办，为辽源市经济快上新台阶创造了良好的环境。过去，辽源的文明单位是一朝获称号，便可保终身。为了改变这种状况，提高文明单位的质量，辽源在全省率先成立了省级文明单位管理委员会，对已获称号的单位实行动态管理，引入竞争机制，打破终身制。1992年，辽源取消了5个省级文明单位、11个市级文明单位的荣誉称号，还有21家省、市级文明单位被责令限期改进，这在辽源引起很大的振动。他们还通过军民共建的形式，一年为全市人民办了8件好事(工程)，从整修辽那路至杨木水库路到治理半截河，从修建龙山公园到带状公园，从铺装4条街路水泥板到清挖4条路的两侧边沟，从为聋哑学校修路到建小什街过街天桥，军民共同谱写了“同呼吸、共命运、心连心”的新乐章。年底部队换防后，他们又与新驻军部队签订了共建协议。市场经济运行以后，全市召开了精神文明建设如何为经济工作服务专题研讨会，为开展好工作提供了理论指导，使精神文明建设工作收到了好的效果。

哈尔滨市评选勇敢市民 几年前，哈尔滨发案率全国领先，重大案件时有发生，群众对社会治安状况十分不满。哈尔滨市公安局和《新晚报》社认识到，必须充分发动群众、依靠群众。他们共同发起评选勇敢市民活动。1990年3月24日，评选勇敢市民活动组委会正式成立。消息公布后，立即在各界引起强烈的反响。一位铁路职工几年前曾在公共汽车上抓扒手，全车没一人相助。听说勇敢市民的评选活动，他给组委会送上了100元钱。哈市天鹅出租汽车公司出租车被抢、司机被打甚至被杀的事时有发生。因此，他们成立了全市第一家企业内部的评选勇敢市民组织，制定了一套内部奖励方案。这以后，公司涌现了许多勇敢市民。一次，一辆出租车遭两歹徒劫持，司机打开报警器，公司调度立刻把信息传递给其他营运中的驾驶员，劫匪仅将车开出1公里余，就被上百辆出租车堵住。到1993年6月，全市已有191人被评为勇敢市民，26人被评为勇敢市民标兵，其中有工人、农民、学生、干部、民警等，年龄大的超过七旬，小的仅11岁。

齐齐哈尔市民捐资修缮烈士陵园 齐齐哈尔市有革命烈士陵园和纪念地14处，其中最大的西满革命烈士陵园始建于1947年7月，安葬着451位烈士，是我国建园最早、规模最大的陵园，由黄克诚大将题写的陵园名，毛泽东、朱德等老一辈革命家的题词、唁电和牌匾均完好地保存在陵园。但是，烈士陵园没能及时维修。1993年5月初，齐齐哈尔市市民自发站了出来，为烈士陵园修缮捐款。在短短的一个多月里，捐款人数达30多万，捐资5万多元。

太原市开展"双十佳"评选活动 李双良治理太钢渣山的事迹，受到了太原市人民的广泛赞誉，人们把学雷锋和学李双良紧密结合，开展了旨在弘扬雷锋与双良精神，调动全市人民积极性，促进改革开放和经济建设的"双学"知识竞赛、"双学"讲演比赛等一系列活动。1992年，太原市将"双学"活动进一步引向"双十佳"评选活动，即通过层层评选、逐级推荐，由全市人民投票评选十佳领导和十佳群众。6月15日，《太原日报》刊登43名候选人的照片和简要事迹。他们中有企业领导、医院院长、学校校长，还有离退休干部、居委会干部、农村干部，还有矿工、教师、医生、司机、民警、客运员、话务员、个体户等。在20天中，评委会收到社会各界和全市群众寄送来的选票近2.3万张，其中包括从江苏、吉林、五台等外省县群众寄来的选票。由于社会各界的广泛支持，"双十佳"评选顺利揭晓。这次评出的十佳领导和十佳群众，都是锐意改革、勇于创新，具有开拓创新精神的时代弄潮儿，是立足本职、兢兢业业、无私奉献的实干家，是一心为公、助人为乐的活雷锋，也是清正廉洁、艰苦奋斗的人民公仆，他们受到了社会各界和全市人民的一致赞誉。群众指出，在双十佳人物身上，既凝聚了中华民族的传统美德，又闪耀着夺目的时代光彩，更体现了全市人民的崇尚、追求和理想。这次评选活动对于激励太原人民进一步解放思想、振奋精神，加快改革开放和经济建设步伐，在促进全市社会主义精神文明建设方面产生了深远的影响。

南京市组织精神文明建设调查活动 为了贯彻邓小平南方重要谈话精神，探索在深化改革、扩大开放、加速发展经济的新形势下，加强社会主义精神文明建设的新思路、新方法，南京市于1992年6月下旬到7月底组织开展了一次规模较大的精神文明建设调查活动。市委、市顾委、市人大、市政府、市政协以及有关方面负责人共100多人参加这一活动的6个综合调查课题，有关职能部门分别对14个专项调查课题进行调查。调查以召开分类小型座谈会为主，辅之以问卷抽查、现场考察、个别重点走访等方法，做到了点面结合，形式多样。调查组深入到工厂、村镇、商店、街道、机关以及文化、新闻、出版单位，共召开座谈会近200个，广泛接触了第一线的干部群众，掌握了大量第一手资料。在认真分析研究的基础上，最终形成了20余篇总计10多万字的调查报告。通过调查汇报，分析研究，南京市确定了下一阶段精神文明工作的重点：(1)一定要充分认识精神文明建设的战略地位，坚持两手抓，实现两手硬；(2)一定要坚持以经济建设为中心，精神文明建设必须服从、服务于经济建设；(3)一定要解放思想，用改革的精神拓宽精神文明建设的思路；(4)一定要加强党对精神文明建设工作的领导，做到党委领导，各方配合，齐抓共管，落实目标责任制。以这次调查为契机，南京市一个以创建双拥模范城、国家卫生城、争创文明单位、文明住宅区、文明社区为主要内容的群众性精神文明活动蓬勃开展起来了。

无锡市精神文明"拳头产品"成龙配套 无锡市委、市政府在两个文明建设的实践中认识到，工厂企业要创"名优特"拳头产品，提高市场占有率和经济效益，精神文明建设同样也要狠抓"拳头产品"，以此带动全局。他们坚持不懈地抓"拳头产品"，逐步成龙配套，形成气候。几年来，全市先后开展了"创三优"和"建企业精神，树主人翁形象，创信得过单位和个人"活动，连续多年开展了"文明在无锡"系列活动、"三提倡三反对"活动(提倡科学文明，反对封建迷信，提倡艰苦创业，反对奢侈浪费；提倡民主法制，反对违法乱纪)、"六爱三评"活动(爱党、爱国、爱集体、爱岗、爱家、爱自己，评文明户、五好家庭户、遵纪守法户)、"文明单位"争创活动等，在全市评选精神文明建设"十佳好事"、"十佳青年"，开展"城市文明形象"和"市民精神"讨论；在硬件建设方面，兴建了科技馆、体育馆、青年宫、"吴文化公园"、"世界奇观"(欧洲部分)、影视外景基地"唐城"和"三国城"等一批档次较高的文化基础设施，每个乡镇都建起了文化馆站。在抓精神文明建设"拳头产品"中，他们注重发动群众参与。到1993年底，全市已评出省级文明单位63家，市县级文明单位2619家；省级文明村9个，市县级文明村408个；市县级模范居委114个，建军民共建点722个，市级五好家庭22万户。无锡市抓精神文明建设的拳头产品，产生了显著的社会综合效益。

苏州市沧浪区家庭文化活动健康发展 苏州市沧浪区是党政机关、大专院校和涉外宾馆的集中地。随着改革的深入和经济的发展，沧浪区的职工、居民的家庭文化建设成为城区精神文明建设活动的主要内容。沧浪区家庭文化活动从内容上分，有自娱自乐为主的"家庭演唱会"、"家庭卡拉

OK 演唱会"、"特色家庭献艺会"、"家庭烹饪赛"、"家庭居室装饰大赛"等；有以自我教育为主的评选"好家长"、"好婆婆"、"好媳妇"等活动；有以自我学习为主题的"读书会"、"科学育儿知识讲座"、"家用电器知识讲座"；评选"书画之家"、"音乐之家"等，基本适应和满足了不同层次群众的求知需要。在活动形式上，既有区妇联、街道妇代会组织的居民家庭文化活动，也有区与辖区单位联办的职工家庭文化活动。参加活动的成员，过去大多未上过舞台，经常性的家庭文化活动，为每个人提供了施展才能的机会。家庭文化活动把"社会文明"变化为"个人文明"，又以"个人文明"推动着"社会文明"的提高。沧浪区充分认识到改革开放带来的人们对文化生活的追求，主动积极地引导好家庭文化活动，使家庭文化活动健康发展，为全区的两个文明建设起到了积极的推动作用。1992 年 10 月，江苏省妇联和省精神文明建设委员会办公室在苏州召开了"家庭文化活动经验交流会和理论研讨会"，沧浪区的家庭文化活动版画展和家庭文化活动汇报演出赢得了与会代表的好评。

杭州街头正气歌 在杭州，犯罪分子一露面，就会陷于人民群众的群起围歼之中。1992 年 5 月 13 日下午 4 时许，一名流窜犯在杭州闹市区行窃被发现，即手持尖刀猖狂地奔逃，过路群众纷纷围追。正在骑车回家的陆刚、孙兆康迎面而来，立即向前挡住歹徒。使歹徒一怔。陆刚趁机扑向他，被歹徒在右上胸深深扎了一刀。歹徒夺路而逃。孙兆康急上前扶住陆刚，陆刚咬住牙道："我没事，你快去抓！"说完又向前冲了四五米，终于晕倒。愤怒的群众没有被歹徒的暴行吓倒。有的手持气筒，有的抽出皮腰带，有的猛骑自行车，追上歹徒，将这家伙团团包围。孙兆康再次上前用气筒砸向歹徒，打落其滴血的尖刀。众人一拥而上，将歹徒擒获。在 15 分钟的搏斗中，与歹徒正面打斗的群众有 20 多人，围追的行人、游客近百人，36 岁的陆刚终因伤势过重、英勇牺牲。6 月 15 日晨，一男子在杭州市第一人民医院行凶杀伤二保卫人员后逃跑，出租司机俞炳奎紧紧追上，过路群众闻声赶来，将歹徒团团围住。俞奋不顾身扑上去，欲从背后擒住歹徒，被歹徒连砍数刀。俞忍痛不放，周围群众一拥而上，抓住了歹徒。8 月 21 日下午 2 时许，杭州上城区四新点心店出纳员王国娟带着一只装有 2000 多元营业款的塑料袋前往银行存款。途中，两名歹徒突然挡住她，强抢她的塑料袋。王国娟死死抱住营业款不放。一歹徒抽出尖刀猛捅王的腹部，王紧抱营业款倒在血泊中。此时，正在家门口的金小龙目睹了这一事件，立即拾起一块砖头冲了上去。两歹徒见状，夺路而逃。市工读学校学生程宏宾跨上自行车，拼命追赶，路上行人见状也随之追了上去。几位市民赶紧到派出所报案。歹徒被群众堵住了去路，附近派出所的干警及时赶来，警民合围，将歹徒生擒。王国娟因流血过多，当晚牺牲，她手中的营业款分文不少。

宁波市连续 3 年评选精神文明建设 10 件新事 1989 年，宁波市领导在总结基层和试点精神文明建设经验后，认为，群众中有一大批公而忘私、救死扶伤、默默奉献、先人后己的先进人物，他们具有爱祖国、爱人民、爱社会主义的崇高品格和情操。把这些内容挖掘出来大张旗鼓地宣传，能起到弘扬正气、净化社会风气、振奋群众精神，为改革开放和经济建设创造良好环境的作用。1990 年开始，他们在全市开展精神文明建设 10 件新事评选活动。在组织评选时，注重发动群众参与，在逐级推选的基础上，从 11 个县、区和市属 11 个系统中筛选出 30 件候选事例，在报上公布，让全市人民投票评选。1993 年春，1992 年度精神文明建设 10 件新事揭晓，丈夫异国遇车祸，妻子捐资建校楼；顶风搏浪三小时，救回渔民 13 人等新人新事榜上有名。1993 年，评选活动的内容在不断深化。除了继续评选舍己救人、见义勇为的人物和事迹外，还增加了创建卫生城市、新农村建设、开拓型厂长等内容，使评选活动更具时代精神。

济南市精神文明建设有章可循 近几年来，山东济南市建立健全精神文明建设监督保障机制，使精神文明单位创建活动走向规范化、制度化、经常化。他们总结经验，制定了关于文明单位评选的意见、文明单位命名表彰办法、文明单位奖励管理条例等规章制度，确定了文明单位的基本标准，规定文明单位不搞终身制，已获荣誉称号的，每年一律重新参加评选，符合标准的保留，否则撤销称号，收回匾牌。还规定对市级文明单位标兵和市级文明单位给予物质奖励。在规范文明单位创建评价标准的同时，济南市做到了有章必依、对精神文明建设中做出贡献的先进模范人物，依据条例给予物质鼓励和精神奖励。从 1990 年到 1992 年中，给连续 3 年保持先进荣誉称号的 67 名党政干部晋升一级工资，给 130 名记功，授予 129 人先进工作者称号，一大批被命名为省、市文明单位的企业获得奖励；同时有 6 个单位因不再符合标准而被撤销荣誉称号。他们还依据这些规章对精神文明单位实行经常化管理，及时了解和掌握文明单位的情况，总结推广一批在改革开放中加强精神文明建设的先进典型，充分发挥他们的示范辐射作用。他们让先进典型在全市作巡回报告，使更多的人受到教育，激发了泉城人的争创意识。许多单位制定了争创文明单位目标责任制，全市文明单位创建活动由行业自主竞赛形成为一体化推进的格局。

威海市优化四大环境推动对外开放 威海市近几年坚持"以立为本，重在建设，重在服务"的指导方针，突出了为经济建设和改革开放服务这个主题，以把搞好精神文明建设做为促进对外开放的战略措施，从整体上促进了对外开放大环境的改善。他们的作法是：(1)加强思想道德建设，优化对外开放的思想、舆论环境。首先广泛开展解放思想、更新观念、培育敢闯敢干精神的活动，通过“全国搞开放，威海怎么办”大讨论，叫响了“借韩兴威，以港兴市”的口号。同时广泛开展争做“文明市民”的活动。(2)加强城市容貌设施建设，优化对外开放的工作生活环境。通过一系列工程建设，使城市整体功能和环境面貌发生了新的变化。(3)加强精神工程建设，优化对外开放的文化环境。着手修建了威海卫广场、博物馆、体育馆等文化体育活动阵地，全市各类文化经营单位已发展到480多个，建成具有一定规模的文化娱乐场所620多个，形成了一个城乡一体、互相交流、专兼结合、全民同乐的文化事业新格局。(4)加强法制建设，优化对外开放的社会环境。该市坚持一手抓改革开放，一手抓抵制打击。通过抓教育、抓严打、抓防范，自1992年以来全市“六害”案件发案率下降20%，由“六害”而引发的其他刑事、治安案件也明显减少，所辖四个市区均跨入全省社会治安综合治理先进行列。

枣庄市市中区注重精神文明硬件设施建设 山东省枣庄市在开展精神文明活动中，十分注重硬件方面的建设，取得了可喜成绩。(1)努力强化社区服务，已建成社区服务中心20余处，老年活动室59处，康复医疗站34处，拥军优属服务队119个，服务网点1124个。社区服务网络已初步形成。(2)搞好群众文化娱乐服务。该区投资300多万元建起了市中心电视台；投资900多万元建起一座“百乐文化城”；投资1300多万元完成了城市中小学校改任务；投资1000多万元建起了君山小学、逸夫小学、区托幼中心和特教中心，缓解了市驻地儿童入托难、入学难的矛盾。(3)为居民群众营造一个安全的工作生活环境。1993年，投资230多万元，进一步改善基层派出所、法庭、司法所办公、交通和通讯条件，并进一步强化了基层治安网络建设，全区乡村两级联防队员发展到2000余人；按照区域管辖的原则投资80多万元，对居民住宅小区推行了全封闭或半封闭式管理，有效地遏制了治安案件不断上升的趋势。

福州市创建“全国双拥模范城”和“卫生城市” 1992年，福州市在跨入“中国城市综合实力50强”，“全国城市投资硬环境40优”行列的同时，获得了“全国双拥模范城”和“卫生城市”的称号。该市在精神文明建设工作中，突出抓了五个方面的工作：(1)坚持“两手抓”的方针，建立“两手硬”的机制。各级各部门普遍做到精神文明建设既有长远规划，又有阶段性的目标、任务和要求，建立了组织严明、职责明确的领导体制和办事机构，使精神文明建设向规范化、制度化发展。(2)突出思想道德建设，重视精神支柱建设。坚持不懈地进行党的基本路线和建设有中国特色社会主义理论的教育。抓好省会意识和福州人精神的宣传教育。深入开展了社会公德和职业的教育，提高人们的思想道德素质。(3)开展群众性精神文明建设活动，创造文明的社会环境。全市开展群众性的创建文明城市、文明县区、文明单位活动，开展军警民共建活动与双拥工作互相促进，共创先进党支部、共育四有新人，共建三优街、文明路等，实现人才共育、环境共建、治安共抓、新风共树、实事共办，建成了一批科技片区、文化片区、安全片区、卫生片区等。(4)发展科技、教育、文化事业，推动“科教兴市”战略的实施。(5)抓好党风和廉政建设，增强精神文明建设的凝聚力。由于该市以创建“全国双拥模范城”、“国家卫生城市”和“省级文明城市”为目标，精心制订规划，加强组织领导，广泛发动群众，大力推进精神文明建设，有力地促进了经济和社会的全面发展。

福安市努力创建成闽东繁荣开放进步的文明城市 位于福建东北部的福安县，1989年经国务院批准，撤县建市。建市以来经济建设发展迅速，1992年全市国民生产总值达75亿元。同时还先后被评为全国体育先进市，全国科技工作先进市。创建卫生城市工作也取得较好成绩，计划生育和社会治安综合治理基本达省标。并被列入国家“开放促开发扶贫综合改革试验区”。这是与该市抓紧两个文明建设的作法分不开的。早在建市初便开展了“福安发展靠什么，我为福安建设做什么？”的大讨论，提出了“团结拼搏，开明守信、务实创新、奉献争先”的福安精神，以这种精神鼓舞群众。福安市两个文明建设做了如下5个方面的工作：(1)树立伟大的创业精神，调动广大干群的积极性，创造性，为改革开放和经济建设，提供强大的精神动力；(2)抓好基础设施建设，加速旧城改造和村镇建设为改革开放树立形象；(3)抓好大文化建设，提高市民的综合文明素质，为改革开放和经济建设铺路搭桥，并直接促进了生产力发展；(4)加强组织领导，因地制宜，成立创建文明城市委员会，统揽全市精神文明建设工作，实行齐抓共管，为坚持“两手抓，两手硬”促进经济建设和改革开放，提供有力的组织保证；(5)密切联系实际，总结经验，研究探讨新情况新问题，加强精神文明建设，为保证经济建设和改革开放的社会主义方向，提供理论指导。

石狮市树立一个目标构筑五大系统 石狮市自1987年底建市起，即根据福建省委提出“抓石狮、促沿海”的精神，努力走出一条在改革开放中创建精神文明的路子，逐步形成了一整套切合石狮实际的在改革开放和市场经济条件下建设社会主义精神文明的新思路、新方法。其具体内容是，树立创建文明城市，提高市民素质，促进经济社会全面发展，把石狮建成一个政治安定，经济繁荣、风气良好、环境优美，生活方便的具有鲜明特色的社会主义侨乡新城市这样一个目标、依据服务性、建设性、实践性的原则，构筑思想道德、科教文化、环境秩序、组织载体，法制保障等五大系统。由于在五大系统上抓出了成效，石狮市的经济得到迅速发展。1993年被福建省委命名为创建文明城市活动先进城市，初步实现了两个文明建设的同步发展和良性循环。

黄山市举办精神文明知识竞赛活动 为了切实提高黄山旅游区服务人员素质和服务质量，黄山市于1992年举办了社会主义精神文明知识竞赛活动。为了搞好这一活动，黄山市文明委于1992年3月初编印下发了448题5.2万字的《社会主义精神文明知识竞赛题》一书，向市民普及中华民族史、思想道德与科学文化建设、国情市情、精神文明建设的法规、决定、决议及重大活动等多方面知识。竞赛活动掀起了建文明城市、创文明单位、做文明市民、树文明新风的热潮。7—8月间，在市府所在地屯溪进行了全市预决赛。经过激烈角逐，黄山区队荣获特等奖，政法口、祁门县和80302部队获一等奖。由于竞赛活动声势大、参与面广，群众受到深刻教育。使黄山市出现了两个文明并肩上的大好局面。

九江市以"双杯龙舟赛"为载体 促进文明城市建设 九江市是一座历史悠久的文化名城。1992年5月31日至6月5日，由国家体委、国家旅游局举办的全国"屈原杯"龙舟赛和中国"庐山杯"国际龙舟邀请赛在这里举行。全市人民以强烈的东道主意识，争创一流的精神，加快文明城市建设步伐，各项工作取得了显著成效，使大赛获得圆满成功。市政府组织专门力量，狠抓了社会秩序和环境卫生的综合治理，全市出现了治安好、秩序好、卫生好、风气好的可喜局面。市区主要街道、主要地段的建筑进行了改建和装饰出新，新建了南湖周围看台，改建了南湖公园，滨江大道西段拓宽改造工程，庐山路和八角石的拆迁和改造基本完成，新建了八角石转盘和彩色喷水池，加快了"半拉子"工程的建设，促使九江港客运码头、白鹿宾馆、香炉峰宾馆、粮食大厦等工程在"双杯"龙舟赛前交付使用。长江大桥也提前合拢。城区街道和公共场所面貌焕然一新。"喜迎四方客，满意在浔城"的优质服务活动有声有色。各商业服务行业，特别是各宾馆、招待所普遍采取脱产轮训、岗位培训、专题讲座、知识竞赛、岗位练兵以及报告会、演讲会等多种形式开展职业道德、职业纪律、职业技能、职业规范的学习培训，大大提高了服务质量。各接待单位增加投入，改造服务设施，改善服务环境，提高了接待档次，全市上下为中外客人提供了一个更加优美、舒适方便的环境。通过深入开展"百日优质服务竞赛"和优质服务明星评选活动，文明经商，礼貌待客，热情周到，微笑服务，蔚然成风，学雷锋，新人新事不断涌现，以实际行动展示了九江人民良好的精神风貌。"双杯"龙舟赛还有力促进了该市的对外开放和经济建设。双赛期间，观众达150万人次，接待海内外客商1万多人，商品交易会成交总额15亿元，洽谈投资项目32个，投资总额6143万美元。

吉安市举办文明单位建设成果图片展 1993年国庆节起，江西吉安地区精神文明办公室在吉安市闹市区举办了全区文明单位建设和管理成果图片展。展出了图片版面79块，省、地、县(市)级文明单位127个。该展览图文并茂，具有一定的可读性和观赏性。展出的文明单位都是近几年来在两个文明建设和文明单位建设与管理中涌现出来的先进单位。展出期间，广大干部群众踊跃参观，非常认真，一些观众对创建文明单位的好经验、好做法作了详细的笔录。当地电视台和广播站对这个展览都作了宣传报道。展览既吸引了广大干部群众参与精神文明建设活动，也活跃了群众节日文化生活。

武汉市以连线成片滚动发展的方式推动精神文明建设 武汉市在认真总结以往开展群众性精神文明建设活动的经验，研究改革开放出现的新情况、新问题的基础上，摸索了一套基本符合该市实际的突出努力培养"四有"新人，建设文明武汉的一条主线，注重思想道德建设与依法管理城市、优化城市环境相结合；倡导社会新风与优化"社会细胞"相结合的"两个结合"，与以广泛开展推进基层两个文明建设协调发展的多种共建活动；以树新风、育新人、办实事为主题的"窗口"服务行业"新风杯"竞赛活动；以治理脏乱为重点的"创三优"区街活动为三个驱动器的文明城市建设工作思路。

根据这个思路发动群众参加到改善环境的活动中去一方面为创造育人环境努力作贡献，另一方面广泛宣传社会教育和约束自身，逐步培养文明行为。该市始终把创建文明单位、文明小区等作为一项基础性工作抓住不放。将"治城育人"有机结合并落实到基层、从而推动文明城市建设连线成片滚动发展。

在工作中确立每一阶段的工作目标和任务，既扎扎实实，又持之以恒，注意连续性、一贯性，不断积累，逐步深化，由点到面，使文明城市建设取得了一定的成效。

武汉各界讨论"如何做父母"

工人夏礼汉捆吊儿子夏辉致死一事见诸报端后，在武汉引起强烈反响。11月中旬，武汉市教育界、妇联、共青团、人大代表和司法界纷纷召开不同形式的座谈会，就"如何做父母"进行讨论。市教委主任指出：5年前青海夏斐事件的悲剧在武汉重演，教委系统深感痛心，发人深省。通过市、区教委初步调查，至少有三个方面的问题值得重视：一是学校和教师要研究怎样全面关心孩子的成长，耐心观察孩子的变化，及时引导教育；二是要创造一个良好健康的社会环境；三是家庭教育要密切配合，对孩子的缺点要因势利导，既不能粗暴，又不能溺爱，不能只是恨铁不成钢，而不注意方式方法。市妇联组织有100多人的武汉家庭教育研究会就夏辉事件展开讨论，并让与夏辉年龄相仿或不同年龄段的学生家长交流、探讨家庭教育问题。华中师范大学的教育专家也就夏辉悲剧展开了讨论，一些教育心理学家纷纷发言。他们尖锐地指出，直到如今，在我国，孩子的人格远没有得到尊重。“棍棒出孝子、不打不成材”，社会默认父母一切出于“爱心”的举动，哪怕是虐待，只要不出现夏辉式的极端，就被认为合理合法。他们呼吁，在全社会开展一次“我们怎样做父母”的讨论。在夏礼汉家，人来人往络绎不绝。有的对小夏辉的遭遇表示惋惜，有的对夏家的不幸表示同情，更多的则义愤填膺，进行指责批评。市人大法制委员会副主任在讨论中指出：未成年人和公民的人身权利是受法律保护的，希望人们在感叹之余，多一点法制观念，多一点科学的方法，把教育下一代当作一门学问来认真研究。

宜昌开展“服务大三峡、建设新宜昌”活动 三峡工程的上马，对宜昌的精神文明建设提出了新的要求。宜昌人的文化素质、道德风尚，宜昌的社会秩序、生态环境、文明程度都需要有一个很大的提高。为此，宜昌市决定，从1992年起，广泛开展“服务大三峡，建设新宜昌”，“三峡工程在宜昌，我为三峡做贡献”的精神文明建设活动。内容包括：(1)进一步抓好创建文明县城、文明乡镇、文明单位、双文明户的“四创”工作，形成一批文明素质高、示范作用强、辐射面广的文明样版。(2)大力培养市民文明素质与文明行为，广泛深入开展以“五爱”为核心的社会公德教育，以全心全意为人民服务为核心的职业道德教育，以尊老爱幼、互谅互让、助残扶弱等中华民族传统美德为重点的伦理道德教育，继续开展“学雷锋、学两兰、学两模、学先进”的四学教育活动，继续开展以“创优质服务、优良秩序、优美环境、移风易俗、树文明新风”的“三优一树”活动，继续搞好刹“三风”，除“六害”的综合治理活动。(3)抓好几项群众性的精神文明建设活动，包括市民文明礼仪活动、机关勤政廉政活动、窗口服务单位优质服务竞赛活动、双拥活动等。(4)积极建设文明环境。通过一年的努力，宜昌市发生了巨大的变化，宜昌已经为三峡工程建设作了充分的准备。

长沙市采取措施稳定教师队伍 《中国教育改革和发展纲要》颁布以来，长沙市在结合实际深化各项教育改革的同时，努力抓好教师队伍建设，采取了一系列稳定教师队伍的措施。针对近几年教师“跳槽”现象，市委与市府决定，每年表彰一批热爱教育事业、工作有突出贡献的优秀教师，并给予重奖。对教师的职称采取评聘分开的办法，鼓励中青年教师脱颖而出。对符合职称晋升条件而指标又不够的教师采取地方的特殊办法，以解决一部分优秀中青年教师职称和待遇提不上去的问题。还认真选派教师去教育院校学习进修，提高教师业务素质。他们重视为教师排忧解难办实事，“七五”期间，每年为城区教师建1万平方米宿舍，“八五”期间划20—30亩地，兴建教师新村，盖1000套住宅，解决市内有高级职称教师的住房问题。对教师子女升学和解决教师家属就业安置以及教师夫妻分居问题实行优惠政策。给市区边远学校的教师浮升工资。市府还在教师中选拔一批忠于党的教育事业、政治业务素质好、富有奉献精神和开拓精神的骨干教师，担负领导工作。将校长的职称评定与教师分开，让校长之间进行竞争，并实行校长岗位津贴。

株洲市发挥城市辐射功能，工农共建文明村镇 株洲市在认真总结过去开展文明村镇建设竞赛活动经验的基础上，根据本市特点，充分发挥中心城市的辐射功能，走出了一条城乡互补、工农共建的新路子，使文明村镇建设活动进一步充实了内容，提高了水平。1992年全市参加竞赛的村镇，从10年前的100个发展到1826个，占行政村镇总数的82%，普遍实现了由过去侧重治理脏乱差、改变村容村貌等，转向坚持两手抓，实行综合治理，全面发展。他们突出重点，把经济联营和协作放在共建工作的首位，促进城乡经济协调发展。全市50家大中型企业、77个机关团体、36所科研院校和52个其他企事业单位，先后选派了3523名干部和工程技术人员，深入到1226个村，运用扶贫、社教、支帮促等形式开展共建工作，有效地推动了城乡经济稳步发展。全市共建点上共新办企业2526个，减少村办企业空白村600个，新增产值22亿多元。同时制定政策，建立农业优先，互惠互利的原则，从不同角度先后制定了一系列有利于城乡协作、工农共建的地区性文件法规，鼓励城市企事业单位对口扶持乡镇企业；鼓励城市科技人员和机关干部到乡镇工作；鼓励乡土能人兴办乡镇企业；在税收上给予适当优待，对全市的工农共建工作起到了一定的激励和鞭策作用。他们还在组织措施上提出“农家攀亲，工方访友；部门牵线，市委作媒；撮合一批，巩固一片；逐年增加，不断拓展”的24字方针，使人尽其才，物尽其利，对口扶持、长期协作的共建伙伴不断巩固、拓展。1986年全市仅有工农共建村镇12个，而且都在城郊农村，1992年共建村镇已遍及全市广大农村，占参加文明村镇建设竞赛活动村镇的67%。

开封市开展市民文明意识教育 河南省开封市文明指导委员会和市委宣传部从1992年10月开始，组织全市市民的文明意识教育，计划用两年的时间教育一遍。活动开始前，他们于1991年秋组织力量编写了以爱国主义、集体主义、社会主义为核心又具地方特色的教材。1992年春，开办了文明意识教育宣讲员培训班，接着召开了全市各单位有关领导参加的"社会主义精神文明建设理论研讨会"，进行了思想反动。在教育活动中，他们把教育对象规定为全市干部、职工和具有一定文化接受能力的一般城镇居民，教育顺序是首先从市级以上文明单位开始，继而是县、区和各系统的文明单位，然后是一般单位和城镇居民群众，体现了由先进带动一般，干部带动群众，并层层落实。在教育中，他们把文明意识教育的内容划分为四大块，即"国情篇"、"乡情篇"、"道德篇"、"法制篇"，给人以综合性的行为规范。在活动中，他们规定每一期教育的自学、讨论、辅导的总时数不得少于48小时，辅导宣讲必须有讲稿。学时结束，均向各级文指委申报考试。凡具有初中以上文化程度的在职人员、均应参加考试。考试合格者，由市颁发合格证。凡应参加学习而不参加学习或考试不及格者，不得参加"文明市民"评选活动；单位不组织教育者，不得参加"文明单位"评选活动。在活动中，他们还在报纸、广播、电视上大造舆论，创造开展文明意识教育的氛围。到1993年5月，活动已获初步成果，参加学习已达3万余人，经考试已获合格证的有2.4万余人。

广东召开创建文明城镇现场会 1992年4月，广东省委在南海市召开了广东省创建文明户、文明村镇经验交流会。南海市委在会后又抓了大沥镇这个点，开展创建文明城镇活动。10月13至14日，省委再次在南海召开现场会，总结推广南海在这一阶段创造的经验，部署在全省范围内开展创建文明城镇活动，以促进精神文明建设更全面更健康地发展。出席座谈会的人员参观了南海的一些地方，为该地创建文明城镇活动的成绩所鼓舞。会议认为，南海的经验主要有三点：(1)开展创建文明单位活动一定要同社会治安综合治理紧密结合起来。社会治安综合治理是社会主义精神文明建设的重要组成部分。某个地区精神文明真正搞好了，这个地区治安综合治理一定是好的。(2)建立健全群众性自我教育、自我管理、自我约束的机制。有了这个机制，就能促进社会风气、社会治安向好的方面转变。(3)党政领导和各部门密切配合是关键。各级党政领导和各条战线、各个单位的负责人都下大决心，采取坚决措施，扎扎实实做工作，绝大多数的单位是可以管理教育好的；剩下的极少数单位坚持错误的做法，就要依法处理。这样，社会风气和社会治安一定会日益好转。与会同志认为，南海的经验表明，在社会主义商品经济比较发达的地区，能搞好社会主义精神文明建设；在商品经济发展比较快的地区，能搞好社会治安综合治理；社会治安综合治理和开展创建精神文明单位活动，扫除七害，打击刑事犯罪活动，不会影响社会主义市场经济的发展。

广州精神文明建设成果多 广州市把为经济建设和改革开放提供有力的思想保证、精神动力和智力支持作为开展社会主义精神文明建设的主要任务和目标，紧紧抓住学习贯彻建设有中国特色社会主义理论和党的基本路线这个重点，通过广泛开展爱国主义、集体主义、社会主义和新时期创业精神的教育，先后在城乡开展了党员干部的社会主义理论、党史党建理论、群众的社会主义思想三大教育，使广州两个文明建设稳步发展。他们坚持育人为本，把社会主义精神文明建设活动的着眼点放在提高人的现代文明素质上。从1991年6月到1993年末，广州各行业各单位，把培育"广州市风"、"广州人精神"同建设文明街风、厂风、校风、家风结合起来，组织开展社会公德大讨论、职业道德培训，开展"岗位学雷锋、行业树新风、社会送温暖"活动，提高广大干部、群众的思想道德和科学文化素质。他们立足基层，从1985年到1993年上半年，广州城区先后有56条街道跨入省、市级文明街道行列，市郊评出文明村460个，文明户32.7万户。服务行业开展创建文明单位、文明经营户活动，保证了第三产业的健康发展。在"双拥"共建活动中，500多个共建点均取得好成绩，军警民共建文明中山路、文明珠江、文明广州火车站广场和文明长洲岛四大骨干工程取得新进展。除了抓提高人的综合素质和软环境建设，他们还十分重视硬件设施建设。采取建管结合，大抓城市环境的综合整治和社会治安的综合治理，组织打击嫖娼卖淫、禁毒、禁赌、打击车匪路霸等专项斗争。1991年到1993年8月，全市科教文体建设共投入20多亿元，兴建学校、幼儿园、敬老院、卫生院等一批设施。同时还大兴公路桥梁、改水、改厕，为精神文明建设提供了扎实的物质载体。

广州市华林街道塑造新型人际关系 广州市荔湾区华林街道为满足居民的多方需求，组织开展社区志愿者互助服务活动。他们在广州率先成立了社区服务志愿者协会，在自觉、自愿的原则下，组织全街道300多名志愿服务者和10多个社会单位，开展以"自我管理、自愿服务、人人为我、我为人人"为特征的登门服务、挂牌服务、包户服务和双向互助、进厂进店服务及集市服务等。这种新的服务形式花钱少、办事多，符合我国国情、民情，较好地解决了街道开展社区服务所遇到的场地缺乏和经费困难的问题；这种服务形式丰富了社区的服务内容，弥补了设施服务的局限.其服务队伍大，专业人才多，内容广泛，针对性强，能覆盖社区的每个角落，深入所有居民的家庭；它也有利于创造良好的社会环境，弘扬了“出入相友、守望相助”的社会美德，使因社会都市化、住宅公寓化而淡化的邻里关系、人际关系得到密切和净化。1992年年底，广州市政府主持现场会，推广了他们的经验，认为这种作法把城市社区服务提高到一个新的水平，对广州15年赶上亚洲“四小龙”目标，发展和完善城市社会福利体系，起到了重要作用。

柳州市创建文明城市活动见成效 柳州市是广西壮族自治区的工业重镇。从1984年起，这个市在大力推进城市体制改革的同时组织开展并参加自治区以“三优一学”为主要内容的创建文明城市建设活动竞赛。到1993年，已坚持了9年。从1986年起，连续7年荣获自治区区辖5市组第一名，在此期间该市还积极组织开展创建卫生城、双拥模范城活动，均取得好成绩。1991年6月、1992年1月，该市被国家、自治区命名为双拥模范城。1990年10月、1992年12月先后两次被国家命名为全国卫生城。9年来，该市在创建文明城市活动中，始终坚持党的“一个中心，两个基本点”的基本路线，做到两个文明一起抓。在邓小平南方重要谈话和党的十四大精神指导和鼓舞下，全市上下集中力量抓经济建设，加快改革开放步伐，增加精神文明方面的投入，增加硬件设施建设，充实活动内容，有效地促进两个文明建设的同步发展。1992年成为全国5个自治区第一个突破工业总产值百亿元大关的城市。农业及其他产业收入也都取得了较好的效益，得到全面发展。该市创建文明城的主要经验和体会是：(1)加强领导，坚持创建文明城市活动。该市把创建文明城市活动作为促进柳州经济建设和社会进步的大事来抓。既有近期规划，又有年度实施计划。从市、城区、县到基层单位均建有群众性精神文明建设领导机构和办事机构，机构、人员、经费均得到落实，形成完整的组织指挥网络。(2)突出重点，抓好以学雷锋，学先进为主要内容的思想道德建设。这些年来，该市在大力弘扬雷锋精神，号召全市人民向雷锋学习的同时，大力宣传身边的雷锋，1992年市里表彰学雷锋先进个人112名，把学雷锋、学先进活动引向深入，使思想道德建设注入了新的活力。全市1992年举行的学雷锋报告会7672次，参加活动人数达127万多人次。(3)多办实事，努力创造良好的城市秩序和优美环境。这几年，该市针对行路难，用水难，上厕难，住房难等问题，决定每年办10件实事、好事。1992年，修了静兰公路、文惠桥、柳州机场、柳太路、西江路，新增管道煤气户5000户、还新建了农贸市场等。这10件事的兑现，有效地改善了城市环境，方便了群众生活，市容市貌有了明显的改观。在办实事的同时，进一步加强城市秩序、交通、环境的管理，充实管理队伍，实行市容目标管理责任制，使市容环境管理走上法制化、规范化和科学化的轨道。(4)优化社会细胞，把创建文明城市的任务落实到基层。广泛开展创建文明单位(村)活动，并制定管理办法。开展创建文明单位、文明村的活动而分别达到90%和77%。目前，全市文明单位已发展到791个，其中市一级408个，自治区级30个，文明村121个，其中市级13个，自治区级5个。军(警)民共建文明单位、文明村，共建点260个，在共建中起到了重要作用。(5)条块结合，建立双轨运行创建文明城市竞赛机制。按城区、乡镇专业部门分组开展竞赛，实行以块块为主，条块结合的体制，采取统一规划，分级管理，部门配合，专群结合的办法开展活动，使创建文明城市活动有计划，有步骤地深入开展下去。

海南省三亚市推出精神文明建设8项新举措 为迎接凤凰机场通航，海南省三亚市在1993年年底推出精神文明建设八项新举措。(1)加强文明教育，开展迎通航宣传周活动、编印文明市民手册、创办“三亚市文明学校”等；(2)在海关、机场、码头、车站、涉外宾馆等窗口单位和学校、街道开展“优良秩序、优质服务、优美环境和学雷锋”活动；(3)抓好乡镇、市直五局党委和河东、河西、南海三大块的创建文明单位竞赛活动，提高城乡市民文明素质；(4)宣传文化战线各部门、各单位开展反腐倡廉，为民服务活动；(5)拓宽文化市场，丰富文化生活，满足市民精神需求；(6)搞好国际跳水基地配套设施建设，办好跳水学校；(7)加强对外宣传工作，提高三亚知名度。(8)做好“大干九个月，迎接机场通航”等7个成果追踪报道，立群英谱，出龙虎榜。

西安市爱国主义教育形式多样 西安市被列为市级以上重点文物保护单位的历史遗址和革命遗址达98处。西安市利用这些丰富的教材，对广大学生、军人和人民群众进行爱国主义教育和传统教育。他们组织全市1200多所大、中、小学，分别在八路军西安办事处、西安事变纪念馆、杨虎城纪念馆等处建立了爱国主义和革命传统教育基地，利用党的生日、国庆节、青年节、国际儿童节等节日以及入党、入团、入校、毕业之机，开展瞻仰革命遗址、举办报告会、演讲会、座谈会、知识竞赛、专题征文等活动，对青少年进行党史党建理论和国情教育。西安交通大学、西安89中学等单位将革命传统教育与争当“四有”青年结合起来，涌现出200名三好学生和见义勇为先进个人等各类典型。西安军分区等部门在对官兵进行爱国主义和理想纪念教育的同时，与八路军西安办事处等单位结成共建对手，广泛开展社会调查和“观史迹、话理想、立壮志”的演讲，报告活动。据不完全统计，从1984年到1993年10年间，西安市有4000万人次的群众、学生、官兵和外地观众到西安各纪念馆、所，接受爱国主义和革命传统教育。

西安市大力开展都市意识教育 西安是全国十大城市之一，是举世闻名的历史文化名城，改革开放十多年来，已成为世界性的旅游城市和西北最大的物资集散中心。如何使社会稳定经济发展？1992年，该市即指出城市生活，客观上要求人们的思想意识和行为举止必须与之相适应，以不断提高城市的社会主义精神文明和城市规划、管理水平，这就必须在市民中树立和培养一种"都市意识"。他们认为，所谓"都市意识"就是以社会主义道德为基本内容的现代文明意识。主要包括这样几个方面：城市公共道德意识；城市人际关系意识；城市公共卫生意识；城市公共生活意识；城市交通法规意识；维护公共设施意识等。

为培养和树立市民的都市意识，西安市组织了开展都市意识教育活动，他们采取举办学习班、知识竞赛，召开专题讨论会，利用舆论导向，进行广泛的宣传，收到了良好的社会效果。一是群众都市意识普遍增强，"建设文明城，先做文明人"已成为群众的共识。讲文明、讲礼貌、讲卫生、讲道德的良好风气正在形成。二是改善了投资环境，高新技术开发区、兵马俑博物馆、大雁塔风景区等卫生面貌，大为改观。三是促进了城市管理。市民维护交通秩序，爱护公共设施已成为自觉行动。四是企业文明程度日益上升。现在，在全体市民中，好人好事不断涌现，见义勇为的事例层出不穷，文明、开放、团结、进取的市风逐渐成为群众的自觉行动。

宝鸡市优化社会细胞 建设文明小区 宝鸡市在建设文明城市的过程中，从优化社会细胞入手，探索出一条从文明家庭到文明城市"五个层次"的创建活动路子，即五好家庭、文明楼院、文明居委会、文明单位和文明小区。每个层次的创建活动都先行试点，由点到面，全面铺开。目前，全市有五好家庭251300多户，文明楼院420个，文明家居委会19个，文明单位2400多个，文明小区17个，形成了一个梯级结构。这个市在创建文明城市的实践中感到，大批文明单位的涌现和发展，有效地扩大了社会主义精神文明建设的影响力和覆盖面，但要从单位的文明达到整个城市的文明，跨距太大，空档很多。如何更好地发挥文明单位的辐射示范作用呢？他们摸索出建设文明小区的发展路子，就是以当地办事处为龙头，以大型企业为骨干，连结周围的单位和居民，共同创建，全面发展。铁道部宝鸡桥梁厂为文明小区建设起了开创性的作用。这个厂地处宝鸡市区最南端的益门堡地区，这里有工厂、农村、部队、商店、学校等8个行业、归口不同的单位，人口1.3万余人，是一个"小社会"。过去这一带道路狭窄，坑洼不平，垃圾成堆，蚊蝇成群，经过3年治理，宝鸡桥梁厂成了全省首批文明单位，以后在该厂带动下，又以精神文明、社会安定、经济繁荣、环境整洁、生活方便为目标，工农、工商、军民共建文明小区，共同塑造"小社会"的文明形象。美化环境，净化社会风气。现在小区内共建花坛80个，花池50多个，栽法桐2000株、泡桐1500株、杨柳2500株，其他树木2000多棵，绿化覆盖面达95%以上。三季有花，四季长青。卫生有专人管理，日清日洁，无乱堆，无乱放杂物，无污泥积水，无圈养家禽。宝鸡桥梁厂出资拓宽了主要交通干道。小区所辖的茹家庄村也基本改变了脏、乱、差面貌，被区上命名为"文明村"。为了小区人民生活的方便，宝鸡桥梁厂出资10万元建成了"桥梁新村集贸市场"，由工商部门负责管理。该厂还先后为公共交通、银行、邮政、粮食、肉食水产等部门和单位免费提供办公房屋和营业门店，召开联谊会，密切了该厂和这些单位的关系。这些单位也狠抓职业道德教育，开展优质服务，建立了文明服务监督岗。小区现在生活服务门类齐全，物价稳定，社会秩序安定，一片祥和气氛。

兰州市深化创"三优"建"三城"活动 兰州市连续三年被甘肃省评为精神文明建设先进城市，1992年被命名为全国十佳卫生城市和双拥模范城。为了巩固和扩大"三城"建设的成果，进一步提高创建水平，为1994年8月在兰州举行的第四届中国艺术节创造良好的社会环境。他们于1993年11月上旬制定出《创"三优"、建"三城"实施方案》，明确提出，要以办节为契机，以创建省级文明城市、高标准卫生城市和"双拥模范城"为目标，以开展群众性的创建竞赛活动为载体，全市动员、全民参与，进行社会公德教育，创优良秩序；进行职业道德教育，创优质服务；进行市容整治，创优美环境。为了巩固省级文明城市创建成果，他们着重开展以公德教育为基本内容的争做"文明市民"、以岗位学雷锋、行业树新风为主题的学雷锋等10项活动。为巩固扩大卫生城成果，重点做好强化宣传教育，增强市民卫生意识，强化基础设施建设、强化市容综合整治、强化卫生管理等7项工作。为巩固扩大"双拥城"成果，具体抓了5项工作：强化宣传教育，增强国防意识；落实各项优抚政策；提高"双拥"质量；深入开展为军人、军属优质、优先、优惠服务活动；坚持开展"双拥"务实创新活动，拓宽共建领域和范围；支援驻地大型工程项目建设。

兰州市西固区办好市民学校 扬社会公德 兰州市西固区区委、区政府在分析全区精神文明建设状况的基础上认识到，社会公德教育是提高居民素质，加强精神文明建设的一项基础性工作。在他们倡议下，由各街道牵头，建立起了市民学校，充分利用辖区各类学校的优势，吸收居民就近就地接受教育，并将市民学校教育工作纳入全区精神文明建设总体规划，进行统一组织安排，分类检查指导，定期考核评比。各市民学校在教育工作中，一方面通过举办学习班和印发材料等形式，系统讲解文明市民的行为规范；另一方面，通过开展各种活动，引导市民自觉遵守社会公德，争当文明市民，使广大群众按社会公德的基本要求，规范自己的行为。市民学校普遍采取举办家庭道德教育培训班的形式和创“文明家庭”活动，开展现代家规、家教、家务、家风、家貌教育，培养尊老爱幼、家庭团结、邻里和睦和遵守公共秩序、维护公共利益、爱护公共财物的良好社会风气。各市民学校在开展市民教育工作的同时，把社会公德教育和青少年日常行为规范教育纳入政治课教学范畴，积极引导广大青少年学生自觉遵守社会公德规范，用道德规范来约束和检验青少年的言行。各市民学校还把对市民的法制教育纳入日程，把市民教育与社会治安综合治理结合起来，促进社会稳定。通过市民学校的工作，西固区社会风气良好，道德风尚大大提高，仅福利路街道在截至1992年底的统计，涌现出拾金不昧的1061人次，帮助孤寡、残疾人做好事629人次，有150人进入文明市民行列。

成都市扎实抓好文明城市竞赛促精神文明建设 成都市按照中共四川省委、四川省人民政府的安排部署，以及全省24城市第四届“三优一学”创文明城市《竞赛协议书》的要求，从1991年起，组织了参加全省竞赛的活动。他们基于竞赛活动必须紧紧围绕改革开放和经济建设这个中心，服从、服务于这个中心的观点，明确提出了参加第四届“三优一学”创文明城市竞赛要在全省努力实现“创全优争第一”的奋斗目标。并于1992年进一步提出“1993年建成国家卫生城市，1994年建成双拥模范城市，1995年力争建成省级文明城市”的奋斗目标和发展方向。为实现这一目标，该市采取了把“三优一学”纳入市政府的一级目标管理，结合成都的实际制定了地方性法规和行政规章41个，并切实加强指导和督促检查。同时以深入到点具体帮助、指导，经常总结点上经验，及时召开有关系统现场经验交流会，通过新闻媒介广为宣传、推广，以促进面上的发展等措施，有力推动了竞赛活动的进行。由于竞赛活动的开展，促进了城市的发展，激发了人民群众爱蓉城、建设蓉城的极大热情。在各行各业树立了一批先进典型，取得了本届竞赛的四职教育、优质服务、集贸市场管理，学雷锋树新风、社会治安综合治理等项全优成绩。交通、通讯状况明显改善，社会治安日趋好转，人民群众文明素质不断提高，为对外开放提供了良好的环境。

成都市首获国家卫生城市殊荣 成都历来古朴典雅，环境优美，是我国著名的历史文化名城。改革开放以来，成都市委、市政府坚持两个文明一齐抓，先后进行大规模旧城改造，大大改善了城市基础设施。他们广泛进行爱国卫生教育，使成都初步建成整洁美观的现代化城市。为了适应改革开放的形势，1990年成都市进一步提出了“全民动员，奋战三年，创建国家卫生城市”的奋斗目标，并把创建国家卫生城市的10大类、69项指标分解到55个部门和单位，采取定领导、定任务、定进度、定时间、定责任的五定责任制，确保创建目标任务的如期完成。在各级领导的重视下，全市掀起了全民参与、军民共建的创建热潮。1990年和1992年，成都两次被评为“全国十佳卫生城市”，名次从第10位跃居第2位。1993年成都市又通过多种渠道投入了近2亿元资金，重点抓了城郊结合部道路建设、城市市政环卫设施建设、城市绿化建设、城市集贸市场建设、居民院落厕所改造等工作，使成都市貌一新。1993年秋，全国爱卫会通过广泛深入细致的考核，正式命名成都市为国家卫生城市。这是第一个获此殊荣的省会城市。

昆明市吸引群众投身助人为乐见义勇为活动 云南省昆明市在群众性精神文明建设活动中，十分重视社会公德建设，既广泛倡导无私奉献精神，又重奖见义勇为勇士和助人为乐公民。市政府定期或不定期地命名昆明市见义勇为勇士、助人为乐公民。凡属本市或外地来昆公民、公检法司干警和部队及武警干部战士在公休或工余时间，为保护国家、集体和公民财产及人身安全作出贡献的，都可据实申报见义勇为勇士。对于公民见义勇为而造成伤亡残废者，除党政给予重奖，各种社会保障机构大力支持外，还发动城乡人民广泛予以关怀。在美籍华人、省政府名誉顾问熊德龙捐赠100万港币的带动下，昆明市于1992年7月成立了维护社会治安奖励基金。各界纷纷捐助，已到位资金350多万元。从1989年到1993年10月，昆明市政府已命名了66名见义勇为勇士和助人为乐公民。

拉萨市城关区居民学习《白皮书》 1992年9月21日，国务院新闻办公室发表《西藏的主权归属与人权状况》白皮书，拉萨市城关区居民纷纷组织起来，认真学习。那些昔日的农奴，虽然都上了年纪，但读着《白皮书》，谈到暗无天日的旧社会，都非常气愤地以自己的切身经历，驳斥国外反华势力和境内外分裂分子对翻身农奴新生活的诬蔑。八廓居委会居民洛桑谈到，在旧社会，他家3口人就有5个主人，即其母、妻和他本人各属于一个主人，他家从事的裁缝手艺和住房又各属一个主人；长年累月地给领主、寺庙、藏军做服装，却得不到1分钱的报酬；那时，碰到官员和贵族，只能低头，目光如触及对方膝盖以上部分，便被视为违法犯规；如果旧社会有人权的话，那就是这样的“人权”！白林居委会的洛桑次仁，父亲被领主活活打死，他自己十几岁就被抓去服差役。他说，我们这一代人基本上是文盲，这不是人笨，而是根本没有受教育的机会。如今放眼看看，拉萨变化有多大，这是旧社会连做梦都不敢想的。从印度归国的扎西旺堆也指出，藏胞在印度，一般的人还是穷困潦倒。家乡的变化，连我们自己也不敢相信。就拿学校来说，过去拉萨只有两所学校，只有达官贵人的子女才能进去。而现在，各级各类学校到处都有，广大农牧民的孩子都可就近上学。那些搞分裂、谈"人权"的人，应该来看看实际，听听群众怎么说，他们就知道他们的言行是多么荒谬。藏族居民们指出，社会主义新西藏是共产党领导百万农奴通过斗争建立的，谁想闹分裂搞复辟，谁想诬蔑翻身农奴的新生活，都将受到有力的回击。

6. 县乡精神文明建设活动

1992—1993年县乡精神文明建设活动概况 在邓小平南方重要谈话精神的推动下，市场经济大潮在农村广阔的天地里奔涌呼啸。市场经济的发育和成长，促进了我国县乡物质文明和精神文明两个方面的深入发展。1992至1993年，我国县乡精神文明建设的主要特征是：第一，精神文明建设发展地域广阔，不仅东部沿海开放开发区文明之风遍乡村，全国所有的省、市、自治区包括西藏、内蒙古、甘肃等边远省份的农村、牧区，都开展了以建设文明村镇为主要形式的精神文明建设活动。涌现出数千个文明乡(镇)、数万个文明村、几十万户科技示范户、文明户，在农村两个文明建设中起到了示范和带头作用。第二，全国各地农村根据本地区的地域特点、风土人情，创造性地开展起了形式多样、丰富多彩的精神文明活动。西藏抓农村精神文明建设，着力于维护祖国统一和民族团结；甘肃省为摆脱封闭、贫困，实施了"精神温饱"工程。其他地区的争创"十星级文明村"活动；创"小康村"活动；评选"三户一村"、"二户"活动；营造绿色工程活动；评选"十佳文明农户"、"月度新事"、"科技新事"活动；道德评议会、红白理事会活动；以及社会主义思想教育、演讲赛，科学种田知识竞赛，民歌赛等吸引了广大农民参与两个文明建设的热情和积极性。第三，社会主义市场经济的大潮，使大批农民一跃成为乡镇企业工人，或发达地区的打工者。他们走出封闭环境，亲身感受到城市文明的温馨，同时也认识到农民与城市市民的差距。一些地方的乡镇企业，一方面大力提高工人的技术、文化水平，提高他们的文明素质，另一方面也下力改善文化环境，在乡镇企业中营造城市文明的氛围。一些农民或农民打工者重新走进学校，学习现代先进的科学技术和管理知识，以便在市场经济中大显身手。一些地方政府也把进城农民作为文明教育的对象，有计划有组织地对他们进行城市文明的教育，提高他们适应时代发展的能力。农民的自我意识在市场经济的熏陶下日渐提高。他们开始正视自己，并逐步组织起来，学会了宣传自己。第四，全国各地农村为了创建双文明，都肯于投资且收到良好效果。一些地方投资兴建文化大院、图书馆、艺术室、农民公园等，营造农村的文化环境，以提高农民的道德水平和现代化素质。一些地方富裕之后，首先想到的是满足农民的精神文化需求；一些尚不富裕的地方、一些受灾的地区，看准了要摆脱贫困首要的是摆脱精神贫困，因而也花大力气集资兴办精神温饱工程。这使得精神文明建设不断由软变硬起来。当然，我国县乡精神文明建设发展还不平衡，死角、歪风还时有发现。随着社会主义市场经济理论和实践的不断深入，我们这样一个农业大国的农村的精神文明问题，必将引起更广大县乡人士的关注与重视，广大农民的参与意识的日渐增强，将使农村两个文明建设出现蓬勃发展的好势头。

全国103个县级农村图书发行单位受表彰 1992年12月19日，中央宣传部和新闻出版署在人民大会堂对全国103个县级农村图书发行单位进行了表彰。表彰大会还探讨了解决农民图书发行工作中存在的一些现实问题，总结推广农村图书发行工作中的先进典型经验。

我国"绿色证书"试点工作全面展开 到1992年止，我国已在26个省、市、自治区的211个县开展"绿色证书"试点工作，参加培训的农民达11万多人，其中有3.6万多人已获得"绿色证书"——农民技术资格证书。四川省共有38个县开展"绿色证书"培训。培训范围从过去单一的棉花岗位拓展到今天的农学、果树、植保、蚕桑、畜牧、水产等13个岗位，参加的人数由100人扩大到1万多人。河北省承德地区参加"绿色证书"培训的1万多农民在近两年参加推广农业常规技术78项，推广面积425万亩，使全区农业科技覆盖率从1989年的47%提高到目前的61%。

天津农村开展社会主义思想教育促进两个文明建设 天津郊区县以村为重点，广泛开展社会主义思想教育。全市抽调干部5700多人，组成工作队深入到乡村开展工作。他们针对不同层次，不同情况，分层施教，把社会主义思想教育落到实处。据1992年的统计，全市有70%的村恢复或建立了文化活动室，绝大多数村建立了"红白"理事会，农民精神面貌出现了新变化，农村社会风气明显好转，某些陈规陋习逐渐在破除。

天津市宝坻县"两户"评出时代精神 1991年，天津市宝坻县在农村进行评选"文明户"、"遵纪守法户"试点活动，取得较好效果。1992年5月，他们在全县推广创建"两户"活动，县委明确要求各单位，评选"两户"的条件，既有精神文明建设的要求，又要有物质文明建设的内容。一些村把搞好经济收入作为评选文明户的基本条件之一，促进了农民发展经济、快速致富的积极性。他们还围绕中心工作，使"两户"活动更好地服务于中心和重点工作。全县各乡均将计划生育政策作为评"两户"的硬条件固定下来。有的乡还把植树造林、粮食征购、农田基本建设等内容体现在"两户"条件中。1993年以来，各乡村又把"小康村"建设内容与"两户"活动联系起来了。在创两户活动中，特别注意群众普遍关心的问题，并尽量使之具体化，把争创活动与广大群　的需求合拍。通过评选活动，群众反映较大的电费过高、赌博猖獗的问题都得到了较好的解决。到1993年5月，全县14万多农户中评出遵纪守法户7.6万户，文明户4.3万户。通过创建"两户"活动，有效推动了农村精神文明建设和其他各项工作的开展。

河北省张家口市柳树屯村出版《柳树屯报》　河北省张家口市南郊柳树屯村，有村民2000多人。近年来，该村大力发展集体经济，已拥有十几个村办集体企业，30多个服务摊点，集体固定资产达到1600多万元，形成了以种植、养殖、建材、化工、运输、染织、商饮服务、农工商全面发展的新型城郊村。从1987年起，该村连续6年被命名为省级"文明村"，国家有关部委和省市对该村近年来两个文明建设的成就给予充分肯定。1991年，中国新闻图片社将该村的发展变化摄制成电视片《今日塞北农村见闻》，在美、法、英、日等国进行了播放，扩大了柳树屯村在海外的影响。早在1991年8月，村党支部就以"围绕党的中心工作，及时宣传党的路线、方针、政策，宣传村民在两个文明建设中的先进事迹和典型经验，传递科技知识，提供致富信息，丰富村民的精神文化生活"为宗旨，创办了省内首家村级报纸——《柳树屯村报》。当时由于条件所限，他们采用"四通"打字机打出字样，然后拼贴复印的办法来发行。截至1993年9月，已出报24期。除在本村发行外，还赠送到中央、省、市、区、乡，受到了各级领导和有关部门的好评，并在全国产生一定的反响。一些报纸收藏家将《柳树屯村报》列为全国四大村报之一，一些外省市的读者也纷纷来信索要该报。1993年10月，村党支部将《柳树屯村报》改版为《柳树屯报》，每期8版，并以铅字印刷的崭新面貌与读者见面。

河北省辛集市实施"雨露工程"提高农民素质　辛集市是国家商品粮、优质棉和瘦肉型猪生产基地，也是河北鸭梨的主要产区。1993年，农村人均纯收入1038元，被评为全国综合经济实力百家"明星县(市)"之一。辛集市为了从根本上提高农民闯市场的本领，1992年初，他们制定并实施了以引导农民读书用书、全面提高科学文化素质为主要内容的"雨露工程"。即用3年时间，在全市344个农村中建起"一校一室一会"(农民综合学校、图书阅览室和农民专业技术研究会)，争取使90%以上的青年农民养成读书习惯，60%的农民掌握一门专业生产经营的技能，30%的农民达到所从事行业的初级水平。目前，乡村两级每年用于购书订报的资金达近百元，翻修房屋投入80多万元。已有268个村建起了图书阅览室，有168个村和46个乡镇企业建起了条件较好的农民综合学校，先后开展了"技术培训"、"知识竞赛"、"技能比武"、"现场观摩"等活动，接受正规培训的农民达30多万人次。在实施"雨露工程"的过程中，为了发挥典型的辐射和带动作用，他们在全市农村选拔了一批科技意识强，素质高，并具有一技之长的农户，做为科技示范户，并建立了档案和联系制度。全市现共设科技示范户1万多户。在实施"雨露工程"过程中，为了适应农民求知、求富、求乐的心理，他们下力量抓了农民专业研究协会的建立和推广。现在，全市农民专业技术研究会已由十几个发展到95个，会员增加到3000多户。研究会的功能也由原来简单的技术切磋扩展到了优种引进、技术培训、信息交流等十多项内容，经济效益越来越明显。1993年，农民各类协会共承担种植、养殖、新品种培育推广等科研题目40多项，成为辛集市农业科研领域中的一支主力军。通过实施"雨露工程"，引导农民读书学科技，用科技，农民科技意识进一步增强，科技素质普遍提高。田庄村青年农民张占涛，通过学习培训和阅读《北京农业》、《山东农业》等科技杂志，在村里率先建起了占地一亩的塑料大棚，种植黄瓜、西红柿，年收入超万元。

河北磁县为致富能人插上"法律翅膀"　改革开放以来，河北磁县市场经济发展很快，出现了很多各显神通的致富能人。但由于不懂法，有些人视偷税漏税为有本事，暗地仿效；有些人草率签订经济合同，结果"赔了夫人又折兵"；有些人违反《工商企业登记管理条例》，随意超越经营范围还茫然无知。磁县有关部门通过深入了解，决心为这些致富能人插上"法律翅膀"，使他们在市场经济大潮中更快更好地发展。据《农民日报》1993年2月26日报道，近两年，由县普法办等部门组织各经济联合体的负责人、个体工商户和人均收入在千元以上的农村党支部书记，分期培训，有针对性地学习《经济合同法》、税收法规，《商标法》、《工商企业登记管理条例》、《计量法》等经济法律、法规。县人大、普法办、工商局和税务局等部门派人分别讲授有关法规，并联系实际，对知法、用法、执法、守法进行深入浅出的讲解。这些学员通过培训，增强了法制观念，逐步地在掌握依法、用法经营的武器。

河北唐山市开平区半壁店村农民奖励"澳星"发射功臣　河北省唐山市开平区的半壁店村只有1100人，然而人均产值已进入全国百强村的行列。这个村尊重知识、尊重人才，目前全村有科技人员300名，其中有十几名是高级科技人员。1992年8月，当听到中国成功地为澳大利亚发射了一颗卫星以后，该村决定捐赠10万元人民币，用以奖励那些发射中的有功之臣。半壁村人说："像扬威巴塞罗那的中国体育健儿一样，我们的科技人员用他们的血汗和忠诚，完成了我国航天史上的飞跃，是民族的骄傲，应该得到民众的奖励。"

山西盂县乌玉村为全县各村赠订农民日报 改革开放以来，山西省盂县孙家庄乡乌玉村依靠党的富民政策，抓住本村土地肥沃、资源丰富的优势，解放思想，调整产业结构，农林牧副齐发展，工农商综合经营，农村经济迅速发展，农民生活达到小康，成为山西省农业战线上的一面红旗。订阅书刊报纸，从中了解党的政策，掌握市场信息，是乌玉村成功的一条重要经验，乌玉村人深有感受。为了使兄弟村庄也能尽快致富，在1992年年底，乌玉村人专门委托县委农工部为本县497个村庄每村赠订一份1993年的《农民日报》。这一举动，受到该县群众的普遍赞誉。

山西朔州城区委评选"十佳文明农户" 山西朔州城区委以"爱党爱国、执行政策好；热爱集体，造福乡里好；科学种田，勤劳致富好；兴学育人，尊师重教好；学法守法，遵章守纪好；优生优育，计划生育好；破除迷信，移风易俗好；艰苦创业，勤俭持家好；家庭和睦，邻里团结好；讲究卫生，净化环境好"为标准，在广大农户中广泛开展评选"十佳文明农户"的活动，推动了农村两个文明建设的蓬勃发展。通过这一活动的开展，于1992年初，首次评选出1000户"十佳文明农户"这些被评选上的农户，成为广大农民向往的对象，追赶的目标，学习的榜样，促进了该地区农民群众精神面貌的变化。

内蒙古达拉特旗精神文明建设动真格 为了给加快改革开放和经济建设创造一个良好的社会环境，内蒙古达拉特旗对旗精神文明建设委员会进行了调整充实，由旗委书记挂帅，将精神文明建设工作列入重要议事日程，定期研究，总结和部署工作。他们将精神文明建设任务和经济指标连在一起，进行层层分解，列为对乡、苏木、镇和旗直属部门整体工作的一项考核内容，建立精神文明建设目标管理责任制，每年年初签订责任书，年中检查督促，年底全面考核验收，做到奖惩兑现。他们还把提高广大干部群众素质作为工作重点。近几年，全旗共建成基层党校39所，平均每年办培训班46期，培训人数达1500人次。为了让广大职工和农牧民掌握经济建设本领，他们建立了科技文化培训中心、培训站27个，接受培训人数逐年增加，全旗涌现出一大批科技能手和科技示范户。他们采用多种形式，广泛开展以群众自我教育为内容的"岗位学雷锋、行业树新风、学先进、讲奉献、争四有、做主人"等系列活动，制订文明职工、文明户、文明单位评比考核标准，进行定期评比、表彰。至1992年底，全旗已涌现出旗级文明单位140个，文明户265个；盟级文明单位30个，文明户96户；自治区级文明单位3个。

内蒙古通辽市东风村大力抓两个文明建设 内蒙古自治区通辽市木里图镇东风村1991年全村粮食总产量达到341万斤，村办、户办企业年创产值58万元，人均收入1360元，改善了村民的经济状况。但是这个村的带头人没有仅仅满足于温饱而停步不前，据内蒙古日报1992年9月11日报道，东风村抽出集体公共积累20多万元，修建了一个有600多座位的农民文化宫，购置了文体器材、图书，新建了阅览室、图书室，兴办了卫生所，配备了医务人员，开办了农民夜校、科技训练班，培养农民技术骨干，形成农民科技队伍，开展了评选致富能手，先进标兵、模范家庭、十星级文化户等精神文明活动，使全村发生了很大变化，社会风气及治安状况得到较大改善。

内蒙古哲里木盟开展"十星级文明户"评比工作 "十星级文明户"评比活动是融党在农村牧区各项主要工作为一体的综合教育。它包括爱党、爱国、爱社会主义、爱集体；知法用法、遵章守纪；科学生产、劳动致富；重视文教，提高素质；计划生育，优生优育；勤俭持家、艰苦创业；破旧立新，移风易俗；民族团结，家和邻睦；助人为乐，热心公益；保护环境，讲究卫生等十个方面的内容，十颗星代表十项内容，星级牌上每颗星都有固定的位置。达到要求以红星予以肯定表扬，达不到以黄星劝戒。哲里木盟借鉴河南荥阳的这一经验，并使该评比活动，把教育内容系统化、制度化、突出了经常性、它立足于实践，体现了可操作性，得到了群众的广泛欢迎，效果显著。哲里木盟，自1991年以来，抓住冬春进行社教的有利时机共在552个嘎查村中开展了评星工作，参评总户数9万多户，评出十星户2791户，占参评总户数的3.3%。通过实践，他们体会到要想获得理想的效果，必须抓好关键的几个环节：第一，深入宣传，广泛发动是开展十星级文明户评比的基础。第二，领导重视，集中力量打总体战，是保证十星级文明户评比顺利进行的关键。第三，正面教育与激励机制相结合，是推动十星级文明户评比活动向前发展的动力。第四，典型引路，逐级推进是取得评比十星级文明户活动成功的保证。

沈阳市北陵乡实行"科教兴乡"发展战略 北陵乡位于辽宁省沈阳市北郊。1993年社会总产值为12.8亿元，经济实力跻身于全国百强乡镇行列。他们在实现这一成就的经验是：着力提高农民科学文化素质，实行"科教兴乡"发展战略。他们已初步建立起六大体系。(1)信息决策体系:主持对全乡科技工作中的重大事情进行评估、论证、决策,负责全乡的科技培训和信息提供。(2)科技服务体系:兴建了科技一条街,基本做到技术咨询、物质供应、机械维修不出乡。(3)科技示范体系:通过树立科技示范村、科技先导型企业、科技示范厂、科技示范户,带动各产业中的农民提高技术素质。(4)科研实验体系:与东北大学 等高等院所建起17家科工贸一体化研究所,乡里有目的地选派一批具有高中以上文化的青年人去就业,培养自己的技术骨干力量。(5)人才培训系统:全乡建起了30所业余文化技术学校,聘请了148名专兼职教师进行成人教育。近年来全乡还公派或支持500多名农民出国研修和考察学习。到目前,全乡18至40周岁的劳动力,平均达到初中文化水平,有近2000人获市区颁发的实用技术上岗证书,有500人获中级以上技术职称。(6)科技支撑体系:乡直公司和各村,每年要从收入中划出10%,作为专项科技资金,主要用于发展项目和人才培养。

吉林东辽县山沟里出了时装表演队 吉林省东辽县中心乡,是一个偏僻地区。1990年夏,乡里举办"中心之夏"农民演唱会,金山村、水缸村的姑娘们一合计,组织了时装表演队。演唱会上一亮相,立刻引起了乡民的关注,他们觉得,本地时装表演实在,与电视上的差不多。于是各村纷纷仿效。到1993年初,全乡15个村都成立了时装表演队。表演队的队员与城里的时装模特不同,她们都是家里的主要劳力,时装表演大部分都是利用劳动休息时间进行,而且展示的服装多为自己设计制作出来的。金山村的颜景霞设计了一种服装,前身短、后身长、裤脚瘦、裤裆宽,类似西方的燕尾服。平时穿起来,新颖美观,下地做活穿,前身的衣襟不下垂,便于工作,后身长能遮腰不受凉,裤褪瘦不进草,裤裆宽不易撑开线,非常实用。可开始并不受欢迎。后来,时装队穿出来一表演,立刻受到大家注意,短时间做了100多套。中心乡农民时装表演队,以自己浓厚的乡土气息,以及农村姑娘特有的风度,深受各界欢迎,县里、市里和外地常请他们去表演。1992年5月,她们登上中国电视艺术家协会在上海举办的全国电视短片颁奖大会的舞台,潇潇洒洒,婀娜多姿,表演得非常精采,博得了满场掌声和称赞。1993年,她们又收到了很多地方欢迎表演的邀请。

黑龙江绥化农村开展"讲、比、建"活动 绥化市是一个县级农业市,他们从培育"四有"新人,提高农民的整体素质入手,广泛深入地开展了"讲精神文明、比科技致富,建社会主义文明新村"活动,首先以灵活多样的形式、提供有效教育载体、形成制约保证体系的办法,突出思想建设,提高农民道德素质。再以抓科教,提高农民的科技文化素质、抓推广普及农业实用技术、抓竞赛推动家家比科技致富,用来推动农村经济发展。在文明村建设方面,坚持标准,统筹规划。突出重点,开展会战。以点带面,规模推行的方式,加强实体建设,改善生产生活条件。推动了农村两个文明建设的协调发展,取得了粮豆总产连续四年突破5亿公斤大关。1993年,农村工农业总产值达到8.7亿元,人均收入达到1042元。使该市的农业生产多次被国家和省评为先进市,文明村建设连续四年被省委、省政府授予先进市光荣称号。

江苏文明村逾3000 改革开放以来,江苏在全省农村开展创建文明村活动,最初,他们以文明礼貌、村风民风、环境卫生为创建重点,以后逐步发展到坚持两个文明一起抓,促进了农村各项工作以及农、副、工三业的协调发展。文明村村办工业普遍发达;农业生产已由种田大户承包向村办农场和种田专业化过渡;生活上解决群众最关心的水、电、桥、路、校、厕等问题。农民中的市场意识、创新意识、民主法律意识以及合理消费意识普遍增强。"尊重知识、尊重人才"蔚然成风,越来越多的村有了图书馆和教育培训楼,村级组织建设普遍得到加强,"三个作用"发挥尤为明显(党支部的战斗堡垒作用、村民委员会的自治作用、党员的模范带头作用)。围绕创建活动,江苏各乡镇根据各自的情况开展了评比"文明户"、"新风户"、"五好家庭"、"十佳农民"等活动。针对有些地方婚丧大操大办、封建迷信及赌博恶习有所抬头的歪风,有的建立"红白理事会"统一安排车辆和就餐,只收成本费,有的建立村骨灰堂,解决火化后又土葬的问题。截止1993年第三季度,江苏全省已有省、市、县三级文明村3000多个,占全省农村行政村总数10%左右,在繁荣农村经济、提高农民素质、加强基层政权建设等方面起到了示范和辐射作用。

江苏建起千座农民公园 在改革大潮的推动下,江苏富起来了的农民,把园林"搬"进了乡村,使得男女老幼不出远门就可到公园休闲游览、品茗听曲。有兴致时,还可在这里表演自己的拿手功夫。无锡县前洲镇建了一座名叫"锦绣园"的农民公园,苏州古典园林特有的仿古建筑、假山秀水和亭台走廊一应俱全,园内还有音乐厅、茶书场、农民书画展览室等。园外,广阔的田野与错落的农舍与之相映成趣。与前洲镇一样,江苏省600多个产值超亿元的乡镇几乎都建起农民公园。据《农民日报》1993年1月26日报道,几年来,江苏已建起1000多座农民公园。

苏州群众性精神文明建设活动进村进厂人户到人 1988年下半年,苏州市委总结了常熟、太仓等地乡村开展"新风户"活动,较好地解决赌博、迷信、超计划生育、滥占宅基地等问题的经验,在全市推广,并不断深化、延伸,使群众性的精神文明建设活动形成了五个系列：一是在农村和城镇街道开展评选“新风户”、“五好家庭”、“五好家庭标兵”活动；二是在城乡企事业单位开展评选“文明职工”、“先进生产者”、“先进工作者”、“劳动模范”活动，在个体工商户中开展评选“文明个体工商户”、“信得过摊位（商店）”活动，在学校开展评选“文明学生”、“三好学生”活动；三是在城乡基层单位开展“文明达标单位”和创建省、市、县、区级“文明单位”活动；四是在城镇以“窗口”行业为重点开展“满意在苏州”活动；五是在各县市、各乡镇之间开展精神文明建设“新风杯”竞赛活动。这样，群众性精神文明建设活动进村、进厂、入户、到人，与经济建设紧密结合，形成了一个大的网络。为了从更高层次上提高全市精神文明建设水平，他们从1993年开始在城乡实施精神文明建设“五五工程”，即在全市各县市区各培育、树立5个工厂、5个村、5所学校、5家商店、5条街道为典型，这些典型要有一个好的领导班子，一个在同行业领先的经济效益指标，一批好的精神文明建设“硬件”设施，一个好的绿化、卫生、污染防治和社会治安的环境和一个好的远景发展规划。通过实施“五五工程”，苏州市的经济建设上了新台阶，精神文明建设达到新水平。

江苏东海县开展“月度新人新事”评选活动 1989年起，江苏东海县开展了“月度新人新事”评选活动。其做法是，首先由各单位将当月发生的新人新事进行评选，择优推荐到县委宣传部，县委宣传部协调工、青、妇和文化、教育、广播等10多个部门，对上报的新人新事进行审核、评选，确定出有代表性的全县10件新人新事进行公布，通过报纸、广播、电视、橱窗进行广泛宣传。年底，县委宣传部将全年的120件新人新事汇编成册，并选出其中最为突出的10件给予表彰，并为评出的“十佳人物披红戴花”。新人新事的评比表彰，使文明新风遍城乡。到1993年底，各单位推荐到县的新人新事2000多件，被县评选上的达600多件。受表彰的有为政清廉的党员干部、助人为乐的知识分子、英勇救人的少先队员和发展经济的能工巧匠等。这些发生在群众身边的新人新事，人们看得见，接触得到，这使全县干群学有榜样、干有目标，促进了两个文明建设协调健康发展。

江苏淮安为乡镇灾民送精神食粮 1991年夏天，苏北淮安县遭受百年不遇的特大洪涝灾害。灾情过后，考虑到灾民不仅需要渡灾口粮，同时还需要“精神食粮”，淮安市委决定：于1992年春节期间，向灾民送上各种“精神食粮”。为此，淮安市文化局举办了以“表扬抗洪救灾中的先进事迹和歌颂党、歌颂社会主义”为主题的文艺作品征文比赛，并从中选出26篇获奖作品作为各乡镇春节文艺演出节目的剧本。另外，淮安市还组织了创作班子，深入到各乡镇，走访灾民，体验生活，创作出10多个剧本。前后共30多个剧目全部印刷成册，下发到村组，由基层组织文艺骨干加紧排练。春节期间，各乡镇的文艺演出搞得红红火火，淮剧、曲艺、花船、舞龙舞狮……吸引了广大的观众。同时，各乡镇文化站还开展了丰富多彩的书法、球类、棋类比赛活动，开放图书阅览，办舞会，放录像等一系列文娱活动。丰富了灾民们的文化生活。

安徽界首县开展评选“三户一村”活动 安徽省界首市农业人口占85%以上。他们根据当地的乡情民情和有关法律规定，从强化和建立群众自我教育、自我管理、自我约束机制着手，于1992年，在全市农村中普遍开展评选“双文明户”、“五好家庭户”、“遵纪守法户”和“文明村”活动，使综合治理的各项措施进村入户到人，收到了明显的社会效果。凡被评上了“双文明户”和“文明村”称号的，乡、村干部都敲锣打鼓送光荣牌上门，激发群众开展评选活动的热情和荣誉感。通过评创活动，群众的法制观念增强，全市农村有8400多对已成事实婚姻的夫妇到民政部门补办了结婚登记手续；2.4万名育龄青年男女主动到医院做了计划生育手术；在可耕地上建房的“钉子户”主动迁移了房地；吵嘴打架的事明显减少；赌博、搞封建迷信的现象得到有效制止，团结互助、尊老爱幼、改易旧俗蔚然成风。通过评比，全市农村掀起了“全家争创文明户、全村争创文明村”的热潮。与此同时，全市还对320个行政村全部调整充实了治保调解组织，60%的村建立了红白喜事理事会和妇女禁赌协会，90%的村成立了治安巡逻队，有效地维护了社会治安秩序，推动了精神文明建设的进程。

安徽砀山县于楼村有个“众议院” 安徽省砀山县周寨镇后于楼村村民有个习惯，一日三餐总好端着饭碗到街心边吃边说，叙话议事。这饭场便有了“众议院”的雅号。以往，“种啥不种啥，上边下计划”，村民种田不用多操心，“众议院”的话题是海阔天空，漫无边际。近几年来，于楼村“众议院”议论的话题离了原来的谱，“市场经济变成了他们经常议论的话题。习惯于农村计划经济种植的农民，面对激烈的市场竞争，感到有些茫然，对种什么？养什么？村民心中无数。村委会因势利导，让有知识的人、种田能手到“众议院”当议员，聘请农技人员到“众议院”讲演。通过几次“众议院议员”的讲解，村民们对市场经济有了进一步了解，初步掌握了围绕市场抓生产的方法。据《农民日报》1993年2月9日报道，于楼村村民把每天从各方得来的市场信息带到“众议院”议论一番，然后经过“议员”们筛选综合加工，便成了指导村民生产的“指导方针”：花生不好销，但花生油好销；红薯产值低，但粉条、粉丝价格高；粮食难卖，但油菜、部分药材行情看好……邻村人羡慕地问：

你们怎么种啥啥好？于楼人回答：因为俺村有个“众议院”。

安徽灵璧县尤集镇200农家妇女争做“文明丈母娘” 由于受传统观念影响，农村节日送礼风盛行，未婚女婿节日送礼更是相互攀比。针对近几年来节日送礼风愈演愈烈的情况，安徽省灵璧县尤集镇党委、政府利用广播会、干部会，联系本镇实际，开展社会主义精神文明和节俭过节教育，并组织团委、妇联等单位深入村组配合村“移风易俗理事会”，在广大妇女中开展“争做文明丈母娘”活动，转变“丈母娘”的思想观念。通过宣传教育，使一些妇女认识到送礼旧俗的庸俗性、危害性，大康村一妇女就劝其女儿去男朋友家劝说免送节日礼。在1993年春节之际，尤集镇有200多名农家妇女破旧俗、立新风，不收未来女婿节日礼。

山东农村涌现4万个文化大院 山东农民在摆脱贫困、求富增收的同时，已将求乐长知识作为他们新的追求。1988年，泰安市泰安区各行政村兴起办“文化大院”之风，它集过去村办的青年、妇女、民兵之家和科技夜校、计划生育宣传站于一体，为农民开展各种文化活动，寓教于乐，提高自身素质提供了有利条件。山东省委、省政府发现这一典型后，因势利导，发动各地向其学习借鉴。各地从实际出发，在原来已有公用设施基础上，加以充实完善，成熟一个兴办一个。“文化大院”的兴起，使农村一度泛滥的迷信、赌博、打架斗殴等不良现象明显减少，争当“文明户”，帮贫济困，自觉实行计划生育蔚成风气；它促进农民学文化，学科技，交流信息，拓宽致富门路，从这里走出了一大批文化人才。如临朐县以“文化大院”为依托，吸引数万农民参加各类文化活动，培养出书画、摄影、文艺、体育等各类文艺骨干3700多人。他们创作的书画、根雕、盆景等作品，多次在国内外展出、获奖；有30多位作者的书画精品，作为礼品赠送国际友人。这个县被文化部命名为“中国现代民间绘画之乡”。据统计，到1993年上半年，全省已有了4万多个“文化大院”，占村庄总数45%。数千万农民增钱增粮奔小康，求知求乐讲文明，农村两个文明建设搞得有声有色。

山东寿光县农民出资办国际学术会议 山东省寿光县北部盐碱地的西河南一村农民，依靠国家的政策，发展工副业，科学种田，生活逐渐富起来，1992年集体财产达到6500多万元，人均纯收入超过2500元，成了远近闻名的富裕村。1993年，村民们听说由我国举办的“中日美三国数学教育会议”经费遇到困难时，大家纷纷出资赞助，终于使出席这次国际会议的100多位数学教育界的专家学者于1993年金秋汇聚到了寿光，西河南一村的村民负担了这次会议的全部费用，村民们认为，赞助国际学术会议的意义是重大的，这不但可以增加村办企业的知名度，更重要的是通过赞助活动，在村民中造成一种盼文化、学文化、尊重知识和教育的浓厚气氛。

山东沂水县山村农民奖励教师 前几年，山东沂水县许家湖乡后岜山村农民眼望商品经济大潮，却致富无门。后岜山村学校的4位教师了解这一情况后，征得村党支部的支持，利用节假日和晚上时间，举办科技致富学习班，使村中多数农民找到了致富的门路，收入有了增加。农民致富后，非常感谢教师。1993年2月19日，乡里召开教育会议，全村人委托郭淑富、郭京柏二人专程来到会场，征得会议主持人的同意后，在会上增加一项议程：向教师颁奖。郭淑富深情地说：“这点奖品比起老师们为俺村付出的心血，确实不值一提。俺今天来的目的，是要告诉大家，俺庄户人能致富，离不开俺村的老师们。”当两位农民把价值近400元的奖品恭恭敬敬地递到4位教师手中时，会场爆发出经久不息的掌声。

山东平度市麻兰镇开办农民大学 山东省平度市麻兰镇在继续办好实用技术培训班的基础上，于1992年初与莱阳农学院“联姻”，高薪聘请了4名农业专家教授担任专职教师，办起了一所农民大学。农民大学所招学员为本镇35岁以下，具有高中文化程度的农村在职干部和后备干部。大学开设农学、园林、农业高科技等课程，学制一年，教学方式实行理论与实践相结合。镇院双方签订了为期五年的合同。90余名农民学员已迈进了大学校门，开始了第一期大专班的脱产学习。预计到“八五”期末，全镇52个村庄的基层干部和技术员400余人将全部达到大专文化水平。

山东安丘县宋官疃乡300农民进京瞻仰毛主席纪念堂 山东省安丘县宋官疃乡农民，多年前就有一个愿望，见见率领我们打下红色江山的毛主席的真容相貌。过去由于生活贫困，这美好的愿望只好珍藏心底。改革开放使农民的吃、穿、住、行不再是发愁事，进京瞻仰毛主席遗容的愿望便列入了行动日程。1993年是毛主席百岁诞辰，农民们便纷纷启程进京。其中有参加过抗战的老军人、老党员，有大字不识的老农民，更多的是那些创出高产高效农业的年轻后生，他们秋活一结束，便搭帮乘上了去京的列车。据统计，宋官疃乡在1993年先后有300多农民踏进北京城，瞻仰了毛主席纪念堂，圆了多年想见毛主席的梦。

山东省牟平县抓好文化建设，努力提高农民素质 山东省牟平县为适应提高农民素质的要求，把发展教育事业作为基础的战略措施来抓。他们坚持走国家和社会合力办学的路子，在全县办起了1所职业中专、2所职工中专、21所职业高中、17所成人教育中心学校和639所农村经济业校，每年可接收6000多名初中毕业生和数以万计的中青年农民。县委、县政府还作出规定：不取得职业中专或职业高中文凭的初中毕业生，县乡两级企业一律不准安排就业；每年全县的教育附加费的3%纳入县统一管理，用于职业教育、成人教育。此外，该县还通过科技培训中心的培训以及现场示范的方式，在广大农民中强化科技教育力度。他们培养的各类科技典型和数千科技示范户，每年举办2000多次现场会，为群众宣讲示范。他们还20多次邀请外国专家授课，每次听课的农民都在万人以上。全县已有9100多人获得农民科技职称。

浙江浦江县建立起366个公德评议会 1992年，浙江省浦江建立起366个公德评议会。评议会由德高望重的人组成。他们秉公直言，评论时因人而定，因事而异，其教育效果得到群众普遍肯定，初步形成了社会、家庭、学校"三位一体"的社会公德教育网络。社会支持学校、学校影响社会、家长教育子女、子女监督家长，形成了良性循环。通过公德教育，浦江县出现了三个变化：一是讲文明礼貌的多了，打架斗殴的少了。潘宅乡素有"解放初期土匪帮，文革期间打砸抢、80年代出拳王"之称。自建立评议会后，全乡没有发生一起大的斗殴事件；二是红白喜事文明从简的多了。石宅乡后阳村程海花有五个女儿，出嫁时，个个婚事从简，得到四邻称赞，三是做好事、争先进的人多了，干坏事的人少了。杭坪乡党委在评"十佳"公民时，够得上条件者很多，乡党委越评越高兴。这些变化充分证明，"公德评议会"有力推动了浦江县的社会主义精神文明建设的开展。

浙江鄞县发起科技扶贫"曙光工程" 十多年来，浙江省鄞县依靠创办乡镇企业，发展外向型经济，经济迅速发展，工农业总产值已接近百亿元大关，成了全国富裕县之一。自己富了而不忘扶持贫困地区。1992年10月16日，鄞县在北京宣布，以全县70万人民的名义捐款70万元，并提供一批实用科技项目，用以支持老少边穷地区的科技开发。该县同时还倡议全国富裕地区和社会各界共同聚积基金，创办一项科技扶贫的"曙光工程"，以便让更多的农村奔向小康，实现四化。鄞县的倡议，充分体现了该县人民群众高度的社会责任心和强烈的历史使命感，受到了社会各界的热烈响应。

浙江东阳市十万建筑大军重视精神文明建设 改革开放以来，浙江省东阳市大力发展建筑行业，建设大军已达10万人。他们不仅在全国30个省、市、自治区，而且在俄罗斯、乌克兰、科威特、埃及等8个国家和地区承建工程。东阳建筑企业，大多是乡镇企业，职工来源广泛，思想水平参差不齐。市里要求施工企业，要像抓工程质量一样，把职工思想建设作为建造精神文明"大厦"基础工程来抓。各施工企业以培养"四有"新人为目标，在职工中开展了以爱国主义、集体主义、社会主义为核心内容的思想道德教育，开展艰苦奋斗、职业道德、社会公德、基本国策等教育。市里通过举办建筑工人文艺汇演、摄影书法比赛等活动，陶冶职工思想情趣；组织各种小分队，为所在地居民修理家电、修桥铺路，以融洽与当地居民关系，并多次组织抗洪救灾，无偿献血、捐资献款。据统计，1993年全市共有13个施工企业被所在地评为治安先进和计划生育先进。精神文明也促进了企业的效益。1993年全市完成建筑产值11.3亿元，比1992年翻了一番，有一项工程被建设部评为"九三样板工程"之一。

江西乐安县千余山民跨省当"科技顾问" 近些年，面对市场大潮，江西乐安县对提高农民的科技素质抓得较紧，先后投资300多万元，创办了200多所农民科技夜校，组织农民学文化、学技术，还选派700多名农民到省内外大专院校、农科院、研究所进行培训，使得3万多农民掌握了一二门实用技术。这些有技术有头脑的新农民，不仅在本地发挥作用，一些人更看好外面的世界。他们分别走向浙江、安徽、湖南、广东、湖北、江苏等12个省的80多个县市，为那里的人们提供科技服务。潭港乡长山村农民江享厉，在珠海承包一家食用菌厂的技术操作，使该厂年产量达3.4万公斤，产值12万元，他本人年得技术顾问费9600多元。截至1993年1季度，乐安县已有1130余名农民跨出江西，承包610多个厂家的食用菌栽培技术，以及1.6万亩大棚蔬菜、西洋参、烤烟、柑桔等栽培的科技指导，堂堂正正当起了"科技顾问"。

江西赣州地区普及"两德"知识服务经济建设 1992年，在邓小平南方重要谈话和党的十四大精神鼓舞下，赣州地区坚持越是改革开放，越要抓好思想道德建设的指导思想，从赣南的实际需要出发，以竞赛为载体，在全区广泛深入开展社会公德和职业道德（简称"两德"）教育，取得了良好效果。全区各级党政领导对开展这一教育活动十分重视，要求把开展这一活动作为精神文明建设的重要任务，做到与生产、工作任务一同布置、一同检查、一同考核，一级抓一级，层层抓落实，并切实把握好"宣传、学习、实践"三个环节。广播、电视、报纸等新闻媒介积极配合，大造舆论，使这一活动自始至终形成健全的组织领导体系和良好的舆论环境。竞赛活动坚持从系统、从基层组织抓起，层层进行，递进式发展。活动扩展到城镇乡村、各行各业、千家万户。地区文明办编写了《社会公德职业道德问题解答》一书和辅导材料发至全区各地。各单位结合本行业实际，组织"两德"知识学习，学校把它列为教师道德修养的必读教材；企业把学习"两德"知识与提高产品质量、提高经营水平结合；执法部门把学习与纠正不正之风结合；党政机关与

"文明办公、当好公仆"活动结合。在学习的基础上，层层组织竞赛，单位间、片区间、系统间的竞赛全面展开，如赣州市开展了"新民杯"千人大赛；南康县与文明片区建设结合开展片区赛；石城县由24个单位（系统）分别组队，开展了数百人参加的全县大奖赛；驻地部队、武警在军营之间开展了"两德"知识学习和竞赛。在此基础上，地区组织了全区的预选赛和决赛，赛题有深度、有广度，赛场气氛热烈，社会反响很大。与此同时，全区各地、各单位在教育活动中普遍制定和完善了《市民公约》、《职业道德规范》、《岗位职责》，涌现出文明单位十大标兵，评选出文明新风十大典型，在社会上形成"学两德、守两德、比两德、重实践"的良好社会风尚，人的整体素质有新的提高，为赣南的经济建设和改革开放创造良好的社会环境作出了贡献。

江西乐安县上罗村农民文化技术学校41年灯不灭 早在1952年，刚翻身不久的江西省乐安县万崇乡上罗村就办起了农民文化夜校，为农民在精神文化上自立做了踏实的工作。随着时间的流逝和农民需求的发展，农民文化夜校改成了农民文化技术学校。村里每年都拿出上千元资金更新设备，改善教学条件，并先后派出70多人到省内外农学院、研究所进行培训，回来后担任农校教师。根据市场经济的发展，农校现开设了种植、养殖、缝纫、兽医、农副产品深度加工5个专业班。每当夜幕降临，农校就灯火通明，学员满座，劳动一天的村民开始向知识殿堂挺进。到1993年上半年，全村513个劳动力均掌握了1—2门实用技术，168户成为养殖、种植、运输、饮食等专业户，90%以上的农户走上了科技致富的道路，村人均年收入达810元。农校创办至今，前后受到省、地有关部门表彰12次，1992年11月获全国农村成人教育先进学校称号。现在，这盏已点燃41年的明灯，正指引农民走上科技之路，引导农民迅速摆脱贫困。

江西奉新县磉下乡农家争聘家庭教师 江西省奉新县磉下乡农民为了在市场经济的海洋中立于不败之地，纷纷聘请"家庭科技教师"，学习科技文化知识，为生产经营出谋划策。到1992年11月25日为止，全乡已有200多家农户聘请了家庭科技教师。受聘的科技老师，主要是农科部门人员和当地有经验的种植、养殖、农副产品加工专业户。聘与受聘双方订立合同，定期上门传授技术。受聘老师替农户选定经营项目，为农户补习专业、专项技术，解决技术上的难题。据调查，磉下乡凡请了"家庭教师"的农户，大都调整了生产结构，70%的农户走上了富裕道路。

福建表彰一批"明星乡村" 改革开放十几年来，福建省农村涌现出一批各项工作全面开展的先进乡（镇）和先进村。这些乡镇经济发展快，人均收入高，社会风气好，对国家贡献大，在精神文明建设、计划生育、村镇建设等方面都取得很大成绩。1992年，福建省委、省政府在全省范围内评选出100个明星乡（镇）和1000个明星村，给予表彰，并号召全省其他乡、镇、村向先进单位学习。

福建百万农村妇女营造"三八"绿色工程 福建省广大农村妇女响应省委《关于加快造林绿化，大力发展林业的决定》，在各级妇联的领导下，踊跃营造"三八"绿色工程。全省178万农村妇女大力开发荒山、荒地、荒滩，造林种果、种茶。到1992年3月止，全省已建立了11800多个"三八"绿色工程，恢复、发展妇女营林组织3600多个，共垦荒造林170多万亩，抚育幼林500多万亩。妇女们在各级妇联的带领下，利用节日、纪念日，积极参加义务植树、种植纪念树活动，充分发挥了"半边天"的作用。

湖北宜昌县争建"十星"文明村 1992年中，湖北省宜昌县有11个村开展了争创"十星"文明村的活动。这项活动的办法是将行政村的工作归纳为10个方面，制订出相应的10条检查标准，凡达到一项标准的就挂上一颗星。各项工作均好者被誉为"十星文明村"，即成为全县最高档次的先进单位。该县鸦鹊岭镇有个村，原来书记与主任闹矛盾，在争创活动中，他们认识到，领导班子不团结，第一颗星就挂不上，将会直接给全村荣誉带来损失。两个村干部主动交换意见，消除了隔阂，得到了第一颗星；有一位妇女计划外怀孕，经过做工作，该妇女去医院做了人流手术，该村获得了计划生育这颗星。争"十星"活动，有力地推动了宜昌县的精神文明建设的发展。

湖北兴山县水月寺镇投人人力物力抓两个文明建设 经济建设的发展，对精神文明建设提出了更新更高的要求。湖北省兴山县水月寺镇党委从实践中认识到，建设社会主义精神文明离不开必要的精神文明设施的建设。他们专门确定一名党委副书记负责，建立了由11人组成的精神文明建设项目开发发展公司，每年投资100多万元用于精神文明的实体建设。1991年该公司统筹123万元资金，用于中学教学实验楼、县农民中专学校水月寺分校中专班、5个地面卫星接收站及卫生站、职工宿舍、自来水厂、15个标准化村广播室、广播电视楼等项目的建设。同时还组织实施了社会主义思想教育、综合治理、计划生育、宣传报道、订阅党报党刊等"软件"项目。这些项目的建设，大大激发了山区人民对文明生活的追求。到1992年，广大农民都积极投身到"三八绿色工程"的开发之中，青年们积极开展起建设庭院经济的竞赛活动，立志将水月寺镇建设成物质富裕的乡镇，自身做精神富有的农民。

湖北洪湖市56位村民出资重奖村委会 湖北省洪湖市府场镇双湖村过去是个穷村。1989年，新一届村委会产生。村委会一班人走出去寻富路，带回来的是希望。当年一批村民试种药材、“武植二号”杂交藕获得成功，开始走上致富路。此后，村委会从调整产业结构入手，把农民和农田同时引入经济大市场，藕、莲、广柑、葡萄、药材等经济作物不断推出，种田靠科学的思想逐渐深入人心。村委会还专门组织人力跑销售。1992年仅40万斤藕作为藕种外调钟祥、江陵、荆门等地，就收入40万元。村委会的辛劳，换来近半数农户进入小康水平。村民们对此看在眼里，想在心里。56位村民自动聚在一块，经过讨论，他们共同出资2万元，决定重奖村委会。1993年5月5日，村民们把集中起来的奖金送到村长罗功平手中。村民们说：我们给村委会发奖，是为了补偿村委会干部为村民找市场抓销售所用的开销，更是希望村干部继续寻找新门路，带领更多村民致富，使双湖村早日成为小康村。村长罗功平表示，村委会收到的奖金，将用于建立“双湖村小康信息服务站”。

湖北罗田县农村党支部开展“创建小康村”竞赛 湖北省罗田县从1993年4月初起，在全县农村基层党组织中开展“创建小康村”竞赛活动，通过组织农村村级党支部围绕农民年创纯收、年集体经济创收、儿童入学率、计划生育率、社会治安等具体指标展开竞赛活动，并辅之以定期考评、奖励先进等措施，引导广大农村党员在带头致富和带领群众致富的前沿阵地上大显身手，促进农村党支部在带领农民奔小康的过程中不断增添生机与活力。为使这一活动扎实有效地开展起来，县、乡党委采取典型示范的方法，在全县确立了100个“小康建设龙头村”，并以县委党校为阵地，对“龙头村”党支部书记进行了“社会主义市场经济知识”、“如何当好新时期农村党支部书记”等系列培训，还组织他们前往浠水县十月村、蕲春县九棵松村、武穴市二里半村等省级农村建设先进单位学习，以帮助他们增强创建小康村的责任感。全县农村基层党支部在参与“创建小康村”的竞赛活动过程中，开展村与村结对竞赛、争当“龙头”党小组、争做党员小康建设“龙头户”活动．并采取党员小康建设联系户等措施，既增强了农村党建工作活力，又推进了农村小康建设的发展。

湖北钟祥市山乡打工者掀起学习电脑热 近年来，湖北钟祥市近万名山乡打工仔、打工妹活跃在广东各地。其中一些受过专业技术培训的青年男女很快由打工者提升到高技术岗位上，而更多的山乡青年面对高速发展的市场经济，痛感自己所学甚少，身无专长，不能适应商品经济的大潮，因此在工余纷纷参加各种专业技术培训班。他们中也有不少青年转回故乡，重新“回炉”，进行再培训，并辗转相告准备南下打工的家乡青年们，先在家乡打好基础，特别是要看准在经济发达地区电脑技术的用场。一时间，小小山村掀起了“电脑热”。每当夜幕降临，各职业学校、成人学校的电脑速成班里，一群群男女青年围在电脑微机房，认真学习着。他们准备用知识武装自己，为将来走出山乡做好准备。据1993年4月统计，钟祥已有近500名准备南下打工的青年正在全市各个学习班学习微机知识。

湖北孝感市开展创十星级文明农户活动，出现五大新气象 在社会主义市场经济条件下，农村精神文明建设如何抓？这是摆在各级党政部门面前的一个重要课题。孝感市广泛开展的创十星级文明农户的活动，就是一个有益的尝试和探索。十星级文明农户活动，就是将两个文明建设的内容归纳为10个方面，每个方面用一颗星来表示，具体内容是：1. 热爱集体；2. 遵纪守法；3. 计划生育；4. 勤劳致富；5. 重视文教；6. 移风易俗；7. 勤俭持家；8. 家庭和睦；9. 邻里团结；10. 讲究卫生。根据这10个方面，又制定了若干条细目，尔后相应制作创“十星级文明户牌”，牌上有上述十条标准，评比时，农户达到哪条标准，就在列有哪项内容的牌子上方挂一颗红星，以示表彰；没有做到的，就不挂星，挂上几颗星，就是几星级农户。村在授牌表彰后，还要做好建档建制工作。孝感市于1992年8月，在汉川县城关镇山后湾村、城隍镇“八一”村办了试点，现已在全市农村全面铺开。收到了明显效果，激发了农民勤劳致富的积极性；乡村干部感到头痛的几项难事不难了；人际关系得到了改善；促进了社会治安综合治理；人们的精神面貌发生了可喜的变化。在“创十”活动中，干部、群众都注意用十星级要求规范自己的言行；村里出现了不甘愚昧、不甘落后、积极进取和比学赶帮超的喜人景象。

湖北大冶县时兴“科技嫁妆” 到1992年春，湖北大冶县的女青年在出嫁前，置办“科技嫁妆”，已经成为一种时尚。姑娘们带着自己赚的或者婆家送的彩礼钱，纷纷走出家门，进入缝纫、美容、种菜、养猪等学习班学习，使自已在进婆家之前，就能掌握一至二门实用技术。她们在学科技的同时，还在乡与乡之间、村与村之间、姐妹之间开展“看谁的‘科技嫁妆’多，看谁婆家先致富”的竞赛活动。像红峰村的柯瑞娥，就获得了中国电子学会电子技术自修班颁发的结业证书和电子技术员职称及农电助理技师职称等“科技嫁妆”，熊家边村的熊明珠是最先呼吁农村女青年多学科学文化知识，置办“科技嫁妆”的倡导者，她们已成为大冶县广大女青年的榜样。

湖南隆回县6000农民报考全国成人大中专 改革开放使湖南省隆回县农民深深体会到知识的重要性。几年来，隆回农民纷纷参加农技培训，烤烟栽培、网箱养鱼、柑桔保鲜、药材制作技术等被很多农民所掌握，参加家电、机电、电脑培训的人也络绎不绝。曾乡农校、横板桥镇农校服装班班班爆满。一些学有所长的农民走出隆回，出外谋生，为隆回流入资金1.2亿元。现在，更多的农民则希望接受更系统、更高层的学习。1993年5月成人高考，隆回县报考全国各类成人大中专考生达6415人，继1992年以来再次蝉联全省成人高考报名总数第一，其中来自农村的青壮年占87.6%。120多人是特地从广东等地赶回来应考的。他们认为，挣钱固可喜，读书更重要。

湖南绥宁县两个文明建设搞得好 在创建文明单位的活动中，湖南省绥宁县委、县政府明确要求机关、部、办、委、室、局和29个乡镇向"五好"、"三达标"的目标迈进。即要做到"领导班子建设好，经济发展好，综合治理好，上下左右关系好，环境卫生好"；"市、县分配的任务达标，开展的各项活动达标，计划生育达标"。为了创"五好"，争"达标"，该县各乡镇均办起了农科教中心和业余党校，据1992年的统计，70%的村建立了党员活动室、青年之家、妇女之家，村小学普教率、巩固率达98%，95%的农村人口饮上了清洁的卫生水，森林覆盖率为全省第一，社会综合治理工作位于全省前列。另外，绥宁县广泛开展的"社会主义劳动竞赛"、"做合格的绥宁人"、"评选最佳厂长"、"双学双比"等一系列活动，也都极大地促进了两个文明建设的健康发展。

湖南岳阳县组织进城农民建设文明县城 湖南省岳阳县县城，61%的人口来自进城农民，每年还在以三五千人的速度递增。农民刚进城，城市意识不够，文明程度不高。岳阳县委认识到，对进城农民进行教育，帮助他们摒弃落后的小生产观念，逐步树立讲大局、讲文明、讲纪律、讲卫生的城市意识，提高他们的素质，是建设城市文明的重要一环。县委把进城农民的教育管理纳入文明县城建设的日程安排。他们专门为农民开办了夜校，编写了《市民读本》，对进城农民分期分批进行培训，要求有小学以上文化程度的农民，进城后3个月内必须参加市民学校为期15天的培训。从1990年到1993年，共培训农民5260人。他们编写了通俗易懂、简明易记的《社会公德三字歌》、《五大行业道德三字歌》、《十二大职业道德三字歌》共650句，印发至市民手中，起到了规范社会公德、职业道德，树立美德风范的作用。县里还投入大量的人力、物力、财力，兴办文化事业，创造文明健康的氛围，使进城农民在潜移默化中受到教育。县里在加强公安、工商、税务、城管等职能部门的主渠道管理作用的同时，着重引导进城农民自己管理自己，自己规范自己，增强他们的主人翁意识。县里还千方百计解决进城农民住房难、子女入学难、饮水难等实际困难，解除他们闯市场的后顾之忧。为了增强他们闯市场的本领，1993年开展了市场经济知识竞赛，1200多名进城青年农民参赛，使大家都增长了知识。正是由于县委、县政府的多方努力，这个以农民为主体的县城，创造了现代化城市，成了全省精神文明建设的先进典型。

河南宝丰县商酒务乡石占兴自筹资金创办婚姻介绍所 石占兴从部队复员后回到河南省宝丰县商酒务乡，看到家乡有不少青年人为自己的婚姻大事苦恼，决心自筹资金创办一个婚姻介绍所。这一想法得到了乡政府和县民政局的大力支持。很快，石占兴就办妥了营业执照及有关手续，婚姻介绍所开始营业了。这一消息传开后，四乡八邻的青年男女纷纷前来登记寻找自己的生活伴侣。婚姻介绍所的工作人员十分热情地为乡亲们服务。开办一年多来，已有20多对青年通过婚姻介绍所喜结良缘，还有十几对恋人正在恋爱之中。据《农民日报》1992年8月10日报道，在这个婚姻介绍所登记觅偶的青年中已不乏城里的姑娘和小伙子。

广东东莞市厦岗管理区着力提高农民的现代文明素质 广东省东莞市长安镇厦岗管理区位于珠江口东岸，人口2605人。改革前是一个纯农业村，经济落后、生活贫困。改革后，经济发展迅速，群众生活水平得以提高，管理区建起了许多新住房。但由于没有规划，缺乏现代化的文明意识，"只见新房，不见新村"和"室内现代化，室外脏乱差"的情况严重。他们认为建设现代文明新农村，必须抓住提高人的素质这一基础性工作，引导农民向现代文明靠拢，把"化"物与"化"人结合起来。为此，他们采取了加强教育，依托活动的办法，使农民的现代文明素质得到提高。他们将文明户评选与福利经济利益挂钩，凡评上文明户的村民，每月可领口粮补助40元和企业股份分红40元。此外，他们从长期教育群众、提高群众思想文化素质的目的出发，于1993年在广东全省首创"报纸村"，以党报《南方日报》作为文明户奖品，为全区每个文明户订阅1份。在加快精神文明软件方面建设的同时，他们认识到，精神文明建设活动必须要有硬件作为依托，因此，他们在几年的时间里投资4000万元搞了一大批现代建筑设施，现已有厦岗大道、南湖长堤、北湖小公园、医院、学校、文化中心、颐老院、福海大道、大戏院等建成并交付使用。

深圳市宝安县南岭村农民出钱奖励国防科技英才 深圳市宝安县布吉镇南岭村的农民筹集了200万元人民币，于1992年"八一"建军节前夕无偿捐献给国防科工委，用于奖励为发展我国国防尖端科技事业做出突出贡献的有功人员。国防科工委有关领导对这一高尚举动深表感谢和敬意。

广西柳城县乡乡有图书馆 近年来,广大农民认识到知识的重要性,希望通过看书读报获得科技知识和市场信息。壮族聚居的广西柳城县县委和县政府充分认识到这个问题与农村深化改革的关系,在1991年要求全县各乡镇拨出专款,建设图书馆,并发动社会各界捐款、捐书。两年中,全县14个乡镇都办起了图书馆,共拥有各类书籍14万册,其中藏书、万册以上的图书馆有10个,4个图书馆达到藏书5000册的标准,在1993年春召开的全国图书馆会议上传出的信息表明,柳城县乡乡都办起了图书馆,在全国各县中排名第一。这些图书馆在农民奔市场过程中,为农民提供了良好的精神食粮。

贵州思南县农村文化经营热 《农民日报》1993年3月20日报道,近几年来,贵州思南县已先后涌现出680多家农村个体文化专业户,他们组织放电影,放映录相、图书租借销售、工艺美术装璜、照相、无线电维修、卡拉OK娱乐等,年收入已达1290多万元。文化经营热极大地丰富了思南山村的文化生活。

贵州长顺县农民时兴"效益嫁妆" 贵州省长顺县广顺镇的农民,过去嫁女儿互相攀比讲阔气,嫁妆以高档商品多为荣,男方不堪彩礼负担,婚后小两口债台高筑。现在,一些为此吃过苦头的农民作出新的选择。女儿出嫁时,有的把粮食加工机械、马车、板车、缝纫机、锁边机等作为嫁妆,有的把作物良种、药材种、苗圃作为嫁妆,有的把装满科技书籍的书柜和良种母牛、母猪作嫁妆,希望通过这些能带来效益的嫁妆,小两口勤劳致富。据《贵州日报》1993年3月17日报道,广顺镇仅1992年底到1993年初出嫁的80多位姑娘,有40多人置办了1—3件"效益嫁妆"。

四川荥经县考核文明单位赏罚分明 四川荥经县对精神文明创建工作实行动态管理,坚持实事求是开展最佳文明单位评选活动,严格实行奖惩分明的考核制度。1993年底,县文明办经检查考核后,命名荥经县人民银行和县教育局两个单位为县级最佳文明单位;授予县直属税务所、县公安局、严道镇、花滩镇等10个单位"县级文明单位"称号;对存在问题和发生盗案的两个文明单位限期整改;取消了发生刑事案件的两个县级文明单位的文明称号。

陕西咸阳农民登上市委演讲台 1992年,陕西省咸阳市在开展农村社会主义思想教育的过程中,市委坚持让农民用现身说法,给机关干部讲农村的近况。他们共举办农民演讲会500多场次,有3000多人参加了演讲。演讲中,农民用自己的亲身经历和感受,向市领导和机关干部讲述了党对农村政策带来的巨大变化。通过听演讲,极大地激励了广大机关干部,决心深入到农乡,扎实开展好社会主义思想教育的工作,同时也锻炼了农民的演讲才能,推动了农村的精神文明建设。

陕西黄龙县创办文明学校68所 陕西省黄龙县按照大政工思路,结合山区特点,自1992年以来,成立了各种类型、各个层次的文明学校,并以此为阵地,对全县市民、村民实施"两德"教育,使社会环境得到优化。到1993年11月,全县共建起文明村民、文明市民、文明职工学校68所,仅1993年,共培训村民、市民1.2万多人次。经过培训,广大干群的"两德"水平、整体素质得到提高,城乡打架斗殴、酗酒闹事、赌博等社会治安案件大为减少,市容、村容大大改观,社会风气明显好转。

陕西勉县一唐家坝乡时兴"民管官" 1993年年初,陕西省勉县唐家坝乡从青年农民、乡人大代表、离退休干部中选聘32名作风正派、办事公正、敢于坚持原则者为监督员,并在全乡干部会上公开宣布监督员有权过问乡村各项工作,有权给乡政府提建议、批评、意见,有权向乡上或上一级组织直接反映乡村干部问题;乡村干部不仅要认真接受监督,还要定期与他们互通情报,否则将受到批评或处分。监督员制度使唐家坝乡的民主管理得到了保证,乡村干部的工作从经济立项到计划生育、从农民负担到干部作风等各个方面,都受到群众的监督。乡政府发包茶场方案有漏洞,致使部分幼树遭受损失。3名监督员提出批评后,乡政府立即实地察看,修改方案,重新招标承包。有些村干部在砍伐树木、计划生育、宅基地审批等方面没有坚持原则,有的甚至不能以身作则。村监督员提出批评后,有些干部利用职权打击报复,乡政府始终为监督员撑腰壮胆,对有问题的干部或批评教育或实行经济处罚,或免去职务。

甘肃武威地区实施"精神温饱"工程 地处河西走廊的甘肃省武威地区,为满足广大群众求知、求乐、求富的需要,从1990年起开始实施"精神温饱"系统工程。"精神温饱"工程包括宣传、组织、治安、教育、文化、科技、卫生、计划生育、广播、双拥环境、风俗建设、体育等13个方面。该地区由群众先后集资7000多万元,地区财政拨款10万元,用于建设文化站(室),架设广播线路,创办农业技术学校等。目前乡乡镇镇已基本做到有"四校"(党校、团校、国策学校、文化技校)、"四站"(文化站、广播站、科技服务站、计划生育宣传站)、"四队"(理论宣传部、文艺宣传队、体育代表队、电影放映队),村里有"五室"(办公室、广播室、图书室、党团员活动室、科技文化室)、"一家"(青年、民兵、妇女之家)、"一场"(体育运动场)。到1992年6月止,该地区广播电视覆盖率达80%以上,建成文明单位719个,文明村2759个,涌现出遵纪守法光荣户11万户,占34%,五好家庭5万多户,占15%。

兰州市西固村建立发展教育奖学金制度 西固村位于甘肃省兰州市西固区中心。全村有14个生产合作社，农户971户，人口2948人。1993年，村民人均纯收入达到1694元。在村民生活质量日益改善的同时，他们感受到知识的重要性。为了培养人才，他们舍得投入，制定了发展教育奖学金制度，明确规定本村村民子女考入大学本科者奖励5000元，考入大专奖励4000元，考入中专奖励3000元。这一制度的执行，极大地提高了全村在校学生发奋读书的积极性。

西藏江孜县抓精神文明建设，维护祖国统一 《西藏日报》1992年11月9日报导，西藏江孜县委一向认为：精神文明建设必须是维护祖国统一和民族团结，反对分裂的精神文明建设。江孜县以这一正确认识指导自己的工作实践。县委一手抓管理，一手抓教育，向广大干部群众理直气壮地进行以维护祖国统一，增强民族团结，反对分裂为主要内容的爱国主义教育。县委组织专门力量，结合西藏和江孜县的实际，编写出《西藏是祖国神圣领土不可分割的一部分》、《中国共产党光辉照耀，30多年来天翻地覆》和《伟大的革命，英明的领导，光辉的历程》等宣传教育材料，分发到每个村民小组，指定专人向群众宣讲。同时还发动群众登台演讲乡史、村史、个人成长史和勤劳致富史，让群众自己教育自己。同时，江孜县还利用民族节日的喜庆时机，自编自演歌颂共产党、歌颂社会主义、歌颂民族大团结的文娱节目，丰富了群众的文化生活。另外，江孜县还从普法宣传教育上下力气。县委组织了包括县公检法部门在内的机关干部100余人，带上《中华人民共和国宪法》、《刑法》、《刑事诉讼法》和公安治安管理条例等法律法规，分赴19个乡镇开展以普法宣传为内容的教育活动，召开法制宣传现场会，打击歪风邪气，树立正气，有效地打击了聚众斗殴、调戏妇女、拦抢汽车的一小部分不法分子的嚣张气焰，对制造分裂搞骚乱的分子形成了巨大的威慑力量。西藏江孜县抓精神文明建设，维护祖国统一的经验，得到了上级领导的充分肯定。

7. 校园精神文明建设活动

1992—1993年校园精神文明建设活动概述 校园内的精神文明活动，是建设高度的社会主义精神文明的重要内容，对于学生道德观念的形成和思想品德修养的提高有着不可估量的潜移默化的作用。两年来，紧紧围绕人才培养这个中心，在全国范围内，在各个不同层次的院校中都开展了形式多样的精神文明活动。(1)重视德育教育，特别是积极引导学生学习马列主义、毛泽东思想。在全国大、中院校内出现了数以千计的学习马列、毛泽东著作小组。他们采取自学为主、课余为主，多方关心、热情指导的方式，带领学生学习，还举办毛泽东思想研讨会等活动，使学生的政治素质普遍得到提高，出现了广大青年学生积极要求加入中国共产党的可喜局面。在广州，要求入党的大学生占非党学生的10.6%。湖南财院的学生党员占在校学生人数的1/10。(2)开展社会实践活动，充分利用所学知识进行科技服务、参与课外学术科技作品赛等。继1992年北京高校大学生科技服务活动和上海近万名大学生参加的“改革百点”社会实践活动后，1993年的大学生社会实践活动又有新特点：突出科技服务和勤工助学。在短短的时间里，同学们进行挂职锻炼、调查研究、勤工俭学、专业咨询，不仅了解了改革，而且还直接参与了建设，在实践中受到锻炼，增长了才干。中国矿业大学的学生们在短短半个月时间里就完成了60余篇技术调查报告，为煤矿解决了8项技术难题。天津大学学生暑期打工，在一个月时间内绘制了60张建设图纸。(3)开展各种形式的校园文化活动，进行文明校园建设。各校在注重德育教育、智育教育的同时，还特别注意加强对学生的非正规的课堂教育。在管理育人、服务育人、环境育人方面都取得显著成效，并涌现出中国人民大学、北方工业大学、北京大学等第一批“文明校园”。(4)开展学习雷锋精神的教育活动。长沙炮兵学院的“雷锋在我们身边”的活动，改变了过去“雷锋三月来四月走”的现象；抚顺石油学院开展了“踏着雷锋足迹、弘扬雷锋精神”、“社会、雷锋、大学生”考察活动和“人活着就是为了使他人生活得更美好”的讨论；北京126中学开展读《雷锋日记》，学雷锋勇于参加社会实践与刻苦学习的“钉子”精神的活动等，对培养学生崇高的思想品质和积极向上的人格精神有一定的帮助。(5)进行读史明志教育和艰苦朴素教育。如北京第一实验小学开展艰苦朴素教育，让学生从小就树立以艰苦朴素勤俭节约为荣，追求奢侈豪华、铺张浪费为耻的思想；武汉江汉大学在学生中开展读《国耻馈》、《民族魂》和《强国路》等三本书的活动，注意培养学生们的爱国主义精神。(6)开展“温暖工程”。如：北大建起“爱心社”，湘潭40万学生开展“温暖工程”，用压岁钱建起第一所希望小学。——通过以上活动，校园内呈现出一派积极向上的新气象，同学们普遍关心国家大事，参与意识增强。

大学生参加社会实践活动喜获丰收 在国家教委关于高校开展社会实践活动的通知精神指导下，全国各地的高校学生在1992年暑假期间通过各种形式深入到社会实践中去。复旦、同济、华东师范大学等高校学生分别到浦江两岸的中外合资企业、大型工矿企业、市政重点工程及金融、商业、教育、卫生、农村、部队等近百个点开展科技服务、挂职锻炼、调查研究、勤工俭学、义务劳动、专业咨询、医疗服务等活动，了解改革，参与建设。上海交通大学、华东化工学院、中国纺织大学等高校还组织部分学生赴江西、延安等革命老区和广东、山东、大连等改革开放第一线开展科技服务与挂职锻炼。中国矿业大学百余名大学生、研究生参加学校组织的大学生“苏南苏北乡镇企业考察团”，“苏北地区煤矿科技服务总队”和“淮南经济区乡镇企业科技服务总队”。在半个月的时间内，他们先后考察了江苏30多家乡镇企业，深入到苏北两个地方煤矿、24家乡镇企业开展科技咨询和科技服务。考察中，他们完成了60余篇颇有份量的技术调查报告，为乡镇企业、地方煤矿解决了8项技术难题。他们还向企业提供了21项学校的高新技术成果，并现场达成了20多项科技攻关、科技成果转让和技术服务协议，与一些企业建立了长期的科技合作关系。

首都高校建设“文明校园”见成效 到1993年5月，历时两年的文明校园建设活动已在首都高校初见成效。通过开展这一活动使校园环境得到美化，学校管理水平有了提高，学生学习风气浓厚，教学秩序井然。在校际竞争中还产生了中国人民大学、北方工业大学、北京大学等一批文明校园。在活动中，他们狠抓了如下几方面工作：(1)清理生活环境。首都高校师生在学校食堂、校园绿化、校园卫生、学生宿舍和校舍维护等方面下大力气清理了多年未能清理的卫生死角，美化了校园环境。(2)狠抓教风、学风建设。各高校学生迟到、早退、提前下课、考试作弊现象明显减少。各校通过这次文明校园建设活动，配齐了教学、实验设备，检查了教材的配置情况，为提高教学质量创造了条件。(3)建立、健全了广播影视、宣传栏、校报和板报等宣传形式。紧紧围绕党的路线、方针、政策和学校的中心工作，有针对性地解答师生的思想问题，在校园里形成了一个良好的舆论环境。文明校园建设极大地激发了大学师生的参与意识。清华大学一年共有2000多名学生参加为期一周的校内建设公益劳动；北京大学组织学生打扫卫生、整理校舍、植树种草，仅1992年一年参加者就有2万多人次。此外，北京大学还聘请大学生担任学生食堂经理助理、校园管理助理，成立学生治保会、楼委会，组织学生参加图书管理和校园文明检查。

首都大学生科技服务月活动

1992年暑假中，北京市团委，市学联组织上百支科技服务队，深入京郊及其他地区农村和乡镇企业，开展“首都大学科技服务月”活动。北京科技大学组织了3支科技服务队分赴陕西延安、河北丰润、北京清河进行科技服务。在延安，9名研究生深入延安轧钢厂帮助厂里进行技术改造，经过十几天与工程技术人员的艰苦奋战，终于完成了任务。在清河，两名博士研究生将自已研制成功并达到国内先进水平的脱漆剂技术转让给清河镇，并利用暑期帮助筹建起清河脱漆剂厂。北京联合大学中医药学院的40多名同学组成医疗小分队到北京房山偏僻的山区，为农民义务诊断治病。短短10天时间，同学们奔跑于8个村落之间，行程几百里山路，虽然又苦又累，但他们普遍感到收获很大。

首都十万大学生暑期投身社会实践 继1992年的全国大学生暑假社会实践之后，首都大学生1993年的社会实践活动又有新特点：突出科技服务和勤工助学活动的内容，注重五个结合，即结合科技文化活动服务社会和人民，促进科技成果向生产力进一步转化；结合勤工助学活动培养学生的自立意识、成才意识；结合申办奥运、迎接七运进行爱国主义教育；结合改革开放实际，进行社会主义市场经济理论和改革开放教育；结合骨干培训培养骨干队伍。在团市委等单位的组织下，首都高校大学生组成了科技支农、科技扶贫、科技开发及成果转让、医疗服务、文化培训小分队分赴全国各地及京郊地区开展科技文化服务。北京科技大学化学系的科技服务队到延安钢铁厂进行技术攻关服务；北京中医学院组织学生到广西北海进行考察；中国人民大学学生骨干组成考察团去“追寻太阳的足迹”以纪念毛主席诞辰100周年。市学联组织3部分高校学生会主席到山东地区进行了学习考察活动。在首都大学生暑期应聘工作洽谈会上，有近2万名大学生与500余家企业签订了各类“打工”协议。

首都高校开展校园售书活动

为促进大学生读书活动的开展，由人民日报出版社等17家出版社组成的中央部委出版联合体，1992年3月21日在北京大学举办春季校园售书活动。在北大校园出售的各类优秀图书达1000多种，其中有《中国共产党七十年》、《毛泽东哲学批注集》、《改革大趋势》、《美学丛书》、《唐诗百科辞典》、《沈从文传》等，吸引了众多的教师、学生踊跃购买。联合体一些出版社的领导和编辑还参加北大学生会、学海社组织的读书会，进行座谈，并向他们赠送了优秀图书。联合体准备把这类活动逐步在首都其他一些高校展开。

北京高校学生社团活动多姿多彩 在北京的大学校园里，有各种各样的学生社团在活动。北京大学的“山鹰社”是全国高校的第一支登山队，拥有社员200多人，他们每周训练3次，暑假时组织攀登高山。中国人民大学成立了演讲协会，他们组织各种讲座和培训活动，其目的旨在培养大家的交际和演讲能力；此外，还有由研究生们成立的“太平洋世纪研究会”和“十三文学社”、“天堂鸟朗诵会”等，“十三文学社”谱写诗词文章，“天堂鸟朗诵会”诵之于众。在清华园，“科技协会”、“信息协会”、“微机协会”、“国际关系协会”、“军事协会”、“法律爱好者协会”、“道德励进会”、“求是学会”也搞得有声有色。“求是学会”以其严谨的精神在各种社团中独树一帜，它要求加入这个学会的成员，不仅具备较高的理论水平，而且还得学有余力，所以他们的会员个个都是顶呱呱的。另外，清华大学“学生艺术团”在高校中更是享有盛名。这个团队拥有400余名团员，分军乐、合唱、民乐、舞蹈、话剧、键盘、弦乐、电声等8支队伍，由他们参加的重大演出不计其数。学生社团如雨后春笋般涌现，从一个侧面反映了当代大学生的精神风貌。

清华大学6位博士、硕士组成青年科技服务团 根据安徽省岳西县提出的亟需解决的技术项目，清华大学按专业对口原则选派了6位博士、硕士，组成了中国青年科技服务团安徽分团。该团于1992年7月奔赴大别山区岳西县，进行了为期8天的科技扶贫活动。服务团成员当中大多都具有企业工作经验和技术攻关能力。在岳西开展科技服务期间，他们深入工厂车间，先后为9家企业进行技术难题会诊，就地解决了技术问题10个。直接经济效益达40万元。他们还针对不同企业的实际情况，对企业立项、新产品开发、生产工艺的改进、技术攻关、人才引进等提出了一些具体可行的建议，得到了当地生产和技术部门的高度重视。他们还将那些难度大、现场不易解决的技术问题带回学校，并就这些项目与企业签定了协议，负责提供长期服务。

北大涌起“爱心潮” 北京大学几名自愿奉献爱心的学生组织起来，成立了“爱心社”。他们的宗旨是：继承和弘扬中华民族的传统道德精神，借鉴吸收现代社会文明价值观念，立足于社会道德自律和自身素质的提高，团结有志的青年，大力倡导敬德精神，呼吁人们的爱心，并以“友爱、善良、诚实、互助”之心，提高全社会道德水准。“爱心社”得到了社会各界的关注与支持：北京大学广播站的7位老师捐款200元作为该社的启动资金；方正集团送去了50把爱心伞；河北金笛生物制品有限公司表示愿在企业界拉起一面爱心大旗，与爱心社共同开展“爱心活动”；武汉“中华绿荫儿童村”也愿与爱心社共同努力，呼唤社会爱心；更有新闻界的热心人士自愿报名成为“爱心社”的名誉社员。在半个月的时间里，爱心社的成员由发起时的7人增加到150人，他们都是在参加爱心活动或接受爱心活动的帮助后加入爱心社的。现在“以实际行动向社会奉献一片爱心”的活动正在北京大学的校园里红红火火地展开。自行车倒了，很快被扶起；雨雪过后，道路很快被清扫干净……

中国人民大学新闻系发起自愿为老师捐献骨髓的登记活动 1992年3月7日，中国人民大学新闻系学生会发起自愿为赵劲老师捐献骨髓的登记活动。62名学生带着真挚坦诚的爱心和青春无悔的选择，庄严地签下了自己的名字。这62名同学成了我国第一批非亲属骨髓志愿捐献者，用他们的行动谱写了一曲奉献之歌。中国红十字会总会对此深表赞誉。并积极筹划开创一个为挽救白血病患者的非亲属供者骨髓捐献工作。3月14日，在人民大会堂召开的新闻发布会上，由中国红十字会总会会长陈敏章负责领导的中国首次非血缘关系供者骨髓移植工作宣告正式开始。中国红十字会总会有30多人志愿签名加入到捐献骨髓的队伍中。美国红十字会HLA试验室主任李政道博士也要求在捐献册上签上他的名字，并以个人名义为这次活动捐赠5万美元。这项具有开创意义的活动已引起社会瞩目。

北京理工大学学生党员带出良好学风 在北京理工大学化工与材料学院，有一支活跃在学生群体中的学生党员骨干队伍。这支队伍在树立良好班风、学风方面发挥了模范带头作用。他们不仅自己勤奋好学，而且还鼓励大家勇于攀登不断进取。88级学生党员王军，在校期间学习努力、德才兼备，于1992年被清华大学免试录取为研究生，直接攻读博士学位。王军的成功鼓舞了更多的后来者。1993年一个毕业班的28名同学在本班5位党员的带动下，有10名同学考上了研究生。学生党员还针对实际情况，先后组织了“邓小平同志南方重要谈话带来的影响”、“雷锋精神与市场经济”、“大学生经商之我见”等讨论，使同学们更清醒地认识到肩上的重任。为壮大这支队伍，院学生党支部创立了共产主义学习会，8年坚持不懈，对大批同学进行了共产主义理想、信念的教育。到1993年暑假，已有150名同学递交了入党申请，120人参加了共产主义学习会。

北京师范学院中文系以宿舍为整体资助失学儿童 北京师范学院中文系88级的7位女同学（张军红、江城、王晨、周岩、赵伟、钱程、陈颖），响应“希望工程”号召，提出以宿舍作为一个整体来资助一名贫困地区的失学孩子。她们在给“中国青少年发展基金会”的老师们去信时写道：由于历史上经济落后的沉重包袱和人口的压力，我国的基础教育还相当落后，“教育兴衰，匹夫有责”，“坐而论道，不如起而行之”。作为师范学院将投身教育事业的大学生，我们同寝室的7个姐妹萌发了这个愿望。我们希望通过自己的行动使国家少一个文盲而多一个有知识的人。

中央民族学院与北京武警二支队“共建”结硕果 中央民族学院与北京武警总队第二支队建立的“共建”友好关系，到1993年已有12年。北京武警二支队的前身是延安时期的中央警卫团，从抗日战争时期到90年代的今天，曾出现过张思德、常延文、李国瑞、许德华等各具特色的英雄人物。中央民族学院充分利用这个优势，将部队作为学校开展思想政治教育工作的强大后盾。在市场经济的大潮中，有的学生觉得寒窗苦读不如上街摆摊挣钱多，自己吃亏了。但经过与武警战士接触，他们的思想认识发生了转变。武警二支队战士是自己的同龄人，他们每天站岗放哨，为国为民毫无报酬地尽义务，都没有任何怨言。相比之下，作为国家培养的大学生更应从大局考虑，安心学习，将来学成报国。经济系一学生在听了"新时期钢铁战士"许德华的事迹报告后，在日记中写道："许德华同志为武警事业无私奉献，我——一个有着强健体魄的热血男儿，难道就不能为边疆的建设作出自己的一点贡献吗？"毕业分配时，他主动放弃留京工作的机会，选择了条件艰苦的广西金秀县。类似这样的人和事，12年来在民院每年的毕业分配中屡见不鲜。近年来，武警二支队的官兵还为中央民族学院培训了一支500多人的校园文明建设服务队，促进了良好的校园秩序的形成。在共建活动中，民院发挥自己的优势，坚持每年为武警二支队举办文化补习班。12年来，先后有125名干部战士取得大、中专文凭，促进了部队文化素质的提高，为部队培养了一批军地两用人才。1992年，中央民族学院和武警二支队双双被北京市评为"首都军民共建先进集体"。

上海高校探讨90年代大学生形象 "90年代大学生应具有怎样的形象？"的专题讨论一经提出，迅即引起上海高校大学生的思考、议论。上海交通大学、复旦大学等36所高等院校的大多数学生认为：当代大学生应该正确认识人生价值，将个人前途同祖国、民族命运结合起来，增强"爱国、成才、奉献"意识。上海交通大学信息控制系20多名学生给市委书记吴邦国写信，表示参与上海浦东建设的愿望，以实际行动描绘90年代大学生的形象。华东化工学院学生杨卫国说："在中华巨龙腾飞的关键十年，我们青年人要学会'三个自我'，即'自我审视，自我评价，自我扬弃'，在社会舞台上扮演有用的'角色'。"上海第二医科大学博士研究生、市学联主席刘中民在征文中写道："爱国主义精神是'五四'运动最本质特征，也是90年代大学生必备的政治素质。我们青年人应把事业的立足点放在国内，克服消极等待，怨天尤人的情绪，用自己的双手改变祖国的面貌。"复旦、同济、华东师大等高校学生们回顾了自"五四"以来知识分子走过的艰难历程，从中更清楚地意识到，青年学生要有所作为，必须自觉地与工农相结合，与实践相结合。

复旦大学精神文明建设结硕果 复旦大学自1985年以来连续被评为上海市和上海高教系统的"文明单位"。1992年，该校进一步明确精神文明建设的总体目标，围绕教书育人这个中心任务开展了以下工作：(1)抓住有利时机，加快学校改革。邓小平南方重要谈话发表后，该校举办了"学习南方谈话、深化复旦改革"干部学习研讨班；校刊等宣传媒介连续报道学校推出的人事分配制度、机关、后勤、教学等改革新措施；学校召集部分专家教授举行了"在社会主义市场经济条件下高校如何办学"的研讨会；教务处举办了"教改信息发布会"，邀请校领导与学生座谈；团委、学生会组织了征集教改提案等活动。(2)加强党的建设和思想政治工作，保证各项改革的顺利进行。学校对中层干部进行全面考核，颁发并实行了一系列党建工作制度；根据不同层次的对象，分别组织举办了业余党校班、党员读书班和党建研讨班；在1991年集中对学生进行社会主义信念教育的基础上，1992年相继进行了人生价值观教育和改革开放教育；同时还在政治学习、宿舍管理、出操和课堂礼仪等方面实行了一系列新制度。(3)加强管理、积极引导，进一步优化校风学风。学校设立了多种奖学金；实行学制浮动，允许学业优秀的学生提前毕业或报考研究生。每年拨出40万元用于评选教学课程优秀奖和教书育人百花奖。并在部分院系进行课程体系改革试点。(4)1992年3—5月，对全校59个基层单位精神文明建设状况进行了一次全面检查评比，评出了5个文明单位、8个创文明单位、8个创文明表扬单位和若干单项表扬单位。年底，又对基层单位的精神文明建设进行了复查。精神文明建设促进了学校各项工作的全面发展。在第二届全国高校优秀教材评奖中，该校有5部教材获得国家奖，12部教材获得教委一、二等奖，名列上海高校之首；该校本科生参加1992年6月全国英语六级统测，通过率达93%，居全国高校之首；在上海市非计算机专业学生计算机能力考试中，该校1、2、3级的合格率都高出全市高校平均合格率10—20个百分点；在全国大学生实用科技发明大赛中，该校学生获奖数在综合性大学中居首位；暑假中，该校团委组织的主题为"跃上改革潮"的社会实践活动，荣获上海市高校暑期社会实践优秀组织奖。该校还继续保持市绿化先进单位和"花园单位"荣誉；超额完成献血任务；计划生育率保持100%。

天津大学学生暑期智力打工

1993年暑假，天津大学有近200名学生结合自己的专业开展"智力打工"，参加这次活动的有建筑系、应用化学系、机械系的同学。留校打工的同学有的仅用一个月时间就绘制了60多张建筑图纸，有的到实验室协助进行"织物的防水涂层"实验，有的组织搞起了"水动力色谱法测乳胶粒内径"的科研课题，还有的结合专业进行制图、计算机辅助设计工作等。外出打工的同学则奔赴厦门帮助某公司进行建筑工程设计。参加活动的同学们普遍认为：这样的实践工作，能把平时所学的理论知识运用到实际中，既锻炼了实践能力，又熟悉了专业技能，对自己今后的发展有很大的好处。

南京大学与东北某部队携手“重塑理想” 1993年3月，在一封署名“柯望”的学生来信的引发下，南京大学哲学系发起了“重塑理想”大讨论。《人民日报》等报刊对此活动进行了专门报道，吉林省梅河口市某部队政委周春全向南大党委表示希望南大和部队能建起军民共建关系，共同作好对青年一代的理想教育，树立正确的人生观和价值观。南大党委对此作出积极反应，委托有关部门草拟了共建内容，同时给部队寄去了“柯望”来信的讨论材料。几个月来，该部官兵围绕“重塑理想”教育，立足军营成才开展了“中国特色社会主义与军人价值”演讲等活动，并将演讲录像带寄给学校。在校园内，学生们在系党支部的引导下，观看了部队寄来的录像带，参加了“重温入团志愿书”、“重温入党申请书”的活动，并请一大批学有成就的老教授、学部委员、留学回国人员、优秀大学生等结合各自的成长道路畅谈理想和人生价值。此次活动收到明显效果，哲学系和化学系新疆班的同学，有一半以上向党组织递交了入党申请书，全校有1100多人写了入党报告，仅1992年就有269名学生入党，1993年7月1日，又有28名学生汇集到了镰刀和斧头红旗下，光荣成为中国共产党党员。

山东大学生的新追求 当今大学生追求什么？1993年2月12日的《光明日报》作了报道。山东师范大学政治系的同学以“人民喂我，我为人民”为宗旨，在校园内外开展起义务家庭教育活动。义务家教团面向全系招收成员，经过选拔才让他们走入家属宿舍，担任起义务家庭教师。3年来，该校进行义务家教的就有180人，他们为省纺织厅、一轻厅、柴油机厂等十几个单位的200多名中小学生提供了课外教育。山东师大学生不要报酬、义务家教、追求奉献活动，迅速扩展到了其他高校，并成了山东各大学学生社会实践的内容之一，全省50多所大专院校均推出了新追求、新奉献活动。据山东师大家教团进行的跟踪调查表明，接受辅导的53名中小学生，在学习成绩、性情品质、心理素质、生活能力等方面有良好改观。对于这一活动，被辅导学生的家长普遍感到放心、满意，并希望大学生们能按劳取酬。

山西师大抓宿舍文化建设

1993年7月2日《光明日报》报道，山西师范大学把思想政治工作放在首位，落到实处，突出地抓了以社会主义思想为主题，以学生为主体，以课外活动为内容，以宿舍为空间的宿舍文化建设。为开展这项活动，他们采取了一系列措施，以保证它的顺利进行。如：宿舍政治导师制，把团小组建在宿舍，成立学生自律委员会，五星级宿舍评比制，学生宿舍档案制等。宿舍文化建设的经常化、制度化，防止了大起大落，并保证了宿舍文化的正确方向。宿舍文化活动开展一年来，在提高学生素质，丰富课余生活等方面已初见成效。

苏州大学3000名大学生组成学习马列毛泽东著作小组

1992年1月10日《光明日报》报道，苏州大学党委，对该校不少同学在课余时间学习马列和毛泽东著作及时肯定，并加以引导。为此，党委采取了如下措施：(1)建立学校及各院、系学马列毛选中心组，选派有马列主义水平的政治理论课教师指导。(2)党委、团委定期举办原著讲习班，召开学习报告会、交流会。(3)创办马列原著阅览室，提供马列毛泽东著作及政治理论读物。理论学习使学生的素质普遍提高。在校学生中，3000名学生组成148个小组坚持学习原著，占在校生总数的47%，已有640人向党组织递交了入党申请书，120名学生光荣地加入了共产党。苏州大学被中共中央宣传部、国家教委、团中央授予社会实践全国先进单位称号。

东北财大文化活动进宿舍

东北财经大学有700多个学生宿舍。该校以宿舍为阵地，开展各种文化活动，使学生的“家”更加温馨。在校学生会发起的“五星级宿舍”评比活动中，有的系搞起了寝室最佳布局设计评比；有的以“一屋不扫何以扫天下”为口号，着重清理寝室卫生；还有的把寝室里的不文明行为用相机“曝光”。这些都推动了宿舍的规范化管理，出现了“家家”夺“五星”的局面。他们还开展了室名、室标和寝室精神一句话征集活动，到1992年5月，全校700多个学生宿舍中涌现了一批具有优雅寝室名称和富有当代大学生特色的寝室。他们还以宿舍为单位，举办“瞧这一家子”文艺对抗赛。各系均以寝室为单位登台亮相，进行层层选拔，学生们在比赛中表演自编的“活报剧”、小品、歌舞节目，从不同侧面展示了当代大学生的精神风貌。

抚顺石油学院被命名为“学雷锋先进学校” 抚顺石油学院地处辽宁省抚顺市望花区，是雷锋的第二故乡和雷锋精神发祥地。几十年来，该院充分利用这一得天独厚的优势，把学雷锋作为社会主义精神文明建设的重要内容，1992年被抚顺市命名为“学雷锋先进学校”。他们突出抓了4个方面工作：(1)抓住根本点，把学雷锋与解决政治观、人生观、价值观问题结合起来。他们特别注意3个结合：一是结合学习雷锋精神，对全院教工特别是大学生进行坚持党的领导、坚持社会主义道路的专题教育；二是结合学习雷锋精神，引导大学生用马克思主义的立场、观点和方法分析和批判错误观点，开展“人活着就是为了使他人生活得更美好”的系列教育活动；三是结合学习雷锋精神，进行“人生价值”大讨论，树立“不讲索取讲奉献”的价值观。(2)抓住落脚点，把学雷锋与树立良好学风结合起来。引导大学生从雷锋的“钉子”精神入手，大力倡导“勤奋、严谨、求实、创新”的学风。(3)抓住衔接点，把学雷锋与加强党建、团建结合起来。他们把全院建党工作重点向大学生、向低年级转移，逐步在学生班级中建立起以党员和非党积极分子为骨干的政治核心。同时在团员中开展“青年向团员看齐，团员向雷锋看齐；后进团支部向先进团支部看齐，先进团支部向雷锋班看齐”的团员和团支部的“双达标”教育活动。(4)抓住辐射点，让学雷锋与强化双向效应紧密结合。一是引导大学生把学雷锋活动与尽职社会、服务人民结合起来。如利用寒暑假回家返校的机会，在列车上组成“千里行程大学生学雷锋便民服务队”，为旅客服务。还组织“踏着雷锋足迹，弘扬雷锋精神”，“社会、雷锋、大学生”考察活动，使学生们寻找到了雷锋精神的源头。二是加强学雷锋基地建设。他们同雷锋团、雷锋班、雷锋纪念馆、雷锋中学、雷锋小学及抚顺石化企业等30多个单位结成了共建关系。为了促使学习雷锋活动的经常化、制度化，该校还为全院所有团员、青年建立了学雷锋档案，作为考评学生的重要依据。

曲阜师范大学再拂文明校风 曲阜师范大学是山东省培养中学师资的重点学校，该校对学生的道德品质及政治素养一向要求甚严。但由于学校偏重于规章制度的约制，忽视了学生自律习惯的培养，校风校纪建设一度收效甚微。1992年曲师大在反思了前几年的教育方式之后，作出了“利用学生‘参与’意识，引导学生自我教育，自我管理”的决策，成立了以学生骨干为主体的各种自律委员会。校“学生伙食管理委员会”组织学生轮流到食堂值勤，维持秩序、对那些买饭不排队、吃饭抛撒食物的现象当场进行善意的劝诫与批评。对个别蛮不讲理的学生，他们在耐心说服教育不奏效的情况下，报告学生工作部处理。经过努力，曲师大食堂就餐秩序大为改观。他们还成立“学生宿舍楼管理委员会”，由24名同学主持，不定期检查宿舍的卫生状况、作息秩序等，并将检查结果公布于众，作为评比文明宿舍的依据之一。由于“楼管会”的努力，多年来屡抓无效的学生宿舍的脏、乱、差问题，终于得到解决。曲阜师范大学利用学生日益增强的“参与”意识，组织学生参加学校的校风、校纪管理，收到显著效果。中央及省、市有关部门对他们的经验都给予了充分肯定。

北方工业大学荣获“文明校园”称号 北方工业大学自1978年建校开始，就从环境卫生、绿化着手，进行校园文明建设。根据北京市在高校开展文明校园建设活动的决定和检查评估标准，该校把此项工作纳入学校日常工作的主要议程，作为学校建设的根本任务。他们建立了以校长为组长的领导小组。各系、各部门都设有相应的工作小组，并层层落实了任务、责任。很快形成了条块结合、责任明确、任务落实的工作体制。该校连续6年被评为“花园式单位”。为了使学校的教学管理走上规范化、科学化的轨道，他们还采取了以下措施：(1)在每个班设置教学日志，由教师课后对学生出勤、课堂纪律及作业情况进行填写。(2)恢复过去的教学管理办法即对每门课建立教学文件档案袋，在档案袋里备有大纲、教材、试卷、参考书等资料。(3)加强辅助环节，针对教师答疑存在的随意性而印制教师答疑情况表，张贴在答疑室，以利学生监督老师。良好的教学环境为教学质量的提高提供了保证。据光明日报1992年6月2日报道，由于北方工业大学在教书育人、管理育人、服务育人、环境育人等方面都取得显著成效，北京市高教局决定授予该校“文明校园”称号。

湖北高校千余毕业生自愿到边远地区 湖北地区各高校重视对毕业生的思想教育，在市场经济条件下，他们以爱国主义教育为核心，帮助学生进一步树立正确人生观、价值观，收到了良好效果。1993年，1000多名应届毕业生主动申请到边远地区建功立业。武汉大学优秀毕业生罗海林、周守福在申请书上这样写道：“苦？请听听爱因斯坦的教诲吧——‘我从不把安逸和快乐作为生活目的本身——这种伦理基础，我叫它猪栏的理想。’我想，所有一切都将在事业面前变得渺小。”他们所在专业今年只有6名毕业生，却全部选择了大西北。江汉石油学院坚持用“老石油”的创业精神激励学生学石油、爱石油、献身石油，到祖国最需要的地方去建功立业。1993年，该院有132名毕业生申请赴边，是国家计划的125%。

湖北大学生深入乡镇社会实践 以“十县百乡科技文化服务工程”为主题的社会实践活动于1993年暑期在湖北高校中拉开序幕。全省64所高校的大学生组成800多个活动营(队)，奔赴省内100个乡镇开展科技文化服务活动。武汉大学组成5个小分队赴宜昌三峡、襄樊、老河口等县市，面向乡镇企业和农村开展技术培训、科技攻关、成果转让活动，并模拟股票市场交易，取得了良好的社会、经济双重效益；华中农业大学组织40多人到孝昌县周湾镇、小悟乡开展粮、棉、油、林、果、茶和中草药生产为主要内容的科技服务活动，解决了部分农林种植疑难问题，并为农村培训科技致富带头人；中国地质大学的4支小分队到咸宁、黄石等地进行考察、勘探，为当地提供地质科技服务并共同开发当地地质旅游资源；武汉城建学院选派14名优秀学生组成小分队赴蒲圻市帮助3个乡镇规划设计，为蒲圻城镇建设贡献了力量；中南民族学院围绕“减轻农民负担”这个中心，组织8个实践队赴黄冈、鄂西、鄂州等地，投身减轻农民负担的调研活动，为当地政府减轻农民负担提供了第一手翔实材料，受到了地方干部群众的好评。

江汉大学开展读史明志教育活动 近几年来，武汉市江汉大学为提高思想教育的质量，开展了符合大学生特点的读史明志活动。他们将读《国耻馈》、《民族魂》和《强国路》3本书，作为对进校1年级的学生进行读史明志教育的主要内容，并将其纳入全校学生工作计划。这3本书是江大联合全国45个单位的德育、历史方面的专家、教师和干部，用半年时间编写出版的。全书共61万字，总题为《历史、爱国、社会主义》。学校要求每个学生做到：听（听老师讲授）、读（读3本书）、写（写书评稿）、讲（演讲）。据长江日报1992年1月3日载，该校会计统计系的"读"、"听"、"讲"面达100%。

湖南财院1/10学生是党员 湖南财经学院党委始终将发展学生党员作为一项重要工作来抓。他们采取选苗培养、推荐、确定的方式，对要求入党的学生进行了党章教育，已有4500人次参加了这个活动；对在党章学习中表现积极、进步快的学生，由班和年级辅导员推荐到系党章学习小组学习；最后，将那些有培养前途的学生集中到院党校培训。在党委的组织带动下，该校学生积极要求入党。历年来平均每年有800多人递交入党申请书。仅1993年，学校就发展了133名学生党员，使在校学生党员数占学生总数的比例由1989年的1.3%提高到10.5%。学院党委在发展党员时，严把质量关，做到"四个不批"：即政治立场不坚定或思想格调不高的不批；学习成绩差的不批；不能模范遵守校纪校规的不批；材料不齐或不合标准的不批。

湘潭40万学生建设"温暖工程" 湖南省湘潭市二中两位同学帮助八旬孤寡老人杨竹仙的事迹传开后，在社会上引起了广泛的反响。先是二中全校同学参加向"五保"老人、烈军属和残疾人献温暖、送爱心的活动，进而扩展成为全市40万学生参与的"温暖工程"。据《中国教育报》1993年4月28日报道，此项工程很快得到了政府有关部门及社会团体的支持。市教委、妇联、老龄协会等部门成立了"温暖工程"指挥部，他们指导全市1800多所中小学校对本市孤寡老人的住址、生活条件、社会关系进行了全面调查并为他们建立服务档案。在活动过程中，各学校采取了"四定一包"的办法，即定对象、定服务项目、定时间、定服务标准和包服务质量。他们还在服务对象的住处挂了服务牌，签订了责任状。各中队、团支部轮流服务，保证"雷锋接力棒"月月不丢不失。湘乡师范学院还要求同学做到三个"必到"，即老人的节日、生日和生活困难时必到；市一职中专美术班的同学将自己的零花钱聚集起来作为"温暖工程基金"。

长沙炮兵学院开展"雷锋在我们身边"的活动 长沙炮兵学院团委为让雷锋精神四季常在，为广大团员青年提供经常学习雷锋精神的场所，在全院开展了"雷锋在我们身边"的团旗接力活动。学生一进校门，学院就要求学生用雷锋精神武装自己的头脑。使他们以雷锋为榜样，开始四年的军人、大学生、学雷锋的学习生活。

于成洋是一位通讯军人大学生。他在学院开展的"雷锋在我们身边"的活动中表现尤为突出。他从自我奉献开始，为了成为一名合格的通讯战士，做到一专多能，靠自学攻克了无线电修理技术难点。在短短时间里已能在通信器材修理上独当一面。为了提高通信的快速反应能力，便于干部的领导和管理，他花了整整2个月时间爬山涉水，行程数千里，编辑了一部他所在通信部队线路分布有关情况的《资料汇编》。他不仅在专业技术上刻苦钻研，而且在助人为乐上也是尽心尽力。离校2里的黑石铺敬老院是他们班学雷锋活动的一个点。他经常利用节假日和战友们一道为老人送温暖。一次，为帮敬老院修理电视机，他不辞辛劳地带病往返3次。像他这样的学生，在长沙炮兵学院比比皆是。该院用事实说明了学习雷锋精神已是学生们的自觉行为。

四川高校"无暑假"，师生直奔"主战场" 1992年入夏以来，四川省许多企业、单位都有大学生在积极活动。西南交通大学10多名正副教授假期在四川通工汽车制造厂，帮助工厂建立现代化生产的计算机管理系统。重庆大学在暑假期间与269个企业进行了合作。成都科大由科技人员组成5路人马，暑假一到就分赴云、贵、藏、川和三峡等地区论证即将上马的一批科技开发项目。成都地区的一些高校学生并未离校回家，其教室虽然是空的，但"开发部"、"成果转让科"人来人往，许多实验室、校办工厂、中试车间也十分忙碌。四川高校出现的"暑期无暑假"现象，原因有三：一是邓小平南方重要谈话使学校自觉地感到了一种压力，趁暑假大干一场的愿望强烈；二是市场经济的发展强烈呼唤高校的"人才库"、"智力库"为社会多做贡献；三是高校普遍意识到，只有在市场经济的大海中一试身手，才能创出在教学和科研方面都过得硬的社会主义市场经济体制下的新型大学。

郑州大学师生开展理想与奉献的讨论 郑州大学的师生在观看电影《蒋筑英》之后，开展了以"理想与奉献"为主题的系列讨论活动。通过对"理想、奋斗、成才"以及"蒋筑英·我·当代知识分子的历史使命"等专题的讨论，郑大师生对人生价值有了一个更新的认识。政治系副教授郑志龙认为，蒋筑英的爱国热情，在平凡工作岗位上忘我工作、无私奉献的崇高精神和他作为一个平凡的人所具有的爱妻情、亲子心的伟大人格应是当代知识分子的楷模。他提出，在市场经济条件下更要提倡无私奉献。作为教师，应当立足本职、为人师表，当好园丁，尽心竭力，以蒋筑英精神作为生活中的永动力。中文系90级齐晨曦同学认为，人活着不光是为了捞钱，而应当有所追求，应为社会、人类、他人、后代做一点贡献。他说：当代大学生应该有精神支柱，应培养高尚情操，多学本领以适应社会之需。

广东万名大学生申请入党

在改革开放新形势下，广东各高校党委进行了一系列基本建设，开展了丰富多样的思想政治工作。中山大学成立马克思主义理论教学研究部，组织编写和开设《中国革命史》、《中国社会主义建设》、《现代经济资本主义简明教程》、《大学生思想修养》、《人生哲理》等课程。深圳大学建立了学生导师制和辅导员制，学校党委领导、党委机关干部、党员教师全部兼任学生导师，在固定的全校学生工作日时，深入学生宿舍，与学生促膝谈心，帮助学生解决思想认识等实际问题。全省有41所大学建立起抓基层联系点、领导接待日、校长信箱、定期听课和参加劳动等联系群众的制度。暨南大学、广州大学、惠阳师专等校党委还建立起关于党支部工作目标管理与评比制度，促进基层党支部进一步发挥核心带头作用。不仅如此，各高校还注重发挥党员的表率作用。华南理工大学机械二系党总支组织党员重温全心全意为人民服务的宗旨，教师党员在教学、科研、学科建设等方面勇挑重担。学生党员在学习、生活、工作方面更是表现突出。大多数学生党员被评为优秀学生干部、三好学生。据广东工学院、华南农业大学对学生党员的综合测评和跟踪调查发现能发挥模范作用表现突出的占学生党员的70—80%。此外，各高校还组织大学生参加各种形式的社会实践活动。很多同学通过所见所闻，对战斗在基层、带领群众致富的广大党员干部的无私奉献精神产生了敬意，希望自己能尽快成为党的一分子。据不完全统计，到1992年9月，全省高校学生自觉参加党章学习人数占学生总数的35%以上，申请入党的学生1万多人，占非党员学生的10.6%。

百名延大老校友喜回延安

延安大学是一所具有光荣历史的综合性大学，1941年由陕北公学、中国女子大学、泽东青年干部学校合并而成。1943年，鲁迅艺术文学院、延安自然科学院并入。如今，延安大学已成为拥有9个系13个专业3000名学生的正规大学。1993年9月底，由北京和外地的部分延安大学老校友组成的百人回访团喜回延安，参加"纪念毛泽东诞辰100周年暨延安大学52周年校庆"活动。老校友们参观了凤凰山、王家坪、杨家岭、枣园的毛泽东、周恩来、刘少奇、朱德、任弼时、彭德怀等老一辈革命家的旧居；参观了延安革命纪念馆以及宝塔山和清凉山，重温了培育他们成长的延安精神。9月29日，延大举行了《鲁艺校史、教学成果和女大、青训班、青干校诗书画展览》开幕式，老校友们向母校捐赠了部分诗书画作品。9月30日，延大组织了"庆双节迎校友同乐晚会"，新老校友在篝火下共同跳起了陕北大秧歌。老校友们认为，用这种方式纪念毛泽东同志诞辰100周年是非常有意义的。

东南大学举行"健雄院"命名仪式　东南大学无线电系所在的"江南院"是1927年建成的，吴健雄博士1930年至1934年在国立中央大学物理系求学时，曾在里面读过书。为表彰吴健雄博士对科学事业的杰出贡献，同时庆贺她80华诞，东南大学决定将这座建筑命名为"健雄院"。1992年6月，东南大学近百名师生在此建筑前举行仪式。吴健雄、袁家骝夫妇亲自为"健雄院"命名揭幕。该校生物医学系"生物分子电子学实验室"，被同时命名为"吴健雄实验室"。

59所高校发起大学生课外学术科技作品赛　由团中央、全国学联、中国科协主办、全国59所著名高校和光明日报等近十家新闻单位联合发起的第三届"挑战杯"全国大学生课外学术、科技作品竞赛，1992年9月在上海交通大学举行。这次活动是全国博士生、硕士生、本科生参与的课余学术科技竞赛活动。参赛项目包括论文、社会调查报告、科技制作三大类。各省、市经过初评，选送出800件作品，然后由全国竞赛评审委员会从中确定60%的获奖作品。同时，按各高校学生得奖数计分，评出了十个团体杯获得单位，其中包括一个"挑战杯"和九个"优胜杯"。

北京百万名红领巾参加"小能手"比赛活动　由共青团北京市委、市少先队工委、市教育局联合举办的"红领巾小能手比武"活动1993年5月在北京市百万学生中开展。比赛活动根据孩子的不同年龄层次，分别进行了叠被子、系鞋带的训练和比武、烹饪比赛、洗衣服比赛等。通过此次活动，提高了孩子们的生活能力，使他们养成了爱劳动的习惯，学会了一项技能本领，促进了全面发展。在活动中产生了80名"小能手"并有6人荣获全国少先队劳动实践"小能手"奖。他们是：能辨别出20多种蔬菜种子和叶子形状的9岁的马森林；制作遥控车模的11岁的甄率；发明"带刻度的多用剪刀"并获国家专利的11岁的田恬；被同学誉为"抻面大王"的李洁苹。

北京126中学学雷锋变新貌

北京126中学几年来始终坚持把开展学雷锋树新风的实践活动作为对学生进行思想教育的重要途径。每年3月5日，学校都要召开学雷锋动员大会，"五四"青年节时表彰学雷锋的标兵和学雷锋的先进集体。学生一入学，学校就要求他们必看三本书：《雷锋日记》、《红岩》、《钢铁是怎样炼成的》。学校的墙上、教室里有雷锋的画像和日记摘抄。通过这些活动，雷锋精神深入每个师生的心。各班都建有学雷锋小组，人人争做好人好事。学校在校门口专门设有一个"为人民服务专柜"，里边有修理自行车的工具，备用件、针线包、医药箱、胶水等，每天从早到晚有学生轮流为师生服务。每年寒暑假，学校都组织学生到北京站参加义务劳动，维持秩序，疏导宣传。他们还下街道为生活困难的烈军属、孤寡老人实行包干服务。冬天为老人买煤、安炉子；夏天为老人洗头剪发。还用自己的零花钱为老人买食品。学雷锋活动提高了学生们的学习热情，大家都自觉以雷锋同志的“钉子”精神刻苦学习，学生的学习成绩进步得很快。

北京育民小学学生用零花钱支持“智力工程” 1993年9月，中国医学基金会向社会推出了“智力工程”。北京市西城区育民小学学生知道后，主动将本校开展的“爱心工程”与“智力工程”相联系，并决心通过捐赠自己的零花钱来支持“智力工程”，将自己的爱心献给所有受碘缺乏病威胁病区小朋友。1993年11月13日，中国医学基金会智力工程执委会副主任陶斯亮收到了育民小学为“智力工程”捐赠的助“智”款。此款是全校1220名小学生一天的零花钱，是育民小学开展“爱心工程”活动延伸的结果。

清华二附中用优秀音乐作品充实学生精神世界 1993年12月5日《光明日报》报道，十多年来，清华二附中通过讲授、教唱优秀歌曲和跳集体舞等形式，充实学生的精神世界，培养学生的良好品质。学校艺术教研组的老师们不仅经常向学生介绍适合青少年的中外名曲以提高学生的艺术欣赏水平，而且在教学中注意用歌词的内涵来激发学生的爱国热情。如王加宁老师在给同学们讲解《黄河大合唱》中的《黄河船夫曲》时指出：黄河是我们民族的摇篮，曾有过苦难、屈辱、抗争编织而成的历史。这首作品揭示了中华民族坚强不屈的性格，也表达了一个不甘外侮、抗击侵略的主题。学生们听完讲解后受到了深刻的教育。学校还组织了合唱队，编排具有积极意义的歌舞，定期组织学生唱歌、跳集体舞，举行内容健康的流行歌曲比赛。参加合唱队的同学唱歌时要求坐直、挺胸，手不能乱放，有利于他们养成好的仪表、气质。好的歌曲也能使他们的感情受到陶冶。同学们在这些集体活动中，不但得到了美的薰陶，而且培养了正确的学习态度。

上海向明中学开展爱国主义教育 向明中学是上海市重点中学，该校以道德规范教育为基础，以理想信念教育为核心，在对青少年进行爱国主义教育方面摸索出一套经验。他们的具体做法是：(1)在学生中进行民族传统精神教育。发现学生不懂得爱护与体贴父母。引导学生学雷锋从尊敬孝敬父母开始，在全校开展“爱”的系列活动：从身边开始，爱父母、爱老师、爱集体、爱同学、爱祖国、爱人民、爱党、爱社会主义。要求学生写孝敬长辈考察日记。这项活动有效地推动了全校内外、家庭与周围社会精神文明的建设。(2)开展“国情与我”及“当五星红旗升起时”的演讲比赛、征文、论文评比活动。把国情教育与德育结合起来，组织校外德育讲师团来校对学生进行传统教育，让学生了解国家的历史、现状、未来，明确自己的责任。(3)在学哲学的基础上，根据年级特点，在高中班组织了“青年共产主义学校”。在初中成立少年团校，对学生进行比较系统的马克思主义教育、党的基本知识教育。学校党支部还积极引导青少年，对学生中的先进分子进行前期考察，积极吸收符合条件的青年学生加入党组织。1992年上半年，有5名学生加入了中国共产党，在学生中起到了极大的推动与教育作用。如今，“心中有他人，做高尚的文明人；心中有祖国，做爱国的中国人；心中有理想，做社会主义的接班人”，已成为向明中学的校训，成为学生们力争做到的行为规范。

南京二中优化德育环境 1993年4月3日《教育报》报道，江苏省南京第二中学采用多种形式全面优化学校德育环境，他们的具体做法是：(1)立足课堂，利用课堂教学方式进行爱国主义教育。如劳技教师在劳技课中渗透爱护国家财产教育和一丝不苟的科学精神教育。(2)组织初二年级以上的学生参观南京革命历史遗址，以培养学生自尊、自信、自强意识。(3)对高中学生进行“国家利益高于一切”的思想教育，要求他们服从国家的挑选，准备在各个领域成才报国。(4)开展学雷锋活动，聘请大学教授、老红军战士担任校外辅导员、组织师生赴工厂、农村、部队参观学习等。(5)加强组织领导，校德育工作领导小组针对各种活动形式中存在的问题进行定期分析、研究，在校德育工作中注意加强班主任队伍建设，把德育工作作为考评班主任工作的一项重要内容，制定了《德育工作纲要》并把校会、班会、团会列入课表。

霸州市一中精神文明建设的三条经验 《河北省精神文明建设》1992年第一期报道，河北省霸州市一中，被廊坊市委、市政府命名为精神文明单位。该校获得此项殊荣，是因为抓了以下几个方面：(1)提高对精神文明建设突出地位的认识。该校明确由党支部书记、分管政工的副校长来抓此项工作，并增设了专门机构——政教处。以政教处为主，全校党、政、工、青、妇拧成一股绳齐抓共管。(2)着眼于提高两个素质，抓教育。首先是强化师资队伍建设，提高育人水平。他们采用交流灌输和活动渗透的形式对教师们进行党的基本理论、基本知识、基本路线的教育和教师职业道德的教育，发挥党组织在精神文明建设中的核心作用。定期举办“奉献者之歌”演讲会，长期开展“讲奉献、比贡献、做模范”活动。大大激发了教师的进取心。其次是狠抓学生德育工作。他们根据中学生身心发展特点，在学校创办了“周末团校”，对团干部、团员骨干、入团积极分子进行系统的团章、团史、中国革命史、国情教育。举办“自由与纪律”、“爱国与成才”、“民主与集中”、“学雷锋精神，做‘四有’新人”等专题演讲会、报告会；利用重大节日举办联欢会，歌唱党，歌唱社会主义祖国，赞美辛勤的园丁等；有计划地向学生推荐优秀书籍，指导同学阅读，举办“青年与党”有奖征文活动；寒暑假，有目的、有计划地组织学生深入工厂、农村、机关、学校，了解国情、民情，进行实践教育。(3)立足改善办学条件，抓环境建设。学校不仅抓校园绿化与基本建设，更注意进行规章制度的建立与健全。并把环境治理工作落实到班级，落实到个人。通过开展“文明教室”、“文明宿舍”评比和“卫生流动红旗竞赛”活动来推动校园卫生工作的开展。

东北师大附中寒假活动寓教于乐 1992年1月，为了让学生过一个轻松、愉快、充实而有意义的寒假，东北师大附中把学生每天作业限定在2小时以内，同时还为学生们安排了内容丰富、形式多样的活动。他们的具体做法是：组织全校学生成立100多个近、现代史和国情调查小组，在家长的指导下开展活动。学校重点抓开展“创建卫生城”和双阳县遭受严重洪灾后重建家园的专题调查。为提高学生鉴别、抵制黄色书刊、不良录像带的影响的能力，他们组织学生开展“长春市文化市场状况调查”和“中学生阅读情况的调查”。要求每名学生在假期认认真真读一本好书，读一篇毛主席著作，读一篇好文章。校园图书馆向学生推荐书目。语文、政治课教师指导学生阅读，利用假期内的返校日在班上和年级内举行读书报告会，凡要求学生写的读书心得和每天必写的读书笔记，开学后交由教师批阅并记入成绩卡。学校还安排了内容丰富的科技文体活动，凡实验室、阅览室、图书室等假期一律对学生开放。在大年三十，学校还专为学生举办“大家乐”活动，让学生自娱自乐。学校还以班为单位开展一些社会服务活动，并严格要求在假期内不抽烟、不酗酒、不打麻将、不进歌舞厅等。

西柏坡用小朋友的压岁钱建起希望小学 1993年12月24日，全国第一所用孩子们的零花钱建起来的希望小学在河北省平山县西柏坡落成。这是由中国少年报、中国青少年发展基金会发起的“手拉手”活动的一个重大成果，也是世界上最伟大的创举。这一“手拉手”希望小学是在深圳蛇口工业区育才一小和二小的少先队员的倡议下，用全国小朋友捐出的20多万元压岁钱建成的。它的总建筑面积有1100平方米，可容纳学生300多名。杨尚昆为学校题写了校名，中共平山县委书记张秋阳任这所学校的名誉校长。中宣部、团中央、国家教委、河北省政府、石家庄市委负责同志参加了希望小学的落成典礼并为它挂上了校牌，天安门国旗班的战士亲手升起了西柏坡“手拉手”希望小学的第一面五星红旗。

民权实验小学少先队员为见义勇为基金会捐款 “第三届全国人民群众见义勇为与犯罪分子作斗争的先进分子表彰大会”的情况在《人民日报》上发表之后，河南省民权实验小学五六中队的全体少先队员为见义勇为的英雄们的事迹所感动，纷纷表示要向英雄们学习，并决定以实际行动为见义勇为的英雄们做点事。他们拿出平时节省下来的零花钱，寄给国务院秘书长罗干并由他转交给中华见义勇为基金会。中华见义勇为基金会向民权实验小学五六中队颁发了荣誉证书。

青海师大附中搞智力拥军 80年代初，青海师大附中校党委选派6名富有教学经验的教师组成智力拥军小组，到解放军驻青海某部给战士们进行文化补习。学校的教学任务本就十分繁重，这些教师坚持利用业余时间和节假日，骑车到8公里外的部队驻地给战士们上课，并有针对性地进行辅导。校领导还经常和教师们一起共同研究教学方案。经智力拥军小组热心帮助的首批考上军校的战士早已毕业，有的早已走上营、团领导岗位。1993年该部报考军校的74名战士有60人被录取，升学率达81%。13年来，智力拥军小组的辛勤劳动，已使546名战士考上各类军事院校，使部队升学率和文化考试成绩连续7年在兰州军区名列前茅，多次受到上级表彰。

岳阳县康王乡中小学生爱鸟护鸟活动经常化 湖南岳阳县康王乡位于省级珍禽自然保护区——羊角山附近。羊角山是鹭鸟春季群居栖息之地。康王乡各学校充分利用这一资源，开展爱鸟护鸟活动。初春季节，学校组织学生到山上植爱鸟树；鹭鸟来时，学生自发组织护鸟小分队，利用课余时间和节假日进行爱鸟宣传，并轮流上山巡逻；鹭鸟产卵孵雏季节，学生又送去课余时间捕捉的小鱼小虾。到1992年，他们在羊角山上植树护鸟已达5年之久。全乡中小学生共有爱鸟护鸟小组和鹭鸟兴趣小组56个，成员647人。康王乡中小学生还把爱鸟护鸟与科普活动结合起来，学生经过观察分析，写下了30多篇关于羊角山鹭鸟生活习性等方面的小论文。其中，费新同学在湖南省首届青少年生物百项优秀项目评优活动中获优秀论文奖。在1992年岳阳市环境保护知识系列活动竞赛中，他们又获一等奖。

云南师大附小校园里办起书刊交易会 昆明市云南师大附小的少先队大队辅导员、全国优秀辅导员肖平经过调查，发现在学生中普遍存在一个问题，即家长或亲友为学生买了不少儿童读物，小朋友看过后就把它们堆在一边睡大觉。为了充分发挥这些书刊的作用，让同学们互通有无，总有新书看，肖老师和少先队干部们商量后，决定开展书刊交易活动。1992年11月13日下午，首届红领巾书刊交易活动在校园举行。三至六年级1100多名队员从家中带去各种各样的旧书刊，在校园内设摊交易。大队委和校长剪彩后，鼓号齐鸣、彩旗招展，交易开始。队员们有的用1本交换成2本，有的把文字书交换成连环画册，有的交换工具书；有的等价交换，也有的不等价交换，只要双方愿意即成交。通过交易，大多数少先队员都换到了自己可心的书刊，有的一回家就迫不及待地读起新书来。师大附小决定，这类交易会每学期举办两期。

武汉市花山中学师生开展"地球誓词"签名活动 在1992年国际"地球日"这天，武汉市花山中学全体师生参加了"地球誓词"签名活动，以唤起更多的人对地球环境的关注。他们宣誓："我们将竭尽全力为使地球成为当代和后人安全而宜人的家园作出贡献。"花山中学十分重视环境美化和环境教育。每年都要组织师生到荒山、废弃采石场及林场进行实地考察并植树造林的活动。9年来他们与共建单位花山镇土桥村共同植树3200余亩。现在，校园内绿树成荫，九峰林场森林茂密、空气清新。学生家庭住地附近，也是翠竹成片、树木成荫。高三(2)班学生潘玉，希望自己考入林学院，将来为江城绿化作贡献。

深圳中小学立足开展爱国主义教育 深圳是对外开放的前沿。近几年，深圳市把"热爱祖国、立志成才"作为中小学德育工作的基本目标。他们运用课内外多种方式，引导学生了解中华民族近百年来的历史，特别是本地区的历史和先辈的优良传统，结合改革开放的现实，实实在在地抓爱国主义教育，把爱国主义与热爱学校、热爱特区、建设特区的教育结合起来。在纪念鸦片战争150周年的活动中，各中小学广泛组织中小学生到虎门参观鸦片战争纪念馆和古炮台、销烟池，在林则徐铜像前介绍我国近代被帝国主义列强侵略、掠夺的历史和广东人民抵御外侮、保卫祖国、奋勇抗战的事迹。许多学校还组织学生到东江游击纵队司令部旧址访问，请老游击队员讲当年的故事，了解东江纵队的战斗史。深圳市把爱国主义教育渗透到各科教学中。深圳中学建立了以班主任为主的历史教育系统，初中以了解深圳为主，组织学生参观烈士陵墓、三州田博物馆；高中以了解中国历史为主，组织学生参观伶仃岛、虎门炮台、中山纪念堂和农讲所，使学生受到具体形象的历史教育。他们还注意运用生动活泼的形式，如诗朗诵、智力竞赛等，使爱国主义教育适合少年儿童的特点。深圳市还编写了《特区知识》、《深圳地理》、《深圳史话》等乡土教材，使中小学爱国主义教育和党的基本路线教育具体化、经常化。据深圳实验学校的材料，到1992年底，该校学生"知国情、明使命"，先后有30多名学生参加了党章学习小组，其中两个学生党章学习小组三年来常年坚持学习，有的学生已经加入了中国共产党。

海南文昌中学素质教育抓得好 海南省文昌县文昌中学近几年来坚持以素质教育为中心，切实抓好学校社会主义精神文明建设，取得了良好的办学效果。曾多次被国家教委和中央有关部委授予"全国中小学勤工俭学先进单位"、"全国先进基层党组织"、"全国先进企事业"等光荣称号。为了改变社会上片面追求升学率的不良倾向，文昌中学始终坚持"德育为首、全面发展"的办学方向。学校大力开展"兴三风"(文明风、礼貌风、卫生风)、"变三貌"(人貌、班貌、校貌)、"倡五美"(美的语言、美的行动、美的教室、美的宿舍、美的校园)等活动。(1)树理想、坚持正确的政治方向。学校利用校内外有利条件，建立"革命传统教育"、"国防教育"、"爱国主义教育"、"社会实践教育"等教育基地。定期组织学生轮流到基地参观，了解中国革命的艰难历程与创业的艰辛。同时引导学生开展"人生的价值在哪里"、"艰苦奋斗与创业"等专题讨论，举办"社会主义好"演讲比赛等；在高中学生骨干中举办党章学习班，对共青团干部和班干部进行短期培训，发挥学生主体作用，培养他们自我完善、改革创新、竞争协作的良好素质。(2)讲文明，培养高尚的道德情操。他们大力宣传雷锋、赖宁的光辉事迹和精神，同时结合学校实际，开展文明班级、文明教室、文明宿舍的评比活动。每年还在学生中开展"文中培育我成才，我为文中添光彩"为主题的百人评选活动，注意按不同年级学生的特点分类指导，施予不同重点的思想道德素质教育内容，使学生精神面貌发生了可喜的变化。近年来，文昌中学共有8位同学在校光荣加入了中国共产党、415位同学入了团、76位同学被评为县和省级的优秀学生干部和三好学生、368位同学被评为优秀团员和学雷锋标兵；有152位同学毕业回乡担任了乡镇领导干部，成为农业战线的骨干。(3)求实效，狠抓文化科学素质的提高。文昌中学以《教学大纲》和《德育大纲》为依据，对教师的教学提出明确的要求，不随意增减课程和课时，不超纲增加内容和提高要求。在教学效果检验方面，要求学生做到"理论概念明确化，逻辑表达清晰化"。在教学手段更新上，增添了电脑室、语音室、理化实验室的设备，加强了实践性教学。还按实质性的"狠抓双基，加强训练，发展智能"的教学方法，鼓励教师因材施教，求同存异，博采众长，提高课堂教学水平。文昌中学还特别注意把知识传授作为德育的载体，使学生在接受文化知识的同时，提高思想道德素质，从而出现了文化素质和思想道德素质相辅相成，共同提高的可喜局面。

北京第一实验小学开展艰苦朴素教育 北京第一实验小学是邓颖超青年时代任教过的学校。该校一直注重对孩子们进行发扬艰苦朴素、勤俭节约的优良传统教育。每年，高年级同学毕业时，常把自己使用多年的铅笔盒留给母校做礼物。逢节日，孩子们经常自己动手制作贺年卡赠送老师与同学。学校还常常因势利导地在学生中进行“以艰苦朴素、勤俭节约为荣，追求奢侈、铺张浪费为耻”的思想品德教育，以形成良好的校风。当学校收到邓颖超在接到孩子们自己动手做的贺卡后的回信时，学校立刻在同学们中间开展“三不、三提倡、五节约”活动。即：不比吃，提倡吃得科学；不比穿，提倡穿得整洁；不比阔，提倡追求进步。节约一张纸、一支笔、一分钱、一粒米、一度电。围绕这些内容各个班级还开展“巧用一元钱”的活动，比谁花钱少，买的东西又好又实用。人民日报1992年2月17日报道，该校同学将节约下来的零花钱集中起来，捐赠给患白血病的李晓钰同学和遭受水灾的孟加拉国的小朋友。

北京中小学出现英文打字热 第二届“飞鱼杯”英文打字比赛于1993年暑假在北京96中学举行。参加这次比赛的中学生和小学生共500人。比赛的内容除评奖外，还进行国际标准英文打字的等级考核。同第一届比赛相比，参加这次比赛的人数更多，比赛的内容更丰富。出现这种局面是由于北京市90%以上的中学全部开设了英文打字课，不少学校把这门课正式列入课表，成为必修课。另外，不少城区的少年宫也办起了英文打字“培训班”、“提高班”，在一定程度上鼓励和促进了英文打字的普及。学生们普遍认为：学习英文打字不仅可以促进英语学习，而且还学会了一门技术，同时通过手脑并用，训练了大脑，开发了智力。在颁奖仪式上，北京市教育学会负责人对这次活动给予了充分肯定。

杭州上城区少先队员开展互赠“七彩礼”活动 1992年春节来临之际，浙江省杭州上城区1.7万余名少先队员推出“不要压岁钱，互赠七彩礼”系列活动。少先队员献给长辈的“七彩礼”是：热爱长辈尊敬礼、劳动实践自主礼、多读好书勤学礼、少放鞭炮节约礼、献只苹果慰问礼、爱护花木绿化礼、不正之风劝说礼。同时，孩子们也希望长辈用“七彩礼”代替压岁钱。它们是：尊老爱幼表率礼、关心成长赠言礼、开发智力助学礼、家庭团结友谊礼、传统教育节约礼、言行健康文明礼、勤奋工作贡献礼。互赠七彩礼活动，给节日的杭州更添喜庆气氛。

8. 军警精神文明建设活动

全军官兵努力实践雷锋精神促进部队建设 近几年来，全军各部队认真贯彻落实军委领导关于学雷锋主要是立足本职进行学习的指示精神，紧密结合担负的任务，引导干部战士努力在本职工作中学习实践雷锋精神，出现了“岗位学雷锋，‘雷锋’遍军营”的可喜局面，有力地促进了部队的全面建设。各部队注重教育和引导干部战士把学雷锋活动的重点放在军营，把学习雷锋精神焕发出来的积极性和创造性用在做好本职工作上，争创一流工作成绩。为促进“岗位学雷锋，岗位建功业”，不少部队开展了各具特色的学习活动。如全训部队围绕提高训练质量，开展了“学雷锋，练精兵”活动；施工、生产部队围绕提高经济效益，开展了“学雷锋，比贡献”活动；教学、科研单位围绕培养合格人才，多出科研成果，开展了“学雷锋，多读书，攻难关”活动；一些专业分队还开展了“学雷锋争当优秀话务员、红旗车驾驶员、最佳护理员、文明卫士”等活动，促进了部队训练和各项工作质量的提高。各部队还重视通过宣传推广岗位学雷锋先进典型的事迹和经验，促进学习活动的深入发展。至1992年，全军师以上单位表彰和树立的岗位学雷锋标兵有1.3万多个，军区以上机关表彰和树立的典型有680多个，其中，张奇、李志军、马海生等突出典型，在军内外产生了很大影响。一些部队还组织岗位学雷锋的标兵、模范到部队巡回演讲、示范、服务，台上讲事迹，台下传技术，讲做相结合，把部队的学雷锋活动引向了健康发展的轨道。各部队在坚持岗位学雷锋的同时，从本单位所处的环境和条件出发，利用各种形式，继续大力为人民群众做好事，办实事，积极开展便民利民活动，促进岗位学雷锋向深层次、高水平发展。到1992年，全军有15万多个学雷锋小组和便民服务队，经常在军营内外活动，为群众排忧解难，为进一步密切军政军民关系，促进双拥和共建活动的发展，起到了积极作用。

军人成为捐助“希望工程”人数最多的群体之一 据中国青少年发展基金会截至1992年5月28日下午的统计，直接寄给基金会“希望工程——百万爱心行动”的全国社会各界的捐助申请卡已达19449份，累计人民币149万余元。又据对申请者的职业抽样调查表明，军人占总人数的25.1%，和青年学生同为两个捐助比例最高的群体。军人牢记贫困地区失学孩子的拳拳爱心，已汇成了滚滚的爱河。西藏军区后勤部战勤科的全体人员，从“世界屋脊”给失学孩子邮来了261元。59710部队2分队的全体团员利用课余时间拾拣了600多公斤的废旧品，将卖得的200余元全部寄给了基金会。国防大学研究生院个人捐款达5000余元，郭其乔少将等院领导也参加了捐助。57784部队医院干部王亚军，看了贫困地区失学孩子境况的报道，对比自己女儿相对优越的生活学习条件，一次捐助了两名失学孩子的学费。最感人的要数扬州军分区干休所的正军职离休干部刘应启，这位81岁的老红军以节省的1000元捐款，创了全军之最。

全军1992年度参加地方工程建设1.9万多项 1992年以

来，全军各部队在完成教育训练任务的同时，共投入2787万多个劳动日，动用机械车辆160多万台次，参加各种工程建设1.9万多项，为加快国家经济建设做出了新的贡献。各部队相对集中使用义务劳动日，积极参加和支援重点工程建设。参加省级以上重点工程1500余项，其中影响比较大的有上海浦东、广东南沙、海南洋浦、深圳蛇口、河北白洋淀温泉城等经济开发区的建设；京津塘、广汕、济青、成渝等高速公路和集通、南昆等铁路的修建；内蒙古丰镇电厂、准噶尔煤田和新疆塔北油田、独山子乙烯工程等能源工程建设，还参加了近百座水利基础设施建设，承建了20多个民用或军地合用机场。军队科技单位和专业技术部队采取转让技术成果、协助科技攻关、帮助培训科技人才等方法，积极开展科技助民活动。一年来，全军共向地方转让科技成果10049项，培训各种技术人员51万余名。国防科工委某基地帮助乌兰浩特钢铁厂设计的"自动化控制系统"投入使用后，年创利130万元。总后运输工程学院研制的"多功能金属表面处理剂"转让给天津微型汽车厂后，使该厂一年节约外汇近百万元。这一年，军队在支援地方扶贫工作中也取得了很大成绩。全军还出动202万人次，参加浙、赣、闽地区抗洪，鲁、豫、皖地区抗旱，西藏尼木县抗震和部分沿海地区抗潮等6000多次抢险救灾活动，抢救遇险群众22万多人，抢运各种物资116万多吨。

北京军区某仓库开展"当三年兵读百本书"活动 北京军区后勤某综合仓库三面环山，信息闭塞，交通不便，文化生活一直落后。许多战士入伍前实际文化程度不高，入伍后，又得不到提高的机会，业余时间都白白虚度了。1993年初，库党委决定，在全库士兵中开展"当三年兵读百本书"活动。他们从生产收益中拨款数万元，改建和扩建了图书阅览室，聘请专家、学者为仓库推荐书目，定期来库辅导讲课。同时，还大大完善了读书设施。仓库主任张泽余将自己积累多年的好书捐献给图书室，供战士们阅读。政委张志军为了买到一本战士需要的书，有时连跑十几个书店。库里还规定，无论库里哪位领导或是机关干部到外地出差，都要到书店选购些健康有益的书籍。经过一年时间，图书阅览室四周的书柜和书架上已摆满了各类图书。每天傍晚，室内座无虚席，总还有十几个人坐在自带的马扎上，聚精会神地看书。读百本书活动在仓库开展以来，成效非常显著。士兵的文化水平大大提高了。安心服役的战士增多了，两用人才的成才率也大大提高了。

北京军区某部千里拉练受到各族群众厚爱 1993年8月下旬，北京军区某部开展野营拉练。他们途经37个县市，沿途各级政府组织公安交警和民兵，顶烈日冒大雨，疏导交通、抢修维护道路，保证了部队顺利通行。部队所经之处，各族人民群众主动设置了拥军加油站、拥军茶水站、拥军医疗点、拥军修车部，不论是城市还是乡村，群众都自发地挥动双臂，夹道迎送子弟兵。一桶凉开水、两个保温瓶，蒙古族群众扎西士愣一家3口人开的"拥军茶水站"日夜在公路边忙着给行军的子弟兵送茶水；72岁的杜生林老汉听说部队训练经过这里，赶了5公里山路，给行军队伍送来了2.5公斤绿豆。部队来到戈壁草原，各族群众为部队专设供菜、供肉、供食油的专车。一对蒙古族新婚夫妇把新房让出来给部队住。部队在草原训练不慎压了一些草，上门赔偿损失时，当地牧民都坚决不收。他们说："军民一家，一家人不说两家话。"

沈阳军区雷锋纪念馆落成 1992年9月28日，沈阳军区和有关方面的领导为新建的雷锋纪念馆剪彩，中共中央总书记、中央军委主席江泽民为纪念馆题写了馆名。这个纪念馆坐落在抚顺市雷锋生前所在团。一尊半身雷锋塑像坐落在纪念馆中。展厅共有三个部分。第一部分是"伟大的号召，亲切的关怀"，展示了毛泽东等几代党和国家领导人为雷锋题词并倡导学雷锋的概貌。第二部分是"平凡而伟大的共产主义战士"，展出了130多幅雷锋当年生活工作照片和200多件遗物。第三部分是"高擎雷锋的旗帜前进"，反映了部队开展学雷锋活动的丰硕成果。

沈阳军区某师基层文化活动丰富多采 沈阳军区某师高度重视基层文化骨干队伍的建设。师文化骨干培训基地设有声乐、器乐、舞蹈、书法、绘画、文学等15门课程，聘请部队和地方的专业人员做教员，近3年来先后有260余名骨干接受了培训。这些经过培训的骨干由师里统一调配使用，促进了基层文化工作普遍而均衡地发展。这个师的领导和机关干部也带头积极参加各类文化活动。每次文化培训基地开课，都有师领导参与授课。师常委人人有一技之长。政委苗满泽诗歌创作颇丰，他的诗集已交解放军文艺出版社出版。副政委田永生谱写的《歌唱战友苏宁》等军营歌曲，被报纸刊载，在战士中广为传唱。在培养骨干的基础上，他们投资35万余元，建起了文化活动中心，为连队配发了放像机、卡拉OK伴唱机、电子琴等，组建了军乐队、文艺业余演唱队，并经常举办文艺汇演、书画展览、诗歌朗诵评选、文学作品评比等活动。新兵"特长表演"活动更显特色。1990至1993年，全师先后创作出歌曲、小品、短剧、诗歌等文学文艺作品1000余篇，有32人被军区和地方省市评为优秀创作员和表演人员，有26篇作品获奖，30余名成绩突出的骨干立了功。该师重视骨干队伍建设、推动基层文化工作开展的经验，受到了沈阳军区召开的基层文化工作观摩会与会者的好评。

沈阳军区某师开展"读书育人成才"活动 沈阳军区从1990年起开展"读书育人成才"活动，他们把多读书、读好书、用好书作为活动的重要指导思想。全师成立了20个文化辅导班和1个文化夜校；每个连队都达到有千册以上图书、有读书设施、有读书时间、有辅导骨干。他们把读书活动同政治教育、军事训练、经常性思想工作、科学文化知识学习等结合起来；根据形势任务变化和部队建设需要，在不同时期，突出不同重点。在进行人生观、价值观教育中，他们针对发展市场经济条件下部队出现的新情况新问题，梳理归纳了63个读书思考题，引导大家"带着一个问题，选学一本书，树立一个英雄形象，明白一层人生道理"。各单位还开展了新书推荐、好书一评、举办讲座、心得交流等活动。某团在结合训练攻关活动中，组织官兵学习现代军事科学技术知识，取得了30多项训练革新成果。全军第一个夜训成果库和"四会"教练员配套达标团，都出自该师。通过读书，官兵们还提高了思想品位和欣赏层次，充实了精神文化生活，求成才思进取成为时尚。到1993年止，全师先后涌现出360名政治理论骨干、487名训练尖子和152名革新能手。干部用知识育人、科学带兵的水平有明显提高，有209名干部成为优秀带兵人、管家人和思想政治工作者。全师有95人次在全军、全国及国际一些大赛中获奖，还夺得全国"青年杯"知识竞赛团体优胜奖。

沈阳空军直升机紧急营救"冰岛"遇险渔民 位于北疆海拉尔市西、面积达2200平方公里的达赉湖，入冬后寒流北袭，达赉湖面速冻结冰。渔民们纷纷上湖凿冰窟下挂子捕鱼，不料天气回暖，1992年11月13日冰面急骤破裂，冰壳在一阵咔咔响动声中断裂，250多名渔民被困在漂浮不定的"冰岛"上，情况危急。沈阳空军部队闻讯后，出动直升机星夜飞赴冰湖营救渔民。11月14日凌晨1时，一架由机长王显华指挥的代号07的米—8直升机，紧急从沈阳升空飞赴千里之外的达赉湖。从飞机上俯视冰湖险情，只见一望无际的达赉湖，被一道道纵横交错的巨缝割成若干块冰排，大的像足球场，小的如桌面。冰湖像一个体无完肤、欲裂未散的白瓷碗，随风漂流的"碗片"上零乱地散着爬犁、钢钎、渔网和3个一群5人一伙的渔民们。14日上午，直升机飞至停留在小冰块上处境最危险的渔民的上空，然后降至离地面只有5米的最低点处悬浮着，机组人员打开舱门，垂下救生网，有20多位渔民先后被营救，直至夜幕降临。翌日晨，直升机又飞抵湖面。是时，风向已变，气温又降，原背岸而去的冰块又向岸边慢慢移去。"07"号按照指挥部部署，迅速采取悬停相救和空中指示岸边的方法，一次次引导渔民返回岸边，直至天黑。"07"号再一次搜索湖面确认没有被困者后才胜利返航。

广州军区某部以驻地史实为教材开展爱国教育 广州军区某部驻守在祖国的南大门，驻地在历史上发生过虎门销烟、三元里人民抗英等重大史事，涌现了一大批爱国英雄。党委以此作为教材，经常对部队进行爱国主义教育和革命英雄主义教育。1993年教育期间，恰逢"两会"召开，香港主权移交问题成为一个热点。党委结合教育，举办了"香港问题的历史和现在"专题知识讲座，组织干部战士参观虎门鸦片战争纪念馆；观看了《林则徐》、《甲午风云》等影片，中国人民英勇抗击外敌入侵的悲壮历史，使官兵深受教育。形象化的教育印象深，指战员们深深懂得了，国富才能兵强，落后就要挨打。在部队历史馆，全体干部战士举手宣誓，高唱国歌、军歌，表达当代军人的爱国情怀。

西沙驻岛官兵拿"一把土"精神守岛建岛 西沙的一把土、一桶水（饮用水）、一块砖、一包水泥、一根钢筋，都是部队派船从大陆运来的。这里相继诞生了南海诸岛历史上的第一所医院、第一个发电站、第一家博物馆等近百个第一。1993年10月上旬，南海诸岛历史上的第一座现代化宾馆——三沙宾馆又在西沙永兴岛落成。如今，西沙不仅拥有了现代化的交通运输、电力电讯、医疗卫生等设施，海洋资源开发利用、市政建设等方面也都有了突飞猛进的发展。昔日的荒芜之地已经崛起了座座高楼。西沙的每一点变化都凝聚着子弟兵的辛勤汗水。先后有22名官兵为了保卫西沙建设西沙献出了年轻的生命。驻岛官兵在珊瑚滩上试种成功了20多种蔬菜，为解决被列为"西沙三大难"之一的吃菜难立下了汗马功劳。西沙每一位官兵都始终为西沙建设默默奉献。干部战士到大陆探亲归来，总忘不了背一包泥土，扛几棵树苗，揣一把菜种。如今，不同籍贯、不同民族官兵带回的新疆哈密瓜、广西良种猪、海南鸡鸭等十种瓜果、蔬菜、禽类等，都在西沙安下了家，扎下了根。

三峡驻军协助移民建家园 跨世纪的长江三峡工程为世界之最，其库区涉及湖北、四川两省19个县（市），需移民近100万人，这在世界水利史上是一大壮举，也是一大难题。为了协助做好移民的思想工作，湖北省军区组织人员深入库区，宣传兴建三峡工程的重大意义，宣传《长江三峡工程建设移民条例》和国家的优惠政策，还总结了100多名家住库区的官兵和军烈属、退伍军人"为大坝让出祖居之地，别故园更显忠肝义胆"的事迹进行宣传。宜昌市淹没区要迁移的人口达15万，为给施工腾出场地，1993年9月8日一天，驻军、武警和当地企事业单位，就出动近200台车辆，帮助160户800多名的移民搬家。为做好库区移民的思想稳定工作，宜昌军分区开展以"三峡工程在驻地，我为三峡作贡献"的拥政爱民活动，军分区领导组织民兵和预备役官兵组成100多个宣传小组，深入到库区做移民思想工作。军分区党委还作出积极支援服务三峡工程建设的决定，把协助坝区移民搬迁作为一项特殊的历史使命。广大官兵主动将自己的工资、津贴费捐献出来，用于资助移民搬迁。宜昌、秭归、兴山等县人武部还积极为移民排忧解难，组织民兵预备役人员投入劳动日3600多个，帮助移民盖起新房1000多间，开垦荒地2400多亩，建立柑桔园800多个。随着搬迁工作的全面展开，湖北、四川省军区系统充分发挥自身优势，长计划、短安排，广泛开展对口支援活动。他们组织驻军和军事院校在坝区、库区设立移民服务性机构，组建10个民兵工程团，突击抢修道路，运送建筑材料。驻库区、坝区的军分区、县、市、乡镇人武部协助地方政府建设移民“示范村”；组织民兵先后开辟1000多个林场、茶场、果园和水产基地，使移民以其为依托，安居乐业无后顾之忧。

数十万官兵在江西遭灾地区奋力抢险 1992年3月中旬，江西省吉安、赣州、南昌地区连降暴雨，纵贯江西南北的赣江和贡江、章江等支流的水位猛涨，分别接近或超过警戒线，许多地方相继发生了堤坝决口、山体滑坡和农田、公路、房屋被淹等灾情，严重威胁着人民群众的生命财产安全。3月25日起，数十万驻江西陆、海、空三军和武警部队官兵、民兵预备役人员迅速奔赴抗洪第一线。赣州地区10万亩农田被淹、3万余群众被洪水围困。军分区立即组织部队和民兵运送救援物资，转移被洪水围困的群众。吉安市降雨量达400毫米，赣江、禾河水位超过警戒线1米多，150多个村庄被淹，抢险突击队奋战3昼夜将5000多名被洪水围困的群众转移到安全地带。经过几天的艰苦奋战，抢险部队排除险情1100多处，加固堤坝166公里，抢救群众1.6万多人，抢运物资16万多吨，取得了抗洪战斗的胜利。

南京军区某集团军举办百名奉献人物事迹报告会 奔涌的改革大潮，给南京军区某集团军方方面面的工作带来了可喜的变化。集团军领导感到：在新的形势下，军人更应该讲全心全意为人民服务的奉献精神。为此，集团军以“联系实际话改革，无私奉献在军营”为主题，于1992年6月上旬至8月初，组织所属部队100名埋头工作、无私奉献的先进人物组成“百名奉献人物事迹报告团”，分别作巡回报告。这100名奉献者，事迹十分感人，表现出很高的党性原则和思想觉悟。其中有主动放弃继承百万家产，安心服役，带出先进连的干部；有正确对待家庭困难，以连为家，以苦为荣，一心扑在连队建设上的“老基层”；有谢绝出国，面对优厚待遇不动心，甘当“一块砖”，铁心干事业的老先进；有身患疾病，意志顽强，在艰苦岗位上建功立业的优秀人物，等等。一场场报告，一堂堂生动的教育课。百名奉献者的动人事迹，给广大官兵震动不小。报告后，各单位联系思想实际，开展了认真讨论。他们从百名奉献者的事迹中归纳出“国防建设与改革大业的关系”、“改革开放新形势下还要不要倡导奉献精神”、“怎样才能真正做到无私奉献”等10多个问题，组织大家讨论。官兵们以百名奉献者为榜样，找差距，鼓斗志，振奋了精神，加深了对改革大潮中倡导奉献精神必要性的认识。“奉献为国、奉献为民、从我做起”，成为广大官兵的行动准则。

南京军区某集团军开展学习邓小平新时期军队建设思想活动

南京军区某集团军党委认真贯彻落实军委江泽民主席关于用邓小平新时期军队建设思想武装全军指战员头脑的指示，作出广泛开展学习邓小平新时期军队建设思想的活动的决定。各师、旅、团积极培训骨干、组织辅导，召开学习体会交流会、解难释疑讨论会，开办专题广播、学习园地，形成了浓厚的学习氛围。学习中，这个集团军把与基层建设联系密切、贴近青年官兵思想实际的内容精选出来，着重学习领会四个方面的重点。一是学习领会我军在现代化建设新时期重要地位、作用的思想，增强在改革开放、发展社会主义市场经济条件下爱军精武、奉献军营的使命感、光荣感；二是学习领会军队服从国家经济建设大局的思想，增强立足现有条件创一流业绩的责任感、紧迫感；三是学习领会以现代化建设为中心、走有中国特色精兵之路的思想，增强搞好教育训练，提高官兵素质的意识；四是学习领会在新形势下继承发扬我军优良传统的思想，增强保持老红军本色的自觉性，提高抵制拜金主义、享乐主义、极端个人主义的免疫力。在分专题学习的同时，他们还根据各个阶段的不同任务、官兵的不同思想反映，确定学习重点。比如：在党的基本路线教育中，选学邓小平关于坚持基本路线一百年不动摇的论述；在军事训练中，选学邓小平关于把教育训练摆到战略位置的论述；开展学习雷锋、好八连纪念活动中，选学邓小平关于发扬优良传统的论述。这个集团军还从基层官兵的特点出发，把选读原文、重点辅导、难题共解结合起来，使基层官兵学得起来、学得进去、学有所得。他们在基层广泛开展了“在邓小平新时期军队建设思想指引下前进”为主题的讲演活动，举办图片展览、放映录像电影，使大家对邓小平新时期军队建设思想的感受更真切、理解更深刻。据《解放军报》1993年8月21日报道，开展群众性的学习活动，使邓小平新时期军队建设思想在这个集团军深入人心，服从大局、支持改革、安心部队、无私奉献蔚然成风。

南京军区某高炮旅为残疾人献爱心 南京军区某高炮旅驻地附近的十几家工厂里有100多名残疾人，他们日常生活中常常遇到困难。为此，该旅号召官兵“扶危济困、敬老助残”，主动为残疾人排忧解难。淮阴丝织厂有5户盲残职工，生活中有很多不便，八连的战士了解到这个情况后，就帮助他们买煤、拉粮，并承包了他们的卫生区。盲残人赵永华住宅前的一段道路高低不平，晴天尘土飞扬，雨天满地泥浆。战士们就利用两个星期天在工厂周围捡来碎砖块，铺了一条200米的砖路，解决了盲残人的行路难问题。为了丰富残疾人的精神文化生活，官兵还定期给残疾人宣讲国内外大事、新事，为他们讲故事、唱家乡戏，消除他们的寂寞。在官兵们的影响下，这个旅驻地已出现"敬老助残、助人为乐"的好风气。1993年5月下旬，淮阴市残疾人联合会将一面"助残济困播新风，精神文明树楷模"的锦旗赠送给该旅，以褒奖官兵长年坚持敬老助残的奉献精神。

大别山驻军扶贫成绩显著 为中华民族的解放事业养育了近百名将军并以"刘邓大军千里跃进大别山"而扬名中外的大别山区，是经济欠发达地区。中共十一届三中全会以来，当地驻军部队与老区人民一起打响了全方位开发大别山区的战役。当年在大别山战斗过的老将军十分关心老区的建设，他们为大别山区的经济发展出谋划策，做了许多重要工作。驻军发挥人力、装备优势，参加107国道、312国道、平桥电厂改造工程以及淮河、石槽河、史灌河等大中型建设项目近百个。部队派出文化和专业技术骨干上万人次，向老区群众传播科学文化知识。部队还将一批科研成果无偿转让给地方乡镇企业，使不少产品冲出山门，走向国内国际市场，带动了乡村经济的腾飞。大别山区的广大民兵、预备役部队与正规军协同奋战，为振兴老区经济作出了重要贡献。信阳民兵大力开发当地资源，他们生产的"毛尖茶叶"走俏美国、德国、瑞典等10多个国家和地区；固始县三河尖女基干民兵连生产的柳编工艺品，出口30多个国家和地区，使千户农民脱贫致富，每年创汇达百万美元。

西安驻军帮助秦岭山区建立乡镇医院 地处秦岭山区的33个乡镇，交通不便，医疗卫生条件较差，群众看病十分困难。从1991年10月起，陕西省军区协调西安驻军各部队分别与这33个乡镇挂钩，开展"联乡建院"活动。各部队出人出钱，赠送医疗器械，培训医疗骨干，到1992年9月，驻军部队帮助秦岭山区建起了33个乡卫生院。这些乡医院都能治疗常见病和多发病，有的还能做难度较大的外科手术。80%的卫生院达到了国家卫生部规定的山区乡镇卫生院标准。山区人民称：解放军为我们留下了一个不走的医疗队。

西安卫星测控中心喀什站获集体一等功 位于新疆塔克拉玛干大沙漠西北边缘的喀什测控站，是我国航天测控网最西端的一个固定测控站，主要担负近地卫星的测控和中远程导弹的跟踪测量任务。自1968年建站以来，喀什站先后圆满完成了26次卫星测控和7次中远程导弹的跟踪测量，其中先后有5次成功地进行了两颗卫星的紧急抢救，获取具有重要科学价值的卫星、导弹数据资料1900多份，对卫星实施有效控制4700多次，为我国航天事业的发展立下了重要功勋。1992年4月11日，中央军委主席江泽民签署命令，给喀什站记集体一等功。国防科工委党委还作出决定，号召所属部队向喀什站学习。

驻延安某部弘扬延安精神建功立业 驻守延安老区的兰州军区某部党委，带领官兵大力发扬延安时期我军艰苦创业的优良传统，扎扎实实搞好基层建设。这个部队从繁华闹市移防到延安老区时，部队官兵面对几十间旧窑洞，产生了一些思想波动。对此，党委利用延安这个大课堂，及时对官兵进行发扬艰苦奋斗优良传统，扎根老区建功立业的教育，组织官兵参观延安纪念馆、杨家岭、枣园等革命遗址，还到南泥湾进行实地走访，请老红军讲当年"一把镢头一枝枪"，把臭泥潭建成陕北好江南的创业历程，使官兵们受到了深刻教育。部队官兵发扬前辈自力更生精神，自己动手改善生活条件，到1992年，已在陕北老区建起了双层保暖式营房，为国家节约上百万元经费。他们还开垦荒滩、沙地，种植了各种蔬菜。部队党委6名常委，火炉一用就是20年，办公桌仍保持着几十年前的"延安式"。许多基层干部为表达扎根老区的决心，在房前屋后种植了丝瓜、苦瓜、扁豆、黄豆。一位将军目睹这一情景，写了一副对联赠送基层官兵："丝瓜黄瓜南瓜，你们甘当革命的'大傻瓜'；黄豆刀豆大豆，她们遥寄思念的'相思豆'。"

兰州军区绿化西北造福人民 兰州军区广大官兵认真落实邓小平的指示，十年树木，为昆仑、秦岭、大漠、戈壁增添了片片新绿。1992年1月12日，兰州军区隆重表彰10年绿化先进集体和先进个人，100余名"造林英雄"光荣登台领奖。早在1983年1月，邓小平指示兰州军区：下决心拿出20年时间协助地方搞好西北绿化，为子孙后代造福。这些年来，兰州军区广大官兵年年治沙治荒，岁岁造林修田，不仅营区绿化覆盖率达到85%，实现了春有花、夏有荫、秋有果、冬有青，而且在营区以外改造荒山戈壁144万亩，营造防风固沙林11万亩，治沙造田100万亩，先后协助地方建设"三北"防护林，黄河护岸林等绿化治沙工程150项，使西北一些地区的生态环境得到了改善。西北人民称赞："那里有部队，那里就有绿洲。"

兰州军区某给水团为700万各族群众解决用水困难 兰州军区某给水团主要担负西北地区水文地质调查和阵地设防给水任务，是1974年7月根据周恩来总理关于填补西北戈壁沙漠地区水资源勘查空白的重托而组建的。20年来，官兵们勇闯被称为"死亡之海”的巴丹吉林、乌兰布和腾格里、毛乌素四大沙漠，徒步行程36万公里，相当于绕地球9圈，勘探钻井900多眼，总进尺17万多米，相当于钻透了20座珠穆朗玛峰。在20年的时间内，基本查清了大西北39.6万平方公里的地下水资源，累计提供了各种水文资料6.7万份。他们还结合实际取得了48项科研成果，官兵们及时把这些成果运用于打井施工，总结出“孔内爆破法”、“锯末石灰泥浆止水法”、“玻璃钢管成井法”和“二氧化碳洗井法”等适合西北复杂地形的快速成井方法。他们自己动手加工钻头和工具，研制出大口径牙轮钻头扩孔等3项新工艺，运用统筹学创造了72小时成井100米的纪录。到1993年9月，给水团已在陕、甘、宁、青、内蒙古等省区境内为回、藏、蒙等6个民族的群众打井700多眼，为700多万人解决了生活用水难题，救活了60多家因缺水而濒临倒闭或亏损的企业。

兰州军区某团把戈壁建成“军中乐园” 兰州军区某团正确把握艰苦奋斗精神的实质，着力创业，改造自然，仅用两年多时间，就把一度家底空空、基本生活设施奇缺的穷团队，建成拥有1.36万平方米新住房，15万棵树，农副业生产年创收25万元，蔬菜肉食自给有余，生活设施配套齐全的“富裕团”，被誉为“戈壁军中乐园”。该团在创业过程中，适时改进管理方法，引进先进技术设备。1992年，这个团的农副业生产已逐步走向集约规模生产和机械化作业轨道，后勤全面建设呈现良性循环。走进军营，但见地平路直，楼房耸立，花繁草茂，绿树成荫。

阿坝军分区建功雪山草地享誉藏羌回汉 四川阿坝州是当年红军长征时最艰苦的地区之一。解放初，两万多名官兵成建制地组成筑路部队，在海拔2500至4300米的川西高原修建公路近千公里，用200多名官兵的生命换来了一条条“五彩致富路”。为了让各族人民早日结束“酥油点灯松枝照明”的历史，阿坝驻军和民兵帮助地方修建中型水电站4个、小型水电站十几座。曾多次被国务院授予“民族团结先进集体”光荣称号的阿坝军分区，始终把增强民族团结、振兴民族经济作为大事来抓。到1993年底，他们在驻地先后建文明村、文明街、文明学校等28个军民共建点。每年派出10多个宣传小组，深入藏乡羌寨回民村宣传党的民族宗教政策，传授农、牧、林科学知识，并带领民兵修路架桥、改造牧场、开采矿藏、扶贫帮困、兴修农田水利、兴办乡镇企业，使10余万农牧民走上了致富之路。阿坝军分区官兵在进行社会治安综合治理中，加强军警民联防，组织部队和民兵协助地方公安部门巡逻值勤、追捕罪犯、破获案件，为保卫各族人民的经济建设成果作出了贡献。在松潘、小金震灾，红原、阿坝雪灾、雹灾，马尔康泥石流灾和茂县、汶川特大洪灾等自然灾害中，子弟兵一马当先，奋勇抢险。军分区医疗所，长期为高原各族群众巡医治病，各族群众热情称赞“金珠玛米”为他们除病痛，送瘟神，是高原人民的好“门巴”。

青海驻军支援牧区群众抗雪救灾 1993年1月初到3月中旬，青海玉树、果洛、黄南、海南和海西等5个藏族自治州出现了9次降雪。大雪覆盖了23.8万平方公里的草原，14个县的12.8万人、700多万头牲畜被冰雪围困。驻青海部队接到紧急通知后，立即抽调人力物力支援藏族同胞抗灾。驻青部队和民兵1500余人投入救灾工作。10辆运送救灾物资和医疗队员的车队，紧急赶赴发生严重雪灾的青海省南部牧区。青海省军区由58人组成的6支医疗队全部到达灾区，开始抢救近3000名冻伤、流感和患痢疾的牧民；灾区的军分区和县武装部的主要领导带队，在交通完全中断前赶到一线，指挥部队和民兵向安全地带转移群众和牲畜；运往灾区的400多吨物资途中受阻，6个骑兵连和民兵分队挖雪开道40多公里，将物资运抵各县城，民兵牦牛驮运队将这些物资分送到牧民的帐房。兴海县人武部带领民兵经过了昼夜的跋涉，将20吨饲草送到灾情严重的龙藏乡时，饥饿的羊群蜂拥而至，藏族群众手捧哈达口念“金珠玛米尕真切（解放军，谢谢你们）！”

数千军民救援川藏线 1992年7月上旬，大渡河上游地区遭受特大暴雨袭击，川藏公路康定段约50公里长的路段被山洪拦腰切断，泸定县城东段约800多米长的山体严重滑坡，西去通麦的路面洪水深达10米。前往西藏运送物资的成都军区后勤部数百辆军车、上千名汽车兵陷入前不能进、后不能退的困境，情况十分危急。身处险境的受困汽车部队的带车干部沉着冷静，他们打破各团队建制关系，迅速召集干部骨干会议，建立了中共临时党委和支部，研究决定了人员车辆的编配和疏散地域。经过近10小时的调集，受阻人员都分别到沿途的巴塘、理塘、雅江、康定兵站附近“安营扎寨”。各分队根据临时党委的指示组织了警卫和巡逻小组，坚守岗位，确保车辆、承运物资和人员安全，等待救援。许多藏汉族群众身背粮食蔬菜，肩挑柴草，赶着猪羊前往灾区慰问子弟兵。7月14日，经过军地部门密切配合，迅速调集1500多民工开始抢修25公里的迂回道。7月20日，数千军民连日奋战，又开通了另一条迂回道。受阻部队取道九龙、冕宁线，绕行300多公里，全部脱离了险境，创下了无人员伤亡、无车辆物资损失的奇迹。

驻陇官兵10年不懈支援当地脱贫致富 驻陇部队官兵从1983年1月起，根据甘肃省制定的规划和奋斗目标，在西起嘉峪关、东至六盘山的千里原野，和甘肃人民一道奋力治山治水，播撒科技星火，打响了建设“温饱工程”的攻坚战。某部官兵对定西西治山15座荒山实行田、林、水、路综合治理,成效显著;某部支援驻地营造千亩水利工程,近千名官兵在乱石滩上安营扎寨,风餐露宿,苦战一年,使昔日的乱石滩变成了水渠纵横、树木环绕的良田。到1993年,驻陇部队共组织出动官兵170多万人次,车辆、机械7万多台次,先后参加了"三北"防护林、景电二期工程、秦王川和兰州猪嘴岭千亩改土平田等180多项农田水利工程建设。驻陇部队官兵还在穷乡僻壤建立了8000多个扶贫点,上万个科技扶贫队(组)常年活跃在大小村寨。各部队联合当地农科部门,培训各类专业技术人员5万多人,帮助推广和建立以地膜覆盖、带状种植为主要形式的"双千田"、"吨粮田"1500多万亩,建立养殖业2500多个,兴办乡镇企业1300多个。驻甘肃部队广大官兵支援"第二故乡""温饱工程"建设取得丰硕成果,共扶持20万贫困户圆了"温饱梦",过上丰衣足食的生活。

驻烟台某团学习涉外法律知识 学习涉外法律知识,成为驻烟台某团官兵一大热门。邓小平南方重要谈话以后,烟台改革形势发展很快,有关"涉外"的新事物不断出现,诸如外商独资企业的引进、保税区的设置、土地租让等。而对于这些不易说清的问题,一些自学法律的官兵,却能根据法学理论说出个道道儿来。于是,驻烟台某团因势利导,在学习军事法、基本法的基础上,组织官兵选学了涉外方面的法律,引导官兵从法律角度去分析和认识问题,加深了对改革开放的理解。同时,部队在改革开放的新形势下,学习宣传涉外法,也适应了军民共建的需要。东华实业总公司下属的一个分公司在刚成立时,由于对涉外法律不熟悉,影响了涉外经营的开展。这时,与他们搞军民共建的该团火箭炮连主动为公司提供涉外法律服务,不但为涉外经营打开了局面,还使两个单位之间的关系更加密切了。

好八连14任连队主官聚会话传统 在"南京路上好八连"命名30周年前夕,分布在祖国各地的好八连历任连长、指导员共14任24名新老连队主官欢聚一堂。好八连命名后的第一任指导员刘仁福还是当年进驻大上海时的神采,他说,过去我们靠艰苦奋斗起家,今后我们仍要靠艰苦奋斗创业,草鞋脱下了,"草鞋精神"不能丢失。老连长刘裕民虽已离休多年,但对八连深情依旧,他鼓励八连要在荣誉面前好上加好,保持艰苦奋斗优良传统,永远听党的话,全心全意为人民。老指导员王经文回忆起27年前在八连工作的岁月,说他仍然是好八连的战士。他看到训练场上忙于练武的战士们时,欣慰地说:这才像毛主席说的"军事好,如霹雳"。老指导员戴大喜如今是一家金属公司的总经理,曾作为转业干部先进个人代表出席1991年全国军队转业干部大会。他说:"好八连出来的人,在经济战线上也要为八连争荣誉。"被誉为"上校农民"的老连长王振华,满脸皱纹,双手粗壮,他说:"创造荣誉不容易,发扬荣誉更不易。"现任好八连指导员李晓明向他们详细汇报了连队在新的历史条件下取得的成绩和进步。参加聚会的上海警备区政委希望新一代官兵要继承和发扬老一辈的传统,让好八连这面旗帜永远飘扬。

某团八连官兵帮助农家兄弟上大学 8年前,某团八连驻地农家兄弟高连伟、高连河的父亲患重病去世,欠下500多元的债,兄弟俩被迫辍学,挑起了家庭生活重担。虽然兄弟俩学业优秀,都是三好学生,但老师和同学们却爱莫能助。八连官兵得知此事后,向高家伸出了温暖的手。他们先后捐款500多元,把兄弟俩送回了学校,并承担了他们家的农活和家务活。8年来,八连的干部战士换了一茬又一茬,但帮助高家的工作一直没有断。官兵们真诚的关心和无私的援助,常使兄弟俩感动得泪流满面,乡亲们也赞誉八连官兵是"当代活雷锋"。如今,高家兄弟相继从河南粮校和河南农业大学毕业,妹妹高连勤也考上了高中。高家兄弟俩毕业后,念念不忘八连官兵的恩情。他们的工作单位虽然离部队20多公里路,却经常到部队看望官兵。当他们看到战士渴望学习文化知识却又缺乏教师时,就主动要求为八连官兵教学。1993年"八一"前夕,由高家兄弟担任教员的八连大专和高中文化补习班正式开学了。

"喀喇昆仑钢铁哨卡"再创戍边佳绩 被中央军委授予"喀喇昆仑钢铁哨卡"荣誉称号的新疆军区神仙湾哨卡,1992年8月又被兰州军区表彰为"基层建设标兵单位"。这个哨卡命名后的10年间,出色完成边防执勤、军事训练、国防施工等各项任务,年年被评为"边防执勤先进单位",先后5次荣立集体三等功。神仙湾哨卡地处冰雪封裹的喀喇昆仑山巅,海拔5380米,是全军海拔最高、自然环境最恶劣的哨所之一。哨卡新一代官兵从高原守边需要出发,常年坚持爬山、耐寒、抗高山反应等适应性训练,有效地增强了指战员高原严寒条件下的身体素质和执勤、作战能力。官兵们夜间潜伏观察,在-30℃的雪地里都能坚持8个小时以上。无论昼夜,只要听到警报,全哨卡人员能火速全部进入阵地,作好战斗准备。神仙湾哨卡戍守近百公里的雪山边境线,巡逻地段海拔均在5000米以上,地势险峻,气候恶劣。官兵们不畏艰难险阻,每年都超额完成定点巡逻任务。神仙湾哨卡以出色的高原戍边佳绩,赢得了党和人民的赞誉。近年来,江泽民、李鹏等领导人视察喀喇昆仑边防部队时,对神仙湾哨卡给予了高度评价。江总书记热情称赞:神仙湾精神很好,值得全军和全国人民学习。李鹏总理欣然为神仙湾哨卡题词:"热爱边防,艰苦奋斗,无私奉献,顽强拼搏"。

新疆军区某团开展"当好昆仑卫士"活动 新疆军区某边防

团所属哨卡绝大多数位于海拔5000米以上的“生命禁区”。为进一步激发官兵的战斗意志，全团从1992年到1993年开展了“当好昆仑卫士”的教育活动，广泛宣传本团30多位戍边模范的事迹，播放反映边防军人戍边事迹的录像片《边关军魂》。先后举行《愿做喀喇昆仑一棵草》、《我心中的冰山》等专题演讲会16场，180多名官兵上台赞颂小草精神，讴歌自己守卫的地方。“当好昆仑卫士”活动，使官兵的精神大为振奋。团党委常委7人中有6人是驻守喀喇昆仑山15年以上的“老高原”，工作中总是严格要求自己，1993年头4个月平均每人在一线哨卡蹲点45天以上。临近夏季换防，山下部队有240多人写决心书，争相要求上山守卡。

成都军区某红军团学军事科技蔚然成风 成都军区某红军团坚持不懈向官兵灌输“和平不能没盾牌”的道理，以此激励官兵苦学深钻现代军事新科技、新知识。团里每周举行一次官兵科技知识讲座，还分期分批安排步兵出身的军官到专业兵种分队当兵、代职学习，并多次请来队的国防大学和军事科学院的专家、学者讲授运筹学、系统论、信息论等学科在现代战争中的运用与发展。“借梯登山”给部队建设注入活力。据《解放军报》1993年3月10日报道，全团官兵已发表军事学术论文20多篇，用于指导部队加速现代化建设。8位推出“核化生武器整体防御性能评估”成果的功臣、30名执著钻研现代军事科技并获成果的官兵，受到团党委的重奖。官兵创造的5项科技成果是转化为生产战斗力的重要因素，团队荣立集体二等功。

“英雄测绘大队”又立新功

为适应我国空间技术和高科技发展的需要，我国决定用“全球卫星定位系统”在我国建立高精度大地网。总参“英雄测绘大队”担负了这一难度大、技术性强的艰巨工程。从1991年1月开始，官兵们驱车挺进严重缺氧的世界屋脊，骑着骆驼进入骄阳似火的戈壁沙漠，徒步攀登高耸入云的冰山雪岭，驾舟搏击南中国海的惊涛骇浪，采用“全球卫星定位系统”，在西藏、内蒙古、新疆、东北、南沙、西沙等地展开了测量工作。为了确保整个大地网的精度，布设的测量点位无论是在悬崖峭壁上，还是在江河湖海中，官兵们总是勇往直前。“英雄测绘大队”的100多名官兵在南海舰队、解放军测绘学院、总参和海军的两个测绘研究所的大力支持和配合下，行程近百万公里，作业300多天，计算处理了1.5亿组各类数据。经过一年多的努力，他们完成了全国人造卫星大地网一级网的测量任务，所测数据充分、精确、可靠，达世界先进水平，为我国确定卫星发射点准确位置提供了新成果。

天涯哨兵艰苦创业再建殊勋

中建岛是由珊瑚礁、贝壳组成的一座1.5平方公里的小岛，位于西沙群岛最南端，距离大陆500多海里。它背倚大陆，面对南沙，是祖国的海防前哨，又是改革开放的南大门。海军西沙中建岛守备队党支部不断强化官兵的海洋国土意识，每天早晨列队举行升国旗仪式，早晚组织官兵收听收看新闻，还定期举办海洋法、海洋国土常识讲座，进行党的路线方针政策、党的基础知识、雷锋精神、南沙精神等教育，激发了官兵们守岛爱岛的热情。中建岛气候炎热，白天沙滩上的气温高达50℃，守岛官兵利用这种特有的环境进行耐热、耐渴训练，摸爬滚打，一丝不苟。他们还开展“一专多能，一兵多用”的练兵活动，使每个官兵都熟练掌握了3门以上的军事、后勤专业技术，并能熟练使用5种以上的轻重武器。10年来，官兵们没有一次误情、漏岗，海空情目标捕捉率达100%。岛上风大浪高，10年来遭受了近50次强台风袭击，把钢筋混凝土浇铸成的母子堡吹打得七零八落，海拔高度被削去0.8米。守备队的官兵与天斗，与海斗，用双手装点祖国的海岛。岛上没有一寸土，他们就利用出差、探亲的机会，用提包装来，至今已带来了9个省市的泥土，修建了一块4分地的菜地。四川的辣椒、广东的青菜、云南的番茄等10多种蔬菜等都在这里安家，每年可产蔬菜2000公斤。10年间，军委、总部及海军的许多位将军上岛看望了官兵，对他们取得的成绩给予高度评价。10年前，中央军委曾授予他们“爱国爱岛天涯哨兵”荣誉称号。1992年8月9日，海军南海舰队党委又给他们记集体一等功。

武警南阳支队情系伏牛山区

伏牛山地处豫西南的南阳地区。驻守在这里的武警南阳支队官兵，心想改革开放，把加快南阳经济建设的步伐作为拥政爱民的首要工作。他们更新观念，使拥政爱民工作有了新发展：一是从送书送报发展到提供经济和科技信息；二是从扶老携幼发展到扶贫致富；三是从担水扫院发展到为重点工程建设出力。几年来，支队官兵利用探亲、出差等机会，先后在16个省23个地区建立了信息网点，为驻地的20多家企业提供无偿的信息服务。截止1992年底，南阳支队官兵为工厂和农村收集了500多条经济信息；在16个乡建立起科学知识培训站；使10万余人受到教育；参与培植和推广科技项目30多个；使16个乡的21个村的群众越过了温饱线，有的提前跨入了小康；支队官兵还参加了32项国家和地方的重点工程建设；同23所中小学开展共建共育活动。武警南阳支队一心想着人民群众，真情实意为振兴南阳经济倾注心血，受到伏牛山区人民的广泛赞颂。这个支队已被武警总部命名为“拥政爱民模范单位”。

石家庄陆军学院帮驻地办农民科技学校 河北省石家庄市获鹿县南铜冶村，村办企业越办劲头越大，但由于缺少科技人员，遇到很多困难。石家庄陆军学院了解到这一情况后，经过认真筹划和准备，决定开展军民共建活动，共同创办“农民职工科技大学”，为南铜冶村培养各类科技人才。1992年3月9日这所农民职工科技大学正式开课。该村134名青壮年在这里进行为期一年的脱产和半脱产学习，接受数学、物理、机械制图、工程力学、企业管理等12门课程的教育。来学校任教的9名教员都是陆军学院的讲师、教授，他们教学经验丰富、讲课深入浅出、结合实际、深受农民学员的欢迎。

海司教导大队照顾百余盲人11年不间断 1982年，海军司令部教导大队的官兵选定卢沟桥畔的“盲人院”作为助残的重点对象，同“盲人院”居民所在单位、北京振兴汽车零件厂组成共建单位。那年春节期间走进盲人院，广大官兵做的第一件事是清理卫生，官兵们冒着寒风，连续奋战，清理垃圾100多吨，又铺设130多米下水管道。行路是盲人的第一难题，官兵们急盲人所急，投入兵力1000多人次，出动汽车运渣土，修整了从“盲人院”到工厂的300多米长的道路。如今，道路平坦，盲人再也不会走泥水路上班，再也不会撞到树上了。教导大队官兵还大力支持共建单位的改革和开放。1985年以前，工厂一直亏损，工人收入较少。他们帮助工厂查找原因，从思想上、人力上给予大力支持和帮助。1992年，工厂产值达460万元，人均工资从55元增加到280元。振兴厂连续6年被上级公司评为先进企业。盲人最忧心的是对子女的教育，望子成龙的心情比一般人更迫切。海司教导大队先后投资数千元，为“盲人院”建起了一所“少儿活动室”，不断派出人员，帮助盲人管理和辅导盲人孩子的学习，盲人逢人便说：“解放军真能出息人，把孩子往正路上引，我们一万个放心。”到1993年夏，教导大队出动官兵1万多人次，为盲人服务。当地群众称赞：“最可爱的人帮助了最困难的人。”

海军工程学院让新科技与市场接轨 海军工程学院巧借市场经济的杠杆作用，让新科技直接与市场接轨，使一大批高新科技成果源源不断走向市场。1993年初已有124项科技成果在市场上推广或达成推广协议，既支援了国家经济建设，又增强了为部队服务和自身教学科研的能力。近年来，全院仅向地方提供技术转让、联合开发新科技项目等，就创产值逾千万元。施引教授等研制的“双层隔振”技术问世并获大奖后，学院组织科技人员到军区内外有关部门和厂家推广，使这项高科技成果在技术市场竞争中以绝对优势连连中标，签订合同金额达330多万元。为了让新成果一问世就找到“婆家”，该院采取举办成果鉴定会、请用户来院洽谈、通过新闻媒介传播信息、送成果参加国内外科技展览等方法，使科技成果尽早进入市场。化学教研室开发的降噪新技术在国内处于领先地位。他们与湖北省两家化工厂联合开发生产的系列新型降噪材料在市场供不应求，工厂年创利增加50%。大批科技成果进入市场后，学院科研人员深入部队和工厂，为用户安装调试设备，培训技术人员，征求对新成果的改进意见，使科技成果在竞争中迅速站稳脚跟，市场不断扩大。

303医院设立医学科研精神鼓励奖 303医院青年药师李群安等人在攻克“检测静止期肝病患者肝代谢功能降低程度”这项科研课题中，尽管进行了上百次的实验，结果还是“砸了锅”。如何看待潜心科研而没有取得成果的科技人员？医院党委认为，鼓励科技人才多出成果早成才，不能仅看成果，也要看精神。于是，该院设立了“医疗科研精神鼓励”奖。这一举措实施半年来，在医院逐渐形成了“想科研、干科研、钻科研”的良好风尚。与此同时，该院结合“砸锅”现象，一方面检查自己的工作，一方面请来军、地院校和科研单位的专家教授，一起查找、分析原因。接着，医院更新了实验设备，添置了高效液相色谱仪等一批先进仪器。李群安等人在专家的指导下，认真总结失败教训，继续攻关。据《解放军报》1993年5月30日报道，他们的实验已经取得突破性进展，3篇论文相继发表。

第四军医大学支援延安发展医疗卫生事业 第四军医大学以延安地区人民医院为依托，逐步将其办成高水平的医疗卫生基地，使之成为提高陕北地区医疗水平的“龙头”，带动老区的医疗事业发展。为使这项工作落到实处，四医大主要领导亲自挂帅，选派3所附属医院的专家教授，分期分批，有计划有步骤地对延安地区人民医院进行技术帮助和支援。据《解放军报》1993年1月25日报道，他们共派出专家教授35批次100多人，对心脏外科、肝胆外科、眼科等10个科室进行重点帮建，先后传授新技术新成果10多项，捐赠医疗器械50多套件。国家发明博览会银质奖获得者杨崇华，毫无保留地将自己的研究成果“乙肝快诊”传授给延安地区人民医院，从而结束了延安没有乙肝快速诊断的历史。以延安地区人民医院为龙头的医疗技术逐步上去了，四医大又注意向纵深发展，及时指导延安地区人民医院向整个老区进行技术辐射。他们先后举办了医院管理干部培训班、护士长、CT操作培训班等40余期，参加人员达3000多人次。同时，还接收一批骨干到学校学习进修，使全区医疗卫生系统的工作者开阔了眼界，获得了信息，学到了技术。

20医院帮助民族地区培训医生 地处葡萄城吐鲁番的新疆军区20医院，平均每年收治地方各族患者万余人。医院党委认为，要从根本上提高驻地少数民族群众的健康水平，还应该在提高驻地乡镇医院的医疗水平上下功夫。1985年，他们与吐鲁番市亚尔乡医院正式建立了军民共建和医疗协作关系，帮助乡医院培训维吾尔族医生。培训结束后，医院又派出5名医生到亚尔乡医院门诊上岗长达一年。各科还每周轮流抽一名主治医师到乡医院集体查房一次，及时帮助解决疑难病例。经过20医院的多方帮助，过去连做小伤口缝合手术都困难的亚尔乡医院，现在1年内能成功地做300多例农村常见病手术。亚尔乡医院因经济条件有限，医疗设备简陋，20医院用对外开放的医疗收益，先后给乡医院赠送了心电图机、手术床、氧气瓶、护士治疗车等价值近6万元的医疗器械，使亚尔乡医院得到较快发展。据《解放军报》1993年9月29日报道，前来考察的世界卫生组织对这个乡的医疗工作给予很高评价。

黑龙江森警金山屯大队驻村33年保平安 黑龙江森警总队金山屯大队组建于1959年，到1992年，已经驻守林区33年。33年中，官兵们换了一茬又一茬，但山火预防工作从没有放松。每当春秋防火期间，大队组织的宣传活动便在驻地有声有色地开展起来。运用防火宣传栏、有奖防火知识问答、护林防火宣传环城万人赛、防火常识有线广播等形式，使防火意识深深扎在群众的心中。他们不仅坚持不懈地抓好护林宣传工作，还不断提高自身的护林扑火技术。官兵们苦练防火技术，风雨无阻，增强了快速反应和救护的能力，使绿色林海的安全处于良好的状态之中。33年来，这个大队的官兵共扑灭火灾48起，赢得了林区人民的称赞。

武警成都支队为旅游风景区创造良好环境 改革开放以来，成都著名风景区游客增多。武警成都市支队拓宽职能作用，加强对驻地旅游风景区的治安巡逻。该支队把净化旅游风景区的治安环境、吸引更多的海内外游客到成都旅游作为促进四川经济发展的一个具体行动。他们在公安机关的统一部署下，派出巡逻队，采取公开与隐蔽、定点与不定点，徒步巡逻与乘车巡逻的方法，打击扒窃、抢劫、敲诈游客的不法分子，想方设法为游客排忧解难。新都县武警中队根据季节的变化，定期派出巡逻小组，加强风景区的治安保卫工作，从1992年1月至12月，共抓获不法分子31人，为中外游客做好事113件；都江堰武警中队积极支持驻地旅游事业的发展，先后出动兵力850人次支援都江堰的开发和建设，被游客誉为“都江堰堤雷锋连”。

武警武汉支队积极参与治理社会治安 武警武汉市支队常年驻守在武汉市9区4县，担负着警卫、看押任务，闻名全国的汉正街就在辖区内。近几年辖区发案率有所上升。1992年初，武警武汉市支队把综合治理驻地社会治安列入计划，成立了综合治理领导小组，与辖区14个街道居委会取得联系，选派了40名干部战士与街道治安联防队一起巡逻。开始的一个月时间里，巡逻组共查获各类犯罪案件30余起，调解了大量的民事纠纷。在此基础上，他们又深入群众调查研究，分析案情，逐步发现了犯罪分子作案的规律和手法，有些战士还掌握了犯罪分子的“黑话”和衣着特点，为抓获罪犯提供了有利条件。为了更加有效地打击罪犯，在当地公安机关的统一部署下，武汉市支队还增设了便衣巡逻。由于措施得力，所驻地区的发案率与上年同期相比下降了30%，被居民称之为“护身符”。

二炮某部建特色“山沟文化长廊” 二炮某部驻守在数百公里的人迹罕至的深山老林中，他们充分利用山林特色，丰富部队精神文化生活。他们削平山头，在层峦叠嶂的山峰之中，建起灯光球场，宛若明珠悬空；他们挖山凿石，利用当地自然环境修起了假山、石林、喷泉，把荒凉的军营装扮成“山林公园”。几年来，部队投资上百万元，给每个连队配发了彩电、录像机、照像机、卡拉OK机等文化器材，购置了卫星地面接收设备和大批文体器材，设置了有千余册书籍、几百本杂志和十几种战士家乡报纸的小图书室，建立了条件较好的活动场所，形成了有二炮部队特色的“山沟文化长廊”。“小型、多样、实用”，是“山沟文化长廊”的主要特色。各部队从实际出发，注意培养小能人、小教员，组织具有鲜明特色的小群体，开展小型比赛，让人人都能参加文体活动，人人都是“山沟文化长廊”的主角。1992年10月，部队政委李同茂大校代表全部队官兵，在首都人民大会堂捧走了全军群众歌咏大赛的“特级大奖”金匾。

武警上海总队一支队十中队被誉为“霓虹灯下新一代” 武警上海总队一支队十中队驻在繁华的南京路，驻地有驰名全国的“大世界”、“大光明”等娱乐场所，人民公园与营区仅一墙之隔，执勤站岗是在繁华的南京路上。改革开放给南京路带来了经济繁荣，但霓虹灯下一些消极东西也时隐时现。十中队官兵在思想上筑起了一道拒腐防变的坚强防线，身居闹市一尘不染。干部战士在配合公安机关取缔非法市场、缉拿走私团伙时，一次又一次遇到不法分子递来的“求情烟”、“买路钱”，但他们从不动心。今日南京路，改革开放的春风吹得霓虹灯更加璀璨夺目，一座座酒楼、宾馆拔地而起，身穿高档服装的行人摩肩接踵。可是，常年生活在南京路上的十中队干部战士却依然讲述着红军在长征路上吃树皮、草根的故事，追忆着“好八连”当年靠“草鞋、信封、针线包”三件宝屹立南京路的佳话。十中队干部认识到，时代确实不同了，但艰苦奋斗的传家宝任何时候都不能丢，今天如果丢掉了，他们在南京路照样难站住脚。所以十中队官兵把这样一句话叫得很响：不管东西南北风，坚持学习《八连颂》；不管时代怎么变，都要学习“好八连”。到1992年1月，武警上海总队一支队十中队奉命进驻南京路已经10年。1月18日,江泽民总书记来到这个中队视察,高度赞扬他们是“霓虹灯下新一代”。

武警内蒙古总队为民族团结进步作贡献 武警内蒙古总队针对少数民族地区的特点,积极开展拥政爱民工作。总队党委十分重视干部战士学习民族理论和民族政策,总队领导经常深入到所属基层中队进行专题学习辅导。总队政治部门专门编写了反映少数民族历史、英雄人物、风土人情的宣传教育提纲,各部队还经常邀请地方领导到警营传授促进民族团结进步的先进经验,使党的民族政策在广大官兵心中深深扎根。这个总队把开展民族团结进步工作的重心放在支援少数民族地区两个文明建设上,提出“像建设家园那样建设内蒙古”。总队组建10年来参加地方经济建设共投入45万个劳动日,动用机动车辆4万多台次,有244项急难险重工程渗透着这个总队官兵的心血和汗水。他们根据驻地特点,向农牧民宣传党的政策,传播经济信息,先后帮助65个苏木(乡)、嘎查(村)1468户农牧民脱贫。总队还投资173.8万元,帮助驻地建立起集图书阅览室和文化娱乐场所于一体的城乡俱乐部181个,赠送图书10.5万册、文化器材24800多件,向地方选派各类宣传员、辅导员45000多人次,军训学生23.7万人。由于总队为内蒙古改革开放、繁荣稳定做出了突出贡献,1993年被国务院授予“民族团结进步先进集体”光荣称号。

武警延安地区支队缅怀毛泽东 武警延安地区支队发挥驻守革命圣地的优势,坚持不懈地开展缅怀毛泽东的光辉业绩活动,他们每年都要深入开展“圣地光荣我自豪、我为圣地添光彩”的专题教育,引导官兵发扬延安精神,继承光荣传统。每年新兵入伍,他们首先组织新兵到枣园、杨家岭等革命旧址和毛泽东等老一辈革命家居住过的地方,请老红军介绍毛泽东和党中央在陕北的战斗历程,讲延安精神的形成、发展和历史作用。在“抗大”旧址,在“四·八”烈士墓和毛泽东发表《为人民服务》的讲台前,讲革命前辈富于理想、勇于追求,为共产主义奋斗终身的英雄业绩。他们还组织官兵通过家访、参观南泥湾等活动,激发官兵们缅怀毛泽东等老一辈革命家的丰功伟绩,树立勇于开拓的精神。“做新一代的延安人”已成为支队官兵努力为革命圣地经济繁荣争作贡献的座右铭。他们加强城市巡逻,奋不顾身追捕罪犯,为维护延安的社会治安作出了突出贡献,被人们誉为革命圣地的“保护神”。广大官兵还直接投身于驻地经济建设中。支队已参加地方公益工程建设60多项。在万花山“万亩良田”工程、西延铁路建设工程等项目中,官兵们发扬延安精神,敢啃“硬骨头”,洒下了辛勤的汗水。在为驻地作贡献的同时,官兵们致力于部队建设,他们发扬勇于进取、敢于拼搏的精神,使部队各项工作取得了优异成绩。到1993年底,支队组建10年,先后涌现出100余名先进个人、80多个先进集体。

杜凤瑞生前所在团用烈士精神铸“团魂” 杜凤瑞生前所在团党委将杜凤瑞精神概括为四句话:“为人民利益勇于献身的牺牲精神;对飞行技术精益求精的进取精神;干事业任劳任怨的吃苦精神;压倒一切敌人和克服一切困难的革命英雄主义精神。”现在,这四句话已成为该团的“团魂”。这个团“团魂”无所不在。走进营区,迎面是杜凤瑞的塑像,纪念馆。荣誉室的签字簿上留下的誓言,体现着飞行人员对英雄的崇敬。每逢清明节,团里组织飞行人员在杜凤瑞塑像前举行祭奠仪式。每年杜凤瑞献身之日,都要召开纪念大会。这些活动使“团魂”铸进每个飞行人员的心中。“团魂”凝聚了飞行人员的心。一次,飞行人员到外地疗养,有几名同志遇到熟人,对方主动表示为他们进地方航空公司牵线搭桥,飞行人员不为所动。他们说,进民航虽然能得到一些好处,但歼击机总要有人飞,如果哪里“肥”就往哪里跑,就对不起杜凤瑞。“团魂”调动了飞行人员的练兵积极性,上级进行考核,他们提出“不能为杜凤瑞旗帜添彩,就是给杜凤瑞旗帜抹黑”的口号,全体飞行人员主动放弃节假日休息时间,积极准备,考试结果全部达标。1993年,全团飞行人员的出勤率达到98.2%,所有飞行人员在飞行中都消灭了错、忘、漏,部队连续5年被评为先进单位。

邱少云烈士塑像落成 国际主义战士、一级战斗英雄邱少云烈士塑像,1993年6月19日在他生前所在部队——兰州军区某师落成。部队机关与驻地群众近万人隆重集会,为塑像揭幕。中央军委主席江泽民、中央军委副主席刘华清、张震分别为塑像题词。塑像基座正面镌刻着江泽民主席1992年视察邱少云烈士生前所在部队时的题词:“发扬邱少云精神,建设过硬部队。”基座两侧分别是刘华清、张震的题词:“弘扬邱少云精神,建设纪律严明的模范集体”、“发扬邱少云精神,加强部队建设”。用玻璃钢浇铸成的邱少云烈士像高1.7米,安放在用花岗岩砌成的底座上。烈士像41年前那样卧倒在烈火中,任凭火焰吞噬,纹丝不动,向人们昭示着“纪律高于生命”的伟大精神。

9. 精神文明建设的理论研究

1992—1993年精神文明学研究概述 在1992年邓小平南方重要谈话精神指导下,精神文明学这门新兴学科,在理论研究和建设方面,有了很大发展。(1)从中央到地方各级领导都十分重视精神文明建设。邓小平提出“两手抓、两手都要硬”的方针，为中国精神文明建设指明了方向。江泽民在中共十四大报告中系统地论述了精神文明建设的必要性、重要性，提出了“精神文明重在建设”的要求。中央其他领导也多次强调，在发展社会主义市场经济过程中，必须大力抓好社会主义精神文明建设。人民日报以《论精神文明重在建设》为题发表社论，阐述了在社会主义市场经济条件下抓好精神文明建设的重要性。指出，“精神文明建设的根本任务是培育‘四有’(有理想、有道德、有文化、有纪律)新人，提高整个民族的思想道德素质和科学文化素质”。重在建设，就是“要求我们脚踏实地、真抓实干，把纸上写的、口上讲的变为扎扎实实的行动”。其他中央和地方报刊都先后发表文章，对精神文明建设问题的各方面进行探讨。由于各级领导的重视，精神文明学理论的研究获得了前所未有的繁荣。(2)从理论上进一步认识到精神文明建设的战略地位和当前在发展市场经济过程中加强精神文明建设的重要性。理论建设应成为精神文明的先导；要把精神文明建设提高到贯彻党的基本路线的高度；把精神文明建设与树立时代精神联系起来已成为人们的共识。人们从现实生活中看到了精神文明建设与民族国家的兴衰存亡、与整个社会的价值观念及社会风气的好坏是联在一起的。当前大力发展社会主义市场经济，给精神文明建设带来了新的课题。社会主义市场经济呼唤精神文明建设，发展市场经济，更需要精神文明作后盾、作保证。没有精神文明建设与市场经济同步发展，社会主义市场经济也不可能得到长足的进步。要探索在市场经济的各个环节上，如何具体体现文明的要求，如何把“四有”落到实处，只有这样，才能把精神文明建设同市场经济有机结合起来。(3)探讨了精神文明建设中的一些问题，总结了实践经验，给精神文明学增添了新的内容。从事精神文明建设的实践和理论工作者，不断拓宽实际工作和理论探索的广度，增加其深度。如精神文明建设的时代特征、精神文明建设的投入产出问题；文明单位的属性、精神生产的特质、城乡企业、机关如何开展精神文明建设；沿边开放地带精神文明建设、大特区精神文明建设问题等等，从理论和实践的结合上，具体回答了现实中的许多具体问题。我国两个文明同步发展的先进典型城市——湖北沙市市、福建三明市发展精神文明建设的做法和经验先后从理论上得到了总结和概括。沙市领导认为：绿化是城市的外衣，建筑是城市的脊梁，环境是城市的容貌，素质是城市的灵魂，要把城市硬件建设同精神文明建设结合起来。三明的经验是：贵在坚持、好在共建、重在建设。全国其他许多地方纷纷成立精神文明研究中心，创办精神文明研究报刊或在学术理论报刊上开辟精神文明研究专栏，发表大量有关精神文明学的理论文章。这都说明，我国精神文明建设从领导力量上得到充实，理论研究和经验总结上有了提高，进入了一个新的阶段。(4)对精神文明学自身的对象、规律、特点等理论问题及精神文明学与其他学科的辩证关系等进行了探讨与研究。全国许多精神文明专业报刊和理论刊物，先后发表大量学术论著，从精神文明学的本体去探讨自身的研究对象、研究范围、理论基础、内在规律、本质特征，还探讨了精神文明学与其他相关学科的辩证关系等基本理论问题，使精神文明学的理论更加丰富和深化。特别是精神文明学研究对象、范围的确定，使这门学科成为一门独立于其他社会科学的学科。同时，广大理论工作者还将视线移向与精神文明学有关的其他诸多方面，如精神文明与改革开放、精神生产与精神文明、俗文化与精神文明、家风与精神文明、人的素质与精神文明、公民文化与精神文明，以及传统文化与精神文明等，都作了认真的分析和思考。(5)注重对国外精神文明的研究。将精神文明理论和精神文明学研究的视角拓展到国外，许多经济比较发达的国家，如新加坡其精神文明建设方面也有许多值得我们借鉴的地方。

中国老一辈革命家对精神文明建设理论的贡献 金羽、欧阳斌在《湖南教育学院学报》1992年第5期上撰文，叙述老一辈革命家对精神文明理论的贡献。(1)建立了完整的思想政治工作理论。首先，论证了思想政治工作的重要作用。毛泽东指出：“掌握思想教育，是团结全党进行伟大政治斗争的中心环节，如果这个任务不解决，党的一切政治任务是不能完成的。”朱德说，在政治上有了坚定的信念，“就是把握着不可抵抗的无形的武器，在精神上建立了铁的红军的基础。”其次，分析了思想政治工作的基本内容。再次，阐述了思想政治工作的原则和方法。刘少奇说：“必须用中国革命的经验来教育中国的革命者，用中国党的经验来教育中国的党员，才能收到更直接的实际的效果。”(2)形成了系统的文化建设理论。首先，论证了文化与政治、经济的关系。毛泽东指出：“一定的文化(当作观念形态的文化)是一定社会的政治和经济的反映，又给予伟大影响和作用于一定社会的政治和经济。”其次，指出了文化建设的方向。毛泽东指出，我们的文艺“是以占全人口百分之九十以上的最广大群众的目前利益和将来利益的统一为出发点的。”再次，阐述了精神生产的客观规律。周恩来认为：“文艺总要有独创精神，不论是学习古代的东西还是学习外国的东西，都是为了今天的创造，都把它们溶化在我们的创作中。”毛泽东指出：“中国现时的新文化是从古代的旧文化发展而来的，因此，我们必须尊重自己的历史，决不能割断历史。”对历史文化应取其精华，去其糟粕。最后，分析了知识分子的地位和作用。(3)系统地阐述了培育社会主义新人的思想。首先，论证了培育社会主义新人的客观必然性。周恩来指出:“广大的劳动人民从本质上说是有建设社会主义的积极性的,但旧的习惯、思想、作风在他们头脑里还起影响,也要进行改造。”其次,分析了培育社会主义新人的主要内容。毛泽东运用道德典范的作用号召人们向张思德、白求恩、雷锋同志学习。刘少奇强调共产党员修养。再次,指明培育社会主义新人的基本途径。刘少奇指出:“革命者要改造和提高自己,必须参加革命实践。”毛泽东强调全党要加强马列主义学习。综上所述,老一辈革命家为创立社会主义精神文明理论提供了丰富的思想材料。

论精神文明重在建设 1993年6月25日《人民日报》以《论精神文明重在建设》为题发表社论指出:在大力发展社会主义市场经济的同时,一定要大力加强社会主义精神文明建设。物质文明和精神文明建设两手都要硬,这是建设有中国特色社会主义必须坚持的指导方针。在我们的工作中,要使精神文明这一手真正硬起来,重点是抓好“建设”这两个字。重在建设,是社会主义精神文明建设的重要指导思想。精神文明建设的根本任务是培育“四有”新人,提高整个民族的思想道德素质和科学文化素质,这就需要做长期的、潜移默化的、耐心细致的工作。我国的社会主义建设,不但要以富裕取代贫穷,而且要以文明取代愚昧,形成健康、科学、文明的生活方式。这就需要大力发展教育、科学文化事业,大力抓好报纸、书刊、广播、影视工作,广泛开展群众性精神文明建设活动,用正确的理想、信念、人生观、价值观,用优秀的思想文化成果和广大群众喜闻乐见的形式去占领思想文化阵地,丰富人们的精神生活,影响人们的感情和理智。重在建设,首先要抓好思想理论建设,用邓小平建设有中国特色社会主义理论统一我们的思想,指导我们的行动;其次要在干部队伍和广大人民群众中加强法制和道德建设;第三要紧紧抓住深化改革这个关键;第四要抓好科学、教育、文化、卫生、体育的事业建设,宣传思想工作的设施建设,以及整个从事精神文明工作的队伍建设等。精神文明重在建设,要求我们脚踏实地,真抓实干,把纸上写的,口上讲的变为扎扎实实的行动。

理论建设应成为精神文明建设的先导 沙英在1992年3月13日《人民日报》上撰文论述精神文明建设中的理论建设问题。他指出,马克思主义是指导我们思想的理论基础,是现代化建设和改革开放事业的根本,也是精神文明建设的根本。十多年来,我们在理论建设上取得了可观的成绩,但另一方面我们的理论建设仍然是一个相当薄弱的环节。理论工作的削弱和思想理论的混乱,成为前几年国内思想混乱和社会生活混乱的重要原因。鉴于此,理论建设确应成为精神文明建设的先导。在精神文明建设中加强理论建设,有几个重要问题值得重视:第一,加强思想的、理论的指导。要认真学习邓小平关于建设有中国特色社会主义的一系列重要论述。对当代重大的政治、经济、社会理论问题,不断地进行调查研究。第二,理论建设要有从实际出发的规划。第三,要贯彻执行“双百”方针。在路线、方针、政策上强调要有统一的认识,但对于学术问题的是非、艺术作品的优劣,则允许不同意见存在,可以从容讨论,不能强求一致。学术理论上的争论,要通过民主的、平等的、说理的方式,在实践中加以检验的过程中,逐步得到解决。

社会主义市场经济与精神文明 中宣部宣传局局长戴舟在1993年12月10日《农民日报》上发表文章《社会主义市场经济与精神文明》,对市场经济与精神文明关系的一系列问题进行阐述。文章分三个部分:(1)利益多元化导致人们价值取向的多元化,要求在精神文明建设中加强对价值观的正确引导,即通过调控社会舆论、开展正面教育、组织群众活动、表彰先进典型、制定方针政策等多种手段,倡导和弘扬人们价值观念中有利于社会主义市场经济发展的积极方面,限制其消极方面,形成正确的价值导向。(2)人们物质生活条件的改善和收入档次的拉开,导致人们消费方式和生活方式的多样化,要求在精神文明建设中积极倡导科学、文明、健康的生活方式。应当把引导正确的消费,提倡健康、文明、科学的生活方式,满足不同层次人们的精神文化生活需要,抨击各种丑恶现象作为一项重要的工作内容。使人们在物质生活水平得到提高的同时,正确处理好工作与生活、劳动与享受、奉献与索取、改善生活与勤俭节约、物质生活与精神生活等方面的关系,树立高尚的生活情趣。(3)新旧经济体制转换过程中出现了道德建设上的滞后和错位现象,要求在精神文明中加强社会主义道德建设。要着重抓好社会公德、职业道德、家庭美德的教育。各行各业都要重视职业道德建设,逐步形成适合自身特点的职业道德规范,坚决纠正利用职权谋取私利的行业不正之风。全社会都应重视公德教育,大力提倡见义勇为、助人为乐、扶危济困、尊老爱幼等中华民族的优良道德传统,大力表彰具有时代精神的先进模范人物,逐步树立与发展社会主义市场经济相适应的新的道德准则。家庭是维护社会稳定的重要细胞,在反对封建主义家庭伦理观的同时,还要注意反对资产阶级的金钱至上、性解放等腐朽思想,扫除各种丑恶现象,建立民主、平等、和睦、稳定的新型家庭伦理关系。在农村重点要抓好文明农户的创评活动。在落后地区,要引导农民走科技脱贫、科技致富的路子;在发达地区,要引导农民把富余资金和闲暇时间用到学习、钻研科学文化知识,倡导健康、科学、文明的生活方式上来。

社会主义精神文明三题 潘竟万在《甘肃社会科学》1992 年第 1 期上撰文，论述当前精神文明建设中不可忽视的 3 个问题：(1)物质温饱与精神充实。如若一方面是富裕的物质生活，另一方面却是文化贫乏，精神空虚，这样，就难以充分持久地发挥人民群众的社会主义积极性，最终会影响社会生产力的发展，物质生活也难以保障。精神文化生活不丰富成为解决了物质温饱问题之后人们的一大问题。(2)治穷与治愚。贫困地区，一般自然条件差。把治穷，解决人们的物质温饱放在首位，无疑是对的。但是，只忙于物质扶贫，而忽视精神扶贫，见物不见人，治穷不治愚，扶贫不扶志，难以从根本上解决“穷”的问题。(3)小康与文明。人们容易从经济和物质上去理解“小康”，在奔“小康”中，应特别强调加强精神文明建设。要着重抓以下 3 点：一是要明确精神文明建设的目标。二是要根据战略目标，制订相应的总体规划和设想。三是要把精神文明建设纳入奔“小康”规划之中。

社会主义精神文明的二重物质基础 湖北省鄂州市委党校张贤洪在《社会科学动态》1992 年第 3 期撰文，谈社会主义精神文明的二重物质基础。他认为，在社会主义社会，物质文明作为改造自然的物质成果、作为社会物质财富的积累，是生产力发展水平和状况的标志。它作为社会主义精神文明的物质基础，是从最终决定意义上讲的。从直接的意义上看，社会物质生产力的发展，对于社会主义精神文明建设的意义首先是作为教育、科学、体育、卫生等文化事业发展的物质条件即文化建设的物质条件而发生作用。但是，社会生产力的发展——物质文明，作为社会主义精神文明的这种物质条件、物质基础，它并不能直接决定社会主义精神文明的本质和主导方面——思想道德状况。决定社会主义思想道德状况的直接基础是社会主义公有制及其生产关系。社会主义精神文明的这个直接的具有决定意义的基础，也是一种物质基础，只是它区别于标志生产力发展水平的物质文明这一根本的物质基础，具有不同的意义，属于不同的层次地位，但两者都属于第一性的范畴。社会精神文明的文化知识和思想道德两个方面，反映了精神文明的物质条件、物质基础的两个方面，即社会生产力和生产关系这两个方面。社会的物质文明即生产力的发展水平，作为精神文明的物质基础，是基本的、归根到底起决定作用的因素；社会生产关系、经济制度作为精神文明的物质基础，对精神文明的发展状况起着直接的决定和制约作用，虽然归根到底它是由生产力的发展水平决定的，但它又有其相对稳定性和能动的反作用。精神文明的这种二重性的物质基础又是统一的，即作为社会生产方式及其矛盾运动，对精神文明的发展状况起着决定和制约作用。

精神文明建设的时代特征

中共四川省委第二党校钟宜在《探索》1993 年第 4 期上撰文认为，社会主义精神文明建设的特征包括：(1)制度特征：精神文明建设的基础与保障。只有加强法制建设，才能根除各种消极腐败现象，为精神文明建设提供稳固的思想文化基础。在市场经济活动中，只有通过完善的法规来规范和调控人们的经济思想和行为，才能形成有序的思想行为关系。加强法制建设，是推动精神文明建设与法制结合的重要条件。(2)内容特征：突出和加强社会主义经济文化建设。精神文明建设要为经济建设服务，首先表现为加强社会主义市场经济文化建设。市场经济文化代表着一种先进的经济文化，它的内容体现了当今众多的先进的思想文化成果。它包括科技文化建设、经济思想观念建设、经济伦理建设等方面的内容。(3)方法特征：吸纳与创新的统一。历史上的优秀文化成果，既是民族精神的体现，又是增强民族团结、推动民族进步的精神动力。但历史不是简单的重复，继承的过程就是一种更新、再创造的过程。同时，要推进中国的现代化进程，必须吸收西方已有的现代文明成果，包括一切有益的思想文化成果，并按照建设有中国特色社会主义文化的基本要求，去粗取精，去伪存真，吸纳中包含批判，结合中体现创新。

精神文明建设与改革开放

《文汇报》于 1992 年 3 月 10 日发表社论《加强精神文明建设，大力推动经济建设和改革开放》。社论指出，加强社会主义精神文明建设，是党的十一届三中全会以来路线、方针、政策的重要组成部分。以马克思主义为指导的社会主义精神文明是社会主义社会区别于资本主义社会的重要特征，它在我国社会主义现代化建设的总体布局中处于重要的战略地位。邓小平同志曾反复强调，在抓好经济建设的同时，必须抓好社会主义精神文明建设。江泽民同志也反复指出：“不能设想，一个没有强大精神支柱的民族，可以自立于世界民族之林。我们要深刻吸取近几年来物质文明建设和精神文明建设一手硬一手软的教训，在努力发展物质文明的同时，切实抓好精神文明建设”。90 年代为上海的经济发展提供了良好的机遇，同时，也为精神文明建设提供了有利时机。在新的历史条件下，必须坚持“两个文明”一起抓，使精神文明沿着正确方向发展。精神文明建设必须为经济建设服务。精神文明建设一旦游离于经济建设这个中心之外，自行其是，另搞一套，就会变得苍白无力，精神文明建设必须促进改革开放。只有促进改革开放，才能适应经济建设的需要。改革开放的最终目的是发展社会生产力，精神文明建设既然只有在为经济建设服务过程中才能焕发蓬勃的生命力，也就必然只有在为促进改革开放服务的过程中才能拓展新的天地。

论市场经济与精神文明“一体化”发展 贾春峰在《人民日报》1993年10月11日发表《论市场经济与精神文明“一体化”发展》一文指出：建立社会主义市场经济体制，并不是一个纯经济行为，而是一个宏大的系统工程，需要多方面工作的有效配合。这里既要运用经济的手段，也要运用行政手段和法律手段，还要有思想道德文化方面的工作即精神文明建设的协调配合。精神文明建设对于社会主义市场经济新体制、新秩序的建立来说，并非是什么外加的、可有可无的，而是其题中应有之义，是其健康发展所绝不可缺少的。从现代市场经济的发展来看，商品中的文化含量、文化附加值越来越高，生产的工艺流程对职工素质的要求越来越高，文化因素在经济发展中的贡献越来越大，商品产出所需能源、资源、财力这些“硬投入”逐渐减少，文化、科技这些“软投入”逐渐增大。这都要求我们充分认识现代市场经济发展的这个重大趋势：经济与文化的内在统一，物质文明与精神文明的内在统一。要实现这种统一，一是必须研究在市场经济发展的各个环节上如何具体体现精神文明的要求，特别是在全社会如何强化职业理想、职业道德、职业纪律、职业技能、职业责任的教育和培训；二是必须在市场经济条件下实现国家、集体、个人利益的新的发展和新的统一，旗帜鲜明地坚持社会主义集体主义的价值取向；三是在吸收世界一切先进文明成果的同时，必须发挥我们中华民族传统文化的优势。

精神文明：市场经济另一只看不见的手 金开诚在1993年12月12日《光明日报》上撰文指出，在当前计划经济向市场经济转轨的过程中，人们的价值观、世界观、人生观必然要发生变化。要根据客观现实来加以引导，即伦理原则和道德观念，这是除市场机制外对市场起着重要作用的另一只手，即精神文明。“精神文明重在建设”是大家的共识。而进行实际操作，关键是要有精神文明的系统观念，把这项建设作为系统工程来抓。这个系统工程可分两方面来理解。一是精神文明建设必须与法制、纪律、舆论和激励等机制联系起来，互相配合着起作用。二是精神文明内部的联系与机制，包括横向有展布、纵向有层次。横向有展布即多方位，各个方位各有具体的规范与要求。纵向有层次即指个体在精神文明的修养中，要层层求深入，步步上台阶。当然，精神文明建设的层次性是个复杂的课题，许多问题还需要通过深入研究才能解决。

社会意识的结构、矛盾和精神文明的发展 何梓焜在《广东社会科学》1992年第2期上撰文，论述社会意识与精神文明的关系。社会意识和精神文明属于同一序列的范畴，又不完全等同，社会意识包括进步与落后、精华与糟粕两个方面，而精神文明只是指社会精神生活的积极成果及其附属物。(1)要多层面地研究社会意识的结构。研究社会意识的结构就是要揭示这个复杂的精神实体是由哪些因素组成的。确立每个要素在这个体系中的地位，如社会心理、社会风气、风尚、风俗习惯、气质和作风、社会思潮、思想体系等，它们的相互联系、相互渗透和相互转化的过程及其变化的规律性。(2)社会意识结构内部的矛盾及其运行机制。社会意识发展的原因有三，一是社会存在与社会意识的相互作用推动着社会意识的发展；二是不同性质的社会意识之间的矛盾和斗争；三是社会意识结构内部各种因素的相互排斥、相互渗透和相互转化。(3)充分发挥社会主义意识形态的导向功能。社会心理与思想体系相互作用是精神领域各种因素变化和发展的推动力，是人们的精神生活的变化和发展的内在原因。任何思想体系都对社会心理有一定的导向功能。因此，社会主义意识形态必须在马克思主义理论指导下，充分发挥其对社会心理、社会风气、社会思潮的导向功能，使群众的精神生活得到改善，精神文明得到发展。

增强精神文明建设的投入产出意识 赵应云在1993年8月31日《人民日报》上发表文章认为，精神文明建设必须求实忌虚，重在建设，既要注重投入，又要讲求产出。但在实际工作中却往往出现只求产出不重投入或重投入轻产出的偏差。从投入看，其误区之一是对物质文明建设与精神文明建设的关系理解片面，以为物质文明搞好了，经济发展了，精神文明就自然上去了。误区之二是对改革开放和市场经济理解片面，认为实行改革开放政策和建立市场经济体制的目的只是为了发展经济，提高人民的物质生活水平，与建设精神文明和改善文化生活无关。从产出讲，一是混淆了物质文明建设和精神文明建设在其产出形态上的差异，不明白精神文明建设的根本任务是培养“四有”新人，其产出表现为人的较高思想文化素质，且来得间接、隐蔽、缓慢，因而急功近利，只愿追求物质文明的产出，而不愿追求精神文明的产出。二是认为物质文明是硬指标，精神文明是软指标，把物质文明建设的产出作为评价工作实绩的唯一尺度，而把人的素质、社会风气等重要的社会发展指标看成是“虚拟状态”，淡化了精神文明建设的产出意识。从科学的规律上看，投入和产出是统一的，有投入才能有产出。我们要把精神文明不仅作为一项事业，而且要当成一种产业来发展，不断增强投入产出意识。首先，要增强精神文明建设的投入意识。这种投入，既要有人才的投入，情理的投入，身心的投入，更要有一定的物质投入，包括必需的资金投入。其次，要增强精神文明建设的产出意识，即通过对精神文明建设的投入所获得的收效。这种收效既有物质成果，也有精神成果，它是通过增强人们的事业心、责任感，调动人们的积极性和奉献精神，以及提高人们的思想道德水平和科学文化素质，来实现其由隐形状态向有形状态转变的，这种产出必须表现为物质成果和精神成果的统一。

精神文明——现代人的素质 刘士林在1993年4月21日《光明日报》上撰文指出，精神文明，是个带有我们时代特征的高频词，它不仅是我国实现现代化的重要组成部分，也是人类进步和发展的重大课题。精神文明首先指的是与一种文明形态相适应的精神方式。文明与文化是易混淆的，其重要区别在于积累方式不同。文明的成果表现在工艺——社会结构的发展与完善上，任何一个文明阶段都是以工艺水平和社会的组织方式的变革为标志的，这是一种动态的存在。文化的成果则表现为文化——心理结构的历史积累和贮存上，它是以种族或个体的道德水平、文化素养、审美能力、智慧程度为标志，是一种较为稳定的静态存在。文明和文化密不可分，但不能把文化当作文明程度的标志。精神文明中的“精神”的现实基础是文明本身。传统的文化成分能否算作精神文明，必须经受现实的鉴别和选择。建立这种鉴别和选择机制，只能依靠其具体的历史规定即社会的经济形态。现代文明是以高度发达的物质生产水平和生产方式为基础的。在生产方式的变化中，人的素质、技能是同步发展的。一种新生产方式的出现往往标志着社会意识和自我意识的根本性变革。我们今天实行社会主义市场经济，精神文化的生产，必须服从于这种社会生产系统。而且，精神文明的真实含义要到它与时代的关系中去寻找。文明代表着时代的要求，真正的精神文明也必然是时代的思想前卫。我们正在建设的精神文明作为一种人自身的先进的意识系统，它不仅是现代文明的产物，也与现代文明保持着精神上的平衡，保持着和谐与统一。应该从哲学角度改变人们对文明的思维方式，从而使那些与现代文明相矛盾的文化成分从人的脑海深处剔出去。就精神文明与时代的关系角度看，不能把精神文明仅仅看作某种道德规范体系，而应看作是一种现代人的基本素质，一种人存在本身的实践能力，一种经哲学启蒙的自觉意识，而且这种自觉性是建立在对世界的科学认识之上的。在这里，社会约束和要求，通过人的精神文明意识系统的整合，成为人的自由意志，即社会性变为自然性。

儒道文化影响与现代精神文明 刘群在1993年4月7日《光明日报》上撰文指出，儒家文化是以孔子思想为代表的人文文化，其积极面是宣扬以“仁”为宗旨，“仁”的内容就是“爱人”，要“爱人”就要以“礼”来教育人，使人知书达理，互敬互爱，以求得社会各方面关系的和谐；消极面是主张崇古、效古。由于儒家文化实施“孔”教宣扬“爱人”，而这对治理国家有好处，也有利于社会的稳定与发展，因而它被统治阶级所利用，统治者也大都以儒者自居。故儒家文化又称为“统治者文化”。道家文化是以老子思想为代表的人文文化，其积极面是宣扬弃华取实、顺其自然，即人的立身处世必须敦厚质实，反对浇薄浮华，教人用质柔如水的力量来对待一切；消极面是主张人不要进取，不要作为。由于道家文化更多地宣扬人的“自由天性”，主张人在朴实无华的基础上无拘无束，不受限制，因而更具有浪漫色彩，它成了用来慰藉人们心灵烦恼与痛苦的安慰剂，被称为“逍遥者文化”。几千年来，儒道文化在历史争鸣中发扬光大，并对中国社会产生了深远的影响。由于儒道文化在人的灵性方面满足了人对理性和天性的追求，因此，儒道文化中蕴涵的人生哲理，对于人的自身修养、道德品质、思想情操、行为规范都有着有益的启迪。吸取其精华，对于一个人的立身处世，有着积极的意义。现代精神文明就是要在人们的物质生活日益提高的同时，对人的思想、行为进行规范与引导，进而使社会、家庭各方面关系达到和谐。一个人的自身修养、自我完善主要是靠自律，而不是靠他律，这是儒道文化中所蕴涵的深刻的人生哲理。现代精神文明是历史文化的延续、扬弃和创造，只有在灿烂的历史文化基础上，现代精神文明才能有更深的内涵，在这个内涵展示的同时，体现一种民族的精神，这种精神应该是高尚的、纯洁的、伟大的，并能给她的民族以巨大的鼓舞和力量，使这个民族在不断创造物质文明的同时，用精神文明的力量，去美化人们的生活，荡涤一切污泥浊水，创造出更多更美好的东西。

传统哲学与市场经济条件下的精神文明建设 湖北省社会科学院许苏民在《湖北社会科学》1993年第6期上撰文，就中国传统哲学关于“义与利”、“理与欲”、“己与人”的关系，讨论弘扬中国传统哲学的精华，建设与市场经济相适应的社会主义精神文明问题。关于义利关系，法家的非道德主义是应该排斥的；儒家割裂义利、为维护传统道德而不惜牺牲社会经济发展的观点，也不合乎时代的需要。但儒家反对“不义而富且贵”的观点，有合理因素。墨家的义利统一观，既肯定人们劳动致富的合理要求，也反对一切只顾追逐私利而不讲道义的行为，把“义”与“利”二者在合乎“国家人民之利”的总原则下统一起来。这种功利主义与马克思主义的革命的功利主义有内在的相通之处，对于在市场经济条件下正确处理义与利的关系具有重要意义。关于理欲关系，程、朱理学的禁欲主义与魏晋时代出现的纵欲主义是不可取的；明清之际的进步学者们所主张的理欲统一论是合乎当今中国社会需要的。发展社会主义市场经济的目的是为了解放生产力，满足广大人民日益增长的物质文化生活的需求。市场经济要健康发展，离不开社会公正、理性、道德、法制和正义；人在追求财富和物质享受的时候，不能不讲道德良知。关于己与人的关系，儒家伦理维护家族制和血缘关系，与现代社会格格不入，但在处理人际关系和个体与群体关系方面有合理的因素；杨朱学派专讲利己，太过自私；墨家思想更多反映了劳动人民的要求，总是以一种刻苦耐劳、坚韧不拔的精神去服务于社会，更具合理因素。社会主义市场经济所要求的道德准则是个人利益与国家和人民的利益的一致，是协调性道德与进取性道德的统一。我们更应珍视中国传统哲学的精华，在马克思主义的基础上把这些合理的思想因素加以弘扬，建立体现社会主义原则的现代的和谐的人际关系。

公民文化：精神文明建设的重要内容 黑龙江省民政厅马长山在《学术研究》1993 年第 3 期上撰文，以马克思关于“市民社会”和“国家”的有关论述为立足点，试图说明人类历史发展中人不断争取自身主体地位和“自主活动”的“个人化”进程，从而展现居民文化——市民文化——公民文化的历史走向。文章指出，不摧毁奴性、封闭保守的居民文化，就不能实现个性的自觉发展，就不能使人成为独立自主地进行社会创造的社会主体；而不走出狭隘、利己、世俗的市民文化，个性的自主发展也就难免受到自身的限制，人的主体活动也就难以克服畸形和片面发展。因此，既自主自立又与社会结合，既突出个性又体现共性的“公民文化”，就成为历史的必然选择。公民文化首先表现为自主自律、自由自觉的主体价值取向，它根植于社会主义商品经济和社会主义民主政治的内在统一性。其次，在人与人相互关系上，公民文化表现为平等、开放、横向的权利、利益纽带的有机联结。第三，在行为方式上，公民文化表现为个性、参与、创造、开拓的基本图式。第四，在共同体生活中，公民文化表现出高度的角色意识、社会责任感和公共精神。因此，公民文化是精神文明建设的重要内容。

国内旅游与精神文明 据《新华文摘》1992 年第 4 期载：王正华撰文提出，国内旅游是促进精神文明的动力。旅游是提供文化、精神的享受。旅游者在游览祖国锦绣山河和名胜古迹中，开阔眼界、陶冶情操、扩大信息、增强身心健康，学习书本上学不到的知识；了解炎黄子孙几千年来创造的灿烂文化，永垂史册的业绩，特别是革命先辈为国为民的献身精神，这必将激发起爱国主义和振兴中华的热情。如学校组织的“地理夏令营”、“革命圣地学习团”，实际都属于确有成效的寓思想教育、传授知识于旅游的成功例证。国内旅游的发展形成的游客流，随之而来的则是信息流、观念流。这种信息、观念、思维、生活方式的流动，对推动旅游景点文化精神建设的作用就更加显明，意义深远。广大内地山区凭借山水古迹，千方百计地吸引国内旅游者，促进国民之间的思想文化交流，观念思维更新，实在是远比旅游的经济收益重要得多的工作。

家风与社会精神文明 申平华在《道德与文明》1992 年第 3 期上撰文，指责不良家风是社会精神文明的毒瘤。家风是家庭教育的综合“教材”或无字“典籍”，对儿童的社会化起着不容忽视的先导作用，对全体家庭成员起感染、约束、控制和同化作用，直接左右他们的价值取向、人生态度和行为方式。家风，又是社会精神文明的具体化，对社会精神文明起着深化、巩固的作用。正因为如此，中华民族历来重视家风建设，形成了艰苦朴素、勤俭持家、尊老爱幼、助人为乐、克己奉公的家庭风尚，哺育了无数中华民族的优秀儿女，使中国的家庭文明为全人类的精神文明作出了积极的贡献。然而，处于世纪之交的现代中国家庭，由于社会变迁和多元文化的冲突，虽然健康文明的现代家风正在初步形成，但不良家风也乘隙而入，这种不良家风表现为：一是朴克麻将风。80%以上的农村家庭均参与打麻将带赌博性活动；二是请客送礼风。农村每个农户用于人情馈赠的现金年需 200 多元（不含实物）；三是攀比排场风；四是好占便宜风。好占公家的便宜，从办公用品到照像机、电视机等据为己有已成为司空见惯的事情；五是悄然而起的“黄风”（指黄色书刊、音像等）。不良家风虽然不是现代家风的主流，但它对家庭、社会的危害是不可低估的。各级组织、团体应广泛开展家风评议活动，制定出文明家风的准则，加强舆论和道德监督，形成人人争创文明家风的局面，尽快建立健康文明的现代家风。

城市精神文明建设的实践与思考 袁启彤在《求是》1992 年第 6 期上撰文，论述城市精神文明建设问题。加强城市精神文明建设，是社会主义精神文明建设的重要内容和关键所在。福建省委在坚持进行物质文明建设的同时，大力加强社会主义精神文明建设，努力探索城市精神文明的路子，取得了显著成绩，涌现出像三明市这样闻名全国的文明城市和一批省级文明城市、文明县城。他们的经验是：1. 树立人的精神支柱。首要的是增强人们的社会主义信念，提高人们的社会主义思想觉悟，振奋社会主义精神。2. 牢固树立服务意识。精神文明内容包括思想道德建设和教育科学文化建设，又涉及市政管理、社会治安、环境保护、公共交通、商业服务等方面工作以及城市基础设施建设。办好这些事业既体现了党的全心全意为人民服务的宗旨，又增强了党在人民群众中的凝聚力和号召力。3. 抓好城市基础设施建设，改善、优化城市环境。城市精神文明建设涉及市民素质、城市文化、风俗、风貌、基础设施等各个方面，它直接或间接影响着人的素质的提高等精神方面的建设。4. 开展主题鲜明、感召力强的活动，发动组织广大市民主动参与。精神文明建设的主体是人民群众，其成效大小，往往取决于群众参与的程度。5. 军民合力共建，提高精神文明建设的层次性和思想性。在精神文明建设中，集军地双方之长，大力开展军民共建文明街、文明厂矿、文明学校、文明车站，进而扩展到共建文明区域、文明县、文明城市。

精神文明建设是城市之魂 湖北沙市市委书记王开炳在1993年12月3日《人民日报》上撰文，联系沙市城市建设实践认为，绿化是城市的外衣，建筑是城市的脊梁，环境是城市的容貌，素质是城市的灵魂。要把城市硬件建设和精神文明建设结合起来。沙市在精神文明建设中紧紧围绕着“好在共建、贵在坚持、重在素质”的基本思路，着力于“三大一提高”(大教育、大文化、大环境，提高人的思想道德素质和科学文化素质)，以大教育为主体，以大文化、大环境建设为两翼，实行教育、文化、环境配套建设，提高城市文明的综合素质。其做法是：1. 抓好系统教育，提高人的素质，一是建设市、局、企业三级教育阵地；二是培训党员、职工、学生三支队伍；三是优化单位细胞。2. 重视文化建设，启迪人的心智。将教育、文化设施纳入城市建设总体规划；在全市建立起幼儿教育、学校教育、职业教育、干部教育四位一体的文化科学教育网络；开展不同层次的群众文化活动，实行企业文化、校园文化、社区文化、街道文化、家庭文化并举，培养市民的现代意识和文化生活方式；培植适应社会主义市场经济体制的群体意识、竞争意识和城市精神。3. 优化城市环境，满足人的需要。确立以“创优美环境有舒适感；创优良服务有亲切感；创优良秩序有安全感”为主要内容的优质城市环境的实施方案。把精神文明建设纳入城市建设总体规划，坚持开展并不断深化“满意在沙市”活动。从弘扬正气入手，建立和谐的人际关系和稳定的社会局面。4. 加强党的领导，积极探索精神文明建设的运行机制。各级党委和行政部门始终把精神文明建设摆在重要位置，党政一把手亲自抓，并将精神文明建设的任务采取目标管理的办法，按6个方面定出43个量化指标，层层分解，纳入各级领导班子年度和任期责任制，使精神文明建设既有定性的要求，又有定量考核的标准，由软任务变成了硬指标。

论三明经验——贵在坚持、好在共建、重在建设 《光明日报》1993年8月8日发表《文明建设》特约评论员文章，对福建三明市十几年来坚持不懈地进行精神文明建设进行总结，指出三明经验有四条：(1)真正在思想上认识到精神文明建设的重要性，认识到精神文明建设为改革和经济建设提供精神动力、智力支持和思想保证。(2)三明的精神文明建设搞得好，就是因为精神文明建设紧紧地为经济建设这个中心服务，为人民办实事，使人民生活水平得到提高。只有这样，精神文明建设才能持久，才能搞好。(3)坚持走群众路线，让广大人民群众来参与，使得精神文明建设成为广大干部和群众的自觉行动。(4)坚持精神文明重在建设的方针。他们持之以恒，长抓不懈，而且扎扎实实地工作，务求实效。抓精神文明建设活动注意“实、精、深、广”，且工作很细，有计划，有部署，有检查，有评比，有总结，工作认真，不搞形式主义。三明市创造了很好的经验。他们的经验可以归结为：重在建设，持之以恒；工作扎实，创新深化；群众参与，团结协作；为国为民，无私奉献。文章指出，重在建设是精神文明建设的重要指导思想。重在建设，以立为本，这就要求人们去做。去做，才能使这一手硬起来。重在建设，就要有目标、有规划，作为系统工程扎扎实实去抓，不能停留在嘴上、会上、文件上。重在建设，要坚持不搞争论，不搞批判，要用各种有效的办法和活动调动群众的积极性，让群众参与进来，共建文明城市。三明市十几年来的实践证明，只要坚持按照十四大提出的“精神文明重在建设”的方针，在建设中总结经验，大胆实践，进一步深化创新，我们的精神文明建设就能更上一层楼。

切实加强沿边开放地带的精神文明建设 杨光洪在1993年11月15日《人民日报》上撰文，以黑龙江沿边开放的实践，论述对沿边开放地带精神文明建设的加强问题。文章认为：(1)沿边开放为该地带精神文明建设注入了生机和活力。因为沿边开放，解放和发展了当地的生产力，为精神文明建设奠定了经济基础；促进了人们的观念更新，激发了人们竞争意识和创新精神，逐步树立起与发展社会主义市场经济相适应的思想观念和科学的思维方式；促进了各国之间的经济和文化交流，有利于最大限度地吸取人类文明成果；使精神文明的硬件建设有了较大幅度进展。(2)坚持重在建设的方针，不断解决沿边开放过程中精神文明建设的新课题。沿边开放，对思想建设提出了新要求；对道德建设带来了新挑战；给文化建设带来了新任务。(3)为沿边开放的战略升级服务，把精神文明建设推向新阶段。为了适应进一步推进沿边开放的需要，沿边地区的精神文明建设要在构建价值体系、加大文化含量、深化理论研究和加速机构改革四方面整体推进，争取把沿边开放地带的精神文明建设推向新阶段。要促进社会主导价值取向的进一步转变，构建符合生产力发展要求的、批判继承历史传统而又充满时代精神，立足本国而又面向世界的新型社会主义价值体系；要加大沿边经济和社会发展中文化的含量，使边疆文化与城市文化、校园文化、企业文化等成为不同的文化形态、并形成自己独具的特色；要深化对沿边开放条件下精神文明建设的理论研究，科学认识其特点、规律、途径和发展趋势，为搞好精神文明建设提供理论指导；要加速各级精神文明建设机构和办事机构自身的改革及职能转换，从根本上改变"一手硬一手软"的状况。

广东召开精神文明建设理论研讨会 1992年初，广东理论界举行了广东精神文明建设理论研讨会。会议以江泽民在建党70周年和全国哲学社会科学"八五"规划工作会议讲话的精神为指导，回顾和总结了广东10多年来精神文明建设理论研究的成绩和薄弱环节，着重探讨了精神文明建设与商品经济有关问题，并对精神文明建设现实迫切需要的精神文明学的研究作了初步的讨论。(1)关于精神文明建设与商品经济发展的问题。一种意见认为，搞商品经济，就要把物质文明摆在首位，精神文明是次要的。不同意这种观点的同志认为，社会主义精神文明建设是以人为主体的对客体的认识与改造，归根到底是为了人的发展，以经济建设为中心，是为人的发展创造条件。多数同志认为，精神文明与商品经济的关系是相互促进的关系。(2)关于精神文明学的研究对象、任务与体系等问题。一种观点认为精神文明学不能成立。理由是：(1)精神文明是相对于物质文明而言的，范围太宽，很难讲清楚；(2)它要研究学科群，实际上各学科已有自己的对象、任务和体系，没有必要搞这种综合的东西；(3)现实精神文明建设还不完善，未到搞这种学科的火候。也有的认为，与其搞精神文明学还不如搞精神哲学或精神文明建设方面的具体学科。多数同志则认为，这门学科能够成立。最大的理由就是社会实践的迫切需要；对具体学科群的抽象本身就是一门学问；现实的精神文明建设不完善，正好说明理论上有必要先行一步。对精神文明学的研究任务，有的同志认为，从总体上看有三方面：(1)从文明发展宏观角度，吸取、融合、提升人类精神文明的成果，丰富精神文明宝库；(2)根据社会主义的实践，建构符合我国国情的精神文明理论体系；(3)它的研究必须促进我国的社会主义精神文明建设事业的发展。有人认为，目前我国对精神文明学的研究大体可分为三个层次：第一层次是人类一般的精神文明学；第二层次是社会主义的精神文明学；第三层次是有中国特色的社会主义精神文明学。与会同志还就学科的各层次特征作了探讨。

文明单位的六种属性 邹兴敏在1993年3月10日《光明日报》上对文明单位的属性进行分析，认为文明单位应具有：(1)自觉性。它是一种自觉的、有目的有意识的创建活动，而不是盲目行为。只有保持强烈的创建意识，明确创建目标，扎实开展活动才能逐步具备条件，最终成为文明单位。(2)全面性。它是以精神文明为其主要特征，物质文明为基础的综合性高层次荣誉称号，只有坚持两个文明一起抓、两个成果一起要，把方方面面的工作做好，把综合水平提高，才符合文明单位全面性的要求。(3)动态性。它是一种有上有下，有进有退、不进则退的动态性发展过程，它的牌子不是"铁"的。只有坚持高标准、严要求，成绩面前不停步，不断开拓创新，才能一步一个台阶，不断向前发展。(4)激励性。它是一级党委和政府授予的最高荣誉称号，对于调动干群工作积极性，增强集体荣誉感，强化自我管理、自我教育的思想意识，具有强烈的激励效应，是搞好各项工作的不可多得的动力性措施。(5)群众性。它是社会群体文明的高级形态，它的基础在群众，力量在群众，发展在群众。群众广泛参与是文明单位建设的根本保证，是文明单位建设的生机和活力之所在。(6)实效性。它是当今社会一种重要的价值观念。人们买东西愿到文明店，看病愿到文明医院，旅行愿坐文明车。一个单位一旦获得这种光荣称号，就是潜在的经济和社会效益。

加强企业精神文明建设三议 朱国强等人在上海《党政论坛》1992年第3期上撰文，就企业精神文明建设问题，提出三点应用性的建议。(1)要坚持把企业精神文明建设活动的重点放在加强职工的思想道德建设上。目前，在职工思想道德建设方面亟需解决的，一是精神状态问题。要引导职工富有理想和追求，拥有饱满的政治热情和工作热情。二是解决"一切向钱看"的思想。三是纪律松懈的问题。四是"麻将风"的问题。(2)企业精神文明建设活动必须吸引广大职工积极参与。首要的一条就是组织活动。通过活动，精神文明建设的水平才能提高。其次，要千方百计增强活动的吸引力。吸引力来自三个方面，一是兴趣，二是实效，三是组织水平。(3)对企业的文化娱乐活动必须加强领导和引导。一是要充分发挥现有文化娱乐设施的作用。二是文化娱乐要有层次性，要努力提高基本格调。要通过组织书评、影评、讲座等多种活动，不断提高活动参与者的审美情趣、欣赏水平和鉴别能力。三是要提高企业文化娱乐活动组织者自身的思想政治素质。企业组织的文化娱乐活动，应该使参与者在轻松、愉快、喜悦的氛围中，受到教育和熏陶。

机关的精神文明建设 魏久明在《道德与文明》上撰文论述机关精神文明建设。他认为，要把中国的社会主义现代化事业推向前进，党和国家的机关负有特殊重要的责任，建设精神文明是社会主义的一项根本任务，同样也是党和国家机关工作的根本任务。(1)做好机关工作也要"两手抓"。在机关的工作和任务中，一般都包含了两个文明建设的内容。而不少机关的基本工作，比如思想政治工作、宣传新闻出版工作、广播影视工作、文化艺术教育工作，以及一切保证我国现代化建设正确方向的舆论力量、价值观念、文化条件和社会环境、提高人的素质等工作，都属于精神文明建设范畴。在搞好机关的自身工作和内部建设中，也有一个搞好精神文明建设的问题。(2)主要目标放在提高人的素质上。根据机关的特点，提高机关工作人员的素质必须做到：把崇高的理想作为自己的精神支柱；把高尚的道德作为自己的行为规范；把增强组织纪律性作为自己做好工作的保证；把提高为人民服务的本领作为自我完善的基础。(3)把搞好机关风气作为重点。发扬党的三大优良作风，在机关中首先要树立勤政的风气；其次要发扬求实的风气；再次要抓好廉洁的风气；最后要提倡高效的风气。(4)依靠组织倡导和群众的参与。机关要建立和健全教育培训、群众参与的机制，还要抓好日常的管理和监督。

农村精神文明建设的几种方式 邹伟在《党政干部论坛》1992年第3期上撰文，论述农村精神文明建设的方式。(1)潜移式渗透。农村经济发展的制约因素，除却生产力方面的以外，还有农民的生产积极性问题，而农民生产积极性的高低，又为其思想情绪所左右，因此，必须针对农民的思想状况，尤其是针对他们具有多疑心理、思想稳定性较差等特点，结合改革开放的实际，对他们进行必要的思想教育，其具体内容主要是政策和形势教育。通过理顺农民思想而调动农民的生产积极性，继而促进生产的这种精神文明建设对物质文明的渗透不是直接、迅速的，而是潜移渐进的。(2)感染式渗透。农民接受新观念、新知识、新技术较难，他们往往要亲眼看周围人的实践并受益之后，才肯效仿和跟随。这就需要培训骨干、培养典型，使之产生充分的感染力。(3)注入式渗透。农民继承传统的东西容易，接受和形成新思想较难。因此，需要外来的、注入式的思想强化教育。(4)疏通式渗透。即有具体的针对性，通过精神文明建设的渠道解决物质文明建设中的问题。(5)引导式渗透。农村在精神文明建设程度不断提高的大趋向中仍然存在一些较为突出的社会问题，以至形成一种社会风气，如大操大办、封建迷信、打牌赌博等。从根本上讲是农民思想观念落后、文化素养偏低的缘故。因此，精神文明建设应注重通过多种途径解决农村的社会问题、引导农民更新思想观念、提高道德文化水平，与那些非文明的生活方式脱离。

精神消费“贫穷”与国民终身教育 伏治友在1993年3月24日《光明日报》上撰文指出，精神消费“贫穷”即社会上精神消费个人支出滑坡的现象。出现这种现象，与国民终身教育发展不够有关。终身教育是指人的一生要不断地受教育。既包括学校教育，也包括社会教育；既有正规教育，也有非正规教育。这种教育虽然在我国进行过实践，但总的来说还很不够。我国目前的教育主要还局限于学校，没有很好地走上社会，更没有把社会办成一所大学校。学生读完书以后继续受教育的机会不多，特别是文化程度低的人学习机会更少。虽然这些年成人教育有很大发展，但也局限于学历教育和专业证书教育，真正的岗位培训很少，而且其对象多数是干部，普通的工人、农民由于既不要文凭，也不要职称，如果没什么定级、晋升考核的话，一辈子都可以不必再学习，这样，借书、买书、读书等真正意义上的精神消费就很难热起来。一方面是国民没有必要去继续学习，另一方面也没有好多人去抓这方面的学习。目前，接受成人教育的多数还是出于自发，有组织、有目的的培训极少，尤其农村更为突出。许多农村既没农技员，也没科技站，上新华书店要跑几十上百里，报刊杂志几乎很难见到。他们在当地致富无门，只好千里迢迢去当“打工仔”。由于没有很好地抓紧终身教育，国民政治觉悟、文化素质、道德修养等均受到一定影响。在一些人的心中，什么精神，什么主义，什么政治，似乎都没有用。唯有金钱万能，有钱就有了一切。特别是社会不正之风的滋生，更助长了这种观念的形成。思想观念的变化，引起精神消费的滑坡，而这种滑坡又进一步引起思想观念的变化。如此恶性循环其危害是可想而知的。现代科学技术的进步和高速发展，使得物质生产和社会生活发生急剧变化。人们要适应这种变化，必须随时进行知识更新，不断学习，接受终身教育。这既是物质文明建设的需要，也是精神文明建设的需要。

精神产品生产三题 《人民日报》1993年10月12日发表袁志友谈精神产品生产的文章。文章谈了三个问题：(1)出版工作与现代化。我们创办一切出版社、报社、杂志社的根本目的，是为社会主义物质文明和精神文明建设服务。各出版物服务的形式可以多种多样，服务的风格可以各具特色，服务的角度可以自由选择，服务的水平可以各有不同，但为社会主义现代化建设服务的宗旨是一致的。可有的出版物所宣传的东西并不是四化建设所需要的，有的甚至是与四化建设的要求格格不入的。如丑化领袖人物形象的、淫秽不堪的东西。对这些东西要旗帜鲜明地予以反对，决不能含含糊糊。(2)满足读者与引导读者。人们的欣赏情趣是个十分复杂的问题，明显存在着是高雅还是低俗、崇高还是卑下、健康向上还是颓废变态的区分。我们不能简单地去迎合。对健康的趣味要加以倡导，对平庸的趣味要给以引导，对低级的趣味要予以批评。(3)市场需要与社会责任。精神产品关系到人的精神世界，它的价值不能简单地用货币来衡量。实行社会主义市场经济体制，不仅会增强人们的竞争意识、拼搏意识，而且会引起人们相互关系的变化和生活方式的变化。一方面整个经济和社会生活将充满生机和活力，另一方面拜金主义、享乐主义、极端个人主义和其他一些不正确的意识也可能滋长起来；一方面一些健康、科学、文明的生活方式将发展起来，另一方面随着生活方式的多样化，一些历史上遗留下来的陈规陋习和愚昧现象也可能沉渣泛起。这一切告诉我们，在社会主义市场经济条件下，新闻出版工作者的社会责任不是轻了，而是更重了。只有把市场意识与社会责任感统一起来，才能确保精神产品生产的正确方向，才能有效地为两个文明建设服务。

对精神财富创造者也应重奖

刘章西在1993年5月5日《光明日报》上撰文谈到，1992年以来，许多地方对有突出贡献的科技人员及一些创造了较高经济效益的企业管理者、经营者给予了物质"重奖"，这是一个可喜的势头，武汉市则对抢救落水儿童而献身的程新安烈士以及与他一起抢救落水儿童的巴友明、陈贻钢等予以隆重表彰，并发给程新安烈士的亲属5万元、巴友明与陈贻钢各1万元。以往对程新安这一类"好人"，大都限于精神奖励，甚至认为提倡学习"好人"，就是要提倡无私奉献的精神。精神奖励无疑是重要的，但仅此，则使得有些好人虽然"锦旗奖状挂满墙"，却难以在实际利益上得到应有的报偿。作为个人，不应斤斤计较付出与回收的平衡，要有无私的助人为乐、见义勇为、为社会多奉献、少索取的精神，实际上，那些创造了宝贵的精神财富的"好人"们本身也大都是如此做的，他们是具有这种品格与精神境界的。但是，作为社会，作为各级组织，不能只从精神方面给予鼓励，授予荣誉，倘总是这样，社会公平在他们身上便无以体现。不给"好人"以"好"的报酬，反而总是让"好人"吃"哑巴亏"，久而久之，是不利于鼓励更多的人乐做"好人"的。因此，对创造了精神财富的"好人"给予表彰的同时也给予物质重奖的举措，既是对学习"好人"的一种精神倡导，又是对乐做"好人"者为社会风气所作贡献的一种精神价值物化的回报。其意义远远超过了"奖"的本身，它昭示了"好人"不但在声誉上面且在实际利益上也均能得到"好报"的永恒真理与民心所向。

精神文明建设与精神文明学

沙英在《精神文明建设》1992年第6期上撰文，谈精神文明建设的几个问题：第一，要认真执行规划，逐步做到制度化、规范化。现在，绝大部分的省、自治区、直辖市以至许多地、市、县，都已制订了与经济发展规划相匹配的"八五"期间精神文明建设规划。第二，精神文明建设的内容要逐步充实、提高和深化。现在在精神文明建设的内容方面，有些地区和部门，多是传达上级指示，做做报告，一般号召，讲点政策，而缺乏联系自己实际的生动感人、循循善诱的和深入讲解、真正解决思想问题的教材，这是今后应当多下工夫的。湖北沙市编写了一本统一的教材——《沙市文明市民读本》，并计划到1993年底实现文明市民的全员培训。第三，要有具体措施和办法，多创造些新鲜的形式。10多年来已创造了大量形式，如军民共建、创造文明单位，评选"五好家庭"等，各地应根据自己的具体情况创造出新的形式，以适应新的需要。第四，加强理论的探索与指导。10多年来的精神文明建设已取得了丰富的经验，这需用马列主义观点和方法加以总结，上升为理论。如山东根据该省的情况和人文特点总结和宣传了"沂蒙精神"、"济钢精神"等，以鼓舞全省人民的斗志和进取精神。精神文明建设只有在科学的理论指导下，才能健康发展。对一些高中级党政领导干部来说，如果对精神文明建设的战略意义、发展规律、特征和途径等缺乏理论的认识，那就无法领导两个文明建设，这就需要建立精神文明学这门新学科来探索精神文明的规律。

精神文明学的几个基本问题

戴木才在《江西师范大学学报》1993年第1期上撰文，对精神文明学的定义、任务、学科性质、理论基础及与相关学科的关系进行论证。文章认为，精神文明学是一门研究人和社会的意识形态、思想文化与其环境（物质文明环境、社会心理环境、自然环境等）之间相互作用的良性运行和协调发展的规律及其机制的科学，尤其是研究人类社会的意识形态、思想文化和精神文明自身运行和发展的规律与机制的科学。精神文明学的任务主要有三：(1)为人类提供一种正确认识人类社会的意识形态、思想文化和精神文明的性质和功能作用的哲学观；(2)为精神文明学的其他一些相关学科和分支学科提供一种科学的方法论；(3)建立具有中国特色的、适应社会主义现代化的思想文化新体制。精神文明学的性质表现为：(1)它是一门理论科学，具有自己独特的研究视角、独立的研究对象和实际、具体的研究内容，其理论具有强烈的实践应用性；(2)它是一门具有高度综合性的科学。它既涉及物质文明，又主要研究精神文明；涉及自然环境，又主要研究社会的人的主观世界及其进步；既考察人的生物基础和属性，更注意分析人的社会性、人类生活的精神领域。(3)它是一门边缘性科学。在马克思主义的意识形态理论和精神文明理论的指导下，以行为科学和文化科学的基本理论作为自己的理论资料来源，以人和社会的意识形态、思想文化、精神文明现象为研究对象，解决既属于行为科学，又属于文化科学的问题。马克思主义哲学尤其是马克思主义关于意识的社会形态理论和精神文明理论是精神文明学的理论基础。马克思主义对于社会的意识形态、思想文化、社会心理、精神生活、精神生产、精神文化及其文明等的结构、社会功能以及发生、发展过程的辩证唯物主义和历史唯物主义的论证，是精神文明学的根本理论；马克思主义关于人的全面发展的理论和马克思主义哲学的基本理论是精神文明学的世界观和方法论的指导原则。

精神文明理论研究的几种模型 江西师大戴木才在《学术研究》1993年第3期上对我国学术界关于精神文明理论研究的模型加以总结，概括为四：(1)精神文明系统主体研究模型。从主体角度，精神文明可分为个体精神文明、群体精神文明和社会精神文明。个体精神文明是群体精神文明和社会精神文明的基础，个体精神文明的程度反映和体现群体、社会精神文明的程度和水平。个体通过一定的社会活动或关系结合起来形成一定的群体。任何精神生产的成果都是在特定的群体关系中获得的。群体精神文明构成个体精神文明和社会精神文明的中间层。社会精神文明是个体精神文明和群体精神文明的综合物，其性质和程度决定、制约着个体和群体精神文明的性质和程度。进行社会主义精神文明建设，应从个体、群体和社会三个层面的结合点上入手。(2)精神文明系统客体研究模型。客体包括思想和文化两个子系统。思想的核心地位决定文化发展的方向和性质，但忽视文化建设，思想建设就可能落空。因此，要不断地调整文化、思想子系统之间的关系，找到两者综合建设的“度”，避免片面性。(3)精神文明系统环境结构研究模型。人类的精神文明是人同环境的相互作用过程中，在一定条件下形成的，包括人自身的条件和非自身的条件。人自身的条件表现为社会主体的内部精神生活背景，人之外的非自身的条件表现为社会的物质生活和自然环境即精神生活的物质条件。人们的精神生活除受这两种环境的影响和制约外，还要受政治文明、法制文明、人种文明等的影响。(4)精神文明系统层次结构研究模型。一定历史阶段条件下的社会精神文明具有多层次性的特点，表现为社会的基础性精神文明、主体性精神文明、主导性精神文明、理想性精神文明等4个层次：基础性精神文明是指作为社会公民最基本、最起码的精神文明要求，如热爱劳动、尊老爱幼、“五讲”“四美”、文明新事等；主体性精神文明是指与社会一定条件下经济关系相适应的在社会精神文明主要部分的文明要求；主导性精神文明是指社会精神文明结构中主要的并且引导社会精神文明建设向某些方面发展的精神文明内容；理想性精神文明是指社会追求的、合理的、希望实现的、更高层次上的精神文明内容。4个层次共同构成社会精神文明系统主次分明、和谐统一的宏伟画面。各层次之间相辅相成、不可分割，是一个有机的整体。

关于精神文明内容的新思考 《求索》编辑部贺培育在《社会科学战线》发表《关于精神文明内容的新思考》一文指出，精神文明是精神与文明两概念的集合体，要充分认识精神文明的内容结构，必须先对精神与文明两概念加以确定。精神，是指人的意识、思维活动及一般心理状态。它主要包括社会心理和社会意识形态。广义的精神即精神文化，指一切与精神有关的文化现象，它包括精神现象中的社会心理和意识形态，以及精神活动中观念形态和实体形态。文明指人类社会物质、精神生活不断发展进步的要求。精神文明的根本内容即“真、善、美”。精神文明学研究的领域，即精神生活中的真善美及其形成发展规律。真作为精神文明的重要内容，表现在：(1)真理的获取。一个时代的精神文明，最终要看这个社会在科学领域取得了多少成就；(2)真理的信仰。完整的真或真正体现文明的真必然是真理的获取与真理信仰的有机统一。善作为精神文明的内容，表现在：(1)善的确认或规定，必须从意识形态中寻找答案；(2)善的追求，是要培养人们善的心灵，激发人们主观上对善的挚爱和渴求。精神文明中美的内容体现为：(1)美的创造，即美的客体即美的精神产品的创造；(2)美的鉴赏即审美意识。没有美的鉴赏就没有美的创造；而创造出美后人们不去欣赏或不懂得欣赏，这是对美的创造的扼杀。

社会主义精神文明学理论体系新探 湖南省社会科学院方向新在《青海社会科学》1993年第3期上撰文，探讨社会主义精神文明学理论体系。文章指出，建构比较完善的社会主义精神文明学理论体系，除必须达成建立社会主义精神文明学必要性的共识外，还有一个理论准备问题，即首先须解决：(1)精神文明学研究对象的规定性，即在研究精神领域中进步与落后、文明与愚昧、高尚与卑微、美好与丑陋等矛盾基础上研究精神文明的形成、演化、发展的规律性。(2)精神文明学的学科性质，理论性与应用性的统一。(3)精神文明学的学科地位，它应涉及到精神生产、精神传播、精神消费、社会意识现象和意识形态，以及精神文化生活的内容、结构等。(4)精神文明学的范畴及概念体系，基本范畴包括：精神、精神文化、精神文明、精神文明生产、精神文明传播、精神文明消费、观念文明、心理文明等。(5)精神文明系统的划分，可三分为物质文明、精神文明、制度文明。基于此，精神文明学理论体系，要融精神文明的本体理论探索和建设实践分析于一体，按导论、本体理论、实践分析的顺序展开研究体系。除在导论中追溯精神文明理论的历史发展和揭示社会主义精神文明学的研究对象、方法和意义外，其具体内容分为相互联结的“四大块”：(1)研究社会主义精神文明的特征、结构、功能及发展规律，包括：精神、精神文化和精神文明；社会主义精神文明的特征、内在结构、社会功能和发展规律。(2)研究社会主义精神文明的生产、传播、消费过程的特点及其关系，包括：社会主义精神产品的生产及其文明、传播及其文明、消费及其文明。(3)研究社会主义精神文明建设的目标、评估标准和指标体系，包括：社会主义精神文明建设的目标系统、评估标准、目标管理。(4)研究社会主义精神文明建设的分层建设，包括：区域精神文明建设；社会群体的精神文明建设；特殊文化现象与精神文明建设。以上四个部分，前两个部分是探讨精神文明的本体理论，后两个部分探讨精神文明建设实践的重大理论问题，思路是：理论与应用相结合，从抽象到具体，从宏观到微观。

社会主义精神文明的立体式结构 何小雄在《学习与实践》1992年第5期上撰文，论述精神文明的立体式结构。精神文明的内涵具有空间的广阔性和层次的繁复性，从而形成一个多棱角、多板块的立体式结构。首先，从内容上区分，可以包括思想、观念、道德、心理、教育、科学、文化、生活方式和社会风俗等。不同的各个范畴在内容上也还可以作出更多层次的划分。它们各自都包括着丰富的内容。例如道德范畴，共产主义和社会主义道德原则是最高层次的，家庭道德和个人道德等则是低层次的，而介于二者之间还有社会公德和职业道德等。其次，从表现形式来区分，精神文明的形式可以有两种概括，从广义上区分为精神产品的生产和精神产品的利用。后者就是通常所说的精神生活。从狭义上区分，是指精神生活的三种表现形式：读书、娱乐和社交生活。三者的发展水平在很大的程度上体现着全社会精神文明的水平高低。最后，从范围来区分，一是社会精神文明，二是个人精神文明。从社会范围看，社会主义精神文明不仅是全民的，还应当是民族的、对外开放的和现代化的。从个人来看，就是人的全面发展。习惯上把个人精神文明归结为政治思想文化知识，这是不全面的，还应当包括道德品质、心理态势、审美情趣、性格品貌和体魄风度等等。

构筑崭新的社会主义精神文明大厦 重庆市社联杨恩芳在1993年《探索》第4期上就如何建设与社会主义市场经济相适应的社会主义精神文明问题撰文指出，社会主义精神文明是社会主义市场经济的内在要求。因为，社会主义市场经济是"公有制为主导的"、"法制"的商品经济，是竞争经济、效益经济、调控经济，它要求人们追逐公共利益，遵循公共意志，满足公共需求，承认公共权利，承担公共责任，服从公共取舍等，这正是社会主义精神文明的本质要求。如何构建社会主义市场经济条件下社会主义精神文明大厦，文章提出：(1)社会主义精神文明建设的基石——三个"主义"，即爱国主义、集体主义、社会主义。(2)社会主义精神文明建设的原则——三个"兼顾"，即兼顾个人利益、集体利益、国家利益。(3)社会主义精神文明建设的重点——三个环节，即教育文化、思想道德、法制规范。其中，发展教育、提高全民族文化素质是关键；抓思想道德，传导社会风尚是重点；抓法制建设，规范人的行为是手段。

《中国精神文明年鉴》创刊 我国第一部全面系统地反映社会主义精神文明建设新情况、新成果、新人物、新著述、新问题、新举措的大型资料工具书——《中国精神文明年鉴》，首卷本135万字在北京燕山出版社出版。此书填补了我国和世界年鉴出版史上的一个空白，是落实党中央指示"两手都要抓，两手都要硬"的重要成果。由严济慈、张平化任主任委员，戴舟等任副主任委员的《中国精神文明年鉴》编委会主持，编委会秘书长李泽执行主编的这部年鉴，围绕经济建设中心与结合改革开放，全方位、多层次地记述了全国各地区、各行业有关思想道德建设和科学文化建设的新情况，发扬中华民族的优秀传统，体现了当今的时代精神。年鉴以25个栏目(分目)的篇幅，充分展开了中国精神文明年鉴的主体，包括了思想政治教育、反腐倡廉、职业道德、社会公德、家庭婚姻恋爱道德、环境道德、关心下一代、老弱病残者的自强精神、文明生活方式建设、教科文体卫事业的发展、美育和美学的研究、计划生育与人口学研究、人才管理和人才学研究等方面的内容。然后继之以党、政、军、群有关精神文明建设活动，以及精神文明学研究等栏目。每个栏目下面，都包括几十个条目，既有发展概况，又有重大事件或重大活动；有众多的先进榜样，也有需要注意的问题和反面典型。以《反腐防腐廉政勤政》这个栏目为例，一共52个条目中，既有最高人民检察院公布保护公民举报权利的规定、全国公民举报保持良好势头等上层活动及全国的情况，也有沈阳检察机关认真查处玩忽职守案和侵权案、邢台地区纠正人事方面不正之风、陕西省查处报复纪检干部事件、四川清理"以权谋学"等地方性的活动；既有青海省湟源县"干部居陋室，学校起新楼"、江西省长吴官正三发通知堵私情、江苏省洪泽县长吕胜年的家规、温州市委书记的廉内助詹黛薇等先进榜样，又有原洛阳市委书记武振国腐败被开除党籍、青海省人大常委会副主任韩福才受贿判刑8年、铁道部原运输局局长徐俊贪污受贿被判死缓和剥夺政治权利终身等反面教材。《中国精神文明年鉴》还有一个特点——开放。它以记述国内情况为主，又兼顾海外。除了前面所说的诸多栏目和"台、港、澳有关信息"之外，还有"国际交流活动"，以及附录中的"国外思想道德与科教文化见闻"。年鉴的主体部分以条目形式来体现，同时也适当采用专文、表格、大事记、图片、统计资料等多种形式来展示主题，实现年鉴应担负的多项功能。年鉴的统计资料部分，既有中华人民共和国成立以来的纵向比较，又有与世界30多个国家统计数据的横向比较。两者合计起来，共有115幅统计表，对于国内外研究工作者和领导人员决策都有很大价值。1993年11月，中华教育艺术研究会经过评审，对《中国精神文明年鉴》授予优秀学术著作一等奖。

评《精神文明学》 陶德麟在《求是》1992年第17期上对张汉青主编的《精神文明学》作了评论。他认为，作为一个学科，精神文明学首先必须确定自己区别于其他学科的特殊研究对象。对精神文明为研究对象的精神文明学的视野，应该遍及于社会意识的各种形式，既包括上层建筑的社会意识形式，也包括不属于上层建筑的自然科学、语言学、形式逻辑等社会意识形式；既包括系统的理论意识，也包括无系统的社会心理。文章指出，精神文明学是关于精神文明的本质和发展规律的科学体系，并把它的研究对象具体界定为三个方面，即精神文明学是研究人类社会精神文明的起源与演进规律的科学，是对各种具体精神文明现象的概括和总结，是对人类思想史上各种文明观进行反思的科学。根据这一界定，书中较详细地论述了精神文明学研究的任务；总结人类精神文明成果，批判地吸收、改造中外历史上一切优秀文化遗产，赋于其新的生命力；认识精神文明发展规律，以马克思主义的科学文明观为基础，以我们党对精神文明的理论贡献为依据，以社会主义精神文明建设的实践为立足点，建构精神文明的理论体系；探索中国社会主义精神文明建设的实践模式，提供适合中国国情的精神文明建设的目标、模式、途径、方法论原则。这样，精神文明学作为一个新兴的学科有了自己独立的领域。该书把清醒的科学理论意识与明确的实践目标意识紧密结合起来，应该说是一部值得注意的力作。

评《精神文明学论纲》　董玉整在《中国社会科学》1992年第5期上撰文评范英主编的《精神文明学论纲》，认为该书展现的精神文明学使人信服它的确是一门独立的科学。所谓精神文明学，是研究人类社会主体精神的形成、发展及其同客体存在交互作用的科学。它主要包括三个大的方面的内容：一是研究人类社会精神文明的起源与演进规律；二是研究精神文明的内部结构与外部联系；三是研究精神产品的生产、交换、分配、消费以及精神文明建设的自身规律。根据这种理解，该书从人类社会历史运行的轨迹和世界文明总体的角度，纵横交错地探讨精神文明的产生、发展和功能；精神文明内部文化、思想、审美的系统结构；精神文明与外部的物质文明、政治文明、法制文明和个人文明的关系；精神文明中精神生产、精神产品、精神生活和精神享受的内在机制；各个社会、各个主要地域行业精神文明及其建设的一般规律和特殊规律等。全书将学术性、实践性、针对性融于一炉；体系严谨、观点新颖、文字洗练。该书从理论的高度，论述了包括科学技术在内的精神生产的实质、一般过程及其发展规律，精神产品的类型与价值，以及精神生产者的地位与作用等诸多问题。作者把精神产品的生产同物质产品的生产相对照，大胆地提出了精神生产力、精神生产关系、精神生产方式、有价精神产品、无价精神产品，以及简单的、扩大的精神再生产等概念，并对这些概念进行了界定，多角度论述了在我国社会主义现代化建设中精神文明建设的重要地位和作用。

《精神文明知识宝库》出版　《光明日报》1993年5月5日介绍了《精神文明知识宝库——当代思想文化十万个为什么》一书。该书是由湖北省委常委王重农任名誉主编、60多名专家学者通力合作、精心编纂的一部大型工具书。全书的主要特点是广泛吸收了各大工具书的优点，融时代性、趣味性、知识性、权威性于一体。全书包括：基础理论、国情国策、爱国奉献、思想道德、廉政建设、民主法制、民族文化、科技博览、世界知识、社会预测、现代生活、理想成才12编，书后专章全面系统地介绍全世界170多个国家和地区基本概况，当今世界风云等内容。全书共180余万字，采用生动活泼的问答形式向广大读者传播大量严肃有趣、启迪心智、引发思考、极富教益的新思想、新文化，显示了鲜明的时代感，填补了当代思想文化建设的一大空白。

读《精神文明与社会发展》　沙英在1993年9月13日《人民日报》上介绍了由范英著、海天出版社出版的《精神文明与社会发展》一书。该书包括30多篇论文，分为两编，从不同角度和层次，探讨了精神文明的许多问题。第一编主要论述了“一国两制”的精神文明，经济特区的精神文明，农村、企业、家庭及个人的精神文明等问题。第二编论述了社会主义精神文明的特征、社会公德、职业道德等问题，并重点阐述了精神文明学这门新学科研究的诸多问题。作者对精神文明的理论建设提出了一些新鲜的观点和见解。例如对“一国两制”的精神文明建设、经济特区的精神文明建设，这是别的文章和书籍很少论述的。作者把精神文明学当作一门新学科进行研究，从人类社会精神文明的起源与演化，精神文明的内部结构与外部联系，精神产品的生产、交换、分配与消费，从精神文明的自身建设的规律等方面进行分析研究，从而为这门新学科架构起一个初步的体系。作者关于精神文明由三个子系统——文化系统、思想系统和审美系统构成的论述，以及三个系统的内涵和相互关系的分析，堪称独到的见解。作者还提出了“五种文明说”，即人类文明主要包括物质的、政治的、法制的、“人种”的和精神的文明。书中见解未必都妥当确切，但对精神文明学的深入研究，仍具有一定的参考价值。

《新加坡的精神文明》出版　《人民日报》1993年2月25日报道，由中国赴新加坡精神文明考察团编著的《新加坡的精神文明》一书，由红旗出版社出版。这本书生动具体地介绍了新加坡在经济高速发展中加强廉政肃贪和社会管理，以及既学习西方先进技术和管理，又继承东方优良文化传统等方面有关精神文明建设的成就。

双文明单位巡礼

北大方正聚集人才创造一流科技水平　1986年，北大创办了新技术公司。80年代初，王选教授在多年研究的基础上，提出用向量加参数描述汉字轮廓的思想，发明了把汉字轮廓转变成点阵的快速算法，开发出我国的汉字电子出版系统，结束了中文印刷史上“铅与火”的时代。1988年10月，北大开始全面推出自己的方正系统。而此时，华光系统已在经济日报社等安装成功，美国HTS公司也抢占了《人民日报》的激光汉字排版系统，日本写研公司也向中国大举进军，北大方正只得制定了以省市报纸包围中央报纸的销售战略，他们的第一套系统给了黑龙江新闻社。很快，从东北三省到中原大地，从南国边陲再回到北京，几乎全国2/3以上的报社都装上了北大方正生产的激光汉字排版系统。从1989年开始，北大方正的激光汉字排版系统已开始在海外销售。台湾、香港、澳门、马来西亚乃至五大洲的多家华文报纸都换上了北大方正的包括彩色在内的全套系统。北大方正的中层以上干部多是从物理、计算机等前沿学科中出来的年轻人。王选教授充分发挥他们的才干，让他们独挡一面，使方正不断取得新成果。1993年9月，年轻的博士生阳振坤带着两名硕士生研究页面描述语言中文系统获得成功，取代了王选教授的第一代中文电子出版系统，使中文电子出版事业产生了第二次飞跃。

如果说不断处于发展之中的技术进步是北大方正的依托，那么，北大方正诚实为用户服务的精神则是其迅速发展的保证。方正人以最快最好的方式完善售后培训和技术服务。他们把返修率降到0.8%。一个长途、一个传真，技术部的人员随叫随到。带着行李进机房，处理完了故障再找旅馆，这是公司的规定，也是职工的自觉行动。1992年1月18日，肖建国、王会民、鲁志武来到澳门日报社安装调试方正的彩色激光照排系统，设备抵达澳门后，仅用55个小时，一次试车成功。世界上第一张计算机出的彩色日报投入了生产。方正彩色电子系统开发了低中高三个档次。低档是拥有国产滚筒照排机的用户，以微小投资将原系统升级为彩色。中档适用于彩报及同类印刷品，印出的彩色图片130目。高档可印刷200目以上的精美印刷品。这不同档次系统可满足各方面的不同需要。方正用自己的行动实实在在地兑现着“做好用户的学生、做好用户的参谋、做好用户的服务员”的口号。经营、市场与科技开发、人才培养紧密结合，新思想、新成果、新产品层出不穷，这就是方正吸引人的力量所在。尽管门外有人用高薪、住房等优惠条件四处挖人，有人通过倒手贸易大发其财，而方正人却团结在王选教授周围，一起共创中国人自己的高科技产业。有人称北大方正是“五星级集团”，因为这里有硕士博士点、博士后流动站、文字信息处理国家重点实验室、电子出版新技术国家工程中心以及分布在全国各地的分公司。这种环境形成了人才成长的一方沃土。10年改革，在变革旧的体制的同时，也把中国科技人员所积聚的能量释放出来了。这是这个由教学和科研第一线的教师组成的高技术公司在短短几年内取得巨大成就的原因。1991年两个亿，1992年3个亿……而到2000年，他们希望创年产值100亿元。

窦店——社会主义新农村的雏型　北京市房山区窦店镇窦店村，在改革开放中不断发展和壮大，被誉为“社会主义新农村的雏型”，1992年跃入京郊首批“亿元村”的行列。窦店不仅是经济腾飞的典型，而且是社会主义精神文明建设的模范。1992年窦店被评为“北京市精神文明单位”和“北京市社会治安先进村”的光荣称号。好的社会风气首先归功于这里有一批好干部、好党员。窦店人懂得,精神文明,重在建设。正气浩荡,才能压倒邪气。他们先后建成了北京郊区一流的小学教学楼、科技培训中心和科技大楼,并且宣布,全村青少年初中毕业后方准安排工作;工作后还要经过两、三年专业培训,达到高中文化程度。如今,已有400多窦店人学有所长,其中35人获得大专以上的文凭,75人获得初、中级技术职称。陈规陋习得到破除,依法治村,是窦店维护良好社会风气的有效手段。利用录相机进行录相普法教育,村里还组织了12名责任心强的中老年家庭妇女成立"三八治安队",维护村里治安,随时清扫精神"垃圾"。对外地民工,村里与他们签订"治安管理协议书";还为每人建立了"相貌登记卡",定期给他们讲授法律常识课。今天的窦店村,各类治安、刑事案件已近绝迹;"五好家庭"和"双文明户"达90%;全村人口自然增长率下降4.1‰。如今的窦店村,已经是村美人美前景美。

文明在旗忠 1992年3月9日,中共上海市委、市政府在精神文明建设工作动员大会上,隆重命名上海县马桥乡旗忠村为"上海市红旗集体"。旗忠村寻找致富门路的探索是从选择种植蘑菇开始的。他们请文化部门提供了200本蘑菇种植方面的科技书,尝到了科技兴农的甜头,村庄也成了专业蘑菇村。紧接着,他们走上了广招人才、大办工业的第二步。先后办起了马桥电缆厂、金属线材厂、纺织器材厂、电器材料厂等。如今,马桥电缆厂已成为国家水电部的骨干企业之一和"全国十大乡镇企业"之一,其产品被评为上海市优质产品。1991年,旗忠村工业产值实现3.74亿元,利润达1561万元。劳均收入达2790元,比1978年增长5.9倍,农民生活已由温饱转向小康。

旗忠村精神文明成果同样引人注目。8年来,精神文明建设一直摆在村中共党支部的重要议事日程上。党支部带头撰稿演讲,在农民中播撒"爱党、爱社会主义、爱家乡、爱企业、爱岗位、爱劳动"的社会主义精神文明的种子,已开出鲜艳的花朵。村里对小学生实行免费上学,对考上高中以上的学生,实行奖学金。对在职青年,请来名牌学校的高级教师进行文化补习。1990年,村里还办起了家庭生活指导学校。今天,村里已有三分之二的农民住进了别墅式小洋房,免费看病,退休工人有退休金。村里没有迷信活动,没有赌博现象,无一刑事犯罪,听不到邻里、婆媳之间的争吵声。创新风户、"五好家庭"蔚然成风,全村已有90%的家庭被评为"五好家庭"。旗忠人深入开展社会主义"双文明"建设,在国内外引起关注。1991年以来,邓小平、江泽民、杨尚昆等党和国家领导人先后视察了旗忠村,给予了高度评价。

上钢五厂开展三文明活动

上钢五厂是国家一级企业,拥有职工两万。他们十分重视提高职工队伍素质,积极引导职工在企业做文明职工、在家庭做文明成员、在社会做文明市民。1993年被评为文明单位,成为上海冶金系统唯一的"六连冠"市文明单位。钢厂男职工多,劳动强度大,很少照顾家,家属中难免有怨言,为了减少家庭矛盾,厂领导采取"走出去请进来"的方法,走访职工家庭,并为其排忧解难,仅1993年元旦、春节,厂干部就走访职工8000多人次。厂领导还时常把家属请进工厂座谈、参观、联欢,沟通家庭与工厂的联系,使他们了解企业,了解丈夫,增进相互关怀与体贴。该厂还设立了"精神文明奖励基金",每年拿出10万元奖励获得"新风奖"的职工。上钢五厂职工在家中尊老爱幼,夫妻和睦;在社会上助人为乐、拾金不昧、见义勇为的事例不断涌现。

上海二纺机注重精神文明建设 上海第二纺织机械厂是全国纺织行业中第一家一级企业、上海国营大中型企业深化改革的排头兵。通过几年改革实践,他们形成了四种机制:经营机制、发展机制、激励机制、约束机制。1991年利税总额、上交利税和出口总值分别比上年增长26.78%、43.26%和17.52%。与此同时,二纺机注重提高职工文化、思想素质,成立了28个业余兴趣小组,并先后在各类比赛中获奖。他们还注重积"小胜"为"大胜"。不在禁烟区吸烟,不乱丢烟蒂已成为职工的行为特点,并列入厂精神文明建设大纲,建立了精神文明保障体系。改革以来,上海二纺机曾先后获得全国"五一"劳动奖状、国家级企业技术进步奖、上海市文明单位、上海市纺织系统坚持改革标兵企业等40多项国家级、部市级和局级荣誉称号。1992年3月9日,在上海市社会主义精神文明建设工作动员大会上被评为上海市红旗集体。

合资企业耀华皮尔金顿的文明建设 上海耀华皮尔金顿玻璃有限公司按照中外合资企业的特点,开展精神文明建设,获得了精神文明和物质文明双丰收。该公司领导认为,合资企业与国营企业在坚持企业的社会主义方向、坚持以提高经济效益为中心、培训"四有"职工队伍等方面有着同样的要求,合资企业也要两个文明建设一起抓。从1991年9月起,公司对职工开展了"双基"教育,以460名青工为教育重点,分期分批组织业余政治轮训。开展评选文明职工活动,制定了具体的考核标准和奖励规定。规定凡被评上文明职工的给予适当的物质奖励。由于重视精神文明建设,企业获得了双丰收。近两年,公司先后发展了4名新党员,青年学习党章小组从1个发展到4个,参加学习的人数也大大增加。职工的政治素质和道德水平有了明显的提高。1990年公司率先成为上海建设系统三资企业中的第一家市级文明单位,1992年,再次被评为上海市文明单位,同年还被评为全国"十佳"合资企业之一。

铁道部第十七工程局的精神文明建设 铁道部第十七工程局坚持两个文明一起抓，两个成果一起拿，做到抓生产从思想入手、抓思想从生产出发，互相促进，全面发展，企业的施工能力和经济效益不断提高，精神文明建设迈上新台阶。先后获得"全国先进施工企业"、"国家二级企业"，七年连续保持"全国思想政治工作优秀企业"称号，局属各处级单位分别均被当地政府命名为文明单位和文明标兵单位，有144个单位被省市自治区人民政府评为精神文明建设先进单位，有1246名职工被评为积极分子。在职工思想道德建设上，突出教育职工弘扬爱国主义，培养集体主义，增强社会公德、职业道德，遵纪守法意识和为民造福的思想，树立良好的企业形象。在全面提高职工科学文化素质上，局先后投资千万元用于技术培训，广泛开展技术比武活动，鼓励小改小革成果，不断推动科技进步。近年来，先后荣获国家科技进步奖两项，部级三项。在增强职工法纪观念上，主要引导职工自觉地学法、守法、用法，推广礼貌用语，遵守公共秩序，队伍每到一个新的地方都要进行社情调查，风土民情教育，广泛开展路地共建活动，促进路地关系。在保持和发扬良好的党风局风上，充分发挥党组织的政治核心作用和党员的先锋模范带头作用，开展了一系列"为党争光，为团争辉，学雷锋、学双良、评十佳"等活动，大力用先进典型和行业新风引导职工树立正确的人生观、价值观、道德观，为企业创造良好的发展氛围。在企业文化阵地建设上，用健康向上、丰富多彩的文化娱乐活动占领阵地，根据流动分散的特点，创建了独具特色的企业"流动文化"。大大活跃了职工业余文化生活。同时，又全面带动了创建文明单位、文明段队、文明班组、文明院落、文明工地、五好家庭的更多涌现。在环境美化上，拨款60万元，植树14万株、种花95万株，绿化区域占应绿化面积的97%以上，各基地、办事处基本达到了春有花、夏有荫、秋有果、冬有青，局连续三年被铁道部评为"绿化环境优胜单位"。

郑铁分局"两手抓"见成效

郑州铁路局郑州铁路分局坚持"两个文明一起抓"，越是运输生产繁忙，越是注重精神文明建设，使全局10万铁路职工自强不息，奋力拼搏，连年超额完成运输任务。该分局被河南省评为思想政治工作优秀企业。

近几年来，郑铁分局每年年初在制订运输生产目标的同时，也制订出精神文明建设的目标。开展主题教育，党委主管，各单位齐抓共建。在青工中开展以树立共产主义人生观、道德观、价值观为主要内容的"三观"教育以及社会主义主题教育；引导职工树立正确的人生目标、价值取向和生活态度；教育职工热爱祖国、坚定社会主义信念。该分局还认真学习邓小平视察南方讲话，贯彻党的十四大精神，开展"深化改革、加快铁路建设和发展"主题教育，帮助职工认清形势，激发工作热情。截至1992年10月底的10个月中，该分局共运出晋煤2488.1万吨，比去年同期超出130.6万吨。

湘黔铁路建成文明铁道运输线 湘黔线地处贵州省东南部的苗岭山区，全长276.3公里，是西南通往华东、华南、中南的主要铁路交通干线。该线在崇山峻岭中穿越的铜传专区和黔东南苗族侗族、黔南布依族苗族自治州共8个县市，是贵州高原的边远贫穷落后地区。铁路职工为保证铁路大动脉的畅通，日夜生活在这里，生活、工作条件比较艰苦。为了改变环境，激发职工的生产热情，以确保铁路的安全畅通，贵阳铁路分局决定将该线建成文明铁道运输线。他们定出目标和措施，着手从安全生产、路风治安、文化生活三个方面进行建设活动。这项活动经过由点到片、由片到线、逐步发展、全面创建等阶段，已收到良好效果。近年来，贵铁分局已先后投入200余万元作为建设费用，经过广大职工的努力奋斗，已在沿线30个小站生活区修建道路900余米，人行道700米，植树2千多株，修建绿化带2400米，安装闭路电视卫星接收器30处，建站区活动室30个，改造旧房120户。在解决职工行路难、住宿难的同时，还解决了职工用电难、饮水难、子女入学入托难的问题。在沿线161个车站、工区、所、校中配备彩电142台，其中车务段、供电段等单位的小站工区彩电配备率达100%，冰箱达32%，洗衣机达58%。文明铁道线的建设有力地促进了各单位运输生产任务的完成。1992年湘黔线的7个站段级单位都完成了运输任务，并被上级部门和所在地州市县人民政府援予"文明单位"称号。1992年该线以整洁文明安全畅通的崭新面貌和实际效果，通过了成都铁路局的考核验收，被授予"文明铁道运输线"光荣称号。

江阴精神文明建设获15项全国先进称号 江苏省江阴市坚持两个文明一起抓，不仅物质文明硬，精神文明也抓硬指标。根据本市实际，他们积极探索新形式下思想教育的新形式，已建立了一个以中共江阴市委党校为龙头、包括各乡镇党校的培训基地，拥有成套刊物和教材，每年对党员、干部轮训一次；采用群众看得见摸得着的形式，开展丰富多采的思想教育活动，如以"爱党、爱国、爱集体、爱岗、爱家、爱自己"为内容的"六爱"系列教育等；由中共江阴市委宣传部牵头，每年制作一部电视片、出版一本书，作为思想政治教育教材。他们制作的《共产党人的爱》、《长江一方土》、《华西村的故事》等电视片和编写的《社会主义在江阴》等书，在全国产生了较大影响。江阴市还积极发动群众参与精神文明建设活动，使群众在参与中受到教育。每年的精神文明建设项目和经济建设目标一起下达，社会事业和工农业生产投资一起计划，并通过给政策和鼓励社会事业社会办等渠道，走出了一条自力更生、自我积累、自我发展的道路。仅 1992 年全市用于教育的投资就达 1 亿多元。他们每年都确定一项瞄准全国一流目标的群众性的活动作为精神文明建设的重点。如创建卫生城市活动，不仅在市区开展，而且辐射到全市 30 个乡镇和农村。由于“两手硬”，江阴不仅在全国 2000 多个县(市)中经济建设名列前茅，还荣获全国县级“十佳”卫生城市第一名、全国“双拥”模范城、全国幼儿教育工作先进市、全国血吸虫病防治工作先进集体、全国红十字先进集体、全国体育工作先进市等荣誉称号。1993 年 5 月 10 日，江阴又在在济南召开的全国文化先进县(市)经验交流会上获得全国文化先进市称号，使他们的全国先进荣誉称号达 15 项。

文明的杨舍镇 江苏省张家港市杨舍镇方圆不足一平方公里，该镇党委书记秦振华带领全镇人民正是在这方寸之地，干起了轰轰烈烈的大事情。他们采取“借鸡下蛋”和“滚雪球 ”的方法，集资修路，改善了环境，创办和扩建了染整设备厂、卫生设备厂、橡胶厂和丝绒厂，并且形成了自己的拳头产品。3.5 万人口的杨舍镇，春有花，夏有荫，秋有果，冬有青。8 个街心花园分布在全镇主要路口，花坛、花池和绿化带遍布街头巷尾，57 座公共厕所如点缀在镇中的小型景观，漂亮别致，清洁雅观。1978 年，工业产值还不足 500 万元，1985 年一跃成为江苏第一个突破亿元关的城镇，1991 年跃到 12 亿元。1987 年，杨舍镇被评为“全国文明卫生先进单位”，1990 年又赢得了“中国乡镇之星”的美誉，1984 年至 1992 年一直保持着“省级文明单位”的光荣称号。秦振华带领这个江南小镇不断追求文明，自有他的一番道理。他说：“咱杨舍要建的是富民、富村、富镇，又有面子又有骨子的真正的社会主义。我们可以自豪地说，现在在杨舍没有暴发户，没有贫困户，家家都是万元户。我们对社会主义的理解就是让人民生活富裕、身体健康、精神愉快。”

芜湖医药系统两个文明双丰收 安徽省芜湖市医药系统始建于 1982 年。当时仅有一家小型制药厂、一家商办中药厂、一个三级商业公司和两家濒临倒闭的集体小厂。十年来，该系统坚持以经济建设为中心，两个文明一起抓，有力地推动了企业的全面进步。重建了五个新厂和两个商业二级站，改造扩建了一个老厂，新建了医药工商十幢楼。工商利税年递增 67.7%，固定资产从 900 多万元发展到一亿元。从 1990 年开始，所属的工商企业和局机关全部进入市级文明单位行列，实现了全系统精神文明建设的“一片红”。1992 年七月中共芜湖市委、市政府授予该局“文明系统”荣誉称号，该系统在长期的实践中形成了自己独特的风格。(一)遵循商品经济的客观规律，坚持两手并抓。大胆地用市场经济来更新观念，增强市场意识、竞争意识和经营意识。明确提出在企业内部建立产品开发和经营两个“特区”。对在“特区”工作的科技和经管人员实行“特区”政策。面对严峻的市场环境，坚持思想领先，把握经济工作中的舆论导向，提出了“求救不如自救”的发展思路。组织医药“大合唱”。全系统上下一盘棋，形成发扬风格，互帮互学的“小气候”。(二)广泛吸引群众参与，培养过硬的职工队伍。坚持正面教育，坚持思想教育和生产实际、改革开放相结合，把队伍建设落实到“爱党、爱国、爱医药、爱岗位”上来，增强职工与企业共命运的忧患意识。坚持科技兴药，制定优惠政策鼓励职工自学成才，招聘引进大专院校科研设计单位人才效力。该局还坚持每年举办年初文艺调演，年中美术书法摄影展，年终体育运动会三项文体活动弘扬企业文化，提高企业知名度，促进企业经济发展。所属的三药厂乒乓球队 1991 年荣获全国大中型企业乒乓赛男团、男单冠军并代表中国企业参加“国际乒乓节”，成为企业公关的力作。(三)要做到两手抓，两手硬，必须领导抓，抓领导。领导既是两个文明建设的组织者、指导者，也是参与者。在实践中果断启用那些苦干实干有事业心，组织纪律性强，能团结广大职工誓为企业打翻身仗而勇于开拓献身的人。切实转变机关作风，形成“领导围着基层转，机关围着企业转，企业围着内部管理转，人人围着市场转”的新风气。每年与企业共同制定全年文明建设规划；明确班子建设要点，抓好教育，开展活动，办好实事。并把每项工作层层分解责任到各企业、部门和个人。

奔小康的滕头村 浙江省奉化城往北 6 公里的萧王庙镇滕头村，是“全国村镇建设文明村”。这里田地成方，桔树成行，新式农家楼鳞次栉比，水泥路面平坦整洁。在村头 6 米宽的环村人工河上，布满了 2 米多高的葡萄架，总长 830 多米，年产葡萄 1.5 万公斤，既美化了环境，又创造了经济效益。2 米多深的河水也得到充分利用，水面上养鸭，水中分三层养鱼，3 种鱼和平共处，各得其所。这里的田地是立体种植的，地里种庄稼，机耕路旁和河畔栽了 4200 棵桔树，不断保土固堤，每年还奉献 200 吨蜜桔。山林也是立体种植的，山顶上封山育林，山腰发展竹、笋两用林，山脚栽桃树。还开发了 140 亩沟渠，养殖牛蛙、河蟹等。粪肥也得到充分的利用。1991 年，村里投资 65 万元，建了一座 500 立方米的沼气池，利用牲畜粪便发酵，日产沼气 1000 立方米。现在村里家家户户用上了沼气，告别了烧柴草的历史。沼液通过管道进入农田作肥料，沼渣则送进村办饲料加工厂加工成颗粒饲料，养鸡喂鱼。滕头人还创办了工厂。1979 年，村里请来上海的退休技师，结合本村优势，办起了村里第一家服装加工厂，他们生产的“恋舒”牌西服曾获纺织部优质产品称号。几年来，村里接连办起了羽绒制品、皮革制衣、密封件、螺杆泵、人造金刚石、有机氟制品等十几家工厂,其中有3家中外合资企业。这些村办企业的产值占村里工农业总产值的80%以上,成了村里的经济支柱。集体经济实力大大增强,兴办了各项福利事业,如幼儿园、老年之家、医疗站、图书馆、电视差转台,农民们的生活越来越城市化。1991年全村工农业总产值4500万元,利税430万元,人均收入超过2000元。1991年10月21日,江泽民总书记亲临滕头视察,对于滕头所取得的成就给予了很高的评价。过去有句民谣叫"滕头、滕头,苦处吃勿到头",现在应该改过来叫"滕头、滕头,小康路上有奔头"!

南昌飞机制造公司精神文明建设常抓不懈 南昌飞机制造公司是我国500家大型企业之一,有职工3万余人。为了不断提高企业职工的素质和国家主人翁意识,优化企业环境,更好地在改革开放中塑造企业精神,几年来,他们始终坚持"两手抓,两手都要硬"的方针,围绕企业经济建设中心,大力开展了精神文明建设活动,公司连续八年荣获省级文明单位称号。他们的主要做法是:一是党政工团齐抓共管,保证各项创建活动真正落到实处。经济工作越忙越要加强精神文明建设,改革越深入越要抓好精神文明建设,这已成为南飞公司各级领导的共识。为使精神文明建设工作真正落到实处,公司成立了以党委副书记、副总经理为主任委员的文明委,下设办公室,配备专职干部。公司始终把精神文明建设摆到重要议事日程,纳入各级领导干部任期目标管理责任制,形成党政工团齐抓共管的整体合力。在生产工作中,做到物质文明建设和精神文明建设同时部署安排、同时检查考核、同时总结表彰,公司评为国家二级企业,连续多年评为全国政治思想工作先进单位,使两个文明建设同步发展。公司每年拨出几万元作为精神文明建设活动的专款。二是明确目标,创建与管理日趋规范。公司精神文明建设工作全年有计划、有安排、有要求。并将任务进行分解,落实到单位;季度有检查,年中有初评,年终有总结。对考核不合格的单位进行摘牌处理,好的单位给予奖励表彰。做到考核有依据,奖惩有措施。公司文明办每年都与各单位签订《门前三包责任书》,使公司的环境得到整治。公司先后荣获"全国绿化先进单位"、"文明卫生工厂"、"园林化单位"等称号。三是形式多样,各项活动常抓常新。为实现公司的经营目标,单位之间开展文明先进车间(科室)竞赛、在科技人员中开展"讲理想、比贡献"竞赛、在职工中开展岗位技术操作竞赛、在服务行业开展"文明窗口"竞赛、在家属区开展"文明楼栋"和"五好家庭"竞赛、在节假日开展"为您服务"及文体活动。1992年"为您服务"活动参加人次达12340人,服务16340人次。这些活动充分体现了群众性、参与性,对增强职工的文明意识,提高职工道德水准,树立良好的社会风尚收到良好效果。

东风集团育"四有"新人

1969年,第二汽车制造厂在鄂西北崇山峻岭中开始创业。24年过去了,一个拥有8万多职工、年产15万辆中吨位卡车的现代化汽车城巍然耸立。到1993年夏,二汽累计生产汽车137万辆,向国家上缴利税40多亿元,相当于国家对原二汽投资总额的两倍多,同时还自筹资金建成了一个相当于原二汽规模两倍的东风汽车公司。东风公司日产汽车已突破600辆,成为国内十大企业之一,并跨入世界中吨位卡车生产企业四强行列。以东风汽车公司为中心组建的东风汽车集团,拥有309家成员企业,职工30万,总产值近百亿元。公司在全国建有约300个技术服务站,售前售后服务体系日臻完善。公司还在香港、纽约、汉堡等地设立了商务处,同40多个国家和地区的200多家企业建立了外贸关系,累计创汇已达1亿多美元。他们已跨过自己"三级跳"发展战略中的前两级——1986年建成年产10万辆、1990年建成年产15万辆卡车生产能力,正迈开"第三级跳"的步伐——建成30万辆轿车基地。这奇迹,是东风人创出的,而东风人中,共产党员起了中坚的作用。为了更好地发挥党员的作用,中共二汽党委先后制定了《关于加强党的建设和思想政治工作的决定》以及《补充规定》(简称"52条"),详细规定了党建和思想政治工作在东汽的地位和实施途径。"52条"出台后,实施率达到95%以上。在实施中,二汽党委手中始终抓住"2→20→200→500"这条干部链(2名总厂党政一把手、20名总厂副职、200名专业厂的厂长、书记、500名副处级以上干部),对这支干部队伍,进行马列主义、艰苦奋斗和勤政廉政教育,凡要求普通党员达到的标准,先要从这条"干部链"做起,用它的示范作用去影响全厂上下。在这个中国最大的汽车厂,党政主要领导们长年和汽车打交道,大多都会驾驶汽车,可全厂没一个干部配有专车,他们上下班照样搭公共汽车或骑单车。按照国家主管部门批准的方案,公司可以按照6∶2∶2的比例,将留利分别用于发展、福利和奖励。公司党委针对企业局部滋生的滥发钱物和消费基金增长过快的倾向,同行政一道,排除干扰,以国家利益为重,把留利比例调整为7∶2∶1。这一加一减,加的是国家利益,减的是某些福利。部分职工不理解,于是党委组织全厂职工开展"该不该加减"的大讨论,让大家明白了"没有国,哪有厂?没有厂,哪有家?"的道理,从而摆正了国家、企业和个人三者利益的关系。针对一线工人和科技人员是二汽生产和发展两大主力的企业实际,公司党委把握着思想政治工作和党的组织建设的阵地,努力向这两个前沿延伸,使每个前沿阵地都建立起党的战斗堡垒,并不断在这些前沿阵地吸收新鲜血液。1985年以来,公司有1万多工人和科技人员提出了入党申请,到1992年初，已接纳4000名入党，在这些前沿阵地的整顿和充实中，先锋模范作用得到充分发挥，团结群众创造出了巨大物质和精神财富。技术中心铸造试验室的17名科技人员，围绕生产难题攻关，近几年完成科研课题11项，其中国家级3项，部级1项，多项成果获得国家和省级奖励，每年创造的经济效益达1000多万元。在二汽这个高节奏运转的大工业生产环境里，人际之间的配合和相互依存关系，显得像生命一般重要。变速箱厂请一线工人对机关作风进行“诊断”，工人建议，除了保密部门外，科室门上玻璃后的挡纸应该揭掉，领导部门及时警觉到工人的建议有道理。当工人在车间劳动时，干部可随时去检查现场纪律执行情况，那么干部在科室工作时，为什么不能让工人透过这层玻璃，看看干部是否在文明办公呢？于是这层不该贴上去的纸在3天之内全揭掉了，不要让一层薄纸扩大党群、干群间的鸿沟。从揭去挡纸的建议，到企业发展的大政方针，公司上下总是血脉相通，命运与共。由于理顺了干群关系，工人们主动提出：“爱国就要爱厂，爱厂就要爱岗”；“质量是生命，用户是帝王”。在推行引进国外先进的“一个流”等质量管理办法时，工人们都积极配合，认真实施，“东风”卡车的质量逐年提高。

集安——鸭绿江畔文明城 集安是吉林省南部鸭绿江与朝鲜毗邻的边境城市，古高句丽曾在此建都425年，是一个具有悠久历史的文明古城。近几年来，集安市注重两个文明建设的紧密结合，使全市各项工作不断跃上新台阶。到1993年，这个市先后荣获中共吉林省委、省政府命名的“精神文明建设先进市”，“吉林省经济强县(市)”等光荣称号。集安市把提高人的素质，作为精神文明建设的首要任务来抓。在思想政治素质方面，全市持久地开展了“学雷锋，争创十面红旗，评选百名英模”活动，并在干部、职工、群众、学生等各个层次开展职业道德和社会公德教育，阶段性地开展各种有益的大型社会活动，在全市弘扬了正气。在科学文化素质方面，集安市在“两个基地(人才基地、商品基地)一起抓，四种形式(国家、集体、个人、联合办学)一起上，五个层次(幼教、普通教育、成人教育、职业教育、农民教育)齐发展”的基础上，形成了成人教育、职业教育、农民教育三类重点教育一起抓，农业、科技、教育三条战线一起抓，“燎原”、“星火”、“火炬”三个计划一起抓的国民教育格局。在不同行业的干部群众中培训了大批学有专长，具有较高文化素质的专门人才。现在，全市乡村两级干部95%以上都接受了长期培训，0.67%的农民已获得了市颁发的等级技术证书，职工岗前培训已形成制度，应届高中毕业生职业技术教育比例已达50%以上，普通教育已通过国家“普九”检查验收，普通教育、职业技术教育、特殊教育是全国先进市。集安市针对城市特点，以开展创建“四城”(优良秩序城、整洁卫生城、优质服务城、军民共建模范城)为精神文明建设的主要活动形式，使精神文明建设活动常抓常新，富有成效。在创建“优质服务城”工作中，重点优化集安开放区建设的软环境，改善服务质量，建立全社会的文明优质服务体系。在创建“整洁卫生城”工作中，以建设现代化卫生城市为标准，统一规划，统一部署，高标准，上水平。现在，集安已是全国初级卫生保健达标市，食品卫生示范市、妇幼保健达标市。在创建“优良秩序城”工作中，实行全党动员，全民治理，重点整顿社会治安秩序、交通秩序、文化市场秩序、公共场所秩序、基建秩序，努力创建社会治安优良秩序小区。多年来，集安市社会治安状况一直居吉林省最好水平。在创建“军民共建模范城”工作中，要求“动真情，办实事，热心为部队建设服务”。军民共建模范城已成为全市军民的共同行动。美好的环境，较好的设施，优良的服务，吸引了大批国内外游客。今年，来集安观光旅游的中外客人达24万人，其中外国来宾达2200人。集安市把精神文明建设纳入系统科学管理的轨道。自1986年开始，就运用系统工程原理制定了《集安市社会主义精神文明总体规划》，并按照系统化、层次化、最优化的原则组织规划实施，体现了重在建设的原则，解决了精神文明建设工作打乱仗和时紧时松的问题。加大了精神文明建设的工作力度，已形成了市级“五个班子(市委、人大、政府、政协、纪检委)一台戏，六届班子跑接力”的局面，不论市级领导班子如何变动，但重视抓精神文明建设的传统始终没有丢。在具体工作中，集安市也采取措施，促使干部把两个文明一起抓变成自觉行动。一是确定了两个文明一起抓的工作路数，坚持两个目标一起订，两个任务一起下，两个成果一起检查、总结、评比，并建立了奖惩约束机制。二是注意培训一批具有两个文明一起抓素质的基层领导干部，在近几年培训的1000多名各级干部中，都把抓好精神文明建设工作作为一门必修课。三是树立了一大批两个文明一起抓的典型，并大张旗鼓地表彰奖励，使基层党政机关和企事业单位在两个文明建设中学有榜样，赶有目标。今天的集安市，在国家沿边开放战略的大潮中，正在全力加强精神文明建设工作，描绘更新更美的图画。

淄博市张店区精神文明建设结硕果 山东省淄博市张店区是中共淄博市委、市政府驻地，全市的政治、经济、文化中心。全区总面积349.1平方公里，总人口34万，其中城市人口31万。是一个城乡结合的新兴工业区。张店区坚持“一天不放松地抓物质文明建设，一天不放松地抓党的建设，一天不放松地抓精神文明建设”的指导思想，始终把精神文明建设摆在全区工作的重要战略位置。做到了领导、组织、制度、投入“四个”到位。形成了区文明委一文明办、各辖区文明协调委—文明办、企事业单位文明委—文明办的精神文明建设网络。每年层层分解精神文明建设指标，层层签订年度目标合同书。将精神文明建设工作与各单位的成绩考核、干部奖惩、评选各类先进实行“三挂钩”。每年投入到精神文明建设的资金近6000万元。为确保精神文明建设收到实效，张店区正确处理了四个关系：一是继承与创新的关系。不断总结经验，保持精神文明建设的内容常新、方法常新、活动常新，赋予了精神文明建设的生机与活力。二是经常性工作与集中性工作的关系。在开展多层次精神文明创先活动的同时，每个时期都推出一些具有轰动效应的活动，如：片区共建活动，文明市民教育活动，“满意在淄博、温暖在张店”、“创三优，迎陶瓷琉璃艺术节”、“创国家卫生城”等活动，丰富了精神文明建设的内容。三是“条条”与“块块”的关系。管理上发挥“条”与“块”的积极性，以融洽各种社会关系为契机，广泛调动诸方面精神文明建设的积极性。成立了“省级文明单位联谊会”，开展了“地方为企业服务，企业为社会尽责”等系列活动。四是内容与形式的关系。在精神文明建设的各项活动中，达到了内容与形式的有机结合。近几年来，张店区在全市精神文明建设工作先进区（县）竞赛活动中取得“六连冠”，并荣获省级精神文明建设工作先进区称号。先后被国务院命名为全国计划生育先进区，全国社会治安综合治理先进区，全国社会文化先进区，全国十佳卫生城市。精神文明建设促进了物质文明建设的发展，1992年国民生产总产值达到33.6亿元，人均6263元。财政总收入达到2.76亿元，成为全省唯一连续四年财政收入过两亿的区县。

陵城镇精神文明建设舍得硬投入 山东省陵县陵城镇党委和政府抓精神文明建设舍得硬投入，两个文明建设都取得丰硕成果。1992年被评为山东省精神文明单位。近几年来，这个镇注重对精神文明建设的硬投入，先后投入700多万元，做了9件实事，使村里的各项事业取得了很大发展。一是建设了高标准的有线广播网络，实现了村村通广播，户户喇叭响，使党和政府的声音及时传到千家万户。二是在完善电影院的基础上，建设了图书阅览室、游艺室、摄影室、展览室，丰富了人民群众的业余文化生活。三是坚持教育为本的方针，建起了漂亮、宽敞、明亮的中心中学、中心幼儿园、中心小学和成人教育中心。四是通过改厕所、改水，村村吃上了干净的自来水。现在村村有卫生室、卫生监督员，人民的身体健康有了良好的保证。五是兴建了中心养老院。六是兴建了人民商场，农民不用进城就可以买到以前只有城里才有的东西，方便了群众。七是社会治安得到高度重视，全镇上下形成了完整的治安网络。八是兴建程控电话大楼，到1993年，可以实现村村电话程控化。九是对城镇驻地建设进行统一规划。与此同时，这个镇还着重抓了精神文明建设的“软件”建设，着力在党员干部群众中开展了“恢复党员形象教育”等4个教育和“法制、文明、道德宣传活动”等5项活动。精神文明建设有力地促进了物质文明建设的发展，1992年，这个镇粮食总产、乡镇企业产值、农民人均收入等项指标都大大地提高了。

中原文明村——刘庄 河南省新乡县刘庄共有326户，1519人，1600亩耕地。从事农业的劳动力占总劳动力的2%多一点，遇旱，三天可将耕地普浇一遍。生产从动土、治虫、收打、运输入库，全部机械化作业。粮食亩产稳定在870公斤以上，皮棉亩产稳定在105公斤左右。1993年全村工农业总产值达到2.3亿元，人均产值15万元，固定资产达2.5亿元。人均集体分配3200元，农民个人存款户均在5万元以上。村民全部住进集体统一盖的单面双层向阳楼（四室二厅），人均30平方米；并享受医疗、住房、水、电、肉、菜等十几项免费，家家有彩电、冰箱、空调、洗衣机等家用电器，成为中原首富村。

刘庄之所以发生巨大变化，关键在于有一个好的领导班子，有一个好的带头人史来贺，有一支好的党员队伍，有一套好的工作思路。中共刘庄党委认真贯彻执行党的路线、方针、政策，带领群众坚定不移地走社会主义道路。他们紧紧围绕经济建设这个中心，改善生产条件，增强集体经济实力。刘庄的经济发展在经历了以农养农、以农养副、以副养工阶段之后，现已进入以工养农、以工建农阶段。为使经济快速、高效发展，中共刘庄党委书记史来贺认真学习建设有中国特色社会主义理论，学习科技知识，带领干部到先进单位参观学习，并走出国门，到发达国家考察，进一步开阔视野，解放思想，提高素质，树立经济、科学、信息和社会主义市场经济头脑，以邓小平特色理论为指导，以“三个有利于”为标准，在刘庄进行大胆地改革和探索，走农业现代化，农民知识化，生活城市化，实现了按劳取酬、合理差别、共同富裕。史来贺几十年如一日，严以律己，廉洁奉公，处处起模范带头作用，凡是要求群众做到的，他自己首先做到。他毫不特殊，庄里建起新楼房，他让村民先搬进去住，自己最后一个搬进和群众一样的新居。史来贺以身作则，带出了一批好的中青年干部，带出了好村风、好民风、好党风。刘庄党委尊重知识，尊重人才，培养人才，重视智力投资和智力开发，在提高农民的整体素质上下功夫。他们先后投资200多万元建起了教学大楼、教师办公楼和实验大楼，购置了先进教学设备，建立了公办高中，从1980年起普及高中义务教育。此外村里还十分重视技术培训，采取“请进来，走出去”的办法，培养各种技术人才。中共十一届三中全会以来，先后送出18批人到大专院校、国营厂矿和科研单位进修，并聘请外地技术人员、工程师、专家讲学，与有关单位联合办大专班和中专班，提高农工的技术水平和现代经营管理的能力。为青年自学创造了条件，村里建起了电视差转台，地面卫星接收站，设立了图书馆、阅览室、订阅各类报刊杂志，组织青年上电大、刊大、函大及业余文化学习班深造。1993年底，全村已有120多名技术工人获得单科结业证书，117人被评为工程师、农艺师、畜牧师、会计师、药师及一、二级技术员。刘庄党委坚持两个文明建设一起抓。几十年以来他们没有放松过粮棉生产和经济建设，也没有放松过精神文明建设。进入80年代后他们的思想政治教育着重于把改革开放与艰苦奋斗、勤俭创业有机地结合起来的新的创业精神，用看得见，摸得着的生动事实对农民进行“四爱”“四有”教育。精神文明建设取得可喜成果。全村党群、干群关系密切，社会安定、人心稳定，遵纪守法，实行计划生育，二十年来没有一户超生的，多年来无刑事案件、封建迷信和赌博活动。刘庄被中共中央组织部命名为“全国先进基层党组织”，被国家建设部评为“文明村”，被中共中央宣传部、农业部授予“全国乡镇企业思想政治工作先进单位”称号。中共河南省委、省人民政府命名为“文明村镇”。江泽民、李鹏、李先念等党和国家领导人亲临刘庄视察，并为刘庄题词。史来贺的名字与雷锋、焦裕禄、王进喜、钱学森列在一起，被誉为建国40年来在群众中享有崇高威望的中国共产党员的优秀代表。

平顶山矿务局坚持两手抓 河南省平顶山矿务局采取多种形式，在抓物质文明建设的同时，狠抓精神文明建设。这个局有10万多名职工，分散在东西50多公里长的煤田作业，为了使精神文明建设落到实处，局党委领导经常带领机关干部深入基层调查研究，制订落实措施。对政治思想工作实行目标化管理，把“软”任务变为硬指标。为提高职工队伍的政治素质，多渠道地举办培训班。截至1992年，全局有5.7万人次受到轮训。还举办了科级以上干部轮训班，党员教育轮训班等共92期，受教育的党员干部达15000多人。与此同时，还针对煤矿劳动强度大，职工文化素质较低的特点，大力发展文化、体育、新闻、广播电视等文化教育事业，寓教于乐，注重抓好职工的文化技术培训，局、矿共建立职工文化培训基地32个，1985年以来，培训职工达30多万人次。精神文明建设活动的深入开展，使职工的精神面貌发生了喜人的变化。全局干部、工人团结奋斗，煤炭产量年年增加，新人新事不断涌现。1991年，该局就有近万人次被评为各级劳动模范和各类先进人物。矿务局被评为全国煤炭系统思想政治工作优秀企业。

京华人创造“乡村都市” 河南省新乡县小冀镇东街第五组是个有72户、363人的村民小组。在改革开放的年代里，创造了京华实业公司。全国劳模、全国三八红旗手、优秀共产党员、党支部书记、总经理刘志华带领群众苦干多年，从编草绳起家，以腐竹生产致富。1992年经河南省长批准，在200多亩的土地上，建成了大小85处建筑物，完成了“京华园”旅游区第一期工程，实现了京华公司从第一、二产业向第三产业的战略转移，由产值型向效益型转变。成为“乡村都市”。1993年该公司已拥有十七个经济实体，固定资产1.2亿，社会总产值6150万元，人均17万元，实现利税604万元，人均收入5000元。京华农民全住进了俄罗斯式、西班牙式、意大利式、英国式的公寓。每户二层楼、二厅六卧室，面积130平方米，装修舒适高雅，配有厨房、餐厅、书房、卫生间、储藏室、煤气、暖气、沙发、组合柜等；村里建有公园、图书馆、文化宫、艺术团、体操队、篮球队、乒乓球队，村民业余生活丰富多采；村民的健康有保障，一年一次体检。一旦患病，要人有人，要车有车，用钱有钱，直接送当地最好医院治疗；残疾人，独生子女的嫁娶由公司出资操办，实行了集体婚礼；60岁以上老人，每年三套新衣，每月50元零花钱，年节开茶话会，赠送礼品一份。京华的变化是巨大的，而最大的变化则是人的变化。总经理刘志华清醒的认识到，“物质上要富有，精神上更要富有，才是真正的富有”“只有高素质的人，才能干出高层次的事业”。该公司尽其所能实现教育大变革，教育从娃娃抓起，创办幼儿园，配有幼师毕业生，使孩子们受到德、智、体、美、劳全面培养；每年投资20万元办教育，中小学生每天有大轿车专人接送，照顾进城上学，学杂费全免；还设有学习奖、家长奖，凡考上中专奖励500元，考上大学奖1000元；成年人教育，形式多样，派出去，请进来，创办大专班，大专学员已达160多名，已培养造就成一支农民科技队伍，全村已评上职称的有114人。京华人为了全方位提高农民的素质，建有游泳池、公园、旱冰等游乐设施，组成了乐队，自编自演整台歌舞节目；每年7月都组织农民参观旅游，去北京、到上海、登泰山、逛苏杭，亲眼看到祖国的壮丽山河，增强对国家、对集体的热爱。京华的建筑、教育、文化、体育都在改变着农民固有的生活方式，提高着农民的素质，塑造着社会主义新人。物质环境的改善，人的素质提高，净化了人的心灵，陶冶了人的情操，在京华“乡村都市”里，多年来，无特权，无刑事案件，无超计划生育的。村民们在安定和谐的气氛中，专心致志地搞生产抓工作，舒畅愉快地生活。京华公司已晋升为国家二级企业、省一级企业，被省人民政府授予省文明单位，农业部授予“全国乡镇企业系统先进企业”和“发展好、对社会贡献大企业”。

中共宝鸡市委机关的“廉政、高效、热情、奉献”之风 据1992年陕西省精神文明建设工作会议材料披露，中共宝鸡市委机关大院是陕西省委、省政府命名的第一个省级党政机关文明大院。这个大院的“廉政、高效、热情、奉献”作风，在三个方面给参观考察的人留下了极其深刻的印象：一是干净卫生、环境优美。院内有花坛、花房、盆景，绿化面积4600平方米，绿化率99%，院内四季常青、三季有花、两季有果。二是文明接待，文明办公，作风感人，“一起立，二让坐，三倒水，四办公，五送客”已成为习惯，受到群众称赞。不让领导交办的工作在我手里贻误，不让应当传递的信息在我手里中断，不让机密在我手里泄露，不让正在办理的文件在我手里积压，不让差错在我手里出现，不让本机关和外机关来办事的群众在我这里受到冷遇的“六不让”作风已经养成，提高了办事效率。三是“三访两查”的廉政制度为人称道。“三访”是访干部职工所在的派出所、街道办事处、居委会。“两查”是查干部职工在社会上是否有以权谋私等不正之风，查干部家属子女有无违法乱纪行为。对于查出的问题，做到“三不放过”，事情调查不清不放过，本人受不到教育不放过，不采取改正措施不放过。保证了机关干部“两袖清风从政，一尘不染当权”。

渭北高原保宁村奔致富路

陕西省合阳县保宁村历史上是一个苦涩不宁的村子，改革开放给这片渭北旱原带来了生机和希望。村中共党支部书记马光行上任之前，这里一个劳动日竟不值一毛钱。他上任后，通过一系列的整顿和改革，使村里焕发了生机。他首先从抓党风，促民风，带村风，刹歪风抓起，对党员干部“约法三章”。同时推行党员包扶贫帮困，包治安调解，包红白喜事，包计划生育等制度。通过治理，破除了迷信，红白喜事一律节俭操办，自1988年以来，村里年年都没有超过计划生育指标。保宁村在党支部的领导下，不仅成为渭北旱原上精神文明的一块绿洲，而且正在成为物质文明的一方沃土。全村工农业总产值1991年比1985年增长2.4倍；集体积累1991年比1985年增长67倍，人均收入比1985年翻了四番多。1991年，保宁村党支部被中共陕西省委、地委命名为全省和地区“红旗党支部”，村子被省政府和地区命名为“精神文明村”和“村民自治模范村”。

白银公司改革图强二次创业

甘肃白银公司50年代第一次创业时，在戈壁荒漠上建成了一座现代化大型联合企业，铜硫产量产值利润连续18年居全国同行业之首。80年代中期，白银公司改革图强，开始了第二次创业。一个年生产能力32万吨有色金属和54万吨化工产品，铜铝铅锌硫综合发展的“有色金属城”正在迅速崛起。在“二次创业”的历程中，白银公司探索了一条凝聚职工团结奋斗的思想政治工作新路子。80年代初期，白银公司的铜矿石资源锐减，产值和利润急剧下降。此种情况引起广大职工人心浮动，数千人要求调走。公司在国家的支持下，确立了二次创业，改革图强的宏伟目标。这个新的目标提出后，群众情绪很快由混乱到安定，由悲观到振奋，又以当年艰苦奋斗的劲头，投入到二次创业的洪流中。他们建立了一个国家、企业、职工荣枯与共的利益场，形成一个无时不在的激励机制。他们提出改造思想政治工作要确立两个观念：一是必须大胆承认正当的个人利益；二是承认个人利益，不是放纵个人私欲膨胀，而是在于引导群众认识自己的根本利益在于企业、国家的繁荣发达。他们的经验，在1992年召开的中国职工思想政治工作研究会第七次年会上给代表们留下了深刻印象。白银公司也被授于1992年“全国思想政治工作优秀企业”荣誉称号。

银川供电局双文明建设“两手抓、两手硬” 银川供电局是大型二档供电企业，职工953人，共有输电线路32条1009.1公里，变电站12座，容量为826.3兆伏安。主要承担宁夏银川市三区两县和内蒙阿拉善左旗部分地区的供电，为23600余用户服务。重在“建设”，服务为先，是该局精神文明建设的一个显著特点。1988年至1992年，先后荣获全国供电系统优质服务先进单位、自治区文明单位、全国学雷锋活动先进集体等多项称号。该局创建文明单位主要抓了三项建设性工作：(一)贯彻“两手抓、两手硬”意识强、措施硬。局领导十分重视这项工作，建立了党政主要领导为主的精神文明建设领导小组，制定了周密的建设计划和规划，并将其纳入企业目标管理，布置、检查、考核多管齐下，工作扎实有效。(二)抓好政治思想教育，不断提高职工的政治素质。多年来该局在进行思想教育中，注意搞好“两个结合”：一是把思想教育同解决职工的具体困难结合起来。局领导一方面经常与职工谈心交心，注重感情投资，融洽关系；另一方面尽力解决职工住房、子女入托、入学等方面的实际问题。二是把强化文明单位细胞建设作为提高文明单位质量的重要环节，把促进企业两个文明建设与培育“辛苦我一个、方便千万人”的“银电”精神紧密结合起来，坚持每年开展文明所(站)、科室、工区和个人的活动，培养职工积极向上的进取精神。(三)结合行业特点，开展多层次、全方位的优质服务活动。

服务为先，面向社会不断完善和深化便民利民措施，努力搞好优质服务，这是该局落实“人民电业为人民”宗旨的具体体现。多年来，连续开展的“假如我是一名用户”、“用户监督岗”、“用电安全咨询现场会”等服务活动倍受社会赞誉。局内制定了各项廉政建设、优质服务的规章制度，用户来信来访答复率为100%。杜绝了以“电”谋私、坑、卡、要、拿现象，树立了良好的电业形象。“两手抓”的结果促进了该局经济效益的提高，职工的精神面貌焕然一新。如今，银川供电局售电量和售电收入每年平均递增20%以上，设备完好率100%，供电可靠率

99.8%，已成为塞上江南名副其实的双文明先进单位。

银川市第一人民医院加强医德建设创建文明医院 银川市第一人民医院地处银川市中心，年门诊量42万人次，住院8000人次，每天门诊量约1500人次，急诊量300人次，门诊量和急诊量都占宁夏各医院之首。为了搞好这个小社会，该院两个文明一起抓，注重加强医德建设，连续七年保持市级“文明医院”，1992年又荣获“自治区级文明单位”称号，社会效益和经济效益显著，赢得了群众的信任和好评。在加强医德建设，促进优质服务中，该院的主要作法是：领导重视，目标明确，医院是党和政府联系群众的纽带，是精神文明建设的窗口。为了把党的温暖送到千家万户，就要狠抓医德建设。院党委组成18人的精神文明建设领导小组，党委书记兼院长任组长，第一把手抓，有权的抓，党政工团齐抓共管。责任明确，分工负责，为加强医德建设创建活动提供了组织保证。医院把医德建设纳入综合目标管理和医院发展五年规划，同医疗经济效益指标一并分解到各科室，把软任务变成硬指标，实现目标管理。把医德教育寓于精神文明建设的各项活动之中，把共产主义世界观、人生观教育，把共产主义思想渗透到医疗服务中去，逐渐形成良好的医德医风。围绕“救死扶伤，实行革命的人道主义，防病治病，全心全意为人民服务”这个宗旨，该院从抓服务态度入手，把提高医疗质量作为落脚点，以医德教育、精神文明建设为推动力，狠抓医疗质量和经济效益，使医院两个文明建设结出硕果。完成和超额完成综合目标管理的各项指标，多数达到卫生部部颁标准。床位使用率达到103%。治愈好转率97.5%，诊断符合率92.7%，职工出勤率97.58%。医教研三位一体，接受医学院、卫校及进修医生200多名。开展新技术40项，出论文129篇，其中35篇在全国、西北五省、区学术会上发表，20篇在区内外医刊登载，4篇被选送参加国际会议，全国获奖篇、市科技成果奖4项。业务收入1992年比上年增长40%，达建院历史上最好水平。

“白天鹅”——传播社会主义精神文明的窗口 白天鹅宾馆是由广东省旅游局和香港爱国知名人士霍英东先生合资兴建的，也是我国第一家由中国人自行设计、自行施工、自行管理的具有国际水平的现代化大型旅游酒店。1983年开业以来，始终坚持社会主义方向，努力传播社会主义文明新风，以优质的服务，科学的管理，优美的环境，独特的园林建筑艺术，吸引了大批游客，接待了30多个国家和地区的政要人物，先后被评为全国和广东省优秀企业，广东省优质服务先进集体，广东省文明单位，全国首批三家五星级酒店。到1992年营业收入14.8996亿元，实现利润4.47365亿元。这个宾馆，始终坚持把宾馆作为传播社会主义精神文明的窗口，他们的做法是：1.明确经营思想。“白天鹅”虽是一家合资企业，但它是在社会主义中国的大地上存在和发展的，因此，它的经营既要符合国际惯例，又要具有中国的社会主义特色。为此，宾馆始终用社会主义的思想教育员工，用社会主义的道德规范员工的行为，绝不允许违背社会主义和不适合我国国情的东西在“白天鹅”出现。开业以来，“白天鹅”保持了宾馆的“全优控制”，开房率和投资回收能力均居广州三大中外合资饭店之冠。2.培养为国争光的“白天鹅人”精神。宾馆引导员工把管好“白天鹅”同为国争光联系起来，组织员工围绕“我爱白天鹅”，“什么是白天鹅精神”，“什么是白天鹅风格”，“怎样做白天鹅人”等问题进行讨论，使大家认识到，宾馆不但要为国家创汇，还要通过优质服务来体现社会主义的优越性。教育员工实践“明确目标，乐于献身，善于学习，奋力开拓，走自己的路”的“白天鹅”精神和“诚挚、热情、亲切、朴实”的“白天鹅”服务风格。3.发挥党组织的保证监督作用。白天鹅宾馆利用中方自行管理的优势，在筹建期间，成立了党组织。宾馆党委注意抓好党的思想、组织、作风建设，先后制定了“党委工作负责制”、“党员思想汇报制度”、“党员定期纪律检查制度”、“党员经理工作月报制度”和“党风建设责任制”等，不断发展壮大党团组织，坚持开展创优争先活动，以先锋模范作用带动全体员工培育良好的风尚，使宾馆能够沿着社会主义方向不断向前发展。4.努力传播社会主义文明新风。宾馆的服务对象主要是外宾和港澳台同胞。几年来，宾馆按照国际五星级酒店的标准，用“诚挚、热情、亲切、朴实”的“白天鹅人”的服务风格，向宾客传播社会主义文明新风。5.创造一个蕴含文明意识的生活与文化娱乐环境。宾馆除了通过一系列服务活动传播文明之风外，还精心设计一个优美的生活环境，把宾馆建成既有中国庭园风光、中国民族特色，同时又具有西方花园风光特色。再是为宾客提供健康的、多样化的文化娱乐体育活动服务。还通过让宾客在宾馆进食，了解中国的饮食文化，使他们对中国这个文明古国留下深刻的印象。

南华西街不断把两个文明建设推上新台阶 改革开放以来，广州市南华西街以强烈的时代紧迫感、责任感，以求实进取的科学态度和超越自我精神，把握各个时期的机遇，正确运用政策，使全街两个文明建设同步发展，不断推上新台阶。全街工业总产值、营业收入、利润以平均每年28.3%、35.33%、22.18%的速度递增，1992年工业总产值达到2亿7000万元、营业收入2亿5000万元、利润1600多万元，自营出口创汇4200万美元。在精神文明建设方面，紧紧抓住培育“四有”新人，提高人的综合素质这一根本，以创建文明街道、文明单位、文明居委、文明大楼、文明家庭为主要形式，多办实事，讲求实效，不断地为物质文明建设提供智力支持、精神动力和思想保证。这几年，南华西街先后获得“全国五一劳动奖状”、“全国卫生工作先进单位”、“全国绿化先进单位”、“全国先进文化站”、“全国群众体育工作先进单位”、“全国社会治安综合治理先进单位”、“全国‘学雷锋，树新风’先进单位”等称号。他们的主要做法是：(一)抓住机遇，发展规模经济，为精神文明建设提供雄厚的物质基础。南华西街在发展战略上实行“养鸡生蛋”，在发展战术上实行“宜工则工，宜商则商，宜大则大，宜小则小，宜内则内，宜外则外”，大中小项目一齐上，重点发展规模经济。近年来，先后建立了年产600万条牛仔裤，1万件风衣，年创汇近2000万美元的南华制衣公司，建立年创汇2000万美元的皮衣生产厂，年产值达5000万元的PP万用瓦通塑胶板生产厂，年产量超万吨，年产值达5000万元的精细胶粉生产厂，年产值达5000万元的PVC收缩薄膜彩印制品生产厂，年产值达7000万元的ABS箱包生产厂，投入2000万元，年产值达4000万元至5000万元的氧化锌避雷器生产厂，年产值达6000万元的干式变压器生产厂，年出口创汇达1500万美元的丝绸时装厂，投入1000万元，年产值达2000万元的电脑机绣生产厂等十多个项目。目前已建立了五个有一定规模的工业区，形成了四级生产指挥网络，大力发展外向型经济，发挥了以广州为依托，以香港为立足点，面向世界，走向国际市场的态势。加强与国内企业和科研单位的横向经济联合，不断地发现人才，培养人才，引进人才，使用人才，建立一支思想作风端正，管理能力强，生产经营指挥得当，而且相对稳定的骨干队伍。街道经济的发展，为加强精神文明建设提供了雄厚的物质基础，近十年来，街道用于精神文明建设的资金达1200万元。(二)运用多种形式，着力提高居民、职工的思想道德素质和科学文化素质。(1)根据不同的对象，开展各具特点、形式多样的教育。对干部的教育，主要侧重于公仆思想的教育，努力增强为人民服务的意识。对职工的教育，侧重于职业道德、职业技能、职业责任、职业纪律的教育。在企业中倡导和培育企业精神，增强主人翁的责任感和使命感。普遍开展“岗位学雷锋，岗位增才干，岗位作贡献”竞赛，每年都涌现一大批“爱南华，多奉献”先进人物。对居民的教育，侧重于社会公德、法纪法规、家庭伦理教育。围绕创建文明居委、文明家庭活动，开展各种社区文化、家庭文化活动。通过参与活动，群众之间加强了联系，增强了对居住地域的归属感，提高了集体主义和团结、互助、友爱的意识。(2)坚持形式和内容的统一，广泛开展文化体育活动。每年各项文化、艺术、体育活动达300项以上。对于在群众中有基础有影响的活动常抓不懈，不但搞出自己的特色，而且形成传统。如“歌唱共产党，热爱我南华”文艺汇演每年一届，连续14年从未间断。每年一届运动会、中秋灯会、敬老月活动等等，也是坚持数年从未间断。各项文化体育活动多姿多彩，水平逐年提高。(三)增强公仆意识，为群众办实事。多年来，这个街把当好公仆，造福群众作为自己应尽的责任和义务，历届领导班子都立意要“为官一任，造福一方”，在自己的岗位上用模范行动实践党的全心全意为人民服务的根本宗旨。这几年，根据形势发展的特点和群众需要，突出办了几件事。(1)加强社会治安综合治理。发动3000名职工、干部及部分居民组成深夜巡逻队，由街领导及街干部带领巡逻，有效地保障了群众安全。为了解决居民自行车和摩托车无地方存放，造成失窃的问题，建立了20多个保管站，全天24小时为居民服务，每个保管站同时又是治安岗亭和报警点。深夜治安巡逻队成立以来，共协助公安部门抓获案犯65名。(2)广泛开展以除害防病为主要内容的爱国卫生运动，绿化、美化街道，为人民群众创造了一个整洁优美的生活环境和工作环境，初步形成了自觉维护公共卫生秩序，天天清洗主干道路面，周末清洗所有街巷路面和大楼楼梯及公共走道的良好风气。(3)健全社区服务网络。一是健全社会治安奖励基金会、助残基金会、计划生育基金会、社会福利保障基金会、教育基金会、医疗卫生基金会等六个基金会；二是贯彻落实《广东省维护老年人合法权益条例》，切实搞好老人福利保障。从1983年开始，每年7月为街敬老月，在此期间，开展多种形式的敬老活动，党委、办事处还举办大型祝寿会，为1500位老人集体祝寿；三是贯彻《残疾人保护法》，采取“医疗、工作、教育、娱乐”四结合的措施，办好街工疗站，对完全丧失劳动能力的，由街给予补助；四是办好幼托事业。街幼儿园在1991年跨上了广州市办学水平一级的行列；五是开展拥军优属活动。这几年，每年都完成区下达的征兵任务。1992年还被评为区“双拥模范街”。

三九：特区精神文明之花

地处深圳特区的三九集团，直属中国人民解放军总后勤部，为国有大型企业。其龙头南方制药厂，创建于1985年。当年，现任总经理兼党委书记赵新先贷款500万元，在深圳笔架山脚下的铁皮工棚里创业，1987年1月投产，当年产值1100万元，创利税178万元。1991年，解放军总后勤部把设在深圳的一批企业交给南方制药厂，以其为首组建成三九集团。集团组建一年多，即拥有子公司51家，包括12家跨国公司，统属国内100多家企业，资产达20多亿元。创业8年，当其他国有企业在“散兵游勇”冲击下一蹶不振的时候，“三九”却活了。而“三九”之所以能在改革开放中冲出低谷，按赵新先的说法，是他们逐步形成了“三九机制”。赵新先曾将这一机制概括为大胆要权、充分放权、精干高效、双重制约、利润驱动。核心是：个人负责。赵新先认为领导个人负责制的好处是决策快。香港正大集团的老板想在国内投资，走了一个大圈，每到一处都是各单位的领导班子陪同吃喝，洽谈议而不决，结果一无所获。最后他在深圳与三九集团谈，对手只有赵新先一个人，一杯清茶喝完，双方已经达成意向，合资企业随即成立。

三九集团的个人负责制是有制约的。即铁的纪律和企业的赢利目标。“三九”的规定既多又严。比如规定所有回扣、礼金一律上交；不得从事第二职业。执行起来是坚定不移。几年来，集团收到自动上交的回扣、礼金、礼品合计值420多万元，其中包括赵新先上交的数笔礼金。然而，三九人认为，纪律是一种低水平的制约，只能保证不犯错。目标制约则是高水平的制约，不但要求不犯错，而且要求打胜仗，打大胜仗。总后给“三九”的目标是：从1993年起，5年内实现产值、利税翻两番。这要求盈利必须每年增长50%左右。这对于赵新先而言，无疑是一个沉重的压力。赵新先也如法炮制。赵新先得知三九大酒店归并到三九集团后一年扭亏为盈，赚了500万元，便把总经理请来说：“三年内不要你上交分文，5年内使利润上升到一个亿。这是给你的目标。”结果逼出了三九大酒店5年内收并国内外20家大酒店和在深圳兴建81层大厦的计划。三九人认为，权力制约不仅注重“不能干什么”，更要注重“必须干什么”。在他们看来，以权谋私无疑是腐败，握有国家资财无所作为，同样也是“腐败”，这是更难察觉、更难根治的病。“三九”以纪律治前一种腐败，以目标责任治后一种“腐败”，形成了“三九”机制中独特的权力制约方式。由于三九的机构能设能撤，干部能上能下，工资能高能低(最高与最低可相差18倍)，职工能进能出，企业总充满着活力。

三九人特别重视自身形象。集团成立后召开的第一次党委扩大会，专题研究了如何加强廉政建设，树立企业良好形象。在1993年10月召开的党委扩大会上，主题仍是反腐倡廉，要求下属正正当当营销，清清白白赚钱，廉廉洁洁当官，堂堂正正做人。在企业经营活动中，他们不靠吃喝拉外商，不靠回扣做生意，不靠受贿发财，不靠走私贩私致富，不靠钱物开绿灯。集团成立两年多，集团中层以上干部中未发现以权谋私、钱权交易、行贿受贿、贪赃枉法等严重问题，100多个掌管上百万、上千万元钱财，平均年龄只有二十七八岁的“老板”，没有一个人因经济问题栽跟斗。

正气，赢得了好的效益。1992年集团创利税2.1亿元，名列全国500家最大工业企业第74位。1993年集团产值达22亿元，利税2.9亿元，称雄我国制药行业。总后以三九集团“艰苦创业全军第一、发展速度全军第一、经济效益全军第一、管理机制全军第一”的业绩，授予“军队模范企业”称号；中国质量协会评选其为“全国用户满意企业”。集团还被评为深圳市最大规模工业企业第一名、广东省最佳经济效益医药工业企业第一名；深圳市领导更赞誉他们是“特区精神文明之花”。

长城特殊钢公司创精神文明建设新路 长城特殊钢股份有限公司是我国重要的高温合金和特殊钢生产基地。多年来，长特公司坚持两个文明一起抓，始终不渝地加强精神文明建设，取得了成功的经验。1.形成制度。每年初，公司确定年度精神文明建设奋斗目标，并要求公司所属各单位确定自己的目标体系。经过几年的探索和实践，形成了精神文明建设的指标体系、考核体系和执行体系，建立了精神文明建设的自查制度、评审制度、反馈制度和奖励制度。2.确立重点。公司在“立标塑人”基础上重点开展“三抓三做”活动。即抓社会公德教育，引导职工在社会做文明公民；抓职业道德教育，引导职工在本单位做文明职工；抓传统美德教育，引导职工在家庭做文明成员。3.注重实情。公司从和大城市相比，文化生活相对单调这一实情出发，大力开展职工群众喜闻乐见的文化活动。把建好、办好电视台、图书馆、文化室等文化生活环境设施列入精神文明建设的年度计划。每年举办艺术节、运动会、歌咏赛；各种书法、美术、摄影、文学艺术、棋牌等协会每季都有活动，在企业形成小片区，大文化的格局。公司还普遍建立了厂区、生活区绿化环卫制，楼幢卫生责任制，使职工生活在干净、文明的环境中。4.讲求实效。广泛开展了文明单位建设“流动牌”竞赛活动，对生产经营指标和精神文明建设四大目标(思想建设、文化建设、法制建设、环境建设)，从客观性(依据)、可比性(公开)、针对性(实用)、先进性(示范)上，提出实施细则。并通过建立纵向和横向相结合的责任保证体系，建立精神文明建设档案，形成一个有制度约束的精神文明建设网络。精神文明结硕果，生产经营上台阶。公司先后获得全国思想政治工作优秀企业和全国“五一”劳动奖状，四川省最佳文明单位和四川省优秀企业党组织等殊荣。公司连续多年跻身于全国经济效益百强工业企业行列。1992年，公司创产值14.18亿元，实现销售收入20.13亿元，实现利税3.25亿元，三项指标均为成都百强企业之冠。公司在全国500家最大工业企业中，按销售收入排序第61位，按利税总额排序第89位；在国家经贸委、统计局公布的“1992年中国工业企业技术开发实力百强企业中排列第5位”。

成都钢铁厂变软任务为硬指标 成都钢铁厂始建于1958年，经过30多年来的发展壮大，1992年在全国最大工业企业中位居第281位，并荣获全国“五一劳动奖状”。1993年又被评为四川省文明单位。该厂在物质文明建设突飞猛进的同时，精神文明建设也取得丰硕成果，职工队伍素质不断提高。工厂先后被评为四川省优秀政工企业、成都市文明单位标兵、成都市综合治理、绿化先进单位和计划生育先进集体称号。该厂党政工领导坚持两手抓两手都要硬的原则，拨出专款作为精神文明建设的工作基金和奖励基金，制订了中长期的目标规划，把精神文明建设工作列为年度主要工作和一级目标管理之一，纳入承包责任制。从1990年开始，把部分可以量化的精神文明建设工作指标与生产经营目标一起纳入了月度综合考核奖励，占综合奖的20%，使精神文明建设由软任务变成了硬指标，从而促进了基层单位两个文明一起抓，两个成果一起要，保证了精神文明建设的经常化和制度化。多年来，由于各级领导围绕工厂的生产经营，开展了大量的、生动有效的思想政治工作和丰富多彩的精神文明建设活动，引导职工解放思想、更新观念、认清形势，积极投身于改革和建设之中，广大职工主人翁意识和思想业务素质不断提高。

玉溪卷烟厂育精神文明之花结物质文明之果 云南省玉溪卷烟厂是中国规模最大、效益最好的现代化卷烟企业。多年来，这个厂在创名牌产品和一流经济效益的同时，狠抓精神文明建设，有效地促进了企业的全面发展，“两个文明”建设均取得了显著成绩。现生产的《玉溪》、《红塔山》、《阿诗玛》、《红梅》等八个牌号的产品中，有七个分别被评为国优、部优、省优产品，有四个产品进入全国十三种名烟之列，《红塔山》荣获国优金奖。1987年以来，卷烟产量、销售收入、实现税利等主要经济技术指标均居全国同行业之首。1992年实现税利49.97亿元（含浮价收入），人均创税利127万元，在全国500家最大工业企业税利总额排序中，玉溪卷烟厂名列第八，连续五年保持了全国税利十强的地位。先后荣获省级以上荣誉称号100多项，1991年10月在全国同行业中率先晋升为“国家一级企业”，荣获“全国思想政治工作优秀企业”称号，1985年至今连续保持“省级文明单位”称号。连续两届获“中国知名企业第二名”殊荣。

多年来，该厂始终遵循“精神文明重在建设”的指导思想，坚持以“不仅要创一流的经济效益，而且要创一流的精神文明”为目标，把工作重点放在做好人的思想政治工作，提高人的素质和培养“四有”职工队伍建设上，切实做到三个加强：一是加强党的建设，注重发挥三个作用。企业党委始终重视把建设一个团结战斗稳定的领导班子和培养一支思想素质好、作风正的党员队伍作为企业稳定发展的前提，坚持抓领导班子建设不放松，抓作风建设和廉政勤政不放松，抓基层支部建设不放松，抓党员的教育管理不放松，有效地发挥了党委的政治核心作用、党支部的战斗堡垒作用和党员的先锋模范作用；二是加强思想政治工作，注重搞好两个结合，即思想政治工作与企业实际相结合，与生产经营实际相结合。这是玉烟思想政治工作不断进步，取得成效的显著特点。并以“两个结合”作为工作的着眼点和出发点，坚持从参与生产经营的实际工作中找到与思想政治工作的结合点，从职工议论的热点和带倾向性的思想问题中找到与思想政治工作的结合点，从帮助职工排忧解难中找到与思想政治工作的结合点，做到形式方法的多样性、灵活性，有效地增强了思想政治工作的说服力和吸引力，发挥了思想政治工作的先导保证作用；三是利用各种载体和现代化传播工具，加强企业文化建设。首先注重培育企业精神。经过多年的培育，总结凝练形成了富有玉烟特色的企业精神——“天下有玉烟，天外还有天”。这生动形象地体现了玉烟人的奋斗目标和价值观念，以及永不自满，务实进取，争创一流的崭新精神风貌。其次是注重企业文化“硬件”和“软件”的建设，做到“两件”并举。该厂先后投资了数千万元，建立、配置了一批功能齐全的文化娱乐设施，自办了《玉溪烟草报》和可收看十多套电视节目的电视台，同时，建立了各种群众性文化体育协会20多个及一支精干的职工业余艺术团。经常化、生动活泼、丰富多彩的文化娱乐活动陶冶了职工的情操，丰富了职工的业余文化生活，进一步增强了企业的凝聚力和向心力。在“天下有玉烟，天外还有天”的企业精神激励下，他们玉烟人将永远居安思危，开拓进取，使灿烂的精神文明之花，结出更加丰硕的物质文明之果，实现“创国际一流烟草企业”的宏伟目标。

昆明福保农工商联合公司抓两个文明建设　走共同富裕道路

福保农工商联合公司，原为云南省昆明市官渡区六甲乡的一个办事处，1988年改建为农工商联合公司。公司现有2275人，676户，耕地面积1428亩，人均0.63亩。中共十一届三中全会以来，福保从自身的实际出发，成功地探索出一条“以农业积累发展工商业，以工业积累扶持种养业，集体统一经营，共同富裕”的道路，取得了令人瞩目的成就。现在的福保村是绿树环绕、鲜果满枝，稻菽飘香、六畜兴旺，鱼跃人欢。村中街巷整齐，树青花繁，一幢幢被人们称为“部长楼”的别墅式农舍鳞次栉比，一幅崭新的社会主义新农村的画卷展现在世人眼前。福保农工商联合公司建立后，全面推行企业化管理，利用工业发展提供资金，加强农业建设；建立各种专业性和综合性的社会服务体系，强化集体经营层次，形成了集体规模经营；建立了农场，实现了农业生产企业化。在建设社会主义市场经济的新形势下，福保在昆明市区建起了商业综合服务大楼，开始由生产型向生产经营型转变，迈上了农工商综合经营的道路。到1992年，福保农工商联合公司经济年收入达7352万元，人均纯收入增加到2297元。90%的农户建盖了新房，装了90部电话，家家都有电视机等高档消费品。在走向共同富裕的过程中，福保党总支始终起着战斗堡垒作用。党总支认为，在发展社会主义商品经济和建立社会主义市场经济体制的条件下，更必须坚持社会主义、集体主义思想的教育。特别要抓紧对党员、干部的教育。党员干部不是赛个人“冒富”，而是在两个文明建设中带头比思想，比贡献，引导村民心中装着集体，积极参加家乡的建设。因此，福保保持了淳朴的民风，亲善的人际关系，健康明朗的精神风貌。干群之间，邻里之间，平等融洽，亲如一家。福保还非常重视群众文化工作，先后投资20多万元，架设了有线广播网，建起了图书馆、文化茶室、戏台、文娱场，满足了群众文化生活需要。富保的村镇建设也进行了全面规划。巷道都铺设了水泥路面，安装了路灯，并置有巷道清洁人员102人，常年保持道路清洁。积极关心群众生活，建起了自来水厂，保证了饮水卫生。建立了合作医疗，实行了农民工人退休养老制度，成立了老年协会，200多位老人安度幸福的晚年。为了培养一代新人，村里还修建了新校舍，实行免费教育，初等教育普及率接近100%，先后输送了50多名青年上了大学和中专。福保曾多次被评为省、市级文明单位。

晴隆县医院两个文明建设同步发展 贵州黔西南布依族苗族自治州晴隆县医院，发扬艰苦奋斗和全心全意为人民服务的精神，闯出了一条全社会办医院的成功路子，取得了物质文明和精神文明的双丰收。一是领导班子思想解放，努力开拓进取。晴隆县医院1980年以前，是全州有名的“老大难”单位，医院房屋简陋、医疗器械陈旧、药品库存2万元药品，银行存款仅4分钱。80年代初，院新领导班子上任后，实行党委领导下的院长负责制。医院把改革同创建文明医院的工作纳入重要议事日程，强化内部管理，强调优质服务，逐项落实整改措施，一抓到底。院领导一班人处处以身作则，因而医院的工作每年都有新的发展，一跃成为全省县级医院的先进单位，医院曾两次获省的公费医疗管理工作先进单位。院长刘继搏也荣获卫生部授予的“中国改革功勋”的光荣称号。二是艰苦奋斗、为创建文明医院作贡献。全院艰苦奋斗10年，靠自力更生，投资400多万元，把一个破旧医院建成为花园式的医院，职工住进了宽敞的宿舍。在改革大潮中，无一职工擅离职守，靠的就是无私奉献的精神。内儿科7名护士负责59张病床，人人超负荷工作。为提高医务人员的业务水平，医院除坚持业务学习和岗位培训外，已送56人次到省内外进修，9次请专家教授讲学，现在一些难度较大的手术也可不跑省城，极大地方便了群众。三是在改革中奋进，为创建文明医院夯实基础。医院围绕“定职责、定指标、定床位、定人员、定奖金”，制定了“五定考勤制度”，并将这些制度张榜公布，奖惩兑现，堵塞了公费医疗的缺口，县里还把人均70元医疗费拨给医院，年终结算，收支平衡，另拨奖金，节余留作发展基金，超支部分由医院和财政共同分摊，从而使医院的管理走上了规范化轨道。医院的业务收入1992年比1984年增加了三倍多。同时，院里还坚持每日组织职工集体学习，对职工进行“患者至上、医德至上、医疗至上”教育，开展学雷锋、学白求恩和“热爱医院、热爱岗位、热爱病人”的教育，每季度举办一次文明用语、优质服务知识竞赛，还在各单位聘请一批社会监督员，及时沟通医院和病人之间的感情。近年来医院职工助人为乐达百多人次，有34人为抢救病人献血1万多毫升。1992年晴隆县医院被评为省级文明单位。

阳泉市工商银行具有特色的“工作法” 山西省阳泉市工商银行从1984年建行以来，坚持两个文明建设一齐抓，两个文明建设都要上新台阶的指导思想，创立运用具有本行特色的“一二三四五”工作法：即一是创立一种“创新、求实、严细、文明、信誉”的企业精神；二是坚持突出抓好建立新的运行机制和“两个文明建设”承包的两个硬件；三是推行“党、团、工会”三个目标管理；四是坚持开展方向性、思想性、素质性、渗透性为内容的四个教育；五是开展争创“五好行处”活动，实现了物质文明和精神文明建设在具体工作上的有机结合，同步发展，有效地发挥了银行为经济建设服务的杠杆作用。近年来，全行先后涌现出65名省级以上技术能手，有105名同志受到总、分行和省市有关部门的表彰，市支行先后被省职研会评为“先进思想政治工作研究会”，被团省委评为“先进团组织”，被市委评为“先进党委”，被市委、市政府评为“模范企业”、“优秀思想政治工作企业”，被市劳动竞赛委员会授予“集体一等功”，连续三年被授予“标兵文明单位”，1991年被市委、市政府命名为“市级文明单位”，1993年又被省委、省政府授予“省级文明单位”。七年来累计为省市6个大中型双保企业发放贷款12.9亿元，为市9个行业107个企业220个项目发放技改贷款11755万元，累计新增产值4.3亿元，新增利税5567万元；发放商业网点贷款2050万元，支持全市新增网点49个；储蓄存款自1988年以来每年递增一个亿，七年全行累计为国家创利9713万元，人均达到10万余元，为阳泉经济的发展做出了积极的贡献。

太原市交通征费稽查处“四抓”文明建设 山西省太原市交通征费稽查处，共有职工240人，下设18个征费所、站，主要承担太原地区9万多辆机动车的养路费、车购费、公路建设基金和通行费的征收任务。年征收额2亿以上。交通征稽部门是面向社会、服务群众的一个窗口，加强精神文明建设十分重要。1987年交通管理体制改革以来，他们始终坚持两个文明建设一齐抓的方针，持续开展了以优质服务、清廉征费为主要内容的文明单位创建活动。职工素质日益提高，服务工作不断改进，廉洁奉公蔚然成风。六年迈了六大步，年年超额完成征费任务。1988年以来，连续荣获市级文明单位和文明单位标兵称号。1992年跨上了省级文明单位台级。并被评为交通部“车购费征收先进集体”。在创建文明单位活动中，他们针对征稽工作特点，主要抓了四项工作：一是抓班子建设，党政干部明确分工，通力合作。工作中互相尊重、支持、谅解。团结一条心、拧成一股劲，形成一股求实进取的凝聚力，保证了政令畅通，各项工作顺利开展。二是抓队伍建设。针对征稽工作点多线长、流动分散、不易集中教育的特点，除了坚持日常教育和每周二、五下午集体学习之外，主要采取短期培训的方法，进行系统教育。几年来，共举办各种类型的培训班 15 期，通过政治、业务，法律和职业道德培训，职工素质有了明显的提高。三是抓廉政建设。为了防止不正之风滋生，他们把反腐倡廉列为议事日程，坚持常抓不懈、警钟常鸣。在实践中总结出“三靠”（靠思想教育、制度制约、群众监督）“两抓”（抓典型、以点带面；抓落实、严格考核）“一带头”（充分发挥各级干部和党团员的带头作用）。由于防范措施严明，监督机制健全，行业风气不断好转。清廉征费形成职工的自觉行动。据不完全统计，六年来，全处干部职工共拒吃请 1273 人次，拒收烟、酒礼品及现金共计 41000 余元。多次受到上级和省市新闻界表彰。四是抓优质服务。他们以方便车户，热情服务为宗旨，先后制订了 32 项规章制度，13 项职责范围，48 项岗位责任，用制度规范职工的言行。在上岗执勤中，做到了衣冠端正，言行礼貌，文明征费，受到车户赞扬。6 年来，共收到车户赠送的锦旗 152 面，牌匾 63 块，好评意见 400 余条。这个交通征费稽查处全体职工沿着党中央指引的方向，以改革为动力，以文明建设为龙头，在稽查手段削弱，征费任务逐年递增的情况下，怀着为国征费，知难而进的豪情，振奋精神，开拓前进，累计征收交通规费 10 亿以上，占全省征费总额的五分之一。为加速发展山西公路建设做出了突出贡献。

三明市列东街被誉为“披在文明城胸前耀眼的绶带” 三明市梅列区列东“三优（优质服务、优美环境、优良秩序）”街是贯穿三明市区的主要街道。沿街两侧共有楼院 82 幢，国有、集体、私营、个体门店 710 个，职工 8989 人。通过开展各种形式的共建活动，形成了“三优满意”环境，被誉为“披在文明城胸前耀眼的绶带”。1992 年以来，他们创“三优满意”街的做法是：1. 改造外观形象，为加速经济建设和改革开放提供良好环境。列东街上原有建筑式样陈旧，有碍市容观瞻，也影响进一步深化改革、扩大开放和社会主义市场经济的发展。为此，他们组织实施了包括立面装修、加层改造、拆除重建、灯光配景，彩色道板铺设、建造花带等 6 项。“三优”街硬件改造工程，改造总面积 2570 平方米，总造价 1316 万元，通过改造，形成了色调明快、造型新颖、美观大方、整体协调的门店建筑群带，增加了 165 个门店，增加就业人员近千人，年增税利近百万元。同时还走出一条“大街带小巷”的路子，形成了“三优”街向小街巷辐射、延伸的格局。2. 深化思想文化建设，培养适应改革开放的“四有”新人。为巩固“三优”成果，提高水平，他们抓了 4 项工作：一是利用“三优”街职工培训中心，举办商品陈列、优质服务、文明市民、卫生常识、十四大报告等讲座，增长干部职工创建“三优”街的知识；二是在车站、影院、商场等公共场所，用有线广播、幻灯宣传党的基本路线、大政方针、市容管理法规等，形成创“三优”的良好外部氛围；三是开展岗位练兵和“两德”（社会公德、职业道德）“四职”（职业理想、职业道德、职业纪律、职业技能）教育，不断提高职工的思想道德素质和服务技能。两年共举办“两德”、“四职”基本常识竞赛 400 多场次，参赛选手 3000 人次。岗位练兵 200 多项，有 2000 人上场比武；四是依托青少年宫、工人文化宫等阵地，开展了健康活泼、小型多样的群众性文体活动，满足职工日益增长的精神文化需求。3. 开展“创三优评七星”竞赛活动，促进“三优”水平的全面提高。他们在总结以往创“三优”经验的基础上，推出创“七星”竞赛主题活动，把“三优”细分为七个方面内容，通过授星挂匾，建立了有效的激励机制，增强了职工的责任感、荣誉感，提高了他们参与共建的主动性、自觉性。全街社会稳定、经济繁荣，呈现欣欣向荣、蒸蒸日上的景象，经济效益增长。90%以上单位的营业额、税利每年以两位数增长；服务水平上新台阶。参赛单位的顾客满意率达到 85%以上，三明饭店等一批单位被授予“优质服务，全国一流”的锦旗；服务方式趋向便民化。梅列、列东新华书店开架售书，深受欢迎。一些公司为工矿企业和家庭实行送货“一条龙”上门服务。群众高兴地说：紧俏商品也能送货到家了；服务环境明显改善。为了提供一流的服务环境，列东百货大楼、深明大厦等单位不惜巨资，优化、美化店堂，更新服务设施。邮电局引进成套香港设备，提高了通讯能力；经营治安秩序良好。80%的商场、门店自觉遵守工商、税务、食品卫生法规，被评为“三信得过”单位，公共场所、交通治安、街容街貌管理规范化，落实了治安防范措施，基本上实现“三无”：无治安案件、无刑事案件、无灾害事故。

台港澳精神文明信息

大陆台港澳中学生同台竞赛航天知识 由国际空间年中国筹备委员会组织举行的首届航天知识电视大赛于1992年8月18日在北京开赛，它揭开了海峡两岸同胞在航天高科技领域交流与合作的序幕。在历时3个小时的决赛中，上海中学生联队技高一筹，夺得大赛一等奖；湖北中学生联队和香港皇仁书院队并列第二；陕西中学生联队、台湾北一女中队和澳门培三中学队获得三等奖；北京中学生联队获得优秀奖。来自台港澳地区的中学生选手，为能在北京与大陆中学生选手同台竞技感到由衷高兴。台湾北一女中队领队黄通镒老师称他首次带领台湾学生来北京参加航天知识大赛，对他个人来说只是迈出一小步，但对海峡两岸青少年的相互接触、了解却是迈出了一大步。

“毛泽东热”感染宝岛 1993年是毛泽东诞辰100周年，大陆各地兴起了纪念毛泽东热潮，就连海峡彼岸的台湾，也感染到这股“毛泽东热”。由于40多年的阻隔，台湾居民过去所能接收到的有关毛泽东的资讯，大多经过某种政治性的“过滤”而偏向于某一特定立场。因此，当几个台湾社团在毛泽东百岁诞辰前一星期，以“千秋功罪、谁与评说”为题进行纪念活动时，便被台湾传媒特别强调是台湾社团中公开以“同情与尊敬”的立场集会纪念毛泽东的第一次。不过台湾出现的“毛泽东热”在很大程度上离不开商业化的影响。对于大多数台湾居民而言，素未谋面而又对台湾具有巨大影响力的毛泽东，仍然是一个有传奇色彩的神秘人物。针对读者这种心理，台湾出版商近几年出版了不少有关毛泽东的书籍，内容包括他的兵法、诗词、评传、全传等等。除了台湾本地出版和翻印的毛泽东书籍之外，大陆和海外出版的毛泽东书籍，也有不少被引进台湾书市。台湾一家报章曾以接近一版的篇幅，为读者作“热门书导游”，分析评介了台湾市面所见到的19部有关毛泽东的书籍。在众多书籍之中，新近于毛泽东诞辰前夕在台湾面世的《毛泽东全传》，共6大册、150万字的篇幅，据信是目前港台大陆同类出版物中部头最大的一部。出版商为了吸引读者，随书附送《毛泽东语录》，并形容这本风靡一时的“小红书”是“20世纪最畅销”、“影响中国最大”的书。结果《语录》引来不少读者订购，也引起国民党文工会和台湾“新闻局”的关注，研究这本“鼓吹共产主义思想”的书籍能否在台湾出版，成为“毛泽东热”中的一段小插曲。

台湾出版《毛泽东诗词全集》 1992年9月，台湾海风出版社出版发行的《毛泽东诗词全集》引起岛内各界人士的极大兴趣，许多传媒纷纷予以报道。毛泽东的诗词如同他的其他著作一样，历来被台湾当局禁印。如今，毛泽东的诗作被正式出版，摆到了书店的书架上，对此许多人感叹不已。海风出版社的发行人谢国城和该社毛泽东系列的编辑顾问侯吉谅表示，这次所以选择毛泽东的诗词出版，是鉴于为民众提供了解的机会，而文学性的诗词最便于了解一个人的为人。这本书的编者是一位印尼华侨，50年代曾到大陆读大学，现在香港一家报馆供职。他多年来一直专心收集、研究毛泽东的诗词。出版者认为毛泽东诗词中的磅礴气势一定会给读者留下深刻印象。

海峡两岸合作出版《中华文库》 为全面开发具有五千年历史的中华文明的丰富宝藏，三联书店和台湾锦绣出版公司将用10年时间共同合作出版大型丛书《中华文库》。《文库》选题范围涉及历史、哲学、宗教、文学、艺术、典籍、民俗、民族、文化、地理、名人生平等等，计划有500多种。这样宠大的文化工程，无疑是一项跨世纪的壮举。编者们试图通过这套“中华文库”系统地将祖国学术文化资源转化为广大读者乐于接受的图书，做到学术性与通俗性相统一，严肃的学术内容与活泼的表述形式相结合，是一项学术文化的普及工作。已经出版的有《霸权迭兴——春秋霸主论》、《鬼神的魔力——汉民族鬼神信仰》、《帝王的杂学——〈吕氏春秋〉》、《奇特的精神漫游——〈西游记〉新说》、《痴情与梦幻——明清文学随想录》、《万川之月——中国山水诗的心灵境界》。从中人们不仅读到春秋时代霸权迭兴的场景，吕不韦主持编写《吕氏春秋》的真相；也可以读到从文化角度了解明清两代的文学作品的特质和揭示《西游记》这部奇书的奥秘，以及怎样欣赏中国的山水诗与理解中国民间的鬼神信仰等内容。每一本书都附有“主要参考文献”，以利读者作进一步研究的参考。《中华文库》的出版是海峡两岸出版界、著作界共同合作的结果，每一种书也是双方学术沟通与出版合作的成果，直接有益于两岸文化交流事业。

海峡两岸学者研讨《周易》

历时5天的首届海峡两岸《周易》学术讨论会于1993年8月7日在山东大学闭幕。共有85名海峡两岸的易学专家参加了此次讨论会，会上提交论文65篇、专著10部。专家们围绕《周易》与哲学文化的主题，重点讨论了《周易》的经与传，易学发展史、易学与中华传统哲学文化的关系、易学与中国当代文化建设及经济建设的关系、易学与现代知识体系的关系和易学研究的方法论等问题。

海峡两岸在京举行文化学术研讨会 由北方工业大学和台湾中华两岸文化统合研究会共同举办的“海峡两岸文化学术研讨会”于1992年8月29日在京结束。在来自海峡两岸的34名学者中，台湾和大陆学者各占一半，他们分别就伦理学、文学、史学、美学、语言文字学等展开了深入讨论。与会代表认为，这次学术研讨会对推进中国文化研讨，弘扬和发展中国文化具有重要的意义。

首届台湾史学术研讨会在京召开 为期3天的首届台湾史学术研讨会于1993年11月10日在京结束。研讨会期间，大陆各地40多位台湾史方面的专家、学者探讨了台湾史、台湾文化等方面的问题，一致认为，台湾史是中国历史不可分割的一部分。研讨会宣读论文37篇。学者们从历史、文化、宗教信仰以及考古等方面阐述了台湾是中国不可分割的一部分。台湾作为中国的一个地区，在政治、经济、文化、血缘等方面具有独特的地方特点，但这种特点是包含于中华民族这个统一体中的个性。台湾人民和大陆人民共同创造了中华民族的文化和历史，具有共同的文化传统和历史命运，具有共同反对帝国主义侵略和封建压迫的光荣斗争历史，台湾史是中国历史不可分割的一部分。学者们认为，历史是严肃的科学，不能以个人偏见去篡改历史。个别台独分子以历史学家面目出现，任意歪曲历史，把台湾人民说成是另一个民族，完全是毫无根据和别有用心的。会议一致同意，应加强台湾史的研究，并把台湾史研究与社会学、人类学的研究结合起来，用历史事实驳斥谎言，教育人民。这次研讨会是由台湾研究会和中国史学会联合召开的。

海峡两岸妇女在京座谈交流家庭文化问题 海峡两岸各界妇女8月27日在京聚会，座谈交流婚姻与家庭、儿童家庭教育、妇女卫生保健、男女平等等家庭文化问题。海峡两岸的书画家、教师、教授、企业家、文化艺术工作者和妇女工作者等105人与会，其中台湾代表41人。座谈会以家庭文化为主题，旨在加深两岸的了解，推动两岸文化交流的发展。在开幕式上北京市副市长何鲁丽表示，交流会使我们找到了许多共同点，促进了两岸姐妹的更多理解。

海峡两岸电影交流升温

1992年是海峡两岸电影交流的升温年。这一年，大陆、台湾、香港电影艺术家、评论家四次聚首展开理论研讨，在不断深化的探索中达成共识：大陆、台湾、香港的电影都是中国电影的有机组成部分，振兴中国电影的历史使命要靠所有中国人去共同完成。5月底，《渴望》导演鲁晓威和中央戏剧学院教授王树园率《幻影》剧组赴台勘景，成为首批赴台的大陆电影艺术家。7月1日，3位大陆电影评论家蔡洪声、黄式宪、陈飞宝踏足宝岛，同台湾同行广泛接触，为两岸电影双向交流添上新的一笔。与此同时，台湾电影业来大陆演戏、拍片、考察更成风气。台湾资深导演柯俊雄率团赶赴“首届长春电影节”，台湾影星胡慧中与刘晓庆等大陆演员共同主持开幕式。台湾著名导演李行率12位同行赴桂林参加首届“中国金鸡百花电影节”，并带来6部台湾影片，与大陆、香港影片联合展出，使两岸影片交流的领域进一步拓宽。

海峡两岸儿童水墨画展在京展出 为庆祝“六一”国际儿童节，由台湾隔山画馆有限公司和中国少年儿童文化艺术基金会联合主办的第二届中国儿童水墨画大展于1992年6月1日在北京开展。展出的231幅作品中，有大陆儿童水墨画140幅，台湾儿童水墨画91幅。这些作品均为近年来两岸少年儿童的优秀之作，其中有不少作品曾在一些国际儿童绘画展中获奖。

台湾农民参加全国农运会

第2届全国农民运动会于1992年10月10日—17日在湖北孝感隆重举行。首次来大陆参加全国农运会的台湾河洛农民体育队，由50人组成，他们分别来自台中、台南、南投、花莲等地。其中包括男、女运动员共35人，分别参加了田径、中国象棋、武术和自行车等4个项目的角逐。在赛场上，他们表现出了良好的精神风貌，如参加男子200米预赛的黄玉炎年龄较大，头发都已花白，在比赛时连续两次摔倒，膝盖受伤，当他最后一个到达终点时却说："尽管我们水平不高，取不上名次，但重要的是参与，我们是来向大陆农民选手学习、交流的。"该代表团团长张晓春表示，再次来参加大陆的运动会时，他将在台湾广而告之，招大队兵马前来参赛。这次来参加全国农运会的台湾河洛农民体育队，所到之处，受到了有关方面的盛情接待和群众的热烈欢迎。赛场内外，洋溢着浓郁的两岸亲情。

大陆港台学者研讨中医现代化 有关中医药现代化前景的研讨会于1992年8月中旬在香港举行。在这次由侨港中医公会和积华医药化工有限公司合办的研讨会上，中华全国中医理事会理事、著名中医颜德馨表示，中医要发展必须现代化，但中医现代化的首要出发点是维护中医主体思想，不能搞"中体西用"；中医、西医应取长补短。来自台湾的中医界人士杨维杰以《中医现代化之浅见》为题发表演讲。他认为中医在基础理论、诊断、临床治疗、方药研究等方面，应逐步与现代科技相结合，这样才能适应未来的挑战，使中医成为世界医学界的重要方面。侨港中医师公会联合会主席团主席梁森炎建议，中医界人士、学者放下门户隔膜，从学术交流合作开始，更有效地将中医融入现代世界，服务人类。

中央芭蕾舞团赴台演出 1992年10月2日，中央芭蕾舞团一行140余人飞抵台北，在台湾作半个多月的巡回演出。中央芭蕾舞团此行是由台湾"新象活动推展中心"主办的。这是40多年来赴台演出的最大的大陆表演艺术团体。"新象活动中心"主持人许博允相信，这对两岸人民感情及艺术交流会起很大的推动作用。中央芭蕾舞团这次带去的剧目有：世界经典名剧《天鹅湖》，根据中国古典名著《红楼梦》改编的《林黛玉》以及《祝福》和新编现代芭蕾舞《紫气东来》等。

台湾著名物理学大师吴大猷来京 1992年5月来北京出席国际性物理研讨会的台湾著名物理学家吴大猷先生，被北京大学授予"北京大学名誉教授"称号。吴大猷是广东高要人，4岁时父亲就去世了，生活艰苦，在母亲的严格管教下，养成对人对事一丝不苟、独立不群的个性。14岁那年，随伯父到天津读书，伯父用自己当校长的收入，栽培吴家4名子弟读书。南开大学物理系毕业后2年，即1931年，吴大猷得到中华教育文化基金会科学研究费，到美国深造，1933年5月，即用3年时间获得美国密歇根大学物理博士学位，次年返国任北大教授。1946年，他带着李政道、王瑞等5位优秀青年，出国研习基础科学，并留居国外，直到1956年应胡适及梅贻琦等邀请去台湾，为台湾科学发展贡献心力迄今。几十年的学术生涯，他累积有119篇理论与实验兼备的论文、13本专著，其中一本《量子散射理论》还译成了俄文。

台湾著名编舞家林怀民来大陆交流 1993年10月16日，以林怀民这位创办人为团长的台湾云门舞集舞蹈团抵达北京，于22日开始在北京、上海和深圳作6场巡回演出和多项舞蹈交流活动。这个在世界各国进行过205场公演而备受舞蹈界欣赏的舞团终于实现了赴大陆神州公演的夙愿。林怀民1947年出生于台湾嘉义。他早年投身文学创作，22岁时出版《蝉》一书，并成为当地六七十年代文坛瞩目的作家。后来林怀民留美习舞并在美爱荷华大学获艺术硕士学位。1973年他回到台湾创办了第一个现代舞团"云门舞集"。台湾打击乐演奏家朱宗庆先生说，20年来，"云门舞集"使台湾真正的中国舞风得以建立。据古载，"云门"是中国最古老的舞蹈，相传存在于5000年前的黄帝时代，舞容舞步均已失传，只留下这个美丽的舞名。林怀民从创业伊始就把志愿放在了复兴中国风格与文化传统的舞作之上。如今他已成为国际知名的编舞家。他在国际舞台上的成功被认为是"中国文化传统与林氏所发现的中国舞风的创意表现的共同的成功。"

台湾通过两岸学生双向交流规定 台湾"行政院大陆委员会"于1992年5月25日通过台湾地区与大陆各级学校学生双向交流的规定。规定中关于交流的方式和项目有三项：一是参加比赛、观摩、训练、研究、表演、展览等文教活动；二是参加国际会议、学术研讨会或座谈会；三是参加社会服务，但只限大专以上学生。交流时间，原则上是两个月，如有特殊需要经过专案核准，可以延长为3个月，主要是利用寒暑假时间进行交流。规定还写明大陆学生来台从事交流活动，必须通过接待单位代为提出申请。同时，此项交流以团体为原则，以研究生为限。台湾方面声称两岸文化交流是非常必要的，让学生带着台湾同胞的友谊到大陆，通过相互交流，增进彼此的认识和了解。

北京特殊才艺儿童访问团抵台演出 应台湾"儿童福利联盟文教基金会"邀请，北京特殊才艺儿童访问团一行13人于1993年3月底至4月初抵台，进行了为期3周的访问演出。这支北京特殊才艺儿童访问团包括在多部琼瑶电视剧中有出色表演而深受台湾观众喜爱的著名大陆童星金铭、叶静等。他们所到之处受到热烈欢迎。为协助两岸寻找失踪儿童筹募基金，他们分别在台北、台中、高雄等地举行了3场义演，他们的演出场场爆满，他们精湛的演技深受台湾观众特别是小观众的喜爱。

大连两民乐家在台湾获奖 由大连市青年音乐家郑冰创作、朱晓生演奏的《郑冰现代二胡作品》激光唱片1993年7月初在台湾获台湾作曲大奖"金鼎奖"。这是大陆艺术家首次在台湾获奖。获奖唱片的发行在台湾及东南亚地区反响强烈。

宝岛台湾掀起京剧热 1993年上半年，随着中国京剧院、北京京剧院相继访台，在宝岛台湾掀起了一股京剧热潮。两家京剧院荟萃了当今中国京剧界的众多名流，他们有袁世海、杜近芳、刘长瑜、梅葆玖、谭元寿、马长礼、裘少戎、李光、杨少春等。他们的访问演出受到台湾京剧界和众多京剧迷的热烈欢迎。大陆京剧界此次访台带来了许多著名的精采剧目，可说是好戏连台，令台湾京剧迷大饱眼福，他们的精湛技艺让许多台湾观众看得如痴如醉，剧院里不时响起掌声和叫好声。台湾各界知名人士也纷纷前来观看，其中有张学良、郝柏村、梁肃戎、辜振甫、赵耀东、蒋彦士等，其中海基会董事长辜振甫更是场场不落，据说，他过去在上海看梅兰芳与俞振飞主演的京剧《孔雀东南飞》不下20场，可说是典型的京剧迷。京剧大师们在台湾不仅演戏，也进行其他各种交流活动，如应邀讲学，与台湾京剧界人士畅谈京剧的未来发展，与各界京剧迷交流体会等。此次京剧界的访台交流活动取得了圆满成功，台湾多家报纸称，此次大陆京剧界的访台活动，对推动台湾京剧事业的发展有着十分积极的促进作用。

台北图书馆举行"好书交换"活动 台北图书馆1993年11月28日主办了一次"好书交换"活动。此次活动受到广大民众的欢迎，近2000名爱书人冒着寒风细雪来到该图书馆交换好书。这次"好书交换"活动是由图书馆提供场地和部分书籍，读者带上自己家中已闲置的书前去自由交换。台北图书馆负责人表示，"好书交换"活动为爱书人提供了既不浪费图书资源，也不用花钱就能得到其他书籍的机会，此举对读者和社会都有好处，他们将使这一活动年年保持下去。

1992年香港十大新闻 新华社香港分社总编室于1993年12月评出1992年香港十大新闻：(1)44位香港知名人士3月11日在北京接受国务院港澳办公室和新华社香港分社颁发的委任聘书，以个人身份出任首批港事顾问。(2)港英当局3月底向中方提出修订新机场建筑成本和财务安排的建议，中方指出这项财务安排使新机场成本大幅上升，违反了新机场谅解备忘录的原则，将给未来的香港特别行政区留下沉重的负担。(3)5月8日，香港暴雨成灾，造成街道被淹和山泥倾泻，5人丧生，多人受伤。(4)香港警方5月20日将内地公安部门递解出境的枪战嫌疑犯冯伟汉拘捕，并对内地以快速行动协助破案表示感谢。(5)香港第27任总督卫奕信勋爵7月3日离任；原英国保守党主席彭定康7月9日抵港就任第28届香港总督。(6)新的政治团体"民主建港联盟"7月10日宣告成立，宣言表明这是一个"爱国爱港、民主参政、建设香港"的政治组织，决心为创造稳定、繁荣、民主、进步的香港竭尽全力。(7)新任港督彭定康在10月7日发表的施政报告中公布了要对香港现行政治体制作出重大变动的"宪制方案"；新华社香港分社发言人当日发表谈话说，这一做法是有违中英联合声明精神的，由此而引起的公开争论，责任完全不在中方。(8)1992年第三家直接在香港上市的中资企业——香港中旅国际投资有限公司，10月27日在香港招股集资，引起轰动；数天之内，认购额超过集资额411倍，冻结资金近1600亿港元，创造了香港股市有史以来的最高纪录。(9)中英联合联络小组中方首席代表郭丰民11月27日就港英当局宣布拟批出九号货柜码头合约一事发表谈话，指出港英当局如果一意孤行，单方面批出有效期跨越1997年7月1日的合约，未来特别行政区政府将一概不予承认。(10)11月30日至12月3日的4天之内，香港股市急速下滑，恒生指数狂跌1008点。香港舆论认为，这是由于港督彭定康坚持违反中英联合声明、违反基本法、违反中英双方已经达成的谅解和协议的"政改方案"，动摇了香港投资者信心所造成的恶果。

1993年香港十大新闻 由香港《文汇报》编辑部评出的1993年香港十大新闻已于12月27日公布。这十大新闻依发生的时间先后分别是：(1)兰桂坊事件。中区兰桂坊在元旦日发生罕见的"踩死人"惨剧，两万多人在狂欢时乐极忘形，引起人潮乱涌，酿成21人死亡，近百人受伤的惨剧。(2)旺角"谢瑞麟"劫案，警匪大枪战。元月6日中午，旺角弥敦道闹市发生血腥劫案，警方与3名打劫谢瑞麟金行的歹徒发生激烈枪战，致使多人受伤、2人死亡。(3)彭定康一意孤行，中英谈判被迫中止。彭定康在3月12日突然宣布将其"三违反"的政改方案刊登宪报，令原有机会展开的中英谈判再受打击，后彭定康又于12月2日公开宣布将部分政改草案提交立法局讨论，令中英重开的谈判中止。(4)香港各界支持北京申办奥运会。北京申办2000年奥运会，获得香港各界热烈支持，连续数月，市民参与热情十分高涨。(5)鲨鱼咬死泳客。6月1日和11日发生两宗恶鲨袭击泳客，导致泳客身亡的事件，使香港市民闻鲨色变。(6)北角一工地载人升降机超载失事，跌死12人。6月2日北角渣华道一个建筑地盘发生罕见的严重工业意外，一部载人升降机在超载情况下，从20楼高处飞堕而下，致使12名工人死亡。(7)预委会成立并开展工作。7月2日，香港特别行政区筹备委员会预备工作委员会宣告成立并展开工作，7月16日和12月9日分别召开两次全体会议。(8)台风袭港,新界大水浸。9月17日,9月26日,11月4日,香港接连受到多次台风吹袭,造成多方面不同程度的人命财产损失。(9)娱乐圈暴力事件迭生。涉及娱乐圈的暴力事件一波未平一波又起,较为瞩目的是歌星刘德华的保姆住所11月18日遭人纵火,"湾仔之虎"陈耀兴11月21日在澳门遇伏丧生。(10)港股升破万点大关。在中国经济向好的背景下,海外资金源源涌至,恒生指数从1992年年底的5512.39点上升至1993年年底的11000点,成交额亦超过11000亿港元,上升幅度达99%,为世界股市之罕见。

《邓小平文选》第三卷在港澳发行 《邓小平文选》第三卷于1993年11月10日由香港三联书店在港澳发行。《邓小平文选》第三卷正式在港澳地区发行后,香港读者反映普遍热烈,称这部文选对认识中国改革开放及香港问题等具有极高的价值。代理发行的香港三联书店负责人说,在《邓小平文选》第三卷发行前和发行当天,有许多读者来电话查询,由此可见,《邓小平文选》第三卷在香港有很大需求量。这部文选中有9篇文章阐述香港问题,在后过渡期更值得香港人深入研究。首批在港澳地区发行的《邓小平文选》第三卷在内地印刷,短期内已很快售完。

香港与内地教科交流深化 1992年香港与内地教育科技界的交流在各个领域广泛展开。香港的大专院校与内地的北京大学、清华大学、北京师范大学等,1991年都有频繁的人员往来和学术交流。内地教育界1992年1—10月来港进行学术交流、考察的团体超过1800个,人数超过4000人。香港各大专院校的学生也纷纷到内地参观访问或实习,取得了良好效果。香港自然科学界的200个学术团体中有1/3左右与内地科研单位有密切联系。1992年内地科技团体到香港访问共有733批,人数达2300名之多。两地有关机构已不满足于一般的交流,而开始向相互合作、取长补短、共同发展的深层次发展。香港中文大学与香港生产力促进局联合举办的帮助内地培训各类人才的计划,已开始实施,首批学员已培训结业;香港理工学院与内地12所高等院校和研究所签订了学术交流协议,已有不少内地学者到理工学院学习或合作开展科研项目;香港工程师学会已与中国科协所属的工程师协会达成协议,由两会人员组成考试委员会,按国际标准联手进行两地工程师资格的认定工作。在合作交流中,如何使科技成果尽快转化为商品,已成为两地专家学者及工商界人士思考的重点,并已开始作出努力。由国家科委和香港贸易发展局联合举办的"中国科技周",展出了中国近几年研究的最新成果,5天签订了总值约515万美元的定单,合作开发的协议总值1.4亿美元。

大陆奥运功臣访港 第25届奥运会中国获奖运动员代表团于1992年9月29日赴港,参加香港各界举行的国庆活动和体育交流活动。这个由50名成员组成的代表团由国家体委副主任袁伟民和国家体委训练局局长李富荣率领。团员包括17名金牌获得者:庄泳、杨文意、林莉、钱红(游泳);邓亚萍、乔红、王涛、吕林(乒乓球);高敏、伏明霞、孙淑伟(跳水);李小双、陆莉(体操);王义夫、张山(射击);庄晓岩(柔道);陈跃玲(田径)。还有17名银铜牌得主:王晓红(游泳);谭良德(跳水);黄志红、曲云霞(田径);李敬(体操);李忠云(柔道);王会凤(击剑);林启升、罗建明(举重);盛泽田(摔跤);路华利(赛艇);张晓冬(帆船);王小竹(射箭);柳青、郑秀琳(篮球);李永波、关渭贞(羽毛球)。在为期一周的访问期间,代表团参加了在香港文化中心举行的国庆联欢会,香港体育界、新闻界、学界、青年界、工商界等举行的各项国庆联欢活动和联欢会。一些选手还到大专院校作了示范表演。

《红楼梦》文化艺术展在港举办 大型文化活动"《红楼梦》文化艺术展"于1993年11月2日—9日在香港中国文物馆举办。这是1993年内地与香港交流的重点项目,也是迄今为止规模最为宏大的一次"红展"活动。中国艺术研究院副院长、著名红学专家冯其庸说,中国古典名著《红楼梦》代表了中国传统文化的精华,红学研究已成为一门世界性的显学。在这种背景下,香港举办这次《红楼梦》文化艺术展,是非常适时和必要的。这次规模空前的展览汇集了中国内地珍藏的有关《红楼梦》文物、工艺品、室内陈设及200多年来《红楼梦》的各种不同版本、译本及学术研究资料,内容丰富。与此相呼应,在展览期间还举办了《红楼梦》系列演出活动,参加演出的有上海红楼越剧团、安徽黄梅戏剧团和香港鸣芝声粤剧团等,他们陆续为香港观众献上不同剧种的《红楼梦》舞台剧。电影《红楼梦》也同时上映。

华语电视国际研讨会在港举行 凝聚世界各地华语电视业精英、探讨全球华语电视台未来发展的"华语电视广播国际研讨会",于1992年11月17—19日在香港举行。200位与会代表分别来自中国大陆、台湾、纽约、洛杉矶、旧金山、夏威夷、温哥华、新加坡、澳门及香港等地近30个华语电视台。香港电视广播有限公司行政主席邵逸夫爵士致欢迎词,他代表主办机构对全球20多个地区华语电视台代表出席会议表示热烈的欢迎,并请与会代表一起研讨,交流经验,为发扬中华文化而努力。

"希望工程"在香港 当香港人从传媒中知道中国青少年发展基金会发起"希望工程"活动,以集资支援贫穷地区办学的讯息后,纷纷慷慨解囊,支持这一义举。香港《明报》和商业电台于

1992年4月16日率先介绍了内地的教育情况及"希望工程",发起"人人有书读助学计划"。随后,各家报刊、电台、电视台也先后广而告之,使港人明白"希望工程"的目的——让全国适龄学童都有书读。此后各家报刊、银行等都设有捐款帐户或捐款箱,供市民、工商界、各团体组织捐款。香港许多报刊每天都设有"助学人芳名录"专栏,将捐款给"希望工程"者的名字及捐款额公开表彰。捐款者中有歌星艺人、富商豪客,也有一般市民;有香港人、澳门人、海外侨胞,也有外国人。教育界对"希望工程"反应最快。荃湾公立小学知道内地贫困地区许多适龄儿童因自然灾害或家庭困难而得不到求学机会时,教师们率先提出募捐计划,并用墙报启发学生,用通告发动家长为"希望工程"捐款。孩子们一天之内便捐款近三万元。各社团组织均踊跃筹款。新界社团联会计划捐款60万元,在广东清远市建立两所"希望小学",并组织各种捐助"希望工程"活动:"燃点希望"歌唱大赛、慈善晚会卖物筹款等等。为了鼓励各界人士大力支持捐款,新界社团联会提出:凡捐助30万元者,以学校命名留念;捐款3万元以上者以课室命名留念;捐款2千元以上者在新学校里刻名留念等。该社团已筹得140万元。演艺界亦不甘落后,在沙田新城市广场举行的"希望工程"图片展览活动中,成龙、周星驰、张学友、黎明、邝美云及温碧霞等大牌明星均呼吁市民认捐。成龙亲自拿着捐款箱在人群中劝捐,他带头捐出30万元,赞助1000名内地少年上学。刚从台湾来港的林青霞得知这一活动,亦欣然认捐3000元,赞助10名学童读书。香港各界人士为"希望工程"筹款总额逾千万港元。港人在短时间内集腋成裘的精神,再次表现了对祖国前途的热切寄望和血浓于水的同胞情怀。

香港举办国际儿童艺术节 由香港区域市政局举办的第3届国际儿童艺术节于1992年7月在香港举行,它为暑假中的青少年提供了适合他们欣赏的艺术及文化节目。本届国际儿童艺术节共有7个海外艺团莅港献艺。云南少年儿童艺术团也在艺术节期间表演中国的少数民族歌舞艺术。香港艺团方面参与这次艺术节表演的有中英剧团、香港交响乐团、新市镇儿童艺术团等。

香港举办第16届国际电影节 第16届香港国际电影节于1992年4月10日至25日举行,展映170余部世界名片及香港电影精选。本届展映的名片来自30多个地区,分为4个部分,即国际电影、亚洲电影、香港电影面面观1991至1992及香港电影回顾。本届电影节有一个特别专辑,名为"旧梦重圆——电影资料馆珍藏精选",选映来自各国著名电影资料馆的精选作,包括一些由它们修复,保存或发掘出来的经典名片。另外,还有一个李香兰专辑,选映7部由这位女星主演的电影。充满传奇色彩的李香兰,是四五十年代亚洲电影业的历史见证。至于香港电影回顾,则以"电影中的海外华人形象"为专题,选映50至80年代的港产片和一些海外华裔电影工作者近年的独立制作和外国经典作为参考。

香港艺术节隆重举行 第21届香港艺术节于1993年1月30日—2月21日在香港文化中心隆重举行。首次赴港的西藏自治区歌舞团在此次有15个国家与地区逾千名艺术家参加的盛会中,一展世界屋脊的艺术风貌。香港艺术节协会负责人鲍磊表示,此届艺术节节目包罗万象、多姿多彩。除了邀请一些从未来港演出的著名艺人或团体参与盛事,更致力策划举行一些本地观众甚少接触的演出。曾担任1992年巴塞罗那奥运会开幕式及闭幕式艺术总监的世界著名男高音荷西·卡里拉斯,也莅港参与盛事。历史悠久的巴黎歌剧院芭蕾舞团,为香港观众演出名作《唐吉诃德》。越南国家水上木偶剧团也带来新鲜有趣的节目,木偶操作人半身浸在水中,舞弄手中道具,使木偶的表演犹如水底升上来的奇幻魔术。30日晚揭开艺术节序幕的节目是理察·史特劳斯的大型音乐喜剧《玫瑰骑士》。艺术节期间在香港16个场地演出143场节目。西藏自治区歌舞团2月18—21日在香港文化中心大剧院共演出四场。

李嘉诚促进汕大改革再次捐款 香港长江实业集团董事局主席李嘉诚1993年2月初在汕头表示,给汕头大学再增加2亿元港币捐资,以促使这所现代化大学进行综合改革。汕头大学是李嘉诚捐资6.8亿港元建成的综合性大学。李嘉诚还表示要聘请一批海外高水平的教授、学者来汕大任教,以进一步提高教学质量。

邵逸夫又捐亿元港币支持内地教育事业 香港知名人士邵逸夫先生1993年1月4日再次向内地教育事业捐款1.1010亿港元。这是邵逸夫先生自1985年以来第6次向内地教育事业捐款。国家教委副主任滕藤率领内地教育代表团专门赴港参加捐款仪式。新华社香港分社副社长张浚生赞扬了邵逸夫先生"功在国家,惠及众庶"的可贵精神,并对他为内地教育事业发展所作的积极贡献表示深切的感谢。邵逸夫先生自1985年以来连年向内地教育事业捐献巨款,捐款总数已达6.6580亿港元。赠建项目达246个。1993年邵逸夫先生捐赠的重点是遭受严重水灾的安徽、江苏、浙江、河南、湖南、湖北、四川、贵州八省的中小学,还兼顾到内蒙古、山东、河北等省、自治区的中小学,计有小学104所,中学54所,高校4所,共162所学校。

曾宪梓富裕不忘桑梓 香港金利来集团创始人曾宪梓富裕不忘桑梓,迄今在内地捐款项目已超过200个,金额逾2.5亿元港币。曾宪梓关注祖国文教事业的发展，他在北京、哈尔滨、广州等地多所大中小学捐款设立教育基金。1993年底，他又捐出1亿港元，与国家教委合作设立“曾宪梓教育基金”。

沈炳麟捐款4 000万办教育

香港同胞沈炳麟先后捐资4千万元人民币办教育，受到社会广泛赞誉。沈炳麟先生祖籍浙江省湖州市，现任香港大业织造厂董事长。从1980年以来，他委托亲朋好友会同大陆教育界人士，先后到华东6省和新疆自治区进行考察，他听取考察汇报后，共立捐资建校项目400多个。

“陈嘉庚国际学会”在港成立

“陈嘉庚国际学会”于1992年8月20日在香港成立。该学会的宗旨是“弘扬陈嘉庚精神，凝聚各界精英，服务社会，造福人群”。新加坡国立大学潘国驹教授出任秘书长，由著名科学家杨振宁、丁肇中、李远哲，以及美国柏克莱加州大学校长田长霖、香港大学校长王赓武发起成立了“陈嘉庚国际学会”。陈嘉庚先生是伟大的教育家和社会活动家，于1961年逝世。国际小行星命名委员会曾于1990年以他的名字为行星命名。杨振宁在成立大会致词中，赞扬陈嘉庚倾资兴学，为中华民族教育事业做了巨大贡献。学会会长李远哲致词说，希望学会继续发扬陈嘉庚精神，中华民族应该对人类进步、世界和平做出更大的贡献。

“神州艺术节”在港举行 名为“神州艺术节”的综合文艺汇演自1992年8月25日至10月5日在香港举行，来自沈阳、江西、云南、湖北、上海、北京的8个艺术团体共献演35场节目。神州艺术节是香港联艺娱乐公司继举办了五届“中国地方戏曲展”之后筹办的第一个大型综合文艺节目。8月25日沈阳歌舞团的《月牙五更》拉开艺术节帷幕。随后有由戏剧奇才涂玲慧率队的江西赣剧团演出的《窦娥冤》、《荆钗记》及一台折子戏；云南歌舞团的大型舞剧《阿诗玛》；中央电视台艺术团的《笑笑笑》晚会；湖北歌舞团的大型歌剧《樱花》及《民歌演唱会》。还有吕思清、朱小强的独唱独奏音乐会及上海京剧团的《四郎探母》、《盘丝洞》等。艺术节的压轴戏是由马兰、邓婕、陶慧敏、毛阿敏、解晓东等演出的《欢乐金秋综合晚会》。

香港教授饶宗颐获法国文学艺术荣誉勋位 法国高等实践研究院和法国文化部分别于1993年11月25日和26日在巴黎授予香港中文大学教授饶宗颐先生人文科学名誉博士的称号及文学与艺术荣誉勋位，以表彰他在汉学研究领域取得的巨大成就及在中法文化交流方面所作出的贡献。这是法国高等实践研究院有史以来第一次将这样的称号授予一名外国学者。76岁的饶宗颐教授对中国文、史、哲、宗教等深有研究，在中国诗、书画、音乐方面也有很高的造诣，在敦煌学和甲骨文研究方面有突出成就。几十年来，他曾先后在法国国家科研中心任研究员及在巴黎东方语言学院和法国高等实践研究院授课，为法国培养了不少汉学人才。近年来他曾多次回内地讲学和参加学术会议，他还担任中国国务院古籍整理小组的顾问。

香港著名女作家梁凤仪 以一本题为《尽在不言中》的小说而走红香港的著名女作家梁凤仪，从1989—1993年这短短的4年多时间里，发表了57部小说与散文。由于她的作品大都以商事为题材，人们把她的作品通称为“财经小说”。她的小说已成为香港最畅销的书籍之一。她本人也在1991年获得了香港最佳作家年奖这一殊荣。梁凤仪也是首位由人民文学出版社在内地作系列作品出版并发行的香港作家。她的《豪门惊梦》、《坠花尘》等13部作品在内地出版，总销量已近200万册。在台湾，也有发行商以相当高的包销数目购入了她的作品发行权，并已有电视台将其小说改编成电视剧播出，收视率甚高。梁凤仪的才气不仅在于小说，还在于商场。早在1977年，她就创办了香港首家提供菲律宾女佣服务的中介公司，以后，她又先后任职于新鸿基证券及银行集团、奥美公关公司、香港联合交易所。现在，她是永固纸品有限公司董事，负责市场营销及集团拓展策划。她还是一位出色的出版商，担任一家出版社的社长及董事总经理。阅读梁凤仪的小说，细心的读者便会发现，在遣兴娱情的背后，却蕴涵着一个个严肃的主题：“文以载道”，这种中国文学的传统观念一直深深地影响着她。在香港即将回归祖国的这个特殊时代，梁凤仪希望用小说的形式，记录下香港这段回归的历史。她说：“这是我义不容辞的责任。”

香港“一代笛王”郑济民 郑济民是一位在民族传统乐坛上默默耕耘、演出不辍的演奏家。香港艺术家联盟于1993年7月颁授给他“1992年度香港艺术家年奖（演奏家奖）”。他的名字亦被列入英国剑桥大学出版的《国际名人录》。被誉为“一代笛王”的香港中乐团首席笛子演奏家郑济民谈起这些成就时说：“这得益于悠久中国民族传统文化的影响。”他说：“我在内地得到了这种文化的熏陶和许多大师的直接培养，香港中乐团则提供给我更多演奏的机会。”这位祖籍福建的管乐演奏家，至今仍念念不忘他先后师从的3位笛子名师：南派笛子及江南丝竹大师、上海音乐学院教授陆春龄；在南派技法基础上渗入浙江金华婺剧曲牌音乐的浙江音协主席赵松庭；北派代表人物、中央民族乐团独奏家王铁锤。郑济民吸收这3位名师的特长并加以融汇贯通，在演奏风格上自成一体。他演奏的传统乐曲“具有浓郁的地方风格与民族韵味”。他的“一绝”，就是成功地改进传统竹笛，设计出十孔笛，使演奏者能用竹笛流畅地演奏半音阶并自由转调，拓宽了竹笛的演奏天地。郑济民说："作为民族文化的一个组成部分，中国民乐很有生命力。"郑济民致力于弘扬中国民乐。每年，他随香港中乐团演出130场以上，足迹踏遍港台大陆及海外多个地区。他将传统管乐器介绍给中外观众。他不仅演奏竹笛，也演奏"已成绝响"的古代管乐器"埙"以及少数民族乐器葫芦丝、巴乌等。

香港学者吴大琪荣获亚洲物理成就奖 香港科技大学物理系讲师吴大琪在1993年4月初荣登1993年亚洲物理成就奖荣誉榜。亚洲物理成就奖是海外华人物理协会1993年创立的一个奖项，专为奖励亚洲区工作成就杰出的物理学家而设，目的是推广物理研究，表扬成就杰出的华裔科学家。吴大琪得到表彰，是因为他在理论凝聚态物理方面取得的研究成果，特别是对微型电子器件的低温量子效应的理解方面所做出的贡献。

香港选出"模范母亲" 为纪念一年一度的母亲节，香港多家社团组织了"'93母亲节香港模范母亲选举"活动，结果选出了5位模范母亲，1993年5月7日举行了颁奖仪式。5位获奖者中，大都接近70岁或更高年龄，其中最老的一位是82岁的刘爱女士。针对目前香港社会有人忽视奉养父母，甚至抛弃鄙视父母，主办团体呼吁为人儿女者尽本分孝敬父母，树立榜样，教育下一代。

港人首次征服珠峰 首位登上珠穆朗玛峰的香港人湛易佳，1992年5月20日自尼泊尔首都加德满都返回香港。湛易佳联同他的队友钟建民在3月出发前往尼泊尔，参加一个由国际登山家组成的登山队，挑战世界最高峰珠穆朗玛峰。与他一同登峰的还有6名来自新西兰的登山家。经过7个星期的努力，终于于5月12日成功登上珠穆朗玛峰峰顶。

1992年香港花卉展览

"1992年香港花卉展览"于3月6日至15日在香港维多利亚公园举行。有40多种国花和市花参加了展出。这届香港花卉展览，由市政局及区域市政局联合主办，1992年已是第6届。这次花展的主题为"奇花异卉汇香江"，重点介绍来自世界各地的国花和市花。加拿大萨斯喀彻温省花萱草，更成为这届香港首次国花市花展的主题花。此外，还有西澳大利亚省花沙漠怪豆、秘鲁国花向日葵、新加坡国花万代兰、芬兰国花铃兰、澳大利亚昆士兰省花袋鼠瓜，古巴国花金百合、法国国花鸢尾兰、南非国花山龙眼科等。首次参与这次花展的7个海外国家及地区有加拿大、新西兰、日本、马来西亚、印尼、新几内亚及澳门。

港环保会举行"救救海洋"活动 香港环境保护运动委员会在1992年6月5日为庆祝世界环境日，举行了"救救海洋"的活动。在此次活动中，香港规划环境地政司的官员表示，维持香港环境及其美丽海港的良好状况，对于香港保持经济繁荣以及对市民的健康至为重要。改善海洋环境质量的工作，应列为保护环境计划的首要工作。香港政府的污水处理计划分三期进行，第一期工程主要是改善和研究本港污水的处理问题；第二期工程是更换或铺设地下污水渠，把污水排出海港；第三期工程研究建设些大污水渠，把本港的污水排放到南中国海。香港环境保护运动委员会主席林贝聿嘉称，香港在1991年内已收集了6200多吨的海上垃圾，每日也有大约200万吨的废水排放至海洋里，其中有50%是未经过处理的。他希望市民停止乱抛废物，不要把海洋当作大垃圾箱。另外，林贝聿嘉以委员会主席身份委任影星周润发、郑裕玲为环保之星，希望借他们的参与和知名度，呼吁更多的市民参入环保的行列，保护大自然。

香港环保工作出成效 据《深圳特区报》1993年5月25日报道，为了有效地实施综合治理微尘及氮氧化物的侵害，早在80年代初期，香港就推行了一项保护环境的全面综合计划，陆续发布了对各种污染管制的条例和规定，并自1989年12月起将香港划分为10个空气质素管制区，在宪报上公布空气质素指标，将车辆排出的废气也纳入管制范围内。所有汽油站全部出售不含铅汽油。为解决水质污染，香港已采用一套环境质素管理方法。他们在各地设置了10个水质管制区，香港90%的水域纳入了水污染管制条例的管辖范围内。此外，香港还陆续颁布了详尽的噪音管制条例，以限制环境噪音的产生及减少其造成的滋扰。香港民间成立的环保团体为环保事业也不遗余力，贡献良多。成立于1981年的世界野生生物（基金）会，先后举办了多种不同形式的活动，积极宣传保护大自然的重要性。成立于1983年的"地球之友"旨在推动和促进环保教育，已编制了8套为学龄前儿童设置的中英文教材，全港850间中英文幼儿学校将获赠该套教材。1990年成立的环境保护委员会，强调每个人皆有责任保护和爱惜环境，并提出"环境保护从我做起"，同时举办了一系列宣传项目，提高了香港市民的环保意识。"绿色力量"组织通过举办演唱会、研讨会等多种形式和渠道，向市民提供绿色资讯及生活建议。他们还创办了全港首个商业性有机农场基地，出售完全不含毒素的蔬菜和水果，深受市民欢迎。翻开香港报纸或打开电视，不时可以看到"拯救地球、爱护环境、由您身上开始！由日常生活开始！"、"请即加入我们的行列，令绿色得以延续"的呼吁。香港的中小学也把环保教育列入教育课程。目前，香港市民已初步形成了一种保护环境"从我做起、从小事做起"的良好风气。不久前，香港国际市场研究社进行环保调查后得出的结论是：香港比10年前干净了。

香港市民积极参加义务植树 1993年4月初，当观塘工业学院一年级学生林逸文在香港郊野公园种下了一棵相思树时，他成为香港本年度“大众植树计划”的第一万名参加者。香港大众植树计划主办单位是港府渔农处。在为时一个月的植树活动中，热爱翠绿的市民可以到指定的6个郊野公园植树，渔农处为植树市民提供树苗和进行技术指导。自3月14日开展这项计划以来，已有11600位市民参加。

马万祺向教师基金会捐款 1993年春节期间，澳门知名人士、全国人大常委会委员、澳门中华总商会会长马万祺，在广州拜会了国家副主席、中国中小学幼儿教师奖励基金会理事长王震，并向中国中小学幼儿教师奖励基金会捐款港币50万元。王震很高兴地接受了马万祺的捐赠，向他颁发了捐赠荣誉证书。王震对马万祺关心支持内地基础教育事业、弘扬中华民族尊师重教传统美德所做出的贡献表示高度赞赏。马万祺先生一贯热心公益事业，特别是对内地教育事业倾注了极大的热情。他于1987年担任中国中小学幼儿教师奖励基金会理事后，不仅每年都向基金会捐款，而且积极参加基金会的活动，并对开展基金会工作提出了很好的建议。

澳门政府推广中文 经澳门总督批准，澳门政府1992年初成立了中文委员会，负责研究中文成为澳门官方语言后在行政、司法等领域推广使用的有关问题。该委员会由澳门总督任主席，成员包括有关政府官员和社会知名人士。中文委员会的成立对加快中文在澳门政府领域里的推广使用起了积极的作用。

澳门中华教育会向“希望工程”捐款 澳门中华教育会于1992年8月19日向“希望工程”捐款25万美元。这是澳门教育界在历次捐赠活动中最大的一笔捐款，也是他们为“希望工程”送来的第一批捐款。1992年5月，为响应中国青少年发展基金会实施的“希望工程——百万爱心行动”计划，澳门中华教育会号召全澳门教师每人定向资助一位失学孩子，同时发动广大学生、家长献同胞爱心。这项助学计划得到澳门教育界的热烈响应，广大师生、家长及社会各界人士踊跃捐款。教育会理事长毕漪济女士和灵均学校校长陈晓筠各捐助可使一百名失学孩子重返校园的捐款。陈晓筠女士并以“身处海隅地，一心系我乡，忽闻希望在，欢悦喜如狂”的诗句表达了澳门同胞关心失学儿童，支持国内教育事业发展的热忱。

澳门大学增设中国法律课程 1992年，澳门大学增设中国法律课程。澳门大学以往法律专业一直由葡萄牙法学教授讲授葡萄牙法律，为了适应需要，从5月22日开始，澳大邀请内地法学专家为法律专业学生介绍中国法律，具体讲授中国宪法、民事诉讼法、行政法、民法、刑法、商法、不动产法、家庭及继承法等课程。澳大校长李天庆教授指出，为适应过渡时期和以后的需要，急需一批由本地培养的法律人才。他们既须掌握澳门本地法律知识和葡萄牙法律知识，又要掌握中国法律知识和国际法知识，才能适应未来澳门特别行政区的法制建设的需要。同时，澳门与内地的交往尤其是经济合作和贸易往来日益频繁，作为澳门的法律工作者，熟悉中国法律，可以为当前和今后澳门与内地的合作交往提供更好的法律服务，促进澳门的繁荣和稳定。

澳门举办“最绿化窗户”比赛 据《深圳特区报》1993年3月1日报道，为美化澳门市容和家居环境，推动绿化工作，澳门环境技术事务室和澳门街坊会联合总会联合举办了“最绿化窗户”比赛，作为第6届澳门绿化周的活动之一。比赛规定凡6楼以下的住户，家居内有花架、花池、阳台向街者，均可报名参赛。其目的是通过这次活动，唤起民众对家居绿化的重视，使澳门成为一个美丽怡人的花园城市。

澳门开展城市清洁运动 澳门素以博彩旅游业闻名于世，但由于市民的清洁意识不高，加上市政厅的垃圾收集工作不完善，致使澳门的卫生环境日趋恶劣。为了改变澳门卫生状况落后的局面，当局决定开展一场大规模的城市清洁运动，全面整治长期以来的脏乱差问题。1992年7月下旬，当局举行了一个“官民齐来清洁澳门”的动员大会，号召全澳官民立即投入这场为期3个月的城市清洁运动之中。在这次大规模清洁运动期间，当局曾发出16万封信向全澳的家庭、商店及机关学校宣传，并附上13条市政条例，要求市民认真阅读，否则就很可能触犯卫生条例而被处罚。当局从8月初起全面检控“垃圾虫”（乱丢垃圾者）。每一位警员和清洁稽查员对违反市政卫生条例及污染澳门环境的“垃圾虫”进行教育、检控、处罚。据统计，仅8月15—26日，澳门有关部门便向740名“垃圾虫”发出了传票，其中584人被罚缴了共17万元的罚款。9月中旬澳门清洁专营公司亦展开为期5天的清洁大行动，把澳门多条堆积垃圾的街道清理干净。澳门市民对当局这次彻底整治澳门脏乱差现象均普遍赞赏，认为此举不仅为市民创造了美好的生活和工作环境，而且对当地旅游业的发展亦有推动作用。

澳门艺术节举行 一年一度的澳门艺术节于1993年2月25日至3月21日举行，当地和外来的艺术家，在这一活动期间为澳门广大市民献上精彩的艺术表演和艺术展览。由澳门文化司署主办的澳门艺术节，1993年已是第四届，本届艺术节最受瞩目的有西藏自治区歌舞团献演的一系列藏族民间、宗教和宫廷歌舞，也有广州交响乐团和广东实验现代舞团的表演。澳门当地文艺社团参与的活动有摄影展、书画展、粤曲、粤剧折子戏、舞蹈、音乐、话剧等。其中话剧喜剧《乌龙镇》以中国少数民族的人情生活为背景，反映中国人民思想纯朴、善良直爽的优良品德，有很强的娱乐性。

澳门话剧界在羊城联合献演《钦差大臣》 应广东省对外艺术交流中心的邀请，由澳门文化司署司长马若龙率领的澳门话剧界，1992年6月7日晚在广州南方剧院联合演出大型话剧《钦差大臣》。参加演出的27位演员分别来自澳门戏剧社、晓角话剧研进社、海燕剧艺社、慈艺话剧社、晴轩剧社、文娱剧社、青苗剧社和创艺会等单位。他们在广东省著名话剧演员林兆明的策划和导演下，联合把19世纪俄罗斯大文豪果戈里的大笑剧《钦差大臣》搬上舞台。受到戏剧界人士的好评。

澳门举办第7届国际音乐节 由澳门文化司署主办的第七届国际音乐节于1993年10月举行。1993年的澳门国际音乐节，阵容鼎盛，世界各地的400多名音乐家汇聚濠江，其中四分之一来自中国内地，包括著名指挥家袁方、马头琴演奏家张全胜、笛子演奏家戴亚和北京中央歌剧院交响乐团、上海交响乐团的音乐家们。北京中央歌剧院交响乐团担任了本届音乐节不少重头节目，如开幕和闭幕音乐会，以及演出两场歌剧《杜兰朵》等。23日下午，国际音乐节主办单位还在市政厅举行《中西乐器展览会》，展出来自莫斯科博物馆珍藏的18、19、20世纪俄国和世界各地的音乐文物，以及来自中国荆州博物馆珍藏的2000多年前中国古代的音乐文物近200件。

澳门开展反贪污宣传 澳门反贪污暨反行政违法性高级专员公署已从1993年下半年起展开了一连串反贪污宣传活动。主要包括：在公共汽车上张贴“灭贪污、齐举报”的标语；在澳门电台开播“清廉茶室”节目；从1993年10月1日起至年底，在每日电视新闻报道前播出关于反贪污的电视广告；制作一套可放映十分钟的影片，介绍反贪污暨反行政违法性高级专员公署的架构及有关法例等。此外，该公署计划在年底开始到各政府部门举办讲座，对象以公务员为主，主要介绍公务员在何种情况下会触犯法例，让公务员明白如何做才正确，而不致触犯法例。

海外华人的贡献

诺贝尔奖获得者著名物理学家杨振宁 杨振宁1922年9月出生于安徽省合肥市。父亲杨武之曾在清华大学任教，是一位有名的数学家。他从小在清华大学长大。抗战时期他就读于昆明西南联大。1942年毕业，1944年在清华大学取得硕士学位。1945年抗战结束时，杨振宁得到奖学金前往美国留学。1946年1月成为著名物理学家费米的学生，1948年在芝加哥大学获得哲学博士学位，同年底留校担任物理学讲师。1949年到1955年他应聘到新泽西州普林斯顿高等研究所任研究员，从事高能物理研究，1955年被提升为教授。1956年夏季他与李政道一起，对于"在弱相互作用下宇称是否守恒的问题"提出了疑问，从而引起人们高度注意。后来，这个理论被许多科学家的实验所证明，从而打破了当时物理学界关于宇称守恒的传统观念，促进了基本粒子理论的大发展，因而，在1957年荣获诺贝尔奖金。杨振宁虽然久居美国，加入了美国国籍，但身在海外，心向祖国。1971年他作为美籍华人学者，第一个回到祖国北京。以后，他多次回国探亲、讲学。尤其对祖国的科学事业极为关心，每次回国都要对祖国科学事业的发展提出不少宝贵意见。他认为要使科学研究得到蓬勃发展，必须有竞争，有选拔，并亲自挑选有志青年到他门下，为培养祖国有用的科学人才费尽心思。1992年5月31日在北京参加中国当代物理学家联谊招待会。

诺贝尔奖获得者著名物理学家李政道 李政道1926年出生于上海，曾在浙江大学和昆明西南联大上学，1946年获公费去美国芝加哥大学继续深造，从事物理研究。1950年获得哲学博士学位，后留校任天文学副研究员。1953年到哥伦比亚大学任物理学助理教授，1955年提升为物理系副教授。由于工作非常出色，翌年晋升为教授。1957年他31岁时，和杨振宁一起推翻了世界物理学界30年代奉为金科玉律的"宇称守恒定律"而获得诺贝尔奖金。此外，在统计力学、核物理学和西核物理学方面解决了一些长期解决不了的科学难题。李政道曾多次回国探亲、讲学。1974年回国时就向毛泽东、周恩来建议，提出理科人才也可以像艺术、体育那样，从小选拔培养。1979年春，他在中国科学院研究生院，为来自全国二十几个省、市、自治区的600多名研究生和有关科技人员讲授《粒子物理》和《统计力学》课程。1981年他又回国为祖国的同行无保留地介绍了他还没有来得及正式发表的近年来的研究成果，表达了他对祖国的赤子之心。1992年5月31日在北京参加中国当代物理学家联谊招待会。

诺贝尔奖获得者著名物理学家李远哲 美籍华人诺贝尔奖金获得者李远哲来自于我国台湾省。1962年在美国加利福尼亚大学柏克莱分校深造，获博士学位。1965年到1968年在劳伦斯伯克莱实验室和哈佛大学进行博士后的研究工作，1968年到1974年在芝加哥大学化学系任教，从1974年到现在，一直在加利福尼亚大学伯克莱分校化学系任教授和系主任。他与人合作，先后在五、六十年代将现代物理学的方法引进化学领域，创制了分子束碰撞仪、离子束和分子束交叉仪等。并进行了开创性的分子束实验，测量和分析化学反应的每一阶段过程，使人们第一次能对分子的化学反应进行动态的研究，为化学动力学的研究开创了新的领域，对物理化学的进一步发展作出了杰出的贡献。因此1986年获诺贝尔化学奖，同年还曾获美国总统授予的国家科学技术奖章和美国化学会颁赠的彼得·德拜物理化学奖。1978年以来，他多次访问中国，担任名誉教授，作学术报告，把世界上最新的研究成果和他自己的心得介绍给中国同行。他的实验室接纳中国派去的进修生和博士生实习。与中国同行共同制造了中国科学院化学所1986年4月投入使用的大型束源转动式分子束激光裂能产物谱仪，亲自指导在大连生物所等地建立了3套分子束实验装置，还对中国的科研工作提出了很多中肯的建议。

诺贝尔奖获得者著名物理学家丁肇中 丁肇中1936年出生于美国密执安州的安阿伯。曾在重庆和台湾上小学中学，1957年高中毕业后，赴美国密执安大学学习数学和物理学。1959年获工程家学士学位，1960年获得科学硕士学位。1962年获得(物理学)哲学博士学位。1967年到1968年在美国坎布里奇的麻省理工学院担任物理学副教授，1969年提升为物理学教授。1975年，他主持的麻省理工学院实验小组发现了一种被命名为"J粒子"的新粒子。第二年，他因这项成就荣获诺贝尔奖金，被誉为近20年物理学最重要的发现。1979年，他又找到了另一种新的粒子——胶子。虽然在物理学的研究上取得了巨大的成就，但他始终没有忘记祖国。他对祖国的科学事业极为关心，曾多次回国探亲、讲学，在他所领导的实验小组里，中国派去的研究人员约占半数。这些科学工作者在他精心指导和培养下，正从事基本粒子的研究工作。

美国华人专家多 自80年代以来，美籍华人素质迅速提高，人才济济。90年代初美国有各类华人专家学者10多万人，占美国现有华人总数164万的8%左右；其中有3万多人被公认为世界一流的科技人才，占全美12万世界级人才的1/4以上。诸如诺贝尔奖得主杨振宁、李政道、丁肇中、李远哲，太空科学家王赣骏、张福林、陈翔，物理学家吴健雄、朱经武、田长霖、丘成桐、刘家翘，建筑学家贝聿铭、林同炎、林颖珠，艾滋病专家何大一等，都是国际闻名的华人科学家。在美国著名的大学中，有1/3的系主任是华人；参加阿波罗登月工程的有1/3以上的工程师是华人；在美国电脑研究中心，有上千名华人研究员，该中心的19名部门主任，华人占12名；在美国太空研究中心，有华人专家100多名。此外，还有不少著名华人学者在美国科研机构、名牌大学担任要职。美籍华人的专家学者如此之多，怪不得近年来美国社会流传着这样的说法：美国财富在犹太人的口袋里，智慧在华人的脑袋里。

三华裔学者出任美国国家科学院院士 华人科学家毛河光、丘成桐和朱棣文，于1993年6月共同获选为美国国家科学院院士。国家科学院在6月的第130届年会上，选出60名新院士。华盛顿卡内基研究所地球物理学家毛河光、哈佛大学数学系教授丘成桐，和斯坦福大学物理系主任朱棣文，分别脱颖而出。51岁的毛河光出生于上海，为台湾大学地质学系学士，美国纽约州罗切斯特大学地球物理硕士及博士。毛河光1968年取得博士学位后，便一直在卡内基研究所地球物理实验室工作。1990年，他便获美国国家科学院3年颁发一次的ARTHERLDAY奖，该奖是颁给在地球物理上有长远贡献的科学家。44岁的丘成桐出生于中国大陆，他毕业于香港中文大学，1969年来美，1971年获得加州大学伯克利分校的数学博士学位，后来并取得哈佛大学博士。丘成桐是几何界的权威，曾获美国国家科学院颁发卡尔提奖。斯坦福大学物理系主任朱棣文，也是罗切斯特大学毕业。他是该校数学学士和物理学学士，加大伯克利分校物理学博士。朱棣文的研究包括基础原子物理、激光、生物物理等。他目前在研究以激光控制脱氧核糖核酸分子的新技术。

美籍著名物理学家吴健雄 吴健雄是美籍华裔著名的物理学家，被美国科学界称为"物理女王"、"中国的居里夫人"。她1912年出生于江苏省太仓县。11岁考进苏州第二女子师范学校，由于学习成绩出众，毕业后被保送到南京中央大学物理系。1934年，她22岁大学毕业，先后在浙江大学、中央研究院工作了2年。1936年赴美国加州大学深造。1940年获得物理学博士学位。后专门从事核物理研究，到1957年1月4日终于以无数次的实践数据证明："宇称守恒只是部分的物理现象，在更多的弱的相互作用下，宇称是不守恒的"。于是，爱因斯坦权威的"宇称守恒"定律被打破了。她因此而获得以色列沃尔夫基金会奖。她的实验被公认为"解决了原子和核物理方面的第一号谜"，作出了划时代的贡献。2年后，她升任哥伦比亚大学教授。1973年当选为美国物理学会主席，也是该学会的第一位女主席。1975年获美国总统授予的国家科学奖。1985年10月，又获得美国1985年度"青云奖"。她虽蜚声世界，但始终不忘祖国，曾3次回国访问、讲学。南京大学、北京大学、中国科技大学聘她为"名誉教授"。她表示："我要尽我的微薄之力，为中美的科学文化交流做些力所能及的工作。"1992年5月31日在北京参加了中国当代物理学家联谊招待会。

美籍华人卓以和攀上科学高峰 1993年底，美国总统克林顿在白宫玫瑰园将全美最高的科学荣誉——美国国家科学奖授予华人科学家卓以和博士，并称赞他是一位"梦想者、先驱者和风险承担者"。卓以和祖籍福州，生于北京，1949年随父母迁居香港，培正中学毕业后来美深造，先后获伊利诺州大学电机学士、硕士和博士学位，1968年入美国电报电话公司贝尔实验室工作，目前是该实验室半导体研究所主任。由于在分子束磊晶的研究中，卓以和起步早，时间长，贡献大，被同行们誉为"分子束磊晶之父"。在这项研究中，卓以和已获得了40多项专利，并先后赢得“国际新物理奖”、“世界物理会议奖”、“国际晶体发展奖”。1986年，卓以和当选为美国国家科学院院士。在谈及成功的经验时，卓以和认为勇于探索、反复实践是成功的原因之一。中国传统家庭的熏陶则是他成功的另一个原因。卓以和出身于知识分子家庭，父亲是银行家，母亲是护士，在他们的4个兄弟姊妹中，有3个取得博士学位，一个取得硕士学位，大姐卓以玉就是美国颇负盛名的华人科学家。现在卓以和的1男3女，也都正在科学的道路上攀登。

美籍著名数学家陈省身 陈省身15岁考入天津南开大学理学院。1930年考入清华大学研究院。1934年进入德国汉堡大学，1936年攻下博士学位。1937年夏受聘为清华大学数学教授，因“七·七”事变爆发而经香港至长沙赴任，翌年到昆明西南联合大学执教至1943年，教出了一批很好的学生。随后到美国普林斯顿高等研究所工作了2年，完成了高斯—逢内公式的本质证明，发明了著名的“陈氏示性类”理论。第二次世界大战结束后，于1946年回到上海，受中国科学院邀请组织数学所，训练了一批新一代的数学工作者。1948年底再次赴美，1949年夏受聘为芝加哥大学几何学讲座教授，1960年转往加州伯克莱大学执教。1982年出任柏克莱数学科学研究所所长。同年年底，接受瑞士联邦工业大学颁予的荣誉博士学位。他的学生遍布全世界，其中包括诺贝尔物理学得奖人杨振宁等。1972年以后，他多次访问中国，任北京大学名誉教授，到各地大学讲学，参与组织中国举办的每年一度的“微分几何与微分方程国际会议”，表示要为培养中国的数学研究人才做更多的工作。1992年6月5—9日在南开大学主持第21届国际物理中微分几何学术会议。

美籍华裔著名建筑学家贝聿铭 美籍华裔著名建筑学家贝聿铭于1917年出生在广州。1927年在上海读初中、高中。1935年到美国麻省理工学院学习，1944年在哈佛大学获得硕士学位，并留校任教。40多年来，贝聿铭在美国各地负责设计过许多博物馆、学院、商业中心、摩天大楼和公寓，也曾在法国、伊朗、新加坡、加拿大、澳大利亚、西班牙等国家设计过不少大型建筑物。1979年他设计的美国波士顿的肯尼迪图书馆，被认为是美国建筑史上最佳杰作之一，轰动了整个美国建筑界，并授予他该年度的美国建筑学院金质奖。1983年，贝聿铭以他的高超设计艺术获得了国际“普里茨卡建筑奖”。他虽然在事业上取得了巨大成就，但却念念不忘祖国。1973年，贝聿铭第一次回国访问，以后就经常回国，先后接受了北京香山饭店、中国银行香港分行新总部等项目的设计工作。1983年他还把所有的“普里茨卡建筑奖”10万美金，用作中国留学生的奖学基金，为祖国培养更多的技术人才。

“民间大使”靳羽西 人们称靳羽西是“民间大使”、“银屏公主”、“当代马可·波罗”，她曾被授予“杰出妇女奖”、“突出人才奖”、“友好大使奖”、“终生成就奖”等桂冠。为了促进中西方的理解，靳羽西经过不懈的努力，作出了自己的贡献。在西方电视事业最发达的美国，她亲自主持制作的“看东方”系列节目，连续播出12年之久。人们称赞靳羽西通过电视节目最早架起东西方交流的桥梁，为此多次获奖。这套具有广范影响的节目向美国观众介绍亚洲的人文社会、风土人情、文化艺术等，深受观众欢迎。靳羽西成功地主持了庆祝中华人民共和国成立35周年的阅兵游行盛典在美国实况播出。这在美国电视史上也是史无前例。为了介绍中国的改革开放，羽西跑遍了中国大部分省市，拍摄和制作了许多介绍中国的电视节目。1988年她制作的“改变中的中国”专辑，向美国观众形象、生动、系统地介绍了中国改革开放的进程和成就，引起轰动效应，被列入美国国会纪录。她在世界电视史上又创下一项纪录，成为第一个把自己制作、主持的外国系列节目“世界各地”在中国中央电视台播出的人，这套104集的系列节目用中、英文播出，带领中国观众漫游了许多国家，了解不同国家的社会风情。这套电视节目使中国观众大开眼界，也使她在中国成为家喻户晓的人物。羽西是个多才多艺的记者。除了从事电视节目制作外，她常为报刊杂志写文章。她在NW杂志有个“羽西的亚洲”的专栏，她为这个专栏写的第一篇文章是“我为什么喜欢上海”。由于她的杰出的成就，被授予人类学名誉博士学位。靳羽西出生书香门第，原籍广东，出生在广西桂林，因此父亲为她取名羽西。父亲靳永年是著名中国“岭南派”画家。羽西青少年时住在香港。她多才多艺，学过钢琴、芭蕾及多国语言，16岁去美国夏威夷。大学毕业时，获得音乐和政治两个学位。大学毕业后，曾回香港做过酒店的公关工作。1973年到美国纽约定居，和妹妹羽屏一起创建一家贸易进出口公司，从事亚洲和中国进出口生产，同时也在一家华语电视台业余帮助。这个工作使她最后和电视事业结下了不解之缘。1990年2月靳羽西和美国市场公司董事会董事长詹姆斯·麦克麦内斯（中国名为马明斯）先生结婚，住在纽约。

华裔女建筑艺术家林璎 美国纽约亚美法律援助和教育基金会在1992年2月初举行颁奖典礼，授予3名对美国社会有杰出贡献的人士以“正义行动奖”。年轻华裔女建筑艺术家林璎分享了此一殊荣。1980年，当林璎还是美国耶鲁大学建筑设计系4年级学生时，以其技压群雄的艺术天才，击败了1400多名竞争者，赢得了华盛顿越战阵亡将士纪念碑设计首奖。9年后，这位华裔姑娘又设计了另一座纪念碑——黑人民权运动纪念碑。林璎祖籍是中国上海，出生于美国俄亥俄州，并在州立大学城中长大，父母亲均为该大学教授。林璎从小受到父母亲建筑艺术的熏陶。天赋缘于根深，林璎坦然承认，她的艺术有着鲜明的亚洲色彩，纯朴、含蓄，渗透着中华文化，由于她设计艺术强烈的感染力影响了整个美国社会，林璎的名字在美国报纸、广播电台和电视台中不断出现，各种荣誉也不断降临在她的头上：亚太妇女联盟授予她"女斗士奖"的称号，美国《家庭妇女杂志》把林璎评选为当今美国最具影响力的50位女性之一。

世界著名华裔造桥专家邓文中 大陆出生、在西德受教育的邓文中，现年54岁，不仅是美国悬臂混凝土桥和斜张桥的先驱，30年来的造桥经验和成就，使他在造桥界已享有世界级地位。从北美大陆到西德、挪威、智利、澳大利亚、马来西亚，到中国的香港、大陆，都有他设计或施工的桥梁。1970年，邓文中受聘于西德迪克霍夫—维德曼股份公司，将该公司在50年代初期首创的节段混凝土桥施工法引进到美国。当时这种技术在北美几乎无人知道。如今，北美这类大跨度桥梁有2/3是他们的杰作。邓文中30年的造桥生涯，最大特色是屡屡打破纪录，几乎每一座桥在诞生时都创下新的世界纪录。如横跨加拿大温哥华弗雷泽河的安那西桥，仍是世界最大跨度的斜张桥；位于佛罗里达、跨度396米的但点桥则保有美国最长跨度斜张桥之宝座。1989年，邓文中获选为纽约土木工程学会的"年度工程师"，1991年，他又获颁美国预应力桥梁工程协会的"年度领袖奖"，成为30多年来唯一获奖的亚洲人。邓文中参与兴建的桥梁，历年来得过奖的，更不下一二十座。30年来造桥无数，但大都在别人的土地上，邓文中说他目前最大的心愿是，能在中国人的土地上多做些大工程。目前，他主持的达士工程顾问公司正在为黄浦江上兴建的杨浦大桥，长江上兴建的安徽铜陵大桥、长江武汉大桥担任工程顾问。

华裔著名电脑专家王安 王安博士是美国著名的电脑科学家和电脑企业家。他早年毕业于上海交通大学电机工程系。1945年到美国哈佛大学攻读实用物理，1948年获得应用物理学博士学位后，专门从事电脑的设计和应用。1964年王安首次推出案头计算机，以轻便小巧，使用简便而深受用户欢迎。"W"形（王安英文名第一个字母）商标风行于美国，遍及全球。据1982年9月13日《福布斯》杂志估计，王安拥有净额资产16亿美元，列为美国第五富豪，也是今天美国华人经济强人中的最大强人。王安虽身居异国，却没有忘记自己的家乡，对祖国和桑梓的感情与日俱增。1980年4月，他携夫人、女儿回国访问，接受了上海交通大学校务委员会名誉会员的聘请。1984年他在美国宣布捐赠100万美元给哈佛大学费尔班克斯东南亚研究中心，作为专门研究现代中国的博士级以上学者和高级专家的研究经费。在中国大约有150多套王安电脑系统安装就绪交付使用，在人口普查统计、物资分配、教学科研、医疗诊断诸方面都取得了较好的效果。王安已于1990年病逝于美国波士顿，享年70岁。

贝尔实验室的华人贡献卓著

贝尔实验室是美国最大电报电话公司的总参谋部，它的研究、设计及技术革命领导世界通讯技术的潮流。创立于1925年的贝尔实验室，是以116年前发明电话的贝尔命名，近70年来，贝尔实验室出现了7个诺贝尔物理奖得主，5名科学家荣获国际科学勋章，获得过2.3万多项发明专利。目前，该实验室员工多达2.7万人，亚裔科学家占19%，其中大部分是华人。数以千计的贝尔实验室工作的华人科学家，大多以聪明、勤奋、谦虚和富有创造性而赢得同行尊敬。贝尔实验室的华人科学家不但在科学技术上作出重大的贡献，而且在领导才能和管理水平方面也引人注目。

简悦威获美医学界最高荣誉奖 在旧金山加州大学医学院任教的华裔遗传学权威简悦威博士，因在遗传学研究上有突破性的发现，1992年10月26日获全美医学界最高荣誉的艾伯特·拉斯克临床医学研究奖。现年55岁的简悦威在香港出生，毕业于香港大学，并获意大利卡拉里大学荣誉博士学位，过去他曾获得许多医学上的奖项。简悦威于70年代加入旧金山加州大学医学院，是该校分子医学及诊断小组主任并在该校任教。他目前是英国伦敦皇家学会院士、美国科学院院士、台湾中央研究院院士和香港大学的荣誉教授。

美籍华人唐鑫源获美国"太空实践奖" 美国华人科学家、"太空衣之父"唐鑫源博士1992年10月荣获太空总署颁发的"太空实践奖"，并获得25000美元的奖金。唐鑫源是早年自上海赴美的留学生，1962年开始服务于美国太空总署。现为美国一个太空中心的首席工程师。他由于长期研究并发明在高温下不燃烧的"贝塔纤维"而获奖。这种轻软、不变形、不腐烂、不燃烧，也不用定期清洗的纤维质优价廉，不但大量用于太空衣上，而且广泛用于建筑工业上。唐博士是"太空实践奖"的第2位得奖人。

著名华裔太空科学家、宇航员王赣骏 王赣骏是美国著名的华裔宇航员。他1963年随父母移居美国，进入洛杉矶州立大学求学。1967年和1968年先后在加州大学获物理学学士和硕士学位，1971年获博士学位。现在，他除了担任加州理工学院喷射推动实验室主任外，并在加州大学任客座教授。1976年，他设计了无重状态下研究液滴动力的实验被美国国家航天局采纳，于1983年开始接受宇航飞行训练。1985年乘"挑战者"号航天飞机进入太空，从事地球轨道的飞行实验，成为第一位华裔太空人。他登上太空，携带了一面五星红旗，当航天飞机飞经中国上空时，他拍摄了长江口等处的照片，并作象征性的跑步，以示遨游了祖国河山。他觉得自己登上太空是海峡两岸全体中国人和广大海外华人的光荣。随后，他曾到中国台湾和大陆访问、讲学，表示要为发展祖国太空事业尽力。

第三位华裔太空科学家陈翔 40岁的华裔太空科学家陈翔，1991年6月被美国航空太空总署正式排选于1992年搭航天飞机前往太空从事实验的宇航员。他是第三位华裔科学家宇航员。他在太空停留了14天，打破其他亚裔太空科学家停留在太空的最长时间纪录。5年前，华裔太空人王赣骏升空时，陈翔是后补太空科学家，当时他已接受所有体能和技术训练。这次再接受实验训练及航天飞机议器操作训练。陈翔任职于巴沙迪那市太空喷射推进实验所，他这次前往太空是从事液滴在没有地心引力时物理现象实验。陈翔的太空之旅表现出色，令华人引以为荣。

应仪如获"美国总统青年科学家奖" 在台湾出生的华裔女科学家应仪如，因研究极微小的化工材料有成，于1992年6月中旬荣获奖额为50万美元的"美国总统青年科学家奖"。此奖共有1600余名美国研究人员被提名角逐，有202人获奖。26岁的应仪如，可能是最年轻的得奖人。她和其丈夫目前正在德国萨尔邦进行研究工作。应仪如15岁移民美国，她在获得美国普林斯顿大学化工博士后，应聘到麻省理工学院任教。应仪如在描述她目前的研究时说，她所研究的是非常微小、以微微米计算的材料，此材料可用来做催化剂，也可用做高温陶磁材料，具有耐高温及催化功能。

闻名美国的人工智能工程专家华云生 39岁的华云生是美国著名的人工智能工程专家。他于1970年从香港去美国读书，获得哥伦比亚大学电机硕士学位后，又转去伯克利大学攻读电脑和工程专业，并获得该专业的硕士和博士学位。1979年毕业后，在伊利诺伊大学任教，并从1984年开始从事人工智能研究。华云生是美国最早开始人工智能研究的专家之一。从1979年到1989年，华云生由助理教授升至教授。他在人工智能方面的研究，奠定了他的权威地位。他的论文曾被评为全美十佳论文之一，他本人也是全世界都拥有会员的电脑学会的负责人之一。1991年，他又获得IEEE Fellow的荣誉，据说IEEE在全世界有30万成员，能获此殊荣的只占1%。

华裔精英硅谷创业成绩斐然 近年，愈来愈多的华人在美国高科技领域创业，成绩斐然，令人刮目相看。在加州硅谷工作的工程师中，华人和其他亚裔移民向来占很高比例——估计现时占1/3，成为一支不容忽视的技术骨干。然而，亚裔工程师在大中型企业晋升管理层的少之又少，这就激发了他们创业的雄心壮志，他们往往与几位志同道合的友人合组高科技公司，一展抱负。加上来自台湾、香港、新加坡的华人资金投入，遂使华人创业热上加热。到1992年初，在硅谷开发区内开设的新电子公司中，有1/4是由华人和其他亚裔人创办的。他们创办的公司，吸引了来自台湾和香港的投资，并且为当地人创造了就业机会。刘绍洪是新一代华裔企业家的典型。他来自台湾，在伊利诺伊州取得电机工程硕士后，1982年加入硅谷一家半导体公司，半工半读考取了加州大学博士学位，现在他跟几位来自台湾的友人开设了Knights Technology公司。来自台湾、香港和中国大陆的华裔企业家在硅谷开设的高科技公司还有：制造个人电脑的Everex Systems；制造数据存储磁盘的Komag；制造终端机和电脑的Wyse Techology；制造打印机的Qume；为其他公司装配产品并获政府颁发马尔科母·鲍德里奇质量奖的Solectron。

杨骏勇夺全美数学竞赛冠军 1993年移民美国的17岁的四川成都青年杨骏，在1993年2月全美数学学会举办的一项数学竞赛中，以破纪录成绩名列榜首，获3500美元奖金。杨骏于1992年在中国全国高中数学联赛中获一等奖。杨骏移民美国前，是四川成都第七中学学生，父亲曾在中国航空航天工业部工作。母亲是数学教师，多年前已移民美国，父子于1992年移民美国。杨骏是赛登市三角洲学院学生。数学竞赛共分3个回合，每次均以40分为满分，杨骏在前两回合竞赛中获40分满分，第3个回合获得38分，虽未满分，但仍属最高分。

孙士杰发明数学游戏风行美国 1992年美国的中小学生中风行着一种叫"二十四游戏"的数学游戏，不少学生反映通过玩这种游戏，使他们的数学运算能力大大提高。"二十四游戏"的发明人是来自中国上海的孙士杰。他在1986年开始构思这种游戏，1988年12月正式在美国面世，并迅速在各地流行。到1992年已有30个城市的学生举行过该游戏的大型比赛。在科技发达的美国，几乎每个孩子都拥有计算机。这反使他们懒得动脑筋，基本数学运算能力衰退。"二十四游戏"则把枯燥的基本数学训练变成有趣的游戏。联邦政府教育部长拉马尔·亚历山大认为，这种游戏"寓教育于娱乐，趣味盎然，又可在学校或家中玩，能有效提高学生的数学能力"。纽约市的中学数学教师汤姆斯也表示，"数学二十四"令不少讨厌计算的学生"变得好学不倦"。游戏发明者孙士杰认为，这种游戏变化多端，对训练学生的基本运算能力颇有裨益。为了提高游戏的挑战性，孙士杰又在创制一套难度更高的游戏规则，并想通过它进一步提高学生的数学运算能力。

黄炳镠研制成人造净血 1991年5月由塔夫茨大学的化工博士黄炳镠与他的同学劳施共同研究成功的以纯化牛血制成人造“净血”的成果，在美国医药界引起了轰动。这是美国食品暨药物管理局第一次核准以净化动物血注射到人体。如果临床试验成功，它将代表生化科学上的重大突破。黄炳镠博士是从1984年开始研究人造血的，经过几年的艰苦努力，他终于获得了成功。过去半个世纪来，全球医学界曾投下大量人力、精力研究人造血，但一直没有成功的例子。黄炳镠博士从一个新的角度来审视这个问题，做了技术上的突破，终于生产出了不含杂质的人造“净血”。该“净血”通过各项检验后，将为全世界提供安全而价廉的血液代用品。

华裔中学生詹哲明获西屋科学奖 第51届美国“西屋科学天才评选”于1992年3月9日晚在华盛顿揭晓，出生于美国的华裔詹哲明跻身前十名。“西屋科学天才评选”是由西屋电器公司主办的一项历史最悠久的全美高中生科学竞赛，1992年参加评选的学生共有1705名，他们来自美国50个州及华盛顿特区的761所中学。詹哲明就读于马里兰州蒙哥马利郡著名的科技重点学校莱尔高中。他是以“工程类”入围，通过以超声波测试器分析资料的电脑辅助空间距离测量研究，希望能建立机器人视觉系统。詹哲明曾是代表美国赴伦敦参加世界科学家会议的7名成员之一。目前他已取得麻省理工学院的入学许可。

12名华裔学生获美总统学者奖 美国一年一度的总统学者奖颁奖典礼于1992年6月初在白宫举行，12名华裔高中毕业生接受教育部长亚历山大颁发的奖牌。获奖的12名华裔学生是：阿肯色州的曾立兴，俄亥俄州的陈明克、佐治亚州的任颖甫、郑晓芳，伊利诺伊州的陈适韦，新泽西州的刘兆安，密西西比州的陈晓音，加州的岳睿、吴天祥、谭如瑾，内华达州的陈维豪以及俄克拉何马州的谢依帆。总统学者奖创设于1964年，每年从全国50个州，以及哥伦比亚特区、波多黎各和海外地区各选出一男一女，学习、品行及领导能力优秀的学生，自全国选出15名特优学生以及20名有杰出艺术才华的学生共141人获奖。近年来华裔学生在角逐此项荣誉中都有良好的表现。1988年有20名华裔学生获奖，1989年10名，1990年15名，1991年19名。

著名美籍华人女政治家陈香梅 陈香梅1925年出生于北京的书香世家。她父亲曾在北京大学当过教务长。30年代他曾在孔德学校上过学，抗战爆发后到大后方，毕业于西南联大，当了记者，任中央社驻昆明特派员。1947年与美国飞虎将军陈纳德结婚，随后定居美国。1960年她投身美国政坛，参加了共和党，曾在政府和共和党内先后担任过许多重要职务，帮助过尼克松、戈德华特、里根竞选总统。陈香梅现任美国出口委员会副主席，美国共和党少数民族委员会主席、中美航空公司董事长。她是美国政府中地位最高的女华人，参政20多年，尽管美国总统多次更换，她却一直受到器重，始终保持着她的政治影响力，是一位长期活跃在美国政坛上的女强人。她极力主张美籍华人在美国应注意参政，要宣传中华五千年的悠久历史和文化。她还对中国的建设事业十分关心，从1981年以来，曾数次访华，希望中国强大，表示愿为中国的统一出力。她著有《半个美国人》、《陈纳德将军与中国》等书。

著名英籍华人女作家韩素音 韩素音是英国著名的华裔女作家。她原名周月宾，1917年出生于北京。她的父亲曾留学比利时，母亲为比利时人。1933年她考上燕京大学医科专业，2年后，她得到一笔奖学金到比利时布鲁塞尔大学深造。抗日战争爆发后，她为抗战奔走呼号，身在欧洲，心向祖国。1936年毅然中断学业回国参加抗战。1942年，在成都发表了《目的地在重庆》的作品，署名韩素音，从此改名韩素音。1944年离开祖国进入伦敦女子医科大学学习，学习4年毕业后，在伦敦当外科医生。1949年离开英国，辗转香港、马来西亚和新加坡，最后旅居瑞士。从1964年开始弃医专门从事文学创作。她的有关中国的大量著作被译成许多种文字风行于世界。她的前半生有25年的时光是在中国度过的，祖国牵系着她的心。1956年，她怀着“好奇和狐疑的心”第一次回到北京，对新中国的变化和所取得的成就感到惊异。从此，她几乎每年都到中国来，以饱满的热情了解中国，研究中国。她先后到过20多个国家讲演和旅行，介绍新中国的发展情况，为增进各国人民对新中国的了解和友谊作出了积极的贡献。

美国文坛的3位新华裔作家 李歌思、雷达维和严纪许是美国文坛上出现的3位新的华裔作家，他们都是移民第二代，受过较好的教育，对自己身为边缘人的经验又多有感触，因此，作品成为出版商竞相争取的对象。李歌思写的《中国小子》，是以他的童年经历为基础的半自传体小说。它通过叙述在美国社会长大的第二代华人丁凯所遇到的种种歧视和不公正待遇，反映了第二代华人适应社会环境，在逆境中奋斗成长的过程。李歌思1992年45岁，是位律师，以前从未写过小说，他这本书人物生动，对话有韵味而幽默。出版商已经预付了10万美元版税，第一版就印约7.5万本。他们相信丁凯的奋斗经历可以寻得广大读者的认同。雷达维的《爱的痛苦》是花了7年功夫写成的，描述一位在日本寿司店工作的华裔侍者的冒险经过。他这本短篇故事集，目前是两家出版商争夺的对象。严纪许的《典型美国人》也和边缘人经验有关。严纪许1992年36岁,长于纽约,毕业于哈佛,对于边缘人如何进入主流特别有兴趣。她的《典型美国人》原订出1.1万本,现在出版商又追加5000本。出版商热衷于出版亚裔作家作品的风潮,部分要归因于美国亚裔人口的急剧增长,过去10年间,亚裔人口由3500万增长为6900万,同时有更多亚裔美国人开始写作,写得又很好。

瑞士华人女作家赵淑侠 赵淑侠为旅居瑞士的知名作家。在未正式步入文坛之前,她曾当过好几年的播音员和美术设计师。40岁时,以长篇小说《落弟》及短篇小说《王博士的巴黎假期》、《塞纳河之王》等作品引人瞩目,也为其日后的文学事业奠下了基础。赵淑侠早期的作品多数是以海外华人的生活和苦闷为题材,其中包括海外华人在民族感情与认同上的矛盾与痛苦。如颇受海外知识分子瞩目的长篇小说《我们的歌》,就是一部以海外华人的民族感情为题旨的作品。目前任"欧洲华文作家协会"会长的赵淑侠共出版了19本长篇及短篇小说,在这些成就面前,赵淑侠并没有停步,她创作热诚始终未减。1992年她最新作品《赛金花》问世,这是一部以清朝末年北京名妓赛金花的生活经历为体裁而创造的传记历史小说。为了创作该小说,她曾以2年的时间四处收集历史资料,再以2年时间埋头写作。在谈到该作品的创造动机时,赵淑侠说:"我并不是为赛金花作传,而是从女性的角度从事创作,与其说赛金花是传记或历史小说,不如说是一部女性主义小说更为贴切。"赵淑侠在创作之余,也在做些联络欧洲华文作家的工作,由她发起成立的"欧洲华文作家协会",目的就是为了将为数不多并散居在欧洲各地的华文作家组织起来,相互联系,交流创作经验与心得,为共同繁荣欧洲的华文创作,推进中华文化在欧洲的发展作出贡献。

华裔女作家张琼获英NCR书籍奖 1992年度英国最重要的书籍奖NCR奖于5月21日被授予了英国华裔女作家张琼,并获2.5万英镑的奖金。她的获奖作品是一部自传,其中反映了中国从封建国家转变为共和国的历程。张琼的《野天鹅》一书,叙述了作者3代的经历,包括她自己、她的曾参加毛泽东领导的游击队的母亲,以及她的15岁时被卖给军阀作妾的祖母。她们的命运反映了20世纪中国的动乱历史。张琼于1979年离开中国后,侨居伦敦,在伦敦大学东方和非洲研究学院任教。据任评奖委员会主席的影星史坦普说:"我们全都发现此书令人瞩目。3个妇女的鲜明形象反映出半个世纪的中国历史。"

马来西亚华文作协主席云里风 1993年年满60岁,身材瘦高的马来西亚华文作协主席云里风先生生于福建莆田,家境清贫,1948年到马来西亚,靠刻苦奋斗成为今日马来西亚的千万富翁。他担任小学校长30多年,一边教书、一边写作、一边经营实业,已出版小说集5部、散文集2部,是马来西亚华人在商界和文学界均有建树的杰出人士。1990年,云里风先生当选马华作协主席后,针对现阶段马华严肃文学出版难的问题,向企业界、商界集资13万马币,义务扶持华文作家出版《90年代马华文学丛书》,迄今已出版了40位作家的40部作品。云先生说:"文学是文化的一种精华,是民族的一种灵魂。"他打算今后每年至少还要出12本书,以支持马华文学事业的发展。在云先生的倡导下,马来西亚举办了两年一度的"马华文学节",如今已进行至第3届,这已成为当地华人界一次盛大的节日。

热心推广华文教育的海外游子 泰国有位不知疲倦、热心推广华文教育的人,她就是泰国教育部华文教材委员会副主席、五等皇冠勋章获得者马丽莹女士。50多岁的马丽莹女士是位有30多年华语教龄、桃李遍泰国的教育家。她从事华文教育有着一段不平凡的经历,马丽莹女士出生于泰国,从小随着有华人血统的外祖父和外祖母生活。由于外祖父母的熏陶,她对中国的语言、文化和传统有着特殊的感情。可是30多年前的泰国,由于政治原因,汉语教学和会话是受严格管制的。随着中泰两国关系的改善,泰国政府放宽了对华文教育的限制,马丽莹是第一批获得泰国政府批准的华文师资资格证书的人,那年她才20岁。现在,马丽莹女士桃李遍泰国,不仅大企业、大商业有她学生,政府部门、事业单位有她教过的学生任职,泰驻华使馆的不少官员也曾是她的学生。她主持编写的一套6册汉语课本已被泰国教育部指定为商业学校的专用教材。1992年,泰国政府宣布彻底解除有关华文教育的禁令,这其中包括她和其他一些有识之士的多方奔走和呼吁的功劳。马丽莹女士在华文教育事业上的卓越贡献,得到了泰国政府和泰国王室的鼓励,她不仅被泰国教育部任命为华文教材委员会副主席,还被推选为世界汉语教学学会理事,泰王室曾授予她五等皇冠勋章,还将授予她四等白象勋章。

英国华人社团发起为"希望工程"捐款 中国青少年发展基金会发起的救助贫困地区失学少年重返校园的"希望工程",在英国华人中引起很大反响。到1993年初已有几十个华人社团发起为"希望工程"捐款。旅欧村本同乡会紧随英国伦敦华人互助工团率先响应联会的号召,首日捐款900余镑,伦敦华埠街坊会会长也将为数6000多镑的邓炳福基金支票及一笔现金交予中国驻英国大使馆。而北爱尔兰华商总会则早已捐款2500多镑,向山东省平邑县伸出了援助之手。

华侨教育基金会在巴黎成立

以"促进教育、振兴中华"为宗旨的华侨教育基金会经过2年多时间的筹备，终于于1992年6月12日在巴黎宣布成立。基金会主席汪漱芬女士说："教育是立国之本，是民族振兴的基石"，为了联络海外华人华侨共同促进中国教育事业的发展，由她本人发起成立了"华侨教育基金会"。

美一华裔残疾青年向宁波大学捐巨款 一个祖籍浙江宁波市、出生于美国的18岁华裔残疾青年，将他父母存在银行留给他的委托款项20万美元，全部赠送给宁波大学作为残疾学生奖学金。1992年初，消息传出后，引起美国社会人士的惊异。这个新闻人物的名字是帕特里克·张，当他呱呱坠地时，父母亲替他在银行存了20万美元，规定当他满18岁时便可以全权支配这笔款项。1991年他满18岁时，随父母赴宁波祖家寻根问祖，自己做出了上述的决定，他将20万美元在银行开了外汇委托户口，和银行签订了协议书，规定每年将利息所得，设置600个奖学金，每人可得100美元。对申请奖学金的学生资格，他有最后核准的权力。对于儿子的举动，小张的父亲最初很震惊，但后来却表示理解和支持，他说，我为有这样一个儿子而感到骄傲。

华人在欧洲创办法文报纸《丝绸之路》 由在巴黎出版的中文日报《欧洲时报》社社长杨咏菊女士提出并创办的欧洲第一家中国人办的法文报纸《丝绸之路》于1991年11月在巴黎出版。这是一份专门介绍中国文化的8版面的法文报纸，栏目有《今日中国》、《养生之道》、《消遣》、《艺术园地》、《读书乐趣》和《青年天地》等。创办它的目的是为两类读者服务：一类是旅居法国的华裔青年。他们汉语水平有限，无法阅读《欧洲时报》。但他们希望身居法国社会而又不忘祖宗之根。另一类是希望了解中国文明的所有法国人。周报的顶梁柱是一位热爱文学、翻译过小说和剧本的前法语教授和一名校对。他们把《欧洲时报》上刊登的某些文章译成法文，也采用记者写的文章。杨咏菊说："目前我们印刷几千份，在最重要的城市发行，同时在报亭、商店和中餐馆里出售。"《丝绸之路》发行主任说："还需向其他讲法语的欧洲国家修一条新的丝绸之路。"下一个目标是比利时，然后是瑞士。

瑞典华侨创办华文刊物《北欧华人》 北欧四国（瑞典、芬兰、挪威和丹麦）的华人长期缺乏母语精神食粮，要是得到一份时过半载的香港刊物，也如获至宝。自1990年8月起，瑞典出现了一份名为《北欧华人》的4页月刊，在规模和结构上仍属起步阶段，还未能列为正统报纸。《北欧华人》月刊，是斯德哥尔摩一些华侨和中国留学生的合作成果，华侨有钱出钱，学生有力出力，为北欧华人提供新闻和中国文化，并以探讨当地华人生活为重点。1992年初该月刊每月发行1500份左右。现在，北欧四国有近3万华人，分布在不同城市和乡镇，要每个华人都可看到报纸，是一条漫长艰苦的路。

老华侨陈彬编写《荷兰华侨史》 《荷兰华侨简史》，于1992年由荷兰松柏联合总会出版，编著者是陈彬先生。陈彬是老华侨，1992年81岁，他觉得现时如果不编写荷兰华侨史，再过一二年，很多老华侨去世，便难以追忆过去100多年的华侨历史了，因此，他发自内心的热诚，走遍荷兰各大学图书馆和报馆，找到很多史料，再向老华侨印证，才写成这本书。荷兰有些社团，本来藏有早期华侨史料，但是荷兰在第二次世界大战时被德军占领，当时有一位华侨勾结德军，带领德军搜查各华侨社团，把所有的文件抢去，因此失去所有史料，造成编写华侨史困难重重。尚幸他自己藏有很多照片，虽然只是30年代起的照片，但已是十分珍贵。其中又得N.O.S中文电视台记者邱珍珍女士在莱登大学汉学图书馆内，找到抗战时期在荷兰出版的《抗战要讯》周刊的合订本，影印供他参考，才能写成这本简史。

姚美良为内地科技文化教育发展捐巨资 1993年9月22日，北京华侨大厦，"永芳科技文化教育基金"捐赠仪式在这里举行。捐款人是全国政协委员、香港南源永芳集团公司董事长姚美良先生。他此次捐资人民币200万元，设立"永芳科技文化教育基金"，用于奖励内地科技、文化、教育事业发展作出贡献的归侨、侨眷。这是姚美良先生为弘扬中华文化，振奋民族精神，谋求中国富强的又一义举。39岁的姚美良先生祖籍广东大埔县。他出生于新加坡，幼年在马来西亚度过。其父姚永芳先生是爱国华侨、实业家。姚美良11岁回国求学，20岁去香港，在父兄帮助下学习经商，开始创业，办起了香港南源永芳公司。在中国改革开放之后，姚美良的南源永芳公司率先进入内地市场，如今南源永芳集团在内地已形成拥有10多个企业的综合型集团公司。在发展实业的同时，姚美良鼎力支持发展内地的科学文化教育事业。近年来姚美良为内地科学文化教育事业捐款达6000万元人民币，捐赠地区遍及全国30个省市自治区。仅在家乡大埔县资助兴办公益事业，捐资就达1700万元人民币。姚美良先生把自己的事业同中华民族的振兴，同祖国的强盛紧紧联系在一起，他的所作所为，为世人所瞩目。姚先生表示，愿以精卫填海的精神，从点滴做起，促进海内外炎黄子孙携手努力，为弘扬民族文化，振奋民族精神，为振兴中华，促进人类文明进步竭尽绵力。

旅泰华人领袖组建中华民族文化促进会 由旅泰华人领袖、泰华报人公益会主席陈世贤先生发起和组建的中华民族文促会于1992年2月29日在重庆成立。中华民族文化促进会是一个全国性的非赢利的社会团体，其宗旨是联系海内外热心于振兴中华民族文化的团体和个人，继承民族文化精萃，发展地方戏剧、民间音乐和舞蹈，保护民族文物，弘扬中华民族文化。促进会的任务是争取捐助、筹集资金以奖励对发展中华民族文化事业有贡献的团体和个人。培育中华民族文化人才。该会第一任会长为叶选平，副会长是陈世贤、阎明复、任于飞、肖秧。文促会的成立还得到了李瑞环以及泰籍华人谢慧如、美籍华人陈香梅等人的支持。

弘扬中国传统艺术的美华艺术协会 美华艺术协会是全美第一个政府注册的非赢利华人艺术团体。中国传统艺术在美国获得肯定，美华艺术协会确实居功不少。美华艺术协会每年都在纽约这个世界文化大都会的最高艺术殿堂“林肯中心”举行“中国城万岁”晚会，邀请华裔艺术家到场表演。京剧名伶李宝春、梅兰芳的儿子梅葆玖、名伶童芷苓、河南梆子戏皇后王海苓、绍兴戏皇后周弥弥、掌中戏大师李天禄，以至无数声名显赫的华人艺术家，都曾透过美华艺术协会的安排，于“林肯中心”登台献艺，在国际艺术评论家面前，展现中华戏剧艺术的姿彩。美华艺术协会是美国唯一将各种各样的中国戏剧艺术带到林肯中心的艺术团体，不少资深艺评家对中国“弹词”、“相声”的认识亦由此开始。多年来，美华艺术协会还致力于扶持华人艺术家的成长，现在誉满国际艺坛的陈逸飞，当年在美国举行第一个画展就是在美华艺术协会，其他知名画家如陈丹青、袁运甫等也都在美华艺术协会举行过画展。美华艺术协会群艺画廊一直在纽约为华人艺术家提供免费展览的园地。美华艺术协会一年一度的夏日文艺季，开创了华人艺术在纽约公园表演的先河。1992年适逢庆祝哥伦布发现新大陆500周年，市政府在华尔街设立了7个大型舞台，其中亚裔舞台的所有表演节目，就由美华艺术协会统筹包办。目前美华艺术协会的成就已获得官方的肯定，纽约州州长订每年的9月16日为美华艺术协会日。著名的《纽约时报》也载文称赞美华艺术协会，它说：“我们要感谢美华艺术协会，让美国人可以一睹中国传统戏剧艺术的博大精深。”

华裔女主播于小玲享誉美国

芝加哥第7号台电视台(ABC)华裔女主播于小玲，不但是一位杰出的大众传播工作者，同时也是一位热心公众事务，热诚回馈华人社区的义务工作者。1968年于小玲自南加州大学新闻系毕业后，便投入新闻界，曾先后在俄勒冈州波特兰市及加州奥克兰市的电视台担任新闻播报。1980年她转到芝加哥第5号电视台(NBC)工作。于小玲和其他各行各业的华裔一样，深知只有靠加倍努力才能够在竞争尤为激烈的大众传播界立足，更何况她在这一行中更是少数中的少数。从最初只负责采访及播报周末新闻，到后来升任下午4点半新闻的主播，及更高一级的同时主播4点半及10点半的新闻，于小玲很快站稳了脚步。最近几年，最令华裔观众印象深刻的是：她参与了华人社区的建设工作。于小玲和芝加哥华埠的服务机构“华人咨询服务处”有着密切友好的合作关系。她不时出席该处的公益活动，并且还担任该区“顾问委员会”主席，每年为该处筹款出力甚多，并每每亲自主持。1992年夏，“莱纳报系”颁赠“荣誉公民奖”给于小玲，表彰她在社会服务的贡献。

老艺人伍尚炽获美“国家传统奖” 1992年6月美国国家文艺基金会宣布，在纽约市华埠以演唱台山民谣《木鱼书》闻名的82岁老艺人伍尚炽，已获选为1992年度的美国“国家传统奖”得奖人。1992年获奖者共有13人，伍尚炽获颁的奖金为5000美元。伍尚炽是广东台山人，1980年与妻子移民美国后，经常在纽约华埠演唱“木鱼”。他除了演唱旧曲外，还会自编新词，自传性作品有《伍伯来金山》等。纽约的亚美艺术中心曾经拍摄他的演唱纪录片，他还录制“木鱼”录音带出售。

菲律宾电影业“女王”杨莉华

在菲律宾，提起Mother Lily的大名，无人不识，因为她几乎垄断菲国的电影市场，被称为菲律宾娱乐业的“女龙王”。这位被认为影响力仅次于菲国前总统阿基诺夫人和前第一夫人伊梅尔达·马科斯夫人的华裔女性，便是杨莉华。杨莉华原籍福建南安，是菲律宾著名华校“尚一中学”创办人杨翼注的幼女，1939年出生于马尼拉。杨莉华少年时代非常喜欢看电影，是标准的影迷。她在1970年创立了一家电影发行公司，2年后又成立了帝王电影制片公司，并开始担任导演。5年中帝王电影制片公司推出的电影击溃菲国电影界三大家族，控制菲国电影界65%以上的市场。菲律宾人非常喜欢看电影，这也是他们最普遍的娱乐。杨莉华根据观众的口味，塑造了一个又一个的超级巨星，炮制了一出又一出的精采好戏，使帝王电影公司名扬全国，杨莉华的名字也不胫而走，成为菲国几乎家喻户晓的人物。

好莱坞著名华裔女演员赵家玲 赵家玲出生在美国，她的父母都是40年代从中国去美国学习的知识分子。她4岁登台，到八九岁已演出歌剧100多场。13岁便与美国著名光头影帝尤伯连纳演出电影《国王与我》，配合得当。后由于参加了在美国已连续演了11年的电视连续剧《野战医院》的演出，一举成名。1983年与加拿大男演员埃里克·弗莱尔合演《特里·斯克斯轶事》，获得了当年美国有线电视节目的重奖——最佳影片奖。1984年5月，赵家玲和美国总统夫人南希·里根一起参加了教育片《不同的笔法》的摄制。她还参加了《中华女儿》、《活着回来》、《天敌蜘蛛人》等片的演出。现在她是美国20世纪福克斯公司的演员，美国观众喜欢的明星，被誉为“好莱坞星河中一颗灿烂的新星”，并获“东方影后”之称。1984年7月，曾和母亲一起访问中国，并表示要演中国人，出现在中国的银幕上。

旅日青年歌唱家周冰倩获日本最优秀新人奖 引人注目的日本歌坛新人奖，于1993年7月初在东京揭晓。中国旅日歌手周冰倩以一曲《逝去的爱》获得最优秀新人奖。日本歌坛新人奖1993年为第12届。获得最优秀新人奖的周冰倩是历届获此殊荣的第1位外籍歌手。1993年的日本歌坛新人奖共有300余位日本各公司的签约歌星参赛。按惯例，最后决出13位歌手，分10个组参加全国所有电视台均直播的决赛，这决赛的规模相当于我国中央电视台举办的电视大奖赛。周冰倩在国内拥有20万歌迷。她演唱的《真的好想你》深受国内听众喜爱。在日本，她同样拥有大量的歌迷。1993年7月21日，日本JVC公司推出了周冰倩的第1张CD专辑，发行量超过6万张，为1993年度日本新人发行量最大的一张。

美籍华人钢琴家黄立明 黄立明出生于菲律宾马尼拉的一个华人家庭，她从小酷爱音乐，把全部精力都注入钢琴演奏事业。她从马尼拉的CVRTIS音乐学院毕业后，曾到德国深造，获得德国政府颁发的高级训练奖学金后，又到瑞士拜名师学艺，学成后到纽约，成为纽约一名活跃的音乐家。她是欢乐乐团的创办人之一，现任该团的主任；她同时又是拉瓜地亚社区学院的驻校艺术家，在该校她是推动新美国作曲家系列的尖兵；她还常常出外表演和讲学，经常为CRS灌录唱片。1993年7月10日晚，黄立明独奏音乐会在深圳大剧院音乐厅举行，她演奏了莫扎特的《降b调钢琴奏鸣曲》，德彪西的2首前奏曲以及浦罗柯菲夫的《a小调第三号钢琴奏鸣曲》。这是她在中国的首次演出活动，她希望今后能有更多的机会在中国为自己的同胞演奏。

美籍著名音乐指挥家兼艺术总监董麟 1993年8月初，美国怀俄明州黄石国家公园举办了大峡谷音乐节。大峡谷音乐节的艺术总监董麟与来自台湾的世界著名小提琴演奏家林昭亮和大陆旅美青年钢琴演奏家孙祥东的同台演出十分惹人注目。年近60的指挥家董麟，在美国已奋斗了40多年，现在是美国知名的音乐活动家。从1967年起他担任大峡谷音乐节的音乐总监，至今已有27个年头。这是美国最为有名的夏季音乐节之一，世界许多优秀音乐团体和音乐界重要人物都来过这儿。出生于上海的董麟，14岁时被选送到费城柯蒂斯音乐学院学习小提琴演奏和乐队指挥，毕业后即成为美国一家交响乐团的指挥，1964年他组建了费城管弦乐团并担任音乐总监，他先后去维也纳、柏林、德国、英国等地指挥演出，其朴实无华的艺术风格尤为欧洲人欣赏。今天，当他看到中国年轻一辈的音乐家立足世界乐坛，更是感到由衷的高兴。他把林昭亮、孔祥东请到音乐节来，就是要为他们创造条件，和世界各地的音乐家有更多的接触。在音乐节上，董麟和林昭亮合作的小提琴协奏曲音乐会、孔祥东的钢琴独奏音乐会都受到了高度的评价。人们从3个华人音乐家的杰出表演中，看到了中国人的潜力和才华。

华裔青年古家安创作乐曲获国际大赛冠军 华裔青年古家安凭着自创的《爱丽丝梦游上海》一曲，赢得了1993年年初在日本举行的第29届日本国际电子琴大赛冠军。古家安1993年30岁，15岁时由香港移民温哥华，后考入西门菲沙大学攻读电脑。曾多次获取温哥华及加拿大电子琴大赛冠军。这次参赛曲目为《爱丽丝梦游上海》，他除了充分利用电子琴的特色，使之成为“科学的乐器”外，乐曲更融入西洋技法与东方气息。古家安的《爱丽丝梦游上海》，由于充满东方味，他的香港朋友曾将该曲拿到香港给学生演奏，结果赢得全港冠军。

旅日青年女画家娄正纲 1993年5月12日，旅日青年女画家娄正纲在日本绘画艺术最高殿堂三越画廊举办了个人画展，再一次引起轰动。日本前首相中曾根康弘、当代绘画大师加山又造在贺电和题词中赞扬她“天赋超人”，她的字画“具有罕见的艺术魅力”。她的作品走俏日本列岛，有的被印成挂历，进入千家万户，有的被制成名信片，飞往世界各地。她的名字已被列入《外国名人大词典》中。娄正纲，26岁，黑龙江鸡西市人。3岁从父习字，聪明过人，受到著名艺术家吴作人、舒同、启功的赏识。1979年，娄正纲12岁应邀在北京荣宝斋练字，其表现受到日本一书道代表团赞叹。当年，她以“智力超常儿童”资格，破例进入中央美术学院深造。1986年，年仅19岁的小娄东渡日本，开始了异国他乡的艺术生涯。在东京，她坚持一边学习，一边创作。她的宿舍就是她的整个生活天地，她常常晚上8点开始作画，通宵达旦。顽强的毅力与锲而不舍的精神，使娄正纲的艺术事业终于取得了成功。1990年，她的作品在各地展出，一下子轰动了日本列岛。日本报纸、杂志纷纷发表评论，称小娄是“传统和现代艺术的前卫”，她将“中国水墨画、西洋油画和石器时期的洞窟壁画熔于一炉，把绘画推向一个新的境界。”娄正纲虽身在日本，但她仍时刻关心着祖国。她曾2次将个人举办画展所得的部分收入捐献给国家。她的这种成才不忘祖国的高尚情操受到同胞们的敬佩。

旅泰著名画家林耀 林耀从小喜爱画画，曾从师美术老师刘昌潮，有“小画家”之称。长大后，又随岭南名画家孙裴谷习画，为其门下高足，经过从无间断地半生钻研，使他终于形成了自己独特的艺术风格，成为泰国知名的画家。林耀曾几度在曼谷举行“个人画展"或"联展",他的作品的气势雄浑,神态逼真,给人以无限的美感。他的《松涛鹤影》、《烟雨蒙蒙》等巨幅作品曾2次夺得比利时布鲁塞尔参赛作品首奖。设于比利时首都布鲁塞尔的"国际艺术协会",是世界超水准的学术组织,会员遍及世界各国,林耀是泰国唯一被邀加入的会员。

美华裔网坛名将张德培 网坛名将张德培1972年2月22日出生于美国的霍博肯,他从小在父亲的悉心指导下练习打网球,并在第1届高菲12岁以下网球赛中获胜。12岁那年,张德培已取得美国少年硬地网球赛冠军,1987年他更在美国公开赛的赛事中获胜,那年他才不过15岁多一点。张德培于1988年转为职业球手,还成为超级大赛最年轻的盟主。同年他已打进ATP网球龙虎榜。1989年,年仅17岁零4个月的他,便以无比坚韧的毅力,挫败伦德尔和埃德伯格,成为历史上最年轻的大满贯赛事冠军得主。他是自托尼·特拉伯特以来,第一个攀上这个宝座的美籍华人球员。1989年12月,张德培再接再厉,在温布利赢取他第2个冠军,把世界排名推到第5位。在此以后,他不断受到臂部伤患的困扰,然而张德培并没有因此而气馁,他以顽强的意志战胜了病魔,终于又回到了赛场,1990年3月在孟菲斯重投赛事。在几轮惨败后,张德培终于战胜阿加西、博格和桑普拉斯,赢得了该年的首项冠军。

热心公益事业的泰国杰出华人银行家陈有汉 陈有汉因为在银行学及企业管理学方面造诣精深并拥有东南亚最大的商业银行——泰国盘谷银行而闻名遐迩,成为海内外华人的骄傲。陈有汉是盘谷银行创始人陈弼臣之子,他从小在汕头长大,以后去香港读书,1952年前往伦敦一所银行学院深造,毕业后在苏格兰皇家银行实习业务。1958年他从英国学成回泰国就业,在父亲开设的亚洲信托公司任经理,翌年便受命前往盘谷银行,协助当时的副总裁黄闻波管理国内业务,从会计部副经理逐步擢升职位,由常务董事兼经理、助理总裁、副总裁以至总裁等职。60年代末期,陈有汉第一个提出在盘谷银行实行电脑化作业的建议,使盘谷银行成为东南亚第一家使用电脑操作的商业银行。陈有汉当总裁后,大胆改革内部管理,将原有的"家庭式"行政管理改为"集体管理"。他十分注重提高银行的服务素质,尽可能采用现代化技术设备来提高工作效率。同行评价他与其父相比是:青出于蓝而胜于蓝。陈有汉用实力证明了他是一个精明干练的总裁,是一个强有力的铁腕人物。他除了工作之外,还十分热衷于社会公益事业。历年来,他积极参与并领导泰国社会团体及文教机构工作,现任泰中友好协会副主席、泰中促进投资贸易商会名誉主席、介寿堂慈善会永远名誉主席、泰华报人公益基金会会长等职。

拾金不昧的美籍华人邝雅伦

6月12日是旧金山市的"邝雅伦日"。对于华侨社区,尤其是对于主角邝雅伦来说,这是一项极大的殊荣。邝雅伦是一个48岁的餐馆杂工,广东台山人。1991年6月12日在第三街的国际食物中心做打扫工作时,拾得一个手提包。打开一看,发现里面塞满了面额20美元的钞票。邝雅伦把提包关上并立刻报警,警方即派人来处理。经查实包为一老人遗失,内有现金27.7万美元。警方对于邝雅伦的忠实极为赞扬,各电台电视争相报道。旧金山市市长艾诺斯为了表扬邝雅伦的高尚行为,特别把当天命名为"邝雅伦日",并前往国际食品中心,把一张荣誉奖状及200美元奖颁予邝雅伦。

国际交流活动

国际汉民族学术讨论会在昆明举行 由云南大学举办的国际汉民族学术讨论会于1992年11月1日—4日在昆明召开，来自国内15个省、自治区、直辖市以及日本、新加坡等国的几十位专家学者参加了会议。会议期间，与会者对汉民族传统文化与社会主义现代化建设，汉民族与中国少数民族的关系，汉民族与世界等问题，进行了广泛而深入的探讨。

国际孔子文化节 由山东省济宁市和联合国教科文组织联合举办的1992年国际孔子文化节，9月28日在孔子故乡——曲阜市举行。曲阜文艺团体在孔庙大成殿前为中外来宾表演了大型仿古祭孔乐舞和失传达2000多年、专门祭祀中华民族文明始祖黄帝的仿古乐舞《云门大卷》。本届孔子文化节活动内容包括：孔子诞辰2543周年纪念会和孔府文物档案馆落成仪式、"寻根朝敬之旅"首游式、孔子家乡修学、品尝孔府家宴、乘仿古马车、仿古射箭等。来自80多个国家和地区的1600多名海外来宾参加了文化节。

中华炎黄文化与河洛文明国际学术研讨会召开 由中华炎黄文化研究会、河南省炎黄文化研究会、巩义市人民政府共同发起的中华炎黄文化与河洛文明国际学术研讨会于1993年11月下旬在河南省巩义市召开。参加会议的有来自全国各地和美国、日本等国家的专家学者174人。这次会议着重讨论了中华炎黄文化与河洛文明的关系以及河洛文明的起源、内涵、演变、历史地位以及与周围其他文化的关系等问题。与会者认为，河洛地区在历史上曾长期是中国政治、经济、文化中心，河洛文明就是指以洛汭为中心的黄河中游地区的历史文化遗产，是华夏文明的核心；并认为洛汭地区是河图洛书的发源地。有的学者还对自宋代以来炎黄文化中衰的原因进行了有益的探讨。

国际徐福文化交流协会成立 中国国际徐福文化交流协会1993年9月19日在北京成立。2200多年前，徐福率领数千名童男童女自山东半岛东渡，经朝鲜半岛至日本。千百年来，徐福已成为中日友好交流的象征。近几十年来，中、日、朝、韩及香港、台湾史学界，加强了对徐福东渡的研究，尤其是中日双方，多次派学者到徐福故里山东龙口等地考察，并多次举办徐福研讨会。我国山东省和山东的龙口市、胶南市，日本的东京、大阪、左贺、新宫相继成立了徐福研究会。成立大会通过了协会章程，推选程思远、李耀文为名誉会长，马仪为会长。中、日、朝、韩等国52名著名专家教授等担任顾问。

第3届《孙子兵法》国际研讨会 1992年4月11日第3届《孙子兵法》国际研讨会在山东临沂市召开。中央军委副主席刘华清、全国政协副主席洪学智出席开幕式并讲了话。会前李瑞环及全国人大常委会、全国政协有关负责人在人民大会堂会见了与会部分中外专家学者。李瑞环说，一个国家、一个地区，要想尽快地发展，就必须大胆地吸收和借鉴人类社会创造的一切文明成果，《孙子兵法》是我们祖先留下的一份珍贵遗产，现已成为人类共同的精神财富。如何深入研究，鉴古知今，使这份遗产为现实服务，是我们当代人的责任。要努力研究，不断取得新成果。参加这次研讨会的有美国、日本、意大利、罗马尼亚、马来西亚、中国及台湾和香港地区的学者200多人。会议围绕《孙子兵法》的时代意义展开了学术交流，研讨会由中国军事科学学会等单位主办。

中国—犹太文化国际研讨会举行 由中国国际文化交流中心

和世界犹太人大会共同举办的中国—犹太文化国际研讨会于1992年4月6日—8日在北京举行。这次研讨会的目的是促进中国文化与犹太文化的研究。研讨会期间，几十位中外学者、专家，就中国与犹太文化的传统、现在与未来广泛地交流见解，并就现代社会如何继承人类的文化财富，弘扬民族传统精神等问题进行了讨论。

'92中国国际《红楼梦》学术研讨会　由中国艺术研究院、中国红楼梦学会主办的'92中国国际《红楼梦》学术研讨会于1992年10月18日—22日在江苏省扬州市举行。来自大陆、台湾以及美、日、澳、韩、新加坡等地的百余位红学家在研讨会上以"《红楼梦》与中国文化"为题进行切磋探讨。据介绍，近10年来，我国先后出版了数十种不同版本的《红楼梦》，《红楼梦》被翻译为16种文字，流传于世界30多个国家和地区。

王船山国际学术研讨会在衡阳召开　"纪念王船山逝世300周年国际学术讨论会1992年11月上旬在湖南衡阳召开，来自海内外的100多名专家学者出席了会议。王船山是中国明清之际的著名思想家、哲学家、史学家和文学家。此次学术讨论会的主题是：王船山与中国传统文化。学者们从各个不同的角度全面评价了王船山的思想以及在中国传统文化中的历史地位。

第4届朝鲜学国际学术讨论会在北京举行　为期3天的第4届朝鲜学国际学术讨论会1992年8月20日到22日在北京大学举行。来自朝鲜、韩国、日本、美国、加拿大、独联体、印度等10多个国家的600多名学者聚集一堂，共同就朝鲜学中的历史、经济、政治、法律、社会、教育、科技等11个学科进行学术交流和相互切磋。在本届讨论会上，朝鲜社会科学院副院长、韩国著名大学校长等学者坐在一起，就共同关心的课题和各自研究成果进行交流与讨论，促进了双方学者的相互了解和友谊。在经济分科，各国经济专家和学者对中国图们江流域的经济开发区，产生了浓厚的兴趣，提出了不少开发投资方案和措施。

汨罗江国际龙舟节　1992年6月1日—8日，来自湖南、云南、海南等12个省、市，及美国、日本、澳大利亚、荷兰、马来西亚、新加坡、南朝鲜、香港和台湾等9个国家和地区的近50支男、女龙舟劲旅云集湖南省岳阳市，参加传统的中国湖南岳阳汨罗江国际龙舟节。岳阳是龙舟文化的发祥地，举办国际龙舟节是为纪念公元前278年伟大的爱国诗人屈原不忍看到楚国日益衰败，于中国农历五月初五抱石自沉于汨罗江，以身殉国的爱国精神。本届龙舟节融经济、文化、体育、旅游为一体，紧密结合中国改革开放的新形势，促进了岳阳地区的经济文化建设。

海上丝绸之路国际学术团来访　由研究中国陶瓷与宗教文化的西方知名学者组成的海上丝绸之路国际学术访问团1992年10月3日上午从巴黎飞抵北京，他们在中国进行为期3周的学术交流。这个主要由法国、美国、英国和瑞士的学者组成的访问团是应中国与海上丝绸之路研究中心的邀请来华的。在华期间，他们前往西安、扬州和泉州参加3个学术讨论会。

第6次中日实践伦理学讨论会　以姚介厚为团长、刘启林为顾问的中国伦理学者访问团，应日本社团法人伦理研究所之邀，于1992年10月14日至22日访问了日本，并且参加了一年一度的第6次中日实践伦理学讨论会。这次访问和学术交流是为纪念中日两国恢复邦交20周年以及伦理研究所的创始人丸山敏雄诞辰100周年而举行的，访问和会议取得了丰硕的成果。出席会议的，除以丸山竹秋理事长为首的伦理研究所的主要负责人和学者外，还特别邀请了在学术界颇有威望的伦理学家参加。这次讨论会的首要内容，是研究丸山敏雄的伦理思想。中国社会科学院哲学研究所的陈瑛，在会上作了《伦理要和现实生活密切联系》的专题发言。天津社会科学院伦理学所所长温克勤，在研究了丸山敏雄关于"恩"的伦理之后，作了《"恩"的观念在中国》的专题发言。还有一批中、日学者在讨论会上发了言。讨论会确定，拟于1993年在中国举行的讨论会，将增加环境伦理、生命伦理等议题。

中日佛教学术交流会　中国佛教协会和日本佛教大学联合举办的第4届中日佛教交流学术会议于1992年11月9日—10日在北京举行。这次会议的主题是"中国佛教的传统与创造"。中国佛教界、学术界隆莲等5人与日本佛教界、学术界藤堂恭俊等5人共向大会提交10篇论文。赵朴初在开幕式上致词说，这次会议不仅使双方在佛教文化学术上共同切磋，并且推动两国佛教徒和人民的友好情谊向深度发展。

首届中美教育研讨会在北京举行　首届中美教育问题研讨会于1992年11月10日在人民大会堂隆重开幕。会议由中国教育国际人民交流协会、北京师大、中国科协、美国国际人民交流协会联合举办。200名中方代表和23名美方代表与会，他们就天才教育、科学教育、职业技术教育、艺术教育、全球观念、特殊教育、提前教育、地方大学管理等20个专题进行了交流。

'93中国四川国际电视节　历时6天的'93中国四川国际电视节于9月23日—9月28日在成都举行。本届国际电视节以"和平、友好、交流、合作"为宗旨，得到海内外朋友和四川人民的热情支持。应邀前来参加电视节的有美、英、法、日、意大利和台湾、香港等31个国家和地区以及我国大陆地区的宾客共计2400余人。参加本届“金熊猫”评奖的作品有140部。经7个国家的14位评委以投票方式评选，日本的《良太的夏天》、中国的《远在北京的家》分获最佳故事片和最佳纪录片大奖；中国演员吴京安(《老磨房》中饰罗罗)和美国演员凯瑟琳·哈罗德(《不公正的裁决》中饰莉莉)分别获最佳男女主角大奖。电视节期间，有国内外近300家电视台、影视制作机构进行节目交易和广播电视设备展览。

巴基斯坦《黎明报》出版纪念毛泽东诞辰100周年专刊 卡拉奇出版的巴基斯坦最大的英文日报《黎明报》1993年12月27日出版专刊，纪念毛泽东诞辰100周年，专刊以4个整版的篇幅，刊登了9位巴基斯坦朋友回忆毛泽东的伟大业绩及他对中巴友谊的巨大贡献、毛泽东对世界特别是第三世界的影响。专刊首先刊登了巴著名画家费卡画的毛泽东像，还登载了毛泽东同巴基斯坦领导人和著名人士交往的照片，毛泽东少年时期的全家照，毛泽东同少年儿童在一起，群众拜谒毛主席纪念堂等照片。巴基斯坦《新闻报》等报也刊登了一些介绍毛泽东生平业绩和中国成就的文章。

“中国城”在法国落成 由一群巍峨壮观的中国古代宫殿式建筑构成的“中国城”，在巴黎东南郊的阿尔福维尔市落成，1992年10月15日下午举行了隆重的开幕仪式。法国各界人士2000多人出席。“中国城”坐落在塞纳河和马恩河的汇合处，占地46000平方米，建有展览厅、旅馆、商业走廊等。它集仿古建筑与中国园林艺术于一身；兼容贸易、旅游、技术与文化交流等多种功能，为发展中、法两国的经济贸易关系和交流提供了良好的场所。中国故宫珍宝展也同时在“中国城”开幕。258件中国故宫珍品受到观众的热烈赞扬。

秦兵马俑真品在法国首展

秦始皇兵马俑真品于1992年6月20日在法国东北部的摩泽尔省首府梅斯市展出。这是秦兵马俑在法国的首次展览。展出的文物包括8个兵马俑真品、1驾铜马车和2匹马的复制品以及80多件秦和西汉时期的出土文物。1000多名法国和邻近国家的各界人士出席了展览会，并兴致勃勃地参观了这个名为“永生的兵士”的展览。

俄举办艾青诗歌朗诵会

1992年6月3日，俄中友协和全俄汉学家协会在莫斯科友谊宫联合举办了中国现代著名诗人艾青诗歌朗诵会。在朗诵会上，俄罗斯的汉学家和我国留学生代表情绪激昂地朗诵了艾青在各个不同年代创作的诗歌作品，博得了与会听众的阵阵掌声。俄中友协副主席、著名汉学家费德林教授主持了诗歌朗诵会，并发表了热情洋溢的讲话，他称艾青为中国现代伟大的诗人。俄中友协主席齐赫文斯基和我国驻俄罗斯大使王荩卿参加了纪念活动。

李光耀会见中国精神文明考察团 新加坡内阁资政李光耀1992年7月29日下午会见了正在新加坡访问的中国赴新加坡精神文明考察团团长、中共中央宣传部常务副部长徐惟诚及其一行，并同他们进行了友好的谈话。李光耀说，华人有几千年的历史，有自己的优点和长处，应当加以发扬。他认为，科学技术进步必然会带来物质成果是不言而喻的，但是由此而产生的文化价值观念的变化却是可以选择的。不同的国家和民族可以根据本国的情况加以引导。李光耀向中国客人介绍了新加坡经济发展、廉政建设、道德教育以及学校管理等方面的情况。双方在交谈中着重就在经济建设过程中如何保持东方文化价值观的问题交换了看法。

汉城艺术团来华演出 韩国汉城艺术团一行40人，应中国延边朝鲜族自治州的邀请于1992年8月28日到达延边，参加延边朝鲜族自治州成立40周年纪念活动，并进行访问演出。同时，应韩国的邀请，中国人民杂技团于10月中旬赴汉城表演25场。

蒙古话剧艺术家首演《雷雨》

为纪念国际戏剧日，蒙古话剧艺术家1992年3月27日把中国著名戏剧家曹禺的名著《雷雨》首次搬上舞台，并取得了首场演出的圆满成功。由蒙古人民军民族话剧团演出的《雷雨》深深地吸引和打动了在场的观众。演出结束时，全场观众起立，报以有节奏的长时间的热烈掌声。特邀艺术指导、中国北京人民艺术剧院著名导演夏淳说，蒙古演员在短短的2个月里把难度很大的《雷雨》排练到这个程度，实属不易。

中国歌舞剧团在新加坡演出成功 由著名舞蹈家赵青率领的中国歌舞剧团一行35人，应新加坡宗乡总会邀请，参加了1992年2月1日至5日举行的《春到河畔迎新年大汇演》，受到观众热烈欢迎。中国传统历史题材的歌舞尤其受到好评。主办单位和观众认为，这最符合举行这项大型迎春活动的宗旨，即体现了弘扬中华文化，光大华族传统的精神。中国歌舞剧团演出的《文成公主》片断、《铜雀伎》中盘鼓舞和《宝莲灯》中长绸舞等，给观众留下难忘的印象。他们说，从来没有看到过这么高水平的优美而典雅的中国民间舞蹈。1992年是新加坡第5年举办《春到河畔》大型迎春活动，新加坡吴作栋总理亲自主持开幕式。这项活动包括文艺演出、文化村、年货市场、灯谜、游乐等。每年的文艺演出，都特邀中国一个文艺团体参加。

中国文化展在吉隆坡举行

首届中国文化展1992年10月31日下午在马来西亚吉隆坡举行。这次展览为期一周，展品有中国古代青铜器、唐三彩等陶器，少数民族服装，手工艺品和绘画等160

多件，展现中国传统文化和民族风情的几个侧面。

意大利出版《郭沫若诗集》 意大利著名汉学家安娜·布亚蒂女士翻译的郭沫若20年代的诗作，结集为《洪水时代》，于郭沫若诞辰100周年之际——1992年11月6日在罗马问世。该诗集包括郭沫若在20年代写的15篇诗，其中《白云》、《新月》和《雨后》3篇是布亚蒂女士从事汉语翻译后于1961年发表的首批译作。应中国作家协会邀请，布亚蒂女士专程来北京参加纪念郭沫若诞辰100周年活动。

乌克兰钢琴家在汉口举办音乐会 1993年10月31日，应邀在武汉音乐学院进行为期一年讲学活动的乌克兰共和国的2位钢琴家在该院音乐厅举办了钢琴音乐会。乌克兰国家钢琴考试委员会主席、敖德萨音乐学院钢琴教授、副博士伊戈尔·苏霍姆尼诺夫与夫人、钢琴副教授柳德米拉·苏霍尼诺娃在钢琴二重奏音乐会上，不仅诠释了巴赫、莫扎特、亨德尔等古典派大师的作品的涵义，而且将肖斯塔科维奇作品中的俄罗斯情调，哈恰图良作品中的亚美尼亚风格和作家别里亚诺夫作品中的鞑靼色彩杰出地表现出来。尤其是2位钢琴家处理不同品味的作品时表现出的丰富乐感，以及潇洒自如的台风，给人留下了深刻的印象。

澳大利亚芭蕾舞团来京演出 应我国文化部的邀请，澳大利亚芭蕾舞团于1993年11月9日至11日来华进行了访问。这是澳大利亚芭蕾舞团第3次访华演出。澳大利亚芭蕾舞团创立于1962年，是一个在海内外享有盛誉的艺术团体。他们平均每年在世界各地演出180多场，观众超过30万人次。澳芭蕾舞团此次在京演出了《回归陌土》、《晚会》、《C调交响乐》和《塔然特拉》等4个节目。其中《回归陌土》是该团最受欢迎的节目之一。

埃中文化交流活动在华举行 由埃及最高文艺协会秘书长贾比尔·欧斯富尔率领的埃及文化艺术代表团于1993年5月来华举办文艺巡展活动。中国国务委员李铁映在会见埃及文化艺术代表团时，高度评价埃及为发展中埃文化交流的不懈努力，赞扬埃及在文明与艺术领域对世界的伟大贡献，认为举办埃及文艺在华巡展活动是推进两国友好合作与文化交流的重大步骤。在埃及文化艺术代表团访华期间，北京劳动人民文化宫于1993年5月27日至6月2日举办了埃及现代派艺术画展。这一画展荟萃了7位埃及艺术家的64幅精品力作，大批中外人士饶有兴致地前往鉴赏。与此同时，埃及电影与民间艺术周活动也在中国的杭州、宁波和中国南方等地揭幕。由著名影星以及导演组成的埃及电影代表团，兴致勃勃地来华参加中埃文化交流活动，并与中国影视界同行及广大观众进行切磋和交流。埃及民间艺术团在中国各地的演出别开生面，璀璨的埃及艺术陶醉了众多的中国朋友和观众。

中国古代青铜器首次在芬展出 由赫尔辛基市政厅和中国驻芬兰大使馆联合举办的中国青铜器展览于1993年8月25日在赫尔辛基展出。陈列的展品共有28件，其中有商代的正鼎、兽面纹方鼎、饮酒器、盛酒器，西周的作宝尊、盛食器，战国的龟形壶，汉朝的牛形灯等。这次展出吸引了大批的芬兰观众，他们都为中国古代技术的超群而赞叹不已。

韩国国立艺术团在北京演出 1993年9月中旬，韩国国立艺术团来京举行了访问演出，他们精湛的艺术表演，给我国观众留下了深刻的印象。创立于1962年的艺术团，由韩国的传统文艺大师和准传统文艺大师等100多位杰出的艺术家组成，以复兴韩国传统音乐、舞蹈和使其现代化为己任。30年来积累了一大批传统剧目及现代剧目，访问了近90个国家和地区，获得很高的评价和赞誉。此次在北京所表演的音乐、舞蹈有出自宫廷的《花冠舞》、《扇舞》；来自民间的《长鼓舞》、《农乐》、《伽耶琴弹唱——爱之歌》；发源于佛教和巫俗祭祀中的《僧舞和鼓舞》、《西纳於》以及《去邪舞与大琴》等等，饱含着深远绵长的文化底蕴，弥漫着浓烈沉郁的民族色彩，体现着大韩民国古往今来的艺术家们代代相承、不断创造的结晶。

《我的父亲邓小平》在泰国刮起“旋风” 中国政治领袖邓小平幼女萧榕所著的《我的父亲邓小平》一书出版后，不但在海峡两岸、香港各地刮起了邓小平“旋风”，东南亚的泰国也一样受此风感染，除了曼谷3家华文报争相连载之外，2家泰文日报也将此书译成泰文连载，以飨读者。曼谷7家华文报社，就有3家在《我的父亲邓小平》一书面世后争先连载。泰文报也不甘示弱，以经济新闻为主的《经理人报》和《曼谷企业》的2家日报，也重金聘了翻译好手，把《我的父亲邓小平》译成泰文，使沉寂了多年的中泰文学翻译作品又热了起来。《我的父亲邓小平》一书在曼谷是各华文书店和书摊的“畅销书”。萧榕已是曼谷泰、华读者最喜爱的作家之一。

中国残疾人艺术团迷住印尼观众 由邓朴方率领的中国残疾人艺术团，于1993年4月27日晚在雅加达“沙希德·查雅大饭店”举行了首轮演出，他们的精湛表演迷住了在场所有观众，给他们留下了深刻的印象。由41名残疾人所表演的13个艺术节目，令场内各界人士赞叹不已。印尼社会部长恩唐·苏韦诺硕士、卫生部长苏尤迪教授、教育和文化部长瓦迪曼博士激动之余走上舞台慰问一位双目失明的儿童艺人金元辉。社会部长恩唐·苏韦诺在致词中说，邀请中国残疾人艺术团前来我国访问演出，将极有裨益，通过他们的演出我们将能学到不少有益的东西。该团4月28日晚在“希尔顿大会堂”给印尼观众又进行了一场精彩的表演。

匈牙利举办中国工艺品和摄影展 1992年1月24日一个反映中国悠久文化传统的工艺品展览与表现中国锦绣河山的摄影展，在匈牙利中部城市塞克什白堡举行。这是该市连续第4年举办有关中国的展览。这次展览是在中国驻匈牙利大使馆协助下，由匈牙利费耶尔州文化中心和匈中友协塞克什白堡分会联合举办的。工业品展览共展出中国漆画、漆器、蜡染等70余件，摄影展览有反映中国大好河山的作品30余幅。这次展览持续到2月28日。展出期间还举办了旨在介绍中国情况的讲座和知识竞赛，并放映中国电影。

中国邮展在华沙举行 中国邮票展览1992年8月4日在波兰首都华沙“美人鱼”俱乐部举行。中华人民共和国成立以来发行的200多套，近1000张邮票与波兰集邮爱好者见面，受到波兰集邮爱好者的热烈欢迎。

保加利亚举办中国艺术讲座 由保加利亚“基里尔和麦托迪”国际基金会主办的“中国艺术之夜”学术讲座于1992年4月9日在索非亚举行。保中友协主席鲍日科夫向出席讲座的学者讲述了中国文化艺术的发展及其影响。

中国农民画展在丹麦举行 中国农民画展于1992年10月1日在丹麦首都哥本哈根工人博物馆举行，受到观众的热烈欢迎。参展的80幅画来自上海市金山县等6个地区。展出的第一天，这80幅画几乎被观众订购一空。人们对农民画的质朴的创作风格、浑厚的笔调和鲜艳的色彩倍加称赞。

《马来西亚女作家短篇小说选》在京发行 1993年6月17日上午，《马来西亚女作家短篇小说选》首发式在人民大会堂举行。马来西亚首相夫人拿汀斯西里蒂·哈丝玛女士、人大常委会副委员长孙起孟出席了首发式并讲了话。他们认为，《马来西亚女作家短篇小说选》一书的出版将对中马两国的文化交流起到积极作用。《马来西亚女作家短篇小说选》是中马两国出版交流项目之一，该书由现代出版社出版。书中收入了马来西亚20名知名女作家的优秀作品。这些作品从不同角度反映了马来西亚的社会及妇女情况。

福建民间美术享誉马尼拉 根据中菲两国政府文化交流的协议，1993年1月24日至2月16日，福建省民间美术在菲律宾首都马尼拉举行了为期3周的展出，受到当地观众的赞誉。这次展览共展出250件展品，集雕刻、绘画、刺绣、剪纸、服饰、纸扎、人物造型等艺术于一体，使观众感受到八闽文化艺术的浓郁风格与特色。尤其是民间绘画，极为形象地反映了福建人民在改革开放中的业绩与喜悦。菲律宾观众纷纷在美不胜收的展品前拍照留影。

费城交响乐团访华首演 曾于1973年作为“乐队大使”首次访问中国的美国费城交响乐团，1993年5月24日晚上在著名大师沃尔夫冈·萨瓦利施的指挥下，在北京人民大会堂成功地举行了再度访华的首场演出。国家主席江泽民等党和国家领导人同8000位听众一起欣赏了美国音乐家精彩的表演。同时，约有数千万中国观众通过中央电视台的现场直播收看了这场盛大交响音乐会的实况。美国费城交响乐团为美国3大交响乐团之一，也是世界著名的交响乐团，它的历届指挥家均为世界著名的指挥家。此次献给中国听众的曲目有：舒伯特的B小调第八“未完成”交响曲、理查·斯特劳斯的交响诗——《梯尔·艾伦施皮格尔的恶作剧》和德沃夏克的E小调第九“新世界”交响曲。演出结束后，江泽民主席对乐团总裁克卢格尔说，“费城交响乐团这次访华演出，一定会有助于促进中美两国人民之间的友谊。”费城交响乐团除在北京演出外，还将去上海演出一场。

摩洛哥举办“中国文化周” 摩洛哥阿加迪尔、坦坦和杰迪代3省市的文化教育当局与中国驻摩洛哥大使馆文化处合作，于1992年2月11日至21日举办了“中国文化周”活动。中国文化周期间举办“中国工艺美术展览”，展出了中国工艺美术陶瓷、软木雕、竹编、绢人、漆器和贵州少数民族地区蜡染。此外还展出了我国出版的阿拉伯和法文图书以及介绍我国改革开放成就的图片和体育图片。在阿加迪尔大学文学院举办展览时，每天约有近2000人前往观看。中国故事影片《海上生明月》、《幸运之星》和《特混舰队在行动》及纪录片《中国穆斯林》、《校园生活》、《传统医学》和《科技的春天》等受到3省市青年朋友的热烈欢迎。

中奥开展“北京—维也纳之夜”活动 中国和奥地利同为艺术传统悠久的国家。为推动两国间文化交流，“北京—维也纳之夜”于1992年3月21日开始进行多姿多彩的艺术活动。22日和23日在北京音乐厅举办2场“来自维也纳的问候”音乐会，伯布恩斯女子乐团和玛拉·施拉梅林乐团演奏和演唱莫扎特、舒伯特、施特劳斯的名作。24日和25日在北京天地大厦国际剧场组织大型文艺晚会，由中奥艺术家联袂登台。26日和27日在北京国际艺苑皇冠假日饭店举行盛大的联欢舞会，表演欧洲宫廷式舞蹈，在嘉宾共舞间隙中也有音乐演出。在这个闻名的艺术化饭店中，还有“奥地利美食周”、“维也纳咖啡之家”，请宾客品尝奥地利名师的烹调佳肴。整个活动由对外友协、北京电视台，德国扬子有限公司主办。

中国国画在墨西哥展出 中国江苏省美术馆国画藏品于1992年9月8日在墨西哥国家文化博物馆展出。此次共展出了一批中国现代国画家的81幅作品，有人物、山水、花鸟等，受到墨西哥观众的高度评价。

阿根廷举办中国文化日 为庆祝中华人民共和国成立43周年，布宜诺斯艾利斯市文化教育秘书处和中国驻阿根廷大使馆共同举办中国文化日活动。布宜诺斯艾利斯市文化教育秘书埃克托·姆索帕帕和中国驻阿根廷大使李国新及近百名观众1992年9月15日晚出席了中国民族服装摄影展览会。随后放映了中国影片《改革开放的中国》。多姿多彩的中国民族服装和介绍中国改革开放情况的影片受到观众的欢迎与好评。

"中国五千年文明史展"在智利举行 "中国五千年文明史展"1992年3月8日晚在智利首都圣地亚哥国家美术馆举行。这次展览会是由智利国家艺术博物馆和中国大使馆联合举办的。展品有商朝的青铜器、秦朝兵马俑和铜车马以及各种仿古陶瓷。同时展出的还有各种反映中国文化艺术的图片。中国古代文化艺术品深深地吸引了智利观众。智利国家美术馆馆长内米希奥·阿图内斯对记者说："智利人民很希望了解中国的悠久历史和文化。这次展览使我们看到了中国古代文明，对于增进两国之间的相互了解是十分有益的。"

古巴国家艺术团访华 应中华人民共和国文化部邀请，古巴国家艺术团1992年4月24日在北京展览馆剧场表演了具有高水平的节目。这个艺术团的成员都是古巴国家级艺术团的著名演员，主体是古巴民间舞蹈团克拉贝歌舞队，节目包括热带民族歌舞、芭蕾舞、钢琴独奏、吉他独奏、男女声独唱等各种形式，绚丽多彩，集中表现了加勒比歌舞之乡——古巴的民族艺术风貌。既有典型的热带民族音乐，也有《哈巴涅拉舞》、《月松舞》等地域性极强的舞蹈。男女首席舞蹈演员玛依拉·里维洛和罗兰多·甘迪亚，展现了古巴年轻一代芭蕾精英的风采，受到中国观众的热烈欢迎。北京演出之后，这个艺术团又去丹东、杭州、上海、无锡、苏州演出。

裘宗沪荣获爱尔特希国家奖

1993年11月中旬，国家数学竞赛世界联盟将"爱尔特希国家奖"授予中科院系统科学研究所副研究员、中国数学会普及工作委员会主任裘宗沪，以表彰他在推动中国数学奥林匹克活动所做出的突出贡献。现年80岁的爱尔特希是国际公认的数学大师，他在数论、集合论、组合数学图论、概率论及其应用、数理逻辑等领域造诣高深，已发表1500多篇论文。以他的名字命名的这项奖是用于奖励各国在组织国家级数学竞赛、丰富数学竞赛的活动形式、促进本国数学教育改革等方面发挥了特殊作用并做出突出贡献的数学家。裘宗沪从1978年起就投身于数学科普，组织了1979年至1983年每年一次的北京市数学竞赛，并在连续举办的13届全国高中数学联赛中担任了12次命题工作。1985年，裘宗沪参加了全国第一所"奥校"——北京市数学奥林匹克学校创办工作。这年夏季，他与王寿仁教授率中国学生首次参加第26届国际数学奥林匹克竞赛。1990年，裘宗沪与数学界同仁成功地在中国举办了第31届国际数学奥林匹克竞赛。迄今，中国选手获金牌32枚，银牌12枚。北京市有成千上万的学生听过裘宗沪讲课，15年来，受益者中不少已成为国家的有用之才。

费孝通获日本亚洲文化奖大奖 我国著名社会人类学家费孝通教授荣获日本福冈市1993年第4届亚洲文化奖大奖。亚洲文化奖大奖是为了表彰对亚洲的学术研究、文化发展具有显著成绩的学者的国际奖。本届大奖获得者是从各方推荐的270名学者中选出来的。费孝通教授出席了9月3日在日本福冈市举行的授奖仪式，以促进中日文化交流。

巴金和中国作协获"蒙得罗国际文学特别奖" 巴金在他90寿诞之际，荣获意大利"蒙得罗国际文学奖特别奖"，再次向世人展示作为一位"用笔和良心写作"的优秀作家，他不仅属于中国，而且属于世界。从事文学创作60余载的巴金，其作品享誉中外，他为世界和平事业与促进人类相互了解作出的努力，赢得了国际文化界的普遍尊敬，多次获得国际文化奖、勋章与荣誉称号。这次意大利蒙得罗国际文学奖授予巴金和以巴金为主席的中国作协特别奖，"以表彰其在促进中意文学交流中作出的重要贡献"。中国作协副主席、著名文学评论家冯牧受中国作协主席巴金的委托，于10月13日赴意领奖并参加了颁奖活动。据介绍，一年一度的蒙得罗国际文学奖，是在欧洲举办的几个具有国际声誉的文学评奖中颇具影响的一项，今年是第19届。

一个探寻京剧意蕴的英国人

很难想象出哪种艺术形式会让西方人感到比京剧更加陌生。情节大多来自中国传说的京剧以象征手法表演，有着固定的程式。它的说白唱词使用北京官话，伴奏用的是弦乐器和打击乐器。但是，英国演员斯图尔特·金斯顿认为，在京剧独特的音响后面存在着某些具有普遍意义的东西。为此，1991年9月，金斯顿到了中国，经过一番努力，他成了北京戏曲学校的第一位外国学员。金斯顿选学的剧目是《双下山》。这出戏讲的是一位还俗的年轻和尚爱上一个尼姑并双双离开佛门的故事。金斯顿的老师金光耀说："这出戏很难演，不过斯图尔特进步很大，我认为已经达到毕业的水平。"金斯顿打算毕业后回到英国，继续他的演艺生涯。他说："我的目的不是在中国演京剧，而是学习一些可以丰富我的演技的东西，我想我已经成功了。”

挪威易德波女士成为扬州评话专家 挪威学者易德波女士研究扬州评话成绩卓著，1993年5月被“扬州评话，之友”社授予“名誉社员”称号。易德波女士是丹麦人，49岁，现在挪威奥斯陆大学东亚学院任教。早在1989年她来中国旅游时听到了别有韵味的扬州评话，之后她先后3次专门来中国扬州，潜心研究扬州评话艺术。在扬州她走大街、串小巷收集民间语言，到大光明书场当听众，去广陵文化站学口音，第一次听不懂就把录音带回挪威逐段逐句分析。功夫不负有心人，易德波女士这位挪威学者渐渐成了扬州评话的一位专家：1990年在荷兰召开的欧洲汉学家会议上宣读论文《扬州评话的“方口”与“圆口”》；1992年在法国巴黎汉学家大会上又发表论文《扬州评话的口头文学特点》；她先后用英、法、丹麦、挪威等国语言在哥本哈根最高级科学杂志、巴黎东亚语言学论文杂志、丹麦广播电台等发表关于扬州评话的专题论文。1993年初，易德波女士3访扬州，收集资料准备撰写一本全面介绍扬州评话的著作，并用丹麦文翻译扬州评话《水浒》、《三国》中的4段故事。在扬州她郑重地请求希望成为扬州评话之友社一名名誉社员。扬州评话之友社隆重召开社员大会，接纳易德波女士为第一位国外名誉社员，向她颁发了证书。

中国气功在柏林 德国柏林目前正在兴起中国气功热，在普鲁士公园，每天早上天蒙蒙亮，就可看见一大群男女在一位中国僧人的指导下，认真地练习中国气功。据说，这群热衷于中国气功的男女，都是一些罹患慢性疾病的中老年人。由于生活节奏太紧张，不少人都患有腰痛、腿痛的疾病，虽然长期治疗，效果并不显著，使他们受尽了折磨。随着中国移民的增多，也把中国传统的气功疗法带到德国。一些得了慢性病而且久治不愈的病人，在经过各种方法治疗仍不见效的情况下，终于抱着“试一试”的心理学习来自中国的一种特殊疗法——气功。他们早早来到公园练习气功，大约经过1个多小时的练习后，“学员”们就坐下来，一边喝中国的“功夫茶”，一边听师傅的耐心讲解。参加气功班的德国人经过长时间的练习，不少人不但已经治好了疾病，而且还学到了许多有益的理论。目前，越来越多的柏林人，包括教师、护士、司机等，纷纷慕名前来参加气功训练。

专题调查报告

陈俊生关于河南省林县自力更生、艰苦创业精神的调查报告

（1993 年 10 月 15 日）

七月中旬，我到河南省检查黄河防汛，正赶上河南省委在林县召开五届七次全会。省里李长春等领导同志向我介绍了林县人民在 60 年代以自力更生、艰苦创业的精神和大无畏的英雄气概，修筑了闻名中外的红旗渠；进入 80 年代，他们继续发扬这种精神，并与改革开放的时代意识相结合，大力发展建筑业、乡镇企业，使一个偏远贫困的山区县跃入了全省先进县行列。省委已决定在全省范围内结合学习江泽民总书记在八届人大一次会议讲话中提出的艰苦创业 64 字精神，开展学习林县人民自力更生、艰苦创业精神的活动。

回来后，我一直思考这个问题。我国现在还不富裕，还处在艰巨的创业时期，无论是农村经济工作，还是其他各行各业工作；无论是发达地区，还是欠发达地区，以及贫困地区，都需要有这种自力更生、艰苦创业的精神。带着这个问题最近我到林县进行了 3 天的调查，现报告如下：

一

林县地处太行山区，全县 16 个乡镇，536 个行政村，98 万人口，原是自然条件十分恶劣、常年缺水、资源缺乏的贫困山区，解放前有“水缺贵如油，十年九不收，豪门逼租债，穷人日夜愁”之说。就是这样一个穷山区，30 多年来，林县人民自立更生、艰苦创业，用自己辛勤的双手硬是改变了贫穷落后的面貌，并开始向工业化和小康目标迈进。去年全县工农业总产值达到 29.76 亿元，16 个乡镇中 12 个是亿元镇，人均纯收入达到 792 元，今年预计可达 900 多元；经济综合实力由全省县级单位的第 44 位上升到 14 位。河南省委、省政府对林县的经验非常重视，进行了全面总结。认为，他们经验的核心就是自力更生、艰苦创业的精神。就是靠着这种精神，创造出了今天的成就和业绩。看后使人振奋，令人感叹！

林县人民自力更生、艰苦创业精神的第一个体现是修建红旗渠工程。 红旗渠是 1960 年开工的，工程总投资 1.25 亿元，全县人民省吃俭用筹资 7876 万元，占总投资的 63%。当时全县 70 多万人口，参加红旗渠建设的就有 20 多万人，夫妻并肩，父子同行，几代人走在一支队伍里。当时正是 3 年困难时期，修渠民工每天只有 6 两粮食，红旗渠纪念馆里至今还陈列着民工食用的几十种野果、野菜和树叶标本。全县人民硬是靠着两只手，削平了 1250 个山头，架起了 157 个渡槽，打通了 211 个隧道，挖土石方 1818 万方，修建了长达 1500 公里的人工天河，把位于山西的漳河水引到了林县，使 50 多万亩旱地变成水浇地。加上干、支、斗、毛渠的工程量相当于修建一道从哈尔滨到广州高 3 米、宽 2 米的“万里长城”。周总理当时讲过，中国有两大奇迹，一个是南京长江大桥，另一个是林县的红旗渠。红旗渠的建成，给林县人民打下了一个好的思想基础和经济基础，思想基础就是造就了一大批英雄人物，培养了艰苦创业的精神；经济基础就是从根本上改变了生产条件，粮食产量大幅度提高，人民群众的生活有了很大改善，为今后的经济发展奠定了好的基础。

林县人民自力更生、艰苦创业精神的第二个体现是劳务输出发展建筑业。 林县人民精神的可贵之处在于建成红旗渠之后，并没有止步，他们充分发挥工匠之乡的传统优势，输出劳务发展建筑业。进入 80 年代，他们有领导、有组织地带领大批能工巧匠走出山门，形成 13 万人的建筑大军，走向全国各地，开始了脱贫致富的原始积累，也造就了一大批开放型

的人才，进一步弘扬了艰苦创业的精神。外出的十几万民工收入水平并不低，但他们仍然省吃俭用，从早上五六点钟开始上工，到月光洒地才收工，每天工作十几个小时，别人都不敢承包的难活，他们敢承包，而且能高质量地完成任务。近几年北京市的10项优质建设工程，林县人参与的就有8项。全县外出建筑队创的部优、省优、市优工程有百余项，为林县人民赢得了荣誉。河南省委书记李长春总结得好，他说：林县人民靠着自力更生、艰苦创业的精神，用带着泥巴的两腿走遍祖国南北，用布满老茧的双手建设文明都市。他们为国家创造了财富，自己也饱了肚子，挣了票子、换了脑子，有了点子，闯出了致富的路子。

林县人民自力更生、艰苦创业精神的第三个体现是大力发展乡镇企业　1992年，林县乡镇企业实现产值29亿元，在全省100多个县中排到第3位，完成税收9600万元，排到第一位。不到4年时间，乡镇企业产值翻了两番。林县的乡镇企业发展为什么会有这么快的速度，这样好的效益？主要是：(一)项目选得比较准，为什么准呢？十几万人在外面搞建筑，反馈回大量信息，引进大量技术，到底生产什么产品好，选择量多，选择余地大。(二)多数资金自己筹集，建筑业多年提供4.5亿元的纯收入，为发展乡镇企业积累了资金。还有一个不能忽视的原因就是林县人民有勤俭的好传统。近11年来，城乡居民储蓄金额一直位居全省之首。1992年达15.5亿元，人均1600多元，今年1—8月份，居民储蓄余额又增加了3.1亿元，人均突破1800元。由于资金自己筹集，到位快，加上有自己的施工队伍，因此建厂效率高、速度快。我们去参观过的企业一般从破土动工到投产，不超过半年时间。(三)同大厂、科研单位搞联合办厂、办企业，使乡镇企业一开始就向高起点、高技术含量发展，产品有竞争力。

此外，还有一个原因最为重要，这就是有一批无私奉献能干的带头人。全县有160个企业大都是村党支部书记和建工队长领办的。这些同志都是在外面换了脑筋回来的，如果搞私营企业很可能成为百万富翁，但他们没有这样做，坚持带领群众共同致富。定角村党总支书记李广元是一位年超亿元产值的公司总经理，一线工人年工资高达7000元，他每年却只领取5000元，1991年在兑现承包奖金时，他与几位副经理把应得的180万元，全部用于扩大再生产。这次我见到他，他对我说，作为一名党员，只有让群众先富起来，我们才能站住脚。史家河村企业集团总公司总经理王发水在1990年企业扩建工程时，北上南下东奔西跑49次，在汽车上渡过了33个整夜，吃掉了两箱方便面，过度劳累使糖尿病发作达4个“+”号。城效乡上庄村与北京啤酒行业的大企业联合办厂，村委主任李章元为办好这个企业，外出跑了许多省市引进人才和设备，由于过度劳累，胃部大出血，经抢救后稍有恢复就出院，又带病指挥施工。类似这样的事例还有很多。就是靠着这样一种精神，使林县的乡镇企业建设工期都很短，而且效益也都很好，他们称之为林县速度、林县效益。

林县人民自力更生、艰苦创业的精神有三个特点：

一是把中华民族艰苦创业的传统美德与改革开放和社会主义现代化意识结合起来。　林县精神既体现了中华民族创业精神的共性，又表现了林县人民特有的精神风貌和鲜明的性格特征。中国人民有勤劳、勇敢的传统美德，如何发挥这种美德，如何把这种美德和现代意识相结合，林县人民的实践回答了这个问题。

二是将物质文明和精神文明建设结合到一起。红旗渠建设和红旗渠精神就是这种结合的生动体现。后来发展建筑业、乡镇企业，这两个文明建设结合得都很好。过去我们一强调精神文明建设，就容易忽视物质文明建设，一强调物质文明建设，也容易放松精神文明建设，不能很好地把二者结合起来。林县人民的实践也回答了这个问题。

三是有党的坚强领导，靠着广大党员干部的无私奉献精神。　事在人为，重在领导，这是林县人民自力更生、艰苦创业精神的组织保证。在林县历史上，为了改变严重缺水的状况，林县人民曾进行过无数次分散的、自发的斗争，但都没有成功。只有在解放后，在历届县委和政府一班人带领下才完成了艰巨而宏大的红旗渠工程。他们在国内外十几万人的建筑施工队伍都建有基层党支部。从修红旗渠到现在的30年里，林县县委书记换了8任，但他们班子变，精神不变，一届接着一届干，一任干给一任看。有了艰苦创业、无私奉献的各级领导，带动了各行各业都讲奉献。1988年以来，全县312名县乡干部常年驻在条件最艰苦、气候最恶劣的100个贫困山村帮助群众脱贫致富。这几年林县个人捐款达1.3亿元，用于各项建设事业，其中捐款万元以上的就有82人。共产党员、企业家崔旺全，把自己辛勤积攒的45万元捐出为村里办学，建起了校舍，给各家各户安了自来水。共产党员、建工队长万荣奎身患重病，住院期间，好药舍不得用，临终前却把20万元积蓄捐给了村里。老党员孙启生，创业一生，不仅把自己30万元积蓄捐献出来，而且亲自率领建筑队组织施工，在身患癌症去世之前，把一幢1400平方米的教学楼留给了村里。林县各级党组织之所以有战斗力、有凝聚力，之所以带领群众干成了一些大事，广大群众，特别是党员干部的无私奉献精神是一个很重要的原因。

在八届人大一次全会上，江泽民同志指出：“我们的社会主义现代化建设还处在艰巨的创业时期。伟大的创业实践，需要有伟大的创业精神支持和鼓舞。”林县人民在修建红旗渠中培育和形成、在改革开放的新时期丰富和发展的创业精神，正是江泽民同志倡导的64字新时期创业精神的具体体现。林县人民自力更生、艰苦创业的精神很感人，也很有说服力。学习弘扬林县人民的自力更生、艰苦创业的精神,为全面推进改革开放和经济建设都具有十分重要的意义。

二

根据我考察的体会,林县精神具有以下4个方面的重要意义:

(一)学习弘扬林县人民自力更生、艰苦创业的精神,对于各级领导干部树立起这种精神很有意义。 林县人民之所以取得今天这样的成就,没有党的领导,没有广大党员干部的无私奉献,是不能成功的。林县的领导同志向我介绍情况时说,林县每前进一步都得益于历届县委和各级党组织的坚强领导,得益于党员的先锋模范作用。我们是社会主义国家,有党的领导,应该说有自力更生、艰苦创业的优良传统。我们国家现在还不富裕,搞经济建设,办几件大事靠物质的鼓励有限,还要有一点精神,还要讲奉献,这是我们的优势。我们各级领导干部首先要树立起这种精神,这对在新的历史时期,搞好经济建设,做好各项工作非常迫切和重要。如果各级领导同志都有一种艰苦创业的精神,都讲奉献,我们就能够承担起领导群众、组织群众的重任;就能把党的方针、政策变成广大群众的自觉行动;也就能更快、更好地搞好我们的经济建设。

(二)学习弘扬林县自力更生、艰苦创业的精神,对促进中西部地区经济发展很有意义。 林县修红旗渠、搞劳务输出发展建筑业和发展乡镇企业的具体作法,中西部地区不一定照搬照套。但林县的自力更生、艰苦创业精神,每个地方都应当学。这确实可以成为中西部地区加快经济发展的强大动力。我国目前尚有8000多万人没有完全稳定解决温饱,这些人口大部分生活在中西部地区,而中西部地区相当一部分的条件并不比林县差,他们遇到的困难也并不比林县多,但相当一部分地方却始终没有解决贫困问题,有的即使解决了贫困问题,也不愿意摘掉贫困的帽子。究其原因固然很多,但其中很重要的一条原因就是缺乏林县人民那种自力更生、艰苦创业的精神。现在我们正在制定“八七扶贫攻坚计划”,用今后七年时间基本解决尚未完全解决温饱的8000多万人的温饱问题。有些同志把解决这部分人的温饱问题称为啃“硬骨头”、“攻坚战”。要打好这个攻坚战,同样要有林县人民那种自力更生、艰苦创业的精神。没有这样一种精神,安于现状,小富即安、小成即满;或者怨天尤人,不思进取,无所作为,是打不好这个攻坚战的。即使靠国家扶持解决了温饱也还会暖而复寒,饱而复饥,还得再扶贫。今后扶贫不但要从资金物资上扶贫,重要的是要扶志、扶精神。扶志、扶精神就是要使贫困地区人民树立起自力更生、艰苦创业的精神,树立起自强不息、改天换地的斗志。这是做好今后扶贫工作的一项重要内容。

目前,东部与西部地区的经济发展还存在着差距,差就差在乡镇企业的发展上。林县过去不富裕,条件也不够好。但他们依靠的是自力更生、艰苦创业的精神,大力发展乡镇企业,使经济有了较快发展。现在,中西部地区正在大力发展乡镇企业,要发展乡镇企业也必须学习弘扬林县人民的自力更生、艰苦创业的精神。没有这种精神,钱花得再多,乡镇企业也很难办得好。

(三)学习弘扬林县人民自力更生、艰苦创业的精神,对东部经济发达地区也同样有重要的意义。 贫困地区摆脱贫穷面貌要有这种精神,经济发展了,人民富裕了,也同样要有这种精神。这种精神,社会主义国家需要,西方发达的资本主义国家一些人中也有。治国需要有这种精神,治家及个人成长也需要有这种精神。在西方资本主义国家,大多数实业家、企业家都有一种创业精神、奋斗精神。我国东部地区相对地比中西部地区经济发展是快一些,但要赶上经济发达国家,甚至赶上东南亚的“四小龙”,也还有不小的差距。在这种情况下,要使经济继续能以较快的速度发展,学习弘扬林县人民的这种精神非常必要。

(四)学习弘扬林县人民自力更生、艰苦创业的精神,对树立良好的党风和社会风气有重要意义。 林县人民的自力更生、艰苦创业精神是社会主义精神文明建设的宝贵财富。近几年来,在人们的思想观念和社会生活中,存在着一些消极的东西,如不思进取、无所作为、贪图安逸、怕担风险、拜金主义、享乐主义、极端个人主义,以及奢侈浪费、以权谋私等等。这些都是和艰苦创业的精神相违背的。现在有些党政机关以及企业里的部分干部受到这些消极东西的影响,追求享受,甚至贪污受贿、腐化堕落。社会上有些人称或自诩的“大款”式人物,比阔斗富,一掷千金,比西方的富翁还神气。人称他们一顿饭,农民一年粮。值得注意的是,他们中有的是慷国家之慨,挥霍的是公款。这些人已完全丧失了艰苦创业的精神,对广大劳动人民的感情也荡然无存了。在当前抓住机遇,深化改革,扩大开放,加快发展的关键时期,应大力弘扬林县人民的自力更生、艰苦创业精神,反对和克服一切消极、腐败的东西。这样有利于动员组织广大人民群众克服困难,抓住机遇,加快经济的发展,也有利于加强党风建设、廉政建设和社会主义精神文明建设。

马传辉关于学雷锋的调查与思考

一、面对挑战,既困惑又清醒

加快改革的大潮,冲击着神州大地。作为精神文明建设的一个重要组成部分——历时30年的学雷锋活动也毫无例外的面临着新的挑战:在加快改革开放步伐、发展社会主义市场经济的新形势下,还要不要弘扬雷锋精神?怎样深入开展学雷锋活动?

在福建省晋江市驻守着解放军某部雷达连。1990年,这个连的学雷锋小组兴致勃勃地来到私营企业林立的山下,办了个“为民服务修理店”,义务为当地群众修理家用电器。时间一长，一些个体户认为雷达连抢了他们的生意，砸了他们的饭碗，经常讽刺挖苦战士，甚至出难题——拿根本修不好的废旧电视机给战士修。两年下来，搭了不少钱不说，还人人受了一肚子气。1993年，该连只好取消了这个义务修理店，改为与工厂、学校定点挂钩，开展军民共建共学活动。

1990年的一天，十二连驻地一家私营工厂突然起火，全连未参加战备值班的40多名干部战士跑步赶赴火灾现场救火。没想到，老板却冷漠地说："算了，别救了，我已经把保险柜拿出来了，其他东西就让它烧吧。"青年官兵无言以对，扫兴而归。

空军天津医院的离、退休军医张文清、赵景兰是一对"雷锋夫妇"。从1989年，他们夫妻俩用12000元的积蓄购置了理疗器械，开办诊所为群众义务治病，不取分文。被群众誉为"一对好夫妻，两个活雷锋"。然而，诊所的房租费、水电费、器械维修费、药材消耗费等，每月累积开支近8000元，仅靠他俩的退休金和平时的积蓄是难以支撑的。于是，他们被迫转向有偿服务，诊所被批准为天津市二级医院，成为天津市收费最低的一家医院。第一张收费发票开出后，种种的议论接踵而来："学雷锋标兵也奔发财路啦！""嘛无私奉献，全是糊弄人"……许多长期接受免费治疗的患者也难以接受张文清夫妇的这一突变。

面对上述情况，有人提出疑问：无私奉献的精神还要不要？学雷锋活动还要不要继续开展？

在南空所属部队的10个师、团、营级单位，对17个基层连队的169名青年官兵进行了问卷调查，72%的人认为"有必要，这是加强精神文明建设的重要措施"，30%的人认为，"加快改革需要各种典型，特别是开拓创新的典型，只学雷锋不够了"，8%的人认为"学雷锋是弘扬无私奉献精神，在发展市场经济的今天有些不合时宜"，4%的人认为"学雷锋与目前群众的觉悟程度不适应，意识超前了"。

二、学雷锋＝？　学雷锋是谁的事？

当前，主要存在以下几种模糊认识：

1."做好事就是学雷锋"。座谈会上，常常可以听到一些战士提这样的意见："学雷锋活动存在'一阵风'，和形式主义的问题。就拿我们单位来说吧，每年三、四月份或一些重大节日才上街学雷锋做好事，平时很少外出学雷锋，主要是学政治、学军事、钻研业务，干好本职工作。难怪有人说雷锋叔叔没户口，三月来了四月走。"还有一些战士认为："在新形势下，学雷锋做好事解决不了战士的实际问题，有那闲空，还不如把精力放在军地两用人才的培养上，为战士退伍回家乡参加社会主义建设、发家致富打下良好的基础。"

2."做好本职业务工作等于学雷锋"。近年来，一些单位常常自觉或不自觉地往本职工作做得好的集体和个人脸上贴"学雷锋"的标签。给人们造成一个错觉，只要谁本职工作干得好，谁就可以被评为学雷锋先进集体和个人。

3."做好事是低层次的学雷锋，本职工作中做出突出成绩是高层次的学雷锋"。被南空评为"优秀共青团员"的某飞行学院3团警卫连战士颜光，处处照着雷锋的样子做，入伍两年来，在军营内外做了大量的感人肺腑的好事。事迹在《空军报》上登出后，有些人不以为然，认为颜光学雷锋层次低，见诸报端意思不大，应多宣传像被空军党委授予"模范科技工作者"荣誉称号的李小奇这样的高层次典型。

4."学雷锋是团员青年的事"。在一些基层单位，常常由共青团组织带领团员青年开展学雷锋活动，久而久之，使人们产生一种错觉：学雷锋是团员青年的事，没别人什么事儿。一次，空军某政治部组织处赵处长到某场站一个连队检查工作，恰逢该连组织人员到驻地敬老院做好事。然而，有位党员志愿兵却躺在床上休息，没参加这项活动。当赵处长问他怎么没去时，他还振振有词地说："做好事是团员青年的事，我不去！"虽然，事后这位志愿兵很快改正了自己的错误，党员的先锋模范作用也发挥得较好。但这件事却值得我们深思。

5."学雷锋是现役军人的事，退伍后没有必要学"。地处闽南金三角的雷达某团政治处主任张构良向我们介绍了战士中这种认识的成因：几年来，返回部队驻地打工的退伍战士已有100多人。四连原电工班长、湖南籍战士吕建军返回部队驻地晋江市同时为3家私营工厂定时定点修柴油发电机，每月净赚2400元，修理所的安徽籍战士李向前，退伍后返回部队驻地漳州市为私营石英钟厂打工，现已自办了一家私营石英钟厂。这些战士经常回部队看望战友，大谈其赚钱门道和致富经历。再加上社会流传的"……十等公民傻大兵，学习雷锋干革命"的顺口溜传入军营，使一些战士对学雷锋抱有临时观念，觉得当兵就要好好学雷锋，退伍后就一门心思赚大钱。

三、抉择：让我们继续高唱雷锋之歌

面对新情况、新问题，基层广大青年官兵确实曾有过迷惘、困惑，但更多的是思考和探索，探索后的抉择又是令人欣慰的。

抉择之一：迎着市场经济的曙光，高举学雷锋的旗帜大踏步前进。

某指挥所连政委告诉我们，最近，他们从机关、部队抽了40人搞了一次问卷调查。对"在加快改革开放、发展市场经济的新形势下，还有没有必要学雷锋？"这个问题，70%的人表示"有必要"，30%的人表示"尤为必要"。理由综合起来主要有3条：其一，从理论上讲，改革开放的成绩举世瞩目，物质文明建设有了很大的起色，与此相适应，精神文明建设也应跟上去。雷锋精神是社会主义精神文明的集中体现，要加强社会主义精神文明建设，就要把雷锋精神发扬光大。其二，从现实生活看，当前社会风气有许多不尽人意的地方，一些人认钱不认人，一切向钱看，啥事都敢干，在这种情况下，以无私奉献著称的雷锋精神就显得更加难能可贵了。人们想念雷锋、呼唤雷锋，希望用雷锋精神去占领社会风气的阵地。其三，雷锋精神不但为我国广大人民群众和军队官兵所接受，而且还受到世界上许多国家人民的钦佩和接受，据说，美国"西点军校"也学雷锋。这是为什么呢？因为，雷锋精神具有强大旺盛的生命力，他不但继承和发扬了中华民族的传统美德和社会理想，而且还反映了人类追求的共同理想和美德。世界都在学，我们更要学，千万不能丢了雷锋精神这个"国宝"。

抉择之二：全面理解"岗位学雷锋"的含义，把"岗位学雷锋"的号角吹得更加嘹亮。

航空兵某团飞行员裘统在座谈时说，雷锋精神的实质是全心全意为人民服务，是无私奉献，这恰恰体现了我们人民军队的宗旨。在开展学雷锋活动中，始终牢记军队的宗旨，就把握住了雷锋精神的实质。具体地说，我不反对走向社会做好事，因为这也是弘扬雷锋精神的一个好形式；但我觉得，学雷锋的重点应放在"岗位学雷锋"，为祖国安宁、人民幸福练好军事技术，为社会主义经济建设创造一个和平宁静的良好环境，这才是最大的为人民服务，这才抓住了学雷锋的大头。

驻守在闽北山区的某场站警通连指导员刘顺喜认识到了这一点，并注意在"岗位学雷锋"活动中加以引导。他告诉笔者：我们除在总机班开展"学雷锋，争当文明话务员"活动，在警卫班开展"学雷锋，文明执勤"活动外，还注意立足军营这个大岗位开展"为战友献出一片爱心"、"做好身边事，温暖身边人"等活动。活动开展几年来，关心他人，关心连队的好人好事层出不穷，默默无闻地做好身边事更是蔚然成风。1992年4月，塔台班战士小赵因胃穿孔住院20多天，全连干部战士争着陪床，有的还自己掏钱买营养品给小赵补身体。板车坏了，有人默默地把它修好；厕所满了，有人悄悄地把它掏干净；起床号响过后，早有人把营院卫生打扫完了，业余时间不用组织，大家自动地到菜地锄草施肥。

据我们了解，不少连队都尝到了立足军营这个"大岗位"学雷锋的甜头。值得注意的是，基层干部把立足军营学雷锋做好事，并入"岗位学雷锋"的范畴，虽然不一定准确，但从另一个侧面提醒了我们，在开展"岗位学雷锋"活动中，要切忌重业务、轻思想，随意往业务尖子脸上贴学雷锋的标签。

抉择之三：理直气壮地走出军营，走向社会，广泛开展学雷锋、做好事和军民共学雷锋活动。

调查中，当问及"你对当前学雷锋做好事活动怎么看"时，169名青年官兵中，68%认为"是传播精神文明，弘扬社会新风的有效途径"，22%认为是"形式主义"，10%认为"在发展市场经济的新形势下，为群众做好事应实行有偿服务"。可见，尽管社会上对"学雷锋，做好事"曾有过各种各样的冷嘲热讽，我们大多数青年官兵的信念都不曾改变，能坚定地做到"你吹你的冷风，我学我的雷锋"。航空兵某机务二中队战士王国民说："外出做好事与岗位学雷锋并不矛盾，如仪表员组成钟表修理组，无线电员组成家电修理组，不但不会影响本职工作，而且会促进本职工作。另外，还可以通过外出做好事熟练掌握一两项民用技术，解除退伍后重新就业的后顾之忧，何乐而不为？"有的还认为走向社会做好事可以学到在本职岗位上学不到的东西。航空兵某团飞行中队长梁伟聪在座谈时说："干我们这一行的专业性强，再加上飞行训练时间紧、任务重，与社会接触较少，团里经常组织我们利用节假日时间为共建单位做好事，我们觉得收获很大，意义远远超过了做好事的范围。我们中队主要是帮助驻地一个商店站柜台，通过站柜台，我们不但以实际行动弘扬了雷锋精神，而且还体验了生活，锻炼了自己适应社会的能力，了解到了广大群众日益提高的消费水平，从实践中而不是从报纸上或时事政策教育中感受到加快改革开放的喜人局面。"

既然走向社会学雷锋做好事有这么多好处，是不是就可以不顾本职工作，不顾两用人才的培养而"全体动员，大做好事"呢？当然不行，部队许多有识之士呼吁，各级领导和政治机关在组织官兵外出学雷锋、做好事时，一定要注意以下几个问题：一要有重点，要在社会公益事业上做出有影响的贡献，不要满足于修了多少辆自行车，理发多少人次。二要适度，不可一味地追求"轰轰烈烈"。三要把握量，外出做好事的次数不可过于频繁，以至于造成"只管他人瓦上霜，不扫自家门前雪"的"倒挂"现象。四要讲结合，如，与军民共建活动结合起来，开展以"共同组织、共同发动、共同教育、共同表彰"为内容的军民共学雷锋活动；与培养两用人才的活动结合起来，使战士既在实践中宣传了雷锋精神，扩大了军队的影响，又在做好事的过程中学习并掌握了一至两项民用技术，为退伍后重新就业解除了后顾之忧。

四、展望与预测

展望学雷锋活动的发展趋向，我们相信，随着市场经济的建立和发展，必将给学雷锋活动带来勃勃生机，我们要以纪念学雷锋30周年的为契机，乘发展市场经济的东风，把学雷锋活动深入持久地开展下去。要持之以恒地开展学雷锋活动，必须叫响"一个口号"，坚持"三个原则"。

1.清除左的干扰，叫响"还雷锋以本来面目"的口号。 回顾30年来学雷锋的历程，可以说学雷锋活动基本上没有停止过。前几年，有人撰文说，学雷锋经历了3年好开端，10年穷折腾，12年再认识，"89"大呼唤，颇有道理。这几年呢？还可以再加一句：3年大发展。如，人民群众在学雷锋的实践中创造了不少新鲜经验和做法。

但是，由于"左"的干扰，30年来，学雷锋活动经常变"味"，使雷锋的形象受到损害。如果不恢复雷锋的本来面目，学雷锋活动就可能误入歧途。因此，要教育广大青年官兵明确这一点：学雷锋的根本问题是解决为谁活着，怎样做人的问题，也就是培养"四有”新人的问题。这既是学雷锋的根本目的，也是学雷锋的主体目标。偏离了这一目标，学雷锋活动就会变“味”，雷锋这一典型就会变“形”。在发展市场经济的新形势下，仍然需要注意这个问题。

2. 更新思想观念，在部队学雷锋活动中公开提出并坚持为经济建设服务，有偿服务和互惠互利的原则。 只有这样，才能给学雷锋活动注入新的活力，才能使学雷锋活动持久地、深入地开展下去。

为经济建设服务，就是要做到“岗内建功业，岗外多奉献”。首先是要立足岗位学雷锋，练好保卫祖国的本领，为社会主义建设创造一个和平安宁的良好环境。这是为经济建设提供“保卫性”服务。其次，在走向社会学雷锋做好事时，要坚决摒弃形式主义的做法，围绕经济建设这个中心，在社会公益事业上做出有影响的贡献。第三，以雷锋的“钉子”精神激励广大青年官兵利用业余时间刻苦学习民用技术，把自己培养成为保卫祖国、建设祖国的两用人才。

坚持有偿服务的原则，才能保持学雷锋、做好事活动的持久性。被中央军委命名为“爱民模范气象勤务站”的北空司令部气象勤务站，每年都要上街开展20多次大型的“学雷锋，文明服务”活动，修理自行车、家用电器和补鞋的成本费少则三千多元，多则四、五千元。年复一年，经济上实在负担不起，就试着收点零配件的成本费，于是招来了冷言冷语：“为民服务还收费，这哪里像学雷锋”。不收成本费吧，“学雷锋、做好事”活动又难以坚持下去。这个站的教导员程界远深有感触地对笔者说：“学雷锋贵在坚持，当然，也难在坚持。”从这个单位的遭遇看，如果我们公开提出有偿服务的原则，并制定有偿服务的收费细则，基层单位在文明服务、支援经济建设的活动中，就可以理直气壮的视情收取一些劳务费、成本费，就会省去不少挠心的事。这样做，开始也许会有一些群众不理解，但只要我们为人民服务，无私奉献的痴心不改，人民群众最终是会理解我们的。如前面提到的全国、全军学雷锋标兵张文清、赵景兰夫妇，改义务看病为有偿服务，所办的医院在天津市所有医院中收费最低，仍然包含着无私奉献的因素。赚了钱后，近两年来，他们向所在干休所提供10万元，用于老干部福利；并先后向灾区、教育部门、居委会捐款7000余元。他们学雷锋的方式变了，但为人民服务的精神没有丢，而且对人民、对社会贡献更大了。因此，我们相信，人民最终会理解这一对“雷锋夫妇”的。

坚持互惠互利的原则，才能促进军民共学雷锋活动深入开展。以“四共同”为内容的军民共学雷锋活动，开辟了学雷锋的新途径，结束了军民各自为战的学雷锋历史，给学雷锋活动带来了蓬勃的朝气。它是拥军爱民活动与学雷锋活动的巧妙结合，是军民共建精神文明活动的具体化。细究起来，处处渗透着互惠互利的原则。空军某场站警卫连副指导员邱火林在座谈中说：“我们在军民共建共学中，特别注意互相帮助、互通有无，取长补短。对方是驻地一个中学，我们经常组织学校师生参观飞机，为他们讲军事知识课，帮助他们组织学生军训；学校对我们也很关心，部队开运动会，学校无偿提供场地，派体育老师帮助训练，使我们在全师运动会上获11个项目的4个第一；部队每年搞歌咏比赛时，学校都派音乐老师进行认真指导，我连每年都是全师的前两名。”既然实践中一直如此，为什么不能把“互惠互利”作为一个原则提出来，并坚持下去呢？

回顾30年来的风风雨雨，我们一直在学雷锋的道路上向前迈着坚定的步伐，尽管道路有时坎坷不平，但我们从未停止过追求的脚步！展望部队未来学雷锋活动的前景，我们心中充满信心。愿无私奉献精神在战士心中永存，愿雷锋之歌永远在军营回荡！

（《青年研究》1993年第4期）

广东农民思想状况调查

农村改革开放12年，广大农民想些什么，追求些什么，关注些什么？为了解这些问题，我们对广东省沿海、平原、山区三类地区三市县，以发放调查问卷（发2000份，有效1303份），召开座谈会，走访村民等形式，进行了深入调查。调查显示，广大农民的商品意识和现代观念日益增强，对文明的追求日益迫切，同时，也出现值得关注的新问题。

新 意 识

改革开放的纵深发展和商品经济的蓬勃兴起，不但冲击着保守、封闭、迟滞的自给自足的生产方式，而且也有力地促进了农民观念的更新，造就了农民新的品质，增强了农民新的意识。农民的商品意识和现代意识日益增强，这主要表现在：

（一）生产观念——从自给自足转变为以市场需求为目标。在问及要安排生产时，您是怎样选择的，55.5%的人回答“以市场需求为目标，哪样赚钱种那样”；22.1%的人回答“种粮为吃饭、养猪为过年，以满足自家的需要为首位”；22.4%的人回答“上级叫种什么就种什么”。市场观念增强，使农村商品生产率迅速提高。如中山市1990年全市农产品商品率从1985年的71.1%提高到75.92%；现金收入占农业总收入的比重，由1985年的89.37%上升到1990年的91.75%。

（二）致富观念——从单靠出力气，施化肥转到依靠科技致富。在问及您赞成哪一种致富的看法时，78.5%的人回答“要想富，学科技、用科技”；15.9%的人回答“致富全靠好运气”；5.6%的人回答“种田无师傅，全靠肥当家”。在惠来县农村，农民用科学名词编了顺口溜：“种子要优良，肥料要三氨，良种加良法，产量上千斤。”依靠科技致富的观念已深入人心。

（三）流通观念——从“恐商、轻商、贬商”转变为“无商不活”。在问及您赞成哪一种流通观念时，

69.2%的人回答“无商不活”；30.8%的人回答“无商不奸，无商不贱”。重商观念促使大批农民从事商品流通。目前，全省已形成一支百万人的流通大军，把省外的肉、禽、蛋、粮食等农产品源源不断地运进广东，又把广东的水果、蔬菜、渔产品等大量运销全国各地。

（四）合作观念——从“万事不求人”转变为“取长补短、互利互惠”。昔日那种因循守旧的封闭意识已被打破，代之以开放、联合的观念。81.3%的人认为要“借他人之长补己之短，互惠互利，联合开发”；仅有18.7%的人认为“肥水不流外人田，自己的资源自己开发”。

（六）消费观念——从“省吃俭用”转变为讲求科学、合理。67.6%的人认为消费要“量入为出，讲究科学、合理、舒适”；28.5%的人认为“省吃俭用”；3.9%的人认为“有钱尽量花，只要能带来快乐就行”。由于消费观念的变化，农民的消费序列由“吃穿烧用住”转变为“吃住用穿烧”。

（七）道德观念——从“袖手旁观”转变为互爱互助。在问及“当您碰到别人有危难时，您将怎么办”时，82.6%的人回答“尽心尽力帮助”；13.6%的人回答：“袖手旁观，少惹麻烦”；3.9%的人回答“借故走开”。

（八）婚恋观念——从“重财”转变为重人品和志趣相投。在问及“在选择对象时，您首先考虑的是什么”时，71.1%的人回答是“人品好、志趣相投”；9.7%的人回答是“对方的知识和才干”；7.4%的人回答是“经济收入”；7.1%的人回答是“相貌”；4.5%的人回答是“社会地位和职业”。

（九）利义观念——从“耻于言利”转为“走正道致富，多多益善”。当问及“您对金钱的看法”时，71.8%的人回答“只要劳动所得，钱越多越好”。

调查还显示，广大农民盛赞党的改革开放政策。当问及“您对10多年的农村改革总的看法怎样”时，回答成功和基本成功的达89.2%。认为不成功的仅占1.7%，说不准的占9.1%。当问及“对外开放带来的影响”时，84.7%的人认为“开阔人们的眼界，使人看到中国和外国的差距，从而奋发图强”。

新追求

社会主义商品经济在农村的发展，不但造就了人们新的品德、新的观念，还改变了人们的生活方式，使他们产生新的追求：

——求政策稳定。担心政策收、担心政策变，这是目前农民的一种心态。当调查问及“您认为当前阻碍农村发展的主要思想是什么”，51%的人回答是“怕政策变”；26.1%的人回答是“自给自足的小农经济思想”。当问及“当前您最关心的问题是什么”，回答关心党的政策是否变占46.4%，居社会治安、物价、党风、发展教育事业等问题之前。

——求安居乐业。农民关心社会治安成为仅次于党的政策稳定的问题。由于我们处在由温饱水平向小康水平的转化这一社会动荡较大阶段，以及商品经济的负面影响，如利润动机促使人们铤而走险；激烈竞争引发了投机心理；生产要素的大流动，带来管理的困难等等，使农村出现偷窃、抢劫等社会治安的问题。因此，人们要求打击取缔各种犯罪活动，造就一个安全、稳定、轻松的生活环境的呼声日高。

——求知识技术。以致富和择业为动力的求知求技欲，使农民对知识有了新的认识。在广东率先致富的农村，往往都有一批有志气、有理想、艰苦奋斗的人才，他们勤奋学习的精神给“泥腿子”们树立了榜样。过去“要想富，种菜养猪磨豆腐”的旧民谚，如今已被“要致富，上学府”的新民谣所替代。调查问及“在生产和经营中，有人采用新技术致富，您的态度是什么”时，73.2%的人回答：“主动去了解、学习并自己试验”；17.8%的人回答：“先观望，等多数人推广后再考虑”；9%的人回答：“不为所动”。求知求技使农民对各种函授班、培训班趋之若鹜。顺德县北滘镇办的一所自费畜禽养殖职业高中，招收100人，闻讯报名的农民超过6倍。三水县有1500多农民报考大专，他们并非借此跳出农门，而是在生养他们的土地上寻找致富之路。

——求人际融洽。有人担心经济繁荣，竞争激烈，人情味会越来越淡薄。调查显示并非如此。当问及“您怎样评价现在人与人之间的关系”时，40.3%的人回答：“在一定程度上互相帮助与合作”；22%的人回答：“团结友爱”；28.7%的人回答：“各人顾各人”；8.9%的人回答：“互相戒备，明争暗斗”。在珠江三角洲农村，人们常说“多一个朋友多一条信息渠道”。不少乡镇企业的干部都深谙“和气生财”的道理。他们为了使外地劳工安心生产，勤奋工作，倍加关心、爱护他们，平日里问寒问暖，假日里安排工人旅游，过春节派车送他们回家。

——求文化娱乐。人们的消费需求将从“生存型”向享受型、发展型转变。在这转变中，人们对精神生活的要求越来越迫切，人们追求文化娱乐丰富多彩。如今，在广大的乡村，电视、录像、收录机已进入了寻常家庭。在一些乡村建起了影剧院、卡拉OK厅、歌舞厅、录像室、桌球室等文娱设施。人们在文娱方面的开支大大增多。据中山市的调查显示，1990年，农民用于购置文娱用品、书报杂志和文娱活动的支出，由1985年的人均20.25元增加到59.09元，增长1.91倍。

新问题

在我省山区解决了温饱问题，发达地区达到小康水平以后，由于商品经济的负面影响，在我省农民思想中引发了新的问题，产生了令人关注的现象。这些新的问题，概括起来有“五重五轻”：

一是重享受、轻创业。这个问题在经济比较发达的珠江三角洲显得特别突出，前几年不少农民靠劳动攒了钱，在城镇办起了发廊、饮食店，他们既当“老板”，又当管理员。然而，近年来，他们中的不少人，只当“老板”,不管经营了。把铺面出租给他人,靠收取租金过日子。空闲时间沉溺于“四方城”(打麻将)。在珠江三角洲某小镇,靠收取租金过日子的不下百家。目前,已有不少出租土地、出租房屋、出租铺面、出租汽车、出租牌照的现象。

重享受、轻创业在一些农村青年中表现尤为突出。有些青年人认为80年代的青年应该是享受的一代,趁着年轻,及时行乐。宝安县沙井镇16—28岁的青年有4700人,但不求就业的就有1000多人,他们当中有不少人是“四不人员”(有田不耕、有工不做、有书不读、有家不归),终日在外游荡。由于贪图享受,不少人走上犯罪的道路。

二是重面子,轻底子。这突出表现在农民的攀比性消费上。农村逐渐富裕以后,有些农民常以花钱的多少和消费品的数量来评价一个人的价值和社会地位,导致农村攀比成风:如办红白事讲体面,比奢侈,铺张浪费。有些地方盛行婚、丧、生日、满月、入伙都要请客的风气。部分地区反映,现在娶一个媳妇,少则数千元、多则上万元。新建房屋讲门面,比阔气。勤俭持家,量入为出的美德被说成寒酸、小气。于是,有的人为了顾及面子,只好打肿脸充胖子,造成超前消费。

三是重金钱,轻道德。商品经济的发展,一方面促进人们讲求经济效益,另方面又使一些人成为金钱的奴隶。有的农民说:口袋里有钱,比英雄更光彩,比模范更风光,当今的富裕户,谁不羡慕,入党入团有什么用?极端的“拜金主义”思想,使一些人道德沦丧,招婢纳妾,嫖娼卖淫,也不以为耻,反以为荣。

四是重低级娱乐,轻精神文明。这种现象造成不少有害性的消费。这表现在:参与赌博,麻将、扑克成了消磨时光的赌具。塑神建庙、算命占卜、请阴阳先生看风水,封建迷信有所抬头;然而,对于健康向上的文化消费却舍不得花一分钱。

五是重自家、轻大家。农村中,大多数农民都建了漂亮的新屋,但“门内黄金屋,门外垃圾堆”的反差现象很常见。“各人自扫门前雪,莫管他人瓦上霜”成为不少人的心态。有些地方,虽然经济很发达,但村道破烂,污水横流,垃圾遍地,对兴办公共福利事业缺乏热情。

新对策

根据农民的观念、心态、情绪和要求,我们要采取综合性的社会引导的对策。

(一)思想引导。即通过灌输的方法,启迪人们的思想,改变不良的现象。对于经济比较发达的地区,要通过对农民讲国情、省情、市情、镇情和村情,引导他们确立勤俭意识,讲与先进地区对比的差距,引导他们确立远大理想,敢创大业,克服骄傲自满、贪图享受的“近视行为”;而对于经济仍然比较落后的山区,则要引导他们增强五个观念:一是增强商品经济观念。要冲破小农经济思想的束缚,大力地发展社会主义商品经济,推动经济向基地化、集体化方向发展。二是增强自我发展的观念。克服悲观泄气的情绪和“等靠要”的依赖思想,树立改革创新,开拓进取的意识和艰苦创业、奋发图强的精神。三是增强科技脱贫的观念。尊重知识,尊重人材,尊重科学,广揽人才,求技若渴,大力应用和推广科学技术,提高商品生产率、土地产出率和经济效益。四是增强“出关”观念。打破闭关自守;走出山门,广交朋友,积极开放、引进和联合。五是增强现代人口观念。克服早婚早育、“重男轻女”、“多子多福”的传统思想,确立晚婚晚育、优生优育的人口观念。

(二)政策引导。即通过政策,诱导农民手中闲置资金的合理流向。农民手中有了钱,如何使他们花得合理,除了要有思想引导以外,还必须有政策引导的配合。首先是通过经济政策加以引导。深圳、东莞市的一些地方通过股份制的形式,把农民手中的闲散资金吸收过来,投入到扩大再生产中去,这种政策的引导非常有效。宝安县的万丰村,几年来采取股份制的办法,吸收了游资3000万元,既发展了集体经济,又增加了农民的收入,村民人人都是股东,安居乐业。其次,通过就业政策加以引导。宝安县沙井镇对于待业青年或“四不青年”,动员和优先安排就业;对初中毕业生,未能升高中或不想读高中的,实行强制性职业技术培训,毕业后再安排就业,从根本上解决青年人无业、到处游荡所带来的社会问题。

(三)环境引导。即通过开展健康活泼的文娱活动,净化文化市场,丰富人们的精神生活。目前,在经济发达的珠江三角洲,不少乡村都有“卡拉OK”、歌舞厅、电影院、录像室、桌球室、球场等等文娱场所,这对丰富人们的精神生活提供了条件。但有些地方由于管理不严,也出现一些庸俗、低级甚至污秽的东西,对此,必须加以治理整顿,给人们提供健康有益的社会环境。

(四)典型引导。即用农民身边的人和事教育农民。榜样的力量是无穷的。先进典型的品德、人格有巨大的感染力,要用艰苦创业、无私奉献、开拓创新的典型,去引导农民,教育农民。

(五)规范引导。即以法律、道德、契约等形式规范农民的言行。在农村目前要侧重禁毒、禁赌、禁嫖等法规的宣传教育;要充分发挥“道德评议会”、“禁赌会”等群众自治自律组织的作用,弘扬正气,打击邪气。

(《文明报道》1992年1月)

万县地区老年人精神卫生状况的调查

随着老年人口逐年增多,老年精神卫生问题日益突出。为进一步了解万县地区老年群体精神卫生状况,经万县地区科委批准立项,我们进行了该项研究,现将研究总体情况概要报告如下:

一、基本情况 在随机抽取的1594名老人中,实际见面检查1379人，访视率为86.5%，除外完全耳聋和严重躯体疾病不能回答问题、无法获得完整资料的10人，有1369人完成各项调查。

（一）年龄与性别　本组老人男690人（50.04%），女689人（49.96%），平均年龄68.9岁（60～99岁）。60～69岁组814人（59.0%），70～79岁组446人（32.3%），80～89岁组111人（8.1%），90岁及以上8人（0.6%）。

（二）婚姻、文化与职业　调查时有配偶886人（66.2%），无配偶（丧、离、分居）493人（35.8%）。文盲或少识字787人（57.1%），小学文化程度362人（26.2%），中学以上文化程度230人（16.7%）。离退休老人663人（48.1%），无职业259人（18.8%），农民457人（33.1%）。

（三）精神状况　在1369名资料齐全的老人中，1242人重筛阴性，未发现精神异常，对这些老人进行了量表评定，以了解其情绪状况、日常活动能力情况以及影响因素。其余127人精神病和酒依赖筛选阳性者进行归类诊断，了解患病率和病种分布情况。

二、心理健康状况及影响因素

（一）幸福度量表评定　除127名重筛阳性者外，对1242名老人进行MUNSH量表评定，我们以该量表评分作为因变量（Y_1），以社会人口、社会心理及躯体状况等15项常见因素为自变量（X_i），经多元逐步回归分析，当$\alpha=0.05$时，显示影响老人幸福度的主要因素按回归贡献值大小依次为对子女满意X_8（不满则差）、躯体状况自评X_{13}（自评不好则差），经济水平X_{15}（经济水平较低则差）、睡眠X_{12}（睡眠障碍者差）、家庭气氛X_7（气氛紧张则差）、经济来源X_{14}（依赖型差）和听视力X_{10}（听视力不好则差）等因素，其回归方程经统计分析有显著性意义。另外情感平衡量表测评情况与幸福度评定结果大体相似（另文报告）。

（二）影响老人智筛检查的多因素分析　全部老人经MMSE筛选和有关检查，除精神障碍者外，在1242名老人中，以MMSE评分为因变量Y_2，上述15项社会人口心理因素为自变量，当$\alpha=0.05$时，逐步回归方程显示，影响老人智筛检查的主要因素依次为文化程度（文化高优于文化低）、年龄（年龄越高越差）、职业（离退休组优于无职业和农民）、性别（男优于女）、经济水平（经济水平好优于差）、躯体检查（躯体健康优于差）等因素。因此认为，影响MMSE结果不但与文化程度有关，而且与年龄以及其他社会心理因素也有一定关系。

三、老年人日常生活活动能力及影响因素　本组老人ADL评定正常者占66%，有明显障碍者占6.5%，居中者占27.5%。另外以ADL评分为因变量，仍以上述15项因素为自变量，当$\alpha=0.05$时，多元逐步回归方程显示，影响老人ADL的主要因素依次为：躯体检查情况（多病则差）、年龄（高龄则差）、家庭结构（独居则好）、听视力（降低者差）、对子女不满则差、无职业则差。

四、老年期精神病资料及分析

（一）患病率及病种构成　见附表。在见面检查的1379名老人中，有127人重筛和酒依赖筛选为阳性，经复查109人符合重性精神病和酒依赖诊断，总患病率为79.0‰，现患率78.3‰。

附表　本组老人精神病患病率及病种构成

病　　种	既往+现患数	总患病率（‰）	现患率（‰）	构成比（%）
Alzheimer's	7	5.1	5.1	6.42
脑血管性精神障碍	5	3.6	3.6	4.59
帕金森氏病所致精神障碍	1	0.7	0.7	0.92
颅脑外伤所致精神障碍	1	0.7	0.7	0.92
嗜酒所致精神障碍	82	59.5	59.5	75.23
躯体感染所致精神障碍	1	0.7	0.7	0.92
精神分裂症	10	7.3	7.3	9.17
情感性障碍	2	1.5	0.7	1.83

（二）老年期精神障碍城乡比较　在城镇老人中，嗜酒所致精神障碍有69人，患病率达74.8‰。农村老人只有13人，患病率28.4‰，城镇明显高于农村（$P<0.01$）。其他各种精神病城镇共18人，患病率19.5‰，农村共9人，患病率19.7‰，无显著性差异（$P>0.05$）。从求治情况来看，城镇老年病人只有14人到医院诊治过，农村老年病人仅1人曾去医院治疗。提示老年精神病人所得到的医疗照顾是非常缺乏的。

（三）嗜酒所致精神障碍病人的特点　在老年期精神障碍中，以嗜酒所致精神障碍患病率最高，达59.5‰。其特点有：1. 男性占97.6%，明显高于女性；2. 患病率城镇明显高于农村（分别为74.8‰，28.4‰）；3. 青年期（平均年龄20.9±10.5岁）即饮酒成习多见，饮酒年限长（平均47.5±13.6年）；4. 有明显神经、精神症状者较多（占42.7%）。

（四）老年期其他精神病特点　调查中共发现27例，其特点有：1. 患病率城乡无明显差异；2. 精神分裂症冲动暴力行为少；3. Alzheimer's病均发现较晚；4. 脑血管性精神障碍者其血压均未得到很好控制；5. 生活自理能力差，大多未得到医疗照顾。

老年精神健康问题应引起足够的重视。根据我们的实地调查结果，特对今后老年精神卫生工作提出几点建议。

一、防治嗜酒所致精神障碍是我们目前老年精神卫生工作的重点　调查发现酒精对老人神经精神损害最为突出，这应及早引起高度重视。随着经济条件的改善,酒类品种增多、产量增高以及一些不适当的商品宣传,如不及早采取防治措施,可能今后出现酒精问题的老人会逐渐增多。因此卫生医疗部门应立即行动起来,组织人员大力宣传酒依赖对躯体和精神的危害,在青年期重点防止酗酒,对酒依赖的老人治疗时应与家属配合。只要全社会都重视,积极纠正一些老人的不良生活习惯,就会很大程度上减低患病率。

二、良好的精神功能和健康的心理取决于很多因素的综合作用　调查所见,不少老人及家属缺乏有关的心理卫生知识,致使部分老人长期处于不利于心理健康的情况下。根据幸福度量表评定和多元逐步回归分析,显示影响老人幸福度的因素主要归结于:1. 老人对事件、处境的评价,即认知观点(X_8、X_{13});2. 应激性生活事件(X_{15}、X_7);3. 自信心低下(X_{14}、X_{10})几方面。因此,在老年心理咨询工作中应从认知干预、减少应激性事件和增强自信心入手,以提高老年人心理健康水平。

三、加强老年期精神障碍患者的医疗照顾　调查显示,老年期精神病人很少就医,其原因较多,而专科医院缺乏和精神科专业人员不足是其主要原因之一。建议在县级综合性医院内设置精神专科门诊并培训专科人员,使老年期精神病人能够就近及时得到治疗。根据老年期精神疾患的特点,提倡大力开展老年家庭病床,使有精神疾病的老人得到更多的医疗帮助。

(四川省万县地区精神卫生中心
《老年学杂志》1993 年第 3 期)

上海万名青年思想状况调查报告

党的十一届三中全会以来,由于战略重点的转移,导致我国青年与青年工作出现了一些新情况与新问题,并引起了社会各界的广泛注意。停滞的传统社会很少有突出的青年问题,而当今社会则不一样,青年的变化和社会一样,加快了节奏,这是现代社会的一个明显特征。青年的性格必然会反映社会的变化,必然带有时代性。经历了拨乱反正、经济改革、反资产阶级自由化、治理整顿、深化改革扩大开放全过程的当代青年,其价值观念和生活方式发生了很大的变化,人们对青年感到不那么熟悉了,对认识新生代的争论也就产生了。

上海在 80 年代改革开放、90 年代振兴发展的过程中,地位重要、任务艰巨。改革、振兴离不开青年的觉悟和奋斗,而正确认识当代青年的特点是调动他们社会主义劳动积极性的前提。为此,上海团市委在对百名青年试调查的基础上,展开了一个为期 3 个月的万名青年思想状况问卷调查。

一、调查的内容、范围及基本情况

此项调查内容为 5 个方面,即政治观、职业观、人生观、道德观和消费观,共设 88 项指标。

调查的范围以团市委调研工作网络样本单位为主体,同时按青工、青农、学校、市区四个部门的青年人数比例,扩大调研样本单位,调查涉及到不同类型的 12 家企业、4 所高校、3 个县和 12 个区。样本分布状况如下:

样本类别	类别比例
男:女	52:48
(20—22 岁):(23—26 岁):(27—30 岁)	38:33:29
已婚:未婚	36:64
初中:高中:大学	21:53:26
一线职工:企事业科室人员:学生	48:39:13

这次调查发放个人问卷 10000 份,回收 7650 份,回收率为 76.50%。此外,在调查中还通过召开座谈会,进行个人访问的方式了解青年的思想状况。

二、分项调查显示的青年现状

从对青年政治观的调查可以看出,当代青年关注、拥护、支持改革开放,同时盼望党风、社会风气进一步好转。

1989 年春夏之交的政治风波之后,不少人认为年轻人不再关心政治了,调查表明,这种看法是不全面的,当代青年身上仍蕴藏着较高的政治热情。从青年对以下两个问题的回答比较可以清楚地看到这一点。

一个问题是:"您是否知道最近几个月上排行榜的歌曲和歌星?"34.20%的人表示"知道",44.03%的人表示"不太清楚",12.13%的人表示"不知道",8.47%的人对此"从来不关心"。

另一个问题是:"您认为中国社会中所存在的最严重的问题是什么?"回答依次是:党风不正 35.16%,人口太多 24.09%,官僚主义 16.60%,士气不振、民心不齐 9.60%,法制不健全 7.67%,资源匮乏 3.82%,其他 2.07%。

将以上两者对照,表明当代青年对中国社会中的严重问题的了解和把握,绝不比对流行歌曲的了解和把握少一些和差一些。

青年对政治的关心比较集中地表现在他们对改革开放的思想认识上,见表一、表二(编者注:表中数字原文如此,下同)。

表一(%)

	很有必要	无所谓	不必要
1. 中国要发展,就必须进一步改革开放	80.80	16.03	2.30
2. 端正党风,改善社会风气	88.16	9.32	1.66
3. 在我国开奥运会	53.40	33.18	12.38
4. 浦东开发对振兴上海	80.31	15.52	2.97
5. 党的干部要像焦裕禄那样	80.52	11.56	5.40

表二(%)

	同意	无所谓	不同意
1. 现在的社会风气正逐步得到改善	43.37	17.07	37.96
2. 现在社会中的大多数人都在混日子	63.66	15.73	19.30
3. 入党、入团在这一代青年中是为共产主义理想奋斗的表示	34.33	34.22	30.25
4. 现在的干部绝大多数在勤勤恳恳为人民服务,很少有人为乌纱帽努力	22.61	13.12	57.77
5. 十年改革开放以来,特别是最近几年人民生活水平得到了极大的提高	62.41	19.43	17.26
6. 中国人像一盘散沙,毫无战斗力	24.90	20.46	52.95
7. 到2000年我国将成为一个强大的、现代化国家	41.91	24.85	31.37

从上述两表我们看到,62.41%的人认为"十年改革开放以来特别是近几年来人民生活水平有了极大的提高",80%以上的青年认为"中国要发展就必须进一步改革开放",并觉得"浦东开发对振兴上海很有必要"。这表明:青年们切身感受到了改革开放带来的成果,看到了进一步改革开放的必要性。

从上述两表中我们还看到,88.16%的人认为"端正党风、改善社会风气"很有必要,80.52%的人认为"党的干部要像焦裕禄那样",57.77%的人感到一部分干部要增强为人民服务的意识。这就表明:青年们十分强烈地盼望党风、社会风气进一步好转。

当然我们也必须看到,新生代与以老三届为代表的上一代青年相比,对现实政治的参与度有所减弱,并存在着一些模糊认识,比如有63.66%的人认为"现在社会中的大多数人都在混日子",再例如入队、入团、入党曾被上几代青年认为是人生三件大事,但现在只有34.33%的人对此表示认同。

我们既要看到当代青年政治观积极向上的一面,即在一个中心两个基本点的指导下,进一步加快改革开放进程,改善和提高人民包括青年生活水平,进一步加强法制和廉政建设,改善党风和社会风气,建立公平竞争的社会机制等合理要求;同时我们也要看到其逍遥冷漠、世俗化的一面,在退学风、出国潮、股票热中寄托自我,放弃了作为社会主义公民这个大我的责任。因此,对青年的政治教育也应当从两方面入手:一是政治上充分信任,现实中创造更多的参与机会,培养青年一代的社会责任感;二是政治上严格要求,加强爱国主义、集体主义、社会主义教育,使青年一代在政治上更快地成熟起来。

从对青年职业观的调查可以看出,当代青年希望职业和岗位有所流动,在流动中找到发挥作用的最佳位置,但他们在现实岗位上的表现还不尽如人意。

对于那些已经进入社会生活的青年人来说,最重要的莫过于有个好的职业。职业不仅是个人获得经济收入的来源,职业不同,物质收入的区别很大,而且特定的工作,能使青年某些才能得到发挥,兴趣得到满足,成为促进个性发展的手段。同时,职业还是个人获得非经济收入,例如名誉、地位、权力、各种便利的来源,从而使个人获得心理平衡,达到"乐业"的境界。那么当代青年对自己所从事的职业的满意程度如何呢?

表三(%)

您对自己目前的职业是否满意	
很满意	8.52
满意	15.00
一般	42.95
不太满意	20.90
很不满意	10.82

对于以上这组数据所显示的青年对自己的职业的相对满意程度必须有足够的认识。特别是对自己的工作的满意程度表示一般的人占到42.95%,可以肯定地说,这些人对自己所从事的工作不具有充分的热情和信心。实际上70%的人对自己的工作并不投入最大的能力和精力,而是抱着得过且过的态度。这样一种态度在以下的数据中得到充分的印证。

在对"您认为您所在的集体中的其他人对工作的态度是如何的"回答中,认为"团结一致干工作"的占29.94%,"各人完成各人的工作任务,不多干,但也不少干"的占49.51%,"各人自扫门前雪,工作相互推卸,谁也不肯多出力"的占19.69%。青年人中间的这种消极的工作心态,与上一辈人对工作极端负责的态度相比无疑有很大的差距。

除了青年自身的原因而外,造成青年对本职工作没有全力以赴的原因很多,比如论资排辈的观念、复杂的人际关系、任务不足、管理不严,但其中很重要的一个原因是就业终身制,缺乏职业流动,无法做到人择职业。调查表明:有57.33%的青年到目前没有更换过工作,更换过一次的(包括内部岗位的调动)占28.86%,如果把从未换过工作和虽然内部换过岗位,但没有其他方面变化的人数相加,则高达76.83%,更换过两次以上的(包括内部岗位调动)占12.09%。因此,在征求青工对企业转换经营机制,改革用工制度的意见时,75%的人持赞成态度。

不少青年对目前的工作持消极态度,同时又希望有更好的职业。那么理想的职业是怎样的呢?回答"上班方便、工作轻闲"的占16.76%;"符合志趣、工作和事业大有前程"的占45.88%;认为理想的职业应该是"单位福利好、收入多"的占31.06%;认为"职业社会声誉好"的仅占4.78%。从这组数据看,大部分青年对理想职业的理解是全面的,并没有把福利好、收入多作为择业的第一标准,而是把自己能否在岗位上充分发挥作用作为首要的标准。

但在评价具体行业优劣时，青年多少有些赶时髦。调查表明，外商服务机构的代理人、医生、私营企业家这三种职业被青年认为是目前社会上最好的职业的前三位，仔细分析一下，便不难发现，与这三者对应的是金钱、技术和实力，但我们也不能否认，这三种职业对人本身的要求也是相当高的，好的职业是社会声望、收入、技术(智力)三者的综合体现。在这个职业排行榜上，体现了目前社会上的职业“时尚”——偏重收入的厚薄。

现在，青年心目中的理想职业和现实岗位有相当大的差距，但为什么青工占很大比例的各行各业仍能正常有效地运转。这里，除了老同志的作用外，是青年人特有的进取心促使他们“做好工作”。对“您在集体中工作是否愿意超过一般人的水平”这一问题，44.68%的人表示“愿意”，34.27%的人表示与“别人一样”，或者说有78.95%的人表示在工作中应该不甘落后。对“您工作的目的是什么”，27.78%的人回答“干工作是尽自己职责”，27.11%的人回答“干活得报酬，能挣钱”，20.58%的人回答工作的目的是发挥自己的才能，干一番事业，实现自己的理想抱负。青年人力争上游的劳动积极性，正是劳动用工制度改革希望解放的生产力中最活跃的因素，也是我们在体制改革的同时继续加强对青年进行岗位成才教育的出发点。

从对青年人生观的调查可以看出，当代青年渴求知识，渴望成才，但平淡的人生观需要进一步激励。

关于青年的人生观和生活方式的调查，我们是以这样一个话题开始的：“您认为人活着是为了什么?”44.43%的人表示“人活着必须显示自己的能力”，27.92%的人认为“过一天算一天，随遇而安”，13.19%的人认为“人活着必须干出一番轰轰烈烈的事业”，7.71%的人觉得“活着是吃穿享乐，别无所求”。这一组数据充分说明了超过半数以上的当代青年是以积极进取的人生观为主流和特征的。以下的数据从另一个角度说明了这一点，38.28%的人认为“现在的生活尽管物质上相对匮乏，但生活得很充实”，28.50%的人认为“活得很累，谈不上什么物质享受”。前者的态度很积极，但后者的态度并不消极，而是表明了一种现实的状况，生活虽然谈不上太多的物质享受，但继续活着、工作本身就是美丽的。此外，认为“活着没有什么奔头，一切都虚无缥缈”的人占15.09%，认为“尽管物质很丰富，但生活很没有意思”的人占8.05%(这一判断在青农系统占13.75%)，我们也不能忽视这些消极的人生态度。

当代青年活得积极而又实在的一面，还表现在尽管已经参加了工作，但有66.45%的人仍在继续参加学习，其中31.36%的人在学外语，14.45%人在读夜大、函授学校，28.88%的人在学习烹调、裁剪、推拿、打字等实用技艺，还有25.31%的人在学习其他各种技能，或发展专业特长，或进一步提高专业水平，等等。44.13%的人希望能够获得更高的学历，17.70%的人对更高的学历表示无所谓，只是希望通过学习而获得一技之长，另有36.97%的人对更高的学历不置可否。

学习或进修为了什么呢？37.02%的人为了“充实自己，使自己更有修养，掌握更多的技能”；46.34%的人为了“在可能的时候，获得一份更好的职业”；7.84%的人为了“出国”，另外5.05%的人为了其他各种目的。

现在，青年人是如何对待知识的呢？请见表四所作的分析：

表四(%)

当代青年对知识的态度	很同意	说不清	不同意
知识就是力量，不学习便没有出路	※47.99	34.72	16.46
为了掌握一些技能，实实在在地挣些钱	53.31	34.41	10.74
为了文凭	31.96	37.19	28.90
读书没有什么意义，书读得越多越穷	16.38	36.17	※43.74

表中打上※号的两个数据很能说明当代青年对知识的态度，即爱学习但又不唯学习，出发点是以实用为基础，超过半数的青年直接了当地表示学习的动力是要实实在在地挣些钱。可见，当代青年的人生观，从学习态度上可以折射出重利益、重实用，成才与发财的双重利益取向。

这次调查对象近80%具有高中以上的文化程度，透视青年的求知成才热，不难发现两个方面的情况：第一，大部分青年越来越清楚地认识到科学技术、文化知识在现代社会中的重要性，认为文凭、学历、知识是成才致富的前提，继续学习是提高自身修养成为现代人的重要途径。这种良好的学习风气需要进一步的鞭策激励。第二，青年的各类业余学习和掌握岗位技术、提高本岗技能结合得还不够紧密。为帮助青年学有所长、术有专攻，应大力加强岗位培训、在职培训。

从对青年道德观的调查可以看出，当代青年受中国文化传统影响较大，推崇与人为善的道德观，但在部分青年中也出现了功利化的倾向。

也许要通过对刘慧芳的评价来判断当代青年的道德观并不一定十分妥贴，但是我们毕竟可以从中看到一些东西。在调查表上有这样一个问题：“您认为电视剧《渴望》中的刘慧芳是我国传统美德的代表吗?”回答“是”的人占34.93%，回答“不是”的人占23.26%，表示“说不清，难以回答”的人占40.59%。这在一定程度上说明：当代青年思想深处，仍然有着许多“善”和“爱”，他们中的相当一部分人对刘慧芳表示了一种肯定的态度。

这一善的道德观，并不意味着就有了善的行为。在对“您是否会像刘慧芳那样对待别人”这一问题的回答中，有10.58%的人表示“会”，39.84%的人表示

"有时候会",25.83%的人表示"不会",22.52%的人表示"很难说"。尽管善的意义并不能直接转化为善的行为,但是善依然是人们所希望的。人们不会在所有问题和所有时间里表示善,但"有时候"或者在必要的时间和场合中,当代青年依然会有善的行为,依然会像刘慧芳那样对待别人。

关于"孝",在问及您同父母的关系如何时,62.31%的人回答"很好",30.07%的人回答"一般",2.98%的人回答"不太好",还有3.50%的人回答"说不上"。当代青年在"孝"这方面,基本上继承了传统道德。

从表五(见下页)可看出,当代青年的道德判断有消极的一面,59%的人认为"人不为己,天诛地灭"这种说法"有道理"。但是,表中判断依然有积极向上的另一面,83%的人认为"天下兴亡,匹夫有责"的说法"有道理"。

表五(%)

道德判断	很有道理	较有道理	看不出什么道理	无道理
1.与人方便,与己方便	※49	40	8	3
2.人不为己,天诛地灭	25	34	24	17
3.毫不利己,专门利人	20	29	34	17
4.青春不乐,一生白过	28	36	20	15
5.命运的主人是自己	※52	26	10	10
6.谋事在人,成事在天	37	36	14	12
7.知足常乐,与世无争	37	38	13	11
8.天下兴亡,匹夫有责	※49	34	11	4
9.不求有功,但求无过老老实实过日子	28	42	19	11
10.各人自扫门前雪,休管他人瓦上霜	19	34	20	26
11.逢场作戏,看人打发	16	32	26	25
12.人情一把锯,你不来,我不去	30	39	17	14
13.朋友易得,知己难求	※74	20	4	1
14.人善被人欺	※51	34	8	7
15.有理走遍天下,无理寸步难行	39	32	13	10
16.既给他人造福,也使自己得到幸福	35	41	17	7
17.最大的快乐和幸福是满足自己各种欲望	32	36	18	13
18.有个美满的小家庭就是幸福	28	46	16	10
19.有权就有理,权力是幸福的钥匙	38	27	14	21

从总体来看,当代青年的道德价值取向是积极的,真、善、美依然是他们道德价值取向的基本方面。在道德评判方面,当代青年持十分现实的态度,并不盲目追求理想,但也不放弃对理想的追求。当代青年不是玩世不恭的一代,而是有着鲜明的时代特点,有着严肃判断力的一代,在一种看似老于世故、过分潇洒的背后,有着认真的思考。当代青年的道德判断是现实的,但这种现实绝不是放弃了理想的现实。89%的人认为"与人方便、与己方便"这种说法"有道理",78%的人认为"命运的主人是自己"这种说法有道理,更是对现实世界的挑战。

但是,我们也不能忽略了个人主义和拜金主义思潮的影响,以及党风、社会风气不正对青年的影响。例如,认为改革开放后,干群关系比以前好的占21.9%,不如从前的占46.5%;再如,对"中国什么样的人最有前途"一问,选择"善于拉关系"和"父母地位高"的占54.2%;另有65%的青年认为"有权就有理,权力是幸福的钥匙"这种说法"有道理"。这与其说是对中国传统社会"官本位"的崇尚,不如说是对当权谋利的觊觎。此外85%的人认为"人善被人欺,马善被人骑"的说法"有道理",老老实实做人的那种"老实人"形象已不被当代青年推崇。而对于"毫不利己,专门利人"的价值判断,在"有道理"和"没什么道理"之间,还略偏向后者,可见,青年的道德观念和行为在今天出现困惑或迷失有时代的必然。

从对青年消费观的调查可以看出,当代青年收入不高,适度消费是大多数人的行为准则,但少数人的高消费行为有一定的导向作用。

青年是一个广阔的市场,但青年的收入却相对较低。调查显示,青年的月收入(1991年8月)情况如下:100 元以下占 8.46%(其中包括技校学生的收入统计),101—140 元占 15.07%,141—180 元占 22.52%,181—220 元占 27.57%,221—260 元占 16.60%,261—300 元占 4.87%,301—340 元占 2.43%,341 元以上占 1.49%。

收入全部交给父母管理的人有 12.59%,交自己的伙食费,余款自己用的占 31.68%,考虑到被调查者中有 35%的人已婚,因此这个数字在未婚青年中的比例应该更高一些;全部收入都归自己用,同时又在家吃饭的人占 15.76%。后两种收入支配方式,无疑是当代青年在收入支配方面的主流。

下面这个表很能说明些问题:

表六(%)

消费行为	很值得	说不清	很不值得
花二百元买一双高级名牌运动鞋	20.72	33.87	42.12
花一百元烫一个最新潮的发式	10.46	27.91	※59.48
花几百元买一套高级时装	26.65	33.60	37.32
花几百元与朋友们上宾馆跳舞、唱卡拉 OK	14.19	27.88	※54.33

超过半数的人认为花 100 元烫一个最新潮的发式或花几百元与朋友们上宾馆跳舞、唱卡拉 OK 很不值得,在其他方面半数左右的人,也有着较清醒的消费意识。

青年的收入到底开销到什么地方去了呢?他们的收入除一部分储蓄,此外便只能应付日常生活开支了,所以 67.54%的人,目前拥有的最高价格的时装或鞋子都是不超过 300 元的,其中 48.65%的人,不超过 200 元。但是,在收入水平较低,各项支出颇大的情况下,1991 年 8 月买书或杂志的花费情况仍然令人欣慰:22.52%的人没买书或杂志,花费 1—5 元的占 40.75%,花费 5.1—12 元的占 18.18%,花费 10 元以上的占 15.20%。购买文学著作和外语类书籍的各占 15%,科技图书占 10%,社会科学类图书占 17%,纯消遣性读物占 36%,其他类图书占 4%。

以上这些关于消费观的测评和数据,充分说明:(1)青年消费的主流倾向表现为崇实,并不刻意追求过高的消费。(2)可能有着过高消费的意向,但这没有转化为价值观和行为方式。(3)消费观方面的高度现实性,并没有如上一代人所指责的"不会过日子"。

但是,如果不看调查统计结果,依据我们每个人的生活经验,似乎高消费的社会现象比比皆是。在青年年均仅 3000 元收入的情况下,把追求高消费视作青年的一大"问题",有其社会原因。一是舆论引导的不慎重,不适当地向人们倡导万元户、亿元村等等,加上社会腐败现象的存在,形成各阶层攀比,追求高消费不仅仅是生活之必需,而且是财富的标志和体面的象征;二是一部分收入优厚者,如三资企业、宾馆的工作人员,外商服务机构的代理人,私营业主及证券经纪人等,他们的消费水准对一部分职业青年和青年学生形成强烈的诱导作用,这种实实在在的影响是不可低估的。

三、调查思考及对策

本次调查我们只是从一些侧面对当代青年作了一个描述,仅凭这些资料要对当代青年作出一个总体评价是有局限性的。青年是社会的青年,因此分析青年必须要考察他们成长的社会政治、经济、文化环境。

在这次调查中,我们邀请了不同年龄、不同行业的各界人士进行了座谈,他们对当代青年的动态认识是对静态调查的一种补充,其观点很有代表性。

老年人(50~60 岁)如是说:今天的年轻人都像大姑娘讲起来不好,到时候都想要。为什么?因为他们有个性。这一代人和上几代人都不同,其成长的社会环境有了很大的变化。过去是计划经济体制,一切都由国家包下来,现在不同了,单位的发展要靠国家的支持,但主要依靠自己的力量,青年人也一样。于是这一代人的独立思考、竞争意识、风险观念就产生了。这不是什么坏事情,社会需要青年是因为青年接受能力特别强,他们的知识结构新,动手能力强,对电子时代、信息时代有很强的适应能力,新科技、新产品的开发没有他们不行。问题是青年人事业心要强,既要有远大理想,又能够脚踏实地,从基层、基础做起,在实践中成才,克服好高骛远,听不得批评的毛病。作为社会和家长,对今天的年轻人第一要信任,相信他们能够接好班;第二要放手,创造更多的锻炼机会;第三要耐心,允许他们犯错误,帮助他们改正错误,减少和避免再犯猎误。

中年人(35~45 岁)如是说:今天的青年人是世俗化的一代。他们没有明确的理想,也没有深刻的痛苦,很多人信奉人生就是欢乐,所以他们很会享受,很能 消费,特别能过日子。这一代人的情绪波动也很大,从"我不相信"到"一无所有",极易受流行歌曲、流行文化的影响,其实他们内心缺乏一个精神家园。当代青年自我表现的意识极为强烈,这反映了他们主体意识的觉醒,对个人价值的追求,他们在成长和成才过程中遇到种种不适应,于是就自然而然地提出了建立公平竞争的社会环境、社会秩序的要求。今天的青年问题不会像 80 年代初那么突出,因为那时的青年问题是党和政府必须立刻加以解决的社会问题,如返城知青就业、大龄青年的婚姻、一代人的文化补课,等等。经过改革开放,这些问题大都得到了解决,这说明社会的进步。今天的青年人是以世界公民的眼光来看待周围世界的,他们提出的要求在思想上是深层次的、物质上是高档次的。他们的一些要求有时候是过激的,但又是合理的,因为正是进一步的发展要求为改革开放本身提供了动力,从这个意义上讲,调动了青年人的积极性社会将更快地进步。

青年人(20~30 岁)如是说:社会和长辈批评我们是只关心自己的一代,对国家、集体的事情缺乏足够的热情。这话讲得对,但又不完全对。我们有我们自己对理想和生活的理解,那就是更加注重实际,我们有理想,却不以理想的形式来表达;我们有才干,却不用谦虚的形式来表现。我们没有长辈的那份丰富的经历和人生体验,考虑问题和办事情总欠点火候,但我们克服官僚主义现象、大力发展科技和教育、落实民主和法制的愿望是真诚的。我们不愿消沉,渴望机会和舞台,但更希望理解和支持。如果有人能够为我们指点人生的迷津,我们是乐于接受和欢迎的,因为民富国强是党和政府的工作目标,也是我们这一代的理想。

综上所述,当代青年在成长过程中应注意哪些问题呢?

*第一,要正确处理好成人和成才的关系。*青年在一定的社会与环境中,按照一定的社会要求或规范,形成与该社会的期望相一致的观念体系和行为方式,形成适应于该社会与文化的人格,这是任何一个社会对青年的成人化的一般要求。但改革开放以来,由于社会的急剧发展,出国、升学、经商、职业流动、各种人生的发展前景展现在青年眼前,成才的问题一夜之间变得突出了。少数人离开了有理想、有文化、有道德、有纪律的成人要求,企图在成才的道路上寻找捷径,结果往往事与愿违。只有把做什么人的问题解决好了,干事情才有基础。

*第二,要正确处理好个人和集体的关系。*长期以来,由于"左"的干扰,我们片面强调集体价值,轻视个人价值,甚至把个人价值等同于个人主义。随着改革开放的深入发展,当代青年在经受外来文化的冲击和发展社会主义商品经济的过程中,价值观念产生了新的变化,从原来相信"大河有水小河满"到追求"小河有水大河满",青年的这种转变是顺应时代发展和社会要求的,但在有些时候、在有些青年当中,这种转变有过分化的趋势,即只强调个人的价值,忽视集体乃至国家的利益,只强调尊重个人的权利,忽视了个人对集体和国家应尽的义务,有的甚至造成了个人和集体无法调和的矛盾。"我为人人,人人为我"的社会环境需要每一个公民包括年轻人的努力。

*第三,要正确处理好创业和享乐的关系。*上海虽属全国发达地区,但和世界上发达国家和地区作一比较,我们仍属发展中国家的水平。因此,我们没有任何理由放弃对未来更美好的生活的追求,特别是在现阶段,我们必须艰苦奋斗,实干兴邦。过分地沉溺于个人的小天地、群体的小圈子,上海青年不会有太大的作为,上海将失去自己一向拥有的人力资源的优势。因此,深入实际、接触工农、了解国情,这和国外打工、学习技术、赶上潮流的道理是一样的,上海的振兴从根本上来说离不开一代又一代青年不倦的奋斗,仅仅满足于眼前小康的一代人是开创不出社会新局面的。青年一代要在精神上走出自给自足、丰衣足食的小农思想的误区,力争在"功在当代利在后人"的振兴上海的伟大实践中作出自己应有的贡献。

根据调查和思考,我们提出如下建议:

*一、以马克思主义的青年观为指导,经常研究青年现状,更好地把握青年特点。*本次调查是近年内团市委组织的规模较大的一次青年群体的抽样调查,这对于我们更好地了解工作对象,研究青年发展趋势,沟通社会和青年的相互了解意义重大。对青年的研究要经常化、制度化,才能准确把握青年特点,开展有针对性的工作。

*二、以马克思主义的发展观为指导,帮助青年树立远大理想,追求全面发展。*任何一个社会要延续发展下去,都必须把青年一代培养成合乎理想的未来一代的社会成员,从而实现世代的交替。这种交替的结果是社会的进步,人的发展。当前,一个突出的任务是要帮助青年树立远大理想,追求全面发展,克服短期行为,避免其成为拜金主义、享乐主义的牺牲品。既追求社会生产的新发展,也追求工人阶级新一代的塑造,这应当成为一个社会理想、社会目标。

*三、以马克思主义的改革观为指导,进一步创造公平竞争环境,为青年完善自身,贡献社会提供更多的机会。*邓小平同志指出:"青年一代的成长,正是我们事业必定要兴旺发达的希望所在。"因此"要创造一种环境,使拔尖的人才能够脱颖而出,改革就是创造这种环境"。当前一个突出的问题是加强精神文明建设、廉政建设、力求党风、社会风气的进一步好转,恢复和激发青年对改革开放的坚定信心和高昂热情,使青年能以更加饱满的斗志去投身进一步的改革开放,并在实践中抓住机会,脱颖而出。

(曹薇　毛恩执笔《当代青年研究》1992年第1期)

浙江省传统伦理道德与青少年教育调查报告

一、调查目的

此调查的目的有以下几个方面:1.了解浙江省群众对中华传统伦理道德,以及以此对年轻一代进行教育的看法;2.了解浙江省青少年继承传统伦理道德的情况和道德面貌;3.总结学校和家庭对年轻一代进行优秀传统伦理道德教育的经验、教训和问题;4.为90年代和下一个世纪初对青少年学生进行优秀传统伦理道德教育提供对策依据。

二、结果与分析

(一)中小学生问卷调查的结果与分析

300名中小学生问卷调查表明,有52%的学生(义乌48.7%,浦江55.3%)选择"诚实、善良、助人为乐、见义勇为的人",有40%学生(义乌42%,浦江38%)选择"有知识、有技术的人",作为"最受人尊重"的人。说明崇德尚学传统仍得到大多数中小学生认同。现将这方面的具体结果叙述于后。

1. 关于“忠”

我们列有6项：爱学校，爱集体，升旗行礼，会唱国歌，听新闻，关心、支持家乡建设，捐款支援灾区或支持国家举办的重大活动。

浦江、义乌两地的青少年在爱学校、爱集体、爱家乡、爱祖国方面表现较好，处于前两级水平的同学占总数的55%左右。但是，仔细考察统计结果，不难发现前四项与后三项之间有着较大差别。表现在：(1)处于第一级(做得很好)的人数，前四项在31%以上，后三项的人在23%以下，两者相差至少8个百分点；(2)处第五等级(做不到)的比例则恰好相反，后三项高于前四项；(3)前四项大多数人(70%以上)处于第一(做得很好)、第二级(经常能做到)水平，而后三项的大多数人(60%以上)处于第二(经常能做到)、第三级(做到与做不到基本相当)水平，明显地比前者低一个等级。此间原因何在?让我们来分析一下前四项与后项内容要求上的差异。从要求范围看，前四项列入中小学生的日常行为规范，每一项内容都必须在校实践，学校可以加以指导、监督。而后面的三项相对地就比较“软”，如听新闻关心国家大事，教师可以要求也可以不要求，可以提倡却难监督；关心家乡、国家建设，捐款、参加义务劳动之类，更该建立在自愿的基础上，有时几乎可以算是一种“义举”，难以强求。

2. 关于“孝”

从学生自测的结果看，义乌、浦江两地中小学生“孝”表现基本上是好的，但从居安思危或以传统的角度论，应该看到以下几个倾向：

(1)中小学生中完全做到“孝”的要求的不到半数。

(2)有10—27%的学生只能达到三级水平。

(3)在某些十分具体的项目上，完全能做到的学生的比例更少，大多数只能达到三级甚至五级。例如，“努力帮助年老的长辈解决生活困难”这一项，只有14%的学生达到一级水平，近半数的人处在三级以下，尽管这里有中小学生在解决生活困难的能力上的差异(中学生比小学生做得稍好些)，但从总体趋势上，确实存在着水平偏低的问题。这种问题在“不任性，不惹父母生气”一项中也同样存在。

(4)尽管目前学生在“孝”上的表现主流是好的，但是应该指出，传统上“孝”作为一种最基本的道德规范，其要求比现在要严格或者说严厉得多，而现在要求降低了，依然有那么多人达不到已经降格以求的水平。可见，“孝”作为传统伦理中最基本也最易被人们接受的伦理，随着时代的变迁已经有点儿日薄西山的苗头。这流逝的成分中有一些是不合理内核的自然淘汰，但不可讳言，其中相当一部分是合理内核的失传。这一点还可由“如果你和几位同学决定星期天去春游，而妈妈却要你留在家里帮她干活，你将怎么办?”这一情景测试的结果得以证明。

处于这样的情境，如果在年长的人看来无疑是应该留下来的，所谓“父母之命”岂容有半丝半毫的犹豫，更何况母亲的意见是对的。现在的青少年中当然也不乏这样的孝顺子孙。但表示愿意留下来帮妈妈干活的比例只不过59%(实际生活中比例恐怕更小)，其他同学则被这事难住了，不知如何选择。

在座谈会中，无论是年长还是年轻的教师，都把这种传统美德的逐日失传归咎于年轻的父母：如今，独生子女增多，父母对子女往往宠爱有加，顺从、迁就子女要求的多，对子女提出严格要求的少；宽容子女对长辈、对自己不恭的多，严肃纠正子女过失的少；包办代替的多，培养子女独立生活能力的少。久而久之，孝道之淡薄，也就势在难免了。

3. 关于“仁爱诚信”

如果说小农经济满足于丰衣足食，追求平均主义的话，那么，一般地认为，商品经济更多地表现出竞争、追求个体利益。由此推论，随着商品经济的发展，似乎友善爱人之心会逐渐地失落。是否确实如此呢？先看对残疾人态度的情景测试。

(1)绝大多数的青少年还是乐于去尽力帮助残疾人，解决其生活的不便，表明大部分人还是具有同情心的。

(2)尽心帮助残疾人的人到了高中反而呈减少态势，初中和小学基本持平。其中尽管有学生的道德水平从他律走向自律，以及随年龄增大，与社会的接触增多，社会环境的影响力逐步地和学校教育的影响力抗争等原因，但这至少可以说明小学和初中的学校德育工作较之高中抓得紧、效果好。

(3)选择(3)(即有一种比他强的优越感)的人随年龄的增大而递增，这一方面说明青少年的情感在逐步丰富，另一方面表明对残疾人的怜悯之心的逐步丧失。

(4)义乌较浦江而言商品经济更加发达，二者在经济上完全具有差异性，然而，在这一项调查之中没有显著差异。这里有两种可能性：一是义乌虽然商品经济发达，但民风依旧，传统的传承水平与浦江相当；二是浦江的商品经济相对迟缓，传统伦理道德力量较强，但学校德育效果较差，而义乌虽然传统伦理道德受到商品经济的部分冲击，却因为学校德育效果较佳，使得二者相抵后劣势得以弥补，最后导致义乌、浦江两地调查结果相差无几。

以上情景测试的结果，与学生对“尽力帮助他人之难”、“与同辈友好相处，不争吵”、“不欺侮弱小”、“同学或邻里之间互相尊重、不恶语伤人”、“同学之间互相团结不打架”、“有好东西能与他们共享”等具体项目的自测情况基本相符。自测结果表明，大部分的青少年还是具有善良之心或向善之心的(65%以上的学生达到一、二级水平)。但做得最差的是“同学之间互相团结、不打架”这一项，有10.6%的人处在四、五级水平。在学校里，独生子女学生家长容不得自己子女被打，许多家长怂恿子女“不能吃亏”、“要打回来”、“罚款事小，被打事大”，有的家长甚至于自己卷入了小儿间的争吵。据反映，在社会上，目前十八九岁左右的青年，斗殴现象也十分严重，往往是为小事而争，以不吃亏为上，宁可被治安罚款，却不愿在争吵中让步。“吃亏是福”，“让一步天地阔”这种传统美德荡然无存。谦让、宽容、友善、平和之风的丧失，很大程度上是由于首先在目前这批年轻父母身上的中断。拯救淳风，学校教育、家庭教育、社会教育三者应同步进行。

关于“诚”、“信”，从调查结果看，浦江、义乌两地学生表现都不错，尤其是那些与学校生活有关的项目上，如不作弊、不抄袭作业、如实反映在家表现等方面，做得更好。相对而言，含有其他成分，有点“江湖义气”色彩的“不帮别人隐瞒过失”一项，表现较差。究其原因是学生往往处于诚与所谓的朋友间的信之间的两难选择时，更多地表现出犹豫，这与青少年道德判断能力有关。也从另一方面说明这项自测基本上是可信的。

4.关于勤学

勤学是义乌、浦江一带的传统习俗，这是公认的，至少在浙江是公认的。在义乌和浦江，当地人民在概括自己的精神品质时，都没有忘记把勤学列入其中。许多学校在校训中也都把勤学作为必不可少的内容。今天，这种风尚依然为社会各界所重视，被当地人民所推崇。

另外，在对未受满九年义务教育却因认为“上学太苦，而且书读多了也没什么用”而辍学的一位少年进行评价时，有57%的人认为“学习是苦的，但只有从小刻苦努力学习，才能懂得做人的道理，掌握做事的本领，对社会对个人都有利”；24%的人认为“读书是苦的，但掌握有用知识是快乐的”，近10%的人则认为“读书才有出息”，三者相加有90%强的人不赞成辍学，仅有2.7%的人与那位少年持相近或相同的看法。勤学苦读之风自幼深入人心，从此可见一斑。但是由于种种因素，即使在勤学尚学之风如此之盛的义乌、浦江，学生厌学情绪还是存在。

对照前面的调查结果分析说明，学生心中的希望与现实的处境给予他的感受还存在差距，心里很希望读书，追求上进，而且对学习之苦也颇有认识，他们从内心上并不讨厌知识，也希望成为一个有知识有技术或道德高尚的人，然而，在现实环境中，在具体行动上，他们就有1/3以上的人对学习时常感到厌倦，7%强的人甚至是每时每刻都觉得讨厌。从现有调查结果分析，学生厌学的原因不在主观因素，而在于客观，诸如学习负担过重、学校生活枯燥乏味，还可能有一些特殊的因素如精神压力太大（面临高考或职业选择的高中生厌学比例增高）、偶然的挫折等等。

5.关于勤劳俭朴

（1）勤俭的美德，尤其是俭，在大多数学生身上得以继承和发扬，总的说，浦江、义乌两地学生俭朴的表现是优良的。爱惜学习用品；穿戴整洁，不要求父母买高档衣物；爱惜粮食，节约水电；不比吃穿等5项，有80%以上的同学达到一、二级水平。

（2）在对待金钱问题上，表现不如其他几项。这与农民生活富裕起来有关，对子女在压岁钱、零花钱的管理、控制上，已不再像从前那样锱铢必较，很少给子女零花钱和自由用钱余地的情况已大有改观。由于农村整体的发展，农民子女压岁钱的收入也增多了，学生之间的交往也必然地阔气起来。

（3）劳动教育的相对薄弱。近年来，由于社会、家庭、学校各方面没有根本摆脱片面追求升学率的影响，使得家庭、学校对学生的劳动教育和实践重视得很不够，致使许多大学新生连衣服也不会洗，缺乏生活自理能力。而这次调查中发现，有近40%的人在参加劳动方面处于三级及其以下的水平。

（二）传统伦理道德的传承机制

调查中，我们对郑宅的“孝义”之风经久不衰颇感惊奇。当地农民在1991年安徽遭遇洪灾时，自发地捐款捐物，派代表直接送到灾区；浦江七里乡一个人生病需要几万元救助，结果郑宅镇捐的比七里乡还多。同时，义乌市小商品市场提倡“不赚不义之财”，也给我们留下深刻的印象。把这些和多数中小学生对传统伦理道德的认同联系起来，我们感到两地有特色的伦理道德仍在不同程度地传承。

那么，传统伦理道德是怎样传承的呢？调查发现，它的传承机制主要是：

1.党政部门重视提倡　义乌市委曾组织宣传义乌精神的活动，把义乌精神概括为勤奋、好学、刚正、勇为，在全市范围内广泛宣传，对弘扬义乌传统美德起了积极作用。浦江县也曾以三言方式编成《公德歌》，把社会公德教育与传统道德教育结合起来，加以宣传。

2.学校教育　两县市的一些中小学针对儿童青少年中普遍存在的问题，进行热爱劳动、爱惜粮食、爱护公物、节约用钱的教育。针对社会上普遍出现的人情冷漠等消极现象，通过“学雷锋做好事”进行仁爱教育，义乌市实验小学每个少先队小队就是学雷锋为人民小组。义乌中学内的水泥路和自行车棚，都由师生动手搞起来。另外，有的学校（如义乌稠城镇初中）还注重用道德格言对学生进行教育，其中有道德格言，如“小时偷针，大时偷金”，“脚正不怕鞋歪”，“孝敬土地是自己的谷，孝敬父母是自己的福”等等，着实具有地方特色。

精神文明篇目辑览

（1）总　论

毛泽东论精神文明建设　金羽等《毛泽东思想论坛》1992(2)

邓小平精神文明建设思想的理论贡献、地位和特点　金羽《中国人民大学学报》1992(2)

邓小平精神文明建设思想的历史考察　金羽《毛泽东思想研究》1992(2)

一项紧迫的战略任务：学习邓小平同志关于精神文明建设的论述　沙英《新长征》1992(4)

精神文明的战略地位与社会主义真正优势　包心鉴《社会主义研究》1992(1)

社会主义精神文明建设的战略地位和作用　李扬《新长征》1992(2)

切实抓好精神文明建设——学习邓小平同志重要讲话的体会　荀春荣《求是》1992(16)

精神文明建设在社会主义现代化建设中的地位和作用　吴明《宣传手册》1992(22)

坚持两手抓的方针促进社会主义精神文明建设　孙可达《浙江社会科学》1992(4)

坚持两个文明一起抓的辩证观点　袁焱芳《党政干部论坛》1992(6)

坚持两手抓务必两手硬　田野《探索与求是》1992(6)

"走自己的路"与社会主义精神文明建设　史熙光《党政论坛》1992(2)

关于"两个文明"建设相互促进的构思　夏赞忠《湖南社会科学》1992(1)

加强精神文明建设大力推动经济建设和改革开放《文汇报》1992.3.10

精神文明建设要为经济发展和改革开放服务　朱虹《思想政治工作研究》1992(4)

改革开放过程始终要坚持精神文明建设　尹继佐《文汇报》1992.4.17

论改革大潮中的精神文明建设　王驰《求索》1992(6)

精神文明建设要为贯彻党的基本路线服务　黄洁《学术研究》1992(6)

"社会主义市场经济"提法出台始末　高路《经济日报》1992.11.14

社会主义市场经济呼唤着精神文明建设　贾春峰《中国青年报》1992.11.30

把商品经济意识的精华上升为全民意识　张秀玲《学术研究》1992(2)

发展生产力与两个文明建设　戢克非《求是学刊》1992(4)

谈小康目标中两个文明建设的同步发展　姜献华《湖南社会科学》1992(3)

改革应重视精神生产力　付成君《社会科学辑刊》1992(3)

不存在商品经济与道德的二律背反　孔润年《中国人民大学学报》1992(1)

精神文明建设的理论研究亟待加强　叶向平《福建日报》1992.1.31

深入精神文明建设的几点意见　徐惟诚《学习研究》1992(2)

怎样加强社会主义精神文明建设　国山《宣传手册》1992(22)

社会主义精神文明正题　潘意万《甘肃社会科学》1992(1)

理论建设应成为精神文明建设的先导　沙英《人民日报》1992.3.13

关于社会主义精神文明的哲学思考①　邓万《宁夏日报》1992.3.26

关于社会主义精神文明的哲学思考②　邓万《宁夏日报》1992.4.14

关于社会主义精神文明的哲学思考③　邓万《宁夏日报》1992.4.13

推动精神文明建设再上新台阶《陕西日报》1992.2.13

精神文明建设也要实现新跨

越　董克勇《奋斗》1992(4)

精神文明系统模型分析　戴木才《江西社会科学》1992(1)

论社会主义文明结构与精神文明建设　程颖《阜阳师范学院学报》1992(2)

精神文明的三个层次及区域共建形式　黄平《社会主义研究》1992(4)

精神文明理论探讨的新进展　潇雨《福建社科情报》1992(7)

对开发精神能源的理论探讨　吕梦君《学术交流》1992(1)

研究社会的发展变化,有针对地搞好精神文明建设　薛嘉泰《求知》1992(5)

文明观若干问题初探　邹永图《学术研究》1992(2)

精神生产与社会文明　田微《教学与研究》1992(4)

人的全面发展与精神文明建设　曾庆文《广州日报》1992.1.15

关于真理与价值关系的两个基本问题　朱葆伟《中国人民大学学报》1992(1)

从文化的三个层面看科学和道德地位的变迁　汪娅《中国青年政治学报》1992(6)

现代生活方式与精神文明　林琼《广州日报》1992.2.13

现代文明与健全的人生　杨国荣《探索与争鸣》1992.4.4

对"人的现代化"理论研究的反思　段继业《社会科学研究》1992(1)

精神文明建设与提高人的素质　任永乐《求知》1992(9)

论中国传统价值哲学与社会主义精神文明建设　刘兴邦《湘潭大学学报——社科版》1992.16(1)

传统文化与精神文明建设　李焕旺《理论导刊》1992(3)

儒学传统与社会主义精神文明　张传实《山东师范大学学报》1992(4)

社会主义法制与精神文明建设探微　刘德兰《绍兴师专学报》1992(1)

公共舆论与精神文明建设　柏元海《广州日报》1992.3.12

建设精神文明,抵御和平演变　郭长河《新长征》1992(3)

精神文明理论研究的新成果:评《精神文明学》　陶德麟《求是》1992(1)

创立科学的理论体系,建设有中国特色的社会主义精神文明:《精神文明学》评价　哲文《广东社会科学》1992(1)

树立起精神文明建设者的意识:兼介《精神文明学丛书》出版要旨　范英《广东社会科学》1992(1)

.精神文明学研究的一颗硕果:《精神文明学论纲》评介　董玉整《中国社会科学》1992(5)

试论双目标管理的决策意义　张克荣《湖南社会科学》1992(1)

建立精神文明发展指标体系的几点思考　李玉林《求实》1992(5)

开展各种有益活动,推动精神文明建设　唐淑娥《学习导报》1992(2)

精神文明建设活动要更加深入扎实　徐惟诚《思想政治工作研究》1992(3)

开展精神文明活动必须坚持五条原则　陈祥成《学习导报》1992.6.17

探讨农村精神文明建设的几种方式　邹伟《党政干部论坛》1992(6)

精神文明建设落实到基层的形式,军民共建活动在全国深入发展　《光明日报》1992 7.28

精神文明建设与干部工作　陈芳芳《现代哲学》1992(2)

谈机关精神文明建设　魏久明《道德与文明》1992(5)

家庭联产承包责任制与农村精神文明建设　杨丙安《中州学刊》1992(2)

青年毛泽东的精神文明观　胡长明《求索》1993(3)

邓小平关于建设社会主义精神文明的论述　《人民论坛》1993(5)

邓小平同志论社会主义精神文明建设的正确方向　金羽《湖湘论坛》1993(1)

略论邓小平的精神文明建设思想　王育忠《道德与文明》1993(3)

邓小平精神文明建设思想的理论贡献、地位和特点　金羽《中国人民大学学报》1993(2)

正确理解和把握社会主义的本质:学习"十四大"文件和邓小平同志南巡讲话　洪德铭《中南财经大学学报》1993(3)

正确处理两个文明建设的关系　李敦培《湖南日报》1993.11.9

社会主义精神文明对社会心理的优化作用　秉军《共产党人》1993(7)

井岗山精神的现实价值　万建强《理论导报》1993.5.17

要坚定不移地弘扬奉献精神　薛军《人民日报》1993.7.9

重塑艰苦奋斗精神与服务社会意识　杨虹《海南日报》1993.10.2

雷锋精神仍然是社会主义精神文明建设的一面旗帜　马俊清《新长征》1993(3)

雷锋精神与精神文明建设　罗国杰《北京日报》1993.3.11

发展市场经济与弘扬雷锋精神　朱伯儒《工人日报》1993.3.1

学习雷锋的现实意义　王先《真理的追求》1993(5)

关于雷锋精神的系统思考　朱合理《道德与文明》1993(2)

让雷锋精神在市场经济条件下发扬光大:"雷锋精神与市场经济"理论研讨会综述　郭廷建《精神文明建设》1993(6)

社会主义市场经济体制条件下的精神文明建设　韦群《现代领导》1993(1)

为大发展构建良好的精神环境　尹继佐《解放日报》1993.3.3

发展市场经济离不开社会主义精神文明建设　梁琴《长白学刊》1993(3)

社会主义市场经济和社会主义精神文明　张德荣《盐城师专学报》1993(2)

市场经济与精神文明论纲　袁秉达《科学社会主义研究》1993(3)

建设与市场经济相适应的社会主义精神文明　韦群《文汇报》1993.2.5

加强市场经济条件下的精神文明建设　周锡荣《人民日报》1993.4.19

论市场经济条件下精神文明建设的着力点　徐增厚《经济工作导刊》1993(5)

加强市场经济条件下的精神建设　程维高《人民日报》1993.6.14

社会主义精神文明建设适应并服务于社会主义市场经济的发展　王杰《内蒙古财经学院学报》1993(2)

略论市场经济对社会 主义精神文明建设的正效应　荣开明《探求》1993(4)

在建立市场经济体制过程中努力把精神文明建设提高到新水平　王世清《学习月刊》1993(3)

开拓社会主义市场经济条件下精神文明建设的新局面　贾春峰《湖北日报》1993.2.4

论市场经济下的精神文明建设　邱实《学海》1993(6)

发展市场经济与建设精神文明要相互促进　刘淇《思想政治工作研究》1993(11)

改革与发展是精神文明建设的重要思路　刘家平《理论学习》1993(5)

论市场经济与精神文明"一体化"发展　贾春峰《人民日报》1993.10.11

社会主义市场经济与精神互动透视　孙力《社会科学研究》1993(3)

论价值观念在精神文明建设中的作用　李权时《广州日报》1993.10.15

先富者的行为导向与社会主义精神文明建设　周治滨《理论与改革》1993(2)

在扩大对外开放中加强精神文明建设　曹震《求是》1993(3)

论精神文明建设的对外开放　朱步楼《重庆社会科学》1993(3)

悖论:经济商品化与道德低谷选择:顺应经济重建道德规范　恒建《天津日报》1993.3.9

对社会主义精神文明建设的回顾与思考　夏广海《学术交流》1993(3)

近几年延安精神研究的新进展　高九江《延安大学学报》1993(1)

一个值得提倡的社会主义道德原则　徐焕洲《华南师范大学学报》1993(2)

在社会主义实践中创造人类先进的精神文明　张顺清《齐鲁学刊》1993(1)

精神鼓励"贬值"了吗？　张欣《精神文明建设》1993(7)

试论精神文明建设的时代特征　钟宜《探索》1993(4)

论善的牺牲价值与创造价值　陈楚佳《社会科学》1993(2)

试论精神文明建设主体及手段的层次性　姜晓军《黑龙江教育学院学报》1993(1)

社会主义精神文明学理论体系新探　方向新《青海社会科学》1993(3)

简论精神生产如何满足人类的精神需求　杨立华《辽宁教育学院学报》1993(3)

思维方式是精神文明发展的重要标志　马华芳《苏州大学学报》1992(1)

精神文明——现代人的素质　刘士林《光明日报》1993.4.12

精神文明:市场经济另一只看不见的手　金开诚《光明日报》1993.12.12

论精神产品的共享性　罗盛希《求是学刊》1993(5)

增强精神文明投入产出意识　赵应云《湖南日报》1993.8.31

科学促进精神文明的全面发展　虎世和《上海大学学报》1993(2)

清除"左"的影响与改造社会心理结构　胡维革《新长征》1993(2)

关于新形势下加强社会主义精神文明建设的几个问题　谷长春《新长征》1993(2)

大力推进新形势下部队精神文明建设　许志强《解放军报》1993.5.5

公民文化:精神文明建设的重要内容　马长山《学术研究》1993(3)

新时期仍要坚持发扬无私奉献精神:谈部队精神文明建设的一个重要课题　李挺康《解放军报》1993.4.21

试论文明的起源与文明的含义　孙京斌《求是学刊》1993(3)

谈党风、廉政与精神文明　沙英《道德与文明》1993(1)

论保护精神利益　王进《文明建设》1993(2)

论制度文明建设的自觉性和自发性　刘李胜《探索》1993(5)

试论科学技术对精神文明建设的影响　张宗庆《南京政治学院学报》1993(1)

用唯物辩证法指导精神文明建设　包双福《党的教育》1993(7)

继承和发扬中华民族优良传统创造出人类先进的精神文明　罗国杰《中国教育学刊》1993(4)

传统哲学与市场经济条件下精神文明建设　许苏民《湖北社会科学》1993(6)

从儒道文化影响谈现代精神文明　刘群《光明日报》1993.4.7

谈中原文化与精神文明建设　李长春《学习论坛》1993(3)

切实解决精神文明建设工作中的实际问题　毛登峰《光明日报》1993.11.28

精神文明建设存在的问题、原因和对策　陈志尚《高校理论战线》1993(5)

论宗教情绪的潜在道德力对精神文明建设的影响　贾海英《辽宁大学学报》1993(5)

掌握农民心态搞好精神文明建设　孟令君《社会工作研究》1993(1)

围绕实现大目标认真探索琼山农村精神文明建设新路子　徐清学《海南日报》1993.6.20

新加坡学者谈精神文明　王维桓《光明日报》1993.6.2

(2)思想道德理论建设

论马克思人的全面发展观 袁贵仁《高等师范教育研究》1992(3)

马克思主义经济学与“人的价值” 胡义成《学习与探索》1992(4)

确立马克思主义人生价值观 高春花《河北日报》1992.4.29

马克思、恩格斯关于人权问题的几个观点 洪韵珊《天府新论》1992(1)

学习马克思主义划清两种人权观 黄存林《理论学习与研究》1992(4)

马克思主义人权观与有中国特色社会主义人权理论 徐学成《科学社会主义研究》1992(7)

马列主义和人道主义 刘筌《中山大学学报》1992(2)

毛泽东人的价值观 张昌文《毛泽东哲学思想研究》1992(1)

毛泽东的技术思想和实践 吴军《毛泽东哲学思想研究》1992(1)

略论毛泽东关于革命传统教育方式 辛亦《毛泽东思想研究》1992(1)

毛泽东论人的辩证改革过程 丁邦清《毛泽东思想研究》1992(1)

浅谈毛泽东的艰苦奋斗精神 吾成《毛泽东思想研究》1992(2)

毛泽东的共产党人价值观 陈准《党校论坛》1992(3)

论毛泽东宣传思想的基本点 宋锡仁《毛泽东思想研究》1992(1)

积极抗争豁达大度——毛泽东对待冤曲的态度 赵维江《毛泽东思想研究》1992(2)

马克思的公平观与效率观 许军《陕西师大学报》1993(1)

马克思主义人道主义与人道主义马克思主义 张伟《毛泽东哲学思想研究》1993(1)

毛泽东论个性——兼谈改革对人的个性影响 王锐生《社会科学辑刊》1993(2)

邓小平思想与社会主义的命运——论邓小平思想的时代性 方延明《南京大学学报》1993(4)

论邓小平对毛泽东社会主义社会辩证法思想的发展 包心鉴《学术研究》1993(5)

谈谈邓小平关于共同富裕的科学构想 张诚《求是》1993(7)

邓小平同志对社会主义经济公式的理论贡献 闻仲《福建师范大学学报》1993(1)

邓小平经济模式理论对科学社会主义的新贡献 翟泰丰《光明日报》1993.10.27

试论邓小平的社会主义市场经济思想 傅泽平《毛泽东思想研究》1993(1)

邓小平的经济理论观 倪大奇《学术月刊》1993(9)

试论邓小平实事求是实践观 聂世明《郑州大学学报——哲社版》1993(1)

(3)爱国主义、集体主义、社会主义教育与伦理学研究

试论爱国主义的层次 邱忠彬《萍乡教育学院学报》1992(1)

爱国主义的科学内涵和特点 金钟《人民日报》1992.2.3

试论爱国主义及其作用 龚群《北京师范学院学报》1992(6)

爱国主义学术讨论会综述 吴金钟《社会科学研究》1992(1)

爱国主义:历史教育的一个永恒主题 翟国璋《江苏教育学院学报》1992(2)

在中国近现代史教学中进行爱国主义教育的体会 邢丽雅《齐齐哈尔师范学院学报》1992(5)

中小学爱国主义教育研究综述 姚光伟《教育研究》1992(5)

坚持爱国主义与对外开放的统一 王义林《延边大学学报》1992(3)

论爱国主义与改革开放 刘一民《成都大学学报》1992(4)

改革者是当代的爱国主义者 王舟波《文汇报》1992.8.21

爱国者以改革为己任 林恂《光明日报》1992.3.7

立志献身祖国科技事业 黄朝松《科坛文明天地》1992(3)

大学生要崇尚科学,面向经济建设 李克强《光明日报》1992.6.23

论集体道德原则 王淑芹《北京师范学院学报》1992(3)

集体主义道德原则的两极与同构 王兴宏《天府新论》1992(1)

坚持集体主义的集体主义价值导向 罗国杰《阵地》1992(2)

加强改革开放意识是社会主义思想教育的重要内容 包心鉴《新长征》1992(1)

继续探索城市社会主义思想教育的路子 张勃兴《陕西日报》1992.2.18

抓住深层次的问题搞好思想教育:我省社会主义思想情况调查 省委宣传部农村经济宣传处调研室《河南日报》1992.3.16

搞好社会主义思想教育,建设有中国特色的社会主义新农村 郭懋阳《人民日报》1992.1.3

加强农村社会主义思想文化阵地建设 林乐军《学习月刊》1992(2)

社会主义信念教育是个系统工程 杨永斌《解放军报》1992.2.19

农村社教是巩固社会主义政权的大事 赵锦良《学习月刊》1992(2)

推进农村改革和现代化建设的根本性措施,谈谈京郊农村的社会主义教育 杜德印《学习与研究》1992(2)

关于农村社会主义思想教育的哲学思考 程作华《真理的追求》1992(3)

社会主义思想教育成效大

福建三万农民要求入党《人民日报》1992.2.6

广东省农村有的放矢进行社会主义思想教育，解决走私、赌博等问题，保证改革开放顺利进行《人民日报》1992.2.22

壮胆子、铺路子、治乱子：广东农村社教的观察与思考　张敬东《农民日报》1992.3.19

马克思主义道德观与爱尔维修道德观的联系和区别　吴来苏《道德与文明》1992(5)

历史与道德：马克思、恩格斯伦理思想学习札记　王磊《宝鸡师院学报》1992(2)

爱国主义与历史实践：马克思主义传统道德历史实践观　陈华《盐城师专学报》1992(3)

列宁论无产阶级道德的阶级性　郑祖泉《中共浙江省委党校学报》1992(1)

列宁十月革命后伦理思想初探　杨真贵《贵州师范大学学报》1992(3)

毛泽东关于社会主义道德的基本思想　冒君刚《毛泽东哲学思想研究》1992(1)

试论毛泽东的道德哲学及其文化渊源　王凤贤《道德与文明》1992(6)

周恩来与雷锋精神　杨明伟《党校论坛》1992(3)

一代人杰德惠千秋：学习周恩来道德观的体会　董淑豪《殷都学刊》1992(4)

全面坚持共产主义道德基本原则的导向　周原冰《东岳论丛》1992(5)

试论构建我国新道德体系的基本原则　冯海龙《理论教育》1992(7)

社会主义道德中理想人格研究　阎献晨《理论探索》1992(6)

论社会主义价值观的导向　张江明《广州日报》1992.8.20

试论新时代的道德规范建设　张岱年《道德与文明》1992(3)

生产劳动是道德的逻辑起点　周原冰《中州学刊》1992(4)

"人人为我，我为人人"，人生的基本价值取向　徐焕洲《广州日报》1992.9.10

道德评价内在矛盾分析《江苏社会科学》1992(3)

道德评价主体与道德评价客体的矛盾结构及分析　陈杰《长白学刊》1992(2)

道德的约束性与人的道德自由　肖群忠《甘肃社会科学》1992(5)

论道德主体的意志自由　应抗《学术月刊》1992(10)

论个体道德决策之应用　张新平《湖北大学学报》1992(1)

论道德需要发展的社会轨迹　曾钊新《中州学刊》1992(4)

我国现阶段道德价值导向与调节　陈楚佳《郑州大学学报》1992(4)

论道德冲突　袁明华《江苏社会科学》1992(2)

道德本质新论　李春林《东岳论丛》1992(2)

略论道德责任　包连宇《江苏社会科学》1992(1)

论贯彻道德原则中的双向选择　徐少锦《江海学刊》1992(5)

道德舆论的机制与道德建设　刘善仕《广州日报》1992.4.23

道德选择与精神文明　梁世红《现代哲学》1992(2)

道德与幸福　程季波《中州学刊》1992(1)

论道德与良心　杨春时《求是学刊》1992(1)

论道德发生作用的条件　罗明星《荆州师专学报》1992(1)

道德分际论　于海《探索与争鸣》1992(3)

道德观念的心理层次和培养方法　顾继扬《教育研究》1992(6)

略论道德在认识活动中的作用　郭天海《道德与文明》1992(6)

论道德知觉　曹钊新《江汉论坛》1992(8)

论道德模仿　李建华《湖南师范大学社会科学学报》1992(5)

道德与法律关系的再思考　谢洪恩《天府新论》1992(6)

关于人生价值问题　刘国恩《理论讨论》1992(4)

人的价值能转化为价格吗？木本禾《辽宁师范大学学报——社科版》1992(1)

培养青年确立社会主义人生价值观　李诚《道德与文明》1992(4)

道德建设工程学论纲　《江淮论坛》1992(3)

道德不应封顶更不应降价　周原冰《道德与文明》1992(6)

虚假与道德　张良训《道德与文明》1992(1)

人权与道德：兼评人权道德化倾向　王锐生《北京师范学院学报》1992(1)

中西道德比较与现代道德重建　徐晓风《北方论丛》1992(2)

道德建设对科技进步的作用　吴素香《学术研究》1992(3)

略论道德与科学思维的关系　托乎提·肉孜·阿地力哈力克《实事求是》1992(4)

从熟人生人之别谈道德意识　余红《现代人报》1992(5)

科学技术发展与道德进步　章海山《羊城晚报》1992.8.26

论科技革命的伦理道德机制　宋惠昌《党校论坛》1992(8)

关于科技道德若干理论问题综述　侯孔发《道德与文明》1992(2)

道德建设与社会心理同步运作探析　李建华《湖南教育学院学报》1992(10)

论道德建设在党建中的地位和作用　王兴宏《社会科学》1992(1)

变革阻碍改革的道德观念　袁新民《湖北日报》1992.9.10

改革中的伦理道德建设《社会科学》1992(9)

努力寻求道德建设与经济政策的统一　高灿福《青年工作论坛》1992(1)

社会主义商品经济与当代中国的道德价值导向　张义华《辽宁大学学报》1992(3)

努力促进经济与道德的同步发展：访罗国杰教授　竹简《社会主义研究》1992(4)

正确认识和处理道德建设同执行经济政策的关系　秋田《探索》1992(1)

道德评价在经济活动中的意义和作用　杨清荣《道德与文明》1992(1)

商品经济与道德进步学术讨论会综述　门忠民《中国社会科学》1992(2)

“提倡先进道德和执行现行经济政策”研讨会纪要　钱啸森《哲学动态》1992(3)

近期道德理论若干问题研究综述　华兰英《社会科学参考》1992(8)

功利主义与经济改革析论　万俊人《中州学刊》1992(1)

商品经济与道德的“二律背反”吴灿《山东师大学报》1992(1)

不存在商品经济与道德的“二律背反”　孔润年《道德与文明》1992(1)

改革开放中人生价值观的冲突与嬗变　夏伟东《东岳论丛》1992(5)

论“自负盈亏”内涵的道德价值　王福霖《道德与文明》1992(4)

论实践活动的功利尺度和真理尺度　石路《宁夏社会科学》1992(1)

对当前经济领域中剥削现象的道德沉思　王福霖《中南财经大学学报》1992(2)

关于德育实效的调查报告　天津市南开区教委教研室《中国教育学刊》1992(4)

九十年代青年伦理道德调查与思考　浙江省青年研究会《青年工作论坛》1992(4)

把伦理道德作为干部教育的一门必修课　中共大港石油管理局宣传部《道德与文明》1992(5)

试论德育过程中的全息统一关系　刘次林《教育评论》1992(1)

企业道德教育与两个文明建设　毕世义《社会科学辑刊》1992(1)

青年道德教育系统工程机制构想　于天国《青年工作论坛》1992(1)

试说德育中的灌输　党乐群《云南教育学院学报》1992(2)

论中华民族的优秀道德传统　韩仁贵《中学政治教学参考》1992(8)

伦理道德与中华民族精神的作用特点　雷钧《云南师范大学学报》1992(8)

试论传统道德文化与社会主义道德建设的关系　彭长城《甘肃社会科学》1992(5)

传统道德文化与社会主义道德建设　朱贻庭《学术月刊》1992(3)

弘扬民族优秀传统道德　俞邃《北京日报》1992.9.1

我国古代的乡约道德教育　马镛《道德与文明》1992(4)

我国古代对青少年的家庭道德教育　马镛《道德与文明》1992(6)

评现代新儒家道德本位论　陆玉林《社会科学》1992(7)

谈反传统的道德虚无主义思潮　范大章《道德与文明》1992(1)

当代西方“反道德教育理论”述评　戚万学《教育研究与实验》1992(2)

道德滑坡与道德强化——道德与法关系再探析　王继涛《天府新论》1992(1)

不与抽象的人性论和人道主义和平共处:思想战线的一个重要的历史经验　王汉新《湖湘论坛》1992(1)

坚持发展马克思主义伦理学　李奇《道德与文明》1992(2)

关于毛泽东伦理观的若干思考　冯菊盛《山西大学学报》1992(3)

伦理学基本问题之我见　刘文军《兰州学刊》1992(1)

伦理学领域的新开拓:《社会主义伦理学》评介　徐庆文《山东大学学报》1992(1)

伦理学基本问题新论　应杭《浙江大学学报》1992(3)

伦理学研究的新视野:余谋昌研究员谈生态伦理学　杨克俭《道德与文明》1993(3)

纯粹伦理思想初探　朱贻庭《道德与文明》1992(4)

伦理科学的逻辑　王习胜《道德与文明》1992(5)

建设新伦理:谈《伦理思想的突破》　巢人《天津日报》1992.6.4

天津社会科学院伦理学研究所召开“道德俗文化”研讨会　赵永中《道德与文明》1992(6)

计算机软件设计中若干伦理问题的思考　王硕强《道德与文明》1992(6)

中国民族学界应关注民族伦理学研究　熊坤新《民族研究》1992(1)

民族伦理道德发展特点初探　熊坤新《黑龙江民族丛刊》1992(1)

核伦理学　乐嘉春《社会科学报》1992(2)

试析集体主义的伦理　郑义宾《江西社会科学》1992(2)

竞争伦理与经济学的价值同构　罗金远《学校思想教育》1992(3)

新兴伦理学分支学科发展概述　麻智辉《社会科学参考》1992(3)

企业改革与企业伦理建设　朱贻庭《中州学刊》1992(5)

漫谈伦理学中的“三分法”《广西社会科学》1992(4)

“安祥”应当作为伦理学的重要范畴　熊汉富《求索》1992(4)

老年伦理学初探　刘毅强《广西社会科学》1992(2)

论生命伦理学的理论支撑点　孙兆亮《社会科学》1992(7)

第五届中日实践伦理学讨论会纪要　秋紫《道德与文明》1992(1)

中医学伦理思想　曲峰《道德与文明》1992(2)

应用伦理学的兴起——当前西方伦理学发展新潮流评介　王国聘《社会科学》1992(3)

论生态学知识向生态道德的多层次转变　晁连成《求是学刊》1992(2)

生态伦理学的结构　叶平《求是学刊》1992(2)

生物技术及其伦理后果　赵功民《哲学动态》1992(8)

生态伦理学与其他学科的关系　智百鸣《社科信息》1992(1)

自然的权利与生态伦理　刘湘溶《湖南师范大学社会科学学报》1992(1)

对生态伦理与经济发展关系的思考　刘光明《求是学刊》1992(2)

计划生育和人权问题的伦理思考　唐凯麟《道德与文明》1992(4)

人与自然：西方生态伦理学研究概述　叶平《伦理学》1992(1)

现代西方伦理的共同特点和产生根据评析　张国珍《湖南师范大学社会科学学报》1992(1)

论中华民族崇德重责思想传统及其特点　吴焕新《实事求是》1992(1)

社会学者看儒家伦理　肖国亮《读书》1992(1)

中国古代伦理学说的历史命运　陈瑛《东岳论丛》1992(4)

中国传统伦理的"人和"精神　朱贻庭《江汉论坛》1992(4)

从明清伦理思想发展的新趋向到戴震　肖君华《湖南师范大学社会科学学报》1992(1)

龚自珍伦理思想的启蒙色彩　王凤贤《浙江学刊》1992(2)

禅与人生——禅宗伦理研究之一　温金玉《道德与文明》1992(3)

自性即佛的人格本体论——禅宗伦理研究之二　温金玉《道德与文明》1992(5)

要讲"破缸"也要讲"让梨"　邓力《道德与文明》1992(4)

苏联解体前夕讨论的三个伦理学问题　金可溪《道德与文明》1992(6)

前苏联和东欧伦理学研究的若干历史资料　金可溪《道德与文明》1992(3)

加谬的"荒谬"伦理学　黄开国《社会科学家》1992(3)

论托尔斯泰的伦理思想　朱喜钢《江苏社会科学》1992(3)

论爱因斯坦的科学伦理思想　王国聘《华东师范大学学报》1992(2)

当今社会中的是与非——道德准则问题　〔美〕科尔森《现代外国哲学社会科学文摘》1992(8)

经济伦理学的方法问题　〔日〕长尾聪哉　胡健编译《国外社会科学快报》1992(2)

道德困境　〔美〕A·麦金太尔《哲学译丛》1992(2)

竞争的道德准则的前景　〔美〕狄龙《现代外国哲学社会科学文摘》1992(6)

现代文明和纯粹伦理　〔日〕丸山竹拜《伦理学》1992(8)

浅析社会主义商品经济下大学生的道德心理　王季桃《山西财经学院学报》1992(1)

观念超前、行为滞后：当代大学生人生观价值观特征　陆云山《当代青年研究》1992(1)

简论社会冷漠心态的心理结构　且镜清《成都市委党校学报》1992(1)

社会心态的变化和调节　程家明《江汉论坛》1992(2)

关于艾滋病的伦理争论《道德与文明》1992(1)

社科研究中的不道德现象略析　王莹《道德与文明》1992(1)

浅议当前消极道德现象产生的原因　冯明放《理论教育战线》1992(6)

毛泽东的爱国主义思想初探　王瑞娟《理论探索》1993(3)

试论青年毛泽东的爱国主义精神　王虹《理论月刊》1993(6)

毛泽东是由爱国主义走上共产主义的伟大典范　邵玉昆《理论导刊》1993(9)

爱国主义：永恒的旋律　《光明日报》1993.12.15

爱国主义是一面旗帜　雷洁琼《人民日报》1993.5.21

论中华爱国主义凝聚力　卢黄熙《中山大学学报》1993(2)

爱国主义在民族振兴中的作用　侯霭云《光明日报》1993.7.4

爱国建国，奋发图强　宋希仁《阵地》1993(3)

新时期要大力弘扬爱国主义精神　杨怀庆《解放军报》1993.5.12

爱国主义：建设社会主义现代化强国的推动力　尹韵公《光明日报》1993.1.3

对外开放与爱国主义　舟波《文汇报》1993.2.19

改革开放时代的爱国主义　王锦萍《文汇报》1993.1.22

提高民族素质是爱国主义教育的重要内容　肖莉《光明日报》1993.6.20

东粤专家学者研讨：提高民族文化素质与爱国主义凝聚力　炳清《人民日报》1993.7.26

高扬爱国主义旗帜：运用优秀影视片在全国中小学开展爱国主义教育　《人民日报》1993.11.28

进一步深化爱国主义教育　梁为楫《思想政治课教学》1993(11)

浅论新形势下爱国主义教育　赵秀凤《河南大学学报》1993.33(6)

谈史知国与爱国主义　王义林《新长征》1993(10)

爱国主义是一种伟大的精神动力　庄照来《国防大学学报》1993(11—12)

爱国主义：——一个闪光的历史主题：关于爱国主义的内涵和特征的认识　吴怀琪《光明日报》1993.3.15

关于爱国主义的若干思考　李侃《真理的追求》1993(4)

爱国主义十大特征　柳新元《社科信息》1993(4)

试论爱国主义的历史形态　邵德兴《杭州师范学院学报》1993(1)

播撒爱国主义的种子　《光明日报》1993.10.9

论近代中国的爱国主义　苏双碧《光明日报》1993.2.7

中国近代史教学与爱国主义教育　庞士让《中国教育报》1993.7.21

抗日战争中华侨的爱国精神　许在全《光明日报》1993.6.24

进行爱国主义教育要形成合力　《光明日报》1993.11.28

试论中国爱国主义两个阶段的划分：兼谈古、今爱国主义的区别　胡克森《烟台师范学院学报》1993(1)

用爱国主义点燃大学生心灵

之火:山西大学引导学生为祖国而学的做法　相从智《求是》1993(6)

传播心理学,对大学生爱国主义教育的启示　胡近《青年研究》1993(6)

引导大学生为社会祖国而学:山西大学进行爱国主义教育的调查　杨玉良《中国教育报》1993.2.16

三百游子,同日回乡——姚美良和他的"爱国主义教育实体化"　何东平《光明日报》1993.11.12

"爱国重教"的李光前　苏双碧《光明日报》1993.9.27

新加坡的爱国主义　余心言《人民论坛》1993(3—4)

集体主义和封建整体主义的本质区别　刘景旭《东北师大学报——哲社版》1993(1)

引导大学生树立集体主义价值观　刘善仕《中国教育报》1993.2.17

浅论毛泽东道德观的特点　白永泉《道德与文明》1993(3)

毛泽东的道德修养方法　郑庆生《道德与文明》1993(6)

邓小平道德建设思想初探　马镛《道德与文明》1993(4)

社会主义商品经济的发展与道德进步　梅倩《湖北大学学报》1993(2)

社会主义市场经济体制中的道德建设　谢遐龄《学术月刊》1993(4)

市场经济与观念变革　赵石宝《光明日报》1993.4.19

道德进步的经济动因:市场经济、其他经济模式与道德进步的关系之比较　任剑涛《宁夏社会科学》1993(4)

对市场经济与道德价值关系的思考　李良生《经济问题》1993(5)

市场经济与我们的道德生活　韩东屏《学习与实践》1993(5)

互利——市场经济最基本的道德原则　乔洪武《光明日报》1993.9.1

试谈市场经济与道德进步的关系　陈世荣《吉林师范学院学报》1993(2)

论发展社会主义市场经济与道德进步的一致性　石光强《兰州学刊》1993(1)

市场经济是道德经济　孙曦《企业家报》1993.5.27

改革开放与人生价值观的关系　任大奎《真理的追求》1993(8)

敢冒风险:一种积极进取的道德精神　周德金《学校思想教育》1993(1)

重提经济与道德的"二律背反"问题　窦炎国《南京社会科学》1993(2)

搞市场经济要不要反对拜金主义?"既讲道德又发财"是矛盾的吗?　《经济问题》1993(5)

市场经济是利己主义的吗?兼论市场经济的基本道德原则　乔洪武《湖北日报》1993.5.27

拜金主义与道德更新　夏伟东《中州学刊》1993(6)

关于"道德重建论"的一些思考　秋石《道德与文明》1993(5)

100个中国人的访谈录——中国需要重建道德体系　《粤港信息报》1993.9.15

论道德建设的价值导向　宋希仁《教学与研究》1993(4)

现实呼唤德治　张爱国《光明日报》1993.10.7

确立科学的道德评价标准　刘亚政《新长征》1993(8)

对当前几种反道德倾向之我见　李怀《绥化师专学报》1993(1)

析道德难题　韩山奇《北京大学研究生学刊》1993(1)

道德观念结构与道德观念建构　施铁如《心理学动态》1993(3)

科学与道德的二难推理　赵海钦《大庆社会科学》1993(3)

试谈有关道德历史发展的特殊性　冯菊盛《晋阳学刊》1993(4)

道德主义与历史主义之二律背反献疑　万俊人《天津社会科学》1993(2)

试论道德建设的层次性　王立清《浙江日报》1993.6.1

警惕道德评价的越位干扰《羊城晚报》1993.10.6

简论道德中的公正　余涌《探索》1993(2)

试论道德的文化适应性原则　竹立家《中国人民大学学报》1993(3)

科学技术的价值判断与道德判断　吴晓江译《哲学译丛》1993(3)

试论健康道德　陈锡林《苏州大学学报》1993(2)

论道德立法的民主化　肖雪慧《江汉论坛》1993(4)

试论道德人格的类型　唐凯麟《湖南师大社会科学学报》1993(4)

关于道德定义争论的数学思维　祝宝满《上饶师专学报》1993(3)

关于道德教育的目的、原则和方法的思考　谢兰荣《教育理论与实践》1993(2)

道德社会学——道德科学体系中的基干学科　宣兆凯《北京师范大学学报——社科版》1993(1)

从系统的观点谈道德教育研究方法的更新　戚万学《教育理论与实践》1993(2)

教育竞争道德初探　吴鼎业《河南教育学院学报》1993(2)

一个值得提倡的社会道德原则　徐焕洲《华南师大学报》1993(2)

试论市场经济形势下的传统美德教育　王信倍《道德与文明》1993(6)

中华民族传统美德教育研究与实践　栾传大《道德与文明》1993(4)

"中国四德"与"希腊四德":中西方道德价值体系的比较　樊浩《学术研究》1993(4)

经济振兴与道德进步:访新加坡国立大学教授吴德辉　伍义林《北京日报》1993.6.8

前苏联道德教育理论嬗变的轨迹　金可溪《道德与文明》1993(6)

关于马克思伦理观的若干思考　冯菊盛《江西大学学报》1993

(3)

毛泽东伦理观的基本价值取向　吴灿新《道德与文明》1993(5)

试论"为人民服务"在毛泽东伦理思想中的核心地位　蔡志敏《东北师大学报》1993(3)

完善自我——毛泽东早期伦理思想的核心　刘英华《道德与文明》1993(4)

毛泽东的家庭伦理思想　陈阿江《道德与文明》1993(2)

伦理学应怎样适应社会主义市场经济的需要　张义华《道德与文明》1993(1)

经济伦理的主要内容刍议　刘志扬《山东经济》1993(1)

不能忽视见义勇为的社会伦理价值:评《生命高于财富,还是财富高于生命》一文　刘光明《道德与文明》1993(2)

现代伦理精神与生产力的解放　杨通进《现代哲学》1993(4)

功利伦理的实践基础:社会主义市场经济伦理学的一个重要问题　陈泽环《社会科学》1993(6)

当代社会中的功利伦理和奉献伦理　陈泽环《道德与文明》1993(1)

不存在经济与伦理的"二律背反"　毛三元《湘湖论坛》1993(1)

关于物资利益追求的几点思考　薛纪湉《道德与文明》1993(1)

企业伦理新概念探索　罗长海《哲学动态》1993(2)

略论商业伦理文化建设　刘光明《商业经济与管理》1993(1)

论消费伦理学　彭定炎《中州学刊》1993(4)

伦理观的演进与经济发展　茅于轼《兰州学刊》1993(2)

比较经济伦理学初探　乔洪武《江汉论坛》1993(4)

伦理政治的历史命运　伍剑涛《中国教育报》1993.3.24

家庭伦理文化的功能及其社会作用　吴灿新《岭南学刊》1993(1)

"孝"与家庭文明　魏英敏《北京大学学报——哲社版》1993.15(1)

中国伦理学向何处去　王小锡《江苏社会科学》1993(1)

论伦理行为目的规律　王海明《海南师范学院学报》1993(1)

法律伦理学体系总论　何勤华《中州学刊》1993(3)

关于编辑伦理学构建的几点思考　曾平《赣南师范学院学报》1993(1)

关于科技伦理学的若干问题　冬园《道德与文明》1993(3)

自然价值观念更新与生态伦理学　郇庆治《理论学刊》1993(2)

生态伦理学的理论基础　杨克俭《社科信息》1993(2)

走向生态——伦理科学与文化的融合　《道德与文明》1993(2)

生态伦理学中的理论倾向　张云飞《内蒙古社会科学》1993(1)

人与自然:生态伦理学的基础和取向　叶平《自然辩证法研究》1993(1)

人体研究和伦理学:中国的观点　邱宗仁《自然辩证法通讯》1993(1)

发展中国家的生命伦理学:中国的观点　邱仁宗《中国医学伦理学》1993(2)

现代医学中的生命伦理问题　曹宽忠《山东大学学报》1993(1)

中国医学伦理学理论与实践的悖论　赵明杰《医学与哲学》1993(2)

一种新的医学伦理观点——人道功利主义:在日本医学哲学伦理学第十一次会议上的特别讲演　杜治政《中国医学伦理学》1993(2)

医学伦理学面临的选择:人道主义与功利主义　杜治政《自然辩证法研究》1993(3)

生命伦理学应给发展中国家提供什么　邱仁宗《自然辩证法通讯》1993(4)

当代中国伦理理论变革:从世界本体到人性本体的再造　胡成广《社会科学家》1993(1)

伦理学的一项开拓性研究成果:《德性的心灵奥秘——道德心理学新论》一书评介　魏长顾《中国教育报》1993.3.24

仁性伦理与理性伦理的分野　杨泽波《中州学刊》1993(3)

中国伦理的概念系统及其文化原理　樊浩《复旦学报》1993(3)

传统伦理开拓与施教方法改善——论我国青少年传统伦理教育的理论和方法　万俊人《中州学刊》1993(4)

继承发展东方伦理道德——中外学者研讨东方传统伦理道德与当代青少年教育　杨选《中国教育报》1993.5.26

中国近代的伦理启蒙与人道主义　朱伯昆《文献》1993(3)

中国古代伦理思想史上"内得"与"外得"析　朱家龙《道德与文明》1993(4)

易学与中国伦理思想　余敦康《孔子研究》1993(1)

论儒家伦理思想的现实意义　瞿永玲《思想战线》1993(1)

儒家义利观与明清商人伦理　宋景良《广州师院学报》1993(1)

孔子政治伦理学刍议　王克奇《孔子研究》1993(1)

孔子的义利观及其现代意义　舒国藩《文史杂志》1993(1)

屈原伦理观与儒家伦理异同论　龚世俊《固原师专学报》1993(2)

中西伦理思想比较研究初探　章海山《学术研究》1993(2)

理解、交往与对话:20世纪西方伦理学的新走向　东方朔《华东化工学院学报》1993(2)

孔子与康德伦理学思路之比较　牛京辉《孔子研究》1993(1)

论现代西方伦理学在思维方式上的转换　秦裕《江西社会科学》1993(3)

伦理学中的"哥白尼革命":兼论康德的道德世界观　张志伟《中国人民大学学报》1993(1)

根源意识与时代眼光:评樊浩著《中国伦理精神的历史建构》

齐勇《中国教育报》1993.2.10

康德伦理学的主体性思想及其影响　程惠莲《湖北大学学报》1993(2)

心性本觉的修养论：禅宗伦理研究之三　温金玉《道德与文明》1993(1)

试析中国伊斯兰教的伦理思想　罗万寿《西北民族学院院报》1993(1)

清教伦理价值观　柴惠庭《上海社科院学术季刊》1993(2)

(4) 国情、基本路线与思想政治工作

"中国国情和70年来中国社会的巨大变革及其经验"学术讨论会综述　周溯源《中共党史研究》1992(1)

论国情教育与社会稳定的关系　贺瑞虎《中国青年政治学院学报》1992(1)

正确全面认识国情是贯彻执行党的基本路线自觉性的关键　冼岩《浙江社会科学》1992(6)

探索适合中国国情的社会主义建设道路　邓运《国防大学学报》1992(8)

立足国情，建设有中国特色的社会主义民主政治　孔令栋《教学与研究》1992(1)

中国国情研究方法刍议　杜国士《阴山学刊》1992(1)

光辉的典范：毛泽东研究中国国情探析　郭果夫《湖南社会科学》1992(1)

掌握唯物史观，洞察中国国情——写在马克思《历史学笔记》出版之际　张友渔《人民日报》1992.1.20

对大学生进行国情教育的思考　张金元《高教与人才》1992(1)

试论邓小平关于党的基本路线的思想　李清泉《社会科学研究》1992(3)

要坚持党的十一届三中全会以来的路线方针政策，关键是坚持"一个中心，两个基本点"　李芳《理论与实践》1992(7)

在实践中坚持"两个基本点"的统一　吴己《真理的追求》1992(11)

全面正确地理解和执行党的基本路线　郑华《甘肃日报》1992.1.10

增强贯彻执行党的基本路线的自觉性　高狄《人民日报》1992.6.22

坚持党的基本路线不动摇　邢贲思《人民论坛》1992(10)

坚持党的基本路线，加快改革开放是实现稳定的根本保证：学习邓小平同志《重要讲话》的体会　施志清《空军政治学院学报》1992(5)

坚决贯彻执行基本路线，积极参加支持改革开放：社论　《解放军报》1992.3.14

坚持生产力标准与坚持党的基本路线　张先贤《广州日报》1992.11.26

历史性的跨越：改革开放十四年我国上了三个大台阶　王学考《人民日报》1992.10.14

在改革开放过程中必须始终注意坚持四项基本原则　粟刚《求是》1992(19)

解放思想真抓实干坚定不移贯彻执行党的基本路线　区党委办公室写作组《西藏日报》1992.5.14

大胆吸收和借鉴人类社会创造的一切文明成果——学习邓小平同志重要讲话　张晓林《求是》1992(12)

在实践中探索利用资本主义文明成果的规律性　鸿武等《光明日报》1992.8.3

把社会主义精神文明建设转移到党的基本路线上来，必须继续完成的几个重大转变　《党校论坛》1992(10)

党的十一届三中全会以来的路线方针政策不能变　张玉琦《理论与实践》1992(7)

怎样保证基本路线一百年不变　宋超《党政论坛》1992(7)

党的基本路线为什么要长期坚持不动摇？　李鸣《求是》1992(24)

坚持党的基本路线永远保证我军在政治上合格　侯树栋《国防大学学报》1992(7)

人民军队永远是党的基本路线的忠实卫士　李文卿《国防大学学报》1992(7)

党的基本路线的形成过程　李清泉《思想政治工作研究》1992(1)

李瑞环同志与中国职工思想政治工作研究会负责同志的谈话　《思想政治工作研究》1992(6)

两手都要硬：人大代表谈加强思想政治工作　吴士深《思想政治工作研究》1992(6)

克服薄弱环节：使经常性思想工作有新突破　兰保景《南京政治学院学报》1992(1)

旅团政治机关抓紧经常性思想工作优势效益辩思　江首建《空军政治学院学报》1992(2)

针对战士性格特征，做好经常性思想工作　陈其国等《西安政治学院学报》1992(5)

在强化训练中如何做好学员的经常性思想工作　徐德奎《信阳陆军学院学报》1992(1)

经常性思想工作不经常的原因及对策　胡永柱《国防大学》1992(1—2)

思想政治工作这一手同样要硬起来：学习十三届八中全会精神的体会　何毅亭《思想政治工作研究》1992(1)

论思想政治工作的十大功能　朱东辉《学术交流》1992(1)

正确处理十大关系，努力提高思想政治工作水平　张严《物资流通研究》1992(1)

思想政治工作与唯物史观　曲亮《学习与思考》1992(5)

思想政治工作要"讲真干实"　马德龙《思想政治工作研究》1992(7)

思想政治工作者首先应该解放思想　赵文岐等《思想政治工作研究》1992(7)

人的本质与思想政治工作　杜亦平《思想政治工作研究》1992(2)

党政机关思想政治工作亟待加强　席晓燕《思想政治工作研究》1992(4)

思想政治工作亟待实现六个转变　刘永明《探索》1992(5)

科学价值观的培养在思想政治工作中的地位　吴倬《道德与文明》1992(2)

从系统论看思想政治工作的科学体系　李立功《思想政治工作研究》1992(5)

思想政治教育要扶正固本重在"内化"　何新华《江西高教研究》1992(1)

化忧患意识为必胜信念:当前政治教育中的一个值得重视的问题　华长慧《浙江社会科学》1992(1)

在中国职工思想政治工作研究会第七次年会上的讲话　徐惟诚《思想政治工作研究》1992(7)

企业思想政治工作应有新作为　刘四辈《思想政治工作研究》1992(10)

论扩大企业思想政治工作的自主权　张佩鑫《思想政治工作研究》1992(12)

克服薄弱环节,使经常性思想工作有新突破　兰保景《南京政治学院学报》1992(1)

思想政治工作的本质属性研讨会综述　市思想政治工作研究会秘书处《思想政治工作研究》1992(1)

"转化"是思想政治工作的本质属性　沈思言《思想政治工作研究》1992(3)

谈谈思想政治工作的新环境　刘志辉《思想政治工作研究》1992(5)

围绕深化改革提高效益探索思想政治工作的新思路　蔡玉田《山东商业经济》1992(5)

新时期思想政治工作方式刍议　林青春《长白学刊》1992(5)

思想政治工作要为促进经济上新台阶服务:中国职工思想政治工作会议第七次年会天津代表座谈手记　李继贤《支部生活》1992(7)

正确认识改革开放对思想政治工作的积极影响　张传苗《南京政治学院学报》1992(1)

思想政治工作要为改革开放,把我国经济搞上去的伟大战略目标服务——在"半月谈思想政治工作创新奖"颁奖会上的讲话　薄一波《人民日报》1992.8.5

思想政治工作要适应社会主义商品经济的特点　三相亭《山东金融》1992(8)

试谈以经济建设为中心与加强思想政治工作的有机统一　郑菊芬《咸宁师专学报》1992(12)

以思想政治工作深度、保深化改革力度　袁敏《光明日报》1992.12.1

思想政治工作是促进经济工作的强大动力　李毅亭《思想政治工作研究》1992(1)

新形式下思想政治工作要有新的转变　苏瑞嘉《党政论坛》1992(3)

关于在思想教育中增强经济理论力度的思考　孙可为《学习与思考》1992(5)

谈思想政治工作服务于业务经营中心　雷天声《湖北农村金融研究》1992(11)

思想政治工作面临的紧迫任务:为加速经济发展鸣锣开道　高扬文《冶金报》1991.3.28

商品经济条件下宣传思想工作的指导思想　杨广慧《深圳风采》1992(8)

转换脑筋,开创宣传思想工作新局面　张立安《理论与实践》1992(18)

增强服务中心意识,推进宣传思想工作　刘显勤《湖北社会科学》1992(9)

宣传工作要同经济工作融为一体　刘波《思想政治工作研究》1992(10)

宣传思想工作要寻求新载体探索新路子　杨广慧《深圳风采》1992(10)

从关心群众生活做起——记全国优秀思想政治工作者张浩生　余锦州《人民日报》1992.2.13

经常性思想工作程序问题探析　李泽平《青年工作论坛》1992(1)

经常性思想工作要同信念教育相结合　汤劲夫《湖北农村金融研究》1992(4)

思想政治工作的时间因素与时间艺术　沈平《纺织工作研究》1992(4)

从心理学的社会化理论看思想政治工作的作用　汪金铭《心理学探新》1992(4)

试论思想政治工作的价值形态及其评估　胡高标《江苏社会科学》1992(5)

浅谈如何运用行为科学做好思想政治工作　于绍忠《商业研究》1992(6)

谈谈思想政治工作学的不同发展取向　吴焕荣《思想政治工作研究》1992(9)

浅谈思想政治工作的方法　叶春茂《云南金融》1992(10)

试析"情绪"在思想政治工作中的效应　汪李荣《湖北经济管理干部学院学报》1992(1)

思想政治工作量化问题疑与析:兼与思想政治工作目标管理论者商榷　王庆刚《金融学刊》1992(1)

系统工程方法在思想政治工作领域内的应用　丛庆华《消费时报》1992.3.4

论完善企业思想政治工作机制　刘国胜《思想政治工作研究》1992(9)

思想政治工作者要重视学习科学技术　朱继群《思想政治工作研究》1992(2)

试析"感情激励"中的导向原则　胡高标《北京社会科学》1992(3)

发挥人格力量,做好思想政治工作　李军《奋斗》1992(4)

抓住深层次的认识问题,做好思想政治工作　张玉梅《兰州学刊》1992(4)

正确处理"四个关系",提高思想政治工作效果　余俊良《探索与研究》1992(7)

关于提高职工思想教育效果的几点思考　赵启志《江南大学学报》1992(7)

思想战线一项带根本性的任务:人生价值观的教育与研究　焦国成《教学与研究》1992(1)

适应社会主义的现代化建设的需要，各地大力弘扬延安精神《人民日报》1992.2.9

思想政治工作中的灌输原则 刘新营《河北商业研究》1992(7)

管理：思想政治工作与经济工作的最佳结合点 樊小多《学习与思考》1992(9)

对症下药才能药到病除：思想政治工作针对性刍议 仇润喜《经营与管理》1992(9)

灌输不等于疏导：与王明礼同志商榷 王长存《思想政治工作研究》1992(10)

利义并重：增强思想政治工作有效性的有力手段 范哲荣《中国农村金融》1992(10)

思想政治教育应该重视暗示法 孟兆鹏《南都学刊》1992(12)

克服政治学习中的形式主义 董玉麟《思想政治工作研究》1992(12)

开启人们心扉的钥匙：《思想政治工作的艺术技巧》研究 裴艺元《盐城师专学报》1992(2)

论思想政治工作科学的研究对象：思想关系 余仰涛《江汉论坛》1992(9)

是什么妨碍了人们的认识？再谈思想政治工作的地位作用问题 陈会祥《思想政治工作研究》1992(4)

思想政治工作学的对象究竟应该是什么？ 恽重《思想政治工作研究》1992(6)

当政工干部的苦与甜 李平《思想政治工作研究》1992(9)

在上海市思想政治工作研究会第五届年会上的讲话 龚心瀚《探索与研究》1992(10)

改革中企业职工心态的变化和思想政治工作 赵希友《内部文稿》1992(1)

加强党对农村工作的领导 本报评论员《人民日报》1992.1.22

扎实有效地深入开展农村社会主义思想教育 陈光毅《求是》1992(4)

研究外商投资企业特点，做好思想政治工作 史莲喜《经营与管理》1992(2)

如何才能调动职工的积极性、主动性和创造性，一位经济专家与一位企业家的对话 涂海波整理《中国人力资源开发》1992(2/3)

当前部分职工积极性低落的思考 胡振荣《学习导报》1992(10)

论邓小平国情分析论的基本特色 包心鉴《光明日报》1993.3.31

中国国情与中国共产党人的革命实践 黄革新《甘肃社会科学》1993(2)

研究国情要解放思想，专家指出要盯住市场经济大潮下的新问题 庄建《光明日报》1993.11.2

关于增强国情教育针对性的几点初浅思考 白成社《教育理论与实践》1993(6)

制约二十一世纪中国社会的重要国情：人口老龄化 张恺悌《中国国情国力》1993(2)

1992—1993年社会发展形势的分析与预测 熊振南《中国国情国力》1993(3)

《国情学》简评 杨思伦《光明日报》1993.11.12

论中国国情与党的基本路线 陶岳湖《社会科学研究》1993(1)

完整准确地宣传和实行党的基本路线 罗立斌《学术论坛》1993(6)

排除“左”的干扰，正确执行党的基本路线 刘和武《安庆师院社会科学学报》1993(1)

从科技出现的新特征来认识坚持党的基本路线一百年不动摇 王振里《宁波师院学报》1993.15(4)

党的基本路线与邓小平建设有中国特色社会主义理论的关系 张永安《湖北教育学院学报》1993(1)

确定建设有中国特色社会主义的指导地位 戴舟《光明日报》1993.2.17

论解放思想实事求是 《光明日报》1993.2.19

试论邓小平实事求是实践观 聂世明《郑州大学学报——哲社版》1993(1)

革命是解放生产力、改革也是解放生产力 马民贵《驻马店师专学报》1993.8(2)

正确理解“改革是中国的第二次革命” 王恩兴《锦州师院学报》1993(4)

毛泽东与邓小平社会主义改革观比较 包心鉴《文史哲》1993(6)

改革：社会主义初级阶段发展的动力 陶岳潮《浙江学刊》1993(5)

改革是社会主义社会发展的动力 王彦峰《学习与研究》1993(2)

改革也是一场革命，也是解放生产力 刘泳《奋斗》1993(2)

中国政治体制改革的导向与目标 杨建华《浙江学刊》1993(1)

导航、疏道、助推：论市场经济体制下的政府行为 易激扬《河南日报》1993.2.14

建立社会主义市场经济体制政府要勇于自我革命 林凌《经济体制改革》1993(1)

论社会主义市场经济体制下的政府职能 漆多俊《法学评论》1993(1)

政府要加快职能的转变 李云龙《活力》1993(1)

政府转换职能应处理好三个关系 张启凤《吉林日报》1993.1.21

逐步建立和完善适应市场经济的企业党建运行机制 张云利《新长征》1993(2)

用邓小平同志建设有中国社会主义理论武装全党 丁关根《求是》1993(14)

坚持思想政治工作的正确方向：重谈《关于军队政治工作问题的报告》 张伟《探索与研究》1993(1)

为党的中心任务服务是毛泽东军队政治工作思想的核心 罗爱国《西安政治学院学报》1993(1)

试论经常性思想工作的战略

地位　刘炳才《西安政治学院学报》1993(1)

学习苏宁，做当代有志有识有为的军人　吴玉谦《国防大学学报》1993(5)

改革开放条件下部队政治工作的几个着眼点　张文治《科导科学》1993(1)

毛泽东军队政治建设思想在新形势下的运用和发展　陈树荣《西安政治学院学报》1993(2)

社会主义市场经济新形势下军队思想政治工作可以大有作为：全军政治思想工作座谈会综述　黄群文《解放军报》1993.5.11

呕心沥血铸军魂：记驻陕某部八连指导员张继乐在市场经济条件下做好思想政治工作的事迹　王慕科《陕西日报》1993.7.24

浅谈建立社会主义市场经济体制给部队政治工作提出的新课题　章立品《南京政治学院学报》1993(2)

部队开展政工研究情况的调查与启示　陈学军《南京政治学院学报》1993(1)

当前部队学雷锋活动遇到的新情况　王晓林《青年研究》1993(3)

从现代战争的特点看军队政治工作改革　刘冬冬《国防大学学报》1993(1)

围绕经济建设做好思想政治工作　林明仁《海南日报》1993.2.16

一个重要的命题：愈谈改革开放愈要改进思想政治工作　李传华《思想政治工作研究》

以经济建设为中心与重视意识形态工作　刘建军《真理的追求》1993(2)

社会主义市场经济与政治思想工作　甘联君《青年工作论坛》1993(1)

思想政治工作在市场经济体制中的位置与价值　陆庆壬《探索与研究》1993(7)

适应、改进、加强：社会主义市场经济条件下改进思想政治工作研讨会纪要　耀中《探索与研究》1993(1)

认其研究加强和改进思想政治工作的指导思想　恽重《探索与研究》1993(1)

思想政治工作面临的新情况新抉择　王章煌《青年工作论坛》1993(1)

从人的市场化看思想政治工作的改进趋势　傅英《现代领导》1993(2)

思想政治工作：挑战与机遇　刘俊杰《齐齐哈尔社会科学》1993(3)

思想政治工作要"下海"弄潮　张全智《齐齐哈尔社会科学》1993(3)

谈谈思想政治工作的最佳适度　周建巨《学习与思考》1993(1)

竞争与思想工作　张岱龄《青岛师专学报》1993(1)

对完善思想政治工作运行机制的探讨　吴英熙《科云文明天地》1993(1)

思想政治工作与发展生产力　程定国《国外经济管理》1993(2)

关于思想政治工作价值取向问题的思考　欧阳航《浙江经济管理干部学院学报》1993(1)

论思想政治工作的价值形态与评估行为的导向功能　胡高标《齐齐哈尔师范学院学报》1993(1)

思想政治工作的"投入"和"效益"　杨彬《学术交流》1993(1)

思想政治工作地位作用的唯物史观思考　刘振忠《江苏社会科学》1993(3)

坚持发扬自我教育的优良传统　孙起孟《团结报》1993.2.27

浅谈"尊重人、理解人、关心人、激励人"的原则　黎卿《理论学刊》1993(5)

思想政治工作应注重增强人们的信心　江苏省工商局机关党委《党建研究》1993(2)

运用心理学原理，做好改革中的思想工作　肖长年《江汉论坛》1993(1)

思想政治工作美感刍议　潘政良《学习与思考》1993(2)

掌握唯物辩证法，力戒主观片面性：四论解放思想实事求是《光明日报》1993.3.4

从信仰的内在机制谈马克思主义信仰的树立　叶进军《浙江师大学报》1993(1)

论思想政治工作的三个层次　袁志冲《探索》1993(3)

坚持思想政治工作根本属性不变　罗若山《探索与研究》1993(1)

思想政治工作中"左"的表现　姜文兆《江汉论坛》1993(1)

大力弘扬雷锋精神积极推进社会主义市场经济的健康发展："发扬雷锋精神理论讨论会"综述　牛雷《吉林日报》1993.3.11

改革开放与弘扬传统美德　马中《人民政协报》1993.3.2

浅论思想政治工作者的语言修养　景志强《学习与思考》1993(3)

"有资产"能与"四有"并列吗？　宋希仁《真理的追求》1993(3)

知识分子思想和思想工作刍议　马鼎三《华东师范大学学报——哲社版》1993(1)

(5) 民主、法制和纪律

关于确立马克思主义民主观的几个问题　刘玉辉《理论探讨》1992(2)

试论国家形态民主的本质及其表现形式　许建中《外交学院学报》1992(2)

社会主义民主基本构造初论　刘俊奇《民主》1992(2)

建设民主政治，促进市场经济发展：二论邓小平民主法制思想　《法制日报》1992.11.19

民主管理是办好社会主义企业的法宝　吴沈铎《湖南日报》1992.1.14

试论民主的内在两重性　薛广洲《浙江学刊》1992(3)

民主问题三议　刘宝三《江西社会科学》1992(4)

民主与公民权利探要　董和平《复旦学报》1992(5)

论民主、专政、自由　朱荣《学术论坛》1992(1)

人的非理性因素与社会主义民主关系初探　刘沛汉《求索》1992(5)

社会主义民主只能是一种手段吗？　张式谷《阵地与熔炉》1992(4)

论“一国两制”与人民民主专政　翁其银《浙江学刊》1992(1)

自由与理想、自由与时代：评《论自由》　徐里《中国图书评论》1992(3)

公平、平等之我见　汤卫兵《社会科学研究》1992(6)

略论人权与法权、主权　林华《中山大学学报》1992(2)

人民民主专政与人权　洛桑吉村《西藏民族学院学报》1992(2)

马克思主义人权观初探　石之霞《湖北社会科学》1992(1)

社会主义是实现人权的正确道路　郑杭生《大众日报》1992.2.11

坚持马克思主义人权观理直气壮地讲人权　黄铮《学术论坛》1992(1)

浅析两种不同的人权观民主观自由观　罗开阳《贵州社科通讯》1992(5)

西藏人权的现状：从法律关系和地位看西藏人权的变化　郑杭生《人民日报——海外版》1992.1.2

我国学者对人权问题的研究概述　郭祥才《教学与研究》1992(1)

中国法理学研究会人权与法制讨论会综述　郑永流《中南政法学院学报》1992(3)

立足国情，建设有中国特色的社会主义民主政治　孔令栋《教学与研究》1992(1)

民主社会主义的民主与科学社会主义的民主　胡鸣铊《科学社会主义研究》1992(3)

析民主社会主义的社会民主　郑忆石《吉林大学社会科学学报》1992(1)

民主社会主义民主观的误区　袁庆明《衡阳师专学报》1992(3)

民主社会主义的危害及其在西方的实践　黄克水《龙岩师专学报》1992(10)

社会主义民主优越于资本主义民主浅述　韦瑞峰《西南民族学院学报》1992(13)

现代资产阶级民主制度的基本形式、共同特征及其阶级实质　高定彝《哲学动态》1992(1)

对资产阶级民主的剖析　周宝余《新长征》1992(2)

一部颇具特色的研究西方自由民主的著作：评《西方自由民主研究》　黄长军《社会科学研究》1992(1)

现代西方资产阶级民主制度透视　张式谷《求是》1992(4)

增强法制观念，加强法制建设：学习邓小平同志法制建设论著的体会　胡祖林《贵州社科通讯》1992(3)

论法制对社会主义民主的保障与推动功能　汪锡奎《江苏社会科学》1992(3)

迎接民主与法制建设的新阶段：纪念中国法学会重建十周年　邹瑜《中国法学》1992(5)

增强民主与法制意识，保障人民群众合法权益　宫正平《人民公安报》1992.9.8

加强法制，服务“四化”：学习彭真同志《论新国的政法工作》一书的体会　任建新《人民日报》1992.9.1

适应形势发展，加强立法工作：学习彭真同志《论新时期社会主义民主与法制建设》一书的体会　毛铎《中央政法管理学院学报》1992(2)

法制改革与法制现代化　赵长生《法律科学》1992(4)

科学决策及其立法初探　李少民《广西经济研究》1992(1)

略论社会主义法制文明和精神文明　伟光《政治与法律》1992(4)

强化法制建设的效益观　固重《法学》1992(4)

法制宣传工作要自觉服从和服务于经济建设　司法部宣传司《司法行政》1992(6)

谈谈法制建设与思想建设的关系　沈虎根《真理的追求》1992(9)

简论法是自由与纪律的统一　孙国华《政治与法律》1992(1)

论法制稳定　张民生《江海学刊》1992(1)

论社会主义法制的道德精神　蒋锦洪《学习与探索》1992(3)

关于加强法制教育的思考　张春莉《学海》1992(4)

加强和改进我国法制工作的几点思考　邱敦红《民主与法制》1992(4)

强化法律意识，运用好法律手段　陈素芝《理论与实践》1992(21)

正确理解“严打”方针　尹曙生《公安研究》1992(2)

谈我国法制建设的成绩和不足　邱敦红《河北法学》1992(3)

中日法律文化近代化之若干比较　陈鹏生《中国法学》1992(2)

知识产权在中国　陈宪鑫《人民日报》1992.1.25

著作权法生效前后的过渡问题　陈绍宽《法制日报》1992.2.10

律师工作需要再开发　汤忠赞《律师与法制》1992(1)

论法人犯罪的构成要件　孙国祥《江海学刊》1992(1)

外资企业中犯罪问题剖析　吴裕辉《珠海特区报》1992.2.12

反黑社会组织的斗争是刑事侦察的一项重要任务　林存厚《中国刑事警察》1992(1)

犯罪基础与制约机制严重失衡是犯罪增多的重要原因　刘乃民《公安研究》1992(1)

马克思主义自由观研究综述　杜江南《哲学动态》1993(2)

毛泽东对民主集中制理论的重要贡献　刘顺亭《理论探讨》1993(3)

邓小平民主思想中的“少数原则”　张福春《民主》1993(3)

邓小平的民主集中制思想　徐银山《科学社会主义研究》1993(5)

对社会主义民主的主体性分析　张爱军《探索》1993(2)

社会主义民主的三重结构　姜汉斌《文史哲》1993(1)

正确认识社会主义民主建设的长期性:学习马克思关于社会主义民主的论述　王太高《扬州师院学报》1993(1)

为什么说人民民主是社会主义的本质要求和内在属性?　李茂管《求是》1993(3)

市场经济与民主政治　师棠《法学》1993(1)

论社会主义民主的制约性　刘茂钦《河南师范大学学报》1993(4)

公民民主意识的多层次性与交叉性　谢曾泽《科学社会主义研究》1993(4)

论马克思主义的人权观及其在我国的实践与发展　田文敏《沈阳师范学院学报》1993(1)

人权观念的历史发展与内在逻辑　盛晓明《浙江大学学报》1993(2)

生存权内涵的发展是对人权理论的重大贡献　刘奋之《人民日报》1993.5.31

人权主体的思考　李莉《法学评论》1993(1)

人权学说的误区:资产阶级平等观剖析　郭小坚《南京政治学院学报》1993(1)

中共领导的多党合作和政治协商制度与我国的民主政治建设　卢之超《人民政协报》1993.2.2

完善中央领导的多党合作一项新举措,民主党派负责人参加重大国事活动　《团结报》1993.2.17

明确参政党性质,发挥各政党优势,中国民主党派的新格局　景怀《瞭望周刊——海外版》1993(6)

健全我国的政治咨询网络　俞可平《光明日报》1993.2.3

论儒家民本主义及其现实价值　陈德述《社会科学研究》1993(1)

论孙中山自由平等观与五权宪法思想　孙守煌《现代法学》1993(2)

当代西方民主理论的主要流派评析　辛向阳《江西社会科学》1993(4)

评西方学者对60年代民主危机的思考　宋世明《高校理论战线》1993(4)

毛泽东与我国经济法制建设　吴俊杰《鞍山社会科学》1993(3)

略论毛泽东的法制思想　梁松林《法制日报》1993.10.31

邓小平的法制思想与党的法制建设纲领　杜耀富《四川社科界》1993(3)

努力学习和实践邓小平同志的法制思想　张耕《中央政法管理干部学院学报》1993(1)

试论邓小平的法制思想　徐久刚《政法论坛》1993(1)

健全法制深化改革:对八届人大修改宪法的一点体会　许崇德《光明日报》1993.4.21

宪法在经济建设和改革开放中的作用:纪念宪法颁布十周年　肖蔚云《中外法学》1993(1)

以党的十四大精神为指针加强政府法制工作　闻凤娄《活力》1993(3)

经济改革和法制建设的新纪元　郁东方《中国检察报》1993.4.3

加强法制建设,保障、引导市场经济健康发展:社会主义市场经济与法制建设研讨会发言摘要　《法制日报》1993.2.4

树立市场经济观念,推进法制现代化进程:"法律与社会发展"学术研讨会综述　林喆《政治与法律》1993(1)

矛盾与调协:法制同改革的关系　尤俊意《毛泽东哲学思想研究》1993(1)

市场经济是法制经济　王福平《经济与法》1993(3)

论市场经济与法律:兼论我国经济法制建设中的一些理论问题　马洪《财经研究》1993(1)

用法律规范社会主义市场经济　彭礼堂《经济问题探索》1993(1)

市场经济与法律现代化　师棠《法学》1993(2)

经济运行,立法先行　卢声道《人民日报》1993.2.2

关于知识产权的几点认识　段瑞春《求是》1993(4)

市场经济呼唤法制的强化　刘云峰《人民论坛》1993(3—4)

法制建设正规化和非正规化:我国法制发展战略的一个问题　孙国华《政治与法律》1993(1)

法制环境与市场发育　章新华《法学》1993(4)

论社会发展与法制经济　封日贤《学海》1993(2)

法律程序的意义:对中国法制建设的另一种思考　季卫东《中国社会科学》1993(1)

关于我国法制发展战略的思考　文正邦《现代法学》1993(2)

法制建设与道德建设　周书益《真理的追求》1993(7)

我国人权保障的法制思考　李伯钧《法学》1993(1)

四位中高级法院院长谈法制建设　《人民论坛》1993(8)

全国行政编制立法理论研讨会观点综述　《中国行政管理》1993(2)

关于治安行政管理进一步为经济发展服务的调查报告　王安保《社会公共安全研究》1993(1)

努力建设全方位立体化的治安防范网络:市场经济条件下内陆开放城市的治安对策　甘肃省兰州市公安局办公室调研科《公安研究》1993(4)

中共中央政法委员会书记任健新接受本刊记者采访时强调司法审判要为建立社会主义市场经济服务　石朝旭《瞭望周刊——海外版》1993(3)

中国法学会刑法学研究会1992年年会综述　管应时《法学与实践》1993(1)

论社会治安综合治理的基本原则　鲍遂献《法学与实践》1993(2)

当前城市社会治安的特点及治理对策　肖世春《社会公共安

全研究》1993(2)

浅谈环境对城市犯罪的影响 汤春来《中南政法学院学报》1993(1)

开放地区社会治安问题及对策 俞茂根《唯实》1993(1)

(6)民族团结与宗教

加强民族团结,促进共同繁荣:社论《人民日报》1992.1.19

坚持马克思主义民族观,大力推进民族团结进步事业 赵富林《民族团结》1992(3)

社会主义民族联合的基本问题 郭用宪《深圳大学学报》1992(9)

坚持平等互助团结合作,实现各民族的共同发展和繁荣——九论建设有中国特色的社会主义 闵愿连《人民日报》1992.7.13

我国社会主义现阶段的民族问题 阿汗·赛提哈木扎《新疆大学学报》1992(20)

坚持民族平等增强民族团结是社会主义制度的本质特征和基本原则 李洪松《民族理论研究》1992(2)

具有中国特色的民族道路:再论民族区域自治 郭明《松辽学刊》1992(1)

中国民族问题发展规律研究 何润《中央民族学院学报》1992(6)

关于我国民族工作基本经验的探讨 毛公宁《中央民族学院学报》1992(1)

充分认识民族工作的长期性复杂性和重要性 齐文礼《新疆日报》1992.4.3

专家学者研讨少数民族地区发展问题 《人民日报》1992.4.29

对民族观的认识:学习中央民族工作会议精神的体会 伍精华《民族》1992(5)

我国民族工作正开创团结进步的新局面 文文《瞭望周刊》1992(6—7)

贯彻好党的民族区域自治政策 布赫《人民日报》1992.7.17

民族地区思想政治工作的特点 胡金鉴《新疆日报》1992.7.31

针对杂散居特点开展民族工作:淄博市民委《民族团结》1992(10)

也谈散居少数民族概念及有关的民族法制问题:《关于散居少数民族的概念》质疑 裴瑛《民族研究》1992(5)

忆解放初期团结民族上层的工作 孙雨亭《民族》1992(9)

五大自治区负责人联系本区实际畅谈民族区域自治制度完全适合中国国情 《人民日报》1992.1.18

研究民族问题做好民族工作 司马义·艾买提《领导科学》1992(1)

我国民族自治地方自治条例综述 赵京辉《黑龙江民族丛刊》1992(1)

做好民族工作是维护祖国统一和自治区安定的重要保证 格日勒图《内蒙古日报》1992.3.10

民族爱 手足情 王标《人民日报》1992.4.22

少数民族后备干部选拔培养问题探讨 姚钟伍《领导科学》1992(1)

民族工作部门干部素质培养 李云昌《民族团结》1992(2)

云南民族团结经济发展社会稳定 《人民日报》1992.2.3

山东菏泽地区26个回汉村,村村回汉团结,个个勤劳致富 李庆华《人民日报》1992.2.9

青海民族团结工作的回顾与展望 谢佐《青海社会科学》1992(2)

南京民族工作的成绩与经验 达式平《民族团结》1992(3)

延边州步入繁荣发展新时期 辛明华《人民日报》1992.8.31

对我国民族矛盾问题的几点认识 周亚东《松辽学刊》1992(1)

民族地区精神文明要上一个新台阶 潘琦《求是》1992(24)

"西藏问题"不是人权问题,而是维护中国主权问题 多杰才旦《人民日报》1992.2.25

西藏问题纯属我国内政,国家主权不容他人干涉 《人民日报》1992.2.22

西藏的主权归属与人权状况 国务院新闻办公室《人民日报》1992.9.23

北京西藏中学学生座谈西藏问题白皮书,我们在祖国大家庭温暖亲情中成长 袁祥《光明日报》1992.10.2

试论当代新疆民族分裂主义的思想体系 刘同起《喀什师范学院学报》1992(3)

关于新疆民族分裂主义问题的社会学思考 续西发《新疆大学学报》1992(20)

中国少数民族在社会主义制度中享有最广泛的人权:《中国的人权状况》读后 郝时远《民族研究》1992(1)

我国少数民族权利得到充分保障——访著名历史学家白寿彝教授 李瑞英《光明日报》1992.2.2

九十年代民族工作的任务 普朝柱《民族工作》1992(3)

认真做好新形势下的民族工作《人民政协报》1992.8.11

民族工作要服务于经济建设 王俊贵《民族团结》1992(11)

加快改革开放,促进各民族共同繁荣:写在第十个民族团结教育月之际:社论 《新疆日报》1992.5.3

探讨民族地区领导规律,促进民族地区经济腾飞:全国少数民族地区领导工作理论与实践研讨会综述 吉勇夫《领导科学》1992((9)

民族调查研究要为发展民族地区经济社会服务 严天华《贵州民族研究》1992(4)

加快改革开放步伐,建设更加团结富裕文明的内蒙古:纪念内蒙古自治区成立四十五周年 布赫《实践》1992(5)

加快改革开放步伐,大力发展民族经济:在全省民族工作会

议上的讲话　王朝文《贵州日报》1992.8.20

中国民族地区改革与发展研究　潘照东《社会科学参考》1992(1)

关于民族问题理论若干学术观点和一些主要问题争论的综述　乌尔希叶夫《内蒙古大学学报——哲社版》1992(1)

试论我国民族区域自治政策内容的逆向民族化问题　佟道《贵州民族研究》1992(2)

宗教与上层建筑　邵纯《实事求是》1992(1)

要把宗教工作当成促进社会稳定的大事来抓　中共洱源县委统战部《民族工作》1992(3)

宗教与中国特色的社会主义若干问题　郭正礼《新疆社会经济》1992(3)

社会主义初级阶段宗教特点再认识　沈忆勇《汕头大学学报》1992(8)

关于共产党对待中国宗教传统文化和宗教问题　朱令名等《新疆大学学报》1992(20)

对乌兰夫贯彻党的宗教政策的理解　师亨《内蒙古社会科学》1992(5)

宗教信仰自由与人权:学习宗教政策的一点体会　林克《中国天主教》1992(5)

保持宗教政策的稳定性和连续性　孙军《新疆日报》1992.7.31

党的宗教信仰自由政策在西藏的具体贯彻落实　周敦友《西藏日报》1992.10.6

中国少数民族地区宗教问题的特点和应采取的对策　王文衡《新疆社会经济》1992(2)

问题与对策:关于宗教情况的调查　监利县委统战部《统一战线》1992(5)

警惕宗教这个特殊领域:境外敌对势力对我进行宗教渗透的情况调查　刘兆忠《理论内参》1992(1)

我国佛教教育体系初步形成《人民日报》1992.1.10

近代佛教哲学研究及思想体系的建立　天祥《河北学刊》1992(1)

在广西壮族自治区伊斯兰教第二次代表会议上的讲话　沈遐熙《中国穆斯林》1992(4)

毛泽东与党的民族区域自治政策　阿吾提·托乎提《新疆社会经济》1993(4)

建国初期毛泽东民族理论在贵州少数民族地区的实践　陈国安《贵州民族研究》1993(4)

学习邓小平《关于西南少数民族问题》　余勇《毛泽东思想研究》1993(2)

坚持改革开放、巩固和发展社会主义民族关系　王尚乾《民族理论研究》1993(1)

社会主义市场经济与民族优惠政策　牟廉玖《民族研究》1993(4)

论改革开放中汉族和少数民族的关系问题　杨荆楚《云南社会科学》1993(1)

试论我国民族政策研究的特点和范围　甘玉贵《贵州民族研究》1993(3)

民族自治地方行政管理的特殊性　周平《思想战线》1993(4)

培养少数民族干部是解决民族问题的关键　刘先照《满族研究》1993(2)

高度重视,切实做好少数民族干部的培养选拔工作　胡锦涛《求是》1993(16)

改革开放与民族心理　杨昌儒《贵州民族研究》1993(3)

论我国民族理论和政策的社会主义特色　朱在宪《新长征》1993(6)

加强马克思主义民族观教育,促进各民族共同繁荣　马晶珍《北方民族》1993(2)

党的民族人口政策与各民族的发展繁荣　石开忠《贵州民族研究》1993(4)

试析社会主义时期的民族意识问题　杨志强《贵州民族研究》1993(1)

争创民族团结进步先进市之我见　李本齐《满族研究》1993(3)

重视城市民族问题,加强城市民族工作:贵州新时期城市民族工作研讨会综述　言情《贵州民族研究》1993(1)

走向21世纪的中国民族关系　安应民《兰州学刊》1993(4)

关于宗教的民族性问题　陈国光《新疆社会经济》1993(5)

略论中国少数民族佛教信仰之确立　沈阳《西南民族学院学报》1993(3)

毛泽东的宗教观与有中国特色的宗教工作　张永庆《新疆社会经济》1993(4)

树立和坚持马克思主义宗教观　王文衡《新疆社会经济》1993(1)

马克思主义宗教学说的几个理论前提　楼凡《四川大学学报》1993(2)

关于市场取向的改革对民族、宗教工作影响的初步分析　叶小文《理论动态》1993(1070)

论宗教与社会主义的关系　李知仁《贵州社会科学》1993(5)

宗教工作必须确立为经济建设服务的思想　桑杰《青海民族研究》1993(2)

加强宗教管理工作,为经济建设服务　袁建新《实事求是》1993(1)

论改革开放形势下的宗教问题　杨庭硕《学术论坛》1993(2)

社会主义条件下宗教管理与立法　华热·多杰《青海民族学院学报》1993(2)

维护宗教信仰自由与建设中国特色的社会主义　潘盛之《学术论坛》1993(2)

论宗教信仰自由　徐麟《河北大学学报》1993(3)

宗教是特殊的上层建筑　林兆荣《世界宗教研究》1993(1)

现代宗教及其社会功能　张灏《社会科学》1993(3)

对宗教社会凝聚力的剖析　曹志《理论探索》1993(1)

我国现阶段"宗教改革"商榷　肖志恬《世界宗教研究》1993(3)

中国民众宗教意识的社会土壤　范丽珠《天津社会科学》1993(3)

宗教心理剖析　袁家耀《云

南社会科学》1993(3)

宗教与封建迷信之辨析　高秀兰《石油大学学报》1993(2)

宗教:感情与认识未分化的文化　韩民青《东岳论坛》1993(2)

论中国宗教的包容性　韦元《深圳大学学报》1993(1)

伊斯兰教与现代化关系诠释　马进虎《宁夏社会科学》1993(1)

外国学者对中国宗教的研究　侯杰《世界史研究动态》1993(2)

中国封建社会中宗教与主权政治的关系　彭耀《世界宗教研究》1993(3)

中国古代宗教观念的演变与孔子对传统宗教信仰的改造　吴龙辉《北京图书馆馆刊》1993(1—2)

试论儒家的宗教观　牟钟鉴《齐鲁学刊》1993(4)

科学与宗教冲突的起源探析　肖德武《山东师大学报》1993(4)

当代西方文化哲学中的宗教问题　邹广文《高等学校文科学报文摘》1993(1)

(7) 反腐防腐廉政勤政

从严治党,勤政为民:学习江泽民同志"七一"讲话的体会　王心本《贵州社会通讯》1992(1)

在加快改革开放步伐的过程中加强廉政建设:龙志毅同志在全省党风廉政建设工作会议上的讲话摘要《贵州日报》1992.3.30

积极推行四项制度,促进党风廉政建设　李焕政《陕西日报》1992.5.28

在全省党风廉政建设电话会议上的讲话　王茂林《山西日报》1992.6.3

在制度上规范党风和廉政建设工作　王林佑《湖北社会科学》1992(7)

在改革开放中加强党风廉政建设　王德瑛《求是》1992(20)

重制度建设、正行政之风　王大胜《中国行政管理》1992(1)

始终坚持两手抓的方针,促进经济建设改革开放——中纪委发出一些省区市纪委为经济建设服务情况通报　《人民日报》1992.5.7

试论加强领导班子思想作风建设的重要性　晨章《西藏日报》1992.6.22

围绕党的基本路线,抓好领导班子思想作风建设　王金山《党建研究》1992(7)

关于廉政建设问题研究资料综述　陈明央《道德与文明》1992(1)

廉政必须依法办事　黄树升《珠海特区报》1992.2.12

廉政建设阶段性目标的设定与实现　陈广文《中国行政管理》1992(2)

廉洁是为政的起码要求　邵德鸣《现代领导》1992(2)

廉政制度要克服弹性　任理德《道德与文明》1992(4)

廉政建设深层次问题尚待解决　李毅《中国行政管理》1992(6)

试论行政诉讼法在廉政建设中的作用——纪念行政诉讼法实施两周年　王文彤《理论与现代化》1992(12)

搞好干部交流,推动廉政建设　马维国《中国行政管理》1992(1)

浙江省领导带头勤政务实《人民日报》1992.2.24

广东汕头海关廉政建设抓"热点"　祝平《人民日报》1992.6.18

喜看新民县农村廉政建设新气象　章岩《中国行政管理》1992(6)

实行民主评议监督,推进党风廉政建设——烟台市社会各界代表评议政府职能部门的调查　中共中央纪委研究室、山东省纪委研究室《人民日报》1992.8.7

防止权力"蜕变"　陈长禄《理论教育》1992(3)

明确今日时代精神还要继续艰苦奋斗　滕为《中国青年报》1992.4.13

党风建设与反腐蚀斗争　戴石坚《唐都学刊》1992(8)

陈作霖在全国纪检案件检查工作研讨班上强调纪检部门要围绕经济建设中心做好工作　何平《人民日报》1992.8.11

反对腐败,搞好党风　《求是》1992(11)

试论反腐败对经济工作的保证作用　许洪林《新长征》1992(11)

正确认识和对待党内腐败现象　殷国伟《文汇报》1992.1.17

从严治党,反对腐败　庄建新《唯实》1992(1)

要把反腐防变作为当前思想政治工作的主要内容　梁素维《河北商业研究》1992(2)

党内腐败现象滋生蔓延的主要原因及对策　王乃俊《长白学刊》1992(3)

关于反对腐败的几个认识问题　汨剑《学海》1992(5)

目前党内腐败现象的表现、特点、原因及对策:中央党校进修部二班第17期(丙班)讨论纪要《理论动态》1992(10)

党内不正之风探源及其对策　宋志斌《宁夏社会科学》1992(1)

端正反腐败斗争的思想认识　徐学海《党建研究》1992(8)

把反腐败斗争贯穿于改革开放的全过程　陈野萍《新长征》1992(12)

谈反腐倡廉教育　刘礼福《道德与文明》1992(1)

把党刊办成"反腐防变"的阵地　艾藻松《重庆社会科学》1992(4)

促进改革、消灭蛀虫——谈做好新时期的纪检工作　周阳生《党校论坛》1992(7)

强化党内约束机制是新时期反腐防变的有效途径　钟宜彩《争鸣》1992(1)

论坚持群众路线是惩治腐败的"法宝"　罗明福《同济医科大

学学报》1992(5)

人民参与:清除腐败的根本措施　徐双喜《理论教育》1992(6)

消除腐败四措施　朱培业《理论教育》1992(3)

关于建国初期反腐败斗争的历史经验　程大方《求是》1992(2)

反腐倡廉与弘扬优秀传统文化　黄百炼《求索》1992(3)

部分省市纠正行业歪风研讨会提出,创造良好廉政环境,推动改革深入发展　张荣大《人民日报》1992.6.12

淡谈行业不正之风的特点及其治理　纳影丽《学习与交流》1992(1)

扎扎实实纠正行业不正之风　刘方红《中国行政管理》1992(3)

他们正在净化"小气候"——北京市电信管理局纠正行业不正之风纪实　江兰《光明日报》1992.2.2

真抓才有实效——武汉市电信局纠正行业不正之风的调查　尤纪坚《中国行政管理》1992(5)

公仆本色——记洛阳铁路分局党委书记冯凌云　罗轩《人民日报》1992.8.13

切莫忘了公仆身分　邹新茂《现代领导》1992(4)

论中国现代的官僚主义　赵敏《浙江学刊》1992(5)

我党反官僚主义斗争的历史反思及现实意义　周发源《求索》1992(5)

形式主义也是官僚主义　熊伟《长江日报》1992.4.24

怎样才能切实有效地扫除形式主义　王兆铮《理论动态》1992(10)

毛泽东的廉政观　郭欣根《中国教育报》1993.9.15

试论毛泽东廉政思想的基本内容　尹建生《当代思潮》1993(3)

毛泽东反腐败的理论和实践　荣开明《天府新论》1993(4)

谈毛泽东廉政思想的特色　陈鲁民《大众日报》1993.11.2

毛泽东论廉政与反腐败斗争　宋宝智《求是》1993(18)

毛泽东同志反腐败思想初探　李志熊《南通学刊》1993(1)

毛泽东廉政思想新探　俞佐萍《学习与思考》1993(10)

毛泽东反腐败战略的演变　凌雨轩《江海学刊》1993(6)

建国初期毛泽东反腐败思想　王铁群《党史研究与教学》1993(3)

试述毛泽东在建国初期反腐倡廉的经验　葛凤云《河北日报》1993.9.8

论建国初期毛泽东反腐败斗争的历史启迪　何贻纶《科学社会主义研究》1993(12)

试论毛泽东建国前后反腐败的思想　王正理《人才与现代化》1993(3)

论毛泽东与邓小平廉政思想的时代特点和历史贡献　张琳《中共浙江省委党校学报》1993(4)

毛泽东反腐败思想在新时期的继承与发展　陈建新《长白学刊》1993(6)

试论毛泽东反腐败思想在新时期的完善与发展　陈建新《实践》1993(11)

重温毛泽东关于抵御"糖衣炮弹"的教导　王福如《法制日报》1993.12.21

毛泽东与邓小平反对官僚主义理论的比较研究　郑谦《中共党史研究》1993(6)

论建国初期毛泽东反腐败斗争的历史启迪:("三反"、"五反"运动)　何贻纶《科学社会主义研究》1993(12)

毛泽东书信与廉政实践的思考　董芳《社会科学》1993(11)

毛泽东廉政思想对孙中山民权主义的继承和发展　王荣发《毛泽东思想研究》1993(1)

毛泽东廉政思想与儒家"德治主义"　王荣发《道德与文明》1993(1)

清除腐败是实现现代化的必要保证:学习邓小平关于惩治腐败的论述　王沪宁《文汇报》1993.7.2

认真学习邓小平同志关于反腐败的重要论述　魏公《农民日报》1993.9.19

论廉政是政权建设的根本　孙德庆《科学社会主义研究》1993(11)

党风廉政建设要适应社会主义市场经济要求　王德瑛《人民日报》1993.2.1

新形势下加强党风廉政建设的思考　迟行《黑龙江日报》1993.1.31

建立全方位约束机制,促进机关的廉政建设　陈谟开《吉林日报》1993.2.11

社会主义市场经济与公务员制度　李如海《中国教育报》1993.3.3

官胀十弊　孙越生《社会科学战略》1991(1)

关于权力腐败问题的理性思考　巴俊宇《光明日报》1993.12.5

清除腐败分子、纯洁干部队伍　《光明日报》1993.12.25

发展监督科学、防治腐败行为　陈劲松《光明日报》1993.9.15

腐败现象探源和廉政建设的法律对策刍议　郑贤君《河北师院学报》1993(1)

关于反腐败问题综述　刘玉兰《科学社会主义研究》1993(12)

论权力腐败　单丽莎《江汉论坛》1993(3)

论廉政制度化　胡旭晟《湘潭大学学报》1993(1)

高度重视腐败的蔓延自觉增强拒腐的能力　李德英《光明日报》1993.9.29

腐败的实质以及对市场经济条件下腐败现象的认识　鄢利民《真理的追求》1993(8)

市场经济与权力腐败辨析　赵磊《社会科学》1993(8)

反腐败斗争与发展社会主义市场经济　秦剑《光明日报》1993.10.7

对当前反腐败斗争的几点建议　赵磊《光明日报》1993.9.15

新旧体制转换过程中腐败现象滋生的特征与根源　秦剑《光

明日报》1993.10.20

理直气壮反腐败,保证社会主义市场经济健康发展　侯宗宾《求是》1993(4)

反腐败:中国势在必行　李季泽《人民论坛》1993(9)

实现社会控制的现代化——从反腐败看单方位社会控制向多方位社会控制的转化　田克俭《社会科学》1993(11)

从解决热点问题入手大力反腐倡廉　中共山西省纪律检查委员会《求是》1993(21)

反腐斗争的运作方法　晋政彦《领导科学》1993(10)

腐败现象严重化的原因及对策取向　李国基《湖南社会科学》1993(5)

纠正行业不正之风:中央部委在行动　晓庄《瞭望周刊》1993(43)

论反腐败斗争的重点对象　陈建新《探索》1993(5)

中国反腐败最新动向　林霜《社会学与社会调查》1993(4)

初探腐败现象产生的根源　常延廷《内部文稿》1993(22)

反腐倡廉的一个重要问题:关于如何认识权力行为与经济行为的对话　桑玉成《党政论坛》1993(10)

腐败论　方亚《新长征》1993(10)

关于权力腐败问题的理性思考　巴俊宇《光明日报》1993.12.5

坚持"两手抓",深入反腐败　侯世忠《实践》1993(10)

坚持不懈反腐败,保证社会主义市场经济体制的建立　侯宗宾《人民日报》1993.12.10

坚持反腐败斗争的几个问题　王兆铮《学习与研究》1993(19)

解除对于反腐败的思想顾虑　朱建华《领导科学》1993(11)

开展反腐败斗争是搞好经济工作的重要保证　黄镇东《经济工作通讯》1993(20)

领导干部要带头廉洁自律促进廉政建设　魏长安《南京政治学院学报》1993(6)

论腐败现象及对策思路　周景堂《江汉论坛》1993(11)

发扬三大作风,清除腐败现象　张升伦《中国物资经济》1993(12)

反腐败斗争中的几个认识问题　王景林《山东公安专科学校学报》1993(4)

反腐败是建设有中国特色社会主义的重要保证　张志君《学术交流》1993(6)

反腐败应当本标兼治　孙育乾《贵州师范大学学报》1993(4)

关于改革开放条件下反腐败斗争的几点思考　管怀伦《南京社会科学》1993(6)

关于开展反腐败工作有关问题的问答　市纪委研究室《黑河学刊》1993(11)

建立约束机制遏制权力腐败　张旭《探索》1993(6)

开展反腐败斗争是深化改革的需要　旭日《青海教育学院学报》1993(2)

清除腐败是一项紧迫而长期的任务　刘国荣《延安大学学报》1993(4)

全社会都应重视反腐倡廉问题　徐友《学术交流》1993(6)

注重历史经验,深入开展反腐败斗争　杨玉玲《西安政治学院学报》1993(6)

新时期反腐败斗争的实践与特点　邓剑秋《党建研究》1993(12)

新形势下反腐败斗争的基本思路　格日勒图《实践》1993(11)

走出思想误区,坚定不移反腐败　邱继臣《党建研究》1993(12)

腐败现象屡禁不止的原因及应采取的措施　刘秀玲《兰州商学院学报》1993(4)

境外反腐败措施纵览　刘世海《领导科学》1993(10)

反腐倡廉理论与实践座谈会综述　《光明日报》1993.9.15

腐败是市场经济改革的恶果吗?　欧阳元方《光明日报》1993.10.26

反腐败是历史的潮流　杨志清《光明日报》1993.9.17

反腐败:国际社会新动向　德地《人民论坛》1993(9)

印度反腐败措施在起作用　谭仁侠《光明日报》1993.9.16

巴基斯坦力图控制腐败现象　符福渊《光明日报》1993.9.12

日本防惩结合,整治腐败　韩铁英《光明日报》1993.9.10

韩国金泳三决心治愈"韩国病"金镇基《光明日报》1993.9.14

德国反腐败贵在持之以恒　严建卫《光明日报》1993.9.2

法国,反腐败出台新措施　吴国庆《光明日报》1993.9.11

瑞典行贿爱贿均判刑　桑洪臣《光明日报》1993.9.8

(8)社会公德

社会公德教育的作用和地位　范楚清《汕头大学学报》1992(2)

社会公德理论研究的可喜成果:《社会公德概论》"社会公德活动"评价　叶志华《岭南学刊》1992(2)

办好市民学校,弘扬社会公德　郭福利《思想政治工作研究》1992(11)

热爱人民的赞歌——宁海县干部群众见义勇为的故事　卢正业《社会》1992(3)

杭州街头正气歌　沈毅华《人民日报》1992.8.26

谈在全社会树立"孝道"观念　叶乃滋《社会科学》1992(7)

建立现代社会新孝道的思考　关颖《理论与现代化》1992(8)

黄昏的叹息——某些农村"老无所养"问题透视　邵小华等《社会》1992(3)

社会公德新论　魏曼华《北京师范大学学报》1993(3)

论社会公德建设的现实意义　蔡铭础《湘潭大学学报》1993(4)

公德的陨落与重建　陈超《光明日报》1993.10.21

青少年公德的培养　胡筠若《光明日报》1993.10.14

340名大学生公德状况调查研究　魏曼华《青年研究》1993(1)

崇高的承诺：记为勇救四名落水儿童而献身的优秀团员徐树山　周庆洪《新华日报》1993.2.26

衡阳市城北区社会公德三字歌　贺新民《道德与文明》1993(6)

益阳县农村社会公德三字歌　李昌明《道德与文明》1993(4)

社会公德文化的历史沉思　魏曼华《江西社会科学》1993(8)

社会公德领域的中西传统伦理道德价值之比较　魏曼华《社会科学研究》1993(5)

大学生社会公德水平低差问题的几点对策　魏曼华《高等教育研究》1993(3)

(9) 职业道德

怎样表述社会主义职业道德的基本原则　范振杰《道德与文明》1992(3)

试析社会主义职业的道德价值观　张峻等《理论教育》1992(6)

社会主义市场经济体制下的职业道德建设　卞燕《深圳特区报》1992.12.8

建设跨世纪的职业道德　范英《广州日报》1992.8.27

努力弘扬和培育社会主义企业道德——企业道德研讨会纪要　明驼等《社会科学辑刊》1992(1)

企业道德教育与两个文明建设　毕世义《社会科学辑刊》1992(1)

企业道德与社会主义精神文明　乔洪武《社会主义研究》1992(2)

职业道德传播的特征、模式和障碍的探析　孙兆亮《道德与文明》1992(4)

加强职业道德行为前导向　王荣凡《广西大学学报》1992(2)

社会风气、公民素质与干部道德　纪扶棠《江海学刊》1992(4)

浅谈党务干部职业道德建设的几个问题　邓永新《理论探讨》1992(3)

浅谈党政干部的职业道德建设　鲜继明《四川日报》1992.6.12

论干部教育工作者职业道德建设　罗大干《江汉大学学报》1992(4)

试论企业教师职业道德建设的特殊性　刘岳兵《道德与文明》1992(2)

江西抓职业道德显成效　赵相如《人民日报》1992.7.22

浅析我军军人的武德素质　牟文海《道德与文明》1992(4)

警察的道德与道德的"警察"：评《警察道德学》一书的几个突破　李光耀《山东社会科学》1992(5)

浅谈新中国监狱警官职业道德　贺志明《道德与文明》1992(4)

革命人道主义医德观的提出——纪念毛主席"救死扶伤，实行革命的人道主义"题词发表50周年　卢希谦《道德与文明》1992(4)

怎样加强银行职业道德修养　曹培德《学习论坛》1992(2)

浅谈审计职业道德　孙煌《道德与文明》1992(6)

试论建筑生产中的职业道德　王宪邦《淮北煤师院学报》1992(2)

论学报编辑的职业道德　冬春《聊城师范学院学报》1992(1)

新闻工作者要有高尚的职业道德：学习《中国新闻工作者职业道德准则》札记　邵强《新疆新闻界》1992(1)

浅谈美术院校大学生的职业道德教育　张锦华《道德与文明》1992(6)

社会主义商品广告的道德准则　王极《道德与文明》1992(6)

广告的职业道德　袁飞《道德与文明》1992(2)

论公共关系人员的职业道德　李统祥《华中师范大学学报》1992(5)

试谈私营和个体青年工商户职业道德的形成及其引导　李迎丰《青年工作论坛》1992(1)

职业道德失范原因浅探　王之刚《道德与文明》1992(5)

我国第一本研究农业道德专著——《农业道德概论》　文耀奎《争鸣》1992(5)

论孙中山的行政道德观　王兴业《学术界》1992(2)

中国古代旅店伦理探要　陆礼《道德与文明》1992(3)

美国人职业道德的沦丧　高英东译《美国研究参考资料》1992(2)

社会主义市场经济与职业道德、行业文明建设　赖蔚英《龙岩师专学报》1993(1)

社会主义市场经济与职业道德建设　蒋超文《广州师院学报》1993(2)

社会主义市场经济与社会主义职业道德建设　马寒之《当代思潮》1993(3)

必须高度重视职业道德建设　刘秋容《明镜》1993.3.6

搞市场经济更要强化职业道德教育　唐能斌《探索》1993(4)

略论职业道德在发展市场经济中的作用　沈师贤《唯实》1993(6)

发展社会主义市场经济与弘扬为人民服务精神　芮文新《中共浙江省委党校学报》1993(4)

新时期职业道德的思考　沙英《北京日报》1993.5.27

市场经济呼唤职业道德建设　薛昭鋆《思想政治工作研究》1993(5)

职业道德：发展生产力的第二动因　孙琦《纺织政工研究》1993(2)

论职业道德行为过程监督　卫荣凡《学术论坛》1993(3)

论职业道德价值　邓荣庭《赣南师范学院学报》1993(1)

谈劳动的道德意义　姚蓉儿《思想政治课教学》1993(11)

论社会主义职业道德的效益原则　周安华《学术论丛》1993(1)

效益原则:当代社会职业道德的理性选择　苏恪《南京大学学报》1993(1)

关于构建行政道德的思考——兼论社会主义市场经济下公仆形象的塑造　张昌河《道德与文明》1993(6)

论领导角色的道德人格　曲安平《理论探讨》1993(2)

加强组织部门的职业道德建设　郝永义《沈阳师范学院学报》1993(4)

论社会主义司法道德的基本原则　刘同华《现代法学》1993(5)

试论大学教师职业道德建设　石显成《安庆师范学院学报》1993(1)

国营企业职工职业道德建设问题浅议　严志强《广州政工》1993(1)

加强新闻职业道德的建设《人民日报》1993.8.5

编辑的职业道德刍议　谢馨藻《湘潭师范学院学报》1993(1)

社会主义市场经济与商业道德　周长军《广西商业经济》1993(2)

浅谈财务人员的职业道德　刘玉《道德与文明》1993(3)

会计职业道德浅谈　薛旭红《菏泽师专学报》1993(1)

关于金融场合的道德构想　曹导贤《道德与文明》1993(2)

个体户职业道德教育初探　安云风《道德与文明》1993(1)

沈阳制定医务人员违犯职业道德处罚规定　苗家生《光明日报》1993.10.21

探索之中出真谛:《企业道德》序言　赵希友《社会科学辑刊》1993(2)

黄炎培的职业道德教育思想　马镛《道德与文明》1993(2)

日本传统文化与职业伦理道德　范作申《日本问题资料》1993(10)

(10)家庭、婚姻、恋爱道德

从家庭内外部关系看家庭功能　关小燕《争鸣》1992(3)

当代中国城市家庭之变迁　杨立勋《学习与实践》1992(4)

中国城市婚姻与家庭生活质量分析:根据北京西安等地的调查　卢淑华《社会学研究》1992(4)

家庭文化结构形态的现代选择　耕夫《唯实》1992(5)

也谈一夫一妻制家庭的成因、意义和前途命运　关尚宗《民族研究》1992(6)

家庭关系与健康人格:家庭心理学研究之二　吴满意《成都大学学报》1992(1)

家:一个历史文化意象:从文化视角看《家》的象征意义　刘琦《渤海学刊》1992(2)

家庭中的权力关系　朱又红《社会学与社会调查》1992(3)

论家庭代际关系的基本内容　牟君发《宝鸡师院学报》1992(1)

家庭暴力行为的原因、危害及对策　汉沽区妇联《思想政治工作研究》1992(1)

残疾人与家庭道德　孔润年《道德与文明》1992(3)

中国城市家庭"阴盛阳衰"成因　徐安琪《社会科学报》1992.5.7

论城市独生子女家庭的社会特征　风笑天《社会学研究》1992(1)

婆媳关系道德简论　谢洪英等《道德与文明》1992(3)

解决家庭危机的心理技巧　张克功《法制与心理》1992(3)

家庭消费文化的社会功能　庞伟等《新长征》1992(9)

家庭在人才社会化研究中的几个理论疑点及其解释:与袁亚愚教授对话　张小路《社会科学研究》1992(4)

开展家庭伦理道德教育努力提高社会文明程度　李载道《思想政治工作研究》1992(1)

传统道德对家庭的影响　段成德《四川日报》1992.5.15

注重教子做人——中国传统家庭教育之精华　关颖《道德与文明》1992(3)

试论中国历代家训的特点　徐少锦《道德与文明》1992(3)

完全家庭与离异家庭儿童心理发展比较研究　张慕蕴《内蒙古师大学报》1992(1)

妇女就业与家庭管理　刘英《湖北大学学报》1992(5)

让家政学进入千家万户——全国第三届家政学学术讨论会综述　成之《社会》1992(1)

解放家庭　郭铁城《新文化报》1992.11.16

英美社会人类学家对中国家庭的研究　赵喜顺《社会》1992(3)

中日婚姻家庭比较研讨会综述　马有才《社会学研究》1992(3)

不良家风:社会精神文明的毒瘤　申平华《道德与文明》1992(3)

判决不准离婚的现状及必要性　郭斌《婚姻与家庭》1992(7)

冲突与障碍:我国夫妻两地分居现象探析　潘力《内蒙古社会科学》1992(1)

离异者对离婚后境遇的感受　周兴泉编译《苏联问题研究资料》1992(4)

宁可独生决不凑合:现代女子独身现象透视之二　朱双喜《山西日报》1992.6.20

独生:人生的一种选择　曹英《社会》1992(10)

科技进步与中国妇女　聂力《中国妇女报》1992.3.1

走向政坛的中国女性　时歌《民主》1992(3)

陈慕华提出,从三方面加强婚姻家庭研究　《光明日报》1992.1.8

回族传统婚姻道德析　谢洪恩等《回族研究》1992(2)

道德婚姻的感情基础分析 王建伟《道德与文明》1992(2)

我国城市人口婚姻问题 王秀华《中国人口报》1992.11.16

美满婚姻何处觅 胡秦保《青少年研究》1992(1)

我看中国征婚 弗劳拉·博通·逻梅尔,科内霍·布斯达曼德,陈耀祖译《妇女研究》1992(3)

值得注意的村内联姻 赵俊兵《中国人口报》1992(41)

禁止近亲婚配,提高山区人口素质 辛秋水《人民日报》1992.6.6

陕西省早婚现象透视 王高利等《中国社会报》1992.7.14

婚姻花费研究 李银河《社会学与社会调查》1992(2)

文化生活进入北京青年婚礼 胡建华《人民日报》1992.1.19

试论控制早婚问题 崔雅萍《人口学刊》1992(5)

农村婚姻观念与婚姻行为的新动向 刘传江《社会科学动态》1992(7)

农村青年婚恋的超越与困惑 胡晓红《新村》1992(1)

从人口普查数字看大龄未婚青年的择偶问题 周清等《人口研究》1992(2)

婚恋社会化环境与当代大龄青年 蒋安庆《青少年研究》1992(2)

对当代女性婚恋问题的求解及其意义:《当代女性婚恋探究》评议 渔舟等《探索》1992(2)

爱情、婚姻、家庭的三角 苏仁福《社会》1992(8)

走出婚姻的误区 韩磊《社会》1992(8)

中外妇女婚姻家庭的心理异同 孙小琪《现代家庭》1992(7)

爱情价值纵横谈(二)诺久尔为何独身?爱情价值社会价值的区别 白剑《特区时报》1992(4)

出去困惑:农村留城大学毕业生婚恋问题透视 小厮等《青年导报》1992.7.11

谈不该神秘的神秘 吕明方《社会》1992(8)

相似性,性别的角色走向 朱晓军《社会》1992(10)

一个搭鹊桥者的自刍 江利刚《社会》1992(2)

私生活、私利和私有权 李驷译《哲学译丛》1992(2)

论《离婚法草案》 许启贤《妇女研究论丛》1992(创刊号)

当前十种类型的离婚原因 靳东祥《城市研究》1992(3)

试析我国离婚率上升的原因 李云青《阜阳师院学报》1992(2)

中国离婚因素分析 陈一筠《学习与实践》1992(7)

还想再婚吗?关于离婚妇女状况的调查之四 皮小刚《北京日报》1992.11.24

扮春还靠护花泥:关于我国首家婚姻法庭的思考 吴克强《人与法》1992(1)

关于老人再婚的一个新看法 叶乃兹等《中国社会报》1992.3.6

消除老人再婚的阻力 关林森《中国社会报》1992.3.6

再婚礼赞 陆震《社会》1992(4)

黄昏之恋:中国老年婚姻透视 毛磊《健康报》1992.5.2

家庭养老与在家养老 袁缉辉《社会》1992(1)

婚前性行为规范 李银河《婚姻与家庭》1992(5)

大学生性越轨的心理原因与对策 陈立志《社会心理研究》1992(4)

开放、盲目、触发、变化:一项性道德观念调查 胡毅《当代青年研究》1992(5)

浅谈社会主义婚姻和家庭道德 韩淑华《学术交流》1993(2)

家庭人际关系与家庭稳定 郑淑欣《学术交流》1993(5)

当前中国家庭道德观的变迁 包雷《社会》1993(10)

健康家庭的特点与动态(加拿大)丹尼什·H·B著;陈一锡译《国外社会科学》1993(5)

郑州市家庭小型化趋势及其对策 史延昌《河南统计》1993(1)

城区家庭结构现状及其社会影响 杨沫《贵州师范大学学报》1993(1)

家庭供养关系的跨文化考察 丁文《社会科学战线》1993(4)

中国传统社会家庭的维系与离析 王跃生《社会学研究》1993(1)

论独生子女父母的角色特点 风笑天《华中师范大学学报》1993(2)

中国婚姻家庭的现状及其在社会发展中的地位:在国际家庭年亚太区域筹备会上中国代表陈继选的发言摘要 《中国妇女报》1993.6.21

加深理解,促进交流:第二次中日家庭比较研讨会综述 王炜《日本学刊》1993(1)

一夫一妻制婚姻的特质与历史价值 张彦修《河南师范大学学报》1993(5)

我国婚姻市场的现状及未来发展趋势 于学军《青年探索》1993(1)

北方民族婚姻伦理初探 丛坤《学习与探索》1993(2)

现代社会幸福婚姻的特征 富良《中国妇女报》1993.9.13

试论商品经济对我国现代婚姻的影响 张一兵《学习与探索》1993(5)

中国的婚姻革命 潘海《美与时代》1993(4)

当代婚姻的社会动机和个体动机 张德强《兰州学刊》1993(3)

"平等型"的夫妻关系必然和谐美满吗? 郑晨《家庭》1993(12)

爱情是现代婚姻的基础吗? 袁亚愚《家庭》1993(8)

中国违法婚姻现状分析 张萍《社会学研究》1993(5)

违法婚姻的界定 马喜军《中国社会报》1993.1.19(3)

城市离婚率性别差异及社会影响因素探讨 景跃军《社会工作研究》1993(3)

对中国人口离婚状况的初步分析 李荣时《中国人口科学》1993(6)

浅谈社会认可的离婚理由 辛星摘译《俄罗斯研究》1993(2)

（11）关心下一代

给因贫困而失学的孩子一个美好的明天“希望工程：百万爱心行动”推出 《人民日报》1992.4.16

托起明天的太阳——“希望工程——百万爱心行动”纪实 王劲松《光明日报》1992.6.17

夕阳点燃朝霞——访中国关心下一代工作委员会主任康世恩 赵卫《人民日报》1992.6.1

为了共和国的明天——访中国关心下一代工作委员会常务副主任王照华 张炳升《光明日报》1992.6.1

90年代中国儿童发展规划纲要 《人民日报》1992.3.9

面向21世纪的儿童工作纲领：社论 《人民日报》1992.3.9

我国儿童事业发展中的大事——陈慕华就《九十年代中国儿童发展规划纲要》有关问题答记者问 《人民日报》1992.3.11

心系儿童 缔造未来（附编者的话） 康克清遗作《人民日报》1992.4.25

创造良好文化气氛，帮助儿童全面发展：访文化部少儿司司长 于秀芳《父母必读》1992(6)

普及义务教育的问题及对策——全国人大常委许嘉璐检查归来谈感受 梁捷《光明日报》1992.8.31

“用无我的爱，自己牺牲于后起新人”：谈鲁迅对年轻一代的关心教育 杨剑龙《中学教育》1992(2)

他们的生日都是“六一”——访北京市儿童福利院 李泓冰《人民日报》1992.6.1

我国青少年发明创造硕果累累 苗家生《光明日报》1992.8.9

在改革大潮中锻炼成长——“五四”寄语青年知识分子 本报评论员《光明日报》1992.5.4

青年世界观形成的一般规律 王丽影《青年学研究》1992(2)

试论社会、心理因素对青少年人生价值观的影响 余冰《广州日报》1992.11.12

社会公正：制约影响青年发展的价值整合 喻中华《青年研究》1992(1)

当前城乡中小学生家庭心理环境的调查研究 李慎英《新疆社会经济》1992(2)

影响青少年学雷锋活动深化的问题及其对策 梅克保《党校论坛》1992(3)

论独生子女社会化的特定环境 风笑天《社会科学辑刊》1992(5)

深圳中专学生人生观调查 李琴《大众心理学》1992(5)

青年的社会偏移性与弹性控制论 申平华《青年研究》1992(11)

浅析偏差文化对青少年偏差行为的影响 梁世红《开放时代》1992(1)

青少年人口增长与青少年保护 施荣根《青少年犯罪问题》1992(2)

胎教与成才 于子明《道德与文明》1992(3)

新余优生优育优教工作卓有成效 王绍雄《光明日报》1992.5.28

教子爱国成才，奥妙何在 潘泗岱《道德与文明》1992(3)

自幼缺父或少母青年的性格浅析及对策 刘辉肖等《心理学探新》1992(2)

浅谈非正式群体的消极因素及其矫治 王荣华《南京政治学院学报》1992(1)

试论青年学生群体的社会控制 孙自强《河南财经学院学报》1992(4)

当代“雅皮士”：一个新型的青年群体 郭栋《青年学研究》1992(1)

中学生犯罪心理形成的主客观因素 戴刚《公安论坛》1992(2)

社会引导不当与青少年违法犯罪 王希进《青少年犯罪问题》1992(2)

家庭教育与未成年人犯罪问题探析 梁旭红《西北第二民族学院学报》1992(4)

青春期危机与青少年犯罪 皮艺军《青少年犯罪研究》1992(7—8)

防范青少年犯罪的第一道防线 孙勇红《广州日报》1992.12.31

预防控制未成年人违法犯罪的必要性及操作方案 杨木高《青少年犯罪问题》1992(1)

关于预防青少年犯罪措施的思考 王峰《青少年犯罪问题》1992(2)

青少年犯罪形成和发展主要原因探索 罗蒙《安庆师院社会科学学报》1992(11)

简论培养儿童青少年对国家和社会的责任心 王炳仁《教育研究》1993(7)

必须在大学生中坚持马克思主义价值观的正确导向 陈志《青少年研究》1993(2—3)

大学生创造能力培养的途径和方法 李耀国《教育理论与实践》1993.13(6)

良好的“软”环境是青少年身心健康的必要条件 贵阳市中学生社会德育环境调查的一点思考 罗恩源《贵州师专学报》1993(4)

按青少年自我发展的特点进行道德教育 李伯黍《中学教育》1993(8)

少年学生无意识心理与良好道德习惯的养成 杨童《教育研究》1993(5)

“好好学习”毛泽东对孩子们的期望 魏淑清《北京党史研究》1993(2)

培养独生子女青少年的自律能力 华林春《青年研究》1993(2)

青少年公德心的培养 胡筠若《光明日报》1993.10.14

进一步加强中小学生的礼仪教育 许启贤《中学教育》1993(9)

承担起缔造未来的职责：“我们今天怎样教育孩子”家庭教育

讨论综述 卢新宁《人民日报》1993.12.3

国内外青年发展理论的探析与思考 陶国富《青年研究》1993(11)

东方传统伦理道德与当代青少年教育国际研讨会概述 陈升《哲学动态》1993(9)

论大众传播对当代少年儿童道德品质发展的影响 谭刚强《青少年研究》1993(2—3)

父母和教师的教育行为对幼儿社会化的影响 汪远德《父母必读》1993(12)

论青年职业行为和业暇行为 陆建华《青少年研究》1993(2—3)

当代青年"寻找毛泽东"现象分析 杨广生《中国青年政治学院学报》1993(1)

当代大学生人生价值取向研究 "大学生道德定向研究"课题组《青年研究》1993(11)

当前大学生常见的心理问题及其因素分析 张宦禄《山西财经学院学报》1993(5)

当代大学生心态管窥:新疆高校学生人生价值取向调查 焦可埠《新疆日报》1993.12.14

准确把握青年的价值取向,做好社会主义市场经济条件下的青年工作 杨传堂《中国青年政治学院学报》1993(6)

浅谈在社会主义市场经济体制下大学生学雷锋活动 陈少平《中外教育》1993(3)

中国经济发展对青少年利益观念及其行为的影响 胡文政《中国青年政治学院学报》1993(4)

市场经济与利己主义:兼论青年学生价值观 段伟《学校思想教育》1993(4)

对市场经济条件下中小学生思想行为的透视与思考 周锦辉《中外教育》1993(3)

关于新形势下在中小学生中加强"四有"教育的调查与思考 汪锦《盐城教育学院学报》1993.8(4)

市场经济对青少年"四有"教育提出的新课题 周晓林《思想政治课教学》1993(11)

略论改革开放新形势下学生思想政治教育的内容、途径和方法 石建宁《唐山师专》1993(3)

经济体制转型条件下大学生思想心态的调查 凤尔银《青少年研究》1993(2—3)

市场经济大潮中沿海青年的心理冲突与协调 李学铭《青少年研究》1993(2—3)

134名小学生道德规范认知水平发展的调查与测试报告 黄光扬《教育理论与实践》1993.13(6)

中学生道德判断水平实验研究 张鼎《青少年犯罪问题》1993(4)

我国青少年学生公私观特点的研究 张进辅《心理发展与教育》1993(1)

90年代100名初中学生若干心态调查 彭波《中国青年政治学院学报》1993(1)

从阅读倾向看大学生的思想脉络 者羽《宜宾师专学报》1993(1)

当前中小学教育中几个值得重视的问题 符晖修《青少年研究》1993(2—3)

新形势下中学生的迷惘及其对策 汤子平《青年研究》1993(10)

热线!热线!——北京市中小学生咨询电话纪实 李辉《青年研究》1993(3)

析弗洛伊德的性理论对大学生健康的影响 林更茂《青年研究》1993(11)

重视对初中预备年级学生进行法制教育 吕元宏《青少年犯罪问题》1993(5)

社会主义市场经济与中学法制教育 陈燕琼《中学教育》1993(8)

儿童流浪及其综合治理的调查与思考 李宏塔《社会工作研究》1993(3)

谁来保卫21世纪的中国?——"独生子女兵"问题探析 杜乃华《青年研究》1993(12)

离异家庭子女的心理特点与心理教育 王心《青少年犯罪问题》1993(1)

当前青少年权益受侵害的主要表现 黎建平《青年研究》1993(6)

青少年社会教育环境亟待净化 翟惠生《光明日报》1993.11.30

"贫穷"的铺张:大学生高消费现象扫描 杨全新《瞭望周刊》1993(48)

消极中的激情:析当代青年中的"多余人" 李英《青年研究》1993(1)

中学生"结帮现象"的社会心理动因及对策 肖成武《中国青年研究》1993(2)

农村青年赌博累禁不止的原因与对策 韦剑烈《青少年研究》1993(2—3)

旷课:青少年走向犯罪道路的危险信号 陶文英《青少年犯罪研究》1993(3—4)

违法和轻微犯罪学生的畸形需要及其矫治 郑德和《青少年犯罪问题》1993(1)

大学生犯罪原因剖析及其对策 耿沂《渝州大学学报》1993(3)

大学生违法犯罪的特点和原因分析 林培玲《教育研究与实验》1993(3)

青少年犯罪预测机构的功能及设置 杨鸿台《青少年犯罪问题》1993(3)

谈年龄特征与青少年违法犯罪:对460名违法青少年的调查 肖锦荣《青少年研究》1993(1)

迷航的心帆:当前青少年侵财型违法犯罪心理扫描 马建刚《青年犯罪问题》1993(4)

对犯罪原因的社会干预:(青少年犯罪) 黛黧等摘译《青少年犯罪问题》1993(5)

不良传播媒介的"教唆"机理 箫伟《青少年犯罪问题》1993(5)

缓刑少年犯再犯罪原因及治理对策 南京市中级人民法院少年法庭《青少年研究》1993(2—3)

社会化过程与青少年犯罪:八省市青少年违法犯罪问题调查的社会学思考 佟新《青少年犯

罪研究》1993(2)

人格障碍、社会环境与青少年吸毒 张青方《青年研究》1993(1)

(12)养老爱老及老有所为

应树立老干部是宝贵财富的观念:纪念《中共中央关于建立老干部退休制度的决定》颁发十周年 李振军《中国老年》1992(4)

加强老龄工作是一项重要任务 吴恒等《佛山研究》1992(5)

解决老龄化社会问题的出路何在? 《安徽日报》1992.10.5

老龄问题宣言 《中华老年报》1992.11.30

是财富,不是包袱——关于发挥退离休教师作用的思考 周立文《光明日报》1992.1.8

进一步发挥老干部的作用 骆子程《人民日报》1992.2.13

离休退休干部是农村社会主义思想教育的一支重要力量 谭论《老人天地》1992(5)

健康长寿与老有所为浅析 华应民《德州师专学报》1992(8)

把老龄化的挑战转化为促进经济发展的契机 熊必俊《学术交流》1992(3)

老年人参与社会发展纵横观 刘宝彬《学术交流》1992(4)

简析我国社会主义阶段的老年价值观 叶乃滋《学习与探索》1992(3)

人生价值观讨论老年人也要实现自己的人生价值 巨澜《广州日报》1992.4.30

上海市老年人生死观的调查研究 曾建国《心理科学》1992(5)

对兴办老年经济若干问题的思考 陈峰《社会学研究》1992(4)

上海老干部发挥智囊作用 《人民日报》1992.5.21

江苏沛县退休干部自我管理 贺本荣《人民日报》1992.8.27

张家口离退休干部老有所为 王克强《人民日报》1992.8.20

余热生辉乐在其中:桑日县老干部工作情况调查 文明元《西藏日报》1992.3.17

晚霞似火——记内蒙古军区离休干部宫招福 陈建军等《人民日报》1992.6.2

沈笑石把爱心献给青少年 石立峰《人民日报》1992.6.18

江西省军区离休干部献余热 袁顺《人民日报》1992.7.21

谈老年妇女的"老有所为" 段成德《中国妇女管理干部学院学报》1992(2)

全国老干部工作成绩显著 《人民日报》1992.2.23

角色转型与老年人自我调适 周伟《江淮论坛》1992(5)

新时期老有所为的剖析与展望 陈吕生《老年学杂志》1993(5)

试论老有所为的社会基础 刘宝彬《龙江社会科学》1993(2)

论我国老年智力资源的开发利用 刘宝彬《学术交流》1993(3)

老年人社会服务探讨 梁中堂《理论探索》1993(6)

老年人再就业与健康和(主观)生活质量关系的探讨 程志华《老年学杂志》1993(3)

浅析老有所为的障碍及排除 李全太《老年学杂志》1993(3)

福州市老有所为现状特征分析 高孟美《福建体育科技》1993(1)

国际老年学代表大会闭幕,呼吁国际社会尊重关心帮助老人 周东耀《人民日报》1993.7.11

积极行动,稳步推进:高坝镇农民养老问题的调查与思考 王龙宽《中国社会报》1993.1.12(3)

论我国小康社会的老年保障体系 叶乃滋《社会科学战略》1993(1)

老年人的再就业与晚年生活 贾国平《人口与经济》1993(5)

中国老年人口就业及其构成研究 杨宗传《经济评论》1993(4)

关于"老有所为"的几个认识问题 杨宗传《同济医科大学学报》1993.6(1)

(13)文明生活方式与移风易俗

现代生活方式与精神文明 林琼《广州日报》1992.2.13

优良传统与时代精神相结合:写在"广州市风""广州人精神"颁布两周年之际 李权时《广州日报》1992.2.13

城市精神文明的特点与功能 陈若望《广州日报》1992.1.23

城市精神文明的地方特色 刘宇赤《决策探索》1992(2)

关于城市精神文明建设的实践与思考 袁启彤《求是》1992(6)

试论文明单位与文明小区建设 景丽滨《学理论》1992(3)

从窗口行业的几件小事看文明城市的文明 郭进《道德与文明》1992(4)

为改革开放创造良好的社会环境:苏州市加强精神文明建设的情况调查 中共江苏省委宣传部调查组《新华日报》1992.8.20

广东精神文明建设理论研讨会论点介绍 方一《岭南学刊》1992(2)

山东济南市精神文明建设有章可循 李昌军《人民日报》(合订本)1992(7)

沙市精神文明采撷 吴光明《道德与文明》1992(1)

宝鸡市文明城市建设调查 中共陕西省委调查组《陕西日报》1992.2.13

满足群众求知、求乐、求美的需要,武威地区实施"精神温饱"工程 陈宗立《光明日报》1992.5.28

珠江三角洲创造精神文明村户活动迈上新台阶的若干对策 广东省社科联课题组《学术研究》1992(6)

镇级城区精神文明建设的初步探索——南海市大沥镇的做法与体会　关性乔《学术研究》1992(6)

南海县文明村、户建设的主要特点和普遍意义　广东省社会科学联合会调查组《学术研究》1992(4)

推进农村基础精神文明建设的尝试　中共南海县委员会《学术研究》1992(4)

农村精神文明建设的思考　林业麟《珠海特区报》1992.3.11

引导农民走向富裕的同时注重精神文明建设，广东推广南海县经验　《人民日报》1992.4.21

实行农科教统筹结合，推进农村两个文明建设　李忠奎《奋斗》1992(1)

新中国农村的生活方式　贺军平《唐都学刊》1992(3)

衣食足思教化——碧江文明、卫生村纪实　盛一平《光明日报》1992.5.6

浅议消费文明与小康水平　乡谈《湖南社会科学》1992(5)

当代青年生活质量评估　叶南客《青年研究》1992(1)

让都市更文明　《光明日报》1993.12.6

"一等公民"如何做——北京精神文明居民区纪事　王蔚《光明日报》1993.11.17

上海群众精神文明建设活动的重大突破　谢锦莲《探索与研究》1993(6)

在改革开放中迈向文明之路：珠江三角洲精神文明建设实践的启迪　(珠江三角洲精神文明建设研究课题组)《学术研究》1993(1)

严峻的考验，深刻的启示——深圳市沙井镇精神文明建设的调查　笑华《科学社会主义研究》1993(3)

南海市创建文明活动的实践与体会　关性乔《现代哲学》1993(1)

健康充满活力的细胞：广东南海的文明村文明户建设巡礼　张步忠《光明日报》1993.5.5

海南扎实开展精神文明建设《人民日报》1993.6.9

为改革开放创造良好的社会环境：苏州市加强精神文明建设情况调查　王霞林《求是》1993(2)

深圳沙头角两个文明建设发展的同步机制　张省轩《学术研究》1993(1)

宁波市探索精神文明建设新路，用身边事教育身边人　《人民日报》1993.4.21

精神文明建设的一个创举：山东省创建"社会文化先进点"活动调查　王成福《求是》1993(7)

威海市精神文明建设向纵深发展　范有德《光明日报》1993.11.27

开封市全民文明意识教育考察　李季筠《道德与文明》1993(4)

生活方式疾病将成为世界头号杀手　马颖《健康报》1993.7.1

家庭生活新趋向　黄俊淮《光明日报》1993.9.25

当代青年的工作生活质量　吴晓刚《社会科学》1993(5)

人才生活方式的真善美　陈甲标《道德与文明》1993(4)

一个现代化的"窗口"：深圳华侨城精神文明建设调查　汪佑元《光明日报》1993.7.4

论加强对改革中生活方式变化的引导　崔志远《理论探讨》1993(6)

(14)教　育

关于《义务教育法》实施情况的检查汇报：摘要　全国人大教科文卫委员会《人民日报》1992.3.14

邓小平教育思想体系初探　李宗智《毛泽东思想研究》1992(1)

办好有中国特色的社会主义教育　邹时炎《湖北教育》1992(3)

关于建设有中国特色的社会主义教育体系的几个问题　陈谟开《教育研究》1992(4)

"科学技术是第一生产力"与教育的战略地位　马兆掌《教育研究》1992(5)

科学技术是第一生产力，教育是基础　刘忠德《人民教育》1992(1)

教育事业必须同国民经济的发展相适应　许海《教育研究》1992(4)

教育要适应经济发展和科技发展的新形势　谢希德《教育研究》1992(7)

现代教育和商品经济的本质联系以及对我国教育改革的几点思考　成有信《教育研究》1992(9)

全国城市教育综合改革经验交流会述要　王磊《教育研究》1992(3)

教育与教学改革的"一三五"浅说　梁世奇《中国农业银行行长管理干部学院学报》1992(7)

县级教育改革的重大举措《中国教育报》1992.11.21

田野的呼唤：我国农村教育综合改革纪实谈　曲克基《中国教育报》1992.3.5

加强产学结合，促进科技、教育与经济紧密结合　国家教委高教科技成果转化研究室《科技日报》1992.1.20

大力发展校办产业，进一步提高教学科研水平：关于10城市高等学校校办产业的调查　中共中央办公厅调研室《中国教育报》1992.4.16

正确认识我国中小学勤工俭学　王民栋《中国教育报》1992.2.29

一种具有中国特色的办学模式　张光喜《教育研究》1992(1)

面向21世纪的我国广播电视高等教育　谢新观《教育研究》1992(7)

当前高校贯彻教劳结合中的几个问题　刘智远《教育研究》1992(9)

加快改革与发展贫困地区教育　王明达《人民教育》1992(12)

党和国家高度重视职教的改革与发展　草原《职业技术教育》1992(12)

学习《决定》交流工作,研究落实全国职业技术教育学会工作座谈会述要　刘春生《职业技术教育》1992(2)

企业技术教育是企业发展的原动力　邬兴让《世界经济科技》1992(5)

农村不同地区职业技术教育的发展途径　方国春《人民教育》1992(2)

建立乡镇农科教中心是科教兴农的有效途径　中共湖南怀化地委政策研究室　《经济管理》1992(3)

进一步认识农村成人教育工作的重要性　董明传《农村成人教育》1992(1)

“八五”期间扫盲与农村成人教育的任务　邹时炎《人民教育》1992(2)

发展社区教育开创学校、家庭、社会一体化教育的新格局　武敏《黑龙江教育》1992(3)

适应改革开放新形势,加快实施义务教育步伐　1992年省义务教育工作会议综述　尹伟民《江苏教育》1992(8)

苏州市贯彻义务教育法的实践与思考　顾敦荣《教育研究》1992(5)

建设有中国特色的社会主义教育理论体系的思考　叶上雄《教育研究》1992(11)

关于教育与科技生产力的哲学思考　项贤明《教育研究》1992(11)

教育经济学:一门新兴的学科　靳希斌《中国教育报》1992.11.5

教育有价论　王丽《教育研究》1992(12)

教育评价理论的新探索　周朝森《教育研究》1992(2)

教育的经济价值及其取向　李康平《教育研究》1992(3)

关于提高我国教育实验科学水平的几点思考　裴娣娜《教育研究》1992(7)

教育作为第三产业的思考　魏志春《安徽教育》1992(9)

教育面向未来的必然性与可行性探索　赵洪海《未来与发展》1992(1)

价值认识与我国的比较教育研究　桂勤《比较教育研究》1992(1)

德育之文化功能探索　鲁洁《教学研究》1992(1)

确立德育在教育工作中的首要位置　钱其琛《中国教育报》1992.1.9

试论德育过程中的全息统一关系　刘次林《教育评论》1992(1)

一个新的道德教育模式简介　李伯黍《中学教育》1992(2)

在科学教育中进行德育　王前《教育研究》1992(8)

“快乐教育”的实质是使学生在德智体诸方面生动活泼地得到发展　顾明远《北京教育》1992(1—2)

推广“快乐教育”实验,全面落实党的教育方针　陶西平《北京教育》1992(1—2)

传统美德教育中的批判与继承问题　张岩静《教育研究》1992(1)

先秦儒家道德教育的合理内核剖析　姜同河《教育评论》1992(1)

早期维新派的教育救国思想　王荣国《厦门大学学报——哲社版》1992(1)

教育竞争现象的社会学透视　钱朴《教育研究》1992(6)

海峡两岸教学理论研究的局部比较及启示　杨小微《教育研究》1992(3)

信息技术对教育的影响——2020年的教育图景　任意《未来与发展》1992(3)

21世纪中国教育展望　唐文中《教育研究》1992(10)

好一场“人才争夺战”——全国高校毕业生分配协调会侧记　吴晓波《人民日报》1992.3.29

建设一支德才兼备的教师队伍　陆宇澄《中国教育报》1992.1.9

一次成功的尝试:“90年代好教师形象”研讨会综述　卢乐珍《早期教育》1992(1)

办好教育要抓住两个关键　王湛《中国教育报》1992.8.20

采取措施解决教育存在的问题　顾二熊《中国教育报》1992.8.4

一个值得全社会关注的问题,高师毕业生不愿当中学教师的情况调查　蔡泽民《中国教育学刊》1992(1)

厌学论　康明村《医学教育》1992(1)

中小学生信教问题应引起全社会的重视　孙景淼《青年研究》1992(1)

新时期邓小平教育思想理论的基本内涵　曾长秋《湖南社会科学》1993(1)

当代中国教育发展的战略指针——写在邓小平三个面向题词发表十周年之际　吴满生《光明日报》1993.9.23

学习邓小平教育思想发展社会主义教育事业　李月章《教育研究》1993(5)

邓小平教育战略思想形成与发展的历史过程和背景条件　周志平《河北师范大学学报》1993(1)

中国教育改革大观　杨裕南《人民论坛》1993(6)

论新时期高校党建工作的加强与改善　陈信　《湖南师范大学:社科》1993.22(1)

教育的经济学本质:特殊产业　郭思乐《光明日报》1993.2.11(3)

我国教育思想要有一个大的转变　柳斌　《中国教育报》1993.3.1(2)

中国教育改革和发展纲要《中国教育报》　1993.2.27(1)

关于加快教育改革和发展的若干意见:1992年9月　国家教委党组　《中国教育报》1993.2.18(1)

德行论:高校德育机制的新转换　彭继红　《湖南师范大学:社科》1993.22(1)

市场经济和高等教育改革　赵德政　《河南财经学院学报》

1993(1)

北京高校学生打工潮走访录 李京华 《瞭望周刊》1993(52)

培养方法发生变革:毕业分配已成历史,合肥工大毕业生实行市场调节,上海应届大学毕业生自由择业 《光明日报》1993.2.1(1)

高校应树立大市场观念 胡之德《中国教育报》1993.2.4(3)

国家教委关于加快改革和积极发展普通高等教育的意见 《光明日报》1993.2.18(2)

高等学校办学自主权浅议 袁锐锷 《华南师范大学学报——社科版》1993(1)

民办高校之我见 张旬《黑龙江日报》1993.2.3(6)

转变高等学校运行机制:关于中国高等学校"小社会"结构模式的思考 费孝文《西部学坛》1993(1)

市场经济体制下的高等教育办学机制 郑挺《社会科学》1993(6)

与市场经济接轨——高校招收自费生的思考 田建国《光明日报》1993.9.23

建立师资市场 庄建《光明日报》1993.9.26

希望工程能不能治本?——巴东县教育现状及思考 夏斐《光明日报》1993.10.2

私人办学的学生家长调查 张志义《光明日报》1993.10.21

把高校推向社会把毕业生推向市场 张玉玑《宏观经济管理》1993(1)

教育是明天的生产——谈教育与经济增长 《光明日报》1993.10.29

加强公民意识教育、提高我国国民素质 王蕙《学术研究》1993(2)

实验性、超前性、高水平与教师素质 金宝成《光明日报》1993.9.2

1992年中国海外留学人员招聘纪实 袁自煌《中国教育报》1993.2.14

反映新中国教育事业发展历程——《中国教育大事典》问世 王葆纯《光明日报》1993.10.17

教育目标的意义、分类和陈述 刘要培《西北师大学报》1993(2)

教师摆地摊引起的思考 王元化《人民论坛》1993(8)

大学生消费面面观 丁荡新《光明日报》1993.10.3

论中国特色的校园精神 樊浩《中国教育报》1993.4.14

在社会主义市场经济条件下我国职业教育发展的若干趋势 吴福生 《教育与职业》 1993(1)

关于进一步改革和发展成人高等教育的意见(1992年10月7日 国家教育委员会)《中国教育报》 1993.2.12(1)

加强并扩展职工教育的服务职能 向朝阳 《教育与职业》1993(1)

21世纪的教育观 夏学之《光明日报》1993.10.14

世界教育主题的转变 王文延《河南师大学报》1993(3)

从美国高等教育中借鉴什么 (美)王周若龄《河南教育学院学报》1993(1)

澳大利亚归来话教育 祝士媛《人民论坛》1993(9)

法国小学教育改革新措施 汪凌编译《外国教育资料》1993(1)

与经济同步起飞的新加坡教育 徐新明《光明日报》1993.11.18

韩国的普通教育 《光明日报》1993.9.2

韩国的特殊教育 商承义《外国教育研究》1993(1)

(15) 科学技术

在中科院1992年度工作会议上的报告 胡启恒《中国科学报》1992.1.10

中国科技四十年 杨燕民《台声》1992(2)

宋健谈发展有中国特色的科技事业 《中国经济体制改革》1992(5)

《邓小平科学技术思想研究》出版 《人民日报》1992.9.3

江泽民、李鹏谈科技是第一生产力 《谋略对策》1992(8)

关于邓小平"科学技术是第一生产力"论断的几点认识 解恩泽《新长征》1992(1)

高新科技转化为生产力的机制和动力 李星文《河北学刊》1992(1)

科学技术在同生产的"共生、分化、融合"中演进为第一生产力 来兴显《真理的追求》1992(1)

科技只有实现商品化才能发挥第一生产力的作用 李光临《民主》1992(9)

从计算机功能看科学技术是第一生产力 周卫东《同济医科大学学报》1992(5)

研究所要进入商品体系 顾学真《科技日报》1992.6.8

万君康、张碧晖、谭立超谈促进科学技术进入"主战场" 樊卞芳《光明日报》1992.1.20

激励科技人员致力于产品开发的方略 姚强《中国人才》1992(4)

是理论的失误,还是理解的偏差?正确理解"科学技术是第一生产力" 郭敏《科学技术与辩证法》1992(9)

迎接我国科技发展的"黄金时期":兼谈科技宣传面临的任务 林玉树《科技日报》1992.9.25

科技成果有偿转让的支付方式 周静娴《华东科技管理》1992(1)

农业科技成果的转化效益及其途径、山西农科院41年成果转化剖析 郝驼兰《经济问题》1992(2)

科技成果为何应用少、效益低? 赵炳跃《中国科学报》1992.3.3

中国深化科技体制改革的新步骤 孙英兰《瞭望(海外版)》1992(41)

发展高科技与深化经济体制

改革　骆有云《湖湘论坛》1992(1)

靠科学才有希望:为《国家中长期科学技术发展纲领》发表而作:《人民日报》社论 1992.4.13

到底怎样加快技术进步的步伐:企业技术进步若干问题思考之一　王朝泉《科技日报》1992.1.21

科研体制改革中的行业保护问题　陈尚平《科技管理研究》1992(5)

高科技农业发展的趋势　马友全《中国科学报》1992.2.14

搞好乡镇农技推广体系建设　张志坚《农民日报》1992.2.24

对科技振兴牧业经济有关问题的探讨　蔡伯凌《西藏日报》1992.1.26

论科学技术进步与西部经济发展　雷起荃《经济学家》1992(1)

我国发展高科技诸问题及对策　苏存《经济纵横》1992(1)

90年代高科技发展趋势　季幼章《安徽日报》1992.1.17

本世纪自然科学基本特征及我国科学技术发展战略　常绍舜《中国青年政治学院学报》1992(3)

科学技术是富国之源:"三位一体"的基本国策　张国祺《社会科学研究》1992(3)

论科技发展的新模式　周季生《河北师范大学学报——社科版》1992(1)

关于促进民办科技事业发展的若干规定　《陕西日报》1992.9.13

当代科技发展的经济影响与社会影响:近年来国外科学讨论会有关观点介绍　朱仲棣《经济学动态》1992(4)

关于科学技术中几个问题的理解　董鹏《陕西日报》1992.1.15

迎接"中国新世纪":李政道谈科技发展与华人　施宝华《广东侨报》1992.7.7

从文化背景看中国科学技术的发展道路　黄顺基《文史哲》1992(6)

当代科学对文化的影响　姚诗煌《文汇报》1992.1.10

青年科技意识与中国现代化事业之未来　眭依凡《未来与发展》1992(1)

试论科技、经济、管理、教育四位一体协调发展　林福长《技术经济》1992(4)

崛起的民族科普事业　姚昆仑《民族团结》1992(11)

改革开放十三年谈国际科技合作与交流　姚为克《科技日报》1992.6.7

90年代粤港澳科技合作路在何方?　钟晓山《港澳经济》1992(8)

从日本的经济看我国技术市场的发展　冯昭奎《内部文稿》1992(15)

科研、教学、生产联合体:中日美比较　姜照华《科学学研究》1992(10)

中国科学家与工程师状况调查　张仲梁《大自然探索》1992(11)

中国科技人员的工作满意度的研究　方俐洛《科研管理》1992(1)

论科研人员的优化组合　周保中《科技管理研究》1992(3)

科技人员能否在有竞争的单位兼职?　朱兵《科技管理研究》1992(5)

如何避免国家自然科学基金项目与其他部门研究项目的重复　李松柏《科学与科学技术管理》1992(6)

重温毛泽东关于科技工作的论述　朱光亚《光明日报》1993.11.3

论邓小平科技人才思想　辛国梁《中国人才》1993(3)

经济建设要依靠科技进步:学习《邓小平文选》第三卷中科学技术的论述　熊亮华《光明日报》1993.11.24

依靠科技发展经济:学习邓小平关于"科学技术是第一生产力"论断的体会　晓亮《工人日报》1993.11.9

卓见、气魄、贡献:评《邓小平科学技术思想研究》　文杰《中国图书评论》1993(4)

论建党初期瞿秋白科学观　孙超《安徽史学》1993(4)

科学革命与社会革命:学习钱学森有关思想的心得　钱学敏《哲学研究》1993(12)

科学美的概念不是固定不变的:杨振宁论科学美的本质　高策《科学学研究》1993.11(3)

科学技术与爱国主义　吴素香《科技管理研究》1993(1)

综合国力与科学技术　王树迎《光明日报》1993.10.1

变依附为主导:中国科技未来的高速发展在于科技能真正成为"主导"　王尚忠《广西经济研究》1993(9)

全民族的科技意识亟需提高　程宗实《上海工会管理干部学院学报》1993(1)

"科学技术是第一生产力"和新产业革命　钱学敏《中国轻工业经济》1993(2)

现代科技革命与中国的社会现代化　李永胜《社会科学战线》1993(2)

高科技进入竞技场　李家杰《光明日报》1993.9.12

230万科技人员进入经济建设主战场——我国科技成果推广获巨大效益　刘敬智《光明日报》1993.10.2

加大改革力度培育市场经济条件下的技术市场　税清凡《软科学》1993(4)

要有"超常规战"——中国科学院改革与发展的世界性抉择　《光明日报》1993.9.12

中国技术经纪人:跃上地平线　张碧涌《光明日报》1993.6.7

我国科技界的一个创举——谈民营科技企业　宋健《光明日报》1993.9.19

中国技术市场的现状和发展对策　王河《江西社会科学》1993(7)

重点投入、重点培养、重点资助上海科技投入向基础研究倾斜　《光明日报》1993.10.12

适应市场经济需要,科技体制改革要抓住四个重点　吴英熙《科坛文明天地》1993(2)

现行科技体制存在的问题及改革建议　曾建勋《科学管理研究》1993(2)

中国国家科技信息政策的实践与反思　何瑞云《情报业务研究》1993(4)

科技体制改革中的单纯经济观点及其纠正　李建国《科学管理研究》1993(4)

关于发展我国基础学科的若干政策建议　陈士俊《科学学研究》1993(2)

近代科学进入中国的回顾与前瞻:诺贝尔奖获得者,世界著名物理学家杨振宁教授7月29日在哈尔滨的演讲　王家彬《黑龙江日报》1993.8.5

全国科技工作会议要点《中国软科学》1993(4)

学术会议何时走出困境　袁新文《光明日报》1993.10.11

我国科技队伍"断层"的严峻形势及其对策　刘仕辉《科学学与科学技术管理》1993(2)

"科学技术是第一生产力"的若干思考　王毅成《江汉论坛》1993(9)

对科技时代的哲学反思:评《科学技术哲学引论》　张玉梅《中国图书评论》1993(4)

加速发展软科学,为构建社会主义市场经济体制服务　李京文《经济评伦》1993(4)

正确把握"科学技术是第一生产力"的命题,建设有中国特色的社会主义　易希文《湖南社会科学》1993(5)

从系统论来看科技、经济、社会协调发展的含义和机制　肖炳烜《科学·经济·社会》1993.11(3)

科学技术:一种新的社会建制　盛世豪《中共浙江省委党校学报》1993(4)

论科技革命与中国传统思维方式的变革　陈喜乐《科学·经济·社会》1993.11(3)

论科学理论的潜结构　张宣平《学习与探索》1993(6)

第六届全国科学哲学学术讨论会述要　王君甫《哲学动态》1993(10)

后现代科学哲学出路何在　郑祥福《哲学研究》1993(11)

科学技术发展和"人一自然"道德的动态关系　刘艳军《湖南农学院学报》1993.19(增刊)

对"科学技术是第一生产力"的再认识　刘素华《齐齐哈尔师范学院学报》1993(6)

科学脱离了科学本身吗?《哲学研究》1993(6)

理想主义科学观与现实主义科学观　李林安《湖南师范大学社会科学学报》1993(6)

论高科技与思维重点的转移　黄敬春《吉林财专学报》1993(4)

1992年中国科技成果巡礼　李历《瞭望周刊——海外版》1993(1)

(16)文化事业

关于建设有中国特色的社会主义文化:中国人民大学语言文学系研究生座谈纪要　《文艺理论与批判》1992(1)

文史哲专家在京研讨,建设有中国特色的社会主义文化　曹继军《光明日报》1992.1.17

毛泽东科学的文化观——读《毛泽东选集》第二版　江秀平《毛泽东哲学思想研究》1992(1)

文化要自觉服从于经济发展的大局　高国兴《龙江社会科学》1992(1)

纪念《讲话》建设有中国特色的社会主义文化　吴军《毛泽东哲学思想研究》1992(3)

改革开放与文化建设　李家岷《思想理论教育》1992(1)

关于文化发展战略研究的思考　康式昭《中国文化报》1992.3.18

我国文化发展要实行战略性的转变　陈凤翠《中国文化报》1992.11.11

专家学者在中国文化观念变革研讨会上强调,解放思想更新观念是改革开放先导　包雪村《光明日报》1992.7.3

文化交流与两个效益　于占德《人民日报》1992.1.23

论文化在社会历史中的地位和作用　张尚仁《学术研究》1992(1)

论文化的民族性和时代性的辩证统一　杨镜江《北京师范大学学报》1992(4)

略论文化对人格的规定作用　王军《河北师范大学学报——社科版》1992(1)

文化批判与价值重构——中国文化出路展望　李宗桂《天津社会科学》1992(4)

社会文化与生活方式关系初探　沈明《社会科学家》1992(2)

对现代文化功能和文化制度的社会学分析　叶南客《江苏社会科学》1992(5)

文化学本体论的建构及当前我国文化发展的出路　方朝辉《江汉论坛》1992(8)

早期马克思主义者与五四时期的"东西文化之争"　张盾《求是学刊》1992(1)

作为一种新的理论视角的"第三世界文化":兼及关于"泛南方文化"问题的一点阐析　张兴劲《广州日报》1992.1.2

试论中国新文化运动的传统起源　欧阳哲生《社会科学战线》1992(2)

黄河文化与中华文明　安作璋《文史哲》1992(4)

鲁迅的伦理文化观　朱晓进《江海学刊》1992(1)

关于长江文化研究的几点思考　段渝《东南文化》1992(1)

儒家文化与社会主义文化关系之研究　(南朝鲜)高英根《齐鲁学刊》1992(1)

从儒家文化的渊源说到现代文明　金景芳《吉林大学社会科学学报》1992(1)

春节:中华民族传统文化　黎明《中国教育报》1992.2.2

民俗文化研究的几个问题　陈启新《中山大学学报——社科版》1992(1)

西方文化思潮对大学生价值观的影响与对策　马文华《安徽大学学报——哲社版》1992.16(1)

文化讨论不要忽略了老百姓的文化生活　廖鲁仁《真理的追求》1992(4)

试论市民社区意识的培育和加强城市文化氛围建设　柳中权《社会科学辑刊》1992(4)

对创立"青年文化学"的几点思考　曹兴《中国青年政治学院学报》1992(5)

社会文化的经济倾向和消费倾向　钟国兴《光明日报》1992.10.4

文化部和本报职合召开全国文化市场理论研讨会，加快改革步伐，繁荣市场文化　唐旬《光明日报》1992.12.21

《文化是明天的经济》评介　刘曼文《江淮论坛》1992(4)

企业文化建设势在必行，中宣部文艺局等邀请有关人士座谈《光明日报》1992.9.10

市场观念是企业文化的核心　陈祝平《文汇报》1992.9.24

现代工商文化主题：大服务观念　冷德熙《中外管理》1992(3)

《企业文化与企业思想政治工作》评介　李然忠《东岳论丛》1992(1)

培植企业文化，增强企业活力　苗永裕《社会科学》1992(1)

浅谈企业文化在物质企业"两个文明"建设中的作用　赵德贵《物质流通研究》1992.44—45

建设有中国特色的企业文化和厂长(经理)文化　伍子杰《中国企业报》1992.2.10

企业文化人论——实现企业文化的角色化新探　夏有恒《社会科学战线》1992(1)

国有企业：单位特质和单位文化现象：国有企业文化环境认识　曾亚强《学习与探索》1992(1)

刚柔相济：中国特色企业文化初探　魏炳义《社会科学》1992(1)

企业文化与企业现代化——关于秦皇岛港企业文化建设的调查与思考　中宣部文艺局调查组《光明日报》1992.9.18

中国商业文化现象述略　王京粤《辽宁商专学报》1992(2)

关于校园文化的几点探讨　韦禾《教育研究》1992(2)

学术研究对高校校园文化的影响　柯佑祥《教育研究》1992(2)

校园文化的误区及控制　宣勇《高教与经济》1992(1)

海峡两岸文化交流的发展与思考　张文彦《台声》1992(6)

中、西文化与稳变思潮　李连科《文汇报》1992.7.10

再谈近现代中外文化交流的经验教训　林志强《大庆社会科学》1992(1)

中国文化在欧洲：访赵吉惠教授　杨贵《中学历史教学参考》1992(4)

绚丽多姿的二十年：中日邦交正常化后的两国文化交流　刘德有《人民日报》1992.10.23

马克思文艺思想中现实主义再探讨　盛作斌《思想战线》1993(2)

论马克思恩格斯的文艺价值观　赖大仁《河北学刊》1993(1)

马克思主义文艺派的可喜创获：评介《文化批判与文化重构》汪先全《学术月刊》1993(9)

论毛泽东的新民主主义文化观　朱成甲《中共党史研究》1993(1)

试论毛泽东的中国文化观　田建平《内蒙古大学学报——哲社版》1993(1)

邓小平与中国当代文化范式的转变　俞吾金《复旦学报》1993(3)

邓小平建设有中国特色社会主义文化思想论纲　刘长兴《长白学刊》1993(6)

关于文化建设几个问题的思考　王立新《锦州师院学报》1993(1)

社会主义文化建设几个关系的思考　刘钲《唯实》1993(10)

中国当代文化建设的构想　陈海《韶关大学学报》1993.14(3)

对中国文化现代化道路的有益探索：《文化批判与文化重构》评介　李翔海《高校理论战线》1993(1)

全球合流：未来文化的发展趋势　魏剑钢《未来与发展》1993(5)

关于建设有中国特色的社会主义文化问题：论以传统文化为基础的综合创造　敏泽《社会科学战线》1993(2)

中国文化发展的辩证法　罗予超《湖南师范大学——社科》1993.22(1)

略论文化转型　孙月才《社会科学》1992(11)

科学精神与人文精神的合璧：中国文化现代化的必由之路　樊浩《社会科学战线》1993(2)

文化的新生与社会发展　陈曼清《光明日报》1993.10.4

文化在开放中走向辉煌　郭锡健《盐城师专学报》1993(3)

对文化体制改革的思考　侯芙蓉《群众文化研究》1993(6)

解放思想，加快文化体制改革步伐　刘忠德《中国文化报》1993.3.10

文化体制改革应从改变观念入手　刘玉珠《内部文稿》1993(6)

文化行政体制改革中的两个关键问题　霍凤仁《中国文化报》1993.11.21

改革潮推动文化潮：上海文化贴近生活拓宽视角　程丹梅《光明日报》1993.11.29

构建与市场经济相适应的文化环境　田碧洁《奋斗》1993(7)

进一步解放艺术生产力　杨运泰《奋斗》1993(2)

关于文化工作面临的若干理论和实践问题的思考　刘忠禹《人民日报》1993.7.22

大力发展文化经济，全面繁荣文化事业　李雁红《技术经济与管理研究》1993(1)

市场经济中的文化思想　邵纯《实事求是》1993(6)

文化发展与市场机制　张晓林《人民日报》1993.2.4

市场经济冲击下中国文化的

三大走向　邴正《社会科学战线》1993(5)

论高技术开发区的文化环境建设　杨淑媛《湖南师范大学——社科》1993.22(1)

从区域文化到全球文化:市场经济文化纵横谈之二　邴正《吉林日报》1993.4.6

社会主义市场经济文化精神:从韦伯的市场经济文化观谈起　邴正《新长征》1993(10)

文化产品的双重属性及文化事业的发展对策　高长顺《学术交流》1993(5)

论文艺与商品的同异　张国民《文艺报》1993.1.30

在改革开放中发展文化产业　高占祥《中国文化报》1993.12.8

走出经济发展中的文化困境　陈炎《社会科学家》1993(6)

建设社会主义文化市场必须以邓小平同志建设有中国特色社会主义理论为指导:学习《邓小平文选》对文化市场建设问题的思考　《光明日报》1993.12.10

市场文化与非市场文化　于东方《群众文化研究》1993(6)

文化市场:一个大有作为的新天地　刘忠君《艺术通讯》1993(12)

在改革开放中培育发展文化市场　高占祥《光明日报》1993.8.5

文化市场运作行为与社会目标取向　杜长胜《中国文化报》1993.9.12

走向文化市场,繁荣艺术创作　阮润学《艺术通讯》1993(8)

市场机制与理论建设:中国艺术市场系列分析之三　张学颜《美术》1993(1)

改革管理体制,繁荣我国文化市场　张玉玑《经济改革与发展》1993(11)

我国文化市场发展现状扫描　孟晓驷《人民日报》1993.4.1

论我国文化市场的发展与管理　孟晓驷《中国行政管理》1993(5)

关于文化市场管理的若干思考　卢云伍《云南日报》1993.11.3

中国文化市场的现状及走向　殷金娣《瞭望》周刊1993(47)

文化市场体制管理浅析　刘忠国《群众文化研究》1993(6)

论文化市场经营管理的方针和策略　赵建中《社会科学》1993(2)

来自文化市场的呼唤:1992年全国文化市场理论研讨会侧记　虎翼《中国戏剧》1993(2)

文化市场应尽快走上法治轨道　单三娅《光明日报》1993.12.16

正确处理三个关系,管好基层文化市场　杨淑华《中国出版》1993(9)

依法管理文化市场,丰富群众文化生活　胡铁树《艺术通讯》1993(12)

深入"扫黄",净化社会文化环境:对当前文化市场"扫黄"的调查与思考　焦祝平《中国文化报》1993.9.1

"扫黄"理论研讨会综述　林之达《社会科学研究》1993(1)

关于文人"下海"的思考　杨立新《群众文化研究》1993(6)

中国文化的"围城"现象　肖海鹰《光明日报》1993.10.20

对文化进行科学定义之浅见　周殿富《中国青年政治学院学报》1993(1)

文化研究方法论解构　王世达《晋阳学刊》1993(5)

当代中国的历史发展与文学变革:"92中国当代文学国际学术研讨"会综述　艾妮《文学评论》1993(1)

文学的开放与选择　艾斐《人民日报》1993.1.21

解放思想与文艺学建设　李衍柱《文学理论研究》1993(1)

现代主义在中国的历史命运　陈厚诚《当代文坛》1993(1)

文学:人格的投影:文学研究的一个思路　何向阳《文学评论》1993(1)

文艺功能漫议　史莽《真理的追求》1993(2)

当今中国文坛的泛现代文学现象　王一川《文艺研究》1993(1)

全国比较文学学术讨论会综述　葛桂录《文史哲》1993(1)

评论家:你真尴尬:对当前文艺批评的思索　黄国柱《中国青年报》1993.2.19

市井的狂欢:王朔的故事和精英文化的窘境　陈虹《文艺评论》1993(1)

叩问宗教:试论当代中国作家的宗教观　樊星《文艺评论》1993(1)

禅宗与艺术的自然观　蒋述卓《广州日报》1993.1.7

谈校园文学的特点与误区　刘赤符《阅读与写作》1993(1)

中国传统文化与中国社会主义　岳理《西部学坛》1993(3)

传统文化与民族精神　谢有安《云南教育学院学报》1993(1)

民族传统文化与改革开放　姜中毅《贵州文史丛刊》1993(1)

中国的传统文化和国家现代化　徐朔方《传统文化与现代化》1993(1)

历史转折与传统　张雄《社会科学》1993(9)

中国文化的过去与今后　蔡尚思《哲学研究》1993(12)

论文化传统在当代中国的影响力　陈卫平《探索与争鸣》1993(2)

中国传统文化中的科学精神　张刚峰《杭州大学学报》1993(1)

中国传统文化的价值取向及其影响　王思义《沈阳师院学报》1993(1)

后现代主义与中国传统文化　陶东风《文艺研究》1993(1)

试论我国传统文化探求性格的现代转化　陈爰华《南京社会科学》1993(6)

海峡两岸学者的文化省思:记在台北举办的"传统中国文化与未来文化发展"学术研讨会　徐远和《人民日报》1993.11.17

"儒释道与中华民族精神学术研讨会"述要　卞敏《学海》1993(1)

从中国传统哲学的自然特质看文化的创新　陈志强《湘潭大

学学报》1993(4)

中国传统政治文化　罗宁起《湖南师大学报》1993(4)

《从传统到现代》的启示:谈金耀基教授的《从传统到现代》　李江涛《现代与传统》1993(7)

关于创立中华民族文化学的构想　覃德清《广西师范大学学报》1993.29(4)

中国礼文化的由来及其精华　高树帜《山西师大学报——社科版》1993.20(1)

关于西南民族文化研究方法的探索　黄泽《思想战线》1993(6)

谈企业文明与精神文明　沙英《道德与文明》1993(4)

新形势下企业文化中的伦理道德　周向东《大众企业管理》1993(1)

建设企业文化是增强企业活力的必然要求　王本昌《东岳论丛》1993(6)

企业文化问题透视　杭天勇《光明日报》1993.11.10

中国图书馆事业的改革　黄宗忠《图书馆建设》1993(1)

世纪末看中国文化　欧阳哲生《现代与传统》1993(7)

正确借鉴近现代西方思想文化　韩庆祥《毛泽东哲学思想研究》1993(5)

忧患意识与理性精神:评《文化批判与文化重构》　王维平《现代哲学》1993(3)

当代中国的文化失范现象及其价值建构　邹广文《社会科学辑刊》1993(6)

(17) 新闻出版与广播影视

报纸的喉舌作用和新闻的立法关系　宋春阳《新闻采编》1992(1)

继承发扬党的新闻工作优良传统和澄清新闻理论是非　林枫《新闻与写作》1992(1)

朱穆之同志近日关于地方外宣的谈话要点　《对外宣传参考》1992(8)

"新闻背景"和"背景新闻":试析军事新闻文体的改革　仇学平《新闻与成才》1992(10)

科技进步新闻出版事业腾飞的助推器　新闻出版署技术发展司《新闻出版报》1992.12.7

新闻,面临新的挑战:新华社新闻研究所1992年学术年会侧记　方小翔《中国记者》1992(11)

全面、准确、权威:新华社十四大国内报导回顾　李尚志《中国记者》1992(12)

对企业报深度报导的思考　冉隆安《新疆新闻界》1992(2)

少一点会议新闻,多一点火热生活:改进新闻宣传断想之四　徐光春《新闻与写作》1992(3)

文化新闻魅力与提出　吴鸿业《新闻三昧》1992(8)

经济报导要展现地方特色　李文海《中国记者》1992(9)

第一张在全国发行的彩报:解放日报彩色周末版介绍　贾安坤《新闻记者》1992(4)

采写"豆腐块"大有学问:也谈怎样认识和采写好而短的新闻　沈东辉《新闻通讯》1992(4)

怎样发挥新闻照片在报纸上的作用　张永埭《中国记者》1992(5)

新闻评论的现状及发展趋势初探　夏启荣《重庆社会科学》1992(3)

别让你的读者掉头走开:关于对外新闻报导策略的一点思考　许京龙《对外宣传参考》1992(11)

编者要拥有一批作者:谈报纸编者和作者的关系　何仁《新闻与写作》1992(6)

马克思恩格斯论新闻工作者　陈力丹《新闻传播》1992(4)

加强学习和调查研究为对外宣传多作贡献　艾知生部长6月15日在驻外记者集训班上的讲话(摘要)　《国际广播》1992(5)

调查研究是记者成长的必由之路　戴邦《新闻与写作》1992(5)

用项目促记者转变作风:宜昌日报探索记者深入实际运行机制　杨尚聘《中国记者》1992(7)

一个不可忽视的课题:谈新闻工作者必须加强古文修养　龚志聪《新闻与成才》1992(6)

社会主义出版自由原则列宁论　童兵《新闻与写作》1992(2)

报纸自办发行的产生和发展趋势　凌振稼《内部文稿》1992(8)

坚持正确舆论导向,办好文艺评论报刊:在"优秀文艺评论报刊表彰大会"上的讲话　李准《美术》1992(3)

简论出版经济政策的作用与制定　彭建炎《图书情报知识》1992(1)

14年我国经济图书出版的若干变化　钟舒《新闻出版报》1992.11.30

金盾版图书走俏全国　张秀平《新闻出版报》1992.9.23

广播、报纸、日常语言交际方式的异同　周嘉瑜《视听界》1992(3)

进一步打击非法出版物活动的思考　刘占锋《人民日报》1992.2.17

电视意识,电视化及其他:全国首届少儿电视理论研讨会撷英　王少华《中外电视》1992(2)

大陆对台广播,知音觅踪:1214份台湾听友问卷调查情报综述　刘琳《对外报导》1992(2)

从翻译和节目主持人的角度谈谈对外广播的意识　李勤《国际广播》1992(2)

从系统论的原则看我台非通用外语广播部人员的组合优化　许谅《国际广播》1992(2)

浅谈我国目前电视广告中的几个问题　景厚《国际广告》1992(1)

个性:节目主持人的魅力　崔尊《新闻传播》1992(2)

为了开掘人的潜能:记四川电视台电视剧部的队伍建设　宋鲁曼《中国电视》1992(9)

电影批评真的陷入了无效性的怪圈吗? 关于电影批评问题的几点思考(上)　王云缦《电影评

介》1992(1)

市场,制片厂的困惑 柏雨果《中国电影周报》1992.1.9

马克思的新闻思想与市场经济 陈力丹《新闻记者》1993(3)

迎接浩浩荡荡的新思潮:毛泽东新闻思想形成的文化氛围 童兵《新闻与写作》1993(3)

论实事求是对当前新闻宣传的指导作用:学习毛泽东、邓小平同志关于实事求是论述的体会 周光国《新疆新闻界》1993(3)

一律又不一律:毛泽东为新闻法规定的基调 童兵《中国人民大学学报》1993(1)

正确认识我国新闻事业的使命:学习邓小平新闻论述的体会 文有仁《新闻与写作》1993(11)

在市场经济条件下坚持新闻事业的党性原则 林枫《中国记者》1993(5)

增强国际新闻传播的辐射力 庞炳庵《对外宣传参考》1993(3)

合作与竞争:孕育新的生机:1992年中国新闻界一瞥 陆彩荣《中国记者》1993(1)

更新观念,走向市场,解放出版生产力 乌书林《中国出版》1993(1)

社会效益,经济效益:学术期刊的二难选择 马平《编辑学刊》1993(1)

论出版工作在当前社会主义道德建设中的职责 李冰封《编辑之友》1993(2)

用新闻舆论引导人们实现历史跨越:广播电视改革深层次的思考 刘淑芬《新闻传播》1993(5)

与时代同步,让世界瞩目:中央电视台新闻节目重大改革侧记 林泉《视听纵横》1993(4)

龚学平纵论广播电视 改革既是喉舌,又是产业 秦宇《新闻记者》1993(1)

制止有偿新闻必须治本——访中国人民大学教授童兵 刘愚僮《光明日报》1993.11.9

生命不可出卖:从"有偿新闻"谈到新闻必须完全真实 莫里华《新闻与成才》1993(11)

书号不能当商品来卖 肖乾《光明日报》1993.3.19

买卖书号:权钱交易的勾当——出版"空手道"忧思录 潘国彦《光明日报》1993.9.24

买卖书号:我国当代出版史上的耻辱 郑士德《光明日报》1993.10.15

中国录像业:问题与前景 沈卫星《光明日报》1993.6.14

三位分裂,一场不该发生的大战——电影、电视剧、录像三位一体备忘录之一 沈卫星《光明日报》1993.11.13

建立中国"大电影"体制——电影、电视剧、录像三位一体备忘录之三 沈卫星《光明日报》1993.11.18

1992年出版态势述略 许力以《中国图书评论》1993(1)

出版业的国际化及我们的思考 贺剑峰《编辑学刊》1993(1)

中国亚视靠一身正气赢得观众 余长安《光明日报》1993.10.16

我们可以从美国出版业借鉴些什么:《出版学概说》给予的启示 王益《中国出版》1993(11)

关于日本广播电视的一些情况——NHK和CBC访向记 余心言《光明日报》1993.9.5

(18)体 育

奋斗之路:在纪念国家体委训练局成立40周年大会上的讲话 李富荣《中国体育报》1992.1.3

为了人民的健康:纪念毛泽东同志"发展体育运动,增加人民体质"题词发表40周年 伍绍祖《求是》1992(11)

展望本世纪90年代我国体育事业发展的趋势 陈志和《福建师范大学学报》1992(2)

试论"科技兴体"的战略重点和政策措施 冯胜刚《贵州体育科技》1992(2)

第一届亚运会系统工程评述 谢亚龙《管理世界》1992(2)

从奥运会经济学问题谈我国举办奥运会的经济对策 赵浅华《浙江体育科学》1992(3)

团结·奋进·文明·育人:第四届全国大学生运动会评述 苏丽敏《中国学校体育》1992(6)

奥林匹克运动与中国体育 国家体委政策法规司理论处《中国体育报》1992.7.17

关于修改《国家体育锻炼标准》的科学研究 于道中《体育科学》1992(1)

试论优秀运动队思想政治工作中的激励机制 姜仁屏《体育与科学》1992(6)

用等级排列法评选全国十佳运动员 周治金《武汉体育学院学报》1992(2)

让云南民族传统体育走向世界 刘少龙《民族工作》1992(4)

从实际出发促进竞体与群众体育的协调发展 徐建亭《体育科技》1992(4)

浅议我国群众体育的发展战略重点 孟刚《贵州师范大学学报》1992(4)

体育大"车间":东北大中型企业职工体育采访录 尹家和《中国青年报》1992.6.3

体育要为农业和农村工作服务 阿不力孜·巴克《新疆体育》1992(2)

论体育事业向体育产业转变:谈我国体育体制改革 韩丹《体育与科学》1992(5)

改造体制、适应社会:北京市体育改革启示录 国家体委政策法规司体育改革调研组《中国体育报》1992.6.26

上海体育发展战略研究工作的现状与构想 杨卫民《上海体育学院学报》1992(16)

体育在社会生活中的演变轨迹 曹永强《广西大学学报》1992(14)

社会主义市场经济与体育改革 梁晓龙《中国体育报》1992.11.20

商品经济中的体育人才流动 阎玉林《山西财经学院学报》

1992(4)

试论我国教练员的现状及选拔与培养　宋江东《体育研究》1992(4)

我要为中国培养出世界一流球星:施拉普纳采访纪实　冥子《中国体育报》1992.7.5

谢军和她的教练们　罗达成《文汇报》1992.1.3

献给残疾人的一颗爱心:上海残疾人乒乓球队总教练邵循基素描　谭军《人民日报》1992.3.28

我国体育后备人才危机的成因分析与对策探讨　孟刚《贵州体育科技》1992(3)

触目惊心的体坛"外流表"　史勇《编译参考》1992(10)

西藏体育事业的成就　毛翔《中国藏学》1992(1)

依靠政府,动员社会,发展残疾人体育事业　福建省残联《中国残疾人》1992(3)

从中日学生体质及运动能力的反差中检讨中国体育　孙宾华《渤海学刊》1992(2)

论50年代学习苏联体育经验　毕世明《体育科学》1992(3)

日本的国民体育政策　崔颖波《沈阳体院学报》1992(1)

南朝鲜体育发展原因简析　南花《沈阳体院学报》1992(1)

论我国未来体育的发展趋势　辛求华《广州体育学院学报》1993(3)

关于体育发展战略思维的构想　叶国强《广州体育学院学报》1993.13(增刊)

体育社会化与精神文明建设　黄叶斌《武汉体育学院学报》1993(3)

体育在精神文明建设中的地位和作用　彭国龙《重庆教育学院学报》1993(3)

体育社会化内涵初探　徐隆瑞《华南师范大学学报》1993(4)

我国体育系统软科学研究的历史、现状和发展趋势　梁晓龙《北京体育学院学报》1993(4)

北京体育学院10年来科研工作的回顾　邢文华《北京体育学院学报》1993.16(3)

体育科研为竞技体育服务的最佳方式:浅谈"攻关"与"公关"　王保成《西安体育学院学报》1993.10.(3)

全国学校体育理论青年学者学术研讨会综述　李建国《课程·教材·教法》1993(8)

中国体育社会学的兴起与发展　卢元镇《天津体育学院学报》1993.8(4)

我国历届全运会效益问题的研究:提高第七届全运会效益的对策与建议　陶红《体育科学》1993(4)

全运会与民族力度:中国全运会及民族生命状态的哲学阐释　李力研《体育与科学》1993(4)

关于我国体育人口的质及传统影响因素的讨论　黄俊伟《武汉体育学院学报》1993(3)

刍议我国体育科研物质技术基础　力君《沈阳体育学院学报》1993.12(4)

中国体育的历史方位与体制转轨现代性求解的思考　凌平《体育与科学》1993(1)

市场经济与体育改革　熊斗寅《贵州体育科技》1993(1)

谈我国体育事业由福利型向经营型的转变　王清芳《成都体育学院学报》1993(2)

商品化是体育产业化的根本出路　惰路《贵州师范大学学报》1993(2)

关于我国体育产业的几个理论问题　鲍明晓《体育与科学》1993(3)

全运会:中国体育改革的焦点与缩影:一种多维的比较体育研究分析　常生《体育与科学》1993(4)

走向市场的中国体育　惠郭俭《西安体育学院学报》1993.10(3)

社会主义市场经济与职业体育事业改革的思考　刘承生《武汉体育学院学报》1993(3)

体育改革与市场经济　梁晓龙《天津体育学院学报》1993.8(4)

社会主义市场经济条件下体育改革的重点与突破口探析　陈梦周《天津体育学院学报》1993.8(4)

试论社会主义市场经济对体育体制变革的要求　凌平《浙江体育科学》1993.15(6)

发展体育产业,增强事业活力　周旺成《北京体育学院学报》1993.16(2)

从竞技体育人才交流角度探讨我国竞技体育改革　李四《北京体育学院学报》1993.16(3)

试谈体育院校实验队伍的建设与管理　张振清《北京体育学院学报》1993.16(3)

中国体育界的当代"神话"与风采:从"马家军"看中国体育的新突破　王元敬《瞭望周刊——海外版》1993(38)

对普通大学生运动员社会化问题的探讨　曹万章《石油大学学报》1993.9(3)

第四届大学生田径运动会综析　林明《西安体育学院学报》1993.10(3)

中国少数民族传统体育活动一瞥　胡小明《文史知识》1993(8)

开展我国残疾人体育的影响因素的研究　彭说龙《广州体育学院学报》1993.13(3)

"北京绝不会辜负你们的信任和选择":北京2000年奥运会《申办报告》《学习与研究》1993(5)

旧中国与国际奥委会　范汝强《文史知识》1993(8)

中国与国际奥林匹克运动关系的历史回顾和经验总结　刘修武《中国体育科技》1993(2)

(19) 卫　生

李铁映在全国卫生工作会议上强调,卫生体制要适合国情国力　《人民日报》1992.1.17

公费医疗制度改革势在必行　《光明日报》1992.7.21

伟大的创举、辉煌的成就——纪念爱国卫生运动40周年 陈敏章《人民日报》1992.8.3

我国政府一贯重视儿童医疗保健,儿童健康水平居发展中国家前列 《人民日报》1992.3.20

90年代我国血防工作出现新转机 《人民日报》1992.4.6

白血病者的福音,我国开始非血缘关系供者骨髓移植工作 范又《光明日报》1992.3.15

我国研制成功高水平的烧伤治疗仪 郑经国《人民日报》1992.3.4

高效聋哑康复机研制成功 唐荐《人民日报》1992.8.2

我国基因治疗喜获进展 《光明日报》1992.10.15

局部长效麻醉注射液应用10万例,基础研究揭开长麻止痛机理 春昌《人民日报》1992.2.22

取阑尾可不用剖腹 《人民日报》1992.4.2

在美元与英镑面前选择祖国的人:记我国第一位兽医产科博士田文儒 肖景辉《活力》1992(2)

“光明使者”张锡琪归国之后 瞿光澄《志苑》1992(3)

一腔热血为中华:记著名心血管病专家孙静平 张梅珍《解放军报》1992.8.24

我国一心脏移植病人安全度过110天 朱玉《人民日报》1992.7.12

南丁格尔奖获得者吴辉芳 张建平《中华儿女》1992(2)

生命奇迹在这里发生:中国贾忍放:疑难病症的探索者 王鹏《喜剧世界》1992(2)

神奇得令人难以置信的世界:记从体育界走出的中医发展家申永彪 春晖《体育博览》1992(7)

破译经络“密码”的人:访经络学家祝总骧教授 秦时月《北京日报》1992.10.25

“三小郎中”与消石散:访胆结石专家徐殿元 丁世儒《北京日报》1992.11.15

21世纪的跳动:“山海丹”和它的发明者赵国欣 尹卫星《科技日报》1992.9.4

赵章光和他的“101” 范志亭《名人传记》1992(9)

“创造上帝的人”记整形外科专家宋儒耀 郑国庆《人物》1992(1)

我国迄今共发现艾滋病毒感染者932人 陈可《光明日报》1992.9.25

卫生事业将进行重大改革,总体思路是“三保三放”“两转两补” 《光明日报》1993.6.10

我国公费医疗制度的改革设想 毛朝晖《中国行政管理》1993(2)

经济界、法律界部分人士和主管领导提出药品专营,利国利民 李建兴《人民日报》1993.1.8

中医药行业推出发展第三产业方案,按照市场机制建立大服务体系 艾笑《人民日报》1993.1.11

微笑着告别——第四军医大临终关怀病房见闻 王燕青《光明日报》1993.3.7

门诊“专家号”透视之一,优先券还是有钱券?! 李丹《光明日报》1993.5.18

门诊“专家号”透视之二,挂号难挂专家号更难 周立文《光明日报》1993.5.19

世界银行提出1993年世界发展报告,中国卫生面临三大挑战 艾笑《人民日报》1993.11.13

(20)环境保护

全国环保厅局长会议提出,同一切污染环境现象作坚决斗争 《人民日报》1992.1.16

1991年中国环境状况公报表明,全国环境状况相对比较稳定 《人民日报》1992.5.29

1992年环境保护工作要点 《环境工作通讯》1992(2)

我国环保科研系统已经形成 《光明日报》1992.5.25

关于加强农业环境保护立法的几个问题 凌岗《法学评论》1992(3)

我国环保工作逐渐纳入法制轨道 《人民日报》1992.6.5

认清形势,抓住时机,把环境法制工作提高到一个新的水平:在1992年全国环境法制工作会议上的讲话(摘录) 张坤民《中国环境报》1992.8.15

16省市领导研讨环境管理政策 李宏伟《人民日报》1992.8.7

国家环保局就环境问题答中外记者 《环境工作通讯》1992(1)

我国重视保护地球环境 吴雅丽《光明日报》1992.4.22

我国生态环境东南六省最优 《人民日报》1992.5.14

国际环境法与国际环境新秩序 李晓阳等《社会科学》1992(10)

城市生态系统中人与环境的关系 邹尚辉《社会科学》1992(1)

面对全球共存的环境问题,我国怎么办?本报与国家环境局邀请专家共商对策 周文斌《光明日报》1992.5.29

环境侵害及其救济 陈泉生《中国社会科学》1992(4)

生态危机的哲学反思 支运春《南京政治学院学报》1992(1)

洞庭湖的报告——沅江市发展生态农业纪实 张祖璜《光明日报》1992.5.20

农业环境关系每个人身体健康,治理污染仍需全社会共同努力 翟惠生《光明日报》1992.6.5

建立人类新文明 曲格平《光明日报》1992.6.6

给子孙后代留下一片洁净的海 陈炳鑫《光明日报》1992.6.6

关于浦东新区的土地开发与生态环境的保护问题 包亚钧《社会科学》1992(8)

生态农业建设的探索与思考 段贤斌《中国农村经济》1992(3)

增强全民环境意识,坚持绿色发展战略:

坚持绿色战略,推广绿色产

品 陈明绍

拯救物种就是拯救人类自己 冯祚建

要积极参与，更要深入研究 王明星

还给后辈一个清洁的地球 钱易

“红色沙漠”与“绿色革命” 关君蔚《光明日报》1992.5.29

警惕煤烟烟雾事件重演 王汉臣《光明日报》1992.5.29

毒涉沙溪镇——记震惊全国的“9·3”特大泄毒案 《民主与法制》1992(9)

论信息环境污染及对策 张新华《社会科学》1992(8)

1992年中国环境状况公报(摘要) 《人民日报》1993.6.5

关于环境价值的探讨 李金昌《林业经济》1993(4)

环境研究的社会文化观 麻国庆《社会学研究》1993(5)

保护环境和经济发展须综合决策 龚浦《人民日报》1993.6.5

市场经济与环境法制 王安《探索》1993(5)

努力实现发展与环境的协调 曲格平《科学学与科学技术管理》1993.14(9)

试论环境治理与观念更新 张纯元《西北人口》1993(4)

试析城市环境的综合治理 刘圣泳《黑河学刊》1993(4)

西北地区经济发展中的生态环境灾害问题与强化措施 彭可珊《科学·经济·社会》1993.11(3)

我国大气中臭氧量下降 金振蓉《光明日报》1993.11.20

从历史的角度反思——西安市市长崔林涛谈环境治理 凌翔《光明日报》1993.10.8

人类利用立体空间资源的革命 卢嘉瑞《河北财经学院学报》1993(4)

促进环境和经济技术社会协调发展是全人类的一项基本任务 朱荣林《国际观察》1993(1)

应该正确对待全球环境问题 冯绍奎《光明日报》1993.10.8

环境危机——人类共同的忧虑 林自新《光明日报》1993.12.18

世界环境九大难题 刘照民《光明日报》1993.10.8

2000年全球展望：环境问题上 汤国维编译《国际展望》1993(13—14)

大气海洋环境污染速度减缓 关雅丽《光明日报》1993.10.7

保护人类的朋友——写在“野生动物保护法”颁布五周年之际 金振蓉《光明日报》1993.11.8

(21) 人口与计划生育

要计划生育纳入依法管理的轨道 吉林省计生委《人口动态》1992(2)

国家计划生育委员会1992年工作部署《人口动态》1992(2)

全国28个地方计划生育条例综述 冯国平《人口研究》1992(4)

略论人口控制中的社会主义优越性 陈剑《人口动态》1992(6)

试论计划生育社会协调的宏观战略及对策 石海龙《人口研究》1992(1)

当前中国人口控制与社会发展中的问题与决策：中国人口控制与社会发展学术讨论会述要 辜胜祖《中国人口科学》1992(2)

流动人口计划生育管理办法：计划生育委员会《南京政报》1992(2)

衡量和评价人口素质的综合指标初探 夏海勇《南京大学学报》1992(3)

计划生育和人权问题的伦理思考 唐凯麟《道德与文明》1992(4)

关于人口社会控制的几点基本理论思考 王冰《经济·社会——内蒙古社会科学》1992(4)

论人口、资源、环境与熵 滕业龙《人口与经济》1992(6)

关于我国人口问题的思考与建议 马传松《内部文稿》1992(2)

中国人口问题透视 向获《中国教育报》1992.8.17

对人口质量几个问题的探讨 邵昱《社会科学研究》1992(5)

中国人口问题的“热点” 阎海琴《经济问题》1992(8)

市镇人口统计与城镇建制 柯永标《福建统计学刊》1992(4)

从国际比较看中国人口控制的特点和重点 刘铮《中国人口科学》1992(5)

浅谈人口的经济调控与审计监督 陆建桥《人口与经济》1992(6)

人口增长过快的影响及对策 杨美廉《人口战线》1992(1)

人口密度的等值线图应用研究 周祖根《中国人口科学》1992(5)

使用生态标准才能正确把握人口形势 向丹《四川师范大学学报》1992(1)

试论人口·资源·环境与经济的协调发展问题 张志良《西北人口》1992(4)

试从环境人口容量看我国人口迁移对生态环境的影响 刘国军《兰州教育学院学报》1992(1)

城市生态系统中人与环境的关系 邹尚华《社会科学》1992(2)

人口增长与林业发展 谢晨《林业经济》1992(1)

浅析控制人口与森林资源的开发利用 阳昌宽《山区开发》1992(5)

中国大陆80年代人口自然变动反思 袁方《社会学研究》1992(1)

80年代中国人口迁移的转变 杨云彦《人口与经济》1992(5)

人口问题与我国社会主义现代化：访著名人口学家邬沧萍教授 金木《教学与研究》1992(1)

人口增长过快对社会经济发展的影响 李天源《经济问题》1992(1)

人口增长与经济发展协调度的定量分析 周英《西北人口》

1992(1)

浅议人口财政投资问题　陈义才《西北人口》1992(3)

我国人口——经济增长的周期波动　张世晴《南开学报》1992(4)

论人口增长与经济发展的联系　王冰《同济医科大学学报》1992(3)

人口对粮食的压力模式初探　刘忠群《粮食经济研究》1992(4)

生育率变动的社会经济后果　朱国宏《社会科学战线》1992(1)

80年代中国生育率的变动与社会经济因素的分析　冯立天《中国人口科学》1992(1)

2000年人口与经济发展的预测分析　张耀如《统计理论与实践》1992(5)

人口与贫困　原华荣《社会科学研究》1992(5)

在少数民族中积极、稳妥地开展计划生育工作　郭正实《人口动态》1992(2)

专家聚会拉萨研究藏族人口问题　《光明日报》1992.7.29

1953—1990年中国民族人口的地域扩散　李若建《西北人口》1992(4)

简论人口民族学　张克武《民族研究》1992(4)

甘肃少数民族人口素质与商品经济　尹相英《中国少数民族人口》1992(3)

我国少数民族的生育意向及人口意识概述　张克武《中国少数民族人口》1992(1)

适度控制少数民族人口过快增长，促进民族区域社会经济协调发展　马正亮《中国少数民族人口》1992(1)

彭珮云主任在全国计划生育工作会议上明确指出：今年着重抓好十项工作　《中国人口报》1992.4.13

关于军队计划生育工作对策性思考　徐银山《安徽人口》1992(3)

中国生育率转变的特征和原因　宋瑞来《中国人口科学》1992(5)

中国人口转变的缩影：浙江省余杭县计划生育工作思考　徐天琪《中国人口科学》1992(6)

出生人口数量增多是我国第三次出生高峰的主要内容：兼与查瑞老师商榷　周夷谷《人口研究》1992(5)

90年代中国妇女生育趋势分析　苏荣桂《人口与经济》1992(1)

对五省一市妇女生育水平的分析　查瑞传《人口与经济》1992(2)

贫困地区计划生育工作的状况、成因及对策　熊小江《人口动态》1992(5)

"羊年"对生育状况的影响　高元祥《人口动态》1992(5)

城市计划生育工作深入发展的新问题：北京市计划生育简析　李振恩《人口动态》1992(6)

90年代我国农村人口控制的突破口和社会诱导机制　辜胜阻《人口战线》1992(3)

全国10‰生育率抽样调查资料再开发　高元祥《人口战线》1992(2)

早婚早育原因及对策试探　李合敏《山东师大学报》1992(3)

性科学与计划生育　史成礼《西北人口》1992(3)

北京市人口在低生率条件下面临的挑战　徐绍雨《中国人口科学》1992(3)

不育"志愿军"：不愿生育者的心理巡视　赵华安《社会》1992(2)

80年代中国出生率波动的人口学原因剖析　郭庆松《人口学刊》1992(5)

中国第一次节育高潮及其历史评价　孙沐寒《中国人口科学》1992(6)

婚育分离：晚婚晚育的必要补充　林榕《社会科学》1992(11)

对目前计划生育基础知识教育现状的分析　蒋捷《人口研究》1992(5)

传统生育文化与中国人口控制　朱国宏《人口研究》1992(1)

影响生育观的主要因素　王虎森《人口战线》1992(2)

中国古代生育观初探　贾东城《人口战线》1992(2)

浅谈优生　余邦林《中国妇女干部管理学院学报》1992(3)

中国婴儿死亡率变化分析　翁士贵《中国人口科学》1992(3)

第四次全国人口普查人口性别年龄结构的初步检验　乔晓春《中国人口科学》1992(5)

重温马寅初的人口理论：纪念马寅初先生逝世10周年　杨舒《社会科学》1992(5)

近年来我国学者对马尔萨斯人口论研究的进展　王建华《西北人口》1992(2)

略论空想社会主义者对马尔萨斯人口论的批判　阎海琴《山西财经学院学报》1992(4)

适度消费人口的理论分析与控制　蒋正华《中国人口科学》1992(6)

残疾人口的人口学研究　余充冲著、范小琴编译《西北人口》1992(3)

西南第三次人口科学讨论会综述　李士钊《人口与经济》1992(5)

10余年来浙江人口学研究概述　胡子诚《浙江社会科学》1992(5)

评介《人口结构学》　吴忠观《人口学刊》1992(5)

评台湾《人口政策纲领》　郑启五《台湾研究集刊》1992(3)

世界人口发展趋势及对策　方正纯编译《未来与发展》1992(2)

实行计划生育，促进民族繁荣　王有星《经济·社会》1993(5)

科技进步与人口再生产　廖传统《中国人口报》1993.1.18

我国人口发展的理论思考　高元祥《经济评论》1993(6)

从生物学观点谈人口与未来　年进编译《未来与发展》1993(2)

统一思想，总结经验，加强研究，促进工作：全国人口与计划生育目标管理责任制考核工作研讨会综述　王谦《中国人口报》

1993.2.3

浅谈人口增长的自发控制和自觉控制 邱耕田《广西师范学报》1993(2)

人口学学科建设的里程碑:《人口学专业课程教学大纲》读后 徐勤《人口研究》1993(6)

生产力的增长要求减少人口:试论马克思所揭示的第二人口规律 崔朔玉《渭南师专学报》1993.8(4)

中国人口城市化发展规律及其预测 李惠《统计与预测》1993(6)

浅谈人口增长过快的危害和控制 姜修美《石油大学学报》1993.9(3)

关于我国计划生育运行机制问题的思考 魏津生《中国人口报》1993.12.6

建立计划生育工作新机制 方刚《中国人口报》1993.11.29

强化控制人口增长机制 顾振楠《贵州社会科学》1993(6)

在计划生育工作中注意处理好四个关系 石宗源《光明日报》1993.12.5

"迟发展效应"与中国人口增长机制研究 张根明《贵州社会科学》1993(6)

认真研究国情,切实抓紧"人口问题"教育 王亚宁《潍坊教育学院学报》1993(1)

浅议我国人口与计生工作现状和对策 赵玉贵《安徽人口》1993(2)

人口理论研究要回答新形势提出的新问题 邬沧萍《求是》1993(20)

世界人口研究、人口发展与中国计划生育 石海龙《内部文稿》1993(5)

社会主义市场经济下的计划生育 彭志良《中国人口报》1993.11.8

市场经济与人口研究 曾毅《社会学与社会调查》1993(5)

社会主义市场经济与人口控制若干理论问题 陈剑《中国人口报》1993.12.13

宏观人口控制与改革:增强综合调控能力 田雪原《中国人口报》1993.11.22

市场经济条件下的人口控制 吴维实《中南财经大学学报》1993(6)

市场经济与人口调控新机制 方刚《学术研究》1993(6)

市场经济与人口控制机制的转变 张友良《湖北论坛》1993.6(6)

关于计划生育与市场经济关系的几个问题 张敏才《中国人口报》1993.11.8

市场经济体制下的人口控制 田雪原《中国社会科学》1993(6)

市场经济体制下计划生育管理的战略设想 郭占峰《人口与经济》1993(5)

经济体制改革和计划生育管理 伍理《社会科学》1993(12)

建立微机信息系统,实现计生管理现代化 杨玉霞《人口战线》1993(4)

社会主义市场经济条件下计划生育工作面临的挑战与机遇 邬沧萍《中国人口报》1993.11.1

农村基层计划生育管理模式的探讨 黄金如《人口学刊》1993(6)

辽宁省实施人口计划管理效果评估 罗纯志《中国人口科学》1993(6)

坚持群众路线,做好群众工作:宋平同志在部分省、市计生协会长(名誉会长)座谈会上的讲话《中国人口报》1993.11.22

立足高起点,超前抓服务,建立与小康工程相适应的计划生育工作运行机制 宋树清《人口学刊》1993(5)

推动会员"四带头"、"四登门"活动,促进计划生育"三为主"方针贯彻落实 李德忠《人口与经济》1993(5)

正确认识与抓紧抓好的关系,不断提高计生工作整体水平 江苏省张家港市计划生育委员会《中国人口报》1993.12.27

浅谈市场经济对农村计生工作的影响 何俊田《中国人口报》1993.12.30

"三结合"是市场经济体制下农村计生工作的必由之路 吕玉华《人口学刊》1993(6)

河南实现小康中的人口问题及对策思考 张国富《河南财经学院学报》1993(4)

中国西北民族地区计划生育问题三议 王宝来《新疆社会经济》1993(5)

甘肃陇西县计划生育工作的做法与启示 中共陇西县委《西北人口》1993(4)

甘南藏族人口超常增长的原因及分析 李凌峰《中国少数民族人口》1993(4)

西藏农牧区人口发展与计划生育 代欣言《西藏研究》1993(4)

中国信仰伊斯兰教的10个民族人口发展分析 马正亮《中国少数民族人口》1993(4)

贵州黔东南少数民族人口老化问题 杨正荣《中国少数民族人口》1993(4)

我国少数民族人口发展与计划生育研究 董友涛《中国少数民族人口》1993(4)

略论计划生育宣传对象 陈剑《人口学刊》1993(5)

计划生育宣传与家政教育相结合 谷长春《中国人口报》1993.1.8

关于计划生育宣传教育作用两种认识上的偏差分析 陈剑《人口与经济》1993(6)

提高人口素质是推动经济建设的要素 杨毓才《经济问题探索》1993(9)

人口素质的提高对经济增长贡献的定量研究 陈再华《人口学刊》1993(1)

关于科技进步与人口素质的辩证思考 王君《社会科学研究》1993(6)

山东省人口文化素质发展研究 赵兰香《山东经济》1993(5)

甘肃人口文化素质探析 赵伟《西北人口》1993(5)

文化滞后对民族地区生育文化的影响 蔡成钊《中国少数民族人口》1993(4)

1990年中国文盲半文盲人口状况分析 齐艺堂《人口学刊》

1993(5)

“膨胀的人口数量与低下的人口素质之间的矛盾”是社会主义初级阶段的主要矛盾吗？与吉彦波同志商榷　姜连兴《理论探索》1993(1)

列宁的人口迁移理论及其实践意义　辜胜阻《经济评论》1993(2)

流动人口的积极意义　张蜀《社会》1993(8)

流动人口与社会稳定　李德滨《社会》1993(8)

试论市场经济体制下人口流动对农村社区的影响　蒋来文《社会学与社会调查》1993(5)

中国朝鲜族人口流动与社会问题　金炳镐《黑龙江民族丛刊》1993(3)

流动人口计划生育管理办法初探　李山庆《中国人口报》1993.2.8

差别人口迁移的差别人口效应　朱宝树《人口学刊》1993(5)

80年代中国人口迁移的性别差异研究　李树茁《人口学刊》1993(5)

农村区域开发和人口迁移的新途径:“三西”开发型移民初探　张强《科学·经济·社会》1993.11(3)

中国人口转变与经济发展：矛盾和对策　浙江省计划经济委员会经济研究所课题组《人口与经济》1993(5)

我国当代人口变迁与教育分析　明庆华《湖北大学学报》1993.20(5)

走出城市人口迁移调控管理的困境(上)　杭州市区人口迁移增长研究课题组《杭州师范学院学报》1993(5)

抓住流动人口特点,做好药具服务工作　刘国辉《中国人口报》1993.12.20

第四次全国人口普查在业人口数据分析　沈益民《人口与经济》1993(5)

第四次人口普查在业人口数据质量的评估　程晞《统计研究》1993(6)

提高人口与计划生育经常性统计质量的对策研讨　王晓军《人口与经济》1993(5)

人口抽样调查的困境与出路　孙义伦《安徽人口》1993(4)

中国各民族人口死亡的测定　黄荣清《人口与经济》1993(5)

人口统计求实之我见　蔡庆群《人口战线》1993(4)

人口统计失真的调查分析及对策探讨　山东省济南市人口学会课题组《人口学刊》1993(6)

大跃进时毛泽东人口思想的变化及其原因　胡国民《党史研究资料》1993(2)

周恩来在八大前人口思想和实践　熊华源《中国人口报》1993.3.5

孙中山人口思想评析　行龙《山西大学学报》1993(2)

马寅初《新人口论》的理论意义与实践意义:纪念马寅初诞生110周年　王永毅《中南财经大学学报》1993(4)

80年代人口增长过快的思考　王明远《人口战线》1993(4)

关于市场机制调控家庭生育的思考　鹿立《人口学刊》1993(2)

人口预测的方法与计算机应用　郭华《经济评论》1993(5)

晚育在生育控制中作用的定量研究　王晓军《中国人口科学》1993(4)

妇女初婚年龄与生育行为的关系　谭启华《人口学刊》1993(2)

自然生育状态下人口出生率与婴儿死亡率的关系　王振营《中国人口科学》1993(4)

试析家庭生育决策转变的经济动因　刘家城《西北人口》1993(4)

我国城市妇女的生育心理　程刚《湖北大学学报》1993.20(5)

中国贫困地区人们生育观念转变学术研讨会综述　叶明德《人口与经济》1993(5)

中国贫困地区生育观念转变研究　刘长茂《人口与经济》1993(6)

广东人口与国民收入　杜之道《南方经济》1993(4)

城乡出生率偏差与人口城市化态势　李澍卿《中国人口科学》1993(6)

从计划生育管理模式演变看计划生育人才需求及培养问题　廖传统《人口研究》1993(4)

新形势下我省人口产业结构面临的问题　孙京丽《河南统计》1993(9)

上海市人口地理信息系统的建立与应用　祝俊明《中国人口科学》1993(6)

“承德人口控制模式”的人口经济综合效应考察　高元祥《人口研究》1993(6)

中国老年人口的人口与社会特征　战捷《中国人口科学》1993(6)

中国历代人口和耕地走势的分析　叶瑞汶《南昌大学学报》1993(2)

中国与印度节育成本:效益比较　梁济民《中国人口科学》1993(6)

当代美国人口经济界关于人口与经济关系的争论　于学军《人口与经济》1993(2)

(22)人才开发与人才管理

按照马克思主义关于人的学说指导组织人才工作　穆甲地《当代经济科学》1992(1)

进一步加强马克思主义对人才学研究的指导　余南《中山大学学报》1992(2)

人才定义的发展及人才定义中的区域性　黄亨煜《中国人才》1992(8)

关于人才学的基本问题　钟祖荣《中国人才》1992(8)

90年代国际人才观　潘承烈《人民日报》1992.9.1

要着力培养跨世纪的青年马克思主义者　刘昌明《中国人才》1992(3)

培养跨世纪的领导人才　李

果《人才与现代化》1992(4)

略论领导人才现象与领导人才规律 周殿富《领导科学》1992(11)

人才旺、事业兴;漫谈选才、用才、待才之道 陶克贵《中国人才》1992(5)

重奖科技人才,尊重知识分子 赵振宇《社会主义研究》1992(5)

更新用人观念,催化人才活力 陈浮《湖南社会科学》1992(5)

论成才与环境 梅介人《高教与人才》1992(2)

创造人尽其才的环境,进一步解放科技生产力 周振益《探索与研究》1992(3)

社会经济环境对成才的影响 罗洪铁《人才科学研究》1992(1)

制约青年科技人才成长的环境因素 林荣芹《人才开发》1992(4)

浅析科技人员流动的社会环境条件 谭果林《中国科技论坛》1992(6)

时代与人才 吴探林《人才》1992(2)

人才成长基本规律新探 钟祖荣《中国人才》1992(3)

论培养综合型人才:关于中国未来人才问题的战略思考 孙铭浩《教育与职业》1992(11)

科技进步与人才开发 王勇《贵州社科通讯》1992(2)

性格交换与人才成长 喃潜《人才科学研究》1992(1)

必须重视人才的智力开发 王政荣《大庆社会科学》1992(3)

新科学技术革命与人力资源开发 童志敏《中国人才》1992(7)

人才成长和发展的分期 罗洪铁《人才与现代化》1992(2)

90年代的挑战和我国人才资源开发 王通讯《中国人才资源开发》1992(2—3)

就业指导:开发利用人力资源的重要措施 沈琴琴《中国人才》1992(3)

关于人才资源开发若干问题探讨述要 刘助仁《中国人力资源开发》1992(5)

深圳市人才开发的研究报告 鄞国藩《特区经济》1992(5)

跨世纪战略与青少年的科技意识 刘昌明《青年工作论坛》1992(1)

发挥职能作用为国家重点建设工程提供人才服务 省人事厅干部调配处《贵州人事》1992(2)

超位表现与优秀领导人才成长 周映秋《中国人才》1992(5)

关于培养民族地区外向型经济人才的几点思考 胡德明《人才与现代化》1992(4)

家庭在人才社会化中的地位和作用 陈甲标《中国人才》1992(5)

浅谈青年潜人才的社会开发 权福军《青年工作论坛》1992(6)

冒险与成才 刘军《人才科学研究》1992(3)

心理品质:人才成功的无形杠杆 佟道《人才》1992(4)

人才培养中的浪费表现 齐晓丹《人才与现代化》1992(3)

家庭文化与女青年成才 文献良《青年学研究》1992(3)

女性成才:文化素质和社会价值的关系 陈树文《人才科学研究》1992(4)

非智力因素对女性成长的影响 杜灵君《殷都学刊》1992(2)

女性成才的优势、阻力及对策 郭锡琼《人才与现代化》1992(4)

试论科技人才流动的最佳模式 李喜岷《中国人才》1992(1)

优化人才流动的社会心理环境 李永春《理论与实践》1992(3)

人才的区域性及合理流动间接弱控制的战略对策 孟凡钟《人才科学研究》1992(3)

人才流动问题之简论 李祖常《重庆社会科学》1992(4)

浅谈制约人才成长的体制因素及其对策 王渊菊《福建论坛》1992(5)

人才交流的春天:'92上海春季人才交流洽谈会 王宝娣《行政与人事》1992(7)

海南省人民政府关于进一步鼓励科技人员到各类企业工作的若干规定 《海南日报》1992.9.18

人才重新组合后的思考 周振益《人才开发》1992(1)

人才资源配置的指导思想及模式选择 张格林《人才与现代化》1992(1)

关于分流人才调整结构进一步深化科技体制改革的若干意见 国家教委《中国科学报》1992.10.6

论人才工作环境的优化 刘国伟《人才科学研究》1992(1)

人才引进的含义和形式 万海洋《引进与咨询》1992(3)

引进国外智力是我国第一项基本国策 王作礼《中国引进报》1992.12.11

改进留学科技人才政策的建议 李喜岷《人才开发》1992(12)

解决人才外流的若干政策问题 李敏《青海日报》1992.11.25

发展中国家人才外流问题及其对策 吴雯芳《中国人才》1992(2)

发展中国家人才流向的调控 苏开源《江海学刊》1992(4)

国外防止科技人员外流的政策措施 谭宗颖《科学管理研究》1992(10)

90年代国际人才流动的趋势和特点 向党《中国人才》1992(5)

人才·竞争·改革 鲍学铭《浙江商业经济》1992(10)

走出"才大难用"的误区 王通讯《中国人才》1992(5)

试论建立社会主义人才市场 李国基《社会主义研究》1992(5)

关于科技人才政策的几点思考 易善锋《中国科学报》1992.2.21

令人优虑的我国精英人才状况 姚先桥《中国人才》1992(8)

跨世纪的忧虑:青年科技人才短缺危机 李喜岷《中国青年研究》1992(4)

贫困地区第三次人才危机及

应变对策　王小陵《人才与现代化》1992(3)

“脑体倒挂”若干理论问题探讨　巴俊宇等《财经问题研究》1992(2)

对“脑体收入倒挂”问题的非经济思考　卢明明《社会科学》1992(1)

探索评聘分开的发展趋势　虞文亭《华东科技管理》1992(2)

专业技术岗位设置的基本内容和若干原则　冬育《华东科技管理》1992(2)

在社会主义有计划商品经济条件下构筑人才管理新体制　金志《上海改革》1992(7)

制定区域性人才资源发展战略的技术误区　甄源泰《人才开发》1992(7)

论我国人才管理的十大新趋势　方大鹏《人才》1992(12)

论公平理论在管理中的运用　熊宣华《中国人才》1992(3)

人才库的建立与开发　史炜《中国人力资源开发》1992(4)

咨询与人才库　魏福昌《经济与社会发展》1992(2)

劳动力素质低是制约我国经济和社会发展的重要因素　杨宜勇《经济工作通讯》1992(4)

关于人才断层问题的思考　钱伟《人才与现代化》1992(2)

湖南近代科技和经济人才发展低落的原因　罗建荣《人才》1992(8)

微观人才系统探析　张康平《人才科学研究》1992(1)

构建人才研究向高度有序化运行的科学机制　孔祥园《中州人才》1992(3)

把握大趋势，重塑我国科技人才素质　鄢利民《民主》1992(1)

一门亟待建立的新学科：人的素质学构想　袁凯《社会科学研究》1992(5)

略谈实现人才价值的六个机制　周峰《深圳特区报》1992.9.15

人才学研究的十年回顾　甄源泰《中国人力资源开发》1992(2—3)

中国古代政治家的素质和成长特点　刘淑珍《理论学刊》1992(6)

试论孔子的人才观　龚振黔《贵州教育学院学报》1992(1)

刘邦早期人才思想　汪子扬《成都大学学报》1992(3)

曹植人才思想四题　朱合理《中国人才》1992(11)

试论王安石的人才思想　姜国华《实事求是》1992(4)

岳飞的人才观与用人之术　濮志江《绍兴师专学报》1992(3)

略论康熙的用人思想与实践　孙立樵《理论探讨》1992(1)

重才·用才·育才：从《读通鉴论·三国》看王船山人才思想　谭崇恩《船山学刊》1992(2)

美国联邦政府选拔人才的方式与未来人才政策　刘嵬《中国人才》1992(8)

日本的人才危机与对策　赖红《上海管理科学》1992(7)

菲律宾人才外流问题试析　张国才《高教与人才》1992(5)

独联体人才外流情况令人瞩目　王义民《当代世界社会主义问题》1992(1)

周恩来的人才思想与用人艺术：坚持德才兼备标准　顾宝华《人才科学研究》1993(1)

周恩来培养建设人才思想初探　汪林成《人才科学》1993(3)

识才·用才·爱才：周恩来人才思想的光辉实践　刘宗惠《人才》1993(3)

论邓小平选拔青年干部的战略思想　陈建权《人才科学研究》1993(2)

邓小平人才开发战略思想研究　吕福松《上饶师专学报》1993(2)

邓小平人才思想初探　王体正《高教与人才》1993(3)

陈云同志用人辩证法初探　苏灿《人才与现代化》1993(2)

坚持改革开放才能抓住时机上台阶：学习《邓小平文选》第三卷《总结经验，使用人才》一文札记　草田《光明日报》1993.11.10

创造性人才培养的几个问题　罗玲玲《心理科学》1993.16(1)

创造人才成长的环境　李秉忠《农业科技管理》1993(10)

试论人才素质的提高　张宝琦《营口师专学报》1993(3)

“普通”人是怎样脱颖而出的　袁光晓《人才科学》1993(4)

补偿成才规律初探　薛建中《中国人才》1993(12)

游历、换岗与成长　叶发章《人才科学》1993(4)

试论人才成长的轨迹：素质、成熟、动机　周凝祐《青岛师专学报》1993(3)

论培养综合型人才：关于中国未来人才问题的战略思考　孙铭浩《社会科学战略》1993(1)

利用国际科研合作开辟人才培养之路　张兴敏《高等教育研究》1993(1)

论跨世纪经济管理人才的素质培养　程振清《理论学刊》1993(2)

鼓励中青年专业技术人才脱颖而出的政策初探　殷仁通《人才与现代化》1993(2)

论人才市场的八大功能　李国基《中国人才》1993(7)

关于我国人才市场的现状及其构建　李国基《社会科学》1993(3)

试论人才市场　康立《人才与现代化》1993(4)

人才市场探析　苗泽华《计划与市场》1993(9)

浅谈构建人才市场的模式　李国基《求索》1993(5)

试论社会主义市场经济条件下的人才市场　温建新《生产力研究》1993(5)

我国人才市场的发展态势　璐羽《中国人才》1993(12)

关于培育和发展社会主义人才市场的几点思考　李仁和《技术经济与管理研究》1993(5)

人才市场的培育与发展　袁兆亿《人才科学》1993(4)

市场经济与人才市场：关于在我省培育和发展人才市场的思考　宋秀岩《青海日报》1993.2.3

对欠发达地区人才市场建设情况的透视分析　宋波《中国人才》1993(12)

略论人才商品化　周山新《人才》1993(12)

试论社会主义市场经济的人才管理　严乙荃《中国人才》1993(10)

开放人才管理要解决好五个方面的问题　崔杰《生产力研究》1993(2)

谈谈现代人才的自我科学管理　林泽炎《高教与人才》1993(3)

论我国人才管理的十大新趋势　方大鹏《中国人才》1993(2)

论破格求才　刘淑坤《新长征》1993(2)

建立适应社会主义市场经济的用人机制　曾东汉《党建研究》1993(1)

现代领导者的人才观及用人之道　方正《福建论坛》1993(6)

五种心态的有才者值得重用　李占成《现代领导》1993(6)

试论人才潜能的开发　张学田《当代人才》1993(3)

要想“发财”须先“发才”：试谈闯市场与抢人才的关系、意义及对策　千示玉《冶金经济研究》1993(11)

新时期浙江人才开发的战略与对策　丁坚《浙江学刊》1993(1)

关于福建省人才开发利用的战略思考　黄光扬《中外教育》1993(3)

试论妇女人才的特点及开发的突破口　张淑言《丹东师专学报》1993(4)

老专家智力资源的再开发《人才开发》特约记者《人才开发》1993(12)

对城乡结合部社会闲散人才的开发　宋波《人才开发》1993(10)

要采取有效措施吸收海外人才为国服务：访美后的一些体会和建议　庄毅《中国人才》1993(9)

发展高新技术与吸引留学人员回国　成素梅《中国人才》1993(12)

人才合理流动问题初探　吴林源《现代财经》1993(4)

人才流动与社会进步　刘明华《人才与现代化》1993(4)

人才流动增值论　张万斌《人文杂志》1993(6)

对人才流动中若干关系的辩证思考　姜宗逸《中国人才》1993(12)

谁来主宰21世纪?：世纪之交“人才热”备忘录　筱张《教育与职业》1993(9)

再接再厉，为促进经济发展和人才科学建设做出新贡献　杨林波《当代人才》1993(5)

人才再造广东优势的一大困扰　黄滋生《开放时代》1993(4)

鄂东人才因果说　余彦文《黄岗师专学报》1993.13(4)

台湾的人才外流及对策　虞晓波《中国人才》1993(12)

(23)美化、美育与美学研究

马克思美学的当代意义　王进《吉林日报》1992.10.26

意识形态论与审美论的统一，马克思主义文艺学体系建设的思考　彭立勋《学术月刊》1992(1)

共产主义理想烛照下的美学建构：论马克思早期美学思想的两个特点　庄锡华《文艺理论与批评》1992(1)

用毛泽东美学思想促进文艺的平衡协调发展　秦克温《宁夏社会科学》1992(1)

西方马克思主义美学与中国当代美学　张玉能《华中师范大学学报》1992(2)

当代中国美学如何走向新世纪　潘立勇《天津社会科学》1992(2)

迎接新的世纪的中国美学　涂途《文艺报》1992.6.13

说美　何新《学习与探索》1992(4)

探寻中国当代美学发展的准确轨迹：《中国当代美学》得失谈　邹元江《中国图书评论》1992(1)

浅谈美学研究的指导思想　王增浦《宁夏社会科学》1992(5)

论美学研究中的核心课题：功利与审美　苏丁《社会科学研究》1992(5)

关于美学研究对象的新讨论　吕国欣《哲学动态》1992(5)

论美育功能与诸育　柴怀义《盐城师专学报》1992(1)

论审美的人生价值　杜卫《学习与探索》1992(2)

美是生命力和创造力的显现　张德锤《承德师专学报》1992(13)

试论审美标准　易健《湖南教育学院学报》1992(10)

论政治与审美　王世德《高校理论战线》1992(1)

审美教育的地位及功能　王启民《西北师大学报》1992(5)

走向21世纪的我国审美教育：试论我国审美教育的现代意义　曾繁仁《中国高教研究》1992(4)

劳动的审美与劳动美学　洪凤桐《中国工运学院学报》1992(2)

论教育美的本质　郑焕章《湖南师范大学社会科学学报》1992(8)

论审美活动与认识活动、评价活动的关系　陈新汉《学习与探索》1992(2)

论美学与伦理学的关系　欧阳朗《青海师范大学学报》1992(2)

试论审美的本质多层次性　陈光宇《扬州师院学报》1992(1)

浅议审美习惯的几种表现　于健慧《黑龙江财专学报》1992(1)

文化·美育·知识：论文化型审美教育与艺术及科学技术教育的关系　王畅《长沙水电师范学院学报》1992(1)

科学美的教育意义　王有长《安徽教育学院学报》1992(9)

审美方式的分化与两种倾向的对峙　邹华《青岛大学学报》1992(2)

试论审美社会心理的培养 范黎波《齐齐哈尔师范学院学报》1992(2)

现代中国人的审美心态掠影 乔明瑞《理论学刊》1992(4)

了解群众审美心理,加强自身美学修养 方华《天津日报》1992.7.26

审美体验中的悲剧韵味:哲学心理札谈八则 丁峻《宁夏社会科学》1992(5)

审美文化的结构系统 李西建《学习与探索》1992(6)

结构美初探 孙国荣《学习与探索》1992(6)

文化美学:深化美学研究的一种思路 邹广文《哲学动态》1992(11)

当代自然科学对美学的启示 吕孝龙《云南师范大学哲学社会科学学报》1992(24)

追求对立的近代美:崇高 周来祥《西北师大学报》1992(29)

消费美学刍议 钟扬《上海教育学院学报》1992(1)

中国当代美学研讨会综述 高富力《文艺研究》1992(4)

全国当代美学学术研讨会综述 鲁培康《中州学刊》1992(5)

当代美学研究要解决的两个问题 蒋培坤《M1.》1992(6)

美学研究重点转移的正负价值 张弼《哲学动态》1992(7)

在中国当代美术史编撰研讨会上的发言 李天祥《美术》1992(1)

商品美学和社会主义两个精神文明建设 涂途《中国文化报》1992.12.20

在世界文化潮流中强化中国美学的本土文化意识:编辑意识论之五 王大路《编辑之友》1992(1)

论中国古典美学的价值观 马国柱《辽宁教育学院学报》1992(2)

论中国古代美学对审美形式的超越 郑亚邦《湖湘论坛》1992(5)

美是善的手段:中国传统美学理论基本特征渊源 苏志宏《四川教育学院学报》1992(8)

一种东方超象审美理论 蒲震元《文艺研究》1992(1)

论美育育人:弘扬民族优秀美育思想,建设社会主义精神文明 陈戈良《党校论坛》1992(6)

东方美学研究的又一个窗口 张节末《社会科学家》1992(5)

尺度·内外:民族审美学两题 邓中顿《青岛师专学报》1992(9)

少数民族应用美学述论 覃代伦《中南民族学院学报》1992(12)

中西审美文化发生异途之假说 陈炎《辽宁大学学报》1992(6)

具有开拓性的美育思想研究新著:《蔡元培鲁迅的美育思想》评述 赵中男《锦州师院学报》1992(4)

文化选择与美学建构:论朱光潜的早期文化思想及对其美学的影响 蒯大申《学术界》1992(5)

真诚的探索:《巴金美学思想论稿》读后 唐因《文艺报》1992.1.18

对李泽厚主编《美学译文丛书》的几点意见 陈华中《文艺理论与批评》1992(6)

美育是"美学方面的教育"质疑:与李田同志商榷 江春《青年工作论坛》1992(1)

马克思主义"美学——历史"方法的基本原则评述 李国华《河北大学学报》1993(1)

马克思为何提及"美的规律":对国内《手稿》美学研究的一点反思 李祥林《探索与争鸣》1993(2)

走向开放的美学:《美的发生与流变》评介 张军《吉林日报》1993.2.9

走向主体的美学:美学主客体统一观念探源 肖鹰《浙江学刊》1993(1)

层次论:美学本体论研究的全新视角 褚兢《争鸣》1993(5)

回顾与检讨:哲学美学与实践美学的研究方法 贾明《学术月刊》1993(10)

美的实践本质再思考 刘晓英《学术交流》1993(5)

美,我的对象的最高价值:(美的本质) 祁聿民《兰州商学院学报》1993(4)

"竞争心"与当代美学的崇高理想 刘士林《河南师范大学学报》1993.20(6)

论环境美学 李欣复《人文杂志》1993(1)

美学研究再度崛起的响箭:"文化变革与90年代中国美学"学术讨论会综述 王贻凡《暨南学报——哲社版》1993.15(1)

文化变革与90年代中国美学学术讨论会综述 文放《文艺研究》1993(1)

美学与"自我调节"概念:兼及思维方式的研究 黄海澄《西北师大学报——社科版》1993(1)

生态技术美学的对象和任务 江业国《广西师院学报》1993(1)

"批判的美学"与美学的批判 王雄《文艺理论与批评》1993(1)

美学的跨文化研究 林同华《学术月刊》1993(1)

转折迂回中的艰难选择——近年来美的本质探索一瞥 张弼《学习与探索》1993(5)

当代美学四派理论视角的考察 韩德民《学习与探索》1993(5)

谈《历史与美学之谜的求解》 李钧《文艺报》1993.11.20

意义与理解:论现象美学对确定性的追求 蔡报文《重庆师院学报》1993(4)

美的表现形态分类论 樊德三《盐城师专学报》1993(4)

关于东方美学研究方法论的思考 邱紫华《华中师大学报》1993(1)

美学是未来的伦理学:评《心灵的冲突与和谐》 良雯《光明日报》1993.1.8

当代文化进程中的中国美学 李西建《湖北大学学报》1993.20(5)

论民族美学:探索一个新学科的创建 王世德《新疆师范大学学报》1993.14(3)

20世纪西方美学情感论概观 黄南珊《江汉论坛》1993(9)

现代科学与现代西方美学的发展 徐良《西北师范大学学报》1993(4)

柏拉图美学本体论的再思考 王文娟《陕西师大学报》1993(3)

美育是教育的一种境界吗? 郭声健《争鸣》1993(1)

科学美与教学艺术 吴中光《福建师大学报》1993(1)

审美教育与社会改革 李范《北师大学报》1993(3)

审美教育的当代课题 邹广文《辽宁大学学报》1993(4)

道德的审美特征与德育审美化 靖国平《湖北民族学院学报》1993(3)

毛泽东的审美情趣 王济民《学术研究》1993(5)

生命与艺术审美 梁振南《浙江大学学报》1993(2)

审美价值与审美操作 顾荣佳《吉林大学学报》1993(3)

论审美与形上追求 蒋培坤《学术月刊》1993(9)

审美与伦理学的文化学思考 李林《学术论坛》1993(6)

文艺审美形态世界的同构 古建军《陕西师大学报》1993(1)

论感悟为审美认识的本质形式:兼论美学——艺术理论的认识论 朱贻渊《内蒙古社会科学——文史哲版》1993(1)

审美范畴的历史运动 于培杰《文学评论》1993(1)

超越感:审美鉴赏的本质 孟稷《学术月刊》1993(11)

审美关系的变异及其理论对应 邹华《人文杂志》1993(6)

艰难的审美变革:评《和谐与崇高的历史转换》 陈炎《东方论坛》1993(3)

审美三境:从禅的妙悟看美感的发生 胡家祥《黄岗师专学报》1993.13(4)

审美主体的精神结构概说 刘守安《甘肃社会科学》1993(6)

原始审美范型:审美发生的文化人类学阐释 黄洁《重庆师院学报》1993(4)

社会主义市场经济与文艺的审美导向 徐俊西《文汇报》1993.6.18

商业艺术审美的五个领域 穆纪光《甘肃社会科学》1993(6)

关于企业家和审美文化修养 秦裕芳《大学后勤》1993(1)

(24)社会福利与社区服务

如何健全我国的社会保障体系 《群言》1992(10)

社区服务:不可小视的改革先锋 杨团《现代企业导刊》1992(10)

社会保障体制初探 陶勇《经济问题》1992(6)

社区服务的实践与思考 常建东《改革与开放》1992(4)

关于城市社区服务的理论思考 唐钧《中国社会科学》1992(4)

城市社区服务的理论与实践 潘允康《求知》1992(9)

政府如何转变职能:发展社区服务是一条有效的途径 张瑞凤《社会工作研究》1992(4)

关于社区服务的发展趋势问题 朱传一《社会工作情况》1992(2)

城市社区服务是社会保障新的成长点 陈喜强《广西大学学报》1992(2)

更新观念,强化措施,加快城市社区服务工作的步伐 曹守恭《社会工作研究》1992(4)

树立"大民政"观念,积极开拓社区服务工作新领域 张建军《社会工作研究》1992(4)

顺应改革大潮,强化社区服务,为建立城市社会化服务体系做出贡献 王彦善《社会工作研究》1992(4)

社区服务纳入第三产业若干问题研究 宗松《中国民政》1992(3)

中国城市电话信息服务业悄然起步 刘文骏《瞭望周刊——海外版》1992(4)

社会保障中平等和效率关系初探 龙超《云南财贸学院学报》1992(2)

关于社会保障分配的两个问题 张剑辉《吉林财贸学院学报》1992(3)

当好参谋,搞好协调,为社区服务创造一个良好的环境 胡安贤《社会工作研究》1992(4)

中国社会福利事业发展报告(1992年白皮书)《中国社会报》1992.10.13

社会保障事业的发展与1990年各地区评价 朱庆芳《社会科学辑刊》1992(5)

城市民政工作社会化的有效途径:南京市开展社区服务的调查与思考 常建东《社会工作研究》1992(1)

山东省城市社区服务工作经验交流会综述 张登文《社会工作研究》1992(4)

广西城市社区服务调查报告 阎革《改革与战略》1992(5)

保险业的现代化之路 左季庆《金融时报》1992.1.3

建立有中国特色的农村社会养老保险制度的探讨 陈丕显《中国社会报》1992.6.26

中国农村养老模式研究 于景元《中国人口科学》1992(1)

从农村专业技术协会的兴衰看农村自我服务的发展方向 张业玉《党政干部论坛》1992(1)

穷县也能发展社会化服务 许信昌《人民日报》1992.4.20

24000革命老人在光荣院安度晚年 曹智《人民日报》1992.7.4

万余在乡退伍老红军安度晚年 《人民日报》1992.2.9

论老年保障制度改革在社会保障体系改革中的地位 厉以宁《求索》1992(2)

老年人的赡养与老年社会保障制度 马有才《内蒙古社会科学》1992(2)

广西老年服务发展现状与展望 赵业刚《社会工作研究》1992

(1)

论我国军事职业的社会保障 许祥文《社会科学战线》1992(4)

中国残疾人事业"八五"计划纲要(1991—1995年) 《人民日报》1992.1.19

社会保障制度国际比较 侯文若《中国行政管理》1992(6)

社区建设是发展我国社会福利事业的重要途径 王青山《社会工作研究》1993(2)

社区服务与当地经济发展 姚四海《社会工作研究》1993(2)

"SS":滋润心里的社区情感服务 陈雅华《解放日报》1993.8.29

略谈市场经济与社区服务 贾德彰《社会工作研究》1993(4)

城市功能结构的现代变迁 乐正《中山大学学报——社科版》1993(1)

城市社区服务事业大有可为 张根发《中国行政管理》1993(2)

加快民政工作改革,为经济上台阶做贡献 刘建基《山西日报》1993.1.28

我国城市社区服务的起因、性质和发展趋势 阎革《广西大学学报》1993(2)

新形势下的社区服务工作:10城市、区民政工作信息交流会综述 童奇志《中国民政》1993(1)

建立与社会主义市场经济体制相适应的社会保障制度 刘风《教学与研究》1993(5)

市场经济条件下,建立完善我国社会保障体系的思考 朱卫新《人口学刊》1993(6)

构建我国社会保障制度的现实基点与总体思路 黄敏《中国社会报》1993.1.5

中国社会保障制度的基本思路 社会保障制度改革研究课题组《改革》1993(3)

市场经济的社会保障理论与社会保障模式 葛寿昌《探索与争鸣》1993(3)

建立健全社会统一的社会保障制度:关于成立社会保障委员会的建议及其他 黄范章《工业经济研究》1993(4)

改革和完善我国的社会保障制度 钱淦荣《教学与研究》1993(5)

对社会保障制度改革展望 陈越良《中国社会报》1993.2.5

中国保障制度:现状、问题及改革 张寒松《贵州民族学院学报》1993(2)

社会保障体系必须先行 解放《吉林日报》1993.1.7

社会保障制度改革专家座谈会纪要 《工人日报》1993.2.12

评《21世纪社会保障展望》 侯文若《世界图书》1993(4)

社会保障社会化中的政府职责 王成龙《社会工作研究》1993(4)

等成本转换:重塑我国的社会保障制度:解决企业冗员待业保障问题的一个设想 牛仁亮《光明日报》1993.12.7

市场经济体制下社会救助制度探讨 施德容《社会工作研究》1993(4)

重残人生活保障刍议 王学习《社会工作研究》1993(4)

待业保障改革的可行性分析 房汉廷《光明日报》1993.5.4

社会保险与劳动事业密不可分 王东岩《中国劳动报》1993.2.9

完善我国现行失业保险制度的对策设想 辛仁周《工人日报》1993.2.5

深化保险体制改革,发展和完善保险市场 王兆星《改革》1993(1)

市场经济下个人养老保障发展探讨 杨见非《银行与经济》1993(10)

中国老年社会保障:滞后性与改革视野 辜胜阻《中国人口报》1993.11.17

小康与农村社会保障 高水平《社会工作研究》1993(4)

注意抓好舆论引导:谈搞好农村社会养老保险 卫世敏《中国社会报》1993.2.5

试论农村老年人的社会保障 黄又生《社会工作研究》1993(4)

特区社区服务与改革 康善华《社会工作研究》1993(4)

关于广州市社区服务的研究报告 民政部社研所、社会福利司、广州市民政局联合课题组《社会工作研究》1993(4)

广州社区服务调查数据分析 任留震《社会工作研究》1993(2)

起步·生存·发展:广州市四个街道社区服务典型调查 中国城市社区服务与社区建设研究课题组《社会工作研究》1993(4)

浦东新区社区服务规划与功能开支 马伊里《浦东开发》1993(10)

西方国家的社会保障制度 沈叶君《世界经济研究》1993(1)

美国专家弗里德曼谈公积金与社会保障 张中俊《中国房地产》1993(4)

香港与中国内地社会福利及其民间组织之比较 黎必刚《社会工作研究》1993(2)

(25)旅游与闲暇生活

中国的旅游产业组织政策 叶军《北京第二外国语学院学报》1992(4)

略谈我国旅游业部门管理与行业管理的关系问题 林炳镛《旅游学刊》1992(7)

全国旅游资源普查试点工作 李亮《旅游调研》1992(7)

我国旅游资源普查的基本任务和基本方法 尹泽生《旅游学刊》1992(7)

我国国际旅游价格管理体制的历史沿革 张小见《成本与价格资料》1992(7)

关于旅游地区财政支持的设想 胡湘桂《当代经济科学》1992(1)

关于旅游市场竞争与价格问题的若干思考 侯启泉《中国旅

游报》1992.11.26

我国人文旅游资源分类与特点　邵骥顺《上海教育学院学报》1992(1)

对中国旅游业形势的看法及建议　马志民《旅游通讯》1992(2)

对发展国内旅游业的几点认识　张广瑞《财贸经济》1992(3)

中国旅游发展笔谈　王元《旅游学刊》1992(6)

国际旅游市场环境和我国的对策　奚红妹《国际商务研究》1992(5)

目前我国旅游市场的困境与出路　丁力《财贸经济》1992(7)

关于大力发展旅游业的几点思考：对两个旅行社经营情况的调查所引发的联想　黄乐道《湖南财政与会计》1992(10)

加快旅游业发展步伐，适应改革开放需要　冯惠群《江苏经济探讨》1992(2)

发展旅游事业，促进对外开放　秦科才《中国开发报》1992.2.11

政企分开是我国旅游业深化改革的关键　王尔康《中国旅游报》1992.5.25

加速旅游城市经济发展的步伐　李月辉《人民日报》1992.9.19

北京市旅游事业发展与改革　乔玲《北京物价》1992(1)

发展旅游业是振兴海岛经济的一条新路　叶正猛《技术经济与管理研究》1992(1)

旅游对接待地的影响及对策　刘振礼《旅游学刊》1992(7)

关于旅游节庆活动的思考　乔玉霞《中国旅游报》1992.12.22

面对"散客潮"的机遇与挑战："散客旅游市场研讨会"综述　刘晨星《中国旅游报》1992.4.11

散客市场态势及营销策略　李海瑞《中国旅游报》1992.4.11

遵循国际惯例为大力开展散客旅游创造条件　张广瑞《中国旅游报》1992.4.11

试谈旅游企业拖欠成因及解决办法　王尔康《旅游通讯》1992(2)

谈谈我国旅游业的斯芬克斯之谜：涉外旅游企业的清欠问题　刘震环《旅游学刊》1992(7)

《旅游志》记述景区景点问题的探讨　戴佳臻《中国地方志》1992(2)

大力提高旅游业的文化品位　柳斌杰《旅游学刊》1992(4)

发展旅游业必须坚持地方特色　曹祥本《党政干部论坛》1992(4)

努力开创森林公司和森林旅游工作新局面：林业部副部长刘广运在全国森林公园暨森林旅游工作会议上的总结讲话　《中国林业报》1992.8.25

中国旅游食品地理初探　马当英《西北大学学报》1992(22)

自然保护区开展旅游的探讨　韩杰《旅游学刊》1992(3)

实行有效的区域性合作，开创国际旅游新局面　李淳燕《云南社会科学》1992(3)

一篇越做越大的文章：黑龙江对俄旅游发展纪实　姜一海《中国旅游报》1992.4.18

趋势·问题·对策：江苏区域旅游发展探讨　邵学文《旅游学刊》1992(6)

试论"两江一湖"旅游交通和线路布局　蒋祖云《旅游学刊》1992(6)

发展中日旅游关系存在的主要问题与解决建议　吕远《旅游调研》1992(7)

在欧洲建立中国旅游服务站的设想　熊小奇《经济工作通讯》1992(11)

旅行社市场结构研究　李涛《旅游学刊》1992(7)

浅议旅游统计(四)：接待能力统计　卫海英《统计与预测》1992(4)

试谈国际旅游的统计研究　杜果朴《河南统计》1992(10)

试论我国国际旅游价格的外汇保值　史国洋《国际金融导刊》1992(2)

对旅游教育的遐想　陈枫《旅游学刊》1992(4)

现代旅游教育的成功经验与我国旅游教育的改进方向　何建民《旅游学刊》1992(4)

旅游风景点门票价格之我见　周建明《旅游学刊》1992(7)

试论旅游服务质量与中外文化背景之关系　王瑞林《旅游学刊》1992(7)

中国旅游业三足鼎立　刘霄《人民日报》1992.12.24

国内旅游潮下的潜流　王明波《中国旅游报——月末版》1992.1.15

"九七"前后香港经济变化对澳门旅游博彩业的影响　戴月明《世界经济研究》1992(5)

台湾地区旅游趋势与旅行新观念　陈嘉隆《旅游学刊》1992(7)

论集邮文化的内涵　李鸿运《集邮》1992(2)

试论中国国内旅游　乔玉霞《财政经济》1993(12)

略论国内旅游在我国现代化建设中的作用　崔金才《学术论坛》1993(1)

旅游业与市场经济　叶菊英《浙江学刊》1993(6)

我国旅游业的发展速度与经济效益　白仲尧《经济问题》1993(9)

积极扩大来自旅游业的财政收入　项镜泉《财贸经济》1993(11)

把旅游业作为解放和发展生产力的一项产业来办　刘泽民《生产力研究》1993(3—4)

加快发展旅游业的规划纲要和政策措施　杜一力《管理世界》1993(1)

加大旅游价格改革力度，促进我国旅游事业更快发展　邹向群《中国物价》1993(5)

论旅游业与国情的关系　白仲尧《晋阳学刊》1993(4)

旅游业在中国经济中排行第几？关于市场经济条件下中国旅游业走势的思考　张小可《现代业余导刊》1993(7)

1992年中国旅游经济研究综述　徐菊凤《旅游学刊》1993(1)

'92中国友好观光年启示　刘毅《旅游学刊》1993(2)

对会议团体客源开发的几点认识和体会:(山东蓬莱阁宾馆) 蔡志书《旅游学刊》1993(2)

"锦绣中华"和"中国民俗文化村"为什么取得巨大成功 陈政勇《广州市财贸管理干部学院学报》1993(1)

让世界上更多的人真正认识中国风景名胜:访中国风景园林学会常务理事孙筱祥教授 朱家骥《风景名胜》1993(2)

略说风景旅游中的建筑景观 高建新《社会科学家》1993(5)

旅游文化的基本属性和特征:初探黄山旅游文化 刘秉升《徽州社会科学》1993(3)

论民俗旅游及其效应 韩伯泉《广东民族学院学报》1993(3)

发展旅游产品的前景及要求 夏丹《对外经济实务》1993(5)

旅游产品发展前景及其对策选择 夏丹《未来与发展》1993(5)

谢非同志谈旅游工作问题 《广州日报》1993.12.13

关于在主要旅游城市开设旅游信息中心的再次建议 张广瑞《财贸经济资料》1993(5)

随州市文物旅游发展战略 刘立学《中国名城》1993(4)

蒲圻旅游资源的开发利用 范钦庸《咸宁师专学报》1993.13(3)

加快开发梵净山旅游区,促进民族地区社会发展 杨政银《贵州民族研究》1993(4)

黄山境外客源市场研究 陆林《经济地理》1993.13(3)

横沙岛旅游度假区的基础设施规划构想 吴晓莺《城市经济研究》1993(9)

关于开辟吐鲁番旅游经济开发区的战略分析与决策建议 顾华详《新疆社会经济》1993(5)

改革开放与四川旅游市场 刘祖坤《国土经济》1993(3)

发展山西省农村旅游业的建议 阎海旺《经济问题》1993(9)

大上海旅游区的资源优势与发展设想 阎蓓《经济地理》1993.13(3)

关于建立我区旅游市场经济体制有关问题的探讨 余小军《广西经济研究》1993(10)

加快深圳旅游业发展的主要依据与战略研究 石涛《特区经济》1993(10)

青岛市在发展旅游业中的气候优势 孙明华《青岛师专学报》1993.10(3)

福建省旅游服务配套设施建设的研究 杨铭铨《技术经济与管理》1993(3)

林县南太行林虑山的旅游开发 陈传康《经济地理》1993.13(4)

90年代民族地区旅游业的困顿与发展 周崇先《中南民族学院学报》1993(4)

"复关"与中国旅游业 李海瑞《旅游学刊》1993(3)

"复关"与我国服务贸易:关于我国旅游业发展的思考 许统生《当代财经》1993(9)

"复关"对福建旅游业的影响及对策 明敏《发展研究》1993(10)

不断改善两岸交往条件,发展两岸航空旅游事业 马晓文《旅游学刊》1993(1)

闲暇:一种伦理学的分析 方青《安徽师大学报》1993(4)

论闲暇对人的个性发展的价值 沈建国《南京大学学报》1993(1)

论军人闲暇消费 樊恭崇《军事经济研究》1993(2)

精神文明建设统计资料

1. 主要社会统计指标

(1)社会统计主要指标

项　　目	计量单位	1980 年	1985 年	1990 年	1992 年	1993 年
一、自然环境						
1. 人口密度	人/平方公里	103.0	111.0	119.0	122.0	123.0
2. 城市建成区面积	平方公里	7 438.0	9 386	12 856	14 959	16 588.0
3. 城市人均公共绿地面积	平方米	2.3	2.8	3.9	4.2	4.4
二、人口与家庭						
1. 总人口	万人	98 705.0	105 851.0	114 333.0	117 171.0	118 517.0
2. 性别比	以女性为 100	106.0	107.0	106.0	104.0	104.0
3. 市镇人口占总人口比重	%	19.4	23.7	26.4	27.6	28.1
4. 出生率	‰	18.2	21.0	21.1	18.2	18.1
5. 死亡率	‰	6.3	6.8	6.7	6.6	6.6
6. 结婚对数	万对	719.8	829.1	948.7	954.5	912.2
7. 离婚对数	万对	34.1	45.8	79.9	85.0	90.9
8. 平均寿命	岁	67.9	68.9			
三、劳动						
1. 劳动力资源	万人	56 683.0	62 114.0	69 732.0	72 120.0	80 510.0
2. 社会劳动者	万人	42 361.0	49 873.0	56 740.0	59 432.0	60 590.0
3. 社会劳动者占劳动力资源比重	%	79.9	80.3	81.4	82.4	75.3
4. 城镇失业人员	万人	541.5	238.5	383.2	360.3	420.0
5. 失业率	%	4.9	1.8	2.5	2.3	2.6
6. 物质生产部门劳动者占社会劳动者比重	%	92.5	90.8	89.4	88.6	
7. 脑力劳动者占社会						

续表

项目	计量单位	1980年	1985年	1990年	1992年	1993年
劳动者比重	%	6.7	7.7	8.3	8.5	
8.第三产业劳动者占						
社会劳动者比重	%	13.0	16.7	18.6	19.8	20.2
四、居民收入与消费						
1.城乡居民家庭人均收入						
城镇	元	439.4	685.3	1 387.3	1 826.1	2 336.5
农村	元	191.3	397.6	686.3	784.0	922.0
2.职工年平均工资	元	762	1 148	2 140	2 711	3 236
3.居民年平均消费水平	元	227	403	723	940	1 148
城镇	元	468.0	727.0	1 477.0	2 009.0	
农村	元	173.0	324.0	524.0	639.0	
4.农民家庭生活消费支出						
占纯收入比重	%	84.8	79.8	85.2	84.1	84.5
5.城镇居民家庭生活费中						
购买食品支出比重	%	56.7	52.3	54.3	52.9	49.8
6.城乡居民储蓄存款						
年底余额	亿元	399.5	1 622.6	7 034.2	11 545.4	14 763.8
五、住房与生活服务						
1.人均居住面积						
其中:城市	平方米	3.9	5.2	6.7	7.3	
农村	平方米	9.4	14.7	17.8	18.9	
2.每万人拥有电话机部数	部	49.5	59.9	111.0	161.0	220.0
3.每万人拥有邮电局数	处	0.5	0.5	0.5	0.5	0.5
4.每万人乘坐火车汽车						
轮船飞机次数	次	34 831.9	54 526.2	67 581.7	73 470.0	
5.城市用水普及率	%	83.2	81.0	89.2	92.5	93.1
6.城市燃气普及率	%	19.4	23.2	42.2	52.4	57.1
六、劳动保险与社会福利						
1.劳动保险福利费用总额	亿元	136.4	327.4	937.9	1 309.9	
2.退职退休离休职工人数	万人	816.0	1 637.0	2 301.0	2 598.0	
4.城市社会福利事业单位数	个	839.0	924.0	1 086.0	1 146.0	
5.城市社会福利事业单位						
收养人数	人	60 282.0	65 474.0	76 596.0	84 263.0	
6.农村五保户人数	万人	294.4	300.8	283.7	266.9	
七、教育						
1.各级学校数						
A.高等学校	个	675	1 016	1 075	1 053	1 065
B.中等学校	万个	124 760	104 848	100 777	97 784	96 744
C.小学	万个	91.7	83.2	76.6	71.3	69.7
2.各级学校教师数						
A.高等学校	万人	24.7	34.4	39.5	38.8	38.8
B.中等学校	万人	317.1	296.7	349.2	362.4	366.8

续表

项　　目	计量单位	1980年	1985年	1990年	1992年	1993年
C.小学	万人	549.9	537.7	558.2	552.7	555.2
3.各级学校在校学生数						
A.高等学校	万人	114.4	170.3	206.3	218.4	253.6
B.中等学校	万人	5 677.8	5 092.6	5 105.4	5 354.4	5 383.7
C.小学	万人	14 627.0	13 370.2	12 241.6	12 201.3	12 421.2
4.各级学校招生数						
A.高等学校	万人	28.1	61.9	60.9	75.4	92.4
B.中等学校	万人	2 011.8	1 789.8	1 815.8	1 939.8	1 983.7
C.小学	万人	2 942.3	2 298.2	2 064.0	2 183.2	2 353.5
5.各级学校毕业生数						
A.高等学校	万人	14.7	31.6	61.4	60.4	57.1
B.中等学校	万人	1 629.9	1 279.1	1 497.5	1 499.4	1 541.9
C.小学	万人	2 053.3	1 999.9	1 863.1	1 872.4	1 841.5
6.每万人口大学生数	人	11.6	16.4	18.0	18.6	21.4
7.学龄儿童入学率	%	93.0	95.9	97.8	97.2	97.7
8.小学毕业生升学率	%	75.9	68.4	74.6	79.7	81.8
9.各级成人教育学习人数	万人	1 928.9	1 553.3	3 978.2	4 911.2	5 421.9
八、科学研究						
1.国有单位自然科技人员数	万人	527.6	781.7	1 080.9	1 759.7	1 812.4
2.重大科学技术研究成果	项	2 687	10 476	26 829	33 384	33 000
九、卫生						
1.卫生机构数	万个	18.1	20.1	20.9	20.5	19.4
其中:医院	万个	6.5	6.0	6.2	6.1	6.1
2.卫生机构床位数	万张	218.4	248.7	292.5	304.9	309.9
其中:医院床位	万张	198.2	222.9	262.4	274.4	279.5
3.卫生技术人员数	万人	279.8	341.1	398.8	407.4	521.5
其中:A.医生	万人	115.3	141.3	176.3	180.8	183.2
B.护师、护士	万人	46.6	63.7	97.5	104.0	105.6
5.新法接生率	%	91.4	94.5	94.0	84.1	83.6
十、环境保护						
1.工业废水排放达标率	%	29.0	38.0	50.1	52.9	54.9
2.工业废弃物综合利用率	%	19.0	26.2	29.3	39.6	38.7
十一、文化						
1.艺术表演团体	个	3 533	3 317	2 805	2 753	2 707
2.电影放映单位	万个	12.5	18.3	14.6	13.4	11.3
3.广播电台	座	106	213	635	812	987
4.电视台	座	38	202	509	586	684
5.公共图书馆	个	1 732	2 344	2 527	2 565	2 579
6.博物馆	个	365	711	1 013	1 106	1 130
7.群众文化馆	个	2 912	2 965	2 955	2 901	2 886
8.人均看电影次数	次	29.4	20.8	14.1	9.0	
9.书刊出版印数						
a.图书	亿册	45.9	66.7	56.4	63.4	59.3

续表

项目	计量单位	1980年	1985年	1990年	1992年	1993年
b. 杂志	亿册	11.2	25.6	17.9	23.6	23.5
c. 报纸	亿份	140.4	199.8	160.5	189.0	192.6
十二、体育						
1. 等级运动员发展人数	人	47 214	67 392	65 540	61 119	58 046
2. 县以上体委举办运动会次	次	22 753	26 949	30 158	28 607	25 676
3. 获世界冠军个数	个	3	46	54	89	103
4. 创世界纪录次数	次	15	9	16	106	124
5. 达到"国家体育锻炼标准"人数	万人	856	4 362	7 478	10 087	9 513
十三、社会秩序与安全						
1. 律师数	人	11 389	13 403	34 379	45 666	68 834
2. 公证人员数	人	6 028	10 369	15 786	16 204	16 742
3. 人民调解委员会数	万个	86.0	97.7	102.1	101.1	100.8
4. 刑事案件立案数	万件	89.0	54.2	221.7	158.3	161.7
5. 交通事故件数	件		209 452	250 244	228 326	
6. 火灾事故件数	件	41 537	34 996	57 302	39 691	38 094
十四、社会活动参与						
1. 工会基层组织数	万个	37.6	46.5	60.6	61.7	62.7
2. 工会会员数	万人	6 116.5	8 525.8	10 135.6	10 322.5	10 176.1
3. 共青团员数	万人	4 773.8	5 200.0	5 600.0		
4. 少先队员数	万人	8 555.8	12 321.0			

2. 人口与劳动力

(2)人口年龄结构状况

单位:%

年龄组	中国				1985年世界人口年龄结构		
	1952年	1964年	1982年	1990年	世界总计	发达国家	发展中国家
0—14岁	36.3	40.7	33.5	27.7	33.5	22.2	37.2
15—64岁	59.3	55.7	61.7	63.7	60.5	66.3	58.6
65岁及以上	4.4	3.6	4.9	8.6	6.0	11.5	4.2

(3)婚姻登记和离婚情况

年份	准予登记结婚(对)	初婚(人)	再婚(人)	离婚(对)	离婚率‰
1980	7197860	13903379	492341	340998	0.7
1985	8312837	16118979	506695	457938	0.9
1986	8839786	17106622	572950	505675	0.9
1987	9267456	17918352	616560	581484	1.1
1988	8991771	17321736	661806	658551	1.2
1989	9372304	17928312	816296	752914	1.3
1990	9510632	18233452	787812	800037	1.4
1991	9509849	18203226	816472	829449	1.4
1992	9545047	18320957	769137	849611	1.5
1993	9121622	17470092	773152	909195	1.5

3. 居民收入、消费、住房与生活服务

(4)城乡新建住宅面积和居民居住情况

单位:亿平方米

年份	城镇新建住宅面积		农村新建房屋面积	人均居住面积(平方米)	
	全民和城镇集体投资	城镇个人投资		城市	农村
1978	0.38		1.0	3.6	8.1
1979	0.65		4.0	3.7	8.1
1980	0.92		5.0	3.9	9.4
1981	0.98		6.0	4.1	10.2
1982	1.18		6.0	4.4	10.7
1983	1.15	0.25	7.0	4.6	11.6
1984	1.07	0.40	6.0	4.9	13.6
1985	1.25	0.63	7.2	5.2	14.7
1986	1.21	0.72	9.8	6.0	15.3
1987	1.10	0.83	8.8	6.1	16.0
1988	1.08	0.94	8.4	6.3	16.6
1989	0.83	0.78	6.8	6.6	17.2
1990	1.07	0.65	6.9	6.7	17.8
1991	1.17	0.68	7.9	6.9	18.5
1992	1.46	0.86	6.6	6.9	18.9

注:本表“人均居住面积”城市为建设部统计数字,农村为农村住户抽样调查资料。

(5)邮电通信水平

指　　标	单位	1980年	1985年	1988年	1989年	1990年	1991年	1992年	1993年
全部邮电通信水平									
平均每人每年发函件数	件	3.4	4.5	5.5	5.2	4.8	4.5	4.9	5.8
平均每百人每年订报刊数	份	16.7	28.7	25.0	15.9	17.4	20.1	21.4	21.8
平均每百人拥有电话机部数	部	0.43	0.6	0.86	0.98	1.11	1.29	1.61	2.20
省会城市平均每百人拥有电话机部数	部	2.1	3.2	5.0	5.5	5.9	7.7	8.9	12.8
首都到省会平均长话电路	路	27.1	43.7	82.2	102.4	156.0	232.0	362.6	598.2
县以上城市装有自动电话交换机的比重	%	38.4	40.3	54.6	61.0	70.0	77.0	85.5	91.8
农村邮电通信水平									
设有邮电局、所乡(镇)的比重	%	66.4	64.8	67.2	67.3	69.0	69.5	74.0	74.9
通邮路的乡(镇)比重	%	99.6	99.6	99.7	98.5	99.7	98.9	98.8	98.7
通邮路的行政村比重	%	96.5	96.3	95.7	96.2	96.4	96.4	95.9	96.0
每天投递一次的乡(镇)比重	%	80.9	78.5	76.4	75.5	76.9	77.1	78.1	78.8
每天投递一次的行政村比重	%	63.1	62.2	56.7	56.0	55.5	55.5	56.3	56.7
当天看到省报的市县比重	%	41.9	39.9	33.2	33.1	35.1	34.4	37.9	39.9
开通自动、半自动长途电路的地(市)比重	%		*80.5	92.4	93.9	96.6	89.6	98.0	99.7
开通自动、半自动长途电路的县(市)比重	%		*38.3	54.4	63.2	69.8	45.4	83.6	88.4
已装电话交换机的乡(镇)比重	%	74.6	69.6	71.0	70.6	72.4	73.7	78.8	78.8
已通电话的乡(镇)比重	%	95.5	94.8	95.9	95.8	97.6	97.2	97.0	97.1
已通电话的行政村比重	%	62.8	45.4	44.3	43.6	43.3	43.4	44.0	44.7

注:带*号为1986年数字。

(6)城市公用事业基本情况

项　　目	单位	1957年	1965年	1978年	1980年	1985年	1990年	1991年	1992年
自来水全年供水总量	亿吨	9.6	26.3	78.8	88.3	128.0	382.3	408.4	429.8
#生活用水量	亿吨	5.5	10.3	27.6	33.9	51.9	100.1	115.9	117.3
平均每人生活用水	吨	16.2	19.7	44.0	46.8	55.1	67.9	71.8	67.9
用水普及率	%	56.6	74.0	81.0	81.4	81.0	89.2	90.6	92.5
公共车辆(汽车、电车)总数	辆	6174	11060	25839	32098	45155	62215	66093	77093
平均每万人拥有	辆	1.0	1.6	3.3	3.5	3.9	4.8	5.4	5.9
铺装道路长度	公里	18259	24000	26966	29485	38282	94820	88791	96689
平均每万人拥有	公里	3.0	3.4	3.4	3.3	3.3	6.4	6.0	6.3
铺装道路面积	万平方米	14422	21000	22539	25255	35872	89160	85340	95171

续表

项　　目	单位	1957年	1965年	1978年	1980年	1985年	1990年	1991年	1992年
平均每万人拥有	万平方米	2.4	3.0	2.9	2.8	3.1	6.0	5.7	6.2
下水道长度	公里	10107	12855	19556	21860	31556	57787	61601	67672
平均每万人拥有	公里	1.4	2.0	2.5	2.4	2.7	3.9	4.1	4.4
公用煤气、液化气									
人工煤气全年供气量	万立方米	20475	69628	172541	195491	249754	1747065	1258088	1495531
#家庭用量	万立方米	12696	32000	66593	83281	107060	274127	311430	305325
煤气管道长度	公里	2137	2412	4717	5619	10567	16312	18181	20931
天然气全年供气量	万立方米		…	69078	58937	162099	642289	754616	628914
液化气家庭用量	万吨		…	17.6	27.0	54.7	142.8	154.3	202.0
用气普及率	%	1.5	3.0	13.9	16.8	22.4	42.2	47.1	52.4

(7)有关精神文明建设的统计资料

项　　目	单位	1957年	1965年	1978年	1980年	1985年	1990年	1991年	1992年
城市绿化									
绿地面积	公顷	…	26080	81735	85543	159291	474613	500273	533816
平均每万人绿地面积	公顷	…	4.3	10.6	9.6	13.7	32.2	33.5	34.5
公园、动物园个数	个	…	585	616	679	1026	1970	2182	2405
公园、动物园面积	公顷	…	13903	15229	16192	21896	40081	41533	45741
清洁卫生									
清运垃圾	万吨	…	…	…	3132	4477	6767	7636	8262
清运粪便	万吨	…	…	…	1643	1731	2385	2764	3002
每万人拥有公共厕所	座				6.6	5.8	6.6	7.0	6.2

注：1. 1988—1992年各项数字是按全社会范围计算的，1985年以前各项指标只按城建部门管理的范围计算。

2. 人均拥有指标按城市人口中非农业人口计算。

4. 劳动保险与社会福利

(8)职工保险福利费用总额

单位：亿元

年份	合计	国有单位	单位支付	民政部门支付	城镇集体单位	其他单位	保险福利费用总额相当于工资总额的%
1978	78.1	69.1	66.9	2.2	9.0		13.7
1979	107.3	94.9	92.1	2.8	12.4		16.6
1980	136.4	119.3	116.0	3.3	17.1		17.7
1981	154.9	135.7	132.4	3.3	19.2		18.9

续表

年份	合计	国有单位			城镇集体单位	其他单位	保险福利费用总额相当于工资总额的%
			单位支付	民政部门支付			
1982	180.5	157.0	153.8	3.2	23.5		20.5
1983	212.5	182.7	179.5	3.2	29.8		22.7
1984	257.7	213.4	210.4	3.0	43.4	0.9	22.7
1985	331.6	273.6	269.9	3.7	56.8	1.2	24.0
1986	420.1	343.9	340.0	3.9	74.1	2.1	25.3
1987	508.7	415.9	411.8	4.1	89.8	3.0	27.0
1988	653.1	537.6	533.4	4.2	110.8	4.7	28.2
1989	768.0	635.5	628.0	7.5	126.5	6.0	29.3
1990	937.9	777.3	770.1	7.2	152.9	7.7	31.8
1991	1094.7	912.5	904.9	7.6	171.8	10.4	32.9
1992	1309.9	1096.2	1086.6	9.6	198.8	14.9	33.3

(9)保险福利费用总额及构成

年份	保险福利费用总额(亿元)	# 退职退休离休费	# 丧葬抚恤救济费	# 医疗卫生费	总额增长速度(以1978年为100)	# 退职退休离休费	# 丧葬抚恤救济费	# 医疗卫生费
1978	78.1	17.3	2.6	31.6				
1980	136.4	50.4	3.8	41.5	174.6	291.3	146.2	131.3
1985	327.4	145.6	5.3	78.1	419.2	841.6	203.8	247.2
1986	413.5	169.1	6.4	102.7	529.4	977.5	246.2	325.0
1987	501.7	204.3	7.3	131.0	642.4	1 180.9	280.8	414.6
1988	655.5	270.2	9.2	183.4	839.3	1 561.8	353.8	580.4
1989	768.0	313.3	11.5	224.4	983.4	1 811.0	442.3	710.1
1990	937.9	388.6	14.9	268.6	1 200.9	2 246.2	573.1	850.0
1991	1094.7	458.5	17.1	315.0	1 401.7	2 650.3	657.7	996.8
1992	1309.9	402.1	19.2	372.7	1 677.2	2 324.3	738.5	1 179.4

注:1978—1988年丧葬抚恤救济费仅包括国有单位数字

(10)退职退休离休人数与在职职工人数的比例

年份	退职退休离休人数(万人)	在职职工人数(万人)	退职退休离休人数与在职职工人数的比例(以在职职工为100)
1978	314	9 499	3.3
1980	816	10 444	7.8
1981	950	10 940	8.7
1982	1 113	11 281	9.9
1983	1 292	11 515	11.2
1984	1 458	11 890	12.3
1985	1 637	12 358	13.2
1986	1 805	12 809	14.1
1987	1 968	13 214	14.9
1988	2 120	13 608	15.6
1989	2 201	13 742	16.0
1990	2 301	14 059	16.4
1991	2 433	14 508	16.8
1992	2 598	14 792	17.6

(11)城市社会福利事业单位基本情况

年份	社会福利院			儿童福利院			精神病人福利院		
	单位数(个)	平均在院人数(人)	人均经费支出(元)	单位数(个)	平均在院人数(人)	人均经费支出(元)	单位数(个)	平均在院人数(人)	人均经费支出(元)
1980	669	40 722	854	59	4 480	831	111	15 080	945
1981	691	39 706	980	63	5 062	994	112	17 194	960
1982	684	38 888	1 225	64	4 316	1 012	116	17 302	1 109
1983	709	40 216	1 363	60	5 127	1 088	117	17 538	1 462
1984	743	41 435	1 580	63	4 577	1 429	121	17 832	1 706
1985	752	41 970	1 861	59	4 673	2 096	113	18 831	3 300
1986	797	43 655	2 178	58	4 926	2 197	118	19 736	3 763
1987	844	45 548	2 253	60	5 126	2 623	120	20 662	4 154
1988	870	46 837	2 498	62	5 402	3 315	121	22 497	3 928
1989	890	47 272	2 879	64	5 631	3 528	124	21 817	5 138
1990	903	48 626	3 258	62	5 832	3 573	121	22 138	5 354
1991	930	50 627	3 263	63	5 967	4 104	128	22 669	5 468
1992	950	54 394	3 759	67	6 516	4 123	129	23 353	6 212

5. 教　　育

(12)全国人口文化程度

单位:万人

项　　目	第二次人口普查(1964年6月30日)	第三次人口普查(1982年7月1日)	第四次人口普查(1990年7月1日)	构成(%)		
				1964年	1982年	1990年
全国总人口	**69 458**	**100 818**	**113 368**	**100.0**	**100.0**	**100.0**
其中:大学文化程度	288	620	1612	0.4	0.6	1.4
高中程度	912	6 834	9 113	1.3	6.8	8.0
初中程度	3235	18 038	26 465	4.7	17.9	23.3
小学程度	19582	35 525	42 011	28.3	35.2	37.1
文盲和半文盲(15周岁以上)		22 996	18 003	38.1	22.8	15.9

注:第二次人口普查文盲、半文盲人口数为12周岁以上人口。

(13)毕业的大专生、中专生和技术工人

单位:万人

项　　目	解放前累计数	1949—1991年合计	其　　中		
			1949—1965年	1966—1978年	1979—1993年
高等学校	18.5	799.55	155.44	139.19	622.4
中等专业学校	54.67	1 169.01	295.85	224.80	796.2
技工学校		488	59.48	53.26	470.7

注:1.上表是普通高等学校、中等专业学校和技工学校毕业生数。2.解放前高等学校毕业生为1926—1947年20年的合计数,中专为1931—1946年16年的合计数。

(14)全国研究生数

单位:人

年　　份	在学人数	招生数	毕业生数
1952	2 763	1 785	627
1957	3 178	334	1 723
1962	6 130	1 287	1 019
1965	4 546	1 456	1 665
1978	10 934	10 708	9
1979	18 830	8 110	140
1980	21 604	3 616	476
1981	18 848	9 363	11 669
1982	25 847	11 080	4 058
1983	37 166	15 642	4 497
1984	57 566	23 181	2 756
1985	87 331	46 871	17 004

续表

年　份	在学人数	招生数	毕业生数
1986	110 371	41 310	16 950
1987	120 191	39 017	27 603
1988	112 776	35 645	40 838
1989	101 339	28 569	37 232
1990	93 018	29 649	35 440
1991	88 128	29 679	32 537
1992	94 164	33 439	25 692
1993	106 771	42 145	28 214

(15)累计毕业的研究生数和授予博士、硕士学位的人数

单位:人

	1949—1993年已毕业研究生数	自1981年实施学位条例以来至1990年底止授予学位数	
		博士	硕士
合　计	306058	6854	178195

(16)分科研究生毕业生数

单位:人

	1985年	1989年	1990年	1993年
总　　计	**17 004**	**37 232**	**35 440**	**28 214**
哲　　学	340	693	805	447
经 济 学	787	2 155	1 960	1 935
法　　学	511	1 406	1 401	1 214
教 育 学	193	643	704	540
文　　学	944	2 212	1 952	1 498
历 史 学	598	843	812	511
理　　学	4 462	6 800	6 736	5 718
工　　学	7 183	16 381	15 413	12 607
农　　学	1 209	1 773	1 554	938
医　　学	777	4 328	4 103	2 806

(17)派出国和毕业回国留学生数

单位:人

年　份	派出国的留学生数	毕业回国的留学生数	年　份	派出国的留学生数	毕业回国的留学生数
1950	35		1973	259	
1951	380		1974	180	70
1952	231		1975	245	186

续表

年　份	派出国的留学生数	毕业回国的留学生数	年　份	派出国的留学生数	毕业回国的留学生数
1953	675	16	1976	277	189
1954	1 518	22	1977	220	270
1955	2 093	104	1978	860	248
1956	2 401	258	1979	1 777	231
1957	529	347	1980	2 124	162
1958	415	670	1981	2 922	1 143
1959	576	1 380	1982	2 326	2 116
1960	441	2 217	1983	2 633	2 303
1961	124	1 403	1984	3 073	2 920
1962	114	980	1985	4 888	1 424
1963	62	426	1986	4 676	1 388
1964	650	191	1987	4 703	1 605
1965	454	199	1988	3 786	3 000
			1989	3 329	1 753
			1990	2 950	1 593
1972	36		1991	2 900	2 069
			1992	…	…
			1993	10 742	5 128

(18)参加各级教育学习人数

(1993 年)

单位:万人

项　　目	合　　计	普通教育	成人教育
总　　计	**22 044.23**	**20 794.85**	**1 249.38**
一、高等教育	449.68	263.39	186.29
1.研究生	9.84	9.84	—
2.本专科	439.84	253.55	186.29
二、中等教育	5 833.08	5 557.68	275.40
1.中等专业学校	488.79	282.03	206.76
2.普通中学	4 807.75	4 739.11	68.64

续表

项　　目	合　　计	普通教育	成人教育
3.农业、职业中学	362.59	362.59	—
4.技工学校	173.95	173.95	—
三、初等教育	13 208.93	12 421.24	787.69
#扫盲	507.42	—	507.42
四、学前教育(幼儿园)	2 552.54	2 552.54	

(19)各级各类学校数

单位:所

年份	普通高等学校	中等学校	中等专业学校	中等技术学校	中等师范学校	普通中学
1952	201	6 059	1 710	794	916	4 298
1957	229	12 474	1 320	728	592	11 096
1962	610	24 756	1 514	956	558	19 521
1965	434	80 993	1 265	871	394	18 102
1970	434	106 041	1 087	685	402	104 954
1975	387	125 718	2 213	1 326	887	123 505
1976	392	194 595	2 443	1 461	982	192 152
1977	404	203 753	2 485	1 457	1 028	201 268
1978	598	165 105	2 760	1 714	1 046	162 345
1979	633	147 266	3 033	1 980	1 053	144 233
1980	675	124 760	3 069	2 052	1 017	118 377
1981	704	112 505	3 132	2 170	962	106 718
1982	715	107 829	3 076	2 168	908	101 649
1983	805	105 045	3 090	2 229	861	96 474
1984	902	104 017	3 301	2 293	1 008	93 714
1985	1 016	104 848	3 557	2 529	1 028	93 221
1986	1 054	104 936	3 782	2 741	1 041	92 967
1987	1 063	105 151	3 913	2 854	1 059	92 857
1988	1 075	104 468	4 022	2 957	1 065	91 492
1989	1 075	102 732	3 984	2 940	1 044	89 575
1990	1 075	100 777	3 982	2 956	1 026	87 631
1991	1 075	99 384	3 925	2 977	948	85 851
1992	1 053	97 784	3 903	2 984	919	84 021
1993	1 065	96 744	3 964	3 046	918	82 795

续表

年份	高中	初中	农业中学 职业中学	小学	幼儿园	盲、聋哑学校
1952	1 181	3 117		526 964	6 531	
1957	2 184	8 912		547 306	16 420	66
1962	4 434	15 087	3 715	668 318	17 564	261
1965	4 112	13 990	61 626	1 681 939	19 226	266
1970				961 131		
1975	39 120	84 385		1 093 317	171 749	246
1976	60 535	131 617		1 044 274	442 650	269
1977	64 903	136 365		982 291	261 936	286
1978	49 215	113 130		949 323	163 952	292
1979	40 289	103 944		923 532	165 629	289
1980	31 300	87 077	3 314	917 316	170 419	292
1981	24 447	82 271	2 655	894 074	130 296	302
1982	20 874	80 775	3 104	880 516	122 107	312
1983	18 876	77 598	5 481	862 165	136 306	318
1984	17 847	75 867	7 002	853 740	166 526	326
1985	17 318	75 903	8 070	832 309	172 262	350
1986	17 111	75 856	8 187	820 846	173 376	387
1987	16 930	75 927	8 381	807 406	176 775	414
1988	16 524	74 968	8 954	793 261	171 845	446
1989	16 050	73 525	9 173	777 244	172 634	483
1990	15 678	71 953	9 164	766 072	172 322	555
1991	15 243	70 608	9 572	729 158	164 465	651
1992	14 850	69 171	9 860	712 973	172 506	754
1993	14 380	68 415	9 985	696 681	165 197	824

注:中等学校不包括技工学校和工读学校,1962年前中等学校合计数中包括工农中学及预科(以下同)。

(20)各级各类学校毕业生数

单位:万人

年份	普通高等学校	中等学校	中等专业学校	中等技术学校	中等师范学校
1949	2.1	35.2	7.1	2.4	4.8
1950	1.8	37.1	7.5	2.2	5.3
1951	1.9	34.1	5.7	2.2	3.5
1952	3.2	28.9	6.8	4.1	2.7

续表

年份	普通高等学校	中等学校	中等专业学校	中等技术学校	中等师范学校
1953	4.8	57.4	11.8	5.8	6.0
1954	4.7	81.7	16.9	7.1	9.8
1955	5.5	121.1	23.5	9.7	13.8
1956	6.3	111.3	17.4	7.5	9.9
1957	5.6	145.2	14.6	9.6	5.0
1958	7.2	152.6	19.1	10.1	9.0
1959	7.0	210.0	28.9	17.1	11.8
1960	13.6	212.9	26.8	16.3	10.5
1961	15.1	277.2	34.0	21.6	12.4
1962	17.7	237.5	30.5	15.9	14.6
1963	19.9	217.6	19.6	10.7	8.9
1964	20.4	196.7	16.5	10.3	6.2
1965	18.6	232.5	9.1	7.3	1.8
1966	14.1	201.9	12.0	8.0	3.9
1967	12.5	230.2	17.0	11.8	5.2
1968	15.0	618.1	19.7	13.5	6.2
1969	15.0	409.7	10.3	8.2	2.1
1970	10.3	689.3	2.8	1.7	1.1
1971	0.6	944.3	8.9	3.8	5.1
1972	1.7	1 260.9	9.5	3.6	5.9
1973	3.0	1 491.0	12.2	3.8	8.4
1974	4.3	1 495.1	16.6	7.8	8.8
1975	11.9	1 519.5	24.8	12.3	12.4
1976	14.9	1 757.1	33.9	19.0	14.8
1977	19.4	2 178.4	34.0	17.9	16.1
1978	16.5	2 398.5	23.2	11.9	11.3
1979	8.5	2 402.5	18.1	7.9	10.2
1980	14.7	1 629.9	41.0	20.1	20.9
1981	14.0	1 710.2	60.5	36.5	24.0
1982	45.7	1 400.4	44.6	24.2	20.4
1983	33.5	1 254.5	37.5	23.0	14.5
1984	28.7	1 205.6	37.6	23.8	13.8
1985	31.6	1 279.1	42.9	26.1	16.8
1986	39.3	1 388.5	49.6	32.1	17.5
1987	53.2	1 496.9	57.8	38.9	18.9
1988	55.3	1 548.4	59.6	39.2	20.4
1989	57.6	1 520.9	59.1	36.5	22.6
1990	61.4	1 497.5	66.1	42.8	23.4
1991	61.4	1 477.0	74.0	49.6	24.4
1992	60.4	1 499.4	74.3	50.7	23.6
1993	57.1	1 541.9	73.5	50.7	22.8

续表 单位：万人

年份	普通中学	高中	初中	农业中学 职业中学	小学	盲、聋哑学校
1949	28.0	6.1	21.9		64.6	
1950	29.6	6.2	23.4		78.3	
1951	28.4	5.9	22.5		116.6	
1952	22.1	3.6	18.5		149.0	
1953	45.4	5.6	39.8		293.5	
1954	64.4	6.8	57.6		332.5	
1955	96.9	9.9	87.0		322.9	0.1
1956	93.9	15.4	78.5		405.1	0.1
1957	129.9	18.7	111.2		498.0	
1958	131.3	19.7	111.6		606.3	
1959	179.0	29.9	149.1	2.1	547.3	
1960	171.0	28.8	142.2	14.9	734.0	
1961	227.1	37.9	189.2	16.1	580.8	
1962	202.5	44.1	158.4	4.5	559.0	
1963	195.6	43.3	152.3	2.4	476.8	0.1
1964	175.3	36.7	138.6	4.9	567.4	0.1
1965	209.8	36.0	173.8	13.6	667.6	0.2
1966	190.0	28.0	162.0		900.5	
1967	213.2	26.8	186.4		899.5	
1968	598.4	79.4	519.0		1 428.2	
1969	399.4	38.0	361.4		1 489.5	
1970	686.5	67.6	618.9		1 652.5	
1971	935.4	100.4	835.0		1 376.0	
1972	1 251.4	215.9	1 035.5		1 414.9	
1973	1 478.8	349.4	1 129.4		1 349.0	0.3
1974	1 478.5	417.9	1 060.6		1 521.0	0.3
1975	1 494.7	447.0	1 047.7		1 999.4	0.3
1976	1 723.2	517.2	1 206.0		2 489.5	0.3
1977	2 144.4	585.8	1 558.6		2 573.9	0.3
1978	2 375.3	682.7	1 692.6		2 287.9	0.3
1979	2 384.4	726.5	1 657.9		2 087.9	0.3
1980	1 581.0	616.2	964.7	7.9	2 053.3	0.4

续表

年份	普通中学			农业中学 职业中学	小学	盲、聋哑学校
		高　中	初　中			
1981	1 640.3	486.1	1 154.2	9.4	2 075.7	0.4
1982	1 342.7	310.6	1 032.2	13.1	2 068.9	0.4
1983	1 195.4	235.1	960.3	21.6	1 980.7	0.3
1984	1 140.2	189.8	950.4	27.8	1 995.0	0.4
1985	1 194.9	196.6	998.3	41.3	1 999.9	0.4
1986	1 281.0	224.0	1 057.0	57.9	2 016.1	0.5
1987	1 364.1	246.8	1 117.3	75.0	2 043.0	0.4
1988	1 407.8	250.6	1 157.2	81.0	1 930.3	0.4
1989	1 377.5	243.2	1 134.3	86.3	1 857.1	0.5
1990	1 342.1	233.0	1 109.1	89.3	1 863.1	0.5
1991	1 308.5	222.9	1 085.6	94.5	1 846.7	0.5
1992	1 328.4	226.1	1 102.3	96.7	1 872.4	0.5
1993	1 365.9	231.7	1 134.2	102.5	1 841.5	0.6

（21）各级各类学校教师数

单位：万人

年　份	普通高等学校	中等学校				普通中学
			中等专业学校	中等技术学校	中等师范学校	
1952	2.7	13.0	3.5	1.5	2.0	9.4
1957	7.0	29.4	5.8	4.3	1.5	23.4
1962	14.4	47.3	6.1	4.7	1.4	39.9
1965	13.8	70.9	5.5	4.4	1.1	45.7
1970	12.9	121.3	3.9	2.6	1.3	117.4
1975	15.6	216.5	7.3	4.8	2.5	209.2
1976	16.7	280.9	8.0	5.2	2.8	272.9
1977	18.6	327.4	8.7	5.8	2.9	318.7
1978	20.6	328.1	9.9	6.9	3.0	318.2
1979	23.7	319.1	11.3	7.9	3.4	307.8
1980	24.7	317.1	12.8	9.1	3.7	302.0
1981	25.0	300.9	13.6	9.8	3.8	284.4
1982	28.7	287.1	15.0	11.0	4.0	268.1
1983	30.3	282.6	15.6	11.6	4.0	259.7
1984	31.5	282.2	16.1	11.9	4.3	255.7
1985	34.4	296.7	17.4	12.8	4.6	265.2
1986	37.2	311.5	19.3	14.3	5.0	275.8
1987	38.5	326.6	21.0	15.6	5.4	287.0
1988	39.3	338.9	22.5	16.8	5.7	296.0

续表

年份	普通高等学校	中等学校	中等专业学校			普通中学
				中等技术学校	中等师范学校	
1989	39.7	342.3	22.9	17.1	5.8	298.0
1990	39.5	349.2	23.4	17.6	5.8	303.3
1991	39.1	355.7	23.2	17.5	5.7	309.0
1992	38.8	362.4	23.5	17.8	5.7	314.1
1993	38.8	366.8	23.9	18.1	5.8	316.7

续表　　单位:万人

年份			农业中学 职业中学	小学	幼儿园	盲、聋哑学校
	高中	初中				
1952	1.3	8.1		143.5	1.4	
1957	4.0	19.4		188.4	5.0	0.1
1962	8.1	31.8	1.3	251.1	7.0	0.2
1965	7.8	37.9	19.7	385.7	6.2	0.3
1970				361.2		
1975	53.0	156.2		520.4	23.7	0.3
1976	69.4	203.5		528.9	51.4	0.4
1977	82.6	236.1		522.6	33.5	0.4
1978	74.1	244.1		522.6	27.7	0.4
1979	66.8	241.0		538.2	29.5	0.5
1980	57.1	244.9	2.3	549.9	41.1	0.5
1981	49.4	235.0	2.9	558.0	40.1	0.5
1982	46.6	221.5	4.0	550.5	41.5	0.5
1983	45.1	241.6	7.3	542.5	43.3	0.6
1984	45.9	209.7	10.4	537.0	49.1	0.6
1985	49.2	216.0	14.1	537.7	55.0	0.7
1986	51.8	223.9	16.4	541.4	60.5	0.7
1987	54.4	232.7	18.5	543.4	65.1	0.8
1988	55.7	240.3	20.3	550.1	67.0	0.9
1989	55.4	242.7	21.4	554.4	70.9	0.9
1990	56.2	247.0	22.4	558.2	75.0	1.1
1991	57.3	251.7	23.5	553.2	76.9	1.2
1992	57.6	256.5	24.8	552.7	81.5	1.3
1993	55.9	260.8	26.2	555.2	83.6	1.5

(22)各地区在校学生数和教师数

(1993年)　　　　　　单位:万人

地区	在校学生数			教师数		
	普通高等学校	中等学校	小学	普通高等学校	中等学校	小学
全国总计	**253.6**	**5 383.7**	**12 421.2**	**38.8**	**366.8**	**555.2**
北京	15.9	64.1	102.2	3.4	5.5	5.9
天津	6.0	47.1	88.7	1.0	4.2	5.0
河北	10.4	279.4	775.9	1.4	19.0	27.2
山西	6.2	157.4	314.4	0.9	12.6	16.8
内蒙古	3.7	118.7	235.8	0.6	9.7	15.4
辽宁	15.6	219.2	368.7	2.4	16.1	20.2
吉林	8.6	153.0	257.4	1.5	10.5	14.8
黑龙江	9.6	186.8	373.4	1.6	14.8	21.4
上海	13.1	72.2	117.9	2.3	5.2	5.7
江苏	18.0	335.3	594.9	2.7	20.7	26.6
浙江	7.4	206.6	359.2	1.1	11.3	13.8
安徽	8.1	262.0	601.1	1.1	15.5	26.6
福建	6.4	148.0	363.9	0.9	9.6	16.2
江西	7.1	201.9	413.9	0.9	12.9	22.5
山东	15.2	448.5	853.6	1.8	30.1	41.6
河南	10.4	405.2	951.5	1.5	26.6	38.2
湖北	15.6	262.7	623.9	2.5	19.4	29.9
湖南	11.1	279.6	697.3	1.5	19.0	30.0
广东	11.7	311.9	832.1	1.6	17.9	29.9
广西	5.1	182.6	610.8	0.7	10.1	19.5
海南	1.0	29.9	106.7	0.1	2.0	4.2
四川	17.8	372.6	916.3	2.5	28.3	42.7
贵州	2.9	113.5	439.8	0.6	7.1	16.5
云南	5.0	146.0	443.9	0.7	8.9	17.6
西藏	0.3	2.8	19.2	0.1	0.3	0.9
陕西	11.7	145.3	397.8	1.9	11.2	18.1
甘肃	4.1	97.2	250.0	0.6	7.2	12.8
青海	0.7	21.8	44.4	0.1	1.8	2.6
宁夏	1.0	29.1	62.8	0.2	2.0	2.9
新疆	3.9	84.1	203.9	0.7	7.4	9.9

注:本表只包括各级普通教育。

(23)各地区高等学校分类别学校数

(1993年)

单位:所

地区	合计	综合大学	理工院校	农业院校	林业院校	医药院校	师范院校	语文院校	财经院校	政法院校	体育院校	艺术院校	其他院校
全国	**1065**	**62**	**292**	**59**	**11**	**126**	**251**	**15**	**82**	**27**	**15**	**31**	**94**
北京	68	3	22	2	1	6	3	7	7	5	1	8	3
天津	22	1	6	1		3	3	1	3		1	2	1
河北	51	1	17	3	1	7	13		3	1	1		4
山西	26	2	5	1		4	9		3	1			1
内蒙古	19	1	2	2	1	3	6		1				3
辽宁	61	3	21	3		6	14	1	4	2	1	2	4
吉林	42	3	14	3	1	4	8		4	1	1	1	2
黑龙江	42	1	14	2	1	5	10		4		1		4
上海	50	2	23	2		5	5	1	6	3	1	2	
江苏	67	4	24	2	1	8	9		4	1	1	1	12
浙江	36	2	6	2	1	4	10	1	3	1		1	5
安徽	35	1	8	1		4	13		4				4
福建	33	1	5	2	1	2	9	1	2	1	1		8
江西	30	5	6	2		6	8		1	1			1
山东	51	3	14	2		9	15		3	1	1	2	1
河南	48	1	13	4		5	14		4	1			6
湖北	57	2	18	2		7	9		3	2	1	2	11
湖南	45	2	16	1	1	4	13		4	1			3
广东	43	10	8	5		5	6	1	3		1	2	2
广西	24	1	3	1		4	8		2		1	1	3
海南	5	2		1		1	1						
四川	61	2	19	5		5	17	1	4	1	1	2	4
贵州	23	1	1	1		4	10		2			1	3
云南	26	1	3	1	1	3	11		1	2		1	2
西藏	4	1		1		1							1
陕西	45	2	17	1	1	3	10	1	4	1	1	2	2
甘肃	17	1	3	1		2	6		1	1			2
青海	7	1		1		1	3						1
宁夏	6	1	1	1		1	2						
新疆	21	1	3	3		4	6		2			1	1

(24)高等学校分科毕业生数

单位：人

年份	合计	工科	农科	林科	医药	师范
1952	32 002	10 213	2 361	796	2 636	3 077
1957	56 180	17 162	3 104	824	6 200	15 948
1962	177 255	58 573	16 588	2 974	18 335	53 832
1965	185 521	80 294	15 665	3 237	22 027	28 966
1970	102 672	60 307	5 594	935	13 259	2 516
1975	118 955	48 240	6 490	810	20 760	20 516
1976	149 154	51 448	12 492	1 717	23 154	32 153
1977	194 426	73 562	12 706	2 119	34 860	37 038
1978	164 581	56 512	13 929	2 605	27 459	35 430
1979	85 085	21 362	9 748	1 281	13 483	24 331
1980	146 635	44 164	4 009	1 249	17 656	61 942
1981	139 640	12 199	7 902	933	9 512	103 422
1982	457 244	172 236	32 562	5 488	25 963	129 463
1983	335 344	111 405	16 661	2 674	55 490	90 147
1984	286 937	97 546	15 551	2 965	31 899	84 821
1985	316 384	97 672	17 315	3 403	29 190	94 113
1986	392 792	119 213	21 896	4 119	27 907	117 403
1987	531 930	156 065	26 357	4 984	32 124	163 366
1988	553 466	173 585	25 073	5 228	38 153	179 120
1989	576 242	186 582	25 585	5 385	38 366	182 427
1990	613 614	195 841	27 679	5 734	42 881	190 914
1991	614 267	206 268	25 450	5 376	46 028	186 609
1992	604 223	207 007	24 922	5 467	45 664	179 343
1993	570 715	196 216	22 236	5 107	48 559	170 738

续表

单位：人

年份	文科	理科	财经	政法	体育	艺术
1952	1 676	2 215	7 263	1 403	79	283
1957	4 294	3 524	3 651	385	526	562
1962	6 830	13 603	2 575	802	1 820	1 323
1965	8 252	20 668	2 079	857	1 876	1 600
1970	6 217	12 410	647	123		664
1975	11 298	8 167	905	160	618	991
1976	11 891	10 008	1 922	49	3 089	1 231
1977	13 992	11 693	4 589	294	2 135	1 438
1978	11 808	12 743	1 627	99	1 256	1 113
1979	5 421	5 682	1 904		1 498	375
1980	6 213	8 421	1 268	109	1 010	594
1981	1 210	1 989	2 079		73	321
1982	27 449	40 747	13 143	1 238	5 647	3 308
1983	17 839	21 008	13 040	3 113	2 716	1 251
1984	14 414	17 907	14 976	3 103	2421	1 334
1985	22 452	18 531	24 139	5 367	2 569	1 633

续表

年份	文 科	理 科	财 经	政 法	体 育	艺 术
1986	34 599	21 567	32 740	7 329	3 549	2 470
1987	49 237	24 663	53 933	12 639	4 230	4 332
1988	34 681	25 664	51 273	12 490	4 219	3 980
1989	32 543	27 058	56 754	13 030	4 109	4 403
1990	33 652	28 937	66 380	12 094	4 260	5 242
1991	30 401	27 345	65 206	11 894	3 802	5 888
1992	28 674	25 877	65 749	12 404	3 869	5 247
1993	25 136	18 747	64 342	10 725	3 571	5 338

(25)分地区各类中等专业学校数

(1993 年)

单位:所

地 区	合计	中等技术学校	工业学校	农业学校	林业学校	医药学校	财经学校	政法学校	体育学校	艺术学校	其他学校	中等师范学校
全 国	**3964**	**3046**	**941**	**376**	**52**	**556**	**568**	**141**	**162**	**146**	**104**	**918**
北 京	118	98	33	1	1	36	8	4	8	6	1	20
天 津	71	60	25	3	1	8	9	3	5	4	2	11
河 北	220	136	34	23	1	20	30	9	6	6	7	84
山 西	125	101	26	16	1	15	21	4	6	10	2	24
内蒙古	101	80	26	11	2	16	14	5	1	3	2	21
辽 宁	166	136	48	12	1	22	20	7	14	8	4	30
吉 林	119	96	25	9	3	13	16	5	5	2	18	23
黑龙江	110	80	24	11	5	16	14	5	3	1	1	30
上 海	101	90	39	3	1	24	10	3	3	6	1	11
江 苏	207	172	71	10	1	23	33	6	12	12	4	35
浙 江	144	115	36	11	2	19	23	8	4	5	7	29
安 徽	143	98	33	13	2	20	21	3	2	3	1	45
福 建	107	82	26	12	2	14	16	4	3	4	1	25
江 西	101	74	23	13	2	13	12	5	3	2	1	27
山 东	241	181	62	14	1	29	37	8	17	10	3	60
河 南	178	133	31	14	3	23	32	7	8	12	3	45
湖 北	234	197	66	23	5	37	31	9	8	12	6	37
湖 南	140	108	33	22	1	16	22	3	3	4	4	32
广 东	227	182	55	14	2	36	35	10	13	11	6	45
广 西	122	97	27	18	3	22	18	4	1	2	2	25
海 南	28	20	4	5		3	5	1	1	1		8
四 川	291	183	58	28	1	38	35	5	4	6	8	108
贵 州	112	83	21	15	2	14	20	3	2	2	4	29
云 南	142	114	26	22	2	18	29	5	4	2	6	28
西 藏	16	11	1	1		4	1		1	2	1	5
陕 西	112	90	27	12	3	14	16	5	7	4	2	22

续表

地区	合计	中等技术学校	工业学校	农业学校	林业学校	医药学校	财经学校	政法学校	体育学校	艺术学校	其他学校	中等师范学校
甘　肃	115	93	31	13	2	14	14	2	10	2	5	22
青　海	34	23	7	2		7	3	2	1	1		11
宁　夏	26	22	5	3	1	3	5	2	1	1	1	4
新　疆	113	91	18	22	1	19	18	4	6	2	1	22

(26)中等专业学校分科毕业生数

单位：人

年份	合计	中等技术学校	工科	农科	林科	医药
1952	68 146	40 758	9 498	4 361	347	15 840
1957	146 100	95 707	50 753	12 258	2 512	22 984
1962	304 895	159 100	72 361	29 149	3 786	44 264
1965	91 388	73 359	40 750	6 409	1 376	12 927
1970	28 131	16 815	3 126	3 908	782	4 690
1975	247 709	123 328	39 606	18 548		46 138
1976	338 629	190 231	62 341	31 865		68 361
1977	339 706	178 678	56 562	28 067		65 485
1978	231 990	119 335	31 294	27 055		43 884
1979	180 859	78 518	24 175	11 397	1 572	25 220
1980	410 337	201 187	57 769	29 083	3 237	53 523
1981	604 920	364 804	138 283	58 803	6 198	93 548
1982	445 663	241 905	68 543	35 384	3 596	70 244
1983	375 353	229 901	65 133	25 185	4 054	62 652
1984	375 864	237 705	77 179	26 968	4 928	51 324
1985	428 680	261 168	84 066	26 539	4 672	51 636
1986	496 055	321 014	104 359	32 982	6 992	59 664
1987	577 800	388 832	129 825	35 771	6 954	70 362
1988	595 737	392 219	115 613	31 499	6 549	85 653
1989	590 876	364 696	98 612	28 111	5 934	82 783
1990	661 262	427 573	128 829	29 989	6 257	94 024
1991	740 270	496 395	157 821	41 381	7 090	104 356
1992	742 957	503 012	167 888	44 951	7 824	93 771
1993	735 509	503 072	168 687	40 467	7 644	92 699

续表

单位：人

年份	财　经	政　法	体　育	艺　术	其　他	中等师范学校
1952	10 535			96	81	27 388
1957	6 247		681	272		50 393
1962	5 524		1 540	2 033	443	145 795
1965	8 835		174	2 283	605	18 029
1970	2 345		156	1 652	156	11 316
1975	15 524		405	1 369	1 738	124 381

续表

年份	财 经	政 法	体 育	艺 术	其 他	中等师范学校
1976	22 331		1 255	1 675	2 403	148 398
1977	24 737		785	1 489	1 553	161 028
1978	13 924		248	2 221	709	112 655
1979	12 924		387	1 912	931	102 341
1980	47 060		1006	2 125	7 384	219 150
1981	53 803	6 937	1 298	3 698	2 236	240 116
1982	50 131	7 743	1 434	2 832	1 998	203 758
1983	57 588	9 763	1 686	3 111	729	145 452
1984	59 230	12 017	1 301	3 586	1 172	138 159
1985	71 927	14 797	1 574	5 279	678	167 512
1986	86 058	20 648	1 677	4 573	4 061	175 041
1987	109 073	23 392	1 981	5 246	6 228	188 968
1988	113 439	21 192	2 951	6 267	9 056	203 518
1989	109 151	20 520	4 541	6 491	8 553	226 180
1990	126 070	20 318	6 152	7 517	8 417	233 689
1991	139 187	19 742	7 415	9 253	10 150	243 875
1992	142 568	20 873	8 799	10 145	6 193	239 945
1993	144 685	21 817	9 949	10 132	6 992	232 437

(27)各地区普通中学分城乡在校学生数

(1993 年)　　单位:万人

地 区	合计	#高中	城市	#高中	县镇	#高中	农村	#高中
全 国	**4 739.1**	**656.9**	**902.8**	**213.3**	**1 278.0**	**322.3**	**2 558.3**	**121.3**
北 京	52.3	7.8	28.0	5.3	11.8	2.0	12.6	0.5
天 津	38.9	6.0	19.0	3.4	6.6	1.7	13.3	0.9
河 北	247.8	28.9	46.2	8.6	75.9	17.7	125.6	2.6
山 西	138.4	21.8	28.3	7.3	31.6	10.4	78.6	4.0
内蒙古	99.0	17.2	24.2	6.8	36.4	9.6	38.4	0.8
辽 宁	191.2	25.6	65.9	12.3	33.6	11.0	91.6	2.3
吉 林	129.5	16.7	42.9	8.6	46.3	8.0	40.2	0.1
黑龙江	166.3	24.0	53.1	11.5	49.9	10.4	63.3	2.1
上 海	58.2	11.1	28.8	6.9	9.9	3.1	19.5	1.2
江 苏	294.0	42.4	45.2	8.6	107.5	23.7	141.3	10.1
浙 江	185.0	22.7	25.9	6.4	121.0	15.9	38.1	0.4
安 徽	231.0	24.8	31.5	6.0	35.8	10.5	163.8	8.4
福 建	128.0	17.3	16.6	4.6	60.5	10.6	50.8	2.1
江 西	182.3	25.2	24.3	7.2	56.6	15.2	101.4	2.8
山 东	395.3	51.0	69.1	18.3	38.2	14.5	288.0	18.2

续表

地　区	合计	#高中	城市	#高中	县镇	#高中	农村	#高中
河　南	363.0	43.5	49.7	12.1	69.2	21.4	244.1	10.0
湖　北	227.5	31.5	60.6	14.0	28.9	9.5	137.9	8.0
湖　南	250.5	37.2	36.2	9.1	55.3	17.1	158.9	11.0
广　东	277.2	33.2	50.4	11.6	48.3	13.1	178.6	8.5
广　西	164.1	21.4	15.9	3.5	33.3	12.3	114.9	5.6
海　南	27.4	4.4	2.7	0.6	8.1	2.6	16.5	1.3
四　川	327.2	46.3	40.9	11.7	157.3	31.9	129.0	2.7
贵　州	100.5	12.5	12.2	3.3	25.5	7.3	62.9	1.9
云　南	126.8	17.9	13.9	4.5	42.1	11.0	70.8	2.3
西　藏	2.3	0.4	0.9	0.2	1.5	0.2	.0	
陕　西	129.6	24.7	27.4	7.6	39.2	13.8	63.0	3.3
甘　肃	87.3	15.7	17.1	4.8	18.1	7.0	52.1	3.8
青　海	19.8	4.0	4.4	1.1	7.3	2.2	8.1	0.7
宁　夏	26.8	5.1	4.5	1.2	7.5	2.7	14.9	1.2
新　疆	71.9	16.6	17.0	6.2	14.8	5.9	40.1	4.5

(28)各地区小学分城乡学校数和在校学生数

(1993年)

地　区	学校数(所)	城市	县镇	农村	在校学生数(万人)	城市	县镇	农村
全　国	**696 681**	**29 203**	**82 998**	**584 480**	**12 421.24**	**1 519.25**	**1 932.47**	**8 969.52**
北　京	3 190	752	709	1 729	102.22	49.33	21.40	31.48
天　津	3 243	496	350	2 397	88.74	43.15	11.68	33.91
河　北	47 975	1 944	4 961	41 070	775.85	84.45	105.54	585.87
山　西	41 472	741	2 514	38 217	314.36	44.69	38.52	231.16
内蒙古	14 092	613	940	12 539	235.78	37.29	40.05	158.45
辽　宁	14 805	1 452	638	12 715	368.68	115.04	37.29	216.35
吉　林	10 572	983	1 080	8 509	257.35	65.77	49.57	142.01
黑龙江	16 448	1 142	1 121	14 185	373.38	85.90	59.06	228.41
上　海	2 141	766	151	1 224	117.90	69.12	11.00	37.78
江　苏	28 183	2 257	8 275	17 651	594.94	81.87	173.27	339.80
浙　江	25 304	1 065	14 388	9 851	359.23	43.93	222.05	93.25

续表

地区	学校数(所)	城市	县镇	农村	在校学生数(万人)	城市	县镇	农村
安徽	32 615	1 035	2 171	29 409	601.05	51.96	52.09	497.00
福建	16 091	480	1 637	13 974	363.85	28.75	74.70	260.40
江西	26 307	602	4 490	21 215	413.91	26.62	93.24	294.05
山东	54 009	2 324	2 095	49 590	853.57	100.20	51.77	701.59
河南	42 071	1 681	3 102	37 288	951.50	74.83	97.02	779.65
湖北	30 965	2 305	1 537	27 123	623.91	100.13	47.06	476.72
湖南	46 605	1 552	4 274	40 779	697.32	59.66	95.36	542.31
广东	24 686	1 599	1 162	21 925	832.14	97.32	82.86	651.96
广西	15 841	522	593	14 726	610.77	28.41	37.26	545.10
海南	4 646	118	147	4 381	106.73	6.03	11.99	88.71
四川	71 094	1 451	18 388	51 255	916.32	70.65	290.25	555.42
贵州	20 249	503	1 394	18 352	439.81	21.00	50.37	368.43
云南	26 376	303	1 656	24 417	443.88	15.17	49.25	379.46
西藏	2 831	21	133	2 677	19.18	1.52	3.84	13.82
陕西	36 578	1 350	3 535	31 693	397.78	54.34	68.74	274.70
甘肃	23 887	484	670	22 733	249.97	24.67	20.86	204.44
青海	3 445	107	315	3 023	44.38	5.88	8.78	29.72
宁夏	3 872	105	107	3 660	62.80	6.46	6.35	49.99
新疆	7 088	450	465	6 173	203.94	25.11	21.25	157.58

(29)各地区幼儿园基本情况

(1993年)

地区	园数(所)	班数(个)	幼儿数(万人)	教职工数(人)	#教师
全国	**165 197**	**765 423**	**2 552.54**	**1 126 333**	**835 976**
北京	3 369	13 300	37.24	44 741	18 114
天津	286	5 294	16.20	9 354	5 403
河北	1 376	44 464	153.33	54 002	45 736
山西	6 482	34 024	95.87	43 553	34 885

续表

地区	园数（所）	班数（个）	幼儿数（万人）	教职工数（人）	#教师
内蒙古	1 092	14 636	43.41	20 750	14 170
辽宁	8 631	37 710	114.57	72 696	43 963
吉林	1 971	16 294	48.87	32 262	21 325
黑龙江	1 660	21 007	60.48	39 906	26 152
上海	3 953	13 886	39.76	40 352	25 710
江苏	20 283	57 097	206.89	89 067	74 028
浙江	9 179	29 396	97.63	43 522	35 887
安徽	1 948	20 173	75.47	24 606	20 463
福建	10 968	27 578	97.49	40 147	35 707
江西	3 705	13 910	48.46	21 076	17 014
山东	38 947	85 831	262.25	125 640	105 947
河南	16 355	45 890	183.48	28 447	16 832
湖北	3 305	29 449	112.25	52 125	36 895
湖南	3 536	42 144	121.80	52 920	43 987
广东	6 533	48 733	190.53	78 482	53 534
广西	1 754	29 358	105.35	28 721	21 884
海南	349	3 308	12.64	4 662	3 196
四川	14 356	64 142	210.27	84 791	68 913
贵州	985	8 275	31.38	14 573	11 970
云南	1 093	13 757	43.64	20 060	15 179
西藏	36	100	0.30	300	159
陕西	1 083	26 319	75.73	26 053	19 401
甘肃	701	9 514	34.57	11 912	7 579
青海	171	1 570	6.00	2 417	1 638
宁夏	188	2 290	7.75	4 338	2 646
新疆	902	5 974	18.93	14 858	7 659

(30)初中毕业生和小学毕业生升学率

年份	初中毕业生升学率			小学毕业生升学率		
	初中毕业生数（万人）	高级中等学校招生数（万人）	升学率（%）	小学毕业生数（万人）	初级中等学校招生数（万人）	升学率（%）
1952	18.5	31.2	168.6	149.0	143.0	96.0
1957	111.2	44.2	39.7	498.0	219.9	44.2
1962	158.4	47.5	30.0	559.0	253.3	45.3
1965	173.8	121.6	70.0	667.6	550.7	82.5
1970	618.9	239.0	38.6	1 652.5	1 176.3	71.2
1975	1 047.7	633.1	60.4	1 999.4	1 810.5	90.6
1978	1 692.6	692.9	40.9	2 287.9	2 006.0	87.7
1980	964.7	442.8	45.9	2 053.3	1 557.6	75.9
1981	1 154.2	364.1	31.5	2 075.7	1 417.6	68.3
1982	1 032.2	333.4	32.3	2 068.9	1 370.1	66.2
1983	960.3	340.5	35.5	1 980.7	1 333.8	67.3
1984	950.4	364.5	38.4	1 995.0	1 321.1	66.2
1985	998.3	416.2	41.7	1 999.9	1 367.0	68.4
1986	1 057.0	429.2	40.6	2 016.1	1 402.0	69.5
1987	1 117.3	437.0	39.1	2 043.0	1 410.9	69.1
1988	1 157.2	439.6	38.0	1 930.3	1 359.0	70.4
1989	1 134.3	434.6	38.3	1 857.1	1 328.4	71.5
1990	1 109.1	450.4	40.6	1 863.1	1 389.2	74.6
1991	1 085.5	462.9	42.6	1 896.7	1 435.1	77.7
1992	1 102.3	478.1	43.4	1 872.4	1 491.7	79.7
1993	1 134.2	500.5	44.1	1 841.5	1 505.6	81.8

(31)小学学龄儿童入学率

年份	学龄儿童数（万人）	已入学学龄儿童数（万人）	入学率（%）
1952	6 642.4	3 268.1	49.2
1957	8 077.7	4 986.6	61.7
1962	10 836.0	6 082.0	56.1
1965	11 603.2	9 829.1	84.7
1975	12 261.9	11 868.5	96.8
1978	12 131.3	11 585.4	95.5
1980	12 219.6	11 478.2	93.9
1981	12 018.5	11 175.5	93.0
1982	11 762.7	10 958.0	93.2
1983	11 251.2	10 577.8	94.0
1984	10 669.0	10 169.8	95.3
1985	10 362.3	9 942.8	96.0
1986	10 067.5	9 702.1	96.4
1987	9 750.9	9 477.2	97.2

续表

年份	学龄儿童数（万人）	已入学学龄儿童数（万人）	入学率（%）
1988	9 623.9	9 351.4	97.2
1989	9 699.1	9 450.7	97.4
1990	9 740.7	9 529.7	97.8
1991	9 806.6	9 594.8	97.8
1992	11 156.2	10 845.5	97.2
1993	11 432.0	11 170.9	97.7

(32)平均每万人口在校学生数和大中小学学生构成

年份	各级学校在校学生数占全国人口%	平均每万人口中			大中小学学生占学生总数%		
		大学生（人）	中学生（人）	小学生（人）	大学生	中学生	小学生
1949	4.76	2.2	23	450	0.5	4.9	94.6
1952	9.47	3.3	55	889	0.4	5.8	93.9
1957	11.11	6.8	110	994	0.6	9.9	89.5
1965	18.09	9.3	197	1 602	0.5	10.9	88.6
1978	22.18	8.9	690	1 519	0.4	31.1	68.5
1979	21.31	10.5	618	1 503	0.5	29.0	70.5
1980	20.69	11.6	575	1 482	0.6	27.8	71.6
1981	19.46	12.8	501	1 432	0.7	25.7	73.6
1982	18.48	11.4	463	1 374	0.6	25.0	74.4
1983	17.80	11.7	450	1 318	0.7	25.3	74.1
1984	17.78	13.4	466	1 299	0.8	26.2	73.1
1985	17.60	16.1	481	1 263	0.9	27.3	71.8
1986	17.39	17.5	495	1 226	1.0	28.5	70.5
1987	16.87	17.9	494	1 174	1.1	29.3	69.6
1988	16.20	18.6	473	1 129	1.1	29.2	69.7
1989	15.65	18.5	448	1 098	1.2	28.7	70.2
1990	15.35	18.0	447	1 071	1.2	29.1	69.7
1991	15.19	17.6	451	1 050	1.2	29.7	69.1
1992	15.17	18.6	457	1 041	1.2	30.1	68.7
1993	15.24	21.4	454	1 048	1.4	29.8	68.8

(33)各级学校教师负担学生数

年份	高等学校		中等学校		小学	
	教师数（万人）	平均每个教师负担学生数（人）	教师数（万人）	平均每个教师负担学生数（人）	教师数（万人）	平均每个教师负担学生数（人）
1949	1.6	7.3	12.3	10.3	81.1	30.1
1952	2.7	7.1	13.0	24.2	143.5	35.6

续表

年份	高等学校		中等学校		小学	
	教师数（万人）	平均每个教师负担学生数（人）	教师数（万人）	平均每个教师负担学生数（人）	教师数（万人）	平均每个教师负担学生数（人）
1957	7.0	6.3	29.4	24.1	188.4	34.1
1965	13.8	4.9	70.9	20.2	385.7	30.1
1978	20.6	4.2	328.1	20.2	522.6	28.0
1979	23.7	4.3	319.1	18.9	538.2	27.2
1980	24.7	4.6	317.1	17.9	549.9	26.6
1981	25.0	5.1	300.9	16.7	558.0	25.7
1982	28.7	4.0	287.1	16.4	550.5	25.4
1983	30.3	4.0	282.6	16.4	542.5	25.0
1984	31.5	4.4	282.2	17.2	537.0	25.2
1985	34.4	5.0	296.7	17.2	537.7	24.9
1986	37.2	5.1	311.5	17.1	541.4	24.3
1987	38.5	5.1	326.6	16.5	543.4	23.6
1988	39.3	5.3	338.9	15.5	550.1	22.8
1989	39.7	5.2	342.3	14.8	554.4	22.3
1990	39.5	5.2	349.2	14.6	558.2	21.9
1991	39.1	5.2	355.7	14.7	553.2	22.0
1992	38.8	5.6	362.4	14.8	552.7	22.1
1993	38.8	6.5	366.8	14.7	555.2	22.4

(34)中等专业学校、普通中、小学、幼儿园专任教师学历构成

单位：%

项目	调查的教师数（万人）	高等学校本科毕业及其以上	高等学校专科毕业及肄业两年以上	高等学校肄业未满两年	中专高中毕业	初师、初中毕业及中专、高中肄业	初师、初中肄业及其以下
1981年							
中等专业学校	13.59	36.4	29.9	2.2		33.3	
普通中学	284.40	9.7	13.7	3.3		73.1	
高　　中	49.40	36.0	30.8	4.0		29.2	
初　　中	235.00	4.2	10.1	3.3		82.4	
小　学	558.01		51.8			38.4	9.8
幼儿园	40.1		36.7			41.7	21.6

续表

项　目	调查的教师数（万人）	高等学校本科毕业及其以上	高等学校专科毕业及肄业两年以上	高等学校肄业未满两年	中专高中毕业	初师、初中毕业及中专、高中肄业	初师、初中肄业及其以下
1992 年							
中等专业学校	23.51	59.67	29.37	0.71	10.52		
普通中学	314.11						
高　中	57.61	49.12	44.56		6.32		
初　中	256.50	7.81	47.81		42.46	1.92	
小　学	552.65	0.15	2.98		79.56	17.31	
幼儿园	87.48		2.47		27.67		69.86

（35）全国各级成人学校基本情况

（1993 年）

单位：万人

	学校数（所）	毕业生数	招生数	在校学生数	教职工数	
					计	其中：专任教师
总　计	**469 575**	**6 631.74**	**5 975.49**	**5 421.89**	**89.73**	**36.50**
一、成人高等学校	1 183	44.12	86.27	186.29	20.47	8.95
1. 广播电视大学	45	10.16	21.33	43.79	4.11	1.72
2. 职工高等学校	714	5.92	11.25	27.52	7.97	3.58
3. 农民高等学校	5	0.01	0.02	0.03	0.03	0.01
4. 管理干部学院	166	2.27	5.96	9.31	3.70	1.36
5. 教育学院	249	6.46	9.55	21.69	4.59	2.24
6. 独立函授学院	4	0.36	0.40	1.21	0.07	0.04
7. 普通高等学校举办：		18.94	37.76	82.74		
函授部		13.66	25.30	58.13		
夜大学		4.65	10.76	22.09		
干部专修科		0.63	1.70	2.52		
合计中电大、函大、夜大普通专科班（A）		2.37	7.92	13.10		
二、成人中等学校	308 957	5 448.66	4 813.14	4 133.94	55.06	23.49
1. 成人中等专业学校	4 783	54.03	85.67	206.76	20.29	10.39
广播电视中等专业学校	124	10.42	21.50	56.23	1.61	0.74
职工中等专业学校	1 880	13.08	25.33	56.01	7.41	3.67
干部中等专业学校	243	1.86	1.62	8.85	1.11	0.50
农民中等专业学校	369	4.06	6.70	14.41	1.43	0.82
函授中等专业学校	67	6.02	7.61	21.80	1.05	0.36

续表

	学校数(所)	毕业生数	招生数	在校学生数	教职工数	
					计	其中：专任教师
教师进修学校	2 100	18.59	19.91	49.46	77.68	4.30
2.成人中学	5 879	52.79	60.30	68.64	3.72	2.04
职工中学	2 371	31.20	31.07	34.71	2.48	1.34
农民中学	3 508	21.59	29.23	33.93	1.24	0.70
3.成人技术培训学校	298 295	5 706.80	5 006.14	4 172.51	32.05	11.07
职工技术培训学校	9 774	425.34	492.53	303.98	5.93	2.61
农民技术培训学校	288 521	5 281.46	4 513.61	3 868.53	26.12	8.46
三、成人初等学校	159 435	774.00	737.11	787.69	12.84	4.05
1.职工初等学校	1 959	13.72	15.03	15.88	0.26	0.13
2.农民初等学校	157 476	760.28	722.08	771.81	12.58	3.92
其中：扫盲班	106 439	548.17	462.92	507.42	9.19	2.60

(36)少数民族教师与学生数

单位：万人

年份	少数民族教师数				少数民族学生数			
	合计	高等学校	中等学校	初等学校	合计	高等学校	中等学校	初等学校
1952	0.27	…	0.27		156.91	0.29	9.20	147.42
1957	9.21	0.19	0.91	8.11	352.47	1.61	31.43	319.43
1965	15.54	0.33	1.89	13.32	573.53	2.19	49.42	521.92
1978	43.30	0.59	11.69	31.02	1 024.78	3.60	252.62	768.56
1980	45.64	0.78	11.92	32.94	965.66	4.29	209.15	752.22
1981	45.13	0.84	11.23	33.06	926.92	5.12	186.23	735.57
1982	46.50	0.92	11.26	34.32	1 016.53	5.37	187.30	823.86
1983	47.28	1.08	11.71	34.49	1 013.66	5.96	194.80	812.90
1984	51.28	1.08	12.40	37.80	1 134.69	6.93	217.70	910.06
1985	55.09	1.28	14.03	39.78	1 209.07	9.41	244.85	954.81
1986	59.30	1.42	15.75	42.13	1 321.25	9.95	277.57	1 033.73
1987	62.34	1.54	17.12	43.68	1 370.50	11.87	307.32	1 051.31
1988	62.56	1.69	18.75	43.18	1 319.13	12.54	323.04	983.55
1989	67.80	1.80	19.80	46.20	1 369.80	13.20	304.50	1 052.10
1990	68.39	1.75	20.77	45.87	1 409.46	13.67	326.27	1 069.52
1991	70.24	1.89	21.94	46.41	1 338.56	14.18	343.73	980.65
1992								
1993	72.72	1.9	23.1	47.72	1 510.78	16.3	354.31	1 140.17

续表 占全国教师或学生总数的比重(%)

年份	少数民族教师数				少数民族学生数			
	合计	高等学校	中等学校	初等学校	合计	高等学校	中等学校	初等学校
1952	0.2		2.1		2.9	1.5	2.9	2.9
1957	4.0	2.8	3.1	4.3	4.9	3.6	4.5	5.0
1965	3.2	2.4	2.7	3.5	3.6	3.2	3.5	4.5
1975	4.8	2.9	3.6	5.9	4.8	4.2	3.8	4.3
1980	4.9	3.2	3.8	6.0	4.7	3.8	3.7	5.1
1981	4.8	3.4	3.7	5.9	4.8	4.0	3.7	5.1
1982	5.1	3.2	3.9	6.2	5.4	4.7	4.0	5.9
1983	5.2	3.6	4.1	6.4	5.2	4.9	4.2	6.0
1984	6.0	3.4	4.4	7.0	6.1	5.0	4.5	6.7
1985	6.5	3.7	4.7	7.4	6.5	5.3	4.8	7.1
1986	6.7	3.8	5.1	7.8	7.1	5.3	5.2	7.8
1987	6.9	4.0	5.2	8.0	7.4	6.1	5.7	8.2
1988	6.7	4.3	5.5	7.7	7.3	6.1	6.2	7.8
1989	7.2	4.4	5.8	8.3	7.8	6.3	6.0	8.5
1990	7.2	4.4	5.9	8.2	8.0	6.6	6.4	8.7
1991	7.4	4.8	6.2	8.4	7.6	6.9	6.6	8.1
1992								
1993	7.6	4.9	6.3	8.6	8.4	6.4	6.6	9.2

(37)教育事业经费

单位:亿元

年份	教育事业费			教育基建投资	
	总额	人均事业费(元)	占财政支出的比重(%)	总额	占基建投资总额的比重(%)
1952	8.95	1.57	5.1	1.95	4.5
1957	19.52	3.06	6.4	4.20	2.9
1962	24.07	3.62	7.9	0.67	0.9
1965	29.12	4.07	6.2	2.62	0.1
1970	27.56	3.38	4.2	2.43	0.8
1975	48.26	5.29	5.9	5.09	1.2
1978	65.60	6.89	5.9	7.70	1.5
1980	94.18	9.64	7.8	20.38	3.6

续表

年份	教育事业费			教育基建投资	
	总　额	人均事业费（元）	占财政支出的比重（%）	总　额	占基建投资总额的比重（%）
1981	102.48	10.36	9.2	22.11	5.0
1982	115.68	11.38	10.0	24.86	4.5
1983	127.85	12.41	9.9	30.87	5.2
1984	148.16	14.20	9.6	42.80	5.8
1985	184.16	17.40	10.0	64.37	6.0
1986	214.32	19.94	9.2	75.56	6.4
1987	226.66	20.74	9.3	79.80	5.9
1988	278.73	25.10	10.3	79.77	5.2
1989	316.20	28.06	10.4	84.51	5.4
1990	352.60	30.84	10.2	86.86	5.1
1991	482.18	33.56	10.2	29.62	1.4
1992	464.05	39.60	10.6	33.76	1.1

(38)国家培养一个学生的费用

单位：元

年　份	大学生	中学生	小学生
1957	958.3	83.9	15.3
1962	645.1	78.7	18.7
1965	917.7	88.9	20.0
1975	1 566.7	39.9	11.4
1978	1 843.9	35.6	12.6
1980	1 753.4	60.1	23.2
1981	1 752.8	69.6	25.9
1982	1 922.4	86.0	30.9
1983	2 185.3	96.9	34.4
1984	2 228.6	107.6	38.6
1985	2 477.3	128.5	47.3
1986	2 564.1	134.9	48.3
1987	2 314.7	141.2	60.0
1990	3 101.8	240.1	105.4
1991	3 430.0	255.0	115.0
1992	3 875.0	311.8	141.7

6. 科学研究

(39)各地区县级以上政府部门属研究与开发机构及情报文献机构数

(1992 年)

单位:个

地区	合计	自然科学技术领域	社会、人文科学领域	科技情报和文献机构
全国总计	**5 855**	**5 116**	**324**	**415**
北京	469	377	50	42
天津	158	141	6	11
河北	152	138	1	13
山西	213	173	26	14
内蒙古	146	120	12	14
辽宁	366	333	17	16
吉林	176	144	20	12
黑龙江	270	235	19	16
上海	271	235	22	14
江苏	332	299	17	16
浙江	169	152	4	13
安徽	205	177	9	19
福建	133	113	5	15
江西	129	115	1	13
山东	319	288	10	21
河南	195	167	13	15
湖北	264	242	10	12
湖南	190	175	2	13
广东	300	273	13	14
广西	167	139	8	20
海南	45	37	2	6
四川	308	263	13	32
贵州	115	103	2	10
云南	167	147	15	5
西藏	15	13	1	1
陕西	207	188	4	15
甘肃	136	121	7	8
青海	49	43	4	2
宁夏	60	50	6	4
新疆	129	115	5	9

(40)各地区县级以上政府部门属研究与开发及情报文献机构人员数

(1992年)

单位:人

地区	合计	自然科学技术领域		社会、人文科学领域		科技情报和文献机构	
		职工人数	#科学家工程师	职工人数	#科学家工程师	职工人数	#科学家工程师
全国总计	**1 075 767**	**1 028 918**	**459 326**	**20 204**	**13 549**	**26 645**	**14 868**
北京	200 094	182 631	98 317	5 758	4 198	11 705	6 917
天津	36 050	34 130	15 419	572	341	1 348	748
河北	24 444	23 639	10 947	309	215	496	291
山西	21 876	20 795	8 597	707	467	374	238
内蒙古							
辽宁	55 963	54 455	24 521	691	482	817	427
吉林	30 982	29 756	11 904	873	544	353	200
黑龙江	27 204	25 913	11 845	849	579	442	263
上海	96 149	93 107	42 431	1 469	1 004	1 573	807
江苏	55 933	54 603	25 211	610	421	720	428
浙江	19 566	18 972	9 092	228	166	366	195
安徽	19 890	19 153	8 743	337	241	400	252
福建	9 450	8 706	4 399	298	219	446	271
江西	18 629	17 989	5 597	250	153	390	241
山东	34 526	33 086	12 479	620	425	820	410
河南	34 106	33 090	14 948	576	340	440	222
湖北	48 910	47 759	20 156	586	362	565	231
湖南	28 565	28 034	11 103	252	114	279	183
广东	32 619	31 369	13 428	716	476	534	272
广西	17 263	16 571	6 349	266	187	426	245
海南	5 925	5 732	597	83	32	110	51
四川	100 968	98 235	37 847	1 082	789	1 651	813
贵州	10 840	10 323	4 566	229	127	288	142
云南	16 106	15 413	6 264	507	331	186	105
西藏	878	722	200	121	78	35	18
陕西	73 033	71 968	32 520	422	257	643	245
甘肃	21 431	20 575	8 558	533	252	323	163
青海	4 094	3 842	1 795	192	79	60	36
宁夏	5 699	5 293	1 723	263	193	143	94
新疆	9 576	8 921	4 205	351	205	304	174

(41)国有单位分行业自然科学技术人员数

(1992年)

单位:万人

行业分类	合计	工程技术人员	农业技术人员	卫生技术人员	科学研究人员	教学人员
全国总计	**1 759.7**	**520.5**	**47.7**	**282.8**	**33.7**	**875.0**
一、农、林、牧、渔、水利业	88.8	39.0	41.4	2.8	0.2	5.4
二、工业	340.8	267.9	1.2	33.4	0.9	37.4
三、地质普查和勘探业	19.1	16.4		1.0	0.1	1.6
四、建筑业	63.0	54.9	0.1	4.7	0.1	3.2
五、交通运输、邮电通讯业	46.6	41.3	0.1	2.7		2.5
六、商业、公共饮食业、物资供销和仓储业	26.8	17.5	2.5	5.3	0.1	1.4
七、房地产管理、公用事业、居民服务和咨询服务业	16.5	14.1	0.3	1.3		0.8
八、卫生、体育和社会福利事业	225.3	1.6		220.7	0.5	2.5
九、教育、文化艺术和广播电视事业	848.7	18.7	0.4	7.5	5.9	816.6
十、科学研究和综合技术服务事业	71.2	41.3	1.5	2.0	25.3	1.1
十一、金融、保险业	5.3	4.2		0.3		0.8
十二、国家机关、政党机关和社会团体	7.6	4.0	0.2	1.1	0.6	1.7
十三、其他行业						

(42)全国科技活动主要基本情况

指标	1990年	1991年	1992年	1993年
一、科技机构数(个)	**18 772**	**22 591**	**20 425**	**20 763**
科研单位	8 990	8 188	7 976	7 920
大中型工业企业	8 116	8 792	9 432	10 477
高等院校	1 666	5 611	3 017	2 366

续表

指　　标	1990 年	1991 年	1992 年	1993 年
二、科技活动人员数(万人)		**232.92**	**228.5**	**232.5**
# 科学家、工程师		134.99	133.53	140.57
三、科技活动经费收入总额(亿元)	**403.26**	**425.77**	**556.05**	**687.5**
上级拨款	124.08	118.60	149.85	185.27
自筹资金	174.43	181.08	240.39	297.22
银行贷款	49.04	64.67	80.71	99.79
其他收入	55.71	61.42	85.10	105.22
四、科技活动经费支出总额(亿元)	**369.13**	**368.81**	**511.33**	**618.2**
# 内部支出	340.52	358.83	472.36	571.08
# 劳务费		57.68	72.30	87.41
业务费		122.22	158.95	192.17
管理费		25.07	25.70	31.07
固定资产购建支出		83.26	103.23	124.81
# 研究与发展经费支出	125.43	142.30	169.0	196.00
五、研究与发展经费支出占国民生产总值(%)	**0.71**	**0.72**	**0.70**	**0.62**

(43)集体单位自然科学技术人员数

(1992 年)

单位：人

部　门	合　计	工程技术人员	农业技术人员	卫生技术人员	科学研究人员	教学人员
总　计	**628 527**	**310 746**	**29 737**	**242 463**	**1 475**	**44 106**
工交基建	312 682	280 333	1 792	23 573	801	6 183
农　林	31 870	5 237	25 508	832	140	153
文教卫生	247 864	1 936	151	209 723	79	35 975
商　业	17 792	9 562	1 797	5 321	185	927
其　他	18 319	13 678	489	3 014	270	868

注：本表数字包括乡(镇)和城市街道以上各级国家机关、事业、企业单位所属的集体单位的人员。

(44)重大科学技术研究成果及发明数

单位：项

项　目	1980 年	1985 年	1989 年	1990 年	1991 年	1992 年
重大科学技术成果	2 687	10 476	20 278	26 829	32 653	33 384
获国家奖励的发明	109	185	150	224	209	170
获国家科技进步奖		1 761	504	505	502	649

(45)全国县级以上政府部门属研究与开发机构及情报文献机构经费收入总额

(1992年)

单位:万元

地区	合计	自然科学技术领域		社会、人文科学领域		科技情报和文献机构	
		经费收入总额	#政府拨款	经费收入总额	#政府拨款	经费收入总额	#政府拨款
全国总计	**2 998 412**	**2 912 234**	**1 104 016**	**32 833**	**30 598**	**53 345**	**36 251**
北京	791 917	752 793	319 473	9 691	8 809	29 433	19 256
天津	84 792	82 078	24 446	771	667	1 943	1 519
河北	56 019	55 123	21 534	402	402	494	409
山西	39 634	38 315	16 221	965	869	354	289
内蒙古	22 090	21 428	8 933	350	344	312	301
辽宁	166 900	163 979	60 567	966	946	1 955	1 325
吉林	59 722	58 300	21 856	1 025	957	397	327
黑龙江	47 187	45 644	18 704	951	907	592	452
上海	321 431	315 850	82 098	2 461	2 309	3 120	2 343
江苏	142 255	140 243	52 771	851	767	1 161	628
浙江	50 850	49 577	17 840	543	515	720	505
安徽	48 771	48 022	15 196	316	290	433	302
福建	19 705	18 563	9 638	445	443	697	594
江西	25 250	24 713	8 684	194	194	343	265
山东	84 386	82 238	22 564	871	830	1 727	1 136
河南	80 856	79 321	24 295	901	809	634	427
湖北	122 430	118 066	38 004	3 564	3 550	800	645
湖南	72 922	72 093	19 714	319	293	510	249
广东	133 300	129 798	31 537	1 714	1 487	1 788	967
广西	33 235	31 820	9 404	242	240	1 173	468
海南	8 734	8 420	4 020	128	128	186	146
四川	276 597	273 401	138 103	1 260	1 169	936	1 593
贵州	12 579	12 081	9 179	248	248	250	209
云南	35 485	34 224	17 190	885	822	376	265
西藏	1 516	1 213	1 193	240	240	63	63
陕西	186 134	184 909	76 469	530	529	695	574
甘肃	42 226	40 904	17 574	726	597	596	521
青海	7 733	7 396	5 995	275	275	62	60
宁夏	7 181	6 668	2 677	235	231	278	160
新疆	16 125	15 054	8 137	764	731	307	253

(46)全国县级以上政府部门属研究与开发机构及情报文献机构经费支出总额

(1992年)

单位:万元

地区	合计	自然科学技术领域		社会、人文科学领域		科技情报和文献机构	
		经费支出总额	#基本建设支出	经费支出总额	#基本建设支出	经费支出总额	#基本建设支出
全国总计	**2 820 230**	**2 735 055**	**267 384**	**32 574**	**6 387**	**52 601**	**4 254**
北京	774 394	695 611	81 907	9 306	1 555	29 477	2 698
天津	78 632	75 755	5 567	847	38	2 030	96
河北	55 674	54 778	6 871	412	122	484	13
山西	37 734	36 261	5 567	1 052	211	421	
内蒙古	20 644	19 953	1 174	365		326	
辽宁	152 252	149 359	10 555	1 036	61	1 857	497
吉林	61 361	60 005	4 060	1 021		335	
黑龙江	45 866	44 267	2 291	939	1	660	17
上海	298 119	292 662	14 876	2 456	20	3 001	52
江苏	137 235	135 314	10 587	735		1 186	8
浙江	48 233	47 006	4 538	518	119	709	36
安徽	45 343	44 531	2 774	378	2	434	5
福建	17 681	16 629	1 524	451	26	601	38
江西	23 960	23 483	1 829	198		279	14
山东	82 357	79 896	8 844	882	120	157	151
河南	77 727	76 190	7 477	914		623	18
湖北	112 197	107 824	8 344	3 534	3 000	839	3
湖南	68 855	68 086	4 420	328		441	8
广东	115 088	111 645	8 690	1 771	500	1 672	211
广西	29 153	27 901	1 701	243		1 009	201
海南	8 628	8 328	1 899	118		182	3
四川	281 560	278 445	46 642	1 245		1 870	138
贵州	11 918	11 409	714	250	20	259	1
云南	32 296	31 082	5 283	838	111	376	
西藏	1 516	1 231	183	222	1	63	2
陕西	170 753	169 562	13 148	495	140	696	23
甘肃	40 520	39 196	2 741	730	37	594	
青海	7 411	7 091	1 311	259		61	
宁夏	6 767	6 288	378	244		235	
新疆	16 356	15 267	1 489	787	303	302	1

7. 卫 生

(47) 卫生机构数

单位:个

年 份	合 计	医 院	#县及县以上医院	#疗养院、所	#门诊部、所	#专科防治所、站	#卫生防疫站	#妇幼保健所、站
1949	3 670	2 600	2 600	30	769	11		9
1957	122 954	4 179	4 179	835	102 262	626	1 626	4 599
1965	224 266	42 711	5 445	887	170 430	822	2 499	2 795
1975	151 733	62 425	7 757	297	80 739	683	2 912	2 025
1980	180 553	65 450	9 478	470	102 474	1 138	3 105	2 610
1981	190 126	65 911	9 825	538	111 189	1 197	3 202	2 630
1985	200 866	59 614	11 497	640	126 604	1 566	3 410	2 724
1986	203 139	59 693	11 940	638	127 575	1 635	3 475	2 775
1987	204 960	60 429	12 348	652	128 459	1 697	3 512	2 792
1988	205 988	61 383	12 795	652	128 422	1 727	3 532	2 793
1989	206 724	61 929	13 248	651	128 112	1 747	3 591	2 796
1990	208 734	62 454	13 489	650	129 332	1 781	3 618	2 820
1991	209 036	63 101	13 638	642	128 665	1 818	3 652	2 854
1992	204 787	61 352	13 917	639	125 873	1 845	3 673	2 841
1993	193 586	60 784	14 713	600	115 161	1 872	3 609	2 791
每万人口中机构数								
1949	0.07	0.05	0.05	…	0.01	…		…
1957	1.90	0.06	0.06	0.01	1.58	0.01	0.03	0.07
1965	3.09	0.59	0.08	0.01	2.35	0.01	0.03	0.04
1975	1.64	0.68	0.08	…	0.87	0.01	0.03	0.02
1980	1.83	0.66	0.10	…	1.04	0.01	0.01	0.03
1981	1.90	0.66	0.10	0.01	1.11	0.01	0.03	0.03
1985	1.92	0.57	0.11	…	1.21	0.01	0.03	0.03
1986	1.91	0.56	0.11	…	1.20	0.02	0.03	0.03
1987	1.90	0.56	0.11	…	1.19	0.02	0.03	0.03
1988	1.88	0.56	0.12	…	1.17	0.02	0.03	0.03
1989	1.83	0.55	0.12	…	1.14	0.02	0.03	0.02
1990	1.83	0.55	0.12	…	1.13	0.02	0.03	0.02
1991	1.80	0.54	0.12	0.01	1.11	0.02	0.03	0.02
1992	1.75	0.52	0.12	0.01	1.07	0.02	0.03	0.02
1993	1.63	0.51	0.12	0.01	0.97	0.02	0.03	0.02

注:1985年起医院数中不包括原列入医院的未设床位的农村区、乡卫生院、所。

(48)各地区卫生机构数

(1993年)

单位:个

地　　区	卫生机构	#医　院	每万人口拥有卫生机构	#医　院	比　　重(以全国为100)	
					卫机机构	#医　院
全国总计	**193 586**	**60 784**	**26.1**	**23.6**		
北　　京	4 962	548	59.0	56.1	2.6	0.9
天　　津	3 182	304	42.1	39.6	1.6	0.5
河　　北	10 958	3 787	24.5	21.4	5.7	6.2
山　　西	6 083	2 565	36.8	33.9	3.1	4.2
内 蒙 古	4 932	1 982	29.2	27.3	2.5	3.3
辽　　宁	7 132	2 041	50.3	44.9	3.7	3.4
吉　　林	4 006	1 340	37.8	34.1	2.1	2.2
黑 龙 江	7 702	1 729	35.1	32.2	4.0	2.8
上　　海	6 078	486	52.8	50.1	3.1	0.8
江　　苏	12 074	2 483	24.9	21.9	6.2	4.1
浙　　江	8 769	3 102	24.4	22.2	4.5	5.1
安　　徽	6 641	3 059	19.8	17.8	3.4	5.0
福　　建	4 522	1 189	22.6	20.2	2.3	2.0
江　　西	5 389	2 276	23.5	20.8	2.8	3.7
山　　东	10 881	2 968	22.5	20.5	5.6	4.9
河　　南	7 669	2 892	21.1	19.2	4.0	4.8
湖　　北	10 268	2 139	28.8	23.8	5.3	3.5
湖　　南	9 604	4 187	23.8	21.6	5.0	6.9
广　　东	8 572	1 968	21.2	19.6	4.4	3.2
广　　西	5 549	1 497	18.3	17.2	2.9	2.5
海　　南	1 645	443	32.6	31.5	0.8	0.7
四　　川	19 062	8 086	23.1	20.2	9.8	13.3
贵　　州	3 908	1 624	16.9	15.2	2.0	2.7
云　　南	6 469	1 967	23.9	21.2	3.3	3.2
西　　藏	1 070	293	21.7	19.5	0.6	0.5
陕　　西	6 215	2 391	27.8	25.6	3.2	3.9
甘　　肃	4 141	1 637	23.4	21.9	2.1	2.7
青　　海	1 172	494	35.7	33.6	0.6	0.8
宁　　夏	1 037	161	25.9	23.8	0.5	0.3
新　　疆	3 894	1 146	45.1	41.3	2.0	1.9

(49)卫生机构床位数

单位:张

年份	总计	城市	农村	总计中:医院床位数 小计	城市	农村	每万人口拥有医院床位数 小计	城市	农村
1949	84 625			80 000	59 867	20 133	1.48	6.34	0.45
1952	230 946			160 300	121 282	39 018	2.79	14.63	0.79
1957	461 802			294 733	220 609	74 124	4.56	20.78	1.37
1962	932 820			690 061	436 995	253 066	10.25	38.77	4.52
1965	1 033 305			765 558	457 662	307 896	10.55	37.75	5.10
1970	1 261 514			1 104 984	590 846	595 138	13.39	41.76	8.46
1975	1 764 329			1 598 232	637 416	960 816	17.38	46.10	12.30
1978	2 041 681			1 856 391	716 200	1 140 191	19.38	48.46	14.07
1980	2 184 423	903 323	1 281 100	1 982 176	767 794	1 214 382	20.17	46.96	14.83
1985	2 487 086	1 108 198	1 378 888	2 229 219	962 148	1 267 071	21.41	46.64	15.10
1988	2 794 926	1 438 253	1 356 673	2 503 333	1 254 946	1 248 387	22.84	55.96	14.32
1989	2 867 062	1 526 145	1 340 917	2 568 361	1 335 237	1 233 124	22.79	45.20	14.83
1990	2 925 390	1 580 989	1 344 401	2 624 086	1 386 746	1 237 340	22.95	45.93	14.71
1991	2 991 859	1 649 000	1 342 859	2 668 600	1 448 590	1 240 010	23.21	47.43	14.54
1992	3 049 381	1 728 309	1 321 072	2 744 085	1 524 291	1 219 794	23.42	47.09	14.38
1993	3 098 884	1 795 767	1 303 117	2 794 792	1 595 476	1 199 316	23.58	47.84	14.08
增长速度(%)									
1990年比1985年	17.6	42.7	−2.6	17.7	44.1	−2.3	7.2	−1.5	−2.6
1992年比1990年	4.2	9.3	−1.7	4.6	9.9	−1.4	2.0	2.5	−0.1
1993年比1990年	5.9	13.6	−3.0	6.5	15.1	−3.1	2.7	4.2	−4.3

(50)各地区卫生机构床位数

(1993年)

地区	床位数(张)	#医院床位数	各地区医院床位数占全国医院床位数%
全国总计	**3 098 884**	**2 794 792**	**100.0**
北京	65 621	62 340	2.2
天津	39 023	36 724	1.3
河北	155 398	135 583	4.9
山西	110 953	102 105	3.7
内蒙古	65 221	60 870	2.2
辽宁	203 187	181 641	6.5

续表

地　区	床位数（张）	#医院床位数	各地区医院床位数占全国医院床位数%
吉　林	96 516	87 035	3.1
黑龙江	127 896	117 120	4.2
上　海	71 214	67 529	2.4
江　苏	173 280	152 872	5.5
浙　江	104 033	94 894	3.4
安　徽	116 694	105 186	3.8
福　建	71 290	63 488	2.3
江　西	93 315	82 625	3.0
山　东	194 599	176 794	6.3
河　南	189 127	172 172	6.2
湖　北	163 000	134 818	4.8
湖　南	150 276	136 409	4.9
广　东	139 812	129 317	4.6
广　西	81 217	76 457	2.7
海　南	22 830	22 053	0.8
四　川	256 530	224 669	8.0
贵　州	57 720	51 888	1.9
云　南	92 684	82 521	3.0
西　藏	5 042	4 515	0.2
陕　西	95 644	88 117	3.2
甘　肃	54 845	51 293	1.8
青　海	16 684	15 680	0.6
宁　夏	12 836	11 788	0.4
新　疆	72 397	66 289	2.4

（51）卫生机构中的卫生技术人员数

单位：人

年　份	卫生技术人员			#医　生			#护师、护士		
	合计	城市	农村	小计	城市	农村	小计	城市	农村
1949	505 040	176 764	328 276	363 400	65 980	297 420	32 800	23 616	9 184
1957	1 039 208	381 889	6 57319	546 296	138 120	408 176	128 174	100 134	28 040
1965	1 531 595	651 538	880 057	762 804	268 758	494 046	234 546	175 644	58 902
1975	2 057 068	957 263	1 099 805	877 716	367 368	510 348	379 545	239 972	139 573
1980	2 798 241	1 313 493	1 484 748	1 153 234	526 828	626 406	465 798	299 561	166 237
1985	3 410 910	1 677 260	1 733 650	1 413 281	709 280	70 4001	636 974	392 103	244 871
1988	3 723 756	2 028 179	1 695 577	1 618 174	886 019	732 155	829 261	536 867	292 394
1989	3 809 097	2 121 295	1 687 802	1 718 018	949 806	768 212	921 687	599 445	322 242

续表

年 份	卫生技术人员			#医 生			#护师、护士		
	合 计	城 市	农 村	小 计	城 市	农 村	小 计	城 市	农 村
1990	3 987 921	2 185 285	1 712 636	1 763 086	977 635	785 451	974 541	633 988	340 553
1991	3 984 974	2 263 600	1 721 374	1 779 545	1 002 932	776 613	1 011 943	665 707	346 236
1992	4 073 986	2 362 700	1 711 286	1 808 194	1 043 262	764 932	1 039 674	695 206	344 468
1993	5 125 416	3 194 525	2 020 891	1 831 665	1 077 213	754 452	1 056 096	714 737	341 359
每万人口中卫生技术人员数									
1949	9.32	18.22	7.34	6.71	6.99	6.65	0.61	2.50	0.21
1957	16.07	35.97	12.16	8.45	23.01	7.55	1.98	9.43	0.52
1965	21.11	53.75	14.57	10.52	22.17	8.17	3.23	14.49	0.97
1975	22.37	69.23	14.07	9.54	26.57	6.53	4.13	17.35	1.79
1980	28.48	80.34	18.13	11.7	32.22	7.65	4.74	18.32	2.03
1985	32.76	81.30	20.77	13.58	34.38	8.43	6.12	19.01	2.93
1988	33.97	90.43	19.45	14.76	39.51	8.40	7.57	23.94	3.35
1989	33.80	92.03	19.33	15.24	41.20	8.80	8.18	26.01	3.69
1990	34.88	95.57	18.96	15.42	44.46	8.69	8.52	28.83	3.77
1991	34.41	74.11	20.18	15.36	32.84	9.11	8.74	21.80	4.06
1992	34.78	72.99	20.18	15.43	32.23	9.02	8.87	21.48	4.06
1993	44.01	95.78	23.73	15.45	32.30	8.86	8.91	21.43	4.01

(52)全国农村乡卫生院机构、床位、人员数

指 标	单位	1975年	1980年	1985年	1990年	1992年	1993年
实有数							
机构数	个	54 026	55 413	47 387	47 749	46 117	45 024
床位数	张	620 281	775 413	720 619	722 877	732 754	730 828
人员数	人	860 773	1 037 543	905 871	889 219	930 406	946 398
#卫生技术人员	人	749 912	900 400	784 070	776 925	813 917	822 862
#医生	人	371 198	390 455	313 517	358 770	363 554	363 386
护师、士	人	69 698	66 237	74 731	115 884	124 479	125 287
平均每院							
床位数	张	11.5	14.0	15.2	15.1	15.9	16.2
人员数	人	15.9	18.7	19.1	18.6	20.2	21.0
#卫生技术人员	人	13.9	16.2	16.5	16.3	17.6	18.3
#医生	人	6.9	7.0	6.6	7.5	7.9	8.1
护师、士	人	1.3	1.2	1.6	2.4	2.7	2.8

(53)全国卫生机构中各类卫生技术人员情况

类别	绝对数(人)					
	1949年	1980年	1985年	1990年	1992年	1993年
总计	**505 040**	**2 798 241**	**3 410 910**	**3 897 921**	**4 073 986**	**4 117 067**
中医	276 000	262 185	336 224	368 462	363 612	365 090
中药人员		106 963	151 174	169 652	169 535	167 853
高级卫生技术人员	38 875	502 022	750 198	1 747 478	2 111 175	2 258 918
#西医师	38 000	447 288	602 237	1 058 460	1 078 956	1 115 380
护师			68 265	431 542	459 748	528 280
西药师	484	25 241	32 995	103 799	107 341	116 656
中级卫生技术人员	103 277	1 174 435	1 339 488	1 153 003	1 421 425	1 316 358
#西医士	49 400	443 761	472 784	331 229	360 209	351 195
护士	32 800	465 798	568 709	542 999	579 926	527 816
助产士	13 900	70 843	75 517	58 397	60 044	54 926
西药剂士	2 873	83 901	89 685	90 455	92 479	84 637
初级卫生技术人员	86 888	752 636	833 826	459 326	541 386	541 790
总计中:医生	363 400	11 153 234	1 413 281	1 763 086	1 808 194	1 831 665
类别	各类人员占总计的%					
	1949年	1980年	1985年	1990年	1992年	1993年
总计	**100.0**	**100.0**	**100.0**	**100.0**	**100.0**	**100.0**
中医	54.6	9.4	9.9	9.5	8.9	8.9
中药人员		3.8	4.4	4.4	4.2	4.1
高级卫生技术人员	7.7	17.9	22.0	44.8	51.8	54.9
#西医师	7.5	16.0	17.7	27.2	26.5	27.1
护师			2.0	11.1	11.3	12.8
西药师	0.1	0.9	1.0	2.7	2.6	2.8
中级卫生技术人员	20.5	42.0	39.3	29.6	34.9	32.0
#西医士	9.8	15.9	13.9	8.5	8.8	8.5
护士	6.5	16.6	16.7	13.9	14.2	12.8
助产士	2.8	2.5	2.2	1.5	1.5	1.3
西药剂士	0.6	3.0	2.6	2.3	2.3	2.1
初级卫生技术人员	17.2	26.9	24.4	11.8	13.3	13.2
总计中:医生	72.0	41.2	41.4	45.2	44.4	44.5

(54)全国医院诊疗人次及入院人数

(1993年)

	诊疗人次数(亿次)		入院人数(万人)	每百诊次的入院人数	
	合计	其中：门、急诊		合计	其中：门、急诊
总计	**22.05**	**20.81**	**4 921**	**2.2**	**2.4**
县及县以上医院	12.57	11.72	3 018	2.4	2.6
卫生部门	7.98	7.70	2 325	2.9	3.0
工业及其他部门	4.22	3.67	643	1.5	1.8
集体所有制	0.35	0.34	47	1.3	1.4
私人开业及其他	0.02	0.01	3	1.5	3.0
乡卫生院	8.98	8.62	1 855	2.1	2.2
中心卫生院	2.89	2.80	728	2.5	2.6
乡卫生院	6.09	5.82	1 127	1.9	1.9
其他医院	0.50	0.47	48	1.0	1.0

注：本表的医院诊疗人次及入院人数系全国55 279所医院的统计数字，不包括全国11.5万个门诊部、所(各种门诊机构)、80.7万个农村村卫生室和16.1万名个体开业人员的诊疗人次数。

补充资料：1993年全国每万人口入院人数为423.2人。

(55)1993年部分市前十位主要疾病死亡专率及死亡原因构成

顺位	合计			男			女		
	死亡原因	死亡专率(1/10万)	占死亡总人数的%	死亡原因	死亡专率(1/10万)	占死亡总人数的%	死亡原因	死亡专率(1/10万)	占死亡总人数的%
1	恶性肿瘤	126.52	21.75	恶性肿瘤	153.22	24.74	脑血管病	118.34	21.84
2	脑血管病	124.20	21.35	脑血管病	129.78	20.95	恶性肿瘤	98.50	18.17
3	呼吸系病	99.15	17.05	呼吸系病	101.24	16.34	呼吸系病	96.97	17.89
4	心脏病	85.62	14.72	心脏病	83.02	13.40	心脏病	88.35	16.30
5	损伤和中毒	38.78	6.67	损伤和中毒	45.68	7.37	损伤和中毒	31.53	5.82
6	消化系病	21.55	3.70	消化系病	24.56	3.96	消化系病	18.39	3.39
7	内分泌、营养、代谢及免疫疾病	12.09	2.08	泌尿、生殖系病	9.59	1.55	内分泌、营养、代谢及免疫疾病	14.77	2.72
8	泌尿、生殖系病	9.08	1.56	内分泌、营养、代谢及免疫疾病	9.53	1.54	泌尿、生殖系病	8.55	1.58
9	精神病	6.94	1.19	肺结核	7.16	1.16	精神病	6.94	1.45
10	新生儿病	758.49	1.04	新生儿病	856.74	1.10	新生儿病	654.78	0.96
	十种死因合计		**91.11**	**十种死因合计**		**92.11**	**十种死因合计**		**90.12**

统计范围：包括北京等36个市全市或部分市区资料。

注：新生儿病死亡专率系以每十万出生人数为分母计算的。下表同。

(56)1993年部分县前十位主要疾病死亡专率及死亡原因构成

顺位	合计			男			女		
	死亡原因	死亡专率(1/10万)	占死亡总人数的%	死亡原因	死亡专率(1/10万)	占死亡总人数的%	死亡原因	死亡专率(1/10万)	占死亡总人数的%
1	呼吸系病	165.59	26.50	呼吸系病	167.96	24.94	呼吸系病	163.09	28.40
2	恶性肿瘤	102.18	16.35	恶性肿瘤	126.45	18.78	脑血管病	94.90	16.53
3	脑血管病	98.15	15.71	脑血管病	101.25	15.04	恶性肿瘤	76.74	13.37
4	损伤和中毒	71.56	11.45	损伤和中毒	83.28	12.37	心脏病	65.07	11.33
5	心脏病	62.74	10.04	心脏病	60.50	8.99	损伤和中毒	59.28	10.33
6	消化系病	31.15	4.98	消化系病	36.70	5.45	消化系病	25.33	4.41
7	肺结核	11.76	1.88	肺结核	15.02	2.23	新生儿病	799.94	1.82
8	新生儿病	894.46	1.86	新生儿病	985.99	1.88	肺结核	8.34	1.45
9	传染病(肺结核除外)	8.83	1.42	传染病(肺结核除外)	10.10	1.50	传染病(肺结核除外)	7.50	1.31
10	泌尿、生殖系病	8.36	1.34	泌尿、生殖系病	9.44	1.40	泌尿、生殖系病	7.24	1.26
	十种死因合计		**91.53**	**十种死因合计**		**92.58**	**十种死因合计**		**90.21**

统计范围:包括北京等87个县的资料。

(57)新法接生率

单位:%

年份	新法接生占接生总次数的比重		
	合计	市	县
1977	88.5	98.2	87.6
1980	91.4	98.7	90.3
1981	91.5	98.6	90.4
1982	92.7	98.6	91.6
1983	93.9	98.8	92.9
1984	94.4	98.4	93.4
1985	94.5	98.7	93.5
1986	94.4	98.3	93.4
1987	95.2	98.7	94.2
1988	95.5	98.6	96.1
1989	95.7		
1990	94.0	98.6	93.9
1991	93.7	98.1	93.2
1992	84.1	91.2	82.0
1993	83.6	81.1	84.7

(58)住院分娩率

单位：%

年 份	合 计	市	县
1984	41.1	74.9	32.8
1985	43.7	73.6	36.4
1986	45.9	73.5	39.1
1987	48.2	75	40.9
1988	50.3	75.6	44.3
1989	51.5		
1990	50.6	74.2	45.1
1991	50.6	72.8	45.5
1992	52.7	71.7	41.2
1993	56.5	68.3	51.0

(59)全国各个时期的卫生事业费

	卫生事业费（亿元）	国家财政支出（亿元）	科教文卫事业费（亿元）	卫生事业费	
				占国家财政支出%	占科教文卫事业费%
恢复时期	5.59	366.56	29.05	1.52	19.24
一五时期	14.55	1 345.68	110.21	1.08	13.20
二五时期	23.34	2 288.67	193.54	1.02	12.11
调整时期	18.84	1 204.98	126.89	1.56	14.85
三五时期	44.50	2 518.60	225.82	1.77	19.71
四五时期	65.62	3 919.60	341.98	1.67	19.19
五五时期	113.64	5 247.35	566.73	2.17	20.05
1978 年	22.42	1 111.00	112.66	2.02	19.90
1980 年	30.16	1 212.73	146.26	2.49	20.62
六五时期	215.35	6 952.00	1 171.73	3.10	18.38
1985 年	54.82	1 844.80	316.70	2.97	17.31
七五时期	354.06	13 978.30	2 439.40	2.53	14.51
1989 年	74.40	3 040.20	553.33	2.45	13.45
1990 年	79.47	3 452.20	617.29	2.30	12.87
八五时期					
1991 年	86.40	3 813.60	708.00	2.27	12.20
1992 年	103.81	4 389.70	792.96	2.36	13.09

注：1. 从 1987 年开始，卫生事业费不再包括中医事业费和医学科研经费；2. 卫生事业费系财政决算数，不含公费医疗经费部分；3. 本表均按当年价格计算。

8. 环境保护

(60)环保系统工作人员数

单位:人

地区	1988年		1990年		1992年	
	人数	#科技、业务人员	人数	#科技、业务人员	人数	#科技、干部
全国总计	**54 280**	**34 203**	**65 561**	**40 961**	**74 915**	**40 566**
北京	1 433	971	1 396	899	1 415	867
天津	608	432	1 258	778	1 314	843
河北	2 198	1 398	2 676	1 645	3 075	1 559
山西	2 083	1 223	2 870	1 433	2 784	1 074
内蒙古	1 634	366	1 852	1 289	1 964	1 091
辽宁	4 793	2 993	4 941	3 255	5 288	2 926
吉林	1 752	1 147	2 196	1 391	2 902	1 716
黑龙江	2 479	1 470	2 813	1 635	3 400	1 665
上海	1 798	1 131	1 952	1 205	2 094	1 253
江苏	3 056	2 096	3 744	2 668	4 325	2 796
浙江	1 616	1 205	2 264	1 657	2 522	1 612
安徽	1 580	1 098	1 849	1 350	2 026	1 275
福建	997	742	1 295	902	1 784	1 108
江西	1 486	856	1 758	988	1 968	958
山东	3 986	2 092	5 168	2 818	6 145	2 929
河南	2 897	1 400	3 812	1 928	4 978	1 955
湖北	2 401	1 545	2 975	1 872	3 632	1 842
湖南	2 937	1 999	3 439	2 227	3 890	2 320
广东	2 901	1 785	3 337	2 086	4 130	2 134
广西	1 227	901	1 526	1 112	1 792	1 193
海南	427	226	551	282	672	310
四川	3 447	2 267	4 092	2 662	4 492	2 656
贵州	1 134	827	1 222	900	1 300	828
云南	1 231	925	1 389	1 006	1 377	915
西藏	36	17	49	19	57	5
陕西	1 558	887	1 822	978	2 109	984
甘肃	929	460	1 303	579	1 404	474
青海	307	207	377	268	397	225
宁夏	355	238	519	313	507	274
新疆	992	699	1 116	816	1 172	779

注:1992年的科技干部数中不包括业务人员数。

(61)环保系统机构及设施情况

项　　目	1985年	1986年	1988年	1990年	1992年	1993年
各级环保系统机构数(个)			5 359	6 334	6 773	7 227
#环境监测站			1 808	2 039	2 172	5 555
机动车船拥有数(辆、艘)	2 686	3 656	4 650	5 852	6 077	6 705
仪器仪表拥有数(台、套)	33 983	38 509	46 954	56 947	101 277	106 248

(62)工业废水中排放的有害物质

单位:吨

项　目	1986年	1987年	1988年	1990年	1992年	1993年
汞	50.12	31.04	35.40	25.45	21.81	16.28
镉	157.61	149.06	182.02	157.92	137.87	134.00
六价铬	1 104.17	897.05	884.40	712.26	382.88	376.89
砷	1 440.95	1 483.71	1 532.36	1 225.50	871.96	906.72
铅	2 123.24	1 753.85	1 136.01	1 293.82	972.72	1 093.41
酚	10 625.10	10 378.58	7 948.13	9 324.85	6 360.69	4 995.68
氰化物	6 352.00	5 818.60	4 870.81	3 890.58	3 483.50	2 479.98
石油类	82 900.35	84 340.44	77 241.12	66 560.44	65 075.89	71 399

(63)各地区工业废水排放处理情况

地　区	工业废水排放量(万吨/年)			工业废水处理率(%)		
	1988年	1990年	1992年	1988年	1990年	1992年
全国总计	**2 683 886**	**2 486 861**	**2 338 534**	**27.0**	**32.2**	**68.6**
北　京	39 001	40 641	39 682	29.7	31.5	80.5
天　津	28 275	22 865	21 084	25.2	28.3	75.1
河　北	96 651	99 181	90 038	34.7	31.2	82.6
山　西	61 019	58 430	40 578	22.2	21.3	77.0
内蒙古	31 558	26 225	27 025	17.9	26.0	70.7
辽　宁	168 277	163 714	153 020	31.5	30.1	80.7
吉　林	65 317	57 645	45 422	28.9	29.6	70.2
黑龙江	119 029	112 398	77 421	36.4	42.1	68.3
上　海	140 193	133 218	137 032	28.5	30.8	74.1
江　苏	243 388	233 503	224 874	26.1	25.3	59.5
浙　江	104 630	107 247	116 626	24.0	26.3	64.6

续表

地区	工业废水排放量(万吨/年)			工业废水处理率(%)		
	1988年	1990年	1992年	1988年	1990年	1992年
安徽	108 960	98 620	97 318	26.4	32.7	59.7
福建	75 964	76 217	63 408	29.3	36.1	52.4
江西	81 799	77 123	74 661	27.2	34.5	62.0
山东	97 871	87 631	86 412	28.3	37.0	80.2
河南	108 741	104 934	94 979	26.9	36.8	80.5
湖北	213 485	162 302	144 625	15.6	24.3	70.2
湖南	193 704	188 633	178 391	33.1	39.3	66.1
广东	137 251	140 250	141 939	36.2	42.0	70.8
广西	109 832	105 248	93 766	27.3	47.8	66.4
海南	7 391	8 041	10 302	23.4	24.1	53.3
四川	247 164	196 499	199 002	18.9	24.4	45.9
贵州	49 262	34 224	28 926	24.4	31.7	73.1
云南	41 542	42 422	44 046	26.5	25.3	58.0
西藏	67	129	180	1.5	15.5	
陕西	43 767	40 168	38 294	23.4	34.9	72.2
甘肃	40 733	38 375	37 562	24.0	32.6	56.1
青海	6 150	6 865	5 411	19.1	15.6	41.9
宁夏	7 482	8 612	7 887	28.1	40.5	54.0
新疆	15 383	15 501	18 624	39.5	43.6	30.3

注:1992年的工业废水处理量中包括了经处理后回用的部分,1990年前不包括此部分,因此1992年的工业废水处理率与以前年度不可比。

(64)工业"三废"排放处理利用情况

项目	单位	1985年	1990年	1991年	1992年	1993年
工业废水排放总量	万吨	2 574 009	2 486 861	2 356 608	2 338 534	2 194 919
工业废水处理率	%	22.8	32.2	63.5	68.6	72.0
工业废气排放总量	亿标立方米	73 972	85 380	84 699	90 308	93 423
工业废气处理率	%	56.3	70.2	77.7	79.6	80.4
工业粉尘排放量	万吨	1 305	781	579	576	617
工业粉尘回收率	%	52.3	71.8	78.9	81.0	81.1
工业固体综合利用量	万吨	12 187	16 943	22 285	25 554	24 826
工业固体综合利用率	%	26.2	29.3	36.6	39.6	38.7

(65)企事业污染治理资金情况

单位:万元

年份	合计	基本建设	更新改造	综合利用利润留成	环境保护补助	贷款	其他
1981	196 966	73 974	67 458	9 019		12 065	34 450
1982	218 579	67 622	69 270	6 987	29 785	18 334	26 581
1983	204 340	45 802	67 904	6 192	37 663	18 341	28 438
1984	197 522	56 170	51 736	8 259	42 523	20 062	18 772
1985	220 565	50 868	60 362	6 112	48 938	31 373	22 912
1986	288 181	58 210	82 684	8 642	61 358	45 771	31 516
1987	359 707	76 965	98 857	11 379	66 940	72 006	33 560
1988	424 079	96 125	121 270	11 712	65 939	82 706	46 327
1989	435 408	95 436	139 586	10 699	62 985	75 342	51 360
1990	454 465	109 214	134 647	11 353	68 282	75 208	55 761
1991	597 307	140 087	172 050	21 321	101 748	56 436	162 093
1992	646 626	140 025	179 357	21 594	108 990	60 413	196 659
1993	692 864	130 801	208 880	31 993	107 350	62 138	213 840

(66)自然保护区情况

(1993年)

总个数(个)	其中		总面积(万公顷)
	国家级	地方级	
766	77	689	6 618.4

9. 文化

(67)文化事业机构数

单位:个

年份	电影事业			艺术事业		图书出版社	博物馆	公共图书馆	群众文化事业			广播电视事业		
	电影制片厂	电影放映单位	其中:电影院、影剧院、开放礼堂俱乐部	表演团体	剧场影剧院				群众艺术馆	文化馆	文化站	电视台	广播电台	县市有线广播站
1949	3	646	596	1 000	891	…	21	55	—	896	—	—	49	11
1952	4	2 285	746	2 084	1 510	426	35	83	—	2 430	4 107	—	72	331
1957	11	9 965	1 030	2 884	2 296	103	72	400	39	2 748	2 417	—	61	1 698

续表

年份	电影事业			艺术事业		图书出版社	博物馆	公共图书馆	群众文化事业			广播电视事业		
	电影制片厂	电影放映单位	其中：电影院、影剧院、开放礼堂俱乐部	表演团体	剧场影剧院				群众艺术馆	文化馆	文化站	电视台	广播电台	县市有线广播站
1962	16	18 583	2 398	3 320	2 249	79	230	541	61	2 514	1 192	14	94	2 029
1965	16	20 363	2 528	3 458	2 943	87	214	577	62	2 598	2 125	12	87	2 365
1970	15	26 569	2 599	2 541	1 432	…	182	323	29	2 303	1 794	31	80	2 346
1975	15	69 661	3 617	2 836	1 464	75	242	629	81	2 589	2 717	32	88	2 481
1978	17	115 946	4 749	3 150	1 095	107	349	1 256	92	2 748	3 260	32	93	2 553
1980	17	125 462	6 437	3 533	1 444	169	365	1 732	218	2 912	25 273	38	106	2 610
1981	19	130 827	8 066	3 483	1 415	191	383	1 787	257	2 893	28 417	42	114	2 643
1982	19	143 650	12 297	3 460	1 424	214	409	1 889	264	2 925	35 832	47	118	2 631
1983	19	162 153	14 974	3 444	1 688	260	467	2 038	270	2 946	41 830	52	122	2 619
1984	20	178 387	17 536	3 397	1 684	295	618	2 217	315	3 016	50 247	93	167	2 570
1985	20	182 948	18 360	3 317	1 673	374	711	2 344	335	2 965	52 858	202	213	2 568
1986	36	173 857	18 358	3 195	2 036	395	777	2 406	337	2 993	53 519	292	278	2 560
1987	36	166 472	18 490	3 094	2 094	417	827	2 440	348	2 973	52 867	366	386	2 576
1988	35	161 777	18 008	2 985	2 042	448	903	2 485	358	2 975	52 923	422	461	2 546
1989	35	152 300	18 565	2 850	2 011	463	967	2 512	366	2 955	51 910	469	531	2 525
1990	35	146 184	19 751	2 805	2 011	462	1 013	2 527	366	2 955	52 435	509	635	2 466
1991	35	139 639	19 771	2 772	2 024	464	1 075	2 535	371	2 894	51 959	543	724	2 464
1992	36	133 684	19 470	2 753	1 995	480	1 106	2 565	372	2 901	48 454	586	812	2 452
1993	36	—	—	2 707	1 980	505	1 130	2 579	370	2 886	46 212	684	987	2 382

(68)各地区文化事业机构数

(1992 年)

单位：个

地　　区	艺术表演团体	艺术表演场所	公共图书馆数	群众文化事业		
				群众艺术馆	文化馆	文化站
全国总计	**2 744**	**2 029**	**2 565**	**372**	**2 901**	**48 454**
中央直属	13	4	1			
北　京	22	25	22	1	22	367
天　津	20	32	31	1	19	297

续表

地区	艺术表演团体	艺术表演场所	公共图书馆数	群众文化事业		
				群众艺术馆	文化馆	文化站
河北	147	103	125	19	168	3 371
山西	166	56	166	12	119	1 764
内蒙古	120	34	106	13	103	1 559
辽宁	91	83	126	17	113	2 351
吉林	72	62	49	13	44	1 043
黑龙江	92	50	96	16	121	1 274
上海	35	51	31	1	42	351
江苏	136	137	91	12	110	2 245
浙江	89	98	80	12	84	1 981
安徽	96	100	85	14	102	2 001
福建	89	77	75	10	80	1 090
江西	96	73	104	12	101	1 882
山东	120	120	122	17	139	2 481
河南	228	175	128	23	200	2 171
湖北	105	90	100	15	182	1 641
湖南	90	111	116	15	127	3 370
广东	124	80	108	20	113	1 920
广西	115	37	99	14	96	1 376
海南	23	3	19	3	17	297
四川	150	140	159	24	210	5 922
贵州	32	15	86	8	84	915
云南	136	41	148	19	128	1 515
西藏	25	10	18	7	24	37
陕西	120	112	114	11	113	2 570
甘肃	83	53	86	15	83	1 236
青海	14	3	41	9	43	279
宁夏	16	16	20	4	22	291
新疆	89	28	63	15	92	857

(69)各地区文物、广播电视、出版事业机构数

(1992年)

单位:个

地区	文物事业		广播电视事业			图书出版社
	博物馆	文物保护单位	电视台	广播电台	市县有线广播站	
全国总计	**1 106**	**1 734**	**586**	**812**	**2 452**	**480**
中央直属	5		1	2		183
北京	12	30	5	6	16	9
天津	13	7	2	1	5	12
河北	27	153	45	112	151	7
山西	67	65	26	21	121	8
内蒙古	16	69	25	38	97	7
辽宁	26	76	22	18	67	14
吉林	16	39	34	22	44	13
黑龙江	23	81	28	64	60	12
上海	12	2	7	4	10	31
江苏	62	46	28	30	85	15
浙江	55	78	49	13	82	12
安徽	26	85	22	36	60	8
福建	63	25	11	16	75	10
江西	82	34	15	7	96	7
山东	50	73	41	74	126	14
河南	59	115	16	17	155	8
湖北	86	34	40	65	93	13
湖南	51	116	20	10	107	11
广东	108	9	39	91	87	14
广西	35	64	10	13	92	7
海南	16		4	19	14	3
四川	46	145	23	17	225	20
贵州	4	68	7	7	79	4
云南	22	71	12	13	128	5
西藏		15	2	2	76	2
陕西	57	151	10	36	104	15
甘肃	49	23	12	27	63	4
青海	7	16	4	4	38	1
宁夏	3	17	4	9	20	2
新疆	8	27	22	18	86	9

(70)电影放映场次与人均观看次数

年份	放映场次(万次)	人均年观看次数(次)
1949	13.9	0.1
1952	78.6	1.0
1957	246.5	2.7
1962	491.5	5.0
1965	655.5	6.5
1970	403.8	4.6
1975	1 398.1	13.3
1978	2 621.4	24.3
1980	3 366.3	29.4
1981	3 342.6	27.8
1982	3 513.3	27.2
1983	3 633.3	27.0
1984	3 744.5	26.1
1985	3 131.1	20.8
1986	3 212.8	20.6
1987	3 232.4	19.8
1988	2 972.6	17.1
1989	2 881.3	14.97
1990	2 902.4	14.09
1991	2 757.9	12.54
1992	2 266.4	9.04

(71)广播电视普及情况

单位:%

年份	广播人口覆盖率(广播覆盖人数/总人口)	电视人口覆盖率(电视覆盖人口/总人口)	农村有线广播普及率(广播喇叭入户数/农村居民总户数)
1985	69.4	68.8	42.1
1986	70.2	71.4	41.6
1987	70.5	73.0	41.0
1988	70.6	75.4	40.1
1989	73.0	77.9	38.3
1990	74.7	79.4	37.3
1991	75.0	80.5	38.1
1992	75.6	81.3	39.0
1993	76.3	82.3	—

(72)对外文化交流情况

单位:部

年份	与外国签订文化协定数		文化交流来往项目		
	签订文化协定	签订文化协定执行计划	计	来华	出国
1985	5	17	804	381	423
1986	2	16	1 075	456	619
1987	8	32	880	378	502
1988	5	19	707	282	425
1989	4	18	484	182	302
1990	1	14	733	263	470
1991	4	29	736	227	509
1992	13	11	1 181	413	768

注:此表仅为文化部系统数

(73)广播电视节目构成情况

单位:时

项目	1981年	1985年	1990年	1991年	1992年	1993年
广播电台						
日均播音时间(12月份)	1 960	3 144	6 297	7 125	8 112	10 363
其中:自办节目	1 664	2 547	4 676	5 202	5 964	7 825
(1)新闻	158	303	652	742	859	1 091
(2)文艺	949	1 388	2 439	2 658	2 961	3 581
(3)专题	190	336	711		1 027	—
(4)教育	208	251	289	301	312	358
(5)其他	159	269	585		805	—
电视台						
周播放时间(12月份第三周)	2 191	7 699	22 297	23 815	26 432	34 407
其中:自办节目	639	2 919	8 274	9 593	11 913	17 902
(1)新闻	50	273	828	973	1 116	1 691
(2)文艺	287	1 639	5 558	6 265	7 837	11 864
(3)专题	59	243	725		1 140	—
(4)教育	202	636	423	405	406	534
(5)其他	41	128	739		1 414	—

(74)书报刊出版情况

年　份	出版种数(种)			出版印数(万册、万份)		
	图 书	杂 志	报 纸	图 书	杂 志	报 纸
1950	12 153	295	382	27 463	3 530	79 752
1952	13 692	354	296	78 566	20 424	160 896
1957	27 571	634	364	127 544	31 500	244 244
1962	16 548	483	273	108 526	1 9651	258 332
1965	20 143	790	343	217 148	44 066	474 108
1970	4 889	21	42	178 649	6 898	464 839
1975	13 716	476	180	357 624	43 928	1 096 774
1978	14 987	930	186	377 424	76 194	1 277 620
1980	21 621	2 191	188	459 298	112 479	1 404 206
1981	25 601	2 801	242	557 830	146 181	1 406 523
1982	31 784	3 100	277	587 903	151 417	1 400 147
1983	35 700	3 415	340	580 382	176 941	1 551 051
1984	40 072	3 907	458	624 816	218 186	1 807 593
1985	45 603	4 705	698	667 328	255 999	1 997 560
1986	51 789	5 284	791	520 299	240 187	1 939 022
1987	60 213	5 687	850	625 210	258 965	2 049 088
1988	65 962	5 865	829	622 458	254 947	2 072 197
1989	74 973	6 078	852	586 442	184 437	1 560 748
1990	80 224	5 751	774	563 626	179 021	1 605 040
1991	89 615	6 056	813	613 940	206 200	1 765 900
1992	92 148	6 486	875	633 750	236 071	1 890 492
1993	96 761	7 011	943	593 000	235 000	1 926 000

(75)图书出版分类构成情况

(1993 年)

类　别	种数(种)	印数(万册、张)	印张(亿印张)	类　别	种数(种)	印数(万册、张)	印张(亿印张)
总　计	**96 761**	**593 372**	**282.3**	N. 自然科学总论	295	1 025	0.49
(一)使用"中国标准书号"合计	92 972	585 514	277.8	O. 数学科学、化学	1 646	2 806	2.79
				P. 天文学、地理科学	700	616	0.31
A. 马列主义、毛泽东思想	222	337	0.41	Q. 生物科学	398	192	0.23
				R. 医学、卫生	3 455	3 644	5.25
B. 哲　学	1 000	744	1.00	S. 农业科学	2 336	2 210	1.67
C. 社会科学总论	996	792	0.82	T. 工业技术	9 409	17 350	24.12
D. 政治、法律	3 409	7 233	6.56	U. 交通运输	414	913	0.96
E. 军　事	313	337	0.35	V. 航空、航天	111	40	0.04
F. 经　济	6 201	7 913	9.08	X. 环境科学	209	110	0.16

续表

类别	种数（种）	印数（万册、张）	印张（亿印张）	类别	种数（种）	印数（万册、张）	印张（亿印张）
G. 文化科学、教育、体育	37 463	500 659	189.79	Z. 综合性图书	3 098	3 139	4.36
H. 语言文字	2 724	6 507	8.24	(二)不使用"中国标准书号"图书	3 789	7 858	3.39
I. 文学	9 488	11 594	13.01	#年画	2 624	4 925	1.58
J. 艺术	5 560	10 837	4.20				
K. 历史地理	3 525	6 516	3.92				

(76)主要文化活动情况

	1981年	1985年	1990年	1991年	1992年	1993年
图书出版(万种)	2.6	4.6	8.0	9.0	9.2	9.7
#新书	2.0	3.4	5.5	5.8	5.8	5.6
图书印数(亿册)	55.8	66.7	56.4	61.4	63.4	59.3
图书销售(亿册)		59.2	60.2	65.3	67.9	65.9
杂志出版(亿册)	14.6	25.6	17.9	20.6	23.6	23.5
报纸出版(亿份)	140.7	199.8	160.5	176.6	189.1	192.6
电影放映(万场次)	3 343	3 131	2 902	2 758	2 266	—
观众人次(亿人次)	274.8	217.6	161.1	144.3	105.9	—
人均年观看次数(次)	27.8	20.8	14.2	12.54	9.04	—
艺术表演(万场)	100.2	74.4	49.1	44.6	42.5	40.8
观众人次(亿人次)	9.3	7.2	5.1	4.6	4.63	4.25
人均年观看次数(次)	0.94	0.69	0.45	0.40	0.40	0.36
博物馆陈列展览(个)	1 199	2 702	4 113	4 292	3 401	4 576
参观人数(万人次)	3 970	7 849	14 976	14 357	9 425	8 982
人均年参观次数(次)	0.04	0.08	0.13	0.12	0.08	0.08
公共图书馆购书(万册)		1 343	895	771	740	790
公共图书馆藏书(万册)	20 828	25 573	29 064	30 614	31 175	31 410
公共图书馆图书借出(万册次)	14 307	18 942	20 242	13 325	12 625	11 685
人均年借阅册次(册)	0.14	0.18	0.18	0.12	0.11	0.10
广播日均播音(小时)	2 091	3 144	6 298	7 125	8 112	10 363
#文艺节目	949	1 388	2 439	2 658	2 961	3 581
广播人口覆盖率(%)	55.7	68.3	74.7	75.0	75.6	76.3
电视周均播出(小时)	2091	7 699	22 298	23 815	26 432	34 407
#文艺节目	287	1 639	5 558	6 265	7 837	11 864
电视人口覆盖率(%)	22.5	68.4	79.4	80.5	81.3	82.3

77. 少数民族文字图书、杂志、报纸出版情况

年　份	图　书		杂　志		报纸印数(万份)
	种数(种)	印数(万册)	种数(种)	印数(万册)	
1949	176	167.8	4	11.8	241.8
1952	621	661.2	15	168.6	2 933.3
1957	1 763	1 461.6	35	243.8	2 433.5
1962	942	910.0	27	170.0	2 252.0
1965	1 884	2 480.0	36	268.0	3 955.0
1978	1 363	3 908.0	35	313.0	7 072.0
1982	2 270	3 330.0	75	631.0	9 666.0
1983	2 327	3 358.0	74	616.0	10 371.0
1984	2 524	3 514.0	76	748.0	15 175.0
1985	2 759	3 629.0	109	1 035.0	11 402.0
1986	2 972	3 635.0	126	1 084.7	12 561.0
1987	3 157	4 184.0	128	1 148.1	13 306.0
1988	3 294	3 816.0	154	1 350.3	13 411.0
1989	3 260	3 853.0	153	1 280.2	9 031.0
1990	3 251	3 867.0	131	1 027.2	14 837.0
1991	3 575	4 922.0	142	1 005.8	11 983.0
1992	3 065	4 326.0	167	1 354.2	11 981.0

(78)文化、广播事业经费

单位:亿元

年　份	文化广播事业费			人均文化广播事业费(元)	占财政支出比重(%)
		文化经费	广播事业费		
1952	0.85	0.68	0.17	0.15	0.48
1957	1.58	1.24	0.34	0.25	0.52
1962	1.66	1.08	0.58	0.25	0.54
1965	2.57	1.68	0.89	0.36	0.55
1970	3.76	2.06	1.70	0.46	0.58
1975	6.39	3.54	2.85	0.70	0.78
1978	7.88	4.10	3.78	0.83	0.71
1980	11.24	6.43	4.81	1.15	0.93
1981	12.10	6.97	5.13	1.22	1.09
1982	14.09	8.03	6.06	1.40	1.22
1983	16.74	9.46	7.28	1.65	1.30
1984	21.55	11.89	9.66	2.10	1.39
1985	24.22	13.23	11.19	2.35	1.32
1986	26.44	13.12	13.32	2.50	1.13
1987	27.37	12.96	14.41	2.55	1.12
1988	32.21	14.81	17.40	2.90	1.22
1989	35.65	16.07	19.58	3.16	1.21
1990	39.56	18.11	21.45	3.46	1.19
1991	39.59	17.28	22.31	3.42	1.04
1992	53.83	19.46	34.37	4.60	1.22

10. 体　育

(79)体委系统职工人数

单位：人

年　份	合　计	教练员	运动员	科技人员
1978	70 871	17 176	13 373	
1979	74 421	17 884	15 122	
1980	77 428	18 534	15 063	441
1981	81 612	20 221	15 992	517
1982	85 479	21 072	16 064	644
1983	88 847	20 905	16 728	762
1984	94 345	20 740	16 850	897
1985	101 415	21 374	18 545	1 003
1986	109 231	22 462	20 027	1 163
1987	116 100	23 724	21 311	1 517
1988	118 821	24 796	19 921	1 675
1989	122 393	25 246	19 646	1 606
1990	130 948	25 670	19 559	1 638
1991	131 336	26 405	18 926	1 852
1992	137 482	25 382	19 262	1 749
1993	137 693	25 009	18 509	1 876

(80)等级裁判员、运动员发展人数

单位：人

项　目	1985 年		1990 年		1991 年		1992 年		1993 年	
	合计	# 女	合计	# 女	合计	# 女	合计	# 女	合计	# 女
等级裁判员合计	**59 524**	**5 459**	**48 378**	**6 297**	**47 136**	**6 842**	**45 591**	**6 521**	**39 080**	
国际裁判	85	20	46	9	45	7	13	1	30	
国家级裁判	398	42	421	64	550	149	206	19	427	
一级裁判	4 045	470	3 792	632	4 481	807	3 842	583	2 943	
等级运动员合计	**67 392**	**26 422**	**65 540**	**27 114**	**68 305**	**28 913**	**61 119**	**25 739**	**58 046**	
国际级运动健将	113	26	97	57	37	20	181	106	86	
运动健将	852	302	827	366	1 297	566	687	320	1 204	
一级运动员	1 079	336	1 539	587	2 028	780	1 965	838	1 299	

(81)我国运动员历年创世界记录情况

单位：项、人、次

年份	项数	#女子	人数	#女子	次数	#女子
1956	1		1		3	
1957	3	1	3	1	3	1
1963	13	7	14	6	20	13
1965	28	12	66	28	41	20
1970	1		1		1	
1975	6	6	7	7	12	12
1976	3	3	3	3	3	3
1977	3	3	7	7	7	7
1978	3	3	6	6	3	3
1979	13	3	32	5	26	3
1980	7		17		15	
1981	8	2	15	3	18	3
1982	11	4	16	8	15	4
1983	13	1	25	1	18	1
1984	12	6	17	10	17	10
1985	5	1	6	1	9	1
1986	7	4	12	4	12	6
1987	22	6	28	6	41	12
1988	33	20	16	13	34	29
1989	36	25	25	14	47	35
1990	14	9	17	10	16	9
1991	31	26	29	24	50	44
1992	42	—	32	27	106	102
1993	57	47	55	28人7队	124	109

注：总计的项数和人数中剔除了历年重复数(以下同)。

(82)我国运动员分项目创世界纪录情况

(1993年)

单位：项、人、次

项目	项数	#女子	人数	#女子	次数	#女子
总计	**57**	**47**	**38人7队**	**28人7队**	**124**	**109**
田径	3	3	3	3	5	5
游泳	22	22	16	16	68	68
举重	2	2	2人1队	2人1队	4	4
短道速滑						
航海模型	5		6		9	
射箭	1		1		1	
蹼泳	14	10	7人2队	4人2队	25	20
弓弩	1	1	1队	1队	1	1

(83)我国运动员历年获得世界冠军情况

单位:项、人、个

年份	项数	# 女子	人数	# 女子	个数	# 女子
1959	1		1		1	
1961	3	1	6	1	3	1
1963	4		7		4	
1965	5	2	9	4	5	2
1971	4	2	7	2	4	2
1973	3	2	4	2	3	2
1975	2	1	9	4	2	1
1977	4	2	10	5	4	2
1978	4	2	4	2	4	2
1979	12	6.5	20	11	12	6.5
1980	3		3		3	
1981	25	12.5	53	32	25	12.5
1982	12	2	31	15	13	2
1983	37	15	50	24	39	17
1984	33	10	46	26	37	10
1985	42	20	70	41	46	23
1986	26	14	56	34	26	14
1987	64	39	72	34	69	41.5
1988	54	36.5	59	30	54	36.5
1989	80	49	83	48	82	50
1990	54	33.5	61	30	54	33.5
1991	88	57.5	86	51	93	61.5
1992	86	69.5	68	52	89	72.5
1993	101	66.5	106	70	103	68.5

注:男女混合运动项目,女子按半项和半个计算(下表同)。

(84)我国运动员分项获得世界冠军情况

(1993年)

单位:项、人、个

项目	项数	# 女子	人数	# 女子	个数	# 女子
总计	**101**	**66.5**	**106**	**70**	**103**	**68.5**
#跳水	9	4.5	11	5	9	4.5
举重	20	19	10	9	20	19
体操						
赛艇	2	2	8	8	2	2
乒乓球	4	2.5	8	6	4	2.5
羽毛球	1	1	2	2	1	1
技巧	13	5.5	14	7	13	5.5

续表

项目	项数	#女子	人数	#女子	个数	#女子
无线电						
跳伞						
航空模型						
航海模型	9		9		9	
田径	7	7	7	7	7	7
游泳	10	10	8	8	10	10
射击	2	1	4	3	2	1
柔道	1	1	1	1	1	1
摔跤	3	3	3	3	3	3
速度速滑	3	2	2	1	5	4
短道速滑	1	1	1	1	1	1
武术	11	4	11	4	11	4
国际象棋	1	1	1	1	1	1
中国象棋	3	1	3	1	3	1
弓弩	1	1	3	3	1	1

(85)历年新建体育场地数

单位:个

年份	合计	主要体育场地				
		体育场	体育馆	游泳馆	游泳池	有固定看台的灯火球场
1978		7	8		30	80
1979		6	4		46	105
1980		10	9		44	96
1981		14	17		44	89
1982		16	8		57	76
1983		5	8	2	31	71
1984		17	14	1	77	81
1985		47	29	1	134	137
1986	5 561	52	41	1	233	159
1987	4 484	29	44	7	155	73
1988	13 760	79	86	8	367	221
1989	3 684	24	19	3	67	61
1990	3 681	27	34	4	101	60
1991	2 795	23	36	6	81	44
1992	8 297	54	45	5	123	94
1993	3 901	35	16	2	70	68

(86)我国运动员分项创全国纪录情况

(1993年)　　单位:项、人、队、次

项目	项数	#女子	人数	#女子	队数	#女子	次数	#女子
总计	**173**	**94**	**176**	**98**	**16**	**13**	**368**	**235**
田径	23	15	40	25	7	6	69	53
室内田径	4	1	4	1			5	1
游泳	15	8	22	12	1	1	43	25
短池游泳	24	18	20	14	3	3	46	37
举重	57	27	50	28			126	77
射击	2		2				2	
射箭	7	5	3	3	2	1	8	6
自行车	5	3	8	6	1		13	8
速滑	9	3	7	1			13	3
蹼泳	17	10	9	4	2	2	31	20
跳伞	2	2	1	1			2	2
航海模型	4		5				5	
滑水	2	1	2	1			2	1
短道速滑	2	1	3	2			3	2

注:人数栏中是指个人单项创全国纪录的运动员人数,队数是集体项目创全国纪录的队数,队中人数未计算在人数中。

(87)我国与外国体育活动交往情况

项目	单位	1985年	1987年	1988年	1989年	1990年	1991年	1992年	1993年
来我国的体育团体次数	次	466	324	244	211	364	518	394	488
人数	人次	3 537	2 849	2 049	4 128	3 171	5 437	5 600	6 638
我国派出的体育团体次数	次	476	554	563	597	607	876	1 006	988
人数	人次	5 381	5 526	6 785	5 685	5 227	6 826	6 900	6 424

11. 社会秩序与安全

(88)律师、公证、调解工作基本情况

	单位	1985年	1990年	1991年	1992年	1993年
一、律师工作						
律师事务所	个	3 131	3 716	3 748	4 176	5 129
律师	人	13 403	34 379	41 639	45 666	68 834
专职律师	人	6 830	23 727	19 919	22 124	30 401
兼职律师	人	6 573	10 652	10 662	12 391	16 793
聘请担任常年法律顾问的单位	处	39 453	111 899	128 921	151 501	185 715
民事诉讼代理	件	108 236	330 672	382 679	396 342	483 306

续表

	单位	1985 年	1990 年	1991 年	1992 年	1993 年
刑事辩护	件	101 707	252 344	230 967	219 739	191 657
非诉讼法律事务	件	41 136	110 139	236 707	277 030	350 408
涉外法律事务	件	4 324	9 980	11 214	14 719	18 423
解答法律询问	万件	122.4	275.7	244.2	277.5	241.48
代写法律事务文书	万件	31.6	51.7	49.86	61.0	60.02
二、公证工作						
公证处	个	2 674	2 921	2 933	2 981	3 066
公证人员	人	10 369	15 786	15 972	16 204	16 742
#公证员	人	3 205	9 210	9 253	9 463	10 371
公证员助理	人	1 274	2 599	2 569	2 503	2 339
办理公证文书	万件	279.7	636.5	990.7	972.3	796.4
三、人民调解工作						
专职司法助理员	人	41 919	47 399	52 534	51 122	52 979
人民调解委员会	万个	97.7	102.1	104	101.1	100.8
调解人员	万人	473.9	625.6	991.4	1 017.9	976.7
调解民间纠纷	万件	633.3	740.9	712.6	617.3	622.3

(89)刑事案件立、破案情况

单位：起

年　　份	刑事案件立案数	破案率(%)	每万人立案件数
1981	890 281	73.1	8.9
1982	748 476	77.4	7.4
1983	610 478	70.6	6.0
1984	514 369	76.9	5.0
1985	542 005	77.8	5.2
1986	547 115	79.2	5.2
1987	570 439	81.3	5.4
1988	827 594	75.7	7.7
1989	1 971 901	56.4	18.1
1990	2 216 997	57.1	20.1
1991	2 365 709	61.7	20.8
1992	1 582 659	68.2	13.5
1993	1 616 879	75.0	13.6

(90)治安案件及查处情况

(1993 年)

	发现受理(起)	查　　处(起)	给予处罚人数(人次)
合　　计	**3 351 016**	**2 839 124**	**4 279 039**
其中：1. 扰乱公共秩序			
2. 流氓滋扰	83 226	79 195	135 879
3. 殴打伤害他人	495 957	460 765	490 845

续表

	发现受理(起)	查　处(起)	给予处罚人数(人次)
4. 偷窃财物	1 024 835	587 241	605 009
5. 抢夺财物	7 540	7 068	20 666
6. 哄抢财物			
7. 毁坏公私财物	44 863	41 838	48 690
8. 赌博	372 707	370 002	1 351 490
9. 利用迷信骗取财物	9 376	9 281	13 516
10. 违反危险物品管理	20 361	20 129	23 835
11. 违反户口管理	160 954	160 584	212 224
12. 其他	358 705	346 132	385 495

12. 社会活动参与

(91)历届全国人民代表大会的代表人数

单位:人

项　目	一届 1954 年	二届 1959 年	三届 1964 年	四届 1975 年	五届 1978 年	六届 1983 年	七届 1988 年	八届 1993 年
代表总数	**1 226**	**1 226**	**3 040**	**2 885**	**3 497**	**2 978**	**2 978**	**2 978**
在代表总数中								
女代表	147	150	542	653	742	632	634	626
占代表总数%	12.0	12.2	17.8	22.6	21.2	21.2	21.3	21.0
在代表总数中								
少数民族代表	178	179	372	270	381	403	445	439
占代表总数%	14.5	14.6	12.2	9.4	10.9	13.5	14.9	14.7

(92)历届全国政治协商会议的委员人数

单位:人

项　目	一届 1949 年	二届 1954 年	三届 1959 年	四届 1965 年	五届 1978 年	六届 1983 年	七届 1988 年	八届 1993 年
委员总数	**198**	**729**	**1 071**	**1 199**	**1 988**	**2 039**	**2 083**	**2 093**
在委员总数中								
中国共产党代表		40	60	61	76	76	90	91
占代表总数%		5.5	5.6	5.1	3.8	3.7	4.3	4.3
在委员总数中								
少数民族代表	19	61	78	81	143	185	225	241
占代表总数%	9.6	8.4	7.3	6.8	7.2	9.1	10.8	11.5

(93)各党派党员(成员)数

(1992 年)

党派名称	单位	人数
中国共产党	万人	5 200
中国国民党革命委员会	人	42 239
中国民主同盟	人	106 629
中国民主建国会	人	54 648
中国民主促进会	人	49 936
中国农工民主党	人	49 397
中国致公党	人	11 469
九三学社	人	49 814
台湾民主自治同盟	人	1 297

(94)工会组织情况

年份	工会基层组织数(万个)	全国已建工会组织的基层单位的职工与会员人数(万人)				工会专职工作人员人数(万人)
		职工人数	# 女职工	会员人数	# 女会员	
1952	20.7	1 393.2		1 002.3		5.3
1957	16.5	2 158.3		1 746.7		
1962	16.5	2 667.1		1 922.0		8.6
1979	32.9	6 897.2	2 171.7	5 147.3		17.9
1980	37.6	7 448.2	2 518.6	6 116.5		24.3
1981	41.1	8 183.0	2 902.0	6 843.9	2 412.8	29.1
1982	43.3	8 586.6	3 065.9	7 331.6	2 629.3	32.2
1983	44.7	8 845.7	3 191.8	7 693.4	2 771.4	33.7
1984	46.6	9 243.9	3 370.3	8 029.1	2 950.3	41.9
1985	46.5	9 643.0	3 596.7	8 525.8	3 149.2	38.1
1986	50.2	9 949.6	3 664.3	8 908.5	3 309.2	45.9
1987	53.6	10 411.8	3 900.4	9 336.5	3 486.9	47.0
1988	56.4	10 747.4	4 434.9	9 628.9	3 647.0	47.4
1989	58.9	10 998.6	4 178.7	9 909.2	3 777.7	48.8
1990	60.6	11 156.9	4 291.0	10 135.6	3 897.7	55.6
1991	61.4	11 351.4	4 394.8	10 389.1	3 991.6	58.0
1992	61.7	11 223.9	4 377.1	10 322.5	3 974.0	58.0
1993	62.7	11 103.8	4 359.9	10 176.1	3 949.6	55.4

(95)职工参与民主管理情况

(1993年)

单位:个、人

	已建立职代会单位数(个)	职代会代表人数(人)	中层以上干部	科技和管理人员	工　人
国有单位	268 495	9 088 910	2 172 247	2 778 771	4 137 892
集体单位	78 169	2 201 614	514 740	454 150	1 232 724

(96)基层群众性自治组织情况

单位:个

年　份	居民委员会	村民委员会
1979	46 810	
1981	57 169	
1983	65 519	311 681
1984	75 609	927 311
1985	80 943	948 628
1986	86 799	866 130
1987	86 824	845 025
1988	95 684	882 564
1989	93 691	934 346
1990	98 814	1 001 272
1991	100 347	1 018 593
1992	104 136	1 004 349

(97)各届妇代会情况

单位:人

届　别	代表总数	全国妇联执委数	候补执委数	常务委员数
第一届 1949 年	474	52	20	17
第二届 1953 年	951	125	28	25
第三届 1957 年	1 263	202	43	25
第四届 1978 年	1 997	245	55	50
第五届 1983 年	2 013	250	42	42
第六届 1988 年	1 183	300	36	36
第七届 1993 年	1 100	199		42

精神文明建设活动大事记

1992年

1 月

1日 “92中国友好观光年”揭开序幕。首日，北京迎来1000多名海外客人。

2日 《人民日报》报道：《新闻出版报》评出1991年新闻出版界10件大事。

3日 《人民日报》报道：经国务院审查批准，210名科技专家当选中国科学院新学部委员。至此，中科院学部委员已有515人。

△ 在世界举重联合会公布的1991年17名世界最佳举重男女运动员名单中，我国刘寿斌、孙彩梅、李亚娟、彭丽萍和邢芬榜上有名。

3～6日 中国致公党九届四中全会在北京举行。会议提出要不断加强和台湾同胞、港澳同胞、海外侨胞的联系，为促进祖国和平统一事业多做实事。

4日 全国拥军优属拥政爱民工作领导小组在北京举行第二次全体会议，强调双拥工作要社会化制度化经常化。

6日 为期7天的中国基督教全国会议在北京结束，会议决定继续坚持“三自”（自治、自养、自传）的原则办好教会。乔石会见与会代表，丁光训当选为会长。

△ 周恩来纪念馆在江苏淮安落成。

△ 陈毅铜像在北京中国棋院落成。

7日 新华社报道：1991年《毛泽东选集》第一至四卷第二版，全国发行总量超过1000万套。

△ 中国婚姻家庭研究会成立，陈慕华当选为会长。

7～8日 江泽民先后前往中国科学院半导体研究所、化工研究所考察工作，听取科技人员对科技体制改革、人才培养等方面的意见和建议。

7～12日 全国高级法院院长会议在京举行。会议传达了江泽民、李鹏分别对我国法院工作的指示。乔石在同法院院长座谈时指出要严格依法办案，保障社会安定。

9日 首届茅以升科技教育奖颁奖。6名大学生和9个项目分别获奖。

10日 中国10大杰出民警选出：陈善珉、刘平、拉吉、周云彪、鞠俊瑞、汤敏增、邓泽顺、王立军、梁春芳、陈新民当选。

△ 原宁夏烟草专卖局局长杨杰因贪污受贿、内外勾结倒烟牟利被判处无期徒刑。

△ 为期4天的1992年全国教育工作会议结束。李鹏在会上强调，要建设一支又红又专的教师队伍。

10～16日 中美两国知识产权谈判团在华盛顿举行磋商并达成一致意见。

11日 国家教委负责人说，我国教育考试制度的一项重大改革——普通高中毕业会考制度1992年将全面实行。

11～16日 九三学社八届四中全会在京召开。会议提出要充分发挥智力密集的优势，为振兴经济、增强综合国力，特别是在科技教育兴农、扶贫开发、发展高科技产业、搞好国有大中型企业技术改造等方面，献计出力，多做好事、实事。

12日 新华社报道：国务院就进一步贯彻《中华人民共和国民族区域自治法》发出通知，为加速发展民族地区经济文化事业提出11条措施。

13日 江西警民破获一起4名持枪歹徒行凶杀人特大案件，击毙歹徒3名，击伤1名，公安部、铁道部致电祝贺，民警屈正明壮烈牺牲，铁道部长李森茂到鹰潭慰问。

14日 中国社会发展科学研

究会成立，费孝通、宋健任名誉理事长，李绪鄂为理事长。

14～18日　中共中央、国务院在北京召开中央民族工作会议。

15日　新华社报道：国务院已批准了《中国残疾人事业"八五"计划纲要(1991—1995年)》。

△　新华社报道：国务院纠正行业不正之风办公室已通报表扬能源部和有关部门在全面整顿农村电信、减轻农民负担方面取得的成效。

△　全国环境厅局长会议在北京举行。要同一切污染环境现象作坚决斗争。

△　1991年亚洲最佳运动员百合杯评选揭晓仪式在北京人民大会堂举行。我国谢军、黄志红、李敬、赵剑华当选。

15～18日　江泽民在上海考察工作，强调全党要始终不渝全面贯彻党的基本路线，进一步解放思想，加快改革开放的步伐，转变作风，狠抓落实，一心一意把经济建设搞上去。

△　全国新闻出版局长会议在北京召开。会议提出今年工作重点是以提高质量为中心，繁荣新闻出版事业和加强新闻出版队伍建设。

16日　全国双拥模范城(县)命名大会在北京举行，大会宣布39个市(区)县荣获全国双拥模范城(县)荣誉称号。

△　地质部等部门表彰全国地质勘查功勋单位。

△　为期5天的全国卫生工作会议暨全国卫生系统先进集体、模范个人表彰大会结束。有234个集体和447名个人受到表彰。

16～20日　全国监察厅局长会议在北京举行，会议总结1991年的工作，分析研究新情况、新问题，部署1992年的工作任务。

18日　全国气象局长会议在武昌举行。会议表彰了1991年抗洪斗争中立功的先进集体和个人。

△　《人民日报》报道：至1991年11月底，上海准予登记的2588项重大科技成果中有40.3%达到或接近国际先进水平。

19日　国家民委召开各省、区、市民委主任会议，司马义·艾买提在会上强调贯彻中央民族工作会议精神，进一步促进各民族的大团结。

20～24日　全国政法工作会议在广东省珠海市举行。会议提出，以党的基本路线为指针，认真贯彻中央工作会议和八中全会精神，以搞好社会治安综合治理为重点，充分发挥职能作用，维护社会稳定。

21日　蔡元培先生铜像在南京建成。

△　李鹏会见全国民航工作会议代表，希望民航职工狠抓安全正点，提高服务质量。

△　全国高校青年师生课余学习马克思主义理论经验交流会在北京举行。

22日　中国环境与发展国际合作委员会在北京成立。委员会由42人组成，其中中方委员22人。国务院环境保护委员会主任、国务委员宋健担任主席。

△　国家物价局负责人就1991年11月秦皇岛市一物价监督员因公被打致死事件，呼吁支持物价监督检查工作，维护国家法纪。

22～25日　全国宣传部长会议在北京举行，会议部署1992年的工作，要求紧密围绕党的中心任务，为党的十四大创造良好的舆论环境。

23日　李瑞环同出席重大革命历史题材影视创作会议代表座谈时说，党中央要求今年文艺、出版工作的重点是抓创作抓繁荣。

25日　国务院环境保护委员会召开第21次会议，原则通过《国家环境保护10年规划和"八五"计划纲要》。

27日　江泽民、宋平、李瑞环等观看总政演出的民族歌剧《党的女儿》。江泽民说："给我们上了一堂生动的党课。"

28日　江泽民邀请宗教团体领导人到中南海座谈，就如何更好地落实党和政府的宗教政策、政治上团结合作、信仰上互相尊重和团结广大信教群众投身于社会主义建设坦诚谈心。

30日　国家体委授予王猛、李达等8人"体育工作荣誉奖章"；杨乐天等7位体育界专家被批准享受政府特殊津贴；授予荣高棠等186人"体育工作贡献章"。

△　江泽民会见长期在我国工作的20多位外国老专家。

△　新华社报道：国家教委已发出通知，要求在教育系统开展向献身教育科研事业的青岛海洋大学优秀教师王成海、叶立勋学习的活动。王、叶二人于1991年10月22日光荣牺牲。

2　月

1、2日　中国选手钱红在世界杯短池游泳系列赛中先后夺得100米和50米冠军。

7日　新华社报道：我国电视旅游片《'92中国友好观光年》在第10届哥本哈根国际旅游交易会上获一等奖。

10日　文化部和中国杂协在京为在法国、意大利和摩纳哥杂技节上获金牌的我国杂技健儿举行庆功会。

11日　《人民日报》、新华社、国家技术监督局、中央人民广播电台和中央电视台等单位联合举办的"中国质量万里行"新闻宣传报道活动开始举行。

△《人民日报》报道：三年前受理的青海省格尔木市黄金案审判工作全部结束，12名案犯均被判处有期徒刑。

12日　新华社报道：共青团中央日前发出关于深入开展农村青年社会主义思想教育的意见，要求全国各级组织加强农村青年社会主义思想教育。

△　国务院批准颁布《中华人民共和国陆生野生动物保护实施条例》，自发布之日起施行。

13日　新华社报道：今后几年里我国将新建自然保护区100余个，新增面积约1000万公顷，占国土总面积4%以上。

15日　全国控购工作会议在北京举行。会议提出对社会集团过热的消费要从严控制。

16日　《人民日报》报道：国家教委作出1992年成人高校招生规定，部分成人高校将试招本科班。

△　《中国文化报》报道：中国文联评出1991年文艺界10件大事。

17日　新华社报道：国务院决定成立统一着装管理委员会，加强对全国统一着装管理工作的领导，王丙乾担任主任。

18日　卫生部和中国红十字总会联合发出通知，要求在全国采取措施，限时纠正目前社会上错用和滥用"红十字"标志的现象，以维护"红十字"标志的庄严性。

19日　郑州市中原区人民法院院长刘士荣因受贿、投机倒把、挪用公款等罪被判处有期徒刑20年，合并执行18年。

△　新华社报道：有129种图书获全国第2届优秀教育图书奖。《邓小平同志论教育》等4本书获特等奖。

△　《人民日报》报道：由《中国文物报》邀请文物考古专家评选1991年我国10大考古新发现已揭晓。

20～25日　七届全国人大常委会第二十四次会议在北京举行。万里在闭幕会上就加强法律监督问题发表了讲话。

21日　团中央和全国青联授予北京大学教授陈章良、山东莱州市玉米研究所所长、高级农艺师李登海，辽宁本溪市半导体器件厂、汽车电子研究所副所长、工程师关广生"全国青年科技先锋"称号。

21～25日　全国宗教局长会议在北京举行。会议要求各地继续全面正确地贯彻执行宗教信仰自由政策，保持政策的稳定性、连续性，使宗教工作更好地为安定团结服务，为经济建设服务。

22日　《人民日报》报道：国家教委强调减轻小学生负担，坚决禁止给学校下达升学指标。

23日　新华社报道：据最高人民检察院有关负责人指出，当前玩忽职守犯罪仍很严重，1991年全国检察机关共立案查处玩忽职守案3189件，比1990年上升5.2%，给国家造成直接经济损失8.3亿元。

△　为期16天的第16届冬季奥运会在法国阿尔贝维尔闭幕。我国女运动员叶乔波获两枚银牌，李琰获一枚银牌。这是我国首次在国际冬奥会获得奖牌。

△　新华社报道：1991年来华旅游入境总人数达3334.37万，比1990年增长21.4%，外汇收入达28.4亿元，比1990年增长28%。

26～3月1日　共青团民族工作会议在四川凉山彝族自治州举行。

27日　《人民日报》报道：我国先后投资近亿元建起10余个野生动物繁育研究中心，多种濒临绝迹的珍稀动物得到拯救。

28日　国务院举行隆重仪式，表彰多年在我国传授水稻旱育苗稀植栽培技术、为中日两国人民之间的友谊做出突出贡献的日本水稻专家原正市。田纪云副总理代表李鹏总理向原正市先生颁发了荣誉证书。

29日　《人民日报》报道：我国森林覆盖率已达13.4%，全国森林面积达19.3亿亩，活立木总蓄积量达108.68亿立方米。

△　中华民族文化促进会在北京成立，叶选平被推举为首任会长。

3　月

1日　我国选手林莉在西班牙举行的世界杯短池游泳系列赛总决赛中获女子100米个人混合泳冠军，并平了这个项目的世界纪录。王晓红获女子200米蝶泳冠军。林莉于2月29日还分获女子200米和400米个人混合泳两枚金牌。

△　中国选手叶乔波在奥斯陆举行的1992年世界短距离速滑锦标赛上获女子全能冠军。

2日　《人民日报》报道：国务院副总理吴学谦在全国旅游工作会议上说，充分发挥现有旅游设施的潜力，不断提高队伍素质，是旅游部门今后要抓紧的重要工作。

2～6日　1992年对台工作会议在北京召开，会议要求坚定不移地坚持"和平统一、一国两制"的基本方针，继续深入贯彻全国对台工作会议精神，积极扩大两岸人员往来和各项交流，扎扎实实地推动祖国和平统一的进程。

3日　2月18日在昆明开始的第3届中国艺术节即日闭幕。

4日　中宣部、国务院办公厅、团中央等联合召开"岗位学雷锋、行业树新风"座谈会，要求各地重点立足本职，在岗位上体现出奉献精神。

△　山西省人大常委会决定撤销李振华的山西省副省长职务，李振华对1991年9月24日在太原市迎泽公园"煤海之光"灯展发生的重大伤亡事故负有重要领导责任。

5日　新华社报道：中央军委已发布命令，授予北京卫戍区仪仗大队"军旅标兵"荣誉称号。

6日　山东省妇联等在济南召开对57名齐鲁妇女命名为"山东红嫂"的表彰大会。

△　为期6天的中国道教协会第5届全国代表会议在北京结束。会议号召道教界人士和信教群众为社会主义建设事业作贡献。

△　李瑞环会见以瓦赫贝主席为团长的阿拉伯艺术家联合会代表团。5日，中国文联和阿拉伯艺术家联合会合作和交流协议书在北京签署。

7日　首都各界集会纪念"三八"国际劳动妇女节82周年。

△　我国选手黄庚在日本举行的国际室内田径锦标赛上以8米10的成绩获男子跳远冠军。

△　第3届全国电视"十佳演员"评选揭晓。

8日　新华社播发《九十年代

中国儿童发展规划纲要》，国务院已发出通知要求各地认真执行《纲要》。

△ 国务院正式下达《国家中长期科学技术发展纲要》，并发出通知，要求各地、各部门贯彻执行。

△ 新华社报道：我国在卫星跟踪测量、遥测遥控、信息交换、数据处理、指挥监控等尖端领域取得一批新成果，测控网总体效能达到国际先进水平。

9日 《人民日报》报道：我国1995年前将全面推行公务员制。

△ 1991年全国十佳运动员评选揭晓。

10日 全国首届古籍整理图书颁奖大会在北京人民大会堂举行。《甲骨文合集》等7种图书获特别奖，《先秦汉魏晋南北朝诗》等15种图书获一等奖，《戏曲小说书录解题》等29种图书获二等奖，《九章算术注释》等56种图书获三等奖。

10～14日 全国科技会议在北京举行。会议提出当前要抓好的10项工作，确定90年代科技改革的重点是从根本上解决面向经济建设主战场的问题。

11日 新华社报道：国务院、中央军委已发布命令，授予李鸿武“抗洪抢险模范民兵营长”荣誉称号。

13日 中央社会治安综合治理委员会第五次全会在北京召开，乔石要求进一步加强社会治安综合治理，俞雷在会上汇报了当前社会治安情况及“严打”、反盗窃斗争的情况。

13～15日 50年前抗日战争时期曾经营救过美国飞行员的陈慎言、朱学三、曾健培、赵小宝（女）、刘芳桥5位老人应邀访问美国。

14日 《人民日报》报道：与解放初期相比，我国少数民族在校学生增长了13.15倍，少数民族教师增长了10.21倍。

△ 经国务院批准，国家教委颁布施行《中华人民共和国义务教育法实施细则》。

16日 公安部公布最新人口统计情况：截至1991年底，我国人口总数为1141907793人。（不包括港、澳、台人口及现役军人）

17日 新华社报道：国务院已发出通知，要求在全国积极实行农科教结合，推动农业生产和农村经济发展。

18日 为期4天的第4次全国民族教育工作会议在北京闭幕。李铁映在会上要求大力改革和发展民族教育，以促进各民族的共同繁荣。

18～23日 第3届全国残疾人运动会在广州举行，这是建国以来规模最大的一次残疾人体育盛会，来自全国各省市自治区和港澳共33个代表团的1153名盲、聋、肢残、截瘫运动员参加了比赛。

24日 国家教委召开电话会议，要求继续改革师范院校招生办法，以进一步提高生源质量。

27日 全国计划生育工作会议在北京举行。1991年全国人口出生率为19.68‰，自然增长率为12.98‰，分别比国家下达计划低1.18和1.69个千分点。

△ 全国清理整顿书报刊和音像市场工作小组会议在北京召开。会议提出要运用法律武器打击非法出版犯罪分子。

29日 党中央、国务院召开计划生育座谈会。江泽民、李鹏在会上强调，党政一把手要坚持抓计划生育工作，坚决完成到本世纪末的我国人口控制计划。

30日 中国女篮获第14届亚洲女子篮球锦标赛冠军。

△ 卫生部宣布成立麻醉品专家委员会，以加强麻醉品的管理和推进戒毒工作开展。

△ 新华社报道：第9届中国戏剧梅花奖已揭晓，共有31名青年戏曲、话剧、歌剧和滑稽戏演员获奖。

4 月

2日 首都各界人士300余人在人民大会堂隆重集会，纪念张澜诞辰120周年。

3日 自3月20日开始的七届全国人大五次会议闭幕。会议通过了《中华人民共和国全国人民代表大会和地方各级人民代表大会代表法》、《中华人民共和国工会法》、《中华人民共和国妇女权益保障法》等。杨尚昆主席令，分别公布上述诸法，自1992年10月1日起施行。

4日 援助西藏发展基金会在北京成立，乔石等出席，阿沛·阿旺晋美任理事会理事长。

△ 我国选手李琰在美国举行的世界短跑道速滑锦标赛中获女子500米冠军。

5日 江泽民、杨尚昆、李鹏、万里等领导人与200万市民一起参加首都义务植树。

△ 我国第8次南极考察队乘坐“极地”号考察船，满载成果，返回天津。

6～8日 由中国国际文化交流中心和世界犹太人大会共同举办的中国——犹太人文化国际研讨会在北京举行。

8日 新华社报道：中国科学院从1992年起拿出50万美元设择优支持专项经费，鼓励优秀人才回国开展科研工作。

△ 世界第一例完全靠人工合成营养液孕育的婴儿在上海中山医院诞生。

9日 我国参加第20届日内瓦国际发明展的30项发明，荣获28块金牌。

10日 田纪云在国家机关扶贫工作经验交流会上重申扶贫优惠政策不改，规模不减。

11日 第3届孙子兵法国际研讨会在山东临沂市召开。8日，李瑞环会见了参加会议的部分专家。

12～14日 由国际产业协会中国分会主办的中国知识产权法律制度国际研讨会在北京举行，40多个国家和地区的400多名知识产权界知名人士与会。

15日 首都各界集会纪念著名的抗日将领和爱国民主人士、民革创始人和领导人蔡廷锴先生诞辰100周年。

△ 团中央中国青少年发展基金会公布自1990年9月以来

邓小平、江泽民和李鹏为"希望工程"的题词和题名。宣布即日起在全国实施"希望工程——百万爱心行动"计划。

17日　原新疆石油管理局机械厂财务科副科长李崇国贪污38万多元，经最高人民法院裁定核准判处死刑被处决。

△　中国东方文化研究会丝绸之路工作委员会在北京成立。

18日　新华社报道：我国运用质子直线加速器进行的快中子治癌临床实验研究获重要成果，日前通过国家鉴定。

19日　国家统计局公布关于各省、自治区、直辖市1991年人口主要数据公报。根据国务院决定，1992年起每年要公布分省的人口数据。

△　北京举行中国高科技产业化研讨会。

△　在巴黎结束的首届世界体操单项锦标赛上，我国李敬获男子双杠、鞍马两枚金牌。中国选手还获得两枚银牌。

△　宋健在全国环保产业工作会议上指出，发展环保产业也要扩大对外交往，解决环境问题要加强国际合作。

20～25日　中科院第6次学部委员大会在北京举行。456位学部委员出席会议，会议审议修改了《中国科学院学部委员条例(试行)》，选出中科院学部主席团。

21日　新华社报道：我国最大的受控核聚变实验装置——"中国环流器一号"成功地进行了一系列重大实验，使这一装置的物理实验水平步入世界先进行列。

22日　新华社报道：我国科学家在北京正负电子对撞机上一项实验研究，获得了τ粒子质量的最新数据，这是国际高能物理界近期最重要的成果之一。今后若干年内，国际高能物理学界通用的粒子表中，将首次使用中国人测得的τ粒子质量数据。

△　1992年全国男子举重锦标赛结束。有4人5次超过3个级别5项亚洲纪录，1人1次超1项世界纪录。

24～26日　中华民族文化促进会在重庆召开首届常务理事扩大会。会议增补陈香梅等11人为常务理事。

25～28日　中国科协首届青年学术年会在北京举行，海内外青年科技工作者3200余人出席。这是建国以来规模最大的全国性、多学科学术年会。大会通过致全国青年科技工作者倡议书，号召为中华民族崛起奉献才智。

26日　新华社报道：中央军委已分别发布命令，给西安卫星测控中心喀什测控站记集体一等功，授予陆载德"国防科技工作模范"荣誉称号。

28日　第4届亚洲游泳锦标赛在广岛结束，全部35枚金牌，中国获24枚，日本获11枚。共创6项亚洲新纪录。

29日　首都各界集会庆祝"五一"国际劳动节，李鹏、姚依林、李瑞环、吴学谦、丁关根、倪志福等在会前会见了全国劳模和荣获今年"五一劳动奖章""五一劳动奖状"的代表。倪志福在大会上作题为《在深化改革扩大开放中进一步发挥工人阶级主力军作用》的讲话。大会向一批先进个人和先进集体颁奖。

30日　我国国际象棋女选手谢军被国际体育记者协会评为1991年世界最佳运动员。

5 月

3日　新华社报道：共青团中央日前授予陈穗生等11人"全国优秀共青团员"称号，授予余金辉"全国优秀少先队员辅导员"称号。

△　《人民日报》报道：机电部已制定了《计算机软件著作权登记办法》，从5月1日起受理软件著作权登记。

4日　首都万名团员青年在人民大会堂同庆共青团建立70周年和"五四"运动73周年，江泽民、乔石、宋平等参加联欢，江泽民祝青年们节日愉快并讲话。

4～9日　第九次全国检察会议在北京召开，会议总结4年来的工作，提出全国检察机关今后一个时期的主要任务。

5日　《人民日报》报道：经国务院批准，国家在每年安排文物抢救性维修保护经费5000万元基础上，1992、93两年分别增加经费7000万元和8000万元。

△　新华社报道：我国张树庭等9位专家新当选世界生产率科学院院士。

△　经国务院批准，《中华人民共和国文物保护法实施细则》由国家文物局发布施行。

5～9日　第三次全国纪检信访工作会议在北京召开，会议回顾了第二次纪检信访工作会议以来的成就。

8日　中国预防医学科学院流行病与微生物学所所长郑庆斯获世界卫生组织雅克奖。

9日　新华社报道：江泽民、聂荣臻分别题词，号召向优秀共产党员张培英学习，张培英生前所在的军事医学科学院当日召开深入学习张培英动员大会。

△　为期5天的全国作协工作会议在延安闭幕。会议号召作家投入改革大潮。

10日　为期4天的第8届四大洲艺术体操比赛在北京结束。中国队夺得10枚金牌、5枚银牌和3枚铜牌；居奖牌数第一。

△　在第83届巴黎发明展览会上，我国展团获2项金奖、1项国际发明奖、1项银奖、4项铜奖和1项法国邮电部专项奖。

11日　《人民日报》报道：国家积极抢救保护三峡文物。

△　《人民日报》报道：中科院研究人员徐庆华1月9日在云南保山发掘到人类祖先下颌骨化石。

12日　《人民日报》报道：中宣部、民政部、司法部等9部门已发出关于开展第2次"全国助残日"活动的通知。

15日　世界首例宫腔配子婴儿在济南山东省立医院诞生。

△　中国女子羽毛球队以3：2战胜南朝鲜队，实现"尤伯杯"赛"五连冠"。中国男队已在半决赛中输给马来西亚队，失去了争

夺"汤姆斯杯"的机会。

△ 团中央、全国青联和中国青少年发展基金会共同为45周岁以下的青年科技工作者设立"中国青年科学家奖"。

△ 陈云为中华社会大学题词:"社会办学,培养更多有用人才。"中华社会大学办学10年来为社会培养了5000多名各类人才。

15～24日 第16届世界女子举重锦标赛和第18届世界男子青年举重锦标赛在保加利亚举行,中国女队和男队分获团体总分第1和第3。

16日 中国展团在第8届美国匹兹堡发明与新产品展览会上,获17项金奖、18项银奖、4项铜奖。

△ 江泽民、李鹏视察了北京市新技术产业开发试验区。勉励广大科技工作者为继续推动中国科学技术特别是高新技术的进步、加快改革开放和经济建设的发展做出更大贡献。

17日 1992年"全国助残日"的主题是"走进每一个残疾人家庭"。田纪云到残疾人福利企业——北京汽车配件厂,代表党中央、国务院向残疾人表示慰问。

△ 台湾著名物理学家吴大猷抵达北京参加学术活动。23日,北京大学授予吴大猷名誉教授称号。吴大猷邀请谈家桢等6位科学家去台湾访问。

18日 新华社报道:全国哲学社会科学"八五"重点课题和1992年度中华社会科学基金及青年社会科学研究基金课题评审工作基本结束。

19～22日 中美知识产权管理研讨会在北京举行。

20日 国务院召开第105次常务会议,讨论并原则通过了《城市市容与环境卫生管理条例(草案)》和《城市绿化条例(草案)》。

△ 江泽民与首都应届高校毕业生座谈时,勉励大家积极投身到改革开放的洪流中去,并指出要把国外包括资本主义国家的一切好的先进的东西学过来,为我所用。

△ 为纪念毛泽东《在延安文艺座谈会上的讲话》发表50周年,中宣部、文化部、广播电影电视部在北京联合举行颁奖大会,表彰过去一年里取得优异成绩的宣传文化单位和文艺工作者。

△ 陈兆静在南京举行的全国田径锦标赛女子200米赛跑中以22秒60成绩,打破由台北运动员纪政保持了22年之久的亚洲纪录。

21日 北京隆重召开革命战争历史题材片《大决战》表彰大会。

△ 33家市报编校质量评比揭晓,《大连日报》、《杭州日报》、《长沙晚报》列前3名。

23日 为支持基础研究,国家自然科学基金拨款将在上年较大增加的基础上再增加5000万元,使基金总额达2.16亿元,增幅为28.4%。

25～31日 第三次全国古籍整理出版规划会议在北京举行。会议决定,未来10年,我国每年将整理出版150种古籍。

26日 朱力行等3名青年博士获"第3届钟家庆数学奖"。

△ 新华社报道:由张庆勤教授科研组等研究的世界首例以非小麦族的通北野燕麦为亲本的小麦远缘杂交育种在贵州获得成功。

27日 国家自然科学基金10周年纪念座谈会在北京举行。

△ 《人民日报》报道:中国科技开发院已在深圳市成立。

△ 全国白内障手术复明暨防盲治盲工作总结表彰会在北京举行。全国有54个县达到防盲治盲县标准。

27～30日 中国职工思想政治工作研究会第7次年会在甘肃白银举行,会议提出用邓小平重要谈话精神统一思想和行动,用强有力的思想政治工作推动改革开放事业,是当前企业思想政治工作的首要任务。会议授予102个单位"全国思想政治工作优秀企业"称号。

28日 中国期刊协会在北京成立。

29日 《新闻出版报》报道:中宣部和新闻出版署发出《关于纪念毛泽东同志诞辰一百周年图书出版工作的通知》。

30日 《人民日报》报道:全国中小学德育工作会议日前在福建三明结束。会议强调,德育教育要把政治方向放在首位。

△ 中国书画社社长高冠华在日本举办的第一届国际书画展上获唯一的一项"国际最高荣誉奖"。

△ 中国选手何灼强在英国举行的世界举重比赛中以121公斤成绩破男子52公斤抓举世界纪录。

31日 江泽民、杨尚昆、李鹏、宋平等党和国家领导人在钓鱼台国宾馆会见了出席中国当代物理学家联谊招待会的300多位海内外物理学家。江泽民发表了讲话。

△ 霍英东教育基金会第3次高等院校青年教师基金及青年教师奖颁发仪式在北京举行。

6 月

1日 徐特立铜像、徐特立纪念馆在长沙师范学校揭幕。

1～4日 由北京大学、中国力学学会和中国物理学会共同主办的国际流体力学和理论物理科学讨论会在北京举行,美、英、法、日和台湾等国家和地区的专家学者80多人与会。

2日 新华社报道:国务院办公厅已转发国家环保局、建设部关于进一步加强城市环境综合整治工作若干意见的通知。

3日 第3届吴健雄物理奖在北京颁奖。南京大学物理系讲师王牧和中国科学院物理所博士后尚昌和获奖。

△ 新华社报道:我国规模宏大的5个生态工程建设全面铺开。

4、5日 江泽民先后会见美籍华裔著名科学家杨振宁、陈省身及其夫人、李政道及其夫人。

5日 李鹏视察中国科学院遗传研究所,强调科研工作要加倍努力，推动我国经济上一个新台阶。

6日　中国国家环保局局长曲格平接受1992年联合国环境最高奖——笹川国际环境奖。这是联合国首次把国际环境保护最高奖授予中国官员。

△　在巴西里约热内卢市政剧院举行的联合国环境奖颁奖仪式上，中国安徽省颍上县小张庄村获得了联合国环境规划署颁发的“全球500家”环境成就奖。中国罗锦辉拍摄的照片《彩泉》被授予《拍下您的世界》国际环境摄影比赛金奖。

△　应台湾著名物理学家吴大猷先生的邀请，中国科学院学部委员、著名科学家谈家桢、吴阶平、邹承鲁、张存浩、卢良恕、华中一以及他们的夫人，于6日赴台作为期8天的访问。

8～10日　中、朝、日、蒙、俄、美等8个国家和地区的22位学者就东北亚国家的“历史、文化和多边合作”这一专题在北京举行了讨论会。

9日　江泽民在中共中央党校向省部级干部进修班的同志发表重要讲话。

10～7月10日　由中央政法委、中宣部、司法部、全国妇联等15个部委举办的《妇女权益保障法》宣传月活动在全国展开。13日，首都各界妇女集会学习宣传《妇女权益保障法》。

12日　在意大利从事科研的我国青年学者吴军荣获国际烧伤“威廉斯奖”。

13～16日　全国推荐优秀团员作党的发展对象工作座谈会在上海举行。

14日　人民日报社创办的《人民论坛》杂志创刊。

△　新华社报道：我国考古专家首次赴南沙考古发现一批自秦汉时期以来的珍贵文物。

15日　参加第25届奥运会的中国体育代表团组成。伍绍祖任团长，共有运动员251人。

16日　经国务院批准，《中华人民共和国集会游行示威法实施条例》开始实施。

17日　新华社报道：1991年度全国优秀青年星火带头人评选揭晓。百名“全国青年星火带头人标兵”受到团中央和国家科委表彰。

20日　国家监察部、人事部在江苏省响水县召开命名表彰大会，授予共产党员、江苏省响水县监察局长王益民“全国监察系统模范工作者”称号。

23日　国务院人口普查领导小组宣布，经过9000人19个月的艰苦努力，已圆满完成第四次人口普查数据汇总处理工作。1990年7月1日零点中国大陆人口为1130510638人。

24日　德国著名教练施拉普纳接受中国足球队主教练聘书，合同期一年。中国足协和上海大众汽车公司举行了聘请外籍教练新闻发布会。

26日　国家禁毒委员会举行国际禁毒日新闻发布会，通报中国禁毒工作情况，从1991年初到1992年一季度，中国公安机关和海关破获毒品案10746起，缴获海洛因2621公斤，鸦片2327公斤，大麻704公斤，吗啡37公斤，查获毒品犯罪分子23056名。

△　《人民日报》报道：云南、广东、陕西、甘肃等近日开展大规模扫毒行动，对毒品犯公开处决一批，判刑一批，逮捕一批，劳教一批，当场销毁了缴获的毒品。

29日　中央社会治安综合治理委员会在北京举行第六次全会，回顾、总结全国开展反盗窃斗争的情况，乔石在会上强调落实社会治安综合治理各项措施。

△　中央国家机关党工委召开纪念中国共产党成立71周年座谈会，会上转达李鹏对中央国家机关全体党员和各级党组织的希望，希望加强和改进机关党的工作，提高党的组织战斗力。

△　《新闻出版报》报道：民族文版《毛泽东选集》出版。

7　月

1～4日　全国高校党的建设工作会议在北京举行，李铁映在会上讲话，江泽民、李鹏等会见与会代表，宋平同部分代表举行座谈。

2日　中国国际友人研究会、美国埃德加·斯诺纪念基金会在北京举办第5届斯诺学术讨论会。黄华、韩叙、肖乾、斯诺夫人及美国斯诺纪念基金会主席戴德蒙大夫等与会并在会上致词或发言。

3日　新华社报道：物资部所属中国机电设备总公司华北公司总经理王孝蓉、总会计师张莲香和财务物价处副处长马兆民因严重失职渎职，使500多万元巨款流失，被出纳员挪用作案长达15个月，监察机关分别给王孝蓉等以行政记大过和撤职的处分。

4日　《人民日报》报道：中共中央办公厅和国务院办公厅已转发了中宣部、国家教委等部门《关于广泛深入持久地开展高等学校学生社会实践活动的意见》。

△　《人民日报》报道：我国眼科专家赵文清研制成世界首创的色盲镜。

6日　首都各界300多人在中国人民抗日战争纪念馆集会，纪念抗战爆发五十五周年。李瑞环、李锡铭、陈希同和一些经历过抗战的人士出席。

7日　新闻出版署和国家语言文字工作委员会联合制定了《出版物汉字使用管理规定》，自8月1日起施行。

△　李铁映在大连陆军学院举行的复旦大学军训生结业典礼上说，新生军训是高教改革的重要措施。

9日　人民日报主管的《时代潮》杂志创刊。

11日　中国常驻联合国日内瓦代理代表侯志通在日内瓦向世界知识产权组织总干事阿帕德·鲍格胥博士正式递交了加入《伯尔尼保护文学和艺术作品公约》加入书。

12日　我国大陆首例赠卵试管婴儿在北京医科大学第三临床医学院诞生。

13日　《人民日报》报道：解放军空军某医院医学工作者检出

8例染色体异常核型,这8例核型为世界首次发现。

△ 新华社报道:公安部已就蚌埠市人大代表周家良被长春市公安干警非法拘禁一案严肃查处并发出通报,要求干警不得再犯。

△ 新华社报道:参加第23届国际物理奥林匹克竞赛的我国5名中学生全部获得金牌,金牌总数居第一。15～16日,参加第33届国际数学奥林匹克竞赛的我国6名选手均获金牌,总分居第一。20日,参加第4届国际信息学奥林匹克竞赛的我国4名选手获3枚金牌、1枚银牌,团体总分居第一。21日,参加第24届国际化学奥林匹克竞赛的我国4名选手获3枚金牌、1枚银牌,团体总分居第一。

15日 乔石在中央党校夏季毕业典礼上谈落实邓小平南巡重要谈话精神,要求各级领导干部积极带动人民群众,努力加快我国社会主义物质文明和精神文明建设。

17日 新华社报道:我国学者李泉根和他的同事们在国际上首次发现艾滋病毒包含体。

18日 新华社报道:国家教委所属的36所高校已全面开展内部管理体制的改革。李铁映指出,高校改革要适应和服务于经济建设。

22日 北京召开"攀登计划实施大会"。由国家设立的基础性研究重大关键项目计划——"攀登计划"全面启动。

24日 1991年度"《半月谈》思想政治工作创新奖"颁奖大会在北京举行。

27日 我国游泳女将庄泳在巴塞罗那奥运会进行的第1项女子100米自由泳决赛中,以54秒64夺得金牌,并打破奥运会纪录,也是中国游泳健儿奥运会金牌零的突破。

30日 新华社报道:中国科学院应用数学所研究员方开泰被国际数理统计学会选为院士。

△ 中国常驻联合国教科文组织使团代表秦关林代表中国政府向教科文组织总干事马约尔的代表格雷雷先生递交了加入《世界版权公约》的官方文件。

31日 国防部为庆祝建军65周年在人民大会堂举行盛大招待会。

8月

4日 第二届海峡两岸关系学术研讨会在北京举行。

5日 中国科学院上海原子核研究所最近在世界上首次发现新核素铂—202。

7日 中国戏剧家协会主办的第六届全国优秀剧本创作奖在北京揭晓。

△ 中国首届"世界母乳喂养周"大会在北京举行。

9日 为期16天的第25届奥运会在西班牙巴塞罗那圆满闭幕。中国体育代表团在15个比赛项目中夺得54枚奖牌,其中金牌16枚、银牌22枚、铜牌16枚,金牌数和奖牌数均居第4位。中国台北运动员获得银牌1枚。

9日～25日 我国研制的新型科学探测和技术试验卫星,在酒泉卫星发射中心首次发射升空。在太空运行了16天后,安全返回四川省中部预定地区。

10日 无产阶级革命家、军事家张云逸大将纪念馆在海南省文昌县落成。

△ 李瑞环在内蒙古乌兰牧骑艺术节闭幕式上指出,繁荣文艺必须解放思想。在提倡多创作健康有益、群众喜闻乐见作品的同时,也不反对政治思想上无害,艺术上较好、群众喜闻乐见的作品。

11日 国务院新闻办公室在北京发表《中国改造罪犯的状况》白皮书。

11～14日 建国以来首次全国成人高等教育工作会议在北京召开。李铁映在会上强调,要大力支持改革和发展成人教育事业。

12日 新华社报道:国务院已作出关于进一步加强质量工作的决定,要求切实提高产品质量、工程质量、服务质量水平。

13日 最高人民法院分别授予和追认赵元甲、张启仁、吴远瑞、刘富权、王兆合、杨同成六人全国法院模范称号。

14日 共青团中央作出《关于授予邓亚萍同志"全国新长征突击手标兵",陈跃玲等16名同志"全国新长征突击手"称号的决定》。

△ 第2届中国国际民间艺术节在北京开幕。

△ 我国自行研制的"长征二号E"捆绑式火箭成功地把美制澳大利亚"澳塞特B1"通信卫星送入预定轨道。

15日 武警部队授予钢铁战士许德华"生命不息、战斗不止的优秀警官"荣誉称号命名大会在北京举行。

△ 新华社报道:文化部已发出通知,提出深化文艺体制改革,加快文化事业发展的10点意见。

16日 党中央、国务院举行盛大招待会,热烈欢迎中国体育代表团凯旋。

△ 新华社报道:国家自然科学基金会从1992年起设立优秀中青年人才专项基金。

18日 历时5天的首届汉语考试国际学术讨论会在北京闭幕。

18～21日 《中国教育报》报道:1992年全国中学生运动会在岳阳举行。

20日 我国选手在奥地利举行的第21届世界跳伞锦标赛中获得两个第1名和三个第2名。

△ 新华社报道:国务院办公厅已发出关于在外留学人员有关问题的通知,指出党和政府热情关怀在外留学人员,期望他们学成回国建功立业。

△ 中宣部等部门在北京举行奥运健儿报告会。连日来,北京等地举行了各种活动,为我国奥运健儿庆功,并重奖了在奥运会上获得奖牌的运动员。

△ 《人民日报》报道:国家教委已提出在直属高校推行内部管理体制改革和扩大直属高校办学自主权的若干意见。

23日　为期6天的中国首届电影节在长春开幕。

△　《人民日报》报道：中宣部、邮电部、新闻出版署已发出通知，要求在报纸征订工作中制止不正之风。

△　555世界杯羽毛球赛在广州结束。我国选手唐九红、姚芬和林燕芬分获女单、女双冠军。

△　第6届世界蹼泳锦标赛在雅典结束。中国队获11枚金牌、9枚银牌和3枚铜牌，金牌数居第1，团体总分居第2，打破了3项世界纪录。

△　新华社报道：第2届中国新闻奖评选揭晓，152件优秀新闻作品获奖。

24日　新华社报道：北京大学等十几所首都高等院校的学生致信邓小平，衷心拥护南巡谈话。邓小平委托中共中央办公厅转达谢意和殷切希望。

26日　马王堆汉墓国际学术讨论会在长沙举行。

26～29日　全国依法治村民主管理经验交流会在山东章丘县举行。

31日　全国记协举行大会，表彰和奖励参加第25届奥运会报道的112名新闻工作者及后方人员。

△　中日两国部分女科学家在北京举行“妇女与科学技术——女科学家的贡献”研讨会。

9　月

1日　90位35岁以下的研究人员获得中国社会科学院首届青年优秀成果奖。

△　国家科委副主任惠永在华盛顿向美国前总统科技顾问基沃思博士颁发了“中国国际科技合作奖”。

2日　中央党校秋季开学典礼在北京举行。乔石在讲话中指出，越是加快改革开放，加速发展经济，各级领导干部也就越需要学习马克思主义的基本原理，提高自身素质。

3日　延边朝鲜族自治州建州40周年庆祝大会在延吉市举行。

3日　国家旅游局新闻发布会宣布，国务院决定试办国家旅游度假区，区内实行8项优惠政策。

3～14日　第9届残疾人奥运会在巴塞罗那举行。我国派出的24名残疾运动员夺得11枚金牌、7枚银牌、7枚铜牌，5人破了5项世界纪录，金牌总数排在第11位，奖牌总数排在第18位。

5日　《人民日报》报道：全国范围的打击制售假冒伪劣商品活动正在深入开展。上半年工商行政管理系统查处伪劣假冒商品达4.89万件，捣毁窝点4494个，移交司法机关追究刑事责任572人。

△　《光明日报》报道：被国际科学界列为当今世界7大关键技术之一的农用草纤维地膜制造、生产技术，已由中国国际科技促进会组织科学家率先攻克。周培源说：“这是代替聚乙塑料薄膜的一次革命。”

5～12日　大陆18名记者首次正式组团赴台湾采访。

6日　新华社报道：据13个省市统计，去年以来扫盲入学达250多万人，脱盲175.8万人。同日，我国新疆维吾尔自治区获得联合国教科文组织颁发的野间扫盲奖。这是我国第8次获得国际扫盲奖。

△　新华社报道：国家科委和国家体改委已制定了《关于分流人才、调整结构，进一步深化科技体制改革的若干意见》。

△　新华社报道：1986年以来，已有26个省市自治区、12个计划单列市和600多个县(市)成立了教师奖励或教育基金会。基金已达8亿元，6年来共奖励优秀教师近100万人。

8日　国家教委等部门在河南召开全国筹资改善办学条件现场会。

△　由中国杂技艺术家协会设立的“百戏奖”评选在武汉揭晓，9名艺术家获奖。

△　镇江市中级人民法院召开公判大会，九·一八非法出版案主犯曹志欣被判处死刑。

9日　江泽民到北京师范大学，慰问师生并向全国教师祝贺节日。

△　全国尊师重教先进代表会议在北京召开。

△　《人民日报》报道：陕西省扶风、岐山两县交界处的周原遗址最近出土一批距今约3000年的珍贵古瓷器。

△　建国以来最大的一项跨世纪文化工程《中华大典》编纂工作开始进行。

△　全国十佳体育教师评选揭晓。

9～15日　“妇女在环境和持续发展中的作用国际研讨会”在北京举行。

10日　首届中国丝路节在兰州开幕。

△　’92中国郑州国际少林武术节开幕。

△　在西宁召开的全国卫生计划工作会议闭幕，会议强调农村卫生投资向老少边穷地区倾斜。

10～17日　大陆著名科学家赵忠尧、汤佩松、黄汲清、冯德培应台湾“中央研究院”院长吴大猷邀请访问台湾。

11日　新华社报道：中央军委已颁发通令，给空军第二空防工程处记集体一等功，给济南军区创作员仇志海记一等功。

△　我国儿童故事片《特混舰队在行动》和动画片《葫芦兄弟》在第3届开罗国际儿童电影节上均获铜奖。

△　邮电部召开电话会议，表彰为奥运会和澳星发射工作作出突出成绩的单位。

12日　《人民日报》报道：海内外一些著名人士和企业单位纷纷捐赠款物，奖励我国航天工业有功人士。

△　故事片《秋菊打官司》在第49届威尼斯电影节上获金狮奖。影片女主角巩利获最佳女演员奖。

13日　合伙贪污国家巨款潜逃国外、终被缉拿归案的冯阳(女)、徐建新两名罪犯，被浙江湖州市中级人民法院一审依法判处死刑，剥夺政治权利终身。

△ 《人民日报》报道：第12届全国电视剧"飞天奖"评选结果已揭晓。

14日 新华社报道：中央军委发布命令，授予成都军区某部三营"墨脱戍边模范营"荣誉称号。

△ 中国版权制度国际研讨会在北京举行。15日，江泽民会见前来出席会议的联合国世界知识产权组织总干事鲍格胥以及其他外国代表。

15日 湖南省委、省政府授予著名育种专家袁隆平"功勋科学家"荣誉称号。

15～19日 中国天主教第五届代表会议在北京举行，会议决定将原有的三个组织调整为中国天主教主教团和中国天主教爱国会。

16日 全国饮食服务业205名优秀服务员受到商业部表彰。江泽民、李鹏分别题词祝贺。

△ 新华社报道：中国科学院近代物理研究所最近在世界上首次人工合成并鉴别了汞—208、铪—185两种新核素。

17日 《人民日报》报道：宁夏破获特大盗贩文物案，共缴获文物117件，其中有国家一级文物11件。

19日 《人民日报》报道：中日科学家经7年攻关，在腾格里沙漠栽种葡萄成功。

20日 新华社报道：我国少数民族文化事业蓬勃发展，已有专业艺术团体545个，各种文化馆站近万个。

△ 为期6天的世界青年田径锦标赛在汉城结束。中国队以8枚金牌、3枚银牌和3枚铜牌列金牌总数和奖牌总数第一。

20～23日 中日文化经济研讨会在北京举行。

21日 首届国际老舍学术讨论会在北京召开。国内外老舍研究专家80余人参加了会议。

22日 国务院新闻办公室在北京发表《西藏的主权归属与人权状况》白皮书。

△ 第10届《大众电影》金鹰奖在杭州揭晓。

△ 为时8天的首届弱智人奥运会在马德里结束。中国8名男女运动员参加了田径、游泳等3项比赛，共获金牌5枚、银牌1枚，列奖牌数第7位。

△ 《人民日报》报道：国务院授予7951海洋直升机组"海上救险英雄机组"称号。

△ 《中国教育报》报道：国家教委、国家计委、人事部、财政部已联合发出《关于进一步改善和加强民办教师工作若干问题的意见》。

23日 卫生部提出《深化卫生改革的几点意见》，指出今后卫生工作要保证农村卫生和预防保健，放开城市医疗。

△ "周恩来展"在东京开幕。中国总理李鹏、日本首相宫泽喜一分别发来贺电。

25日 李鹏签署国务院令，发布《实施国际著作权条约的规定》，自9月30日起施行。

△ 中央社会治安综合治理委员会在北京举行第七次全会，研究如何进一步开展打击拐卖妇女儿童犯罪、查禁取缔卖淫嫖娼的问题，乔石主持会议并作重要讲话。

△ 最高人民法院发出通知，要求各级人民法院严惩走私犯罪活动。

△ 《人民日报》报道：《邓小平和世界各国领导者》大型摄影艺术画册已出版。

△ 中国科协在北京表彰10个优秀农民专业技术协会。全国已有12万个农民技术协会。

△ "毛泽东诗词墨迹碑林"在天津蓟县揭幕。

26日 自1日开始的巴黎——莫斯科——北京马拉松汽车越野赛在北京八达岭长城脚下结束。法国车手获总成绩冠军。

27日 为期3天的第六届世界杯田径赛在哈瓦那结束，中国选手夺得两枚金牌，6枚铜牌。

28日 沈阳军区雷锋纪念馆在辽宁省抚顺市建成并开馆。

△ 《人民日报》报道：国务院宗教局颁发《认定批准书》，批准伍金卓堆·赤列多杰为第十七世噶玛巴活佛。坐床典礼于27日举行。

29日 首届台港澳暨海外华文文学游记征文徐霞客奖颁奖活动在北京举行。来自美国、香港、北京的作家和新闻单位的负责人，港台和海外华文文学的研究专家等共200多人出席了这一活动。

△ "邓小平著作研讨会"在京召开，50多名著名专家学者集中探讨了邓小平建立有中国特色的社会主义理论。

10 月

1日 我国著名文学家巴金铜像在南京师范大学附中举行揭幕仪式。

3日 《人民日报》报道：由湖南农学院万文举等人主持的"遗传工程水稻研究"课题，首次把玉米DNA导入水稻并育成高产优质水稻品系。

4日 为期9天的第4届全国大学生运动会在武汉闭幕。

△ 参加第40届国际军事5项锦标赛的中国男、女选手获得本届赛事的全部4块金牌。

△ 英籍华裔女作家韩素音撰写的《周恩来与他的世纪1898—1998》一书在京举行首发式。

5日 学部委员、著名古生物学家张弥曼女士当选为国际古生物协会的第14任主席。

△ "亚洲动物布鲁氏菌病诊断与控制策略研讨会"在北京召开。除有关国际组织代表外，还有美国、西班牙、利比亚等15个国家和地区的专家30余人参加。

6日 第3届"中国十大杰出青年"评选揭晓。

△ 国家语言文字工作委员会举行全体委员会议，通过《国家语言文字工作十年规划和八五计划纲要》(草案)。

6～13日 我国在酒泉卫星发射中心用一枚运载火箭成功发射我国第14颗返回式科学探测

与技术试验卫星和瑞典的“弗利亚”科学试验卫星。7日，国务院和中央军委致电表示祝贺。13日，我国的科学试验卫星顺利返回四川省中部。

7日　吴学谦会见台湾十杰青年大陆访问团。

△　《人民日报》报道：国家科委、人事部等已联合发布《全民所有制技术开发型科研机构技术经济承包责任制暂行办法》。

△　国家地震局在北京主持召开第2届大陆地震国际会议。

7～16日　’92国际发明展览会在北京举行。中国科学院上海生化所汪垣的乙肝基因工程疫苗、台湾吴宗正的嗅觉生物感测器等获联合国世界知识产权组织设立的金奖。

8日　第2届中国摄影艺术节开幕。

△　中国福利会第六届妇幼事业樟树奖颁奖大会在北京举行。11位在妇幼事业中作出卓越贡献的妇女儿童工作者获奖。

△　新华社报道：《马克思、恩格斯、列宁、斯大林、毛泽东论人权》一书最近出版。

10～18日　第2届全国农民运动会在湖北孝感举行。

11日　北京国际马拉松赛举行，日中两国选手分获男女冠军。

12～18日　中国共产党第十四次全国代表大会在北京举行。

13日　中国编辑学会在北京成立。

15日　历时半月的第2届中国民族文化博览会在北京闭幕。

△　吴玉章奖金第2次评选揭晓。

△　《人民日报》报道：国家人事部和国家教委已联合发出《关于进一步争取优秀留学博士回国做博士后的通知》。

16日　中央社会主义学院在北京举行新校舍落成典礼暨建校36周年和复校10周年纪念会。邓小平题写校名。江泽民致信祝贺。宋平代表中共中央到会讲话。

19日　党的十四届中央委员会一中全会在北京举行并发表公报。全会选举江泽民、李鹏、乔石、李瑞环、朱镕基、刘华清、胡锦涛任中央政治局常委，选举江泽民为中央委员会总书记，决定江泽民为中央军委主席。

△　中国1990年人口普查国际讨论会在北京举行。来自20个国家和地区的100余名人口专家与会。

21日　首都举行纪念杰出的爱国主义者冯玉祥将军诞辰110周年座谈会。

△　《人民日报》报道：辽宁电视台和日本富山电视台合拍的大型电视片《辽河》在首届亚洲电视特别节目评比中获亚洲未来奖优秀奖。

23日　中宣部发出《关于学习、宣传党的十四大文件的安排意见》的通知，要求各地结合实际学习、宣传好十四大文件。

24日　全国初级卫生保健会议在杭州召开。我国农村初级卫生保健试点工作已结束，全国范围的普及工作将正式铺开。

△　世界首例“活体亲属供脾劈裂脾”移植手术在哈尔滨获得成功。

△　中国“科学一号”考察船驶离青岛，前往赤道西太平洋参加国际性考察。

△　新华社报道：超级强子对撞机LHC讨论会近日在北京举行。我国和来自海内外科学家等100余人与会。

26日　中共中央致信各民主党派中央、全国工商联，感谢他们在党的十四大开幕之际给大会致贺信或贺电，希望他们积极参政议政、献计献策，推进有中国特色社会主义建设。

△　北京卫星通信测控站和基准站正式开通。

△　老挝授予邓小平国家最高金质勋章，国务委员兼外长钱其琛受委托在北京接受勋章并表示感谢。

26～29日　“亚太地区报刊与科技和社会发展研讨会”首次在北京举行。

26～30日　政协第七届全国委员会常委会第21次会议在北京举行。会议通过了《关于学习贯彻中国共产党第十四次全国代表大会精神的决议》。

29日　黄帝陵墓基金会在北京成立。

△　《人民日报》报道：国务院已批转了国家教委等部门《关于“八五”期间解决城市中小学教职工住房问题的意见》，要求“八五”期间城市中小学教职工住房争取达到人均7.5平方米。

30日　中日联合登山队11名队员成功地登上了人类从未征服过的最高山峰——南迦巴瓦峰。国家体委等致电表示祝贺。

△　中国科学考察队第9次赴南极考察。

△　新华社报道：中央党校出版社选编的《毛泽东思想宝库》一书出版发行。

11　月

1～7日　首届中国“金鸡”“百花”电影节在桂林举行。3日，第12届电影“金鸡奖”和第15届《大众电影》“百花奖”在桂林颁奖。

4日　首届“华罗庚数学奖”在北京颁奖。陈景润、陆启铿获奖。

7日　从上月30日开始举行的七届全国人大常委会第28次会议闭会。会议传达了党的十四大的精神，并就建立社会主义市场经济体制的法律体系、发展经济必须既靠科技又靠教育等议题进行大会讨论。

8日　第4届中国“国际科学与和平周”在北京开幕。万里等到会祝贺。联合国秘书长加利发来贺电。

9日　中国大学生实用科技发明大奖赛揭晓。有193项成果获奖。

△　中国展团在第41届布鲁塞尔尤里卡世界发明博览会上获得14项金奖、7项银奖、4项铜奖和1项特别奖；15日获得1枚“军官”勋章和5枚“骑士”勋章。

10日　中国儿童发展中心顾问林佳楣获第2届诸福棠奖。

△　新华社报道：国家科委

和国家体改委最近决定选择沈阳、南京、哈尔滨、黄石、广州、大连、烟台为科技经济体制综合配套改革试点。

△ 54家民办科技实业单位被评为"中国民办科技实业优秀单位",150名科技实业家被评为"中国优秀民办科技实业家"。

△ 国务院学位委员会第11次会议在京结束。会议讨论加快学位工作改革和发展以及增列博士生导师等事项。

11日 新华社报道:国家教委已发出关于支持中国青少年发展基金会实施"希望工程"的通知。

13日 黄麻起义和鄂豫皖苏区革命烈士纪念馆落成典礼在湖北红安县举行,江泽民、李鹏分别为纪念馆题词,李先念生前为纪念馆题词,徐向前生前题写了馆名。

14日 《人民日报》报道:我国大陆报纸总数已达1755种,比1978年增加1569种,平均每3天有一种报纸问世。

△ 《人民日报》报道:国家科委等单位倡议,1993年起3月18日为"全国科技人才活动日"。

△ 未成年人犯罪预防国际研讨会在上海举行。

14~18日 全国普通高等教育工作会议在北京举行。

17日 李瑞环约请民主党派、工商联负责人座谈统一战线工作。

18日 制造、销售假茅台酒非法获利209万余元的投机倒把犯罗德明经最高人民法院核准被贵州省高级人民法院执行死刑,这是我国首次对没有引起人身伤亡的生产、销售假冒伪劣商品的犯罪分子判处死刑。

△ 国家体委表彰170所业余体校和640名业余训练先进个人。

19日 银河—Ⅱ10亿次巨型计算机通过国家鉴定。

20日 294次列车特大抢劫案45名罪犯经河南省高级人民法院作出终审判决,其中8名主犯被执行枪决。

20~22日 第3届全国优生科学大会在北京举行。江泽民、李鹏为大会题词。国家计生委主任彭珮云在会上公布:我国确定,到本世纪末总人口控制在12.94亿;到2021年总人口期望控制在14.5亿;到2049年总人口期望控制在16亿。

21日 首都各界人士集会,纪念郭沫若诞辰100周年。

△ 中国艺术体操队在第16届世界艺术体操锦标赛上获第6名。这是我国在世界锦标赛中的最好成绩。

21~26日 全国检察长会议在广东省顺德召开,会议要求检察工作适应社会主义市场经济要求,强化法律监督职能,保障改革开放和经济建设的顺利进行。

22日 《人民日报》报道:中宣部、全国总工会、中国职工思想政治工作研究会联合举办了企业思想政治工作研讨班,提出全面改进思想政治工作。

△ 首届中国民族图书评选揭晓,颁奖大会在北京人民大会堂云南厅举行。

23日 中国京剧艺术基金会成立。李瑞环到会祝贺。

24日 中央军委作出了《关于发扬优良传统,加强廉政建设的决定》。

26日 罗荣桓元帅铜像在湖南衡东县举行揭幕典礼。

△ 大连等10城市获"城市环境综合整治十佳城市"称号。

26~28日 全国培养开发使用军地两用人才经验交流暨表彰会在北京举行。会上通报表彰88个先进集体和202个先进个人。

28日 我国选手在法国举行的第10届世界技巧锦标赛上获9枚金牌、2枚银牌和3枚铜牌。中国队的金牌总数和团体总分名列第二。

29日 新华社报道:上海长征医院廖万清教授课题组在新生隐球菌性脑膜炎病研究方面已达国际水平。

12 月

1日 今天是"世界预防艾滋病日"。至上月底,我国累计报告的艾滋病感染数已达969例。

△ 藏南首届雅砻文化节开幕。

1~5日 "亚太残疾人十年会议"在北京举行,并通过《亚太残疾人十年(1993—2002)行动计划》和《关于亚太残疾人平等和全面参与的宣言》。

2日 人口与社会发展国际研讨会在海口召开,来自国内外的30多位专家、学者与会。

2~4日 全国作协文艺体制研讨会在厦门举行。

3日 《人民日报》报道:邓小平两次为"希望工程"捐款。

3~5日 刘伯承诞辰100周年军事理论研讨会在北京举行,江泽民题词并出席开幕会。《刘伯承传》已出版发行。

4日 首都举行纪念《中华人民共和国宪法》颁布10周年大会,江泽民、万里、乔石、李瑞环等与首都各界3000多人出席,乔石在大会上讲话。

△ 刘伯承元帅铜像和刘伯承纪念馆在四川开县举行揭幕和落成典礼。

△ 中国队在第4届亚洲青年田径锦标赛上获11枚金牌,居金牌榜第一。

5日 全国"重视老年工作领导者功勋奖"、"老有所为先进集体创新奖"表彰大会在北京举行,200多名"双奖"代表受到表彰,胡锦涛接见获奖代表,薄一波致信祝贺。

△ 第2届上海国际动画电影节开幕。有29个国家39部影片参展。

△ 我国选手刘卫国夺得1992年举重世界杯总决赛冠军。

6日 《人民日报》报道:1992年度国家教委科技进步奖日前在北京揭晓。

6~8 宪法与民主政治国际研讨会在北京举行。

7日 1992年度国家科技奖评审揭晓。共有980项科技成果、4474位科技人员获奖。

△ 新华社报道:爱国卫生运动40年来取得巨大成绩。江泽

民、李鹏为此题词。

8日　第6届全国优秀科技图书奖评选揭晓。93种图书获奖。

8～11日　全国公安厅局长会议在北京举行，任建新、王芳要求公安政法部门有力打击犯罪、扫除丑恶现象，并加快公安工作改革步伐，更好地保卫市场经济体制发展。

8～12日　全国关心下一代工作座谈会在广东茂名举行。

9日　中央社会治安综合治理委员会举行第八次全会，审议1992年工作概况和1993年工作要点。

10日　在第5届巴黎国际舞蹈比赛中，上海的谭元元获古典芭蕾舞少年组女子第一大奖，是唯一获大奖的选手。

11日　江泽民、李鹏等中央领导人会见“1992年度国家科技奖”和“第三届科技实业家创业奖”获奖者代表以及国防科工委专业技术会议代表。

△　第4届全国体育科学大会在潍坊闭幕，汇聚了500多位全国体育科技工作者。

△　《人民日报》报道：中国奥委会正式申办亚洲冬季运动会。

△　新华社报道：吉林大学高锦岳教授课题组在钠原子中第一次观察到了无粒子数反转条件下的光放大讯号。

12日　国务院授予人民警察警衔仪式在北京举行，李鹏总理为总警监、副总警监和一级、二级警监代表51人颁发授予警卫命令证书。

△　我国影片《留守女士》获第16届开罗国际电影节最高大奖。该片女主角扮演者修晶双获最佳女主角奖。

13日　在亚洲杯短跑道速滑赛上由李琰、王秀兰、郑春阳和张杰组成的中国女子接力队以4分32秒40创造了新的女子3000米接力世界纪录。

△　我国马文革获第13届世界乒乓球赛冠军。

△　新华社报道：中国运载火箭技术研究院七〇四所最近首次研制成功全球卫星导航定位仪，其主要指标达到国际90年代水平。

14～19日　全国政法工作会议在北京召开，会议主要研究全国政法战线贯彻落实十四大精神的重大措施，江泽民同代表座谈时强调政法工作只能加强不能削弱。

16～18日　全国文化法制工作经验交流暨表彰会在北京召开。

17日　新华社报道：中组部和国家教委已联合下发了《关于加强全国中小学校长队伍建设的意见(试行)》。

△　第6届“金钥匙”图书奖揭晓，人民出版社的《邓小平的思想研究》等12种图书获一等奖。

18日　第5届中日围棋名人战举行，马晓春战胜了日方的小林光一，实现了零的突破。

19日　中央社会治安综合治理委员会在北京召开全国社会治安综合治理先进单位、先进个人表彰大会，铁道部等108个单位和姚全兰等95名先进个人受到表彰。

△　《人民日报》报道：中央文献出版社在毛泽东诞辰99周年前夕出版了大型画册《怀念》。

△　中国科学院以100万人民币重奖新近获得国家科技进步一等奖的北京联想集团，其中50万元奖给联想产品主要研制者倪光南。

21日　《人民日报》报道：我国将实施“中国保护大熊猫及其栖息地工程”，将在海内外募集资金建设熊猫保护区。

△　我国“长征二号E”捆绑式火箭再次成功地将第二颗澳大利亚通信卫星送入太空。

△　“曾宪梓教育基金会”在北京成立。

△　1992年全国“十佳卫生城市”评比揭晓。

21～27日　第16次全国法院工作会议在北京举行。会议提出为建立完善社会主义市场经济体制提供法律保障和服务，人民法院制度和审判方式将改革。江泽民、李鹏、乔石等26日会见代表时指出社会主义法制要适应社会主义市场经济体制。

22日　《人民日报》报道：我国大陆科技人员1991年分别有11783篇论文被国际上影响最大的美国4种检索工具所收录，同上年持平，列世界第15位。

23日　航空航天部向顾诵芬等10名有突出贡献的专家颁发航空金质奖章，并授予荣誉证书，各颁发10万元奖金。

24日　新华社报道：中国科协第3届青年科技奖评选已揭晓。97名优秀青年科技工作者获奖。

△　第5届亚洲女子举重锦标赛结束。我国选手获得全部27枚金牌，并打破16项世界纪录。

26日　第2届群众文化“群星奖”在北京颁奖。98个获奖作品的作者和表演者都是普通群众。

△　国务院有关人士宣布，我国北京妇产医院等21家医院成为首批符合国际标准的爱婴医院。

△　我国首例心肺移植手术在牡丹江市心血管病医院，由刘晓程主持下取得成功。

△　新闻出版署和人事部表彰全国新闻出版系统先进集体和个人。

△　国家科委、中宣部、新闻出版署联合表彰351种高质量、高水平的科技期刊。

27日　江泽民、李鹏等中央领导人会见我国航天事业有功人员及有关协作单位的代表。

28日　国家科委授予日本专家浩木皓先生“中国国际科学合作奖”的仪式在北京举行。

29日　新华社报道：1992年我国运动员共获得89个世界冠军，其中包括奥运会项目29个冠军；共有29人、4个队、103次打破40项世界纪录。

30日　为期3天的第3次全国火炬计划工作会议在北京结束。宋健在会上提出，要进一步解放思想，大胆试验，把高新技术开发区建成改革试验区。

△　中南海举行新年京剧晚

会。江泽民等观看演出。

1993 年

1 月

1日　新华社报道:山东大学考古工作者去年在山东邹平县丁公村发现了一件龙山文化刻字陶片,把我国有文字记载的历史提前了约800年左右。

3日　新华社报道:中国测试技术研究院和中国计量科学院在国内首次直接发现高准确度、高稳定性的1伏特电压基准。

4日　肖劲光铜像在长沙揭幕。

5日　新华社报道:高敏、伏明霞、孙淑伟被美国《游泳世界》杂志评为1992年度世界最佳跳水运动员。总共评了4名。

5～9日　全国司法厅(局)长会议在京召开。会议提出要加大司法行政工作的改革力度,建立起与社会主义市场经济相适应的法律服务市场体系。

6日　中央党校举行学员毕业典礼,乔石在毕业典礼上讲话,要求党校按邓小平指示搞好教改。

△　中华炎黄文化研究会宣布,由10大部100卷组成的文化巨著——《中华文化通志》开笔。

7日　1992年度全国10大科技成就发布暨表彰大会在京举行。

△　中国化工进出口总公司等10企业捐款150万元,向全国2535所县级图书馆捐赠《中华古文明大图集》一书。

8日　由中国体育编辑和记者评选的1992年亚洲最佳运动员评出。

8～12日　全国青年干部锻炼成长经验交流会在武汉市召开。胡锦涛到会讲话。

10日　纪念延安双拥运动50周年大会在延安举行,刘华清作了重要讲话,陈俊生作了双拥工作报告,56个市(区)县被命名为全国双拥模范城(县)。会议指出,要学习和弘扬延安精神。

△　《人民日报》报道:冰心研究会已在福州市成立,巴金任会长。

△　新华社报道:国家教委等部门已发出紧急通知,要求各地政府和有关部门迅速采取措施,切实保证教师工资按时发放。

11日　北京2000年奥运会申办委代表团向国际奥委会呈交申办报告,成为第一个正式呈交申办报告的城市。

△　首届上海国际电影节升旗。

11～13日　全国省市区纪委书记、监察厅(局)长会议在京召开。根据党中央、国务院决定,中纪委、监察部从1993年起开始合署办公。

13日　新华社报道:中宣部、国务院办公厅联合发出通知,号召各地开展纪念老一辈革命家为雷锋同志题词30周年活动。

15日　陈敏章在全国卫生工作会议上说,全国88.5%的行政村已设有卫生室和医疗点,全国村级卫生人员126.9万人,其中2/3是经过正规培训的乡村医生;全国实行合作医疗的行政村占总村数的比例已由1989年的4.8%,提高到1992年的10%。

16日　首届王丹萍科学奖在京颁奖,赵忠贤等5名专家获奖。该奖由设在香港的王丹萍基金会设立。

△　1747名农业专家获得1992年政府津贴。

17日　《人民日报》报道:《爱我中华》丛书已由江苏少儿出版社出版。

19日　李瑞环邀请全国性宗教团体10位领导人到中南海作客,坦诚谈心,共迎新春。

△　全国"扫黄"工作电话会议在京召开。会议对1993年春节后在全国范围内再开展一次"扫黄"的集中行动进行了部署。

△　在意大利举行的第2届维罗纳国际杂技艺术节上,我国参赛节目全部获奖。27日,在巴黎举行的第16届"世界明日杂技节"暨第7届"世界未来杂技节"上,我国演员获2项金奖。31日,广州军区杂技节目《三人顶碗》获第17届蒙特卡洛国际马戏节最高奖"金小丑"奖。

20日　首都各界及海外来宾隆重集会,纪念已故国家名誉主席宋庆龄同志诞辰100周年。在此之前,上海、广东等地和全国妇联举行了纪念会。《宋庆龄选集》已由人民出版社编辑出版。

27日　《人民日报》报道:国务院办公厅已转发了《关于进一步改革和发展成人高等教育的意见》,要求各地各部门贯彻执行。

△　新华社报道:我国将继续对有突出贡献的专家、学者、技术人员发放特别津贴。目前全国已有6万多人获得政府特别津贴。

30日　新华社报道:国家自然科学基金委最近给剽窃、假报科研成果的原中国矿业大学讲师李富斌以撤销研究项目、无限期取消申请研究基金资格的处理。

31日　《人民日报》报道:国务院已批转了国家教委《关于加快改革和积极发展普通高等教育的意见》。

2 月

2日　国家自然科学基金委新闻发言人宣布:"八五"后3年国家自然科学基金经费每年增拨7 000万元。

△　新华社报道:至1992年底,全国广播电视大学已招收200多个专业的大专生209万多人,其中已毕业157万人,占同期大学毕业生的17%。

4日　相声艺术大师侯宝林在京病逝,终年75岁。

5日　新华社报道:1992年我国职业高中生已达280万人,占高中生总数的54%。

6日　首都集会纪念"二七"大罢工70周年。

10～12日　中国和平统一促进会第三届理事会在京召开，会议决定增选万国权为会长。

12日　国家自然科学基金委设立的“优秀中青年人才专项基金”首次评审揭晓，14位中青年学者获得资助，总金额为365万元。

13日　中共中央、国务院印发《中国教育改革和发展纲要》，并发出通知，要求各地、各部门贯彻执行。

△　《人民日报》报道：中国空间技术研究院成立25年来，成功地研究并提供了4个系列33颗卫星。2000年前我国将发射约20颗应用卫星。

△　《人民日报》报道：我国已展开保护濒危物种7大系列工程建设。第一所野生动物资源学院在东北林业大学成立。

14日　为期9天的第16届世界大学生运动会在波兰扎科潘内闭幕。中国队获得6枚金牌、2枚银牌和4枚铜牌，在金牌榜上名列第三。

18日　国防科工委召开庆功会，表彰和奖励一批在科学试验中做出突出贡献的科技功臣。

△　中国举重队获得第25届亚洲举重锦标赛全部15枚金牌。

19日　中央军委发布命令，分别授予苏宁“献身国防现代化的模范干部”荣誉称号和南京军区某部八连“鼓浪屿好八连”荣誉称号。

△　丁关根在《人民日报》国内记者工作会议上强调，新闻宣传要以建设有中国特色的社会主义理论为指针。

21日　世界杯短池游泳系列赛全部结束。在总积分表上，我国林莉列100米、200米、400米混合泳第一，黄晓敏列100米、200米蛙泳第一，楼霞和刘碧纯分列女子50米蛙泳和200米仰泳第一。

22日　我国大陆影片《香魂女》和台湾影片《喜宴》在第43届柏林国际电影节上共获金熊奖，我国儿童影片《天堂回信》获国际儿童青年电影中心奖。

△　全军十佳运动员评选揭晓，叶乔波等10人当选。

△　中国音乐著作权协会在京成立，王立平任主席。

△　国家教委召开电话会议，部署1993年义务教育和扫盲工作。

22～24日　中国科协举行四届三次会议。温家宝在会上讲了话。会议提出1993年要做3件事：推进学会改革，实施金桥工程，发展第三产业。

22～26日　全国文化厅局长会议在京召开。李铁映在会上强调，要深化文艺体制改革，繁荣和发展文化艺术事业。

23日　第二届中国新闻奖、第三届全国现场短新闻奖、'92全国新闻学术年会获奖论文颁奖大会在京举行。

24日　卫生部召开电话会议，强调要加强医务人员职业道德教育。

25日　新华社报道：《邓小平教育思想研究》已由浙江教育出版社出版。

△　首届“中国青年科学家奖”评选揭晓，堵丁柱等6人获奖，另有7人获提名奖。

△　由国防科技大学计算机所研制的银河智能工具计算机系统在长沙通过鉴定。

△　《人民日报》报道：作为我国5大生态工程之一的沿海防护林体系建设，目前以年均580万亩的造林速度推进，已建成1.3万公里海岸线基干林带，有林地面积达到1亿多亩。

△　历时3天的中国社会科学院工作会议结束。丁关根在会上指出，社会科学工作者要为这场伟大的实践提供精神动力和智力支持。

27日　我国运动员伏明霞荣获世界业余体育基金会授予的最佳运动员奖。

28日　联合国教科文组织在京举行证书颁发仪式，为我国武陵源、九寨沟、黄龙3个风景区被列入世界遗产名录颁发证书。

△　《人民日报》报道：国家教委日前发出通知，要求各地加强中小学收费管理。

3　月

1～4日　中国全民教育国家级大会在京举行。

2日　国家计算机集成制造系统（CIMS）实验工程通过国家验收。

3日　全国绿化委员会第12次会议在京举行。会上党中央和国务院授予福建省“全国荒山造林绿化先进省”称号。

4日　纪念毛泽东等老一辈革命家为雷锋同志题词30周年大会在京举行，中央领导同志在会前会见受表彰的学雷锋活动先进集体和先进个人代表，101个先进集体和100个先进个人受到表彰。

5日　中国环境保护产业协会在京成立。

6～8日　国际奥委会考察团在京进行考察。李鹏在会见考察团时说，中国政府全力支持北京申办2000年奥运会。

9～11日　教育支援西藏工作会议在京举行。李铁映在会上指出，教育援藏要实行对口、定点、包干责任制。到1992年底，西藏区内各级各类学校在校生达22.3万人，比1986年增长45%。

10日　1992年全国十佳运动员评选揭晓，邓亚萍等10人当选。

12日　中央社会治安综合治理委员会召开电话会议，部署全国开展围歼“车匪路霸”斗争。

△　《人民日报》报道：从1978年以来，全国农村敬老院由7175所发展到4万余所，入院供养人员由10.43万人增加到52万多人，分别增长4.5倍和5倍。已有北京、河北、辽宁、宁夏等10个省、自治区、直辖市和1118个县（市）普及了乡镇敬老院，全国乡镇敬老院的覆盖面达57%。

18日　《人民日报》报道：高校“八五”人文社会科学研究规划已开始实施。这是第二个发展规划，共有立项课题1350个，资助经费总额1500万元，需要投入研究力量5400余人。

20日　新华社报道：国务院办公厅已就制止以考察名义组织公费出国（境）旅游问题发出通报。

△　《人民日报》报道：新闻出版署已严厉查处淫秽书刊，已封存27种夹杂色情的画册，对3家出版此类画册的出版社作出了罚款决定。

△　新华社报道：自1993年秋季开始，我国小学和初级中学将逐步使用新编的9年义务教育教材。

21日　中共中央和国务院在中南海召开计划生育工作座谈会。

△　“胡刚复、饶毓泰、叶企孙、吴有训物理奖”第3届授奖大会在京举行。王泰杰等9人获奖。

22日　以中国科大校长谷超豪教授为团长的第二批访台著名科学家，经过在台湾9天半的访问后回到北京。

24日　国家教委发布指示，要求各地减轻义务教育阶段学生过重课业负担，全面提高教育质量。

25日　新华社报道：国务院已批转国务院纠正行业不正之风办公室《关于1993年纠正部门和行业不正之风工作要点的报告》，要求各地区、各部门结合实际，认真贯彻执行。

25～28日　“丁玲文学创作国际研讨会”在湖南常德桃花源举行。

26日　新华社根据公安部数据报道：截至1992年底，全国总人口已达1152428217人（不包括港、澳、台人口及现役军人），比1991年增加1052万人，增长率为0.92%。

4　月

1日　中国展团在第21届日内瓦国际发明展上获7项金奖。

3日　新华社报道：我国航天运载器的总体设计已达国际先进水平，已成功地设计了近程、中近程、中程、中远程和远程火箭，以及长征一号、二号、三号和长征二号捆绑式大推力运载火箭。

5日　全国总工会作出开展向李双良同志学习的决定。李双良是山西太原钢铁公司渣场负责人。

7日　新华社报道：国务院最近发出关于开展加强环境保护执法检查严厉打击违法活动的通知，要求各地各部门认真执行。

8日　新华社报道：民族出版社近年来用5种少数民族文字翻译出版了100多种邓小平的著作，共80多万册。

8～13日　全国检察机关法纪检察工作会议在上海召开。会议指出，法纪检察工作的主要任务是严肃查办侵权、渎职犯罪案件，切实保障公民的人身权利、民主权利，促进国家工作人员勤政廉政和科学管理，为社会主义市场经济服务。

9日　《人民日报》报道：中科院计算技术所研究员陈肇雄创立的智能型机器翻译理论与技术居世界领先地位。

10日　《人民日报》报道：我国科学家首次在南京汤山溶洞发掘出早期人类头骨化石。这是继北京猿人、蓝田猿人、元谋猿人等之后，我国古人类研究的又一重大发现。

12日　李鹏总理签署国务院令，发布《国有企业职工待业保险规定》，自1993年5月1日起施行。

△　中科院理论物理研究所研究员欧阳钟灿获1993年亚洲华裔杰出物理学成就奖。该奖由总部设在纽约的华人物理学会颁发。

12～13日　林默涵从事文艺活动60年研讨会在京召开。

13日　中国人与生物圈国家委员会第8届会议决定建立“中国生物圈保护区网络”。

14日　新华社报道：国家科委已着手在全国范围内组建生产力促进中心，以期为国家的经济建设提供社会化、专业化的科技支撑体系。

14、18日　《人民日报》报道：大型丛书《邓小平的生平、思想研究丛书》和《邓小平思想宝库》已分别由辽宁人民出版社和红旗出版社出版发行。

15日　天津市静海县大邱庄农工商总公司董事长禹作敏被天津市公安机关依法执行刑事拘留。

15～19日　全国体委主任会议在京举行。

16日　第3届新剧目文华奖在京揭晓，共评出剧目综合奖33个（台）。

18日　由中国国际减灾十年委员会办公室等单位举办的“减灾扶贫”义演在京首演。19日，李瑞环在会见参加义演的香港演艺界人士时强调，要在全社会形成扶危救困风气。

19日　《人民日报》报道：中宣部日前发出通知强调，不应以重奖办法吸引记者到本地或本单位进行采访报道。

21日　国家计生委主任彭珮云答中外记者问时说，发展经济同时必须做好计划生育工作，现行计划生育政策不变。

△　新华社报道：1993年全国有1059名优秀职工荣获全国五一劳动奖章，有336个单位荣获全国五一劳动奖状。

22日　最高人民检察院召开全国检察机关反贪污贿赂斗争电话会议，要求把惩治经济犯罪工作抓紧抓实，引向深入。

△　沈阳集会庆祝东北工学院更名暨恢复东北大学校名。张学良先生受聘为东北大学名誉校长。

22～26日　国家安全法制工作会议在京举行。会议提出打击危害国家安全违法犯罪活动，为改革开放提供安全保障和服务。

23日　新华社报道：10年来，国务院和西藏自治区拨出专款2.1亿多元，维修宗教场所1400多座。

25日　南京军区与中共上海市委在上海举行“南京路上好八连”命名30周年纪念大会。

26日　“中华民族故土园”主

园奠基。李瑞环出席奠基仪式。

27日　中华环境保护基金会在京成立。

28～29日　中宣部举行爱国主义教育座谈会，各民主党派及全国工商联代表人士在座谈中提出，在全社会开展爱国主义教育成为时代的召唤、民族的召唤。

5 月

1日　汉城世界杯射击赛结束，我国选手获5枚金牌列金牌数之首。刘海英和岳勇创造了两项世界纪录。

2日　我国徐荣祥教授在京接受美国全美烧伤受难者基金会主席盖纳先生颁发的“人道主义奖”。徐荣祥所创“烧伤湿润暴露疗法”及“湿润烧伤膏”已在国际上得到广泛承认和应用。

3～10日　中国共产主义青年团第十三次代表大会在京举行。

4日　北京大学庆祝建校95周年。由陈云题写碑名的北大革命烈士纪念碑落成仪式在北大静园举行。

5日　中央军委在京举行《彭德怀传》出版发行暨纪念彭德怀诞辰95周年座谈会。

△　江泽民会见中国职工思想政治工作研究会成立暨邓小平为《思想政治工作研究》题写刊名10周年纪念座谈会代表时指出，愈是发展社会主义市场经济，就愈要加强和改进思想政治工作。

5～9日　全军思想政治工作座谈会在广州召开。会议就发展社会主义市场经济条件下如何加强和改进部队思想政治工作交流了经验，会议强调用有中国特色的社会主义理论武装官兵的头脑，是思想政治工作的根本任务。

7日　新华社报道：中宣部和新闻出版署联合召开中央和国务院各部委片“加强书报刊出版管理工作研讨会”，要求各部门切实建立责任制，把书报刊的方向、宗旨和范围管住。

△　新华社报道：中共中央办公厅、国务院办公厅日前发出通知，严禁党政机关及其工作人员在公务活动中接受和赠送礼金、有价证券。

8日　第10届戏剧“梅花奖”在京揭晓。22名演员榜上有名。

9～18日　首届东亚运动会在上海举行。9个国家和地区的1200多名运动员进行了12个项目的比赛，中国运动员夺得105枚金牌，名列第一，共有7人14次破13项亚洲纪录。

11～16日　北京举行国际音乐节。

11～23日　第42届世界乒乓球锦标赛在哥德堡举行。中国队获得女子团体、女子双打、男子双打和混合双打冠军。27日，李瑞环、李铁映会见参加42届世乒赛的中国代表团。

12～14日　全国科技工作会议在京召开。

13～15日　邓小平特区思想研讨会在京举行。

14日　《人民日报》报道：新闻出版署已撤销因出卖刊号的安徽《轻工导报》注册登记，并通报批评13家报纸的专版、专刊出版不规范，重申应加强报纸出版秩序的管理。

△　文化部表彰自1992年3月至1993年3月在杂技、音乐、舞蹈等重大国际比赛中获奖的我国文艺工作者。

15日　第三次全国助残日座谈会在京举行。本次助残日活动的主题是：扶助与共进。

20日　刘华清在中央党校作《坚定不移地沿着建设有中国特色现代化军队的道路前进》的报告。

△　1992年度中国电影政府奖在京颁奖。《蒋筑英》等影片获奖。

21日　广西壮族自治区隆安县原公安局长陆世长执法犯法奸污妇女收受贿赂被判处死刑，执行枪决。

21～25日　全国部分城市学法用法依法治市座谈会在湖北襄樊市召开。

22～24日　中央社会治安综合治理委员会在贵阳召开全国铁路护路联防工作现场会。

23日　首都集会纪念毛泽东《在延安文艺座谈会上的讲话》发表51周年和延安鲁迅艺术文学院创立55周年。

△　第3届中国戏剧节开幕式暨第10届中国戏剧梅花奖颁奖大会在福州举行。

24日　1993年度国家社会科学基金项目评审会议结束，近500个课题通过评审。

△　我国导演陈凯歌执导的影片《霸王别姬》获得第46届戛纳国际电影节最高奖——“金棕榈奖”。

24～25日　1992年度精神产品生产“五个一工程”表彰大会在京举行。13个省区市党委宣传部和66部作品获奖。

26～31日　中宣部召开文化工作理论研讨会，

27日　新华社报道：中央军委日前发布通令，给为军体事业做出突出贡献的白月友记一等功。

30日　新华社报道：江泽民、刘华清、张震分别题词，祝贺人民解放军预备役部队组建10周年。

6 月

1日　历时5天的第8届世界杯跳水赛在京结束。我国选手夺得全部9枚金牌。

4日　新华社报道：中央军委最近发布三项表彰令，给西昌卫星发射中心发射测试站记集体一等功，授予国防科工委某基地研究所第二研究室“勇攀科技高峰研究室”荣誉称号，授予国防科大电子计算机研究所“科技攻关先锋”荣誉称号。

5日　李政道和黄胄发起的’93科学和艺术研讨会在京举行。

△　20世纪华人音乐经典系列活动在京开始举行。

5～9日　全国培养选拔少数民族干部工作座谈会在京举行。我国少数民族干部队伍人数从解放初期的1万多人发展到目前228万人。

7～11日　全国对外文化交流工作会议在京举行。

9日　中宣部在京召开新闻工作座谈会，提出继续推进新闻改革，加强队伍建设，使新闻工作提高到一个新水平。

△　文化部举行座谈会，讨论为振兴京剧办实事。

△　"海峡两岸首届电影展"在台北举行，有8部大陆电影展映。28日，台湾电影代表团携带8部影片抵京展映。

△　《人民日报》报道：中科院北京电镜实验室和大连理工大学研制成功我国第一台光子扫描隧道显微镜，其主要指标达到国际领先水平。

9～13日　全国检察长座谈会在京召开。会议强调要纠正当前严重存在的执法不严现象，严格执法，狠抓办案。

10日　纪念全国职工读书自学活动10周年座谈会在京召开，104个先进集体和149名先进个人和优秀组织者受到全国总工会的表彰。

12日　首都集会庆祝计划生育、妇幼保健、控制寄生虫结合项目在我国开展10周年。

13日　我国研制的世界上第一台超灵敏小型回旋加速器质谱计通过国家鉴定。

15日　中纪委、监察部在京举办"反腐败理论研讨班"。

△　北京市第6次廉政工作会议结束，尉健行在会上指出，适应市场经济要求加强反腐败斗争。

△　《人民日报》举行创刊45周年纪念活动。

15～19日　中宣部在上海召开建设有中国特色社会主义理论研讨会。

16日　中国国内旅游协会成立。国家旅游局负责人说，我国1992年国内游客达3.3亿人次，回笼货币250亿人民币，分别比1991年增长4.7%和25%。

19日　邱少云烈士塑像在兰州军区驻武威某师揭幕。

△　李铁映听取赴台京剧团演出情况汇报并表示祝贺。1993年4、5月，北京京剧院和中国京剧院分别组团赴台湾演出，取得极大成功。

21～25日　中宣部在南京召开宣传思想工作座谈会。

22日　标志我国高科技领域又一重大突破的"银河全数字仿真—Ⅱ"计算机通过国家鉴定。

23～25日　中直机关党的建设理论研讨会在京召开。

24日　新华社报道：国家科委和国家体改委日前发布《关于大力发展民营科技型企业若干问题的决定》。

△　卫生部发布消息，我国目前发现的艾滋病病毒感染者已超过千例，分布于19个省、自治区、直辖市。

25、26日　全国一些地区严厉惩治一批毒品犯罪分子，云南、贵州、广州、西安共处决49名贩毒罪犯。

29日　江泽民、李瑞环、朱镕基等在中南海会见全国各族青年团结进步先进集体和先进个人的代表。

△　国家教委等部门颁发《特级教师评选规定》。特级教师评选工作开展15年来，我国已有7000余名特级教师。

7　月

2日　从上月22日开始的八届全国人大常委会第2次会议在京闭幕。会议通过了《中华人民共和国科学技术进步法》、《中华人民共和国农业技术推广法》等。

6日　经国务院批准，新一届国家禁毒委员会在京成立。

6～9日　中纪委、监察部在陕西咸阳召开西北西南地区案件检查工作座谈会，会议强调当前要严明党的纪律，坚决惩治腐败。

8日　中国人口文化促进会在京成立。

8～18日　第17届世界大学生运动会在美国布法罗举行。我国选手获17枚金牌、6枚银牌、5枚铜牌，金牌数列第2，奖牌数列第4。

9日　新华社报道：中国科大地球与空间科学系最近被第三世界科学院执委会选定为高级研究中心。中科院理论物理研究所和中科院上海生理研究所已是该科学院的高级研究中心。

10日　新华社报道：已召开的全国清理整顿书报刊和音像市场工作小组会议提出，要加强书报刊和音像市场经常性管理，为青少年健康成长创造良好环境。

11日　邓颖超塑像在天津美术学院内揭幕。17日，大型画册《邓颖超在天津》出版。

12日　中央社会治安综合治理委员会在京举行全会，指出要严厉打击刑事犯罪活动，扫除社会丑恶现象，把反盗窃、打拐、禁娼、围歼"车匪路霸"深入开展下去。

△　国务院部分部门纠正行业不正之风专项治理工作座谈会在京举行，会议强调要狠刹利用职权和行业垄断谋取私利，中央国家机关各部门要率先垂范抓出实效。

△　新华社报道：中央军委和国防科工委已分别发布通令，给研制"银河—Ⅱ"巨型计算机做出突出贡献的71名教授、专家、工程技术人员记功。

13日　中纪委、监察部在京召开中央国家机关纪检监察工作座谈会。

16～23日　全国公安厅局长座谈会在北戴河召开，会议提出公安机关要坚持从严治警依法治警。

19日　全国双拥工作领导小组在京举行全会，强调深入持久扎扎实实抓好双拥工作。

△　新华社报道：国家教委将实施高教"211工程"，用10年或更长一点时间重点建设100所大学和一批重点学科点。

20日　我国杰出音乐教育家贺绿汀同志90诞辰及从事音乐工作70周年庆祝会在京举行。

20～23日　第十世班禅大师转世灵童寻访领导小组第二次会议在京举行，会议通报了大师圆寂4年多来进行寻访准备工作的情况及讨论了扎什伦布寺关于开展下一步寻访事宜的意见。

21日　新华社报道：中科院高能物理所研制的北京自由电子激光装置已成功地产生了亚洲第一束红外自由电子激光，这标志我国在激光和加速器研究上获突破性进展。

△　新华社报道：中纪委、监察部已在北戴河召开部分省市加强党风廉政教育座谈会，研究党风廉政教育新思路。

25日　抗美援朝纪念馆开馆典礼在丹东市举行。

26日　中宣部等联合举办党政军机关干部形势报告会，最高人民检察院检察长张思卿作报告，强调共产党员要增强反腐败的紧迫感和使命感。

27日　参加国际数、理、化和生物奥林匹克赛的我国19名中学生回到北京，受到热烈欢迎。总共获金牌10枚、银牌5枚、铜牌1枚。

28日　优秀共产党员张培英纪念馆在京落成。

30日　历时5天的1993年全国高校党的建设会议在京闭幕。李岚清同与会代表座谈时强调要切实加强、改进对高校党建和政治思想工作的领导。

△　亚洲规模最大的、总水平属世界一流的北京仿真中心通过国家验收。

31日　中宣部和新闻出版署发出《关于加强新闻队伍职业道德建设，禁止"有偿新闻"的通知》。

△　中国队在海牙举行的第4届世界运动会技巧比赛中夺得5枚金牌。

8　月

1日　李鹏总理签署国务院令，发布《国务院关于修改〈扫除文盲工作条例〉的决定》，该决定自发布之日起施行。

3日　新华社报道：江泽民、刘华清、张震分别为"献身国防现代化的模范干部"苏宁题词。

△　新华社报道：第3届"中国新闻奖"揭晓。

4日　国务院妇女儿童工作委员会在京举行二届一次全会，会议提出建立保护妇女儿童合法权益、促进妇女社会参与的机制。

△　丁关根在中宣部召开的加强新闻职业道德建设座谈会上指出，新闻队伍是宣传思想战线重要力量，要采取切实措施加强职业道德建设。

8日　新华社报道：江泽民为西藏军区官兵题词："发扬老西藏精神，戍边卫国建新功"。

9～10日　中、泰、老、缅4国旅游合作会议在泰国北部的清莱府举行。

11～15日　第4届汉语国际教学讨论会在北京举行。

14～22日　在斯图加特举行的世界田径锦标赛上，我国选手黄志红夺得女子铅球冠军；曲云霞夺得女子3000米冠军，并创造了世锦赛新纪录；王军霞夺得女子1万米金牌，刘冬夺得女子1500米金牌。中国健儿共获4金、2银、2铜，奖牌数居美国之后列第2位。

15～24日　第七届全国运动会四川赛区隆重开赛。40个代表团3200名健儿参加了12个项目的比赛。26日，七运会"文明之火"在北京房山周口店北京猿人遗址由中科院学部委员贾兰坡引燃。

17日　新华社报道：《续修四库全书总目提要》已由中华书局出版了"经部"上下册，全书计划到1998年出齐。

18日　中共中央召开党外人士情况通报会，向各民主党派、全国工商联负责人和无党派人士通报中共中央关于开展反腐败斗争的部署和意见。

19日　中国火炬计划成果暨高新技术产品展交会在京举行。

20日　新华社报道：《张闻天传》近日已由当代中国出版社出版。

20～21日　李岚清邀请党外人士座谈教育工作，他强调一定要把教育放在优先发展的地位。23日，李岚清与全国学联会议代表座谈时指出，青年学生在大学时代应以学习为主。

20～25日　中共中央纪律检查委员会第二次全会在京举行，并发表公报。会议全面分析了当前反腐败斗争的形势，提出了新形势下反腐败斗争的思路、对策和当前任务。

23～25日　'93海峡两岸法学学术研讨会在北京召开。研讨会就共设法学教育研究、婚姻亲属法研究、两岸知识产权保护、两岸投资权益保障等议题进行探讨。台湾东吴大学校长章孝慈等60位台湾人士和中国政法大学校长陈光中教授等100位大陆人士与会。

24日　新华社报道：国家旅游局已发出通知，严禁借自费旅游渠道组织公费出国旅游。

△　国家教委召开电视会议，要求尽快解决当前基础教育面临的教育经费短缺、拖欠教师工资、乱收费等突出问题。

24～28日　全国第5届中学生运动会在青岛举行。山东队获足球和田径冠军，广东队获男女篮球冠军。来自30个省市区的近2000名中学生运动员参加了比赛。

25日　为期8天的全国边境文化长廊建设现场会在牡丹江市结束。

26日　北京市审判机关严惩一批严重经济犯罪分子，6名贪污、受贿、挪用公款案犯分别被判处死刑、无期徒刑或有期徒刑。

△　第6届国际出版学研讨会在北京举行。

27～30日　全军纪律检查工作会议在京举行，会议传达学习江泽民讲话和中纪委二次全会精神，总结、部署军队加强廉政建设的工作。

31日　国务院召开第9次常务会议，讨论并原则通过《国务院关于近期开展反腐败斗争的实施意见》。

△　陈赓大将塑像在哈尔滨落成。

9　月

1～4日　十世班禅灵塔祀殿

落成开光典礼在日喀则扎什伦布寺举行。

1～6日　中国妇女第七次全国代表大会在京举行。

2日　新华社报道：李岚清在山东考察时强调，当前特别要加强对青少年进行中华民族传统美德的教育，提高学生的思想道德素质。

△　新华社发布《中国共产党纪律检查机关控告申诉工作条例》。

4日　第七届全运会在北京工人体育场隆重开幕。

△　李鹏总理签署国务院第127号令，发布《卖淫嫖娼人员收容教育办法》，自发布之日起施行。

5日　新华社报道：为纪念毛泽东诞辰100周年，经中共中央批准，《毛泽东文集》等6种重要图书，将在12月先后出版发行。

△　《人民日报》报道：第13届全国电视剧"飞天奖"已在京揭晓。《唐明皇》等62部优秀作品分获各项奖。

6日　全国体育先进单位和先进工作者表彰大会在人民大会堂举行。

7日　新华社报道：中央军委已颁布通令，分别为兰州军区某部工兵团、海军东海舰队某海测船大队和空军航空兵某师记集体一等功。

△　"全国著作权好新闻"获奖作品颁奖大会在京举行。

8日　新华社报道：公安部日前发出通知，要求各地公安机关坚决打击假冒警察拦车敲诈抢劫等违法犯罪活动。

9日　首都隆重集会庆祝第九个教师节，5000多名优秀教师、优秀教育工作者受到表彰。教师节前夕，21位中小学校长被国家教委授予"全国优秀校长"称号。

9～26日　新华社报道：参加在摩纳哥举行的决定2000年第27届奥运会主办城市会议的北京申办城市代表团组成。20、22日，李岚清、陈希同分别谈北京申办奥运会的条件、意义。26日，北京申办城市代表团返京，受到首都各界代表的热烈欢迎。

10日　中国国际交流协会在京举行第六次理事会。

△　由国家教委和北京市人民政府联合召开的纪念邓小平"教育要面向现代化、面向世界、面向未来"题词十周年大会在人民大会堂举行。

11日　首届"中华人口奖"颁奖大会在京举行。赵志浩等7人获工作奖，严仁英等3人获科学奖，已故人口学家马寅初获特别荣誉奖。

△　由毛毛撰写、中央文献出版社编辑出版的《我的父亲邓小平》(上卷)出版座谈会在京举行。17日，海外中文版在香港举行出版发行仪式。

△　首届"希望工程园丁奖"颁奖大会在京举行。100名乡村小学优秀教师获奖。

11～14日　国务院召开第二次全国政府法制工作会议。罗干在会上强调加快市场经济立法步伐和改善政府立法执法工作。

12～26日　海峡两岸举行台北至北京的长跑活动。

13日　以"现代化与职业技术教育"为主题的国际职业技术教育研讨会在京举行。

15日　为期一周的香港电影回顾展在上海开幕。

16日　国务院举行第三次全体会议，李鹏在会上提出要坚决贯彻执行党中央反腐败斗争的决定。

△　国务院在京召开大会，总结交流计划生育"三为主"方针的成就，表彰计划生育工作先进单位。

19日　由文化部主办的第三届全国"群星奖"在沪颁奖。97个作品获奖。

△　新华社报道：北京大学考古系晁华山副教授经过数年研究论证，从吐鲁番的佛教洞窟的石窟群里甄别出了70多个摩尼教石窟，在世界宗教考古等方面具有开辟性意义。

20日　中国十大杰出检察官评选在京揭晓，姚文淮等十大杰出检察官受到嘉奖。

△　《人民日报》报道：国家教委等已发出《关于进一步做好高等学校勤工助学工作意见的通知》。

△　中国医学基金会智力工程委员会在京正式成立。"智力工程"在全国开始实施。

21～23日　全军老干部表彰会在京举行，江泽民会见与会代表。

21～24日　全国国有企业党建工作座谈会在京举行。

22日　广东省原惠州市公安局局长洪永林，因受贿罪和巨额财产来源不明罪，被广东省高级人民法院终审判处死刑。

△　中国2000年实现消除碘缺乏病目标动员会在人民大会堂举行。

△　《人民日报》报道：由陕西电视台摄制的电视纪录片《最后栖息地的朱鹮》，最近在日本举行的93年度世界野生动物映像节上，荣获"环境保护奖"、"亚洲、大洋洲地域奖"、"地球奖"3项大奖。

23日　江泽民会见"创业在军营"事迹报告团，称赞他们的事迹很生动，并勉励再接再厉，坚持下去。

23～26日　全国"二五"普法经验交流会在湖南省衡阳市举行。

24日　《新闻出版报》报道：中宣部、新闻出版署等7部门就做好《中国大百科全书》的宣传和使用工作联合发出通知。

25日　全国公安机关反腐败电话会议在京召开，会上宣布《公安机关和公安干警十不准的规定》和《关于取消16项乱收费项目的决定》。

27日　陈潭秋纪念馆在湖北黄州市开馆。

28日　陈毅塑像在上海揭幕。

△　第4届全国报纸管理工作会议在京举行。

△　李铁映在广东省七运会代表团总结表彰会上向体育界提出要大胆改革创新。

29日　首次全国少数民族优

秀厂长(经理)表彰大会在京举行。国家民委授予来自30个省、自治区、直辖市的153名企业家“全国少数民族优秀厂长(经理)”荣誉称号。

10 月

2日 中央办公厅、国务院办公厅发出关于严禁用公费变相出国(境)旅游的通知。

△ 新华社报道:中科院上海生理研究所梅镇彤教授领导的实验室在世界上首次发现可明显增强人脑记忆能力的“M物质”。

2～6日 全国首届人才技术交流大会和全国人才流动工作会议先后在京召开。

3日 中国技巧队在索非亚举行的第10届世界杯技巧赛中,夺得13枚金牌,名列榜首。

△ 《人民日报》报道:国务院办公厅近日发出关于加强中小学收费管理工作的通知。

△ 《人民日报》报道:国务院残疾人工作协调委员会在京成立。

△ 中国故事片《找乐》获第6届东京国际电影节金奖。

4日 中日友协成立30周年招待会在京举行。

5日 中共中央、国务院作出关于反腐败斗争近期抓好几项工作的决定。

△ 中国残疾人事业5年工作纲要总结大会在京举行。会上表彰了一批先进单位和先进个人。

△ 经国务院批准,林业部公布施行《中华人民共和国水生野生动物保护实施条例》。

△ 第4届“中国十大杰出青年”评选在京揭晓。

6日 由建设部与国家文物局共同主办的全国历史文化名城工作会议在襄樊召开。

6～9日 中国残疾人联合会第二次全国代表大会在京举行。

7日 新华社报道:中纪委、中宣部已联合发出通知,要求各地各部门组织党员干部特别是领导干部认真学习《邓小平论新时期党风廉政建设》一书。

8日 中纪委、中组部、监察部制定《关于党政机关县(处)级以上领导干部廉洁自律“五条规定”的实施意见》,经中央同意发布。

△ 新华社报道:中宣部、国家教委、广播电影电视部、文化部已发出关于运用优秀影视片在全国中小学开展爱国主义教育的通知。

8～14日 第一届上海国际电影节在沪举行。中国台湾电影《无言的山丘》获最佳影片奖,香港电影《笼民》获“评委会特别奖”。

9日 第三届全国“十佳少先队员”评选揭晓。

△ 共青团中央、国家教委等在京举行“中学生实践技能标兵”表彰颁奖仪式暨现场演示会。1000名中学生获得“实践技能”奖章。

11日 首都近百名科学家和知名人士集会纪念世界著名物理学家、中国原子能事业的奠基人钱三强教授诞辰80周年。同时举行《钱三强论文选集》首发式和钱三强铜像揭幕仪式。

12日 北京市第十届人大常委会第六次会议审议通过了《北京市关于禁止燃放烟花爆竹的规定》,从1993年12月1日起北京市东城等8个区为禁止燃放烟花爆竹地区。

△ 中央人民广播电台的节目《一场特殊的音乐会》、《古墓探险》和中央电视台制作的《最后的山神》在新西兰奥克兰市举行的“亚广联”第三十次全会上获3项大奖。

14日 我国首台“银河-Ⅱ”巨型计算机正式投入中期数值天气预报新业务系统,使我国成为世界上少数几个能发布5～7天中期数值天气预报的国家。

14～18日 全国足球工作会议在大连举行。

15日 《人民日报》报道:第三届中国民间艺术节暨第六届北京国际风筝节已在北京市门头沟举行。

15～21日 中国佛教协会第六届全国代表会议在京召开。

16日 第11届大众电视“金鹰奖”在天津揭晓,《唐明皇》、《一村之长》、《板桥轶事》等获奖。

△ 国际中国书画博览会在中国历史博物馆开幕。

17日 中国选手胡刚军、黎叶梅分获第13届北京国际马拉松赛男女冠军。

19日 公安部、铁道部分别授予姜战林全国公安一级英雄模范和“人民铁道卫士”光荣称号。

20日 新华社报道:我国公安机关已破获4个在北京—莫斯科3/4次国际列车抢劫旅客财物、轮奸妇女的犯罪团伙、71名案犯分别在北京和莫斯科被抓获。

21日 《人民日报》报道:民政部、国家计委等14个部委联合发出通知,要求各地建立健全社会保障体系和社会化服务体系,推动社区服务业全面快速发展。

22日 标志着我国水稻大穗型和超高产育种取得重大突破的遗传工程水稻(GER-1)研究成果在湖南长沙通过鉴定。

△ 中国百岁寿星座次在京排定,131岁的贵州龚来发为“中国长寿之王”,122岁的广东孔英为“中国长寿王后”。

△ 新华社报道:国务院已批复了国家民委《城市民族工作条例》和《民族乡行政工作条例》。

22～31日 八届全国人大第四次会议在京举行。大会通过了《中华人民共和国消费者权益保护法》、《中华人民共和国红十字会法》、《中华人民共和国教师法》等法规。

24～30日 中国工会第12次全国代表大会在京举行。会上宣布分别授予1456位同志全国优秀工会工作者、优秀工会积极分子、荣誉工会积极分子称号。

25日 纪念刘少奇诞辰95周年学术讨论会在郑州举行,刘少奇铜像26日在开封揭幕。

△ 北京世界公园正式开放,江泽民题写园名。

26日 中宣部、新闻出版署

联合发行《关于禁止"买卖书号"的通知》。28日，中宣部、新闻出版署联合召开"繁荣出版事业，禁止'买卖书号'"座谈会，人民出版社等15家出版单位受到表彰。

27日　新华社报道：国务院近日发出关于加强政府法制工作的决定。

△　中央社会治安综合治理委员会举行第十次全会，任建新强调当前要深入开展专项斗争，狠抓大案要案，排除干扰，严肃执法。

28～30日　以"环境问题与人类社会"为主题的中日环境问题国际研讨会在京举行。

30日　全国文化市场工作会议在京召开。

31日　第三届宣传人大制度好新闻评选揭晓。共评出一等奖17篇，二等奖40篇，三等奖90篇。

△　中国选手王军霞在西班牙举行的1993年世界杯马拉松赛上夺得女子组冠军，中国选手还包揽了女子组的前4名。

11　月

1日　中央军委在京举行《贺龙传》出版发行暨纪念贺龙诞辰97周年座谈会。

1～3日　全国农村宣传思想工作座谈会在杭州举行。

1～5日　全国田径工作会议在京举行。中国田径协会授予马俊仁及辽宁女子中长跑队"全国最佳田径教练员"、"全国田径优秀运动队"称号。

2日　《邓小平文选》第三卷出版发行。中共中央在京举行学习《邓小平文选》第三卷报告会。

4日　沈阳市卫生局发出通知，认定9月19日至10月18日市妇婴医院发生的集体新生儿感染属"柯萨奇"病毒所致，在此期间有13名婴儿死亡。8日，卫生部派出的专家组在沈阳宣布，沈阳市妇婴医院和市卫生局，对此事件负有重要责任。

5～7日　第三次全国人民调解工作会议在京举行。司法部在大会上对全国155个基层单位授予"模范人民调解委员会"称号，对234名调解员授予"模范人民调解员"称号。中华全国人民调解员协会在京成立。

5～11日　第42届尤里卡发明博览会在布鲁塞尔举行。我国参展的26个项目全部获奖，其中金奖14个，银奖12个。

6日　纪念柴科夫斯基逝世100周年交响音乐会在北京音乐厅举行，100多位中俄音乐家同台演出。

6～9日　全国文明办主任座谈会在三明市召开，会议指出精神文明建设必须适应社会主义市场经济发展要求。

7日　第五届中国"国际科学与和平周"在京开幕。10日，首届农业科技节在京开幕，这届活动主题是"科技促进农业发展"。

9日　中国大陆旅美学者许正研制的抗癌新药"亲细胞非均质分子脂质"通过美专家局审查，成为抗癌药物和生物制药技术方面的一项突破。

10日　《外国人在中华人民共和国收养子女实施办法》经国务院批准，民政部、司法部联合发布，自发布之日起施行。

11～14日　中国共产党第十四届中央委员会第三次全体会议在京举行。会议审议并通过了《中共中央关于建立社会主义市场经济体制若干问题的决定》。

14日　中国队在香港结束的第二届东亚田径锦标赛中获金牌总数第一。

15日　纪念毛泽东经典油画展在中国革命博物馆举行。

16日　谢军在蒙特卡洛举行的国际象棋女子世界冠军赛中卫冕成功。24日，国家体委授予谢军"体育运动荣誉奖章"。

16～25日　'93中华全国集邮展览在京举行。

17日　《人民日报》报道：钱其琛在全国旅游局长工作会议暨第七届旅游局长研讨班上强调，坚持适度超前发展旅游业。

17～19日　全国血吸虫病防治工作会议在南京举行。

20日　文化部第三届"文华奖"颁奖大会在京举行，共评出33个剧目综合奖，87个各项单项奖。

△　新华社报道：老作家巴金已和中国作协一起荣获第19届意大利蒙得罗国际文学奖特别奖。

△　我国女选手在墨尔本举行的1993年世界举重锦标赛女子9个级别的比赛中夺得19枚金牌，并获团体总分第一。

21～25日　第二届金鸡百花电影节在广州举行。23日，举行颁奖仪式。《秋菊打官司》、《三毛从军记》、《蒋筑英》获得第13届电影"金鸡奖"；《大红灯笼高高挂》、《秋菊打官司》、《杨贵妃》获第16届电影"百花奖"。

22日　《毛泽东军事生涯》大型画册出版发行座谈会在京举行。

25日　国务院在京召开反腐败工作座谈会。李鹏在会上强调，各部门一定要按照邓小平同志关于坚持"两手抓、两手都要硬"的要求，把反腐败斗争引向深入。

△　张学良致电杨拯民，敬念杨虎城先生百岁诞辰。26日，陕西省各界集会隆重纪念杨虎城百年诞辰。杨虎城将军铜像在西安揭幕。

26、28日　中国男女乒乓球队在瑞典乒乓球公开赛中分获男女团体冠军和男女双打冠军。

27日　第二届世界武术锦标赛在吉隆坡闭幕，中国选手共获11枚金牌。

△　爱国将领续范亭将军诞辰100周年纪念大会及续范亭纪念堂落成典礼在山西原平市举行。

△　中国科学院第三届青年科学家奖颁奖座谈会在京举行。40位科技工作者获奖。

28日　新华社报道：国家教委日前发出通知，取消中小学自行规定的乱收费项目。

△　第二届中国青年科技成果博览会在京举行。

30日　中国性病、艾滋病防治协会成立。

12 月

1日　中国1993年“世界预防艾滋病日暨表彰颁奖活动”在人民大会堂举行。

4日　第四届亚洲田径锦标赛在马尼拉结束。中国队夺得23枚金牌，位居榜首。马玉芹被评为本届锦标赛最佳女运动员。

5日　以“爱国、爱乡、爱港、爱侨”为宗旨的香港华侨、华人总会在香港成立。

△　由文化部主办的’94新年音乐会在京举行。江泽民等出席欣赏并希望社会各界支持交响乐等严肃音乐。

△　全国开展消灭脊髓灰质炎强化免疫活动，江泽民题词并亲自为儿童喂服疫苗。

△　《人民日报》报道：国家教委日前召开新闻发布会宣布，我国中小学生健康状况堪忧，呼吁全社会都来关心青少年的健康成长。

5～7日　共青团十三届二中全会在京举行。全会通过了《在建立社会主义市场经济体制过程中我国青年战略发展规划》。

6日　中国女选手在西班牙帕尔马市举行的首届世界短池游泳锦标赛中夺得10枚金牌，并11次打破9项世界纪录。

7日　1993年全国田径十佳运动员评选在京揭晓。10名当选选手全是女将。

8日　中国辛亥革命研究会成立。

10日　中央军委在京召开《朱德传》出版发行暨纪念朱德诞辰107周年座谈会。

11日　新华社报道：全国双拥工作领导小组已颁发了《双拥模范城（县）命名管理办法》。

△　四川大学与成都科技大学合并，名为四川联合大学。

11～14日　全国高校科技产业工作会议在京举行。

12日　中国女子足球队在马来西亚第九届亚洲杯女子足球锦标赛上夺得冠军，实现亚洲“四连冠”。

12～15日　国务院纠风办在西安召开纠正不正之风职业道德建设试点工作交流会。

13日　新华社报道：长江三峡坝区中堡岛发掘出从夏至明清各个时期的古文化遗存，被专家称为埋在地下的中国通史。

13～17日　中国伊斯兰教第6次全国代表会议暨伊斯兰教协会成立40周年庆祝大会在京举行。

14日　新华社报道：我国首台巨型计算机实时三维图像生成系统2100CIG系统研制成功。

16～20日　全国检察长工作会议在京结束，张思卿在会上强调继续加强反腐败斗争。

17日　第三届中国新闻奖、首届韬奋新闻奖颁奖大会在京举行。154件新闻作品荣获中国新闻奖、10名编辑和通联工作者荣获韬奋新闻奖。

△　由毛岸青、邵华主编的大型丛书《中国出了个毛泽东》正式出版发行。

18日　中国野生动物保护协会在京集会纪念《野生动物保护法》颁布5周年和中国野生动物保护协会成立10周年，并表彰为野生动物保护事业作出突出贡献的先进集体和个人。

18～20日　全国企业思想政治工作经验交流会在上海举行。

20日　为纪念毛泽东诞辰100周年，中共湖南省委、省政府在韶山隆重举行毛泽东同志铜像揭幕仪式，江泽民专程来到韶山为毛泽东同志铜像揭幕。

21日　《毛泽东文集》及《毛泽东军事文集》、《毛泽东读文史古籍批语集》、《毛泽东年谱》出版发行。

△　中纪委、监察部在京召开中央和国家机关纪检组长、监察局长会议。尉健行在会上强调反腐斗争必须常抓不懈。

21～25日　全国政法工作会议在京举行。

22日　李四光地质科学奖第三次颁奖大会在京举行。

24日　中纪委、监察部联合发出《关于坚持不懈地抓紧抓好中央近期反腐败斗争三项工作的通知》。

25日　大型文献纪录影片《中国出了个毛泽东》开始上映。

26日　中共中央、全国人大常委会、国务院、中央军委、全国政协在京举行纪念毛泽东诞辰100周年大会。中央领导同志和首都各界1万多人出席了大会。会后党和国家领导人和群众代表瞻仰了毛泽东的遗容。

26～30日　毛泽东生平和思想研讨会在京举行。

27日　曾宪梓教育基金会1993年高等师范院校教师奖颁奖仪式在京举行。

27～30日　全国高级人民法院院长会议在京召开，会议提出抓紧大案审理，严惩腐败分子。

29日　1993年新当选中科院学部委员名单揭晓，59位科技专家当选。

30日　《人民日报》报道：1993年度国家发明奖评审工作结束，批准授奖项目175项，其中二等奖16项，三等奖74项，四等奖85项。

附　　录

英模及获奖者名单

获 1992 年“五一劳动奖状”先进集体名单

全国先进企事业

北京市

北京同仁堂制药厂
北京市政工程总公司
北京市西单菜市场
北京市实验鸡场
清华大学核能技术设计研究院
中国化工进出口总公司

天津市

天津市轧钢一厂
天津市自来水公司
天津达仁堂制药厂
中国银行天津分行国际贸易结算处

河北省

唐山市第一运输公司
邯郸水泥厂
保定市公共汽车公司
石家庄市第一棉纺织厂
石家庄化肥厂
石家庄炼油厂
河北省国营汉沽农场
河北省邯郸市公共汽车公司
河北省保定商场

山西省

山西省太原橡胶厂
山西省大同市二商局肉制品厂
山西省长治轴承厂
山西省杏花村汾酒厂
山西省电力公司电力建设三公司

内蒙古自治区

内蒙古电缆厂
包头市啤酒厂
乌兰浩特钢铁厂
内蒙古大兴安岭莫尔道嘎林业局

辽宁省

大连橡胶塑料机械厂
鞍山市铁东鱼菜市场
本溪市环境卫生管理处
营口港务局
中国农业银行盘锦市支行
瓦房店轴承厂
沈阳飞机制造公司
辽宁省沈阳电业局
辽宁省沈阳电信局
辽宁省沈阳电缆厂

吉林省

公主岭市汽门芯厂
吉林化学纤维厂
吉林省第一建筑公司
吉林造纸厂
吉林省长春市公共交通总公司

黑龙江省

中国石化哈尔滨炼油厂
富拉尔基发电总厂
佳木斯经编印染厂

黑龙江省石油化工销售总公司
伊春南岔木材水解厂
黑龙江省八五一〇焦化厂
黑龙江省五常制药厂
哈尔滨制药厂
黑龙江东方红林业局

上海市

上海市钢铁汽车运输公司
上海市自行车厂
上海分析仪器厂
上海长途电信局
上海基础工程公司
上海友谊汽车服务公司
上海果品公司
上海民光被单厂
上海核工程研究设计院
上海长江轮船公司

江苏省

江苏仪征汽车制造厂
盐城市江淮动力机厂
苏州机床电器厂
江苏省汽车运输公司南通分公司
建材二五三厂
无锡第二棉纺织厂
江苏双沟酒厂
中国华晶电子集团公司

浙江省

宁波市自来水公司
嘉兴制丝针织联合厂
秦山核电公司

安徽省

安徽省安庆纺织厂
淮北矿务局
合肥日用化工总厂
安徽省合肥市出租汽车旅游公司

福建省

福建省永安矿务局
漳州糖厂
厦门工程机械厂
福安市农药厂

江西省

江西铜业公司贵溪冶炼厂
景德镇市瓷用原料化学工厂
江西汽车制造厂

山东省

山东羊口盐场
菏泽第二毛纺织厂
山东东阿阿胶厂
山东鲁南化肥厂
青岛啤酒厂
山东电缆厂
山东淄博织染厂
山东省新汶矿务局协庄煤矿
中国人民保险公司山东省分公司
山东招远金矿

河南省

洛阳玻璃厂
国营新乡化学纤维厂
河南轮胎厂
河南上蔡锅厂
河南省清丰县纸房工商所

湖北省

华新水泥厂
武汉制药厂
湖北省枝江县供销合作社联合社

湖南省

株洲冶炼厂
长沙汽车电器厂
湖南滨湖柴油机总厂
衡阳中药厂
湖南农药厂

广东省

广东珠江冰箱厂
中国石油化工总公司广州石油化工总厂
广东省电力工业局火电安装公司
深圳康佳电子(集团)股份有限公司
广州羊城药厂
广东省兴宁县新陂镇中心小学
广东省广州卷烟二厂

广西壮族自治区

广西柳州市牙膏厂
广西桂林市棉纺厂
广西桂林百货大楼

海南省

海南省海口罐头厂

四川省

攀枝花钢铁公司
泸州老窖酒厂
四川内燃机厂
成都市电热器厂
重庆嘉陵化工厂
河门口发电厂
国营建设机床厂

贵州省

贵州赤水天然气化肥厂
贵州茅台酒厂

云南省

昆明卷烟厂
昆明钢铁公司

西藏自治区

西藏日喀则地区塘河水电厂
西藏拉萨市水泥制品厂

陕西省

郑州铁路局西安分局西安火车站
国营黄河机械制造厂

甘肃省

白银有色金属公司
兰州石油化工机器厂
兰州连城铝厂

宁夏回族自治区

宁夏有色金属冶炼厂、研究所

青海省

青海第一机床厂
青海西宁市大十字百货商店

新疆维吾尔自治区

新疆建设兵团第一汽车运输公司
新疆维吾尔自治区十月拖拉机厂

铁路系统

北京铁路局大同铁路分局
广州铁路局广州铁路分局

民航系统

中国西北航空公司营运部服务处

全国先进班组

北京市

北京市公安交通管理局东城大队天安门班

清华大学工程图学及计算机辅助设计教研组

工商银行海淀区办事处玉泉路储蓄所

公交总公司第二公共汽车公司运营三场44路(小环)车队调度组

北京化工机械厂十一车间焊工班

首钢北京钢铁公司第二炼钢厂炼钢车间乙班炼钢小组

北京市双桥农场乳品厂冰棍班组

天津市

天津油漆厂一分厂色漆车间搅稀组

天津市桂顺斋糕点公司桂顺斋第一门市部

天津市长途电信局营业科电信营业厅

天津市国营第二棉纺织厂二布场织布车间乙班一车间一组

天津市第一建筑工程公司李志远瓦工小组

天津市宝坻县水利局高家庄水利管理站

天津石化公司炼油厂催化车间操作一班

天津市无缝钢管厂热轧车间生产三班

河北省

石家庄市邮政局石家庄——长春211/214次火车押运班

唐山市粮食局路北分局24号小区粮油食品店

中国人民解放军2672工厂动力分厂热力工段司炉班

张家口市卷烟厂制丝车间引进设备修理组

邯郸运输总公司长途汽车站售票组

冶金部第二十冶金建设公司金属制品厂结构一车间铆工三组

阜城县粮食局付庄粮站

河北省廊坊市安次区交通局公路管理站戈渔城中心道班

山西省

山西省大同矿务局燕子山工程处井二区二队

山西运城盐化局盐化二厂机修车间制桶组

国营山西锻造厂轻锻车间五吨模锻班

山西省太原钢铁公司一轧厂中型工段丙班加热炉小组

国营山西机床厂锻造分厂第三生产小组

内蒙古自治区

包头糖厂动力车间汽轮机组

乌达矿务局黄白茨矿综采队宋洪河机电检修班

敖汉旗撰山子金矿阳坡坑口第四班

通辽发电总厂热工分场温度班

内蒙古巴彦高勒皮革化工厂汽机车间汽机检修班

内蒙古根河林业局二零八工队

辽宁省

中捷友谊厂摇钻分厂大臂班

沈阳市煤气工程公司第一工程处八班

抚顺红透山铜矿清砂班

丹东市邮电局邮政营业科

锦州铁合金厂三分厂冶炼乙班

辽宁省石油产品销售总公司阜新分公司汽车队

铁法矿务局晓南煤矿综采一队

朝阳制药厂六车间动力工段

莲花山冶金机械厂柱齿纤头车间车工二班

辽宁省沈阳出租汽车总公司六队

吉林省

延吉卷烟厂五车间甲工段立包1号机

通化市邮电局电报科机务班

吉林省辽源发电厂电气运行二班

吉林化学工业公司有机合成厂乙烯车间化工一班

吉林省第一建筑公司鲁延生瓦工班

黑龙江省

哈尔滨亚麻纺织厂细纱分场乙班

齐齐哈尔北方饭店三楼高间服务组

密山市公路管理站石嘴子道班

佳木斯市公共汽车公司客运一队123包车组

鹤岗市粮食局制粉厂制粉车间丙班马瑞班组

双鸭山矿务局双阳煤矿二井201掘进队

哈尔滨卷烟厂四车间“三八”机组

哈尔滨市长林子劳动教养管理所

黑龙江省友谊农场五分场二队

海伦市房屋建筑工程公司第一施工队

上海市

上海第一钢铁厂二炼钢分厂连铸车间丁班浇钢组

上海第二石油机械厂运输队

上海市第九棉纺织厂一纺工场清花保全保养小组

上海船厂造船分厂铜工车间内场电焊班

上海易初摩托车有限公司摩托车厂二金工减震柱组

上海远洋运输公司“盐城轮”

上海杨浦区园林管理所绿地组

上海市延安中学数学教研组

上海市长宁区江苏路第五小学低年级班组

上钢五厂二炼钢厂6号炉丁班邵学明班组

江苏省

第三航务工程局第三工程公司第一工程处测量班

常州第一棉纺织厂后纺乙班头排二组

苏州东吴丝织厂C401甲班小组

镇江钛白粉总厂焊工班

南通第二棉纺织厂一织车间布机乙班四工区

徐州重型机械厂铆工二组

盐城市电化厂亚磷酸班组

无锡市无线电厂机芯装配一车间流水六组

连云港市公路管理处一级公路管理站新浦道班

清江电机厂电工车间嵌线班

江苏省连云港港务局第一装卸公司四队 35 班

江苏省无锡市第二棉纺织厂查正南小组

浙江省

浙江省长广煤矿公司六吨掘进七队一班

杭州制氧机厂透平一组

嘉兴市化工厂造冰小组

绍兴市第一建筑工程公司土建工区郑无畏泥工班

金华公路段曹宅公路养护管理站

衢州市机械实验厂车工班

仙居制药厂强的松工段

镇海石化总厂重油催化车间重油催化四班

安徽省

中国扬子电气公司电扇总厂销售处技术服务部

安徽省淮南市医药公司淮舜路医药门市部

马鞍山铸管厂三车间泥芯班

长江航务管理局安庆港机厂金工班组

淮北矿务局杨庄煤矿淮北七队

福建省

厦门市邮电局市区投递组

福州电线厂中小拉班

南平电缆厂裸线车间束绞组

福建省第一建筑工程公司机械化施工分公司林开源吊装班

福建省莆田县鞋革厂新产品试制车间

福建省晋江县邮电局英林邮电支局

江西省

江西省德兴县中国有色总公司第四建设公司机电安装公司李元清钳工班

江西省上饶地区水泥厂变电站维修班

江西红都制糖厂锅炉车间青年运行班

国营七二一矿邹家山分矿井下二区一队三班

江西省宜春地区英岗岭矿务局东村煤矿掘一区吕忠岳班

山东省

莱芜钢铁总厂特殊钢厂中轧车间轧钢甲班

胜利石油管理局纯梁采油厂采油九队乔庄注水站

齐鲁石油化工公司烯烃厂裂解车间裂解单元运行一班

山东推土机总厂电炉炼钢乙班

东营市利津县公路站利津镇分站女子养路工班

淄博制酸厂矿酸分厂液体二氧化硫班

乳山县铜锡山金矿初家沟矿区动力二班

青岛化工厂一车间盐水小组

山东省烟台造锁总厂锁件三厂栓簧班

中国建筑第八工程局一公司第五施工队

济南第四建筑工程公司赵平年瓦工班

河南省

郑州第二砂轮厂精磨分厂水浇注成型组

洛阳市煤炭公司赵春娥营业班

平顶山矿务局十矿综采二队于万西班

安阳市粮食局青年粮油食品店

夏邑县公路管理段

中原石油勘探局测井公司深测四队

湖北省

武汉市电阻一厂引进线着膜班

大冶有色金属公司铜绿山铜铁矿坑采车间采二工段供矿三班

湖北省沙市市第一棉纺织厂筒捻车间丁班摇纱小组

宜昌棉纺织厂准备车间丁班穿筘小组

十堰市东风轮胎厂硫化分厂甲班一组

宜昌地区电力局白家冲变电所

荆襄磷化学工业公司五集矿选矿厂破碎一班

中国工商银行湖北省分行武汉市武昌区三八储蓄所

华中师范大学第一附属中学高二年级组

湖南省

华容县税务局钱粮湖税务所

黄沙坪铅锌矿二工区采矿六班

湖南资江氮肥厂造气车间化工乙班

宁乡县公路段夏铎铺工班

凤滩电厂检修车间继电班

邵阳纺织厂后纺车间乙班五组

常德有线电总厂程控部生产计划组

广东省

广州市机床工具工业公司广州机床厂齿轮车间五班

广东韶关市南雄县粮食局车队

广东省开平县粮食局月山粮食管理所

广东省湛江化工厂硫酸车间制气色机班

广东省高州橡胶厂外胎车间硫化一班

广东省肇庆市鼎湖区畜牧公司饲料供应组

广东省佛山市石湾陶瓷工贸集团公司建筑陶瓷厂三车间十六班

广西壮族自治区

广西柳州市邮电局邮件转运站

广西梧州市龙山酒厂浸制车间蛇酒配制班

广西西江化工总厂普钙车间一班

广西柳州铁路局工程处电务工程段信号领工区

广西区建筑机械厂拉管一班

海南省

海南省农垦石碌水泥厂水泥二车间修理班

中国工商银行海口市分行新华北路储蓄所

海南省牛路岭水电站电修班

四川省

四川石油管理局油气田建设工

程公司第二安装工程处三队一小队

南川县硫铁矿北井采煤一班

四川省绵竹剑南春酒厂曲酒十三组

宜宾天原化工总厂电力车间继电保护班

中国农业银行绵阳市中区办事处东风路营业部

成都市公共交通公司二总站汽车16路

国营八一二厂二车间磨削组

乐山造纸厂四号纸机班

乐山公路养护管理总段峨眉山分段九里道班

重庆第三棉纺织厂准备车间甲班络筒组

华蓥山矿务局李子垭煤矿掘进七队

贵州省

贵阳矿山机器厂铸铁分厂造型二班

国营新云器材厂七车间装配组

贵州省水城公路养护总段盘县养护南段夹马石道班

贵州遵义董酒厂董酒六车间大窖班

云南省

云南会泽铅锌矿电解一班

云南一平浪煤矿大河井掘进八队十分队

云南省公路局东川公路管理总段工程班

云南省燃料二厂二车间衣康酸试制组

云南半导体器件厂硅太阳电池片制片组

中国科学院昆明动物研究所灵长类形态学组

西藏自治区

西藏山南地区日当公路养护段第32道班

陕西省

陕西省兴平化肥厂计控处仪表造气班

国营西北光学仪器厂"三八"女子车工班

宝鸡机床厂大件一班

蒲白矿务局马村煤矿掘三队丙班

陕西省对外贸易运输公司大兴路仓库

国营西北第一棉纺织厂织布车间乙班五组

陕西澄合矿务局董家河煤矿井口群监接待站

甘肃省

兰州市邮政局转运科火车接发班

兰州供电局海石湾变电站

华亭矿务局安口煤矿通天队维修班

甘肃省第七建筑工程公司张永乾抹灰班

国营虹光电子管厂406车间变压器绕线组

张掖公路总段山丹公路段小寨子道班

宁夏回族自治区

银川橡胶厂四车间外胎硫化丙班

宁夏吴忠配件厂二车间二班

宁夏中宁发电厂汽机运行一班

青海省

青海化工机械厂成进文锅炉班

大通矿务局亢树尔立井矿采煤十队

西宁市市政工程公司沥清混合大班

新疆维吾尔自治区

新疆第四汽车运输公司对外汽车修理组

新疆乌鲁木齐矿务局六道湾煤矿采一区采煤二班

新疆盐湖化工厂九五硝二班

新疆地毯工艺品进出口公司地毯厂

新疆精河县工商银行出纳股

铁路系统

沈阳铁路局长春铁路分局太平川工务段三十三养路工区

郑州铁路局西安客运段36/35次车队

济南铁路局济南西机务段东风五1088机车组

兰州铁路局陇西机务段

铁道部宝鸡桥梁工厂桥梁车间

铁道部永济电机工厂锻工车间三吨锤班

民航系统

首都机场候机楼管理处电子设备站

南方航空公司民航第十一飞行大队二中队

获1993年"五一劳动奖状"先进集体名单

全国先进企事业

北京市

北京牡丹电子集团公司

北京轻型汽车有限公司

北京市自来水公司

北京市西单商场集团

北京日用化学二厂

中国人民银行北京市分行票据交换所

天津市

天津锻压机床总厂

天津市汽车工业公司

河北省

唐山市税务局

邯郸市新雅妇幼用品有限公司

沧州化肥厂

承德输送机总厂

石家庄水泵厂

石家庄铜铝制品厂

山西省

太原市古交钢铁厂

山西漳泽电力股份有限公司

内蒙古自治区

内蒙古汽车齿轮厂

包头市潜水泵厂

呼伦贝尔盟汇流河发电厂

辽宁省

沈阳金杯汽车股份有限公司

抚顺矿务局老虎台矿

阜新橡胶总厂

丹东汽车制造厂

清河发电厂

中兴—沈阳商业大厦
大连市第五建筑工程公司
大连港务局

吉林省

长春汽油机总厂
白城市纺织厂
延吉卷烟厂
长春电业局

黑龙江省

齐齐哈尔第二机床厂
哈尔滨飞机制造公司
牡丹江木工机械厂
绥化市参美天然补品总厂
鹤岗市南山胶合板厂
黑龙江涤纶厂
黑龙江合成洗涤剂厂
大庆林源炼油厂
鸡西市水泥厂

上海市

上海第三钢铁厂
上海工业缝纫机厂
中西药业公司
上海上菱电冰箱总厂
上海船舶运输科学研究所
宝山钢铁总厂
上海市建筑工程材料公司
金桥百货公司
上海第一纺织机械厂
上海市东海(农场)农工商总公司
上海市市内电话局

江苏省

南京无线电厂
苏州市化工农药集团公司
无锡机床厂
常州林业机械厂
镇江锚链总厂
江苏洋河酒厂
徐州工程机械集团公司
徐州矿务局三河尖煤矿

浙江省

杭州钢铁厂
浙江送变电工程公司
温州味精总厂

安徽省

安徽亳州古井酒厂
铜陵化学工业集团公司新桥硫铁矿
江淮航空仪表厂
合肥叉车总厂
芜湖市凤凰造漆厂

福建省

福州人造板厂
南平电缆厂
厦门经济特区贸易有限公司

江西省

江西宜春钽铌矿
江西发动机总厂
江西赣北化工厂
江西中医学院江中制药厂

山东省

济南钢铁总厂
青岛第二橡胶厂
山东铝厂
潍坊水泥厂
山东邹县发电厂
德州振华玻璃厂
烟台市邮电局
山东水泥厂

河南省

洛阳肉类联合加工厂
安阳机床厂
许昌卷烟厂
中国人民建设银行清丰县支行

湖北省

大冶钢厂
猴王集团
武汉商场股份有限公司(集团)
白云边酒厂
湖北省超高压输变电局

湖南省

浦沅工程机械总厂
中国化学工程第四建设公司
湘西湘泉酒总厂
长沙火车站

广东省

广州市东山百货大楼股份有限公司
深圳中华自行车(集团)股份有限公司
TCL 通讯设备股份有限公司
佛山电器照明股份有限公司
广东三星企业集团公司
三茂铁路公司
深圳市建设集团公司
深圳南方制药厂

广西壮族自治区

贵港钢铁总公司
梧州市日用化工总厂

海南省

文昌县文昌中学

四川省

四川石油管理局川东钻探公司
宜宾五粮液酒厂
成都钢铁厂
四川省安装公司
重庆汽车发动机厂
中国工程物理研究院
重庆市农业生产资料公司

贵州省

贵州习酒总公司

云南省

五金矿产化工进出口(集团)公司
开远水泥厂
第二公路桥梁工程公司

西藏自治区

中国邮电工会西藏自治区委员会

陕西省

航空航天部国营庆安宇航设备公司
西安仪表厂

甘肃省

甘肃省电力公司
长庆石油勘探局
金川有色金属公司建设指挥部

青海省

青海铝厂
中国水利水电第四工程局机电安装处

宁夏回族自治区

中国有色金属工业总公司青铜

峡铝厂

银川起重机器厂

新疆维吾尔自治区

新疆昌吉市特种变压器厂

新疆钢铁公司八一钢铁总厂

铁路系统

成都铁路局重庆铁路分局

铁道部第十八工程局第四工程处

民航系统

中国东方航空公司飞机维修工程部D检车间

全国先进班组

北京市

首钢总公司北钢公司第二炼钢厂方坯连铸车间铸机四组

北京城建集团三公司六分公司谢世权班

首都机场高速公路工程指挥部

菜市口百货商场黄金商品部

北京师范大学化学系化学工程教研室

北京市公安局朝阳分局五处二队五班

中国工商银行北京市东城区支行王府井储蓄所

中国地质工程公司巴基斯坦恰斯玛右岸63号水渠工程组

天津市

天津通讯广播公司通讯所民台五室

天津轧钢五厂轧钢车间丙班

天津市第六建筑工程公司马宝芝瓦工组

天津市津兴糖酒食品公司津兴食品店

天津市和平区岳阳道小学三结合教育堆动组

古井大酒家服务部

河北省

石家庄第一橡胶厂二车间冲边丙班

邯郸第四棉纺织厂电子清纱器小组

张家口探矿机械厂装配车间钳工三组

承德市饮食服务公司向阳服务楼旅馆部

廊坊市邮电局长话科

沧州市化工厂聚合工段乙班

宣化化肥厂合成车间化工二组

山西省

太原化学工业集团公司化肥厂变换664化工大班

寿阳县邮电局话务班

临汾钢铁公司烧结分厂烧结丙班

山西省第四建筑工程公司第五工程处

五台山森林经营局宽滩林场大东沟工队

内蒙古自治区

内蒙古第二机械制造总厂平炉甲班

内蒙古化学纤维厂涤纶分厂后纺车间二工段

呼和浩特铁路局集宁分局呼和浩特客运段89/90车队

赤峰第一建筑工程公司黄金财抹灰组

乌海市自来水公司机修厂电修班

库都尔林业局小九亚贮木场李井新木材检验组

辽宁省

沈阳燃料集团二公司文官煤场

抚顺石油机械厂装备车间车工一班

锦州石化公司异丙醇车间

锦西炼油化工总厂催化二车间生产一班

辽宁镁矿耐火材料公司海城镁矿福利科大修班

营口第二纺织厂织造车间

大连水产养殖公司马栏河养殖场第三生产组

大连市土畜产品公司长春路门市

盘锦市沥清厂蒸馏一车间二班

葫芦岛锌厂仪表计控中心、检修站、仪表工程班

吉林省

辽源市邮电局长话科

国营梨树标准件厂法兰班

吉林省松江河林业局设计队

通化市二道江发电厂汽机运行四班

吉林电业局送电工区带电班

黑龙江省

东方红林业局东方红汽运处

阿城继电器厂电站设备自动化研究所

中国石化总公司林源炼油厂二套催化车间

鸡西市恒山粮食公司资材班

齐齐哈尔市第二建筑工程公司崔江海抹灰青年突击队

鹤岗市地方国营啤酒厂后酵工段

黑龙江省航运局合江管理局龙推六〇九轮

黑龙江省完达山食品厂乳品车间

双鸭山矿务局新安煤矿综采二队

哈尔滨市整流设备厂剪铁组

双鸭山市殡仪馆火化组

上海市

上海第二钢铁厂四车间丙班轧钢组

上海人民机器厂四金工车间三班

上海时装厂技术科

江南造船厂船体车间四工段小组

上海远洋运输公司“汉江河”轮

上海港煤炭装卸公司装卸四队309组

上海核工程研究设计院七室反应结构堆力学组

上海第一百货商店股份有限公司器皿鞋帽商场皮鞋部

上海友谊汽车服务公司七车队一小队

普陀区房产局中山北路房管所第三、八联合管养段

沪东造船厂装配车间总装一组

江苏省

金陵石化公司炼油厂催化车间工艺四班

盐城纺织厂后纺工场细纱丙班

苏州电视机厂五车间插件组

新海发电厂电气试验班

武进铁合金厂食堂班

无锡市第三棉纺织厂细纱乙班“小老虎”组

淮阴供电局变电检修一班

徐州电业局潘家庵变电站

镇江水泥厂后车间机窑甲班

南通市化工机械厂四车间焊工组

南通市建筑安装工程总公司第二分公司 203 承包队

高邮电器厂摩托车车间

浙江省

杭州百货大楼股份有限公司儿童用品商场玩具部

宁波新容电气有限公司新容公司食堂

湖州市菱湖化学厂农药转位小组

浙江汤溪工具厂消防队

普陀塑料总厂彩印分厂挤出复合班

衢州化学工业公司电化厂氯苯检修班

安徽省

淮南化工总厂电管处电气车间电试班

皖北矿务局前岭煤矿掘进一队

安徽省风机厂新产品开发班

铜陵化学工业集团公司化工总厂磷肥厂普钙车间混化二班

中国十七冶一公司一〇一工地吕守全钢筋班

涡阳县化肥厂联合车间操作一班

福建省

厦门市粮油供应公司军供门市部

三明化工机械厂一金工车间大车组

龙海县农药厂菊酸班组

泉州市公路局鲤城分局城关公路站

龙岩矿务局虎坑山煤矿开拓队

江西省

南昌铁路分局鹰潭车辆段三场列检所四班

萍乡钢铁厂第一炼铁分厂 301 高炉卷扬班

南昌华侨友谊公司电视机组

南昌钢铁厂开坯分厂准备工段水泵班

九江印刷总厂书刊装订车间包书组

山东省

枣庄市公路管理段岩底工班

济宁市自来水公司管线所

日照市环卫处垃圾粪便处理场

菏泽地区汽车运输公司菏泽汽车站

邹平第五油棉厂细纱甲班

莱芜钢铁总厂炼钢厂炼钢车间炼一工段甲班

胜利石油管理局油建二公司电气分公司一中队二班

中国建筑第八工程局四公司第五施工队

济南铁路局济南列车段济京车队 297/298 次列车

青岛远洋运输公司“胶州海”轮

河南省

商丘市环保局第二市容环境卫生管理处

鲁山县公路管理段大桥道班

安阳钢铁公司烧结厂烧结车间乙班看火组

郑州第五棉纺厂前纺乙班并粗三组

洛阳矿山机械厂铸钢二分厂 QC 小组

郑州铁路分局客运段北京车队

焦作矿务局位村矿刘国旗掘进班

中原石油勘探局采油一厂采油一队

邮电部中国通信建设第四工程局第二施工处

湖北省

武钢第一炼钢厂平炉车间一号炉丙班

黄石火力发电厂运行三班

光化水泥厂细磨车间生料工段

宜昌纺织机械厂空压站班

荆门热电厂电气车间高压班

东风汽车公司传动轴厂转一车间装配班

长江葛洲坝工程局第五工程公司清江隔河岩三分局粗碎班

江汉石油管理局钻井工程处 32326 队钻井一班

鄂城钢铁厂第一炼钢分厂转炉炉前一班

中国人民建设银行荆门石化支行白庙商场储蓄所

华中理工大学机一系自动化教研室

湖南省

湖南造漆厂锅炉班

株洲桥梁厂桥梁车间安装班

湘潭钢铁公司烧结厂一烧车间丁大班

衡阳公路段衡东公路段岭茶工班

常德卷烟厂成型班

益阳市公共汽车公司 07 号车组

中南制药机械一厂研究所科研组

广东省

广州市公安局东山区分局华乐街派出所

广州味精食品厂十五万立升发酵班

广东铝厂电解车间一工段一大组

恩平县第二建筑工程公司南海直属队

顺德铸造中心缸盖组

湛江市供电局变电工区赤坎变电站

广东液压泵厂技改综合组

阳山县公路局分水坳道班

广西壮族自治区

广西滑石工业公司汽车修理班

桂林市邮电局 113 长话班

临桂县公路段雁山道班

柳州铁路局湛江工务段

广西林业造纸厂制浆蒸煮丁班

海南省

海南大学农学院水产研究组

海口市制药厂新药开发小组

海口电厂调速班

四川省

射洪县电力公司螺丝池发电

车间

文君酒厂91车间一组

自贡市鸿鹤化工总厂烧碱车间电解专业组

成都铁路分局成都客运段成京二组

雅安公路养护管理总段新桥道班

航空航天部长征机械厂三车间钣金六组

中国十八冶第二工程分公司木工班

四川省地矿局一〇一探矿工程队机械厂

米易县电力公司水电安装检修班

重庆罐头食品总厂实罐二班

贵州省

贵阳棉纺织厂准备车间乙班络经组

水城矿务局汪家寨煤矿斜井采煤三队赵庆忠班

长征电器九厂ME班

航空航天部天义电工厂航空继电器接触器设计组

云南省

国营西南电子设备厂电装车间装配二班

中国医学科学院医学生物学研究所肝炎研究室

昆明市邮政局昆京火车邮件押运三班

云南省地质矿产局第二勘察院二〇三井队

中国人民保险公司禄丰县支公司

西藏自治区

西藏新华印刷厂零印车间装订班

西藏交通厅公路工程公司二分司一分队三班

陕西省

陕西省第六建筑工程公司第六工程处李选民瓦工青年突击队

宝鸡市邮电局长话班

国营七六五厂503号机设计组

西安市政管理处城区所女子疏通班

关中工具厂产品室

甘肃省

临夏回族自治州邮电局长途电话话务班

甘肃省日杂大楼钢制办公用品组

兰州铝厂职工艺术团

兰州钢铁集团公司卜西生炼钢班

甘肃化工机械厂三分厂钳工装配班

青海省

青海省第一地质矿产勘查大队五队地测组

龙羊水利发电厂电气分场卷线班

宁夏回族自治区

宁夏公路管理局吴忠公路段隰宁堡道班

宁夏大武口发电厂汽机分场运行二班

新疆维吾尔自治区

新疆兵团农六师一〇三团九连李如意承包班

新疆石油管理局采油二厂采油五队3号计量站

乌鲁木齐铁路分局客运段上海车队八组

新疆化肥厂尿素车间化工四班

自治区邮电管理局喀什地区邮电局邮件转运站

铁路系统

哈尔滨铁路局哈尔滨机务段"朱德号"机车组

沈阳铁路局沈阳车站运转车间一班青年调车组

郑州铁路局西安机务段1060号机车组

上海铁路局樟树车务段潭岗站

铁道部哈尔滨车辆厂水暖制动组

北京铁路局丰台西站

民航系统

中国民航东北管理局沈阳桃仙机场公安分局刑警队

中国北方航空公司黑龙江分公司哈尔滨飞行大队三中队

1992年"五一劳动奖章"获得者名单

北京市

杨贵旺 张 忠 李渊珠 刘 启
刘凤琴(女) 胡福顺 王人林
董 红(女) 吴文波 王凌增
陈玉林 李振海 关纫苹
张翠杰(女) 吉建中 黄文改(女)
陈济民 潘文石 胡正寰 郑东振
周同惠 官桂芬(女) 赵书广
张永江 张爱琴(女) 张金河
张 力(女) 张明珠(女) 杨永俊
梁国花(女) 马秀芹(女) 王萃富
王秋生 吴丽金(女) 孙振纯
许志琴(女) 邓乃田 陈章良
郑 咏

天津市

张续泉 梁桂香(女) 宋景禄
项大成 孙惟忠 尹庆志 孙志广
王 瑛(女) 宋继昌 解风华
费恩和 马幼海 于 江 韩志平
赵伯杰 周焕章 张书成 高文化
孙丽华(女) 王嘉龄 董志刚
柴竹金 徐文恒 韩承桂(女)
刘建章 赵 辅

河北省

于西林 王巨椿 郭进发
卢义竹(女) 陆松若 郑秀凤(女)
褚光明 艾有年 田文峰
杜春花(女) 朱小敏(女) 胡清江
侯国建 王玉良 陈昌伟 南有林
董锡田 王成兰(女) 剑 平
刘开峰 杨秀英(女) 魏福顺
高桂芹(女) 郭 炜 李其昌
孙艳红(女) 杨广恒 董培城
靳保芳 唐梦月 姬春海 王永恩
何和平 王 林 刘宝林 董喜平
邱之乃 姜世训 黄铁城 曹移风
黄启本 胡俊杰 马大敏 刘 日
黄世英 陈贤丰 仇锁贵

山西省

高俊清(女) 冯丽芳(女)
赵光晋(女) 张国英(女)
张桂兰(女) 徐秋元 张跃恒
李古亮 张明安 路东生

柳玉红(女) 刘耀堂 刘文贵
杨金华 李武德 孙秀蓉(女)
任纲 董开杰 郭映富 孙庆安
刘克礼 何立森 康宏(女)
张根昌 彭一 乔健天 王孝雄

内蒙古自治区

张贵有 王临岐 魏明仁 孙春元
董清富 徐胜林 张昌平 刘永财
彭继远 梁民忠 荣文彬 杨世荣
吕中五 杨棣 胡东娥(女)
李凤英(女) 孔令宏 李国华
杨忠田 李素梅(女) 李树怀
王承煜 张纪海 索明仁
娜仁(女) 高山树 贾祥

辽宁省

刘荣家 蔡春生 项永春 倪明海
马俊彦 李开明 刘积仁
刘桂芹(女) 王阁文 邵守元
孟庆民 郭玲华(女) 宋广谋
戚其范 蒋国樑 杨淑兰(女)
于振山 汪集刚 苏福河 蒋慎言
张文儒 王二江 杨斌 王伟璋
于洪鳌 张淑荣(女) 陈立武
毛惠敏(女) 孙作臣 马振华
李秀芝(女) 洪福恩 李贵安
郭鸿业 姜允贤 刘立新
刘桂英(女) 周惠臣 杨学庄
董焕双 张东生 褚志安
石玉红(女) 高殿生 蔡英林
马学民 陈万忠 丁素凡(女)
于大千 张玉宽 鲁良民 郭景明
李桂芹(女) 李长安 蔡希尧
郭宋昌 李维奎 刁成敏 胡志家
王云海 王京平 王开仁 李树荣

吉林省

赵香甫 王秀琴(女) 韩庆元
钟小毛 张国良 汪尔康 范士良
殷继先 王凯 关艳霞(女)
朱作林 林治富 李孟林
尹红(女) 王力 袁延令
司风云(女) 王玉琴(女) 黄义德
江崇宣 李国昌 郑云峰
孙玉欣(女) 曹志强 孟祥发
马文江 韩善祥 文忠秀 元春熙
张桂兰(女) 徐永泰 傅少浩

黑龙江省

武永合 王义明 沙乃学 张棣芹
程晓莉(女) 阎喜绵 宋振雷
王桂兰(女) 张安治 张雅君(女)
陈文奎 朱光华 王良和
吴连凤(女) 胡小妹(女) 杨有利
佟承全 祁维德 李琰(女)
李君 刘玉成 孙凤翔(女)
路世有 石淑梅(女) 王显发
马军 毛金泉 张润培 周君
张军 杜智校 聂宏谋 李德
韩永海 王杰(女) 马吉军
李守仁 刘振 马成果 奕永田
季德江 董贵祥 南福星 关彦斌
张华(女) 高长荣 王洪义
董玉俭 陈国祥 徐明玉 张玉宝
梁川江 张玉良 盛利(女)
吴新跃 李贵 林翠红(女)
赵瑞民 于洪禄 白淑贤(女)
罗国良 徐力群 吉立

上海市

韦永贵 殷国峰 傅依璐(女)
冯耀华 闻亚男(女) 沈能哲
巫振群 韩光平 倪建中
王秀芳(女) 顾敏达 李家春
桑乃荣 沈文钧 王文彬 蔡国钧
宋彧辑 黄旭初 陆海鸿 黄明山
钱国琴(女) 陈耀章 胥秀英(女)
房德明 郑佩华(女) 郑小毛
陶庙贵 袁立华 邵来发 蔡盘发
仉红芳(女) 朱志豪 黄文昌
李德陛 许春雷 葛贤尊(女)
楼帼玲(女) 马在田 罗苐荪
陈竺 赵以林 徐福鑫 沈恩泽
马爱珍(女) 邵长庆 曹金兴
王跃齐 吴柳生 朱庆生 欧阳予
陈光林

江苏省

顾福钧 匡志才 陆素英(女)
何斯美(女) 赵小梅(女) 王来生
尹正明 刘英(女) 张洪军
王继先 苗启生 李从福
茅健(女) 侍德 李玉坤
龚伯英 邵延龙 刘光琴(女)
张世侠(女) 李清(女) 陆卫国
马忠杰 王伦元 丁金和 许锡麟
于顺华 殷国才 张铭金 顾荣春
范晋明 徐龙弟 叶沛金 张家东
姚永方 李大贤 戚明
杨复华(女) 施美倩(女) 王允宜
荣士英(女) 胥传珠 魏世芳(女)
刘祖平 胥崇德 孙锡俊 吉久林
何新民 徐嘉谟 盛福清 薛祖兴
冷其泉 刘德宽 邱长清
王玲(女) 鲍建宾 杨师勇
曲志超 顾衡如

浙江省

汪忠清 周明忠 王晓初 姚克
李春贤 李学光 楼绅才
汪木英(女) 赵水康 周玉屏(女)
王定军 陈文秀 戴绍琳 朱祖柯
杨莉华(女) 张宏保 朱荣荣
程速英 黄镇发 沈传信
裔根娣(女) 林瑜(女) 汪其伟
郑需璜 徐信海 张达昌 池幼章
洪明星 麻祥兴 张炳琴(女)
王利火 朱松青 周世荣
高惠芬(女) 陈曝之

安徽省

陶大宏 陈道翼 王顺好 夏长杰
刘先英(女) 汪有发 宣中光
阎建华 吕增民 陆正开 沈文芳
郑象芝(女) 殷云飞 高同启
张华 宋惠玲(女) 宋珍凤(女)
张玉洁(女) 韦正龙 陈巧玲(女)
陶新建 文时霞(女) 俞力丰
崔善安 李传淮 彭学山 张学勤
康忠佳 范亚彰 程绪千

福建省

林邦章 萧亨琳 黄省三 吴守洁
陈国佳 柳奇山 林忠美 李炳祥
林良全 刘文炳 齐振武 李振营
曾石德 陈元栋 李建勋 吴东
蔡淑珠(女) 程元荣 林宗英
尤团员

江西省

涂秋香(女) 熊杨华 曾海华
曾水娣(女) 胡大志 刘章华
黄淑贞(女) 占炎盛 谢元藻
雷接和 王水长 陈维生 赖贤福
黄文吉 孔祥礼 徐国光 王长春
范春生 张武政 孙焕学 刘国际
谢柏华 何正如 黄福根 陈焕新
王文利 晏军生

山东省

马俊才 孙玉本 沈延年 苏洪坤
黄宜进 彭兰文 贺才林 刘广凯
马明顺 楼坚挺 乔瑞云(女)
李玉兰(女) 朱信之 周克成

孙秀芳(女) 杜德富 周忠兰(女)
赵光熙 李照英(女) 顾德录
曲日坤 于仁恩 苗美华(女)
宋振骐 张宗玉 张学忠 李成华
张传武 李风光 王善杰
黄崇英(女) 赵德亭 高学琛
刘振国 庄茂林 尤洪宝 密长明
朱玉坤 徐文凯 王红旗 郭立才
高瑞英(女) 王 平(女) 杨本贞
张亦从 田宋民 陈兆辉 刘文仓
李锡林 张才奎 杜爱玲(女)
朱训茂 陈永兴

河南省

马景云(女) 苏树德 严聚洲
鲍泽民 吴其亮 党文胜
陈秀梅(女) 俞家骅 李德贵
王俊礼 万金泰 段伸眉(女)
刘保国 余进仓 吴东源 王林祥
陈 乾 王素芳(女) 史秀琴(女)
赵喜林 曹裕民 丹文江
梁 平(女) 魏广智 赵敬福
杨 方 严大文 左效宇
白红梅(女) 郝成业 阎福愚
王进生 赵志吉 张振国 王 成
孔令忠 刘仁信 王功付 王 海
于逢春 樊世骞 徐志坤 刘华庆
张举贤 张辅民

湖北省

袁汉清 舒友清 余世修
吴振华(女) 龚义剪 付厚熙
胡永华 万家武 石 峰 周忠明
王万才 史保平 朱国英(女)
谭贻华 沈桂香(女) 曾凡凤(女)
易继纯 阎承模 庞振帮 杨德茂
柯如煜 刘福权 商丽华(女)
危中平 蒋开英(女) 孙友元
赵启英(女) 汪涛远 全世忠
徐山芳(女) 余世高 向朝银
洪庆余 田兆库 徐光华 黄庆生
宋元贵 张艺霞(女) 王万根
刘稳柱 胡 平 柳树华 李卫华
姚光兰(女) 郑少明 陈玉海

湖南省

刘普成 梁红建(女) 杨培平
吴贱安 宋金元 陶一山
王爱国(女) 朱正芳 李遇文(女)
曹正祥 杨伟仁 何大寿 曾即秋
冯志南 陈定云 朱国桢 谢国平
周 健 陶美凤(女) 梁艳红(女)
刘永周 李奇生 向显德 刘加平
张运华 李索夫 谭建辉 蒋铁生
刘明成 邓规佳 李建新
邓丽华(女) 田永秀(女) 周坤炉
隋静霞(女) 毛时文 王习英(女)
贺学礼

广东省

陈月清(女) 崔 庆 刘瑞强
陈大昭 周玉珍(女) 刘铁儿
沈正中 李炳坤 陈 英(女)
李壮科 李广新 郑楚东 罗佛光
张宝华 严蕰开 黄弛生 罗瑞生
田金城 罗英源 吴广球
李英贤(女) 武爱云(女)
黄秀燕(女) 莫欣安
李杏婵(女) 何大智 陈章普
黄永权 王林保 陈玉珍(女)
梁保儒 朱初辉 郑程群 郭荣生
莫启新 詹炳泰 黎 星 罗 丹
黎佩珍(女) 蓝悬安 吴勋业
梁世福 谢国雄 蔡志刚 苏达明
杨明汉 林 虹 王仁琴(女)
梁润超 刘芷君(女) 冯 岳
卢灼勋 张倩玲(女)

广西壮族自治区

覃志亮 李德文 罗洪录 肖丹启
王德息 郑小燕(女) 黄 琼
李福硕 龙自君 王玉坤 刘明树
张光旨 吴恒连 李春光 吴花龙
谭先荣(女) 韦贵康 诸葛蓥
宋继东 王祥林 黄宜新 陈福庆
张秀明(女) 刘文雄

海南省

黄瑞花(女) 冼丽花(女) 程和来
何锦秋 钟 义 陈明深 麦正华
翁宏平 刘平森 梁基业 潘在明

四川省

任世斌 彭追远 张伦富 徐兴武
杨 锋 魏锡强 杜青春(女)
夏传贵 王周龙 徐延贵 杨昭贵
王家普 肖 伟(女) 吴泽英(女)
梁明安 王国春 祁林山 李家琛
李显祝 肖兴泽 黄治钰
刘卓琼(女) 何宝芬(女) 曹景胜
贺志国 周英福 陈子陛 沈茂松
周沛林 包铃安 张倬元 邱世明
黄琴玉 杨腾芳 王远芳(女)
郭洪财 王旭桂(女) 周文瑞
朱伯和 刘国俊 喻近仁
张素珍(女) 辛起华 张鸿飞
阿布都伍 周 皓 罗文华 黄志枢
陈茂奎 刘世华 王德荣 陈荣清
杨大弟 雷云华 夏祥贵 段文桂
曾真贵 史长贵 马宗金 夏述明
吴仕荣 向 军 徐 勤(女)
潘敏智 万新琴(女)

贵州省

王作云 刘汉生 朱文源 方元都
吴法兴 张文儒 周惠民
曹明芬(女) 赵克立 周玉祥
向和刚 杨 光 刘 刚 严琼瑛
于明汉 杨天金 宋福林 朱福友
季克良 杨国干

云南省

赵曙红 马琼璇(女) 王明国
师尚发 张平有 胥廷光 陈新民
王建华 刘成岗 汤反之
郭美艳(女) 李纪明 李 伟
陈立德 杨 培 艾自龙 李有林
刘国庆 刘云军 李 恒 朱祥华
陈鸿德

西藏自治区

次多吉 包尔布 旺塔巴 周茂怀
阿 曲(女) 阿旺次仁 冲 冲
穷 达 小格桑 旺 堆 李海俊

陕西省

曹双虎 文颜生 张世成 王建成
董兆军 黄青山 李玉虎 颜福澄
路 宽 王尚锦 王 炜 韩增荣
党秀云(女) 张贵田 慕明宜
赵瑞春 陶成泽 王海荣
赵存梅(女) 姬碧香(女) 史建军
陈西安 屈安生 党忠岁 王增玉
刘进贵 王 俊

甘肃省

张豫生 张 俊 张 军 宋培义
赵小明(女) 刘光跃 谭登云
史长河 史兴全 杨高铭 刘 龙
韩超然 陈录贤 王元璋 张景发
许 胜 杨志岐 王延常

青海省

田兰花(女) 王有录 党喜坤
薛玉英(女) 李本昌 严守章

刘守昌 黄益朝 蒋成禄
孟玉华(女) 高文革 杨德仁
郭金水

宁夏回族自治区

刘保山 宋粉荣(女) 吕嘉福
马开保 于书忠(女) 马自福
妥有宝 马树声 常陆军 戴寿芝
王宝珠(女) 蒋振声

新疆维吾尔自治区

范正堂 叶尔肯·卡德
沈金娣(女) 买买吐逊·沙木沙克
周永清 阿不都·卡地尔
黄河(女) 海力其汗·玉素甫(女)
魏金明 司马义·玉素甫
额尔德尼 阿尔肯·奴尔
娄源远 王文武 杨志春
韩娥(女) 吕家魁 苏尔坦那力
林若怡(女) 阿西木·牙生
吉力力·阿吉

铁路系统

计春礼 张芙筠(女) 于德华
朱超 刘平 付宗良 杨解放
潘丽群(女) 张秋生 王善卿
王希宁(女) 李贵山 叶国提
覃永朝 周光明 敖田彬(女)
李小咪 孟广义 雪小召 曹献金
陈才道 李茂义 艾存义 李云平
黄世新 徐卫国 吴鸿庆 李银洲

民航系统

王伟信 田振虎 周殿礼
张立兰(女) 邹先明 李果武
杨秀阁(女)

1993年"五一劳动奖章"获得者名单

北京市

马铭 陈杰 王伦道 洪讵
崔淑敏(女) 孙国忠 郭忠清
周文楷 王子范 谢有润 秦亮
刘刚 韦彩猷 朱嘉禄 石蕴中
赵仁兴 孙乐新 谢宗田 王理
马文仲 李素丽(女) 袁海林
秦世国 杜贵明 刘淑琴(女)
徐玮 杜秀兰(女) 戴春
见得胜 李家栋 金大鹏
周广仁(女) 杨系维 张全龙
李元征 商秉正 鞠树昌

天津市

王振华 丁剑华 王连金(女)
马昭 杨志信 刘金生
张桂敏(女) 周振郁 梁家栋
张长明 童文威 张桂兰(女)
何东有 刘婷(女) 孙仲林
谈道 任中原 张永柱 靳广惠
何华英 刘东渊 于焕然 迟松青
李向阳 王铨忠 杨桂珍(女)
支涛 王平生

河北省

李振江 王振友 米义平 邵宝昌
杨天茹 郭占柱 桑思举
张之玮(女) 陈惠珍(女) 田世庚
孙小平 刘宝 曹永昌 任一吉
王建洲 赵秋山 王喜顺 张群功
王保祥 邹竞(女) 盖湘杰
王丽霞(女) 李祥 杨志刚
崔桂阳 袁永江 刘桂红(女)
张庆斌 尚金锁 赵继英 张善民
石明卿 吕坤力 李明彬 魏宝华
王雨富 赵祯国 高义林 寇滟清
汤培茵(女) 王学忠 靳占忠
郑泽 蔡汝强 吴砚田 刘进辉
温洪润 陈占英 王健 武祥生

山西省

解功庆 李成 陈筠 康文贵
李斌 白棉 田国枝(女)
赵芝田 王启年 李建宏 常来栓
宋才旺 朱晓明 王官仁 许亮保
李安民 刘春贵 李刚 仝立祥
刘宝泉 史艳玲(女) 史民志
王衡 赵岩平 张鹤生 王永乐
张明本 陈汉清 张有陞 申富宏
谷永良 张腊梅(女) 单国丰

内蒙古自治区

王家业 云秀梅(女) 王维珍
史九宽 刘丽萍(女) 毕群
潘国连 李广瑞 王福泰 王作先
白凤仙(女) 张元鹏 张振玺
李世林 李有弟 赵永恒 马兴堃
杨志福 李顺 刘晓红(女)
张连雪 段志彦 戴连荣 赵国江
刘邦柱 何建增 王秉信

辽宁省

关敬安 董贵德 关玉新 曹振江
刘庆仕 唐英年 范炳勇
刘焕荣(女) 张文英 董贵平
杨大勇 黄令贻(女) 王义丰
孙建平 肖元祥 王太新 张连堂
李传财 仲来福 袁祖耀 韩传海
刘怀礼 贾洪明 史井怀 张前江
张惠江 张惠秀(女) 刘士福
崔载述 郭海 张嘉琤 李广新
夏敬杰(女) 赵文军 郭有恩
付宗正 王桂馥(女) 李凤义
安福江 李岩(女) 王鸿明
柳青 赵海波 柴连贵 郑洪臣
逯顺一 张志莲(女) 高宝玉
张景达 孙贵和 张江
王秀敏(女) 张继双 曹伯奇
吕松海 王大伟 齐中兴
宋淑琴(女) 刘利久 张树林
成立华 刘亚琛 王玉章 李绍忠
张福令 刘善环(女) 栾本立

吉林省

温丽欣(女) 陈世玲(女) 李长祥
王家祯 李敏 孟昭文 孙玉德
张永生 张书静 杨万胜 梁志敏
王洪君(女) 杜丽华(女) 刘玉林
杜玉宣 吕永志 张玉佳 褚凡
李文成 于全德 曲秀美(女)
董之仲 李一奎 杨绍敏 张强
吕长林 高洪才 张惠修 张可财
朱善(女) 车德源 田增禄
王敏(女) 栾明祥 周立峰
曹和平 张景荣

黑龙江省

谢福亭 王永华 任守宇
陈淑娴(女) 刘杰 郭永彬
朱明战 曹喜顺 齐国栋 黄致洽
蔡华(女) 陈晓君(女) 秦春城
王见智 陈崇德 侯金顺
李凤珍(女) 孙树林 殷颖奇
田茂华 徐研景 张志武 孙占元
崔明(女) 徐作明 范云龙
刘玉政 褚宝才 张力 刘振生
宋士云 李春印 苏文德
孟庆云(女) 武经义 李俊奇
王彩凤(女) 张贵武 阮春福
苗维军 金玉贵 于沛兴
宁桂茹(女) 李志丹 尹桂武
吴陆弟 郭君 孙俊福 刘志业
刘关彬 王可均 王秀彬(女)
郑焕能 陈延清 李香凤(女)
刘书论 李万江 戴树华 王金

吴绍元 战 凯 李树成 马玉峰
冯喜才 陈兰珍(女) 傅树德

上海市

陆林勤 叶 敏 杨福林 陈 斌
井 然 黄子泉 金彩莲(女)
林引中(女) 戴干金 马国荣
何乙平 徐 惠 张志良 陈贵彪
曹国琛 李逸群 谈德祥 袁世银
赵维凯 华 龙 马 峰 张洪林
赵忠英 周师浩 张富昌 李龙龄
刘 利 姚伟达 沈 湧 忻元琨
梁秀萍(女) 许元堂 郭文彬
王保华 顾健人 王勉忠 王聚武
徐仁惠(女) 郁知非 于文娟(女)
王秀雄 李贻明 曹静芝(女)
陈忠良 李海生 高凤池 黄伯华
张鉴周 张生龙 杨永林

江苏省

李前煦 何家铭 金友仁
伍美贞(女) 朱 力 王踩明
张礼发 杜永灿 朱建华(女)
王延虎 杨海斌 李荣根
严筱鸣(女) 徐锦祥 秦振华
董太畏 陆昌生 杨建明 林伯喜
曹建新 杨文林 狄福林 尹国新
宋兴如 阮玲娟(女) 徐纬辉
杜正起 袁以信 王庆涛 陶建幸
王书林 王立勤(女) 张树人
胡苍松 仉国祥 杨 迈 陈永和
陈 涛 张积仪 徐 源 杜良珠
阎金鲁 朱天秀(女) 范淑敏(女)
郭本超 郭文杰 王绪之 邵性兴
陈永江 高仲芳 胡春山
顾金娣(女) 陈毓强 冯家迪
唐嘉擎 戈雪芬(女) 马秀发

浙江省

穆 玲(女) 刘绶石 徐谦先
宗庆后 吴国良 陈晓峰 张云德
俞连富 徐亚芬(女) 董伟琛
王一杰 陈崇光 欧阳初 来乐春
蒋建中 王建民 沈剑铭 赵关根
陈传富 郭仕相 胡衍兰 李有清
宋汝强 吴永祥 陈绩馨 郭东初
陈玉虎 潘长旺 王 辉 陈剑平
李足宝 舒天寿

安徽省

樊山红(女) 张巨声 陈荣珍
张贤根 阎德源 汤品石 王满鑫
刘世杰 陈冬霞(女) 王从文
许兰英(女) 华冠雄 储桂枝(女)
胡云龙 汪治隆 钱 进 赵世岩
王子荣(女) 辛 健 孙金喜
焦克刚 于世杰 雷昌木 王振华
胡莲翠(女) 余吟山 倪丽敏(女)
王经才 朱桂根 王春藻 蒋醒光

福建省

林祥潮 胡翔龙 王 勇 王炳章
刘维灿(女) 林铭铭 张仲棠
张永通 戴连贵 宋乃正 陈亚坑
陈文栋 吕文谦 翁祖国 冯国华
黄锟华 金 佛 郑敏娜(女)
叶石成 董赛红(女) 檀俊秩

江西省

孙志豪 方金旺 宫继平 张来鑫
何光芬(女) 吕 涛 熊克来
刘远长 邓春桃(女) 邹友松
杨绍勤 李樊奎 华兴国 章九根
陈柏根 周昆正 陈成之 朱文波
熊安生 杨志平 周润民
邵玉琴(女) 王义烈 吴新沙
蒋春旺 阮建红(女) 祝方应

山东省

张 建 徐大章 徐长林
林 萍(女) 黄纯懿(女) 张 刚
郭文宽 杨林贤 吴宝铃
姜玉玲(女) 张守宴 杨积立
邵立芬(女) 王丰厚 王 敏
王开华 张廷彦 李福仁 郭金华
王晓明(女) 赵衍胜 于振声
林世川 盖福英 邱洪松 张金南
李厚泉 章建辉 曾奇栋 郑钦武
吴开榕 冯汝政 丁慎玉
曹善珍(女) 王本昌 林鹤峰
李建华 王守东 傅国杰 段树义
李银起 吴培龙 张忠正 杨大显
付连智 刘进森 冯德法 宋修章
林艳芬(女) 杨志魁 蔡世霞(女)
陆人杰 田 峰(女) 袁文和
李方瑞

河南省

郑建民 杨大玲(女) 李福乾
侯宪民 陈书保 韩桂芝(女)
郑志勇 张 明 张伟森 任国圣
姚 明 张成山 谢新德
周玉新(女) 李学文 李玉琢
刘志华(女) 刘金秀(女) 王金民
邹祥信 陈淑芳(女) 赵安林
阎建国 李朝义 高玉昌 常文助
陈红阁 万 隆 孙前聚 林仲热
喻金友 李祖英(女) 刘太辛
张林学 刘娜林(女) 牛全福
刑恩义 李新敏 吕信贻 王海仕
张 君 王甲戎 李星祥 贺寅生
荆文超 薛 勇

湖北省

孙君贵 周远溪 戴文书(女)
孟兰华(女) 郭玉辉(女) 李方平
曾中年 劳水黄 袁成胜
郭令菊(女) 罗日炎 张家栋
王汉田 答帮贵(女) 周长腊
陈锦明 王光锦 岳忠贤 王合民
王仁建 吴焕珍(女) 叶祥胜
谢受录 石正东 杨海安 桂加贵
杨秀芝(女) 郭桂华 金立发
陈守全 于广顺 宛四安 何天普
任万通 陆炎南 赫加平 梁其坤
程为民 操军英(女) 王金波
李传志 刘筱娴(女) 张文畅
吴远瑞

湖南省

文会国 杨茂生 李时红(女)
戴仁修 杨庆宇 刘介球 曾维伦
张 全 虞湘定 刘永峰 周曾贵
罗洪兵 柏洪辉 陈业煌
杨碧霞(女) 李筑光 滕树沅
曾治成 何琥云 胡玉成
孙怀珍(女) 刘建民 周叙桃(女)
武剑先 徐祯祥 陈三定 龚春禄
黄修贵 王德元 金剑平 欧家全
黄培劲 夏运良 洪有秋 吴兴华
尤祥礼

广东省

谭巨添 肖 承 何静贤(女)
秦锦霞(女) 曾广杰 吴凤齐(女)
莫武艺 赵必源 容惠酬 吴为烈
林诗渠 李 阳 廖文正 刘志民
关少平(女) 刘振城 钟烈华
廖亚木 钟文波 张旭强 李宗洛
罗志荣 余兆斌 李兆湖 谢碧云
李 保 黎景冰(女) 叶秀贤
林家春 郑华志 崔秀萍(女)
蓝锡祺 阮光英(女) 陈发声
梁力平 张龙飞 方文举 王洪恩
张亚颜 吴朝淮 杨 海 刘奕奎

黄耀辉　李汉儒　朱延彬　崔英德
文旭文　侯同芬　张廷俊
王智琼(女)　陈锦钊

广西壮族自治区

廖冠生　陈达琨　李桂清　褚朝元
罗敏尤　蒋继荣(女)　黄水生
刘显贵　欧卓奇　乔　松　吴容平
梁泰健　王建明　黄胜海　李正海
蒙振景　李　冰(女)　钟培祯
汪师伦　张　强　吴炳仕　黄熙英
农群华(女)

海南省

林鸿高　陈锦明　黎桂香(女)
颜琼英(女)　吴克盛　王宜照
梁炽宝　吴启强　周刘胜　郭龙清
谢进盛

四川省

杨元德　王文斌　廖桂芳(女)
郭健民　谢荣华(女)　张友耕
李玉琴(女)　杜绍陵　陈朝金
李国富　杨永法　龚锦华　谢运成
钱清泉　宋其祥　杨清海　谭义文
袁莲琴(女)　魏绍松　杨方元
陈长金　谭登品　刘君玉(女)
杨胜林　何德寿　丁佐良　刘德臣
张　铨　何雪容(女)　徐仲平
曹德华　曾探河　陈德禄
郭秀红(女)　李剑文　于占河
李文祥　张胜龙　庞锦发　秦中荣
邹耀宗　李福德　蒋明桦　李　锋
黄祖明　李孝木　郑道访　胡启能
殷天寿　刘志荣　张　净　梁显政
丁茂生　易飞奎　汪先平　何锡安
胡思德　郭继春　唐启才

贵州省

韦桂生　赵开义　张　军　侯尚品
唐诗升　高景岩　付善琼(女)
罗仲享　郎建国　褚正林　刘宝玉
吴永良　刘德朝　王声云　刘有寿
韦邦富　何文彬　张世英(女)

云南省

罗国平　许志武　金学元　任新明
李文兴　刘国相　刘夕凤(女)
张　勇　周祥凤(女)　邓小池
余正忠　周国清　黄相银
张菊珍(女)　孙国庆　俞志尧
郭仕铨　芮德昌　王　宇　陈连丹

西藏自治区

王安民　普布卓玛(女)　江　春
格尼索朗　格　列　洛桑丹增
崔金英　阿　都　贾昌龙　徐柏文

陕西省

安子恒　贠恩凤(女)　张广仁
燕宏恩　王根生　周若祁　拾景水
张俊尧　刘育玲(女)　刘惠生
陈延浩　李有华　方德兴
朱林波(女)　丁全苟　张西源
罗定亚　康书文　金建国　来辉武
杨桂林　贾亮晓　米　辉　罗丁有
党志稳　路震霄　胡宝昌

甘肃省

刘洪仁　任建新　孙柱生　鲁德才
夏海菊(女)　王菊花(女)　张良生
曲兆林　靳文奎　齐世宏　陈学定
魏宝文　梁效善　杨生勇　赵金山
孙富英(女)

青海省

徐广生　徐　明(女)　张山秀
靳生贵　马荣民　姚红林　孙兆宸
李景春　韩建华　马品肃　马应寿
崔永林

宁夏回族自治区

李　毅　袁　河　张建忠　高会军
马新兰(女)　王宏斌　安仰宁
万光旭　王少英　吴振华　严烈夫
贾梦林

新疆维吾尔自治区

张永乐　杜贤东　陈德宝　蔡仁山
卡德尔·托乎提　热西旦(女)
张德柱　李宗汤　阿里根·艾海提
热扎克·热维都力　曹立晋
苏海泉　季德洪　苏　亮　范生高
阿童古力(女)　牙森·阿不拉
买买吐逊　石　颖　马学仁
杨子春　巴依蒙古　吕世英

铁路系统

董振东　王树人　费淑云(女)
赵家书　宋宝辒　樊存娃　杨木成
杜金虎　邱为峥　王金章　罗济时
谢培元　黄费启　黄永强　杨关华
张仕武　高　家　董　和　董连荣
赵远朝　何广沂　李桂熙　陈昌华
周景辉　冯玉臣　周万喜　张勤荣

民航系统

杨丽华(女)　雷在科　李习平
许玉洁(女)　徐俊帮　李淑琴(女)
邹　勇

1992年全国优秀共青团员名单

陈穗生　广州铁路分局客运段京广二组列车员、副车长

阎桂花(女)　大庆油建第六分公司电焊工

荣　剑　海军装备论证研究中心战士、上等兵(现保送海军大连舰艇学院学习)

李春阳　国家体操队队员、男队队长

程贵才　江西崇仁中华山矿矿长助理、助理工程师

周　贺　吉林工业大学机械系学生

彭军才　陕西礼泉县西张堡乡彭王村农民

焦彦霞(女)　河北藁城市廉州镇北街村农民

曾召雨　山东平阳县店子乡盛屯村农民

陈惠勇　浙江宁海县水车乡下园村林业专业户

段广利　山西晋城矿务局凤凰山矿机运队副队长、工人技师

1993年全国学雷锋活动先进集体名单

共青团北京市宣武区委学雷锋综合包干服务队、北京市昌平县黑山寨粮店、北京雷锋小学、天津华联商厦股份有限公司学雷锋服务小分队、天津市和平区城市建设管理局排水管理所、石家庄市公共汽车公司188号车组、唐山市豪门啤酒厂瓶箱班、太原第一热电厂、运城市银湖饭店、哲里木盟农机公司、锡林郭勒盟公路征费稽查局、中国工商银行抚顺市分行雷锋储蓄所、本溪市大连寨粮库、长春电业局、辽源市客运总站、哈尔滨市排水事业管理处、共青团大庆市委员会、齐齐哈尔市富拉尔基区新春小学校、上海锦江

集团振华汽车服务公司、上海凤凰自行车公司青年服务队、南通市青年学雷锋服务总队、连云港市新浦汽车站、苏州市平江区实验小学、杭州市景新食品商场、杭州电视机厂青年服务队、宁波市自来水公司、马鞍山市第二中学、安庆纺织厂、三明化工总厂陈金刚学雷锋为民服务小组、福州市郊区洪山镇、丰城市师古堂粮站、九江石化总厂、淄博公园商场、临沂师范专科学校、即墨市第二十八中学、新乡市公共交通公司一线路、共青团南召县委、武警湖北省总队船队、湖北省直机关团工委、荆门市东宝区象山小学、长沙市望城县委、岳阳市第一中学、株洲冶金工业学校、广州铁路局广州客运段京广二组、广州市海珠区南华西街、深圳市罗湖小学、防城县那梭镇平木村十姐妹帮工组、梧州市粮食局和平粮店、共青团海南铁矿公司委员会、共青团海口市电信局委员会、自贡市学雷锋服务总队、华西医科大学公共卫生学院学生学雷锋小组、盐亭县人民武装部、贵阳市朝阳旅社、贵州农学院植物保护专业八九级团支部、昆明市拓东粮店、大理白族自治州大理市中和第一完全小学、西安火车站、西安解放百货大楼、天水市秦城区粮食局古风巷粮店、兰州电力修造厂女工学雷锋小组、青海铝制品厂团委、湟中县上新庄乡上新庄村党支部、银川供电局、同心县税务局、乌鲁木齐市沙依巴克区人民检察院、巴音郭楞蒙古族自治州电力工业局、日喀则地区藏医院团总支、工布江达县仲沙乡连则村团支部、河南省洛阳市公安局交通警察支队西工二队、北京市延庆县公安局八达岭分驻所、辽宁省抚顺市市政设施管理处排水所“三八班”、上海市普陀区房管局中山北路房管所第三、八联合管养段、郑州铁路局武汉客运段37/38次车队、青岛远洋运输公司、福建省晋江市邮电局英林支局、北京市百货大楼集团、吉林市江北粮油加工厂、吉林省四平市中心人民医院、中国人民银行内蒙古自治区伊克昭盟分行、中国农业银行福州市郊区支行、吉林省四平市工商行政管理局、山西省孝义市工商行政管理局、九龙海关海上缉私大队、北京昆仑饭店前厅门卫班、民航飞行学院二分院、河南省安阳县税务局铜冶税务所、河南省安阳市电业局团委、中国人民解放军81815部队、中国人民解放军51030部队、中国人民解放军兰州军区第18医院三十里营房医疗站、中国人民解放军55084部队、中国人民解放军32842部队8连、中国人民解放军广州军区第303医院、中国人民解放军35014部队、中国人民解放军37711部队两栖侦察中队、中国人民解放军86493部队、中国人民解放军总参谋部第一测绘大队、武警天津总队三支队六中队、武警上海总队一支队十中队、武警甘肃总队三支队。

1993年全国学雷锋活动先进个人名单

北京市西单菜市场售货员张丽丽(女)、解放军艺术学院离休干部顾运辉、天津市公用局公交三厂八路车队售票员李庆增、河西区药材公司保健站站长徐升耀、定州市东亭区武装部部长张英才、保定市儿童医院护士许静(女)、隰县财政局局长秦基、太原钢铁公司大关山矿矿长杨森林、额济纳旗赛汗姚来苏木孟格图嘎查党支部书记南斯勒玛(女)、赤峰市敖汉旗光荣院服务员肖淑芬(女)、沈阳市淑君幼儿园园长孙淑君(女)、铁岭市税务局铜钟税务所副所长郑奎利、抚顺市顺城区李石镇朝鲜族中心小学校长金竹花(女)、集安市农行信用联社副主任纪振荣、延边第二人民医院副院长崔贞淑(女)、吉林工业大学机械工程系学生周贺、牡丹江商业大厦营业员张淑芳(女)、佳木斯市有机肥料管理处工人庞永和、上海黄浦区服务公司大观园浴室扦脚师郑芬芬(女)、上海轻工业品进出口公司驻阿联酋阿克里玛进出口公司业务经理许元堂、淮阴县公安局副局长李扬、南京港务局港星光技工贸公司总工程师吴勇为、永康县桐塘村个体蛇医铁美爱(女)、宁波市海运公司天童轮服务员张帆芳、黄山市汽车运输公司第四车队驾驶员许近河、滁州市花山乡康乐诊所医生王华军、福建省水利水电勘测设计院试验室主任工程师刘复明、福安市上白石镇个体经营者王爱莲(女)、中共德兴市纪律检查委员会离休干部怀希圣、宁都县田头乡鹅湖小学实习教师廖长春、郓城县人民医院党总支副书记、护士长王平(女)、潍坊市园林管理处干事任志瑶(女)、确山县青年新技术推广服务站站长陈丽(女)、安阳钢铁公司第二炼钢厂冶炼车间丙组3号转炉炼钢炉长晁玉祥、武汉市武昌区信访办副主任吴天祥、监利县福田寺镇薛庙村农民杨凤玲(女)、津市市福利院院长林德意、浏阳县岩前乡花炮厂厂长蔺万桃、深圳市煤气公司团委副书记廖兴富、清新县新洲镇梅仔坑村村委会主任盘石、北流县白马镇垌尾村村长吴远新(女)、河池地区东兰县大同乡弄甫小学教师韦造祥、乐东黎族自治县人民医院主治医生黎青山、中国工商银行琼山县支行总务彭业鸿、涪陵苎麻纺织厂纺纱车间工人汪跃、川西南矿区运输公司运输二中队团支部书记王浩、贵阳市云岩区环境卫生管理站清洁大队班长李洪明、盘江矿务局火铺矿采煤一区团支部书记聂明、云南省交通厅下关汽车总站客车驾驶员杜文义、思茅地区邮电局邮政投递员祁宝仙(女)、陕西省农业科学院高级农艺师李立科、西北工业大学航天工程学院博士生周军、陇西县安家门小学校长李兰华(女)、华池县李良乡卫生院院长高明科、刚察县沙柳河乡潘保村放牧员东科加、西宁市第一职业中学办公室主任赵生华(女)、灵武县商业局食品公司副经理郭云姣(女)、巴浪湖农场电石厂团支部书记张红军、哈密市城郊乡党委副书记再娜甫·艾买提(女)、石河子宾馆专家楼服务班班长孔石岩(女)、山南地区隆子县气象站张锡成、那曲镇一居委会格桑旺姆(女)、辽宁省丹东市公安局振安区分局四道沟派出所户籍民警苏亚军(女)、湖南省长沙市公安局西区分局桔子洲派出所户籍民警陈宗荣、北京市液化石油气公司赵公口站工人范进卯、哈尔滨铁路局哈尔滨站客运员朱莲香(女)、交通部广州海上安全监督局航标工冯岳、辽宁省黑山县邮电局无梁殿支局乡邮员刘平昌、北京市昌平县西峰山供销社北庄分销店营业组长王国明、北京市结核病胸部肿瘤研究所胸外科护士长王丽华(女)、中国工商银行湖北省襄樊市樊东支行解放桥储蓄所主任孙殿英(女)、江苏省金坛县工商行政管理局社头工商所办事员梁仁富、上海海关驻车站办事处干部吴广生、沈阳中兴宾馆客房部服务员郭丽(女)、东方航空公司客舱服务部乘务长周蝶(女)、吉林省犁树县税务局石岭分局专管员张晓平、西北电管局灞桥电厂热工自动班技术员张本坤、沈阳军区司令部工程科研所工程师龙凡、沈阳军区81123部队参谋长龚继成、北京军区干休处第一干休所专业军士刘洪、北京军区52830部队连长申希红、兰州军区84735部队专业军士邓元春、济南军区55051部队船运大队专业军士王华堂、南京军区32364部队连长辛凤民、广州军区53015部队炮兵股长彭育文、西藏军区林芝军分区船舶运输队队长顿珠多吉、海军蚌埠士官学校副校长刘德全、空军第二航空学院模拟器研究副主任李小奇、空军86130部队参谋长李新生、第二炮兵80409部队总工程师屈明富、第二炮兵80504部队专业军士蔡友新、解放军电子技术学院计算机软件教研室副教授王亚弟、解放军艺术学院戏剧系教员陈文远、总后勤部西安军需仓库政委黄松林、第三军医大学第一附属医院护理部主任伍素华(女)、国防科工委89952部队203室工程师张祥明、解放军国防科技大学6系副教授夏为明、武警湖北总队副参谋长胡建平、武警北京总队二支队二大队副教导员许德华、武警浙江总队温州支队队长张崇平。

1992年度精神文明建设“五个一工程”获奖名单

一、组织工作奖

江苏省委宣传部、山东省委宣传部、河南省委宣传部、辽宁省委宣传部、上海市委宣传部、湖南省委宣传部、河北省委宣传部、浙江省委宣传部、黑龙江省委宣传部、内蒙古区党委宣传部、广东省委宣传部、北京市委宣传部、吉林省委宣传部。

二、入选作品奖

1. 文章15篇

《做好构建社会主义市场经济新体制的大文章》(山东　佘可远)、《农村专业市场结构与发育的基本条件》(河北　吴毕映)、《论建设有中国特色社会主义理论的几个问题》(浙江　雷云)、《马克思主义普遍真理同中国具体实际相结合的第二次历史性飞跃》(江西　余品华)、《马列主义、毛泽东思想和当代社会发展的大趋势》(湖南　唐凯麟)、《邓小平的管理思想与领导艺术》(上海　夏禹龙、李君如)、《关于北京搞好国有大中型工业企业的若干情况和思考》(北京　王大明)、《让职工群众在企业改革中唱主角》(黑龙江省委宣传部、哈尔滨市委宣传部)、《为改革开放创造良好的社会环境——苏州市加强精神文明建设的情况调查》(江苏　王霞林等)、《九十年代我国区域经济发展的战略选择》(河南　吴海峰、谢太峰)、《论我国扶贫攻坚阶段的宏观决策》(广西　李甫春)、《九十年代中国西南与东南亚的经济合作》(云南　贺圣达)、《割裂的缪斯——中国现当代文学中现代主义思潮的内在矛盾》(吉林　逄增玉)、《农村股份合作经济崛起的原因和条件》(广东　于幼军)、《正确认识社会主义的本质》(辽宁　廖轩)。

2. 图书14部

《社会主义市场经济探索》系列(浙江人民出版社、浙江摄影出版社、浙江人民美术出版社)、《中国西北地区开发与向西开放》(宁夏人民出版社)、《建立社会主义市场经济新体制》(河南人民出版社)、《走出封闭》(湖南出版社)、《爱我中华》丛书(江苏少年儿童出版社)、《邓小平生平、思想研究丛书》(辽宁人民出版社)、《中国自然灾害灾情分析与减灾对策》(湖北科学技术出版社)、《民族团结教育读本》试用本(内蒙古人民出版社)、《早陨的将星》丛书(河北少年儿童出版社)、《首钢改革》(北京出版社)、《经营谋略图画》(江西美术出版社)、《百将传奇》(安徽少年儿童出版社)、《中华魂》丛书(山东人民出版社)、《敦煌古乐》(甘肃音像出版社、敦煌文艺出版社)。

3. 戏剧15部

歌剧:《张骞》(陕西)。

舞剧:《丝海箫音》(福建)、《阿诗玛》(云南)。

话剧:《女大十八变》(黑龙江)、《甲申纪事》(江苏)、《OK,股票》(上海)。

戏曲:《铁血女真》(满族新城戏　吉林)、《养命的儿子》(楚剧　湖北)、《契丹女》(漫瀚剧　内蒙古)、《将军谣》(花鼓戏　湖南)、《藏王的使者》(藏戏　青海)、《五福临门》(曲剧　河南)、《石龙湾》(吕剧　山东)、《抓阄村长》(雷剧　广东)。

儿童剧:《潇洒女孩》(辽宁)。

4. 电视剧、片16部

电视剧:《外来妹》(广东)、《半边楼》(陕西)、《双桥故事》(江苏)、《天梦》(上海)、《中国商人》(浙江)、《擎天柱》(天津)、《净魂》(山东)、《古船·女人和网》(辽宁)、《山不转水转》(内蒙古)、《挑花女》(安徽)、《家族的荣誉》(黑龙江)、《誓言》(河北)、《常香玉》(河南)。

电视片:《圆明沧桑》(北京)、《上下五千年》(青海)、《台湾行》(福建)。

5. 电影6部

《蒋筑英》(吉林)、《中国人》(天津)、《走出地平线》(上海)、《刘少奇的四十四天》(湖南)、《远山姐弟》(河北)、《毛泽东的故事》(四川)。

1993年度精神文明建设“五个一工程”获奖名单

组织工作奖:江西省委宣传部,天津市委宣传部,内蒙古自治区党委宣传部,上海市委宣传部,山西省委宣传部,河南省委宣传部,北京市委宣传部,山东省委宣传部,吉林省委宣传部,黑龙江省委宣传部。

入选作品共有戏剧15部,电影8部,电视剧(片)21部,图书20部,文章20篇。它们是:

戏剧:一、话剧:《十三世达赖喇嘛》(河北),《旮旯胡同》(北京),《大青山》(黑龙江),《那一年,在夏天》(辽宁),《司法局长》(内蒙古),《黄河入海流》(山东),《好人长在》(天津);二、戏曲:《大河谣》(高甲戏、福建),《能人百不成》(豫剧、河南),《醋工歌》(晋剧、山西),《程长庚》(京剧、安徽),《朱德与唐淮源》(滇剧、云南),《臂塔圆舞曲》(眉户戏、陕西);三、歌舞剧:《山歌情》(歌舞剧、江西),《楚韵》(歌舞诗乐、湖北)。

电影:一、故事片:《凤凰琴》(天津),《第一诱惑》(上海),《重庆谈判》(吉林),《秋收起义》(湖南),《井冈山》(江西),《东归英雄传》(内蒙古),《阿曼尼萨罕》(新疆);二、儿童故事片:《燃烧的雪花》(黑龙江)。

电视剧(片):一、电视剧:《大进攻序曲》(四川),《一个医生的故事》(山西),《大潮汐》(上海),《情满珠江》(广东),《神禾塬》(陕西),《侨魂》(福建),《豫东之战》(江苏),《解放云南》(云南),《黑土地》(辽宁),《大雪小雪又一年》(吉林),《遥远的驿站》(内蒙古),《天缘》(江西),《大地缘》(山东),《北京人在纽约》(北京),《儒商》(湖北),《喂,菲亚特》(浙江),《太阳河》(海南);二、儿童电视剧:《九十九只小白鸽》(河南);三、电视专题片:《毛泽东》(中央文献研究室、武警部队政治部、中国电影资料馆、中南海西苑出版社、辽宁人民出版社、中央电视台),《西藏文化系列》十二集中的六集——《查古村的日子》、《僧俗之间的克珠》、《手工作坊里的人生》、《科加婚俗》、《走向冬季牧场》、《藏西古文化之谜》(西藏),《丰碑》(天津)。

中宣部1993年度精神文明建设"五个一工程"入选作品共有图书20部,文章20篇。它们是:

图书:《中华五千年美德丛书》(天津),《中国有个毛泽东》(青年版、少年版　江西),《邓小平文艺思想研究》(陕西),《国有企业总体改革论》(河南),《广西经济发展战略总体构想》(广西),《中国国家能力报告》(辽宁),《山西经济上新台阶对策研究》(山西),《社会主义市场经济条件下的精神文明建设》(浙江),《二十六史大辞典》(吉林),《中国民间美术全集》(山东),《高科技知识丛书》(江苏),《跨世纪的丰碑——中国希望工程纪实》(安徽),《中华英烈大辞典》(黑龙江),《北京教育丛书》(北京),《雷锋精神在福建》(福建),《中国古代北方民族史新论》(内蒙古),《英汉大词典》(缩印本　上海),《农业社会化服务体系建设与管理》(青海),《敦煌艺术之最》(甘肃),《中国历代名著全译丛书》(贵州)。

文章:《论毛泽东的现代化观》(郁建兴　浙江),《贯穿新一卷〈邓小平文选〉的四个"搞清楚"》(施芝鸿　上海),《论毛泽东邓小平的开拓创新精神》(刘孚威、李江源、龚荣生　江西),《建设有中国特色社会主义在苏南的成功实践》(江苏省委宣传部),《优秀民族精神与改革开放现代意识的结合》(河南省委宣传部),《苦练内功:搞好企业的永恒主题》(河北省委宣传部、省社科院),《立足市场,发展乡镇企业》(鲁立　山东),《研究社会心理,注重宣传效应》(山西省委宣传部写作组),《传统文化与现代文明相融合,建设有中国特色的社会主义企业文化》(北京市调查组),《进行思想观念更新,加快发展内陆经济》(夏日　内蒙古),《论现阶段我国人民精神生活的矛盾和加强社会主义价值导向》(唐凯麟　湖南),《要竞争,也要保护——兼论社会主义市场经济体制下的农业发展问题》(叶裕惠　广西),《论社会主义的发展动力》(黄传新　安徽),《社会主义市场经济与集体主义道德》(温克勤　天津),《中国教育现代化与跨国文化交流结合点的探索》(王逢贤　吉林),《中国转向市场经济体制的释疑》(夏振坤　湖北),《中华民族凝聚力形成的历史要素》(陈育宁、汤晓芳　宁夏),《云南民族地区生产力跨跃式发展的理论与实践》(郭永骧　云南),《切实加强沿边开放地带的精神文明建设》(杨光洪　黑龙江),《在改革开放中迈向文明之路》(广东珠江三角洲精神文明建设研究课题组)。

1992年全国"巾帼建功"标兵名单

全国妇联　王鼎玲
共青团中央　董振红
国家教委　赵玉芬　林理彬
国家科委　郭梅尼
化工部　李凤云　李秀兰
轻工部　常沙娜　宋兰珍
纺织工业部　房晓娟　张红梅　赵延雯(蒙古族)
交通部　张菊英　吴秀兰
商业部　邹运铮　于淑霞　朱瑞英
广播电影电视部　潘　霞
卫生部　张新年　乌兰(蒙古族)
国家机关工委　朱　静
中直机关工委　范丽青
解放军总政治部　贾丹兵　钟玉征
女企业家协会　李桂莲　高秀兰
北京市　包解军　罗　玲
天津市　杜存婷　王淑琴
河北省　陈　力　张　静　徐再兰
山西省　郭志强　陈玉香
内蒙古自治区　王　琦　姜秀岚
辽宁省　张淑蓉　薛钰芝
吉林省　万淑清　杨美华(满族)
黑龙江省　张春英　周淑兰　王雪梅
上海市　龚洪林　陆　苹
江苏省　杨　雷　史小娟　王典钧　莫慕珍
浙江省　严　巍　陈励君
安徽省　王应凤　刘冬女　张　静
福建省　陈巧声　林　熙
江西省　陆观珍　谢琳珍
山东省　王清华　黄纯懿　王艳秋　邵立芬
河南省　常　青　陆素兰　赵玉莲　于秀荣
湖北省　邹三梅　冉宏英　王利群
湖南省　梁红建　涂　萍　卓乐雯
广东省　曾碧露　刘芷君　李宝群
海南省　覃碧霞　邢玉英
广西壮族自治区　卢一萍　尹　怡(白族)
四川省　罗定碧　吴群梅　高如曾　周照兰　胡明兰
贵州省　付善琼　孙贞玉(回族)
云南省　李瑞英　熊莲英
西藏自治区　桂桑(藏族)
陕西省　王　军　杨丽清
甘肃省　姜爱琴　钟恕凤
青海省　董金梅　吴玲娣
宁夏回族自治区　孙嫦兰　宋粉荣
新疆维吾尔自治区　张珍玫　姚爱华

1992年全国"双学双比"竞赛活动先进女能手名单

北京市　高玉兰　胡素花
天津市　于金华　王素顺
河北省　许建华　陈淑敏　李淑杰　么晓娣
山西省　张爱兰　王巧珍　王月兰
内蒙古自治区　张根桃　朗腾花(蒙古族)
辽宁省　田玉英　曲秀云　杨素贤(回族)
吉林省　宁清芬　曾仁玉(朝鲜族)　千明淑(朝鲜族)　赫富霞
黑龙江省　刘玉洁　姜淑艳　奕桂英
上海市　杨玲玲　张美珍
江苏省　李抱娣　华瑞玲　俞秀英　陈平
浙江省　周美琴　叶亚球　王平朵　曹香玲
安徽省　寿银玲　王同霞　杨尚芝　汪碧玉
福建省　何俊云　林荣花　廖琼秀
江西省　周界芬　邱开英　余娥英
山东省　王文秀　张永惠　王立红　高焕平　韦超
河南省　韩道华　刘焕　万秀琴　张菜青　陈明凤　张合英
湖北省　宋桂枝　张淑珍　段桂芳　聂祖英　张春秀
湖南省　唐杏仁　刘梦辉　李年妹　潘清珍
广东省　江秀娟　赖凤英　邓捷　司徒彩媚
海南省　黄月良(黎族)　李和益　云秀凤
广西壮族自治区　陈升洁　杨玉荣　王燕凤
四川省　向芝珍　李吉桂　邓雪芬　刘昌秀　王明琼　李素平　李桂碧
贵州省　杨兰(苗族)　雷丽　吴焕姣
云南省　方桂珍　普木果(景颇族)　叶虾(佤族)
西藏自治区　曲吉
陕西省　侯舜娥　吴芬兰　王秀英
甘肃省　高宁娥　陶竞美　张桂兰
青海省　包生梅　任增梅
宁夏回族自治区　田凤兰　沙翠英(回族)
新疆维吾尔自治区　布阿吉尔(维吾尔族)　贾露　阿米娜苏来曼(维吾尔族)

1993年全国"巾帼建功"标兵名单

共青团中央吴丽娟(上海彭浦机器厂)　**国家教委**马芯兰(北京市朝阳区幸福村中心小学)　王玉兰(辽宁大连市女子职高)　**国家科委**罗曼丽(中国科学院自动化所)　李林(蒙族)(中国科学院物理所)　**国家人事部**周有芬(湖北松滋县人事局)　于慧智(黑龙江省牡丹江市人事局)　**化学工业部**曾宪泽(湖南化工研究院)　迟凤志(哈尔滨化工总厂)　**轻工业部**郝建芝(山东一轻张店陶瓷厂)　吴玲美(上海二轻绣品厂)　**纺织工业部**刘英慧(纺织工业部研究院化机厂)　宋若花(郑州国棉三厂)　徐红(浙江海宁市中丝三厂)　**交通部**潘丽娟(中国公路运输工会黑龙江分会)　方瑞华(山东青岛市公路运输总公司琴通大厦)　**商业部**张淑云(郑州华联商厦)　刘素梅(唐山市24小区粮油食品店)　周建华(长沙县农资公司)　**广播电影电视部**孙秋萍(中央电视台国际部)　**卫生部**曾纬(四川中药研究所)　桑姆(藏族)(西藏改则县人民医院)　**国家机关工委**董清泽(最高人民法院)　**中直机关工委**侯波(新华社摄影部)　**解放军总政治部**俞惠琴(济南军区第88医院)　徐莉莉(海军指挥学院分院)　**全国总工会**关秀荃(满族)(中国工程物理研究所)　林引中(上海第七印绸厂)

北京　张力(北京宣武区白广路百货商场)　陈文秀(北京牡丹电子集团公司)　**天津**　胡庆卿(天津市有色金属研究所)　刘丽华(天津市水产冷冻厂)　**河北**　王子欣(河北省农林科学院蔬菜所)　程丽花(邯郸市第二棉纺织厂)　**山西**　原喜莲(长治市潞安矿务局)　张飞琴(吕梁地区商业综合经营公司)　**内蒙古**　李凤英(乌海市乌达商场)　宁大明(呼市土左旗一中)　**辽宁**　刘桂琴(沈阳特种环保设备制造总厂)　刘佩贞(抚顺铝厂五一分厂)　**吉林**　苏慧卿(长春市挂面厂)　林淑媛(四平市教科所)　**黑龙江**　金焱(哈尔滨市量具刃具厂)　常敏中(鸡西市妇幼保健院)　**上海**　黄燕岭(上海市机械施工公司土方工程处)　王培君(上海市万国证券公司)　**江苏**　权太淑(徐州市卫生防疫站)　彭桂莲(扬子石化华扬工业公司)　裔希(盐城市塑料一厂)　杨玉莲(南京第一棉纺织厂)　**浙江**　董桂芳(中国银行绍兴分行)　彭亚芬(宁波象山公路段)　**安徽**　马堂芳(淮北第一棉纺织厂)　黄冰树(安徽省地震局)　项玲(芜州市燃器用具厂)　**福建**　郑碧漪(福州市纺织印染厂)　郭美英(三明市真菌研究所)　**江西**　曾思襄(南昌日用化工总厂)　李淑芳(兴国县种子公司)　**海南**　符青云(琼山县工商银行)　周往珍(三亚市安由小学)　**山东**　陈贵芝(山东新泰市第三人民医院)　薛洪霞(枣庄市二轻木材公司经理)　张国兰(山东济宁抗生素厂)　徐杰(烟台永生金属结构厂)　**河南**　崔梅兰(平顶山市被单厂)　陈浅平(鹤壁市第一医院党委书记)　张瑞璋(南阳地区畜牧兽医站)　杨碧如(河南省妇联)　刘志华(河南省京华实业公司)　**湖北**　李国英(省人民医院)　黄英萍(省化肥厂)　孙祝新(十堰市粮油公司)　**湖南**　刘静波(株洲硬质合金厂研究所)　曾嵘(长沙市毛巾集团公司)　刘少先(新绍县人民医院)　**广东**　李艳芳(肇庆市郁南县中兴机器厂)　张妙然(珠海市百货集团)　李少媛(江门市藤器家具厂)　**广西**　梁慧玲(交通银行南宁分行)　何禄珍(桂林威达集团公司)　赖星华(广西农科院植保所)　**四川**　俞梦文(攀钢科技处)　刘志华(成都市百货公司)　赵里(达县市幸福食品厂)　陈禄英(重庆市级机关工委)　丁普芬(德阳市粮食局粮店)　**贵州**　张金菊(侗族)(玉屏侗族自治县妇联)　张国民(望谟县复兴镇税务所)　**云南**　李兴芳(回族)(云南省军区机要处)　**陕西**　杜国兴(宝鸡市红星食品厂)　黄玉美(陕西机械学院)　**甘肃**　张荣归(兰州铁路局工会)　付惠钟(酒泉

地区农科所） **青海** 马国花（青海湟中县酒厂） 庄晓丽（西宁市第十四中学） **宁夏** 张翠莲（石嘴山市第六小学） 韩光霞（银川市新城区建材厂） **新疆** 于秀兰（回族）（新疆石油管理局通讯公司） 鲍凌宇（回族）（呼图壁县农行工会） **西藏** 扎西（藏族）（日喀则市地毯厂）

注：已获得过全国"三八"红旗手称号，又获今年"巾帼建功"标兵的还有：**全国妇联**张海迪（山东济南市文联干部） **女企业家协会**张明英（河北承德市针织一厂厂长高级经济师） 朱少瑜（广东惠州银华实业总公司总经理） **河北**郑玉香（邢台市天桥饭店经济师） **辽宁**张桂琴（沈阳市木兰公司经理） **上海**于文娟（上海市"万象"〔集团〕公司总经理） **福建**陈守云（中国人民保险公司福建分公司总经理） **云南**吴焜丽（昆明吉庆糕点厂门市主任）。

1993 年全国"双学双比"竞赛活动先进女能手名单

北京 刘淑丽（怀柔县庙城镇） 高玉霞（丰台区花乡） 柳佩荣（房山区窦店乡） 胡广霞（回族）（房山区良乡地区办事处） **天津** 刘惠敏（津南区辛庄乡） 刘乃兰（东丽区荒草坨乡） **河北** 韩露芝（乐亭县代张庄乡） 沈丽华（隆化县张三营镇） 刘凤芝（大城县郑家村乡） 韩宝胜（河间市沙洼乡） **山西** 王芳英（孝义市白壁关乡） 刘玲萍（沁县南里乡） 李连云（蒲县薛关镇） **内蒙** 史俊英（乌拉特前旗先锋乡） 永青加布（蒙古族）（额济纳旗赛汉桃来苏木） **辽宁** 高秋菊（大连市兴满乡） 周明艳（盖州市双台乡） 塔秀珍（大洼县前进农场） 原秀英（满族）（满族自治县东汤镇） 宋敏（辽阳县下八会乡） **吉林** 林杰（满族）（梨树县石岭镇） 徐玉芬（舒兰市舒兰街道） 高凤兰（农安县开安镇） 席文艳（满族）（东丰县南屯基乡） 蔡淑珍（梨树县梨树乡） **黑龙江** 刘桂芹（宝清县夹信子乡） 阎吉香（依安县新兴乡） 张秀华（鹤岗市东方红乡） **上海** 蒋月英（嘉定县封浜乡） 马桂珍（上海县梅陇乡） 李培佩（望春花实业股份有限公司） **江苏** 王秀珍（如皋市新姚乡） 金凤娟（苏州市虎丘乡） 丁绿碧（泰兴市分界乡） **浙江** 戚志英（平湖市乍浦镇） 裘洁丽（慈溪市观城镇） 白美新（平阳县腾蛟镇） **安徽** 张效兰（灵壁县渔沟镇） 杨灵（阜阳市颍市乡） 李道珍（巢湖市铜阳镇） **福建** 苏娟娟（莆田县梧塘镇） 陈霖仙（建瓯市芝城镇） **江西** 余寒玉（南丰县市山乡） 谢昌菊（铜鼓县大段乡） 陈景莲（修水县太阳升镇） **山东** 牛玉花（诸城市辛兴镇） 王艳荣（平原县十里铺乡） 薛丽娥（青岛市北宅镇） 崔秀丽（广饶县西营乡） 陈振英（惠民县第三保乡） 金兰英（回族）（泰安市夏张乡） **河南** 臧秀英（郑州市东城乡） 刘振荣（遂平县和兴乡） 黄现花（汤阳县韩庄乡） 高国团（叶县邓李乡） 张金英（内乡县王店乡） **湖北** 徐宗珍（安陆市王店乡） 王勤秀（荆门市团林镇） 甘烈芬（黄陂县塔年岗乡） 周桂兰（钟祥市双河镇） **湖南** 舒师蕴（岳阳县关王乡） 包光良（株洲县群丰乡） 吴显群（苗族）（吉首市吉首乡） **广东** 黄秀英（连南瑶族自治县三江镇） 占土贵（遂溪县草潭镇） 梁妹（顺德大良镇） 邹燕妮（广州白云家禽发展公司） **广西** 吴慈珍（象州县象州镇） 梁启之（灵山县新圩乡） 蔡道凤（北海市西圹乡） 苏玉锦（壮族）（德保县敬德镇） **海南** 洪带娇（三亚南海街道办事处） 符金花（黎族）（昌江黎族自治县乌烈镇） **四川** 钟建萍（藏族）（金川县曾塔乡） 尹荣霞（巴县白市镇） 杨兰菊（岳池县长田乡） 黄素华（郫县三道堰乡） 泽拉姆（藏族）（丹巴县延呷乡） 孙忠秀（纳溪县东登供销社） 凡开琴（广元市东坝乡） 郭立芝（绵竹县什地乡） **贵州** 洪以荣（侗族）（玉屏侗族自治县大龙镇） 蒋永兰（仁怀县鲁班镇） **云南** 尹金兰（东川市绿茂乡） 赖京灼（纳西族）（丽江县大研镇） 玉班叫（布朗族）（勐海县布朗山镇） **西藏** 吉卓玛（藏族）（工布江达县仲萨乡） **陕西** 张秀凤（柞水县红岩寺区） 孙云云（泾阳县扫宋乡） 王俊芳（渭南市五里铺乡） 陈淑琴（铜川市王益乡） 穆彩侠（凤翔县汉封乡） **甘肃** 李怀玲（张掖上秦乡） 高玉霞（玉门市玉门镇） 陆凤英（定西县内官镇） **青海** 李毛才让（藏族）（同仁麻巴乡） **宁夏** 阎翠梅（回族）（永宁县杨和乡） 计慧兰（固原县七营乡） **新疆** 伯丁（哈萨克族）（阿勒泰市切尔克吾乡） 胡娜尔汗·阿娜都（维吾尔族）（伊吾县韦子峡乡）

1992 年评出的全国思想政治工作优秀企业名单

北京市西单商场、北京电表厂、天津市电机总厂、天津市百货公司、秦皇岛港务局、石家庄第一棉纺织厂、国营榆次经纬纺织机械厂、大同水泥厂、呼和浩特铁路局、大连机车车辆工厂、辽河化肥厂、金城造纸总厂、沈阳市第四建筑工程公司、吉林造纸厂、长春电业局、哈尔滨电机厂、鹤岗矿务局、英雄金笔厂、交通部第三航务工程局、上海市隧道公司、上海市长春食品商店、无锡机床厂、江苏省盐城市纺织厂、连云港港务局、苏州化学纤维厂、杭州新华造纸厂、绍兴丝织厂、宁波市公交公司、福州棉纺织印染厂、厦门华纶化学纤维有限公司（中外合资企业）、蚌埠铁路分局、安徽铜官山化工总厂、南昌铁路分局、江西汽车制造厂、莱阳动力机械总厂、济南供电局、济南炼油厂、青岛碱厂、河南省周口地区味精厂、国营七五五厂（风云器材厂）、武汉铁路分局、武汉市第一棉纺织厂、湖北黄石市华新水泥厂、湖南省贵江氮肥厂、株洲硬质合金厂、广州钢铁厂、广州铁路分局、中山洗衣机厂、海南省海口罐头总厂、柳州工程机械厂、铁道部资阳内燃机车工厂、四川维尼纶厂、德阳第二重型机器厂、重庆铁路分局、昆明铁路分局、贵州省赤水天然气化肥厂、西安石油勘探仪器总厂、郑州铁路局西安工程公司、兰州化学工业公司、兰州石油化工机器厂、甘肃稀土公司、青海棉纺织厂、银川化肥厂、乌鲁木齐市友好商场、西藏地矿局地热地质大队、仪征化纤工业联合公司、甘肃省刘家峡化肥厂、唐山市开平区刘庄煤矿、长庆石油勘探局、攀枝花冶金矿山公司、浙江省绍兴市邮电局、核工业东北地勘局244大队、上海远洋运输公司、大连渤海饭店集团、玉溪卷烟厂、铜陵有色金属公司、广州市医药公司、国营第482厂、重庆汽车发动机厂、大广石油化工总厂、中国建筑第六工程局第三建筑工程公司、民航乌鲁木齐管理局和田航站、山东省沂南制鞋总厂、成都铁路局、宁波市自来水公司、淮阴市第二人民医院、四川省第一测绘大队、安徽省巢湖水泥厂、航空航天工业部长治清华机械厂、上海飞机制造厂、黑龙江省水利第五工程处、河门口发电厂、中国人民解放军第3506工厂、中国银行江西省赣州支行、国营长安机器制造厂、国营红光电子管厂、大连冷冻机厂、贵州省地质矿产局105地质大队、中国黄金总公司金厂峪金矿、吉林省松江河林业局、广东神州燃气具联合实业公司(乡镇企业)、山东省东营市造纸厂(乡镇企业)。

1992年全国双拥模范城(县)名单

双拥模范城:北京市海淀区,天津市和平区,河北省承德市、邯郸市,山西省太原市、忻州市,内蒙古自治区呼和浩特市、赤峰市,辽宁省辽阳市、阜新市、沈阳市,吉林省长春市、吉林市,黑龙江省哈尔滨市、鸡西市,上海市杨浦区,江苏省南京市,浙江省杭州市、义乌市,安徽省合肥市,福建省泉州市,江西省井冈山市,山东省青岛市、淄博市、莱芜市,河南省开封市、南阳市,湖北省钟祥市,湖南省衡阳市,广东省广州市、佛山市,广西壮族自治区贵港市、桂林市,海南省海口市,四川省雅安市,云南省昆明市,陕西省西安市,甘肃省兰州市,青海省西宁市,宁夏回族自治区青铜峡市,新疆维吾尔自治区喀什市。

双拥模范县:江苏省海门县,安徽省祁门县,福建省莆田县,湖北省武昌县,湖南省绥宁县,广东省曲江县,海南省琼山县,四川省大邑县,贵州省福泉县,云南省建水县,西藏自治区堆龙德庆县,陕西省西乡县、户县,甘肃省华池县,新疆维吾尔自治区乌苏县。

1993年全国双拥模范城(县)名单

北京市西城区、海淀区、昌平县、石景山区、东城区;天津市塘沽区、河东区、和平区、东丽区;河北省邯郸市、张家口市、石家庄市、保定市、唐山市、承德市;山西省太原市、大同市、侯马市、左权县(拥军优属模范县);内蒙古自治区包头市、呼和浩特市、赤峰市、额尔古纳右旗;辽宁省沈阳市、本溪市、辽阳市、丹东市、抚顺市、阜新市;吉林省通化市、延吉市、长春市、吉林市、东丰县、四平市;黑龙江省佳木斯市、哈尔滨市、齐齐哈尔市、牡丹江市、鸡东县;上海市黄浦区、嘉定区、虹口区、宝山区、杨浦区;江苏省徐州市、南京市、无锡市、扬州市、连云港市、武进县、镇江市;浙江省宁波市、湖州市、义乌市、江山市;安徽省宿州市、贵池市、合肥市、淮南市(拥军优属模范城);福建省厦门市、福州市、泉州市、三明市、莆田县;江西省新余市、南昌市、井冈山市、横峰县(拥军优属模范县);山东省济南市、淄博市、威海市、青岛市、烟台市、济宁市、泰安市、长岛县、临沂市;河南省郑州市、商丘市、安阳市、洛阳市、开封市;湖北省孝感市、十堰市、襄阳县、武昌县;湖南省怀化市、绥宁县、吉首市、涟源市;广东省佛山市、广州市、珠海市、曲江县、东莞市;广西壮族自治区柳州市、桂林市、贵港市、宁明县;海南省海口市、琼海市、文昌县;四川省成都市、重庆市、泸州市、丰都县、什邡县、雅安市;贵州省贵阳市、遵义市、福泉县;云南省勐腊县、曲靖市、建水县;西藏自治区亚东县、堆龙德庆县、米林县;陕西省西安市、宝鸡市、咸阳市、延安市、临潼县;甘肃省兰州市、高台县、金昌市、平凉市;青海省湟中县、格尔木市、祁连县;宁夏回族自治区银川市、青铜峡市、固原县;新疆维吾尔自治区乌鲁木齐市、昭苏县、吐鲁番市。

第三届"中国十大杰出青年"名单

解放军冰上训练基地速滑队教练兼运动员叶乔波、北京大学生物系教授陈章良、四川省电视台二级导演潘小扬、安徽省农化新技术研究所所长台震林、河南省郑州市亚细亚商场总经理王遂舟、共青团贵州省黔西南州委副书记杨志贵、中国科学院化学所副所长白春礼、湖北省武汉大学经济学院人口研究所所长辜胜阻、山东省博兴县寨郝乡党委书记郝进然、中国银行上海分行副行长刘金宝。

第四届"中国十大杰出青年"名单

河北省邢台市实用技术开发研究所所长、翻译何玉铭,四川省陆上运动学校运动员、国际级运动健将张山,云南省昆明卷烟厂第一副厂长、昆明市烟草公司第一副经理、经济师郑天一,北京铁路公安局副局长姜战林,中国科学院系统科学研究所研究员郭雷,经济日报社记者部主任、主任编辑庹震,广西半宙制药集团公司董事长、总经理兼党委书记、高级工程师梁卫,河南省服装进出口公司总经理、高级经济师董明玉,江西省新余市水泥厂厂长兼党委书记、经济师傅志高,广东省惠州市纺织企业集团公司总经理、经济师蔡育民。

首届"中国青年科学家奖"获得者名单

堵丁柱(中科院数学所研究员)

张　泽(中科院科仪中心研究员)

赵玉芬(清华大学化学系教授)

卢炬甫(中国科技大学天体物理中心教授)

盛承发(中科院动物所研究员)

谢和平(中国矿业大学教授)

中国十大杰出民警名单
(1992年)

福州铁路公安处政治处副主任陈善珉、黑龙江省东宁县公安局局长刘平、西藏自治区聂拉木公安边防检查站站长拉吉、天津市公安局五处副处长周云彪、山东省淄博市公安局淄川分局刑警队副队长鞠俊瑞、河北省保定市公安局交警支队副队长汤敏增、湖北省武汉市公安局户政管理处副处长邓泽顺、辽宁省铁法市公安局大明派出所所长王立年、陕西省西安市公安局碑林分局户政科科长梁春芳、云南省施甸县公安局副局长陈新民。

中国十大杰出检察官名单
（1993 年）

山东省淄博市淄川区人民检察院检察长姚文淮、吉林省通化市人民检察院副检察长于旭东、广东省人民检察院反贪局侦查处副处长欧名宇、武汉市江汉区人民检察院检查长王顺来、湖南省邵阳市人民检察院检察长孙孝思、沈阳军区长春军事检察院检察长王信喜、北京市人民检察院反贪污贿赂三处检察员李兆、江苏省常州市人民检察院检察长蒋峰、辽宁省阜新市人民检察院审查起诉科检察员杨文英、新疆喀什市人民检察院批捕科副科长吐拉克·司马义。

1993 年全国教育系统表彰先进名单

北京市

全国教育系统劳动模范 16 名

授予劳动模范奖章者　李金初　李泽珍

授予人民教师奖章者　王选　黄克智　裴家麟　王世强　曹理　李春华　陈凤云　常文　李常凌　卢晓玲　宁义侠　白福秦　卢汝丽　景佑

全国优秀教师 125 名

赵敦华　陈家鼎　王祖铨　孙玉石　李忠　安美华　高亦兰　季如进　吴澄　杨卫　陶沙　王玉凤　高远　王信义　钱仁根　徐文灿　张仁德　尼跃红　王明鉴　王瑞敏　金杨　时铭显　戴景瑞　曾宪嬉　朱元玉　胡梦娟　王洪图　钱青　孙炳日　柯惠新　孟焰　王绍熙　严端　许奎元　张锠　胡佩清　李献文　陈安宇　刘清方　于润洋　周以洁　李美琪　张兆怀　杜金声　张怡令　李埴　蔡福全　王萍兰　贾鹤龄　郑人凯　龙佩文　李竹君　田慧生　刘宗耕　孟万友　王建国　林生香　陈素琴　关雪生　孟维洲　张平坡　李彭龄　田秀云　张绍彦　刘学珠　钱玉龙　杨荣北　滕立军　田玉良　梁志顺　贾康生　张建政　吴文漪　孙维东　郑乃强　丁淑青　张忠萍　龚延鸿　王连成　于松岭　崔艳华　冼慧琴　赵学珍　周学荣　刘秀国　赵美荣　刘远开　张兰芝　丁恩华　刘立新　孙绍棠　蒙慧珠　卞学诚　冯刚　孙二女　于国利　史旭恩　张振英　鲍平秋　何瑞碁　陈刚　刘振祥　夏伯忠　刘镜清　陈超　董学文　冯志明　李莉　秦林　魏富堂　张坤　解广安　苗大林　张文芳　毛丽荣　康芳　杜宝芳　梁正荣　杨玲霞　李淑凤　臧秀敏　张国荣　荣淑芬　李淑德　许美琳

全国优秀教育工作者 11 名

李志忠　李静波　徐恒亮　姚德仁　王润田　李金海　王森　林殿石　张文明　姜福惠　马淑芝

天津市

全国教育系统劳动模范 7 名

授予劳动模范奖章者　胡秀文

授予人民教师奖章者　吴咏诗　田伟林　梁耀兴　宋玉琨　张金城　花瑞婵

全国优秀教师 59 名

李英　汪静萱　及树楠　马淑兰　郭庆玲　王和平　宁淑和　张鼎言　李红英　王桂儒　张北海　尹春林　范宝琦　孙宗和　赵儒常　刘万亮　潘和勋　孟贵增　李建国　李淑文　段德金　于安利　赵学斌　王树瑞　刘广安　高文勤　杨卉兰　戴军　陈党　李守思　宋洁　宋桂琴　杨克难　张兆堃　黄世先　王永成　高静　魏大鹏　赵忘武　申泮文　魏埙　任中原　王佩显　石学敏　陈震　郭文成　董静浦　王锡珍　王澍清　徐淑英　张仲强　朱瑞祥　寇慧珠　陈宝琴　郭秀玲　张俊华　李会红　杨殿英　张耀宗

全国优秀教育工作者 7 名

王希平　姜广岳　郭亦勤　鲁锡光　蔡捷　于泽光　王惠萱

河北省

全国教育系统劳动模范 28 名

授予劳动模范奖章者　耿福生　忻胜义　贾桂清

授予人民教师奖章者　崔兰云　魏育凯　孙守功　范世海　迟华斋　王录申　周慧香　赵树梅　高文霞　杜跃珍　张巧芹　张廷权　周喜英　张桂芝　马仲林　张广森　田志　闫纯熹　周同哲　曹宗舆　于刃刚　周冠英　聂显玲　卢少源　丁仁

全国优秀教师 235 名

郭亚齐　张志秀　王宏献　李明萃　张秀琦　李静娟　于玉英　刘志忠　高玲芬　王艾华　王兴华　冯宝义　郑福奎　刘士军　李素华　徐连友　王文诗　张淑杰　孙玉萍　杨太　吴素环　张海田　孙瑞欣　张素云　黄东辉　张志军　王景珍　李俊英　金仲鸣　钱守旺　张桂荣　邢玉新　张德清　白万谊　周兴华　吴玉莲　呼景山　任丽娟　李秋艳　张玉庆　崔仲芳　司景瑞　许书明　贾秀兰　刘爱珍　王保平　钟谷珍　李爱珍　徐玉环　侯文长　刘福元　秦笑菊　林宝生　谷永丰　贾秀英　韩翠莲　贺桂花　时辰曜　王素梅　王海明　李桂新　李明江　刘兴华　马久林　李宝云　袁天升　杨敏　李素香　苏金陵　曹贺兰　张延友　孙永芬　赵淑芹　孙海良　刘洪奎　王丽娟　陈海顺　段宝珍　徐香珍　张芸芬　李兵福　李杰　张天运　周玉玲　王振台　贺振亭　刘殿光　胡俊峰　张锐铎　索秀莲　刘俊杰　李保荣　岳常安　李金友　李泽民　杨忠坡　乔金书　李新芝　宋吉祥　畦琴芬　赵同才　王增海　武祥周　郢桂方　梁建锋　刘俊岭　马秀真　王旭亭　姚香珍　李维香　董银海　卢其英　魏东魁　马生轶　薛志强　牛金山　胡秀菊　墨立杰　谷兵惜　孙增海　李连喜　田风林　申青竹　张瑞刚　翟志杰　张延　甄同喜　马爱彬　田立军　马德福　冀增春　刘辰　王彦会　王玲芝　刘德安　苑秀玲　金华夫　高立新　贾瑞林　翟志安　梁书广　杨铁忠　曹俊芬　李世杰　李振荣　陈启辰　李瑞福　刘秀花　杨春岳　冯成　刘万福　邓丽茹　李兆嵩　孙宝江　顾振贤　蒋海光　屈正义　韩春林　张埒　闫焕堂　范永庆　郭秀平　褚万禄　李超元　江文蔚　何九丰　田畏三　徐革峰　李士辉　陈建国　王君　杜玉堂　李淑兰　张秀平　张庆水　孙吉尚　王林　李士　张可佳　王承业　高玉玺　安宝英　邢大娟　王玉华

陈凤鸣　宋华荣　李福臣　郑友泉
王春池　金武生　司树增　高凤岭
张泮清　何忠疏　魏金荣　张士平
张建国　孙翠淑　马玉琴　田大慧
吴宏涛　王国建　周建慈　周洪奎
张宝贵　胡长岭　高明晓　邓乃猛
孙立和　许　翏　袁德伦　陈立宇
车奉录　王振生　张　鹏　张嫦娥
贾　晔　杨荫彪　施传立　高寿山
王清印　黎国屏　张权雄　杜汝霖
孙　鲁　朱占升　赵地顺　李奎香
周茂德　时　勇　张金树　杨娟芳
杨长欣　陈春生　王均甫

全国优秀教育工作者名单 26 名

管美贤　杨春梅　刘鸿春　刘　韧
李玉英　张振民　邢祖骥　安建军
何巨丰　吴崇强　徐光耀　郑海军
郭益华　路增同　刘茂来　黄　理
黄增森　刘如意　马振祥　贾佃成
赵万福　张士增　薛惠荣　王玉章
张同义　苏怀堂

山西省

全国教育系统劳动模范 18 名

授予劳动模范奖章者　亓宗光
任国钧

授予人民教师奖章者　彭青莲
杨安林　李月娥　刘环秀　杨扬中
卢如花　李元喜　赵兴华　魏丽雯
李金平　孙梦鹿　高跃利　牛亚玲
阎树章　李庆玉　乔志强

全国优秀教师 163 名

晋　军　孟宪珍　杨有智　张永奇
周仙菊　焦金福　田　钢　展改云
邢金文　高红梅　刘悦琴　王建平
赵香梅　贺芳梅　杨云祥　杨明增
杨晓萍　索改弟　李明伟　杨存年
杨香莲　宋果平　简妙芝　侯银亮
张作明　李冬胜　崔桃英　贺秀婵
马　骏　黄林华　李芝香　黄明河
李　槟　聂宏秀　渠栓虎　朱煜华
李天增　姜俊文　胡金婵　郝元祥
代列开　李　杰　乔焕英　郝香玲
李秀云　曹润瑛　郭晓霞　张亨年
尉世林　房爱福　张文娟　朱瑞军
倪　瑞　石润考　梁果梅　王庆万
李桂英　孟昭光　汤允昭　王有莲
张景林　李思殿　张乃彬　辛爱青
王晋生　党景芝　刘进银　张志人
赵生利　杨丽娟　康玉娥　何国英
柴玉宏　白秀云　燕喜莲　张宝铭
李金明　刘爱凤　郭学惠　王书明
葛建国　汤纯南　刘和生　张士义
解　春　赵　秀　石粉荣　张粉琴
陈秋英　范龙社　刘晋文　李玉书
张桂英　马海昌　王德生　赵爱芬
王子裕　梁月友　李　侃　王锦云
沈龙香　赵楚云　张祖武　李祥珍
张彩萍　张林平　李忠福　张成怀
吕晋春　王之一　韩赛艳　殷德民
马世英　胡全福　卫领超　薛秀芳
郭秋兰　卢淑云　田瑞栋　董跃林
李汝浩　王怀培　李泽英　李玲玲
左俊梅　马尤舒　李双彦　杨引来
李典立　赵文栋　侯君旺　郭宏亮
佟素华　牛雪芝　崔晋萍　郭素棠
李更文　何光华　史宝山　张其旺
张　均　马庆福　王书举　唐纪荣
张小平　刘秀梅　田仁义　原最青
何长庚　崔月娥　郭耀清　李文寿
郝桂香　崔喜锁　马　英　杨同枢
李孟如　李荣先　周克勤　陈软群
张秀芳　张民贞　刘变英

全国优秀教育工作者 16 名

赵岐山　靳桐荫　武贵璋　王晋蓉
郭　仁　李俊岐　段清泉　赵爱文
吴景慧　梁宗元　古殿元　杨汝森
杜　竞　张创斋　朱国麟　杜淑萍

内蒙古自治区

全国教育系统劳动模范 15 名

授予劳动模范奖章者　高　明
郑钟根

授予人民教师奖章者　于蛇蛇
张秀珍　曹本龙　王兰珍
赵特古斯　吴晓红　阿荣娜
刘书琴　尚仪华　梁希侠　王丽雪
李淑章　张敏吉

全国优秀教师 122 名

张光国　陈志秀　肖　斌　王玉祥
杨英娣　倪树华　陈淑卿　王　勇
齐忠慈　张淑兰　张　茂　刘文科
戴　恒　郝振生　梅　花　王世忠
赵世有　佟继锋　萨仁格日乐
聂洪喜　孟　和　郭丽媛
初一宁布　朝格图　张晓旭
张丽华　郭小荣　徐景臣　刘永发
米存义　白淑英　韩　斌　费桂英
李庆新　李景芳　王志芳　孟吕巧
由恒信　丁　宇　宋汉生
萨仁格日乐　孙凤鸽　斯　仁
李沛宇　付华晔　冯殿元　贾桂珍
齐玉花　李秀芹　阿日斯楞
宁荣莉　铁　根　范胜宇　张桂荣
白　森　王凤兰　徐淑芝　任德才
斯琴宝音　扎木苏　布日其其格
张志广　白奥云　刘焕君　李双喜
胡占奎　蔡百春　李继红　赵克坚
陈桂荣　徐作英　任东升　斯　琴
贺希格　刚嘎玛　乌云格日勒
栗茂银　王梅兰　崔秀英　范福来
沈　平　高殿甲　韩林桃　刘爱红
罗英美　崔秀清　周　德　陶克陶
王秀花　盛守文　张彦灵　道布庆
刘美贤　王栓琦　王春林　张俊连
额尔德尼　李志仁　王玉清
张焕生　张爱莲　付金田　黄秀兰
杨先林　布仁德力根　潘石峰
刘宗昌　孟昭昕　杜茂林　阎　诚
杨树生　鲍凤林　周锡璋　包泉德
王继昆　侯　元　安　源　高柏琴
陈瑞民　衣秀君　张秀兰　金源芬

全国优秀教育工作者 14 名

田万成　吴文魁　陈永祥　张洪贵
王忠臣　布　和　嘎尔迪　李秉刚
侯耀光　李福林　呼格吉勒图
卢式中　王振业　王铁治

辽宁省

全国教育系统劳动模范 28 名

授予劳动模范奖章者　张春光
李育良

授予人民教师奖章者　陈　方
郭树才　周竞兰　郭万秀　耿亚娟
孔祥钰　崔淑芬　沙丽娟　贾荫春
史剑英　闫秀华　李　波　杨巨成
孙作姝　张雪芳　张佩纶　姜凤芝
孙静华　王继元　孙玉君　胡乃恕
黄素琴　黄　哲　邸宝贵　李荣盛
李治平

全国优秀教师 221 名

张雅彝　苏文博　赵金山　王　光
张　蕊　李志君　文中强　雷作春
牛福礼　李俊复　陈佳标　高洪茂
董英杰　韦公儒　张巨文　苏建一
孙　民　金谦廉　袁　斌　董晓红
李红玫　崔世军　黄宣智　赵钟珂
李兆君　柴天佑　吕振家　曹炳晨
王芸庆　邢俊千　任秀华　张铁岩
张晓林　张今声　耿德本　周　彤
张　玲　赵淑珍　祁秀花　褚会来
赵德云　崔振隆　钟龙田　贺万斌
王长云　林述元　麻世蕴　孙丽君
杨丽君　高清圣　陈　江　郭锡智
侯贵一　王桂花　戴鸿鹏　赵家盛
谢　红　喻身启　苏成业　夏德仁

刘健 王华 王毅 张铁栋
马珍培 姜春涛 安秋凤 李延梅
宋金梅 陈鹊书 黄海斌 张杰
刘素兰 杨永威 张玉琪 张晓兰
孙玉强 刘亚梅 石凤华 邢国燕
尚士满 伊阳 项明仁 宋素霞
周宝霞 李兆润 王克新 韩春梅
胡宏 张志贤 邹静兰 刘玉波
姚淑萍 黄东辉 王春荣 郭秀敏
王岗 张学君 李淑娟 罗景琦
杨世威 任立兵 李淑香 张立居
修长青 庞志飞 唐桂琴 王玉德
崔杰 尹传荣 赵庆隆 陶宝安
甘秋莲 于立秋 陈焕友 王双林
姜雅风 刘秋梅 安玉德 刘喜堂
齐铁青 王可红 李松 胡亚芳
秦紫芳 佟绍成 马德明 梁明深
姜淑志 赵素华 岳玉英 王继坤
陈丽坤 陆雅范 徐凤莲 王景文
国培蓉 姜德昌 扈友芳 褚月
王春芹 汲寿宁 孙宪敏 唐素珍
李建阁 刘吉堂 邹有伦 白玉荣
王晓光 龙云涛 陈崇英 赵立敏
王英杰 戴丽欣 张春凤 侯凤田
王吉 秦殿龙 杨淑芳 张玉库
杨芳春 詹盛林 徐素坤 施明金
韩炳彪 赵鹏 王文娟 崔笑男
石铁环 钟秀贞 王作珍 赵建国
力男 单长兴 窦春芝 李殿复
闫利屏 朱宪昌 王首峰 李素贤
初文玉 李永 刘承荣 陈俊延
高文良 徐桂文 李春风 张旭
汤荣顺 金桂芳 王安娜 宋红杰
褚良和 祖振坤 吴淑清 黄国秋
李永清 崔英权 石宝华 刘明石
张玉霞 刘金华 马龙光 韩书春
李扬韵 许桂莲 于洪生 赵锡华
裴贺远 梁维祥 吉银霞 马长明
蔡淑云 李东方 吴宝林 李凡
宋冬菊 张德娟 庞在春 杨春华
于复顺

全国优秀教育工作者 28 名

王东 张锡华 高国枢 李文章
司玉琢 杜声宽 刘丽华 张维华
李永大 郭祥泰 王兴东 陆春林
孟萍 尹清河 陈玉厚 韩荫林
詹贵学 阚学山 黄秀琴 吕行义
史厚德 宋志富 张和 方向东
张守权 陈福仁 韩义才 徐国毅

吉林省

全国教育系统劳动模范 18 名

授予劳动模范奖章者 马俊源
金东进

授予人民教师奖章者 王振仁
孙淑华 李赤 苏喜文 于汇荣
李维恕 赵衡镛 李大贞 孙光宇
屈冬菊 尹盛昌 丛玉兰 程秀琴
李杰 刘式墉 马福荣

全国优秀教师 154 名

杨青坡 苑学玉 李波 周明华
于世生 魏秀珍 姜凤 李淑明
王志丰 闫洪山 隋淑萍 刘安泉
咸秀阁 刘英春 刘亚泠 赵雅琴
陈雅莉 谭丛杰 曹春黎 孙雅仪
白杰 姜庚辰 马有丽 陈晶
王忠志 马洁尘 宋继禹 路太忠
张兰英 郭倩 王佩云 徐玉莲
金贞子 耿文怡 宋吉祥 叶有龄
李玲华 赵妍 金光男 周任娟
吴英焕 陈志岩 李怀忠 战伟平
杨翠萍 孙晓秋 田钟满 尹明述
温艳娟 陈守和 祖玉英 戈书英
赵晓东 赵东吉 孙玉麟 王淑芝
刘淑琴 王艳平 胡永兰 于静敏
马丽梅 刘艳春 马桂华 么敏
孟德萍 王振富 宋亚丽 陈兰英
邓桂荣 刘振国 李荣甫 商永珍
张宝胜 沈力军 金晓旭 周振辉
王淑梅 曲长秋 谷昭秋 于慧敏
胡爱萍 张春玲 蒋敬芳 刘德禹
刘桐强 李福文 杨淑兰 张兴帮
郭永利 孟庆杰 张秀芹 孙功忱
崔忠燮 李淑琴 张忠仁 金桂顺
金玉善 玄顺月 朴京姬 顾艳华
霍学孟 金容均 李德伟 洪福子
高桂君 柳占洲 林树阁 王兰福
史淑芬 朱桂清 李国华 王尚
姜海忱 王桂芝 郭广志 王生
段景春 杨玉宝 王晓玲 苏成仁
孙德明 王友堂 刘玉琴 黄宫德
黎九贤 姜敏夫 孙世梅 温亚兰
金玉子 王东林 张忠吉 吴大杰
嵇忠 郭广东 崔龙鹤 于福
易永林 王承中 王喜臣 陶进
张学库 刘景富 殷琨 杨茉
孙赞华 王会群 李铁军 谢在皋
郭庆泉 张树田 张晓梅 王惜柴
孙正林 高明

全国优秀教育工作者 13 名

李凤翔 王定基 齐淑琴 刘绍成
张兴复 徐福权 王世亮 刘佳双
马成林 戴玉琢 李玉 王福才
姚修武

黑龙江省

全国教育系统劳动模范 24 名

授予劳动模范奖章者 吴凤石
毕振元 侯天丰

授予人民教师奖章者 张金凤
张若正 张数尧 刘克 李琴
李明 纪本亮 陈显清 孙丽萍
刘丽华 蒲云霞 孙金林 吴云生
刘明义 冯铁城 齐秀娟 牛桂琴
刘永坦 王云生 刘德祥 卢禹舜

全国优秀教师 207 名

周欣 倪元增 王其隆 田乃硕
宋虎 刘晓伟 吴仲阳 郕文山
李静 庞雄奇 崔进 王灵忠
罗洪章 杨士莪 石魁生 孙凤玉
洪身俭 高国人 孙建旭 陈凤军
刘广生 于柏和 丁萍 李艳华
国淑范 杨吉庆 王艳 上官萃芬
王芹 刘淑兰 李明坤 宫雅玲
尹贵喜 付丽华 于海燕 张云兰
宋德贵 苏芳山 李景泉 张海民
闫振琴 杨秀锦 曲国荣 陈彦芳
鲍玉坤 郭桂兰 李玉坤 张玉
于秀凤 张艳芬 张庆刚 王泽军
苏志刚 王亚平 王慧颖 李凤霞
程贵友 陈红 王秀华 孙桂华
刘景新 曲志华 金贞浩 董美荣
王淑娟 孔宪平 贾紫光 刘华
王景成 王殿玉 王怀宇 刘永兴
金秀红 夏德钧 邹淑芬 孔令斌
孙美荣 刘桂华 穆东宝 于忠顺
朱里加 李显文 王清芬 张宪江
李丛功 梁诚 崔悦和 王奎
陈我俭 张桂香 李淑梅 胡杰
张振民 张秀杰 鲍文波 姜宝和
徐维君 李圣熙 刘星 褚彦文
聂桂芝 赵秋华 白金声 马立英
张奉先 李连升 慕连芬 孟广智
孙丕志 孙文学 周炳英 魏明增
张克恭 郝贵成 韩宝德 姜金平
于福连 赵滨菲 胡淑贤 窦荣霞
李玉荣 刘伟华 辛英敏 张凤英
董文选 王慧凌 张萍 孙宪淑
赵俊清 樊淑彦 周丽华 杜东林
董淑芬 马连生 左毅 郭英俊
陈燕玲 高玉库 许绍堂 石瑾娜
金昌济 朱勤海 刘立发 李桂英
刘荣桂 邢淑环 丁玉环 刘永林
刘春杰 刘玉珍 朴七星 张丽
王淑琴 谢建东 李春良 康世著
姜灵芬 周芝彦 李东英 闫本杰

陈 英 刘亚勤 甄秀兰 孙桂云
李本祥 高 田 张景荣 杨 屹
朱 华 曹树民 宋振远 葛 欣
何绍琦 赵延寿 檀玉玺 卢荣华
陈洪宝 杨春堂 李中久 王贵军
冯伟贤 梁兴馥 赵艳秋 孙桂玉
张度海 李 军 刘永华 李祯祥
宋智敏 姜泽志 李兆民 王宝玉
郑守金 崔桂珍 孙亚荣 于立文
孙政才 李桂贞 张有光 杜素卿
常淑范 安英柏 田洪明 张国义
宋群玲 李 智 伍森琛

全国优秀教育工作者 19 名

许波涛 尚益云 丁健春 屈 谦
方连富 张治国 吴国富 王质化
张玉书 曹长中 张忠信 丛端章
昝玉石 王墨林 刘百如 姜春茵
徐贵民 王秀艳 蔺发胜

上海市

全国教育系统劳动模范 14 名

授予劳动模范奖章者 俞安国 钱国彪

授予人民教师奖章者 邵嘉裕

顾宏中 邵世煌 于尔辛 李学敏
邹兆芳 唐盛昌 冯恩洪 陈定儿
马世余 褚建平 盛季才

全国优秀教师 104 名

陈良尧 彭希哲 黄伟达 吕西林
王家范 许 明 胡黎明 徐永祥
许瑞华 邹桂根 沈 灏 潘国陵
陶旭光 蔡祖恢 曲林迟 杨公朴
周汉民 陈体芳 陈久康 管惠维
张文俊 陈泽乃 项家祥 古人伏
何平立 张占芳 汪国槿 陶 霖
朱廷玫 程霭庭 陈 宏 张寿芳
杨学珍 曹仲方 孙佩英 吕仁山
李燕雯 郭宗莉 庞秀玲 陈白桦
潘仁玲 傅坚敏 张 雄 冯 敏
卢碧滢 徐盈盈 倪谷音 林 峰
郑佰庆 徐苗郎 张中梁 张贤继
叶丽娣 陆秀圳 潘廷敬 孙惠明
高小鸿 陈开树 周源斌 沈人骅
戎文军 吴伟国 韩叶萍 蒋 静
蒋品圭 王建德 许镇国 王德兴
王 岚 王明发 程 炎 杨林根
张玲妹 余安敏 朱 越 何秀章
黄帼瑛 任俊元 王伦英 吕天福
邬忠根 刘文佳 乔世伟 谈蔷娟
蒋健民 杨似海 盛 明 钟玲影
陆桂良 唐惠英 陆卫国 陆士娟
张希林 陈家年 邱和平 姚 网
王熙镛 姜永健 戴玉山 薛庭芬
杨茅甄 沈应毅 王 豪 张 杰

全国优秀教育工作者 9 名

金善鹤 邓梦萍 陆仁军 张祥明
沈继达 俞如年 谢家骝 周复三
管宜振

江苏省

全国教育系统劳动模范 32 名

授予劳动模范奖章者 邵海清 钱根祥 路继斌 姜礼尚

授予人民教师奖章者 王筱琴

徐惠湘 徐善芳 戴来生 仲敏荣
庄玉明 谢洪德 印重佑 陈 萍
王淑英 丛心泉 洪宗礼 陈普山
周国忠 傅永生 龚西林 王长征
杨孟娣 黄建国 曹 宁 安在勤
陈厚敏 章备福 朱志生 孙和科
邓学钧 徐永圻 陈祥飞

全国优秀教师 274 名

沈方晓 刘德芳 聂春元 阎 勤
聂永春 陈淑曾 张心珉 贾春华
蒋永生 王丽萍 李忠红 窦义山
张德馨 马学松 董怀鑫 陈传舜
张家鼎 司徒华 张飞翔 宋 辉
万宇净 张素华 徐旭绮 马士良
薛翠娣 马素娥 任桂青 马汉成
韩雪梅 杜庆宏 孙佑美 刘连涛
卞 樑 丁伟明 陈永和 袁建平
张仁瑞 徐乐益 阮道金 刘金荣
卞兰芬 王华芳 杨学礼 郑文千
陈振宽 王妮君 吴 钰 祁建新
蒋育才 苏凤英 尹玉英 孙勤东
储爱华 赵颖囡 李德周 郑义忠
陆 德 杜秀清 周梦熊 吴林基
陈润华 蔡华麒 杭忠信 李跃忠
周 玲 陈卫民 高万祥 顾树柏
李士成 周永良 沈 加 刘 莉
陆福能 张素珍 金 喆 韩薇娟
汤庆文 朱 蒙 沈伯明 纪毓新
吴伯庆 姚馨丙 陈丽美 陈达刚
顾元义 夏立华 胡 梅 吴同芬
王邦惠 吴迪康 李克灵 吴建平
陈 鸿 丁祝庆 周天赤 曹 铮
方光吉 蔡秀芳 沈翠萍 陈松坡
张德荣 徐乃为 钱宏达 徐月生
陈 蔚 吴春宝 刘永高 季开灵
孔繁惠 陈笃沂 沈士钦 夏存新
孙祖凤 汤子平 蒋增先 张树人
李俊仁 刁成剑 虞锡龙 朱美华
谢培康 汤宗礼 尤善培 李家敖
肖跃中 宋文华 张忠宝 许禹年
王信福 王锦和 顾学明 陶惠萍
许宏楼 王祥露 殷长江 王丽华
葛菊生 陆仁华 吴觉远 朱友勤
徐爱苏 甘殿务 王明和 马 骏
孙成英 龚步顺 孙连孝 杨军华
董永岁 徐 沂 张华俊 魏良新
江学平 王恒龙 张广周 赵如全
杨其军 肖立荣 余 辉 伍 明
沈复兴 杨步安 翟启元 蔡立元
赵锦星 杨登怀 吴秀芬 瞿 斌
唐于海 孟昭专 高报凯 张宝英
陈艳美 徐正华 陈建平 周新华
董兴无 徐根娣 徐玉才 周玉明
唐明曙 卞耀华 孙强东 袁惠祥
陈相俊 王安青 王丽云 吕绍虞
陈云楼 吴兆虎 周福全 李炳爱
张洪雁 程松箴 张涵森 徐 敏
李厚庆 夏自胜 伍 勤 张宛丽
周延淑 孙茂民 王思俭 薛永生
李本松 宋德舜 董中才 杨传麦
杨景洪 武立强 张希敏 许怀诚
刘晓春 苗传忍 孙晋忠 高 莉
徐善俊 郭淑惠 曾其生 刘庆文
王秀清 徐善德 陆浩远 江希秀
石建华 杨廷军 刘润忠 王恩赐
曹家瑛 陈振才 冯 端 卢德馨
王文琪 朱梧槚 余世袁 尹 群
范茂兴 刘文英 郑明球 徐南平
王恩宁 陈长顺 管晓虹 姚 海
金明德 张宗橙 黄进德 苏燎原
陈启光 杨 进 曾因明 张有德
刘凤鸣 吴禄保 戚亚光 黄制洋
朱桂珍 孙宝伟 张德尧 魏 恒
史国生 黄 明 黄 晖 石 寒
程信舜 何志临 张长府 郑志强
许明政 高 洁 颜 军 范本安
张为俭 卫建玖

全国优秀教育工作者 32 名

严永发 张丛琪 笪时献 林起熊
胡玄生 金顺龙 祈士清 宋郑还
季金虎 殷胜时 陈振前 高咸秋
陶许成 任多声 朱顺扬 蒋 忠
王再新 王凝来 毛新民 陆为亮
王元祺 缪继伦 张兴朝 曹桂祥
谢瑞璋 惠康杰 梁瑞驹 贾宗荣
糜立兴 施肇基 吴 越 沈庆禄

浙江省

全国教育系统劳动模范 17 名

授予劳动模范奖章者 郑璧如 陈小亚 谭文莹

授予人民教师奖章者 项根伟

黄逸萍 楼森岳 贺素霞 徐美玲
李世楷 钱补炎 马逸芳 翁建华
陈永平 陈文达 张继誉 孙优贤
王洪征

全国优秀教师 130 名

王瑞珠 黄延中 吴水德 周建中
王寿清 彭雪晨 沈贤伟 宋玉屏
林烈红 黄燕明 汤鉴澄 董燮清
朱锦伟 徐松泉 张绪培 许克用
贺 诚 周利民 孙芳芳 陈俊屿
胡彩芽 施爱伦 孙守尚 吴良清
宣 平 王振云 徐文通 闻佟麟
邱定娥 王惠训 潘广华 刘晓红
李方仁 林成华 徐木金 池 澈
郑行平 庄 青 白嘉楷 黄施光
温秀芬 杨公本 曾陈家 黄辰龙
王学朝 谷敬利 赖春成 周金龙
于 伶 俞亦子 李侃波 陈翠华
裘凯音 王锡民 袁柏翠 王玲玲
赵建立 陈有杰 金传胪 陈培根
刘丽琴 李荣华 姚烟涛 黄佳平
寿章元 袁栋梁 张 深 顾树华
沈永迪 龚雪峰 廖正峰 江子朝
陈进前 贾少华 章 雪 王光千
毛祥庆 董佩仙 徐登生 徐友全
龚伟毅 徐振声 赵晓光 柴祥根
徐惠民 吴菊莲 徐月娥 汪金海
鲁 玲 杨学俭 吕中行 蒋素亚
金亚琴 周加华 蒋承勇 陈赛雪
毛航雁 陈普梅 陆秀兰 项素玉
符先斌 林仁浩 林日炳 杨发彩
童耀生 叶伯钦 高洪波 陆 新
邱 嵘 李文标 徐振邦 徐月新
孙昌人 叶爱群 袁临生 王 征
郑宋泉 陈建农 徐维正 刘建余
黄 宪 纪孙瑞 来茂德 贺兴书
尤德斐 吴本虎 严洁英 王白坡
郑小伟 毛根海

全国优秀教育工作者 14 名

陈金远 金琴华 金平一 袁世恩
陈振中 陈祖楠 黄正荣 许国云
顾留增 翁顺明 阮广法 崔金宝
胡燕燕 周虞康

安徽省

全国教育系统劳动模范 23 名

授予劳动模范奖章者 梅凤海
盛锦平

授予人民教师奖章者 施圣银
丁 明 陶绍枝 吴明惠 王桂春
杨 生 潘洪源 洪英伟 田玉华
贾克和 梅声应 桂绍真 谷超豪
张维勇 杨忻葆 衡孝军 季秀生
竺开华 程惠堂 吴鹏华 马义金

全国优秀教师名单 182 名

唐照志 孙元秀 纪明耀 童秀华
张华林 王雪梅 王 英 张雪平
訾蔚民 刘大香 李德秀 张正华
宋善春 汤静芳 胡顺强 魏乔民
白小乔 高素云 袁丽君 陈剑玲
邓纯古 邓秀梅 汪星民 胡彩云
朱永华 方 琪 汪惠玲 胡春鸣
吴元钿 孙立群 朱敬东 徐洪信
郭传明 宋在国 王天法 冯荣森
张仕冈 李端振 许敬增 杨积方
丁小能 胡天任 朱济美 姚永凯
马有良 华致欧 周根华 王先乐
储三友 陈宝林 陈定安 王标武
徐传忠 张庆三 李 珊 盛晓虎
孙家声 王琼玉 许王英 井多德
詹代华 刘吉发 王永玲 晋圣全
石国藩 周秀明 王天厚 胡尚云
刘汉杰 万锡树 耿宝仓 孟献友
兰云芳 王 勤 张忠和 鲁来敬
徐蓉芳 顾雁鸿 马 玲 韩登玉
杨素芹 汤启凤 马贵贺 赵素芹
于玉真 苏文品 王希祥 梁贤培
陈德民 任贻连 丁嘉侠 杨勤昭
赵德俭 尹正岁 沈淑华 齐美发
方斌华 杨海发 唐尚文 卢立新
赵开花 李少保 余昌亚 袁国道
张成厚 晏维赞 刁仲杰 叶 茂
马渝生 祁明生 汪明元 吴松林
杨英东 张小牛 吕茂亨 陈 骅
张亿俊 俞祚芳 高怀胜 韦俊侠
张 武 吴长春 韩志刚 顾秉琏
黄文廉 章兆鹏 徐从才 汪燕嵘
罗德林 王 磊 刘振义 刘春荣
施金荣 南朝勋 潘啸龙 陈长怡
岳永德 章沧授 包荟梁 胡鹤玖
李锦轩 王 健 杨任民 姚开麒
王祥林 蒋秉坤 陈兴保 刘果红
汪建利 安毓英 王 珏 徐观俭
杨世国 周克义 许华斌 姜家好
傅爱国 郭仁怀 常 洪 张家仪
李虎林 郭呈祥 章于力 姚昭章
海邦胜 林钟高 高国泰 李大好
夏 斌 何云友 杨广兆 聂圣纪
刘友佳 吴晨涛 李长安 王宜发
卢丙伦 汪浜海 徐自萍 夏义桂
李德荣 沈名载

全国优秀教育工作者 26 名

康易成 吕道奎 蓝济仲 李康民
倪永全 冯菊梅 矢心明 吴祖恩
郑岱岚 马宝兴 吕化明 李荣庭
王顺生 邱国福 周大凤 李济峰
倪泽坤 侯兴国 潘惠明 吴太志
李长钦 刘世忠 龚品馨 张素英
董承启 石秀春

福建省

全国教育系统劳动模范 15 名

授予劳动模范奖章者 郑新民

授予人民教师奖章者 王天德
吴清凉 上官玳 吴振声 张国良
张莹芳 余培金 丘可珍 王则坚
丘德奎 方照红 万惠霖 江一平
张松龄

全国优秀教师 122 名

李朝和 朱义泰 陈帮宝 王 炜
周大明 李绍庚 黄 贯 张福端
林舜卿 王少成 赖建生 吴学稼
林炳章 林福茂 董介鼎 陈培焕
郭卫东 陈文取 吴进贤 林仲池
徐德盛 刘金星 吴玉池 刘若嘉
李荣显 朱卫星 史基宇 苏启文
林智银 胡育安 詹志忠 倪奕琴
林天雄 傅以佑 卓永廉 沈招旗
李 迅 周少春 陈景松 王亚列
黄玉琴 冯秋水 林 生 徐锦明
黄育仙 詹兰英 庄树民 张庆玲
沈怡蓉 郑良国 郑英咏 曾小琴
陈宝清 胡秋蓉 黄玉海 方江山
方雪蓉 孙坚力 李祖荣 陈智才
蔡宗岩 许建设 吴金斗 许兴通
吴晓星 刘玉凤 黄章潮 陈秀英
李贤浦 蔡秀容 薛真真 孙瑞发
方秀英 洪清白 吕新华 游煌章
张永发 苏兰芳 罗贻爱 刘锦平
陈德生 陈 详 彭剑成 高桂根
姚晓庆 原寿华 元春兰 张景信
黄玉香 张书珠 江风景 郑玲玉
马钦言 林居诠 严 敏 陈绍暄
陈美黎 陈元玲 陈明非 林业平
陈星华 潘玲辉 陈 华 陈锦泉
林亚河 蔡建华 李瑞南 张方珍
陈 工 黄元茂 刘善才 陈振贤
林新波 吕团孙 陈 新 尤民生
陈致和 洪德泰 杨长熙 翁木全
黄高宪 林艳玉

全国优秀教育工作者 14 名

刘美珍 王熙年 许守添 徐开铭
魏子熹 郭孔涛 陈大鹗 李铭章
何克丁 林向英 董殿亭 王其香
林开泰 陈世彬

江西省

全国教育系统劳动模范 19 名

授予劳动模范奖章者　刘意生　曾楷祥

授予人民教师奖章者　周定康

刘谷来　顾顺生　陈晓荷　段雨仔
曾裕美　鲍兆安　林梦生　陈 萍
王运遂　程晓鸣　胡来茂　曾继宋
吴春友　郭砺华　邢宏福　李盛光

全国优秀教师 159 名

熊巍俊　曾永辉　陈书华　刘根华
张梅村　熊勋明　丁清荣　曾根香
吴 杰　周丽珍　聂清泉　徐度高
孙竹英　涂风光　韩海兴　钟高典
彭庆星　欧阳琥　朱安先　简志宏
邹延德　贺新芳　张吉棣　斐茂群
曾思政　罗维斌　王桂花　刘保如
王成珊　肖正良　饶道文　刘承清
罗学荣　贺彪先　苏树华　李菊凤
汪茂生　段银仙　朱维民　程木娇
刘光明　程士建　吴泽民　吴荣兰
邓达象　熊庆云　胡长英　赵红英
李建军　黄晓苏　刘 戎　乐 华
张素珍　贺锦秀　萧道发　王爱群
王金莲　吴友荣　丁孝梅　廖君侦
舒小平　郭裕茂　廖云翰　石渝生
刘联娣　刘恩清　邱成义　王述钰
徐显羲　易光伦　萧福州　朱金发
刘祥伟　刘深浩　刘继海　李糯秀
郝 燕　翁先新　孔员英　周运炎
周桂姣　徐建成　黎 蓉　聂曼云
古新妙　匡俊发　陈德圆　胡克祯
游锦初　刘桂林　欧阳晖　童家凤
胡任生　李不资　刘爱卿　熊永贵
万小毛　涂根秀　曾道维　邓荣春
周月英　聂苏珉　杨秀梅　万宏亮
易清华　李玉萍　钱育滇　戚素芬
朱炳生　刘 俊　潘建中　吕品昌
李学礼　余运初　裘宗舜　俞志雄
江凤益　尹继东　阮占龙　王殿荣
唐锦心　雷红珍　王宝峰　胡益民
祝祥明　刘全胜　周小琴　汪明根
占水多　李胜长　戴流芳　雷良恂
詹显华　朱赛珠　张华民　吴梅桂
张国华　郑大贵　邓芝云　钟美莲
李长吉　黄 实　韩福兰　张跃运
王玉杰　万 祯　陈天夫　方达上
程 玢　金长海　周瑞明　万凤秀
谢文义　杨素珍　曹发兴　肖 铿
唐晓红　黄传贵　邬学军

全国优秀教育工作者 16 名

汤元芳　汪炳坤　江银贵　黎祖谦
王南彬　黄春如　李 煜　计雪木
徐振瑞　徐卓然　孙巧云　吴柏英
沈一鸣　吴国平　曾夏生　廖庆美

山东省

全国教育系统劳动模范 45 名

授予劳动模范奖章者　郭玉梅

刘锡祥　高敬民　张 勇　张 济

授予人民教师奖章者　刘泉海

马长义　刘发梅　贾万贞　张明先
戴仁桂　张连德　李 伟　李忠华
韩洪顺　慕志远　李印光　刘春修
闫志安　李立成　郑英民　严寅贤
王悌信　王金斗　李济生　韩 军
张发德　丁信忠　闫志强　马利杰
刘青峰　牛忠义　张维民　王凤莲
周漪琴　王执福　李建光　杨景林
杨运德　马传武　刘守文　宋乐兴
刘伦学　钟文逵　王 俊

全国优秀教师 383 名

王崇娥　高志忠　尹燕春　张立民
王宝林　宋延芳　郭 淼　贾立新
庄宜慎　巩永英　王中良　李 峰
吴 悟　刘 跃　吕素宝　刘传顺
张继成　高继宏　曾厚绵　韩金英
张学曾　隋立华　赵芳海　于孝祯
尚小玲　侯伯民　韩慎修　张衡善
逄世义　赵松林　曲慧光　马玉萍
况保福　程绍康　盛延光　冯树柏
姜立学　侯井泉　田敬典　逄培勤
刘宗仁　马福昌　张俊礼　傅遵华
金建谟　王玉香　刘洪峰　张永法
张建民　周长贺　王怀亮　陈 平
李润华　杨庆斌　廉春雷　檀兴民
张淑霞　陈继春　高 雷　马翠东
李长林　萧存谦　张常德　赵凤英
张克玉　孙法忠　张增建　梁体明
冯服亮　徐荷生　刘大为　李增福
李绍乾　史恒臣　韩吉东　丁孟玉
滕学孝　滕瑞兰　张桂美　程宪远
尹洪亮　王永升　张则义　刘焕成
鞠录兰　刘国升　张新华　杨元勋
西文友　安彩云　谭金昌　苏春芳
滕祖伟　崔智臻　薛善堂　石铭岩
宋珍秀　谭景岣　孟献春　王景陶
王慧汉　周仁恭　于 玲　陈树亮
刘洪池　张学斌　李雪梅　吕慎光
杨暖道　乔英山　陈 峰　段西敏
刘庆余　朱明清　温德峰　李长伟
殷启贞　王云锡　石凤英　孙正启
郑晓龙　汪时勤　季朝中　杨兆君
吴庆华　张庆林　田福君　邵长德
刘明远　刘西玲　杨燕钧　葛予香
赵仁良　赵玉新　范学礼　徐 虹
刘 军　侯贺俊　邓 淇　倪凤钊
闫正一　单中海　李振勤　刘庆淑
于尚武　孙永先　高培贤　赵龙臻
宋春雨　周志兰　宋焕起　张传太
于万江　尉淑德　张兆忠　李乃森
袁崇峨　贾洪忠　苏春兰　李金锋
毕经文　王明先　张雪云　李 予
高桂荣　李法奎　马长歧　高 娟
赵修玉　李家军　王光普　王树锋
刘相甫　项玉柳　魏正涛　耿效辙
杨秀岐　刘斯耀　宋增秀　栗俊青
谭玉凤　王者兰　李玉静　张有来
尹桂兰　索华泉　秦加祯　李士祥
李兆祥　迟树民　张海春　张延祥
郭新洲　林永桂　徐振军　李仁奎
周来文　宿国安　贺先悦　王瑞声
宋淑玲　张益彬　王九如　隋承论
刘立业　孙宝书　綦玉莲　刘家恩
史延誉　陈万东　李世福　李剑波
孙爱民　嵇焕竹　钱照媛　王俊舫
王桂云　杨士荣　刘钟汉　岳伯如
胡玉忠　张立芳　赵恩德　翟自东
孙滕瑞　刘化真　王振祥　朱广坤
张兆忠　刘振秋　孙从心　曹修银
王洪联　关明聚　刘振红　李星月
石 奎　孔庆来　牛大铮　张廷玺
李学奎　朱法山　陈大光　王玉芝
刘金钟　范新福　殷广芬　王立军
杨建华　周长明　王可日　陈光俊
宋立志　李中岭　王允珉　修世作
李因柱　孟宪贞　杨士才　夏友杰
魏伯河　杜现刚　尹秀玲　李桂芳
翟昌生　丁肇茸　程 翔　杨玉芳
刘 勇　吕华山　张均佐　高秀珍
许金德　吕贵卿　赵宪平　刘乃昌
羊丹平　林毓琴　綦立义　张忠义
王 莉　王爱礼　王 欣　王炽鸿
赵敏俐　徐国仟　王乃静　郭松海
汪建成　武秀川　张 琪　吴铭方
杨玉珍　姜宜宽　侯文萍　李秉章
左 敏　刘兴云　刘广群　宁 舒
李 伟　张企华　魏绍馨　韩 冬
马克杰　蔡德华　韩立群　程玉海
王常藩　林治理　谷忠德　张庆朗
池清泉　尚奎舜　乐兴祥　韩 洵
陈 平　张元利　陈滇宝　马占兴
苏学成　刘镇国　王 斌　齐兴文
赵 峰　孙迎臣　车献礼　田笃信

朱建华 边成功 高　超 毕立德
韩建峰 周作凤 张敦顺 牛国泰
王　璋 郭少林 张学富 韩明法
吕福然 何建业 朱皆修 郭培青
姚妙娟 迟辉荣 孙玉乐 付　毅
李肇盈 李献坤 金柏芹 荀乃永
宫洪平 蔡春江 班兆贤 吴柔基
朱德琴 陶永生 于海霞 买光昕
李忠信 田树山 蒲克利 王善钧
张爱荣 戚罗兰 曲厚祥 李培瑾
邵荣民 宫占波 张正斌 孙文心
王安东 陈　莉 刘文香 杨树礼
王清秀 耿加禄 白文志 张承伟
荆景云 赵德亮 王宗惠

全国优秀教育工作者 28 名

柴本堂 李钊修 倪庆印 任守柏
王化杰 侯修圃 王锡衔 张恒峰
单衍引 李广振 杜守敏 李庆宝
张建温 李桂富 柳孟学 张家籍
孔凡鹏 张胜贤 吕之涛 徐炳琛
刘昌庆 傅洪超 邢来田 王新波
韩之波 赵爱民 高玉梧 叶　甄

河南省

全国教育系统劳动模范 37 名

授予劳动模范奖章者 孙顺通
翟成才 郝承俭 高金辉

授予人民教师奖章者 丁丙乾
申鸿欣 卢建峰 王灵生 张书章
曹尔瑞 段中娥 郭凤兰 樊福民
陈国军 李秀斋 郭　江 杨殿卿
谢龙池 贾景泉 景金英 国锦元
李丰文 郭　森 戴子磊 马道俭
张荣山 董素英 付敬娥 刘四海
郑新华 李长杰 庄著林 王经武
王泽霖 李世校 肖　红 袁渝生

全国优秀教师 308 名

刘书礼 董天中 郑其上 张道芝
单国新 郭柏林 马学良 张万顺
高长河 郭存斌 郝绪乾 王庭兰
张富元 蔡爱华 郑　勤 耿王玺
李福兰 辛淑贞 祁　岳 汪伯英
李　惠 赵　慧 李大明 朱崇惠
陈世民 李松岭 卞兰枝 米　娜
郭云飞 李纯智 董德昌 赵宗芳
常素娟 徐文钦 王金华 常明光
孙少兰 苗九西 马天祥 原长安
余留栓 张广道 马珍珠 卫绍智
梁爱华 李建国 张海鹏 马素娟
彭顺贞 孙冠林 梁玉献 张振凡
匡中安 杜荷花 郭淑琴 尹建堂
张玉荣 殷准平 杨相坤 程秀平
张汝松 王茹英 魏发明 胡玉花
徐好志 鲁　营 赵久立 孟宪道
马九克 韩周荫 张桂芝 陈守忠
沈延新 师忠先 李凤梅 秦忠义
王继民 李　杰 郭成森 程彩玲
郭化云 田　军 张汝爱 高　俊
杜鸣岐 徐同林 张　莉 张家芳
瞿菊香 李隆光 李俊文 张有善
齐玉慧 李景铎 万吾顺 张吉征
任小平 刘义智 孙本勛 杨晓琴
赵存明 梅素霞 赵景歌 黄保玲
陈作恩 李富兴 崔应瑞 张学甫
郭恩旭 张守志 王群姝 王久选
孙庚寅 秦爱萍 万慧英 李冬君
范改萍 刘东方 田　璞 朱喜成
关志月 苏东升 孙爱菊 张军海
袁玉振 梁育川 常增义 常福新
闫铁成 赵炳耀 马永军 王敏甲
吕献举 常国英 马悦英 王怀军
宋连荣 杨领恩 王慧斌 李道理
孙天玉 曾显红 余克君 刘国芝
刘鹏云 陆玉有 王永远 刘迪义
相新卯 苏桂中 常德年 王天增
刘振德 张长德 张忠玉 赵德林
付　智 王爱玉 全吉华 王文重
王彦凤 杨振华 郝以典 刘书义
刘兰敏 鲍相彬 王宏英 丹中甫
李　华 陈连渚 刘学中 王树才
陈国刚 郑绍礼 宋飞琼 盛江红
杨裕淑 王振莲 吕照国 彭明海
程抱琦 汪敏忠 张成学 王柄中
王立新 李明成 李雪华 徐允富
杨世万 李志敏 王翠红 郭淑勤
平宗诚 刘汉文 李　毛 屈振清
李书喜 张照明 王晋录 韩向阳
韩有廷 王金锋 赵绍斌 刘广全
杨岐山 张玉兰 王叶生 蒋振敏
陶三根 梁照峰 周建国 周文学
季耀华 王祖清 方　正 李世叶
刘信英 焦林冉 邱永生 许桂叶
胡喜成 朱权义 江　涛 杨正付
李新堂 王大然 孟毅星 衣学军
刘承宪 王庚寅 胡思超 林新文
冀玉珍 焦耀先 姬秀英 张俊堂
朱仁锋 史彩云 许善宗 韩学兰
李淑芳 王同段 解传院 乔传信
李成德 郑牧红 李前尚 葛　凌
赵自清 刘汉星 赵聚轩 朱传仁
岳喜文 景隆太 冯更新 袁忠信
刘纯献 胡其图 周展明 王俊山
赵则祥 周大恂 董中强 邹继业
阮银岭 王建平 王永钦 杨书善
张黎声 王清连 王运兵 王发曾
吴铁军 刘玉珂 时明德 马幼鸣
李现宗 贾天骐 顾圣皓 王政祥
董浩平 杨利明 魏立君 刘素真
鲁德民 奈文件 王宝芹 张天伦
李军生 孙宝荣 王克军 徐传明
陆德安 贺宽容 郭径文 方金良
王　婷 张凤格 姬寅亮 朱绍彬
房金枝 魏显峰 刘　波 程大安
宋保兴 张耀光 王培文 章熙龙

全国优秀教育工作者 22 名

任中央 姚恒生 王秀兰 岳启明
张力奎 邓雅琴 王保明 韩尚智
王法成 赵桂菊 牛恩臣 姚林朝
叶文瑞 张布殿 王美亭 张培荣
郑永扣 王丰存 张乃阳 三法亮
周胜勤 蒋连如

湖北省

全国教育系统劳动模范 29 名

授予劳动模范奖章者 陈泽民
徐贤贵 李尚学

授予人民教师奖章者 张　炜
李克容 朱名玉 柯昌俊 向文虎
游海萍 陈世超 胡晓明 王后雄
艾毓敏 高克发 谭传友 鲁智明
金升烈 冯美亮 华振球 卢正英
李垂勇 周万钧 王德驷 余劲松
王先霈 林宗坚 游振东 李书华
杨文兵

全国优秀教师 247 名

丁珍珠 雷石佑 王　玲 张幼军
傅云安 袁文华 徐凤枝 严本汉
邹大珍 孙先斗 杨立豪 余新家
钞辉临 吴大才 徐明山 姜礼行
陈先木 唐肇才 聂在荣 丁诗才
包荣庭 王星元 谢庭龙 罗道坦
徐明义 李新胜 孔凡洲 陈德云
陈清华 王克俭 肖渝英 陈静一
汤　惠 张庆圭 刘有祥 吕向东
李奇珍 张济林 方昌平 周明忠
刘庆香 姜武韬 邱文生 李文衡
何月容 禄　伶 余黎明 李腊生
廖　兵 张应天 崔之安 李继三
沈开甲 赵国明 彭知难 刘乐文
杨海洲 郭济川 陈振宇 刘昌祯
张运成 郑文炳 凌巧珍 李秀生
黄治宇 权世斌 张绍云 赵益芬
张忠云 毛熙应 郭贵龙 胡光忠
杜兴贵 林世淳 王　陵 王忠良
杨宗富 欧阳祝 方孝元 王光龙
李作泉 胡兆明 李光林 蒋长金

季　彬　文士菊　李志新　向　华
马学清　张圣银　张美英　张岳忠
董树林　范家桂　蔡家珍　蓝培忠
金星国　谢汉元　刘建明　李绪言
王正刚　阮仲春　王功民　龚振兴
张龙华　虞保和　田祥高　冯春保
叶兰芳　余佩雄　蔡爱良　陈明智
辜家文　朱长宝　占泽信　周绍丹
李光文　曾令炎　高宗慧　林钦良
吴学书　兰菊初　李建勋　胡景泽
王润阶　严华金　夏文俊　罗重恩
陈新民　汪爱明　史火清　韩泉永
左传德　王炳业　孙启峰　程仁光
张清华　黄学琴　胡胜勋　张祖渊
吴宇华　程学树　闵国发　龚国满
马之俊　王保华　刘仁兵　谢金华
赵永年　袁丹平　刘清平　李思引
闵心悌　张敦荣　宋琼娥　唐圣杰
伍运祥　金仙珠　傅习斌　甘孝恕
马之杏　郑昭国　吴明龙　曹家富
黄晓秀　王开洋　陈兆敏　韩昌洪
余佐民　关成义　谢泽运　蔡明么
李秉汉　贺章琴　龚庆华　巫其先
郭步雄　黄龙送　王天才　胡旭良
刘绪端　尹晓阳　戴精明　李仁斌
肖绪政　袁宏仁　徐宗应　罗华东
哈康云　张永谷　陈文棠　吕恩绪
张如桂　张周汉　姚汉生　张任知
岳世斌　刘楚儒　许存鹤　汪茂星
谭杨波　孙恕然　孙传燮　童　曙
严红桥　李成宗　陈德学　陈根华
曹　敏　肖前栋　余名震　靳玉娥
孙忠祥　潘韵华　艾德静　宋世樟
周南星　张俐娜　易丽莎　段正澄
魏良琰　李会滨　彭星间　潘素瑛
谢兴武　萧衍芬　冯天瑜　樊明文
邱幸凡　郦华兴　王仁德　王迪浔
秦志芳　王翅翔　张佩芬　柳英俊
许国良　肖其英　王承菊　王桂芬
严培祥　丁珍姣　张楚华　马小平
倪约文　胡金荣　彭家秀

全国优秀教育工作者 31 名

朱孝明　郭永寿　陈智中　胡开太
柳文山　孙世武　袁发荣　胡家声
郭定菊　胡以明　彭文清　何国治
董亚平　潘国华　钱世坤　徐元贞
曾令国　刘安香　应登魁　王新才
饶仕忠　项昌玲　黄厚凤　邹　炜
吴克永　吴万强　胡幼初　李旭初
常建亚　邓述端　吴邦杰

湖南省

全国教育系统劳动模范 30 名

授予劳动模范奖章者　耿惠温

授予人民教师奖章者　李铁荪

赵静茹　贺牛生　彭中亚　李卡良
高雪珍　刘昆壁　王保民　曾玉民
陈远良　陈晓明　彭训安　莫跃云
马仲春　彭建成　石年春　罗曼若
左都德　魏有保　符国彬　何辅志
何丽娟　唐昌鹤　周远国　黄德芝
傅世球　严杰夫　姚守拙　何觉民

全国优秀教师 247 名

张惠容　范国纯　首弟柱　吴德双
谢梦平　罗灿阶　周巧义　邱玉莲
吴　洪　刘朗清　龚建魁　廖　娟
邹淑荣　舒明华　梅嘉陵　黄　建
黄　铎　黄崇明　徐悦民　朱泌太
肖江汉　曾可平　彭月芳　谭洁如
刘范元　黎中杞　邹彬彬　王应德
吴从志　屈芳兰　刘友珍　胡青萍
周端福　刘　影　冯厚瑜　马国强
庞昌述　陈次衡　韩颂芬　杨丽华
沈朝红　周　琦　刘克敏　易季纯
陈国彬　徐世明　张立人　李观凤
万亨科　刘爱姣　杨补珍　刘道斌
郭书秀　熊菊先　马俊跃　方秋辉
彭岳俐　王木林　毛兰芳　刘奖林
江庚仁　方均权　黄木佳　张凤英
罗茂活　伍勤林　刘庆玲　伍学增
汤益民　何大健　陈经纯　邹蒲英
赵式玉　张俊华　郭启迪　刘志荣
张美成　黄炳麟　陈六香　高福生
陈孟贤　谢惠兰　杨玉龙　周孝凤
周雅俐　赵秉洁　熊光磊　王运梅
叶荣松　王爱枝　余学帜　钟时迪
刘喜珍　江协瑞　刘国储　韩克春
盛忠望　吴志康　莫国兴　潘均辉
胡炎宏　卜功名　殷永昌　刘人华
温石兴　刘重云　林晓云　朱贤舜
梁自建　成诗雨　黄一龙　王征寿
邓昌祯　蒋光辉　颜学炎　袁培基
吴本连　向本清　邹青云　杨建华
申济友　李延年　罗顺祥　田安命
向武文　周宏喜　张程孝　陈景德
谢洪涛　陈林生　岳年初　刘国干
张咏菊　罗献章　肖冠军　黄知敏
汤可敬　颜容先　李添湘　胡自强
龚四忠　李铸生　熊孝章　封明和
张君异　周百方　吴杜喜　阳新球
金奇才　罗仲元　张小男　李曼新
卿运香　邹友松　谭国华　程善和
曹伦先　黄元安　邵方球　陈国柄
吴绪斌　曹　琳　徐作宦　李学群
欧阳庆　李纯仪　李枝雄　钟义生
周干儒　罗纪云　李德秀　邝国莲
周满玉　蒙吉瑛　蒋美荣　唐春发
陈冬元　彭慧琼　冯春廉　蒋祥贵
刘朝凤　蒋龙贵　马承湘　杨友富
董劲松　胡玉玺　唐熙候　谭永升
曾雪梅　肖幸福　蒋上槐　谌洪琪
刘仁战　余淑凤　姚本和　张茂寿
邬贤宝　米贤炳　王鸿钧　刘维晴
向通礼　梁翠华　伍善江　杨贤珍
谢又智　李叶平　邓运亮　朱格知
肖幼艾　田和平　周明仁　康迪寰
谢明珊　康伯温　张清涛　向乃旺
秧万隆　周　道　戴梧昭　曾唯尧
周少琴　曾俊期　欧阳颗　唐凯麟
韩理安　夏博辉　官群辉　黄力民
沧　南　钟友循　李敏志　舒光寰
吴延之　程能林　石雪辉　杨可以
陈星鹤　王照明　彭效荣　周乐国
刘　鹏　梁淦修　林俊杰　胡玲玲
熊　伟　易利平　余伏星

全国优秀教育工作者 23 名

刘家琪　阳　穆　王耀根　杨克义
赵永超　何方静　李怡卿　陈立功
杨永锡　庄桂清　赵昌协　蒋武临
曾益谦　胡名顶　黎月桥　黄民成
覃大悦　唐铁庚　龚德云　段振卿
梁经健　汪早姣　张光和

广东省

全国教育系统劳动模范 29 名

授予劳动模范奖章者　黄可企

陈文诚　崔逢池

授予人民教师奖章者　刘有延

杨宜民　陈志雄　高德铨　张嘉志
刘子林　盘桂凤　吴洪勋　梁俊明
刘胜昌　谢子其　温均权　卢柏容
施　为　李永全　朱炳伟　关粤华
谢子轩　鲁智华　李汉昌　韦绍盟
陆鉴安　梁中波　黄志英　赖源发
李淦林

全国优秀教师 238 名

钟英长　李绍珍　桂涛春　刘端郎
彭胜权　傅玉华　张永嘉　黄宽柔
刘春荣　尹定邦　黄飞腾　钟　康
吴彭年　李惠莲　刘英杰　蓝发昌
梁广坚　彭志芳　陈优生　梁洪波
李佛奇　陆之中　李尧湛　蒋昭廉
许　骏　钟关龙　梁凤华　颜笑霞
傅丽英　徐东红　王凤娣　刘学昭

谢文卿　朱转霞　欧阳志坚　蔡泳銮
赵绮萍　姚中东　麦月欢　刘碧露
陈兴武　罗金枚　郭永萍　甄思宁
房　佩　林燕娥　林爱华　杨烈烽
余伟堂　詹宝珠　林璇珍　张有辉
许慈祥　谢巧炎　许淑莹　郑武义
陈淑明　黄木裕　邵仪仪　陈有坤
洪婵玉　邓本友　李运寿　陈碧庄
陈相林　张丽雅　曾翠蓉　王江南
李美春　李恩乐　徐凤群　李应连
朱祖春　黄志杰　张钊才　张炳焕
王存沛　黄其平　胡阳文　钟保良
钟锦新　温忠彝　张利容　张善和
李传福　曾繁宽　徐献中　房石宝
张国兴　冯耿超　张发理　黄彩红
张远明　李耀基　罗爱兰　凌珍伟
赵海玮　陈敏生　姚乃卿　苏桂开
罗　楷　周惠良　林淑华　徐鉴金
谢鉴标　马芳心　许彦夫　朱振环
鼓丽清　彭　中　方柿妹　方志坚
叶兆源　黄丽婵　何俭强　吴叶林
董慧仪　周健媚　李志豪　周恩泉
江日亨　吴振文　谭小环　吴金想
赵淑芹　黄伯达　林永宁　李振荣
何享耀　林永红　伍月碧　苏文高
罗锵然　梁宏灿　尹远升　梁之乐
陈安明　邓金水　刘仲成　李素芬
胡甜奀　关则全　温丽贤　陈飞游
张锦辉　黄世益　严小明　潘龙飞
周兴亚　欧文荣　陈秀美　冯秀英
莫贤贫　蔡邓红　林济诚　吴振强
许仁龙　陈万荣　陈麦生　邓京丽
庞亚保　陈建强　吕季英　骆小菱
林华隆　岑崇德　张文宏　龚衍东
梁达宇　李良儒　王　桂　陈华栋
黄永贵　邓培国　吴　峰　冯华英
李湖生　潘何相　叶炳贤　周丽荣
宋海清　李伟英　张淑琴　李少芳
李其炎　李国飞　罗海英　梁树生
陈培学　叶嘉裕　周小燕　苏锡佳
黄国照　赵汝勤　赖　英　文小勤
林彩英　叶灿华　叶桂汉　陈　彦
洪罗铭　谢美娟　雷源时　钟碧红
罗耀彬　龙朝琚　刘永年　唐渡花
易象筋　黄周媛　胡石妹　夏有娣
黄少辉　陈奕松　曾雁飞　谢楚彬
唐丽云　林福权　洪玩玉　刘百恭
纪瑞典　陈锡梧　许锡庭　杨炳城
罗荣春　吴史林　吴灵光　张程瑞
张炳洪　刘桂生　张世荣　叶兰兴
朱德芬　李华秀　钟钜田　潘自勉
余远恢　何秋声

全国优秀教育工作者 22 名
陈铭山　魏杰成　叶家康　李积芬
林树基　陈成祖　陈难先　林淑珍
戴昆尧　温绍权　陈英焜　欧阳均
陈金陵　何维孜　冯正棠　陈　文
李　海　曾进武　陈培成　欧炳焕
江经益　张奕群

广西壮族自治区

全国教育系统劳动模范 18 名
授予劳动模范奖章者　黄德枝
杨家通
授予人民教师奖章者　顾乃泉
蓝献新　杨明红　蒙洪燕　王　敏
曾海荣　莫善泉　黄汉松　崔之川
林健英　徐秀华　谢　立　方惠均
张明安　张葆全　李庆华
全国优秀教师 148 名
袁　刚　雷祖载　韦琼文　李华青
赵仁贤　黄成琪　黄玉金　李昆合
黄月娥　陈良丽　谢君锦　唐平记
欧启杰　梁　成　罗启耀　蒙少松
兰焕锋　骆存裕　覃泽等　孙　军
罗承韬　李遵璋　韦远观　杨传翔
粟惠民　徐庆祯　邓诗忠　文庆城
全代娣　邓建民　贝荣光　庞宝珍
邹颖通　庞　辉　李巧奇　陈超能
刘禄生　欧世越　陈小玲　朱锦荣
李成权　蒙耀真　黄吉发　陈立铿
黄家新　黎振江　谢宝森　韦子金
陈丽丽　李新宏　余沛英　唐国卿
秦在鉴　黄容金　奉明龙　姚冰心
卿启云　邱桂贤　黄桂琼　杨光烈
覃文英　颜承章　韩仁和　张述炘
李子升　欧培侯　叶　坚　石昌枚
黄艳珠　刘义冕　罗永定　黄仲雄
黄国纲　黄文山　石泳燕　覃启福
莫崇高　梁万鹏　伍建江　蒙德慧
覃全学　卢绍祖　罗婕君　张　军
陆必光　林超庭　周英明　覃大桐
黄　英　侯颖红　覃瑞玲　袁首仁
孙兆民　林彩芳　凌春秀　张小玲
游　烈　伍南群　梁家湖　黄　剑
董艳玲　练思源　黎茂文　李和忠
唐碧珠　张宗房　吴春松　苏锦源
陈安妮　叶丽莲　陈美兴　潘荫芬
周孙燕　周仕莲　苏　静　卢义德
叶燕瓦　廖春晓　杨家达　王成忠
李伟英　何朝东　韦步云　陈贤辉
钟桂华　罗潮航　黎千讯　吴文阁
李赫妮　阳初云　杨慰萱　林平驷
李吉川　吴鉴棠　海戴媛　陈肇国
梁学良　吴远雄　华楚生　韦原奉
池方涵　李康然　潘懋桂　彭大雍
吕超锦　梁创勋　帅立世　李国强
全国优秀教育工作者 14 名
夏　炎　黄永雄　吴能枝　谭鉴茂
邹德正　潘运琛　蔡慧芳　黄兴高
麻祖恒　吕惠钦　农民强　唐超勇
蓝瑞庭　唐秀云

海南省

全国教育系统劳动模范 4 名
授予劳动模范奖章者　高荣泰
授予人民教师奖章者　韩玉玲
周往珍　黄国泰
全国优秀教师 29 名
林天麒　陈吉寅　张雨齐　符史明
简日金　韩德光　李国川　王光钦
王铁中　黄　莉　王大珍　陈人豪
程锦秀　柯景彬　曾思英　符开国
潘家圣　张光宁　何书侯　林尤名
钟军顺　郑菊英　龙甫芳　林汉栋
唐惠义　冯崇序　郭建华　赵建南
林师轩
全国优秀教育工作者 4 名
胡志福　黎国贝　吴令智　苏永吉

四川省

全国教育系统劳动模范 45 名
授予劳动模范奖章者　傅明炳
余子勤　张明防　张绍光　陶于俊
授予人民教师奖章者　卢家骥
彭伯初　刘友义　谢其芳　张崇儒
许怀渔　黄金全　徐兆明　张福伦
左　荣　兰金容　高立学　吴浩锡
廖渥皆　吴怀永　蒋卫平　张体民
李冰渊　秦承俊　陆　机　刘达平
周天敏　李　全　彭万铭　曲　艳
郑全明　刘忠泽　李国龙　滕昭和
赵镇康　纳玛甲　刘自才　鲁德发
顾顺霖　徐　僖　陈小洪　廖品正
梅国仁　陈世范　刘盛弟
全国优秀教师 374 名
袁志能　张淑尧　沈　楠　王增勇
兰桂芳　王方清　陈家桢　杜学钊
成守定　朱玲娣　郑启睿　王文全
宋友孝　谢彬兰　郑成秀　张永福
杨代芳　李光静　马朝尚　刘复仙
李德骥　熊玉英　廖　文　陶善绪
贾成良　傅映梁　伍宝玉　罗守端
唐克芬　陈克信　卢汉炯　张幼珉
李方全　余子全　胡朝秀　马林英
肖玉琼　吴建宇　覃守源　冯一下

杜荣楣 余莹儒 涂德珊 明祖秀
胡新仲 宋海燕 张振川 彭昌恒
李三义 李启迪 傅文君 胡茂常
刘道英 谭渝生 杜祥淼 王吉莲
李成银 华正瑜 江树轩 苏之信
屈智定 陈谭贵 刘道发 陈蓬蓬
吴弟高 张治文 石怀湘 敖焱书
朱华平 姜 麟 沈文卿 刘兴明
杨宏午 杨祖旺 陶兴模 卢泽民
苏邑富 胡建华 董继永 刘代碧
张久明 陈祖秀 陈树国 郑尚平
蒋先赞 张 勇 丁继泉 罗寿青
石 滨 孙文鉴 田 滨 梁绍全
张玉秀 税清玉 陈泽宣 殷道谦
赖常全 欧淑贤 张金兰 郑秀樵
柏荣华 李开荣 刘明田 郑信鑫
马龙芳 姜则芬 陈文存 钟世德
先大均 郑必强 谭新才 邓隆芳
陈定祥 赵云碧 郭家政 魏福昌
李昌寅 赵显刚 左天寿 邓 军
黄定寿 丁兆芳 魏全稳 李长平
黄隆楷 李文全 刘朝英 王明芳
朱代华 李伯华 邱功银 廖碧玉
袁 红 王绍均 何良琼 申华山
胡云河 刘明全 周成福 罗三培
孙顺红 吴昌金 李惠清 罗代均
邓继槐 吴良才 林宏久 顾俊明
陈俊鲜 罗志勇 李俊忠 曾映芳
胡刚容 邱 英 魏明琼 孙义彬
曾 嵩 童杰英 袁世才 黄明烈
杨承安 刘凡仲 罗淑德 张 志
张春亮 张义民 郭 廉 粟时金
曾存光 张显俊 欧家应 白元禄
蔡光清 陈明清 彭 伦 周尊登
张道建 丁日寿 刘小鱼 周华友
傅远明 高鹤群 邓永利 樊光德
梁明镜 贾质成 杨德金 罗志毅
罗明远 贺斯新 曾桂芳 李含宣
王和义 伍元理 傅华芳 刘发媛
周业敏 徐龙政 何明太 徐世文
冯学元 陈洪相 罗心田 吕万角
任中才 舒明亮 赵洪文 杨春勇
彭明兴 寇永清 杨永林 彭心融
梁学成 后文全 李瑞枚 张国巩
马惠生 贾士珍 秦德政 谭廷富
向明臻 张 舜 潘仲豪 陈小亚
聂华英 张明喜 罗睿曦 甘培宁
李宗培 张文平 刘惠平 余应虎
李再秀 陈文坤 冯克秀 刘应在
何先梅 余业君 刘登江 何文豪
颜崇莞 周大义 李开萌 高友东
唐正琼 胡光宇 王焕平 王兴中
杨明顺 董大禄 程怀孝 陈尚朝
李玉克 刘文瑰 王大蓉 黄绍忠
陈元贵 张居友 蔡方林 周华茂
龚嘉镇 邹修杰 李坤国 梁尤桂
黄九龄 蔡 政 李志模 贾其茂
曾 平 陈厚福 王德敏 王宇光
廖礼华 罗朝坤 康长英 刘界国
袁蜀琴 龙廷芬 陈端颗 文大刚
陈明金 周正觉 刘人华 邵钦东
任金仲 王扶成 李忠耀 陈古浩
吴来生 谢瑞瑶 孙云贵 陈先钺
谭体光 文吉廷 刘国裕 任良国
罗清泉 刘克明 李光亮 王素琼
唐伦寿 何锡文 周可根 蒋祖权
李川莲 黄春银 范家奎 范国政
袁明秀 辛 蓉 高兰炎 杨先张
陈永高 李述先 李树娟 周永恒
袁先文 章绥亚 熊辉云 谭祥兰
殷德恩 朱集勋 左都淮 陈洁文
杨正芳 牟宝生 沈绍富 李英德
林永泰 张德强 杨泽秀 吉木子布
郭长庚 太凤华 叶玉华 江 帆
邹富顺 李祖奇 刘 景 李银凤
马 新 李志祥 刘尚芬 熊明芬
曾祥蓉 张朝政 卫德佳 李安民
刘佩瑛 唐昌荣 韦俊侠 朱昌廉
曹起荣 宋兴华 王 曙 王均裕
吴月良 曾康霖 黎亚元 胡礼振
廖俊常 周守昌 熊茂萱 沈鼎明
阳本傅 陈禹银 赵延渝 赵林友
赵汝植 郑明华 徐志福 龙庆祥
胡书津 章茂林

全国优秀教育工作者 40 名

夏代成 陈常永 刘宗仁 苏文钰
黄功伟 陈正明 蒋世玉 晏临超
李宗贤 马启霖 胡英才 黄世游
李胤交 羊 辉 蒋得超 李远鹏
兰国盛 符民隆 李世昌 高淮池
陈明金 侯水先 游绍贤 李永平
张 森 刘仕万 刘兆金 袁发展
游汉文 裴逸如 袁天介 张明仲
李勇明 熊启文 李世义 胡克信
陈荣光 杨武军 高恕良 朱家俊

贵州省

全国教育系统劳动模范 13 名

授予劳动模范奖章者 季贵荣

授予人民教师奖章者 张长庚

王良模 安忠瑜 袁 琪 李怀林
张学智 孙代德 张洪泽 陆芳云
何玉昌 吴静玲 王光敏

全国优秀教师 102 名

车敏善 陈 伟 古华渤 邱朝寿
蔡嘉奇 陆 明 黄小飞 黄金华
刘明丽 左守琼 张光韬 赵德芳
李秀丽 邓人群 李定祥 潘昌礼
李仲书 孙洪范 颜长策 杨天曙
张正林 冯佑明 谢贤英 王绍宗
高钦岳 王建桢 马黔生 陈新民
罗安金 刘宗益 陈兆辉 刘道科
叶式仓 申庆福 袁本良 杨明华
洪安琪 杨振凡 肖体华 罗大友
张常青 王德荣 陈建生 龙便木
刘洪婵 熊小桦 晏世高 陈世坤
鄢代义 欧启英 居明远 夏孝荣
龙光亮 徐敬芬 钟绵祥 马敏兰
靳光勇 杨光贤 蔡大勇 吴国杨
路登书 谢永湘 刘洪壁 韦正兴
朱吉光 曾佐藩 黄先荣 肖忠义
汤德慧 黄大琼 袁仁威 吴有贵
蒋仁敏 杨发祥 吴俊勇 潘建康
史伯文 张建成 林泽兴 李吉生
杨秀凯 周邦国 黄家友 王建松
潘方琴 李泽琴 王一平 张清萍
石国昌 周 纯 沈家和 武联熔
谢爱伦 罗会烈 梁 梅 康曾蓉
葛 晶 全洪发 李万育 王孝勋
蒋宗达 宋全秀

全国优秀教育工作者 13 名

赵永照 王鸣乾 谢永南 刘兴全
娄义钊 李黔雷 杨正中 田必涛
仲跻平 柏怀东 伍治国 何风翥
陈德明

云南省

全国教育系统劳动模范 15 名

授予劳动模范奖章者 罗德明

授予人民教师奖章者 周金碧

王建明 杨仕良 黄保兵 陈星志
岩 稍 杨新育 李枝源 邓楚芳
和茂林 和国卿 夜佳声 张兴旺
袁世德

全国优秀教师 117 名

刘远忠 龙碧琏 蒋文云 胡福云
寇正义 马乾耀 高天林 龙富成
张正发 唐树才 张晓玲 余朝昆
沈淑兰 陈援朝 侯吉富 崔汝灿
何润秀 向天贵 刘志荣 李云春
郭 爱 李永强 汪勤春 马廷介
湛云富 吴应彪 程克荣 韩书良
杨文博 王大森 朱祖荣 赵又青
陈荣昌 王渝生 熊文升 宋尚福
牟发聪 徐启尧 沈兴前 陈兆龙
王崇义 师国华 田维信 杨友权

崔启芬 陈运兴 骆授源 马培洲
杨兴旺 徐银军 朱布红 唐明安
张锡昌 郭孔富 王有杰 赵宇生
申之洞 山富能 毕会元 杨凤鹏
杨 瑞 肖云东 曹 源 李树义
杨桂森 陈 昆 郭 萍 刘建红
鲍 延 陈贵华 杨永林 吴占云
赵树群 阿 楚 李素光 李时春
和继良 钟润珍 何大昌 肯阿车
周继宏 杨天德 温源海 卢丕玉
张 静 吴显能 刀金珍 李 萼
王新华 杨明兰 杨洪西 胡敬华
郭正春 刘兴佑 蔡瑞英 王兴周
施泽民 许光渭 苏履祥 施 聪
杨春锦 郭世昌 李以国 张德鸿
董世杰 段胜欧 黎 英 韩淑贞
赵世贤 李兰英 吴宗柏 原一川
颜金德 陈绕光 吴琼珍 苏国达
熊锡金

全国优秀教育工作者 15 名

陈联杰 曹学璋 叶九容 张文明
和颜华 江定中 潘宗琼 刘家信
何家禄 何兆先 张 柏 华永淑
朱兴富 金克鲁史 和在暄

西藏自治区

全国教育系统劳动模范 1 名

授予劳动模范奖章者 白玛多吉

全国优秀教师 6 名

达娃次仁 让 珠 桑 戉
董承勇 江家椿 央 宗

陕西省

全国教育系统劳动模范 18 名

授予劳动模范奖章者 张世勇
李耀先

授予人民教师奖章者 张定华
周若祁 朱 均 李继闵 张剑云
谢有德 张亚玲 郑长富 徐印民
刘新振 房正民 王吉明 王业贵
唐江澎 张应祥 曹国荣

全国优秀教师 156 名

郑南宁 龚冬宝 段立宇 陈保兴
狄维忠 马振铎 雒昆利 余宝珠
云庆夏 王文焰 吴明童 徐元秀
颜 虹 张梅娟 张化勇 袁 锋
张树田 严 文 苏印泉 唐庆山
郭长生 王业安 孙华荣 刘爱民
杨玉丰 刘经瑞 张克忍 黄霖生
赵岳辉 王昌明 刘蜀平 杜建华
高亚利 高立荣 杨高潮 李迺彦
刘伦曾 黄蒙恩 王云峰 赵育祥
范天祥 李惠成 刘文金 李容莉
高振宇 李崇道 张普选 焦秋芳
徐振孝 张 兰 马美铭 袁厚民
费纪安 贾文彬 金战捷 赵淑芳
张美玲 季瑞生 余素芳 李兵员
徐小平 申定中 窦景鸿 杨克勤
白建忠 杨海峰 王忠贤 赵林瑞
杨昌录 胡珠勋 郭凤梅 杨万文
张碎虎 胡新礼 杨春华 张碧翠
张惠芳 王亚媛 王有熬 姬蝴蝶
何耀先 赵宏江 白孟琨 王明芳
邓宏杰 程林平 张兴发 席启祥
王小英 王杰祥 徐建平 王景范
杨作刚 燕好贤 唐 平 董榴芬
李瑞礼 马自林 王培堂 胡满潮
王德山 周梦龙 杜发顺 雷树仁
冯澄民 张晓海 王文富 孙崇禄
田升运 郑军昌 张立侠 段贵林
李汉云 陈杰林 王 晋 刘传明
徐光福 刘应辰 王明杰 王树森
刘昌富 赵兴海 张秀珍 谭永昌
程崇皓 贾文森 缪胜芝 樊白环
赖育高 乐 乐 余祖贵 张 钧
郭兴善 张 立 王帮文 刘 江
张继华 党和平 乐发君 朱启庆
左立发 郭志银 刘生连 王卫华
卫珠礼 李凤鸣 王 赖 孙玉万
徐凤琴 黑希昌 李光利 王凤茹
王文权 曹树周 刘海波 巨德轩

全国优秀教育工作者 15 名

姚天祥 郑贵德 张文彩 张 狄
董鸿德 张 骊 韩靖寇 张满明
康永权 邓万银 李世义 王自立
冀全中 姚飞鸣 武耀东

甘肃省

全国教育系统劳动模范 12 名

授予劳动模范奖章者 周效贤

授予人民教师奖章者 严克明
杨 雅 田爱平 张自立 朱新芹
李怀正 翟翚翔 苟志刚 王登福
郑政模 唐振华

全国优秀教师 87 名

程昌钧 郝苏民 周建民 张学军
郑家奎 杨奎元 潘贞岂 周详椿
辛永隆 彭英政 赵庆芬 陈锡萱
陶来晋 骆中晔 何凤书 王惠兰
白忠垣 李苞香 关 军 刘希文
代天馨 汪杏筱 林新兰 花春芳
温大彦 李香贞 马建荣 周跟仓
何永仁 白希贞 杨兴胜 张 坤
雒 翼 周唤民 韩金茹 袁 辉
和亚娟 徐桂芝 缪惠芳 杨 峻
窦侠父 邱继美 张永清 高永祯
石黎明 李培和 张廉志 李宝生
王忠年 骆 虎 王以敬 郭生民
乔守信 李春敏 孙述尧 杨涌泉
杨维舟 赵世林 李 珩 冉继畅
司克俭 刘 珍 郭实乐 赵世明
武勤俭 徐 通 严治平 杨玉霞
王茂英 郭恩安 高崇璋 汪荣祖
韩世忠 李广银 付君令 胡茂林
胡月望 李志海 余镇汉 徐济勋
马金岚 高海义 芝生岳 昔普昌
希日布 马有志 马秀兰

全国优秀教育工作者 11 名

刘晓军 王树义 于承章 魏晋龙
李鸣河 关宪飞 韩万禧 侯孝民
唐自德 孙柏笋 马超麟

青海省

全国教育系统劳动模范 3 名

授予劳动模范奖章者 达 崧

授予人民教师奖章者 石志光
朱 白

全国优秀教师 20 名

庞晓丽 何有福 王秀琴 南文渊
王 利 姜有珍 马学忠 李金祥
杨自强 斗拉才让 桑 洛
夏崇祥 李浩林 安华泰 马进福
罗布藏 何存良 仁青东主
牟东周 陈其均

全国优秀教育工作者 2 名

王生有 蔡存孝

宁夏回族自治区

全国教育系统劳动模范 3 名

授予人民教师奖章者 韩庭忍
张至忠 刘东辉

全国优秀教师 22 名

马淑寅 康秀英 钱韵琴 昝继铎
陈绍琴 杨天林 宋文宁 贺万华
刘学科 张克勤 马国福 李君芳
李治安 董明钰 王新元 于文亮
赵立英 杨新娥 刘 兰 李天颖
池小宁 关志儒

全国优秀教育工作者 3 名

安 波 徐怀礼 许广盛

新疆维吾尔自治区

全国教育系统劳动模范 11 名

授予劳动模范奖章者 吐尔迪汗
贺力力

授予人民教师奖章者

赛肯·胡萨英　万栓成　李卫平
张志彬　阿丽努尔·马买提
左纯毅　阿依提拉·吾修尔
潘汉儒　王崇国　卡马力·吐鲁甫

全国优秀教师 90 名

金俨　汪佩佩　孔庆荣　郭淑英
郭志坚　努尔古丽·沙比提
石育红　托乎提·吾守尔　李维全
潘清刚　乔汗·木斯尔拜
艾洁尔·瓦依提　周宏　丁煜纬
史凤莲　李俊英　安长新　王志刚
艾哈买提·热西提　托合塔尔
顾宝昌　王国棣　铁伊甫江
热孜万古丽　努尔马义　朱冬梅
阿伊夏木　萨黑多拉·哈里木
陈是苏　刘利纯　曹延林　木莎
哈德汉　吉一凡　邵德玛　哈尼帕
买买提明·吾斯曼
库尔班·玉素甫　贾文秀
艾山·木沙　阿米娜·吾甫尔
熊天霞　吐热汗·吐尔地
米尼色木·努尔东　李凤英
吐尼沙·阿西木　阿买提·阿洪
韩培兰　闫立晋
阿布都克里木·艾海提　杨振林
买买提·艾则孜　阿伊吐尼伊明
吐尼沙·达吾提　布阿西衣沙克
米娜玩·买买提玉色甫　李松清
黄蕾　买合布热提汗米尔甫丁
阿曼古力色的　伊明党热木
腊寂山　于志中　戴宗明　陈荣忠
黄明珍　高福元　王玉清　冯林茂
冷存龄　范香英　耿宽启　牛建新
张国昌　由宝昌　许文炎　胡晓英
吕月伟　冷映华　斯拉丁·热西丁
木哈塔尔·扎伊丁　汪玉符
王爱民　买买提·伊明　王正党
玉山江·叶尼亚孜　薛天伟
索南加乐　焦玲
吐尼沙·哈斯木

全国优秀教育工作者 8 名

阿依夏木·派祖力　汗不都拉·玉素甫　金世荣　刘彬彬　阿吉·吾守尔　司明星　李淑英　何惠敏

中国人民解放军

全国教育系统劳动模范 4 名

授予人民教师奖章者　何庆玖

关秀英　程苏荆　赵曼

全国优秀教师 40 名

康占科　王敬全　陈新尧　李伟仁
马春波　罗吉庭　冯翠华　叶西苏
黄小平　张远葆　赵英举　周秀华
闵嘉义　邹鹏　许志功　董凤英
夏素华　楚坤素　赵莲茹　邓爱茹
樊清　张玲　白燕燕　姚小花
裴玲　邸桂英　曹冬香　王银凤
马德茹　陈秀英　吴静敏　刘桂芝
陶志凌　吴再英　马爱珍　范素华
纪桂英　白阿利　罗兰香　陈应生

全国优秀教育工作者 4 名

王振宇　焦爱芝　张晶华　亢虎明

武装警察部队

全国教育系统劳动模范 1 名

授予人民教师奖章者　马民书

全国优秀教师 7 名

程明定　高太存　单云官　刘双富
张再鸣　汪年　谭卫星

全国优秀教育工作者 1 名

王秀萍

国际奥林匹克学科竞赛中获奖的中国中学生名单
(1992、1993 年)

(一)第 33 届国际数学奥林匹克竞赛中国队获金牌奖名单

沈凯(南京师范大学附中)
杨保中(河南郑州一中)
罗炜均(哈尔滨师大附中)
章寅(四川成都七中)
何斯迈(安徽安庆一中)
周宏(北京大学附中)

(二)第 34 届国际奥林匹克中学生数学竞赛获金牌奖名单

周宏(北京大学附中)
刘炀(湖南师大附中)
袁以辉(广东华南师大附中)
张镭(山东青岛二中)
杨克(湖北武汉武钢三中)
冯炯(上海向明中学)

(三)第 24 届国际奥林匹克中学生物理学竞赛中国队获金牌奖名单

张俊安(湖北沙市三中)
李林波(河南郑州一中)

(四)第 25 届国际奥林匹克中学生化学竞赛中国队获金牌奖名单

周彪(湖南师大附中)
施威扬(北京大学附中)

(五)第 4 届国际奥林匹克中学生生物学竞赛中国队获金牌奖名单

刘岳毅(北京二中)

(六)第 4 届国际奥林匹克中学生信息学竞赛中国队获奖名单

杨云和(上海延吉中学)
陈杲(武汉华中师大一附中)
吴兴(福建师大附中)
孙燕峰(北京 12 中)

(七)第 5 届国际奥林匹克中学生信息学竞赛获金牌奖名单

郭远山(福建师大附中)

徐惟诚考察新加坡观感

这次赴新加坡考察精神文明建设，是根据小平同志南方谈话的精神去的。小平同志谈到，要两手抓、两手硬，说到新加坡的社会秩序好，他们管得严，我们应当借鉴他们的经验，而且比他们管得更好。新加坡经济发展快，同时社会秩序、精神文明也搞得好，是很出名的。早就引起了我们的注意。小平同志谈话以后，经中央领导同志批准，决定由意识形态的各个部门联合组团去考察。参加考察团的，除了中宣部办公厅、研究室、宣传局、出版局的同志，还有中央办公厅、中联部、文化部、广播电影电视部、新闻出版署的同志。新加坡方面对这个考察团也非常重视。出访之前，我们经过了认真的准备，阅读了大量的资料，看了新加坡历史资料的录像，找了许多访问过新加坡的人谈话，拟定了详细的考察提纲。之后，于1992年7月18日至7月30日，在新加坡考察了12天。

这次访问，受到新加坡方面认真和周到的接待。最后一天李光耀接见，做了100分钟的长谈。我们到达新加坡后，第一个接见我们的是新加坡的元老，过去的副总理吴庆瑞。他带了各部负责人，与我们谈了一整天。上午是他介绍，下午是回答我们的提问。新加坡人民行动党主席，现任副总理兼工会秘书长王鼎昌与我们谈了两次。新闻与艺术部长兼外交部第二部长、代理外交部长杨荣文与我们谈了两次。当时外交部长在东盟开会，他回新加坡后，专门宴请我们，还谈了很多看法。此外，我们还访问了大法官、警察总署、军队、住房建设局、裕廊工业区、教育部、商业事务调查局等。一共访问了18个单位。这些单位为了接待我们，都做了精心准备，针对我们的需要，制作了介绍情况的幻灯片和书面材料。有些保密的材料，也提供给我们了，但希望我们不要公开引用。同时，我们还结交了一些文化界工业界的朋友。

新加坡经济发展相当快。这个国家面积只有600多平方公里。比我们许多县还要小得多。它是马来半岛南端的一个小岛，过去是沼泽丛林地带。历史上是东西方海上贸易，海上丝绸之路，海上香料之路的必经之地。由于季风的影响，海运的船只经常云集于此，等有合适的风后再驶走。所以它成为一个小的停船商埠。后被英国人看中，把它占去作了殖民地。新加坡于1959年获得自治，1965年取得独立，当时，这个国家人均国民生产总值只有400美元，与我们现在差不多。大部分人没有房子住，住在棚户区、贫民窟。没有水喝。当时的华侨居住区，地名叫“牛车水”，就是每天用牛车把水从别处拉来。它的人口270万，77%是华人，15%是马来人，7%是印度人。在独立初期，社会动乱不已，包括罢工、种族骚乱。又贫困、又混乱。它的两边有两个强大的国家。北边是马来西亚人，人口有1 700万。南边是印度尼西亚，17 000万人口。站在新加坡高一点的建筑上，就可以看见这两个国家。所以在当时，这个国家能否独立和生存下去，就是一个非常大的问题。他们经过近30年的努力，现在人均国民生产总值已经达到了13 400美元。按不变价格计算，生产提高了10倍。当时新加坡的领导人就认识到，新加坡要发展，但自己没有资源。他们吃的大米，用的工业品、农产品不是自己生产的，水果、蔬菜都是外国进口的，连水都是从马来西亚进口的。唯一的有利条件就是地理位置好。但附近也还有别的岛屿可以同它竞争。新加坡只有靠人力、环境和服务，才能生存和发展。所以必须创造一个稳定的社会环境。这样，外国资本家才会来投资，才可以使新加坡的经济发展起来，人民富裕起来。要造成稳定的社会环境，需要解决很多矛盾。第一个大矛盾，新加坡作为一个独立的国家，但是当时几乎没有人认为自己是新加坡人。在街上问任何一个人，你是哪一国人？有的说是中国人，有的说是马来人，有的说是印度人，没有人说自己是新加坡人。就是说，没有对新加坡的归属感。李光耀说，新加坡没有本土的人，这些人从别的地方来，是因为这个地方好赚钱。为赚钱而来的人，一旦有一天不好赚钱，他就会走，到别的地方赚钱去。但任何一个国家，都不会永远处于发展顺利的阶段，都有顺利的时候，也有挫折的时候。当遇到挫折时，如果不是这个国家的全体人民都来克服困难，这个国家就会毁灭。所以必须造成一种观念，使大家爱这个国家，愿意保护这个国家，愿意把这个国家建设好。为了达到这点，他们做了大量的努力。这些工作渗透在各个方面，真正是综合治理。虽然他们没有用“综合治理”这个词。给我们印象较深的，有这样几件事情：

第一件事是盖房子。即由国家来建组屋。要实现“居者有其屋”的目标。经过30年的努力，做到87%的居民有了自己的房子。我们过去也研究过它的房屋政策，认为它搞得好，我们房改可以向他们学习。但不知道他们在解决老百姓住房困难中的深层次考虑。吴庆瑞对我们说，在一次动乱期间，他在街上看到，一个老百姓把自己的摩托车往楼上搬。吴庆瑞就想，人有一辆摩托车的财产就要保护，而如果有一栋房子，就会对动乱失去兴趣。吴庆瑞的这个想法，就是孟子所说的："有恒产者有恒心，无恒产者无恒心。"这个想法怎么实现？不可能由政府拿出钱来。他们搞了一个公积金制度。即每人从自己的收入中拿出5%强制储蓄，老板出拿出5%，加起来就是10%，这就叫做公积金。政府成立中央公积金局，收存这笔钱。后来，工资提高了，公积金的比例也提高了。现在，一般是个人拿出收入的20%，老板补20%，等于40%的工资强迫储蓄。公积金局拿了这笔钱，主要的用途就是盖房子。然后将住宅平价卖给老百姓。即不收土地费，配套设施由各部门自己掏钱。这样，房屋造价就较低。老百姓买房的钱可以动他自己的公积金，还可以分期付款。他们还规定，工资在1500元以上的人，不许买政府盖的便宜房子。就是说，首先解决穷人的问题。政府先盖一居室的房子。第一个十年盖的全是一居室的房子，即一室一厅，35平方米。这些房子是很简陋的。但盖这样的房子给无房户住，第一，住房人掏得起钱。第二，无房户变成有房户了。第二个十年，他们开始盖两室一厅，像我们北京今天大多数的住宅。我们一般是46—50平方米，他们比我们盖得稍宽一点，大概50—53平方米。到现在为止，新加坡53%的人住这种两室一厅的房子。多数买房子的人买的就是这种房子。现在，他们开始盖三室一厅、四室一厅，甚至五室一厅的房子。现在买房子的标准也提高了，6000元收入以下的人也可以买政府的组屋。这样，刚开始时让最穷的人买，这样来起步，收入多的人就让你完全去接受市场调节。这样每一步前进都得到了老百姓的拥护。他们这样做，解决了老百姓的住房问题，但更重要的是，让老百姓有了"恒产"，有了房子，在国家发生困难时，就不是首先想到跑到外国去赚钱，因为房子不好轻易丢掉。他的思维方式肯定会改变，去想怎样把新加坡搞好。在房屋政策的具体实施过程中，也贯彻着为社会稳定服务的方针。建屋发展局局长接见我们时，一上来就讲，我们搞房子的建设和分配，都服从于国家的总目标，即多元社会，多元种族。新加坡虽是个小岛，但是多种族，而且马来人住一堆，华人住一堆，印度人住一堆。华人又是福建人住一堆，广东人住一堆，客家人住一堆，潮州人住一堆，海南人住一堆。这就很容易发生种族冲突。新加坡提倡社会稳定，就必须让不同种族的人互相接近。为了接近，政府在盖组屋时就宣布一个政策：在每一个居住区，华人不得超过84%，马来人不准超过22%，印度人不能超过10%。这就保证了每个居住区既有华人，也有马来人和印度人。他们说的理由也很有道理，任何人都无法反对。他们说，政府盖房子是为人民谋利，不是为某一种族谋利，所以每一个种族都要照顾。这样分配结果，把种族聚居区打散了，更便于不同种族的居民互相交朋友，互相融洽。不同种族的居民有不同的宗教信仰。他们就在每一个居住区都盖庙。每一个宗教的庙都盖。让各种宗都活动分散进行，方便了居民；同时，宗教也不容易成为一种政治势力。

第二个印象深刻的是反贪污和廉政建设，确实有效。新加坡的政府在东亚，甚至在全世界，可能都是最廉洁的政府。我们的新闻记者去拜会外交部官员的时候，送给人家一个唐三彩，人家不敢收。这次，有3个外交部的官员陪了我们12天，走的前一天，我们说给他们送点纪念品，他们第一个反应是不收。我们说这是文化性质的纪念品，没有商业价值，符合你们政府的规定。他们请示后说可以收，但要等3人同时在场时给。等3人同时在场时，我们给他们每个人一份。过一个小时后，我们的同志就看见，3份礼品都在一个人的提包里。这就是说，回去还要上缴。他们也规定，外事活动中的礼品，经请示是可以收的，但要报告，然后分档次。纯粹没有商业价值的，经批准后可以给个人。我问他们，什么叫没商业价值。他们说，比如他们送给我们的领带，领带上印有贪污调查局的标记，有警察署的标记，这就没有商业价值，无法拿出去卖。这种没有商业价值的礼物个人可以收。有价值的要上交。其中有一部分由财政部作价，本人需要，可以交钱买回去。曾经有一个狱吏给一个犯人传话，收一瓶咖啡，就被开除了。可见管得相当严。

有人曾经研究过全世界反贪污的历史。自有政府以来就有贪污，所以，所有政府都要对付贪污。对付贪污的办法一共有四种：第一是使官员不敢贪污。第二种是使官员不能贪污，规矩严得贪污不成，想拿也拿不着。第三种是不用贪污，使官员用不着贪污，生活也过得去。第四种是不想贪污，就是官员的思想境界很高，根本不想贪污。所有对付贪污的办法归纳起来就是这四种。我们看到新加坡在这四方面都做得相当有成效。

第一，这个政府首先看清楚了，要吸引外资，要使政府稳定，政府就必须是廉洁的政府。如果政府不廉洁，对外国商人做买卖是不利的。有一个新加坡商人对我说，我们新加坡商人不太愿到中国大陆去投资，因为你们那里请客送礼太厉害。他说，给钱我不怕，只要我算过帐，我给了你多少，我还能赚多少，我就能给。但是，中国大陆的请客送礼，使我心里没底。我不知道，今天拿这点钱能办成的事，明天还能不能办得成。这样，我就没法算成本帐，没有把握。这是做生意的人对我们不正之风的评价。现在很多人认为，要搞商品经济，吸引外资，就得搞不正之风。但人家资本家不是这个看法，反倒认为这个做法使他们不愿来。新加坡政府就认定了，要建设一个廉洁政府来大量吸引外资。新加坡一天做的外汇买卖是700多亿美元，大概相当于我们全年的出口总额。几百家外国银行设在那里。人家觉得在那里做生意放心。政府要维持自己的统治，就要争取人民的拥护。为此也必须保证政府是廉洁政府。人民可以对政府的某些措施感到不高兴，但不能说政府是贪污的。政府从人民手里拿了很多钱去办事情，税收、罚款都很厉害，但是，人民不能说政府把钱拿去放到了自己腰包里。虽然李光耀有很多政敌，但没有一个政敌敢说李光耀是贪污的，没有一个政敌敢说李光耀是乱搞女人的。这两件事李光耀都没有。新加坡的政府意识到了这个问题，并且用这个观点教育人民行动党的干部和政府的官员。李光耀同李灏同志有一个谈话，他与我谈话时又重申了这点。他对政府官员说，你们可以看得见，在新加坡有别的人利用不正当手段成为百万富翁，但你们不能眼红，作政府官员就得有献身精神，你就不能干这种事，就只能为别人发财服务。要想发财，你就辞职去经商。但当政府官员，就不能这样发财。新加坡的执政党人民行动党也告诉党员，如果你做了这种事，党决不保护你。有一个部长，是新加坡的元老，被人揭发有贪污嫌疑。他希望李光耀保护。李光耀说，保护了你，我这个党就站不住了。这个部长最后在上法庭之前自杀了。这是第一条，训练一批有献身精神的人。

第二，给必要的待遇。他们政府官员的待遇要比普通老百姓高。他们最低收入者是保姆，一个月250到350新元之间。电子工厂的普通装配女工，一个月600元工资。政府机关的工作人员，一般都是大学生，进机关满一年试用期之后，能拿到的起始工资大概是每月1200元。往上差别就大了。升到副部长，月收入就是1万到2万多元。升到总理，月收入有4万多元。差距在100倍以上。保证政府官员有一个过得去的生活，不会使得你没办法过。但是，他们只说以俸养廉，很少说高薪养廉。“俸”就是过得去，高薪就出不起。事实上，政府官员的工资比同等水平的人在企业拿的工资还是低，有的甚至低不少。有人私下对我们说，如果一个政府工资普遍比企业还高，这个政府就会站不住。这样就存在一个问题，即政府里的精英分子被人挖走。他们那里也经常出现很能干的政府官员被企业挖走的现象。比如有一位现任部长，也是国会议员，原是国防部的人事局长，是吴庆瑞的部下。忽然有一天，吴庆瑞看不见这个人了，就打听他上哪去了，因为这个人很能干。一打听才知道，正因为他很能干，被美国公司以3倍的工资挖走了。吴庆瑞说，我们也不能责怪他，美国人出钱比我们多，我们只好让他走。后来他们感到太需要这个人才了，国家缺乏这样的人才，所以又去动员他回来当官。回来后当上了部长。这就是说，能干人被挖走是不断有的。但是也有相当多的青年人愿意到政府部门工作。为什么愿意呢？因为企业前途不稳定，搞得不好就会被解雇。政府是铁饭碗，只要你不犯错误，一辈子录用。犯错误被开除，不犯错误不解雇。也有一批人是愿意要这个铁饭碗的。我们问一些在政府里边工作的年轻人，为什么愿意在政府工作，你的收入与同学相比有没有差距，回答也是这个情况。说是有差距，之所以愿意在这里工作，是因为这儿比企业稳定。

第三，依靠规定，使官员很难贪污。如刚才讲的送礼的规定。每年每一个公务员要把自己和自己配偶的财产向国家申报一次。包括有多少收入，多少存款和多少股票，多少金首饰，还有汽车、房产等。价格在一定额度以上的都要报告，每年报告一次。增加的财产要说明来源。说不清来源的，可以认定为贪污，就可以判刑。隐瞒财产不报也可以判刑。并规定，任何政府官员不许向下属借钱。向亲戚朋友借钱，额度不得超过3个月的工资。他们认为，欠债不能太多，多了就有贪污的危险。新加坡有股市，可以买卖股票，但政府官员买股票必须征得主管领导的批准。经主管领导同意后，在一般情况下买国营公司的股票都可以。买外国公司的股票，如果该外国公司的股票在新加坡上市，但不在新加坡经营，与政府没有利益关系可以买。在新加坡经营的，审查就很严格。就要考虑到你从事的工作对公司的经营有无影响，有一点关系都不准买。还有，政府官员不准到红灯区和赌场去。报社也有规定，工作人员要向外面投稿，每篇稿都要经总编批准，要跟自己的报纸没有矛盾才许写。外国报刊给的稿酬，7天之内必须向政府报告，等等。有一整套规定，使得人无法贪污。

第四，使贪污很不划算，即使人不敢贪污。在新加坡，贪污的成本很高，很不合算。为什么？例如，有一个立了很大功劳的人，是商业事务局的局长，专门打击商业犯罪。新加坡的7大商业犯罪的案件，都是他破的，因此这个人成了别人的眼中钉。别人要抓他的辫子，结果抓住了。就是两件事情。一是他曾向银行申请贷款，买一辆新汽车，银行批准了。但他拿钱后没有买新汽车，而是还了一辆旧汽车的债。3个月后他经济状况调整过来了，还了这笔贷款。后来人家控告他，罪名是欺骗银行。这他逃不掉，因为他向银行申请的理由是假的。第二件事是，有一家公司在新加坡开张，他去动员另一个人向这家公司投资，动员时讲的理由是，印度尼西亚有一个商人已经投资300万，但他讲的时候，这家印度尼西亚公司还没有投资，所以是用假情报欺骗别人。就这两件事情，被法院判处监禁一天。可别小看监禁一天。在新加坡，监禁一天就被开除公职，永不录用。有人会问，开除公职有什么可怕，因为新加坡是个劳动力缺乏的国家，这种有才能的人到哪儿都可以找到高收入的工作。但新加坡的人非常害怕开除公职，因为每个人都有一大笔公积金，相当于每月工资的40%。公积金不在企业里，也不在机关里，而是在国家手里。任何被开除公职的人公积金都被没收。资历越老，地位越高的人，公积金越多，多在6位数以上，就是几十万元。一旦被开除公职，几十万元就没有了。这个损失就大了。所以，收人家一杯咖啡，才几块钱，但可能导致开除，一开除，几万、几十万元就没有了。所以公积金成为威慑力量的最大后盾。因为公积金代替了养老金和退休金。几十万元钱足够一个人生活了。所以一旦公积金没收了，所有的保障，包括医疗费都没有了。一有小贪污就被开除，被开除这笔钱就没有了，所以非常可怕，大多数人都不敢贪污。这样，新加坡就把防止贪污的四条都做了。而且确实做得比较有效。当然，在新加坡，也不是绝对没有贪污。但确实比较少。

印象深刻的第三方面：为了稳定社会，政府必须用很大的力量去争取群众。社会上最大的力量是工人。新加坡职工总会的工作就做得相当不错。原来，工会是和政府作对的，经常发动罢工。后来，改组了工会，人民行动党的主席、政府副总理去当了工会的秘书长。这样，工会成了支持政府的力量。1985年前后，新加坡的经济也曾连续两年出现负增长，其主要原因是工资增长过快，生产成本过高，使新加坡的产品在世界上失去了竞争力。要解决这个问题，唯一的办法就是把工资降下来。于是政府提议，议会通过决议，冻结工资两年。同时想办法平抑物价，但不冻结物价。因为冻结物价就是不搞市场经济了。工人承受下来了，大量的工作就是靠工会做的。但这样的工会就必须在工人中有很高的威信。那么，怎样使得工会既能帮政府的忙，又能在工人中有较高的威信呢？当然，归根到底是要靠政府的决策对工人是有利的，比如冻结工资两年，最后还是使得工人的工资更高，是为这个目的服务的。没有这一条，无论怎样说服也是不行的。因为群众是看实际利益的。他们的工会，大量的工作是三件事情。

第一是代表工人和资方谈判，谈工资，年年谈。包括物价涨多少，劳动生产率提高多少，利润增加多少，由此决定工人工资提高多少，包括福利条件如何改善等。

但工资的决定权在老板手里，有时老板不同工会商议，就给工人增加工资、福利。工会就提出抗议，说加得太少，还应当多加。这样迫使资方对有关工资福利的事都先同工会商议，工会的威信就高了。

光有这些，还不足以使工人对工会活动有积极性。工人会认为，参加工会的人通过谈判涨了5%工资，我不参加工会的人不会只涨4%，只要是谈下来的成果，我也有份。但参加工会要交会费，还要开会。有些人好处是要的，付出是不愿意的。工会又做了第二件事，即组织工人平价合作社。这件事，深得工人拥护。凡是工会会员都可参加合作社，参加时交20元钱股金，就成了合作社的社员。合作社在新加坡开了很多大型的商店。这些商店卖油、盐、酱、醋、卫生纸、糖等日常生活用品，不卖大件商品。政府规定，合作社是非赢利性机构，免税。但要拿出利润的20%用作工人的福利基金。这样，合作社就可以进大宗商品，比如直接到泰国去买大米，不经过中间盘剥，低价卖给工人。还采取一个办法，就是凭合作社的社员证来买东西，买一次东西，都由电脑记录，到年底算总帐，返还8%—10%，等于是买12个月的东西，有1个月没有花钱。所以工人愿意要这张卡，愿意作工会会员。家庭成员也可以拿这张卡买东西。所以任何商店都竞争不过合作社办的商店。工人就非常明显地感觉到合作社是替工人办事的。

工会除办这种平价合作社外，还办了两件事。一个是保险合作社，也免交31%的所得税，所以它能办一些别的保险公司办不了的事情。比如说，保职工子女上大学的教育经费。这虽和储蓄差不多，但职工愿意，为什么呢？因为它保两条。一条是，如果学费涨价了，保金照涨。第二条是，如职工发生意外不能付保险金，公司到时照付职工子女的学费。这就是和储蓄的差别，这样职工就不想把钱放到银行，而是放到职工保险合作社。实际上它一点都不吃亏，因为政府给它免税，这是其他保险公司竞争不过的。而在职工中口碑还很好，职工认为这是工会会员的权利。

职工总会办的第三个合作社是出租汽车合作社。去新加坡前我们有一个疑问，新加坡的出租汽车在亚洲是最便宜的，甚至比北京还便宜，除去起程价外，一公里才四毛钱，而且不是以公里计价，是以250米计价。不像我们超过一公里一点点就以两公里收钱，它是超过250米收一毛，超过500米收两毛，公道得很，而且服务质量高。但是，照我看，构成出租车价有三个因素。第一是汽车的价格，要从车子折旧中跑回来。而新加坡在亚洲是汽车卖得最贵的。因为新加坡汽车进口税率是200%，买汽车之前还要先买准购证，一张小汽车的准购证也要2万元。所以在新加坡买小汽车比在北京买还要贵。第二，新加坡汽油是贵的。第三，它的人工成本也是贵的。在新加坡，月收入不到1 500新元的家庭是很难过的。决定出租车费的关键因素就是这三个，而这三个因素在新加坡都是很贵的，怎么做到出租车费低而服务质量又好？我就这个问题向工会的人请教。他们说，全新加坡共有6个出租汽车公司，13 000辆出租车。其中职工总会的出租汽车合作社占了8 000辆，是大头。合作社帮助每一个出租车司机买辆车归已所有，没钱买的可以借钱给他买，然后分期付款还给合作社，另加利息。汽车由合作社统一买低档车，价格比较低，又是成批买，比批发价还要低。因为车子是司机自己的，维修费得自己出，所以车主把车保养得很好，维修费用很低。而且新加坡规定，任何新车在新加坡只许跑5年，5年之后验车符合规定，可以跑第六年,但需交6000元钱。保养得再好的车,也不能跑10年,10年后一定报废。这样,司机就要使汽车在10年中充分利用。由于是职工合作社,车都是个人的,收入也归个人,合作社不需要交所得税,这一点同私人汽车公司也不同。成本就低了。为了尽可能早点还钱,每辆出租车基本上每天都跑18个钟点。丈夫开10个小时,妻子开8小时,妻子不能开车就自己雇人。政府有一个强大的机构进行管理,主要是查有没有敲竹杠和不礼貌。如在这两个方面有问题,就要罚款。合作社也管,对好的予以表扬,不好的予以处分。最重的处分是开除。车子是司机个人所有的,但出租车的执照在合作社手里,政府也不准私人开出租车。所以,万一被合作社开除,欠的债还要还,手里的车又没有用,是很可怕的。同时,合作社又努力为入社的司机服务,有一套很好的传呼系统,使要车的顾客非常方便,司机能接到更多的生意。这样增强人们的集体主义观念,使人感觉到要依靠集体。

职工总会为争取群众的第三项工作是大搞文化活动。工会办度假村、办俱乐部。为了这个目的,他们曾派人学习中国办劳动人民文化宫的做法,然后加以发展,把文化活动办得非常热闹。所有的活动都突出工会主办的特点,只有凭工会会员证才能来,才能享受优待。通过这种办法来提高工会的威信。工会的积极分子也在组织文化活动中提高威信。文化活动除了工会组织外,还大量的由居民委员会组织。50、60年代电视机不普及的时候,它放电视,让居民来看。现在家家都有了彩电,就组织跳舞和打太极拳,学缝纫和烹调,打乒乓球,打网球等等。一个270万人口的国家,国家每年拨款4 600万元,相当于2亿多元人民币,与他们外交部一年的经费相等。他们认为,人民在棚户区的时候,居住条件很差,但人民是互相帮助的,因为他们都互相认识。但住到组屋里以后,人与人不认识了,即使住在一起几年也不认识。这样,社会治安就很难保证。因为出了事,谁也不知道。互相也不关心。我们也有这个问题,四合院里进去了小偷,一有声音就会有人来查问。但住进了高楼以后,即使有人敲对家的门也不会管,心里想着,谁知对家人是干什么的,谁知跟别人是什么关系。相互不知道,所以也就没有互助的精神。新加坡认为应该首先想办法让人们相互认识。办法就是通过开展社区的文化活动,看电影、下棋、跳舞,创造条件使得一个居住区的人都在一起活动。来了就可以相互认识。只要相互认识了,关系就会变化。人们就会从一般的群体转为某种程度的集体,心理状态也会变化。

政府通过各地区的民众联络所同居民委员会联系。国会议员也依靠民众联络所联系选民。国会议员每两年要把所在选区全体选民的家庭访问一遍。一个选区大约4万人,约1万个家庭。一个议员一年要访问5000个家庭。我就问,这要花多少时间?他们回答说,不多,一个星期花半天,跑100户。欧进福议员说,每户只去一分钟。敲敲门,递一张名片,上面有议员的照片和几行文字。自我介绍说,我叫欧进福,是本区当选的国会议员,今天来看望你们,你们有什么事情告诉我。如果有事,我每周某一天在某一个地方接待来访。然后把全年的接待时间安排表送给选民。这样一分钟足够了。如果对方有意见要说,就听一听,也不超过10分钟。如果对方要说的话多,就另约时间谈。如果主人不在家,就留一张名片,留一封信(也是事先印好的)。这样做,老百姓认识了议员,而且记得议员还来征求过意见。选民对议员的印象就很好。然后,议员每周再拿出一个晚上,找两个助手帮忙接待选民。助手也是尽义务的。我们曾经旁听到他们接待日的活动。一个居民说,我有一个亲戚从国外来,原来申请的是住6个月,现在有事走不了,能不能再延长一个月?议员说,我帮你写封信。然后当场写封信,又告诉来访者到哪里去申请。还有一位母亲和女儿,说我们住的是两间一套组屋,想买4间一套的组屋,已经交了2 500元钱,但房子要2年后才能给我们。现在得到消息说,我们住的房子要拆迁了,这样,搬的房子比排队等买房子还快,但是已交2 500元钱就亏了。议员说,我可以帮你写封信,拆迁分房时争取分给你4室一厅的。这样比自己另买大约省2万元钱。交出的2500元定金你就放弃了;以后也别再交第2期定金。两个人听了这个主意后高兴地走了。议员每周拿出一个晚上做这种事,在群众中的形象是很好的。

第四个方面,谈谈新加坡在意识形态方面的工作。新加坡人口少,自己生产的文艺作品是比较少的。电影、电视大部分是美国、英国、台湾和香港的,也有一部分我们的。他们说,价值观我们管不了,但不能引起政治动乱。凡挑拨仇杀、挑拨宗教纷争,如拉迪什等,马上就禁止。色情的也不允许。《红高粱》在新加坡放映时,就被剪掉了一些镜头。新加坡提倡普通话,用简化汉字。凡用方言演出的,都不能在电视台放映。但可卖录像带。

报纸是最大的舆论工具,一定要掌握在政府手里。原来影响最大的华文报纸,和政府常有矛盾。后来以偷税罪把总编辑抓起来,对报纸进行了改组,成立了报业控股集团公司。政府做了一些规定。一条是,因为报纸对新加坡国家利益关系极大,所以报业控股公司的董事必须经过政府批准。由总统委员会成员,新加坡元老林金山去当董事局的主席。林金山还代理过总统。再规定一条,控股公司下属各报的总编辑由控股公司董事会任命,但需经政府批准。报社的人说他们是以国家利益为最高标准进行自律。

新加坡有反对党,但要办报就很不容易。因为政府把全国印报的工厂合成一个,技术很先进,别人要办报就很难印出来。也有人办过,不久就垮台了。原因是,第一卖不掉。新加坡的报纸是通过报贩卖报和送报的。报业集团的报纸出版量很大，新办的报纸发行量很少。报业集团通知报贩，谁卖新办的报纸，就不让你卖我的报纸。所有的报贩都不愿意丢掉老生意，新报纸就没法卖。第二是新报难拉到广告。新加坡报价很便宜，每天60页到80页，只卖0.55元，比纸价还低。报社靠大量刊登广告赚钱。谁办新报纸一定要大亏本。第三是政府找麻烦。报纸今天登的内容有一条不符合规定，就下个通知，停刊两天。以后又有一条，又停刊三天。这样报纸就很难受，承接的广告就要作废，就得赔钱。还有，报纸的登记证是每年发一次，就像发汽车牌照一样，不是发了一次就终生有效的，而是年年都得申请。这样，反对派要办合法的报纸就很难。但政府说，新加坡的报纸不是政府办的，而是民间报纸，因为控股公司的股东不是政府。外国报纸入境要经过审查，还要控制发行量。比如，我们的大使馆要订《人民日报》，就得经过批准。而且只许工作人员在使馆里看，不许带回家，带回家就违法。因为批准的理由是工作需要，而不是生活需要，所以只准在办公室看，不许带回家。如有骂新加坡的报纸，在国外管不着，但报纸进到新加坡，政府就要管。怎么管法？第一，如果你骂我，我认为不符合事实，就写封信给你，根据新闻自由和公平的原则，要求对方在同样的版面把这封信登出来。当然，外国报纸的总编一般不会答应。所以第二，就向法院起诉，由新加坡法院判该报社在新加坡的代理机构罚款多少元。在新加坡没有代理机构的，如是美国报纸，就到美国去起诉。美国法院一般也是不理的。那就有了第三条，即禁止该报在新加坡发行。美国政府抗议干预新闻自由。新加坡政府就说，我们是要求新闻自由的，你们登了片面的不符合事实的内容，我们把事实提供给你们，要求你们刊登，你们不理，是你们不讲新闻自由。我们也主张依法办事，到你们的法院起诉，你们的法院又不接受。那我只好被迫不让你进来。我们看到，新加坡政府很善于运用法律武器来维护自己的利益。有人攻击新加坡领导人，他就向法院起诉，控告对方诬陷。法院受理后，对方举不出证据来支持自己的攻击，被法院判决赔偿损失。

新加坡政府为了造成全国人民的国家意识，使国人爱护新加坡，保护新加坡，发展新加坡，一个重要的措施是，让全体男性公民都当两年兵。高中毕业后大学招生，考试后无论考取考不取的，都去当兵。考上大学的优秀分子，还要延长到两年半。从当兵时间长的人里边挑接班人。他们认为当这两年兵用处很大。因为新加坡比我们生活富裕，小孩子养尊处优。一当兵就得离开父母，就得独立生活，就得讲纪律，就得泥里边爬，水里边滚，就得站岗放哨。两年之后，服从纪律的观念就强了。而且他们天天讲，这样做是为了国家，为了社会。所以自然而然为国家、为社会的观念就有了。我问，这样吃亏不吃亏，第一花钱太多，军费占全部国民生产总值的6%。他们说这笔钱得出，如果没有一支强大的军队，什么人都可以欺侮我们这个小国家。第二，他们说对人材没损失。虽然晚上两年大学，但学得比没当过兵的好。懂事了，学习就认真了。当然老百姓中还是有怨言，因为华人相信好男不当兵，父母亲也怕孩子吃苦。特别是华人知识分子，千方百计想把孩子送到国外去，躲过当兵。但他们认为效果还是很大的。当过两年兵以后，一直到45岁之前还是战备役，每年还要集训，真正做到了全民皆兵。集训时的工资由国家开，不要企业负担，这样就不损害企业的利益。这种做法，对于造成全社会的纪律观念很有好处。有纪律的人进了工厂，工艺就能不折不扣地贯彻执行，劳动生产率肯定能提高。

最后，谈谈新加坡的社会风气，社会秩序。我们看到，绝大多数情况下，老百姓在马路上走路时看到了红灯都站住，而一亮绿灯，不管旁边有无车来，行人都统统往前走。他们相信，车就不敢撞人。该走横道线就走横道线，决不乱走。许多十字路口拐弯时，有一个牌子，写着："STOP"，所有车子都要停一秒钟，看看有无来往车子通过，没有车辆敢不停这一秒钟的。说明纪律观念非常强。街道除了个别地方，没有烟头和痰迹，确实是花园城市，很美丽。我听说有的新加坡人到中国来后也随地吐痰。他们也说，有人一过长堤到了马来西亚就随地吐痰。并不是二三十年就能把人完全改造过来，他们说这是做不到的。但在新加坡不敢乱吐痰确是真的。因为吐一口痰要罚500元，代价极高。每一个电梯里挂着牌子：禁止吸烟，罚款500元，把价都标出来了。500元就将近一个普通工人一月的工资。什么事要罚款，罚多少，在新加坡都有很明白的法律条款。我们访问时，从报纸上看到一件事。有一个小孩，被一种蚊子咬了，得了一种血液病，抢救无效死了。之后，卫生部就发表公告，呼吁所有公民注意蚊子，而且提请大家注意，卫生规章第几条第几款早有规定，如发现某家庭滋生蚊子，第一次发现罚款50元，最高罚款1000元或者3个月徒刑，或者又罚又关。新加坡人也有人骂，说这样罚款是"苛政猛于虎"。但社会秩序都管住了。他们处理违章事件很干脆利落，警察上来，记下你的身份证号码，通知你上什么地方交罚款，不在马路上争论，也不造成围观。如果到期不去交罚款，就通知你上法庭。如敢不去法院，就是蔑视法庭罪，法院可以先关你若干天。按新加坡法律，蔑视法庭罪是不可以上诉的。所以没有人敢蔑视法庭。那么多事要上法庭，法院怎么判得过来？他们一个晚上有时能判500起案子。打开十多个法庭判。法官问话很简单，就是有没有这回事，只要承认有，判他去交罚款，一个案子就审完了。不承认的就押下去，3个月后再审。我们访问时在报上看到一个案子：警察在一个百货商场抓了4个人，3个女的1个男的，每人带了一个提包，提包里共有20多盘黄色录像带。在法庭上，警察作证，在什么地方抓到了这些人，并且提供了录像带是黄色的证据。被告中有3个人承认事实，被判罚款2万新元，大概等于8万元人民币。其中有一个女的不承认，法官决定10月份再审。他们认为，把来龙去脉每一个细节都查清楚，成本太高，也没有必要。只要主要事实清楚，就可以定罪。但要罚得够重，使犯罪者100次犯罪有1次被抓住也感到不合算，才能阻吓犯罪。搞好社会治安、社会秩序，这才是目的。

在社会风气方面，使我们印象深刻的还有，这个富裕国家的节约精神。对我们这个代表团，接待的规格是相当高的。住五星级饭店，每人一间房，180美元一天。但派车时整个代表团加上陪同只派一辆中巴，还是出租汽车。外交部自己没有车队，他们认为这样更合算。而且外交部没有自己的大楼，是租用饭店的写字间。还有些部门也是这样。星期天陪我们去名胜圣陶沙岛，每到一个风景点都买票，没有一处免票，而且所有票钱都由中国客人自己付。他们认为这是娱乐活动，与接待访问无关。教育部是一座很高的大楼，电梯只停1、4、7、10等层，当中的楼层都不停，而且造房子时就没在那层开口。他们研究认为，电梯耗电最大在启动的时候，为了节约用电，最主要的是要减少电梯启动的次数。每3层楼停一次，有的人或者往上走一层，或者往下走一层，并不困难。但是却大大节约了用电。他们还做过统计，住高楼的人，电梯开关的次数减少了，每人达到目的地的平均用时反而缩短了。所以，不但办公楼，而且住宅楼也普遍使用这种设计。

在新加坡的饭店吃自助餐，比较贵，菜点也很丰盛。但有一条，拿到盘子里的就必须吃完，不准剩下。如果有剩下的，这顿饭就要加倍收费。用这个办法来杜绝浪费。厕所基本上都是红外线装置，大小便时站上去，人一离开，自动冲一次水，没有常流水。旅馆里的自来水龙头，打开时有水，如果忘记关了，过一会儿它就会发出叫声。洗手时，开始水很冲，过一会儿水不冲了，再过一会儿水就不流了。再开一次，龙头又流水。有的单位也给我们送纪念品，都是单位的帽子、单位的领带和单位的牌牌等，不是另外花钱买的。到工厂参观，每人配一个塑料牌，里面写上各人的姓名。参观结束时，工厂把所有的牌牌收回来，里边名片抽掉，下次别人参观时还可以再用。就是这样一点一滴地节约。有人认为这样富裕的国家还这样节约，不可理解。我们认为，这正是新加坡致富的因素之一。如果我们也能把一切浪费和不必要的花费都省掉，我们也可以富裕得更快。

新加坡重视精神文明，也是有一个发展过程的。最早时就是想发展经济，认为经济发展上去了，就什么问题都解决了。但发展一段以后，西方的思想观念影响大了，自私的观念上来了，家庭受到破坏，到处都是赌博，社会不安定，对发展经济也不利。所以不得不重视精神和文化方面的东西。他们认为应该向西方学习先进技术，但是东方人终究是东方人，不可能变成欧洲人，不可能变成美国人。李光耀对我们说，全世界华人面临着一个共同的问题，就是既要实现现代化，又不要非中国化，不要迷失自己。所以，他会见我时特地布置了一个场面：两张沙发间放了一张茶几，上面放着一尊孔子像，我们坐在两边谈话，让记者们拍照。但他认为应该去掉东方观念中一些不好的东西，如懒惰、裙带风、贪污腐化等；而要保持东方文化中一些好的东西。在他看来，这些好的东西除了勤劳、节俭之外，就是把国家和社会的利益看得高，把家庭的利益看得重，以家庭为基础。我向李光耀请教，怎样对待外来的不良影响。他说，有一个天主教神甫说，你把儿子交给我几年，我保证让他一辈子忠诚天主。他说，12年可能还短了一点。在他看来，一个人世界观的形成，在最初的一六七年的教育搞好了，事情就好办了。这个教育，社会要有影响，学校要有影响，但更重要的影响在家庭。家庭可以使青少年在最初的十六七年形成自己的世界观和价值观，这样就可以应付各种各样的事情。他说，如果在美国本土发生大的战争和大的天灾，美国这样的国家能不能存在，他是不敢相信的，因为这样的国家的价值观念是绝对的个人主义，遇到大的国难就会失去凝聚力。但日本、德国会存在，因为他们的观念与美国不一样。

在新加坡的访问，使我们感到，精神文明建设是经济发展的需要，也必须同经济工作结合起来，渗透到各个方面，精神文明建设才能真正收到成效。精神文明建设工作既需要有明确和坚定的指导思想，又要有巧妙的、可操作的实施方法，因势利导。我们有我们自己的有利条件。小平同志说，我们应当搞得更好。我们应当有这个信心，也应当有这个决心。

国外思想道德和科学文化信息

当前国外道德教育发展趋势 近年来,国外道德危机主要表现在:青少年犯罪率上升;学生中的暴力、吸毒和自杀事件增加;思想意识蜕化;青年奉行享乐主义,传统的伦理道德被摈弃,精神空虚,无所事事等。西方思想家们认为,这种道德危机正在破坏和动摇资本主义社会政治制度的根基,因此道德教育引起社会各方面的关注。世界各国普遍认为,在当今科学技术日益现代化的时代,道德教育的目标和责任就在于必须培养出现代社会所需要的新型人才。综观当前国外道德教育内容主要有以下10种。(1)爱国主义教育,这是道德教育的基本内容。(2)公民教育。西方发达国家十分重视公民基本道德规范的养成,这一教育已成为一种世界趋势。(3)爱父母教育。(4)人道主义教育。这一教育被称之为体谅他人的仁慈心,它要求学生从小培养体谅人、同情人、宽容待人。有的国家要求青少年在年满16周岁那年自愿献血。(5)精神需要教育。学校有责任满足和发展学生道德的、智力的、审美的需要和兴趣,丰富其精神生活,以抵御不健康现象的诱惑。(6)文明礼貌教育。(7)品德能力教育。注重培养适应现代社会和生产所需要的基本品质素质、品质能力的培养,是时代对道德教育的新要求。(8)忘我献身精神与合作精神教育。在科技高度发达的时代,竞争中有合作,合作多于竞争,合作更为重要。(9)生活教育。以帮助学生解决生活、情绪、心理、升学、选择职业等方面的问题,养成独立的个性。(10)群体教育。培养学生的群众观念和共同生活、协作精神,视群众精神为美德。国外道德教育就形式而言大致可分为8种:(1)学校课堂教育。包括设置专门德育课程和通过其他课程表现道德精神。(2)学校课堂外教育。利用节假日和特殊活动进行爱国主义等教育。(3)劳动教育。这是国外实施德育的一个重要途径。(4)与社会各界通力合作教育。(5)合格教师的影响。教师对学生的方式是最有影响的道德教育手段。(6)"三位一体"道德教育,即通过学校、家庭、社会三者共同向青少年进行道德规范教育,这也是当前世界性教育的共同趋势。(7)编写教材。它要求教育学生如何为他人着想,培养道德情感,善于处理人际关系,建立他们自己的社会和心理环境。(8)设置专门组织,加强和德育工作的管理。当前国外道德教育方法主要有两大类,一是传统的教育方法,亦称理论教育法,带有明显的强制性和系统性等特点;另一种是现代教育方法,它强调通过学校、家庭、社会共同创造良好的教育环境,使学生自己去认识、评价行为的好坏。这种"自我教育法"是现代道德教育的一种重要方法。在近年的教育改革中,出现一种称为"第三支力量"的德育教育方法,趋向将以上两种教育方法结合起来,既通过道德课程向学生传授道德规范,又通过广泛联系社会生活,使青少年在现实生活中增强辨析能力,发展自主意识。这种方法具有开放和多渠道的特点。

1992年诺贝尔奖获得者 1992年共有7人荣获本年度诺贝尔奖金。美国华盛顿大学教授埃德蒙·费希尔和埃德温·克雷布斯2人因在可逆的蛋白质磷酸化作用的研究中取得卓越成果而获诺贝尔医学和生理学奖金。法国巴黎工业物理与化学高等学校教授、欧洲核子研究中心研究员乔治·夏尔帕克因发明多路正比粒子探测器而获诺贝尔物理奖。美国加利福尼亚技术学院鲁道夫·马库斯教授因对化学系统中的电子转移反应理论所作出的贡献而获诺贝尔化学奖。美国芝加哥大学经济学教授加里·贝克尔因把微观经济学的研究领域延伸到人类行为及其相互关系而获诺贝尔经济学奖金。年仅33岁的危地马拉印第安人权活动家里戈贝尔塔·门楚(女)为争取土著人权利、实现种族和解和社会公正所作出的努力而获诺贝尔和平奖。门楚1983年出版的自传《里戈贝尔塔自述》已被译成11种文字在世界各国出版发行。她是诺贝尔和平奖设立以来获得该奖的76人中最年轻的一位。圣卢西亚诗人德里克·沃尔科特获诺贝尔文学奖,他的作品被赞誉为"加勒比之歌"。

1993年诺贝尔奖获得者 物理学奖:本届奖金授予美国的小约瑟夫·泰勒(52岁)和拉塞尔·赫尔斯(42岁)。他们获此殊荣是因为发现了一对脉冲双星,即两颗靠引力结合在一起的星。瑞典皇家科学院认为这一发现是对爱因斯坦相对论的一项重要验证,是技术和科学发展史上一个重要的里程碑。化学奖:本届奖金授予发明"聚和酶链式反应"的美国的卡瑞·穆利斯(49岁)和发现"寡聚核式酸基定点诱变"法的加拿大的迈克尔·史密斯(61岁),以表彰他们的发现对于深入研究生命的基本结构成为可能,对了解疾病生成的病理以及识别是患病还是有遗传缺陷也具有重大意义。生物学与医学奖：本届奖金授予英国的理查德·罗伯茨(50岁)和美国的菲利浦·夏普(49岁)，以表彰他俩几乎同时各自独立发现了断裂基因的重大成果。文学奖：本届奖金授予美国非洲裔黑人女作家托尼·莫里森(62岁)，以表彰她"在小说中以丰富的想象力"和"富有诗意的表达方式生动地描绘了美国现实社会"以及"她有诗歌一样璀璨的语言"。经济学奖：本届奖金授予美国的罗伯特·福格尔(67岁)和道格拉斯·诺恩(72岁)，以表彰他们首先把现代的统计方法用于对过去经济发展过程进行重新研究。和平奖：本届奖金授予南非非洲国民大会主席纳尔逊·曼德拉(75岁)和南非总统德克勒克(57岁)，以表彰他们共同为废除种族隔离制度，使南非重返国际社会，建立民主新南非所做出的贡献。

世界教育经费与军费开支对比之最 据《外国教育资料》1992年5月载，美国研究机构 World Priorities 提供的数据，按照国民生产总值对世界上100多个国家的教育经费和军费开支所占国民生产总值的百分比进行了对比，其中主要对比数据有：(1)教育经费与军费开支比率最佳的国家是加拿大，其教育经费占国民生产总值的7.4%，军费开支占国民生产总值的2.2%；(2)教育经费与军费开支比率最不相称的国家是伊拉克，教育经费占国民生产总值的3.7%，而军费开支却占32%，相差近10倍；(3)教育经费最多的国家是沙特阿拉伯，教育经费占国民生产总值的10.6%，军费开支占22.7%；(4)教育经费开支最少的国家是乌干达，教育经费仅占国民生产总值的1.1%，军费开支占4.2%；(5)军费开支最多的国家是伊拉克，用于军费的开支占国民生产总值的32%，教育经费只占3.7%；(6)军费开支最少的国家是哥斯达黎加，用于军费的开支仅占国民生产总值的0.6%，教育经费占国民生产总值的4.7%。

世界最具竞争力国家排行

1992年7月，设在瑞士的世界经济论坛和国际管理发展学会发表年度调查报告，依据国际组织的1.8万名行政人员的问卷调查后，对37个国家进行了评估的结果。它反映了有关国家的经济增长力量、国际化、政府、基本建设、财务、管理、科技和人民素质。该报告指出，日本是当今世界最具竞争力的国家，而美国则由第2位降至第5位。德国由第3位上升到第2位。丹麦有最可观的改善，但由于它拒绝了有关欧洲联盟的马斯特里赫特条约，其竞争力有可能受到影响。新兴工业国家中，新加坡名列榜首。该报告指出，日本即使正在走下坡路，其经济力量仍然无与伦比。美国降至第5位是因为其经济衰退程度和经济的结构性问题，政府的政策比1991年更糟，美国公司在管理和科技上的分数较低。就长期竞争力而言，最引人焦虑的是美国国民的素质下降——1992年由第2位降至第7位。部分原因是由于美国现行教育制度无法应付一个竞争性经济的需要。

1992年联合国环发大会

1992年6月3—14日联合国环境与发展大会在巴西里约热内卢举行。参加会议的有170多个联合国成员国的代表团、118位国家元首和政府首脑以及联合国机构和国际组织的代表。会议通过了《里约宣言》和《21世纪议程》两个纲领性文件以及关于森林问题的原则声明，签署了气候变化和生物多样性两个公约。这是联合国自成立以来规模最大、级别最高、人数最多、影响深远的一次国际会议。从会议可以看出，环境意识普遍提高，环境保护与经济发展密不可分的道理已被越来越多的人们所接受。中国从维护和平、促进发展、推动建立公正合理的国际新秩序、为人类子孙后代的长远利益出发，在本次大会上明确提出关于加强环发领域国际合作的五点主张，即：(1)经济发展必须与环境保护相协调；(2)保护环境是全人类的共同任务，但发达国家负有更大的责任；(3)加强国际合作要以尊重国家主权为基础；(4)保护环境和发展离不开世界的和平与稳定；(5)处理环境问题应当兼顾各国现实的实际利益和世界的长远利益。作为本次大会的一个积极成果，关于环境与发展的里约宣言提出：世界各国应该建立一种新的、公平的全球伙伴关系；各国要为保存、保护和恢复地球生态系统的健康和完整进行合作；各国应通过开展科学和技术知识的交流来提高科学认识，并增强各种技术(包括新技术)的开发、传播和转让；各国制定有效的环境立法；为更好处理环境退化问题，各国应该合作促进一个支持性和开放的国际经济制度，让所有国家实现经济成长和可持续的发展；应调动世界青年的创造性、理想和勇气，培养全球伙伴精神，以期实现持久发展和保证人人有一个更好的将来。

1992年世界科技新成就 经过世界各国科技工作者的顽强拼搏和探索，1992年在微观世界研究，在天文学、生物技术、信息科学、新材料技术等方面，都取得了可喜的成绩。(1)微观世界研究方面。美国洛斯阿拉莫斯国家实验室在世界上首次用超强激光束照射复杂的多原子分子，观测到分子、电子和光子的相互作用过程。美国费米实验室在质子—反质子碰撞实验中首次获得夸克—胶子等离子体存在的证据，因而人类有望揭开宇宙诞生之谜。(2)天文学方面。中国云南天文台在国际上首次发现日冕10毫秒级变周期振荡，这一发现有利于深入理解耀斑触发机制。北京天文台研制的太阳磁场望远镜在世界上第一个实现了高分辨率太阳色球视向磁场观测。这一发现为研究银河系星体的生成和进化提供了新线索。美国天文学家发现了冥王星大气层主要由氮构成，另有一氧化碳和甲烷，为研究太阳系起源提供了线索。美、俄、德三国科学家通力合作，发现了地球的“第三条辐射带”。哈勃太空望远镜发现了M_{51}核心的黑洞，等。(3)生物技术方面。耗资30亿美元、预计15年完成的人类基因组计划实施以来，焦点集中在制图、克隆和快速测序技术的开发。1992年初，美、法等国科学家已首次将决定性别的Y染色体和造成老年痴呆的第21对染色体绘制成图，这一里程碑的研究将有助于人类寻找致病基因，并大大加速对疾病的诊断和治疗。新的基因不断发现并得到鉴定，如癌扩散基因、脑基因、耳聋基因、高血压基因等。基因治疗方法不断完善。可治疗疾病的种类增加，如白血病、糖尿病、脑瘤等。(4)信息通信技术方面。日本富士通公司推出了峰值速度高达3 550亿次/秒的巨型向量并行处理机。各国开发出新的存储器和关键技术，如美国克雷公司与珀林大学共同开发的碳化硅DRAM，使计算机在断电情况下亦可大大延长数据存储时间；英国格拉斯哥大学研制出世界最快的强激光脉冲工作的一种全光学开关器件，基本上不消耗能源。(5)新材料技术方面。美国合成了一种新型透明磁性材料，常温下透明度高、磁力强。日本发明的立方氮化硼光磁材料，可提高记录密度100度，且有良好的耐辐射性、耐热性和热传导性。分子簇、聚合物材料研究有了新的突破，如美国宾州大学化学系发现新一类极稳定的金属——碳烯笼形分子簇(Ti_8C_{18}等)，扩展了分子簇的研究领域。美、中两国科学家合作研究，用可溶性导电聚苯胺制成柔性发光二极管，开辟了半导体柔性显示技术新领域。超导应用成果不断涌现。

1992年世界十大科技潮流

(1)人工现实。这是1992年经常出现在人们眼前或耳边的一个词。人工现实包括两个分支：一是虚拟现实，二是遥在技术。虚拟现实是利用计算机三维图像技术，制造某种假想世界，使人有好像进入某个现实中的感觉。科学家们认为，人工现实研究已度过它的“童年”，其应用范围将会迅速扩展，产业界开始向这一领域倾注力量。(2)微型机械。它是指尺寸在毫米以下的机械装置。微型机械刚一问世，便在工业、医疗等方面得到了较多的应用。美国等国已制造出可通过钥匙孔大小的切口进入人体腹腔，进行胆囊切除手术的微型机械。现在许多国家都十分重视这方面的研制工作。美国科学基金会每年投资200万美元用于开发微型机械的技术开发。日本打算在本世纪最后10年投资250亿日元对此进行研究开发。据分析预测，到2010年左右微型机械可达到实用化水平。(3)C_{60}系超导体。1990年德国和美国科学家宣布他们通过简单方法合成并分离出大量纯净的C_{60}分子。C_{60}是除金刚石和石墨之外的碳的第三种结构形式，属半导体，电导率极低，与绝缘体相差无几，具有很大的实用性。1991年美国贝尔实验室因发现C_{60}的超导特性而引起轰动。同年日本电气公司获得临界温度为33K的C_{60}超导体，成为迄今最高纪录的C_{60}超导临界温度。此外，C_{60}还具催化作用、光倍频作用等功能。(4)人造环境。是指通过人工建造的真实环境。现在世界上有各种各样用途的人造环境，如供人观赏的亚热带植物园，供冲浪训练的人工海岸等。目前著名的人造环境一个是美国亚利桑那州沙漠中建造的生物圈2号，另一个是在日本北海道砂川镇建立的地下微重力中心。建造生物圈2号的目的是为了研究地球环境与生态问题和为了向别的星球移民提供资料。地下微重力中心则是为了模拟太空环境。(5)超导超级对撞机。1992年3月在美国得克萨斯州的小镇沃克西哈奇破土兴建超导超级对撞机，也称SSC。这项耗资82亿美元的大型科学工程，预计1999年完工。SSC建成后，将是世界上最大的对撞机，其椭圆形隧道位于地下60米深处，周长87公里。这将远远大于世界上现有的两个最大的对撞机，一个是欧洲核子中心的LEP，其周长为27公里；另一个是日本高能所的TRISTAN对撞机，其周长为3公里。SSC建成后，可用来研究基本粒子。还可以模拟宇宙大爆炸刚发生过后，即宇宙形成初的力学状态，这将有助于科学家探索宇宙起源的奥秘，帮助解答自古以来的重大疑难问题。(6)超高压食品。自古以来人们就重视食品储存技术。最近出现了一种具有划时代意义的食品保存技术，即超高压加工法，用这一方法制作的食品称为超高压食品。超高压加工就是将食品置于数千个大气压的高压之中，在无损于食品材料本质的情况下对食品进行加工、杀菌。实验表明，一些食品经过高压处理后，淀粉和蛋白质除形状发生变化外，色香味都与其本来面貌相近，但是细菌都会被杀死，病毒和各种酶也将失去活性。(7)新潮汽车。随着时代的发展，汽车的性能和特点将会发生变化。预计本世纪最后10年到下世纪初的10年，汽车将沿着环境污染少，安全可靠，再利用率高，与外界通信方便等几个方面发展。(8)城市控爆。随着楼房改建的增多和建筑速度的加快，城市控爆技术必将获得越来越广泛的应用。城市控爆就是利用炸药爆炸的力量使其对周围环境不产生太大影响的情况下，在极短的时间内摧毁、拆除巨大建筑物的技术。这方面还有许多新的研究，如炸药处理、爆破工地周围的安全对策等技术都是今后的重要研究课题。(9)“松弛系统”。当人的机体受到生理或精神等外界刺激时或情绪变动时，会处于一种特殊的生理状态，这种状态称为应激态。应激态可使人的自律神经功能失调，心率加快，血压升高等等。当然，适当的外部刺激也可以产生有益的效果。现在关于应激态的研究主要是两个方面，一是利用高技术对应激态进行定量测试，二是利用测试结果建立“松弛系统”。现查明，人的电脑电波分α波和β波两种，当脑波中β波较多时人表现为紧张，α波较多时则表现松弛。依据这一现象，人们研制各种设施和装置，引导α波的产生，如“松弛椅”、“松弛室”等，使人心情愉快。但是由于人的应激态不仅与外界刺激强度有关，还与受刺激时本人的身心状态密切相关，因此消除应激态的首要步骤，还是自己找出适于自己的自我控制方法。(10)自我健康检查药品。最近人们同疾病的斗争，开始从以“治疗为主”转向以“预防为主”，这样，自我健康检查药品就显得更加重要。较容易进行自我健康检查的样品有汗、尿之类的排泄物以及唾液和血液。通过检查药物同排泄物发生反应时现象来查找病因和病种。现在以尿为样品的自我检查药已有妊娠检查药、糖尿病检查药等多种。在自我检查药物方面，美国走在日本前面。目前美国市场上已有检查便潜血、未出生婴儿性别、乳腺癌、痛风及检查胆固醇高低的自我检查药品出售。

1993年世界十大科技新闻 中国《科技日报》于1993年12月下旬，邀请我国著名科学家马宗晋、王大珩、王寿云、朱光亚等12人，评出1993年世界十大科技新闻：1. 美日德联手进行自动翻译电路实验。1月28日，日本、美国和德国联合进行了自动翻译电话实验，在国际线路上顺利完成了45分钟的日译英、日译德和英译德的口译通话。2.“人造小月亮”首次巡天。2月4日，俄罗斯“和平”号轨道站上进行的“人造小月亮”实验获得成功，反射的阳光扫过地球背阴面达6分钟之久。“人造小月亮”将可用来极地地区提供照明，为宇宙飞船提供动力源。3. 单电子存储元件问世。2月18日，英国和日本的科学家宣布，他们率先造出了单电子存贮元件。贮存1比特信息只需一个电子。4. 世界上最大碳氢分子合成。3月，中国学者徐志付与美国科学家穆尔共同合成了世界上最大的两个碳氢分子。其中一个由1134个碳原子和1146个氢原子构成，该分子合成使药物“导弹”更接近现实。5. 中国西峡发现大量恐龙蛋化石。6月，中国科学家探明，西峡盆地恐龙蛋化石分布达40余平方公里，埋藏量达数万枚，被认为是世界第九大奇迹。6. 6月24日，英国数学家安德鲁·怀尔斯用反证法证明费马大定理(亦称费马猜想)完全可以成立。这是科学家首次用反证法解决重大数学难题。7. 美国使用全球导航定位系统导航民用飞机成功。9月，美国使用全球导航定位系统导航民用飞机试验成功，标志着民用导航进入了一个新的技术时代。8. 完成“生物圈Ⅱ号”首次试验。9月26日，在美国进行的“生物圈Ⅱ号”首次试验结束。在与世隔绝的生物圈中生活了两年之久的8名科研人员，平安地走出了这一人造小世界。这是人类生存史上的奇迹。9. 美国取消超导超级对撞机计划。10月21日，美国国会决定停建预计造价为100亿美元、现已耗费20亿美元的超导超级对撞机。但为停建该工程仍需耗费6.4亿美元。10. 为哈勃望远镜“动手术”。12月2日至13日，在太空飞行的美国“奋进”号航天飞机上的4名宇航员经过11天的艰苦努力，修复了发生故障的哈勃太空望远镜。经过修复的哈勃望远镜的探测宇宙范围从40亿光年扩展到大约140亿光年。

1993年世界科学报告 为适应全球科学与技术发展的大趋势，联合国教科文组织决定，从1993年起，每两年发表一次世界科学报告。1993年世界科学报告是该组织发表的第一个这类报告。1993年世界科学报告公布了当前全球的科学和技术状况。报告中列举的一系列数据和事实值得注意。关于世界科学的挑战与对比方面，该报告指出，长期以来，科学成果不过是几个发达工业化国家的特权。世界科研活动80%以上只在这些国家进行。教科文组织总干事费德里科·马约尔说，“今天，富国和穷国之间的差距是知识差距，没有科学转让，就不可能有持久的发展。”当前，各国和各地区的差异很明显，大部分拉美国家的人均科研经费仅为10美元，非洲的尼日利亚竟只有0.22美元，而欧共体国家人均科研费用达到300美元，美国和日本更是分别高达600美元和700美元。另外，亚洲新兴国家科研经费增长迅速，表明这一地区科研活动增加和科研能力的增强。关于世界人才资源方面，报告列出日本居首，以色列次之，两国平均1000人中有4.4个科学家，第三世界这一比例仅为5000：1。关于国家科研与私人科研方面，报告指出，日本科研经费占国民生产总值比例高于其他工业化国家，但是日本发表的科学论文仅占世界科学论文的8%，美国和欧共体国家分别占36%和28%。日本科研目的主要用于商业方面，其80%科研项目由私营部门完成。私营公司拥有比政府的大学和科研中心更好的研究机构，而私营部门是很少从事基础研究的。关于国际科学计划的几种含义：其一，各参与国分担研究工作和研究费用，欧洲在这方面树立了榜样，如欧洲核能研究中心、欧洲分子实验室等；其二，联合实现全球性项目，主要涉及有关环境、气候、地质、海洋等，并取得了一批有影响的成就；其三，发展方面的国际合作，如，对世界水循环的研究得到140个国家的广泛支持，等。关于俄罗斯及独联体国家，报告认为，由于政治动荡使其科研活动陷入了混乱，研究经费的锐减使俄罗斯失去了75%的科学家，同时，科研和教育工作完全没有保证。关于亚洲新兴工业国家和地区，报告指出，这些新兴国家和地区利用科技改造各自的经济并取得了令人注目的结果，以至使它们的邻国澳大利亚和新西兰放弃了欧洲科技管理模式，也采用相同的办法。报告认为，这些新兴工业化国家和地区的模式是运用科学实现发展并使那些未获成功的第三世界国家希望的典型。报告强调指出，一个国家的经济财富与科技力量是并驾齐驱的，最不发达国家的共同弱点是缺乏科学家、工程师和技术员。报告肯定了一些国家的政府积极鼓励到国外接受专门培训的作法，如巴基斯坦新近在发达国家为本国培养出100名科学家。关于世界大学生流动性问题，报告指出，目前大学生的流动是单向的，即主要是发展中国家的大学生到发达国家留学。在全世界现有的6200万大学生中，有2%在国外留学，其中70%的留学生都来自发展中国家。美国是留学生最大的接收国，占整个留学生人数的⅓以上，1990年达到40.8万人，为美国在读大学生的3%；大学本科毕业后，继续在美国攻读的人数比例更高，其中科学类占28%，工程类占47%。而美国到国外留学的学生还不足2.5万人（1990年）。此外，该报告还谈到了教科文组织准备建立非洲工艺发展国际基金等问题。

世界各国调整变革科技政策 1992年世界开始进入"冷战后的时代"，各国都在为振兴经济、提高国际竞争力进行调整与改革，其核心就是强化科学技术在促进经济发展中的作用。具体表现为以下几个方面。(1)加大科技对国家决策层的影响和作用。为在政府最高决策层中充分发挥科技的作用，许多国家提高了政府中科学部门的级别，建立起国家首脑科技顾问班子，完善决策层的科技体系。美国将总统科技顾问提升为总统科技助理，建立总统科技顾问委员会，重组并提高联邦科学、工程和技术协调委员会，形成了一套较完整的科技顾问和决策体系。1992年英国重新设立科学部长，并在内阁设立科技办公室，从而结束了自1964年以来内阁不设科技大臣的历史；同时，英国下议院增设科学技术特别委员会。比利时设立科学政策大臣。泰国成立国家科学技术发展委员会。波兰设立总统科学委员会，等等。总之，通过各种途径，加强科技在政府有关决策中的地位和发言权。90年代这种趋势将继续下去。(2)政府预算向科技倾斜。尽管当前经济不景气，各国政府都在压缩政府开支，但多数国家的科技投入未被削减，甚至持续增长。日本、法国、奥地利1992年分别比上一年增长6.6%、6%和9.5%；芬兰政府各部门1992年财政预算额平均削减约10%，但研究和发展经费基本未变；英国在多年紧缩之后，1992—1993财政年度的政府科技预算比上年增长10%；美国国会最终批准的政府预算中科技经费保持零增长。在各国和地区制定的规划中，科技投入普遍呈上升趋势。日本从1993年起的5年内，政府科技投入将增长到1991年的2倍；韩国计划到1996年，将研究与发展经费占国民生产总值的比重提高到3—4%。(3)大力提高工业竞争力。把工业推向国际市场参与竞争已成为当前各国政府努力的目标。为此，各国都增加了对有市场前景的通用技术的竞争前研究的支持强度，同时加紧将研究成果向商品迅速转化。美国政府在1993年预算中，高性能计算和通信、生物技术、新材料技术研究经费分别比上一年增加23%、7%和10%；欧共体将第三个科技总体规划中的信息和通信技术、工业与材料、环境监测和预报技术、生命科学技术和能源技术诸项目分别追加拨款28%、32%、20%和5%。日本、德国、新加坡和瑞士等国在1992年能成功地赢得市场，关键在于这些国家充分发挥了将设想与技术迅速而精确地转化为产品的竞争优势。今天，现代企业的竞争力更多地是来自科学创新，科研成果向商品转化的程度已成为国家竞争力的决定因素之一。1992年美国政府提出在2000年前，将国家实验室和主要研究机构的技术，每年向民间团体和私营企业转让100项；法国、希腊、埃及等国增设了主管技术转让机构。(4)改革教育体制适应发展潮流。努力使教育适应变化中的社会、经济和科技发展需要，仍然是1992年各国关注的焦点。美国前总统在给国会的报告《科学与技术》中写道："美国面临的科学和数学教育危机关系到国家培育下一代科学家和工程师的能力，也关系到一个日益计算机化和高技术工作环境的一般劳动的技术竞争和美国公民在一个更为复杂世界中行使其公民的权利和义务的能力。"为此，政府提出了发展数学和科学课程的国家纲要，并将1993财政年度的教育投入增加7%。英、德、日、俄罗斯等国都从本国具体情况出发实施教育改革。另一方面，职业培训已成为当今教育系统的重要内容，现代企业的竞争力突出表现为不断发展以新知识为基础的新技术和新产品。因此各国比以往时候都更加注重职业教育，有的国家甚至将职业技术教育渗透到基础教育阶段。(5)国际科技合作向纵深发展。1992年全球性科学问题倍受关注。联合国组织的世界环发大会和国际空间年活动，极大地推动了环境科学和"地球使命年"计划的国际合作；大科学项目积极谋求国际伙伴，美国大力开展了为1992年破土动工的超导超级对撞机的国际资助活动；日本发起的人类新领域计划最终争取到西方主要工业国家、欧共体和瑞典的支持和参加；高技术的企业跨国联合开发获得新进展；欧共体正在实施的尤里卡计划，是目前国际科技合作中最活跃、最富有生命力的计划。

世界科技格局趋向多极 现代科技的迅速发展和科技领域的激烈竞争，使世界科技格局呈多极化的发展趋势。作为当今世界第一科技大国的美国，已失去往日的雄风；日本科技发展咄咄逼人，大有后来居上之势；西欧国家不甘落后，投入大量人力财力，誓与美、日一争高低；一些第三世界国家和地区的科技崛起已成为一股不可忽视的力量。1992年美国国会总审计局发表的一份关于80年代美国11项主要高科技工业状况的报告指出，除药品外，其余10项在世界市场上的份额都在缩小，这表明美国正在高科技领域中丧失部分阵地。同时，美国在科技领域的后劲也表现得相对不足。美国国家科学理事会在1992年2月提交给总统的报告指出，美国科研总支出于1990年出现了自70年代以来的第一次下降趋势。科研经费减少和教育危机是目前影响美国研究与开发活力的重要因素。同年8月美国科学基金会发表的报告表明，美国用于研究与开发的经费按人均耗用资金占国内生产总值比例计算，1989年已低于日本、德国、法国、英国、瑞典和意大利等6国平均数的3%，用于非军事项目的研究和开发费用低于6国平均数的25%。报告提出警告，长此下去美国可能会失去科学发现和科技发明的传统优势。然而，在应用电子技术和汽车等领域已领先世界的日本近年来进一步加紧攻势。1992年5月日本政府计划在1993—1997年增加研究和开发财政预算，到1997年，将使研究和开发经费达到7.6万亿日元，相当于1992年的2倍。日本人对科技领域的竞争信心十足。1992年2月日本科技厅公布的日本民间企业研究活动调查报告表明，近半数日本企业认为，5年后日本企业的研究开发能力将会超过欧美。与此同时，一向以应用科技著称的日本又一改旧态。1992年4月日本政府通过的新科学技术大纲，十分强调基础科学研究，以适应国际社会对“日本应在基础研究领域多作贡献”的要求。欧洲国家具有科技传统，实力雄厚，目前共有科研人员63万，用于研究和开发的经费占国内生产总值的2%，可与美、日展开竞争。举世瞩目的欧洲尤里卡计划现已有21个国家的3 300个机构参加，科研项目622个，总投资已达672亿法郎，是目前国际科研合作中极富有挑战性的计划。一些第三世界国家和地区，诸如中国、印度、巴西和亚洲“四小龙”等，都在积极从事科技研究与开发，并已在世界科技领域中占有一席之地。韩国1990年研究和开发费用占国内生产总值的2.51%，居世界第4位。美国也不得不承认，韩国半导体工业发展迅速，并已经成为美、日、西欧的强有力的竞争者。

世界高技术开发区方兴未艾 当今世界上建立高技术开发区已成为一个国家科技进步的重要标志。高技术开发区亦称科学园区、科学城等。始建于50年代，80年代以来，高技术开发区的发展形成高潮。据统计，目前世界上建成的高技术开发区已有400多个。美国是最早建立高技术开发区的国家，也是开发区最多的国家，其中著名的有生产世界上第一批数控机床和工业机器人的波士顿128号公路开发区，成功研制世界上第一台微型计算机和超大型计算机的加州硅谷，美国生物工程技术和信息技术的主要研究和开发基地之一的I-270高技术走廊，等。日本拥有世界上目前规模最大、设备最完善的被称之为“头脑城市”的筑波科学城。欧共体12国耗费巨资建成了143个高技术开发区。澳大利亚和加拿大分别建起了23个和9个开发区。此外，一些发展中国家和地区也正在积极兴建各自的高技术开发区。新加坡已建成24个工业开发区，著名的裕廊开发区拥有2000多家高技术企业和10多万科技人员，该区工业产值占新加坡全国工业总产值的75%。韩国根据“科学技术发展20年计划”建立了洪陵、大德等一批科学园，等。世界高技术开发区发展如此迅速，是因为它具有独特的魅力：它可大大加强教育、研究、生产的联系与合作，促进技术转让；加速科技成果的商品化、产业化和国际化，开拓国际市场；发展高技术产业，带动传统产业的改造，促进新企业的生长和发展，增加就业机会；振兴地区经济及提高投资的商业效益等。因此，高技术开发区被誉为“未来战略产业的摇篮”。从世界高技术开发区的发展来看，它具有以下特点：(1)拥有著名的高等学府和科研机构，人才荟萃，知识和技术密集。进入开发区的企业可充分利用高校和科研机构的人才资源、实验设施和研究成果，同时，高校和科研机构的成果也能尽快地转移到企业，使之商品化、产业化。(2)开发高技术产业、创办高技术新企业都有较大风险，因而开发区内必须有足够的风险投资，才能支持新企业的生长和发展。(3)开发区内除须配备良好的一般性基础设施(水、电、交通、通信等)外，还要建有适合高技术发展的专门化服务体系和信息网络。(4)高技术开发区要有勇于创业和创新的开拓精神，以创办新企业和不断开发新产品。近年来，世界高技术开发区还出现了一些新的发展趋势，主要有：(1)由少数国家扩展到全球。在相当长一段时间内，高技术开发区仅集中在美国等少数发达国家。80年代开始，高技术开发区逐步遍及全球，许多发展中国家对此也表现出极大的热情。进入90年代以来，建立高技术开发区在世界各国形成新的高潮。(2)高技术开发区的发展从地区化走向网络化、国际化。现在许多开发区实行“门户开放”，同时，许多国家经常交换信息、人员互访，使得开发区在规划和建设上的国际合资、合作趋势增强。(3)创建具有本国特色的高技术开发区，借以带动本国的经济腾飞。

1992年国际空间年 由第44届联合国大会确定的1992年国际空间年，标志着人类首次在全球范围内庆祝空间时代的到来。国际空间年的主题是开发、探险、教育，即进行航天技术研究，探索太空，普及空间科技知识。国际空间年活动得到许多国家的支持，除不少国家成立专门机构外，还成立了几个国际性组织。其中最大的是“世界国际空间年活动组织”，它由29个国家和地区的空间机构及10个国际性组织组成，中国为其成员国之一。该组织的主要任务是：讨论有关国际空间年活动的统盘计划，协调全球性空间项目研究，促进各国在空间科技领域的合作。下设地球科学、教育应用和空间科学3个小组。

世界“信息高速公路”方兴未艾 1993年是世界范围内“信息高速公路”(Information Super-High way)发展过程中的一个转折点。在这之前,信息高速公路只不过是技术上的一种观念。从1993年开始,代表当今世界高新技术综合开发及广泛应用的信息高速公路,由概念进入了实施阶段。1993年9月5日,美国宣布了一项跨世纪的宏伟计划——信息高速公路计划。这项计划的实施,将成为人类进入信息社会的一个里程碑,它标志着全球信息革命中一个新时期的到来。所谓信息高速公路就是各国——最终将是全世界的——一个以现代计算机网络通讯技术为基础,以光导纤维为骨干,跨越南北,纵横东西,四通八达,可以将每个人都连在一起的高速电子数据传递网络系统。这个系统主要由传感技术、通信技术和计算机技术三方面构成。信息化社会的实现就意味着这三者连接成网,融为一体。现代科学技术革命的核心和主流就是信息科技的革命,即信息革命。信息已成为社会发展最重要的资源。信息业被称为“现代社会的先驱产业”。据统计,1980—1991年,世界各大公司用于信息技术的资金从占总支出的27.2%上升到35.2%。同时,信息技术的贸易额也在急剧扩大。1982年,全世界信息产业销售额为2370亿美元,到1988年,仅相隔6年,销售额就翻番,达到4700亿美元,预计到2000年将超过9000亿美元,成为世界第一大产业。现在,微电子技术已是美国最大的制造业,就业人数超过240万,是美国汽车工业就业人数的3倍,钢铁工业的9倍。1993年底,美国又宣布在下一个财政年度将提供10亿美元推动信息高速公路计划的开展,同时还成立了“联邦通讯基本建设特别工作小组”,专门负责实施这项计划。与此同时,欧共体、韩国、新加坡等国家和地区,也都相继推出营造信息高速公路的计划。1993年12月,欧共体委员会公布了开发欧洲信息网基础设施的庞大计划的白皮书。欧洲的15个国家的17家电信公司合作,准备进行名为“异步传输码”的交换和传输技术试验,以在欧洲大陆内建造一种革命性的新网络,加速其信息高速公路的前进步伐,在本世纪前最终实现现有的网络和宽带网络的一体化服务。韩国于1993年8月提出建立名为“超高速信息通信网”的信息高速公路计划,并成立了以国务总理为委员长的“超高速信息通信网络促进委员会”。韩国政府实施信息高速公路的战略目标首先是用公共财源建立为公共机关、研究所、大学和主要企业,以及同加强国家竞争力直接相关的主要机关服务的超高速国家信息通信网,并促使通信工作者及应用成果和技术力量为基础建立于一般国民的超高速空中信息通信网。此外,超高速国家信息网还包括中央和地方政府等公共机关所运营的国家基干电子计算机网络、行政电话网,必要时,还可以把民间和企业电子计算机网络包括在内。新加坡提出的信息技术研究计划,打算在15年内将该国建成拥有先进国家信息基础结构的“智能岛”,将全国每个家庭、办公室、学校和工厂的所有计算机联成网络。总之,目前世界发达国家和新兴工业国家兴起的这场庞大规模的信息高速公路工程的实施,其影响不仅是经济领域,它必将对诸如人们的思想观念、生活方式、社会标准等社会生活的各个方面,以及对全球信息化社会的发展产生广泛而深远的重要影响。

发达国家调整科研方向突出应用项目 随着全球竞争重点转向经济,1993年发达国家对科研政策作出了重大调整,主要表现在:使科学研究面向市场,取消一些耗资巨大的大科学项目,重点开发实用科研项目,加速发展产业技术的研究与开发。1993年5月美国国防部宣布停止“星球大战”计划。在过去10年里,该计划已耗资高达300亿美元。同年10月,美国又终止了已耗资达20亿美元的超级超导对撞机研制计划。美国后一计划的终止,也使得欧洲强子对撞机计划的前途令人担心,其主要原因是该计划的19个成员国不能保证它们所应分担的资金;尽管欧洲的对撞机要便宜些,大约只要花10亿英镑。同样,由于经费问题,英国一些重要的研究领域受到冲击,如自然环境研究委员会搁置了两个关键项目:关于浮游生物在世界气候体系中作用的研究和关于海洋上空大气中化学物质的研究。与上述情况相悖的是,当前,各国都将研究与开发的重点转向实用科研项目,大力开发产业应用技术,以促进本国的经济增长,提高产品的竞争力。克林顿政府重视国家科研机构与民间科研机构合作振兴经济,将1993年联邦政府760亿美元的研究与开发预算中大部分用来支持民用科研成果的开发。不仅如此,美国计划到1998年,使民用技术占到政府研究与开发总预算的50%以上;加强政府机构对中小企业制造技术研究与开发的支持;将信息、通信、制造和环保技术作为推动经济发展的全国性关键技术;建立全国“信息高速公路”,开发与之配套的超级计算机、数据库设施,等等。日本政府1993年科研预算为22 600亿日元,比上年度增加6.2%,并提出了日本产业技术研究与开发的三大措施:第一,制定新的“产业科学技术研究开发制度”,内容包括新材料、生物技术、超导、通信、航空航天等;第二,制定“能源、环境领域综合技术开发计划”,即“新阳光计划”;第三,改组筑波研究中心,扩建物质工程工业技术研究所和生命工程工业技术研究所。欧共体国家已经意识到欧洲技术落后的主要原因就在于应用技术开发工作力量不足。欧共体每年用在研究与开发方面的经费占12国国内生产总值的2%,而美、日两国的这一数字分别为

2.8%和2.9%。因此,欧共体的1994—1988年第四个研究与开发五年计划中,将预算从上个五年计划的57亿欧洲货币单位(约合70亿美元)提高到80亿至110亿欧洲货币单位。另外,1993年,集计算机技术、声像技术和通信技术为一体的多媒体技术异军突起,发展迅速。世界各大电子公司掀起多媒体技术开发热,美日一马当先,西欧紧随其后。各大电子公司商讨建立统一的多媒体技术标准,并纷纷结成战略联盟以提高竞争能力。然而,对于各国科研中出现的这种重应用轻基础的趋势,引起了科学界和学术界的忧虑。1993年年底在布达佩斯召开有世界著名自然科学家和社会科学家参加的研讨会上,与会者表示,对当前全世界科研工作重心的转移,即由基础科学研究转向应用科学研究的担心。他们认为,从长远看来这种发展趋势是危险的,因为这种不平衡将会破坏科学的基础。

世界八大科学公园　目前世界上有8个以科技闻名的公园:(1)美国的斯坦福科学公园,它聚集了1 000多家生产电脑和半导体的企业,生产的电路产品约占世界产量的¼。(2)日本筑波科学公园,它拥有46家国立科研所和高等学校,会集了1万多名科研人员,其中取得博士学位的高级研究人员达2 500多人。(3)俄罗斯的新西伯利亚科学公园,它集中了20多个科研机构,各种科技人员18 000多名,是俄罗斯最大的科学公园。(4)英国的苏格兰科学公园,拥有300多家电子公司,生产全英国80%的集成电路和50%的电脑及附属产品。(5)意大利的蒂布尔纳科学公园,它的塞莱尼集团公司拥有9家大公司和16家工厂,是意大利电子工业基地。(6)加拿大的卡尔顿科学公园,拥有350多家大中小高技术公司,专门从事半导体器件产品的研究和开发,现有高级工程技术人员25 000余人。(7)法国的格勒诺布尔科学公园,拥有8 000多家生产高技术电子产品的企业,是法国电子科学技术开发中心。(8)德国的慕尼黑科学公园,是德国电子科学研究中心,拥有几百家电子工业公司,著名的西门子公司就设在这里。

修复哈勃太空望远镜成功

1993年人类太空征服史上最具里程碑意义的大事当数修复哈勃太空望远镜圆满成功。这次航天飞机上4名宇航员历时11天的艰苦努力,克服了失重等一系列困难,更换了"哈勃"的太阳能电池板,为"哈勃"配戴上"眼镜",终于胜利完成了这一举世瞩目的空间维修工程,从而极大地激发了人类载人航天的热情。经美国国家航空和航天局从事太空研究的科学家认定,修复后的哈勃太空望远镜在以下4方面得到很大改进:(1)清晰度提高50%,能看得更详细。(2)能看到暗得多的星,一位科学家这样说,如果把哈勃太空望远镜架在美国的华盛顿,可以清楚地看到日本东京的一只萤火虫尾部闪烁的亮光。(3)能显示更大的明暗对比。(4)能使科学家对哈勃太空望远镜看到的东西进行定量分析,也可将这种定量分析同以前利用常规陆基望远镜所测得的数据进行比较。同修复前相比,修复后的哈勃太空望远镜还能提供多达4倍的图像,并能从每张图像中得到多达4倍的数据。科学家们已经开始着手研究这些发回来的图像了。

'92塞维利亚世界博览会

1992年4月20日至10月12日,西班牙著名旅游城市塞维利亚举办了有史以来规模最大的一次世界博览会——'92塞维利亚世界博览会。参加博览会的有110个国家、21个国际组织和许多世界著名的大公司。各参展单位竞相展示各自在科技艺术领域的辉煌成就,充分体现出本次博览会的主题——"发现的时代"。博览会的近百个展馆,按其使用方式分为3类:专题馆;集体馆;单独馆。此次博览会将中国、法国、美国等少数几个展馆评为"五星级展馆"。这是一个堪称"科学、历史、技术、自然、文化、娱乐"完美结合的盛会,使世人看到自欧洲文艺复兴以来人类的发展历程,并引导我们勇敢地面对更严峻的挑战,去开拓更加美好的明天。

"太阳伞"照亮地球　1992年11月俄罗斯科学家利用"进步"号宇宙飞船开展一项为期3天的科学试验:将一面巨大的太阳光反射镜放入地球轨道上,使俄罗斯某些地区的黑夜变成白天。这项名为"旗帜"的试验,是要试验利用位于太空的多面镜子把阳光反射到俄罗斯北部一些城市或大的建筑工地的可行性。这种太空反射镜还可以用来照亮地震或洪水等自然灾害地区,使救援工作在夜间也能进行。"进步"号飞船携带的这面太阳光反射镜,直径为22米,用塑料薄膜制成,厚仅5微米,表面涂有一层铝使其具有反光能力。塑料薄膜重4千克,加上反射器骨架共重40千克。俄罗斯空间科学家计划把大约100面太阳光反射器发射到离地面1550公里到5530公里的轨道上,使其排列成围绕地球的一个环。这种反射器除用来照亮地球以外,还能把阳光聚集到宇宙飞船的太阳能板上,为飞船提供动力,也可用来销毁外层空间的"空间垃圾"。科学家把太阳光反射器绕在"进步"号宇宙飞船船体上,形似一把折叠着的伞。当飞船离开"和平"号空间轨道站12分钟以后,在距离轨道站160米时,飞船开始以每秒钟570度的速度旋转,使离心力打开反射器。在距离轨道站320米的地方,反射器完全张开,飞船旋转速度降至每秒84度,这一速度足以使反射器绷紧。这时,借太阳照亮地球的试验便开始了。

当前世界高等教育改革趋势

为适应高技术发展,迎接新技术革命的挑战,世界各国都在大力改革高等教育。与以往不同,当前这场高教改革的主旋律是要充分激发和调动大学生学习的积极性和主动性，使教学过程从以"教"为中心转变到以"学"为中心；从知识的传授和学习转变为知识的运用和创新；其目的是要全面提高教育和教学质量，提高大学生的素质。改革可分为3个方面：1. 改革以教师为中心的传统模式。现在，世界多数教育家都已认识到教学过程中的中心应当是学生，教师的介入只是为教会学生学习。根据这些适合时代发展的新的观念，各国都进行了高教改革实践，美国大学采用的"合同教学法"、"独立学习法"、"个性化教学法"等方法，打破了传统的"教师中心"论，强调在学习过程中学生的主体作用。前苏联采用的"问题教学法"更是如此。它通过让学生从事类似于科学家发现真理的学习活动，充分调动其学习的主动性和积极性，掌握学习与发现的方法。2. 改革传统的群体授课模式。许多国家都在探索和试行"个别化"或"个性化"教学方法。利用计算机辅助教学是实现教学个别化的有效途径。有些国家通过改善课堂结构，缩小群体教学规模，减少编班名额等方法，给学生更多的发挥个性的机会。3. 扩大教学过程，实行开放式教学。世界许多高校正致力于将原来的教学组织形式和教学方法从单一的课堂教学，扩大到学生自学、扩大到社会实践活动、扩大到科学研究等活动中去。在系统学习知识的基础上，进行一定量的知识运用和知识发现活动，即"学会学习"、"学会研究"。美国、法国、英国、加拿大、澳大利亚等许多大学开设了一系列专门训练的科研方法和培养创造力的课程。美国目前大约70%的院校开展了各种形式的实习和有严密指导的实践性教学活动等。

发达国家教育改革新思路

随着发达国家进入新的技术革命时代，教育方面却往往出现同这一时代的经济动向和社会广大部门需要不相协调的局面。近年来，美国、日本、法国、德国、英国等开始寻求新的教育改革思路。主要表现在以下几方面：(1)更加重视基础教育和提高基础教育质量。战后发达国家在经历了注重教育数量的发展后，面对当今技术革命对人的素质的新要求，纷纷把重心转向受教育的质量方面。美国国家科学部初等和中等学校教学、科学和技术教育委员会进一步提出了"为21世纪而教育美国人：改进数学、科学和技术教育，使美国所有初、中等学校学生到1995年时获得世界上最佳成绩"的行动计划。美国国家科学基金会提出让每个学生都有能力顺利地学习，甚至在"困难的"学科上也能取得很大的成绩。(2)重新调整培养目标，重视高科技社会人才的能力。发达国家从当代高科技、信息化的特点和要求出发，重新调整了各自的培养目标。日本提出要培养富有创造力和具有自律与公共精神的面向世界的日本人。美国认为，面向21世纪去开发人的才能，就意味着培养人们具有明确的生活目标和社会责任感，具有高度适应变化环境的能力，具有创造意识和不断克服自身局限的能力。德、法等国则进一步重视外语学习，并强调从中学开始就应开展国际合作交流等。(3)广泛加强教育与经济的联系。除继续大力开展高校与企业联姻，让高校在发展经济中发挥更大作用外，并开始注意加强中等教育与经济的紧密关系，普通中学与职业中学一体化，并与企业挂勾；可根据企业的需求增添或减少学科课程，甚至与企业联合办学。法国提出，学校一方面根据教育部规定开设理论课，同时又让学生到企业接受职业实践。(4)建立并完善终身教育制度。日本在《21世纪教育模式探索》方案中明确表示：日本的主要战略是向终身教育过渡，它将使人终生受到教育和不断丰富自己。美国成人教育现已成为美国教育系统中最富活力的一部分，长年保持约⅓的在职人员(3 000万左右)参加各种培训。在德国，经政府注册的培训中心就达50万个，实施各种职业培训。法国规定所有企业必须拿出本单位职工工资总数的1%作为职工每年的培训费用，并设立职工带薪培训假制度。西方企业界对职工的硬性要求就要"好好工作，坚持学习"。(5)再度重视"英才教育"。这是一个老问题，同时又是一个关系到当今高科技社会中高科技人才培养的重要问题。发达国家将它视为"教育战略"问题，同以往的区别就在于将原来只培养少量的"尖子"转变为注重人才整体质量的提高。

当前外国师范教育改革趋势

当前外国师范教育出现了五种改革趋势。第一，改革师范教育体制，提高师范教育质量。发达国家那种传统的小学教师由中等师范培养，中学教师由高等师范培养的模式已经改变。据统计，目前美国小学教师中持学士学位者占72%，持硕士和硕士以上学位者占22.5%；中学教师持学士学位和硕士学位者分别为59.2%和39.6%。加拿大中小学教师中持学士学位者由80年代初的62%上升到90年代初的93%。法国1989年颁布的《教师方针法》，取消了省级师范学校和地区教育中心培养中小学教师的制度，改由学区成立"教师培训大学学院"，提高师范教育的层次，提高招生起点，招生对象改为读完大学三年级并获得相应学位的学生。此外，同时将提高师范教育质量作为全面推动教育改革的重要举措。美国政界、经济界人士在研讨师范教育改革方案时一致强调，必须以提高教师和师范教育标准为中心来考虑师范教育改革。第二，修订教学计划，加强师范教育的"学术性"和"师范性"。各国普遍的作法是修订教学计划，对学术性课程进行较大的调整。日本趋向专业知识方面要求专而深。美国、法国、加拿大等国加强选修课制，推广学分互换，使师范生能掌握博大精深的现代科学知识，并能与普通教育紧密衔接。同时，各国又强调如同律师和医生的专业课程一样，教师也应首先学好教育专业课，增加教学实习时间，以体现“师范性”。第三，改进师范教育工作，吸引优秀学生学习师范专业。这方面许多国家的共同作法是：改进招生工作，确保生源质量；为师范生提供鼓励性资助和建立奖学金制度；通过立法提高教师工资待遇，使教师真正成为令人向往的职业。如日本《确保教育人法案》规定，教师工资高于一般公务员工资的16%。第四，强化教师素质，重视在职教师培训。这是保证提高教育质量，不断适应现代科学知识日新月异发展所必需的。许多国家十分重视在职教师的进修和培训工作，把教师职前教育与在职教育结合起来，并加以制度化。法国明文规定，所有中小学教师每5年必须轮流脱产培训一次；每所学校每年要抽出不少于本校教师20%的人参加培训活动。日本《教育公务员特别法》也规定“教职人员为尽其职责，必须不断进行教学研究和参加在职培训进修”。第五，当确保教师质量，严格对教师的考核和使用制度。德国于1992年底颁布了《新的教师任命制度》，改革教师任命的等级，提高任命标准，规定教师不仅要精通专业知识，还要谙熟教育理论，具备指导学生的能力和对教育工作的责任感。

外国教师节 葡萄牙是最早确定教师节的国家。1899年5月18日，葡萄牙英布大学的毕业生向老师敬献彩带，以表示对老师们辛勤培养学生的感激之情；老师则把签了名的彩带送给学生作为留念。学生们得到彩带后万分高兴，手持彩带在校园里载歌载舞，尽情狂欢。后来葡萄牙政府将5月18日这一天定为教师节。泰国教师节颇有宗教色彩。每年1月16日老师们放假一天。庆祝活动以庄严隆重的佛教仪式开始，由高僧念经，然后请德高望重的教师颂诵敬师词，并为优秀教师举行颁奖仪式。法国人则用另一种方式表达对教师的敬意。每逢12月25日教师节这一天，乡村小镇上的学生家长各自带上礼品赠送给教师，教师们郑重地接受，并祝福孩子们学业进步。匈牙利人在每年6月5日的教师节里，更喜欢用盛开的鲜花表达对教师的敬意。1592年3月28日是捷克教育事业奠基人、世界著名教育家夸美纽斯的诞生日。为纪念这位伟大的教育家对教育事业的卓越贡献，捷政府于1955年将夸美纽斯生日定为教师节。节日前后一周内，全国各地举行隆重庆祝活动，国家向优秀教师颁发勋章或授予荣誉称号，民间举行丰富多采的纪念活动。凡取得学位或取得优秀成果的学者，都要去看望自己的启蒙者——小学教师。美国国会参众两院于1971年正式通过尼克松前总统签署的一项法案，该法案规定每年9月28日为美国教师节。此外，阿尔巴尼亚、前苏联、委内瑞拉、扎伊尔等许多国家都以各自的方式庆祝本国的教师节。

发展中国家强调教育民族化

教育民族化现已成为发展中国家教育发展的主题思想。发展中国家教育民族化的发展趋势主要表现在三个方面。第一，教育管理体制地方化。这种管理体制是指在国家统筹规划全国教育事业、统一教育思想和教育标准的基础上，充分调动地方办学的积极性和主动性，加强教育的地方适应性；同时鼓励私人积极办学。扩大地方办学自主权、调动地方积极性同国家全面普及义务教育相统一。国家对私立学校（私立大学除外）实行资助政策，对于认可的各级私立学校支付教师工资或提供补助金。第二，非正规教育社会化。发展中国家的非正规教育是伴随扫盲运动的发展开展的。大力发展非正规教育有利于发扬本民族的教育传统，标志着发展中国家教育发展战略的重大转移。第三，农村教育农村化。首先，发展农村教育应在国家教育制度上加以保证，形成较完善的农村教育体系，包括正规和非正规教育，使扫盲教育、职业教育和科学技术教育相结合。其次，在教学内容上，农村教育必须反映符合农业和农村特点的专业性、地方性。印尼、巴基斯坦等发展中国家实行将教育管理权限向农村分散，建立农村地区教育理事会制度，由理事会制定农村教育实施办法，国家在经济上加以扶持。同时将教育资源分配向农村倾斜。泰国政府发展农村教育的目标是，努力提高教学质量，将城乡间教育质量差距缩小到最低限度，并把农村正规教育的重点放在初等教育和职业技术教育，把农业教育放在重要位置。马来西亚政府大力开展培训农业技术人员，实行政府、民间和大学农业科研并举。妇女教育是农村教育的十分重要的环节。有些发展中国家在联合国教科文组织赞助下实施了妇女教育特别计划。印度的农业大学还专门开设农村家政学系，学生毕业后，从事有关农村社会福利和公共卫生的妇女工作。“农村家庭”是农村学校女生的必修课。

风靡世界的老年教育 当前，许多国家投入相当多的经费来发展老年教育，并通过开发、利用老年人的智力资源，来促进经济的发展。世界老年教育大体有以下三种类型：第一，老年人上大学。这类大学基本上是正规大学模式，55—60岁以上老人进入大学学习3—4年毕业，考试合格，颁发文凭。这类学校得到所在国教育行政部门和社会承认，可以参加国际老年大学协会。第二，大学开办老年大学，有的国家称之为“第三年龄大学”。学员以退休人员和城市老人为主。这类老年大学教学方式灵活，内容注重实用性和知识性；不考试，不发文凭。第三，专门开办的老年大学。这类学校一般由政府部门资助，其宗旨是使老年人老有所学，老有所乐。随着一些国家老龄社会的到来，为数众多的退休人员可以继续为经济和社会生活服务，尽其所能。据统计，美国20%左右的退休人员继续从事各种有偿性社会服务。西方国家开发利用老年人资源通常采用三种方法：一是就业立法,如《美国老人法》等,为老年人自愿参加各种活动提供保障。二是组团服务,如德国的“退休科技人员服务团”,对于一些需要这方面人才的国家或企业,有针对性、有组织地派老年人前往服务。三是从老年人特点出发,为他们再就业时提供方便,如实行半日工作制、部分时间制、计时制、临时性工作,等等。

世界十大报纸 1992年联合国教科文组织按照影响大小,评定出当前世界10大报纸,依次为:《纽约时报》(美国),《苏黎世报》(瑞士),《世界报》(法国),《泰晤士报》(英国),《卫报》(英国),《人民日报》(中国),《世界报》(德国),《阿贝塞报》(西班牙),《华盛顿邮报》(美国),《真理报》(俄国)。该组织另一项统计指出,目前全球出版的报纸共有53 650多种,其中日报8 250种,非日报约45 400种。每期发行量为8.33多亿份,其中欧洲占47%,亚洲30%,美洲19%,澳洲、非洲合占4%。

世界最大产业——国际旅游业 依据联合国推荐的国民经济核算体系的统计,被称为“无烟工业”的旅游业现已成为世界上最大的产业,国际旅游和国内旅游合计总收入1990年达到29000亿美元,1993年达到35000亿美元。同时,旅游业已成为世界最大的就业部门,即每15个新就业人员中就有1人从事旅游事业。旅游业现已同石油、汽车工业一起成为国际贸易的三大支柱。经过几十年的发展,国际旅游已形成自身的市场格局。按照世界旅游组织的划分,世界旅游市场分为6大地区,即欧洲、美洲、东亚—太平洋、非洲、中东和南亚。各地区的发展极不平衡,主要特点是:欧洲和美洲一直居于主体地位,在市场上占有绝对优势;东亚—太平洋地区是后起之秀,近10多年来发展速度最快;中东近两年持续下降;非洲和南亚在市场上所占份额仍然很少。后3个地区总共只占世界旅游市场的3.6%(1991)。国际旅游业中的游客流向,受旅游资源、服务设施,以及政治、经济、文化、地理等各种因素的综合影响。例如,具有“旅游王国”之称的西班牙,以阳光、海水和沙滩以及独特的风情享誉世界,在接待人数和旅游收入方面一直位居世界前列。1992年因纪念哥伦布航海500周年纪念活动、塞维利亚世界博览会、巴塞罗那奥运会和马德里欧洲文化首都节等大型国际活动,使西班牙更是成为世界旅游热点之一。法国和意大利也都以古老灿烂的文化以及绮丽优美的风光,一直吸引着大批游客。国际旅游业的发展所带来的影响和收益,使得许多国家更加重视旅游业的发展。

国外志愿者 现在,世界上有越来越多青年以志愿者的身份参加各种社会活动,为公众服务。国际范围内的青年志愿者服务由来已久。美国是较早出现志愿人员服务的国家之一。早在1896年,纽约成立了全美最大的志愿人员组织“美国志愿人员”,该组织现有600个志愿人员服务中心。各国的青年志愿者活动已经颇具规模:从各国国内的社区服务,到区域性的志愿人员服务(如亚太地区的“国内开发服务”),直到国际的志愿人员服务,形成了一个网络。志愿人员的服务活动主要有以下几个方面:1.各种紧急救援:国外一些自愿人员机构组织志愿进行必要的救生、急救培训,如游泳池里负责抢救溺水者的救生员等。2.日间护理:在一些人口严重老化的国家里,许多老人缺乏必要的照顾,行动不便,孤独寂寞。志愿人员为这些无人照顾的老人进行日间护理。3.文体活动:志愿人员组织各种俱乐部,以及儿童或成人的夏令营等活动。4.心理咨询和精神服务:国外有些志愿人员组织具有宗教色彩。除提供心理咨询服务外,还可以提供精神服务,如开办“礼拜日学校”等。5.教育扫盲:有些国家,如美国,在黑人社区和移民集中的社区,志愿人员被派往这些地方从事扫盲和组织就业前培训,帮助提高文化水平和就业能力。志愿服务精神现在已被越来越多的各国青年所接受。他们认为志愿人员和社区服务就像服兵役一样,是公民对社会应尽的义务。因此,不少大学生在他们毕业后正式工作之前,通常要从事一项义务服务,这样既是自己对社会尽一份义务,同时,也是锻炼自己的一种机会。1985年联合国决定将12月5日定为国际志愿人员日,以表彰各国志愿人员在改善社会服务方面做出的贡献,特别是鼓励世界青年弘扬志愿服务的奉献精神。

生活方式:世界青年问题研究热点 根据各国从事青年工作的专家们的研究发现,青年生活方式及其消费模式是当今世界青年研究的热点,大体可归纳为以下10个方面。(1)青年特征:社会文化的性形态概念与少女经历的矛盾;摇滚乐、“甲壳虫”与青年文化;青年对音乐、图书、电影的体验;青年——返朴归真的文化模式;男女中学生的闲暇生活。(2)社会变迁中的青年:青年的异化;青年文化的政治性;城市青年的生活方式及教育;青年文化与政治文化。(3)青年与政治社会化:法国、比利时16至18岁青少年对社会的参与;青年思想表达及其自尊的发展,青年在社会中的参与。(4)父母与子女的代际关系:从人类学观点看社会化过程;青少年购衣服由家长决定吗?父母与子女间的双向评价;青年人与老年人的社会经济观:从脱离家庭到加入工人群体的过程。(5)日常生活与教育:青少年选择食物的态度与倾向;饮食习惯与电视广告;学生社会化;教育结构失衡。(6)青年危机:16至21岁的性行为和态度;用社会学方法研究青少年性教育;青少年酗酒习惯比较;青年学生关于艾滋病观点;青年学生对艾滋病的反应;欧洲青年与吸烟。(7)闲暇与假期:闲暇方式与教育;青年休假的社会价值；青年政策的转变；12 至 18 岁青少年对社会文化活动、信息和住房的期望；青年闲暇时间研究。(8)青年的国际文化模式：消费与创新的对立；青年购衣面面观；工人阶级新一代与经济发展；青年对音乐创作的迫切需要。(9)青年预算、收入和开支：各类青年的生活标准；青年与购买信誉；家庭经济社会化；儿童与青年的生活经验研究；不同年龄群体的交易行为。(10)青年劳动：职业转换；待业青年的活动与期望；青年工人的行为、职业评价、满足和健康；从学校到工厂过渡的国际研究；青年工人及展望。

'92 国际禁毒日　1992 年国际禁毒日的口号是："毒品，全球问题需要全球解决"。一些年来，世界范围的毒品蔓延泛滥，危害人类健康和国际社会安宁，已成为严重的国际公害，引起了全球的关注。1987 年 6 月在维也纳举行的联合国部长级禁毒国际会议上决定，将每年的 6 月 26 日定为"国际禁毒日"，以期引起世界各国对毒品问题的重视，并号召全球人民共同解决毒品问题。1989 年联合国又将本世纪最后的 10 年(1991—2000 年)定为"国际禁毒 10 年"。据联合国统计，现在每年全世界毒品交易额已高达 5000 亿美元以上，成为仅次于军火而高于石油的世界第二大宗买卖。全世界吸毒人数多达 4800 万。80 年代全世界因吸毒死亡的人数超过 10 万，其中美国有 3.5 万人，位居第一。国际上通常把毒品分为 9 大类，其中对人体危害最大的是鸦片类、可卡因类和大麻类，而可卡因类被称为"百毒之王"。毒品不仅严重摧残人类健康，助长暴力和犯罪，而且还大量吞噬巨额社会财富。有些国家的贩毒集团常用重金收买军、政、警各界要人，影响政府决策。同时，贩毒集团还常与国际恐怖组织和各国黑社会狼狈为奸，从事跨国犯罪，直接威胁国际社会和平与安宁。面对全球泛滥成灾的毒品问题，联合国、美洲、欧洲、亚洲等地区和国家进行了广泛的国际合作，使全球扫毒斗争取得很大进展。1992 年 6 月哥伦比亚头号毒枭埃斯科瓦尔向当局投降，该国贩毒集团基本被瓦解，这是国际反毒斗争中的一件大事。但是，毒品仍在世界各地蔓延，全球只有行动起来，进一步开展更广泛的国际合作，持久不懈地对贩毒和吸毒进行坚决有效的斗争，才能根除毒品这个当代人类社会的一大祸患。

西欧国家限制吸烟　通过制定法律和条例限制吸烟，是西欧国家采取的主要措施。法国是西欧国家中禁烟最积极的一个。以前卫生部长姓名命名的《克洛德·埃法案》规定，禁止法国公民在任何公共场所吸烟，其中包括公共汽车、地铁、飞机等交通工具；公民也不得在机场、车站、教育机构、医院和文化中心吸烟。荷兰规定，荷兰航空公司所属大部分飞机、火车内禁止吸烟，政府公共部门只允许职员在其工作地吸烟而不得在其他场合吸烟，私营公司职员也应照此规定执行。英国大部分商店内禁止吸烟，国内民航航班不足 3 小时的不准吸烟。葡萄牙禁止议员和新闻工作人员在议会大厦内吸烟，禁止公民在公共汽车、地铁等交通工具内吸烟。西班牙法令限制烟草的销售和使用，禁止在电影院、剧院和交通工具内吸烟。意大利禁止在城区交通工具和国内航班飞机上吸烟；长途旅行火车则设专门吸烟车厢，避免影响不吸烟的旅客。

亚洲人才回流新趋势　20 世纪末期，亚洲许多国家和地区的人才在继续外流的同时，也出现了人才回流的新趋势。泰国 1980 年回流本国的医生比外流的要多出 47 人；日本现今每年公费派出的 1 200 名留学生，几乎全部学成回国；80 年代韩国实行留学生开放制度，选送更多的人才到国外留学，近年，仅在美国攻读学位的 25 000 名留学生中，每年就有 5000 多人获得博士学位后回国；从 1980 年开始，台湾留学生回流人数增长较快，近年的回流率都在 20%以上；据香港市场研究社调查统计，1991 年从海外回流香港的人数，相当于 1988—1990 年的总和；中国 1978—1988 年的 10 年间，共有 32 600 留学人才回流。90 年代亚洲各国和地区的人才回流趋势将会更加明显，人才回流速度和规模都会超过以往任何时候。在争取人才回流的过程中，亚洲许多国家和地区采取了各种有效措施。韩国非常重视留学生回国后的安置和使用；日本政府除给予丰厚的物质待遇之外，积极创造尊重知识、尊重人才的社会风气和提供施展回流人才才华的用武之地；泰国在住房、工作、子女教育等多方面提供优惠条件，允许回国留学生开办自己的企业；中国在颁布《关于在外留学人员有关问题的通知》以后，地方上吸引留学生回国工作的优惠政策和措施纷纷出台，成为中国重视吸引更多人才回流的标志。

国外兴起"汉语热"　1993 年，新加坡新增了"汉语水平高级考试"，应试者达四五百人。这是新加坡自两年前首次举行"汉语水平考试"基础上增加的一种高级水平考试。美国 1993 年有 3000 名中学毕业生第一次参加大学入学考试中新增的汉语科目考试，测验考生掌握汉语的熟练程度。近年来，中国经济高速增长，世界也将汉语提升到了国际地位，使之成为一种重要的商业语言。现在，新加坡、日本、澳大利亚、美国等国出现了一股空前的"汉语热"。新加坡的私立幼儿汉语训练班如雨后春笋般涌现，家长们纷纷让幼儿开始学习汉语。1991 年，新加坡国立大学汉语研究中心承办了第一次"汉语水平考试"。这一考试是中国对外汉语教学领导小组办公室和北京语言学院主办的一种标准化汉语分级考试，用以确定应试者的汉语水平。1993 年又增加了"汉语水平高级考试"。现在，新加坡已开始每年举行一次汉语水平考试。应试人中除新加坡本国考生外，还有来自印尼、马来西亚、日本、香港、奥地利、美国、加拿大等国家和地区的考生。在日本，据一家杂志社列出的日本人学习外语的排行榜表明，目前学习汉语的人数已经超过了西班牙语和法语，名列排行榜第二位，仅次于英语。日本NHK教育电台每周播放两次汉语教学讲座。各地的补习班、语言中心纷纷推出汉语课程。日本文部省已经宣布，从1994年开始，汉语被列入国家大学入学考试的外语考试科目之一。澳大利亚中小学已普遍开设了汉语课。法国波尔多市由民间发起成立了“龙友社”。1993年夏天，该社组织本市一所中学二十多名选修汉语的中学生到中国参观学习，进行汉语语言实践活动，影响很好。美国加州的公立学校，学习汉语的学生数在1990—1993年间增加了50%多。现在，有12亿人口使用的汉语在世界各国已经形成一股强劲的旋风，汉语的重要地位已得到确认。

新加坡东西方文化观 新加坡是一个多种族、多宗教的国家，同时也是一个经济发达、社会稳定的国家。其成功之道就在于多年来它能从本国国情出发，走自己的路，培养出属于新加坡的独特的价值观念。新加坡人的价值观就是一方面要向西方学习，迅速走向现代化；另一方面又要坚持东方的传统文化价值观念，促进多种族人民的协调和谐，增强全社会的凝聚力。向西方学习，引进西方的先进科学技术，是新加坡走向成功的途径之一。但随着西方文化的引进，必然会带来不容忽视的不良影响。新加坡对西方文化中腐朽的东西进行了坚决的抵制。进口电影在电影院分级放映，对不良内容一律剪除。各单位和居民一律不许安装卫星天线接收国外电视(个别机构经特批除外)。前总理李光耀等领导人对此认识深刻并痛感到：“不能把西方的东西拿来翻版，必须保持我们自己的价值观念……西方发生的奇奇怪怪事情很多，如果我们依样画葫芦，我们也会学坏的，这对我们经济的活力和发展必将构成极大的破坏。”人们从现实得出结论，现代化不等于西方化。在吸收西方先进文化的同时，继承和保持东方文化中有利因素以取得平衡，以抵消西方文化中的腐朽部分。物质文明和精神文明兼顾并重是新加坡作出的郑重选择。然而这种选择和兼顾并非易事。在新加坡现代化的发展过程中，由不同文化传统带来的不同传统观念之间的激烈撞击从未止息。为解决好这个问题，新加坡大力提倡道德教育与渗透儒家思想的伦理道德教育，近年来提出了5大共同价值观，即(1)国家至上，社会为先；(2)家庭为根，社会为本；(3)关怀扶持，尊重个人；(4)求同存异，协商共识；(5)种族和谐，宗教宽容。尽管过程艰难，但现在越来越多的新加坡人，不分种族、宗教、语言，产生了对这个共同价值观的认同感。新加坡十分重视在全民中进行国家意识的培养，国家成立专门机构，强调从儿童抓起。小学生到校坚持每天进行升国旗教育，对青年进行服兵役教育。经过两年到两年半军营生活严格锻炼的青年，国家意识和纪律观念增强。另外，新加坡的双语运动意义深刻，除人人学习英语作为通用语言外，都要学习自己的母语，以继承和发扬各种族的文化，便于协调平衡发展。正如李光耀所说，如果放弃双语政策，新加坡“就不再是一个充满自豪的独特社会。相反的，我们将成为一个伪西方社会，脱离了我们亚洲人的背景”。新加坡治国有方，思想道德教育和东方文化传统价值观的推广同经济建设相互渗透、彼此配合、同步前进。这是新加坡精神文明建设中的一大特色。

1993年日本重大科技进展

1993年，日本在生命科学、新材料、微电子、基因疗法、航天等领域取得一些重要进展。生命科学方面，有关癌症和早老性痴呆症的基因和酶的研究取得进展。蛋白工学研究所的“催化剂抗体”研究已经接近临床应用和产业生产。工业技术院生命工学工业技术研究所等开发了利用酵母制作具有人型糖链的活体物质的技术；新材料方面，关于碳结合成足球状的C_{60}，研究人员纷纷试验在球形结构中注入其他物质或在表面贴附化学物质。人们预测还存在环状成螺旋细管状的新碳素；微电子方面的半导体器件，已经制成256兆位动态随时存取存储器，下一步的目标是研制10亿位存储器。基因疗法方面，厚生省厚生科学会议已确定基因疗法的实施方针。治疗对象限于癌症或艾滋病等重病患者。航天方面，由宇宙开发委员会设立的长期设想恳谈会修订已经实施5年的“宇宙开发政策大纲”。该委员会还提出了在本世纪末的1999年左右发射日本航天飞机“HOPE”号的技术试验机的基本方针。此外，在医学方面的脏器移植方面，也进行了脑死后的器官移植，取得成功。

当今日本的“心的教育” 日本以重视教育著称，特别注重提高学生的知识水平。但一些年来，社会各界对青少年出现的心灵空虚、自私、任性、不珍惜生命、缺乏自制力、犯罪行为增加等现象深感不安，强烈呼吁要把孩子们从“心灵荒废”中解救出来。为此，日本文部省专门制定了“新学习指导要领”，提出应把对学生的精神教育——“心的教育”放在首要位置，并将历来的“智、德、体”改为“德、智、体”，这是日本教育观念的一大变革。新学习指导要领明确指出：“心的教育”的核心内容就是道德教育，其目的是使人们具有丰富的精神和健康的生活。它主要培养学生：(1)具有寻找真理的精神；(2)热爱自然，对美和崇高的事物具有情感反应；(3)珍惜生命；(4)同情他人；(5)具有感谢之心；(6)具有尽力于公众的精神；(7)养成基本的生活习惯，在思想上具有遵守社会规范的态度；(8)寻求自己的生活目标，并为其实现而努力。由此可见，"心的教育"不仅是学生成长中自身的完善，同时还涉及与他人的关系，与自然和崇高事物的关系，与集体、社会等方面的关系。实施"心的教育"的主要途径是学校的各科教学、道德教育和特别活动，尤其是加强学校与家庭和社区的合作，从各方面对学生施加影响。具体方法有：(1)选择良好的教材。通过这些教材培养学生建立起快乐、坚强的生活，使学生懂得珍惜生命、关心他人，热爱自然，追求美好事物，并使学生产生丰富的体验。(2)设立生活课。通过具体的活动和体验等方式，使学生关心自己与社会和自然的关系，思考自己的事情和自身生活，并使他们掌握一些生活上的技能，培养其自立能力。(3)校外活动。让学生在公园等公共场所，学会如何爱护公共设施，保护动植物，同时培养学生更丰富的情感。(4)特别活动。通过劳动、服务等活动，使学生体验劳动所带来的喜悦，培养他们的社会服务精神。

日本城市重视绿化　日本一直很重视城市绿化。现在，东京23个区的居民人均占有公园面积已达到3.4平方米，名古屋为4.5平方米，大阪为2.7平方米。日本官方和民间正在共同努力实施全国城市绿化的构想。进入90年代以来，环境问题已成为当今国际社会面临的主要课题，日本人更加重视应用绿化技术。他们认为，大气污染、噪音、水质污染、城市洪水、热岛等城市公害，其部分原因就是因为绿化不足而引起的问题。为此，日本各大城市出现了大兴人造城市公园、人工绿色广场、屋顶庭园、绿色壁面等绿化热。许多大公司还利用高技术进行绿化，采用水耕栽培技术，用集光传送系统引进太阳光给植物光照等，充分为室内营造自然环境，发挥绿色植物对人们生理和心理的良好作用。通过恢复绿色环境，保护鸟类和小动物的生存，帮助解决大城市的热岛等一系列问题。

韩国：消除腐败、完善纲纪

1993年2月15日，韩国第14届总统金泳三在就职宣誓中向国民宣布：要努力"创造一个'新韩国'，即在稳定中进行政治改革，消除腐败，振兴经济，完善纲纪法规。"为履行上述誓言，金泳三任总统后采取了一系列措施，并取得一些成效。这些反腐倡廉的主要措施包括：1. 以政效精神组成内阁，实行"公平、贤智、量才录用"的原则。韩国本届内阁25名长官中，执政党成员仅占⅓，其余由其他党派人士或无党派人士组成。入阁成员中，教授、学者、律师占很大比例。政府提倡办事讲效率，工作要务实的作风。2. 金泳三及阁员向公众公布本人及直系亲属的财产状况，以此作为推行"廉洁政治，透明政治"的第一步。3. 制定法律法规，接受国民监督。为此，1993年5月，韩国国会相继颁布了《公务人员伦理法修正案》(又称"阳光法案")和《公职人员财产登记制度》两个法规，并限期(当年7月12日至8月11日)进行"公职人员财产登记"。内阁宣布，财产登记结束后向社会公布，对于隐瞒不报或转移财产者，一经查出依法严加处罚；对于其财产来历不明者，由专门机关调查处理。截止1993年8月底，在这次财产登记中，韩国共查处"财产隐瞒不报，来路不明"的官员达1000人，其中包括前国会议长、现任国会议长、新内阁法务部长官、保健社会部长、城市建设部长等。政府宣布，对被查处的官员除撤销职务外，今后一律不再任用。韩国新政府采取的这些重要举措，得到国民的支持和拥护。

韩国吸引外流人才回归有方

过去韩国由于经济不发达，大量科技人才流往国外。近几年，由于高科技产业迅速发展，经济腾飞，各部门迫切需要大批技术人才和管理人才，于是韩国政府采取了各种措施，以吸引海外人才回国服务。因措施得力可行，使移居美国的学者及海外留学生纷纷回国，形成一股回归大潮。韩国吸引外流人才的主要措施有：(1)不断激发外流人才的爱国热情，诱导他们的思乡之情。这样做不仅影响早期移居美国的韩国人，也影响到现在的年轻一代，使他们中间许多人愿意把在国外学到的知识和专业带回国，为国家新兴的科学领域服务。为及时掌握外流人才的情况，韩国对海外科技人员分别建立档案资料，并根据各人的具体情况，通过多渠道，动员他们回国工作。现已建立档案的海外科技人才有6 000多个。另外，韩国现有3个协会在美国、日本、欧洲专门进行海外学者回国工作。(2)为海外学者创造施展才能的机会，创造优越的工作条件，创办科学园。经验证明，吸引海外人才最有力的措施之一就是建立科学城，发展高科技，让回国人才有用武之地。(3)实行"高价招聘"政策。韩国不惜重金聘请海外的韩国科学家和工程师回国工作，向他们提供相当于在国外的工资待遇和良好的居住条件。在美国的韩国人员大多数处于平庸职位，一旦回国，这些人立即处于本行业的高职位。韩国还通过电台、电视、报纸、派专门代表团等多种途径，直接到海外招聘人才回国。韩国经济的繁荣，生活水平的提高，也是吸引外流人才回国的一个重要因素。据统计，韩国现在的留学生中60%能够学成回国，他们中的绝大多数已成为韩国各界的中坚力量。早期的外流人才也纷纷回国。

越南高教改革　80年代后期，越南经济发展遇到较大的困难，影响了高等教育的发展，造成教育质量下降等问题。为扭转这种状况，越南政府在改革社会经济发展的同时也改革高等教育。改革后的越南高等教育在以下几方面出现了较大的变化：(1)教育功能多样化。长期以来，越南高等学校的任务只是为完成政府制订的目标计划培养专门人才，功能单一，并在很大程度上存在高校培养与社会需求脱节的缺陷。改革后，高校开始面向社会，既为国家和企事业单位培养人才，又为非政府部门（如合资企业等）培养人才，鼓励大学毕业生自谋职业，实现培养目标多样化；同时，许多高校相继开展继续教育，以满足人民日益增长的对科学文化教育的需求；进一步促进教学科研生产一体化，打破高校传统的封闭状态。(2)教学形式多样化。改进教学，提高教育质量是越南高教改革的中心内容。改革中，许多高校试用学分制、分段学习制；开设新课程，编写新教材，促进不同学科相互渗透；使教学过程具有一定的灵活性，注重培养学生的各种能力。一些学校开始将研究生培养工作与国家和地方的科研项目结合起来，更好地适应社会经济发展。(3)经费来源多渠道化。以往，越南高校的经费一直由国家和地方财政预算承担。现在，高校经费改由国家地方财政预算、社会企业出资和学生交纳的学费共同承担。经费来源的多渠道化，既减轻国家的财政压力，又提高了高校在办学方面的自主权。(4)行政管理民主化。越南社会政治生活中实施的民主原则也影响到高校体系。高等学校的各级领导，包括校长、院长、系主任等，不再单纯由上级行政部门指派，改为主要通过广大师生投票选举产生。这一做法有利于提高行政管理部门的办事效率，促进了高校管理的民主化。

巴基斯坦关心青年教育

1993年，巴基斯坦政府文化部所属的青年事务部，发起和组织了全巴青年诗歌朗诵会和古兰经朗诵会，召开了“青年在国民道德方面的作用”讨论会和“科学与青年”讨论会，举办了全国第一个女青年训练营，还组织了全巴业余跋涉比赛和跑步比赛等较大规模的活动。这是巴基斯坦政府为青年创造日益进取的机会，以使他们成为社会的有用之材而所做出的努力。巴基斯坦18—30岁的青年占全国1.2亿人口的⅓，政府十分关心青年教育，专门制定了青年发展规划。根据这一规划，针对青年的特点，对他们在性格培养、国民道德、巴基斯坦意识和文化修养方面进行教育，就城乡环境改善、企业与就业、青年健康和福利、运动和娱乐等方面展开各种活动。1989至1991年，青年事务部共出资2 700多万卢比帮助实施青年发展规划中的有关项目，包括：建立职业培训中心，青年公寓宿舍，体育场所，青年志愿服务队等。此外，青年事务部还经常组织全国青年节，如全巴基斯坦青年大会，全国散文写作、绘画和摄影比赛。为了使巴基斯坦青年了解世界，加强同友好国家的交往，巴基斯坦政府同国外还签署了一些文化交流计划。根据这些计划，巴基斯坦青年将访问中国、日本、埃及、孟加拉、土耳其等国家。

首届法国科学节　1992年6月12—14日，法国举办首届科学节。科学节的主题是：体验发明的乐趣，激发科学的热情。法国科学节是由法国研究和空间部倡导和组织的。科学节期间，法国城乡与有关的机构均被动员起来，共同举行了1000多项科技活动。自然博物馆免费开放，大学实验室向公众显示最新的实验手段，企业向公众展示新的科技产品，知名的学者教授走出“象牙之塔”，向民众作科普报告会和学术讲演，电影院重放受到好评的科幻片，等等。法国是科技大国。全法的科研机构现共有28万职工，其中研究人员占一半以上；科研经费占国民生产总值的比例逐年上升，1992年已达2.44%，高出欧共体国家平均水平的2.1%。法国不少科研项目，如对大脑功能、遗传学与艾滋病疫苗等研究都处于世界领先水平。丰富多采的科学节活动大致分为两类：一类以青少年为主要对象，向他们传播科学技术知识，这类活动极为富有趣味性、娱乐性，充分运用现代的声光、信息等先进技术手段；另一类是以“2000年的市场”为名向成年人介绍最新的科技产品，如水力食品切割机、防噪音帽、无污染电动斩车、家务电脑终端机等。科学节的活动使法国公众大开眼界，许多人感到科学就是进步，科学给人们的生活带来翻天覆地的变化，投身于科学研究是一种“快乐的冒险”。

法国高教改革与市场经济

法国高等教育的发展与改革是同市场经济的发展和运作密切相关的。其主要标志是高等教育不断调整同外部的关系，摆脱自身狭隘眼界的束缚，面向市场和社会不断改革。具体表现为：(1)改革高度集中的教育管理体制，实行权力下放，扩大高校办学的自主权。长期以来，国家对高等教育制定的过分集中的管理体制表现出日益明显的弊端，造成教育制度僵化，结构不合理，课程设置陈旧，毕业生在劳动市场难以找到合适的工作，就业困难。(2)面向市场，改变大学“重学轻术”的传统，注重发展应用型人才培养。50年代后期开办应用科学学院，60年代中期创办大学技术学院，70年代大学增设应用性学科专业，80年代大学推行职业化教育，90年代初新办大学职业学院等，都是为适应经济发展对应用人才的需要所采取的一系列改革措施。(3)面向市场设置专业文凭，加强学生就业指导，提高其就业能力。加强就业信息和方向指导，就需要了解市场动态，做到有的放矢；并根据市场对人才的需求设置文凭，确定专业、培养目标和教学内容。请经济界和企业界具有资格的专业技术人员到高校担任部分专业教学，也可使学生及时了解市场变化动态。(4)面向社会，面向社区，加强高校与企业的合作。社会和经济的发展，要求高等学校必须同工商界紧密合作，这样既可加速科研成果转化为生产力，又有助于高校自身的发展。(5)面向欧共体统一市场，进一步开拓高等教育的国际化。

英国强化学校纪律　针对近年来学校出现的各种违纪现象和

暴力事件，英国政府发起了一场恢复英国社会"传统价值观念"的运动。政府人士指出，现在"那种认为不能惩罚儿童的观念已经不再适宜了，我们不能再容忍学校的不良行为"。为此，英国新近颁布了新的学校守则，采用"胡罗卜加大棒"的办法，即扶持正气、奖励良好行为，对不遵守规章制度、寻衅闹事、恃强凌弱的学生予以重罚，包括在课堂上训斥厚脸皮学生、撤销特权优惠、向家长报告、课后留校和开除校籍等规定。不过，1987 年废止的体罚不在恢复执行之列。

新西兰学校德育教育的发展与改革　新西兰是太平洋地区较发达国家。主要居民是英国移民后裔(86%)和土著毛利人(9%)。大多数人信奉基督教，因此，多年来新西兰学校德育一直以宗教为主，辅以公民教育。近年来，随着高科技革命的迅速发展，青少年德育出现新特点，新西兰学校德育进入一个新的阶段。其主要标志是重视德育的科学化，探索当代青少年应具有的价值观，以及现代德育如何体现这些价值观。1988 年新西兰教育部颁布了新课程大纲。新大纲从综合化角度阐述了学校改革一系列规定。大纲规定，学校课程设计原则要求所有教学和教育活动都必须符合德育教育的 5 条原则：(1)以学生为中心；(2)促进文化认同感；(3)促进平等；(4)致力于教育的均衡和综合化；(5)发展承担责任的能力。大纲还规定了 8 个相互关联的教育领域作为新课程的结合点：(1)文化与传统；(2)语言；(3)创造性与审美能力；(4)数学；(5)实践能力；(6)社会生存能力；(7)科学、技术和环境；(8)健康和幸福。学校课程教育必须向学生提供知识、技能、价值观教育。为实现德育目的，学校全部教育工作都应倡导的核心价值观是：尊重他人的尊严和幸福；关心和分享；诚实；宽恕；同情心；坚韧不拔；自尊。新西兰学校德育教育的体系包括：(1)学校。给青少年传授系统的价值观；(2)家庭。这是传统文化可靠的传递纽带；(3)教会。对学生品德发展有着重要影响作用；(4)大众媒介、文学作品及社会教育中心等。从而促使全社会参与青少年教育，实施德育的社会化。新西兰学校德育在长期发展过程中，尤其是第二次世界大战后的发展中形成了以下主要特点：(1)古今融合、兼容并蓄。既保留英国古典德育传统，又具有现代色彩，吸收和融汇了环太平洋国家学校德育的许多新理论和新方法；(2)宗教与德育合璧，保守与开放并存；(3)借鉴与创新结合，沿袭与自主相烟。战后新西兰大胆引进各种新理论、新方法，使德育发展沿袭传统方式，借鉴新东西，努力创造自主体系；(4)德育形式活泼，内容丰富，适合儿童发展需要。新西兰学校德育存在的问题主要表现在该国是个多元文化社会，要实现统一的价值观存在很大的困难和矛盾。同时，充斥电影、电视等大众媒介的色情、暴力等也给实现德育目标投下了阴影。

德国五路并举上大学　德国通过大学入学多样化的方式，使许多没有高中毕业文凭但积累了实际工作经验的年轻人可以进入大学加以提高和深造。联邦教育和科学部制定的"第三条教育道路"，即通过五种途径允许没有中学毕业文凭的青年人上大学。已有 12 个州开始实施。各州根据本州具体情况，入学要求不尽相同。这五种上大学的途径是：第一种类型：专业人员资格——工作及大学入学考试。第二种类型：学徒满师考试加大学入学考试。不过，这类学生一般只限于报考专科大学。第三种类型：学徒满师考试加咨询面谈。第四种类型：有工作经验的技工资格或职业进修加上大学试读。第五种类型：实际工作经验和完成最新知识进修。总之，多样化的入学渠道为那些过去没有机会而现在希望提高的青年人提供了接受高等教育的可能。尽管目前通过"第三条教育道路"能够上大学的人数还不多，但是，德国现行的联邦高等学校基本法为各州大学吸收合格的就业人员进入大学，提供了很大的回旋余地。

德国盖尔森基兴专科大学开设环保后处理课程　1992—1993 年冬季学期，德国盖尔森基兴专科大学"后处理"专业录取 80 名新生，同时在该专业增设 12 名教授职位。3 年前该校开设了德国独一无二的后处理技术课程。这是一个新的技术领域。该专业的主课共学习 5 个学期，前 3 个学期讲授理论知识，包括机器制造、化学、数学、物理基础知识，第 4 学期主要是实践课，第 5 学期完成毕业论文。主课学习有 3 个重点可供学生选择：废料处理、废料管理和废物回收利用。

德国人的业余生活　快节奏，高效率是德国人生活的特点。德国人一般每周工作 5 天共 36 小时。大众汽车公司这家德国最大的汽车公司从 1994 年 1 月 1 日起，实行"每周 4 天工作制"。在充足的业余时间里，德国人过着丰富多采的业余生活。这些业余生活大体有 4 种类型：一是学习型。二是劳动型。三是运动型。四是娱乐型。

意大利改革职业技术教育　意大利现行的职教体系由两部分组成：一是教育部所属的职业中学和技术中学；一是劳动部管辖的大区职业培训中心。据调查，意大利现有劳动大军中，小学文化程度占 37%，初中文化程度占 36%。对此，意大利政府从 80 年代末开始实施名为"92 计划"的职业教育改革，以全面提高职业教育的办学质量，提高学生毕业成功的比例，使之适应社会与生产发展的需要。该计划主要内容有：(1)强调学生应系统地掌握基础知识。改变以往职业中学非常专门的、定向的职业训练内容，以便让学生掌握较系统的基础知识并能照顾到学生的个性发展。(2)根据学生不同的特点和需要，安排

10%的课时作为机动时间，按学生不同需要安排教学内容，以发挥学生的个性。(3)协调职业中学与大区培训中心的功能。根据“92计划”，职业中学将主要对14至16岁学生进行较宽的基础职业教育，再进入大区职业培训中心进行一年定向的职业培训，然后就业。(4)加强社会参与。政府提倡并促进工商界支持职业教育改革，一些全国性行会与教育主管部门签订协议，企业为学校经常提供就业信息，提出教改意见和建议，加强双方合作，使学校教育适应市场需要，增强职业教育的活力。(5)更好地与高等教育衔接。

澳大利亚发展高技术产业 资源丰富的农矿业国澳大利亚正在向以科学技术立国为目标的方向迅速转变。在这一转变中，大学、研究部门和高技术企业相互配合，使科学技术转化为生产力，让研究成果产生经济效率，成为其十分重要的内容。由昆士兰大学率先开办的“联合探索公司”是一家把大学的研究成果转向民间的机构，10年来它已成为大学与企业合作的纽带。现在，其他大学相继开办了类似的公司，这些公司在研究与制造之间起到了桥梁作用。为大力贯彻科技立国的国策，不久前在政府主持下成立了新技术公司，旨在推进新技术转换成产品并向国外转让新技术。这些公司通过对评估国立研究部门正在开发的技术，对于能够达到实用的研究项目提供资助，同时对于希望利用新技术制造产品的企业，为共同研制提供帮助，并支持其批量生产和对外开拓国际市场。现在，经过评估已经确定的研究项目有52个，包括理工、农业和矿业等。每项课题每年可得到政府200万澳元的补助金，超过部分由研究机构和民间企业筹措。澳大利亚在将研究成果转化成产品的过程中，十分注意发挥各方面的优势。澳大利亚的医学基础领域实力较雄厚，有过3位诺贝尔奖得主，政府就积极鼓励该领域的实用研究。悉尼加本医学研究所，擅长于从基因一级来研究骨瘤和高血压，政府指定由共同研究中心主持开发新药。该中心由国立研究部门、民间企业和政府共同出资，研究特定的课题，开发独创的产品。马多克大学能源研究所研制的移动式太阳能供电装置，适用于没有电源的边远地区照明和电视机等使用。新南威尔士大学的太阳电源系统研究所开发的阳光转变成电能效率达23%的太阳电池，效率为世界之最。该所最近一、二年的目标是使转换率提高到25%，同时将制造成本降低30—50%。澳大利亚在科技立国的道路正奋起直追。

俄罗斯宇航员操纵载货飞船实验成功 俄罗斯宇航员马纳科夫和波列修克于1993年2月6日在“和平”号轨道站上，成功地进行了操纵“进步M——15”号载货宇宙飞船的实验。俄联邦宇航飞行中心宣布，这一实验是莫斯科时间6日凌晨进行的。实验共进行了12分钟。宇航员先把靠近“和平”号轨道站飞行的“进步M——15”号载货飞船，引导到离轨道站200米远的地方，然后利用轨道站上的控制台，对飞船进行操纵控制实验，并成功地完成了所有定位和控制飞船运行的实验课题。

俄罗斯青年现状 “俄罗斯青年目前正处在复杂和困难的境地。过去的价值观和生活方式被否定，而新的生活方式尚未确定。许多青年处于无理想、悲观和心理不平衡的状态之中”。以上是俄罗斯青年问题科研中心主任伊林斯基教授对俄罗斯青年现状的看法。几年来，国家政治生活的变化，使得俄罗斯青年对政治已经感到厌倦，他们趋向于“非政治化”。现在的青年中已没有统一的组织，没有公认的思想家和组织者，各地的那些小组织也只是一盘散沙。不少青年开始信教，寻找精神寄托，有些青年成了只为自己活着的人。实用主义盛行，“弱肉强食”甚至成为一些人的信条。酗酒、吸毒、犯罪、道德水准下降。另有一些青年一门心思想出国，希望去外国定居的大学生迅速增加；文化方面，“社会主义的现实主义”在俄罗斯已经不复存在，新的文化还没有建立起来，出现了“文化真空”。这样一来，西方文化，特别是美国文化大肆“入侵”。上映的电影90%以上是美国片，其中暴力、色情的东西对青少年毒害不浅。近5年来，未成年人犯罪率增加了近50%，而且犯罪者的年龄也趋小，未成年女性违法案件增加一倍。更严重的是文化基础结构被破坏。过去全国几十万个文化馆，现在大多关闭了，青少年和儿童图书馆也关闭了，青少年报刊和图书出版业萎缩，青年旅游业和体育事业困难重重。文化水准下降。在国家经济生活中，全国3 200万青年中大约有5%经商，而其他绝大部分仍然在国营企业里工作。由于工资低，通货膨胀率高，多数青年不愿意工作，另有许多人士面临失业的危险。现在，俄罗斯青年失业问题已变得非常严重。在莫斯科、罗斯托夫等地的青年失业达到⅕至¼。全国现有300多万待业青年。农村青年的情况更糟，开办私营农场绝非易事。他们不知道前面等待他们的将是什么。

俄罗斯人才流失 1991年“8·19”事件后，俄罗斯人才流失现象日趋严重，尤其是科技方面人才的流失严重，造成的损失难以估量。据俄罗斯国家“人才流失委员会”不完全统计，1992年就有9 200名各类专业人才流往国外。这些人从事的专业广泛，包括理论物理、低温超导、量子物理、核技术等领域，其中以数学研究和计算机技术部门高级专业人才流失最多，是第二次世界大战以来最大规模的人才外流。俄罗斯人才外流的形式主要有：1.相当多一部分留学人员学成不归；2.大批去国外科研中心或实验室临时工作的专家学者滞留国外；3.隐蔽式流失，即在俄罗斯与外国公司的合资企业中，一些科技人才不仅向外国公司出卖自己的“智慧”，还非法出售集体科研成果，如设计图纸、新产品、有关统计等。俄罗斯专业人员由以往流向美国、德国扩大到流向日本、澳大利亚、瑞士、以色列、北欧等，也有到中国来的。造成俄罗斯人才外流的原因有：1. 国内政局动荡，经济衰退，缺乏安定的科研环境，是人才大量外流的现实催化剂。2. 科研经费剧减，使研究人员难以开展研究活动。3. 科研人员工资低，待遇差，还有部分科技人员失业，莫斯科失业人员中，科学工作者占⅓。4. 科研成果难以推广使用，挫伤了科技人员的积极性。5. 西方国家采用高薪吸引人才，是人才流失不可忽视的外因。美国早有“接收俄罗斯最有希望的青年专家到美国深造”的战略计划。日本正在加紧实施科研国际化政策，通产省特别设立了国际科技合作奖励基金，来大力引进外国高级科技人才。人才大量流失，严重削弱和动摇了俄罗斯已居世界领先的科学阵地，使其经济建设、科技进步，以及国家的士气都受到巨大损失和影响。

埃及教育发展新战略 1992年底埃及首都开罗自费大学成立，该校对学生入学年龄、专业和课程选修不予限制。这在阿拉伯国家中尚属首创。这所大学的开办，体现了埃及90年代发展教育新的战略思想。新的教育发展战略，总体目标是全面发展教育，培养和造就面向未来的新一代经济建设人才，把教育领域建成培养现代劳动力和科学技术再生产的园地。具体做法是扩大必要的教育投资，提高教育效益；加强师资队伍建设；加强教育管理和科学研究；改进教学体制，扩大职业教育。根据国家现实情况，埃及教育发展新战略近期发展重点是职业教育和扫盲教育。为改变教育与生产需要相脱节的现象，国家对于急需的专业采取增加投资，大力扶植职业教育的措施。这样，一批为边远地区和开发地区培养技术人才的职业教育的新专业，如沙漠改良、盐碱地开发与利用、农业技术、乡镇企业等得到加强和改善。这些措施为埃及开发和建设新区和农村注入了新的活力，同时，也有助于缓解毕业生集中在大城市的矛盾。另外，由于历史的原因，埃及仍有43%的人口是文盲，其中妇女居多。为此，埃及新的扫盲教育法规定，在4年内15—45岁的公民至少达到小学毕业程度，同时使全国文盲率每年下降5%，到下世纪初完成全国扫除文盲的任务。扫盲教育中特别强调加强妇女教育和在职成人教育。为解决教育经费短缺问题，政府除增加投入外，还积极鼓励社会各种力量共同兴办教育，以形成多渠道、多层次、多形式的办学模式。开办自费大学就是一种尝试。埃及教育发展新战略将使得更多的埃及人有受教育的机会，并帮助他们树立新的人才观念和就业观念。

以色列人的科技意识 以色列国仅有510万人口(1991年)，但他们特别重视把科学技术运用到经济和社会生活的各个方面，表现出一种强烈的科技意识。滴灌技术使以色列享有盛誉。中东地区普遍面临水源匮乏的难题，以色列人十分注意节水。那里有一句格言：“即使住在河边，也要节水。”在以色列，不论是城市的花木草地，还是农村的果园菜地，几乎全部都用塑料管进行滴灌。这样可以节约40%的灌溉用水，不但有重大的经济意义，而且具有战略意义。以色列还普遍利用太阳能，国家法律规定，所有住宅都必须安装太阳能热水器。仅此一项规定就使以色列每年减少15%的石油进口。以色列的太阳能技术相当先进，在阳光较弱的情况下，也可使水达到一定的温度，而且大部分热水器都同时带有电加热设备，在阴天下雨时仍可提供热水，使用很方便。以色列的农业比较发达，农业人口仅占全国人口的6%，农产品出口达6亿美元(1989年)，其成功的奥秘就在于把现代科学技术运用于农业。除滴灌技术外，生物技术等高科技广泛运用于水果、鲜花、蔬菜等生产领域。中国的特产荔枝，现已在以色列安家落户。以色列的科技人员还找到了使荔枝保持新鲜色泽的方法，扩大了在市场上的销路。以色列金融机构同外国合作，建立达百亿美元的基金，旨在解决这些国家工业部门遇到的难题。把科学技术转化为生产力已经成为以色列人的强烈意识，也是以色列经济得以发展的一个重要因素。以色列人自豪地说：“我们真正的财富在脑子里。”

以色列注重教育 在世界众多的民族中，像犹太人那样经历过诸多磨难，却仍能保持住自己的民族特性和文化传统的，实在不多。究其原由，主要是犹太民族历来就有着重视教育的良好传统。这种传统使犹太人在美国、前苏联和其他不少国家的高等学府和科研机构都占有举足轻重的地位。现在，以色列已形成一个完整的教育体系，它包括：(1)学前教育。所有3—4岁儿童都要入托儿所(公、私立)接受学前教育。托儿费由劳动和社会事务部规定，对入学儿童家庭视其父母收入多少由政府提供补贴。(2)中小学校。6—16岁(可到18岁)青少年必须入学接受教育。全国现有中小学2500所，公立学校的学生占学生总数的95%，私立学校学生占5%。(3)专门学校。以色列设有技术、农业等专门学校；另外，还分别为智力超常儿童和残疾儿童开设专门班级和课程。(4)高等学校。全国共有7所高校，在校大学生67 000人。大学生占全国人口总数的1.48%，居世界前列。80年代后期，教育经费占到国民生产总值的8.5—8.7%。以色列十分重视把民族的历史、文化、宗教，以至现代科技成果精华，通过各种渠道灌输给每一个公民。在以色列，堂堂政府机关挤在简陋的房子里随处可见，而学校、博物馆等文教设施却盖得漂亮、精美。以色列把教育当成团结犹太民族的途径，把教育视为保证社会稳定和开创未来的关键。“校园儿童的成长乃是这个世界的希望所在”，这已成为犹太人的共识。

美国大学的道德教育 在美国，大学道德教育与其各个时期的历史文化传统、经济、政治等关系密切。随着美国社会政治和经济发展的新需要，大学现在普遍采取了多种方式进行道德教育：加强传统的人文科学教育，强调西方文化的道德价值；开设专门伦理道德和宗教道德课程；加强对学生的管理；调整道德教育目标，强调个人与社会的共同责任，强调竞争与合作的共同需要，等等。这些办法和措施反映了美国大学道德教育方面的新趋势。现在，美国大学道德教育主要是公民教育和价值观教育两个方面。公民教育的核心是爱国主义，并围绕这一核心开展爱国主义教育和法制教育。价值观教育的核心是个人主义，个人权利和自由为其中心内容。美国大学开展道德教育的途径和方法主要有：(1)课堂教育。它分一般课程和核心课程两种。一般课程包括公民课，以政治教育为目的；道德哲学课，从哲学角度探讨道德理论问题；职业道德课，紧密联系所学专业；西方著名思想家的伦理道德专著课，引导学生对一些重要的道德问题进行深入思考和探讨。核心课程以西方文化为主，以人文科学为主，以综合内容为主进行，颇有特色。(2)校园生活。如各种学术活动、体育活动和宿舍生活等。(3)社会服务。为学生参与社会生活提供多种机会。(4)心理咨询和治疗服务。以此减轻青年学生由于各种原因所产生的心理负担，帮助解除他们的心理障碍，减少其消极和反常行为。(5)宗教影响。(6)社会教育。道德教育现在在美国大学整个教育中占有重要的位置，然而，也面临着许多难于解决的问题，主要是由于资本主义社会制度宣扬的是以个人主义为核心的价值观，这就必然会导致为个人利益展开竞争，甚至不惜以牺牲他人利益为前提。因此，自由放任无度，道德水准下降，尤其是吸毒、酗酒、性问题、暴力问题等，在美国青年中表现十分突出。

90 年代美国企业教育及发展趋势 近年来，美国企业为满足其对教育不断增长的需求，对教育投入了巨大的财力和物力，企业每年用于教育与培训的经费高达 600 亿美元。美国企业积极参与办学的主要途径有：1. 为学校捐赠教学设备。这样，既树立了公司良好的企业形象，又可为公司产品做广告。美国各大计算机公司几乎都向学校捐赠设备。2. 加强对学校科学教育的援助。据全美自然科学教师协会估计，全国 20 万中小学自然科学和数学教师中有 6 万人不合格。针对这种情况，各大公司一方面为学校提供急需的科技教育人才，同时提供实验室和相应的经济资助。3. 企业与学校签定供需契约，保障毕业生就业，促使学生积极学习。这一尝试在美国得到较好的反响。4. 企业收办学校，让学校直接为企业输送合格工人。所谓“收办”，就是公司与学校密切合作，公司为学校提供财政援助，并把影响力深入到学校教育内部，学校为公司培养合乎公司要求的新工人。美国现有 1 万家公司和约 2 万所学校建立了这种合作关系。5. 企业直接兴办各类教育。现在，企业作为传统学校教育的潜在竞争者，已建立起越来越多的教育培训机构。卡内基促进教育基金会在一份题为《公司课堂：学习的企业》报告中指出，美国企业内部开展的训练和教育计划之庞大，实际上已成为全国公、私立学校和学院的一种替代方案。现在企业每年约有 800 万职工在企业培训，这相当于高校每年录取的新生人数。由此可以看到企业在美国教育体系中发挥着巨大的作用。面对这种新的挑战，学校教育作出了如下方面的改革：1. 改革传统的课程设置，培养适应现代信息社会的新型人才。2. 切实加强同企业的合作关系，使科技的最新发展及时反映到教学中去，同时也为公司提供技术咨询、技术指导、技术培训等服务。3. 大学企业化。这是 90 年代美国教育最特殊的变化，大学逐渐成为公司已是改革的一种发展趋势。

90 年代美国科技战略大转变 进入 90 年代以来，随着冷战的结束，美国科技战略开始了大转变。其主要表现为：军事科研转向民用，大力吸收外国人才，重视应用技术以加强企业竞争能力，积极从事基础领域的共同研究以保持科技大国的地位。具体做法是：第一，实施集团科研体制。为了使与将来的技术革新有关的基础研究不落后，美国采取了设立集团公司推进企业、大学和机关共同研究的办法。现已设有 14 个以上的集团公司，从事超导领域等方面的研究开发。改变以前由政府主导、企业单独进行基础研究的体制，从而走向协作。第二，增强中小企业活力。为了提高中小企业的生产力而开办的技术开发组织，目的是促进技术转让。现在，利弗莫尔实验所、布鲁克·黑文研究所等能源部所属的军事研究所都加快了同民间企业的共同研究。同时，技术开发组织大力从事使用高技术装置的技术人员培养，这是恢复提高中小企业竞争力的当务之急。第三，广泛吸引外籍人才。这是美国科技战略转变的一个重要方面。通过大量吸收外籍高级研究人才，特别是俄罗斯一批达到诺贝尔奖一级的研究人员，可以大大加强美国的技术力量。美国电话电报公司贝尔实验所同俄罗斯综合物理学研究所的 100 名研究人员签订了开发双向有线电视和高清晰度电视不可缺少的光纤和光器件的合同。犹他大学研究园的塞拉蒂克公司是一家生物技术企业。该公司 24 名持博士学位的研究人员中，一半来自日本、韩国、印度和瑞士。另外，据全美研究协会 1993 年发表的《1992 年度美国大学博士学位获得者》报告统计，获工学博士学位者中，外籍人的比例从1962年24%增加到1992年的61%；同期，获生命科学博士学位的比例从20%增加到34%。1992年全美大学获博士学位的外籍学生中，中国名列榜首，为2 079人，韩国次之，为1 458人。外籍研究人员增加，不仅可提高美国的研究开发力，而且还可促进开拓海外市场和同海外企业的共同研究。

1993年美国科学之最　美国权威的《时代》周刊评出1993年美国科学之最。它们分别是：1.寻找基因取得大丰收。科学家们在这一年里不仅确定了造成卢·格克里疾病、亨廷顿舞蹈病、结肠癌、机能亢进以及一种糖尿病等疾病的基因位置，而且还绘出了第一张人体染色体略图。这些对于揭开人体脱氧核糖核酸(DNA)秘密的遗传工程来说是个特大丰收年。2.修复哈勃望远镜。经过4名宇航员11天的维修工程，完成了人类太空征服史上具有里程碑意义的大事——矫正哈勃空间望远镜的“近视”。修复后的哈勃望远镜发回的照片清晰度提高50%，能看到暗得多的星，能使科学家对哈勃望远镜所看到的东西进行定量分析。3.发现了暗物质。1993年，科学家们找到了近10年一直搜寻的暗物质——一种其引力几乎能把宇宙结合在一起的神秘物质。这种形似木星的物质团，被称为大质量致密晕天体(MACHOS)。4.聚变突破。普林斯顿等离子体物理实验室的一个巨型环形装置创下一项核聚变记录，一次迸发的热和光相当于5兆瓦多的电力。5.费马猜想。费马是17世纪与笛卡儿齐名的法国著名数学家。费马大定理(亦称费马猜想)是一道难倒了世界上最伟大的数学天才达350年之久的难题，最终被普林斯顿的安德鲁·怀尔斯解决了。6.古代基因。科学家们成功地从已有6500万年之久的霸王龙属化石骨髓中提取了小片DNA，而且还使密闭在1.3亿年前中生代琥珀中一只昆虫的DNA得到完整恢复。7.走出生物圈。为生态学作出了重大贡献的8名男女科学家，在世界上最大的动植物饲养和培植室——生物圈2号——生活了两年以后，返回大自然。8.玛雅文化新发现。一系列令人瞩目的发现——包括伯利兹南部丛林中4座消失的城市——使人们对古代玛雅文化有了进一步了解。玛雅文化在250年至900年间在中美洲处于鼎盛时代，后来突然消失了，显然是因为混战、人口过多和破坏雨林所致。9.新的研究成果表明，同性恋不是教养过程中的错误引导、精神病或任性的选择，而常常是母系家族遗传下来的一种癖好。此外，1993年美国科学之最糟是超导超级对撞机。这台圆周长54英里的原子粉碎机本该是世界上最尖端的科学仪器，但是现在它只不过是留在地上的一个造价为20亿美元的大洞。

美国大学重视学生搜集情报能力　学会索取情报信息，获得新知识的方法，已成为美国工科大学生后期学习的核心内容和要求。创造能力就是一种对情报的有性繁殖能力，情报能力主要表现在对情报的搜集和利用两个方面。为提高大学生搜集情报的能力，美国许多大学和理工学院设专门课程讲授如何利用图书馆，目的是向学生介绍研究科学和技术专题的系统方法；给学生一种颇有价值的知识和一些科学和技术情报参考指导，使学生掌握利用图书目录的实际知识；提高学生利用图书馆情报资源写报告的能力。教学分两步：图书馆系列讲座和课堂讲授，图书馆员作简单讲授，然后学生到图书馆查阅第一手材料。讲课内容有：(1)参考文献的收集、选择和修改研究课题以及制定研究计划。(2)图书的收集和指导利用。(3)期刊、丛书和主要标引，文摘服务数据库的查找以及收集。(4)年度报告、标准和政府出版物的利用。(5)帮助学生巩固学习研究利用情报的技能，图书馆提供完整书目，让学生实际查找。课程的特点有助于学生开展情报信息目录编制工作，及时报道，跟踪检索。为及时获得世界最新的科技动态、先进技术等情报信息，一要讲情报信息的捕捉技术；二要对情报信息进行分析、筛选、浓缩、整理加工及归类入库，以备输出。

美日法重视提高农民文化科技素质　美国、法国、日本等发达国家普遍重视对农民进行教育，并有一套较完整的农业教育体系，包括：基础教育、职业教育、技术推广、进修提高。这种教育特别强调理论与实践结合，生产与生活并重，重视立法及相应的奖励政策措施，设置专门的管理机构，提供足够的经费保证，得到政府和社会的大力支持。这些国家的农民已经普遍扫除文盲，相当一部分农民具有较高的文化科技知识。在美国，大部分农场主毕业于农学院。日本农民中大学、高中和初中毕业生分别为5.8%、74.8%和19.4%。美国农业教育始于1862年的赠地法案，后来又多次为建立和推广农业科学教育立法。现在，从联邦政府到各县都设立了农业推广局(中心)。全国有16 500个专业推广技术人员；有3500所中学开设了农业职业教育课，⅓的高中生选修农业课程。各农业推广中心利用不同季节，对农民进行不同内容和形式的培训，如农闲季节对青年农民进行较系统的培训，对成年农民传授新技术的短期推广培训。创建已经66年的美国未来农民联合会是个学生组织，现有会员500多万人。该学会宗旨是帮助选修农业课程的学生提高对农业的兴趣和文化修养。另外，美国各级政府每年都举办农业博览会等活动，以提高国民重视农业和保护农业资源环境的意识。日本从明治维新以来就重视农民教育。战后又相继制定了相关法律法规，以保证对农民进行文化科技培训。现在日本的农民教育进一步正规化和制度化。全国53个县建立了营农大学校，招收高中毕业并有一年实践经验的青年，再学习二三年。这类学校办学经费由国家负担2/3,县里负担⅓。日本现有农业改良普及所611个,普及人员有12 000人,其中技术员10 000人。普及所对农民进行季节性提高教育,学习新的栽培技术,还进行增进农民健康长寿方面的知识教育等。近年来,针对农村青年不安心务农的情况,加强了对青年农民的教育。法国是西欧主要的农产品供应国,农业在国民经济中占有重要的地位,重视农业教育是政府农业政策的重要组成部分。国家规定农民必须接受职业教育。只有取得合格证书者,才有经营农业的资格,并享受国家提供的补贴和优惠贷款。全国350所农业技术中学教师工资由农业部下拨,学校所在地方提供教学设备和其他基本经费。农业技校都办有实验农场,学员培训期间由国家及有关企业支付一定报酬。对16—20岁的农业学徒工进行两年实用技术培训。农业职业高中招收初中(四年制)毕业生,再学习三年。毕业时通过考试者授予农业技术员和高级技术员证书。每年农中的毕业生约为当年中学毕业人数的10%。另外,政府和有关机构通过开办电视广播讲座和举办农业展览,向农民大力推广普及新的农科技术和新品种。

哥伦布首航美洲500周年

1492年10月12日,哥伦布发现并登上了一块前所未知的新天地,这就是美洲。500年后的今天,当全世界都在纪念这一伟大历史事件的时候,有关究竟是谁发现了美洲,哥伦布的历史作用等问题,再度成为人们议论的热点。而今,在美洲"发现者"的名单中有亚洲先民、维金人、中国人,还有日本渔民、爱尔兰僧侣和12世纪的威尔士王子玛杜克,等等。在这一长串的"发现者"中,除亚洲先民和维金人现已为史学界所公认外,其余的"发现者"不是处在探索之中,便是属于"事出有因,查无实据"的各种传说。现已证实在哥伦布发现新大陆之前,这块土地早已有了自己的主人,他们就是哥伦布称为的印第安人,以及这块土地上存在着的一个完全独立发展的印第安文化。近几十年飞速发展的人类学提供了大量证据,完全证实印第安人的确是东亚、北亚古代居民的后裔,就是说,美洲真正的发现者正是4万年前的亚洲先民。此外,经过大量历史文献和实物考证,维金人,即10世纪前后的北欧人,主要是挪威人,大约在公元1000年左右便开拓了格陵兰殖民地并再度发现了美洲。因此,严格地说,哥伦布不是美洲大陆的发现者,也不是除印第安人以外来到美洲的第一个人。这一点已经确定无疑。但尽管如此,哥伦布发现并登陆美洲仍然是世界历史上最伟大的事件之一。这次发现已经证明具有极其深远的社会经济意义,正是这一发现才使得人们第一次把另外半个地球袒露在文明世界面前。从这个意义上讲,哥伦布是美洲当之无愧的发现者。至于哥伦布的历史作用这一问题,长期存有争论。有人称他为伟大的航海家、发现者,有人说他不过是个凶残的海盗。1992年10月12日,当哥伦布首航美洲500周年之际,从欧洲到美洲,各国耗资巨大的纪念活动和印第安人的抗议示威同时举行,从而把这场历史的争论推向高潮。在纪念活动中,一些国家提出了"两个世界的会合",然而这一表述遭到反对。一位拉美印第安人组织领袖指出,从来就没有什么两个世界的会合,而是一个世界征服另一个世界。专攻美洲史的历史学家瓦因法斯教授指出,"发现说"也好,"入侵说"也好,都忽视了美洲土著居民和后来被殖民者贩运到这里的黑非洲人民的抵抗能力。现在的巴西文化是一种混合文化,它充分显示了几遭灭绝的印第安人和非洲人的巨大抵抗能力。因此,这500年应该用"会合"与"不合"两个词来表述。"不合"表示冲突,现在的美洲还远未达到充分而和谐的融合。看来,有关哥伦布历史作用的争论仍将继续下去。

世界各国有关指标比较

11. 居民文化程度构成

单位：%

国　　家	年份	25岁和25岁以上人口总计（万人）	大学	中学		小学		文盲及文化程度不明确者
				初　中	高　中	肄　业	毕　业	
美　　国	1981	13 289.9	32.2	64.6		④	⑤	3.3
日　　本	1990	8 048.9	21.2	②	44.5	④	34.3	0.0
德　　国								
前联邦德国	·1970	3 855.9	4.3	④	18.0	④	④	77.7
前民主德国	1981	1 071.5	17.3	52.6		30.1		
英　　国①	1976		11.0	④	④	④	④	89.0
意 大 利	1981	3 559.7	4.1	18.0	11.2	47.4		19.3
加 拿 大	1981	1 397.1	37.4	36.8		14.2	9.5	2.0
澳大利亚	1971	687.8	21.5	48.3		29.3		0.9
原 苏 联	1989	17 040.5	13.9	②	63.3	④	14.9	7.9
原捷克斯洛伐克	1980	927.5	6.0	45.9		47.6		0.4
波　　兰	1988	2 298.6	7.9	47.8		5.6	37.2	1.5
匈 牙 利	1980	690.4	7.0	57.0	23.6	8.0	3.2	1.3
罗马尼亚	1977	1 262.3	4.6	39.8		④		55.6
南斯拉夫	1981	1 308.4	6.8	23.4		53.9		15.8
印　　度	1981	28 060.0	2.5	13.7		11.3		72.5
印度尼西亚	1980	5 844.1	0.8	4.7	4.9	31.6	16.8	41.1
菲 律 宾	1980	1 786.5	15.2	18.9		31.3	22.8	11.7
泰　　国	1980	1 749.1	2.9	4.5	2.3	67.3	2.4	20.5
马来西亚	1970	1 031.9	③	8.8	5.1	30.0	12.6	43.4
新 加 坡	1990	159.7	4.7	23.2	8.1	64.0		②
巴基斯坦	1981	3 070.7	1.9	10.5		8.7		78.9
缅　　甸	1983	1 394.9	2.0	14.5		27.7		55.8
孟加拉国	1981	3 159.3	1.3	7.4	4.2	16.7		70.4
土 耳 其	1980	1 827.7	3.6	8.7		35.3		52.4
韩　　国	1985	1 976.0	11.7	②	45.3	④	27.6	15.4
埃　　及	1976	1 464.2	3.4	5.7		4.7		86.3
墨 西 哥	1990	3 118.8	9.2	12.7	10.7	28.6	19.9	18.8
巴　　西	1980	4 831.1	5.0	6.9		50.4	4.9	32.9
阿 根 廷	1980	1 491.4	6.1	20.4		33.4	33.0	7.1

注：①25—69岁人口的文化构成。②包括在“小学毕业”栏内。③包括在“高中”栏内。④包括在“文盲及文化程度不明确者”栏内。⑤包括在“中学”栏内。

国外资料来源：联合国教科文组织《统计年鉴》1992年。

12. 教师及学生人数

单位：万人

国家	大学①			中学②			小学		
	年份	教师	学生	年份	教师	学生	年份	教师	学生
世界总计	**1990**	**473.3**		**1990**	**1 815.2**		**1990**	**2 382.2**	
中国	1991	39.1	204.4	1991	355.7	5 226.8	1991	553.2	12 164.2
美国	1990	70.1④	1 397.5	1989	104.2③	1 258.3	1989	139.8④	2 897.3
日本	1989	27.1	268.3	1989	65.2	1 114.4	1990	44.4	937.3
德国									
前联邦德国	1989	19.8⑥	172.0	1989	44.3	601.9	1989	14.0	247.6
前民主德国	1988	4.3	43.9	1989	15.7	140.6	1989	5.8	95.8
英国	1989	8.3	117.8	1989		428.4	1989	22.8	448.7
法国	1990		169.9	1990	43.4⑨	540.2	1990	26.6⑨	414.9
意大利	1990	5.6	145.2	1990	57.2⑨	514.0	1990	25.8⑨	306.1
加拿大	1990	6.2	135.9	1990	16.4	229.3	1990	15.5	237.2
澳大利亚	1990	2.8	48.5	1990	10.3	127.8	1990	9.6	158.3
原苏联	1990	47.0	525.3	1990		2 109.0	1990	309.5⑧	2 563.3
原捷克斯洛伐克	1990	2.3	19.0	1990	8.6	86.4	1990	10.0	192.4
波兰	1990		54.5	1990	16.2⑥	188.8	1990	31.7	518.9
匈牙利	1990	1.7	10.2	1990		51.4	1990	9.1	113.1
罗马尼亚	1989	1.2	16.5	1990	5.7	139.1	1990	15.8	270.1
保加利亚	1990	2.4	18.8	1990	2.7	39.2	1990	6.3	96.1
南斯拉夫	1990	2.7	32.7	1990	14.1	234.4	1990	6.1	139.3
印度	1986	32.0	480.6	1990	233.2⑦	5 418.0⑦	1990	163.7	9 911.8
印度尼西亚	1984	7.6	98.0	1989	87.0	1 124.3	1989	128.6	2 993.4
菲律宾	1989	5.3	151.6	1989	11.2⑥	396.2	1989	31.5	1 028.5
泰国	1989	5.2	95.2	1990	13.4	239.7	1990	36.5	646.5
马来西亚	1990	1.1⑨	11.5	1990	7.4	142.0	1990	12.1	245.6
新加坡	1983	0.3	3.5	1989	0.9⑦	19.9⑦	1989	1.0	25.8
巴基斯坦	1989	0.8④	30.5	1990	20.9	398.3	1990	21.8	885.6
缅甸	1987	0.9	20.2	1987	6.1	135.9	1989	19.3	648.3
孟加拉国	1990	1.9	35.8	1988	12.5	334.0	1990	19.0	1 194.0
土耳其	1990	3.4	75.0	1990	15.9	380.8	1990	22.6	686.2
蒙古	1986	0.3	3.9	1986	1.2⑦	26.8⑦	1990	0.6	16.6
韩国	1991	7.7	176.2	1991	18.9	445.8	1991	13.8	475.9
越南	1980	1.7	11.5	1985	17.7⑦	402.3⑦	1989	39.9	1 104.8
埃及	1988	3.2③	76.5	1990	28.9	526.1	1990	27.9	640.2
尼日利亚	1989	2.0	30.7	1991	14.1	312.3	1991	35.4	1 377.7
墨西哥	1990	13.4	131.1	1990	40.2	670.4	1990	47.2	1 440.2
巴西	1990	13.2	154.0	1990	24.3	349.9	1990	126.1	2 894.4
阿根廷	1987	7.5	95.9	1987	24.8	186.2	1988	26.0	499.9

注：①包括大学、专门学院和相当于专门学院的各种专科学校。②包括普通中学、中等师范学校、中等专业学校和职业中学。③1985年数。④1986年数。⑤1987年数。⑥1988年数。⑦为普通中学。⑧包括部分普通中学。⑨1989年数。

国外资料来源：联合国教科文组织《统计年鉴》1992年。

13. 公共教育经费占国民生产总值比重①

单位：%

国 家	1980 年	1985 年	1987 年	1988 年	1989 年	1990 年
世界总计	**5.5**	**5.6**		**5.5**		
中 国	3.3	3.6	3.4	3.2		
美 国	6.7⑤	5.0	5.1	5.2	5.3	
日 本	5.8	5.0	4.8	4.7		
德 国						
前联邦德国	4.7	4.5	4.4	4.2	4.1	
前民主德国②	5.3	5.4				
英 国	5.6	4.9	4.9	4.7		
法 国	5.0	5.8	5.5	5.5	5.4	5.5
意大利	4.4④	5.0				
加拿大	7.4	7.1	7.3	7.2	7.1	7.4
澳大利亚	5.5	5.6	5.1	4.9	5.1	
原苏联③	7.3	7.0	7.5	7.8	7.9	
原捷克斯洛伐克	4.0	4.2	4.3	4.4		4.7
波 兰	3.3	4.9	4.6	3.6	3.8	4.9
匈牙利	4.7	5.5	5.6	5.2	6.0	6.1
罗马尼亚	3.3	2.2		2.3		3.1
保加利亚	4.5	5.5	5.4	5.4	5.5	5.8
南斯拉夫	4.7	3.4	4.2	3.6	4.3	6.1
印 度	2.8	3.4	3.2			
印度尼西亚	1.7			0.9		
菲律宾	1.7	1.4	2.1	2.2	3.0	3.0
泰 国	3.4	3.9	3.4	3.2		3.8
马来西亚	6.0	6.6	6.9	6.1	5.7	5.5
新加坡	2.8	4.4	3.9	3.4		
巴基斯坦	2.0	2.7	3.4			
孟加拉国	1.5	1.9	2.0	2.1	2.2	
土耳其	2.8	2.3	1.6	1.8	1.8	
韩 国	3.7	4.5	3.9	3.3	3.6	3.7
埃 及	5.0	6.3	5.7	5.7	6.7	
尼日利亚	5.5⑤	1.2				
墨西哥	4.2⑤	3.9	3.5	3.3	3.5	4.1
巴 西	3.6	3.7		3.9		
阿根廷	3.6	2.0	1.9		1.5	1.5

注：①公共教育经费包括公共教育支出和政府对私人教育补助支出。教育经费包括日常经费和投资支出。②日常教育经费占物质生产净值的比重。③教育经费占物质生产净值的比重。④1979 年数。⑤包括私人教育经费支出。

国外资料来源：联合国教科文组织《统计年鉴》1992 年。

14. 科技人员数

单位：人

国家	年份	科学家和工程师人数①	#女	技术人员数②	#女
中国	1992	17 597 000③			
美国	1988	5 286 400⑥			
日本④	1987	8 672 000	1 228 000	4 955 000	3 069 000
德国					
前联邦德国	1987	2 782 000	787 000	1 982 000	368 000
前民主德国	1988	626 100	247 700	1 094 700	696 800
法国	1975	1 251 610	409 910		
意大利	1981	1 175 418	420 694	3 527 943	1 436 119
加拿大	1986	1 623 045	638 035	3 063 745	1 433 685
澳大利亚	1986	521 027	184 827	317 112	158 908
原苏联	1987	15 530 862	8 470 356	20 161 646	13 146 876
原捷克斯洛伐克	1980	542 706	191 256		
波兰	1988	1 554 600	677 100	4 841 000	2 671 000
匈牙利	1984	487 300	201 650	2 193 250	892 850
保加利亚	1986	323 575	161 918	690 501	391 789
南斯拉夫	1988	563 312		432 380	
印度⑤	1990	2 471 400		639 300	
印度尼西亚	1980	193 262		1 664 416	
菲律宾	1980	1 770 762	1 006 402		
泰国	1975	20 288		47 344	
马来西亚	1982	26 000	3 562		
新加坡	1980	38 259	10 246	25 920	4 769
巴基斯坦	1990	287 000		210 000	100 000
孟加拉国	1973	23 500		40 000	
土耳其	1980	708 000	163 000	830 000	285 000
韩国	1981	94 171		1 931 468	
埃及	1976	492 470	96 200		
尼日利亚	1980	22 050		79 550	
巴西	1980	1 362 206	668 911		
阿根廷	1988	695 000	278 000	245 000	200 000

注：①科学家和工程师指在自然科学、工程、农业、医学和社会科学方面受完大学教育，接受过科学和技术训练，达到专业水平的人。②技术人员指初中学生经过三年以上科学和技术训练，能担任科学和技术工作的助理人员。③国有企事业单位专业技术人员数。④仅指有酬受雇人员。⑤未包括社会科学和人文学科的科学家。⑥未包括法律、人文学科和教育方面的科学家。

国外资料来源：联合国教科文组织《统计年鉴》1992年。

15. 研究与开发经费

国家	年份	货币名称	研究与开发经费占国民生产总值的%	按人口平均的研究与开发费用(单位本币)	每一研究人员年平均费用(单位本币)
美国	1988	美元	2.9	568.4	146 700②
日本	1988	日元	2.8	86 901.8	17 284 700
德国					
前联邦德国	1987	西德马克	2.9	937.6	345 600
前民主德国	1989	马克	4.3①	728.8	93 200
英国	1989	英镑	2.3	201.9	
法国	1988	法郎	2.3	2 348.8	1 134 300
意大利	1988	里拉	1.1	232 414.8	177 479 000
加拿大②	1989	加元	1.4	326.0	140 200
澳大利亚	1988	澳元	1.3	255.2	108 600
原苏联	1988	卢布	6.5①	133.5	24 800
原捷克斯洛伐克	1989	克朗	3.3	1 583.9	377 600
波兰	1989	兹罗提	1.2	32 222.0	37 752 700
匈牙利	1989	福林	2.0	3 168.3	1 636 800
罗马尼亚	1989	列伊	2.6	902.9	349 700
保加利亚	1989	列弗	2.7	115.9	
南斯拉夫	1988	第纳尔	1.4	91 060.5	61 893 400
印度	1988	卢比	0.9	42.4	291 700②
印度尼西亚	1988	卢比	0.2	1 461.0	8 093 000
菲律宾	1984	比索	0.1	11.4	127 000
泰国	1987	铢	0.2	50.0	481 000
马来西亚	1989	林吉特	0.1	5.6	17 600②
新加坡	1987	新加坡元	0.9	143.1	111 500
巴基斯坦	1987	卢比	1.0	50.6	840 500②
土耳其	1985	里拉	0.7	3 822.9	17 068 600
韩国	1988	韩圆	1.9	55 756.2	41 506 800
埃及	1982	埃镑	0.2	0.9	
尼日利亚	1987	奈拉	0.1	0.9	64 500
墨西哥	1989	比索	0.2	12 107.6	
巴西	1985	克鲁赛罗	0.4	39 763.8	101 971 900
阿根廷	1988	奥斯特拉尔	0.4	110.0	312 700

注:①研究与开发经费占物质生产净值的比重。②估计数。

国外资料来源:联合国教科文组织《统计年鉴》1992年。

16. 平均每一医生服务人口数

单位：人

国家	1975 年	1980 年	1984 年	1988 年	1989 年
中国	1 053	855	758	685	658
美国	610	549	470		
日本	845	748	660	608	
德国					
前联邦德国	500	442	380		
前民主德国	618	494			
英国	677②	626③			
法国	650	580②	320		
意大利	502④	346③			
加拿大	580⑤	550③	510		
澳大利亚	656	559	440		
原苏联	306	265			
原捷克斯洛伐克	420⑤	363	280		
波兰	620	574③	490		
匈牙利	389	347	310		
罗马尼亚	760⑤	678	570		
保加利亚	460	407			
南斯拉夫	810	679	550		
印度	3 039⑤	2 569	2 520		
印度尼西亚	16 387	11 408	9 410	7 438	
菲律宾⑥		6 656	6 570	6 104	
缅甸		4 595	3 740	3 258	3 284
泰国	8 270	6 755	6 290	4 843	4 343
马来西亚	2 744	3 563	1 930	2 700	2 638
新加坡	1 395	1 220	1 410	837	791
巴基斯坦	4 023	3 482	2 900	2 263	2 127
孟加拉国	12 689	8 195	6 390		
韩国	2 100	1 689	1 160	1 005	938
越南	5 668	4 164		2 992	2 904
埃及	1 147⑤	815①	770		
尼日利亚	17 630	9 591	6 410		
墨西哥	1 820⑤	1 260			
巴西	1 510	1 139	1 080		
阿根廷	530	420②	370		

注：①1981 年数字。②1977 年数字。③1979 年数字。④1973 年数字。⑤1976 年数字。⑥以公共医院医生数计算。

国外资料来源：世界银行《1992 年世界发展报告》、亚太经济社会《亚太统计数字》1992 年。

Table of Contents

Special Compilations and Feature Articles

1. Revelations of the cultural and ideological progress in Shanghai .... (1)
2. Huaxi Village - the pride of Chinese peasants .... (6)

Ideological and Moral Progress

1. Theoretical work .... (9)
2. Education in patriotism, community spirit and socialism and study of ethics .... (22)
3. Education in pratical conditions in the country and basic political lines and ideological and political work .... (32)
4. Democracy, legality and discipline .... (39)
5. National unity and religion .... (49)
6. Struggle against and prevention of corruption and the movement to establish a clean and diligent government .... (56)
7. Ethical conduct .... (63)
8. Occupational ethics .... (68)
9. The ethics of family, marriage and love .... (76)
10. Concern for the growth of the younger generation .... (82)
11. Respect of and love for the aged and how to enable them to continue to make contributions .... (88)
12. Help the disabled and the self-reliant spirit of the disabled .... (97)
13. The civilized life style and the transformation of social traditions .... (107)
14. The flowers of "Five Loves" .... (112)

Enhancement of Science and Culture

1. Education .... (127)
2. Science and technology .... (139)
3. Social sciences .... (148)
4. Cultural undertakings .... (156)
5. Literature and art .... (164)
6. The press and publishing .... (172)
7. Radio and television .... (183)

8. Sports .... (195)
9. Public health .... (205)
10. Environmental protection .... (213)
11. Population and birth control .... (219)
12. The development and management of talents .... (229)
13. Art education and the study of aesthetics .... (239)
14. Social welfare and community service .... (249)
15. Tourism and leisure life .... (260)

Highlights of Activities Fostering Cultural and Ideological Progress

1. Relevent activities in central government departments .... (269)
2. Activities in provinces, cities and autonomous regions .... (273)
3. Activities in special economic zones .... (293)
4. Activities in enterprises .... (297)
5. Activities in city districts .... (308)
6. Activities in counties, towns and villages .... (321)
7. Activities in schools .... (332)
8. Relevant activities in army barracks .... (343)
9. The study of the theory of cultural and ideological progress .... (353)

Visits to Model Communities and Units in Both Material and Cultural Advancement

Information about Cultural and Ideological Progress in Taiwan, Hong Kong and Macao

Contributions Made by Overseas Chinese in the Promotion of Cultural and Ideological Progress

International Exchanges

Investigative Reports and Typical Cases

Index of Activities concerning Cultural and Ideological Progress

Statistical Data on Cultural and Ideological Progress

Chronicle of Events of Cultural and Ideological Progress

Appendix

Lists of model workers and prize winners .... (569)
Remarks by Xu Weicheng, head of a Chinese delegation which visited Singapore to inspect cultural and ideological progress there .... (601)
Relevant information from abroad .... (608)
A comparison of statistical data of different countries .... (629)

编　后　记

一、《中国精神文明年鉴》首卷本在北京燕山出版社出版后，受到社会上和舆论界的热情欢迎。王平、刘志坚、刘建章、李尔重、杜导正、郭述申、荣高棠、顾大椿、袁宝华、曾志、曹禺、黄民伟等一些老同志和许多专家学者都给予积极的鼓励和支持。新华社、人民日报、光明日报、工人日报、团结报、新闻出版报、中国老年报、北京日报、北京晚报、武汉晚报以及中央人民广播电台、中央电视台、北京电视台都热情报道，认为它"填补了我国和世界年鉴出版史的空白"，"是落实党中央'两手都要抓、两手都要硬'的重要成果"，是"民魂之鉴"。年鉴第二卷（1993—1994）本就是在这个基础上，又根据各方面提出的宝贵建议而编辑出版的。对上述各方的关怀和帮助，我们表示最诚挚的感谢。

二、为进一步加强对年鉴工作的领导，经中共中央宣传部有关领导批示，《中国精神文明年鉴》从第二卷（1993—1994）起，由中宣部学习出版社出版。学习出版社社长兼总编辑刘国雄同志及编辑部主任李路同志专程到年鉴编辑部听取汇报、对年鉴工作给予热情肯定和具体指导。

三、本书在编辑过程中，得到中央宣传部宣传局、出版局、精神文明办公室、国家新闻出版署的关怀和帮助。

四、全国各省、市、自治区精神文明委（办）和国家监察部、民政部、卫生部、国家体委、环境保护局等中央有关部门为年鉴提供资料，或委托有关人员撰写概述和条目，大大增强了年鉴的准确性和权威性。中共湖北省委和省人民政府还在精神和物质上给予关心和帮助。

五、国家统计局、新华通讯社、中国大百科全书出版社以及中国人民大学、北京大学、复旦大学、武汉大学、中南财经大学、中共湖北省委党校等单位，为本年鉴提供了大量、丰富、权威、翔实的文字、图片和统计资料。有的还在物质条件上给以有力的支持。

六、所有上述因素，再加上编辑部全体工作人员的艰苦努力，才使得这部年鉴克服种种困难，奉献在读者面前。

七、《中国精神文明年鉴》在成书过程中，各地编写人员根据年鉴体例和条目要求，运用了一些报刊或工具书的内容，谨向这些同志表示谢意。

八、我国正建设社会主义市场经济的体制，新旧交替，变化迅速。本年鉴中所反映的事物，有些后来发生了变化，这是可以理解的，相信广大读者会用历史的和发展的眼光看待问题。至于我们因水平限制和工作疏漏出现的问题，殷切希望海内外专家学者和广大读者多多提出批评建议，帮助我们不断地改进工作。

《中国精神文明年鉴》编辑部

1994年11月于北京

图书在版编目(CIP)数据

中国精神文明年鉴 1993～1994/中国精神文明年鉴编辑部编.-北京:学习出版社,1995.12
ISBN 7-80116-049-5

Ⅰ.中… Ⅱ.中… Ⅲ.精神文明建设-中国-年鉴-1993～1994 Ⅳ.D648-54

中国版本图书馆 CIP 数据核字(95)第 18394 号

中国精神文明年鉴
ZHONGGUO JINGSHEN WENMING NIANJIAN
(1993·1994)
中国精神文明年鉴编辑部编

学习出版社出版发行
(邮政编码:100806 北京市西长安街 5 号)
冶金胶印厂印刷

1995 年 12 月第 1 版 1995 年 12 月第 1 次印刷
开本:787×1092 毫米 1/16 字数:1517 千字
插页:16 印张:42 印数:1—3000
ISBN7-80116-049-5/C·1
定价:120.00 元

中国工商银行
INDUSTRIAL & COMMERCIAL BANK OF CHINA
VALID ONLY IN CHINA
MasterCard
中国工商银行
INDUSTRIAL & COMMERCIAL BANK OF CHINA
VALID ONLY IN CHINA
VISA

国 色 天 香

历史文化名城——集安

鸭绿江秋景

集安市地处长白山南麓、鸭绿江畔，与朝鲜隔江相望，是中朝边境重要口岸之一。集安历史悠久，文物富丰，至今还保存完好的高句丽文物。高句丽原是西汉（前 206—公元 25 年）所设立菟郡下的一个县，高句丽第一代王在这里立国，沿续 425 年，留下大量珍贵的文化遗迹。好太王碑、将军坟、洞沟古墓群、九都小城等对研究高句丽的历史、文化提供了极为珍贵的资料。

集安山川秀丽、气候温和、雨量充足、自然资源丰富，矿产有金、银、铁、煤、硼、云母、石墨、大理石等 40 余种。集安是我国新开河人参之乡，有人参、鹿茸、田鸡油等名贵药材。土特产有板栗、木耳、蘑菇、蕨菜、薇菜、山楂、山葡萄等山珍食品。欢迎到集安旅游观光。

地址：吉林省集安市
电话：（0431）829858

好太王碑

将军坟

中国工商银行海南省琼山市支行

中国工商银行琼山市支行是国内业务和国际业务并举的多功能、全方位、外向型国家专业银行。名列全省工商银行系统县级支行榜首，是上等级的先进单位，先后被海南省、琼山市委评为“学雷锋先进单位”、“精神文明先进单位”。

业务范围：人民币、外币、定期、活期、通存通兑储蓄，华侨、个人存款，工商企业、机关团体存款，代发工资、工商企业资金贷款、技术改造、信托、委托贷款，金融租赁、信息咨询、项目评估、固定资产投资等预决算。

琼山支行召开行长办公会议，研究在获得省级精神文明先进单位后如何更上一层楼

行长：叶丰收

地址：海南省琼山市府城镇中山路

邮编：571100

电话：0898—5886733

电挂：7810

琼山支行全部实行了电子化对外服务，图为支行营业厅采用电脑办理转帐、结算业务

中国工商银行海南省儋州市支行

中国工商银行儋州市支行地处洋浦开发区。该行顺应社会主义市场经济发展需要，以经济建设为中心，深化改革，按照“办一流的银行，创一流的服务，出一流的效益”的目标，求实、创新、开拓、进取，支持了儋州市糖厂、儋州市造纸厂，合资企业三鑫水泥厂的建设。支持改善洋浦和儋州市的投资环境和第三产业项目建设。被评为中国工商银行政治思想工作先进单位和“抓管理，上等级”先进单位。

行长、党组书记邓廷其

中国工商银行海南省儋州市支行营业办公大楼

行长：邓廷其

地址：儋州市人民大道

邮编：571700

电话：0890—322430

电传：0890—323717

中国工商银行河南省分行

工商银行河南省分行在开展文明单位、文明系统创建活动中，始终坚持“两手抓，两手都要硬”的方针，积极开展文明单位、文明系统创建活动，取得了明显成效。到 1994 年初为止，全行所有行处均被命名为文明单位，其中省级文明单位 80 个，居全省各系统之首。该行被省委、省政府命名为“文明单位建设先进系统”。省工商银行根据《河南省文明单位建设管理条例》和本行创建活动发展的客观要求，成立了一把手挂帅的创建领导小组，设立了办公室，把创建工作当成全局性的大事来抓。全行上下形成了争第一、创一流、当最佳的浓厚气氛，有力地推动了创建文明单位活动的深入开展，保证了各项任务的全面完成。截止 1993 年末，该行总资产达到 723.5 亿元，各项存款余额 439.2 亿元，为促进河南省国民经济持续、快速、健康发展做出了积极贡献。

河南省工商银行党组书记、行长张文学同基层行同志一起上街宣传储蓄

行长：张文学
银行地址：河南省郑州市黄河路东段 119 号
电　　话：5955404
邮政编码：450003

工商银行安阳分行会计全员技术比赛场景

中国工商银行海南省乐东县支行

中国工商银行行长张肖视察乐东县支行时，与该行领导合影

中国工商银行海南省乐东县支行坚持两个文明建设一起抓，不断提高职工文化、思想、道德素质和业务素质，连续六年超额完成任务。被评为全国金融系统和工行系统女工委先进单位。该行在抓精神文明建设方面经常开展“岗位学雷锋，奉献在工行”和“创三优”活动，强化职工文明意识，制订了《职工道德规范十条》、《十项优质服务》措施，每年开展一次《最佳服务》大评比，先后选派各类专业人员脱产培训以提高服务素质。欢迎光临指导。

经理：王梁明

地址：海南省乐东县县城大道

电话：08004—523459

电传：08004—523174

邮编：572500

举办精神文明知识竞赛